U0858563

中国公路学会桥梁和结构工程分会

2015年
全国桥梁学术会议
论文集

主办单位　中国公路学会桥梁和结构工程分会
　　　　　贵州省交通运输厅
　　　　　贵州省公路学会

协办单位　贵州中交贵瓮高速公路有限公司
　　　　　中交第二公路工程局有限公司
　　　　　中交二公局第三工程有限公司
　　　　　贵州高速公路集团有限公司
　　　　　贵州交通建设集团有限公司
　　　　　贵州路桥集团有限公司
　　　　　贵州省公路工程集团有限公司
　　　　　贵州省交通规划勘察设计研究院股份有限公司
　　　　　贵州桥梁建设集团有限责任公司
　　　　　贵州省交通科学研究院股份有限公司
　　　　　贵州中南交通科技有限公司
　　　　　贵州黔通智联科技产业发展有限公司
　　　　　贵州交通物流集团有限公司

人民交通出版社股份有限公司
China Communications Press Co.,Ltd.

内 容 提 要

本书为中国公路学会桥梁和结构工程分会2015年全国桥梁学术会议论文集。论文集分为规划与设计；施工与控制；结构分析与试验研究；养护管理、检测与加固四部分。其中包括我国近年来在建、已建有代表性桥梁所采用的新技术、新方法、新材料，值得业界学者和工程技术人员参考和借鉴。

图书在版编目(CIP)数据

中国公路学会桥梁和结构工程分会2015年全国桥梁学术会议论文集 / 中国公路学会桥梁和结构工程分会主编. —北京：人民交通出版社股份有限公司，2015.10

ISBN 978-7-114-12509-6

Ⅰ.①中… Ⅱ.①中… Ⅲ.①桥梁工程—学术会议—文集 Ⅳ.①U44-53

中国版本图书馆CIP数据核字(2015)第224673号

Zhongguo Gonglu Xuehui Qiaoliang he Jiegou Gongcheng Fenhui
2015 Nian Quanguo Qiaoliang Xueshu Huiyi Lunwenji

书　　名：中国公路学会桥梁和结构工程分会2015年全国桥梁学术会议论文集
著 作 者：中国公路学会桥梁和结构工程分会
责任编辑：张征宇　赵瑞琴
出版发行：人民交通出版社股份有限公司
地　　址：(100011)北京市朝阳区安定门外外馆斜街3号
网　　址：http://www.ccpress.com.cn
销售电话：(010)59757973
总 经 销：人民交通出版社股份有限公司发行部
经　　销：各地新华书店
印　　刷：北京市密东印刷有限公司
开　　本：880×1230　1/16
印　　张：54.75
字　　数：1620千
版　　次：2015年10月　第1版
印　　次：2015年10月　第1次印刷
书　　号：ISBN 978-7-114-12509-6
定　　价：180.00元

中国公路学会桥梁和结构工程分会

2015年全国桥梁学术会议论文集

编　委　会

目　　录

I　规划与设计

II 施工与控制

III 结构分析与试验研究

IV　养护管理、检测与加固

I　规划与设计

1. 清水河大桥总体设计和关键技术创新

彭运动[1]　张胜利[2]　郭俊礼[2]
（1. 中交公路规划设计院有限公司；2. 贵州中交贵瓮高速公路有限公司）

摘　要　本文介绍了清水河大桥的项目概况、主要技术标准、总体设计概况、技术特点和难点、关键技术研究和设计创新。

关键词　清水河大桥　总体设计　关键技术创新

一、项目概况

贵阳至瓮安高速公路（简称"贵瓮高速"）连接黔中和黔北旅游和矿产资源富集地区，是国家规划的黔中经济区主要通道和贵阳向外辐射的9条高速路之一，也是贵州县县通高速的重点项目。

清水河大桥是贵瓮高速跨越贵阳市开阳县与黔南州瓮安县的界河（乌江水系一级支流）清水河的重要节点工程，桥位处峡谷两岸地势陡峭，地形变化急剧，起伏很大，河谷深切达350～450m。

清水河大桥为双向四车道高速公路，桥梁标准宽度24.5m，计算行车速度80km/h。桥梁设计荷载为公路Ⅰ级。桥梁结构的基准期为100年，地震基本烈度6度，按50年10%和100年5%两水准设防，设计基本风速29.4m/s，大桥无通航要求。

二、总体设计概况

清水河大桥的全桥总体布置左幅为：9×40m预应力混凝土T梁+1 130m钢桁梁悬索桥+16×42m预应力混凝土T梁，桥长合计2 171.4m。

清水河大桥为主跨1 130m的单跨简支钢桁梁悬索桥，主缆分跨为258m+1 130m+345m，主缆垂跨比为1/10，主缆横桥向间距为27.0m，吊索顺桥向间距为15.2m。在主跨跨中处，主缆与钢桁架之间设置3对柔性中央扣。

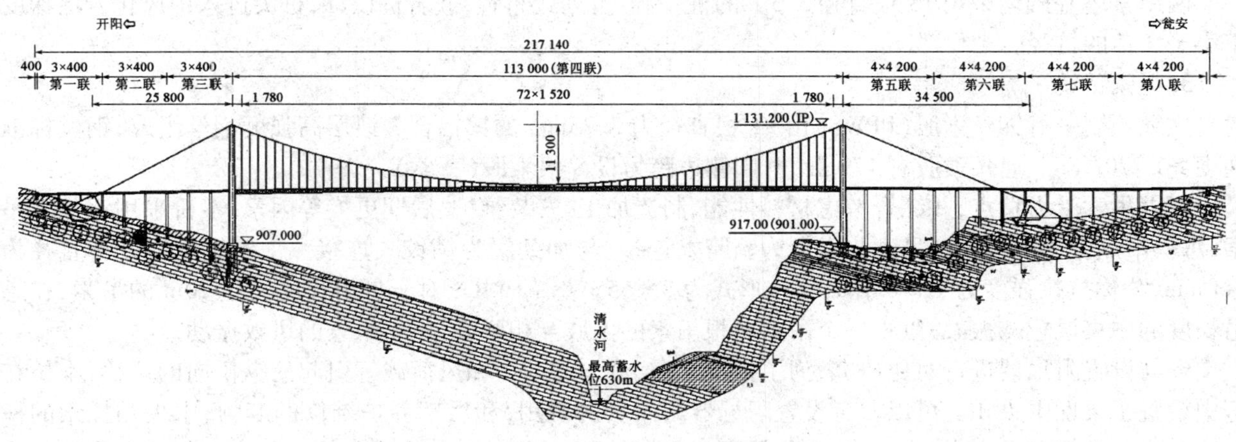

图1　桥型布置（尺寸单位：cm）

1. 锚碇

开阳岸锚碇采用扩大基础结构形式，以中风化灰岩作为持力层。锚碇平面尺寸为71.5m×48m，高度为47.5m，底面设置两级平台。

瓮安岸锚碇采用扩大基础结构形式，以中风化灰岩作为持力层。锚碇平面尺寸为77m×48m，高度为52m，底面设置两级平台。

锚固系统由索股锚固连接构造和预应力拉索锚固构造组成。索股锚固连接构造由拉杆及其组件、连接器组成，拉杆上端与索股锚头相连接，另一端与被预应力拉索锚固于前锚面的连接器相连接。预应力拉索锚固构造由预埋管道、钢绞线拉索、锚头及防护帽等组成。

索股锚固连接构造包括单索股锚固单元和双索股锚固单元两种类型。对应于单索股锚固单元采用15-12规格锚固钢绞线拉索，对应于双索股锚固单元采用15-25规格锚固钢绞线拉索。

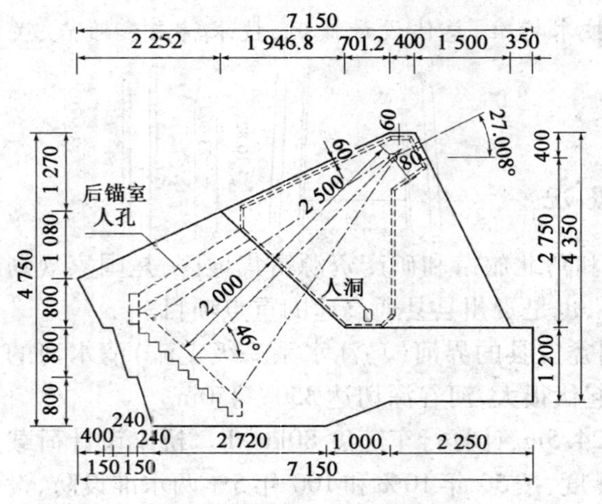

图2 开阳锚碇构造(尺寸单位:cm)

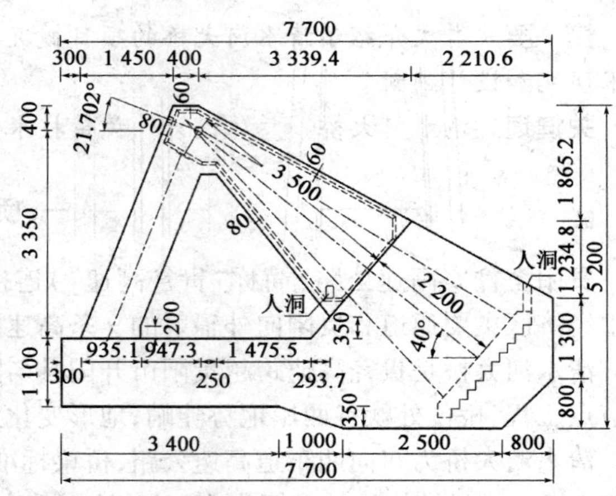

图3 瓮安锚碇构造(尺寸单位:cm)

2. 索塔及基础

索塔为塔柱、横梁组成的钢筋混凝土框架结构，塔柱为普通钢筋混凝土结构，横梁为预应力混凝土结构。开阳岸索塔高度230m，瓮安岸索塔高度236m/220m。

索塔两塔柱横桥向内倾，倾斜率内侧为1/26.170，外侧为1/17.535。塔柱断面为八边形空心截面，开阳岸塔底为11.5m(顺桥向)×11.5m(横桥向)，线性变化至塔顶9m(顺桥向)×7m(横桥向)。瓮安岸左幅塔底为11.391m(顺桥向)×11.312m(横桥向)，右幅塔底为11.565m(顺桥向)×11.613m(横桥向)，均线性变化至塔顶9m(顺桥向)×7m(横桥向)。

两岸索塔基础均采用18根直径3.5m的桩基础，行列式布置，嵌岩桩设计，桩尖进入中风化岩层深度不小于3倍的桩径。

3. 缆索系统

主缆预制平行钢丝索股(PPWS)由91根直径为5.25mm的锌铝合金镀层高强度钢丝组成，钢丝标准强度≥1 770MPa。通长索股有179股，开阳侧边跨另设8根索股(背索)。

根据吊索受力特点，并综合考虑材料性能、制造加工、安装维护、后期更换等因素，本桥采用钢丝绳吊索，每一吊点设2根吊索。吊索与索夹为骑跨式连接；与加劲梁为销铰式连接。吊索钢丝绳公称直径为ϕ60mm，公称抗拉强度为1 770MPa，结构形式为8×55SWS+IWR。对于悬吊长度大于20m的吊索，在悬吊长度的中央设置减振架，以将一个吊点两根吊索的四肢互相联系，减小吊索的风致振动。

经与设置阻尼器进行对比研究，为了抵抗地震、汽车制动力和风荷载等引起的纵桥向的位移，本桥在跨中设置了柔性中央扣。可以避免设置阻尼器的昂贵的费用，和后期养护维修的麻烦，中央扣拉索的检修和更换非常简单。中央扣拉索构造与吊索相似，采用钢丝绳拉索。中央扣拉索与中央扣索夹为骑跨式连接，与加劲梁为销铰式连接。中央扣拉索钢丝绳公称直径为ϕ64mm，公称抗拉强度为1 870MPa，结构形式为8×55SW+IWR。

4. 钢桁梁加劲梁

主桁架采用带竖腹杆的华伦式结构，桁高7.0m，标准节间长7.6m。两片主桁架弦杆中心间距27.0m。

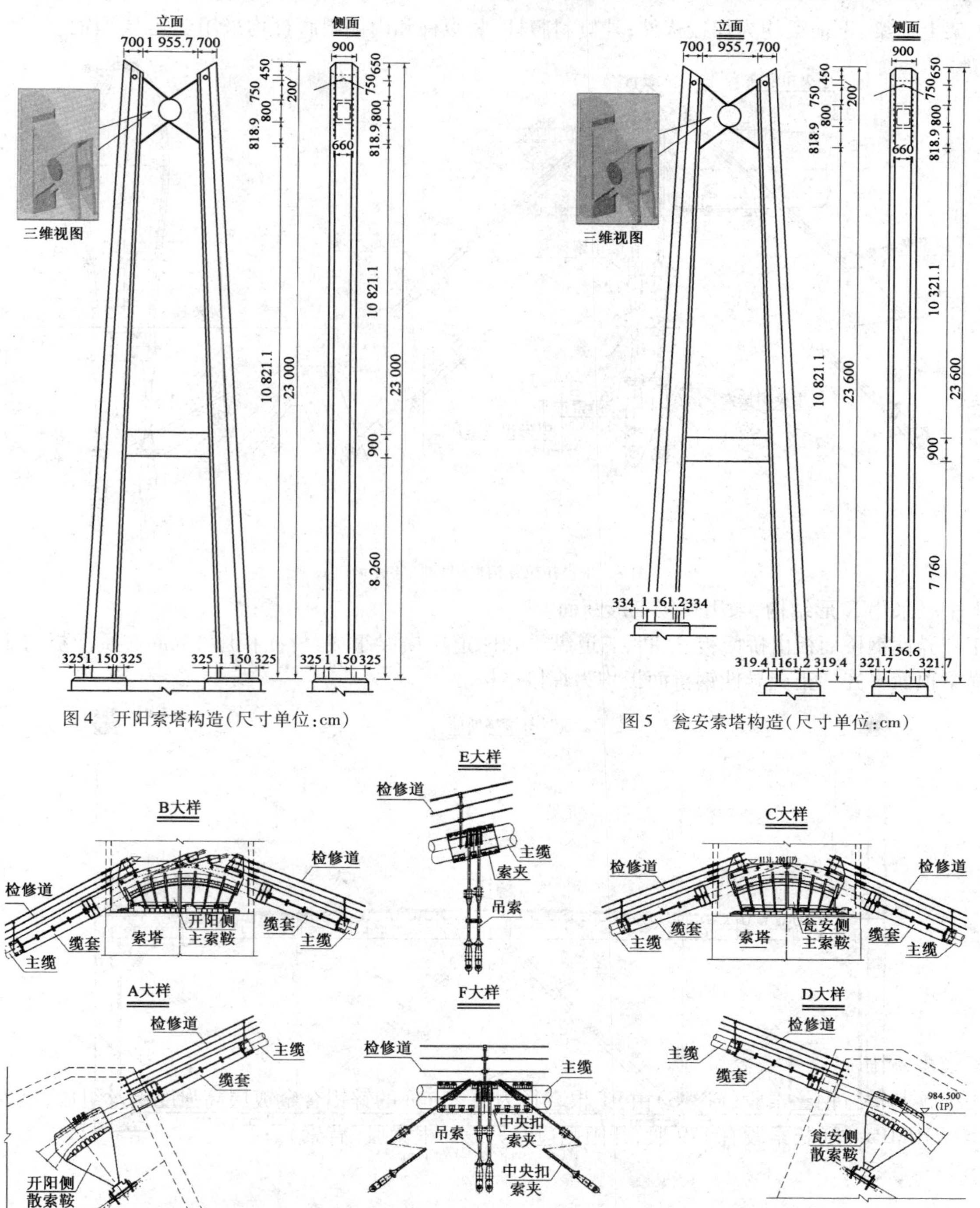

图4　开阳索塔构造(尺寸单位:cm)

图5　瓮安索塔构造(尺寸单位:cm)

图6　缆索系统示意(尺寸单位:mm)

在钢桁梁主桁架端部下弦杆底面对应端竖腹杆的位置各设置一个竖向支座,全桥共计4个。在端主桁架上、下弦杆的外侧,对应端主横桁架的上、下横梁处各设一个横向抗风支座,全桥共计8个。

钢桁梁包括钢桁架和正交异性钢桥面板两部分,板桁结合。钢桁架由主桁架、主横桁架和下平联组成。

主桁架采用带竖腹杆的华伦式结构,由上弦杆、下弦杆、竖腹杆和斜腹杆组成,桁高7.0m。上弦杆、下弦杆选用闭口箱形断面,斜腹杆、竖腹杆除在梁端竖向支座附近采用闭口箱形断面外,余均采用工字形断面。主桁架杆件均为焊接构件。

主横桁架采用单层桁架结构,由上横梁、下横梁、外侧斜腹杆、竖腹杆和内侧斜腹杆组成。上横梁除梁端采用闭口箱形断面外,其他均采用焊接工形断面,下横梁采用闭口箱形断面,腹杆均选用工形断面。

主横桁架上横梁、下横梁均为焊接构件；外侧斜腹杆、竖腹杆和内侧斜腹杆均采用热轧 H 型钢。

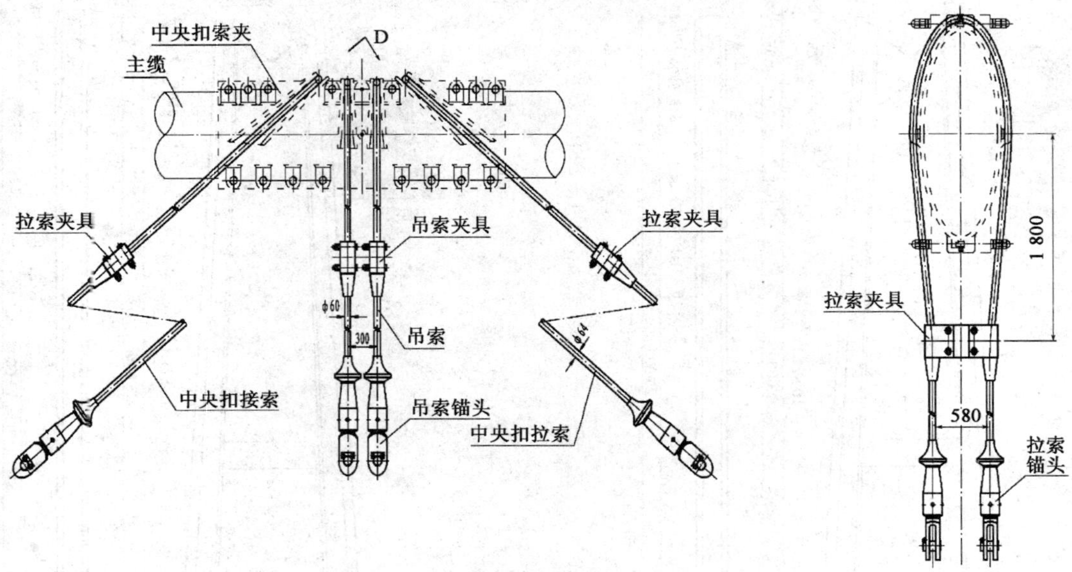

图7 中央扣拉索构造(尺寸单位:mm)

下平联采用 K 形结构,采用焊接工形断面。

正交异性钢桥面板由桥面板、U 肋、三道纵梁和两道次横梁组成,桥面板厚 16mm。桥面板与主横桁架上横梁顶面平齐。正交异性钢桥面板均为焊接结构。

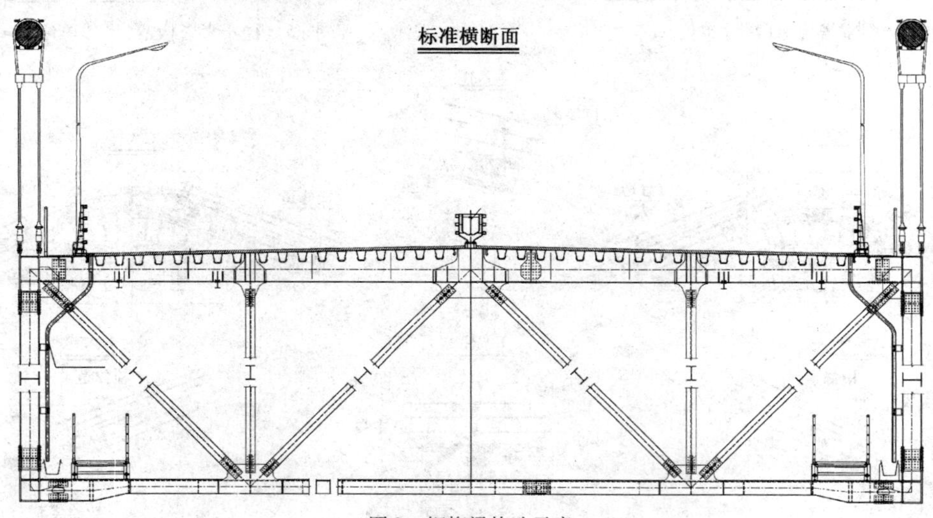

图8 钢桁梁构造示意

图9 清水河大桥建成效果图

三、设计关键技术创新

贵州受喀斯特地貌影响，桥位建设条件艰巨，需跨越大峡谷，且桥位处岩溶高度发育，给桥梁设计和施工均带来了一系列的难题，贵州近几年建成的钢桁架悬索桥较多，如坝陵河大桥、北盘江大桥等，这些特大桥基本均面临峡谷桥梁的风环境和抗风措施、岩溶地区的勘察设计和施工防护、跨越大峡谷桥梁的施工技术等。

在清水河大桥的勘察设计过程中，除了针对上述提到的关键技术展开一系列的科研工作，特别针对以下两个方面进行了设计技术创新。

1. 山区板桁结合加劲梁悬索桥建设关键技术研究

（1）大变形下板桁协同工作特性和受力传力机理分析及关键构造、山区板桁结合体系桥面板制造和连接工艺。

板桁分离体系传力路径明确，上部荷载通过桥面系支座传给主横桁架，再由主横桁架传给主桁架。板桁结合体系中传力路径不再这么明确，荷载作用于桥面板上一部分传到主横桁架，再由主横桁架传给主桁架，另一部分直接传到主桁架上弦杆。板桁结合体系中正交异形板同时发挥桥面板、桥面系和主桁架平面纵向联系等多种作用，有效地参与主桁架的弯曲，部分参与主桁架的受剪，使主桁受力有所改变。国内学者研究发现，主桁弦杆的弯曲应力占总应力33%，曲线桥占40%；而桥面可承受弦杆轴力的30%。尽管板桁结合体系增加了计算难度，但是这种板桁结合体系结构受力合理，传力路径通畅，能较好满足行车要求。

板桁桥梁把正交异形板桥面和桁架的优点充分组合起来。在全跨范围内，桥面和桁架采用刚性连接。与传统的桁架桥相比，由于结构杆件具有复合作用功能，因此，不能照搬铰接桁架结构进行设计计算。尤其是正交异形板桥面及与其连接的构件，需要精确计算结构的次应力。弦杆除必须计算轴力产生的应力外，还需要计算弯矩产生的应力，由此设计计算难度大大增加。

板桁桥梁结构连接复杂，近年来，常采用整体节点和全焊桥面，焊接顺序、焊接方法都将直接影响结构次内力的分布。桁—板焊接连接构造省去了高强度螺栓及拼接板，较为经济。通过对大量实测不同焊接条件（约束状态、焊缝断面、焊接输入线能量、施焊顺序等）下的焊接变形量进行数理统计分析，确定其分布规律，并以此研究减少焊接收缩变形的有效措施，同时通过焊接变形模拟计算分析，评估焊接收缩变形对桥面板和主桁受力的影响。

（2）提升山区大跨悬索桥板桁结合加劲梁颤振稳定的气动措施。

（3）千米级、大吨位缆索吊机的研制。目前缆索吊，主索较小、少，牵引和起重绳都较少，绕线较为简单，其风险相对较小。在千米级同时大吨位的情况下，系统风险较大，如何保证其可靠性。

2. 山区特大桥自行式主缆检修车研制

（1）为了适应山区风力大的环境，检修设备要具有较强的抗偏载和抗风能力。

（2）检修设备能够实现在主缆上26°角的爬升，这就要求检修设备能提供足够大的爬升力，同时在切断动力源时，检修设备要能够稳定地驻车。

（3）检修设备能实现自动过吊索功能，这就要求对检修设备的行走轮、拉杆和压紧轮进行优化设计，并设计合理的控制系统，保证过吊索时动作机构的准确执行。

通过上述关键技术的科研和设计创新，给清水河大桥的建设提供了有力的技术支撑，确保了大桥建设方案的经济合理性和施工可行性。

四、结　　语

清水河大桥是贵阳至瓮安高速重要节点工程。桥位处峡谷两岸地势陡峭，地形变化急剧，大桥主跨1 130m，为目前世界规模最大的跨越山区峡谷的板桁结合加劲梁悬索桥。

清水河大桥结构受力行为复杂、施工难度大、养护管理要求高。其设计将打破国内外已建的大跨径悬索桥加劲梁采用板桁分离体系的传统，其新型主缆检查设备将是国内首次采用，这些方面的技术创新将对后续工程建设有重要的借鉴意义。

2. 清水河大桥钢桁梁设计关键技术

侯　满　刘　波　彭运动
（中交公路规划设计院有限公司）

摘　要　清水河特大桥为主跨1 130m的钢桁加劲梁悬索桥，也是目前世界上最大规模的钢桁梁悬索桥。本桥加劲梁采用桥面板和主桁梁结合的结构形式，在优化结构受力、节约建设成本、方便后期维护及加快建设速度方面做了很好的尝试，也为在千米级悬索桥上采用缆索吊装方案奠定了基础。本文结合清水河大桥的钢桁梁设计重点介绍钢桁梁形式选择、桥面体系的构思以及钢桁梁架设方案的研究内容。

关键词　山区　钢桁加劲梁　悬索桥　板桁结合　设计　关键技术

清水河大桥是贵阳至瓮安高速公路跨越贵阳市开阳县与黔南州瓮安县的界河（乌江水系一级支流）清水河的重要节点工程，桥位处峡谷两岸地势陡峭，地形变化急剧，河谷深切达350～450m。主桥为主跨1 130m的单跨吊板桁结合加劲梁悬索桥，系目前跨越山区峡谷的世界规模最大钢桁加劲梁悬索桥，结构受力行为复杂、施工难度大、养护管理要求高。

从国内已建的钢桁加劲梁悬索桥的使用情况来看，传统的板桁分离钢桁梁易发生桥面板支座脱空的现象，并存在桥面板支座和伸缩缝维护管养难度较大，费用较高等问题。为克服以上列举的弊病，从设计上打破国内外已建的大跨径悬索桥加劲梁采用板桁分离体系的传统，将正交异性钢桥面板嵌入钢桁梁形成板桁结合体系，提高了加劲梁的刚度和抗风性能，节约了大量的支座和伸缩缝的建设费用和后期维护费用，大大加快了钢桁梁的架设速度，取得了很好的社会经济效益，对于交通不便、管养不便的西部山区具有推广使用的现实意义。

一、引　言

我国中西部多为山区，地势险峻，深谷众多，地形变化大，地质条件特殊。高速公路干线网络受山区地形限制，大跨度桥梁或长大隧道的修建不可避免。对于修建山区的特大跨度桥梁而言，从可实施性和经济性角度一般首选悬索桥方案。钢桁加劲梁将工厂预制的梁节段采取杆件或单元制作，分散运输和安装，在桥梁现场拼装成桁片或整节段再进行吊装，这种方式非常适合山区桥梁的架设。此外，钢桁加劲梁由于自身的通透性较好，刚度较大，大桥具有良好的抗风性能，在较强的峡谷风条件下，一般增加简单的气动措施即可满足结构的抗风设计。

钢桁加劲梁刚度较大、抗风性能好的特点使其在大跨径悬索桥的工程应用较多（表1），但主要集中在20世纪末期建设的跨海大桥工程。在我国的桥梁建设过程中，西部山区悬索桥应用较多，以贵州坝陵河大桥和湖南矮寨大桥两座千米级特大跨径桥梁为突出代表。工程经验表明，钢桁加劲梁悬索桥已成为西部高速公路跨越千米级以上大峡谷最经济、最合适的桥型结构方案。

跨径大于900m钢桁加劲梁悬索桥一览表　　表1

序号	工程名称	主跨跨径（m）	国别	板桁关系	建设条件
1	明石海峡大桥	1 991	日本	分离	跨海公路
2	维拉扎诺桥	1 298	美国	分离	跨海公路
3	金门大桥	1 280	美国	分离	跨海公路

续上表

序号	工程名称	主跨跨径(m)	国别	板桁关系	建设条件
4	湖南矮寨大桥	1 176	中国	分离	山区公路
5	麦基诺海峡大桥	1 158	美国	分离	跨海公路
6	南备赞大桥	1 100	日本	分离	跨海公铁
7	贵州坝陵河大桥	1 088	中国	分离	山区公路
8	乔治·华盛顿桥	1 067	美国	分离	跨江公铁
9	萨拉扎桥	1 013	葡萄牙	分离	跨江公铁
10	福斯公路桥	1 006	英国	分离	跨海公路
11	北备赞大桥	990	日本	分离	跨海公铁
12	四川四渡河大桥	900	中国	分离	山区公路

二、加劲梁形式选择

悬索桥的钢桁加劲梁在运营时的受力状态为多跨弹性支承连续结构,基本仅承受由活载产生的竖向内力以及由风载产生的横向内力,其整体荷载较小,桁架结构足以提供足够的结构刚度和强度,因而主桁架与桥面板一般采用分离的形式,即不考虑正交异性桥面板参与结构的第一体系受力。这样的桥面板构造处理方式具有受力明确、设计简单、施工方便的优点,绝大部分的钢桁架悬索桥均采用此种形式(表1)。但板桁分离处理方式也存在以下的不足之处:超载车辆引起的桥面板局部荷载过大,可能导致桥面板支座出现脱空并影响桥面板及桥面铺装的正常使用寿命;且众多的支座也显著增加了桥梁维护维修的难度和经费。此外,这样的分离结构使得桥面板的伸缩缝较多,除了降低行车的舒适性,更增加了维护维修的困难,以及养护经费。

相对于传统的板桁分离钢桁梁,将正交异性钢桥面板嵌入钢桁梁形成板桁结合体系钢桁梁具有如下优点:

(1)大大提高了加劲梁的竖向刚度和横向刚度,提高了加劲梁的刚度和抗风稳定性;

(2)桥面板替代分离体系中的钢桁梁上平联,同时省去了部分桥面板横梁,使得加劲梁的用钢量显著降低;省去了大量的桥面板支座和伸缩缝,降低了工程造价;

(3)无需进行定期的桥面板支座和伸缩缝进行维护和更换,显著减少了管养工作量和后期的养护费用;

(4)由于取消了桥面系的大量伸缩缝,行车舒适性得到显著改善;

(5)减少了加劲梁吊装工序,从而缩短了大桥的建设工期,节约了建设成本。

清水河大桥的钢桁梁设计过程中基于减少工期、降低吊装重量的想法,对板桁分离体系和结合体系进行了同等深度的比选。

1. 结构形式比选

板桁分离体系。主桁架采用带竖腹杆的华伦式结构,桁高9.0m,标准节间长10.8m。两片主桁架弦杆中心间距27.0m。钢桁加劲梁包括钢桁架和正交异性钢桥面板两部分。正交异性钢桥面板与主横桁架上横梁的上翼缘板之间设置拉压式盆式橡胶支座,横桥向分为左右两幅,两幅桥面板之间水平净距为500mm。每幅桥面板在端部12个节段作为一联,中部每20个节段作为一联,全桥共设置6联,每两联之间设有伸缩缝。

板桁结合体系。主桁架采用带竖腹杆的华伦式结构,桁高7.0m,标准节间长7.6m。两片主桁架弦杆中心间距27.0m。将正交异性钢桥面板嵌入钢桁梁上表面,取消钢桁梁的上平联。

两种结构形式的杆件尺寸如表2所示。

两种结构形式的钢桁梁杆件尺寸一览表 表2

杆件名称		板桁分离体系		板桁结合体系	
		截面形状	截面组成	截面形状	截面组成
主桁架	上弦杆	□ 700×700	2-644×28 2-700×28	□ 600×800	2-552×22 2-800×24
	下弦杆	□ 700×700	2-644×28 2-700×28	□616×700	2-552×32 2-700×32
	竖腹杆	□ 532×684	2-532×20 2-644×18	H588×430	2-430×18 1-552×16
	斜腹杆	□ 540×688	2-540×16 2-656×18	H596×540	2-540×22 1-552×18
主横桁架	上横梁	□530×700	2-530×22 2-660×18	H 500×(792~1044)	1-500×20 1-(758.2~1010.0)×16
	下横梁	□530×500	2-530×14 2-472×14	□ 440×432	1-412×14 1-470×14 2-433×14
	外侧斜腹杆	H430×596	1-556×22 2-430×20	H 440×300	H440×300×11/18
	其他腹杆	□430×556	2-524×14 2-430×16	H 440×300	H440×300×11/18
上平联		□ 430×500	2-430×14 2-472×14	—	—
下平联		□ 430×500	2-430×14 2-472×14	H 440×360	2-360×18 1-404×12

注:表中杆件只列出标准节段的杆件,端部杆件未列。

设计对板桁分离体系和板桁结合体系加劲梁进行了经济性对比分析(表3),板桁结合体系较传统的分离体系可节约上部结构工程造价约11%,大桥建安费节省1.2亿元。

两种结构形式经济性比较 表3

序号	项 目	板桁分离体系		板桁结合体系		建安费节省
		数量	建安费	数量	建安费(万元)	
1	主缆	11 395t	24 183	10 674t	22 856	5.49%
2	钢桁梁+桥面板	18 761t	33 052	16 559t	29 264	11.46%
3	桥面板小支座	880个	1 056	0	0	100.00%
4	钢桥面伸缩缝	98m/6道	294	0	0	100.00%
5	上部结构(1~4)合计	—	58 585	—	52 120	11.04%
6	大桥建安费	—	142 932	—	130 886	12 046万元

2. 钢桁梁架设方案与结构形式选择的配合研究

超千米级悬索桥钢桁加劲梁的安装方式有:①以贵州坝陵河大桥为代表的桁片桥面吊机悬臂安装,该方案吊装节段重量较小,但节段数量较多,架设周期较长,千米级的钢桁梁上部架设工期在一年以上;②以湖南矮寨特大桥为代表轨索滑移法,该方案桥面板需要在钢桁架全部吊装并合龙后方可安装,且轨索安装占用主线工期,千米级的钢桁梁上部架设工期也近一年时间(表4)。对于板桁结合钢桁加劲梁,如采用节段整体吊装,节段数量少且桥面板和钢桁梁节段可同时安装,采用缆索吊方案也不占用主线工期,以每个节段1天时间估算,安装工期仅需要4个月。

千米级钢桁加劲梁悬索桥各种架设方案对比 表4

序号	工程名称	主跨跨径(m)	板桁关系	钢桁梁架设方案	钢桁梁+桥面板架设工期
1	贵州坝陵河大桥	1 088	分离	桥面吊机	14个月
2	湖南矮寨大桥	1 176	分离	轨索滑移法	11个月
3	清水河大桥	1 130	结合	缆索吊	4个月(预计)

贵瓮高速公路清水河大桥是从属银(川)龙(邦)高速贵阳至瓮安段高速公路建设的关键工序,它的建成直接影响到全线的贯通时间。从表4可以看出,山区大跨径悬索桥板桁结合加劲梁体系配以千米级大吨位缆索吊施工,可大大缩短大桥建设工期。

本项目千米级大吨位缆索吊作为国内首个超千米的悬索桥缆索吊,现有的缆索吊吊装设备和工艺都无法满足本桥的架设需求,因此钢桁梁构造设计时,设计方案与架设方案紧密配合:一是将标准节间长度取7.6m,吊装节段均为两个标准节间,节段长15.2m,由两片主桁架、两片主横桁架和一个节间的正交异性钢桥面板和下平联及部分附属构件组成,将吊重控制在180t以内;二是将节间内的桥面板与桁架杆件间在地面先连接,大大减少了高空作业量。

三、钢桁梁构造设计

钢桁梁包括钢桁架和正交异性钢桥面板两部分,板桁结合。钢桁架由主桁架、主横桁架和下平联组成(图1)。

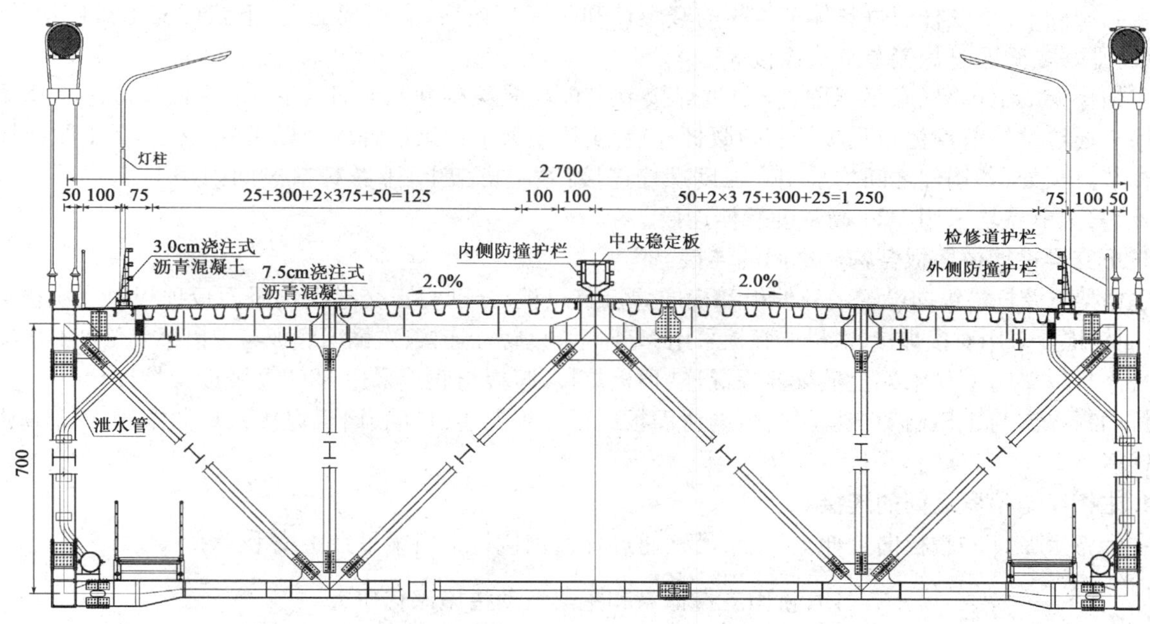

图1 钢桁梁标准横断面(尺寸单位:cm)

主桁架采用带竖腹杆的华伦式结构,桁高7.0m,标准节间长7.6m。两片主桁架弦杆中心间距27.0m。主桁架由上弦杆、下弦杆、竖腹杆和斜腹杆组成(如图2)。上弦杆、下弦杆选用闭口箱形断面,斜腹杆、竖腹杆除在梁端竖向支座附近采用闭口箱形断面外,余均采用工字形断面。主桁架杆件均为焊接构件。

主横桁架采用单层桁架结构,由上横梁、下横梁、外侧斜腹杆、竖腹杆和内侧斜腹杆组成。上横梁除梁端采用闭口箱形断面外,其他均采用焊接工形断面,下横梁采用闭口箱形断面,腹杆均选用工形断面。主横桁架上横梁、下横梁均为焊接构件;外侧斜腹杆、竖腹杆和内侧斜腹杆均采用热轧H型钢。

下平联采用K形结构,采用焊接工形断面。

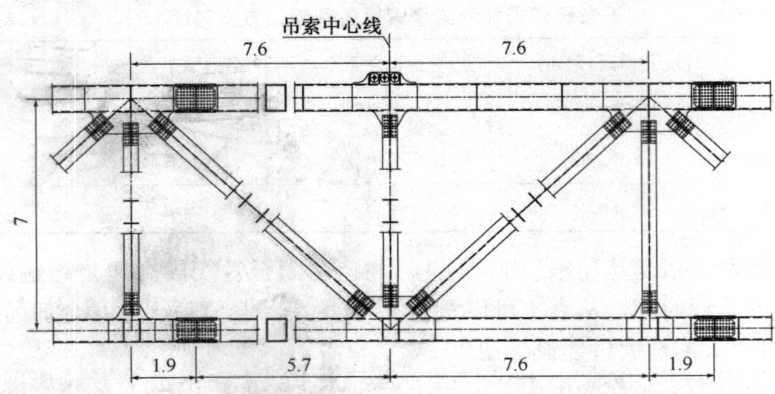

图2　钢桁梁立面(尺寸单位:m)

正交异性钢桥面板由桥面板、U肋、三道纵梁和两道次横梁组成,桥面板厚16mm。桥面板与主横桁架上横梁顶面平齐。正交异性钢桥面板均为焊接结构。

1. 钢桁梁节段划分

钢桁梁立面成桥线形为凸形竖曲线。主桁架除端部各一个节间外,其余区域等分为146个标准节间,全桥共148个节间。两个节间形成钢桁梁节段吊装单元,标准节段的上弦杆长为15 180.0mm,下弦杆长为15 177.6mm,上(下)弦杆在两个节段间的间隙为20mm。

2. 钢桁架各杆件之间的连接

主桁架的上、下弦杆通过整体节点板与竖腹杆和斜腹杆连接,主桁架的上、下弦杆与主横桁架的上、下横梁、平联之间通过焊接节点板连接。

主横桁架的上横梁(端横梁除外)通过焊接节点板与竖腹杆和斜腹杆连接,主横桁架的端上横梁和下横梁均通过整体节点板与竖腹杆和斜腹杆连接;主横桁架下横梁设置水平焊接节点板与下平联连接。

在节点板处,各构件之间均采用高强度螺栓连接:除主桁架上、下弦杆节段间采用M27高强度螺栓连接外,其余节点均采用M24高强度螺栓连接。

3. 正交异性钢桥面板各构件之间的连接

主桁架上弦杆沿纵向设置了外伸板和横向焊接节点板,分别与正交异性钢桥面板顶板以及次横梁连接:桥面板顶板采用对接焊接,次横梁腹板采用M24高强度螺栓连接,次横梁底板与主桁架上弦杆不连接。

桥面板纵梁与主横桁架上横梁栓焊混连:顶板焊接,腹板与底板采用M24高强度螺栓连接。

桥面板纵向与主横桁架上横梁自带的桥面板进行栓焊混连(U肋、面板焊接),U肋采用M22高强度螺栓连接。

4. 主桁架与吊索之间的连接

主桁架上弦杆的腹板向上伸出耳板,吊索通过耳板销接将钢桁梁吊在主缆上。

四、桥面支撑体系和主梁气动措施深化研究

1. 桥面板支撑体系研究

传统的"多纵梁支撑体系"(多道纵向主纵梁和小次横梁模式,图3)单幅桥面一般设置4道纵梁,通常有1~2道纵梁位于大型货车轮载的正下方,受汽车轮重的离散性、横向行走位置的不定性,必然导致纵梁顶处面板遭受车轮的反复辗压,特别对于超载严重的西部地区桥梁,可能成为桥面板疲劳设计的一个薄弱环节。"多纵梁支撑体系"在国内外公铁两用桥中应用较多,且都是采用工厂大节段安装方式,但这种体系如在山区非大节段安装桥梁中应用,正交异性钢桥面板的工地焊接工作量大,拼接缝多。

清水河大桥采用"三纵梁+次横梁支撑体系"(图4),共设三道纵梁作为正交异性钢桥面板横梁的支撑,避免在车道下方设置纵梁。同时相对于"多纵梁支撑体系",工地焊接和拼接工作量大大减少,利于减少现场拼接时间和保证拼接质量。

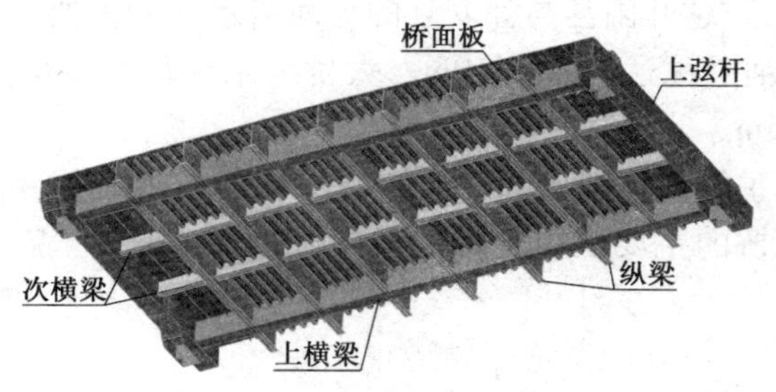

图3　正交异性钢桥面板“多纵梁支撑体系”构造示意图

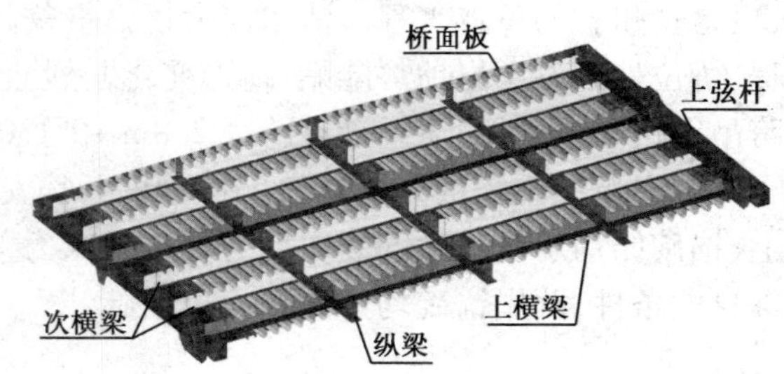

图4　正交异性钢桥面板“三纵梁+次横梁支撑体系”构造示意图

本桥设计中，通过空间板壳有限元模型对“三纵梁支撑体系”的钢桁梁嵌入式正交异性钢桥面板的合理构造形式展开了深入分析，基于受力行为、传力模式进行静力受力分析，同时针对山区桥梁建设的特殊性，研究了桥面板合理分块、拼装方式等构造细节，提出了适用于山区大跨板桁结合钢桁加劲梁悬索桥正交异性钢桥面板的合理构造形式，并确定其连接细节。

2. 板桁结合加劲梁气动措施深化研究

颤振是桁架加劲梁悬索桥抗风安全的控制性因素。从已有桁架梁设计的工程经验来看，不加气动稳定措施的桁架断面是无法满足大跨度桥梁颤振风速的设计要求的。对于板桁分离加劲梁而言，桥面板中央开槽，增设上、下中央稳定板、水平稳定板等措施均可有效提高颤振临界风速。如明石海峡大桥采用了中央开槽与下中央稳定板相结合的措施；矮寨大桥采用了上、下中央稳定板相结合的措施；坝陵河大桥采用双层气动翼板的措施。然而，不同的桁架断面，适用的控制措施不尽相同，目前没有固定的规律可循，只能参考类似梁型的经验。

清水河大桥跨越深切峡谷，自然风对桥梁结构影响较大。板桁结合加劲梁相对于传统的板桁分离加劲梁，气动外形发生了显著变化，本项目通过风洞试验和计算分析等手段，比较了多种气动措施对加劲梁颤振稳定性的改进效果，最终选择了上中央稳定板的形式，将中央稳定板与中央防撞护栏设计巧妙结合起来，在保证颤振稳定性的同时，也获得了很好的景观效果。

五、结　　语

清水河大桥采用板桁结合加劲梁，配以缆索吊架设工法，大幅节省了上部结构架设工期，提前实现主线的通车运营，从而达到节省建设成本和提前收益的双重经济优势，因此本项目提出的悬索桥板桁结合加劲梁结构是一种极具竞争力的加劲梁形式。

3. 贵瓮高速公路清水河大桥锚碇设计

王茂强　曾　宇
（中交公路规划设计院有限公司）

摘　要　贵瓮高速公路清水河大桥为主跨1 130m双塔单跨钢桁梁悬索桥。悬索桥锚碇承受主缆巨大反力，是悬索桥的关键部位，两岸锚碇均采用重力式锚碇，基坑采用明挖施工。本文介绍了锚碇的总体构造、基础工程、锚体及锚固系统等结构设计及技术特点。

关键词　清水河大桥　悬索桥　锚碇　锚固系统　设计

一、概　　况

贵阳至瓮安高速公路连接黔中和黔北旅游和矿产资源富集地区，是国家规划的黔中经济区主要通道,也是贵州省的重点工程。清水河大桥是贵瓮高速公路跨越开阳县与瓮安县的界河清水河的重要节点工程,桥位处峡谷两岸地势陡峭,地形变化剧烈,起伏大,河谷深达350~450m。大桥采用主跨1 130m的单跨吊钢桁梁悬索桥,主缆计算跨径258m+1 130m+345m。

开阳岸单根主缆最大缆力为270 000kN,瓮安岸单根主缆最大缆力为258 000kN,主缆锚固在两岸锚碇上,锚碇结构承受巨大的竖向反力及水平拉力,为悬索桥的主要承重构件。根据桥址的地形、地貌、地质等自然条件,两岸锚碇均采用重力式锚碇。

二、建设条件

桥位区域的工程地质条件差异较大,岩性和岩溶发育程度不同。

开阳岸岩性较简单,表层为第四系残坡积红黏土及黏土夹碎石,广泛分布于桥位区宽缓斜坡地带,分布面积较广,分布不均,厚度变化大,一般为0.5~10m,局部溶槽、溶沟内厚可达22m。下伏基岩为栖霞—茅口组(P_2q+m)中厚至厚层状灰岩,局部含燧石团块,节理裂隙发育,隐伏岩溶发育。岩层倾向95°~110°,倾角25°~30°。锚碇位于斜坡上,表层第四系黏土层厚5~12m,其下为二叠系中统栖霞-茅口组(P_2q+m)灰岩,岩体节理裂隙发育,岩溶不发育,岩体较完整。

瓮安岸桥位区自上而下出露地层为第四系残坡积碎石土、红黏土(Q^{el+dl})、崩塌堆积层(Q^{col})、三叠系下统大治组第一段(T_1d^1)、第二段(T_1d^2)、第三段(T_1d^3),二叠系上统长兴组(P_3c)和吴家坪组(P_3w)。第四系红黏土零星分布于锚碇区及部分引桥区,主要为溶沟、溶槽内充填物,厚度一般为0.5~3m。锚碇区表层为第四系残坡积红黏土,厚0~6.5m,其下为三叠系下统大冶组二段(T_1d^2)薄至中厚层状灰岩,局部夹1~4cm页岩。个别钻孔揭露1个溶洞,洞高2.2m(孔深11.9~14.1m),黏土充填。其余钻孔揭露岩体整体均较完整。

两岸锚碇均采用扩大基础结构形式,均以中风化灰岩作为持力层,基底承载力$f_{a0}=2.5$MPa,摩擦系数$\mu=0.6$。

三、锚碇结构设计

1. 主要材料

混凝土:前锚室及散索鞍支墩采用C40混凝土,锚块及支墩基础采用C30混凝土,锚体及支墩基础后浇带采用C30微膨胀混凝土。

预应力:锚固系统预应力采用无黏结钢绞线拉索形式,索体由镀锌钢绞线外包PE护套组成,钢绞线公称抗拉强度1 860MPa,公称直径为15.2mm。

钢筋:普通钢筋采用HPB300及HRB400钢筋,在锚碇结构外露部分布设了直径6mm的带肋钢筋焊网。

钢材:锚固系统拉杆采用40CrNiMoA钢,螺母、垫圈采用40Cr钢,连接器采用45号优质碳素结构钢,锚固系统预埋管道采用无缝钢管,冷却管采用电焊钢管。

开阳岸锚碇数量:混凝土量73 125m³,钢筋量1 773t,锚固系统钢绞线量107t,钢材量407t(不计定位支架);瓮安岸锚碇数量:混凝土量72 722m³,钢筋量1 959t,锚固系统钢绞线量117t,钢材量409.1(不计定位支架)。

2. 结构形式

(1)开阳岸锚碇

开阳岸锚碇采用重力式锚碇,由锚体、前锚室、散索鞍支墩、支墩基础及后浇段等几部分组成。其中锚块主要承受预应力锚固系统传递的主缆拉力。散索鞍支墩主要承受由散索鞍传递的主缆径向压力。前锚室、散索鞍支墩与锚块、散索鞍支墩基础形成一个完整的空间受力结构。前锚室为一个封闭结构,对主缆索股起保护作用。

开阳岸锚碇总平面尺寸为71.5m×48m,高度为47.5m,为增加锚碇的抗滑能力,底面设置两级平台,第一级基底高程为954.5m,第二级基底高程为950.5m,中间10m范围设置斜坡。前锚室为变截面实腹形式，侧墙壁厚 1m，顶板壁厚 0.6m。支墩采用变截面实心墩。

由于锚碇平面尺寸较大，为避免锚块和散索鞍支墩基础浇筑施工后出现收缩与温度裂缝，锚块和散索鞍支墩基础共分为 4 块进行浇筑，各块之间设置 2m 宽后浇段，后浇段采用微膨胀混凝土浇筑。锚块、散索鞍支墩及支墩基础均为大体积混凝土结构，为降低大体积混凝土在浇筑过程中产生较大的水化热，防止温度裂缝的发生，锚块、散索鞍支墩及基础施工采用分层浇筑方法，并在每层混凝土中设置冷却水管，通水冷却。

(2)瓮安岸锚碇

瓮安岸锚碇也采用重力式锚碇，锚碇总平面尺寸为 71.5m × 48m，高度为 52m，为增加锚碇的抗滑能力，底面设置两级平台，第一级基底高程为 940m，第二级基底高程为 936.5m，中间 10m 范围设置斜坡。前锚室及支墩为框架形式，前锚室侧墙及底板厚 0.8m，顶板壁厚 0.6m。支墩采用等截面实心墩。

两岸锚碇总体构造如图 1、图 2 所示。

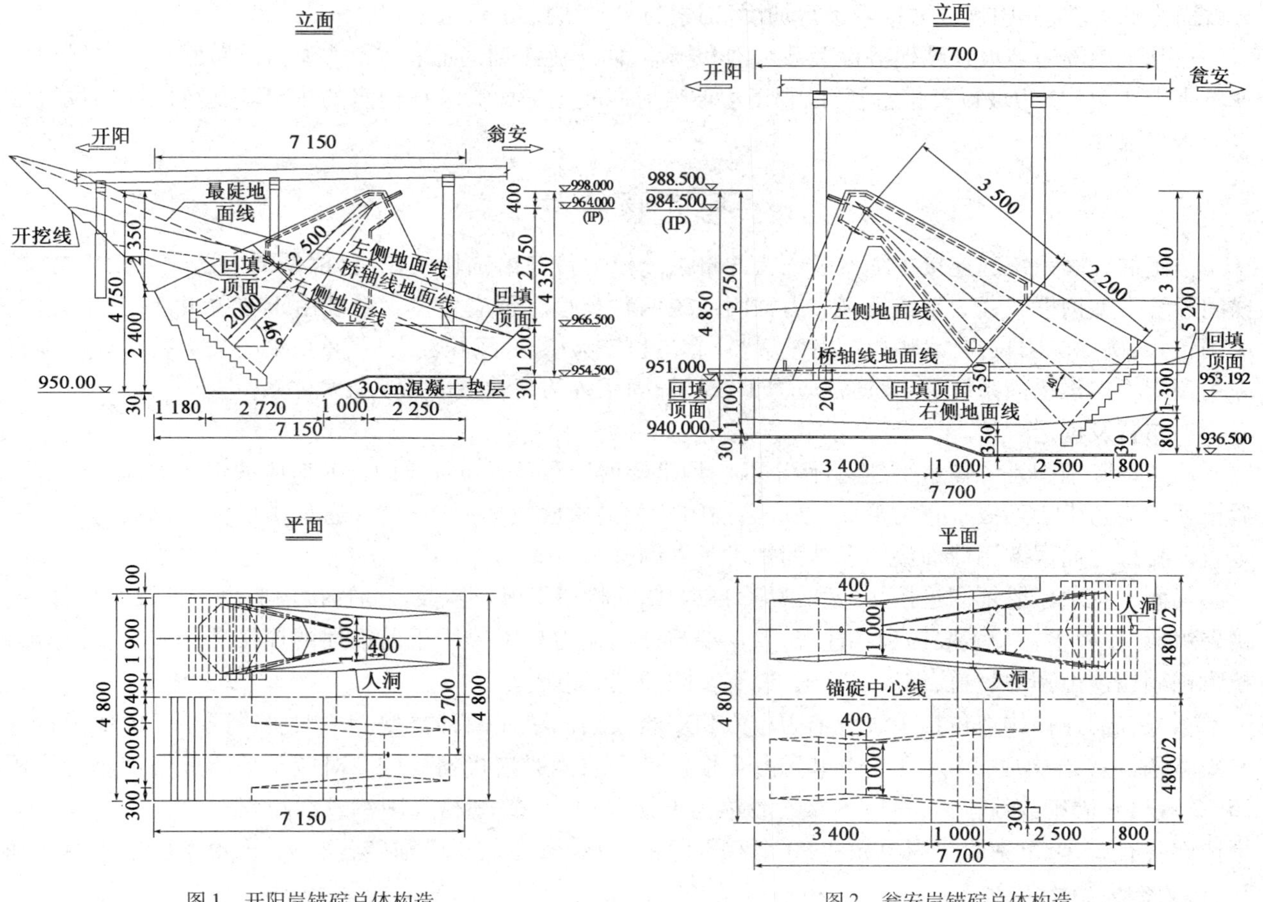

图 1 开阳岸锚碇总体构造

图 2 瓮安岸锚碇总体构造

3. 计算分析

对施工过程中及运营阶段锚碇的基底应力、抗滑动稳定性、抗倾覆稳定性、斜截面抗剪、沉降、散索鞍支墩局部受力、锚固系统局部受力及锚固系统本身受力等进行了验算，验算结果均满足受力要求。而且采用有限元对锚碇各部位总体受力情况进行了计算，在局部应力集中部位加强了配筋。计算结论及控制指标见表 1。

两岸锚碇及锚固系统安全度指标 表 1

抗滑动稳定安全系数	$K_a > 2.0$	索股锚固连接构造安全系数	>2
抗倾覆稳定安全系数	$K_c > 3.0$	预应力锚固系统安全系数	>2
施工阶段基底最大应力(开阳岸/瓮安岸)	1.41MPa/1.28MPa	运营阶段基底最大应力(开阳岸/瓮安岸)	0.92MPa/0.82MPa

四、基坑工程设计

开阳岸基坑底面设计高程为950.200m(基坑后部)和954.200m(基坑前部)。锚碇基坑基底(平面投影)尺寸长61.7m,宽52m,底面积为3 278m^2。边坡面积为8 558m^2,基坑开挖占地面积为12 589.4m^2,开挖方量约15万m^3。瓮安岸基坑底面设计高程为936.200m(基坑后部)和939.700m(基坑前部)。锚碇基坑基底(平面投影)尺寸长71.0m,宽55.5m,底面积为3 778.1m^2。边坡面积为6 933m^2,基坑开挖占地面积为11 223.0m^2,开挖方量约11万m^3。

为保证开挖边坡的稳定性,合理选择边坡坡度,并设置必要的平台。同时为确保施工及运营阶段边坡及山体的安全,对两岸锚碇基坑边坡采取防护措施。采用分区域防护的原则,对坡顶土层、强风化层及中风化层进行防护,边开挖基坑边打锚杆和挂网喷护,进行全面防护同时全面布点监控,并适时补偿。开阳岸顶面两级边坡锚杆间距为2m,其余边坡锚杆间距为2.5m;瓮安岸边坡锚杆间距为4m。考虑基坑部分坡面为顺向坡,采用预应力锚索进行加固,锚索与水平线夹角35°。

在基坑周围边坡坡顶顺地势设置截水沟和挡墙,防止施工期间地表水汇入基坑。截水沟沟底纵向坡度不小于0.5%。边坡设置排水管,以利于边坡喷射混凝土护面后坡体内水的排出。基坑底四周设置汇水沟和集水井。

五、锚固系统设计

锚碇的锚固系统起连接主缆索股锚头并将主缆拉力传递给锚块的作用,根据国内已建悬索桥,常用锚固系统有型钢框架锚固系统及预应力锚固系统两种类型。预应力锚固系统由于布置灵活,施工方便,应用较多,例如江阴长江大桥、厦门海沧大桥、宜昌长江大桥、润扬长江大桥、重庆鹅公岩大桥等。本项目采用预应力拉索锚固系统,在普通预应力钢绞线锚固系统的基础上增加了防腐体系。

1. 布置及构造

两岸锚碇锚固系统在水平、竖直两个面内均呈辐射形布置。拉杆方向与其对应的索股方向一致,前、后锚面均为与中心索股垂直的平面,预应力锚固拉索沿索股发散方向布置,通过槽口保证锚头与承压面垂直。拉杆方向误差用球面垫圈和球面螺母予以调整。

锚固系统由索股锚固连接构造和预应力拉索锚固构造组成。索股锚固连接构造由拉杆及其组件、连接器组成,拉杆上端与索股锚头相连接,另一端与被预应力拉索锚固于前锚面的连接器相连接。预应力拉索锚固构造由预埋管道、钢绞线拉索、锚头及防护帽等组成。

索股锚固连接构造包括单索股锚固单元和双索股锚固单元两种类型。单索股锚固单元由2根拉杆和单索股连接器构成,双索股锚固单元由4根拉杆和双索股连接器构成。对应于单索股锚固单元采用15-12规格锚固钢绞线拉索,对应于双索股锚固单元采用15-25规格锚固钢绞线拉索。每根主缆在开阳岸锚碇各有27个单索股锚固单元和80个双索股锚固单元;在瓮安岸锚碇各有27个单索股锚固单元和76个双索股锚固单元。

索股锚固单元见图3所示。

2. 构件设计

(1)拉杆组件

拉杆采用40CrNiMoA钢,螺母及垫圈采用40Cr钢,为保证结构受力安全和经济性的要求,拉杆及螺母的螺纹均采用耐高疲劳强度的辊压M螺纹或车削MJ螺纹。拉杆两端采用球面垫圈和球面螺母,可自动调整螺母与垫圈的承压面,保持其有效的接触面积,同时能克服因制作、安装误差等引起的拉杆角度偏差,避免由于偏载引起拉杆受弯,减少局部应力集中。

索股锚头处拉杆设计有加长螺纹,以调节主缆的制作、安装误差,最大调节量约为±560mm。为防止球面螺母在动载下松动,设计时加设了锁紧螺母。拉杆组件强度施工前均需要进行静载试验检验。

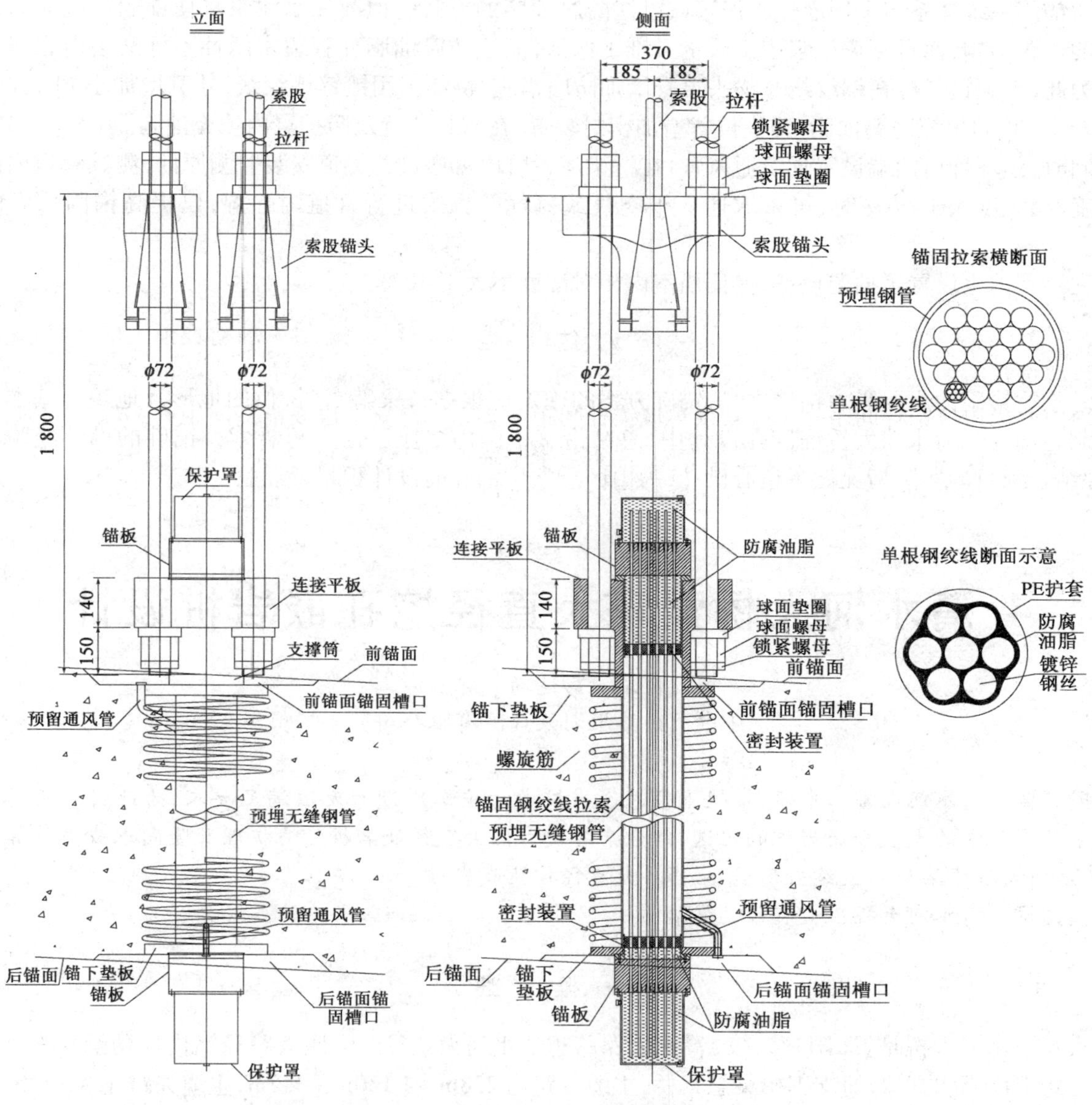

图3 锚固系统锚固单元构造(尺寸单位:mm)

(2)连接器

连接器包括连接平板和连接筒,连接器设计成整体形式受力合理,并容易保证管道内的密闭性。连接器采用45号优质碳素钢锻造。连接器受力复杂,设计中除按常规方法对其进行各个工况的压应力及剪应力进行计算外,还利用三维有限元程序对其应力、应变进行校核计算。

(3)预应力锚固拉索

预应力锚固拉索系统由钢绞线、锚具、防护帽及预埋钢管等组成,满足《无黏结钢绞线斜拉索技术条件》(JT/T 771—2009)的技术要求,锚具与索体成套采购。为方便施工,采取前锚面单端张拉,张拉控制应力为$0.55f_{pk}$。

运营期间,根据实际情况可进行预应力钢绞线及夹片的更换,更换过程采取逐根更换方案。建议更换工艺为:清除防护帽及密封装置内油脂→拆除前后防护帽→后锚面单根钢绞线退锚→新旧钢绞线连接→从前锚面抽出旧钢绞线,直至新钢绞线引出→上夹片完成该钢绞线张拉→重复上述过程更换其他钢绞线至所有更换完毕→安装防护帽并灌注密封油脂。

3. 防腐设计

为保证锚固系统安全可靠的工作,整套锚固系统的防腐问题尤为重要。为解决这一突出矛盾,早期预应力锚固系统体系多采用灌注水泥浆或灌注防腐油脂的方式。但灌注水泥浆将使锚固系统成为不可更换的永久结构,而且管道压浆施工质量又难于保证;灌注防腐油脂如管道密闭性不好又会引起漏油现象。为此,本项目考虑在钢绞线及锚头自身增加防腐措施,例如采用镀锌钢绞线,外侧增加小PE,并在钢绞线与小PE间填充防腐油脂,锚头位置增加密封装置,在密封装置及防护罩内填充油脂。

同时,预埋管道两端设置预留通风管,在桥梁运营阶段可通过此管道安装监测原件,测试管道内的空气湿度,当湿度大于50%时,可采取通入干空气或氮气等方式进行管道内除湿,以提高锚固拉索的耐久性。

在锚室内也设置了抽湿设备,保证锚室内相对湿度不大于40%。

六、结　　语

悬索桥锚碇为主要受力构件之一,锚碇方案的确定应根据桥梁特点、桥位的地形及地貌等基本条件因地制宜确定。清水河大桥锚碇在设计中,总结借鉴了国内多座已建大跨悬索桥锚碇的设计经验和成果,并结合项目的实际情况做了精心设计,为山区悬索桥锚碇的设计积累了经验。

4. 清水河大桥索塔大直径挖孔嵌岩桩设计

门永斌　彭运动　曾　宇
(中交公路规划设计院有限公司)

摘　要　清水河大桥工期短,常规直径的嵌岩桩由于施工周期长无法满足要求,为此针对索塔桩基开展了不同形式的大直径嵌岩桩的比选,结合岩溶发育区大直径嵌岩桩受力机理及竖向承载力计算的分析,清水河大桥索塔桩基最终采用了ϕ3.5m大直径挖孔嵌岩桩。

关键词　清水河大桥　大直径　嵌岩桩

一、概　　述

贵州清水河大桥是贵(阳)瓮(安)高速公路跨越清水河大峡谷的一座大跨径钢桁加劲梁悬索桥。主桥为主跨1 130m的单跨简支钢桁梁悬索桥,主缆分跨为258m+1 130m+345m,主缆矢跨比为1/10,主缆横桥向间距为27.0m,吊索顺桥向间距为15.2m。在主跨跨中处,主缆与钢桁架之间设置3对柔性中央扣。桥型布置如图1所示。

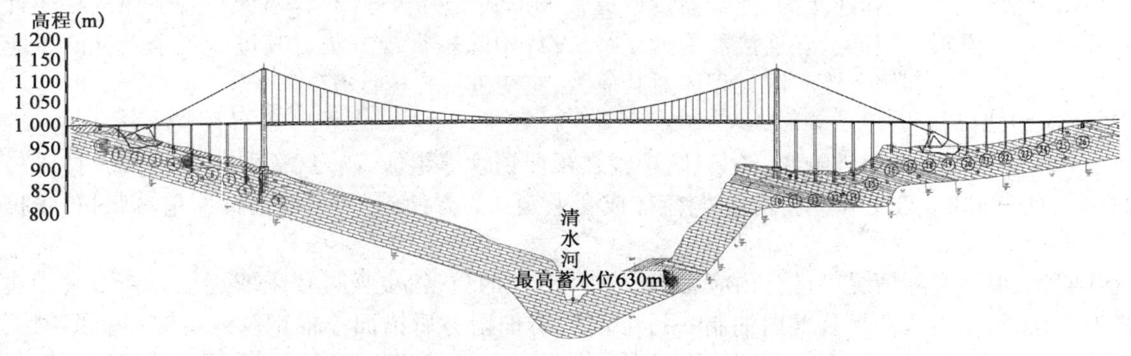

图1　清水河大桥桥型布置图

桥址区位于我国西南地区康滇地带的东部边缘,是典型的喀斯特地质分布区。两岸基岩出露,地质主要为强风化和中风化灰岩,溶蚀孔洞较为发育。根据结构总体分析,索塔基础承载力要求较高,综合考虑地质、施工等条件，索塔采用分离式承台，单个承台下采用 9 根直径 3.5m 的大直径挖孔嵌岩桩，基础布置如图 2 所示。

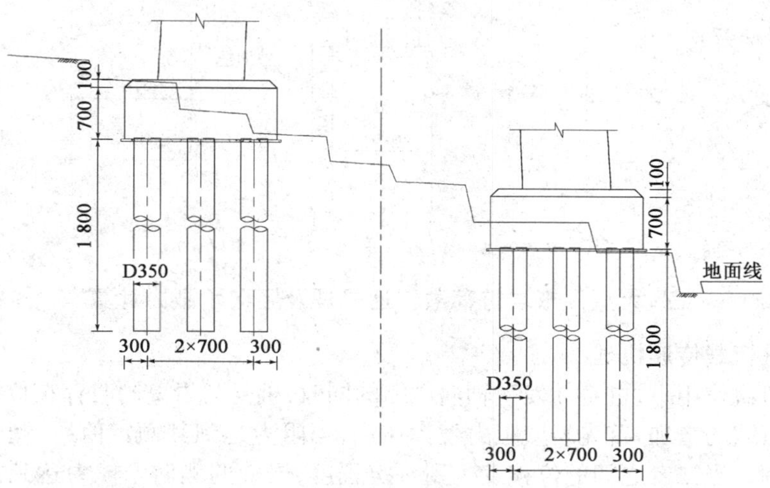

图 2 清水河大桥索塔基础布置图（瓮安岸）（尺寸单位：cm）

二、基础形式的选择

西南山区地质条件较好，很多地区都是岩石直接出露，因此西南山区桥梁基础多采用挖孔嵌岩桩。随着桥梁跨径及规模的提高，对基础承载力的要求也越来越高，而大直径挖孔嵌岩桩具有承载力高、质量可靠、噪声低、施工简单等诸多优点，因此该类型的桩基础在桥梁中的应用也越来越多。清水河大桥主塔荷载大、局部岩石出露，因此大直径嵌岩桩是最理想的基础形式。

贵瓮高速公路总工期为 36 个月，清水河大桥是贵瓮高速公路的控制性工程，是全线工期的控制节点，因此大桥总工期必须控制在 36 个月以内。而初步设计时清水河大桥索塔单个塔柱基础采用 16 根 ϕ2.5m 的桩基，根据估算至少需要 10 个月的施工工期，无法满足工期的需要。为此，需要采用更大直接的桩基以方便施工，减少作业面，节省工期。

针对索塔基础选择了 9 根 ϕ3.5m 和 ϕ16m 独柱基础进行比较分析，见表 1。

索塔基础比较表（以瓮安岸为例） 表 1

类 型	9ϕ3.5m	ϕ16m
适应性	受覆盖层厚度影响小、基底要求低	一般直接嵌固于基岩中、基底要求高
受力性能	嵌固作用好	嵌固作用稍差
混凝土工程量	9 703m^3	7 238m^3
工期	7 个月	6 个月
施工质量	施工质量易保证，风险小	施工风险稍高
应用情况	受力明确，应用相对较少，成熟可靠	受力机理与常规桩径有差异，特别是岩石破坏准则和计算模式方面现行规范不能涵盖，工程应用也非常少。
潜在影响因素	受岩溶影响较小，可局部加长	受岩溶影响较大，遇岩溶时需整体加深

从表 1 可以看出，虽然独柱基础在工程量和工期上有一定的节省，但其受岩溶影响大、受力机理不明确且对基底要求较高，特别是对于岩溶高度发育的清水河大桥，其风险和不确定性会大大增加。综合上部结构荷载、地质条件、施工条件、受力性能等因素，清水河大桥索塔基础最终选用了 9ϕ3.5m 的大直径挖孔嵌岩桩。

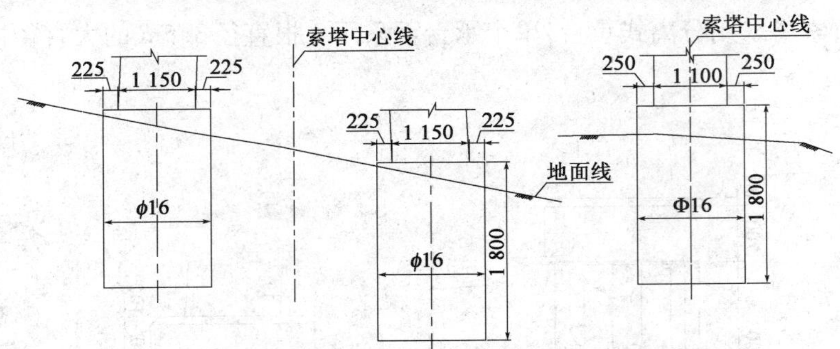

图3　Φ16m 基础布置图(瓮安岸)(尺寸单位:cm)

三、大直径嵌岩桩荷载传递机理及竖向承载力计算

1.大直径嵌岩桩荷载传递机理

嵌岩桩在竖向荷载作用下,桩身在发生轴向压缩的同时,桩身与岩壁同时存在位移,岩壁对桩身产生一定的阻力。随着荷载的增加,首先岩壁阻力发挥作用,当阻力达到其额定值后,剩余部分传递到桩端,桩端承载力开始发挥。当二者之间的位移发生到一定程度,岩壁的侧向摩擦力达到极限值,即尽管桩和岩壁之间的位移持续增大,桩侧摩擦力也不会继续增加,后续的外部荷载由桩端阻力来承担,桩端的阻力会随着嵌入岩壁的增加持续减少,达到某个额定值时,桩端的阻力将会接近于零。由此可知,嵌岩桩的桩顶荷载是通过侧阻力逐渐传递到桩端的,但是侧阻力和端阻力并不是同步发挥的,也就是说侧阻力和端阻力不会同时运到极限值。这与嵌岩深度以及桩在土层中的长度有关。对于桩长较长但嵌岩较浅的桩来说,桩身压缩量可以帮助土层获得足够的桩土相对位移,使得土层侧阻力先发挥到极限值,此类桩表现出摩擦桩或者摩擦端承桩的特性;对于桩长较短但嵌岩较长的桩来说,由于土层较薄,而且桩土相对位移很小,土层侧阻力不能发挥到极限值,由于岩层侧阻力充分发挥所需的相对位移较土层要小得多,这就使岩层侧阻先得到充分发挥。结合地质条件,可以看出本项目属于较为典型的嵌岩摩擦桩,竖向荷载主要通过桩身与岩层侧壁的摩阻力进行传递,因此在设计过程中充分发挥桩－岩侧摩阻力特别重要。

2.竖向承载力计算

根据规范,支承在基岩上或嵌入基岩内的单桩轴向受压容许承载力按以下公式计算:

$$R_u = c_1 \cdot A_p f_{rk} + u\sum_{i=1}^{m} c_{2i} h_i f_{rki} + 0.5\zeta_s u \sum_{i=1}^{n} l_i q_{ik}$$

式中:c_1——根据岩石强度、岩石破碎程度等因素而确定的端阻力发挥系数;

A_p——桩端截面面积;

f_{rk}——桩端岩石饱和单轴抗压强度标注值;

c_{2i}——根据岩石强度、岩石破碎程度等因素而定的第 i 层岩层的侧阻发挥系数;

u——各土层或各岩层部分的桩身周长;

h_i——桩嵌入各岩层部分的厚度,不包括强风化层和全风化层;

m——岩层的层数,不包括强风化层和全风化层;

ζ_s——覆盖层土的侧阻力发挥系数;

q_{ik}——桩侧第 i 层土的侧阻力标准值;

n——土层的层数,强风化和全风化岩层按土层考虑。

上述公式曰未考虑孔壁粗糙度的影响,由于本桥竖向荷载主要由桩侧摩阻力承担,而大直径嵌岩桩孔壁粗糙度对柱侧摩阻力的发挥影响较大,且采用挖孔施工可以基本确定岩层孔壁粗糙度,故基础设计计算时将 c_2 修正为 c_2 乘以粗糙度影响系数 ξ。

四、大直径人工挖孔桩结构设计

1.地质条件

开阳岸索塔区表层为第四系残坡积红黏土及黏土夹碎石。下伏基岩为中厚至厚层状灰岩,局部含燧石团块,节理裂隙发育,隐伏岩溶发育。右幅位置溶槽发育,左幅位于溶槽边缘,溶槽内第四系黏土层厚10~22m,其下为灰岩,岩体节理裂隙发育。

瓮安岸索塔区自上而下出露地层为第四系残坡积碎石土、红黏土、崩塌堆积层,中厚至厚层状燧石灰岩,泥灰岩、泥岩过渡区,中厚层状灰岩夹泥灰岩、泥岩。

从上述地质条件可以看出,清水河大桥两岸局部岩溶较发育,特别是开阳岸,因此桩基础设计时应充分考虑岩溶的影响,并根据揭示岩溶情况选择不同桩长,即具有边设计边施工的典型特点。

2. 设计要点

清水河大桥索塔采用分离式基础,单个塔柱下采用9根直径3.5m的桩基础,行列式布置,嵌岩桩设计,单桩间距为$2d$。采用C30水下混凝土,开阳岸单桩长40~72m,瓮安岸单桩长18m(图4)。

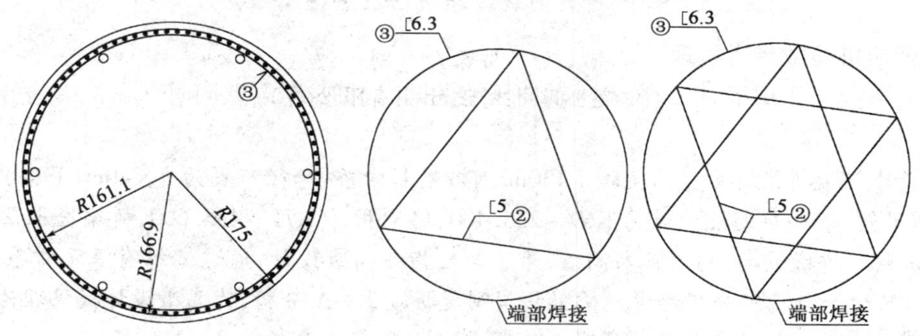

图4 清水河大桥索塔桩基截面图(尺寸单位:cm)

设计过程中,设计组经研究,将HRB500级高强钢筋引用到桩基配筋设计中,使得桩基竖向主筋仅采用单肢ϕ36mm的HRB500级高强钢筋,较常规的双筋配置既减小了钢筋用量也方便了施工。每根大直径桩设置6根声测管。桩基钢筋笼单桩钢筋笼最大重约65t。钢筋笼较重且直径大,横向易变形,因此采用槽钢加工的圆环作为加强钢筋,同时根据桩基长度在内侧加设1个或两个槽钢组成的三角形支撑架,确保钢筋笼的安全。

人工挖孔桩的护壁采用厚20cm加钢筋混凝土结构,护壁采用螺旋式设计。

3. 施工要点

除满足常规山区桩基施工规定外,本桥处于岩溶较发育地质区域,因此桩基施工过程中对于小溶洞,应采取填充自密实混凝土和压浆等措施对溶洞进行填充封闭处理;对于较大溶洞,应采取钢护筒穿越处理。施工终孔前应对桩底以下8m范围的地质条件进行钎探,同时采用地质雷达对桩底以下20m范围的地质条件进行勘察,如有溶洞,应查明溶洞大小及充填形态,且钻孔桩应穿过溶洞。桩底如遇裂隙带应采用压浆等措施进行填充封闭处理。

五、结　　语

(1)大直径挖孔嵌岩桩承载力高,由于其施工作业面大,施工过程易于监控,成桩质量能够得到充分保证,因此是承受超大荷载的理想基础形式。

(2)对于岩溶较为发育的岩石地质区,大直径挖孔嵌岩桩由于单桩承受的荷载较大,在施工中对于开挖中的异常情况需仔细分析,结合周围桩身及桩底开挖情况,进行及时准确的处理。

(3)大直径挖孔嵌岩桩因其自身的优点在今后的桥梁建设中特别是山区桥梁建设中必将得到更多的应用。随着施工设备和施工工艺水平的发展,桩径还将进一步增大。

参考文献

[1] 王雁然,潘家军. 嵌岩桩竖向荷载—沉降特性的有限元分析[J]. 武汉大学学报,2006,39(5):46-52,67.

[2] 赵明华,雷勇,刘晓明.基于桩—岩结构面特性的嵌岩桩荷载传递分析[J].岩石力学与工程学报,2009,28(1):103-110.

[3] 中华人民共和国行业标准.JTG D63—2004 公路桥涵地基与基础设计规范[S].北京:人民交通出版社,2004.

[4] 刘峰,王晓东,何小钰.基于涪丰高速乌江特大桥的超大直径嵌岩桩设计[J].公路交通科技,2015,06(1):70-75.

5.清水河大桥引桥高墩设计

陆从飞 曲春升 刘 波
(中交公路规划设计院有限公司)

摘 要 清水河大桥设计方案为主跨1 130m钢桁梁悬索桥,跨径布置为9×40m(T梁)+1 130(悬索桥)+16×42m(T梁)。桥梁起点桩号为K69+258.400,终点桩号K71+433.600,桥梁全长2 175.20m。两岸引桥靠近主桥附近桥墩较高,均为百米高墩,为了合理指导高墩设计,通过三维有限元杆系模型(Software MIDAS/Civil)对高墩进行稳定分析和考虑桥墩抗弯刚度折减$P-\Delta$分析,为高墩设计提供理论依据。

关键词 清水河大桥 42mT梁 高墩 有限元杆系 稳定分析 $P-\Delta$分析

一、引 言

近年来,随着我国经济建设的发展,高速公路建设已从平原微丘区向山区延伸,特别是西部大开发战略的实施,我国在山区修建的高速公路越来越多,由于西部山区多为山岭重丘区,地形起伏,总体设计上对公路路线指标(如平纵线形要求)的不断提高,在一些特殊地形,采用高墩已成为难以避免的结构形式。

为了能够准确分析高墩的受力状态,本文以清水河大桥为工程背景,运用三维有限元杆系模型(Software MIDAS/Civil)对高墩进行计算研究。

二、工 程 概 况

贵瓮高速公路是《贵州省骨架公路网络规划高速公路网修编》(2008—2025年)中"三纵三横八联八支"的第六联,是江口至大方高速公路中的一段。设计路线全长72.525km,桥隧比41.52%。采用双向四车道高速公路标准建设,设计时速80km,路基宽24.5m,路线起于贵阳市李资镇,接贵阳环城高速公路东北环线,终点至瓮安钱家院,与道真至瓮安、江口至瓮安、瓮安至马场坪高速公路衔接。贵瓮高速公路连接黔中和黔北旅游和矿产资源富集地区,是国家规划的黔中经济区的主要通道,同时还是贵阳向外辐射的9条高速路之一,又是县县通高速的重点项目,项目完工后将成为贵州省又一条陆路出省通道的核心路段,并连接乌江航道,实现水陆运输的无缝连接。

贵瓮高速公路清水河大桥将跨越贵阳市开阳县与黔南州瓮安县的界河—乌江水系一级支流清水河,是拟建项目毛云乡互通至建中互通段的线路控制点。本桥设计方案为主跨1 130m钢桁梁悬索桥,跨径布置为9×40m(T梁)+1 130m(悬索桥)+16×42m(T梁)。桥梁起点桩号为K69+258.400,终点桩号K71+433.600,桥梁全长2 175.20m。两岸引桥靠近主桥附近桥墩较高,均为百米高墩,尤其瓮安侧第四联引桥,最高的桥墩达到了107.9m(图1),本篇就第四联的引桥高墩进行研究分析,其中上部结构采用42m连续T梁,下部结构采用5.5m×4.5m等截面薄壁空心墩,空心薄壁墩厚为60cm,在墩身设置两道50cm厚横隔板。承台尺寸为9.1m×9.1m×3.0m,基础采用4根直径2.2m的钻孔灌注桩(图2)。

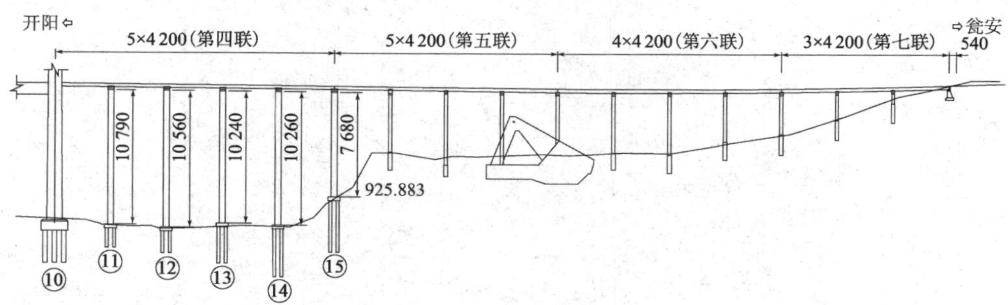

图1 引桥桥型布置图(尺寸单位:m)

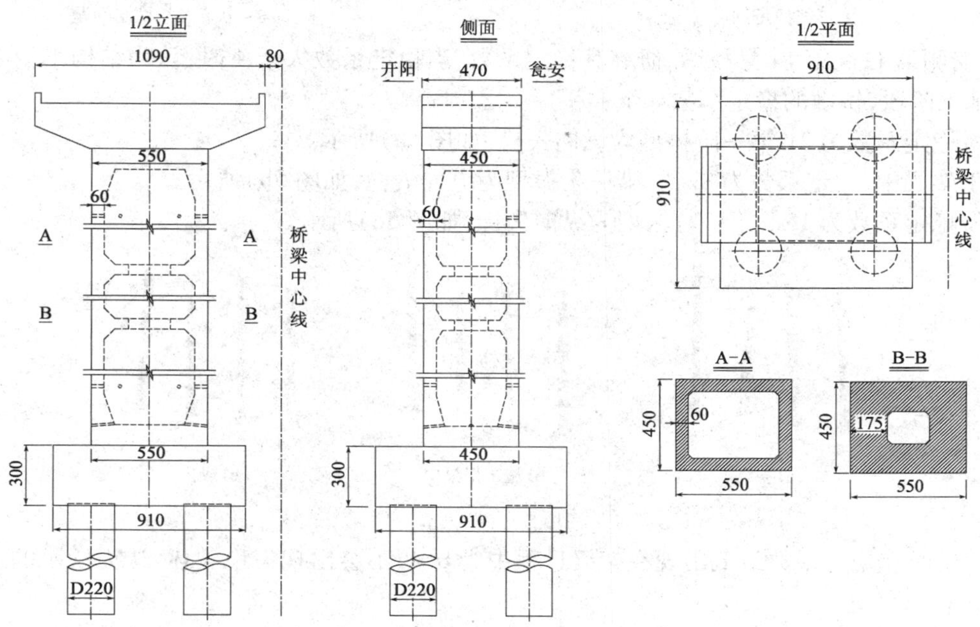

图2 11号~15号桥墩一般构造(尺寸单位:cm)

三、高墩分析方法

高墩设计中,稳定分析和弯矩增大系数是设计中的两个关键问题,瓮安侧第11~第14号桥墩高为100~108m,均为高墩。下面对这两个问题进行研究分析。用于指导高墩的设计。

1.稳定分析

结构失稳是指结构在外力增加到某一量值时,稳定性平衡状态开始丧失,稍有扰动,结构变形迅速增大,使结构失去正常工作能力的现象。研究结构稳定问题有两种方式:

第一类稳定:分支点失稳,失稳前后平衡状态所对应的变形性质发生改变,在分支点处,既可在初始位置处平衡,亦可在偏离后新的位置平衡,即平衡具有二重性。如图3a)所示理想中心受压杆,其直线平衡状态(轴心受压)的稳定性与轴向荷载P的大小有关,当荷载P小于某值($P<P_{cr}$)时,直线平衡状态是稳定的;当荷载荷载P大于该值($P>P_{cr}$)时,由精确的大挠度理论分析结果表明,即可以具有直线平衡状态,又可以具有弯曲的平衡形式。图3b)所示为轴心压力P与挠度Δ的关系曲线。

第二类稳定:极值点失稳问题,失稳前后变形性质没有发生变化,力-位移关系曲线存在极值点,达到极值点的荷载使变形迅速增大,导致结构压溃。如图4a)所示偏心受压直杆处于压弯平衡状态。图4b)所示为轴心压力P与挠度Δ的关系曲线。

实际工程中的稳定问题一般都表现为第二类失稳,在许多情况下两类问题的临界值相差不大,由于第一类稳定问题是特征问题,求解方便,因此研究第一类稳定问题有着重要的工程意义。

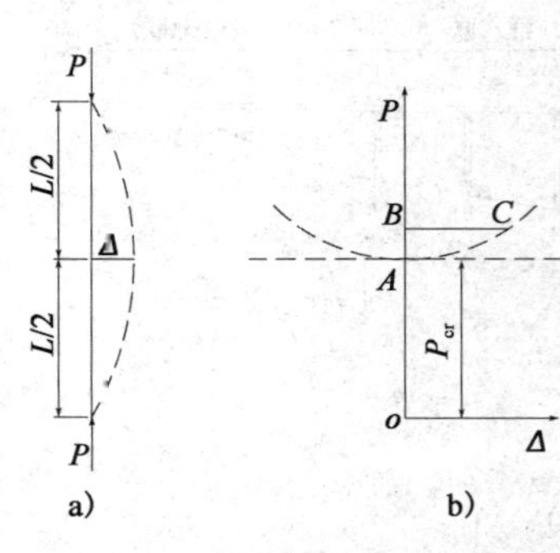

图3　第一类稳定问题

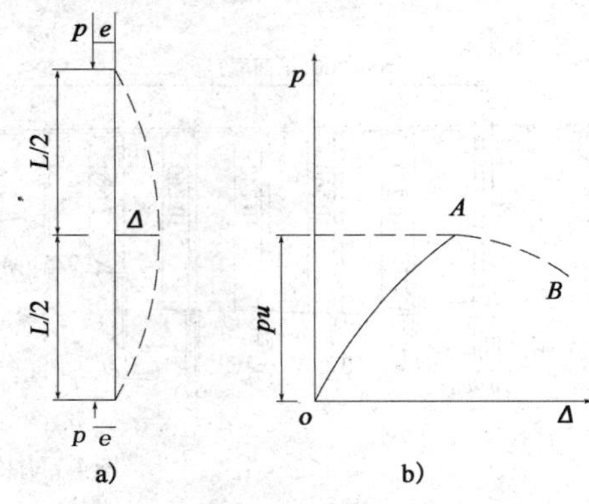

图4　第二类稳定问题

对于瓮安侧第11~第14号桥墩，研究其稳定系数，当稳定系数大于4时，认为结构不会发生失稳破坏，对于各施工阶段，桥墩的稳定系数如下：

(1)裸墩稳定系数为21第一阶振型为纵向失稳，如图5a)所示。

(2)施工架梁中，稳定系数为8.4。第一阶振型为纵向失稳，如图5b)所示。

(3)成桥稳定系数为15。第一阶振型为纵向失稳，如图5c)所示。

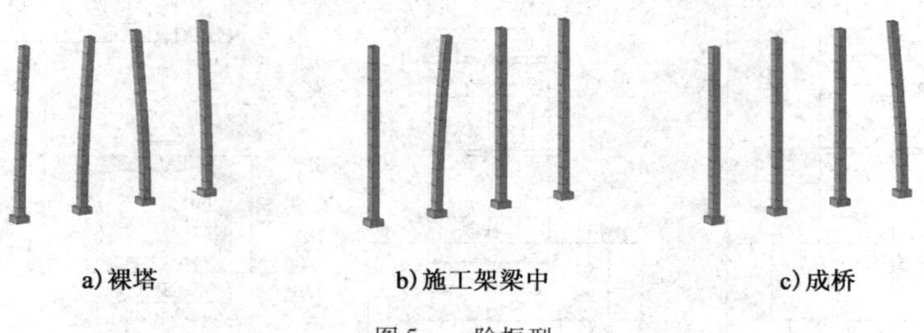

图5　一阶振型

经验算，桥墩在稳定系数最低出现在架梁过程中为8.4，不会出现失稳破坏，认为桥墩的稳定设计是合理的。

2. 弯矩增大系数和 $P-\Delta$ 分析对比

桥墩主要承受主梁和活载传递的轴力、汽车制动力和风荷载等产生的弯矩，属于偏心受压构件；根据《公路钢筋混凝土及预应力混凝土桥涵设计规范》(JTG D62—2004)第5.3.10的规定，对于计算偏心受压构件正截面承载能力，截面内力应考虑构件在弯矩作用平面内的挠曲对轴向力偏心距的影响。

长细比较大(超过17.5)的偏心受压构件，规范从简化计算的角度考虑，提出了通过偏心距增大系数与构件计算长度相结合的方法来考虑二阶弯矩对截面承载力的影响。简化的做法是将轴力对截面重心轴的偏心距 e_C 乘以偏心距增大系数 η。在公式中，由于 l_0 只能根据工程经验和参照某些理论分析来确定，因此存在一定的近似。

$$\eta = 1 + \frac{1}{1\,400 e_0/h_0}\left(\frac{l_0}{h}\right)^2 \zeta_1 \zeta_2$$

这种简化计算方法近似取界限受压状态时的极限曲率，因此计算结果偏大，但是对于常规的中小结构，由于荷载偏小，采用简化计算方法不仅能提高设计效率，而且也不会导致太大浪费。对于超高墩而言，由于长细比很大，如仍按规范简化公式考虑则过于偏保守，随着计算机技术和有限元软件的广泛应用，考虑二阶效应的 $P-\Delta$ 分析是近年来美国、加拿大等国规范推荐的一种精度和效率较高的考虑二阶效应的方法。这种考虑了几何非线性的杆系有限元法是一种理论上严密的分析方法，由它算得的各杆件控制截面最不利内力可直接用于截面设计，而不再需要通过偏心距增大系数 η 来增大相应截面的初始偏心距。

本文根据实际工程实例，运用规范的简化计算公式和精细化的 $P-\Delta$ 分析对高墩内力计算结果进行比较，找到高墩计算的合适方法。见表1。

$P-\Delta$ 分析考虑刚度折减与弹性分析弯矩比较表 表1

墩预至墩底高度	荷载工况	顺桥向弯矩(kN·m)			弯矩增大比例	
		弹性计算	简化公式法	$P-\Delta$ 效应	简化公式法	$P-\Delta$ 效应
1	永久荷载+整体降温+截面负温差+百年横风	2 403	27 399	3101	11.40	1.29
2		5 561	35 093	7 002	6.31	1.26
3		9 372	44 377	11 642	4.74	1.24
4		13 837	55 254	17 002	3.99	1.23
5		18 955	67 723	23 054	3.57	1.22
6		24 726	81 782	29 762	3.31	1.20
7		31 151	97 434	37 083	3.13	1.19
8		38 229	114 677	44 961	3.00	1.18
9		45 961	133 514	53 331	2.90	1.16
10		54 346	153 941	62 116	2.83	1.14
11		58 784	164 753	66 636	2.80	1.13

注:表中"简化公式法"是指按照《公路钢筋混凝土及预应力混凝土桥涵设计规范》(JTG D62—2004)第5.3.10的规定,采用简化公式来考虑弯矩增大系数的方法。

$P-\Delta$ 分析时通常需对桥墩抗弯刚度进行折减,美国ACI规范和中国的相关规范均有规定,本文偏保守地按中国规范取值。

(1)《美国2008混凝土结构设计规范》ACI-318R-082规定,当考虑二阶效应的弹性分析方法时,宜在结构分析中对构件的弹性抗弯刚度 E_cI 进行折减:对梁取0.35折减,对柱取0.7折减。

(2)我国《混凝土结构设计规范》(GB 50010—2002)规定,当采用考虑二阶效应的弹性分析方法时,宜在结构分析中对构件的弹性抗弯刚度 E_cI 进行折减:对梁取0.4折减,对柱取0.6折减。

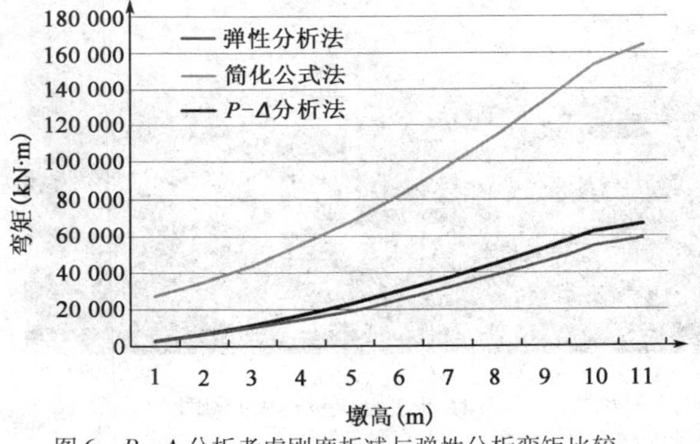

图6 $P-\Delta$ 分析考虑刚度折减与弹性分析弯矩比较

图6可见,采用规范规定的简化公式考虑弯矩增大非常保守,由此将会导致桥墩断面尺寸设计非常大,造成材料浪费;而采用 $P-\Delta$ 分析并考虑桥墩刚度折减系数后,桥墩的墩底的弯矩增加了13%。清水河大桥引桥高墩综合比较两种不同的计算方法,最终按照精细化 $P-\Delta$ 分析的计算结果进行设计。

四、结 语

(1)稳定是高墩设计中较为特出的问题,需要研究高墩在各个阶段的稳定状态,计算发现对于该预制安装的42mT型梁桥,稳定系数最小为8.4,出现出现在架梁过程中。

(2)桥墩 $P-\Delta$ 分析考虑桥墩刚度折减系数后,桥墩的墩底的弯矩会相应增加了,按照两种刚度折减后弯矩增加最大为13%。$P-\Delta$ 分析属于理想化的几何非线性分析,未考虑施工的偏差和材料本身的缺陷影响引起的桥墩弯矩的增加,因此结果设计尚需考虑这些因素的影响。

参考文献

[1] 潘志炎,史方华.高桥墩稳定性分析[J].公路,2004:60-62.

[2] 邓凌云.对现行规范结构 $P-\Delta$ 效应分析方法有效性的识别及改进建议[D].重庆大学,2012.

[3] 张元凯,梁炯丰.钢筋混凝土压弯构件 $P-\Delta$ 曲线分析[J].山西建筑,2006,10.

[4] 康文静.高墩设计理论研究[D].华中科技大学,2006.

6. 毕都线北盘江大桥设计及关键技术特点

刘　波　侯　满　彭运动
（中交公路规划设计院有限公司）

摘　要　贵州毕都线北盘江大桥（以下简称“北盘江大桥”）是跨越云贵两省交界处北盘江峡谷的主跨720m的特大桥梁，也是目前世界上最大跨径的钢桁梁斜拉桥。本文重点介绍该桥的工程特点、桥型桥跨比选、总体设计、技术创新点等内容。

关键词　都格北盘江大桥　方案论证　结构体系　板桁结合钢桁梁　关键技术

一、工 程 概 况

毕都线北盘江大桥位于杭瑞高速贵州境毕节至都格公路项目的终点，跨越贵州和云南省界的北盘江大峡谷，与规划的云南省杭瑞高速公路普立至宣威段相接，全长1 341.4m。工程总投资约10.3亿元人民币，建设工期4年，预计2016年通车。北盘口大桥建成预想图如图1所示。

图1　北盘江大桥建成预想图

大桥主桥桥跨布置为80m + 88m + 88m + 720m + 88m + 88m + 80m七跨连续体系的双塔钢桁架梁斜拉桥，云南岸引桥为3×40m预应力混凝土连续梁，全长1 520m。

桥址区位于云贵高原西部斜坡地带、北盘江流域上游，河谷深切最大高差约570m，桥位处峡谷宽约400m。两岸陡壁向两侧地形稍缓，其中云南岸坡度20°～30°，贵州岸坡度约30°。桥址区地层以泥盆系中上统到侏罗系地层为主，基岩为可溶性碳酸盐岩地层。出露地层为浅灰色厚层至块状灰岩。主要不良工程地质作用为岩溶、溶蚀裂隙带、卸荷裂隙及顺层滑坡。

桥址区属亚热带至温暖带云贵高原湿润季风气候区，区内平均温度12℃，极端最高温度31.6℃，极端最低温度 -11.7℃，四季气温变化较大，无霜期长（约250天）。多年平均降雨量1 000～1 500mm，平均风速0.8～2.5m/s。

桥址区灾害性天气有暴雨、冰雹、雾与凌冻。由于桥位处地形起伏较大、高低悬殊、垂直温差大，加之降雨量及蒸发量大，山间沟谷易形成浓雾。且桥面高程1500m以上，易受凌冻影响。

二、主要技术标准

桥梁标准横断面如图2所示。

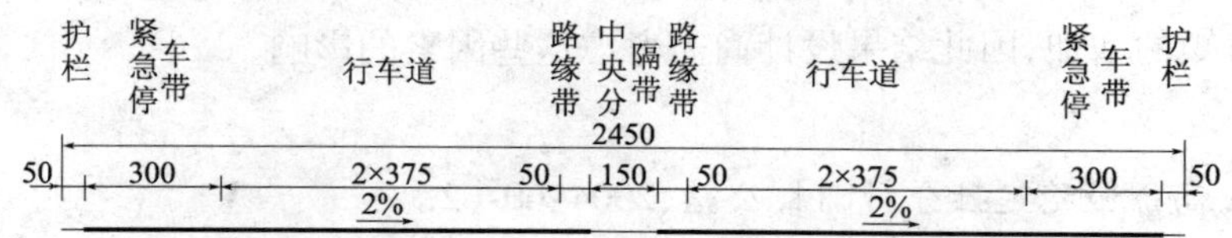

图2　桥梁标准横断面（尺寸单位：cm）

（1）道路等级：双向四车道高速公路。

（2）计算行车速度：80km/h。

(3)桥梁标准宽度 24.5m,主梁宽度为 27m。

(4)桥梁设计荷载:公路-Ⅰ级。

(5)桥梁最大纵坡:1.1%,桥面横坡:2.0%。

(6)设计基准风速:V_{10} = 26.03m/s(1/100)。

(7)地震动峰值加速度:0.083g(场地地震安全性评价推荐参数)。

三、工程特点和桥型方案

1. 主要工程特点

与东部沿海地区跨越江河及海洋桥梁工程相比而言,本项目突出的特点是:

(1)峡谷地形变化急剧(峡谷深度约 580m),局部风环境复杂,是大桥设计风荷载评价和运营期行车安全的控制性因素。

(2)岩溶发育地质条件是大桥勘察和基础方案确定的控制性因素。

(3)跨越陡峭的峡谷地形造成施工场地狭窄、运输施工条件极差。与之相应地,钢桁梁结构体系及构造选择是解决施工架设和后期结构耐久性的关键因素。

(4)桥位区矿产资源丰富,建有大型火力发电厂,重载交通问题突出,是主梁结构设计重点关注的问题之一。

(5)黔西地区高原重丘的气象条件,特别桥面高度 1500m 以上,寒潮、凝冻(或称"桐油栋")、大雾等气象灾害大大影响运营期的行车和结构安全,后期运营养护期的管理问题突出。

2. 桥跨选择

本桥的主跨跨径不受水位、通航等控制,主要受桥位处的地形、地质条件控制,而桥跨选择的关键是塔位选择,塔位选择的原则如下:

(1)结合地勘成果和边坡稳定分析,重点考虑溶蚀、卸荷裂隙带及边坡稳定影响,确保主塔墩基础的安全性。

(2)从地形角度考虑,选择地势平缓、开挖方量小的位置,也便于施工场地布设和施工组织。

(3)桥跨布置时充分考虑高塔、高墩的稳定性。

(4)从方案总体把握上,控制跨度规模,考虑施工因素,减少主、引桥施工难度。

经过初步设计前期比选及深化初步设计比选,结合地形、地质勘察、边坡稳定等控制因素,推荐了主墩位置,确定了 672m 和 720m 两种跨径方案(图 3)。

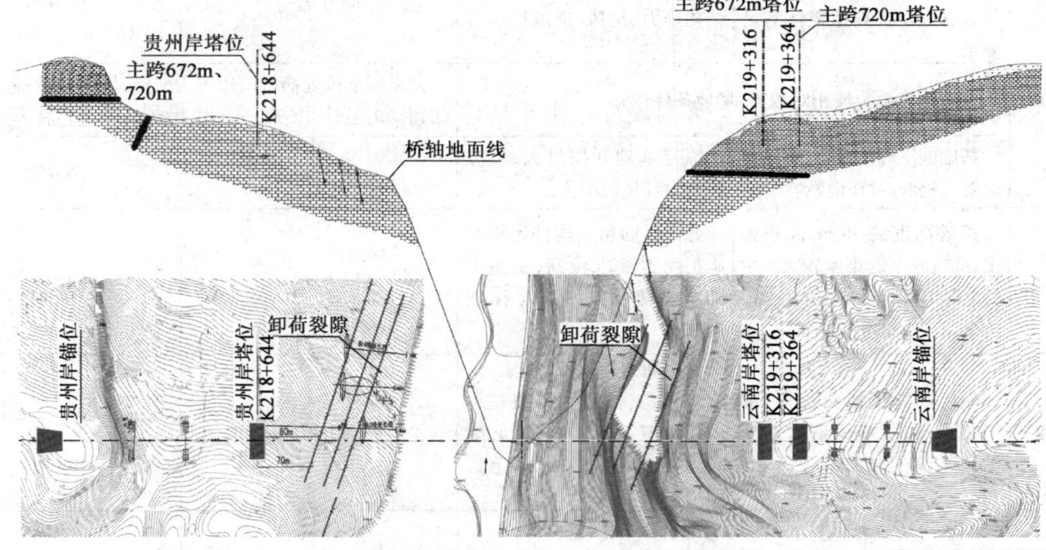

图 3 索塔塔位选择示意

3. 桥型方案

综合梁式桥、拱桥、斜拉桥及悬索桥等桥型的合理跨径和适用经济跨径,针对主跨跨径672m和720m,考虑桥位处的地形条件、构件运输方案可行性、上部结构架设施工可实施性等因素,确定初步设计阶段采用钢桁架梁斜拉桥和钢桁架梁悬索桥两种桥型方案。

本桥的桥跨布置由索塔、锚碇的合理位置来确定:对于斜拉桥方案需确定边中跨比、过渡墩位置;对于悬索桥方案需确定两岸锚碇的位置,从而确定主桥桥跨布置。同时桥跨布置时也考虑了引桥的布跨和施工。

从技术可行性、施工风险、施工工期、经济性、环境适应性和运营养护等方面对两种桥跨和桥型进行了深入比较(表1)。以下4个方面决定了最后的桥型方案。

(1)跨径和建设条件。虽然672m跨径的经济性优于720m方案,但672m方案云南侧塔位处横桥向边坡为陡壁,基础开挖量大、场地局促、施工安全性问题突出。因此跨径角度720m占优。

(2)桥型方案。悬索桥方案在贵州有相当成熟经验,钢桁梁结构要求小于斜拉桥、高塔施工风险小于斜拉桥。因此桥型选择方面悬索桥占优。

(3)施工角度。斜拉桥方案工序少,工期较短;没有悬索桥方案的两个锚碇基础,减少大开挖和废方处理。就施工角度而言,斜拉桥方案占优。

(4)后期养护。斜拉桥斜拉索、钢桁梁、钢锚梁等结构需养护,后期养护较简单;悬索桥除钢桁梁、缆索等结构外,除湿系统需养护,总体上后期维护量大、费用相对高。

综合上述因素,为保障施工场地及实施安全,减少锚碇大开挖、简化施工工艺,方便运输和架设,减少后期养护工作量,最终确定了跨度720m的钢桁梁斜拉桥方案作为实施方案。

桥型方案比较及推荐方案 表1

项目 \ 方案	方案一 钢桁架梁斜拉桥	方案二 钢桁架梁悬索桥	方案三 钢桁架梁斜拉桥	方案四 钢桁架梁悬索桥
桥跨布置	72m + 72m + 96m + 720m + 96m + 72m + 72m(主桥) + 3 × 40m = 1 320m	65m + 110m + 65m + 720m(主桥) + 9 × 40m = 1 320m	72m + 72m + 96m + 672m + 96m + 72m + 72m(主桥) + 4 × 40m = 1 312m	65m + 110m + 65m + 672m(主桥) + 10 × 40m = 1 312m
建安费(万元)	83 682	82 272	78 115	77 366
工期(月)	38	44	36	42
技术可行性	国内已建成同类桥型主跨708m闵浦大桥;本方案结构静力、抗风/抗震稳定性满足要求	已建类似山区环境的主跨1088m坝陵河大桥;本方案结构静力、抗风/抗震稳定性满足要求	同方案一	同方案二
对建设条件适应性及对环境影响	云南侧塔位边坡相对缓和,场地条件较好		云南侧塔位处横桥向边坡为陡壁,场地局促、施工安全性问题突出	
	基础施工开挖量小,运输便道要求较低,对环境影响较小	锚碇基础开挖量大,废方处理对环境影响大	同方案一	同方案二
施工难度和风险	索塔高度约260m,高塔施工、机制砂泵送难度较大。主桥上部结构桁梁安装方法工序较少,但边跨需进行压重	悬索桥的超大构件运输对施工便道要求较高,主桥上部结构施工工序多,作业面多	同方案一	同方案二
养护难易度	使用期需更换斜拉索,钢桁架梁、钢锚梁等结构需养护,后期养护较简单	使用期钢桁架梁、缆索、吊索等结构、锚室和塔顶鞍罩内的除湿系统需养护,必要时需要更换吊索,总体上后期维护量大	同方案一	同方案二
比较结论	推荐	比较	比较	比较

注:桥型方案比较阶段边跨跨度小于最终实施方案。

四、结构体系和桥梁结构设计

主桥为七跨连续钢桁梁斜拉桥，桥跨布置为 80m + 2 × 88m + 720m + 2 × 88m + 80m，边中跨比 0.356，边跨设置两个辅助墩和一个过渡墩，总长 1 232m（图 4）。

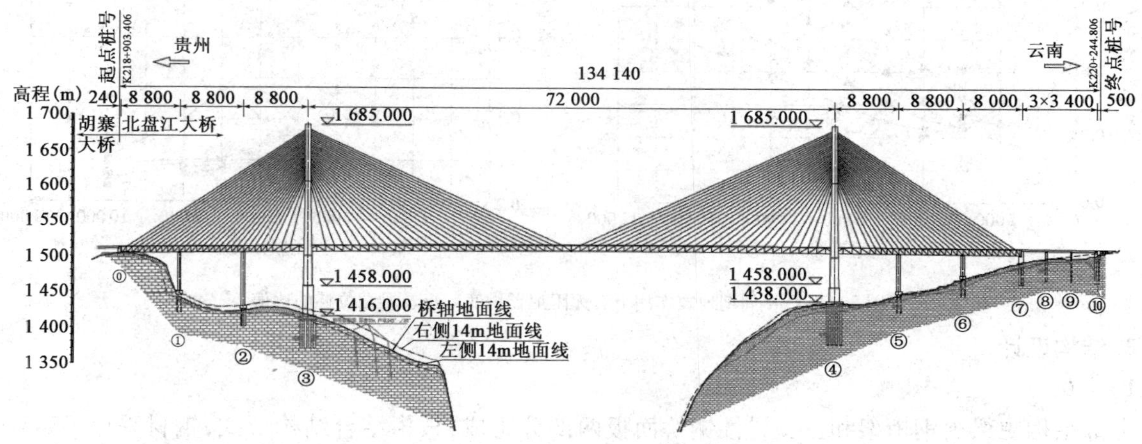

图 4　北盘江大桥桥型布置图（尺寸单位：cm）

1. 结构体系

1）主梁结构体系选择

从结构受力角度而言，单层桥面钢桁架主梁斜拉桥并不具备优势，但是对于修建于山区的大跨径钢桁梁斜拉桥，钢桁梁主要构件为杆件，可将大节段化整为零，分散制作、运输和安装，更适合山区桥梁的架设和施工。因此结合山区条件特点本桥采用了钢桁梁的主梁结构方案。

从避免钢桥面铺装带来的施工工艺、耐久性问题，降低后期养护成本等角度似乎采用混凝土桥面板更具有优势（如叠合梁），但本桥跨度大，采用混凝土桥面板结构自重大大增加，将导致结构受力和经济性差等一系列问题，对施工场地和施工能力的要求也会大大提高。虽然从结构受力角度边跨采用叠合梁作为压重具有合理性，但综合考虑上述因素，本桥采用了钢桥面板的桁—板结合全钢结构钢桁梁体系。

2）结构支撑体系

（1）主梁在索塔下横梁、辅助墩处设置多向（双向）球型钢支座；过渡墩处设一个单向活动支座和一个双向活动支座；索塔处设横向抗风支座。1 号、2 号、5 号和 6 号辅助墩处竖向支座采用拉压支座，抗拉承载力不小于 1 000kN。

（2）在钢桁梁与索塔横梁处顺桥向采用阻尼装置连接（两组共 4 个）。根据计算分析增加阻尼器后，塔顶和跨中位移、塔底弯矩明显减小，当 $\alpha = 0.2$ 时，增加阻尼器后塔顶和跨中位移减小量最大。因此确定阻尼装置推荐参数：速度指数 α 取 0.2、线性阻尼系数取 600［kN/（cm/s）］、最大行程 ±500mm，额定阻尼力 2 300kN（图 5）。

3）边跨压重设计

为平衡主、边跨恒载及活载的重量，本桥压重设计充分利用了结构自身及构造采用混凝土检修道、主桁弦杆内灌混凝土形式，另外再考虑了一部分墩顶范围预制混凝土压重块。边跨采用了压重混凝土单侧总计重量为 7 214t，其中边跨预制混凝土下检修道单侧重量合计 2 776.4t（694.1m^3），边跨四根主桁弦杆内灌自密实混凝土自重共 60kN/m，在辅助墩和过渡墩附近的主横桁架下横梁上布置压重 4 437.6t（1 109.4m^3）。混凝土预制下检修道梁和压重块均采用 C30 预制重混凝土块件，容重分别为 25kN/m^3 和 35kN/m^3。

混凝土预制下检修道随边跨钢桁梁一起顶推。混凝土压重块按加载时机分为一期压重和二期压重，一期压重在边跨钢桁梁顶推施工就位后施加，二期压重在主跨合龙、解除塔梁纵向临时约束后施加。

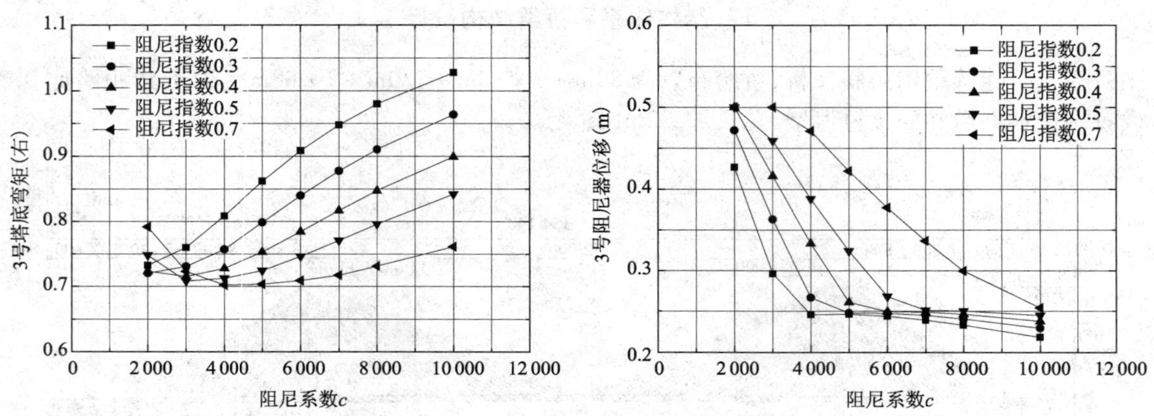

图5 2000年周期地震作用下有无阻尼器塔底弯矩及梁端位移的比值

2. 结构设计

1)主梁

上部结构主梁由钢桁架和正交异性钢桥面板两部分组成,板桁结合结构形式,钢材采用Q345D。主桁架采用普拉特式结构,由主桁架、主横桁架、中纵梁和下平联组成,主桁架采用整体节点板连接。主桁架桁高为8.0m,主跨节间长为12.0m,边跨节间长12.0m、8.0m。两片主桁架弦杆中心间距为27.0m。

主桁架上弦杆、下弦杆、竖腹杆均选用闭口箱形断面;斜腹杆除在支座附近区域采用闭口箱形断面外,余均采用制造简单、拼装方便的H形断面。主桁架杆件均为焊接构件。主横桁架采用单层桁架结构,由上横梁、下横梁、外侧斜腹杆、竖腹杆和内侧斜腹杆组成,下横梁采用闭口箱形断面,上横梁、腹杆均选用工形断面。主横桁架上横梁、下横梁均采用焊接杆件;外侧斜腹杆除边跨压重区采用焊接杆件外,其他外侧斜腹杆、竖腹杆和内侧斜腹杆均采用焊接H型钢。

在桥梁中心线处设置了中纵梁,连接两相邻主横桁架的上横梁。中纵梁采用H形断面、焊接结构。下平联采用米字形结构,均采用焊接H型钢,如图6所示。

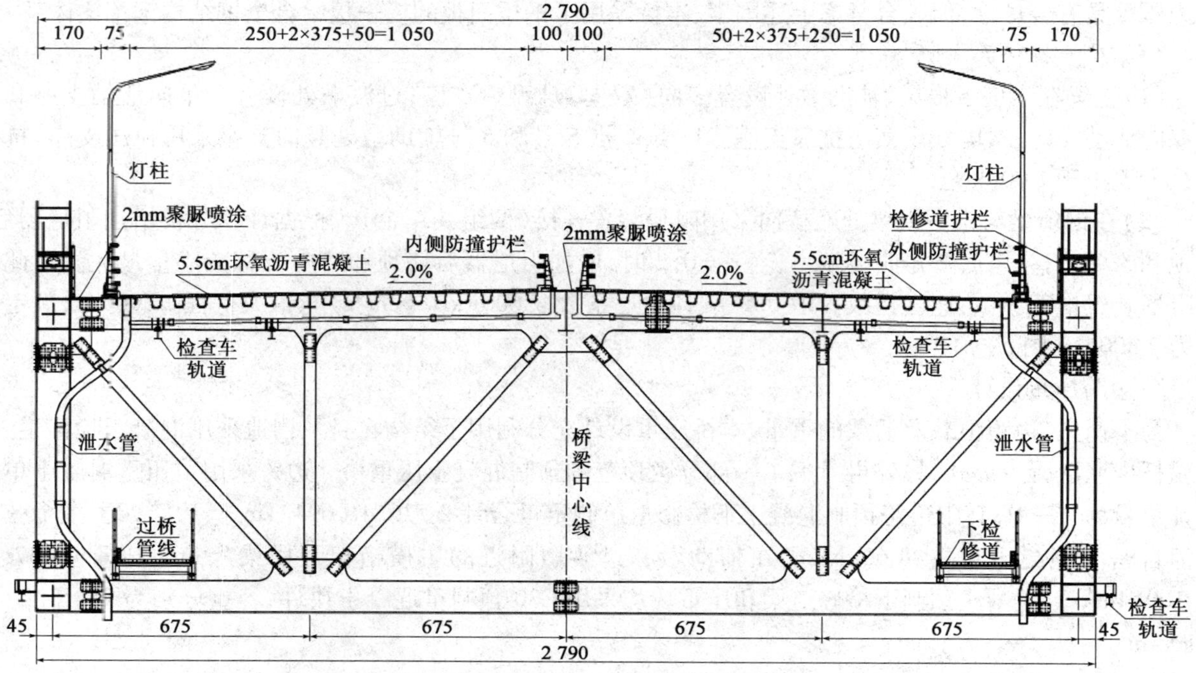

图6 钢桁梁标准断面(尺寸单位:cm)

主跨共划分为 Z0 ~ Z28 及合龙段(HL)共 59 个节段,标准节段上弦杆长为 11 980mm,下弦杆长为 11 977.3mm;边跨共划分为 B0 ~ B16 共 34 个节段,标准节段上、下弦杆长均为 15 980mm;上(下)弦杆在两个节段间的理论间隙为 20mm,为补偿杆件的纵向压缩,主跨所有节段以及一侧边跨 4 个 12m 节段的两个节段间上弦杆的实际间隙为 23mm,下弦杆的实际间隙为 22mm。

主桁架的上下弦杆通过整体节点板与竖腹杆和斜腹杆连接,主桁架的上下弦杆与主横桁架的上下横梁、平联间通过焊接节点板连接。主横桁架的上横梁和下横梁均通过整体节点板与竖腹杆和斜腹杆连接,下横梁设置水平整体节点板与下平联连接。

正交异性钢桥面板由桥面板、U 形加劲肋、纵向板肋、横隔梁和 T 形纵梁组成,桥面板板厚 16mm,桥面板与桁架上弦杆平齐,基于便于施工精度控制和后期耐久性、维护角度考虑,桥面板纵向与主横桁架上弦杆顶板、横向与主桁上弦杆顶板均采用焊接连接。

2)斜拉索

斜拉索采用双索面平面扇形布置,上端锚固于上塔柱内的钢锚梁上,下端锚固在主桁架上弦杆的钢锚箱上,全桥共有 112 对 224 根斜拉索。本项目现场交通运输条件较差,镀锌钢绞线斜拉索可现场加工,单根吊装、张拉,起吊设备和安装工具非常轻便,且单根钢绞线可更换,便于后期养护,推荐采用钢绞线斜拉索。

3)索塔及基础

H 形索塔具有构造简单,比例协调,挺拔有力、稳定均衡的优点。根据结构受力和景观分析,本方案采用 H 形索塔。索塔为 C50 钢筋混凝土结构。

贵州岸索塔塔高 269m,云南岸塔高 248m,两岸索塔上、中、下塔柱高度均相同,仅塔座高度不同。塔身及横梁断面均采用矩形空心截面,塔柱壁厚为变化值,中上塔柱壁厚 1.2m(纵桥向)/1.0m(横桥向),下塔柱壁厚 1.5m(纵桥向)/1.2m(横桥向)。塔柱及横梁均采用 C50 混凝土。索塔布置见图 7、图 8。

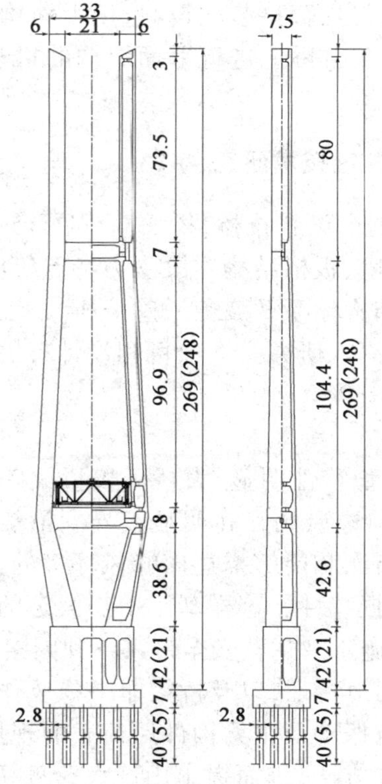

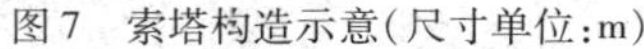

图 7　索塔构造示意(尺寸单位:m)

图 8　索塔在桥位的效果示意

索塔基础采用 28 根直径 2.8m 群桩基础,按嵌岩桩设计,桩尖持力层为微风化泥质灰岩。承台平面尺寸为 38.2m(横桥向)×21.4m(顺桥向),厚 6.0m。承台和桩基均采用 C30 混凝土。

3. 上部结构施工方法

山区斜拉桥可采用的施工工法为悬臂吊装、缆索吊装及顶推施工法。

北盘江大桥位于山区峡谷地区，两岸边跨设计高程距地面距离均高达90m，桥面距谷底深达570m，一方面由于边跨需要平衡压重，采用对称悬拼难以实施。另一方面桥下构件运输条件差、场地局限，不宜采用索塔处垂直起吊向两侧对称拼装方式。另外从工期角度考虑，边跨具备线形施工条件，也利于施工控制。因此从利于压重实施、方便施工控制、解决施工场地角度，设计推荐先完成钢桁架边跨梁段的拼装后，再进行主跨梁段的拼装架设思路。

边跨钢桁梁架设考虑了落地支架拼装和顶推两种方案。考虑到落地支架法需搭设高约90m的支架，难度大，安全性和稳定性不易保证，结合现场条件、可实施性和经济性比选，确定了主桥上部结构边跨采用顶推(多点拖拉)施工方案架设。

主跨钢桁梁架设考虑了桥面吊机和缆索吊两种方案。缆索吊的优点是可整体梁段架设、减少高工作业量、工期较短。但本桥节段重达240t，对缆索系统要求很高、吊装设备投入大、经济性差；且存在节段吊装受已安装斜拉索的干扰问题，梁段安装就位又需在高空转体90°，因此最终选择了桥面吊机桁片拼装的架设方案。

施工图阶段针对具体的导梁结构、顶推设计及设备受力，以及中跨桥面吊机方案的可实施性和受力合理性进行了深入研究。

(1)边跨顶推施工：大桥两侧桥头或引桥位置可以形成50m(贵州岸)/80m(云南岸)的顶推平台，可完成边跨B0～B28、主跨Z0～Z1钢桁梁节间架设。钢桁梁最大顶推长度为263m，最大顶推重量约8 500t(其中结构部分约5 500t，混凝土下检修道约3 000 t)。按摩擦系数0.05考虑，最大理论顶推力为425t。

(2)中跨桥面吊机架设：待边跨B0～B28、主跨Z0～Z1钢桁梁节间架设完毕、并对称一张1号斜拉索后，主跨Z2～Z28及合龙段(HL)采用桥面吊机进行悬臂拼装架设，选用平面构架悬臂架设和单杆架设组合方案。钢桁梁及正交异性钢桥面板各构件在引桥上进行平面结构的拼装，再通过轨道式运梁小车运送至主跨悬臂处，采用全回转桥面吊机安装。

五、主要技术特点及关键技术研究

北盘江大桥作为主跨720m跨越山区峡谷的大跨钢桁梁斜拉桥，桥面高程在1500m以上，索塔最大高度269m，结合峡谷地形、岩溶地质条件、峡谷风环境、板桁结构主梁受力特点等因素，设计过程中重点对山区环境非平稳风作用的钢桁梁荷载、桥面板结构体系及疲劳敏感分析、桥面板与主桁架连接形式、运营期覆冰冬雨应急灾安全预警等问题，进行了深入研究。本项目和设计有关的关键技术内容如下。

1. 深切峡谷风环境和大跨钢桁梁风致问题

受峡谷地形影响，气流脉动性很强、自然风的非平稳特性明显，大桥不仅桥梁跨中部位风场与两侧坡面处的风场存在差异，而且桥位处风场也与大桥周边风场存在明显差异。虽然目前有一些山区桥梁项目的抗风研究成果，但缺乏峡谷地区风场特征实测和能够描述山峰风环境的数学模型，导致无法精确评价峡谷风作用下钢桁结构真实的风荷载和风振特性。这样基于平稳假定的抗风设计方法对桥梁抗风设计和性能评价存在严重缺陷，为结构设计、施工及运营安全带来不利因素。

本项目针对山区风环境的非平稳性、桁架梁的气动力特征，以及桥梁非平稳风作用下钢桁梁等效风荷载进行研究，在国内外首次开展山区钢桁梁桥风致振动及主梁构件风荷载的现场实测，并结合风洞试验，建立非平稳风作用下钢桁梁的等效风荷载设计方法，进而提出山区大跨度桥梁风—汽车—桥梁系统的安全评价准则。

2. 钢桁梁板—桁结构体系和构造优化

北盘江大桥基于结构受力、运输条件和吊装能力等方面的考虑，采用了桥面板和主桁结合的钢桁梁方案。传统的“多纵梁支撑体系”(多道纵向主纵梁和小次横梁模式)单幅桥面一般设置4道纵梁,通常有1~2道纵梁位于大型货车轮载的正下方,纵梁顶处面板遭受车轮的反复辗压,可能成为桥面板疲劳设计的一个薄弱环节。因此北盘江大桥采用“少纵梁支撑体系”(中纵梁+大次横梁支撑体系模式,图9),在桥梁中心线处增设一道中纵梁作为正交异性钢桥面板横梁的支撑,避免在车道下方设置纵梁,得以从构造和受力角度有效提高桥面板体系结构的疲劳性能。

3. 桥面板疲劳敏感部位分析

采用板壳单元模拟钢桥面板可以分析得出疲劳敏感部位为U形肋与面板连接部位和U形肋与横肋交叉连接处横肋腹板上的弧形切口周围,但很难确定应力集中的程度。本项目采用三维实体单元充分考虑U形肋与面板连接焊缝的熔透深度以及焊缝的形状和大小,得出如下初步结论:

U形肋与横肋交叉连接处横肋腹板上的弧形切口周围应力集中的部位是上圆弧与直线相切连接处;U形肋与面板连接焊缝焊根处存在明显的应力集中,当轮载沿着相邻两U形肋之间的轮迹线行驶时,焊根处存在较大的拉应力,这是该部位容易产生疲劳裂纹的主要原因(图10)。

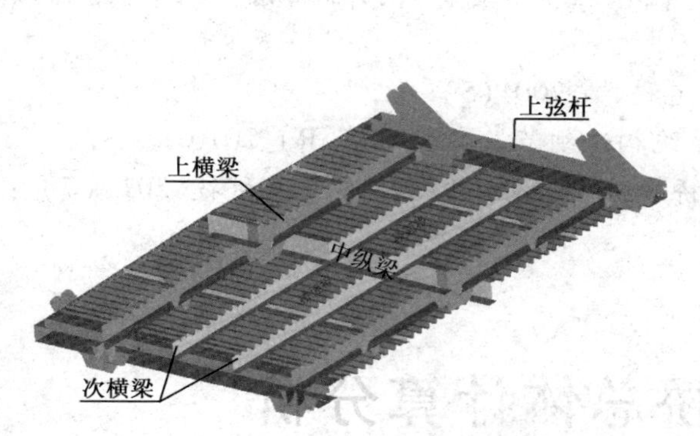

图9 正交异性钢桥面板“少纵梁支撑体系”构造示意

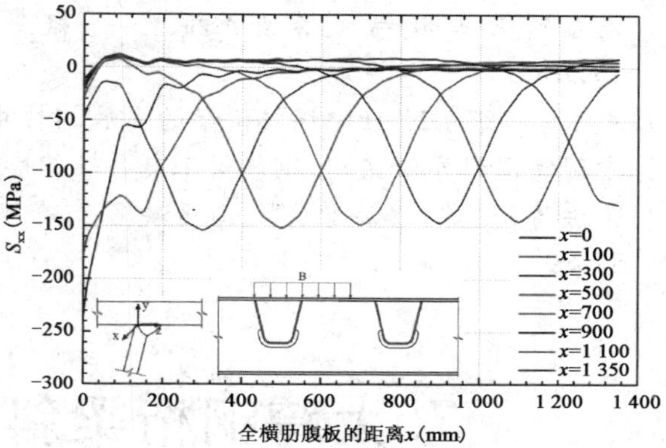

图10 U形肋与面板连接焊缝焊根应力分析示意

4. 耐候钢在结构上的应用

除了边跨预制混凝土检修道和钢桁梁内灌混凝土外,在主桥辅助墩和过渡墩附近的主横桁架下横梁上布置的8 875.2t压重原设计采用预制混凝土吊装方案。考虑每块预制块重量达到了10t以上,顶推施工过程中桥面板安装后,再安装压重块会造成施工困难,因此结合承包商的意见将压重块调整为钢模板内现浇混凝土的方案。施工时,先将钢模板随边跨钢桁梁顶推就位,然后按设计要求分批浇注压重混凝土。

从简化后期养护、解决钢模板间难以涂装的问题,设计最后采用了具有耐大气腐蚀性能的耐候钢材作为钢模板材料,希望借此为后续耐候钢材在桥梁结构上的应用起到一个示范效应。

5. 高强度钢筋的推广应用

欧美等发达国家最常用的是强度500~600MPa高强度钢筋,而我国使用较多的是强度400MPa钢筋。提高钢筋强度或提高配筋量都能有效提高结构的承载力,提高钢筋强度不仅具有经济效益,还可以有效降低结构构件中钢筋的密集程度,提高施工质量,此外还具有控制资源损失、降低能耗以及环保和可持续发展的深远意义。

北盘江大桥率先在贵州地区桥梁设计中采用了500MPa级的高强度钢筋,总用量约1.26万t,钢筋直接成本节约约10%,为促进贵州地区结构用钢水平的提高、积极响应节能、降耗、减排和可持续发展的国策做出了贡献。

6. 钢桁梁斜拉桥安全预警与应急关键技术

贵州省西部地区冻雨灾害多发,北盘江大桥桥面高程大于1 500m。作为课题研究内容之一重点的凝冻灾害,从大桥覆冰的机理、特性、影响因素角度进行分析,理论推导覆冰预测模型,同时实现监测数据信息共享、资源调动的协调统一,以解决覆冰灾害安全预警、突发灾害应急管理、两省联动互动模式管养决策等技术难题。

六、结　　语

北盘江特大桥作为同类桥型中规模最大的钢桁梁斜拉桥，由于其特殊的地理位置和建设条件，设计在桥梁方案的选择、结构体系及钢桁梁构造设计等方面呈现诸多特色，并结合西部课题重点针对山区大跨钢桁梁斜拉桥从设计、施工及运营及养护管理等三个方面进行了深入研究，解决了大桥建设的技术问题，为类似桥梁建设提供了一个新的起点。大桥已经于2013年3月正式开工，目前正在进行上部结构主梁架设，预祝北盘江大桥顺利建成通车。

参考文献

[1] 中交公路规划设计院有限公司. 贵州毕都线北盘江大桥施工图[Z]. 北京:2010.

[2] 中交公路规划设计院有限公司. 贵州毕都线北盘江大桥施工图设计[Z]. 北京:2011.

[3] 马骉，颜爱华、邓青儿，等. 上海闵浦大桥设计与构思[J]. 上海建设科技，2010(5).

[4] 尼尔斯 J. 吉姆辛. 缆索支承桥梁——概念与设计[M]. 2版. 金曾洪，译. 北京：人民交通出版社，2002.

[5] 史永吉. 面向21世纪焊接桥梁的发展[J]. 中国铁道科学，2001(5).

[6] 中国铁道科学研究院. 钢箱梁正交异性钢桥面板系统构造细节及参数研究[R]. 2010.

[7] 徐洪涛. 何勇，廖海黎，等. 山区峡谷大跨度桥梁桥址风场试验[J]. 公路交通科技. 2011(7)：84-89.

7. 大跨钢桁梁斜拉桥总体计算分析

王茂强　侯　满

（中交公路规划设计院有限公司）

摘　要　自20世纪90年代以来，斜拉桥以其跨越能力强、抗震性能好、结构造型丰富、施工方法成熟等特点，得到了越来越多的应用。但斜拉桥为高次超静定结构，尤其钢桁梁斜拉桥，结构受力复杂，设计中需对其进行详细计算，保证各个构件受力安全。本文以杭瑞高速公路贵州省毕节至都格（黔滇界）公路北盘江大桥为例，介绍了大跨度钢桁梁斜拉桥总体及各构件的计算方法及结构受力情况。

关键词　北盘江大桥　斜拉桥　计算分析　设计

一、工 程 概 况

北盘江大桥位于六盘水市水城县都格镇上寨组与云南省宣威市普立乡腊龙村交界的北盘江大峡谷，桥跨布置为80m + 88m + 88m + 720m + 88m + 88m + 80m = 1 232 的t跨钢桁架梁斜拉桥。主桥为纵向漂浮体系、边中跨比0.356。索塔处设置竖向支座、横向抗风支座和纵向阻尼器；辅助墩处设置竖向拉压支座；过渡墩处设置一个单向活动支座和一个双向活动支座。

主梁由钢桁架和正交异性钢桥面板两部分组成。其中钢桁架由主桁架、主横桁架、中纵梁和下平联组成，主桁架采用普拉特式结构，由上弦杆、下弦杆、竖腹杆和斜腹杆组成。桁高8.0m，主跨节间长12.0m，边跨节间长12.0m 、8.0m，两片主桁架弦杆中心间距为27.0m。正交异性钢桥面板由桥面板、U形加劲肋、次横梁和倒T形小纵梁组成，桥面板厚16mm，正交异性钢桥面板参与钢桁梁结构总体受力，以增强结构的抗弯抗扭刚度。上部结构拼装采用边跨顶推 + 主跨桥面吊机方案。

索塔采用H形桥塔，贵州岸索塔塔高269m，云南岸塔高246.5m。索塔基础采用24 根直径2.8m 群桩基础,按嵌岩桩设计。过渡墩及辅助墩均采用空心薄壁墩,分离形式。

斜拉索采用双索面扇形布置,上端锚固于上塔柱内的钢锚梁上,下端锚固在主桁架上弦杆节点处的钢锚箱上。主梁上主跨索距为 12.0m,边跨标准索距为 8.0m,塔上标准索距为 2.5m。全桥共有 112 对斜拉索。

桥型布置及主梁标准断面见图 1、图 2 所示。

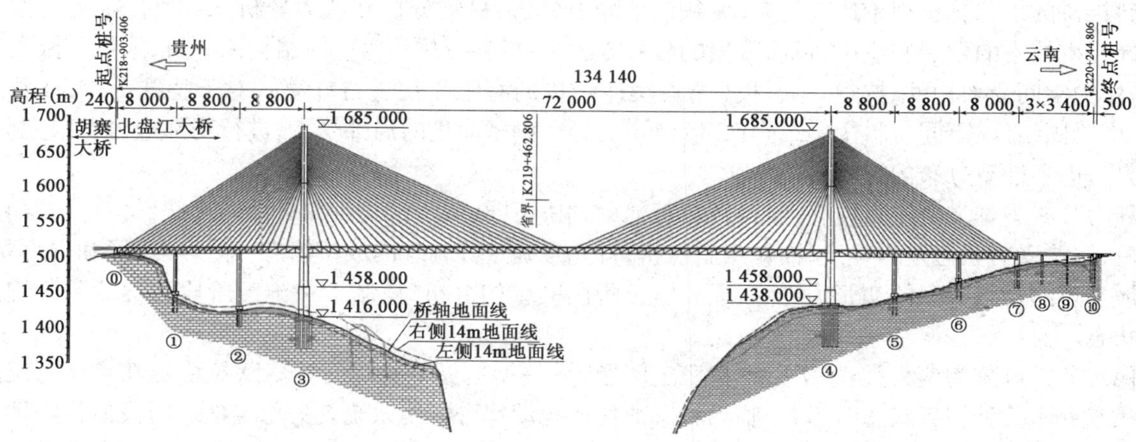

图 1 北盘江大桥桥型布置图(尺寸单位:cm)

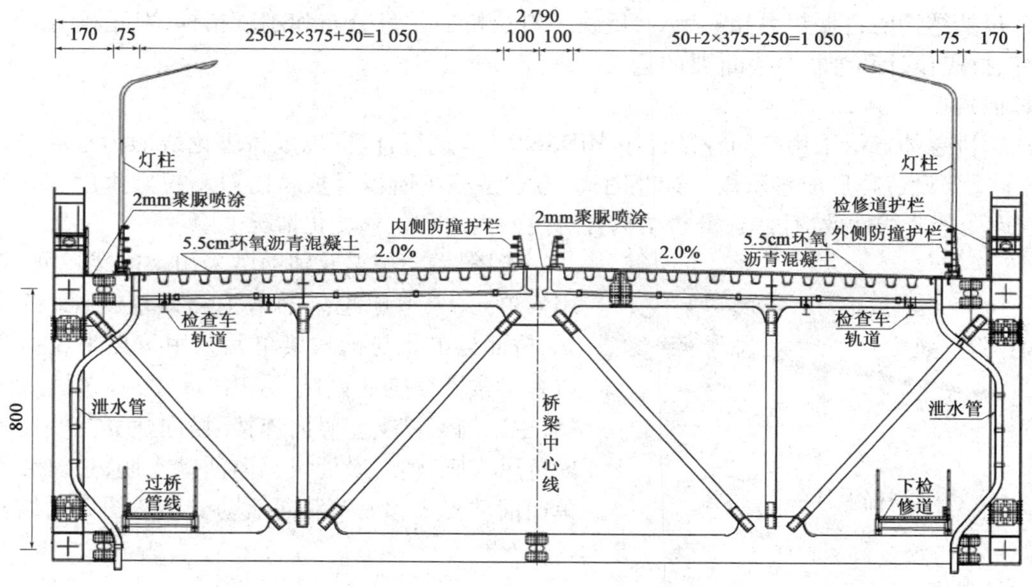

图 2 北盘江大桥主梁标准断面(尺寸单位:cm)

二、主要技术标准

(1)设计基准期:100 年;设计安全等级:一级。

(2)桥梁等级:双向四车道高速公路特大桥。

(3)设计速度:80km/h。

(4)桥梁纵坡:1.0%;桥面横坡:2.0%

(5)荷载标准:公路-Ⅰ级。

(6)设计洪水频率:1/300。

(7)基本风速:$v_{10}=26.03$m/s(1/100)。

（8）地震设防烈度Ⅵ度，地震动水平峰值加速度0.067g（主桥采用50年10%和100年5%两阶段标准设防）。

三、分析方法

1.计算理论

斜拉桥的结构分析理论比较复杂，大致包括静力分析、稳定分析和动力分析三大类。随着有限元理论和计算机技术的发展和应用，目前常用的分析方法为：把斜拉桥作为空间结构来分析，采用有限元法将梁、塔作为空间受力构件，按空间梁、板（壳）、实体结构的有限元法进行计算。对于特殊部位，如拉索锚固区、塔梁固结区、不同材料主梁结合区，以及正交异性钢桥面板的局部受力，进行局部应力有限元分析，必要时考虑塑性重分布的影响。

静力分析为本文的重点内容，斜拉桥与其他梁式桥不同，对于梁式桥如果结构尺寸、材料及二期恒载确定后，结构受力状态基本确定；而对于斜拉桥，首先是确定其合理的成桥状态，即合理线形和内力状态，其中最主要的是斜拉索的初张力，然后通过施工阶段的结构分析，使结构在施工阶段和运营阶段均达到合理状态。

稳定分析可分为两大类：一类是欧拉稳定问题，另一类是极值稳定问题。欧拉稳定性是指系统的初应力状态处于某种临界状态时，对于临界状态的任何扰动都可能使系统丧失稳定性。而极值稳定即考虑几何非线性和材料非线性的影响，一般表现为强度稳定问题。两类稳定性分析一般均采用有限元方式。

动力分析通常也采用有限元程序进行，分析方法较多，但常用的为瑞利—里兹法和子空间迭代法，动力分析特性包括结构的自振频率和阵型等，反映了斜拉桥的质量分布和刚度指标，对正确进行桥梁结构的抗风研究、抗震设计和维护具有重要的意义。

2.计算模式

北盘江大桥总体分析采用空间杆系程序MIDAS/Civil进行计算，以成桥理论线形为基准进行结构离散，并根据主梁架设过程形成各阶段的计算图式，考虑各施工阶段及成桥阶段斜拉索垂度、混凝土收缩、$P-\Delta$效应、徐变等非线性效应因素，分析结构各阶段的内力和位移变化情况。

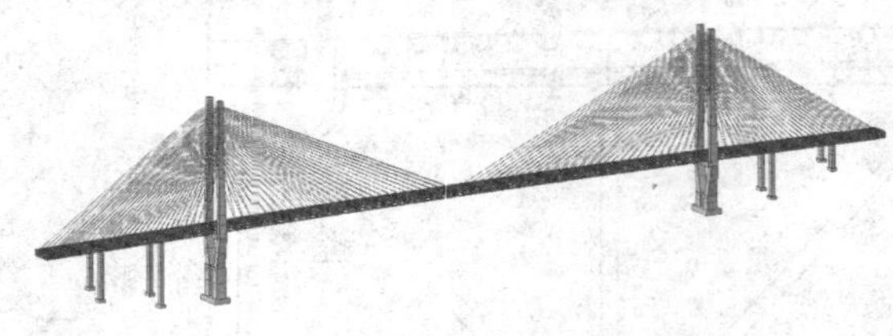

图3　总体计算模型

索塔、钢桁架梁及辅助墩采用空间梁单元，斜拉索采用索单元，为考虑主梁的剪力滞效应，桥面板采用板单元，桥面板单元与桁架梁单元共用节点来模拟板梁结合体系。索塔在桩底固结，采用“m”法考虑桩土的相互作用，主梁与索塔支座竖向连接，横向建立只受压连接以考虑抗风支座；辅助墩处设双向活动支座；过渡墩设置1个单向活动支座和一个双向活动支座。图3为结构有限元分析模型。

3.非线性考虑

计算中考虑了以下非线性效应的影响：

（1）索垂度的影响。斜拉索采用只受拉索单元模拟。

（2）大位移效应。对结构大位移非线性效应进行了对比，其影响较小。

（3）梁柱效应（$P-\Delta$效应）。根据内力及应力修改刚度矩阵。

（4）混凝土徐变特性。采用按龄期调整的有效弹性模量法来模拟。

4.施工位移控制

板桁组合梁的杆件拼装采用栓接形式，这对施工中的位移控制提出了严格的要求，如果杆件的制造误差过大或架设高程不对，将可能导致主梁无法合龙，或主梁的成桥线形将偏离设计线形，因此上部结构安装过程中要严格控制每根杆件的安装精度，以便按设计要求进行成桥合龙。设计中主梁的位移按切线安装控制，在不考虑现场温度变化、施工临时荷载变化等因素情况下，切线位移小于15cm，根据现场实际梁方案。传统的“多纵梁支撑体系”(多道纵向主纵梁和小次横梁模式)单幅桥面一般设置4道纵梁,通常有1~2道纵梁位于大型货车轮载的正下方,纵梁顶处面板遭受车轮的反复辗压,可能成为桥面板疲劳设计的一个薄弱环节。因此北盘江大桥采用“少纵梁支撑体系”(中纵梁+大次横梁支撑体系模式,图9),在桥梁中心线处增设一道中纵梁作为正交异性钢桥面板横梁的支撑,避免在车道下方设置纵梁,得以从构造和受力角度有效提高桥面板体系结构的疲劳性能。

3. 桥面板疲劳敏感部位分析

采用板壳单元模拟钢桥面板可以分析得出疲劳敏感部位为U形肋与面板连接部位和U形肋与横肋交叉连接处横肋腹板上的弧形切口周围,但很难确定应力集中的程度。本项目采用三维实体单元充分考虑U形肋与面板连接焊缝的熔透深度以及焊缝的形状和大小,得出如下初步结论:

U形肋与横肋交叉连接处横肋腹板上的弧形切口周围应力集中的部位是上圆弧与直线相切连接处;U形肋与面板连接焊缝焊根处存在明显的应力集中,当轮载沿着相邻两U形肋之间的轮迹线行驶时,焊根处存在较大的拉应力,这是该部位容易产生疲劳裂纹的主要原因(图10)。

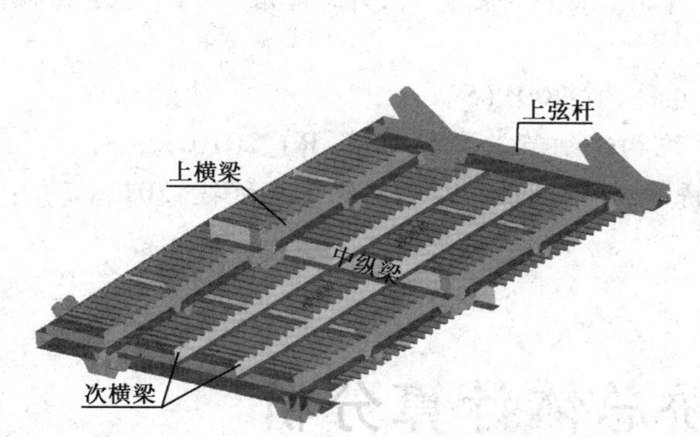

图9 正交异性钢桥面板“少纵梁支撑体系”构造示意

图10 U形肋与面板连接焊缝焊根应力分析示意

4. 耐候钢在结构上的应用

除了边跨预制混凝土检修道和钢桁梁内灌混凝土外,在主桥辅助墩和过渡墩附近的主横桁架下横梁上布置的8 875.2t压重原设计采用预制混凝土吊装方案。考虑每块预制块重量达到了10t以上,顶推施工过程中桥面板安装后,再安装压重块会造成施工困难,因此结合承包商的意见将压重块调整为钢模板内现浇混凝土的方案。施工时,先将钢模板随边跨钢桁梁顶推就位,然后按设计要求分批浇注压重混凝土。

从简化后期养护、解决钢模板间难以涂装的问题,设计最后采用了具有耐大气腐蚀性能的耐候钢材作为钢模板材料,希望借此为后续耐候钢材在桥梁结构上的应用起到一个示范效应。

5. 高强度钢筋的推广应用

欧美等发达国家最常用的是强度500~600MPa高强度钢筋,而我国使用较多的是强度400MPa钢筋。提高钢筋强度或提高配筋量都能有效提高结构的承载力,提高钢筋强度不仅具有经济效益,还可以有效降低结构构件中钢筋的密集程度,提高施工质量,此外还具有控制资源损失、降低能耗以及环保和可持续发展的深远意义。

北盘江大桥率先在贵州地区桥梁设计中采用了500MPa级的高强度钢筋,总用量约1.26万t,钢筋直接成本节约约10%,为促进贵州地区结构用钢水平的提高、积极响应节能、降耗、减排和可持续发展的国策做出了贡献。

6. 钢桁梁斜拉桥安全预警与应急关键技术

贵州省西部地区冻雨灾害多发,北盘江大桥桥面高程大于1 500m。作为课题研究内容之一重点的凝冻灾害,从大桥覆冰的机理、特性、影响因素角度进行分析,理论推导覆冰预测模型,同时实现监测数据信息共享、资源调动的协调统一,以解决覆冰灾害安全预警、突发灾害应急管理、两省联动互动模式管养决策等技术难题。

六、结　语

北盘江特大桥作为同类桥型中规模最大的钢桁梁斜拉桥，由于其特殊的地理位置和建设条件，设计在桥梁方案的选择、结构体系及钢桁梁构造设计等方面呈现诸多特色，并结合西部课题重点针对山区大跨钢桁梁斜拉桥从设计、施工及运营及养护管理等三个方面进行了深入研究，解决了大桥建设的技术问题，为类似桥梁建设提供了一个新的起点。大桥已经于2013年3月正式开工，目前正在进行上部结构主梁架设，预祝北盘江大桥顺利建成通车。

参考文献

[1] 中交公路规划设计院有限公司. 贵州毕都线北盘江大桥施工图[Z]. 北京:2010.

[2] 中交公路规划设计院有限公司. 贵州毕都线北盘江大桥施工图设计[Z]. 北京:2011.

[3] 马骉，颜爱华、邓青儿，等. 上海闵浦大桥设计与构思[J]. 上海建设科技，2010(5).

[4] 尼尔斯 J. 吉姆辛. 缆索支承桥梁——概念与设计[M]. 2版. 金曾洪，译. 北京：人民交通出版社，2002.

[5] 史永吉. 面向21世纪焊接桥梁的发展[J]. 中国铁道科学，2001(5).

[6] 中国铁道科学研究院. 钢箱梁正交异性钢桥面板系统构造细节及参数研究[R]. 2010.

[7] 徐洪涛，何勇，廖海黎，等. 山区峡谷大跨度桥梁桥址风场试验[J]. 公路交通科技. 2011(7)：84-89.

7. 大跨钢桁梁斜拉桥总体计算分析

王茂强　侯　满

（中交公路规划设计院有限公司）

摘　要　自20世纪90年代以来，斜拉桥以其跨越能力强、抗震性能好、结构造型丰富、施工方法成熟等特点，得到了越来越多的应用。但斜拉桥为高次超静定结构，尤其钢桁梁斜拉桥，结构受力复杂，设计中需对其进行详细计算，保证各个构件受力安全。本文以杭瑞高速公路贵州省毕节至都格（黔滇界）公路北盘江大桥为例，介绍了大跨度钢桁梁斜拉桥总体及各构件的计算方法及结构受力情况。

关键词　北盘江大桥　斜拉桥　计算分析　设计

一、工 程 概 况

北盘江大桥位于六盘水市水城县都格镇上寨组与云南省宣威市普立乡腊龙村交界的北盘江大峡谷，桥跨布置为80m+88m+88m+720m+88m+88m+80m=1 232的t跨钢桁架梁斜拉桥。主桥为纵向漂浮体系、边中跨比0.356。索塔处设置竖向支座、横向抗风支座和纵向阻尼器；辅助墩处设置竖向拉压支座；过渡墩处设置一个单向活动支座和一个双向活动支座。

主梁由钢桁架和正交异性钢桥面板两部分组成。其中钢桁架由主桁架、主横桁架、中纵梁和下平联组成，主桁架采用普拉特式结构，由上弦杆、下弦杆、竖腹杆和斜腹杆组成。桁高8.0m，主跨节间长12.0m，边跨节间长12.0m、8.0m，两片主桁架弦杆中心间距为27.0m。正交异性钢桥面板由桥面板、U形加劲肋、次横梁和倒T形小纵梁组成，桥面板厚16mm，正交异性钢桥面板参与钢桁梁结构总体受力，以增强结构的抗弯抗扭刚度。上部结构拼装采用边跨顶推+主跨桥面吊机方案。

索塔采用H形桥塔，贵州岸索塔塔高269m，云南岸塔高246.5m。索塔基础采用24根直径2.8m群桩基础,按嵌岩桩设计。过渡墩及辅助墩均采用空心薄壁墩,分离形式。

斜拉索采用双索面扇形布置,上端锚固于上塔柱内的钢锚梁上,下端锚固在主桁架上弦杆节点处的钢锚箱上。主梁上主跨索距为 12.0m,边跨标准索距为 8.0m,塔上标准索距为 2.5m。全桥共有 112 对斜拉索。

桥型布置及主梁标准断面见图 1、图 2 所示。

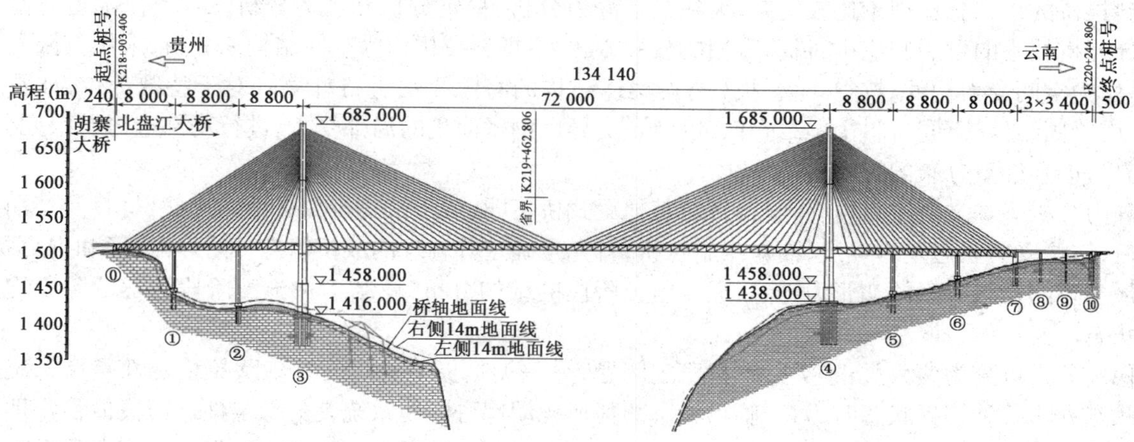

图 1 北盘江大桥桥型布置图(尺寸单位:cm)

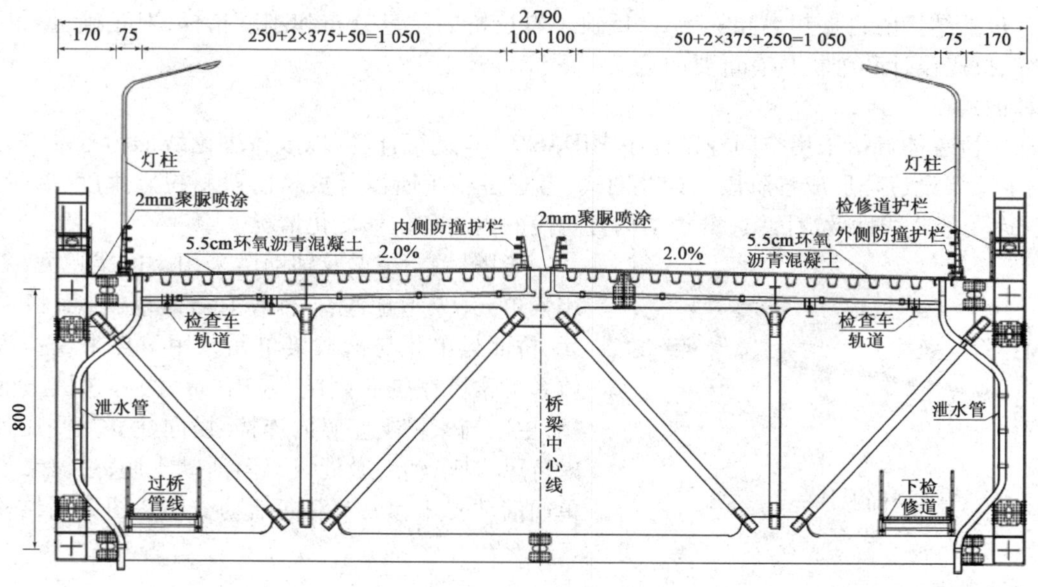

图 2 北盘江大桥主梁标准断面(尺寸单位:cm)

二、主要技术标准

(1)设计基准期:100 年;设计安全等级:一级。

(2)桥梁等级:双向四车道高速公路特大桥。

(3)设计速度:80km/h。

(4)桥梁纵坡:1.0%;桥面横坡:2.0%

(5)荷载标准:公路-Ⅰ级。

(6)设计洪水频率:1/300。

(7)基本风速:v_{10} = 26.03m/s(1/100)。

(8)地震设防烈度Ⅵ度,地震动水平峰值加速度0.067g(主桥采用50年10%和100年5%两阶段标准设防)。

三、分析方法

1. 计算理论

斜拉桥的结构分析理论比较复杂,大致包括静力分析、稳定分析和动力分析三大类。随着有限元理论和计算机技术的发展和应用,目前常用的分析方法为:把斜拉桥作为空间结构来分析,采用有限元法将梁、塔作为空间受力构件,按空间梁、板(壳)、实体结构的有限元法进行计算。对于特殊部位,如拉索锚固区、塔梁固结区、不同材料主梁结合区,以及正交异性钢桥面板的局部受力,进行局部应力有限元分析,必要时考虑塑性重分布的影响。

静力分析为本文的重点内容,斜拉桥与其他梁式桥不同,对于梁式桥如果结构尺寸、材料及二期恒载确定后,结构受力状态基本确定;而对于斜拉桥,首先是确定其合理的成桥状态,即合理线形和内力状态,其中最主要的是斜拉索的初张力,然后通过施工阶段的结构分析,使结构在施工阶段和运营阶段均达到合理状态。

稳定分析可分为两大类:一类是欧拉稳定问题,另一类是极值稳定问题。欧拉稳定性是指系统的初应力状态处于某种临界状态时,对于临界状态的任何扰动都可能使系统丧失稳定性。而极值稳定即考虑几何非线性和材料非线性的影响,一般表现为强度稳定问题。两类稳定性分析一般均采用有限元方式。

动力分析通常也采用有限元程序进行,分析方法较多,但常用的为瑞利—里兹法和子空间迭代法,动力分析特性包括结构的自振频率和阵型等,反映了斜拉桥的质量分布和刚度指标,对正确进行桥梁结构的抗风研究、抗震设计和维护具有重要的意义。

2. 计算模式

北盘江大桥总体分析采用空间杆系程序 MIDAS/Civil 进行计算,以成桥理论线形为基准进行结构离散,并根据主梁架设过程形成各阶段的计算图式,考虑各施工阶段及成桥阶段斜拉索垂度、混凝土收缩、$P-\Delta$效应、徐变等非线性效应因素,分析结构各阶段的内力和位移变化情况。

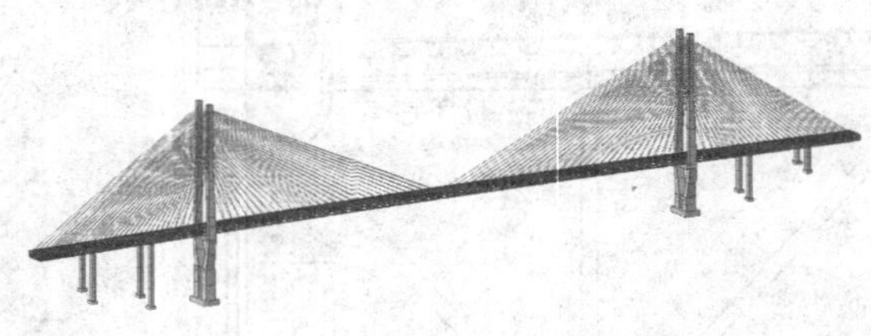

图3 总体计算模型

索塔、钢桁架梁及辅助墩采用空间梁单元,斜拉索采用索单元,为考虑主梁的剪力滞效应,桥面板采用板单元,桥面板单元与桁架梁单元共用节点来模拟板梁结合体系。索塔在桩底固结,采用“m”法考虑桩土的相互作用,主梁与索塔支座竖向连接,横向建立只受压连接以考虑抗风支座;辅助墩处设双向活动支座;过渡墩设置1个单向活动支座和一个双向活动支座。图3为结构有限元分析模型。

3. 非线性考虑

计算中考虑了以下非线性效应的影响:

(1)索垂度的影响。斜拉索采用只受拉索单元模拟。

(2)大位移效应。对结构大位移非线性效应进行了对比,其影响较小。

(3)梁柱效应($P-\Delta$效应)。根据内力及应力修改刚度矩阵。

(4)混凝土徐变特性。采用按龄期调整的有效弹性模量法来模拟。

4. 施工位移控制

板桁组合梁的杆件拼装采用栓接形式,这对施工中的位移控制提出了严格的要求,如果杆件的制造误差过大或架设高程不对,将可能导致主梁无法合龙,或主梁的成桥线形将偏离设计线形,因此上部结构安装过程中要严格控制每根杆件的安装精度,以便按设计要求进行成桥合龙。设计中主梁的位移按切线安装控制,在不考虑现场温度变化、施工临时荷载变化等因素情况下,切线位移小于15cm,根据现场实际情况，监控单位对主梁的架设高程进行动态控制。

5. 施工步骤划分

按实际施工过程建立模型，主要施工过程描述如下：

(1)下部结构及基础施工，包括过渡墩，辅助墩，索塔，桥台等。

(2)拼装边跨桁架，灌注弦杆及主横桁架下横梁混凝土压重，边跨桁架顶推施工。

(3)安装第一根斜拉索，并一张斜拉索。

(4)安装桥面吊机，二张斜拉索。

(5)由边跨运梁至主梁安装位置，通过桥面吊机安装各个杆件。

(6)安装斜拉索，并一张斜拉索。

(7)吊机前移，二张斜拉索。

(8)重复上述(5)~(7)步骤，直至全桥合龙(施加一期及二期压重)。

(9)完成二期铺装及其他附属设施。

四、计算荷载及组合

1. 计算荷载

(1)恒载：考虑结构自重、二期恒载集度、压重、下检修道等。

(2)汽车活载：公路-Ⅰ级。

(3)风荷载：百年一遇基本风速 26.03m/s，桥面高度处设计风速为 31.85m/s；与汽车荷载组合时，桥面风速 25m/s。平均风速放大系数最大值为 1.22。

(4)温度：结构体系升温 21.6℃，体系降温为 -26.7℃。结构局部温差：索塔截面温差 ±5℃，索梁温差 ±10℃。

(5)混凝土的收缩徐变参数：大气平均相对湿度按 85% 取用。

(6)基础沉降：按照主墩沉降 2cm，其他墩沉降 1cm 考虑。

2. 荷载组合

上下部结构计算荷载组合见表 1。

总体计算荷载组合　　表 1

编号	荷载组合	编号	荷载组合
组合Ⅰ	恒+沉+公路-Ⅰ级	组合Ⅴ	恒+沉+百年纵风
组合Ⅱ	恒+沉+公路-Ⅰ级+制动力+温度荷载	组合Ⅵ	恒+沉+百年横风
组合Ⅲ	恒+沉+公路-Ⅰ级+制动力+温度荷载+活载纵风	组合Ⅶ	恒+沉+纵向地震
组合Ⅳ	恒+沉+公路-Ⅰ级+制动力+温度荷载+活载横风	组合Ⅷ	恒+沉+横向地震

注：上表中组合Ⅶ和组合Ⅷ仅适用于下部结构计算。

五、计 算 结 果

1. 静力分析结果

(1)刚度

活载作用下主梁竖向挠度包络图见图 4，竖向挠跨比为 $0.79/720 = 1/911.4 < 1/400$。

(2)主桁架及主横桁架各杆件应力，见表 2

桥面板第二体系采用 ANSYS 软件进行计算，考虑 550kN 重车轮荷载，并考虑 1.3 的冲击系数，车辆后轮纵向布置在两主横桁架中央的桥面板上，横向由中央护栏向两侧按规范布置。桥面板、U 肋及中纵梁第二体系应力如图 5 所示。

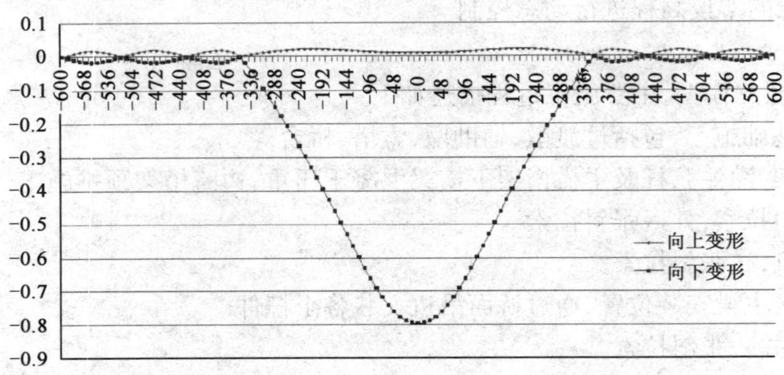

图4　活载作用下主梁竖向挠度包络图(单位:m)

主桁架及主横桁架各杆件应力(拉为"+"压为"-")　　表2

验算构件		最不利组合 max (MPa)	最不利组合 min (MPa)	验算构件		最不利组合 max (MPa)	最不利组合 min (MPa)
主桁架	上弦杆	20.3	-132.7	主横桁架	上横梁	96.6	-80.2
	下弦杆	165.7	-197.7		下横梁	144.9	5.0
	竖杆	87.6	-127.7		竖杆	-19.5	-71.9
	斜杆	109.3	-127.9		外侧斜杆	172.3	135.8
下平联		144.3	-139.7		内侧斜杆	-20.8	-46.9
桥面板(第一体系)		14.2	-116.7	桥面板(第二体系)		47.8	-57.7

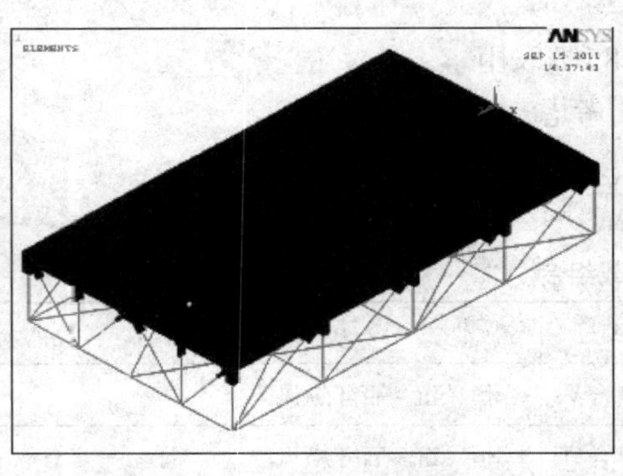
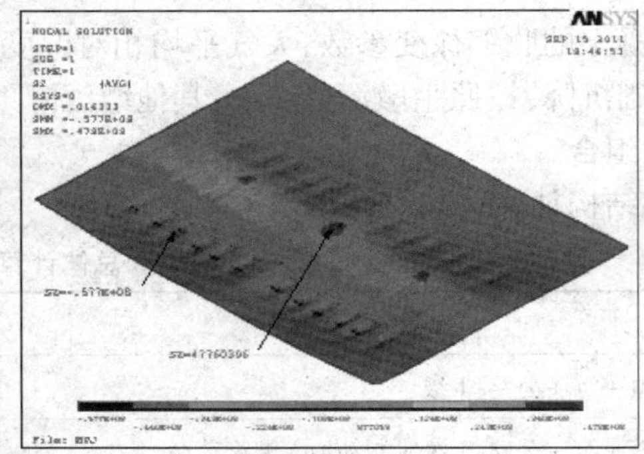
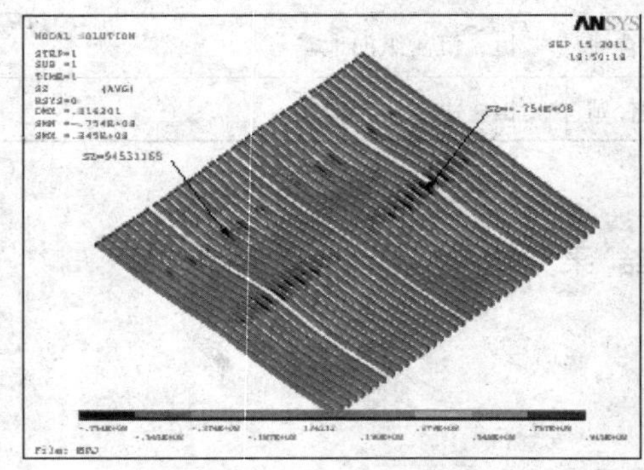
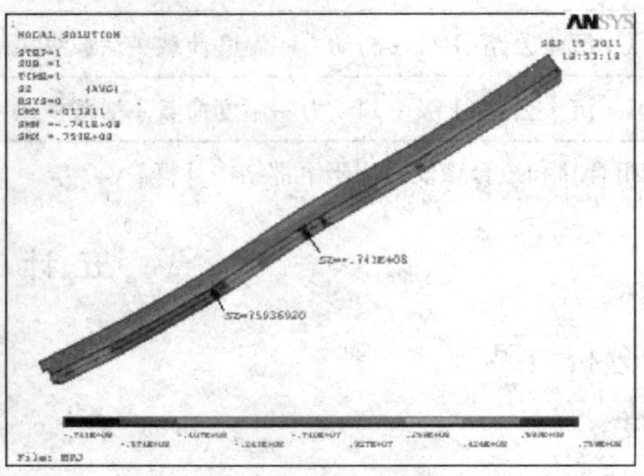

图5　桥面板第二体系计算模型及结果

(3)拉索计算

斜拉索运营阶段索力及活载应力幅如图6、图7所示。成桥最大索力为3 638kN,最不利工况最大索力为4 379kN,拉索安全系数均大于2.5。斜拉索活载最大应力幅值为122MPa,小于200MPa的限值要求。

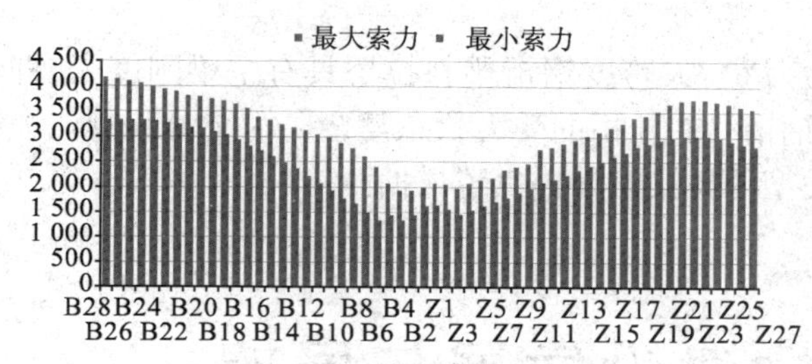

图6 运营阶段索力(kN)

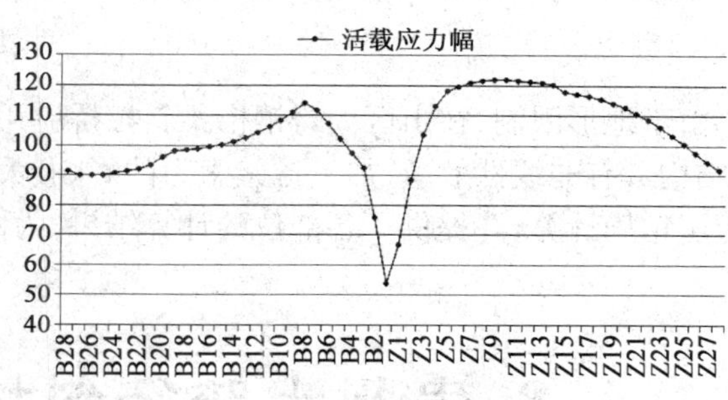

图7 活载应力幅(MPa)

(4)塔身及基础验算

索塔横梁满足全预应力的要求,塔身承载能力最小安全系数为1.42,最大裂缝宽度0.072mm。索塔桩基及承台均满足受力的要求。

(5)支座反力

各位置支反力及支座选型见表3,辅助墩设置拉压支座作为安全储备。

支座反力及选型(kN) 表3

位置		最大反力	最小反力	支座选型
竖向支座	索塔	8 927	2 287	QZ 9000 SX
	近塔辅助墩	13 281	381	LYQZ 15000(1000) SX
	远塔辅助墩	8 030	593	LYQZ 9000(1000) SX
	过渡墩	5 100	799	QZ 6000 SX(DX)
索塔横向抗风支座		3785	—	KFPZ 4000 SX

2. 稳定分析结果

采用空间模型对最大单悬臂、裸塔状态和桥梁运营阶段进行欧拉稳定分析,分析结果如图8所示。最大单悬臂欧拉稳定系数为25.9,裸塔欧拉稳定系数为12.1,运营阶段欧拉稳定系数为5.8,规范要求为不小于4。

3. 动力分析结果

根据北盘江大桥结构的总体构造布置,采用空间有限元软件Midas建立桥梁的三维计算模型,对成桥状态进行结构动力特性分析。结构动力特性分析中的特征方程求解采用子空间迭代法。成桥阶段前4阶频率及阵型如图9所示。

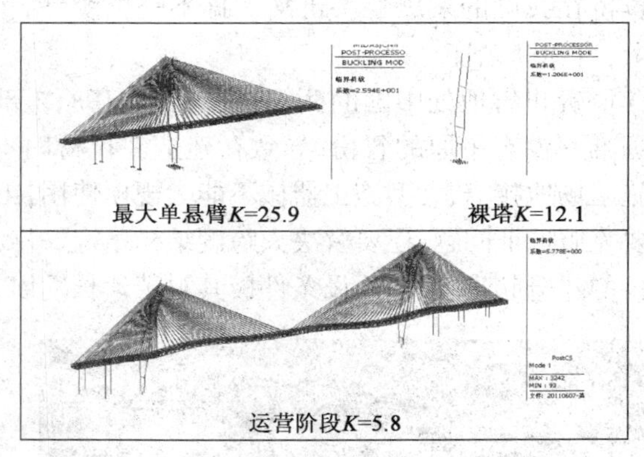

图8 欧拉稳定分析结果

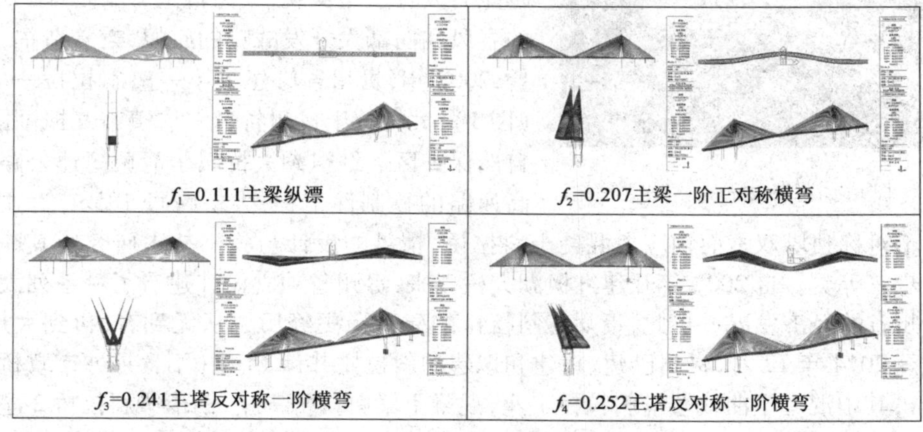

图9 结构前4阶阵型

六、结　　语

由于地形限制,在山区大跨钢桁梁斜拉桥应用较广泛。大跨度钢桁梁斜拉桥具有主梁刚度大,杆件多,结构具有非线性效应,加上拉索索力的影响,大跨钢桁梁斜拉桥的受力状态复杂。本文对北盘江大桥进行了精确计算,并提供了各部位的计算结果,为同类型的桥梁设计提供了依据。

8. 贵州大跨径斜拉桥建设发展与展望

杨万林[1]　刘建军[2]　丁作常[2]　杨　健[2]　杨鸿波[2]
(1. 贵州高速公路集团有限公司;2. 贵州省交通规划勘察设计研究院股份有限公司)

摘　要　本文回顾贵州省斜拉桥的发展历程和现状,总结、分析了贵州大跨径斜拉桥建设条件、建筑材料和施工关键技术,综述了贵州现有斜拉桥的结构形式及相应的典型工程实例,阐述了其建设的关键技术问题,反映了贵州大跨径斜拉桥桥建设的整体情况。最后,对贵州大跨径斜拉桥建设进行了展望。

关键词　贵州　大跨径斜拉桥　工程实例　发展与展望

一、概　　述

斜拉桥作为桥梁的一种重要结构形式,出现于17世纪,其发展几乎与悬索桥同时代。众所周知,大跨径桥梁建设反映了一个国家的综合实力和科学技术的发展水平。我国斜拉桥建设历史虽然较短,但斜拉桥在我国的发展势头迅猛。据不完全统计,世界上跨径大于400m以上的桥梁中,斜拉桥占了90%以上,有300余座。

贵州省地处中国的西部,位于云贵高原东部,境内山高谷深、沟壑纵横,山地、丘陵面积占97%,是全国唯一没有平原的省份,导致在建造斜拉桥时有着和平原地区不相同的难题。贵州山区地质条件复杂,施工场地狭窄,大型施工器械不能大规模使用,山路崎岖,建筑材料运输困难,施工难度可想而知,同时不仅要克服选址问题,还要解决大跨度结构稳定、昼夜温差产生的应力等一系列问题,这些问题导致贵州省斜拉桥的建造起步较晚,建设条件极其艰苦。长期以来,交通基础设施薄弱严重制约着贵州经济社会的发展。

图1　红枫湖大桥

为了响应国家西部大开发战略,实现全面建设小康社会的目标,缩小区域发展的差别,贵州省需要通过交通枢纽将贵州各个地方联系起来,共同发展,修建大跨径桥梁成为必然的趋势。桥梁是交通的重要枢纽,斜拉桥由于跨越能力大且造型美观,成为首选方案之一。迎着改革开放的春风和西部大开发战略的旗帜,秉着造福一方百姓的宗旨,2002年,贵州省修建了第一座斜拉桥——红枫湖大桥(图1),大桥位于贵州省贵阳清镇市红枫湖国家一级风景自然保护区。红枫湖大桥属于清黄高速公路的一部分,是高速路的控制性工程,大桥跨径185m,为独塔斜拉式桥,是贵州第一座不对称独塔双索面预应力混凝土斜拉桥,精湛的设计与施工技术研究使其获得2006年度贵州省科技进步三等奖。自2002年开建红枫湖大桥以来,贵州省独立设计建造了一系列大跨度斜拉桥,极大促进了贵州省的经济发展。自此,贵州省斜拉桥的建造历史经历了从无到有,再到大规模兴建的跨越式发展。截至2014年12月,贵州已建、在建和拟建的斜拉桥共计14座(不含地方市政桥梁,均为高速公路上的桥梁),其中混凝土曲线矮塔斜拉桥1座,混凝土梁斜拉桥7座,钢桁梁斜拉桥2座,叠合梁斜拉桥4座,详见表1。

贵州大跨径斜拉桥统计表 表1

桥 名	建成时间	跨径布置	备 注
红枫湖大桥	2004年9月	(185+132)m	贵州省第一座不对称独塔双索面预应力混凝土斜拉桥
马岭河特大桥	2009年8月	(155+360+155)m	贵州省内建成的第一座预应力混凝土双塔双索面斜拉桥
六冲河大桥	2013年2月	(195+438m+195)m	以336m的高度位列世界最高十座桥梁之一；贵州省内跨径最大的双塔混凝土斜拉桥
龙井河特大桥	在建	(86m+160m+86)m	我国第一座曲线矮塔斜拉公路桥梁
武佐河特大桥	在建	(178+380+178)m	双塔双索面混凝土斜拉桥
毕都北盘江特大桥	在建	(256+720+256)m	目前世界上主跨最长的连续钢桁梁斜拉桥
鸭池河特大桥	在建	(2×72+76+800+76+2×72)m	目前国内主跨最长的钢桁架斜拉桥
红水河特大桥	在建	(213+508+185)m	贵州省主跨最长的不对称双塔双索面混合式叠合梁斜拉桥
六广河特大桥	在建	(125+360+125)m	双塔双索面叠合梁斜拉桥
道翁乌江大桥	在建	(125+360+125)m	双塔双索面混合式叠合梁斜拉桥
道翁芙蓉江大桥	在建	主跨170m	斜塔地锚式混凝土斜拉桥
望安北盘江特大桥	在建	(150+328+150)m	双塔双索面预应力混凝土斜拉桥
贵遵乌江特大桥	在建	(150+288+150)m	贵州省桥面最宽的双塔双索面混凝土斜拉桥
槽渡河特大桥	在建	(245+2×550+245)m	贵州省唯一的一座三塔双跨斜拉桥，塔高318m，为世界塔高第三的斜拉桥

贵州建造斜拉桥的过程中也面临了许多问题，通过借鉴了很多其他地方斜拉桥建设的思路，并结合贵州的具体特点，探索出了一些不同的建造方法和处理问题的思路，形成了自己的特色。

例如有“世界最高十座桥梁之一”称号的六冲河大桥，在设计时，由于桥区属溶蚀、侵蚀低中山峡谷地貌，工程不能过于破坏周围环境，既要保证桥的质量又要保证美观，于是设计了双塔结构，最高的塔高为203m，桥面高度为336m，考虑拉索防腐，设计采用内外PE防护，并采取特殊的设计来对抗风振。在建造该桥时，面临大跨径桥梁跨河高程测量问题，使用传统的过河水准测量控制方法是行不通的，于是在传统的四边形观测基础上进行改进，最终顺利完成测量。

北盘江特大桥(图2)，全长1 232m，主跨720m，是目前世界上主跨最长的连续钢桁梁斜拉桥。采用“云技术”，将建立一个集“建(设)、管(理)、养(护)”于一体的“桥梁管养综合信息化平台”(云信息平台)。它将施工过程中(包括桥梁施工监控在内)的各种建设数据与后期运营过程中的结构健康监测数据建立起有机联系，形成整座桥梁的全寿命数据链。

图2 北盘江特大桥

目前在建的还有武佐河大桥、鸭池河大桥、北盘江特大桥、红水河大桥、龙井河特大桥等五座斜拉桥，均是国家级公路的控制性工程。其中，龙井河特大桥，是我国第一座曲线矮塔斜拉公路桥梁，索塔为独柱型，主跨为676m。红水河大桥建成后将以508m的主跨成为贵州省主跨最长的不对称双塔双索面混合式叠合梁斜拉桥。

二、贵州山区大跨径斜拉桥建设面临的主要问题及对策

贵州属于中国西南部地区，地形变化多端，地质条件复杂，是世界上岩溶地貌发育最典型的地区之一，容易发生滑坡、崩塌、塌陷、泥石流、岩堆等病害；同时，山区河流曲折迂回，岸坡较陡，水流冲刷及破坏力都较大，而山区高原气候条件(特别是风环境)也较为特殊。因此，在这种地区修建大跨径斜拉桥将面临许多平原地区少见的工程问题。

山区建设大跨度斜拉桥面临的首要问题是边坡的稳定性问题，这也是影响桥梁安全的关键性问题。贵州地区地质条件复杂，桥梁的边坡稳定性受地形地貌、地层岩性、岩体完整程度、结构面组合条件以及强度、水文地质条件和地震附加荷载等因素影响，通常需根据桥位的具体情况作专项研究。

山区建设大跨度斜拉桥面临的第二个问题是常用施工方法的适应性问题。贵州山区地质条件复杂，大型施工设备难以运送到桥位现场，斜拉桥梁段通常无法通过山区现有等级不高的公路运输，而西部山区河流通常水面较窄，甚至无水，大型运梁船只不能达到梁段待安装位置下方。主梁现浇段也通常由于支架、挂篮拼装均受现场条件限制，导致施工困难大。因此，山区大跨度斜拉桥梁段架设无法采用以往跨越大江大河上的常用施工方法，必须根据山区地形地貌的具体特点，因地制宜制定施工方案。

与平原或沿海地区相比，山区建设大跨度斜拉桥时还面临材料的不确定性问题。受交通限制，山区建设大跨度斜拉桥所需材料如水、砂石和混凝土等通常都为就地取材，其材料特性的不确定性将影响桥梁承载力和耐久性。结合贵州地区的环境特点，研究机制砂大体积、高泵送、高性能混凝土是可行的解决方法。

山区高原气候条件也是影响大跨度斜拉桥的重要因素。恶劣的气候条件会增加斜拉桥拉索的抑振和减振难度，降低拉索使用寿命，带来桥梁安全隐患，增加养护和维修成本。

1. 建设条件

1）地形条件与山区风场特点

贵州山峦重叠、沟深谷幽的复杂地形地貌使其地区的风环境和桥梁结构具有和其他地区显著不同的特点，复杂的地形对风速影响极大，风向、风速时空差异明显，既带有明显的季风环流基本规律，又带有明显的区域特征。对于贵州地区，复杂的山区地形无法归类于风工程规范定义的任何一类地貌，少量平均风速剖面模型只能应用于简单的二维坡地，复杂的山地风特性参数可结合桥位地形特征，通过风速观测分析和风环境试验研究获得。

2）岸坡稳定性

贵州山区是我国典型的喀斯特地貌地区，在该地区修建的大跨径斜拉桥的岸坡稳定性对桥梁的长期安全至关重要，因此，进行系统的定性分析和定量计算十分必要。

（1）岸坡稳定性影响因素分析

影响岸坡稳定性的主要因素有地形地貌、地层岩性、岩体完整程度、结构面组合条件以及强度、水文地质条件、地震附加荷载等。

（2）岸坡稳定性分析方法

岸坡稳定性分析方法归纳起来可分为两类：即确定性方法和不确定性方法。

确定性方法是边坡稳定性研究的基本方法，它包括极限平衡法、数值方法、块体理论法、赤平极射投影法等。不确定性方法约在20世纪70年代初出现在边坡稳定性分析中，有：可靠性方法、模糊数学法、灰色系统预测法、分形几何法、人工智能法等。

（3）防治加固措施

措施主要包括非结构性措施和结构性措施。非结构性措施主要是指不实施工程结构物对塌岸变形破坏进行直接的控制和防治，而是以消除和减弱诱发库岸塌岸发生的外部作用因素为主的工程措施。包括：排水、削方减载及回填压脚以及丁坝、顺坝等工程措施。与非结构性措施相反，结构性措施是指直接用于遏制塌岸变形破坏的各种工程结构物。目前常用的塌岸防治结构性措施主要有：抗滑支挡工程（常用抗滑桩和抗滑挡墙）、锚固工程等。

2. 建筑材料

1）机制砂混凝土

受交通限制，贵州山区建设大跨度斜拉桥所需材料如水、砂石和混凝土等通常都需就地取材，其材料特性的不确定性将影响桥梁承载力和耐久性。根据贵州地区的原材料特点以及工程需求，结合贵州地区的环境特点，研究机制砂大体积混凝土、高泵送混凝土、高性能混凝土的水化放热规律、配合比优化、温控施工设计与控制技术、温控养护技术，解决施工中时的内部温控和抵抗温度开裂问题，形成一整套全方位的材料选择、配比优化、混凝土养护、全程监测与温差控制等综合措施，是可行的因地制宜解决办法。

2）高强度钢筋

高强钢筋是指抗拉屈服强度达到400MPa及以上级的螺纹钢筋，其具有强度高、综合性能优的特点，可有效节约钢材用量。但对于以裂缝宽度控制为主的构件，截面的配筋率是控制性因素，与钢筋强度无关，高强钢筋的特点难以得到充分应用。

以织纳高速武佐河特大桥为例，15号、16号主塔承台及塔座顶层及底层钢筋原设计采用HRB400钢筋，其余钢筋为HRB335钢筋。根据高总司办公会议纪要（黔高总司纪要［2012］147号）精神，设计单位结合武佐河大桥的实际情况，对15号、16号主塔承台和塔座的钢筋进行了设计变更，原设计顶层和底层的HRB400钢筋变更为HRB500钢筋，其余钢筋仍采用HRB335钢筋。依据设计单位的变更图纸，施工单位中铁大桥局采购了HRB500钢筋，并进行了加工、安装，目前已经顺利完成了16号墩承台施工和塔座钢筋安装。通过对该工程实例的研究，得到了一些对贵州斜拉桥建设有指导意义的结论。

3. 混凝土0-1号段施工关键技术

混凝土斜拉桥一般两个1号拉索之间的无索区范围较大，一般采用在支架或者托架施工，见示意图3。支架或托架浇筑混凝土打到设计强度后挂1号斜拉索，然后再拼装挂篮拼装挂篮，见示意图4。其余悬浇段采用挂篮节段悬浇施工。

基于贵州山区地形的特点，斜拉桥的主塔处桥面距地面一般都在100m左右，若采用平原地区传统的支架模式或托架一次浇筑无索区的混凝土，则支架高度大，临时措施投入大，施工安全风险大。针对山区高墩混凝土斜拉桥无索区主梁的施工，本桥施工时精心组织设计，对挂篮进行改装，将无索区混凝土分两步施工，其中塔梁处0号段大部分位于塔柱横梁上，采用横梁上直接搭设支架，对于伸出横梁部分的混凝土采用在横梁上设小的三角托架施工，具体见图5。

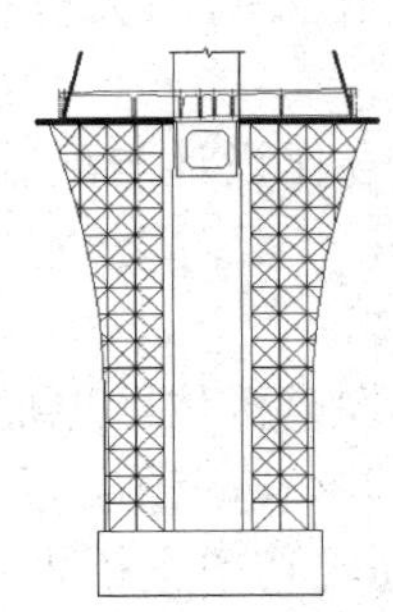

图3 无索区主梁支架施工

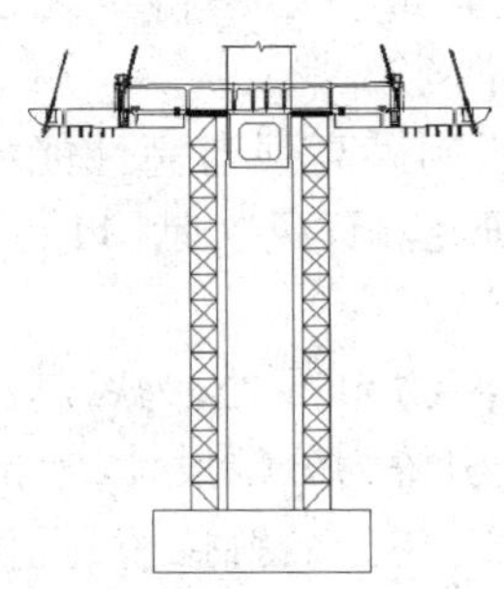

图4 悬浇段挂篮施工

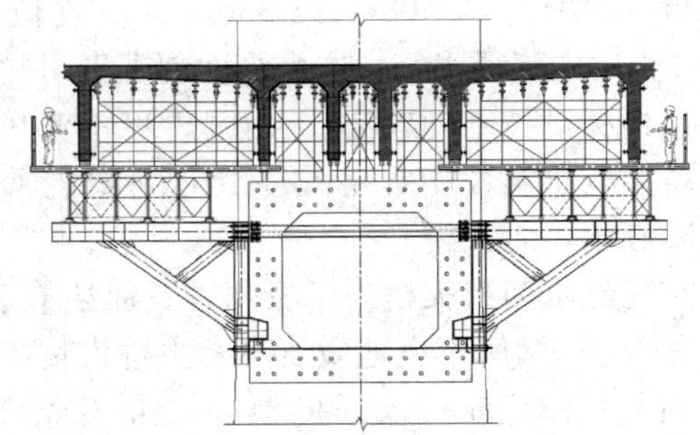

图5 0号段主梁施工

0号梁段施工完成后，张拉主梁预应力钢束，然后将挂篮的前半部分起吊安装，后支点锚固在塔根部，前支点利用1号斜拉索作为竖向约束，将挂篮的前半部分用作混凝土浇筑的支架。见图6。待混凝土强度达到设计之后张拉主梁预应力、张拉1号斜拉索。然后再前移挂篮前半部分，最后安装挂篮的后半部分形成悬浇需要的整体挂篮。

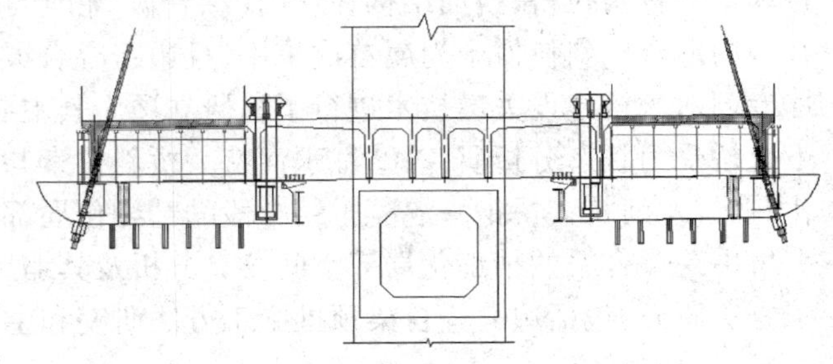

图6 1号段主梁施工

该方案对传统的挂篮进行改装后，可以有效解决高支架、高成本，高风险的问题，方便操作，合理利用既有临时和永久结构。为山区高墩混凝土斜拉桥无索区的施工提供了良好的案例。

三、工 程 实 例

1. 马岭河大桥

建于2009年的马岭河大桥，位于贵州省兴义市顶效开发区内，跨越著名的国家4A级风景区——马岭河大峡谷，全长1 386m，是目前贵州省建成的第一座也是迄今最大一座三跨预应力混凝土双塔双索面斜拉桥。

2. 官塘大桥

建于2011年的官塘大桥，为双圆独塔斜拉桥，全长418.47m，桥宽30m，桥面为双向四车道，桥型新颖，造型独特，是贵州第一座双圆环独塔斜拉桥。

3. 龙井河特大桥

在建龙井河特大桥位于厦门至成都高速公路贵州境织金至纳雍段，大桥位于贵州省纳雍县寨乐乡境内，为跨越山间河谷而设。主梁采用箱梁设计，单箱三室截面；主塔采用矮塔，总高度为28.5m；拉索采用双排单索面形式。桥梁在引桥部分左右幅分幅设计，主桥部分左右幅整体设计，上部结构布置左右幅为6×30m预应力混凝土T梁+86+160+86m预应力混凝土部分斜拉桥+5×30m预应力混凝土T梁，桥梁全长左幅为671.998m，右幅为675.790m。

由于本桥地处山区，地形复杂，规模较大，且为曲线部分斜拉桥，在国内缺少充足的设计施工经验，对设计施工技术要求较高。该桥关键技术问题为：①山区曲线部分斜拉桥结构体系与结构性能；②山区曲线部分斜拉桥三要构件的构造形式；③山区曲线部分斜拉桥空间效应与分析方法。限于篇幅，这里不再赘述，详见文献[10]。

4. 六冲河特大桥

建于2013年的六冲河特大桥，处于毕节市黔西县与织金县交界处，跨越六冲河峡谷。桥区属溶蚀、侵蚀低中山峡谷地貌，位于六冲河下游，桥位处为"U"形峡谷。本桥主桥为整幅设计，引桥为分幅设计，上部结构为3×30m先简支后结构连续T梁+195m+438m+195m预应力混凝土斜拉桥+19×30m先简支后结构连续T梁，中跨设$R=50\ 000$m凸曲线。采用"钻石"形空间索塔，肋板式边主梁。该桥为双塔斜拉桥，全桥总长1 508m，以336m的高度位列"世界最高十座桥梁之一"，矗立在云间的大桥主塔高195m，整桥主跨径438m，这个跨度创下贵州同类桥梁的第一。

该桥关键技术问题为：①山区高寒环境下C60机制砂高强与高性能混凝土配合比设计与配制技术；②主桥结构抗震性能研究；③大跨度桥梁抗风性能研究。详见文献[11]。

5. 红水河特大桥

在建红水河特大桥位于贵州省罗甸县羊里港下游约6km处，为跨越红水河而设。桥位区地形陡峭，断面呈U形，两岸不良地质发育。主桥为整幅设计，引桥为分幅设计，上部结构为2×20m预应力混凝土现浇箱梁+(213m+508m+185m)双塔双索面混合式叠合梁斜拉桥，全桥长956m。其中主桥贵州岸及中跨采用叠合梁主梁，广西岸采用预应力混凝土主梁。

红水河特大斜拉桥结构复杂、科技含量高、施工难度大，是惠罗线上极为关键的控制性工程之一。该桥为不对称斜拉桥，桥面结构在纵向(结合段)和竖向(叠合梁)都采用了钢与混凝土组合形式，此类结构在国内混合梁斜拉桥中尚属首次采用，且边跨叠合梁的顶推施工目前暂无先例。为此，贵州省交通运输厅专门对该桥建设关键技术进行了科研立项。其主要研究内容为：①红水河特大桥施工过程和运营状态下全桥受力状态分析研究；②红水河特大桥斜拉索与梁、塔锚固区精细化局部空间仿真分析及其结构优化；③红水河特大桥钢—混凝土结合段的精细化局部空间仿真分析及其缩尺模型试验研究；④红水河特大桥中跨叠合梁的精细化局部空间仿真分析及其缩尺模型试验研究；⑤复杂地形下特大不对称斜拉桥施工方法研究，包括边跨叠合梁顶推施工方法研究和主跨拼装施工方法研究。

四、结　　语

自2002年开建红枫湖大桥以来，贵州省独立设计建造了一系列大跨度斜拉桥，极大促进了贵州省的经济发展。自此，贵州省斜拉桥的建造历史经历了从无到有，再到大规模兴建的跨越式发展。在这些桥的结构布置中，由于贵州省地形条件的限制，边中比偏小，引孔较短，甚至于边跨直接桥台。由于贵州省的运输、制造条件的限制，目前除了钢箱梁外其他主梁形式都有采用。在这些桥的施工中，支架浇筑、悬臂浇筑、桥面吊机、缆索吊、顶推等方法也都有采用。各种大跨径斜桥均在贵州省的桥梁工程中得以建设和高速发展,无论是结构形式、施工方法,还是新型材料的应用均在不断地完善和进步。从贵州省典型工程实例中可见,大跨径斜拉桥在贵州工程建设中有着重要的地位。展望未来,一批采用新材料、新结构形式、新施工方法的超大跨径、全寿命设计、数字化管养的斜拉桥必将在贵州省工程建设中扮演重要角色,必将促进贵州省的经济发展,并引领贵州省桥梁工程建设取得新的突破。

参考文献

[1] 王伯惠. 斜拉桥结构发展和中国经验[M]. 北京:人民交通出版社,2003.

[2] 严国敏. 现代斜拉桥[M]. 成都:西南交通大学出版社,1996.

[3] 陈政清. 桥梁风工程[M]. 北京:人民交通出版社,2005.

[4] 贵州省六广河特大桥设计方案,贵州省交通规划勘察设计研究院股份有限公司,2014.

[5] 贵州省红水河大桥设计方案,贵州省交通规划勘察设计研究院股份有限公司,2014.

[6] 刘健新,李家武. 中国西部地区桥梁风工程研究[J]. 建筑科学与工程学报,2005,22(4):32-39.

[7] 刘才华,陈从新. 层状岩质边坡稳定性[M]. 北京:科学出版社,2012.

[8] 六广河推荐线岸坡稳定性评价专题报告[R]. 贵州省交通规划勘察设计研究院股份有限公司,2014 .

[9] 高强钢筋在高速公路中的应用研究报告[R]. 贵州省交通规划勘察设计研究院股份有限公司,2013 .

[10] 山区曲线斜拉桥的设计与施工技术研究总报告[R]. 交通运输部公路科学研究所,贵州高速公路开发总公司,贵州省交通规划勘察设计研究院股份有限公司,河海大学,四川路桥建设股份有限公司大桥分公司,2013.

[11] 山区高寒环境下机制砂高强与高性能混凝土施工成套技术研究[R]. 同济大学,2013

[12] 马书强. 国内外矮塔斜拉桥发展概况探讨[J]. 中国水运,2011,12(11):176-177.

[13] 陈明宪. 斜拉桥的发展与展望[J]. 中外公路,2006,26(4):76-86.

[14] 马坤全. 大跨径斜拉桥建设与展望[J]. 国外桥梁,2000,(4):60-65.

[15] 陈开利,余天庆,习刚. 混合梁斜拉桥的发展与展望[J]. 桥梁建设,2005,(2):1-4.

9. 普宣高速公路普立特大桥方案研究

汪 宏 王 鹏 童 韬 陈骑彪

(招商局重庆交通科研设计院有限公司)

摘 要 普立特大桥为国家高速公路网横12(杭州至瑞丽)普立(滇黔界)至宣威段高速公路上的控制性工程,跨越普立大沟,桥面与沟底高差近400m。大桥全长1 040m,主桥为单跨628m钢箱加劲梁悬索桥,索塔为混凝土直塔门柱框架结构,两岸锚碇分别采用隧道式和重力式锚碇。本文介绍了大桥的建设条件,路线、桥位和桥型方案比选。根据现场的实际情况,对加劲梁采用钢桁梁或是钢箱梁进行重点比选。本文还介绍了加劲梁的施工工艺及抗震、抗风等专题研究成果。

关键词 普宣高速公路 悬索桥 加劲梁 方案 比选

一、背 景

普立特大桥为国家高速公路网横12(杭州至瑞丽)普立(滇黔界)至宣威段高速公路上的控制性工程,跨越普立大沟,距市区约70km。桥位处地质、地形条件复杂,自然环境优美,如何按照“安全、适用、经济、美观和有利环保的原则”,确定路线、桥位、桥型是设计单位重点解决的问题。

二、自 然 条 件

1. 地形、地貌

桥址位于构造剥蚀、侵蚀中山深切峡谷地貌单元区(图1)。两侧谷坡地形陡峭，呈"V"形，地形总体呈上缓下陡的趋势，谷底宽度约15～20m，高程1 430m。普立岸坡顶高程1 983.5m，相对高差约553.5m；宣威岸谷顶高程1 922.6m，相对高差约493m。

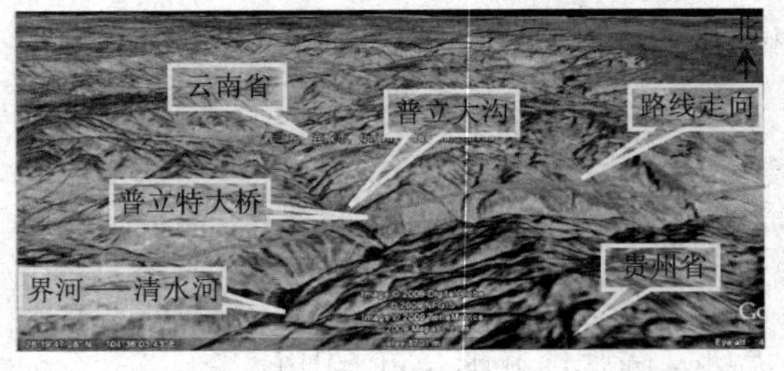

图1　普立特大桥桥址地形

2. 气象

桥位区属暖温带高原季风气候，日温差较大，年平均气温13.3℃，最冷1月平均气温5℃，最热7月平均气温19.4℃，多年平均最高气温17.8℃，最低气温2.8℃，最大风速25m/s。

3. 地质

桥址区出露地层岩性主要有第四系残坡积层(Q_4^{el+dl})含碎石亚黏土、冲洪积层(Q_4^{al+pl})漂石、卵石；石炭系中统黄龙群(C^{2hn})、上统马平群(C^{3mp})灰岩等。马平群灰岩分布于整个桥位区，为主要持力层。岩体主要发育陡倾角裂隙，中、缓倾角裂隙分布较少。岩层呈单斜状产出，产状230°～276°∠5°～12°，普立岸岩层走向与普立大沟的走向呈小角度相交，倾向230°，与岸坡坡向基本一致，为顺层岩质斜坡；宣威岸坡向50°，为反向岩质斜坡。普立大沟为桥位区地表水的主要排泄通道，水量较小，洪水位远低于路线高程，地表水对混凝土无腐蚀。地下水类型可分为第四系松散岩类孔隙水和碳酸盐岩类岩溶水，水量贫乏。

普立大沟谷坡卸荷作用较明显，卸荷作用一方面使原有结构面张开，部分扩展而与其他方向的裂隙贯通、一方面产生新的拉张裂隙，从而造成裂隙率增高，规模增大，并在地下水的作用下，裂隙的溶蚀程度增高。普立岸卸荷裂隙带及影响宽度为60～70m；宣威岸卸荷裂隙及影响带宽度为55～65m。

桥位区处于岩溶垂直入渗带，包气带岩溶较发育，形态多为溶槽、溶缝、充填型或空腔型溶洞。勘探深度内岩溶发育深度主要集中在地表以下30m深的范围内，深度30m以下岩溶随深度增大而递减。宣威岸岩溶发育程度远大于普立岸；以宣威岸主塔部位岩溶最为发育、重力锚次之，两岸引桥处也有岩溶发育。

4. 地震

桥区处在北东向宣威—弥勒中强地震带的北东端及其近旁，历史上常有5级左右地震。普立岸50年超越概率63%、10%、2%地表峰值加速度a_{max}分别为$0.26m/s^2$、$0.64m/s^2$、$1.01m/s^2$；宣威岸50年超越概率63%、10%、2%地表地震动参数值a_{max}分别为$0.26m/s^2$、$0.62m/s^2$、$1.00m/s^2$。

三、路线方案比选

本项目路线位于滇黔界河——清水河云南一侧的陡坡上，路线走廊较为狭窄，普立大沟距起点约11km。为路线直接跨越普立大沟(K线)所设置的普立特大桥，主跨长度600m左右，工程造价较高和运营期桥梁养护成本较大，且有一定的安全隐患和不确定因素。因此设置了普立绕行线(A线)(图2)与K线进行比选。

A线沿清水河河谷山腰一路升坡，需要设置两座主跨200m和170m的大桥跨越山谷，合计总长1 000m左右；路线还要设长度610m的松山1号隧道穿过山梁；横跨普立大沟口后设定向Y形互通式立交以供附近地方车辆上下高速公路；路线继续沿山腰布线后与K线汇合。A线比K线增长4 954m。以下从高速公路的使用性能、可持续发展、环境保护、工程量与造价、施工及养护等方面，对K线及A线进行详细比选。

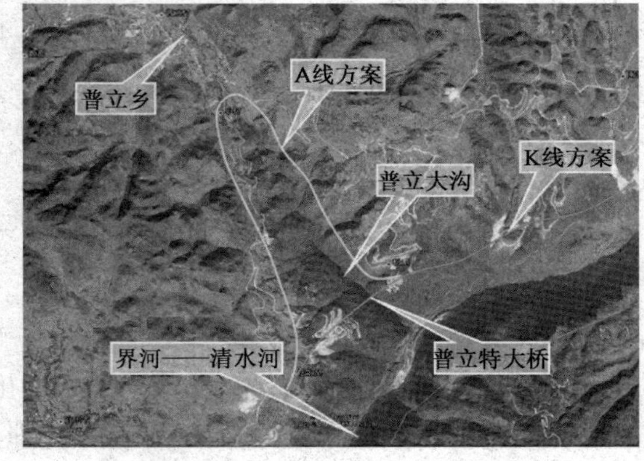

图2　普宣高速公路普立段K线及A线

从环境保护水土保持的角度比较:K线和A线均处于地形陡峻的河谷山腰,都存在一定的问题,但A线里程更长和土石方工程量更大,因此环境保护和水土保持的工作量更大。

从高速公路的使用性能比较:A线平纵线型组合、平纵面指标总体较低,需绕至普立大沟沟口,今后运营里程较长,不利于车辆运营节能;由于K线采用桥梁方式跨越普立大沟,避开了A线所走的崎岖地形,平纵面线型组合相对较高、平纵面指标好、里程短,有利国道主干线车辆的快速通行和节能。

从工程数量和造价比较:A线里程较K线长约5km,路基土石方、防排水工程、桥梁工程、隧道工程、交叉工程及路面工程较K线多,但K线设一座总长1km的普立特大桥,造价较高。K线较A线造价高2.4亿元。

从施工及养护难易程度比较:K线设有一座主跨600m左右的悬索桥,运营里程较短、效率高;但施工较困难,运营期桥梁养护成本大,有一定的安全隐患和不确定因素。

从可持续发展角度看:K线耗费土地资源少,但路线距普立乡较远,与区域路网、城镇布局协调性差,为普立乡今后的发展,需要在K14+400处设大新田立交,并设7.5km的联络线;A线距普立乡较近,有利于当地经济发展,但线形指标较低,最小平曲线半径仅250m;A线边坡开挖量及防护工程量大,对环境破坏严重,同时沿线占用土地多。

综合分析众多因素,从高速公路快速、便捷、高效的要求出发,放弃绕行普立大沟的A线方案,推荐跨越普立大沟的K线方案。

四、桥位方案比选

确定跨越普立大沟的前提下,总体上路线从松山隧道穿出,经普立特大桥后通过一片山间台地,再进入龙家岩隧道。综合考虑大桥及两端接线工程规模、施工难度、工程造价及今后的管理和养护,选择K线、B1线和C线三个桥位进行比选,以使路线尽量顺捷,从总体上减少造价和降低运输成本,提高经济效益和社会效益。

K线桥位选择在普立大沟两侧有一个相对平缓的台地处,自然斜坡现状稳定,便于布设主墩和设置预制平台。虽普立岸为顺层岩质斜坡,但倾角小,内侧地形坡度大,有利开挖锚洞。两侧主墩距离陡崖分别有180m、200m的净边距,有利于避开卸荷裂隙带。龙家岩隧道长度为2 170m,隧道施工对于居民撤迁工作量较小;斜坡段边坡结构类型以逆向坡、切向坡为主,无深挖路堑。

B1线(图3)位于K线上游400m处,经大岩上、松山跨越普立大沟至天生桥。B1线普立特大桥主跨约560m,稍小于K线主跨。该段路线长度比K线长214m,路线平面指标稍好于K线;整个桥梁长度比K线短1210m,但隧道长度长1 215m。考虑到由于桥头地形陡峭,交通条件极差,主墩施工非常困难,从施工方案(施工场地及进场道路条件)决定设计方案的角度,B1线明显劣K线。

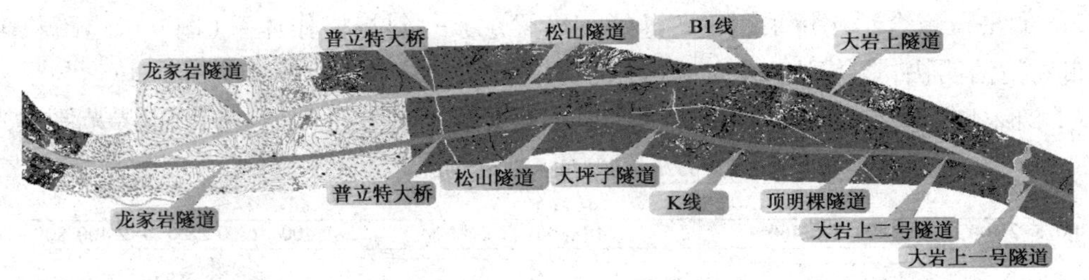

图3 K线与B1线路线方案

C线(图4)位于K线上游130m处,起于松山隧道,跨越普立大沟,经龙家岩隧道,止于摩布村。利用普立大沟两端的山脊布设大桥。C线地质、地形条件与K线相似,但路线平纵面指标均较K线低,其中大桥纵坡为2.5%,而K线纵坡1.6%,不利于该大桥的设计和施工。C线大桥主跨约为660m,稍大于K线大桥主跨,但C线大桥总长较K线短50m左右。C线大桩号主墩处的山体单薄,主墩施工及主墩锚碇场地条件较差;C线龙家岩隧道(2 655m)较K线龙家岩隧道(2 170m)长485m,且隧道浅埋段长,对法土窝村的影响较大。经综合比较推荐K线。

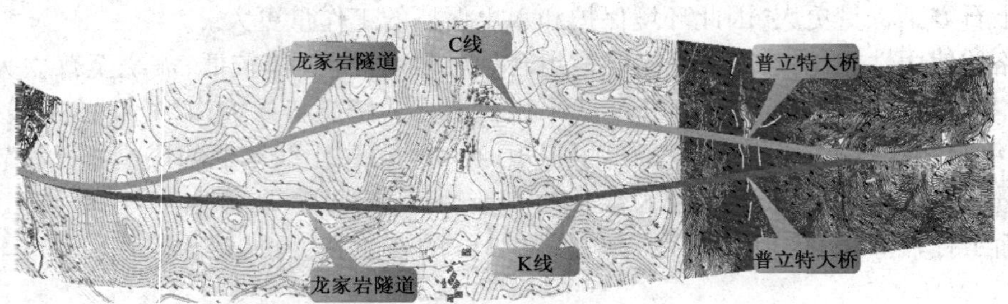

图4　K线与C线路线方案

五、桥型方案比选

1. 地形、地貌及地质条件对桥型方案的影响

桥位区地貌形态属构造剥蚀、侵蚀深切割峡谷地貌单元区，桥轴断面沟谷呈陡"V"形，两侧岸坡地形陡峭，边坡坡度界于30°~60°如图5所示。桥轴断面区域两岸的山顶有便道可以到达，桥跨小于470m时，地形已非常陡峭，且临近断崖，施工便道难以到达。

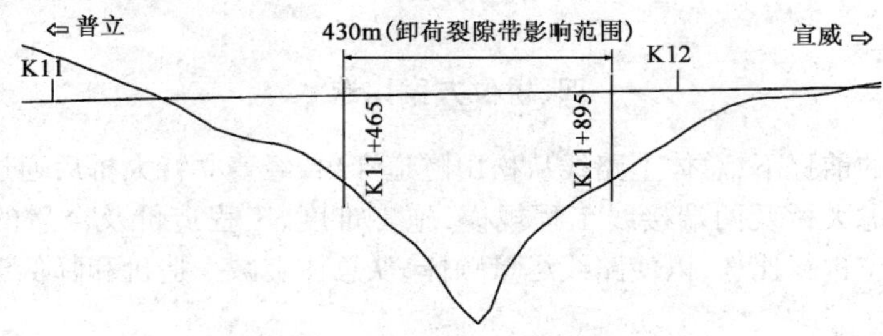

图5　桥位区卸荷裂隙带分布宽度

根据地质勘探，沟谷及卸荷带范围宽度约为430m；此范围内不宜设置桥墩。考虑桥墩外侧设置20m的安全距离，桥墩基础净距应不小于470m，再考虑桥墩承台的宽度，跨径应不小于500m。

2. 桥型方案构思与初步比选

结合目前国内外的桥梁技术能力及实际经验，综合考虑经济及可接受的施工风险，跨径大于500m可选择的桥型主要有悬索桥、斜拉桥、吊拉组合桥和拱桥。因此拟定了主跨628m的悬索桥、主跨510m叠合梁斜拉桥、主跨632m的吊拉组合结构桥、主跨500m上承式拱桥进行桥型方案研究。

3. 吊拉组合结构桥

主跨632m的吊拉组合结构桥采用三跨连续钢桁梁悬索—斜拉协作体系（图6），边跨长156m，不设引桥。方案布局简洁明快，整体刚度较大，竖向变形小，抗风稳定性好。但近跨中的拉索与吊杆交叉处的结构处理较为困难，主缆的柔美线条与拉索的刚直线条组合在一起缺乏和谐美感。世界范围内尚无如此大

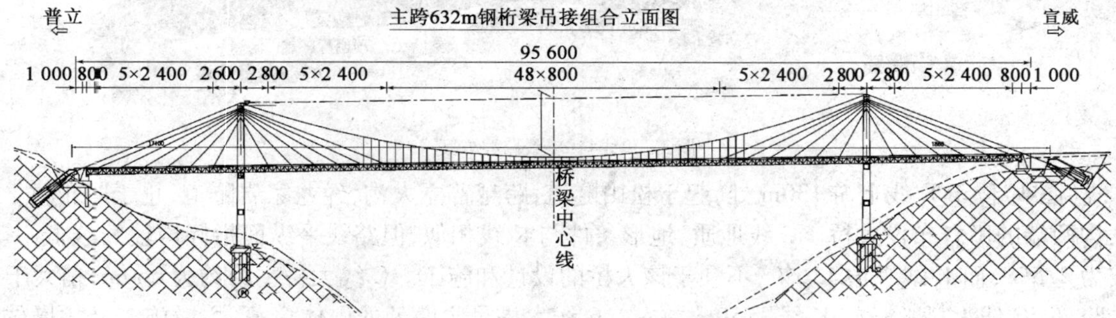

图6　普立特大桥的吊拉组合方案（尺寸单位：cm）

跨径悬索—斜拉组合体系桥,仅中国建成了主跨288m的贵州乌江大桥。考虑该方案施工经验不足,存在较高难度和风险,质量不容易保证,措施费用高。因此综合该方案造价较悬索桥造价高,舍弃该方案。

4. 拱桥

拱桥方案较为经济,但500m以上跨径的上承式拱桥施工技术目前尚不成熟。本次研究的上承式钢箱拱桥方案(图7),拱脚处于陡峭岸坡上,开挖量很大,对岸坡的稳定性影响需要进行深入研究。最高的立柱高度达120m以上,拱肋吊装施工工艺繁琐,这两项施工的难度大、风险高。因此在比选中也舍弃了这一方案。

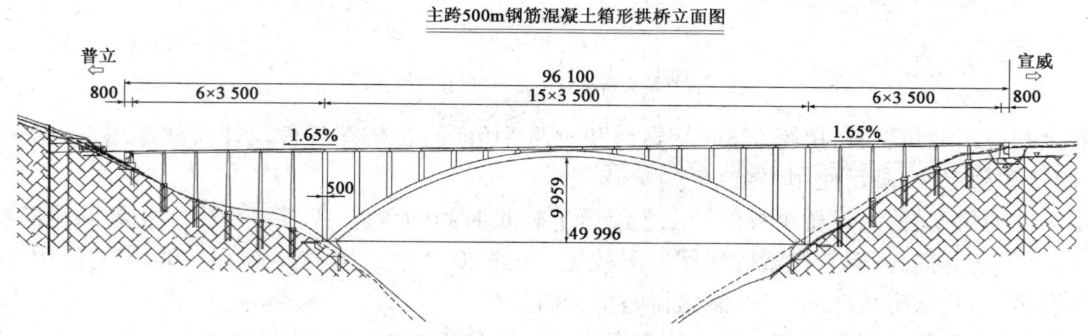

图7 普立特大桥上承式钢箱拱桥方案

5. 斜拉桥

根据地形,斜拉桥主跨采用510m,边跨长229m,在距主塔164m处设置一个辅助墩,形成(65+164+510+164+65)m五跨连续半漂浮体系(图8)。普立岸衔接隧道,宣威岸衔接较为平坦的台地,总长968m,不需引桥,布局简洁明快。

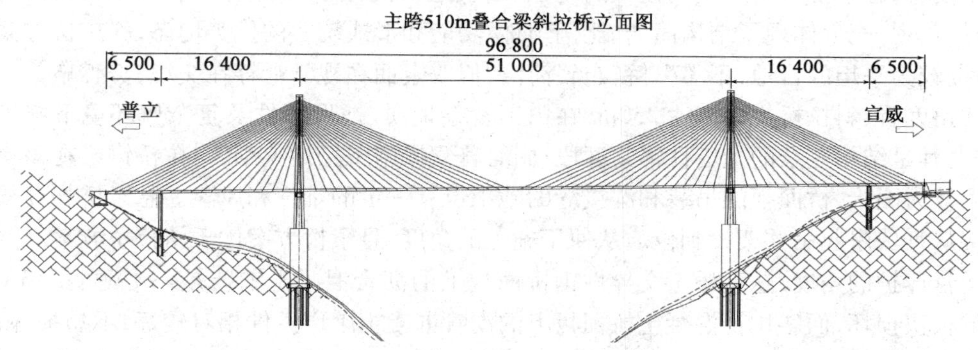

图8 普立特大桥斜拉桥方案

根据本桥的跨径,主梁宜采用钢—混凝土叠合梁。该方案缺点在于塔墩处于陡峭岸坡处,施工机械难以到达,下塔墩高度达130m,施工存在较高难度和较大的风险,塔墩位置的边坡稳定也还需进一步勘察。主梁架设采用悬臂法施工,质量有保证,风险可接受,但造价较悬索桥方案略高。

6. 悬索桥

结合地形地质条件,确定主跨628m,普立岸主塔位于K11+365m处,宣威岸主塔位于K11+993m处,这两个位置均处于较缓坡度的山间平台上,施工便道可以到达。普立岸隧道出口处的台地可以作为锚碇位置,考虑到锚碇离隧道口有一定的安全距离,由此确定普立岸边跨长166m,锚碇底端距隧道口水平距离约15m。宣威岸边跨长176m,锚碇右侧有较大的平坦台地可用于加劲梁组拼、制造及堆放场地,加劲梁节段可通过已建好的引桥运输到索塔位置进行吊装施工。桥型布置如图9所示。

7. 桥型方案比选

根据本桥的建设条件,上述四种桥型方案均可行,但吊拉组合桥和拱桥方案优势相对较弱。以下在安全、耐久、适用、环保、经济和美观方面,并考虑施工和养护因素对悬索桥和斜拉桥进行比选。

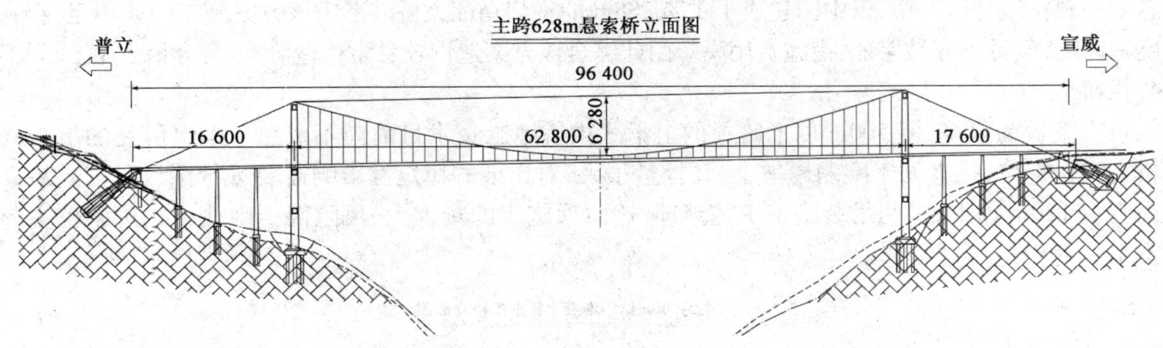

图9 普立特大桥悬索桥方案(尺寸单位:cm)

从安全和适用的角度看,单跨628m悬索桥和主跨510m斜拉桥在各种设计荷载作用下均具有足够的强度、刚度和稳定性,满足使用要求。

从耐久性的角度看,悬索桥主缆防护工艺经历了较长时间的考验,尤其是引入了主缆除湿防护工艺后,耐久性有了新的提高;但斜拉索的使用年限较短,通常20年左右需要换索,在100年的使用年限内,需要多次换索,因此从耐久性的角度,悬索桥略优于斜拉桥。

从环保角度,两种桥型方案在施工中均需要施工便道和开挖基坑,对边坡植被有一定的破坏,大多数的边坡和植被可以在施工完成后进行恢复;但斜拉桥主塔处的地形更为陡峭,主塔承台和墩身开挖量大于悬索桥主塔承台开挖的工程量,对边坡植被的破坏更大,且岩质边坡上面的植被恢复时间更长。

从经济角度看,单跨悬索桥造价高于斜拉桥,但斜拉桥长度较长,而悬索桥两岸引桥分别采用4×40m预应力混凝土连续梁桥,造价相对较低,经估算两个桥型方案造价基本相同,悬索桥造价略低。

从美观角度看,悬索桥方案以刚劲挺拔的主塔、曲线起伏的主缆和凌空飞架的加劲梁构成了线条流畅、形态优美的景观,充分体现了结构简洁、比例匀称、功能和形式统一的优美形态;斜拉桥方案一端衔接隧道,一端衔接较为平坦的台地,不需引桥,布置简洁,但双索面在视觉上存在交织,美感略差。

从施工的角度看,斜拉桥主塔高达250m,在山区复杂地质、地形条件及复杂风环境下施工这样的高塔相当困难,尤其是结构复杂的上塔柱锚索区段;同时普立岸施工场地狭窄,斜拉桥钢梁在该岸主塔处的悬臂拼装显得较为困难,桥面板的吊装和湿接缝的施工也有一定的难度和风险。悬索桥加劲梁可以通过缆索吊机直接从宣威岸起吊并架设到位。从便于施工的角度,悬索桥方案优于斜拉桥方案。

从桥梁运营养护的角度,悬索桥正交异性钢桥面板上的沥青混凝土铺装是一个薄弱环节,容易在重载车轮作用下很快损坏,而斜拉桥混凝土桥面板上的沥青混凝土工作条件相对较好,不易损坏;但斜拉索及锚固装置是其薄弱环节,需要经常进行检查和维修;因此两个桥型方案在养护角度看基本相同。

综合以上分析和对比,决定采用单跨悬索桥方案。

六、悬索桥方案设计与比选

1. 主缆与吊索

近期建成的公路悬索桥主缆垂跨比一般取在1/9~1/11之间,普立特大桥根据计算对比选定垂跨比为1/10。主缆选用直径5.1mm强度为1 770MPa平行钢丝采用PPWS法制作。综合考虑到索股运输,控制锚面尺寸和架设工期,确定索股采用91丝。每根主缆共91股,索夹内直径为512.5mm,索夹外直径为518.9mm。

吊索采用热挤保护层扭绞型拉索,截面为73丝ϕ5.0mm低松弛镀锌平行钢丝束,钢丝极限抗拉强度为1 670MPa。每吊点设置两根吊索,吊索上、下端分别与索夹及加劲梁耳板通过销铰连接。吊索的间距根据加劲梁(主要是横隔板)的合理构造确定标准间距采用12m,主塔中心到最近吊索的间距为14m,长度大于20m的吊索中部设置减震架。

2. 索鞍

主索鞍采用铸、焊相结合的形式，鞍槽部分是铸钢件，鞍身部分为板焊件并与鞍槽焊接。为增加主缆与鞍槽之间的摩阻力，并方便索股定位，鞍槽内设置竖向隔板。主缆在锚碇处的散索采用常用的摆轴式散索鞍，鞍槽部分是铸钢件，鞍体部分为板焊件并与鞍槽焊接。鞍槽内设竖向隔板，鞍槽顶部设置三道压紧梁，以压紧鞍槽内的主缆。散索鞍下部设置摆轴、底座和底板，以完成主缆竖向分力的传递。底板预埋于锚碇的散索鞍支墩上。

3. 索塔

索塔形式由其受力特点决定，一般为门式框架。普立特大桥索塔总高度约153m，索塔横向结构形式首先要满足塔柱强度及稳定性要求，同时考虑景观效果，使其最大程度融入自然环境。为此提出了直塔柱和斜塔柱两种方案，如图10所示，两种方案塔柱都选择了传统的空心矩形截面的塔柱形式，四角点做小圆弧倒角处理。

直塔柱更富有稳定感和现代气息；斜塔柱塔顶宽度更为紧凑，主索鞍传力中心与主塔柱中心位置较为接近，但斜塔柱柱脚间距较大，达37.7m，施工难度相对较大。此外，斜塔存在水平分力，由于地形横坡较大，两塔柱根部之间无法设置水平系梁，对桥塔及基础受力不利。若采用斜塔肢，倾斜的塔肢加重了两岸的陡坡对构筑物安全感影响，在整体视觉上形成了不稳定的错觉。采用直塔肢，铅垂的塔肢竖立在斜坡上，淡化了两岸陡坡在视觉上的冲击，给人以受力明确、稳重、简洁、大方的视觉效果。经综合比较，选择采用直塔柱方案。

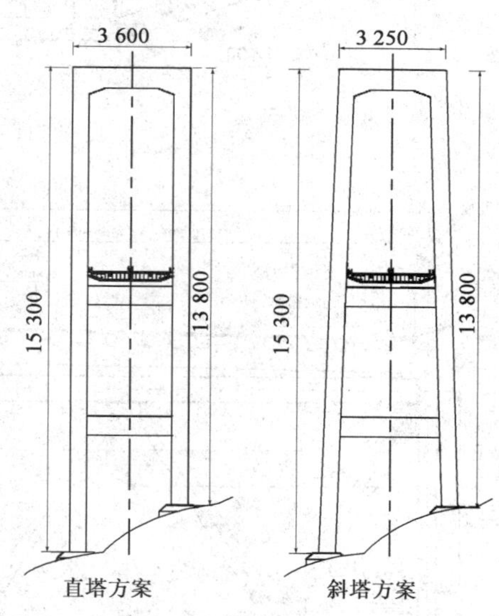

图10 普立特大桥索塔方案(尺寸单位:cm)

4. 加劲梁

1）加劲梁形式

大跨径悬索桥加劲梁主要采用扁平钢箱梁和钢桁梁两种形式。一方面，同等条件下，采用钢箱梁比钢桁梁用钢量仅加劲梁本身就可以节省15%左右，流线型扁平钢箱梁的出现被桥梁界公认为是悬索桥发展史上一个重大进步。另一方面，山区已建的大跨径悬索桥则全部用钢桁加劲梁，其主要原因是桥位处普遍存在运输条件差、加工场地小、安装方式受限制等，在特定的条件下，山区悬索桥加劲梁可否采用钢箱梁值的深入研究。

鉴于普立特大桥桥位处的运输、场地条件较好，单元板件可运输到桥位处，且宣威岸具有较为平整的台地，可作为组拼加工场地，因此对本桥采用加劲梁的形式从受力、梁段制造和安装、后期运营养护等方面进行详细的比选论证。

2）钢箱加劲梁

根据本桥的实际情况，拟定的钢箱梁如图11所示。梁宽28.5m，高为3m，高跨比为1/209.3，高宽比为1/9.5。顶板厚16mm，采用8mm厚的U肋加劲；底板厚10mm，采用6mm厚的U肋加劲；横隔板间距3m，无吊点处厚8mm，有吊点处厚12mm，局部厚度为16mm；标准吊装节段长12m，重量约146t。钢材采用Q345D，合计用钢7 560t，桥面用钢量为465kg/m^2。

3）钢桁加劲梁

拟定的钢桁加劲梁如图12所示，主要由钢桁架和正交异性桥面板两部分组成。钢桁架由主桁架、主横桁架和上下平联组成，桁高5.6m，节间长8m，主桁中心距26m，杆件均为工形截面，单件重不超过20t，每两个节间预拼成一个吊装单元，约113t，全桥共41个。正交异性桥面板横向为整幅，由面板、U肋、纵向板肋、横隔梁和倒T形纵梁组成，两节间长16m，纵向分为9.6m+6.4m两块吊装，单块重约70t，共81块。合计用钢9 015t，桥面用钢量为565kg/m^2。

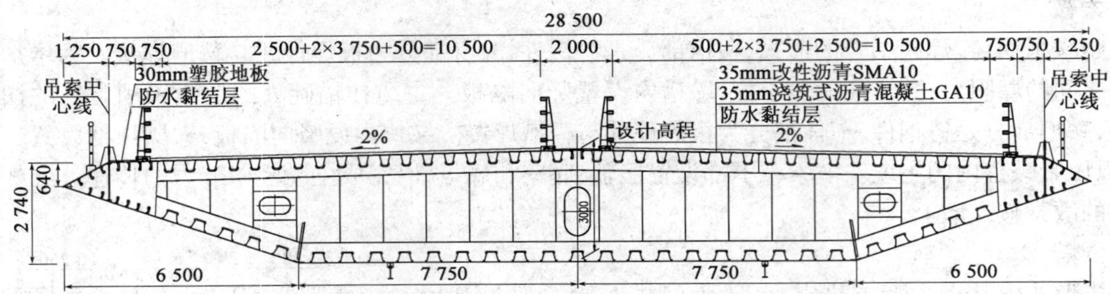

图11 钢箱加劲梁标准横断面(尺寸单位:mm)

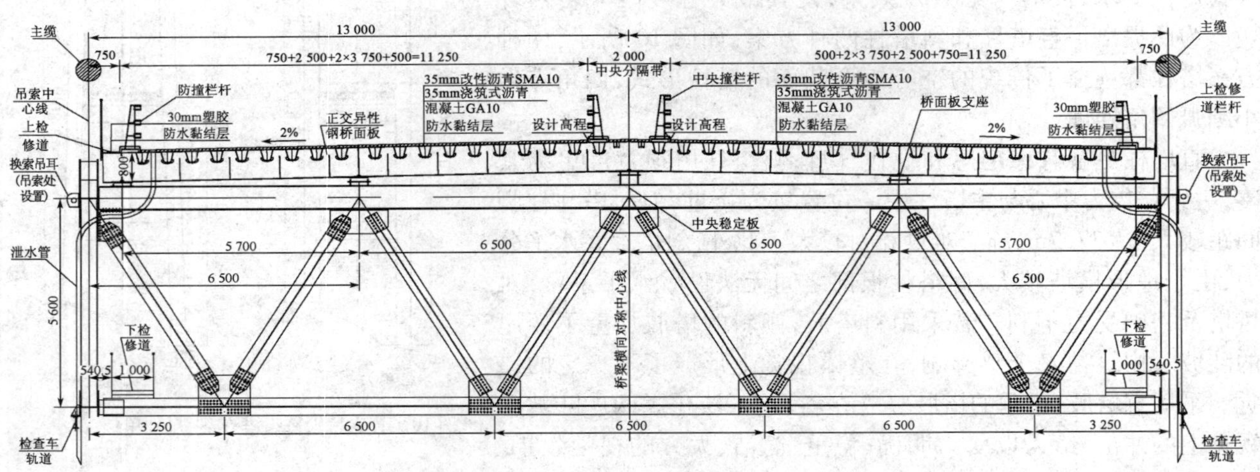

图12 钢桁加劲梁标准横断面(尺寸单位:mm)

4)钢箱加劲梁施工方案

(1)钢箱加劲梁施工总体部署

全桥按分53个节段进行制造和安装,钢箱梁制造采用“三阶段”方式生产,即厂内生产零件及板块单元,运输到总拼现场进行钢箱梁的总拼及涂装,桥位进行环缝焊接。

悬索桥加劲梁常用跨缆吊机或缆索吊机架设。由于桥位处既不具备水上运输条件,谷底也不具备拼装条件,因此跨缆吊机无法在普立特大桥上使用。缆索吊机优点是对环境的适用性较强,起吊能力较大,施工速度快。近年来我国修建的几座钢桁悬索桥都成功采用缆索吊机架进行加劲梁的架设,此施工工艺在重庆鹅公岩长江大桥(主跨600m,缆索吊设计起吊能力为200t)的钢箱加劲梁安装施工中也得到成功应用。

(2)钢箱加劲梁片状半成品运输

钢箱加劲梁片状半成品在工厂按最大2.4×12m的标准板件制作,通过火车运输至宣威市火车站,再用12m半封箱货车经X53县道运输到桥位附近。X53县道的路面宽度、转弯半径及纵坡均能满足12m半封箱货车运输要求,宣威岸桥位距X53县道约1934m,通过修建施工便道接X53县道后可直通宣威市区。

(3)钢箱加劲梁节段总拼场地布置

拼装场地在充分利用桥头接线路基的基础上,通过适当开挖和回填的方式进行场地平整,即可确保拼装场地面积要求。场地内设置生活区、办公区、两拼区、涂装厂房及存梁区,占地面积约为22 000m^3(约33亩),如图13所示。以桥塔中心线为基准进行放样,总拼胎架与桥轴线垂直,该场地能满足钢箱梁4+1总拼作业的要求。根据运输路线在总拼、存梁区、涂装区及交梁处铺设轨道,场内梁段采用运梁台车移位、运输。现场最多存梁34节(含总拼区未涂装梁段、引桥运梁轨道上存储梁段),约占全桥梁段的

67%。经对钢箱梁组拼和安装工效匹配分析,梁段组拼先于梁段安装完成,施工过程中相互间不存在工期制约,不会出现等待梁段的问题。

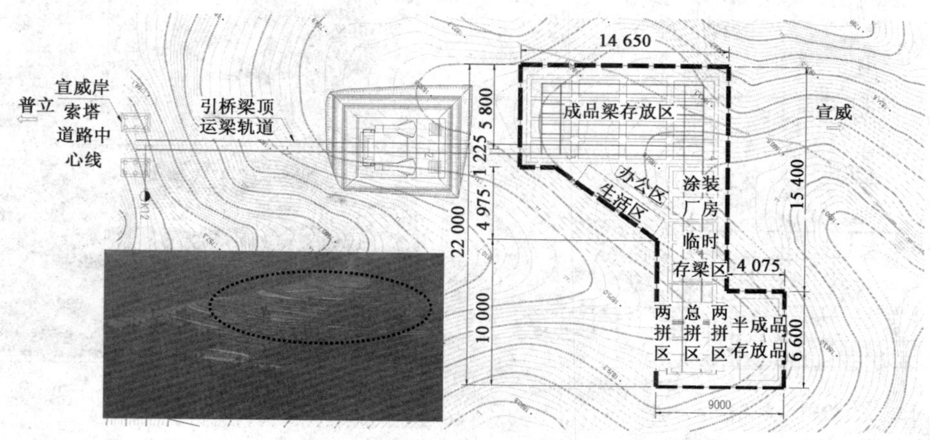

图 13 钢箱梁拼装场地布置(尺寸单位:cm)

(4)钢箱加劲梁加工制造

在总拼现场,先将板单元进行两拼作业,再参与钢箱梁的总拼。梁段总拼采用立体、阶梯推进方式生产,在总拼胎架上采取"正装法"依次组焊多段钢箱梁。一轮总拼结束后,保留一节复位梁段参与下轮总拼匹配外,其余梁段用运梁台车沿轨道路线运至临时存梁区或涂装厂房进行除锈、涂装,按架设顺序要求运至存梁区存放。

(5)钢箱梁节段的安装

钢箱梁节段采用缆索吊装系统进行安装,跨径布置为(166+628+176)m,空载矢跨比为1/12.5,总体布置见图14。

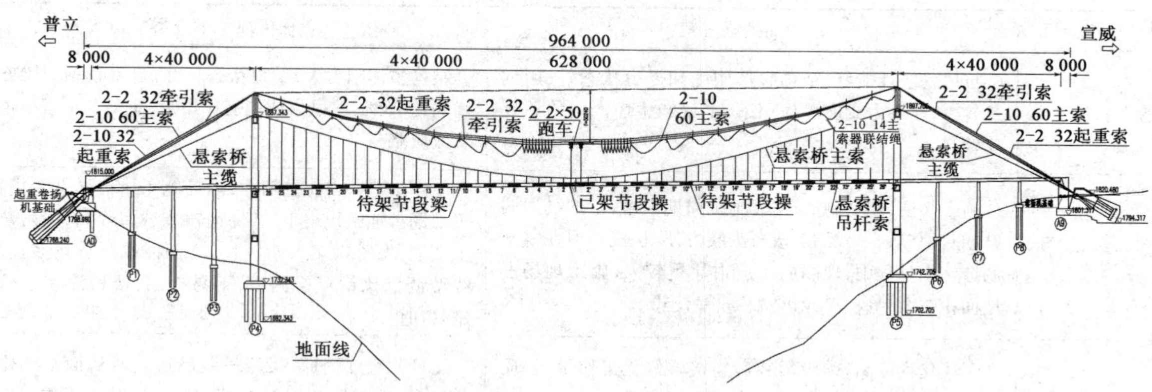

图 14 钢箱梁缆索吊装系统布置图(尺寸单位:mm)

节段组拼完成后,即可采用轨道平车经宣威岸引桥运输至宣威岸主塔下,采用"缆索吊旋转架设法"进行架设。钢箱梁平转90°后,纵向运输至起吊位置,用缆索吊机起吊箱梁节段,经小距离荡移后吊运至预定位置旋转90°回至设计状态下放就位,如图15、图16所示。钢箱梁由跨中向两端对称安装,每个节段吊装到位后安装吊索,并与相邻梁段进行临时连接。所有梁段吊装完毕后进行环向接缝焊接,完成大桥主体工程。

5)钢桁加劲梁施工方案

由于普立岸岸坡陡峭,基本没有施工场地,也无法修建能够运输大尺寸构件的施工便道,排除了从桥塔两侧采用桥面吊机进行悬臂散拼施工的可能。加劲梁仍采取在宣威岸拼装为节段,然后采用缆索吊装系统进行节段吊装,较为经济、可行,施工风险更低,此方法在贵州北盘江大桥钢桁梁施工中成功实施。

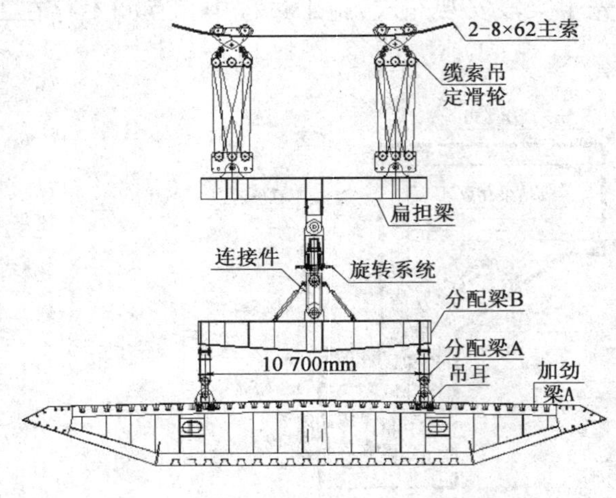

图15 可旋转缆索吊机示意图

图16 钢箱梁节段吊装

加劲梁杆件和桥面板单元在工厂制造，运至桥位处的拼装场地。全桥仅在宣威岸设置钢桁梁拼装场地，场地内设置生活区及办公区，占地面积约为13 000m^2（约19.5亩），场地布置与钢箱梁组拼场地类似。以桥塔中心线为基准进行放样，组拼胎架与桥轴线垂直。整个场地内设主桁架组拼线一条，满足2个吊装节段组拼的需要，场内吊装单元根据运输路线在预拼、存梁区及交梁处铺设轨道采用运梁台车进行移位、运输。存梁区最多存梁10节。根据架设方案，待主桁架组拼结束后，将预拼区和存梁区分别改设为桥面板块体的总拼区和存放区，无须单独设置。

6）加劲梁方案综合比较

针对两种加劲梁方案，从施工风险、耐久性及受力特性、工程造价等方面进行了综合比较（表1），结合目前国内技术水平、施工经验和质量，最终选定了钢箱加劲梁方案。

加劲梁方案综合比较表 表1

桥型方案	钢箱加劲梁方案	钢桁加劲梁方案
受力特性	抗风稳定性能好；结构整体刚度和受力状态好；用钢量较少，在风力或地震作用下，主梁和主塔产生的总效应较小	结构整体刚度大，受力状态较好；自重较钢箱梁方案增加约15%，在风力或地震作用下，主梁和主塔产生的总效应略高
施工工艺	施工简便，现场制造、吊装施工周期较短；后期线型调整相对简单，容易控制；成桥涂装方便、快捷。但在整个制造施工过程中，现场施工所占比重较大，施工现场占地面积略大，且板单元运输装载率较低	工厂制造所占比重较大，现场施工所占比重较小，施工现场占地面积略小，杆件运输装载率较高；但吊装施工繁琐，现场施工工期较长，由于杆件节点较多，后期线型调整比钢箱梁困难，不易控制；成桥涂装也较困难、费时
技术成熟度	工厂化程度高，梁段吊装后连接整体化工作量少，质量容易保证，国内同类桥梁成功施工经验多，工艺工法便于借鉴	工厂化程度稍低，梁段吊装后连接及桥面整体化工作量多，质量存在不确定因素，国内同类桥梁施工经验相对较少
施工风险	箱梁节段采用缆索吊装，高空作业工序较少，时间较短，相应施工风险降低	桁梁节段采用缆索吊装，由于节段较多，高空作业工序增加，施工周期较长，施工风险增大
景观效果	线形流畅、外观轻盈匀称，景观效果好	梁体高度大，杆件多，视觉上有错杂感，景观效果略显不足
后期维护	箱梁内部采用除湿系统后，减少了后期养护工作量，后期维护费用低	由于杆件复杂，且全部暴露在大气中，养护工作量大，养护费用高
拼装场地费（万元）	1 028.6	539.3
主桥建安费（万元）	43 201.3	45 503.3
工期	48个月	50个月

5. 锚碇

1）普立岸锚碇

普立岸处山体宽厚，地形坡度较大，采用隧道式锚碇方案对松山隧道的影响较小，且不会产生大量的弃渣。若采用重力式锚碇，基坑开挖十分困难，且锚碇处为松山隧道的出口，与隧道施工将产生交叉，基坑开挖出的大量弃渣的处理也面临较大的困难，不利于环境保护。由此确定采用隧道式锚碇。锚体主要由散索鞍支墩、锚塞体、锚固系统、散索室结构等组成。

2）宣威岸锚碇

宣威岸锚碇段地形平缓，为一突出山脊靠左侧斜坡的边缘。由于锚锭北西侧山湾中第四系土层厚度大，若采用隧道锚，则右侧锚洞轴线到岩土界面距离最近点为12.32m，最远距离为39.53m，会使右侧锚锭的锚固段显得较为单薄。采用重力锚对于岩体的完整性不像隧道锚的要求高，平缓的地形有利于锚锭基础的开挖，局部较厚的覆盖层及岩体破碎对基坑边坡稳定性的影响均可采取一定的措施解决。锚锭基坑开挖形成的大量弃渣可作为路基填料；从宣威岸的工程地质、水文地质条件的角度推荐重力锚方案。重力式锚碇的锚体主要由散索鞍支墩、锚块、锚固系统、散索室结构等组成。

七、专 题 研 究

1. 抗震分析

专题研究根据云南省地震工程研究院提供的《国家高速公路网横（滇黔界）都宣高速公路重点桥隧工程场地地震安全性评价报告》，综合国内外大跨度桥梁抗震设防标准，提出了普立大桥主桥抗震设防标准和设防目标，见表2。

普立大桥主桥抗震设防标准 表2

设防标准	重现期	峰值加速度（g）	结构性能要求	结构校核目标
E1：50年10%	475年	0.044	桥塔、横梁、桩基础完好无损	桥塔、横梁、桩基验算应力，材料强度取设计强度
E2：50年2%	2450年	0.070	桥塔、横梁、桩基刚进入屈服，不影响使用，结构有限损伤	桥塔、横梁、桩基验算等效屈服弯矩，材料强度取标准强度

专题研究采用非线性时程法进行地震反应分析，模型中考虑引桥和重力工况对于结构动力特性的影响，其中重力工况中考虑了几何非线性的影响。地震动输入按以下两种方式组合：①纵向+竖向；②横向+竖向。

2. 抗风分析

根据桥位附近100年一遇10分钟平均最大风速，特别是宣威气象数据的统计分析成果，利用气象统计分析方法，在综合考虑海拔修正和山谷风效应的基础上，得出桥面高度处的设计风速为34.98m/s。根据规范确定了成桥及施工阶段的风速标准，如表3所示。

普立特大桥成桥及施工状态的风速标准 表3

风速类型	成桥状态	施工状态
设计基准风速（m/s）	34.98	43.75
颤振检验风速（m/s）	57.21	50.34

专题研究在西南交通大学单回流串联双试验段工业风洞（XNJD—1）内进行了钢箱梁静力节段模型风洞试验、节段模型颤振试验、气动优化试验，根据气动优化试验对拟定的钢箱加劲梁外形提出改进意见，并进行了截面优化后截断模型涡激振试验。

3. 普立岸隧道锚碇专题研究

普立岸隧道锚是大桥的受力关键之一，由于桥位处于石灰岩地区，岩溶发育，且该隧道锚与松山隧道相距较近，锚塞体距隧道底板最小间距20m。为保证隧道锚的安全、可靠，同时指导设计，开展了隧道锚的专题研究，主要的工作有现场平硐勘察、现场模型试验及数值仿真分析。通过这些工作，查明了锚碇场地岩溶形态、分布范围及规模，岩体内裂隙的发育程度和卸荷裂隙带的分布范围，论证出隧道锚在设计主缆力作用下，具有不小于6的安全系数。

八、结　　语

普立特大桥由中铁大桥局集团第五公司施工，钢箱梁由武昌船舶重工集团有限公司制造，已于2015年8月25日建成通车。本桥方案研究及设计得到了交通运输部及云南省交通运输厅领导的大力支持，还得到了中交公规院有关领导和专家的支持与帮助。招商局重庆交通科研设计院有限公司承担了本桥的设计和抗震专题研究，并与长江水利委员会长江科学院合作承担了本桥的地质勘察和普立岸隧道锚碇专题研究，西南交通大学承担了本桥的抗风专题研究。

参考文献

[1] 刘东，蒙云. 乌江P. F. C吊拉组合桥施工工艺研究[J]. 重庆交通学院学报，1999(12).
[2] 周孟波. 悬索桥手则[M]. 北京：人民交通出版社. 2003.
[3] 陈彩霞. 悬索桥钢箱加劲梁安装过程及临时连接的研究[D]. 成都：西南交通大学，2007.
[4] 杨寿忠. 重庆鹅公岩悬索桥主梁索道吊装方案设计[J]. 市政技术，2005(5).
[5] 王碧波，易伦雄. 镇胜公路北盘江大桥钢桁梁架设方案研究[J]. 桥梁建设，2009(3).
[6] 刘文灯，刘妍. 山区大跨度悬索桥施工缆索吊机构造设计[J]. 公路与汽运.
[7] 张明. 山区悬索桥隧道锚围岩质量评价与破坏模式研究[D]. 重庆：重庆交通大学硕士学位论文，2013.
[8] 黄东. 山区公路悬索桥隧道锚碇作用机理及应用研究[D]. 重庆：重庆交通大学硕士学位论文，2010.
[9] 张奇华. 普立特大桥隧道锚现场模型试验研究：抗拔能力试验 [J]. 岩石力学与工程学报，2015.
[10] 余美万. 基于夹持效应的普立特大桥隧道锚现场模型试验研究[J]. 岩石力学与工程学报，2015.

10. 大跨径悬臂浇筑混凝土拱桥的应用与发展研究

蒋建军　牟廷敏　蒋劲松
（四川省交通运输厅公路规划勘察设计研究院）

摘　要　本文以交通运输部桥梁结构“十二五”技术总结与“十三五”技术预测为契机，对国内外大跨径悬臂浇筑混凝土拱桥的应用情况进行调查，结合我国近几年建成的主跨大于180m的四川攀枝花市新密地大桥、盐边县鳡鱼大桥的成功经验，总结大跨径悬臂浇筑混凝土拱桥在设计、施工方面的关键技术问题及解决措施，并对其发展方向进行研究和预测。

关键词　大跨径　悬臂浇筑　混凝土　拱桥　关键技术

一、引　　言

大跨径钢筋混凝土拱桥充分利用了混凝土材料的抗压强度高而抗拉强度低、钢筋的抗拉强度高的特点，通过选择适当的施工方法和合理的结构设计，可以使得主拱圈在施工阶段承受有限拉应力，在成桥运营阶段全截面受压，耐久性极好，因此是一种经济、合理的桥型。

大跨径钢筋混凝土拱桥与山区地形协调，具有经济、合理、美观的特点，特别适用于西部山区。针对西部山区“V”形河谷多、岩石地基多、地基承载力较高、坡陡谷深的特点，修建大跨径钢筋混凝土拱桥是经济合理的。其施工方法也因自然环境和施工条件的不同而多种多样，通常无支架施工方法有缆索吊装法、悬臂浇筑法、转体施工法、劲性骨架法以及以上诸多方法中的两种或多种相结合的组合法。

我国已建钢筋混凝土箱型拱桥300余座，主跨大于100m的钢筋混凝土箱型拱桥50余座。20世纪90年代以来，我国修建了大批大跨径拱桥，其中主跨超过200m的有27座，主跨超过300m的有3座（全世界共6座），另外还有5座300m以上的钢筋混凝土拱桥正在建设，成为这一时期世界上建造主跨超过200m拱桥最多的国家。

目前，国外已建成的大跨径悬臂浇筑混凝土拱桥有20余座，其中最大跨径的是美国科罗拉多桥（跨越胡佛水坝），主拱净跨径323m；我国已建成的有4座，最大跨径的是四川盐边县鳡鱼大桥，主拱净跨径200m。在大跨径悬臂浇筑混凝土拱桥方面，与国外相比，我国从21世纪初期起步，现在取得了较大进步和成功，但在跨径和数量上都较落后。为了促进大跨径悬臂浇筑混凝土拱桥的应用和发展，需要不断总结经验、科技创新。

二、国外应用情况

国外在20世纪80年代就开始采用挂篮悬臂浇筑法施工大跨径钢筋混凝土拱桥，并且在克罗地亚和日本得到了快速发展。表1是国外已建成的跨径150m以上的钢筋混凝土拱桥代表性项目。

国外大跨径悬臂浇筑钢筋混凝土拱桥代表性项目一览表 表1

序号	桥　　名	国家	拱桥结构形式	主跨（m）	拱圈施工方式	建成年份
1	Colorado桥（胡佛大桥）	美国	上承式钢筋混凝土拱	323	悬臂浇筑	2010
2	Infante D. Henrique桥	葡萄牙	上承式钢筋混凝土拱	280	悬臂浇筑	2002
3	富士川桥	日本	上承式钢筋混凝土拱	265	悬臂浇筑	2005
4	天翔大桥	日本	上承式钢筋混凝土拱	260	悬臂浇筑	2000
5	Los Tilos桥	西班牙	上承式钢筋混凝土拱	255	悬臂浇筑	2004
6	Wilde Gera桥	德国	上承式钢筋混凝土拱	252	悬臂浇筑	2000
7	Svinesund桥	瑞典/挪威	中承式钢筋混凝土拱	247	悬臂浇筑	2005
8	别府明矾桥	日本	上承式钢筋混凝土拱	235	悬臂浇筑	1989
9	头岛大桥	日本	上承式钢筋混凝土拱	218	悬臂浇筑	2003
10	Skradin桥	克罗地亚	上承式钢筋混凝土拱	204	悬臂浇筑	2005
11	宇佐川桥	日本	上承式钢筋混凝土拱	204	悬臂浇筑	1982
12	Maslenica桥	克罗地亚	上承式钢筋混凝土拱	200	悬臂浇筑	1997
13	池田—其湖桥	日本	倒朗格尔平衡拱	200	悬臂浇筑	2000
14	Van Stadens桥	南非	上承式钢筋混凝土拱	198	悬臂浇筑	1971
15	Pag桥	克罗地亚	上承式钢筋混凝土拱	193	悬臂浇筑	1968
16	立山大桥	日本	上承式钢筋混凝土拱	188	悬臂浇筑	1999
17	Rio Almonte桥	西班牙	上承式钢筋混凝土拱	184	悬臂浇筑	2005
18	国见大桥	日本	上承式钢筋混凝土拱	181	悬臂浇筑	2003
19	胧大桥	日本	上承式钢筋混凝土拱	172	悬臂浇筑	2001
20	Grosse Muhl桥	奥地利	上承式钢筋混凝土拱	170	悬臂浇筑	1990
21	外津桥	日本	上承式钢筋混凝土拱	170	悬臂浇筑	1974
22	水之崎大桥	日本	上承式钢筋混凝土拱	160	悬臂浇筑	2004
23	新小仓桥	日本	上承式钢筋混凝土拱	150	悬臂浇筑	2000

下面介绍两个典型的工程实例。

1. 美国科罗拉多桥

美国科罗拉多桥跨越亚桑那州和内华达州交界的布莱克峡谷，连接著名的胡佛水坝两岸，该桥全长578m，主拱净跨323m，矢高84m，桥面宽27m(4车道)，主拱圈采用悬臂浇筑法施工。主拱圈由53个节段组成(对称的26个悬臂浇筑段和1个合龙段)，每个节段长约7.9m，桥面距离河面约260m。项目于2005年1月开工，于2010年9月建成通车。科罗拉多桥建成和施工期的照片如图1和图2所示。

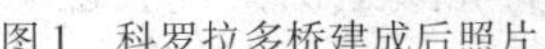

图1 科罗拉多桥建成后照片

图2 科罗拉多桥施工期照片

该桥位于强风地带，冬季25%、夏季40%的时间段平均风速超过9m/s，受强风影响经常中断施工，针对强风采取安全措施是非常重要的。该桥采用了双肋拱的形式，并且独创性地在双肋之间采用空腹桁架连接，增加了结构的延展性，能够有效地抵抗施工时的横向荷载和地震作用。该结构不仅加快了施工速度，而且还有效地增加了拱肋的横向稳定性。上部结构采用钢—混凝土组合结构以减轻自重。

2. 日本富士川桥

日本富士川桥位于东京以西约150km处，是新东名高速公路工程的一部分，2005年竣工通车。该桥分为A线桥(365m)和B线桥(381m)，桥宽18.5m，均为钢筋混凝土无铰拱，拱圈采用高强混凝土(50MPa)，上部结构采用双钢梁预应力混凝土桥面板。其最大跨径为265m，矢高40.5m，矢跨比1/6.5，拱肋截面为单箱三室，拱脚高5m、宽15.5m，拱顶高3m，宽15.5m，为变截面拱。主拱圈采用悬臂浇筑法施工。富士川桥建成和施工期照片分别如图3和图4所示。

图3 日本富士川桥建成后照片

图4 日本富士川桥施工期照片

该桥采用了组合结构形式，最大限度地利用了钢和混凝土的材料特性。为了达到理想结构，主拱圈采用高强混凝土，上部结构采用双钢梁预应力混凝土桥面板组合结构，使得桥梁自重达到最小。为了提高桥梁结构整体抗震性能，采用了墩和梁刚性联结的方式。

该桥最大的技术特点是将临时索塔设置在跨中，这不仅能减小悬臂长度，而且可以将后锚索锚固在桥台上，在施工阶段利用桥台作为平衡重，可以极大地节省临时材料的用量，使得富士川桥相对其他采用这种施工方法的拱桥更加经济合理。

通过对国外大跨径悬臂浇筑钢筋混凝土拱桥进行调查研究，发现以下特点：国外大跨径钢筋混凝土拱桥的拱上结构多采用轻型化的结构，且立柱间跨径较大，这样可以减轻拱桥上部结构自重，从而减小主拱圈尺寸，使得桥梁结构整体显得非常轻盈，同时也为提高其跨越能力提供了条件。

三、国内应用情况

我国在"十一五"和"十二五"期间，建成的大跨径悬臂浇筑钢筋混凝土拱桥不多，跨径在150～200m之间，以下是几座代表性项目（表2）。

国内大跨径悬臂浇筑钢筋混凝土拱桥代表性项目一览表　表2

序号	工程名称	主拱跨径（m）	起止时间（年月）	主拱圈施工方法	备　注
1	四川盐边鳡鱼大桥	200	2013—2015	悬臂浇筑	四级公路
2	四川攀枝花新密地大桥	182	2008—2013	悬臂浇筑	城市道路
3	贵州木蓬特大桥	165	2010—2013	悬臂浇筑	高速公路
4	四川白沙沟1号桥	150	2005—2008	悬臂浇筑	高速公路

下面介绍两个典型的工程实例。

1. 四川攀枝花市新密地大桥

四川攀枝花市新密地大桥横跨金沙江，桥面全宽30m，分上、下游两幅桥，桥梁全长296m。该桥于2008年12月开工，上游幅桥于2011年9月建成通车，下游幅桥于2013年2月建成通车。新密地大桥如图5和图6所示。

图5　攀枝花市新密地大桥建成后照片

图6　攀枝花市新密地大桥施工期照片

攀枝花市新密地大桥的桥跨布置为27.5m＋22.55m＋净跨182m＋22.55m＋27.5m，全桥长296m。主桥上部结构由主拱圈、垫梁、拱上立柱（部分含横系梁）、横墙、盖梁、简支小箱梁共6部分组成。主拱圈为净跨径L_0＝182m、净矢跨比F_0/L_0＝1/6、拱轴系数m＝1.988的等高截面（高3.5m）悬链线无铰拱，采用挂篮悬臂浇筑法施工。主拱圈分31个节段，其中两岸各设一个拱脚搭架现浇段（即1号节段），拱顶设一个吊架浇筑合龙段（即16号节段），其余28个均为挂篮悬臂浇筑段（即2号～15号节段）。每片拱箱为单箱双室结构，高3.5m，宽9.6m。

主拱圈施工分为以下步骤：

（1）搭架现浇拱脚第一节段，架设扣塔，安装挂篮。

（2）两岸对称悬臂浇筑2～15号节段，逐节段张拉扣索和锚索，拆除临时索。

（3）选择合适的温度和时机采用劲性骨架合龙，然后浇筑合龙段混凝土。

（4）分批分级拆除扣索和锚索。

该桥主要有以下几方面的技术特点：

（1）主拱圈分幅设置，降低了节段重量，加大了节段长度，缩短了主拱圈成拱时间，提高了施工期的安全性。

（2）主桥采用斜桩＋竖桩＋拱座组合的基础形式，解决了强风化层厚度大、地基承载力较低的问题。

（3）拱脚支架现浇节段采用了C50钢纤维混凝土，解决了拱脚刚度大、容易产生早期裂缝的问题。

（4）采用悬臂浇筑法施工拱圈，解决了常规缆索吊装施工带来的大型预制场建设、拱圈大节段运输及安装的难题。

2. 四川盐边县鳡鱼大桥

该桥位于四川省攀枝花市盐边县鳡鱼乡，为跨越二滩库区鳡鱼河而设，大桥主桥上部结构采用净跨径200m的上承式钢筋混凝土箱形拱桥，净矢跨比为1/7；主桥主梁采用跨径12.5m简支小箱梁（桥面连续）；主桥下部结构（拱座）采用明挖扩大基础与竖桩基础；引桥上部结构采用简支小箱梁和现浇实心板；引桥下部结构采用双柱式桥墩；两岸桥台采用重力式桥台。该桥全长270m，桥宽11.5m，于2013年2月开工建设，于2015年7月建成试通车。鳡鱼大桥主拱圈形成后和施工期照片分别如图7和图8所示。

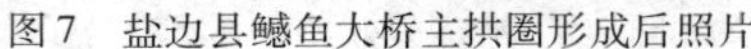

图7 盐边县鳡鱼大桥主拱圈形成后照片

图8 盐边县鳡鱼大桥主拱圈施工期照片

桥跨布置为2×12.50m+净跨200m+2×12.50m，主桥为钢筋混凝土箱形拱桥，净跨径$L_0=200$m，净矢跨比$F_0/L_0=1/7$，拱轴系数$m=2.268$的等高截面悬链线拱，采用挂篮悬臂浇筑法施工。主桥上部结构由主拱圈、垫梁、拱上立柱（部分含横系梁）、横墙、盖梁、简支小箱梁共6部分组成。拱箱为单箱双室结构，高3.8m，宽8.0m，分33个节段施工，其中两岸各设一个拱脚搭架现浇段，拱顶设一个吊架浇筑合龙段，其余30个均为挂篮悬臂浇筑段，施工步骤与攀枝花市新密地大桥相同。

该桥主要有以下几方面的技术特点：

（1）拱圈采用现浇整体截面，与无支架缆索吊装法“集零为整”相比，结构整体性大幅增强，承载潜力大，耐久性好。

（2）为适应二滩库区高落差水位，合理确定起拱线高程，充分利用枯水期施工拱座基础。

（3）主桥采用了竖桩+拱座组合的基础形式，解决了施工期竖向荷载大、横坡陡峻、岩石裂隙较发育等问题。

（4）采用岩锚+框架梁的轻型组合式锚碇，工程量小，经济节约，减少了大桥建设对交通干扰。

（5）主拱圈采用C50高强度混凝土，全部采用闭合箍筋构造，并且在外表面设置了D6带肋钢筋网，解决了主拱圈刚度大、容易产生早期裂缝的问题。

（6）对位于库区1 200.6m正常蓄水位以下的主拱圈1号节段及2号节段，采用环氧树脂涂层钢筋，提高了结构的耐久性。

通过对国内几座大跨径悬臂浇筑钢筋混凝土拱桥进行调查研究，发现以下特点：

（1）主拱圈采用箱形截面，截面高、刚度大、重量轻，有利于加大拱圈节段长度，缩短工期。

（2）拱上结构多为小跨径结构，如小箱梁、π形梁、T梁等，传递至主拱圈的恒荷载相对较大。

（3）充分利用两岸岩石地基，将竖桩、斜桩和拱座组合成型式多样的基础。

（4）扣索锚碇基础形式多样，利用岩锚可以节约造价；有条件的地方利用桥台作为锚碇。

四、关键技术问题及解决措施

大跨径悬臂浇筑混凝土拱桥在我国经过近十年的发展，克服了许多困难，解决了一系列关键技术问题，取得了较大成就，现将主要经验总结如下：

（1）成功研发了多种形式的斜爬施工挂篮，解决了挂篮沿主拱圈弧线行走的难题。

(2)主拱圈采用高强度混凝土单箱多室截面,提高了主拱圈的承载能力、减轻了重量、缩短了工期、节约了造价。

(3)从理论分析和计算方法方面解决了施工期斜拉索由密索向稀索的转换,并由多次调索改进为一次张拉到位,解决调索施工困难、拆索工序繁多的问题,降低了施工风险。

(4)充分利用两岸基岩、桥台,合理使用岩锚体系,有效降低了施工措施费。

(5)采用环氧树脂钢筋、钢纤维混凝土、外周防裂钢筋网、闭合箍筋体系等多种结构措施,改善了主拱圈耐久性,解决了主拱圈施工期早期裂缝问题。

(6)形成了主拱圈施工期风险控制成套技术,解决了主拱圈施工期可能遇到的各种风险问题。

五、发 展 方 向

在大跨径悬臂浇筑混凝土拱桥的设计、施工方面,我国基本上已经掌握了核心技术,但是在新材料应用、施工组合方法研究、组合结构体系等方面的创新性和实践经验均有不足,在"十三五"期间,存在以下几个方面需要进一步研究和发展:

(1)组合结构体系研究,包含主拱圈钢—混凝土组合结构(如波折钢腹板主拱圈)、拱上钢管混凝土格柱、钢—混凝土组合桥面板,拱上连续结构体系等。

(2)高强轻质材料在主拱圈上的应用研究,如采用强度等级为 C80 的轻质混凝土,增大主拱圈的承载能力,提高跨越能力。

(3)大跨径钢筋混凝土拱桥的计算理论研究,特别是组合拱式结构截面的本构关系、混凝土的收缩徐变理论、基于性能的抗震研究等。

(4)大跨径钢筋混凝土拱桥全寿命周期的耐久性研究,分析其施工阶段早期裂缝、后期运营阶段主拱圈下挠的原因,寻找解决方案。

(5)大跨径钢筋混凝土拱桥的风险控制研究;对施工期地震、风、洪水、温差、振动等各种因素进行分析,提出合理的控制措施。

(6)施工组合方法研究,研究悬臂浇筑 + 悬臂拼装、悬臂浇筑 + 劲性骨架、悬臂浇筑 + 大节段缆索吊装等组合施工方法,促进钢筋混凝土拱桥跨径突破 500m。

六、结 语

在大跨径悬臂浇筑混凝土拱桥方面,我国从 2005 年开始设计、施工主拱净跨径 150m 的四川白沙沟 1 号桥,到 2015 年建成主拱净跨径 150m 的四川盐边县鳡鱼大桥,经过十年发展,在理论分析、结构形式、施工方法、风险控制等方面取得了较大成就,但是与国外相比,在跨径和数量上都较落后。为了促进大跨径悬臂浇筑混凝土拱桥的应用和发展,需要不断总结经验、勇于探索、科技创新。

参考文献

[1] 陈宝春,叶琳. 我国混凝土拱桥现状调查与发展方向分析[J]. 中外公路,2008(2):89-96.

[2] 李晓辉,陈宝春. 大跨径拱桥的发展[J]. 世界桥梁,2007(1):9-12.

[3] 陈宝春. 拱桥技术的回顾与展望[J]. 福州大学学报,2009(1):94-106.

[4] 韦建刚,陈宝春. 国外大跨度混凝土拱桥的应用与研究进展[J]. 世界桥梁,2009(2):4-8.

[5] 范瑛,梅利芳. 日本富士川混凝土拱桥的设计与施工[J]. 世界桥梁,2002(2):14-16.

[6] 陈宝健,许有胜,陈宝春. 日本钢筋混凝土拱桥调查与分析[J]. 中外公路,2005(4):96-101.

[7] ZlatkoŠ AVOR , Jelena BLEIZIFFER. Long Span Concrete Arch Bridges of Europe[C]. Proceedings of Chinese-Croatian Joint Colloquium on Long Span Arch Bridges. Brijuni Islands, Croatia, 2008.

[8] 蒋建军,蒋劲松. 攀枝花市新密地大桥主拱圈设计[J]. 桥梁建设,2014(5):108-111.

11. 开创大跨度公铁两用拱桥新体系

刘长卿
（中交一公局第四工程有限公司）

摘 要 本文以四川省宜宾金沙江大桥主体结构设计为背景，通过对主拱支撑体系的比选，选取结构包含上承、中承、下承式拱桥组合体系，这种新体系的大跨度公铁两用拱桥各构件之间传力合理，应力均衡，对于拱脚钢混结构设计和拱墩固结系杆锚固设计两大难点，通过有限元局部分析，在恒载和活载的共同作用下，各构件应力均匀、竖向位移基本协调，实现上述目标，既具有较好的经济性和美观性，又能保证桥梁制造、安装及使用安全。优质完成新型大跨度公铁两用拱桥的方案设计，为大跨桥梁设计增添了新的方向。

关键词 公铁两用 拱桥组合 新体系 拱脚钢混结构设计 拱墩固结系杆锚固设计

一、引 言

桥梁设计应根据桥址处实际地形、地貌条件，设计出满足各种外部条件和使用功能的结构，在此基础上力求经济且景观优美，必要时可突破常规、创新设计，推动桥梁科技进步。金沙江公铁两用大桥的结构特点为铁路在上面，公路在下面，是一种全新的结构体系。

二、工 程 简 介

成贵客运专线金沙江公铁两用大桥位于“万里长江第一城”宜宾市，桥跨布置为116m + 120m + 336m + 120m + 116m的钢箱系杆拱桥（图1），全桥长808m，大桥在国内首次采用铁路桥面在上、公路桥面在下的双层桥面，两桥面相差30m，结构体系包含上承、中承、下承式拱桥组合体系，结构极其复杂，具有载荷重、跨度大、结构新颖等特点，在国内乃至世界属于首创。常规结构形式、其他类型桥梁无法满足控制本桥设计的各种外部条件。因地制宜，结合宜宾市地形地貌的特征，优质完成新型大跨度公铁两用拱桥的方案设计，实现本桥经济性、功能性、景观性“三性”统一。

图1 金沙江公铁两用大桥主桥桥型布置效果图

三、提出方案并确定最佳方案

1. 方案体系的选择

为了构思出切实可行的措施，保证各构件的内力和竖向位移基本一致，充分发挥想象、细心钻研、多次研讨，并请教桥梁专家，提出了各种设想，归类汇总后，定出几个可比选方案如下。

方案一:简支系杆拱

简支系杆拱桥由于结构简单,在工程中有广泛的应用。在研究时发现,在同等截面条件下,钢箱简支系杆拱桥梁端转角达7‰左右,远远超过规范对桥梁纵向转角的要求。

方案二:拱墩梁固结体系

拱墩梁固结体系中,梁端转角易于满足规范要求。由于梁与拱墩固结,公路梁体能起到系杆的部分作用,拱的水平推力由墩身、系杆及公路梁共同承担,在运营中,若部分系杆断裂后公路梁可承担断裂系杆的部分拉力,但是拱、墩、梁固结,锚固体系更为复杂。

方案三:拱墩固结、梁分离

拱墩固结、梁分离体系中,梁端转角易于满足规范要求,公路梁设置竖向支座支撑于墩身,拱的水平推力均由墩身和系杆承担,锚固体系受力明确。

2. 方案经济比选分析

为了确定最佳方案,通过方案分析论证会,对各个方案的技术可行性、难易度、经济合理性、整体美观、预期效果等进行了深入比较,具体分析见表1。

方案比较分析　　表1

内力＼体系＼工况	恒载		活载		温度		恒+活+附	
	拱墩梁固结体系	拱墩固结、梁分离体系	拱墩梁固结体系	拱墩固结、梁分离体系	拱墩梁固结体系	拱墩固结、梁分离体系	拱墩梁固结体系	拱墩固结、梁分离体系
主梁轴力(kN)	9 797	0	-3 444	0	±6 352	0	16 428/ -6 352	0
墩身剪力(kN)	0	0	-24 000	-26 180	±19 400	±15 260	-48 700	-46 000
系杆轴力(kN)	-163 358	-154 020	-5 759	-6 483	±14 818	±16 031	-184 148	-176 774

从表1中可看出,拱梁墩固结体系中,恒+活+附加力工况下,公路主梁产生16 430kN的压力,主要是系杆力和温度作用产生,公路主梁不仅没有起到系梁的作用,反而消耗了系杆拉力,致使系杆轴力及墩身剪力均有所增加,从而造成公路主梁截面、系杆截面以及墩身截面均有所增加,再经过经济性比较,拱墩梁固结体系比拱墩固结、梁分离体系费用增加约1 000万元人民币,且拱墩梁体系构造细节更为复杂,施工难度也较大。

综上所述,主拱选用拱墩固结、梁分离体系更合理。

四、方案设计主要难点及最终处理办法

1. 方案设计的难点

经过详细的研究,最终所选定的方案主要还存在以下几个问题。

(1)钢—混凝土接头问题

根据该大桥的重要性,拱脚处钢—混凝土接头是本桥受力的关键部位,又是受力的薄弱环节,同时,宜宾地区,地势险要,整体呈西南高、东北低态势。应对该部分进行局部有限元分析。

(2)拱墩固结系杆锚固区问题

金沙江公铁两用大桥采用拱墩固结、梁分离体系,系杆锚固在固结段混凝土面上,系杆受力大,体系复杂。因此,对该部分进行局部有限元分析。

2. 最终处理办法

对于金沙江大桥拱脚处钢—混凝土接头问题,先后多次讨论,推荐使用锚栓直接承压式,将钢箱拱肋截面伸入混凝土拱脚1.5m,伸入段作挖孔处理(抗裂加强板),在混合面处设置100mm厚钢加劲端板。伸入段和端板均布置有锚栓,混合段混凝土内布置有加强钢筋。通过对此方案建立空间实体模型进行的详细计算分析,结果显示接头是安全可靠的。其结构示意图如图2所示。

金沙江公铁两用大桥采用拱墩固结、梁分离体系,系杆锚固在固结段混凝土面上,系杆力大,体系复杂。通过讨论,最终通过有限元程序建立空间实体模型详细计算分析,得出可以通过局部设置倒角,降低

应力集中以及增强普通钢筋配置，来满足结构要求。其结构示意图如图3所示。

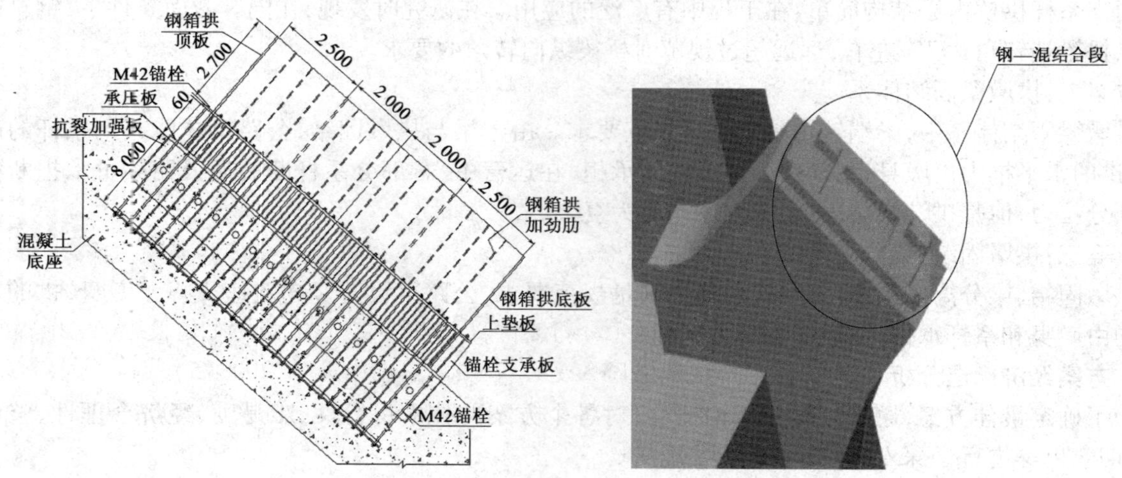

图2　拱脚钢混接头构造示意图(尺寸单位:mm)

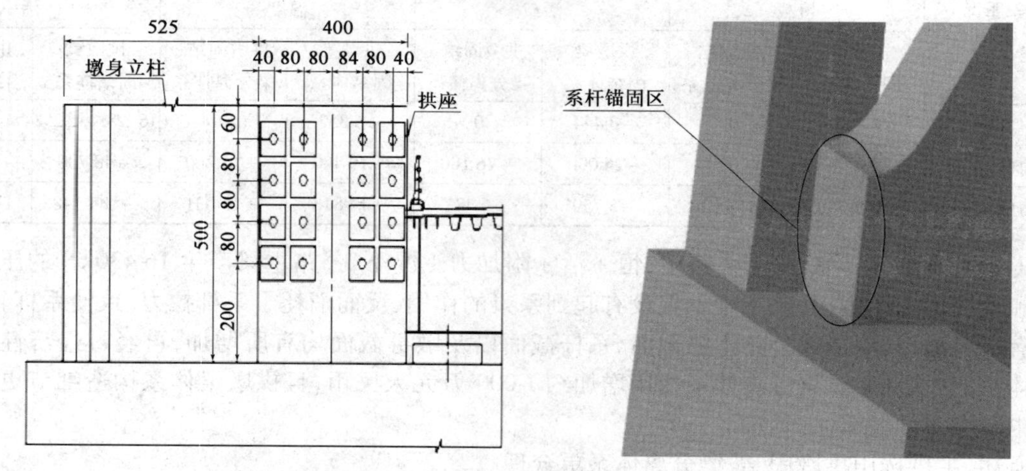

图3　拱墩固结系杆锚固区结构示意图(尺寸单位:cm)

我们对这种新体系的大跨度公铁两用拱桥进行了全桥静动力和局部空间实体模型分析，分析结果显示这种新结构形式拱桥内力、应力、位移及抗风抗震性能均满足现行设计规范的要求，局部结构也是安全可靠的。

五、结　语

通过四川省金沙江大桥工程方案设计实践，得出以下结论：

(1)金沙江公铁两用大桥的结构特点为铁路在上面，公路在下面，是一种全新的结构体系，通过对主拱支撑体系的北选，选取结构包含上承、中承、下承式拱桥组合体系，这种新体系的大跨度公铁两用拱桥各构件之间传力合理，应力均衡，通过有限元局部分析，在恒载和活载的共同作用下，各构件应力均匀、竖向位移基本协周，实现上述目标，既具有较好的经济性和美观性，又能保证桥梁制造、安装及使用安全。

(2)对于拱脚处钢—混凝土接头使用锚栓直接承压式，将钢箱拱肋截面伸入混凝土拱脚，在混合面处设置钢加劲端板。通过对此方案建立空间实体模型进行的详细计算分析，结果显示接头是安全可靠的。

(3)采用拱墩固结、梁分离体系，拱墩固结系杆锚固区通过有限元程序建立空间实体模型详细计算分析，得出可以通过局部设置倒角，降低应力集中以及增强普通钢筋配置，来满足结构要求。

参考文献

[1] 钟昌桂. 石武客专郑州黄河公铁两用桥结构仿真分析[D]. 西南交通大学,2011(5).

[2] 刘东芳. 武汉天兴洲公铁两用长江大桥空间几何非线性有限元仿真分析[D]. 中南大学,2007(5).
[3] 燿慧娜. 济南黄河三桥索塔锚固区水平受力性能静力模型试验研究[D]. 同济大学,2008(3).
[4] 方绪镯. 大跨度连续钢桁梁拱桥极限承载力研究与非线性因素影响分析[D]. 西南交通大学,2009(3).
[5] 罗如登. 高速铁路正交异性整体钢桥面结构形式受力性能和设计计算方法研究[D]. 中南大学,2010(10).
[6] 孙志显. 钢锚板式索塔锚固区足尺模型试验研究[D]. 长安大学,2009(4).
[7] 申卫. 郑州黄河公铁两用大桥索塔锚固区受力特性试验研究[D]. 中南大学,2010(4).
[8] 徐威. 斜拉桥索塔锚固区节段足尺模型试验及有限元分析[D]. 西南交通大学,2007(6).
[9] 赵志刚. 紫金斜拉桥索塔锚固段局部应力分析与试验研究[D]. 中南大学,2007(3).
[10] 马旭涛. 上海长江大桥索塔锚固区模型试验与分析研究[D]. 同济大学,2007(3).
[11] 王存国. 甬江特大桥索塔锚固区足尺有限元分析及阶段模型试验[D]. 西南交通大学,2010(4).
[12] 杨涛. 斜拉桥钢—混凝土组合结构索塔锚固区受力研究[D]. 湖南大学,2008(5).
[13] 陈多. 锚箱式索塔锚固结构竖向静力传力机理及模型试验研究[D]. 同济大学,2008(3).

12. 浙江奉化许溪线四明大桥的设计与分析

李志勇 王松林 周立平
(宁波市交通规划设计研究院有限公司)

摘 要 本文以位于浙江奉化四明山区的四明大桥为例,介绍了山区预应力混凝土连续刚构桥的设计特点,同时采用大型有限元计算软件建立完整的有限元模型,对其荷载作用下静力特性进行分析,计算了桥梁的施工阶段和成桥后荷载作用下结构受力,重点考虑预应力、混凝土收缩徐变、整体温差、温度梯度、基础变位和荷载组合对结构的作用。

关键词 山区 高墩 大跨 连续刚构 设计 分析

一、引 言

高墩大跨连续刚构由于其跨越能力大,技术经济性、抗震性能优良,施工工艺成熟等优点,目前已成为山区公路跨越深水、峡谷广泛采用的桥型之一。本文以奉化浒溪线四明大桥为例,介绍了山区高墩大跨连续刚构桥的设计思路。

二、工 程 概 况

四明大桥位于浙江省奉化溪口四明山区,是33省道(浒溪线)跨越栖霞坑山谷的一座桥梁。该桥主桥为75m+130m+75m预应力混凝土变截面连续刚构,桥宽12m,主梁为单箱单室截面,采用悬臂挂篮施工;下部结构主墩采用箱形变宽截面,桥台采用重力式U形台。该桥桥面距离谷底达100m高,两个主墩分别立在山谷两侧的山体上,1号桥墩高62m,2号桥墩高47m。

根据地质勘察报告,桥址区钻探深度范围内的岩土层自上而下分别为:含砾粉质黏土、强风化凝灰岩、中风化凝灰岩。中风化基岩埋深最深处约为6m。本桥下部桩基均设计为嵌岩桩,扩大基础基底要求进入中风化基岩不小于1m。

三、结 构 设 计

1. 总体设计

本桥为75m+130m+75m的预应力混凝土变截面连续刚构,桥宽12m,上部箱梁顶面设2%双向横坡,箱底横向水平,主梁为单箱单室截面;下部结构采用箱形空心高墩、重力式U形台;桥墩采用挖孔桩基础、桥台采用扩大基础。本桥平面位于直线段内，纵断面位于-3%的下坡面。

2. 主梁构造

上部箱梁结构顶宽11.8m，底板宽5.5m，根部梁高7.5m，高跨比1/17.3，跨中梁高3.3m，高跨比为1/39.4；梁底变化曲线为1.7次抛物线；箱内顶板厚度：标准段28cm，根部加厚到50cm；腹板厚度：根部到跨中按85cm、70cm、55cm变化；底板厚度：根部110cm，跨中32cm，变化规律同梁底变化曲线。

箱梁采用纵、横、竖三向预应力混凝土结构。顶板悬臂束采用15-22低松弛高强度钢绞线；腹板束采用15-22低松弛高强度钢绞线；顶、底板中跨合龙束分别采用15-16和15-19低松弛高强度钢绞线，分别对称锚固在箱梁内侧顶底板齿板上；边跨顶、底板束分别采用15-22和15-16低松弛高强度钢绞线，分别锚固在箱梁内侧顶底板齿板上；预应力管道采用塑料波纹管成孔。分别设置顶板备用束、边跨底板备用束、中跨底板备用束，防止施工出现塞孔现象，其孔道及锚板在施工中必须预留。箱梁横向预应力采用15-3低松弛高弨度钢绞线，纵向布置标准间距0.7m，单端交错张拉，管道成孔采用扁形塑料波纹管，固定端采用P型锚。竖向预应力采用JL32精轧螺纹钢筋及相应的预应力锚具体系；腹板厚度为85~70cm区域每个腹板内布2根，腹板厚度小于70cm区域每个腹板内布1根，纵向布置标准间距0.7m；管道成孔采用内径65mm、壁厚3mm的直缝钢管。

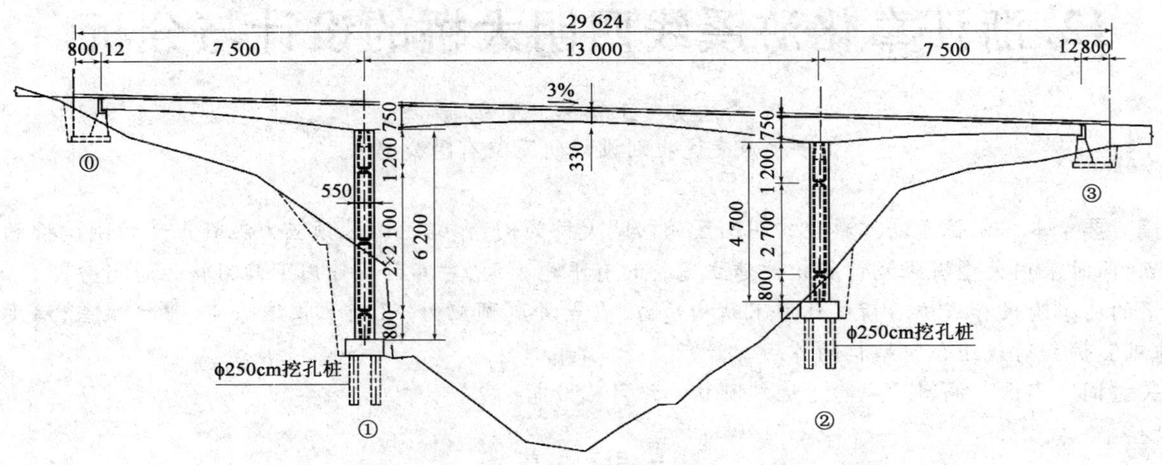

图1　桥型布置图(尺寸单位:cm)

3. 下部结构设计

主墩采用箱形变宽截面，1号墩高62m，顺桥向截面宽度5.5m不变，横桥向截面宽度从上至下由5.5m到8.0m变化；2号墩高47m，顺桥向截面宽度5.5m不变，横桥向截面宽度从上至下由5.5m到7.25m变化，墩身标准壁厚均为0.9m。桥台均采用重力式U形桥台。桥台背墙上设置搭板，台后填土设计要求采用透水性材料填筑并夯实，其压实度应比路基压实度提高2%。主墩基础采用挖孔灌注桩。桩基布置为4根直径2.5m的挖孔灌注桩，嵌岩桩设计，桩长15m，桩间距6.25m。承台为矩形，平面尺寸为11m×11m，承台厚5m。桥台采用一阶整体式扩大基础，高1.5m。

4. 附属结构

桥面铺装采用12cm厚的沥青混凝土结构，上面层为5cm厚AC-13C细粒式沥青混凝土，下面层为7cm厚AC-20C沥青混凝土；铺装层与箱梁顶面之间设置改性乳化沥青防水层。桥台处采用GQF-MZL-240型伸缩缝，支座采用QZ5 000kN型球形钢支座。为满足桥面排水要求，在桥面两侧各设置一个直径为168mm的泄水管，泄水管间距为5m。桥梁两侧护栏采用加强型钢筋混凝土护栏，防撞等级为SS级。

四、结 构 分 析

结构计算采用空间分析软件Midas Civil进行分析，按悬臂施工过程和成桥状态对结构进行离散，如图3所示。支承条件为：墩底固结，边跨支座竖向约束铰支承。上部箱梁为全预应力构件，墩身、承台和桩基为钢筋混凝土构件,普通钢筋混凝土结构裂缝宽度按0.15mm控制。计算合龙温度定为(17±5)℃。整体升温20℃,整体降温按15℃;箱梁顶板局部升温12℃,局部降温6℃。基础变位按不均匀沉降20mm计。施工荷载:挂篮重量按700kN取值。

1.主要计算参数

1)主要材料参数

上部箱梁采用C50混凝土,弹性模量为3.45×10^4MPa,容重26.0kN/m^3;主墩墩身采用C40混凝土,弹性模量为3.25×10^4MPa,容重26.0kN/m^3;纵向预应力钢绞线采用ϕ^S15.20mm,弹性模量为1.95×10^5MPa;竖向预应力钢筋采用JL32,弹性模量为2.0×10^5MPa。

2)计算荷载

(1)恒载:一期恒载按结构的设计断面尺寸计取,二期恒载取55.0kN/m(含桥面铺装、防撞墙等)。

(2)活载:汽车荷载公路-Ⅱ级,根据桥面可行车宽度按两车道布载,正弯矩和剪力效应冲击系数0.05,负弯矩冲击系数0.125,并考虑横向偏载系数1.15。

(3)温度:计算合拢温度定为17℃。整体升温20℃,整体降温15℃;箱梁顶板局部升温12℃,局部降温6℃。

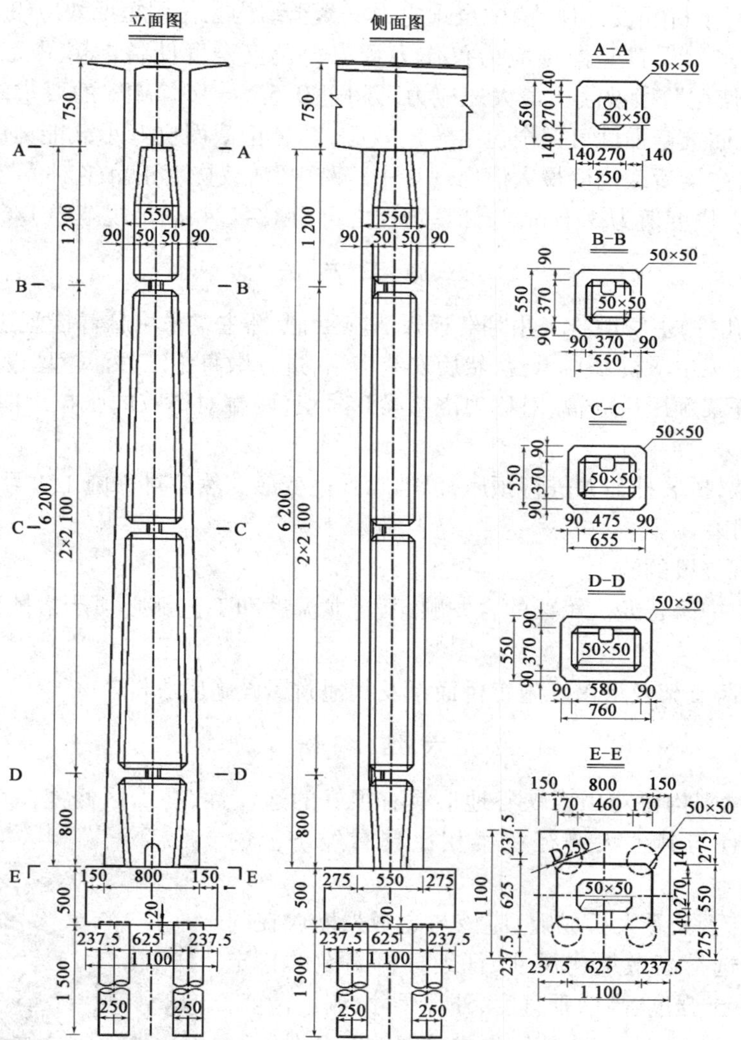

图2 1号主墩一般构造图(尺寸单位:cm)

(4)基础变位:按不均匀沉降20mm计。

(5)施工荷载:挂篮重量按700kN取值。

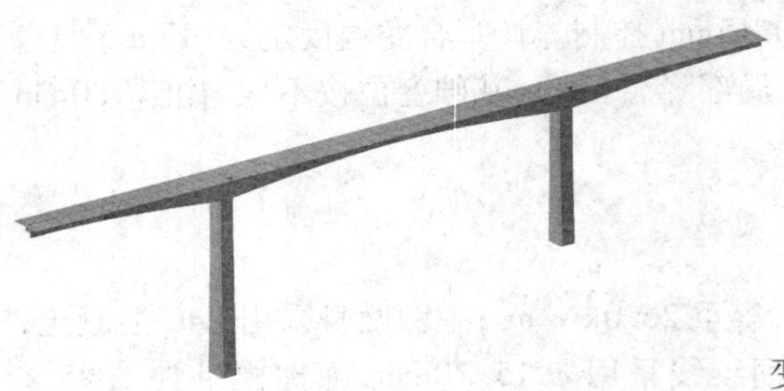
图3 结构计算模型

(6)百年一遇基本风速:31.3m/s。

(7)汽车制动力:按规范取值。

(8)地震作用:地震动峰值加速度0.05g。

2. 设计荷载组合

(1)组合Ⅰ:恒载+汽车;

(2)组合Ⅱ:恒载+汽车+整体升温+局部升温+基础变位+纵向风载+制动力;

(3)组合Ⅲ:恒载+汽车+整体升温+局部降温+基础变位+纵向风载+制动力;

(4)组合Ⅳ:恒载+汽车+整体降温+局部降温+基础变位+纵向风载+制动力;

(5)组合Ⅴ:恒载+汽车+整体降温+局部升温+基础变位+纵向风载+制动力。

3. 主要计算结果

经过计算,本桥箱梁上、下缘不出现拉应力,满足规范中全预应力混凝土结构在作用短期效应组合下不出现拉应力的要求。在不考虑竖向预应力的情况下,箱梁截面最大主拉应力为1.03MPa,满足《公路钢筋混凝土及预应力混凝土桥涵设计规范》中全预应力混凝土结构在作用短期效应组合下主拉应力不超过$0.4f_{tk}=1.06$MPa的要求。设置竖向预应力仅作为预应力及安全度储备。箱梁上、下缘最大压应力为15.9MPa,满足规范中使用阶段混凝土最大压应力不超过$0.5f_{ck}=16.2$MPa的要求。在仅考虑预应力钢束的情况下,箱梁正截面抗弯强度可完全包络弯矩效应,满足正截面抗弯承载能力的要求。在成桥状态主要荷载组合作用下,主梁活载挠度最大值出现在中跨跨中,活载挠度正负绝对值之和为2.2cm,考虑荷载长期效应影响后最大挠度值为3.1cm,与计算跨径之比为1/4194,满足规范中1/600的要求。

五、施 工 方 法

本桥桩基采用挖孔桩,主墩墩身采用翻转模板法施工,上部主梁采用悬臂挂篮施工方法。

(1)三通四平后施工主墩桩基与承台,然后安装塔吊,进行墩身施工并注意埋设预埋件。

(2)主墩顶安装托架预压后立模,对称现浇箱梁0号块,两端对称双向张拉纵向预应力束,并张拉该段50%的横向预应力束。

(3)拆除临时托架,拼装挂篮并进行预压,以消除弹性变形。然后对称施工1号~14号块件,并及时张拉纵、横向预应力钢束。

(4)桥台及边跨现浇段的施工。

(5)先边跨合龙再中跨合龙。箱梁的合龙顺序、合龙温度和工艺都必须严格控制。在尽可能低的温度下进行中跨合龙。

(6)拆除挂篮、边跨支架及塔吊。施工桥面系及其他附属设施后成桥。

六、结 语

(1)高墩大跨连续刚构桥对山区峡谷地形具有很好的适应性,在山区修建高墩大跨连续刚构桥在技术上是可行的,而且与其他大跨径桥梁相比具有经济上的优势。

(2)高墩的稳定与否关系大桥成败,应该与高墩强度放在同等重要的位置。合理选择高墩结构尺寸,仔细分析高墩的稳定性,严格控制高墩混凝土强度、高墩垂直度、外观尺寸、测量精度,高墩的稳定性就能得到保证,从而为施工提供足够的安全保证。

(3)四明大桥(图4)现已交工验收,其成功建设为以后山区高墩大跨连续刚构桥梁的设计与施工提供许多有益经验。

图4 四明大桥建成图片

参考文献

[1] 中华人民共和国行业标准. JTG D62—2004 公路钢筋混凝土及预应力混凝土桥涵设计规范[S]. 北京:人民交通出版社,2004.

[2] 中华人民共和国行业标准. JTG D63—2007 公路桥涵地基与基础设计规范[S]. 北京:人民交通出版社,2007.

[3] 马保林. 高墩大跨连续刚构桥[M]. 北京:人民交通出版社,2001.

[4] 范立础. 桥梁工程(上册)[M]. 北京:人民交通出版社,2001.

13. 汶川至马尔康高速公路(A9标段)桥梁设计

姚玉强 杨 俊

(四川省交通运输厅公路规划勘察设计研究院)

摘 要 本文对汶马高速公路做了简要介绍;分别从桥梁设计原则、上部结构设计、下部结构设计系统介绍了汶马高速桥梁结构设计;重点对汶马高速桥梁结构的抗震综合措施及抗其他灾害设计做了详细介绍。

关键词 汶马高速 汶川地震 桥梁抗震设计 桥梁抗灾设计

一、汶马高速公路简介

汶川至马尔康高速公路(下文简称汶马高速)是四川省高速公路网规划的16条成都引入线中"成都—德格—西藏"线和"成都—阿坝—青海"线的重要路段,是四川内地通往西藏、青海等地区的重要交通大动脉,在国家高速公路网中具有十分重要的战略意义。汶马高速地形高差跨度极大,地形陡峻、走廊带狭窄、沟壑纵横,工程地质复杂、气候多变、生态脆弱,具有"极其复杂的地形、极其复杂的地质、极其复杂的气候、极其复杂脆弱的生态条件和极其复杂的工程建设"5个"极其复杂"特点,是四川省自然条件最险、建设最为困难、造价最高的高速公路之一。

汶马高速公路A9标段路线起于汶川县城以南凤坪坝,接映秀至汶川高速公路,该处预留汶川枢纽连接汶九高速公路,止于理县朴头关口,路线全长62.538km。该段桥梁共23.361km/35座,隧道共31.715km/12座,桥隧占线路比例高达88.07%。沿线经过主要城镇有汶川威州、克枯、桃坪、古城、通化、木卡、薛城、木堆、甘堡及理县县城等,设汶川枢纽(预留)、汶川克枯、理县桃坪、理县薛城及理县5处互通式立交及1处服务区(即桃坪服务区)、1处停车区(毕棚沟停车区)。

二、桥梁规模、特点

汶马高速A9标段主线桥梁共23.361km/35座,其中特大桥15 374.8m/10座,大桥7 742.9m/22座,中桥244.2m/3座,无小桥,桥梁占线路比例为37.35%;互通内匝道桥2.628km/19座,其中大桥2 262.5m/12座,中桥365.2m/7座,无特大桥、小桥。该段线路与G317共走廊,沿杂谷脑河逆流向上布设,走廊极其狭窄,依地形、地势数十次换岸展线,线路多处顺河或以桥梁小角度斜跨G317公路、杂谷脑河。A9标段具有以下特点:

1. 走廊狭窄

高速公路与G317公路同位于杂谷脑河走廊,上跨G317公路约20余次,跨杂谷脑河60余次。

2. 工程地质复杂

项目区域有龙门山活动断裂,加上"5·12"汶川8.0级特大地震产生的次生灾害,沿线崩塌、泥石流、滑坡、危岩等不良地质现象十分发育，地质条件极其复杂。

3. 控制因素多

沿线杂谷脑河上有桑坪、下庄、古城、薛城、甘堡、理县、红叶7个梯级电站，电站蓄水库及引水隧道很大程度上制约了线路的布设；同时，沿线桃坪羌寨、甘堡藏寨、茶马古道等旅游景区、文物以及灾后沿G317公路两侧重建的众多学校、医院及民房，严重限制了线路的布展空间。

4. 地震烈度高

本项目测区位于高烈度地震区，其中汶川至薛城段地震动峰值加速度为0.20g，基本地震烈度为8度，反应谱特征周期0.35s；薛城至理县段地震动峰值加速度为0.15g，测区基本地震烈度为7度，反应谱特征周期0.35s。

5. 路网单一、施工干扰多、交通运输保通任务重

路线与G317公路交叉次数多，施工对G317交通干扰大。G317是本区域内汶川通往阿坝唯一通道，也将担负汶川至马尔康高速公路施工运输的职能，道路通行压力十分大，保通任务极其艰巨。

三、桥梁结构设计

1. 桥型方案设计原则

(1)桥型方案宜综合考虑桥位处地形、地物、水文、地质、施工工艺、场地等因素，在满足功能的条件下，尽量选择受力明确、外形简捷的结构，实现标准化、系列化和工厂化，结合运输条件可选择分段集中预制或现场预制。

(2)选择抗震性能好、抗灾能力强的桥型结构。测区基本地震烈度为7~8度，为高地震烈度区，在此环境下，简支结构比连续结构更能适应地震时的墩台相对位移，不会因一孔落梁而导致一联或全桥的破坏；为适应抗震要求，本项目桥梁一般尽量选用形式简单、受力明确、自重轻、重心低、刚度适中、质量分布均匀和便于修复的简支结构桥型，遇到净空受限等因素时采用现浇连续梁。

(3)为提高桥梁抗震救灾能力，桥梁除跨越道路、处于河道内等特殊情况下，整体式路基桥梁一般均采用左右幅独立的双柱式桥墩。

(4)本项目主线及匝道多次跨越G317公路，在桥型方案选择时除了保证被交道路的桥下的建筑限界及下部结构的安全外，还应考虑尽量减少对桥下公路交通的影响。采用灵活的下部结构形式，以减少桥梁的上部结构形式。

(5)本项目与G317共走廊、沿杂谷脑河逆流而上布设，走廊极其狭窄，线路多处为顺河桥或以桥梁小角度斜跨杂谷脑河。由于河床狭窄，进入河床断面的桥墩数量较多，对杂谷脑河行洪造成一定的影响，在桥型方案选择时尽量选择较大跨径，并适当采用了整幅双柱桥墩，以减少对杂谷脑河行洪的影响。

2. 桥梁上部结构设计

依据上述原则，本项目主线道桥梁主要采用了构造简单、施工方便、造价较省且跨越能力较强的30m、40m两种跨径的预制安装预应力混凝土简支T形梁，互通内部分小半径平曲线或变宽段孔跨采用了预应力混凝土现浇连续梁。

(1)装配式预应力混凝土简支T形梁

为提高桥梁抗震性能，减少跨河桥梁施工难度，降低跨线桥施工对桥下公路交通的影响，本项目桥梁上部结构主要采用工艺成熟、经济耐久、便于工厂化预制的30m、40m两种跨径预制安装预应力混凝土简支T形梁。一联孔跨间采用桥面连续。

主线等宽路幅的桥梁按与路幅等宽设计，较大半径平曲线段的桥梁通过适当调整边T梁的外翼缘宽度及适度的横向移梁实现；位于桥宽变化较大、平曲线半径较小的匝道桥、异形端部的桥梁，通过桥面略宽于路幅、变化梁间距及适当调整边T梁的外翼缘宽度等措施来实现，同时尽量保证桥面宽度变化连续，以保证较好的结构外观及视觉连续性。

(2)预应力混凝土现浇连续梁

互通内小半径平曲线段以及部分主线上跨匝道(因净空需要)桥梁采用了现浇连续梁,一般均为20~40m的中小跨径连续梁(个别单孔为简支梁)。梁高按以下规则选取:

①跨径 $L \leqslant 20$m,现浇箱梁高1.3m。

②跨径 $20 < L \leqslant 25$m,现浇箱梁高1.5m。

③跨径 $25 < L \leqslant 30$m,现浇箱梁高1.8m。

④跨径 $30 < L \leqslant 35$m,现浇箱梁高2.0m。

⑤跨径 $35 < L \leqslant 40$m,现浇箱梁高2.2m。

本项目现浇梁均采用了斜边腹板,并在斜边腹板与悬臂外腋角设 $R=10$cm 的圆倒角,斜边腹板与底板的外阳角设 $R=5$cm 的圆倒角。现浇梁外形柔和、造型优美、与自然环境相协调。主线分离式路幅30m跨径现浇梁标准断面如图1所示。

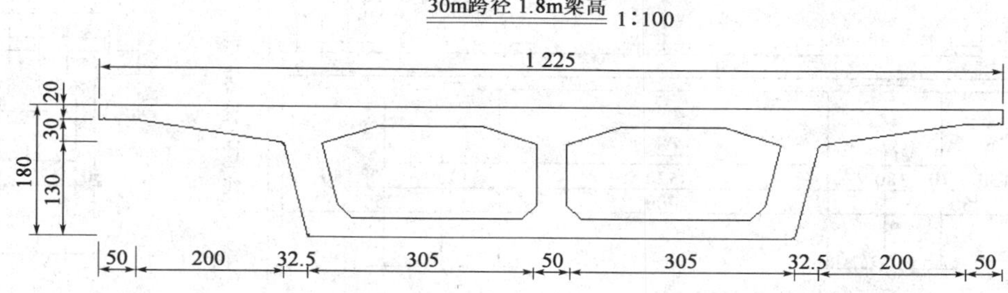

图1 主线分离式路幅30m跨径现浇梁标准断面(尺寸单位:cm)

(3)钢箱梁

汶马高速上跨G213公路处为映汶高速止点,交通流量大。两者交角较小,且该处汶马高速为汶川枢纽加减速车道变宽段。为减少对G213公路交通的影响,设计中采用了钢箱—混凝土组合梁。钢箱—混凝土组合梁由钢箱梁体和钢—混凝土组合桥面板结合构成。钢箱梁为双箱双室结构,顶底板均为变宽,钢箱梁为梁体等高2m,通过斜置形成桥面横坡,翼缘板悬臂宽1.5m。钢箱梁顶板为10mm钢板,通过PBL(带孔板)剪力键和剪力钉与现浇的钢纤维混凝土形成钢—混凝土组合桥面板。腹板为16mm钢板,沿高度设置五道加劲肋。底板为20(24)mm钢板,间隔30cm设置加劲肋。普通横隔板厚度12mm,支座位置横隔板厚度16mm。

钢箱主体材料:钢板采用Q345C;焊材采用与母材相匹配的焊条。

箱梁顶板混凝土,采用C40钢纤维混凝土,在C40钢纤维混凝土上铺设9cm沥青混凝土铺装。

(4)钢桁架梁

汶川克枯段走廊极其狭窄,路线基本上为桥隧相接,桥梁规模大。桥梁上部结构预制场地设置困难,设计中采用了钢桁架梁结构,按工厂标准化加工生产,在不大幅增加造价的情况下,有效地解决了预制场地问题,并缩短了施工周期,同时提升了桥梁景观。

主梁采用标准跨径的30m、40m简支结构。梁体由主要承载的钢管混凝土主桁与其上的钢—混凝土组合桥面板组成。

主桁:由上下弦管、腹杆组成平面桁片,左右桁片间有空间管式横撑连接。下弦管内预先张拉纵向预应力钢束,上下弦管内均灌注补偿收缩自密实C30混凝土。

桥面板:$t=6$mm钢底板,其上浇筑C40高抗裂低收缩混杂纤维混凝土,二者通过 $t=6$mm 的开孔钢板剪力键和20钢筋剪力键形成钢—混凝土组合结构。

下部结构采用门形框架结构,墩柱为直径1.1m和1.3m的钢管混凝土柱,墩顶设钢管系梁。桩基采用直径1.4m和1.6m的钢筋混凝土钻孔灌注桩,设钢管或钢筋混凝土地系梁。左右墩柱间设钢管斜撑。对于滑坡、泥石流沟段,设外套钢管并填砂,作为桥墩的防撞措施。

3.桥梁下部结构设计

本项目与G317共走廊、沿杂谷脑河逆流而上布设，走廊极其狭窄，线路多处为顺河桥或以桥梁小角度斜跨杂谷脑河，并多处上跨G317公路。综合考虑杂谷脑河行洪、G317通行净空、美观、安全、经济等因素，本项目采用形式多样的下部结构，一一列举如下：

1)半幅双柱普通钢筋混凝土盖梁桥墩

本项目大多数下部结构均采用普通钢筋混凝土盖梁桥墩，为左右幅独立的半幅双柱式圆墩。盖梁采用T形截面，长度为1 200cm。盖梁内侧端部距设计距离整体路幅为25cm，分离式路幅为12.25cm。墩柱间距700cm，梁墩柱直径包括140cm、160cm、180cm、200cm四种类型，对应的桩基直径依次为150cm、180cm、200cm、220cm，见图2、图3。

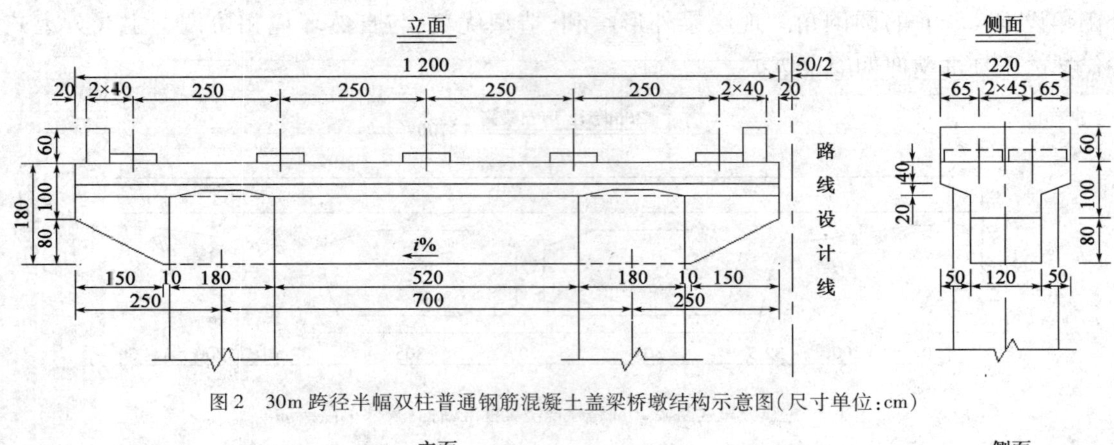

图2　30m跨径半幅双柱普通钢筋混凝土盖梁桥墩结构示意图(尺寸单位:cm)

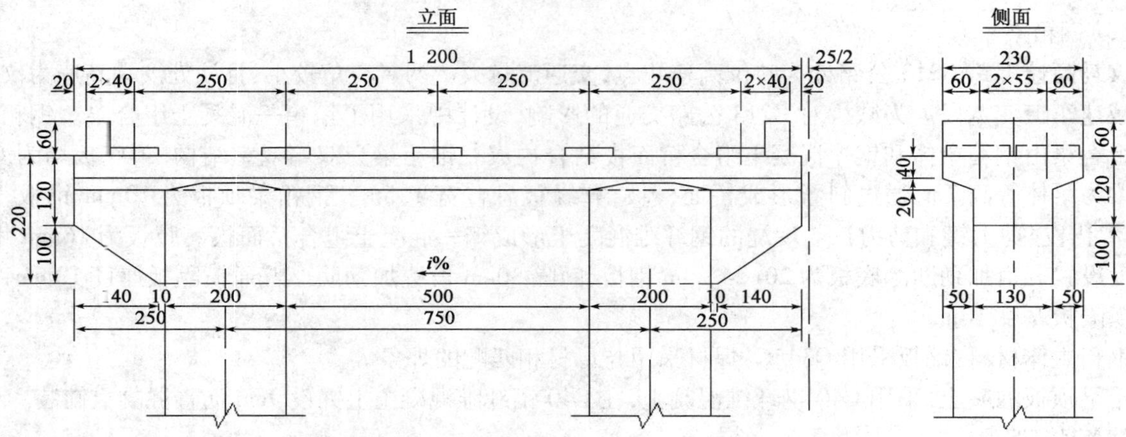

图3　40m跨径半幅双柱普通钢筋混凝土盖梁桥墩结构示意图(尺寸单位:cm)

2)整幅双柱式预应力混凝土盖梁桥墩

线路与G317公路交角较小时，无法一孔直接跨越，需设桥墩横跨G317时，采用了整幅双柱式预应力混凝土盖梁桥墩，以满足桥下G317公路通行净空需要；部分顺河或跨河桥，由于河床较窄，桥墩阻水情况较为严重，采用整幅双柱式预应力混凝土盖梁桥墩能够减少河床中墩柱数量，改善阻水情况，以利于杂谷脑河行洪。

整幅双柱式桥墩预应力混凝土盖梁长2450cm，30mT梁其盖梁跨中截面高度为230cm，40mT梁其盖梁跨中截面高度为250cm，柱间距1420cm。30m及40mT梁的整幅双柱式预应力混凝土盖梁桥墩分别如图4、图5所示。

3)半幅小柱间距预应力混凝土盖梁桥墩

该种类型桥墩适用地面横坡的地形，可减少开挖量，降低双柱的刚度差异；部分临近G317公路的桥墩也采用该类型桥墩，以避免桥墩侵入G317建筑界线。

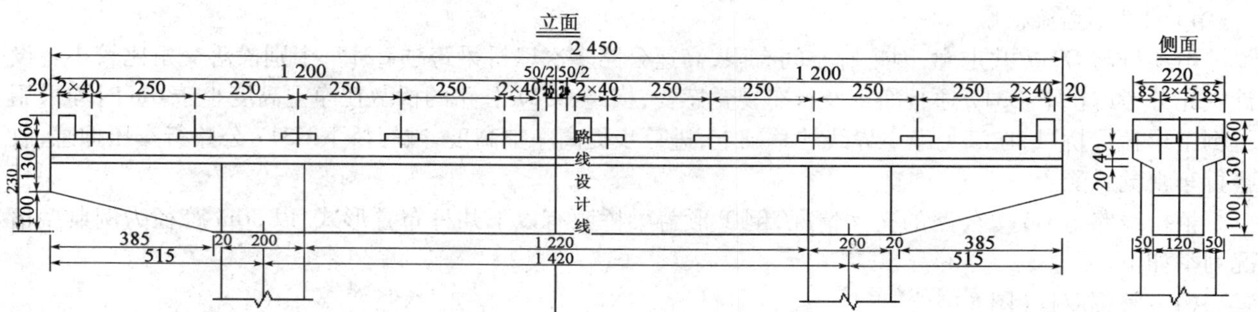

图 4 30m 跨径整幅双柱预应力混凝土盖梁桥墩结构示意图(尺寸单位:cm)

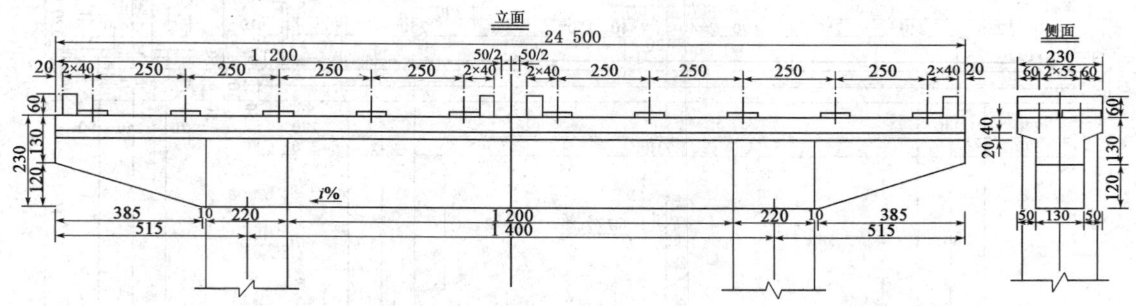

图 5 40m 跨径整幅双柱预应力混凝土盖梁桥墩结构示意图(尺寸单位:cm)

该类型桥墩盖梁长 1200cm,30m 的 T 梁其盖梁跨中截面高度为 230cm,40m 的 T 梁其盖梁跨中截面高度为 250cm,见图 6、图 7。

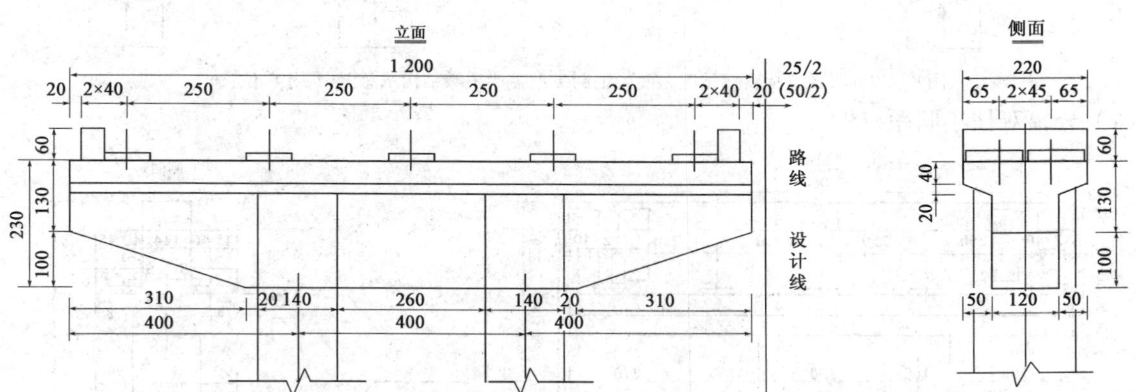

图 6 30m 跨径半幅小柱间距预应力混凝土盖梁桥墩结构示意图(墩柱直径 140cm)(尺寸单位:cm)

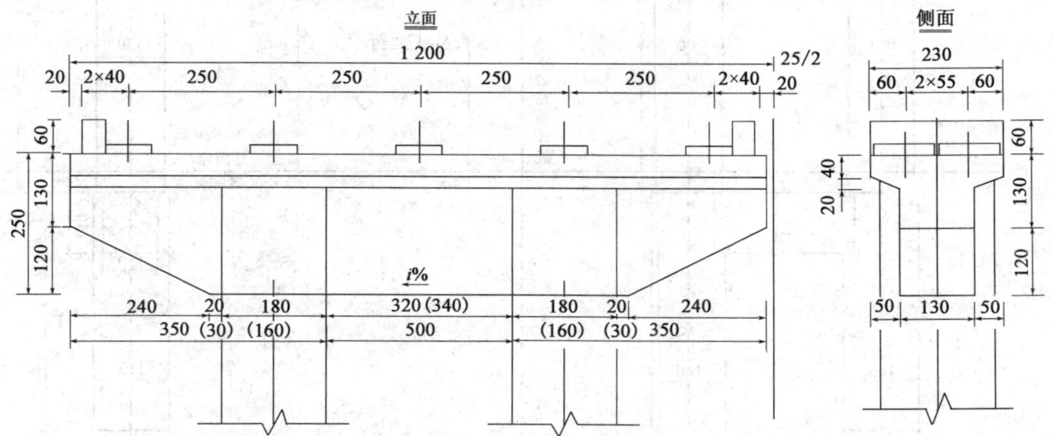

图 7 40m 跨径半幅小柱间距预应力混凝土盖梁桥墩结构示意图(尺寸单位:cm)

4）倒T形盖梁桥墩

本项目与G317共走廊，因走廊空间有限，高速公路多次以桥梁跨越G317，个别段落交角比较小。设计中充分考虑桥下G317通行净空及行车视觉感受，横跨G317公路的桥墩在净空高度小于6m时均采用了倒T形盖梁桥墩，在满足净空界线的基础上，进一步提高净空高度，减轻桥下G317公路行车压抑感，改善行车视觉感受。

根据线路与G317公路的交叉情况，倒T形盖梁桥墩有以下几种布置形式，以30m跨径为例典型情况列举如下。

（1）整幅双柱（图8）

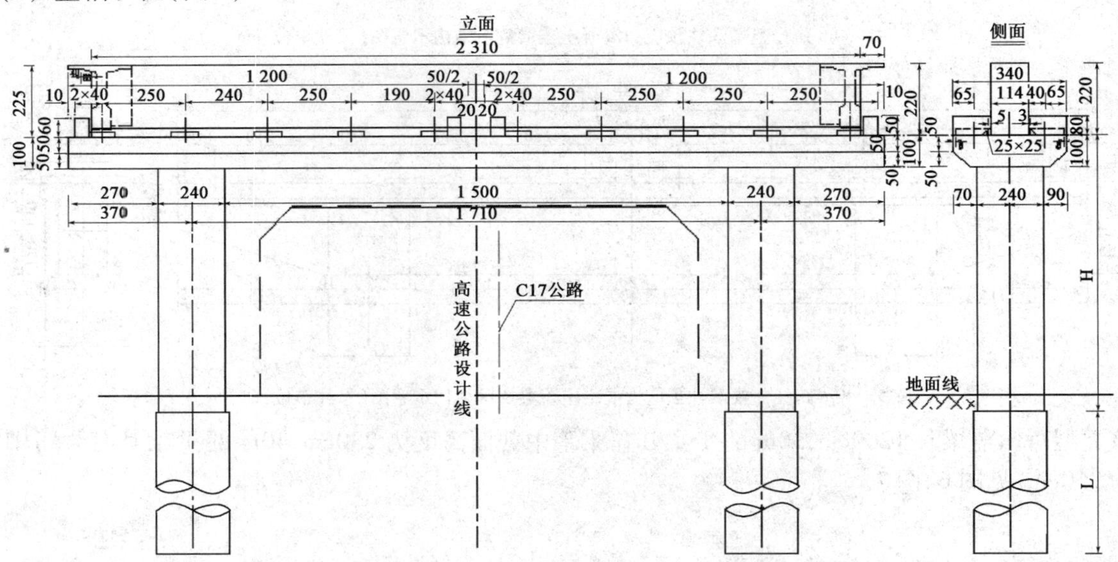

图8　30m跨径整幅双柱预应力混凝土倒T形盖梁桥墩结构示意图（尺寸单位：cm）

（2）分幅双柱小间距（图9）

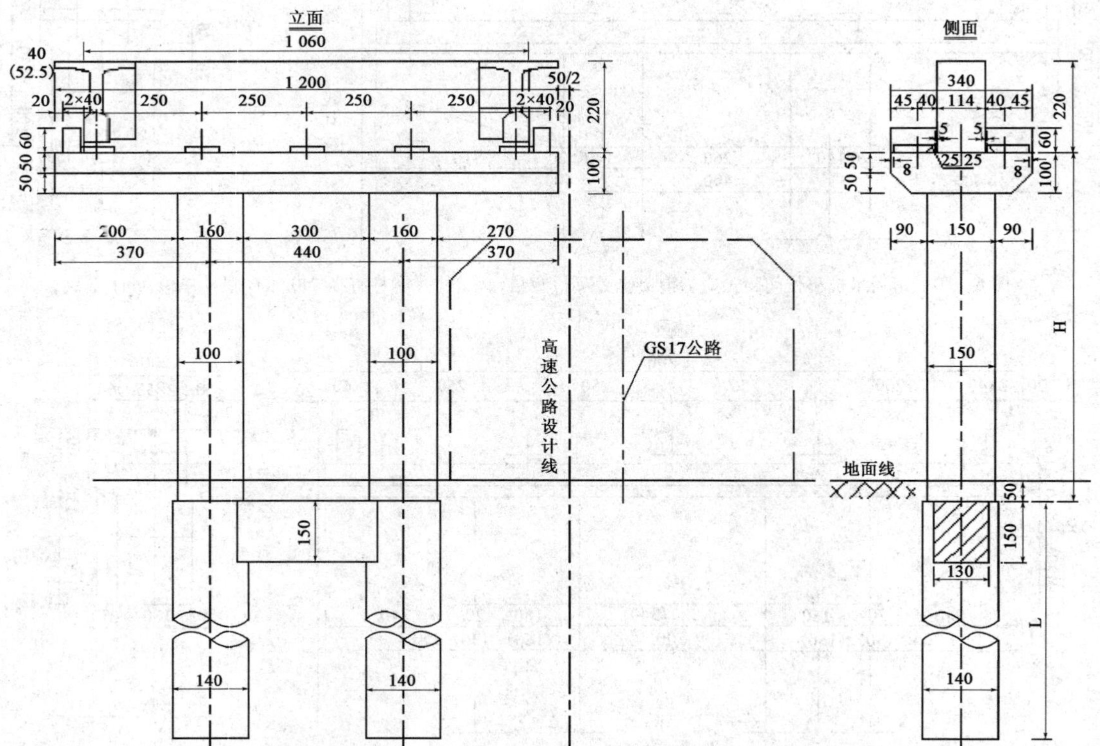

图9　30m跨径分幅双柱小间距倒T形盖梁桥墩结构示意图（尺寸单位：cm）

(3)分幅非对称门形框架(图10)

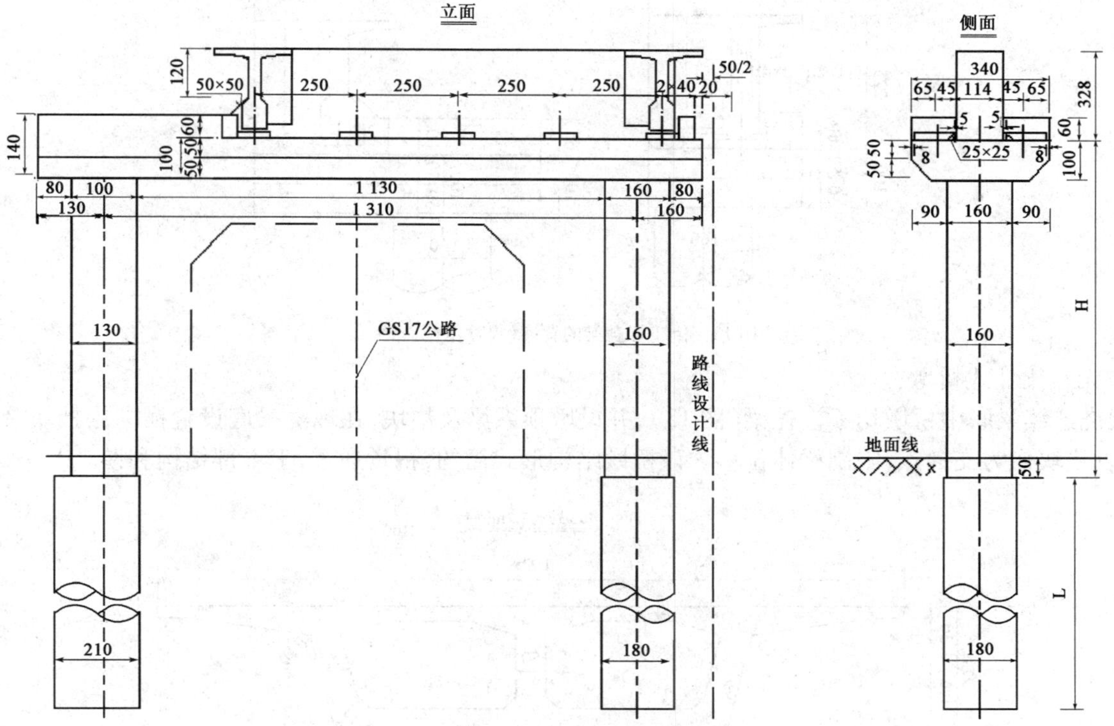

图10 30m跨径分幅非对称门形框架倒T形盖梁桥墩结构示意图(尺寸单位:cm)

(4)分幅对称门形框架(图11)

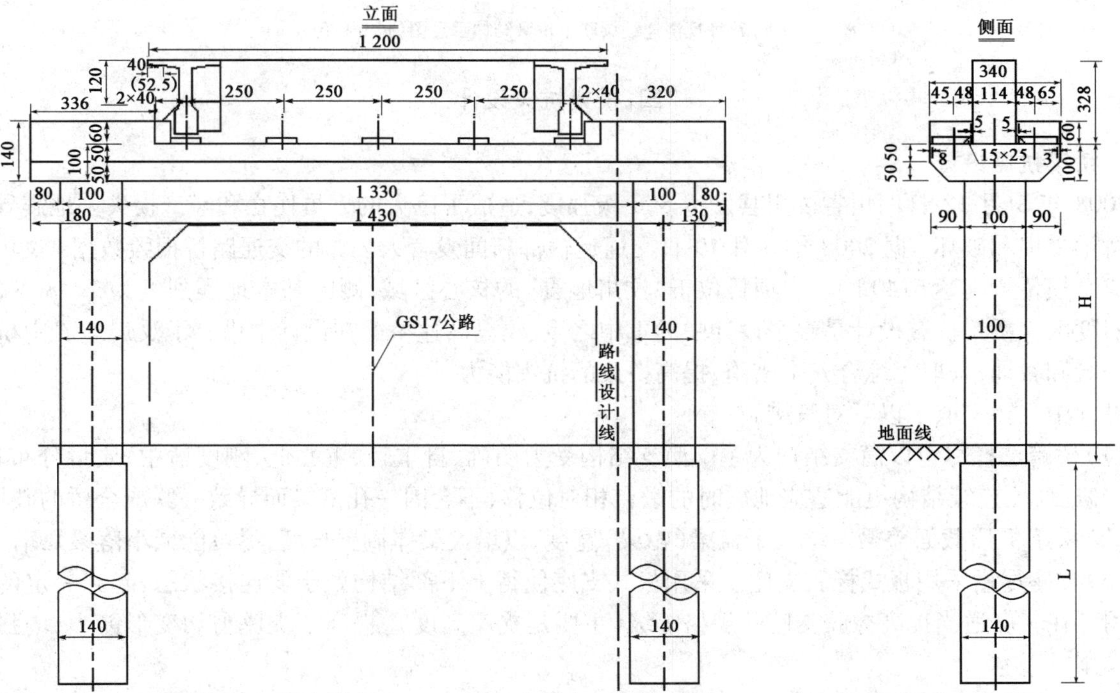

图11 30m跨径分幅对称门形框架倒T形盖梁桥墩结构示意图(尺寸单位:cm)

为方便T梁翼缘板下所挂设各种管线跨墩,同时起到结构线形流畅、视觉美观效果,设计中考虑了细节构造,所有倒T形盖梁的背墙(图12,包括制动墩的背墙)均设置了与T梁外翼缘板相同的翼缘板。

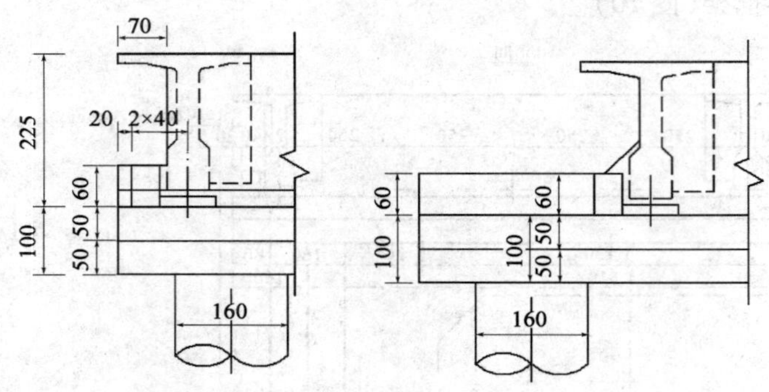

图12　倒T形盖梁的背墙(尺寸单位:cm)

5)无盖梁柱式桥墩

现浇连续梁联中桥墩均不设盖梁(图13),并设墩顶系梁及垫块,在现浇梁底设置横向内挡块及纵向挡块,以垫块作为支挡点,限制梁体位移。该桥墩结构形式简约,视觉通透,上下部结构和谐。

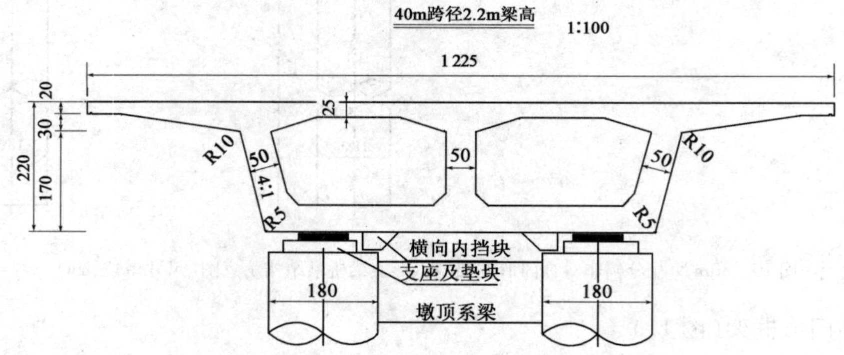

图13　40m跨径现浇连续梁联中桥墩结构示意图(尺寸单位:cm)

四、桥梁抗灾设计

1.桥梁抗震设计

2008年5月12日四川省汶川县发生8.0级强震,造成了巨大的人员伤亡和经济损失。地震导致大量的桥梁受损和破坏,据2008年6月19日交通运输部新闻发言人公布的交通路桥损毁数据,汶川地震共造成受损桥梁高达6140座。本项目位于“汶川地震”的核心区域,测区基本地震烈度为7~8度,为高地震烈度区。桥梁抗震设计是整个设计中的重中之重,汶马高速桥梁在设计中借鉴了汶川地震中桥梁震害的经验和教训,采取了综合安全措施,提高桥梁的抗灾能力。

设计中主要采取了以下对策措施:

(1)桥跨选择尽量以简支结构为主。简支结构受力明确、自重轻、重心低、刚度适中、质量分布均匀,且便于修复,比连续结构更能适应地震时的墩台相对位移,不会因一孔落梁而导致一联或全桥的破坏。

(2)采用T形截面盖梁。增大了盖梁(帽梁)宽度,以增大梁体搁置长度,尽可能减小落梁几率。

(3)支座尽量采用板式橡胶支座。采用板式支座使得上下部结构处于弱连接状态,起到一定的减隔震作用。在8度适当提高橡胶支座的规格等级(主要是支座高度),提高了支座剪切变形能力,增强了减隔震作用。

(4)简支T梁在桥面连续及伸缩缝处(包括桥台处)均设置纵向防落梁拉杆装置(图14、图15),限制上下部结构的相对位移,减小落梁几率。

(5)简支T梁桥在桥面连续及伸缩缝处的桥墩盖梁上均设由纵、横向挡块、橡胶垫片构成的防落梁构造措施(图16),桥台处仅设横向挡块,以减小落梁的概率。

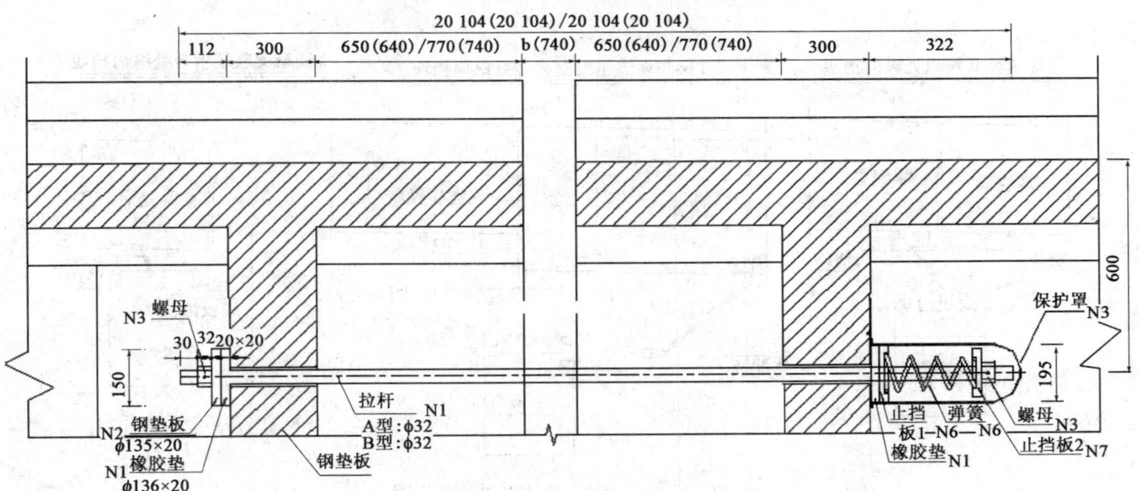

图 14 桥墩处简支 T 梁防落梁拉杆总装布置图(尺寸单位:cm)

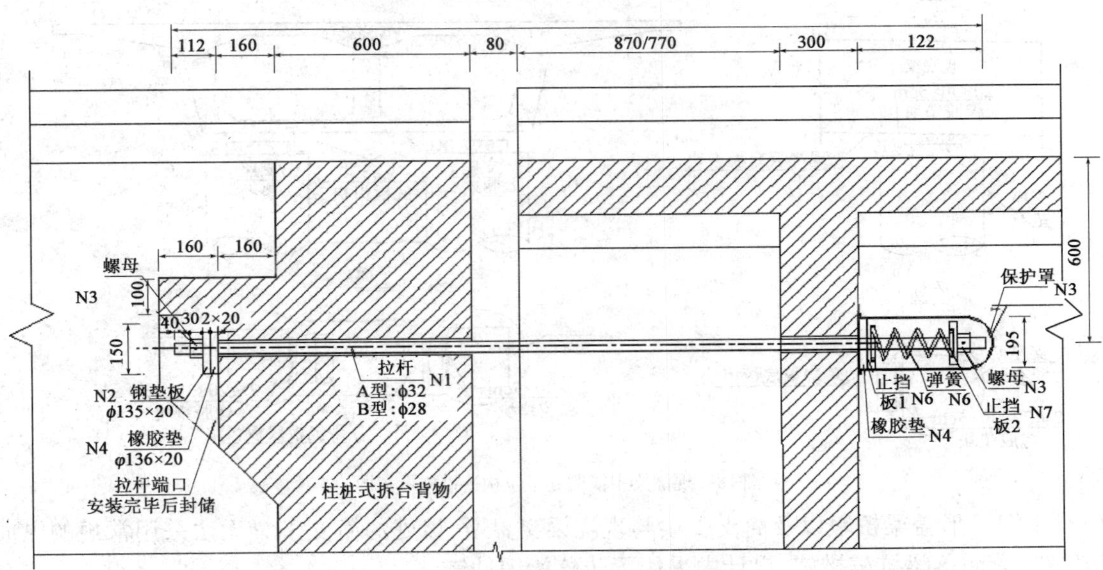

图 15 桥台处简支 T 梁防落梁拉杆总装布置图(尺寸单位:cm)

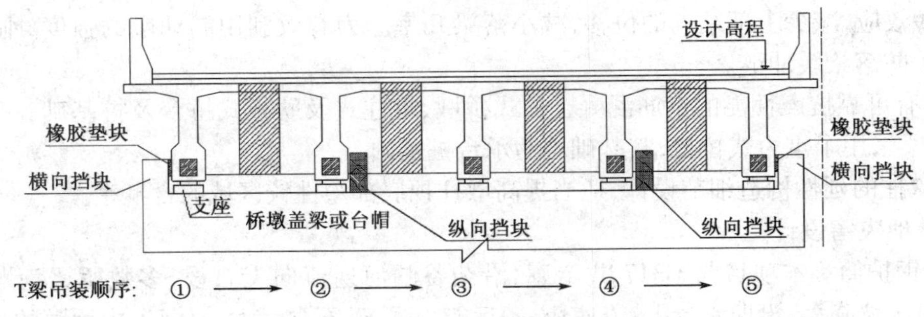

图 16 简支 T 梁纵、横向挡块布置示意图

(6)上部结构为现浇箱梁的桥梁,联中墩及联端墩(台)均设有限位措施(图 17、图 18),减小落梁几率。联中墩处的现浇梁限位构造由墩顶垫石和梁底纵、横向齿块共同构成,纵向挡块仅设置每个墩柱的上坡侧,横向挡块设置最外侧两墩柱的内侧;联端墩(台)处的现浇梁限位构造由盖梁或台帽上的纵、横

向挡块和梁底纵向齿块共同构成，每相邻两支座中间设置一套。垫石或挡块与梁底齿块间设有缓冲橡胶垫片。

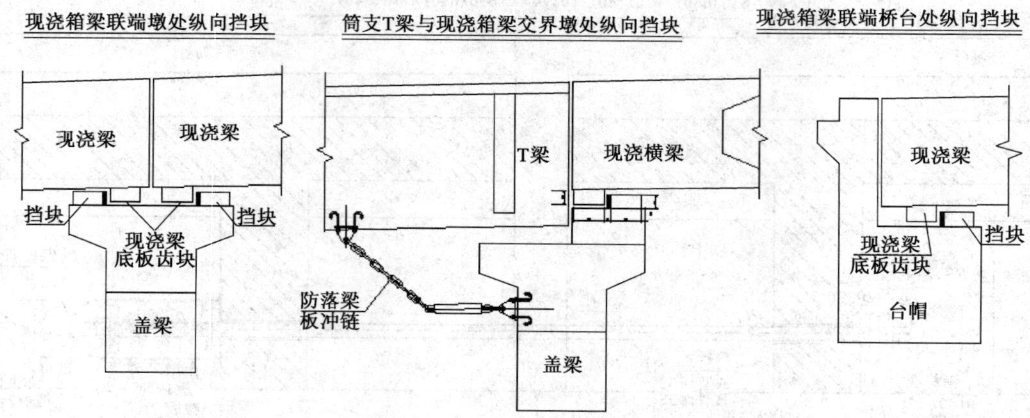

图17 现浇梁梁端限位构造措施示意图

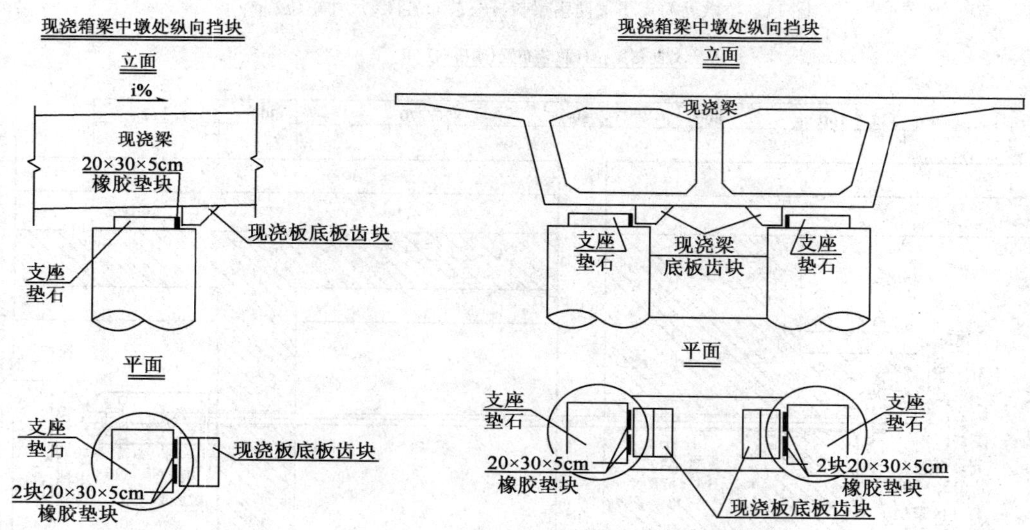

图18 现浇梁中横梁处限位构造措施示意图

(7)对于倒T形盖梁桥墩以及简支T梁与现浇梁交界墩，该处的简支T梁无法采用常规的纵向挡块及防落梁拉杆等防落梁抗震措施，设计中采用了防落梁缓冲链。

(8)对较长桥梁，选取合适的墩位设置刚度大的制动墩(图19)，化长桥为短桥，减少桥梁在地震作用下纵向位移传递效应，减少上部结构的位移，减小落梁几率。为有效利用制动墩的强度、刚度，制动墩两侧T梁均设置了防落梁缓冲链。

(9)采用具有可靠抗震性能的钢筋混凝土柱式桥墩、桩柱式及肋板式桥台及桩基础。一般不采用扩大基础，个别桥梁采用了重力式桥台，其基础均为承台桩基础。

(10)加强墩柱的延性构造细节设计，适当提高墩柱顶底部塑性铰区域的含箍率。

2. 桥梁抗其他灾害设计

(1)防磨蚀钢护筒。本项目与G317共走廊、沿杂谷脑河逆流向上布设，多数桥梁为顺河桥或跨河桥。杂谷脑河河床坡降大，汛期水量大，流速快，搬运能力强，砂石含量大，对河道中桥墩的耐久性及安全性具有很大的破坏作用。设计中对位于河道中、岸边的桥墩在洪水位至最大冲刷线间的墩柱外包钢护筒，以减小流水中夹杂的片、块、卵石对桩柱撞击和磨蚀作用，提高结构的安全性和耐久性。同时，为方便设置钢护筒，该段墩柱采用与桩基同径即墩柱上下不同径(岸上桥墩为方便施工，一般采用墩柱不变径)。如图20所示。

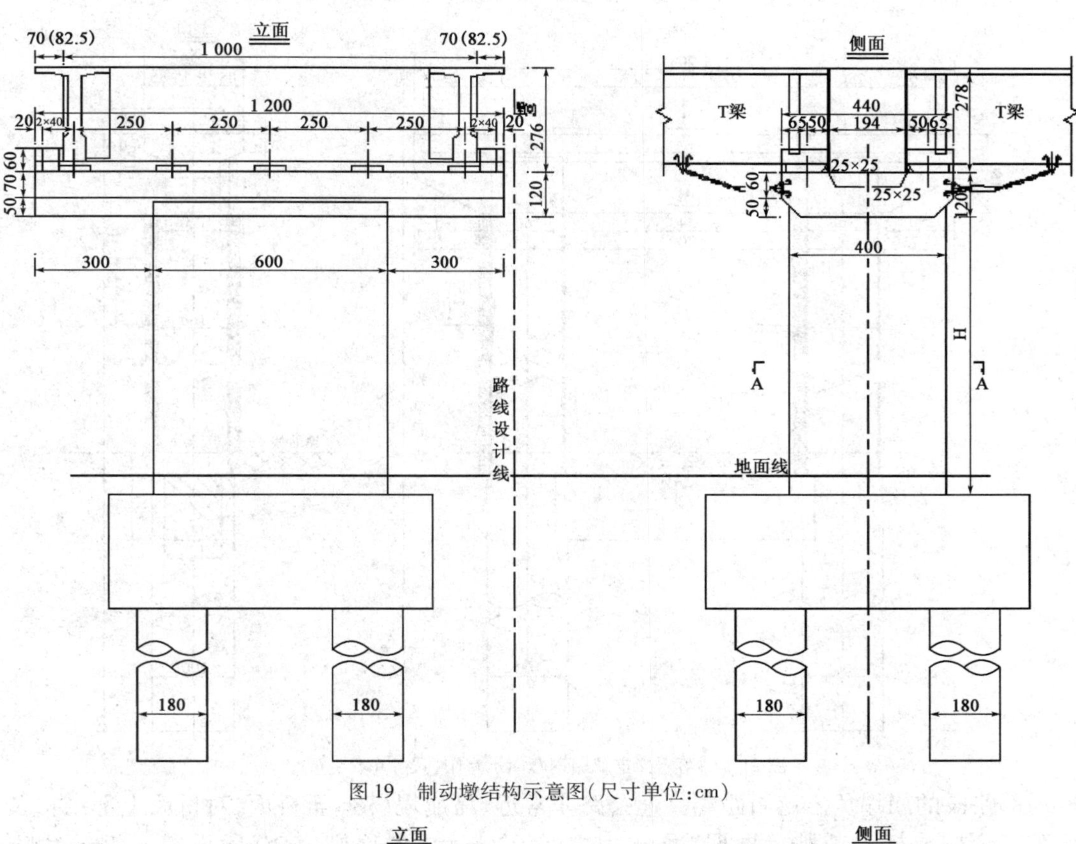

图19 制动墩结构示意图(尺寸单位:cm)

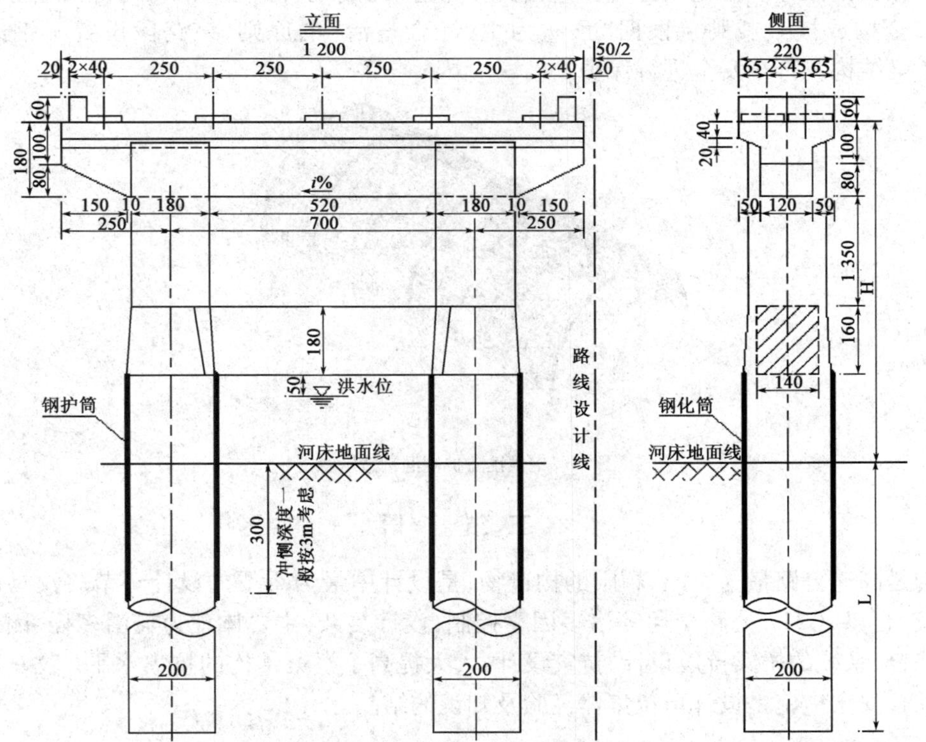

图20 桩柱外包钢护筒示意图(尺寸单位:cm)

(2)防落石撞击双层钢套筒。沿线崩塌危岩、落石等不良工程地质分布广,局部段落对桥梁结构尤其是下部墩柱构成极大威胁,设计中采取了清除、设置主被动网等第一道防护措施,同时面向山体侧对墩柱设置了双层保护套筒,以减小落石、飞石等桥梁结构的危害,提高结构的安全性和耐久性。双层保护套筒填充硬质聚氨酯泡沫材料。如图21所示。

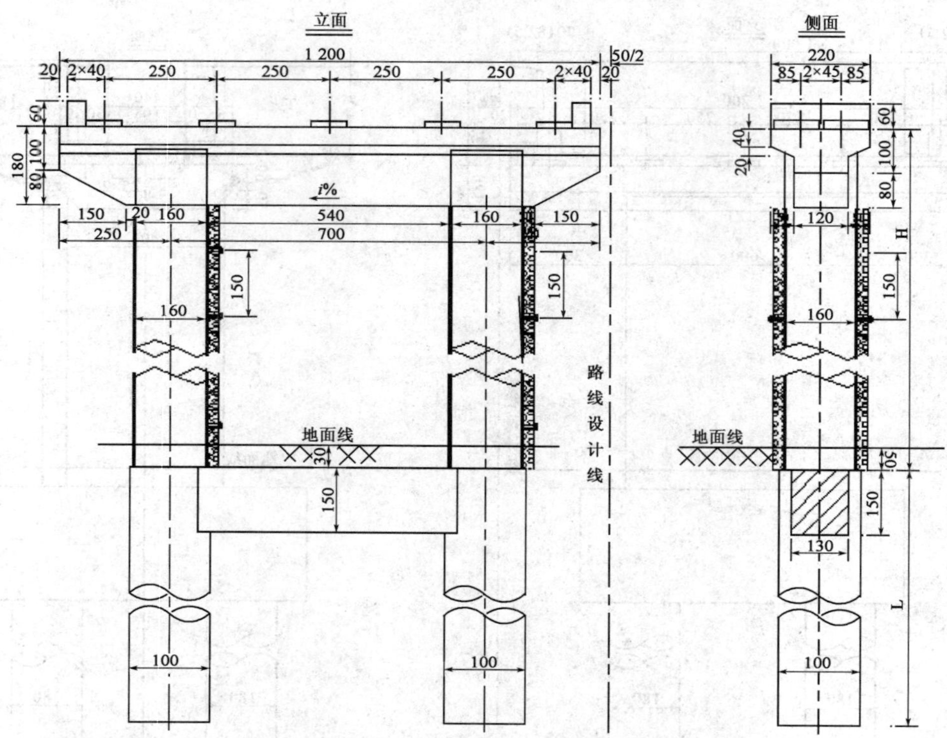

图21 防落石撞击双层钢套筒示意图(尺寸单位:cm)

(3)局部路段的崩塌危岩落石距离高速公路非常近,易崩塌(落)至桥面,对桥梁上部结构及后期运营中的行车安全构成极大威胁。根据"预防为主、综合整治"的原则,该路段设置了钢柔性防护棚洞(图22),对桥梁结构及行车安全进行保护。

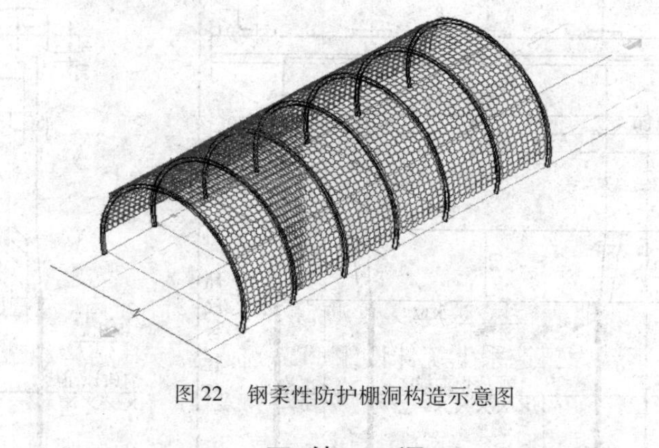

图22 钢柔性防护棚洞构造示意图

五、结　　语

桥梁结构是高速公路最为突出、耀眼的构造物,是设计中最为重要的设计环节。汶马高速公路桥梁结设计受地震、行洪、G317公路交通等诸多因素控制,设计复杂,主要体现为灵活多样、因地制宜的下部结构形式。综合、系统的桥梁抗震设计、抗灾设计,大大提高了桥梁结构的抗灾水平。汶马高速公路桥梁结构设计和综合安全措施是设计单位集体经验及知识的结晶。

参考文献

[1] 庄卫林,刘振宇,蒋劲松. 5·12汶川地震公路桥梁震害分析及对策研究[J]. 公路,2009,5.

[2] 四川省交通运输厅公路规划勘察设计研究院. 5·12汶川地震灾区高速公路和国省干线公路恢复重建工程调查、检测、评估[R]. 2008.8.

[3] 交通运输部公路科学研究院. 四川藏区高速公路桥梁抗震设计指南[S]. 2014.2.

14. 悬挑桥梁结构在山区公路建设中的探索应用

刘维栋 陈仁普 蒋自强
(四川省交通运输厅交通勘察设计研究院)

摘 要 本文以G317线汶马路陡峻地段道路拓宽工程为依托,在根据陡峻地段地形、地质情况,提出用悬挑桥梁结构拓宽山区公路,并对其设计、施工技术进行了说明。与现有技术相比,本文所用方法既施工便捷、经济实用、安全可靠,又能最大限度地保护自然生态环境。

关键词 公路拓宽 悬挑桥梁结构 设计 施工

一、引 言

国道317线汶川至马尔康公路改建工程K161+070~K161+150为陡峭山坡地段,外侧为狭窄急流河道,若按常规挡墙方案实施道路加宽改造,则会侵占河道、冲刷侵蚀急剧增加、洪水位升高、投资大、隐患多。经过多方研究提出用悬挑结构技术修建陡峭地形路段的山区公路,可望明显简化施工工艺,节省材料,同时避免高切坡或高填方等可能诱发大型滑坡、崩塌的安全隐患,还有利于保护山区的自然生态环境,同时该道路结构还具有较强的抵御地震作用的能力。

二、设 计

1. 桥区基础资料

1)地形地貌

工程区位于梭磨河中游地段,河谷呈V字形,两岸基本对称,地形切割剧烈,谷深坡陡,区内相对高差一般在400~1 000m,以构造侵蚀深切割的中山地貌类型为主,山势尖峭耸立,地形陡峭。河床宽一般15~20m,水流湍急。

区域内坡度较陡,大部分基岩出露,陡坎高度达10余米;内侧也为基岩陡坎。区域内地处梭磨河冲刷岸,汛期受洪水冲刷严重。

2)地质资料

根据地表调查揭示,桥址区地表覆盖层厚度较薄,仅0.5~4.0m,主要为第四系全新统人工填土(Q_4^{me})。其余地段基岩裸露,基岩为三迭系上统侏倭组(T_{3zh})板岩,按其结构组成、成因和成层特性,可分为2层。基础地层主要为第①层的人工填筑土,结构松散,厚度较薄,且分布极不均匀,承载力较低,不宜作为基础持力层,建议清除;第②层弱风化板岩,厚度大,承载力较高,是基础良好持力层。

2. 设计要点

(1)设计理念:杜绝深挖高填,在确认现已稳定路基范围内用整体浇筑的墙柱式挡墙形成路堤,以悬挑结构补足道路欠宽部分。在试点工程路段范围内均采用整体浇筑的墙柱式挡墙与悬挑结构的复合式道路(简称墙柱梁板复合式道路)。

(2)墙柱梁板复合式道路为立柱、外纵梁、挑梁、搭板、内纵梁及锚杆联结一体共同作用的结构形式,立柱间距为5m,立柱间以40cm厚的钢筋混凝土内纵梁连接,在挑梁上安装预制钢筋混凝土搭板形成外侧道路结构(图1、图2)。挑梁可采用预制后安装,各部之间采用连接钢筋和现浇混凝土结合为整体。

(3)根据地形条件的不同,挑梁外挑长度分为1.1~4.4m,搭板数分别为1块、2块和4块,挑梁外侧支于相应的立柱上,内侧端部设置根据悬挑长度不同进行相应的处理。当搭板为1块时,依靠内侧的挑梁及其重量和内纵梁来平衡外侧的倾覆力矩即可;当搭板为2块时,除依靠内侧的挑梁及其重量和内纵梁来平衡外侧的倾覆力矩外,还在内纵梁上设置锚杆;当搭板为4块时,除采取搭板为2块时的措施外,还在内侧设置压重挡墙(圬工挡墙)来平衡外侧的倾覆力矩。为加强结构的整体性,利用内侧纵向将结构连成整体。

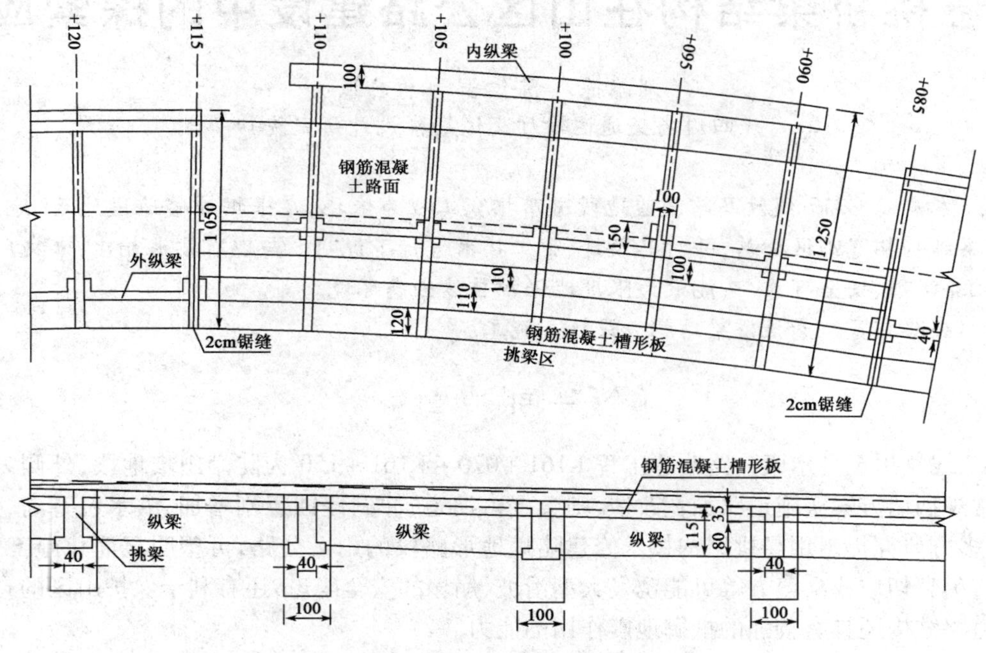

图1　总体布置图(尺寸单位:cm)

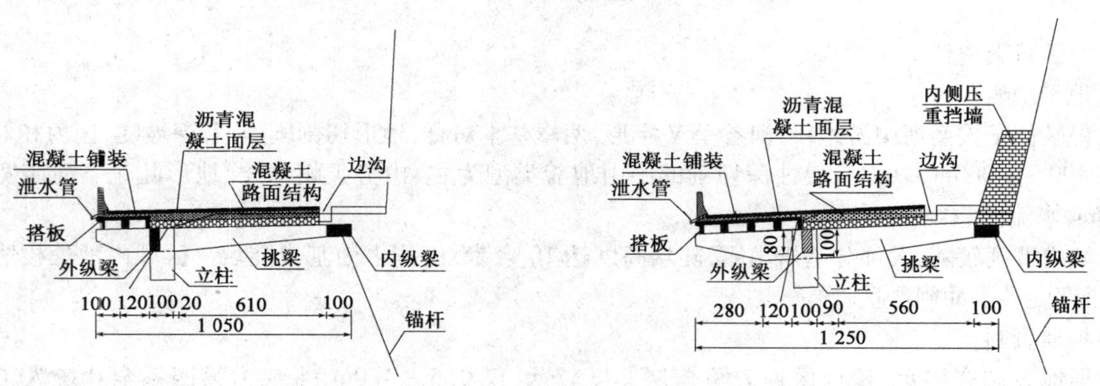

图2　横断面构造图(尺寸单位:cm)

(4)外侧悬挑部分的行车道采用35cm高预制钢筋混凝土槽形板至墙体外缘,铺装和路面为10cm厚钢筋混凝土铺装层和10cm厚沥青混凝土面层。混凝土路面板每隔5m在挑梁上设一道断缝,断缝外用3mm层板填充;外侧路面横坡通过调整挑梁上现浇混凝土的厚度来适应。

(5)挑梁长度分为10.5m和12.5m(均含内纵梁)。对于12.5m长的挑梁,由于其外挑长度较大,且荷载较大,支点处负弯矩较大,同时在支点处的剪力也为最大值,为减少施工工序,加快施工进度,减少建设投资,在该挑梁设计中,没有考虑采用预应力混凝土挑梁。

为避免复杂的预应力混凝土施工,并显著提高长悬臂挑梁的抗裂能力和减小裂缝宽度,以提高结构耐久性,本次设计对12.5m长的挑梁采用了重庆交通大学提出并已经试验验证的带肋钢板—混凝土结构,即在12.5n长的挑梁拉应力较大区段的上缘设置与混凝土结构结合为整体的带肋钢板。该结构已经理论和试验(已完成多片梁的实际加载试验)证明,对提高混凝土梁的开裂荷载、减小裂缝宽度和延缓裂缝开展具有非常明显的作用。

三、施　　工

1. 主要施工顺序

(1)对内侧道路开挖或填筑至道路基层面高程,并反复碾压密实;

(2)开挖立柱基坑至设计高程,验基(若不满足设计要求承载力,应采用注浆方式增强),现浇立柱;

(3)在设计位置完成锚杆(若设置)施工,并抽样检测锚杆的抗拔承载力;

(4)预制挑梁,开挖挑梁基槽并按设计要求将挑梁安装在立柱上;

(5)在内纵梁位置挖槽并浇筑纵梁;并按照设计要求,预留与挑梁和圈梁连接的钢筋,按设计要求绑扎或焊接,浇筑现浇段部分;

(6)开挖内侧压重挡墙基槽,砌筑压重挡墙和边沟,浇筑圈梁,按照设计要求将圈梁与纵梁预留钢筋连接,施工边沟;

(7)开挖外纵梁基槽,验基,浇筑外纵梁混凝土和浇筑挑梁、外纵梁与立柱间的节点混凝土;

(8)预制搭板并在挑梁上安装;

(9)浇筑搭板间湿接缝,完成搭板上方混凝土铺装层施工,施工防撞护栏;

(10)施工内侧水泥混凝土路面结构层;

(11)施工沥青混凝土面层;

(12)施工路面泄水管。

2. 立柱施工

(1)在原路堤挡墙设计位置开挖立柱基坑,注意立柱基底容许承载力要求≥0.8MPa(端悬臂挑梁立柱基底容许承载力要求≥0.5MPa),若不满足设计要求承载力,应及时通知设计单位、监理单位采取相应措施;

(2)立柱施工时注意预留与挑梁和外纵梁间的搭接钢筋;

(3)基坑开挖时,在满足设计尺寸的条件下应尽量减少超开挖;

(4)立柱混凝土应采取满槽浇筑,以确保传力可靠。

3. 锚杆施工

(1)锚杆孔径为150mm,钻孔应采用风动干钻施工法,钻孔直径、深度应满足设计要求。钻孔内应保持清洁,孔内无污染物,确保水泥浆体与岩体的黏结强度。如遇岩层松散、破碎时,应采用跟套管的钻进技术,以使钻孔完整不坍塌。锚杆的成孔、清孔、锚杆制作、注浆等施工操作,材料以及验收要求均参照《建筑边坡工程技术规范》(GB 50330—2002)的要求和有关规定执行。

(2)锚杆采用 HRB335 钢筋,浆体采用 M30 水泥砂浆,采用自孔底向上注浆技术,注浆压力为300kPa,砂浆灌注应饱满。

(3)锚孔施工定位偏差、斜度和深度等应满足《建筑边坡工程技术规范》(GB 50330—2002)中关于锚杆施工的要求。

(4)锚杆定位器(定位支架)应沿锚杆轴线方向每隔2~3m设置一个,最下一个距锚杆末端1m。

4. 挑梁、内纵梁施工

(1)预制挑梁。预制时在确保道路畅通的情况下,施工单位可根据自身设备确定预制段和现浇段长度,并注意预留与现浇段及内纵梁的连接钢筋;对于长度为12.5m长的挑梁,由于其受拉区钢筋较密集,且支点处的梁上缘设置有带肋钢板,浇筑混凝土时务必注意采取切实措施保证混凝土的密实性。预制时,应采用倒置的预制方式。

12.5m长挑梁的带肋钢板制作时的注意事项:

①制作、焊接宜在加工厂内进行,湿度不宜高于80%,施焊前必须清除焊接区的有害物;

②除锈和涂装。

钢板(顶板)上表面制作前的表面应进行喷砂(抛丸)除锈处理,除锈质量等级应达到 GB 8923 中得sa2 级或 st2 级标准,且必须将表面的油污、氧化皮和铁锈以及其他杂物清除干净。所有钢板表面在进行喷砂(抛丸)除锈并达到规定的除锈等级后,涂刷带锈环氧重防腐底漆(80μm厚)一道。

在立柱、外纵梁和挑梁间混凝土节点浇筑完成后、搭板安装前应再将钢板上表面的油污、氧化皮和铁锈以及其他杂物清除干净后,再涂刷带锈环氧重防腐漆(80μm厚)一道。

钢板(顶板)的下表面、加劲肋表面和连接件表面,在浇筑混凝土前应将表面的油污等杂物清除干净。

③焊接时应选择合理的焊接工艺及焊接顺序,以减小钢板中产生的焊接应力和焊接变形;施焊时母材的非焊接部位严禁焊接引弧。

④所有钢结构的焊接均应满足《公路桥涵施工技术规范》(JTJ 041—2000)、《建筑钢结构焊接技术规程》(JGJ 81—2002)和《钢结构设计规范》(GB 50017—2003),焊缝应达到二级标准。所有焊缝必须进行超声波探伤。

Q345钢材焊接材料应优先选用E5015焊条(手工焊接时),焊接后应对焊接质量按有关规程进行严格地检验。

(2)开挖挑梁及内纵梁基槽,尽量减少对周围岩体的扰动。

(3)安装挑梁。

(4)挑梁安装时注意与锚杆外伸部分、局部加强钢筋和内纵梁钢筋的连接。

(5)在挑梁负弯矩区段加防水处理,方法是:在10.5m长挑梁上方刷一层沥青膏;再在12.5m长挑梁上按带肋钢板的防腐措施进行处理。

(6)浇筑纵梁,确保内纵梁与挑梁的节点混凝土浇筑质量。

(7)绑扎挑梁与立柱的节点钢筋。

(8)浇筑挑梁与立柱的节点混凝土,应确保其密实度。

5. 地梁施工

(1)地梁基坑开挖,要求基底容许承载力≥0.6MPa,若不满足设计要求,应及时通知设计单位和监理单位采取相应措施。

(2)地梁施工时注意预留与内、外纵梁间的搭接钢筋。

(3)地梁施工开挖时尽量减少对周围岩体的扰动。

(4)地梁混凝土达到设计强度后即应用素混凝土回填超挖部分。

6. 道路内侧上挡墙施工

(1)在内纵梁上方施工道路内侧上挡墙的钢筋混凝土加劲框架的立柱。

(2)完成挡墙M7.5号砂浆砌片石砌体的施工。

(3)完成钢筋混凝土加劲框架的顶梁施工。

(4)注意伸缩缝、泄水孔的设置;注意钢筋混凝土加劲框架与纵梁及其框架节点部位的钢筋连接。

7. 外纵梁施工

(1)外纵梁施工开挖时尽量减少对原路堤挡墙的扰动。

(2)外纵梁浇筑,待其强度达到设计要求后及时用素混凝土填筑超挖部分。

(3)注意外纵梁的排水设施施工,每5m长墙体设置2个泄水孔,泄水孔为10cm直径PVC管,并且在每一个泄水管后安装一个过滤包,过滤包尺寸为500mm×500mm×350mm,构造为土工布内以碎石填充。

8. 预制搭板施工

(1)搭板采用预制安装施工,每片长4.8m。

(2)各板两端预留搭接钢筋,安装时将相邻跨的搭板搭接钢筋与挑梁预留钢筋绑扎,浇筑湿接头。

(3)中板与边板间为铰缝,铰缝混凝土与铺装层混凝土同时浇筑。

9. 路面施工

(1)浇筑道路内侧配筋混凝土,浇筑混凝土时应将混凝土与下方的岩石表面用塑料膜隔离。

(2)注意配筋混凝土路面每隔5m对应于挑梁上方位置留一道断缝,断缝处混凝土断开,但纵向钢筋连通。

(3)铺设全路面宽度沥青混凝土面层。

四、结　　语

现有山区道路拓宽技术各有其特点和相应的适应条件，对陡峭山区道路的拓宽工程，普遍存在边坡的加固防护工程量巨大，造价高昂，施工质量不易控制。常规技术全面改变了作业范围的自然坡面和平衡状态，存在诱发新的地质病害的隐患，对自然生态环境有明显不利影响。针对陡峭山区道路拓宽工程，本文提出悬挑桥梁结构拓宽山区道路的方法，其设计理念是杜绝深挖高填，在确认现已稳定路基范围内用整体浇筑的墙柱式挡墙形成路堤，以整体式悬挑结构补足道路欠宽部分。用整体式悬挑结构加宽山区道路在试点工程的实践表明，在高陡边坡条件下，与常规技术相比，用整体式悬挑结构拓宽山区道路技术既施工便捷、经济实用、安全可靠，又能最大限度地保护自然生态环境。

本项目已通车使用近5年，悬挑桥梁结构的使用状况良好。通过本工点对悬挑桥梁结构的探索应用，为今后的相关类似工程建设提供技术参考。

参考文献

[1] 孙伟，龚晓南．高速公路拓宽工程变形性状分析[J]．中南公路工程，2004，4(29)：53-55.

[2] 王强．论中国公路交通的可持续发展[J]．西安公路交通大学学报，2000，3(20)：78-81.

[3] 方左英．路基工程[M]．北京：人民交通出版社，1995.

[4] 周志祥．一种用悬挑结构拓宽山区道路的方法[P]．发明专利(申请号：200410044492.0).

15．公路桥梁工程设计阶段风险评估理论与实践

张　杰[1]　冯　苠[1]　赵雪枫[2]　李　雪[1]　李文杰[1]

(1．中交公路规划设计院有限公司；2．北京交通大学)

摘　要　风险评估技术已经成为桥梁工程建设过程中的一个必要环节，相关工程安全风险评估工作也走上了更加规范化的道路。本文基于桥梁工程安全风险评估项目的实际执行情况，分析了评估技术的关键环节，对核心评估方法、评估步骤、过程控制因素等进行了凝练和总结，对实施过程控制、厘清对风险评估的认知、提升成果质量等有所裨益。

关键词　核心评估方法　核心评估步骤　核心过程　控制因素

一、背　　景

新世纪的前十年间，我国开展了大规模的桥梁建设，桥梁建设成果不仅遍布了中东部平原地区，还突破了西部崇山峻岭、高山峡谷间桥梁建设瓶颈。以江苏苏通长江大桥(主跨1 088m斜拉桥，如图1所示)、浙江舟山西堠门跨海大桥(主跨1 650m悬索桥，如图2所示)为代表的公路斜拉桥、悬索桥的单孔跨径和以全长36km的杭州湾大桥为代表的跨海长桥的建设规模和技术水平均达到了世界领先水平，建设

图1　苏通大桥

图2　西堠门大桥

成果和技术成就令世界瞩目，奠定了世界桥梁大国的基础。一大批长大桥梁的成功建成并运营良好，为行业积累了丰富的设计、施工、运营管理、安全保障及新材料和新装备应用方面的技术和经验。

近年来，交通量快速增长，不同建设年代和不同荷载标准的桥梁并存，部分桥梁长时间超负荷服役，我国桥梁正处于风险相对高发期，公路桥梁安全状况不容乐观。与此同时，社会公众对桥梁的服务需求越来越高，不仅要行驶安全、通畅，更要舒适，桥梁养护管理任务空前繁重，面临着巨大的压力。

2010 年交通运输部批准实施了《公路桥梁和隧道工程设计安全风险评估指南》、2011 年又批准实施了《公路桥梁和隧道工程施工安全风险评估指南》，使公路桥隧工程安全风险评估工作走上了更加规范化的道路。各省根据评估制度的要求，对处于建设阶段的具有开展安全风险评估需求的拟建项目，通过由承担建设任务的设计、施工单位自行开展或委托第三方开展的方式，开展了具体的安全风险评估工作。

自交通运输部启动了公路桥梁安全风险评估指南的研究和工程应用以来，在短时间内遏制了公路桥梁工程建设事故频发的事态，获得了斐然的成绩。而且，风险理念逐步深入人心，在工程建设过程中的任何情况下都把安全放在第一位来考虑，任何影响安全的问题都要立即解决，牢牢掌握安全工作的主动权。

二、评估的关键环节

1. 核心评估方法

针对工程建设的技术和管理特点，建立符合公路桥梁工程属性的专家调查法和失效概率法（图 3），限定了严格的边界条件、数值模型和参数取值，并合理控制评估过程化繁为简，优化补充后形成新的可操作性强的工程应用方法。此类工程安全风险评估定性、定量评估方法等都在得到初步应用和实践检验，使工程安全风险评估技术的可操作性在依托工程中得到证实，同时也为公路桥梁工程安全风险评估提供了核心估测方法。

由评估小组预先设计完成　　　　由专家填写完成

典型风险	风验源	当前状态	假定采取的（基于“正常施工”和“正常运营”）缓解风险措施	风险发行概率 P 级别	风险损失 C 级别				评定概率和损失级别的理由	建议进一步采取的措施
					人员伤忘	经济损失	工期延误	环境影响		
风险1	风险源1-1									
	风险源1-2									
	……									
	风险源1-m									
…	……									
风险n	风险源n-1									
	风险源n-2									
	……									
	风险源n-m									

图 3　评估方法过程控制表格

2. 核心评估步骤

风险评估可以划分为辩、测、评、控四个环节，类似于中医提出中央四诊的望、闻、问、切。四个环节逐层递进关系如图 4 所示。

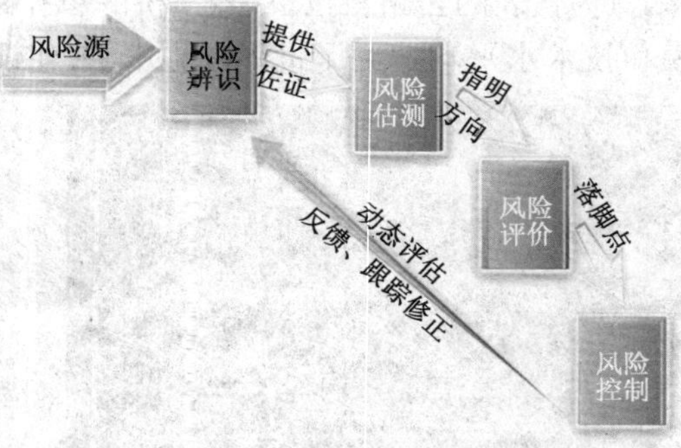

图 4　风险评估理念

“辩”为基础。需从成功经验和失败教训中归纳风险源演变为风险事件的规律。

“测”为核心。包括定性方法和定量方法，无论哪种方法，以保证结果可观、准确为目标。

“评”为结论。体现的是有法可依、有法必依，通过统一的评判法则，判断相应的风险等级。

“控”为落脚点和抓手。体现为控制措施的制订,是控制措施的效用性与采取该措施所需花费的人力、物力、工期代价的平衡。

3. 核心过程控制因素

根据实际工程所积累的经验,成功开展安全风险评估工作应注重如下几个方面的因素:

(1) 结合工程实际,注重评估过程,提高评估结果针对性和可操作性

同类型的风险因素,在不同工程的不同时间和部位,发生的概率会有所差异,所产生的风险后果也会大不相同。因此,在安全风险评估的过程中,同类工程失败教训的总结应与被评估桥梁的建设条件、设计方案、施工工艺有机结合起来,进行查漏补缺,根据工程的实际情况采用灵活的手段对发现的风险进行应对。

(2) 注重同类风险事件的归纳和类似典型事故的例证

随机现象均符合大数定律,即随机事件就其整体来看呈现出一直统计性的规律性。当然,在桥梁工程方面,可用的事故数据并不多,因此单纯依靠完善的事故数据库对蕴含的规律性进行定量计算是困难的,也是不现实的。但各种典型事故却大都不是形只影单,往往只需要有限的数个风险事件,其共性特征就能为人们的主观能动性所认识,这就为从事安全风险评估的工作者们提供了一条认识和把握风险的途径。

同类风险事件的归纳为划分评估单元打下基础,也是开展安全风险评估的基础,为进行风险源辨识的提供了素材。

除此之外,属于过去时的典型事故还可以为风险源的确认提供佐证。某一缺陷的存在将导致某种风险事件,主观臆测当然不可取,实际操作中往往需要通过证据来证明。通过例证,说明当前评估桥梁与某一典型事故有着所谓“惊人的相似”,那么其说服力将是不言而喻的。

(3) 承认主观性,强调客观性

评估过程中所包含的主观性和客观性是辩证统一的,对实际评估成果的作用是各有制胜之处。

无论是概率的估计还是损失的预测,在本质上都具有主观性。概率和损失估测值的精确程度,以及风险承担者对估测值的接受程度,很大程度上依赖于安全风险评估小组在预测方面的专业技术。

当然,安全风险评估的客观性是其得以为继的基石,也就是说,即使由不同的单位、不同的人来完成同一工程的安全风险评估,那么在相同的标准、相同的模型、相似的参数取值条件,其评估结果即使有所差异,大致趋势仍会相同的。

因此,安全风险评估的主观性和客观性的最佳结合点,更大程度上在于方法应用的合理性与评估人员的态度。

(4) 关注多种风险因素的耦合

蝴蝶效应给我们的启示是,看似一个微小的因素,在一个风险事件发展的关键时刻,与其他因素耦合,可能激发巨大的变化,也就是说几种因素耦合作用产生的后果可能远远超过单个因素单独作用产生后果的叠加。基于非线性因果关系,在诸多风险因素中,那些看起来不很重要的因素最终导致了风险发生以及风险的演变的情况却也并不鲜见。

(5) 加强安全风险评估工作的组织管理

完善的组织管理能够增强安全风险评估工作的系统性。评估工作流程纷繁复杂,要把它变成有机的操作系统,发挥其整体效应,必须加强其组织管理。因此,在安全风险评估工作启动后,应及时组建评估项目组,加强对整个评估工作的组织和管理。安全风险评估工作涉及很多单位,包括项目法人(业主)、设计单位、咨询单位、施工单位、监理单位、施工监控单位、运营养护单位等,因此需要做好各方的协调配合工作,相互支持。同时,从制度方面,严格风险评估的市场准入制度也很重要,相关风险评估单位应达到一定的要求才能参与风险评估工作。参与风险评估工作的人员素质应满足一定的要求。

(6) 开放式交流的氛围和数据透明的原则

开放式交流是公路桥梁安全风险评估工作成功开展的一个关键因素。其关键性表现在两个方面:第一,评估各部门之间的相互沟通和信任。第二,安全风险评估过程本身需要评估参与人员充分交流。开展公路桥梁工程安全风险评估,就是要在对大桥建设和运营活动情况的估测中,考虑到各种不确定性的

因素可能造成的破坏性影响，并对这种影响给予积极的应对。这个过程实际上是延续了这样一种思路：立足于本领域工程建设和运营的成功经验及失败教训——反思过去；着眼于工程项目的当前技术和管理状态——立足现在；关注于工程项目的未来安全风险的控制——预测未来。无论是反思过去、立足现在，还是着眼于当前，其实质都是集思广益，体现经验智慧的贡献，是人类主观能动性和客观规律性的统一。"集思广益"本身并没有多么高深的道理，关键的问题在于实现一种集思广益的方式，让参与安全风险评估的不同类型的劳动者（一线技术人员、施工人员、领域内专家、管理人员，甚至于能够提供相关工程信息的人员等等）敞开思想、畅所欲言、充分交流，尽可能有效实现刺激和信息增值的作用。

（7）安全风险意识的常态化

在实际的桥梁工程建设和运营中，由于风险的难以感知和具有不确定性，或者由于在工程设计、施工过程中就已经采取了一些应对措施进行预处理，就往往认为风险难以成为现实，而放松对风险的警惕性，导致一些可能带来风险的管理和操作方式大量出现。例如，在2007年倒塌的"凤凰桥"，发生倒塌事故的原因有多种，但之所以造成这么严重的人员伤亡和恶劣的社会影响，一个主要原因就是没有强化安全风险意识，在成熟的理论和当前的技术水平下，认为倒塌事故"可能不会成为现实"，而选择擅自变更原主拱圈施工方案，违规乱用料石，主拱圈施工不符合规范要求，在主拱圈未达到设计强度的情况下就开始落架施工作业，最终导致了惨剧的发生。

总体来说，桥梁工程只要好好修，是可以修好的。风险再高的桥梁工程，只要我们对风险源判释清楚、工程措施得当，就可以避免在建设中发生事故。"十五"以来，全国干线公路未发生一起因桥梁风险评估技术管理不到位而导致的桥梁垮塌事故。

三、典 型 案 例

龙江特大桥为云南保（山）腾（冲）高速公路跨越龙江河谷的一座特大桥，该桥位于火山熔岩台地、河谷陡坡地形区；河谷深切，腾冲岸为80m高的陡崖；沿龙江两岸存在多处大小不一的不稳定斜坡，易发生滑坡、崩塌。桥位区地震活动频繁，地震基本烈度Ⅷ度。

1. 该桥的主要风险关注点

（1）雨水、地震诱发高陡边坡的滑坡，导致桥梁安全风险；

（2）高地震烈度区，桥梁结构的安全风险；

（3）山区条件大跨径桥梁钢箱梁整体吊装的安全风险；

（4）锚锭的大开挖以及现场钢箱梁拼装对环境的影响。

2. 建设期的风险分析

（1）工程地质勘察资料的分析；

（2）建设期边坡稳定性影响分析；

（3）恶劣天气对桥梁施工的影响；

（4）大桥施工期风险：技术风险（设计方案的可实施性，初设施工方案的完备性），施工的难易度分析（当前技术成熟程度、所需代价等），实施过程中意外事故风险（火灾、人员安全、爆炸事件等，侧重于安保性措施方面）；

（5）大桥对环境影响风险。

3. 运营期的风险分析

（1）地震对桥梁工程的影响：分析本地区地震情况及对本工程的影响，考虑地震对结构损毁影响和次生灾害对大桥的影响（与边坡失稳不利因素耦合）；

（2）边坡稳定性对大桥运营安全风险的影响；

（3）营运管理维护风险：超载对桥梁的损坏、养护不当的影响等；

（4）气候对大桥通行的影响：主要有大风、大雾、大雨等；

（5）交通事故引起的桥梁堵塞与桥梁损坏的风险；

(6)桥梁钢结构锈蚀、锚锭锚固系统锈蚀、混凝土耐久性等。

对本桥安全影响较大的滑坡体位置如图5所示。

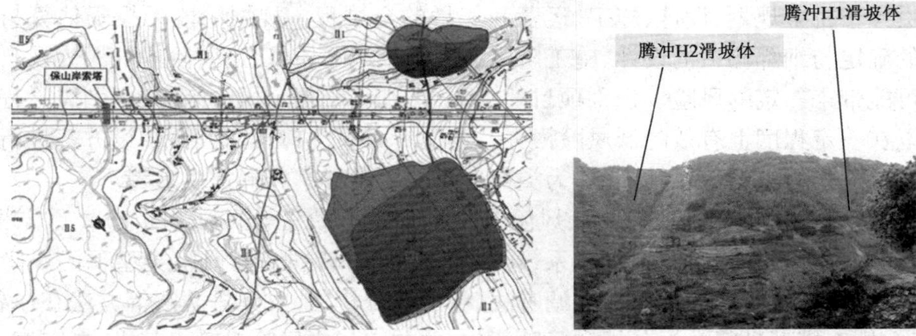

图5 H1及H2滑坡体位置

4.评估结论

(1)钢箱梁和钢桁梁两个悬索桥方案的风险基本相当,推荐方案需根据其他技术经济比选确定。

(2)本桥在边坡稳定性影响、地震影响、行车安全、施工期对环境影响方面风险为Ⅲ级。

四、结　　语

基于评估理论的不断深入研究和实际工程的进一步验证,已经在一定程度上推广了风险评估理念,增强了设计、施工及工程管理单位对风险评估技术认同感。但纵观目前已经开展的工程风险评估工作,尚存在不尽如人意的地方,需在提高评估质量、加强有效的过程控制方面下功夫。根据我们的实践经验,评估的过程控制需要围绕以下几个方面谋篇布局:明确风险评估的目的、清晰界定评估的范围、严格有效的过程控制、科学规范的计算方法、重点突出的分析过程、动态持续的风险评估。

工程安全风险评估工作任重而道远,虽然参与人员的风险意识已经得到提高,桥梁安全风险事件频发的态势已经得到遏制,但仍需要广大技术人员共同努力,进一步推进风险评估的应用,实实在在地降低桥梁的风险水平,为提升公路桥梁工程建设和运营安全发挥更好的效用。

参考文献

[1] 张喜刚. 公路桥梁和隧道工程设计安全风险评估[M]. 北京:人民交通出版社,2010.

[2] 交通运输部. 公路桥梁和隧道工程设计安全风险评估指南(交公路发〔2010〕175号),2010.

[3] 交通运输部. 公路桥梁和隧道工程施工安全风险评估指南(交质监发〔2011〕217号),2011.

16.风险评估体系在禹门口黄河大桥设计方案比选中的应用

钟 元 宋 宁

(中交第一公路勘察设计研究院有限公司)

摘 要 国道108线原禹门口黄河大桥已运营40余年,其设计荷载等级较低,结构病害严重,存在较大安全隐患,需新建一座桥梁满足日益增长交通量的需要。通过前期主桥桥型的方案综合比选,最终采用双塔斜拉桥、三塔斜拉桥及预应力连续梁桥作为初步设计方案。本文首先介绍了风险评估流程与风险指标体系,并结合专家调查法及估计相对位置的方案排队法,对初设方案从结构运营风险、施工风险及环境风险方面进行对比,最终给出三个方案在风险指标下的比较结论。

关键词 风险评估 斜拉桥 专家调查法 方案排队法

一、引　言

桥梁风险贯穿于桥梁规划、设计、施工、运营和养护的全过程。规划阶段的投资估算与桥位的选择、设计阶段方案的确定与细部构造的设计、施工阶段的施工工艺与质量、运营阶段的人为及自然因素、后期的养护对策都可能带来一定的风险。识别项目的主要风险因素,揭示风险来源,判别风险程度,提出相应的风险对策可以在一定程度上有效降低风险损失。本文针对禹门口黄河大桥初设方案进行风险评估,并给出不同方案在风险指标下的比较结论,可为类似项目的初设方案选择提供参考。

项目风险评估流程通常包括风险识别、风险分析和风险评价三个阶段(图1)。首先根据项目的特性,采用经验或专家调查法建立风险指标体系,通常包括主要风险类型,风险类型下的风险事件,风险事件的主要影响因素三级指标;然后通过专家调查法、主成分分析法、方案排队法等方法获取各项指标权重和原始数据,建立概率模型进行数据分析和风险评价,并制定相应风险对策。其中,专家调查法用于获得权重信息和原始数据;主成分分析法用于风险事态的特征主成分分析;基于估计相对位置的方案排队法用来判断方案排序。本文主要采用了专家调查法和估计相对位置的方案排队法进行项目的风险评估工作。

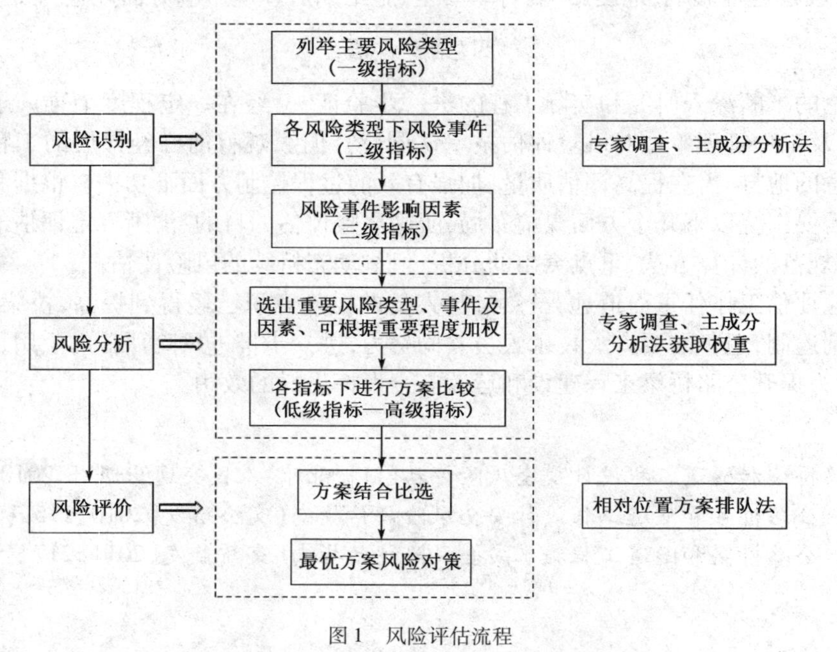

图1　风险评估流程

二、风险评估方法介绍

1. 专家调查法

专家调查法是以发函、开会或其他形式向专家咨询,对项目风险因素及其风险程度进行评定,将多位专家的经验集中起来形成分析结论。为减少主观性和偶然性,评估专家的人数一般不少于10人。本项目咨询专家共计30人,分别独立就项目可能涉及的风险指标及程度进行分析。

2. 方案排队法

由于各主要风险事态在各个方案下的属性数值难以量化,我们采用估计相对位置的方案排队法。这种方法仅需给出各个风险事态下各方案的优劣次序,不需要基数信息。下面介绍基于估计相对位置的方案排队法的计算步骤。

基于估计相对位置的方案排队法求解步骤如下:

(1)根据经验或专家调查法,设定各目标j的权值,权值之和为1。

(2)对每一目标或属性j,进行方案的成对比较,给出优先关系矩阵或指向图;x_i 的第 j 个属性值优于

X_k 的第 j 个属性值,记作$(X_i > X_k)_j$; x_i 的第 j 个属性值劣于 x_k 的第 j 个属性值,记作$(X_i < X_k)_j$; 两者第 j 个属性值无差异或不可比,记作$(X_i:X_k)_j$;确定各方案对(X_i,X_k)的总体优先关系。

(3)确定各方案的总体优劣权重。把$(X_i > X_k)$的各目标 j 的权相加,记作 $w(X_i > X_k)$,类似的有 $w(X_i > X_k)$,$w(X_i:X_k)$。

(4) 计算方案对(X_i,X_k) 的总体优劣指示值 $A_\sigma(x_i,x_k)=\dfrac{\overline{\omega}(x_i>x_k)+\sigma\,\overline{\omega}(x_i:x_k)}{\omega(x_i<x_k)+\sigma\,\overline{\omega}(x_i:x_k)}$,其中 $0\leqslant\sigma\leqslant1$,反映 X_i 与 X_k 无差异的目标在决策过程中的重要性。

(5) 选定阈值 $A\geqslant1$,判断方案总体优劣。

(6)计算方案优劣的 X_i 的排队指标值 $V_i=P_i-Q_i$,其中 P_i 为比 X_i 差的方案数,Q_i 为比 X_i 好的方案数,按 V_i 值的大小排定其优劣次序。

三、项 目 概 况

原禹门口黄河公路大桥(图 2)是国道 108 线跨越黄河、连接晋陕两岸的大型桥梁,原桥为悬索结构,于 1973 年建成通车,已运营 40 多年。其荷载等级为:汽车—13,拖车—60 。近年来该桥设计标准低的缺陷日渐突出,其通行能力已无法满足日益增长交通量的需要。为促进当地经济快速发展,维持较高服务水平和通行能力,计划新建一座大桥来解决当前的问题。

图 2　原黄河禹门口公路大桥

国道 G108 线在陕西省、山西省交界处,通过禹门口黄河公路大桥连接东西两岸。按照黄河水利委员会要求,主河槽 1 042m 范围内桥墩间距不应小于 168m,滩地孔跨不应小于 40m。通过前期针对主桥桥型的方案的综合比选,初步设计时选取了三种方案。方案一上部结构为 245m + 565m + 245m 双塔双索面斜拉桥(图 3),主梁采用半漂浮结构支撑。下部桩基接承台,钻孔灌注桩基础。该方案总造价为 4.71 亿元,方案二上部结构为 170m + 2 × 360m + 170m 四跨钢—混组合梁三塔双索面斜拉桥(图 4),主梁采用半漂浮结构支撑体系。下部桩基接承台,钻孔灌注桩基础。方案总造价为 4.97 亿元。方案三为预应力混凝土变截面连续箱梁桥 + 刚性铰体系(图 5),跨径布置为 109m + 2 × 181m + 90.5m + 90.5m + 3 × 181m + 109m,方案总造价为 4.2 亿元。本文将对三个方案在整个寿命周期的各种风险因素进行综合分析,得出各自的风险水平。

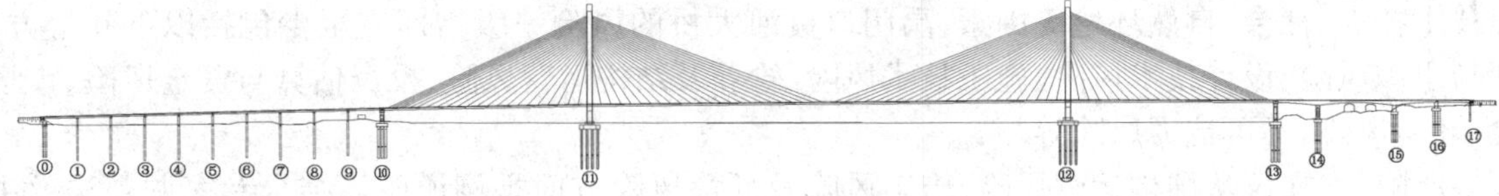

图 3　双塔斜拉桥方案(尺寸单位:cm)

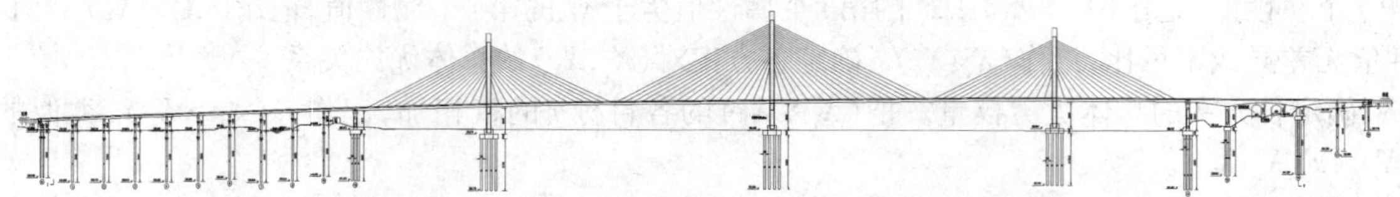

图4 三塔斜拉桥方案

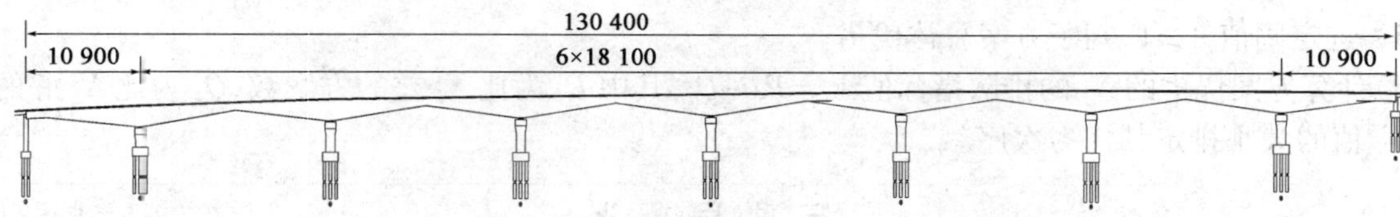

图5 连续梁方案(尺寸单位:cm)

四、建设条件风险

1. 河道变迁

主桥所处黄河河道河床宽浅,主流摆动频繁,是典型的堆积游荡性河道。

2. 地震特征

所处区域位于韩城—龙门断裂带,地震设防烈度为Ⅶ度,动峰值加速度为0.161g。

3. 冰凌特征(图6)

禹门口河段每年冰期长达3~4个月,最大冰块直径10.0m,厚2.5m;实测流凌最大流速3.16m/s。

4. 泥沙特征(图6)

在此桥位上游实测最大含沙量1 040kg/m^3,泥沙磨蚀较严重。

图6 禹门口河段处冰凌、泥沙

五、风险指标体系

项目风险识别与分析应贯穿于项目规划、设计、施工、运营及养护全过程。结合禹门口黄河公路大桥的工程技术特点、社会、自然环境等因素,禹门口黄河大桥的风险一级指标应至少包括以下几个方面:建设管理与组织风险、设计技术风险、施工技术风险、管养及结构运营风险、投资估算与资金风险、市场与政策风险、环境风险、不可抗力风险等。

篇幅所限,本文仅从结构运营风险、施工风险及环境风险方面举例说明。结合专家调查法及主成分分析法,不同主桥初设方案关于主要风险指标的特性对比如表1所示。

设计方案关于主要风险指标的特性对比 表1

风险指标		主桥方案		
一级指标	二级指标	双塔双索面斜拉桥	三塔双索面斜拉桥	连续梁
结构运营	结构受力	1.主梁采用钢—混组合结构,较好解决了运营过程中桥面铺装开裂问题。 2.自重小;结构采用半漂浮体系,主梁温度内力较小	1.优点同双塔斜拉桥方案。 2.结构整体刚度较小,中间主塔刚度控制设计,需设计刚度较大主塔,有效限制其塔顶变位	1.长联多跨结构,温度力对结构受力影响较大。 2.后期运营过程中可能出现跨中下挠及腹板开裂等病害
结构运营	抗震性	主梁自重小并采用半漂浮体系,降低了下部结构地震响应,抗震性好	优点同双塔斜拉桥。 若采用增大中塔刚度的方式限制塔顶变位,则其在地震作用下惯性力较大	上部结构自重较大,结构体系通过工程措施可满足抗震设防需要,技术措施复杂
	耐久性	主梁采用耐候钢,结构耐久性较好。 下部塔柱数量最少,耐泥沙、冰凌磨蚀最好	主梁采用耐候钢,结构耐久性较好	主梁采用混凝土,结构耐久性好
	船撞	桥塔数量最少,船撞风险相对较低	桥塔数量较少	下部桥墩数量较多,船撞风险最高
施工风险	防洪防凌	钢栈桥约500m,施工过程防洪、防凌安全性好	钢栈桥约700m,施工过程防洪、防凌安全性一般	钢栈桥约900m,施工过程防洪、防凌安全风险最高
	构件施工	钢桁架吊装与节间拼装;索塔施工风险	钢桁架吊装与节间拼装;索塔施工风险	主梁悬臂施工合拢精度较难控制;挂篮数量较多
环境风险	景观效果	桥梁造型美观,与周围环境相协调。墩梁(根部)高度比小,结构轻盈简捷	桥梁造型与周围环境相协调。墩梁高度比小,结构轻盈简捷,视觉效果不如双塔方案	主梁根部尺寸较大,景观美学效果较差,且较高的主墩给人以压迫感。与周围环境适应性一般
	生态效果	施工工作面仅2个,河道和湿地干扰最小,有利生态环保	施工工作面3个,河道和湿地干扰较小	施工工作面7个,河道和湿地干扰最大

运营风险中,结构受力方面斜拉桥方案属于柔性结构,在往复车辆的作用下可能会产生构件疲劳,塔顶及钢主梁变形较大等问题;而连续梁方案最大跨径已达181m,国内大跨径连续梁的跨中下挠,腹板斜向开裂等病害较为常见;抗震性重点在于重要构件断裂和出现过多塑性铰;耐久性方面,斜拉桥方案上部结构采用耐候钢,连续梁采用C60混凝土,上部结构耐久性较好,需要关注是的因冰凌、泥沙冲刷引起的下部结构耐久性问题;另外,桥位河段属于Ⅳ级航道,下部结构存在桥撞风险。

施工风险中,因本桥建设河道的冰凌特征,斜拉桥方案中钢桁架的拼装与悬臂状态的稳定性,连续梁方案则需要严格控制其合龙精度。

环境风险中,斜拉桥方案效果较连续梁与周围环境协调性更佳,另外桥位区域临近黄河湿地自然保护区,连续梁方案因施工工作面较多,对河道湿地干扰较大。

根据方案的特性对比,采用专家调查法确定风险指标及其对应权重(其中权重取权威专家打分的平均值,每一风险指标对应的下一级指标权重之和为1),然后根据各风险指标进行方案的比较。最优方案记为2,次优方案记为1,较差方案记为0;若三个方案在同一水平,则都记为2;若2个方案同为最优方案,则记为2,若同为最差,则记为1。经综合分析,得到各设计方案关于风险指标的特性对比表,见表2。

设计方案关于主要风险指标的特性对比 表2

风险指标					风险评价		
一级指标	二级指标	二级权重	三级指标	三级权重	双塔斜拉桥	三塔斜拉桥	连续梁
结构运营	结构受力	0.52	构件受力开裂	0.3	2	1	0
			跨中永久下挠	0.41	2	2	1
			结构刚度	0.29	1	0	2
	抗震性	0.2	构件开裂、破坏	0.36	1	0	2
			下部塑性铰	0.64	2	1	0
	耐久性	0.1	材料耐久性	1	1	1	2
	船撞	0.18	桥墩船撞风险	1	2	1	0

续上表

风险指标					风险评价		
一级指标	二级指标	二级权重	三级指标	三级权重	双塔斜拉桥	三塔斜拉桥	连续梁
施工风险	防洪防凌	0.25	钢栈桥防凌	1	2	1	0
	构件施工	0.75	基础、桥塔风险	0.71	1	1	2
			合龙控制	0.29	2	2	1
环境风险	景观效果	0.65	环境协调性	1	2	1	0
	生态效果	0.35	湿地河道干扰	1	2	1	0

六、方案优劣排序

使用基于估计相对位置的方案排序法进行风险分析，记双塔斜拉桥方案为 X_1，三塔斜拉桥方案为 X_2，连续梁为 X_3。

在结构运营风险事态下：

$\omega(X_1>X_2)=0.6868$；$\omega(X_1<X_2)=0$；$\omega(X_1:X_2)=0.3132$；

$\omega(X_2>X_3)=0.6772$；$\omega(X_2<X_3)=0.3228$；$\omega(X_2:X_3)=0$；

$\omega(X_1>X_3)=0.6772$；$\omega(X_1<X_3)=0.3228$；$\omega(X_1:X_3)=0$。

方案总体优劣排队指标值：$V_1=2$；$V_2=0$；$V_3=-2$，方案的优劣顺序为 $X_1>X_2>X_3$，即从结构运营风险角度看，双塔斜拉桥方案最优，三塔斜拉桥次之，连续梁方案较差。

在施工风险事态下，用相同的方案排序法可得方案优劣顺序为 $X_3>X_1>X_2$，即连续梁施工风险最低，其次为双塔斜拉桥，三塔斜拉桥较差。

同理，在环境风险事态下，双塔斜拉桥方案最优，三塔次之，连续梁方案较差。

分析结果表明，不同设计方案都有各自的优势。从常理分析，也是合理的。如果仅考虑施工风险，国内建造的大跨径连续梁桥数量较斜拉桥多，经验更为丰富，施工事故出现概率较低，风险水平可以较好控制；但从景观及生态效果上，连续梁桥则不如斜拉桥方案；从结构运营角度考虑，连续梁桥虽从耐久性上具备优势，但其出现跨中永久性下挠及受力开裂的风险较高；而双塔斜拉桥较三塔斜拉桥受力更为合理，结构整体刚度更大，索力变化幅值和构件变形均小于三塔斜拉桥，从结构运营风险角度，双塔斜拉桥为最优方案。因此，在方案比较时应考虑各类风险因素，经过分析评估选择最优方案。本项目经综合考虑，认为桥梁结构运营安全与景观效果更为重要，因此选择双塔斜拉桥作为推荐方案。

七、结　　语

利用风险评估解决桥梁工程中的复杂决策问题时，可采用专家调查法、方案排队法等。专家调查法利用多位专家经验，通过调查研究对问题做出分析、评估。通常调查对象及其专业知识和经验对结论起关键作用；当主要风险在各个方案下的属性数值难以量化时，可采用方案排队法确定出各方案的优劣次序。各种风险指标及权重的确定虽不可避免带有一定的主观性，但合理利用风险评估方法可使得桥梁工程的决策更加科学。

本文阐述了禹门口大桥初设阶段利用风险评估体系选择最优方案的流程，可为桥梁工程的风险评估及方案选择提供参考依据。另外，识别项目各阶段的风险因素，可提前采取相应对策以降低风险损失。

参考文献

[1] 中交第一公路勘察设计研究院. 国道108线禹门口黄河公路大桥可行性研究报告[R]. 2015,02.

[2] 中交第一公路勘察设计研究院. 国道108线禹门口黄河公路大桥初步设计[R]. 2015,05.

[3] 阮欣，陈艾荣，石雪飞. 桥梁工程风险评估[M]. 北京：人民交通出版社，2008.

[4] 陶小兰，王鹏. 桥梁设计方案风险评估分析[J]. 公路交通技术，2011.

[5] 李燎菁,阮欣,陈艾荣.泰州长江公路大桥风险评估//第十八届全国桥梁学术会议论文集[M].北京:人民交通出版社,2008.

[6] Navarrete Jr, N., Fukushima, M., Mine, H.. A new rankingmethod based on relative position estimate and its extensions[J]. IEEE Transactions on Systems, Man and Cybernetics, 1979, SMC-9, 681-195.

17.基于风险转化和触发条件的桥梁运营安全风险评估技术

马军海[1,2]

(1.中交公路规划设计院有限公司;2.中交公路长大桥建设国家工程研究中心有限公司)

摘　要　在长达百年的桥梁运营期内,极易发生由于强风、地震、船撞等导致的结构破坏和倒塌事故,通过安全风险评估保障运营期安全使用,对于桥梁运营管理来说至关重要。本文根据桥梁运营期结构安全风险产生过程以及风险源、风险因素与风险事故的相关关系等的分析,针对桥梁运营期结构安全风险发生过程中达到风险转化和触发条件的情况,提出了桥梁运营期结构安全风险实用识别方法流程,建立了相应的桥梁风险发生概率分析与评价方法,并从结构损伤、人员伤亡、交通延误、环境破坏以及社会影响等方面,建立了桥梁运营期风险损失分析与评价方法,同时基于“减小风险发生概率”和“降低风险损失”两个应对原则,提出了包括风险监控、风险预防和风险应急预案在内的风险应对和控制技术以及合理选用方法。本文建立的运营安全风险评估方法已在多座桥梁中进行了应用验证。

关键词　风险转化条件　风险触发条件　风险概率　风险损失　风险应对　风险控制　应用实例

一、引　言

桥梁工程的运营使用直接受自然环境和社会环境的多种因素影响,同时由设计和施工决定的结构性能、运营管理的特点和养护效应的不确定性等,决定了桥梁运营期间存在着诸多不确定性因素,尤其是很多在规划、设计、施工阶段埋下的隐患,最终会在运营阶段显现出来,加之运营环境的复杂性和严酷性,导致桥梁在运营期间的结构损坏和倒塌事故屡见不鲜,不仅严重影响桥梁结构的正常使用和安全,也会导致重大的财产损失、人员伤亡。相关调查研究表明,桥梁结构的破坏和倒塌主要发生在运营阶段。如何通过合理的风险评估和管理,降低运营期间的风险和运营成本,对于桥梁运营期管理来说至关重要。

二、桥梁运营安全风险评估方法体系

桥梁运营风险是指桥梁在运营过程中,由于外部环境的复杂性和变动性以及桥梁结构对环境的认知能力和适应能力的有限性,而导致的运营失败或使运营活动达不到预期的目标的可能性及其损失。

桥梁运营期安全风险评估可以采用如图1所示的风险评估流程。其主要步骤为:风险辨识→风险估测→风险评价→风险控制,也可以用“辨、测、评、控”来描述重点环节,四个环节逐次递进,并形成一个闭环,往复动态实现桥梁运营期的安全风险评估。

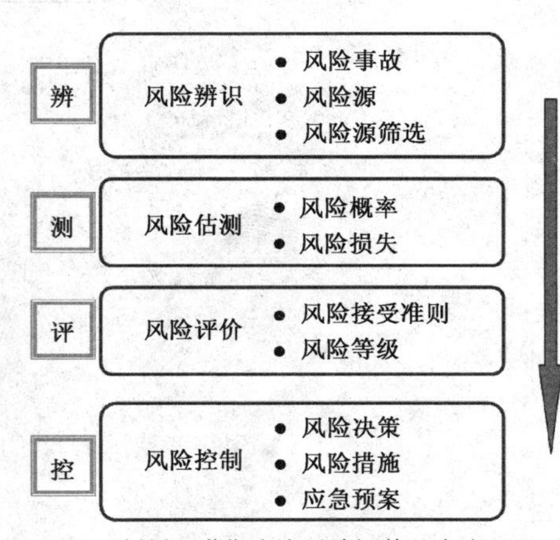

图1　桥梁运营期安全风险评估基本流程

1.桥梁运营安全风险识别方法

风险识别的过程是对可能的风险事态进行识别的过程。

桥梁运营期安全风险的产生过程可以通过风险源、风险因素、风险事故和风险损失四大要素的相互关系得以揭示，见图2。

图2 桥梁运营期安全风险产生过程示意图

桥梁风险源的存在并不一定会引发事故，它必须在一定条件下，经过一定的变化，才可能转化为桥梁风险事故。通常的过程是：风险源在特定因素作用下，使桥梁处于危险状态，这些因素称为转化条件。处于危险状态的桥梁也并不一定都会发生事故，只有在某些条件下才会发生事故，这种条件成为触发条件。可见，风险事故的发生需要达到转化条件和触发条件才会发生。因此，根据风险源达到转化条件和触发条件的情况，可以将桥梁的安全风险源区分为次要安全风险源、需关注重要安全风险源和关键安全风险源。

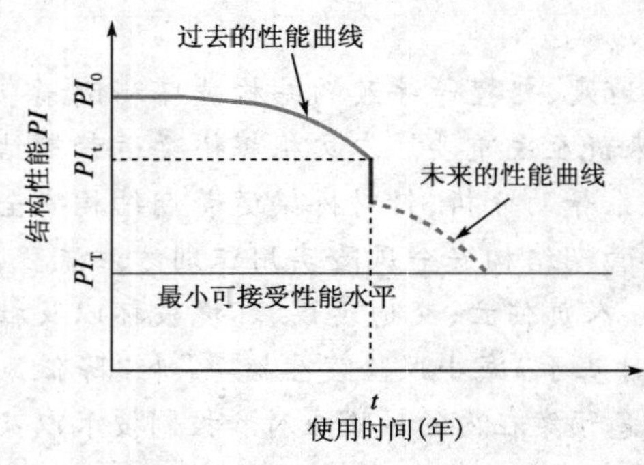

图3 桥梁运营期性能演化示意图

桥梁安全风险评估的时间点不同，相应的安全风险也会不同。由于交通荷载、环境等的综合作用，桥梁及其构件的性能在运营期内会随时间退化，地震、台风、船撞等风险事件也会使桥梁结构安全度急剧下降，如图3所示，从而影响桥梁运营期间的人、车安全，严重时会引桥梁倒塌事故。因此，桥梁运营期安全风险评估的依据不应是成桥性能，而应该是评估时的桥梁性能。

桥梁运营期安全风险识别应根据待评估桥梁的运营环境和条件等，先明确评估时桥梁的结构状态，再根据风险源、风险因素以及是否达到风险转化条件和风险触发条件，综合利用专家调查、结构分析、事故统计、模拟再现等方法进行识别，得到评估期内可能发生的各种风险事故列表。桥梁运营期结构安全风险识别流程如图4所示。

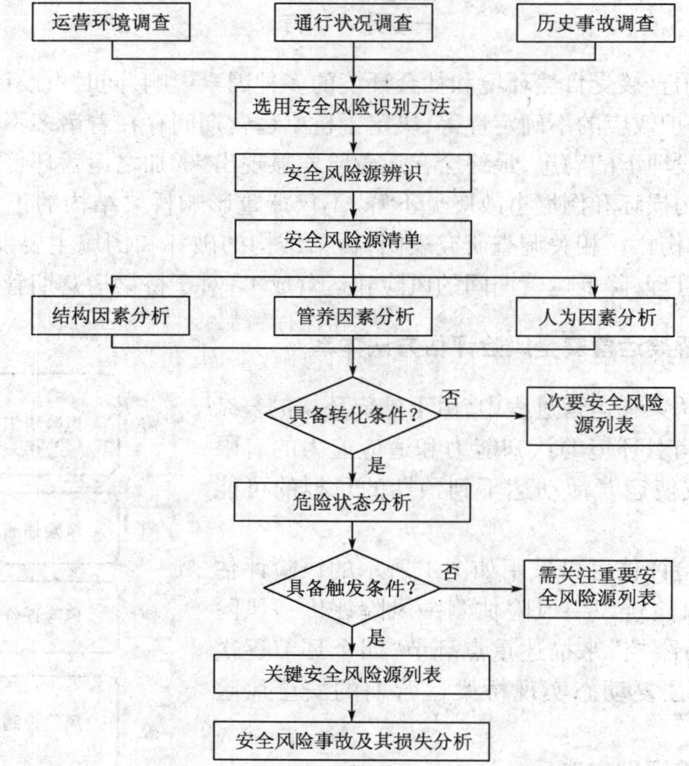

图4 桥梁运营期安全风险识别流程

其中,桥梁运营期安全风险源包括:

①运营环境。风、地震、暴雨、洪水、波浪、流冰、次生灾害、灾害组合;

②使用状况。车辆、船舶、行人等。

桥梁运营期安全风险因素包括:结构因素(结构缺陷、技术状况等级);管养因素;人为因素。

桥梁运营期安全风险事故包括:结构损伤;结构倒塌。

桥梁运营期安全风险损失包括:

①直接损失。结构损失、人员伤亡、修复费用、环境破坏;

②间接损失。中断交通时间、社会影响。

以桥梁运营期船撞风险识别为例,其风险源信息、风险因素、风险转化条件、风险触发条件、危险状态、风险事故等如表1所示。

桥梁运营期船撞风险识别表 表1

风险源	
风险源类型	通行状况
风险源名称	通航船舶
风险源信息	(1)船舶组成及类型;(2)船舶流量;(3)船舶尺寸;(4)船舶的压载;(5)船舶航速;(6)其他信息
风险因素	
人为因素	(1)人的行为能力的降低;(2)安全管理;(3)营运;(4)操作不当
技术因素	(1)机、舵失效;(2)断缆、脱锚;(3)船体技术状况达不到技术标准要求;(4)雷达失效;(5)GPS失效;(6)其他电子、电器失效等
自然环境因素	(1)风(台风);(2)雾(能见度);(3)雨(降水);(4)气温(冰冻);(5)水流、潮流等
航行管理因素	(1)航道宽度;(2)背景光线;(3)导航设施;(4)碍航物分布等
桥梁因素	(1)桥型;(2)桥跨布置;(3)桥轴与航道交角;(4)桥轴与水流交角;(5)净宽;(6)净高;(7)桥墩类型;(8)基础类型;(9)防(抗)撞措施;(10)桥梁结构状况等
风险发生可能性	
风险转化条件	船舶偏航
风险触发条件	船舶碰撞桥梁某一部位
危险状态	船舶撞击效应超过桥梁抗船撞能力
风险事故	船撞桥梁损坏或倒塌

2. 桥梁运营期风险估测技术

桥梁运营期风险估测主要是确定各风险事故的发生概率和风险损失。为了对桥梁运营期间可能面临的风险进行估测,桥梁管养单位应收集、分析、整理和保存桥梁设计、施工、维护、运营、安全监测和其他相关资料或数据,建立、维护桥梁安全技术档案和运营管理数据库,包括桥梁运营期间通行车辆数量和载重记录、重要环境事件(如高低温、洪水、地震、大风、降雨降雪、潮汐、腐蚀、车辆运营管理政策变化)等。

(1)桥梁运营期安全风险发生概率分析方法

桥梁风险概率是桥梁风险发生可能性大小的数学描述,可按下式估测:

$$P = P(h) \cdot P(C \mid h) \tag{1}$$

式中:P——桥梁运营期某安全风险概率;

$P(h)$——桥梁运营期某安全风险 h 的发生概率;

$P(C|h)$——桥梁运营期某安全风险 h 发生时的结构损伤概率。

本文采用公式(1)模型计算桥梁运营期安全风险概率。风险事故 h 发生概率 $P(h)$ 的计算多采用建立数学模拟概率模型的方法,结构损伤概率即风险损失发生概率 $P(C|h)$ 的计算可采用可靠度方法得到。

由于桥梁运营期安全风险发生的概率主要取决于在风险源存在的条件下,达到风险转化条件的概率以及达到风险触发条件(危险状态)的概率,桥梁风险发生概率可按下式估测:

$$P(h) = P(RS) \cdot P(TR \mid RS) \cdot P(TG \mid TR) \tag{2}$$

式中：$P(RS)$——桥梁运营期某安全风险源出现的概率；

$P(TR|RS)$——桥梁运营期某安全风险源达到某安全风险转化条件的概率；

$P(TG|TR)$——桥梁运营期达到某安全风险转化条件下风险触发条件（危险状态）的条件概率。

对于风险源出现、达到风险转化条件和达到风险触发条件各不相关的情况，桥梁运营期某安全风险发生概率的计算可简化为：

$$P_{\mathrm{f}} = P_{\mathrm{RS}} \cdot P_{\mathrm{TR}} \cdot P_{\mathrm{TG}} \tag{3}$$

式中：P_{f}——桥梁运营期某安全风险发生概率；

P_{RS}——桥梁运营期某安全风险源出现的概率；

P_{TR}——桥梁运营期达到某安全风险转化条件的概率；

P_{TG}——桥梁运营期达到某安全风险触发条件的概率。

以运营期船撞风险为例，船撞桥的过程可以分解为一系列依次发生事件：船舶偏航→撞桥→桥梁倒塌，其中船舶偏航是风险转化条件，船舶碰撞桥梁是风险触发条件，船舶撞击效应超过桥梁抗（防）撞能力是危险状态，桥梁倒塌是事故后果。因此，桥梁运营期船撞风险发生概率可以通过下式计算得到：

$$P(R_{\mathrm{SC}}) = P(RS_{\mathrm{SC}}) \cdot P(TR_{\mathrm{SC}} \mid RS_{\mathrm{SC}}) \cdot P(TG_{\mathrm{SC}} \mid TR_{\mathrm{SC}}) \tag{4}$$

式中：$P(RS_{\mathrm{SC}})$——桥梁运营期所在区域船舶偏航的概率；

$P(TR_{\mathrm{SC}}|RS_{\mathrm{SC}})$——运营期船舶偏航时撞击桥梁的概率；

$P(TG_{\mathrm{SC}}|TR_{\mathrm{SC}})$——运营期船舶撞击桥梁时严重损坏或倒塌的概率。

（2）桥梁运营期安全风险损失分析方法

桥梁运营期风险损失包括结构损伤损失、人员伤亡损失、交通延误损失、环境损失以及社会损失等，如表2所示。

桥梁结构运营期风险损失组成 表2

损失类型	损失组成
经济损失	桥梁损失、桥梁修复费用、桥梁通行车辆损失、车辆修复费用、事故检测评定等相关费用、其他关联经济损失等
人员伤亡	桥梁通行人员伤亡、通航船舶人员伤亡等
交通延误	桥梁交通中断时间、航道受阻时间等
环境影响	环境污染和生态破坏
社会影响	社会生活的影响、技术管理部门公信力的损失、技术部门声誉损失、桥梁管理者的声誉损失等

因此，桥梁运营期安全风险损失可按下式估测：

$$C = C(C_Z, C_H, C_T, C_E, C_S) \tag{5}$$

为了能够更加直观地了解风险后果等级，可将上述几部分损失通过定性与定量相结合的方法全部转化为经济损失，即货币价值。

$$C = C(C_Z, C_H, C_T, C_E, C_S) = C_Z + C_H + C_T + C_E + C_S \tag{6}$$

式中：C——总的风险损失；

C_Z——结构损伤的经济损失；

C_H——人员伤亡损失；

C_T——交通延误损失；

C_E——环境影响损失；

C_S——社会影响损失。

3. 桥梁运营期风险评价技术

（1）桥梁运营期安全风险发生概率等级

可以使用表3中的等级划分评价桥梁运营期安全风险发生概率大小。

安全风险发生概率等级的定量描述 表3

等级	概率区间	中值	等级	概率区间	中值
1	$P_f < 0.0003$	0.0001	4	$0.03 \leq P_f < 0.3$	0.1
2	$0.0003 \leq P_f < 0.003$	0.001	5	$P_f \geq 0.3$	1
3	$0.003 \leq P_f < 0.03$	0.01			

(2)桥梁运营期安全风险损失等级

将潜在损坏程度按照人员伤亡、经济损失、交通延误、环境破坏和社会影响的严重程度划分为五个级别,见表4~表8。

人员伤亡等级的定量描述 表4

等级	定义
1	重伤人数≤5人
2	人员死亡(含失踪)人数≤3人或5人<重伤人数≤10人
3	3人<人员死亡(含失踪)人数≤10人或10人<重伤人数≤50人
4	10人<人员死亡(含失踪)人数≤30人或50人<重伤人数≤100人
5	人员死亡(含失踪)人数>30人或重伤人数>100人

经济损失等级的定量描述 表5

等级	定义	等级	定义
1	经济损失≤500万元	4	5000万元<经济损失≤10000万元
2	500万元<经济损失≤1000万元	5	经济损失>10000万元
3	1000万元<经济损失≤5000万元		

交通延误等级的定量描述 表6

等级	定义
1	桥梁和航道交通延误(中断),处置、修复时间≤2小时,通行能力影响范围在本桥梁和航道内
2	桥梁和航道交通延误(中断),4小时<处置、修复时间≤12小时,通行能力影响范围在本桥所在路段和航道内
3	本桥所在路段和航道交通中断,12小时<处置、修复时间≤24小时,通行能力的影响范围在本桥所在路段和航道内
4	本桥所在路段和航道交通中断,24小时<处置、修复时间≤48小时,通行能力影响范围在两个或两个以上公路干线和航道
5	本桥所在路段和航道交通中断,处置、修复时间>48小时,通行能力影响多个公路干线和航道

环境破坏等级的定量描述 表7

等级	定义
1	涉及范围很小,无群体性影响
2	涉及范围较小,一般群体性影响
3	涉及范围大,区域正常经济、社会活动受到影响
4	涉及范围很大,区域生态功能部分丧失或濒危物种生存环境受到污染,正常的经济、社会活动受到较大影响
5	涉及范围非常大,因环境污染造成沿海水域大面积污染,区域生态功能严重丧失或濒危物种生存环境遭到严重污染,正常的经济、社会活动受到严重影响

社会影响等级的定量描述 表8

等级	定义
1	影响范围较小,影响范围限定在特定的区域
2	影响范围一般,影响范围限定在特定的组织或区域
3	影响范围较大,对较大规模的社会公众造成影响
4	影响范围很大,对社会中大部分成员的心理造成严重影响
5	影响范围巨大,对整个社会的价值观念构成冲击

(3)桥梁运营期安全风险评估矩阵与接受准则

根据不同的安全风险概率等级和安全风险损失等级,建立安全风险分级评价矩阵,共划分为Ⅰ级(低度风险)、Ⅱ级(中度风险)、Ⅲ级(高度风险)、Ⅳ级(极高风险)。Ⅰ、Ⅱ、Ⅲ、Ⅳ级分别以绿、黄、橙、红示出,见表9。

安全风险水平等级矩阵表　　表9

风险概率	风险损失				
	1	2	3	4	5
1	Ⅰ	Ⅰ	Ⅱ	Ⅱ	Ⅲ
2	Ⅰ	Ⅱ	Ⅱ	Ⅲ	Ⅲ
3	Ⅱ	Ⅱ	Ⅲ	Ⅲ	Ⅳ
4	Ⅱ	Ⅲ	Ⅲ	Ⅳ	Ⅳ
5	Ⅲ	Ⅲ	Ⅳ	Ⅳ	Ⅳ

不同等级的安全风险需采用不同的安全风险控制对策与处置措施,结合安全风险评价矩阵,不同等级安全风险的接受准则和相应的控制对策见表10。

安全风险水平接受准则　　表10

风险等级	定　义
Ⅰ	风险水平可以接受,当前应对措施有效,不必采取额外技术、管理方面的预防措施
Ⅱ	风险水平有条件接受,工程有进一步实施预防措施以提升安全性的必要
Ⅲ	风险水平有条件接受,必须实施削减风险的应对措施,并需要准备应急计划
Ⅳ	风险水平不可接受,必须采取有效应对措施将风险等级降低到Ⅲ级及以下水平;如果应对措施的代价超出项目法人(业主)的承受能力,则更换方案或限制桥梁运营

4. 桥梁运营期风险应对和控制技术

风险应对是指在风险源辨识、风险估测及风险评价的基础上,依据风险管理目标,针对桥梁运营期风险的整体水平和潜在影响,选择合适的风险处置策略和制定相应的风险应对措施,即根据风险程度的不同,决定采取什么样的措施以及控制措施应采取到什么程度等。

桥梁风险应对一般有减缓、预防、转移、规避四种策略,每一种策略都有侧重点,具体采用哪一种或几种,取决于桥梁的危险状态。

其中,桥梁风险减缓可以从两个方面着手:

(1)减小安全风险发生概率:尽可能降低达到风险转化条件和风险触发条件的概率;

(2)降低安全风险损失:在达到风险转化条件和风险触发条件前,采取预防和控制措施,以降低风险事故发生的损失。

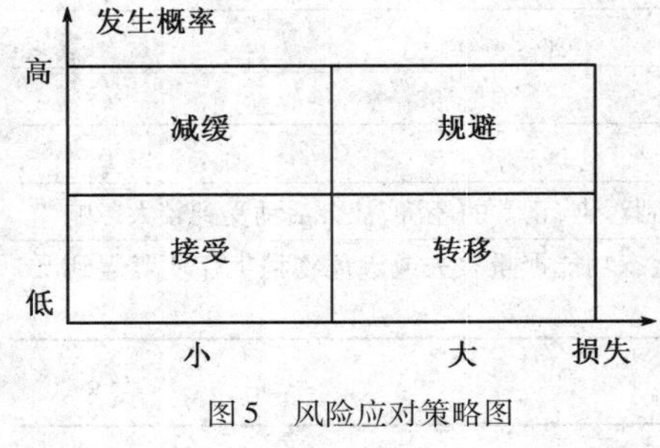

图5　风险应对策略图

根据不同条件、不同的环境或者不同的问题可以选择不同的风险对策。根据风险概率的高低和风险损失的大小不同,有以下四种情况,可以采取如图5所示的不同应对策略。

(1)如果发生概率高,损失比较小,可以采用化解风险或者是风险减轻的措施。

(2)如果风险发生概率比较高,后果损失也较大,可以采用回避风险策略。

(3)如果发生概率比较低,后果损失较大,设法将风险转移。

(4)如果发生概率比较低,后果损失也较小,这种风险适合自己承担。因为它本身不会对目标产生太大影响。

具体采用什么样的风险应对策略,要根据桥梁的具体情况和不同的目标要求与桥梁管理者(业主)

对风险的承受度决定。

风险应对措施一般包括风险监控、风险预防、风险应急预案三类。在桥梁工程实际中，针对某一桥梁运营期的整体风险，并不会单单采用某一种应对措施，往往是采取多种应对措施的组合；另外，即使是对同一类型的风险问题，对于不同的桥梁，所采用的风险应对策略或应对措施往往就是不一样的。风险应对措施的制定应考虑安全与经济的平衡，即一方面要考虑应对措施的有效性，是否有效降低或缓解当前风险水平；另一方面要考虑措施的经济性，是否以超出业主承受能力的人力、物力、工期作为代价。只有利用评估结果持续地进行改进活动，实现风险有效管理，并不断加以改进，才能使桥梁的安全状态得到改善。

其中，对于船舶撞击风险，可采取风险预防与风险转移相结合的应对策略。桥梁建成后，应建立一套完整的导航系统和监控系统。对于评估出的不满足风险接受准则的桥梁，将采取进一步的降低风险的对策，主要包括：主动防撞措施和被动防撞措施。主动防撞是指为了避免船舶在航行过程中撞击到桥梁而采取的一系列人为改善措施，如对桥下通航船舶的引导和警告等。对于一些特别重要的桥梁就需要考虑被动防撞，即加设防撞装置。

三、应 用 实 例

本文建立的运营安全风险评估方法已在多座桥梁中进行了应用。其中，某桥为主跨458m双塔钢箱梁斜拉桥，桥位区主要灾害性天气是热带气旋，是我国沿海航线最密集、船舶密度最大的水域之一，海水和地下水对混凝土结构和钢结构分别具强腐蚀性和中等腐蚀性，桥址区历史上亦无Ms≥4.7级破坏性地震记载，桥位区有天然气管道与桥轴线交叉，管径71.1cm，埋深约1m。利用本文提出的风险评估方法对其运营安全风险进行了评估，评估结果及其应对措施见表11。

某桥运营安全风险评估结果 表11

序号	主要风险事件	概率等级	损失等级	风险等级	应 对 措 施
1	地震安全风险	1	4	Ⅱ	加强地震监测与预警，关注抗震措施的有效性
2	台风安全风险	3	3	Ⅲ	加强台风监测与预警，制定防台应急预案
3	船撞安全风险	2	4	Ⅲ	加强船舶航行管理，设置船舶航行引导设施，采取必要的防撞措施，制定船撞应急预案
4	管线交叉严重干扰事件	2	4	Ⅲ	加强管线附近作业管理，设置海底管道机械保护，制定管线交叉严重干扰应急预案
5	危险品运输安全风险	2	2	Ⅱ	加强车辆通行管理，采取必要的防车撞措施
6	恐怖袭击安全风险	1	4	Ⅲ	加强桥梁运营安全管理，采取必要的防护措施，制定恐怖袭击应急预案
7	结构腐蚀破坏风险	3	2	Ⅱ	加强桥梁养护管理，及时采取必要的再涂装、维修加固措施
8	钢结构疲劳破坏风险	2	3	Ⅱ	加强桥梁运营和养护管理，及时采取维修加固措施

四、结 语

本文提出了一种桥梁运营期安全风险评估方法。在风险源、风险因素、危险状态、风险事故、风险损失间关系分析的基础上，根据安全风险发生过程中达到风险转化条件和风险触发条件的情况，建立了桥梁运营期安全风险实用识别方法、风险发生概率分析与评价方法；并从结构损伤、人员伤亡、交通延误、环境破坏以及社会影响等方面，建立了桥梁运营期风险损失分析与评价方法；基于“减小风险发生概率”和“降低风险损失”两个应对原则，通过采取控制措施对风险发生过程中达到风险转化条件和风险触发条件的主要风险因素进行控制。

相较目前国内外使用的桥梁安全风险评估方法，本文提出的运营安全风险评估方法中风险发生条件、风险发生概率、风险损失、风险控制措施一一对应,通过风险转化条件和风险触发条件形成了一个前后贯通、因果清晰、系统的桥梁运营期安全风险评估方法体系,提高了风险评估的针对性、合理性和有效性。

需要注意的是,在具体风险评估时,需要根据特定的风险事故发生过程分别计算达到风险转化条件和风险触发条件的概率以及相应的损失,因此本文提出的方法有待广大桥梁风险评估研究和应用人员结合各典型桥梁安全风险的评估来共同努力进行完善。

参考文献

[1] 张喜刚. 公路桥梁和隧道工程设计安全风险评估[M]. 北京:人民交通出版社, 2010.

[2] X. G. Zhang, G. Liu, J. H. Ma, et al. Design concept and approach on sustainable development of bridge engineering[A]. In Bridge Maintenance, Safety, Management and Life Extension - Proceedings of the 7th InternationalConference of Bridge Maintenance, Safety and Management, IABMAS 2014[C]. Chen, Frangopol&Ruan(eds.),Taylor and Francis Group, London, 2014.

18. 公路桥梁设计的昨天、今天和明天

颜文晖[1] 魏巍巍[2] 赵君黎[2] 赵雪枫[3]

(1. 美国联邦公路署;2. 中交公路规划设计院有限公司;3. 北京交通大学)

摘 要 本文简要介绍了桥梁设计技术近几十年的发展。设计规范过去常用容许应力法,现已发展为更规范的材料强度—荷载抗力系数设计。发展源于每个极端事件下材料学和桥梁性能总结的技术。桥型也是基于新材料和创新的理念,从桁架、拱、悬索、箱梁、预应力发展到现在的斜拉桥。设想未来桥梁也是这一时期很重要的事情。

关键词 设计理论 演变 发展

一、概 述

桥梁是跨越障碍物如河流、山谷、道路的建筑,为跨越障碍物提供通道。根据美国桥梁统计数据,现有60多万座公路桥梁。公路桥梁是在障碍物上如河流、公路或铁路上支撑起来的结构,具有承担交通或其他动荷载的轨道或通道,在桥墩、拱脚线或多个箱室端部之间沿着路中心线测量超过20英尺❶处有断开;有的公路桥梁也有多个管道,管道断开的净距要小于连续断开间距的一半。

很多设计都有其独特的用途,以适应不同的情况。桥梁按材料主要分为3种类型:钢、钢筋混凝土和预应力混凝土。虽然也有其他材料如木材,但木材建造的桥梁非常少。下面将简要论述桥梁设计理论的演变、钢桥的发展和钢筋混凝土或预应力混凝土桥梁的发展,介绍桥梁从过去到现在的变化,并给出对未来桥梁的建议和需求。

二、桥梁设计理论的演变

桥梁设计规范的主要目的是保证桥梁安全性,根据每个桥梁构件或整个桥梁结构体系在使用年限内各种荷载作用下的强度、刚度和稳定性要超过潜在最大要求或荷载效应,以此确定最小抗力或承载力。美国第一个公路桥梁设计和建造国家标准是《公路桥梁及附属结构标准规范》,于1927年由美国国家公路和运输协会(AASHTO)的前身美国公路协会(AASHO)出版。随着结构性能和荷载理论研究的不断深入,设计理论与实践得到了显著发展。

❶ 1英尺=0.3048m,余同。

1970 年之前一直采用的设计理论是容许应力设计(ASD)。1970 年开始提出了一个新的设计理论称为荷载系数设计(LFD)。最新版《公路桥梁标准规范》是第 17 版(AASHTO 2002),包含 ASD 和 LFD 理论。基于可靠性和基于概率的荷载抗力系数设计(LRFD)理论首次被“AASHTO LRFD 桥梁设计规范”(LRFD 规范)(AASHTO 1994)采用,一直到现在的第 7 版(AASHTO 2014)。LRFD 规范直到 AASHTO 2003 年停止更新后才被广泛使用。ASD、LFD 和 LRFD 是截然不同的设计理论和方法。

ASD 理论没有反映出某些荷载比其他荷载变化大。LFD 理论反映出了一些荷载相对其他荷载的变化。LRFD 理论是在 LFD 理论基础上的延伸,为更加系统合理的选取有统一安全指标的荷载和抗力系数提供了机理。

1. 旧的设计规范

(1)容许应力设计(ASD)。

ASD 是基于正常使用条件下,结构构件上的最大外部应力不超过一定容许应力的概念。通常 ASD 设计公式可以表达为

$$\sum Q_{\mathrm{i}} \leqslant \frac{R_{\mathrm{n}}}{FS} \tag{1}$$

式中:Q_{i}——荷载效应;

R_{n}——名义抗力;

FS——安全系数。

公式左侧代表工作应力或使用荷载效应,右侧代表容许应力。荷载效应 Q_{i} 是对荷载作用下弹性结构分析得到的,而容许应力 R_{n}/FS 是名义极限应力如屈服、失稳或断裂应力除以安全系数。安全系数的大小主要取决于经验和工程判断。例如标准规范(AASHTO 2002)中钢结构轴向拉伸和压缩时的安全系数分别是 1.82 和 2.12。从统计变化性的观点,ASD 理论认为在给定的荷载组合中每个荷载都是相同的,没有考虑到比预期荷载高和比预期荷载低的情况同时出现的概率。两种情况都采用安全系数。尽管 ASD 理论有些缺陷,采用 ASD 设计的桥梁靠着系统内在的安全性一直使用很好。

(2)荷载系数设计(LFD)。

LFD 也称作极限设计或强度设计,认为活荷载尤其是车辆荷载和风荷载比恒荷载可变。这个概念是通过相乘得到的,即活荷载和恒荷载的荷载系数。通常 LFD 公式可以表达为

$$\sum r_{\mathrm{i}} O_{\mathrm{i}} \leqslant \varphi R_{\mathrm{n}} \tag{2}$$

式中:r_{i}——荷载系数;

φ——强度折减系数。

名义抗力通常基于构件失稳或非弹性截面强度。一般情况下,抗力要乘以强度折减系数 Ø,以考虑构件尺寸、材料强度的偏差和计算方法的不准确,但不考虑比预期荷载大和比预期抗力小两种情况同时出现的可能性。

LFD 理论的一个主要缺陷是校准荷载系数和抗力系数时没有考虑设计参数本身的统计变异性。

2. 现行设计规范——荷载抗力系数设计(LRFD)

LRFD 是基于概率的设计,保证结构破坏的可能性小于社会可接受水平。这种方法直接考虑抗力统计平均值、荷载统计平均值、抗力名义值、荷载名义值及由标准差或变异系数反映的抗力和荷载离散性。直接基于概率的设计是计算给定荷载组合、统计数据和构件名义抗力时的破坏概率,已在很多工程中应用,但还未在桥梁工程中应用。

基于概率的 LRFD 规范主要将荷载效应 Q 和抗力 R 模拟为统计上的独立随机变量。图 1 给出了荷载效应 Q 和抗力 R 的相对频率分布曲线,也给出了荷载效应平均值 $\overline{Q}$ 和抗力平均值 $\overline{R}$,Q_{n} 和 R_{n} 分别为荷载效应和抗力名义值,r 和 φ 分别为抗力和荷载系数。

只要抗力大于荷载效应,安全指标或给定的极限状态就存在。实际上,由于 Q 和 R 是随机变量,R 小于 Q 的概率是很小的。也就是说,图 1 中阴影部分 $R < Q$ 的概率与 R 和 Q 的相对位置及其离散性有关。

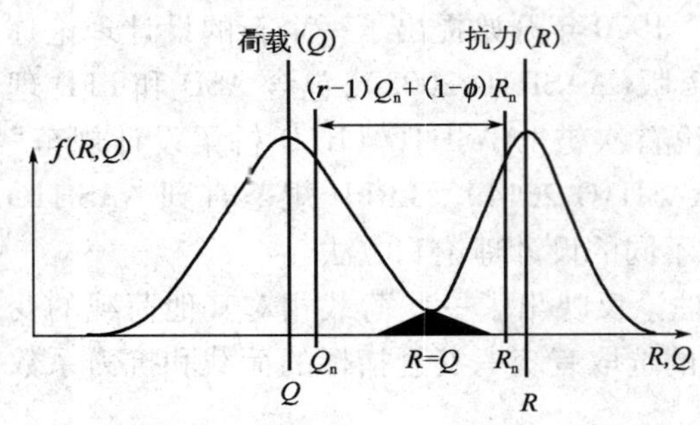

图1　荷载效应 Q 和抗力 R 的相对频率分布

对于荷载效应和抗力，稍微偏离平均值的另一个值称为名义值，设计者将计算荷载效应和抗力的平均值和名义值。基于可靠性和基于概率设计理论的目的就是将抗力的分布与荷载效应的分布分开，使重叠面积即荷载效应大于抗力的区域尽量小到可以接受。LRFD 规范中，荷载系数和抗力系数是同步提出的，使抗力和荷载效应之间重合部分不超过 AASHTO 接受的值。这个设计理论也引入了可靠指标，以度量按传统方法设计的桥梁安全一致性。这个理论也可用来评估有统一安全系数的新方法，最重要的是它可以作为比较评价指标。

3. 未来设计规范的需求

进入21世纪后，交通运输对于社会变得越来越重要。公众越来越依赖公路运输物品并选择公路交通作为主要出行方式。路作为传递基本生活需求的重要生命线，即使在面对恶劣天气和自然灾害也要发挥其功能。从1993年到1996年，美国平均每周要花费2.5亿美元应对自然灾害的影响，地震、飓风和洪水是财产损失的主要原因。在交通基础设施领域，桥梁最易受自然灾害和人为破坏的影响，需要采用应变策略进行保护。

现行的荷载抗力系数设计（LRFD）规范是对永久荷载（恒荷载）和活荷载的基本组合（含重力荷载）基于可靠性校准提出的。桥梁设计有四种极限状态，包括使用极限状态、强度极限状态、极端事件和疲劳极限状态。

极端事件定义为会产生很大结构破坏的人为或环境灾害，具有相对很低的发生率。极端事件与结构动力学有关，包括地震、风荷载、车辆冲击、船撞力及海啸等。

根据 AASHTO LRFD 规范，桥梁应按75年使用寿命进行设计。在75年使用寿命内，桥梁遭受极端事件的概率取决于事件发生的概率和事件强度的概率分布。一般来说，桥梁在设计寿命内任意时刻同时发生几个极端事件的概率是很低的。即使同时发生，所有事件处于最大强度的机会也是很小的。考虑到概率较低，以前的工程师在将极端环境事件如风或地震荷载与重力荷载组合时通常采用应力三分之一折减准则。这一准则可以追溯到20世纪早期，现已受到质疑。目前可接受的方法是采用由结构可靠性理论得到的荷载组合系数。

4. 多灾害设计和基于性能的设计规范

最近几十年，桥梁设计理念一直追求两方面：一个是基于力效应的可靠性方法；另一个是基于性能的方法，考虑力的效应及延性如地震效应。从长远来看，对于所有基于可靠性和基于性能的非极端荷载和极端灾害效应，这两种方法应发展成一个桥梁极限状态。对于可持续的桥梁设计，应考虑所有灾害效应在桥梁预期使用寿命内具有相同的风险。

对于所有灾害下桥梁基于可靠性和基于性能设计极限状态，将 AASHTO LRFD 极端事件设计极限状态方程视为所有灾害效应（非极端和极端事件）的破坏概率是合理的。建造能承受所有灾害的桥梁需要考虑有同等风险、可持续原则的设计理念。

（1）灾害数据。前面提到，以往灾害强度和破坏信息的数据缺乏是导致后续面临大量挑战的主要问题。

（2）荷载模型。因为缺少极端自然灾害的历史记录，所以无法确定极端灾害及其荷载效应的分布。概率密度函数（PDF）组合要求函数“可叠加”或“可组合”，如正态分布或对数正态分布。第二个挑战是解决极端自然灾害事件的随机性质。他们通常是时变随机变量或“随机过程”。此外，两个或两个以上的随机过程概率组合需要进行大量的整合和计算。

（3）抗力模型。由于桥型的不同，建立桥梁抗力模型通常具有挑战性。在这项研究中，为保持与过去研究的一致性，将当前 LRFD 方法扩展为 MH-LRFD 方法。某些灾害会直接影响桥梁的抗力如抗冲刷效应。由于可靠性方法是基于力的方法,“承载力变化”被转化为“等效荷载效应”,所以破坏概率可以在同一理论平台上进行组合。因此,本研究采用 LRFD 的抗力模型解决缺少罕见极端自然事件破坏数据的问题,以及计算单独和组合事件(间接和同步)下所有破坏概率的问题。

(4)荷载组合。未知分布时概率组合和随机过程没有一个标准的方法。许多研究者建议采用不同的方法进行时变荷载组合和计算结构破坏概率。每种方法都有其优势和局限性,因此不同灾害和可能的组合的最优选择方法是根据情况考虑的。对于极端灾害事件,仅对部分灾害(高强度的临界部分)按正态化近似过程处理,所以这个概率密度函数处理后就可与其他概率密度函数进行组合。

(5)破坏概率。现行 AASHTO LRFD 规范计算非极端事件荷载组合的破坏概率时采用比较简单的方法。只有汽车荷载是随机过程,概率密度函数可视为正态分布。对于两个或多个随机过程,计算单独和事件组合的所有破坏概率是非常复杂的。本研究提出了“部分”破坏概率方法系统涵盖所有可能性。

三、桥梁建设的发展

1. 钢桁架桥和钢拱桥

19 世纪早期,桁架桥用木材或铁建造。后来将钢桁架用于桥梁,但新的受拉钢构件通常会发生脆性断裂。在 19 世纪 70 年代,平炉炼钢的出现取代了酸性转炉钢的方法,钢的延性和韧性得到了改善。早期的钢桥建设通过不断的尝试和失败,推动了设计的改进。

Eads 大桥穿越了密苏里州圣路易斯的密西西比河,于 1874 年 7 月 4 日对公众开放使用。该桥由工程师 James b . Eads 建造,因该桥首次采用钢拱著名,以前一直采用的是石拱桥。

布鲁克林大桥于 1869 年开始建造,1883 年建成,代表美国第一批钢桥。该桥由罗布林设计,去世后由他的儿子华盛顿罗柏林完成。开放后,它是世界上最长的悬索桥,首次将平行钢丝旋转到位形成缆索。

2. 20 世纪 20 年代的悬索桥

在 20 世纪 20 ~30 年代,跨度较大的悬索桥比较普遍。通过过去 40 年学到的经验,工程师已熟悉习惯对钢的使用,使钢桥跨度不断超越。

1924 年,一座主跨 1632 英尺的悬索桥——贝尔山大桥穿越纽约 Peekskill 附近的哈德逊河,该桥由 Howard C. Baird 设计,有两个 355 英尺的钢塔。

还有一座悬索桥横跨波基普西哈德逊河,由 Ralph Modjeski 和 Daniel E. Moran 设计,主跨 1 500 英尺,于 1932 年开放。

3. 州际公路系统改进的桁架和拱桥

第二次世界大战后的 1956 年 6 月 29 日,Dwight D. Eisenhower 总统签署了联邦资助公路法案,41 000 英里的州际公路系统诞生了。州际公路系统自开始建设后,一直持续了 16 年。钢桥桥型主要用于桁架和拱桥。1955 年和 1956 年两个相似的大跨悬臂桁架桥开放,一座是跨越纽约哈德逊河的 Tappan Zee 桥,另一座是跨越旧金山湾的 Richmond-San Rafael 桥。每座桥都是独立融资,都存在资金问题,导致出现交错布置和难看的塔。Tappan Zee 桥全长 15 300 英尺,主跨 1 112 英尺;Richmond-San Rafael 桥全长 21 340英尺,主跨 1 070 英尺。

4. 20 世纪 60 年代的预应力混凝土桥

1956 年通过公路法案后,预应力混凝土作为一种新兴技术,在美国桥梁上的应用仍处于起步阶段。该法案通过前的十年,美国仅 2% 的桥梁其上部结构构件采用预应力混凝土技术。进入 21 世纪后,美国 49% 的桥梁利用预应力混凝土技术。显然,混凝土在州际公路桥梁建设中发挥着重要作用,而州际公路系统的建设对预应力混凝土桥梁的发展也起到了重要作用。许多创新施工方法采用后张拉,如桥梁上部结构节段施工在 20 世纪末期开始流行起来。

5. 20 世纪 60 ~70 年代的钢系杆拱、桁架、斜拉桥及梁桥

20 世纪 60 ~70 年代,新的桥梁设计出现了。由于钢系杆拱桥的外观有吸引力,且承包商开发了经济的系杆拱安装方法,因此比桁架桥更受欢迎。同一时期,发展了钢箱梁桥可以代替传统的板式梁桥。

对箱梁桥的设计和性能进行了重点研究,验证了处于曲线和切线平面的多箱桥梁受扭截面的经济和性能。

6.20世纪80年代的斜拉桥

20世纪80~90年代,斜拉桥是主要桥型,跨度较小的桥梁采用混凝土结构,跨度较大的桥梁采用钢和混凝土组合结构。这一时期桥梁发展有以下亮点:

1983年,Leonhardt和Andra再次联手美国工程师Modjeski和Masters设计了位于路易斯安那州陆莉的主跨长1 222英尺的Hale Boggs桥。

四、未来桥梁展望

如前所述,我们已迈进了21世纪,希望桥梁具有更好的可持续性,适应所有极端事件,以及为交通运输基础设施提供更多的可移动性,这些都是需要的,并与新材料的发展息息相关。未来桥梁面临着以下挑战:

(1)持久性。桥梁必须能在恶劣环境下生存,在很少维护或不维护的情况下也至少能使用75年以上。需要改进技术保证桥梁耐腐蚀,并开发新型智能材料如nono、SMA等。

(2)技术创新。改进技术或借鉴其他行业技术建造更好的桥梁。高性能材料(HPC、UHPC和HPS)可以解决强度和耐久性问题。设计师将继续研究合成材料以建造更高效和更持久的结构。

(3)快速施工。预制的理念应进行延伸,从简单的预制梁到预制完成整个桥梁系统。快速桥梁建设(ABC)和快速桥梁养护(ABM)都是需要的。

(4)高效桥梁。通过整合这些理念,我们将努力减少桥梁的初始成本和寿命周期成本。这需要桥梁有健康监测系统,并结合当前技术发展桥梁信息模型系统(BRIM)。如此才能真正降低寿命周期成本。

五、结　语

现有交通基础设施系统的发展规模比1956年许多领导人预想的要大得多。它不仅是国家资产,还是城市环境的一个重要组成部分,对当地和国家经济至关重要。我们必须考虑除成本外的价值,价值体现在预期寿命增加、建造能力提高、更加美观、维护减少,而不仅仅是初始成本。

未来,我们不仅应关注高效和结构的可持续发展,也应了解施工能力和合同交付问题。这不仅是一个风险管理问题,减少风险的同时提高了工作效率。桥梁设计和施工的发展将一直具有挑战性又令人振奋。公路桥梁是终生的事情(持久、创新、快速、高效)!

19.红水河特大不对称混合梁斜拉桥设计与计算

刘建军　周　潇　蒲国富　叶洪平
(贵州省交通规划勘察设计研究院股份有限公司)

摘　要　红水河特大桥是贵州省境内第一座采用混合式叠合梁的大跨度斜拉桥,受地形条件限制,桥梁在跨径布置和主梁结构形式上均不对称,设计时需解决多项关键技术问题。本文对其设计及其计算作简要介绍,以期为后续类似桥梁的建设提供参考。

关键词　斜拉桥　混合梁　不对称　设计　计算

一、引　言

红水河特大桥位于银川至龙邦国家高速公路贵州境内惠水至罗甸段第2设计合同段K112+600~

K113 +700 处,为跨越红水河而设,设计速度为 80km/h,桥梁设计荷载为公路-Ⅰ级,桥面宽度为24.5m,桥梁与路基同宽。双向 4 车道。桥位处为"U"形峡谷,河面宽度约 420m,两岸地形坡度较陡,坡度在37°~41°之间,覆盖薄基岩局部裸露。桥区附近海拔 258.0~603.0m,相对高差 345.0m,桥轴线通过段地面高程为 258.0~465.0m 之间,相对高差 207.0m。

二、方 案 确 定

桥型方案的选择应在考虑安全经济的同时,尽量在结构造型上选择施工方便、造型美观、对环境破坏小的方案。

红水河位于龙滩水库库区上游,桥位下游建有龙滩电站,一期正常蓄水位高程为 375m,此时桥位水域宽度为 452m,测时水位高程为 366.55m,接近于一期正常蓄水位,如图 1 所示。因此,桥梁孔跨布置时,为保证主墩不设置在水域范围内,减小施工风险,在考虑到纵横坡的影响及桥梁下部结构尺寸后,桥梁主跨不应小于 480m。

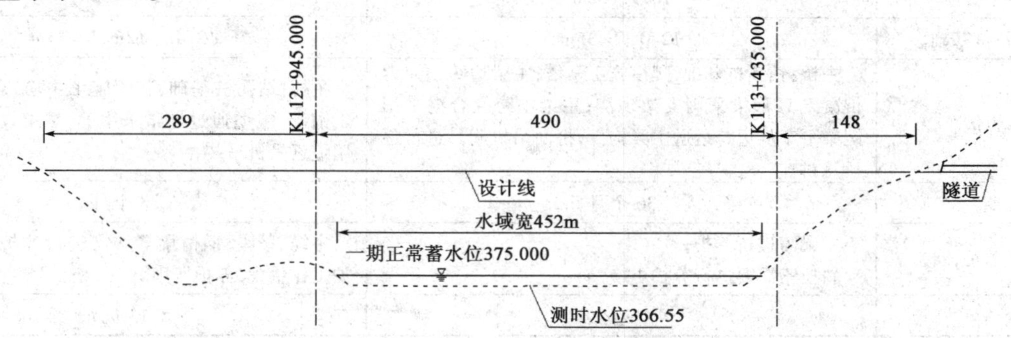

图 1 红水河特大桥纵断面(尺寸单位:m)

对于主跨大于 480m 的桥梁,可选用的结构形式有悬索桥、斜拉桥和拱桥。由于本桥位横坡较陡,小桩号 K112 +945 以后为一沟谷,不宜设置拱座,若采用拱桥则跨径需加大到 655m 左右,该跨度已不再适合做拱桥结构。因此根据本桥位的地质、地形和水文条件,布置斜拉桥和悬索桥两个方案。

根据桥位建桥条件,提出如下两种方案,如图 2 所示。两种方案的综合比较见表 1。由表 1 可见,斜拉桥方案更具优势,所以设计采用了此方案。

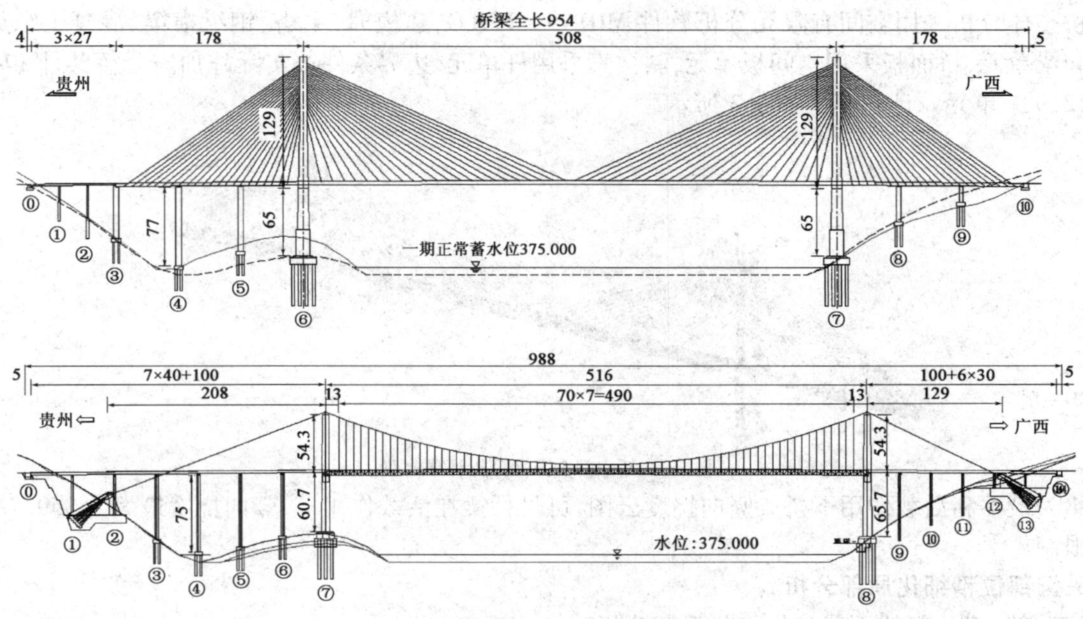

图 2 两种方案(尺寸单位:m)

两种方案对比 表1

项目		方案1	方案2
主桥	综述	主跨508m双塔双索面混合式叠合梁斜拉桥	主跨516m单跨钢桁梁悬索桥方案
	长度×宽度	864m×27.8m	516m×27m
	主塔高度	194m	115m
	主梁高度	3.06m	4.5m
	主塔桩基础	ϕ2.8，$L=40$m	ϕ2.8，$L=40$m
引桥	综述	3×27m	7×40m+6×30m
		现浇箱梁	现浇箱梁
	长度×宽度	81m×24.5m	460m×24.5m
	主梁高度	2	
	桥墩高度	10.9～62m	20～75m
	引桥桩基础	ϕ2.0，$L=35$m	ϕ2.4m，ϕ2m，$L=35$m
施工方法		主桥：钻孔桩基础，爬模施工索塔；主梁边跨预应力混凝土Ⅱ形梁采用支架现浇；主梁中跨叠合梁采用运梁平车从边跨运送主梁构件，桥面吊机起吊进行逐段悬拼	主桥：钻孔桩基础，爬模施工主塔，爆破开挖施工锚碇，主缆通过导索采用PS法架设，钢桁梁采用缆索吊机吊装
工期		36个月	38个月
后期养护		主梁需进行养护； 斜拉索需要进行养护更换	主缆、鞍座、钢桁梁等均需进行养护，钢结构养护工作量大，养护费用高
造价估算		4.79亿元	5.13亿元

三、结构分析

根据桥位处的地质、地形、水位勘察及风险评估专家意见，将前述斜拉桥初步方案贵州岸178m混凝土主梁调整为213m叠合梁形式，最终本桥按213m+508m+185m双塔双索面混合式叠合梁斜拉桥方案进行施工图设计。

1. 全桥整体分析

全桥整体分析采用空间有限元分析软件MIDAS/CIVILO，建模时，主塔、钢纵横梁、混凝土纵梁全部采用空间梁单元，桥面板采用空间板单元，斜拉索采用杆单元，边界条件按实际施加。全桥共计17634个节点，27210个单元。计算模型如图3所示。

图3 全桥空间有限元分析计算模型

图4为最不利活载作用下桥梁竖向挠度云图，可见桥梁在活载作用下，竖向挠度最大为359.7mm，小于规范限制。

2. 关键部位精细化局部分析

(1)索、梁、塔之间锚固区的精细化局部分析

对于斜拉桥来说，梁、塔、索三者间力的传递是通过斜拉索与梁、塔锚固区来实现的，锚固区的安全性

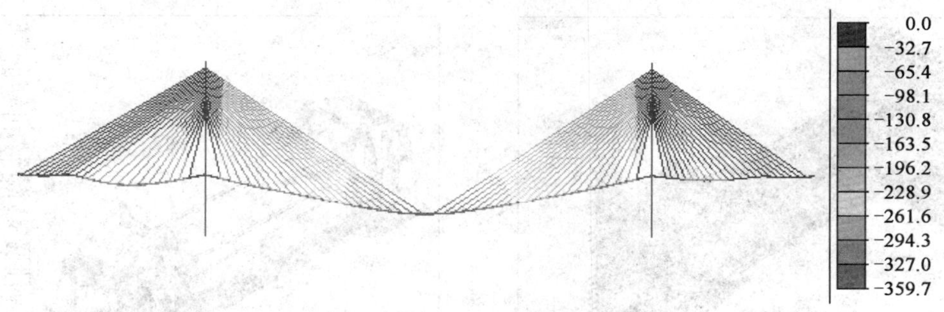

图4 最不利活载作用下桥梁竖向挠度云图

和可靠性对桥梁至关重要。锚固区通常结构构造和受力状况都较复杂,全桥整体分析通常难以真实地反应此处受力状况,必须在整体分析的基础上,做更为精细化的局部空间仿真分析。考虑到每个斜拉桥的锚固区在设计和构造细节上都存在差异,传力大小也各不相同。因此,对于红水河混合梁特大斜拉桥斜拉索与梁、塔锚固区的受力状态必须作专门的分析研究,确保锚固区安全、可靠。

图5~图7分别为斜拉索与中跨叠合梁锚固区、斜拉索与边跨混凝土梁锚固区和斜拉索与主塔锚固区的精细化局部仿真分析。由这些图可见:各锚固区总体应力都不大,绝大部分区域应力都在材料容许应力范围内,局部小区域如倒角处有应力集中现象,设计时在加大截面尺寸后可降低其应力水平。

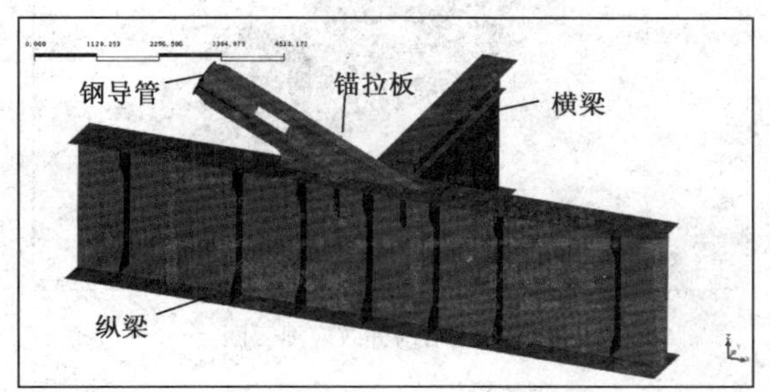

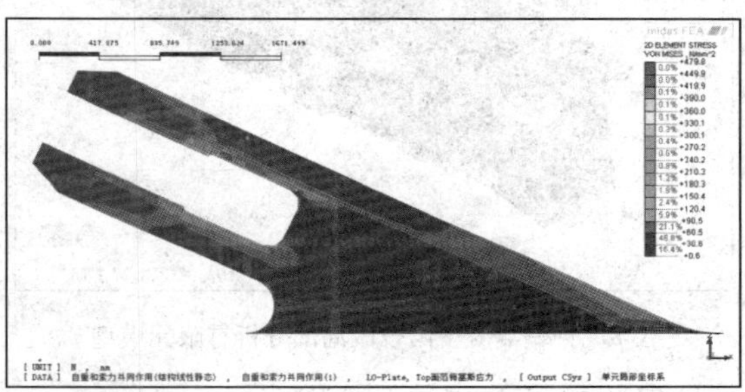

图5 斜拉索与中跨叠合梁锚固区精细化局部仿真分析

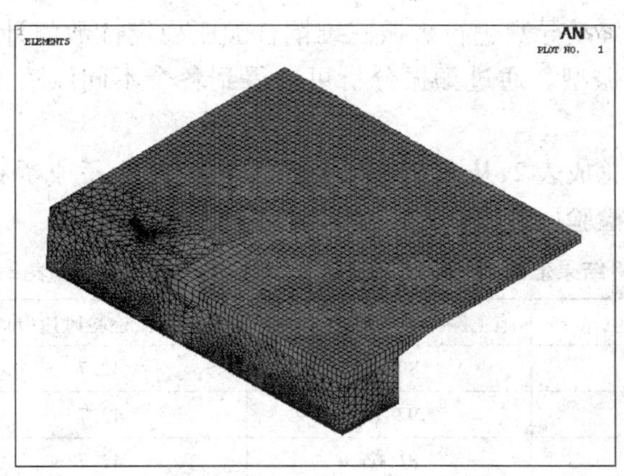

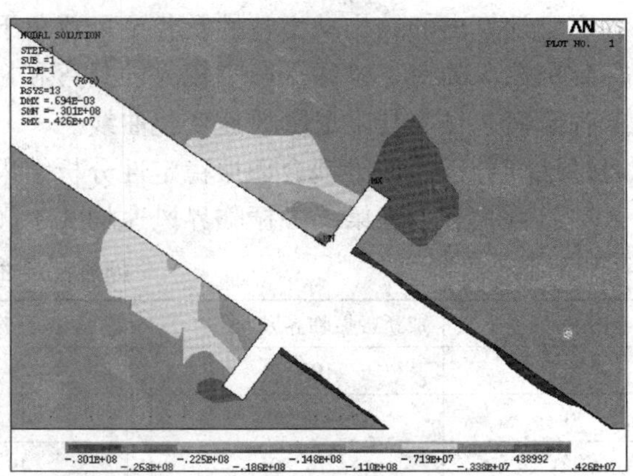

图6 斜拉索与边跨混凝土梁锚固区精细化局部仿真分析

(2)钢—混凝土结合段的精细化局部分析

红水河混合梁斜拉桥由于中跨和边跨分别采用了钢—混凝土叠合梁和混凝土梁两种结构形式,主梁刚度在钢—混凝土结合段容易发生突变,进而在受力上形成结构体系的弱点,危及桥梁安全。加上此处结构构造和受力状况都较复杂,通常采用空间有限元精细化局部分析研究此处受力状态。

图8为钢—混凝土结合段局部分析有限元模型,图9为此处钢结构等效应力云图。可见:钢—混凝土结合段钢构件应力较小,等效应力均在179.0MPa以下,强度满足要求。

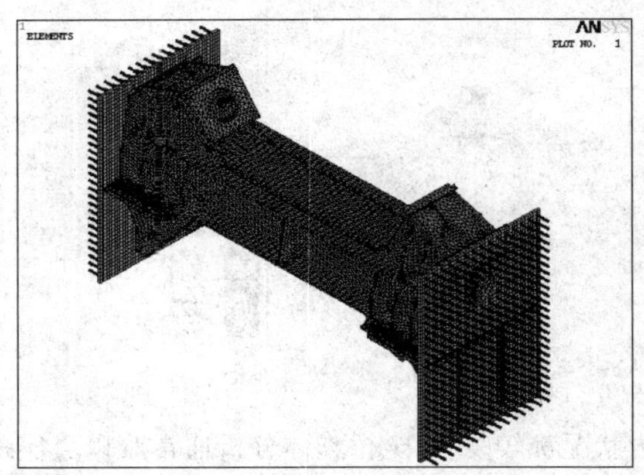

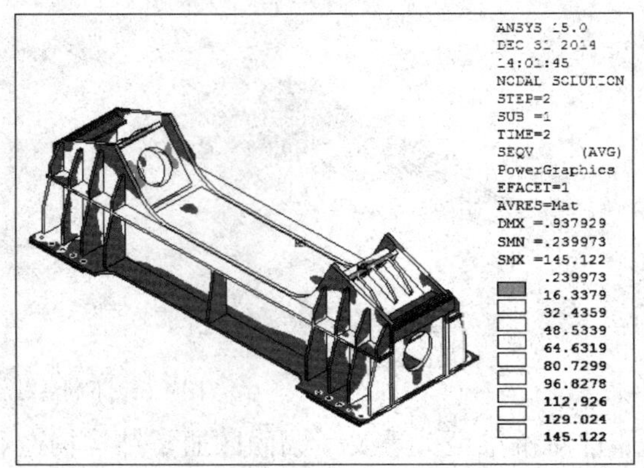

图 7　斜拉索与主塔锚固区的精细化局部仿真分析

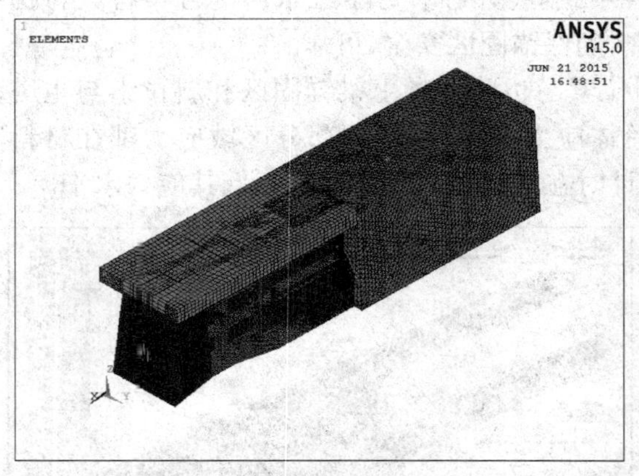

图 8　钢—混凝土结合段局部分析有限元模型

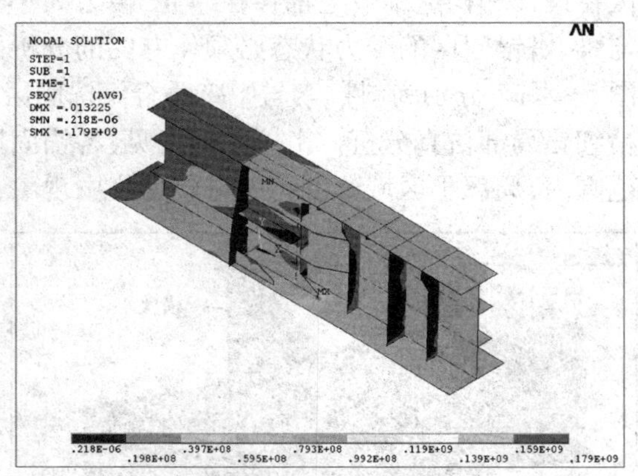

图 9　钢结构等效应力云图

3. 抗风稳定性分析

(1)颤振稳定性分析

利用已计算出的结构动力特性及各个风攻角下的气动导数进行颤振三维耦合颤振稳定性数值计算，其计算分别选取的对主梁颤振影响较大的竖弯和扭转振型。通过颤振分析可以得到各个不同风攻角下的主梁各阶模态频率与阻尼随风速变化曲线。

通过计算分析将三维耦合颤振稳定性分析结果汇总成表 2，从表 2 中可以看到，红水河大桥成桥和施工最大单悬臂状态下主梁的颤振临界风速均大于颤振检验风速，该桥颤振稳定性满足要求。

颤振稳定性分析结果汇总　　表 2

风攻角(°)	成桥颤振临界风速(m/s)	成桥颤振检验风速(m/s)	施工颤振临界风速(m/s)	施工颤振检验风速(m/s)
-3	103.70	49.0	89.90	42.7
0	112.22	49.0	92.12	42.7
+3	78.89	49.0	81.65	42.7

(2)涡振稳定性分析

将主桥结构简化为单自由度的弹簧振动系统，选取一阶竖弯基频分析竖向振动，选取一阶扭转基频分析扭转振动；利用数值模拟获得的各工况下的气动力系数时程曲线，直接作用于该弹性结构，可获得不同风速下的结构响应，从而可近似评估该桥的风振响应。当气流流经断面产生的旋涡脱落频率与桥面断面的结构频率较一致时，就有可能激起断面较明显的涡激共振响应，因此可通过风振响应结果判断该桥是否会发生较大的涡激振动现象。

成桥状态计算得到的竖向振动和扭转振动振幅曲线如图 10 所示。最大单悬臂状态计算得到的竖向振动和扭转振动振幅曲线如图11所示。采用弹簧振子模型对成桥状态主梁的涡激共振进行了分析,成桥状态0°风攻角下,没有出现涡振,满足规范要求。最大单悬臂状态0°风攻角下,没有出现涡振,满足规范要求。考虑到桥位附近为紊流风场,对涡振有一定的抑制作用,因此该桥出现涡振的可能性很小。

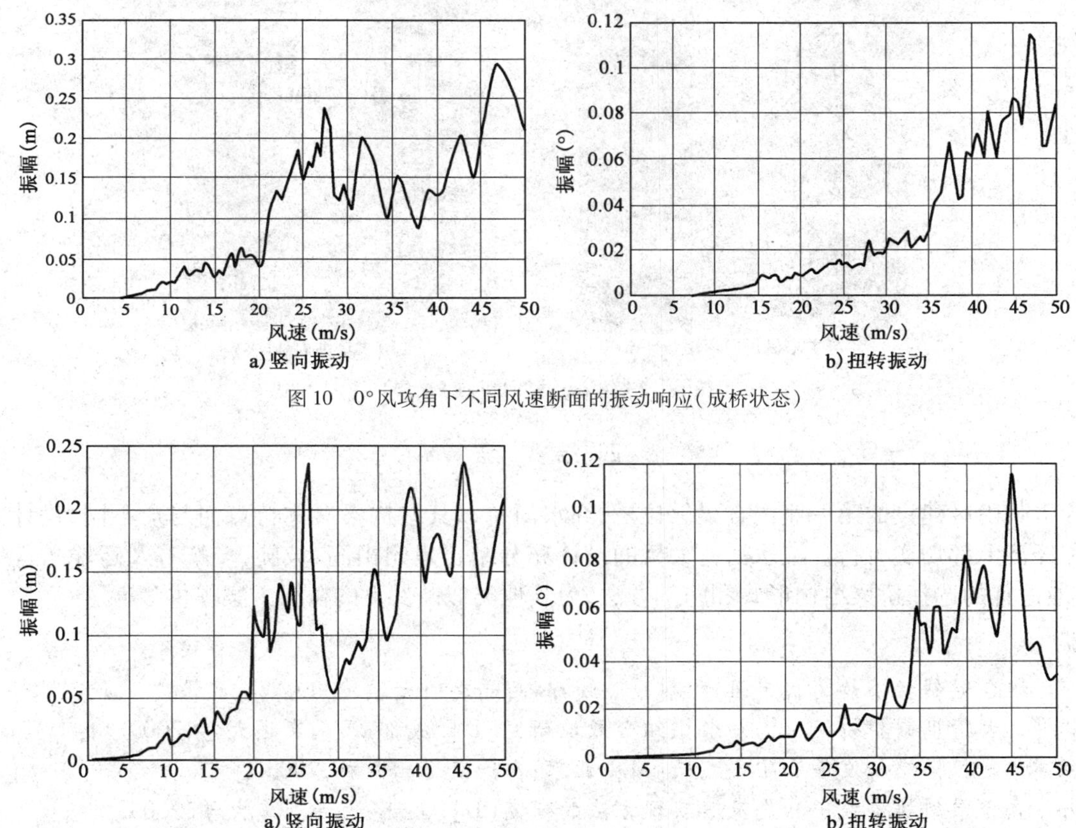

图10 0°风攻角下不同风速断面的振动响应(成桥状态)

图11 0°风攻角下不同风速断面的振动响应(最大单悬臂状态)

4.抗震分析

地震响应分析采用动态时程分析法,所采用的地震动参数根据《红水河特大桥工程场地地震安全性评价》所提供的地震动参数,分别计算了E1(对应50年超越概率10%)、E2(对应50年超越概率2%)作用下结构的受力状态。地震输入采用两种方式:(1)纵向+竖向;(2)横向+竖向。竖向加速度的时程曲线与水平加速度的一致,加速度峰值为水平加速度峰值的0.65倍。主塔主要受力控制截面和E1、E2作用下各截面内力最大值如表3和图12所示。

E1、E2作用下各个控制截面内力最大值 表3

截面 \ 类别	E1作用下各截面内力最大值				E2作用下各截面内力最大值			
	纵向+竖向		横向+竖向		纵向+竖向		横向+竖向	
	轴力	弯矩	轴力	弯矩	轴力	弯矩	轴力	弯矩
1-1	4 632	76 860	2 521	88 844	12 221	160 881	6 264	141 092
2-2	4 638	223 636	12 886	89 516	12 253	534 779	210 42	148 684
3-3	4 780	414 898	213 279	341 997	12 842	853 624	329 051	680 088
4-4	301	1 402	242	123 486	797	3 412	486	168 699
5-5	799	21 438	431	138 583	2 130	43 912	1 063	265 677

注:轴力单位kN,弯矩单位为kN·m。

经验算地震力+恒载作用下主塔主要控制截面结构承载能力满足要求。

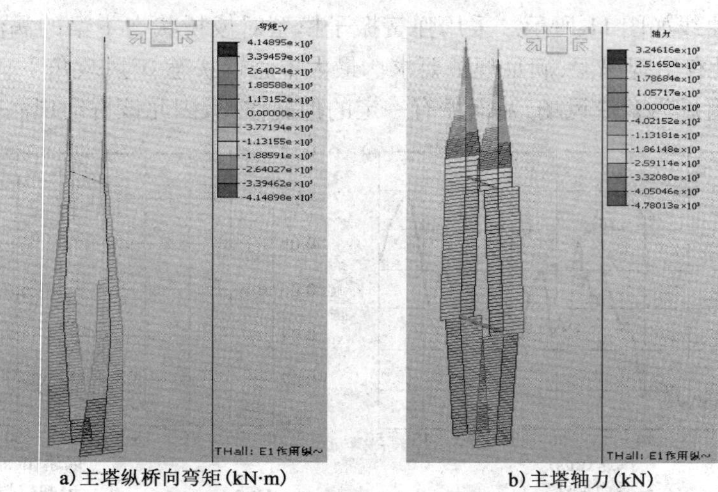

a)主塔纵桥向弯矩(kN·m)　　b)主塔轴力(kN)

图12　E1主塔内力图(纵向+竖向)

四、结　语

作为贵州山区建设的第一座混合梁斜拉桥,红水河桥以其结构不对称特点而与众不同,设计方案在技术上和经济上都切实可行。红水河特大桥的设计充分结合贵州山高、坡陡、多峡谷及运输条件等综合因素,因地适宜的选择桥梁结构形式和施工方法,为其他类似条件下的桥梁方案提供参考。

参考文献

[1] 雷宇. 组合梁斜拉桥静力稳定性研究[D]. 成都:西南交通大学,2009.

[2] 杜振华. 大跨度斜拉桥钢-混结合梁组合效应研究[D]. 成都:西南交通大学,2009.

[3] 王伯惠. 斜拉桥结构发展和中国经验[M]. 北京:人民交通出版社,2003.

[4] 安邦. 叠合梁斜拉桥成桥状态及其实现方法的研究[D]. 大连:大连理工大学,2005.

[5] 贵州省红水河大桥结构抗风性能数值模拟研究报告[R]. 同济大学,2013 .

[6] 惠罗线红水河特大斜拉桥斜拉索与梁、塔锚固区受力状态空间仿真分析报告[R]. 中南大学. 2014.

[7] 红水河特大桥结合段模型试验方案[R]. 中南大学,2014.

[8] 贵州省红水河特大桥顶推施工方案[R]. 广西路桥建设有限公司,2014.

[9] 银川至龙邦国家高速公路贵州境惠水至罗甸(黔桂界)段红水河特大桥工程场地地震安全性评价报告[R]. 同济大学,2014.

[10] 林元培. 斜拉桥[M]. 北京:人民交通出版社,1997.

20. 曲线部分斜拉桥设计

刘立民　杨　健　韦定超　陈应高

(贵州省交通规划勘察设计研究院股份有限公司)

摘　要　曲线部分斜拉桥在我国目前仅有龙井河特大桥一座,龙井河特大桥是国家西部交通科技项目《山区曲线斜拉桥的设计与施工技术研究》的依托工程,主桥是86m+160m+86m预应力混凝土部分斜拉桥,平曲线$R=852.75$m。本文介绍该桥的设计,给出曲线斜拉桥的设计过程中应该注意的问题。

关键词　部分斜拉桥　斜拉设计

部分斜拉桥(Extradosed Cable-stayed Bridge)又称矮塔斜拉桥。所谓部分斜拉桥,是因为它外形类似斜拉桥，外观上既有塔又有斜拉索，但在结构性能上，斜拉索仅分担部分荷载，还有相当部分的荷载由梁来承担。又由于它的索塔比普通斜拉桥要低，故又称矮塔斜拉桥。

龙井河特大桥位于厦门至成都高速公路贵州境织金至纳雍段，大桥为跨越山间河谷而设。主桥是86m+160m+86m预应力混凝土部分斜拉桥，龙井河特大桥是国家西部交通科技项目《山区曲线斜拉桥的设计与施工技术研究》的依托工程。该项目旨在传统的曲线连续刚构基础上，提出一种全新的结构形式，即曲线部分斜拉桥，来解决大跨径曲线桥设计与施工的技术问题。应用曲线部分斜拉桥解决问题的出发点是借助体外斜拉索来提高抵抗结构因平面弯曲带来的扭转效应；同时体外斜拉索还可以作为防范成桥后跨中下挠过大的措施，以及缓解合龙钢束的配束量，减小张拉中跨合龙钢束时跨中底板压溃的可能。通过曲线部分斜拉桥的研究为山区大跨径曲线桥设计提供一种经济、合理的新结构形式，为推动山区公路桥梁建设技术的发展与创新做出贡献。

一、桥 型 布 置

桥梁平面位于缓和曲线和圆曲线上，平曲线 $R=852.75\text{m}$，纵面位于单向直线坡上，$i=2\%$。上部结构布置左右幅为6×30m预应力混凝土T梁+86m+160m+86m预应力混凝土部分斜拉桥+5×30m预应力混凝土T梁。主桥范围内桥面设4%的单向横坡，见图1。

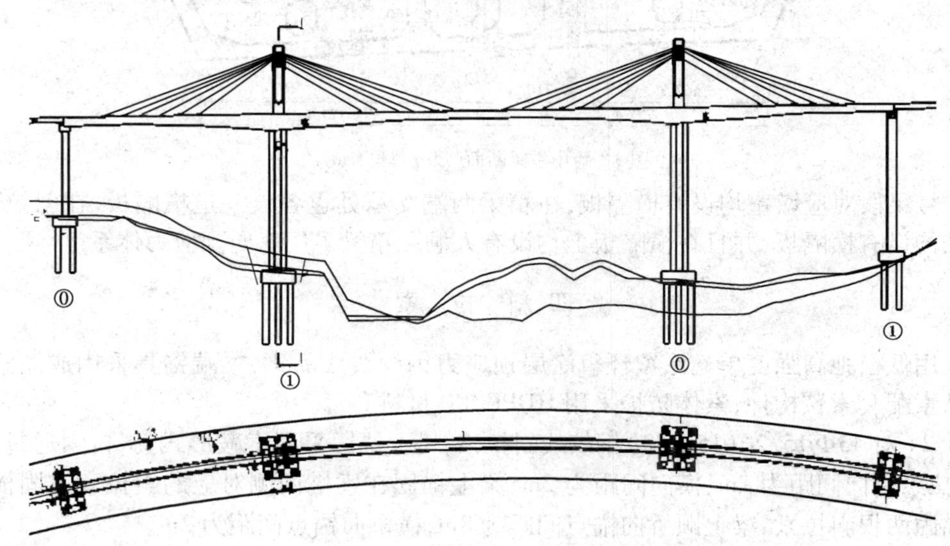

图1　桥型布置图

二、主要技术标准

(1)公路等级：高速公路。

(2)设计速度：80km/h。

(3)桥梁设计荷载：公路-Ⅰ级。

(4)桥面宽度：主桥范围内为整幅桥，全宽28m。

三、主 梁 构 造

上部箱梁为变截面单箱三室断面，箱顶宽28.0m，底宽13~16m；箱梁高度(梁高以裸箱梁顶面到箱梁底面的距离计)在各墩与箱梁相接的根部断面梁高为6.5m，箱梁根部至跨中方向51.50m范围为梁高变化段，梁高由6.50m变化至3.20m，按照2.0次方抛物线变化；其余梁段为箱梁等高段，梁高3.20m，0号梁段总长10.0m，在与墩身对应的7.0m范围内等梁高(为3.20m)，两边各1.5m范围内位于抛物线上，见图2、图3。

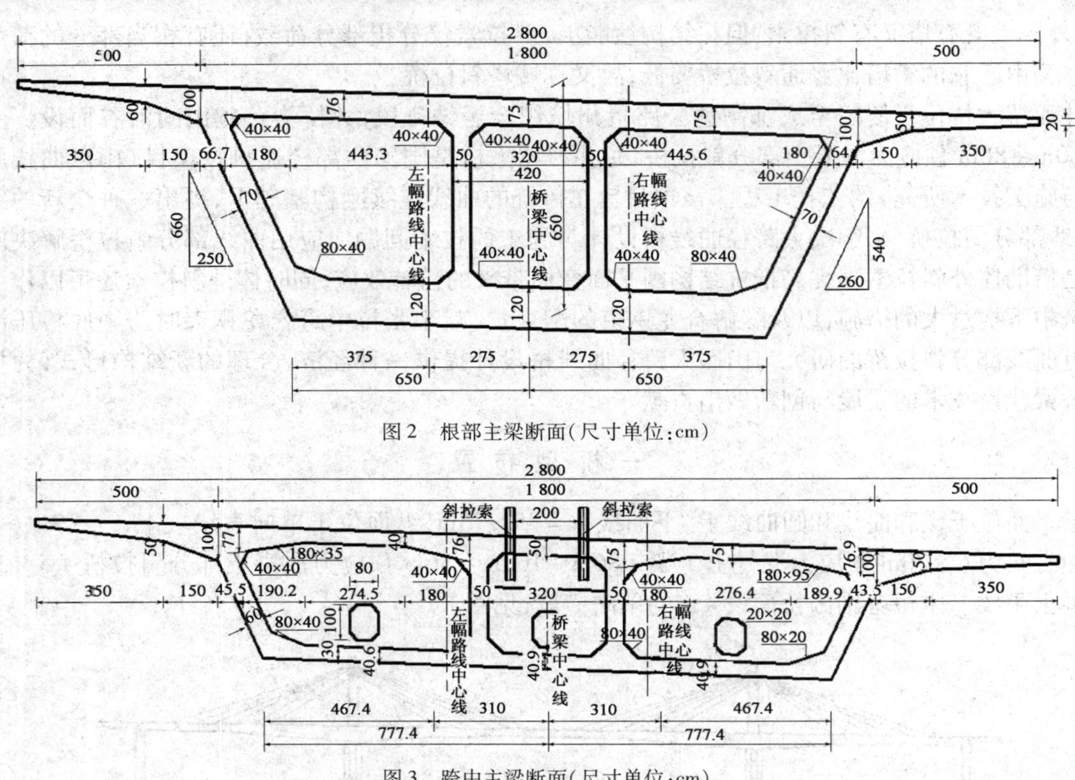

图2　根部主梁断面(尺寸单位:cm)

图3　跨中主梁断面(尺寸单位:cm)

在每个0号梁段对应墩壁均设有横隔板,在箱梁两端支承处也各设一道横隔板,在斜拉索在箱梁上的锚固位置处均设有横隔板,并且在横隔板上均设有人洞。箱梁采用三向预应力体系。

四、斜　拉　索

斜拉索采用低松弛高强度单丝涂覆环氧涂层预应力钢绞线成品索,梁端锚具采用成品索配套锚具,塔端采用成品索配套索鞍构件;索体防护采用HDPE/PP材料套管。

全桥共计24对$43\Phi j15.20$(15－43)钢绞线斜拉索,塔上锚固采用索鞍形式,斜拉索通过索鞍在塔上贯通,塔上斜拉索竖向间距为1m,横向间距为2m;梁上锚固在索塔两侧对应的斜拉索锚固横隔板上,每个横隔板上锚固两根斜拉索,梁上顺桥向锚点间距为8m,横桥向锚点间距为2m。

五、索塔及过渡墩

1.索塔

7、8号墩为索塔,下塔柱为两端刚性固接的钢筋混凝土矩形实心墩,均为双肢墩。双肢墩墩身部分横桥向宽度为13.0m,顺桥向宽度为2.0m,双肢间净距为3.0m;双肢墩墩身上端与箱梁0号梁段固接,墩身下端与承台固接;上塔柱为4.5m×4.2m矩形实心塔柱,总高度为28.5m,索塔内预埋转索鞍,斜拉索从中穿过。

2.过渡墩

6、9号桥墩为过渡墩,均为钢筋混凝土双柱框架墩,墩身为单箱单室薄壁矩形空心墩,薄壁墩身部分横桥向宽度均为6.5m,顺桥向宽度为3.5m。

六、结 构 分 析

1.结构分析模型

采用RM Bridge V8i空间有限元分析软件,建立空间模型进行静力分析。模型共680个单元,203个节点;其中主梁与主塔采用梁单元模拟(单元数196个),拉索采用索单元模拟(单元数48个),支座采用弹簧单元模拟(单元数8个),预应力筋单元428个(图4)。

边界条件:主墩墩底为固结,主梁与主墩固结,主梁在过渡墩顶设竖向支座。

图4　结构计算模型

2. 主梁计算结果

(1)刚度

活载作用下并考虑成桥十年收缩徐变,主梁的竖向挠度包络图见图5。

活载作用下,竖向最大挠度67.97mm,挠跨比为0.067 97/160.5 = 1/2 361 < 1/600。

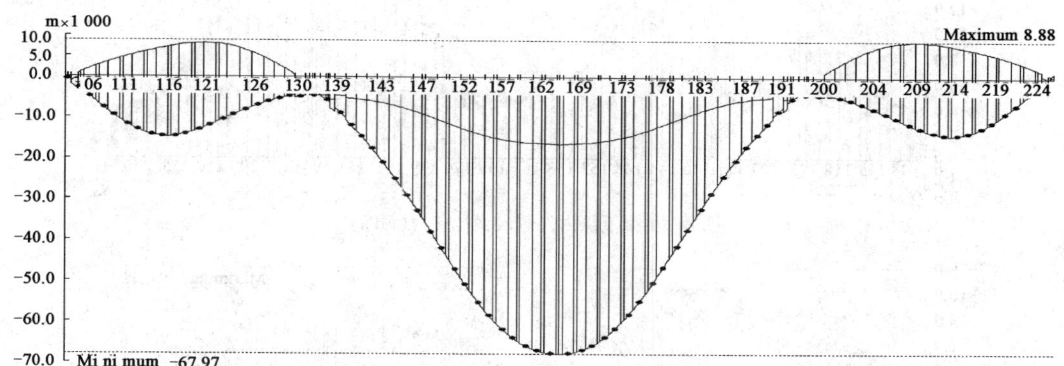

图5　主梁的竖向挠度(mm)

(2)主梁内力及截面承载力验算见图6和表1。

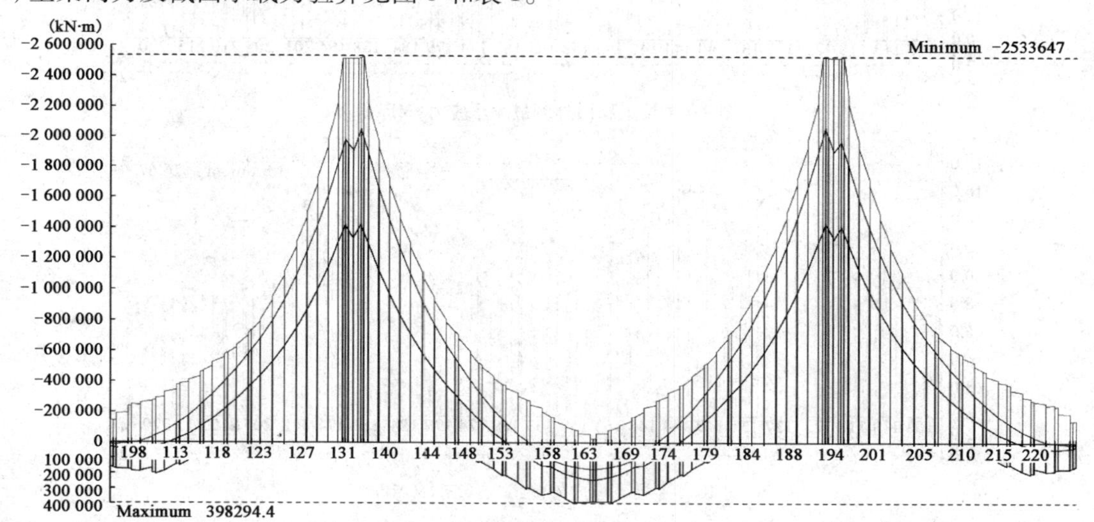

图6　主梁截面抗弯承载力验算(kN·m)

主梁控制截面抗弯承载力验算表　　表1

控制截面位置					
边跨		墩顶		跨中	
最大正弯矩(kN·m)	最大正弯矩截面抗力(kN·m)	最大负弯矩(kN·m)	最大负弯矩截面抗力(kN·m)	最大正弯矩(kN·m)	最大正弯矩截面抗力(kN·m)
43 857	176 833	2 065 335	2 533 647	243 499	398 294
抗力/内力 =4.032		抗力/内力 =1.227 >1.0		抗力/内力 =1.636 >1.0	

(3)主梁应力

主梁上缘内外侧最大拉应力为:-0.1 MPa(压应力),主梁下缘内外侧最大拉应力为:-3.6 MPa(压

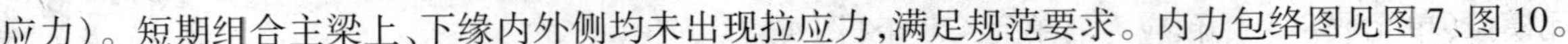

应力)。短期组合主梁上、下缘内外侧均未出现拉应力,满足规范要求。内力包络图见图7、图10。

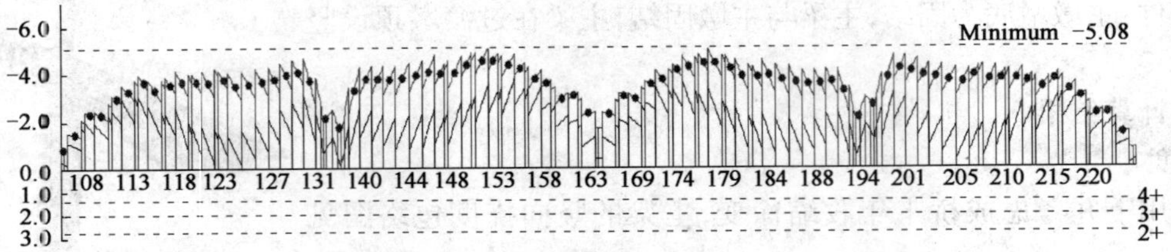

图7　主梁上缘内外侧最大拉应力(MPa)

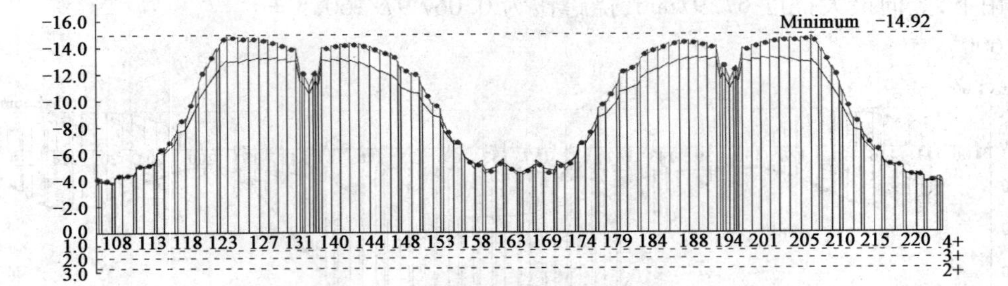

图8　主梁下缘内外侧最大拉应力(MPa)

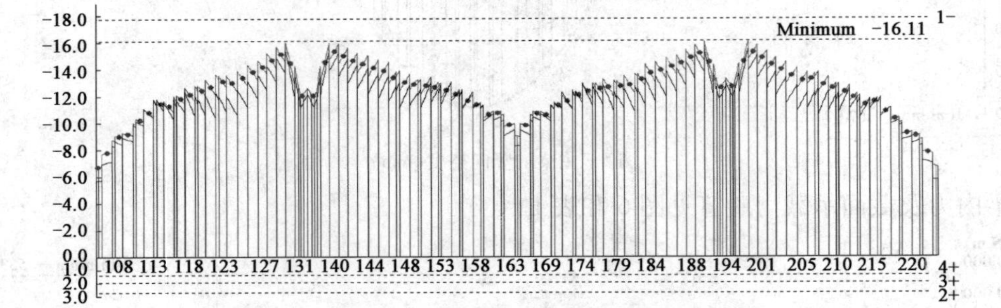

图9　主梁上缘内外侧最大压应力(MPa)

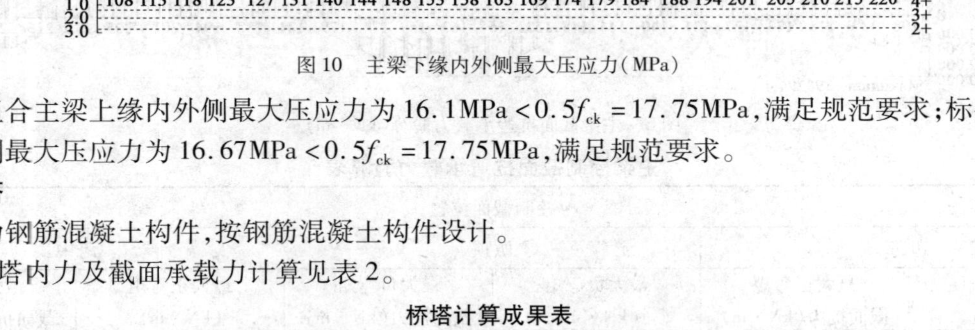

图10　主梁下缘内外侧最大压应力(MPa)

标准组合主梁上缘内外侧最大压应力为16.1MPa < $0.5f_{ck}$ = 17.75MPa,满足规范要求;标准组合主梁下缘内外侧最大压应力为16.67MPa < $0.5f_{ck}$ = 17.75MPa,满足规范要求。

3. 桥塔

桥塔为钢筋混凝土构件,按钢筋混凝土构件设计。

(1)桥塔内力及截面承载力计算见表2。

桥塔计算成果表　　表2

类　型	轴力(kN)	抗力(kN)	安全系数
下塔柱最大轴力	205 861	580 782	2.82
上塔柱最大轴力	73 915	214 850	2.90

(2)桥塔截面裂缝验算

桥塔下塔柱各截面在短期效应组合最大裂缝宽度0.172mm<0.2mm,桥塔上塔柱各截面在短期效应组合最大裂缝宽度0.179mm<0.2mm,满足规范要求。

4. 斜拉索索力

运营阶段标准组合下各拉索索力最大值为5 576kN,折算为应力为932.9 MPa,小于矮塔斜拉桥拉索容许应力$0.6f_{pk}=0.6\times1\ 860=1\ 116$MPa,满足规范要求;运营阶段拉索最大索力幅为595kN,折算为应力幅为99.5MPa<200MPa,满足规范要求(图11)。

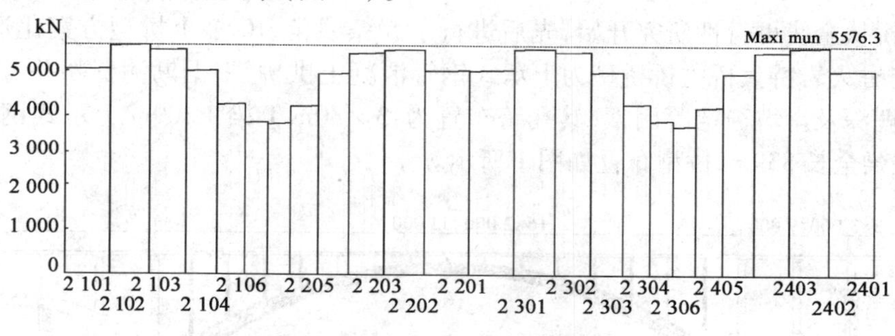

图11 运营阶段标准组合下各拉索最大索力(kN)

七、结 语

龙井河特大桥已于2014年8月合龙,预计2015年底通车。经过该桥的设计实践,有如下结论:

(1)曲线部分斜拉桥的主梁宜选用抗弯和抗扭能力较强的悬臂箱梁。

(2)曲线部分斜拉桥的主梁形式和拉索布置形式宜根据桥面宽度选定,桥面宽度为双车道宜选用肋板式梁和双索面,四车道及以上宜选用多室箱梁和单索面。

(3)相对于直线桥,曲线部分斜拉桥的桥塔尺寸应加大以抵抗扭矩。

(4)部分斜拉桥梁高(本桥根部梁高6.5m)较同等跨度的连续刚构(根部梁高10m)大幅降低,梁底曲率更大,有利于防治连续刚构桥的底板钢束张拉所造成的箱梁底板混凝土崩裂。

参考文献

[1] 王伯惠. 斜拉桥结构发展和中国经验[M]. 北京:人民交通出版社,2003.

[2] 杨鸿波. 桥梁结构概念设计[D]. 上海:同济大学硕士学位论文,2005.

[3] 杨昀. 山区曲线斜拉桥的设计与施工技术研究[R]. 北京:交通运输部西部科技项目研究报告,2013.

21. 香火岩特大桥的设计与施工

陈冠桦 万 麟 赵 凯 杨 健 韦定超

(贵州省交通规划勘察设计研究院股份有限公司)

摘 要 香火岩特大桥是一座上承式钢管混凝土拱桥,主拱净跨径为300m;主拱圈由六肢钢管组成的等宽度变高度空间桁架结构,拱上立柱为排架式空心矩形薄壁截面钢箱结构;主拱肋架设采用缆索吊装斜拉扣挂施工。本文对该桥的设计与施工要点进行了介绍。

关键词 钢管混凝土拱桥 设计与施工 缆索吊装

一、工 程 概 述

香火岩特大桥是一座上承式钢管混凝土拱桥,是国内继广州丫髻沙大桥(360m)、湖北小河特大桥

(336m)之后第三座主拱圈采用六肢格构型的大跨度钢管混凝土拱桥,也是继广州丫髻沙大桥之后第二座双向6车道的大跨度钢管混凝土拱桥。该桥是兰海高速贵州境遵义至贵阳段扩容工程的重点控制工程,隶属于贵州省开阳县禾丰乡境内,位于香火岩景区范围内,桥位处大桥与沟谷约呈70°交角,河谷深切呈V形,两岸崖高约133m,呈直立状,两岸基岩出露良好,距桥址600m处仅有乡村公路,交通条件较差。场区属长江流域乌江水系。场区地表无河流经过,仅分布季节性冲沟。场区属亚热带湿润季风气候。具有四季温和、雨量丰富、热量充足、日照率低、风力较弱及逆温天多的特点。年平均气温15.3℃,年平均降雨量1 197 ~1 248mm。

香火岩特大桥从全线可行性研究开始,先后进行了5条线位、10多个桥型方案比选,经过多次专家论证与审查,确定香火岩特大桥主桥桥型为上承式钢管混凝土拱桥,根据勘测资料并考虑两岸岩溶发育情况和两岸基础埋深及岸坡稳定等因素,其孔跨布置为:3×30m T梁+300m上承式钢管混凝土拱桥+14×30m T梁,桥梁全长839m,桥型布置如图1所示。

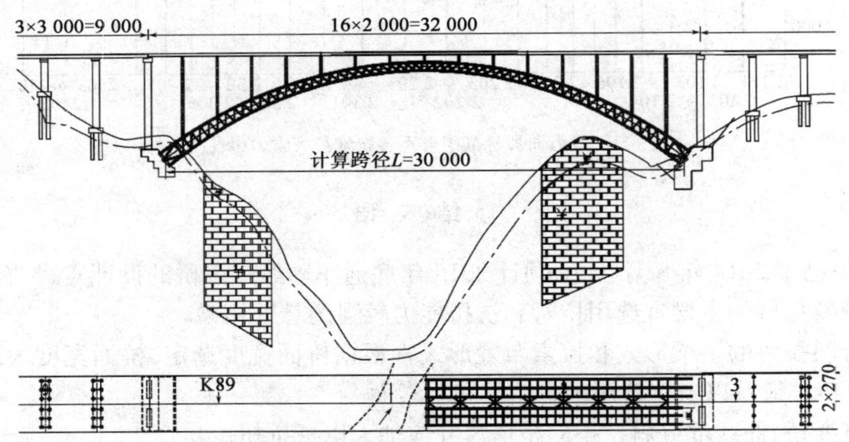

图1 香火岩特大桥桥型布置图(尺寸单位:m)

香火岩特大桥桥面全宽33.5m,由0.5m防撞护栏+15.5m车行道+1.5m中央分隔带+15.5m车行道+0.5m防撞护栏组成;主跨纵坡为双向0.5%,双向横坡2%;荷载标准:公路-I级荷载,桥面布置按双向六车道,结构计算按双向八车道考虑,不考虑人群荷载;设计基本风速值25.2m/s(1/100)。

二、主桥结构设计

1. 主拱圈构造

主桥结构为上承式钢管混凝土拱,主拱净跨径为300m,其主拱圈为六肢钢管混凝土截面,上下弦钢管横向相互平行,两幅拱肋间的中心距为17m。拱轴线采用悬链线,拱轴线系数 $m=1.543$,矢高 $h=54.545$m,矢跨比 $f=1/5.5$。拱脚处拱肋高9.0m,拱顶处拱肋高5.0m,宽10.0m,单幅拱肋由6肢 ϕ1 200mm钢管组成,厚度为26 ~35mm,其上下弦各由3肢钢管与其间的腹杆、斜撑组成。横向每条拱肋之间采用横联连接,上、下弦钢管横联采用 ϕ600×16mm钢管,斜撑采用 ϕ400×16mm钢管。每条拱肋内均灌注C55自密实微膨胀混凝土,在拱脚处与铰相连的两斜腹杆及销轴钢管内灌注C55自密实混凝土。

两幅拱肋之间设置13道米撑和2道K撑,其平联采用 ϕ700×16mm或 ϕ500×16mm钢管,竖撑采用 ϕ400×16mm钢管。主拱圈断面结构见图2。

全桥共划分为52个吊装节段,最大吊重125t。由于本桥在拱顶位置设有拱上立柱,为改善拱顶截面受力,有意将合龙段向贵阳岸偏离2.5m,如图3所示,前12个节段以拱顶为中心对称,13号节段两侧不对称。

2. 腹杆构造

腹杆采用钢箱或工字钢断面、节点板连接的构造。断面尺寸为□600m×600m×16mm、□600m×

400m ×16mm 和 Ⅰ600mm ×400mm 的型钢。节点板与腹杆的连接采用钢结构用高强度大六角头螺栓连接,其接触面做喷砂处理。节点板与主管采用焊接形式连接。腹杆设计图见图 4。

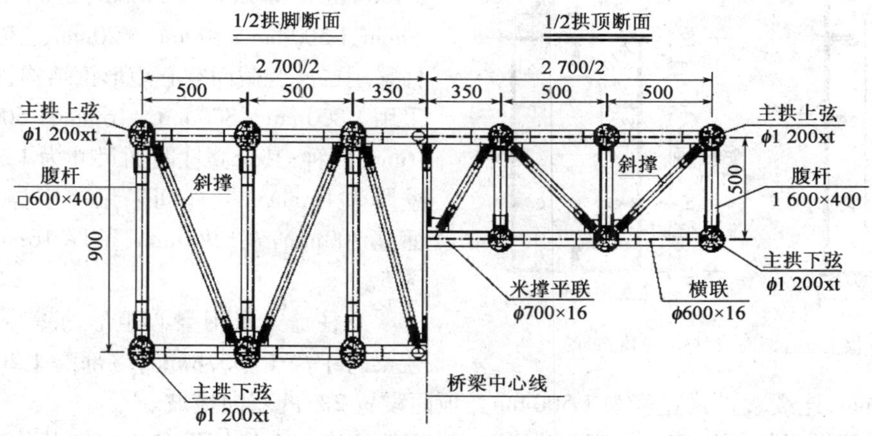

图 2 主桥主拱圈断面图(尺寸单位:mm)

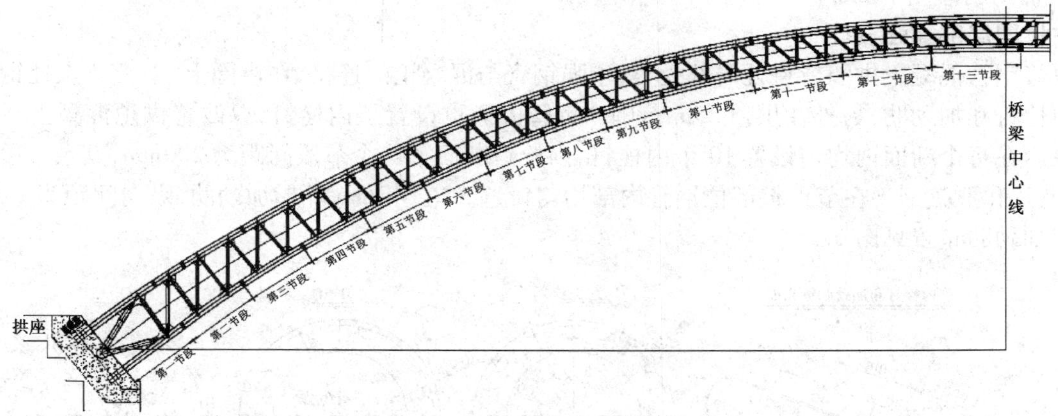

图 3 拱肋节段划分图

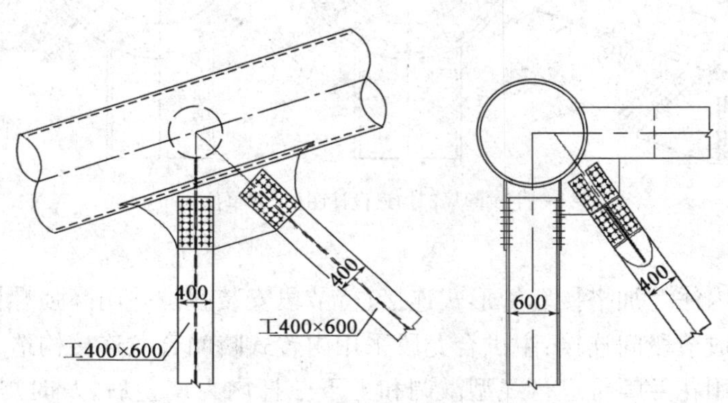

图 4 腹杆构造图(尺寸单位:mm)

3. 拱上立柱构造

拱上结构为 5 ×20T 梁 +6 ×20T 梁 +5 ×20T 梁。通过 3 号交界墩和拱上 1 号至 4 号立柱一起组成一联,拱上立柱 6 号至 10 号组成一联,拱上 12 号至 15 号立柱以及 4 号交界墩组成一联。梁上制动力由上述结构共同承受。

拱上立柱采用排架式空心矩形薄壁截面钢箱结构,立柱间采用横撑连接,以增强立柱的横向刚度。1 号和 15 号立柱高 46.209m,2 号和 14 号立柱高 33.898m,3 号和 13 号立柱高 23.820m,4 号和 12 号立柱高 15.801m,5 号和 11 号立柱高 9.703m,6 号和 10 号立柱高 5.420m,7 号和 9 号立柱高 2.880m,8 号

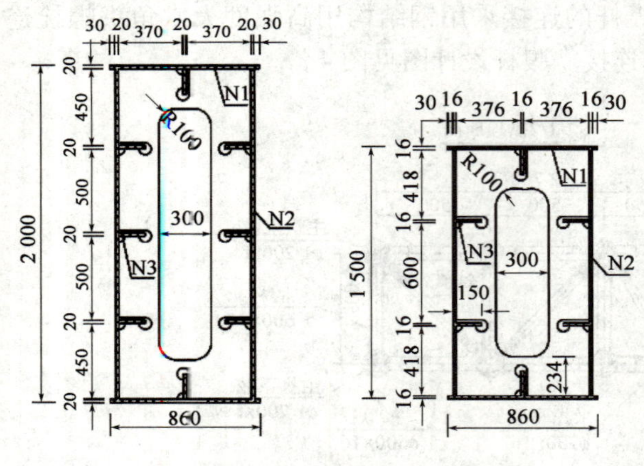
图5　拱上立柱断面图(尺寸单位:mm)

立柱高2.038m。其中1号和15号立柱采用三次变截面空心矩形钢结构，柱截面尺寸分别采用2 400mm×800mm×20mm、2 000mm×800mm×20mm、1 500mm×800mm×20mm三种;2号和14号立柱采用二次变截面空心矩形钢结构，柱截面尺寸分别采用1 800mm×800mm×16mm、1 500mm×800mm×16mm两种;其余立柱断面尺寸为1 500mm×800mm，壁厚为16mm。立柱间采用一字撑连接，一字撑截面高700mm，宽1 960mm，壁厚16mm。立柱断面见图5。

立柱盖梁采用空心矩形薄壁变截面钢箱结构，盖梁跨中高1 555.8mm，端部高1 200mm，分联墩盖梁宽度为1 800mm，连续墩盖梁宽度为1 500mm。顶面设置2%的双向横坡。

拱上立柱底部设置加劲的钢箱底座与拱肋连接，钢箱底座由5块钢板和4块加劲肋组成。钢板厚度为20mm，加劲肋厚度16mm。

4. 主拱圈局部加强设计

为改善钢管混凝土拱圈节点处局部受力，增强钢管与混凝土的连接，在拱圈上、下弦节点处钢管内部增设了内栓钉和加劲肋，另外在拱顶25m范围内钢管内侧也设置了内栓钉，以改善拱顶混凝土与钢管的脱空现象。在每个断面内均匀设置10个内栓钉，内栓钉断面第一个节段间距为200mm，其余节段间距为400mm;上弦和下弦钢管在节点板部位钢管内部均匀设置3道δ10mm环形加劲肋，纵向间距为1 000mm;内栓钉和加劲肋布置见图6。

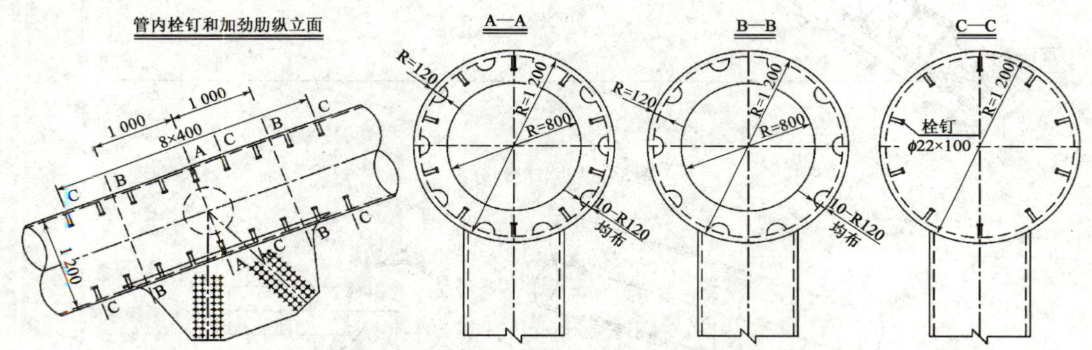

图6　主拱圈局部加强设计图(尺寸单位:mm)

5. 拱肋接头

主拱节段接头采用内法兰加搭接套管形式连接，待节段安装就位并用高强螺栓等强度连接好法兰盘后，再焊接搭接套管，完成节段间连接;主拱合龙段采用内置式瞬间合龙连接构造，待节段安装就位，调整好拱肋高程、线形，并利用花兰螺母进行线型微调和上下弦杆内力调整后，及时焊接搭接套管，完成拱肋的全桥合龙。

6. 拱脚构造

主拱与拱座的连接构造，本桥采用预埋钢管插入拱座，预埋钢管与主拱节段采用焊接对接接头。为了使主拱圈在吊装过程中便于调整高程和线形，保证拱肋精确地合龙，拱脚接头采用竖向可转动的铰连接方式。拱脚截面中心处设置一弧形铰，待主拱圈吊装完毕，调整好拱肋高程及线形后，首先采用与主拱圈同规格、同材质的钢管进行对接熔透焊后，再采用外包钢板补强焊的形式连接拱脚接头，再浇筑拱座预留槽混凝土，封固拱脚临时铰。拱脚构造见图7。

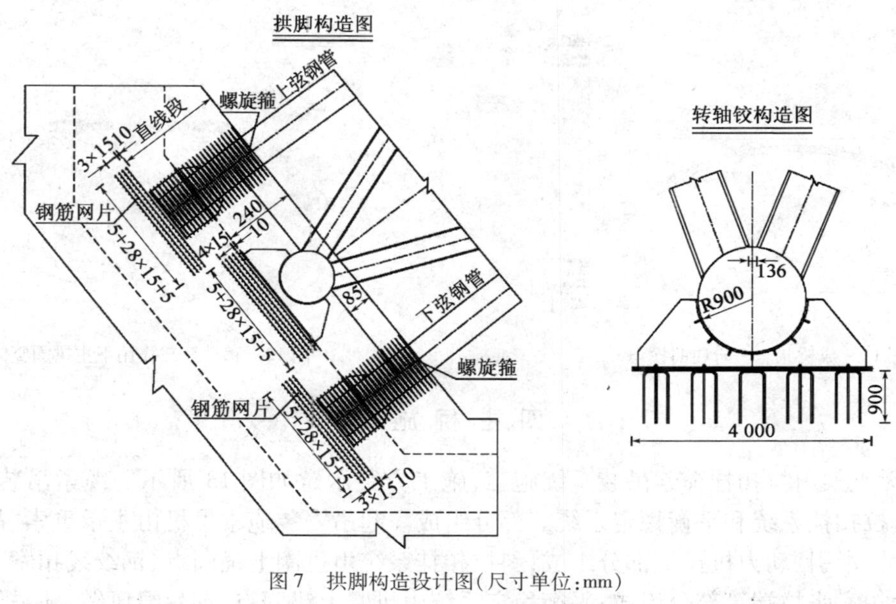

图7 拱脚构造设计图(尺寸单位:mm)

三、结 构 计 算

1.计算模型

采用通用有限元程序 MIDAS-Civil 2012 进行总体计算。钢管混凝土采用联合截面模拟,拱上立柱以及桥面系均采用梁单元,施工临时扣索、锚索采用桁架单元模拟。全桥共个 7 092 单元,4 563 个节点。计算模型图如图 8 所示。

2.计算结果

通过计算,施工阶段,合龙时钢管应力为 78.5MPa,施工阶段钢管最大应力为 218.4MPa,管内混凝土压应力为 11.7MPa,小于材料强度设计值;使用阶段,主拱圈钢管应力为 228.9MPa,管内混凝土压应力为 12.4MPa;长期效应组合包络下,主拱圈钢管应力为 227.1MPa,管内混凝土压应力为 11.8MPa;钢管应力小于 $0.8f^{s}$,腹杆、平联、米字撑、帽梁及立柱等构件的应力值小于允许值;施工阶段拱脚铰接状态下稳定系数为 37.1,合龙前最大悬臂状态稳定系数为 14.2,成桥状态大桥一阶失稳模态下稳定系数为 7.4;拱肋在移动荷载作用下,拱肋正负挠度绝对值之和为 1/7 425 < 1/1 000。结构受力满足规范要求。拱圈内力和位移见图 9 ~ 图 12。

图8 计算模型图

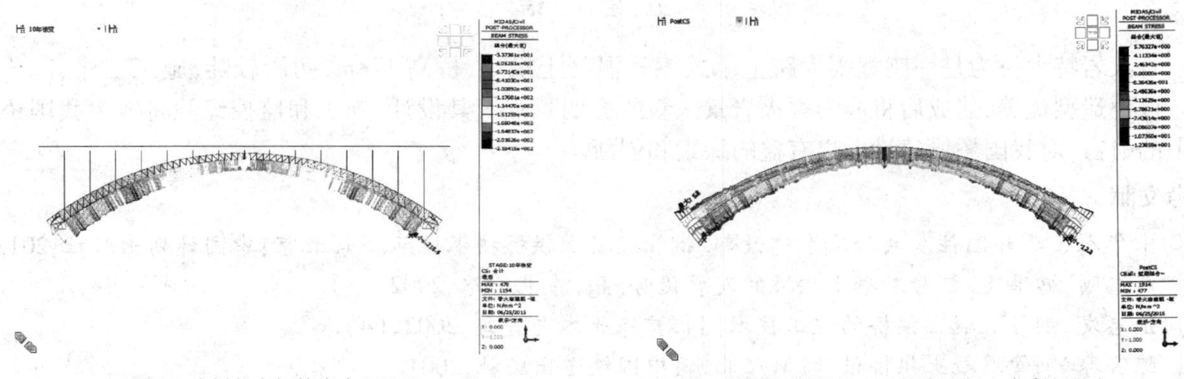

图9 成桥状态钢管应力(MPa)

图10 短期组合下管内混凝土应力(MPa)

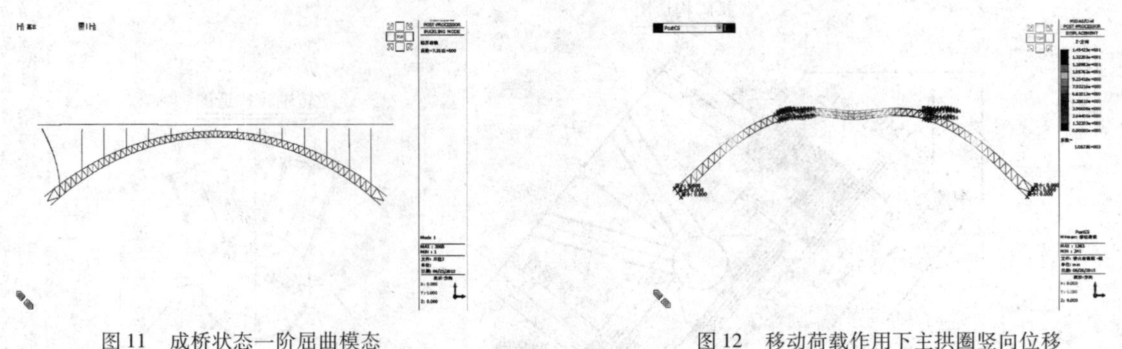

图11　成桥状态一阶屈曲模态　　　　图12　移动荷载作用下主拱圈竖向位移

四、主 桥 施 工

主桥采用无支架斜拉扣挂缆索吊装系统施工,施工方案示意如图13所示。缆索吊装系统由起吊安装缆索吊机、斜拉扣挂系统和平衡稳定系统三部分组成。起吊安装缆索吊机由主承重索、吊塔、吊塔纵向风缆、吊锚、起吊、牵引、动力机械等部分组成;斜拉扣挂系统由拱圈上锚固点、钢绞线扣索、扣塔前后平衡索、扣索锚梁含扣索张拉端等部分组成;平衡稳定系统由拱圈上锚固点、钢丝绳风缆、地锚等部分组成。

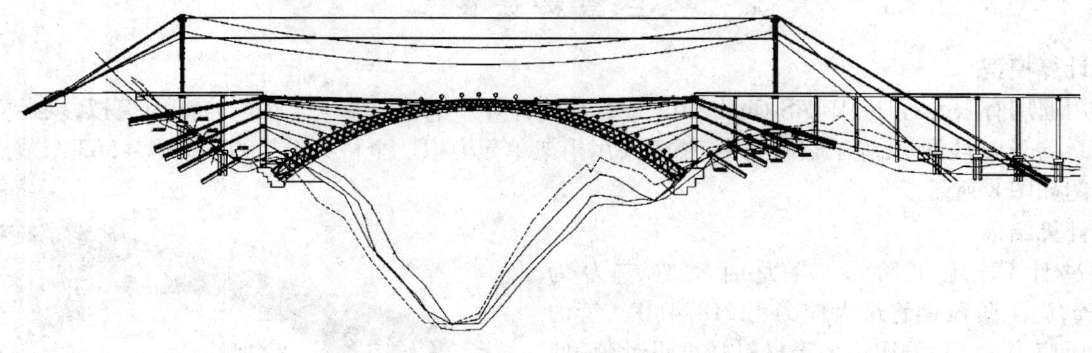

图13　施工方案示意图

由于桥址位于山谷陡崖间,地势陡峭,施工场地狭窄,为了减少缆索吊机设备投入,降低工程成本,加快施工周期,将1号、6号墩作为施工的吊塔平台,交界墩设置扣索锚梁。吊塔采用万能杆件拼装成双柱门式塔,塔柱中部设横系梁,顶部设盖梁;扣塔采用万能杆件拼装成全焊接门式格构柱,塔脚固结。吊塔设置于扣塔塔顶,尽量减少对扣锚系统的干扰。吊塔和扣塔间用铰方式连接。塔顶设置索鞍,便于钢索通过。

在交界墩顶设置扣索锚梁,分别向沟谷和两岸张拉节段扣索和锚索,配合吊装进度二者同步、均衡进行。张拉过程中不能始终使锚梁所受水平分力处于平衡状态,纵向位移保持为零。

五、结　　语

香火岩特大桥为是一座宽幅大跨上承式钢管混凝土拱桥,桥高178m,两岸较陡,施工工序、工艺复杂。该桥造型优美,建成后将成为香火岩景区新的亮丽景点。其设计、施工和监控经验将成为我国桥梁史上的财富,对我国桥梁建设做出有益的探索和创新。

参考文献

[1] 中华人民共和国住房共和城乡建设部.钢管混凝土拱桥技术规范[S].北京:中国计划出版社,2013.

[2] 严志刚,盛洪飞.钢管混凝土拱桥的发展优势[J].东北公路,2002,(1).

[3] 张志发.钢管混凝土拱桥的施工技术[J].广东土木与建筑,2002,(4).

[4] 陈宝春.钢管混凝土拱桥设计[M].北京:中国铁道出版社,2001.

22. 一跨 81m 上承式钢筋混凝土拱桥设计

张志涯　刘超豪
（贵州省交通规划勘察设计研究院股份有限公司）

摘　要　介绍了贵州省某高速公路互通连接线桥梁，该桥为一主跨 81m 的钢筋混凝土拱桥，矢跨比为 1/5。通过桥梁博士计算软件对该桥进行了模型分析，介绍了建模及分析过程，计算结果表明该桥梁结构安全可靠。

关键词　上承式拱桥　设计　计算分析

一、引　言

贵州省位于云贵高原向东部平原过渡的斜坡地带，地形切割强烈，山高坡陡，沟壑纵横，岩溶地质发育；省内高速公路桥梁大部分为跨越沟谷而设的旱桥，基本不受水文和通航条件限制，这也是山区桥梁的典型特点。近年来，贵州省高速公路迎来了一个快速发展的阶段，在高速公路设计过程中由于地形的复杂性基本会遇到各种各样的桥型，而拱桥的跨越能力大，能适应一跨跨沟的山区特点，且经济性好，是山区桥梁应用比较广泛的一种结构形式。

二、工 程 概 况

贵州省某高速公路互通连接线需设桥跨越一 V 形冲沟，桥区地形起伏变化较大，附近最高海拔 1 238.20m，最低地海拔 1 071.2m，相对高差 167.0m。两岸横、纵坡较陡，桥区起点岸覆盖层较厚，终点岸基岩裸露，地表植被较发育，桥区地貌类型属溶蚀型低中山溶蚀沟谷地貌。综合考虑地质、地形条件，认为在该处采用一跨拱桥跨越冲沟较为合理。

该桥拟采用单跨现浇钢筋混凝土悬链线箱型拱，起、终点各设 2×16m、1×16m 预应力混凝土简支空心板。由于桥区覆盖层较厚且两岸卸荷节理发育，考虑到拱座对地基承载力要求较高，终于拱桥跨径选定为 81.0m。拱上行车道采用 11m×8m 钢筋混凝土空心板，排架式立柱。拱桥采用扩大基础，引桥双柱墩采用桩基础，起点岸桥台采用重力式 U 台配桩基础，终点岸桥台采用重力式 U 台配扩大基础。桥宽 8.0m，桥梁全长 145.0m。桥型布置图如图 1 所示。

三、结 构 设 计

1. 结构尺寸

主桥净跨径 81m，净矢高 16.2m，净矢跨比为 1/5。拱圈为悬链线无铰拱，采用“五点重合法”试算出拱轴系数取 1.988 较为合理。拱圈截面为等截面单箱双室，箱室高 1.7m，宽 6.9m，腹板厚 0.25m，顶底板厚 0.25m，如图 2 所示。拱上立柱横桥向宽 0.7m，纵桥向宽 0.8m。

2. 设计参数

本桥位于高速公路连接线上，路线按三级公路设计，但是此处车流量较大，重车较多，故桥梁设计汽车荷载采用公路－Ⅰ级标准进行设计。桥区地震动反应谱特征周期为 0.35s，地震动峰值加速度为 0.05g，桥区地震基本烈度为Ⅵ度，桥梁抗震设防措施等级为 7 级。设计基准期为 100 年，环境类别为Ⅰ类。行车道宽度为 2×3.5m，两侧各设 0.5m 宽防撞墙，无人行道。

拱圈、拱座及桥面空心板采用 C40 混凝土，其余采用 C30 混凝土，混凝土重力密度为 $26kN/m^3$。均匀温度作用采用升温 20℃、降温 20℃。由于拱圈不直接被太阳照射，故拱圈的非线性温度采用顶板 ±5℃。

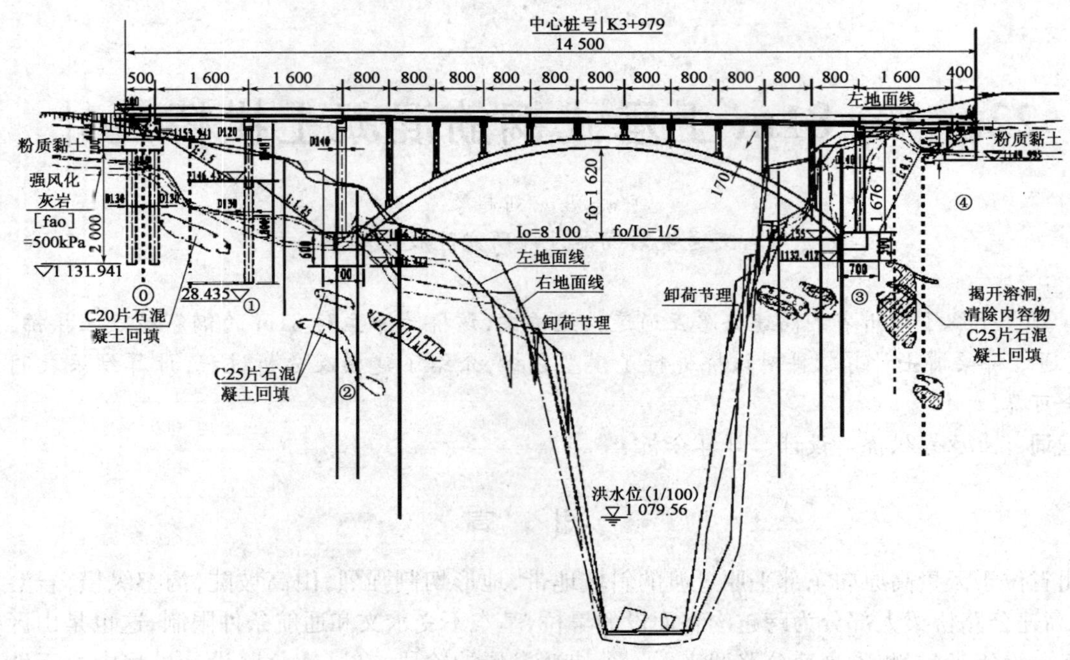

图1 桥型布置图(尺寸单位:cm)

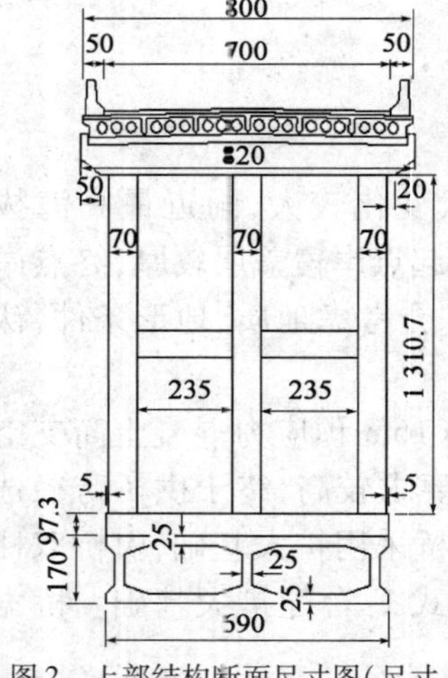

图2 上部结构断面尺寸图(尺寸单位:mm)

拱圈纵向稳定性验算时计算长度为$0.36L_a$,L_a为拱轴线长度。

四、结构计算分析

1. 计算模型

本桥采用桥梁博士3.0软件进行计算。由于拱上为简支体系,不考虑拱上建筑与拱圈的联合作用,从施工过程至使用阶段均由拱圈单独承力,拱上建筑均为荷载。计算模型按文献[1]介绍的图示B建立,即拱上立柱上下端均为铰接。全桥计算模型如图3所示,共80个节点,58个单元。

2. 计算工况

本桥按设计的施工顺序,考虑了以下5个工况:①拱圈采用拱架现浇,拱圈一次成型;②施工拱上立柱及盖梁;③吊装拱上桥面板;④施工桥面铺装、防撞墙等附属设施;⑤考虑收缩徐变3 650d。

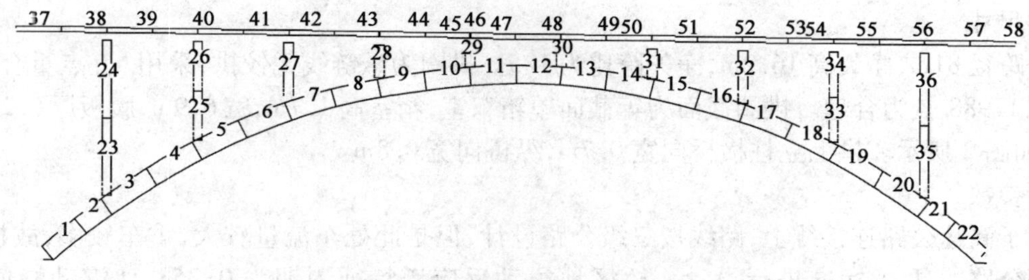

图3 全桥计算模型

3. 计算结果分析

(1)承载能力极限状态强度验算

按规范JTG D62—2004中第5.2节和第5.3节的规定,验算结构的承载能力极限状态强度,拱桥受力不利的截面为拱脚、拱顶、$l/4$ 或 $3l/8$（l 为拱的跨径），计算结果如表 1 所示。由表 1 可知，最大压力和弯矩均在拱脚处，拱圈各受力不利截面均满足规范要求。

主要截面承载能力验算结果表 表 1

节　点	类型	性质	N_j(kN)	M_j(kN·m)	截面抗力	抗力是否满足
1(拱脚)	最大轴力	下拉偏压	33 200	8 250	67 900	是
	最小轴力	上拉偏压	22 700	−18 600	42 000	是
	最大弯矩	下拉偏压	26 900	17 400	47 900	是
	最小弯矩	上拉偏压	29 900	−30 500	32 200	是
7($l/4$)	最大轴力	下拉偏压	27 200	1 350	102 000	是
	最小轴力	上拉偏压	17 700	361	107 000	是
	最大弯矩	下拉偏压	23 200	16 300	46 200	是
	最小弯矩	上拉偏压	22 300	−9 420	57 500	是
9($3l/8$)	最大轴力	下拉偏压	26 300	6 860	67 900	是
	最小轴力	上拉偏压	17 000	5 790	63 600	是
	最大弯矩	下拉偏压	23 100	21 900	36 400	是
	最小弯矩	上拉偏压	21 200	−6 990	64 600	是
12(拱顶)	最大轴力	下拉偏压	25 800	8 770	63 700	是
	最小轴力	上拉偏压	16 700	7 590	55 300	是
	最大弯矩	下拉偏压	23 100	19 300	41 300	是
	最小弯矩	上拉偏压	20 300	−4 260	74 400	是

（2）裂缝验算

根据规范 JTG D62—2004 中 6.4.2 可知，钢筋混凝土构件在Ⅰ类和Ⅱ类环境中最大裂缝宽度为 0.20mm。经计算，最大裂缝出现在拱脚处为 0.052 2mm，满足规范要求。

五、施 工 要 点

拱圈采用拱架上分段、分环、对称的方式进行现浇施工，各环混凝土达到设计要求的强度后，必须接着进行下一环混凝土浇筑，不容许出现过长时间的施工停顿。主拱圈混凝土达到设计强度 100% 后方可脱架浇筑拱上建筑，拱架严格按对称、多次、缓慢的原则卸落。拱上建筑应该严格按照对称的原则进行施工，若变更施工顺序需对拱圈重新进行验算。

六、结　　语

目前我国高速公路网正快速向西部山区推进，而拱桥因其跨越能力大、耐久性好、养护维修费用少、外形美观等优点使其在山区桥梁选型中拥有独特的优势，在地形地质条件合适，尤其是跨越沟谷时应尽量采用拱桥结构。

参考文献

[1] 周立臣，严允中. 上承式 RC 箱形拱桥几个计算问题的讨论[J]. 公路，2008，(8)：71-73.

[2] 中华人民共和国行业标准. JTG D62—2004 公路钢筋混凝土及预应力混凝土桥涵设计规范[S]. 北京：人民交通出版社，2004.

23. 思南岩头河大桥桥型方案比选

高 丽
(贵州桥梁设计院)

摘 要 通过思南岩头河大桥主要控制因素分析,初步选定桥型方案,对桥型方案进行充分的论证、分析和比较,确定出最适合此处实施的桥型方案。

关键词 思南岩头河大桥 控制因素 桥型方案 方案比选

一、概 述

岩头河大桥位于贵州省思南县许家坝镇与青杠坡镇交界处,跨越岩头河。桥头引道三级公路,设计速度30km/h,路基宽7.5m,路面宽6.5m。其他主要经济指标:①汽车荷载:公路—Ⅱ级;人群荷载:3.0kN/m^2;②桥面宽度:1.0m(人行道)+7.0m(行车道)+ 1.0m(人行道),桥面全宽9.5m;③设计洪水位:1/100年;④通航要求:无通航;⑤地震设防烈度:小于Ⅵ度。长期以来,这里仅靠一艘人力摆渡汽车渡船维持交通,且受水位影响很大,通行能力极为有限。岩头河大桥的修建对两岸物资交流和经济发展有着积极的现实意义。

二、桥型主要控制因素

1. 地形及地质条件

岩头河大桥位于中低山河谷侵蚀区,地形切割强烈,桥轴线处两岸地形不对称,相对高差约200m,由于河水及其携带的碎屑物对河床底部产生强烈的下切割作用形成不对称"V"形峡谷。桥轴线思南岸地形陡峭,顺桥向坡度约70°,基岩裸露;在K0+091以前顺桥向地形较缓,坡度约30°;凤冈岸地形坡度均匀,顺桥向坡度在45°左右。

桥位区出露地层为第四系残坡积红黏土、碎石土和晚古生代二叠系吴家坪组一、二、三段燧石团块状石灰岩夹烟煤、砂岩及泥岩。无活动性断层及古断层存在,中风化燧石团块状石灰岩整体性较好。虽然存在岩溶、崩塌、软弱夹层及老硐等不良地质现象,但规模小,影响范围有限。

2. 水土保持及环境保护

思南岩头河大桥地处岩头河上东方红电站回水库区,桥位处测时水面宽71m,水深约20m。岩头河属乌江左岸支流六池河的部分河段,于思南县香坝乡统口处汇入乌江。岩头河为思南县城饮水源的上游河流。1号桥墩位于思南岸的反向边坡上,坡角近于直立,为避免大面积开挖边坡,造成地质灾害,应合理选择1号桥墩的墩身形式,保护好当地的自然环境。

3. 施工条件、建设投资及运营养护等因素

根据以上因素,我院在满足使用功能、结构安全的条件下优先考虑经济指标,对非对称连续刚构、对称连续刚构、单T连续刚构、吊装箱拱四种桥型进行技术经济比较。

三、桥 型 方 案

本桥跨越"V"形峡谷,地势险峻,给桥型布置带来很大的困难。我院在综合考虑桥位区的地形、地质、水文、气象等自然条件,并结合使用功能、结构安全、经济指标等要求,选取四种桥型方案进行综合比较,各方案介绍如下。

1. 方案一:非对称连续刚构桥

由于桥址处地形的非对称,桥型方案根据地形首选非对称连续刚构。对称连续刚构经过我国 20 多年的设计与施工,可参考的工程实例非常多,并且技术及经验非常丰富。非对称连续刚构桥的设计与施工不多,可参考的工程实例很少。我院收集国内部分已设计和已经建成的不对称连续刚构桥的相关资料见表 1。

国内部分已经设计或已经建成的不对称连续刚构桥 表 1

桥名	跨径(m)	备注
江苏省吴江市跨京杭运河的桥	35 +96 +62	1998 年建成
泸州长江二桥	145 +252 +54.75	2000 年建成
贵州省贵阳市小关水库特大桥	69 +125 +160 +160 +112	2003 年建成
云南省红河大桥	58 +182 +265 +194 +70	2003 年建成
贵州省关兴公路落拉河特大桥	40 +166.5 +97	2005 年建成
云南三界怒江大桥	55 +138 +95	2004 年施工图设计

本方案采用 53m +128m +92m 三跨非对称预应力混凝土连续刚构桥,桥梁全长 281m(图 1)。上部箱梁由一个 94mT(小 T)和一个 162mT(大 T)组成,主梁采用单箱单室断面,顶板宽度 9.5m,底板宽度 5.5m。小 T 箱梁 0 号梁段高度为 6.2m,合龙梁段和边跨现浇梁段高度均为 3.2m;大 T 箱梁 0 号梁段高度为 9.5m,合龙梁段和边跨现浇梁段高度均为 3.2m。

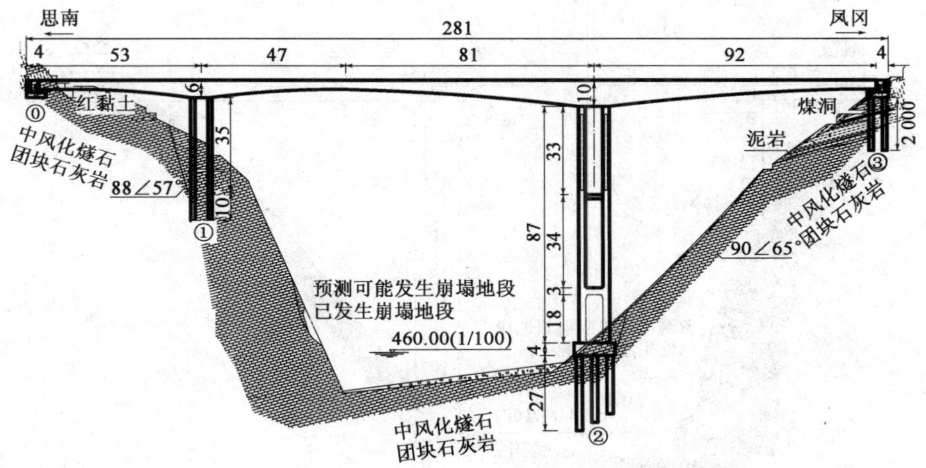

图 1 方案一布置示意图(尺寸单位:m)

1 号墩采用双薄壁实体矩形墩身,墩身高度为 35m,顺桥向厚度 1.4m,横桥向宽度 5.5m,墙式基础。2 号桥墩上段为双柱式矩形截面空心墩,中段为双柱式矩形截面实心墩,下段为整体箱形截面墩。墩身高度为 86.5m,双肢墩顺桥向厚度 2.2m,横桥向宽度 5.5m,桩基础。两岸桥台均采用实体桥台,0 号桥台扩大基础;3 号桥台桩基础。

2. 方案二:对称连续刚构桥

本方案主桥采用 70m +125m +70m 三跨对称预应力混凝土连续刚构桥,引桥为 20m 预应力混凝土空心板,桥梁全长 294m(图 2)。主梁采用单箱单室断面,顶板宽度 9.5m,底板宽度 5.0m。箱梁 0 号梁段高度为 7.2m,合龙梁段和边跨现浇梁段高度均为 2.5m。

1 号墩采用双薄壁实体矩形墩身,墩身高度为 25m,顺桥向厚度 1.8m,横桥向宽度 5.0m,桩基础。2 号桥墩采用双薄壁空心墩身,墩身高度为 91m,顺桥向厚度 2.2m,横桥向宽度 5.0m,桩基础。3 号交界墩采用双柱式矩形截面墩身,墩顶设盖梁,单柱截面为 2.5m×1.5m,扩大基础。0 号桥台采用实体桥台,扩大基础;3 号桥台采用重力式 U 形桥台,桩基础。

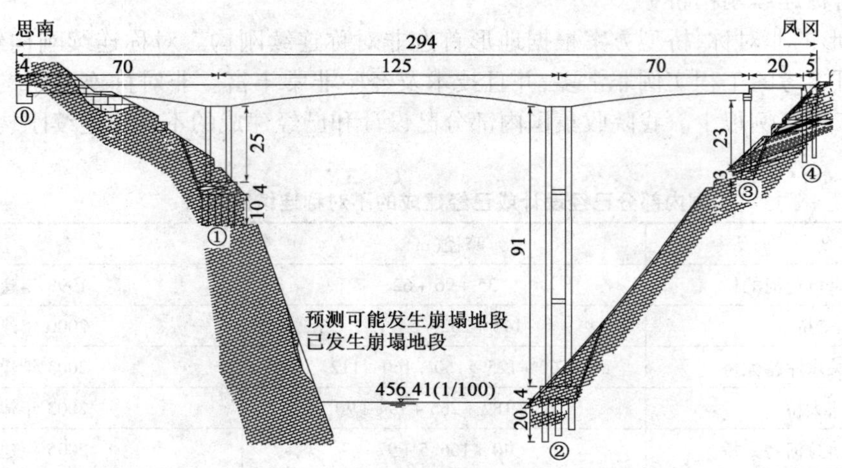

图2　方案二布置示意图(尺寸单位:m)

3. 方案三:单T连续刚构桥

本方案主桥采用125m+125m两跨预应力混凝土连续刚构桥,引桥为20m预应力混凝土空心板,桥梁全长282.4m(图3)。主梁采用单箱单室断面,顶板宽度9.5m,底板宽度6.0m。箱梁0号梁段高度为13.0m,合龙梁段和边跨现浇梁段高度均为4.0m。

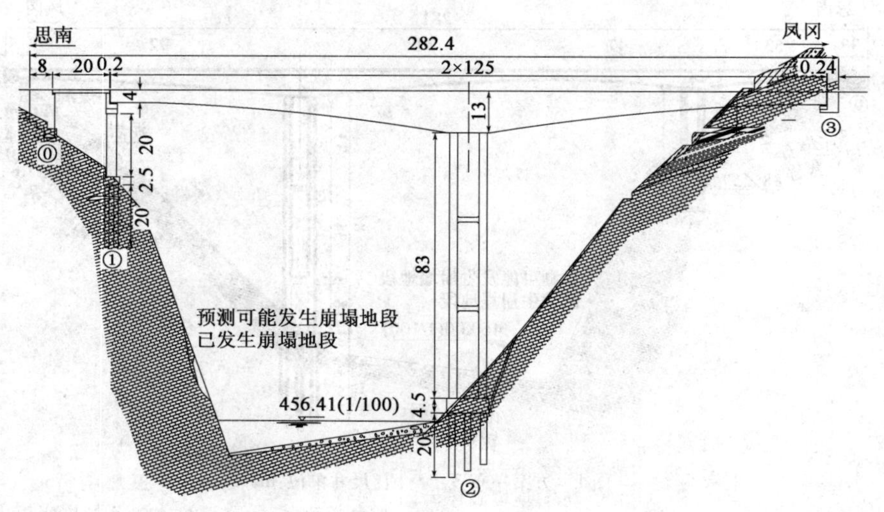

图3　方案三布置示意图(尺寸单位:m)

1号墩交界墩采用单肢薄壁实体墩身,墩身高度为20m,顺桥向厚度3.5m,横桥向宽度6.0m,桩基础。2号桥墩采用双薄壁空心墩身,墩身高度为83m,顺桥向厚度2.8m,横桥向宽度7.0m,桩基础。0号桥台采用重力式U形桥台,扩大基础。3号桥台采用实体桥台,桩基础。

4. 方案四:吊装箱拱桥

本方案主桥160m的钢筋混凝土箱形拱,净矢跨比$f_0/L_0=1/5$,拱轴系数m=1.756。两岸引桥为2×25m预应力混凝土T梁,桥梁全长278.4m(图4)。主拱圈采用箱形断面,断面形式为宽7.5m,高2.6m的单箱五室。

1号和4号桥墩为双柱式圆形墩,桩基础。2号和3号桥墩为双柱式圆形墩,与拱座连在一起,扩大基础。0号和5号桥台均采用重力式U形桥台,0号桥台采用扩大基础。5号桥台采用桩基础。

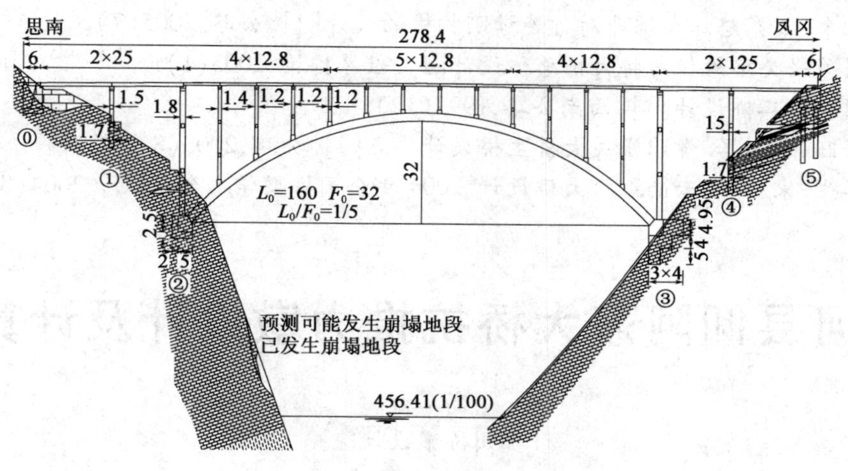

图4 方案四布置示意图(尺寸单位:m)

四、桥型方案综合比较

四种桥型方案均能满足使用功能的要求。但从表2可知,综合指标上来讲,方案一是最佳首选方案。

桥型方案综合比较

表2

项目 \ 方案	方案一	方案二	方案三	方案四
结构形式	非对称连续刚构	对称连续刚构	单T连续刚构	吊装箱拱
桥梁跨径(m)	53+128+92	70+125+70+20	20+125+125	2×25+160+2×25
桥梁全长(m)	281	294	282.4	278.4
施工方案	悬臂浇筑	悬臂浇筑	悬臂浇筑	吊装施工
施工工期	18	20	22	18
技术指标	有创新,设计难度大	无创新,技术成熟	有创新,但技术也比较成熟	无创新,但技术不是很成熟,风险大
主要优点	结构造型简明,整体性好,与桥址区峡谷环境相协调	结构造型简明,整体性好,设计、施工均有成熟经验	结构造型简明,整体性好,设计施工均有成熟经验	拱桥受力明确,结构合理,桥型美观
主要缺点	可参考的工程实例少,设计比较复杂	与桥址区峡谷环境不协调,0号桥台要挖山体大于25m,环境破坏大,1号桥墩离边坡太近,安全风险大	施工难度大,与桥址区峡谷环境不协调,3号桥台挖山体大于33m,环境破坏大,造价较高	施工受吊装设备影响大,安全风险很大,与桥址区峡谷环境不是很协调,2号拱座挖山体大于15m,环境破坏大
设计概算	2 540	2 650	3 220	2 910
综合评述	较优	良好	一般	优

五、结　　语

思南岩头河大桥桥型方案比选是一项综合、系统的工程,充分考虑了实际的地形与地质情况,吸取前人的成功经验,在技术可行的前提下做大量、系统、科学的分析、论证、比较和优化,使工程既能体现当代桥梁的技术水平,又能为西部山区不对称河谷地形修建大跨度同类型梁桥提供一定的借鉴及参考价值。

参考文献

[1] 周念先.桥梁方案比选[M].上海:同济大学出版社,1992.
[2] 庄卫林.泸州长江二桥桥型选择[J].西南公路,1997(3).

[3] 潘文跃,陈孔令.三界怒江大桥非对称连续刚构桥的设计[J].公路,2005(7).
[4] 丁立新.贵州关兴公路落拉河特大桥总体设计[J].世界桥梁,2005(1).
[5] 庄卫林.泸州长江二桥设计[J].西南公路,1997(12).
[6] 徐占军,盛兴旺,刘志军.贵阳小关大桥主桥设计要点[J].公路,2003(8).
[7] 吕敬之,周军生,宋桂峰.云南红河大桥设计.2004年全国桥梁学术会议[C].2004(8).

24.剑河县仰阿莎大桥抗推力墩设计及计算分析

高　丽
(贵州桥梁设计院)

摘　要　拱桥特别是连拱拱桥以其优美的线形和良好的承载能力曾在中国得到普遍的应用和推广，本文以一座设计完成的连拱拱桥为例，重点介绍了2号抗推力墩设计计算的过程和方法，提供的计算结果表明其结构形式的合理性。

关键词　连拱拱桥　桥梁设计　荷载工况

一、工程概况

剑河县仰阿莎大桥主孔为50m+2×70m+50m等截面空腹式钢筋混凝土拱桥，桥梁全长279.0m，主孔为$L_0=70$m的等截面悬链线无铰钢筋混凝土箱形拱，拱轴系数$m=2.24$，净矢跨比为1/5.6；边拱为$L_0=50$m的等截面悬链线无铰钢筋混凝土箱形拱，拱轴系数$m=2.24$，净矢跨比为1/4；主孔、边孔净矢高均为12.50m。腹拱为$L_0=4.0$m的等截面圆弧砌石板拱。截面高$d_0=0.40$m。设计荷载：汽车城－A级；人群3.335kN/m^2，两岸桥台均采用重力式U形桥台；中墩亦为重力式墩，墩台基础均为刚性扩大基础。总体布置图如图1所示。

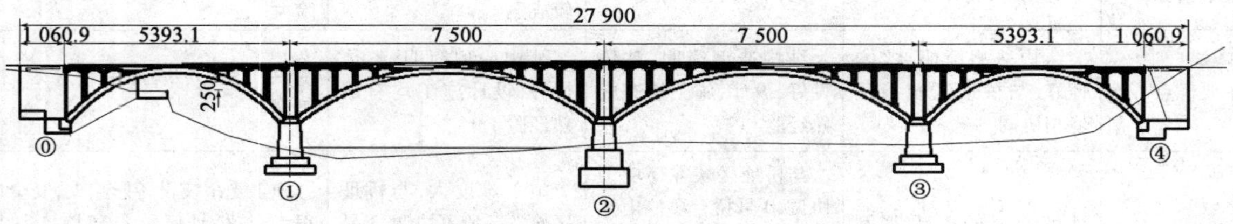

图1　仰阿莎大桥桥型总体布置(尺寸单位:cm)

二、设计依据

(1)设计委托合同《剑河县仰阿莎大桥桥位勘测及设计合同》(2012年7月)。

(2)黔东南州交通运输文件《关于剑河县仰阿莎大桥两阶段初步设计的批复》(州交规划[2012]80号)。

(3)《剑河县仰阿莎大桥两阶段初步设计》(贵州桥梁设计院,2012年10月)。

(4)《剑河县仰阿莎大桥桥位工程地质勘察报告》(详勘)(贵州桥梁设计院,2013年01月)。

(5)《关于剑河县仰阿莎大桥桥梁通航安全影响论证报告》(贵州顺达水运规划勘察设计所,2012年5月)。

(6)《贵州省剑河县仰阿莎大桥两阶段初步设计咨询报告》(贵州省交通规划勘察设计研究院股份有限公司,2012年10月)。

三、2 号桥墩抗推力墩计算分析

由于本拱桥为多次超静定推力拱，易造成 1 孔垮塌后多孔连续垮塌现象，因此，在多孔的刚架拱桥设计中需要考虑推力墩的设置。现行规范中仅提到拱桥设计中单向推力墩宜每隔 3 ~5 孔设置 1 个，没有详细的设计办法，相关资料也没有报道。本桥为 4 孔连拱，设置推力墩是必要的。鉴于本桥孔跨布置情况，选择 2 号墩作为推力墩较合理，可以分别承担两侧各 2 孔的单侧连拱推力。现对 2 号桥墩基底截面进行验算。

1. 主拱圈计算荷载单项内力

根据主拱圈计算结果，单跨荷载单项内力计算如表 1 所示。

表 1

序号	项　目	弯矩 M(kN·m)	轴力 N(kN)	剪力 Q(kN)	备　注
1	永久(含基础变位)	−2 687.235	93 636.95	−4 111.02	
2	温升	14 979.34	1 365.086	−1 139.321	
3	温降	−21 131.57	−1 925.747	1 607.256	
4	汽车	5 784.758	2 100.483	−1 400.463	
5	人群	2 082.384	782.355	−388.548	

汽车制动力，根据计算结果：2 号桥墩制动力为 240kN。

基础底承载力计算：考虑两种工况。

第一种工况：永久 + 温升 + 汽车 + 人群；

第二种工况：剑河岸侧 70m：永久 + 温降；寨章岸侧 70m：永久 + 温升 + 汽车 + 人群。

1）第一种工况

（1）主拱圈计算荷载及对基础底的内力（表 2）

表 2

序号	项　目	弯矩 M(kN·m)	轴力 N(kN)	剪力 Q(kN)	备　注
1	永久 + 温升 + 汽车 + 人群	20 159.247	97 884.874	−7 039.352	70m 主拱剑河岸
2	永久 + 温升 + 汽车 + 人群	20 159.247	97 884.874	−7 039.352	70m 主拱寨章岸

对基础底的内力：

70m 主拱圈拱脚与竖直方向夹角为 45.10°，所以组合最大内力转成竖直力及水平力如下：

$$N_1 = (N\cos45.10° - Q\sin45.10°) \times 2$$
$$= (97\,884.874 \times \cos45.10° - 7\,039.352 \times \sin45.10°) \times 2 = 128\,216\text{kN}$$
$$H_1 = 0\text{kN}$$

对基础底的弯矩：

竖直力对拱座基础底重心的偏心距为 2.024m，水平力对拱座基础底重心的偏心距为 7.180m。

$$M_1 = 0\text{kN}\cdot\text{m}$$

合计内力

$$N_{合} = 128\,216\text{kN}$$
$$H_{合} = 0\text{kN}$$
$$M_{合} = 0\text{kN}\cdot\text{m}$$

（2）2 号桥墩荷载及对基础底的偏心弯矩

2 号桥墩荷载包括自身恒载、墩顶桥面铺装及人行道系恒载。

①自身恒载

混凝土自重力：$G_{2-1} = 56\,800 + 29\,875 + 39\,850 = 126\,525\text{kN}$

②靠桥墩侧腹拱圈、侧墙等恒载

混凝土自重力：$G_{2-2} = 2\,308 + 2\,308 = 4\,616\text{kN}$

③墩顶桥面铺装及人行道恒载

混凝土自重力：$G_{2-3}=1\,048\text{kN}$

1号桥墩荷载竖直力：

$$G=G_{2-1}+G_{2-2}+G_{2-3}+\ =126\,525+4\,616+1\,048=132\,189\text{kN}$$

(3)2号桥墩墩顶制动力及对基础底的偏心弯矩

2号桥墩墩顶制动力为240kN。

制动力对拱座基础底重心的偏心距为31.077m。

制动力对基础底的弯矩：$M_{制动}=240\times31.077=7\,458.5\text{kN}\cdot\text{m}$ 偏心距。

(4)2号桥墩基础底竖向荷载效应标准值见表3。

2号桥墩基础底面外力汇总表　　表3

序号	项　目	水平力(kN)	竖直力(kN)	弯矩(kN·m)
1	主拱圈计算荷载	0	128 216	0
2	2号桥墩计算荷载	0	132 189	
3	制动力计算荷载	240	0	7 458.5
4	荷载组合Ⅰ(1+2)	240	260 405	7 458.5

(5)2号桥墩基底基础承载力验算

地基承载力按《公路桥涵地基与基础设计规范》(JTG D63—2007)和《公路桥涵设计通用规范》(JTG D60—2004)验算。地基承载力验算时，传至基础底面上的作用(或荷载)效应主要应按正常使用极限状态下短期效应组合采用，但汽车荷载应计入冲击系数，且可变作用的频率值系数均取为1.0。

根据规范JTG D63—2007第4.2.2条，基础底面土的承载力，当不考虑嵌固作用时，可按下式验算：

$$p_{\max}=\frac{N}{A}+\frac{M}{W}\leqslant\gamma_R[f_a]$$

式中：$p_{\max}$——基底最大压应力；

N——按照《公路桥涵地基与基础设计规范》(JTG D63—2007)第1.0.8条规定的作用短期效应组合在基底产生的竖向力；

A——基础底面面积；

W——基础底面偏心方向面积抵抗矩；

M——按照《公路桥涵地基与基础设计规范》(JTG D63—2007)第1.0.8条规定的作用短期效应组合产生于基础底的水平力和竖向力对基底重心轴的弯矩。

上式实用于合力偏心距不超出核心半径ρ时。

当合力偏心距不超出核心半径ρ时，应按照下式计算地基应力。

$$P_{\max}=\frac{2N}{3da}=\frac{2N}{3\left(\frac{b}{2}-e_0\right)\times a}$$

式中：N——按照《公路桥涵地基与基础设计规范》(JTG D63—2007)第1.0.8条规定的作用短期效应组合在基底产生的竖向力；

b——沿偏心方向基础底面的边长；

a——垂直b边基础底面的边长；

d——N作用点至基底受压边缘的距离；

e_0——N作用点至截面重心的距离。

基础如设计图所示，采用C25片石混凝土。地基为中风化碳质页岩，根据地勘报告计算出容许承载力取为0.80MPa。

基础底应力验算

竖向力 $N=260\ 405\text{kN}$

弯矩 $M=7\ 458.48\text{kN}\cdot\text{m}$

基础底面积 $A=9.66\times 36.66=354.14\text{m}^2$

基础底弹性抗力矩 $W=\dfrac{1}{6}\times 9.66^2\times 36.66=570.2\text{m}^3$

核心半径 $\rho=\dfrac{W}{A}=\dfrac{570.2}{354.14}=1.61\text{m}\quad 1.5\rho=2.415\text{m}$

$$e_0=\frac{M}{N}$$

$$e_0=\frac{7\ 458.5}{260\ 405}=0.029\text{m}$$

$\therefore\ e_0=0.029\text{m}<1.5\rho=2.415\text{m}$，满足规范要求。

但 $e_0<\rho$，地基基础应力应按第 4.2.2 条规定计算应力。

桥墩基础底应力 $p_{\max}=\dfrac{N}{A}+\dfrac{M}{W}=\dfrac{260\ 405}{354.14}+\dfrac{7\ 458.5}{570.2}=0.748\text{MPa}$

地基容许承载力地质提供 1.0MPa，满足规范要求。

2）第二种工况

（1）主拱圈计算荷载及对基础底的内力（表 4）

主拱圈荷载和基底内力 表 4

序号	项 目	弯矩 M(kN·m)	轴力 N(kN)	剪力 Q(kN)	备 注
1	永久＋温降	−23 818.805	91 711.203	−2 503.764	70m 主拱剑河岸
2	永久＋温升＋汽车＋人群	20 159.249	97 884.874	−7 039.352	70m 主拱寨章岸

70m 主拱剑河岸对基础底的内力：

70m 主拱圈拱脚与竖直方向夹角为 45.10°，所以组合最大内力转成竖直力及水平力如下：

$$N_1=N\cos45.10°-Q\sin45.10°=91\ 711.203\times\cos45.10°-2\ 503.764\times\sin45.10°=62\ 962.8\text{kN}$$

$$H_1=N\sin45.10°+Q\cos45.10°=91\ 711.203\times\sin45.10°+2\ 503.764\times\cos45.10°=66\ 730.0\text{kN}$$

对基础底的弯矩：

竖直力对拱座基础底重心的偏心距为 2.024m，水平力对拱座基础底重心的偏心距为 16.180m。

$$M_1=-62\ 962.8\times 2.024+66\ 730\times 16.18+23\ 818.805=976\ 073.5\text{kN}\cdot\text{m}$$

70m 主拱寨章岸对基础底的内力：

70m 主拱圈拱脚与竖直方向夹角为 45.10°，所以组合最大内力转成竖直力及水平力如下：

$$N_1=N\cos45.10°-Q\sin45.10°=97\ 884.874\times\cos45.10°-7\ 039.352\times\sin45.10°=64\ 107.9\text{kN}$$

$$H_1=N\sin45.10°+Q\cos45.10°=97\ 884.874\times\sin45.10°+7\ 039.352\times\cos45.10°=74\ 304.6\text{kN}$$

对基础底的弯矩：

竖直力对拱座基础底重心的偏心距为 2.024m，水平力对拱座基础底重心的偏心距为 16.180m。

$$M_1=64\ 107.9\times 2.024-74\ 304.6\times 16.18+20\ 159.249=-1\ 052\ 334.8\text{kN}\cdot\text{m}$$

合计内力

$$N_{合}=62\ 962.8+64\ 107.9=127\ 071\text{kN}$$

$$H_{合}=66\ 730-74\ 304.6=-7\ 574.6\text{kN}$$

$$M_{合}=976\ 073.5-1\ 052\ 334.8=-76\ 261.3\text{kN}\cdot\text{m}$$

（2）2 号桥墩荷载及对基础底的偏心弯矩

2 号桥墩荷载包括自身恒载、墩顶桥面铺装及人行道系恒载。

①自身恒载

混凝土自重力：$G_{2-1}=56\ 800+29\ 875+39\ 850=126\ 525\text{kN}$。

②靠桥墩侧腹拱圈、侧墙等恒载

混凝土自重力：$G_{2-2}=2\ 308+2\ 308=4\ 616\text{kN}$。

③墩顶桥面铺装及人行道恒载

混凝土自重力：$G_{2-3}=1\ 048\text{kN}$。

1号桥墩荷载竖直力：

$$G = G_{2-1} + G_{2-2} + G_{2-3} + = 126\ 525 + 4\ 616 + 1\ 048 = 132\ 189\text{kN}$$

(3)2号桥墩墩顶制动力及对基础底的偏心弯矩

2号桥墩墩顶制动力为240kN

制动力对拱座基础底重心的偏心距为31.077m。

制动力对基础底的弯矩：$M_{制动}=240\times31.077=7\ 458.48\text{kN}\cdot\text{m}$

(4)2号桥墩基础底竖向荷载效应标准值(表5)。

2号桥墩基础底面外力汇总表 表5

序号	项　目	水平力(kN)	竖直力(kN)	弯矩(kN·m)
1	主拱圈计算荷载	−7 574.6	127 071	−76 261.3
2	2号桥墩计算荷载	0	132 189	
3	制动力计算荷载	−240	0	−7 458.48
4	荷载组合Ⅰ(1+2)	−7 814.6	259 260	−83 719.8

(5)2号桥墩基底基础承载力验算

地基承载力按《公路桥涵地基与基础设计规范》(JTG D63—2007)和《公路桥涵设计通用规范》(JTG D60—2004)验算。地基承载力验算时，传至基础底面上的作用(或荷载)效应主要应按正常使用极限状态下短期效应组合采用，但汽车荷载应计入冲击系数，且可变作用的频率值系数均取为1.0。

根据规范JTG D63—2007第4.2.2条，基础底面土的承载力，当不考虑嵌固作用时，可按下式验算：

$$p_{\max} = \frac{N}{A} + \frac{M}{W} \leqslant \gamma_R[f_a]$$

式中：$p_{\max}$——基底最大压应力；

N——按照《公路桥涵地基与基础设计规范》(JTG D63—2007)第1.0.8条规定的作用短期效应组合在基底产生的竖向力；

A——基础底面面积；

W——基础底面偏心方向面积抵抗矩；

M——按照《公路桥涵地基与基础设计规范》(JTG D63—2007)第1.0.8条规定的作用短期效应组合产生于基础底的水平力和竖向力对基底重心轴的弯矩。

上式实用于合力偏心距不超出核心半径ρ时。

当合力偏心距不超出核心半径ρ时，应按照下式计算地基应力。

$$P_{\max} = \frac{2N}{3da} = \frac{2N}{3\left(\frac{b}{2} - e_0\right) \times a}$$

式中：N——按照《公路桥涵地基与基础设计规范》(JTG D63—2007)第1.0.8条规定的作用短期效应组合在基底产生的竖向力；

b——沿偏心方向基础底面的边长；

a——垂直b边基础底面的边长；

d——N作用点至基底受压边缘的距离；

e_0——N作用点至截面重心的距离。

基础如设计图所示,采用C25片石混凝土。地基为中风化碳质页岩,根据地勘报告计算出容许承载力取为0.80MPa。

基础底应力验算

竖向力 $N=259\ 260\text{kN}$

弯矩 $M=-83\ 719.8\text{kN}\cdot\text{m}$

基础底面积 $A=9.66\times36.66=354.14\text{m}^2$

基础底弹性抗力矩 $W=\frac{1}{6}\times9.66^2\times36.66=570.2\text{m}^3$

核心半径 $\rho=\frac{W}{A}=\frac{570.2}{354.14}=1.61\text{m}\quad 1.5\rho=2.415\text{m}$

$$e_0=\frac{M}{N}$$

$$e_0=\frac{-83\ 719.8}{259\ 260}=0.323\text{m}$$

$\therefore e_0=0.323\text{m}<1.5\rho=2.415\text{m}$,满足规范要求。

但$e_0<\rho$,地基基础应力应按第4.2.2条规定计算应力。

桥墩基础底应力 $p_{\max}=\frac{N}{A}+\frac{M}{W}=\frac{259\ 260}{354.14}+\frac{83\ 719.8}{570.2}=0.879\text{MPa}$

地基容许承载力地质提供1.0MPa,满足规范要求。

四、结　　语

多孔连拱尤其是推力拱应按拱、墩的实际刚度进行连拱计算,计算结果比较符合实际受力情况,在理论上也比较合理。多孔拱桥设置推力墩是一个不容忽视的问题,推力墩设计牵涉到复杂的经济、技术比较问题,应结合工程具体情况进行分析。由于部分桥孔出现倒塌的几率较小,应把握剩余桥孔结构不会破坏,经修复仍可继续使用的原则进行推力墩设计,以节省建桥工程投资,提高桥梁结构安全性,最大限度降低出现塌孔后的经济损失。目前,现行规范与有关文献对于多孔拱桥推力墩设计没有统一的原则,如何做到经济、合理,有待桥梁工作者进一步研究。

参考文献

[1] 中华人民共和国行业标准. JTG D61—2005 公路圬工桥涵设计规范[S]. 北京:人民交通出版社,2005.

[2] 中华人民共和国行业标准. JTJ 024—2007 公路桥涵地基与基础设计规范[S]. 北京:人民交通出版社,2007.

[3] 顾安邦,孙国柱. 公路桥涵设计手册·拱桥下册[M]. 北京:人民交通出版社,2000.

25. 山区高速公路T梁桥高墩结构优化研究

吴怀义[1] 罗晓瑜[2] 陈艾荣[3]

(1. 贵州省交通规划勘察设计研究院股份有限公司;2. 长安大学;3. 同济大学)

摘　要　针对山区高桥墩的受力及经济性能,进行了山区高速公路T梁桥高墩结构优化研究。采用多元优化法及参数化建模手段对高桥墩进行最优截面理论计算,得到了满足二类稳定要求的系列墩型合理截面尺寸并进行了相应的桥墩动力性能及经济性能分析。在此基础上,以桥墩动力性能标准差为性能指标,桥墩总造价为经济性能指标进行桥墩总体评估,综合承载能力、动力性能、经济性能等山区桥梁关键指标对厦蓉高速公路贵州境内多座高墩桥梁进行设计评估与墩型优化设计。结果表明：山区高速公路T梁桥墩高在20～40m范围采用分幅双柱实心墩；墩高在40～60 m范围采用分幅单柱实心或空心墩；墩高在60～80m范围采用分幅单柱空心墩或整幅单柱空心墩；墩高在80～100m范围采用整幅单柱空心墩时桥梁结构性能表现最优、经济性能最好，可供同类型桥梁桥墩设计参考。

关键词　T梁桥　结构优化　高墩　参数化建模法　动力特性分析

一、引　　言

近年来，随着西部大开发的持续推进，多条高速公路在西部各省市兴建。与平原、丘陵地区不同，西部多为山区，地形复杂、起伏较大，高速公路桥隧比例高。山区地质情况复杂，桥梁常常需要通过断层、滑坡等不良地质条件地区，地质灾害频发。山区交通不便，大型施工机具不易到达。综合这些因素并考虑到山谷桥梁大多不存在通航限制，墩高80m以内如无其他限制，采用大跨径桥梁不经济，一般桥梁大多采用中小跨径的装配式T梁。虽然在施工便利性和经济性方面具有优势，但装配式T梁桥的经济跨径在20～50m，对于整条高速而言，桥墩数量众多，下部结构的成本占总成本的比重较大。另外，下部结构可用墩形较多，形式从单柱墩到四柱墩不同，高度从20～100m不等，截面也有圆形和矩形、实心和空心的区别。

桥墩结构功能与性能的好坏与其经济性能的优劣直接影响山区高速公路桥梁的性能与建设成本。在以往高速公路桥梁建设中，更多依靠设计人员经验或针对单一桥梁进行桥墩性能分析。

本文依托贵州省重大科技专项——厦蓉线水都高速公路建设关键技术研究成果，从桥墩性能出发，综合桥墩截面尺寸、形状、高度、墩柱数量等设计参数，以提高桥梁安全性、抗震能力、经济性能为目标，对20～100m高桥墩进行系统优化研究，揭示了不同高度、不同类型桥墩的结构特性规律，以解决T梁桥高墩优化与选型问题，提高桥墩的设计合理性。

二、高桥墩主要功能、性能的分析与优化

高桥墩的三要的功能为承受上部结构荷载，主要性能为静力性能与动力性能，表现为结构承载能力与抗风、抗震能力。因此，对桥墩的静、动力性能进行分析与优化是高墩T梁桥桥墩优化的首要工作。

1. 高桥墩结构承载能力分析与优化

高桥墩近似于长细杆，承载能力大小主要由其竖向稳定性能决定。因此，可将高桥墩的稳定性能作为桥墩结构承载能力优化的目标，对桥墩类型、墩柱数量、截面类型及桥墩高度等设计变量进行分析，求取满足稳定要求且材料用量最少的优化组合。

上述几个设计变量对优化结果的影响是耦合的，传统的优化方法通常对多个设计变量解耦再进行研究，往往不能充分考虑这种耦合关系。为了更好地实现桥墩结构优化，采用APDL语言编制结构多元优化程序，使用参数化建模方法，在考虑设计变量耦合影响的情况下进行桥墩结构优化研究。

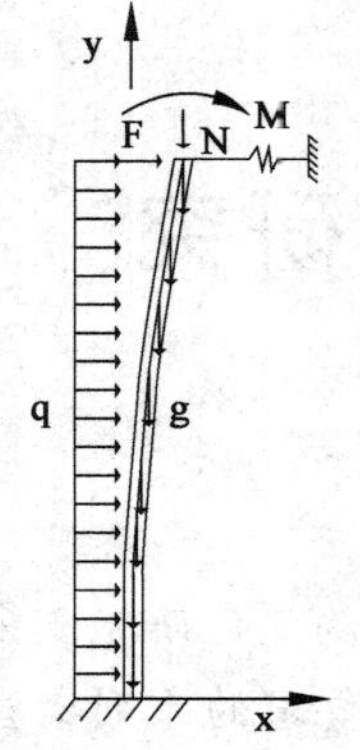

图1　高桥墩稳定性能优化计算图式

根据以往研究结果，忽略地基弹性变位影响导致的高桥墩计算误差主要影响5～20m高度范围的桥墩，随着桥墩高度的增加，这种误差逐渐减少，55m以上桥墩几乎可忽略这种影响，而忽略支座约束影响导致的高桥墩计算误差随着墩高的增加而增大。考虑到本研究的对象墩型主要为20～100m高度桥墩，且为不同墩型结构承载能力的横向比较，为了简化计算模型，提高优化计算效率，采用如图1所示桥墩底部固结，顶部纵、横向支座施加弹性约束的计算图式。

优化计算程序的编制以满足4倍极限承载力要求的结构二类稳定为目标，荷载包括恒载、活载、汽车制动力荷载、风荷载等，考虑结构初始缺陷。以截面尺寸、桥墩高度为设计变量进行优化程序编制，桥梁分幅情况、桥墩类型、壁厚等较为确定的参数则作为常量写入，以减少变量个数，提高运算效率，程序流程如图2所示。

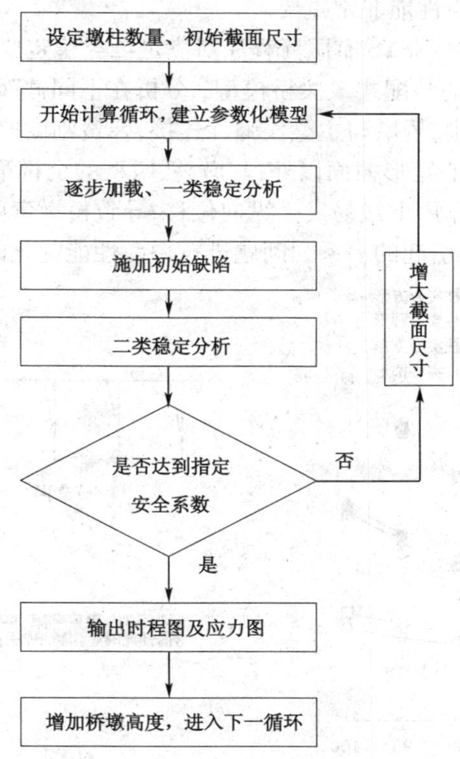

图2 桥墩结构优化程序计算流程图

同时，为了使优化结果符合规范要求，采用《公路钢筋混凝土及预应力混凝土桥涵设计规范》（JTG D62—2004）中对钢筋混凝土轴心受压构件正截面抗压承载力的计算公式进行核算，公式规定如下：

$$\gamma_0 N_d \leqslant 0.90\psi(f_{cd}A + f'_{sd}A'_s) \tag{1}$$

式中：ϕ——折减系数；

A——混凝土面积；

A'_s——钢筋面积。

计算得出满足四倍极限承载力下结构二类稳定要求与规范要求的分幅桥梁桥墩截面积随高度变化规律如图3所示，反映了分幅桥梁各类型桥墩满足性能要求时的材料最佳使用情况。

由结果可知，圆形截面普遍比矩形截面用料略省，单柱实心圆、矩形截面墩的材料用量最大，单柱空心矩形、空心圆形截面墩的材料用量最省，其余墩型介于这两者之间。由于材料非线性的影响，随着高度的变化，各墩型材料用量呈现出发散规律。

2. 高桥墩动力特性规律分析

桥墩的动力特性直接影响到结构抗风、抗震性能。由于混凝土高桥墩的结构阻尼通常较大，成桥状态的高墩梁桥抗风能力通常较强，单纯的风荷载较难引起高墩梁桥损毁事故。但高桥墩墩体自重大，墩顶承受上部结构巨大的恒载、活载、风荷载、车辆制动荷载与温度荷载，形成对抗震不利的倒摆式结构，抗震性能往往成为高墩桥梁总体性能的控制因素。

由于桥梁在纵、横向水平振动的往复过程中的等效水平力作用，支座由原来传递水平力的功能逐渐转变为与桥墩共同来抵抗作用在桥墩上的水平力的功能，亦使支座的剪切变形反向。全桥各个桥墩的等效水平力不仅大小不同，而且在作用方向上也不尽相同，将使梁体的受力产生新的不平衡，进而产生桥墩相互干扰作用。对于装配式T梁桥，由于桥墩纵向位移过大或由桥墩纵向干扰而导致的落梁情况较为常见。另外，由于几何非线性效应的整体作用，地震荷载产生的纵向水平力由抗推刚度小的桥墩转移到抗推刚度大的桥墩，导致其墩底受弯破坏情况也较常见。

由于桥梁位移与等效水平力主要由桥墩刚度决定，与墩柱动力特性直接相关，研究各墩柱组合桥梁的动力特性规律对优化桥梁的抗震性能非常重要。

同样采用参数化建模法，通过ANSYS有限元程序对满足二类稳定要求的多种墩柱建立5跨一联、跨径为50m，墩高从20～100m变化的装配式T梁桥模型，分析在不同截面形状、墩柱数量以及不同高度组合下桥梁的自振特性规律。计算中，桥墩与主梁作弹性连接，弹簧刚度取为支座的剪切刚度。

计算结果除20m高的单柱空心矩形截面以外，其墩高、墩型的全桥第一阶振型都为主梁纵飘，如图4所示。说明高墩桥梁在动力荷载作用下最易发生纵向位移，导致桥墩弯曲破坏及由此引起的剪切失效和局部屈曲等问题，故针对主梁纵飘引起的一系列问题进行桥墩性能优化的效果最佳。

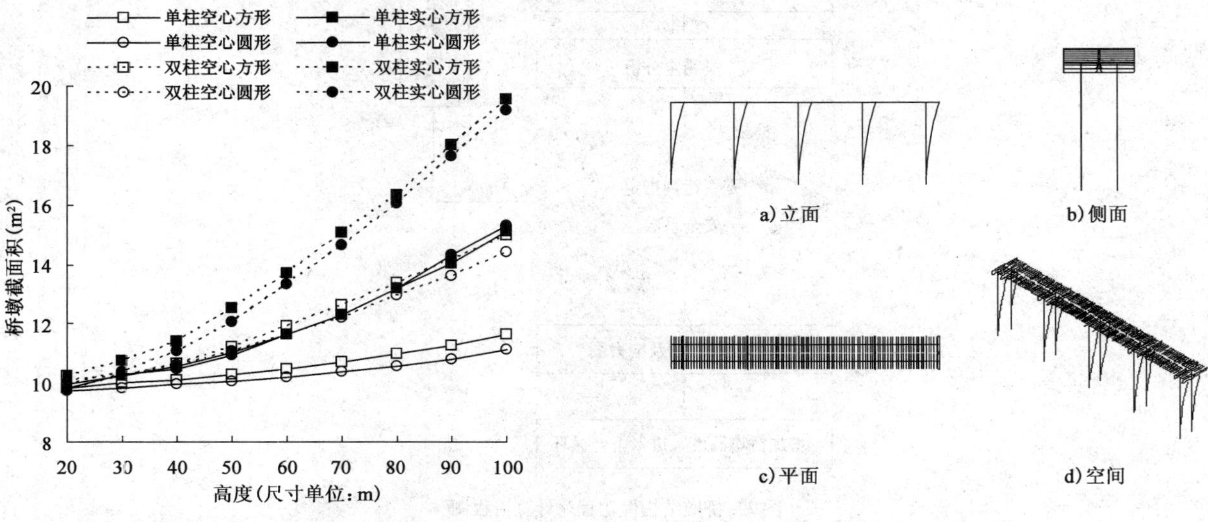

图3 满足稳定要求的墩型截面积随墩高变化规律

图4 高墩桥梁一阶振型

桥梁随墩高及墩型变化的动力特性规律见图5、图6。由分析结果可得，随着墩高的增大，桥梁基频都呈下降趋势；矩形截面桥墩桥梁较圆形截面桥墩桥梁基频稍高；实心截面桥梁基频较空心截面低，约为空心截面的0.5～0.7倍。单柱式截面桥梁由于截面尺寸较大，刚度较高、基频最高；双柱式桥墩桥梁频率约为单柱式桥墩桥梁频率的0.7倍；而三柱及四柱桥墩截面较小，刚度也较小，基频较低，约为单柱式的0.6倍。根据前面地震力导致桥梁破坏的机理研究，当不同高度的桥墩采用基频较近的墩型时，其墩顶位移能力较为接近，桥墩间的相互干扰作用最小，低矮桥墩也不至于承受过大的地震力而导致破坏。

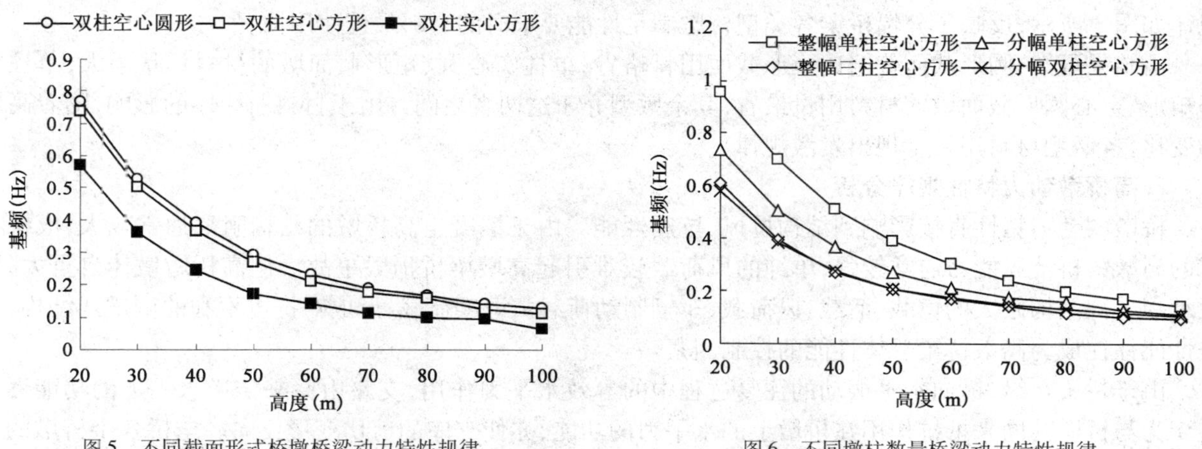

图5 不同截面形式桥墩桥梁动力特性规律

图6 不同墩柱数量桥梁动力特性规律

基频、墩高与构造各异的墩形相互组合将呈现出不同的桥梁性能，可作为综合评估的性能比较依据。

3. 高桥墩经济性能分析

受结构类型、墩柱截面形式与尺寸的影响，各种桥墩材料用量与施工方法也各不相同，材料用量虽是影响造价的重要因素，但总的建设成本还与不同截面类型桥墩的施工方法有关。因此，结构性能与经济性能通过材料用量与施工方法产生联系，不同高度的桥墩施工工艺也不尽相同，使得单位材料用量的成本并不与高度呈单调变化关系。因此，在静力、动力性能规律研究的基础上分析相应墩型的经济性能规律，以获得综合考虑结构与经济性能后的最优截面形式。

由《公路工程预算定额》（JTG TB06-02—2007）的有关数据及贵州省交通规划勘察设计研究院有限公司统计数据获得各截面形式高桥墩每 10m³ 混凝土和每吨钢筋的建造基价。该基价数值综合考虑了施工过程中所需要的人工、材料和施工机具等成本，能较为全面地反映出不同桥墩类型在不同高度条件下的经济性能。

根据钢筋、混凝土两种材料的基价和混凝土配筋率，综合图 3 所示的各种墩形最小截面积即可以得出各种墩型的造价规律，如图 7 所示，几种墩型的造价交汇点基本汇集于 50 ~ 70m 高度区间范围，60m 以下分幅实心墩造价较低，分幅空心墩次之，整幅单柱空心墩造价最高；60m 以上整幅单柱空心墩造价最低，分幅空心墩次之，分幅实心墩最高。

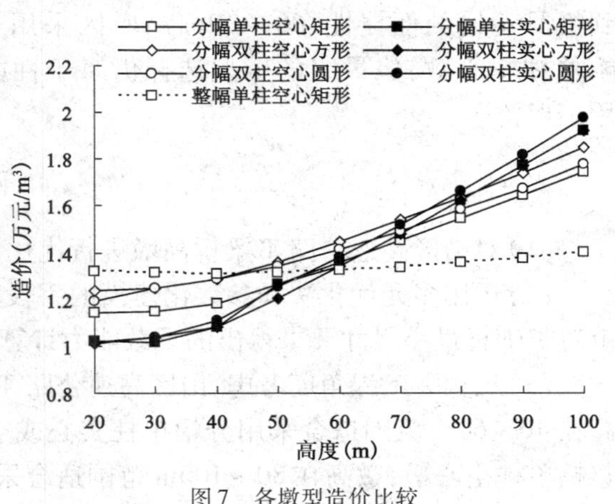

图 7　各墩型造价比较

三、高桥墩综合评估与墩型优选

桥梁设计的过程也是桥梁结构性能优化的过程，虽然山区地形较为复杂，但通过设计的比选及优化，选用最适合各桥墩高度的墩型，亦能接近或达到桥梁性能与造价的优化设计。

不同墩高、墩型动力性能差异导致的桥墩动力匹配程度对 T 梁桥整体抗震性能影响较大，桥墩间动力性能差异越小，桥梁整体抗震性与防落梁能力越好。因此，以各墩型组合的桥梁动力性能的标准差为性能指标，桥墩总造价为经济性能指标即可绘制出各种桥墩组合的性能—价格曲线，进而对桥梁的墩型组合进行综合评估，标准差小、造价低的桥墩组合最优。

在厦蓉高速公路贵州境内桥梁设计过程中，对多座山谷桥梁按 20 ~ 40m、40 ~ 60m、60 ~ 80m 和 80 ~ 100m 等几个高度区间进行了墩型组合评估。如该桥属于较为典型的山区、山谷桥梁，总长 376m，采用 9 跨 40m 先简支后结构连续 T 梁，双向六车道设计，墩高从 27 ~ 77m 范围变化。

综合评估过程中，对全桥不同高度的 8 个桥墩按分幅双柱实心墩、分幅单柱实心墩、分幅单柱空心墩和整幅单柱空心墩进行组合评价，高度为 27m、26m 的 1 号和 8 号墩属于 20 ~ 40m 的中低墩区域范围；高度为 41m、52m、54m、49m 的 2 号、3 号、6 号、7 号墩属于 40 ~ 60m 的中高墩区域范围；高度为 77m、73m 的 4 号、5 号墩属于 60 ~ 80m 的高墩区域范围。

评价结果曲线如图 8 所示，从结果可得 20 ~ 40m 中低墩区域采用分幅双柱实心墩的系列组合性能标准差最小，落于 0.1 ~ 0.2 范围，反映其性能较优，其中以 40 ~ 60m 中高墩采用分幅单柱空心墩，60 ~ 80m 高墩采用整幅单柱空心墩最优；低墩区域采用分幅双柱空心墩的系列组合性能标准差较大，落于 0.25 ~ 0.4 范围；低墩区域采用分幅单柱空心墩的系列组合性能标准差最大，落于 0.4 ~ 0.6 范围，反映其性能较差。在 20 ~ 40m 中低墩区域采用分幅双柱实心墩的系列组合中，以 40 ~ 60m 中高墩区域采用分幅双柱实心墩、分幅单柱实心墩或分幅单柱空心墩，60 ~ 80m 高墩区域采用整幅单柱空心墩的组合造价最低，约为 540 ~ 550 万元；其次为 40 ~ 60m 中高墩采用分幅双柱实心墩、分幅单柱实心墩或分幅单柱空心墩，60 ~ 80m 高墩区域采用分幅单柱空

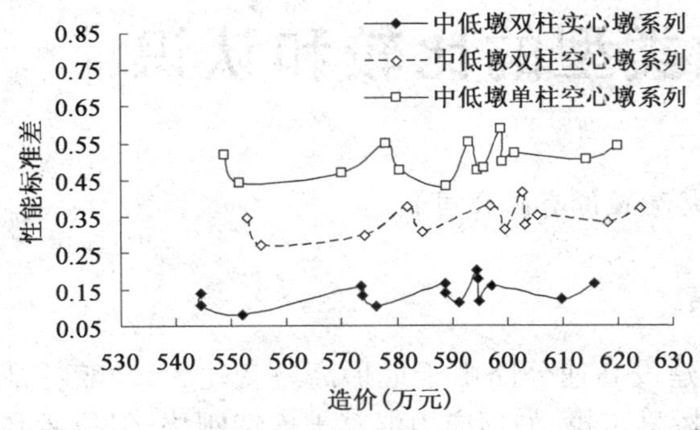

图 8　某大桥桥墩评估曲线

心墩的组合,其造价约为570~580万元。所有组合均以60~80m高墩区域采用双柱实心墩的组合造价最高,约为620~630万元。

通过综合评估可得,中低墩区墩型选择对桥梁结构性能影响较大,以柔性墩为佳;高墩区墩型选择对桥梁经济性能影响较大,采用空心截面且墩柱数量越少的桥墩经济性能越佳。

最后,该桥20~40m中低墩区选择分幅双柱实心墩;40~60m中高墩区选择分幅单柱实心墩;考虑到模具运输的便捷性,60~80m高墩区采用分幅单柱空心墩。虽然高墩区没有选择性能最好的整幅单柱空心墩,但最终的墩型选择仍属于性能很高的组合。另外,出于景观协调性考虑,该桥全部采用矩形桥墩。

四、结　　语

(1)对山区高速公路T梁桥高墩进行优化设计,提升桥梁结构性能的同时达到桥墩造价的降低。

(2)运用多元优化法和参数化建模的手段有利于解决多目标耦合优化运算。使用该方法并综合规范对长细杆最小尺寸要求得出的承载能力计算结果对设计人员具有一定参考价值。

(3)从实际工程角度考虑,山区高速公路T梁桥墩高在20~40m范围适合采用分幅双柱实心墩;墩高在40~60m范围适合采用分幅单柱实心或空心墩;墩高在60~80m范围适合采用分幅单柱空心墩或整幅单柱空心墩;墩高在80~100m范围适合采用整幅单柱空心墩。

(4)山区地形复杂,桥梁墩高变化大,具体桥梁桥墩的截面形式和尺寸,仍需依据荷载、墩高及桥墩组合情况等因素综合考虑确定。

参考文献

[1] 李国豪.桥梁结构稳定与振动[M].北京:中国铁道出版社,1992.

[2] 王乃静.价值工程概论[M].北京:经济科学出版社,2006.

[3] 马朝霞,陈思甜,龚尚龙.高桥墩墩顶水平位移的计算与分析[J].重庆交通大学学报(自然科学版).2007,26(6):50-54.

[4] 何畅,向中富.具有初始缺陷的高桥墩非线性稳定分析[J].重庆交通学院学报.2003,22(3):14-17.

[5] 李睿,宁晓骏,叶燎原,等.高墩桥梁的地震反应分析[J].昆明理工大学学报,2001,26(5):86-89.

[6] 王克海,李茜.高墩桥梁地震响应分析[J].世界桥梁,2006(1):41-43.

[7] 杨雅勋,李子春.不同高墩形式下连续刚构桥动力性能分析[J].铁道建筑.2010(7):33-37.

[8] 宋晓东,李建中.山区桥梁的抗震概念设计[J].地震工程与工程振动.2004,24(1):92-96.

[9] 中华人民共和国行业标准.JTG TB06-02—2007　公路工程预算定额[S].北京:人民交通出版社,2007.

26.山区T梁桥下部高墩类型的比较和认识

吴胜燕
(贵州省交通规划勘察设计研究院股份有限公司)

一、引　　言

近年随着我省高速公路项目的大力推进,在贵州山区建设高速公路由于地形高差变化大、地貌特征千差万别,在特别困难的地形条件下不得不采用特殊结构桥梁跨越,如预应力混凝土连续刚构、斜拉桥甚至悬索桥,同时随着设计施工标准化的要求不断提高,在地形条件复杂,便道施工困难,大型机械设备挂篮、塔吊等难以到达，桥下场地狭窄拥挤的特殊条件下，路线平面指标提高受限，这时不得不把较小半径甚至缓和曲线设置在桥上，桥梁上部只能采用预制T梁架桥机架设的方案来实施，桥下高差往往超出一般范围，高达百米，这样的情况越来越多，在建和已建的贵翁高速、盘兴高速、瓮马高速、江习古高速等各项目中都不可避免地遇到这样的实际情况，多家设计单位均采用了上部40m跨径T梁，下部钢筋混凝土薄壁空心墩的设计，但就具体的结构形式和尺寸来看却存在较大的差异，以常见的整幅桥宽24.5m的40m跨径T梁为例，各类设计情况大致如下：江习古高速采用整幅双柱式变截面薄壁空心墩，每根墩柱的横桥向等宽，纵桥向宽度沿高度按80∶1变化（类型一）；盘兴高速采用分幅的等截面墙式薄壁空心墩（类型二）；贵翁高速则采用分幅的变截面墙式薄壁空心墩，桥墩横向等宽，纵桥向宽度沿高度按80∶1变化（类型三）；三种桥墩形式的构造见图1。

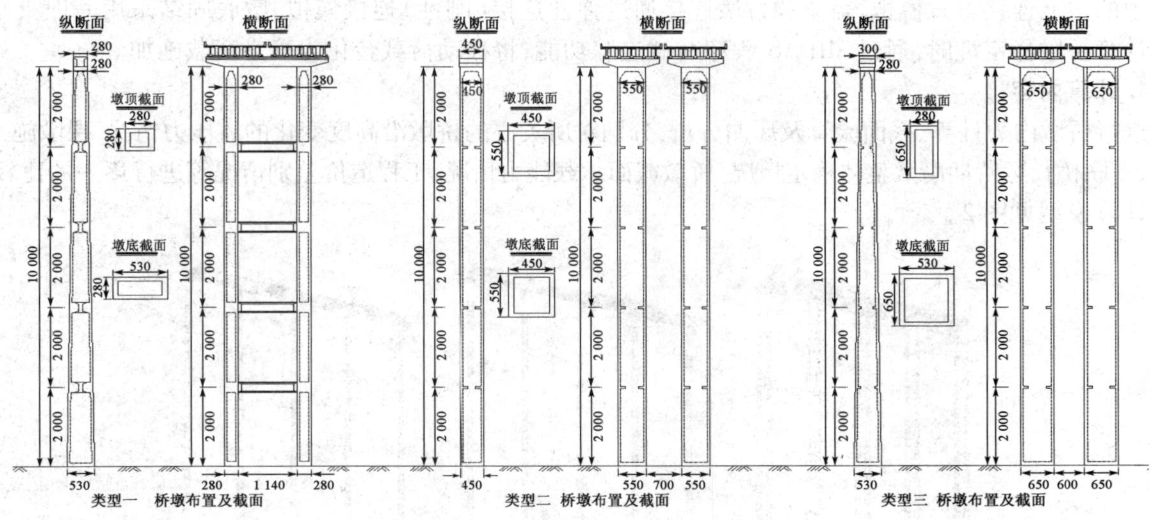

图1 三种类型桥墩形式（尺寸单位：cm）

从实际工程项目中找到的例子可以看出，对于高度接近百米的普通T梁下部高墩的设计，各家设计院都有自己的认识和习惯，研究其之所以存在差别的一般性理由如下：有从方便施工、减少下部结构基础与不利地形边坡的干扰、有简化下部构造节省工程量降低造价等等，但对于高墩尤其是采用的结构尺寸较小的百米高墩，往往会引起较多的关注，那么究竟采用不同结构形式的百米高墩在施工、运营期间的稳定性和承载力究竟有多少区别，我们可以通过一些计算和比较予以说明，以此对各种类型的百米高墩有一个较为直观的认识。

比较内容将围绕通常所关心的施工期间裸墩稳定性，成桥运营期间的桥墩整体稳定性，桥墩截面承载力，材料用量和经济性等方面展开。

二、计算数据的准备

道路情况采用整幅24.5m即2×11m（净）高速公路断面形式，拟定同一联长4×40m上部构造T梁作为计算桥长，T梁下部分别采用三种类型的桥墩，墩柱高度在盖梁以下均为100m，墩底考虑固结（实际情况往往是采用承台桩基础设计，承台嵌入风化岩石内）；

1. 采用技术规范和标准

（1）《公路工程技术标准》JTG B01—2003；

（2）《公路桥梁设计通用规范》JTG D60—2004；

（3）《公路钢筋混凝土及预应力混凝土桥涵设计规范》JTG D62—2004；

（4）《公路桥涵地基与基础设计规范》（JTJ 024—85）；

（5）《公路桥梁抗风设计规范》（JTG/T D60-01—2004）。

2. 荷载

(1)恒载：上部构造T梁采用C50混凝土、下部墩柱、盖梁、系梁采用C40混凝土，重力密度26.5kN/m^3；

(2)风荷载：按照规范JTG D60—2004第4.3.7条计算，其中考虑施工期和运营期的不同，分别考虑百年一遇风和与汽车组合的桥面风；

(3)汽车荷载：按照公路-Ⅰ级采用；

(4)温度荷载：考虑整体温度变化升温25°和降温25°。

3. 计算方法

采用MIDAS/civil2012版本进行内力和稳定计算，上部结构采用单梁模拟，支座采用T梁和盖梁刚性连接中的主从连接方式模拟，盖梁和桥墩连接通过弹性连接(刚性)连接模拟，墩底固结采用一般支承模拟。计算桥墩稳定性时，通过MIDAS程序荷载追踪功能，将移动荷载转化为静力荷载施加。

4. 计算内容

进行桥墩内力计算、截面验算及屈曲分析，分别对所关心的桥墩沿高度变化的风压力情况、裸墩施工状况下、一联桥长运营期高墩整体稳定情况、桥墩截面承载能力情况、工程造价差别情况等进行逐一的比较。

计算模型见图2。

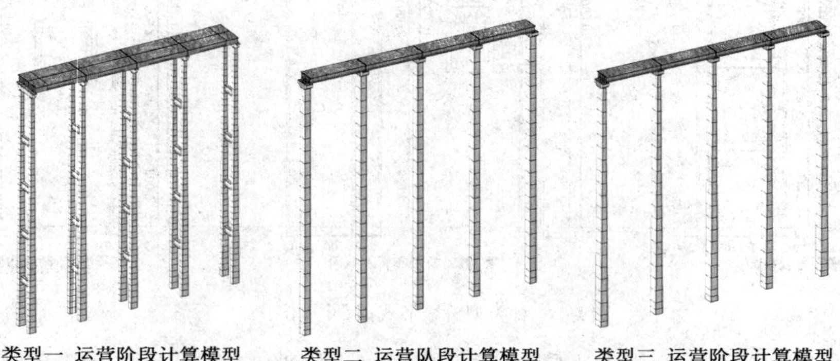

类型一　运营阶段计算模型　　类型二　运营队段计算模型　　类型三　运营阶段计算模型

图2　三种类型运营阶段计算模型

5. 荷载组合工况

工况一(裸墩)：永久作用+风荷载；

工况二(成桥)：永久作用+汽车荷载+汽车制动力+温度荷载+风荷载。

三、计算结果

1. 计算沿墩高分布的风压力

风压分布与桥墩稳定系数见表1。

桥墩稳定系数计算结果比较表　　表1

施工期间			
	类型一	类型二	类型三
桥墩形式	整幅双柱变截面空心墩	分幅独柱墙式等截面空心墩	分幅独柱墙式变截面空心墩
桥墩栏尺寸(m)	顶部2.8×2.8/底部2.8×5.3	顶部=底部4.5×5.5	顶部2.8×6.5/底部5.3×6.5
单根墩柱顶部横桥向风力(kN/m)	7.93	11.25	5.32
单根墩柱底部横桥向风力(kN/m)	5.27	3.79	4.13
单根墩柱顶部顺桥向风力(kN/m)	5.55	9.73	8.65
单根墩柱底部顺桥向风力(kN/m)	1.95	3.24	3.54
计算桥墩稳定系数	19.03	17.9	22.5

续上表

运营期间			
	类型一	类型二	类型三
桥墩形式	整幅双柱变截面空心墩	分幅独柱墙式等截面空心墩	分幅独柱墙式变截面空心墩
桥墩柱尺寸(m)	顶部2.8×2.8/底部2.8×5.3	顶部=底部4.5×5.5	顶部2.8×6.5/底部5.3×6.5
单根墩柱顶部横桥向风力(kN/m)	2.75	3.47	1.83
单根墩柱底部横桥向风力(kN/m)	1.78	1.71	2.4
单根墩柱顶部顺桥向风力(kN/m)	1.93	2.97	2.99
单根墩柱底部顺桥向风力(kN/m)	0.66	1.46	2.06
上部构造横向风力(kN/m)	2.63	2.63	2.63
计算桥墩稳定系数	4.65	10.6	9.78

比较的结果显示三种高墩类型在施工期间的裸墩稳定性均大于运营期的稳定性;施工期间裸墩状态下,类型二的稳定系数最小,此时的稳定系数是17.9>4;运营期成桥状态下,类型二的桥墩稳定系数最大为10.6>4,类型一的桥墩稳定系数最小仅为4.65,虽然大于规范规定的4,但稳定的富余值过小,桥梁各种不确定使用条件下,存在一定的安全风险。

2. 桥墩配筋及承载能力计算

桥墩普通钢筋,直径≥12mm时采用HRB400带肋钢筋,三种类型的薄壁空心墩均采用了常规的配置内外层主筋的配筋方式,即:外层竖向主筋直径28,内层主筋直径20,主筋间距平均15cm;箍筋采用直径12的钢筋,箍筋间距加密段10cm,普通段15cm;计算钢筋混凝土桥墩承载力计算均满足规范要求。

3. 工程量及造价比较

为了更直观的比较各种类型桥墩的经济性,拟定对下部构造盖梁、墩柱直接工程费用进行计算比较,采用统一的综合单价对各类型桥墩(一处盖梁和墩柱)工程量进行造价计算,其中下部构造C40混凝土综合单价为800元/m^3;普通钢筋5 000元/t、钢绞线10 000元/t;计算综合造价如表2。

下部盖梁、墩柱直接工程费比较表 表2

桥墩形式			类型一	类型二	类型三
			整幅双柱变截面空心墩	分幅独柱墙式等截面空心墩	分幅独柱墙式变截面空心墩
桥墩柱尺寸(m)			顶部2.8×2.8/底部2.8×5.3	顶部=底部4.5×5.5	顶部2.8×6.5/底部2.3×6.5
混凝土(m^3)	桥墩		1 394.06	2 702.8	2 367
	盖梁		47.1	224	131.3
钢材(t)	桥墩	竖向主筋	107.8	400.4	223.8
		横向箍筋	62.9	107.6	89.5
	盖梁	骨架钢筋	4.1	15.7	9.2
		其他钢筋	3.1	8.7	2.1
		钢绞线	3.1	无	无
直接工程费(万元)	混凝土		115.3	234.1	199.9
	钢材		88.9	266.2	162.3
	钢绞线		3.1	无	无
	合计		207.3	500.3	362.2

比较的结果显示,类型一的综合造价最低,究其原因是类型一采用了整幅预应力大跨度盖梁,且无论在盖梁、系梁的截面形状、墩柱的截面尺寸上都采用了尽可能轻巧的构造形式,如盖梁采用T形截面、系梁采用工字形截面等,这样的处理对于下部工程量的减少起到了直接的影响。类型二综合造价最高,是因为其等截面的设计增大了材料的用量导致的;类型三的综合造价居中。

四、分析比较的结论

通过对三种类型百米高墩设计类型的计算比较，从中可以得出几点认识，首先高墩稳定的最不利情况出现在成桥运营阶段，由于我研究的高墩整体稳定属力学计算中的压杆稳定，高墩在成桥运营阶段更符合压杆的受力特征，在上部构造和汽车荷载共同作用下更易发生失稳的情况；其次对于墩柱上沿墩高变化的风荷载不仅受墩高影响，同时也极大地受到墩柱采用截面尺寸的影响，总体来说同一高度时，迎风面面积越大，风压力越大；最后，综合三种类型的桥墩稳定计算和经济比较结果显示，下部结构尺寸最小的类型一，下部工程造价节省显著，但稳定系数小4.65，虽满足规范最低要求，但富余值不大，在实际实施中因不确定因素如自然灾害、超载、撞击等的特殊情况下，安全风险大；结构尺寸最大的类型二，虽稳定系数大10.6，失稳的风险小，但由于结构尺寸取值过大，造成下部结构造价很高，甚至达到类型一的两倍有余，经济合理性欠佳；类型三的情况较为适中，计算稳定系数接近类型二9.78，安全风险大大降低；同时由于采用了顺桥向顶部窄、底部宽的变截面设计，尽可能优化了墩柱的结构尺寸，材料用量较类型二减少，有效节省了工程造价，因此，三种类型的百米高墩中，笔者更倾向于推荐采用安全性更有保障和经济性较为适中的分幅变截面墙式薄壁空心墩。

27. 大跨度斜拉桥阻尼器参数分析

娄　锋

（贵州省交通科学研究院）

摘　要　以某大跨度斜拉桥实际工程为依托，研究大跨度斜拉桥线性黏滞阻尼器参数的不同选取对该桥抗震性能的影响。通过线性动力时程分析对线性黏滞阻尼器在大跨度斜拉桥中阻尼系数C进行参数敏感性分析，并与该桥在未设置线性黏滞阻尼器状态下的地震响应进行比较分析。结果表明：斜拉桥纵桥向设置黏滞阻尼器后，通过调节黏滞阻尼器的参数能有效降低结构在地震作用下关键部位的相对位移；可以有效地控制大跨度斜拉桥纵向位移，但是在高频区，竖向位移放大约为23%；同时也改善了结构构件的地震力响应并为同类工程黏滞阻尼器应用中的参数研究提供参考。

关键词　黏滞阻尼器　参数敏感性分析　地震响应　地震力

一、引　言

最近，世界各国大跨度桥梁普遍都运用耗能减震装置，并在强烈地震作用下发挥着重要作用。随着中国经济的飞速发展和国家对高速铁路的大力投入使得我国大跨度斜拉桥不断涌现。同时，从2000年以来世界各国地震不断，地球进入新的地震活跃期，特别是2008年中国汶川特大地震破坏力极强，造成汶川几乎所有桥梁倒塌。200年汶川地震、2009年青海玉树地震和2013年四川雅安芦山地震造成重要线路中的桥梁破坏所产生的直接和间接经济损失都十分巨大。国家、社会和业主等逐渐对桥梁结构抗震性能的要求也逐渐提高。减隔振技术能使在强地震作用下的桥梁结构构件地震力响应减小或接近构件弹性变形范围以内，从而排除或降低构件塑性变形。黏滞阻尼器是大跨度斜拉桥减隔震装置中的一种。运用黏滞阻尼器来改善桥梁结构的抗震性能就很好地体现了减隔振技术优点。在国外，此方法既在旧桥加固中得到应用，如美国的金门大桥，也应用在新建的大跨度桥梁中，如希腊的RION-ANTIRION桥等。我国高校科研人员也开始从事这方面的研究，并在一些桥梁中进行了应用，并取得了一些成果。如重庆的鹅公岩大桥（主跨600m悬索桥）和上海的卢浦大桥（主跨550m的钢系杆拱桥），舟山大陆连岛工程西堠门大桥主桥也计划采用液体黏滞阻尼器。在中国，虽然一些实际桥梁引入了黏滞阻尼器来提高其抗震性能，但是对线性黏滞阻尼器的在大跨度桥梁抗震的理论研究和运用还不多，本文以某大跨度斜拉桥为实际工程背景,通过对斜拉桥纵向线性黏滞阻尼器参数 C 的确定研究来提高大跨度斜拉桥纵向的抗震性能。并得出随线性黏滞阻尼器参数 C 变化对结构关键部位地震响应的影响关系可供相关工程应用参考。

二、工程概况与减振方案

大跨度斜拉桥是全长为 1 610m,主跨 680m 采用双塔双索面钢箱梁斜拉桥,跨度布置为(70.5 + 215.5 + 680 + 245.5 + 70.5)m。桥面宽度为 26m,钻石型钢筋混凝土桥塔,承台以上塔高 231m。图 1 为大跨度斜拉桥总体布置图。地震波采用该桥场地地震安全性评价报告中提供的地震动参数,共 4 组地震波。根据桥梁结构的总体构造布置并考虑相邻联的影响,运用大型通用软件 ANSYS 建立了结构动力特性和地震反应分析的三维有限元模型(图 2),其中,主梁、塔、边墩、辅助墩和桩基础用空间梁单元 Beam44 模拟;斜拉索用空间桁架单元 Link10 模拟,各墩位的桩基则按实际构造布置;线性黏滞阻尼器采用单元 Combin14 模拟;同时考虑桩—土的相互作用。由于本文只考虑线性黏滞阻尼器和其他构件的线性特性,故通过线性时程分析方法来确定黏滞阻尼器的合理参数。

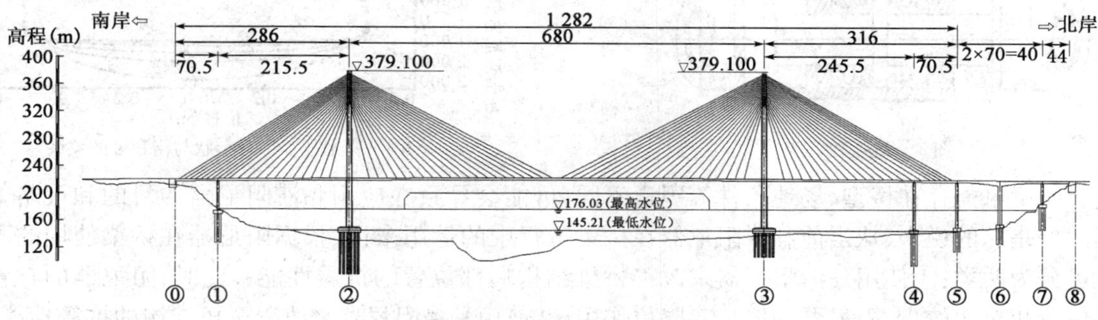

图 1 斜拉桥总体布置图(尺寸单位:m)

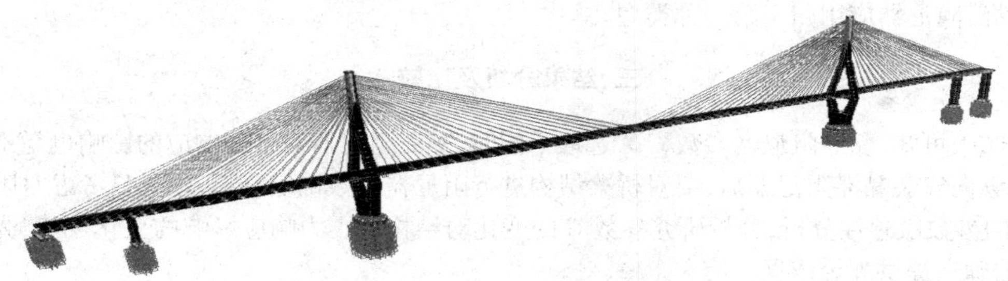

图 2 大跨度斜拉桥有限元模型

黏滞阻尼器是较常用的减隔振装置,它主要是由活塞、油缸及节流孔组成。节流孔是指具有比油缸截面积小的流通通路。利用活塞前后压力差使油流过节流孔产生阻尼力,典型的黏滞阻尼器如图 3 所示。当阻尼力与相对变形的速度成比例时是线性的,当阻尼力与速度不成比例时是线性的,其关系可表达为

$$F = Cv^{\xi}$$

式中:F——阻尼力;

C——阻尼系数;

v——速度;

ξ——阻尼指数(取值范围在 0.1 ~ 2.0,从抗震角度看,常用值一般在 0.2 ~ 1.0 范围内)。

黏滞阻尼器恢复力特性如图 4 所示,图 4 中给出了阻尼器参数 ξ 取不同值时的黏滞阻尼器滞回曲线形状的变化规律,当阻尼器参数 $\xi = 1$ 时,其形状为椭圆。

黏滞阻尼器在地震作用下产生的阻尼力是与速度和温度有关的,在运用黏滞阻尼器时要注意温度的影响。同时,油压的调整、漏油、灰尘的侵入等也需采取相应的措施,并进行必要的维护。由于黏滞阻尼

器具有方向性,其安装设置需合理考虑,而且要求制作加工精密,体积较大时制作较困难。黏滞阻尼器被广泛采用,同其他减振、隔振装置比较,有如下特点:

(1)塑性阻尼装置、摩擦阻尼装置的屈服力或摩擦力是常值,并且当墩最大变形时,往往也同时达到最大。然而黏滞阻尼器装置当阻尼器参数 $\xi=1$ 时,因其反力与速度成比例,故,当桥墩变形达到最大时,黏滞阻尼器的阻尼力却是最小,几乎接近于零;当桥墩变形速度达到最大时,黏滞阻尼器阻尼力达到最大,而此刻桥墩变形达到最小且内力也达到最小。故,黏滞阻尼器是不会显著增加桥墩的受力。

(2)温度使结构产生的变形作用时,弹塑性阻尼装置和摩擦阻尼装置要求其必须克服弹塑性阻尼装置的屈服力和摩擦力后才能自由变形;然而黏滞阻尼器在蠕变变形状态下,产生的抗力几乎为零,以上因素表明引入该阻尼装置不会影响到桥梁结构的正常使用功能。

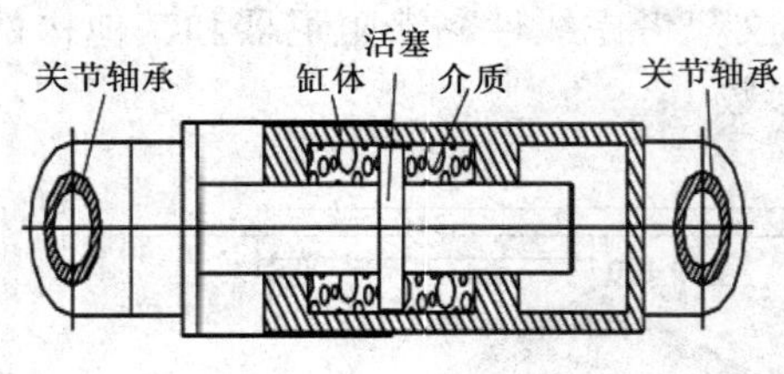

图3 黏滞阻尼器

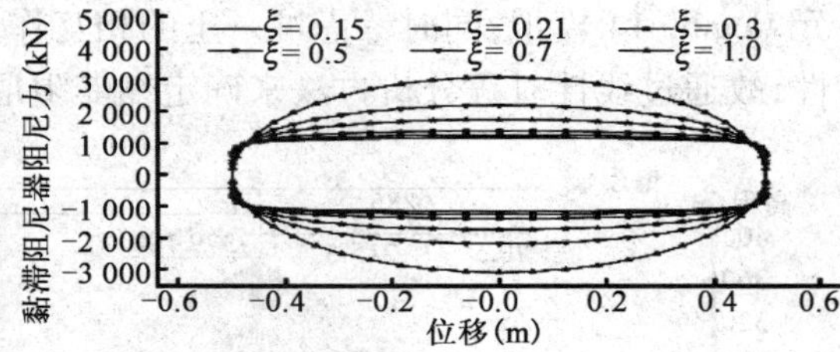

图4 阻尼器滞回环形状与指数 ξ 的关系

实际桥梁可能存在桥型、场地条件等因素不同,可能会导致在应用黏滞阻尼器的目的和策略上有明显不同。但是总的说来,从当前黏滞阻尼器在桥梁工程中的运用来说,根据阻尼器在桥梁使用的不同目的一般可分为两类:①使用黏滞阻尼器来改善桥梁结构局部位置的抗震性能。此时,阻尼器的布置数量和布置位置相对比较少,阻尼器一般只起限位作用;②使用黏滞阻尼器来改善全桥结构的抗震性能,实现这种情况一般较困难,因为在这种情况下需要布置大量阻尼器,并且布置在合理位置才可能达到预期目的。本文的黏滞阻尼器应用归于第一种类型。

三、结果分析及比较

由式 $F=Cv^{\xi}$ 可知,黏滞阻尼器参数 C、ξ 选取不同时,黏滞阻尼器对结构响应的影响也是不同的。因此,在斜拉桥纵向安装黏滞阻尼器后,要对桥梁结构进行阻尼器参数确定分析,本文只考虑对阻尼器参数 C 在 $\xi=1$ 时的参数敏感性分析,分析研究参数 C 的变化对结构地震力响应影响的变化规律,为黏滞阻尼器设计参数的确定提供理论依据。

按照设计要求黏滞阻尼器设置在两主塔与主梁连接处(共8个)。通过4组地震波对设置阻尼器后的斜拉桥进行线性时程分析,并与未设置阻尼器时该斜拉桥地震响应进行对比。本文阻尼器参数 C 的取值分别为:$C=0$、$C=2\,000$、$C=8\,000$、$C=12\,000$、$C=16\,000$、$C=20\,000$(kN·s/m)。该斜拉桥纵向引入黏滞阻尼器,一方面利用阻尼器来降低斜拉桥关键部位的位移,如主梁和主塔顶部位移,避免或减轻主梁在地震作用下和桥台发生碰撞破坏;另一方面考虑利用阻尼器改善结构关键部位的受力特性,如主塔底部、辅助墩底和桩顶等部位的轴力、剪力和弯矩等的响应量。特别注意根据文献[1]设置非线性黏滞阻尼器后桥梁的纵向位移可以降低,但是在纵向位移降低的同时,斜拉桥跨中竖向位移会被放大。这一观点在本文线性黏滞阻尼器参数敏感性分析中也得到证实。通过分析比较斜拉桥结构地震响应量来确定黏滞阻尼器的合理参数(由于篇幅有限本文列出主塔底部内力、塔顶和跨中位移计算结果)。

关键部位计算响应量随线性黏滞阻尼器参数变化规律如图5~图11。

由图5、图6、图8可以看出:随着阻尼系数 C(0-20 000kN·s/m)的变化,塔顶和梁端的位移是逐渐减小。阻尼系数 C 在0到8 000时,塔顶和梁端纵向位移衰减相对较快,在 $C=8\,000$ 以后变化趋于平缓。由图7、图9、图10可以得出:阻尼系数 C(0-20 000kN·s/m)的变化,跨中竖向位移在阻尼系数 C 在0到8 000时衰减明显,但在8 000以后成放大趋势。

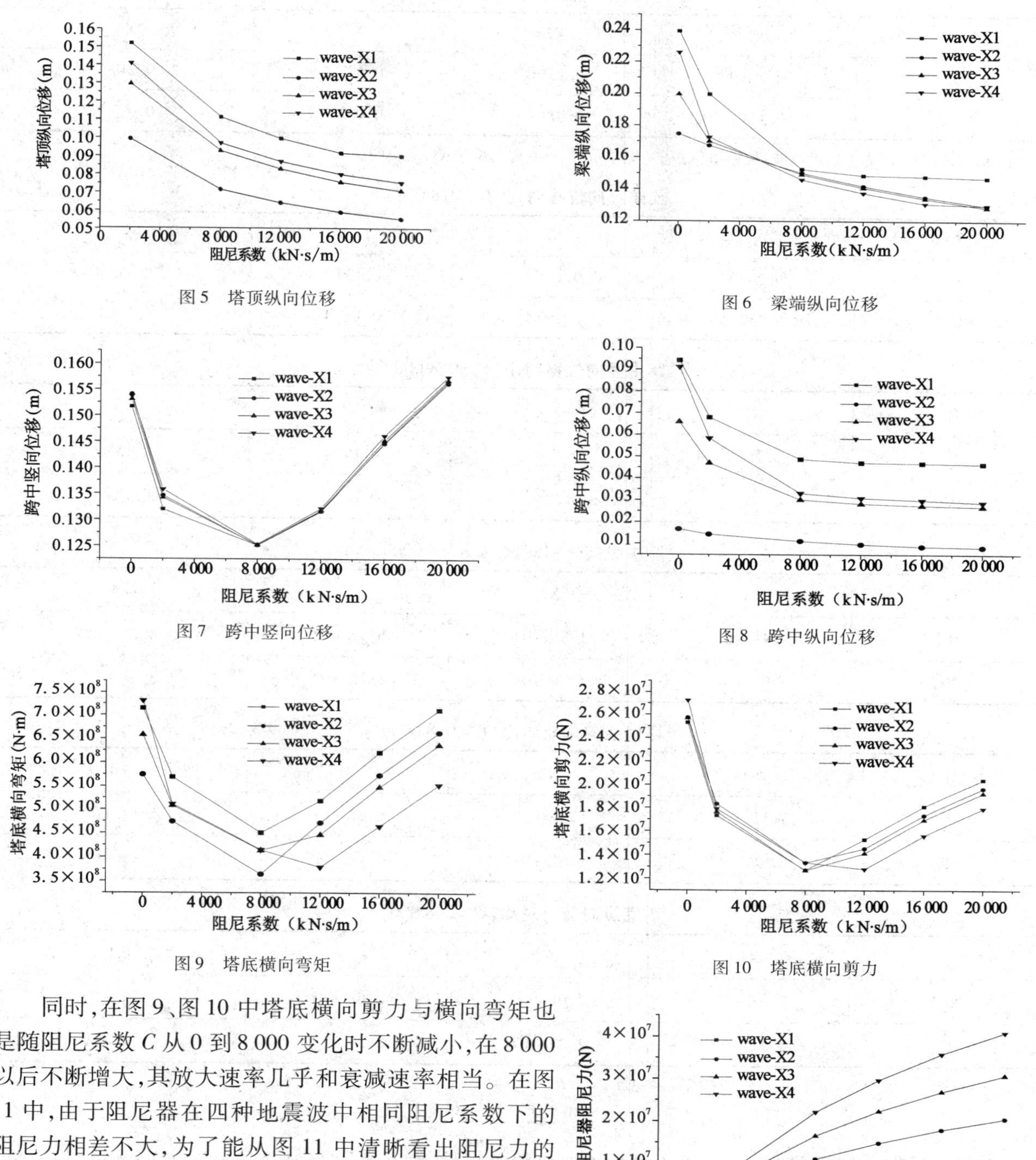

图5　塔顶纵向位移

图6　梁端纵向位移

图7　跨中竖向位移

图8　跨中纵向位移

图9　塔底横向弯矩

图10　塔底横向剪力

同时，在图9、图10中塔底横向剪力与横向弯矩也是随阻尼系数 C 从0到8 000变化时不断减小，在8 000以后不断增大，其放大速率几乎和衰减速率相当。在图11中，由于阻尼器在四种地震波中相同阻尼系数下的阻尼力相差不大，为了能从图11中清晰看出阻尼力的差异，本文将阻尼力放大4倍。从图11中可以看出随着阻尼系数 C(0－20 000kN·s/m)的变化，阻尼力是从0到4 000(kN)逐渐增大。

图11　阻尼器阻尼力

根据图5～图11塔顶、跨中和塔底等关键部位位移及内力响应量值变化规律。同时，需满足条件①不增大结构构件内力响应值；②最大限度减小关键部位位移值。据此可推断出合理的黏滞阻尼器阻尼系数为 C＝8 000kN·s/m。表1～表6为 C＝0(表示未设置阻尼器)和 C＝8 000在4组地震波下结构关键部位动力响应值对比。

塔顶纵向位移对比（$C=0$、8 000） 表1

C	X1	X2	X3	X4
0	0.208 4	0.131 0	0.192 4	0.219 5
8 000	0.111 4	0.071 5	0.092 8	0.097 0

注：X1、X2、X3、X4为4组地震波，位移单位：m；弯矩单位：N·m；剪力单位：N，后文同。

梁端纵向位移对比（$C=0$、8 000） 表2

C	X1	X2	X3	X4
0	0.239 4	0.174 7	0.199 7	0.225 9
8 000	0.152 7	0.150 4	0.149 4	0.146 1

跨中竖向位移对比（$C=0$、8 000） 表3

C	X1	X2	X3	X4
0	0.151 7	0.154 1	0.153 1	0.153 7
8 000	0.125 1	0.125 1	0.125 2	0.125 3

跨中纵向位移对比（$C=0$、8 000） 表4

C	X1	X2	X3	X4
0	9.4E-02	1.8E-02	6.6E-02	8.1E-02
8 000	4.9E-02	1.2E-02	3.1E-02	3.3E-02

塔底横向弯矩对比（$C=0$、8 000） 表5

C	X1	X2	X3	X4
0	7.1E+08	5.7E+08	6.6E+08	7.3E+08
8 000	4.5E+08	3.6E+08	4.1E+08	4.1E+08

塔底纵向剪力对比（$C=0$、8 000） 表6

C	X1	X2	X3	X4
0	2.5E+07	2.6E+07	2.6E+07	2.7E+07
8 000	1.3E+07	1.3E+07	1.3E+07	1.3E+07

四、结　语

(1)大跨度斜拉桥在塔与主梁之间设置纵向黏滞阻尼器，可以有效地减小斜拉桥关键部位的位移和改善塔底、辅助墩和支座等关键部位的受力特性。在一定条件下减小了斜拉桥在地震作用纵向位移，从而降低结构相互碰撞毁坏几率。

(2)在图6中，随着阻尼系数C的增大，斜拉桥的跨中纵向位移是不断减小的，而图5中，阻尼系数$C=8\,000$是明显的转折点。从而有效地证明：设置黏滞阻尼器可以有效地控制大跨度斜拉桥纵向位移，但是在高频区，竖向位移有明显的放大，约为23%。

(3)本文分析表明：随着阻尼系数C的增大，塔顶和梁端等关键部位位移值先逐渐减小，然后趋于平稳。阻尼系数C在0到8 000时，结构关键部位位移衰减相对较快，在$C=8\,000$以后变化趋于平缓。$C=8\,000$为明显的转折点，故本分析中阻尼系数C的合理值为8 000。

参考文献

[1] Dynamic characteristics of a long span seismic isolated bridge[J]. Engineering Structures. Chile, 25 (2003)1479-1490.

[2] Hong-Yu Jia, De-Yi Zhang, Shixiong Zheng, Wei – Chau Xie, Mahesh D. Pandey. Local site effects on a high-pier railway bridge under tridirectional spatial excitations: nonstationary stochastic analysis[J], Soil Dynamics and Earthquake Engineering, 2013, 52:55-69.

[3] 范立础.桥梁抗震[M].上海:同济大学出版社,1997.

[4] Priestley M J N, Sfeible F, Calvi G M. Seismic Design and Retrofit of Bridges[M]. New York: John Wiley and Sons, 1996.

[5] 于泳波,万振江,刘健新.减震技术在公路桥梁中的应用及地震反应分析[J].长安大学学报,2004,24(2):58-60.

[6] 王志强,胡世德,周红卫,等.卢浦大桥减、隔震装置的研究[M].上海:同济大学出版社,2002.

[7] 王志强,胡世德,范立础.东海大桥黏滞阻尼器参数研究[J].中国公路学报,2005,18(3):37-42.

[8] 卢桂臣,胡雷挺.西堠门大桥液体黏滞阻尼器参数分析[J].世界桥梁,2005.

28.大跨径缆索支承桥梁梁端限位措施研究

孔海霞　吴明远

(中交公路规划设计院有限公司)

摘　要　本文通过对大跨径缆索支承桥梁较大纵向位移产生原因分析,明确了降低伸缩装置规格的必要性,结合国内外几座大跨径缆索支承桥梁,提出了减小限制梁端纵向位移的主要措施,供同类工程借鉴。

关键词　缆索支承桥梁　伸缩装置　限位措施

一、大跨径缆索支承桥梁不设纵向固定约束的原因

在常规桥梁设计中,通常采取在墩顶设置纵向固定约束而在大跨径的悬索桥的结构中,通常不设纵向固定约束。

如设一个纵向约束,地震等荷载产生的效应将集中在该塔承受;如设两个纵向约束,除承受较大的地震荷载外,运营期温度等水平荷载对下部也会产生较大的内力。粗略估算,对于地处抗震设防烈度7度地区的千米级双塔桥梁结构,塔梁处设置1个纵向固定约束,设置约束的塔底水平剪力是采用"半飘浮体系"水平剪力的3~4倍,塔梁处设置2个纵向固定约束,塔底的水平剪力是采用"半飘浮体系"水平剪力的3倍左右。

显然设置纵向固定约束,对大跨径缆索支承桥梁而言,将极大增加基础设计规模,因此一般情况下,不设纵向固定约束。

二、大跨径缆索支承桥梁不设纵向固定约束时,主梁纵向位移估算

大跨径缆索支承桥梁结构不设纵向固定约束,采用半飘浮体系,引起的不利结果是在外载作用下,主梁将产生较大的纵向荡移,极大增加了伸缩装置的设计难度。梁端较大的纵向位移主要从以下几类荷载产生。

1. 竖向活载产生的纵向位移

由于未设置纵向固定约束，在汽车等竖向荷载作用下，梁端同样产生较大的纵向水平位移。图1为汽车加载对左侧梁端纵向位移的影响线，加载长度越长，桥面宽度越宽（即加载车道数越多），梁端产生的纵向荡移越大，由于影响线竖标出现了变号，因此汽车产生的纵向荡移也是两个方向的。

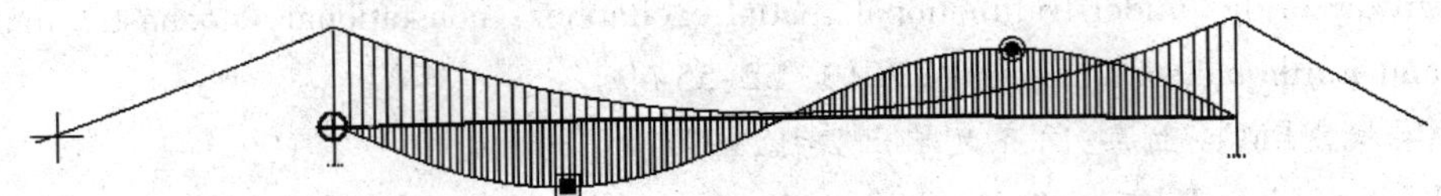

图1　汽车加载对左侧梁端纵向位移的影响线

表1列出几座悬索桥在半飘浮体系下汽车重量引起的纵向位移。

汽车重量引起的梁端纵向位移表　　表1

桥　　名	孔跨布置	根据桥面宽确定的验算车道数	汽车重量引起纵向位移	方案说明
	m	车道	cm	
虎门二桥—坭州水道桥	658 +1 688 +518	10	±80	双跨吊钢箱梁
西堠门大桥	578 +1 650 +485	6	±70	双跨吊钢箱梁
南京四桥	410.2 +1 418 +363.4	8	±70	三跨吊钢箱梁

2. 纵向静力荷载产生的纵向位移

纵向静力荷载主要包括汽车制动力、风荷载、温度等水平荷载。

汽车制动力及风荷载产生的梁端纵向位移，与制动力、风载值的集度大小相关。

温度荷载产生的梁端纵向位移，与温度值、梁长相关。

以千米悬索桥为例：汽车制动力产生的梁端纵向位移约为±25cm；温度荷载产生的梁端纵向位移为±15cm。

3. 动力荷载产生的纵向位移

主跨超千米的大跨径缆索支承桥梁为柔性结构，基本周期较长，通过对几座现有桥梁的计算统计，在最大设防地震力作用下，不考虑设计措施时，主梁梁端纵向位移一般都超过0.5m。

4. 总伸缩量的估算

综上所述，当结构不设纵向约束时，主跨超千米的大跨径缆索支承桥梁梁端纵向位移之和一般超过2m。

以千米级悬索桥为例，不考虑限位措施对梁端位移进行控制，估算各种荷载作用下，主梁梁端总的纵向位移效应。6车道汽车荷载±65cm；汽车制动力±25cm；温度荷载±15cm；地震荷载暂按±50cm考虑。总的伸缩量，已达到3m。

过大的纵向位移，势必增加伸缩装置的规格，过大的伸缩装置规格，给设计和施工带来很大的难度，且使用现况不尽如人意。江阴长江大桥多次更换伸缩装置，数座大跨径桥梁在通车不久也出现了类似的病害。因此必须采取措施减小、限制梁端纵向位移，以降低伸缩装置的规格。

三、减小限制梁端纵向位移的主要措施

为了降低伸缩装置的规格，可从两方面着手，一方面采取限位措施，如设置纵向限位牛腿、弹性连接装置、阻尼器等；一方面减小主梁的纵向位移，如设置中央扣等。各种措施根据桥梁的具体情况，单独使用或组合使用。

1. 设置主梁纵向限位牛腿

设置纵向限位牛腿，其目的是释放双向位移，如温度位移，同时限制单向位移，如汽车等竖向荷载引

起的纵向荡移。南京四桥采用了设置纵向限位牛腿的措施,限位构造如图2所示。

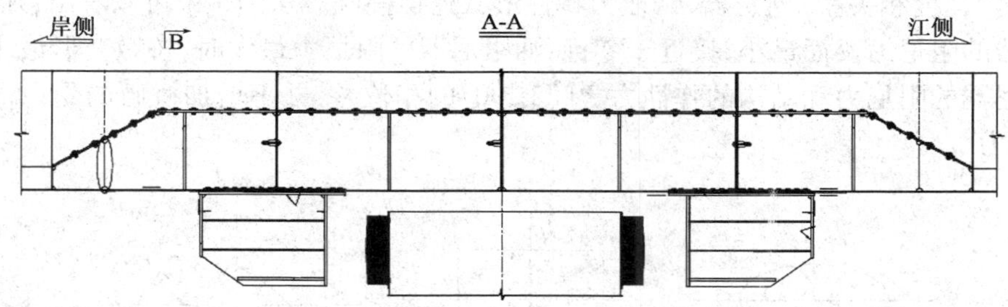

图2　南京四桥主梁纵向限位牛腿构造示意

位移预留量如表2所示。

限位牛腿距塔身净距　表2

位　　置	江侧 G1(cm)	岸侧 G2(cm)
南塔	46	32
北塔	42	30

表2中南塔江侧位移量预留 G1 =46cm。即当主梁纵向荡移量超过 Gi 时,主梁的位移被限制住。

由于速度达到一定值时,纵向限位由阻尼器承担,因此限位牛腿限位时,对塔的冲击力不会过大。

2. 设置弹性连接装置

弹性连接装置的主要作用是提供弹性刚度,而不是耗能。弹性连接装置主要有大型橡胶支座、钢绞线拉索等,用于限位的液压缓冲装置可以看成是弹性连接装置的一种特例(弹性刚度很大)。大型橡胶支座、钢绞线拉索等弹性连接装置对所有的荷载均提供弹性刚度;液压缓冲装置对温度变化、较小风速和车辆等缓慢作用的荷载不起作用,但对汽车制动力、阵风和地震等急速作用的荷载起固定约束作用。

日本多多罗桥,为主跨890m混合式斜拉桥,在塔梁之间设置了刚度为3.92×104kN/m的剪切型橡胶支座。

广东汕头海湾二桥,为主跨518m混合梁斜拉桥,采用了塔、梁弹性连接装置,在主塔两侧各设置一根长54m的55×7ϕ5的钢绞线,钢绞线一端锚固在主塔下横梁上,另一端锚固在主梁上。

丹麦的大海带桥,为主跨1 624m的悬索桥,在梁端和锚碇之间设置液压缓冲装置,以减小制动力和风荷载作用下的梁端位移。

香港昂船洲大桥,为主跨1 018m的斜拉桥,施工图设计也在桥塔处采用了液压缓冲装置。

3. 设置阻尼器

(1)阻尼器概念

使自由振动衰减的各种摩擦和其他阻碍作用,称之为阻尼。而安置在结构体系上、可以提供运动的阻力、耗减运动能量的“特殊构件”,称为阻尼器。

利用阻尼来吸能减振不是什么新技术,在航天、航空、军工、枪炮、汽车等行业中早已应用各种各样的阻尼器(或减振器)来减振消能。从20世纪70年代后,人们开始逐步把这些技术转用到建筑、桥梁、铁路等结构工程中,其发展十分迅速。特别是有50多年历史的液压黏滞阻尼器,在美国被结构工程界接受以前,经历了一个大量实验,严格审查,反复论证,特别是地震考验的漫长过程。

(2)阻尼器分类

阻尼器只是一个构件,使用在不同地方就有不同的阻尼作用,分类有很多种。

按构造分:弹簧阻尼器,液压阻尼器,脉冲阻尼器,旋转阻尼器,风阻尼器,黏滞阻尼器等。

按功能分:Damper(减振器),用于减振;Snubber(缓冲器),用于防振,低速时允许移动,在速度或加速度超过相应的值时闭锁,形成刚性支撑。

按照滞回曲线的形状分:油阻尼器、摩擦或塑性阻尼器、黏弹性阻尼器,三类阻尼器都可以耗能,达到减小变形的目的。

油阻尼器:是"速度相关型"阻尼器,恢复力特性形状近似椭圆。从图3中可以看出:在桥墩达到最大变形时,油阻尼器的阻尼力反而最小,接近于零;而油阻尼器的阻尼力最大时,桥墩变形最小,弹性力也最小。可见,油阻尼器的阻尼力和结构的弹性力之间有90°的相位差,并不增加桥墩的受力,可以同时减小结构的变形和内力。

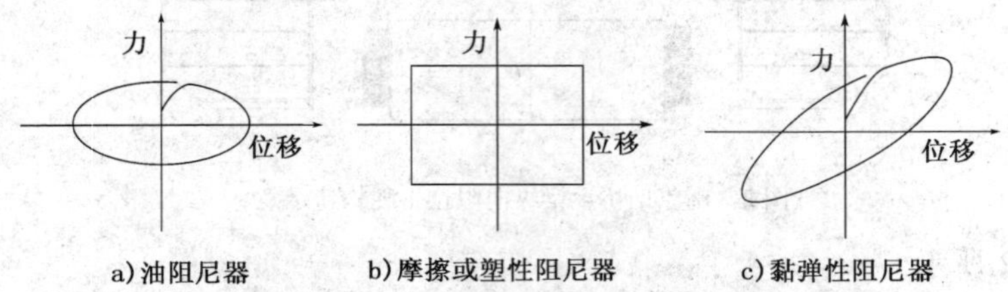

图3 三类阻尼器的滞回曲线比较

摩擦或塑性阻尼器:是"位移相关型"阻尼器。摩擦阻尼器依靠滞回摩擦耗能,而塑性阻尼器依靠金属的滞回屈服耗能,如钢梁的弯曲屈服、铅棒的剪切屈服等。

黏弹性阻尼器:阻尼力"不仅和速度有关,还和位移有关",性能最为复杂。

(3)阻尼器工作机理及相关设计参数

大桥应用较多的主要是液体黏滞阻尼器,属油阻尼器的一种。

①阻尼器二作机理

其基本构造由活塞、油缸及阻尼孔组成。所谓阻尼孔是比油缸截面积 A 小、截面积为 α 的流通通路,利用活塞前后压力差使油流过阻尼孔产生阻尼力,见图4、图5。

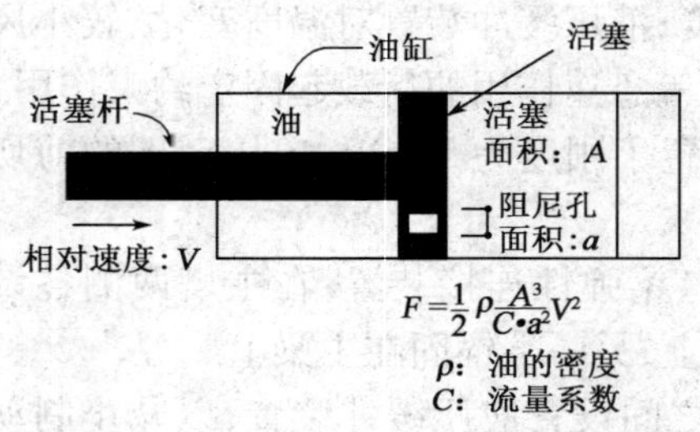

图4 阻尼器的工作机理

图5 典型的阻尼器实物

在塔梁之间设置带有限位功能的阻尼装置,使静力和动力反应都能控制在可接受的范围之内。一方面通过限位功能,在塔梁之间增加弹性约束,有效提高桥梁刚度,降低结构的静力反应;另一方面通过阻尼功能,提高主梁纵飘阻尼,使动荷载产生的能量得到耗散,改善结构的动力性能,降低结构动力响应。动力锁定装置是阻尼装置的一种极端情况,当速度 V 未达到预设的开关值 V_0 时,可相对自由移动,锁定力接近0;当速度 V 达到 V_0 时,装置迅速锁定,锁定力迅速增大到最大锁定力 F_{max}。

②黏滞阻尼器的静力限位参数(额定行程、限位刚度)

额定行程:根据各种不利工况组合,确定最大冲程,最大冲程是确定阻尼器的重要指标。如苏通大桥确定最大冲程为±750mm。

限位刚度:动力荷载作用下,主梁均可在额定行程内自由滑动。因此,仅针对静力工况进行限位刚度拟定。分析表明:随着限位装置弹性刚度的增大,限位装置的弹性力也增大,限位装置的弹性变形、梁端及塔顶位移显著减小,塔底剪力和弯矩少量增加。通过选取合适的限位刚度,可有效地减小静荷载作用下塔顶、梁端位移,而塔底剪力和弯矩基本不增加。苏通大桥综合考虑各工况梁端位移、塔底剪力和弯矩,以及阻尼装置的受力和变形,单个阻尼装置的限位刚度确定为100MN/m,限位位移量100mm,静力限位弹簧刚度如图6所示。

当塔梁发生大于750mm的相对位移时,每个阻尼装置将提供最大为10MN的限位力。

③黏滞阻尼器的动力阻尼参数

黏滞阻尼器的阻尼力与速度的关系表达式为

$$F = CV^{\alpha}$$

式中：F——阻尼力；

C——阻尼系数，C 越大，阻尼力和耗能能力越大；

V——速度；

α——指数，其值介于0.1～2.0，对于桥梁抗震，最常用的参数为0.4～0.5。

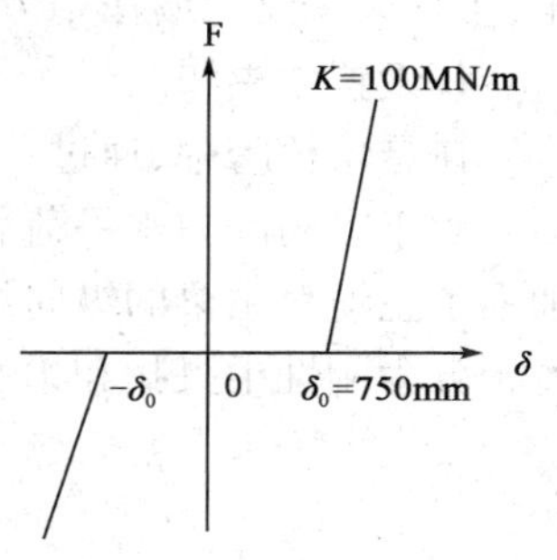

图6 限位弹簧刚度图

阻尼力是阻尼器的重要动力阻尼参数，而阻尼系数 C 和速度指数 α 是阻尼控制作用大小两个关键参数。α 对阻尼力和耗能能力的影响与速度 V 有关，当 $V<1.0$ 时，α 越小，阻尼力越大；而 $V>1.0$ 时则相反，α 越小，阻尼力越小。当 $\alpha=1$ 时，滞回曲线近似椭圆，随着 α 的减小，滞回曲线越来越接近矩形。此外，当 $V<1.0$ 时，α 越小，滞回环面积越大，耗能能力越大；而当 $V>1.0$ 时，α 值主要影响滞回环的形状，对滞回环面积影响不大。

通过对地震效应进行参数敏感性分析，以梁端及塔顶纵向位移为主要控制目标，并兼顾塔的内力，确定阻尼系数 C 和速度指数 α。

④阻尼器的应用工程实例

近几年设计的大跨径缆索支承桥梁大部分设置了阻尼器。

苏通大桥为100+100+300+1 088+300+100+100=2 088m双塔双索面扁平钢箱梁斜拉桥，索塔与主梁之间仅设置横向抗风支座和纵向带限位功能的黏滞阻尼器，不设竖向支座。黏滞阻尼器对脉动风、刹车、和地震引起的动荷载具有阻尼耗能作用，而对温度和汽车引起的缓慢位移无约束，当由静风、温度和汽车引起的塔梁相对纵向位移在阻尼器设计行程±750mm以内时，不约束主梁运动，超出行程时，对主梁运动产生固定作用。类似于汽车座位的安全带，用猛力时，就被锁住固定拉不出；当用较小的力时，可将安全带缓慢拉出。

江阴长江公路大桥是我国大陆建成的第一座千米级大型悬索桥，主跨跨径1 385m，矢跨比1/10.5，主缆中心距32.5m，吊索间距16m。该桥自1999年建成运营几年后，发现主跨两端的伸缩装置在横桥向和纵桥向变形不均匀，伸缩装置工作状况不正常。主梁最大纵向摆动速度和摆动加速度为2.67mm/s和24.2mm/s^2。

在对伸缩装置进行大修更换时，在两端伸缩缝处新增设4个液体黏滞阻尼器对大桥动力位移进行控制。表3给出了江阴长江大桥单个阻尼器性能参数。

江阴长江大桥单个阻尼器性能参数 表3

编 号	参 数	数 值
1	阻尼力/kN	1 000
2	安全系数	1.5
3	最大冲程/mm	1 000
4	速度指数 α	0.3
5	阻尼系数 C/[kN(m/s)$^{0.3}$]	1 522

使该桥在车辆振动条件下位移减少87%，风振位移相应减少51%，地震位移相应减少56%，是我国第一次对已建大桥采用阻尼器进行加固改造。

西堠门大桥：孔跨布置(578+1 650+485)m，由于地形原因，主桥在北边跨和中跨设计为连续加劲梁，实际连续长度2 228m，南塔的下横梁和北锚碇上设置反力墙，在加劲梁端和反力墙之间设置阻尼器。从保护反力墙和抗震角度，阻尼器参数 $\alpha=1.0$，$C=1\,000$，此时梁端位移0.175 2m，较梁端自由时减小一半，主梁南端反力墙作用力 1 966kN，主梁北端反力墙作用力 2 045kN。

4. 设置中央扣

在悬索桥跨中，通过一定的构造措施把主缆和加劲梁连接起来，使两者在跨中处相对固定。

对于纵向静力水平荷载，如静风等，设置中央扣，可有效减少结构位移量。主要作用机理在于中央扣加强了主缆对主梁的纵向约束。

分为刚性中央扣和柔性中央扣，润扬长江大桥设置刚性中央扣，为国内首次采用，如图 7 所示。

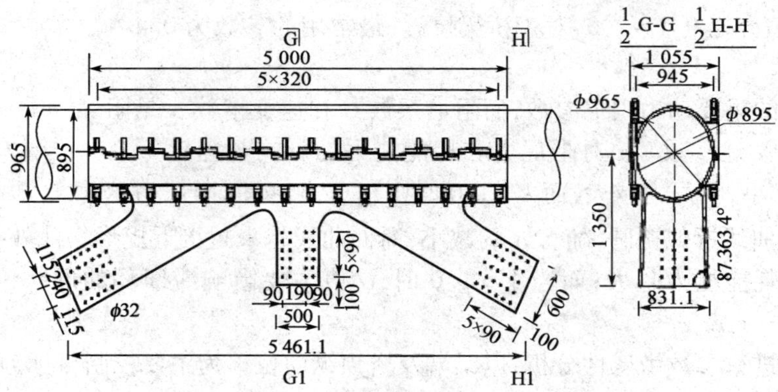

图 7 刚性中央扣示意图（尺寸单位：mm）

坝陵河大桥采用 3 对柔性中央扣，四川另有两座悬索桥也设置了中央扣。

根据坝陵河大桥的计算结果，设 1 对中央扣使纵向风工况下梁端水平位移由 0.208m 降为 0.044m，设 3 对中央扣使纵向风工况下梁端水平位移由 0.208m 降为 0.036m，

可见，中央扣的有无，对单向水平荷载（静风、制动力等）产生的梁端位移影响甚大。中央扣的多少，虽然对梁端位移影响有限，但对扭转有效。

四、结　语

通过对大跨径缆索支承桥梁纵向位移产生原因分析，明确了降低伸缩装置规格的必要性，结合国内外几座大跨径缆索支承桥梁工程实例，对目前几种减小限制梁端纵向位移的主要措施进行了分析，供同类工程借鉴。

29. 桥梁模数式伸缩装置耐久性设计研究

唐　志[1,2]　杜　镔[1,2]　方　园[3]　易金刚[3]

（1. 贵州省交通规划勘察设计研究院股份有限公司；2. 山地交通灾害防治技术国家地方联合工程实验室；3. 贵州大学）

摘　要　模数式伸缩装置在高速公路桥梁中应用广泛，调研发现模数式伸缩装置在使用过程中出现了不同程度的病害。为了提高桥梁模数式伸缩装置的耐久性，本文对模数式伸缩装置的病害原因进行了分析，从边梁选型、锚固方式及位移控制方式三个方面对桥梁模数式伸缩装置进行了分析和研究，提出相应的改进设计措施和方法。

关键词　模数式伸缩装置　病害　耐久性　设计

一、引　言

桥梁伸缩装置是公路桥梁结构的重要附属构件，对桥梁的安全性和耐久性的影响很大。目前公路桥

梁使用较多的是模数式桥梁伸缩装置,分为单缝式和用于大位移的多缝式两种。近年来,根据公路桥梁伸缩装置的使用情况来看,许多桥梁伸缩装置往往还没到设计年限就产生了不同程度的损坏。通过调研,发现桥梁模数式伸缩装置的典型病害有:易发生边梁锚固混凝土破损,异型钢变形或断裂,位移箱损坏,止水带内填充杂物、破损及脱落等。目前常用的模数式型钢伸缩装置主要有马格巴、毛勒、万宝、布朗以及国产的 GQF 型等,这类产品的设计理论和工作原理是基本相同的,主要差别在于主梁结构形式和伸缩位移联动机构。在产品选型和设计方面,我国目前尚无专门的公路桥梁伸缩装置产品选型和设计规范和标准,仅从桥梁结构出发对一般要求、伸缩量和安装宽度三方面做了规定,缺乏对承重系统、位移传动系统和锚固系统的具体设计要求。因此,有必要对桥梁伸缩装置承重系统,位移传动系统及锚固系统方面开展耐久性研究,提高了桥梁模数式伸缩装置的使用寿命。

二、模数式伸缩装置的病害成因分析

根据调研,模数式伸缩装置的典型病害特点包括三个方面:第一,无论是单缝还是多缝式,当边梁结构不同时,边梁的病害严重程度不同;第二,部分伸缩装置由于锚固钢筋连接质量差甚至个别未能进行连接,造成伸缩装置锚固混凝土破坏,伸缩装置脱落的现象;第三,根据国内使用情况看,国内多数伸缩缝厂家用的 GQF 所采用的铸钢直梁连杆形式,这类位移联动机构的伸缩装置存在纵向变位锁死情况。伸缩装置发生病害及损伤与桥梁伸缩装置的设计、施工及养护各方面有密不可分的关系,下面从伸缩装置设计方面分析模数式伸缩装置的病害进行分析(图 1)。

图 1　模数式伸缩装置破坏

目前,模数式伸缩装置的边梁主要有"C"型钢、"F"型钢、"Z"型以及"E"型钢梁等 4 种主要截面形式。从边梁的损坏、断裂来看,这几种类型的型钢边梁其破坏程度不同,总体来说,"E"型钢的破坏程度较轻,破坏较少。显然,不同的截面形式的边梁受力性能存在差异,影响了伸缩装置的使用性能,也是伸缩装置边梁破坏的重要原因。

伸缩装置锚固钢筋和预埋钢筋存在错位,在焊接过程中不能准确对位是桥梁模数式伸缩装置存在的通病。由于多数中小跨径桥梁采用多片主梁预制拼装施工,加上桥梁纵、横坡及设计超高的影响,在桥梁主梁施工时纵向和横向存在错台现象,导致锚固钢筋和预埋钢筋在纵向和横向发生错位,横向钢筋很难同时穿过锚固环钢筋和预埋钢筋,施工时只有舍弃穿过部分锚固环钢筋和预埋钢筋,使模数式伸缩装置的锚固效果大打折扣,这是造成模数式伸缩装置病害发生的主要原因之一。

大位移伸缩装置在位移联动结构选择上,国内多数伸缩装置厂家用的 GQF 所采用的铸钢直梁连杆形式,这类位移联动机构对变位要求严格,对安装要求较高,一旦发生锈蚀、安装存在初始变位或者后期主梁微小变形均会造成伸缩装置纵向变位锁死;引进的产品多数采用的是能满足弹性剪切位移的高分子橡胶材料,由于采用的是高分子剪切弹簧,对变位的适应能力较强,同时不会存在锈蚀等情况,不会影响伸缩装置的纵向变位。因此,位移连杆的选型一旦不合理,将难以达到伸缩位移的要求。

三、模数式伸缩装置的耐久性设计研究

通过对桥梁模数式伸缩装置的病害分析,为了提高桥梁模数式伸缩装置的耐久性,笔者认为可以从

模数式伸缩装置的边梁形式、锚固方式、位移传动方式3个方面进行研究。

1. 模数式伸缩装置的边梁选型研究

为了研究模数式伸缩装置边梁的受力性能，对"C"、"F"、"Z"及"E"型四种异型钢梁截面分别建立了型钢的有限元模型，四种截面形式异型钢在荷载作用下的应力计算情况见图2。

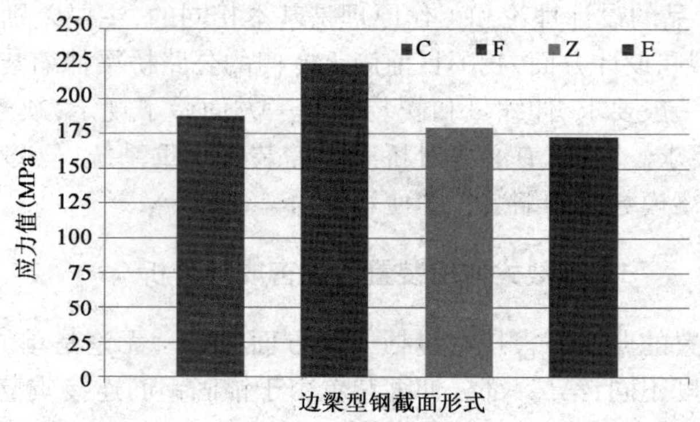

图2 4种异型钢边梁的Mises应力值

根据计算结果，在疲劳荷载作用下，4种型钢Mises应力中最大的为"F"型，其值为225.1MPa，最小的为"E"型，其值为172.8MPa，最大应力均出现在各型钢截面最薄弱位置。目前，常用模数式伸缩装置采用的材料主要为Q345(16Mn)，其抗弯强度允许值(310MPa)均大于四种异型钢边梁的计算值，说明型钢的静力强度储备能满足伸缩装置的受力要求。桥梁伸缩装置长期处于动荷载的作用下，属于易发生疲劳破坏构件。一般情况下，建成通车后一年就会达到甚至超过 2×10^6 次。根据《钢结构设计规范》(GB 50017—2003)第6.2.3条，其容许应力幅见表1。

循环次数n为 2×10^6 次的容许应力幅(MPa) 表1

构件和连接类别	1	2	3	4	5	6	7	8
$[\Delta\delta]\ 2\times10^6$	176	144	118	103	90	78	69	59

可见，从疲劳应力幅值来看，"E"型钢边梁应力基本满足疲劳构件的强度的要求，"C"、"Z"型钢截面形式边梁应力有少许的超标，而"F"型钢边梁的受力远大于了疲劳应力的控制容许应力幅。因此，模数式伸缩装置的边梁应优先选择"E"型钢截面形式，避免采用"F"型钢。

2. 模数式伸缩装置的锚固方式研究

既有桥梁模数式伸缩装置的锚固一般是通过如下方式实现的：在伸缩装置的边梁上焊接锚固环，在支承箱或位移箱两端部位设置销钉(部分未设置)，然后在主梁梁体上预埋钢筋，在伸缩装置安装时将锚固钢筋环和预埋钢筋对位焊接，在锚固环内穿过横向钢筋以固定伸缩装置，最后浇筑槽口混凝土。但是，根据这类伸缩装置实际使用情况结合相关分析研究不难发现这种锚固形式存在以下一些缺陷和不足：

首先，多数中小跨径桥梁采用多片主梁预制拼装施工，加上桥梁纵、横坡及设计超高的影响，在桥梁主梁施工时纵向和横向存在错台现象，锚固钢筋和预埋钢筋发生错位，导致部分锚固放进和预埋钢筋不能焊接，同时横向钢筋也很难同时穿过锚固环钢筋和预埋钢筋，施工时只有舍弃穿过部分锚固环钢筋和预埋钢筋，使模数式伸缩装置的锚固效果大打折。

其次，由于伸缩装置安装以后，锚固混凝土一般需要3~5d才能达到强度，才能实现边梁有效锚固，从而实现伸缩装置的自由伸缩。然而，由于昼夜温差一般在5℃以上，个别温差较大者甚至大于10℃。如果边梁未与三梁预埋钢筋实现可靠连接，在混凝土未达到强度前，由温差引起的混凝土主梁收缩变形，使模数式伸缩装置锚固钢筋与槽口现浇混凝土发生脱离现象，将严重影响锚固混凝土质量。

再次，模数式伸缩装置安装需要在伸缩装置锚固环和预埋钢筋之间穿过横向钢筋，以实现伸缩装置与预埋钢筋的锚固作用。由于模数式伸缩装置的支承箱和变位箱的存在，使得横向钢筋不能穿过支撑箱和变位箱，只能在支撑箱和变位箱处截断，布设的横向钢筋不但给施工带来不便，而且现场布设的钢筋不能保证与支撑箱(变位箱)与锚固环形成可靠的锚固。

可见,若上述问题未能得到解决,将严重影响桥梁模数式伸缩装置的模数式伸缩装置的锚固效果。为确保锚固连接件与型钢、槽口预埋钢筋的连接的可靠性,专利[5]对模数式伸缩装置的锚固系统作如下改进设计:第一,取消伸缩装置原边梁锚固环,在边梁上设置固定连接钢板,并在钢板上打孔,将锚固连接钢板与边梁焊接;第二,原穿入锚固环的横向钢筋采用横向固定圆钢代替,横向圆钢中间穿过固定连接钢板,两端与支承箱焊接固定,在工厂制成定型产品;第三,在横向圆钢上布置可调式活动钢板,可调式钢板可沿着圆钢移动至预埋钢筋位置;第四,在模数式伸缩装置支承箱两侧板焊接“U”形锚固钢筋,在“U”形锚固钢筋与预埋钢筋间穿入横向钢筋,可加强支承箱与梁体的锚固效果。对模数式伸缩装置锚固系统改进后,不但加强了伸缩装置的锚固性能,还解决了模数式伸缩装置施工过程中预埋钢筋与锚固钢筋不能准确对位焊接的质量通病。

3. 模数式伸缩装置的位移控制方式研究

模数式伸缩装置的位移控制方式可分为压缩弹簧控制式、剪切弹簧控制式、铰链控制式以及几何控制式。一般情况下,格梁模数式伸缩装置的位移控制方式采用压缩弹簧控制室,直梁模数式伸缩装置的位移控制方式采用剪切弹簧控制式或铰链控制式,斜梁模数式伸缩装置则采用几何控制式。

由于格梁模数式伸缩装置随着位移量的增大,支承梁数量大量增加,位移控制弹簧随之增加,同时支承箱体积变大,可见对于较大位移量的伸缩装置是不合理的。而斜梁模数式伸缩装置采用几何控制式要求加工组装精度高,必须严格控制元件尺寸,才能实现位移控制。对于采用铰链控制式的直梁模数式伸缩装置,这类位移联动机构对变位要求严格,对安装要求较高,一旦发生锈蚀、安装存在初始变位或者后期主梁微小变形均会造成伸缩装置纵向变位锁死,位移控制效果并不理想。对于采用剪切弹簧控制式的直梁模数式伸缩装置,当汽车冲击荷载作用与伸缩装置时,由于剪切弹簧本身具有剪切刚度,能将荷载传递给相邻的型钢并使其发生均匀变位,由于支承系统和位移控制系统相对独立,互不干扰,采用单根支承梁承重,减少了支承梁的数量,尤其适用于较大位移量要求的模数式伸缩装置。因此,建议采用剪切弹簧控制式作为模数式伸缩装置的位移控制方式。

四、结　语

为了提高桥梁模数式伸缩装置的耐久性,对桥梁模数式伸缩装置从边梁选型、锚固方式及位移控制方式三个方面进行了分析和研究,得到以下结论:

(1)模数式伸缩装置的边梁应优先选择“E”型钢截面形式,避免采用“F”型钢。

(2)既有模数式伸缩装置的锚固系统存在一定缺陷,通过对锚固系统进行改进,采用模数式伸缩装置可调式锚固构造后,不但加强了伸缩装置的锚固性能,还解决了模数式伸缩装置施工过程中预埋钢筋与锚固钢筋不能准确对位焊接的质量通病。

(3)采用剪切弹簧控制式的模数式伸缩装置,支承系统和位移控制系统相对独立,可实现伸缩装置均匀,能满足直梁模数式伸缩装置的功能要求,应优先选择作为模数式伸缩装置的位移控制系统。

参考文献

[1] 中国交通企业管理协会. 公路桥梁伸缩装置设计指南(JTQX-2011—12-1). 2011.

[2] 中华人民共和国国家标准. GB 50017—2003　钢结构设计规范[S]. 北京:中国建筑工业出版社. 2003.

[3] 王勇,杜镔,唐志. 几种桥梁模数式伸缩装置边梁型钢受力分析[J]. 交通科技,2015(4).

[4] 贵州省交通规划勘察设计研究院股份有限公司. 山区公路桥梁伸缩装置受力性能特点及改进技术研究报告[R]. 2014.

[5] 唐志,龙万学,杜镔,等. 实用新型专利:一种带可调式钢板锚固构件的伸缩装置[公开/告号:CN104562925A].

[6] 庄军生 彭泽友 夏玉龙,等. 公路桥梁伸缩装置[M]. 北京:人民交通出版社股份有限公司,2015.

30. 对我国预应力混凝土连续刚构桥梁设计规范完善的建议

吴国松
（重庆交通大学）

摘　要　连续刚构桥梁三大痛点问题是下挠、开裂和承载力低；构造原因在于底板索偏离索界、有害向下径向力过大、底板局部挖空率过大和二期恒载自重过大；提出消除径向力、减小挖空率、三阶段张拉、预应力抗裂、FRP抗裂和桥面系卸载六项对策。

关键词　连续刚构桥梁　下挠　开裂　承载力　构造原因　径向力　挖空率　对策

一、引　　言

我国预应力混凝土连续刚构桥1988年首次建成洛溪大桥（主跨180m），1997年建成的虎门大桥辅航道（主跨270m），我国已建和在建主跨100m以上大跨预应力混凝土连续刚构桥（含连续梁桥）近500座。未来预期达到1 000座。

云南为连续刚构桥大省，2004年建成的红河大桥（主跨265m），通过对50幅运营3～15年的连续刚构桥观测发现：所有桥梁主跨跨中一般下挠5～20cm，箱梁梁体开裂继续开展。

运营阶段养护加固费用情况：300～400万元/幅桥。加固后病害根源仍然存在，多数桥梁跨中继续下挠，裂缝继续开展。全国后期养护加固费用需数十亿元。

云南龙腾大桥依托重庆交通大学研发的连续刚构桥新技术，已建成通车3年，主跨100米级，箱梁正弯矩底板索水平布置，箱梁内底板上增设的横向加劲肋内加横向预应力，箱梁桥面上设置FRP-沥青混凝土。未见同类桥梁共性裂缝，主跨跨中未见下挠，主跨跨中相对主墩竖向向上位移为1cm，减轻桥面系自重150t。

现将主要研究成果汇报如下，提出预应力混凝土连续刚构桥设计规范完善的建议。

二、连续刚构桥梁的三大痛点问题：裂缝多、下挠大、承载低

痛点问题一：箱梁梁体开裂：运营5～10年，进入高费用养护加固高峰期。

痛点问题二：跨中下挠过大：运营5～10年，所有桥梁主跨跨中一般下挠5～30cm。

痛点问题三：通行能力较低：混凝土桥面调平层、桥面铺装、人行道、栏杆和防撞护栏等桥面系结构自重大，直接加剧主梁混凝土徐变下挠，直接导致连续刚构桥通行能力低、抗超载风险能力低 。

三、下挠开裂构造原因分析：偏离索界、有害径向力和过大局部挖空率

1）下挠开裂的构造原因之一

底板布索构造不合理，偏离索界。

（1）定性分析：参见图1，连续刚构桥跨中附近段弯矩包络图的形状为上弯凹形抛物线，底板索形状60年来国内外习惯性设计为下弯凸形抛物线，凸形抛物线底板索和凹形弯矩包络图的形状正好相反，变截面箱梁桥拱形底板导致凸形下弯底板索布索偏离索界较大，底板索构造习惯不合理（简支空心板和T梁桥布索和弯矩图吻合，布索合理）。

（2）径向力危害性：表1比较了底板索有害径向力和设计车道荷载，底板索向下的径向力过大，结构受力不需要且产生有害作用较大，一期恒载、二期恒载、活载、径向力均向下，径向力向下加剧了箱梁徐变

下挠,规范无相关下挠控制指标和计算理论,计算软件未考虑。

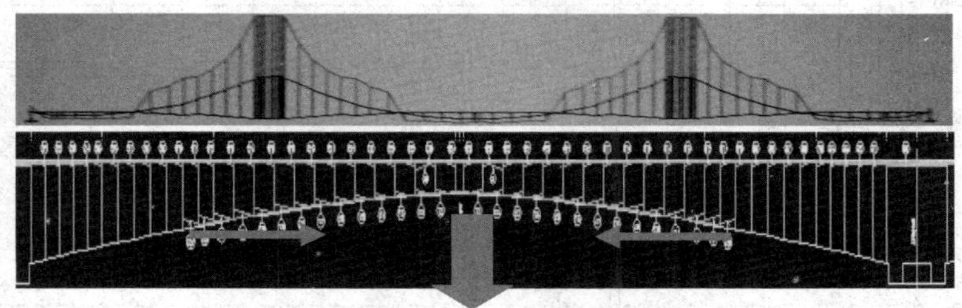

图1 连续刚构桥弯矩包络图和底板索对箱梁作用力示意

底板索有害径向力和设计车道荷载比较 表1

主跨跨径(m)	底板索力合计(kN)	底板索径向力(kN)	公路Ⅰ级车道荷载(t)	径向力/荷载
105	44 800	4 800	293	2.44
130	101 200	11 400	345	3.35
228	151 200	22 720	551	4.12

2)下挠开裂的构造原因之二

由表2的底板索局部挖孔率可知,随跨径加大,底板索偏多,底板截面局部挖空率过大,规范无底板局部挖空率控制指标。现有技术,支点底板偏厚,箱梁底板混凝土局部徐变大,加剧下挠。

底板索局部挖孔率 表2

主跨跨径(m)	底板索力合计(kN)	管道直径合计(m)	底板长度(m)	管道/底板(倍)
105	44 800	1.40	7.00	0.20
130	101 200	2.16	7.00	0.31
228	151 200	4.20	7.00	0.60

3)下挠开裂的构造原因之三:

参见表3,混凝土桥面调平层、桥面铺装、人行道、栏杆和防撞护栏等桥面系自重大,直接加剧了箱梁混凝土徐变下挠,降低了桥梁承载通行能力和抗超载风险能力,规范无相关下挠控制指标及算法,计算软件未考虑。

桥面二期恒载和设计车道荷载比较 表3

主跨跨径(m)	底板索力合计(kN)	桥面二期恒载(kN)	公路Ⅰ 级车道荷载(t)	桥面二期恒载/车道荷载(倍)
105	44 800	600	293	2.04
130	101 200	780	345	2.26
228	151 200	1824	551	3.31

4)下挠开裂的构造原因之四:

桥梁刚度偏小,施工阶段高程控制偏差大,箱梁和混凝土桥面系超重,直接加剧了箱梁混凝土徐变下挠。

四、解决连续刚构桥三大痛点问题的六项对策

1.对策1——消除底板索径向力,计算结果和规范更吻合

底板索水平布置(参见图2和图3)、底板索上弯布置(参见图4和图5)、底板索双层或多层上弯布置消除径向力,克服箱梁混凝土徐变下挠,改变传统习惯的不足,理论计算受力更符合规范要求。

2.对策2——减小底板局部挖空率,减小过厚底板混凝土局部徐变

(1)增加正弯矩段梁高30%提高刚度,减少底板配索量,底板索吨位限值<5 000t,底板索挖空率限值<25%。

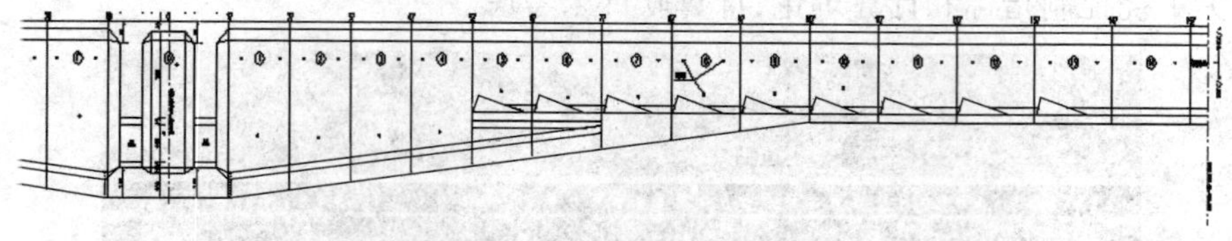

图2 底板索水平布置桥梁构造图

图3 底板索水平布置桥梁钢索布置图

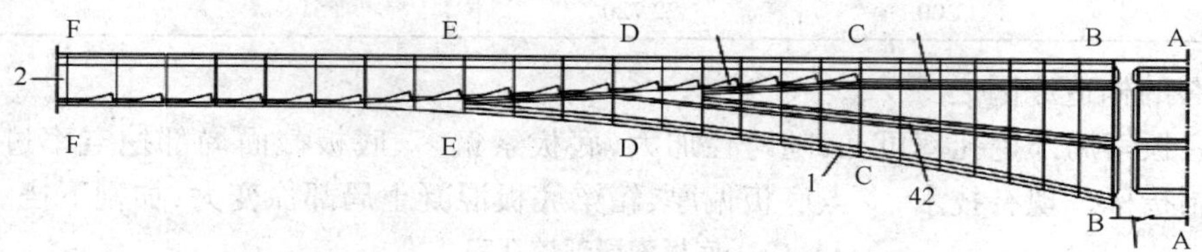

图4 箱型底板底板索上弯布置桥梁构造图

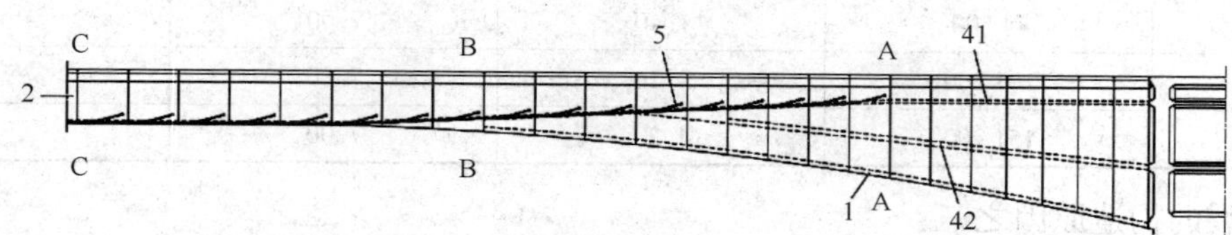

图5 箱型底板索上弯布置桥梁钢索布置图

(2)全桥刚度指标限值:跨中构造要求最小梁高不低于3.5~4.0m保证竖向预应力效果克服腹板开裂,主跨跨中活载挠度限值$F/L<1/10\,000\sim15\,000$(每100m变形限值<1cm),L为主跨跨径,恒载挠度限值<10cm,减小施工阶段高程控制偏差,减小箱梁和混凝土桥面系超重导致的箱梁徐变下挠。

(3)参见图4和图5,厚底板改进为箱形截面,减小过厚底板混凝土局部徐变,导致箱梁下挠。

3. 对策3——三阶段张拉抗裂

(1)预应力三阶段张拉施工工艺改进的目标:减少施工过程箱梁开裂。

(2)横竖纵三向预应力施工工艺调整为三阶段张拉:3天张拉30%横竖纵三向预应力——6天张拉60%横竖纵三向预应力(行走挂篮进行下一节段钢筋工作)——10天张拉100%横竖纵三向预应力(张拉后浇筑下一节段的混凝土),节约4~5天/节段,预应力受力均匀,10天龄期混凝土的强度和弹性模量均满足JTG/T F50—2011桥梁施工规范。

4. 对策4——预应力抗裂

(1)底板抗裂解决方案:参见图6,底板增设横向加劲肋张拉横向预应力。

(2)顶板抗裂解决方案:顶板张拉横向预应力。

(3)0号块横隔板抗裂解决方案:2次浇筑位置加横向预应力。

(4)0号块腹板抗裂解决方案:2次浇筑位置张拉腹板内纵向预应力。

5. 对策5——FRP抗裂

(1)参见图7,顶板上缘桥面设置FRP结构。

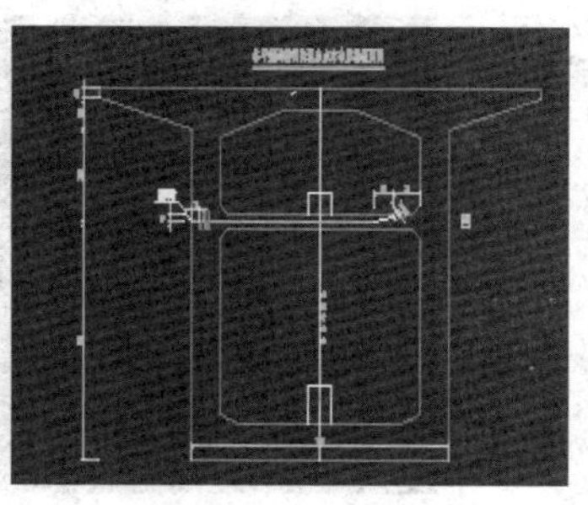

图6 底板抗裂解决方案——底板增设横向加劲肋张拉横向预应力

(2)参见图8,设置FRP-沥青混凝土桥面结构。

(3)顶板下缘及齿板位置设置FRP结构。

图7 顶板上缘桥面FRP结构

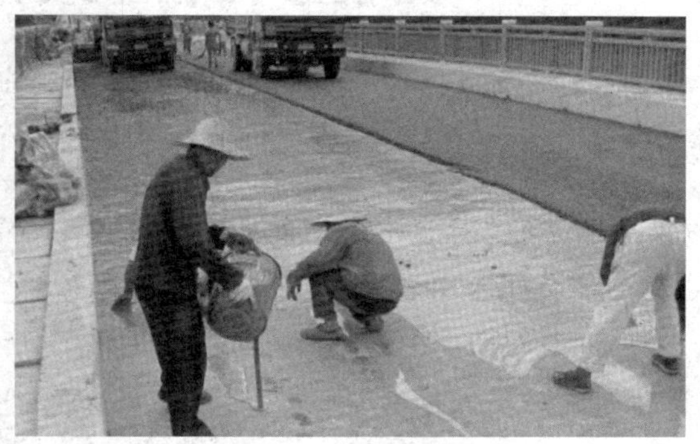

图8 FRP-沥青混凝土桥面结构

6.对策6——桥面系卸载

FRP复合结构实现桥面系轻型化提高通行能力,减小箱梁混凝土徐变下挠。

(1)取消10cm混凝土调平层,采用FRP-沥青混凝土桥面结构7~8cm,FRP提高桥面整体性和耐久性,FRP和沥青混凝土桥面抗拔力提高2~3倍,FRP提高混凝土顶板其他受力性能,FRP形成结构性防水层亦可完全解决桥面防水问题(梁高加大后,刚度加大变形大大减小为传统技术的30%-50%,一期恒载变形为10cm以内,施工误差为1~2cm以内,故可取消调平层)。

(2)采用FRP-混凝土组合结构人行道、FRP栏杆(自重为混凝土的10%)或FRP-混凝土组合结构防撞护栏,减轻桥面二期恒载自重。

(3)现行设计二期恒载为公路I级设计荷载的2~4倍,以上2项措施,至少可节省50%,提高通行能力1~3倍。

五、设计规范完善的建议

云南省采用以上6项措施,在主跨100m级预应力混凝土连续刚构桥云南龙腾大桥应用,效果良好,参见图9,未见同类桥梁共性裂缝,主跨跨中未见下挠,主跨跨中相对主墩竖向向上位移为1cm,减轻桥面系自重150t,相当于50%的设计车道荷载。

建议:对桥梁设计规范进行完善,对在建和拟建的预应力混凝土连续刚构桥参照以上6项措施进行优化,完善设计。

预期达到的目标:100~300m预应力混凝土连续刚构桥梁不开裂、不下挠、承载力提高1~3倍。运营阶段免养护或养护费用低,全寿命周期成本最省。预应力混凝土连续刚构桥主跨可望突破到400~500m。

图9 底板索水平布置的连续刚构已建成云南龙腾二级公路龙腾大桥(跨径布置:58m + 102.25m + 63m)

31. 山区大跨连续刚构桥审查咨询要点

郭晓东 黄绍槟
(四川省交通运输厅公路规划勘察设计研究院)

摘 要 通过对贵州省几条高速公路项目的审查咨询,针对山区大跨连续刚构桥的建设条件与设计特点,归纳总结相关审查咨询的要点,为将来更好地建设同类桥提供参考。

关键词 山区 连续刚构 地质构造 咨询 要点

一、引 言

连续刚构以其跨越能力大、工程造价低的优势广泛运用于公路桥梁,尤其是山区高速公路桥梁。我院近十年来先后承担了多项贵州境内山区高速公路建设项目的审查、咨询工作。包括汕昆高速贵州板坝(桂黔界)至江底(黔滇界)段,余(庆)至凯(里)高速公路,江(口)至翁(安)高速公路以及德江至习水高速公路德(江)至务(川)段。这几条高速公路穿行在黔州大地的崇山峻岭之间,无一例外地选择了具有良好跨越能力兼具经济优势的连续刚构桥型。其设计的主孔最大跨径达270m,最长主孔布置为4×190m;以高墩为主,其设计的最高墩达145m,还具有一个主孔桥梁两侧主墩高度相差巨大的特点。

受山区地形、地质等建设条件限制,上述高速公路的主要技术标准为:设计速度80km/h,路基宽度21.5m、24.5m,设计荷载公路-Ⅰ级。

二、几座典型桥梁

1. 余(庆)至凯(里)高速公路舞阳河大桥

余凯高速舞阳河大桥,是全线的关键性控制性工程,桥位位于山区深切河谷区域,地势陡峭、地形起伏极大,地质情况非常复杂。大桥分左右两幅,主桥孔跨布置为:80m + 150m + 80m预应力混凝土连续刚构,全桥纵坡0.6%,平面位于$R = 1\,500$m的圆曲线上。

审查咨询时,与设计单位共同认识到大桥位于舞阳河风景名胜区,岩溶较发育,凯里岸陡坡岩体存在卸荷作用。三墩基础的稳定是大桥安全的关键,同时岸坡的局部垮塌也将给大桥造成隐患。因此,对该桥加强了专业间的协作,从地勘入手,强化了审查、咨询意见,对4号主墩高边坡加强了勘察要求,增加了处治措施。在实施中,对位于溶洞处的桩基采用了片石混凝土回填后开挖的施工工艺。目前大桥主体已顺利建成。

2. 德(江)至务(川)高速公路羊乐大桥

德江至习水高速公路德(江)至务(川)段的连续刚构,经过路线优化,实施的连续刚构桥梁,主孔跨径自身并不大。但该项目上连续刚构桥的主墩多位于陡边坡上,高桩承台及相邻两主墩高度相差巨大是其特点，如小溪坝大桥和羊乐大桥，丰乐河大桥为避开较大卸荷裂隙，将主孔跨径从135m加大到150m。

羊乐大桥主桥孔跨布置为:73m + 135m + 73m预应力混凝土连续刚构－梁组合桥，其9号主墩从承台顶到主梁底高度为59m，且为高桩承台，而10号主墩从承台顶到主梁底高度仅为9m，承台置于基岩中。因此，对该桥审查的要点是对其桥型布置、体系设计及主墩受力等方面。在同意其主跨两侧主墩采用双薄壁和矩形实体墩基础上，强调对具体构造细节的优化，也包括9号墩上的主梁0号块，建议10号主墩设计为空心矩形墩，纵桥向设置双支座。使大桥整体在各种受力工况下，受力合理、变形协调。

3. 江(口)至翁(安)高速陡山坝特大桥

江(口)至翁(安)高速的桥隧比是上述几条高速公路最大的，贵州省交通运输厅在其初步设计批复中，全线设置桥梁46 126.6m/125座，其中特大桥10 391.76m/9座。主要包括了初设推荐线的陡山坝特大桥，其主桥孔跨布置为150m + 270m + 150m预应力混凝土连续刚构，A6线的陡山坝特大桥，其主桥孔跨布置为118m + 2 × 220m + 118m连续刚构。对陡山坝特大桥，我们在对该桥的审查咨询中，强调了与路线、总体的协调，最后建议施工按A6线展开，并尽量减少桥梁主孔跨径及桥梁总的规模。该桥通过与建设、设计单位的共同努力，最终施工图设计跨径为单孔150m，但墩高也达到了145m，目前一幅桥已完成合龙，2015年9月将完成另一幅桥的合龙。

对该桥初设的另一个审查要点就是按交通运输部关于安全风险评估的要求，进行了陡山坝特大桥初步设计阶段的安全风险专项评估及审查。江安高速的凯峡河特大桥主跨是按220m实施的。

三、审查咨询要点

审查咨询，是一项政策性强、技术要求高，具有大局意识和协作精神的工作。其要点涵盖标准、规范，建设要求与条件，结构计算与构造，施工工艺与造价等。笔者通过总结上述桥梁的审查、咨询工作，提出以下咨询要点。

1. 合法、合规性

对待一项审查、咨询工作，首先要审阅其基本要件，包括上阶段批复文件、专项评审报告，设计文件执行上阶段批复情况，是否符合《工程建设标准强制性条文》和其他有关工程建设强制性标准等。设计文件所采用的技术标准和指标参数，是否满足现行有效规范要求。

大跨连续刚构桥在高速公路项目中，常布置来跨越通航河流，因此其通航论证专项报告的结论及批复，往往是制约桥梁跨径与主桥墩位的控制性因素。余凯高速的清水江及其支流重安江即为通航河流，在审查中我们就重点查阅了清水江大桥、小江口大桥是否满足通航要求，提出了相关审查咨询意见。按照部交公路发[2010]175号通知精神，对要求进行安全风险评估的桥梁，需有桥梁安全风险专项评估报告，如江翁高速公路初步设计阶段的陡山坝特大桥和凯峡河特大桥。

2. 对建设条件的适应性

在山区进行大跨连续桥梁布置，将普遍面临复杂的地形、地质及水文条件。山区地形起伏频繁，桥位处往往纵桥向和横桥向高差变化都十分剧烈，主孔跨径的选择、边中跨的比例、主墩位置的确定等都是需要综合考虑，尽量兼顾的。有时不得不牺牲某项指标，以取得相对总体的合理。这对设计和审查咨询工作都提出了较高的要求，需要审查咨询人员也要充分理解桥梁的建设条件，重点是对地勘工作的内容、深度及成果引用等方面。加强与设计人员的过程沟通，避免或少走弯路，使大桥总体布置适应建设条件，方便施工。主墩基础对潜在卸荷裂隙、溶洞及陡边坡等不良地质条件下，如何规避或增加处治措施是审查咨询工作中，影响桥梁规模与造价的关键，是我们审查咨询的要点。余凯路的舞阳河大桥、德务路的小溪坝大桥、丰乐河大桥等均有所体现。

3. 结构体系与构造细节

山区高速公路，根据交通量的需要以及建设条件的限制，大多采用整幅24.5m宽的双向四车道。相应布置的大跨连续刚构桥也就一般采用两幅桥设计，单幅桥的宽度为12.25m，单向两车道。

因此主跨箱梁以采用单箱单室三向预应力体系为主，根据多年对大跨连续刚构桥设计、研究的经验，尤其是利用了雅西高速公路科技示范的成果，将以下内容作为结构体系、构造细节的审查、咨询要点：

(1)适当减小的边中跨比，适当减小的梁高抛物线变化次数；保证足够的梁高，并重点核查主梁受压区高度；适宜的底板宽度及控制两侧悬臂长度，避免箱梁横向受力时悬臂部分的锅底效应。

主桥箱梁的受压区高度，需满足《公路钢筋混凝土及预应力混凝土桥涵设计规范》(JTG D62—2004)中5.2.2-3公式。上部箱梁设计还充分考虑箱梁非线性温差应力，设置足够的预拱度，为防止腹板开裂和跨中下挠过大留够储备。

(2)尽量采用三向预应力体系，且竖向预应力优先选用低回缩的钢绞线锚固体系；核查纵向预应力悬臂束、下弯束及底板束的规格与布置范围；核查横向预应力束的规格、布置间距及张拉方式；核查竖向预应力束的布置方式、张拉顺序，强调了"滞后张拉"。

核查各预应力束的布置是否在空间发生冲突，钢束张拉端或锚固端与箱梁其他预埋件、普通钢筋的布置是否冲突。

(3)核查普通钢筋的布置及经济指标，从"拉应力域"的设计新思路，腹板水平钢筋的布置需加强。

(4)设置体外的合龙段劲性骨架，增加必要的合段段二期预应力钢束，选择适宜的合龙段施工工艺。

(5)主墩的形式要与上部构造、结构受力相适应，并适当兼顾与环境协调。注意对箱形截面主墩泄水孔、通气孔的设置。

(6)主墩基础一般为承台、群桩基础。重点是核查主墩基础的地质条件，基础形式及尺寸对地质、水条件的适应性，上部荷载的传力路径及分布方式的直接性与合理性。

四、对山区大跨连续刚构桥设计、咨询的展望

在山区修建大跨连续刚构桥，仍将是我国今后相当长一段时间桥梁建设的主要桥型。但世界在快速发展，美国已悄然进入大硬件时代，德国在积极推进工业4.0，国务院近期印发的《中国制造2025》被称为是中国版的"工业4.0"规划。桥梁建设也将产生新的变化，笔者认为在可以预计的将来，从桥梁建设的材料、设计、施工及运营管理等都会有所创新。尤其在以下几个方面：

1. 基于大数据、云计算的精细化分析

由同济大学徐栋教授带领的团队，采用空间网格技术对箱梁结构进行精细化的分析，提出了"完整验算应力"的新概念。在优良硬件的支撑下，建立可交互配筋的实用精细化计算模型，首次提出了针对剪切配筋的"拉应力域" 配筋新理论，可有效降低大跨连续刚构桥腹板因抗剪配筋不足，造成主拉应力抗力不足引起的开裂。同时，徐栋教授一直致力于研究的体外预应力技术也能较好地解决大跨连续刚构桥主跨跨中扰度过大的隐患。从设计理论到结构构造，较好地解决了长期困扰大跨连续刚构桥梁的两大主要病害。

因此，利用大容量、高速计算的硬件设备，对大跨连续刚构，尤其是上部主梁进行网格化精细分析应将成为常态。通过精细化的分析，才能明确箱梁顶、底板、腹板的各项受力情况，尤其是能计算清楚顶(底)板上、中、下三层的应力或腹板内、中、外三层的应力，将使配筋设计更有的放矢，有效降低腹板开裂风险。

2. BIM技术在施工管理的应用

建筑信息模型(Building Information Modeling)是以建筑工程项目的各项相关信息数据作为模型的基础，进行建筑模型的建立，通过数字信息仿真模拟建筑物所具有的真实信息。它具有可视化，协调性，模拟性，优化性和可出图性五大特点。运用BIM技术已成为桥梁工程领域未来发展的潮流与趋势。BIM也可理解为Bridge Information Modeling。

3. 多旋翼无人机在桥梁运营管理中的使用

柳州欧维姆机械股份有限公司正积极与深圳大疆创新科技有限公司、北京七维航测有限公司等合作，利用全球顶尖的无人机飞行平台和影像系统，开展多旋翼无人机桥梁检测技术的研发。将来无人机将越来越广泛地代替目前的检测车、人行桁架平台等，完成对山区大跨连续刚构桥梁的检测，结合新一代

传感器,建立完整的桥梁健康档案。

作为审查咨询人员,应具有比设计更高更广的视野,才能在未来的桥梁建设中,立于潮头,当好政府部门及项目业主的技术参谋;与设计、施工形成无缝连接,高质、快速地为建设山区大跨连续刚构桥梁服务。

参考文献

[1] 鲍卫刚,周泳涛,等.预应力混凝土梁式桥设计施工技术指南[M].北京:人民交通出版社,2009.

[2] 徐栋,赵瑜,刘超.混凝土桥梁结构实用精细化分析与配筋设计[M].北京:人民交通出版社,2013.

[3] 蒋劲松,刘振宇.大跨连续刚构横向、竖向预应力筋张拉顺序的研究//第二届全国预应力结构理论及工程应用学术会议论文集[D].2002.

[4] 王勇,等.连续刚构设计构思的探讨[J].西南公路,2003(1).

32.波形钢腹板矮塔斜拉桥的设计计算分析

邓文琴[1] 张建东[2,3] 刘 朵[2] 胡 隽[1]

(1.华中科技大学土木工程与力学学院;2.江苏省交通科学研究院股份有限公司;
3.东南大学土木工程学院)

摘 要 采用有限元模型针对目前国内最大跨径波形钢腹板预应力混凝土组合梁矮塔斜拉桥——运宝黄河大桥进行了设计计算,结果表明:在正常使用极限状态下,混凝土顶底板的应力、波形钢腹板剪应力及主梁挠度满足要求,且波形钢腹板不会在其发生剪切屈服之前而发生局部屈曲、整体屈曲或合成屈曲破坏;在承载能力极限状态下,主梁承载能力满足要求。为今后波形钢腹板预应力混凝土组合梁桥的设计计算提供了参考。

关键词 桥梁 波形钢腹板 矮塔斜拉桥 设计计算 承载能力

一、引 言

为减轻大跨度预应力混凝土桥梁上部结构的重量,提高桥梁的跨越能力,法国 Campenon Bernard 公司提出了用波形钢腹板来替代混凝土腹板的想法,并于 1986 年在法国建成了世界上第一座波形钢腹板预应力混凝土组合梁桥—Cognac 桥。20 世纪末,日本从法国引进了波形钢腹板组合梁技术,并针对该桥型进行了不断尝试和创新。

由波形钢腹板预应力混凝土组合箱梁结构特点可知,用波形钢腹板代替混凝土作为箱梁腹板后,箱梁本身需要使用大量体外预应力,通过将一部分体外预应力偏心距加大形成矮塔斜拉桥的形式,与一般的波形钢腹板预应力混凝土组合箱梁桥相比,可以减小梁体弯矩,且有利于降低梁高,还可有效控制梁的变形,波形钢腹板矮塔斜拉桥则是日本首先提出的一种新型钢—混凝土组合梁矮塔斜拉桥结构形式。我国对波形钢腹板矮塔斜拉桥的研究起步较晚,缺乏工程实例且设计理论还不是很完善。本文针对运宝黄河大桥的设计进行计算分析,为今后波形钢腹板矮塔斜拉桥的设计计算提供参考。

二、工 程 概 况

运宝黄河大桥主桥采用四跨连续波形钢腹板矮塔斜拉结构,跨径布置为(110 + 2 × 200 + 110)m(见图 1),主梁采用单箱 5 室截面,跨中梁高 3.0m,墩顶根部梁高 7.0m,中间两道腹板采用混凝土腹板,其余 4 道腹板采用波形钢腹板(见图 2)。波形钢腹板采用 1600 型,材料为 Q345qCNH 耐候钢材,且同一断面的 4 道腹板采用等厚设计,板厚为 16 ~ 18mm。波形钢腹板与主梁混凝土顶板采用 T - PBL(双开孔板）连接，边腹板波形钢腹板与底板混凝土采用外包式连接，次边腹板波形钢腹板与底板混凝土采用插入式连接。主塔设置在桥梁中心线位置，单塔双索面布置，塔高33m。

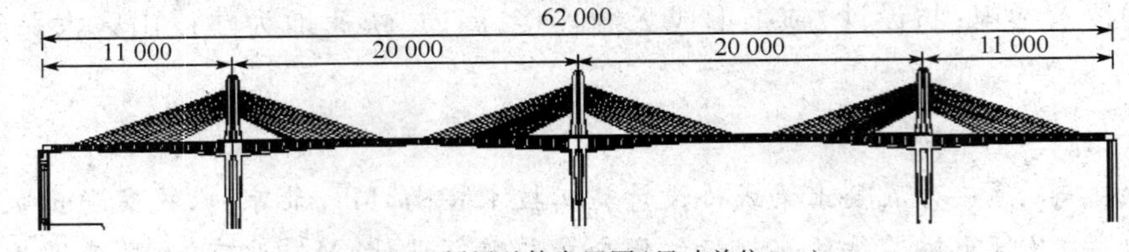

图1　桥梁总体布置图（尺寸单位：cm）

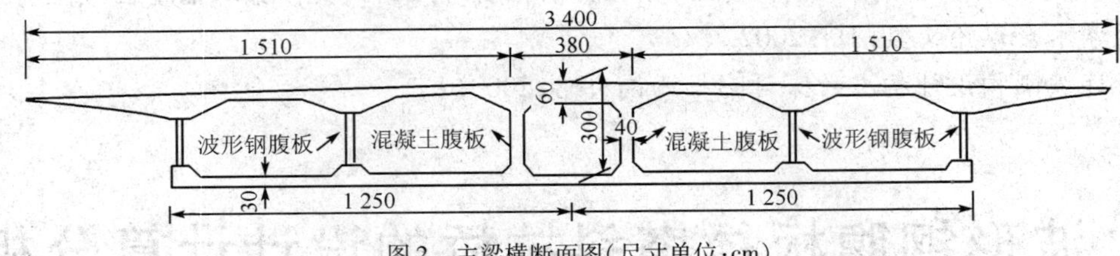

图2　主梁横断面图（尺寸单位：cm）

三、设计计算分析

1. 有限元模型建立

上部结构计算首先采用MIDAS程序建立三维有限元模型进行计算。具体分析中，拉索采用桁架单元，主梁、主塔及桥墩采用梁单元，全桥共划分为620个节点，580个单元，结构离散如图3所示。

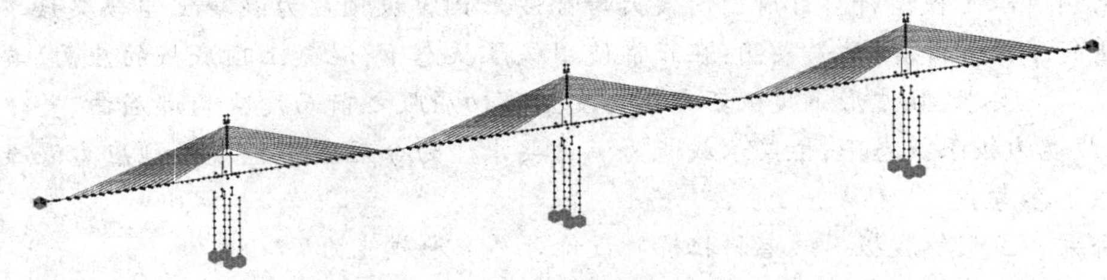

图3　结构离散图

2. 截面受力验算

（1）截面应力验算

根据《公路钢筋混凝土及预应力混凝土桥涵设计规范》，正截面抗裂应对构件正截面混凝土的拉应力进行验算。对于A类预应力混凝土构件在作用（或荷载）短期效应组合下应符合下列规定：

$$\sigma_{st} - \sigma_{pc} \leqslant 0.7f_{ck}$$

但在荷载长期效应组合下

$$\sigma_{lt} - \sigma_{pc} \leqslant 0$$

式中：σ_{st}——短期效应组合下截面边缘混凝土的正应力；

σ_{lt}——长期效应组合下截面边缘混凝土的正应力；

σ_{pc}——有效预加力作用下截面边缘混凝土的正应力。

运宝黄河大桥应力验算结果如图4所示。

由上图可知，主梁混凝土应力满足规范要求。

（2）截面承载能力验算

波形钢腹板的抗弯承载力计算只计入混凝土顶板和底板的EI和EA，忽略波形钢腹板对抗弯的贡献。通过有限元验算表明：在承载能力极限状态下，主梁各截面最大正弯矩为73 053kN·m <截面抗弯承载力设计值697 984kN·m；最大负弯矩设计值为－1 373 260kN·m＜截面抗弯承载力设计值－5 879 052kN·m，因此持久状况抗弯承载力满足规范要求。

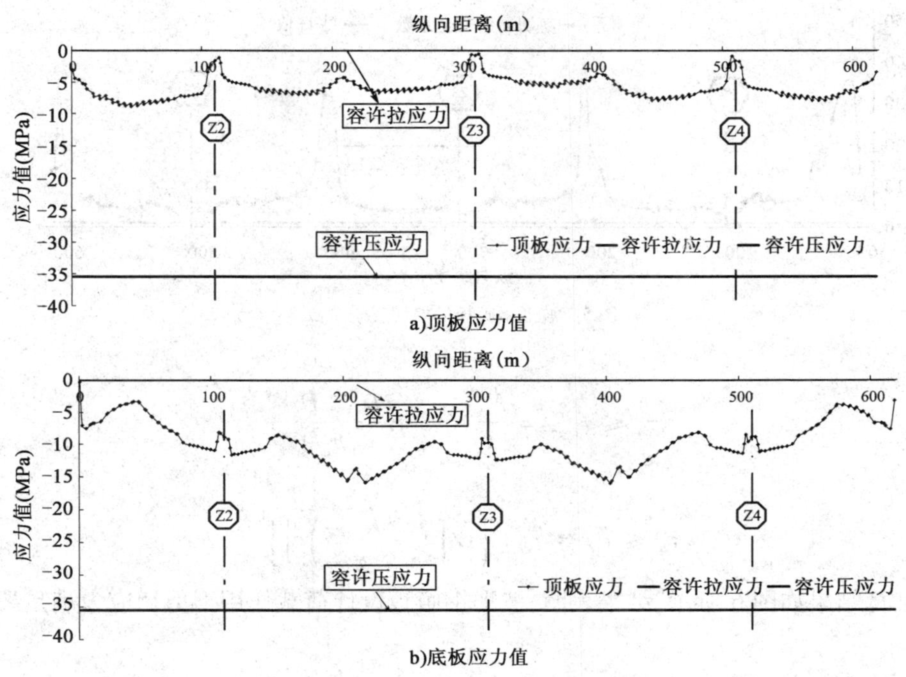

图4 混凝土截面应力验算

3. 波形钢腹板强度验算

(1)剪切强度验算

在荷载作用下,混凝土腹板承担的剪力值按其与波形钢腹板两者的剪切刚度进行分配。

混凝土腹板承担的剪力可按下式计算:

$$V_{cd} = \frac{G_c \cdot A_c}{G_c \cdot A_c + G \cdot A_s} \cdot V_d$$

式中:V_{cd}——混凝土腹板承担的剪力设计值;

G_c——混凝土腹板的剪切模量;

A_c——混凝土腹板的平均断面面积;

G——波形钢腹板的剪切模量;

A_s——波形钢腹板的有效断面面积;

V_d——竖向剪力设计值。

由规范可知,根据 Mises 屈服准则,波形钢腹板抗剪屈服强度如下:

$$\tau_y = \frac{f_y}{\sqrt{3}} = 0.58 f_y = 0.58 \times 315 = 181.9\text{MPa}$$

对于本桥,混凝土腹板厚度取40cm,钢腹板的型号为1600型,墩顶附近厚度为18mm,斜拉索布置区厚度为16mm。故无斜拉索区间,波形钢腹板承担剪力占总剪力的0.4,有斜拉索区,波形钢腹板承担剪力占总剪力的0.37,这里取全桥波形钢腹板承担剪力占总剪力的0.4进行验算,验算结果如图5所示。

由图6可知,正常使用极限状态下波形钢腹板的剪切应力均小于其屈服强度,满足规范要求。

(2)剪切屈曲强度验算

对于波形钢腹板极限状态下的屈曲验算,采用正常使用极限荷载组合。波形钢腹板的局部屈曲、整体屈曲及合成屈曲验算公式如下:

局部屈曲:

$$\tau_u \leqslant \tau_{cr,l} = k_s\left[\frac{\pi^2 E}{12(1-v^2)}\left(\frac{t}{w}\right)^2\right]$$

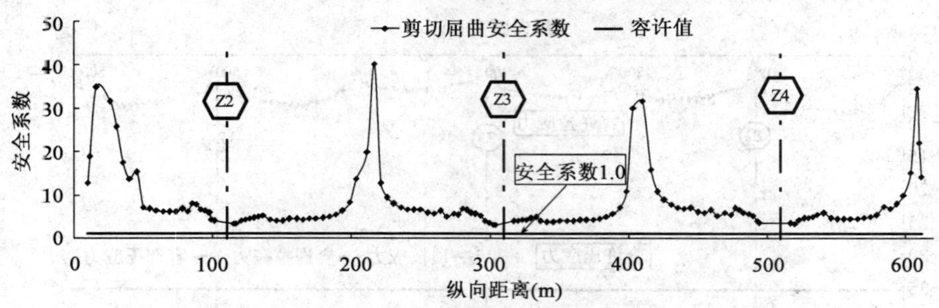

图 5　波形钢腹板的剪切安全系数

整体屈曲：

$$\tau_u \leqslant \tau_{cr,g} = \frac{N_{cr}}{t} = 36\beta \frac{D_y^{3/4} D_x^{1/4}}{h_w^2 t}$$

合成屈曲：

$$\tau_u \leqslant \tau_{cr} = \tau_{cr,L} \left\{1/\left[1 + \left(\frac{\tau_{cr,L}}{\tau_{cr,G}}\right)^4\right]\right\}^{1/4}$$

上述公式结算结果如图 6 所示，结果表明，波形钢腹板设计荷载作用下剪切应力满足要求，不会发生屈曲变形。

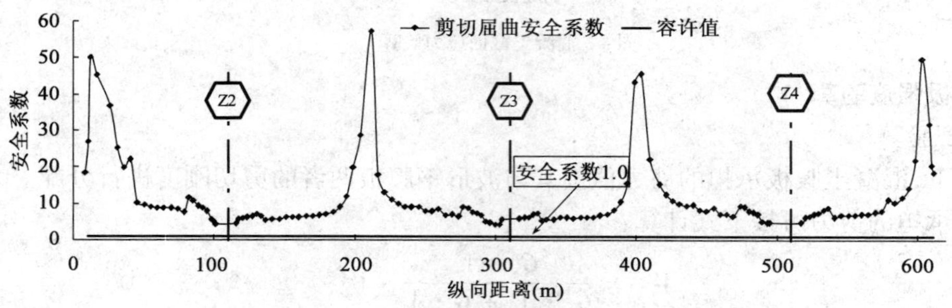

图 6　主梁波形钢腹板剪切屈曲安全系数

四、结　　语

本文采用 ANSYS 建立了三道河中桥的空间有限元模型，参照现行的桥梁设计规范对其进行了设计计算，结果表明：在正常使用极限状态下，混凝土顶底板的应力、波形钢腹板剪应力及主梁挠度满足要求，且波形钢腹板不会在其发生剪切屈服之前而发生局部屈曲、整体屈曲或合成屈曲破坏；在承载能力极限状态下，主梁承载能力满足要求。本文的计算方法及过程可为今后波形钢腹板预应力组合梁桥的设计计算提供参考。从根本上了解这一类桥的受力性能，从而完善其设计理论，促进其在我国的应用。

参考文献

[1] 陈从春，周海智，肖汝诚. 矮塔斜拉桥研究的新进展[J]. 世界桥梁，2006，(1)：70-73.

[2] 田鹏. 组合梁矮塔斜拉桥结构优化[D]. 吉林建筑工程学院，2009.

[3] 姬同庚. 大跨径波形钢腹板连续箱梁桥设计与施工关键技术[J]. 世界桥梁，2014，(5)：12-17.

[4] 王卫，张建东，段鸿杰，等. 国外波形钢腹板组合桥梁的发展与现状[J]. 现代交通技术，2011，08(6)：11-13.

[5] 万水，李淑琴，马磊. 波形钢腹板预应力混凝土组合箱梁结构在中国桥梁工程中的应用[J]. 建筑科学与工程学报，2009，(2)：15-20.

[6] 范静磊. 波形钢腹板 PC 组合箱梁的发展及其在桥梁工程的应用[J]. 中国市政工程，2014，(4)：62-65.

[7] 陈宝春、黄玲，吴庆雄. 波形钢腹板部分斜拉桥[J]. 世界桥梁，2004，(4)：5-8.

II　施工与控制

33. 毕都高速公路北盘江大桥钢桁架梁顶推方案研究

由春升　侯　满　彭运动
（中交公路规划设计院有限公司）

摘　要　贵州毕都高速公路北盘江大桥是主跨720m的特大钢桁梁斜拉桥，经设计比选论证推荐了边跨顶推的施工架设方案，并完成了导梁结构、顶推设计及设备受力分析，为后续施工控制及架设奠定了基础。本文主要介绍顶推总体方案设计、导梁及滑道设计、顶推过程计算分析。

关键词　毕都线北盘江大桥　钢桁架梁　顶推设计　导梁　滑道

一、概　况

毕都高速公路北盘江大桥是杭瑞高速毕节至都格段的重要节点工程，位于贵州省水城县和云南宣威市之间两省交界处，是毕都高速跨越北盘江大峡谷的一座特大型桥梁，与建设中的云南省杭瑞高速公路普立至宣威段相接。

毕都高速公路北盘江大桥主桥全长1 232m，大桥为布跨（80 + 88 + 88 + 720 + 88 + 88 + 80）m双塔双索面七跨连续钢桁梁斜拉桥，主跨跨径位居同类桥梁中世界第一，建成后桥面顶距沟底高差570m，见图1。索塔为塔柱、横梁组成的钢筋混凝土框架结构，贵州侧索塔高269m，为贵州省第一高塔，云南岸塔高245m。主梁采用板梁组合体系的钢桁架梁结构，斜拉索采用钢绞线斜拉索。

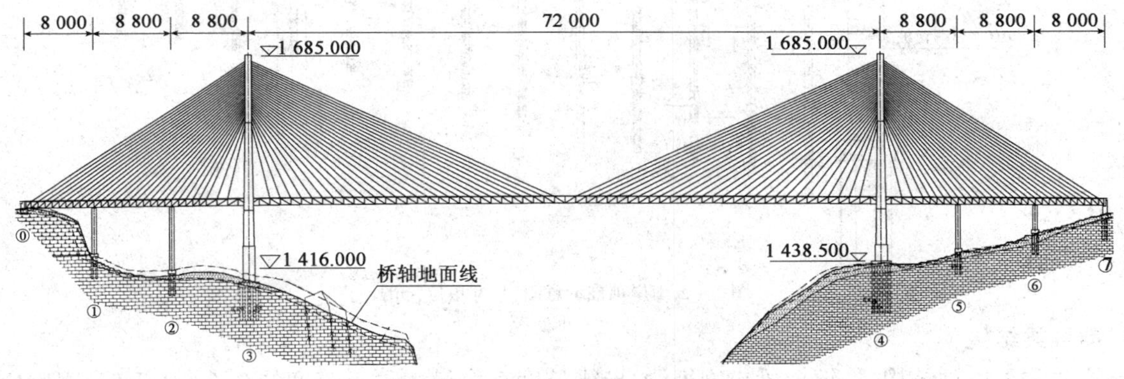

图1　桥型布置（尺寸单位：cm）

二、顶推方案的提出

毕都高速公路北盘江大桥为钢桁架梁斜拉桥，常用的主梁施工方案有满堂支架法、悬臂拼装法、顶推法等。北盘江大桥跨越陡峭的峡谷地形、桥面距地面距离高达90m、施工场地狭窄、结构复杂，因此，从利于构件运输、便于压重实施、简化施工控制难度、解决施工场地等角度考虑，设计推荐先完成钢桁架边跨梁段的拼装后，再进行主跨梁段的拼装架设思路。各施工方案比选见表1，最终确定边跨主梁采用顶推施工。

边跨钢桁架梁施工方案对比表　　表1

工法	满堂支架法	悬臂拼装法	顶 推 法
优点	·工法较为简单； ·主梁拼装方便	·工法较为常规； ·技术成熟	·施工速度快； ·主梁桁架拼装方便； ·边跨施工后，可为中跨主梁实现桁片运输； ·可实现塔梁同步施工

续上表

工法	满堂支架法	悬臂拼装法	顶推法
缺点	·支架高度达90m,稳定性和安全性不易保证 垮塌风险较大; ·支架用量巨大,措施费用高; ·搭设支架周期较长	·边中跨不对称,边跨需设配重平衡,施工难度和过程监控实施难度大; ·施工速度慢、工期长、精度差; ·边跨梁距地面达90m,中跨梁距谷底570m,构件运输和垂直起吊难度大	·工艺复杂; ·需单独进行导梁设计; ·施工过程中结构体系多次变化
结论	不推荐	比较	推荐

三、顶推设计总体方案

在贵州岸0号过渡墩与1号辅助墩之间、云南岸6号辅助墩与7号过渡墩之间搭设钢桁梁施工平台,在施工平台上利用龙门吊拼装前导梁、拼装钢桁梁杆件、正交异性钢桥面板成整体节段,采用顶推方式将钢桁梁及前导梁向索塔方向移动,然后在平台上继续拼装钢桁梁节段,而后整体顶推(拖拉)就位。如此循环,直至完成边跨B0～B28、主跨Z0～Z1共31个钢桁梁节间的架设。云南岸顶推示意见图2。

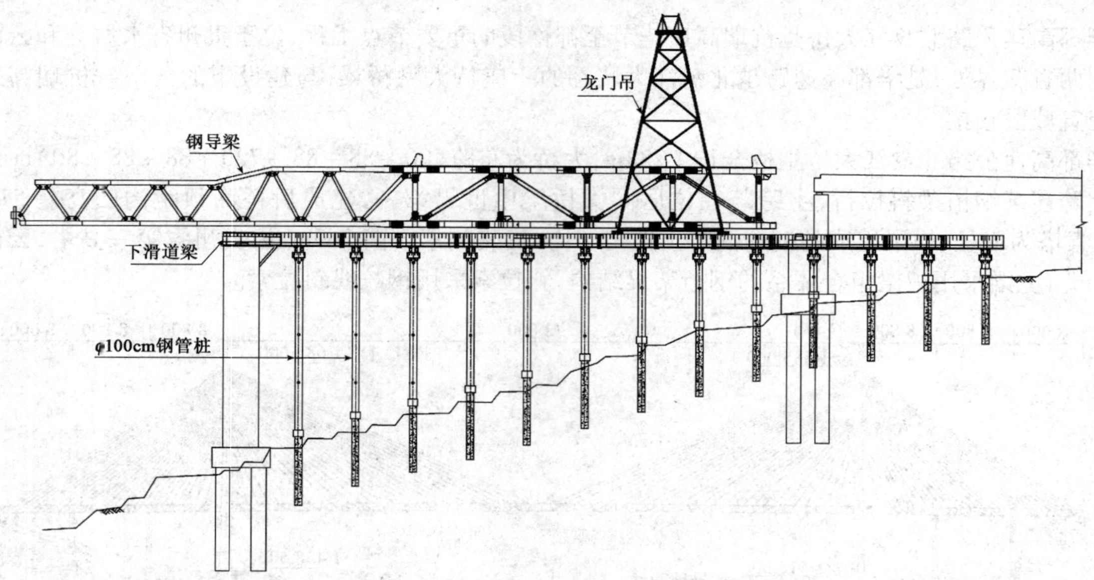

图2 云南岸顶推示意图(尺寸单位:cm)

1. 前导梁结构

导梁通常采用钢结构,如钢桁梁或钢板梁;导梁长度宜取最大顶推跨度的0.6～0.7倍,刚度应为主梁刚度的1/5～1/9,可通过螺栓与主梁连接。由于在索塔、辅助墩处设置临时托架,因此主梁实际的最大顶推跨度为80m,见图3。本项目导梁取53.5m,导梁采用无竖杆的三角形桁式结构,横向布置两片主桁架,桁间距与钢桁梁同宽(27m)。导梁采用Q345C钢材,单个导梁重不超过240t。

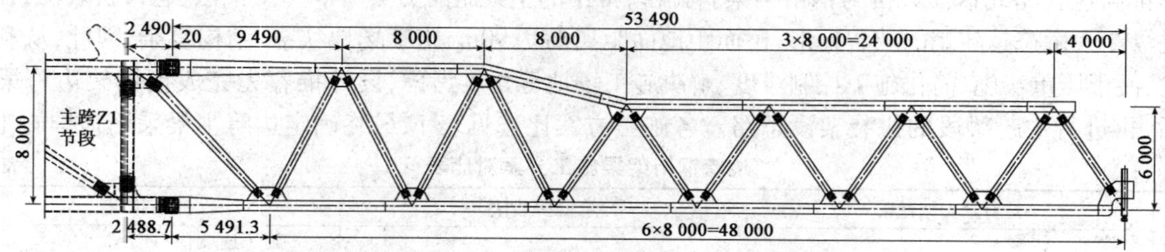

图3 导梁立面示意图(尺寸单位:cm)

导梁结构采用变高桁架结构形式,前端高度6m,后端高度8m,与主桥钢桁梁一致,节间长度8m。导梁主桁架上、下弦杆均为箱形截面,腹杆在采用H形截面。

导梁前端节点为变高刚性节点，设起顶设备。导梁前端到达滑道后，通过导梁前端设置的液压千斤顶，反顶活塞，活塞向下移动，根据千斤顶的行程，确定活塞的锚固插销位置及千斤顶的后锚固反力座的插销位置。经过多次连续起顶，将导梁起顶至设计位置后，将导梁前端与活塞锁定。顶推钢桁梁前移，导梁前端支撑到下滑道梁上后，即可将千斤顶活塞收起，进入正常滑移状态。

2. 滑道系统

根据桁架结构受力的特点，本桥采用下滑道间断连续、上滑道设在主桁节点下的顶推方式。

上滑道设在主桁架下弦杆整体节点下，主桁节点处滑道长 3.0m，导梁节点滑道长 2.0m。上滑道滑动面采用 2mm 不锈钢板。

下滑道由安装平台下滑道、辅助墩顶下滑道、辅助墩顶下滑道和索塔下滑道组成，施工中应确保下滑道顶面连线为 1% 纵坡的直线，见图 4。

下滑道梁横向位置与钢桁架的主桁架下弦杆横向位置对应，横向间距 27m。下滑道梁在安装平台上通长设置，本桥桁架节间有 8m 和 12m 两类，下滑道设计考虑滑块尺寸和操作空间富裕，两侧各 1m 长度，最终确定的滑道梁最小长度为 14m。

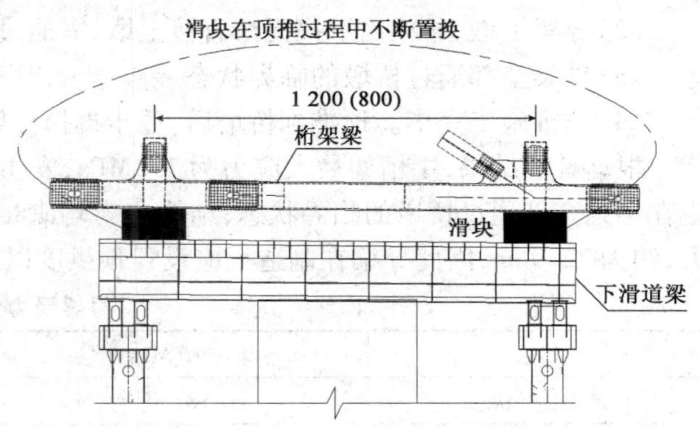

图 4 下滑道及滑块转换示意图(尺寸单位:mm)

下滑道安装完毕后在滑道梁顶面铺设一块 20mm 厚的钢板，钢板与滑道梁顶面点焊。在钢板顶面焊接 2mm 厚的不锈钢板，不锈钢板与滑块下的 MGE 板(工程塑料)摩擦滑动。施工时需要在不锈钢板上涂硅油，保持滑道面无灰尘及其他杂物，防止将 MGE 板刮伤，以免影响滑动。

3. 安装平台

在贵州岸 0 号过渡墩与 1 号辅助墩之间、云南岸 6 号辅助墩与 7 号过渡墩之间搭设钢桁梁安装施工平台。平台方案：支架基础为嵌岩桩，支架采用直径 1.0m 钢管，滑道梁为钢箱梁，与钢管立柱焊接成整体，其主要功能是钢桁梁杆件拼装，形成钢桁梁整体节段。

每侧平台各布置一台 50t 龙门吊，拼装前导梁、钢桁梁杆件(包括正交异性钢桥面板)和边跨混凝土下检修道。

4. 顶推设计及设备

本桥钢桁梁最大顶推长度为 263m，最大顶推重量约 6 600t(其中结构部分约 5 100t，混凝土下检修道约 1 500t)。按摩擦系数 0.05 考虑，最大理论顶推力为 330t，钢桁梁顶推设计推荐采用多点顶推方案。钢桁梁主桁下弦节点下面安装滑块。正常顶推速度控制在 10m/h。

5. 滑块及垫块

钢桁梁在滑道梁上滑移时，均需在节点底部安装滑块，以保证节点传力。滑块为钢铸件，工厂加工成型，底部内嵌填板及 MGE 板，填板与 MGE 板之间用沉头螺栓连接。

钢桁梁滑移到位后，前端千斤顶起顶，滑块脱空后向后端滑移至预定节点位置，准备钢桁梁继续滑移。

6. 辅助墩墩顶抗推拉索

采用镀锌钢绞线或镀锌钢丝绳分别将两岸的辅助墩墩顶与过渡墩基础连接，以减少顶推拖拉作业引起的辅助墩墩顶水平位移和墩底顺桥向弯矩。抗推拉索的初始张拉力为 100kN。

四、顶推受力分析

顶推施工是一种动态变化的过程，结构体系、支撑条件以及支点位置在不断的变化，由此导致导梁和主梁结构的内力也是随之变化的。为了充分考虑导梁和主梁结构的受力状况，将钢桁架梁和导梁进行整体建模，考虑实际顶推过程模拟各阶段控制工况，有限元计算采用 MIDAS 进行(图 5)。

顶推施工分析有如下四个关键性控制阶段：

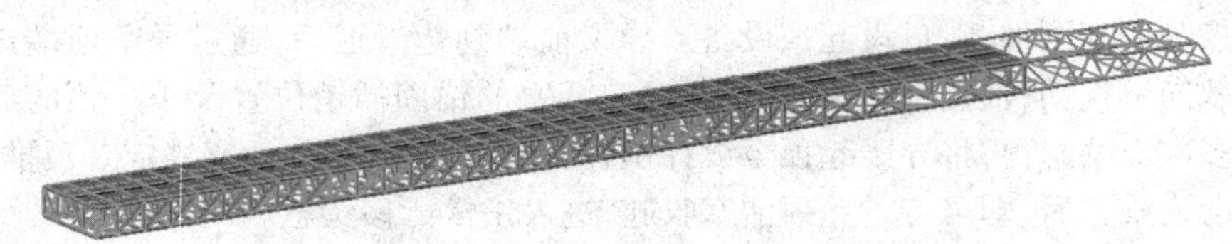

图5　顶推分析模型图

(1)最大悬臂状态。最大悬臂状态为导梁临近桥墩且还未上墩前的状态。

(2)导梁上墩,导梁因下挠无法直接上墩,需通过千斤顶顶升或提升后上墩。

(3)导梁全部通过桥墩的临界状态。

(4)顶推施工完毕。顶推到桥塔后,逐步拆掉导梁至顶推到位。

根据计算结果,主桁架最大应力为192MPa,发生在导梁上墩的工况;导梁的最大应力为115MPa,发生在导梁全部通过桥墩的临界状态;结构应力均满足规范的容许值,见表2。导梁在最大悬臂的挠度最大,约为22.9cm,因此导梁在制造上应设置预拱度以及上墩顶升装置,见图6~图8。

导梁受力分析结果　　表2

工法	导梁应力(MPa)	主梁应力(MPa)	挠度(cm)
最大悬臂状态	88	141	22.9
导梁上墩	70	192	9.3
导梁全部通过桥墩的临界状态	115	119	12.6
顶推施工完毕	—	142	5.7

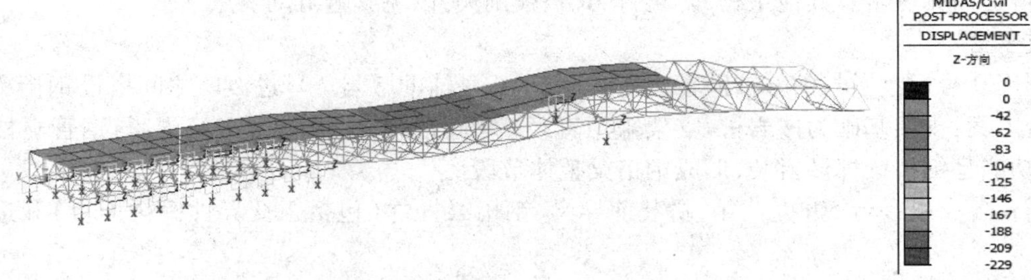

图6　最大悬臂下 导梁和结构挠度图

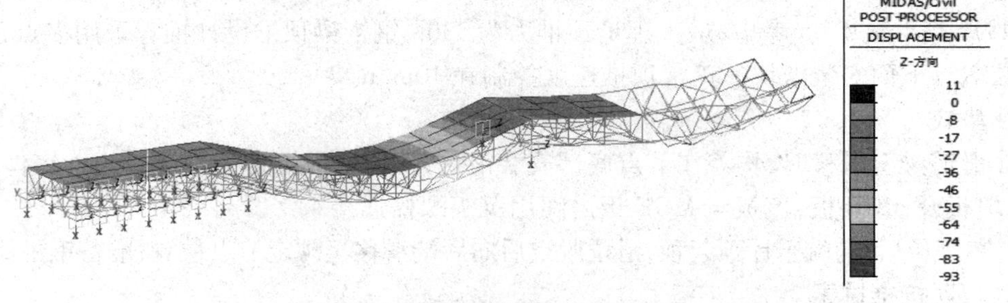

图7　导梁上墩后 导梁和结构挠度图

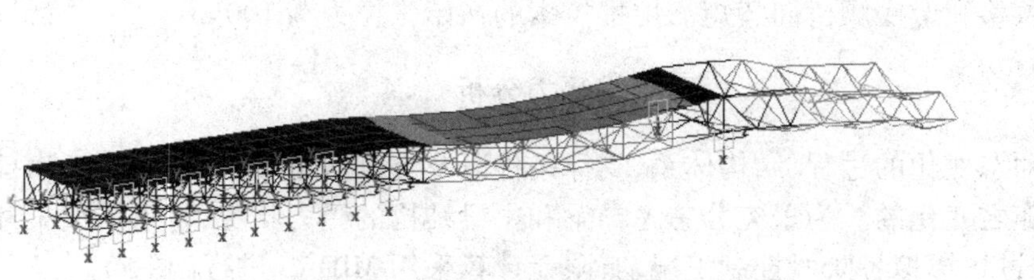

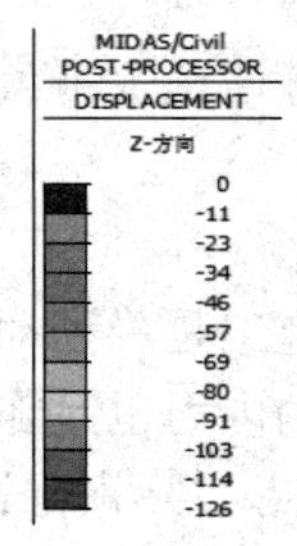

图8　导梁全部通过桥墩 导梁和结构挠度图

五、结　　语

综合北盘江大桥的地形条件和建设条件，设计单位提出的边跨顶推施工是合适的，不仅解决了边跨压重同步实施的问题，简化了施工工序和难度，而且可实现"塔梁同步施工"，大大缩短了主梁的工期。顶推施工工艺近几年在钢桁架梁中应用较广，但也仍存在一些问题需进行深入研究，如多点顶推的智能化控制、顶推施工的实时监控、导梁系统的优化等。本项目设计过程中对具体的架设方案做了系统的研究，希望能够为同类工程的设计和施工提供借鉴。

参考文献

[1] 张波，郭彬立. 下承式钢桁梁桥拖拉方案设计[J]. 工程建设与管理，2008，5.

[2] 张晓东. 桥梁顶推施工技术[J]. 公路，2003，9.

[3] 尚庆保，何映春. 复杂地段96m双线钢桁架梁顶推施工技术[J]. 铁道建筑技术，2007，4.

34. 大跨度钢桁梁斜拉桥主梁"多点拖拉式"连续顶推施工

廖万辉　刘骁凡　段武兵

（贵州省公路工程集团有限公司）

摘　要　本文主要以山区某特大钢桁梁斜拉桥上部构造边跨钢结构安装为实例，叙述在高山峡谷地区，受地形复杂、施工场地狭窄、运输条件差、高墩等因素限制，无构件运输条件，同时施工起重和吊装能力受限制，因此因地制宜的利用"多点拖拉式"连续顶推施工方法解决边跨钢桁梁安装的施工工艺。

关键词　斜拉桥　钢桁梁　多点拖拉连续顶推　施工工艺

一、引　　言

随着西部发展加快，基础设施建设需求日益增加，其中高速公路建设尤其是高速公路特大型大跨径桥梁的建设需求尤为突出。由于西部地区多为喀斯特地貌，几乎无通航河道，对于跨越深切峡谷的大跨径桥梁，受自然条件的约束，如要满足运输条件、投入大型设备必然增加更多的建设成本，建设难度也相应增大。基于此种情况，本文以山区某钢桁梁斜拉桥上部构造安装为实例，介绍适合山区大跨度桥梁建设的"多点拖拉式"连续顶推施工方法。

二、工 程 概 况

大桥主桥采用七跨连续钢桁梁斜拉桥方案，桥跨布置为80m＋2m×88m＋720m＋2×88m＋80m，边跨设置2个辅助墩和1个过渡墩，总长1 341.4m。主桁架采用普拉特式结构，桁高8.0m，主跨节间长12.0m，边跨节间长12.0m、8.0m。两片主桁架弦杆中心距27.0m。大桥按四车道高速公路标准设计，设计车速80km/h。桥址地处峡谷两岸，地势陡峭，地形变化急剧，起伏很大，河谷深切约600m。桥梁总体布置见图1。

钢桁梁由主桁架、主横桁架、中纵梁和下平联组成。主桁架为普拉特式结构，主横桁架采用单层桁架结构，在桥梁中心线处设置中纵梁，连接两相邻主横桁架并作为正交异性钢桥面板的横向支撑，下平联采用米字形结构。各构件之间均采用高强度螺栓连接。

钢桁梁设置混凝土和钢检修道，混凝土检修道布置于边跨主横桁架下横梁上兼压重作用；在辅助墩及过渡墩附近的钢桁梁下横梁上布置压重混凝土；边跨钢桁梁上、下弦杆、下横梁内灌混凝土采用 C30 自密实混凝土。

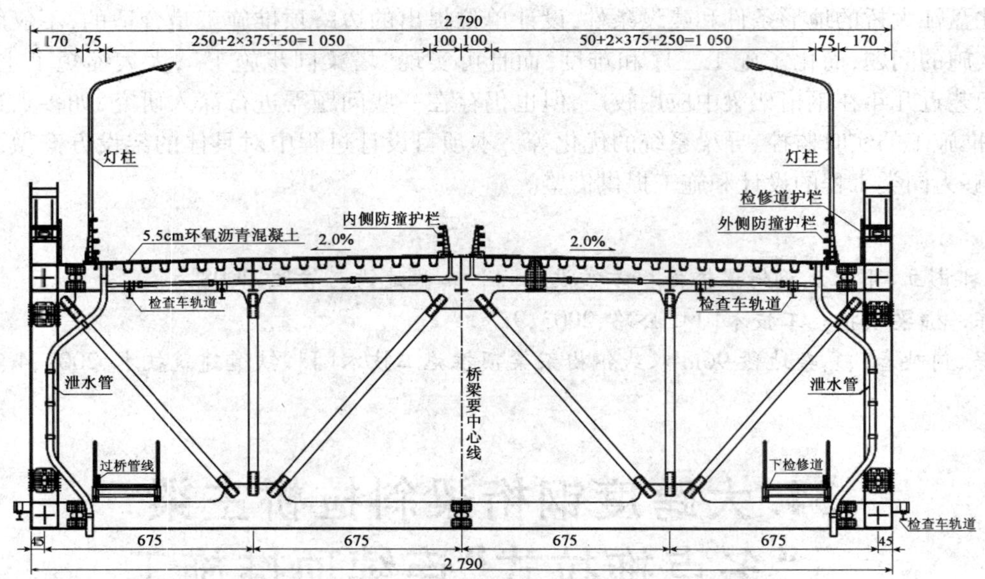

图 1　桥梁总体布置图

本桥边跨钢桁梁采用“多点拖拉式”顶推施工，最大顶推长度为 263m，最大顶推重量约 6 600t（其中，结构部分约 5 100t，混凝土下检修道约 1 500t）。

三、“多点拖拉式”顶推施工

1. 施工流程概述

主桥边跨钢桁梁安装采用“多点拖拉式”连续顶推施工，顶推梁段为边跨 B0 ~ B16 节段、中跨 Z0 ~ Z1 节段，共 19 个钢桁梁节段。

钢桁梁杆件在工厂预先加工，到场后，通过施工便道运至杆件存放场存放，拼装时采用散拼龙门吊将钢桁梁杆件散拼成桁片，再通过组拼龙门吊进行整体组拼安装，最后进行顶推施工，顶推预留出下一节段拼装空间后继续拼装下一个钢桁梁节段，如此循环。

正交异形钢桥面板各构件在桥面板加工区进行拼装，加工完成后通过平板车运至桥面板存放区。混凝土下检修道在预制构件施工区进行集中预制存放，采用组拼龙门吊吊装。

2. 场地及支架设计

由于节段质量较大，悬臂过长对杆件易造成损伤，故在钢桁梁前端设置前导梁。考虑每次顶推的连续性及单次顶推距离满足 8m/12m 钢桁梁节间长度要求，顶推施工时需设置临时滑道支承系统。

根据现场地形条件，利用钢管、贝雷片等材料分别在过渡墩搭设钢桁梁拼装及顶推支架平台，在辅助墩墩柱前后搭设顶推平台支架。安装完成后，再分别在各顶推平台支架及主塔下横梁上安装滑道梁并铺设调平钢板和不锈钢板。在滑道梁上放置可调式滑靴及 MGE 滑板。

滑道梁前端安装千斤顶反力支架及连续千斤顶。

3. 连续顶推系统

顶推设备采用拖拉式自动连续顶推系统，其主要特点在于它的连续性和同步性，见图 2。系统能连续并且匀速地进行大型物件水平顶推或任意度角水平转体，并且能同时控制多台千斤顶同步工作。该系统由自动连续顶推千斤顶、顶推泵站、主控系统组成，其中，主控系统分为主控单元、检测单元、显示单元和执行机构。

4. “多点拖拉式”连续顶推施工流程

“多点拖拉式”连续顶推施工是沿桥纵轴方向设置钢桁梁滑道、滑靴及自动连续顶推千斤顶，在钢桁梁前端设置前导梁与钢桁梁连接,然后由滑靴带动前导梁及钢桁梁节段整体向前顶推,顶推预留出下一节段拼装空间后继续拼装下一节段钢桁梁并与前一节段钢桁梁连接,倒换并循环使用滑靴,然后重复顶推直至将整个边跨钢桁梁顶推完毕,最后进行整体落梁,将钢桁梁下放至永久支座上完成边跨施工。"多点拖拉式"顶推施工的正常平均拖拉速度达10m/h。

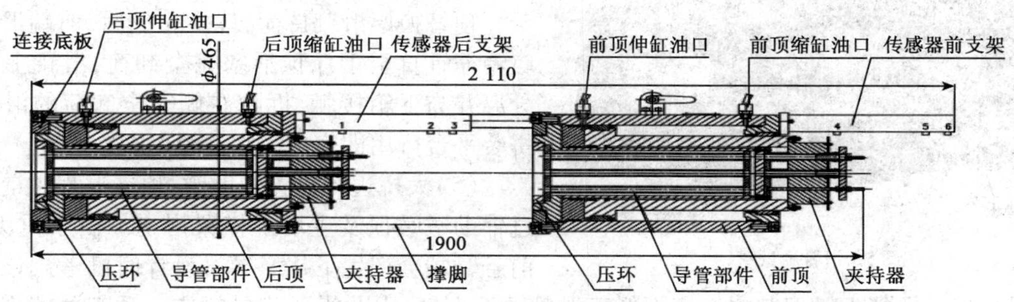

图2 自动连续顶推千斤顶结构图(尺寸单位:mm)

顶推流程见图3。

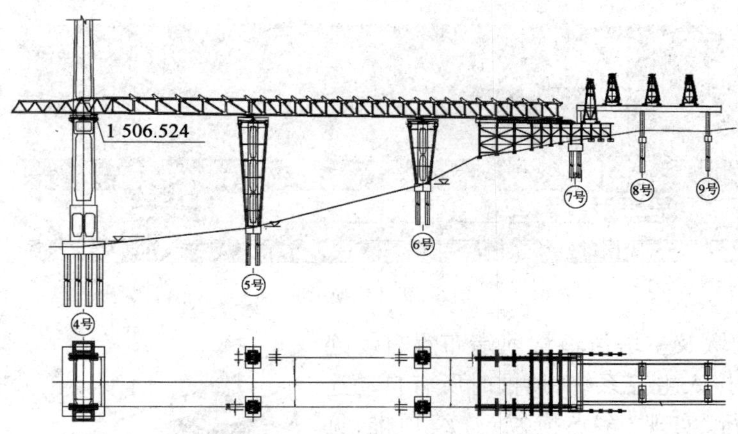

图3 顶推流程示意

主要施工流程如下:

(1)搭设顶推平台,安装滑道;滑靴和滑板做临时限位,在滑靴上完成前导梁拼装,见图4。

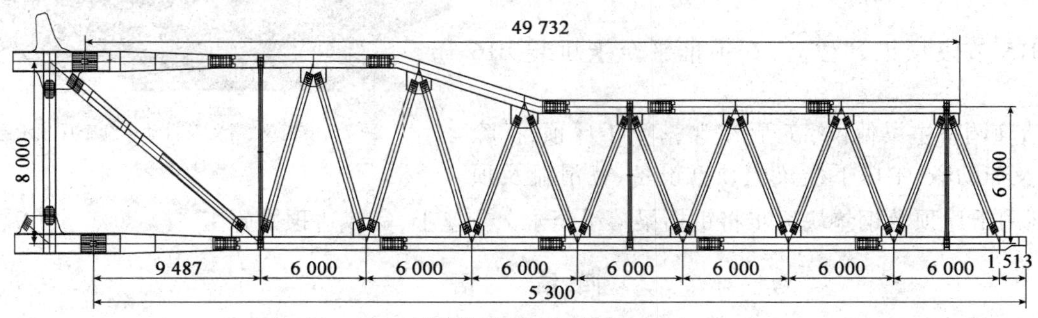

图4 导梁结构示意(尺寸单位:mm)

(2)在顶推平台滑道梁前端安装自动连续顶推千斤顶,滑靴底部(图5)安装MGE滑板,用拉锚器及锚箱将滑靴及自动连续顶推千斤顶进行连接,拆除临时限位,启动顶推系统,自动连续顶推千斤顶工作将导梁向前拖拉下一节段长度。

(3)拼装Z1梁段,与导梁连接,并向前拖拉下一节段长度。

(4)倒换滑靴至Z0节段拼装钢桁梁节点位置循环使用,完成Z0节段拼装并顶推,见图6。滑靴作为桁架梁节点的支撑装置,置于滑道梁上方。每顶推一段距离后,需要对滑靴进行倒换。对于拼装顶推平台的滑靴倒换时机为滑靴即将滑出滑道梁，而对于辅助墩和主墩的滑靴的倒换时机为进入滑道梁的桁架梁节点相对于该墩中心线对称分布时（±4m或±6m）。滑靴内置顶升千斤顶，当滑靴到达倒换位置时，滑靴中千斤顶持荷，活塞伸出使滑靴上下箱体分离，将钢桁梁整体顶升；在后方节点位置放置新滑靴，让新滑靴内千斤顶替换原滑靴持荷；替换完成后，前端滑靴内千斤顶缓慢缩缸直至千斤顶活塞完全卸荷，滑靴上箱与桁架梁分离并与下箱接触，拆除右侧完全卸荷的滑靴并移动到拼装平台待用即完成一次滑靴倒换。

图5　滑靴示意图

（5）大桥边跨设置辅助墩，顶推过程中前导梁首先经过辅助墩墩顶及主塔下横梁滑道。由于重力作用，导梁前悬臂端会产生下挠。导梁设计时已考虑该工况的下挠值，此时虽然导梁能上墩但其主桁底面低于滑靴顶面高度，因此需要将导梁向上顶起才能安装滑靴。导梁前方设置有反顶鼻梁，操作时在导梁端部下方安装顶升千斤顶，将导梁端部向上顶升一定高度后安装好顶推滑靴，最后将千斤顶卸载将导梁前端置于滑靴上。

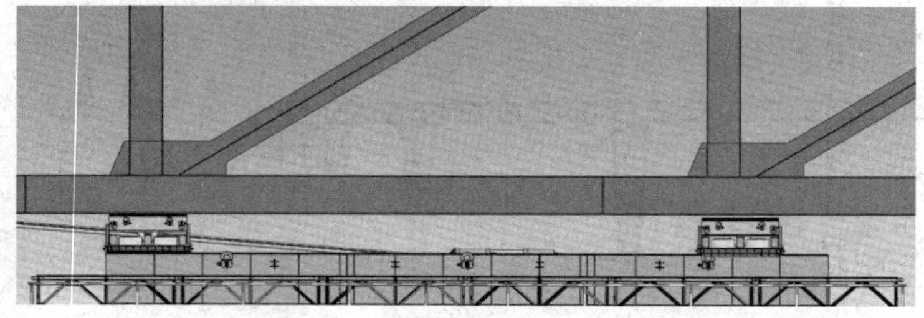
图6　滑靴倒换示意

（6）分别在各辅助墩及主塔滑道梁前端布置自动连续顶推千斤顶，并统一接入主控系统，顶推时所有自动连续顶推千斤顶同步运行，实现“多点拖拉”连续顶推，见图7。

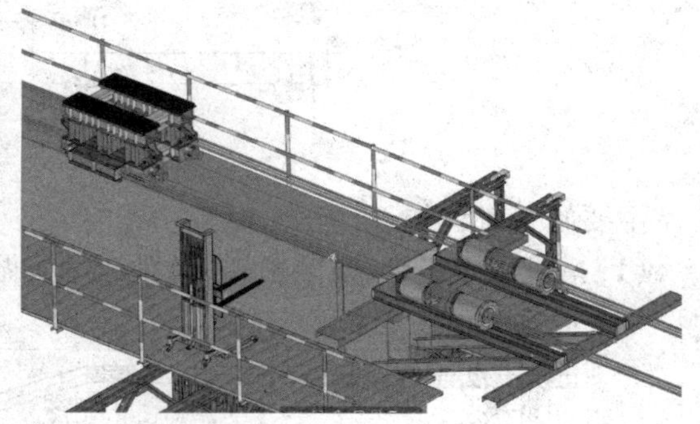
图7　滑道梁、滑靴及自动连续千斤顶示意

（7）重复流程（2）、（4）、（5），完成Z1－B15共18个节段顶推施工；当主梁顶推至导梁超出主塔后开始分段拆除导梁。

（8）B15节段顶推到位后，在顶推平台上拼装B16节段。

（9）精确调整主梁偏位、高程，安装落梁千斤顶，拆除顶推平台及辅助墩、主塔下横梁上顶推设备、互滑靴及顶推滑道，利用千斤顶及钢垫块逐步将钢桁梁落梁至永久支座上，完成边顶推施工。

四、结　　语

山区峡谷地带，跨越高山峡谷，特殊的地形地质条件给大型桥梁建设提出了一系列新问题，同时由于跨越陡峭的峡谷地形，施工场地狭窄、运输施工条件极差，给大桥施工带来很大的挑战。

在自然条件受约束的情况下，如能因地制宜，充分利用现有的少量资源和小型施工设备完成项目建设任务，既节省了项目投资，又避免引进大型设备所需的时间准备和场地准备，缩短了项目建设周期。在特大型工程建设中，施工工艺都会随着科学进步不断改进，这需要建设者们更多的去思考、研究、探索和总结。在实践中不断总结优化传统施工工艺，创新性地提出适合不同施工条件的施工新方法，形成多元化的技术成果，为西部开发建设做出贡献。

参考文献

[1] 中华人民共和国行业标准. JTG/T F50—2011 公路桥涵施工技术规范[S]. 北京:人民交通出版社,2011.

[2] 中华人民共和国国家标准. GB 50017—2003 钢结构设计规范[S]. 北京:中国标准出版社,2003.

[3] 中华人民共和国国家标准. 公路施工手册 桥涵[M]. 北京:人民交通出版社,2000.

[4] 张晓东. 桥梁顶推施工技术[J]. 公路,2003.

[5] 涂满明,姚发海. 超大跨连续钢桁梁多点顶推架设施工技术[J]. 交通科技,2009.

[6] 肖亚明,陈继忠. 大跨度钢桁梁桥多点连续顶推施工方法[J]. 钢结构工程研究,2012.

35. 毕都高速公路北盘江大桥主塔承台大体积混凝土温控技术

段武兵 刘骁凡 廖万辉
(贵州省公路工程集团有限公司)

摘 要 大体积混凝土施工时,由于水化作用产生很高的温度,使混凝土构件产生较大内外温差,易使构件产生温度裂缝,影响结构的安全性和耐久性。因此有效的温度控制是大体积混凝土施工的重要措施。本文结合作者实际参与的工程实例,总结了温控技术和经验,为桥梁大体积混凝土的温控检测提供科学依据。

关键词 大体积混凝土 温度控制 裂缝预防 斜拉桥

一、工 程 概 况

毕都高速公路北盘江大桥是特大型钢桁梁斜拉桥;桥面设计高程与地面高差达550m,主桥为7跨连续钢桁梁斜拉桥方案,主桁架采用普拉特式结构,主桥桥跨布置为80m + 88m × 2 + 720m + 88m × 2 + 80m,主桥长1 332m。全桥设置两个H形主塔,云南岸主塔高246.5m,主塔承台尺寸为37.5m × 21.8m × 7m,分两次浇筑,第一次浇筑高度为4m,第二次浇筑高度为3m,两次浇筑均为典型的大体积混凝土工程。

大体积混凝土在施工期间,一方面由于水泥水化热引起混凝土的前期温度升高,产生各种温差,从而在混凝土表面产生很大的温度应力,导致混凝土裂缝;另一方面外界气温骤降引起了混凝土内外温差,也将使混凝土表面产生很大的温度应力,形成表面裂缝并往往发展为贯穿性裂缝。混凝土裂缝将破坏结构的整体性,严重的影响工程安全. 在桥梁工程中,由于水泥标号高,水化热大,出现裂缝仍然很普遍。为避免和尽量减轻温度裂缝,施工中必须采取温度控制措施并进行温控监测,确保大体积混凝土结构满足质量要求。

二、温度控制设计

1. 温度计算依据与参数

大体积混凝土温度应力影响因素很多,如水泥的水化热温升、混凝土的浇筑温度、浇筑速度、环境温度、保温措施、通水冷却、浇筑层厚度、混凝土配合比、混凝土强度等级、混凝土弹性模量、徐变、干缩、基岩的弹性模量、地表温度等多种因素都直接影响温度应力,只有选取准确的参数,才能得到可靠的计算结果,对温度裂缝预防做出正确判断并制订相应的温控方案。通过采取适当的温控措施,使各层混凝土表面和内部的拉应力均小于混凝土相应龄期的抗拉强度。只要严格按温控标准采取温控措施,就可防止温度裂缝的产生。

经温控计算确定主塔承台大体积混凝土的材料用量,如表 1 所示。

主塔承台 C30 混凝土配合比(kg/m^3)　　表 1

水泥	粉煤灰	砂	大碎石	小碎石	水	外加剂
216	144	953	723	158	155	3.6

主塔承台混凝土劈裂抗拉强度试验结果,如表 2 所示。

C30 混凝土劈裂抗拉强度(MPa)　　表 2

混凝土强度等级	龄期		
	3d	7d	28d
C30	1.4	2.1	3.1

主塔承台混凝土物理热学参数试验结果,如表 3 所示。

C30 混凝土物理热学参数　　表 3

混凝土强度等级	物理热学参数				
	最终弹性模量(MPa)	热胀系数(1/℃)	导热系数[kJ/(m·d·℃)]	比热容(J/kg·℃)	绝热温升(℃)
C30	3.8×10^4	8.0×10^{-6}	260	0.98	38.0

2. 温控计算分析

综合各计算参数对混凝土温度应力变化进行计算分析,各浇筑层最大温度应力必须小于混凝土实测劈裂抗拉强度。拟定浇筑分层厚度为 35cm。在以上设定条件下,利用有限元软件 Midas Civil 2012 对其进行温度仿真计算,计算得出主塔承台第一层内部最高温度值为 55.4℃,第二层内部最高温度值为 55℃,温峰出现时间约为浇筑后第 2 ~ 3d,内部最高温度包络图见图 1。

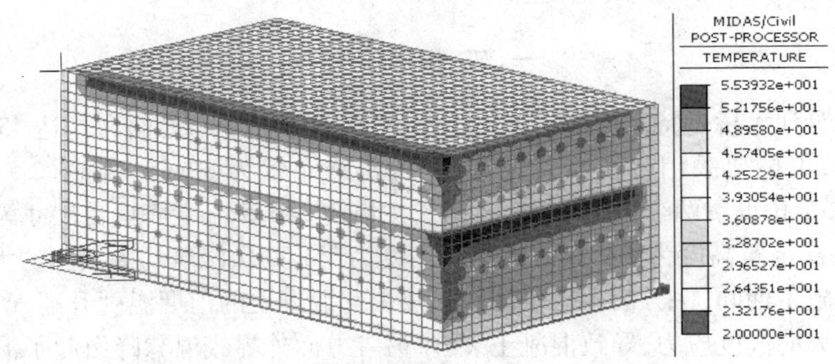

图 1　最高温度包络图

利用有限元软件 Midas Civil 2012 对其进行温度应力仿真计算,计算结果如表 4 所示。

计算温度应力与实测劈裂抗拉强度对比表　　表 4

项　目	对应龄期强度(MPa)		
	3d	7d	28d
C30 混凝土实测劈裂抗拉强度	1.4	2.1	3.1
第一层混凝土计算温度应力	0.99	1.48	2.13
第二层混凝土计算温度应力	0.96	1.24	2.15
最小安全系数	1.41	1.42	1.44

3. 温度控制标准

由于大体积混凝土浇筑期为夏季，为确保混凝土的抗裂安全度，根据上述应力分布及各项影响因素综合计算分析，主塔承台混凝土的温控标准如表5所示。

主塔承台混凝土温度控制标准　表5

混凝土内外温差控制值	≤25℃
混凝土降温速率控制值	≤2℃/d
进、出水口温度差控制值	≤10℃
水温与内部混凝土温差控制值	≤20℃
混凝土入模温度	5~28℃
混凝土最高温升	≤75℃
蓄水保温时，水温与混凝土表面温差控制值	≤15℃

三、温度控制措施

混凝土的内部温度取决于它本身储存的热能。在一般情况下，浇筑后混凝土的温度与外界环境有温差存在，新浇筑混凝土与周围环境之间产生热能交换，混凝土内部温度是入模温度、水泥水化热引起的绝对温度与混凝土浇筑后的散热温度三者的叠加，其变化规律是由低到高，又由高到低。根据以往的工程经验，可采取以下温控措施。

(1)承台的合理分层及尽量减少周边的约束：在垫层上刷脱模剂，模板采用内拉而不用外撑，尽量减少外界对承台整体的约束。每层浇筑划分厚度为30~40cm，可以利用浇筑块的层面进行散热，降低混凝土的内部温度。

(2)原材料的选择和混凝土的配合比设计：由于水泥水化热是引起混凝土温升的主要因素，因此应尽可能地减少水泥用量。选用水化热较低的普硅水泥，并根据试验室的试验数据掺入40%的粉煤灰，掺入粉煤灰不仅能降低发热量，而且可改善混凝土的和易性和可泵性。采用高效缓凝减水剂，尽量削减温升峰值，考虑采用最新的性能最为稳定的聚羧酸外加剂。考虑实际泵送要求，选用连续级配的碎石；细集料除控制其他质量外，尽可能选择细度模数在2.5以上的细集料。

(3)在浇筑过程中采取两次振捣、浇至顶面时采用两次抹面的工艺，以提高混凝土的密实度和抗裂性。

(4)布设冷却水管：冷却水管采用内径70mm导热性能好的金属管，单根水管长度小于200m，冷却水管层距小于1m，每层冷却水管单独设置进出水口，冷却水管通水时间根据表5实测温度值来确定。

(5)混凝土的入模温度：控制混凝土原材料的温度，混凝土的浇筑时间为4~5月，混凝土的入模温度在25℃左右。

(6)混凝土上下层间的浇筑间歇期不超过7d。

(7)混凝土浇筑后养生时的温度控制方法：混凝土浇筑后养生时的温度控制采取内降外保的方法。内降是指在混凝土浇筑过程中及成形后，通过循环冷却水进行降温；外保是指在混凝土浇筑成形后，混凝土终凝前，对混凝土表面采取覆盖塑料薄膜、油脂麻袋、干草等，以提高混凝土表面温度，减少温差，同时防止早期混凝土干缩裂缝。在钢模板外侧可包裹塑料布进行保温。待温度稳定后，再采取蓄水养生。在水温降至30℃左右时直接采用循环水进行养生保温。

(8)控制拆模时间：混凝土拆模时间应考虑环境等情况，且有利于强度的正常增长，并防止混凝土开裂。

四、温度监测

在混凝土中埋入一定数量的测温仪器，检验不同时期的温度特性和温控标准，验证温控计算结果和温度控制措施的效果。通过温控监测及时掌握温控信息,及时调整和改进温控措施。

测温仪器的布设按照突出重点、兼顾全局的原则。混凝土入仓之前,应观测仓内温度并检查仪器埋入后有无损坏。从仪器被混凝土埋入开始正式观测,浇筑块混凝土浇筑过程中,每2h测量一次温度;浇筑块混凝土浇筑完毕后至水化热升温阶段,每2h测量一次;水化热降温阶段第一周,每4h测量一次,一周后每天选取气温典型变化时段进行测量,每天测量2~4次。测温仪器布置如图2所示。

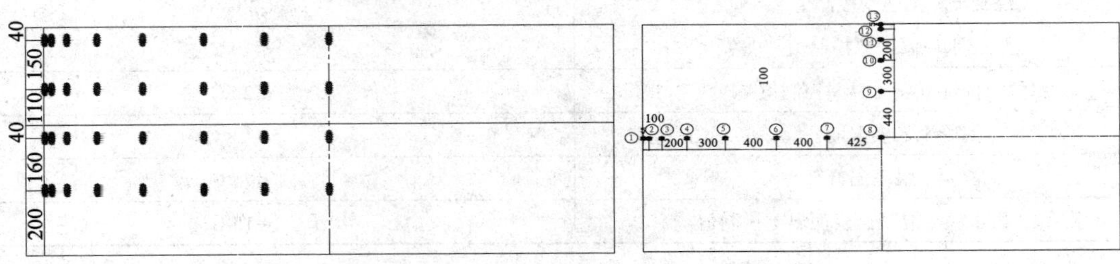

图2 主塔承台测温仪器布置图

1. 温度变化规律

根据混凝土各浇筑层温度实测数据显示其变化规律基本相同。浇筑层的实测温度变化曲线如图3~图6所示(横向坐标0表示开始浇筑混凝土)。

浇筑层的实测里表温差变化曲线如图7~图10所示(横向坐标0表示开始浇筑混凝土)。

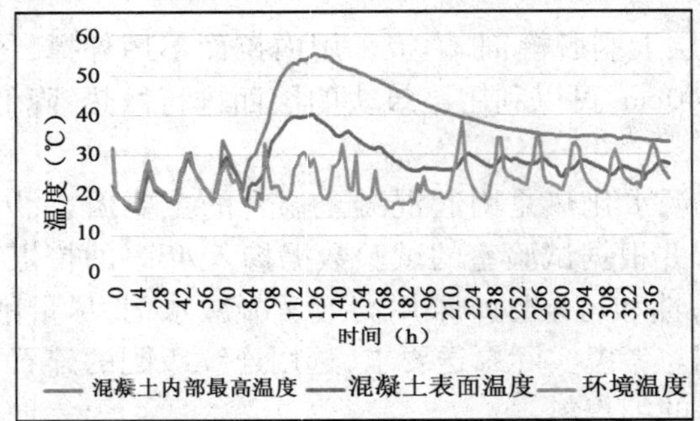

图3 第一层测点温度对比表

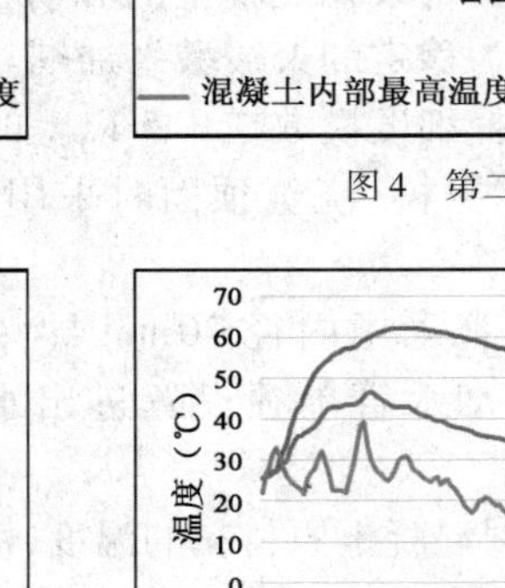

图4 第二层测点温度对比表

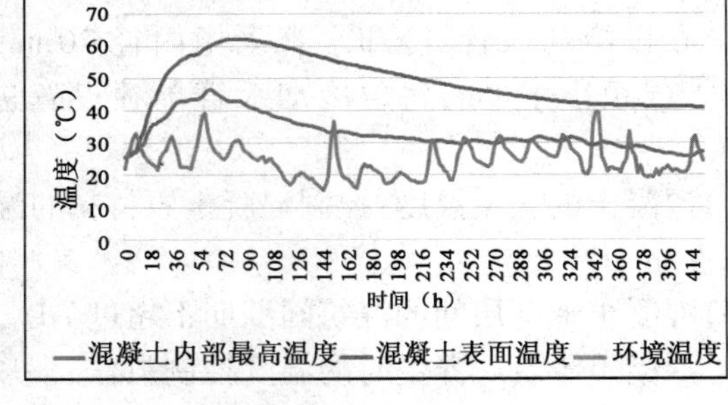

图5 第三层测点温度对比表

图6 第四层测点温度对比表

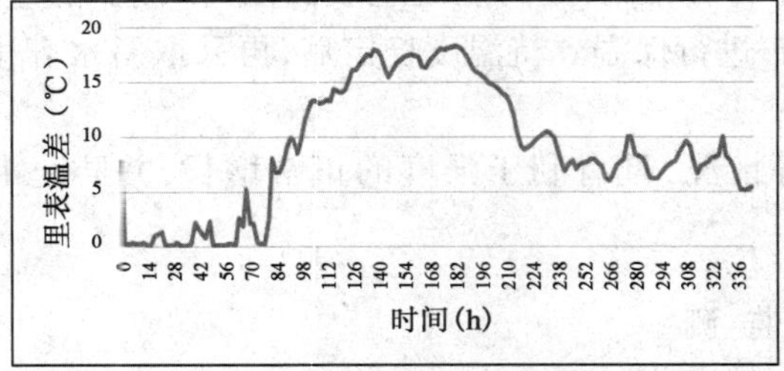

图7 第一层测点里表温差升降曲线

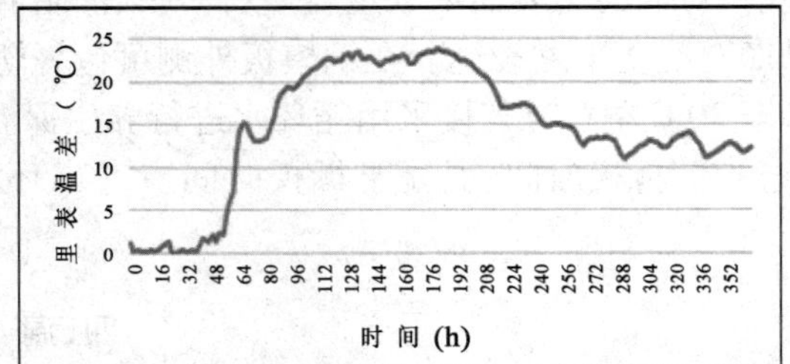

图8 第二层测点里表温差升降曲线

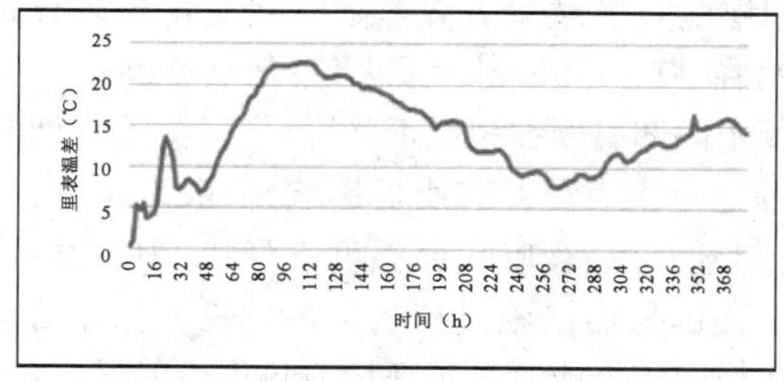

图 9 第二层测点里表温差升降曲线

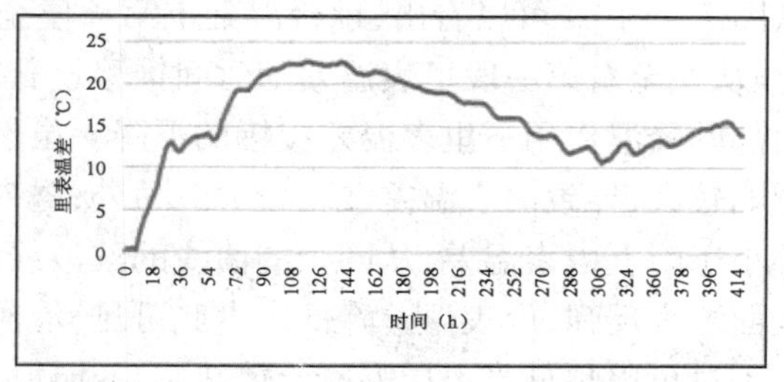

图 10 第二层测点里表温差升降曲线

2. 温度特征值

根据温度监测结果，承台大体积混凝土的温度特征值如表 6 所示。混凝土的温度特征值主要受水泥水化热、混凝土强度等级、大气温度、入模温度、水冷效果、浇筑分层厚度、表面保护及浇筑间歇期的影响。

承台混凝土温度特征值 表 6

测点区域	区域最高温度（℃）	测点覆盖完毕至最高温度出现时间（h）	区域最高断面平均温度（℃）	测点覆盖完毕至最高断面温度出现时间（h）	区域最大内表温差（℃）	入模温度（℃）	最大水化热温升（℃）
第一层测点	56.7	60	48.4	52	24.3	27.5	29.2
第二层测点	55.3	58	49.6	58	18.8	26.8	28.5
第三层测点	62.2	56	53.1	42	23.7	27.3	34.9
第四层测点	59.5	38	49.8	38	23.2	27.1	32.4

数据显示，各浇筑层的温度特征值都满足温控标准，里表温差和最高温升两项关键温控指标均低于温控标准。经全面检查，主塔承台混凝土各浇筑层均未发现裂缝，施工中采用的温控措施合理有效，温度控制及裂缝预防取得了预期的效果。

五、结 语

（1）承台混凝土内部各层测点区断面最高温度及表面温度变化规律

从图 3 ~ 图 6 中可看出，承台混凝土第一、二、三、四层测点区域断面最高温度随时间的变化规律基本一致。温度曲线从左至右第一段是升温段，由于水化放热会使温度持续升高，由于入模温度较高，冷却水流量较小，水化反应快，在覆盖测点后 35 ~ 60h 即达到峰值，持续 6 ~ 8h 后温度开始下降。曲线第二段是强制降温段，在冷却水管的持续作用下，混凝土温度快速下降，这段时间混凝土降温速率约为 2.0℃/d。曲线第三段是自然降温段，在浇筑开始 250h 后曲线平缓下降趋向水平，表明该时间段混凝土降温平缓，达到准稳定态。平稳的降温既有利于混凝土强度的正常发展，又利于控制温差和降温速率对混凝土产生的变形应力。

混凝土第一层至第四层表面测点温度曲线规律也呈现出一定的一致性，经历迅速升温、强制降温、随气温波动的过程。混凝土表面温度在浇筑后经历一个升温期达到最高温度，然后在冷却水管的作用下开始降温至气温态。由于测温期间气温变化及昼夜温差大，所以混凝土表面温度受影响较大，表现在图中的曲线呈波浪形，和气温的变化趋势大体相一致，但总体来说混凝土的温度是逐渐降低的。从图中可以看到，混凝土断面最高温度和混凝土表面温度均逐渐缩小，温度场趋于均匀，温度梯度减小，有利于防止温度应力裂缝的产生。

（2）承台混凝土里表温差变化规律

从图7～图10可以看出，承台混凝土第一层至第四层测点区域里表温差随时间变化规律有如下特点：曲线从左至右第一段里表温差随时间推移增长较快，在90～140h到达最大值；然后在冷却水管对混凝土内部的降温作用下里表温差缓慢的下降。虽然混凝土内部温度在缓慢下降，但气温持续较低对表面温度影响较大，导致内表温差波动较大。另外，昼夜温度也对内表温差有明显影响，一般来说，白天内表温差要小于晚上内表温差，从图中的曲线的波浪线能看出这一点：夜晚表面温度下降快，内表温差增大；白天表面温度反弹，内表温差降低。由此可见，混凝土表面的保温措施对控制昼夜里表温差浮动是很重要的。不过可以预见当上层混凝土放热影响和环境散热作用相抵或者弱于环境散热作用时，混凝土温度场将逐渐趋于准稳态。

参考文献

[1] 王铁梦. 工程结构裂缝控制[M]. 北京：中国建筑工业出版社，2000.
[2] 文亚军，尹红星. 矮寨大桥大体积混凝土温控技术[J]. 企业技术开发，2010.
[3] 线登洲. 大体积混凝土温控防裂研究[J]. 建筑科学，2006.

36. 毕都高速公路北盘江大桥主塔下横梁斜拉支架施工技术

刘骁凡　段武兵　廖万辉
（贵州省公路工程集团有限公司）

摘　要　索塔横梁施工时，由于净空过高，使支架用量大，不利于施工成本控制。因此，借鉴斜拉桥形式，施工支架采取斜拉方式。本文结合作者实际参与的工程实例，总结了支架的施工设计，为桥梁索塔横梁的施工提供科学依据。

关键词　索塔横梁　支架　预应力斜拉

一、工程概况

毕都高速公路北盘江大桥是特大型钢桁梁斜拉桥；桥面设计高程与地面高差达550m，主桥为7跨连续钢桁梁斜拉桥方案，主桁架采用普拉特式结构，主桥桥跨布置为80m＋88m×2＋720m＋88m×2＋80m，主桥长1332m。全桥设置两个H形主塔，云南岸主塔高246.5m，北盘江特大桥下横梁顶面高程为1504.6m，单箱单室断面宽9.8m，高8.0m，该横梁分两次浇筑完成，第一次浇筑4m，为621.7m^3混凝土。顶底板厚度为1.0m，腹板厚度为1.0m，横梁中线位置横桥向长31.0m。下横梁底面到塔座顶面有38.6m的净空。

高度过高的横梁施工，传统方法为满堂支架与钢管支架施工。传统的施工支架用钢量大，且占用塔吊，对成本与工期控制不利。故借鉴斜拉桥的形式，提出斜拉支架。

二、斜拉支架设计

1. 布置形式

下横梁施工支架两端采用牛腿支撑，每个塔柱上设4个牛腿（牛腿选用预应力三角斜撑牛腿），贝雷梁通过2片 I56a 的型钢焊接成箱梁做主横梁传力于牛腿上。中间采用斜拉主梁（主梁选用高2.044m，宽1m，顶板厚24mm，底板厚20mm，侧板厚14mm的箱梁），斜拉杆一端伸入中塔柱内，内置千斤顶。在主梁底板上打洞，穿钢绞线竖直向下张拉，在千斤顶的调节下，使得斜拉的主梁位移保持不变。倒角支架与贝雷梁销结连接,倒角上的分配梁选用I18,中间贝雷梁上的分配梁选用I14。顶板混凝土浇注时,其模板支架应按满堂支架搭设,使顶板混凝土荷载均匀地传递至横梁底板。斜拉支架布置见图1。

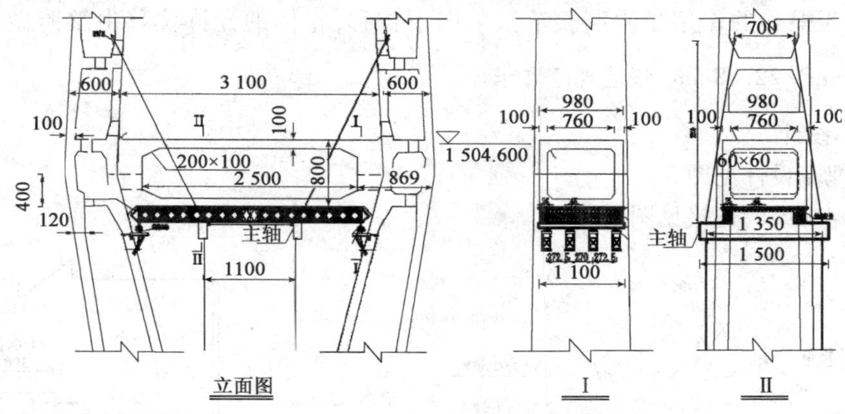

图1 斜拉支架布置(尺寸单位:mm)

2. 技术难点说明

1)主要技术风险

(1)刚柔体系,在变形协调问题上,拉索的长度精度要求高。

(2)浇筑过程中需对竖直拉索持续卸力,施工精度较高。

(3)浇筑过程中拉索在中主梁上的力的平衡与理论计算会有部分出入。

2)解决技术方案

(1)斜拉索锚固端设置千斤顶,斜拉索的实际长度就算有出入,也可通过改变张拉斜拉索的力来弥补;且在浇筑过程中,通过调节几个拉索的张拉力可控制下横梁的整体绕度。

(2)理论计算出每浇筑30cm高,竖直拉索的张拉力大小;且现场在浇筑过程中,对主梁位移进行观测,之后可根据现场的实际观测位移调整竖直张拉力。

(3)拉索在中主梁的连接延长线上,交于一点,使得主梁上无扭矩。

3. 支架计算分析

(1)整体建模计算

按最大荷载计算,即第一次浇筑完4m后。

中主梁由于在三个方向拉索的调节下,使得该主梁位移保持不变,故计算时可将该点当成支座考虑。模型如图2所示。

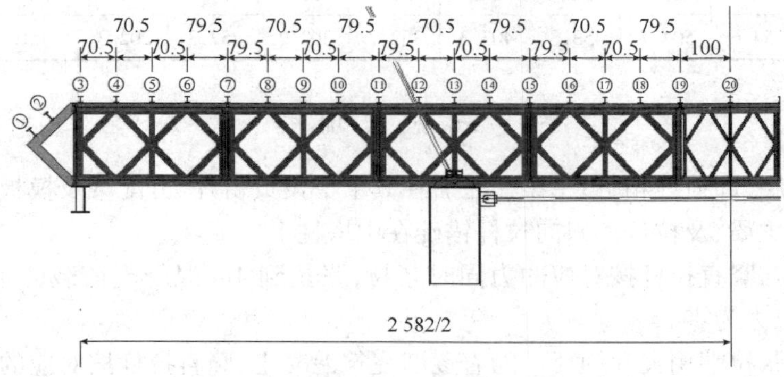

图2 整体建模示意(尺寸单位:mm)

模型如下:

贝雷片中杆件最大组合应力为181.97MPa < [σ] = 210 × 1.3 = 273MPa,符合要求。最大剪应力为64.69MPa < [τ] = 160 × 1.3 = 208MPa,符合要求。安全系数为1.5。主梁的腹板厚小于16mm,主梁中杆件最大组合应力为152.61MPa < [σ] = 215MPa,符合要求。最大剪应力为52.43MPa < [τ] = 125MPa,符

合要求。安全系数为1.4。

最大位移为22.78mm(竖直向下),位置在最跨中位置。

中间斜拉的两根梁的作用是限制整节段的向下位移,整体的允许位移由整跨做简支梁考虑,故:$\frac{11\,000\text{mm}}{400}=27.5\text{mm}\geqslant 22.78\text{mm}$,满足规范要求。

(2)拉索端部设计

①斜拉杆预埋端设计见图3。

②竖向拉杆与主梁的连接见图4。

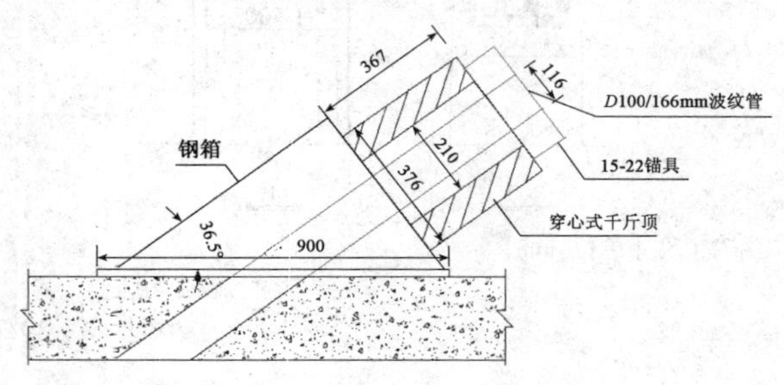

图3　斜拉杆预埋端设计

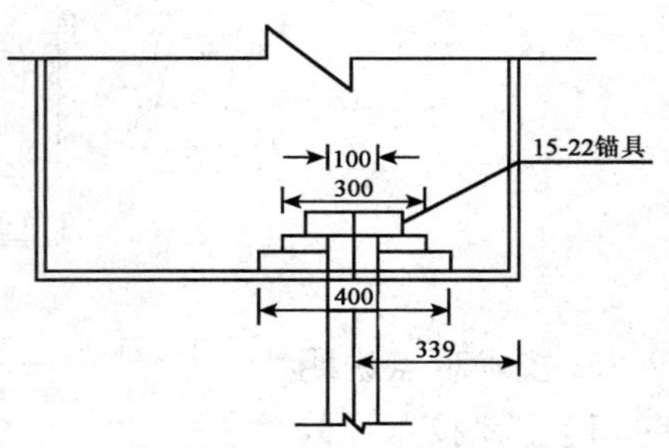

图4　竖向拉杆与主梁的连接

③竖向拉杆锚固端的连接。

(3)拉索力的理论数值

将第一次浇筑分为多个工况进行计算,求出斜拉和竖直拉杆的拉力:

①空载时,只有支架自重。4个斜拉杆张拉2 847.6kN;4个竖直拉杆张拉2 555.7kN,若需要在空载时将支架拉到平衡,需算上支架的力,则每根竖向拉索的力减去201.5kN。过程中保持8个拉杆的力平衡。

②之后4个斜拉杆的张拉力保持不变,每浇筑20cm,计算出竖直拉杆释放的拉力。

③第一次浇筑完成后,正好竖直拉杆的张拉力全部释放。

由于计算过于繁琐且重复,故计算过程省略,计算结果见表1。

计 算 结 果　　表1

浇筑高度(cm)	0空载	20	40	60	80	100	120	140	160	360	380	400
拉杆拉力(kN)	2 354.2	1 709.7	1 472.9	1 235.5	998.6	761.5	712.6	658.5	606.5	100	50	0
浇筑高度(cm)	180	200	220	240	260	280	300	320	340	360	380	400
拉杆拉力(kN)	554.6	504.7	453.8	403.3	352.7	302.2	252.3	202.3	150	100	50	0

三、施 工 流 程

步骤一:安装牛腿、卸荷沙箱、边主梁。之后在其上搭设贝雷片、分配梁及模板。

步骤二:起吊中主梁、及拉杆。斜向拉杆锚碇在中塔柱上。

步骤三:斜拉杆与竖直拉杆按对应的力同时张拉,张拉到4m混凝土荷载的主梁反力值,斜拉杆、水平拉杆及竖直拉杆合力为零。

步骤四:斜拉杆张拉端用夹片锁死。随着逐渐浇筑混凝土,竖直拉杆按对应的力慢慢松弛,使得中主梁的斜拉两地,时刻保持位移为零。

步骤五:第一次的4m混凝土浇筑完成,竖直拉杆此时的张拉力正好松弛到0kN。

步骤六:待第一次的4m混凝凝固后,在其上搭设内模支架及模板,然后浇筑混凝土。

步骤七:浇筑完成后,当混凝土强度达设计强度85%、弹模达到80%,进行预应力钢绞线张拉。张拉顺序为:两侧腹板钢束对称张拉;每侧腹板从中部开始,上下交替张拉钢束。

步骤八:张拉完成后,斜拉千斤顶卸力,两台塔吊配合吊下两中主梁。之后卸荷砂箱降低,将支架拆除。

四、结 语

(1)节省用钢量与塔吊的占用时间

通过计算,钢管方案中共需要142.136m的ϕ1 020mm壁厚12mm的钢管。斜拉方案可节省这部分的用钢量,且钢管在安拆过程中对塔吊的占用,大大影响了工期。

(2)过程中可随时通过拉索调整支架挠度

由于该体系为刚柔体系,实际施工过程中会出现与理论计算值有差别。故可通过施工过程中扰度与应力应变的监控,调整索力,达到主梁拉索处位移接近为0的理想状态。

参考文献

[1] 钟定峰. 现浇混凝土箱梁支架计算分析[D]. 西南交通大学,2005.
[2] 毛吉连,陈开桥,毛伟琦. 武汉大道跨铁路斜拉桥主跨现浇段支架设计[J]. 桥梁建设,2013.
[3] 王京营. 贝雷架用于现浇支架施工中的验算[J]. 甘肃科技,2011.
[4] 陶友海. Midas/civil 软件在现浇梁支架模拟计算中的应用[J]. 国防交通工程与技术,2012.

37. 红水河大桥主塔下横梁现浇支架预压方案设计

陈 林
(广西路桥惠罗11标项目部)

摘 要 介绍利用钢绞线反拉分配梁施力的方法对下横梁现浇支架进行预压的施工设计。

关键词 下横梁现浇支架 钢绞线反拉分配梁施力 预压

一、工 程 概 述

红水河大桥桥型布置为:上部结构为2×20m预应力混凝土现浇箱梁+(213m+508m+185m)双塔双索面混合式叠合梁斜拉桥,桥长956m。主塔为5、6号墩,塔高均为195.1m(从塔座顶面算起),下塔柱高55.0m,中塔柱高72.0m,上塔柱高68.1m,塔柱采用折H型索塔,塔柱截面为箱形截面,在四周倒圆角,共设两道横梁,横梁均采用箱形截面(图1),均布置了预应力钢束。

1. 下横梁构造

主塔下横梁净跨度30m,梁高6m,梁宽8.6m。顶、底板厚为1m,腹板厚为1m,见图2和图3。

2. 支架布置

下横梁采用ϕ530×10mm钢管桩贝雷片支架施工,ϕ530钢管布置顺桥间距为2.35m、2.53m、2.35m,横桥向间距为7.5m、6m、6m、7.5m。钢管之间用25号工钢作平联,用[20槽钢作为剪刀撑连接来提高支架的稳定性。钢管桩顶用双拼I40工字钢做为主横梁,贝雷片布置间距0.45m,见图4。

二、预压设计方案

1. 预压目的

(1)验证支架结构的可靠性,确保横梁施工的安全和质量。

(2)量测支架结构的弹性和非弹性变形量。

(3)根据预压试验取得的数据,合理设置支架的预拱度,确保梁体线形美观。

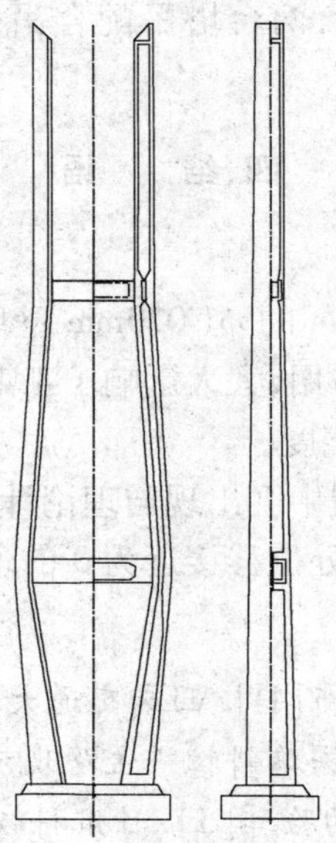

图1 主塔结构图

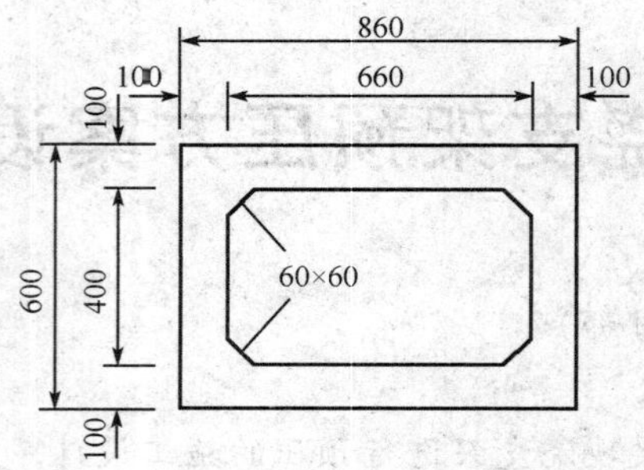

图2 下横梁横断面图(尺寸单位:cm)

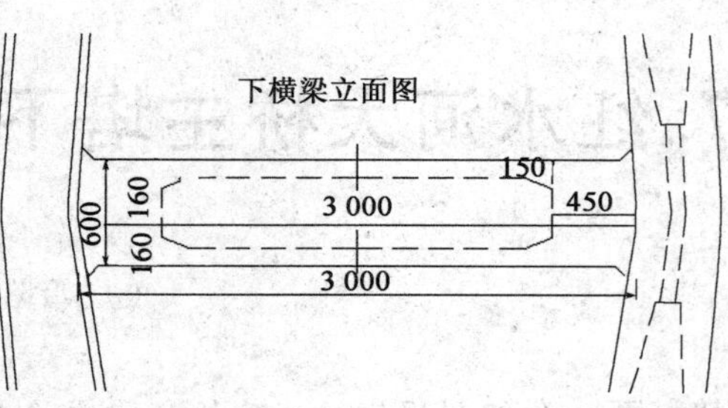

图3 下横梁立面图(尺寸单位:cm)

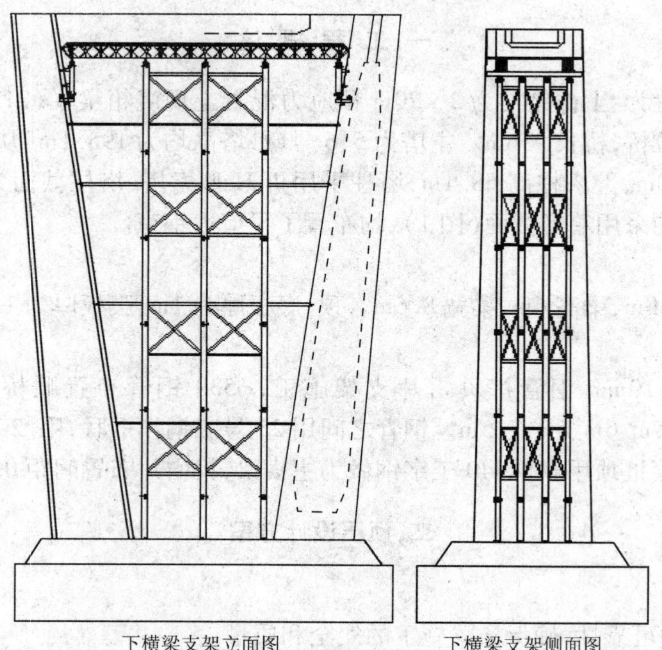

图4 下横梁现浇支架布置图

2. 设计概要

本下横梁现浇支架设计承载混凝土重量 1 600t,第一次浇筑混凝土重量为 1 196.4t,设计将其安全与可靠性放在首要位置。支架安装完成后需对支架进行预压,预压采用钢绞线反拉到塔座加载的方法,浇筑塔座时提前预埋反拉装置。根据梁体截面及纵断面变化情况,确定预压荷载,预压最大荷载等于 1.2 倍梁体自重。预压分 5 级加载:30%、50%、80%、100%、120%,预压加载到 120% 后,静载需超过 24h 且最初 24h 的沉降量平均值小于 1mm 预压才合格,方能卸载。预压遵循先中间后两边对称张拉的原则进行。预压过程中,利用水准仪测量支架变形量,卸载完成后根据测量数据计算各类变形量。

3. 预压荷载计算

下横梁第一次浇筑混凝土以 3m 高度段划分,预压钢绞线反拉扁担梁按 3m 一道布置,根据布置情况计算混凝土质量:空心段为 96.2t,倒角段为 151.3t,实心段为 158.3t,见图 5。

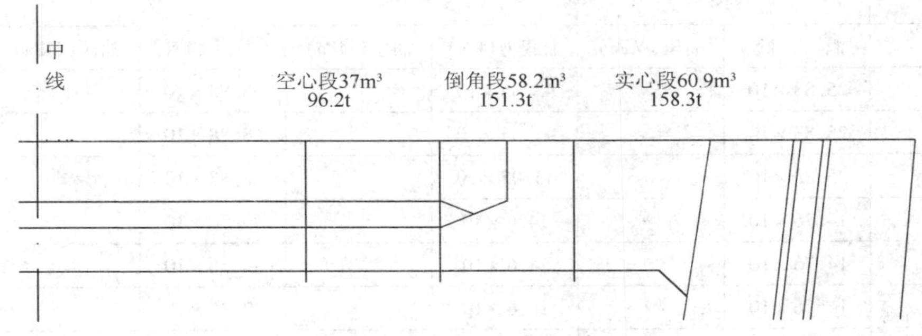

图 5 下横梁现浇支架布置图

4. 预压反拉点布置

根据荷载计算,预压反拉点布置为:横向 8 排,每排 3 个施力点,共 24 个施力点,见图 6 ~ 图 8。

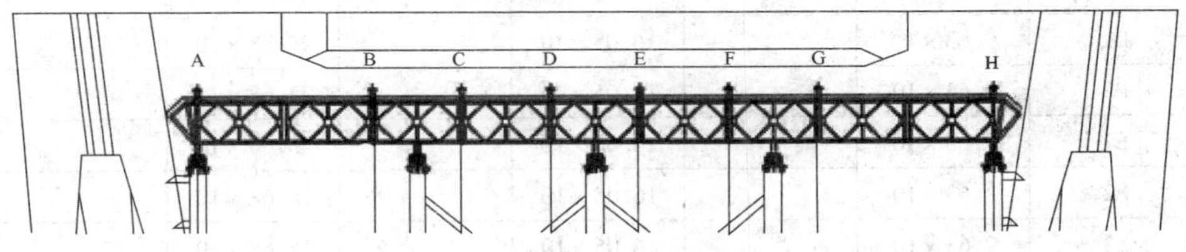

图 6 下横梁现浇支架预压反拉点横桥向布置图

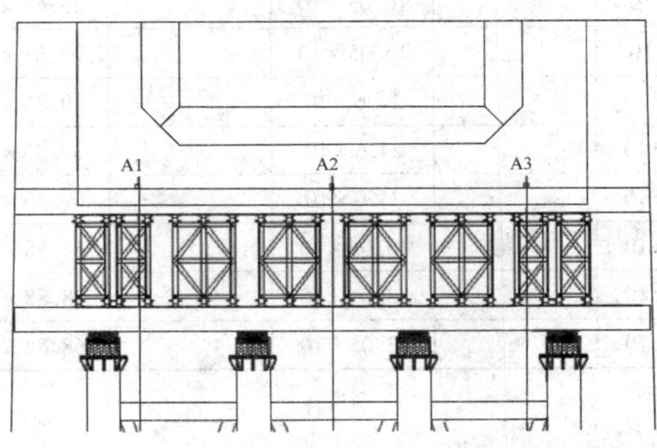

图 7 下横梁现浇支架预压反拉点顺桥向布置图

倒角段不设预压扁担梁,其质量分摊到两边,则 A、H 段质量为 258.3t;B、G 段质量为 147.5t;C、D、E、F 段为 96.2t。每段设 3 个施力点,力均匀平摊。一根钢绞线满载按 0.75f_k 控制,见表 1。预压最大总质量 1 436.4t,混凝土自质量 1 196.4t,满足设计 1.2 倍的要求。

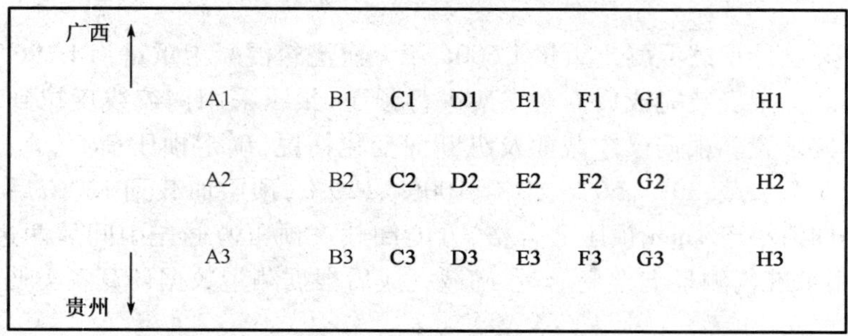

图8 下横梁现浇支架预压反拉点平面布置图

预压点施力明细表

表1

5级加载		30%		50%		80%		100%
预压点		加载力(kN)	油压(MPa)	加载力(kN)	油压(MPa)	加载力(kN)	油压(MPa)	加载力(kN)
A	A1	25.83×10		43.05×10		68.88×10		86.1×10
	A2	25.83×10		43.05×10		68.88×10		86.1×10
	A3	25.83×10		43.05×10		68.88×10		86.1×10
B	B1	14.76×10		24.6×10		39.36×10		49.2×10
	B2	14.76×10		24.6×10		39.36×10		49.2×10
	B3	14.76×10		24.6×10		39.36×10		49.2×10
C	C1	9.63×10		16.05×10		25.68×10		32.1×10
	C2	9.63×10		16.05×10		25.68×10		32.1×10
	C3	9.63×10		16.05×10		25.68×10		32.1×10
D	D1	9.63×10		16.05×10		25.68×10		32.1×10
	D2	9.63×10		16.05×10		25.68×10		32.1×10
	D3	9.63×10		16.05×10		25.68×10		32.1×10
E	E1	9.63×10		16.05×10		25.68×10		32.1×10
	E2	9.63×10		16.05×10		25.68×10		32.1×10
	E3	9.63×10		16.05×10		25.68×10		32.1×10
F	F1	9.63×10		16.05×10		25.68×10		32.1×10
	F2	9.63×10		16.05×10		25.68×10		32.1×10
	F3	9.63×10		16.05×10		25.68×10		32.1×10
G	G1	14.76×10		24.6×10		39.36×10		49.2×10
	G2	14.76×10		24.6×10		39.36×10		49.2×10
	G3	14.76×10		24.6×10		39.36×10		49.2×10
H	H1	25.83×10		43.05×10		68.88×10		86.1×10
	H2	25.83×10		43.05×10		68.88×10		86.1×10
	H3	25.83×10		43.05×10		68.88×10		86.1×10

5. 沉降观测点布置

为使支架预压能对施工确实起到指导意义，支架预压时必需对高程进行全程监控，在加载前、加载过程及加载完成后都要进行高程测量。沉降测量点在预压点附近取，其编号跟预压点编号统一。

三、结　　语

类似折H形塔柱，下横梁现浇支架预压有条件在塔座预埋反拉装置，并通过千斤顶张拉钢绞线施力预压的施工设计,可以给施工带来很多好处。首先,施工设计操作实施起来轻便简单,且张拉工艺成熟,实施过程安全可靠。两者材料、设备等投入相比常规堆载的预压方法投入较少,节省施工措施费用。最重要的是,合理优化千斤顶配置后可以大大缩短预压总体时间,在工期上出效益。

参考文献

[1] 中华人民共和国行业标准. JTJ/T 194—2009 钢管满堂支架预压技术规程[S]. 北京:人民交通出版社,2009.

38. 红水河特大桥高墩爬模系统安全管控重点分析

刘 晨

(广西路桥惠罗11标项目部)

摘 要 随着社会的不断发展,大型斜拉桥也在各种大跨径的交通道路中得到广泛应用,然而其主塔柱往往较高,因而也使得其存在着较大的施工安全隐患。本文主要以惠水至罗甸高速公路第十一合同段红水河特大桥为例,在对高墩爬模施工的主要危险因素进行识别分析的基础上,运用安全管理的"3E对策",从安全管理措施和安全技术措施两个方面探讨如何对其进行安全防护,从而保障从业人员的人身和财产安全。

关键词 高墩 爬模 安全

一、项 目 概 况

某公司承建的惠罗高速公路红水河特大桥桥型布置为:上部结构为2×20m预应力混凝土现浇箱梁+(213m+508m+185m)双塔双索面混合式叠合梁斜拉桥,桥长956m。主塔为5、6号墩,塔高均为195.1m,下塔柱高55.0m,中塔柱高72.0m,上塔柱高68.1m,塔柱截面为箱形截面,塔柱采用折H型索塔,塔柱截面在四周倒圆角,每个索塔设置上下两道横梁,截面采用矩形截面,索塔横梁均布置了预应力钢束。索塔内设置施工和运营阶段检修人梯,检修入口设于中塔柱及上塔柱内侧底部。主塔塔身设有劲性骨架,以满足塔身施工的需要。下塔柱、中塔柱及上塔柱采用液压自爬模系统爬模施工,下横梁采用落地支架施工,上横梁采用预埋牛腿支架施工。桥梁横跨红水河,河面宽约390m,桥位处为"U"形峡谷,两岸地形坡度较陡,覆盖层较薄,基岩局部裸露,属侵蚀—剥蚀低山地貌。

二、风险辨识与分析

根据项目施工的工艺及现场环境情况,根据LECD评估方法对红水河特大桥施工安全风险进行评估,其风险等级为Ⅴ级(极高等级),其施工过程风险管控的重点分析如下:

(1)高空作业,施工临时用电线路布设不当,引发触电伤害。

(2)高处作业未按照要求使用安全帽安全带等防护用品或无安全防护设施,引发高处坠落伤害。

(3)高处作业平台未按要求搭设安全防护措施,导致人员高处坠落、物体打击伤害。

(4)上方进行施工作业时,下方通行通道未按要求搭设防护措施,导致物体打击伤害。

(5)人员上下安全通道搭设不满足要求,引发人员在上下高墩过程中的高处坠落伤害。

(6)在施工过程中,使用的小型机具设备带病作业或违章操作引发机械伤害。

(7)起重吊装设备故障或者人员违章操作,导致起重伤害。

(8)起重吊装作业违章操作,捆绑不牢等引发物体打击伤害。

(9)施工升降机、塔吊、液压爬升系统等安装不稳固、连接不劳、传动不顺畅、安全限位装置失灵等引发坍塌伤害。

(10)渡河作业时,船舶安全状况不佳或者违章操作引发人员淹溺伤害。

(11)高边坡防护措施不足,引发边坡坍塌伤害。

(12)电焊、气割作业设备带病作业或违章操作,导致火灾伤害。

(13)气割作业违章操作,引发气瓶爆炸伤害。

三、施工安全管理的对策方法

1. 安全管理措施

(1)特种设备设备安全检查

针对特种设备的各种风险,制定特种设备安全检查制度,每周由项目机务部门和安全管理部门联合对施工现场的施工升降机、塔吊、龙门吊、船舶等设备进行安全检查,主要检查设备的附着是否稳固,安全装置是否灵敏可靠,整体架构是否存在开裂、断裂,各种配件、钢丝绳等是否磨损较大等。对检查出的问题必须及时要求具备资质的安装单位进行进场整改,符合要求后方能继续施工作业。

(2)爬模安全检查

对爬模系统每日进行巡查,制订每周检查以及爬模提升过程检查制度,在每周由安全部门和技术部门联合对爬模系统进行全面检查,主要检查各个连接部位是否稳固,主体架构是否存在变形、开裂现象,附墙连接是否牢固,爬升装置是否灵活可靠等;在每次爬模提升前,进行爬模前准备工作的检查,检查各种预埋件的位置是否准确,强度是否足够;制订爬模爬升过程的安全检查表,在爬升开始前进行周边环境的检查,确定各个机位人员是否到位,非工作人员是否已经撤离,是否存在阻碍爬模提升的物件,安全销是否拔出,液压系统是否正常等;爬升过程中,严格关注架体是否存在变形异响等,一旦出现异常,立即停止爬升,确认解决问题后方能继续爬升;在爬升后,必须做好爬模提升后的确认工作,检查上下轭是否全部调到爬轨档位,液压系统是否关闭,平台安全防护装置是否在爬升中遭到破坏,如发现损坏需立即进行修复等。

(3)安全教育交底

在爬模系统施工开始前,必须对进场的作业人员进行全面的安全技术交底,并进行考核,只有对爬模施工风险应对措施掌握合格的人员方能进行进场作业。要求作业人员严格按照项目安全管理办法进行施工作业,进入高墩施工现场戴好安全帽,高处作业系好安全带,对高处作业有禁忌的人员严禁入场作业,同时在施工过程中安全管理人员必须做好现场监督,杜绝施工作业“三违”现象的发生。

(4)人员上下塔柱登记

制订施工升降机内的人员上下登记记录本,要求作业人员上下塔柱必须严格执行登记制度,时刻记录高墩施工作业人员信息,保持对高墩施工作业的管控,严禁非工作人员随意进入主塔高墩作业平台。

(5)加强责任落实,定期安全考核

对施工中的各个系统层面的危险因素确定各级管理负责人,明确其每个人的安全生产管理职责与详细内容,做好安全监督考核工作,在每月的安全生产管理例会上进行宣布考核结果,并严格落实安全生产奖惩制度,提升施工作业人员与管理人员的积极性。

(6)安全验收制度

对施工升降机、塔吊、爬模系统、平台安全防护设施、安全通道等大型设施执行安全验收制度,要求由具备相应资质和施工经验的人员严格按照规范进行搭设,搭设完毕后,由项目安全部门、质检部门、机务部门、技术部门、合同部门,必要时邀请有关专家等联合对搭设结果进行验收,验收合格后方能施工结算,进行下一步的施工作业。

(7)加强日常的安全监督

在爬模系统施工过程中,现场管理人员、专职安全管理人员必须时刻在现场进行监督,督促作业人员、设备操作人员严格按照各工种的安全操作规程进行操作。作业人员正确穿戴安全防护用品,严禁现场出现“三违”现象，执行班前的安全检查工作，主要检查小型机具包括小型卷扬机和张拉设备等是否存在带病作业，临时用电的接线是否满足要求，电焊气割作业是否存在违章等。同时，对发现的各种隐患必须立即督促整改，对重大安全隐患还应上报项目领导进行处理解决，发现紧急情况，及时采取应急措施，保证作业人员安全。

2. 安全技术措施

（1）作业平台安全防护技术

红水河特大桥主塔施工作业平台共由5层组成，每层平台均有前后左右4个工作面。在施工中，为保证高墩作业的废渣物品掉落现象发生，每层施工作业平台均采用ϕ3mm钢板铺底，钢板靠近塔柱内侧为防止刮擦塔柱结构，留存5～10cm间隙，在间隙处制作ϕ3mm的合页钢板，在爬模提升时打开合页，在提升完成后关紧合页，防止物件从内侧掉落，在钢板底部使用20号槽钢进行支撑，20号槽钢固定在爬模系统的每层支架上，并焊接稳固。为保证作业人员发生高处坠落现象，在每层平台的外围均使用钢管搭设安全防护栏杆，栏杆分两层，每层第一层高50cm，第二层高120cm。在护栏内侧使用钢丝防护网进行防护，在外层使用绿色安全网进行防眩晕，在防护栏最下方使用木板安装20cm的踢脚板，防止小型物件被踢落下方，同时为防止钢丝防护网尖头伤人，在防护栏的扶手上使用叠层的绿色安全网进行包裹防护。安装效果如图如1所示。

图1 爬模施工平台安全防护图

同时由于采用的折H型索塔，在施工过程中随着塔柱高度的提升，主塔的各个截面的尺寸都在不断发生变化，因此在每次爬模提升后，必须及时对每层平台进行修整，保证平台的防护可靠性。

（2）人员上下主塔安全防护技术

在爬模系统安装未完成之前，使用“之字形”人行安全爬梯保证人员上下的安全。安全爬梯必须安装稳固，爬梯底部使用钢板进行垫平，并在安全爬梯外侧使用绿色安全网进行全面张挂，防止人员上下爬梯发生眩晕。在每节混凝土浇筑时注意预埋附着钢板，每隔4.5m对人行安全爬梯进行附着加固，保证爬梯稳固。在爬模系统安装完毕后，立即组织安装施工升降机。施工升降机配件进场时必须组织人员进行验收检查，保证标准节的质量合格。由具备相应资质的队伍进行安装，为保证施工升降机的稳固，每隔9m在主塔的塔身中预埋附着钢板，每隔9m设置一道附着，在爬模施工作业平台的最底下的平台外侧加接安全接口，衔接施工升降机的出口，两衔接位置留存3～5cm的间隙，平台接口外侧使用活动门装置，两侧和底部安全防护和平台一致，外侧使用槽钢进行斜拉加固。同时，由于主塔塔身采用折H型索塔，随着塔身的提升，施工升降机和主塔的相对位置也在发生移动，作业平台的接口位置和施工升降机出口位置也会发生相对移动，因此，为避免施工升降机和平台接口衔接不畅，平台接口应当根据主塔的尺寸设计进行适当加长，以满足和施工升降机的正常衔接为准。

图2 人员上下安全爬梯防护

（3）平台内部各层级间的上下安全防护

由于爬模系统本身的结构较高，分为5个施工作业平台，平台间间距最大达约2.5m高，各个平台的内部尺寸不一，面积较小，因此，在内部相对较大平台中使用斜梯进行人员上下，见图2。斜梯使用钢管和角钢焊接制作，在斜梯两侧设置安全护栏扶手，斜梯顶部为上一级平台预留孔口，孔口使用合页钢板制作，在无人员上下时进行关闭。在内部面积相对较小的各平台间使用竖直爬梯进行人员上下，爬梯使用钢管制作，用卡扣固定在平台外支架上，在上级平台上开设进口，同时，为防止人员上下发生坠落伤害，在爬梯的外侧使用12号钢筋制作外侧防坠护网，护网由两侧构成，内层使用柔性钢丝防护网张挂，外部使用绿色防眩晕防护网张挂，以保证人员上下安全。

(4)上下层交叉施工的安全防护

在主塔施工过程中，承台下方为人员通行道路，上方为主塔施工作业平台，因而不可避免的构成了上下层的交叉现象，为保证人员安全，避免上方意外掉落的物件伤及下方通行人员和设备，在下方通行道路上必须搭设人员安全通道，见图3。通道采用H型钢材和ϕ3mm钢板搭设，H型钢材立柱间由槽钢剪刀撑进行连接稳固，通道顶部分两侧防护，层间距为50cm。同时，为防止掉落的物件及混凝土块等在顶部集结，通道的顶部采用斜面引导物件下落，通道两侧均设置安全防护栏杆，在通道的施工升降机入口处预留进口位置。为防止施工升降机起升后，人员误入电梯下方，在通道和施工升降机的入口处还应设置滚动门，在施工升降机提升后关闭滚动门，防止人员掉入施工升降机下方。

图3　安全通道防护图

四、结　　语

以上内容仅针对爬模施工过程的部分重点风险进行分析，可以作为其他爬模施工安全防护的参考，但主塔爬模施工工艺已经越来越广泛地应用在各类特大型桥梁施工中，爬模系统的安全管理是一种综合性的安全管理。在主塔施工中依旧存在很多其他的危险性因素，需要通过全面的对安全管理制度的完善，加大安全宣传教育的力度，不断研讨安全防护技术来一步一步提高安全管理水平，这样才能更有效地预防爬模施工安全事故的发生。

参考文献

[1] 姚志华，高墩爬模施工工艺[J]. 山西建筑，2013，39(33)：161-162.

[2] 周栋梁，赤石特大桥液压爬模系统安全控制与管理[J]. 筑路机械与施工机械化，2012(09)：69-71.

[3] 交通运输部工程质量与监督局，公路水运工程施工安全标准化手册[Z]. 2013-06-01.

39. 双塔预应力混凝土斜拉桥索塔施工探索

黄　盛

(贵州桥梁建设集团有限责任公司)

摘　要　本文结合六冲河特大桥工程施工实例，探讨了双塔预应力混凝土斜拉桥索塔施工技术，为类似工程提供了参考。

关键词　双塔桥梁　预应力　混凝土　斜拉桥索塔

一、项 目 概 况

六冲河特大桥为195m+438m+195m双塔预应力混凝土斜拉桥。5、6号主塔靠河而建。5、6号主塔相同，为钻石型塔，塔高157.6m(从塔柱底面算起)，其中，桥面以上高107.95m，桥面以下高49.65m。下塔柱高43m，中塔柱高56.4m，上塔柱高58.2m，塔柱截面为变截面箱形结构，顺桥向塔底箱宽10.8m，并逐渐减小至7.2m，塔柱斜率为2.326∶100和1.418∶100。横桥向下塔柱宽由7.6m逐渐变化至4.53m，成外张八字结构，斜率为12.849∶100；上塔柱箱宽4.5m，由下横梁处直至塔顶交汇处，斜率为11.627∶100。主塔共设两道横梁，下横梁高6m，宽8.1m，长约25m；上横梁高4m，宽5.9m，长13m左右，横梁均采用箱形截面，为预应力混凝土结构。斜拉索均锚固于上横梁以上塔柱(包括上横梁)，斜拉索锚固区设置环向预应力(U形)。索塔内设置施工和运营阶段检修人梯，检修入口设于上塔柱内侧底部。主塔塔身设有劲性骨架，以满足塔身施工的需要。

二、劲性骨架安装

1.劲性骨架制作

塔柱劲性骨架总高度157.6m，考虑到钢筋模数及方便施工，采取分节加工安装，劲性骨架自塔座开始每节高度8m，下塔柱和上塔柱顶部劲性骨架根据最后实测接长高度作适当修改。劲性骨架竖向和下塔柱部分横杆采用∟100×100×10角钢，其余采用∟75×75×7角钢制作。劲性骨架加工在台座上进行，台座设置两个，一个台座用于分片制作，另一个台座用于组拼成节。单个台座长18m，宽10m，其自下而上依次为混凝土基础、I25梁及δ20铁板；混凝土基础放样及高程、预埋件埋设、工字钢抄平以及铁板的抄平均由测量控制。

劲性骨架制作方法是：先测量放样，然后将角点桁片定位在台座上，再放样角点桁片间连接角钢位置，烧焊连接；两节劲性骨架的连接脚板必须同槽进行加工，便于现场连接，劲性骨架与锁套管和预应力位置冲突时，适当调整骨架位置。

2.劲性骨架安装和连接

劲性骨架运输：劲性骨架吊运，直接利用塔吊吊装劲性骨架，起吊时应采用四点吊，应缓慢平稳。安装和连接：随塔柱混凝土节段的升高，依次逐节接高劲性骨架。两节劲性骨架的对接用∟100×100×10角钢作为连接脚板，连接焊缝为两面围焊，内外侧劲性骨架采用∟75×75×7角钢定位连接。对接前，测量放样限位角钢位置；对接时，塔吊吊起劲性骨架，利用葫芦将劲性骨架喂入限位角钢内；再利用葫芦调整劲性骨架顶口位置，必要时用楔形钢板微调，测量跟踪校核；达到要求后，加焊连接脚板，焊接牢固后，松开塔吊吊钩。在焊接过程中，严禁碰撞及松动葫芦。

三、横梁支架施工

下横梁高6m，宽8.1m，顶高程为1 299.97m。上横梁高4.5m，宽5.9m，顶高程为1 398.37m。上、下横梁采用现浇支架施工方法，并与相连塔柱异步施工。

1.下横梁支架

横梁支撑体系由预埋件、钢管立柱、过载梁、贝雷片、分配横梁、底模系等组成。下横梁支撑立柱采用3排2列，共6根ϕ1 000×20mm的钢管，钢管最大长度37m，焊接于塔座或塔墩预埋钢板上，支撑立柱之间用[40a槽钢，做水平纵横向连接，每18m高设置一道。分配横梁为3根56a工字钢，主横梁顶部架设贝雷片，过载梁采用25号工字钢，间距0.3m。分配横梁与贝雷片之间设卸荷砂箱。

同时塔柱埋设钢板，焊接三角牛腿作为支架，支架长2m，牛腿间距0.6m和0.9m，每边11个，共22个，采用2[40a槽钢焊接而成，2Ⅰ56a作为主横梁，一起支撑贝雷片及横梁底模板。下塔柱完成第3层施工以后，先安装支架立柱钢管和钢管横、纵向连接。当完成第7层塔柱施工后，开始安装牛腿支架，并利用钢管支架的联结槽钢作工作平台，逐步安装主横梁、贝雷片分、配横梁，安装底模，搭设钢管脚手架，安装钢筋，浇筑混凝土。

2. 上横梁支架

上横梁通过塔柱埋设钢板，焊接三角牛腿作为支架，支架长3m，牛腿间距0.9m每边8个，共16个，采用2[40a槽钢和3Ⅰ40a工钢焊接而成，2Ⅰ56a作为主横梁，上架设贝雷片、过载梁、底模板。模板体系与下横梁一致，这里不再叙述。

3. 支架预压

支撑体系完成后，需对模板进行预压，预压采用反力预压方法，布置好预压点后，根据尺寸划分荷载区域，确定预压力，预压力等于1.2倍主梁自重。支架预压消除支非架弹性变形后可撤除重压。预压分为4个步骤：30%、50%、80%、100%。预压加载到100%后静载10h后卸载。利用水准仪观察支架弹性变形量，卸载完成后调节模板高程，绑扎钢筋，立模浇筑混凝土。

4. 索塔预应力施工技术

(1)预应力施工工艺流程。主塔斜拉索锚固区均为预应力混凝土，横梁预应力束多为直束，上塔柱索塔斜拉索锚固区为U形束，预应力管道采用高密度聚乙烯波纹管，压浆采用真空灌浆工艺。真空压浆，其施工工艺流程为：预应力管道埋设→预应力管道检查及清理→人工穿束→混凝土浇筑及养护→张拉→预应力管道压浆(真空吸浆)→封锚。

(2)斜塔柱临时拉(撑)杆施工。参考其他斜拉桥施工方案和塔柱施工节段重心位置变换，下塔柱设临时拉杆1道，中、上塔柱共设置3道临时顶撑。

(3)临时拉杆和预拉力。当塔柱施工完第7层时，在高程为1 290.97m处设置一道临时拉杆，由4根ϕ32精扎螺纹钢组成，以下横梁牛腿支架作反力架，并用螺母固定。穿过下横梁支架与对面塔柱对拉。当施工到第8层时，开始对拉塔柱，施加对拉力700kN。

(4)临时顶撑和预顶力。当塔柱施工完成第12层(距主塔中心10.953m)时，在高程为1 317.97m(距下横梁顶面18m)处设置第一道临时顶撑，施加水平预顶力1 150kN；当塔柱施工完成第15层时(距主塔梁中心8.86m)，在高程1 335.97m(距下横梁顶面36m)处设置第二道临时顶撑，施加水平预顶力1 100kN；当塔柱施工完成第22层时(距主塔中心4.22m)，在高程1375.87m(距上横梁顶面18m)处设置第三道临时顶撑，施加水平预顶力1 050kN。每道支撑由两根钢管组成，加载完成后两根支撑钢管用型钢焊接成整体。

同时在每道支撑高程处并排用两根$\phi530\times10$mm支撑钢管，每根钢管的预顶力为设计预顶力的二分一。每道撑杆钢管长度分别为21.1m、16.9m、7.6m各两根。为施工加载方便，钢管裁成两节，预留0.8m用千斤顶加顶撑力。在塔柱上顶撑的设计位置预埋800mm×800mm×10mm钢板采用千斤顶施加预顶力，预顶到设计力后，采用型钢施焊在钢管外壁，型钢在钢管周围均布。待上、中横梁施工完成后，混凝土强度达到设计强度85%时，方能拆除水平支撑，拆除时采用千斤顶预顶，割断型钢后千斤顶卸载。

张拉注意事项主要是针对张拉设备设专人保管使用，并定期检验、标定、维护。锚具应保持干净，不得有油污。张拉人员须经过专业培训，持证上岗并具有一定的实际操作经验。张拉平台牢固，并且布置安全防护设施。张拉前全面检查张拉系统，操作人员必须在千斤顶两侧作业，千斤顶后部严禁站人。千斤顶安装必须使头部锚板接触完好，保证孔道、锚板及千斤顶3对中，以便张拉顺利进行。新的或久置的千斤顶，使用前应试运行两三次。张拉工作完毕后，千斤顶油缸应回程到底并注意防尘防雨。

张拉质量要求：钢绞线张拉吨位及伸长量应符合设计要求。钢束实际伸长值与理论值之差应根据试验来确定其控制范围。每束钢绞线滑丝不得超过1%丝。

5. 孔道压浆、封锚

横梁水平及塔柱环向预应力管道采用真空吸浆。预应力筋张拉后，应及时用水泥浆将锚头封死(真空灌浆时防空气进入)，然后进行真空灌浆。浆体材料及灌浆要求：采用P·O 42.5普通硅酸盐水泥。水泥浆应有足够流动度,强度不小于50MPa,水灰比控制在0.3~0.4之间,流动度应控制在14~18s之间。水泥浆3h泌水率控制小于初始体积的2%,拌和后24h水泥浆泌水应能全被吸收。为提高水泥浆流动度,减少泌水和体积吸缩以及增加密实性,应在浆体中加入适量水泥质量膨胀剂,防止混凝土收缩,控制膨胀率不大于自然体积的10%。为保证压浆密实,压浆应均匀缓慢进行(观察灌浆泵料斗中浆体面下降是否正常),不得中断,不得使灌浆泵空转使空气进入,并应排气通畅,直至排气孔排出稀浆出浓浆。灌浆泵控制压力在0.3~0.5MPa。

四、结　　语

文章通过结合工程实践,详细介绍了大跨径预应力混凝土斜拉桥的主塔施工技术,工程实践证明,本工程所采取的预应力施工技术经济性能优良,可为同类施工提供参考。

参考文献

[1] 张建民,肖汝诚.五河口预应力混凝土斜拉桥施工过程计算分析[J].公路交通科技,2010(03):118-119.

[2] 郭毅.大跨度预应力混凝土斜拉桥施工技术[J].石家庄铁道学院学报(自然科学版),2007(03):31-33.

[3] 郭炜.江村预应力混凝土斜拉桥[J].城市道桥与防洪,2012(01):11-15.

40.斜拉桥索塔上横梁现浇施工

李　建　范志新
(贵州桥梁建设集团有限责任公司)

摘　要　斜拉桥梁上横梁是桥梁结构的重要构件,是斜拉桥施工的一道关键工序,其施工质量直接影响桥梁结构的使用寿命,也标志着斜拉桥梁的施工水平。上横梁长18.2m,宽5.9m,高5m,单个上横梁354m^{3}混凝土,钢筋36.75t,钢绞线20束(12 271m,13.5t)。本工艺采用牛腿支架现浇施工,是高塔斜拉桥上横梁施工比较安全、经济的施工方法,具有较高的推广价值,对今后类似桥梁建设提供参考,对于其他类似建筑物的施工也有借鉴价值。

关键词　斜拉桥　上横梁　高塔　现浇支架　牛腿支架　施工工艺

一、工 程 概 况

北盘江特大桥位于贵州省望谟至安龙高速公路册亨县岩架镇,桥梁全长817.5m,桥型为:引桥3×30m预应力混凝土T梁+主桥(150m+328m+150m)预应力混凝土全飘浮体系斜拉桥+引桥3×30m预应力混凝土T梁;索塔高190.4m,上横梁以下部份高131m,以上部分高59.4m。

上横梁尺寸,高度5m、宽度5.9m、长度18.2m,为空心箱梁结构,顶板厚0.6m,底板厚0.6m,上横梁结构见图1。

二、现浇支架简述

在塔柱上均匀地排布6个牛腿,牛腿的斜撑杆为2×36b槽钢,横杆为2×36b槽钢,横杆用ϕ32精轧螺纹钢筋对拉。贝雷片单片长3m,贝雷片设置14排,每排6片,在贝雷片上面铺设间距为50cm单根长8.9m的I25a工字钢(横梁实心段加密为25cm间距),工字钢上铺设钢模板,现浇支架见图2。

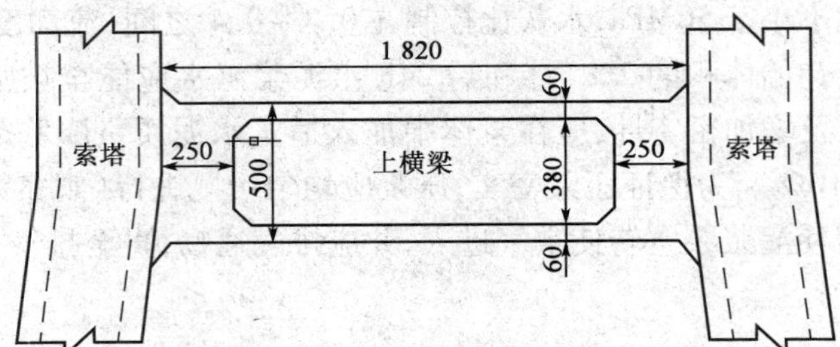

图1　上横梁立面图(尺寸单位:cm)

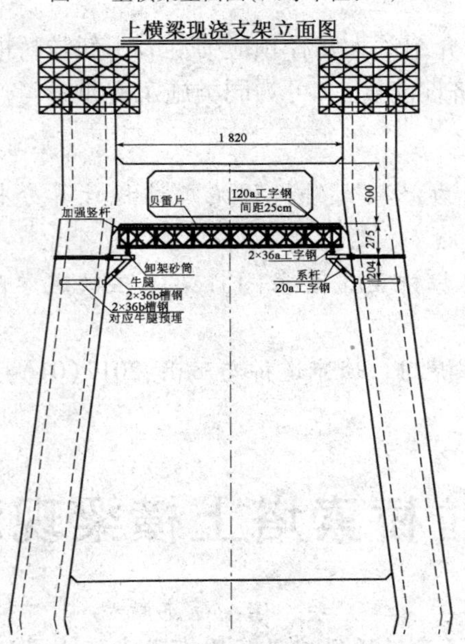

图2　上横梁现浇支架立面图(尺寸单位:cm)

三、现浇支架受力计算

上横梁现浇支架采用空间有限元程序建立模型进行计算,考虑荷载有混凝土重量、模板重量、箱内钢管支架重量、倾倒混凝土产生的冲击荷载、振捣混凝土产生的荷载、人工荷载及机具荷载。

1. 现浇支架强度计算结果

从现浇支架应力图可看出,最大应力发生在贝雷片下弦杆处,最大应力为185MPa,$\sigma_{max}=185\text{MPa}<[\sigma]=210\text{MPa}$,现浇支架强度满足规范要求。

2. 现浇支架支架变形分析

从计算结果看出,支架最大变形为14mm,发生在贝雷梁跨中,容许变形值为 $L/600=18\,000/600=30\text{mm}$,故支架最大变形小于容许变形后。

3. 牛腿稳定性分析

牛腿斜撑杆轴向应力见图3,计算牛腿斜撑杆的稳定:

$$\frac{p}{\phi\cdot A}\leqslant f$$

$$\frac{p}{A}\leqslant f\times\phi$$

$$\delta\leqslant f\times\phi$$

$$\lambda=\frac{\mu l}{i}$$

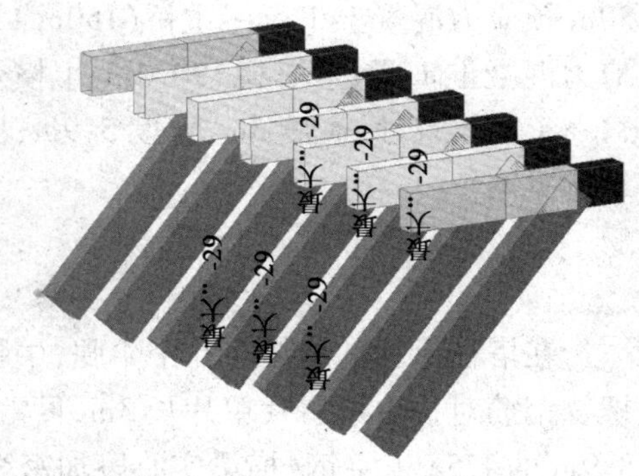

图3　牛腿斜撑杆轴向应力图

$$i = \sqrt{\frac{I}{A}}$$

$$I = 71\,051\,340$$

$$i = \sqrt{\frac{I}{A}} = \sqrt{\frac{71\,051\,340}{13\,140}} = 73.5$$

$$\lambda = \frac{\mu l}{i} = \frac{2 \times 3\,060}{73.5} = 83.3$$

由 $\lambda = 83.3$，查表得 $\phi = 0.655$

最大应力为 29MPa，$\frac{p}{\phi \cdot A} \leqslant f$，$29\text{MPa} < f = 145 \times 0.655 = 95\text{MPa}$。

用欧拉公式复核，牛腿斜撑杆轴向应力为 29MPa，杆长 3 060mm。

$$P = \frac{\pi^2 EI}{(\mu l)^2} = \frac{\pi^2 \times 200\,000 \times 71\,051\,340}{(2 \times 3\,060)^2} = 3\,744\,545\text{N}$$

$\delta = P/A = 3\,744\,545/13\,140 = 285\text{MPa}$。允许临界应力 284MPa > 29MPa。

四、施工工艺流程

(1)在厂房内预先加工好承重牛腿，上塔柱施工至预埋牛腿高程时，预埋锚固牛腿的预埋件，在预埋牛腿预埋件过程中注意控制预埋件角度。

(2)上塔柱封顶后，安装牛腿，牛腿与预埋件满焊连接，穿精轧螺纹钢筋锚固牛腿。

(3)注意复核牛腿顶的高程，牛腿上安装卸架沙筒，在沙筒上安装贝雷片承重梁，贝雷片的横向支撑连接应满足数量要求，保证贝雷梁的稳定性，贝雷梁上铺设 I25a 工字钢形成现浇平台。

(4)铺设模板、安装钢筋、浇筑混凝，浇筑顺序为先跨中后两端的原则，保证支架跨中不被压翅起。

(5)混凝土浇筑完毕，及时覆盖养护。

五、结　语

通过对北盘江特大桥索塔上横梁施工实践，本工艺安全可靠，是斜拉桥索塔上横梁现浇理想的施工方法。本施工工艺不仅可运用于斜拉桥索塔上横梁施工，也可推广到建筑领域的长型梁体的现浇施工，在建筑行业有较高的使用和推广价值。

图4　上横梁现浇支架照片

参考文献

[1] 中华人民共和国行业标准. JTJ 025—1986　公路桥涵钢结构及木结构设计规范[S]. 北京：人民交通出版社，1986.

[2] 中华人民共和国行业标准. JTG/T F50—2011 公路桥涵施工技术规范[S]. 北京:人民交通出版社,2011.

[3] 交通部第一公路工程总公司. 公路施工手册 桥涵(下册)[M]. 北京:人民交通出版社,2000.

[4] 周兴水. 路桥施工计算手册[M]. 北京:人民交通出版社,2001.

41. 望安高速公路北盘江特大桥主墩桩基施工监理控制要点

伍华刚

(望谟至安龙高速公路项目第B驻地办)

摘 要 桥梁桩基工程的施工,是一个较复杂的生产过程,要通过事前控制、事中控制、事后控制才能达到控制目标,需要监理单位具有良好综合监管能力和控制能力以及施工单位的自控能力,才能圆满达到目标,因此,如何控制桩基工程不出现较大的质量问题和缺陷,是监理单位、施工单位综合能力的体现。

关键词 索塔 施工监理

一、工 程 概 况

1. 桥梁结构

(1)北盘江特大桥为整体式(不分幅),主桥桥宽24.1m,全桥孔跨布置为3×30m+150m+328m+150m+3×30m预应力混凝土预制T梁+预应力混凝土斜拉桥(主桥)+预应力混凝土预制T梁。

(2)主桥两个索塔基础为ϕ2.8m圆孔桩,一个主塔有24根桩基,4号塔桩长40m、45m,5号塔桩长42m、47m。大体积矩形承台,承台尺寸35.2m×23.2m×6m,每个承台体积为4 900m^3。两个索塔为折H型索塔,为空心薄壁多棱形变截面空心塔,4号主塔下部塔墩高为63.5m单箱三室空心薄壁箱形墩,塔墩顶分两肢高126.9m薄壁空心棱形柱至塔顶,4号主塔总高度为190.4m。5号主塔下部塔墩为61m单箱三室空心薄壁箱形墩,塔墩顶分两肢高126.9m薄壁空心棱形柱至塔顶,5号主塔总高度为187.9m。

(3)主桥上部主梁的基本断面形式是边主梁,断面顶面全宽24.1m,梁高为2.5m,主梁顶板厚0.32m,设双向2%横坡。边肋有带底板翼缘截面,宽度为3.05m,实体截面宽度分别为3.05m、3.80m、4.35m。主塔与主梁连接处在主梁悬浇过程中临时固结,全桥合龙后解除。

2. 区域条件

(1)地形、地貌

①项目地处云贵高原向广西丘陵过渡的斜坡地带,属乌蒙山脉东南侧边缘山区。因后期地质构造运动继承了前期"燕山运动"的基础,使区内地表大幅度抬高,且受南、北盘江及其支流强烈切割侵蚀,致使区内沟壑纵横,河谷深切,形成切割强烈的山地地貌。

②项目区域总体地势为西部高,中部及北部低,望谟境一般海拔高程为400~800m,册亨境一般海拔高程为700~1 000m。地形起伏大,山体坡度达30°以上,局部地形切割强烈地段达65°,地形条件较差。

(2)交通、气候、气象、水文条件

①与本合同段相邻的主要公路有S312省道。

②项目区域属亚热带季风湿润气候,境内四季气候分明,干湿明显,无霜期较长(望谟、册亨县境无霜期为340d)。大气降雨以5~9月为丰水期,10月至次年4月为枯水期,夏有酷热,冬无严寒,区内太阳投射角较大,光照时间长,幅射能量丰富,年日照总时数为1 523.3h;年平均气温为19.2℃。冬季气温低,昼

短夜长，夏季气温高，昼长夜短。

(3)地质条件

①地质岩性

桥区出露地层为上覆残破积层(Q^{el+dl})含碎石粉质黏土，冲洪积层(Q^{al+pl})卵石土，下伏基岩为三叠系中统边阳组(T_2b)，岩性为砂岩夹泥岩。

②地质构造及地震

场区地处扬子准地台黔南台陷望谟北西向构造变形区西部，有一条背斜和一条断层F1分布。背斜位于桥位北侧，轴部大致和桥轴线平行。

根据国家地震局颁布的《中国地震动力参数区划图》(GB 18306—2001)，场区构筑物抗震设防烈度为7度，设计基本地震加速度为0.1g，地震反应谱特征周期为0.35s。

③水文地质

区内地下水类型为基岩裂隙水和第四系松散层空隙水两种，地下水总体由东向两侧排往北盘江。

场区水样的水质分析报告表明，桥位区地下水水质类型为[C]Ca I型，即为碳酸盐钙质水，水质较稳定，对混凝土结构不构成碳酸盐侵蚀性，且无结晶类、分解类腐蚀性。

场区两岸桥台地下水主要为大气降雨补给，钻探未发现稳定地下水位，地下水位埋藏较深，地下水对桥梁建设无影响；河谷附近主墩位于河谷边缘，地下水主要靠河水补给，地下水位与河水水位一致，在340.014m左右，升降变化受河水水位控制。

(4)不良地质

桥区不良地质主要为滑塌体。对本桥的安全稳定性无影响。

(5)地质综述

场区不良地质对桥梁无影响，场区断层为非活动性断层，场地整体稳定，适于建桥。

二、桩基施工主要工作内容及监理控制要点

1. 施工准备阶段监理工作控制要点

(1)在熟悉合同文件、图纸、规范、标准过程中，发现与本合同段不相适应的条款规定或图纸问题，应及时向相关部门提出意见或建议，由相关部门研究处理。

(2)对监理人员做好技术交底和教育培训工作，分析工程的重点、难点，研究相应的监理措施。桥梁工程具有技术含量高、作业面窄、工序衔接和配合要求都高的特点，新技术、新工艺、新材料应用较多，控制管理难度较大，对各环节监理人员都提出了较高的要求。因此，驻地办应按照全面管理、重点控制的原则，除了完善质保体系实现对各环节全过程控制外，还安排监理人员和承包人的主要技术力量对工程重点、难点和施工方案中的关键工艺进行重点分析交流，细化具体技术措施和方案，制订切实有效的、可行的施工工艺并加控制，做到有的放矢、抓住工程重点、难点和关键工序的施工监理工作。

(3)认真审查施工单位质量、安全和环保等保证体系的建立和落实情况，重点检查项目经理、技术负责人、工地试验室负责人的资格及质量、安全、环保人员的履约情况。

(4)审批施工组织设计。重点包括：施工质量、安全、环保、进度、费用目标是否与合同一致；质量、安全和环保等保证体系是否健全有效；施工总体部署与施工方案和安全、环保等应急预案是否合理可行等。

(5)审查工地试验室。重点审核施工单位工地试验室的人员、设备和试验检测能力是否满足合同要求，管理制度是否健全。

2. 施工阶段工作内容及其关键工作的控制要点

(1)由于主塔承台基坑处原始地形较陡峭，安装钻机较为困难，施工单位考虑先施工承台垫层，在承台垫层中桩基位置预留直径2.9m的圆孔，待垫层施工完成且强度达到要求后，在垫层上安装钻机进行钻孔施工。

监理控制点：根据现场实际，监理及时将此施工方案(该方案与设计施工工序不符)与业主代表和设

计代表进行沟通,使该方案能顺利实施。

(2)完成墩位的勘探工作,平整场地,接通水电,为钻机进场创好条件。

(3)钻机、护筒、钢筋、泥浆箱、泥浆池及各种相关材料,准备到位。

(4)开工前召开现场技术交底会,使所有参与钻孔桩施工的施工人员明确岗位的具体技术要求、职责,确保质量。

监理控制点:桩基钻孔施工分包为专业劳务分包,设备为分包单位自有设备,施工人员的施工经验较丰富。尽管如此,监理工程师仍然要求施工单位做好施工技术交底,相关监理人员参加,将施工质量控制要点、难点及安全文明施工的注意事项等进行较全面的交底。施工技术交底是监理、施工、施工班组之间相互交流学习、相互信任的必经过程,有利于提高施工质量和安全管理。

(5)做好混凝土配合比、坍落度的试验,并安排场内运输的一切准备工作。

监理控制点:施工配合比的配制质量是施工质量控制的关键环节,公司选派有经验的试验工程师进行试验工作的管理,亲自参与施工配合比的试配工作并同时进行施工配合比的验证试验工作。

(6)处理好文明施工、安全施工有关事项,包括用电、排污、泥浆外运、三防等。

(7)配足有关配件材料,做到开钻后中途不停钻,检查所有测量器具及施工机械,确保仪器和施工机械的完好率达到100%。

(8)清理、清除钻孔桩位置内的杂物,保证护筒顺利下放。

(9)对自备发电机组进行试机,通电检验,确保停电时能快速发电,保证钻机钻孔的连续性。

(10)开挖主墩施工平台(台阶),严格按设计进行分级开挖,分级分层进行垫层片石混凝土(C25)的浇筑。

监理控制点:严格控制施工配合比、坍落度、片石参量以及振捣密实控制。

3. 冲击钻孔桩施工流程及监理工作控制流程

冲击钻孔桩的施工流程如图1所示。

4. 冲击钻孔桩施工工序

(1)护筒埋设

①精确定桩位后,经现场监理工程师检查无误,埋设钢护筒。

②护筒高2m,采用5mm的钢板卷制而成。护筒内径比桩径大40cm,护筒顶要高出施工水位或地下水位2.0m,并高出施工原地面0.3m,保证钻孔中存储的泥浆能高出地下水位,保持泥浆相对密度和黏度,以保护桩孔顶部土层不致因机身振动而导致坍孔。

③护筒埋设位置必须准确,保证护筒的垂直度和水平度,在护筒的顶部要开设1个溢浆口,护筒中心线与桩中心重合,平面允许误差50mm,护筒倾斜度不得大于1%,埋设后将护筒边0.5~1.0m范围内的土挖掉,夯填黏性土至护筒底0.5m。

④为增加护筒刚度防止变形,在护筒上下端各焊一道加劲肋。桩基护筒用人工开挖埋设于密实黏土层中。护筒埋设完成后钻机就位,并将钻头准确对准桩位,钻机用缆风绳四周加固牢靠稳定。

监理控制点:根据施工单位的施工放样测量成果,测量监理工程师进行重新放样一次复核其正确性,放样并复核正确后,必须要求施工单位在桩位中心四周设四个保护桩,防止施工机具等破坏、扰动而影响桩位的正确性,以便准确开挖、埋设护筒。

(2)钻机就位

拼装好的钻机拖拉就位后,将钻头对准钻孔桩位,并与钻架上的起吊滑轮在同一铅垂线上中心成一直线,其偏差小于2cm。钻机定位后,底座做到平整、稳固,确保在钻进中不发生倾斜和位移。

监理控制点:根据施工进度计划的安排,4、5号主墩桩基施工应在3个月内施工完成。由于场地限制,如何在40m×26m的场地内尽可能多地安排钻机就位施工是进度控制关键,经过仔细讨论、研究,精心布置,每个承台24根桩基,一次安排8台钻机同时作业,分3轮完成,不影响连续作业和成桩质量。

(3)泥浆制备

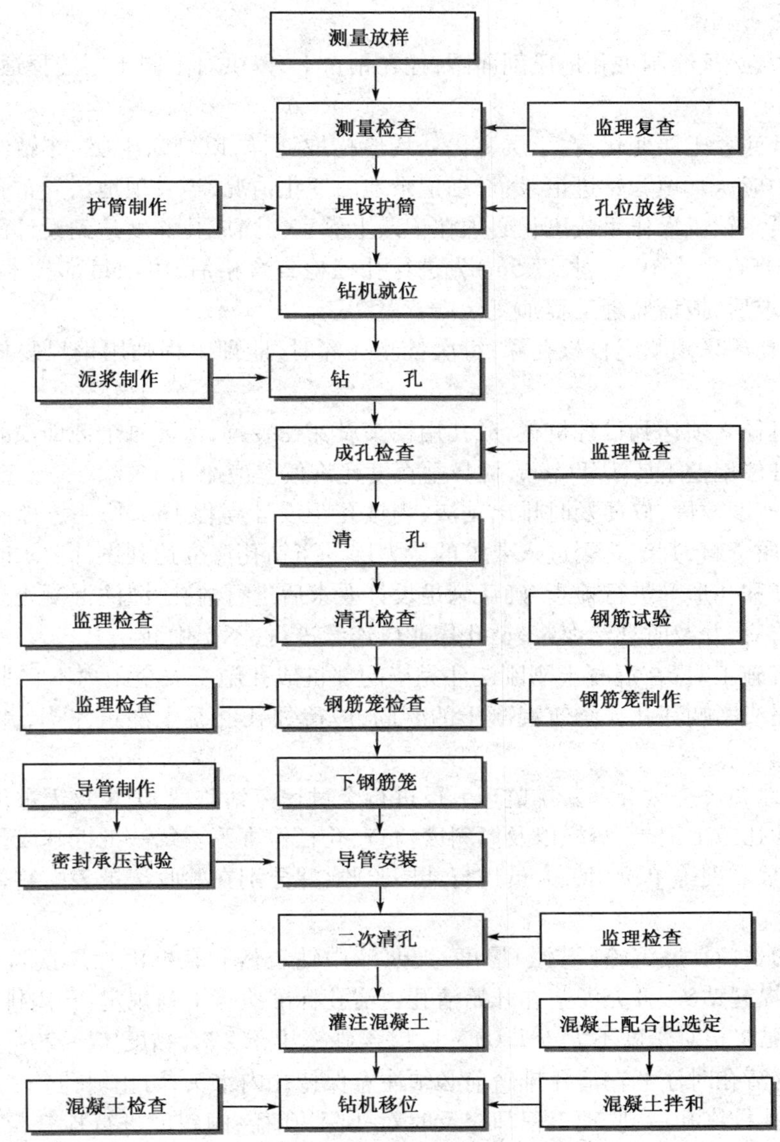

图1　冲击钻孔桩的施工流程

泥浆循环池根据现场道路及周围环境布置，泥浆循环池由泥浆池和沉淀池组成，泥浆池和沉淀池开挖深度根据钻孔容积确定，并确保施工时泥浆面保持在地面以下 0.5m，防止泥浆溢出影响环境；钻孔桩施工时，对沉淀池中沉渣及灌注混凝土时溢出的废弃泥浆经沉淀后用汽车运弃，确保泥浆不外流。

监理控制点：4、5 号墩紧邻北盘江，施工泥浆排放不能污染环境是关键，因此，要求施工单位泥浆排放必须建立多级沉淀，且要求定期清理沉淀池，确保施工满足环保要求，见表1。

泥浆性能指标要求表　　表1

相对密度	黏度(s)	胶体率(%)	失水率(%)	泥皮厚(mm/30min)	静切力(Pa)	酸碱度(pH)
1.2～1.4	22～30	≥95	≤20	≤2	3～5	8～11

(4)成孔

①开始钻进时，应采用小冲程开孔，待钻进深度超过钻头全高加正常冲程后方可进行正常冲击钻孔。松散地层应采用中小冲程，坚硬漂、卵石和岩层应采用中、大冲程。

监理控制点：冲孔施工时，监理工程师应督促施工单位现场技术管理人员详细做好施工记录，并按要求捞取渣样。冲程检查和调整。

②在冲孔过程中，必须绘制桩孔地质剖面图，挂在钻台上，以供对不同土层选择适当的钻速和泥浆比重等作参考。

③钻进中应经常注意土层变化，在土层变化处均应捞取渣样，以判断土层，并做好记录，与设计地层作核对。钻进过程中应认真填写钻进记录，详细记录地层变化情况，当发现地层异常孔内有变化时，应及时通知现场技术人员。钻机操作手或班长必须在记录上签字。当成孔深度达到设计深度后，利用探孔器（探孔器直径比钢筋笼直径大10cm，长度5m）先进行孔径检查合格后，由项目部技术员进行成孔质量检验符合设计、规范要求后，报请监理工程师复检。

监理控制点：终孔后采用测绳校核孔深，每次量测孔深时，监理工程师用钢尺复核测绳，以保证孔深符合设计要求。

④冲孔桩成孔直径必须达到设计桩径，成孔用钻头设保径装置，保证每个截面没有缩径现象。

⑤冲孔桩成孔桩位偏差不应大于5cm，桩身垂直度允许偏差应小于1%。

⑥终孔前，钻进速度放慢，以便及时排出钻渣，当钻孔距设计高程1m时，注意控制钻进速度和深度，防止超钻，并核实地质资料，判定是否进入要求的持力层。当钻孔深度达到设计要求时，应请监理工程师确认，并对孔深、孔径和孔形等进行检查，确认满足设计要求后进行清孔、灌注混凝土。

⑦钻孔时经常清渣，并及时补给泥浆，钻孔作业应连续进行，不得中断。

⑧采用多台钻机施工时，在混凝土刚刚浇注完毕的邻桩成孔施工安全距离不宜小于$4d$，为防止冲击振动使邻孔孔壁坍塌或影响邻孔已浇筑混凝土的凝固，应待邻孔混凝土浇筑完毕，并达到2.5MPa抗压强度后方可开钻。

监理控制点：驻地办每个墩合理安排监理人员进行全过程旁站监理，记录每天进尺情况、地质变化情况，检查泥浆情况、冲孔施工记录、渣样以及倾斜度检查、孔径检查等。每一批桩基成孔后，由建设方组织勘察、设计、施工、工程监理等单位相关人员进行共同验收，并分别在验收记录表中签署意见。

(5)第一次清孔

清孔处理的目的是使孔底沉碴（淤泥）厚度、泥浆液中钻渣量和孔壁泥垢厚度符合设计要求。当钻孔达到设计深度后，提起钻头，补充泥浆并开始清孔。清孔标准执行下列规定：孔内排出或抽出的泥浆手摸无2~3mm颗粒，泥浆相对密度不大于1.03~1.1，含砂率小于2%，黏度17~20s；严禁采用加深钻孔深度方法代替清孔。清孔时注意在清孔排碴前必须注意保持孔内水头，防止坍孔。

监理控制点：冲孔桩终孔后，监理工程师应及时对孔深、孔径、倾斜度进行检查，符合设计、规范要求后方可进行清孔。并严格要求施工单位按照设计和规范进行清孔，根据设计要求、冲孔方法、机具设备条件和地层情况选择抽浆（降低泥浆比重）、换浆（降低单位容积内的含砂率及黏度）、空压机喷射等相结合的清孔方法，效果较好。

5. 桩位测量、垂直度控制

(1)测量放样前，对施工图提供的导线点、水准点进行复测，桩位坐标进行复核。测量放样所使用的导线点、水准点，必须是经过导线控制测量复测且得到监理工程师批复的导线点、水准点复测成果。必要时要加密控制网，加密点同导线点一起合附测量，附合测量符合规范要求后方可使用。

(2)根据批复的附合测量成果，确定桩位中心，以桩位中心为圆心，以桩基半径为半径，画出孔口护圈内径圆周，撒灰线。驻地工程师核查，批准后支模，浇筑或砌筑孔口护圈。

(3)冲孔前先用水平仪确定护筒高程，并以此作为基点，按设计要求的孔底高程计算孔深，以冲具长度确定孔深，孔深偏差不短于设计深度，超钻深度不大于50cm；孔径用检孔器测量，若出现缩径现象应进行扫孔，符合要求后方可进行下道工序。

监理控制点：由于没有检查孔的倾斜度专用仪器，监理检测采用钻杆测斜法与测孔器法相结合进行倾斜度及垂直度检测，桩位采用固定点位复核方法进行。

6. 纵向钢筋直螺纹接头连接

(1)由于钢筋采用的是 HRB500 高强钢筋,钢筋接头经过试验,不用墩粗,采用直接车丝与专用套筒连接,螺纹钢筋端头必须用切割机切平,用砂轮机打磨,根据螺纹套筒的长度,螺纹钢筋的车丝长度不宜过长,一般以露出套筒 2 ~3 丝为准。

(2)每一节钢筋笼的纵向螺纹钢筋必须保证在一平面上,避免连接时部分纵向螺纹钢筋连接不到位,避免直螺纹套筒中有空隙。螺纹钢筋在直螺纹接头中必须饱满,如图 2 所示。

监理控制点:每批加工后的直螺纹钢筋必须经过监理工程师严格验收后才能进行钢筋笼的加工,且每节段钢筋笼要做好连接标记,使钢筋笼在拆装及下笼中能顺利对接,确保钢筋笼连接质量。

图 2 直螺纹接头连接

7. 钢筋笼预制胎架制做

(1)钢筋笼必须在胎架上预制,以保证钢筋笼顺直,胎架台坐用混凝土浇注,第隔 4m 预制 1 道。

(2)胎架圆弧用 ϕ16 圆钢筋制做,弧架为钢筋笼圆弧的 1/3 弧长,弧架用 ϕ25 螺纹钢筋支撑,支撑钢筋一定要保证弧架的牢固稳定,不因受到钢筋笼预制的影响而变形。

监理控制点:监理工程师检查钢筋笼制作胎膜的质量,包括水平面复核,预埋钢筋弧架牢固性、稳定性等。

8. 钢筋笼预制

(1)钢筋笼在胎架上制作时,必须保证纵向螺纹钢筋端头在同一平面上,螺旋圆钢筋安装时,必须在纵向螺纹钢筋上用油漆打上刻度点,以保证螺旋圆钢筋的纵向间距。螺旋圆钢筋紧贴纵向螺纹钢筋,用扎丝邦扎牢固,保证钢筋笼顺直。

(2)钢筋笼的主筋尽量为整根,如采用搭接焊接头,螺纹钢筋焊接端必须在弯曲机上搬成鸭雀嘴,焊接的长度单面焊不得小于 10d,双面焊接不得小于 5d。若吊装入孔时用的I 32b 工字钢承重梁影响纵向主筋间距时,可适当调整被影响的两根纵向主筋的间距。

(3)在每节钢筋笼上必须焊吊环,吊环设置在每节钢筋笼顶的第一根加劲箍筋下面并紧贴加劲箍筋,吊环采用 ϕ32 圆钢筋,钢筋笼长度在 50m 以内时设单吊环,即每节钢筋笼设两个吊环,吊环焊接在主筋内侧,焊接要求与主筋满焊焊平,焊接长度不得小于吊环钢筋的 10d,即不得小于 32cm。当钢筋笼长度超过 50m 但在 100m 内时,设双吊环,即每节钢筋笼设置 4 个吊耳,吊环对应焊在两根主筋的内、外侧,焊接要求与主筋满焊焊平,焊接长度不得小于吊环钢筋的 10d,即不得小于 32cm。

监理控制点:钢筋笼制作过程中监理工程师详细检查钢筋间距、主筋数量、连接质量(车丝长度复核、套筒车丝饱满度、搭接是否满足规范要求)及钢筋焊接质量、定位筋安装质量等,确保钢筋笼制作质量。

9. 声测管安装

(1)在钢筋笼上用油漆打点,标记点必须顺直,以保证声测管在钢筋笼上安装成一条直线,声测管在每高度上的间距都一样,避免由于声测管安装间距偏差的原因,影响桩基的检测结果。

(2)声测管连接接头必须保证不漏水,避免在桩基混凝土浇筑过程中泥浆进入声测管中。

(3)浇筑混凝土前,将声测管上口用塞子堵死,待桩检工作完成后,用与桩基同强度等级的水泥浆将声测管灌满且密实。

监理控制点:监理工程师主要检查声测管的链接质量、底口密封质量等。

10. 冲孔泥浆质量控制

泥浆指标应符合下列规定:

(1)相对密度。

相对密度冲机冲孔时,孔内泥浆相对密度不宜大于如下值:

黏土、粉土层　　1.3

大漂石、卵石层 1.4

岩石层 1.2F

(2)黏度。冲孔泥浆黏度,一般地层为18~22s,松散易塌地层为22~30s。

(3)含砂率。新制泥浆不宜大于4%。

(4)胶体率。不应小于95%。

(5)pH值。应大于6.5。

(6)当地质不好时,泥浆制备不能就地取材,而要专门采取泥浆制备,选用高塑性黏土或膨润土。

11. 钢筋笼吊装入孔及接长

(1)钢筋笼先拼装成整根桩基长度长的钢筋笼,用油漆在钢筋笼节头上做好标记,再将钢筋笼拆散成9m长一节,逐节拼装入孔,每下节头按所做的标记对接。钢筋笼吊装入孔前,先对桩孔进行检测。检测使用的探孔器直径和桩孔直径相符,主要检测桩孔内有无坍塌和孔壁有无影响钢筋安装的障碍物,如突出尖石、树根等,以确保钢筋笼的安装。

(2)钢筋笼吊装时对准孔位,尽量竖直轻放、慢放,遇障碍物可慢起慢落和正反旋转使之下落,无效时,立即停止下落,查明原因后再安装。不允许高起猛落,强行下放,防止碰撞孔壁而引起坍塌。

(3)在进行钢筋笼拼接时,须对每一节钢筋笼进行编号,以便清楚掌握孔内钢筋笼长度与还需接长的钢筋笼长度。钢筋笼入孔时,采用I32b工字钢作为承重横梁,将钢筋笼担在枕木上,枕木必须放在压实坚固的地基上,枕木顶面必须高出护筒顶面,保证承重横梁不接触护筒,护筒不受钢筋笼重力的作用,必须保证钢筋笼在接长时的安全。用I32b工字钢作为横担,由于工字钢立放,顶部有轮廓,必须在吊环弯起处加塞木方,避免吊环钢筋受剪切作用。

(4)钢筋笼在吊装时必须采用扁担吊,以防止钢筋笼在吊装入孔时加劲箍筋受水平力的作用而引起钢筋笼的变形,扁担吊是用I32b工字钢承重梁穿过吊环,起吊钢丝绳不钩在吊环上,两根起吊钢丝绳成八字形形成两个作用点直接吊I32工字钢承重梁。

(5)设计图中定位钢筋,在接好一节钢筋笼,准备放入孔桩内时,必须将定位钢筋割除,且割除后的定位钢筋必须取出放到钢筋堆放位置,不得遗留在孔内或钢筋笼上,以保证导管接长下放时不会受到定位钢筋的影响。

(6)由于孔桩深度较大,故钢筋笼所受上浮力也较大,钢筋笼下到孔底后,可将钢筋笼与钢护筒点焊在一起,以保证在首盘混凝土浇筑时钢筋笼不上浮,当混凝土浇筑到护筒处时,将焊点割除。

(7)北盘江特大桥4、5号墩48根桩基分别桩深达45m、47m,钢筋笼较重,必须注意钢筋笼吊装入孔的安全问题。

监理控制点:监理工程师全程旁站钢筋笼的吊装入孔过程,下放钢筋笼时严禁晃动过大,应平稳、垂直、缓慢进行,以免钢筋笼碰撞孔壁,导致孔壁局部坍塌,坍土掉入孔底,使孔底沉渣过厚。重点检查钢筋笼主筋的连接质量。吊装过程是一项危险性较大的施工作业环节,要求施工单位专职安全生产管理人员全程指挥,施工各方相互协调配合,确保施工质量和安全。

12. 二次清孔

此处清孔是指钢筋笼和导管安装完后,灌注水下混凝土前的清孔,称为第二次清孔。此次清孔必须达到下列要求:

(1)设计未规定时,孔底沉渣不得大于10cm,设计文件明确时,必须满足设计要求。

(2)清孔的主要目的是清除孔底沉渣,而孔底沉渣则是影响灌注桩承载能力的主要因素之一。清孔则是利用泥浆在流动时所具有的动能冲击桩孔底部的沉渣,使沉渣中的岩粒、砂粒等处于悬浮状态,再利用泥浆胶体的黏结力,使悬浮着的沉渣随着泥浆的循环流动被带出桩孔,最终将桩孔内的沉渣清干净,这就是泥浆的排渣和清孔作用。从泥浆在混凝土钻孔桩施工中的护壁和清孔作用,我们可以看出,泥浆的制备和清孔是确保钻孔桩工程质量的关键环节。因此,清孔泥浆黏度规定17~20min,泥浆相对密度1.10~1.20,含砂率不大于6%;胶体率不小于90%,在钻孔灌注桩施工过程中必须严格控制。

(3)由于孔内原土泥浆在吊放钢筋笼和沉放导管这段时间内使处于悬浮状态的沉渣再次沉到桩孔底部,最终不能被混凝土冲击反起而成为永久性沉渣,从而影响桩基工程的质量。因此,必须在混凝土灌注前利用导管喷射高压水头进行第二次清孔。当泥浆相对密度及沉渣厚度均符合规范要求后,应立即进行水下混凝土的灌注工作。

监理控制点:混凝土灌注前监理工程师通过再次检查泥浆相对密度、含砂率,用重锤法检测桩底沉渣厚度时,均满足设计要求。

13. 混凝土的拌和

(1)本合同段钻孔桩所使用混凝土强度等级为C30混凝土,配合比设计时坍落度取18~22cm,机制碎石粒径5~31.5mm,机制砂粒径0.075~4.75mm,砂石料级配应良好。

(2)混凝土原材料拌和必须均匀,杜绝运输过程中的离析。

(3)灌注工作须连续进行,尽量避免任何原因的中断灌桩,由于混凝土数量大,灌注需要时间较长,通过在混凝土中掺入缓凝剂,以延迟其凝结时间。

监理控制点:试验监理工程师在混凝土浇筑过程中前后场旁站检查施工单位是否按照施工配合比施工,检查各原材料的参配比例,检查混凝土的和易性、坍落度等指标是否满足配制要求。

14. 灌注混凝土

灌注混凝土的示意见图3。

(1)导管是灌注混凝土的重要工具,其直径按桩长、桩径和每小时需要通过的混凝土数量决定,一般为20~30cm,导管分节长度应便于拆装和搬运、并小于导管提升设备的提升高度。

(2)导管内壁应光滑圆顺,内径一致。

(3)导管使用前必须进行试拼、试压、不得漏水,并编号及自上而下标示尺度,试压的压力宜等于孔底静水压力的1.5倍。

(4)导管长度可根据孔深、操作台高度等因素决定。

(5)根据计算确定,主塔钻孔桩使用的储料斗按$10m^3$考虑。

$$V = \frac{\pi d^2}{4}h_1 + \frac{\pi D^2}{4}H_c = \frac{\pi 0.25^2}{4} \times 16.2 + \frac{\pi 2.8^2}{4} \times 1.5 = 0.8 + 9.2 = 10m^3$$

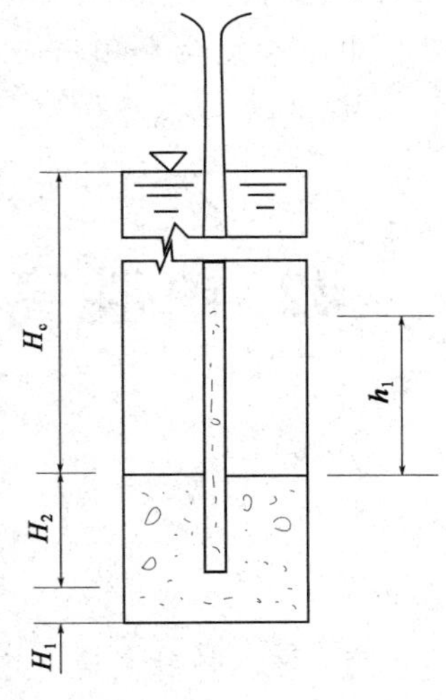

图3 灌注混凝土示意图

(6)工地用的储料斗容积达不到$10m^3$,采用两个料斗上下叠加的方法满首盘混凝土的要求。

(7)导管下端距桩底控制为0.4m。

(8)导管埋入混凝土的深度在任何时候不小于3.0m,但不得大于8m。

(9)水下灌注混凝土的实际桩顶高程应高出桩顶设计高程1m,破桩头后以保证混凝土的质量。水下混凝土的时间不得长于首批混凝土初凝时间。

监理控制点:监理工程师在灌注混凝土前应检查人、机、料准备情况,导管的长度,埋置深度是否符合要求,混凝土罐车的通道是否安全、道路是否平整,常用工具是否准备就绪:如测绳、扳手、锤以及施工用电的安全检查等满足要求后才允许浇筑。监理人员全程旁站浇筑过程,适时用测绳检查、计算混凝土的浇筑高度、埋管深度,准确把握、控制提管高度,防止埋管过深导致翻浆困难,同时也要防止提管过高而导致泥浆渗透出现断桩。

15. 检桩验桩

(1)桩基施工完成后由第三方具有相应资质的检测单位进行检测。

(2)检测单位一般采用超声波法进行桩基检测。在检测中依据声时值、波幅、接收信号的频率变化及接收信号的畸变的波形数据来进行分析判断桩身的完整性。从而对各类混凝土桩进行质量普查,检查桩身是否有断桩、夹泥、离析、缩径等质量缺陷存在。确定缺陷位置,对桩身完整性做出分类判别。

监理控制点:监理工程师全程跟踪旁站桩基检测过程,在第一时间内初步了解和判断桩基的成桩质量,做到心中有数。特别是在第一批桩基检测前大家没有十分把握,通过桩基检测,增强了过程控制的信心。

(3)经桩基普查检测,北盘江特大桥48根桩基全部为Ⅰ类桩,达到设计技术指标要求。

三、结　语

在最后一根桩基检测完成,质量达到设计要求后,大家心中压着的石头才落了地。大型桥梁工程的桩基础工程是一个复杂的系统工程,技术含量高,工序、工艺复杂,控制不好会出现很多质量、安全问题。因此,监理工程师要严格制订事前、事中、事后控制的详细计划和措施。明确监理要点和难点,做到有的放矢,避免桩基施工出现常见质量通病,确保施工质量、进度和安全。同时,在管理过程中,要严格按照设计和施工技术规范的要求进行管理,对未按照设计、施工技术规范、专项施工方案施工的行为,按照合同相应违约处罚条款大胆地进行违约处罚,绝不姑息和迁就,为技术含量更高、工序、工艺更复杂的桥梁下构、上构施工打下良好基础。

参考文献

[1] 中华人民共和国行业标准. JTG/T F50—2011　公路桥涵施工技术规范[S]. 北京:人民交通出版社,2011.

[2] 中华人民共和国行业标准. JTG G10—2006　公路工程施工监理规范[S]. 北京:人民交通出版社,2006.

42. 镇胜高速公路北盘江大桥缆吊系统及钢桁加劲梁安装关键技术研究

郭吉平
(贵州路桥集团有限公司)

摘　要　镇胜高速公路北盘江大桥主桥为(192m+636m+192m)单跨双铰简支钢桁加劲梁悬索桥,加劲梁及桥面板采用缆索吊装系统施工。由于桥址地形陡峻、风环境复杂,一般缆索吊机不能满足施工需要,对缆吊系统的承重索计算、走线设计及跑车系统进行了优化。加劲梁横向宽28m,远大于路基宽度,且缆吊系统主承重索的净间距仅19.0m,故加劲梁节段采取顺路线方向横式拼装,再利用具有运输和自动旋转功能的全液压旋转运梁平车通过主缆后液压旋转90°起吊。这些技术解决了因山区地形、场地受限而导致拼装困难和场地利用最大化的问题,为山区同类桥梁建设和修建1 000m级以上钢桁加劲梁悬索桥提供了经验和借鉴。该桥于2008年11月28日建成通车至今,经过近3年的运营,各项性能良好。

关键词　悬索桥　钢桁加劲梁　缆吊系统　横式拼装　旋转　桥梁施工

一、工 程 概 况

镇胜高速公路北盘江大桥(图1)座落在贵州黔西南州晴隆县和安顺市关岭县交界处,是沪瑞高速公路的控制性工程之一。该桥为主跨636m单跨双铰、钢桁加劲梁悬索桥,东岸为4×45m的简支T梁,西岸为3×45m连续预应力箱梁,全长1 020m,设计桥面高程与河面高差336m。桥址位于北盘江深度侵蚀切割区,地表风化、基岩裸露,地貌属岩溶峰丛及河流侵蚀区,临江两岸地形陡峻、起伏大,河谷深达300m以上,是典型的"V"形峡谷,见图1。

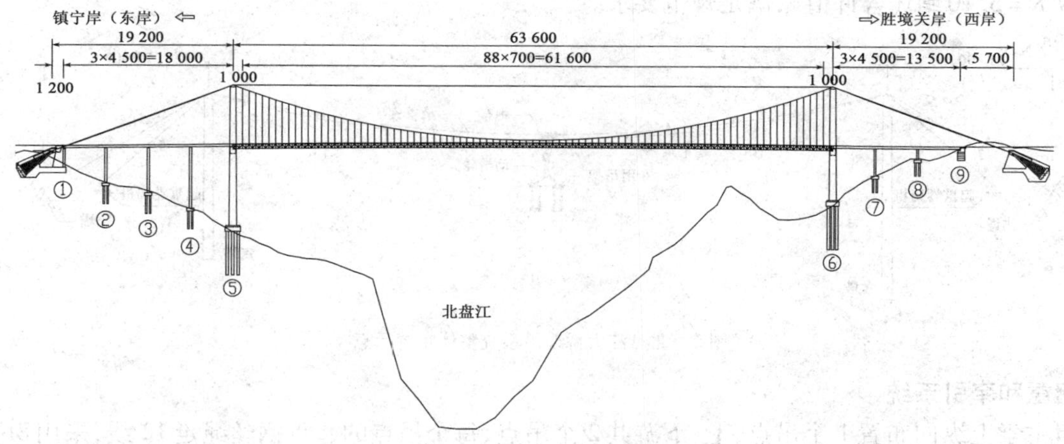

图1 北盘江大桥总体立面布置示意(尺寸单位:cm)

该桥建设条件复杂,控制因素多,施工难度大,经过充分的论证和研究,提出符合桥址建设条件的最佳施工方案:优化缆索吊装系统,钢桁加劲梁在顺桥向进行横式拼装再旋转90°起吊安装。

二、施 工 难 点

(1)结构件运输难度大。两岸桥位处远离国道,施工便道受地形条件限制,纵坡大、弯道急,难以满足大型构件的运输;且桥位位置处于峡谷两侧,地形陡峭,不便于构件的堆放和转运。

(2)钢桁加劲梁的架设难度大。吊装总量为136t,吊装跨度达636m。

(3)施工场地狭小。由于两岸地势陡峭,场地狭小,主缆索股、钢桁加劲梁存放困难,主缆放索区布置、钢桁加劲梁拼装场布置难度大。

(4)施工风荷载环境复杂。桥址处沟大谷深、沟谷交错、岗峦起伏,据历年风力观测,风力达7级以上。

(5)施工协调难度大。该桥分为A、B、C、D、E、F、G共7个标段,各参建单位及厂家的协调困难。

三、缆吊系统的优化设计

由于北盘江大桥所处山区运输条件的限制,无法采用常规的无负载行走能力的跨缆吊机进行钢桁加劲梁吊运施工。在这种情况下,采用能同时具备起吊和行走能力的起重设备——缆索吊机进行北盘江大桥主梁的安装架设。此套缆吊系统主要进行了以下优化:

(1)承重索计算优化。一般基于单跨抛物线理论公式进行承重索计算,本文推导了三跨单吊跨(中间起吊运输跨、两侧边锚跨)承重索的张力状态方程进行承重索计算,较好地考虑了边跨对承重索的影响。

(2)走线设计优化。将各承重索通过滑轮组串联,保证钢丝绳张力一致,确保了系统变形协调性。

(3)跑车系统优化。将前、后4组跑车改为2组跑车,解决了4组跑车受力不均、故障率大的问题。

该桥缆吊系统整体布置见图2。

1. 主索与跑车

主索由24根公称抗拉强度1 860MPa、直径ϕ52mm的6×37(6根股组成,每根股有37根钢丝)合成纤维芯钢丝绳组成,上、下游各12根,上、下游主索间距20.635m。

为保证各钢丝绳在工作时受力均匀,在锚墩处设置转向平衡轮,每6根主索形成一个循环,保证在吊装时每组主索之间的钢丝绳垂度能达到自平衡的效果。由于单边主索为2个单独的6索循环,2组主索垂度调整时精度难以保证,故将跑车优化设计为2个单独的6轮跑车,利用起重滑轮组与起重绳走线,将2个跑车连接成整体,即使2组钢丝绳垂度有小的偏差,主索受力也基本保持平衡。经计算得到的主索安全系数 $K=3.10 \geqslant 3$(容许值),满足规范要求。

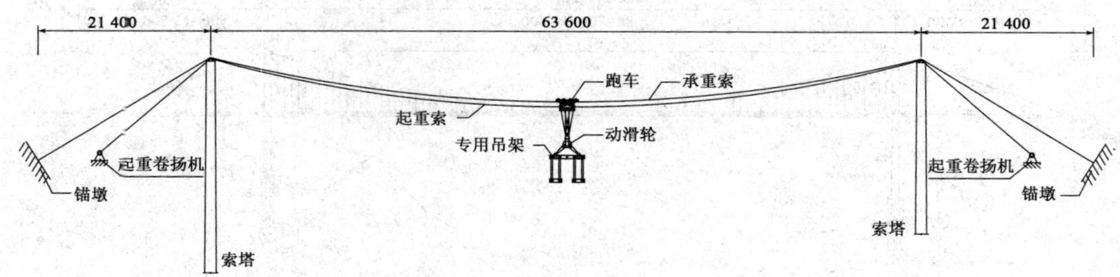

图2 北盘江大桥缆吊系统整体布置示意

2. 起重和牵引系统

每组主索上纵向布置1个吊点,上、下游共2个吊点,每个吊点的起重钢丝绳走12线,采用8t起重卷扬机架设,两岸上、下游各设2台共8台。纵向只有1个吊点,在钢桁加劲梁施工时,在起重滑轮组上悬挂吊架进行吊装。经计算得到起重索安全系数 $K=5.01 \geqslant 5$(容许值),满足规范要求。

牵引索采用 ϕ32mm(极限抗拉强度1 670MPa)钢丝绳,单边单岸采用3滑轮绕4线设计。综合考虑牵引力、行走速度、容绳量等需求,采用16t卷扬机架设,两岸上、下游各设2台共8台,运行速度为16m/min。因上、下游各跑车由独立的2个6轮跑车组成,为保证在牵引行走时各跑车的同步性,将跑车两端的牵引索导向滑轮串联,使牵引索构成一个整体循环。经计算得到牵引索安全系数 $K=4.53 \geqslant 3$(容许值),满足规范要求。

3. 塔架和锚固系统

索塔架设置于大桥塔柱横梁上,既保证了吊装净空的需求,又降低加工成本和提高了吊装安全性。塔架横梁采用4根[32a加2根I32a;顺桥向布置3排斜杆,除中间斜杆采用双I32a外,前、后2排均采用双[32a;横桥向斜杆为[20a。承重索放置于索塔架顶部定滑轮组槽中,以确保承重索能自由滑动。

主承重索的锚墩设置在大桥的主缆锚碇上,利用主缆锚碇作为主要受力构件在其顶面设置锚墩。锚墩采用长5m、宽3.6m、高2.1m的钢筋混凝土结构。承重索与锚墩间采用连接装置连接,每个连接装置通过张拉2束9ϕ15.24mm钢绞线锚固于锚墩上。

4. 本缆吊系统的特点

在目前国内已建成的6座钢桁加劲梁悬索桥中,钢桁加劲梁采用缆索吊装工艺的有北盘江大桥、四渡河大桥、重庆万州长江二桥。其中四渡河大桥缆索吊跨度900m,但最大吊装质量仅91.6t;重庆万州长江二桥缆索吊跨度580m,最大吊装质量56t;而北盘江大桥缆索吊跨度636m,最大吊装质量136t。通过比较可知,本套缆吊系统具有如下特点:

(1)缆索吊跨径及吊重综合为国内领先。

(2)考虑边跨影响的三跨单吊跨承重索张力状态方程进行承重索计算,提高了承重索安装精度。

(3)因每组承重索中的钢丝绳受力均衡,有效提高了主承重索的安全系数。

(4)走线简单明了,运行方便快捷。

四、缆索吊装施工技术

北盘江大桥钢桁加劲梁共45个吊装节段,跨中节段(M1)长19.08m,标准节段(M2)为14m,端节段(M3)为13.46m,最大吊装质量136t。桥面板共45个吊装节段,跨中段为15.4m,标准节段为14m,端节段为10.2m,最大吊装质量109t。为加快施工进度,该桥钢桁加劲梁及桥面板均采用缆索吊机进行吊装作业,先吊装钢桁加劲梁,吊装完毕后再安装桥面板。钢桁加劲梁及桥面板均先吊装跨中节段,然后自跨中向两塔方向对称吊装。

1. 钢桁加劲梁吊装

当缆索吊装系统安装完毕并进行试吊后，开始进行钢桁加劲梁的吊装工作。吊装时，将跑车移动到起吊平台的上方，缓缓放下吊架。由于起吊平台悬吊长度不能过长，采用荡移法，将钢桁加劲梁吊出工作平台。在引桥上设置2台8t卷扬机用作后浪风索，当吊架位于起吊平台上方后，用卷扬机牵引浪风索将吊架向引桥方向牵引至钢桁加劲梁正上方，将吊架的4个吊点扣在钢桁加劲梁节段的2根横梁沿桥轴线两侧的对称节点上，启动提升卷扬机，将钢桁加劲梁提升到一定高度后，缓缓松开后浪风钢丝绳，直至浪风绳不再受力，解除后浪风钢丝绳，然后启动牵引卷扬机，将钢桁加劲梁吊移到指定位置，最后将钢桁加劲梁所有的荷载交由吊杆承担。

吊装顺序为：钢桁加劲梁吊装由跨中向两岸对称进行，先吊装跨中M1节段，再对称吊装紧邻M1节段的M2节段，以M1节段为对称轴，依次对称吊装完该桥所有M2节段后，拆除起吊平台，最后安装M3端节段。

2. 桥面板吊装

桥面板的起吊、行走方法和钢桁加劲梁吊装时相同。但由于桥面板在顶面没有吊点，需在其纵横梁交接位置的面板上打孔，用高强螺栓把专用的吊耳和桥面板的纵横梁连接在一起，满足桥面板的变形要求。

为减小由于钢桁加劲梁的变形引起的桥面板安装误差和钢桁加劲梁局部杆件的受力满足要求，在从跨中向两岸对称吊装完10个节段后，在两边的1/4跨处各安装2块桥面板以平衡跨中的荷载，再从跨中向两岸逐一吊装桥面板，吊至1/4跨处时，调整已安装好的1/4跨2块板位置，再从1/4跨向两岸对称吊装。

五、钢桁加劲梁横式拼装及旋转

北盘江大桥钢桁加劲梁横向宽度为28m，远大于路基宽度，为解决拼装场地的需求，在拼装时采取顺路线方向横式拼装；另外由于缆索吊装系统的主承重索的净间距只有19.0m，钢桁加劲梁和桥面板只有旋转90°进行运输（钢桁加劲梁标准段尺寸为28.0m×14.0m），从缆索吊装系统的主承重索之间穿越到桥塔前，再反向旋转90°后进入起吊平台。

1. 钢桁加劲梁横式拼装

（1）场地布置

在锚碇后端路基上设置拼装场，两岸均设置4个标准节段拼装台座，台座采用C25混凝土浇筑。拼装场内设置汽车运输通道，钢桁加劲梁的杆件从堆放场到拼装场的运输均通过该通道进行。单个拼装场安装2台80t龙门吊和2台5t龙门吊，跨径21m，大门吊的净空高度为15m，用于整个桁架节段的提升和移动，并兼顾一个台座拼装过程中的杆件提升；小门吊的净空高度为10m，用于杆件在拼装过程中的提升。

（2）横式拼装

在钢桁加劲梁梁段拼装前，在桁架主节点位置的台座外侧搭设操作平台，以便在拼装桁架上弦时的操作。

拼装的顺序为：下弦杆及下平联→腹杆→上弦杆及横梁→上平联。拼装时，按照拼装台座上的标线将下弦节点板安放在指定的位置，调整到位后两侧用螺栓固定以保持其平面位置，再安装下弦杆件，完成后拼装横梁的下弦，之后拼装主桁的下平联，当主桁的下弦和底平联拼装完成后，可进行多点拼装主桁、横梁的斜杆和竖杆，再拼装主桁和横梁的上弦，最后拼装主桁的上平联。在拼装的过程中，需检查拼装的尺寸，若不满足要求需及时调整。安装完成后，需检查整个桁架外形及几何尺寸，满足要求后，开始安装高强螺栓。

2. 钢桁加劲梁旋转

利用自主研制的全液压旋转运梁平车(具有运输和自动旋转双层功能)运梁平车行驶至主塔前,进行钢桁加劲梁的旋转。待钢桁加劲梁在拼装场拼装完成后,吊装到运梁平车的托盘上,吊装方向与钢桁加劲梁安装方向成90°,运输至安装区域后,通过安装在底盘和托盘之间的液压旋转装置(由油缸和滚轮总成组成)使运梁平车(其工作原理为:用电源作动力,以电机经减速后驱动车轮在固定轨道上运行,通过在上盘安装旋转装置,使构件旋转一定角度)的托盘旋转90°,达到安装要求。

钢桁加劲梁旋转前(后)梁、路基、主缆关系示意见图3,图4为钢桁加劲梁旋转施工。

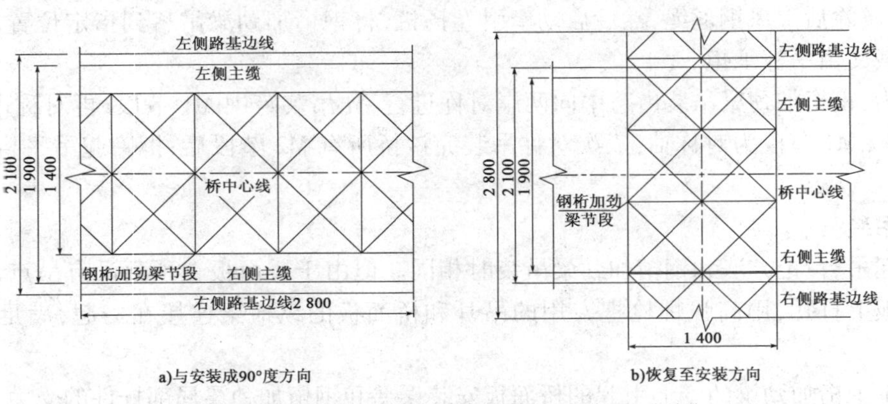

图3　钢桁加劲梁旋转中梁、路基、主承重索关系示意(尺寸单位:mm)

a)旋转前　　b)旋转后

图4　钢桁加劲梁旋转施工

六、研究成果及应用价值

(1)此套缆吊系统成功地完成了大桥45个钢桁加劲梁节段和45个桥面板节段的吊装任务,吊装速度快,施工中监控检测到主承重索最大张力和设计值误差仅为4.1%,满足设计要求。

(2)缆索吊装系统经过优化,解决了以往系统受力不均,故障率大的情况;此套缆吊系统可以使每组承重索中的钢丝绳受力均衡,有效提高了主承重索的安全系数,为缆吊系统向更大跨度、更大吊重发展提供有益的实践。

(3)采用缆索吊机进行钢桁加劲梁及桥面板吊装作业,很好地解决了山区运输条件受限致使施工进度严重减缓的问题。大桥在钢桁加劲梁吊装施工期间,排除钢桁加劲梁节段拼装材料不到位的因素,每天最少吊装2个节段,在施工中还创造了一天吊装5个节段的记录,大大节约了桥梁上部结构安装时间。为以后山区类似大跨度桥梁施工提供了参考与借鉴。

(4)经过充分的调查和分析,研发了全液压旋转运梁平车。此运梁平车很好的完成了大桥钢桁加劲梁和桥面板共90个节段的运输和旋转任务,为缆吊系统的吊运工作提供了强有力保障。

(5)大桥钢桁加劲梁节段采取顺路线方向横式拼装,运梁平车行驶至主塔前液压旋转90°起吊,解决了因山区地形、场地受限而导致拼装困难和场地利用最大化的问题,为今后山区大跨度悬索桥的钢桁加劲梁拼装提供了一种新思路。

七、结　　语

北盘江大桥建桥条件复杂，控制因素多（地质、地形、岸坡稳定、风环境、运输、施工），一般缆索吊机不能满足施工需要，故需对一般缆吊系统进行改进。本文对一般缆吊系统的承重索计算、走线设计及跑车系统等进行了优化，满足了此桥吊装需要。加劲梁横向宽28m，远大于路基宽度，且缆吊系统主承重索的净间距仅19.0m，故加劲梁节段采取顺路线方向横式拼装，再利用具有运输和自动旋转功能的全液压旋转运梁平车通过主缆后液压旋转90°起吊。这些技术解决了北盘江大桥因山区地形、场地受限而导致拼装困难和场地利用最大化的问题，取得了明显的经济效益和社会效益。尤其是通过对缆吊系统的优化、实践和总结，使传统的缆索吊焕发了新的青春，并为今后“更快、更好、更省”的修建1 000m以上的钢桁加劲梁悬索桥提供了宝贵的经验和有益的借鉴。

参考文献

[1] 裴炳志，胡佳安，谢春生．贵州洪家渡水电站六圭河公路特大桥创新设计[J]．桥梁建设，2005(4)：27-30.
[2] 曲江峰，涂满明．福建宁德天池大桥120t缆索吊机设计[J]．世界桥梁，2008(S1)：41-43.
[3] 毛生华，张奇志．吊井岩大桥缆索吊装系统方案设计与受力分析[J]．公路与汽运，2008(2)：139-140.
[4] 贵州省公路桥梁工程总公司．北盘江大桥缆索吊装系统计算书[Z]．2007.
[5] 王东辉．重庆菜园坝长江大桥4 200kN缆索吊机设计[J]．铁道标准设计，2008(9)：33-37.
[6] 王崇旭，王嗣江，庄值政．一桥跨峡谷两岸变通途—沪蓉西四渡河特大桥施工方案介绍[J]．中国公路，2007(16)：80-83.
[7] 辛斌，李德坤，李兴华．重庆菜园坝长江大桥钢桁梁整体节段施工技术[J]．桥梁建设，2007(6)：56-60.
[8] 刘高，彭运动，周平，等．坝陵河大桥钢桁加劲梁施工架设方案研究[J]．公路交通科技，2009(5)：80-85.
[9] 长沙理工大学桥梁与结构工程学院．北盘江大桥施工监控报告[R]．2007.

43. 毕都高速公路抵母河特大桥创新施工方法简介

陈历焕
（贵州省交通建设咨询监理有限公司毕都高速D驻监办）

摘　要　本文主要介绍抵母河特大桥塔锚不良地质地基处理、高墩塔液压爬模施工、钢桁梁空中转体吊装、钢桁梁及钢桥面板在未进行二期恒载，等待荷载压重条件下的合龙等，这些目前尚属首创的施工工法及工艺流程。

关键词　悬索吊桥　爬模施工　吊装

一、桥梁工程及地质地貌概况

1. 抵母河大桥工程简介

抵母河大桥位于贵州省水城县董地乡东北约2km处的抵母河峡谷，是杭瑞高速公路贵州省毕节至都格（黔滇界）公路的三座特大桥之一，抵母河特大桥全长881.5m，其桥跨布置为10m+(4×40+1)m+538m+(1+4×40)m+11.5m。

(1)主桥

抵母河特大桥主桥采用单跨538m地锚式钢桁梁悬索吊桥。

主梁采用钢桁加劲梁，宽27m，由钢桁架和钢桥面系等组成。加劲梁由主桁、横梁和上、下平面纵向连接系等组成，通过吊索与主缆相连，锚固于主桁上弦节点锚箱上。桥面板为正交异形钢桥面板，由桥面板、U形加劲肋、球扁钢纵肋、横梁和纵梁组成，桥面设置1.2%对称纵坡，2%双向横坡。

主缆采用预制平行钢丝索股，主缆计算跨度为：136m+538m+136m，垂跨比为1/10。两根主缆的中心间距为27m，主缆钢丝选用极限抗拉强度为1 670MPa的高强度镀锌钢丝。索夹采用销接式，选用上、下两半对合的形式，吊索采用标准抗拉强度为1 670MPa的低松弛镀锌平行钢丝束，主索鞍采用全铸型结构形式，散索鞍采用铸焊结合的结构形式，鞍罩为钢结构焊件。

两岸索塔均采用由塔柱、横梁组成的门式框架结构，塔柱为普通钢筋混凝土结构，横梁为预应力混凝土结构。其中毕节岸索塔塔高147m，由两个塔柱，三道横梁组成；都格岸索塔塔高为63.35m，由两个塔柱，一道横梁组成。索塔均采用矩形整体式承台+群桩基础，毕节岸承台尺寸为11.5m×17m×5m，每个承台下设6根ϕ2.8m的挖孔灌注桩，都格岸承台尺寸为11.5m×16.6m×5m，每个承台下设6根ϕ2.6m的挖孔灌注桩。承台之间采用地系梁连接成整体。

两岸锚碇均为重力式锚碇，锚碇采用浅基础，以中风化基岩为基础持力层，主要结构由散索鞍支墩、锚体、前锚室、基础等几部分组成，采用预应力锚固体系连接主缆索股。

(2)引桥

抵母河特大桥引桥由两部分组成，分别为位于毕节岸和都格岸，一端与路基衔接，一端与主桥相连。引桥左右幅上部结构均采用4×40m预应力混凝土T梁，T梁采用现场预制，简支安装，现浇连接接头，为先简支后连续的结构体系。引桥桥台均为重力式实体桥台，其基础为主桥锚碇，桥墩均采用挖孔桩基础。桥墩有薄壁实心墩、薄壁空心墩及双柱式墩3种类型，上接整体式盖梁。

2. 桥位地质地貌概况

抵母河特大桥位于水城县董地乡东北约2km处跨越抵母河。桥位距水城—纳雍省道(S307)约2.5km，两岸都只有通村小公路至桥位附近村寨。

桥区属溶蚀—侵能中山峡谷地貌，桥位处为不对称“U”形峡谷，两岸为陡崖及陡斜坡，两岸台地为宽缓山地地形，大部份基岩裸露，局部灌木发育。河谷底高程约1 410.5m，坡口台地最高1 791.2m，相对高差380m，坡口谷宽320m。

桥区上覆残坡积层黏土、崩塌和错落堆积的块石土，下伏地层为二叠系下统栖霞组、茅口组含燧石灰岩、角砾岩，梁山组泥岩、石英砂岩，石炭系中上统黄龙组、马平组灰岩。栖霞组、茅口组角砾岩为同生沉积角砾岩。

桥区岩体节理较发育，倾角陡，主要节理有三组，走向10°~30°、80°~110°、320°~340°。卸荷裂隙两岸都有分布，走向与河谷(130°)大体一致，倾角陡。

根据《中国地震动参数区划图》(GB 18306—2001)，场区地震动反应谱特征周期为0.35s，地震动峰值加速度系数为0.05g，场区地震基本烈度力Ⅵ度。

二、塔锚基础不良地质地基处理

1. 锚碇基础处理

(1)都格岸锚碇基底处理

抵母河特大桥都格岸锚碇基底设计顶板持力层厚度不小于5m，地基承载力不小于1MPa。锚碇基坑开挖完成后，散索鞍支墩基坑存在一条横桥向夹泥裂隙，该裂隙长约29.5m，平均宽度约2.6m，裂隙与桥轴线夹角约61°，内部填充主要以淤泥质黏土为主，承载力差，不能满足设计要求。锚碇基坑左侧存在一条溶蚀裂隙，该裂隙长约32m，平均宽度约4.9m，裂隙与桥轴线夹角约63°，内部基本为溶蚀空洞体，不能满足设计要求；另锚碇基坑右角存在一三角形夹泥层，长边约9.2m，短边约7.5m，内部填充主要以淤泥质黏土为主，承载力差，不能满足设计要求。针对以上不良地质，为确保锚碇施工安全，采用如下方案：

①将散索鞍支墩基坑夹泥裂隙顶部5m淤泥质物质全部挖除；

②将锚体基坑左侧溶蚀裂隙进行揭开处理，揭开深度为5m；

③将锚体基坑右角三角形夹泥层顶部5m淤泥质物质全部挖除；

④所有裂隙5m开挖完成后，将裂隙底部和侧壁松散物清除干净；

⑤先用小形片石封堵裂隙，再灌M7.5水泥砂浆，最后用C30混凝土回填溶槽。

(2)毕节岸锚碇基底处理

毕节岸锚碇基坑开挖完成后，锚体基坑存在一条横桥向矩形溶槽，该溶槽基本垂直于桥轴线，内部填充主要以黄色黏土为主，承载力较差，对溶槽进行揭示处理后，溶槽长约42m，平均宽度约7.2m，平均深度4.9m，基底岩石已完整。采用如下处理方案：

①将溶槽侧壁和底部松散碎石和土体清除干净；

②采用C30混凝土将溶槽进行回填。

毕节岸散索鞍支墩基坑开挖完成后，散索鞍支墩基坑存在两块多边形溶槽，内部填充主要以土夹石为主，承载力差，对溶槽进行揭示处理后，左侧溶槽长约18.1m，平均宽度约7.9m，平均深度约1.1m，基底岩石已完整；右侧溶槽长约21.6m，平均宽度约8.4m，平均深度约1.5m，基底岩石已完整。采用如下处理方案：

①将溶槽侧壁和底部松散碎石和土体清除干净；

②采用C30混凝土将溶槽进行回填。

(3)4号索塔桩基不良地质处理

抵母河特大桥4号索塔4－11号、4－12号桩基均在挖至孔深22m(设计孔深62m)时洞底出现溶洞。其中4－11号桩基桩底溶洞靠12号桩孔一侧，桩孔底部溶洞直径约0.8m，测量深9m；4－12号桩基底溶洞靠11号桩孔一侧，桩孔底部溶洞直径约0.6m，测量深4m；经过继续向下开挖揭穿并清渣后，发现两溶洞联通在一起，溶洞内无填充物，人可进洞横穿。

为确保桩基开挖施工安全，采用如下处理方案：

①采用1m厚C20片石混凝土将两溶洞口分别进行封闭，并在片石混凝土中设置3层ϕ22HRB335钢筋，钢筋纵向(垂直方向)间距0.3m，横向(水平方向)间距0.25m；

②施工开挖每段按深度1m开挖，待片石混凝土强度达到12.5MPa后再进行向下开挖，开挖完成后，及时进行护壁混凝土的施工。

(4)5号索塔桩基不良地质处理

抵母河大桥5号索塔5－2号桩基挖至孔深21m(设计孔深50m)时出现溶洞，该溶洞位置位于桩身侧壁，呈椭圆形外观，溶洞内无填充物，溶洞直径约1.2m，垂直深度1.5m，横向深度0.8m，为确保桩基开挖施工安全，采用如下处理方案：

①采用0.8m厚M7.5浆砌片石将溶洞予以封闭；

②待浆砌片石砂浆强度达到2.5MPa后再进行桩基开挖施工，每层开挖高度不大于1m，开挖完成后，及时进行护壁混凝土的施工。

三、高墩(塔)超长节段循环液压爬模施工

毕节岸4号索塔(高147m)塔柱施工模板采用ZPY100型液压自爬升模板，模板高6.35m，5号索塔(高63.35m)塔柱施工模板采用CB240型悬臂挂架模板，模板高4.85m。以下主要介绍4号超高索塔塔柱液压爬模设计构造和塔柱施工的几个重要环节。

1.模板一般构造

塔柱模板采用木梁胶合板体系，包括内模和外模，其中面板为21mm胶合板，竖肋为200×80mm工字木梁，横楞为双拼背扣[14钢。毕节岸4号塔柱节段采用液压爬模施工工艺，原方案采用技术成熟且多次使用过的4.5m高标准节段。但由于工期满足不了要求，经过二次设计计算并通过专家评审，决定

首次采用 6.35m 高的标准节段。经过反复试验调试，整个爬模体系各项指标均能达到设计和国家有关安全强制性标准要求，最终投入实施。最后经实践证明，此项创新施工工艺流程安全快捷，取得了成功的经验。

2. 液压爬模系统一般构造

（1）液压爬模系统主要组成

液压爬模系统由导轨、液压爬升装置和操作平台系统等组成，模板面板体系通过钢梁结构与爬升装置相连，液压爬架共设置 6 个工作平台，平台之间采用固定扶梯相连。

（2）液压爬模工作原理

液压自爬模的顶升运动通过液压油缸对导轨和爬架交替顶升来实现。导轨和爬模架互不关联，二者之间可进行相对运动。当爬模架工作时，导轨和爬模架都支撑在埋件支座上，两者之间无相对运动。退模后立即在退模留下的爬锥上安装受力螺栓、挂座体及埋件支座，调整上下轭棘爪方向来顶升导轨，待导轨顶升到位，就位于该埋件支座上后，操作人员立即转到下平台拆除导轨提升后露出的位于下平台处的埋件支座、爬锥等。在解除爬模架上所有拉结之后，就可以开始顶升爬模架，这时候导轨保持不动，调整上下棘爪方向后启动油缸，爬模架就相对于导轨运动，通过导轨和爬模架这种交替附墙，互为提升对方，爬模架即可沿着墙体上预留爬锥逐层提升。

（3）液压爬模施工流程

液压爬模施工流程如图 1 所示。

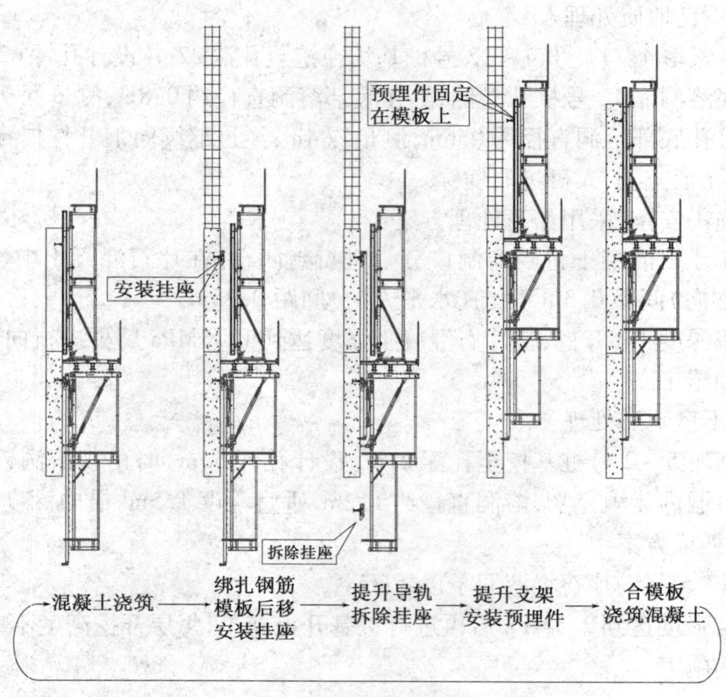

图 1　液压爬模施工流程图

四、钢桁加劲梁分节段空中转体（吊装）作业

钢桁梁采用缆索吊配合旋转吊具进行吊装作业。缆索吊机旋转吊具与钢桁梁之间采用钢丝绳连接，在下横梁上设 4 个主吊钢绳吊点，上横梁上设置 4 个调整钢丝绳吊点，其中主吊钢绳采用 4 – ϕ36（FC）钢丝绳，调整钢绳采用 4 – ϕ32（FC）钢丝绳。钢桁梁吊点布置如图 2 所示。

由于毕节岸场地受限，无法在该岸设拼装场拼装钢桁梁吊装节段和钢桥面板吊装节段，因此方案采取在都格岸单边布置拼装场。钢桥面板分半幅节段吊装对空间没有影响，跨中和都格岸一侧半跨钢桁梁各吊装节段可从吊索下面纵移至安装位置再提升就位，对空间也没影响；但毕节岸一侧半跨钢桁梁各吊装节段要从已安装到位的钢桁梁上方纵移至安装位置（因为都格岸5号索塔前有40余米台地桥下净空不够，所以只能从已安装到位的钢桁梁上方纵移），如果按顺桥向拼装好的梁段纵移，则两侧吊索之间的宽度不够。因此，不能直接起吊纵移到位，这就必须发挥旋转吊具的功能来完成毕节岸一侧各梁段的吊装任务。为此，梁段单元起吊后，利用空中旋转吊具对钢桁梁单元进行空中水平转体90°，完成后提升梁段高于吊索底部，然后启动缆索吊牵引卷扬机，利用缆索吊机将梁段单元自已拼装梁单元上方通行至安装位置上方，启动起重索牵引卷扬机下放钢桁梁单元低于吊索底，利用旋转吊具对梁单元进行水平-90°转体。

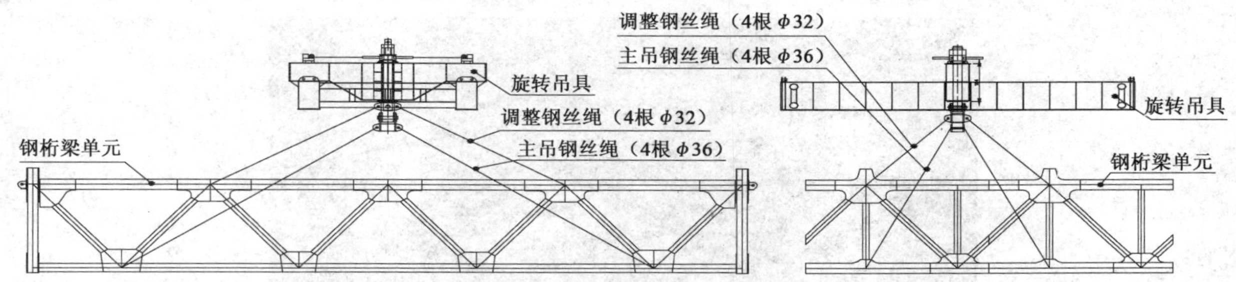

图2 钢桁梁单元起吊钢绳吊点布置图

钢桁梁单元起吊运输横断面见图3。

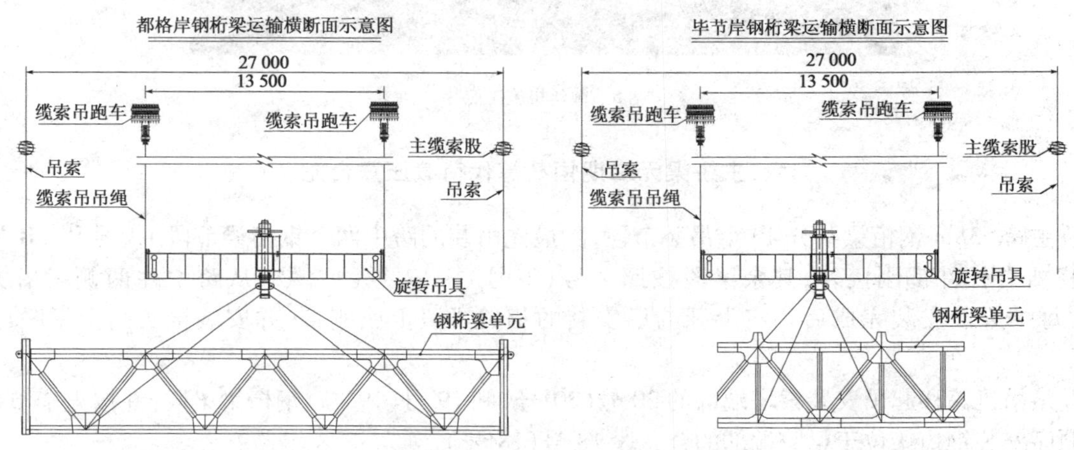

图3 钢桁梁单元起吊运输横断面示意图（尺寸单位：cm）

启动缆索跑车，微调钢桁梁至对应吊索位置，起吊钢桁梁高于安装设计约20cm（可以根据实际需要适当调整），进行吊索连接，见图4。

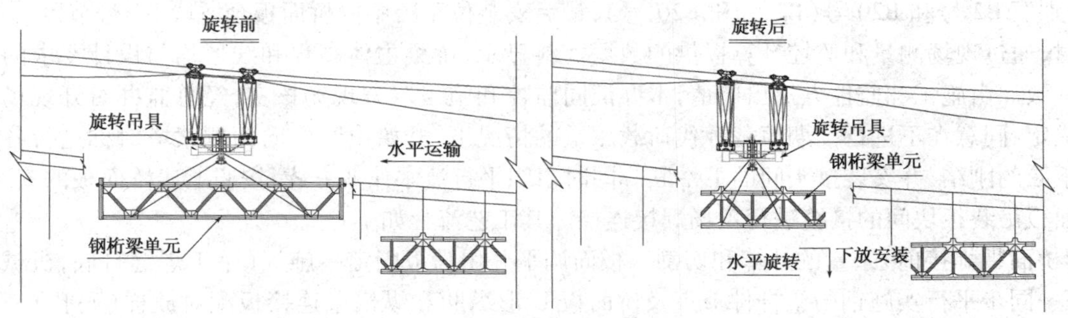

图4 钢桁梁单元空中旋转及下放安装示意图

五、主缆机械化缠丝作业

为了加快进度组织平行流水作业，在钢桁梁合龙后，根据现场测量和监控计算资料，总监办组织有关专家到现场提供技术咨询后,即决定进行主缆缠丝和涂装施工。中跨主缆缠丝和涂装基本与钢桥面板吊装同步(且略有超前)进行。

主缆缠丝方向总体上是按照自上而下(自塔顶向跨中及锚碇)进行,两个索夹之间应由低到高进行,并尽可能避免施工过程中雨水浸入主缆。本项目投入2台缠丝机,按照都格岸中跨→毕节岸中跨→毕节岸边跨→都格岸边跨的顺序缠丝,上下游同时进行。

缠丝采用中交二公局自行研制的CSJ560型缠丝机,曾在润扬大桥、西堠门大桥、泰州大桥成功运用,技术性能满足抵母河特大桥缠丝要求。缠丝机缠丝施工如图5所示。

图5 缠丝机施工照片

六、主桥梁无二期恒载等代荷载压重合龙

本桥主跨538m钢桁梁共分40个吊装节段,除最先吊装的跨中两个钢桁梁节段1A号和1B号安装就位并将所有杆件都刚接外,其余梁段按照2号(2′号)~17号(17′号)从跨中往两侧索塔方向进行吊装,每一梁段安装完成后均将上弦与已安装的相邻梁段上弦刚接,并安装接头间上平联,下弦不连接。

用缆索吊机荡移起吊安装索塔端部的20号(20′号)和19号(19′号)钢桁梁梁段,并按先毕节岸后都格岸的顺序安装钢桁梁位于梁跨端部的合龙段18号(18′号)。

安装1/4(3/4)跨对应的钢桥面板B11号(B11′号)节段(全桥上、下游半幅各39个吊装板块,制安施工编号为B1号上\B1号下、B2号上\B2号下(B2′号上\B2′号下)~B20号上\B20号下(B20′号上\B20′号下),同步对称吊装到位,从B11号(B11′号)节段两侧起依次向跨中及索塔方向同步对称安装桥面板节段,分别至B2号和B20号(B2′号和B20′号),最后安装位于跨中的桥面板合龙段B1号节段。

此时,通过现场测量和监控计算提供的数据资料显示,桥梁主体高程和线形均与设计要求的成桥状态趋于一致。由施工和监控方提出申请,本办汇同监控和施工双方现场核实,经总监办召开现场专家评审会后决定,同意在不进行二期恒载等代荷载压重的情况下,开始由跨中向两侧索塔对称进行各钢桁梁节段间下弦的刚结,并安装接头间的下平联。同时组织平行流水作业方式,按照上述桥面板的安装顺序,对钢桥面板吊装板块间的接缝进行现场焊接连接。其工艺流程如下:

(钢桥面板焊接前)余量的计算和切割→板面调平并用马板固定→施焊(手工焊缝打底,机械埋伏焊连接)……同步平行实施钢桁梁杆件节点及桥面板U形纵肋和纵横梁连接板配对放样(码孔)→连接板钻孔→连接板安装(高强螺栓施拧)……最后检查验收。

采取上述方法和工艺流程施工,将工期较原计划压缩了1个半月左右,且最后合龙的B1号上\B1号下桥面板节段两侧与相邻板间的4条连接缝,其宽度在预定的焊接条件下均在1.5~2.5cm之间。从而确保了成桥自由状态下的线形和微应力状态,既实现了设计意图,又满足了业主下达的目标工期的要求。

七、结 语

该桥由中交二公局承建,贵州省交通咨询监理有限公司承担施工(含驻厂)监理和技术咨询服务。在抵母河特大桥施工过程中,参建各方的参建人员根据工地实际情况及现有技术条件,采用上文所述的方法圆满解决了施工中遇到的各种问题,施监双方按照合同工期保质安全地完成了整个桥梁的各项施工和监理任务。

44. 主缆悬挂尼龙吊带组合吊具安装主梁施工方法

——PC 加劲梁悬索桥主梁安装方法

张胜林

(贵州省交通建设工程造价管理站(贵州省交通技术中心))

摘　要　PC 加劲梁悬索桥在山区桥梁建设中有较强的生命力。本文介绍的息烽至金沙公路乌江大桥跨越乌江,采用在主缆上悬挂简易且安全的吊具(尼龙吊带组合吊具),并充分利用桥位处水运条件,完成 PC 加劲梁的安装;为山区悬索桥建设创造一种合理经济的工法。

关键词　乌江　悬索桥　PC 主梁　尼龙吊带　铁驳船　吊装　成本

一、工 程 概 况

息烽至金沙公路乌江大桥是连接息烽、金沙两县的界河桥梁,大桥(主、引桥)孔跨布置:(21.5m + 4 ×20m)(息烽岸引桥) +325m(跨江主桥),全长 426.5m,见图 1。

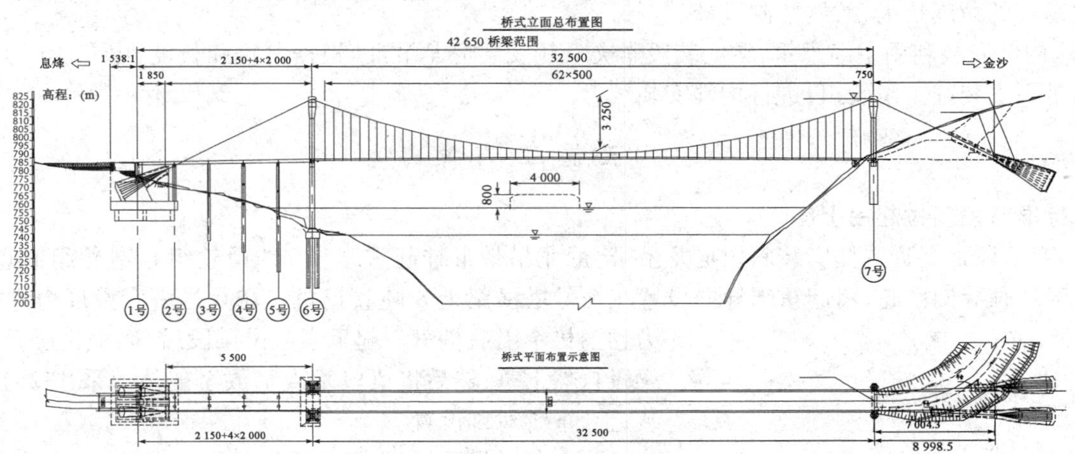

图 1　桥型布置图(尺寸单位:cm)

主桥主梁采用预应力混凝土结构,哑铃形板式断面,全宽 12.2m,板中间高 0.6m,边高 0.53m,两边实体高 0.95m,见图 2,梁体混凝土强度等级采用 C55,分段预制吊装施工,预制节段长 4.4m,吊装就位后现浇 0.6m 的湿接缝,预制节段吊重约 96t。主梁施加双向预应力,标准节段横向采用 $4-\phi^{S}15.2$ 钢绞线,金属波纹管成孔,纵向预应力采用 $6-\phi^{S}15.2$。

二、施工方案总体构思

(1)主梁在息烽岸的预制场统一预制,成品运输到 6 号墩前起吊。

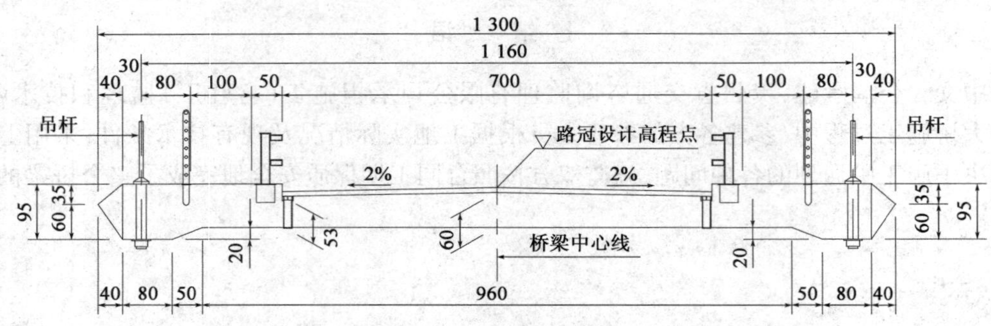

图2　主梁标准横断面图(尺寸单位:cm)

(2)充分利用该桥跨越乌江的水运条件,采用470t铁驳船运输梁段,根据测时水位719.230m(具体施工期间水位已涨至745m),大部分节段由船体运输至待安装段正下方水域垂直起吊,息烽岸近岸侧小部分节段采用斜拉荡移的方式起吊,金沙岸近岸侧小部分节段采用斜坡轨道牵引拖拉至待安装段正下方垂直起吊。

(3)根据测时水位719.230m及船体的靠梆需求,将26号梁段位置作为上船吊点,19′梁段位置作为卸船吊点,对26~32及19′号~32′节段安装顺序进行调整,具体安装顺序如下:

第一阶段:安装1号、2~25号及2′~25′号(19′号暂时不安装);

第二阶段:安装26′~32′号;

第三阶段:安装19′;

第四阶段:安装26~32号;

第五阶段:现浇湿接缝;

第六阶段:现浇段施工。

实际安装时,根据实测水位对采用斜拉荡移或斜坡轨道吊装的节段进行调整,但目前所做的方案,由于斜拉荡移的角度最大,故能控制设计。

(4)构件安装利用主缆承重,在安装段索夹一侧安装尼龙吊带(根据吊重和长度,由专业厂家定制),尼龙吊带下安装起重滑轮组,进行构件安装。

三、施 工 方 案

1.标准节段斜拉起吊上船

在26节段索夹近岸侧安装斜拉尼龙吊带,尼龙吊带下挂起重索(16线滑轮组),滑轮组起重绳通过设在6号塔顶导向滑轮,将起重绳导向设置在6号塔横梁上8吨卷扬机。在6号塔底设反力卷扬机,反力卷扬机牵引后梢索。起重索起吊梁段后,逐步放松后梢,使得梁段自然下垂;然后将梁段垂直下放至船体。采用2个吊点吊装,上、下游对称设置。

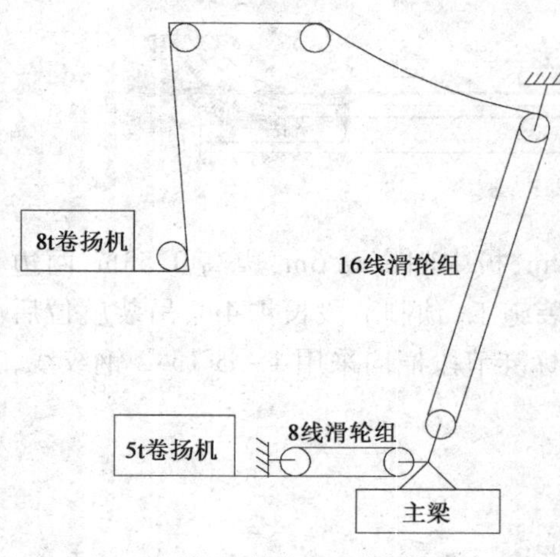

图3　吊装立面示意图

预制节段吊重约96t。起重钢丝绳一端通过16线的滑轮组连接主梁上的千斤顶,滑轮组通过尼龙带安装在26号索夹一侧,另一端通过索塔顶和横梁处的导向滑轮连接到引桥桥面上的8t卷扬机,起重钢丝绳一共通过四个导向滑轮和16线的滑轮组;后梢钢丝绳一端通过8线的滑轮组连接主梁上的千斤顶,滑轮组挂在承台上预埋吊环上,另一端连接到承台上的5t卷扬机,起重钢丝绳一共通过一个导向滑轮和8线的滑轮组,吊装示意见图3。尼龙吊带见图4。80t滑轮见图5。

2. 470t 铁驳船运输梁体

(1)主梁预制节段装载方案

根据船舶结构布置、船体强度、船舶稳性、船舱尺寸等因素,采用两个主梁预制节段并列单层装载。主梁预制节段的平面装载布置如图6所示,其中,主梁支承点(线)间距为10.5m,分别支承于19号、40号、46号、67号肋位上。将支点设在这些肋位上的原因是这些肋位处的舷舱具有横舱壁(40号)或加强肋骨(其他),能够有效传递舱底加强肋板的剪力。主梁预制节段横剖面示意图如图7所示。从图7中可以看出,主梁预制节段在船舱中的纵横各个方向均有一定的空隙,在运输过程中,必须将主梁预制节段的位置进行固定,以确保船舶的稳性安全。

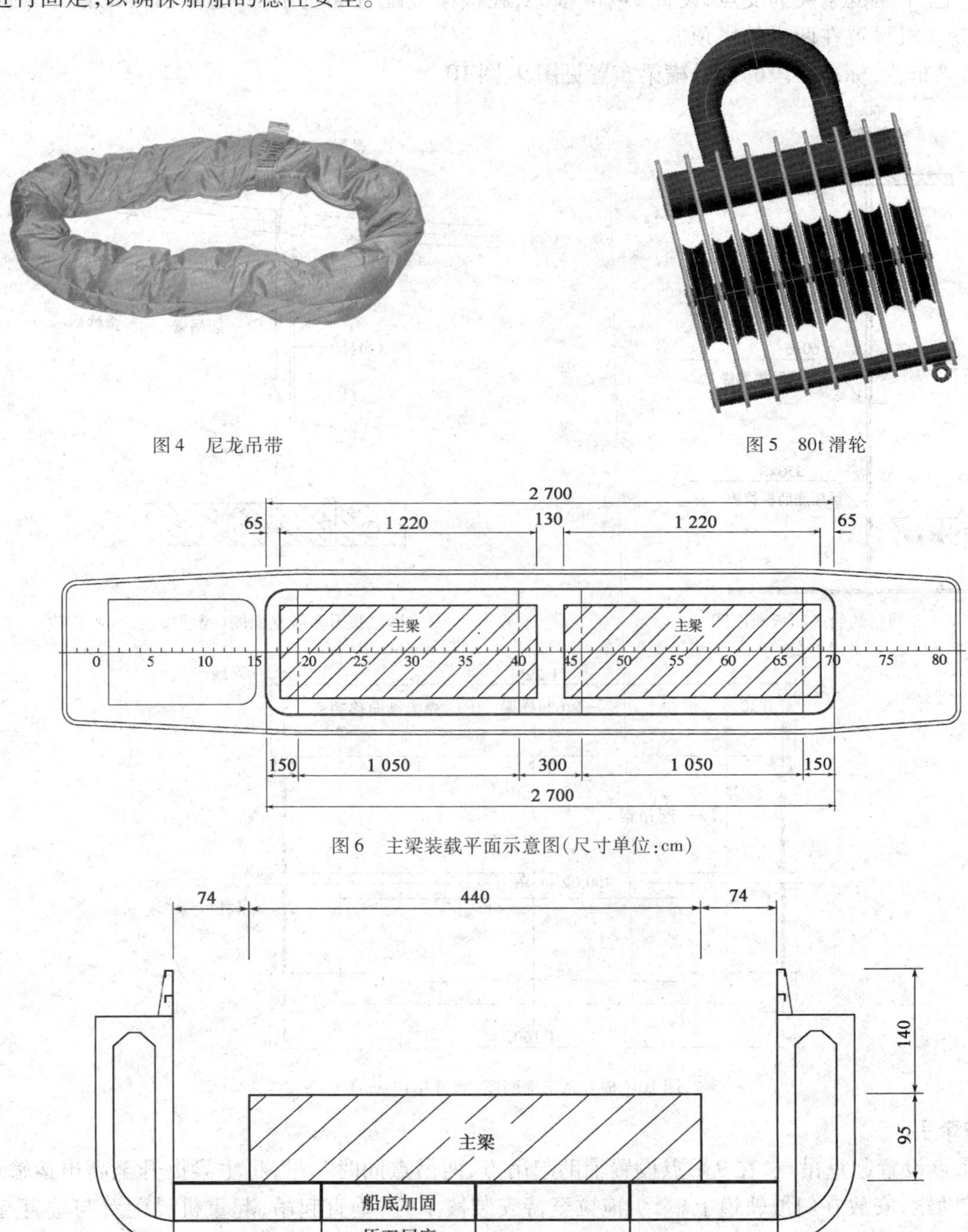

图4 尼龙吊带

图5 80t 滑轮

图6 主梁装载平面示意图(尺寸单位:cm)

图7 主梁预制节段装载横剖面示意图(尺寸单位:cm)

因本装载方式的荷载在船舶纵向分布的均匀性以及与原船舶设计装载方案的一致性，船舶结构的总纵强度无需验算。

(2)舱底局部加强

根据上述装载方案，主梁预制节段坐落在19号、40号、46号、67号船底骨架上。这些骨架的断面如图8所示。由于双层底的高度过小(350mm)，无法保证船底肋板与船舱内底板的可靠连接，因此，计算中未考虑船底内底板的作用。

3. 标准节段垂直起吊

以主缆上、下游的索夹为支点，设置2I63a横梁，在横梁上配置起重系统，起重机具配置与斜拉起吊系统相同，卷扬机设置在两岸的塔顶。

提升横梁布置，标准梁段的提升横梁布置见图9、图10。

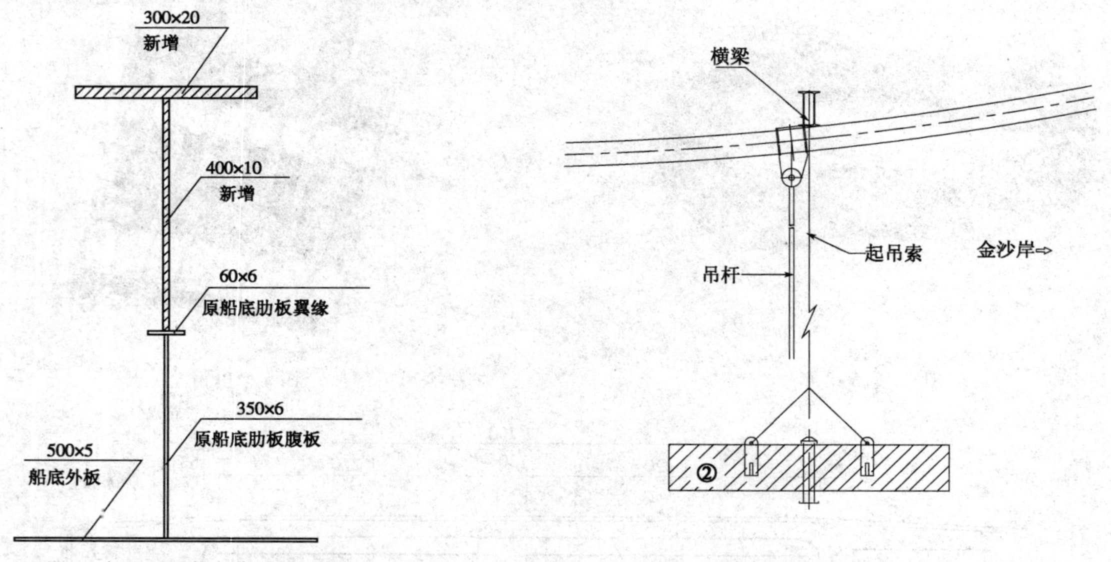

图8　加强后的船底肋板断面图　　　图9　提升系统立面图(尺寸单位:cm)

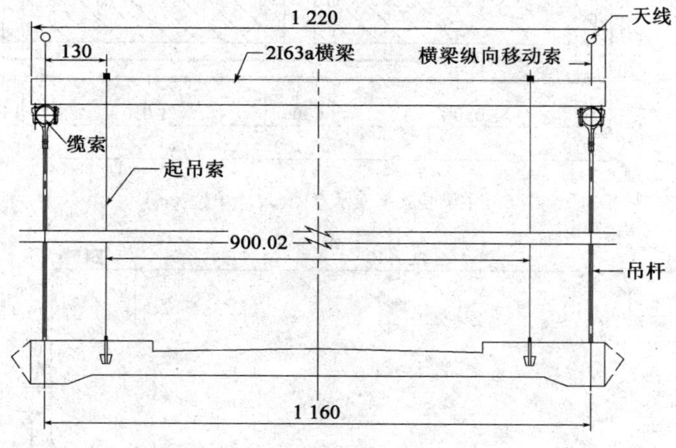

图10　提升系统横断图(尺寸单位:cm)

4. 斜坡牵引

在19吊点设置起重吊点，在9吊点设置辅助起吊点，两吊点同时起吊，将主梁提升至高出运输船后，缓慢放松辅助索，安放在斜坡轨道上，牵引拖拉至待安装段下方，垂直起吊，起重机具配置与垂直起吊系统相同；斜坡轨道与水平线夹角35°(施工时，要根据实际水位调整斜拉吊点和辅助吊点位置，本计算考虑最底水位时的情况)。

5. 息烽岸现浇段施工

息烽岸的现浇段采用吊架施工，索塔横梁和 32 号吊点处设置支点，架设贝雷桁架做承载梁，在承载梁上连接吊杆，形成吊架。

6. 金沙岸现浇段施工

金沙岸的现浇段主梁采用满堂支架现浇，支架采用 $\phi48\times3$ 的钢管，搭设间距采用 60cm × 60cm，层高不大于 150cm。底模采用竹胶板加木方，竹胶板直接平铺在 10cm × 10cm 的木方，木方间距 60cm × 60cm，并用铁钉固定，木方选用优质材料，木方支撑在钢管支架上。钢管支架顶面加顶拖或直接用加副卡钢管作横杆，基础用 C15 混凝土硬化 15cm 厚。

四、主要吊装系统构造

1. 预制梁体吊点

在梁体预留 15cm × 15cm 孔洞，在孔洞处梁底穿扁担梁，千斤绳穿过扁担梁及孔洞形成吊点。扁担梁采用 I25 型钢，两侧采用 1cm 厚钢板加强，焊接成钢箱，见图 11。

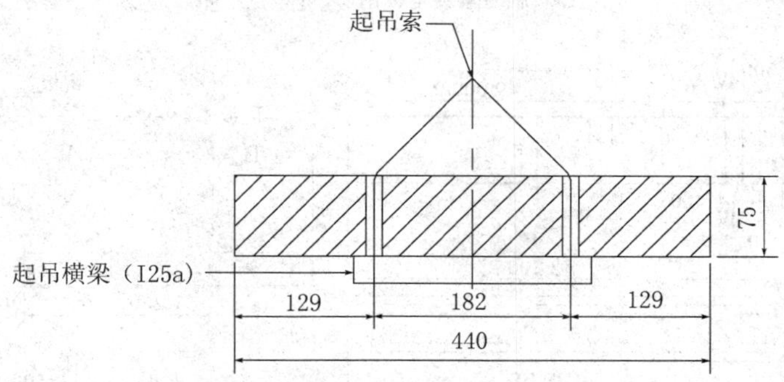

图 11 吊点预埋件构造图（尺寸单位：cm）

由于主梁预制标准节段横向宽度为 12.2m，预制节段长度为 4.4m，主梁预制标准节段横向设 14 - $4\phi^{S}15.2$ 的预应力，预应力张拉的锚下控制应力为 1 395MPa。主梁永久吊点的横向间距为 11.6m，而根据主梁形状特点，临时吊点的横向间距为 9.0m。安装阶段吊点与设计吊点位置的差异，造成主梁受力变化，根据计算分析，主梁预制阶段张拉 8 束横向预应力钢束，剩余 6 束留待预制主梁安装到位后再张拉。

2. 起重吊点构造

起吊点由尼龙吊带、临时防滑索夹、千斤绳、起重索滑轮组等组成，见图 12、图 13。

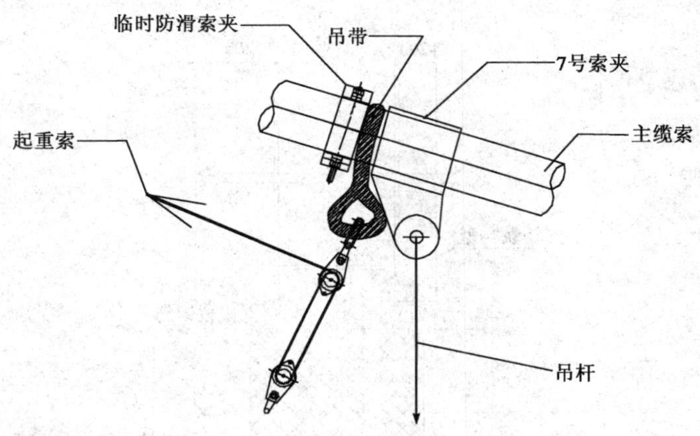

图 12 临时吊点构造图

3. 船上垂直起吊横梁

横梁主要由 2 根 I63 工字钢上下贴焊钢板组成。在支承处及起吊处均设置加劲肋板，见图 14。

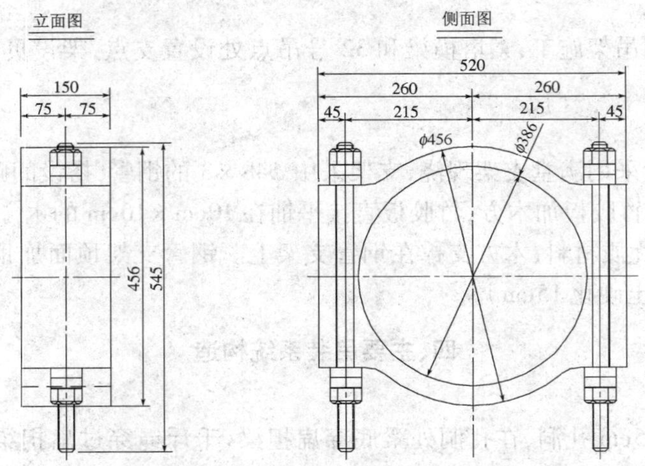

图13 临时索夹构造图(尺寸单位:mm)

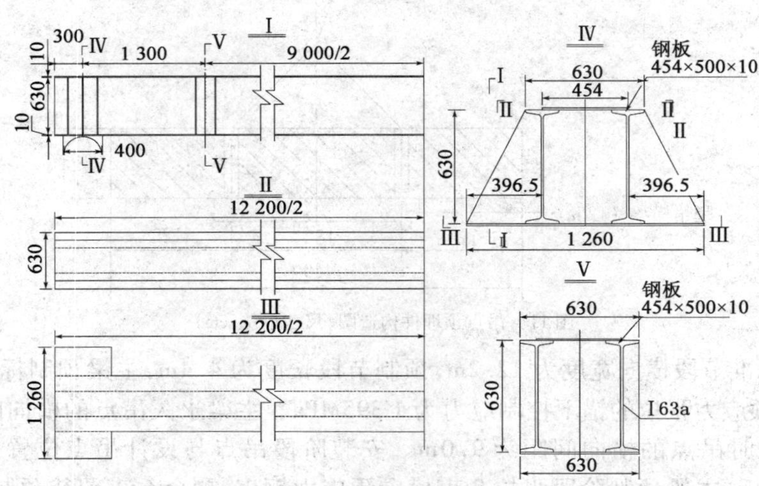

图14 起吊横梁构造图(尺寸单位:mm)

4. 金沙岸斜坡运梁轨道

金沙岸斜坡轨道主要由24型钢轨、[20a槽钢滑块及挡板组成,铺设在金沙岸斜坡底座上。断面尺寸如图15所示。

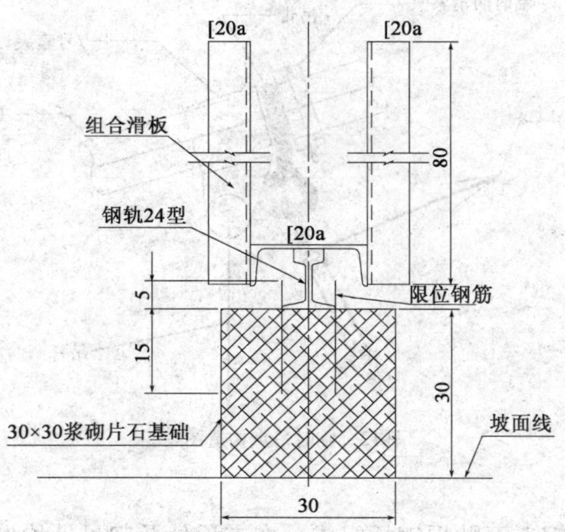

图15 轨道构造图(尺寸单位:cm)

5. 金沙岸轨道牵引导向系统

金沙岸斜坡上的拖车采用钢丝绳牵引，钢丝绳直径 $\phi28$，单侧走 10 线，用滑轮组连接，导向滑轮结构见图 16。

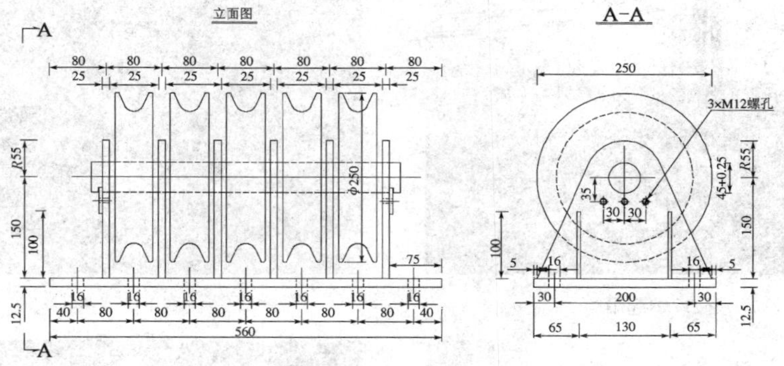

图 16 导向滑轮构造图(尺寸单位：cm)

五、方案成本及实施效果

主要工程数量见表 1。

主要工程数量表　　表 1

项　目	材料及机具名称	规　格	单　位	数　量
吊装系统	钢丝绳	$\phi28$	m	5 712
		$\phi21.5$	m	840
	滑轮组	HQD8-80	组	6
		HQD5-80	组	2
		H32 ×4G(D)	组	2
		H20 ×3G(D)	组	2
吊装系统	导向滑轮	20t	个	24
	卷扬机	8t	台	8
		5t	台	4
	链条滑车	3 ~5t	台	4
	斜拉吊带	尼龙(560t/260cm)	个	8
	起重索	尼龙(560t)	个	4
	起吊横梁	I63a	kg	4 151
	临时索夹		kg	416
运输设备	铁驳船	470t(租赁)	艘	1
	临时加固	钢材		待定
斜坡轨道	轨道基础	C30 混凝土基础	m^3	16.7
	钢轨	24kg/m	t. m	4.551 86
	限位钢筋	$\phi20$	kg	25.6
	组合滑板止剪板	[20	kg	479
现浇段支架	型钢	I45a	kg	2 251
		I32a	kg	3 373
		I20a	kg	2 740
	精轧螺纹钢	$\phi32$	kg	208
	贝雷片	3 000 ×1 500	片	12
	钢管	$\phi48$	kg	2 600

本方案施工成本在100万元以内,并在30d内完成了所有节段安装。施工过程及施工效果见图17～图22。

图17 起吊

图18 上船

图19 运输

图20 安装

图21 尼龙吊带组合

图22 中间节段吊装完毕

45. 高墩大跨度空腹式刚构桥空腹区施工方法研究

应 松[1] 秦 林[2] 陶 路[3]
(1. 贵州高速公路集团有限公司;2. 贵州水盘高速公路有限公司;
3. 中铁大桥局集团武汉桥梁科学研究院有限公司)

摘 要 为解决高墩大跨度空腹式刚构桥无法采用支架施工,且施工过程中上、下弦结构无法独立承受长悬臂的挂篮施工荷载施工难题,以主跨290m的北盘江特大桥为例进行研究,对比分析了4种方法(双扣挂法、下弦扣挂结合上弦支架节段现浇法、下弦扣挂结合上弦支架整体现浇法和下弦扣挂结合支架支撑的上弦挂篮悬浇法)施工该桥空腹区的适用性、经济性、安全性及工期。结果表明,下弦扣挂结合上弦支架节段现浇法适用性较强,经济性较好,所需工期较短,对结构受力较为有利。

关键词 刚构桥 大跨度桥 空腹区 施工方法 对比 分析

一、引　言

近几年,由于多座大跨径连续刚构桥出现了跨中开裂、下挠问题,人们更倾向于将跨径限制在200~240m以内。空腹式连续刚构桥型为一种在常规连续刚构形式上的一种新的改型,其主要思路是对箱梁根部的腹板进行挖空,通过合理确定根部高度、空腹区长度、上弦梁段高度和下弦梁段高度,形成下弦下缘与实腹梁段连续曲线变化相同的空腹区。空腹式刚构桥梁的V形斜腿与主墩、主梁相连接,组成三角区,V形斜腿主要起承压作用,充分发挥了混凝土承压能力强的优势,同时减小其有效跨径,优化了结构受力状态,从而提高其跨越能力。由于高墩空腹式桥梁下弦梁段无法采用支架施工,且施工过程中上、下弦结构无法独立承受长悬臂的挂篮施工荷载,需采用相应的辅助手段完成浇筑施工,因此,安全、便捷、合理的施工方法的采用是空腹式刚构施工及后续推广的关键。本文以北盘江大桥为例,研究高墩大跨度空腹式刚构桥施工方法。

二、工 程 概 况

北盘江大桥主桥为82.5m+220m+290m+220m+82.5m预应力混凝土空腹式连续刚构桥,北盘江大桥主桥总体布置见图1。大桥分左右两幅,采用单箱单室的截面形式,桥面宽10.5m,箱梁底宽6.5m,顶板悬臂长2m,悬臂端部厚0.2m,根部厚0.65m,箱梁顶设有2%的横坡,两主墩高分别为123m、176m。该桥空腹区由部分主墩及上、下弦梁段组成,空腹区以下主墩最高达141m,空腹区部分主墩高为35m,箱梁悬臂长为44m,分为11个现浇梁段,每梁段长4m。根据受力特点,上弦采用预应力混凝土变截面箱梁,箱梁高5~6.418m;下弦采用单箱单室等截面钢筋混凝土箱梁,无翼缘板,正截面梁高7.5m,宽6.5m。该桥施工分为主悬浇梁段和次悬浇梁段,主悬浇梁段分为34个梁段,次悬浇梁分为17个梁段,主悬浇梁段划分为9m(0号块)+11×4m(上弦区段)+4×3m(汇合段)+4×3.5m+5×4m+10×4.5m。

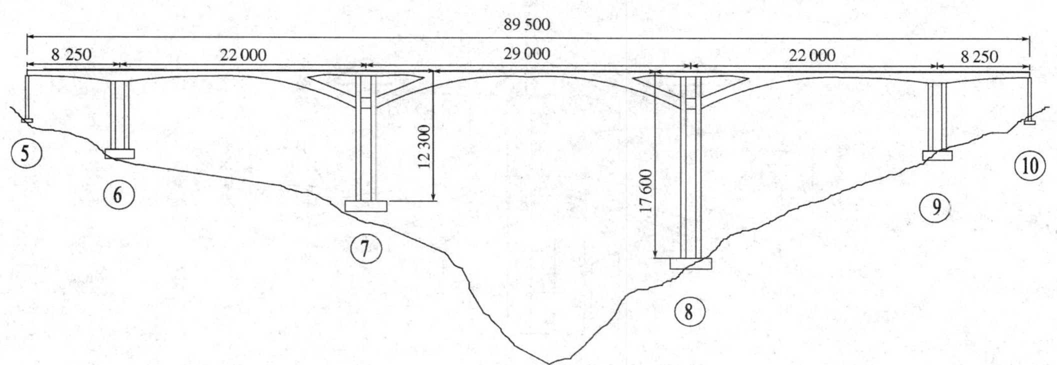

图1　北盘江大桥主桥总体布置(尺寸单位:mm)

北盘江大桥空腹区主梁梁段划分见图2。施工顺序为主悬浇梁段先进行三角区及其汇合段施工,在主悬浇梁段施工至第18号梁段时,次悬浇梁段开始同步施工,直至中跨合龙。

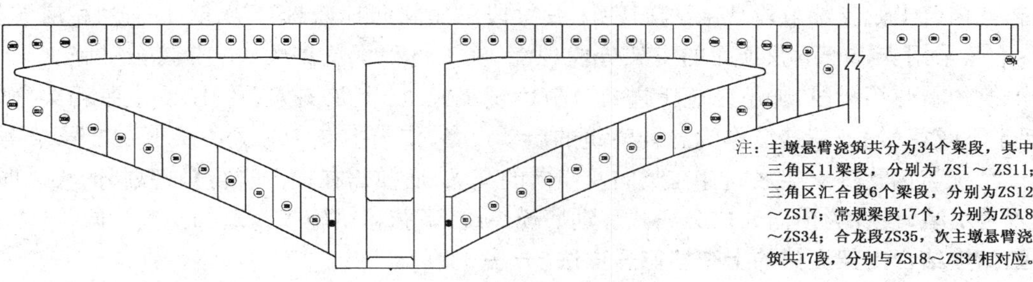

图2　北盘江大桥空腹区主梁梁段划分

三、空腹区施工方法

根据北盘江大桥空腹区的特点，目前可采用的施工方法主要有双扣挂法、下弦扣挂结合上弦支架节段现浇法、下弦扣挂结合上弦支架整体现浇法和下弦扣挂结合支架支撑的上弦挂篮悬浇法等四种，每种施工方法的实施内容均有一定的差别。

1. 双扣挂法（方法 1）

斜拉扣挂法施工是目前拱桥等无支架施工中采用最多的方法，非常适合在山岭施工区域大跨度桥梁施工，多适用于扣挂吊装及悬臂浇筑施工，与混凝土斜拉桥施工相类似，但大跨度预应力混凝土桥中使用较少。

双扣挂法施工上、下弦梁段均采用挂篮施工悬臂浇筑，并辅助相应的扣索扣挂已浇梁段，施工过程示意见图 3。上弦箱梁施工采用索塔锚固于 0 号梁段，索塔作为扣索的支撑体系，承受扣索传递的竖向荷载及部分不平衡荷载产生的弯矩；扣索作为挂篮支撑构件，将上弦梁施工期间的梁段自重等施工荷载传递于索塔及桥墩，避免施工过程中抗弯刚度较小上弦梁段在自重及挂篮等施工荷载作用下顶板出现拉应力及梁段上、下缘出现较大的应力差；挂篮作为悬臂浇筑的主要设备，主要作用与一般刚构悬臂施工挂篮相同。下弦箱梁扣挂施工不用单独设置索塔，采用在空腹区部分主墩设置扣索孔道，将此部分主墩作为扣索的支撑体系，承受扣索传递的竖向荷载；扣索作为下弦结构的加载系统，通过扣索张拉将下弦梁段施工期间的梁段自重及挂篮等施工荷载传递于桥墩，避免施工过程中无预应力配置、自重较大的下弦梁段在自重及挂篮等施工荷载作用下出现较大的拉应力；下弦挂篮作为悬臂浇筑的主要设备，主要作用与一般刚构悬臂施工挂篮相同，但需设计可在箱梁斜向梁顶面行走并适应箱梁斜率变化的新型挂篮。

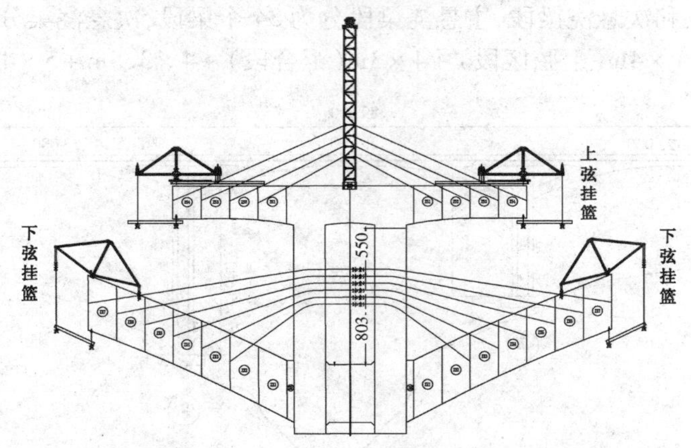

图 3　双扣挂法空腹区施工过程示意

2. 下弦扣挂结合上弦支架节段现浇法（方法 2）

支架现浇施工是目前拱桥、小跨径箱梁施工中采用最多的方法，多适地形条件较好的小跨径整体箱梁，但大跨度预应力混凝土桥中支架节段现浇较不常见。

下弦扣挂结合上弦支架节段现浇法施工，下弦梁段采用斜向挂篮悬臂浇筑，并辅助相应的扣索扣挂已浇梁段；上弦采用支撑于下弦顶面的支架分段现浇，施工过程示意见图 4。上弦箱梁施工采用钢管支架支撑已浇筑的下弦箱梁段，随下弦施工进行分节段现浇施工，上弦支架系统承受上弦箱梁施工的竖向荷载，传递于下弦箱梁；上弦挂篮作为悬臂浇筑的启动设备，浇筑上弦 1 号梁段及下弦 1 号、2 号梁段；上弦支架底模系统与钢管桩支架之间存在竖向及横向的交叉，底模需在横向进行合理划分，移动时先分解，至指定位置再组装，设计为横向 3 段分离式移动底模系统；下弦箱梁施工与双扣挂法相同。

3. 下弦扣挂结合支架支撑的上弦挂篮悬浇法（方法 3）

下弦扣挂结合支架支撑的上弦挂篮悬浇法施工，下弦梁段采用挂篮悬臂浇筑，并辅助相应的扣索扣挂已浇梁段；上弦采用挂篮浇筑，在梁段施工完成并前移挂篮后，在已浇梁段安装钢管支架，并利用支架对上弦施加一定的预顶力,保证上弦结构的安全。

此方法与方法 2 施工原理基本相同,施工步骤也基本一致,仅在上弦支架安装工序上存在一定的差别。方法 2 为先安装上弦支架,后浇筑上弦梁段,上弦梁段的自重自动分配于上弦支架,传递至下弦箱梁;方法 3 先利用上弦挂篮完成梁段施工并前移后,安装上弦支架系统,并根据计算确定的钢管柱内力,在钢管立柱与上弦箱梁之间施工相应的预顶力,基本与方法 2 的相同,钢管立柱的作用也基本一致。两者不同点主要为:方法 2 无需施加预顶力此工序,即可保证上、下弦箱梁受力与设计目标较为接近,但需重复分解及组装支架底模系统;方法 3 为后安装钢管立柱,挂篮底模先于立柱至指定位置,与立柱在空间上不存在交叉,但需在新安装立柱上补加合理的预顶力。下弦扣挂结合支架支撑的上弦挂篮悬浇法施工过程示意见图 5。

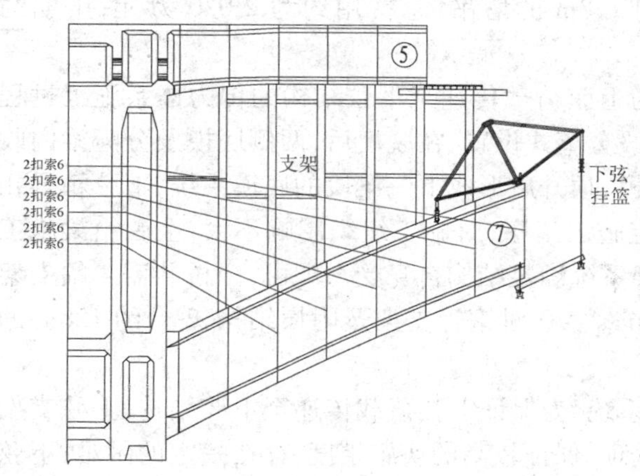

图 4　扣挂结合支架节段现浇法施工示意图

图 5　下弦扣挂结合支架支撑的上弦挂篮悬浇法施工示意图

4. 下弦扣挂结合上弦支架整体现浇法(方法 4)

下弦扣挂结合上弦支架整体现浇法施工下弦梁段采用挂篮悬臂浇筑,并辅助相应的扣索扣挂已浇梁段;上弦采用支撑于下弦顶面的支架整体现浇。

上弦箱梁施工采用支撑于下弦箱梁段的钢管支架,进行整浇筑,上弦支架系统承受上弦箱梁施工的竖向荷载,传递于下弦箱梁;上弦挂篮仅作为悬臂浇筑的启动设备,浇筑上弦 1 号梁段及下弦 1 号、2 号梁段,完成此工序后,将此挂篮改进为斜向施工挂篮,作为下弦施工设备;空腹区汇合段后下弦挂篮转移至上弦,施工常规梁段。下弦箱梁扣挂施工同方法 3,但需综合下弦箱梁施工荷载及上弦箱梁传递的荷载,增大相应的扣索索力,并进行调索作业。下弦扣挂结合上弦支架整体现浇法施工过程示意见图 6。

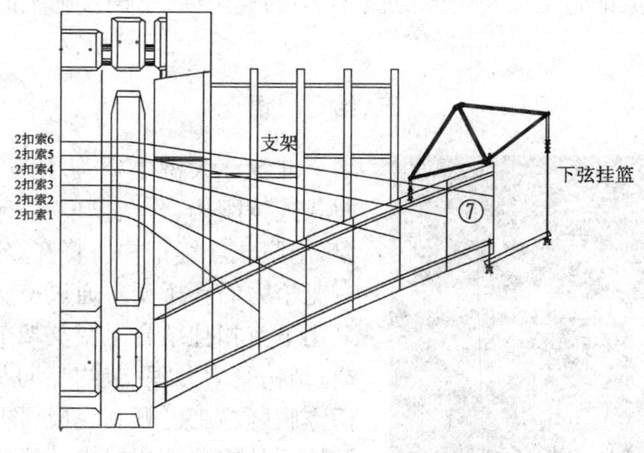

图 6　下弦扣挂结合上弦支架整体现浇法施工示意图

四、空腹区施工方法比选研究

本文对双扣挂法、下弦扣挂结合上弦支架节段现浇法、下弦扣挂结合上弦支架整体现浇法和下弦扣挂结合支架支撑的上弦挂篮悬浇法等四种方法施工空腹区的适用性、经济性、安全性及工期进行了对比析。分析结果如下：

(1)施工方法1。上、下弦箱梁施工相对较为独立，基本不存在相互影响及相互制约，施工组织安排较为方便，但施工塔吊与扣索索塔在空间上存在一定的干扰，将致塔吊升高30m；上弦箱箱临时扣索布置与挂篮主桁在平面位置较为接近，挂篮主桁需离箱梁腹板保持一定距离，挂篮主桁处箱梁的受力较为复杂，对结构局部及整体受力均有一定的影响；全桥共需2个临时索塔、22对上弦临时扣索、4幅上弦挂篮、4幅新型斜向大吨位挂篮、24对下弦临时扣索，2台约158m的塔吊，总费用约为2 020万元；工期约为281d。

(2)施工方法2。上弦箱梁采用支架施工，支架作为上弦荷载传递至下弦结构的传力体系施工过程中不能与上弦结构脱离，挂篮底模横向分配梁需采用3段分离式设置，在脱模后，两侧底模及分配梁内收后借助纵梁整体前移至下一梁段位置，重新安装外侧底模，顶升后形成下一梁段的底模系统；下弦箱梁扣索索力设计为承受上、下弦箱梁自重，通过计算合理确定施工工序，对施工组织影响不大；上弦箱梁施工结构受力较为明确，结构局部及整体受力影响较小，支架系统满足结构自身受力即可；全桥共需4幅支架及底模系统、4幅新型斜向大吨位挂篮、24对下弦临时扣索、40对钢管支架及附属结构，2台约128m的塔吊，总费用约为1 550万元；工期约为282d。

(3)施工方法3。先浇筑上弦梁段后安装上弦支架系统，为保证上弦荷载传递至下弦结构，上弦支架系统需具备顶升功能，且顶升力需逐步计算确定，较为繁琐，保证较高的实施精度，存在一定的困难；下弦箱梁扣索索力设计为承受上、下弦箱梁自重，为保证下弦箱梁结构的安全，需合理确定上、下弦梁段的浇筑顺序及扣索索力张拉顺序，施工过程中不可改变；全桥共需4幅上弦挂篮及支架底模系统、4幅新型斜向大吨位挂篮、24对下弦临时扣索、40对钢管支架及附属结构，2台约128m的塔吊，总费用约为1 910万元；工期约为282d。

(4)施工方法4。上弦整体浇筑对上弦梁段节段预应力钢束布置有一定的影响，顶板束及腹板束均需设置相应的张拉锚固齿块，采用竖弯及平弯方式进行布置，空间受力较为复杂；下弦扣索需具备一定的调索功能，实施难度较大；上弦箱梁整体浇筑将对下弦结构产生较大的应力幅，施工过程中下弦结构上、下可能均将出现较大的拉应力；全桥共需4幅新型斜向大吨位挂篮、24对下弦临时扣索、下弦支架系统40对钢管支架、80m支架模板系统；2台约128m的塔吊总费用约为2 200万元；工期约为324d。

因此，通过对比分析可知，施工方法2通过合理的上弦移动式底模系统设计、下弦新型斜向挂篮及上、下工序安排，可较好地保证施工操作的便捷性、结构的安全性、工期及施工的经济性，作为高墩空腹区的推荐施工方法。

五、结　　语

图7　北盘江大桥主桥空腹区施工

北盘江大桥主桥为主跨290m的预应力混凝土空腹式连续刚构，作为230～350m之间的一种新型式桥梁，空腹式连续钢构桥将在今后建设中成为一种越来越有竞争力的新桥型。通过空腹区的施工方法比选，推荐采用下弦扣挂结合上弦支架节段现浇法，达到了施工便捷、结构受力合理、节约工期及造价经济的目的，目前该桥空腹区施工已顺利完成(图7)，将为以后这种空腹式钢构桥的修建积累宝贵的经验。

参考文献

[1] 冯鹏程.连续刚构桥设计关键技术问题的控讨[J]. 桥梁建设,2009(6):46-49.

[2] 罗玉科,冯鹏程.龙潭河特大桥设计[J].桥梁建设,2005(2):29-32.

[3] 彭元诚.连续刚构箱梁底板崩裂原因分析与对策[J].桥梁建设,2008(3):67-70.

[4] 中交第二公路勘察设计研究院有限公司.贵州省六盘水至盘县高速公路北盘江大桥初步设计[Z]. 2009.

[5] 宗昕,彭元诚,吴游宇,等.北盘江特大桥结构设计[J]. 公路,2010(8):22-25.

[6] 陈永涛,尹向红. 菜园坝长江大桥上部结构施工监控[J].桥梁建设,2007(3):83-86.

[7] 白宝鸿,张玉娥,牛润明,等.钢管混凝土拱桥扣挂法施工设计[J].桥梁建设,2005(5):44-47.

[8] 单坤明.(48+80+48)m V 形墩转体连续刚构支架施工技术[J]. 铁道建筑技术,2009(S1):65-70.

[9] 张瑞霞,魏发保. 厦门演武路立交桥上部结构现浇支架设计[J]. 桥梁建设,2004,(3):31-33.

[10] 张立青.铁路桥梁现浇支架设计技术研究及应用[J]. 铁道标准设计,2010(12):40-45.

[11] 韩洪举,黄坤全. 290m 空腹式刚构桥三角区施工技术[J]. 桥梁建设,2011(3):81-84.

[12] 黄坤全,彭旭民. 空腹式连续刚构桥施工过程受力特性分析[J]. 桥梁建设,2011(3):40-43.

46.290m 空腹式刚构桥三角区施工技术

韩洪举[1] 黄坤全[2]

(1.贵州路桥集团有限公司;2.贵州高速公路开发总公司)

摘 要 北盘江大桥主桥为(82.5+220+290+220+82.5)m 预应力混凝土空腹式连续刚构。为解决三角区上、下弦施工相互干扰,无法同步进行的问题,对该部位施工技术进行研究。采用上弦滞后于下弦2个梁段(先施工下弦、后施工上弦)的总体施工方案,并合理设计挂篮及支架系统。下弦采用挂篮、并辅以扣索张拉施工,上弦采用支撑于下弦顶面的支架分段现浇施工,待上、下弦箱梁施工至11号节段后,利用上弦处挂篮浇筑三角区汇合段混凝土。

关键词 北盘江大桥 刚构桥 空腹式 挂篮 支架 悬臂拼装架桥 桥梁施工

一、工 程 概 况

北盘江大桥为一座(82.5+220+290+220+82.5)m 预应力混凝土悬浇空腹式连续刚构桥。主悬浇T(主墩平衡施工部分)为空腹式箱梁,箱梁悬浇筑梁段为9m(0号块)+11×4m(上弦区段)+4×3m(汇合段)+4×3.5m+5×4m+10×4.5m,其中,斜腿浇筑梁段划分为11×4m,与上弦梁相对应。三角区部分分为上、下弦,上弦为变截面箱梁,箱梁高5~6.418m;下弦为单箱单室等截面箱梁,无翼缘板,正截面梁高7.5m,宽6.5m。本桥三角区及梁段划分见图1。

该桥施工分为主悬浇梁段和次悬浇梁段,主悬浇梁段分为34个梁段,次悬浇梁分为17个梁段。施工顺序为主悬浇梁段先进行三角区及其汇合段施工,在主悬浇梁段施工至第18号梁段时,次悬浇梁段开始同步施工,直至中跨合龙。三角区部分施工周期较长(超过8个月),高空作业多(墩高176m),特别是三角区下弦采用挂篮、并辅以扣索施工,上弦采用支架现浇施工,支架支撑于下弦顶面,上、下箱梁施工相互干扰,无法同步进行,施工难度大,成为整个桥梁施工的关键。

二、三角区总体施工方案

三角区部分分为上、下弦,各悬臂11个梁段,第12梁段为上、下弦汇合段。下弦在施工时采用临时扣索与主墩墩柱相连，浇筑一段扣挂一段，直至下弦悬臂梁段施工完成，上弦梁段在已施工的下弦梁段上搭设钢管支架直接进行现浇。针对上、下弦箱梁相互干扰，无法同步进行的难题，制定了上弦梁段施工滞后于下弦2个梁段，先施工下弦、后上弦的总体施工方案，三角区施工示意见图2。三角区总体施工方案如下。

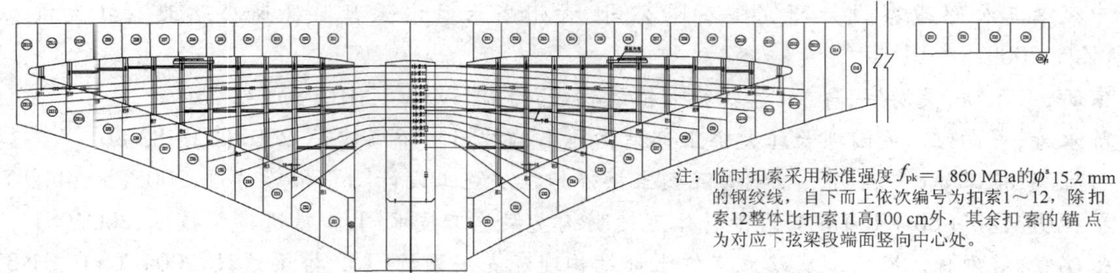

图1 北盘江特大桥三角区施工扣索、支架布置和主梁梁段划分

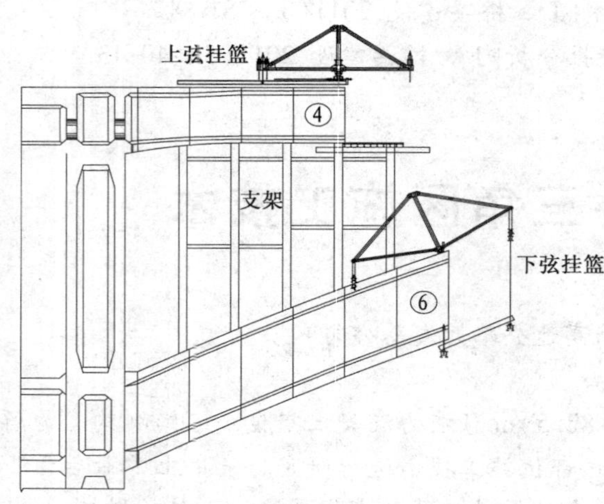

图2 三角区施工示意图

(1)施工上、下弦0号段箱梁，在上弦0号块拼装上弦处挂篮并进行加载试验。

(2)利用上弦处挂篮施工上弦1号段箱梁、下弦1号、2号段箱梁，并张拉相应扣索。

(3)在下弦1号和2号梁段上拼装下弦挂篮，浇筑下弦3号梁段，并张拉2号扣索。

(4)将下弦处挂篮移动到下弦3号梁段的前端，准备浇筑下弦4号梁段，同时搭设2号钢管立柱，并铺设上弦箱梁2号梁段的底模，利用上弦处挂篮剩下的内、外模系统，作为上弦箱梁2号梁段的内、外模。

(5)浇筑下弦4号梁段和上弦2号梁段，并张拉3号扣索。

(6)循环(4)～(5)步骤浇筑下弦的6～11号梁段和上弦的4～9号梁段，并拆除下弦处挂篮的主桁，把底篮扣挂在下弦11号梁段的底板上；但浇筑完成下弦11号梁段后，暂时不张拉10号扣索。

(7)搭设上弦10号梁段钢管立柱和铺设底模，并浇筑混凝土，待上弦10号梁段混凝土强度达到设计强度后先张拉下弦11号梁段对应的10号扣索。

(8)搭设上弦11号梁段钢管立柱和铺设底模，并浇筑混凝土，完成三角区汇合前的全部施工。

(9)将上弦处挂篮的主桁和下弦处挂篮的底篮重新组合，形成包括汇合段在内的以后梁段的施工挂篮。分2层浇筑汇合梁段，第1层混凝土浇筑至距上弦顶面7m处，当混凝土达到80%设计强度等级后张拉11号和12号扣索；浇筑第2层混凝土。

三、下弦箱梁施工

1. 拉挂篮设计

挂篮主要由主桁系统和模板系统两大部分构成。主桁系统主要由主桁桁片、前横梁、后横梁、轨道、滑船、后锚梁、横向联系以及千斤顶组成；模板系统主要由底篮、外模、内模、工作平台四部分组成。此套挂篮采用斜拉挂篮形式，与普通挂篮的主要区别在于、能适应斜坡上爬前移及锚固的需要。它采用钢箱作三角形主桁片的下弦，用斜拉钢带替代专用挂篮的斜拉杆件，使结构更轻型化。

挂篮的主要技术指标如下。

(1)承载能力：3 000kN。

(2)梁段浇筑长度:4m。

(3)自重(含模板、提升装置):小于100t。

(4)结构刚度:底篮最大挠度≤15mm;结构表面外露部分的模板挠度小于模板构件长度的1/400;结构表面隐藏部分的模板挠度小于模板构件长度的1/250;支架最大弹性挠度小于相应结构长度的1/400。

2. 下弦箱梁施工工艺

施工总体步骤:前移挂篮至指定位置→调整底模高程并安装底模→安装钢筋(并安装扣索预埋管道)→安装侧模、内模→安装顶板钢筋→浇筑混凝土→安装临时扣索→混凝土达到7d龄期,且达到设计强度的90%后张拉扣索→前移挂篮进入下一梁段施工。

(1)下弦箱梁1、2号梁段采用设置在上弦处的挂篮进行悬臂浇筑。在上弦浇筑完成第1号梁段后,并张拉临时预应力索,加长挂篮吊杆(钢板吊带)将挂篮底篮下放至下弦,进行底模高程调整并到达下弦底模高程位置后,进行下弦第1号梁段的施工。当下弦第1号梁段达到设计强度的90%后,前移挂篮,进行第2号梁段的施工。当第2号梁段混凝土龄期满7d,且达到设计强度的90%后,张拉临时扣索。

(2)3~11号梁段采用设置在下弦处的挂篮进行悬臂浇筑。待下弦第2号梁段施工完毕后,将挂篮的底篮临时吊挂在下弦箱2号梁段梁底,并拆除上弦处挂蓝的吊带,在下弦1~2号梁段上进行下弦处挂篮主桁的拼装,将上弦处挂篮的底篮与下弦处挂篮主桁连接,形成下弦处挂篮。下弦处挂篮拼装完成后,开始进行下弦剩余梁段的施工。

四、上弦箱梁施工

1. 支架系统设计

三角区钢管支架系统主要由埋件、钢管支架、底模系统构成,钢管采用ϕ630mm×10mm钢管,在高度方向上每间隔6.5m设置纵、横向联系,柱间纵梁采用I40a的型钢,柱间横梁采用32a槽钢箱,柱间撑杆采用I20a的型钢。底模为可行走式支撑系统,采用液压同步千斤顶进行底模安装与脱模。为避开钢管支架的干扰,满足纵向移动需求,底模横向分配梁采用3段分离式设置,在脱模后,两侧底模及分配梁内收后借助纵梁整体前移至下一梁段位置,重新安装外侧底模,顶升后形成下一梁段的底模系统。

2. 上弦箱梁施工工艺

施工总体步骤:在下弦顶面搭设支架至上弦底模高程→安装底模托架→安装底模→安装钢筋(包含底板、腹板预应力束管道)→安装侧模及内模→安装顶板钢筋(包含预应力管道)→浇筑混凝土→安装预应力束→张拉(同时在下一梁段的下弦上安装支架)→前移挂篮(包含在支架上前移底模)→进入下一梁段施工。

(1)上弦第1号梁段箱梁采用挂篮悬臂浇筑。当上弦处挂篮拼装并加载完成后,前移挂篮并安装底模,开始进行第1号梁段的施工。当第1号梁段施工完毕,混凝土达到7d龄期,且到设计强度的90%后进行预应力的张拉。因上弦箱梁截面高度较小,无法满足后续梁段浇筑(下弦第2号梁段支承在上弦第1梁段上)的受力需求,需在该梁段施工时设置体外预应力索。

(2)因结构受力需求,上弦2~11号梁段均采用支架进行现浇。其支架设置在已浇筑的下弦箱梁顶面。待下弦第3号梁段施工完成进行第4号梁段施工时,在下弦上搭设钢管支架支撑上弦1号梁段,拆除临时体外预应力索,并在下弦2号梁段上设置钢管支架,作为上弦2号梁段的承重支架,配合挂篮悬挂的内外模系统,施工上弦2号梁段箱梁。上弦箱梁底板直接支撑在钢管支架上,侧模和内模采用挂篮支撑,上弦梁段滞后下弦2个梁段逐步向前推进施工。

五、三角区12号汇合段施工

待下弦施工完第11号梁段后,拆除下弦处挂篮,但留下下弦处挂篮底篮作为后续梁段的底篮,并将底篮临时锚固在下弦底板上。当上弦施工完第11号梁段后,拆除下弦处挂篮主桁,并将下弦底篮与上弦处挂篮主桁连接为一整体,作为后续梁段施工的挂篮。

第12号梁段为斜腿部分汇合段,即上弦12号和下弦12号梁段的汇合处。梁段高度较高,在施工时,为了便于混凝土浇筑施工,分上、下两层浇筑。用重新组合后的挂篮浇筑第1层混凝土,在混凝土强度达到设计强度的90%后,张拉第12号梁段扣索,继续用挂篮浇筑第2层混凝土,张拉竖向、纵向和横向预应力束,完成汇合段的施工。

六、结　语

贵州北盘江特大桥主桥为主跨290m的预应力混凝土空腹式连续刚构,作为230~350m之间的一种新型桥梁,空腹式连续钢构桥将在今后建设中成为一种越来越有竞争力的新桥型。本文较系统地介绍了空腹式刚构的三角区施工技术,目前该桥三角区上弦已施工3个梁段,下弦已施工5个梁段,施工方便、快捷,质量控制良好,将为以后这种空腹式钢构桥的修建积累宝贵的经验。

参考文献

[1] 中交第二公路勘察设计研究院有限公司.贵州省六盘水至盘县高速公路北盘江大桥初步设计[Z].2009.

[2] 中华人民共和国行业标准.JTG D62—2004 公路钢筋混凝土及预应力混凝土桥涵设计规范[S].北京:人民交通出版社,2004.

[3] 中华人民共和国国家标准.GB 50017—2003 钢结构设计规范[S].北京:中国标准出版社,2003.

[4] 中华人民共和国行业标准.JTG/T D60-01—2004 公路桥梁抗风设计规范[S].北京:人民交通出版社,2004.

[5] 任华,谭毅平.箱梁施工支架的三维静力分析[J].中外公路,2010(1):140-143.

[6] 齐延祥.整体现浇混凝土箱形梁的施工支架设计及检算[J].铁道建筑,2005(9):9-11.

[7] 单坤明.(48+80+48)m V型墩转体连续刚构支架施工技术[J].铁道建筑技术,2009(S1):65-70.

[8] 张瑞霞,魏发保.厦门演武路立交桥上部结构现浇支架设计[J].桥梁建设,2004(3):31-33.

[9] 张立青.铁路桥梁现浇支架设计技术研究及应用[J].铁道标准设计,2010(12):40-45.

[10] 宗昕,彭元诚,吴游宇,等.北盘江特大桥结构设计[J].公路,2010(8):22-25.

47.空腹式连续刚构桥施工过程受力特性分析

黄坤全[1]　陶　路[2]　彭旭民[2]

(1.贵州高速公路集团有限公司;2.中铁大桥局桥科院有限公司)

摘　要　北盘江大桥主桥为(82.5+220+290+220+82.5)m的预应力混凝土空腹式连续刚构桥,其三角区下弦采用挂篮辅以扣索施工,上弦采用支撑于下弦顶面的支架现浇施工,后续梁段采用挂篮悬臂浇注施工。为研究该桥在施工过程中的受力特性,建立有限元模型,对临时扣索张拉及拆除、预应力张拉、后续梁段施工等工况进行计算分析。结果表明,由于梁段浇筑、扣索张拉、预应力张拉的影响,上弦支架部分应力集中;三角区扣索索力变化不大,基本上随施工进度递减;中跨合龙后,支架拆除对主梁及斜腿受力影响不大,扣索拆除使主梁及斜腿应力峰值有效降低。

关键词　刚构桥　扣索　支架　工况　受力特性　分析

一、工程概况

北盘江大桥位于水盘高速公路水城县发耳乡与营盘乡交界处,主桥为(82.5+220+290+220+82.5)m预应力混凝土空腹式(斜腿)连续刚构桥。大桥分左右两幅,主梁采用单箱单室的截面形式,桥面宽 10.5m、梁底宽 6.5m、顶板悬臂长 2m,悬臂端部厚 0.2m,根部厚 0.65m,箱梁顶部设有 2% 的横坡。箱梁悬臂浇筑节段为 18m(0 号块)+11×4m(上弦区段)+4×3m(汇合段)+4×3.5m+5×4m+10×4.5m,斜腿浇筑节段划分为 11×4m,与上弦梁相对应。北盘江大桥总体布置见图 1,主梁节段划分见图 2。主桥三角区下弦采用挂篮并辅以扣索施工,上弦采用支撑于下弦顶面的支架现浇施工,后续悬臂梁段采用挂篮施工。斜腿与箱梁在施工过程中相互干扰,施工难度大、结构受力复杂,需要结合施工方案对施工过程中结构受力状态进行研究。

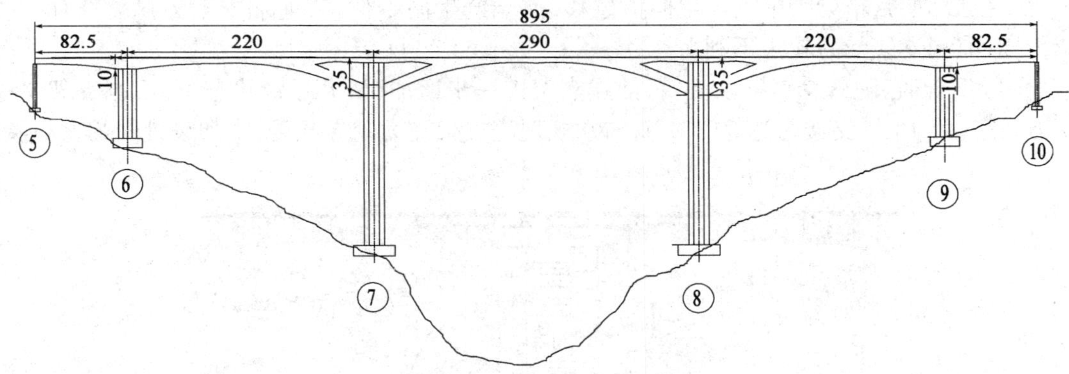

图 1 北盘江大桥总体布置(尺寸单位:m)

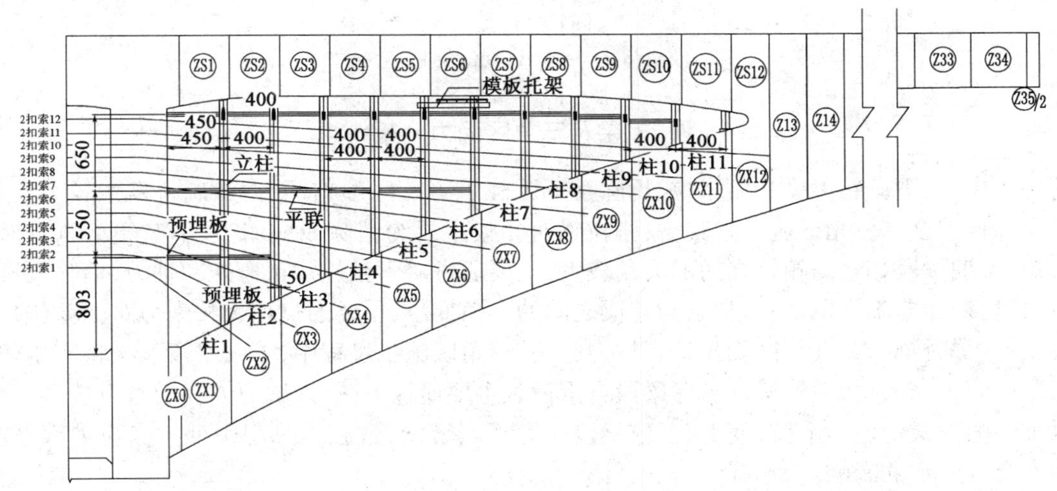

图 2 北盘江大桥施工扣索、支架布置及主梁节段划分

二、施 工 方 案

该桥主梁悬浇部分为空腹式(斜腿)箱梁,悬臂的三角区部分上、下弦分开浇筑,各自浇筑 11 个节段(共计 44m)后汇合,12 号节段为上、下弦汇合段,汇合段的最大梁高为 15.67m(也是悬臂浇筑最大梁高)。13~34 号节段为单箱单室截面。全桥按边跨→次边跨→中跨的顺序合龙。

三、上弦施工支架受力分析

本桥三角区上弦支架现浇 5~5.978m,下弦箱梁高 7.829~8.466m,存在上弦刚度较小、下弦刚度较大的特点。上弦箱梁因自身刚度较小,无法进行挂篮悬臂施工,采用支撑下弦顶面的钢管支架进行分节段浇筑,施工过程中存在上、下弦箱梁浇筑、预应力及扣索张拉等工序,其中预应力分为上弦箱梁预应力布置为 1~8 号梁段的顶板束张拉及 9、10 号梁段为底板束张拉。施工过程中受各工序的影响,上弦施工支架力将发生变化,与一般现浇均布受力支架存在较大区别,将出现部分支架内、应力集中现象,对施工支架安全存在较大影响。

结合三角区施工工艺,综合考虑各工序的影响,采用有限元软件建立全桥结构模型,对三角区上弦支架进行施工过程受力分析,计算模型局部见图3,计算结果见图4。研究结果表明:

(1)由于下弦刚度较大,下弦箱梁浇筑及扣索张拉过程中产生位移较小,受此工序影响施工支架受力将发生一定变化,但变化幅度不大,影响较小。

(2)1~8号梁段顶板束预应力张拉后,上弦箱梁将产生向上位移,支架力将有所减小,9、10号梁段底板束预应力张拉后,上弦箱梁跨中处产生向上位移,前端产生向下位移,前端支架力显著增加,后端支架力有所减少,对前端支架受力较为不利。

(3)三角区汇合后,随着悬臂梁段浇筑,前端支架进一步增加,最大悬臂状态下,后端支架1~8基本处于不受力状态,第10排支架力达5 013kN,与常规现浇支架受力差异显著,支架设计时需重点关注。

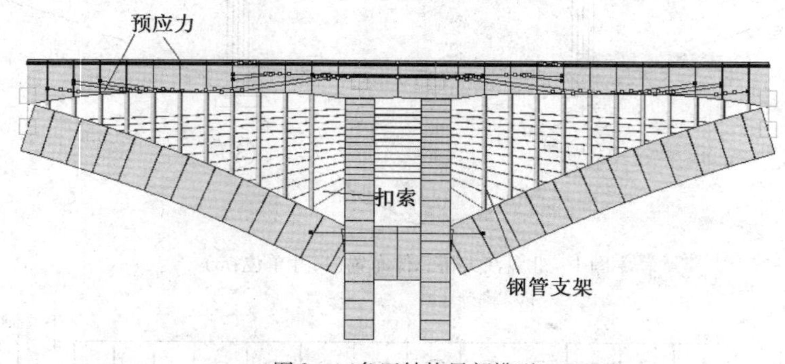

图3 三角区结构局部模型

四、主梁及三角区受力分析

大桥施工中上、下弦箱梁受扣索张拉、拆除及下弦浇筑等工序影响,受力状态将发生较大变化,可能会影响桥梁结构安全。三角区施工过程中,张拉临时扣索主要为消除或减弱上、下弦箱梁自重对下弦施加的负弯矩,初期梁段扣索与箱梁之间的夹角较大,主要通过对下弦施加正弯矩和轴力,消除梁段自重产生的拉应力,后期随施工梁段变长,扣索与箱梁之间的夹角变小,主要通过增大扣索力对下弦施加轴力消除梁段自重产生的拉应力。因此,受扣索张拉力影响,三角区施工过程中,下弦梁段下缘将产生较大的压应力。三角区施工完成后,后续梁段悬臂梁段自重荷载主要通过下弦,以轴力方式向墩身传递,预应力荷载主要以轴力的方式传递至上弦,使上、下弦梁段应力不断增加,致施工过程中处于高应力水平状态,可能对结构安全有一定的影响。

本文结合大桥总体施工方案,对主梁及斜腿施工过程中结构受力进行了计算,各关键阶段的结构应力状态进行了研究,结果见图5及图6。研究结果表明:

(1)三角区施工过程中,主梁预应力束较少,且布置有底板预应力束,顶、板应力较为均匀,底板最大控制应力仅为-6.7MPa。

(2)悬臂施工过程中,主梁应力不断增加,最大悬臂时最大控制应力达-17.4MPa,处于较高应力水平状态,施工过程中应重点关注。

(3)边跨、次边跨、中跨合龙段合龙及底板预应力张拉等工序对主梁应力分布有一定影响,但对控制应力峰值影响量较小,中跨合龙后控制应力仍达-17.5MPa。

(4)斜腿三角区扣索对主梁受力有较大影响,扣索拆除使主梁内力重新分布后,应力峰值降低2.7MPa,降幅显著。

(5)三角区支架拆除过程,对主梁受力影响不大,二期恒载施工完成后,主梁应力分布较为均匀,应力峰值最大为13.5MPa,主梁应力峰值得到有效降低。

(6)三角区施工过程中,斜腿基本处于全截面受压状态,最大压应力达-6.1MPa。

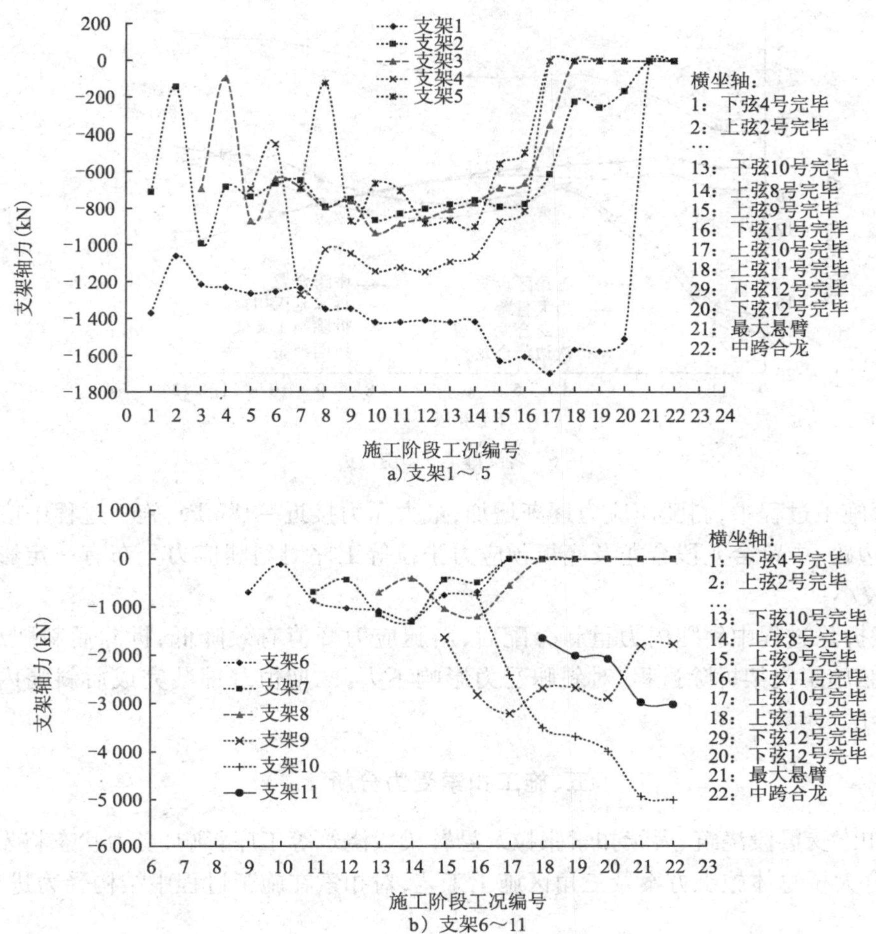

图4 施工过程中支架轴力

注:工况1、3、5、7、9、11、13、16、19分别为下弦4~12号下弦施工完毕阶段;工况2、4、6、8、10、12、14、15、17、18、20分别为上弦2~12号上弦施工完毕阶段;工况21为最大悬臂阶段;工况22为中跨合龙阶段。

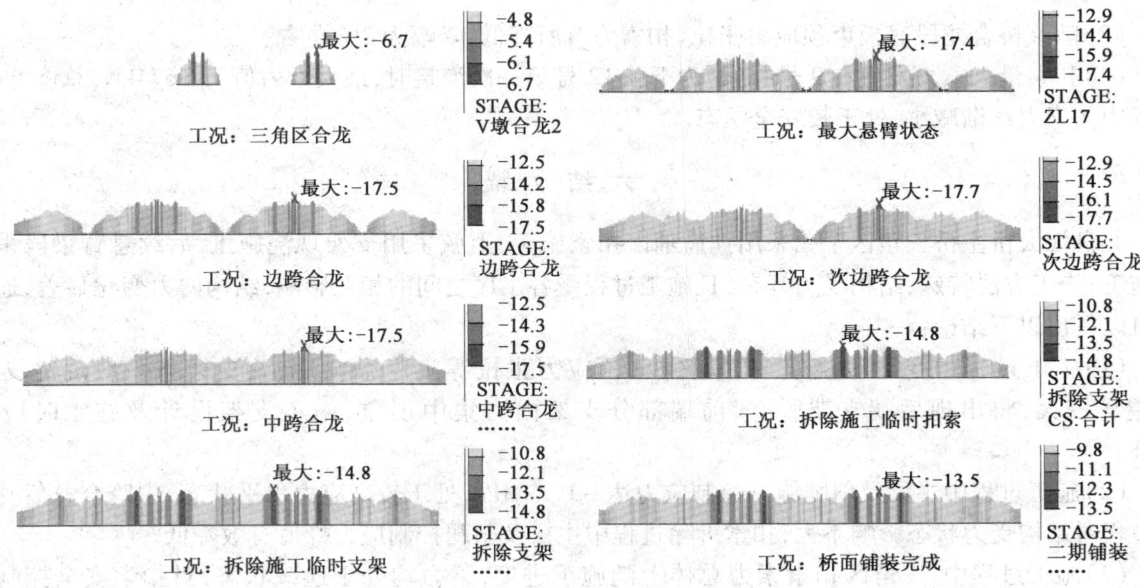

图5 各关键工况主梁应力

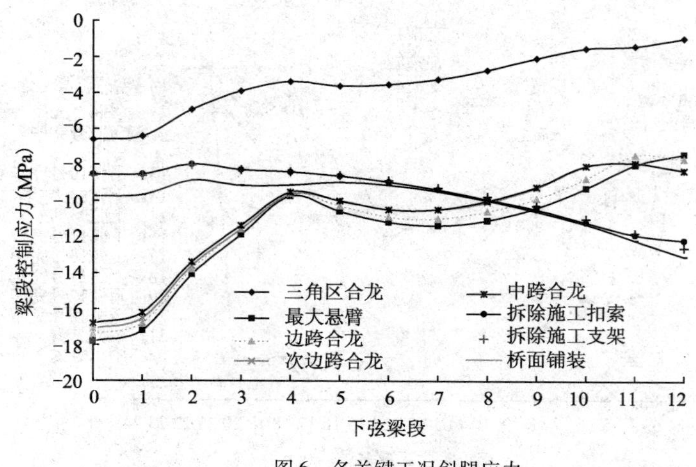

图6　各关键工况斜腿应力

(7)主梁悬臂施工过程中,斜腿压应力逐渐增加,最大压力接近-18MPa,施工过程中应重点关注。

(8)边跨、次边跨、中跨合龙段合龙及底板预应力张拉等工序对斜腿应力分布有一定影响,但对控制应力峰值影响量较小。

(9)施工扣索拆除过程中斜腿内力重新分配后,斜腿应力峰值有效降低,拆除后斜腿最大压应力仅为-13.3MPa;上弦施工支架拆除过程,对斜腿受力影响不大,二期恒载铺装完成后斜腿内力重新分布,应力分布较为均匀。

五、施工扣索受力分析

大桥施工中扣索受梁段浇筑、后续扣索张拉及悬臂梁段浇筑等工序影响,受力状态将发生变化,需进行计算分析。结合大桥总体施工方案及三角区施工工艺,对扣索在施工过程中结构受力进行了计算。研究结果表明:

(1)在三角区施工阶段,受三角区梁段浇筑及后续施工扣索张拉影响,已安装扣索力将逐渐减小,但由于三角区下弦刚度较大,施工过程中变形较小,扣索力变化幅度不大。

(2)三角区汇合后,随着悬臂梁段施工,三角区将产生向上位移,扣索力将进一步减小,降幅达10%~20%。

(3)随该桥合龙段底板束预应力张拉,扣索力有所降低,降幅为2%左右。

(4)扣索最大索力发生在9号扣索,为下弦12号第一次浇筑时,最大索力值为6 674kN,总体上,施工过程中扣索力逐渐减小,处于较安全状态。

六、结　　语

北盘江大桥主桥三角区下弦采用挂篮辅以扣索施工,上弦采用支架现浇施工,后续悬臂梁段采用挂篮施工,施工方法特殊,结构受力复杂,且施工过程受各工序之间的相互影响,结构内力变化显著,通过计算可以得出以下结论:

(1)施工过程中受梁段浇筑、扣索张拉、预应力张拉等工序影响,上弦支架与一般现浇支架受力差异较大,将出现后端支架脱空、前端部分支架内力集中现象,施工支架设计及施工时应重点关注。

(2)施工过程中主梁及斜腿施工控制应力达-17.7MPa,处于较高应力水平状态,中跨合龙后支架拆除过程对结构受力状态影响不大,扣索拆除过程中主梁及斜腿控制应力峰值有效降低。

(3)施工过程中,三角区扣索索力总体上随施工进度,索力均处于递减状态,对扣索安全控制较为有利。

参考文献

[1] 范立础.桥梁工程[M].北京:人民交通出版社,1980.

[2] 邬晓光.刚架桥[M].北京:人民交通出版社,2001.

[3] 刘世忠,欧阳永金,张自然.湖里大道立交桥施工阶段有限元分析[J].桥梁建设,2001(5):17-19.

[4] 何伟,白鸿国.石太客运专线孤山大桥设计[J].铁道标准设计,2007(2):76-78,97.

[5] 任慧,白宝鸿,焦鹏程.斜腿刚构桥转体施工控制技术研究[J].石家庄铁道学院学报(自然科学版),2008(4):52-56.

[6] 欧阳永金.斜腿刚构桥高温合拢及次内力分析[J].桥梁建设,2002(4):16-18.

[7] 罗玉科,冯鹏程.龙潭河特大桥设计[J].桥梁建设,2005(2):29-32.

[8] 宗昕,彭元诚,吴游宇,等.北盘江大桥结构设计[J].公路,2010(8):22-25.

48.290m 空腹式刚构桥三角区箱梁施工支架受力分析

韩洪举

(贵州路桥集团有限公司)

摘　要　北盘江大桥主桥为(82.5+220+290+220+82.5)m预应力混凝土(空腹式)斜腿刚构桥。针对该桥三角区特殊的构造,提出了下弦采用挂篮施工并辅以扣索张拉,上弦采用支撑于下弦顶面的施工支架现浇施工方法。建立了三角区箱梁、扣索和施工支架于一体的有限元模型,开展了3种不同工况下的施工支架力学分析。计算结果表明,施工支架立柱内力受下弦梁段浇筑、扣索张拉和预应力张拉等影响较大,会出现内力集中现象。

关键词　空腹式刚构桥　施工支架　受力分析　内力集中

预应力混凝土连续刚构桥是山区高速公路常用的结构形式,受到地形、地质条件限制,连续刚构桥跨度不断增大,目前国内最大跨径已经达到330m。为减轻结构自重,重庆石板坡长江大桥跨中段采用钢箱梁取代混凝土箱梁,而贵州北盘江大桥则采取在根部箱梁挖空,做成空腹式(斜腿)刚构桥。这种空腹式刚构桥在国内外建造很少,有关三角区梁段施工方法和施工计算的介绍也很少。

施工支架是桥梁施工中重要的临时结构,采用的有满堂式支架、大钢管柱支架和贝雷架支架,这些支架的共同特点是底模系统都为固定形式,支架不能移动。文献[5]介绍了一座45m+75m+45m预应力混凝土连续梁桥,除0号块和边跨现浇段采用固定式支架法施工外,虽然其余梁段采用了落地移动式支架现浇,但支架受力明确。北盘江特大桥是一座290m空腹式(斜腿)刚构桥,该桥难点在于三角区施工。根据三角区上弦相对较柔、下弦刚度较大的特点,提出了下弦采用挂篮浇筑,上弦采用支架法施工的方法。为克服过大支架自重对下弦杆产生的不利变形,提出了移动式支架,同时在下弦杆上设置了临时预应力扣索。受到上下弦杆变形、上下弦杆预应力张拉和临时扣索张拉的影响,支架受力复杂,部分支架杆件会出现内力集中现象,因此有必要开展详细的力学分析。

一、工 程 概 况

北盘江大桥位于水盘高速公路水城县发耳乡与营盘乡交界处。主桥为(82.5+220+290+220+82.5)m预应力混凝土悬浇空腹式(斜腿)刚构桥(图1)。大桥分左右两幅,采用单箱单室的截面形式,桥面宽10.5m,箱梁底宽6.5m,顶板悬臂长2m,悬臂端部厚0.2m,根部厚0.65m,箱梁顶设有2%的横坡。

三角区上、下弦箱梁悬臂长为44m,悬臂根部高35m,分为11个现浇梁段(图2)。

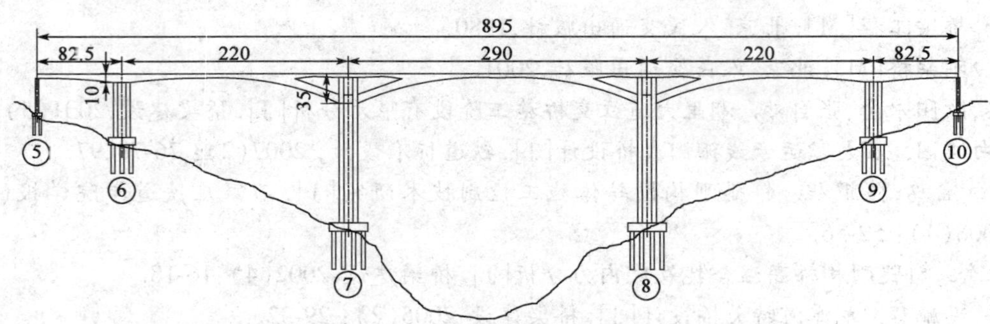

图1 北盘江特大桥主桥总体布置图(尺寸单位:m)

二、施工支架构造

三角区钢管支架系统由预埋件、钢管支架、底模系统构成。钢管采用 $\phi630\times10$mm 钢管,在高度方向上每间隔6.5m设置纵、横向联系,柱间纵梁采用I40a的型钢,柱间横梁采用32a槽钢箱,柱间撑杆采用I20a的型钢。底模设计为可行走式支撑系统,采用液压同步千斤顶进行底模安装与脱模。底模横向分配梁采用3段分离式设置,以满足纵向移动需求。在模板脱离混凝土后,靠两侧底模及分配梁内收后借助纵梁整体前移至下一节段位置,再重新安装外侧底模,顶升后形成下一节段的底模系统。其总体布置图如图2所示。

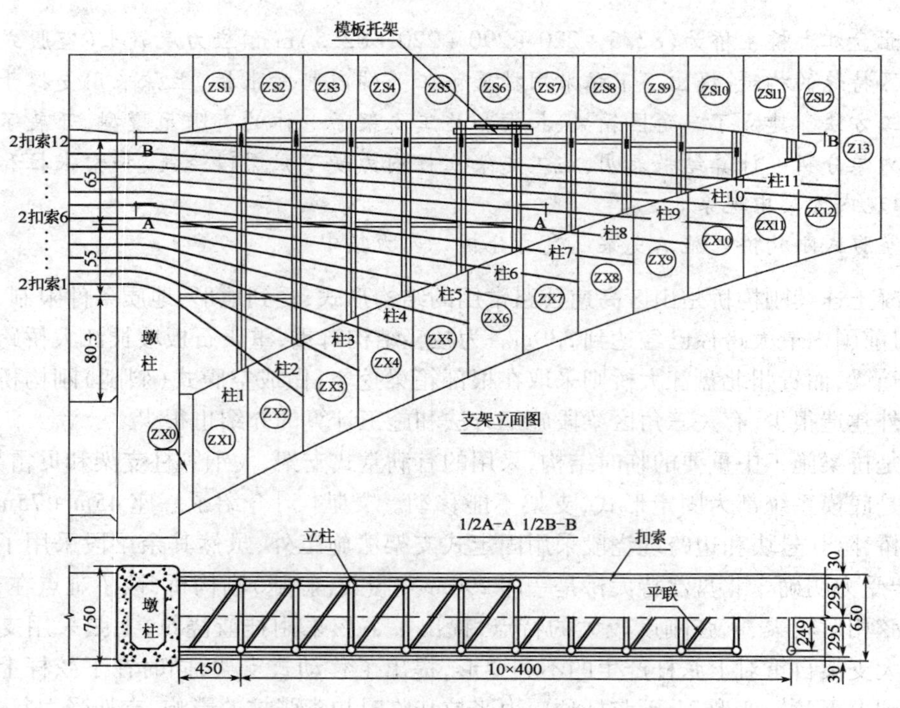

图2 三角区钢管支架总体布置图(尺寸单位:cm)

三、三角区施工步骤

针对三角区域构造特点,下弦(斜腿段)采用挂篮浇筑并配以施工扣索,上弦段采用施工支架法施工,支架搭设于已完成的下弦上,总体施工步骤如下:

(1)施工上、下弦0号段箱梁,在上弦0号块拼装上弦挂篮并加载试验。

(2)施工上弦1号段箱梁,并在该梁段上利用永久索的孔道设置临时预应力索。

(3)将上弦挂篮的底篮下放至下弦1号段底面,利用上弦挂篮,完成下弦1号段箱梁施工;上弦挂篮前移,浇筑下弦2号节段,并张拉1号扣索。

(4)在下弦1号和2号梁段上拼装下弦挂篮主桁,并将上弦挂篮的底篮和下弦挂篮的主桁重新进行连接,形成下弦施工挂篮,将下弦挂篮移动到下弦2号段的梁端,准备施工下弦3号梁段;同时在下弦1号梁段的前端支撑1号钢管立柱,用1号钢管立柱支顶上弦的1号梁段,并解除上弦的临时预应力索。

(5)浇筑下弦3号梁段,并张拉2号扣索。

(6)将下弦挂篮移动到下弦3号梁段的前端,准备浇筑下弦4号梁段;同时搭设2号钢管立柱,并铺设上弦箱梁2号梁段的底模,利用上弦挂篮剩下的内外模系统,作为上弦箱梁2号梁段的内外模。

(7)浇筑下弦4号梁段和上弦2号梁段,并张拉3号扣索。

(8)将下弦挂篮移动到下弦4号梁段的前端,准备浇筑下弦5号梁段;同时搭设3号钢管立柱,上弦2号梁段的底模下降后,滑移到上弦3号梁段的底部,顶升底模托架,调整底模高程后,将上弦的内外模系统随着上弦的主桁向前推移至上弦的3号梁段,准备浇筑上弦3号梁段。

(9)浇筑下弦5号梁段和上弦的3号梁段;并张拉4号扣索。

(10)循环(8)~(9)步骤,浇筑下弦的6~11号梁段和上弦的4~9号梁段,并拆除下弦挂篮的主桁,把底篮扣挂在下弦11号梁段的底板上;但浇筑完成下弦11号梁段后,10号扣索暂时不张拉。

(11)搭设上弦10号梁段钢管立柱和铺设底模,并浇筑混凝土,待上弦10号梁段达到设计强度后先张拉下弦11号梁段对应的10号扣索,再张拉上弦第10节段预应力索。

(12)搭设上弦11号梁段钢管立柱和铺设底模,并浇筑混凝土,张拉上弦第11节段预应力,完成三角区汇合前的全部施工。

(13)将上下挂篮的主桁和下弦挂篮的底篮又重新进行组合,形成包括汇合段在内的以后梁段的施工挂篮。汇合梁段为12号梁段,分2层浇筑,第一层混凝土浇筑至距上弦顶面7m处,当混凝土达到80%设计强度等级后张拉11号和12号扣索;浇筑第二层混凝土。

(14)三角区施工完成。

四、施工支架受力分析

1. 计算工况与分析模型

根据三角区段的施工步骤,共分为20个施工计算阶段。应用Midas/Civil程序,将上、下弦杆和施工支架划分为梁单元,扣索划分为索单元,相应的计算模型如图3所示。

计算时考虑了以下三种工况:

工况1:不考虑下弦杆变形、扣索和上弦预应力张拉影响;

工况2:不考虑下弦杆变形及扣索张拉影响,计入上弦预应力张拉影响;

工况3:考虑下弦变形、扣索和上弦预应力张拉的影响。

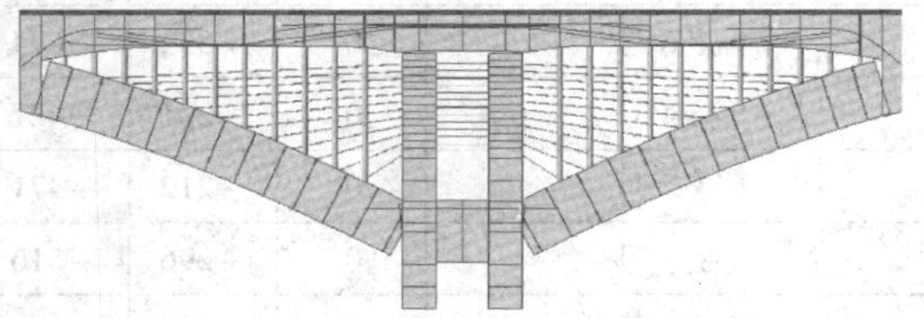

图3 三角区结构模型图

相应的计算荷载取值如下:混凝土自重取26kN/m^3,振捣荷载取2.0kN/m^2,施工机具荷载取1.5kN/m^2,底模板取1.0kN/m^2,挂篮自重76t。

2. 计算结果分析

表1~表3给出了3种工况在不同施工阶段的施工支架柱1~柱11的轴力值,表4列出了各柱在不同工况中的轴力最大值。

不考虑扣索、下弦变形、上弦预应力张拉影响各阶段上弦支架轴力(单位:kN) 表1

施工阶段 \ 柱号	柱1	柱2	柱3	柱4	柱5	柱6	柱7	柱8	柱9	柱10	柱11
下弦4号	-796	-669									
上弦2号	-836	-694									
下弦5号	-705	-1 347	-657								
上弦3号	-709	-1 399	-692								
下弦6号	-787	-1 539	-1 486	-657							
上弦4号	-808	-1 557	-1 503	-665							
下弦7号	-813	-1 566	-1 598	-1 439	-659						
上弦5号	-824	-1 577	-1 609	-1 448	-662						
下弦8号	-797	-1 533	-1 597	-1 534	-1 439	-659					
上弦6号	-779	-1 537	-1 601	-1 539	-1 444	-661					
下弦9号	-752	-1 494	-1 545	-1 521	-1 532	-1 443	-658				
上弦7号	-760	-1 496	-1 544	-1 521	-1 535	-1 447	-660				
下弦10号	-754	-1 467	-1 495	-1 460	-1 513	-1 538	-1 448	-663			
上弦8号	-749	-1 470	-1 494	-1 457	-1 511	-1 540	-1 452	-664			
上弦9号	-755	-1 473	-1 492	-1 459	-1 537	-1 616	-1 621	-1 635	-876		
下弦11号	-747	-1 466	-1 468	-1 412	-1 468	-1 569	-1 653	-1 734	-1 674	-725	
上弦10号	-760	-1 475	-1 460	-1 393	-1 434	-1 517	-1 587	-1 707	-1 766	-841	
上弦11号	-767	-1 488	-1 460	-1 376	-1 389	-1 431	-1 447	-1 526	-1 655	-1 861	-1 219
12号下弦施工	-752	-1 485	-1 465	-1 379	-1 390	-1 430	-1 445	-1 520	-1 649	-1 862	-1 227
12号上弦施工	-768	-1 492	-1 471	-1 383	-1 394	-1 436	-1 453	-1 529	-1 653	-1 819	-1 205

不考虑扣索、下弦变形影响各阶段上弦支架轴力(单位:kN) 表2

施工阶段 \ 柱号	柱1	柱2	柱3	柱4	柱5	柱6	柱7	柱8	柱9	柱10	柱11
下弦4号	-790	-669									
上弦2号	-488	0									
下弦5号	0	-673	-657								
上弦3号	0	-264	0								
下弦6号	0	-332	-674	-657							
上弦4号	0	-201	-427	-249							
下弦7号	0	-212	-471	-1 003	-659						
上弦5号	0	-296	-516	-636	0						
下弦8号	0	-286	-520	-737	-708	-659					
上弦6号	0	-368	-624	-782	-457	0					
下弦9号	0	-357	-616	-830	-545	-682	-658				
上弦7号	0	-347	-615	-903	-692	-860	-360				
下弦10号	0	-331	-589	-847	-691	-954	-1 107	-663			
上弦8号	0	-314	-568	-827	-751	-1 184	-1 271	-332			
上弦9号	0	-240	-415	-347	-374	-642	-1 099	-1 624	-1 722		

续上表

施工阶段＼柱号	柱 1	柱 2	柱 3	柱 4	柱 5	柱 6	柱 7	柱 8	柱 9	柱 10	柱 11
下弦 11 号	0	-232	-393	-300	-326	-610	-1 123	-1 709	-2 516	-725	
上弦 10 号	0	0	0	0	0	0	0	-315	-3 277	-2 925	
上弦 11 号	0	0	0	0	0	0	0	0	-2 206	-4 159	-1 982
12 号下弦施工	0	0	0	0	0	0	0	0	-2 133	-4 174	-2 033
12 号上弦施工	0	0	0	0	0	0	0	0	-2 401	-4 496	-2 034

考虑扣索、下弦变形、上弦预应力张拉影响各阶段上弦支架轴力(单位:kN) 表 3

施工阶段＼柱号	柱 1	柱 2	柱 3	柱 4	柱 5	柱 6	柱 7	柱 8	柱 9	柱 10	柱 11
下弦 4 号	-1 371	-711									
上弦 2 号	-1 061	-146									
下弦 5 号	-1 216	-993	-696								
上弦 3 号	-1 232	-683	-99								
下弦 6 号	-1 264	-737	-870	-693							
上弦 4 号	-1 254	-664	-639	-453							
下弦 7 号	-1 236	-646	-687	-1 270	-692						
上弦 5 号	-1 348	-788	-792	-1 025	-123						
下弦 8 号	-1 346	-746	-759	-1 044	-869	-690					
上弦 6 号	-1 418	-863	-935	-1 142	-663	-115					
下弦 9 号	-1 418	-828	-883	-1 121	-703	-864	-686				
上弦 7 号	-1 409	-801	-856	-1 147	-883	-1 021	-425				
下弦 10 号	-1 419	-776	-808	-1 092	-867	-1 068	-1 139	-688			
上弦 8 号	-1 416	-754	-771	-1 061	-898	-1 264	-1 306	-407			
上弦 9 号	-1 629	-789	-688	-871	-558	-750	-429	-1 036	-1 630		
下弦 11 号	-1 605	-774	-661	-812	-496	-678	-486	-1 197	-2 821	-746	
上弦 10 号	-1 699	-613	-348	0	0	0	0	-551	-3 206	-2 407	
上弦 11 号	-1 569	-223	0	0	0	0	0	0	-2 678	-3 500	-1 644
12 号下弦施工	-1 578	-255	0	0	0	0	0	0	-2 677	-3 690	-2 005
12 号上弦施工	-1 510	-166	0	0	0	0	0	0	-2 878	-3 994	-2 076
最大悬臂	0	0	0	0	0	0	0	0	-1 804	-4 936	-2 981
中跨合龙	0	0	0	0	0	0	0	0	-1 767	-5 013	-3 020

三种工况下不同施工阶段各柱轴力最大值比较(单位:kN) 表 4

工况＼柱号	柱 1	柱 2	柱 3	柱 4	柱 5	柱 6	柱 7	柱 8	柱 9	柱 10	柱 11
1	-836	-1 577	-1 609	-1 539	-1 537	-1 616	-1 621	-1 734	-1 766	-1 862	-1 227
2	-790	-673	-657	-1 003	-708	-1 184	-1 271	-1 709	-3 277	-4 496	-2 034
3	-1 699	-993	-935	-1 270	-898	-1 264	-1 306	-1 197	-3 206	-5 013	-2 981

从表 1 ~ 表 4 可以看出:

(1)按工况 1 计算时,由于不考虑下弦变形、扣索张拉和上弦杆预应力张拉的影响,施工支架受力比较均匀,但当上弦 11、12 梁段采用上弦挂篮浇筑时,因受到挂篮荷载的影响,支架轴力有所增大。

(2)工况 2 不考虑扣索、下弦变形影响,当上弦顶板预应力张拉将使上弦产生向上位移,减小了支架的轴力,因此柱1~柱8轴力较工况1要小。而柱9~柱11较工况1大,是因为上弦箱梁9号、10号梁段预应力布置为底板预应力筋,预应力张拉后上弦向下变形,从而增大了支架轴力,且增幅显著。

(3)工况3综合考虑施工过程中下弦变形、扣索(预应力)张拉各工序影响,支架受力总体上介于工况1和工况2之间,符合实际受力状态。当下弦浇注、上弦顶板预应力张拉时,下弦向下变形,上弦向上变形,支架轴力减小;当扣索张拉后下弦上挠,支架轴力增大。与工况2相同,因上弦箱梁9、10号梁段预应力布置为底板预应力筋,预应力张拉后上弦向下变形,引起前端支架轴力显著增大,而后端支架力有所减少。由于,三角区支架和扣索在全桥合拢拆除,因此,三角区汇合后的后续悬臂梁段的不断浇筑,支架受力发生不断变化,最大悬臂状态下,1~8支架基本处于不受力状态,第10排支架最大轴力达5 013kN,与常规现浇支架受力差异显著。

3. 施工支架验算

根据上述计算结果,选取最不利工况对施工支架进行强度、刚度、稳定性验算,均满足相关要求。

五、结　　语

针对北盘江大桥构造特点,结合三角区段上下弦杆施工步骤和支架构造,提出了下弦采用挂篮施工并辅以扣索张拉,上弦采用支撑于下弦顶面的施工支架现浇施工方法。通过对支架施工的全过程计算分析发现,支架部分杆件有内力集中现象,因此,在开展支架受力分析时必须考虑弦杆构造、上下弦变形以及预应力束筋与扣索张拉的影响。实践表明,文中提出的施工方法是合理可行的,确保了大桥按期完工。

参考文献

[1] 邓文中,代彤. 重庆石板坡长江大桥复线桥总体设计[J]. 桥梁建设,2006(6):28-32.
[2] 冯延明. 大体积盖梁钢管桁架法施工设计[J]. 铁道建筑技术,2010(8): 11-12.
[3] 张瑞霞,魏发保. 厦门演武路立交桥上部结构现浇支架设计[J]. 桥梁建设, 2004(3):31-33.
[4] 王彦辉. 碗扣式满堂支架在现浇混凝土连续箱梁施工中的应用[J]. 交通标准化,2010(7):192-193.
[5] 郇剑飞,祁彪,葛德书. 辽东边墙分离式上部移动支架浇筑连续箱梁施工方法[J]. 辽宁省交通高等专科学校学报,2010,12(3):4-6.

49. 大吨位、倾斜行走挂篮施工技术

刘小飞
(贵州路桥集团有限公司)

摘　要　在现有技术中,悬臂浇筑施工挂篮仅用于顶面处于基本水平的箱梁,挂篮只需满足竖向受力要求,对于斜向倾角较大或具有较大弧线的混凝土箱梁施工,需要具有斜向支撑,以平衡挂篮沿箱梁斜向的分力,满足斜向曲率逐段变化的施工需求。本文通过水盘高速北盘江大桥空腹式连续刚构空腹段下弦箱梁施工为例,介绍大吨位、倾斜行走挂篮施工技术。

关键词　大吨位　倾斜　斜向箱梁　挂篮

一、概　　述

挂篮是一个能沿着轨道行走的活动脚手架,挂篮悬挂在已经张拉锚固的箱梁梁段上,悬臂浇筑时箱梁梁段的模板安装、钢筋绑扎、管道安装、混凝土浇筑、预应力张拉、压浆等工作均在挂篮上进行。当一个梁段的施工程序完成后,挂篮解除后锚,移向下一梁段施工。所以挂篮既是空间的施工设备,又是预应力筋未张拉前梁段的承重结构。在现有技术中,悬臂浇筑施工挂篮仅用于顶面处于基本水平的箱梁,挂篮

只需满足竖向受力要求，对于斜向倾角较大或具有较大弧线的混凝土箱梁施工，需要具有斜向支撑，以平衡挂篮沿箱梁斜向的分力，满足斜向曲率逐段变化的施工需求。在施工斜向或弧线形箱梁时，存在如下缺陷：不具有斜向支撑措施，无法进行斜向箱梁施工；不具有斜向行走能力，无法适应箱梁斜率的需求；横梁、后锚锚梁、底篮纵梁不具备自由转动特点，在箱梁倾斜角发生变化时，不能随之转动，使之锚梁或横梁产生扭转，受力较差。

水盘高速北盘江大桥是一座主跨290m的空腹式混凝土连续刚构桥，其空腹段箱梁分上下弦设置，下弦箱梁采用了二次抛物线曲线设计，对挂篮设计要求较高，施工工艺复杂，本文重点介绍了具有倾斜行走能力、满足曲线箱梁施工的挂篮技术。

二、箱梁结构概况

北盘江大桥作为水盘高速公路的一座特大型桥梁，为全线的控制型工程，主桥为(82.5＋220＋290＋220＋82.5)m的变截面单箱单室空腹式连续刚构，采用垂直腹板。全桥箱梁按左右幅分分幅设计。

主悬浇T：空腹段下弦箱梁正截面梁高7.5m，斜腿根部下缘至上弦箱梁顶中心高度35.0m，箱梁高度及梁顶至下弦箱梁底缘距离按2.5次抛物线变化，其方程为$y=4.5+30.5x^{2.5}/136^{2.5}(0\leqslant x\leqslant 136)$。

主悬浇T箱梁0号块梁段长度为18m；挂篮悬臂浇筑箱梁最重块段为17号块，其重量约为288t。空腹区总体布置见图1。

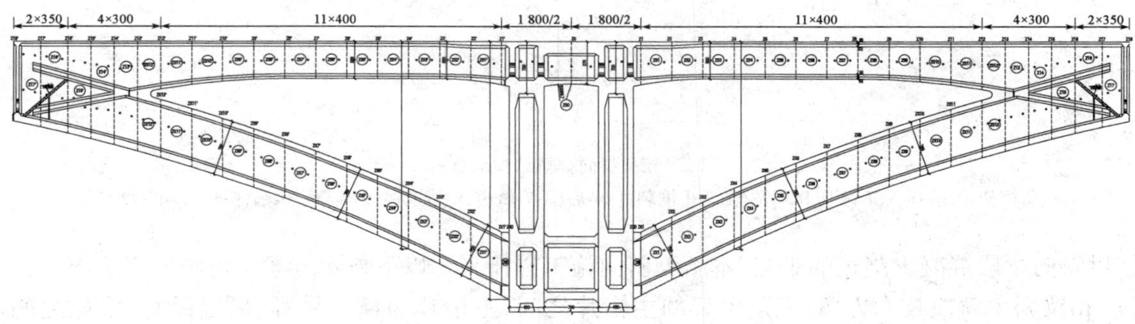

图1　北盘江大桥空腹区总体布置图(尺寸单位：cm)

三、斜向行走挂篮设计难点

大桥空腹区部分主墩高为35m，箱梁悬臂长为44m，分为11个现浇梁段，每梁段长4m。下弦采用单箱单室等截面钢筋混凝土箱梁，无翼缘板，正截面梁高7.5m，宽6.5m。施工过程中，下弦采用挂篮悬浇的方式进行施工，由于下弦箱梁结构特殊、施工操作空间有限及曲率变化较大，施工过程中，下弦箱梁挂篮悬臂浇筑施工具有以下难点：

(1)下弦箱梁为变曲率箱梁，挂篮施工区段箱梁倾角为28.5°～17.6°，变化较大，下弦挂篮需满足多种斜率变化要求。

(2)下弦箱梁为钢筋混凝土结构，梁段长为4m，竖向高为8.3m，梁段最重达230t，倾角最大达28.5°，下弦挂篮需满足大重量、大倾角的斜向爬行和止退要求。

(3)由于上弦箱梁采用支架现浇施工，下弦挂篮操作空间在横桥向受钢管立柱及临时扣索、高度方向均受上弦箱梁较大限制，且为保证施工便捷、快速，下弦挂篮需满足满足横向除前、后横梁外不大于4.5m、高度方向不大于5.5m的轻型化要求。

(4)下弦箱梁为矩形截面箱梁，无法设置外滑梁，需设置一定的装置，保证腹板外模需随挂篮同步行走。

(5)下弦箱梁为斜向变曲率箱梁，需合理设置横梁吊耳，保证吊带始终处于垂直受力状态，保证施工挂篮安全。

四、挂篮斜向行走设计技术方案

本桥三角区斜向挂篮设计在于提供一种可以在箱梁斜向梁顶面行走并适应斜向箱梁斜率变化需求的挂篮，根据箱梁斜率变化，采用全铰结构形式，主桁杆件之间铰接、后锚与主桁铰接、横梁与主桁铰接、主桁与滑船铰接、底篮纵横梁铰接，使整个挂篮各部位可以根据施工需求调整角度，并采用止退器做斜向支撑以平衡荷载沿箱梁斜向的分力，以解决箱梁斜率带来的施工难题，挂篮受力明确，操作方便，提高了施工安全性（图2）。

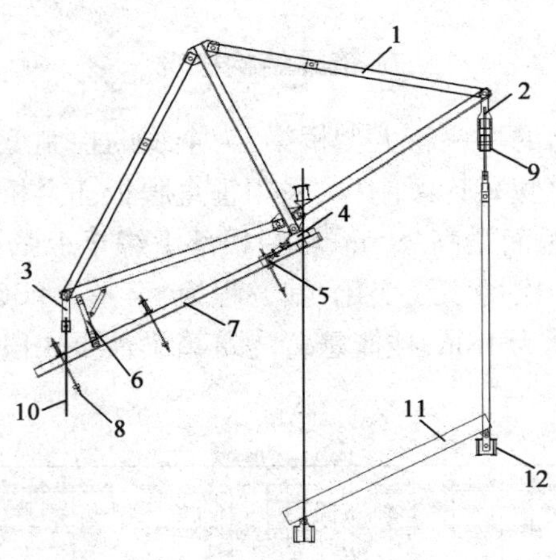

图2　新型斜向挂篮结构示意图

1-三角桁架；2-吊耳A；3-吊耳B；4-滑船；5-止推装置；6-后锚；7-轨道；8-轨道锚；9-横梁；10-锚杆；11-纵梁；12-横梁

针对斜向梁段混凝土浇筑的难点，本新型斜向施工挂篮采用以下技术方案实现斜向浇筑施工：

（1）箱梁斜率解决技术方案：三角桁架的主桁片之间，主桁片与横梁吊耳、后锚吊耳、滑船之间均采用铰接，可以前后旋转以实现挂篮角度调整，适应箱梁斜率变化需求。

（2）横梁扭转解决技术方案：横梁采用悬吊形式连接于主桁架，三角桁架和横梁吊耳之间铰接，始终保持吊耳的竖向受力，以满足箱梁斜率变化给横梁带来的影响，防止横梁出现扭曲受力。

（3）挂篮纵向转动技术方案：后锚横梁同样采用悬吊形式连接主桁，桁架和各吊板之间铰接，始终保持吊板竖向受力，以满足箱梁斜率变化给吊板、锚杆带来的影响。

（4）纵向止退技术方案：将滑船与斜向止退装置连接，用止退装置来平衡滑船沿斜向的分力，满足斜向受力需求。

五、挂 篮 施 工

1. 挂篮拼装

挂篮在墩上正式拼装前，必须在加工厂内试拼，以检查挂篮各部构件及连接件几何尺寸加工精度及焊接质量是否达到设计要求，以确保挂篮的整体结构性能满足设计使用要求。

首先，在利用上弦挂篮施工的下弦2号节段的前端，通过箱梁顶面的预留孔，将牵引反力架锚固在箱梁的顶面上，并安装千斤顶和拉杆，将轨道槽钢和滑船放置在箱梁的顶面上，并把滑船用拉杆和千斤顶固定不使之下滑，将主桁竖杆提升安装到滑船上，采用钢管脚手架进行临时固定，再安装竖杆横向联系，然后安装下弦杆件、横向联系、斜拉带，最后安装主梁的平联结构、前后横梁，最后安装底篮。

2. 挂篮加载

考虑空间需求，挂篮加载直接在地面上进行加载，以消除非弹性变形，并监测弹性变形，用以指导悬臂浇筑时的预抛高。在地面上设置拼装台座,并在后锚和前横梁支点位置设置地锚锚索,后锚直接锚固在锚索上,前横梁通过千斤顶和地面的锚索连接,用锚索来提供反力,通过千斤顶按不同的荷载等级逐级加压,测试挂篮的变形。

挂篮按照最大荷载的 0→50%→80%→100%→120% 四级加载,按 120%→100%→50%→0 三级进行卸载。

3. 挂篮行走

下弦挂篮采用斜拉挂篮形式,与一般挂篮主要区别在于适应斜坡上爬前移及锚固的需要。其具体操作步骤为:

(1)松开底篮的后锚,把底篮的后横梁交由主承重结构的后横梁来承受,同时用前后横梁的千斤顶缓缓下放底篮,使底篮与箱梁的底板脱离,距离 20~30cm。

(2)将挂篮内外模系统,用千斤顶下放与箱梁的翼板的顶板脱离,距离同样为 20~30cm。

(3)将箱梁外模模板吊挂在挂篮的前后横梁上,行走时随挂篮一起移动。

(4)利用轨道锚梁将轨道锚固于箱梁顶面,用千斤顶缓缓松开后锚锚梁,使后锚小车反扣在轨道上并持力,完成主桁后锚的上拔力从后锚梁向小车的转换。

(5)下弦挂篮牵引反力架直接安装在箱梁的前端,用精轧螺纹钢筋将千斤顶和滑船相连,启动千斤顶,滑船沿着轨道向前移动,一直移动到指定位置,安装止退装置。

(6)重新完成后锚小车和后锚梁之间的转换,将主承重结构的后锚点直接锚固在前段已浇筑的箱梁顶面。

(7)按照逆向操作程序,将底篮、内外模的后端重新锚固在已浇节段的顶板、翼板和底板上,至此完成挂篮的前移工作。

挂篮移动到位后,根据监控单位提供的立模高程,用前横梁上的千斤顶调节模板高程,即可进行下一节段的工序。

六、结　语

本文依托北盘江大桥,针对高墩大跨度空腹式变曲率下弦梁段悬浇施工,对大吨位、倾斜行走挂篮技术进行了研究,主要研究成果如下:

(1)针对北盘江空腹区下弦斜向倾角较大、曲率变化较快梁段挂篮悬臂施工的特点,通过在三角桁架的主桁片之间,主桁片与吊耳、滑船之间采用铰接,可以前后旋转以实现挂篮角度调整,适应箱梁斜率变化需求。

(2)采用三角桁架和吊耳之间铰接,始终保持吊耳的竖向受力,以满足箱梁斜率变化给横梁带来的影响,防止横梁出现扭曲受力。

(3)采用三角桁架和后锚吊耳之间铰接,始终保持吊耳竖向受力,以满足箱梁斜率变化给吊耳、锚杆带来的影响,保持吊耳、锚杆为轴向受力杆件,并利用调节螺杆对锚梁进行高度调节,锚梁通过吊耳与三角桁架的主桁片连接,以实现整个挂篮的纵向角度调整。

(4)将滑船与斜向止退装置连接,用止退装置来平衡滑船沿斜向的分力,满足斜向受力需求,利用拉杆将滑船和轨道连接,以实现滑船斜向行走,在行走时,利用锚杆对轨道进行锚固,以实现轨道与箱梁的固定和纵向抗滑移需求。

(5)北盘江大桥的空腹区下弦梁段施工表明,挂篮在施工过程及行走过程中的受力和变形均能满足施工要求,挂篮能很好地满足施工需要,保证了大桥的施工质量、结构的安全性、施工的便捷性,并有效地缩短了施工工期和节约施工成本。

参考文献

[1] 周水兴,何兆益,邹易松. 路桥施工计算手册[M]. 北京:人民交通出版社. 2001.

[2] 交通部第一公路工程总公司. 桥涵[M]. 北京:人民交通出版社,2000.

[3] 孙训方,方孝淑,关来泰.材料力学[M].北京:高等教育出版社,1993.
[4] 范立础.桥梁工程(上、下)[M].北京:人民交通出版社,1986.
[5] 叶见曙.结构设计原理[M].北京:人民交通出版社,1989.
[6] 杨文渊.路桥施工常用数据手册[M].北京:人民交通出版社.1998.
[7] 中华人民共和国行业标准.JTG/T F50—2011 公路桥涵施工技术规范[S].北京:人民交通出版社,2010.

50.水盘高速公路北盘江大桥合龙顶推技术研究

刘小飞
(贵州路桥集团有限公司)

摘 要 连续刚构作为一种大跨度桥梁结构形式,在公路桥梁中运用较多,其主梁后期徐变对结构产生较大影响。水盘高速北盘江特大桥主跨为290m预应力混凝土空腹式连续刚构,其主墩墩柱高,主跨跨径大,为保证施工过程及运营阶段结构安全、线形平顺,主梁合龙时采用顶推施工工艺,根据各顶推方案对各主墩的扭转、合龙口高程及顶推量等影响,需确定合理的合龙顶推方案。本文以水盘高速北盘江大桥空腹式连续刚构为例,介绍合龙顶推施工技术。

关键词 空腹式 刚构 合龙 顶推

一、工 程 概 况

北盘江大桥作为水盘高速公路的一座大型桥梁,为全线的控制型工程,主桥为(82.5+220+290+220+82.5)m的变截面单箱单室空腹式连续刚构,采用垂直腹板。全桥箱梁按左右幅分分幅设计,如图1所示。

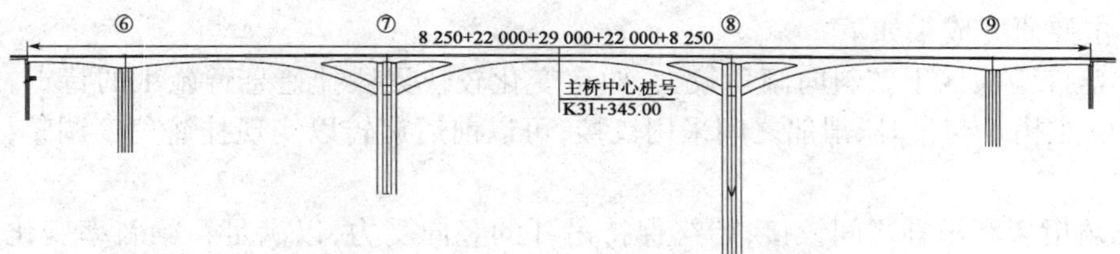

图1 北盘江大桥总体布置图(尺寸单位:cm)

合龙段长度为2m,高度4.5m,分别为:边跨合龙段、次边跨合龙段、中跨合龙段。

二、总体方案研究

常规连续刚构两幅桥梁之间基本为相互分离式,受施工挂篮操作空间影响,施工过程中两幅桥梁之间一般相互错开两个施工梁段,合龙时,施工进度较快的可先行合龙,两幅独立施工基本不存互不影响。由于受一些因素制约,北盘江大桥施工存在一定的两岸不同步、左右幅不同步施工的现象,可能存在的合龙顺序主要有以下三种:方案一为左右幅次边跨同步合龙→左右幅中跨同步合龙,方案二为先右幅次边跨→右幅中跨→左幅次边跨→左幅中跨,方案三为右幅水城侧次边跨→左幅水城侧次边跨→右幅盘县侧次边跨→右幅中跨→左幅盘县侧次边跨→左幅中跨。

北盘江大桥两幅桥梁之间在主墩斜腿处存在平联连接(图2),两幅桥梁合龙顶推施工时,结构的扭转、竖向挠度、横桥向位移等均存在相互影响的现象。因此,为保证施工过程及运营阶段结构安全、线形平顺,根据各顶推方案对各主墩的扭转、合龙口高程及顶推量等影响,确定合理的合龙顶推方案。

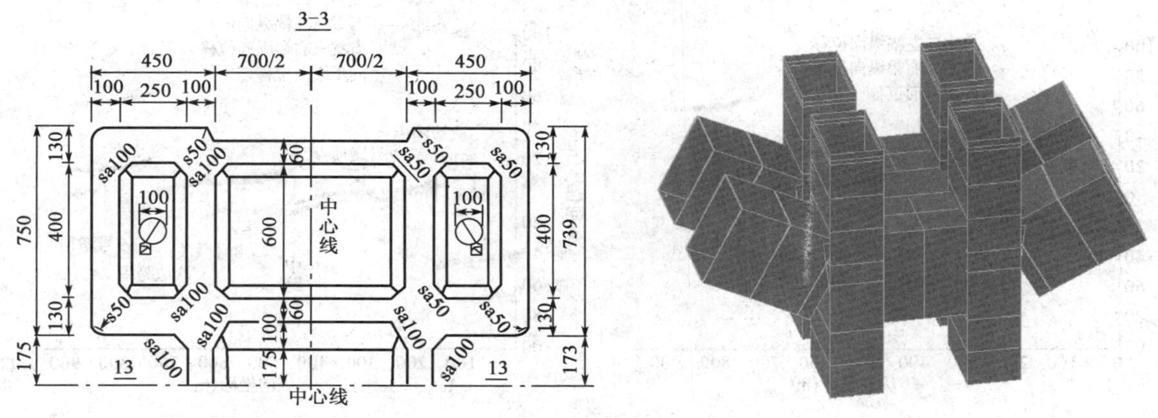

图2 墩身左右幅连体示意图

1. 合龙顶推顺序的确定

根据三种合龙顺序对各跨顶推、合龙束预应张拉产生的各向位移进行了计算，各种合龙顺序累计位移对比结果见图3～图5，各方案下各墩顶纵向累计位移见表1。由计算结果可知，方案二、方案三产生的各向累积位移均与设计目标存在一定的差异，其中左幅的顶推及合龙效应差异最大。

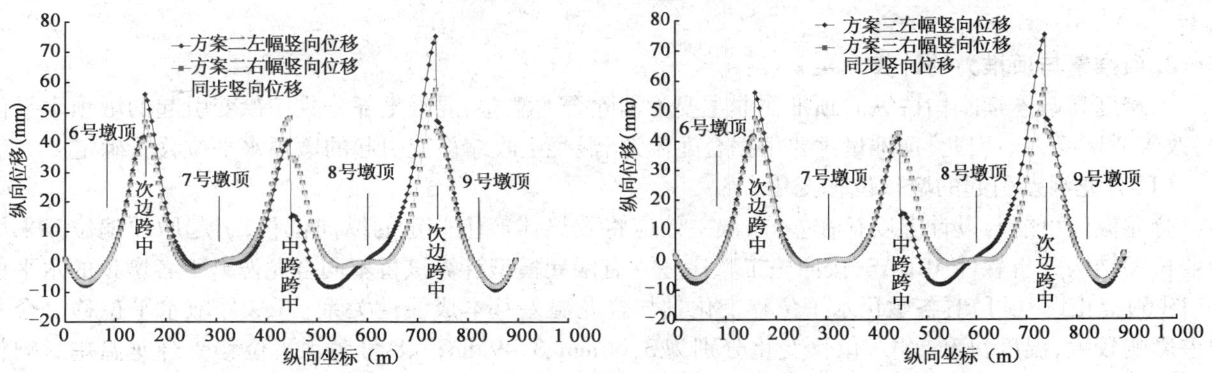

图3 各方案下的竖向累积位移对比结果

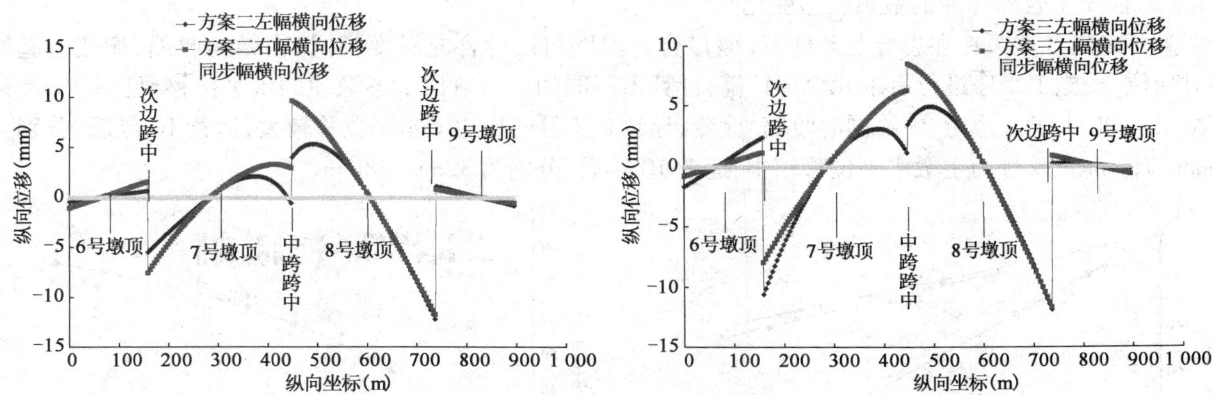

图4 各方案下的横向累积位移对对结果

各方案下各墩顶纵向累计位移(单位:mm) 表1

位置 / 方案	右幅 6号墩	右幅 7号墩	右幅 8号墩	右幅 9号墩	左幅 6号墩	左幅 7号墩	左幅 8号墩	左幅 9号墩
方案一	-67.1	-17.5	-12.3	76.6	-67.1	-17.5	-12.3	76.6
方案二	-50.6	-13.9	9.4	60.2	-35.1	-12.7	10.1	22.8
方案三	-42	-5	6.8	57.7	-43.1	-0.6	5.8	14.9

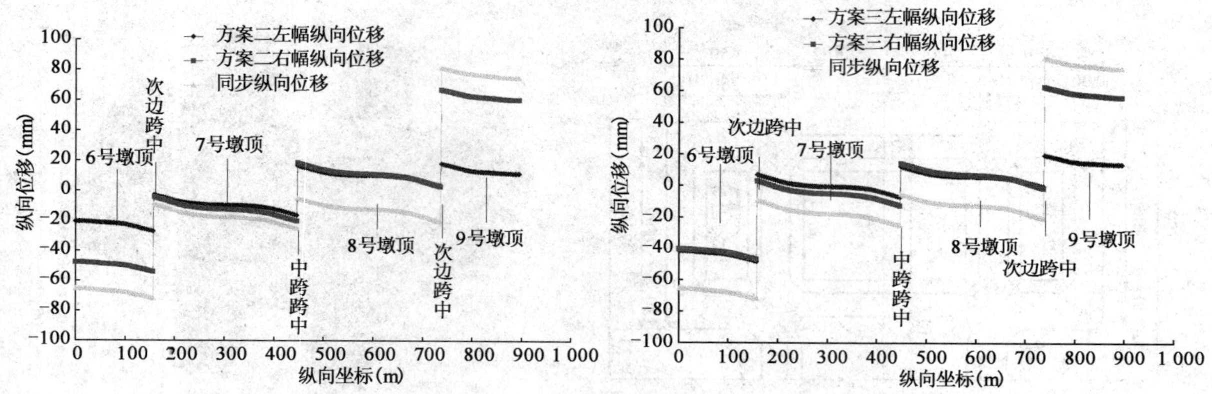

图5 各方案下的纵向累积位移对对结果

由于该桥两幅主墩斜腿处存在平联连接,合龙顶推施工时,结构的扭转、竖向挠度、横桥向位移等均存在相互影响的现象。为保证顶推施工可消除各墩顶水平位移,改善各墩受力状态,达到设计目标,并结合施工的操作的可行性,对两幅桥梁同步完成顶推合龙施工的三种合龙施工方案进行了对比研究。

由计算结果可知,两幅桥梁同步完成顶推合龙施工结构在合龙不存在横桥向扭转现象,运营10年结构各墩底两侧的应力差较小,保证了墩身截面不处于偏心受压状态,结构受力较为有利,推荐为实施方案。

2. 顶推量与顶推力的计算

大跨度高墩连续刚构桥纵向顶推作业主要为消除合龙温差、混凝土部分收缩徐变引起的墩顶水平位移,改善桥墩受力。因此,顶推量主要根据合龙温差、混凝土收缩徐变引起的墩顶水平位移量确定。

(1)合龙温差引起的墩顶位移变化

合龙温度可能与设计温度存在差异,温差效应将致梁体产生一定的纵向位移,引起墩顶偏位。采用专业桥梁结构分析软件MIDAS,按照施工顺序建立有限元模型计算该桥不同合龙温差下各墩顶的水平位移(图6)。由图6可知:各墩顶水平位移变化量与合龙温差基本成线性关系,6、9号墩水平位移受合龙温差影响较大,温度每升1℃,位移变化分别为3.66mm、3.49mm;7、8号墩水平位移受合龙温差影响相对较小,温度每升1℃,位移变化分别为1.49mm、1.33mm。

(2)混凝土收缩徐变的墩顶位移变化

为了确定各主墩在理想合龙条件下(假设合龙温度与设计合龙温度相同)由结构收缩、徐变引起的相对变位,按施工工序进行有限元模拟计算,计算出不同的运营阶段下各墩顶的水平位移,见图7。由计算结果可知,由于次边跨、中跨同时收缩、徐变,导致6、9号两次边墩水平位移较大,运营10年后,分别为80mm、76mm;7、8号两主墩水平位移较小,运营10年后,分别为32mm、28mm。

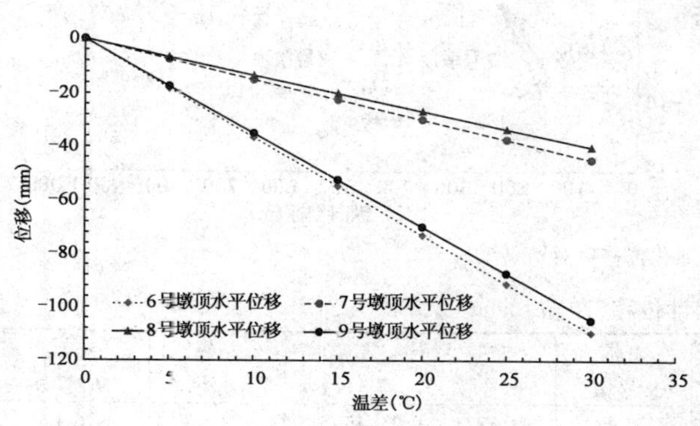

图6 不同的合龙温差下各墩顶纵向位移的变化量(以向跨中向移动为正)

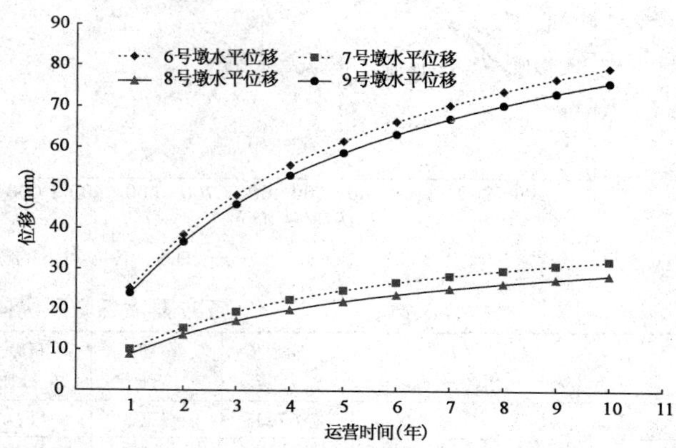

图7 运营阶段各墩顶纵向位移的变化量(以向跨中向移动为正)

(3)顶推力对顶推量的影响性分析

为了确定各主墩在理想合龙条件下(假设合龙温度与设计合龙温度相同)所需的顶推力,计算了次边跨及中跨顶推时各墩顶顺桥向位移与顶推力之间的关系,见图8。由计算结果可知,次边跨顶推时,6~9号墩位移与顶推力的比值分别为-0.039mm/kN,0.032mm/kN,0.05mm/kN,-0.033mm/kN;中跨顶推时,6~9号墩位移与顶推力的比值分别为-0.015mm/kN,-0.016mm/kN,-0.017mm/kN,-0.016mm/kN。

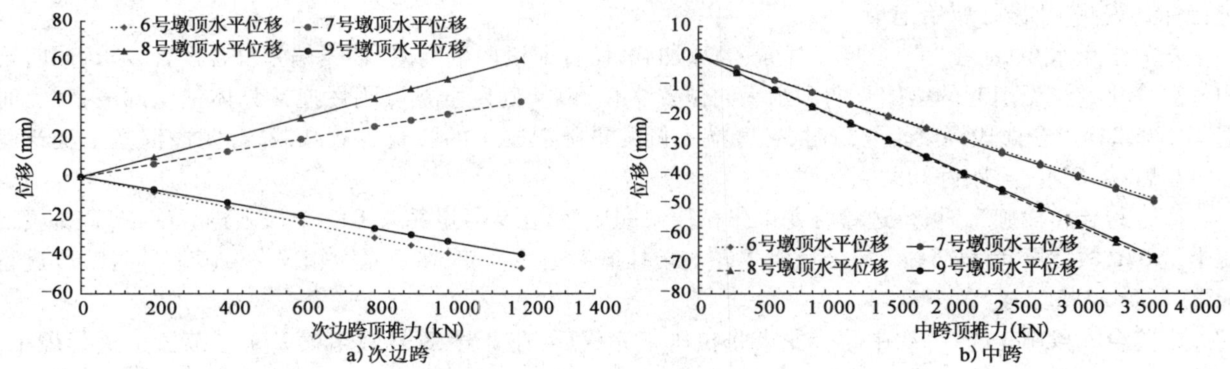

图8 顶推时各墩顶位移与顶推力的关系(以向跨中向移动为正)

(4)顶推力的确定

北盘江大桥为5跨预应力混凝土连续刚桥梁,共3个合龙口需要顶推施工,假设顶推力依次为F_1、F_2、F_3,由于大桥各墩高及抗推刚度均有差异,可根据6、7号墩理想预偏量可确定一组F_1、F_2的顶推力,8、9号墩理想预偏量确定一组F_2'、F_3的顶推力,但$F_2 \neq F_2'$。因此,需综合考虑大桥合龙的合龙温度及后续混凝土收缩徐变效应,并结合各墩的墩身高度,确一组合理的顶推力。

该桥6、9号墩身高度相对较小,需预偏量较大,7、8号墩身高度较大,所需预偏量相对较小,且墩顶偏位对墩身较矮的各墩受力相对较为不利。因此,本桥顶推力确定时,以优先满足6、9号墩顶预偏量为主,兼顾7、8号墩顶预偏量的原则,结合大桥运营收缩徐变的计算结果及顶推力与各墩位移的关系,经过试算,确定理想合龙条件下次边跨1的顶推力F_1为1 000kN,中跨的顶推力F_2为3 300kN,次边跨3的顶推力F_3为900kN,合龙完成后6~9号墩的预偏量分别为-77mm、-20mm、-14mm、-74mm,基本可抵消大桥运营10年间由收缩徐变产生的墩顶偏位。

由合龙温差与各墩顶位移的关系可知,其引起的各墩顶位移与收缩徐变引起的位移的比值基本一致,为$0.046 \times \Delta_{温差}$。因此,基于顶推力与顶推位移基本成线性关系的情况,由合龙温差引起附加顶推力计算确定为$\triangle F_n = \Delta_{温差} \times 0.046 \times F_n (n=1,2,3)$。

三、北盘江大桥合龙段施工技术

1.合龙段总体方案

合龙顺序:本桥箱梁合龙施工顺序按设计要求为:先边跨,后次中跨,最后中跨。次中跨、中跨要求左右幅同时合龙,边跨可分幅合龙。

合龙前临时锁定:边跨合龙锁定采用“外刚性支撑+内刚性支撑”方案。次中跨、中跨合龙段临时锁定采用“内外刚性支撑+顶推”方案。

配重设置:配重设置以弯矩平衡为原则,采用水箱配重,确保“T”构的平衡。

合龙时间的选择:合龙时间宜选在日照温差较小的阴天或温度变化幅度较平稳的时间段,并使混凝土浇筑后温度开始缓慢上升为宜,大致是午夜合龙锁定,凌晨开始浇筑混凝土。

体系转换:合龙段混凝土强度达到设计强度的90%后,按设计提供的顺序张拉纵向预应力束。张拉压浆完成后解除合龙段外锁加劲装置,拆除挂篮、边跨现浇支架、合龙吊架,完成体系转换。

2. 平衡重的设置

为保持混凝土浇筑过程中梁体平衡，需要在“T”构两悬臂端分别安装平衡重，配重设置以弯矩平衡为原则。具体工艺流程如下：主桁后退→在待合龙段箱梁顶搭建框架→框架内壁设置红木板并固定→内衬防雨帆布→内侧标注高度刻度线→加固配重水箱→注水至最大刻度线→测量观测并记录。

本桥采用简便式的配重水箱进行蓄水配重，配重水箱以箱梁轴线对称均匀布设，配重水箱靠近合同段一端与合龙段应保持 2m 以上距离（给合龙段施工预留作业空间）。测量人员对合龙段配重前后梁体进行标高观测，并做好原始记录。

安放配重水箱后，在“T”构两端对称、等重加载，使合龙段两端高差，轴线偏差符合设计要求，同时观测气温变化及气温引起的梁体竖向和水平向位置变化，以便确定合龙段刚性连接具体锁定温度，观测时间不小于 24h。合龙段混凝土浇筑时，悬臂端一侧配重随混凝土的浇筑等效减载，合龙段混凝土浇筑完毕时悬臂端一侧配重刚好卸载完。

次中跨合龙段施工时，待边跨合龙束张拉压浆完成后，在 9 号墩箱梁 B17 节段上进行配重，合龙段混凝土重 67t，故此配重 33.5t；待 8 号悬浇 T 左右幅挂篮后退后，同时在 8 号墩箱梁 Z34（Z34′）号节段进行配重，配重 33.5t。

中跨合龙段施工时，待次中跨合龙束张拉压浆完成后，在 7 号、8 号墩箱梁 Z34 号节段上进行配重，配重 33.5t。

平衡重的设置见图 9。

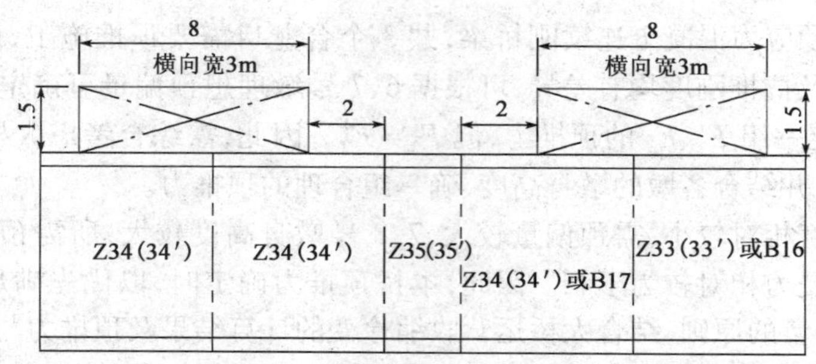

图 9　平衡重的设置（尺寸单位：m）

3. 箱梁顶推及内外刚性支撑施工

（1）箱梁顶推

在合龙段两端平衡重设置完成以及其他准备工作就绪后，即进行次中跨及中跨合龙段的顶推，顶推采用两点法（即：用两台千斤顶在箱梁腹板与顶板交界处）对称、均匀地对箱梁合龙段两端 T 构进行水平顶推，见图 10。

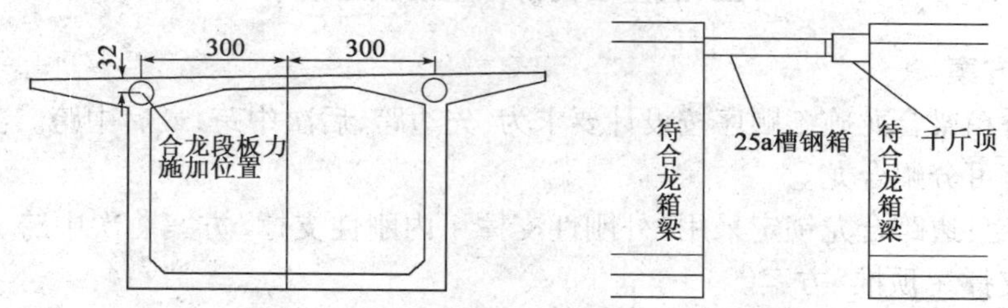

图 10　箱梁顶推千斤顶布置

顶推工艺流程：配重→搭设临时托架→顶推设备安装（千斤顶和传力杆）→施加顶推力→顶推力与顶推位移复合→测量观测→内、外刚性支撑锁定→回油、并拆除顶推设备→再进行测量观测。

在顶推力达到设计吨位后，保持千斤顶顶推力不变，直到合龙段刚性支撑安装完成后再撤掉千斤顶。

为了准确测得边跨合龙顶推时的相对位移和绝对位移，在6、7、8、9号墩顶0号块以及边跨现浇段上设置顶推前后测站点。

(2)安装刚性支撑

合龙段刚性支撑分为外刚性支撑和内刚性支撑，外刚性支撑为[40C双拼，内刚性支撑杆为[20a双拼。根据对梁体观测得到的具体锁定温度，在对"T"构两悬臂端加配重、箱梁施加顶推后(边跨不顶推)后，按设计要求的位置及数量进行焊接。刚性支撑合龙锁定时温度应选择18~23℃，以20℃为最佳。配重加载完成，底板腹板钢筋安装完毕后安装临时刚性连接杆，要求左右对称、同时焊接，焊缝迅速完成，尽快形成刚性连接。安装劲性骨架时，先焊接一侧焊缝，待温度达到锁定温度时再焊接另一侧焊缝。刚性连接杆与梁内预埋钢板应接触密实，否则用薄钢板垫塞，焊缝饱满，焊缝长度≥0.6m，余下长度采用间断点焊。

待合龙段顶推力达到后即可进行刚性支撑锁定，具体工艺流程如下：待合龙段刚性支撑预埋施工→预先安装合龙段的刚性支撑并焊接好一头→完成设计顶推力施加→进行全天大气温度观测→焊接合龙段刚性支撑的另一头→测量观测。

合龙段刚性支撑焊接完成后，为了防止其受压偏心，现将上下外刚性支撑分别设置平联，连为整体，见图11。

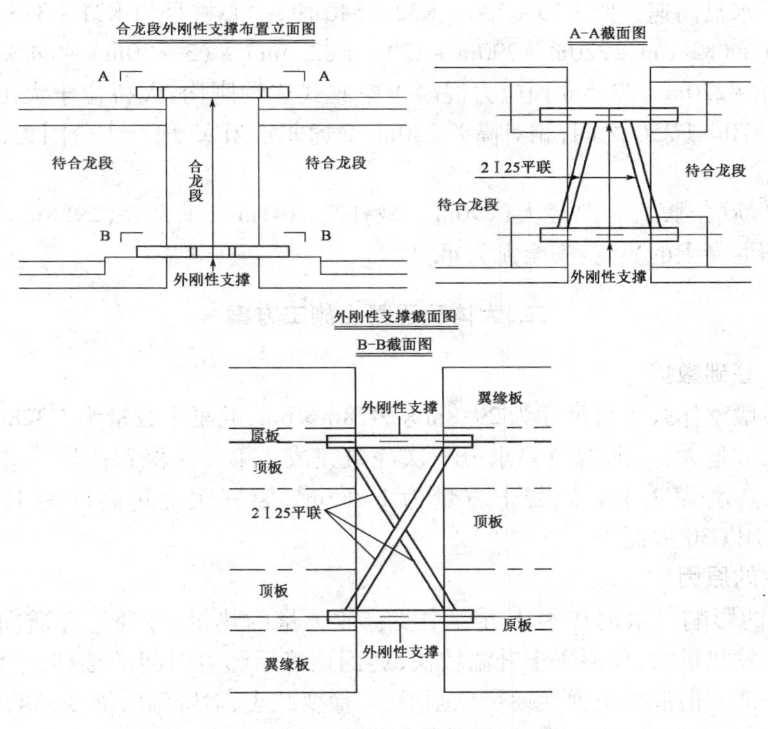

图11　外刚性支撑截面图

四、结　语

以水盘高速北盘江大桥为工程背景，对高墩大跨度空腹式连续刚构桥梁的合龙技术进行了研究，针对高墩大跨度双幅桥梁存在平联连接的结构体系，对不同的合龙顶推顺序对结构墩身受力及线形的影响分进行析，提出了双幅同步顶推合龙的施工方案，并合理确定的顶推力及顶推量，保证了顶推施工较好地消除各墩顶水平位移，改善各墩受力状态，达到设计目标。

参考文献

[1] 向中富.桥梁施工控制技术[M].北京:人民交通出版社,2001.

[2] 黄海东,向中富,刘志辉,等.重庆石板坡大桥施工控制方案研究[J].重庆交通学院学报,2005(6).
[3] 孙训方,方孝淑,关来泰.材料力学[M].北京:高等教育出版社,1993.
[4] 朱敏,许志焰,马庭林.高墩大跨预应力混凝土连续梁桥线形控制研究[J].四川建筑,2005(1).
[5] 中华人民共和国行业标准.JTG/T F50—2011 公路桥涵施工技术规范[S].北京:人民交通出版社,2011.

51.水盘高速公路北盘江大桥8号墩承台大体积混凝土施工

彭泽鸣 邢应发
(水盘高速公路JL-A-2驻地办)

一、概 述

北盘江大桥位于水盘高速公路K30+700~K32+540段,中心桩号为K31+345,全桥长1 261m。桥跨布置为:(5×30m)+(82.5m+220m+290m+220m+82.5m)+(3×30m)+(4×30m),其中,主桥为82.5m+220m+290m+220m+82.5m预应力混凝土空腹式连续刚构,大桥位于大山深处,山高谷深,坡陡路险,地面高程在870~1 250之间,相对高差350m,交通非常闭塞,出行十分困难,地质情况复杂,溶洞发育,施工难度极大。

北盘江大桥桥型新(空腹式),跨径大(290m),墩柱高(141m),承台大(29.8m×29.8m×6m),施工难度大。保证大体积混凝土的质量、安全尤为重要。

二、大体积混凝土施工方案

1.大体积混凝土基础数据

北盘江大乔8号墩整体式承台尺寸为29.8m×29.8m×6m,混凝土数量为5 328m^3,属于大体积混凝土施工。由于混凝土方量大,按照规范要求分三次浇筑完成。第一次浇筑高度为2.1m,混凝土方量为1 865m^3,第二次浇筑高度为2.1m,混凝土方量为1 865m^3,第三次浇筑高度为1.8m,混凝土方量为1 598m^3,强度等级采用C30混泥土。

2.温度应力产生的原因

(1)水泥水化热的影响。水泥在水化过程中要释放大量的热量,并通过介质向四周传递。硬化初期,水泥水化过度快、发热量大,使混凝土升温较快,达到顶峰后随着时间的推移,水泥水化速度减慢,混凝土温度开始逐渐回落。但混凝土弹性模量急剧增高、徐变减小,对降温收缩变形的约束也越来越强,并产生温度拉应力,当混凝土的抗拉强度不足以抵抗这种拉应力时,混凝土即产生了温度裂缝。

(2)混凝土收缩变形的影响。混凝土在施工和养护过程中可产生凝缩变形、干燥收缩变形、自身收缩变形、温度下降产生的冷缩变形和碳化收缩变形等。混凝土的收缩变形越大,收缩变形的分布越不均匀,产生的应力也越大。

(3)外界气温变化的影响。在施工阶段外界气温的影响主要体现在:外界气温越高,混凝土浇筑温度也越高,相应的最高温升值也越高;外界气温下降,会增加外层混凝土与内部混凝土的温差梯度,温差越大、温度应力也越大。

(4)约束条件的影响。该约束条件分为内约束和外约束,内约束主要指结构内部非均匀的温度及收缩分布,各质点变形不均匀产生的相互约束。外约束指结构的边界条件约束,如基础等。混凝土的收缩变形因受到约束而产生拉应力,当拉应力超过其相应的抗拉强度时,便引起开裂。

3. 温控措施及标准

为保证混凝土施工质量，避免产生温度裂缝，确保大桥的使用寿命和运行安全，首先对承台混凝土进行了温控方案设计，计算了混凝土内部温度场及仿真应力场，并根据计算结果制订了温度裂缝的温控标准和相应的温度控制措施。

根据温控原则和工程的实施情况，并结合计算和仿真结果，制定如下温控标准：

承台内部最高温度≤60℃；

混泥土最大内外温差≤25℃；

通过保温控制混凝土最大降温速率≤2.0℃/d。

温度控制的原则是：①控制混凝土浇筑温度；②尽量降低混凝土的温升，延缓最高温度出现时间；③控制降温速率；④降低混凝土中心和表面之间、新浇筑混凝土之间的温差以及控制混凝土表面和气温之间的差值。

4. 混凝土配制及优化

配制的原则：使大体积混凝土具有良好的抗侵蚀性、稳定性和抗裂性能，从原材料抓起。水泥根据目前市场供应情况，采用P·O42.5级普通硅酸盐水泥，中、粗砂采用当地合格材料自行加工的机制砂，外加剂采用“聚羧酸”高效减水剂，粉煤灰采用“Ⅱ级粉煤灰”掺量为水泥用量的20%。经试制、分析、优化确定最终的混凝土配合比。

水泥:粉煤灰:砂:碎石:水:外加剂=312:17:743:1069:159:3.432。

三、施工中的监控量测

(1)降低混凝土的浇筑温度对控制混凝土裂缝非常重要，相同的混凝土，入模温度高的温升值比入模温度低的大许多，在混凝土浇筑之前，通过测量水泥、粉煤灰、砂、石、水的温度，可以估算出浇筑温度，若浇筑温度不在控制范围内，则应采取相应措施，严防将集料置于日晒情况下，将集料储存地点设置在阴凉的位置。

(2)采用水管冷却。虽然施工中采用了分层浇筑工艺，但在没有人工冷却措施的条件下，其天然冷却过程是十分缓慢的。为了加快工程施工进度，同时通过人工冷却措施降低水化热温升、降低基础温差，有效控制温度应力，防止开裂，在大体积承台混凝土施工中，采用了冷却水管进行人工降温。混凝土浇筑过程中每2h测量一次温度，在浇筑完毕至水化热上升阶段，每2h测量一次；水化热降温第一周，每4h测量一次，通过时间根据测温结果确定。

四、结　　语

8号承台浇筑实测中心内外最大温差为16.9℃(≤25℃)，监测结束时承台内外温差为10.0℃，实测最大降温速率为1.85℃/d(≤2℃/d)，均在温控标准范围内，见表1。温控过程中，混凝土表面与外界空气温度之差部分位置略大于25℃。温控过程中对承台上表面仔细检查，未发现任何裂缝。

8号承台浇筑温度监测数据 表1

测点 / 时间(h)	上层					中层					下层				
	1	2	3	4	5	1	2	3	4	5	1	2	3	4	5
0	12.3	12.5	12.8	13.1	13.1	12.0	12.1	12.6	12.8	13.1	12.6	12.9	13.1	13.1	13.3
40	17.3	17.5	17.5	17.9	18.2	17.7	18.1	18.2	18.3	18.5	19.3	19.6	19.8	20.0	20.0
48	18.0	18.4	18.7	19.0	19.4	18.7	19.1	19.3	19.5	19.6	19.9	20.1	20.5	20.7	20.8
64	21.2	21.4	21.5	22.0	22.3	20.6	20.8	21.2	21.5	21.7	21.8	22.0	22.4	22.5	22.8
66	22.1	22.3	22.4	22.6	22.7	20.8	21.2	21.7	21.8	22.0	21.9	22.3	22.5	22.7	23.1
68	21.8	22.0	22.1	22.6	22.7	21.6	21.8	22.2	22.4	22.4	22.0	22.2	22.7	23.0	23.2

续上表

时间(h) \ 测点	上层					中层					下层				
	1	2	3	4	5	1	2	3	4	5	1	2	3	4	5
72	22.1	22.4	22.5	22.9	23.2	21.8	22.1	22.2	22.7	22.8	23.3	23.5	23.7	24.2	24.6
86	32.5	32.5	32.8	33.2	33.5	28.7	28.7	29.0	29.2	29.5	27.6	27.6	28.0	28.4	28.6
90	33.7	34.0	34.1	34.2	34.2	30.5	30.8	31.2	31.3	31.3	29.5	29.9	30.0	30.1	30.5
92	34.2	34.6	34.8	35.3	35.4	31.4	31.7	31.9	32.3	32.5	30.7	31.1	31.3	31.4	31.4
96	35.7	35.7	36.0	36.1	36.2	32.6	32.8	33.3	33.6	33.7	31.7	32.0	32.4	32.9	33.0
112	46.6	46.8	47.0	47.4	47.8	38.9	39.0	39.4	39.9	40.0	39.0	52.2	44.5	35.4	35.8
116	48.7	48.7	48.9	49.3	49.3	40.3	40.3	40.7	40.9	41.4	40.2	41.5	47.7	37.8	38.1
120	48.6	48.6	49.0	49.2	49.5	40.9	41.4	41.9	42.4	42.7	48.0	45.5	52.3	41.2	41.4
136	42.2	42.4	42.9	42.9	43.3	47.7	48.0	48.5	48.9	48.9	38.6	51.3	52.9	52.0	52.3
140	40.6	40.7	41.0	41.1	41.1	50.6	50.9	51.1	51.2	51.7	46.0	44.2	43.1	40.1	52.0
158	28.5	28.9	29.3	29.7	30.0	43.8	43.8	44.0	44.1	44.5	36.5	32.3	38.8	35.1	39.9
162	26.2	26.6	27.0	27.3	27.7	41.3	41.7	41.9	42.3	42.7	27.8	20.2	28.3	24.6	38.3
166	25.3	25.4	25.5	26.0	26.1	40.2	40.4	40.7	41.0	41.4	13.4	12.2	14.2	12.3	30.4
170	20.5	20.1	21.3	20.5	18.0	42.2	36.9	37.3	37.6	37.7	12.0	12.2	12.8	10.7	28.0

注:时间零点为混凝土开盘时间。

52. 贵州深"V"形山区连续刚构桥梁施工研究

付 浩
(贵州省公路工程集团有限公司第六分公司)

摘 要 本文主要介绍贵州典型的深"V"形山谷连续刚构施工,由于受地形的限制,施工条件极度恶劣。通过对现场地形的勘查,结合以往的施工经验,在特殊地形下,采用轨道及索吊等吊装设备,在保证质量和安全的前提下,合理地进行组织,保证桥梁施工按照进度计划完成,保证全线的通车计划。

关键词 施工条件 下部构造 二郎河特大桥 组织管理

随着贵州省高速公路建设的高速发展,贵州山区受地形条件限制(特殊深"V"形山谷,两侧坡度最大60°,且两岸均为石质悬崖,无法修建施工便道),受制于山区特殊地形条件,大型的施工机械设备无法进入山区施工作业面。为此,在进行桥梁施工准备前,考虑了两岸引桥采用提升机轨道将施工材料运输至各施工墩位,主墩采用液压滑框小翻模进行施工。现以仁赤高速RCTJ-9合同段二郎河特大桥作为施工研究对象进行阐述。

一、工 程 简 介

贵州省赤水至望谟高速公路(仁怀至赤水段)第九合同段(K53+382.46~K54+083.54)二郎河特大桥为一座整体式大桥,桥梁起点桩号:K53+382.46,终点:K54+083.54,桥梁全长701.08m,设计为3×40m+(106+200+106)m+4×40m预应力混凝土连续刚构、预应力混凝土T梁。T梁采用先简支后结构连续体系。最大墩高为166.4m,过渡墩最大墩高为103m。

主桥最大高度为166.4m,采用全国首创的液压滑框小翻模进行施工,上构采用三角形挂篮进行施工,此处对上构的施工工艺不进行阐述,主要集中研究主桥下部构造施工及引桥下构施工。在管理创新方面,主要集中于上构挂篮施工的“管理小时”制度,即将施工计划细分到每天的每个小时,整体对施工现场施工进度进行控制的一种新的管理方式。

二、桥梁下部施工工艺研究

1. 主桥下部施工工艺及流程

在二郎河特大桥施工中,从墩底实心段的施工到中系梁的施工,再到墩身施工完毕,采用液压滑框小翻模施工的过程控制主要集中于以下几点:

(1)模板系统组装

由于墩柱的施工按照 1.5m、3m、4.5m 的三种备用方案进行施工,模板高度配置总体上按照 6m 控制,由于采用翻模施工,每节模板的高度均为 1.5m。在施工完主墩承台后,施工实心段及倒角部分均由搭设简单支架进行施工,如图 1、图 2 所示。

图 1 实心段及倒角部分的浇筑模板组装

图 2 4.5 ~9m 混凝土浇筑模板及支架搭设

(2)液压滑框系统拼装

①附墙设备安装

爬锥及挂座体安装:待混凝土浇筑完 9m 后,安装爬锥及挂座体,现场安装如图 3 所示。

爬轨上扼体安装:待挂座体安装完毕后,开始安装轨道的上扼体,现场安装图 4 所示。

图 3 爬锥及挂座体安装图

图 4 爬轨上扼体安装图

施工支架安装:待上扼体安装完毕后,开始安装液压滑框支架,滑框支架安装如图 5 所示。

安装施工平台及立柱:安装完施工支架后,安装施工平台及立柱,施工平台及立柱拼装如图 6 所示。

液压控制设备安装:待施工支架及立柱平台安装完毕后,人行通道铺设完毕后,开始安装液压爬升系统,液压系统的安装如图 7 所示。

待液压设备安装完毕后，整个液压滑框系统拼装拼装完成，开始正常作业施工。

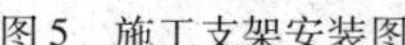

图5　施工支架安装图

图6　立柱及横梁安装图

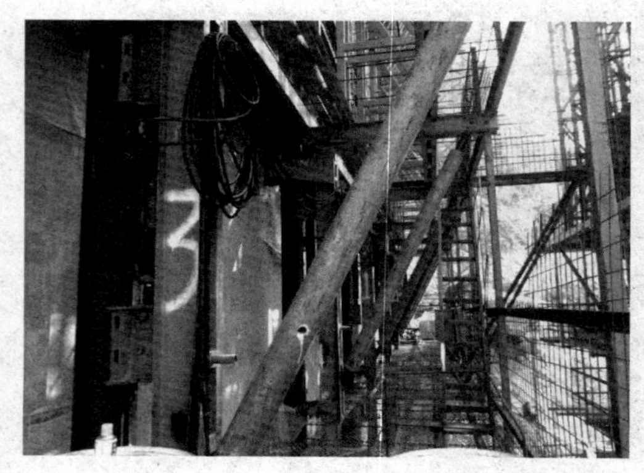

图7　液压设备的安装图

(3)施工计划及分析

二郎河特大桥主墩从2011年12月9日开始拼装施工支架，拼装施工支架1个月完成。正常拼装完成开始施工的时间为2012年2月13日，结束时间为2013年9月28日，影响施工进度的主要原因为，主墩从墩底至墩顶每隔37m设置一道中系梁，每个主墩为3道中系梁，且系梁的设计为箱形预应力混凝土系梁，每道系梁的预埋及施工时间周期为1个月。

现场的施工材料及机具组织不能满足连续作业的需求，故施工进度相对缓慢，但有效施工工期内每天可施工1.5m左右。

(4)施工总结

根据现场的施工情况，液压滑框翻模与传统的液压爬模、液压滑框翻模的优缺点对比表如表1所示。

液压滑框翻模施工优缺点对比表　　表1

序号	施工工艺	施工工效	施工质量	工序衔接	施工现场故障处理	工人操作安全性能	备注
1	液压滑框翻模	高	好	强	强	高	
2	液压爬模	中	好	一般	强	高	
3	液压滑模	高	差	强	差	中	

通过表1的对比，采用现有桥梁墩柱施工工艺的对比后，不难发现，液压滑框翻模综合了传统的液压爬模、液压滑膜施工工艺的优点的一项新的施工工艺，相信在今后的桥梁墩柱施工中，将会成为主流的一项新的施工工艺。

液压滑框翻模施工工艺，是利用翻模的施工原理结合液压爬升设备，综合考虑施工现场各工种的配合、协调性，对现场的机械设备、材料、人工的组织等需要很强的配合，对比于原有的施工工艺，此施工工艺在人员分工上更加精细化、明确化，是现场施工管理水平提高的一种新工艺。随着公司管理水平的不断的提高，施工分工越来越精细，从根本上解决了施工山区中大型设备无法进行运输的难题。

2. 引桥施工工艺及流程

由于二郎河特大桥两岸受地形条件的限制(两岸为石质顺层边坡，最大坡度达到56°)，无法修建施工便道至各施工墩点，在引桥墩柱施工的过程中，在两岸首先修建了两座施工运输轨道(图8

和图 9)，运输墩柱施工的施工材料。同时，在墩柱两侧安装了临时索吊，将施工材料横向运输至各施工墩点。

图 8 仁怀岸运输轨道

图 9 赤水岸运输轨道

二郎河特大桥引桥墩墩柱分别位于二郎河的仁怀侧和赤水侧，桥区所处的位置为贵州典型的深“V”形山谷中，仁怀岸的最大坡度为 45°、赤水岸的最大坡度为 50°，两边均安装施工运输轨道作为钢筋、模板、小型施工机具的运输通道，人行施工钢梯步全部安装完毕，仅供工人上下班使用。由于便道无法修到两边的墩位，两边的引桥墩施工中均没有塔吊和电梯。

(1)引桥墩柱下部构造施工工艺

引桥施工方案在综合考虑各方面的因素后，选择液压滑框小翻模施工支架，模板亦采用 1.5 × 3m 的钢模板，模板起吊采用在施工支架顶安装一台小型桁车，钢筋采用在顶部一侧安装 3t 改装后的鸡公吊。由于引桥的地形条件的限制，无法安装塔吊，整套设备提升系统采用手拉葫芦(10t)人工滑升方案，滑升至下一道预埋孔位置时，横担 ϕ50mm 钢棒支撑整个支架系统。方案布置如图 10 和图 11 所示。

图 10 施工支架现场布置图

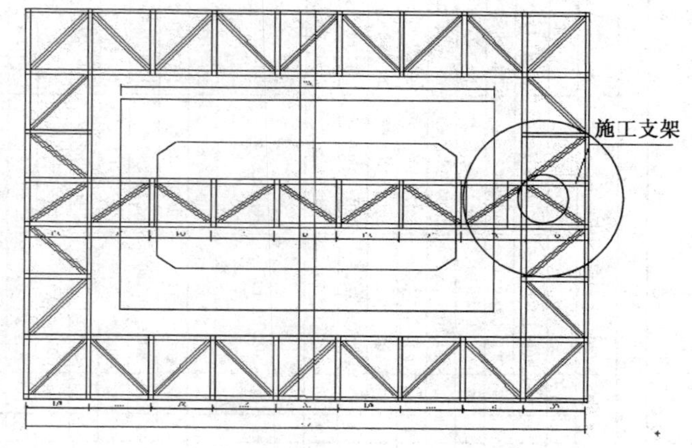

图 11 施工支架平面布置图

(2)提升支架的安装

整套系统的提升机构分为模板提升系统和钢筋提升系统两部分。模板提升系统：模板提升设备采用在施工支架顶部安装一套桁车作为提升模板系统，主梁采用现场焊接的 I25a 热轧普通工字钢，起吊的系统采用 3t 电动葫芦，横向移动利用在顶部安装 30 轨作为轨道进行移动，见图 12。

表2

二郎河特大桥右幅4号墩进度计划表

分项工程	计划						实际					实际与计划比较			现场施工情况
	时间		施工计划		调整计划		起	止	时间		施工人数	时间	施工人数	滞后-/提前+	
	T	h	起	止	起	止			T	h		T			
1、1号	10	240	2012/1/23 0:00	2012/2/2 0:00	2013/1/19 8:00	2013/1/29 8:00	2013/1/19 16:00	2013/2/3 18:00	15.3	368		5.3		-5.4	
安装模板	1	24	2012/1/23 0:00	2012/1/24 0:00	2013/1/19 8:00	2013/1/20 8:00	2013/1/19 16:00	2013/1/22 20:00	3.2	76		2.2		-2.5	夜班没有人上班、模板班人数只有8人
校模板	0.5	12	2012/1/24 0:00	2012/1/24 12:00	2013/1/20 8:00	2013/1/20 20:00	2013/1/21 12:00	2013/1/22 8:00	0.8	20		0.3		-1.5	
安装钢筋及预应力管道	4	96	2012/1/24 12:00	2012/1/28 12:00	2013/1/20 20:00	2013/1/24 20:00	2013/1/22 8:00	2013/1/28 12:00	6.2	148		2.2		-3.7	
混凝土浇筑	1	24	2012/1/28 12:00	2012/1/29 12:00	2013/1/24 20:00	2013/1/25 20:00	2013/1/29 14:00	2013/1/30 18:00	1.2	28		0.2		-4.9	
等混凝土强度	3	72	2012/1/29 12:00	2012/2/1 12:00	2013/1/25 20:00	2013/1/28 20:00	2013/1/30 18:00	2013/2/2 12:00	2.8	66		-0.3		-4.7	
张拉	0.5	12	2012/2/1 12:00	2012/2/2 0:00	2013/1/28 20:00	2013/1/29 8:00	2013/2/2 12:00	2013/2/3 18:00	1.3	30		0.8		-5.4	
2、2号	10	240	2012/2/2 0:00	2012/2/12 0:00	2013/1/29 8:00	2013/2/8 8:00	2013/2/3 18:00	2013/2/20 9:00	14.6	351.5		4.6		-12.0	
移挂篮	1	24	2012/2/2 0:00	2012/2/3 0:00	2013/1/29 8:00	2013/1/30 8:00	2013/2/3 18:00	2013/2/4 18:00	1.0	24		0.0		-5.4	春节期间，模板工人只有8人，且工效不高。钢筋工4、5号主墩共有30多人，且都不熟练，严重影响进度。春节期间晚上工人都没有加班
校模板	1	24	2012/2/3 0:00	2012/2/4 0:00	2013/1/30 8:00	2013/1/31 8:00	2013/2/6 8:00	2013/2/6 16:30	0.4	8.5		-0.6		-6.4	
安装钢筋及预应力	3.5	84	2012/2/4 0:00	2012/2/7 12:00	2013/1/31 8:00	2013/2/3 20:00	2013/2/6 17:00	2013/2/15 9:00	8.7	208		5.2		-11.5	
混凝土浇筑	1	24	2012/2/7 12:00	2012/2/8 12:00	2013/2/3 20:00	2013/2/4 20:00	2013/2/15 18:00	2013/2/17 16:00	1.9	46		0.9		-12.8	
等混凝土强度	3	72	2012/2/8 12:00	2012/2/11 12:00	2013/2/4 20:00	2013/2/7 20:00	2013/2/17 16:00	2013/2/19 15:30	2.0	47.5		-1.0		-11.8	
张拉	0.5	12	2012/2/11 12:00	2012/2/12 0:00	2013/2/7 20:00	2013/2/8 8:00	2013/2/19 15:30	2013/2/20 9:00	0.7	17.5		0.2		-12.0	
3、3号	9	216	2012/2/12 0:00	2012/2/21 0:00	2013/2/8 8:00	2013/2/17 8:00	2013/2/20 9:00	2013/2/27 20:30	7.5	179.5		-1.5		-10.5	
移挂篮	1	24	2012/2/12 0:00	2012/2/13 0:00	2013/2/8 8:00	2013/2/9 8:00	2013/2/20 9:00	2013/2/20 16:00	0.3	7		-0.7		-11.3	
校模板	0.5	12	2012/2/13 0:00	2012/2/13 12:00	2013/2/9 8:00	2013/2/9 20:00	2013/2/20 16:00	2013/2/20 20:00	0.2	4		-0.3		-11.0	
安装钢筋及预应力	3	72	2012/2/13 12:00	2012/2/16 12:00	2013/2/9 20:00	2013/2/12 20:00	2013/2/21 9:00	2013/2/23 16:00	2.3	55		-0.7		-10.8	
混凝土浇筑	1	24	2012/2/16 12:00	2012/2/17 12:00	2013/2/12 20:00	2013/2/13 20:00	2013/2/23 18:00	2013/2/24 11:30	0.7	17.5		-0.3		-10.6	
等混凝土强度	3	72	2012/2/17 12:00	2012/2/20 12:00	2013/2/13 20:00	2013/2/16 20:00	2013/2/24 11:30	2013/2/27 14:00	3.1	74.5		0.1		-10.8	
张拉	0.5	12	2012/2/20 12:00	2012/2/21 0:00	2013/2/16 20:00	2013/2/17 8:00	2013/2/27 10:30	2013/2/27 20:30	0.4	10		-0.1		-10.5	
4、4号	7	168	2013/2/27 12:00	2013/3/6 12:00	2013/2/27 12:00	2013/3/6 12:00	2013/2/28 8:00	2013/3/6 19:00	6.5	155		-0.5		-0.3	
移挂篮	0.5	12	2013/2/27 12:00	2013/2/28 0:00	2013/2/27 12:00	2013/2/28 0:00	2013/2/28 8:00	2013/2/28 14:00	0.3	6		-0.3		-0.6	中跨无人员校模板
校模板	0.5	12	2013/2/28 0:00	2013/2/28 12:00	2013/2/28 0:00	2013/2/28 12:00	2013/2/28 14:00	2013/3/1 12:00	0.9	22		0.4		-1.0	
安装钢筋	2	48	2013/2/28 12:00	2013/3/2 12:00	2013/2/28 12:00	2013/3/2 12:00	2013/3/1 12:00	2013/3/4 6:00	2.8	66	10	0.8		-1.8	
混凝土浇筑	0.5	12	2013/3/2 12:00	2013/3/3 0:00	2013/3/2 12:00	2013/3/3 0:00	2013/3/4 6:00	2013/3/7 6:00	3.0	72		2.5		-4.3	4日下午7点堵管，右幅模板工人不听安排不清理管道，带班李平安排左幅工人清理管道。之后陆续堵管、爆管都是安排安排左幅工人清理。6日22点无工人浇筑混凝土，安排田洪庆7个工人浇筑混凝土
等混凝土强度	3	72	2013/3/3 0:00	2013/3/6 0:00	2013/3/3 0:00	2013/3/6 0:00	2013/3/4 19:00	2013/3/6 6:00	1.5	35		-1.5		-0.3	
张拉	0.5	12	2013/3/6 0:00	2013/3/6 12:00	2013/3/6 0:00	2013/3/6 12:00	2013/3/6 6:00	2013/3/6 19:00	0.5	13		0.0		-0.3	

钢筋提升系统:钢筋提升系统采用3t鸡公吊改装后作为起吊钢筋设备,为防止支架侧向出现过大集中荷载,每次提升钢筋的数量不能超过额定的60%,最大起重钢筋量不超过2t。起吊设备的立面如图13所示。

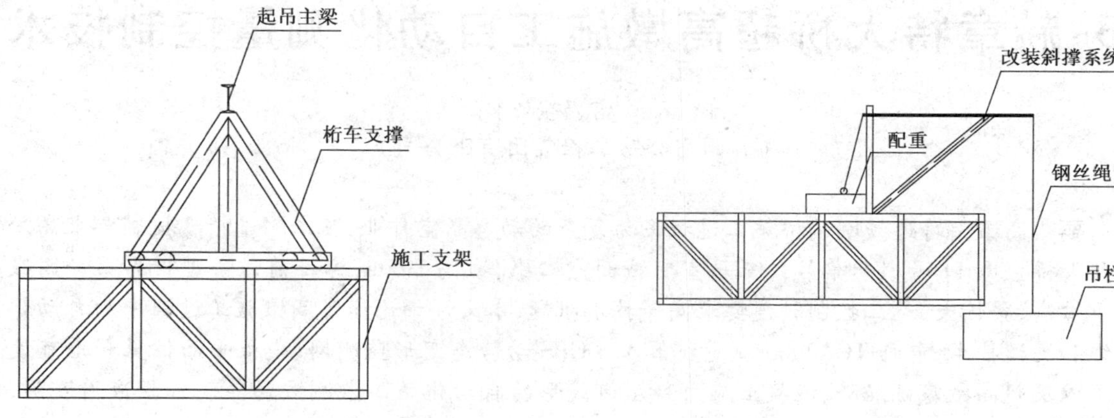

图12　模板提升系统立面图　　图13　钢筋提升系统立面图

支架每次爬升9m,爬升完毕后,在预埋钢管位置横担ϕ50mm钢棒作为施工支架支撑,开始进行钢筋、模板安装、混凝土浇筑等工作,每次循环按照9m进行施工,施工到盖梁位置处时,可利用此支架进行盖梁混凝土浇筑。现场的施工实践表明,利用此施工工艺,在无垂直起吊设备的辅助施工下,每天墩柱平均可达到1m,保证桥梁整体施工进度,满足施工需求。

3. 上部构造挂篮施工中管理创新

在上部构造的施工过程管理中,一切从现场的实际出发,以满足现场的施工要求为目标进行工作。从预应力的张拉、高强度等级混凝土的泵送、施工现场问题的处理等,以理论计划结合现场的施工,保证施工的进度和质量。同时,辅以严格的日进度计划的管理,找出进度滞后的原因,分析原因,解决问题,保证了施工中按照原施工工期完成。

同时,为保证每个节点工期能满足施工要求,组织了1支60人左右的施工队伍,一旦施工中出现滞后的情况,将会组织这支队伍进行相应的辅助,保证总施工计划按照进度计划完成。全桥于2013年10月13日完成桥面系及护栏的浇筑工作,保障了仁赤高速2013年11月18日的全线通车目标。

二郎河特大桥右幅4号墩进度计划见表2。

三、结　　语

通过对二郎河特大桥的施工总结,采用二郎河特大桥的下部构造的施工工艺,完全能满足贵州深"V"形山谷中特殊地形条件下高墩连续刚构桥梁的施工;同时,在结合相应的管理方式,保证了施工进度、质量、安全的控制,圆满地完成了相应的施工目标。

参考文献

[1] 中华人民共和国国家标准. GB 50017—2003　钢结构设计规范[S]. 北京:中国标准出版社,2003.

[2] 中华人民共和国行业标准. JTG/T F50—2011　公路桥涵施工技术规范[S]. 北京:人民交通出版社,2011.

[3] 周水兴. 路桥施工计算手册[M]. 北京:人民交通出版社,2001.

[4] 中国公路工程咨询集团有限公司. 仁赤高速RCTJ-9合同段《二郎河特大桥施工图设计》.

53. 赫章特大桥超高墩施工自动化测量控制技术

雷乃金
（贵州省公路工程集团有限公司）

摘　要　高墩大跨连续刚构桥施工过程多为复杂的动态高空作业，施工测量精度控制要求高。贵州省赫章特大桥主墩11号墩为单柱式三箱室变截面空心墩，墩高195m，为目前该桥型世界第一高墩。针对高墩重心高、柔性大、施工控制精度要求高等技术难题，本文详细论述了高墩施工过程中的自动化变形监测系统和关键技术，包括TCA2003测量机器人＋GPS动静态变形监测网、模板平面位置和垂直度自动放样系统以及超高墩基础沉降、混凝土应力和几何线形的自动化施工监测方法等。工程应用表明，自动化测量系统的应用保证了超高墩垂直度偏差小于1/3 000，有效控制了高墩的平面位置和垂直度，为类似高墩施工测量控制提供了参考。

关键词　赫章特大桥　超高墩　施工量测　自动化系统　垂直度

一、工 程 概 况

贵州属于我国云贵高原腹地，境内山区峡谷地貌纵多，预应力混凝土连续刚构桥以其施工简便、造价经济、受力合理、行车舒适等独特优势在近年来迅速崛起，并向薄壁、高墩、大跨径的趋势发展，越来越多的桥梁将选择高墩大跨连续刚构桥方案。

赫章特大桥地处云贵高原乌蒙山脉北段，地势西高东低桥位区附近海拔1 492～1 835m，相对最大高差343m。该桥跨越后河，桥轴线地表高程1 710～1 497m，相对高差约213m。桥址属于暖温热季风湿润气候区，年平均气温13.3℃，极端最高气温37.1℃，极端最低气温－10.1℃。降水量为793.1～984.5mm，年平均降水851.6mm，平均相对湿度79%。平均日照1 380.7h，无霜期207d。历年最大风速11.0m/s，平均风速2.1m/s。

如图1所示，赫章特大桥上部结构采用96m＋2×180m＋96m预应力混凝土箱形梁连续刚构。大桥分左右两幅，全桥总长1 072.8m。上部结构箱梁为变截面单箱单室断面，箱顶宽11m，底宽6.5m；箱梁高度（梁高以裸梁低侧腹板处箱梁顶面到箱梁顶面到箱梁地面的距离计）在各墩与箱梁相接的根部断面梁高位11.5m，现浇段和合龙段梁高均为4.0m，其余梁底下缘按1.6次抛物线变化。

主桥上部为挂篮悬臂浇筑，托架现浇直线段，再浇筑合龙段。11号主墩为单柱式三箱室变截面空心墩，墩高195m，为目前该桥型世界第一高墩，10号墩、12号墩为双柱式空心薄壁方墩，均采用C50混凝土。

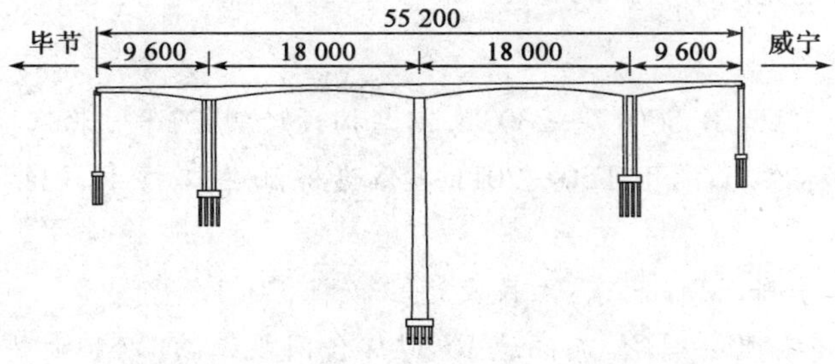

图1　赫章特大桥主桥布置图（尺寸单位：cm）

赫章特大桥主墩均比较高,最大墩高 195m,具体见统计表 1。主桥 11 号墩处于干河峡谷,墩柱高 195m,采用液压滑框翻模施工。重心较高、柔性较大,其施工精度要求高,垂直度允许偏差不得大于 1/3 000,墩身顶、墩身底平面中心位置与设计偏差不得大于 10mm,主墩地处峡谷风口处,受到日照温差变形、大气及风力作用、施工机械等因素都会引起墩轴线的弯曲和摆动,其摆动幅度都会大于施工精度,因此采用合适的测量方法来控制墩身的平面位置和垂直度是必需的。

赫章特大桥主墩高度 表 1

墩 编 号	高度(m)	墩 编 号	高度(m)
7 号	52	12 号	70
8 号	62	13 号	58
9 号	68	14 号	58
10 号	80	15 号	47
11 号	195		

二、高墩施工测量与放样方案

1. 超高墩高精度控制自动化测量系统

超高墩高精度控制测量技术是在对现有控制测量技术研究成果分析总结基础上,针对超高墩重心高、柔度大等特点,结合具体地形及通视条件,进行超高墩施工控制网布设。根据实际情况,选择采用测量机器人(TCA2003)建立了赫章特大桥单三角形施工控制与变形监测网,精度达到一级测网要求。同时,进一步采用了高精度 GPS(天宝 R8)对此网进行了静态观测,以提高网形精度。综合 TCA2003 测量机器人及天宝 R8 GPS 的观测数据和计算结果,可动态分析赫章特大桥单三角形施工控制与变形监测网的精度指标。

在采用上述智能化系统基础上,引入自动变形监测系统,建立模板平面位置放样和激光垂准仪法相结合的高精度自动放样方法;进一步开展超高墩施工全过程稳定变形监测,考虑施工过程中温度效应和风效应影响,对超高墩施工期的变形性能进行了评估。同时开展超高墩基础沉降、混凝土应力和几何线形的施工监测,通过实测数据和理论分析对比,保证超高墩施工期的安全性能,并且通过高精度控制测量网和自动放样方法的应用,实现超高墩垂直度小于规范容许值 $H/3\,000$。

2. 超高墩施工控制测量与放样

(1)桥墩模板放样

模板放样采用直接放样测定四边内模中心坐标。放样点的位置见图 2。

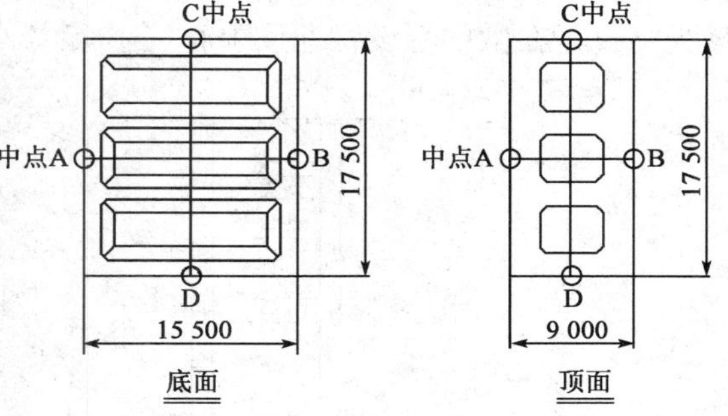

图 2 四边内模中心坐标放样点示意图(尺寸单位:mm)

受地形所限,赫章特大桥模板放样的控制网为三角形控制网(图 3)。强制观测墩建立以后,待观测墩混凝土完全硬化及沉降稳定,即可按精密测边三角网、精密测角三角网的操作规程重新测量并平差计算出三个强制观测墩的中心坐标。

如图 3 所示,假设 C、D 为桥墩顺桥向方向中心线上模板内侧点,A、B 为桥墩横桥向方向中心线上模板内侧点。设 A、B、C、D 的设计坐标分别为(X_A,Y_A),(X_B,Y_B),(X_C,Y_C),(X_D,Y_D),m、n 为两个高级控制点,其坐标分别为(X_m,Y_m),(X_n,Y_n)。强制对中观测墩必须位于 A、B 和 C、D 的延长线上。现以 C、D 延长线上的 d 点强制对中观测墩为例给出 d 点的坐标(X_d,Y_d)计算公式。

由于 d 点在 C、D 延长线上,且距离 D 点的距离长为 S_{Dd}(S_{Dd}需根据现场实际情况测定),于是有:

图3 赫章特大桥11号墩模板放样控制网

$$\begin{cases} Y_D - Y_d = \dfrac{Y_C - Y_D}{X_C - X_D}(X_D - X_d) \\ S_{Da} = \sqrt{(X_D - X_d)^2 + (Y_D - Y_d)^2} \end{cases} \tag{1}$$

根据式(1)可计算出强制对中观测墩中心 d 点的坐标(X_d,Y_d)。

计算出强制观测墩中心 d 点的坐标后,就可以根据《精密工程测量规范》(GB/T 15314—1994)的要求,依据高级控制点 m、n,计算出直线 Md 的坐标方位角以及放样距离后即可放样出强制对中观测墩中心 d 点所在位置。

根据同样原理,可依次计算并放样出强制对中观测墩中心 c 点所在位置。

必须强调的是,强制对中观测墩建立后,至少在其沉降稳定及本身混凝土收缩徐变较小时方可启用。前期可通过高级控制点复核和检验强制对中观测墩的中心位置是否有偏移。

(2)桥墩中心点放样方法

在放样出模板的四边内模中心坐标后,即可直接通过四边内模中心线相交的方法确定桥墩中心点的位置。

(3)激光垂准仪法

赫章特大桥11号墩控制测量除了模板放样方法外,还结合激光垂准仪进行了校核,以保证控制精度。在承台四周布设了如图4所示的基准点,同时在翻模施工平台相应位置切割20cm×20cm的8个洞供激光穿过。在墩中心设置埋设中心桩。

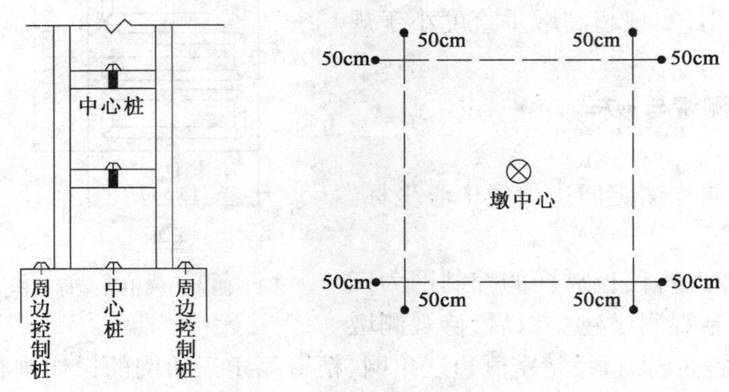

图4 激光垂准仪的基准点

在承台上架立脚架安放垂准仪打开向下发射激光束按钮,对中点位后精确调平垂准仪,关闭向下发射按钮,打开向上发射激光束按钮,调节物镜焦距,使激光束在靶标上形成一个直径1mm的光点,在靶标表面光点中心作标记,任意水平转动垂准仪,看多次光点中心偏差是否超过1mm,若超过侧重新调整垂准仪,直至光点中心偏差不超过1mm,此时激光束竖直线即为该控制点的垂直方向线。

模板检测校正:首先站在顶层翻模平台上,从模板角上沿模板内边缘的延长线拉钢卷尺,把激光靶中心十字线的一条线与钢卷尺的50cm刻度线重合，扶平激光靶，使激光靶平面与模板顶处于同一水平面内，而另一把钢卷尺丈量激光点距50cm刻度线的距离并记录，依次测量墩身四个点的偏差值，依据标准判定模板4个角点平面位置是否合格，若有一个偏差超规定标准，则需要重新调整模板，重新检查。同时用中心桩检查偏位，如果施工到隔板以上高度时，墩柱柔度变大，地面中心桩就会影响测量精度，把中心桩引用到隔板。

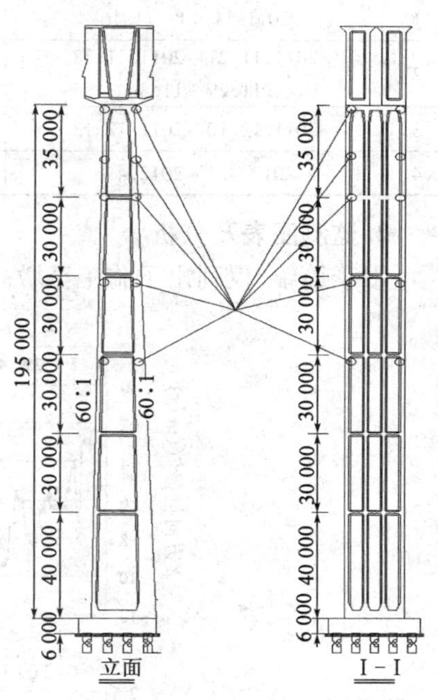

图5　11号墩监测棱镜布置1(尺寸单位:mm)

三、超高墩施工全过程稳定变形监测

(1)超高墩变形监测系统布置

首先在现场利用测量控制网所建立的强制对中观测墩进行测量，分别在高墩垂直的两个侧面，按照图5和图6位置布置观测棱镜，安置测量机器人如TCA2003，设置好观测程序，按每10min一次的频率，自下而上开始观测面对仪器一面高墩上的观测棱镜；条件允许时，可以连续观测24h，在施工工况变化不大的情况下，可连续观测。每施工一个阶段，需连续观测24h，每天把测量机器人的采集数据导入电脑，绘制同一棱镜的坐标变化曲线。并绘制同一侧面所有棱镜变化曲线图，根据绘制的变化曲线图，计算出高墩中心实测坐标与理论坐标的差值，将差值绘制出曲线变化图，根据差值曲线图，可明确某一时刻的高墩中心偏移量，并以此偏移量来修正施工坐标放样数据，在悬臂施工阶段，可连续观测高墩在悬臂施工阶段的变形及稳定性规律。根据实测变形数据，实时分析高墩施工、悬臂施工各阶段的变形及稳定性规律。

图6　11号墩监测棱镜布置2

四、超高墩变形监测结果

1. 典型监测过程基本参数

在赫章特大桥11号超高墩施工过程中，对其变形特征进行了长期监测，现选择其中具有代表性的监测过程进行分析。具体参数见表2。

典型监测过程基本参数 表2

编号	时　间	天　气	施工阶段及测试对象
1	2011.11.14～11.16	阴,风五级,气温8～14℃	150m处模板立模,120m处固定棱镜
2	2011.11.27～2011.11.28 11.29～11.30	晴,10～22℃;晴转多云,8～18℃	165m处棱镜
3	2011.12.10～2011.12.12	阴,1～5℃	180m处棱镜
4	2012.4.3～2012.4.6	晴,12～28℃	197m处棱镜

2. 监测图表及分析

限于篇幅,仅列出了施工至墩高180m和197m时的变形监测历时曲线图。如图7、图8所示。

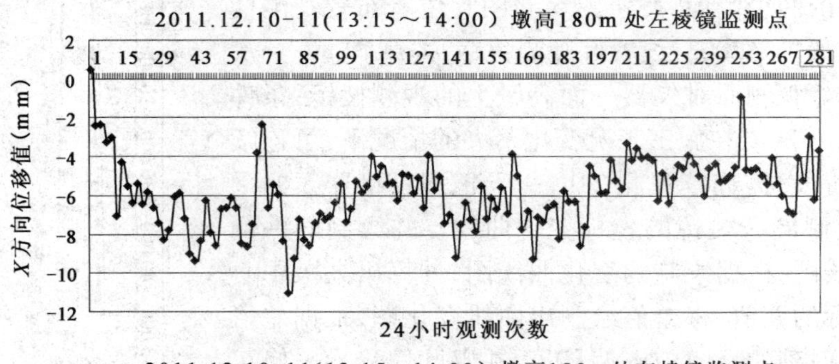

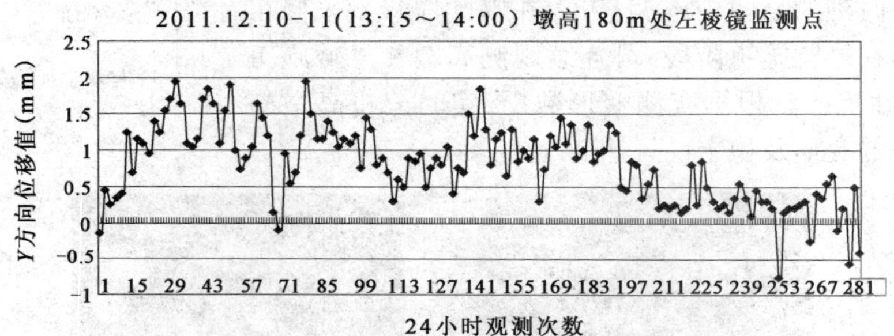

图7　墩高180m时左测点X和Y方向变形历时曲线

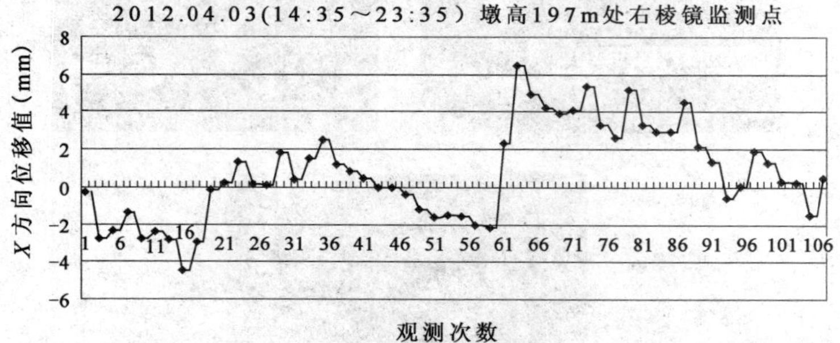

图8　墩高197m时右测点X和Y方向变形历时曲线

由图7、图8可知,当超高墩施工至墩高180m和197m时,左、右侧棱镜的观测数据显示,X、Y方向变形均在小幅度内呈波动状态,X、Y方向上的位移测值偏移均处于可控范围。

五、结　　语

贵州省赫章特大桥11号主墩为单柱式三箱室变截面空心墩,墩高195m,为目前该桥型世界第一高墩。超高墩施工存在重心高、柔性大、施工控制精度要求高等施工难题,通过建立超高墩高精度控制测量系统,综合采用测量机器人和高精度GPS建立特大桥单三角形施工控制与变形监测网及其精度指标,并结合自动变形监测系统,建立了模板平面位置放样和激光垂准仪法相结合的高精度自动放样方法,同时基于高精度测量控制网,考虑温度和风效应影响,实现了超高墩施工期间变形实时监测控制,保证了施工过程中超高墩结构的可靠性与安全性,对类似桥型施工的全过程自动化监控具有一定的指导和借鉴意义。

参考文献

[1] 杨光强,何飞.赫章特大桥195m超高墩构造设计[J].中外公路,2014,02:152-156.
[2] 彭元诚,方秦汉,李黎.超高墩连续刚构桥设计中的关键技术[J].桥梁建设,2006,04:30-33.
[3] 宁晓骏,李睿,杨昌正,等.超高墩设计研究[J].公路交通技术,2008,01:87-90.
[4] 陈仕刚,吴先树.超高墩大跨连续刚构主墩形式研究及关键技术[J].公路,2012,05:104-108.
[5] 黄涌,宁晓骏,杨昌正,等.深水超高墩大跨连续刚构桥方案设计[J].公路,2007,04:97-99.
[6] 李宇航,杨万旭.贵州山区超高墩大跨连续刚构设计问题与对策[J].交通科技,2011,05:14-15.
[7] 陈震.桥梁超高墩监控量测技术研究[J].中国水运(下半月),2014,10:234-235.

54. 平溪特大桥主墩墩身施工技术

毛　旭[1]　刘险峰[2]
(1.贵州高速公路集团有限公司;2.贵州高速公路集团有限公司)

摘　要　本文介绍了主墩施工的全过程,包括钢筋固定支架、钢筋绑扎、模板支立、混凝土浇筑等施工工艺。

关键词　高墩　支架　翻模　施工　技术

一、工 程 概 述

平溪特大桥位于三凯高速公路第三合同段,施工单位是中港二航局,监理单位是北京华宏,监控单位是重科所。该桥横跨平溪河及山谷,桥位所在地区总体上呈缓"V"字形地貌,两岸主要为构造剥蚀的斜坡地貌。桥位中心桩号为K73+795,总长417.07m,具体布置:主桥为90m+160m+90m预应力混凝土连续刚构,引桥为2×30m预应力混凝土T形梁。主桥上部结构为分离式单箱单室预应力混凝土连续箱梁;2号、3号主墩下部结构为双肢空心薄壁墩,其中2号主墩高达76m;基础为群桩桩基承台。引桥上部结构为预应力混凝土T形梁;下部结构为墙壁式实体式墩;基础为挖孔灌注桩;桥台为重力式U型台及扩大基础。全桥分左右两幅,结构各自独立。

平溪特大桥2、3号主墩为两端刚性固接的钢筋混凝土双柱式柔性墩,纵向由两片薄壁墩组成,每片薄壁墩的下段为矩形实心截面,上段为矩形空心截面,顶部4.0m范围为矩形实心截面,横桥向6.5m,顺桥向2.2m,两片墩间净距为5.6m,并由一横系板连接,3号墩的系梁在箱梁合龙前拆除。墩身上端与箱梁0号梁段固接,下端与承台固接。2号墩墩身高度76m,3号墩墩身高度46m。

二、墩身施工工艺流程

墩身施工工艺流程如图1所示。

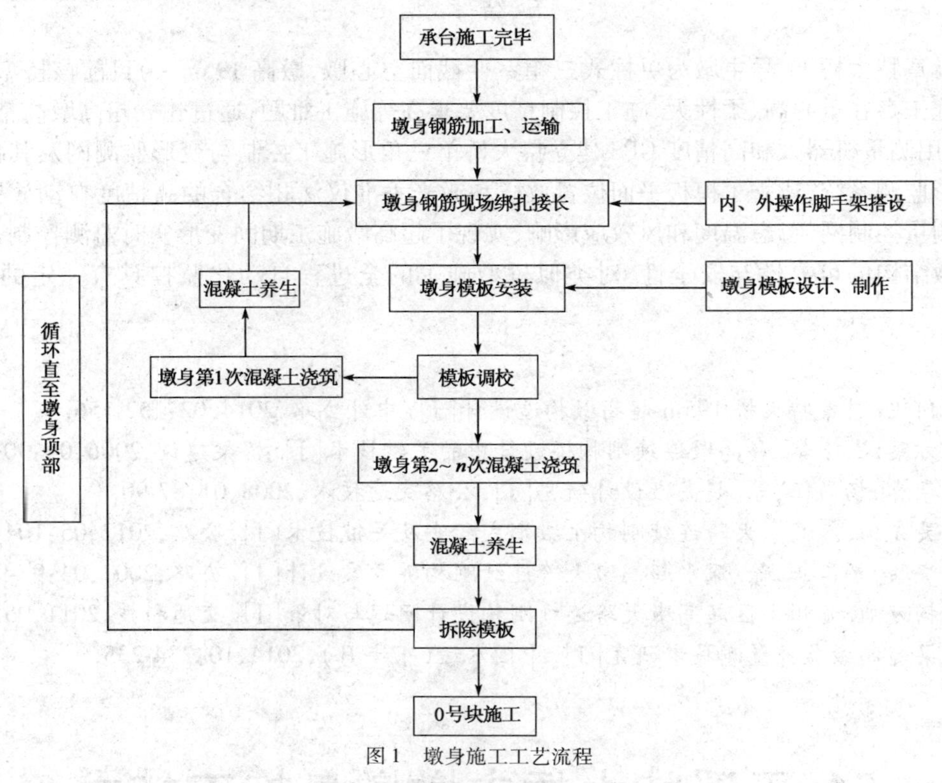

图1　墩身施工工艺流程

三、钢 筋 工 程

承台混凝土施工完毕，即可开始进行主墩墩身施工。墩身施工采用塔吊作垂直运输机械。搭设脚手架作为作业操作平台和模板支撑。

主墩墩身采用接口翻模施工，每次混凝土浇筑高度6.0m。为保证墩身的外观质量，模板施工采用大块大刚度模板拼装而成，以尽量减少使用拉杆。

墩身钢筋加工和绑扎根据混凝土浇筑高度分段进行，每次接长高度为9m，钢筋现场接高采用冷挤压接头工艺。由于墩身主筋为两根（或三根）一束的ϕ28钢筋，每一束的单根钢筋须按规范要求错开接头（每根钢筋接头错开1m），在承台施工预埋墩身钢筋时即开始实施。

由于墩身高度较大，为保证墩身钢筋的平面位置准确，每隔3～5m设一定位架，定位架位置采用全站仪测定，以保证墩身钢筋平面位置及垂直度，定位好的钢筋在顶部利用满堂脚手架固定牢固。

为提高工效，墩身钢筋主筋一端先在后方加工车间将挤压套筒挤压好，然后运输至施工现场将每根钢筋分别安装好，绑扎箍筋，同时挤压好另一端套筒。

四、模 板 工 程

主墩墩身外模板采用大块特制定型钢模拼装而成，外模板要求平整光滑，接缝平顺无错台，接缝加工做成企口缝。

墩身采用接口翻模施工，每次翻模时，留一节3m高的模板作为周转用模板，用它来支承上一层模板。

墩身外模板每个主墩各加工两套，每套模板高度为9m，分为3节，每节高度为3m。利用6mm钢板和型钢制作而成。

墩身内模采用组合钢模和型钢拼装而成，内壁转角及底部倒角部分模板利用钢、木组合模板制作而成。内模板利用箱内搭设的脚手架及型钢支撑。内、外模板通过 ϕ28mm 的对拉螺杆连接在一起，对拉螺杆布置上中下三层，拉杆通过墩身内预埋 ϕ30mmPVC 管，周转使用。

承台施工时，在顶面做一道 5cm 高混凝土坎，其外形尺寸同墩身横截面，第一节模板安装时直接靠在混凝土坎上。第一次模板拼装高度为 6.0m，混凝土浇筑完毕，强度达到 3MPa 后，然后拆除第一次混凝土的下面一节 3.0m 模板，再在第一次混凝土顶部的 3m 模板顶面拼装两块 3m 高的模板，浇筑第二次混凝土，如此翻转、循环，直至墩身设计高程为止。

为保证墩身外观质量，在模板加工安装时采取如下措施：

(1)模板必须严格按规范要求进行设计加工和安装，模板表面平整度和拼缝高差均不得大于 1mm，面板光洁无锈斑、灰尘及杂物。

(2)每种型号模板首次应用前均进行抛光，安装前再均匀涂抹脱模剂。脱模剂采用浙江海宁市丁桥化工厂生产的 ZM-90 建筑模板长效脱模剂。

(3)模板安装好后，接缝处涂抹汽车膏灰，避免接缝痕迹过于明显。

(4)模板接缝夹 1cm 厚海绵，防止漏浆。

(5)每次拆除模板，必须及时对模板进行清理，涂抹脱模剂，保证模板清洁如新，以确保墩身混凝土的外观质量。

(6)模板拆除时坚持“谁装谁拆”的原则，过程中注意不能碰伤混凝土，严禁猛烈敲打和强扭等粗暴方法进行。拆除后的模板要及时清除干净，并维修整理，妥善存放，防止变形。

模板安装技术标准按表 1 控制。脚手架墩身模板布置图见图 2。

模板安装允许偏差 表 1

序　号	项　目	允许偏差(mm)
1	高程	±10
2	模内尺寸	±20
3	轴线偏位	10
4	相邻两板面高差	2
5	模板表面平整度	5

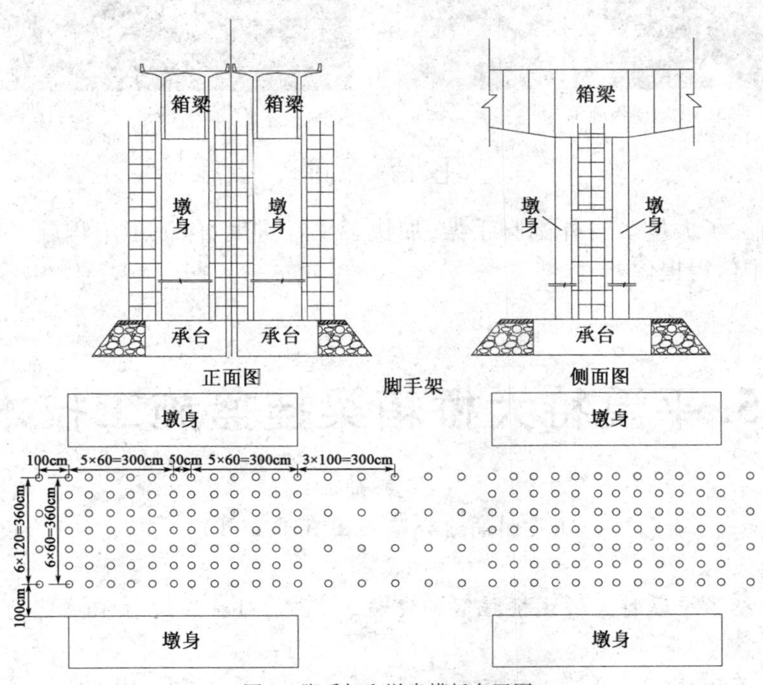

图 2 脚手架和墩身模板布置图

五、墩身施工脚手架

脚手架施工是整个墩身施工的基础，是墩身钢筋顶端固定的支点，同时也是施工人员上下的通道。墩身内、外均采用脚手架搭设操作平台和支撑架，必须搭设牢固可靠、合理。在脚手架上设置一可靠扶梯供施工人员上下，以保证安全。脚手架随墩身混凝土的升高而升高，为保持脚手架稳定可靠，必要时可在墩身上预埋钢板，将脚手架固定在墩身上。

六、混凝土工程

主墩墩身混凝土强度等级为C50，要求各种原材料性能稳定可靠，满足规范要求，使用情况良好。

主墩墩身混凝土配合比必须经试配达到规范要求后，才能用于施工。主墩墩身混凝土采用拖泵泵送入模，串筒下料，混凝土泵管通过操作脚手架直接布设至施工部位，泵管前接一软管以方便布料。

由于主墩墩身下部实心段宽度为2.2m，施工人员可直接进入墩身内振捣混凝土，上段空心段宽度较薄，施工人员无法进入墩身内振捣混凝土，可以在模板顶部利用8m长的插入式振捣器分层振捣。要求振捣密实，无漏振、过振，无蜂窝、麻面、空洞，振捣器快插慢拔，振捣间距控制在20cm左右，直至混凝土表面无气泡为止。混凝土分层厚度按30cm控制，第二层混凝土振捣时振捣棒必须插入上一层混凝土内5~10cm，以确保每一层混凝土充分结合在一起，混凝土表面无明显分层现象。

两层混凝土间施工缝处理：为使拆模后混凝土表面美观，两节混凝土间的接缝一定要平整，每层混凝土浇筑完毕后对混凝土面距边缘处1.5cm的表面缝线作修正抹平处理，并且在施工缝凿毛时，不得破坏这条线。下层混凝土浇筑完毕24h，需对与上层连接面进行凿毛处理，并用水冲洗干净。

如图3、图4所示。

图3　主墩横板施工

图4　主墩封顶

七、结　　语

采用翻模施工省去了大量墩身外围脚手架，加快了工程进度，保证了工程施工质量，降低了工程成本，在山区高墩施工中值得提倡。

55. 平溪特大桥箱梁挂篮施工技术

毛　旭

（贵州高速公路集团有限公司）

摘　要　本文介绍了平溪特大桥主桥挂篮悬浇施工工艺，对施工过程中挂篮的设计、安装、预压、行走进行了阐述。

关键词　箱梁　菱形挂篮　设计　预压

一、工 程 概 述

平溪特大桥位于三凯高速公路第三合同段,施工单位是中港二航局,监理单位是北京华宏,监控单位是重科所。该桥横跨平溪河及山谷,桥位所在地区总体上呈缓“V”字形地貌,两岸主要为构造剥蚀的斜坡地貌。桥位中心桩号为 K73 +795。全桥总长 417.07m,具体布置为:平溪特大桥主桥为双幅三跨预应力混凝土连续刚构,桥跨布置为 90m + 160m + 90m。箱梁断面为单箱单室结构,三向预应力,混凝土强度等级为 C50,主墩墩顶处梁高 9.5m,边中跨合龙段及边跨现浇段梁高 3.1m;底板宽 6.5m,顶板宽 12m,箱梁断面中心处顶板厚 0.26m,箱室内顶板根部厚 0.85m,自根部起至水平距离 0.8m 处顶板厚减至0.46m,翼缘板悬臂长 2.75m,靠腹板处顶板根部厚 0.85m,自根部起至向外水平距离 0.9m 处,翼缘板厚度减至 0.45m。再至端部板厚为 0.15m;墩顶处腹板厚 1.0m,其余浇筑段腹板厚 0.55m、0.40m,合龙段腹板厚均为 0.4m,箱梁底板下缘为半立方抛物线,其底板厚度从主墩顶处 120cm 至合龙段 30cm 变化;横隔板设置在墩顶 0 号块 4 道,边跨梁端设 1 道共 5 道横隔板。主墩顶处 0 号段长 14m,采用支架现浇,边跨现浇段长 9m,也采用支架现浇,合龙段采用吊架现浇,其余中边跨各 19 段(分段长度 3.5m、4.0m 两种)采用挂篮悬浇。引桥:2 ×30m 预应力混凝土 T 形梁。2 号、3 号主墩下部结构为双肢空心薄壁墩,其中 2 号主墩高达 76m;基础为群桩桩基承台。桥台为重力式 U 形台及扩大基础。全桥分左右两幅,结构各自独立。下面介绍主桥箱梁挂篮施工技术。

二、挂篮设计及结构说明

根据本工程箱梁结构特点,工期紧、任务重,采用 8 个挂篮左右幅同时施工。挂篮自重加上机械设备及人员重量,应控制在 100t 以内,在确保承载力、刚度的情况下尽可能将挂篮轻型化。挂篮设计总长为 10.55m,高度为 3.167m,悬臂长 4.65t 以内,挂篮主要由主承重梁(主桁架)系统、行走及锚固系统、吊带系统、底篮系统、模板系统五大部分组成。

1. 主桁架系统

挂篮主桁架为菱形结构,通过前后挂梁、平联及后锚梁将两片菱形桁架组成空间桁架结构。单片桁架的上下弦分别由 N_2 杆(2[32a)和 N_4 杆(2I56a)组成,前后斜杆及立杆分别由 N_3 杆(2I36b)、N_1 杆(2I36b)、N_5 杆(2I36b)组成,并设加劲板。主桁系统采用现场加工和已有挂篮运至现场改造,杆件连接均为焊接,焊缝厚度不小于 8mm,其焊接质量应满足规范要求。

2. 行走及锚固系统

行走系统由滑船、轨道梁(2I32a)、行走小车、2 个 10t 手拉葫芦组成。滑船采用 $\delta = 20$mm 钢板加工,焊接在主桁下弦 N_4 杆(2I56a)底部前端,滑船板下尚需粘接聚四氟乙烯滑块,以利于挂篮行走时减小摩阻力。行走过程中,挂篮向前倾的倾覆力靠行走小车的行走轮反扣在轨道梁上来平衡,轨道梁后部的锚固点系锚固在竖向钢筋上,轨道梁要随挂篮行走逐步前移,以防轨道梁失稳。

锚固系统由后锚梁、6 根 ϕ32 精轧螺纹钢锚杆、连接器、锚固螺母组成。挂篮行走到位后,将 6 根锚杆通过连接器与已浇箱梁的精轧螺纹钢连接,用 32t 螺旋千斤顶施加反压力使下弦杆 N_4(2I56a)后端下落至轨道梁上,然后拧紧锚固螺母。

3. 挂篮吊带系统

吊带系统由 ϕ32 精轧螺纹钢吊带、连接器、手拉葫芦组成。

吊带布置位置与数量:底篮前吊带设置 6 根;底篮后吊带设置 6 根;外侧翼缘模吊带每侧前后共设置 4 根;内顶横吊带前后共设置 4 根。

吊带上端用螺母锁接在前挂梁和已浇箱梁梁体上,下端通过连接器、耳板与模板、底篮的前后下横梁的连接。

手拉葫芦布置位置与数量:

底篮后下横梁:2个5t手拉葫芦;

底篮前下横梁:3个5t手拉葫芦;

外侧模翼缘板:每侧4个3t手拉葫芦;

内顶模:4个3t手拉葫芦。

另外,还需要配备若干个1t手拉葫芦用以调正模板。

4. 底篮系统

底篮系统由前下横梁(2I25a)、后下横梁(2I36b)、纵梁(8I36b)操作平台组成。操作平台为3[20与I32a组成的组合梁,在操作平台上间隔一定距离水平向焊接脚手管并靠侧模边设顶托用来加固外侧模。

底篮前端悬挂于主桁前挂梁(2I40a)上,后端锚固于已浇箱梁梁体上。挂篮行走时,用ϕ32精轧螺纹钢和手拉葫芦将底篮悬挂于主桁前后挂梁上,底篮随主桁一起前移。

5. 模板系统

模板系统由底模、外侧模、翼缘底模及侧模、内顶模、内侧模及压角模、封端模组成。外侧模与内侧模之间用ϕ28对拉螺杆加固。

内顶模前端用吊带悬挂于主桁前挂梁上,后端锚固于已浇箱梁梁体上。挂篮行走时,前端用钢丝绳和手拉葫芦悬挂于前挂梁上,后端在滑行小车上滑行,滑行小车固定于已浇箱梁的轨道上。底模与底篮连接,同底盘一起前移。

三、挂 篮 安 装

挂篮安装流程如图1所示。

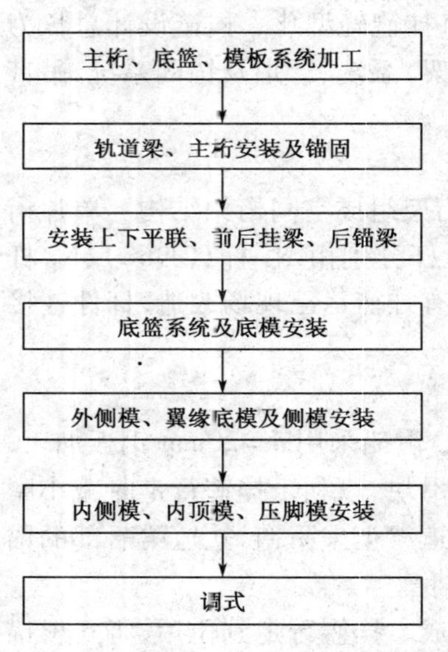

图1　挂篮制作安装工艺流程

在0号段顶板放出挂篮主桁的中心线,凿出预留孔安装浇筑1号段的钢支墩于挂篮行走轨道的中轴线上,将两片主桁架分片吊装至0号块顶部并临时支撑,由上下平联将两片主桁连成整体并锚固,再依次安装前、后挂梁,后锚梁。1号段施工完毕后,挂篮前移前,将轨道梁置于下弦杆N_4(2I56a)下。待主桁安装完毕后,安装底篮系统及底模,然后吊装外侧模、翼缘底模、内侧模及顶模。底篮及模板系统吊装到位后,及时用吊带与主桁和已浇箱梁锚固。注意事项如下:

(1)挂篮安装过程中应严格对称操作。

(2)每一节段浇筑完毕并完成预应力张拉后,将底篮、模板系统用钢丝绳和手拉葫芦悬挂于主桁前后挂梁上。

(3)解除精轧螺纹钢吊带的约束,操作手拉葫芦使模板与梁体脱开,并保证有一定的间距。

(4)在挂梁主桁下平联两端分别用1台32t螺旋千斤顶将主桁架同步顶起,同时逐步松卸主桁后锚,使主桁架与轨道脱开。

(5)前移轨道梁至指定位置并进行精确调平,然后锚固。

(6)千斤顶卸落,使主桁架下落于轨道梁上。

(7)用2个10t手拉葫芦,拉动主桁架,使挂篮前移。

(8)挂篮前移到位后,进行定位、锚固。挂篮前移时,应保证箱梁悬臂端两端荷载的平衡。

四、挂 篮 预 压

挂篮悬浇前,为了检验挂篮的性能和安全,测量挂篮的弹性变形并消除结构的非弹性变形,应对挂篮进行荷载试验。根据现场实际情况,荷载试验可采用试验台加压法,即利用0号段现浇支架作为试验台和反力加压系统,用钢绞线通过千斤顶逐级反拉、施压于挂篮主桁前端,从而测出挂篮的变形。根据挂篮的设计特点及使用要求，荷载试验仅对主桁架进行压力试验，获取主桁架的弹性变形数据，消除主桁架的非弹性变形。挂篮结构如图2、图3所示。

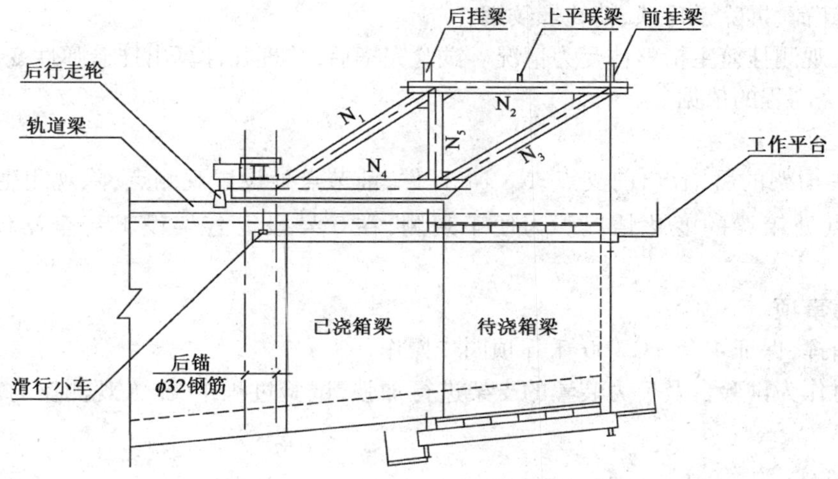

图2 挂篮结构总图一

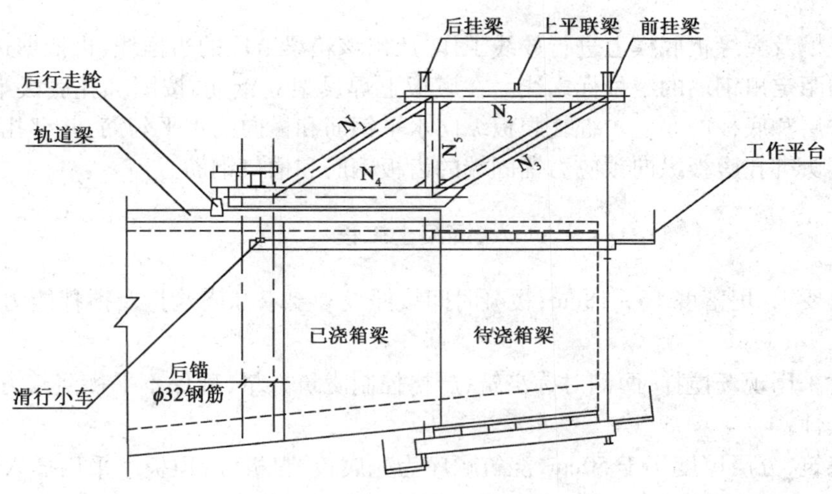

图3 挂篮结构总图二

1. 采用试验台加压法的试验方法及步骤

0号段施工完毕并完成预应力张拉后，将挂篮主桁架拼装于0号段顶部，主桁前支点用钢支墩支承，后锚点锚固在梁体的竖向精轧螺纹钢上。

设置2台YCW60穿心式千斤顶于前挂梁与主桁相交的节点处。

通过计算，若要使试验时精轧螺纹钢处于垂直状态，反力点至0号段端部的距离为40cm，用0号段悬臂端的三角支架作为试验台与反力装置，精轧螺纹钢(每侧2根，总共设4根)分别从三角支架两侧穿过反力梁，反力梁采用2I36b制作，并焊接或栓接在2I25a的底部，且位置正好处于反力点。精轧螺纹钢下端用竖向筋固定端锚板及螺母旋紧，固定在反力梁上；精轧螺纹钢上端穿过YCW60千斤顶，用螺母锚固。

精轧螺纹钢两端锚固完毕后，千斤顶开启油泵进行张拉，按最不利工况3.5m计算，挂篮前点荷载共31.0t(考虑了1.25倍安全系数)，即每个千斤顶张拉力按31.0t控制，并要求同步张拉。

张拉时先调整每根钢绞线的初始应力,再分三级张拉:第一级张拉至10t(模板重及箱梁底板重),第二级张拉至26.5t(模板重及箱梁、底板、腹板重),第三级张拉至31t。每级张拉完毕后,持荷30min,观测挂篮变形,填写观测记录并检查反力点是否稳定安全。

试验完毕后,卸荷、拆除千斤顶、精轧螺纹钢。

通过荷载试验观测挂篮主桁整体受力情况。试验完毕后,整理并计算出挂篮弹性变形和非弹性变形参数,用作控制悬浇高程的依据。

2. 测量方式

在每个单片主桁架的后锚点,前支点,N_1、N_3杆件,前节点处设置观测点,除观测主桁架外,还应观测前支点和后锚点处箱梁的变化情况。为便于观测,在0号段上各架设1台全站仪和水准仪观测各点。

3. 试压时注意事项

现场设统一指挥,保证4台YCW60千斤顶同步操作。

荷载试验前对作为试验台及反力装置的支架进行加强,试验过程中,派人观测反力梁和支架是否稳定安全。

五、钢 筋 工 程

在挂篮安装完成后,调整好挂篮底板底模及翼缘板底模高程和位置后开始进行箱梁钢筋的绑扎工作。

首先在底板底模及翼缘板底模上进行放线工作,放出该箱梁节段的边框线,再依据边框线在横、纵两个方向按钢筋的间距定出钢筋的定位标志线。在底板上焊设架立钢筋,按图绑扎底板第二层钢筋网片,严格控制钢筋保护层和底板的厚度。绑扎腹板纵向水平钢筋和横向的水平勾筋,并绑扎底板与腹板倒角处钢筋。在腹板端头绑扎腹板纵向预应力锚固端的齿板钢筋和槽口钢筋。

六、混凝土工程

混凝土的质量要求:坍落度16~18cm;缓凝时间按照设计要求和浇筑量及搅拌能力确定;泌水性小;易于泵送施工。

混凝土浇筑时采用现场搅拌,两侧对称浇筑,严格控制浇筑方量,确保不平衡浇筑方量小于$10m^3$,保证挂篮悬浇的安全性。

混凝土分层浇筑,分层厚度小于50cm,浇筑顺序为先底板、腹板,后顶板。采用插入式振捣器进行振捣,分区分专人负责,确保振捣的密实性,且不得损坏预应力波纹管道。

混凝土面顶高程的控制,由测量组在端模上放出混凝土高程线,并按监控小组的计算结果设置相应的抬高值,浇筑时拉线进行控制。

混凝土浇筑完成并初凝后即进行顶板的麻袋覆盖工作,洒水进行混凝土的养生,腹板及底板也采用洒水养生。为防止混凝土表面出现裂缝,养护时间不得少于1周。

七、预应力施工

在箱梁非预应力钢筋施工的同时,进行预应力筋的管道埋设及定位工作,按照设计图纸,定尺下料并挂线安放。

在混凝土浇筑前,检查波纹管道的位置及管道的埋设质量,确保管道不变形。同时在顺直的管道内穿PVC衬管,确保在混凝土灌注时管道不移位、不变形,并调整好锚垫板的位置和垂直度。在混凝土浇筑完毕后,再用清孔器进行清孔,保证管道的通畅;用空压机通风,检查压浆管、出气孔是否通畅,并及时处理。

对腹板竖向预应力精轧螺纹钢筋的张拉,按设计严格控制拉力和伸长量,且必须在混凝土强度达到80%后方可张拉;采用穿心式千斤顶进行一端张拉。同时根据有关大桥的施工经验,竖向预应力宜采用二次张拉,第一次张拉应力达到100%后,用螺母进行锚固,稳定一段时间后进行第二次张拉,张拉到设计张拉应力后再锚固。张拉严格按双控进行,控制好张拉力并确保总伸长量在控制伸长量的±6%范围内。对竖向预应力进行二次和拉的目的,是减少预应力的损失,消除锚下垫板的变形,以保证达到设计要求。

箱梁顶、底板束纵向预应力张拉,将钢绞线编号成束,采用牵引绳从一端将成束的钢绞线拉至另一端,两端的锚板眼对称,将编号的钢绞线顺次对穿,并保证锚板、锚垫板的垂直度,采用穿心式千斤顶进行双端张拉,控制好张拉力和伸长量,然后再用夹片进行锚固。纵向预应力也必须在混凝土达到80%设计强度后方可张拉。

预应力钢绞线张拉完毕并观察预应力钢绞线和锚具已经稳定后,即可进行压浆,压浆应在张拉完毕后24h内完成。

水泥净浆技术要求按照设计和规范要求进行配置。

压浆方法:压浆前,用高压水泵射水将孔道冲洗干净、湿润,如有积水,用吹风机排除;试开压浆泵,需运转正常且能达到所需压力,才能正式开始压浆;压浆应缓慢均匀地进行;压浆的最大压力为0.5~0.7MPa,应达到孔道另一端饱满和出浓浆。操作过程中,看到箱梁另一端依次排出空气→水→稀浆→浓浆时,夹紧排气孔,并稍加大压力,再稍停一些时间,从压浆孔拔出喷嘴,立即用木塞塞住;压浆要连续进行,如中途发生故障,不能连续一次压满时,立即用压力水冲洗干净,故障处理完毕再重新压浆;压浆后立即检查压浆的密实情况,如有不实,应及时处理。

按照设计要求,纵向预应力管道采用真空灌浆法。真空灌浆的优点:一是消除了采用常规压浆方法引起的气泡;二是消除了混在稀浆中的空气;三是真空吸浆是一个迅速且连续的过程;四是导管的压力测试(真空或正压力)通常是灌浆的一个前提条件,此测试为导管是否足够密封提供保证;五是真空吸浆技术需要较高水平的施工和管理人员与高水平的现场质量。

真空吸浆的有关设备包括真空泵(带真空压力表和控制盘)、压力瓶、干净的加筋输浆管、所有进出口与通风口的气密阀、预应力与非预应力孔洞两端的气密锚帽等。

确保真空吸浆成功的前提条件:一是在导管内正确达到并维持真空;二是在导管与周围环境或导管与导管之间没有裂缝;三是稀浆中没有空气;四是导管内没有水。

真空吸浆的主要施工程序:一是准备,包括所有灌浆进口、通风孔、排水孔、出口配置气密阀的设置与安装;二是关闭除与真空泵连接处的所有通风孔,启动真空泵,从导管中排除空气;三是在副压下,稀浆注入导管,吸浆进程可通过观察通风管得知;四是在正压力下,打开阀门,在所有锚帽和灌浆通风孔压入一定数量的稀浆,关闭阀门;五是孔道压力加压到0.04MPa,在加压情况下,于关闭进口阀门之前持续一定时间(取决于规范)。

八、悬浇线形控制

悬浇箱梁在不断向前推进过程中,除悬浇过程中不断增加的箱梁自重荷载外,温度应力、预应力束徐变以及混凝土的徐变等诸多因素的影响,线形控制难度大,悬浇施工应会同设计、监理以及监控单位做好各节段的动态控制。悬浇箱梁的线形控制包括箱梁梁段的平面位置控制和高程控制,特别是高程控制应综合考虑监控单位提供的预抬值及挂篮预压的弹性变形值,确保合龙段的合龙精度。

九、结 语

正在施工的平溪特大桥如图4所示,合龙后的平溪特大桥如图5所示。本人分管平溪特大桥的施工技术,认为本桥的挂篮施工技术有探讨价值,特写出来供同行参考,若有不妥之处烦请同仁指教。

图4　正在施工中平溪特大桥

图5　合龙后的平溪特大桥

56. 连续刚构桥梁悬臂箱梁施工监理

廖文龙
（贵州陆通监理有限责任公司）

摘　要　近几年来由于连续刚构桥梁结构刚度大、变形小、主梁变形挠曲线平缓、有利于高速行车等特点，广泛用于高速公路建设，特别适合于跨越深谷、大河和急流，且其跨度和墩高在不断增大。但由于施工单位的技术水平高低不一，加上对原材料的控制不严、施工中温度变化、混凝土的收缩徐变、钢绞线的预应力损失等因素的影响，常会使刚构桥梁悬臂箱梁施工过程出现一些问题。为了保证连续钢构桥梁的施工质量，本文结合贵州省六盘水至盘县高速公路第19合同段ZK71+240～K74+200岩子脚特大桥连续刚构悬臂箱梁的施工过程，简单扼要地介绍连续刚构桥梁悬臂箱梁施工的监理要点，供同行参考。

关键词　桥梁工程　连续刚构桥　悬臂箱梁施工　施工监理

一、工 程 概 况

贵州省六盘水至盘县高速公路第19合同段岩子脚特大桥主桥，桥型布置为87m+160m+87m三跨预应力混凝土连续刚构箱梁，左、右幅上部箱梁为变截面单箱单室断面，箱顶宽10.5m，底宽6.0m；箱梁高度（梁高以裸箱梁低侧腹板处箱梁顶面到箱梁底面的距离计）在各墩与箱梁相接的根部断面梁高10.0m，现浇段和合龙段梁高均为3.2m，其余梁底下缘按1.6次方抛物线变化；箱梁顶板跨中厚度：除墩身范围内的0号梁段为45cm、梁端支承截面为95cm外，其余为30cm，箱梁顶面设单向2%的横坡。箱梁底板厚度：墩身范围内的0号梁段为110cm，合龙段为32cm，根部至合龙段按1.6次方抛物线由100cm渐变至32cm，梁端支承截面75cm，边跨现浇段从32cm渐变至75cm，按直线变化。箱梁腹板厚：墩身范围内的0号梁段为100cm，根部0～6号梁段为70cm，8～14号梁段为60cm，16号梁段～合龙段为50cm，7号梁段为60～70cm按直线变化，15号梁段为50～60cm按直线变化，边跨现浇段为50～120cm。在每个0号梁段对应墩壁设有2道横隔板，在箱梁两端支承处、中跨跨中也各设一道横隔板，并且在横隔板上均设有人洞。为排泄施工养护水和保持箱内干燥，在箱梁根部区段底板上设有排水孔。

二、悬浇施工监理

岩子脚桥特大桥跨径93.84m+160m+93.84m，最大块1号件重208.2t，节段长3.5～4m，最大块件长4m，梁宽10.5m。梁高变化1～3.2m，挂篮设计为菱形，见图1。

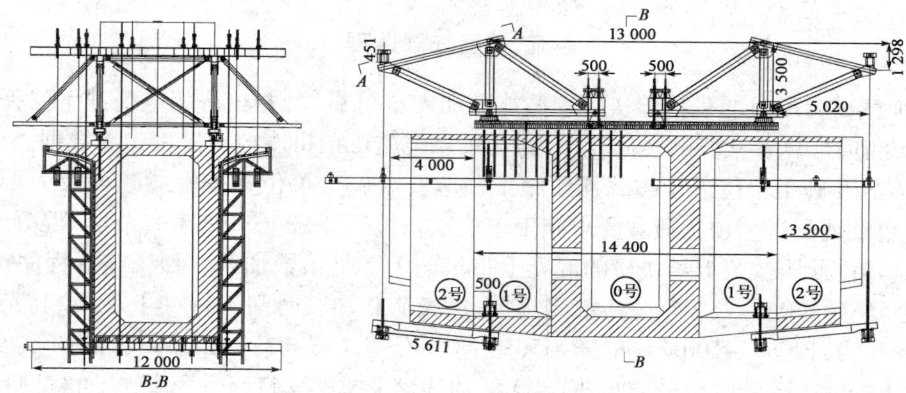

图1 岩石脚特大桥示意图

三、30 号梁段施工监理

(1)0 号块是 T 构箱梁悬浇施工的起步段，且结构受力最复杂，混凝土浇筑方量多、重量大、钢筋密集、预应力管道最集中，如何在施工中做到使支架和模板安全可靠，保证混凝土浇筑质量和预应力管道的安装精度，是 0 号块施工监理考虑的重点。0 号梁段浇筑前，监理工程师要认真审核 0 号块施工计算书及施工组织设计，严格核查桥墩顶部高程监控的数据，认真检查 0 号梁段托架安装质量。在支架安装完后监理人员应督促施工单位及时对支架进行预压，以消除支架的非弹性变形，同时测取其相应荷载作用下的弹性变形值，与设计变形值进行对比分析，以便合理地确定箱梁底模的预抬高值。

(2)所有钢筋的加工、安装和质量验收等均应严格按照《公路桥涵施工技术规范》(JTJ 041—2000)的有关规定进行检查。墩顶 0 号梁段进行钢筋绑扎时，应检查其横隔板内应保证墩身伸入 0 号梁段内的主筋的位置和锚固长度，各段梁之间的纵向连接钢筋是否进行绑扎。凡因施工需要而断开的钢筋再次连接时，监理人员应要求施工单位必须进行焊接，并应符合施工技术规范的有关规定。对预制钢筋骨架(或钢筋骨架片)、钢筋网片的施工，监理工程师应要求施工单位结合施工条件和施工工艺安排，尽量优先考虑，在现场就位后进行焊接或绑扎，以保证安装质量并加快施工进度。

(3)上部混凝土浇筑时因预应力管道集中、钢筋较密，振捣时现场监理人员应特别注意振捣时间及部位，以免振捣时间不够或漏振出现蜂窝麻面。第一次浇筑在浇完底板后沿腹板内模底边缘应要求施工单位加压板，以阻止继续浇筑的腹板混凝土翻入箱内或从底板顶面冒出。混凝土卸料自由下落高度过高时，应要求施工单位安装串筒，对工作缝混凝土面应人工凿毛并清洗干净，方能进行下一次浇筑。在混凝土浇筑过程中，监理人员要随时检查支架各部位有无明显变形，构件连接螺栓有无松动，模板拉杆有无松动或拉断，有无明显的胀模漏浆，钢管卡扣有无松动脱落，如发现上述异常现象，应立即要求施工单位采取相应加固措施或立即停止施工，待查明原因并处理妥当后方能继续施工。

(4)0 号梁段施工完成后要尽快要求施工单位安装、调试挂篮，缩短 0 号梁段与 1 号梁段的混凝土龄期差；一般 0 号梁段与 1 号梁段的混凝土龄期差不得超过 30d。

四、挂篮的拼装监理

由于箱梁节段块件重量较大，0 号块施工完毕后养护一段时间，混凝土强度达到设计张拉强度后，按顺序对称张拉临时锚固预应力粗钢筋、竖向预应力及横向预应力束，然后在其上组拼挂篮。挂篮在工厂加工好后运输至现场，进行试拼，监理人员要认真检查挂篮各部构件及连接件几何尺寸加工精度及焊接质量是否达到设计要求，确保挂篮的整体结构性能满足设计使用要求。在外模拼装过程中，因存在桥面横坡和纵坡，箱梁沿墩的纵横轴线不对称，两侧翼板的尺寸及模板的结构也不尽相同，因此监理人员要注意挂篮外模安装的位置和方向。挂篮拼装完毕，监理人员要对焊缝、螺栓、销轴等部位进行检查，发现不合格部位，要求施工单位进行返工或加强处理，使之满足设计要求。

五、挂篮加载监理

(1)挂篮加载试验的目的是检验实际承载能力和安全可靠性,并获得相应荷载下的弹性和非弹性变形参数,根据实测值推算各梁段的竖向变形,为箱梁悬浇施工预拱度控制提供参考数据。

(2)监理人员在施工单位进行超载加压施工前应要求施工单位在分配梁顶面及分配梁的跨中等具代表性的位置布设观测点。预压荷载要求施工单位取箱梁悬浇最重节段(1号节段)混凝土荷载的120%进行超载预压,具体预压按照1号块段的混凝土重量的1.2倍系数加载。预压施荷程序按0%→20%→50%→70%→85%→100%→120%分级缓慢施加,每级荷载加载时间不得少于5min,持荷时间不得少于10min。卸荷程序为:120%→100%→85%→50%→0%分级缓慢卸荷,每级卸载时间不得少于5min,持荷时间不得少于10min。每级加载时应根据计算的油表读数加载,每级荷载缓慢加载,每级加载稳定后观测各测点应变及变形值;卸载按85%、50%、0%进行,记录每次残余变形数据。观测时如出现有卸荷的情况,则需先将荷载补到相应的荷载等级,再由测量监理进行观测,观测完毕换算相关变形数据,如变形较大则需查明原因并确认安全可靠后再继续施加下一级荷载。预压时应做好相关记录,包括荷载等级、油表读数、加载持续时间、持荷时间、持荷后油表读数、测量监理应观测各相应等级的测点高程,并换算其沉降量。卸载时要求施工单位按照要求缓慢卸载,每级卸载持续时间不得少于5min,并持荷10min,观测相应荷载级别的测点数据后,继续卸载。均待观察完毕后做好记录后再卸载至下一级荷载,观测记录挂篮预压的弹性恢复情况,由此测出挂篮在不同荷载下的实际变形量,以便在挠度控制中修正立模高程。

六、模板安装及钢筋加工监理

根据测控单位提供的底模高程计算依据,测量监理要认真复测底模铺设的高程。根据测量数据对底模铺设进行安装调整,要求施工单位按照监控单位提供的挂篮前端竖向变形、各施工阶段的弹塑性变形及1/2净活载变形数据设置预拱度。对底板钢筋绑扎、安装底板预应力管道、腹板钢绑扎筋、安装腹板预应力管道、内模定位、绑扎顶板钢筋及安装顶板预应力管道,监理工程师检验均应认真复核,确保满足设计要求,当钢筋与预应力钢筋(管道)、预埋件等相互冲突时,监理工程师应及时联系设计单位,在设计单位同意后允许施工单位将普通钢筋适当移动位置,以保证钢束管道位置的准确,但严禁截断或减少钢筋数量。连续钢构桥箱梁钢筋的安装,施工单位技术人员对底板钩筋的安装及腹板筋与底板钢筋的焊接极不重视,常造成箱梁节段浇筑完成后在张拉时箱梁底、腹板结合处产生裂缝,监理中特别要重点对箱梁节段底板钩筋的安装及腹板筋与底板钢筋的焊接进行检查,保证钩筋与底板上下层横向钢筋的密贴及腹板筋与底板钢筋的焊接长度。施工中如发生钢筋空间位置冲突,在征得设计人员同意后,可适当调整其布置,但应确保钢筋的根数和净保护层厚度不变。如因浇筑或振捣混凝土需要可对钢筋间距作适当调整,底板箍筋的开口方向与钢束产生径向力的方向应相反,并确保其紧密箍住底板横向钢筋,同时确保底板箍筋的焊接质量;如因箍筋和预应力管道在空间上发生干扰时,在征得设计人员同意后,并应作补强处理,确保底板顶层和底层钢筋整体受力。

七、悬臂浇筑箱梁监理

(1)岩子脚大桥箱梁悬臂段共设计19个节段,梁体混凝土灌注前,要再次校正挂篮的中线位置及高程,在确认无误后,方可浇筑梁体混凝土。混凝土应采用集中拌和,由混凝土罐车运输至施工现场,在混凝土拌和时监理试验人员应注意监视和检测前2~3盘混凝土的和易性,如有异常,应立即分析情况并处置,直至拌和物的和易性符合要求,方可持续生产。当施工配合比调整后,亦应注意开拌时的监视与检测工作;监理试验人员做好拌和站混凝土的和易性包括坍落度、坍落流动度、含气量和温度的检测并做好记录。

(2)为了能正确合理地控制梁体挠度,须在悬臂浇筑时进行高程控制。在施工中监理人员应对已浇或准备浇筑的箱梁各工序进行挠度、温度等观察，观测时间在挂篮就位、混凝土浇筑前、混凝土浇筑后、张拉后几个阶段，并以此随时调整悬浇段的立模高程，推算下一个梁段的预留量。在混凝土施工过程中，要求施工单位浇筑时要注意梁体两边对称和均衡作业，严格控制不平衡弯矩的产生；悬臂两端混凝土的累计浇筑量相差不得大于设计限定数量，浇筑从前端开始逐步向后端，最后与已浇梁端连接。

(3)为了保证梁体混凝土的质量，悬灌段的梁体宜采用一次浇筑，并在底板混凝土凝固前浇筑完毕。在施工中监理人员应对已浇或准备浇筑的箱梁各工序进行挠度、温度等观察，并以此随时调整悬浇段的立模高程。混凝土浇筑中监理人员要全程进行旁站，严格控制混凝土施工各工序质量，进行混凝土浇筑时，对于底板与腹板连接处的混凝土，应要求施工单位振捣密实，不能漏浆，以免影响混凝土的质量和外观。

(4)施工中监理人员应重视施工观测和控制。现场观测包括墩的平面位置、垂直度，施工全过程中的箱梁梁顶高程、墩顶变位、梁体温度、控制截面应力状态等。以实测参数预测施工预拱度，提高各梁段立模高程，确保成桥线形与设计线形偏差在规范允许范围内。

(5)梁体混凝土浇筑完成后要严格按要求进行养生。混凝土浇筑完成后，根据不同气温采取不同的养护措施，一般情况下，采用塑料薄膜包裹，然后洒水养护，洒水养护时间为一个星期左右。当气温低于5℃时，除加抗冻性外加剂以及给拌和用水加热以保证混凝土的入模温度外，还要适当延长拆模时间并覆盖麻袋和彩条布以做好保温工作，此时不得向混凝土表面洒水。当梁体混凝土达到设计要求的强度后，拆除梁体端模和顶板侧模并凿毛梁端接触面混凝土，穿入纵横向钢绞线，做好按设计及规范要求进行张拉和压浆的准备工作。

八、预应力筋张拉质量监理

(1)所有预应力管道的位置监理人员必须按设计图进行检测，要求做到定位准确、牢固，管道顺直，防止浇筑混凝土过程中管道发生位移。对底板箍筋、管道定位等施工进行现场监理应专项检查，现场进行签认。张拉时严格要求施工单位控制张拉时间，预应力筋张拉在混凝土达到设计及规范要求的张拉强度后开始张拉，并加以严格控制，一般采用双张双控，同时应严格按设计规定先后次序、分批、对称进行张拉。要求施工单位严格按照张拉程序进行，若发现伸长量异常，应要求施工单位查明原因，并采取措施后才能再张拉。竖向预应力施加得准确与否，对箱梁腹板斜截面主拉应力的影响极大，施工时必须要求施工单位采取适当的措施确保竖向预应力筋铅直放置，要确保竖向预应力筋与锚垫板垂直。

(2)预应力钢束和粗钢筋张拉完毕，严禁撞击锚头和钢束，钢绞线和粗钢筋多余的长度应要求施工单位用切割机(严禁采用氧炔焰)切割，用于挂篮后锚杆的粗筋留待以后切割，切割方式和切割后留下的长度应按照有关图纸的要求进行。钢束张拉时应在初始张拉力(可取设计张拉的10%)状态下注出标记，以便直接测定各钢绞线的伸长量，对伸长量不足的应查明原因，并采取补张拉等相应措施。竖向预应力施加得准确与否，对腹板斜截面主拉应力的影响极大，竖向预应力筋一般采用扭力扳手二次张拉工艺，施工时扭力扳手所需扭矩的大小应要求施工单位在螺母下放置压力环根据设计张拉吨位进行实测，达到设计标准后方可进行压浆。对同一梁段而言，张拉顺序宜为先纵向后横向、竖向预应力，为保证受力的均匀性，在施工完成 $n+1$ 号梁段后，再张拉 n 号梁段的横向、竖向预应力，预应力施工时应分工明确，专人负责。

九、压浆质量监理

在进行压浆工作前，监理人员应对张拉机具和压浆设备、工艺流程和张拉程序、孔道波纹管的定位安装、机具设备的配套标定、钢绞线的下料梳理和穿束、锚具及其安装操作仔细检查。检查锚头平面是否与钢束管道垂直，锚孔中心是否对准管道中心；检查施工单位是否按规范要求对千斤顶、油泵进行标正；是否对管道进行清洗、穿束;张拉工作平台等是否在压浆前用压缩空气或压力水清除管道内杂质,保证孔道的密封、清洁、干爽。严格要求施工单位控制好水泥砂浆的水灰比及配合比,压浆密实。监理人员要对预应力筋张拉及其孔道压浆全过程旁站,记录有关数据,当场审查其是否符合设计要求。

十、结　语

(1)桥梁工程的监理是一门系统化的科学,对于桥梁工程施工的监理,监理工程师一定要认真按照"严格监理、优质服务、公正科学、廉洁自律"的监理16 字方针,督促施工单位严格按设计文件和有关规范执行。对关键部位、关键点监理人员要做到 24h 旁站,及时解决施工中出现的各种问题,真正发挥一个监理工程师的职能和作用。

(2)连续钢构桥梁工程的施工,承建单位往往不重视资料的收集。施工过程中不注意及时整理、记录,滞后严重;事后补齐容易造成与事实不符等问题,制约了工程质量控制程序的正常开展,且影响到工程后期的交竣工验收工作。监理单位必须制订相应的措施,督促承建单位把资料整编工作贯穿在工程施工的始终。

(3)监理人员不仅要提高自己的专业技术水平,还要掌握工程评估、经济方面的内容。对于桥梁工程质量评价通常要采取一些新的措施进行处理,如建立桥梁结构样本估计进行工程质量可靠性分析等。监理人机构则要在掌握桥梁工程结构信息之后,从技术、经济等方面对连续钢构桥梁进行监理,确保桥梁工程的顺利完成。

参考文献

[1] 中华人民共和国行业标准. JTG F80/1—2004　公路工程质量检验评定标准 第一册 土建分册[S]. 北京:人民交通出版社,2004.

[2] 中华人民共和国行业标准. JTJ 041—2000　公路桥涵施工技术规范[S]. 北京:人民交通出版社,2000.

[3] 水盘高速公路施工设计文件.

57. 桥梁挂篮施工技术

陶永俊[1]　孙瑞华[2]

(1. 安徽省公路桥梁工程公司(贵州水盘 19 标);2. 贵州水盘高速公路有限公司)

摘　要　本文介绍岩子脚大桥的总体布置、结构构造以及施工方法,主要阐述了悬臂浇筑法在大跨径桥梁施工中的特点。

关键词　挂篮设计　预压　拼装　混凝土浇筑

一、工 程 概 况

岩子脚特大桥位于贵州省六盘水至盘县高速公路 K71 + 200 ~ K72 + 400 桩号内,桥型布置为 87m + 160m + 87m 三跨预应力混凝土连续刚构箱梁,左、右幅上部箱梁为变截面单箱单室断面,箱顶宽 10.5m,底宽 6.0m;箱梁高度(梁高以裸箱梁低侧腹板处箱梁顶面到箱梁底面的距离计)在各墩与箱梁相接的根部断面梁高 10.0m,现浇段和合龙段梁高均为 3.2m,其余梁底下缘按 1.6 次方抛物线变化;箱梁顶板跨中厚度:除墩身范围内的 0 号梁段为 45cm、梁端支承截面为 95cm 外,其余为 30cm,箱梁顶面设单向 2% 的横坡;箱梁底板厚度:墩身范围内的 0 号梁段为 110cm,合龙段为 32cm,根部至合龙段按 1.6 次方抛物线由 100cm 渐变至 32cm,梁端支承截面 75cm,边跨现浇段从 32cm 渐变至 75cm,按直线变化;箱梁腹板厚：墩身范围内的0号梁段为100cm，根部0～6号梁段为70cm，8～14号梁段为60cm，16号梁段～合龙段为50cm，7号梁段为70～60cm，按直线变化，15号梁段为60～50cm，按直线变化，边跨现浇段为50～120cm。在每个0号梁段对应墩壁设有2道横隔板，在箱梁两端支承处、中跨跨中也各设一道横隔板，并且在横隔板上均设有人洞。为排泄施工养护水和保持箱内干燥，在箱梁根部区段底板上设有排水孔。

二、悬浇施工

1. 挂篮设计

技术参数：最大块件重210t，梁长3.5m，最大块件长4m，梁宽10.5m。梁高变化10～3.2m。挂篮设计为菱形，见图1。

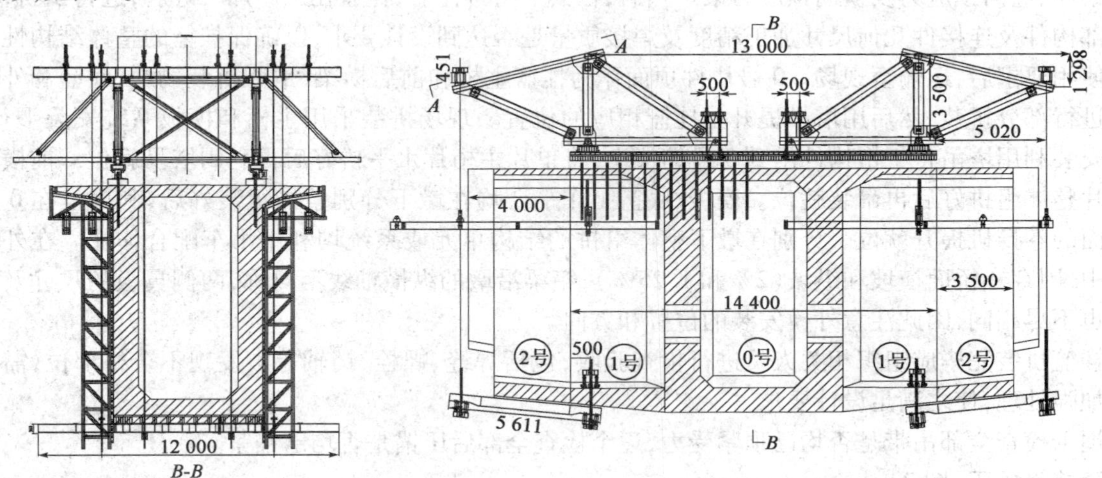

图1　岩子脚特大桥示意图(尺寸单位：mm)

(1)计算荷载。

底板纵梁计算取1号段(最重)。

顶板计算取8号段(最重)。

模板计算按照0号计算(侧压力最大)。

挂篮主桁取最大重量节段1号段(最重)最大重量：208.2×1.2＝250t。

挂篮自重由模型自动按重力加速度 $g=10\text{m/s}^2$ 加载。

模板侧压力公式：$p=\gamma\times H$(腹板 $H_0=10\text{m}$，底板 $H_1=1$，顶板 $H_2=0.32$)，钢筋混凝土相对密度 γ 取值为 $26\times10^4\text{N}\cdot\text{m}^{-3}$。

人群及施工荷载，按《公路桥涵设计通用规范》(JTG D60—2004)取1.5kN/m^2。

基本风压：$W_p=0.40\text{kN/m}^2$(百年一遇)。

振捣荷载：4kN/m^2。

A1号主桁荷载组合：混凝土重＋挂篮自重＋人群机具＋风荷载(刚度、强度、稳定性)。

动力附加系数取1.2。

以上荷载均由有限元分析软件程序自动加载计算。

主要技术参数：

①混凝土自重 $G_C=26\text{kN/m}^3$。

②钢弹性模量 $E_s=2.1\times10^5\text{MPa}$。

③材料容许应力：

$$\text{Q235 钢}[\sigma_{wr}]=160\text{MPa},[\tau]=85\text{MPa}$$

$$\text{Q235 钢}[\sigma_w]=210\text{MPa},[\tau]=20\text{MPa}$$

精轧螺纹 $R_1^b=785\text{MPa}$。

(2)设计参数。

超载系数,取混凝土浇筑胀模系数 1.05;应力提高系数 1.1。

挂篮允许最大变形(包括吊带变形的总和)在 20mm 以内。

施工时、行走时的抗倾覆安全系数大于 2。

①外模板设计按照 0 号段高度设计。

②内模按照 10t 加载,外模板程序按照重力加速度自动加载于模型。

2. 挂篮拼装

0 号块施工完成后,养护一段时间,混凝土强度达到设计张拉强度后,按顺序对称张拉临时锚固预应力粗钢筋、竖向预应力及横向预应力束。然后,在其上组拼挂篮,挂篮在工厂加工好后,进行试拼,检查挂篮各部构件及连接件几何尺寸加工精度及焊接质量是否达到设计要求,以确保挂篮的整体结构性能满足设计使用要求后,运输至现场。0 号块件顶面作为挂篮主桁和前后横梁、平联拼装场地,底篮和外模在桥墩下进行部分拼装,然后用塔吊提升至挂篮相应的位置。现场拼装采用主桁和模板系统安装平行作业。主桁安装利用塔吊将主桁构件吊到 0 号箱梁上,将单片主桁片水平拼好后再利用塔吊就位。前横梁后横梁桁片整体组拼好后再吊装就位。模板、底篮工作平台均在墩下分别整体组装好后,利用设在 0 号块箱梁顶面的卷扬机提升就位。分别在墩下整体组拼的结构单元或系统均利用吊车配合作业。在外模拼装过程中,因存在桥面横坡和纵坡(2% 和 1.25%),箱梁沿墩的纵横轴线不对称,两侧翼板的尺寸及模板的结构也不尽相同,因此注意外模安装的位置和方向。

挂篮拼装完毕应组织相关人员进行检查验收,包括焊缝、螺栓、销轴等。发现不合格部位,需进行返工或加强处理,使之满足设计要求。

逐个检查全部吊带是否均已顶紧受力,逐个检查全部后压锚是否均已锚紧。

3. 挂篮预压(图 2)

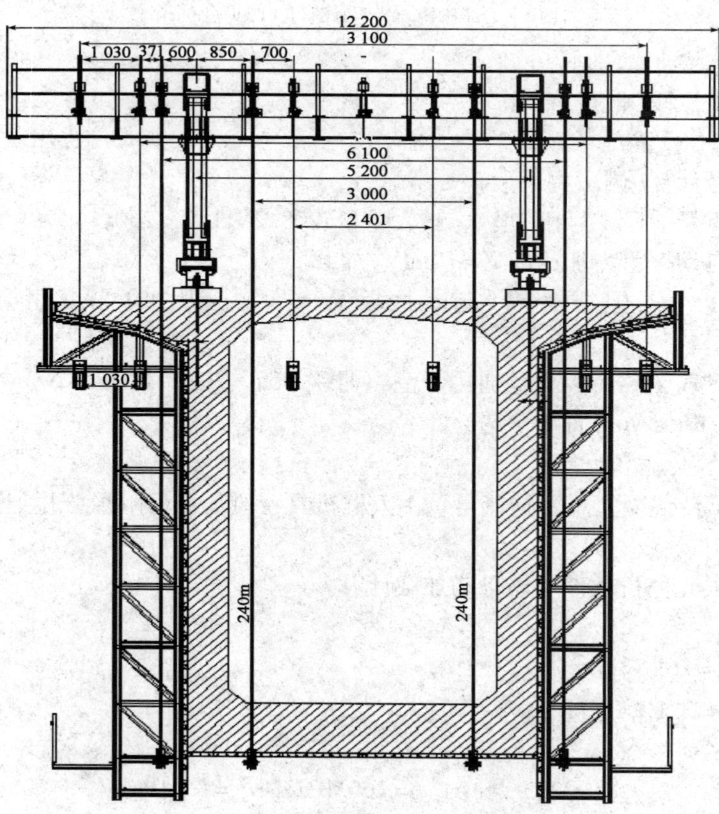

图 2　挂篮预压(尺寸单位:mm)

目的：挂篮加载试验的目的是为了检验实际承载能力和安全可靠性，并获得相应荷载下的弹性和非弹性变形参数，根据实测值推算各梁段的竖向变形，为箱梁悬浇施工预拱度控制提供参考数据。

方法：根据挂篮结构和需要的吨位情况布置施力位置，在支架顶面的四角、中心、千斤顶附近的分配梁顶面及分配梁的跨中等具代表性的位置布设观测点。

本标段的挂篮预压，拟采用将挂篮前后吊杆接长，底模接至承台上，在地面附近加载，预压。用直径32精轧螺纹钢筋连接到地面，模拟重量最大梁段（1号块）的施工实际荷载，利用设于墩脚的压重架，以穿心式千斤顶作为施荷装置。

加载：预压荷载取箱梁悬浇最重节段（1号节段）混凝土荷载的120%进行超载预压，具体预压按照1号块段的地板和腹板部分混凝土重量的1.2倍系数加载，地板重量＝[（宽）6.0m×（高）1.075m×（长）3.5m＋（腹板宽）0.7m×（高）9.781m×（长）3.5m]×混凝土自重26kN/m^3＝1 210kN。

1.2倍系数＝1 210×1.2＝1 452kN。

加载、卸载步骤：

预压施荷程序按：0%→20%→50%→70%→85%→100%→120%分级缓慢施加，每级荷载加载时间不得少于5min，持荷时间不得少于10min。

卸荷程序为：120%→100%→85%→50%→0%分级缓慢卸荷，每级卸载时间不得少于5min，持荷时间不得少于10min。

每级加载时应根据计算的油表读数加载，每级荷载缓慢加载，每级加载稳定后观测各测点应变及变形值；卸载按85%、50%、0%进行，记录每次残余变形数据。观测时如出现有卸荷的情况，则需先将荷载补到相应的荷载等级，再由测量组进行观测，观测完毕换算相关变形数据，如变形较大则需查明原因确认安全可靠后再继续施加下一级荷载，预压时应做好相关记录，包括荷载等级、油表读数、加载持续时间、持荷时间、持荷后油表读数、测量组应观测各相应等级的测点高程，并换算其沉降量。

卸载时应按照要求缓慢卸载，每级卸载持续时间不得少于5min，并持荷10min，观测相应荷载级别的测点数据后，继续卸载。均待观察完毕后做好记录后再卸载至下一级荷载，观测记录挂篮预压的弹性恢复情况。现场发现异常问题要及时上报。

4. 测点布置

挂篮预压变形采用水准仪测量，主要测量前下横梁、前上横梁及后锚点的各点变形。

观测点的设置为挂篮前横梁桁片（4点）及底篮前横梁上对应箱梁底板（4点），共8个点。

5. 钢筋制作

钢筋在钢筋加工厂进行集中加工成半成品，由缆索吊至模板内进行安装到位，钢筋加工必须符合规范。钢筋安装要注意以下几点：

（1）钢筋安装前，必须在加工厂进行半成品的检查，合格后再进行下一步的工作。

（2）钢筋安装前，在模板上放样到位，防止钢筋间距偏差不符合要求。

（3）钢筋与预应力钢筋（管道）、预埋件等相互冲突时，将普通钢筋适当移动位置，严禁截断或减少钢筋数量。

（4）精轧粗钢筋的制作、安装：精轧钢筋首先按图纸及箱梁高度的要求用切割机进行精确下料，根据精轧钢筋的下料长度，对锌铁皮管进行下料，再把锌铁皮管两端与轧丝锚垫板焊接，防止漏浆，在锌铁皮管下端焊一细钢管作为压浆孔，然后将精轧粗钢筋穿入锌铁皮管，上下端用轧丝锚固定，并在精轧粗钢筋下端与轧丝锚点焊，以防精轧粗钢筋晃动时螺帽脱落。严格按照图纸粗钢筋的纵横向坐标放置制作好的精轧粗钢筋，并每隔1m设置一道"#"字形定位筋，将其固定在梁的主筋上。

（5）粗钢筋张拉、锚固定：混凝土浇筑完毕后，及时清除钢筋锚垫板表面混凝土，待混凝土强度达到设计张拉强度后，按设计张拉程序对称进行竖向预应力筋张拉，其张拉程序为0→10%δ（初应力）→δ_k（张拉控制应力）。为确保竖向预应力筋的永存应力达到设计值，竖向预应力筋采用两次张拉的方法，即第一次张拉完成后1～2d进行第二次张拉，然后用扳手锚固定轧丝锚螺母，完成张拉，准备压浆工作，其压浆施工工艺与其他预应力束相同,压浆方向为从下向上压浆。

6. 模板安装调整

在现浇梁段预应力张拉完后即可脱模。先松内外模对拉杆,接着松内、外模前后吊杆,再松底篮前后吊(锚)杆,内、外、底模均与箱梁分离。之后底篮、外模及内模滑梁随挂篮前移。挂篮前后横梁吊杆同时提升,直至底模尾部与箱梁底面贴紧,底模前端达到设计施工高程(含T构施工预抬高值和挂篮挠度),将分配梁上前后吊杆螺母上紧之后用后锚点千斤顶将后锚杆顶紧,使底模尾部与箱梁底面压紧,上紧螺母,底模调整就位完毕。接着是外模就位。先将外模前后吊杆同时提起至翼板底模尾部贴紧箱梁翼板底面,前端达到设计施工高程,上紧前吊杆和后锚杆螺母,再用顶紧螺栓将侧模底部与底模压紧,即完成外模就位。待梁段底板和侧墙钢筋安装完后,将停在箱梁内的内模(模架顶部安有滚轮)顺内滑梁推出到已就位的外模齐平,顶起内滑梁前吊杆和后锚杆提升千斤顶,将内模托起至顶板尾部压紧箱梁顶板底面,端部达到设计施工高程,上紧吊(锚)杆螺母。然后上紧内、外模对拉杆使内外模板压紧混凝土顶筒,内模就位即告完成。前后两段的模板接缝应紧密结合,并在调整模板时,按照监控单位提供的根据挂篮前端竖向变形、各施工阶段的弹塑性变形及1/2净活载变形数据设置预拱度。

7. 混凝土浇筑

(1)混凝土采用集中拌和,由混凝土罐车运输至施工现场。在混凝土拌和前,试验员严格按照施工配料单进行材料、搅拌时间数据的输入、控制,对电脑数据的真实性和可靠性负责;在每次开拌之始,试验员和拌和站驾驶员应注意监视和检测前2~3盘混凝土的和易性。如有异常,应立即分析情况并处置,直至拌和物的和易性符合要求,方可持续生产。当施工配合比调整后,亦应注意开拌时的监视与检测工作;试验员负责拌和站混凝土的和易性检测并做好记录,和易性包括坍落度、坍落流动度、含气量和温度。

混凝土运输车驾驶员应根据拌和站调度的统一安排,负责将混凝土在规定时间内安全运至使用地点;当因混凝土质量不合格拒绝接受时,驾驶员应要求工地调度及时和拌和站调度取得联系,按照拌和站调度指令进行处理;运输车进场前,主动进行清洗作业,杜绝将污染物带进拌和站;严禁擅自加水,严禁混凝土被拒收后又“转圈回来”的现象。

(2)混凝土到达现场后,技术人员和质检人员要提前对混凝土进行检查并检测混凝土的坍落度;如发现混凝土有问题,迅速联系工地实验室对拌和站混凝土进行调整。

混凝土灌注:施工现场采用一套地泵输送到浇筑位置(一台地泵备用)。混凝土由搅拌站生产,混凝土输送泵管接入模内浇筑,沿两分离墩柱之间的脚手架接至所浇部位。设置串筒布料并分层浇筑、分层振捣。

混凝土浇筑完成后,根据不同气温采取不同的养护措施,一般情况下,采用塑料薄膜包裹,然后洒水养护,洒水养护时间为一个星期左右。当气温低于5℃时,除加抗冻性外加剂以及给拌和用水加热以保证混凝土的入模温度外,还应适当延长拆模时间以及覆盖麻袋和彩条布以做好保温工作,此时不得向混凝土表面洒水。

8. 挂篮的移动

具体操作步骤为:首先松开内外模吊杆,然后在底篮后锚点用千斤顶顶起锚杆,松开锚杆螺母,千斤顶落下,将底篮后横梁上的全部重量转换至由主桁后横梁的两外侧吊杆承担,将锚杆从吊点连接器上分离并从箱梁底板锚孔拔出。接着将底篮吊杆前横梁及后横梁分配梁上的千斤顶上的螺母松开并旋起一定距离,顶升千斤顶至上螺母,拧开下螺母,放下千斤顶,随着各千斤顶同时落下,整个底篮亦落下一定距离,此时整个底篮和外模均与箱梁分离。将挂篮的前支点用100t千斤顶顶起,后锚直接锚在后一节段的竖向预应力筋上,此时挂篮主桁片与轨道脱离,拖移轨道至指定位置,重新锚固好轨道,退下千斤顶,挂篮前支点滑船重新落在轨道上。重新将后锚小车与主桁的后节点通过拉杆重新连接,接着顶起主桁后锚千斤顶,松后锚杆螺母,退千斤顶,后锚行走小车反扣在轨道顶面翼缘上,退出后锚杆,即完成后锚转换。最后利用设在轨道前端的锚固梁和滑船后的反力梁,安装ϕ32精轧螺纹钢拉杆和千斤顶,将挂篮向前顶进,千斤顶的行程为20cm。千斤顶回油,收紧拉杆螺母,再向前顶进,反复多次,最终将挂篮前移就位,再将挂篮重新锚固,进行下一节段的施工。在悬臂浇筑的最后一个节段施工完成后,即可进行挂篮的后退工作。首先松开底篮和外模,通过安置在桥面上的卷扬机将底篮和外模缓慢下放,直至落到地面进行分解,并将分解后的构件运至下一幅施工的桥墩下进行重新组装;在挂篮的主桁前端设置支撑,并和轨道固定在一起,使挂篮依靠支撑以及挂篮前支点保持稳定,拆除挂篮的后锚及后锚小车,将左右轨道通过型钢连接成为一整体,用卷扬机拖动轨道尾端,直接将主桁拉回靠近0号节段塔吊又能够拆除的块件进行挂篮主桁的拆除。在下放底篮和外模,以及向回拖动主桁的过程中,注意保持T构两端的受力平衡。

三、结　　语

悬臂浇筑挂篮施工技术在大跨径桥梁施工中具有广泛的发展前景,具有结构简单、施工简便的特点。

参考文献

[1] 中华人民共和国国家标准. GB 50017—2003 钢结构设计规范[S]. 北京:中国计划出版社,2003.
[2] 中华人民共和国国家标准. GB 50205—2001 钢结构工程施工及验收规范[S]. 北京:中国计划出版社,2001.
[3] 中华人民共和国行业标准. GB/T 5117—1995 碳钢焊条[S]. 北京:中国标准出版社,1995.
[4] 中华人民共和国行业标准. JTJ 025—1986 公路桥涵钢结构及木结构设计规范[S]. 北京:人民交通出版社,1986.
[5] 中华人民共和国行业标准. JTG/T F50—2011 公路桥涵施工技术规范[S]. 北京:人民交通出版社,2011.

58. 山区连续刚构桥梁高墩边跨现浇段施工方案研究

龚玉华[1]　陶　路[2]　刘经建[3]
(1. 贵州高速公路集团有限公司;2. 中铁大桥局集团桥科院有限公司;
3. 贵州水盘高速公路有限公司)

摘　要　为解决连续刚构桥梁中高边墩、长边跨的施工难题,以河头一号大桥施工为背景,对落地支架法、墩顶吊架法及挂篮不对称浇筑结合墩顶托架法3种高墩长边跨梁段施工方案进行了对比分析。结果表明,中跨合龙后采用挂篮不对称悬臂浇筑一个边跨梁段,在边墩顶设置托架现浇施工边跨剩余直线段的施工方案经济性较好、工期相对较短,施工操作便捷,对结构受力较为有利,作为高墩长边跨连续刚构桥梁施工方法较为适宜。

关键词　刚构桥　高墩　大边中跨比　不对称施工　施工方案

一、引　　言

山区地形起伏较大,峡谷地形较为多见。公路修建通常根据地形采用主桥为拱、连续刚构等大跨结构,引桥采用较小跨径的T梁或空心板的桥型布置方式跨越。当受地形所限,主桥的连续刚构桥采用大边跨时,会有较长的边跨现浇直线段,且主引桥的过渡墩较高。在贵州山区,类似桥梁的过渡墩墩高在30~50m,也有的桥梁过渡墩高达70m。当边、中跨比较大时,边跨现浇段的施工存在一定的困难,采用不同的边跨现浇段施工方案,其适用性、经济性、工期对结构受力、线形影响会有较大差异。本文结合工程实例,对落地支架法、墩顶吊架法及挂篮不对称浇筑结合墩顶托架法3种高墩长边跨梁段施工方案进行研究,提供了合理的施工方案,可供同类桥梁施工参考。

二、工 程 概 况

河头Ⅰ号大桥主桥为70m+120m+70m预应力混凝土连续刚构桥梁，大桥分左右两幅，采用单箱单室的截面形式，桥面宽10.5m。箱梁根部高度6.8m，跨中梁高3.0m，其间梁高按1.8次抛物线变化，箱梁顶板宽10.5m，底板宽6.5m，28号边墩高56m，29号主墩高80m，30号主墩高53m。主桥箱梁除墩顶0号梁段支架现浇外，其余节段箱梁均采用挂篮悬浇施工，每个"T"箱梁悬浇筑梁段划分为(4×3m+5×3.5m+6×4.0m)15个梁段，桥墩墩顶0号块长11m，中跨及边跨合龙段长为2m，边跨现浇段长9m(原设计方案)。引桥为5×30m装配式预应力混凝土连续T梁，主引桥过渡墩高56m。本桥总体布置见图1。

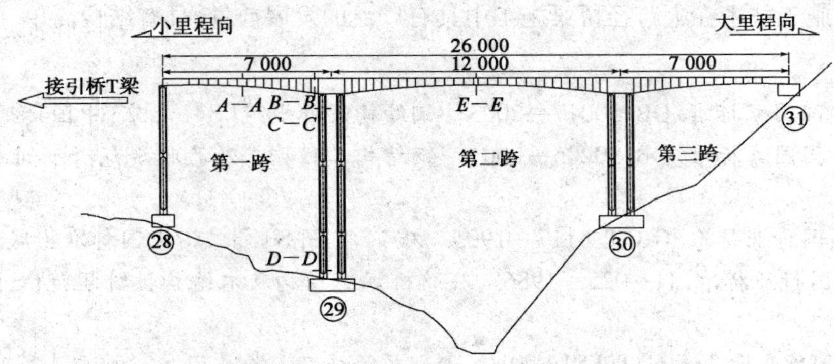

图1　河头一号大桥总体布置图(尺寸单位:mm)

三、长边跨梁段施工方案

受山区峡谷地形限制，本桥边中跨比值较大，在主墩施工至最大悬臂状态时，边跨将剩余较长梁段。关于大桥第3跨与路基相连接，边跨直线段距离地面高度较小，采用支架施工或其他施工方式均较易实施，但桥梁第1跨边墩(主引桥过渡墩)高达56m，如何合理确定高墩长边跨现浇段施工方案较为关键。以下将对几种可操作的施工方案进行介绍。

1. 落地支架现浇方案(方案一)

采用落地支架现浇为连续刚构桥边跨直线段常用的施工方法。根据本桥箱梁梁段划分，主墩0号梁段采用托架现浇施工，其余悬浇梁段采用挂篮悬浇，边跨直线段采用高落地支架现浇，然后边、中跨合龙。施工示意见图2。具体施工步骤如下：

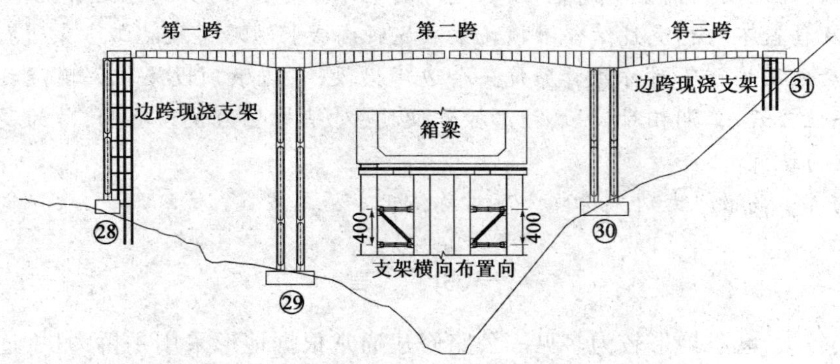

图2　支架现浇方案施工示意图(尺寸单位:cm)

(1)搭设主墩顶托架，施工0号段箱梁，在0号梁段上拼装施工挂篮并进行加载试验。

(2)利用施工挂篮对称施工1号梁段，待混凝土强度达到设计强度后，张拉该梁段预应力。

(3)挂篮前移，对称悬臂浇筑箱梁各节段并张拉相应的预应力束，直至最大悬臂阶段。

(4)在箱梁悬浇的同时，搭设边跨现浇段落地支架，浇筑边跨直线梁段。

(5)拆除施工挂篮，在边跨合龙段两端施加合龙段配重，浇筑边跨合龙段，待混凝土强度达到设计强度后,张拉边跨底板预应力束,拆除边跨直线段现浇支架。

(6)施加中跨合龙段配重,浇筑中跨合龙段,待混凝土强度达到设计强度后,张拉中跨底板预应力束。

(7)浇筑桥面系,完成全桥施工。

2. 墩顶吊架法施工方案(方案二)

箱梁合龙段较短,常采用吊架作为浇筑合龙段的设施;但边跨直线段较长,其重量较大,采用吊架施工的较少。墩顶吊架施工方案(设计推荐方案)为:0 号梁段及悬浇梁段施工方式均与方案一相同,不同点在箱梁边跨的现浇段及合龙段是在中跨合龙后,用吊架现浇。吊架由贝雷片组成,横桥向布置为 8 片,顺桥向长度 12m。吊架一端支撑于边墩墩顶,另一端支撑于最大悬臂前端,施工示意见图 3。具体施工步骤如下:

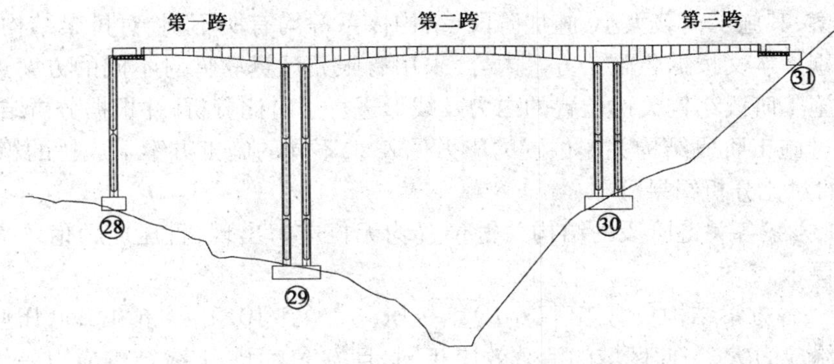

图 3 墩顶吊架法方案施工示意图

(1)悬臂浇筑完成前与施工方案一相同。

(2)中跨合龙。

(3)中跨合龙后,安装边跨直线段施工吊架,浇筑边跨直线段混凝土。

(4)边跨合龙。拆除边跨吊架,完成全桥合龙施工。

3. 不对称浇筑结合墩顶托架法(方案三)

不对称浇筑结合墩顶托架法施工方案在箱梁最大悬臂阶段完成前,工序均与方案一相同。先中跨合龙后,采用边跨侧挂篮再向前浇筑 1 个梁段(长度为 4m),并张拉相应的新增纵向顶板预应力束,同时在两边墩位置搭设墩顶托架施工剩余边跨直线段,最后利用挂篮底篮作为吊架施工边跨合龙段,施工示意见图 4。具体施工步骤如下:

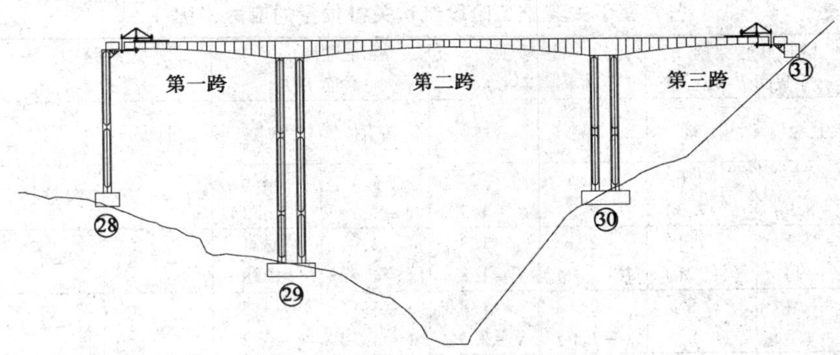

图 4 不对称浇筑结合墩顶托架法施工示意图

(1)主墩最大悬臂状态前均同于支架施工方案。

(2)最大悬臂状态下拆除中跨侧施工挂篮,拼装中跨合龙吊架,施加相应的合龙段配重,并完成中跨合龙工作。

(3)利用边跨侧施工挂篮向前再浇筑1个梁段(长度为4m),以减小边跨直线段长度,并张拉相应的新增纵向顶板预应力束,同时在两边墩位置搭设墩顶托架施工剩余边跨直线段。

(4)拆除边跨侧挂篮,施加合龙配重,利用挂篮底篮作为边跨合龙吊架施工合龙段,待混凝土强度达到设计强度后,张拉边跨底板预应力束。

(5)拆除边跨吊架,完成全桥合龙施工。

四、施工方案比选

本文针对落地支架法、墩顶吊架法及不对称浇筑结合墩顶托架法3种高墩长边跨直线段施工方案进行了研究,根据各方案的适用性、经济性、工期及对结构应力及线形的影响进行方案选择。

1. 不同的施工方案对结构应力及线形的影响分析

不同的施工方案,其施工荷载大小、施加阶段、结构体系等均有所不同,对桥梁结构内力及线形的影响将存在一定的差别。本文根据各施工方案内容,采用有限元计算软件对不同的方案进行了分析计算,针对各方案下关键施工阶段结构关键位置的内力及线形进行了对比分析,并根据分析结果对各方案进行评估。各方案下关键施工阶段结构关键位置的应力见表1,不同的施工方案下成桥的箱梁位移对比结果见图5。由各方案的对比分析结果可知:

(1)不同的施工方案各关键阶段的结构关键位置均无拉应力出现,且压应力值均大于容许值,应力水平均能满足相关要求。

(2)成桥状态下,各方案结构负弯矩区(*B-B*)结构压应力在-10.0~-6.4MPa,压应力水平不高,但均为下缘应力较上缘应力大,与此区域的活载效应相同,且方案二上、下缘结构应力差较大,对结构长期受力及收缩、徐变控制不利。

(3)成桥状态下,正弯矩区(*A-A*、*E-E*)结构压应力在-6.7~-3.2MPa,方案一为上缘应力较下缘大,方案二*A-A*截面处上缘应力较下缘大、*E-E*截面上缘应力较下缘小,方案三下正弯矩区的结构应力与此域的活载效应力相反,均为上缘应力较下缘小,对结构长期受力较为有利。

(4)在恒载与活载最不利效应组合下,方案一及方案二的中跨跨中正弯矩区结构下缘压应力仅为-1.1~-0.9MPa,压应力储备较小,在温度、风荷载等组合下结构可能出现受拉现象,对结构安全控制较为不利。

(5)根据成桥状态下的结构位移对比结果,方案二、方案三边跨的结构位移基本相同、较方案一的大很多,各方案下中跨位移均有所不同,方案一最大、方案二次之、方案三最小,因此,需在施工前确定边跨合龙方案,以便施工过程中精确进行施工预拱度的设置。

各方案下关键施工阶段结构关键位置的应力(MPa) 表1

阶段	方案 \ 位置	墩顶0号梁段(截面*B-B*)		主墩墩顶(截面*C-C*)		主墩墩底(截面*D-D*)		边跨跨中(截面*A-A*)		中跨跨中(截面*E-E*)	
		上缘	下缘	左侧	右侧	左侧	右侧	上缘	下缘	上缘	下缘
第一次合龙前(后)	方案一	-8.7(-8.9)	-7.6(-7.3)	-2.5(-2.2)	-2(-1.7)	-4.1(-4.1)	-3.6(-3.3)	\(-5.6)	\(-5.7)	\(\)	\(\)
	方案二	-9.1(-9)	-7.1(-7.1)	-2.1(-1.9)	-1.3(-1.8)	-3.9(-4.4)	-3.1(-2.8)	\(-5.8)	\(-3.1)	\(-3.2)	\(-5.7)
	方案三	-8.4(-8.3)	-8(-8)	-2.3(-1.6)	-1.8(-2.5)	-4.1(-4.7)	-3.5(-3.2)	\(-5.2)	\(-4.3)	\(-2.9)	\(-6)
第二次合龙前(后)	方案一	-8.7(-8.8)	-7.4(-7.3)	-2.1(-1.8)	-1.5(-2.1)	-4.1(-4.5)	-3.1(-2.9)	-5.4(-5.6)	-6(-5.6)	\(-2.9)	\(-5.9)
	方案二	-7.1(-7.8)	-9.3(-8.5)	-1.1(-1.3)	-3.7(-3.2)	-5.9(-5.4)	-2.6(-2.6)	-5.7(-4.3)	-3.7(-7.5)	-2.6(-2.5)	-6.3(-6)
	方案三	-7.5(-8.5)	-9.4(-8.3)	-1.4(-1.7)	-3.7(-2.9)	-5.7(-5.1)	-2.9(-3)	-4.8(-5.2)	-6.2(-7.6)	-1.8(-1.8)	-7.1(-6.9)

续上表

阶段 \ 方案 \ 位置		墩顶0号梁段（截面 *B-B*）		主墩墩顶（截面 *C-C*）		主墩墩底（截面 *D-D*）		边跨跨中（截面 *A-A*）		中跨跨中（截面 *E-E*）	
		上缘	下缘	左侧	右侧	左侧	右侧	上缘	下缘	上缘	下缘
成桥状态	方案一	−7.4	−8.9	−2.2	−1.9	−4.4	−3.2	−6.3	−4.8	−4.6	−3.2
	方案二	−6.4	−10	−2	−3	−5.1	−6.5	−5.1	−6.7	−4.5	−3.4
	方案三	−7.1	−9.9	−2.1	−2.6	−5	−3.2	−6.0	−6.6	−3.7	−4.4
与活载最不利工况叠加	方案一	−6.8	−8.7	−1.9	−1.1	−3.9	−2.9	−6.3	−3.5	−4.4	−0.9
	方案二	−5.6	−9.9	−1.8	−2.2	−4.5	−6.3	−4.7	−5.1	−4.3	−1.1
	方案三	−6.3	−9.8	−1.9	−1.8	−4.4	−3	−5.6	−5	−3.5	−2.1

注：截面号所对应结构位置如图1所示，活载最不利工况均指活载对各关键位置产生最大拉应力的工况。

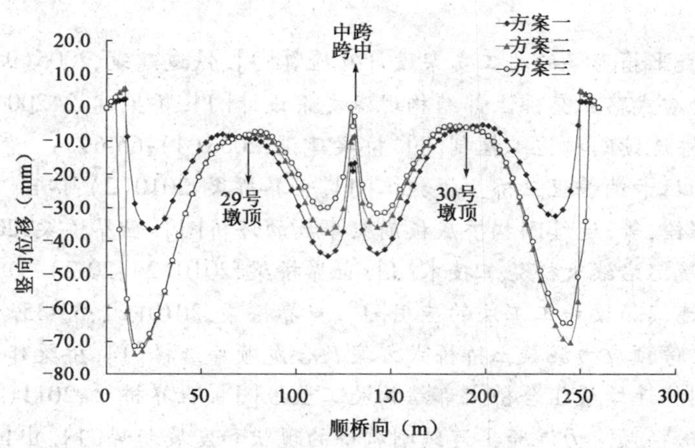

图5　不同的施工方案下结构成桥位移对比结果

2. 各施工方案的适用性、经济性、工期对比研究

根据各施工方案主要内容，本文针对各方案的施工操作难度、经济性及预算工期进行综合评估，各方案的优缺点见表2。由于各施工方案的适用性、经济性、工期对比分析结果可知，方案三施工操作较为便捷，均为常规施工工艺，对高边墩边跨直线段施工适用性较强，施工过程中无需新增相应的施工材料，经济性较好，与其他两种方案相比所需工期也无较大差别，作为高墩长边跨连续刚构桥梁施工方案较为适宜。

各施工方案的适用性、经济性、工期对比分析表　　表2

项别 \ 方案	方案一	方案二	方案三
适用性	落地支架法施工所需支架高度最高达近70m，且支架的基础位于陡坡上，施工困难、费用高、稳定控制难度大，该施工方案在高边墩、长边跨现浇段、地形陡峭的桥梁施工中适用性差	吊架施工工艺较为成熟，但采用长吊架施工边跨直线段较为少见；实际操作过程中需注意箱梁悬臂端和桥墩端的变形不一致问题，以及长直线段的预拱度设置	采用挂篮进行不对称悬浇较少，但挂篮施工工艺较为成熟，操作简单；采用边墩顶托架施工相应的短直线段，操作较为方便，适用性较强
经济性	施工过程中需新增钢管及附属构件约为200t。需新增支架基础处理工程费用	施工过程中用贝雷梁及其他型钢组成的吊架，可在地面组装，需要新增贝雷梁及其他型钢约30t	挂篮为自有，施工托架可利用主墩0号梁段托架的构件，无新增材料
预算工期	主要控制工序为边跨合龙、中跨合龙。从悬臂浇筑完成至全桥合龙完成需30～40d	先边跨直线段施工，最后进行边跨合龙，从悬臂浇筑完成至全桥合龙完成需60～70d	中跨合龙后进行挂篮不对称浇筑，然后进行边跨合龙，至全桥合龙完成需40～50d

五、结　语

受山区峡谷地形限制,山区连续刚构桥梁常具有高边墩的特点。由于各桥位处有其不同的地形地貌地质条件,必须根据具体情况采用不同的桥跨布置,可采用单T刚构桥、不对称连续刚构桥以及多跨连续刚构桥,桥梁孔跨布置是否合理不仅要考虑结构受力还需考虑施工的可行性。因此,设计工程师在拟定桥跨布置时,应将桥梁的结构受力及施工的方案一并考虑。

当主、引桥过渡墩为高墩时,考虑到边跨现浇段施工可能采用墩旁托架,桥墩在施工中会承受较大弯矩,过渡墩的结构设计应留有一定的富余,以满足施工需求。当受地形地质条件限制,不得不采用大边跨且边跨桥墩为高墩时,设计可选择采用方案三的方式,利用挂篮多浇一个梁段,使边跨现浇段缩短,以减小施工难度及费用。目前,河头一号大桥已采用方案三在45d内完成了不对称浇筑至全桥合龙施工,施工较为便捷,有效地节约了成本。

参考文献

[1] 齐延祥.整体现浇混凝土箱形梁的施工支架设计及检算[J].铁道建筑,2005(9):9-11.
[2] 张瑞霞,魏发保.厦门演武路立交桥上部结构现浇支架设计[J].桥梁建设,2004(3):31-33.
[3] 文武松.苏通大桥辅桥连续刚构施工控制[J].桥梁建设,2008(4):65-69.
[4] 余本俊,谢红兵.孟加拉卡纳普里三桥主桥施工[J].世界桥梁,2010(2):1-4.
[5] 冯鹏程,吴游宇,杨耀铨,等.连续刚构桥底板崩裂事故的评析[J].世界桥梁,2006(1):66-69.
[6] 曹克强.襄渝二线朱溪河右线大桥施工技术[J].世界桥梁,2010(2):20-23.
[7] 李铮.挂篮悬臂浇筑连续箱梁施工工法的应用[J].世界桥梁,2010(2):33-35.
[8] 陈列,徐公望.高墩大跨预应力混凝土桥桥式方案及合龙顺序选择[J].桥梁建设,2005(1):33-35.
[9] 徐建富,余毅.多跨刚构连续梁组合桥上部结构施工监控[J].世界桥梁,2011(4):33-35.
[10] 周军生,楼庄鸿.大跨径预应力混凝土连续刚构桥的现状和发展趋势[J].中国公路学报,2000(1):31-37.

59.河头1号特大桥大跨度缆索吊设计

卢旭东
(湖南省交通建设工程监理有限公司贵州水城至盘县高速公路JL-A-1驻监办)

摘　要　介绍水盘高速公路河头1号特大桥刚构部分缆索吊施工的设计方案,通过各受力构件的应力检算,确定缆索和索塔的材料及结构形式。

关键词　大跨度　缆索吊　设计

一、引　言

河头1号特大桥由湖南省交通建设工程监理有限公司贵州水城至盘县高速公路JL－A－1驻监办监理,由中铁十四局集团五公司承建。

缆索吊一般用于跨度较小、地形条件比较复杂,尤其是深峡谷中大型机械设备无法进场施工的地方,它具有易操作、易掌握、施工方便、工艺简单、成本低等特点。中铁十四局集团五公司施工的河头1号特大桥刚构部分为70m＋120m＋70m的大跨度桥梁,采用缆索吊进行材料的垂直运输,对缆索、索塔基础、索塔等主要受力构件要求更加严格,通过详细的检算对构件进行受力分析,以确保施工中的安全使用。

二、工 程 概 述

由中铁十四局集团五公司承建水盘高速公路第三合同段位于贵州省六盘水市，云贵高原一、二级台地斜坡上，以中低山、台地丘陵和峡谷为主，地形起伏大，地面高程在830～2 100m，区内发育北盘江及其支流，流水侵蚀作用明显，地表切割强烈、侵蚀地貌发育。

河头1号特大桥1号～28号跨上部结构为30m预应力连续T梁，29号～31号跨上部结构为70m+120m+70m预应力连续刚构。刚构部分横跨K12+185处冲沟，左侧边坡自然坡度25°～35°，右侧边坡自然坡度35°～40°，边坡陡峭，承台底距沟底60多米。如采取修便道至承台处，征地面积大，对附近植被破坏严重，开挖费用高，经技术经济论证分析，采用缆索吊进行材料的垂直运输，可降低施工成本，保护桥区植被。

三、设 计 方 案

1. 位置选择

小里程方向索塔建在25号墩处的桥内切方处，该处桥内切方完成后，地面高程接近桥梁的设计高程；大里程方向选在31号桥台后的路基挖方处，该处挖方高度23m，现建索塔进行桥梁施工，待刚构合龙后，拆掉索塔后，进行台后路基施工。该位置及施工顺序的选择，既可降低索塔高度，又不影响整个工程的施工进度。

2. 构件类型

采用主跨380m，边跨68m的缆绳吊装，吊装重量为50kN，主要吊装重物为墩身、箱梁模板，钢筋和其他小型机械设备及材料，主绳采用1根ϕ47.5mm 6×37股1m+6m+12m+18m纤维芯钢丝绳，索塔采用万能杆件拼装，索塔高度为32m，截面尺寸为4m×2m。

设计图见图1。

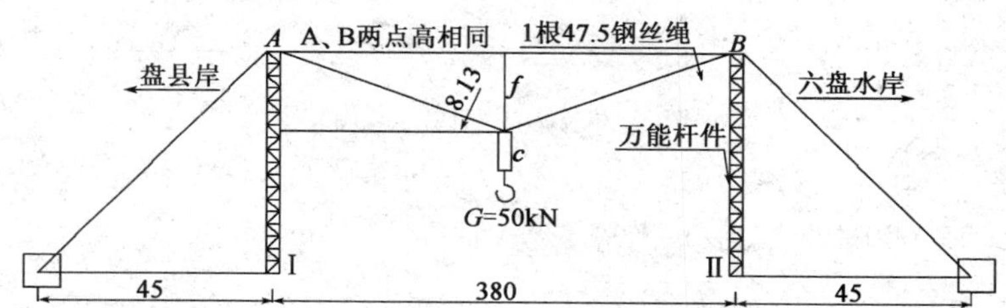

图1　缆索计算示意图(尺寸单位：m)

3. 应力检算

1)主索检算

(1)计算主索单位重和最大破断拉力

主索单位重：

$$g=7.929\text{kg/m}=0.079\text{kN/m}$$

采用公称抗拉强度1 700MPa的钢丝绳，其破断拉力总和为：

$$843.47\times1\ 700=1\ 433.9\text{kN}$$

其换算系数为0.82。

钢丝绳总破断拉力：

$$1\ 433.9\times0.82=1175.8\text{kN}$$

(2)主索最大张力和强度验算

根据多座桥的施工经验和桥涵设计规范，取跨中吊重后的最大垂度：

$$f_{max}=L/16=380/16=23.75\text{m}$$

控制主索的张力安全系数：$K=3.5$。

则主索的容许张力为：

$$T_{max}=T_n/(1.2K)=1175.8/4.2=280\text{kN}$$

最大水平拉力 $H=T_{max}=280$

$$f_{max}=(gL^2/8+PL/4)H=22.05\text{m}$$

经过比较，经验值与理论值较相近，取经验值进行计算。

主索最大水平张力：

$$H_{max}=M_{max}/f$$

$$M_{max}=M_{pmax}+M_{pmax}$$

相应简支梁弯矩计算，其中：

$$M_{max}=PL/4=50\times380/4=4\,750\text{kN}\cdot\text{m}$$

$$M_{max}=1/8qL^2=1/8\times0.079\times380^2=1\,425.95\text{kN}\cdot\text{m}$$

代入上式得

$$H_{max}=M_{max}/f=(4\,750+1\,425.95)/23.75=260.04\text{kN}$$

则主索最大张力：

$$T_{max}=H_{max}/\cos10°=263.24\text{kN}$$

考虑冲击系数时，主索安全系数：

$$K=1\,175.8/(263.24\times1.2)=3.72>3\text{(满足)}$$

计算图如图 2 所示。

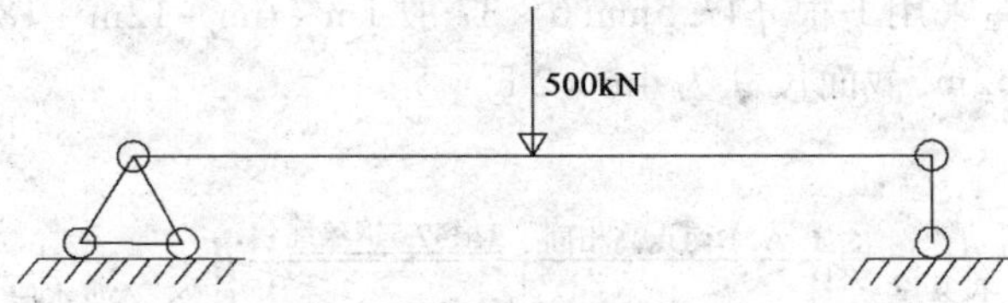

图 2　相应简支梁计算示意图

(3)主索应力计算

主索弹性模量 $E=75\,600\text{MPa}$（式中 n 为滑车数）

$$\sigma_{max}=T_{max}/F+G/n\sqrt{E/T_{max}F}$$

$$=263.24\times103/843.47+5\times10/2\sqrt{75\,600/263.24\times103\times843.47}$$

$$=312.09+428.75=740.84\text{MPa}$$

$$\eta=[\sigma]/\sigma_{max}=1\,700/740.84=2.29>2\text{(容许)}$$

接触应力：

$$\sigma_{max}=I_{max}/F+E_d/D_{min}$$

$$=263.24\times103/843.47+75\,600\times2.2/400=740.4\text{MPa}$$

查《公路桥涵设计手册》，d 为 2.2mm，D_{min} 取 40cm。

$$\eta=[\sigma]/\sigma_{max}=1\,700/740.4=2.3>2\text{(容许)}$$

(4)求张拉初应力和初始垂度

吊重状态：$Q=50\text{kN}$，$G=380\times0.079=30.02\text{kN}$。

空状态：$Q_0=10\text{kN}$（吊具和跑车最大荷载）。

由于两段锚固长度较长，主索按三跨计算。

换算弹性模量：

$$E_\eta=L/\eta=380/620\times7.56\times107=4.634\times107\text{kPa}$$

$$K_1 = E_\eta F\cos 2\beta/24 = 4.634\times 107\times 843.47\times 10-6\times 12/24 = 1\ 628.59\text{kN}$$

$$K_2 = 3Q(Q+G) = 3\times 50\times(50+35.1) = 12\ 765\text{kN}^2$$

$$A = K_1K_2/H_{\max}^2 - H_{\max} = (1\ 628.59\times 12\ 765)/260.042 - 260.04 = 47.39\text{kN}$$

$$B = K_1G_2 = 1\ 628.59\times 35.12 = 2\ 006\ 439.166\text{kN}$$

$$K_3 = 12Q(Q_0+G) = 12\times 10\times(10+35.1) = 5\ 412\text{kN}^2$$

$$C = K_1\cdot K_3/L_2 = 1\ 628.59\times 5\ 412/3\ 802 = 61.04$$

$$B + C\cdot L/2(L-L/2) = 2\ 006\ 439.166 + 61.04\times 190\times 190 = 3\ 073\ 418.4$$

$$H_{03} + 67.14H_{02}.- 3\ 073\ 418.4 = 0$$

求得 $H_0 = 126.1\text{kN}$。

求安装初始垂度：

$$f_0 = qL_2/(8H_0\text{cosin}\beta) + Q_0L/4H_0$$
$$= 0.079\times 3\ 802/(8\times 126.1\times 1) + 10\times 380/(4\times 126.1) = 11.3 + 7.53 = 18.83\text{m}$$

$f_0/\text{L} = 18.83/380 = 1/21$

2）牵引索计算

牵引索采用1根 $\phi 19.5$mm（6×37股）钢绳。

（1）牵引索拉力计算

$$\tan\theta = 4f/L = 4\times 23.75/380 = 0.250 \qquad \theta = 14.039\ 0$$

$$W = Q\sin\theta + 0.15Q = 50\times\sin 14.039\ 0 + 50\times 0.15 = 19.63\text{kN}$$

（2）牵引索的最大拉力

$$T_{\text{引}} = (W+2Lq)(2-\eta_n) = (19.63+2\times 380\times 0.013\ 00)\times(2-0.962) = 31.82\text{kN}$$

牵引索的容许拉力和安全系数

$$K_{\text{引}} = T_{\text{破}}/T_{\text{引}} = 141.16\times 1\ 700\times 0.82/1\ 000\times 31.82 = 5.9 > 4\text{（满足）}$$

（3）起重索计算

按每组吊点起重绳采用1根 $\phi 19.5$mm 钢绳，滑车组走二线，则进卷扬机的快绳拉力 $I_{\max} = Q/n\eta 1 m\eta 2\mu = 50/2\times 0.961\times 0.961.81 = 28\text{kN} = 2.8\text{T}$

选用5T卷扬机作动力装置。

3）索塔计算

索塔侧面图如图3所示。

（1）索塔受力

索塔采用移动式万能杆件索塔，塔架顶两组主绳的总垂直力为：

$$V_1 = 2\times 280(\sin 25° + \sin 8°) + (31.82\times 2 + 28\times 2)\times(\sin 25° + \sin 8°)\text{（起吊、牵引垂直力之和）}$$
$$= 858.4\text{kN}$$，按1 000kN计算偏安全。

索塔采用移动式万能杆件索塔，塔架顶两组主绳的水平力差 ΔH：

$\Delta H = H_1 - H_2 = 280\times 2\times(\cos 8° - \cos 25°) = 47.02\text{kN}$ 按100kN计算偏安全。

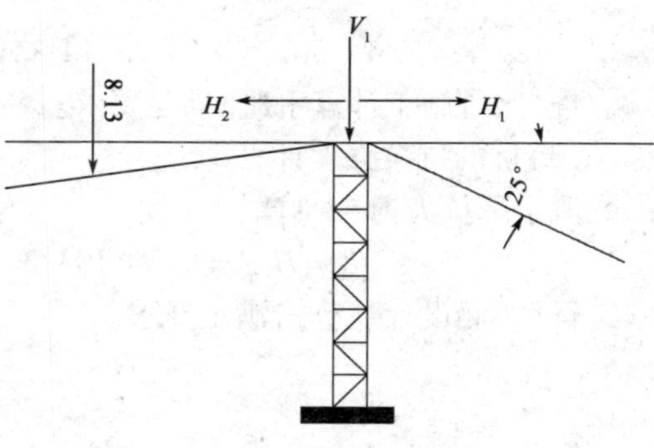

图3 索塔侧面图

（2）塔架的强度验算

$$\sigma = V/A = 1\ 000\times 103/2\times 2\ 280\times 6 = 36.55\text{MPa} < [\sigma] = 135\text{MPa}$$

查一肢∟100×100×10角钢截面积$A=22.8\text{cm}^2$，每索塔六柱每柱两肢万能杆件，安全可靠。索塔平面图如图4所示。

(3)塔架的整体稳定

索塔高$h=32\text{m}$，采用一端固定，一端自由。

$L_0=2h=2\times32=64\text{m}$，截面回转半径$r=1.0\text{m}$，则$\lambda=L_0/r=64/1.0=44$，查《公路桥涵设计规范》得：$\phi=0.529$。

$$\sigma=V/A\leqslant\phi[\sigma]=1\,000\times103/2\times2\,280\times6$$
$$=36.55\text{MPa}<0.529\times135\text{MPa}=71.4\text{MPa}$$

塔架整体稳定安全。

4)桩锚计算

设计采用ϕ100cm挖孔桩，嵌岩深度取2m，考虑桩头悬臂0.3m，根据现场实际地质情况，桩为坚石。如图5所示。

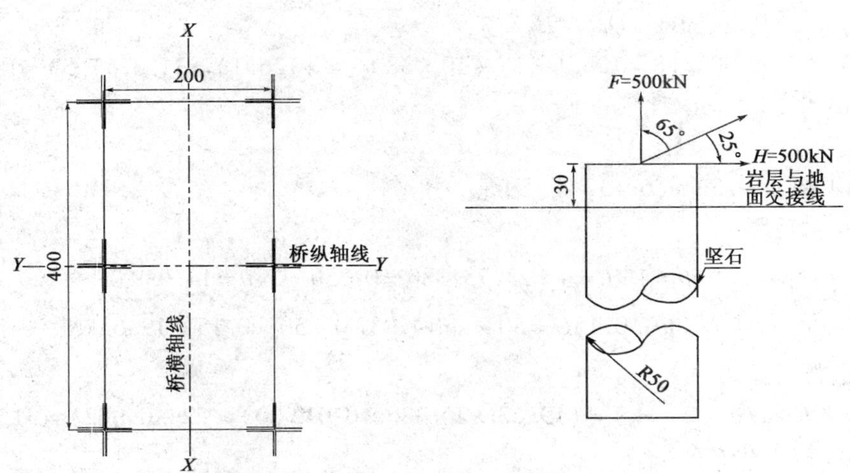

图4 索塔平面图(尺寸单位:cm)　　图5 桩锚计算示意(尺寸单位:cm)

(1)桩基嵌岩深度计算

$$H=\sqrt{Mh/0.066\beta R_a D}$$

其中：$\beta=0.5$，$R_a=30\text{MPa}=3\times104\text{kPa}$，$D=1\text{m}$，$Mh=500\text{kN}\times0.3\text{m}=150\text{kN}\cdot\text{m}$

代入上式得$H=0.39\text{m}$，为偏安全考虑，取嵌岩深度为2m。

(2)桩的抗剪计算

剪应力：

$$280\times2\times\cos250°=507.5\text{kN}$$

$$\tau=H/A=507.5\times103/3.14\times500\times500=0.62\text{MPa}<[\sigma]=0.72\times1.15=0.83\text{MPa}$$

查《路桥施工计算手册》满足要求。

(3)桩的抗拉强度计算

取水平拉力为481kN。

$$R_L=H/A=483\times103/3.14\times500\times500=0.65\text{MPa}<[R_L]=1.15\text{MPa}$$

查《桥涵设计规范》，满足要求。

四、结　语

该工程的地形条件采用缆索吊进行材料的运输，确实可以降低施工成本，保护桥区的环境，但由于该缆索吊跨度达380m，应严格按设计要求准备材料、开挖基础、加工安装，施工中安排专人定期对索塔、主索的构件进行检查、维修、保养，确保工程安全施工。

60. 山区连续刚构桥高墩边跨不对称施工技术研究

孙建平[1] 杨立军[2]
(1. 贵州水盘高速公路有限公司;2. 中铁十四局集团五公司)

摘　要　通过水盘高速公路第三合同段河头1号特大桥的高墩边跨现浇段施工的研究,提出了改变合龙顺序、缩短边跨现浇段长度、在边跨设置不平衡段、三角托架施工边跨现浇段等方法,达到降低施工风险、缩短工期、改善结构受力、减少施工成本的效果,解决了地势复杂环境、边跨墩身高大的现浇段等施工难题,为山区刚构桥高大边跨的设计施工提出了有益的探索。

关键词　连续刚构　高墩　边跨　不对称

一、引　言

大跨度连续刚构桥梁以其较好的经济性及跨越能力的优势,在我国发展得较快。在西南山区由于地势起伏、崎岖、峡谷众多,交通运输不便,路基面较高,对此区域桥梁提出了高墩、大跨度、主梁平面位置及方便运输的要求。高墩大跨度预应力混凝土曲线连续刚构桥梁以其墩高适应性强、跨越能力好、平面位置灵活及现场浇筑便捷的优势得到了很大发展。但地形条件受限,造成桥墩位置较高、墩身高大、边跨现浇段长度大、结构受力复杂、施工风险高、难度大。下面通过对河头1号特大桥边跨现浇段施工方案的结构受力、经济技术论证分析,确定边跨现浇段采用不对称施工工艺,并对托架的材料选择、结构形式进行设计检算。

二、工 程 概 况

水盘高速公路第三合同段位于贵州省六盘水市,云贵高原一、二级台地斜坡上,以中低山、台地丘陵和峡谷为主,地形起伏大,地面高程在830~2 100m,区内发育北盘江及其支流,流水侵蚀作用明显,地表切割强烈、侵蚀地貌发育。河头1号特大桥共计31跨,其中0号~28号跨上部结构为30m预应力连续T梁,28号~31号跨上部结构为70m+120m+70m预应力连续刚构。

大桥分左右两幅,刚构部分采用单箱单室的截面形式,桥面宽10.5m。箱梁根部高度6.8m,跨中梁高3.0m,其间梁高按1.8次抛物线变化。箱梁顶板宽10.5m,顶板悬臂长2m,厚度由端部0.15m变到根部0.55m;底板宽度为6.5m,厚度由墩顶0.8m渐变至跨中0.3m;腹板厚度分别为0.7m、0.6m及0.45m。

主桥箱梁0号梁段长11m,其余1~15号梁段长为4×3m+5×3.5m+6×4.0m,中跨及边跨合龙段长为2m,边跨现浇段长8.84m。

28号过渡墩高56m,29号主墩高80m,30号主墩高53m。K12+185处冲沟沟底距离原村路较近,可对沟底进行场地平整,将材料运至桥梁下面。桥面到沟底的垂直距离达132m。如图1所示。

三、工 程 特 点

1. 地势险峻

河头1号特大桥跨越的K12+185冲沟边坡陡峭,坡度大,左侧边坡自然坡度25°~35°,右侧边坡自然坡度35°~40°。表层为3~4m厚的碎石土层,里层为玄武岩层。桥墩位于半山腰,30号主墩承台到沟底垂直距离达80多米,施工便道修筑占地面积大、爆破开挖量大,施工费用高。

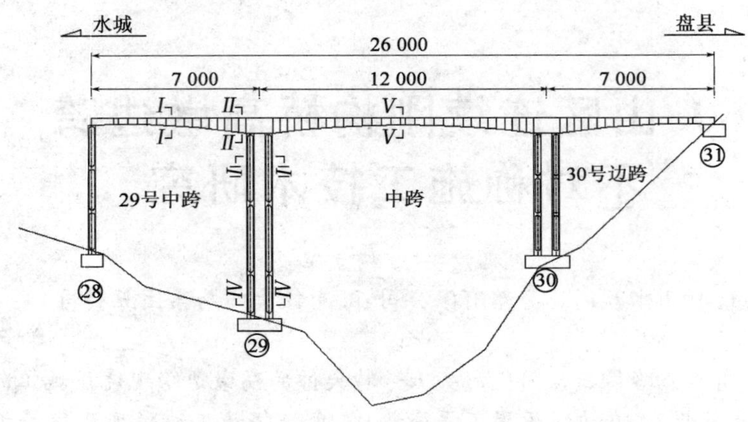

图1　河头1号特大桥刚构部分布置图(尺寸单位:mm)

2. 墩身高大

29号主墩高80m,30号主墩高53m,墩身高大。尤其28号墩高56m,边跨现浇段长度为8.84m,混凝土71.2m³,质量约185t。选择合理的边跨现浇段施工方案是该特大桥最关键的环节。

3. 曲线刚构

受地形条件限制,该桥刚构部分位于半径为1 800m的曲线处,空间曲线预应力影响因素多。必须在测量放线、预应力筋定位、预应力张拉等各环节严格控制,保证线性与设计模型吻合,受力与设计要求一致。

4. 工期紧张

由于该标段地势险峻、地质复杂、施工难度大,该工程在第一次招标时流标了。施工单位在第二次招标时中标,比其他标段进场时间迟4个月,工期要求紧,必须对施工方案进一步优化,根据现场情况及时调整施工进度计划,确保贯通目标的实现。

四、经济技术分析

受冲沟处地形限制,本桥边中跨比值较大,在主墩施工至最大悬臂状态时,边跨将剩余较长梁段。30号墩边跨与路基相连接,边跨直线段距离地面高度较小,采用支架施工或其他施工方式均较易实施;但29号墩边跨的过渡墩(28号墩)高达56m,合理确定高墩长边跨现浇段施工方案是本工程的关键环节。边跨现浇段施工主要有吊架、落地支架和墩身预埋托架施工。有边跨现浇段长度较长,重量大,托架不能满足受力要求,经计算分析可采用先合龙中跨、在边跨现浇段增加一个不平衡段,减少边跨现浇段的长度的方法进行施工。现根据现场施工条件,对这3种方案进行经济技术分析。

1. 经济分析

(1)吊架施工。由于河头1号特大桥刚构部分的边跨现浇段长度为8.84m,混凝土71.2m³,质量约185t。为满足受力要求,吊架需采用焊接桁架或贝雷架,左右幅现浇段托架需钢材约40t,每吨材料费及加工费用按5 500元/t计,吊架施工费用为22万元。

(2)落地支架施工。由于过渡墩高56m,边跨现浇段重185t,经计算立杆采用大直径钢管进行焊接组装比较经济。每个边跨现浇段支架需ϕ1 000mm、厚10mm的钢管360m,纵横向采用型钢连接,需钢材约120t,材料费及加工费用为66万元;且焊接数量大,安装工费高,高空作业时间长,安全风险高。

(3)墩身预埋托架施工。经计算边跨现浇段托架需型钢约8t,材料费及加工费用为4.4万元。

2. 技术分析

采用有限元计算软件对3种方案进行了分析计算,针对各方案下关键施工阶段结构关键位置的内力及线形进行了对比分析,并根据分析结果对各方案进行评估。各方案下关键施工阶段结构关键位置的应力见表1,不同的施工方案下成桥的箱梁位移对比结果见图2。由各方案的对比分析结果可知:

(1)3 种施工方案各关键阶段的结构关键位置均无拉应力出现,且压应力值均大于容许值,应力水平均能满足相关要求。

(2)成桥状态下,各方案结构负弯矩区(*II-II*)结构压应力在 -10 ~ -6.4MPa,压应力水平不高,但均为下缘应力较上缘应力大,与此区域的活载效应相同,且吊架方案中上、下缘结构应力差较大,对结构长期受力及收缩、徐变控制不利。

(3)成桥状态下,正弯矩区(*I-I*、*V-V*)(图 1)结构压应力在 -6.7 ~ -3.2MPa,落地支架方案中为上缘应力较下缘大,吊架方案中 *I-I* 截面处上缘应力较下缘大、*V-V* 截面上缘应力较下缘小,托架方案中下正弯矩区的结构应力与此域的活载效应力相反,均为上缘应力较下缘小,对结构长期受力较为有利。

(4)在恒载与活载最不利效应组合下,落地支架和吊架方案的中跨跨中正弯矩区结构下缘压应力仅为 -1.1 ~ -0.9MPa,压应力储备较小,在温度、风荷载等组合下结构可能出现受拉现象,对结构安全控制较为不利。

(5)根据成桥状态下的结构位移对比结果,吊架支架和托架方案边跨的结构位移基本相同、较落地支架方案的大得多,各方案下中跨位移均有所不同,落地支架方案最大、吊架方案次之、托架方案最小,因此,需在施工前确定边跨合龙方案,以便施工过程中精确进行施工预拱度设置。

3. 工期分析

(1)落地支架施工

落地支架搭设焊接时间约 25d,边跨现浇段钢筋混凝土施工需 10d,边跨现浇段可与主墩悬浇段同步施工。施工计划安排时,考虑混凝土的龄期,可在悬浇段完成前一个半月开始进行支架的安装,对整个刚构桥的总工期没有影响。

(2)吊架施工

吊架安装时间约 15d,但吊架的安装需在主跨合龙后方可进行,考虑边跨现浇段钢筋混凝土施工及混凝土龄期的影响,吊架施工将延长整个桥的工期约 40d。

各方案下关键施工阶段结构关键位置的应力(MPa)　　表 1

阶段 \ 方案 \ 位置		墩顶 0 号梁段(截面 *II-II*)		主墩墩顶(截面 *III-III*)		主墩墩底(截面 *IV-IV*)		边跨跨中(截面 *I-I*)		中跨跨中(截面 *V-V*)	
		上缘	下缘	左侧	右侧	左侧	右侧	上缘	下缘	上缘	下缘
第一次合龙前	落地支架	-8.7	-7.6	-2.5	-2.0	-4.1	-3.6	—	—	—	—
	吊架	-9.1	-7.1	-2.1	-1.3	-3.9	-3.1	—	—	—	—
	托架	-8.4	-8	-2.3	-1.8	-4.1	-3.5	—	—	—	—
第一次合龙后	落地支架	-8.9	-7.3	-2.2	-1.7	-4.1	-3.3	-5.6	-5.7	—	—
	吊架	-9	-7.1	-1.9	-1.8	-4.4	-2.8	-5.8	-3.1	-3.2	-5.7
	托架	-8.3	-8	-1.6	-2.5	-4.7	-3.2	-5.2	-4.3	-2.9	-6
第二次合龙前	落地支架	-8.7	-7.4	-2.1	-1.5	-4.1	-3.1	-5.4	-6.0	—	—
	吊架	-7.1	-9.3	-1.1	-3.7	-5.9	-2.6	-5.7	-3.7	-2.6	-6.3
	托架	-7.5	-9.4	-1.4	-3.7	-5.7	-2.9	-4.8	-6.2	-1.8	-7.1
第二次合龙后	落地支架	-8.8	-7.3	-1.8	-2.1	-4.5	-2.9	-5.6	-5.6	-2.9	-5.9
	吊架	-7.8	-8.5	-1.3	-3.2	-5.4	-2.6	-4.3	-7.5	-2.5	-6
	托架	-8.5	-8.3	-1.7	-2.9	-5.1	-3	-5.2	-7.6	-1.8	-6.9
成桥状态	落地支架	-7.4	-8.9	-2.2	-1.9	-4.4	-3.2	-6.3	-4.8	-4.6	-3.2
	吊架	-6.4	-10	-2	-3	-5.1	-6.5	-5.1	-6.7	-4.5	-3.4
	托架	-7.1	-9.9	-2.1	-2.6	-5	-3.2	-6.0	-6.6	-3.7	-4.4

续上表

阶段	方案	墩顶0号梁段（截面II-II） 上缘	墩顶0号梁段（截面II-II） 下缘	主墩墩顶（截面III-III） 左侧	主墩墩顶（截面III-III） 右侧	主墩墩底（截面IV-IV） 左侧	主墩墩底（截面IV-IV） 右侧	边跨跨中（截面I-I） 上缘	边跨跨中（截面I-I） 下缘	中跨跨中（截面V-V） 上缘	中跨跨中（截面V-V） 下缘
恒载与活载最不利工况叠加后	方案一	-6.8	-8.7	-1.9	-1.1	-3.9	-2.9	-6.3	-3.5	-4.4	-0.9
	方案二	-5.6	-9.9	-1.8	-2.2	-4.5	-6.3	-4.7	-5.1	-4.3	-1.1
	方案三	-6.3	-9.8	-1.9	-1.8	-4.4	-3	-5.6	-5	-3.5	-2.1

注：截面号所对应结构位置如图1所示，活载最不利工况均指活载对各关键位置产生最大拉应力的工况。

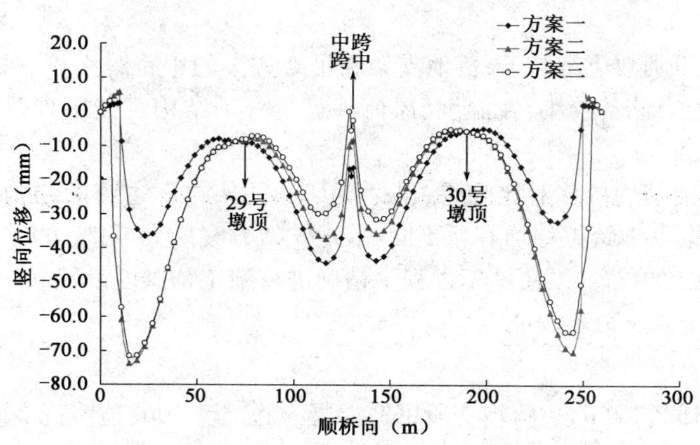

图2　不同的施工方案下结构成桥位移对比结果

（3）托架施工

托架搭设焊接时间约10d，边跨现浇段钢筋混凝土施工需10d，边跨现浇段可与主墩悬浇段同步施工。施工计划安排时，考虑混凝土的龄期，可在悬浇段完成前1个月开始进行支架的安装，对整个刚构桥的总工期没有影响。

4. 结论

综上所述，采用改变合龙顺序、缩短边跨现浇段长度、在边跨设置不平衡段、三角托架施工边跨现浇段的方法，与落地支架方案比，相同工期的条件下，降低施工风险，减少施工费用62.4万元；与吊架方案比，既缩短工期40d，又减少施工费用17.5万元。

可在不影响工期的情况下大大地减少施工成本，降低施工风险，确保工程的质量安全。

五、设 计 方 案

1. 方案概述

在28号墩顶预埋牛腿支架（简称主托架）进行混凝土施工，外侧模直接采用钢管脚手架借助分配梁搭支架进行施工，内箱顶板采用钢管脚手架满堂支架浇筑。

主纵梁悬臂3.4m，上下预埋件高差按3.48m设置，斜杆长度为4.6037m。主纵梁采用2I40b，斜腿采用2[20a。

悬臂端主托架所受的荷载合计为1554.3kN。施工时，底模下顺桥向按10cm净距间距（腹板下面满铺）布置方木40根作为次分配梁，方木下横桥向按60cm间距，布置6根I40b工字钢作分配梁，置于托架上。为加强托架的稳定性，采用[14b槽钢进行横向连接。如图3、图4所示。

2. 荷载统计

荷载分析：

悬浇段的梁体混凝土重量为941kN（36.2m^3），全部由托架承担；28号墩顶以上浇筑梁体混凝土重量499.2kN（19.2m^3），由28号墩柱承担；合龙段一半的重量为204kN（15.7m^3），由托架承担。

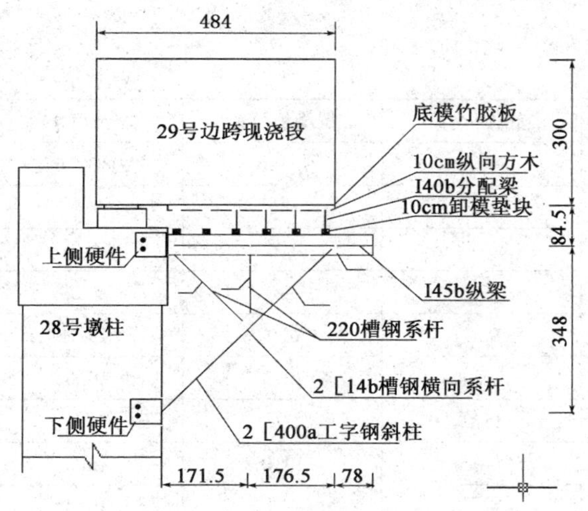

图3　立面图(尺寸单位:mm)

图4　*I-I* 断面图(尺寸单位:mm)

托架承担的其他荷载如下:

(1)底模竹胶板 22m^2,重量为 2.2kN。

(2)外模竹胶板 30m^2,重量为 3kN。

(3)内模竹胶板 32m^2,重量为 3.2kN。

(4)支撑底模的 10m×10m 方木 1.7m^3,重量为 12kN。

(5)分配梁采用 I40b 工字钢,重量为 48.7kN。

(6)主构架为钢板、工钢组焊件,共 4 片,每片重量为 10.5kN,共 42kN。

(7)外模支撑脚手架钢管 260m,重量为 10kN。

(8)内模支撑脚手架钢管 200m,重量约为 7.7kN。

(9)卸模垫块等其他重量约为 5kN。

(10)人员机具荷载按 2.5kPa 计算,荷载为 55.3kN。

(11)混凝土倾倒荷载按 2.0kPa 计算,荷载为 44.2kN。

(12)振捣荷载按 2.0kPa 计算,荷载为 44.2kN

将以上荷载汇总,如表 2 所示。

荷载统计　　表2

编号	荷载内容	腹板位置	底板位置	翼缘板位置	合计(kN)
a	箱梁混凝土	318.2	499.2	123.8	941.2
b	底模	0.4	1.8	—	2.2
c	外模	1.7	—	1.3	3
d	内模	1.4	1.8	—	3.2
e	方木	2	8	5	15
f	分配梁	5.6	24.5	18.6	48.7
g	托架	21	21	—	42
h	外模脚手架	—	—	10	10
i	内模脚手架	—	7.7	—	7.7
j	卸模垫块等	2	3	—	5
k	人员机具	10.2	45.1	15.3	70.6
l	倾倒荷载	8.2	36	13.6	57.8
m	振捣荷载	8.2	36	13.6	57.8

荷载计算及效应组合如表3所示。

荷载计算表 表3

编号	荷载内容	分项系数	腹板位置	底板位置	翼缘板位置	合计(kN)
a	箱梁混凝土	1.2	381.8	599.0	148.6	1130.6
b	底模	1.2	0.5	2.2	—	3.8
c	外模	1.2	2.0	—	1.6	4.8
d	内模	1.2	1.7	2.2	—	5.0
e	方木	1.2	2.4	9.6	6.0	19.2
f	分配梁	1.2	6.7	29.4	22.3	59.6
g	托架	1.2	25.2	25.2	—	51.6
h	外模脚手架	1.2	—	—	12.0	13.2
i	内模脚手架	1.2	—	9.2	—	10.4
j	卸模垫块等	1.2	2.4	3.6	—	7.2
k	人员机具	1.4	14.3	63.1	21.4	100.2
l	倾倒荷载	1.4	11.5	50.4	19.0	82.3
m	振捣荷载	1.4	11.5	50.4	19.0	82.3
小计(kN)			460.0	844.3	249.9	1554.3

3. 底模下方木检算

(1)材质特性、截面参数

10cm×10cm 方木(材质参考一般木质),$E_0=0.09\times10^5\text{MPa}$,$[\sigma]=8\text{MPa}$,$[\tau]=1.9\text{MPa}$,$A_0=100\text{cm}^2$,$I_x=833.3\text{cm}^4$,$W_x=166.7\text{cm}^3$。

(2)荷载分析计算

因腹板处荷载最大,取腹板处方木计算。计算图如图5所示。

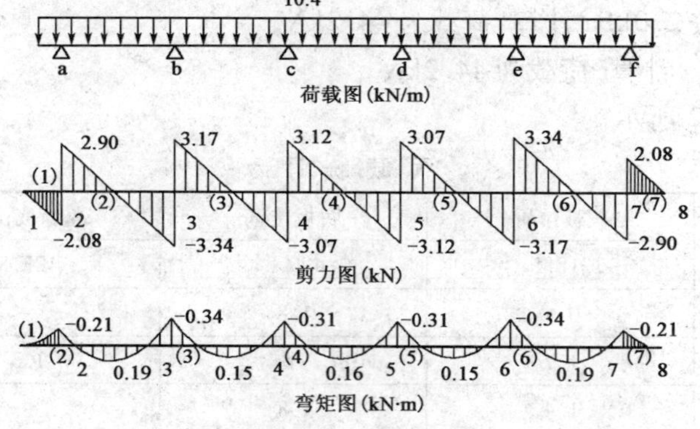

图5 底模下方木计算图

每个腹板作用在方木上的荷载为(荷载计算表中第a、b、c、d、e、k、l、m项):

$$(381.8+0.5+2+1.7+2.4+14.3+11.5+11.5)/2=221.8\text{kN}$$

每个腹板下设6支方木,则方木承受的均布荷载为:

$$q=\frac{221.8}{3.4\times6}=10.4\text{kN/m}$$

支座反力:$R_a=R_f=4.98\text{kN}$

$R_b=R_e=6.51\text{kN}$

$R_c=R_d=6.19\text{kN}$

弯矩：$M_{max}=0.34kN \cdot m$

应力：

$$\sigma_{max}=M_{max}/W_x =0.34\times10^6/(166\times10^3)=2.5MPa<8MPa$$

剪力：$Q_{max}=3.4kN$

$$\tau=3Q/2A =3\times3.4\times10^3/(2\times100\times10^2) =0.51MPa<1.9MPa$$

挠度：$f_{max}=0.07mm<L/400=1.5mm$

结论：通过以上验算可知，所选材料满足要求。

4. 分配梁 I40b 工字钢检算

(1)材质特性、截面参数。

选材：6 根 I40b，材质 Q235A，$E_0=2.1\times10^5MPa$，$[\sigma]=140MPa$，$[\tau]=85MPa$，$I_x=22\,781cm^4$，$W_x=1\,139cm^3$，$S_x=671.2cm^3$，$A_0=94.07cm^2$，$d=14.4cm$。

(2)荷载分析计算。

底板荷载(荷载计算表中第 a、b、d、e、f、i、k、l、m 项)：

$$Q_1=599+2.2+2.2+9.6+29.4+25.2+9.2+63.1+50.4+50.4=840.7kN$$

转化为单根分配梁的均布荷载：

$$q_1=840.7/(5.3\times6)=26.4kN/m$$

腹板荷载(荷载计算表中第 a、b、c、d、e、f、k、l、m 项)：

$$Q_2=381.8+0.5+2+1.7+2.4+6.7+14.3+11.5+11.5=432.4kN$$

转化为单根分配梁的均布荷载：

$$q_2=432.4/(0.6\times2\times6)=60.1kN/m$$

翼板荷载(荷载计算表中第 a、c、e、f、h、k、l、m 项)：

$$Q_3=141.6+1.6+6+22.3+12+21.4+19+19=242.9kN$$

转化为单根分配梁的均布荷载：

$$q_3=242.9/(2\times2\times6)=10.1kN/m$$

分配梁受力情况如下(图 6)。

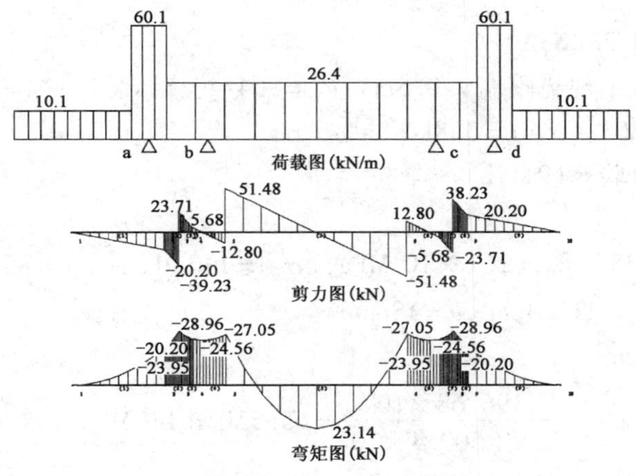

图 6 分配梁受力情况

弯矩：$M_{max}=28.96kN \cdot m$

支点反力：$R_a=R_d=61.94kN$，$R_b=R_c=64.28kN$。

$$\sigma_{max}=M_{max}/W_x=\frac{28.96\times10^6}{1\,139\times10^3}=25.4MPa<[140MPa](\text{满足要求})$$

$$\tau = Q_{max}S_x/I_d$$
$$= 51.48 \times 10^3 \times 671.2 \times 10^3/(22\,781 \times 10^4 \times 14.4)$$
$$= 10.7\text{MPa} < 85\text{MPa}$$

最大挠度：

$$f_{max} = 1.4\text{mm} < L/400 = 5\text{mm}(\text{满足要求})$$

分配梁满足要求。

5. 托架计算

由分配梁支座反力可知，b、c 支点处托架受力最大，取 b 点处的托架进行检算。如图7所示。

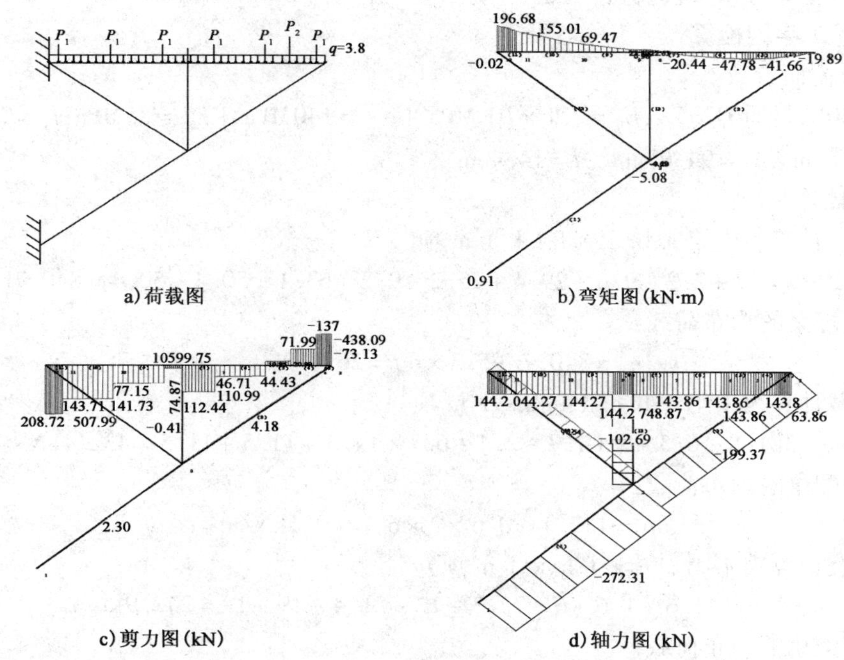

图7　托架计算图

(1)荷载分析计算。

分配梁下传荷载：$P_1 = 64.28\text{kN}$

合龙段一半荷载(作用点距现浇段端头0.5m)：$P_2 = 204/4 = 51\text{kN}$

托架自重荷载：$q = 51.6/(3.4 \times 4) = 3.8\text{kN/m}$

(2)托架主纵梁(杆件1)验算(2I45b)

材质特性、截面参数：

选材：2根I45b，材质Q235A，$E_0 = 2.1 \times 10^5\text{MPa}$，$[\sigma] = 140\text{MPa}$，$[\tau] = 85\text{MPa}$，$I_x = 33\,759\text{cm}^4$，$W_x = 1\,500.4\text{cm}^3$，$S_x = 887.1\text{cm}^3$，$A_0 = 111.4\text{cm}^2$，$b = 18\text{cm}$。

弯矩：$M_{max} = 196.68\text{kN} \cdot \text{m}$。

$$\sigma_{max} = M_{max}/W_x = \frac{196.68 \times 10^6}{2 \times 1\,500.4 \times 10^3} = 65.5\text{MPa}[140\text{MPa}](\text{满足要求})$$

$$Q_{max} = 208.75\text{kN}$$

$$\tau = Q_{max}S_x/I_d$$
$$= 208.75 \times 10^3 \times 887.1 \times 10^3/(2 \times 33759 \times 10^4 \times 18)$$
$$= 15.2\text{MPa} < 85\text{MPa}$$

最大挠度：

$$f_{max}=2.6\text{mm}<L/400=8\text{mm}(\text{满足要求})$$

(3)斜柱(杆件2)验算(2[20a)

材质特性、截面参数:

选材:2根I40a,材质Q235A,$E_0=2.1\times10^5\text{MPa}$,$[\sigma]=140\text{MPa}$,$[\tau]=85\text{MPa}$,$I_x=21\ 700\text{cm}^4$,$W_x=1\ 090\text{cm}^3$,$S_x=636\text{cm}^3$,$A_0=86.11\text{cm}^2$,$d=1.05\text{cm}$,$R_C=272.31$。

压应力:

$$\sigma=\frac{R_c}{A}=\frac{272.31\times10^3}{2\times86.11\times10^{-4}}\times10^{-6}=15.8\text{MPa}<[140\text{MPa}]$$

验算斜杆整体稳定性,对于X-X轴:

因工钢下部与墩身预埋件进行匹配锚固,上部利用联结系进行约束,近似地化为铰接,取长度系数$\mu=1$,$L=460.3\text{cm}$,则$\lambda=\frac{\mu l}{i}=\frac{460.3}{7.86}=58.6$,查表得到$\phi=0.772$,则:

$$\sigma=\frac{R_c}{\phi\cdot A}=\frac{272.31\times10^3}{0.772\times2\times86.11\times10^{-4}}\times10^{-6}=20.48\text{MPa}<[140\text{MPa}]$$

(4)对连接钢板与主梁2I45b之间的焊缝进行检算

2I45b工字钢与钢板的焊缝计算厚度:

$$h_e=0.7h_f=0.7\times1=0.7\text{cm}$$

计算长度:

$$l_w=140\text{cm}$$

弯矩作用下拉应力为:

$$\sigma^M=\frac{M}{W}=\frac{196.68\times10^6}{2\times1\ 500.4\times10^3}\times10^{-6}=65.5\text{MPa}<[160](\text{满足要求})$$

剪力作用剪应力为:

$$\tau=\frac{R_a}{h_el_w}=\frac{268.75\times\frac{1}{2}\times10^3}{0.7\times140\times10^{-4}}\times10^{-6}=10.7\text{MPa}<[160]=f_f^w(\text{满足要求})$$

轴力作用下拉应力为:

$$\sigma^N=\frac{N_a}{h_el_w}=\frac{144.27\times\frac{1}{2}\times10^3}{0.7\times140\times10^{-4}}\times10^{-6}=7.4\text{MPa}<[160](\text{满足要求})$$

则焊缝的应力为:

$$\sigma=\sqrt{(\sigma^M+\sigma^N)^2+\tau^2}=\sqrt{(65.5+7.4)^2+10.7^2}=73.7\text{MPa}<[160](\text{满足要求})$$

6. 预埋件检算

焊缝计算厚度:

$$h_e=0.7h_f=0.7\times1\text{cm}=0.7\text{cm}$$

计算长度:

$$l_w=53\text{cm}$$

(1)上预埋件检算

弯矩作用下拉应力为:

$$\sigma^M=\frac{6M}{2h_el_w^2}=\frac{6\times198.67\times\frac{1}{2}\times10^3}{2\times0.7\times53\times10^{-4}}\times10^{-6}=80.3\text{MPa}<[160](\text{满足要求})$$

剪力作用剪应力为:

$$\tau=\frac{R_a}{2h_el_w}=\frac{268.75\times\frac{1}{2}\times10^3}{2\times0.7\times53\times10^{-4}}\times10^{-6}=18.1\text{MPa}<[160]=f_f^w\text{（满足要求）}$$

轴力作用下拉应力为：

$$\sigma^N=\frac{N_a}{2h_el_w}=\frac{144.27\times\frac{1}{2}\times10^3}{2\times0.7\times53\times10^{-4}}\times10^{-6}=9.7\text{MPa}<[160]\text{（满足要求）}$$

则焊缝的应力为：

$$\sigma=\sqrt{(\sigma^M+\sigma^N)^2+\tau^2}=\sqrt{(80.3+9.7)^2+18.1^2}=91.8\text{MPa}<[160]\text{（满足要求）}$$

上预埋钢板满足要求。

（2）下预埋件检算

轴力作用力为：

$$R=N\cdot\sin\alpha=272.31\times\sin45°=192.5\text{kN}$$

轴力作用下剪应力为：

$$\tau=\frac{R}{2h_el_w}=\frac{192.5\times10^3\times\frac{1}{2}}{2\times0.7\times53\times10^{-4}}\times10^{-6}=13\text{MP}<[160]\text{（满足要求）}$$

上预埋钢板满足要求。

7. 注意事项

托架的受力检算虽然满足荷载的受力要求，但由于预埋钢板与托架的焊接在高空中作业，焊接质量难以满足规范要求，预埋件焊接完成后，质检人员要对焊缝逐一检查，以确保现浇段施工的质量安全。

六、结　　语

受山区峡谷地形限制，山区连续刚构桥梁常具有高边墩的特点。因此设计工程师在拟定桥跨布置时，应将桥梁的结构受力及施工的方案一并考虑。特别是在边跨桥墩为高墩时，在地形地质条件容许的条件下，尽量将边跨现浇段减短，以减少施工风险及费用。当受地形地质条件限制，不得不采用大边跨且边跨桥墩为高墩时，设计可选择采用不对称施工的方案，利用挂篮多浇一个梁段，使边跨现浇段缩短，以减小施工难度及费用。

61. 浅谈桥梁后张法预应力张拉工艺控制技术

项海燕

（贵州省公路工程集团有限公司）

摘　要　文章以贵州省余庆至安龙高速公路望谟至安龙段第10合同的预应力混凝土简支T梁施工为研究实例，介绍了贵州山区桥梁工程后张法施加预应力工艺控制技术。

关键词　后张法　施工工艺　控制技术

一、引　　言

公路桥梁建设是关乎民生社会的重大工程，其安全与否，直接影响着成千上万行人的生命财产安全；在如今的公路桥梁建设中，预应力施工被广泛应用；通过对大量建成预应力桥梁的调查和检测，发现相当部分的预应力桥梁的质量隐患,来源于预应力张拉施工不规范和缺乏有效的质量控制手段。如何改进和提高预应力施工技术并确保桥梁预应力张拉施工质量符合设计和规范要求,是解决造成桥梁预应力病害问题的最有效、最直接的方法,具有重大的现实意义。

本文以贵州省余庆至安龙高速公路望谟至安龙段第9合同的预应力混凝土简支T梁施工研究实例,探讨了桥梁工程后张法施加预应力工艺及实操控制要点。

二、工 程 概 况

贵州省望谟至安龙高速公路望谟至安龙段第10合同,是《贵州省高速公路网规划》(678网)中第六横(余庆至安龙)的一段,属贵州高速公路网近期建设重点项目。本标段以桥梁结构物为主,设置大桥14座,中桥1座,桥型上构分别为20m、30m、40m、50mT梁、65m+120m+65m预应力混凝土连续刚构;本标段T梁统一在预制场预制,预制采用后张法施工,自动淋喷工艺养护,强度达到标准后用炮车运至施工现场,用公路桥梁专用架桥机架设。

三、后张法施加预应力的工艺及要求

后张法施工工艺是先浇筑留有预应力筋孔道的梁体,待混凝土达到规定强度后,再在孔道内穿入预应力筋进行张拉锚固,有时预留孔道内已事先埋束,待梁体混凝土达到规定强度后,再进行预应力筋张拉锚固,最后进行孔道压浆并浇筑梁端封头混凝土。如下以望安10合同后张法施工的空心板和箱梁为例,谈一下后张法施加预应力的工艺及要求,其工艺基本流程如图1所示。

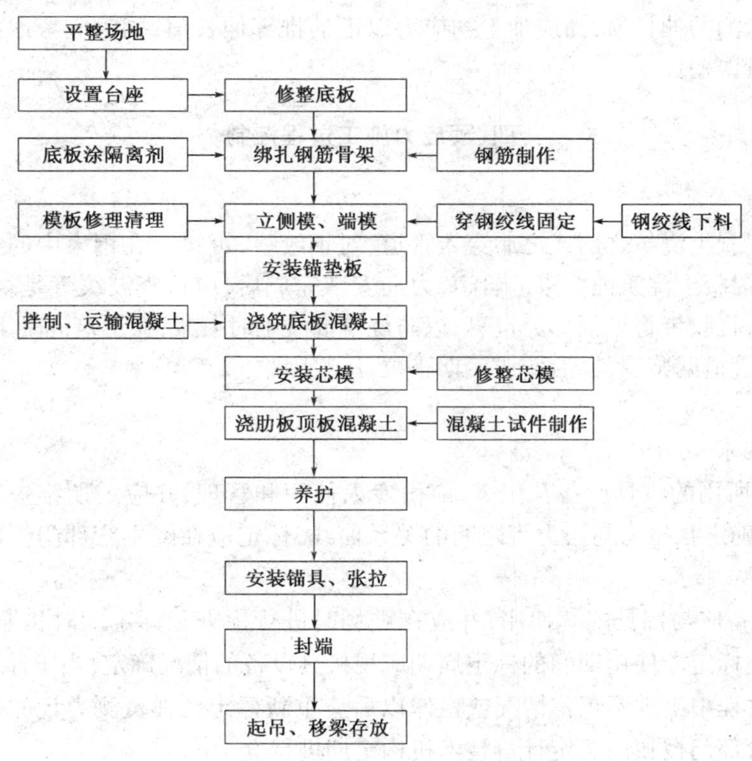

图1 后张法预应力混凝土空心板、箱梁施工工艺框图

1.做好张拉各环节控制

施加预应力是预应力混凝土结构中非常关键的施工步骤,其施工质量直接关系到结构的承载能力及耐久性,本项目严格遵照黔交建[2014]185号文件的相关规定,认真控制好各施工环节:

(1)张拉操作工应保持稳定,人员更换后重新进行培训、交底。

(2)张拉工艺参数应由专业技术人员进行设置,复核后方进行张拉。

(3)张拉中如出现异常情况,应暂停张拉,待查明原因并采取措施予以调整后,方可继续张拉。

(4)大面积施工前应进行首件验收制度,并对锚下有效预应力进行检测,在对首件进行总结并完善施工方案后方可大面积施工。

(5)预应力张拉之前,进行摩阻测试。

(6)保留张拉原始图表等电子文件。

(7)预制梁上拱度值与设计计算理论值相差较大时,综合分析考虑,查明原因,并采取有效措施保证预制梁的线形。

2. 伸长量计算与测量

本项目预应力张拉采用应力控制,同时以伸长值为校核。伸长值计算与测量严格按照如下要点进行控制:

(1)理论伸长值计算:根据设计文件和钢绞线试验检测结果计算各钢束理论伸长量,计算时应考虑预应力筋在结构物孔道内的长度、锚夹具厚度、千斤顶长度等因素。同时根据张拉设备标定证书计算各阶段对应油表读数。

(2)实际伸长值测量:千斤顶安装就位后,启动张拉时,系统应具备自动清零功能,避免将安装误差计入测量值;在张拉过程的初始应力阶段、相邻级应力(2倍初应力)阶段、控制应力阶段以及因特殊要求或单次行程不足需进行倒顶等阶段,设备均应准确实时采集存储相应时刻的伸长值。

(3)实际伸长值计算:设备应根据采集存储的伸长值,自动计算出实际伸长值;计算过程中,预应力筋的实际伸长值除量测的伸长值,尚应加上初应力以下的推算伸长值,同时应考虑扣除张拉过程中工具夹片内陷产生的测量误差。

四、预应力施工过程控制

1. 预应力筋穿束

预应力筋可在混凝土浇筑之前或之后穿入管道,对钢绞线,可将一孔钢束中的全部钢绞线编束后整体装入管道内;对在混凝土浇筑前穿束的管道,力筋安装完成后,应检查波纹管是否损坏,如在穿束时刮伤、损坏过波纹管,应将胶带将破损部分包裹,以防浇筑混凝土时漏浆;在浇筑混凝土过程中,应有专人来回抽动钢绞线,以防管道漏浆、凝固后造成后期张拉、压浆困难。

2. 施加预应力

1)机具及设备要求

(1)施加预应力所用的机具设备及仪表,应由专人使用和管理,并应定期维护和标定。千斤顶和压力表应配套标定,以确定张拉力与压力表之间的关系曲线,标定应在经主管部门授权的法定计量技术机构定期进行。

(2)张拉机具设备应与锚具配套使用,并应在进场时进行检查和标定。对长期不使用的张拉设备,应在使用前进行全面标定。使用期间的标定周期应视机具设备的情况确定,当千斤顶使用超过6个月或者200次或在使用过程中出现不正常情况或检修以后应重新标定。弹簧测力计的标定期限不超过2个月。标定应在经主管部门授权的法定计量技术机构定期进行。

2)施加预应力的准备工作

对力筋施加预应力之前,必须完成或检验以下工作:

(1)施工现场应具备经批准的张拉程序和现场施工说明书。

(2)现场已有具备预应力施工知识和正确操作的施工人员。

(3)锚具安装正确,混凝土已经达到要求的强度。

(4)施工现场已经具备确保全体操作人员和设备安全的必要的预防措施。

(5)实施张拉时,应使千斤顶的张拉力作用线与预应力筋的轴线重合。

3)张拉

预应力筋张拉时,应先调整到初应力后再开始钢束伸长量的测量,初应力可取张拉控制应力 δ_{con} 的 10% ~25%,孔道曲线多时取大值;力筋实际伸长值除测量的伸长值外,必须加上零应力与初始应力间的推算伸长值,此值可采用相邻级的数值推算得到,后张法构件在张拉过程中产生的弹性压缩值一般可省略。后张预应力筋的张拉应符合下列规定:

(1)预应力张拉之前,宜对不同类型的孔道进行摩阻测试,通过测试所确定的 μ 值和 k 值宜用于对设计张拉控制应力的修正。

(2)张拉时混凝土强度应符合设计和规范要求,设计无规定时,不得低于设计混凝土强度等级值的 80%,弹性模量应不低于设计混凝土 28d 弹性模量的 80%。

(3)预应力的张拉顺序应符合设计规定,设计未规定时,可采取分批、分阶段的方式对称张拉。

(4)预应力筋应应整束张拉锚固。对扁平管道中的平行排放的预应力钢绞线束,在保证各根钢绞线叠压时,可采用小型千斤顶逐根张拉,但应考虑逐根张拉时预应力损失对控制应力的影响。

(5)预应力筋张拉端的设置应符合设计规定;设计未规定时,符合下列规定:

①直筋和螺纹筋可在一端张拉。对曲线预应力筋,应根据施工计算的要求采取两端张拉或一端张拉的方式进行,当锚固损失的影响长度小于或等于 $L/2$(结构或构件长度)时,应采取两端张拉;当锚固损失的影响长度大于 $L/2$ 时,可采用一端张拉。

②当同一截面中有多束一端张拉的预应力筋时,张拉端宜分别交错设置在结构或构件的两端。

③预应力筋采用两端张拉时,宜两端同时张拉,或先在一端张拉锚固后,再在另一端补足预应力值进行张拉。

(6)后张预应力筋的张拉应符合设计规定,设计无规定时按表 1 进行。

后张法预应力筋张拉程序 表 1

锚具和预应力筋类别		张拉程序
夹片式等具有自锚性能的锚具	钢绞线束、钢丝束	普通松弛预应力筋:0→初应力→1.03δ_{con}(锚固)
		普通松弛预应力筋:0→初应力→δ_{con}(持荷 5min 锚固)
其他锚具	钢绞线束	0→初应力→1.05δ_{con}(持荷 5min)→δ_{con}(锚固)
	钢丝束	0→初应力→1.05δ_{con}(持荷 5min)→0→δ_{con}(锚固)
螺母锚固锚具	螺纹钢筋	0→初应力→δ_{con}(持荷 5min)→0→δ_{con}(锚固)

表中 δ_{con} 张拉时的控制应力,包括预应力损失值;两端同时张拉时,两端千斤顶升降压、画线、测伸长等工作基本一致。

(7)后张预应力筋断丝及滑丝的数量不得超过表 2 的控制数。

后张预应力筋断丝、滑移限制 表 2

类别	检查项目	控制数
钢丝束、钢绞线束	每束钢丝断丝或滑丝	1 根
	每束钢绞线断丝或滑丝	1 丝
	每个断面断丝之和不超过该断面钢丝总数的百分比	1%
螺纹钢筋	断筋或滑移	不允许

钢绞线断丝系指单根钢绞线内钢丝的断丝;超过列表控制数时,原则上应该更换,在许可的条件下,可采取补救措施,如提高其他束预应力值,但必须满足设计各阶段极限状态的要求。

4)后张预应力筋张拉后锚固

预应力筋在张拉控制应力达到稳定后方可锚固。夹片式锚具,锚固后夹片顶面应平齐,其相互间的错位不宜大于2mm,且露出锚具外的高度不应大于4mm。锚固完毕并经检验确认合格后,方可切断端头多余的预应力筋,切割是应采用砂轮锯,严禁采用电弧进行切割,同时不得损失锚具。

切断后预应力筋的外露长度不应小于30mm且不应小于1.5倍预应力筋直径。锚具应采用封端混凝土保护,当需长期外露时,应采取防止锈蚀的措施。

5)施加预应力时的安全注意事项

(1)张拉现场应有明显标志,与该工作无关的人员严禁入内。

(2)张拉时千斤顶后面不得站人,以防止预应力筋拉断锚具弹出伤人。

(3)油泵运转不正常情况时,应立即停车检查;在有压情况下,不得随意拧动油泵或千斤顶各部位的螺栓。

(4)作业应由专人负责指挥,操作时严禁摸踩及碰撞力筋,在测量伸长或拧螺母时,应停止开动千斤顶或卷扬机。

(5)夹具应有足够的夹紧功能,以防锚具夹具不牢而滑出。

(6)已经张拉完毕而尚未压浆的梁,严禁激烈振动,以防止预应力筋断而酿成大事故。

五、预应力张拉施工的实操控制要点

(1)钢绞线宜采用梳编穿束工艺进行穿束,锚具、千斤顶安装应与孔道同心,保证轴向受力。

(2)智能张拉设备安放位置宜确保设备之间能够直视,放置在梁体侧面。

(3)应根据实际情况选择初应力。钢束长度在30m以下时,初应力宜取10%~15%;钢束长度为30~60m时,初应力宜取15%~20%;钢束长度大于60m时,宜取25%控制应力作为初应力;钢束长度超过100m时,应通过现场试验确定。

(4)张拉速率宜控制在张拉控制力的10%/min~25%/min,对于长度大于50m的弯束或长束,张拉速率应降低,宜取张拉控制力的10%/min。

(5)现场应准确采集实际回缩量。

(6)达到控制应力的持荷时间为力值稳定后的稳压时间,持荷时间不少于5min;钢束长度超过100m时,持荷时间不宜少于15min。

(7)组织专业技术人员对设计伸长值进行复核并提交监理审核,且在张拉过程中应进行智能张拉系统自动采集计算结果的人工校核。

(8)预应力筋采用应力控制方法张拉时,应以伸长值进行校核。实际伸长值与理论伸长值的差值应符合设计规定;设计未规定时,其偏差应控制在±6%以内,否则应暂停张拉,待查明原因并采取措施予以调整后,方可继续张拉。对环形筋、U形筋等曲率半径较小的预应力束,其实际伸长值与理论伸长值的偏差宜通过试验确定。

六、结　语

后张法生产的预应力混凝土梁,不需要大型的张拉台座,便于在桥梁施工现场施工,而且又适用于配置曲线形预应力筋的重、大型构件制作,因此在公路桥梁上应用广泛。本文采用真实工程施工为实例,探讨了后张法预应力施工控制技术及实操控制要点,仅以探讨此贵州山区长大桥梁预应力施工,由于作者的水平和经验有限,若存在不妥之处,敬请广大同仁批评指正。

参考文献

[1] 中华人民共和国行业标准. JTG/T F50—2011 公路桥涵施工技术规范[S]. 北京:人民交通出版社,2011.

[2] 贵州省余庆至安龙高速公路望谟至安龙段T10标(YK61+835.000—ZK70+023.607)项目实施性施工组织设计.

62. 预应力箱梁混凝土制备与施工

黄 盛
（贵州桥梁建设集团有限责任公司）

摘 要 C55 高强混凝土预应力梁的施工技术难度大，设计要求在浇筑完成后 14d 时张拉，张拉时要达到设计强度的 85%，弹性模量也需达到 80% 设计要求，因此根据这些技术难点对混凝土原材料的选取、配合比设计、施工养护工艺、养护措施等进行专项研究。通过研究得到满足施工进度与设计要求的 C55 级高强混凝土，并成功运用到了工程实际中。

关键词 高强混凝土 泵送混凝土 施工工艺

一、引 言

某预应力箱梁为 45m 超低高度梁，混凝土设计强度等级 C55，为了缩短整个工程的施工周期，要求在混凝土浇筑完成后 14d 时张拉，同龄期混凝土的抗压强度需达到设计强度的 85%，因此必须通过混凝土配合比设计的调整，采取特殊养护措施才能满足工程进度要求。由于钢筋密集，只有通过采取泵送流态混凝土，使钢筋密集，下料困难的问题才能得到很好的解决。

高强高性能混凝土的质量控制非常重要，它贯穿于混凝土的原材料选择、配合比设计、施工技术以及养护等各个环节，原材料选择是重中之重，其次是施工控制。因此项目部成立专项攻关技术组，进行 C55 混凝土技术研究与施工技术，以确保工程质量与进度，现将这一成功技术作系统总结，以供参考。

二、C55 泵送高性能混凝土原材料选择

1. 水泥选择

水泥是混凝土的必要胶凝材料，对混凝土质量影响最大。而且高性能混凝土对水泥的品种、需水量、强度、细度等都有相对严格的要求。在配制高性能混凝土时，合理控制水泥质量是达到混凝土要求的必要保证。高强混凝土的配制，宜使用高强度等级水泥，以便合理地控制水泥用量，避免水泥用量过大带来的弊端。经比选，用 P. O52.5 水泥配制 C55 混凝土，该水泥特点是质量稳定、水化热适中，混凝土凝结时间适当，早期强度低，但后期强度高。

2. 掺和料

掺和料对改善混凝土密实性和耐久性、体积稳定性、抑制碱集料反应、改善工作性能都是十分有益的，是必不可少的重要组分。高性能混凝土浆体总量较大，如果胶结料只用水泥则会引起混凝土早期水化放热较大、硬化混凝土收缩较大，不利于混凝土的耐久性和体积稳定性，在胶结料中掺用优质矿物掺和料则可以克服这些缺陷；再者，高性能混凝土需要拌和物具有高流动性、高黏聚性、低泌水性、低水化热，品种适宜的优质矿物掺和料可以与水泥颗料形成良好的级配，或者可以降低胶结料的需水量，从而改善拌和物的工作性。高性能混凝土所用的矿物掺和料质量要求较高，因此选用质量稳定、需水量低、比强度高的Ⅰ级粉煤灰作为掺和料。

3. 集料

集料的强度、硬度、级配、洁净程度、粗细程度，粗集料的粒径、粒形以及是否存在碱活性等都影响到高性能混凝土的各项性能。砂的含泥量大、石子中的针片状颗粒含量高，将使混凝土的需水量增大；石子的空隙率大，则为满足相同的工作性所需的砂浆量增大。这些均会对高性能混凝土的工作性、强度和耐久性产生不良影响。优等品砂的含泥量要求小于 0.5%，优等品石子的针片状颗料含量要求小于 10%，

空隙率要求小于40%。高性能混凝土的石子要为连续级配，目的也是为了使石子获得较低的空隙率。粗集料粒径不宜过大，否则将影响拌和物的钢筋通过性；即使不是在这些场合使用，粗集料粒径过大也会增大拌和物中粗集料的分层离析概率，也不利于混凝土泵送施工。所以限定粗集料粒径宜小于25mm。粉煤灰高性能混凝土宜选用中砂，用于泵送C50及以上高性能混凝土的砂、石含泥量要严格控制，不得超出规范规定。综上，集料应符合相关标准的要求。粗集料采用5～25mm连续级配的粗集料，针片状颗粒含量10%，细集料选用级配良好的中砂，细度模数2.64，含泥量0.2%。

4. 泵送剂

外加剂是配制高性能混凝土的关键组成材料。通过掺入适宜的外加剂，混凝土才能在较低的水胶比下获得适宜的黏度、良好的流动性、良好的黏聚性和保塑性，实现所需的工作性与其他特殊性能，如凝结时间。混凝土具有良好的体积稳定性是高性能的重要特征，所以外加剂应该使混凝土28d收缩率比不大于110%。为使混凝土质量稳定，应选择对水泥适应性好、减水率大于20%的高效减水外加剂。选用萘系泵送剂。

5. 水

拌和与养护用水均采用自来水。

三、配合比设计

单方材料用量，7d及28d强度(R)与弹性模量(E)见表1。

混凝土强度及弹性模量　　表1

序号	配合比($kg \cdot m^{-3}$)						抗压强度与静弹性模量(MPa)			
	胶结材(水泥+粉煤灰)	砂	石	水	泵送剂	W/B	R_7	E_7	R_{28}	E_{28}
1	530(530+0)	630	1 107	170	13.25	0.32	52.6	3.11×10^4	65.3	3.86×10^4
2	530(500+30)						51.3	3.02×10^4	66.3	3.57×10^4
3	530(480+50)						50.5	2.99×10^4	62.4	3.58×10^4
4	530(460+70)						47.7	2.87×10^4	59.3	3.41×10^4

经分析测试结果，采用3号配合比，其混凝土强度、弹性模量、坍落度均满足设计要求。

四、施工质量控制

1. 混凝土制备

混凝土拌制准确计量是保证混凝土拌和质量的根本，为此，制定了严格的质量管理制度。对于前几盘，逐盘检查计量器具示值，使之保持精确。投料全部自动化，精度控制在规范允许范围之内。

2. 浇筑与振捣

混凝土的浇筑对混凝土质量的影响很大。混凝土拌和物的布料，应尽量垂直落到浇筑地点中央，尽量避免再次搬动使混凝土产生离析，拌和物自由下落的高度不大于1.5m，以防止在下落过程中拌和物离析。混凝土拌和物不可直接落到钢筋和其他预埋件上，以免产生离析。对于箱梁各个部位的混凝土进行充分振捣，不过振亦不漏振。

3. 拆模与养护

(1)拆模

拆模一般是混凝土在早期阶段的最后一道工序。一方面，较快拆模可使模板周转使用率提高，降低建筑造价；但另一方面已经知道有些混凝土结构由于在达到足够强度之前拆模而造成毁坏的后果，导致混凝土面粘模，缺棱掉角。一定要等到混凝土的强度足以承担自重和外加施工荷载所产生的应力时，方能拆模。同时，混凝土还应该具有一定的硬度，以便在拆模或者进行其他施工操作时，表面不致受到损害。因为新拌水化水泥浆体的强度随大气温度和水分的供给情况而变，所以拆模时间还是根据实测的混凝土强度而定。

(2)养护

养护指混凝土拌和物经密实成型后,保证水泥能正常完成早期水化反应,以使获得预定的物理力学性能和耐久性能所采取的工艺控制措施。做好混凝土成型和覆盖浇水养护,防止混凝土出现裂缝。养护采用塑料薄膜+麻袋覆盖,并浇水保持湿润,养护期视水泥品种和气温而定。养护期在最初3d内,白天每隔2h浇水1次,夜间至少两次;以后每昼夜至少浇水4次;干燥和阴雨天适当增减。

(3)张拉

初张拉和终张拉混凝土强度达50.0MPa即可初张拉,拆完模就可施行初张拉,在15~20d龄期对混凝土抗压强度和弹性模量进行检测,当强度达50MPa以上,弹性模量达3.00×10^4MPa以上时,进行终张拉。

五、结　　语

对高强高性能混凝土原材料质量严格控制、控制搅拌与运输、浇筑与振捣控制、拆模与养护控制等施工的各个环节进行研究分析,制订应用控制的措施,使得混凝土施工质量得到了保证。

63. 高耐久性混凝土与普通混凝土高耐久性实现途径

杨胜江

(贵州桥梁建设集团有限责任公司)

摘　要　本文通过对高耐久性混凝土在国内外的发展现状分析,总结出高耐久性混凝土在我国的目前应用情况与发展方向。

关键词　混凝土　耐久性　现状

一、引　　言

长期以来,土木工程界对混凝土质量的要求更多地集中于强度,使混凝土强度不断提高。然而事实上,不必要的高强度反而会带来副作用,例如实现高强度往往采用高强度等级水泥和高水泥用量,易导致混凝土水化热过大而产生温度裂缝;高强度往往伴随着高脆性,不必要的高强度造成浪费等。国内外许多混凝土工程的过早破坏,绝大多数并非由于混凝土强度不足,而是由耐久性不良造成的。忽视混凝土耐久性的严重教训和未来建筑工程可持续发展战略的提出,都告诫我们不论任何强度等级的混凝土,要求其具有良好的耐久性总是合理的,所以近年来混凝土耐久性已成为土木工程界的关注热点。

高强混凝土由于水灰比低,本身已具备实现较高耐久性的客观条件,但依靠提高强度来改善混凝土耐久性有诸多不利之处。一则不经济,二则由于潜在的副作用(例如高强混凝土常采用的高水泥用量带来的高水化热易引起温差裂缝等)可能使高强混凝土的耐久性大打折扣,反而不能满足工程的耐久性要求,所以除非结构荷载设计的需要,一般不应提倡以高强度实现高耐久性。而且现实中许多重大工程结构的混凝土(如海工、水工混凝土),尤其是一些大体积混凝土,对强度要求并不高,但需要混凝土具有优异的耐久性。又如在我国,即使是基本建设和混凝土技术发展最为迅速的上海,尽管在实际工程中混凝土强度等级已应用到C60~C80,但是C25~C35强度等级的混凝土仍占混凝土总量的80%~90%,其中C30混凝土约占70%。可见提高普通强度混凝土的耐久性显得十分重要且十分迫切。在大气中的二氧化碳等外部介质的作用下，混凝土结构会逐渐发生碳化，使其成为影响混凝土耐久性的重要原因之一。

二、高耐久性混凝土的评述

混凝土是一种永久性材料，在土木建筑工程中用来作为承重的主体结构，其用量大，对结构的安全性与经济性起主要作用。虽然无论在正常工作条件，还是在侵蚀介质中，用混凝土建成的钢筋混凝土的结构物或构筑物，其耐久性一般都比金属材料和其他材料好。但在很多情况下，钢筋混凝土结构由于各种原因而遭受破坏也是相当迅速而又严重的，其中耐久性差是主要的原因。在一些建筑中，有的使用两三年后就遭受破坏，丧失工作能力；有的使用20年后，为维持其工作能力而花费的维修加固费用已超过结构本身的造价；最严重的，有的刚刚建成尚未正式投入使用，就废弃了。这些情况在我国屡见不鲜，由此可见由于建筑结构的耐久性得不到保障，每年将给我国造成巨大的经济损失。如何考虑碳化的影响以及有关耐久性设计的方法是关键。

影响混凝土耐久性的因素十分复杂。众所周知，钢筋混凝土的承载能力很大程度上是按其混凝土的强度控制的，但除设计和施工的因素外，直接由于强度而引起的结构物破坏是很少的，有的即使是强度问题，往往是因为各种因素所致。混凝土的耐久性影响，而使混凝土强度降低，从而导致结构破坏。如路面、钢筋混凝土桥梁等的破坏，往往是由于冻融的反复作用等因素引起的。

大量钢筋混凝土和预应力混凝土构筑物，如海港码头、石油平台、跨海大桥、海底和沿岸的钢筋混凝土管道、撒除冰盐的路桥等常常因其中的钢筋锈蚀而导致破坏，带来了巨大的损失。英国北海油田就曾发生过采油平台因钢筋锈蚀而倒塌倾覆的灾难性事件。我国的混凝土建筑物中钢筋锈蚀问题也很严重。氯离子是造成混凝土中钢筋锈蚀的主要原因之一，氯离子会破坏在高碱性混凝土环境中钢筋的钝化膜，从而使钢筋产生锈蚀。研究表明，混凝土是保护钢筋，防止钢筋腐蚀最基本、也是最经济合理和有效的措施。这是因为混凝土本身具有高碱性，高质量的混凝土保护层抗离子渗透扩散能力较强，具有长期防止环境侵蚀介质渗透的功能，从而预防钢筋锈蚀。因此，氯离子渗透扩散性是反映混凝土抵抗氯离子侵入和钢筋腐蚀能力的一个重要参数。

三、普通混凝土实现高耐久性的技术原理

混凝土耐久性与渗透性密切相关。一般来说，只要渗透性很低，混凝土就可以很好地抵抗水和其他侵蚀性介质渗入，从而具有良好的耐久性。研究和实践均已证明，密实度高的混凝土具有低渗透性、高耐久性；但是，就普通配合比（即仅由水泥、砂、石和水配制）的混凝土而言，高密实度意味着混凝土必须采用低水灰比，这当然会提高混凝土的强度。从这一角度来看，高耐久性似乎必然伴随着高强度，普通强度不可能实现高耐久性，但事实并非如此。

渗透性除与混凝土密实度有关外，还取决于混凝土的孔结构，孔结构合理也可赋予混凝土低渗透性，所以改善孔结构也是实现混凝土高耐久性的有效技术途径。根据吴中伟教授的研究观点，混凝土中的孔可分为4类，即无害孔、少害孔、有害孔和多害孔。有害孔和多害孔显著制约着混凝土耐久性的提高，所以，改善孔结构就是要消除多害孔，尽量减少有害孔。随着混凝土研究水平的不断提高，已有许多成功的技术措施用于改善孔结构，例如掺入高效减水剂、优质引气剂，掺入优质矿物掺和料等。

高效减水剂的作用在于，若保持水灰比不变，则可改善混凝土拌和物的工作性，且使混凝土中的水化产物和孔分布更均匀，一定程度上也相当于改善了混凝土的孔结构。若保持拌和物工作性不变，则可降低混凝土的水灰比，降低孔隙率，且减少的是有害和多害的大孔，故更大程度地改善了孔结构。掺入引气剂虽可提高混凝土含气量，但是，优质引气剂引入的是大量分布均匀的圆形封闭微细气孔，可切断侵蚀介质渗入混凝土的通路，也可降低渗透性，提高耐久性；而且，引入的微细气孔可以大大缓冲冰冻或盐类结晶等所造成的破坏应力，从而提高混凝土的抗冻性和抗结晶盐类侵蚀性。此外，大量微细气孔可明显降低拌和物的离析和泌水，从而减少由于离析和泌水带来的原始缺陷。

优质矿物掺和料具有很细的细度和良好的火山灰活性，其微细颗粒可直接填充混凝土中有害的大

孔,其“二次水化”产物也可进一步填充这些有害缺陷,所以可降低硬化混凝土的孔隙率,改善孔结构。磨细矿物掺和料还因取代水泥而能有效降低混凝土早期温升,减少温差裂缝,这也在很大程度上减少了混凝土内部缺陷的形成,有利于抗渗性和耐久性的提高。矿物掺和料对混凝土后期强度和耐久性的贡献尤为突出。影响混凝土耐久性的又一个重要环节是混凝土中集料与水泥石的接口区这一薄弱结构,上述高效减水剂、优质引气剂和优质矿物掺和料或可减小接口区厚度,或可降低接口区水化产物的取向度,或可减小接口区的水灰比(尤其是可消除集料周围的“水囊”),提高密实度,从不同程度改善接口区的结构,从而提高了混凝土耐久性。由此看来,欲配制普通强度的高耐久性混凝土,可从两方面入手。一方面可以保持普通混凝土水灰比不变,掺入高效减水剂、优质引气剂及优质掺和料,此时不仅可提高耐久性,还可获得高工作性,这样的混凝土可以称为高性能混凝土。另一方面保持工作性不变,掺入高效减水剂和优质引气剂,此时水灰比势必会降低,混凝土强度将提高,为保持强度基本不变,则可以掺入较大量的优质掺和料,若水灰比降低幅度较大,则掺和料的掺入量可以高达50%,此时混凝土的早期温升将被大大降低,可极有效地防止温差裂缝的出现,对保障耐久性更为有利,而且可降低混凝土的单位成本。三峡大坝工程对混凝土的强度要求不高,但对耐久性要求很高,该工程就采用了掺有大量矿物掺和料的普通强度混凝土。掺入大掺量矿物掺和料的混凝土可以被纳入绿色混凝土的行列。

四、结　语

混凝土的高性能化、高耐久性化是混凝土发展的必然趋势。无论采用何种技术措施,混凝土的水胶比仍是控制耐久性的一个关键参数,所以对于高耐久性混凝土的水胶比应提出上限值。目前认为高耐久性混凝土的水胶比不应大于0.4,这是混凝土高耐久性的一个根本保证,在此基础上混凝土才能通过其他技术手段实现高耐久。

64. T梁架设施工存在的潜在安全事故与防控措施

殷玉青
(惠罗10标项目经理部)

摘　要　T梁架设常采用架桥机施工,在工程量小、工期紧的情况下也有采用汽车吊进行安装的施工方法。无论使用哪一种起重设备进行梁板安装,在施工过程中均存在较高的安全风险,潜在安全事故较多,本文按照梁板安装方法,对梁板架设施工过程每一环节进行危险源辨识,分析了导致发生潜在事故的原因,进而提出针对性的事故防范措施,保证梁板架设施工安全。

关键词　T梁架设　事故　防控

一、引　言

在山区高速公路项目中桥梁工程往往占有较大比例,桥梁上部结构施工安全风险水平较高,特别是T梁安装施工,并且梁板为T梁的桥梁还非常普遍。T梁架设常采用架桥机施工,在工程量小、工期紧的情况下也有采用汽车吊进行安装的施工方法。无论使用哪一种起重设备进行梁板安装,在施工过程中均存在较高的安全风险,潜在安全事故较多,本文按照梁板安装方法,对梁板架设施工过程每一环节进行危险源辨识,分析导致发生潜在事故的原因,并提出了针对性的事故防范措施,保证梁板架设施工安全。

二、T梁架设施工工序

1. 采用架桥机安装T梁的施工工序

(1)检查平板运梁车和龙门吊安全状况,试运行龙门吊是否能够正常运转,做好施工前各项准备工作。

(2)两台龙门吊相互配合,慢速将T梁提升至合适高度,然后整片T梁随两台龙门吊天车横移至平板运梁车上方位置后,再缓缓放到平板运梁车支座上。

(3)使用专用支撑杆、钢丝绳和手拉葫芦将T梁在平板车上固定牢固,然后启动运梁车开始运梁。

(4)平板运梁车将T梁运送到指定位置后,开始向架桥机喂梁。首先由架桥机前天车将"梁首"提起,前平板车撤离出吊装区域;然后架桥机前天车与后平板车一同对T梁向前进行纵向移动,当"梁尾"移动至架桥机后天车下方时,后天车将"梁尾"提起直到整片T梁处于水平状态。

(5)先由架桥机前、后两天车相互配合将T梁纵向移动到位后,再由架桥机整机横移将T梁横向移动到位,并安放T梁至临时支座上。

(6)对T梁进行临时性固定(梁板放置在临时支座上之后,在T梁首尾两侧位置使用木杠、木斜契进行支撑稳固)和永久性固定(相邻T梁的横隔板主筋进行焊接连接)之后,拆除架桥机吊钩,然后开始进行下一片T梁的安装。

2. 采用两台汽车吊安装T梁的施工工序

(1)同采用架桥机安装T梁的施工工序(1)~(3)相同。

(2)平板运梁车将T梁运送到指定位置后,两台汽车吊相互配合将T梁在临时支座上安放到位。

(3)对T梁进行临时性和永久性固定之后,拆除汽车吊吊钩,然后开始进行下一片T梁的安装。

三、T梁架设施工存在的潜在安全事故及原因

通过了解T梁架设施工方法和工序并结合有关T梁架设施工安全生产事故案例分析,从人、机、环、法、管理方面对T梁架设施工进行危险源辨识,确定在施工过程中主要存在以下潜在安全事故。

1. 起重伤害事故

(1)龙门吊、汽车吊或架桥机的提升系统(钢丝绳、吊钩)使用时间较长,检查、维护保养不及时,导致钢丝绳或吊钩存在严重磨损、断丝断股、金属疲劳、产生裂纹隐患。在龙门吊或架桥机提梁时发生钢丝绳、吊钩断裂,导致T梁或其他吊物坠落。

(2)龙门吊或架桥机安全装置(吊钩保险扣、行程限位开关、电气控制按钮)丢失或失灵,在进行吊装作业时,导致吊物失控而造成挤压、坠落事故。

(3)采用两台汽车吊安装T梁的施工方法时,指挥信号不明、吊装危险区域的人员未撤离而引发的吊物挤压事故。

(4)起重司机无工作经验,未经过专门安全教育培训和安全技术交底,操作失误或违章操作。

2. 车辆伤害事故

(1)平板运梁车运送T梁时,由于T梁在平板车上固定不牢固(未使用专用支撑在T梁首尾两侧进行支撑,钢丝绳或手拉葫芦断裂)、运梁通道路况差(道路横向坡度大、弯急坡陡)造成T梁倒塌或翻车。

(2)平板运梁车未及时检查、维修保养,安全装置(刹车、制动系统)故障失灵,导致车辆失去控制而引发人员受到挤压伤害。

3. 高空坠落事故

(1)架桥机司机未穿防滑鞋,攀爬架桥机时发生高处坠落。

(2)桥面临边防护栏杆安装不到位,架梁辅助施工人员在桥面临边部位作业时疏忽大意、脚底打滑或其他原因导致身体失去平衡发生高空坠落。

(3)辅助施工人员沿架桥导梁穿行时,安全防护措施不到位引发高空坠落事故。

4. 物体打击事故

(1)安放临时支座时,临时支座从盖梁上滚动掉落桥下而发生物体打击事故。

(2)架梁施工过程中,桥面上工具、杂物随意乱放,掉落桥下而发生物体打击事故。

5. 触电伤害事故

(1)梁场或架梁施工现场临时用电混乱,电缆线拖地拖水,绝缘层破损导致人员在作业时发生触电事故。

(2)架桥机或龙门吊上电缆线绝缘层破损,通电导体接触起重设备金属构件而导致发生人员触电事故。

(3)线路或开关箱未安装漏电保护器,电气设备未采取保护接零或接地措施。

6. 坍塌事故

(1)T梁在临时支座上就位以后,在未设置临时支撑的情况先拆除架桥机或吊车吊钩,当桥梁横坡坡度较大时可能会发生T梁坍塌事故。

(2)沙筒临时支座质量不合格(筒壁薄或存在裂纹),在承受T梁压力的情况下发生筒壁爆裂,导致T梁失稳而发生梁板坍塌事故。

(3)架桥机横移或过孔时,由于安全装置(限位开关或限位挡块)丢失、故障失效或操作人员违章操作、违章指挥而引发架桥机坍塌事故。

(4)架桥机支腿枕木数量不足或存在裂纹,在承受架桥机压力的情况下发生枕木爆裂,导致架桥机失稳而发生起重设备坍塌事故。

四、T梁架设施工存在的潜在安全事故防控措施

针对T梁架设施工可能发生的潜在安全事故,现从安全组织、管理和技术三方面进行分析,采取有效措施,降低架梁施工安全风险水平,确保施工安全。

1. 组织措施

(1)T梁架设班组要选择有经验、有素质、遵守纪律和服从管理的施工队伍。

(2)架梁班组配备架桥机司机1名,起重指挥人员1名,平板运梁车司机2名,辅工3~4名,架桥机司机和起重指挥人员应经过特种作业安全教育培训持证上岗。

(3)项目安排1名专职安全员和技术员负责在现场监管安全施工。

(4)项目领导每天带班生产期间应重点加强对桥梁上部施工进行安全巡查。

2. 管理措施

(1)T梁架设施工前,项目技术负责人应组织开展三级安全技术交底和教育培训,安全管理人员要参与交底活动。交底内容主要包括:本工程项目的施工方案(含专项施工方案)及作业特点;存在的危险源及其具体防范、控制措施和管理方案等;相应的安全操作规程和标准;应注意的安全事项;发生事故后应采取的避难和紧急救援措施及应急预案。

(2)龙门吊、架桥机投入使用前组织质量技术监督局进行安全检测验收,取得检验合格证明;首次投入使用应做试吊试验。

(3)龙门吊、架桥机及平板运梁车每天要进行班前安全检查;每架设一孔梁板要对架桥机吊装系统进行一次安全检查。每架设25片T梁时,要对架桥机进行一次全面安全检查;龙门吊每月要进行一次全面安全检查,发现隐患及时治理。

(4)操作人员应按照设备出厂说明书定期对龙门吊、架桥机进行维护保养。

(5)作业人员的安全帽、安全带及防滑鞋配备齐全,并正确穿戴。

(6)每天班后应及时清扫桥面,工具、材料归类堆放整齐,小型工具应装置在容器或工具包中。

(7)每架设完一孔梁板,项目部及时安排人工安装桥面临边防护栏杆。

3. 技术措施

(1)架桥机、龙门吊的钢丝绳出现以下情况时应立即报废:表面钢丝磨损超过40%;钢丝绳外部磨损致使直径减小量达到原直径的7%;钢丝绳使用过程中出现钢丝绳整股断裂或钢丝绳的绳芯被挤出,或者即使整股没有完全断裂,而是断了其中一部分钢丝,在钢丝绳一个捻距中钢丝断裂根数超过规定。

(2)架桥机、龙门吊的吊钩出现以下情况时应立即报废:吊钩出现裂纹;危险断面磨损达到原尺寸的10%;开口度比原尺寸增加15%;危险断面或吊钩颈部产生塑性变形;板钩衬套磨损达原尺寸的50%时应报废衬套。

(3)架桥机、龙门吊各轨道上的限位挡块应齐全,与轨道焊接牢固;各限位开关、安装装置齐全有效。

(4)平板运梁车运梁时必须在T梁首尾两侧设置专门支撑,并用钢丝绳和手拉葫芦将梁体与平板车拴牢固。

(5)运梁道路应平整、干净,无障碍物,无急弯陡坡道路。

(6)运梁车通过横坡坡度较大的桥面时,应沿前进方向在较低的一侧铺撒合适厚度的石子,确保运梁车横向基本水平。

(7)架桥支腿、横移轨道枕木应满铺,枕木应经过油浸泡,提高枕木硬度和防腐性,防止枕木爆裂。

(8)制作沙筒临时支座的钢管壁厚和支座焊接质量应符合强度要求,避免沙筒支座受压发生筒壁爆裂。

(9)首片T梁安放到位后,首先应在T梁一侧(有横坡的桥梁,在T梁倾斜侧)设置临时支撑,然后再拆卸架桥机吊钩;其余梁板安放到位后,必须立即将其横隔板主筋与相邻T梁横隔板主筋焊接牢固之后,再拆卸架桥机吊钩。

(10)施工现场临时用电实行"三级配电、二级保护"和"三相五线制"供电系统,分配电箱和开关箱安装漏电保护器,龙门吊驾驶室铺设绝缘垫,电线接头部位包扎牢固,发现漏电现象时立即安排电工处理。

五、结 语

"安全只有起点,没有终点",梁板架设施工安全风险大,我们在今后施工过程中要不断积累和总结经验,积极采用"四新技术"并从人、机、环、法多方面加强安全管理,加强管理人员和作业人员安全教育,提高全体人员安全意识,始终坚持贯彻落实"安全第一、预防为主、综合治理"的安全生产方针,这样才能够有效降低施工安全风险。

65. 不同养护制度对RPC混凝土力学性能的研究

杨胜江
(贵州桥梁建设集团有限责任公司)

摘 要 本文主要研究三种不养护制度对RPC混凝土力学性能的影响,试验结果显示,本次配合比具有良好的流动性能,同时在热水养护条件下,明显增加活性粉末混凝土的早期强度。随着热水养护温度的增加,活性粉末混凝土的抗压和抗弯拉强度增加较为明显。说明石英粉随着养护温度升高,其活性效应容易激发出来。

关键词 活性粉末混凝土 抗压强度 流动性能

一、引 言

随着现代建筑技术水平逐渐提高,在建筑领域中,对于高强高性能混凝土的要求更加迫切。活性粉末混凝土(Reactive Powder Concrete,RPC)是一种超高抗压强度、高耐久性及高韧性的新型水泥基复合材料。1993年由法国Bouygues公司首次研发成功,并且申报发明专利,1994年,在金山的美国混凝土学会春季会议上公开。与普通混凝土相比,活性粉末混凝土具有高强度、高韧性、高耐久性及高体积稳定性等特点。不同之处在于:①活性粉末混凝土去处粗骨料,这样使得内部材料更加密实,改善内部结构的均质性,降低材料缺陷;②具有超低的水胶比,活性粉末混凝土的活性物质与减水剂的适应性良好;③加入钢纤维使得混凝土具有高韧性和延性;④采用蒸压养护的方式,使得混凝土强度增长加快,加速水泥水化程度,同时促进活性物质与细骨料的反应,优化内部微观结构;⑤成型工艺采用加压成型方式,提高材料内部界面强度。

现在国际上RPC已经成为热点方向,RPC的抗压强度可达200~800MPa的超高抗压强度,抗弯拉强度可达30~60MPa。弹性模量可达50~60GPa,断裂能达到40 000J/m^2。由于活性粉末混凝土优化内部结构空隙,混凝土更加密实,具有优越的力学性能、耐久性能等优点。但是现在活性粉末混凝土制作工艺复杂,原材料成本较高,不同厂家对于养护制度并不一致等因素,活性粉末混凝土在工程中的应用只局限于一些特殊工程,如:铁路工程、海洋工程和军用工程等。

二、原 材 料

水泥:采用长春亚泰哈尔滨水泥厂生产的P·O42.5水泥。水泥性能指标见表1,水泥的各项指标符合《通用硅酸盐水泥》(GB 175—2007)的质量要求,能够满足试验的要求。

水泥的基本物理力学性能 表1

细度(0.08mm筛余,%)	初凝(min)	终凝(min)	安定性(沸煮法)	抗弯拉强度(MPa)		抗压强度(MPa)	
				3d	28d	3d	28d
4.1	127	192	合格	6.2	8.4	28.1	52.4

砂子:采用哈尔滨周边地区河砂,细度模数2.7,属于中砂,筛分去除直径大于0.63mm的颗粒。石英粉:采用两种级配石英粉,中砂0.315~0.63mm、细砂0.16~0.315mm,每个粒径筛余不小于85%。硅灰:硅灰中细度小于1μm的占80%以上,平均粒径在0.1~0.3μm,比表面积为20~28m^2/g。钢纤维:浙江嘉兴经纬有限公司生产的直径与长度分别为0.175mm、15.0mm。减水剂:采用哈尔滨强石外加剂厂生产的聚羧酸减水剂,减水率在25%以上。

试验方案:选择三种不同养护制度,研究养护制度对RPC混凝土力学性能的影响。养护制度分别为常温养护、40℃热水养护、60℃热水养护。热水养护时间均为48h后转入标准养护,成型试件尺寸为40mm×40mm×160mm。RPC混凝土配合比设计如表2所示。

RPC混凝土配合比 表2

水胶比	水泥	硅灰	石英粉	细砂	钢纤维	减水剂
0.2	1	0.25	0.3	1.1	1.5%	2%

将水泥和硅灰倒入搅拌锅中,搅拌1min左右,然后依次加入减水剂、石英粉和细砂,搅拌3min左右。最后加入钢纤维,缓慢加入,使得钢纤维均匀分散到浆体中。成型试件40mm×40mm×160mm,成型24h后拆模,分别放入三种不同养护制度条件下养护。

三、试验结果与分析

从图1中可以看出,本试验所制备的RPC混凝土具有较好的流动性能,有利于实际工程的施工,在模具中振动成型时更加密实。现代工程的钢筋混凝土结构十分复杂,大流动性的RPC混凝土更加适用于结构复杂的环境,这也是以后RPC材料的研究方向。不同龄期对RPC混凝土强度的影响,从图2中可以看出,随着龄期的增加混凝土的抗压强度与抗弯拉强度明显增加。与普通混凝土相比,RPC混凝土的早期强度增加非常迅速。在40℃热水养护48h后,1d抗压强度增到70MPa。从图中数据显示,RPC混凝土在热水养护时,抗压强度先是迅速增加后缓慢增加。当达到28d龄期时,RPC混凝土强度接近于160MPa。从试件破坏上看,由于掺入钢纤维,提高了混凝土的抗压强度,使得试件在抗压后,仍然具有良好的整体性。采用热水养护,是混凝土的早期抗压强度较高的主要原因,在温度较高的条件下,水泥水化速度加快,从而提高了水泥的水化程度。同时,石英粉在较高的温度条件下,可以被激发出活性,提高混凝土的密实性和促进水化程度。

图1 RPC流动性能

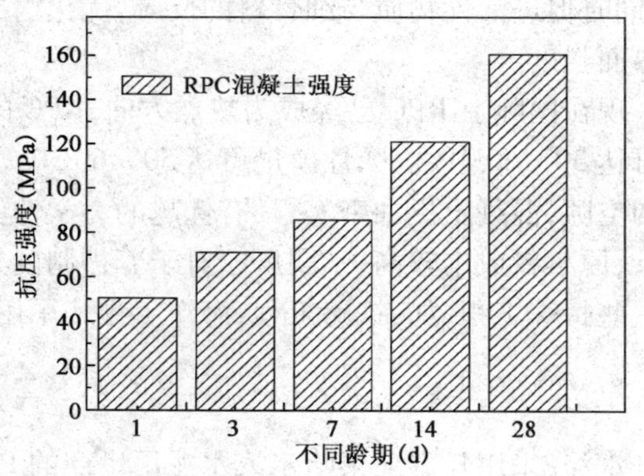

图2 RPC混凝土强度

从图3中可以看出,在40℃热水条件下,RPC混凝土的抗折强度随着龄期变化的趋势。随着龄期增加,抗弯拉强度逐渐增加,在1d养护龄期时,混凝土的抗弯拉强度达到了7~8MPa;当达到28d养护龄期时,混凝土的抗弯拉强度达到了约23MPa。结果表明,RPC与普通混凝土相比,具有较高的抗弯拉强度,主要由于掺入钢纤维可以有效改善混凝土内部抗弯拉性能,提高混凝土内部的韧性。从图4中可以看出,三种不同养护制度对活性粉末混凝土抗压强度的影响,采用标准养护方式的混凝土强度与后两者热水养护相比,混凝土强度明显较低。原因主要是温度较低不利于水泥水化程度的进行,再就是混凝土中的石英粉在常温条件下,活性并没有充分激发出来。采用热水温度为60℃的养护制度,混凝土强度要明显高于40℃热水养护制度,说明石英粉在温度越高的情况下,其活性越容易被激发出来,这样有利于提高活性粉末混凝土抗压强度和抗弯拉强度。

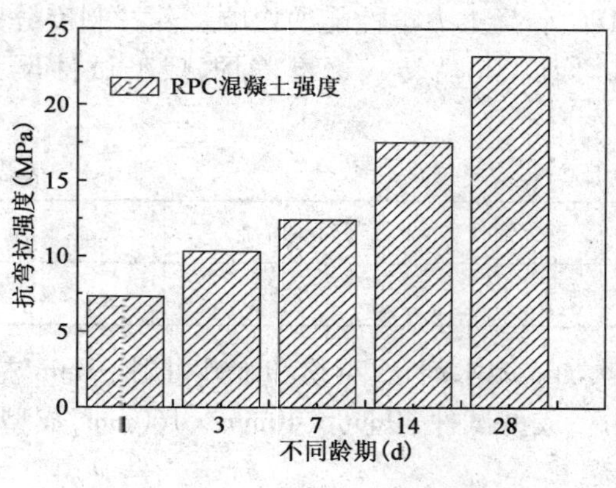

图3 RPC混凝土抗折强度

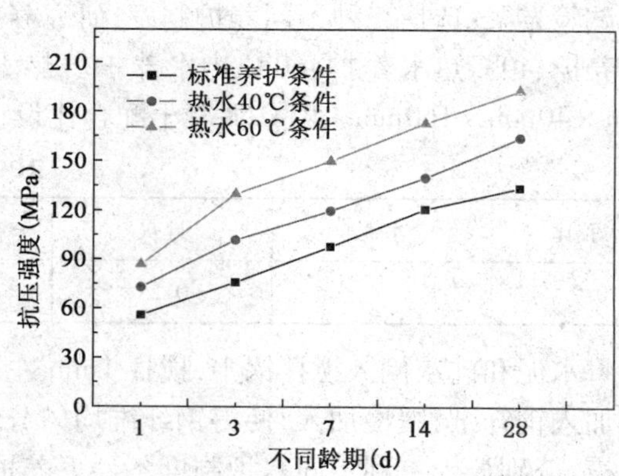

图4 不同养护制度对强度的影响

在活性粉末混凝土的组分中,硅灰具有较强的火山灰活性,石英粉高温下有一定的火山灰活性,两者的消耗量都与养护温度有极大的关系。在标准养护条件下,石英粉的活性基本不能被激发出来,对混凝土强度增长作用不大。在温度升高条件下,石英粉的活性激发出来促使水泥水化程度增加。硅灰和石英粉会迅速与水泥水化产物发生二次水化反应,C-S-H凝胶的体积增加,孔隙率降低,孔结构得到改善,钢纤维和基体的黏结能力也得以增强。

四、结　语

研究了三种不同养护制度对活性粉末混凝土的力学性能的影响,分析发现不同养护温度条件是活性粉末混凝土的抗压强度和抗弯拉强度的增加的重要因素。

(1)随着养护温度的提高,活性粉末混凝土中的石英粉火山灰效应被激发出来,可以有效提高RPC混凝土的强度。采用热水60℃养护方式养护时,28d抗压强度达到193MPa。

(2)在常温条件下,石英粉的活性没有被激发出来,所以对混凝土强度作用不大。

(3)对于热水养护时间的长短不同,存在着对强度发展规律不尽相同,在以后的研究工作中细化热水养护时间对强度的影响规律。

参考文献

[1] 谢友均,刘宝举,龙少成.掺超细粉煤灰活性粉末混凝土的研究[J].建筑材料学报,2004(3):280-284.

[2] 洪启哲.高铝活性粉混凝土性质之研究[D].台湾:国立台湾海洋大学,2008.

[3] 鞠彦忠,周冠男,郑维权.200MPa级活性粉末混凝土(RPC200)的配制与试验研究[J].东北电力大学学报,2007(4):18-21.

[4] 陈敬卫,丁学超,马腾.RPC材料弯曲韧性试验研究[J].公路交通技术,2012(1):23-25.

[5] 刘数华,阎培渝,冯建文.超高强混凝土RPC强度的尺寸效应[J].公路,2011(3):124-127.

[6] 郝文秀,徐晓.钢纤维活性粉末混凝土力学性能试验研究[J].建筑技术,2012(1):35-37.

66. 混凝土耐久性的影响因素分析

杨胜江

(贵州桥梁建设集团有限责任公司)

摘　要　本文通过对混凝土的耐久性影响因素研究分析,浅析混凝土耐久性的外在影响因素与混凝土自身内部影响因素的主要所在点,通过耐久性影响因素分析的系统总结,为混凝土耐久性设计与耐久性混凝土养护提供参考依据。

关键词　混凝土　耐久性　影响因素

一、引　言

混凝土是目前土木工程建设的主要材料,由于以往的混凝土结构是按强度进行设计的,因而混凝土配合比设计也是以满足强度并符合一般耐久性要求为目标。然而混凝土材料的性能并不能令人十分满意,特别是在桥梁使用环境的工程应用中,发现耐久性问题十分突出。据估计,在发达国家混凝土结构物的维修费用占40%,新建投资占60%。由此可见,混凝土结构一旦发生耐久性问题,其维修加固费用是相当巨大的。至于我国混凝土结构物,因耐久性问题过早破坏究竟造成多大危害和损失,因过去对此不够重视,现在还难以估计。即使是粗略估计的数据,情况也不容乐观,问题的存在,说明解决混凝土耐久性问题已经迫在眉睫。而与此紧密相关的便是材料的选择与配合比设计问题。

二、影响混凝土耐久性的外界因素

在传统混凝土配合比设计中,主要考虑的是强度指标,对耐久性考虑地较少或根本没有考虑。实际上,混凝土结构物所处的环境条件与荷载情况差异巨大,往往存在一种或多种使混凝土劣化的因素。通过对混凝土结构劣化的典型现场条件调查,可以将现场条件划分为两类:即环境条件和工作条件。

1. 环境条件

环境条件包括气候条件和暴露条件两大类。环境条件的严酷程度决定了混凝土结构物寿命的长短。在使用环境不太严酷的条件下,质量好的混凝土有足够的强度与密实度,因此是很耐久的。然而暴露在大气、土壤、水和海水中的混凝土,不同程度地经受到温度、湿度、水位的变化和化学介质的侵蚀。这些因素都会不同程度地加剧混凝土结构物的劣化。

1)气候条件

在气候条件中,温度变化是影响混凝土结构物耐久性的主要因素。温度变化引起混凝土的膨胀和收缩通常在结构设计中考虑。但是冰冻条件或环境冻融循环的年发生次数则更需要重点考虑,因为冻融是导致混凝土劣化最普遍的因素之一。混凝土的组成、配合比、养护条件决定了其在饱水状态抵抗冻融破坏的能力,主要特性包括混凝土的气泡系统、成熟度和骨料的坚固性。引气是提高混凝土抗冻性的有效措施,含气量与气泡间距系数是保证抗冻性的主要参数。水灰比通过两个途径影响抗冻性,水灰比影响可冻结水的含量,同时水灰比又决定了强度,而这两者又都影响混凝土的抗冻性。一般情况下,随着水灰比降低,一方面,水泥石中孔的体积越小,孔中存留的可结冻的水就越少;另一方面,由于水灰比的降低,混凝土的密实度、强度得以提高,相应地提高了混凝土的抗渗透性和抵抗破坏的能力。一般认为,混凝土的碳化速度与水灰比成正比,而与混凝土的抗压强度成反比。但是对于混凝土抗冻性而言,有资料表明:如果混凝土中引入足够的含气量,则水灰比的影响不大。因此,在混凝土中掺引气剂已成为提高耐久性的基本措施。

2)暴露条件

混凝土常受到氯盐污染,氯离子有很强的渗透扩散能力,渗入到钢筋表面,会破坏钢筋钝化膜而引起锈蚀,锈蚀反应生成具有膨胀性的物质,可导致混凝土开裂剥落。氯离子渗入引起的钢筋锈蚀破坏速度很快,发生非常普遍,往往成为决定混凝土结构物寿命的因素。冬季由于交通的需要,在公路混凝土构筑物上使用除冰盐,不仅会引起钢筋锈蚀,还会对混凝土表面产生冷冲击,即在冰层融化的同时会吸收能量,导致冰层下面的混凝土温度急剧降低,引起混凝土表面起皮、点蚀和剥落。混凝土还可能暴露于其他腐蚀性介质中,其中硫酸盐侵蚀较为常见,因为硫酸盐存在于海水及一些地区的土壤和地下水中。

2. 工作条件

对于路面混凝土,工作条件是车辆和流水中的悬浮物等,它们都可能引起混凝土的表面磨损。路面经受反复摩擦时,首先被磨损的是最表面的硬化水泥浆体薄层或者说是水泥砂浆层,接着粗集料成为抵抗磨损的主要组分,因此粗集料的强度与硬度是影响耐磨性的重要因素。对于水工泄水结构物,两种常见的破坏形式是冲刷磨损和气蚀。混凝土的抗冲磨和气蚀性能主要决定于混凝土的强度和集料的强度、硬度和韧性。因而,当遇到遭受冲磨和气蚀的泄水建筑物时,需用高强度的混凝土。

当混凝土同时面临上述所有问题时,如何科学地确定混凝土组成材料与配合比,是能否全面提高混凝土耐久性与强度的关键。

三、影响混凝土耐久性的自身因素

混凝土的原材料品质、配合比和工艺控制是获得均质、致密、孔结构合理的高耐久性混凝土的三要素。

1. 原材料

1)骨料

混凝土中骨料体积占总体积的3/4,骨料的最大粒径、颗粒形状、弹性模量等均会对混凝土的强度、碱—骨料反应、体积稳定性以及耐久性等性能产生重要的影响。普通混凝土中,骨料强度通常比水泥石和界面强度高,骨料的影响不甚明显;而高强高性能混凝土中的水泥石强度和界面强度均较高,承载时骨料受压破坏的概率大大增加,因而骨料的性质对高强高性能混凝土力学性能的影响不容忽视。在一定的水泥用量与砂率条件下，混凝土的抗压强度存在粗集料最大粒径效应；粗集料的级配对混凝土的影响显著，较粗的石子占70%时，集料的级配比较理想。在满足混凝土要求的和易性范围内，砂率应尽量选用小值，因为砂率的增加会造成混凝土弹性模量和抗压强度的降低。

当使用的骨料具有碱活性，且单位体积混凝土含碱量（K_2O 与 Na_2O）又较高时，可能发生膨胀性碱—骨料反应。防止的方法有：选用非活性骨料，限制水泥、外加剂等带入混凝土的总碱量，掺加适量硅粉、粉煤灰或磨细矿渣。

2）水泥

许多试验表明，水泥的化学组成、细度和品种对混凝土的抗冻融破坏无显著影响，除非混凝土早期受冻。因在早期，水泥组成、细度、品种影响水化程度，从而影响可冻结水的量和早期强度。但是水泥的品种对混凝土的抗腐蚀能力有影响，抗硫酸盐水泥与Ⅴ类水泥的氯离子固化、氯离子侵入及抗腐能力低于普通硅酸盐水泥。高贝利特水泥混凝土的耐久性普遍优于硅酸盐水泥或普通硅酸盐水泥混凝土。尤其是抗冻、抗侵蚀、水化热等性能与硅酸盐水泥混凝土相比更为优越。

3）活性掺合料

在混凝土中，掺入活性矿物掺合料不仅可以节省水泥还可以提高混凝土的耐久性。单纯地掺入高效减水剂虽能大幅度降低混凝土硬化后的孔隙率，但是不能改善水泥浆体硬化后水化产物的组成，不能提高水化胶凝物质的质量。掺入活性矿物掺料，即可达到这一目标，进一步提高混凝土的强度。根据研究，质量优良的活性矿物掺料提供的强度贡献率可以达到20% ~63%，由此可见其重要性。但是，活性矿物掺料或者本身是很细的粉末，或者是磨得很细的粉末，比表面积很大，需水性很高。因此，掺入活性矿物掺合料时，必须同时掺入高效减水剂，即所谓的双掺技术。

4）外加剂

在混凝土中掺入高效减水剂，使得用水泥和其他物料拌成的混合料，既能在大幅度降低用水量的同时，又能赋予混合料很高的流动性。这样，既方便施工，又大大降低了材料的孔隙率，提高了材料的强度和耐久性。目前，优质的减水剂的减水率可达30%以上，可以将混凝土的水灰比从0.5 ~0.7降低至0.2 ~0.3，并获得具有优良流动性的拌合物。

2. 配合比

混凝土是当代土木工程中应用最广泛、最大宗的结构材料。对于这种多相、多孔、非匀质的人造复合材料来说，随着组成材料的复杂化和对其性能的高要求，作好混凝土配合比设计是满足各类工程结构要求的重要保证。目前，有关高耐久性混凝土配合比设计方法中，国外比较典型的主要有以下三种：

（1）美国混凝土协会（ACI）方法：适合于配制强度等级大于C50的混凝土，采用一系列不同胶凝材料比例和用量进行试配，从中选出最佳配合比。

（2）法国路桥试验中心方法：模型材料的基础，根据大量试验结论编制的计算软件，称为BETON-LAB，可以很好地预测在给定要求下的混凝土最佳配合比。

（3）Metha 和 Aitcin 推荐的方法：在现有高强高性能混凝土实践基础上加以总结，对配合比设计的主要参数给定一些假设，然后算出第一盘配合比，再经试配调整得到所需的配合比。

这些方法均是基于西方国家的原材料提出来的，要求原材料具有稳定的质量。而在我国，由于地域辽阔，工程材料使用量大，原材料质量难以稳定。因而一般情况下，不能适用。近十年来，国内对高强高性能混凝土开展了广泛的研究，部分成果已纳入规范。许多学者参照普通混凝土配合比设计方法提出高强高性能混凝土配合比设计方法。到目前为止，我国还没有统一高性能混凝土配合比设计方法，推荐比较多的方法是选择掺合料和外加剂掺用范围，套用普通混凝土配合比设计方法试配。因此有必要研究高耐久性混凝土的配制技术。

3. 混凝土生产工艺

高耐久性混凝土一般是低水灰比、高胶结材料用量，以高效减水剂增大流动性，并掺入适量引气剂。因此对于多组分的原材料拌和，必须用强制式搅拌机；成型时严格控制振捣时间，并且尽量采用较高频率的振捣设备。为防止早期收缩开裂，加强早期保湿养护管理。由于多组分，尤其掺入的粉煤灰等品种不同，其消泡作用不一样，为控制含气量，必须事先掌握影响含气量的工艺因素。为适应泵送要求，往往采取后掺减水剂方法，以保证泵送流动性要求，降低经时损失。

四、结　语

混凝土的耐久性影响因素众多，因此从混凝土设计阶段开始到制备、施工、养护、运营期的养护各个环节都应该予以充分重视，这样才能制备出耐久性能优异的混凝土，并在运营阶段予以充分养护，以延长其服役期。

67. 复掺矿物掺合料大体积混凝土研究浅析

黄　盛
（贵州桥梁建设集团有限责任公司）

摘　要　通过某桥梁工程C40大体积混凝土主塔承台施工工程实例，分析采用S95级矿粉与Ⅰ级粉煤灰复掺取代水泥的混凝土制备技术在大体积混凝土施工中的应用情况，阐述了双掺技术在提高大体积混凝土工作性能的同时，改善混凝土的后期强度、降低水化温升的作用。

关键词　大体积混凝土　掺合料　复掺　矿渣微粉　粉煤灰　温升

一、引　言

大体积混凝土是指混凝土结构实体中最小尺寸1m，或预计会因水泥水化热引起混凝土内外温差过大而导致裂缝的混凝土。近年来，随着建筑行业的发展，大体积混凝土施工愈来愈普遍，大体积混凝土施工有结构厚实、混凝土量大、工程条件复杂、施工技术要求高等特点，而其中控制由水泥水化热而引起的混凝土温度变形裂缝，从而提高混凝土的抗渗、抗裂、抗侵蚀性能，以提高建筑结构的耐久年限为大体积混凝土施工的突出任务。大体积钢筋混凝土与地基浇筑在一起，当结构产生温度变形时，受到地基的限制，而产生外部约束应力，当混凝土升温时，产生膨胀变形约束，中心产生压应力，此时混凝土弹性模量小，徐变和应力松弛度大，使混凝土与地基连接不牢固。当温度下降，中心产生较大拉应力，此时混凝土抗拉强度低于温度产生拉应力时，混凝土将出现垂直裂缝，此裂缝往往是贯穿性裂缝，这影响到结构安全度和使用功能，是致命的裂缝。当混凝土内部由于水泥水化热而形成结构中心升温高，热膨胀大，中心产生压应力，表面产生拉应力，当拉应力超过混凝土的抗拉强度和钢筋的约束力，同时也会产生深层裂缝，是非贯穿性裂缝，也会影响使用年限。

高性能混凝土的配制中。掺合料取代水泥而掺入，可以降低水化热，减少需水量，改善混凝土的流变性能，提高混凝土的密实性和抗侵蚀能力。但单掺矿粉或粉煤灰都有局限性，单掺矿粉易增加混凝土泌水趋势，而单掺粉煤灰使混凝土早期强度降低。研究发现实行双掺配制高性能混凝土，可综合利用矿粉、粉煤灰两者的“优势互补效应”：粉煤灰中富含的球状玻璃体对浆体起到“润滑作用”，增大拌合料的流动性，改善由矿粉掺入导致混凝土黏聚性提高、泌水增大的趋势；早期发挥矿粉的火山灰效应，改善浆体和集料的界面结构，弥补由粉煤灰引起的混凝土早期强度损失，后期发挥粉煤灰的火山灰效应所带来的孔径细化作用以及未反应的粉煤灰颗粒的“内核作用”。因此“双掺”技术在大体积混凝土施工中具有良好的运用前景。本文探讨如何利用“复掺”技术优化混凝土施工配合比及现场通过控温措施合理养护，从而避免混凝土产生温度变形裂缝，提高混凝土的使用性能和使用寿命。

二、温度裂缝预防技术措施

(1)降低混凝土中水泥在水化过程中的水化热,减少混凝土在施工过程中由于温差过大产生膨胀与收缩应力。

(2)延长混凝土初凝及终凝时间,因为水泥在水化的总发热量是个常数,延长升温与降温时间,不至于使温度梯度产生峰值,使膨胀与收缩的应力达到最高值,裂缝迅速加大。

(3)合理选用混凝土粗细骨料、水灰比,掺适量微膨胀剂、缓凝剂,使结构产生自应力,来提高混凝土的抗拉能力,减少由于热胀冷缩产生结构裂缝及提高抗渗能力。

(4)减少混凝土中水泥的水化热,应选用低水化热水泥,水泥用量少,水化热低;同时在混凝土中掺入粉煤灰,代替部分水泥,减少水泥用量,降低水化热,加强粉末效应,提高混凝土和易性,减少水灰比,增加混凝土的密实性和提高混凝土抗拉强度,降低混凝土的弹性模量,减少干缩。当每立方米混凝土掺入适当粉煤灰,降低水化热,提高混凝土强度,改善裂缝是行之有效的措施。

(5)混凝土的收缩随粗细骨料的含泥量增加而增加,随着粗细骨料的粒径加大而减少,石子含泥量必须小于1%,砂用中粗砂,其含泥量应不少于2%,这是减少干缩应力、控制混凝土收缩裂缝的重要措施。

(6)严格控制水灰比,水是影响混凝土收缩的主要因素,因混凝土中水分大部分蒸发,引起混凝土内部形成很多毛细孔,降低混凝土抗拉强度,收缩变形也同时发生,因此采用减水剂减少水灰比,改善混凝土和易性,从而提高混凝土的抗拉强度,减少内约束应力产生裂缝。

(7)配制混凝土加入适量缓凝剂,来延长初凝和终凝时间,使混凝土内部升温和降温不出现温度梯度峰值,即是升温最高值,充分发挥混凝土自身强度潜力和材料松弛的特征,使混凝土的抗拉强度大于温差应力,减少裂缝产生。

(8)在结构设计及计算时,应考虑大体积混凝土中水泥在水化过程中产生温度应力对结构的不利因素。所以结构的配筋应增加由于温度应力产生附加应力的配筋,或采用钢纤维混凝土,可以大大提高混凝土内部的抗拉强度,这是减少或消除结构裂缝的重要构造措施。

(9)对浇筑混凝土采用有效保湿的保养措施,在混凝土表面用麻袋或草袋覆盖,并用清水浇湿,尽量减少混凝土表面热扩散快、温差大、降低外界环境与混凝土表面的温差值,减少温差应力对结构的影响。

三、混凝土配合比试验

1. 原料

(1)水泥:水城水泥厂产 P. O42.5。

(2)砂:含泥量0.5%,细度模数3.14的机制中砂。

(3)石:碎石,5~20mm 连续级配。

(4)矿粉:S95 级。

(5)粉煤灰:Ⅰ级灰。

(6)外加剂:缓凝泵送剂。

2. 混凝土配合比

(水泥+复合掺合料):砂:石:水:外加剂=430:712:1 035:162:125,掺合料40%(矿渣微粉30%、粉煤灰10%)等量取代水泥。复掺矿物掺合料后混凝土的和易性得到改善,经时坍落度损失减小,初终凝时间也延长。单掺磨细矿粉后混凝土泌水率增大,但复合粉煤灰后,混凝土泌水率显著下降。双掺对混凝土早期强度稍有降低,但28d强度接近甚至超过未掺掺合料的混凝土,达到了51.0MPa,显示良好的强度发展趋势。同时对混凝土抗渗性、与外加剂的适应性的检测结果表明,双掺后混凝土抗渗性大于S8,水泥与外加剂的适应性得到改善。

四、工程施工与实测分析

为保障承台大体积混凝土的浇筑质量,必须要优化浇筑工艺。在施工过程中,一般按照"斜面分层,薄层浇注,连续推进"的方法及采取降低混凝土内外温差、"外部保温"的措施施工。分层浇筑时,每层灌注须在下层混凝土初凝前完成,以防出现施工冷缝。混凝土振捣采用插入式振捣器。振捣时插入下层混凝土50~100mm,并保证在下层混凝土初凝前进行一次振捣,使混凝土具有良好的密实度和整体性。振捣中既要防止漏振,也不能过振。为保证振捣质量,可在模板上安装一定数量的附着式振捣器,配合插入式振捣器进行混凝土施工。混凝土在浇筑振捣过程中会产生多少不等的泌水,需配备一定数量的工具如小水泵、大铁勺等用以排出泌水。浇筑过程中还要注意及时清除黏附在顶层钢筋表面上的松散混凝土。

1.混凝土理论最高温升

8月,施工地区的日平均气温取为25℃左右,假设混凝土入模温度为25℃,经计算,理论最高温升为64.5℃。若为纯水泥混凝土则可能达到80℃以上。

2.温测与温控

为及时掌握混凝土内部温升与表面温度的变化值,在基础内埋没若干个测温点,采用梅花形布置。纵向布置5个区域,水平区域10个测区。第1~4d内每3h测温1次,第5d后每8h测温1次,至温度稳定为止。从3个承台的测温情况看,混凝土内部温升的高峰值一般在3~5d内,3d内温度可上升到或接近最大温升62.3℃,内外温差值在18℃左右,控制在规定范围内,未发现异常现象。

五、结　　语

(1)配制大体积混凝土,关键在于水化温升的配合比,复掺矿渣微粉与粉煤灰的大取代量混凝土配合比是该工程成功的关键之一,有效地降低了水化温升。

(2)大体积混凝土施工,一次浇筑量大,厚度大,强度等级高,在夏季炎热天气施工,技术难度大。混凝土浇筑后,经过保温保湿养护,效果理想。

(3)大体积混凝土施工,养护和浇筑同样重要。保湿是前提,控制降温速度是关键,监测是根据。

总之,大体积混凝土是目前施工中应用较多的一项新技术,只要严格施工规范,仔细落实每一个施工环节,认真妥善地作好浇筑完的保温工作,该项技术完全可以取得满意的效果。

68.水泥及掺合料对混凝土可泵性的影响试验

杨胜江

(贵州桥梁建设集团有限责任公司)

摘　要　混凝土可泵性能的好坏,直接决定了泵送混凝土的工作性能。本文通过系列水泥品种、矿物掺合料掺加比例与品种参数的变化,具体对掺合料品种、掺量、水泥品种对C50级泵送混凝土的可泵性能进行试验研究,得出水泥品种与掺合料类型、掺量等对混凝土可泵性能的影响规律,用于指导高塔泵送混凝土的配合比的设计。

关键词　可泵性　掺合料　水泥

一、引　　言

混凝土是由胶凝材料、骨料、水和外加剂等组分经过计量后拌和硬化而成的,优质的混凝土首先在其新拌阶段就应该具有各组分的匀质性且保持一定的稳定性。但新拌混凝土特别容易产生离析与泌水等情况,尤其是大坍落度泵送混凝土,其产生不均匀的原因是混凝土各组分的密度不同导致沉降或上浮,或在泵送过程中由于泵送压力作用导致混凝土内部的水分泌出,致使混凝土出现堵泵,因此在配制泵送混凝土时,可泵性应作为重要技术参数进行试验研究。

二、试 验 研 究

在泵送混凝土出现之前的普通坍落度混凝土施工过程中,是用和易性来评价混凝土工作性能如何的;但是在大坍落度的泵送混凝土施工过程中,混凝土的可泵性能需要用可泵性表示。混凝土的可泵性是指混凝土拌合物在泵送过程中不出现离析情况,其黏塑性好、泵送的摩阻力小、不出现泵送过程中的堵管情况,并可以顺利沿管道输送的性能。目前,在工程中对混凝土的可泵性还没有确切的表示方法。工程中一般采用压力泌水试验结合施工经验进行控制评判混凝土的可泵性能的优劣,即以其10s时的相对压力泌水率S_{10}不超过40%来认定此混凝土拌合物是可以泵送的,且值越小可泵性能越好。

相对泌水率S_{10}可用下式计算:

$$S_{10}=\frac{V_{10}}{V_{140}} \tag{1}$$

式中:S_{10}——混凝土拌和物加压至10s时的相对泌水率(%),取三次试验结果的平均值,精确到1%;

V_{10}、V_{140}——混凝土拌和物加压至10s和140s时的泌水量(mL),均取3次试验结果的平均值,精确到整数位。

本工程配合比设计过程中,采用混凝土的压力泌水率测试和混凝土坍落度测试,来综合评价水泥品种、掺合料对混凝土的可泵性能的影响。

1. 试验配合比

试验基准配合比如表1所示。

混凝土基准试验配合比 表1

混凝土单方材料用量(kg/m^3)					
水泥	粉煤灰	砂	石	水	外加剂
485	—	742	1087	175	6.85

2. 试验计划

试验采用四种不同厂家生产的P.O42.5水泥,水泥编号分别为A、B、C、D,采用Ⅰ级、Ⅱ级粉煤灰与S95级矿粉进行试验研究,分别测试对应配合比混凝土的坍落度、常压泌水率以及压力泌水率。

三、试验结果与分析

1. 水泥品种对混凝土可泵性的影响

水泥与混凝土的泌水性能密切相关。水泥的凝结时间、细度、比表面积与颗粒分布都会影响混凝土的泌水性能。进行水泥品种对压力泌水影响的试验研究,已确定选用何种水泥进行施工应用。水泥品种对泵送混凝土压力泌水坍落度影响试验数据见表2。

水泥对压力泌水与坍落度影响数据 表2

水泥品种	V_{10}(mL)	V_{140}(mL)	S_{10}(%)	S_l(cm)
A	15.7	31.2	50.3	15.2
B	10.6	27.5	38.5	17.6
C	16.5	33.6	49.1	14.9
D	17.2	31.5	54.6	16.1

试验用水泥为普通硅酸盐水泥，性能见表3。

试验用水泥性能指标 表3

编号	混合材种类	细度(%)	凝结时间(h)
A	矿渣	6.7	6.3
B	粉煤灰	4.3	7.1
C	矿渣	6.4	4.3
D	矿渣	8.9	7.5

通过以上试验所得数据可以知道，混凝土的压力泌水率随着水泥品种的不同，在相同配合比条件下有所不同。正如理论研究得到的结果一样，遵循着一定的普遍规律。水泥中的矿物混合材种类对混凝土的压力泌水率的影响显著。A、C、D厂生产的水泥所用的混合材均为高炉矿渣，高炉水淬磨细矿渣吸附水的能力本身就很小，因此，采用这些厂家制备的混凝土的压力泌水率就很大；且常压泌水率也很大；而混合材为粉煤灰的B水泥，由于粉煤灰的细度与颗粒尺寸效益使得其混凝土的压泌水率与压力泌水率最小，仅为38.5%。表现出如上试验结果，大于B水泥很多。

同时，水泥的细度也影响到了混凝土的压力泌水率，水泥细度增大，由试验数据可以看出，其制备出混凝土的压力泌水率也在增大，细度最大的D水泥，压力泌水率达到了54.6%。在配合比设计选用水泥时需要对细度影响进行足够的研究，可以有选择时，尽可能地使用细度适宜的水泥进行混凝土配合比试验与混凝土生产。

由表2与表3数据可知，随着水泥凝结时间的不断延长，混凝土的压力泌水率在不断地增大。凝结时间是水泥早期水化速率快慢的直接反映，凝结时间快，混凝土内部早期的自由水被水泥水化消耗的就多，这样自由水含量降低必然导致泌水率降低。

水泥厂家不同，导致其生产工艺与矿物组成等均有所不同，其标准稠度用水量、凝结时间、细度以及与减水剂的适应性等均有所不同，因此，水泥品质对所制备混凝土的坍落度以及坍落扩展度的影响也十分显著。从上述试验数据可见，水泥细度与凝结时间对坍落度的影响最为明显，水泥中混凝土的种类对坍落度的影响次之。

2. 掺合料种类对混凝土可泵性的影响

由于掺合料的种类与细度的不同，使得其需水量不同，其在新拌混凝土中的作用是不同的，不同种类掺合料的需水量试验表明，其需水量有着明显差异，细度也是如此。在本研究中，选择了两种类型不同品质的掺合料进行试验研究，研究了粉煤灰与矿渣两类掺合料，对同一厂家的Ⅰ级、Ⅱ级两种粉煤灰进行单掺与复掺试验。混凝土基准配合比中的水泥使用量为485kg/m^3，掺合料采用等量取代法，取代率15%，掺量为72kg/m^3。压力泌水率与坍落度两项指标为试验研究对象，试验结果见表4。

掺合料种类压力泌水与坍落度影响数据 表4

掺合料类型	V_{10}(mL)	V_{140}(mL)	S_{10}(%)	S_1(cm)
矿渣	18.4	42.3	43.4	22.4
粉煤灰Ⅰ级	7.3	30.0	24.3	20.5
粉煤灰Ⅱ级	12.2	39.1	31.2	15.3
复掺(5 5)	10.1	30.4	33.3	20.2
复掺(6:4)	5.6	12.9	43.3	21.2

注：复合掺加比例为Ⅰ级粉煤灰与矿渣的质量比(5:5)和(4:6)。

由表4的试验结果数据可以看到，掺合料的品种对压力泌水的影响很大，矿渣对压力泌水率的抑制基本不起作用，为最大值43.4%。矿渣作为掺合料的混凝土试验研究结果表明其初始泌水率V_{10}和140s的泌水率值均为试验研究中的最大值。由此可见，矿粉增大了混凝土的泌水性能，因此，单掺矿渣粉时混凝土的可泵性能有待改善，不宜单掺用于混凝土高层泵送施工。Ⅰ级、Ⅱ级两种粉煤灰的压力泌水率与压力泌水的值随粉煤灰的品质从Ⅰ级降到Ⅱ级都有所增大，从24.3%变化到了31.2%。采用复合掺合料时，混凝土泌水量小于单掺矿渣的混凝土泌水率，但大于Ⅰ级粉煤灰单掺混凝土的值。当复合比例为4∶6时，状态最好。混凝土坍落度的影响不是很大，矿渣粉的坍落度最好，Ⅱ级粉煤灰对混凝土坍落度影响很大，仅为15.3cm，不适用于工程。

综合分析，可以用Ⅰ级粉煤灰单掺混凝土配合比或Ⅰ级粉煤灰与矿渣复合比例为4∶6取代水泥质量15%混凝土配合比进行施工应用。但是综合考虑施工的操作性和经济性，应该排除复合掺合料的混凝土配合比。所以，选用Ⅰ级粉煤灰单掺混凝土配合比供施工使用。

3. 粉煤灰掺量对混凝土可泵性的影响

粉煤灰的掺量变化对混凝土的早期性能和长期性能都会带来不同的影响，通过适当改变粉煤灰的掺量，新拌混凝土的压力泌水率、坍落度等混凝土的各项早期工作性能均会产生变化。

改变粉煤灰掺量（等量取代水泥率分别为0%、5%、15%、25%），分别测试混凝土的压力泌水率和混凝土的坍落度值。测试所得的粉煤灰掺量与混凝土压力泌水率的关系数据变化规律如图1所示，粉煤灰掺量变化对新拌混凝土的坍落度影响关系曲线如图2所示。

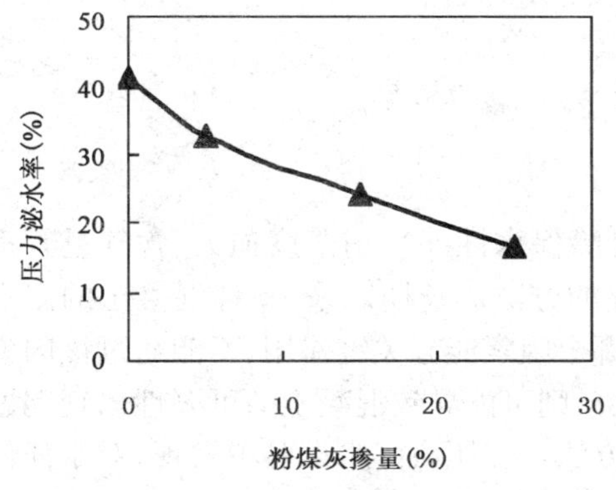

图1　粉煤灰掺量与压力泌水率的关系

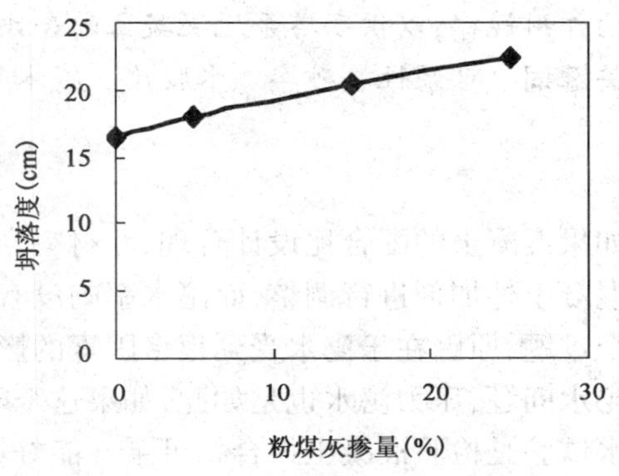

图2　粉煤灰掺量与混凝土坍落度关系

从图1可以看出，随着粉煤灰的取代，水泥的量不断增加，新拌混凝土的压力泌水率值不断减低，在粉煤灰的等量取代水泥15%及以后，混凝土的和易性能良好，黏聚性不断地提高，混凝土的压力泌水率大幅度降低。初始的压力泌水值非常低，15%时即可达到7.9%的低压力泌水值，适宜泵送施工使用。

由图2的规律曲线可以看出，粉煤灰掺量的增加使得混凝土的坍落度变大。当Ⅰ级粉煤灰的等质量取代水泥率为25%，试验混凝土的坍落度值在不断地提高，坍落度值达到了22.8cm，混凝土的坍落度扩展值达到了65.5cm，此时，混凝土的工作状态良好，黏聚性适中，混凝土未出现抓底与离析等情况，一定量的Ⅰ级粉煤灰作为掺合料加入混凝土后，有利于混凝土的坍落度提高，并且可以提高混凝土的工作性能。

混凝土工作性能改善原因源于粉煤灰本身颗粒的形态效应。Ⅰ级粉煤灰颗粒粒径大部分小于水泥粒子的颗粒粒径，掺入后填充在水泥颗粒体系的空隙中，使得空隙间原有的自由水释放出来，这部分释放出来的水分在新拌混凝土内部起到了润滑作用，增加了混凝土颗粒间的水分，从而增加了混凝土的坍落度和坍落度扩展值。另外，粉煤灰粒子的颗粒形态为球形状态，在混凝土内部起到了"滚珠"作用，在混凝土颗粒间起到润滑作用，这使得混凝土的坍落度与坍落度扩展值提高。

四、结　　语

（1）为了得到一个适宜高塔泵送使用的具有较低的压力泌水率、混凝土的大坍落度在200~220mm之间的混凝土配合比，首先在满足经济性与混凝土力学性能的基础上，应选用一种细度适中、凝结时间正常的水泥。在本地区的4种水泥中应该优先选B水泥为施工实际应用的水泥。由其配制的混凝土坍落度理想，压力泌水率小，即混凝土的可泵性优良。

（2）混凝土的可泵性可以采用掺加适量的Ⅰ级粉煤灰来得到改善，选用Ⅰ级粉煤灰等量取代水泥15%的掺量进行C50级泵送混凝土配合比设计参考使用。

参考文献

[1] 张意志.混凝土可泵性的影响因素及改善措施[J].商品混凝土,2012(7):3-6.

[2] 张胤,陶建勋.砂率对混凝土可泵性的影响[J].贵州工业大学学报(自然科学版).2004(4):88-90.

69.配合比参数对混凝土可泵性的影响试验

杨胜江

(贵州桥梁建设集团有限责任公司)

摘　要　本文通过调整混凝土中的砂率、水胶比与减水剂掺量三个重要参数,具体进行了这几个参数对C50级泵送混凝土的可泵性能影响的试验研究,得出砂率、水胶比与减水剂掺量对混凝土可泵性能的影响作用规律,以供高塔泵送混凝土配合比的设计使用。

关键词　可泵性　砂率　水胶比　减水剂

一、引　　言

如果混凝土的配合比设计合理,原材料合格,则和易性(除保水性外)、坍落度损失、含气量等都可以通过混凝土外加剂进行调整,而泌水率则没有可以直接调整的方法。长期以来,新拌混凝土的泌水一直是一个难题,原因在于泌水受到很多因素的影响,但是没有哪个因素能起关键作用,不能通过该因素直接解决泌水问题,压力泌水也是如此,如果这个问题得不到解决,则可能导致混凝土的可泵性出现问题。压力泌水试验是检验混凝土拌合物可泵性能好坏的一种有效方法。在压力泌水试验中发现,对于任何坍落度的混凝土拌合物,开始10s内的出水速度很快,而超过140s以后,泌出水的体积很小,因而,V_{10}/V_{140}可以代表混凝土拌合物的保水性能,同时也反映阻止拌合水在压力作用下渗透流动的内阻力。S_{10}的值越小,表明混凝土拌合物的可泵性愈好;反之,则表明可泵性不良。本文通过研究配合比参数的变化对可泵性的影响,揭示配合比参数选取对可泵性的重要性。

二、试 验 研 究

1.试验配合比

混凝土基准试验配合比如表1所示。

混凝土基准试验配合比　　表1

混凝土单方材料用量(kg/m^3)					
水泥	粉煤灰	砂	石	水	外加剂
412	73	742	1087	175	6.85

2.试验计划

试验采用四种不同砂率38%、40%、42%、44%,保持砂石质量不变,进行砂率变化影响试验研究,同时采用0.33、0.35、0.37、0.39、0.41五个不同水胶比变化研究可泵性,采用固定水胶比变化减水剂掺量0.75、0.10、1.25、1.50进行变外加剂掺量对可泵性影响研究。分别测试对应配合比混凝土的坍落度、常压泌水率以及压力泌水率,之后对可泵性进行分析评价。

三、试验结果与分析

1.砂率对混凝土可泵性的影响

水泥砂浆在混凝土泵送过程中,主要起到润滑管壁作用,同时还要保证粗集料悬浮在其中,不发生离析等作用。因此可以看出,细集料对混凝土可泵性所起到的影响,要远远大于粗集料的作用。对细集料的要求是:不仅其数量要充足,其级配也应良好。在级配、细度模数固定的条件下,混凝土中砂率就尤显重要。因此对此进行必要的研究,分析其对混凝土可泵性的影响。试验结果数据如图1和图2所示。

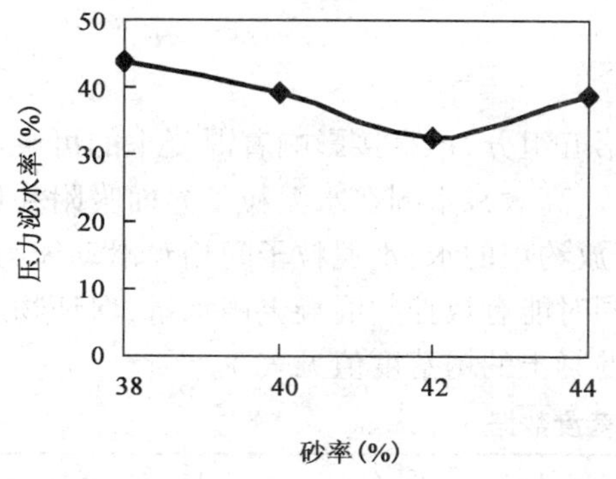

图1 砂率与混凝土压力泌水率关系曲线

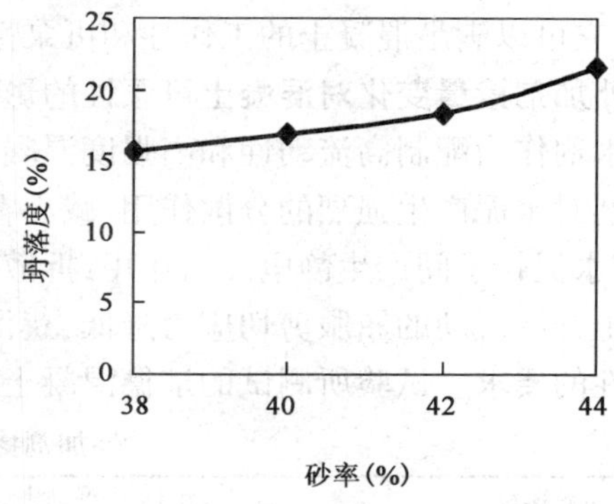

图2 砂率与混凝土坍落度关系曲线

从图1可以看出,压力泌水率随砂率增大而减小,当砂率达到42%时压力泌水率降低到最低值。超过42%之后,随着砂率的继续增加,混凝土的压力泌水率增大。试验中砂率存在着一个最优值42%,此时压力泌水率最低为32.6%。这也从某一方面解释了高强泵送混凝土选择高砂率的原因。

砂是用来填充石子的空隙,在水泥浆一定的条件下,若砂率过大,则骨料的总表面积及空隙率增大,混凝土混合物就显得干稠。若砂率过小,砂浆量不足,不能在粗骨料的周围形成足够的砂浆层,起润滑和填充作用,也会降低混合物的流动性,使混凝土拌合物的黏聚性、保水性变差,使混凝土混合物显得粗涩,粗骨料离析,水泥浆流失。

从图2砂率与混凝土坍落度关系曲线可以看出,随着砂率的增加混凝土的坍落度也在增加。但是进一步研究发现其在46%时达到最大值,超过之后逐步降低。砂率在42%时,混凝土的和易性良好,黏聚性最好。

综上,确定混凝土配合比中采用42%的砂率进行施工混凝土配合比设计,及其他混凝土的物理力学性能研究。

2. *W/B* 变化对混凝土可泵性的影响

W/B 变化对压力泌水率与坍落度影响研究的主要内容也是测试混凝土的压力泌水率与坍落度。试验结果见表2。

***W/B* 变化对压力泌水与坍落度数据** 表2

W/B	V_{10}(mL)	V_{140}(mL)	S_{10}(%)	S_1(cm)
0.33	6.2	23.3	26.6	12.1
0.35	8.4	24.7	34.0	14.2
0.37	11.0	26.8	41.0	16.5
0.39	13.7	28.1	48.7	18.6
0.41	17.5	31.6	55.3	21.1

由表2可知,随着混凝土中用水量的增加,混凝土的压力泌水率在不断增大。这主要是由于混凝土的 *W/B* 变大,相当于混凝土中的自由水量增加,这些自由水存在于混凝土各组分颗粒之间,在泵送压力的作用下,可以自由地游离出来。*W/B* 越大则自由水量约大,所以泌水率自然就增大了。由表2可以看出来,混凝土的坍落度也随着 *W/B* 的增大而变大。道理同前。但是混凝土的和易性和保水性随着 *W/B* 的增大呈现非线性的变化,当 *W/B* 超过0.50%后,随着 *W/B* 增加坍落度不再继续增加,保水性变差。本研究混凝土的强度等级为C50,*W/B* 取值不能过大,因此没有对大 *W/B* 的混凝土可泵性进行继续的分析

研究。

通过上述分析可知，本工程需用混凝土配合比的 W/B 应该尽量地控制在小值，混凝土的工作性需要通过高效减水剂的调整来达到。因为过大的 W/B 将会导致混凝土抗压强度的过量降低，使得混凝土达不到设计等级。同时，大的 W/B 使得混凝土产生离析与泌水。本研究选用0.37的 W/B 进行施工配合比设计，它可以满足混凝土的工作性和可泵性。

3. 外加剂掺量变化对混凝土可泵性的影响

减水剂作为配制高流动性和高强度混凝土不可或缺的第五组分，也直接影响着混凝土的可泵性。高效减水剂对水泥产生强烈的分散作用，减小颗粒的表面张力。高效减水剂在水泥粒子界面吸附和形成双电层，使水泥粒子间产生静电斥力作用，拆散其絮凝结构，释放约束的水，水泥粒子间相互滑动能力增大，使混凝土开始流动的屈服剪切应力降低，获得高流动性能，同时能有效控制混凝土用水量，保证物理性能和耐久性的要求。试验所测试的道德混凝土压力泌水率和混凝土的坍落度值见表3。

外加剂掺量对压力泌水坍落度数据 表3

外加剂掺量	V_{10}(mL)	V_{140}(mL)	S_{10}(%)	S_1(cm)
0.75%	8.0	23.2	34.5	12.2
1.00%	11.4	26.8	41.0	16.5
1.25%	14.2	30.8	46.1	22.3
1.50%	16.3	29.7	54.7	24.2

从表3可以看出，随着高效减水剂掺量的增大，释放出来的水增多，因此泌出的水分也就越多，特别是减水剂加大到1.5%以后，压力泌水率急剧增大，产生很严重的泌水。同时，混凝土的状态很差，严重离析，这就说明高效减水剂掺量存在一个最优的值，不是掺量越大效果越好。本研究得到的值应该为1.25%左右，此时混凝土的和易性、工作性、可泵性均为最好。同时从表3观察获知混凝土中高效减水剂的掺量控制在1.25%时混凝土的坍落度为22.3cm，混凝土的工作性能很好，当掺量继续增加时，坍落度变化不明显，同时混凝土的状态急剧下降。由此可知，此种高效减水剂的最优掺量应该在1.25%左右，本工程应用的施工配合比设计参数确定为1.25%。

四、结　　语

通过本文对于高程泵送混凝土配合比参数中的砂率、水胶比与减水剂掺量对可泵性能的试验研究，可以得到所需的混凝土配合比参数。混凝土中这三个参数均存在一个最佳或最优值，分别为：W/B 为0.37、高效减水剂掺量占胶结材料质量的1.25%、混凝土砂率为42%。施工配合比应采用上述设计参数进行设计，并进行混凝土的相关力学性能与耐久性能的试验研究，以最终确定施工配合比。

70. 硅灰—粉煤灰—矿渣体系复合掺合料研究概述

段武兵　刘骁凡　廖万辉
（贵州省公路工程集团有限公司）

摘　要　本文通过结合国内外学者关于粉煤灰—矿渣—硅灰复掺体系的应用研究及作者本人现场实际施工经验，对硅灰—粉煤灰复掺体系、粉煤灰与磨细矿渣复掺体系、硅灰与磨细矿渣复掺体系、硅灰、粉煤灰及磨细矿渣三掺复合体系的工作性、强度及耐久性等各方面进行概述。以此促进粉煤灰—矿渣—

硅灰复掺体系在工程实际中的应用。

关键词 硅灰 粉煤灰 矿渣 复掺体系

一、引 言

随着矿物掺合料生产和应用的不断普及,发现由两种或两种以上矿物掺合料复合所产生的叠加效应可取得比单一矿物掺合料具有更好的效果,能够充分发挥各种矿物掺合材料的优势互补,克服单一品种的性能缺陷,使掺合料性能更加优越,因此,在混凝土工程中采用复合矿物掺合料越来越受到人们的关注。国内外学者研究表明,利用各种矿物掺合料复掺后在水泥水化过程中相互产生诱导激活、表面微晶化和界面耦合等效应,能更有效地改善混凝土的工作性、抗压强度、耐久性及经济效益。粉煤灰、矿渣、硅灰作为三种最为常见的矿物掺合料,不仅能改善混凝土的性能,同时还可以节约水泥和能源、保护环境,特别是在高性能混凝土中,更被视为一种不可或缺的重要组分而大量使用。近些年来,国内外学者对硅灰—粉煤灰—矿渣复掺体系对混凝土各方面性能的影响进行了大量的研究。

二、硅灰与粉煤灰复掺

粉煤灰的火山灰活性较低,在常温下,即使水泥水化产物中有足够的 $Ca(OH)_2$,其火山灰反应仍很慢,因而用粉煤灰取代水泥的混凝土早期强度一般都发展较缓慢;硅灰则是一种活性较高的超细粉,含有90%左右的无定形 SiO_2,具有较高的火山灰活性,平均粒径只有水泥的1%,因而凭借其微集料填充作用和火山灰效应,能提高混凝土早期强度,但后期强度增长不快。因此,尝试双掺粉煤灰和硅灰,充分利用两者的优点,来改善混凝土的结构和性能,使其早期强度有所提高的同时,又能保证后期强度的发展。肖佳等人通过试验表明,再加入减水剂的情况下,双掺粉煤灰—硅灰的水泥净浆具有令人满意的强度性能,其早期强度高于单掺粉煤灰的早期强度。后期强度增长也较快,28d 强度均能高于分别单掺粉煤灰、硅灰的强度,也高于基准水泥的强度。究其原因,由于三种材料的平均粒径分别处于三个不同的数量级,因而更加优化了微集料级配,有利于紧密堆积和填充,并迅速与水泥水化产物 $Ca(OH)_2$ 发生二次反应,生成 C—S—H 凝胶,大大增加了 C—S—H 凝胶的数量和体积,同时使 $Ca(OH)_2$ 相对数量减少,晶体尺度缩小,分散度提高,取得良好的优势互补效益,从而得到令人满意的早期和后期强度。肖佳等同时也指出,增加硅灰的掺量会降低流动度;而保持硅灰掺量,增加粉煤灰掺量可以减少一定流动度下的用水量;另外,当粉煤灰掺量超过50%后,各龄期干缩率将会显著增大并超过基准组,因此综合考虑下以硅灰5%、粉煤灰30% ~40%的复配掺量为宜。

对于耐久性方面,谢友均等研究了双掺粉煤灰—硅灰下高性能混凝土的抗氯离子渗透能力。结果表明,双掺硅灰和粉煤灰混凝土的6h 库仑电量显著降低,降低程度没有比单掺硅灰低太多,但比单掺粉煤灰组要显著很多,即在粉煤灰与硅灰复合双掺混凝土的氯离子扩散电量的减少中,硅灰占主导地位。可见,粉煤灰与硅灰复合双掺是配制极低氯离子渗透性混凝土的重要技术途径。

三、粉煤灰与磨细矿渣复掺

流动度方面,徐亦冬等人通过试验证明,对于粉煤灰与磨细矿渣复掺胶砂而言,由于矿渣形状不规则,属于多角形,不具备粉煤灰的"滚珠效应",掺合料复掺后的减水效应较粉煤灰单掺要差,但有助于提高胶砂的早期强度。黄涛的试验结果表明,将矿渣与高钙粉煤灰复掺,能有效解决单掺高钙粉煤灰时水泥体积安定性不合格的问题,在普通硅酸盐水泥中掺加20%的高钙粉煤灰,并等量掺加20%的矿渣微粉后,膨胀值由14mm 下降为4mm。

李志刚等针对 C30 混凝土的研究表明,掺量为25%的Ⅰ级粉煤灰—矿渣复掺混凝土的3d、7d 早期抗压强度虽略低于基准混凝土,但比单掺相同掺量的Ⅰ级粉煤灰或磨细矿渣的混凝土的3d、7d 强度高,说明磨细矿渣可以提高Ⅰ级粉煤灰的活性,使Ⅰ级粉煤灰能够较早地参与反应,并且随磨细矿渣与Ⅰ级粉煤灰复合比例的提高,混凝土的3d、7d强度提高;而在28d、60d时,复掺混凝土抗压强度的提高更为明显。并指出Ⅰ级粉煤灰与磨细矿渣粉复合时,应以磨细矿渣粉为主体,从强度角度考虑,磨细矿渣与Ⅰ级粉煤灰复合比例7∶3为最佳。

这两种掺合料复合后,能够较大提高混凝土强度的原因在于:首先,在水化早期,水泥组分会起水化主导作用,水泥水化产生$Ca(OH)_2$,在$Ca(OH)_2$的作用下,矿渣立即水化生成大量的低密度水化硅酸钙、钙矾石及$Ca(OH)_2$。这些具有大比表面积的水化产物聚集在粉煤灰颗粒周围,起着晶核的作用,从而加速粉煤灰的水化反应。其次,由于矿渣的碱度远大于粉煤灰,矿渣水化时,将提高胶凝材料体系中的OH^-含量,以及新拌混凝土浆体中的碱度。碱度的提高,将打破粉煤灰的玻璃相,加速粉煤灰的水化。随着粉煤灰快速反应,大量的晶核被消耗,同时浆体体系中的碱度也将迅速降低,又会加快矿渣的水化速度。总之,由粉煤灰和磨细矿渣组成的复合掺合料在混凝土中应用,可以利用矿渣的晶核作用及其提高混凝土的碱度,激发粉煤灰的活性,产生的叠加效应充分发挥。

陈烨等人对复掺矿渣—粉煤灰复合胶凝材料的耐久性研究表明,复掺矿渣粉和粉煤灰矿物掺合料可以提高胶凝材料的抗硫酸盐腐蚀性能。这是由于矿渣粉和粉煤灰掺入后,改变了胶凝材料的部分水化产物和结构,即$Ca(OH)_2$含量降低,因此与硫酸盐反应而生成的钙矾石的可能性降低;另一方面,矿渣粉与粉煤灰的细骨料填充效应和后期水化作用,改善了浆体的孔结构,使孔结构细化,浆体结构比较密实,孔径分布较好,从而降低了硫酸盐侵蚀介质的侵入与腐蚀速度。同样的,微观结构和水化产物组成的改善,也提高了其抗氯离子侵蚀性能。

四、硅灰与磨细矿渣复掺

李建勇、姚燕等人对应用硅灰超细矿渣复掺配制高性能混凝土进行了系统的研究。首先,由于硅灰的掺入,复掺组标准稠度用水量较单掺矿渣组有所增大,但掺加少量高效减水剂(0.2%)即可将用水量降至与纯水泥系统相同的水平。从坍落度结果上也可看出,在双掺超细矿渣和硅灰的情况下,所得的混凝土拌合物的黏聚性和流动性均比基准混凝土和单掺硅灰混凝土有明显改善。这些结果也说明,将硅灰、超细矿渣和适量高效减水剂共同使用于混凝土中,可较容易地获得流动性良好的高性能混凝土。力学性能方面,10%硅灰与20%~30%超细矿渣复掺组混凝土无论是抗压强度还是劈拉强度,各个龄期都高于单掺组和基准组混凝土,但由于抗压强度增长速度大于劈拉强度增长速度,使得复掺情况下脆性上升。他们指出,超细矿渣和硅灰复合使用时表现出了明显的叠加效应,能促进水泥浆体中Aft晶体的生长,使浆体在水化早期即形成比较坚固的结构骨架,同时又增大了C—S—H凝胶的生成数量,提高了浆体微结构的密实度及集料和浆体之间的黏结性能。另外,除具有显著的火山灰效应外,还能发挥微细材料独有的微颗粒效应,改善胶凝材料系统的颗粒粒径分布,使系统的颗粒堆积更为紧密和合理,从而改善新拌浆体和混凝土拌合物的工作性能以及硬化混凝土的微结构。

五、硅灰—粉煤灰与矿渣三掺

流动度方面,徐亦东表示,由于硅灰对流动度的负效应,因此与同掺量的矿渣粉煤灰双掺胶砂相比,三掺系统的流动度较低,但在硅灰掺量合适的范围内(10%以内),三掺系统较基准胶砂流动性还是有所提高。

李懿卿等对该体系力学性能的研究表明,对于粉煤灰、矿渣、硅灰三掺系列而言,一方面由于硅灰的活性高,与$Ca(OH)_2$在相当短的时间里就发生反应;另一方面由于水泥、粉煤灰、矿渣与硅灰组成的四元体系的级配得到进一步优化,硬化浆体的孔隙率得到进一步的降低。另外多元复合矿物掺合料在混凝土中可发生火山灰复合效应、微集料复合效应等交互作用,因此该组混凝土强度较同等掺量的粉煤灰矿渣双掺组和硅灰粉煤灰双掺组都要高。陈炯正等对C60以上强度等级混凝土的试验结果同样证实了这一结论,如表1所示。

C60 以上强度混凝土各配合比对比 表1

胶凝材料组成(%)				28d 强度(MPa)
水泥	粉煤灰	硅灰	矿渣	
100	—	—	—	87.3
80	—	20	—	109.4
80	—	—	20	95.0
80	10	10	—	114.9
80	—	10	10	114.4
80	7.5	5	7.5	117.4

宋华等人对三掺系统对于混凝土抗碳化性能的影响同样证明了三掺系统的优势。试验表明,掺合料总量为50%时,三掺粉煤灰15% +矿渣30% +硅灰5%的混凝土56d碳化深度仅为5.93mm,而双掺粉煤灰20% +矿渣30%的混凝土同龄期碳化深度为14.1mm,是前者的2.4倍。主要原因是水泥、粉煤灰、矿渣与硅灰组成的四元体系的级配得到进一步优化,硬化浆体的孔隙率得到进一步降低,另外多元复合矿物掺合料在混凝土中可发生火山灰复合效应、微集料复合效应等交互作用,改善了硬化浆体以及骨料—浆体过渡区的孔结构,使得 CO_2 在三掺混凝土中的扩散较在双掺混凝土中的慢。因此,三掺混凝土的抗碳化能力优于同掺量双掺混凝土的。

六、结　语

硅灰粉煤灰复掺体系可使混凝土早期强度有所提高,同时又能保证其后期强度的发展,且其在耐久性方面具有较大优势,可以配制出极低氯离子渗透性混凝土,适用于对早期强度和耐久性要求较高的混凝土工程。粉煤灰和磨细矿渣粉复掺体系可以提高胶凝材料的抗硫酸盐腐蚀性能,适用于酸性环境混凝土工程。硅灰和磨细矿渣复掺体系可较容易地获得流动性良好的高性能混凝土,适用于对混凝土流动性要求较高的工程或用于片石混凝土工程。硅灰、粉煤灰与磨细矿渣三掺复合体系在流动性、强度等方面均具有一定优势,此外,三掺混凝土的抗碳化能力优于同掺量双掺混凝土,适用于特种工程部位。

参考文献

[1] 肖佳,周士琼,徐亦冬.粉煤灰、硅灰对水泥胶砂性能影响的试验研究[J].混凝土,2003.
[2] 谢友均,刘宝举,刘伟.粉煤灰、矿物掺合料对高性能混凝土抗氯离子渗透性能的影响[J].铁道科学与工程学报,2004.
[3] 徐亦冬,张利娟、陆云龙.粉煤灰、矿渣及硅灰对水泥胶砂流动性及早期强度的影响[J].混凝土,2005.
[4] 李志刚,李家和,张洪贵.粉煤灰、粉煤灰与矿渣复合掺合料对混凝土强度影响[J].低温建筑技术,2009.
[5] 陈烨.复掺矿渣粉—粉煤灰复合胶凝材料及其混凝土性能研究[J].2007.
[6] 李建勇,姚燕,田培.利用超细矿渣和硅灰配制高性能混凝土的研究[J].混凝土,1997.
[7] 李懿卿,牛荻涛,宋华.复合矿物掺合料混凝土力学性能的试验研究[J].混凝土,2009.

71.高速公路桥梁薄壁空心高墩施工技术

郑先奇
(中铁十六局集团第三工程有限公司惠兴八标)

摘　要　随着高速公路在高山重丘区的修建,线路通过多为山间地形起伏极大的山岭陡坡狭谷地带。薄壁空心高墩的技术已经大量运用,桥墩一般都在几十米到近百米之间。薄壁空心高墩以其施工速度快、投资成本低的独特的优点被广泛运用。本文结合贵州省惠水至兴仁高速公路惠水至镇宁段第八合同段老鹰岩大桥薄壁空心高墩施工实例,介绍高速公路桥梁工程薄壁空心高墩翻模施工技术。

关键词 高速公路 桥梁 薄壁空心高墩 翻模 施工技术 质量控制

一、工 程 概 况

老鹰岩大桥位于贵州省紫云县浪风关林场境内,为分离式布置。桥型总体布置为17m×40m,桥梁全长680m;桥梁采用预应力钢筋混凝土连续T梁,其中左线13号、14号、15号,右线13号、14号桥墩(图1)采用等截面薄壁空心墩。空心墩内设置两道厚50cm横隔板、三个变截面单箱室,空心墩壁厚50cm,全桥薄壁空心墩共5个。墩外轮廓为矩形,顺桥向3.2m,横桥向6.5m,墩身四个直角设有3×3cm的倒角。墩身底部2.0m及墩身顶部1.0m为实心段,其余为空心段。墩设计高度一般为54.0~70.10m,墩及其盖梁均采用C40混凝土。

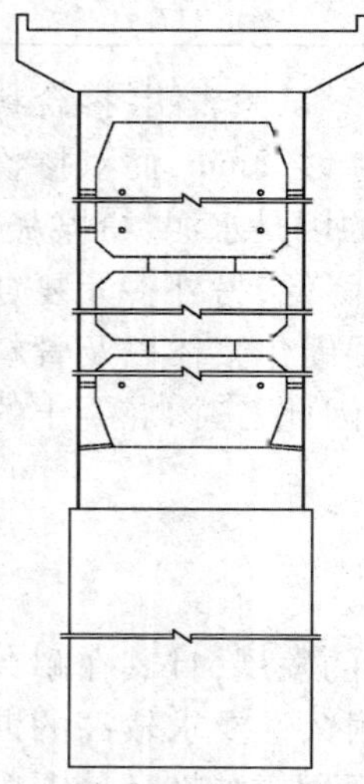

图1 桥墩立面图

二、施工方案的比选

薄壁空心高墩(图2)施工一般采用提升滑模、爬模和翻模。滑模施工极易造成支承杆弯曲、混凝土水平裂缝、混凝土外观质量较差,配套设备较多,投入较大,模板耗钢量大,一次性投资费用较多。爬模施工外爬式支架刚度较小,无法用自身结构纠正模板偏差;支架承载力小,墩身模板单块面积受到限制,模板接缝较多,容易出现错台;作业平台狭小,安全风险大。翻模施工由于其工艺较成熟,成本较低,工期易得到保证。综合三种超高薄壁空心墩施工方法的优缺点,老鹰岩大桥超高薄壁空心墩采用塔吊提升翻模施工。

图2 薄壁空心墩内外模板平面图

三、施工总体布置

1. 塔吊布置

桥位通过段为山间峡谷斜坡,位于自然斜坡角约42°的山坡狭谷地带上,施工场地狭窄,施工难度大。从施工成本、工期及薄壁空心高墩施工要求考虑;左线14号、15号墩和右线13号、14号线路中线,各布置1台QTZ630自升式塔吊(旋转半径50m),兼顾左线14号、15号和右线13号、14号四个墩的提升起重作业。在左线12号、13号、右线11号、12号墩线路中线各布置1台塔吊,主要负责吊塔作业半径内的四个墩的提升起重作业。塔吊基础根据厂家提供的安装指导书进行施工,随着墩身的加高,每隔一定的高度设置附着杆，将塔吊与墩身联结成一体，确保塔吊的刚度和稳定性。

2. 翻模施工优点

（1）老鹰大桥薄壁空心高墩一般在54.0～70.10m，设计为等截面矩形薄壁空心高墩，无曲线变化，适合大面积模板，施工速度快，能够满足工期的要求。

（2）可利用模板自身支架平台进行施工作业，作业空间宽敞。

（3）配套设备可以与其他墩台施工共用，同时满足机具、材料垂直运输的需要，设备利用率高。

（4）墩身模板可以做成刚度大、面积较大的钢模，可以减少接缝数量，增加抗变形能力，能利用自身结构调整模板的偏差，避免错台的产生，确保混凝土外观质量。

（5）翻升模板相对于滑升或爬升模板，材料用量较少，施工成本低，经济优势明显。

3. 模板配置

每个墩投入三节模板，每节段高2.25m，第一节段翻升浇筑墩身高度6.75m，以后每二节模板作为一组一次翻升，即每循环翻升浇筑墩身高度4.5m。每节段翻模均由内外模板、围带、拉杆、作业平台组成。

四、翻模设计参数

1. 外模结构（图3）

每套外模由三节段模板组成，每节段高2.25m。外模的两个端模（顺桥向）分别是1块宽度3.2m加拐角（带3cm×3cm倒角）钢模板，组成3.2m顺桥向的外模。两侧模（横桥向）分别由2块宽度3.0m加端模拐角模板，组成6.5m横桥向的外模。每节段共由6块定型钢模组成。面板采用厚度为5.5mm热轧钢板，模板横边肋、竖边肋采用∠100×10mm角钢，中竖肋采用[10槽钢，中横肋采用10×100mm扁钢，背肋采用[16槽钢，每节段设置双层拉杆；端模平面（横桥向）每层2道，侧模平面（顺桥向）每层6道，每节段共计设置32道，拉杆采用ϕ16mm钢筋配双螺母紧固。外模工作平台支架由∠100×10mm焊接加工，宽度0.8m，防护栏杆高1.0m，设置封闭安全网、铺设3cm厚木板，供施工人员作业、行走、存放小型机具。工作平台与中竖肋用螺栓连接，可任意拆卸。

图3 外模结构照片

2. 内模结构（见图2）

每一节段翻模主要由内外模板、围带、拉杆、作业平台组成。内外模板分为标准板、边模板、角模板。内模采用组合钢模板加角模板，在箱室内变截面部位采用异型模板配异型角模的方式。面板采用厚度为3.5mm热轧钢板，模板横边肋、竖边肋采用∠63×6mm角钢，中竖肋采用[6.3槽钢，中横肋采用6×60mm扁钢。

五、施 工 要 点

1. 翻模施工工艺

翻模施工，每次浇筑混凝土前仍有一节段模板紧固于已浇筑混凝土体，上二节段模板则处于待浇混凝土状态，紧固于墩身上的支承模板是依靠自身抱箍于墩身以较大摩擦力支承上二节模板重量和其他荷载。老鹰岩大桥薄壁空心高墩翻模是由三节段大块组合钢模板、内外工作平台、塔吊等机具组合而成的成套模板。每节段高2.25m。施工时第1节段模板支于墩身基顶上，第2节段支于第1节段模板上，第3节段模板支于第2节段模板上。第一次立模板总高度为6.75m，设置缆风绳拉线精确定位并确保牢固稳定。当第3节段混凝土强度达到10MPa时，凿毛清理第3节段混凝土表面，拆除第1、2节段模板，作少量的调整利用塔吊将其翻升到第3层顶，形成新的4.5m高节段浇筑混凝土，此时荷载由已凝固的墩身混凝土传至基顶面。依此循环向上形成拆模、翻升立模、模板组拼、搭设内外工作平台、钢筋接长、绑扎、灌注混凝土、测量定位的不间断作业，直至墩身达到设计高程。

2. 劲性骨架安装

精确测量放样和复核定位后，进行墩身劲性骨架的安装。墩柱劲性骨架按设计要求采用地面分解加工成型，墩柱劲性骨架的连接采用焊接连接。各杆件之间交线处尽可能地焊接，以增加连接刚度。钢板并接对接焊缝均为Ⅰ级焊缝，焊缝必须焊透。劲性骨架由型钢制成，∠100×100×10mm 角钢为主肢，∠75×75×7mm 角钢为横杆、斜杆，劲性骨架各节点连接 Q235A 钢板，厚 $\delta=10$mm。采用分节段加工、分节段安装，根据每一次浇筑的墩身高度确定节段长度和安装节数，分段长度定为9m/节，每节焊接成形后，采用塔吊吊至墩身工作面与原有劲性骨架对接，完成劲性骨架的安装接长。

3. 钢筋骨架安装

设计要求桥墩钢筋直径大于25mm（含25mm）的采用钢筋直螺纹套筒连接，用钢筋直螺纹机两端车丝，丝口长度为4cm，接头长度为8cm。钢板两端切口面必须垂直于钢筋轴线，不得有凹凸曲面。按规范要求主筋接长时，在同一断面内的接头数量不超过该断面主筋数量的50%。在第一节段钢筋的制作时，根据上述要求进行计算并控制好各断面钢筋接头数量和每根钢筋的长度。拼接时用管钳扳手拧紧，使两个丝头在套筒内中央位置相互顶紧不能有间隙，套筒每端不得有一丝以上完整的丝扣外露，上下钢筋拧入套筒的长度应相等，保证受力均匀，严格控制主筋、箍筋间距在规范规定范围内。

4. 防裂钢筋网安装

主筋外侧设有一层防裂钢筋网，在主筋及箍筋安装好后，还需进行防裂钢筋网的安装工作。防裂钢筋网为 ϕ6mm 带肋钢筋，钢筋间距 10cm×10cm，单位面积重为 4.4kg/m^2，净保护层 2.0cm。采用标准的塑料垫块作为钢筋保护层厚度，钢筋保护层厚度经检查合格后方可进入下道工序。

5. 模板的安装与检查

模板加工的精度关系到混凝土的外观质量，首先对模板进行预拼组装，严格检查模板各部位几何尺寸、模板接缝及平整度。钢筋绑扎完毕检验合格后进行模板安装，安装前用电动钢丝刷对模板表面进行磨光处理。对模板涂刷脱模剂，涂刷均匀、厚度一致，以保证混凝土表面颜色一致。模板安装按照先内模后外模的顺序进行。模板安装完毕后，穿入拉杆进行模板加固。拉杆在内外模板之间套 PVC 硬塑料管，便于拉杆抽拔重复使用，又可以避免拉杆在拔出时对混凝土表面造成损伤。拉筋外套 PVC 管的大小必须和模板上的拉筋孔洞一致，以防浇筑时漏浆。内外模之间加内支撑控制壁厚。模板的固定和调整通过拉杆和两层模板之间的连接螺栓实现。

模板安装后，先由测量人员采用全站仪对模板的平面位置及几何尺寸进行检查校正。用塞尺和直尺检查模板接缝及错台，拉线检查模板的顺直度，用铅垂校正模板的垂直度。如果不合格必须进行调整校正，直至合格为止。

6. 混凝土浇筑

1）混凝土的运输及浇筑

（1）混凝土的运输采用混凝土运输灌车，使用混凝土拖式输送泵直接泵送混凝土入模，若浇筑面高度大于2.0m 为防止混凝土离析，可接长输送管末端的输送软管道进行布料，保证浇筑面高度不大于2.0m。

（2）混凝土从模板四周分别均匀布料，然后再向中间布料。混凝土每层铺设厚度不可太厚，一般分层厚度为振捣器作用部分长度的1.25倍，每层布料厚度不大于30cm。

2）混凝土的振捣

由丰富经验的人员承担混凝土的振捣，混凝土的浇筑过程中，要按一定的顺序和方向分层进行，采用插入式振动器。应沿浇筑的顺序方向，采用斜向振捣法，振捣棒与水平面倾角约30°左右。棒头朝前进方向，插棒间距以50cm为宜，不得进行跳跃式振捣，防止漏振。用插入式振捣器应快插慢拔，插点应均匀排列，逐点移动，顺序进行，做到振捣密实。振捣上一层时应插入下层5cm，以清除两层间的接缝。插入式振捣器的棒头，靠近模板振动时要保持5~10cm的间距。

每次振捣的时间要严格掌握。插入式振捣器，一般只要15～30s。混凝土应振捣到浆体停止下沉，无明显气泡上升，表面平坦泛浆，呈现薄层水泥浆的状态为止。然后慢提振捣器，振捣时间不宜过长，否则会产生离析现象。

3）混凝土浇筑高度的控制

采用翻模分节段浇筑，要控制好模板接缝和墩身混凝土的施工缝，是保证墩身混凝土外观质量的关键。要求模板接缝与混凝土的施工缝重合，以保证上下两节段是一条平齐的接缝。在浇筑每节段混凝土时，应浇筑到混凝土稍高于模板顶，以便凿毛时方便清洗。并由专人用抹子将模板四周1～2cm的混凝土抹平，保证混凝土面与模板平齐。确保混凝土外观的美观。

4）墩顶封闭施工

墩顶面以下1.0m为实心段，封闭空心尺寸为4.5m×1.5m。在进行该实心段混凝土施工时，在墩身内部预埋钢板，焊上牛腿，铺上16工字钢、12cm×12cm方木作为模板支架，模板采用竹胶板。墩顶封闭施工完成后支架及模板留在墩身内不再取出。

5）混凝土养生

混凝土养生采用无色塑料薄膜包裹，拆模后立即用塑料薄膜包裹，自然蒸养的方法，必须保证要有足够的水分以及塑料膜无破损、不透气。同时可避免上一节段墩身混凝土浇筑时污染已浇筑的下部墩身。

6）混凝土的凿毛及清理

（1）为了保证上下两节段的混凝土结合牢固，每次在浇筑上一节段混凝土时，对下一节段的混凝土凿毛，将混凝土表面浮浆全部凿除干净，并要求凿至新鲜混凝土并露出石子。

（2）用高压风将凿除的残渣吹干净，再用高压水枪冲洗干净，确保混凝土凿毛面的清洁。

六、安全质量控制

（1）由于墩身高，安全防护尤其重要，每施工一节段墩身都要搭设内外工作平台并随墩升高，墩身作业人员必须戴安全帽、安全绳，确保施工人员的安全。

（2）特别是已浇筑完的混凝土最上一排的拉杆，在下一次混凝土浇筑前必须再次将拉筋螺丝拧紧，以防下次混凝土浇筑时漏浆造成而污染下一节段墩身的现象。

（3）墩身几何尺寸和外观质量取决于多种因素，通过对模板、施工工艺、混凝土配合比等控制，以达到尺寸精确、线条流畅、表面平整、棱角分明、无裂纹气泡、施工缝与模板接缝精细均匀等。针对墩身预埋件孔洞多的情况，对不同的预埋件采用不同的处理措施封填。

（4）对墩身位置的测量控制用导线网采用坐标法来实现。其中导线网加密控制点的设置十分重要，应尽量设置在能够方便地对高墩进行测量的位置。施工前还需要通过设计图纸中的桥墩中心坐标计算出墩身其他4个角点的坐标值，然后依照坐标值与实际模板安装位置进行复核，若出现较大偏差及时解决。

（5）对墩身高程的测量用三角高程法来控制，一般采用两个测回取平均高程值即可满足规范要求。

（6）组建精干的精测小组专门负责墩身的测量工作，实行测量换手复核制度，配备先进的测量仪器，每施工一个节段应用全站仪测设中心点，并对墩身尺寸进行一次复测，以确保墩身线型控制。

七、结　　语

在高墩施工中正确选用合理的施工工艺十分重要，采用翻模法进行桥梁高墩施工具有操作方便，易掌握，成本低，工期易得到保证，同时由于采用封闭防护，更有安全可靠等特点。薄壁空心高墩采用翻转模板施工是切实可行的施工工艺。施工过程精心组织、科学管理，针对现场实际统筹安排，精确控制，墩表面混凝土光洁、美观，取得了良好的社会效益和经济效益。

参考文献

[1] 周永兴,何兆益,邹毅松,等.路桥施工计算手册[M].北京:人民交通出版社,2001.

[2] 中华人民共和国行业标准.JTG/T F50—2011 公路桥涵施工技术规范[S].北京:人民交通出版社,2011.

[3] 中华人民共和国行业标准.JTG F80/1—2004 公路工程质量检验评定标准[S].北京:人民交通出版社,2005.

72.大跨度箱形拱桥悬臂浇筑挂篮的设计与验算

冉茂学 郭吉平

(贵州路桥集团有限公司)

摘 要 以木蓬特大桥建设为背景,研制了一种能使主桁置于箱梁底面的倒挂式三角斜爬挂篮,成功地解决了背景工程箱拱悬浇施工中梁段长、坡度大、断面宽、荷载重四大技术难题,开创了箱拱悬浇施工的新局面。介绍了此挂篮的设计原理及结构,研究其传力机理,建立了三维有限元模型,详细分析了挂篮在施工过程及行走过程中的受力和变形情况,并在正式施工前对挂篮进行静载试验,结果表明,挂篮能很好地满足施工需要。

关键词 箱型拱桥 悬臂浇筑 挂篮 设计 验算

一、工 程 概 况

木蓬特大桥是思南至剑河高速公路上的重点、控制性工程,位于贵州省石阡县坪山乡境内。桥位区两岸为陡崖,中部为U形沟谷。全桥跨径布置为2×30m+165m+4×30m,其主桥为悬链线箱形拱,净跨径165m,净矢高30m,净矢跨比1/5.5,拱轴系数$m=1.988$。主拱圈为单箱双室箱形截面,宽7.5m、高2.8m。主拱圈纵向共分为27个节段,其中两岸拱脚1号节段为支架现浇段,拱顶为合拢段,其余24个节段采用挂篮悬臂浇筑施工。悬臂浇筑整体布置如图1所示。

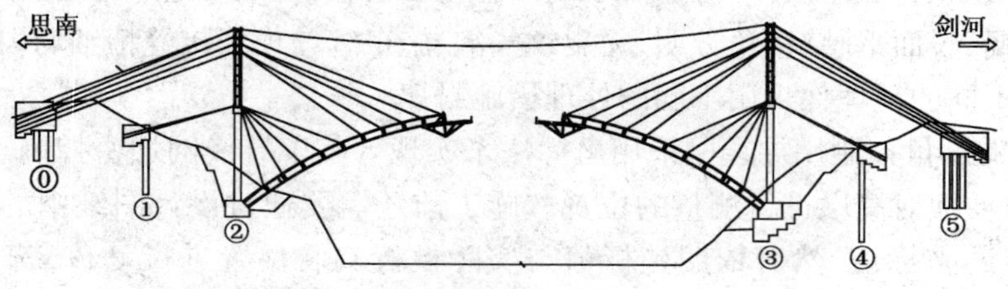

图1 木蓬特大桥悬臂浇筑总体布置图

二、悬臂浇筑挂篮设计难点

木蓬特大桥箱拱悬浇施工节段长(最长7.14m)、倾斜角大(最大倾斜角为35°)、质量较大(最重节段146t),施工周期短,挂篮设计需解决的问题主要有:挂篮的大结构尺寸;同时满足受力、变形以及稳定性要求;挂篮轻型化;挂篮的斜爬与止退。

根据工程的实际特点,在挂篮设计上作了如下方面的考虑:主桁系统和底篮系统结合,增加结构的整体刚度;挂篮行走和混凝土浇筑时,挂篮的支承系统分离,以适应不同受力的需要;设置抗剪臂,抵抗浇筑混凝土过程中挂篮下滑;在拱背上预埋地脚螺栓,通过螺帽锚固轨道,从而实现在较大倾角下挂篮的移动;依靠后端的滚轮支反力对滑船产生的力矩,平衡挂篮自重产生的倾覆弯矩。

三、挂 篮 设 计

1. 设计思路

通过对国内外现有挂篮的施工特点、操作工艺、用料情况等进行分析和研究,结合本桥悬臂浇筑设计分段长度、梁段质量、外形尺寸、断面形式等因素,同时考虑施工荷载和挂篮远期适应性、通用性,本桥挂篮设计总体思路如下:

(1)选用一种受力合理、安全可靠、刚度较大的轻型结构作为挂篮承重主桁。

(2)力求结构轻巧,挂篮自重控制在50t以内,吊升系统采用大直径高强丝杆,使锚固、装拆方便,调整简单。充分利用型钢、贝雷等既有定型高强轻质钢材,减少构件的加工量和提高构件的周转率,节约成本。

(3)根据箱形拱桥断面结构,考虑施工方便、快捷,降低劳动强度等因素,在纵梁的外侧设眼镜蛇式挂钩,在挂钩上端部设千斤顶和滑船,以便挂篮斜向移动。

(4)挂篮行走、侧模移动均采用液压装置,加快悬浇速度的同时达到提高生产效率和降低工人劳动强度的目的。

(5)能够承受悬浇时箱拱混凝土等传递的沿纵轴线推力,通过设于挂篮纵梁中偏后部的抗剪臂作用于已浇筑完成的主梁梁体上,以保证挂篮的相对移动。

(6)取消后锚装置,既减轻了挂篮自重又能满足稳定性要求。

(7)尽可能增大作业空间以改善施工条件,且适用于合龙段施工。

2. 挂篮总体构造

倒挂式三角斜爬挂篮主要由型钢和钢板组焊构件组成,包括主桁系统、止退系统、支反力系统、走行系统、模板系统、工作平台及安全防护六大系统。挂篮全长16.0m,总高8.32m;承重部分采用三角形桁架,桁高4.30m,两三角主桁片中心距为5.0m。挂篮整体结构如图2所示。

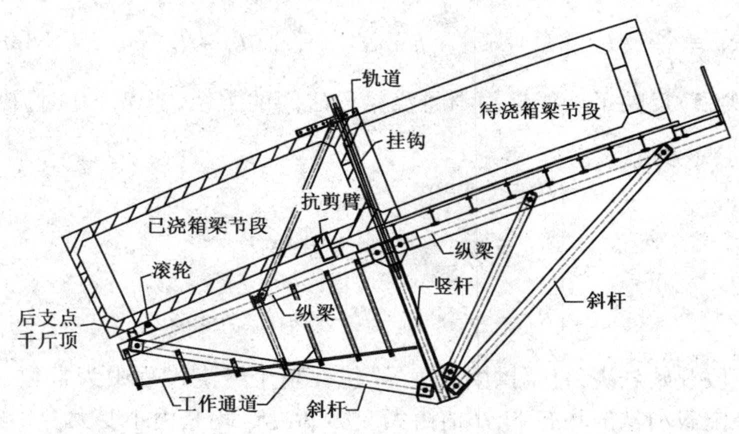

图2 倒挂式三角斜爬挂篮整体结构图

(1)主桁系统:包括纵梁、横梁、斜杆、竖杆、挂钩及稳定桁架。

(2)止退系统:包括抗剪臂、支挡装置、钢垫板等。

(3)支反力系统:包括卧式千斤顶、丝杆及钢垫板等。

(4)走行系统:包括轨道、滑船、顶推盒、千斤顶、主桁结构上的行走滚轮、限位轮钢垫板、销轴及螺栓等。

(5)模板系统:包括底模、侧模、内模、顶模、顶模支架及移动外架等。

(6)工作平台及安全防护系统:包括前工作平台、侧向工作平台及后吊架三部分。

四、挂 篮 验 算

1. 传力机理

1）受力平衡关系分析

倒挂式三角斜爬挂篮主纵梁位于箱形拱桥底面，通过中挂点 B 和后锚点 A 与已浇注的混凝土梁段连接，水平止退位于 B 点，R_1、H、R_2 为已浇梁段给挂篮提供的相关反力（图3）。G 和 W 分别为挂篮自重（包括施工荷载）和待浇梁段混凝土重。

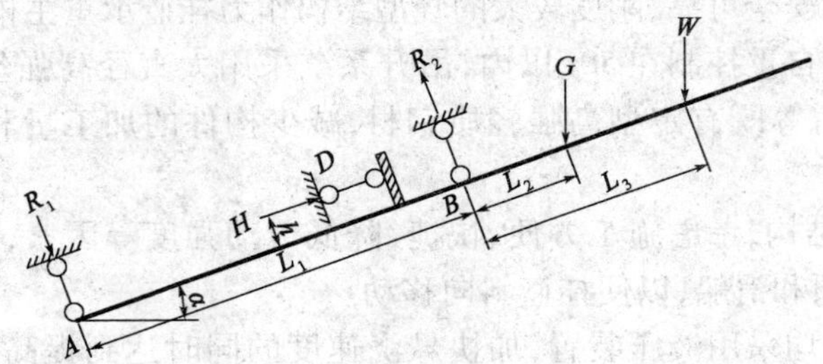

图3 挂篮受力原理图

根据力的平衡，有：

$$G\sin\alpha + W\sin\alpha = H \tag{1}$$

$$G\cos\alpha + W\cos\alpha + R_1 = R_2 \tag{2}$$

$$L_2 \cdot G\cos\alpha + L_3 \cdot W\cos\alpha + H \cdot h = L_1 \cdot R_1 \tag{3}$$

将式（1）代入到式（3），得：

$$R_1 = \frac{G}{L_1}(L_2\cos\alpha + h\sin\alpha) + \frac{W}{L_1}(L_3\cos\alpha + h\sin\alpha) \tag{4}$$

将式（4）代入到式（2），得：

$$R_2 = \frac{G}{L_1}[(L_1 + L_2)\cos\alpha + h\sin\alpha] + \frac{W}{L_1}[(L_1 + L_3)\cos\alpha + h\sin\alpha] \tag{5}$$

式（1）、式（4）、式（5）反映了挂篮反力与悬浇梁段之间的关系，当 $W=0$ 时，该三式是挂篮空载时的反力。其反力为：

$$\begin{cases} H = G\sin\alpha \\ R_1 = \dfrac{G}{L_1}(L_2\cos\alpha + h\sin\alpha) \\ R_2 = \dfrac{G}{L_1}[(L_1 + L_2)\cos\alpha + h\sin\alpha] \end{cases} \tag{6}$$

挂篮从第二个节段开始悬浇，直至拱圈合龙，G 值在整个悬浇过程中为常数，假定每个节段 W 值相同，随着由大变小，在空载和悬浇状态下，H 值由大变小，R_1、R_2 均是由小变大。

2）荷载传递路径

混凝土浇筑过程中，挂篮构件传力过程如图4所示。

2. 荷载计算假定及取值

1）荷载计算假定

（1）模板、施工荷载按均布荷载考虑。

（2）忽略待浇梁段由于曲率变化而引起混凝土分配荷载的变化。

（3）忽略横向混凝土不均单独引起的横向偏载和节段前后高差对结构受力的影响。

（4）箱梁外侧模自重及外侧模上马蹄形混凝土重量，通过外侧模直接传递给底模。

（5）风荷载只在挂篮行走时考虑。

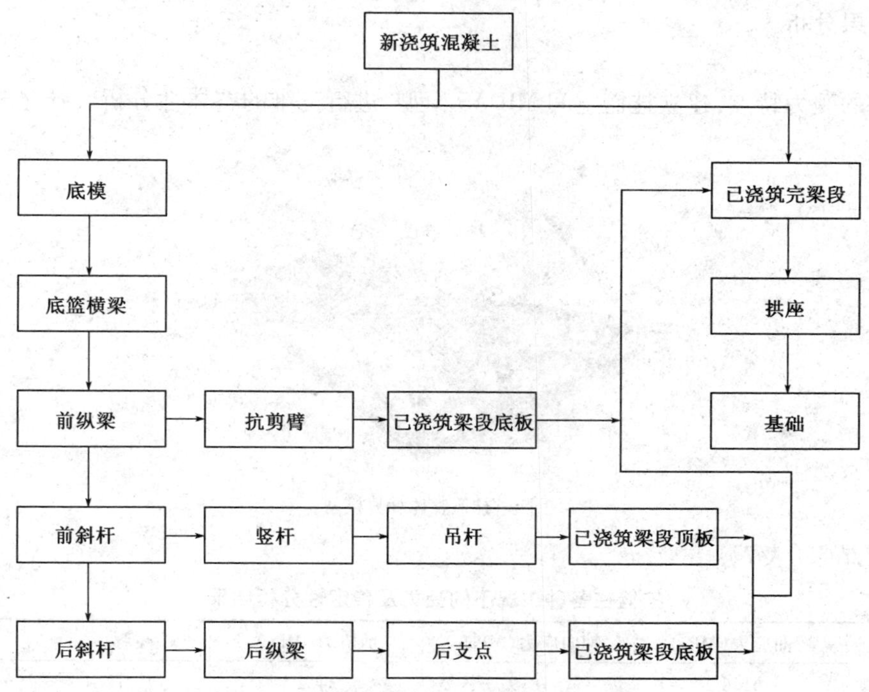

图4 浇筑混凝土时挂篮构件的传力过程

2)荷载取值

每节段质量及分配给挂篮的计算质量如图5所示。

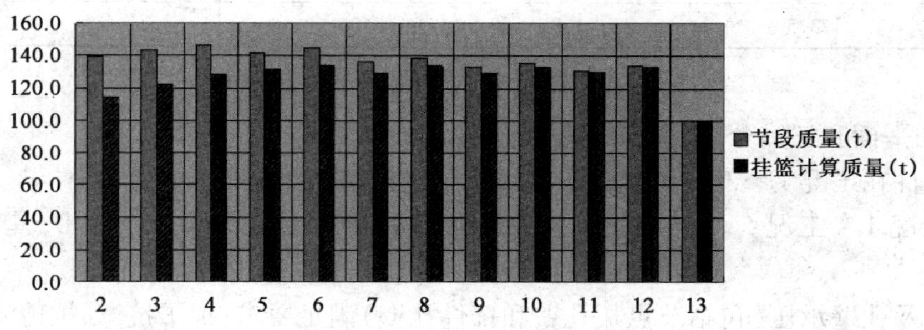

图5 待浇筑混凝土体积与挂篮承重体积对照图

3. 分析工况

针对木蓬桥悬浇挂篮的服役期,根据设计节段长度的变化,拟定第二、第四、第六、第十二共四个施工节段工况,其混凝土重量对挂篮构件的效应可以涵盖其他施工节段,挂篮构件内力计算即以这四个施工节段为基准,空挂篮状态则以第十二施工节段为基准计算。

荷载组合工况如表1所示。

荷载组合工况 表1

工况	选取原则	组合内容	验算内容
1	仰角最大、两道25cm厚横隔板	(1)+(2)+(3)+(5)+(8)	强度、稳定性
2	最长节段、一道35cm横隔板	(1)+(2)+(4)+(5)+(8)	强度、稳定性
3	投影到分配梁垂直方向最重节段	(1)+(2)+(6)+(8)	强度、稳定性
4	仰角最小、节段较长	(1)+(2)+(5)	刚度
5	挂篮行走	(2)+(6)+(7)	行走

注:(1)代表混凝土重量;(2)代表挂篮自重;(3)代表施工振动荷载;(4)代表混凝土偏载;(5)代表施工机具与人群荷载;(6)代表风荷载;(7)代表挂篮移篮冲击荷载;(8)代表其他荷载。

4. 计算及结果分析

1)计算模型

根据本挂篮的受力特点,建立挂篮空间 MIDAS 模型,进行三维的整体性分析。挂篮整体计算模型如图6所示。

图6 挂篮整体计算模型

2)计算主要结果(表2)

挂篮在各种工况下的受力及稳定性分析结果 表2

工况	弯曲应力(MPa)	轴向应力(MPa)	剪应力(MPa)	位移(mm)	稳定系数
1	61.6	78.9	34.2	17.4	4.28
2	65.7	93.6	35.3	21.3	4.54
3	68.4	96.8	37.0	21.9	4.30
4	68.8	89.3	41.1	18.7	3.86
5	73.5	61.8	26.1		6.27

3)结论

通过对挂篮的平面和三维分析,得出结论如下:

(1)主桁各构件在工况1~工况5情况下,其强度及刚度满足要求。

(2)挂篮在工况1~工况5情况下失稳模态的最小稳定性系数为3.86>2.0,其整体稳定性满足要求。

(3)挂篮销孔及孔壁承压(包括节点板孔壁和杆件孔壁)满足要求;销子抗弯、抗剪满足要求。

5. 挂篮静载试验

为检验挂篮的承受能力和稳定性,消除挂篮的非弹性变形,为箱梁施工控制提供数据,挂篮正式悬浇施工前进行静载试验。利用塔吊提升沙袋至底模上,逐级进行加载试压,分级四级加载和四级卸载。每级加卸载前后测试其应力和挠度,为减小温度影响,应力测试采用电阻应变片横向温度自补法,挠度采用精密水准仪配标尺进行观测。

通过静载试验可知,挂篮各构件在试验过程中未出现不良现象;焊缝未出现裂纹,整体焊接质量良好;挂篮弹性变形试验值较理论计算值稍低,刚度满足要求。

五、结　语

挂篮是梁体悬臂浇筑专用设备,是施工梁段的承重结构,又是施工梁段的作业平台。通过对国内外现有挂篮的施工特点、操作工艺、用料情况等进行综合分析和研究,结合箱形拱桥自身特点,同时考虑施工荷载及其远期适应性、通用性,研制了一种能使主桁置于箱梁底面的倒挂式三角斜爬挂篮,成功地解决了箱拱悬浇施工中梁段长、坡度大、断面宽、荷载重四大技术难题,开创了箱拱悬浇施工的新局面。此挂篮经过简单改装,还能适用于连续梁、T形刚构、斜拉桥等多种桥型,在采用悬臂施工的各类桥梁中有广阔的发展前景和应用价值。

参考文献

[1] 贵州省交通公路规划勘察设计院股份有限公司.贵州省思南至剑河高速公路木蓬特大桥两阶段施工图设计[Z].2010.

[2] 李战荣.东龚家塬大桥挂篮设计及应用[J].铁道建筑技术,2003(3):16-19.

[3] 贺玲凤,周希平,何锦明.菱形挂篮系统的荷载试验[J].建筑科学,2005(8):16-18.

[4] 王彬.宽幅挂篮在混凝土梁桥施工中的应用[J].长安大学学报,2004(9):32-34.

[5] 贵州路桥集团有限公司.眼镜蛇式挂钩[P].中国外观设计专利,CL201230401759.2,2013-01-09.

[6] 贵州路桥集团有限公司.倒挂式三角斜爬挂篮[P].中国实用新型专利,CL201120380148.4,2012-06-20.

73.一种新型扣挂系统设计

郭吉平　韩洪举

(贵州路桥集团有限公司)

摘　要　针对目前钢管塔架大多采用全高度等壁厚不经济、扣锚索锚固于塔顶或最多分两层设置而导致结构稳定性较差的实际问题,以贵州木蓬特大桥(净跨为165m,上承式钢筋混凝土箱形拱桥)为工程依托,提出扇形式扣挂的概念。此系统采用钢管壁厚分层高,扣锚索分离且分多层设置,既符合力学原理又经济实用,力学概念清晰;通过降低塔架重心,提高结构整体稳定性。同时,为采用斜拉扣挂施工的桥梁提供更具经济竞争力的扣挂系统,达到既保证安全又进一步降低工程成本的目的。

关键词　箱型拱桥　悬臂浇筑　扇形式扣挂　塔架系统　扣锚索系统　后锚系统

一、引　　言

在国家掀起第二轮西部大开发,尤其要求交通先行的今天,面对沟壑纵横的复杂地形地貌,桥隧建设比例逐渐增大,桥梁工程的数量和规模也越来越大。如何在保证工程质量安全的前提下,控制成本、缩短工期显得尤为重要。特别是一些需要大型临时施工结构的桥梁,其临时结构占整个施工费用比例很高,采用既安全又经济的临时结构成为桥梁建设的必然选择。

二、工 程 概 况

木蓬特大桥是思剑高速公路上的一座特大型桥梁,为全线的重点、控制性工程。它位于贵州省石阡县坪山乡境内。主桥为上承式钢筋混凝土悬链线箱形拱桥,左右幅独立设置,主拱圈箱形截面采用宽7.5m、高2.8m的单箱双室断面形式,净跨径165m,净矢高30m,净矢跨比1/5.5,拱轴系数 $m=1.988$,主拱圈采用挂篮悬臂浇筑,扣锚索通过塔架进行扣挂施工。其挂篮为自主研制开发,主要包括主桁系统、止退系统、支反力系统、走行系统、模板系统、工作平台及安全防护六大系统。其扣挂塔架采用钢管壁厚分层高、扣锚索分离且多层设置形式。

三、总 体 设 计

1.设计思路

扇形式扣挂系统设计思路如图1所示。

2.总体构造

本桥设计的扇形式扣挂系统,主要包括塔架系统、扣锚索系统及后锚系统三大部分。塔架安置于交界墩盖梁顶,高26.9m,采用ϕ630×(10~16)mm管径相同、壁厚不等的螺旋焊管通过平联联结而成;扣索和锚索均采用预应力钢绞线,每半跨分13对扣索和锚索,每束由10~18根不等的钢绞线组成;后锚系统利用永久结构的墩(或台),设计成轻型重力锚结合预应力岩锚结构。大桥扇形式扣挂系统总体布置如图2所示。

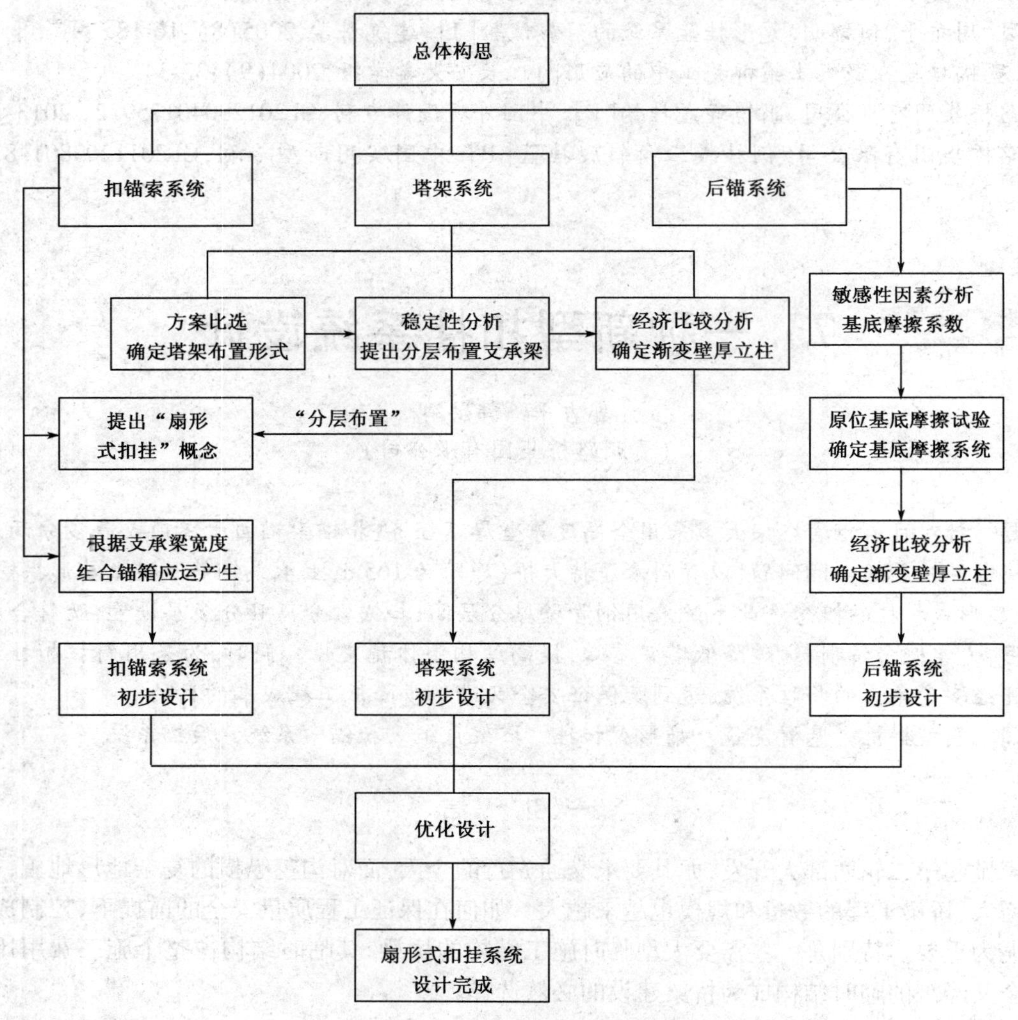

图1 扇形式扣挂系统设计思路框图

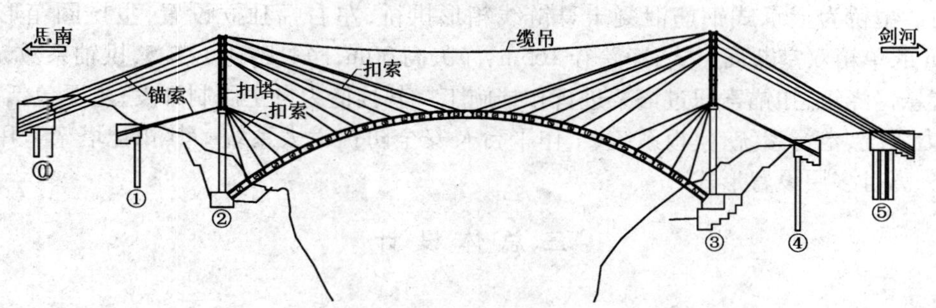

图2 木蓬特大桥扇形式扣挂系统总体布置

3. 扣挂系统特点

木蓬特大桥扇形式扣挂系统具有如下特点:

(1)采用空心钢管作为扣塔立柱,可有效地控制扣塔塔顶位移,保证拱圈高程和应力。

(2)空心钢管塔架在使用过程中处于自身稳定状态,无须设置侧向缆风绳。

(3)采用强度高、延伸量小、承载力大且变形稳定的钢绞线作为扣锚索,可减少施工过程中的不稳定索的非弹性变形。

(4)扣索与锚索分离,不但有效控制了扣塔偏位,而且钢绞线不弯曲,直线张拉,因此扣索、锚索及扣塔受力明确,加大了系统的抗风险能力。

(5)采用千斤顶作为施工机具,施力准确,施工精度高。

四、塔架系统设计

1. 塔架系统构造

因《公路钢筋混凝土及预应力混凝土桥涵设计规范》(JTG D62—2004)对塔架塔顶位移的要求较为苛刻,故采用空心钢管塔架方案。

经多方案比选,选择桥向布置4排,顺桥向布置2排的8肢钢管方案。主肢钢管采用$\phi630\times(10\sim16)$mm管径相同、壁厚不等的螺旋焊管,塔底与预埋在交界墩盖梁顶的钢板焊接连接。根据拱圈扣挂需要,塔架高度定为26.9m;根据塔架高度和扣锚索布置情况,主肢钢管竖向分为6段,钢管接长采用法兰盘或通过锚箱支承梁用螺栓进行连接。纵桥向主肢钢管间距为1.8m,用$\phi325\times7$mm的钢管通过相贯焊接;横桥向主肢钢管间距1.5m+3.3m+1.5m(对称于单幅拱轴线布置),横联是通过$\phi325\times7$mm的钢管相贯焊接。扣塔顶最外侧立柱钢管中心布置索鞍,通过焊接固定于塔顶。扣塔整体布置图如图3所示。

2. 塔架系统的分析计算

1)分析模型

作用在塔架上的荷载有:恒载——包括塔架自重、操作平台及施工荷载等;活载——扣索、锚索等引起的塔顶反力;风荷载——按设计基本风压强度计算。

塔架计算按格构式中心压杆验算整体稳定性,按平面刚架验算各杆件的强度。

利用有限单元法对塔架结构进行静力分析。整个塔架上端自由、下端与基础固结,拱圈、竖腹杆、交界墩、盖梁等均采用空间梁单元,扣锚索模拟为只受拉单元,锚箱支承梁模拟为板单元。全桥共划分了230个单元,184个节点,其中梁单元196个,只受拉单元26个,板单元8个。静力分析运用大型通用有限元软件Midas/civil,有限元模型见图4。

2)分析结果

(1)分析结果表明,两岸扣塔杆件最大值均出现在塔底,最大轴向力为1710kN(剑河岸),最大应力为74.0MPa(剑河岸),比思南岸轴向力和应力略大。

(2)采用线性稳定计算方法,经计算得最不利工况为最大悬臂工况,扣塔与交界墩的一阶线稳定系数为17.921>4(规范容许值),塔架在施工过程中的稳定性是安全的。

由分析知,尽管水平力远小于轴压力,但由横向水平力引起的弯曲应力在总的应力值中占有较大的份额。这是塔架结构设计中应该注重的问题之一。因此,在悬浇过程中,应适时地调整锚索,控制好塔顶水平位移,避免塔架根部应力过大而屈服破坏。

五、扣锚索系统设计

扣锚索系统包括扣索、锚索、钢锚箱、扣锚索锚固端P锚及张拉端锚具。

钢绞线相对于钢丝绳用做扣锚索,具有强度高、变形小、用量少,受力十分明确且高程控制容易等诸多优点,故此扣挂系统中的扣索和锚索均采用钢绞线。

半跨主拱圈共分13节段,各节段均设扣索和锚索,分离的扣索、锚索通过钢锚箱连接构成扣锚索系统,其中第1号~5号独立锚箱置于交界墩盖梁顶;6号~13号组合锚箱焊接于塔架系统的锚箱支承梁上。每组扣(锚)索2束,对称布置于主拱圈边腹板与隔板交界处。扣锚索均采用强度标准值1 860MPa

低松弛高强度钢绞线，依据各扣索的最大索力不同，分别采用10～18根不等。

通过千斤顶张拉扣、锚索实现主拱圈高程调整。扣索和锚索均采用单端张拉，张拉端位于锚箱上，固定端分别位于箱拱齿板处和后锚远离交界墩一侧的端面处。所有预应力固定端均采用P形锚具。结构受力明确。

本系统中的钢锚箱分为独立锚箱和组合锚箱两种，其中组合锚箱为国内首次采用。全桥共设40个独立锚箱，32个组合锚箱。受空间位置限制，并从经济角度出发，将两个独立锚箱组合优化处理后形成组合锚箱。组合锚箱构造图如图5所示。

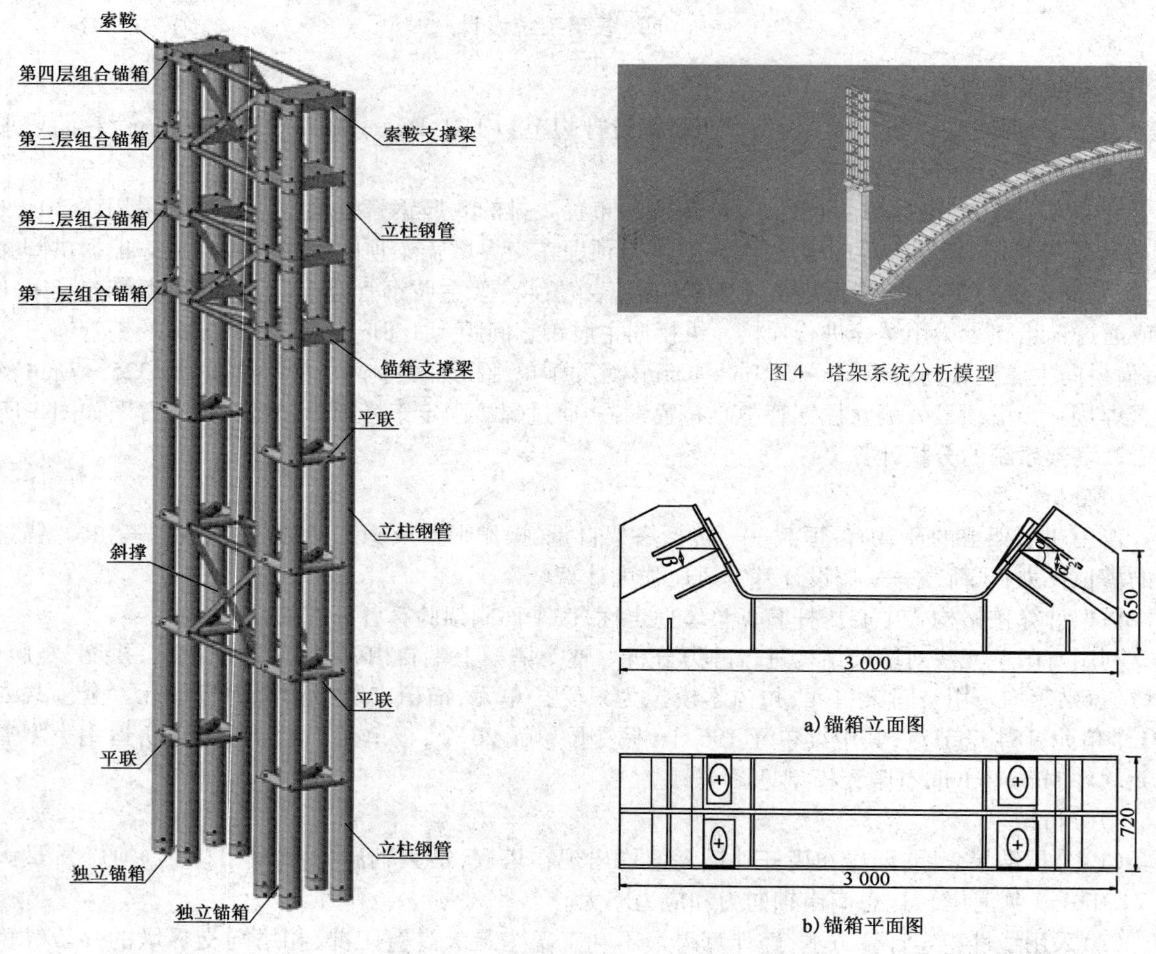

图3　塔架系统总体布置图

图4　塔架系统分析模型

图5　组合锚箱构造图(尺寸单位：mm)

考虑扣锚索对钢锚箱的作用，按施工阶段最不利荷载进行控制计算。运用大型通用有限元软件Midas/civil建立板单元模型，计算得钢锚箱的最大应力出现在孔边，其最大值为198.3MPa≤210MPa（Q345容许应力），满足规范要求。

六、后锚系统设计

目前锚碇综合起来有三种形式：一是倒抽法锚碇；二是正抽法锚碇；三是梁体张拉钢筋法锚碇。扇形式扣挂系统锚碇采用第三种形式，为钢筋混凝土锚碇，其锚垫板与扣塔锚箱的锚固位置相对应，保证锚索平行布置，同时使对应的锚索和扣索在同一水平线上。根据监控单位《木蓬特大桥主拱圈悬浇计算报告》中提供的扣锚索索力，并满足新桥规的悬浇箱拱锚碇抗拔和抗滑移安全系数不小于2的要求，设计了此桥的锚碇系统。

由敏感性因素分析知，摩擦系数的选取对后锚系统设计至关重要，而后锚是整个扇形式扣挂系统的根基,为保证此方案的顺利实施,确保悬浇万无一失,在左幅0号台和5号墩进行了现场原位基底摩擦试验。试验结果表明,计算中选取的摩擦系数是偏安全的。

七、结　语

木蓬特大桥主拱圈采用挂篮悬臂浇筑施工新工艺,施工环境较恶劣,技术含量高,施工难度大,再加上此新工艺为贵州省首次采用而倍受各界关注。作为箱拱悬浇新工艺两大核心系统之一的扣挂系统的设计,重要性不言而喻。本设计充分利用上承式箱拱的结构特点(尤其是交界墩和永久结构墩台),在总结以往扣挂系统基础上,首次提出扇形式扣挂的概念,此系统采用钢管壁厚分层高,扣锚索分离且分多层设置,既符合力学原理又经济实用,力学概念清晰;通过降低塔架重心,从而提高结构整体稳定性。同时为采用斜拉扣挂施工的桥梁提供更具经济竞争力的扣挂系统,达到既保证安全又进一步降低工程成本的目的。

参考文献

[1] 贵州省交通公路规划勘察设计院股份有限公司.贵州省思南至剑河高速公路木蓬特大桥两阶段施工图设计[Z].2010.

[2] 张成林,杨建平,谢上东.特大跨径钢管混凝土拱桥千斤顶斜拉扣挂悬拼技术[J].施工技术,2006(增):275-279.

[3] 中华人民共和国行业标准. JTG D62—2004 公路钢筋混凝土及预应力混凝土桥涵设计规范[S].北京:人民交通出版社,2004.

[4] 中华人民共和国国家标准. GB 50017—2003 钢结构设计规范[S].北京:人民交通出版社,2003.

[5] 刘金良.箱型拱桥预应力斜拉扣挂悬拼架设技术[J].铁道建筑技术,2003(4):12-14.

[6] 长沙理工大学桥梁与结构工程学院.木蓬特大桥主拱圈悬浇计算报告[R].2010.

74. 拱桥主拱圈混凝土浇筑长度分析探讨

杨　杰

(贵州桥梁建设集团有限责任公司)

摘　要　本文通过结合木浪河大桥工程实例,提出拱圈混凝土浇筑长度方法,针对当前浇筑长度实施后,分析拱架的应力以及变形情况。从计算分析结果表明,本工程所采取浇筑长度的可行性,可为同类工程提供参考借鉴。

关键词　拱桥施工　混凝土浇筑　浇筑长度

一、工程实例

本项目为木浪河水库扩建后受库区水位(1 242m)控制而对老桥的复建工程。桥梁跨径组成:引桥(盘县侧)1×20m预应力混凝土箱梁+主桥1×110m上承式钢筋混凝土箱形拱+引桥(兴义侧)1×20m预应力混凝土箱梁。主孔为一净跨110m钢筋混凝土箱形拱桥,矢跨比为1/5、拱系数m=1.756的等截面悬链线无铰拱,拱圈厚度为2.0m,拱圈全宽为6.9m,单箱双室截面。根据设计要求,木浪河大桥主拱圈采用拱架现浇法施工。以下将针对拱架预压与主拱圈混凝土浇筑分段长度确定后,拱架与拱圈混合受力分析。

二、分析模型建立

本工程对主桥拱圈的有限元模型采用直接生成法,即根据钢拱架、箱形拱桥的构造特点,用APDL语言编制了钢拱架和箱形拱的单元与节点。钢拱架采用Beam44单元，箱形拱采用Shell63单元，这两种单元均具有生死单元功能，能够很好地模拟施工过程。表1给出了钢拱架和混凝土单元的材料特性。

钢拱架和混凝土单元的材料特性　表1

材　料	弹性模量（N/mm^2）	质量密度（kg/m^3）	线膨胀系数
钢材	2.06E5	7850	1.2×10^{-5}
C40	3.25E4	2550	1.0×10^{-5}

根据贵州省桥梁建设集团有限责任公司木浪河大桥项目经理部编制的《木浪河大桥主桥施工方案》，所有计算荷载如表2所示。

木浪河大桥计算荷载　表2

序　号	名　称	质　量	合　计
1	钢拱架	234t（钢拱架）+10t（其他连接钢结构重）	244t
2	钢管支架与底模	40t（钢管架）+25t（模板）+5t（其他）	70t
3	底板混凝土+下马蹄混凝土	667.5t	667.5t

三、拱圈混凝土施工加载模拟

1. 主拱混凝土总体浇筑顺序

主拱圈混凝土横断面方向分为三环，第1环为现浇底板和下马蹄；第2环为现浇腹板和横隔板；第3环为现浇顶板和上马蹄。具体分为5个步骤完成：现浇底板和下马蹄；现浇两道中腹板和部分横隔板；现浇两道边腹板和部分横隔板；现浇余下的所有横隔板；现浇上马蹄和顶板。当第1环混凝土达到95%设计强度后，进行第2环混凝土浇筑；第2环混凝土达到90%强度后，进行第3环混凝土浇筑。

2. 浇筑加载程序

对主拱圈混凝土浇筑采取横向分环、纵向分段的方式，遵循对称、均衡的原则。3环混凝土浇筑均沿跨径方向分为5大段，如图1所示。

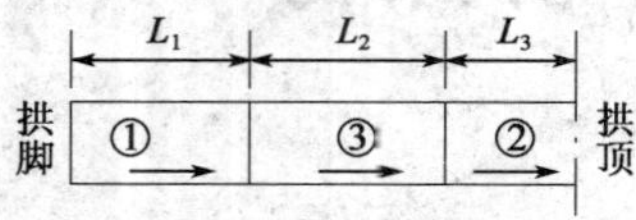

图1　主拱圈混凝土浇筑顺序

3. 理论分析工况

针对木浪河大桥拱架搭设与拱圈混凝土浇筑顺序，共计算11个工况，详细见表3。从表3可以看出，理论分析与实际施工有一定差异，主要出现在腹板和顶板混凝土浇筑顺序上，但根据理论分析和大量工程实践，底板混凝土浇筑完成后，腹板和顶板混凝土浇筑，对拱架影响不大，因此，这种模拟方式是可行的。

木浪河大桥主拱混凝土浇筑计算工况　表3

工况序号	工况名称	备　注	工况序号	工况名称	备　注
1	拱架安装	按一次成拱计算	7	浇筑腹板混凝土	腹板按一次浇筑计算
2	底模板、钢管支架安装		8	模拟腹板混凝土参与受力	
3	浇筑第①段混凝土		9	浇筑顶板混凝土	顶板按一次浇筑计算
4	浇筑底板第②段混凝土		10	模拟顶板混凝土参与受力	
5	浇筑底板第③段混凝土		11	拆除拱架	
6	模拟底板混凝土参与受力				

四、分段长度优化法计算

1. 主拱混凝土浇筑长度确定

木浪河大桥主拱圈混凝土浇筑横断面划分为3环，每环沿纵向又分成5段。每段混凝土浇筑长度不宜相差太大;拱脚段混凝土浇筑时,拱架拱顶上挠值不能过大。根据对拱架变形规律的分析,对于分5段浇筑的混凝土,在浇筑拱脚段混凝土时,拱架拱顶值势必上挠。过大的拱顶上挠值,会使后②段混凝土浇筑时,拱架发生过大的变形幅度。为此,木浪河大桥主拱圈混凝土浇筑长度确定如下:拱脚段混凝土浇筑时,拱架拱顶产生的上挠值控制在该环混凝土全部浇筑后产生拱顶变形值的0.6倍;第②段混凝土(拱顶段)浇筑时产生的变形,占第②、③段混凝土浇筑时在拱顶产生的全部变形值的0.6倍。图2所示为木浪河大桥主拱圈混凝土浇筑分段点位置示意图。分段点位置以拱架拱铰中心点为基准,以水平投影为分段长度。

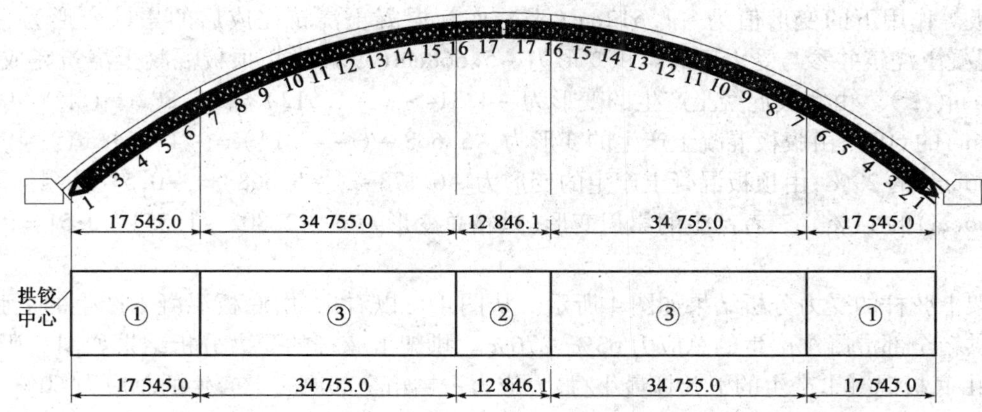

图2 主拱圈混凝土分段点位置示意图(尺寸单位:mm)

2. 主拱混凝土浇筑期间拱架变形

图3为拱架拱顶截面在整个施工阶段的变形曲线。从图3可以看出,拱架自重作用下拱顶变形值为-1.14cm(↓),浇筑第①段(拱脚段)混凝土后,拱架拱顶变化到+1.166cm(↑),表明第①段混凝土浇筑将使拱架拱顶有+2.306cm(↑)的上挠变形量;底板第②段(拱顶段)混凝土浇筑后,拱顶由1.166cm(↑)反向下挠到-1.946cm(↓),即拱顶有-3.112cm(↓)的向下变形量;浇筑完底板第③段(剩余段)混凝土(即底板混凝土全部浇筑)后,拱顶挠度由-1.946cm(↓)变化到-4.31cm(↓),即有-2.364cm(↓)下挠量。钢拱架拱顶在整个拱圈混凝土浇筑过程中的变形曲线如图3所示。

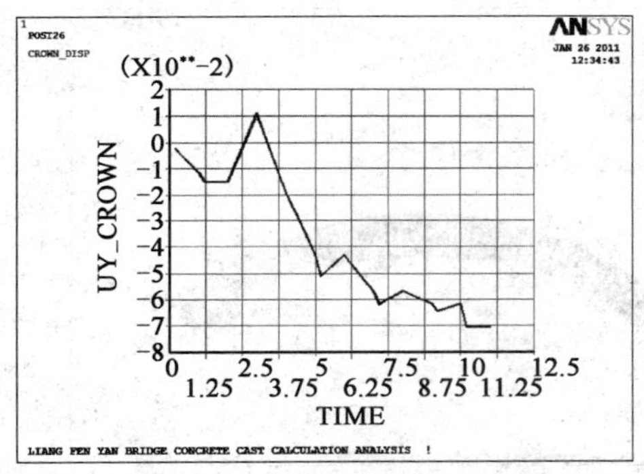

图3 拱架拱顶截面在整个施工阶段的变形曲线

3. 主拱混凝土浇筑期间拱圈应力计算结果分析

本工程对主拱圈主应力 s_1、s_2、s_3 按下式计算:

$$\begin{vmatrix} s_x - s_0 & s_{xy} & s_{xz} \\ s_{xy} & s_y - s_0 & s_{yz} \\ s_{xz} & s_{yz} & s_z - s_0 \end{vmatrix} = 0 \tag{1}$$

式中:s_0——主应力。

三个方向的主应力 s_1、s_2、s_3 中,s_1 为主拉应力(正值),s_3 为主压应力(负值)。而VonMises等效应力按式(2)计算:

$$s_e = \sqrt{\frac{[(s_1 - s_2)^2 + (s_2 - s_3)^2 + (s_3 - s)^2]}{2}} \tag{2}$$

这些应力均可在ANSYS结果中获得。下面分别列出底板、腹板和顶板混凝土在整个主拱圈混凝土浇筑过程中最大主拉应力、最大主压应力和VonMises等效应力云图。底板混凝土在整个拱箱混凝土浇筑过程中的最大主拉应力为0.803MPa(拱架拆除后),小于C50抗拉强度设计值1.83MPa。底板混凝土在整个拱箱混凝土浇筑过程中的最大主压应力为 -5.33MPa(拱架拆除后),小于 C50 抗压强度设计值 22.4MPa。腹板混凝土在整个拱箱混凝土浇筑过程中的最大主拉应力为 0.309MPa(拱架拆除后),小于 C50 抗拉强度设计值 1.83MPa。

五、拱架预压目的与变形、应力分析

通过对拱架预压可以有效地消除拱架的非弹性变形,同时获取拱架弹性变形,而且还可以检验拱架承载力能否满足要求。本工程采取优化法得到的结果分析拱架变形特点。从木浪河大桥拱架变形看,拱架自重及模板等作用下的变形值为 -1.512cm(↓),底板混凝土浇筑完成后的累计变形为 -4.314cm(↓);腹板混凝土浇筑并参与受力后的累积变形为 -5.668cm(↓);拱箱顶板混凝土浇筑完成后累计变形为 -6.178cm(↓)。由底板混凝土产生的变形为 -4.314 - (-1.512) = -2.802cm(↓),占拱箱总变形(-4.666cm)的 60%;由腹板混凝土产生的变形为 -5.668 - (-4.314) = -1.354cm(↓),占拱箱总变形(-4.666cm)的 29%;由顶板混凝土产生的变形为 -6.178 - (-5.668) = -0.51cm(↓),占拱箱总变形(-4.666cm)的 11%。三者产生的累积变形(拱箱总变形)为: -2.802 -1.354 -0.51 = -4.666cm(↓)。

其中拱架上弦杆的受力分析结果如图 4 所示。从图 4 可以看出,由底板混凝土产生的上弦杆最小/最大应力占拱箱全部混凝土产生的总应力 63% ~76%。拱架上弦杆的受力分析结果如图 5 所示。从图 5 可以看出,由底板混凝土产生的下弦杆最小/最大应力占拱箱全部混凝土产生的总应力 60% ~67.2%。总之,无论是变形还是拱架应力,由底板混凝土引起的变形与拱架应力约占拱箱全部混凝土产生变形与应力总和的 60% 以上,而腹板与底板混凝土产生的变形与应力要占 90% 左右。

工况	最小应力云图	最大应力云图
拱架自重与模板等	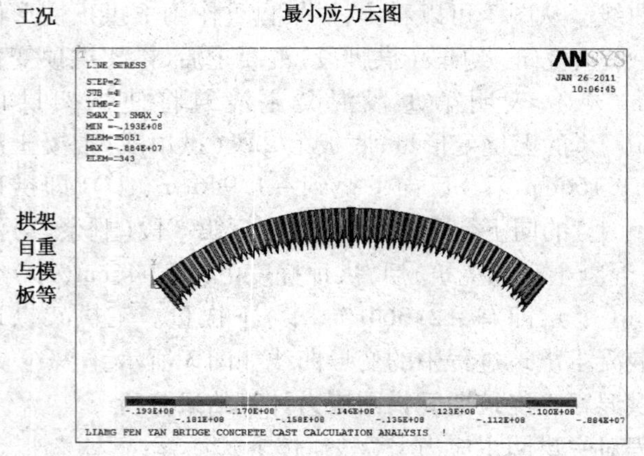	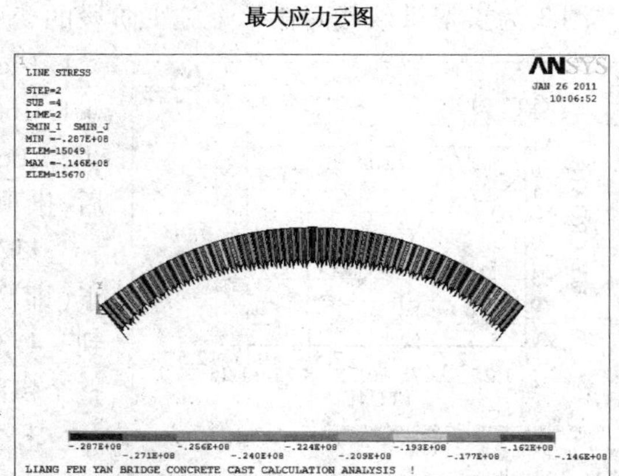
底板拱脚段混凝土浇筑	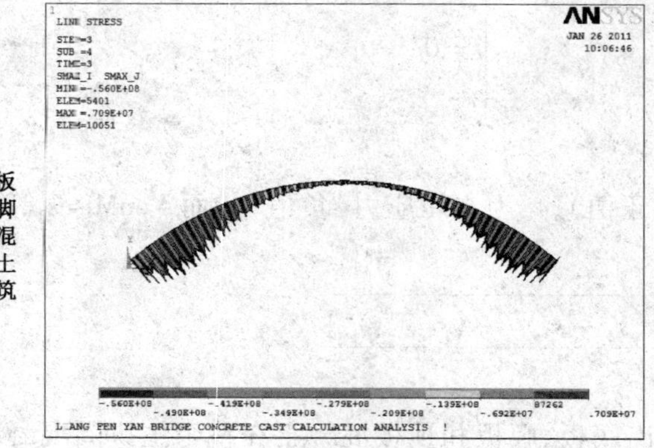	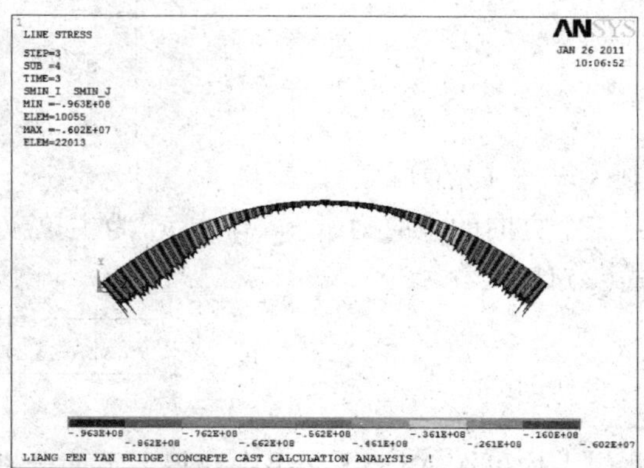

图 4

底板混凝土浇筑完成

腹板混凝土浇筑完成

顶板混凝土浇筑完成

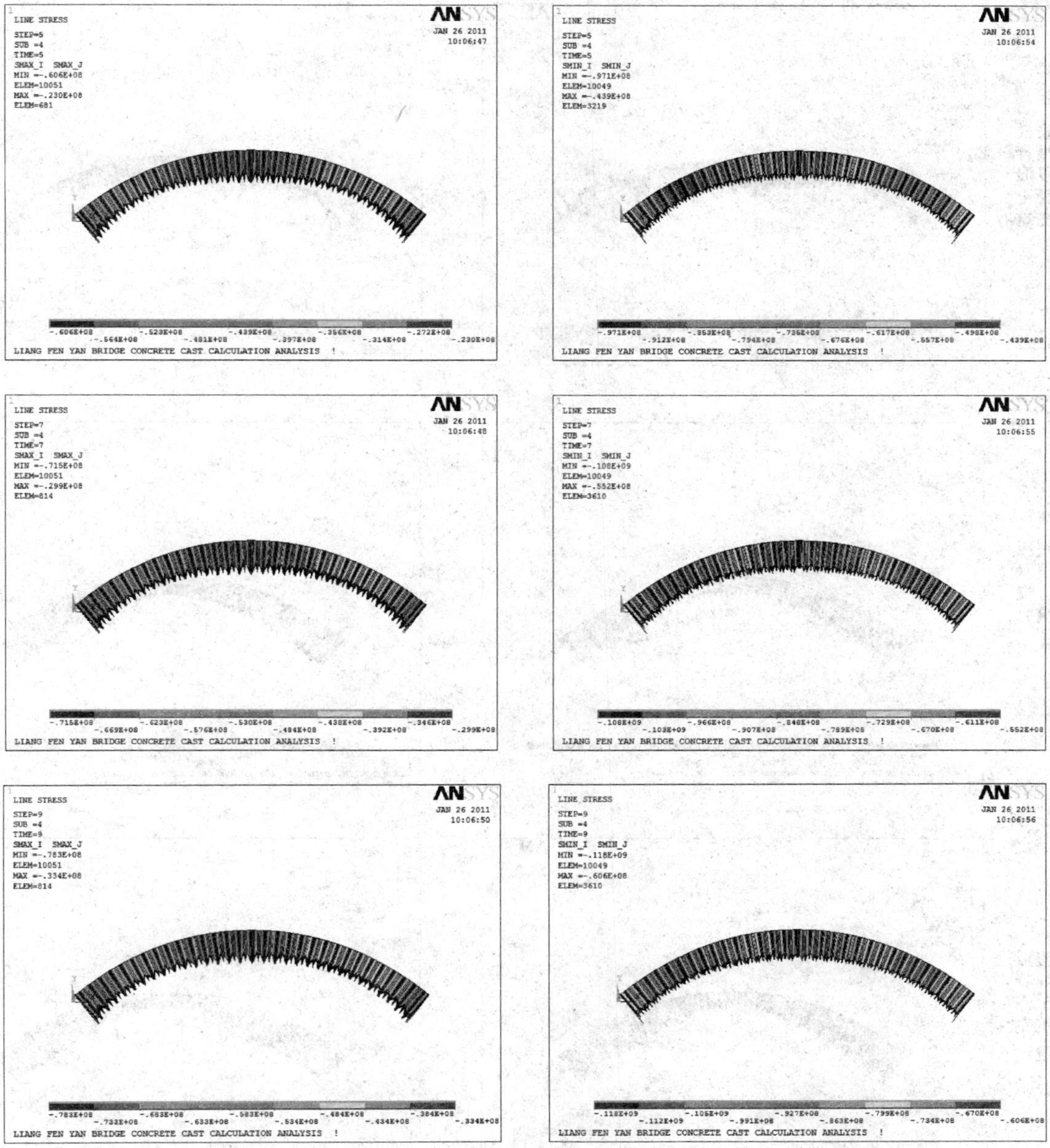

图 4 拱架上弦杆最小/最大应力结果

工况　　最小应力云图　　最大应力云图

拱架自重与模板等

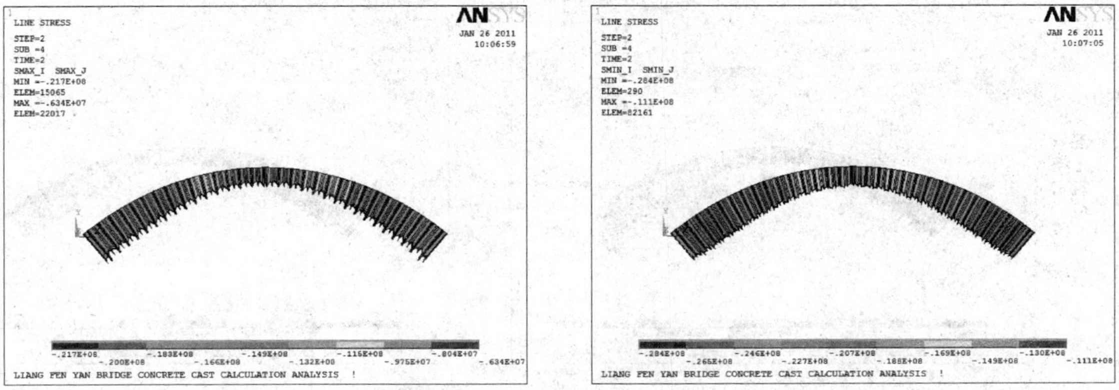

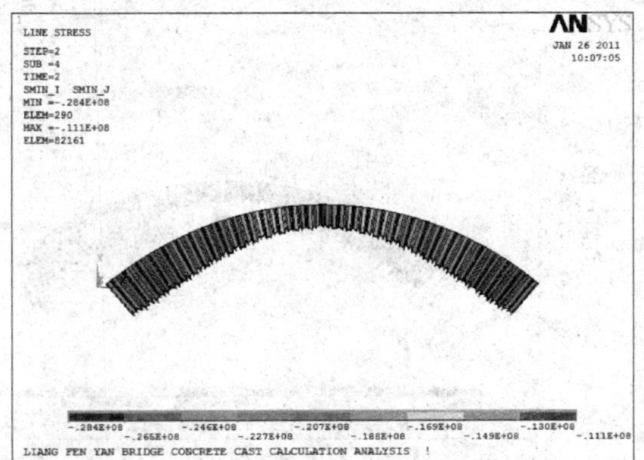

图 5

底板拱脚段混凝土浇筑

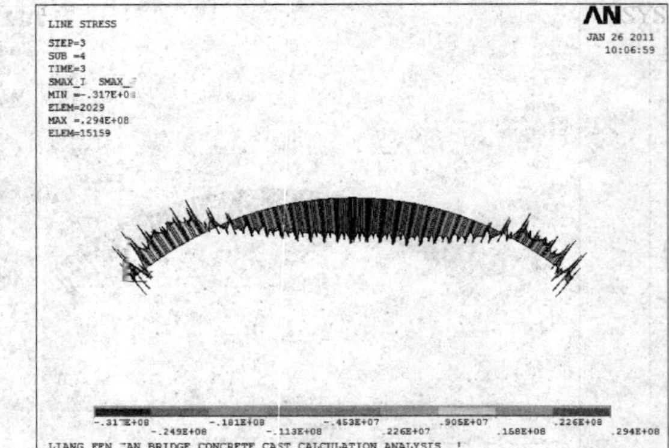

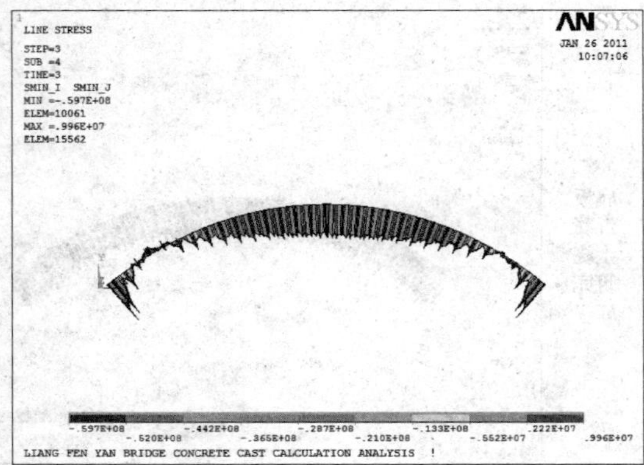

底板混凝土浇筑完成

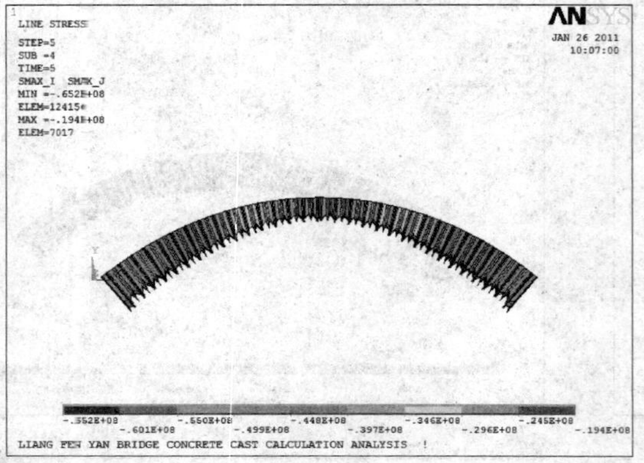

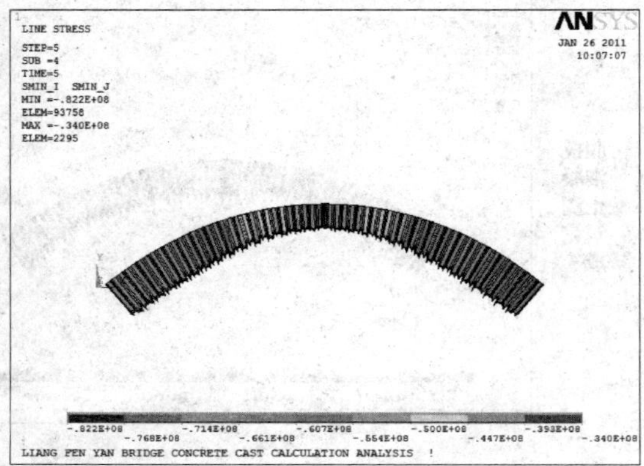

腹板混凝土浇筑完成

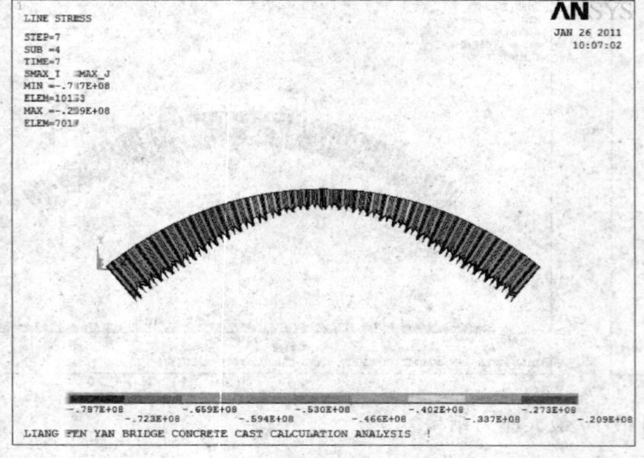

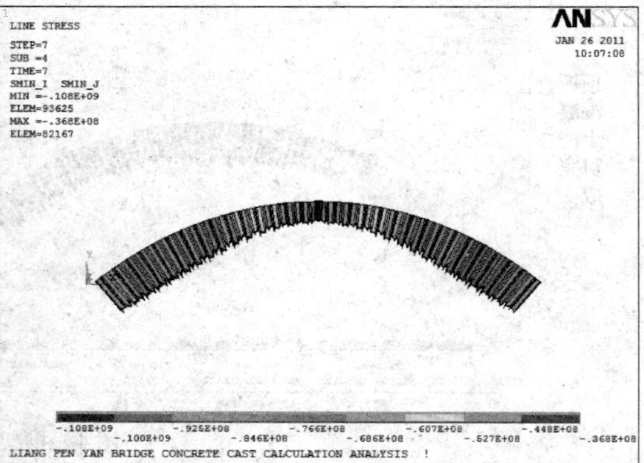

顶板混凝土浇筑完成

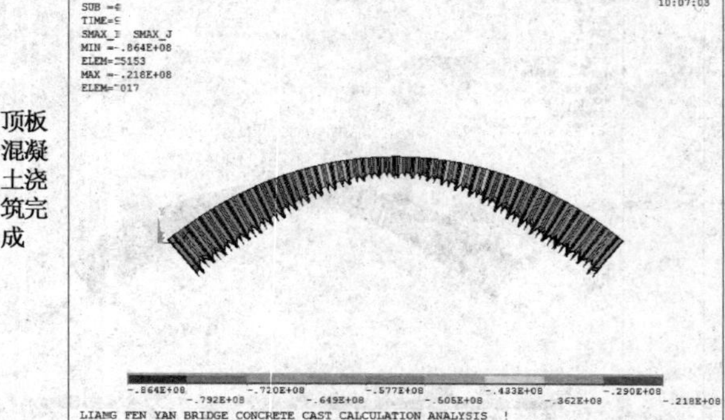

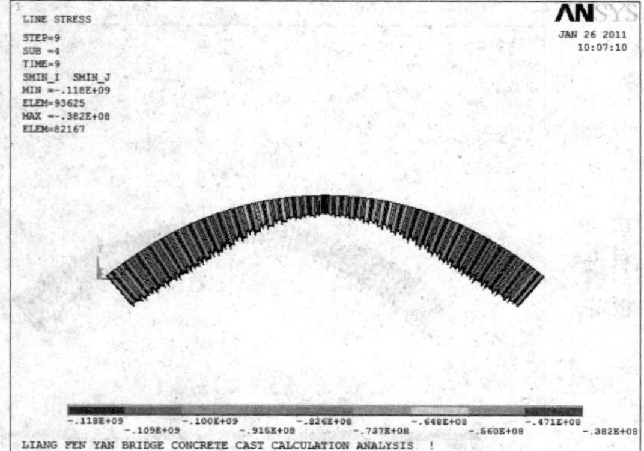

图5 拱架下弦杆最小/最大应力结果

六、结　　语

工程实践结果表明，不论采用何种浇筑长度，拱箱混凝土应力均相同，在不计该环混凝土节段先后浇筑影响时，两者结果必然是相同的。但对于拱架上、下弦杆应力，由于分段长度不同，拱架过程应力略有差异，可见采用经验法或优化法分段长度均可行。从拱架变形幅度看，按优化法分段长度浇筑混凝土，拱架变形幅度要小于经验法。

参考文献

[1] 周水兴，邓翔．拱架现浇钢筋混凝土拱圈浇筑长度研究[J]．重庆交通大学学报(自然科学版)．2013，(04)：569-572．

[2] 何伟．钢筋混凝土拱桥悬臂浇筑挂篮设计及施工技术[J]．四川建筑，2011，(02)：220-222．

75．悬拼拱架现浇工法在贵州省拱桥施工中的应用

杨政武
（贵州省公路工程集团有限公司第八分公司）

一、引　　言

拱桥因其造价低廉、经久耐用、跨径适用范围大、施工便捷，在山岭重丘及河谷地区得到普遍应用，我省修筑拱桥数量在全国更是名列前茅。

拱桥施工法按支架类型，可分为有支架施工、无支架施工和少支架施工三种。有支架施工主要为落地满堂拱架，受桥位地形制约较大，若遇净空较高或水流深急则很难实施；无支架施工主要为缆索吊装，受缆索吊机吊重限制，一般须将拱圈分段分箱吊装，然后焊接接头钢板合拢，多段吊装的拱圈线形较难控制，且因分箱吊装，拱圈上存在多道纵向现浇湿接缝，影响拱圈整体受力特性，耐久性难以保障。

悬拼拱架现浇工法作为少支架施工法之一，受桥位地形制约极小，且因拱圈分环一次成型，拱圈整体性好，近年在贵州多座拱桥上得到成功实施，取得了较好的经济效益和社会效益，本文就悬拼拱架现浇工法在省内拱桥施工中的应用作一概述与小结。

二、悬拼拱架工法发展沿革

国内悬拼拱架工法应用最早见于湖南五强溪沅水大桥，该桥主跨133m，1989年建成，采用斜拉扣挂方法配合缆索吊装施工安装贝雷钢拱架，再在带斜拉索的贝雷钢拱架上安装箱拱预制块，而后现浇预制块间湿接缝，完成拱圈施工，类似工法其后在广西和四川也得到了广泛应用。

省内较早应用悬拼拱架现浇工法的典型实例为贵阳东出口高速公路水口寺大桥，主跨110m，拱架采用六四军用梁拼装而成，该桥于1997年建成。据不完全统计，省内近年来采用悬拼拱架现浇施工的拱桥有：贵毕公路大干沟大桥（主跨135m），毕威二级公路七星关大桥（主跨90m），织金地那河大桥（主跨120m），金沙县山丈水大桥（主跨90m），务川通达大桥（主跨120m），仁怀东门河大桥（主跨120m），正安桑坝大桥（主跨115m）等。悬拼拱架现浇工法已经成为我省大跨径拱桥的主要工法。

在长期的工程实践中，悬拼拱架现浇工法得到了不断改进：

拱架基本构件多样化：可用贝雷片、六四军用梁、专用三角桁片、万能杆件等拼装而成，技术经济指标

得到进一步改善．对不同跨径、矢跨比拱桥的适应性不断增强。

拱架电算精细化：随着有限元理论的完善、计算程序的普及和监控监测手段的改进，拱架电算由最早的平面杆系简化建模计算，发展到大型空间有限元程序仿真计算，在各种工况下的计算变形和应力与监测结果愈加吻合，为拱架设计及优化提供了有力的理论保障。

拱圈浇筑程序合理化：由最早的在拱架上安装箱拱预制块，而后现浇预制块间湿接缝简化为分环浇筑，将拱圈分为底板、肋板、顶板三环，分三次或两次整体浇筑成型，缩短了计算工期，改善了拱圈整体受力特性。

斜拉扣挂材料轻型化：拱架在拼装和混凝土浇筑阶段需用扣索斜拉，斜拉扣索近年多采用高强度低松弛钢绞线，较早期的钢丝绳减轻了质量，且变形较小，还可准确测定所受拉力。

三、悬拼拱架现浇施工程序

笔者曾主持或参与多座拱桥悬拼拱架现浇施工方案的拟定与实施，现以某桥贝雷拱架悬拼现浇方案为例做一概述。

某桥为钢筋混凝土箱形拱桥，主跨120m，桥宽12m，拱圈宽8m，悬拼拱架现浇施工方案总体布置图如图1所示。

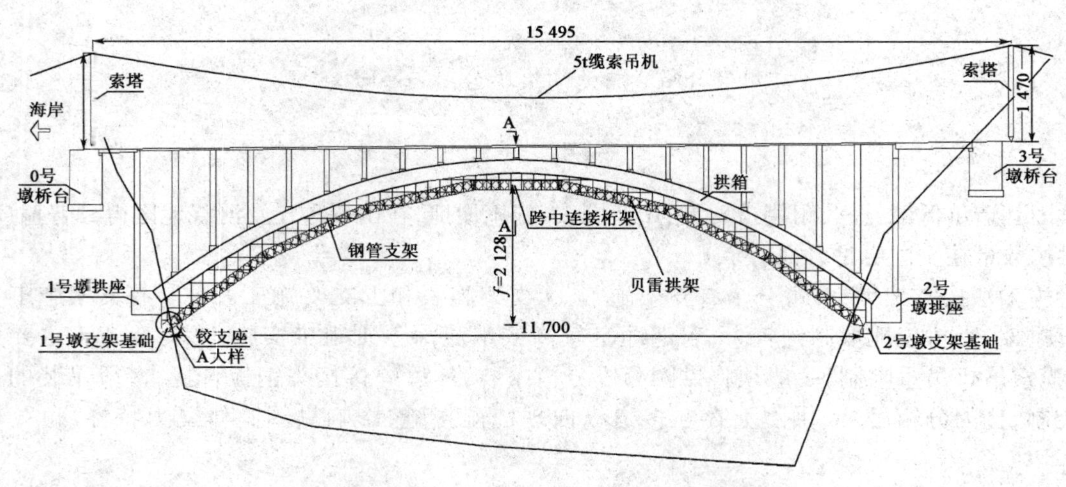

图1　悬拼拱架现浇施工方案总体布置图

1. 拼装贝雷拱架

在两岸桥台、前墙上架设两套5t缆索吊机。

拱座混凝土浇筑完成后，在拱座前浇筑一小型拱架基础，然后用缆索吊机将贝雷片吊下拱脚开始拼装拱架，拱架整体呈折线形圆弧拱，半径约为89.4m，沿弧向共用40片（每6片为一折线段，跨中为2片1段）、横向分为6组（每组2片以标准支撑架连接），共计480片贝雷片，另加工三角形钢桁架连接各段贝雷片。在贝雷拱架上用钢管搭成支架现浇拱圈。贝雷拱架用钢结构铰支座与拱座相接，形成一个两铰拱，简图如图2所示（因结构对称于跨中，仅示一半）。

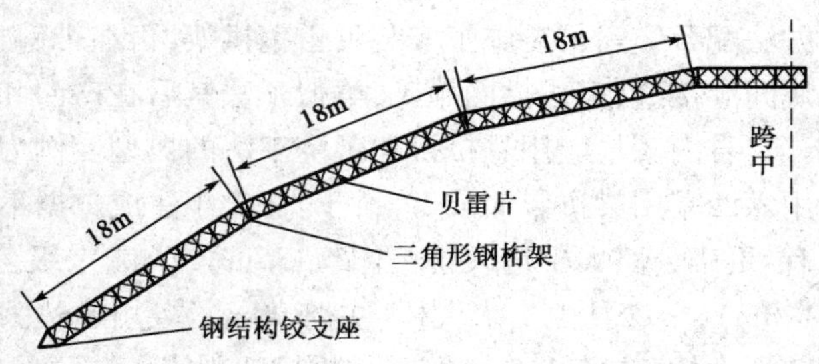

图2　贝雷拱架用钢结构铰支座与拱座相接简图

铰支座安装好后，用钢管按照拱架起拱段设计倾角搭设临时支架，拼装 3～6m 贝雷拱架，用钢丝绳扣住，在岸边以两片为一组拼装贝雷架节段，将拼好的贝雷架节段用缆索天线吊移至成型拱架前端，穿贝雷销连接，第一段 18m 贝雷片拼接完成后安装三角形钢桁架，如此逐段拼接直至合拢。拼接过程中顺桥向每 9～18m 设一组临时斜拉扣索，每组扣索横桥向均匀分为三排，锚固在岸边桥台或地垄上，并用 ϕ17.5mm 钢丝绳在扣点附近设横向八字浪风索。为加强贝雷拱架横向稳定，另用 20 工字钢加工横撑与贝雷拱架连接。在拱架拼装全过程中进行轴线及高程观测，通过调整临时扣索和横向浪风索长度控制拱架安装倾角和平面位置。

通过对多个悬拼拱架现浇工法工程实例的分析，笔者认为本工法实施关键因素在于确保拱架整体稳定，拱架因其长细比较大，平面方向（垂直于桥梁立面）稳定性较差，故须对其平面初始变形加以约束，否则在拱轴向力作用下极易失稳。拱架横向加强可采取以下几种措施：

（1）在拱架两侧顺桥向每隔一定间距对称设置横向八字浪风索。

（2）用型钢加工型钢框架，形成横撑及剪刀撑，与拱架焊接连接，上下夹住拱架，如图 3 所示。

（3）用型钢加工横向局部连接支撑架，利用加强弦杆螺栓与拱架连接，增强拱架整体稳定。

（4）搭设满堂钢管支架时用横向水平管锁住拱架，确保每根锁管与拱架弦杆紧密接触，对拱架平面变形进行辅助约束（图 4）。

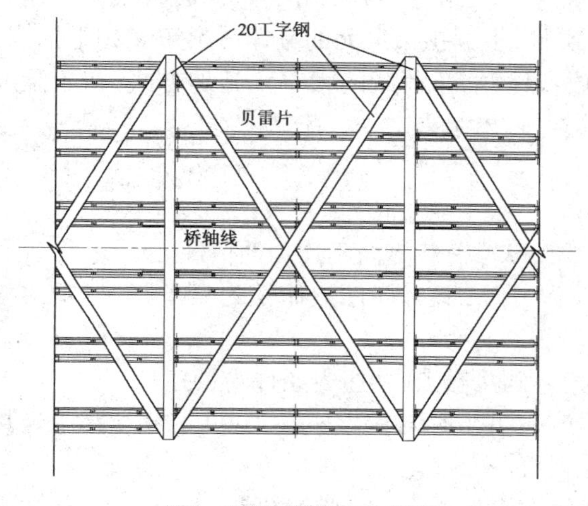

图 3 型钢框架平面示意图

图 4 满堂支架施工

贝雷拱架合拢后，将起拱部位钢结构铰支座与拱座固结，拱架由两铰拱转换为无铰拱，减小混凝土浇筑时的变形。

2. 加载预压

为准确掌握贝雷拱架受荷载及温度等因素影响下的应力、变形情况，确保拱圈浇筑安全，在铺设拱圈底模前须对拱架进行加载预压，程序按均匀加载进行，加载重量为第一次分环浇筑量的 120%，加载区域位于拱圈底高程下 1～2 层钢管支架上，横桥向宽度与拱圈一致，顺桥向轴线布置，加载重量为相应区域的分环浇筑施工荷载。加载材料为袋装定额砂石或水箱，加载程序模拟实际浇筑程序，由两岸拱脚对称向跨中折返往复进行加载。

加载过程中定时监测记录拱架的应力和形变，加载全部完成后持荷一昼夜，然后卸载（图 5）。

3. 现浇拱圈混凝土

拱圈采用分环浇筑，将拱圈按断面分为底板、肋板、顶板三环，分环浇筑成型。

卸载完成后，在满堂架上搭设底板水平管，按照监测记录的拱架形变确定模板预拱，铺设底模，施作钢筋，两岸同时由拱脚段开始浇筑底板混凝土，对称浇至拱顶，待底板混凝土达设计强度 90% 后现浇下一环层混凝土，直至拱圈成型（图 6）。

四、悬拼拱架的计算

近年来，各种大型有限元程序界面愈加友好，建模、设置、录入数据等操作更为便捷，在路桥施工领域得到了广泛应用,本文作者运用有限元程序作过多个拱架的计算分析,下面以 SAP90 为例对拱架电算过程作一概述。

图5　加载预压

图6　现浇拱圈混凝土

电算具体方法如下:以 Auto CAD 建立拱架二维平面模型,导入 SAP 软件的前处理模块 SUPERDRAWII,在前处理模块中根据拱架所用梁元方向、截面种类和材料特性来定义组号、颜色和层号,而后将模型传递到梁单元分析模块 BEDIT,将模型的图形文件转换为有限元文件,根据拱架梁元的具体情况定义如下内容:节点的边界条件;梁的材料特性、截面特性和端点约束释放特性;均布荷载的大小和施加方式;初始温度及温差。最后用线性静力结构分析模块(SSAPOH)进行计算,输出结果。

计算遵循以下原则:

(1)材料线弹性,结构小变形。

(2)将结构浓缩在纵桥向平面内计算,加横向分配系数模拟荷载横向不均匀的情况。

(3)受力体系为贝雷拱架,钢管支架不参与工作,仅作荷载;所有杆件一律视为梁单元,贝雷架接头按铰接的梁元考虑。

(4)节点的边界条件:贝雷拱架边界为贝雷铰与支架基础接触点,其边界条件为铰接。

(5)贝雷片与贝雷片接头、贝雷片与三角形钢桁架接头、贝雷片与铰支座接头、贝雷片与跨中连接桁架接头均视为铰接,则将上述接头端部 Z 轴方向的弯矩释放。

按照拱圈浇筑程序,第一环底板混凝土浇筑时为最大荷载工况,计算针对此工况进行。电算程序计入拱架自重(贝雷片、加强弦杆和三角形钢桁架重量)。注意:须另行考虑横向加强钢结构(支撑片、工字钢)、浪风索重量、施工人员机具等附加施工荷载,风荷载单独计算。计算中还须考虑拱架的温度特性。

根据电算结果,以应力最大部位截面为计算对象,进行弯曲平面内的拱架局部稳定性分析;将计算结果汇总得到拱架整体所受轴向力,结合拱架计算回转半径和长细比,再进行拱架整体稳定性分析。

五、结　　语

悬拼拱架现浇工法在我省多次成功应用,也有失败的实例,综合多年工程实践与理论分析,笔者认为悬拼拱架现浇工法主要有以下特点:

(1)对桥位地形无特殊要求,特别适宜跨越高谷深沟的拱桥施工。

(2)支架用钢量较落地支架少,不需大型吊装设备,较为经济。

(3)拱圈为整体浇筑成型,施工质量更易保证,桥梁耐久性较好。

(4)本工法较适用于 90～120m 跨径拱桥,跨径小可选择落地拱架或三段吊装,若跨径超过 120m,则拱架自重太大,稳定性较差,斜拉扣挂临时措施费用高,安全及经济性均较差,采用缆索吊机多段吊装或转体施工法更为合理。

76. 浅谈施工便道钢便桥及漫水桥施工

吴梁楷
（福建省第一公路工程公司惠罗7标项目部）

摘　要　高速公路施工过程中，施工便道是贯穿整个工程的血脉，施工便道的布置及施工直接影响整个工程的施工，贵州惠罗高速第七合同段主线沿涟江支流设计，施工便道有多处跨河，跨河则需设便桥，综合考虑成本及通行需求，主便道跨河处设施工钢便桥，支便道则设施工漫水桥。本文以贵州惠罗高速第七合同段所施工的便桥为例，阐述钢便桥稳定性验算、钢便桥施工过程，漫水桥施工工艺等。

关键词　钢便桥　漫水桥　施工

一、引　　言

惠罗高速公路第七合同段整体路线顺沿涟支流，全段路线跨河处多达二十三处，现以其中两处过河方案为例阐述钢便桥及漫水桥的施工工艺。

二、工 程 简 介

银川至龙邦国家高速公路贵州境惠水至罗甸（黔桂界）段路基、桥隧工程第七合同段起讫桩号为YK75 +720 ~ K83 +800，路线长度7.630 671km。起于罗甸县里把东北面山体平台上，路线顺所也河南行，设泽汉Ⅲ号大桥、里把Ⅰ号、Ⅱ号大桥、纳销Ⅰ号大桥到达纳销，在纳销改河设填方后设纳销Ⅱ号大桥到达里况设里况大桥，从里况大桥开始至纳销段预留“六横”余庆—安龙高速公路中的平塘—罗甸—望谟段错位交叉的平纵面条件，后再沿河设纳散隧道、林安大桥、畜牧场Ⅰ号、Ⅱ号大桥到达所也村，在所也村西面山顶设置罗甸互通后，在所也大桥终点岸为本合同段终点，施工便道钢便桥6座，漫水桥11座。下面以一工区里把Ⅰ号大桥15号墩左侧钢便桥为例阐述其稳定性验算及施工工艺，二工区纳散隧道支便道漫水桥为例阐述漫水桥的施工工艺。

三、钢便桥稳定性验算及施工过程

1. 钢便桥稳定性验算

1）惠罗高速第七合同段一工区钢便桥主要参数

该钢便桥位于里把Ⅰ号大桥15号墩左侧，桥面宽度5.0m，行车宽度4.6m，设计荷载60t汽车荷载，引道设计坡度2%，便桥全长18m。

2）钢便桥平面图及立面图

图1为钢便桥平面图，图2为钢便桥立面图。

2. 钢便桥设计要点

1）钢便桥设计结构体系

钢便桥拟采用墩式贝雷梁简支结构设计，跨径设计15m，桥面宽设计5m，纵向布置8排贝雷简支纵梁。每排纵向贝雷片用支撑架或其他方式连成整体，贝雷纵梁上铺设15mm钢板做桥面系。

2）贝雷纵梁

纵向布置8排贝雷简支纵梁，纵梁净跨为15m。

3）跨径15m贝雷片钢便桥受力验算

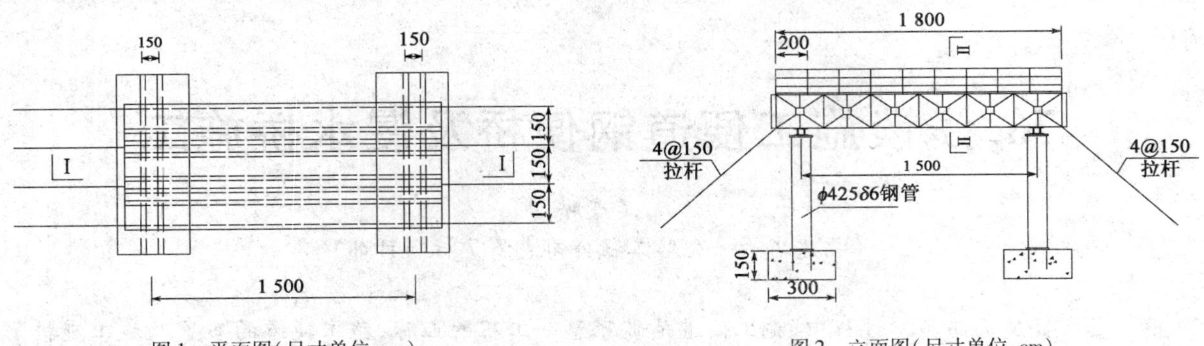

图1　平面图(尺寸单位:cm)　　图2　立面图(尺寸单位:cm)

(1)竖向荷载计算

重车按80t载重,前轮分担20t考虑,桥梁自重忽略不计。

当后车轮单边荷载(按2m范围的分布荷载考虑)作用在单排贝雷片跨中时,最为不利,即$M=30\text{t}$,动荷载系数取$K=1.3$,$g=10\text{N/kg}$。

其作用在贝雷梁上的分布荷载为:$q=\frac{KMg}{L}=\frac{30\times10\times1.3}{2}=195(\text{kN/m})$,15m单跨简支梁荷载布置图如图3所示。

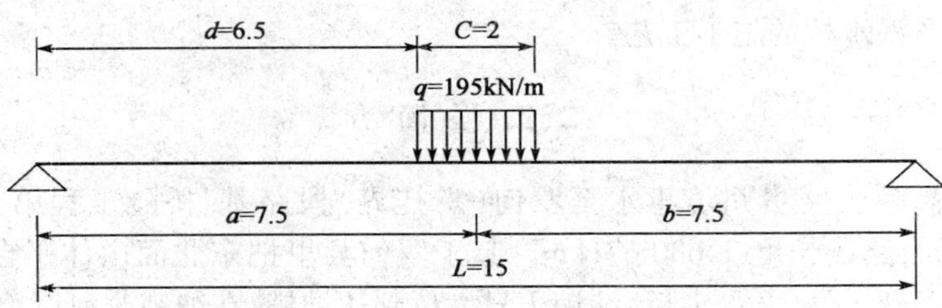

图3　15m单跨简支梁荷载布置图

(2)贝雷纵梁验算

15m跨选用8排国产贝雷,最大跨按15m计算为最不利荷载,贝雷片力学性质:

$I=250\,500\text{cm}^4$,$E=2.1\times10^6$,$[M]=78.8\text{t}\cdot\text{m}$,$[Q]=24.5\text{t}$。

①贝雷片在荷载作用下最大弯矩:

$$M_{\max}=\frac{qcb}{L}\left(d+\frac{cb}{2L}\right)=1\,365\text{kN}\cdot\text{m}$$

那么单片贝雷片承受弯矩为:$M=1\,365\div2=682.5<[M]=788\text{kN}\cdot\text{m}$,满足要求。

②剪力计算:

由于荷载由两片贝雷梁共同承受,有4个支点,因此:

单片贝雷梁单个支点承受剪力为$30\times10\div4=75\text{kN}<245\text{kN}$满足要求。

(3)挠度计算

x为任一点,当$x=d+\frac{cb}{l}$时,得单片贝雷纵梁最大挠度:

$$f_{\max}=\frac{1}{2}\times\frac{qcb}{24EI}\left[\left(4L-\frac{4b^2}{L}-\frac{c^2}{L}\right)x-\frac{4x^2}{L}+\frac{(x-d)^4}{bc}\right]=3.7\text{cm}$$

$[f]=L/400=1\,500/400=3.75\text{cm}$,$f_{\max}<[f]$满足规范要求。

(4)钢板强度验算(钢板的弯曲强度$[\delta]=345\text{MPa}$)

当后车轮单边荷载作用在贝雷片最大间距钢板时,为最不利荷载,最大计算跨径为0.85m。动荷载系数取1.3,取1m长为计算单位。

其作用在钢板上的分布荷载为:$q=\frac{300\times1.3}{2\times0.85}=229.412\text{kN/m}$,由于荷载由两边钢板承受,荷载减半为 $229.412\div2=114.706\text{kN/m}$。

钢板单截面承受荷载布置图如图4所示。

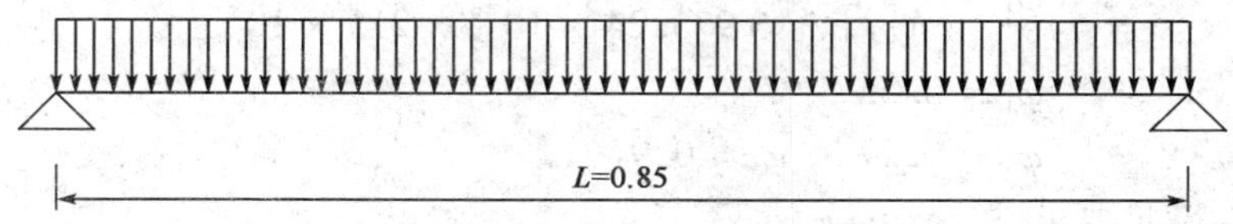

图4 钢板单截面承受荷载布置图

跨中弯矩为:

$$M=\frac{qL^2}{8}=\frac{114.706\times0.85^2}{8}=10.359\text{kN}\cdot\text{m}$$

截面抵抗矩为:

$$W_{\text{mas}}=\frac{bh^2}{6}=\frac{85\times1.5^2}{6}=31.875\text{cm}^3$$

弯曲强度:

$$\delta_{\text{w}}=\frac{M}{w}=\frac{10.359\times10^6}{31.875\times10^3}=325\text{MPa}<[\delta]=345\text{MPa}$$,满足要求。

(5)桥台竖向钢管受力计算及稳定性验算

①钢管受力计算:

贝雷片重量 $=270\times10\times48=129\,600\text{N}$

桥面钢板重量 $=117.8\times90\times10=106\,020\text{N}$

汽车荷载 $=60\times1\,000\times10\times1.3=780\,000\text{N}$(汽车动载系数取1.3)

当汽车荷载全部作用于一个桥台时为桥台受力最大值,其值为:

$P=129\,600\div2+106\,020\div2+780\,000=897\,810\text{N}$

一个桥台有三根钢管,每个钢管受力为:

$$P_{\max}=897\,810\div3=299\,270\text{N}$$

钢管有效截面积为:

$$A=\pi\times\left(\frac{D}{2}\right)^2-\pi\times\left(\frac{D}{2}-\delta\right)^2=3\,975.24\text{m}^2$$

式中钢管外径 $D=0.425\text{m}$,壁厚 $\delta=0.006\text{m}$。

$$\frac{P_{\max}}{A}=\frac{299\,270}{3\,975.24}\times10^6=75.28\times10^6\text{Pa}=75.28\text{MPa}\leqslant[f]=215\text{MPa}$$

式中$[f]$,钢管设计抗压强度$[f]=215\text{MPa}$。

$$\kappa=\frac{A\times[f]}{P_{\max}}=\frac{3\,975.24\times10^{-6}\times215\times10^6}{2.992\,7\times10^5}=2.86>1.3$$

式中安全系数 $\kappa>1.3$,满足受力要求。

②钢管稳定性验算:

钢管回转半径:

$$R=\left(\frac{I}{S}\right)^{\frac{1}{2}}=\left[\frac{\pi\times(D^4-d^4)\div64}{\pi\times(D^2-d^2)\div4}\right]^{\frac{1}{2}}=149.2\text{mm}$$

式中:I——钢管贯矩;

S——有效截面积;

D——钢管外径；

d——钢管内径。

钢管长细比：$\lambda = L/R = 4\,200/149.2 = 28.15$

取纵向弯曲系数 $\varphi = 0.9$（参考路桥施工计算手册）。

$$\varphi_1 = \frac{P_{max}}{A[f]} = \frac{239\,270}{3\,975.24 \times 10^{-6} \times 215 \times 10^6}$$

$$\varphi_1 = 0.35$$

$$\varphi_1 = 0.27 < \varphi = 0.9$$

结论：钢管稳定性满足要求。

（6）桥台贝雷片与钢管间I28工字钢稳定性验算：

I28a工字钢各参数如下：

$$h = 180\text{mm}、b = 122\text{mm}、d = 8.5\text{mm}、I_x = 7\,110\text{cm}^4、w_x = 508\text{cm}^3、I_y = 345\text{cm}^4$$

钢管受力计算已求得 $P = 129\,600 \div 2 + 106\,020 \div 2 + 780\,000 = 897\,810\text{N}$。

现场使用两根工字钢支撑，每个工字钢受力为 $P/2 = 448\,905\text{N}$

$$q = \frac{448.905}{5} = 89.781\text{kN/m}$$

$$M = \frac{ql^2}{8} = \frac{89.781 \times 2.5^2}{8} = 70.141\text{kN} \cdot \text{m}$$

$$w_x = 508\text{cm}^3$$

截面积 $A = 55.404\text{cm}^2$。

$$r_x = \sqrt{\frac{Ix}{A}} = 11.328\text{cm}、r_y = \sqrt{\frac{Iy}{\text{A}}} = 2.495\text{cm}$$

$$\lambda = \alpha \times \frac{l_0}{h} \times \frac{r_x}{r_y} = 1.8 \times \frac{1\,250}{280} \times \frac{113.28}{24.95} = 36.48$$

取 $\varphi_1 = 0.88$

$$\frac{M}{W_x} = \frac{70.141 \times 10^6}{0.508 \times 10^6} = 138.072\text{MPa} < 0.88 \times [f] = 0.88 \times 215\text{MPa} = 189.2\text{MPa}$$

故满足要求。

3. 钢便桥施工

1）桥台施工

桥台采用扩大基础，由于地形所限及成本考虑，桥台基础设立三根 $\phi42.5\delta6$ 钢管，钢管上架设两根I28工字钢。桥台基础施工时需在钢管架设位置预埋15mm厚钢板，钢管与钢板采用焊接连接，钢管顶也需焊接同样规格的钢板，钢板上架设的I28工字钢也需采用焊接连接。为确保钢管稳定性，相邻钢管间用角钢斜拉，形成稳定三角体。

2）贝雷片拼装

贝雷片拼装在平地上进行，每组纵向贝雷片拼装完用吊车吊架在I28工字钢上，两邻的每组纵向贝雷片之间用角钢斜拉，形成稳定三角体。

3）桥面铺装

桥面铺装采用15mm厚钢桥满铺，桥梁两侧设置护栏，确保行车行人安全。

4. 桥梁的使用与维护

（1）在桥梁两端明显位置设限载、限速标识牌。防止超载、超速，设防撞设施。防止车辆撞击贝雷架。

（2）定期检查桁架连接销的保险销、各种螺栓、横梁夹具及抗风拉杆有无松动、丢失。

（3）对严重集水和易锈蚀部位应设法排水和防锈、喷漆、涂油。

(4)由基坑监测单位，每天对主梁两岸支座地基进行观测，发现不均匀沉降，立即查明原因，进行处理。

(5)由钢桥生产安装厂家派专人经常注意观察看护桥梁，并随时做好记录，定期测量桥梁跨中挠度。如变化较大时应查明原因加以处理。每周定期对贝雷架挠度检测不少于1次，车辆频繁时增加检测次数；出现挠度过大的情况时，及时增加贝雷架榀数。土方开挖过程中应防止挖机碰撞贝雷架，并在贝雷架上安装警示标志。雷雨大风过后应安排专人对贝雷架连接件进行检测。

(6)一旦出现不利情况，立即限制任何车辆和行人通行，并马上报告上级和安装单位，及时加固处理。

(7)钢便桥安装完成后一定要做荷载试验，经检验合格后方可通车；通车后，由桥梁生产安装单位派专人在全部使用期进行安全技术服务。

四、漫水桥施工

1.漫水桥定义

跨越常水位与洪水位高差较大且不通航的河流，同时洪水时间较短，交通允许暂时中断的条件下，桥梁高程可按常水位设计，洪水时允许水流从桥面漫过，这种桥梁称为漫水桥。

2.惠罗高速第七合同段纳散隧道支便道漫水桥平面示意图

图5为漫水桥布置图。

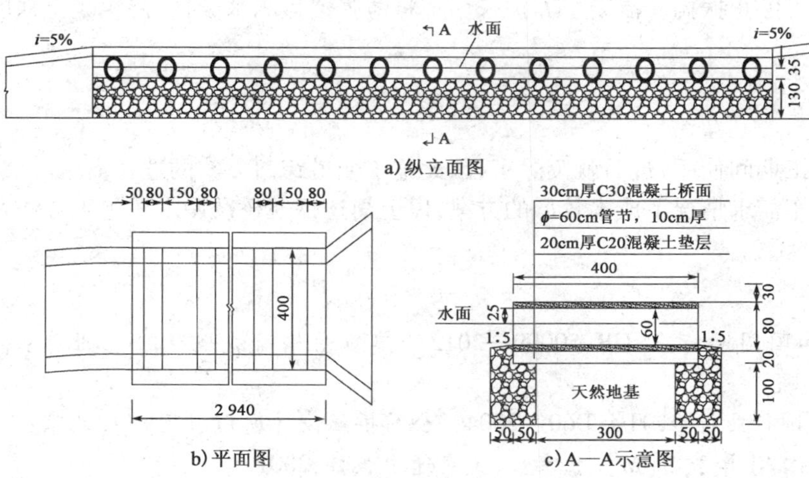

图5 漫水桥布置图(尺寸单位：cm)

3.施工方法

(1)按图纸要求，定出基础边线，并埋设定位桩。

(2)基坑开挖。

①基坑开挖应保持良好的排水，基坑开挖前，应对河流进行改引以便施工。

②基础开挖采用挖掘机配合人工开挖，开挖时注意随时掌控基坑深度，挖至设计深度为止。

③基坑开挖视现场情况确定放坡坡率，坑底宽度1.0m，深度1.2m，并对地基进行夯实处理。

(3)基础施工。

①为防止河流冲刷，基础采用类似地下连续墙的结构形式。

②基础采用浆砌片石，分两层施作，第一层回填50cm，选用水稳性高、塑性指数小于6且压缩性小、渗透性强的粗大颗粒；第二层覆盖50cm，选用洁净的砂砾，分两层填筑，每层填筑25cm，砂砾最大粒径不大于10cm；具体以试验室数据为准。

③待基础施工完毕，浇筑20cm厚C20混凝土垫层，混凝土浇注前，基底表面应保持干净，无淤泥及杂物，振捣密实并整平。混凝土由滚筒搅拌机拌和，混凝土所用砂石料、水泥均应符合技术要求，严格按实验室给定的施工配合比拌制混凝土，拌和均匀。

(4)桥台施工。

桥台长度按设计坡度延伸与路基相连。桥台采用浆砌片石围挡。内部填砂土、卵石混合料,分层填筑并压实。在迎水面采用护坡石保护,以减小河流对桥台的冲刷。

(5)埋设涵管。

①运输、装卸过程中,应采取防止涵管碰撞损坏的措施。安装前检查确认管涵无裂纹、破损等缺陷。

②放出涵管安装轴线后开始安装,各管涵应顺水流方向安装平顺,当管壁厚度不一致时应调整高度使下部内壁齐平。管口内沿低于河床10cm,管涵净距1.5m,安装前注意铺筑2~3cm管涵座浆,确保座浆与管涵紧密贴合,使管涵受力均匀。

③安装管涵采用人工配合吊机安装,安装时从下游开始,使接头面向上游,每节涵管应紧贴于基座上,使管涵受力均匀;所有管涵应按正确的轴线安放,并应保证内壁齐平,管内清洁无杂物。

④纳散隧道支便道漫水桥共埋设内径60cm的涵管13组,每组均为两根2m长涵管对接,接缝宽度为10~20mm,并用1:3水泥砂浆抹带,形成密封层。管涵之间用浆砌片石填筑。

(6)桥面施工

①桥面浇筑30cm厚C30混凝土,采用单层ϕ12钢筋网,按照@15cm×@15cm布置,保护层5cm。

②混凝土采用滚筒搅拌机拌和,混凝土所用砂石料、水泥均应符合技术要求,严格按实验室给定的施工配合比拌制混凝土,拌和均匀。采用50型插入式振捣棒振捣,振捣时应快进慢出,振捣均匀、密实,混凝土表面无气泡方可停止振捣。混凝土养护采用塑料薄膜覆盖洒水养护,待混凝土强度达到要求后方可恢复河流。

五、结　　语

施工便道仅施工期间使用,过后就废除了,因此施工便道跨河方案的选择需考虑成本,而施工便道钢便桥及漫水桥是通车需求情况下成本较低的方案,以上简述钢便桥及漫水桥施工方法及工艺,不妥之处,望大家指正。

参考文献

[1] 中华人民共和国国家标准. GB 50009—2012 建筑结构荷载规范[S]. 北京:中国建筑工业出版社,2012.

[2] 中华人民共和国行业标准. JTG D60—2004 公路桥涵设计通用规范[S]. 北京:人民交通出版社.

[3] 周水兴. 路桥施工计算手册[M]. 北京:人民交通出版社,2001.

[4] 任佩宏,宋俊伟. 浅谈钢便桥的稳定性计算与搭设[J]. 建筑与工程,2011,5.

77. 高速公路桥梁、涵洞施工平面钢模板受力分析

安　航

(贵州省公路工程集团有限公司)

摘　要　随着西部开发的不断深入,高速公路建设项目不断增多,而西部山区高速公路桥隧比较大,每条高速公路所用桥梁钢模板数量巨大,模板的成本占总成本较大比例。而目前的大多施工项目未对模板的设计做过较详细的受力计算,同样的模板由于采用的材料差异较大,因而单位质量相差较大,导致成本差异较大。笔者曾对某BOT项目所购置钢模板进行统计,总长约60km的公路,仅桥梁、涵洞施工所需平面钢模板就达6 000t,平面模板(包括背肋)每平方质量均在150kg以上,若通过优化后,可节约至少

1 000t,数量非常可观。

本文以3.0m×1.5m平面钢模板为例,主要介绍桥梁施工中所用的钢模板受力的基本计算方法。

关键词 高速公路桥梁 平面钢模板 受力分析

一、模 板 设 计

1. 模板设计

模板采用Q235材质钢材,单块模板长3.0m,高1.5m,面板采用5mm厚钢板,纵、横向背肋除边沿采用∠80×8mm角钢外,其余均采用[8槽钢,背肋间距0.375m。背楞采用双[10槽钢,布置于1.5m高度方向,间距0.9m。螺栓采用ϕ20mm普通螺栓。模板设计示意图如图1所示。

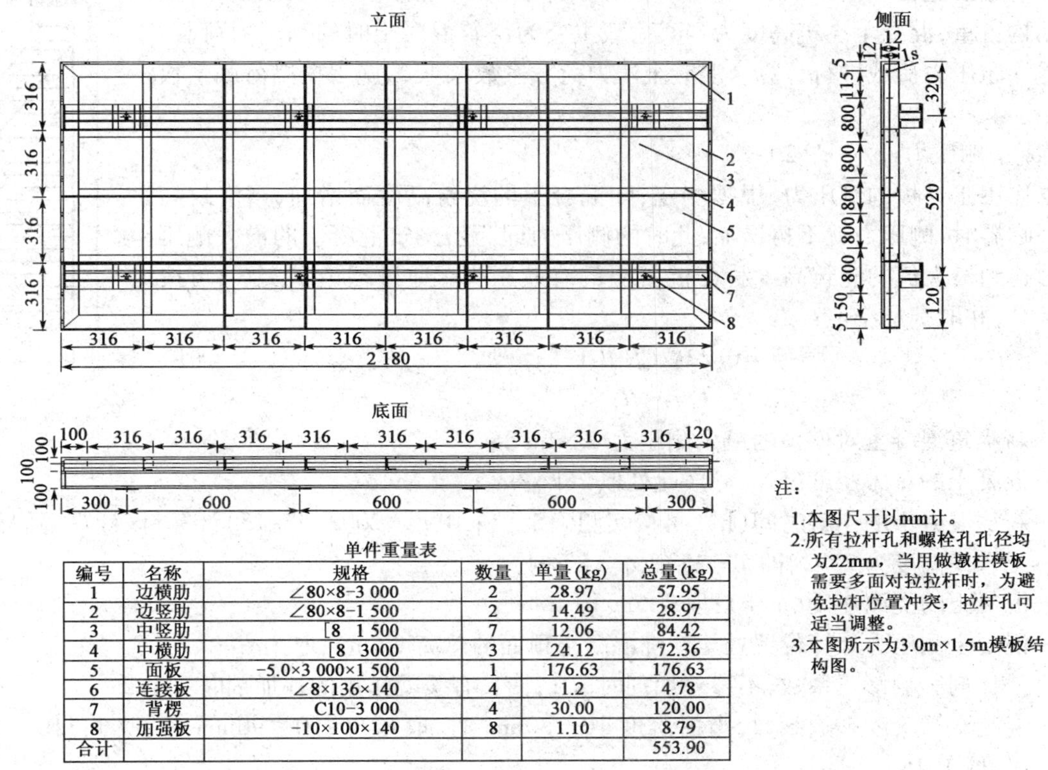

单件重量表

编号	名称	规格	数量	单量(kg)	总量(kg)
1	边横肋	∠80×8-3 000	2	28.97	57.95
2	边竖肋	∠80×8-1 500	2	14.49	28.97
3	中竖肋	[8 1 500	7	12.06	84.42
4	中横肋	[8 3000	3	24.12	72.36
5	面板	-5.0×3 000×1 500	1	176.63	176.63
6	连接板	∠8×136×140	4	1.2	4.78
7	背楞	C10-3 000	4	30.00	120.00
8	加强板	-10×100×140	8	1.10	8.79
合计					553.90

图1 模板示意图

2. 模板受力验算

取单块模板为受力模型,忽略缀板连接件的作用,结合实际的施工荷载综合考虑。主要验算面板、背肋、背楞及拉杆受力。

二、计 算 参 数

1. 主要构件参数

(1)模板构件规格(表1)

模板构件规格表 表1

杆件名称	型 号	材 质	杆件名称	型 号	材 质
面板	5mm厚钢板	Q235	背楞	双[10槽钢	Q235
中竖肋、中横肋	[8槽钢	Q235	拉杆	ϕ20圆钢	Q235
边横肋、边竖肋	∠80×8角钢	Q235			

(2)验算参数标准(表2)

验算参数取值表　　表2

序号	类　型	范围值	符号意义
1	强度要求	满足钢结构设计规范	
2	结构表面外露的模板容许挠度值 ω	$\iota/400$	ι——模板构件计算跨度
3	钢模板面板的变形	<1.5mm	
4	钢模板钢棱、柱箍的变形	≤3.0mm	
5	弯曲应力 σ_{ω}	181MPa	
6	抗拉、抗压轴向力 σ	175MPa	
7	跨中挠度	$\leq\iota/400$	

2. 设计荷载及组合

考虑结构自重，混凝土浇筑高度为8m，荷载主要为浇筑混凝土时的侧压力荷载，按面板上受均布压力荷载进行计算。混凝土压力荷载系数取1.2，施工振捣荷载系数取1.4。

(1)混凝土侧压力计算(图2)

混凝土作用于模板的侧压力，根据测定，随混凝土的浇筑高度而增加，当浇筑高度达到某一临界时，侧压力就不再增加，此时的侧压力即为新浇筑混凝土的最大侧压力。侧压力达到最大值的浇筑高度称为混凝土的有效压头。通过理论和实践，可按下列两式计算，并取其最小值：

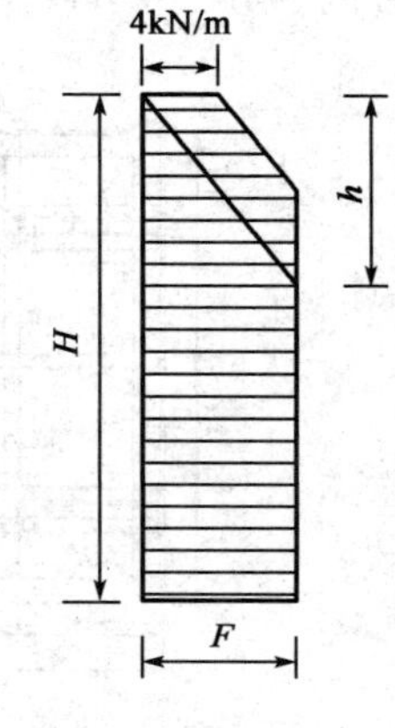

图2　侧压力计算

$$F=0.22\gamma_c t_0\beta_1\beta_2 V^{1/2} \tag{1}$$

$$F=\gamma_c H \tag{2}$$

式中：F——新浇筑混凝土对模板的最大侧压力(kN/m^2)；

γ_c——混凝土的重力密度(kN/m^3)，此处取$26kN/m^3$；

t_0——新浇混凝土的初凝时间(h)，可按实测确定。采用$t_0=200/(T+15)$计算；该计算书假设混凝土入模温度为25℃，即$T=25℃$，$t_0=5℃$；

V——混凝土的浇灌速度(m/h)；取2.5m/h；

H——混凝土侧压力计算位置处至新浇混凝土顶面的总高度(m)，取8m；

β_1——外加剂影响修正系数，不掺外加剂时取1；掺具有缓凝作用的外加剂时取1.2；

β_2——混凝土坍落度影响系数，当坍落度小于30mm时，取0.85；50～90mm时，取1；110～150mm时，取1.15。

(2)混凝土侧压力

$$\begin{aligned}F&=0.22\gamma_c t_0\beta_1\beta_2 V^{1/2}\\&=0.22\times26\times5\times1.0\times1.0\times\sqrt{2.5}\\&=45.2(kN/m^2)\end{aligned}$$

$$F=\gamma_c H=26\times8=208(kN/m^2)$$

取两者中的较小值，$F=45kN/m^2$。

有效压头高度：

$$h=F/\gamma_c=45/26=1.74(m)$$

(3)振捣混凝土荷载

混凝土产生的水平荷载标准值取$2.0kN/m^2$。

(4)倾倒混凝土荷载

倾倒混凝土产生的水平荷载标准值取$2.0kN/m^2$。

(5)计算荷载取值

$$q=45.2\times1.2+4\times1.4=60(kN/m^2)$$

综上，大模板混凝土侧压力标准值为 45kN/m²，设计值为 60kN/m²。

三、模板受力验算

1. 面板验算

将面板视为支撑在背肋上的三跨连续梁计算，取计算长度 1 000mm（面板长度 3 000mm），板宽度 $b=$ 1 500mm，面板为 5mm 厚冷轧钢板，背肋间距为 375mm。

（1）强度验算

作用在面板上的线荷载为：

$$q_1=ql=60\times1=60(\text{N/mm})$$

面板最大弯矩：

$$M_{\max}=\frac{q_1l^2}{10}=\frac{60\times375\times375}{10}=0.84\times10^6(\text{N}\cdot\text{mm})$$

面板的截面系数：

$$W=\frac{bh^2}{6}=\frac{1}{6}\times1500\times5^2=6.25\times10^3(\text{mm}^3)$$

弯曲应力：

$$\sigma=\frac{M_{\max}}{W}=\frac{0.84\times10^6}{6.25\times10^3}=134.4(\text{N/mm}^2)<f_{\text{m}}=181(\text{N/mm}^2)\text{，满足要求}$$

（2）挠度验算

挠度验算采用标准荷载，同时不考虑振动荷载的作用，则线荷载为：

$$q_2=45\times1=45(\text{kN/m})$$

面板挠度：

$$\omega=\frac{q_2l^4}{150EI}$$

$$=\frac{45\times300^4}{150\times2.1\times100\,000\times1.56\times10^4}$$

$$=0.74(\text{mm})<[\omega]=\frac{375}{400}=0.94(\text{mm})\text{，且小于 1.5mm，满足要求}$$

其中，面板截面惯性矩：$I=bh^3/12=1500\times5^3/12=1.56\times10^4(\text{mm}^4)$。

2. 背肋验算

[8 槽钢作为竖肋支承在横向背楞上，可作为支承在横向背楞上的连续梁计算，其跨距等于横向背楞的间距最大为 $L=900$mm。

[8 槽钢的线荷载为：$q_3=ql=60\times0.375=22.5(\text{N/mm})$。

L－10 号槽钢之间的水平距离，取 $L=900$mm。

（1）强度验算

最大弯矩：

$$M_{\max}=\frac{1}{10}q_3L^2=0.1\times22.5\times1\,000^2=2.25\times10^6(\text{N}\cdot\text{mm})$$

[8 槽钢截面系数：

$$W=2.53\times10^4(\text{mm}^2)$$

应力：

$$\sigma=\frac{M_{\max}}{W}=\frac{2.25\times10^6}{2.53\times10^4}=88.9(\text{N/mm}^2)<f_m=181(\text{N/mm}^2)\text{，满足要求}$$

其中：[8 槽钢截面惯性矩：$I=101\times10^4(\text{mm}^4)$。

(2)刚度验算

挠度验算采用标准荷载,同时不考虑振动荷载的作用,则线荷载为:

$$q_4 = 45 \times 0.375 = 16.9(\text{kN/m})$$

跨中挠度:

$$\omega = \frac{q_4 l^4}{384}EI = \frac{16.9 \times 900^4}{(384 \times 2.1 \times 10^5 \times 101 \times 10^4)}$$

$$= 0.14\text{mm} < [w] = 2.25\text{mm},\text{且小于 } 3\text{mm},\text{满足要求}$$

$[\omega]$为容许挠度,$[\omega] = L/400, L = 900\text{mm}$。

3. 背楞验算

双[10 槽钜作为主背楞支承在对拉螺杆上,可作为支承在拉杆上的连续梁计算,其跨距等于对拉拉杆的间距,计算取 $L_1 = 1\,000\text{mm}$。

(1)强度验算

侧压力作月在槽钢上的荷载为:

$$q_5 = 60 \times 1 = 60(\text{kN/m})$$

最大弯矩:

$$M_{\max} = \frac{1}{10}q_5 L^2 = 0.1 \times 60 \times 1\,000^2 = 6 \times 10^6(\text{N} \cdot \text{mm})$$

应力:

$$\sigma = \frac{M_{\max}}{W} = \frac{6 \times 10^6}{79.4 \times 10^3} = 75.6(\text{N/mm}^2) < f_m = 181(\text{N/mm}^2),\text{满足要求}$$

其中,双10号槽钢截面系数:

$$W = 39.7 \times 2 \times 10^3 = 79.4 \times 10^3(\text{mm}^3)$$

式中:f_m——钢材抗弯强度设计值,取 181N/mm^2;

I——10号槽钢的惯性矩,$I = 198 \times 10^4\text{mm}^4$;

E——钢材弹性模量,取 $2.1 \times 10^5\text{N/mm}^2$。

(2)刚度验算

挠度验算采用标准荷载,同时不考虑振动荷载的作用,则线荷载为:

$$q_6 = 45 \times 1 = 45(\text{kN/m})$$

悬臂部分挠度:

$$\omega = \frac{ql^4}{8EI} = \frac{45 \times 300^4}{(8 \times 2.1 \times 10^5 \times 2 \times 198 \times 10^4)} = 0.05(\text{mm}) < [\omega] = 0.75(\text{mm}),\text{且小于 } 3\text{mm},\text{满足要求}$$

式中:$[\omega]$——容许挠度,$[\omega] = 300/400, L = 300\text{mm}$。

跨中部分挠度:

$$\omega = ql^4(5 - 24\lambda)/384EI$$

$$= 45 \times 1\,000^4 \times (5 - 24 \times 0.2)/(384 \times 2.1 \times 10^5 \times 198 \times 2 \times 10^4)$$

$$= 0.03(\text{mm}) < [\omega] = 2.5(\text{mm}),\text{且小于 } 3(\text{mm}),\text{满足要求}$$

式中:$[\omega]$——容许挠度,$[\omega] = L/400, L = 1\,000\text{mm}$。

λ 为悬臂部分长度与跨中部分长度之比,$\lambda = 0.6/3 = 0.2$。

4. 拉杆计算

对拉拉杆采用 D20 拉杆;纵向间距为 900mm,横向间距为 800mm。

对拉拉杆经验公式如下:

$$N \leqslant Af$$

式中:N——对拉拉杆所承受的拉力的设计值,取混凝土的侧压力;

A——对拉拉杆净截面面积(mm^2),$A=314mm^2$;

f——对拉拉杆抗拉强度设计值,取$f=175N/mm^2$。

$$N=0.9\times0.8\times60=43.2(kN)$$

$$Af=314\times175/1\,000=55(kN)>43.2kN,满足要求$$

四、结　语

高速公路建设已经向西部山区纵深发展,由于山区桥隧比较高,桥梁多跨越沟谷,且涵洞较多,注定桥梁高墩较多,桥梁下部结构、上部结构及涵洞等混凝土结构对钢模板的需求量较大。钢模板在公路桥梁施工中应用非常广泛,其购置成本占总成本较大比例。而这些模板一般可以考虑通用,在确定平面钢模板构造时,应根据实际需求,统筹考虑,通过对模板进行系统的设计、验算,避免盲目确定模板构件尺寸,造成资源浪费。

参考文献

[1] 中华人民共和国国家标准.GB 50017—2003　钢结构设计规范[S].北京:中国计划出版社,2003.

[2] 中华人民共和国国家标准.GB 50005—2003　木结构设计规范[S].北京:中国建筑工业出版社,2004.

[3] 中华人民共和国国家标准.GB 50009—2012　建筑结构荷载规范[S].北京:中国建筑工业出版社,2012.

[4] 中华人民共和国行业标准.JTG/T F50—2011　公路桥涵施工技术规范[S].北京:人民交通出版社,2011.

[5] 周水兴.路桥施工计算手册[M].北京:人民交通出版社,2001.

78.山区薄层软基路堤填筑破坏分析及其处治措施研究

杨　杰

(贵州省桥梁建设集团有限公司)

摘　要　针对贵惠高速公路软基路堤填筑试验路堤,采用有限元数值模拟方法对其破坏过程、破坏机理和变形特征进行分析,并与实测结果进行了对比。结果表明,采用有限元方法能够较准确地得到填筑路堤的极限高度,并有效地分析填筑路堤的稳定与变形性状。在此基础上,提出了确保路堤稳定与变形满足要求的地基处治措施。

关键词　软基路堤　有限元法　路堤破坏　处治措施

一、引　言

在西部山区山间槽谷地段普遍存在软土地基,在其上填筑高速公路路堤,其施工期的路堤稳定及使用期的路基变形,即稳定与变形性状,成为山区软基路堤修筑说共同关心的问题。软基路堤的稳定与变形性状受所处地基和地形条件等的影响较大。山区软基与沿海及平原地区软基相比,最明显的特点是软基厚度较薄,一般为3~8m,且分布不均匀。这必然导致路堤的变形和其破坏形态,与沿海及平原地区深厚层软基路堤明显不同。对软基路堤的稳定与变形众多学者进行过研究。赵九斋等基于现场试验及观测结果,分析了连云港地区天然软土地基上的填筑路基的变形及破坏性状。王晓谋等基于现场实测结果,分析了软土路堤的变形。这些研究对分析软基路堤变形和认识其破坏机制,提供了良好的实证依据。随着数值模拟技术的发展,国内外很多研究者采用有限元数值模拟方法,分析研究软基路堤的稳定与变形机制。Vaughan 讨论了土体性质对填筑路堤的影响,并采用有限元方法进行了对比分析,Zdravkovic等分析了软土地基上填筑路基的破坏及变形性状。邓卫东采用非线性弹性有限元方法,分析了路堤的破坏与变形特征,得到了影响路堤变形和破坏的主要因素及规律。刘世川等则采用非线性 Duncan-Chang 模型,分析了高填路堤的形变和应力等的变化规律。本文针对贵州贵惠高速公路一薄层软基路堤填筑试验,采用弹塑性有限元法,分析其变形与破坏性状,并根据分析计算,提出修筑方案。

二、试验路堤工程概况及沉降变形特征

试验路堤位于贵阳至惠水高速公路第一合同段,该段全长12km,沿线有软土地基路段30余处,软土层厚度多在3~5m之间,工程性质极差,地基稳定和沉降决定投资规模和施工工期。为确定地基变形和破坏模式、天然地基填筑极限高度和路堤设计临界高度,选取合适的地基稳定计算参数,确定合理的地基处理规模和合适的路基填筑控制速率,以指导全线软土路基的设计和施工,项目业主决定选取 K5+100~K5+200 段进行路堤填筑试验。

K5+100~K5+200 段为山间U形槽谷地形,场地基本为水田,地势低洼,地表常年积水。地质钻探揭示,场地地层自上而下为:

(1)种植土:成分为黏土,软塑,黑褐色,厚0.1~0.3m;

(2)淤泥:浅灰色,流塑—软塑,厚1~5m,夹有少量石屑及树根;

(3)强风化泥岩:黄褐色,厚3~5m;

(4)基岩:泥岩,黄褐色。

其中淤泥土主要物理力学指标如表1所示。

淤泥土主要物理力学参数　　表1

天然密度(kN/m^3)	含水率(%)	孔隙比	液限(%)	塑限(%)
16.9	48.3	1.27	52.4	23.6

直接快剪强度参数		三轴固结不排水强度参数			
C(kPa)	Φ(°)	C_{CU}	Φ_{CU}(°)	C'	Φ'(°)
13	7.2	20.4	14.5	19.5	18.6

压缩模量 E_S=1 300kPa、渗透系数 $K=8.8X10^{-4}$m/d

路堤设计填高12m,地基处理采用清除表面杂草,设置50cm碎片石屑垫层。路堤于2012年4月18日开始填筑,4月28日路堤填筑高度为7m,以后由于连续降雨,5月2日路堤坡脚外1m左右地基土隆起,与此同时左侧路堤出现裂缝,其中第一条贯穿裂缝距路堤顶边缘8m左右,裂缝宽度为5cm左右,第二条贯穿裂缝距路堤顶边缘11m左右,裂缝宽度3cm左右。其裂缝及路堤破坏表观形态如图1所示。

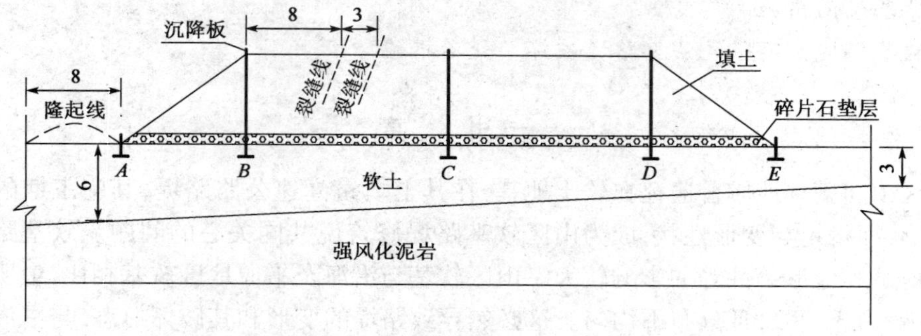

图1　典型路堤断面示意图(尺寸单位:m)

在路堤填筑过程中进行了沉降观测，其沉降观测结果如图 2、图 3 所示。

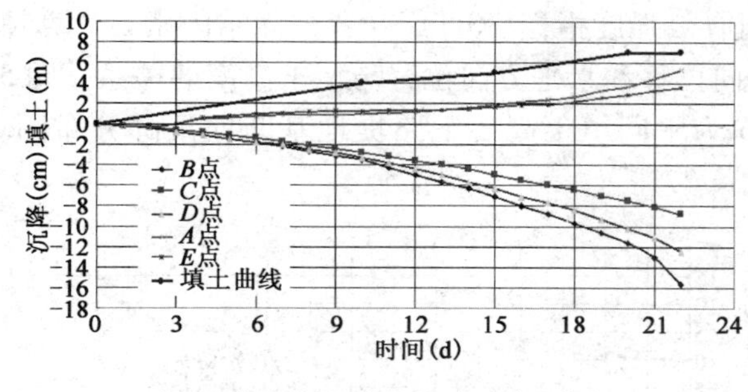

图 2 典型路堤时间—沉降—填土曲线

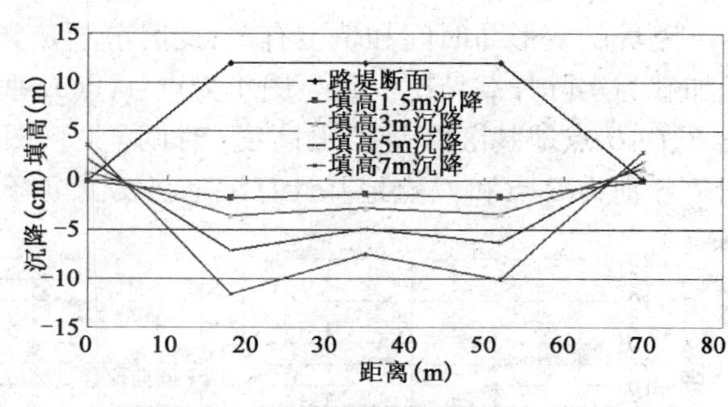

图 3 不同填高断面沉降曲线

由沉降曲线可以看出：

(1)路堤填高在 4m 以内时，坡脚内地基沉降速率和沉降量都不大，最大沉降速率小于 0.5cm/d。当填土高度超过 5m 时，地基沉降速率加快，但也小于 1cm/d。

(2)路堤坡脚处的垂直变形，在填土高度小于 1.5m 时，沉降变形随着填土高度的增加，坡脚垂直位移变形为隆起。

(3)路堤填高超过 5m 后，随着填土高度的增加，地基沉降速率和沉降量发展较快，特别是当填土高度达 7m 时，*B* 点沉降发展较快，沉降速率接近 1cm/d。在下雨过程中，沉降进一步发展，沉降速率达到 1.5m/d左右。但 *C* 点沉降速率没有明显加快。

(4)路堤断面沉降表现为堤顶边缘附近对应的地基点沉降，明显大于路堤中心点对应的地基沉降，这与熟知的路堤中部沉降大的规律不同。

我国公路路基设计规范规定，路堤中心线地面沉降速率每昼夜为 1.0 ~ 1.5cm，而实际上对于本试段路堤破坏时，其路堤中心线下地面昼夜沉降速率始终小于 0.5cm。可见对于山区薄层软基路堤施工稳定采用路堤中心点地面沉降进行控制并不适合。

三、路堤变形与破坏分析

根据本路堤的填筑情况，本文采用弹塑性有限元方法分析讨论路堤变形与破坏性状。有限元分析中填筑路堤的横截面如图 1 所示，图中 *A* ~ *E* 为计算特征点。计算分析时，假定为平面应变问题，平面应变有限元网格划分如图 3 所示。

有限元分析分别采用表 1 所示的直接快剪指标(ZB1)、三轴试验固结不排水总应力指标(ZB2)和有效应力指标(ZB3)。相连 ZB1 模拟的是快速施工，地基不排水情况，ZB2、ZB3 模拟的是考虑固结情况。考虑固结采用比奥固结理论。所有的岩土体均采用 Mohr-Coulomb 模型。初始应力场按地基自重应力考虑，并采用逐步激活填筑路堤单元的方法，以真实模拟路基的分步填筑施工的力学行为。各土层采用的计算参数如表 2 所示。

有限元分析计算参数 表 2

名称		排水条件	密度	弹性模量	渗透系数	抗剪强度	
			kN/m³	kPa	m/d(10^{-5})	*C*(kPa)	*Φ*(°)
填土		排水	20	25 000		10	28
风化土		不排水	22	30 000	88.0	50	35
基岩		不排水	24	50 000	0.1	200	35
碎石垫层		排水	19	25 000		5	30
软土	直剪	不排水	17	1 300	8.8	13	7.2
	总应力			1 300		15.7	14.5
	有效应力法			1 300		13.8	17.6

1. 路堤变形分析

路堤的变形与时间和填土有关，此时分析应该采用有效强度指标（ZB3），并考虑固结因素。计算填土加载与实际加载情况一致。图4为点A、点E垂直方向位移和水平方向位移与填土高度的关系。图5为B、C、D点地基沉降与填土高度（时间）关系图，图6为不同填土高度下路堤地基断面沉降分布图。图7分别为B点和C点地基计算沉降与实测沉降曲线。

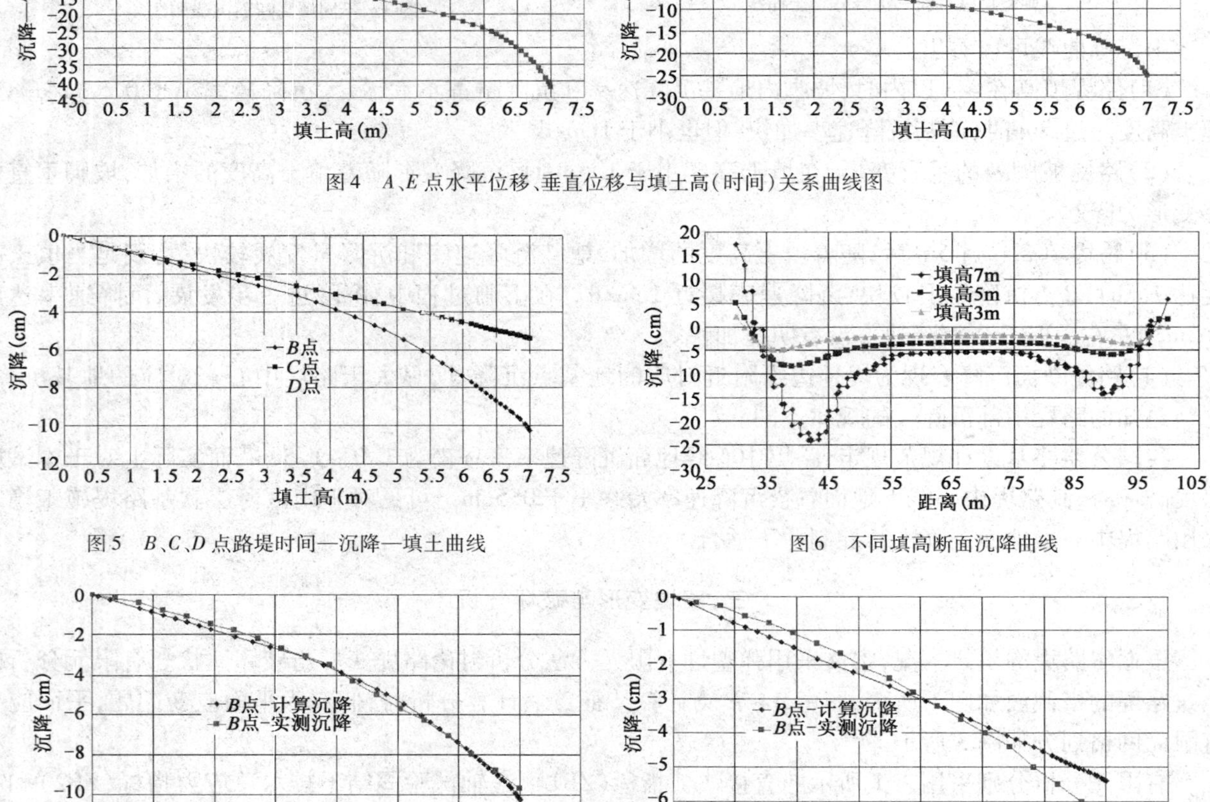

图4　A、E点水平位移、垂直位移与填土高（时间）关系曲线图

图5　B、C、D点路堤时间—沉降—填土曲线

图6　不同填高断面沉降曲线

图7　B、C点实测沉降与计算沉降对比系曲线图

由图可以看出：路堤填筑初期，各特征点的水平位移和竖向位移都随路堤填筑高度的增加呈线性增加，且增加速度较缓慢，而随着路堤填筑高度的增加至一定值时，在路堤中心线附近外的地基，无论水平位移，还是竖向位移都迅速增大，直至路堤破坏。值得注意的是：

（1）坡脚点的水平位移和竖直位移（图4），在接近路堤的临界高度时，表现为变形速度明显加快，而且有明显的拐点，就本路堤而言，当路堤填筑高度超过6m时，出现变形明显加快的拐点。

（2）路堤中心及其附近，地基的沉降与路堤高度始终呈线性关系，即使是路堤达到临界高度也是如此，这主要是是由于软基层较薄，而且路基较宽，使得路堤中心附近的地基基本处于弹性压缩状态所致。因此，对于山区薄层软基路堤，不能用路堤中心点的沉降大小来控制路堤施工的稳定性。

（3）在路基横断面方向，地基沉降表现为路堤边缘部位沉降明显大于路堤中心部位沉降，且越是接近路堤的临界高度，这种趋势越明显。这种规律与沿海深厚层软基路堤明显不同。这说明，通常通过增加路基横坡的方式，弥补路基横向不均匀沉降的方式，对山区薄层软基路堤是不合适的，也是错误的。

(4)从图7计算沉降与实测沉降的对比曲线看出,计算沉降与实测沉降基本接近,这说明采用有限元进行软基路堤的分析计算,具有较高的可行性。

2. 路堤破坏分析

为分析路堤的破坏情况,本文采用ZB1、ZB2、ZB3三种指标进行分析。采用有限元法进行路堤的破坏分析,通常使用塑性区分布、剪应力分布以及变形分布进行综合判断。图8为采用直接快剪指标(ZB1)计算的路堤填高7m时路堤变形网络图,图9为相应的塑性区分布图(图中黑色点为拉伸点塑性点,红色为剪切塑性点)。图10为采用总应力强度指标(ZB2)计算的在路堤填筑7m高时路堤变形网络图,图11为相应的塑性区分布图。图12为采用有效应力强度指标(ZB3)计算的在路堤填筑7米高时路堤变形网络图,图13为相应的塑性区分布图。图14、图15分别为路堤填高4m、6m时采用有效强度指标(ZB3)计算得到的塑性区开展情况图。

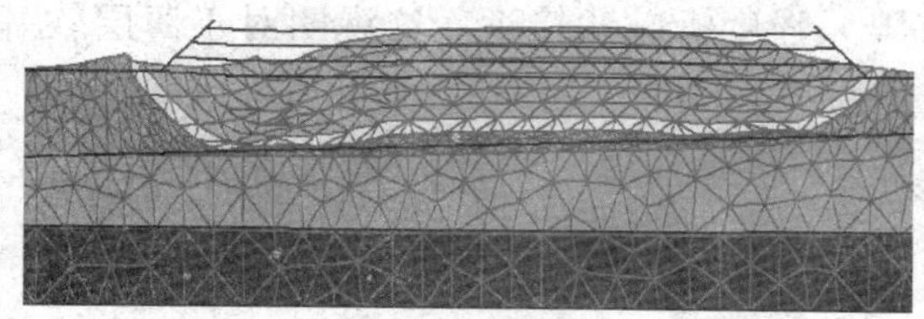

图8 ZB1计算路堤7m高网络变形图

图9 ZB1计算路堤7m塑性区开展图

图10 ZB2计算路堤7m高网络变形图

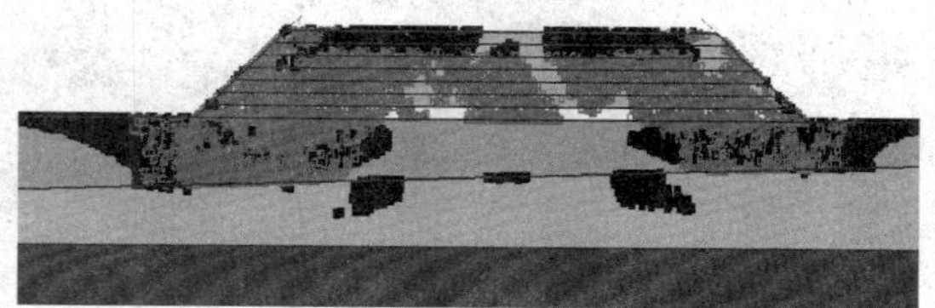

图11 ZB2计算路堤7m高塑性区开展图

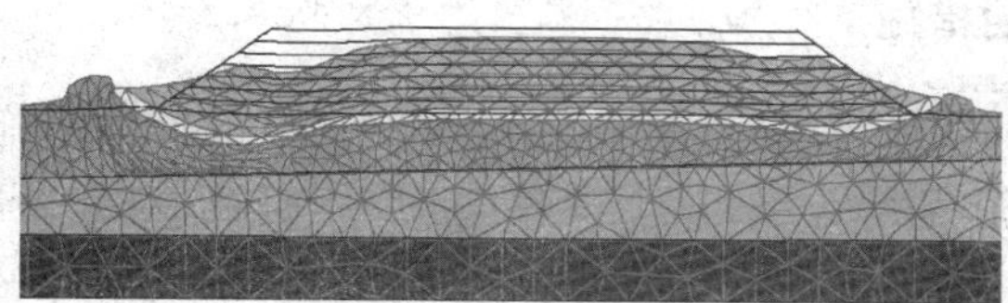

图12 ZB3计算路堤7m高网络变形图

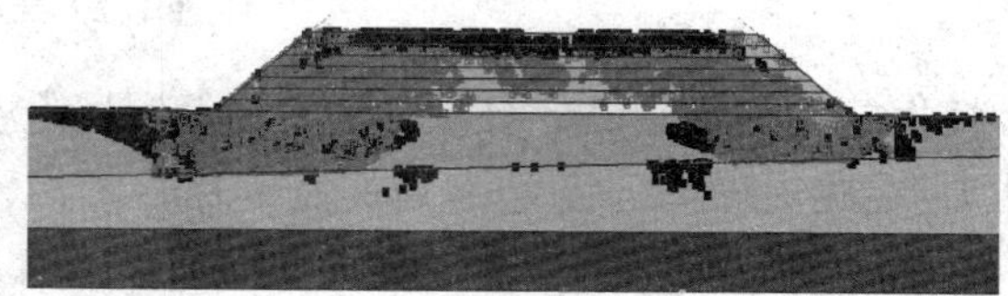

图13 ZB3计算路堤7m高塑性区开展图

图14 ZB3计算路堤4m高塑性区开展图

图15 ZB3计算路堤6m高塑性区开展图

由图可看出:

(1)不同填筑高度时的塑性区开展宽度是不同的的,随着填筑高度的增加,土体的塑性应变开展深度及范围都逐渐增大,当塑性区贯通时,路堤及地基趋于破坏。

(2)不同的计算条件,塑性区开展情况也不同。在不排水条件下(ZB1),塑性区主要由剪切引起,变形网络表现为路堤侧向变形较小。在排水条件下(ZB2、ZB3)塑性区开展既有剪切破坏又有拉伸破坏。在路堤破坏时,剪切破坏区连成一片,形成贯通地基及路堤的剪切破坏区,拉伸破坏主要在路堤顶部和坡脚附近,且侧向变形较大,地基处于挤压破坏,破坏面并不呈圆弧状,更接近于复合滑动面或折线形滑动面。比较排水条件下的网络变形,假定堤顶变形突变点为路堤开裂点,则对于ZB2情况,其开裂点距堤顶边缘13m左右,ZB3情况距堤顶边缘10m左右。与实测结果相比ZB3情况跟接近。

为进一步分析路堤稳定性变化，可采用有限元强度折减法求得各阶段的稳定安全系数。图16为强度折减法求得的稳定安全系数与路堤高度的关系。从图中可以看出，当路堤高度为6m时，路堤的稳定安全系数就接近1.0，当路堤高度为7m时，ZB1计算的路堤稳定安全系数为1.001，ZB3计算的路堤稳定安全系数为0.978，ZB3计算的路堤稳定安全系数为0.945。为对比，使用ZB1指标采用极限平衡法进行稳定性计算，滑动面分别选取圆弧形和折线形，其结果如图17所示。对圆弧滑动面，其安全系数为1.006，对折线滑动面其安全系数为0.944，有限元强度折减法求得的安全系数与极限平衡法求得的安全系数十分接近。值得注意的是折线形滑动面安全系数较圆弧形滑动面小，且更与有限元强度折减法接近。这说明对于薄层软基，采用圆弧形滑动面进行稳定性计算，可能会高估路堤的稳定性，而采用折线形滑动面更为合适。

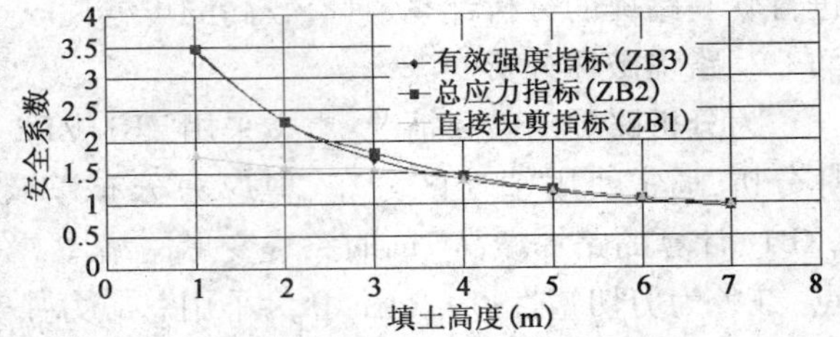

图16　安全系数与路堤填高的关系图

a)圆弧滑动面

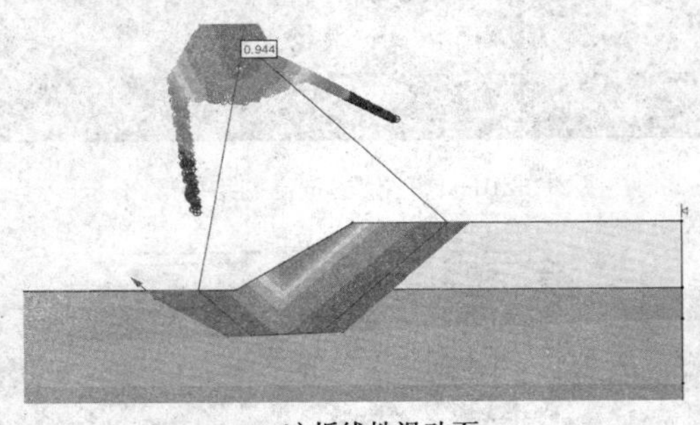

b)折线性滑动面

图17　极限平衡法计算的滑动面情况

四、路堤填筑处治措施

根据前述变形与破坏分析，结合工程具体情况，提出加固坡脚、适当反压、控制填土速度的处治措施。具体为：在路堤坡脚处设置5～8m宽碎片石渗沟，沟深为软基层深度，其上设置2m反压护道，对开裂部分，下挖3m，并设置土工格栅，然后采用控制填筑速度的方法进行路堤填筑。路堤填筑速度由稳定性控制。根据计算，确定的填筑总时间为100天，预压60天其剩余沉降就满足规定的工后沉降小于10cm的要求。图18路堤填筑不同高度塑性区的开展情况。图19为安全系数随填土高度变化关系，图20为孔隙水压力消散情况。

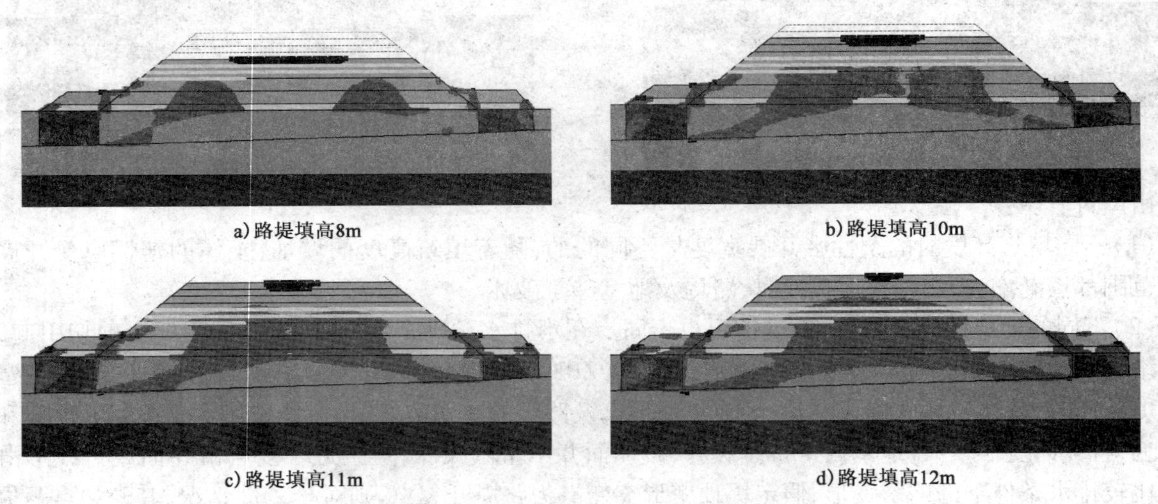

a)路堤填高8m　　b)路堤填高10m

c)路堤填高11m　　d)路堤填高12m

图18　不同高度路堤塑性区的变化

由图 18 可以看出,由于增加了反压,坡脚处特殊设置了碎片石排水渗沟,既加固了坡脚,又加快了排水速度,使路堤在施工过程中的安全系数始终大于 1.3,路堤处于稳定状态。事实上,本路堤采用该方案,已顺利修建完成,且目前使用状态良好。特别值得注意的是,由于坡脚碎片石排水渗沟的存在,使得塑性区开展不能贯通,确保了路堤的稳定性,可见对于山区薄层软土地基,采用加固坡脚的方式,可取得良好的加固效果。

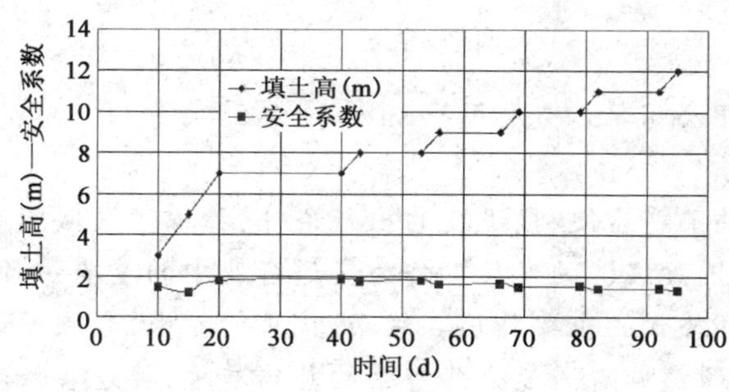

图 19 安全系数随填土高度的变化

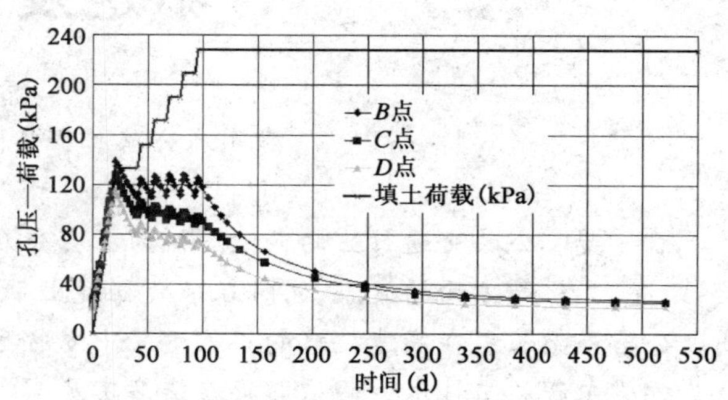

图 20 孔隙水压力消散情况

五、结　　语

依据贵惠高速公路软基试验路堤的现场试验结果,采用有限元法模拟分析计算,得到如下结论:

(1)路堤填筑初期,各点的水平位移和竖向位移随填筑高度呈线性增加,且增加速度较慢。随着路堤填筑高度的增加,塑性区逐渐开展,其范围逐渐增大,至一定填筑高度时,无论水平位移,还是竖向位移都迅速增大,塑性区逐渐开展并贯通,直至路堤及地基破坏。

(2)对于薄层软基路堤,路堤中心及其附近地基的沉降与路堤高度始终呈线性关系,即使是路堤达到临界高度也是如此。因此,对于山区薄层软基路堤,不能用路堤中心点的沉降大小来控制路堤施工的稳定性。

(3)在路基横断面方向,地基沉降表现为路堤边缘部位沉降明显大于路堤中心部位沉降,且越是接近路堤的临界高度,这种趋势越明显。这种规律与沿海深厚层软基路堤明显不同。这说明,通常通过增加路基横坡的方式,弥补路基横向不均匀沉降的方式,对山区薄层软基路堤是不合适的,也是错误的。

(4)对于薄层软基路堤,软基处治采用加强坡脚的措施,可取得更好的处治效果。

参考文献

[1] 赵九斋,龙国英,徐啸海,等. 土工织物加固路基和天然路基对称破坏及其分析[J]. 岩土工程学报;1991,13(2):73-81.

[2] 赵九斋. 连云港软土路基沉降研究[J]. 岩土工程学报,2000,22(6):643-649.

[3] 王晓谋,袁怀宇,贾其军,等. 路堤下河滩相软土地基变形研究[J]. 中国公路学报,2003,16(2):22-26.

[4] VAUGHANPR. Assumption, prediction and reality in geotechnical engineering[J]. Geotechnique,1994,44(4):573-609.

[5] ZDRAVKOVIC L,POTTS D,HIGHT D W. The effect of strength anisotropy on the behaviour of embankments on soft ground[J]. Geotechnique,2002,52(6):447-457.

[6] 邓卫东. 高填路堤稳定性研究[D]. 西安:长安大学, 2003.

[7] 刘世川,刘国明. 高填路堤的非线性有限元分析[J]. 福州大学学报(自然科学版);2005,33(4):513-517.

[8] 郑颖人,赵尚毅,张鲁渝. 用有限元强度折减法进行边坡稳定性分析[J]. 中国工程科学,2002,4(10).

79. 探讨高速公路桥梁施工技术的不足及改进措施

雷青松
（贵州省公路工程集团有限公司第八分公司）

摘　要　公共交通行业的繁荣不仅为社会公众提供了更为便利、迅捷的出行条件，拉近了区域间政治、经济、文化等方面的交流，同时在很大程度上带动了国民经济的发展。作为交通行业中的重要纽带，高速公路桥梁工程在高速公路的正常运营中发挥了不可替代的重要作用。然而，就目前看来，我国高速公路桥梁工程施工技术方面依旧存在诸多不足，这些问题影响着高速公路桥梁的整体质量，其危害性较为严重，需要得到及时的改进与优化。

关键词　高速公路桥梁　施工技术　不足　改进措施

与传统地面公路相比较，我国高速公路桥梁的发展时间较短，其施工技术依然存在不完善因素，因此当前我国高速公路桥梁的整体质量与运行效果存在一定的问题。基于此，国家需要对这些问题追根溯源，并积极实施有效的改进措施，对高速公路桥梁施工技术进行有效的改善与优化，从而提高我国高速公路桥梁运营的整体性水平，为人们的出行创造更为安全、便利、高效的交通条件。

一、我国高速公路桥梁施工技术存在的不足

1. 难以适应桥梁施工难度增大的趋势

高速公路桥梁施工是一项综合性与系统性较强的任务，并且随着时代的发展与变迁，国民经济的发展对我国交通事业提出了更为严峻的要求，并且社会公众对高速公路桥梁施工质量的要求越来越高。而高速公路桥梁工程的建设范围与规模日益扩大，从而施工现场的地形条件与地质环境的复杂再到规划路线的复杂，再加上施工的桥梁墩墩身的增高，我国高速公路桥梁施工面临着一个又一个的难题。在这样的背景下，我国高速公路桥梁的施工亟须对施工技术进行改进与完善，从而适应桥梁施工难度增大的发展趋势。然而受各种不利因素的影响，我国高速公路桥梁工程在基础施工、墩柱施工、支架设计、钢筋施工、模板施工等方面的技术依然存在不足，不能与先进国家的高速公路桥梁施工相提并论，缺乏先进的技术理论支持与高端技术人才的参与，因此难以与高速公路桥梁工程的迅猛发展相适应。

2. 不能符合施工质量提高的要求

当前，我国高速公路桥梁施工技术在可行性、科学性与精确度方面依然存在不足，各项施工技术的制定不能对施二位置所处的地形、地貌、工程地质、地震动参数、气象、水文等因素进行充分的参考，且施工技术在实施之前没有经过可行性试验的验证与考察。而当前国民经济的发展以及人民生活水平的日益提高对高速公路桥梁施工质量提出了更高的要求，然而施工技术精确度不高直接导致高速公路桥梁工程的施工不够精细，细节性问题难以得到有效的处理，为整个工程埋下了安全隐患与质量缺陷。在工程施工过程中，施工技术难以结合工程的变更进行及时的调整与重新规划，使得一些施工工序、步骤、环节存在衔接困难的问题，如此对工程施工质量的提高造成了不利影响。

二、高速公路桥梁施工技术的改进措施与优化对策

1. 改进施工放样

在高速公路桥梁工程施工之前，需要对其施工现场进行清理、整平，并根据设计单位提供的控制点与

水准点用全站仪、RTK、水准仪进行施工放样，并布设精确的控制网，以满足高速公路桥梁的施工要求。如果放样的精确度不符合施工标准，就需要重新进行放样，并在放样过程中对测定长度进行精密的计算，同时对边线与轴线的位置以及地面高程进行科学的确定，在监理工程师验收合格以后才可以进行下一阶段的施工。

2. 优化支架搭设与验算

对于墩柱的脚手架而言，其作用主要是为垂直运输提供支撑，因此，要想保证桥梁不产生大幅度的变形，除对支架有相应的强度要求，足够的纵、横、斜三个方向的连接杆来确保支架的整体性之外，还需要提高支架基础的可靠性与稳固性，目的在于防止沉陷值超出施工要求；对于支架的搭设来说，首先需要对基土进行清平、夯实，然后需要隔绕墩柱进行碗扣件的支架的搭设；对于常规的扣件式钢管脚手架而言，在搭设之前需要进行严格的力学计算，对其传力途径进行确定，结构的杆件中立杆底段的受力比较大，因此需要对地基与主杆底段进行重点计算。在计算过程中还需要对恒荷载与活荷载进行充分的考虑，并对脚手架搭设时根据载荷的分布情况与大小对立杆的稳定性与刚度等参数进行重复的验证，对于参数的误差需要保证在允许范围之内。

3. 钢筋工程技术的优化措施

在高速公路桥梁钢筋工程的施工过程中，需要严格按照监理工程师所审批的支架方案进行搭设，并在墩柱搭设完成之后进行钢筋绑扎施工。与此同时，对钢筋的加工需要在制作棚中进行，钢筋在经过调直、切割、弯曲、焊接、捆扎等工序之后才能成型。并在钢筋加工完成之后对其进行编号与统一存放，在运至施工现场之后吊至相应的施工平台进行焊接或者绑扎处理，焊接时需要将墩柱的主焊接头错开，保证接头钢筋面积比钢筋总面积低 25%。在钢筋的绑扎过程中，箍筋接头需要在四角错开，弯钩长度需要保证与抗震、设计的具体要求相符合，同时将中心点的误差控制在 0~0.02m 范围以内。

4. 模板工程技术的优化对策

考虑墩台身的结构，需要使用加大的大块组合特制定型钢板进行施工，用两块半圆形模板进行组合而成，并保证模板每节高度在 1.5m 左右。并需要保证模板面的平整，对其提高尺寸的精确度，便于以后的拆装，同时还需要确保其接缝处紧密相连接，保证其在多次重复使用之后不发生变形。在安装时，必须采用机械吊装的方式，在对模板安装之前进行尺寸检查，确保安装位置满足结构设计要求，同时还需要保证安装的稳定性与牢固性，防止对混凝土振捣时出现漏浆、跑浆等问题。

5. 强化混凝土浇筑施工技术

高速公路桥梁中的墩身高度较高，因此对于单个墩柱混凝土而言，一次成型难以实现，这就需要采取分次浇筑的形式。并在浇筑过程中尽可能降低工作缝的出现频率，保证接缝处足够平整、严密，确保其浇筑外观一致。在墩身、台身没有达到终凝状态之前，不允许泛水，并在正式浇筑时，对工作台进行稳固，然后使用混凝土输送泵进行浇筑。如果距离比较大，通常选择二次泵送的方式，并需要安排专业人员对支架、模板、钢筋、锚杆螺栓等构件进行严格而仔细地检查，保证其位置与尺寸的精确度，同时还需要确保混凝土配合比与施工工艺的要求相符合。在此之外，混凝土的振捣也足够重要，当混凝土预制构件达到标准强度的 25%~50% 时，可以将部分模板进行拆除，在满足设计强度之后，需要将所有模板拆除，拆除模板之后还需要对墩身及台身进行养护，并定期洒水或者使用养生布包裹保养。

三、结 语

作为我国公路交通行业的重要组成部分之一，高速公路桥梁工程承担着重要的交通运输任务，并与我国国民经济的发展及社会主义现代化的建设息息相关。因此，高速公路桥梁工程的参建者与管理者需要协同合作，积极发展工程施工技术方面存在的各项不足，并采取有效的措施对其进行改进与优化，从而提高我国高速公路桥梁工程的整体质量，促进我国交通事业的可持续发展。

参考文献

[1] 霍玉明. 公路软土路基处理加固施工技术分析[J]. 江西建材，2015，02：153.

[2] 李洋,耿立学.高速公路路面病害的成因与对策分析[J].门窗,2015,01:251.
[3] 潘忠华.高速公路软土路基变形控制与现场检测分析[J].科技创新与应用,2015,01:124.

80.钢绞线斜拉索防护体系技术研究

张 恒 陈炜锋
(重庆万桥交通科技发展有限公司)

摘 要 随着钢绞线斜拉索的应用越来越多,其防护措施必须引起足够的重视。本文从钢绞线斜拉索的防护体系入手,介绍了各个防护方式的防护要点,为今后工程中钢绞线斜拉索防护提供全面的技术措施,为工程实践提供参考。

关键词 钢绞线斜拉索 防护 PE 油脂 锚具

斜拉索分为平行钢丝斜拉索和钢绞线斜拉索。由于钢绞线斜拉索具有单根挂索、单根张拉,运输和起吊设备小,安装迅速、快捷、可靠度高,受施工环境、安装时间限制小等特点,已逐渐被桥梁建设者们接受和认可,尤其在超大吨位斜拉索方面具有比平行钢丝斜拉索更强的优势。我国平行钢绞线体系出现时间虽然不长,但发展势头相当迅猛,在国内一些新建的斜拉桥中被广泛应用。

虽然钢绞线斜拉索使用的时间较晚,但仍然有不少桥梁发生过钢绞线斜拉索防护失效而换索,经济损失巨大,因此钢绞线斜拉索防护不足问题必须引起足够的重视。本文调研了近几十年来国内外钢绞线斜拉桥运营中拉索的病害情况,针对斜拉索的失效问题,结合生产制作工艺,分析了斜拉索防护系统的防护水平和斜拉索损伤的主要原因,研究了斜拉索的防护方法及措施,总结出了钢绞线斜拉索体系的防护措施。

一、钢绞线斜拉索防护体系

钢绞线斜拉索通常由锚具、索体和防护三部分组成。造成斜拉索系统防护失效原因主要有三种,一是索体钢绞线的金属腐蚀,二是外护套HDPE的老化腐蚀,另一种是锚具的锈蚀。目前,对钢绞线斜拉索体系采取以下几种方式进行防护:钢绞线镀锌、外涂防腐油脂或石蜡、单根钢绞线热挤单层HDPE层、整体索外包HDPE双层护套等防腐蚀措施,极大地增强了钢绞线的耐蚀性和使用寿命。

钢绞线斜拉索防护体系主要由锚具保护罩、外护套HDPE管、防腐油脂等组成(图1)。图2为钢绞线斜拉索断面图。

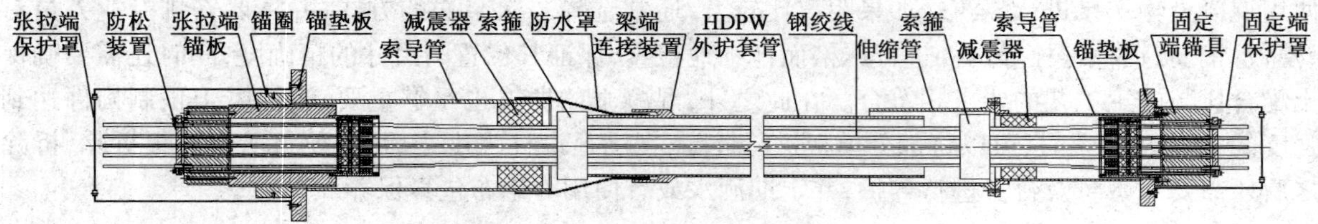

图1 钢绞线斜拉索体系结构图

二、钢绞线防护研究

斜拉索索体长期暴露在空气中,由于空气中的水分、氧气和锈蚀介质(如雨水中杂质、烟尘、表面沉积物等联合作用)的化学和电化学作用而引起金属锈蚀。金属的锈蚀是最常见的腐蚀形态,会显著降低金属材料的强度、塑性、韧性等力学性能,因此要做好索体钢绞线金属的防锈蚀工作。它的防锈蚀措施有4层,表面镀锌再涂防腐油脂,外层挤单层HDPE,索体加HDPE双层外护套管。

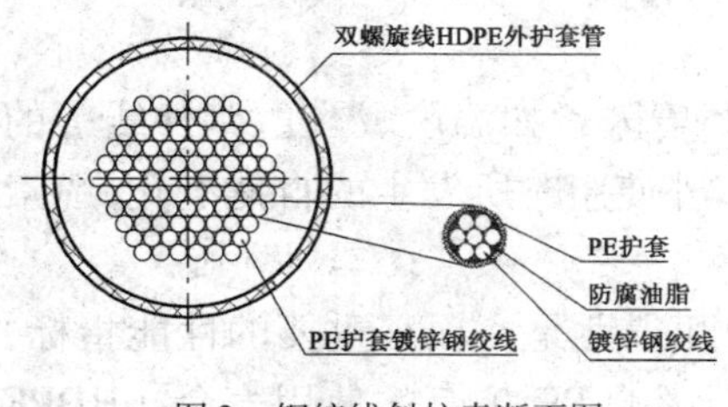

图2 钢绞线斜拉索断面图

1. 镀锌层防护

目前市场上对斜拉索用钢绞线的裸体防护主要有两种,一是镀锌涂层,二是环氧土层。镀锌钢绞线防腐采用热镀锌技术,及将经过表面处理的盘条经拉丝后浸入温度在450～460℃的熔融锌液中,并采用中频感应加热低温短时间退火,消除拉拔产生的内应力并达到低松弛强度的目的,经稳定处理后形成锌铁合金层覆盖在整个钢丝表面。其防腐机理是牺牲阳极的阴极保护法,在腐蚀介质中,锌原子失去电子变成阳离子发生腐蚀,钢作为阴极受到保护。环氧涂层钢绞线是采用静电喷涂或低温熔涂技术,将熔融的环氧雾化后喷涂到钢丝表面,经过烘干后形成环氧涂层,从而将钢绞线与空气分隔开,达到防腐的目的。

热镀锌具有成本低、工艺简单、镀层牢固、外观漂亮、使用寿命长等优点,是一种历时最为悠久的镀层防护法;环氧涂层钢丝具有工艺特殊、成本低、镀层颜色可调、耐酸碱盐性能优越,是一种新兴的防护法。在实际生产施工中,由于在生产、安装过程中,有时会划伤涂层表面,一旦涂层破坏,环氧涂层防腐效果大大降低,镀锌钢丝采用阳极牺牲法,在表面锌层有磨损的情况下,锌层依然作为阳极依然被先消耗,防腐效果损失不大。

2. 防腐油脂防护

市场上的防腐油脂种类很多,选择合适的桥梁缆索用防护油脂通常要考虑桥梁所处的环境条件,即空气温度、湿度、粉尘及腐蚀性介质等防护部位周围的状况。当相对湿度较大时,常导致水汽的凝聚,对防护油脂产生侵蚀、腐蚀,导致防护油脂变质而失去其应有的防护性能。另外,桥梁所处环境温度也是影响选择防护油脂的主要因素之一,温度高低会影响油脂的黏度变化和氧化变化,进而降低油脂的防护性能。因此,所选用的防腐油脂必须经相关试验满足一定的性能参数后方可采用,其试验和性能参数见表1、表2。

防腐油脂性能参数 表1

序号	项目		质量指标	结果	试验方法
1	工作锥入度(0.1mm)		265～295	294	GB/T 269
2	滴点(℃)		不低于160	162	GB/T 4929
3	水分(%)		不大于0.1	0.09	GB/T 512
4	腐蚀试验(45号钢片,100℃,24h)		合格	合格	SH/T 0331
5	蒸发量(99℃,22h)(%)		不大于2.0	0.7	GB/T 7325
6	钢网分油(100℃,24h)(%)		不大于8.0	4.2	SH/T0 324
7	氧化安定(99℃,100h,78.5×10^4Pa)	A. 氧化后压力下降(Pa)	不大于14.7×10^4	13.3×10^4	SH/T 0325
		B. 氧化后酸值(mgKOH/g)	不大于1.0	0.4	GB/T 264
8	盐雾试验(45号钢,14d)(级)		不大于2	1	SH/T 0081
9	对套管的兼容性(65℃,40d)	A 吸油率(%)	不大于10	4.9	HG 2-146
		B 拉伸强度变化率(%)	不大于30	11.2	GB 1040

防腐油脂试验验收标准 表2

特性		试验方法	验收标准
凝结点		NFT 60-128	≥65℃
-20℃时的灌入度(1/10mm)		NFT 60-119	无裂痕
40℃时的渗油点		BS2000:PT121(1972)修订版	≤0.5%
100℃下100h的抗氧化性		ASTM D942	≤0.03MPa
防腐	35℃下168h	NFX41-001(盐雾)	通过
	35℃下168h	NFX41-002(蒸馏水喷雾)或ISO/DIS9227	无腐蚀
腐蚀性元素的含量	C_1,S_2,NO_3	NFM 07-023	≤50ppm(0.005%)
	SO_4	NFM 07-023	≤100ppm(0.010%)

3. HDPE 护套防护

高分子材料在加工、储存和使用过程中，不可避免地会受到各种环境因素如温度、湿度、紫外线等的作用而导致性能的下降，出现老化，其中最受关注的是高分子材料在室外使用时所发生的自然老化，缆索系统的防护层即属于此类腐蚀。

斜拉索用钢绞线护套防护在选取护套材料时，材料的耐环境应力开裂性是一项很重要的性能指标，当弯曲半径较小时，在环境应力作用下，PE护套很容易产生开裂，从而影响PE护套的使用寿命。HDPE具有密度较大，力学强度、熔点和硬度较高的特点，同时可应用各种先进技术改善和提高HDPE的其他性能。实际应用的是以HDPE为基料的护套用料，其中都含2.5%左右的炭黑，并已加入了抗氧剂以保持HDPE加工和成型后的热稳定性，使之具备吸湿性小、耐磨性好、耐寒性好、耐化学药品性好、易加工及良好的耐环境应力开裂性等优点。斜拉索用钢绞线HDPE性能参数见表3。

HDPE 性能参数　　表3

序号	项目	单位	pH 指标
1	密度	g/cm^3	0.942～0.965
2	熔体流动速率	g/10min	≤0.45
3	拉伸断裂应力	MPa	≥25
4	拉伸屈服应力	MPa	≥15
5	断裂标称应变	%	≥400
6	硬度		≥50
7	拉伸弹性模量	MPa	≥500
8	弯曲弹性模量	MPa	≥550
9	冲击强度	kJ/m^2	≥25
10	软化温度	℃	≥115
11	耐热应力开裂	F_0/h	≥96
12	耐环境应力开裂	F_0/h	≥5000
13	冲击脆化温度耐热老化	℃	< −76
14	拉伸断裂应力变化率	%	±20

4. HDPE 双层外护套管

HDPE双层外护套管的材料性能与钢绞线HDPE护套料性能一致。由于施工原因影响，其关键指标一是抗拉强度需达到20MPa以上，断裂伸长率达到600%以上，以避免施工时发生断裂现象，二是由于处在阳光下，暴露在空气中，其抗老化性能必须达到标准要求，以保证使用寿命。

因为桥梁外观的需要，HDPE双层外护套管为双层，黑色塑料的抗老化性能最好，一般用作内层PE，外层HDPE可以选择与环境色彩协调的多种颜色。亮丽的外层PE除了美观、改善缆索单一色彩外，还能对太阳光产生反射，减少内层黑色PE的受光量。双螺旋线斜拉索具有高强度、低松弛、抗疲劳、防风雨激振和外形美观的特点，同时具有抗风雨激振的性能，因此具有更强的环境适应能力和抗老化性能的双螺旋线外护套管在桥梁上大量使用，提高了桥梁的使用寿命。

三、过渡段防护关键点

在钢绞线斜拉索的防护中，最关键的地方是在预埋管口处，因为雨水最主要进入的地方在这个位置。这里的防护措施有效地阻止水进入预埋管，可以使钢绞线斜拉索的寿命大幅提高。

钢绞线斜拉索自由段的各种保护措施，并不能完全适用于拉索从一端连续到另一端，尤其不适用于拉索过渡段（即从预埋管进口处到锚固段的预应力钢材的护套）的保护。目前工程上采用的整体式桥面连接器（图3），它采用整体成型加工方式，抗剪切性能较好，与外护套HDPE管的连接采用对接热熔焊方式,焊接强度高,外护套 HDPE 管延长放置在索箍上,HDPE 管沿拉索轴向重力分量直接传递到索箍上,连接器不参与受力,可保证其使用寿命,与不锈钢防雨罩相连接后,能确保雨水不能渗入预埋导管中去。

图3 整体式桥面连接器

四、锚具防护研究

锚具与索体的连接是腐蚀防护的重要环节,这一部位是主要的损毁区域,是目前钢绞线斜拉索结构的重点难题。如果不对斜拉索的端部和锚具进行专门的防护,会造成预埋护筒管内积水,引起钢绞线和夹片锈蚀,不仅严重影响斜拉索的使用寿命,而且严重影响斜拉桥中期索力调整及将来的换索工作。

因为在钢绞线斜拉索施工阶段,分别需要在张拉端和固定端将钢绞线的外层聚乙烯保护层剥去一定长度,用于两端夹片的锚固。这样两端裸露的钢绞线就需要特殊的防护处理。锚具的防护主要是针对锚具内的裸露钢绞线、夹片以及钢绞线外露段的防护,主要依靠保护罩和密封筒构成一个密封腔,在腔内注入柔性填料达到将钢绞线及夹片与外界完全隔离的目的。

柔性填充料(图4)应具有以下功能:

(1)防止钢绞线护套、索套和锚固段内气体或液体的循环流动;

(2)提供防腐保护和作为中间隔层;

(3)减少金属构件之间的摩擦,避免摩擦损伤;

(4)柔性材料应具有较高的化学和物理稳定性。

采用柔性防护填料具有以下优势:因为使用的是柔性填料防腐,没有使用传统的环氧树脂或水泥浆封闭防护。使得钢绞线斜拉索体系具有单根可以换索的突出的优点。在桥梁通车使用后,可以随时观察两端锚固区的填充料情况。需要的时候可以再次补充防护填充料。

图4 柔性填充料填充图

五、结　论

通过本文的研究,对于钢绞线斜拉索防护体系进行了深入的研究,从而总结了钢绞线斜拉索的防护体系,确定了防护的主要要点和参数,概括了主要的防护措施,形成了施工注意要点。

在钢绞线斜拉索的防护体系中,对各层保护措施进行了总结,在过渡段和锚具防护方面,提出了有效的防护措施。这些措施在工程实际使用后,能提高斜拉索的防护性能,有效保证钢绞线拉索的耐久性能,延长和确保钢绞线斜拉索使用寿命,保证桥梁的安全可靠性。

参考文献

[1] 凌敏.斜拉索系统的耐久性探索研究[D].北京:北京交通大学,2010.
[2] 吴文明.斜拉索耐久性和安全性探索研究[D].北京:重庆交通大学,2008.
[3] 王力力,易伟建.斜拉索的腐蚀案例与分析[J].中南公路工程,2007(1).
[4] 周孟波.斜拉桥手册[M].北京:人民交通出版社,2004.
[5] 袁胜峰.斜拉索体系的病害调查和病因分析[D].上海:同济大学,2006.
[6] 刘士林,王似舜.斜拉桥设计[M].北京:人民交通出版社,2006.
[7] 马素娟.禹门口黄河大桥双螺旋线斜拉索的生产及性能研究[J].甘肃科技,2007(3).
[8] 张恒.钢绞线斜拉索过渡段防护措施比较分析[J].公路交通技术.2014(6).

81.内蒙古景家湾大桥波形钢腹板PC组合箱梁施工关键技术研究

刘利军　李春盛　卢明智
(中交第三公路工程局有限公司)

摘　要　以准兴重载高速同类结构最大跨度的景家湾大桥(44m+3×80m+44m)主跨为背景,其施工关键技术多有创新,如波形钢腹板超前安装技术、体外预应力束无损张拉技术等,本文主要介绍这些关键技术及其应用效果,为类似工程提供借鉴。

关键词　波形钢腹板　挂篮悬浇　无损张拉　关键技术

波形钢腹板PC组合箱梁是一种新型的钢—混凝土组合结构形式,混凝土集中在了上、下翼缘板等力臂较大的区域,而中和轴附近力臂较小的区域采用了刚度小、重量轻的波形钢板,充分利用了钢和混凝土的性能,提高了材料的利用率,大大减轻了箱梁的自重。波形钢腹板PC组合箱梁采用了箱内体外预应力技术,便于桥梁的维修和补强。波形钢腹板预应力混凝土组合箱梁桥与同跨度的高强预应力混凝土桥相比可大大节约成本。波形钢腹板PC组合箱梁桥巧妙地结合钢和混凝土,提高了结构的稳定性、强度及材料的使用效率,是一种值得推广的新型桥梁结构形式。

本文结合准兴重载高速同类结构最大跨度的景家湾大桥(44m+3×80m+44m)主跨波形钢腹板PC组合箱梁施工,开展了多项技术攻关,取得了《波形钢腹板预应力混凝土箱梁》(ZL2014 2 0105485.6)《波形钢腹板箱梁挂篮装置》(ZL 2014 2 0403133.9)和《预应力张拉装置》(ZL 2014 2 0403007.3)三项国家实用新型专利,重点阐述施工中的关键技术。

一、工 程 概 况

景家湾大桥位于内蒙古乌兰察布市察哈尔右翼前旗土贵乌拉镇,跨越黑沟,是准格尔至兴和运煤高速公路上一座十分重要的桥梁，桥跨布置为 2×40m（装配式 T 梁）+（44m+3×80m+44m）（波形钢腹板预应力混凝土箱形梁钢构桥）+40m（装配式 T 梁），桥梁全长 449m，其中主桥采用变截面波形钢腹板预应力混凝土连续刚构箱梁，两岸引桥采用预应力混凝土 T 梁。

主桥上部构造为（44m+3×80m+44m）五跨波形钢腹板预应力混凝土连续箱梁，刚构体系。单幅主桥箱梁设计采用单箱单室三向预应力结构，主梁顶、底板采用 C55 混凝土，钢腹板采用 Q345E 钢材。根部梁高 5m，高跨比 1∶16，跨中及边跨处梁高 2.7m，高跨比 1∶29.63。

波形钢腹板厚度为 10～20mm，右幅厚度为 12～22mm，波形采用 1 600 型，波形水平幅宽 430mm，斜幅宽 430mm，斜幅水平方向长 370mm，波高 220mm。波形钢腹板与混凝土顶板用 Twin-PBL 连接，其中翼缘钢板厚 16mm，宽 450mm，开孔钢板厚 16mm，高 160mm，开椭圆形孔，贯穿 Φ28 钢筋。

箱梁单“T”共分 9 段悬臂浇筑，0 号梁段长 6.4m，其余 1～8 号梁段长为（2×320+6×480）cm，过渡墩现浇段长度为 420cm，边跨合龙段为 160cm，中跨合龙段长 320cm。主桥按 P3～P6 号桥墩共四个“T”对称悬浇现浇施工，除 0 号、1 号号梁段采用搭设托架浇筑完成外，其余梁段采用挂篮悬浇，悬浇左幅最重梁为 111 393.95kN，右幅最重梁为 132 116.12kN。边跨现浇段设置托架与钢管柱支撑浇筑。全桥合龙顺序为：先边跨、再次边跨、最后中跨。建成后的景家湾大桥如图 1 所示。

图 1 建成后的景家湾大桥

二、施工创新技术

1. 钢腹板安装技术

1）防腐层清理

由于钢腹板在出厂时进行了三层防腐处理（环氧富锌、环氧云铁、聚氨酯面漆），所以在焊接钢腹板时必须要把焊缝位置的防腐层清理掉，保证焊接质量，由工人打磨波形钢腹板焊接部位的防腐涂料。

2）钢腹板吊装

波形钢腹板按照预先编好的顺序，分为左右两组依次使用塔吊提升（图 2），按照施工图纸所提供的倾斜角度使用高强螺栓进行临时固定连接。图 3 为波形钢腹板吊装图。

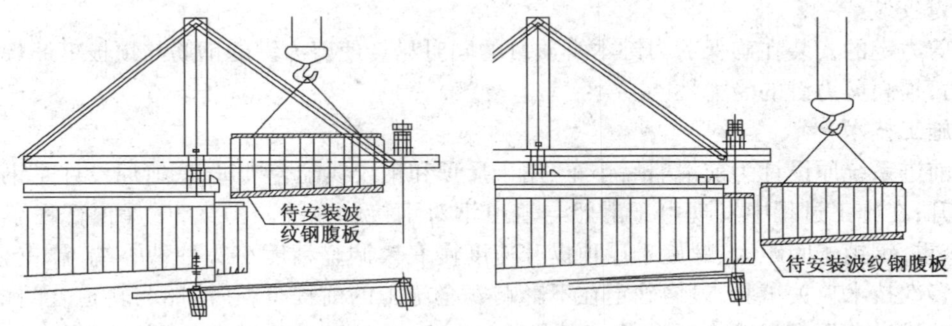

图 2 波形钢腹板吊装工艺示意图

3）波形钢腹板精确定位

安装波形钢腹板前，可在底模板标记出波形钢腹板位置，以保证位置准确，避免底板钢筋与波形钢腹板的下翼缘连接件互相干扰。波形钢腹板安装（图 4）时，通过松、紧四角手拉葫芦精确定位，使用内侧的拉筋和外部的钢管固定，通过复测，再对个别波形钢腹板进行微调，使波形钢腹板的纵向轴线在同一直线上，在拼接时尽量减少安装钢腹板产生的初应力。

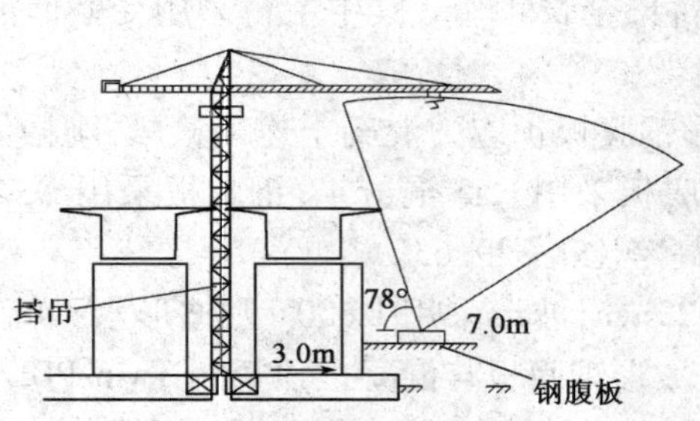

图3 波形钢腹板吊装图

图4 波形钢腹板安装图

4)波形钢腹板的焊接

采用施工方便、保证质量的二氧化碳气体保护焊的方法进行施工。

由于景家湾大桥所在地位于风口地段、风多、风大、对钢腹板的焊接进度及焊接质量影响很大。项目技术人员和钢腹板作业队经过多次研究、试验,最后成功制作出了防风罩,克服了大风钢腹板施工的影响,提高了进度、保证了质量。为避免钢腹板焊接与其他工序交叉作业干扰,提高操作工效,经结构分析与现场试验相结合,在节段混凝土浇筑后48h即安装、定位下个节段的钢腹板,实施焊接操作。

5)剪力键安装

埋入式剪力键的安装在确保剪力键本身质量的同时尽量使剪力键的钢筋与顶板钢筋焊接,以连成整体,共同受力,提高剪力键的受力性能。

2. 挂篮施工技术

挂篮的前进系统原设计为前滑船后小车、用千斤顶和钢绞线配合推进,底篮原设计是钢吊带连接,螺旋千斤顶提升;在施工过程中发现由于滑船与轨道钢对钢接触摩擦阻力大,千斤顶行程小,挂篮推进困难、钢吊带笨重,钢销子间距大、螺旋千斤顶提升速度慢底模调整精度小等种种弊端,严重影响了进度与质量。经过多次技术攻关试验,最终确定在不影响安全施工的前提下,在滑船与轨道之间增加钢滚轴用10t手拉葫芦,推进使用Φ32精轧螺纹钢代替吊带,用10t手拉葫芦代替千斤顶,这样就提高了挂篮推进底模调整速度和底模调整精度,为按时完工赢得了时间。改进后的挂篮如图5所示。

3. 体外束无损张拉技术

1)施工准备

对新到场的预应力材料进行试验,主要对体外束钢绞线的抗拉强度、弹性模量等力学性能指标以及锚具裂缝探伤、夹片硬度进行检测。

对张拉机具配套标定,辅助机具调试,编写张拉计算书。

对施工人员进行安全技术交底。

图5 改进后的挂篮

2)穿体外束

将体外束钢绞线编号穿过锚垫板及转向器,因体外束无管道定位在箱内悬空,为减少钢绞线预紧后的材料浪费,建议对其在悬空最低点处使用支架托起,再行切束。

穿束时还应提前套入填充橡胶护管,为减震装置的安装做好准备。

3)安装锚具、夹片

剥除张拉端的环氧树脂,安装体外束专用锚具、夹片,各根钢绞线孔位对齐,锚具紧贴锚垫板。

4)安装千斤顶

依照图6进行张拉设备的装配工作。

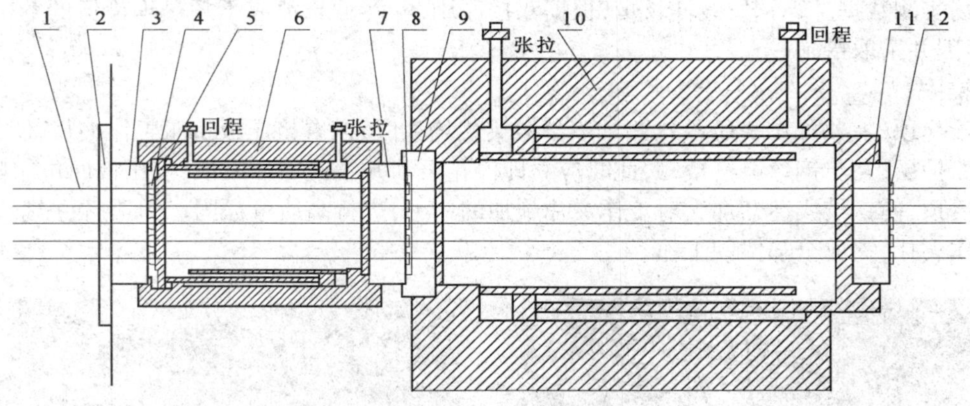

图6 张拉设备装配图

1-体外束钢绞线;2-锚垫板;3-工作锚具;4-工作夹片;5-挤压板;6-小千斤顶;7-后工具锚具;8-后工具夹片;9-限拉板;10-千斤顶;11-前面工具锚具;12-前工具夹片

5)体外束单股预紧

对每股钢绞线使用前卡式千斤顶进行预紧张拉,张拉力控制在设计张拉力的5%,作为初装拉力,张拉程序为:$0 \rightarrow 5\% \sigma_{con}$,预紧效果如图7所示。

6)低应力锚固

前卡式千斤顶缓慢回油,前工具夹片夹紧体外束,完成低应力锚固。

7)整体张拉

体外束不同于普通预应力的张拉,每束采用两个顶同时对称进行,而体外预应力束的张拉是每束用四个千斤顶进行张拉,两个正顶两个反顶(图8)。正顶的作用是张拉环氧涂层钢绞线,反顶的作用是环氧涂层钢绞线张拉完成后锁定夹片用。体外束张拉是在箱梁内箱里边进行张拉,由于张拉千斤顶比较笨重,而且在内箱起吊设备根本无法起到作用,所以给张拉带来很大困难。因此项目专门为张拉体外束设计一种由卷扬机、滑轮等组成的简易起重工具,克服了这一困难。

图 7　体外束钢绞线单股预紧效果图

使用千斤顶开始整体张拉，张拉时前工具夹片处于受力状态，后工具夹片不受应力的作用。完成一个行程回油，后工具夹片处于受力状态，前工具夹片不受应力的作用。工作夹片由小千斤顶中的挤压板限位，后工具夹片由限位板限位，前工具夹片使用圆管打紧完成倒顶工作，重复张拉直至设计吨位。

张拉倒顶的过程中，张拉力始终在前、后工具锚间转换，由后工具锚代替了工作锚受力，使工作夹片始终不受应力作用。

张拉程序为：$5\%\sigma_{con}$→$10\%\sigma_{con}$→$20\%\sigma_{con}$→倒顶→$100\%\sigma_{con}$→持荷 5min。

8）计算伸长量

通过现场实测数据计算钢绞线伸长量，根据双控原则，实际伸长值应不超过理论值的 6%，否则停止施工，查明原因并采取措施。

9）反顶锚固

开动小千斤顶（实物如图 9 所示），当油表读数突然增大时，内置挤压板挤压工作夹片，使其剥落钢绞线环氧树脂保护层，并与钢丝严密接触，此时应立即停止泵油并缓慢回油反顶，挤压板回位。随后大千斤顶缓慢回油反顶，使钢绞线逐渐加大对工作夹片施加的应力，进行高质量锚固。卸顶后，拧紧工作锚具的螺丝锁死工作夹片，完成全部锚固工作。

图 8　工人正在安装体外束正反向千斤顶

图 9　体外束配套小千斤顶实物图

10）锚头防腐处理

根据图纸对钢绞线换束放张的要求长度，使用手提砂轮切除两端多余的钢绞线，安装锚具保护装置，保护罩内灌注专用油脂防腐如图 10 所示。

11）安装减震装置

用减震橡胶片包裹填充橡胶护管并安装夹片，旋紧螺母，连接杆与减震器预埋钢板进行双面焊接（图 11）。

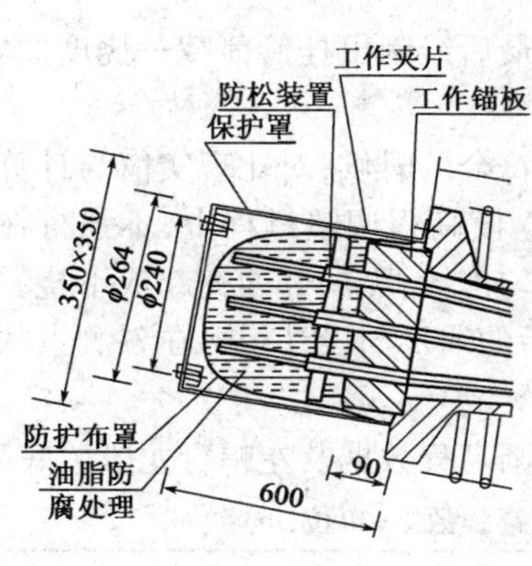

图10 锚具防腐装置(尺寸单位:mm)

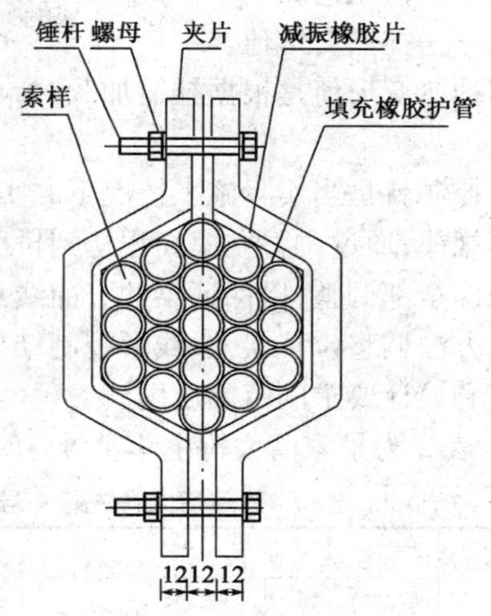

图11 减震器大样图(尺寸单位:mm)

三、监 控 技 术

1. 施工过程仿真计算

施工控制仿真计算软件采用 MidasCivil,主梁采用平面梁单元模拟,不考虑普通钢筋参与受力,考虑时间依存效果累加模型,主梁的横隔板作用以节点荷载的形式体现。模型共有 89 个节点,85 个单元,如图 12 所示。对景家湾大桥施工过程进行一次正装计算时,根据实际的施工过程将各标准梁段施工划分为移动挂篮、定位连接波形钢腹板和浇筑混凝土张拉预应力钢筋 3 个工况模拟,计算得到阶段应力和位移控制数据。

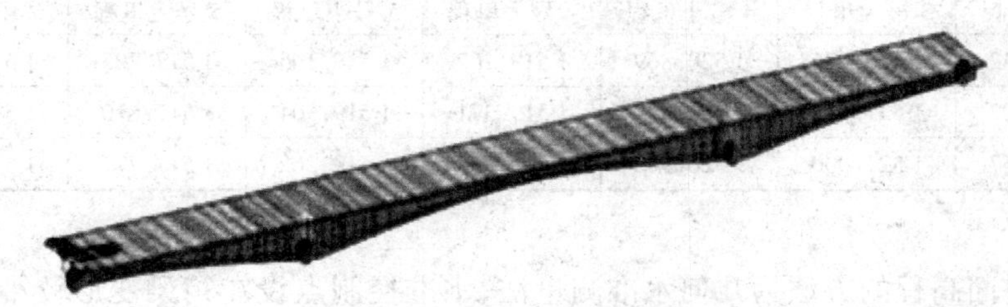

图12 上部结构有限元模型

2. 立模高程的确定

众所周知,立模高程并不等于设计中桥梁建成后的高程,总要设一定的预拱度,以抵消施工中产生的各种变形(挠度)。其计算公式如下:

$$H_{lmi}=H_{sji}+\sum f_{1i}+\sum f_{2i}+f_{3i}+f_{4i}+f_{5i}+f_{gl} \tag{1}$$

式中:H_{lmi}——i 节段立模高程(节段上某确定位置);

H_{sji}——i 节段设计高程;

$\sum f_{1i}$——由各段梁自重在 i 节段产生的挠度总和;

$\sum f_{2i}$——由张拉各节段预应力在 i 节段产生的挠度总和;

f_{3i}——混凝土收缩、徐变在 i 节段产生的挠度总和;

f_{4i}——施工临时荷载在 i 节段产生的挠度;

f_{5i}——使用荷载在 i 节段产生的挠度；

f_{gl}——挂篮变形值。

其中挂篮变形值是根据挂篮加载试验，综合各项测试结果，最后绘制出挂篮荷载—挠度曲线，进行内插而得。

高程控制就是当实际施工情况下的实测挠度与计算挠度不符合的时候，对比现实值与计算值找出实际的变形规律，通过调整立模高程达到桥面高程控制的目的。立模高程调整过程中，不强行在下一梁段施工中立即全部调整，以保证梁的竖曲线和理论竖曲线近似，均匀连续，无局部的突起或下挠。采用灰色理论控制方法调整位移误差，线形控制结果表明左右两幅成桥后的线形与设计线形在各测点的误差均控制在规范和设计要求的范围之内。

表 1、表 2 为景家湾大桥主跨 4 号 ~5 号墩左幅悬浇梁梁底调高程数据及左幅合龙段梁底高程数据。

景家湾大桥主跨 4 号 ~5 号墩左幅悬浇梁梁底高程数据(单位:m) 表 1

墩台号	4 号墩							
块号	1	2	3	4	5	6	7	8
设计高程	1 518.134	1 518.408	1 518.753	1 519.016	1 519.199	1 519.301	1 519.322	1 519.262
立模高程	1 518.162	1 518.460	1 518.805	1 519.092	1 519.277	1 519.395	1 519.424	1 519.371
成桥后高程	1 518.149	1 518.431	1 518.784	1 519.054	1 519.251	1 519.360	1 519.384	1 519.335
墩台号	5 号墩							
块号	8	7	6	5	4	3	2	1
设计高程	1 519.195	1 519.054	1 518.832	1 518.529	1 518.146	1 517.682	1 517.136	1 516.728
立模高程	1 519.304	1 519.152	1 518.928	1 518.617	1 518.219	1 517.735	1 517.19	1 516.763
成桥后高程	1 519.262	1 519.112	1 518.887	1 518.577	1 518.186	1 517.714	1 517.161	1 516.745

景家湾大桥左幅合龙段梁底高程数据(单位:m) 表 2

墩台号	边跨	次边跨		主跨		次边跨		边跨
	3 号小里程	3 号大里程	4 号小里程	4 号大里程	5 号小里程	5 号大里程	6 号小里程	6 号大里程
设计高程	1 522.542	1 520.936	1 520.869	1 519.262	1 519.195	1 517.705	1 517.653	1 516.734
立模高程	1 522.602	1 521.039	1 520.977	1 519.371	1 519.304	1 517.810	1 517.761	1 516.792
成桥后高程	1 522.567	1 521.000	1 520.942	1 519.335	1 519.262	1 517.777	1 517.719	1 516.758

3. 位移监测

监控过程测量桥面高程的方法为几何水准测量法，水准控制点设在箱梁变形较小的 0 号块，测量仪器为精度 0.1mm 的 DZ－02 水准仪。为排除日照温差引起梁体的不规则变化和施工对观测工作的干扰要求箱梁挠度观测严格安排在早晨时间段内(6:00 ~8:00)完成，要求记录开始和终了的环境温度，如观测时间超过 1h 要求每小时记录一次环境温度。每一个梁段的施工过程均分为挂篮前移、浇筑后和张拉后 3 个阶段。

表 3 和表 4 列出右幅 4 号墩 8 号块浇筑后和张拉后挠度变化情况。

右幅 4 号墩最大悬臂状态各节段挠度(浇筑后) 表 3

节 段 编 号	挠度(mm)			
	边跨		主跨	
	实测值	计算值	实测值	计算值
5	−1.0	−1.4	−0.8	−1.3
6	−2.9	−2.6	−3.4	−2.5
7	−3.8	−3.7	−4.3	−3.5
8	−6.9	−7.0	−7.4	−6.6

右幅 4 号墩最大悬臂状态各节段挠度(张拉后)　表 4

节段编号	挠度(mm)			
	边跨		主跨	
	实测值	计算值	实测值	计算值
5	1.6	1.8	1.4	1.7
6	2.2	2.2	2.5	2.1
7	3.7	3.5	3.8	3.4
8	4.6	4.3	4.9	4.2

由表 4 可见,在“浇筑后”阶段,箱梁各块段均产生向下的位移,数值随着悬臂端的伸长而逐渐增大,实测值与计算值变化规律一致,误差主要来源于混凝土弹性模量、截面几何尺寸、混凝土方量、挂篮自重、桥面临时荷载等。由表 5 可见,各块段混凝土张拉纵向预应力束后,产生向上的位移,数值随着悬臂端的伸长而逐渐增大实测值与计算值变化规律一致。误差主要由混凝土弹性模量预应力误差等造成。

4. 应力监测

应力控制是指通过定期监测与分析,及时发现施工中可能存在的异常情况,一旦发现全桥应力接近或超出安全指标,及时预警,保障施工安全。测量断面选择在主跨箱梁根部、主跨 1/4、主跨跨中、主跨 3/4;边跨箱梁根部、边跨 1/4、边跨 1/2、边跨合龙段等部位。测试仪器选择可同时测量温度的振弦式应力传感器和配套的综合读数仪。

下面以右幅为例给出 4 号墩主跨根部截面的全施工阶段实测应力与理论应力对比分析结果(图 13、图 14)混凝土实测值取顶底板左、中、右 3 个测点所采集的应力值的平均数从各施工阶段实测值与计算值的对比情况看,该断面顶板、底板混凝土的正应力值与计算值的整体变化趋势一致,随着悬臂的伸长,箱梁应力数值逐渐增大。最大压应力为 12.38MPa,最大拉应力为 0.20MPa,小于《公路钢筋混凝土及预应力混凝土桥涵设计规范》(JTG D62—2004)规定的短暂状况下混凝土压应力限值和拉应力限值。

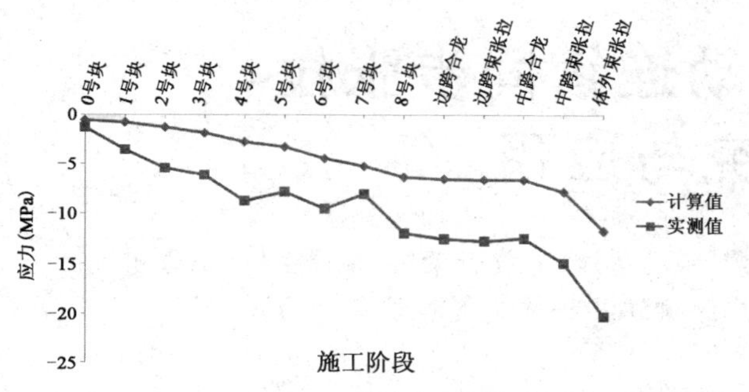

图 13　4 号墩右幅主跨箱梁根部截面顶板应力

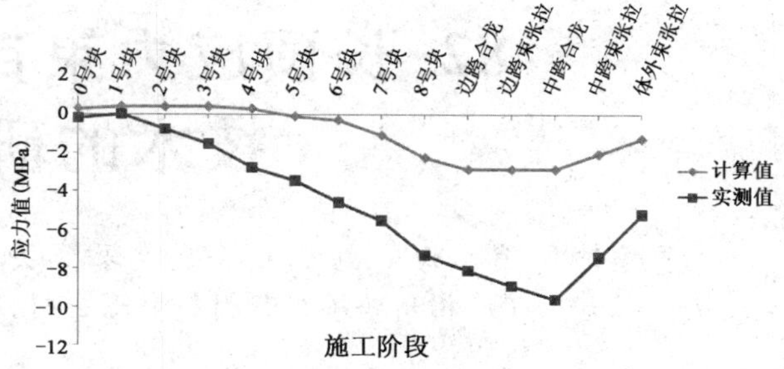

图 14　4 号墩右幅主跨箱梁根部截面底板应力

由于实测结构是空间结构,数值误差来源于施工过程中机具堆放、环境误差以及钢弦应变计测量精度等多种因素,因此只要测点稳定,变化趋势一致,施工中应力不超过规范规定的限值,就可以说明结构是安全的。

四、质量控制要点

顶板预应力波纹管定位准确,偏离过大不仅无法有效发挥预应力的作用,而且安装千斤顶张拉时极有可能与钢腹板 PBL 部位冲突。

波形钢腹板与混凝土顶、底板的连接是关系波形钢腹板预应力混凝土箱梁整体性的关键构造,景家湾大桥中波形钢腹板与混凝土顶板的连接采用 Twin-PBL 连接,与混凝土底板采用埋入式连接,与波形钢腹板间的剪力传递由填充在孔内的混凝土销及穿过孔的贯穿钢筋承担;施工中应注意保证这些抗剪部件的施工质量,以确保波形钢腹板预应力混凝土箱梁桥的整体性。

栓钉连接件布置间距与连接件的外侧边缘的间距应严格按设计要求进行控制，其必须进行焊接工艺试验，各项试验数据检验合格后方可进行正式施工。在混凝土振捣时，应避免振捣棒直接接触栓钉。

所有焊缝必须进行外观检查，不得有裂纹、未焰合、夹渣、未填满弧坑等缺陷。超声波探伤，检测结果符合国家标准《焊缝无损检测超声检测技术、检测等级和评定》(GB 11345—2013)的规定。

体外预应力转向器的角度、高度要正确，各股钢绞线编号通过转向器、锚具，避免钢绞线张拉时发生缠绕。

穿束过程中采取保护措施，防止环氧树脂受损。

因张拉后填充橡胶护管间相互挤压无法移动，按照设计采取单端张拉时，填充橡胶护管的安装要充分考虑体外束的张拉方向和伸长量，避免螺杆与预埋钢板错位无法安装。

减震装置安装时要控制螺杆的长度，严禁对体外束产生拉力或者压力。

全桥体外束张拉完成前，避免桥面出现集中荷载。运梁车等超重车辆的通过，需报设计单位进行应力验算。

全桥体外束张拉完成前，不可进行桥面系施工，张拉后上部结构起拱将导致桥面系混凝土开裂。

五、结　语

波形钢腹板PC组合箱梁桥上部结构钢腹板安装、挂篮施工、体外预应力张拉为关键工序，通过对施工关键技术的研究，顺利实现了设计意图，合龙线性，桥面高程满足设计要求，实践证明采用文中相关技术施工波形钢腹板PC组合箱梁桥是可行的，也为其他类似桥施工提供参考。

参考文献

[1] 朱万勇. 波形钢腹板PC组合箱梁设计理论与方法研究[D]. 西安：长安大学，2003.

[2] 李宏江，叶见曙. 波形钢腹板预应力混凝土箱梁的试验研究[J]. 中国公路学报，2004，17(4)：31-36.

82. 长预应力束自动连续同步张拉技术的研究与应用

罗意钟[1]　肖　云[1]　唐祖文[1]　周爱蓉[2]　吴松霖[1]　冯达康[1]　曾世荣[1]　李建兰[1]　玉进勇[1]

(1. 柳州黔桥工程材料有限公司；2. 广西柳江县科技工贸和信息化局)

摘　要　随着科学技术的发展，大跨度桥梁在工程建设中越来越普及，智能张拉作为近年兴起的预应力施工技术，已越来越多地应用于桥梁工程施工中，特别是短预应力束和单束预应力的张拉技术已日趋成熟，但普通的智能张拉设备不能有效解决长预应力束自动连续同步张拉的要求，导致施工效率低，安全隐患大，劳动强度高，施工质量无法保证。文章提出了长预应力束自动连续同步张拉技术的设计方案，可实现两束预应力筋进行同步张拉和不间断地一次完成所有行程的张拉，从而有效解决了上述问题。实践证明，该设计方案思路正确，实用性强，值得推广应用。

关键词　预应力　智能张拉　连续张拉　同步张拉　应用

一、引　言

智能张拉作为近年兴起的预应力施工技术，因其可有效解决传统张拉工艺采用人工操作，张拉精度和同步性差，安全性、耐久性无法保证的弊端，已越来越多地应用于桥梁工程施工中。该技术的应用，有力地促进了我国桥梁施工标准化的发展。应该说，智能张拉技术目前的发展成就是可喜的，特别是在短预应力束和单束预应力的张拉上(如T梁),在技术上和设备上均已较为成熟。但是,对于长预应力束和需多束预应力同时张拉的工况,还存在明显的不足:一是长预应力束无法连续张拉到位,二是在小箱梁、连续刚构梁及大跨度现浇箱梁等工况下难以实现均沿中轴线对称张拉的要求。本文提出长预应力束自动连续同步张拉的设计方案,并通过工程实例,阐述了解决上述问题的方法。

二、现有智能张拉设备的不足

1. 无法实现两束对称同步张拉

小箱梁、连续刚构梁及大跨度现浇箱梁等结构,规范要求沿中轴线对称两束同时张拉,如图1所示的1束和2束、3束和4束。但是,由于现有的设备一般是二泵二顶结构(如图2所示),一次只能张拉一束,要同时张拉两束,必须要购置两套相同的设备,不但成本高,而且由于两套设备的标定参数不一样,两个控制中心分别控制,相当于两个"大脑"各自指挥,很难保证对称同步。在实际张拉中,大多是采用单束张拉,常常导致因结构局部应力过于集中而产生梁体侧弯开裂,或者张拉不到位,甚至漏拉。

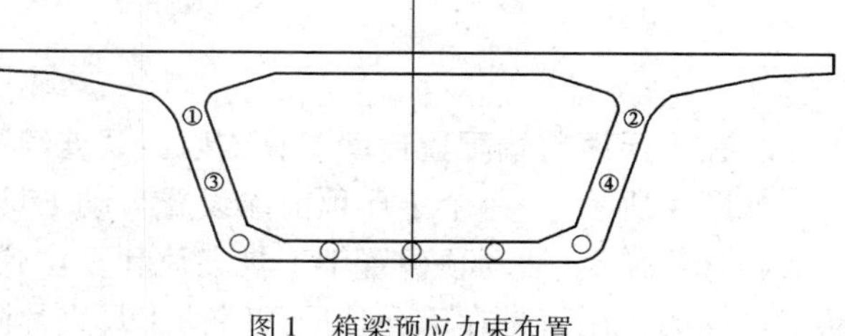

图1 箱梁预应力束布置

2. 长预应力束张拉时无法自动连续张拉到位

通常情况下,千斤顶的张拉行程为200mm,而对于长预应力束,往往需要多个行程才能张拉到位,因此,每张拉完一个行程,就要停机,拆卸,重新安装,再次张拉,不仅效率低,人工成本高,而且因负载作业而存在安全隐患。

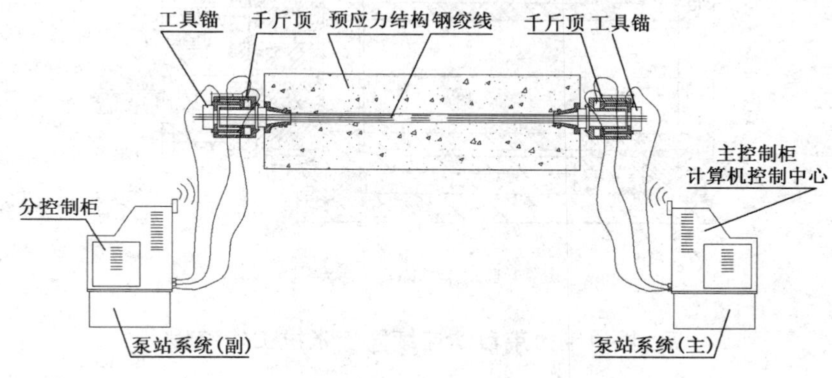

图2 二泵二顶配置结构示意图

三、多顶对称同步张拉和连续张拉设计方案

为实现两束同时对称同步张拉和连续张拉,本方案采取如下思路:

1. 采用二泵四顶的配置以实现多顶对称同步张拉

如图3所示,每套系统包括计算机中心(可以安装在主泵站上,也可以是独立的电脑)、2台泵站(主、副泵站各一)和4台千斤顶,每台泵站上均设有两组集成阀组,可同时驱动两台千斤顶,每台千斤顶上均设有位移传感器,油路上设有压力传感器,主、副泵站通过无线蓝牙进行实时信息交换,这样即可控制4台千斤顶同时对两束预应力束进行加载,从而实现两束对称同步张拉。

在张拉过程中,为保证两束的同步性,在控制程序中设有张拉力校核和伸长值校核功能,以张拉力校核为主,伸长值校核为辅,当两束预应力束的张拉力和伸长值相差较大时,可自动调整各千斤顶的加载速度,从而确保同步。

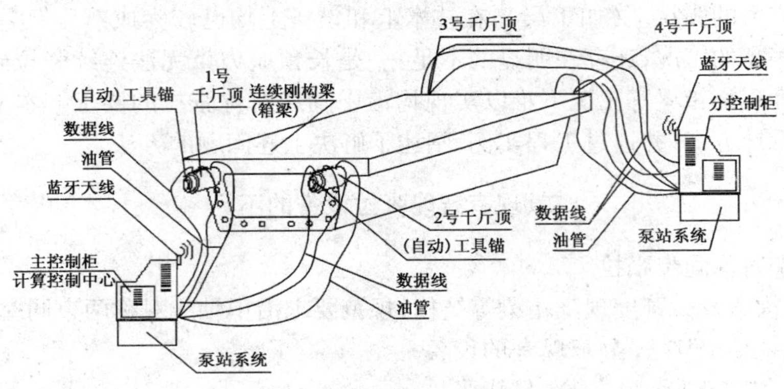

图3　二泵四顶配置结构示意图

2. 在千斤顶前端配置自动工具锚以实现连续张拉功能

如图4所示，在每个千斤顶前端设置自动工具锚，自动工具锚上固设有导向杆，导向杆上套设有活动顶板和复位弹簧，活动顶板置于工具夹片和复位弹簧之间，活动顶板上开设有穿装预应力束的通孔。自动工具锚的作用就是在千斤顶回程时使工具夹片随工具锚板和活塞同时回程，回程到位后可直接进行下一行程的张拉，无须在中途停机、拆卸和重新安装。

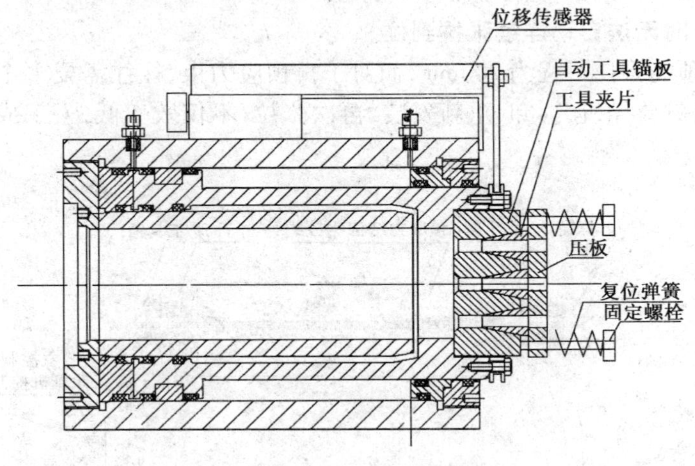

图4　自动工具锚安装示意图

四、长预应力束自动连续同步张拉工作流程

在实际张拉时，按图3安装好设备，输入各级张拉力、持荷时间等相关参数，启动即可自动完成张拉、保压等整个过程，中间不需要人工干预。其自动工作过程如下：

启动后，主泵站和副泵站即在联动的控制中心的控制下分别向两束预应力束两端的千斤顶供油，千斤顶的活塞往外伸的同时分别带动工具锚向外运动，达到对钢绞线加载张拉的目的。位移传感器及压力传感器进行数据采集并传输回计算机控制中心，计算机控制中心对该项数据自动进行分析比对及计算，当千斤顶荷载接近各级控制荷载时，系统自动降低变频器的频率，使荷载精确施加到位，此时系统自动进行持荷保压，保压时间完成后，系统自动给千斤顶供油，直至达到终张拉控制荷载保压并回程到位。在张拉过程中，计算机中心对两预应力束的张拉力和伸长值不断进行实时校核，若出现两预应力束的张拉力或伸长值的差值大于设定值，则表明同步性不够，系统会自动调整各个千斤顶的加载速度，以确保同步。当预应力束较长，一个行程无法达到设定张拉力时，自动工具锚即发挥作用：张拉完一个行程后，千斤顶回程，工具夹片在复位弹簧的作用下和工具锚板及活塞一起回程，回程到位后接着进行下一行程的张拉，直到达到设定张拉力。

详细张拉流程见图5～图8。

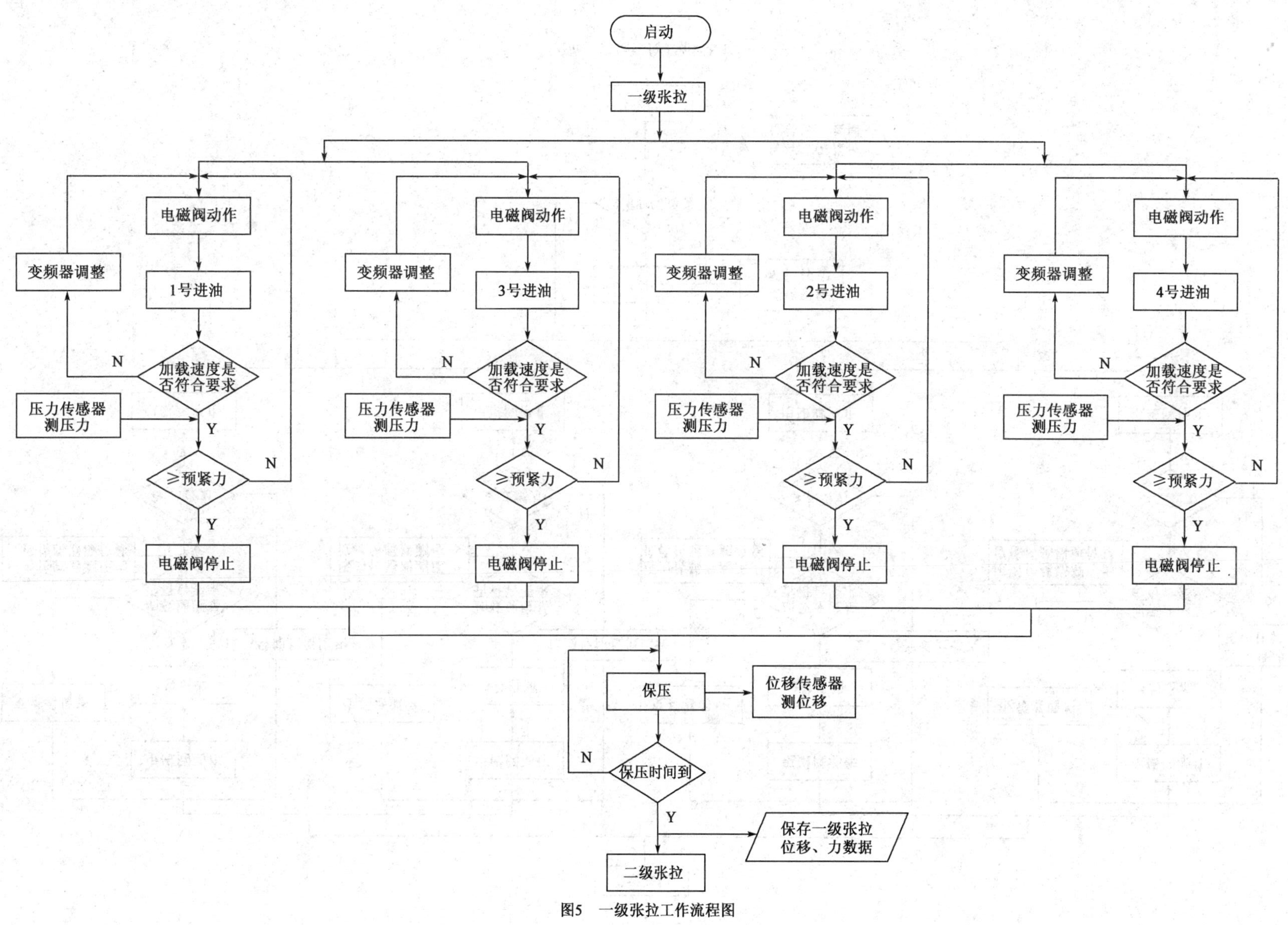

图5 一级张拉工作流程图

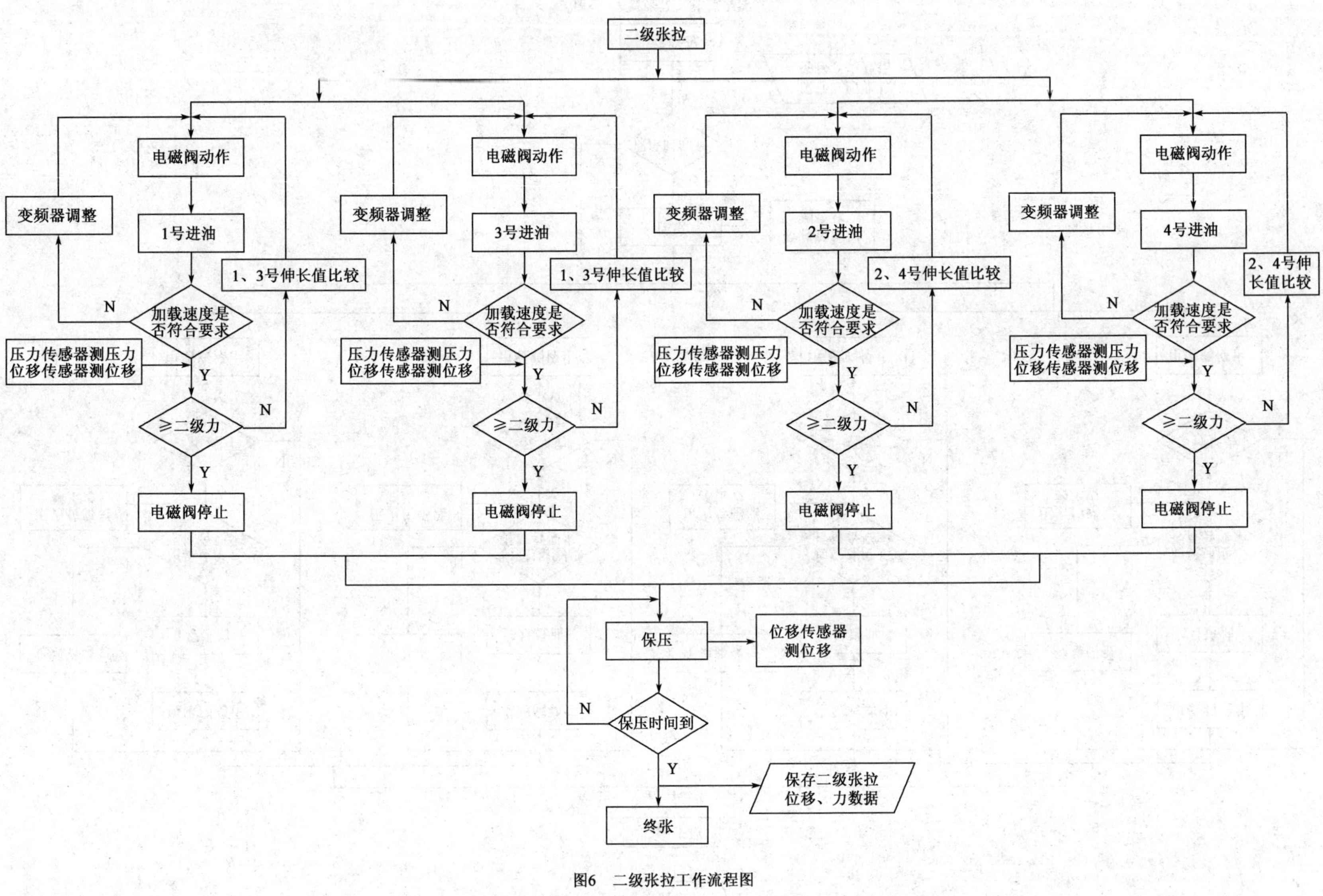

图6 二级张拉工作流程图

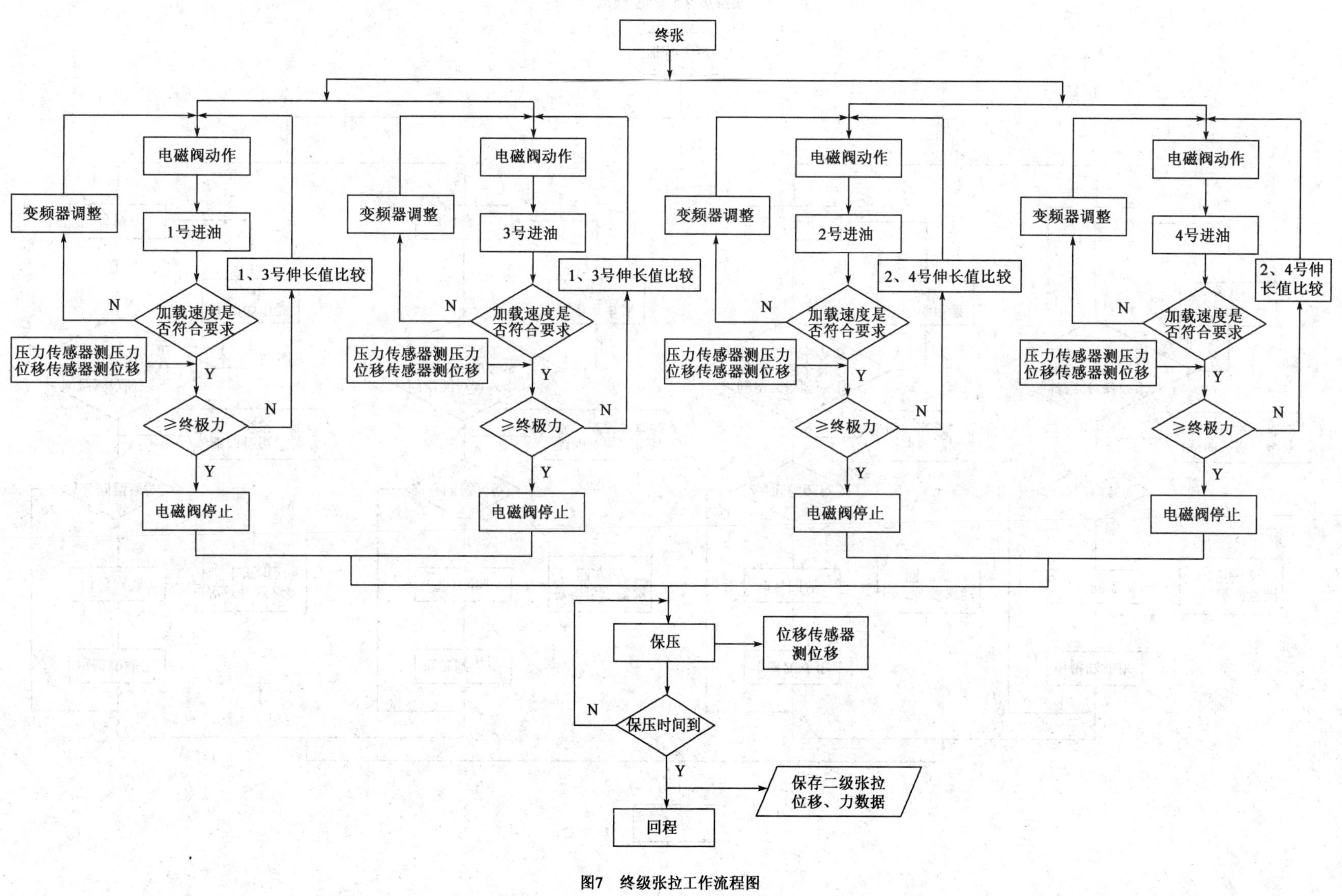

图7 终级张拉工作流程图

回程
电磁阀动作
1号回油
位移传感器测回缩值
1号回程到位
N
Y
测伸长值，保存数据、报表、曲线
回程到位时产生的瞬时压力是否达到设定安全值
Y
压力继电器动作
N
1号停止
电磁阀动作
3号回油
位移传感器测回缩值
3号回程到位
N
Y
测伸长值，保存数据、报表、曲线
回程到位时产生的瞬时压力是否达到设定安全值
Y
压力继电器动作
N
3号停止
电磁阀动作
2号回油
位移传感器测回缩值
2号回程到位
N
Y
测伸长值，保存数据、报表、曲线
回程到位时产生的瞬时压力是否达到设定安全值
Y
压力继电器动作
N
2号停止
电磁阀动作
1号回油
位移传感器测回缩值
4号回程到位
N
Y
测伸长值，保存数据、报表、曲线
回程到位时产生的瞬时压力是否达到设定安全值
Y
压力继电器动作
N
4号停止
张拉结束

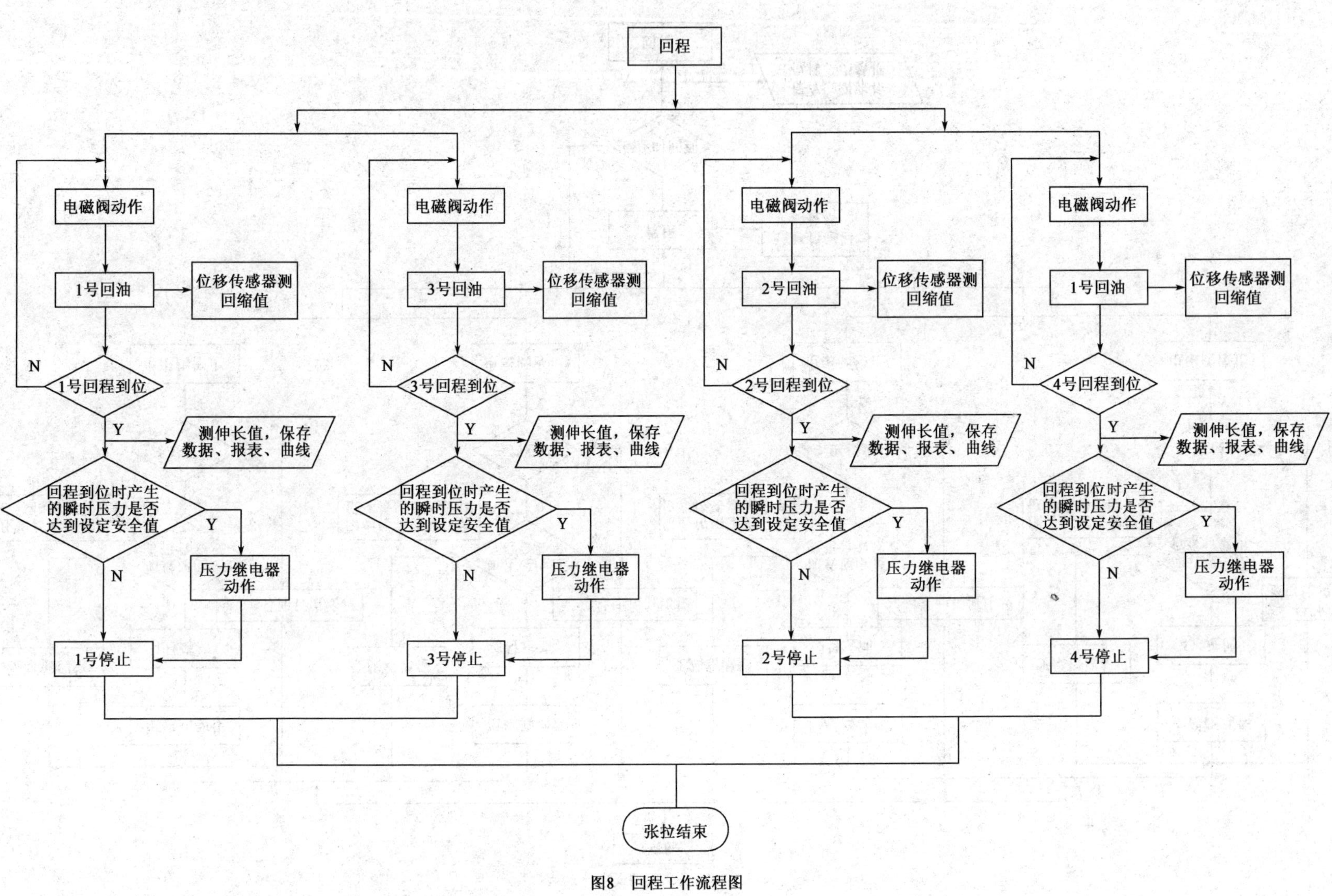

图8 回程工作流程图

五、工 程 实 例

厦蓉高速贵州清镇至织金段拉路河大桥是清织高速公路控制性工程，大桥全长824.37m，主桥为预应力混凝土箱形连续刚构桥，该桥采用长预应力束自动连续同步张拉方案。以ZW10号梁T12号束为例，由于预应力束长度长，总伸长数值大，采用三级张拉以达到设计张拉力，如图9、图10所示，张拉数据见表1。

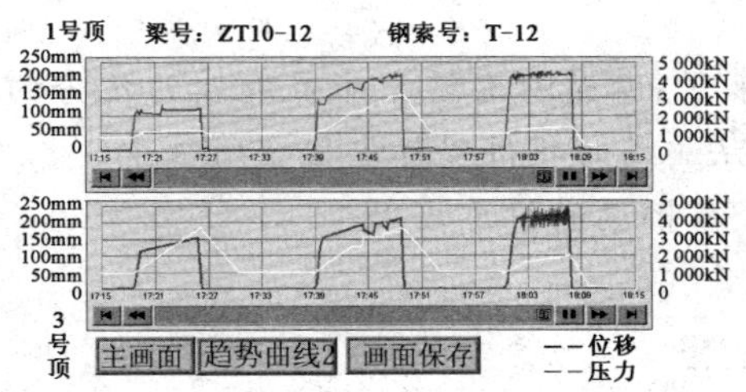

图9　ZT10-12号梁T-12束(左)位移—压力曲线图

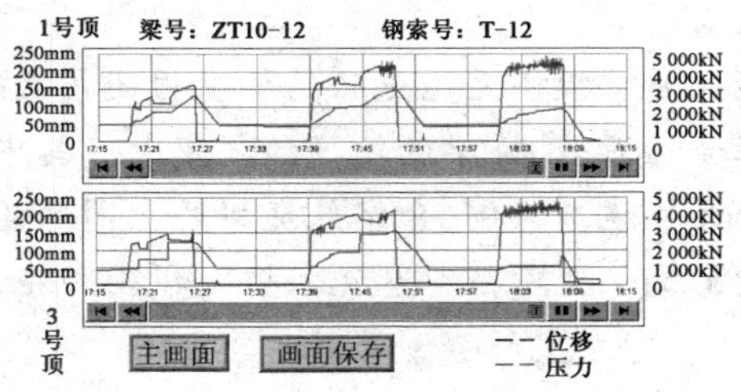

图10　ZT10-12号梁T-12束(右)位移—压力曲线图

ZT10-12号梁T-12束张拉数据表　表1

日期	时间	毫秋	梁号	束号	顶号	束数	设计力(kN)	一级力(kN)	伸长量(kN)	二级力(kN)	伸长量(kN)	终张力(kN)	伸长量(kN)	单端伸长(kN)	回缩值(kN)	总伸长值(mm)
2014-12-15	18:08:05	900	ZT10-12	T-12左	1	22	4 297	661	0	1 289	50	4 314	234	279	5	0
2014-12-15	18:08:07	910	ZT10-12	T-12左	3	22	4 297	675	0	1 292	60	4 334	246	301	5	580
2014-12-15	18:08:09	320	ZT10-12	T-12右	2	22	4 297	664	0	1 291	56	4 293	273	324	5	0
2014-12-15	18:08:11	340	ZT10-12	T-12右	4	22	4 297	644	0	1 321	29	4 306	231	255	5	579

从图9、图10和表1可看出，该工程实现了两束对称同步张拉和多行程不间断自动连续张拉功能，效率高，同步性、安全性好。

六、结　语

实际工程的应用结果表明，对于小箱梁、连续刚构梁及大跨度现浇箱梁等需要对称同步张拉或多行程张拉的工况，利用本文提出长预应力束自动连续同步张拉的设计方案，可以方便、快捷地一次性完成张拉施工，其具有如下特点：

(1)可同时对两束预应力筋进行同步张拉，通过张拉力和伸长值双控模式，同步精度高；

(2)实现不间断地一次完成所有行程的张拉，中途不需重新安装设备，从而大大提高施工效率，降低工人劳动强度，减少安全隐患。

(3)解决长预应力束张拉、持荷、保压、卸荷一键完成的关键技术，对构件的设计要求及有效应力起保障作用。

综上，本文提出的长预应力束自动连续张拉技术的设计方案，思路正确，实用性强，值得推广应用。

参考文献

[1] 肖云，罗意钟，唐祖文，等. 多顶同步数控智能张拉系统研究报告[R]. 柳州黔桥工程材料有限公司，2012.

[2] 肖云，罗意钟，唐祖文，等. 预应力智能张拉系统的设计与应用研究[J]. 西部交通科技，2014，10：158-162，163.

83. 大跨径悬浇拱桥拱圈施工技术

叶　健　余　洋　张　涛　王　芹
（四川路桥桥梁工程有限责任公司）

摘　要　拱桥无论是从结构受力还是从耐久性能方面来讲，都是所有桥型中性能较为优秀的桥型。随着社会的发展，桥梁的跨径随之变大。其中采用悬臂浇筑法施工的拱桥实际工程应用很少。本文以盐边鳡鱼大桥施工为例，介绍悬浇拱桥拱圈的施工技术，以便该类桥梁的推广应用。

关键词　大跨径　悬浇拱桥　拱圈　施工技术

一、引　　言

近年来，随着我国经济的发展，交通网络也需要日趋完善，在山区、峡谷地带大跨径桥梁将增多，其中大跨径拱桥修建在山区地带比较经济。对于场地有限的地方选择悬臂浇筑的施工方法较为合适。但是采用悬臂浇筑法施工的拱桥国内很少。本文以盐边鳡鱼大桥为例，介绍大跨径悬浇拱桥拱圈的施工技术。

二、工 程 概 况

盐边县鳡鱼大桥新建工程分为主桥和引道工程两部分，全桥桥跨布置为 2×12.50m（引桥）+净跨200m（主桥）+2×12.50m（引桥）。

主桥为钢筋混凝土箱形拱桥，净跨径 $L_0=200\text{m}$，净矢跨比 $F_0/L_0=1/7$，拱轴系数 $m=2.268$ 的等高截面悬链线拱，本桥的施工工艺重点在于主桥主拱圈采用挂篮悬臂浇筑法施工，见图1。

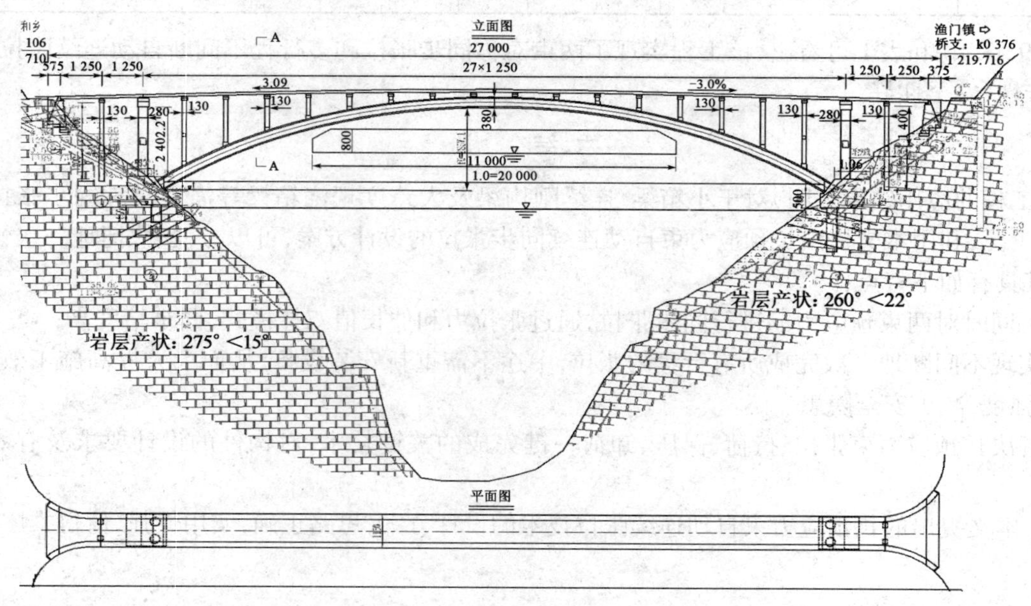

图1　鳡鱼大桥桥型布置图（尺寸单位：cm）

拱箱为单箱双室结构，高3.8m，宽8m。拱箱分33个节段施工，其中两岸各设一个拱脚搭架现浇段，拱顶设一个吊架浇筑合龙段，其余30个均为挂篮悬臂浇筑段。拱脚与拱座连接处截面顶板厚50cm，底板厚50cm，边腹板厚50cm，中腹板厚40cm；拱脚第一节段端头截面顶板厚40cm，底板厚40cm，边腹板厚

40cm,中腹板厚35cm;主拱圈2号渐变段长度为5.718m;拱顶合龙段截面顶板厚30cm,底板厚30cm,腹板厚30cm;其余拱箱截面的顶板厚30cm,底板厚30cm,腹板厚30cm,中间合龙段长度为2m。

三、施工技术方案

1.现浇节段施工

现浇节段施工工艺流程:支架搭设及预压→底模安装并调试→拱脚段底板、腹板、横隔板钢筋绑扎→内模、侧模安装→底板及腹板混凝土浇筑→顶板钢筋绑扎→顶板压模安装→混凝土浇筑及养护→拱脚段扣、锚索安装及张拉锚固→支架拆除。

现浇支架主支撑采用4根Φ609×8mm的钢管分两排布置,横桥向间距为6m并关于桥轴线对称,纵桥向从拱座内边线向河心以3.75m间距布置两排。钢管之间纵横由[20a相连并连接到拱座预埋板上。主承重横梁采用2I45b工字钢,横桥向每排钢管上对称设置一排横梁。I36a纵梁以1m间距布置,在腹板处间距设置为0.6m。2[20a卸载钢箱设置在纵梁和拱座或横梁之间,共3排,第一排高0.6m左右布置在拱座靠内侧边缘附近,第二、三排布置在2I45b横梁上。[10分配梁与纵梁之间用各种型钢或板调节拱坡弧度,[10分配梁横桥向以0.3m间距布置在纵梁上,横隔板处需加密一倍。支架底板倾角为32°。

外侧模采用定型大钢模,背枋采用2[14a,内侧模采用组合钢模,利用钢管支架进行支撑固定,之间设置对拉杆。

2.挂篮悬臂浇筑标准段施工

1)工艺原理

拱圈挂篮悬浇,是在现浇拱圈拱脚段完成后,将拱脚段扣挂于交界墩锚箱上,通过锚固于锚碇与交界墩锚箱间的锚索来平衡因扣索产生的交界墩上的不平衡水平力,再安装(移动)拱圈悬浇节段的挂篮支承于已浇筑的拱圈节段上并调试,绑扎拱圈节段钢筋并安装拱圈模板,浇筑节段混凝土养护待强,节段强度达到85%后,挂扣索、锚索(扣、锚索)于交界墩锚箱(后浇节段挂扣、锚索于扣塔锚箱)上并张拉,挂篮前移就位并进行下一节段施工,如此循环直至拱圈合龙。待合龙段混凝土强度达到要求后,拆除拱圈悬浇用挂篮,由拱顶向拱脚逐级放松扣、锚索,直至扣、锚索完全放松并拆除,从而完成拱圈施工。

2)挂篮构造

挂篮由桁架承重系统,行走系统,支反力与止推系统、模板系统、工作平台与防护系统五部分构成。承重系统由底篮、三角形侧桁架、挂钩和挂钩横联构成;底篮由两片三角形侧桁架、前横梁、后横梁、中横梁和斜撑构成。行走系统主要由滑船、行走轨道、千斤顶、反力轮等构成。支反力系统主要由挂钩滑船及后横梁上的楔形反力钢板支座等构成。止推系统主要由后横梁反力坐、止推钢梁等构成。

底篮将两片侧桁架连接,并起支撑底模板的作用。承受混凝土荷载的两片侧桁架,通过挂钩支撑在已浇混凝土拱肋上。后支座、止推反力坐和反力轮设在挂篮尾部的后横梁上,起着支点和防止挂篮滑动的作用。止推轨道铺设在已浇混凝土拱箱上,作为挂篮移动时使用并防止挂篮下滑。

3)扣塔

扣塔是支承扣、锚索的塔架,是确保拱圈节段悬浇安全的重要组成部分。采用多肢空心钢管做立柱组成的钢管格构式扣塔,扣塔固结于交界墩盖梁上。

塔架立柱采用8根Φ800×16mm钢管。塔架立柱在与盖梁或承重横梁联系处采用短枝加强钢管,其余段为9m标准钢管,竖向采用法兰盘连接,纵向、横向、斜向及水平向采用[16a栓结。扣塔与盖梁之间采用支座灌浆的方式来保证塔脚钢板所接触混凝土的密实。扣塔塔脚的短枝加强钢管底通过Φ25螺纹钢锚固在盖梁上。第二、三层承重横梁采用I56a,纵联为2[32a。标准钢管在水平联系处加焊内加劲环。塔顶纵桥向设置Φ15.2的钢绞线平衡索,平衡索预拉力为20t。横桥向采用2Φ28钢绳做抗风。

由于塔架较高,必须设置避雷设施。按照Ⅱ级结构物避雷要求设置,通路电阻小于4Ω。塔架防雷装置由接闪器、引下线和接地装置等三部分组成。采用 Φ22 圆钢制作接闪器，其长度为 1.5m，塔的两根立柱上分别设置一根；同时用 Φ12 圆钢外套 PVC 防护管作为引下线，接至地面与相应的接地装置相连接，接地装置采用型钢∠75 ×75 ×8 打入地中设置，打入深度不小于 1.5m。

4）锚碇

锚碇采用岩锚索的锚固形式，每岸锚碇区域划分为上、中、下 3 层。上、下层岩锚索直接通过锚索连接器与塔架锚索连接，中层岩锚索通过工字钢锚梁转换后与塔架锚索连接。为减小群锚效应，岩锚索长度采用长度不一以梅花形交错布置。所有岩锚索的锚固段长度均为 12m，其余为自由段。岩锚索与水平面夹角在 25°左右。中层岩锚索竖向以 1.5m 间距锚固 I56a 压梁，每横排 8 根岩锚索以 1.5m 间距锚固压梁。压梁压住 4 根 2.5m 的 I56a 锚梁。

5）拱圈施工过程中的监测

本桥拱圈最大悬臂长 100m，且最大悬浇节段长 6.5m 左右，为了确保桥梁在施工过程中的结构受力和变形始终处于安全的范围内，且成桥后的主梁线形符合设计要求，结构恒载内力状态接近设计期望值，在主桥施工过程中，必须进行严格的施工控制。

（1）拱圈挠度观测

每一节段悬臂端截面拱顶设立三个高程观测点，同时也作为坐标观测点。当前现浇节段悬臂端截面同时设立三个临时标高观测点，作为当前节段控制截面梁底标高用，并给出对应的测点的高程关系。用精密水准仪测量测点标高，用全站仪测量主拱坐标。

（2）扣塔顶水平变位测量

交界墩扣塔顶上、下游各设 1 ~ 2 个测点，测点位置选在塔顶便于观测的可靠位置处，用全站仪测量。

（3）截面钢筋应力和混凝土应变观测

拱圈纵向应力监测断面选为悬臂根部、1/4 跨径、1/2 跨径处等关键截面，拱圈截面上重点测试上下缘处的值，交界墩应力监测断面取距墩底 2m 处的标准截面。应变计采用国产的优质振弦式应变计，振弦式应变计采用相应的专用仪器测试。

（4）温度场观测

混凝土中温度选用 NTC 型直径 4mm 的热敏电阻，使用读数精度达 5 位 100 点全自动温度数据采集系统采集。在拱圈的标准截面内选择 2 个标准断面各布置 15 个测点预埋温度元件，以测量其内部的温度场分布。测试时间为拱圈施工期间选择有代表性的天气进行 24h 连续观测。

其余未尽事宜遵照现场监控执行。

3. 合龙段施工

1）合龙吊架构造

合龙吊架采用在箱梁底板上设置 4 根承重挑梁，通过 Φ32 精轧螺纹钢提拉 2 根 2I36a 的主承重横梁来承受合拢荷载。横梁上设置 I36a 纵梁，纵梁上以 35cm 间距摆放[10 分配梁。最后放 6mm 面板作为底模。内模采用脚手架支撑。

2）合龙段施工步骤

（1）完成两岸挂篮现浇节段施工，拆除挂篮。

（2）对拱圈进行至少 24h 的温度—变形观测，选择温度稳定的合龙时段。

（3）根据分析计算及施工监测资料对拱圈、扣索、锚索和扣塔进行全面的线形、内力、偏位调整，以满足设计及规范要求；并根据需要进行温度修正。

（4）安装合龙段施工吊架及模板、绑扎钢筋，选择在设计温度范围内且温度稳

定的时段焊接锁定劲性骨架，在设计要求的标准时段浇筑合龙段混凝土。

（5）待合龙段混凝土达到 100% 设计强度并且混凝土龄期大于 96h 后，按设计逐级松扣，将扣索力转换成拱圈内力，完成该幅拱圈施工作业。

（6）拆除扣索。

四、施工现场控制

1. 放样

根据前期的坐标计算及监控指令的立模高程对每个节段采用直角坐标法进行精确放样。再采用极坐标法对所放样坐标进行复核，检查放样点实测三维坐标与设计三维坐标的正确性。以达到两种坐标相互检校的目的，避免人为错误。

每节段底模调整好以后，报监理及监控对底模点位进行复测，确保点位准确，由此避免人及仪器产生错误，成品构件轴线偏差均在5mm以内，高程偏差在10mm以内，符合规范及设计要求。

放样时避开日照和大风期，选择在22时至次日7时之间。

2. 模板设计

底模按照拱圈弧形设计成可调节模板，在每次底模调整时对底模板每接缝处进行测量调节高程，调整完毕后对模板进行观察，确保弧形顺畅优美。

3. 悬浇段施工

加载时必须对称，在现浇段混凝土强度达到要求后，张拉扣、锚索，拆除现浇支架。检查挂篮各构件，着重检查个连接螺栓孔加工偏差大小，防止因螺栓孔偏差造成挂篮的变形。

挂篮拼装完成后严格预压并连续观测，消除挂篮非弹性变形，并根据每阶段不同重量修正挂篮的弹性变形，采用精确放样法进行放样。

混凝土浇筑完成达到张拉强度后，进行扣、锚索张拉，张拉必须对称进行。采取如下措施对张拉力进行控制：

（1）用校准的千斤顶油表读数进行控制。

（2）用传感器进行测量张拉力。

（3）对钢绞线理论伸长量与实测伸长量进行比较，是否在允许范围。

（4）采用索力动测仪进行测量换算索力与设计索力进行比较。张力力均控制在设计要求范围内。

塔架在加载过程中进行竖直度测量，塔架竖直度以 $H/1\,000$ 进行控制，经比较每次加载塔架偏位在10mm以内。

锚碇经计算与预拉，刚度及稳定性较大，并在拱圈加载前后进行测量，经过分析锚碇变形在2mm以内，结构安全。

五、结　　语

在施工中严格按照制定措施进行施工，该桥于2014年11月21日合龙（图2），合龙线形美观，合龙精度在10mm内，质量可控。该桥拱圈的合龙对同类型桥梁施工有很大的借鉴价值。

图2　拱圈合龙照片

参考文献

[1] 中华人民共和国行业标准. JTG/T F50—2011　公路桥涵施工技术规范[S]. 北京:人民交通出版社,2011.

84. 系杆拱桥施工索力测试实践与体会

白植钦
(无锡路桥集团股份有限公司)

摘　要　本文以无锡锡澄运河上青桐南桥的施工为背景,对系杆拱桥柔性吊杆的索力测试方法进行了分析,以传统的油泵表压力控制张拉索力为基础,研究了在频率法中,利用"修正索长"法测试索力的具体方法及其实用意义。

关键词　柔性吊杆　施工索力　修正索长

一、概　　述

系杆拱桥为高次超静定结构,它依靠吊杆为系梁提供弹性约束,桥跨结构的重量和桥上活载的绝大部分通过吊杆传递到拱肋上,毫无疑问,吊杆也是其中的重要构件。由于吊杆索力是系杆拱桥中的重要参数,索力控制是关系到施工过程中,结构内力和结构状态等的重要施工环节,是摆在我们工程技术人员面前的一个重大课题。迄今为止,我们现场施工人员对如何正确确定吊杆索力的方法知之甚少。知道的仅有两种:①压力表测定法;②频率法。

二、工 程 概 况

全桥跨径组成为:(4×20+40×20+91.9+4×20+4×20)m,桥长418.36m。其中主桥采用91.9m单跨预应力混凝土系杆拱,为刚性系杆刚性拱,计算跨径$L=89.9$m,拱轴线为二次抛物线,矢跨比为1/5,矢高为17.98m。拱肋采用等截面"I"字形截面,拱肋高1.8m,宽1.4m;系杆采用等截面箱梁,高2.2m,宽1.4m,壁厚0.35m;每片拱片设间距为5.0m的吊杆17根,每根吊杆由91根$\phi 7$高强镀锌钢丝组成,外设PE防护层,端头冷铸锚具,见图1,吊杆采用三次张拉,其锚下张拉控制力见表1。

吊杆锚下张拉控制力和张拉顺序　　表1

吊 杆 编 号	1、1′	2、2′	3、3′	4、4′	5、5′	6、6′	7、7′	8、8′	9
初张拉至(kN)	400	523	418	576	428	458	548	354	485
二次张拉至(kN)	780	950	950	950	950	950	950	950	950
三次张拉至(kN)	850	1 000	1 000	1 000	1 000	1 000	1 000	1 000	1 000
张拉顺序	9	5	8	2	7	4	1	6	3

注:本表吊杆张拉力是施工过程中,经设计院调整后的数值,表中初始拉力,是安装好部分中横梁(未全部安装)后的由吊杆实际受力状态得到的计算值。

三、索力测试方法

以下先介绍控制吊杆施工索力的两种方法。

1. 压力表测定法

当前柔性吊杆均采用千斤顶张拉,无一例外。由于千斤顶张拉油缸中的液压和张拉力有直接关系,所以只要通过精密压力表或液压传感器测定油缸的液压，就可求得索力。关于油缸液压表的读数 Y 与张拉力 X 之间的关系，由于千斤顶内部构造或内摩阻力的差异，每个千斤顶都有自己的一个相对应的计算方法，例如本桥使用的 4 个千斤顶，经标定可得出每个千斤顶的回归方程如下：

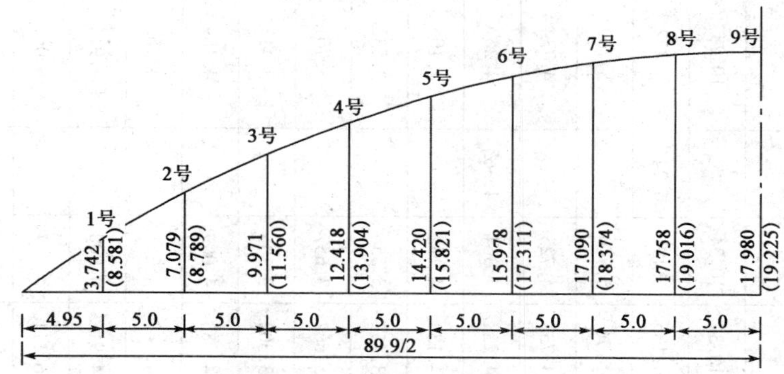

a)拱肋坐标图

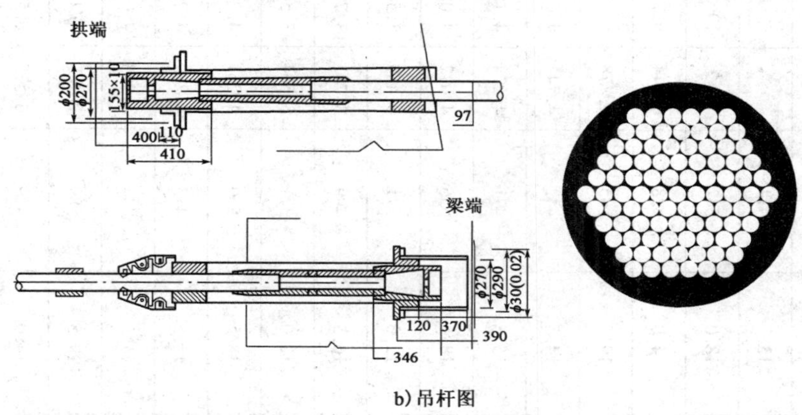

b)吊杆图

图 1 全桥拱肋坐标及吊杆图(尺寸单位：m)

千斤顶编号

$$
\begin{aligned}
&1\text{号} \quad Y = 0.0334X - 2.5078 \\
&2\text{号} \quad Y = 0.0342X - 0.6799 \\
&3\text{号} \quad Y = 0.0345X - 0.8065 \\
&4\text{号} \quad Y = 0.035X - 0.9771
\end{aligned}
\tag{1}
$$

将吊杆第一次张拉数据列于表 2 中。

现结合表 2 说明油压表测力的具体方法：以右幅 1 号吊杆为例，将吊杆张拉力 400kN 代入式(1)中，可得油表计划读数为 $Y = 13.0229$，实际操作时到不了这个精度，当接近这个目标值时立刻关闭油泵，最后油表读数为 $Y = 13.5$，称实际油表读数，也称有效读数，由此可得实际张拉力“X”，在此后的表 3 中，就只反映这个闭阀后的油表读数，作为有效读数计算索力。

由液压换算索力的方法，由于其简单易行，因而是在索力张拉过程中控制索力最实用的一种方法。

2. 频率法

这个方法也可称振频法，据说是目前国内广为应用的方法，但笔者还未见到在系杆拱桥上有详细的应用实例报道。

表2

吊杆第一次张拉数据统计(右幅)

吊杆编号	吊杆长 L(m)	千斤顶回归方程	计划张拉力(kN)	计划油表读数(MPa)	实际油表读数 Y	实际张拉力 X(kN)	张拉到位稳压频率			泄压后频率			平均频率	修正索长(m)
							①次	②次	③次	①次	②次	③次		
1号	5.581	$Y=0.035X-0.9771$	400	13.022 9	13.5	414								
2号	8.789		523	17.327 9	18.0	542	10.2	10.27		10.34	10.34		10.287	6.490
3号	11.560		418	13.652 9	14.0	428	6.744	6.743		6.185	6.196	6.244	6.422	9.238
4号	13.904		576	19.182 9	19.5	585	5.778	5.772		5.76	5.766		5.769	12.023
5号	15.821		428	14.002 9	14.5	442	4.744	4.735		4.732	4.723		4.734	12.736
6号	17.311		458	15.052 9	15.5	471	4.224	4.183	4.231	4.238	4.364	4.363	4.267	14.585
7号	18.374		548	18.202 9	18.5	556	4.072	4.086		4.133	4.132		4.106	16.468
8号	19.016		354	11.412 9	12.0	371	3.489	3.549	3.512	3.552	3.556		3.532	15.639
9号	19.225		485	15.997 9	16.5	499	3.742	3.738		3.667	3.657		3.701	17.309
8′号	19.016	$Y=0.035X-0.8065$	354	11.4065	12.0	371	3.504	3.542		3.302	3.303		3.413	16.184
7′号	18.374		548	18.099 5	18.5	560	4.261	4.261		4.083	4.069		4.169	16.278
6′号	17.311		458	14.994 5	15.5	473	4.289	4.280		4.243	4.261		4.268	14.613
5′号	15.821		428	13.959 5	14.5	444	4.923	4.921		4.911	4.900		4.914	12.297
4′号	13.904		576	19.065 5	19.5	589	5.99	6.06		6.111	6.107		6.067	11.471
3′号	11.560		418	13.614 5	14.0	429	6.575	6.574		6.514	6.516		6.545	9.075
2′号	8.789		523	17.237	18.0	545	10.04	10.02		10.02	10.04		10.031	6.674
1′号	5.581		400	12.993 5	13.5	415								

吊杆第三次张拉数据统计(右幅)

表3

吊杆编号	吊杆长 L(m)	千斤顶回归方程	目标张拉力(kN)	实际油表读数 Y	实际张拉力 X(kN)	误差 %	张拉后通测频率			平均频率	修正索长 L(同表2)	推算张拉力(kN)	目标张拉力 X 相比误差(%)
							①次	②次	③次				
1号	5.581	$Y=0.0342X-0.6799$	850	25.8	774	-8.9							
2号	8.789		1 000	31.2	931	-6.9	12.936	13.008	12.972	10.287	6.490	862	-13.2
3号	11.560		1 000	31.8	951	-4.9	9.515	9.506	9.511	6.422	9.238	939	-6.1
4号	13.904		1 000	33.8	1009	+0.9	7.977	7.993	7.985	5.769	12.023	1121	+12.1
5号	15.821		1 000	33.4	996	-0.4	7.016	7.041	7.029	4.734	12.736	974	-2.6
6号	17.311		1 000	33.2	992	-0.8	6.223	6.207	6.215	4.267	14.585	999	-0.7
7号	18.374		1 000	32.1	958	-4.2	5.752	5.749	5.751	4.106	16.468	1091	+9.1
8号	19.016		1 000	33.9	1 011	+1.1	5.714	5.718	5.716	3.532	15.639	972	-2.8
9号	19.225		1 000	33.9	1 011	+1.1	5.557	5.561	5.559	3.701	17.309	1126	+12.6
8′号	19.016	$Y=0.0350X-0.977$	1 000	34.4	1 011	+1.1	5.639	5.637	5.638	3.413	16.184	1012	+1.2
7′号	18.374		1 000	33.8	995	-0.5	5.683	5.731	5.707	4.169	16.278	1049	+4.9
6′号	17.311		1 000	33.7	992	-0.8	6.200	6.217	6.209	4.268	14.613	1001	+0.01
5′号	15.821		1 000	33.9	996	-0.4	6.972	6.939	6.956	4.914	12.297	890	-11
4′号	13.904		1 000	32.5	957	-4.3	7.788	7.766	7.777	6.067	11.471	968	-3.2
3′号	11.560		1 000	33.5	985	-1.5	9.721	9.683	9.702	6.545	9.075	943	-5.7
2′号	8.789		1 000	31.6	931	-6.9	12.866	12.866	12.866	10.031	6.674	896	-10.4
1′号	5.581		850	26.1	774	-8.9							

经了解,频率法是利用精密拾振器,拾取吊杆索在环境振动激励下的振动信号,经过滤波,放大和频谱分析,得到吊杆索的自振频率,然后根据弦振动理论,当张紧索抗弯刚度可忽略不计时,两端铰接的吊杆,可用吊杆自振频率的测定值计算其张拉力。

即:

$$T = 4\rho L^2 f^2 \tag{2}$$

式中:T——拉索需要测定的内力(kN);

f——拉索基频(计算频率,Hz);

L——拉索计算长度(m);

ρ——拉索的线密度(kN/m),$\rho = \frac{G}{g}$;

G——$G = 30.4\text{kg/m}$,即本桥拉索单位长度的质量。

1)频率法测试前的准备

为了能正确得到测试索力"T",频率测试前要做好以下准备工作:

(1)工厂运到工地的成品索中,在防护套的外表面,还有一层保护膜,是为了保护运输和安装吊索的过程中不致擦伤PE护套。当吊杆安装好后应立即拆除干净。

(2)吊杆安装后上锚头及其锚孔的下端,以及下锚孔上端及下锚头,四点必须悬空,不能有个别点碰上吊杆。吊杆上下端的不锈钢套管和防震块均不能安装,使吊杆上下能完全自由振动。

(3)吊杆上下锚头,应设在锚孔中心,锚头与锚垫板四周应紧密接触,防止吊杆偏心受拉而改变支承条件。

2)用振频法测试吊杆索力的具体方法

频率法测试吊杆索力常与前述压力表测定方法相结合进行,即利用千斤顶对要测试的吊杆实施张拉。当千斤顶、油泵和表压力工作正常,并达到需要的目标力附近时关闭油泵稳住油压表并进行油表读数,接着操作工将吊杆上的预应力锚头拧紧。此时利用拾振仪对吊杆第一次测量频率,此频率称为稳压频率(表2)。然后再将油泵压力全部解除,松脱张拉千斤顶,再测读频率,此频率称为泄压频率(表2)。取这两种频率的平均值,作为平均频率(表2),毫无疑问由计算频率得到的索力应该与千斤顶压力表上计算得的索力完全一致。但是当我们将测到的频率代入式(2),利用表2中的吊杆长L,算得的索力"T"并不相等。为了在这个测试频率下能得到与千斤顶油泵表压力推算出的张拉力相等,就只能变更索长"L"(上下锚头之间距离),这里将变更以后的索长称为修正索长,并以L'表示,这就是表2中修正索长的来历。测试说明每根吊杆都有一个对应的修正索长L'。这里要说明的是如果各吊杆仅需一次张拉,就能达到目标力,那么使用修正索长L'是毫无意义的。L'的作用在于:①通过修正索长,可以检测出第一根吊杆张拉完后,以后张拉的吊杆对先张的吊杆力的变化幅度;②有了L'后就可以通过实测频率直接算出第二次或第三次张拉后各吊杆中的实际张拉力。详见表3。

由表3可知:油泵表压力测定的张拉力误差在10%范围以内,频率法测得的误差在15%范围以内,比油泵表压力值误差较大,原因是第一次张拉时在2月份,气温在3~7℃。而第三次张拉时在5月份,气温为15~23℃,时间间隔较长,有温度对拉索抗弯刚度(见后文)影响在内,按理第二次张拉时应再次调整索长"L'".这样才能获得更高的精度。其次前吊杆的油泵张拉力,还受后吊杆张拉时的影响,预计误差可能会与频率法相接近。目前由于本桥还未竣工,相信通过最后的调索,其精度还能提高。

四、在频率法中,利用"修正索长L'"的几点体会

严格来说,利用式(2)并不完整,如果考虑吊杆索具有抗弯刚度,则索的两端为铰接时,利用更精确的动力平衡条件可得到

$$T = \frac{4\rho L^2 f^2}{n^2} - \frac{n^2 EI}{L^2}\pi^2 \tag{3}$$

式中：EI——拉索的抗弯刚度；

n——振动阶数。

笔者认为式(3)在支承条件明确的完全弹性体中使用是毋庸置疑的，但要结合实际使用，尚存在着以下几个问题。

1. 拉索的抗弯刚度 *EI*

系杆拱桥中的柔性吊杆，常采用热挤压聚乙烯高强钢丝吊索，详见图1。由于内部采用高强平行钢丝索，外部又有聚乙烯塑料，其惯性矩很难确定。

2. 温度对刚度 EI 的影响

由于塑料护套的温度影响很敏感，冬天安装吊索时，由于硬度高，被卷捆的吊杆，很不容易校直，详见图2，连吊索安装都比较困难。而到了夏天吊索又比较柔软，由此可见温度对刚度 EI，也有明显的影响。

3. 吊杆的支承状态

吊杆端部有直径 ϕ275 的帽头，它与帽垫板接触较好时，四周都很密贴。但有的则是部分接触，还有的是与垫板中心有偏心。在这种情况下一，两端是铰接，还是固结，这也是个不确定因素。例如，我们对同样索长的4根8号吊杆取出作测频比较，它们的索长均为19.016m，其平均频率为：3.532Hz、3.413Hz、3.373Hz、3.375Hz，而4根3号吊杆索长均为11.56m，其平均频率则为6.422Hz、6.548Hz、6.909Hz、6.393Hz，说明实际频率也不是相同的。这在吊索安装时感受到是支承条件不同的原因。

图2 吊索安装

4. 吊杆长度影响

从表2和表3中可知每根吊杆的平均频率有很大的不同，特别是短吊杆，因实测频率的离散性更大，就没有列入表中。

基于上述各种影响因素，笔者认为每根吊杆都有各自的具体情况，虽然我们张拉前已经作了些必要的准备，消除了影响测试的部分因素。但在安装拉索的过程中，又遇到了上述四种不确定因素，使纯理论公式的应用更加困难。由此认为通过第一次吊杆张拉力，所得的对应实测频率，并由此推算出修正索长 L'，以用于利用公式(2)计算出第二次或第三次吊杆中的实际张拉力，是比较实用的。因为它涵盖了每根吊杆中的不确定因素，是比较切合实际的。从表3由拉索频率推算出的张拉力，与油表压力反映出的张拉力比较接近，就引证了这个结论。预计在今后的不断实践中，在测试方法上还会有更大的改进。

五、结　　语

以上两种方法中，油泵压力测试法是久经考验的传统方法，也是频率法测试的基础，任何吊索的张拉都必须采用，但到张拉的后阶段，各拉索之间还会有相互的影响，不能精确采集到精确索力，而且经常搬动千斤顶操作也比较困难。而频率法由于它可在油泵张拉吊索后，一次性采集到各吊杆频率，由此算出拉索中的精确索力，操作也十分方便，所以很值得推广应用，建议施工单位和施工监控单位，在今后的施工过程中，能精确地建立索力与自振频率之间的回归关系公式，将其作为重要的技术资料存档，并由此再作进一步的推广到能在桥梁运营期间测试成桥后的吊杆索力。

参考文献

[1] 无锡锡澄运河航道整治工程.青桐南桥施工图设计(江苏省交通规划设计院股份有限公司).

[2] 雷雨宏.桥梁拉索的寿命与安全问题[C].全国桥梁学术会议论文集,2010.

[3] 陈鲁,张其林,吴明儿.索结构中拉索张力测量的原理与方法[C].上海:同济大学,2005.

85. 下承式系杆拱桥系杆悬浮张拉施工

田浚宏　李　静
（四川路桥桥梁工程有限责任公司）

摘　要　本文介绍了下承式系杆拱桥系杆悬浮张拉施工工艺的设计思路、结构组成及施工成果。在千斤顶增加一套工具锚及撑脚，两套工具锚的使用，减少了张拉施工换顶的时间，降低了施工安全风险；在千斤顶和锚板间设限位板，张拉时工作夹片不会退出锚孔，回油时工作夹片不会咬住钢绞线，从而保护了工作夹片与钢绞线，降低了桥梁使用维护费，增强了桥梁安全性、耐久性。

关键词　悬浮张拉　悬浮限位板　两套工具锚

一、工 程 概 况

1. 总体桥型布置（图1）

南充市下中坝嘉陵江大桥是连接顺庆区和高坪区的市政景观桥梁，是区内最长的一条东西干道，主桥为2×160m下承式钢管混凝土刚架系杆拱桥，主拱为横哑铃式平行拱，拱轴线为悬链线，拱轴线系数$m=1.167$，矢跨比为1/5。

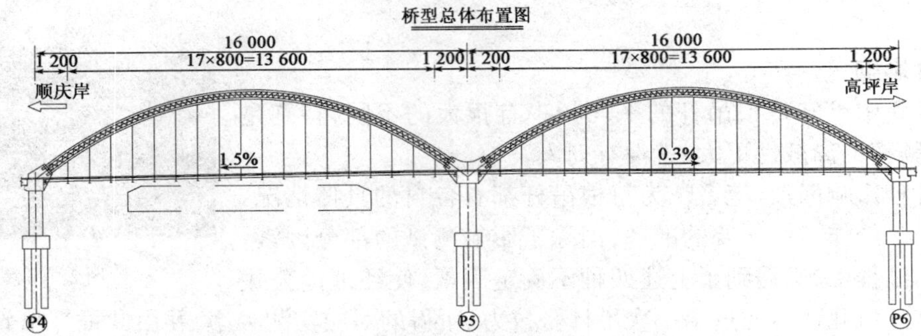

图1　总体桥型布置图（尺寸单位：cm）

2. 系杆布置图

系杆布置如图2所示，分为两层，每层4束，一共16束贯穿于全桥。随主桥主拱荷载的增加两个边墩受向外水平分力增大，通过系杆张拉施加预应力以平衡此力，使边墩主要承受竖向力。5号墩靠拱脚两侧水平推力自身平衡，无须借助外力，系杆从4号墩穿过5号墩（中间墩）进入6号墩，锚固于两侧过渡墩（4号墩、6号墩）拱座的背侧。

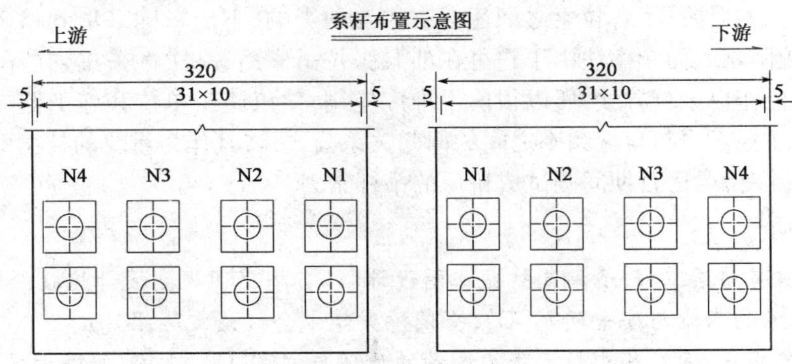

图2　系杆总体布置图（尺寸单位：cm）

3. 系杆构造图

每片拱肋设 8 束可更换式 Φ15.2-31 环氧树脂涂层预应力钢绞线，每束均外包双层 PE 热挤塑护套，构造如图 3 所示。

4. 系杆渡江托架（图 4）

本桥系杆单根长度达到 327m，质量达到 13 100kg，系杆成捆放索通过系杆放索架，经过钢横梁顶面系杆托架由卷扬机由一岸渡江到达另一岸。

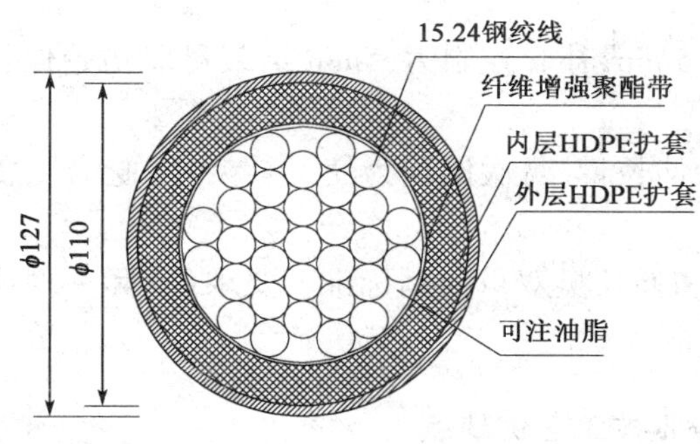

图 3 系杆构造图

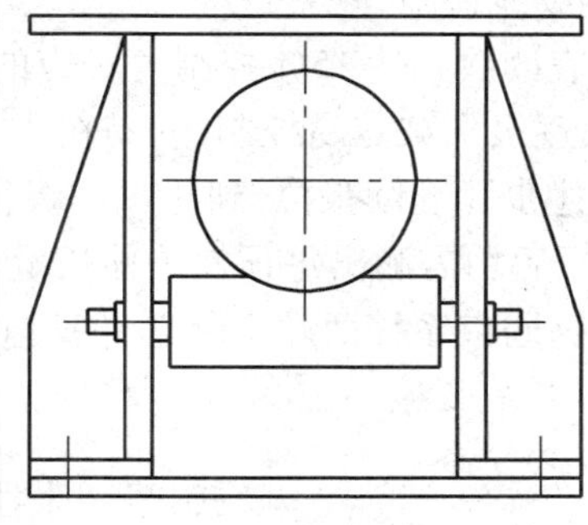

图 4 系杆托架构造图

二、悬浮张拉施工

本桥 16 束系杆分 8 次张拉，每次 4 台千斤顶两岸对称、上下游对称张拉施工。张拉时要求 4 台顶油压上升匀速、一致，用对讲机及时报数控制，要求逐级对称均匀加载。

1. 悬浮张拉施工工艺

（1）由于系杆采用环氧喷涂钢绞线索体，索体比较长，需要反复多次张拉，为了保护环氧层及提高锚固性能，张拉长环氧喷涂钢绞线系杆采用悬浮张拉工艺。

（2）悬浮张拉工艺就是限位板能浮动，限位尺寸能通过螺栓活动调整，张拉时，限位尺寸调大，限位不起作用，同时利用两套工具锚及撑脚进行反复的张拉，张拉到位时，通过螺栓进行限位板调整，把限位尺寸调到标准值，放张锚固。起到保护工作夹片和钢绞线，保障系杆耐久性，降低桥梁使用费用的作用。如图 5 所示，千斤顶与工作锚具间增加限位板，在千斤顶张拉端通过撑脚增加一套工具锚。

图 5 悬浮张拉千斤顶构造图

2. 悬浮张拉施工准备工作

（1）计算系杆张拉理论伸长量（按理论直线计算），确定剥除系杆内、外层 PE 保护套长度。

$$\Delta L = \frac{P_{\mathrm{p}}\mathrm{L}}{A_{\mathrm{p}}E_{\mathrm{p}}}$$

$$\Delta L = (2\,600 \times 1\,000 \times 320 \times 1\,000) \div (4\,349 \times 195 \times 1\,000) = 983(\mathrm{mm})$$

两岸张拉可能不完全对称，故取 1000mm 为基准确定内、外层 PE 保护套剥除长度，外层为 2.2m，内层为 1.2m。

（2）安装：钢绞线套筒及工作锚板安装→悬浮限位装置安装→千斤顶安装→第一套工具锚安装→千斤顶撑脚安装→第二套工具锚安装。

（3）张拉控制。

系杆张拉为两岸对称、上下河对称张拉，4 个千斤顶同时 4 级张拉。分别为总控制力的 15%、30%、50%、100%。

（4）张拉伸长量计算。

系杆张拉前15%力主要为抵抗系杆的挠度,故不参与伸长量计算。

实际伸长量=(30%伸长量-15%伸长量)×2+100%伸长量-30%伸长量(系杆张拉前15%力主要为抵抗系杆的挠度,故不参与伸长量计算,而是用15%-30%伸长量替换。)

3. 悬浮张拉施工

(1)张拉阶段悬浮限位板螺栓松弛,工作夹片、工作锚不受力,依靠第一套工具锚进行张拉。

(2)第一顶张拉结束后,敲紧第二套工具锚让其受力,进行油泵回油、换顶。张拉过程始终是两套工具夹片与钢绞线松弛、咬紧过程。

(3)油表读数到达15%控制力对应的兆帕值后,待机5min,补齐控制力,5min结束量取初始伸长量读数。每次逐级加载容易控制,容易在张拉过程中发现问题。

(4)上述步骤继续张拉,到达每一级待机5min并记录伸长量,每次倒顶为使工具夹片"吃力",需送一定油,倒顶后均需测出每顶初始伸长量。

(5)计算司束系杆两端实际总伸长量,运用张拉力值和伸长量双重控制标准。要求(实际-理论)/理论≤6%。

三、悬浮张拉施工工艺与传统张拉工艺优缺点

(1)悬浮张拉与传统张拉比较增加了撑脚、工具锚、带螺栓的限位板,增加的构件均能重复使用。

(2)若采用传统张拉法,多次换顶时工作夹片在过程中多次咬紧钢绞线受力,这样多次受力又放松容易使工作夹片受损。而且环氧喷涂钢绞线在通过工作夹片咬紧后,钢绞线的环氧喷涂屑容易填隙工作夹片的丝口,导致工作夹片不能正常咬紧钢绞线而影响受力。

(3)传统张拉工作夹片是通过自锚形式进行,即回油时工作夹片随钢绞线回缩而进入工作锚板孔洞达到锚固效果。悬浮张拉是通过螺栓带紧悬浮限位板,压紧工作夹片达到锚固效果,预应力损失较传统张拉法低。

四、结　　语

提出了运用于大吨位、大跨径预应力施工的悬浮施工方法,并成功的使用于南充下中坝嘉陵江大桥16束单根长超过320m系杆(更换式Φ15.2-31环氧树脂涂层预应力钢绞线,每束外包双层PE热挤塑护套构成),起到了很好的效果,同时也积累了悬浮张拉的施工经验,对同类型桥梁施工有一定的借鉴作用。

86. 拱桥施工中的新型隧道锚技术

杨国强[1]　岳文军[2]　张　峰[3]　张鹏勃[2]　姚　晨[3]
(1. 陕西省高速公路建设集团公司;2. 中交第四公路工程局有限公司;
3. 山东大学岩土与结构工程研究中心)

摘　要　拱桥施工中隧道锚属于施工临时构造,但其施工过程中的受力影响整桥的施工安全。为了研究特大跨钢管混凝土拱桥的隧道锚,提出了新型的隧道锚设计方案,不再使用摩阻力提供锚固抗力。采用锚梁方案,有效降低了隧道锚的设计构造尺寸。基于精细化有限元数值模拟,建立了考虑围岩和隧道锚相互作用的数值计算模型。考虑了局部位置埋入钢构件对有限元模型的影响,采用钢板与混凝土部分无黏结的设计方案。计算结果显示:新型隧道锚的钢构件及混凝土的应力均满足要求,围岩的应力不大。本文研究为钢管混凝土拱桥的隧道锚施工技术提供了借鉴。

关键词　隧道锚　拱桥施工　锚梁　部分无黏结　数值模拟

一、引　　言

锚碇作为主要的承力结构物，一般分为重力锚碇、隧道锚碇和土锚锚碇。其中重力锚碇有直接基础型，还有包含沉井、沉箱、地下连续墙等的人工基础型。无论是直接基础型，还是人工基础型的重力锚碇，都是以地基的反力来抵抗锚块、基础与索拉压力在竖直方向的分量，而索在水平方向的巨大拉力则由锚块与地基或基础与地基的摩阻力抵抗。概括地说，主缆上巨大的水平拉力通过索股与锚碇架分散传到锚块上，再由锚块、基础通过摩阻力传递到地基上（图1）。

隧道锚一般在节理较少、岩体性能较好的地方使用。悬索的巨大水平拉力通过索股、锚杆传入隧道中填充的混凝土，再通过混凝土与隧道岩体的黏结力传递给周围的岩体（图2）。

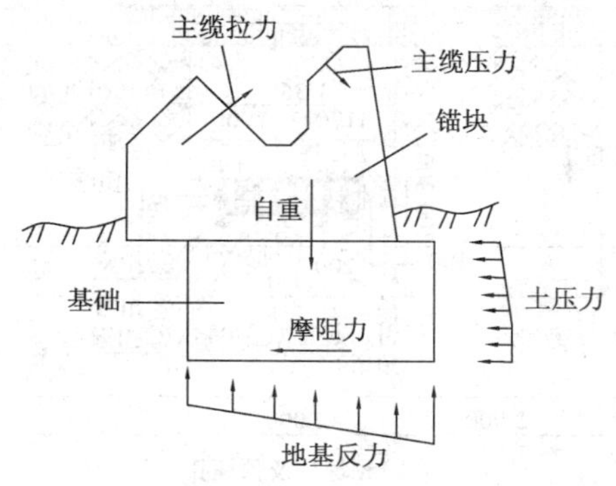

图1　重力锚受力示意图

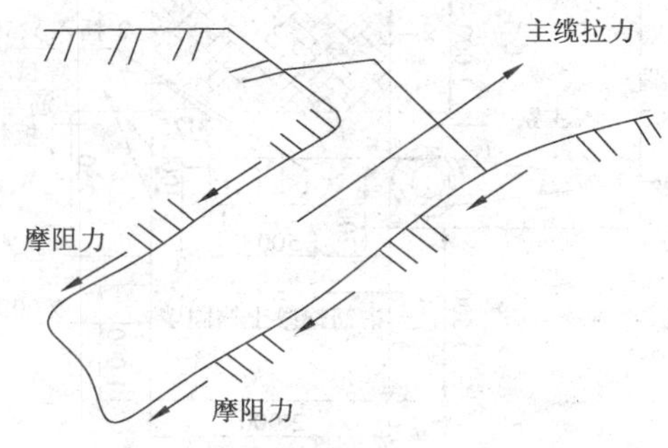

图2　隧道锚受力示意图

隧道锚的研究方法基本分为模型试验研究和数值模拟分析。研究内容主要有隧道锚的极限承载力、稳定性、围岩与隧道锚的相互作用及隧道锚的安全控制标准等。

对于传统的锚碇系统，现在普遍的结构形式是圆锥形锚碇，锚固单根拉索，拉索与锚碇系统全部黏结。但是实际工程及数值模拟均发现，这样的结构形式存在不足。锥形锚碇体积较大，无法锚固多根拉索，在拉索所受拉力较大的情况下，很容易引起锚碇局部应力过大失效，进而破坏。因此，有必要发明一种具有新的结构形式的隧道式复合锚碇系统，来改善现有隧道式锚碇系统的问题。

二、工 程 背 景

石门水库特大桥位于陕西省汉中市汉台区河东店镇境内，左线桥梁起止桩号为 ZK191 + 810.6 ~ ZK192.125.4，左线桥跨布置：2 × 13m 预制空心板 + 跨径 262m 钢管混凝土拱 + 2 × 13m 预制空心板，桥长 314.8m。右线桥梁起止桩号为 YK191 + 818.6 ~ YK192 + 139.4，右线桥跨布置：2 × 16m 预制空心板 + 跨径 262m 钢管混凝土拱 + 2 × 13m 预制空心板，右线桥长 320.8m。桥梁效果图参见图3。

项目所在地区，受地质构造及水流切割影响，地形较为破碎，地面侵蚀剥蚀强烈，切割深度达到 500m 以上，山脊一般狭长平缓，起伏较大，局部有陡峭孤峰，谷坡陡峻，山体自然斜坡坡度 30 ~ 70°，局部陡峭直立，形成陡崖。宝鸡岸缆索锚碇及基础为土质地质，汉中岸锚碇区表面覆盖 2m 的强风化碎石及土层，下面为中风化的大理石地质。

图3　石门水库特大桥

根据本项目的地质、地形、桥型及施工特点，鉴于两岸地质地貌较复杂，考虑到施工安全性及施工进度等因素，采用宝鸡岸设塔架，汉中岸不设塔架的方案。其中，汉中岸主索锚碇与扣索锚碇合二为一，采用洞室锚碇，即隧道锚碇，前方设置桩基承台转向基础。桩基承台转向基础用于抵抗主、扣索对锚碇产生的下压力(安全系数 $k \geqslant 2.0$);洞室内锚梁前方的锚杆用于抵抗主索与扣索产生的水平拉力(安全系数$k \geqslant 2.0$)。

三、隧道锚设计方案

为了保障钢管混凝土拱桥的施工,开展了隧道锚的方案设计。隧道锚的构造参见图 4。

隧道锚总体为一个楔形的锚梁,局部埋设钢板并连接滑轮用于锚固主索[图 4a)]。在隧道内的空间预留孔道用于扣索的锚固[图 4b)、图 4c)]。在锚梁的尾部设置钢梁,用于固定钢板,保证主索索力传递到锚碇上[图 4d)]。

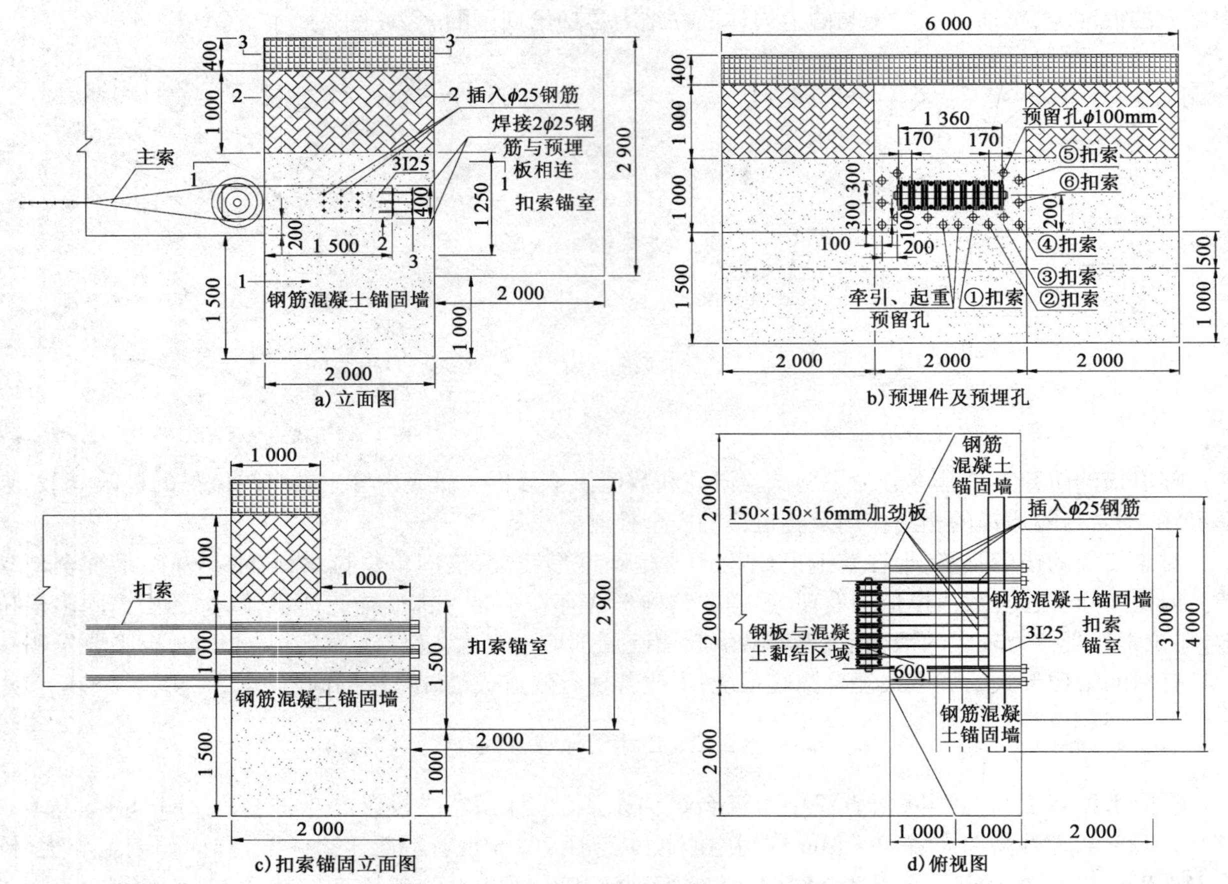

图 4 隧道锚设计方案(尺寸单位:mm)

为了保证钢板与隧道锚的受力安全,在钢板的纵向方向预留一定长度的无黏结区段,参见图 5。

四、数 值 分 析

1. 有限元模型的建立

采用有限元软件 ABAQUS 对汉中岸主洞室锚碇分析计算。在采用 ABAQUS 建立有限元计算模型时,根据设计图纸提供的材料及结构参数建立有限元计算模型。考虑结构体和受力的对称性,计算模型取锚碇半结构体。充分考虑计算精度和计算效率的需要,在不影响结果前提下,计算范围为 33m × 22.5m × 43.9m(半长 × 宽 × 高(取到地表))。模型采用 ABAQUS 软件中的嵌入功能,精确模拟了内锚钢板嵌入混凝土锚碇的情况。另外在内锚钢板周围创建了 6 个孔洞,模拟扣索。边界条件上,除轴平面外的其余面均设置为 3 个方向约束,在轴平面设置对称约束。根据施工方案,在 5 个内锚钢板处建立耦合参考点,将滑轮的等效荷载施加在参考点上,有效避免应力集中,更加真实地反应实际受力情况。扣索处,同样建立与扣索边耦合的参考点来施加拉力,模拟扣索受力情况。

为了减小计算工作量，隧道锚和围岩的有限元模型横向对称取一半进行分析，有限元模型考虑了围岩与隧道锚的相互作用，有限元总体模型如图 6 所示。

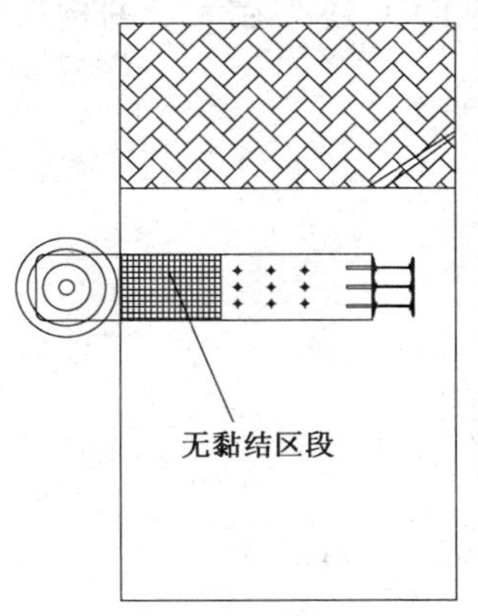

图 5　钢板与混凝土的无黏结区域

图 6　有限元计算整体模型

2. 应力计算结果

将结构划分为约 139 622 个单元，锚碇细节如图 7 所示。钢板、锚碇应力计算结果分别如图 8、图 9 所示。

图 7　隧道锚的网格划分

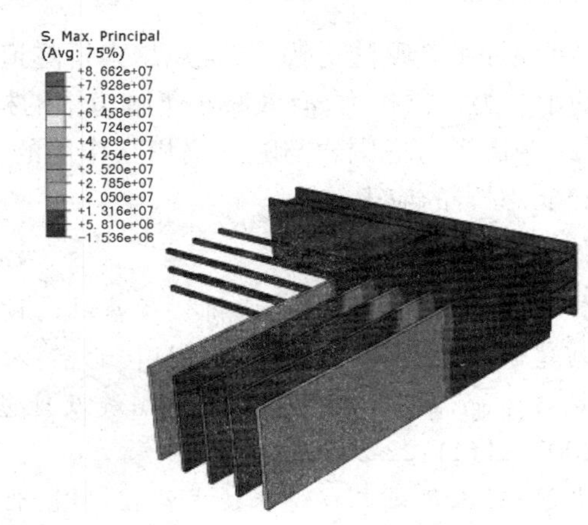

图 8　钢板应力计算结果

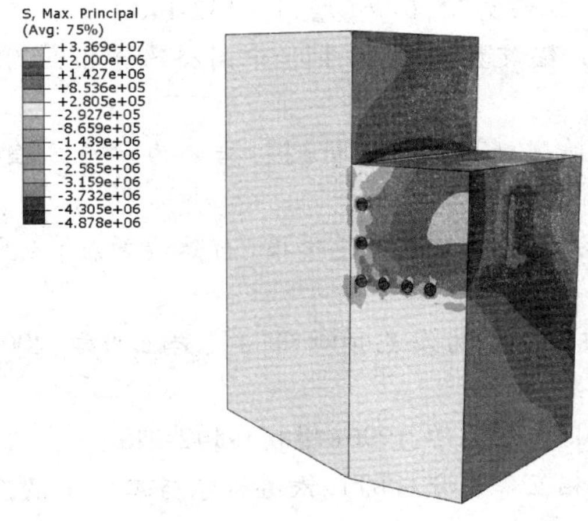

a）锚碇应力结果主视图

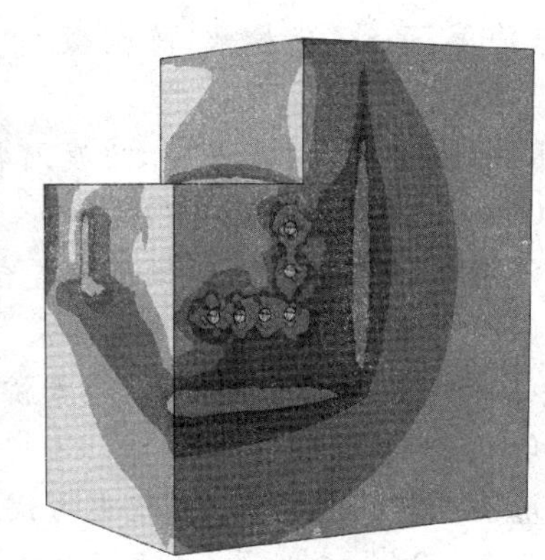

b）锚碇应力结果后视图

图 9　隧道锚应力分析

由图 9 的计算结果可以得出：

(1)隧道锚的内部埋入钢构件的应力[图9a)]未超限,最大应力为86.6MPa,小于钢材的强度。

(2)锚碇混凝土最大主拉应力位置为扣索后锚点及锚碇与围岩的交界面,从计算分析结果可以看出,这些部位的应力较大主要由于应力集中现象导致,实际工程施工中,还存在大量的构造钢筋,能有效阻止这些部位的混凝土开裂。

围岩的应力计算结果参见图10。

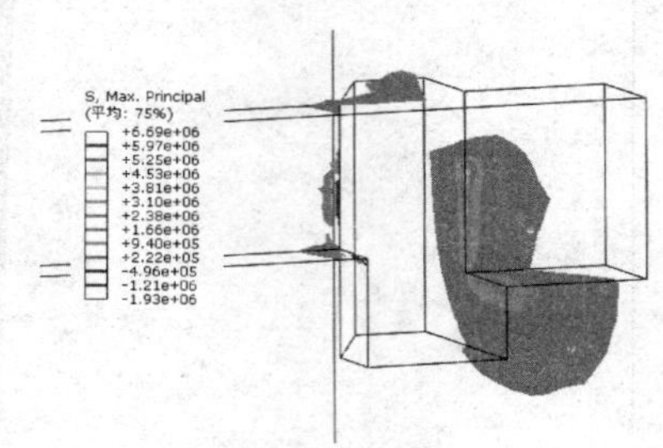

图10 围岩应力计算结果

分析图10可以看出:围岩的应力较小,在2~3MPa范围之内。

五、结 语

(1)设计了新型隧道锚,与常规悬索桥隧道锚相比,该隧道锚不再仅仅有摩阻力提供抗力,通过锚梁本身的承载力提供抗力,有效减小了隧道锚的构件尺寸。

(2)开展了考虑围岩与隧道锚相互作用的三维精细化数值有限元模型分析,分析结果显示,隧道锚受力安全,围岩的应力较小。

参考文献

[1] 钱冬生,陈仁福.大跨悬索桥锚靛基础的设计与施工[M].重庆:西南交通大学出版社,1999.

[2] 刘建新,胡兆同.大跨度吊桥[M].北京:人民交通出版社,1995.

[3] 赵启林,陈斌,卓家寿.悬索桥锚旋及地基基础中的力学问题研究动态[J].水利水电科技进展,2001,21(1):22-26.

[4] 史佩栋.深基础工程特殊技术处理[M].北京:人民交通出版社,2004.

[5] 刘明虎.悬索桥重力式锚碇设计的基本思路[J].公路,1999,07:16-23.

[6] 李永盛.江阴长江公路大桥北锚旋模型试验研究[J].同济大学学报,1995,23(2):134-140.

[7] 陈有亮.虎门大桥东锚旋重力锚及基岩的稳定性[J].工程力学,1996(增刊):142-148.

[8] 汪海滨,高波,朱栓来,陈刚毅.四渡河特大桥隧道式锚碇数值模拟[J].中国公路学报,2006,06:73-78.

[9] 张利洁,黄正加,丁秀丽.四渡河特大桥隧道锚碇三维弹塑性数值分析[J].岩石力学与工程学报,2004,23(S2):4971-4974.

[10] 汪海滨,高波.悬索桥隧道式复合锚碇承载力计算方法[J].东南大学学报(自然科学版),2005,35(S1):89-94.

[11] 肖本职,吴相超,姚文明.悬索桥隧道锚旋围岩体极限承载力灰色预测明[J].岩土力学,2003,24(S1):143-145.

[12] 陈有亮.虎门大桥东锚旋重力锚及基岩的稳定性[J].工程力学,1996(增刊):142-148.

[13] 朱玉,卫军,李昊等.悬索桥隧道锚与下方公路隧道相互作用分析[J].铁道科学与工程学报,2005,2(1):57-61.

[14] 朱玉,卫军,李昊,等.大跨径悬索桥隧道锚变位分析[J].岩石力学与工程学报,2005,24(19):3588-3593.

87. 南宁良庆大桥缆载吊机主桁架有限元分析

陈小涛[1] 邓年春[2] 张 毅[3]
(1. 广西科技大学土木建筑工程学院;2. 广西大学土木建筑工程学院;
3. 柳州欧维姆机械股份有限公司)

摘 要 以南宁良庆大桥钢箱梁吊装为工程背景,对缆载吊机主桁架在使用过程中的受力工况进行有限元分析。首先依据吊装方案确定了主桁架施工中的各种不利工况,并对其强度、刚度进行验算;再者,以模态理论为基础,采用 Block Lanczos 计算方法得到主桁架前10阶自振频率及振型;最后以25m跨度桁架为基础,分析了模块化拼装过程中桁架自振频率的变化趋势。分析结果表明,桁架的静力强度和刚度均能满足实际吊装的要求,主桁架的自振频率满足规范要求,能避免共振的产生,结构设计安全。

关键词 悬索桥 缆载吊机 主桁架 模态分析 模块化拼装

一、引 言

大跨度悬索桥充分利用材料的强度,具有用料省、自重轻的特点,跨径可以达到1 000m以上,在跨越江河海峡等交通障碍时有其独特的优势,桥梁选型时受到青睐。在架设主梁之前,大跨度悬索桥的两根主缆一般都已经架设完成,利用已有的主缆条件,以主缆作为受力支撑的缆载吊机在主梁架设过程中常常被采用。悬索桥加劲梁的形式主要有钢箱梁、钢桁梁和钢混组合梁。缆载吊机作为悬索桥加劲梁架设的专用设备,骑跨在两条主缆之间,实现对加劲主梁的提升和安装(图1)。作为架设工具,其技术特点主要有:

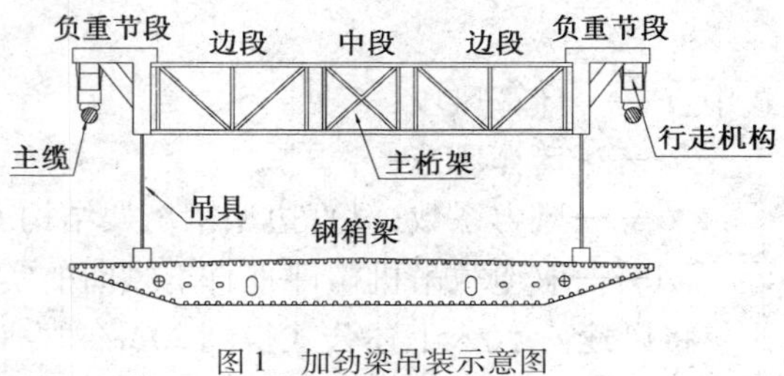

图1 加劲梁吊装示意图

(1)钢桁架采用模块化设计,通过增减桁架模块即可适用于不同跨径的悬索桥加劲梁吊装;

(2)智能化的中央控制系统,使吊装自动化程度及同步控制精度高,提高了设备的安全性和可靠性;

(3)设备自重轻,起吊吨位大,能满足和适应500t以上梁段的吊装。

本文拟对这一特种施工设备的主桁架进行静力、模态以及桁架拼装分析,以便对该设备的设计与优化提供一些参考。

二、工 程 概 况

南宁良庆大桥是连接风岭片区与五象新区之间的跨江通道,大桥为双塔单跨420m地锚式叠合梁悬索桥,主缆跨径布置为168m+420m+168m,矢跨比1/9,如图2所示。两根主缆横桥向中心间距25m,桥面标准宽度38m,近桥塔处桥面加宽至46m,主塔采用混凝土门式塔,塔高81m,塔顶横向中心距25.4m。主桥加劲梁为扁平流线型钢箱梁,梁段类型沿跨径中心线对称布置,分为LZ1~LZ21共11种梁段类型,41个节段。其中标准节段LZ4~LZ20长10.5m,跨中节段LZ21长8.75m,主塔下部梁段LZ1梁段最重为291.3t分为2段吊装,每段按150t考虑且需考虑25°荡移。

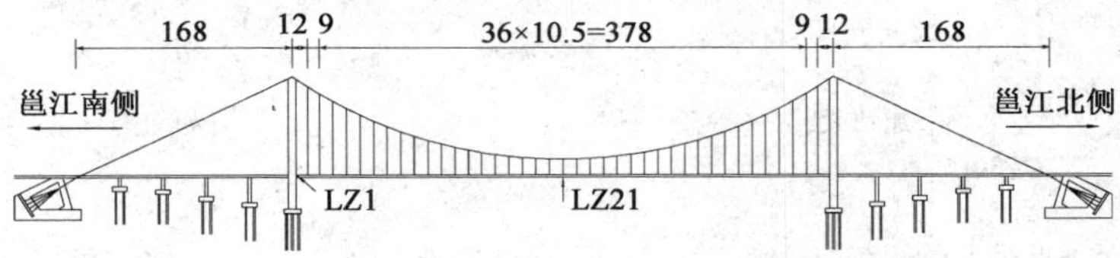

图2 主桥桥型布置图(尺寸单位:m)

大桥加劲梁的架设拟采用 LZDJ2300 型缆载吊机,最大起重量为 230t。缆载吊机主要由钢结构主桁架、缆上行走机构、控制室、液压提升设备、收线装置等组成。本文采用 MIDAS 有限元软件对钢结构主桁架在各施工工况下的力学性能进行分析。

三、主桁架静力强度有限元分析

1. 主桁架有限元模型建立

(1)单元材料定义。在对主桁架进行仿真模拟时,桁架杆件采用梁单元模拟,且取钢材实际属性输入模型。由于所选 Q345B 钢材厚度均小于 35mm,屈服强度统一取 325MPa。根据荷载规范取缆载吊机在无风工作情况下的强度安全系数为 1.48,在有风工作情况下的强度安全系数为 1.34,则相对应的许用应力[σ]分别为:219.6 MPa、242.5 MPa。

(2)模型加载。主桁架所受的荷载主要可以分为:自重荷载(包括附属设备自重)、起重荷载以及风荷载。由于建模已有较高的精度,让软件自行考虑主桁架的自重(按自重 ×1.1 倍加载),附属设备包括控制室 1.5t、液压提升千斤顶 2t ×2、泵站 2.5t ×2、收线装置 3.5t ×2,共 17.5t,按均布荷载施加在桁架结构的下弦杆节点上。起重荷载按 230t ×1.1 倍加载(起重荷载中已含吊具自重),并均分到模型中两个吊点所在区域的节点上。风荷载考虑 25m/s 工作状态风荷载(按桥位区距地 100m 基本风速取值计算);55m/s 强台风荷载(按非工作状态最大风速取值计算)。根据文献[2]计算与阵风风速有关的风压,按下式计算:

$$P = 0.625v_s^2 \tag{1}$$

$$F_f = CP_iA \tag{2}$$

式中:P——计算风压;

v_s——计算风速;

C——风力系数,对直边型钢桁架结构 $C=1.7$;

A——取缆载吊机构件垂直于风向的实体迎风面积 28.86m^2。

将风速 v_s 代入上述公式得到 25m/s 风速下 F_f 为 19 164N,55m/s 风速下 F_f 为 92 758N,荷载施加于主桁架顺桥向迎风侧节点上。

(3)边界条件的确定。

主桁架通过销轴与紧固在主缆上的行走机构相连,在假设主梁不晃动的前提下,主桁架有顺桥方向的转动自由度,因而在主桁架左负重节段横梁节点处施加 X、Y、Z、θ_y、θ_z 约束,右负重节段横梁节点处施加 Y、Z、θ_y、θ_z 约束。杆件之间的连接为焊接或翼缘处通过高强螺栓连接,节点处按固结计算,当仅腹板处有少量高强螺栓连接时,通过释放梁端弯矩来模拟比较真实的连接情况。

2. 荷载工况确定与模型分析

缆载吊机在工作时分为垂直提升和荡移施工两种工况,根据良庆大桥梁段吊装方案,在水平位置垂直起吊时按 230t 梁重校核(图 3);牵引荡移时,悬链线主缆最大倾角为 30°,吊索与竖直方向的夹角为 25°(主桁架转动 25°),此时吊装的最大重量为 150t,荡移牵引力为 70t,如图 4 所示。在对缆载吊机主桁架进行有限元分析时,选取最不利的荷载工况进行验算,主桁架的验算主要考虑以下 3 种荷载组合的 5 种工况:

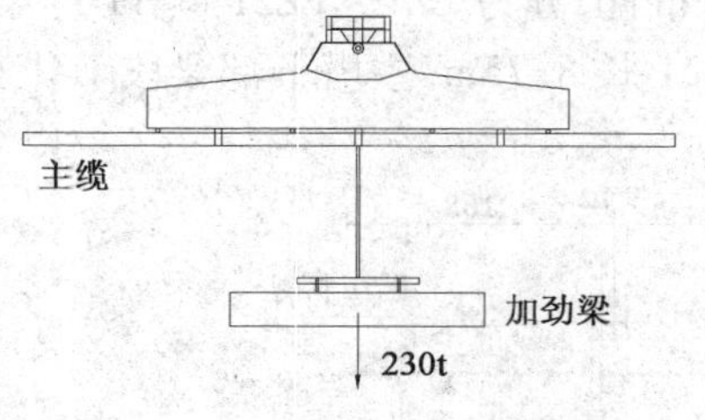

图 3　水平起重示意图

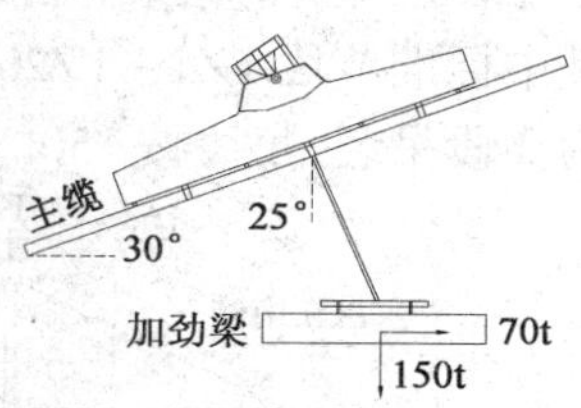

图 4　荡移 25°起重示意图

①荷载组合Ⅰ(无风工作状态:最大起重×1.1 倍冲击系数+桁架自重+附属设备自重)(水平起重与牵引荡移25°两种工况);

②荷载组合Ⅱ(有风工作状态:最大起重×1.1 倍冲击系数+桁架自重+附属设备自重+工作风荷载)(水平起重与牵引荡移25°两种工况);

③荷载组合Ⅲ(有风非工作状态:桁架自重+附属设备自重+强风荷载)。

采用MIDAS软件分析,计算结果如表1所示。在荷载组合Ⅰ下,桁架最大应力为166.8MPa,出现在下弦杆梁端部附近,如图5所示,桁架最大挠度为21.6mm,出现在跨中弦杆部位,如图6所示。其他相应工况的计算结果如表1所示,各工况下最大应力均小于[σ]=219.6MPa、242.5MPa,最大位移均小于[v]=L/800=31.25(mm),且经验算各杆件的稳定性满足要求。这说明桁架结构设计具有足够的安全系数。

图5 荷载组合Ⅰ主桁架应力云图

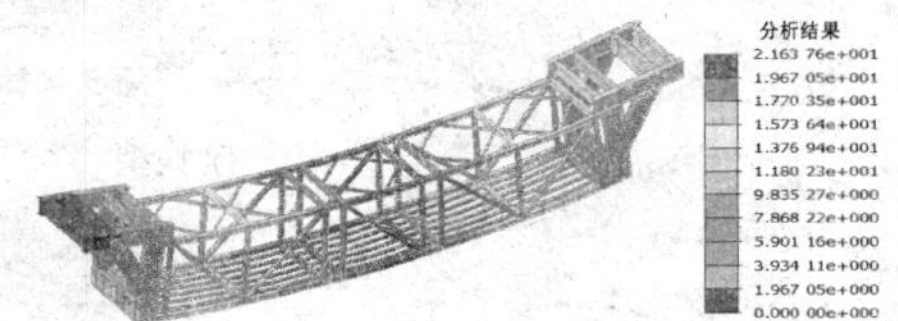

图6 荷载组合Ⅰ主桁架位移云图

不同荷载组合及工况下的计算结果 表1

	荷载组合Ⅰ		荷载组合Ⅱ		荷载组合Ⅲ
	水平起重	荡移起重	水平起重	荡移起重	非工作状态
强度验算(MPa)	166.8	174.6	171.3	175.7	112.3
刚度验算(mm)	21.6	26.7	21.8	27.6	13.8

四、主桁架模态分析

1.模态分析理论与分析结果

处于高空跨缆作业的缆载吊机由于其自身的施工工况复杂,且经常受到大风等恶劣自然环境的影响。为了更好地掌握外部激励对主桁架结构的稳定性和动力性的影响,需要对其进行动力分析。模态分析作为动力学分析的基础,关注结构各阶固有频率与阵型的分布情况,可以有效地避免相同频率的外部激励对结构共振产生的不利影响。

在模态分析中,主桁架上的控制室、液压提升设备、收线装置等自重,通过荷载转化为质量,作为模态分析质量矩阵[M]中的某项参与计算。由于桁架结构的阻尼较小,在此忽略阻尼对结构固有频率和振型的影响。自由振动时,外部激励荷载向量$\{F(t)\}=\{0\}$,由此得到无阻尼多自由度体系自由振动的运动方程:

$$[M]\{\ddot{u}\}+[K]\{u\}=\{0\} \tag{3}$$

式中:[M]——结构总质量矩阵;

[K]——结构总刚度矩阵;

$\{u\}$、$\{\ddot{u}\}$——分别为桁架节点位移向量和节点加速度位移向量。

式(3)对应的解的特征方程为:

$$([K]-\omega_i^2[M])\{\varphi_i\}=0 \tag{4}$$

式中:ω_i——第i阶模态的固有频率;

φ_i——第i阶模态的固有振型$i=1、2、\cdots、n$。

结构的模态分析中,低阶模态起主要作用,且随着模态阶数的增高其影响逐渐减小。实际结构由于阻尼的存在,动力影响中的高阶部分衰减也很快。应用MIDAS软件中Block Lanczos计算方法对主桁架进行模态分析,得到结构前10阶振型的频率(表2),主桁架前4阶振型见图7。

主桁架前10阶频率及振型　　表2

阶数	频率(Hz)	振　　型	阶数	频率(Hz)	振　　型
1	2.630	水平向弯曲摆动	6	8.795	水平向四个反弯点弯曲摆动
2	4.319	水平向一个反弯点弯曲摆动	7	9.799	水平向五个反弯点弯曲摆动
3	5.821	水平向两个反弯点弯曲摆动	8	10.475	竖向下弦杆四个反弯点弯曲摆动
4	6.338	竖向弯曲摆动	9	10.707	未受约束杆件多向摆动
5	7.074	水平向三个反弯点弯曲摆动	10	10.938	整体扭转摆动

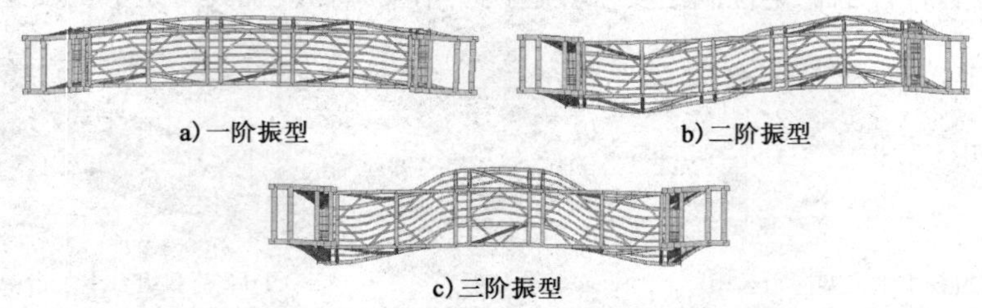

a)一阶振型　　b)二阶振型

c)三阶振型

图7　主桁架前三阶振型图

由上述分析可知,主桁架在宽度方向的刚度要小于竖向,结构多发生水平向的振动。对于吊梁过程中收线盘产生的激振频率在1×10^{-3}Hz左右,远小于主桁架的一阶固有频率,结构不会由于自身的工作状态引起共振。同时文献[6]指出:脉动风谱的卓越周期一般为一分钟,相应的峰值频率为1/60Hz,而缆载吊机的固有频率≥2Hz,远高于自然脉动风的峰值频率,不会引起结构的共振。

2.模块化拼装对模态的影响

缆载吊机主桁架采用模块化设计时可以方便运输、拆卸和安装。其分为五段:一个中间段、两个边段和两个箱型负重梁,模块化设计使得缆载吊机可重复利用。当悬索桥主缆间距发生变化时,在满足使用要求和安全的前提下,只需将中间段部分和相关连接系杆重新设计,便可重新投入使用,这样无需要重新设计整个桁架,使得施工成本降低,施工速度加快。本节将以良庆大桥缆载吊机为基础对主桁架进行模块化拼装,以满足不同主缆间距的悬索桥的施工,模拟拼装对主桁架振型的影响。

以良庆大桥25m跨度主桁架为基准,减去一个中间段得到跨度为21m的主桁架,增加一个中间节段得到28m跨度主桁架。桁架宽度、高度以及所用杆件型号均与25m跨主桁架相同,如图8所示。为了使结果更有对比性,在进行模态分析时仅考虑三种桁架的自重,其附属设备重不参与振型分析,得到结果如表3所示。由图8可知,三种主桁架的一阶自振频率均满足文献[7]对起重机主桁架(主梁)自振频率≥2Hz的动态刚性规定;随着主桁架跨径的增大其自振频率会相应减小表明桁架变柔,这与水平向刚度减小是对应的;且在一定的高跨比限值内,频率数值基本保持线性增加。

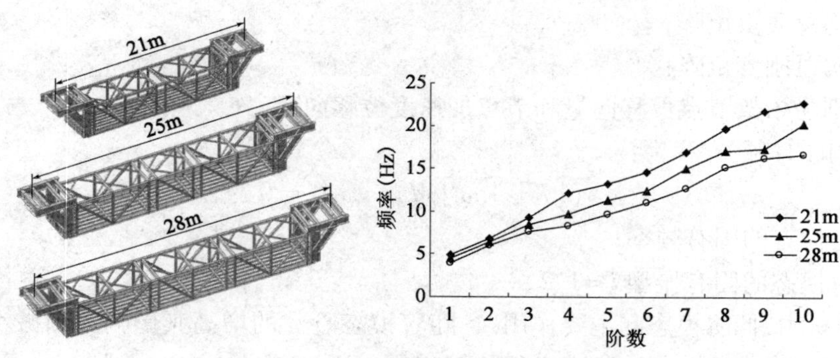

图8　三种主桁架模型及自振频率图

三种跨度主桁架前10阶自振频率(单位:Hz) 表3

频率阶次	1	2	3	4	5	6	7	8	9	10
21m	4.934	6.804	9.338	12.153	13.260	14.561	16.938	19.740	21.704	22.706
25m	4.460	6.458	8.530	9.715	11.386	12.398	14.977	17.118	17.406	20.196
28m	3.974	6.021	7.595	8.340	9.682	11.032	12.767	15.160	16.324	16.615

五、结　语

(1)采用MIDAS软件对主桁架多种工况进行计算,其结果表明,桁架的静力强度和刚度均能满足实际吊装的要求。

(2)主桁架的自振频率满足规范对起重机主桁架动态刚性规定的要求,桁架的振型多集中在水平向说明桁架水平向刚度较小,同时收线盘激振频率与脉动风峰值频率均远小于桁架自振频率,能避免这些激励产生的共振。

(3)模块化拼装过程中,三种跨度的桁架基频均≥3Hz,在一定的高跨比限值内,频率值基本保持线性增加,说明该形式的主桁架可以实现模块化拼装。

参考文献

[1] 王武勤.大跨度桥梁施工技术[M].北京:人民交通出版社,2007.
[2] 中华人民共和国国家标准 GB/T 3811—2008 起重机设计规范[S].北京:中国标准出版社,2008.
[3] 林刚,王小洋,武江勇,等.缆载吊机主桁架的强度及稳定性分析[J].机械,2011(3):35-38.
[4] 刘晶波,杜修力.结构动力学[M].北京:机械工业出版社,2005.
[5] 赵军.基于MIDAS的某房屋框架的模态分析[J].工业建筑,2010(40):404-405.
[6] 王凌鹏.大跨度悬索桥缆载吊机抗风性能研究[D].成都:西南交通大学,2008.
[7] 中华人民共和国国家标准 GB/T 14406—2011 通用门式起重机[S].北京:中国标准出版社,2011.

88.浅谈现浇箱梁混凝土桥面平整度控制

杨忠玉
(四川公路工程咨询监理公司成都二绕J4总监办)

摘　要 本文介绍了在成渝枢纽互通桥梁施工过程中,对行夯的制作与选择、行夯轨道标高的确定、混凝土的控制、行夯行进过程及人工抹面等工序的有效控制,从而确保了现浇箱梁桥面的平整度。

关键词 现浇箱梁　平整度　行夯　轨道

成渝枢纽互通桥梁从开工伊始,混凝土的外观质量要求较高。影响混凝土外观质量的因素有很多,混凝土表面平整度就是一个重要因素。

互通主线桥全长1 501.87m,单向设计,单幅宽度19.44m,对桥面平整度的控制如下:

在现浇混凝土箱梁施工过程中,影响混凝土表面平整度的因素,归结起来不外乎以下几点:行夯的制作与选择、行夯轨道高程的确定、混凝土的控制、行夯行进过程的控制及人工抹面的控制。

一、行夯的制作与选择(图1)

行夯的制作材料有很多种,如工字钢、槽钢、大半径钢管等,制作时一般采用两根等长材料平行摆放,间距控制在40~50cm之间,以钢筋焊接连接,在靠近两端处设置两个高频平板振捣器,用螺栓连接牢固。在行夯的制作过程中,行夯的长度也应严格控制,实践经验表明行夯的制作长度宜控制在5~8m之间,行夯过长产生的挠度较大,行夯易变形,对桥面的平整度影响较大。制作较大长度行夯时,必须采取适当的加固措施。

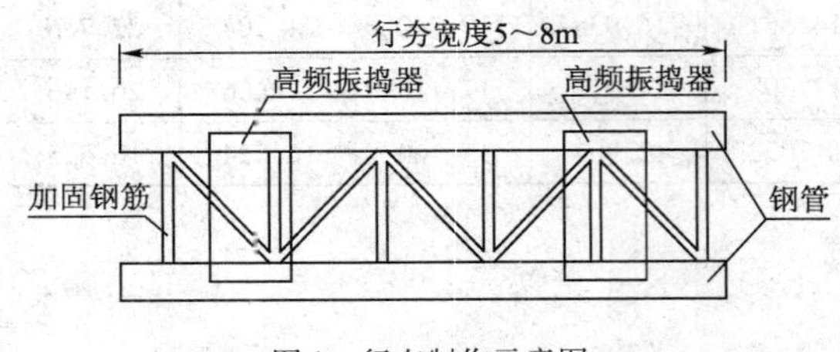

图1　行夯制作示意图

工字钢、槽钢加工出来的行夯单位长度重量较大,与混凝土表面的接触面积大,使用起来耗费的人工较多,但施工时好控制,使用效果比较好;而大半径钢管加工出来的行夯重量上要轻了许多,与混凝土的接触面积也比较小,使用起来耗费的人工较少,如在施工时严格控制行夯的行进速度亦能收到良好的效果。一般在现浇箱梁混凝土施工时后者比较常用。

二、行夯轨道高程的确定

1. 轨道托架的设计

轨道托架的设计可因地制宜,主要的目的是牢固,可以有效地固定轨道钢筋,并同时保证轨道高程的准确。轨道托架一般宜设置在箱梁腹板的箍筋上,且应保证焊接牢固,腹板箍筋受力时不产生位移。设置在其他位置时,应对托架的支撑加固,确保在行夯行进过程中,托架不产生位移。

2. 轨道钢筋的选择

轨道钢筋一般选择为圆钢,圆钢的半径视箱梁的保护层而定,一般略小于保护层厚度。竹行互通主线桥顶板混凝土的保护层是2.5cm,我们所选用的圆钢半径为2cm。轨道钢筋在使用过程中,应注意对钢筋的清理及调校。每次浇筑完混凝土后应及时清除轨道钢筋表面黏附的混凝土,并对局部产生变形的轨道钢筋进行调直,变形较大且无法调直的轨道钢筋应予以更换。

3. 轨道位置及高程的确定

轨道的位置视加工的行夯的长度而定,一般两个轨道的间距要小于行夯长度的30~50cm,保证行夯在行进过程中不易脱轨。轨道托架在安装前应测量轨道高程,实际测量中一般按5m一个断面,挂线焊接轨道托架,托架的间距一般为50~70cm。

三、混凝土的控制

1. 混凝土坍落度的控制

现浇箱梁的混凝土浇筑一般选择汽车泵直接泵送,混凝土的坍落度宜控制在16~20cm之间,且应保持混凝土坍落度的一致性,坍落度过小,混凝土表面易出现裸露石子;坍落度过大,会增加出现干缩裂缝的机会。两者都会对混凝土桥面的外观产生影响。

2. 混凝土布料的控制

浇筑混凝土过程中,混凝土布料的是否合理直接影响到混凝土的浇筑质量。一般布料的一次宽度宜选择为行夯一次行走的宽度,长度宜控制在5~6m之间。过长或过宽都会对混凝土的二次衔接产生影响,导致冷缝的出现。

3. 混凝土振捣的控制

混凝土的振捣应注意振捣的时间及密度,以振捣密实为准。振捣时间过长或振捣过密,出现过振现象,会使混凝土表面产生浮浆较多,混凝土容易开裂;振捣时间过短或振捣过稀,出现漏振现象,直接表现为混凝土不密实,影响混凝土的内在质量,同时也会增加抹面难度,成型的混凝土表面易出现凹凸不平的现象,对桥面的平整度产生影响。

四、行夯行进过程的控制

行夯在行进过程中应严格控制行夯的行进速度,保证行夯在已振捣完混凝土表面匀速前进,行进过程中不产生跳跃,混凝土表面提浆充分,行夯走过的混凝土表面无波浪现象且表面密实。

行夯行进过程控制的好坏直接影响到混凝土表面的平整度,故对这一过程应严格控制,确保混凝土表面密实、提浆充分、无波浪等现象。

五、人工抹面的控制

人工抹面的过程是对混凝土平整度控制的最后一个环节,同时也是一个重要的环节。人工抹面应尽量减少工人在混凝土表面行走,抹面时搭设跳板,对于跳板陷下的印迹应及时补灰抹平,抹面宜采用二次抹面,二次抹面后对混凝土作拉毛处理,减少混凝土表面的开裂现象。待到混凝土达到一定强度时,进行覆盖洒水养生。覆盖时以混凝土能承受覆盖工人重量且不留印迹为宜。

89. 木蓬特大桥施工方案研究

李银斌　张世娟　杨鸿波　邓晓红　王玲丽
(贵州省交通规划勘察设计研究院股份有限公司)

摘　要　木蓬特大桥两岸岸坡有不良地质影响,桥梁规模较大,方案比选后主桥采用165m钢筋混凝土箱拱。主桥采用缆索吊装法和挂篮悬臂浇筑法两种施工方案进行研究,研究了两种施工方案的结构受力、耐久性、施工过程的安全性、工期、造价等方面,推荐本桥采用挂篮悬臂浇筑法的施工方案。

关键词　桥梁布置　165m钢筋混凝土箱拱　缆索吊装法　挂篮悬臂浇筑法。

一、桥 位 概 况

木蓬特大桥位于贵州省思南至剑河高速公路第九标段K68+291.700~K68+655.300。该桥跨越深切沟谷,两岸纵坡陡,为65°~85°,下伏寒武系中统高台组中厚层状白云岩。两岸主墩位于陡崖地带,桥区中部沟谷内覆盖层较厚,两岸桥台及桥位中部山坡上植被发育,较低凹部位及缓坡部分为耕地、河流。最大桥高115m,桥梁布设不受水文限制。

桥梁平面位于直线上,纵坡为1.096%。桥梁设计宽度为21.5m,设计荷载等级为公路Ⅰ级。

二、桥 梁 布 置

大桥桥位位置受深切地形影响,大桥两岸岸坡不良地质较发育,主要表现为卸荷裂隙及危岩,其整体稳定性差。两岸不良地质情况主要有:

思南岸:发育两条卸荷裂隙,一条位于K68+367~+379段,横穿桥轴线,宽4~6m,深60~70m。该裂隙发育深度大,完全切断母岩,使其前缘岩体形成危岩,稳定性差。另一条位于K68+361右侧,为一条次生裂隙,宽0.5~1.5m,深20~30m。该裂隙延伸范围较短,但受其影响,其前缘岩体稳定性较差,上部不宜设置基础。受此两裂隙的影响,思南岸桥基布置范围应在K68+361之前。

剑河岸:K68+508~+523段发育张性裂隙,为风化临空岩体应力变形造成,宽0.1~0.5m,导致该段岩体稳定性较差。另外,该段右侧为临空陡崖,卸荷裂隙较发育,整体不利于基础稳定。受此不良地质影响,剑河岸桥基布置范围应在K68+524之后。

根据上述地形、地质条件,桥梁布设主要受地质条件控制。桥梁布设时,思南岸控制桩号为K68+361,剑河岸控制桩号为K68+524,故主桥最小跨径为163米。这种跨径情况下,可选用的桥型有连续刚构、T构、斜拉桥及拱桥,比较情况如表1所示。

不同桥型比较情况 表1

桥 型	连续刚构	T 构	斜拉桥	拱 桥
主跨跨径(m)	180	96 +96	170	165
墩高(m)	20	110	20	
比较情况	墩高过小,孔跨布置与地形不协调,造价较高,施工难度大,不推荐	主墩墩高较高,沟谷两岸需清方并防护,造价较高,施工难度大,不推荐	造价高、工期长,施工难度大,不推荐	造价较低,施工难度较大,推荐

综合考虑桥位地形、地质、桥梁造价、施工场地等问题,本桥主桥跨径采用165m,主桥形式为钢筋混凝土箱拱。调整后的拱桥方案,其拱座前缘(+360、+525)均避开了不良地质体。据地质调查分析、物探、钻探资料显示,拱座基础稳定,适于建桥。

桥中心桩号K68+442.500m,起点桩号K68+291.700m,终点桩号K68+655.300米,桥梁全长363.6m,具体桥型布置见图1。上部结构主桥采用1x165m钢筋混凝土箱拱,思南岸引桥采用2×30m T梁,剑河岸引桥采用4×30m T梁。下部构造为钢筋混凝土拱座、扩大基础;引桥墩为柱式墩,桩基础;U形桥台,扩大基础。

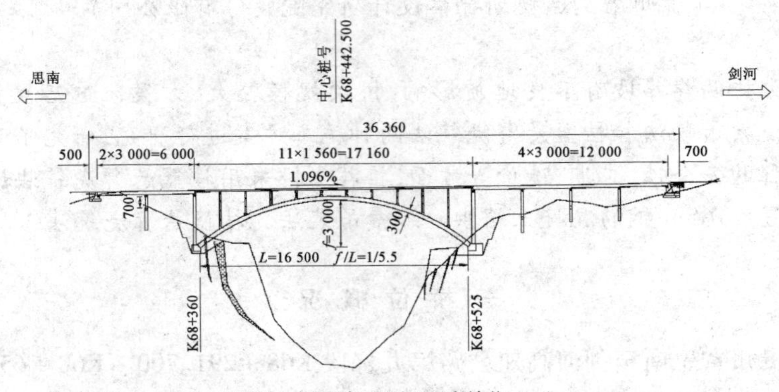

图1 桥型布置图(尺寸单位:cm)

三、施工方案研究

拱桥的施工方法主要有4种:支架现浇施工、悬拼拱架、缆索吊装法、挂篮悬臂浇筑法。本桥桥高115m,无法采用支架现浇,悬拼拱架施工的难度太高,故本桥施工方案考虑采用缆索吊装法和挂篮悬臂浇筑法两种施工方案进行研究。

1. 缆索吊装法

缆索吊装法是我国最广泛施工的无支架施工方法。(缆索吊装布置见图2)根据本桥情况,拱圈箱梁纵向采用7段,横向采用单箱5室,最大吊重约105t。拱圈纵向分段见图3,横向布置见图4。

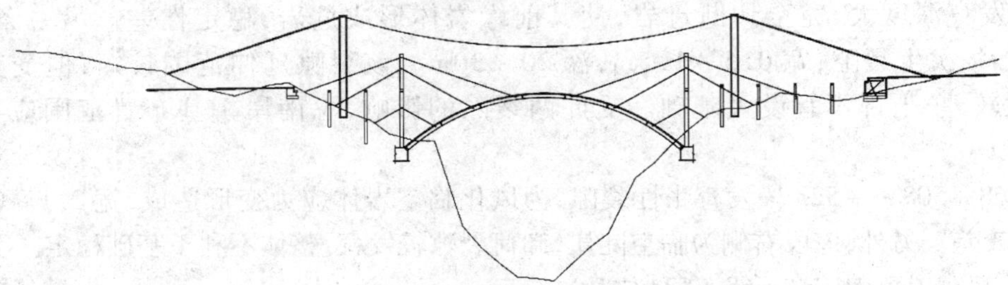

图2 缆索吊装立面示意图

施工工序为:预制场预制拱肋,用设备移运至缆索吊装位置,安装就位并利用扣索临时固定拱肋,各段拱肋安装完成,浇筑横梁,肋间混凝土和顶板混凝土,完成主拱圈。施工预制场地可选在思南岸挖方路基内，预制场地不受限制。

按目前国内的施工设备能满足本桥的吊重要求，吊装工艺也比较成熟，但采用缆索吊装存在如下问题：

（1）缆索吊装法中，拱箱横断面是由5个单箱通过纵缝、横梁、顶板混凝土来连接的，后浇混凝土和拱肋混凝土之间的结合是个薄弱环节，截面的整体性较差、耐久性差。

（2）单幅桥共35个预制节段，数量众多，在预制、安装过程中不可避免地会和设计线形有差异，这首先会造成拱圈线形和设计线形有偏差，其次横向各箱肋间会有高差，从美观和受力上来讲都是不利的。

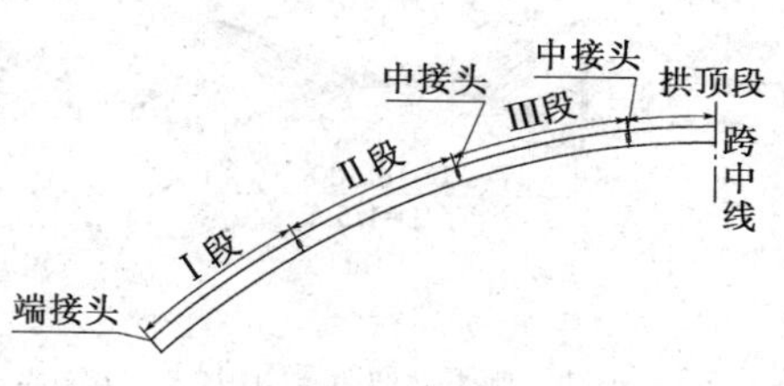

图3　纵向分段示意

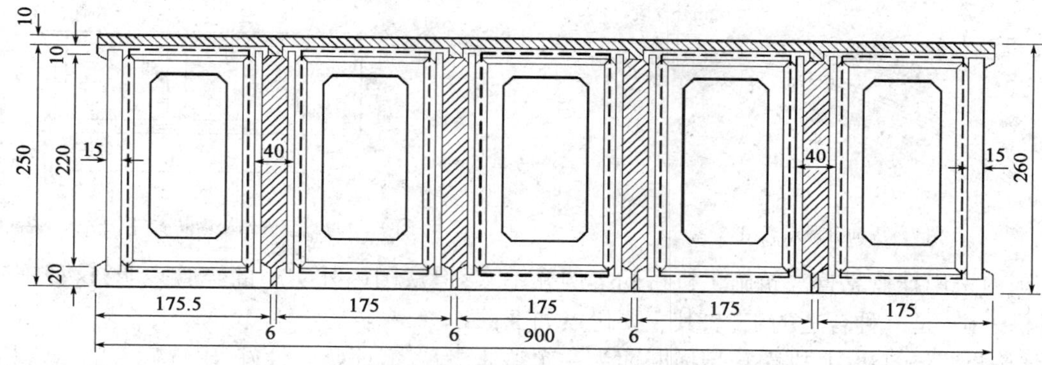

图4　单幅拱圈箱梁横断面（尺寸单位：cm）

（3）纵向接头方面，前后节段之间的连接是通过顶、底板位置预埋的钢板、槽钢、角钢采用焊接、螺栓连接的方式连接，最后待全部箱肋吊装完成后浇筑横梁混凝土以连接成整体。施工过程中，焊接工作操作空间小，存在仰焊部分，对焊接工艺要求很高，对施工人员的要求也很高。纵向接头构造见图5。

（4）在首肋合龙时，箱肋宽为1.755m、箱高2.5m，长度为180余m，长细比非常大，必须采用浪风索调提高拱肋的稳定，而浪风索索力施加全是人工卷扬机操作，要求施工人员经验丰富。整个拱圈在箱肋未最后形成整体前，箱肋稳定性较差，所有箱肋都需拉上浪风索以保证施工安全，因吊装过程长，相应安全风险期也较长。

（5）施工工期方面，缆索吊装法同时只能开展一个工作面。按每个节段安装3天计算，单幅桥单侧35个节段共105天，加上横梁、纵缝和顶板整体混凝土需要15天，整幅拱圈总共为240天。再则，吊装拱圈期间，因吊装需要引桥上部不能架设，需待主拱圈完成后方可进行引桥上部施工，造成工期较长。

接头立面

钢板　角钢　顶板连接螺栓

预留孔φ50 螺栓孔

横隔板　角钢　横隔板

槽钢　底板连接螺栓

图5　纵向接头构造

总体来说，缆索吊装法使用广泛，施工工艺成熟，但施工风险高，风险期较长，拱圈整体性稍差，总工期约为300天。经估算，采用缆索吊装法施工，桥梁总造价约为3 950万元。

2. 挂篮悬臂浇筑法

挂篮悬臂浇筑法是国内近年来发展起来的一种钢筋混凝土拱桥施工方法，其在国外运用很多，在国内四川白沙沟大桥（150m箱拱）已成功实施，在国外与其同样的施工工艺已达到280m跨径（葡萄牙Henrique桥）。

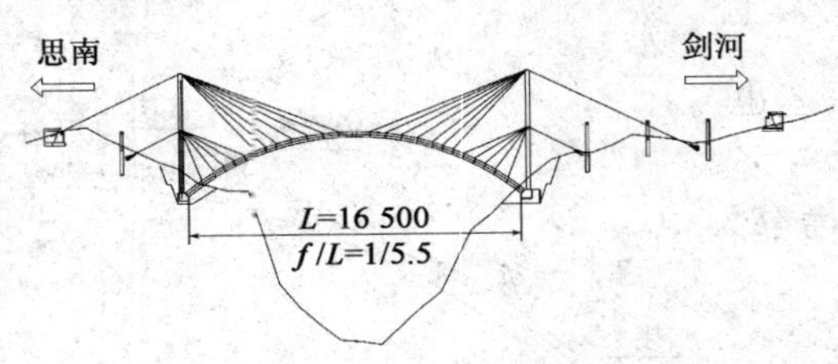

图6　施工立面布置图(尺寸单位:cm)

根据本桥实际情况,单幅桥拱圈采用单箱双室截面,纵向单个悬臂浇筑节段长度7.0~8.0m,共26个节段,合拢段2m。单个节段浇筑重量约为135t,挂篮自重约65t。施工布置见图6,纵向分段见图7,横断面布置见图8。

施工工序为:拱圈起步段采用支架现浇,从起步段到合龙段之间采用挂篮分段对称悬臂浇筑,现浇段浇筑完成后采用扣索挂扣在塔架上,最后浇筑拱圈合龙段。挂篮悬臂浇筑法主拱圈不需要预制,仅需预制拱上腹孔及引桥梁板,预制场地和缆索吊装法一样可选在思南岸挖方路基范围内。

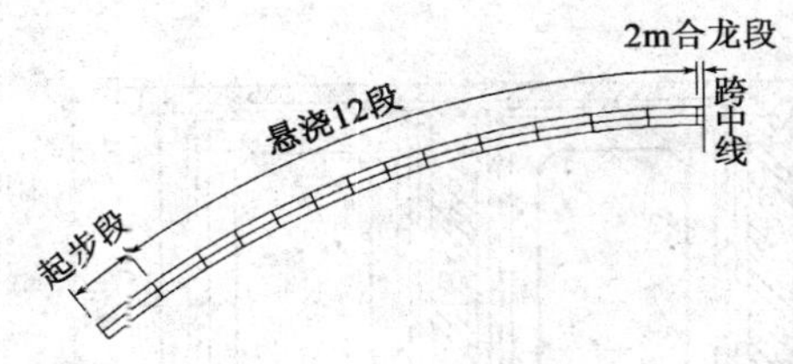

图7　纵向分段示意图

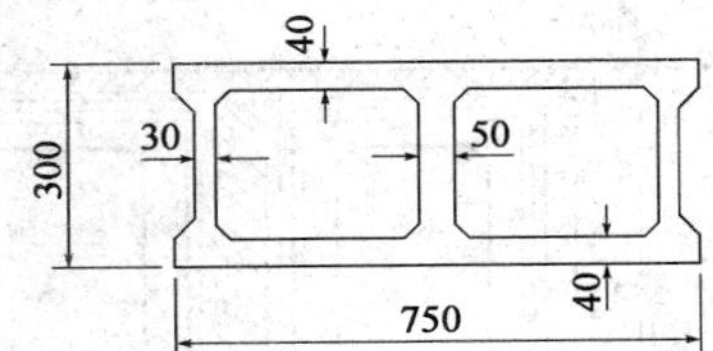

图8　单幅拱圈箱梁横断面(尺寸单位:cm)

虽然国内采用挂篮悬臂浇筑施工拱桥的案例并不多,但从国内外实施的经验表明,这种施工工艺对大跨径拱桥来讲,是一种合适的工艺,其主要优点如下:

(1)挂篮悬臂浇筑法中,拱圈箱型横断面为一次整体浇筑,截面整体性好,出现病害的风险相对较低。纵向连接方面,后浇段钢筋与先浇段预留钢筋焊接成骨架,然后立模现浇后浇段混凝土,连接效果好。

(2)整个拱圈在横向上是一个整体的箱形断面,拱圈截面较大,稳定性较好,施工过程中可不设置浪风索。

(3)施工工期方面,挂篮悬臂浇筑法的四个工作面独立进行、互不干扰。按每个节段10天计算,单幅单侧12个节段共120天,加上起步段和合龙段,整幅主拱圈估计为200天 。

虽然挂篮悬臂浇筑拥有以上优点,但其存在以下一些问题:

(1)挂篮悬臂浇筑法采用挂篮进行浇筑,作为拱桥浇筑挂篮需要斜爬、节段需要挂扣,挂篮需要特殊设计。

(2)整个施工过程中需要不断调整斜拉索,以保证拱圈线形满足设计,施工难度大。

总体来说,挂篮悬臂浇筑法施工工艺成熟,施工风险相对稍低,风险期短,拱圈整体性好,总工期约为260天。经估算,采用挂篮悬臂浇筑法总造价约为4 300万元。

3. 两种施工方案的比较表(表2)

施工方案比较表　　表2

项　　目	缆索吊装法	挂篮悬臂浇筑法
截面整体性	横断面分三次形成,整体性稍差	横断面一次形成,整体性好
工期	施工干扰大,约300天	施工干扰小,约260天
施工工艺	较复杂,较成熟	较复杂,较成熟
施工监控要求	安装过程中要监测节段安装高程,施工过程中要分析监控信息判断构件稳定与否,要求较高	施工过程中要不断监控节段高程,控制拱圈线形,要求较高
施工安全风险	单个箱肋至拱圈浇筑成整体的施工过程中,纵横向稳定性差,施工风险较高,风险期较长	拱圈横向稳定性好,但拱圈悬臂浇筑过程施工风险较高
工程总造价	3 950万元	4 300万元
推荐方案	选择挂篮悬臂浇筑法作为本桥的推荐实施方案	

经过比较研究,采用两种施工方法施工难度均较高,但是,采用挂篮悬臂浇筑的方法施工过程拱圈横向稳定性好、安全性好,且结构整体性好,耐久性好,因此,木蓬特大桥施工方案推荐采用用挂篮悬臂浇筑法。

四、结　　语

木蓬特大桥的桥梁跨径大,拱桥的施工方法在本桥适用的为缆索吊装法及挂篮悬臂浇筑法,研究两种施工方案后认为:

挂篮悬臂浇筑法一次浇筑箱形拱的全断面,结构整体性、耐久性远远强于缆索吊装法;施工安全性好,挂篮悬臂浇筑法施工过程类似于斜拉桥,而缆索吊装法要求相当有经验的施工队伍,且单肋合龙时施工稳定性有极大的风险。因此本桥推荐采用挂篮悬臂浇筑法的施工方案。

在山区,沟壑纵横、地形起伏不平,由于箱形拱桥有很大的经济优势,本身是一种值得推广的结构形式,但由于受到施工工艺的限制,其跨径无法实现大的飞跃。随着挂篮悬臂浇筑工艺的成熟和推广,对混凝土拱桥、特别是150~220m的大跨径拱桥的施工将是一个巨大的推动,在我省及国内今后公路桥梁建设中将具有很高的应用价值。

参考文献

[1] 范瑛,梅利芳,编译. 日本富士川混凝土拱桥的设计与施工[J]. 世界桥梁, 2002 (2): 14-16.

[2] 许长青,李亚东,阴晓云. 球溪河桥主拱桥病害分析与加固技术研讨[C]. 2006年中国交通土建工程学术论文集(西南交大出版社),2006.

[3] 廖旭,聂东,张佐安,等. 白沙沟大桥拱圈悬浇施工[J]. 公路,2007(9): 50-54.

[4] 徐威,周厚斌. 白沙沟1号大桥150m混凝土拱桥悬臂浇筑施工控制[J]. 四川建筑, 2008 (6): 183-186.

90. 仁怀市茅台4号大桥(人行桥)茅台岸锚碇基础工程建设关键技术

马　坤　杨　健　韦定超　陈应高
(贵州省交通规划勘察设计研究院股份有限公司)

摘　要　仁怀市茅台4号大桥为1-130m人行索道桥,其中茅台岸锚碇工程地质、水文地质及现场施工条件复杂,是全桥设计和施工难度最大的主体工程。本文分析了茅台岸锚碇基础工程的设计方案选择,并重点介绍了基坑支护方案——墙板式地下连续墙及内衬和支撑的设计施工要点,对同类山区桥梁设计施工具有有效的借鉴意义。

关键词　重力式锚碇　地下连续墙　钢花管注浆　内衬　支撑

一、工 程 概 况

贵州省仁怀市茅台4号大桥(人行桥)是该市总体规划完善的重要项目,能有效缓解和分担由于城镇迅速发展带来的交通压力。桥址位于仁怀市茅台城区,上跨赤水河,桥梁古蔺岸接红军四渡赤水纪念园,茅台岸接河滨路下拉槽车库。茅台岸地面交通复杂,且距商业住宅仅25m,因此桥梁周边施工环境复杂严峻。该桥设计方案上部结构为1-130m的索道桥,桥面净宽6.0m,主缆成桥垂度为3.0m,下部结构两岸均采用重力式锚碇。桥梁整体设计方案如图1所示。

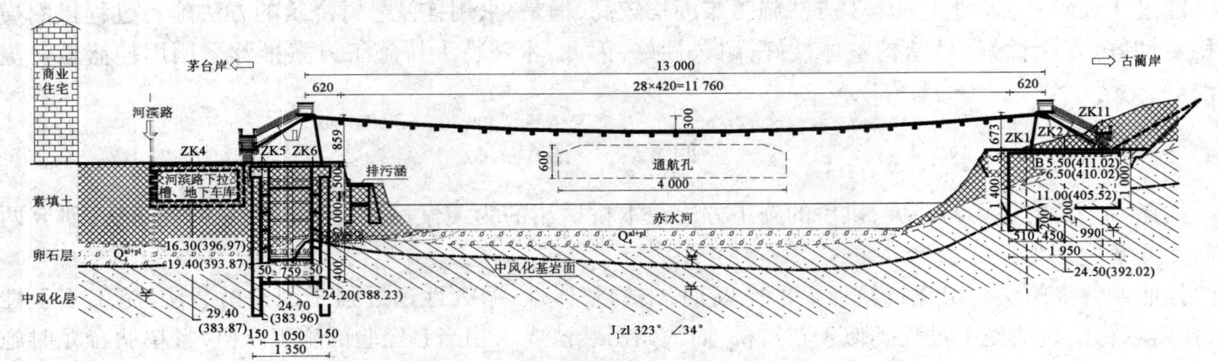

图1　茅台4号大桥桥型布置图(尺寸单位:cm)

二、茅台岸锚碇场地工程地质、水文地质条件

茅台岸错碇基础工程地质分层结构如表1所示。

工程地质分层结构　　表1

地层编号及名称	层厚(m)	地质描述
素填土	12.7~16.3	结构松散,为近期场区挖填方弃土,未经碾压夯实处理,主要成分为碎石和粉质黏土,块石粒径15~150cm含量大于45%
卵石土	2.0~3.1	卵石土层不均匀,土层较薄,主要成分为砂岩,充填细砂5%~20%
中风化砂岩	≥10	厚度大,岩层厚连续、稳定,岩石较完整,强度较高

本工程靠近赤水河,桥位区地表水发育;桥位区地下水主要为基岩裂隙水,以赤水河面为排泄基准面,地下水为补给型潜水。由于桥位处土层透水性较强,故地下水位与赤水河面水位基本相当,地下水位对基础施工影响较大。

三、茅台岸锚碇基坑支护方案

1. 锚碇形式选择

索道桥的锚碇形式通常有地锚式(利用被动土压力原理)、重力式、锚杆式、锚索式和组合式等。根据现地地形和地质条件,综合考虑以上各方案的可靠性、经济性和施工难度指标等因素,确定茅台岸锚碇采用重力式锚碇方案。

根据我国有关标准,该桥设计人群荷载为2.55kN/m^2。受景区整体建筑高度规划和通航等级限制,该桥主缆成桥垂度仅为3m,矢跨比1/43.3,锚碇水平拉力达约2 270t。为满足结构安全需要,设计锚碇尺寸为13.5m(顺桥向)×25m(横桥向)×21m(深度),基础完全嵌入中风化基岩约4.0m,同时锚碇填芯部分采用重晶石混凝土(密度30kN/m^3)压重。

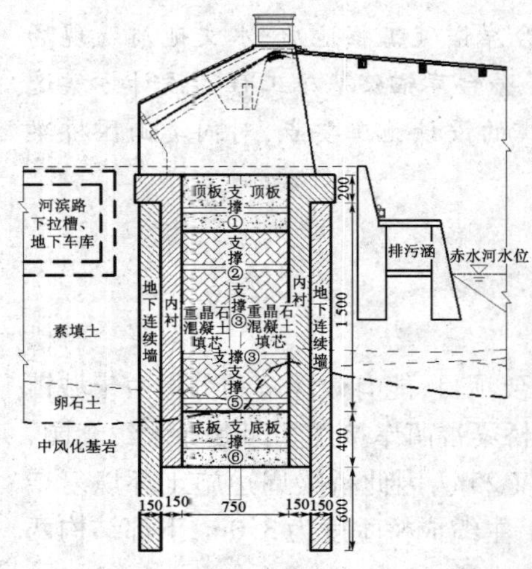

图2　茅台岸锚碇基础结构示意图

2. 基坑支护方案和止水方案选择

地勘报告揭露,桥位区地下水位高,地下水流动性较强;土质以软土层和砂土为主,块石粒径15~150cm含量大于45%;邻近基坑的河滨路下拉槽车库基础为群桩基础。本工程施工场地小,不具备放坡条件,且基坑开挖深度范围内土体条件差,采用土钉墙和锚拉式支挡结构均不可靠。地下连续墙式支挡结构由于整体性好,防渗性能优良,广泛应用于我国东南沿海地区的桥梁和建筑基坑工程。结合工程实际特点及锚碇基坑周边环境和土层分布情况,设计采用地下连续墙支护和止水体系。茅台岸锚碇基础结构示意图如图2所示。

四、地下连续墙设计

1. 钢花管注浆加固

锚碇基坑处覆盖层较厚，同时地下水位较高，地下连续墙成槽时极易塌孔，无法成槽，故需地下连续墙内外两侧土体进行加固。目前适用于该情况的常用土体加固方式有复合地基和注浆加固两种，但考虑到覆盖土层粒径15～150cm块石含量超过45%，水泥土搅拌桩和旋喷桩复合地基适用性受限，故设计考虑在地下连续墙内外两侧分别采用钢花管注浆的方式加固土体。同时，在地下连续墙槽成孔时须采用高质量泥浆护壁，可有效防止塌孔。如图3所示，设计中考虑到靠近赤水河岸侧地连墙距离河边仅6～8m，故采用$\phi108\times5$mm钢花管注浆，其余均采用$\phi89\times5$mm钢花管。钢花管注浆加固施工前，应进行室内浆液配合比试验和现场原位土体注浆试验，根据现场实验结果选取合理的注浆压力及注浆工艺流程，确保注浆参数及注浆工艺的现场适宜性和可行性，以保证土体的注浆加固效果。

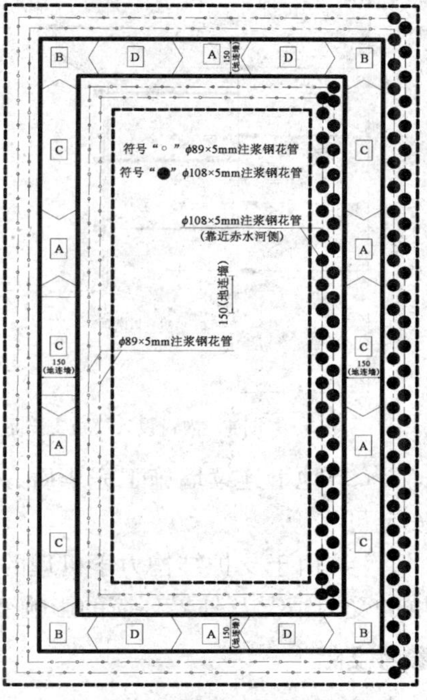

图3　茅台岸地连墙钢花管注浆和槽段划分示意图

2. 地下连续墙基本情况

地下连续墙平面为矩形框，外围尺寸为13.5m（顺桥向）×25m（横桥向），壁厚1.5m。如图3所示，地连墙一共划分为20个槽段，其中A和B型为Ⅰ期槽段，C和D型为Ⅱ期槽段。单元槽段施工时应采用跳幅施工工序，即Ⅰ期槽段施工完毕后进行Ⅱ期槽段施工，Ⅰ期槽段和Ⅱ期槽段之间采用V形钢板连接形成铰接接头。

3. 地下连续墙施工流程及要点

地连墙的施工流程为：①筑导墙→②Ⅰ期槽段成槽→③下Ⅰ期槽段钢筋笼和导管→④浇筑Ⅰ期槽段水下混凝土→⑤Ⅱ期槽段成槽→⑥下Ⅱ期槽段钢筋笼和导管→⑦浇筑Ⅱ期槽段水下混凝土。地连墙成槽后应认真清底，清底不认真会导致沉渣过多，影响地下连续墙体底部的截水防渗能力，成为管涌的隐患。此外，沉渣过多还会导致钢筋笼沉放不到位，加速泥浆变质。由于该项目地连墙防渗能力要求较高，故Ⅱ期槽段清孔换浆结束前，应用刷子钻头清除Ⅰ期槽孔端头V形钢板壁上的泥皮，并以刷子钻头上基本不带泥屑，孔底淤积不再增加为标准。

五、内衬和支撑设计

1. 内衬和支撑基本情况

内衬设计施工工序与基坑开挖同步进行，采用从上到下分层逆作法施工。内衬设计厚度1.5m，设计从上至下分6段施工。内衬和地连墙之间通过预埋钢筋接头连接，地连墙施工时应提前预埋钢筋接头，并做好标记。如图4所示，为了便于施工及保证接缝连接质量，内衬底面设计成15°斜面，以便满灌混凝土。如图5所示，支撑采用HW400×400型钢，共设6道支撑，每道支撑与内衬一一对应。

2. 内衬和支撑施工工序

内衬和支撑施工工序为：①钢管混凝土施工→②拆除基坑内侧导墙并开挖土体→③施工第一道内衬和第一道支撑→④开挖第一道和第二道支撑之间坑内中心土体，施工第二道内衬和第二道支撑→⑤按此循环，逐层开挖土体隧道施工支撑→⑥开挖最后一层土体，安装最后一道支撑。

六、结　　语

（1）地下连续墙在我国多应用于东南沿海地区的桥梁和建筑基坑工程，西部山区桥梁应用相对较少，本文为同类山区桥梁设计和施工提供了有效的借鉴意义。

(2)对于含素填土和卵石土较厚的地层，地下连续墙采用旋挖钻成槽时为防止塌孔，除需采用高质量泥浆护壁外，还需采用复合地基或注浆的方式加固土体。

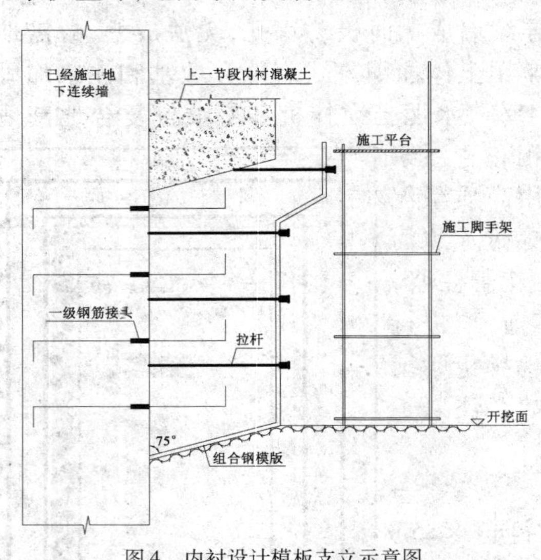

图4　内衬设计模板支立示意图

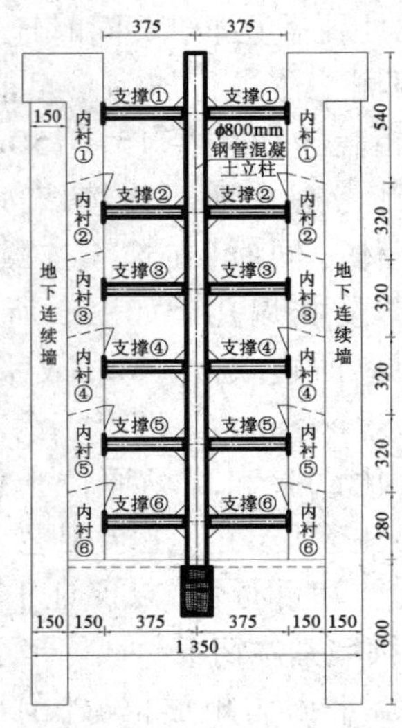

图5　基坑开挖支撑示意图

(3)地下连续墙施工完毕后，采用逆作法从上到下逐级施工内衬和支撑，并同步进行基坑开挖，施工安全可靠。

(4)由于支护结构力学机理的复杂性和外界条件的多样性，施工时应采取严密的监测控制系统对基坑的受力情况及外界环境的影响变化实施监控，确保施工安全。

参考文献

[1] 郭竞宇. 江苏润扬长江公路大桥北锚碇基础围护结构设计优化[D]. 成都：成都理工大学，2003.

[2] 王斐. 基坑内多种支护和止水方法的综合应用技术[J]. 人民长江，2004，9.

[3] 中华人民共和国行业标准. JGJ 79—2012　建筑地基处理技术规范[S]. 北京：中国建筑工业出版社，2013.

[4] 中华人民共和国行业标准. JTG D63—2007　公路桥涵地基与基础设计规范[S]. 北京：人民交通出版社，2007.

[5] 中华人民共和国行业标准. JGJ 120—2012　建筑基坑支护技术规程[S]. 北京：中国建筑工业出版社，2012.

[6] 张少军. 阳逻长江公路大桥南锚碇基础工程建设关键技术[J]. 世界桥梁，2006.

91. T梁桥连接系施工弊端总结

田复之
(贵州虎峰交通建设工程有限公司)

摘　要　混凝土T梁桥是现代桥梁工程广泛采用的结构形式之一，但运营过程中一些工程病害尤其以腹板及连接系中横隔板的竖向裂缝最为常见。弄清病害产生的原因，并从施工和设计的角度给出合理有效的应对措施以避免或大大降低开裂的可能或程度是亟待解决的现实问题。

关键词　T梁桥　连接系　施工　弊端

一、概 述

目前已修建并投入使用的大量简支T梁桥中，普遍存在着一些不同程度的各种缺陷和病害，如混凝土表层剥落、内部钢筋锈蚀、梁体局部破损、露筋；桥面铺装出现破损；跨中挠度过大，超过规范允许值；梁底出现横向裂缝，腹板出现竖向裂缝、横向裂缝以及斜裂缝；横隔板以及主梁与横隔板连接处出现不规则的裂缝；梁端头出现破损、开裂、钢筋外露等现象，而在这些缺陷和病害中以腹板及横隔板出现大量的竖向裂缝最为常见。简支T梁桥病害的产生是各方面不利因素共同作用的结果，除了可能存在设计缺陷、材料质量不合格、自然灾害影响以及养护不力等之外，施工质量缺陷也是主要原因之一。本文主要从施工管理方面总结T梁连接系施工存在的主要问题和主要的施工改进方法。

二、主 要 原 因

1. 湿接缝未施作先张拉负弯矩束

目前用于工程中的预应力T梁，负弯矩齿板均位于翼缘板下，负弯矩束的穿束、张拉、管道压浆、封锚，横隔板湿接缝钢筋安装、模板安拆、混凝土浇筑均要在湿接缝处预留人洞供施工人员上下。实际施工中，施工班组在施工完横隔板湿接缝混凝土后，为了省去对人洞进行单独封闭，往往在翼缘板湿接缝混凝土未浇筑完成就进行了负弯矩预应力张拉、压浆及封锚，之后才进行翼缘板湿接缝混凝土的浇筑。虽然翼缘板湿接缝混凝土的整体性有所提高，但是负弯矩预应力束未对翼缘板湿接缝混凝土产生影响，也就是说翼缘板湿接缝混凝土为非预应力混凝土，与设计计算模型不吻合。当通车后，随着时间的推移，翼缘板湿接缝会首先开裂从而导致T梁其他部位开裂。

2. 混凝土强度未达到要求通车

目前的高速公路桥梁设计，每跨的T梁均在5片以上，故此每跨会产生4道以上的翼缘板和横隔板湿接缝。在湿接缝施工中，由于种种原因全桥的翼缘板和横隔板湿接缝或同一跨的湿接缝不可能在同一天施工完成。而在实际施工中，当浇筑完成第一跨时，第二天并开始浇筑下一跨，或者在浇筑完其中几道时，第二天并开始浇筑剩余的几道湿接缝。在采用混凝土罐车浇筑未浇筑完成的湿接缝时，罐车不可避免地要行走在已经浇筑湿接缝的T梁上，而湿接缝混凝土凝期往往不到24h。故此混凝土罐车或其他车辆的行走对湿接缝混凝土质量的影响是非常巨大的。

3. 混凝土养护不到位

湿接缝混凝土的养护不到位，在桥梁施工中是普遍现象。因为其所处高程较高，而大多数施工现场的养护用水未直接接到桥上，都靠车辆运水养护。由于成本和不方便等原因，湿接缝混凝土养护严重不到位，甚至根本未养护。加上湿接缝的厚度较薄失水较快、拆模较早等原因，其强度往往达不到设计要求。

4. 与T梁混凝土粘接不牢固

由于设计、施工工艺的问题，新浇筑的翼缘板、横隔板湿接缝混凝土与先浇筑的T梁混凝土在凝期上时间相差较大。有的T梁从预制完成到湿接缝混凝土浇筑长达7～8个月的时间，即使按正常的施工步骤也要一个月以上，所以两者的凝固时间相差较大。加上梁体与湿接缝接触面未凿毛或凿毛不规范等，必然导致翼缘板、横隔板湿接缝在与T梁的连接处形成一个薄弱面。

5. 与T梁混凝土连接不平顺

由于施工队伍、现场技术管理人员水平的问题，T梁的预制、安装经常出现翼缘板的横坡和设计横坡不一致，以及T梁横隔板不在同一断面上的情形出现。从而使得翼缘板、横隔板湿接缝混凝土浇筑完成后，湿接缝处横坡与设计横坡不一致，出现折线，横隔板不在同一断面上也出现折线，从而使T梁连接系应力传递不畅导致连接系出现裂缝。

6. 钢筋安装不规范

翼缘板、横隔板湿接缝钢筋安装不规范主要表现在焊接质量、搭接长度和湿接缝纵桥向钢筋的安装上。由于T梁预制时预埋钢筋的安装外露部分长短不一，以及T梁安装时平面位置控制不到位导致的湿接缝宽度不一致。而用于搭接的钢筋长度基本都是一样的，从而导致大多数钢筋的搭接长度不足或过长。另外由于操作空间狭窄，焊接质量也难以保证。湿接缝纵向钢筋的安装主要表现为上下两层未分层安装，受其他钢筋的影响间距不符合设计图纸要求。部分项目甚至将纵向钢筋以一束的形式胡乱穿插在环形钢筋及T梁预埋钢筋里。

三、主要改进施工方法

1. 加强施工作业人员、现场技术管理人员的教育培训。

T梁混凝土结构施工有比较成熟的施工工艺，出现上述问题主要原因是作业人员和现场技术管理人员质量意识淡薄，缺乏责任心。故此项目管理者应通过教育培训让作业人员、现场管理人员了解未浇筑翼缘板湿接缝混凝土就张拉负弯矩束的危害；了解混凝土强度未达到要求过车的危害；了解翼缘板、横隔板湿接缝混凝土的养护对T梁桥连接系的作用；了解翼缘板、横隔板湿接缝混凝土与T梁混凝土的连接处的凿毛处理对T梁连接系的影响；了解T梁的预制、安装对T梁连接系的影响。

2. 严格按规范要求施工，确保混凝土质量满足要求。

(1)作业人员必须严格按照规范施工湿接缝混凝土，合理安排横隔板湿接缝的施工时间，张拉、压浆预留孔按规范预留设置，并及时封闭。坚决不允许未浇筑湿接缝混凝土或混凝土强度未达到要求时就进行负弯矩预应力束张拉。

(2)当同一跨或者一跨当中的部分翼缘板、横隔板湿接缝混凝土强度未达到要求时，不能通行车辆。不能为了急着浇筑下一跨或者剩余部分湿接缝混凝土不顾已浇筑混凝土的强度强行通行车辆。当为了浇筑同一跨剩余部分湿接缝时，应在上一跨采用混凝土泵车泵送混凝土入模，不能用混凝土罐车直接入模，防止罐车行走在相连的梁片上影响已浇筑混凝土强度。下一跨湿接缝混凝土浇筑时，应在已经浇筑的湿接缝混凝土强度达到要求时再浇筑。

(3)翼缘板、横隔板湿接缝混凝土的养护是个薄弱环节，施工现场大多未养护，湿接缝混凝土的下缘拆模后无法养护。故此，湿接缝混凝土的拆模时间应为混凝土的养护时间，采用模板覆盖养护。对于湿接缝混凝土上表面，当水源条件较好时，应将养护用水接至作业点随时洒水养护。缺水的地方采用混凝土专用养生膜养生。

(4)翼缘板、横隔板湿接缝混凝土的和易性、振捣和T梁翼缘板边缘的凿毛情况是保证两者有效接触、黏结的前提条件。混凝土质量控制除了常规的要求外，对运输至现场的混凝土在入模前应先将混凝土放到模外，检查混凝土的和易性，确定可以入模后方可入模。T梁混凝土的凿毛应严格按要求凿毛，凿除表面浮浆及松散部分。

(5)加强T梁预制和安装控制。大多数桥梁的横坡是不一致的，从模板的设计到安装要能适时根据每跨T梁横坡来调节，并严格检查制度，保证T梁安装后的横坡与设计一致。T梁安装时必须抄平放样，保证每片T梁的平面位置和高程准确，使所有的横隔板在同一断面上。

(6)翼缘板、横隔板湿接缝钢筋的安装要从T梁的预制、安装等工序上加以控制。T梁预制时，翼缘板、横隔板湿接缝预埋筋长度应按设计要求安装施工，保证外露端长度一致。T梁安装时严格抄平放样，确保每片T梁的纵横向位置准确，湿接缝宽度一致。用于搭接的钢筋可在现场根据每道湿接缝的宽度现场切割，尽量保证钢筋搭接长度满足要求。钢筋焊接应选择有焊接经验的作业人员作业。每道工序应严格验收检查制度，确保每道工序施工质量满足要求。

四、结　　语

通过对T梁连接系施工进行探讨，总结了T梁混凝土连接系施工中常见的问题，以及针对这些问题可采取的措施，从而保证桥梁连接系的质量，保证桥梁的安全，延长桥梁的使用寿命。

92. 实体高墩液压爬升模架施工技术

田复之
（贵州虎峰交通建设工程有限公司）

摘　要　介绍桥梁矩形高墩液压爬升模架施工技术，包括模板系统、操作平台系统、液压提升系统及混凝土养生系统四大部分。

关键词　实体高墩　液压爬升模架　施工技术

高速公路桥梁设计随着施工技术水平的不断提高，桥梁墩柱高度的不断加大，采用传统的翻模施工及其他施工方法施工存在进度慢、自重大、成本高及安全得不到保障等缺点。采用液压爬升模架施工具有施工自重小、成本低、安拆方便灵活、劳动力投入少、施工进度快及安全等特点。

一、方 案 概 况

实体高墩液压爬升模架由模板系统、操作平台系统、液压提升系统及混凝土养生系统四大部分组成。其中模板系统由模板（模板高1.45m，每次浇筑1.25m）、模板抱箍、模板状态观测水准管及止漏橡胶棒组成；操作平台系统由型钢框架、钢管架、木跳板及栏杆组成；液压提升系统由千斤顶、控制柜、支承钢管及滑车组成；混凝土养生系统由供水管、水压增压器及节水喷淋系统组成。其总体构成见图1。

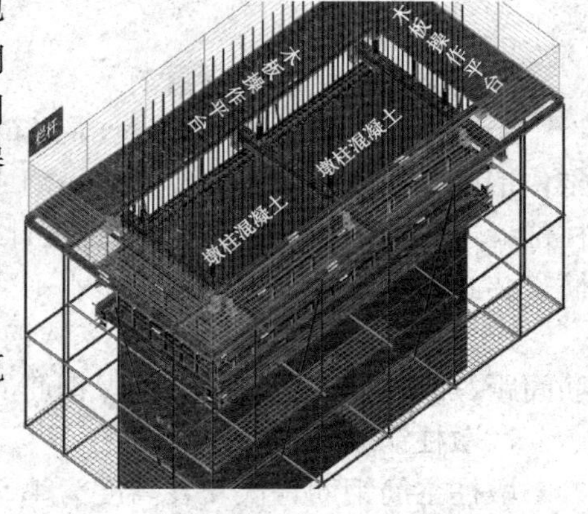

图1　实体高墩液压爬升模架总体构成

二、适 用 范 围

该施工方案适用于等截面矩形墩等截面墩身混凝土浇筑施工。

三、施工方案介绍

施工工艺原理如下。

该方案利用GYD-60型液压千斤顶沿预埋于墩柱混凝土内的直径48mm壁厚3.5mm的钢管上升，通过千斤顶底座上的螺栓提升型钢框架平台，型钢框架平台提升悬挂于平台纵横梁上的模板及修饰和操作平台，从而使整个模架上升并不断安装、浇筑混凝土至墩顶。具体操作步骤为：

承台钢筋安装完毕，在承台混凝土浇筑前，根据墩柱轮廓线定位墩柱竖向主钢筋的位置，并安装钢筋定位角钢，随之安装墩柱竖向主钢筋等钢筋，然后安装墩柱模板，模板安装完成后采用挂线、抄平等方法检测模板的竖直度、对角线尺寸等相关指标，在相关指标绝对满足要求后，于模板相应位置安装模板状态观测水准管。

浇筑第一次墩柱混凝土，待混凝土初凝后安装双C20槽钢纵梁，然后于模板顶安装型钢框架平台、平台安全防护措施、模板提升及悬挂系统。提升框架平台使之高于模板顶60cm左右，拆除模板并悬挂于纵、横梁上，清理、提升模板并随之安装箍筋等钢筋，钢筋检验完毕后合龙、加固模板浇筑第二次混凝土。待混凝土强度达到5MPa以上时，拆除、提升模板依次浇筑第三、第四次混凝土。此时，安装钢管架操作平台的高度满足要求，采用普通钢管按图纸搭设操作平台。然后依次提升、浇筑墩柱混凝土至墩顶。

人员上下采用标准安全爬梯。

四、施工工艺框图

施工工艺框图如图2所示。

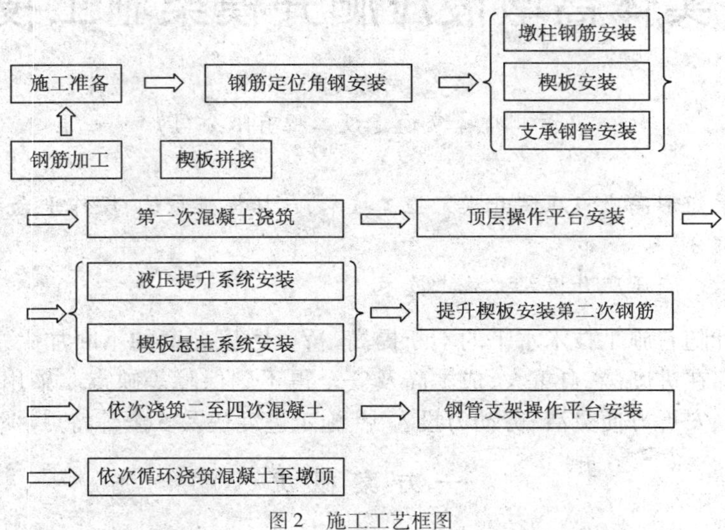

图2 施工工艺框图

五、结构组成及施工步骤

1. 安装墩柱主筋定位角钢

墩柱定位角钢采用L100×8mm角钢制作，在承台钢筋安装完毕后进行墩柱预埋钢筋安装时安装。定位钢筋孔根据钢筋直径及间距切割成梳子桩，开口宽度比钢筋直径大6mm左右，角钢安装时必须对墩柱位置进行精确放样定位，并根据设计保护层厚度精确定位角钢位置并临时点焊在承台钢筋上。墩柱钢筋安装必须保证每根钢筋垂直于水平面，否则定位角钢难以向上移动。

定位角钢的作用：不用每次安装钢筋时再次确定墩柱钢筋的位置，能有效保证钢筋保护层厚度及钢筋间距，加快钢筋安装速度，确保钢筋的竖直度，保证钢筋安装质量及进度。

2. 墩柱钢筋筋安装

墩柱主筋钢筋每次安装高度为4.5m。第一次钢筋安装应在承台混凝土浇筑前安装，为了保证定位角钢的顺利上移，墩柱主筋钢筋的安装必须确保其垂直于水平面，且钢筋应按50%高低错开1m，保证搭接面不在同一截面高度。钢筋安装完成后将定位角钢上移1.2m，然后再安装墩柱箍筋。

3. 模板安装

墩柱箍筋安装完毕后即可进行墩柱模板安装。墩柱模板高度为1.45m，面板采用5mm厚钢板，竖向背楞采用L80×8槽钢。单块模板水平向背楞及竖向两侧与其他块连接处采用L80×8角钢，大小面模板的连接采用L80×8角钢钻孔作为连接角模连接，连接螺栓采用高强螺栓。

由于模板采用爬模形式上升，在模板下缘与混凝土接触处很容易漏浆，为了有效防止此现象发生，模板下端10cm高处安装C5号槽钢。槽钢内安装ϕ40mm橡胶棒，模板安装后橡胶棒与上一模混凝土表面紧密接触以防止新浇筑混凝土时水泥浆及渗水向下渗漏污染墩柱混凝土，减少混凝土修饰工作量。

4. 模板抱箍安装

经过计算，模板大面抱箍采用双C25槽钢抱箍（混凝土内不设拉杆），槽钢背靠背连接，间距10cm。小面抱箍采用双C14槽钢面对面连接作为小面模板抱箍。抱箍焊接于模板竖向背楞上，凡接触点都采取满焊焊接，焊接时先对每个接触点点焊，然后再满焊保证模板的平整度。槽钢纵向用10mm厚钢板连接，间距1m。

大面拉杆采用单根ϕ20mm精轧螺纹钢筋与焊接于小面抱箍上的精轧螺纹螺母连接。小面抱箍拉杆采用两根ϕ为20mm的精轧螺纹钢筋与焊接于大面抱箍上的精轧螺纹螺母连接。大小面拉杆垫板采用

20mm 厚钢板制成,垫板焊接于抱箍上。

当抱箍安装完毕后,模板竖直度等相关指标绝对满足要求并检验合格后,为了模板在下次安装中提高安装速度,在模板四角安装圆水准管、水平管及垂直水准管。在下次合龙模板时可根据其将单块模板调整至合适状态,使之能在合拢后即达到检验状态,从而大大提高模板安装速度。

5. 模架支撑钢管安装

支承钢管采用 ϕ48mm、壁厚 3.5mm 的普通钢管,经验算需 6 根支承钢管才能满足支承整个支架、模板重量及其他施工荷载。钢管的安装必须根据双 C22 槽钢纵梁的位置准确安装并加固牢靠,防止浇筑混凝土时偏位,施工时在钢管上端一定高度内,用钢管连接六根支承钢管自由端,并调整钢管的竖直度,保证模架在沿钢管上升过程中不会偏位。

6. 第一次墩柱混凝土浇筑

由于模板下缘设计了防水泥浆渗漏的橡胶管,在第一次混凝土浇筑时,橡胶管不能安装,应先用低标号砂浆填于 5 号槽钢内,接缝处采用封口胶密封防止漏浆。

7. 型钢支承纵梁安装

支承平台主要承重纵梁采用三道 4.8m 长的双 C20 槽钢作主要承重梁,间距为 3m。槽钢采用 10mm 厚钢板背靠背连接,连接间距应保证支承钢管能上下移动。

8. 工字钢框架平台安装

工字钢框架平台采用 14 号工字钢制作,整个平台安装于双 C20 纵梁之上,平台与纵梁的连接采用螺栓连接。平台纵横向工字钢的连接处应采用 10mm 厚钢板帮焊,框架平台安装见图 3。

9. 液压提升系统安装

液压提升系统由千斤顶、控制柜、支承钢管及滑车组成,千斤顶采用 GYD-60 型滚珠式液压千斤顶。千斤顶采用高强螺栓与纵梁连接。控制柜采用与千斤顶配套的 YTK-36 液压控制柜控制柜,安装在框架平台的一角上,操作控制柜的人员应能观察到全部千斤顶的动作状况,以便观测千斤顶的行程和在发生突发事故时能及时控制控制柜。

图 3 框架平台安装

支承杆采用 ϕ48mm、壁厚 3.5mm 的钢管,单根长度为 6 m,采用焊接加长,焊缝必须打磨平整,支承杆接长时相邻的接头应相互错开。在同一标高上的接头数量不超过 25%,以防止接头过分集中而削弱结构的支承能力。支承杆的存放必须置于库房内或者采用篷布覆盖,防止其生锈对千斤顶造成损伤及降低千斤顶的使用寿命,如有生锈的钢管,必须彻底除锈后使用。

10. 模板悬挂系统安装

模板悬挂系统为液压提升系统的一部分,其主要作用是在模板脱离墩柱混凝土后不用拆吊至地面,在安装时又重新起吊安装,从而节省时间、人力和物力。悬挂系统由滑梁、自制滑车及吊杆组成,墩柱大面滑梁采用 14 号工字钢,小面滑梁直接利用 28 工字钢横梁。两端按图分别焊接(或螺栓连接)于 22 槽钢和 28 工字钢横梁上。滑车用 10mm 钢板、直径 50mm 轴及轴承自制而成,吊杆采用精轧螺纹钢筋。悬挂系统安装完毕后,精轧螺纹钢筋与模板的连接在模板合拢时可以微调,模板与 28 工字钢横梁高度方向的相对位置不变。

11. 提升模板安装第二次箍筋

第一次混凝土浇筑完毕,纵梁、型钢框架平台、模板悬挂及提升系统安装完毕后,将模板脱离墩柱混凝土面,并分别向外沿滑梁移动至滑梁外端,清理模板,安装防漏橡胶管,同时开始安装第二次墩柱混凝土的箍筋。由于纵梁的影响,当箍筋安装至纵梁下缘时,启动控制柜提升模板至新安装的最高处的一道箍筋处停止提升,继续安装箍筋直至最后一道箍筋的安装。

12. 依次浇筑第二到四次墩柱混凝土

箍筋安装完毕后，合龙模板加固并检验合格后浇筑第二次及第四次混凝土。每次混凝土初凝后即可拆模。

13. 操作平台安装

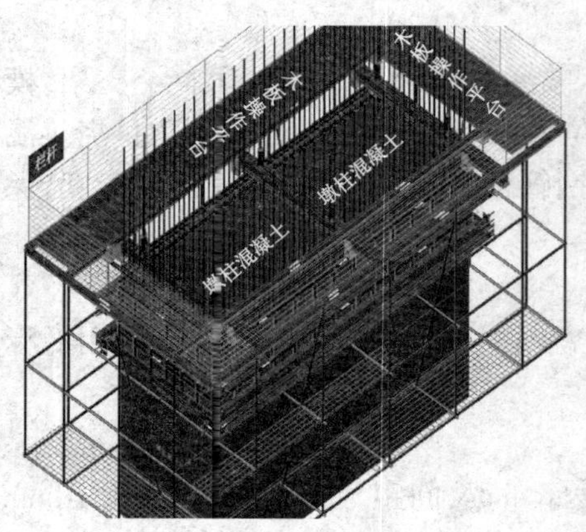

图4　顶面平台安装

当第四次混凝土浇筑完毕，即可进行操作平台的安装，操作平台的作用主要是安拆模板、清理模板、安装钢筋及修饰墩柱混凝土。搭设材料为普通钢管，搭设高度3.6m，上端与框架平台的连接采用扣件加短钢管箍在14工字钢上。跳板采用5cm厚杂木板或钢筋焊网。顶面平台在边缘用粗钢筋或者钢管安装栏杆并设置细目安全网，见图4。

自此，整个模架安装完毕，依次循环浇筑混凝土至墩柱封顶。

14. 模架的纠偏

由于支承钢管的安装误差、各千斤顶的不绝对同步及其他因素的影响，会导致模架与墩柱的相对位置出现偏差。故此，当出现偏差时要对模架进行纠偏，具体方法为：

(1)采用链条滑车纠正支承钢管的位置缓慢调整使之回到正确的位置。

(2)通过滑车调整模板的位置，顺桥向模板能够纵向移动，横桥向模板能够纵向移动，但在另一方向不能移动，所以可在模板吊点的位置处开长孔使之能够移动，这样保证模板在两个方向上均可以移动。

(3)以上两种方法以第一种为主，必要时两种同时使用。

15. 模架的拆除

最后一模混凝土浇筑完毕后，按模架的安装顺序逆向拆除模架，先拆除钢管操作平台，然后拆除模板，最后用吊车整体拆除纵梁和型钢框架。

六、结构验算

1. 大面模板、抱箍验算(图5)

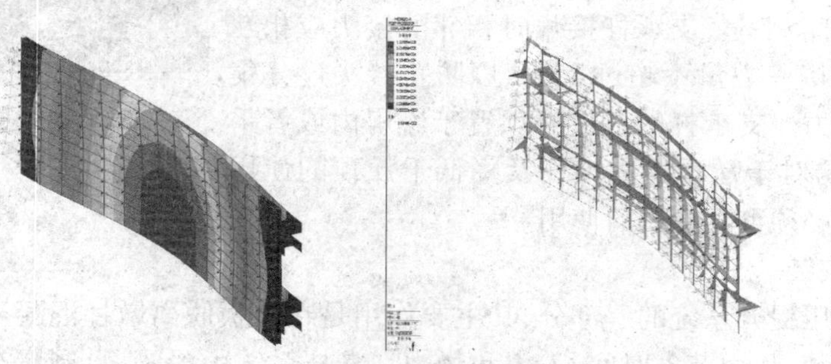

图5　位移验算、应力验算图

采用迈达斯结构计算软件计算，大面抱箍最大位移为1.1mm，最大应力为44.9MPa，小于允许应力205 MPa，且有较大富余量，满足要求。

2. 小面模板、抱箍验算(图6)

采用迈运斯结构计算软件计算，大面抱箍最大位移为0.85mm，最大应力为59.7MPa，小于允许应力205 MPa，且有较大富余量，满足要求。

3. 型钢框架及操作平台验算

采用MIDAS结构计算软件建立整体验算模型如图7所示。

经验算，最大应力出现在支承钢管上，为182.7 MPa，小于允许应力205 MPa，满足要求. 由于其只承担平台材料荷载、人员荷载等，墩柱混凝土没影响，所以可以不考虑模架的位移。

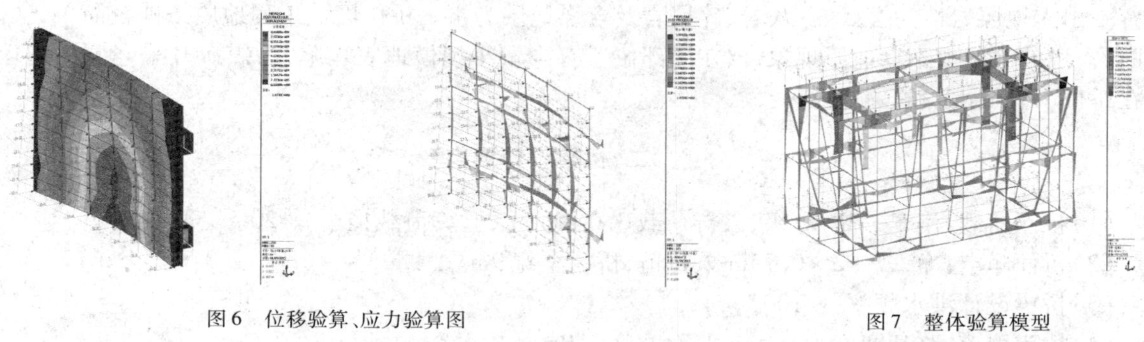

图6　位移验算、应力验算图　　图7　整体验算模型

七、结　　语

本方案经过在实际项目工程上的使用，该方案自重小、成本低、安拆方便灵活、施工进度快、安全，投入的人力很少，故此，本方案与其他方案比较有较大的可操作性及实用性。

93. 小直径钢管桩在采空区桥梁基础处理中的应用

娄　锋
（贵州省交通科学研究院）

摘　要　结合三岔河2号桥桩基穿越煤炭采空区的具体情况，创造性的选用小直径钢管，解决了在采空区常规桩基不易施工的技术难题。并采用摩擦桩的竖向承载力、压杆稳定和屈曲临界力进行控制计算，最后给出了具体工程的构造设计。

关键词　采空区　小直径钢管桩　控制计算　构造设计

随着公路建设事业的发展，越来越多的公路桥梁建设在中国西部山区、矿产资源区展开，很多公路项目都可能面对煤炭、矿产采空区等问题。国内在煤炭、矿产采空区修筑大多采用绕行方案，不能绕行者，大多采用抛石回填再冲孔方案，但冲孔过程中泥浆流失是一个大问题，是很难成孔的技术难题。在本工程中创造性的选用小直径钢管桩，解决了在采空区常规桩基不易施工的技术难题。

一、桥 位 概 况

野马寨电厂三岔河2号桥位于贵州省六盘水市省道212线 K135 +700处，由于电厂实行技改，在厂区内需新建公路及桥梁，三岔河2号桥在电厂增压车间附近跨越三岔河。

桥位跨越乌江上游的三岔河。桥位上游2 100m为向阳水文站。流域面积850km^2，实测最大洪峰流量1 710m^3/s，实测最小流量为1.40 m^3/s。百年一遇洪峰流量为1 139 m^3/s，洪水期主要集中5月末至9月末历年七月平均气温19.9℃，历年1月平均气温2.8℃。历年极端最高气温32.9℃；历年极端最低气温-12.6℃。

从尽量减少左岸桥头引道工程量考虑，桥面高程定为1 669.50m。百年一遇设计洪水位为1 667.50m。按《公路工程水文勘测设计规范》（JTG C30—2015）的规定，梁底至设计洪水位的桥下净空安全值应不小于0.5m，另计入浪高和洪水时漂浮物等的影响0.15m，则桥下的最小总净空高度应不小于0.65m，按此要求确定桥梁的建筑高度。

本桥位所在处地震烈度6度，桥位区位于滇东高原向黔中丘原和过渡带上，为侵蚀河谷地貌，沟谷较发育。出露地层岩性为玄武岩、灰岩、碎屑岩及含煤地层为主。桥位区域工程地质条件较简单,区内未发现断裂,滑坡等严重不良地质现象,仅在局部位置有少量小规模地表塌陷,为煤矿开采老硐的坍塌堆积。但在桥位下有大面积的采空区。

二、桥梁设计要点

(1)桥涵荷载:汽车—超20级,人群荷载3.0 kN/m^2,验算荷载挂车—120。

(2)桥面净空:净—7+2×0.75m人行道,桥面全宽9m。

(3)桥梁设计洪水频率:1/100。

(4)桥头引道:路基宽度为8.5m,路面宽度7.0m。

(5)上部结构。

由于受桥面高程和桥下净空的限制,桥梁上部构造的建筑高度不能超过135cm。从技术上可靠、经济上合理考虑,采用3×24m预应力混凝土空心板。空心板的总厚度125cm,桥面铺装层厚度10cm,两者总高度135cm,可满足桥面高程和桥下净空的要求。根据厂区防洪规划,两岸台口线之间的净距为70m,与两岸防洪堤之间净距一致。

(6)下部结构。

下部构造采用双柱式桥墩,重力式U形桥台。由于砂卵石层较厚,基岩埋藏较深,墩台均采用桩基。桥墩基础为2根直径为1.6m的钢筋混凝土桩,桥台基础为4根直径为1.6m的钢筋混凝土桩。桩端嵌入中风化基岩不少于3.2m。

桩基按低桩承台设计,经计算,设计洪峰流量通过时,一般冲刷完成后的最大水深为4.21m,最大局部冲刷为2.04m,则河床面以下的最大总冲刷深度为2.91m。故按河床面以下3m控制承台底面的设计高程。

(7)桥面铺装。

桥面采用水泥混凝土桥面铺装,厚度10~15.3cm,内设钢筋网。桥面设置1.5%双向横坡。桥墩位置处上部构造桥面连续,两岸台口处设钢伸缩装置。墩台上均设置板式橡胶支座,但桥台上加设四氟滑板。

(8)桥面排水。

桥面主要采用横向排水,分别在两侧人行道盖板下布置排水管。桥面防水层设置在空心板顶面。采用FYT涂料,涂刷三次后浇桥面铺装混凝土。

(9)施工方案如下:

①因桥梁墩台较矮,预应力混凝土空心板采用支架上现浇施工。纵向预应力为一端张拉,另一端固定。

②桩基均位于河滩范围,且桩较长,须采用钻孔灌注桩的施工方案。

③除人行道盖板和栏杆采用预制安装外,桥梁其他部分均采用就地现浇。

三、小直径钢管桩的工程应用

1. 施工情况

施工2号桥墩基础时,其右侧桩基已施工完成,左侧桩基开挖孔口高程为1 660.10m,桩顶设计高程为1 658.00m,冲孔已成孔至强风化泥质砂岩上(高程为1 645.10m),进行钻孔施工时,由于孔桩位置下有一较大的采煤采空区的原因,根据图1地质钻孔柱状图,其下面采空区层厚度为9.60m,中风化泥质砂岩顶面高程为1645.48m。2号桥墩左侧钻孔不能成孔。在本工程中创造性的选用小直径钢管桩,解决了由于煤炭采空区大、常规桩基不易施工的技术难题。

2. 小直径钢管桩的设计

2号墩左侧桩的桩顶荷载(恒+汽)N=4 572kN。

1)钢管桩竖向承载力

小直径钢管桩采用外径D130的钢管,按摩擦桩设计,单桩轴向容许承载力只考虑侧摩阻力提供,不考虑桩端阻力。

根据 JTG D62—2004 中公式(4.3.2-4)沉桩的容许承载力为:

$$[P]=\frac{1}{2}Ul\tau_p \qquad (单桩承载力)$$

式中:U——单根钢管桩的周长,$U=0.399\text{m}$;

l——能产生侧摩阻力的桩身长度,采空区不产生侧摩阻力,桩侧摩阻力只由强风化与中风化砂岩提供,$l=9.6\text{m}$;

τ_p——桩侧摩阻力,偏安全取 $\tau_p=150\text{kN/m}^2$。

计算得单根钢管的容许承载力$[P]=287\text{kN}$。

2)钢管桩压杆稳定

由于有 9.6m 的采空区的存在,小直径钢管桩存在压杆稳定问题。钢管桩压杆稳定计算条件为上下端均为嵌固状态,上端嵌入在上强风化层,下端嵌在下强风化层,则钢管桩的屈曲临界力为:

$$P_{cr}=\frac{4\pi^2 EI}{l_1^2}$$

式中:l_1——钢管上下固端的钢管桩长度,为 9.95m。

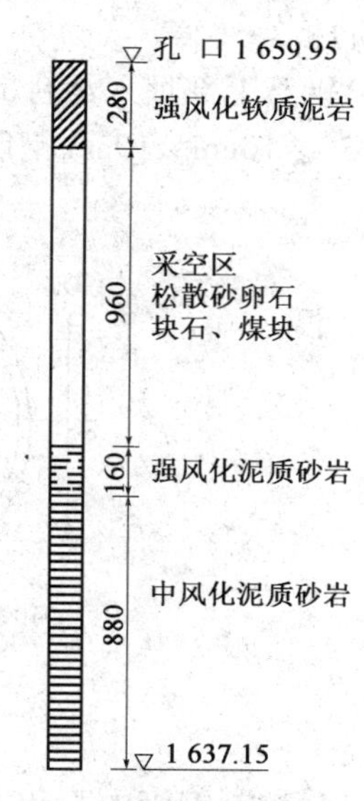

图 1 钻孔柱状图(尺寸单位:cm)

计算得 $P_{cr}=236\text{kN}$,取稳定安全系数为 3 则单根钢管桩的容许承载力为 78.7kN。

3)小钢管桩布置

由钢管桩压杆稳定屈曲临界力控制设计,共需小钢管桩 58 根,平面布置见图 2。小钢管桩的下端嵌入中风化泥质砂岩 6m,原桩孔内 7 根小钢管桩桩底高程为 1 639.10m,承台底面以下桩长 18.9m。原桩孔四周 46 根小钢管桩桩底高程为 1 639.95m,承台底面以下桩长 18.05m,桩基立面图见图 3。

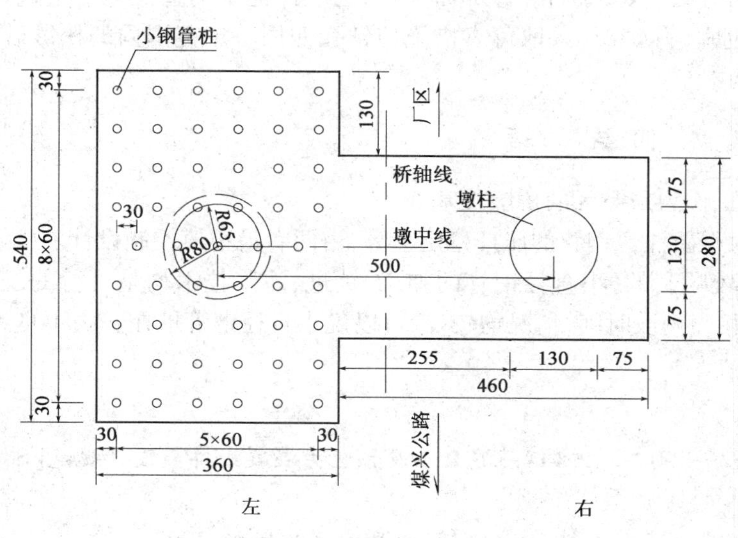

图 2 桩基平面图(尺寸单位:cm)

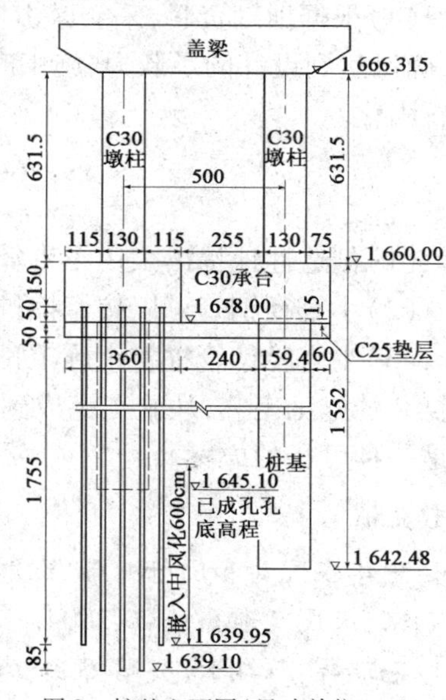

图 3 桩基立面图(尺寸单位:cm)

3. 小钢管桩的主要构造及材料

(1)钻孔直径不小于 130mm;桩与桩之间的中心距取 60cm。

(2)钢管桩由内、外钢管组成:外钢管外径 130mm,壁厚 4.5mm;内钢管外径 91mm,壁厚 8mm。外钢管用普 20,屈服强度≥320MPa;内钢管用 D40,屈服强度≥400MPa。

(3)内钢管内部及内外钢管之间灌注 20 号水泥浆,钢管下端设导浆孔,以便水泥浆压入四周岩石内。

(4)钢管桩顶设置桩帽,采用 20mm 厚钢板焊接在钢板顶面,钢板为正方形,边长大于钢管外径 8cm,以均匀分散桩顶的衬压力,钢板四周用三角形加劲钢肋板焊在钢管外侧,上端与钢板底面焊接,一根钢管设4块肋板。

(5)钢管上部埋入承台的长度50cm,管顶加盖200mm×200mm×20mm钢板并固定在管顶。钢管上部设置3层10cm×10cm钢筋网,层间距10cm。小钢管桩断面如图4所示。

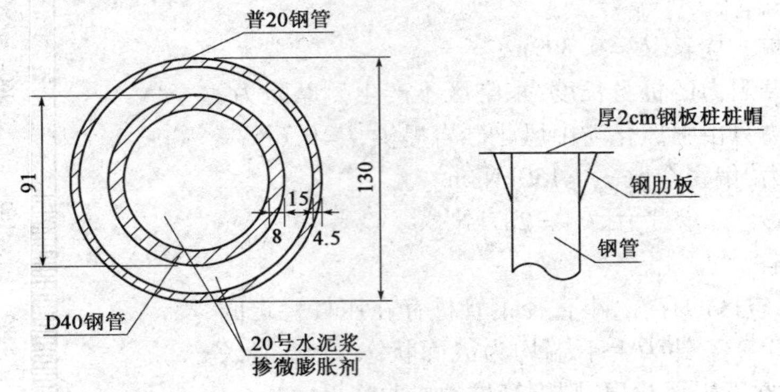

图4　小钢管桩断面

(6)为控制钢管中距和方便施工,在承台底面另浇筑一层厚度为0.5m的C25素混凝土(即垫层)。钢管下端嵌入中风化砂岩内不小于6m。

4.施工注意事项

(1)钻孔内砂石及泥浆必须用高压空气清除干净。

(2)原桩孔内灌注C25水下混凝土时,可预埋ϕ140mmPVC管以方便钻孔。

(3)小钢管桩钻进过程要经过6.02~9.95m的采空区,应特别注意导向。如因方向偏差使已成的相邻小钢管桩因碰钻而发生损坏,应废弃,并在附近位置另外补设相同根数的小钢管桩。

(4)根据地勘资料,采空区由松散的劣质煤块、块石和砂卵石充填,为了保证小钢管桩不产生过大偏差,确保达到设计的承载力,施工时可根据实际情况,采取可靠措施使钻孔四周一定范围内的松散砂土、卵石固化。

四、结　　语

(1)创造性地提出了用小直径钢管桩作为采空区的桥墩桩基。

(2)小直径钢管可以按摩擦桩计算,但要注意钢管的压杆稳定计算,由两者最小值控制设计。

(3)小直径钢管桩整个施工过程比较顺利的,小直径钢管的加工、钻进、注浆技术均是可行的,没有太复杂的施工工艺,从施工完成到运行相当一段时间,情况均较好,可以说小直径钢管桩在解决不良地质上是一种可行的方案。

参考文献

[1] 中华人民共和国行业标准.JTG D62—2004　公路钢筋混凝土及预应力混凝土桥梁设计规范[S].北京:人民交通出版社,2004.

[2] 毛瑞祥,程翔云.公路桥涵设计手册——基本资料[M].北京:人民交通出版社,1993.

94.浅析施工中钻孔灌注桩的风险

谢　峰　蒲德龙　向　红

(贵州省交通勘察设计研究院股份有限公司)

摘　要　为了对钻孔灌注桩施工进行科学管理,本文从施工风险着手,采用专家调查方法对其施工过程所出现的风险事态、风险概率和风险对策等方面进行了分析研究。通过归纳钻孔灌注桩施工中的风险事态，形成调查问卷，经过专家经验调查后对原始数据后进行处理，得到关于施工过程中各风险事态的发生概率和在人员、时间、货币等方面的损失概率，以及对各个风险事态的最终风险态度。然后，针对不同的风险事态分析原因，制定相应科学有效的施工对策。

关键词　风险分析　钻孔灌注桩　风险事态　风险对策

钻孔灌注桩是用途最广泛的一种桩基础，由于地基地质条件的差异以及钻孔灌注桩本身的沉桩效应，质量控制易出现偏差，传统的定性设计与分析方法未能考虑众多不确定性对结构安全度的影响，不能真正反映结构的安全储备。同时，由于钻孔灌注桩的复杂性，以及施工阶段诸多不利因素的影响，进一步增加了钻孔灌注桩建设的风险。怎样才能行之有效地得出一个评估报告来对决策起到很好的辅助作用是我们亟待解决的。所以对钻孔灌注桩进行有效的风险分析是很有必要的。

本文采用专家调查法，依靠专家的知识和经验，通过调查研究对施工中的钻孔灌注桩作出判断、评估和预测，也就是利用专家在实际项目中积累的经验来判断各项风险的程度。具体步骤如图1所示。

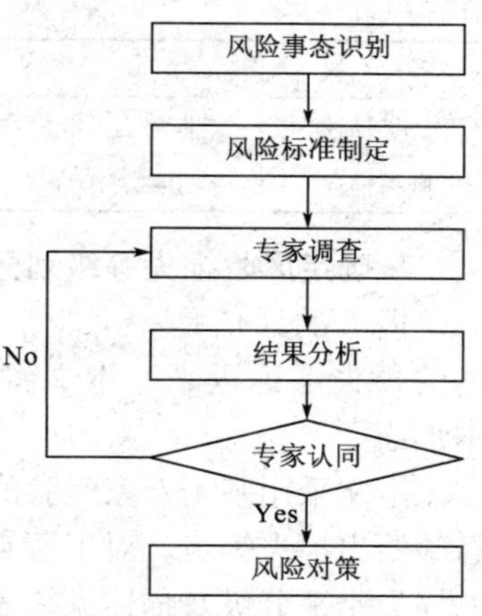

图1　风险分析步骤

一、风险事态识别

风险事态辨识是在风险定义的前提下，采用一定方法将施工过程中产生的风险后果的事态提取出的过程。本文风险事态辨识大体采用施工工序分析为主，问卷调查为辅的方法，对钻孔灌注桩的施工过程进行风险事态识别。得出的风险事态如表1列出。

风 险 事 态 列 表　　表1

风险事态编号	施工进程	风险事态名称
1 2	场地准备	陆地施工中造成地下管线的损坏； 水中施工时，固定式施工平台或浮式平台受船只或漂流物撞击
3 4 5 6	护筒埋设	护筒冒水； 水中施工中护筒群埋深不够而受冲刷失稳； 护筒顶部距地面或水面高度不够而影响钻进施工； 孔口高程及钻孔深度的误差
7 8 9 10	钻进成孔	孔径误差； 因地层复杂、钻进进尺过快、护壁泥浆性能差、成孔后放置时间过长没有灌注； 等原因造成的塌孔、缩径及钻孔偏斜； 钻孔垂直度不符合规范要求； 钻孔塌孔与缩径
11	清孔	清孔泥浆质量差而使清孔无法达到设计要求、孔底沉渣过厚或混凝土开灌前孔； 内泥浆含砂量过大
12	钢筋笼制作和吊放	钢筋骨架发生变形
13 14 15 16 17 18	水下混凝土灌注	初灌时埋管深度达不到规范值； 灌注混凝土时堵管； 灌注混凝土过程钢筋笼上浮； 桩身混凝土夹渣或断桩； 桩顶混凝土不密实或强度达不到设计要求； 混凝土灌注过程因故中断

二、风险标准制定

风险事态调查就是对钻孔灌注桩施工过程中出现的风险主观价值的判断。包括以下两方面。

1. 确定风险概率等级划分标准

这一过程是通过专家的经验和理论对事件发生概率进行估计，所以事件的概率是决策者基于可获得信息对事件发生的确信度或信心。本文利用风险等级赋值的方法，明确定性的概率描述的量化概率意义，以提高评估的准确性。如表2所示。

风险事态概率等级划分及描述 表2

等　级	1	2	3	4	5
文字描述	非常不可能	不可能	偶尔	可能	非常可能
概率描述	$<0.3\times10^{-3}$	$0.3\times10^{-3}\sim0.3\times10^{-2}$	$0.3\times10^{-2}\sim0.03$	$0.03\sim0.3$	>0.3

2. 确定风险损失等级划分标准

损失的评估是一个非常复杂的问题，涉及业主、使用者、社会等多方面的利益，往往不可能将全部的损失考虑进来。本文将桥梁施工过程风险损失归结为人员伤亡、时间损失和投资损失三种基本形态。

本文采用基于专家经验的损失评估方法，询问专家对各种风险事态下，损伤的程度，专家根据自己的经验给出损失等级。对于调查得到的专家意见进行统计分析，最终得到损伤程度的评估等级。本文采用的损失水平分级及描述见表3。

损伤程度的评估等级及描述 表3

等　级	1	2	3	4	5
风险损失	无关紧要	一般的	严重的	非常严重	灾难性的
投资损伤	<600	600 ~ 2 000	2 000 ~ 1 万	1 万 ~ 2 万	>2 万
工期延误	<2h	2 ~ 4h	4 ~ 8h	8 ~ 24h	>24h
人员伤亡	无	轻伤 1 人	轻伤 1 ~ 2 人以上	重伤 1 人以上	死亡 1 人以上

三、专 家 调 查

在经过以上两个阶段后，就可以制作问卷调查表请专家打分。为了撰写本文的需要，请了数位多年施工钻孔灌注桩的专家对此进行风险评估。

四、结 果 分 析

经过专家的打分后，对得到的数据进行处理。

1. 风险概率及损失评估

以第8号风险事态为例。通过问卷调查表，把专家们对此事态的态度可以统计出如下结果如表4所示（其中代表专家态度的数值是表3描述的损伤程度等级）。

风险事态初次问询结果 表4

专家序号	1	2	3	4	5	6	7	8	9	10
概率	4	4	3	5	4	4	3	3	4	4
投资伤亡	2	3	2	2	4	2	3	1	3	3
工期延误	1	4	2	2	4	4	3	2	4	5
人员伤亡	1	1	1	1	1	1	1	1	1	1

统计上述表格，可以获得评估项目的人数分布如表5所示（表中的等级是表3损伤程度等级）。

评估项目人数分布 表5

评估项目人数分布					
等　级	1	2	3	4	5
概率(人数)	0	0	3	6	1
投资伤亡(人数)	1	4	4	1	0
工期延误(人数)	1	3	1	4	1
人员伤亡(人数)	10	0	0	0	0

通过多次的问询和风险交流,获得最终的风险概率和损失等级如表6所示(其中代表专家态度的数值是表3描述的损伤程度等级)。

风险事态8的风险概率及损失评估等级 表6

风险概率及损失评估等级				
风险事态序号	概　率	工期延误	人员损失	投资损失
8	4	3	1	2.5

同理,可以得出其他风险事态的风险概率及损失评估等级如表7所示。

各风险事态的风险概率及损失评估等级 表7

风险事态序号	概　率	投资增加	时间延误	人员损失
1	3	4.5	4.5	1.5
2	3	3	3	1.5
3	3	1.5	2	1
4	3	1.5	2	1
5	3	1	3	1
6	3.5	1.5	1.5	1
7	3.5	1.5	1.5	1
8	4	2.5	3	1
9	3	1	2	1
10	3.5	2	3	1
11	3.5	1.5	2	1
12	3	3	2.5	1.5
13	3	2	2	1
14	3	3	2	1
15	3.5	1.5	1.5	1
16	3	4	2	1
17	3	2.5	3.5	1
18	3	4	3	1

2. 风险态度分析

得到风险概率及损失评估等级后,下面进行风险态度分析,风险态度通过调查表来确定。表中对工程中的人员、时间、投资损失分别从不同损失程度和发生概率进行描述,分为5个等级,希望专家对每个损失等级给出可忽略,可接受,合理控制,严格控制和不可接受的风险态度表述。下面用其中一段投资损失作为一个例子,调查表的其中一段是描述如下:

A 损失10万的可能性为0.01%(大约每1万次钻孔灌注桩建设中会出现一次);

B 损失10万的可能性为0.1%(大约每1千次钻孔灌注桩建设中会出现一次);

C 损失10万的可能性为1%（大约每100次钻孔灌注桩建设中会出现一次）；

D 损失10万的可能性为10%（大约每10次钻孔灌注桩建设中会出现一次）；

E 损失10万的可能性为100%（大约每次钻孔灌注桩建设中都会出现）。

专家针对以上每一句描述都给出自己的风险态度，做如下的数据统计如表8所示。同时经过数据处理得到在损失10万元情况下各个概率的风险态度如表9所示。

损失10万元不同的风险概率下评估人数分布（单位：人数）　表8

态度＼概率（%）	0.01	0.1	1	10	100
可忽略	6	4	0	0	0
可接受	1	3	4	0	0
合理控制	0	1	0	1	0
严格控制	0	0	3	3	0
不可接受	0	0	0	5	7

损失10万元时在不同的风险概率下的风险态度　表9

概率（%）	0.01	0.1	1	10	100
风险态度	可忽略	可接受	严格控制	不可接受	不可接受

同理我们就可以得到不同的损失下专家对投资损失风险的态度，并用图形描述如图2所示。

依照上图，对各边界线进行拟合，得到投资损失的风险态度图如图3所示。

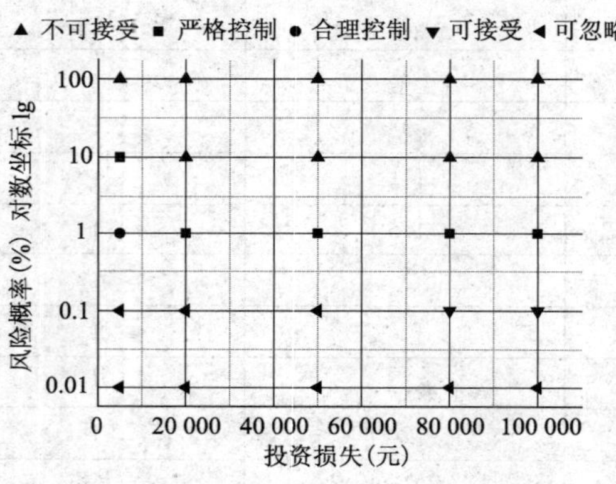

图2　投资损失风险态度

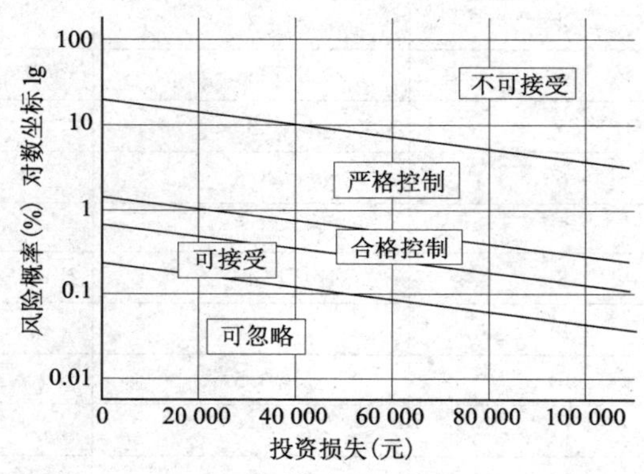

图3　投资损失风险态度

同样的方法也可以得到专家对工期延误、人员损失的风险态度，如图4、图5所示。这样我们就得到了专家对于不同种类损失在不同发生概率的风险态度。

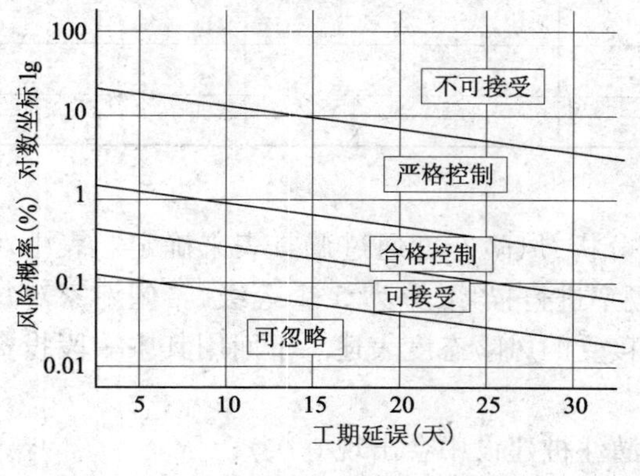

图4　工期延误风险态度

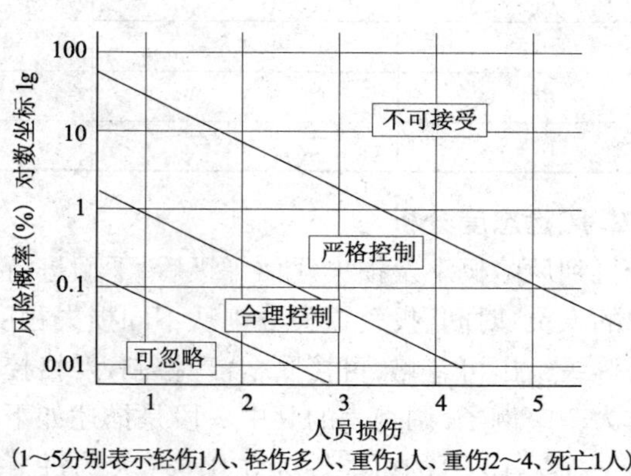

图5　人员损伤风险态度

由表7得到的各个风险事态风险概率及损失评估等级，然后对应表2、表3得出相应的数值之后，参照图3～图5得出的专家对各个风险事态的风险态度。表10是各个风险事态所对应的风险态度。

各个风险事态的风险态度　　表10

风险事态序号	投资增加	时间延误	人员损失	总体风险
1	严格控制	合理控制	合理控制	严格控制
2	合理控制	合理控制	合理控制	合理控制
3	可忽略	合理控制	可忽略	合理控制
4	可忽略	合理控制	可忽略	合理控制
5	可忽略	合理控制	可忽略	合理控制
6	可忽略	可忽略	可忽略	可忽略
7	可接受	可接受	可忽略	可接受
8	可接受	合理控制	可忽略	合理控制
9	可忽略	可接受	可忽略	可接受
10	可接受	可接受	可忽略	可接受
11	可接受	可接受	可忽略	可接受
12	合理控制	合理控制	合理控制	合理控制
13	可接受	可接受	可忽略	可接受
14	合理控制	可接受	可忽略	合理控制
15	可接受	可接受	可忽略	可接受
16	严格控制	可接受	可忽略	严格控制
17	可接受	合理控制	可忽略	合理控制
18	严格控制	合理控制	可忽略	严格控制

得出各个事态的风险态度以后，就可以把它作为参考进行风险对策。

五、风险对策

从表10我们看到，对于不同的风险事态专家的风险态度是不一样的。其中风险事态1、16、18是必须要严格控制的，这些风险事态在实际施工过程中发生的话，将会带来巨大的经济损失，这是难以接受的。下面就对这三项提出一些相应的对策，而其他风险事态都在合理控制以内，只要按照规程操作就可以了。

对于风险事态1的对策：开工前一定要调查好地下路线的所在，避免损坏管线。

风险事态16的对策：①成孔后，必须认真清孔，一般是采用冲洗液清孔，冲孔时间应根据孔内沉渣情况而定，冲孔后要及时灌注混凝土，避免孔底沉渣超过规范规定。②严格确定混凝土的配合比，混凝土应有良好的和易性和流动性，坍落度损失应满足灌注要求。③灌注混凝土应从导管内灌入，要求灌注过程连续、快速准备灌注的混凝土要足量，在灌程连续、快速准备灌注的混凝土要足量，在灌水塞的铁丝，应根据首次混凝土灌入量的多少而定，严防断裂。④确保导管的密封性，导管的拆卸长度应根据导管内外混凝土的上升高度而定，切勿起拔过多。

风险事态18的对策：①若刚开灌不久，孔内混凝土较少，可拔起导管和吊起钢筋笼，重新钻孔至原孔底，安装钢筋笼和清孔后再开始灌注混凝土。②迅速拔出导管，清理导管内积存混凝土和检查导管后，重新安装导管和隔水栓，然后按初灌的方法灌注混凝土，待隔水栓完全排出导管后，立即将导管插入原混凝土内，此后便可按正常的灌注方法继续灌注混凝土。此法的处理过程必须在混凝土的初凝时间内完成。③混凝土灌注过程因故中断后拔除钢筋笼，待已灌混凝土强度达到C15后，先用同级钻头重新钻孔，并钻除原灌混凝土的浮浆，再用φ500钻头在桩中心钻进300～500mm，这样就完成了接口的处理工作，然后便可按新桩的灌注程序灌注混凝土。

经过以上的分析，看出虽然现在对于工程的风险量化还没有一个很准确的方法，只有通过经验得到一些相对模糊的描述，但是可以看到在钻孔灌注桩的施工引进风险分析可以对于施工管理有着积极的意义，为科学合理的施工有指导意义。

参考文献

[1] 阮欣，桥梁工程风险评估体系及关键问题研究[D]. 上海：同济大学，2006.

[2] 李燎菁，大跨径斜拉桥施工过程风险评估系统[D]. 上海：同济大学，2008.

[3] 刘志文. 缆索承重桥梁的抗风风险评估[D]. 上海：同济大学，2004.

[4] Mark G. S. Reliability-based assessment of ageing bridges using risk ranking and life Cycle cost decision analysis. [J]. Reliability Engineering and System Safety 2001，74：263-273.

[5] 同济大学. 崇明越江通道工程风险分析研究总报告[D]. 上海：同济大学，2007.

95. 四川省涪江五桥斜拉桥混凝土主梁索导管定位方法探讨

杨　辉

（中交一公局第四工程有限公司）

摘　要　斜拉桥主梁很难对传统的锚固点和出口点进行测量放样。在施工过程中索导管受斜拉索垂直度的影响很难定位，结合四川省涪江五桥斜拉桥主梁为施工实例，阐述了主梁索导管定位方法，利用CAD可以简单地确定出斜拉索在挂篮上锚固点的位置，并用主梁拉索修正后的角度可以计算出纵向和横向及高程.为类似工程提供参考。

关键词　主梁索导管　斜拉索

一、工 程 概 述

四川涪江五桥主桥孔跨布置：(155 + 155) m 预应力混凝土独塔斜拉桥，主桥长310m。绵江路岸引桥：[3 × 25 + (25 + 30 + 25) + 3 × 25] m 预应力混凝土连续梁，绵江路岸引桥长238m。江彰大道岸引桥：[(18 + 2 × 25) + 3 × 25 + 3 × 25] m 预应力混凝土连续梁，绵江路岸引桥长226m。桥梁全长774m，桥宽32.5m。预应力混凝土独塔斜拉桥、主桥结构形式采用独塔、双索面、密索、对称扇形布置、预应力混凝土双纵肋主梁、塔梁墩固结体系结构。孔跨布置见图1。

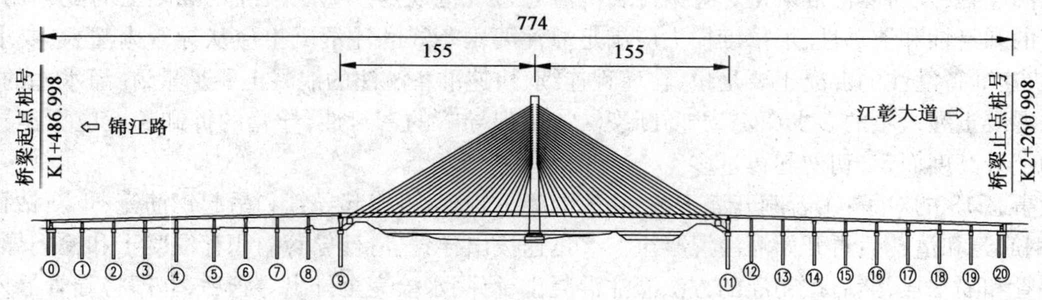

图1　孔跨布置图(尺寸单位：m)

索导管根据设计图纸下料，下料后用砂轮打磨割口，上下口尺寸精度控制在设计规范以内，锚板中心孔洞用自动切割机钻孔，误差控制在设计规范以内。经检查确认索导管尺寸符合设计要求后，在预先制作的定位三脚架上用一台1t葫芦吊起索导管,使其与锚板垂直对中,然后对称点焊固定,再复测垂直度,符合设计要求后再补焊全缝。

主梁施工采用6m前支点挂篮对称悬臂浇筑混凝土施工工艺,索导管是连接主塔和主梁的重要构件,因此主塔和主梁上索导管定位,是直接影响工程质量的关键工作。而主梁挂篮施工高程,在各施工工序中会发生变化,给主梁索导管精确定位带来施工难度,所以索导管定位必须精确,否则会引起主梁结构内力变化,影响工程质量。

二、主梁索导管定位思路

四川省江油涪江五桥主梁采用前支点挂篮施工工艺,斜拉索分为一张、二张、三张,主梁索导管定位首先将索导管固定在斜拉索上。在一般的情况下设计单位只给出了成桥状态下索导管的基本参数,而施工中主梁各节段的索导管受到施工动态的影响(挂篮的变形、悬臂的挠度、斜拉索的垂直度等),施工难度较大。

索导管的定位指标有两项:其一是锚垫板中的位置和高程,其二是索导管的倾斜度。其定位分初定位和精确定位两个步骤。初定位时,待斜拉索安装完成并第一次张拉后,用角钢焊定位骨架使索导管安装就位并将锚垫板焊接固定(角钢骨架伸出节段分节缝后与挂篮前端张拉弧形板焊接牢固),待主梁钢筋绑扎完毕后再进行调整、精确定位,使索导管上下口坐标误差均在规范允许偏差以内,最后将索导管与骨架焊接牢固,以防振捣时钢导管偏位。

三、斜拉索锚固点的确定

根据设计单位提供的斜拉索参数表可以利用CAD图可以确定索导管顶口坐标。已知拉斜索锚固点相对位置A及索塔锚固点B与斜拉索垂直水平线夹角(β与α),其中β是索导管在横桥向铅垂面的投影与水平面的夹角、α是索导管在顺桥向铅垂面的投影与水平的夹角。根据设计所给的主梁锚固点底口坐标及主塔锚固点坐标及斜拉索在纵横桥向的夹角,利用斜率可以求出主梁索导管顶口的坐标及高程。

算例:主梁T1号索导管,索导管直径是35.1cm、索导管长度为4.639m,其中β为3.378°、α为75.888°,斜拉索理论长度是44.125,梁端锚固点坐标(X:-12、Y:13.375、Z:524.806),索塔锚固点坐标(X:-1.3,Y:10.852,H:567.54)。计算步骤如下:

纵桥向X距离:

$$12-1.3=10.7$$
$$(4.639+0.06)\times10.7\div44.125=1.139$$
$$12-1.139=10.861$$

横桥向Y距离:

$$13.375-10.852=2.253$$
$$(4.639+0.06)\times2.253\div44.125=0.240$$
$$13.375-0.240=13.135$$

竖向H:

$$567.54-524.806=42.734$$
$$(4.639+0.06)\times42.734\div44.125=4.551$$
$$524.806+4.551=529.357$$

斜拉索先开始挂塔端再开始挂梁端,梁端安装时为挂篮立模完成后,安装时采用20t吊车安装,安装前需将索导管和槽钢固定在斜拉索上。由于现场场地条件及索导管自身结构,所以斜拉索安装时先找出挂篮主梁锚垫板中心相对位置X、Y、H,然后根据底口锚固点高程H到索导管顶口的高程,临时固定索导管。

四、索导管顶口及底口锚固点预抬高值确定

前支点挂篮在施工中每个阶段都是分级张拉,施工中工艺复杂,挂篮与斜拉索之间索导管定位比较困难。本桥有24对斜拉索,根据斜拉索索力的不同,倾角也有偏差,故在施工过程中要精确计算索导道

坐标,保证最后施工挂索斜拉索居中与索导管中心。

在混凝土主梁挂篮悬臂施工中，监控指令给出了当前节段前端大纵肋底板的立模标高，它与相应设计高程之差,为当前节段前端大纵肋底板高程的预抬值。由于立模高程的影响，会引起主梁索导管轴线和以后挂索主塔索导管轴线不在一条线上。主梁索导管锚固点和顶口中心点的 X 坐标和 Y 坐标受预抬量影响出现的修正值极小，测量可忽略不计。但是 H 值，即高程方向,由于挂篮模板在混凝土浇筑后会下挠，必然引起索导管倾角及上下管口高程的变化，其值不可忽略。因此，根据立模指令预抬值,如何更好地确定主梁索导管锚固点和顶口中心点的预抬值，是确保最终主梁索导管的空间位置尽可能符合设计的关键所在。

四川涪江五桥主桥斜拉索分三次张拉,第一次为立模高程调整之后张拉,第二次为混凝土浇筑一半时张拉,第三次为预应力张拉完、体系转换后张拉。斜拉索梁端倾角与塔端由很大关系,由于索导管初定位之前没有完全固定,斜拉索的一张、二张都可以带动索导管移动,所以一张后应对索导管出口进行预抬,预抬值为索导管出口点垂直于拉索方向距离。如果预抬值较大,索导管内空间不足,则需要采用二张后的预抬值进行调整。预抬值计算可近似为斜拉索一张(二张)至最终索力时斜拉索在索导管出口点位置转动。

第一阶段：在悬臂浇筑1~2号节段混凝土时,施工单位根据监控指令，将索导管上下管口同时抬高了一个预抬值。由于1号块是在钢管支架上现浇的,根据支架预压试验的结果，将其消除非弹性压缩量作为模板底板和索导管安装的预抬量为以后现场施工实施。

第二阶段：考虑到在挂篮悬臂施工中,主梁混凝土重量引起的挂篮变形及悬臂梁段挠度,本节段前端高程和索导管锚固点、顶口中心的高程的影响是各不相同的,从2号梁节段开始,经过2号块预压试验结果可得主梁索导管锚固点的预抬值取立模指令预抬值(因为索导管底口锚固点很靠近主梁节段线底板的前端，把立模指令预抬值可以视为锚固点预抬值而产生的误差很小,可以忽略)，而顶口中心点的预抬值也取立模指令预抬值,(因为主梁标准节段长6,索导管长约5m)。根据施工情况证明,按此方法进行索导管定位时,斜拉索轴线和索导管轴线的对中很好。实际高程与设计高程之间的差值几乎为零。

第三阶段:至8号主梁节段索导管定位完成。通过观察,发现随着主梁悬臂施工不断的伸长,监控立模指令预抬值逐渐增大,斜拉索有逐渐靠向索导管下缘的趋势。分析原因,认为是由于悬臂长度不断地增大,索导管的倾角越来越小,其上下管口的高程差别也越来越小,使节段后端也随悬臂自重及挂篮变形而发生和前端类似的下挠,于是基本上又按平行原则设置索导管的预抬量。只是根据现场观测的实际情况，用第一阶段处理方法确定索导管顶口中心点(或锚固点)的预抬值。经上述处理后,9~24号主梁节段索导管的定位结果,基本上能保证斜拉索在索导管内接近居中。

第四阶段:通过对监控立模指令预抬值的分析，我们可以知道，立模指令预抬值由三项数值组成：第一项是挂篮变形(此值通过挂篮预压)；第二项是本节梁段混凝土浇筑引起已浇梁段的悬臂端的挠度值；第三项是温度引起的已浇筑梁段的悬臂端的高程变化值。在悬臂端较小的时候，立模指令预抬值中第一项占主要地位，即浇筑梁段的变形基本是以已浇筑梁段的悬臂端为支点而进行的转动变形，由于顶口中心的位置接近于节段中部，故顶口中心位置的预抬值取为立模指令预抬值。但悬臂端较长时，立模指令预抬值中第二、三项占主要地位，即浇筑梁段的变形主要是以已浇筑梁段的悬臂端塔梁固结部位为支点而进行的转动变形，此时浇筑梁段以已浇筑梁段的悬臂端为支点而进行的转动变形引起的高程变化相对于由于悬臂端梁体下挠引起的高程变化则要小得多，悬臂越长影响就越小。此时，索导管顶口和底口的高程变化差异随着悬臂的增长而减小,在当前主梁节段中，节段底板前端面、索导管的锚固点和顶口中心点，三者处于节段的不同部位，受挂篮主变形影响而引起的施工挂篮值各不同。虽然不确定挂篮施工影响的下挠曲线轨迹，但立模指令中挂篮施工抛高值仅有15 mm，数值还不很大，可以近似地按线性关系进行数学处理。

五、索导管安装注意事项

(1)支撑索导管的三角曹钢需要有足够的强度,避免变形或发生位移。

(2)索导管定位以后精度要符合要求(误差在±5mm之内(索导管上下口误差尽量均衡),对索导管周围要进行加固焊接,焊接完成后要对索导管下口下口坐标复核,误差在1cm之内为合格,如果大于1cm,需分析原因,并及时对后续的施工并采取相应的预控措施。

六、结 语

通过施工混凝土斜拉桥主梁前支点挂篮施工主梁索导管定位研讨方法,保证索导管锚垫板中心位置准确,再控制索导管出口预抬,即完成梁端索导管定位安装。

不能简单地根据监控给定的立模预抬值确定,而是应该通过分析预抬值的组成在施工各阶段对高程的影响程度来确定,这样才能确保索导管定位的准确性,确保斜拉索的安装精度。

参考文献

[1] 华新.斜拉桥塔端张拉拉索倾角修正及拉索主要参数实用计算方法[J].公路,2004(12).

96.陡山坝大桥菱形挂篮设计与施工

余 周 霍凯荣 白 杨
(中交二公局第五工程有限公司)

摘 要 本文以贵州黔南山区陡山坝大桥主桥为例,其上构为悬臂现浇连续刚构(82+150+82)m三向预应力混凝土结构,讨论了连续刚构悬浇施工常用的挂篮施工技术,从挂篮构造、拼装、预压、到挂篮行走等方面进行了详细介绍,可为同类型桥梁的施工提供借鉴。

关键词 陡山坝大桥 悬臂现浇连续刚构 菱形挂篮 施工技术

一、工 程 概 况

陡山坝大桥主桥上部构造为(82+150+82)m三跨预应力混凝土连续刚构箱梁(混凝土强度C50),左右幅分离布置,间距25cm。主梁单幅桥采用单箱单室断面,箱梁根部梁高9.2m,跨中梁高3.2m,箱梁顶板宽10.625m,箱底宽6.5m,翼缘悬臂长2.062 5m。箱梁0号节段长14m,每个悬浇“T”纵向对称划分为18个节段,梁段数及梁段长从根部至跨中分别为10×3.5m、8×4.0m,方量为35.33~77.31m^3,节段悬浇总长67m,悬浇节段最大控制重量2 110kN。边、中跨合龙段长均为2m,边跨现浇段长6m。如图1所示。

二、菱形挂篮构造

1.主要技术参数

(1)菱形挂篮总长11.9m,总宽13m,总高7.7m。

(2)设计浇筑最大悬臂浇筑重量:240t(最大悬臂梁段为1号梁段,其设计重量为211t)。

(3)挂篮自重97t,其与最重节段箱梁重量比为0.46。

(4)悬浇箱梁分段长度:3.5m和4m。

(5)悬浇箱梁高度变化范围:9.2~3.2m。

(6)挂篮工作适应纵坡:≤5%。

(7)抗倾覆稳定系数:空蓝行走时为6.3,浇筑状态时为4.0。

(8)挂篮主桁架最大合成变形22mm,底篮在浇筑混凝土时最大变形为12.7mm。

(9)悬吊系统吊带的安全系数为5.4。

2.挂篮总体构造

本挂篮由主桁承重系统、底篮系统、悬吊系统、锚固系统、行走系统、模板系统等组成,其构造示意图如图2、图3所示。

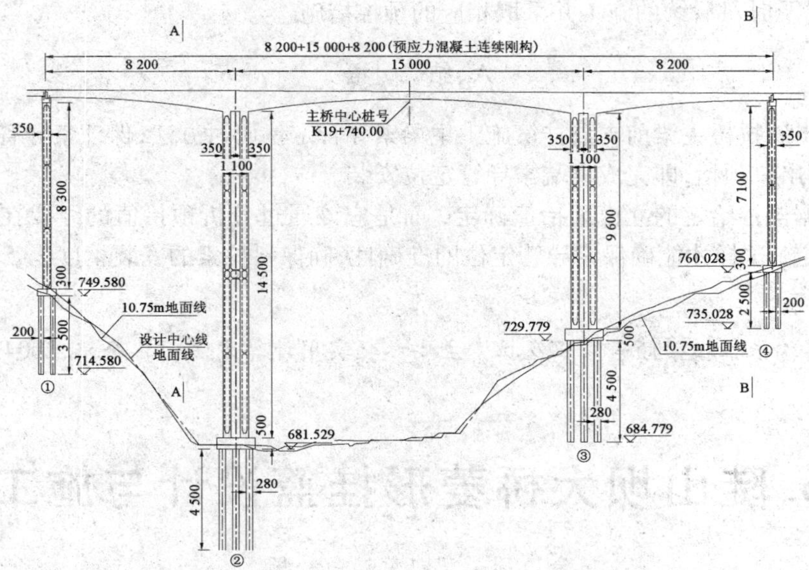

图1　陡山坝大桥立面图(尺寸单位:cm)

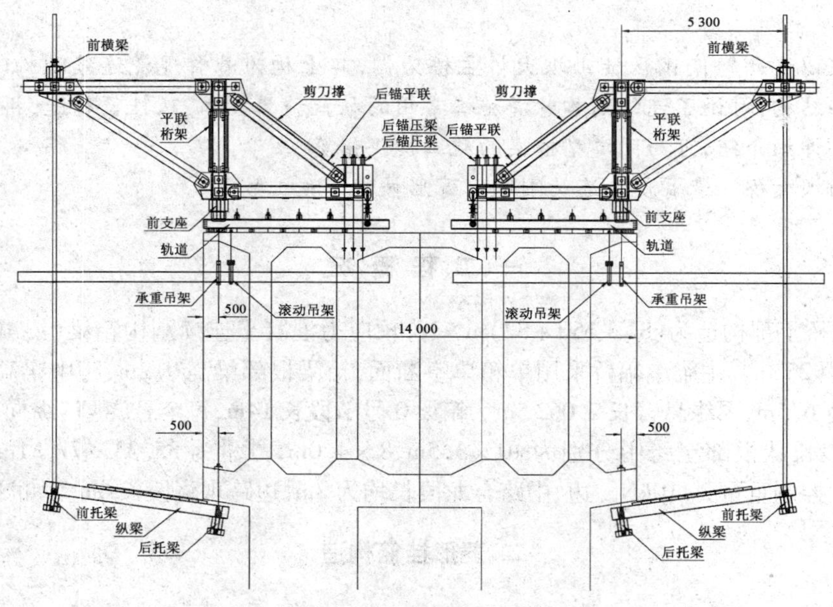

图2　挂篮纵向立面图(尺寸单位:cm)

3. 主要构件具体构造

(1)主桁承重系统

单个挂篮共有2片构造相同的主桁架,是整个挂篮的主要受力构件,主桁架为菱形构件,桁架杆件均为焊接钢箱结构,各杆件之间采用销接连接,如图4所示。

前横梁设置在承重桁架前端,为双拼H600型钢,主桁处设置加强板,前横梁与主桁架采用焊接。

竖向平联为桁架结构,考虑到桥面宽度及施工方便,采用3.5m+6m+3.5m长度,平联间采用高强螺栓连接,平联与主桁间用角钢连接(角钢与主桁用螺栓连接,角钢与平联焊接)。

(2)底篮系统

底篮系统为挂篮浇筑时的底部承载平台,由前托梁、后托梁、纵梁组成。纵梁与前、后托梁点焊固定。托梁和纵梁均为轧制H400型钢。底篮所承受荷载通过悬吊系统和底篮后锚固分别传至桥面承重结构和已浇筑梁段。

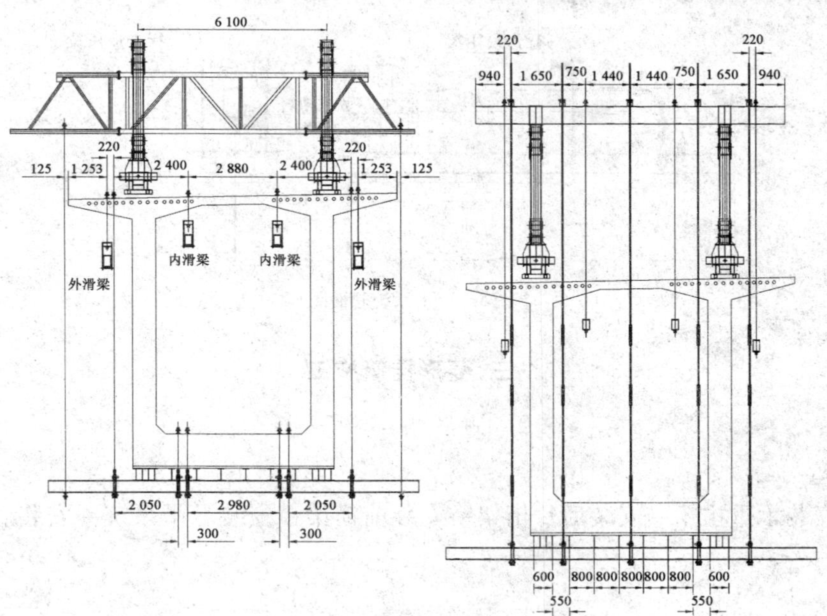

图 3 挂篮断面布置图(尺寸单位:cm)

(3)悬吊系统

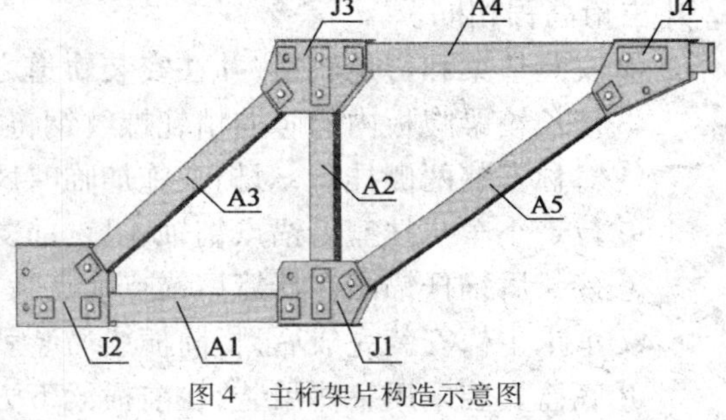

图 4 主桁架片构造示意图

悬吊系统由前悬吊系统和后悬吊系统组成。前悬吊系统将分配至其上的箱梁底板、腹板、顶板及相应挂篮构件自重荷载传递至前横梁;后悬吊系统在挂篮行走时作为外模后吊点,并将相应荷载传递至后片桁架。

前悬吊系统由 5 根钢吊带组成承重,采用 $\delta40 \times 120$ 的 Q345 钢板制作,各节吊带采用销接连接。

后悬吊系统采用 $\varphi32$ 精轧螺纹钢吊杆,共有 8 根吊杆(6 根承重,2 根行走),翼缘板 2 根,底板 4 根,翼缘板外竖向平联设置 2 根,翼缘板外通过螺母调节吊杆长度适应梁底板厚度的变化。

(4)锚固系统

锚固系统包括行走轨道锚固、主桁后锚、模板后锚及底篮后锚。

行走轨道锚固系统利用箱梁竖向预应力精轧螺纹钢通过接长锚固,轨道锚梁采用槽钢和钢板组焊而成,其作用是保证轨道在桥面上稳固定位,也作为轨道承受行走小车向上作用力的反力支点。

主桁后锚由分配梁、精轧螺纹钢锚具等组成,其作用是保证系统悬浇时的抗倾覆稳定性。

模板后锚包括侧模及内顶模后锚,均采用 $\varphi32$ 精轧螺纹钢作为锚杆。

底篮后锚也采用 $\varphi32$ 精轧螺纹钢作为锚杆,锚杆穿过已浇筑混凝土,锚固在箱梁混凝土底板上。后锚点的横向位置分布兼顾了锚点受力均衡和箱梁纵横向预应力管道的干扰问题。

(5)行走系统

行走系统包括主桁行走小车、行车轨道、前支点行走滑船等,如图 5 所示。承重主桁通过前支点行走滑船和后端行走小车在箱梁顶面铺设的轨道上由液压千斤顶顶推前移。

(6)操作平台

操作平台由悬吊操作平台、底篮两侧操作平台、底篮前后端操作平台等组成。整个平台系统形成一个完整的、可方便通达的、安全的空间操作走道与工作场所,以满足内外模板及对拉螺栓拆装、锚固系统拆装和挂篮调整等工作需要。

(7)模板系统

箱梁外模、底模均采用大块钢模板,为侧包底形式。外模在梁高范围内分为 4 块,随着梁高变小可拆除。内模采用木模和定型倒角模板组拼,内、外模板通过对拉螺栓连成一体。

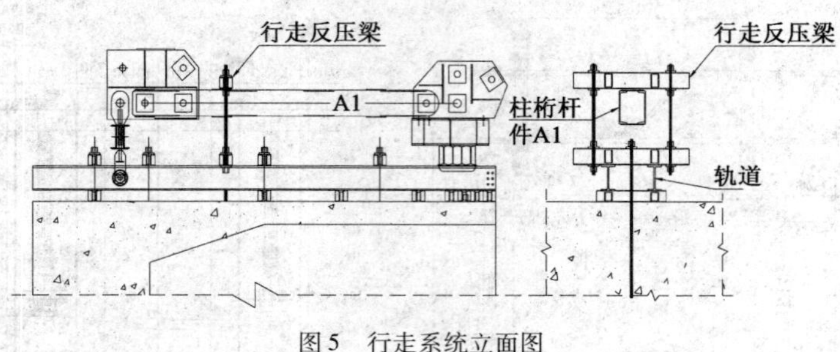

图5　行走系统立面图

三、菱形挂篮施工

1. 挂篮拼装

(1)拼装流程

轨道安装→安装承重主桁→安装后片桁架→安装前横梁→安装悬吊系统→安装底篮→安装外模→安装内模。

(2)安装要点

①在施工完成的0号块箱梁上对行走轨道位置利用M30高强水泥砂浆进行找平,要求0号块各端的2片主桁高程相同。

②安装垫梁和行走轨道,并在安装轨道之前将行走小车装入轨道翼缘板处。

③接长箱梁腹板内的竖向精轧螺纹钢将行走轨道压紧。

④对称安装两侧挂篮,对桁架施加临时风缆,增强横向稳定性。

⑤行走小车与挂篮后锚点销轴连接、前支点与滑船进行销轴连接。

⑥接长后锚杆锚固在挂篮后锚点节点板上的反力梁上。

⑦承重主桁安装完成后,将前横梁吊装就位,并将前吊带穿插到位。

⑧底篮安装采用整体吊装,在前横梁下方将底篮组拼完成后,利用0号块上的卷扬机提升就位。

⑨外模采用整体吊装方式就位,内模则先吊装内顶模,再吊装内侧模。至此,挂篮拼装完成。

2. 挂篮预压

(1)预压方法

对菱形挂篮预压采用千斤顶反向加载的方法,具体步骤:将4只反力架固结于0号块两端腹板上(每端2只,即每个腹板对应一只),然后利用千斤顶对反力架同时施力,荷载按照前横梁浇筑最重节段箱梁时吊带承受相同荷载进行换算求出千斤顶预压最大荷载,然后分级预压,消除挂篮主桁的非弹性变形,得出挂篮弹性变形数据。

反力架弦杆采用双拼[40槽钢,腹杆采用双拼[20槽钢,在节点处利用厚度20mm钢板进行加强。每个反力架与箱梁腹板内预埋钢板焊接,预埋钢板厚2cm,锚筋为长80cm的Ⅱ级Φ28钢筋(上部9根,下部15根),如图6所示。

(2)预压加载

挂篮观测点布置在前横梁和前托梁的吊带对应位置,共设置了12个观测点(包括0号块两端挂篮)。

在预压准备工作完成后,对同一墩对称的两端挂篮同时开始进行预压,分3级进行加载,分别为30%、80%、110%;卸载分2级进行,分别为80%、0。每级加载、卸载后30min读一次水准测点的数据,每隔0.5h的变形不超过1mm时认为变形稳定,可进行下一级加载或卸载,同时观察结构变化情况。

通过对预压数据分析,前横梁和前托梁总变形分别为38mm和41mm,其中非弹性变形13mm,弹性变形分别为25mm和28mm。

(3)挂篮预压控制措施

①挂篮预压前应对挂篮全系统进行检查,确认符合设计要求且安装无误后方可进行,同时设置后锚

保险及横向保险措施。

②挂篮拼装要严格对称拼装，并设置施工安全平台和安全网。挂篮的悬挂系统必须相互固结，防止千斤顶坠落。

③加载过程要统一组织，统一指挥，每级加载后持荷按加载方案进行，观察测量完成后才能进行下一级加载。加载时不能过快，要平稳加载。

3. 挂篮悬浇施工

(1)在挂篮施工前仔细检查挂篮各结构系统尤其是悬吊和锚固系统的连接情况。

(2)1～18 号块在挂篮上对称悬臂浇筑，节段长 3.5m 和 4m 两种，各悬臂施工按照图纸设计需一次浇筑完成，并严格控制各梁段混凝土的超方，任何梁段混凝土重量不得超过该梁段理论重量的 103%。

(3)在菱形挂篮施工过程中时刻关注挂篮的变形情况，重视箱梁施工的施工观测和控制，确保箱梁受力状态和线形控制在允许范围内，保证箱梁在合拢时各合拢段相对高程误差不大于 2cm，轴线偏差不大于 1cm。

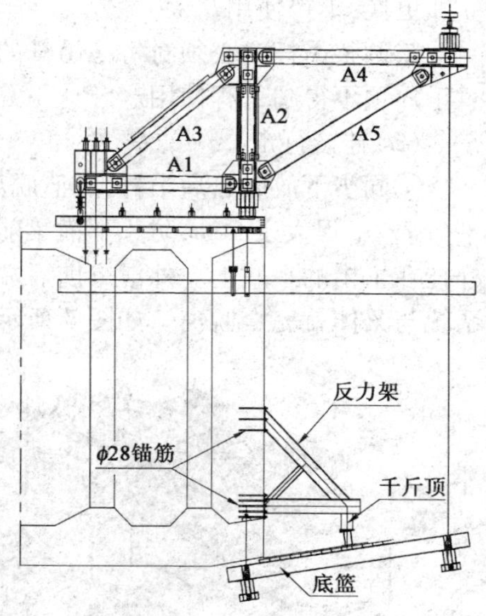

图 6　反力架立面图

(4)挂篮预压完毕后，根据预压测得的数据并结合专业监控单位建立的平面和空间的仿真模型计算所得，将挂篮高程调整到位，之后按照设计图纸进行钢筋绑扎与预应力管道安装、预留孔与预埋件安装，然后安装内模并固定。

(5)待钢筋、预应力管道、预留孔、预埋件等施工完毕后，经验收合格后进行混凝土浇筑，待混凝土强度达到设计强度的 90% 且养护不少于 7 天，进行施加预应力。预应力张拉完毕后进行挂篮的移动准备工作。

(6)挂篮施工过程中挠度控制。为了能正确合理的控制梁体挠度，采取如下措施：

①实际施工中及时观测：挂篮行走前即张拉后、挂篮走行后即浇筑前、浇筑后即张拉前三个状态的挠度变化。

②在浇筑混凝土过程中，及时测量底板的挠度变化情况，发现实际沉落与预留量不符时，应及时调整吊带顶端千斤顶。

③合龙前，相接的两个 T 构最后 2～3 节段，在立模时必须进行联测，以便互相协调，保证合龙精度。

④T 构两边要保证均衡作业。混凝土浇筑对称进行，挂篮移动时，两边距墩中心的距离差不要大于 40cm。

(7)施工中加强观测高程、轴线及挠度等，并分项做好详细记录，每段箱梁施工后，整理出挠度曲线。

4. 挂篮行走

在每一梁段预应力张拉完成后，挂篮将移至下一位置进行施工，直至悬臂浇筑梁段施工完毕。挂篮前移时工作步骤如下：

(1)前移准备

①混凝土达到规定强度和龄期后，张拉预应力。检查主桁后锚孔(筋)与底篮后锚孔、滑梁后吊杆的预留孔的位置、尺寸是否准确，必要时进行修整。同时检查箱梁有无缺陷(如裂缝的长度、宽度、深度、位置等)并记录，以便挂篮移动后作对比检查。

②检查各千斤顶及各手拉葫芦、卷扬机、保险绳等，要求技术性能良好。

③检查滑梁的滚动吊具与滑梁之间的空隙是否有咬边，如有应进行调整。

④移挂篮各关键部件设置的保险装置(如前横梁、后横梁保险钢丝绳等)必须加设，任何人不得擅自取消。检查各销轴的弹簧插销是否到位。

⑤挂篮前移要有专人统一指挥。

⑥反复使用并拆除的螺栓要采用双螺母，并经常检查，保证螺纹处于良好状态，发现有隐患的，必须

立即更换,不得使用。

⑦调整吊杆时必须对每一吊杆的两个千斤顶同时升降,以保证千斤顶和吊杆受力性能良好,同时注意千斤顶不得超行程使用。

(2)挂篮行走

①同步下放底篮后吊杆,底篮脱离箱梁底10~15cm,再同步下放前吊带,使前后下横梁顶面保持水平(高差不得大于5cm,防止下横梁前移时的失稳)。挂篮底篮前端挂在前横梁上,后端通过两外侧的吊杆挂在主桁的平联上。外滑梁前后端吊杆放下10~15cm,内滑梁同样下放10~15cm。这样挂篮的模板系统与梁体就完全脱离。如图7所示。

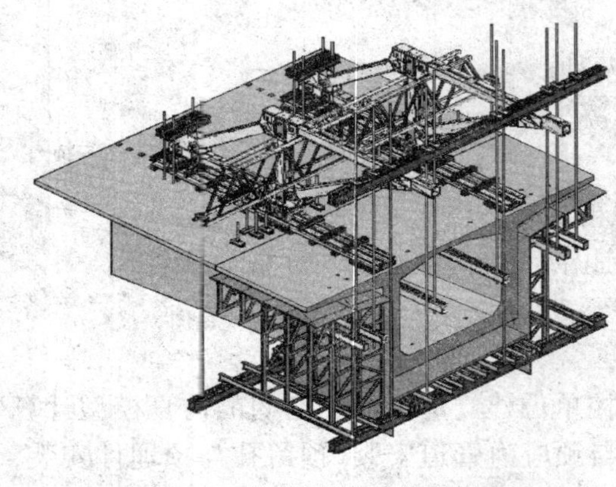

图7 底篮脱离梁体三位示意图

②前段箱梁顶面上轨道设置。测放挂篮前移轨道位置,铺设轨道垫梁、轨道(轨道接长:工字型轨道接长是在接头的腹板上利用螺栓、两块连接板把两根轨道连成一整体,严禁使用电焊连接轨道),将挂篮前支点用32t螺旋千斤顶顶起3cm(左右主桁须同步进行),将轨道拖至测放好的位置上,将轨道垫梁抄平垫实,同时用箱梁的竖向精轧螺纹钢、通过反压梁锚固轨道;检查确认所有轨道锚固牢靠。轨道安放好后将千斤顶松掉。

③后横梁上外吊杆设置及底篮的保护设置。桁架两端通过吊杆吊住后托梁,拆除锚在箱梁上的其他后托梁上的吊杆,底篮后托梁同时用钢丝绳、10t葫芦悬挂在侧模上的滑梁上加以保护。安装行走后吊杆(上端固定在平联桁上、下端吊住后托梁),收紧行走后吊杆使底篮作用在横向平联桁架上,保持前后托梁在同一高度上。拆除后托梁吊杆,这样底篮前端作用在前横梁上、后端通过外吊杆作用在平联上。

④滑梁吊具的第一次转换。各滑梁上后端的滚动、承重吊架进行转换(箱梁混凝土浇筑时滑梁上的承重吊架受力,挂篮前移时,滚动吊架受力),先收紧滚动吊架,这时后端的两种吊架都在受力,放下承重吊架,此时滚动吊架受力。为防止滚动吊架吊杆受力过大断裂,行走前不要拆除承重吊架吊杆,下放承重吊架使承重轴离开滑梁底面适当距离,作为滑梁行走时的备用悬吊系统;为防止挂篮行走到位时滑梁走脱滚动吊架,行走前一定保证滑梁后端有防脱装置。外滑梁后端的滚动吊架在挂篮移动前用绳索向后拉住固定,防止在外滑梁向前滑动时向前倾斜受弯,要确保吊杆垂直受力。

⑤放松主桁后锚杆,反扣轮扣住轨道,检查各反扣轮咬住轨道,反扣轮受力;用千斤顶同时顶起主桁,固定行走器,慢慢放松千斤顶、行走器受力,完全松开后锚杆使主桁的反扣轮(扣住轨道)完全受力,此时主桁作用在行走器、轨道上。

⑥挂篮移动前,先观察模板与箱梁混凝土面是否安全脱离(无物件扣、缠、挂住);挂篮前移时在主桁后端各用一个10t链条葫芦反拉带紧进行前移保护。

⑦利用液压顶推系统推行挂篮。两个行走油缸同步伸长,推进主桁架、底篮、外模同步向前行走。主桁架一次前进距离以液压杆的行程控制为主,但每次行走距离不宜超过50cm,移动速度控制在5~10cm/min,移动过程必须保证平稳,后梢10t葫芦(移动前必须在主桁后端挂好防倾千斤绳)随挂篮前进速度释放。挂篮前进困难时要及时检查是否有地方卡住。挂篮移动过程中左右桁架要保持平衡、前后主桁片距离控制在10cm内(在轨道上每10cm画一道线),同时应保证两悬臂端的不平衡力矩差符合设计要求。

⑧主桁前移到位后,检查后托梁箱室内预留孔、后锚预留孔是否与横梁吊具、后锚节点箱对齐。之后对挂篮后锚点进行锚固。

⑨安装底篮后吊杆、翼板吊杆,各滑梁上的滚动、承重吊具进行转换,放松行走后吊杆。

⑩调整模板位置及高程。

⑪将内模(顶板)用两台3t葫芦拉出就位,安装吊杆(承重吊具受力);解除内滑梁尾端滚动吊具锚

固,移动滚动吊具到预留孔处,重新穿吊杆,等待下一次行走(完成第二次吊具的转换)。

⑫挂篮行走完成。

5. 挂篮拆除

(1)挂篮拆除前准备

由于梁段距离地面高度较高,选用4台8t卷扬机下放挂篮底篮,主桁部分可后退至塔吊作业范围内,利用塔吊拆除。

(2)挂篮拆除步骤

最后一个悬浇段浇筑并张拉完成后,进行挂篮拆除工作,挂篮拆除步骤为:拆除防护平台→拆除内模→拆除底篮及外侧模→拆除主桁及行走系统。

(3)挂篮拆除注意事项

①挂篮拆除时不能让卷扬机长时间受载,并且要加二道保险装置。

②挂篮拆除时,严禁利用主桁上的销轴孔进行吊装。应用安装孔、卸扣吊装。

③挂篮的拆除过程均系高空作业,因此一定要按照规定采取相应安全措施,对所有作业人员进行安全教育,并随时进行安全检查。

四、结　　语

陡山坝大桥成功采用了菱形挂篮悬臂浇筑法施工,经过监测,合拢后的桥梁内力和线形均与设计状态吻合。本桥的成功实施有如下几点值得借鉴:

(1)施工采用的2片式主桁菱形挂篮结构简单、自重轻、安全可靠,刚度大、变形小有利于线形控制,前移迅速且施工作业空间较大。

(2)预压试验成功采用了反力架千斤顶加载法,加载过程简单快捷,施工人力物力投入降低,预压数据准确可靠,明显优于传统的水箱或沙袋加载预压法。

(3)挂篮前移采用了液压千斤顶顶推前行,节省了人力投入,行程控制更安全可靠。

(4)挂篮设计与施工控制方案科学合理、切实可行,内力和线形控制良好,保障了顺利合龙及桥梁结构的耐久性。

参考文献

[1] 中华人民共和国国家标准. GB 50017—2003　钢结构设计规范[S]. 北京:中国计划出版社,2003.
[2] 马宝林,李子青. 高墩大跨连续刚构桥[M]. 北京:人民交通出版社,2001.
[3] 雷俊卿. 桥梁悬臂施工与设计[M]. 北京:人民交通出版社,2000.
[4] 中华人民共和国行业标准. JTJ 025—1986　公路桥涵钢结构及木结构设计规范[S]. 北京:人民交通出版社,1987.
[5] 中华人民共和国行业标准. JTG/T F50—2011　公路桥涵施工技术规范[S]. 北京:人民交通出版社,1987.
[6] 辛明林. TLE菱形挂篮设计及应用[J]. 铁道标准设计,2005(7):62-64.

97. 浅谈山区高速公路刚构桥挂篮施工组织与管理

霍凯荣　谢永林　余　周　白　杨　陈波涛
(中交二公局第五工程有限公司)

摘　要　本文以贵州安江高速公路陡山坝刚构桥施工过程安全、质量、进度、成本控制为依托,浅谈一下山区高速刚构桥施工过程组织与管控。

关键词　山区　刚构桥　挂篮　施工管控

一、工 程 概 况

陡山坝大桥主桥(图1)上部构造为(82 + 150 + 82)m三跨预应力混凝土连续刚构箱梁,主桥左右幅分离布置,单幅桥采用单箱单室断面,箱梁高度和底板厚度按2次抛物线变化。箱梁顶板横向宽10.625m,箱底宽6.5m,翼缘悬臂长2.062 5m。箱梁0号节段长14m,每个悬浇“T”纵向对称划分为18个节段,节段悬浇总长67m,悬浇节段最大控制重量2 110kN。边、中跨合龙段长均为2m,边跨现浇段长6m。箱梁采用C50混凝土,单幅桥一个边跨方量共计1 257.5m^3,一个1/2中跨方量共计1 186.4m^3。箱梁总方量9 775.6m^3。

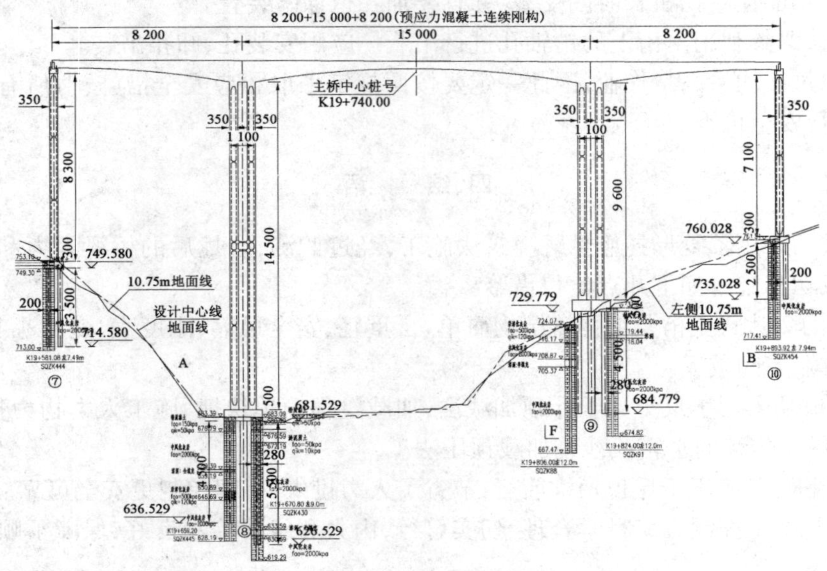

图1　陡山坝主桥桥型布置图(尺寸单位:cm)

主桥上部构造按全预应力混凝土设计,采用三向预应力,即纵、横向及部分竖向预应力,竖向预应力在箱梁高度大于6.5m时采用钢绞线,小于6.5m时采用JL32精轧螺纹钢筋。

二、施工控制重难点

(1)混凝土高空泵送性能要求高

本项目混凝土原材料主要采用机制砂。机制砂受母岩、生产工艺、生产设备等条件影响,其技术性能差异较大,加上机制砂生产过程中会产生大量石粉,石粉的含量对混凝土施工性能尤其是和易性有较大影响。高墩泵送混凝土本就容易堵管,加上机制砂拌制的混凝土较河砂比可泵性差,施工极易造成堵管。这就要求试验人员要仔细研究、多次试验,从而制得和易性好、坍落度损失小、泵送性好、强度高和耐久性高的混凝土。

(2)箱梁混凝土的裂缝控制难度大

陡山坝大桥主跨设计为150m,国内类似跨径的连续刚构桥普遍存在不同程度的开裂现象。引起裂缝产生的原因有多种,比如荷载、温度、混凝土的收缩、钢筋锈蚀、原材料质量、施工工艺等,这就要求在施工全过程中对这些影响因素一一加以控制,在进度和质量之间寻求一个平衡点。

(3)挂篮悬浇块段施工过程控制复杂

悬臂浇筑箱梁的施工控制过程是一个复杂和系统过程,也是该桥型施工的重点和难点。在施工过程中受混凝土浇筑、挂篮移动、施工荷载、预应力张拉、孔道压浆、混凝土收缩及徐变、温度、湿度以及体系转换诸多因素的影响。梁段的合龙精度和成桥后的线形与设计要求相吻合,是施工中的关键技术问题。

三、施 工 组 织

1. 施工管理组织机构

陡山坝大桥主桥作为我项目的重点工程和控制性工程，其上部结构施工过程中操作人员多，托架、挂篮等承重结构施工难度大，各工序衔接复杂，尤其是针对高空作业所采取的安全管理防护措施显得更加重要，加强现场管理与协调指挥将是箱梁施工顺利完成的关键。为此，我部成立以项目经理、项目书记为总指挥的施工组织协调机构，各作业面、各相关部门统一部署、统一协调、均衡推进。

2. 供水供电系统布置

(1)供电系统布置

项目从石固变电站敷设的 10kV 专线上接入 1 台 630kVA 油变用于陡山坝主桥施工生产，油变布置在 8 号主墩墩位附近，满足施工需求。为了应对停电等突发情况，项目部还配置了 1 台 400kW 的发电机备用。

(2)供水系统布置

陡山坝主桥施工用水拟采用 2 台高压水泵从旁边河沟抽水解决，并在 8 号、9 号主墩旁边各修建一处容量为 $150m^3$ 的蓄水池，以满足养护用水需求。沿每个主墩塔吊布设 1 套 Φ48mm 的水管，水管随着塔吊爬升，通过水泵将水送至箱梁施工需要的位置。此外，对于施工中小量用水的情况，也可以通过塔吊吊放水桶，以供临时用水。

3. 机械设备组织

为满足陡山坝主桥上部结构施工需要，保证工程作业顺利进行，我部根据施工计划，合理配备施工设备进场。箱梁施工主要机械设备包括钢筋加工、运输设备，混凝土拌和、运输、浇筑、振捣设备，施工挂篮、塔吊、电梯、泵管等设备，预应力施工的张拉和压浆设备等。具体情况见表 1。

陡山坝主桥上部结构施工主要设备表　　表 1

序　号	设备名称	型　号	数　量	使用说明
1	高压水泵	4kW	2	养护用水
2	塔吊	QTZ160	4	材料吊运(主墩)
3	塔吊	QTZ125	2	材料吊运(过渡墩)
4	电梯	SC200/200	2	人员上下通行
5	25t 汽车吊	QY25K5	2	辅助吊装
6	交流电焊机	BX1－500	6	钢筋安装及钢结构加工
7	钢筋切断机	GQ50	4	钢筋加工
8	钢筋弯曲机	GW40	4	钢筋加工
9	调直机		2	钢筋加工
10	菱形挂篮	205t	4	箱梁悬臂施工
11	顶推油缸	50t－600	4	挂篮顶推
12	穿心千斤顶(智能张拉)	500t	4	纵向预应力张拉
13	穿心千斤顶	75t	4	横、竖向预应力张拉
14	千斤顶油泵(智能张拉)		4	纵向预应力张拉
15	千斤顶油泵		4	横、竖向预应力张拉
16	智能压浆设备		2	压浆
17	卷扬机	8t	4	材料提升、牵引

续上表

序号	设备名称	型号	数量	使用说明
18	手拉葫芦	10t、5t、3t	10	材料提升、牵引
19	发电机	400kW	1	电力供应备用
20	振捣器	50mm	8	混凝土振捣
21	混凝土罐车	$8m^3$	6	混凝土转运
22	混凝土输送泵	HBT80C	2	混凝土一级泵送
23	混凝土输送泵	HBTS15	4	混凝土二级泵送
24	平板车	康明斯	2	材料转运
25	拌和楼	HZS90	2	混凝土供应

(1)塔吊

施工塔吊是挂篮悬浇箱梁施工中主要的机械之一。我部在主墩承台横桥向两侧各设置一台"长风牌"QTZ160 塔吊,作为悬浇箱梁施工的主要起重机械。QTZ160(CF6025)型塔吊大臂长度60m,额定力矩1 600kN·m,最大起升高度200m,最大起重量10t,最大幅度起重量2.5t。主墩左右侧两台塔吊在平面和高度方向均可错开,不会发生相互干扰现象。8号墩塔吊基础有一半位于承台上,另一半采用承台侧安装牛腿结构承重,9号墩塔吊基础位于承台外,采用混凝土扩大基础形式承重。塔吊附着每隔24m安装一道附臂架,附着于主墩墩身上。

(2)电梯

在8、9号主墩承台边侧各布置一台施工电梯,供施工人员上下,电梯型号为重庆长风SC200/200双笼升降机。8号墩电梯基础设在承台上,9号墩电梯采用混凝土扩大基础设在承台外。

(3)混凝土输送泵

混凝土采用泵管输送入模,一级泵管在塔吊上通过卡箍固定,二级水平泵管对称布设在已浇筑箱梁顶面。箱梁混凝土的泵送及浇筑质量直接影响混凝土的施工质量,根据主墩及箱梁结构布置形式,拟选用二级混凝土泵送方案进行箱梁混凝土浇筑。

8号主墩墩身高度为145m,9号主墩墩身高度为96m,根据混凝土泵送高度的要求,参考《混凝土泵送施工技术规程》(JTJ/T 10—2011),混凝土泵送设备选择2台三一HBT80C型及2台HBT60C型高压混凝土泵。

(4)挂篮

①设计参数

a. 适用最大梁段质量211t;

b. 梁段长度3.5~4m;

c. 梁高变化范围9.2~3.2m;

b. 箱梁顶板宽度10.625m;

e. 箱梁底板宽度6.5m;

f. 行走方式为液压系统推进行走;

g. 每套挂篮(一个T构)自重97.9t(不含模板及机具设备)。

②挂篮构造(图2)

挂篮为菱形挂篮,由主桁系统、底篮系统、行走及锚固系统、模板及悬吊系统、附属结构(操作平台、爬梯、栏杆)等组成。

单只挂篮长11.8m,高4.8m,宽6.1m。行走采用液压油缸使挂篮顶推前移,悬吊系统采用$\delta 40\times 120$的Q345钢板吊带和$\phi 32$精扎螺纹钢吊杆相结合。

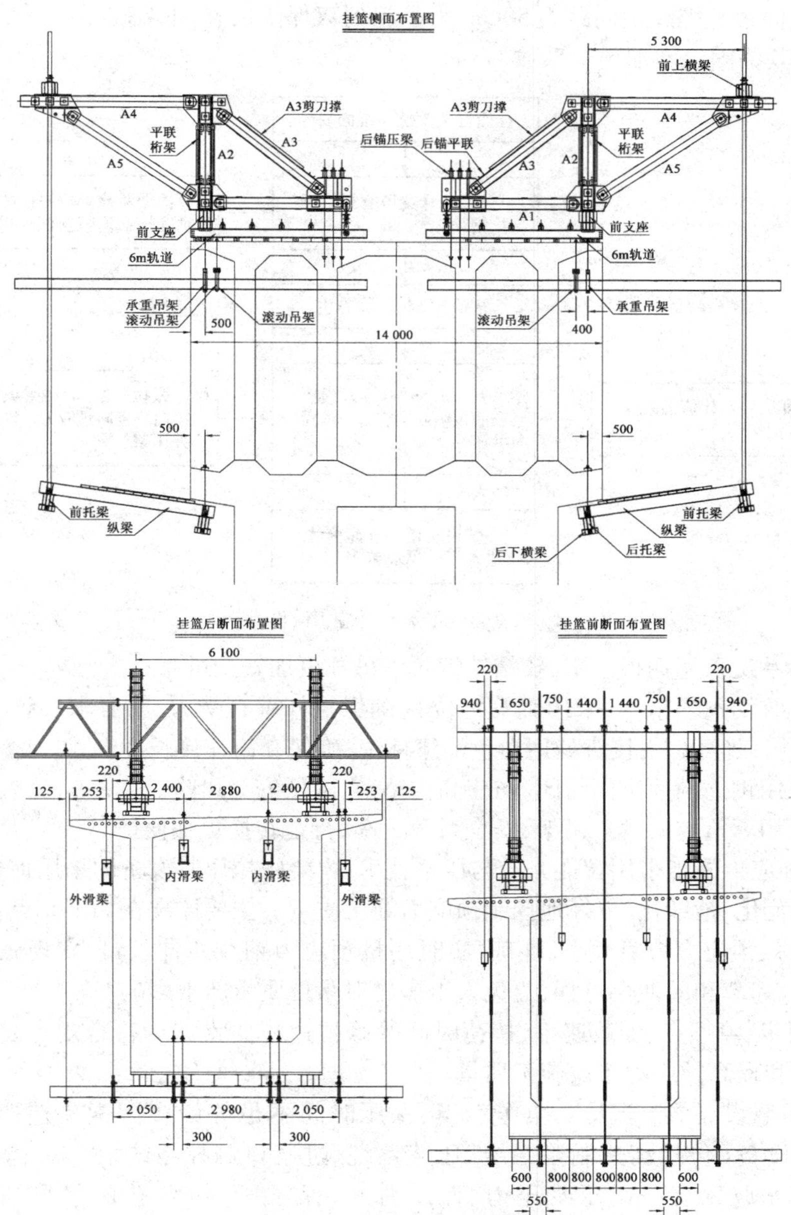

图2 陡山坝主桥挂篮构造图(尺寸单位:cm)

四、挂篮悬浇施工工艺

1. 挂篮悬浇施工工艺流程(图3)

0 号块纵向预应力张拉完成后,利用塔吊在 0 号节段上拼装挂篮,安装完成后对挂篮进行预压。预压完成后调整底模高程,安装 1 号梁段钢筋、预应力管道和内模系统,浇筑混凝土,达到强度和龄期要求后,穿束并完成 2×T1 顶板钢束和 2×W1 腹板内下弯束的张拉和锚固、压浆。待纵向预应力张拉完成后将挂篮前移就位至下一块段。重复上述工序,完成 2 号 ~18 号梁段悬浇施工。

2. 本桥挂篮悬浇施工亮点

陡山坝主桥箱梁施工所用挂篮为菱形挂篮,其主要由主桁系统、底篮系统、行走及锚固系统、模板及悬吊系统、附属结构(操作平台、爬梯、栏杆)等组成。充分考虑到该挂篮的设计优点及存在的不足,我项目在施工时将挂篮进行了优化改进,主要体现在以下几点:

(1)本桥挂篮采用自推式液压行走系统,操作方便安全,效率高。

(2)设计轨道锚固精轧螺纹钢间距为50cm,为了起到双保险的作用,特意在主桁尾端焊接了一道反力梁,挂篮行走时将其锚固以增加安全系数。

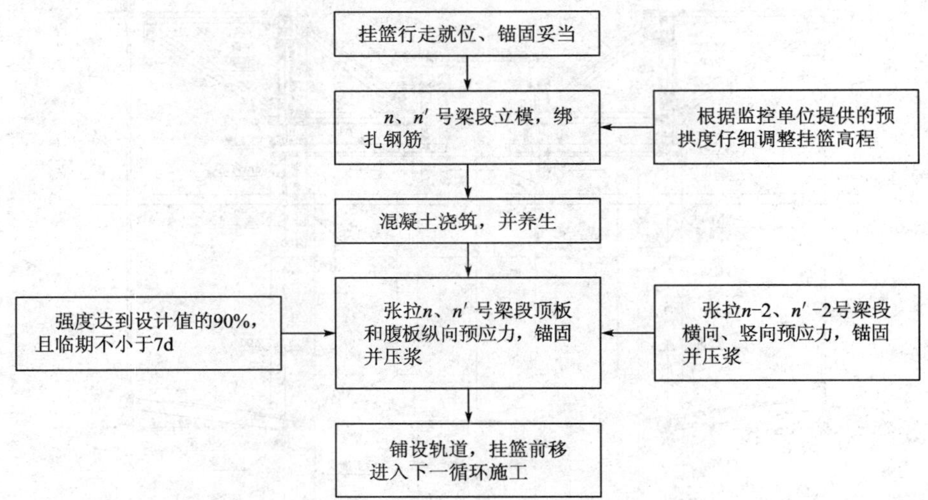

图3 挂篮悬浇每循环施工流程图

(3)挂篮前悬吊系统采用钢板吊带,较精轧螺纹钢吊杆更加安全可靠。

(4)加强精轧螺纹钢预埋精度(采用钢管定位),确保拉杆垂直受力,并要求螺纹钢锚固时均采用双螺母,且必须露出螺帽三丝以上;接头处用白色油漆标记,确保套筒连接长度。

(5)挂篮前端采用钢筋网片全面封闭,防止高空坠落,降低安全风险。

(6)内外滑梁采用承重与滚动双吊架,安全系数更高,行走转换更加便捷。

陡山坝刚构桥预应力施工采用智能张拉与压浆技术,智能张拉压浆设备的采用促进了桥梁预应力施工管理的标准化、规范化、精细化,更好地控制预应力施工质量。主要体现在如下几点:

(1)精确控制有效预应力力值大小,准确、实时测量预应力钢绞线伸长量,实现张拉过程智能控制。自动完成张拉、持荷、卸载和回油全过程,避免人工操作对张拉质量产生影响。

(2)保证张拉同步、停顿点、加载速率、持荷时间等张拉过程要素完全符合规范要求,并能实现远程监控功能,有效确保和提高预应力张拉施工质量。

(3)采用普通压浆设备,由于人工操作不当、保压时间不足等诸多因素易造成管道压浆不饱满密实。而智能压浆设备(包括高速制浆系统、压浆系统、进浆口测控系统、出浆口测控系统及主控制台等)采用多参数(水胶比、流量、压浆压力、保压时间、保压压力)单孔压浆自动判断压浆饱满程度,实现压浆自动控制,自动完成压浆过程,排除人为随意操作因素,确保压浆饱满和密实,效果显著。

五、质量过程管控

(1)挂篮进场前委托有资质的单位对挂篮各构件进行探伤检验,经检验合格后运至现场进行挂篮拼装,确保挂篮设计满足项目施工需求。

(2)陡山坝主桥箱梁施工所需各种材料进场后均需按照有关规定进行进场检验和验证,所有原材料均经检验合格后投入使用,确保各项质量指标符合和满足工程质量要求。

(3)项目制定挂篮拼装、行走相关验收程序,挂篮拼装完成后及每次挂篮行走前均需通知各部门进行联合检查、监督,严格履行检查监督职责,并做好检查记录。

(4)严格执行"三检"制度,上道工序不合格,不准进入下道工序,在施工过程中进行严格把控,确保工程质量。

(5)加强混凝土养生,确保混凝土外观质量。

(6)项目引进的智能张拉、智能压浆设备,通过现代信息控制技术,实现了施工智能化,节约了人工,提高了效率,并且使得施工更加规范,尽量减少人为因素对施工质量的影响。

(7)为加强日常质量管理、简化程序,项目利用手机微信创建了"质检微信报验平台"管理群。工点技术员自检合格后拍照申请报验,若质检部在照片中发现明显质量问题,拒绝受理,要求进一步整改;若质检部目测合格,则安排质检员去现场复检,合格后方可向监理工程师报验。该平台的搭建,有利于督促落实好自检程序,也可方便项目领导随时检查考核各工点施工情况。

六、安全过程管控

1. 安全风险管理

项目安全生产领导小组每月对危险源进行辨识,评价出重大危险源制定控制措置,重点监控。此外,经常对施工人员进行风险告知,通过以上措施有效遏制安全事故的发生。

2. 组织开展高处坠落应急救援演练

项目定期组织作业人员进行高处坠落应急救援演练,通过演练锻炼了应急救援队伍的能力,提高了应急救援的水平,熟练掌握了高处坠落应急救援程序和方法,为施工生产提供了有力的安全保障。

3. 施工现场安全防护到位,注重安全文明施工管理(图4)

图4 挂篮悬浇文明施工管理

4. 加强项目特种设备管理,操作人员持证上岗

陡山坝主桥箱梁施工主要的特种设备有塔吊、电梯等,所有特种设备均经过铜仁市特检所检验,并在石阡县质监局备案,配发特种设备使用登记证,做到每台设备操作人员持证上岗。

特种设备的安装及拆除为其管理的一个重要环节,项目对此严格把控,在设备进场安装时严格审查安装单位资质,并且每名安装工都需持证上岗。特种设备安装、拆除前项目均组织工程部、安全部、机械部等各部门对安装单位编制的安装拆卸方案进行审核,待审核通过后严格按方案实施。

七、成本管控

1. 物资采购和设备管理

项目主要结构材料由项目部提供,物机部根据工程部核对的设计用量对材料使用情况进行限额控制;根据合同规定,周转材料由项目部提供,作业队使用保管及维护;其余辅助材料及小型机具等由协作队伍自备。

(1)为减少材料中转费用,设立作业队材料库,材料验收时在账套中设置作业队仓库,一队一库,出库时对应谁消耗出谁库的原则进行。

(2)作业队间相互调拨材料时,由库管员办理手续后,材料会计做移库处理。物机部每月对作业队材料进行盘点,核算实际使用数量与设计数量差,根据劳务合同扣除正常损耗后,如有超消耗的则进行扣款处理。

(3)根据各工点现场施工进度情况和材料存货情况,调整作业队材料库存,如未按施工计划完成,材料存货有富余,及时调整到其他材料紧缺的工点或A/B分部间直接调拨。

(4)内部材料调拨:因材料供应商供货能力及调价原因,项目内部及时启动了内部材料调拨措施。

(5)设备管理:项目严格执行公司确立的"公司定原则、定方向,项目红线内自主把握,超红线上报公司审批"的设备管理办法。

(6)日常的设备维护以例行保养为主。为此,项目机械管理部门参照设备使用说明书有关规定,并结合设备实际状况,制订了详细的保养计划。针对突发设备故障,项目会及时组织维修人员抢修,确保设备的正常运转。对特种设备项目每月由物机部牵头,联合安全部、生产管理部对在场特种设备进行综合大检查,对发现的问题,要求立即整改,并建立追溯台账,确保设备安全运转。

2. 成本合同管理

(1)主合同管理

安江项目是局组织的BOT项目,招标和主合同签订跟常规项目相比较存在一定的区别。招标时主要依据招标范本,并未对项目存在的特殊性、材料价格等进行详细的说明;主合同和正式清单实际确定日期为2014年11月,进场后项目一直采用临时清单开展合同工作。结合以上实际情况项目进场后认真研究了招标文件,并对招标文件约定的不进行材料调差、无预付款等事项进行了交底;在使用临时清单时,依据公司OA系统管理需要进行了输入,以便开展日常合同管理工作;在正式合同和主清单确定后,项目对主合同进行了交底,并将主合同清单结合项目劳务清单进行了分析,初步明确了项目主要赢利点。

(2)劳务合同管理

①劳务队伍引进。

项目进场后,依据项目总体管理要求和实际情况编制了项目劳务策划,并在项目实施过程中结合项目情况,对劳务分包方案进行了修正。项目在劳务作业队引进时,主要依据公司对劳务作业队引进的相关管理要求和项目策划,并结合项目实际管理特点组织实施。项目在招标和议标过程中严格按照公司管理制度要求分阶段进行了上报和评审。桥梁基础及下构工程劳务施工项目策划中制定的分包模式为:劳务+机械,并进行了公开招标和单价谈判,但将谈判单价与项目相邻标段单价和分包模式进行对比后存在一定的差距,考虑项目全部为二局内部单位和山区施工组织困难的特殊性,我项目将分包模式调整为:劳务+小型机具,并参考相邻标段单价进行了定价。

②劳务队伍日常管理。

在劳务作业队进场后的日常结算、履约跟踪、信誉评价、补偿谈判等工作实施时,项目严格按照公司要求制定了结算、合同等台账,并保证各类台账以主清单为主线,保证了各项日常管理工作准确有序的实施。目前项目进入后期,劳务作业队陆续开始退场,作业队补偿事件陆续上报,项目在补偿事件谈判时严格遵循"集体参与、集体确定"的原则。具体程序为:作业队提出补偿报告后,项目合同管理部就作业队提出的补偿事件要求作业队必须签字完全后上报,然后依据签订的劳务施工合同对补偿事件进行分析和调查,并出具初步意见;随后,在项目合同部的牵头下就补偿事件与作业队进行谈判并确定初步意见;之后,由项目合同主管牵头就确定的初步补偿意见提交项目班子会讨论并确定项目最终意见,确定项目补偿书面报告,上报公司进行审核。

(3)成本管理

项目进场以来,成本管理一直是项目日常管理中的重点。结合2013年公司开工项目比较多,我项目借助此优势条件在每一个劳务单价确定时进行询价,并参考相邻标段的劳务单价进行分析和确定,保证了劳务单价的合理性。经济活动分析工作是公司近年来日常管理工作的重点,我项目前期由于主合同清单和工程量未确定,仅进行了简单的成本归集;但在条件成熟后,我项目严格按照公司要求对收入和成本进行了清理,并严格按照公司要求进行了编制和讨论,以便经济活动分析的准确,进而全面掌握项目实际经营情况,并有效指导项目后续施工。

八、施工管理优化

1. 施工管理合理化

项目施工管理以现场生产为核心,充分发挥业务骨干的技术管理优势,在项目部、工区、部门完成构架搭设后,项目部按照定岗原则给负责人配齐辅助人员。项目将所有管理指标层层分解到每个环节、每个岗位,并逐级落实,使得项目每个管理人员承担起相应的管理责任。

项目每月、每周组织召开生产月、周例会,总结上月、周生产计划完成情况,并根据评分标准进行综合评价,严格履行奖罚制度,对完成任务的部门和作业队进行表彰,对未完成任务的部门和作业队结合施工中遇到的客观和主观原因进行不同程度的批评、指导和处罚,同时对下月、周生产计划进行下达,责任落实到人。

为了保证对项目全体管理人员及各作业队的工作成绩、工作态度进行客观评价,同时激励和指导员工及各作业队不断提高生产业绩,促进项目预期生产目标有效完成,我项目形成以绩效考核为中心的管理体系。

我项目工期控制性工程为陡山坝连续刚构桥,鉴于该桥施工决定着整个项目的成败与否,项目根据业主下达的控制性工程各阶段节点目标制定了对一线施工工人和技术员的奖罚措施,严格进行考核,对未按照计划完成的作业队进行严厉处罚,并将未完成任务累加到下一节点任务中继续考核,如能按时完成,取消上阶段罚款并兑现奖金,如还是完不成,加大处罚力度,继续累加考核,直至赶上节点目标。这样,大大激励了工人和技术人员的工作积极性和责任心,使得工期控制性工程超前完成。

2. 施工资源最优化

项目施工资源配置克服了山区资源周转困难、工期紧张等不利条件,本着满足施工进度要求的最优配置原则进行。后期部分箱梁及异形结构物模板均采用废旧模板进行改制,提高了模板利用率,降低了成本。支架钢材投入尽量利用现有资源及可利用材料进行设计。

九、结　　语

本文以贵州安江高速陡山坝刚构桥为工程实例,在施工过程中通过对施工安全、质量、进度及成本等方面进行管控,并在过程中寻求新的管理理念及措施对山区刚构桥施工管理进行合理优化。通过上述管控措施,为项目节约了工期,降低了成本,确保了陡山坝刚构桥施工安全,质量上达到优质工程标准,为今后山区刚构桥施工管理积累了宝贵的经验,具有一定的推广意义。

参考文献

[1] 中华人民共和国国家标准. GB 50017—2013 钢结构设计规范[S]. 北京:中国计划出版社,2003.

[2] 马宝林,李子青. 高墩大跨连续刚构桥[M]. 北京:人民交通出版社,2001.

[3] 雷俊卿. 桥梁悬臂施工与设计[M]. 北京:人民交通出版社,2000.

[4] 中华人民共和国行业标准. JTJ 025—1986　公路桥涵钢结构及木结构设计规范[S]. 北京:人民交通出版社,1987.
[5] 中华人民共和国行业标准. JTG/T F50—2011　公路桥涵施工技术规范[S]. 北京:人民交通出版社,2011.
[6] 辛明林. TLE菱形挂篮设计及应用[J]. 铁道标准设计,2005(7):62-64.

98. 山区高墩大跨度刚构桥箱梁施工中预压方案探讨

白　杨　余　周　霍凯荣　刘峰峰
(中交二公局第五工程有限公司)

摘　要　本文以贵州安江高速公路陡山坝大桥主桥为依托,通过对陡山坝连续刚构桥箱梁施工中一系列预压方案的探讨研究,总结形成了一套技术先进、操作简便、经济效益较好的山区高墩大跨度刚构桥箱梁施工预压工艺,为类似的项目提供了借鉴。

关键词　高墩刚构桥　箱梁　预压　方案

一、工 程 概 况

贵州安江高速公路陡山坝大桥主桥上部构造为(82 + 150 + 82)m三跨预应力混凝土连续刚构箱梁,主桥左右幅分离布置,单幅桥宽10.625m,采用单箱单室断面。箱梁根部梁高9.2m,跨中梁高3.2m,箱梁高度和底板厚度按2次抛物线变化,箱底宽6.5m,翼缘悬臂长2.062 5m。箱梁0号节段长14m(包括墩两侧各外伸1.5m),每个悬浇"T"纵向对称划分为18个节段,悬浇节段最大控制重量(1号块)2 110kN。边、中跨合龙段长均为2m,边跨现浇段长6m,墩身外悬挑3.6m。下部结构8号、9号主墩采用双肢薄壁空心墩,墩高分别为145m、96m;7、10号过渡墩采用薄壁空心墩,墩高分别为83m、71m。陡山坝连续刚构桥型布置详见图1。

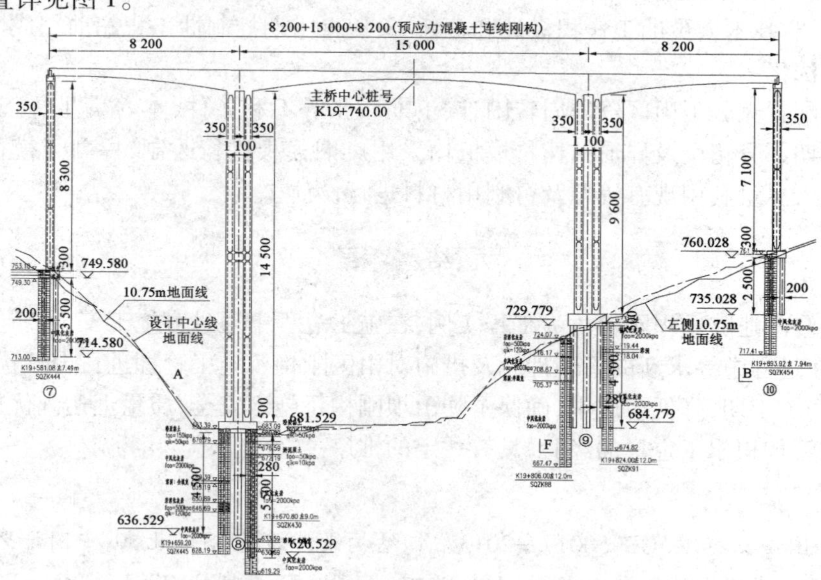

图1　陡山坝连续刚构桥型布置图(尺寸单位:cm)

二、预压方案比选

为检验托架平台及悬浇挂篮的承载能力，消除托架及挂篮各构件间的间隙及平台非弹性变形，检验托架及挂篮的强度和稳定性，在托架或挂篮安装完成后，按照实际浇筑工况施工荷载进行托架、挂篮预压试验测出其弹性变形值，为施工立模提供基础数据。

预压方案有两种：一种为常规堆载预压，另一种为采用千斤顶反压（反拉）加载预压。其具体工艺及优缺点对比详见表1。

预压方案比选 表1

预压方案	具体工艺	优点	缺点
堆载预压	采用塔吊吊装混凝土预制块、沙袋、钢筋捆、水箱堆载预压，预压荷载根据箱梁块段混凝土重量转换成所需吊装的块数、袋数、捆数、体积等	加载均匀，能真实地反应所承受荷载的分布情况，数据较为准确	吊装量大，效率低，高空作业安全性不高，耗材多，所需成本高
千斤顶反压（反拉）	在已施工结构物上设置反力架或反拉预埋件，根据预压荷载选择合适的千斤顶进行反压或反拉加载预压	操作简单，效率高，尤其在高墩作业情况下，吊装量小，安全可靠，可缩短工期、节约成本	由于是模拟集中加载，不能很准确地反应所承受荷载实际分布情况

三、陡山坝刚构桥箱梁预压工艺

陡山坝刚构桥箱梁0号块托架、悬浇挂篮、边跨现浇段托架预压均采用千斤顶反压或反拉加载预压的方案。通过对预压方案优化，为项目节约成本约120万元，缩短工期近1个月。

1.0 号块托架预压

（1）预压方式

箱梁0号块托架采用千斤顶反压进行加载预压（图2），预压荷载采用1.2倍的承重荷载。

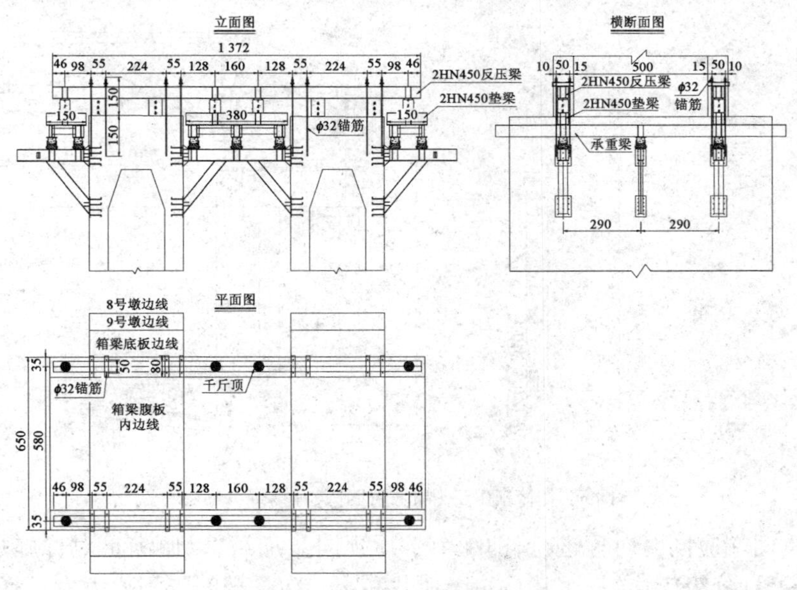

图2 0号块托架反压布置图（尺寸单位：cm）

待托架平台搭好后，采用在墩顶设置反力架进行预压（施工过程中在墩顶预埋 $\Phi32$ 锚筋，预压过程中与反锚梁锚固）。托架承受上方钢筋、模板、混凝土的重量，两墩之间的托架（托架1）承受上方4m跨度的荷载，墩身外侧托架（托架2）承受悬臂1.5m的荷载。托架1承受的总荷载为302.8t，加载力为集中力,选在托架受力的重心位置,共4个加载点,每个点承受的最大荷载为75.7t。托架2承受的总荷载为110t,同样以集中力加载预压,选取两个加载点,每个加载点承受的最大荷载为55t。

两墩间托架1上部的4个千斤顶同步加载,以便满足对称施加荷载的要求。荷载按照25%、50%、75%、100%分四级加载;两悬臂端托架2上部的4个千斤顶同步加载,同样按照25%、50%、75%、100%分四级加载。

(2)预压观测

顺桥向共设置四排观测点,每排设置3个观测点,每个托架上的位移观测点设置在托架前端,在点位处设置观测杆,以便于沉降观测,布设好观测杆后,加载前测定出其杆顶高程,分别在加载到25%、50%、75%、100%后进行测量,每级加载完毕持荷10min后观测标高,并且观察焊缝等是否出现裂痕等。

预压荷载持续时间以托架变形稳定为原则确定,最后两次观测平均值之差不大于2mm时,即可终止预压。

卸载按照100%→50%→0分级卸载,同时做到4个千斤顶同步卸载。全部卸载后,测量其标高。对所有测量数据进行统计分析,得出托架的弹性变形量与非弹性变形量,并将弹性变形量作为施工中的预留抬高量。

(3)预压注意事项

预压前墩柱混凝土强度需达到90%以上,龄期不小于7d强度;加载过程中,有专人负责记录千斤顶加载吨位,以便复核;加载过程中,有专人检查托架各部件,发现异常情况及时处理;托架如加载过程中发现挠度过大,应暂停加载,查找原因;预压的操作人员必须系好安全带、安全绳,佩戴安全帽,千斤顶周围2m范围不得站人,托架下方不得站人。

2. 悬浇挂篮预压

(1)预压方式

挂篮预压(图3)采用在0号块腹板上预埋的预埋件安装反力架配置千斤顶加载,为了保证挂篮承载能力满足使用要求,并有一定的安全储备,荷载拟加至1号块箱梁重量的1.2倍(240t)。加载力为集中力,选在底篮受力的重心位置,单只挂篮共2个加载点,每个点承受的最大荷载为120t。

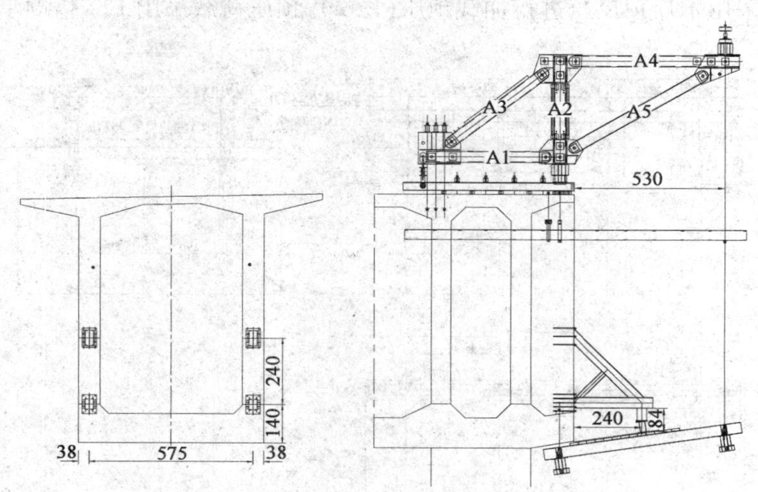

图3 挂篮预压反力梁布置图(尺寸单位:cm)

挂篮加载时T构两端应同时对称进行,即4个千斤顶同步加载,以便满足对称施加荷载的要求。加载时应注意分级加载,且分级应均匀,尤其是初级加载和第二次加载间隔不要太大,目的为尽早消除非弹性变形,保证弹性变形确定的准确性。荷载按照25%、50%、75%、100%分四级加载。

(2)测点布置

观测点分别取挂篮底篮前下横梁吊点附近,横桥向共设置5个观测点。

(3)预压观测

在点位处设置观测杆,以便于沉降观测,布设好观测杆后,加载前测定出其杆顶高程,分别在加载到25%、50%、75%、100%后进行测量,并且对挂篮各部位(节点)派专人随时进行检查(观察挂篮的后锚上挠值、前支点沉降值、主桁前端销结点处变形、主桁上前横梁吊点处和主桁上前横梁跨中变形等)。全部测点在正式加载试验前进行零级荷载读数,以后每次加载或卸载后应立即读数一次,并在结构变位达到相对稳定后,进入下一级荷载之前再读数一次。

试验荷载持续时间,原则上取决于结构变位达到相对稳定所需要的时间(约20min)。同一级荷载内,若结构变位最大的测点在最后5分钟内的变位增量小于所用量测仪器的最小分辨值,即认为结构变位达到相对稳定。

卸载按照100%→50%→0分级卸载,同时做到4个千斤顶同步卸载。全部卸载后,测量其高程。对各个测试点所测数值做好现场实时分析,以荷载为横坐标,变形为纵坐标作出挂篮前端变形的曲线图,确定挂篮的弹性变形曲线。

(4)调整箱梁模板高程

箱梁各阶段立模高程=设计高程+预拱度+挂篮满载后自身变形。

挂篮自身的变形仅为箱梁各阶段立模高程确定的一个因素,还受设计高程和预拱度的控制,所以具体立模高程还得根据现场监控单位给出的数据确定。

3. 边跨现浇段托架预压

(1)平衡配重预压方案

过渡墩边跨现浇段托架预压时需在另一侧设置平衡配重,两侧托架采用"钢绞线张拉模拟荷载"的方式在托架顶进行施压,施压目的主要通过测量观察各施压节点处的变化以检验托架的稳定性、安全性及变形等。此种方案是在承台上预埋锚固件作为张拉锚固端。在托架安装完毕铺设横向主梁后,将钢绞线用锚具及转换器连接延伸至托架顶面,采用千斤顶进行分级张拉的方式进行模拟荷载预压。

承台顶部设置4组锚固件,一组采用6根M24锚栓,并在锚固钢板上设置张拉固定端,托架上设置张拉端。钢绞线采用Φ_s15.2-3型号,单侧托架承重横梁上设置2个反拉点。反拉示意图如图4所示。

具体预压方案如下:在托架上安放2HN450横梁,用钢楔块将横梁垫平,直至横梁顶承压面与钢绞线垂直即可。横梁顶面放置工作锚板,将夹片稍稍打紧,其上安装千斤顶进行张拉。预压总荷载为98t,两侧四点同步加载,单点加载值为49t。钢绞线采用单端张拉,采用75t穿心千斤顶,数量为4台,以便满足对称施加张拉力的要求。

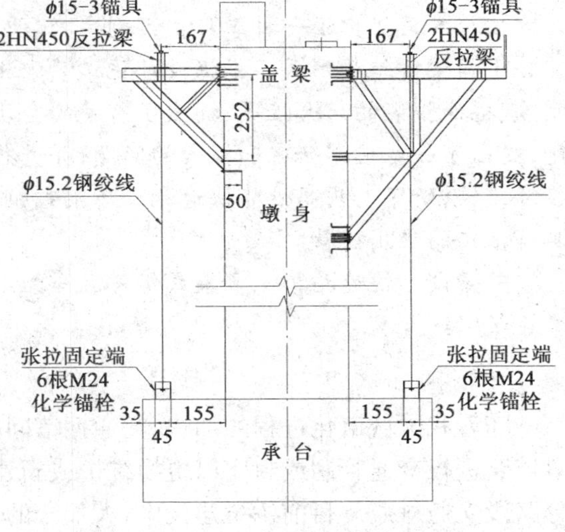

图4 反拉预压示意图

(2)预压观测

在加载前测量各观测点的高程。荷载按照0→25%→50%→75%→100%分级加载,每级加载完毕持荷10min后观测高程。预压荷载持续时间以托架变形稳定为原则确定,最后两次沉落量观测平均值之差不大于2mm时,即可终止预压。

分级卸载,并及时观测。卸载按照100%→50%→0分级卸载,同时做到对称卸载。全部卸载后,测量其高程。对所有测量数据进行统计分析,得出托架的弹性变形量与非弹性变形量,并将弹性变形量作为施工中的预留抬高量。

(3)注意事项

加载过程中,有专人负责记录钢绞线的加载吨位及钢绞线伸长量,以便复核;加载过程中,有专人检查托架各部件,发现异常情况及时处理;托架如加载过程中发现挠度过大,应暂停加载,查找原因。

四、结　语

随着山区高墩大跨度刚构桥施工常态化、普遍化、标准化,在追求工程安全、质量的同时,对其进度及效益的要求更高,因而本文所谈到的预压方案成为经济、高效、易操作的高墩大跨度刚构桥箱梁施工预压较好选择。

陡山坝主桥箱梁于2014年11月11日开始施工(8号墩右幅0号块),2015年8月12日完成右幅合龙,总工期275天。刚构桥箱梁施工期间,针对实际工程的结构特点和施工难点,制定了合理的预压工艺,施工过程中各项技术指标均符合设计及规范要求。陡山坝刚构桥箱梁施工所采取的预压工艺将在操作流程、技术掌控、技术创新等多方面得到总结与提高,为以后山区高墩大跨度刚构桥箱梁施工预压提供原始依据以及宝贵的经验。

参考文献

[1] 中华人民共和国行业标准.JTG/T F50—2011　公路桥涵施工技术规范[S].北京:人民交通出版社,2011.

99.高性能快速施工的多梁式钢—混组合小箱梁桥研究

项贻强　郭树海
(浙江大学)

摘　要　快速施工桥梁采用预制装配化施工,具有施工速度快、质量有保证、安全、社会效益高等优点,成为对现有交通网中进行桥梁更换维护或新建、解决交通拥堵、实现节能环保和可持续发展的一种有效方法。本文提出了一种工厂化预制生产、便于现场安装、可用于跨线及高架、快速施工的多梁式钢—混组合小箱梁桥结构形式。根据设计施工装配化及桥梁模块化的要求,考虑到构件的运输和桥面系的整体刚度、桥面铺装的耐久性等,提出了有关的分块划分原则及方法,以及构造设计要点。对设计中存在的问题,提出了一些值得研究和探索的问题,并进行了快速施工多梁式钢—混组合小箱梁桥的试设计及技术经济比较,研究表明高性能快速施工多梁式钢—混小箱梁桥能充分发挥钢材和混凝土两种材料的性能,具有很广的应用前景。

关键词　快速施工　多梁式钢—混合组

一、引　言

随着我国城市化进程的加快,交通拥堵问题成为制约经济发展的一个重要因素。在现有交通网中,对道路进行交通管制或封闭以更换维护或新建桥梁的作业,都将对出行者造成重大的影响,甚至造成部分路段交通瘫痪。目前桥梁建设中,大部分的钢—混组合结构桥面板采用的是现浇的施工方法,工期较长、施工效率低下,其产品的质量也很难得到有效的保证。因此,寻求一种质量有保证、施工速度快、不需要长期封闭交通的桥梁建设方法显得尤为重要。

快速施工桥梁,英文称之为Accelerated Bridge Construction(ABC),是指新建、更替或修复桥梁的过程中,采用创新的规划、设计、材料以及安全经济的施工方法,减少现场施工时间的桥梁施工技术。其主要目的,在于加快桥梁建设速度,降低工程总造价,最大限度地减少对既有交通的不利影响。这种创新施工方法同时也在推动吊装技术的发展,它包括上部结构、下部结构以及它们之间的连接系统。与传统现场施工的桥梁相比,主要具有以下几点优势:

(1)由于大量采用预制构件,运输到施工现场进行快速拼装,因而能够最大限度地减小桥梁施工对现有交通的影响,减少交通管制引起的巨大花费;

(2)ABC 桥的总造价取决于预制装配化的程度。结构的预制装配化程度越高,桥梁的总造价就越低。当综合考虑除桥梁结构以外的工程造价和后期使用阶段的养护维修费用,ABC 桥的经济性更佳;

(3)ABC 桥最大限度地减少工人现场施工的工作量,增加施工现场的安全性;

(4)采用预制的桥梁上、下部结构,减少重型施工机械的数量和重型施工机械在施工现场停留的时间,无疑减少对自然环境的破坏;

(5)工业化的生产模式,提升结构构件和成桥的整体施工质量,同时对损坏的构件进行替换更为简便。

随着预制构件生产和拼装技术的不断发展,快速施工桥梁技术对未来我国的交通基础设施的快速修建及维护,实现土木行业的工业化将有很大的应用前景和发展空间。

二、高性能快速施工钢—混组合小箱梁桥的构想

1. 高性能快速钢—混组合小箱梁桥的提出

钢—混组合结构是继石砖结构、钢结构、混凝土结构以及钢筋混凝土结构之后的又一类新型结构,它是一种发展较晚但是又有着它独特的力学特性和结构功能。传统的钢—混组合结构通过分布在钢梁剪力钉与现浇的混凝土板材料紧密结合在一起,大大增加了结构的刚度和稳定性,能够充分发挥出各材料本身的优点。不仅施工方便,经济合理,而且符合可持续发展。其桥梁的设计施工建设中,钢梁既是施工过程中现浇桥面板的支架,又是形成整体后作为主要承重构件的一部分,且当桥梁结构承受正弯矩的作用时,组合梁中钢梁受拉、混凝土受压,更是将各自的优点发挥得淋漓尽致。传统的钢—混组合桥梁结构由于一般在梁上现浇普通钢筋混凝土桥面板,故其施工质量易受外部环境、天气及混凝土养生条件等影响,且钢筋混凝土桥面板受拉较大时,易出现开裂,影响耐久性及桥梁的强度,故作者等提出了改善桥面混凝土受拉及施工的施加横向预应力及双向预弯的钢—混组合桥梁结构,并进行了相应的分析。但上述组合桥梁仍然存在施工周期相对较长、不利于工业化及装配化。有必要研发一种能工厂化生产、施工质量高、便于现场安装、可用于跨线桥及城市立交、快速施工的钢—混组合小箱梁桥,于是,一种基于高性能混凝土完全预制装配的快速施工多梁式钢—混组合小箱梁桥便应运而生,下面简单介绍这种桥梁的设计构思及值得研究的方面。

2. 构造设计要点

鉴于上述设计施工装配化及桥梁模块化的要求,考虑到构件的运输和桥面系的整体刚度、桥面铺装的耐久性等,应将该种桥型进行分块预制加工制作,并在分块构件到达现场后能快速组拼,形成受力的构件及桥面系。为此,宜将主要承重构件拆分槽型钢主梁、预制混凝土桥面板和群钉剪力连接件等构成。这种桥梁的跨径一般可考虑 20 ~ 40m 跨度,当槽型钢主梁跨径超过 20m,建议根据实际的运输条件,进行工厂化分段加工制作,运到现场后再实施焊接和吊装安装。对预制的混凝土桥面板,为提高其抗拉性能和强度,宜采用高性能的混凝土进行分块预制,块件的分块原则,一般有两种,一种是沿纵向根据槽型钢主梁的模数进行分块分度预制,再通过桥面板预留的间断式群剪力钉的连接及浇筑栓钉及纵缝的超高性能混凝土进行连接;第二种是根据桥梁的宽度,预制若干横向整体的板块,采用间断式群剪力钉进行连接,并浇筑栓钉及横缝的超高性能混凝土进行连接。所有的混凝土桥面板均在预制场地按设计要求进行预制生产,群钉剪力连接件也在预制场内完成与槽型钢主梁托板的焊接。而在现场,只需要进行钢横隔板的焊接连接及栓钉剪力连接件连接及预留孔和纵横向接缝的混凝土的填充,完成后短时间内即可受力开放交通。快速施工钢—混组合小箱

梁桥的具体构造如图1、图2所示。

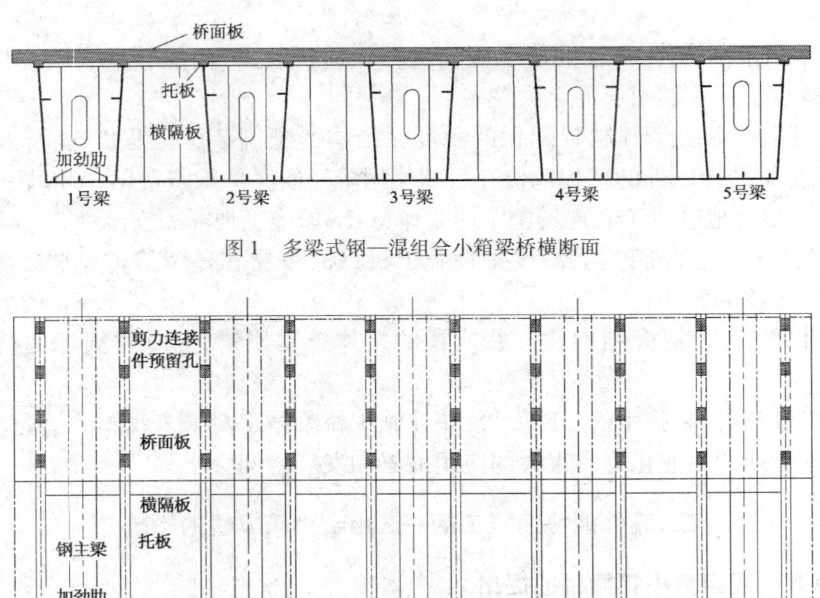

图1　多梁式钢—混组合小箱梁桥横断面

图2　多梁式钢—混组合小箱梁平面布置图

三、值得研究的一些问题

由于高性能预制装配快速施工多梁式钢—混组合小箱梁桥是一种全新的设计施工工艺及桥型。为应对下列问题展开系统和完整的受力分析研究。

1. 预制高性能混凝土桥面板细部构造

快速施工钢—混组合小箱梁桥桥面板采用工厂预制的高性能混凝土桥面板，与传统的现浇施工工艺不同。根据快速施工小箱梁桥的特性，并考虑到现场要方便施工，需对桥面板进行划分处理。桥面板的划分与现场连接构造是设计过程必须合理确定和研究，一方面需要考虑到预制的方便，吊装能力和施工的方便等因素，另一方面还要考虑桥梁宽度及运输的可行性。研究中，拟提出划块的原则、一般划分方法或模数，并进行综合对比及确定。预制桥面板不可避免地存在接缝，在选定桥面板划分的尺寸后，还应研究纵横向接缝及细部连接构造。纵横向接缝采用超高性能混凝土材料进行填充，以提高桥面板的整体连接性能。

2. 剪力连接件及工艺

采用快速施工的方法，钢—混组合结构桥梁的桥面板和钢主梁均采用预制的方法，与此对应，剪力连接件的布置也与传统的均匀密布不同。一般而言。为了方便施工，对快速施工桥梁，其剪力连接件宜每隔一定间距集中布置，存在一个合理间距及栓钉锚固方式。采用集中式的剪力连接件，首先需要确定的是相邻预留孔间距和预留孔内各焊钉之合理间距。间距不仅要使得焊钉数量适当，还要使钢主梁与混凝土桥面板的连接有保证。而对于预留孔进行群钉剪力连接件的布置在国内研究较少，可供参考的文献更少。因此需要根据快速施工钢—混组合小箱梁桥的特点，对群钉剪力连接件进行模拟分析与研究，以得到剪力连接件合理的布置形式。

3. 桥面板横向预应力

在以往的桥梁施工中，更常见的是纵向预应力。根据桥面板的划分，为了增强横向联系、改善组合梁桥的整体性能及耐久性，快速施工钢—混组合小箱梁桥桥面板中设计中拟增加设置横向预应力筋。故需要对施加横向预应力的布置方式、施加预应力后桥梁的局部、桥面板及整体性能的改变进行分析研究。

横向预应力对结构局部的影响，需要通过对局部的建模进行分析，对锚固区局部进行设计。横向预应力是在钢主梁和高性能混凝土桥面板架设完成并浇筑了纵横向接缝后施加的。因此横向预应力的布置和对桥梁整体的影响要通过建立全桥模型进行分析后确认。桥面板的横向预应力拟采用扁锚预应力钢绞线，并精确预留孔道及连接管。根据桥梁桥面宽度及获得最合理的横向受力，综合考虑经济因素，确定钢绞线的布置间距。桥面板厚度较薄，需要对预应力钢绞线的锚固位置进行专门的设计，以确保在预应力的作用下不发生局部和整体的破坏。采用预制拼装的方法施工，需要考虑到接缝和预应力的施工顺序，以确保各项施工能顺利进行。

4. 设计理论及方法

快速施工钢—混组合小箱梁桥的设计理论研究包括以下几部分：

(1)组合梁的计算分析方法和设计原则研究：组合梁的计算通常采用弹性理论和塑性理论两种方法。在快速施工钢—混小箱梁桥中，施工阶段钢梁上不设置临时支撑，无论采用弹性理论还是塑性理论，均需按照两阶段进行设计。施工阶段，钢主梁承受施工阶段自重和预制的混凝土桥面板和施工机械的重量。施工阶段钢主梁的强度、稳定性和挠度均需进行设计和计算。使用阶段，只有完成剪力连接件和纵横向接缝超高性能混凝土的施工后，钢主梁和混凝土桥面板共同受力。按照弹性理论计算，施工阶段的全部荷载由钢梁承受，其余在使用阶段后的荷载均由组合截面承受。采用塑性设计方法，施工阶段和使用阶段的全部荷载均由组合梁整体截面承担。

(2)横向分布计算理论：采用集中式群钉剪力连接件和横向预应力后，与传统的现浇施工桥梁相比，桥梁的整体性能有些差异。因此，必须对该类桥梁荷载横向分布的计算理论进行研究。

(3)剪力滞效应的计算理论：在预制拼装和横向预应力的条件下，这种小箱梁桥的剪力滞效应及有效宽度究竟如何计算值得研究。

(4)挠度计算理论：采用桥面板与钢梁每隔一定间距集中布置连接的钢—混小箱梁桥，桥梁的整体性比均匀分布现浇组合梁要弱些。因此，在荷载作用下，该组合结构将可能发生滑移。以前的钢—混组合梁研究大部分是基于单梁或不考虑黏结滑移来进行，有必要建立考虑滑移模型的桥梁挠度计算理论。

(5)疲劳性能分析。针对桥面板与钢梁每隔一定间距集中布置群钉连接键的钢—混小箱梁桥疲劳的研究很少，而要进行实桥的疲劳试验又比较困难，因此，一方面可采用模拟局部的栓钉连接构造进行疲劳性能的研究，另一方面借鉴钢桥的疲劳计算理论，建立精细化的有限元模型进行相关的疲劳性能评估及研究。

(6)结构动力反应。分析这类结构的简支及连续桥梁在不同荷载下的动力响应，评估确定相应的冲击系数及抗震性能。

5. 工程应用

在上述研究的基础上，进行工程应用和示范，并通过建立一套健康监测系统，分析测试桥梁的静动力响应，完善理论设计方法。

6. 在连续梁桥中的运用

连续组合梁桥由于在支点附近负弯矩区内混凝土桥面板受拉，故桥面板易产生裂缝，从而钢筋、钢梁会遭受到锈蚀；钢梁下翼缘及部分腹板受压，易出现组合梁侧向扭转屈曲以及局部屈曲，这些问题均严重影响到结构的耐久性和承载力。除了使用预应力技术改善负弯矩区结构的受力外，还应研究合理的可靠的连续构造及施工工艺，将简支桥梁中的钢—混组合小箱梁桥推广运用于连续梁桥中去。

四、传统桥梁施工方法与快速施工桥梁方法技术经济比较

1. US 6 桥更换工程

美国联邦公路管理局有一个试点工程(HfL：Highways for LIFE)，其中 LIFE 是 Longer - lasting、Innovations、Fast、Efficient 四个英文单词的缩写。这个试点工程的目的，是为了加速一些创新技术的运用，这些新技术在减少施工造成的交通延误的同时，还能够改善道路安全和质量。以下一个案例是爱荷华州

US 6 桥的更换工程，是美国第一座完全场外预制、现场安装的桥梁。这座桥梁耗资270万美元，按传统施工方法要6个月的道路关闭时间，采用ABC技术后减少至16天。

这座新建桥有以下主要特征：预制构件组装的上、下部结构系统，高性能和超高性能混凝土，自密实混凝土等。使用预制桥梁构件系统和创新的材料，使得桥梁的施工成本与传统施工相比翻了一番。但是，考虑节省道路使用者费用（大约44万美元）后的整体经济分析显示，其比传统施工减少了29%的费用。图3为更换前和更换后的US 6桥。

a)更换前的US6桥

b)更换后的US6桥

图3　爱荷华州 US 6 桥

2. 新建快速施工多梁式钢—混组合小箱梁桥

为了分析比较快速施工钢—混组合小箱梁桥与传统施工的钢—混凝土组合小箱梁桥的不同，参照文献[4]分析研究过的一座典型的采用传统施工钢—混小箱梁桥，其跨径40m、桥面宽度23.5m、8道横隔梁、钢箱材质Q345qC、栓钉采用Q235钢，尺寸22×170mm，在梁上均匀分布，组合梁桥面板采用满堂支架现浇25cm厚C50混凝土和60mm沥青混凝土。这里采用等强设计及同等跨径和宽度的原则，按本文所提出的快速施工方法进行试设计，考虑到快速施工钢—混小箱梁桥预制桥面板材料采用C60高性能混凝土，故其板厚可适当减薄至23cm，为便于快速施工和装配，桥面板与钢梁组合受力的栓钉采用集中间断式布置，其数量减少三分之一，而将其材质提高至Q345（可焊性通过改进技术提高），纵横向接缝和剪力连接件预留孔内填充材料采用钢纤维超高性能混凝土，桥面板横向预应力锚具采用扁锚，每0.5m布置一道横向预应力钢绞线。表1给出了两者的技术经济的比较。其中造价估算参考相关规范和文献，并根据浙江交通建设工程质监与造价价格信息专辑7月份的材料单价进行估算。

桥梁试设计及技术经济比较　　表1

桥梁施工方法	传统施工多梁式钢—混小箱梁桥	快速施工多梁式钢—混小箱梁桥
桥梁跨径及宽度（m）	3跨40m×23.5m	3跨40m×23.5m
C50低收缩混凝土	235.7	—
预制高性能混凝土桥面板（m^3）	—	195.5
超高性能混凝土接缝（m^3）	—	11.9
桥面板钢筋（t）	6.39	6.39
钢箱梁（t）	385.3	361.7
剪力连接件	9 809	6 857
满堂支架立面积（m^2）	400	—
预应力钢绞线（t）	—	4.23
现场施工周期（d）	45（包括现场支架搭设、模板及混凝土浇筑、养生等）	15（现场吊装、装配连接、灌缝连接）

续上表

桥梁施工方法	传统施工多梁式钢—混小箱梁桥	快速施工多梁式钢—混小箱梁桥
技术	桥面板混凝土质量控制有一定难度，无需专门的混凝土预制加工场，施工技术、设计方法相对成熟，社会成本高（包括现场尘埃影响等）	桥面板混凝土质量控制有保障，需专门的混凝土预制加工场（可定点），施工技术新颖、环保、社会效益明显或成本低、维护成本相对较低
施工	施工周期相对较长，除钢梁在工厂加工制作外，其余桥面板等浇筑均需在现场搭支架、人工作业量大，劳动力成本高、施工受气候等影响较大，需吊装机械吊运钢主梁，对周边交通干扰大、时间长	施工周期相对较短，钢梁、桥面板均在工厂加工制作或预制，现场人工作业量小，可节约劳动力成本、施工受气候等影响较小，需吊装机械吊运钢主梁，对周边交通干扰小、时间也短
上部结构综合技术经济社会效益指标（元/m^2）	7 684	6 122

表1中综合指标的估算，传统施工方法及快速施工方法，对建筑安装工程费每孔跨分别为379.8万元和461.28万元，而对道路交通使用者分摊在每孔增加的成本分别为342.5万元和114.2万元。道路交通使用者增加的成本主要包括车辆营运成本、延误成本和安全成本。假设高架桥梁施工处于市区且全封闭状态，该道路年平均日交通量20 000辆，由于施工可能增加绕道路程3km，交通量中商业车辆占比25%，车辆配筋每公里的营运成本按3元/km计，商业车辆延误费用平均每车及驾驶员费用为130元/h，平均延误时间10min，而一般社会家用车辆延误费用平均每车驾驶员费用为30元/h，平均延误时间也计10min。由此可见：

（1）在不考虑道路使用者成本下，传统施工与快速施工方法的建安费之比为1.00:1.21，即快速施工方法的建安费增加20%左右。相对于传统的现浇桥面板钢—混组合结构桥梁，快速施工钢—混组合结构桥梁的建安装费增加主要体现在预制及运输安装费用的增加，包括新技术的应用。

（2）考虑道路使用者成本后，折算为单孔每平方米传统施工与快速施工方法的经济造价指标比为1:0.80；即快速施工方法要较传统施工方法节约20%，同时环保、混凝土施工质量也容易控制。

（3）相对传统施工方法，快速施工方法缩短的工期越多，能节约的道路使用者成本越多，快速施工方法优势越明显。

五、结　　语

本文针对现有交通路网中进行桥梁更换维护或新建需交通管制或封闭作业、存在交通干扰大、施工周期长、施工质量难以保证等问题，提出了一种能工厂化生产、施工质量高、便于现场安装、可用于跨线及高架、快速施工的钢—混组合小箱梁桥结构形式。

根据设计施工装配化及桥梁模块化的要求，考虑到构件的运输和桥面系的整体刚度、桥面铺装的耐久性等，提出了有关的分块划分原则及方法，以及构造设计要点。对设计中存在的问题，提出了一些值得研究和探索的问题。在此基础上，考虑到等强设计及同等跨径和宽度的原则，按本文所提出的快速施工方法进行试设计及技术解决比较。与传统施工方法相比，快速施工桥梁的直接建设成本偏高20%左右，但综合考虑快速施工、施工周期短及桥梁施工期的社会成本、交通延误绕行费用的降低等因素，快速施工桥梁综合造价反而要较传统施工方法有所降低，且快速施工方法跨数越多、每跨缩短的工期越多，则其优势越明显。根据国外的有关工程实例统计分析，一般在繁忙的道路进行快速施工桥梁综合费用可降低10%～20%，表明高性能预制装配快速施工多梁式钢－混组合小箱梁桥将是中国未来桥梁建设中具有良好发展前景的一种新桥型。

参考文献

[1] ABC manual, U.S. Department of Transportation, Federal Highway Administration, Publication No. HIF-

12-013, January 2011.
[2] 项贻强,郭树海,陈政阳,等. 快速施工桥梁技术及其研究[J]. 中国市政工程,2015(8).
[3] Robert Häll mark, Harry White, Peter Collin. "Prefabricated Bridge Construction across Europe and America"[J]. Practice Periodical on Structural Design and Construction (ASCE). 2012: 82-92.
[4] 何余良. 多梁式钢—混凝土组合小箱梁桥受力特性及试验研究[D]. 浙江:浙江大学,2014.
[5] 项贻强,刘丽思,何余良,等. 一种提高多梁式组合小箱梁桥桥面结构横向整体性的方法,发明专利(专利号 CN201110356879),2013.09.04,中国国家知识产权局.
[6] 项贻强,何余良,刘丽思,等. 双向预弯多梁式钢梁与混凝土桥面板组合的小箱梁桥结构,发明专利(专利号 CN201110356903),2013.11.20,中国国家知识产权局.
[7] 项贻强,李少骏,刘丽思. 多梁式钢—混组合小箱梁横向受力分析[J]. 中国公路学报,2015,28(4).
[8] 项贻强,郭树海. 一种模块化钢—混快速施工小箱梁桥及其施工方法. 申请受理公示中(申请号 CN201510365055.7),2015.08.06,中国国家知识产权局.
[9] Iowa Demonstration Project: Accelerated Bridge Construction on US 6 over Keg Creek. U.S. Department of Transportation, FHWA. Final report, July, 2012.
[10] 中华人民共和国行业标准. JTG B06—2007　公路工程基本建设项目概算预算编制办法[S]. 北京:人民交通出版社,2008.
[11] 中华人民共和国行业标准. JTG/T B06-01—2007　公路工程概算定额[S]. 北京:人民交通出版社,2008.
[12] 中华人民共和国行业标准. JTG/T B06-03—2007　公路工程机械台班费用定额[S]. 北京:人民交通出版社,2008.
[13] 石勇民. 公路工程定额原理与估价[M]. 北京:人民交通出版社,2013.
[14] Design and Construction of Field-Cast UHPC Connections. FHWA. Publication No: FHWA-HRT-14-084.

100. 特殊水文地质条件下咬合桩施工工艺探索

金广谦[1]　周晓华[2]　艾　声[3]
(1. 解放军理工大学;2. 南京重大路桥建设有限公司;3. 中铁二局股份有限公司)

摘　要　本文针对长江漫滩,流塑状淤泥质土层厚、下卧层为粉细砂,地表水、地下水丰富等特殊水文地质条件,地下连续墙难成槽,改用全套筒咬合桩挡墙和钢管对撑支护结构。为保证施工成桩质量,采取全套筒跟进、旋挖与冲抓相结合等工艺措施,有效提高钻孔咬合桩的成桩速度和施工质量。实践表明,上述措施对复杂水文地质条件下提高支护桩施工速度和质量行之有效,对其他类似工程亦具有指导意义和参考价值。

关键词　咬合桩　旋挖施工　支护结构　特殊地质

××交通工程系××到××和县的连接线,全长12km,其中土建××标段接新梗街站2号盾构井出地面U形槽端头,分别跨越规划天保路、南河、方村、南三桥连接线、板桥汽渡连接线、下穿京沪高铁,直至生态科技医~朱石路站区间江南段结束。沿线包括两站三区间。其中新梗街站~天保路站明挖区间从秦淮河南岸的盾构接收井起,以半径 $R=700$m 向南方向拐行,平行龙藏大道布设。本明挖区间左线设计起点里程:ZDK13+895.098,终点里程:ZDK14+384.968,全长493.269m;右线设计起点里程:DK13+894.801,终点里程:DK14+385.000,全长490.199m。其中明挖暗埋段长275.199m,U形槽段长215m。咬合桩设计里程范围为DK13+894.801~DK14+008.957(ZDK13+895.098~ZDK14+010.120),右线长度 114.156m，左线长度 115.022m。围护结构采用 ϕ1 000@750 咬合桩，右线 DK13 +894.801 ~ DK13 +960.000 桩长 28.2m，荤桩(钢筋笼桩)43 根，素桩 43 根；DK13 +960.000 ~ DK14 +008.957 桩长 25.9m 荤桩 34 根素桩 32 根；左线 ZDK13 +895.098 ~ ZDK13 +961.224 桩长 28.2m，荤桩 44 根，素桩 44 根；ZDK13 +961.224 ~ ZDK14 +010.120 桩长 25.9m，荤桩 33 根，素桩 32 根。左线咬合桩 153 根，右线咬合桩 151 根，明挖区间咬合桩共计 304 根。

一、水文地质条件

本标段所处地貌均为长江高漫滩平原。场区地形较平坦，地面高程为 7 ~ 8m 左右，覆盖层组成物主要为第四系全新统的淤泥质粉质黏土、粉质黏土、粉砂等，基岩表层为卵砾石层；岩土体结构特征相对较稳定，工程地质较复杂。

1. 工程地质特征

(1)① -1 杂填土：杂色以灰黄色为主，稍密 ~ 中密，主要以建筑垃圾为主，混较多黏性土、碎石、碎块及混凝土块等。具中偏高压缩性。

(2)① -2 素填土：灰黄色、灰褐色，松散 ~ 稍密，主要成分为黏性土及风化岩，局部混碎砖头，石块等，含植物根系。具高压缩性。

(3)① -3 淤泥：灰色，流塑，土质不均匀，含腐殖物及粉砂颗粒，局部有腥臭味。

(4)② -1a2 黏土：灰黄色、灰褐色、灰色，软 ~ 可塑，含铁锰质侵染及斑点韧性及干强度中等，局部夹粉土、粉砂薄层。具高压缩性。

(5)② -2b4 淤泥质黏土、淤泥质粉质黏土：灰色，流塑，土质不均匀，上部多为淤泥质黏土，局部夹粉土、粉砂薄层。具高压缩性。

(6)② -3d3 粉砂：灰色，松散 ~ 稍密，级配差，含云母及贝壳碎片，夹粉质黏土薄层。具中压缩性。

(7)② -4d2：粉、细砂，灰色，中密，级配差，含云母及贝壳碎片夹粉质黏土薄层。具中偏低压缩性。

(8)② -5d1：粉、细砂，灰色，密实，级配差，含云母及贝壳碎片，夹粉质黏土及少量腐殖物碎屑层，底部含圆砾、卵石。具中偏低压缩性。

2. 工程气象与水文

(1)气象：南京属北亚热带季风气候区，四季分明，雨水充沛，光能资源充足，年平均温度为 15.7℃，最热月平均温度 28.1℃，最冷月平均气温 -2.1℃。年平均降雨 117 天，降雨量 1106.5mm，最大平均湿度 81%。最大风速 19.5m/s。土壤最大冻结深度 0.09m。夏季主导风向为东南、东风，冬季主导风向为东北、东风。无霜期 237 天。每年 6 月下旬到 7 月中旬为梅雨季节。

(2)水文条件：本标段内跨南河、距离秦淮新河约 1.3km，按Ⅱ类环境类型，地表水对混凝土结构具有微腐蚀性；按 A 类强透水层地层渗透性，地表水对钢筋混凝土结构中的钢筋均具有微腐蚀性。

①地表水：施工区间主要为农田、鱼塘及部分拆迁房屋，北侧最近距离秦淮新河约 200m，施工区横穿西寇村鱼塘，塘宽 >30m，水深一般在 0.5 ~ 1.5m。

②地下水：孔隙潜水稳定水位埋深 0.40 ~ 2.10m、平均 1.22m；高程 4.22 ~ 6.19m、平均 5.27m(吴淞高程系，下同)；水位主要受大气降水影响较大，年变幅一般在 1.5 ~ 2.0m。孔隙承压水稳定水位埋深 0.50 ~ 1.80m、平均 0.93m；高程 4.32 ~ 6.30m、平均 5.51m，具微承压性，年变幅一般在 1.0 ~ 1.5m。

二、咬合桩施工工艺

1. 咬合桩施工原理

钻孔咬合桩是利用素混凝土桩(俗称素桩 A)与钢筋混凝土桩(俗称荤桩 B)间隔布置、部分交搭来实现咬合，形成既能挡土又能止水的支护结构形式。由于造价低廉，因而在软弱地质条件下作为挡墙在深基坑支护结构得到越来越广泛的应用。但需专门机械设备，且工艺复杂，施工精度要求高。

根据钻孔咬合桩衔接工艺的不同分硬咬合和软咬合两种形式。硬咬合是在素桩达到一定强度后，利用钻孔机械切割部分素桩后成孔再施工荤桩；软咬合是利用素桩超缓凝（60h 以上）直接施工荤桩，相比之下，后者施二成本较低。

钻孔咬合桩采用全套管液压钻机施工，该钻机利用水平转动装置的转动，使钢套管与土（砂）层间的摩阻力大大减少，边转动边压入，同时利用冲抓斗（或旋挖钻机）挖掘取土成孔。成孔后素桩用导管法直接灌注混凝土成桩，荤桩成孔后下钢筋笼，再利用导管法灌注混凝土，套管随桩身混凝土灌注逐步拔出。

钻孔咬合桩施工顺序原则上先施工素桩 A 序列，第一根通常用砂桩再在相邻两根素桩间切压成孔施工荤桩 B 序列，其成桩顺序为：A1→A2→B1→A3→B2→A4→B3……咬合桩平面布置及成桩顺序详见图 1。为保证咬合效果，要求 B 桩必须在相邻 A 桩初凝前完成施工。

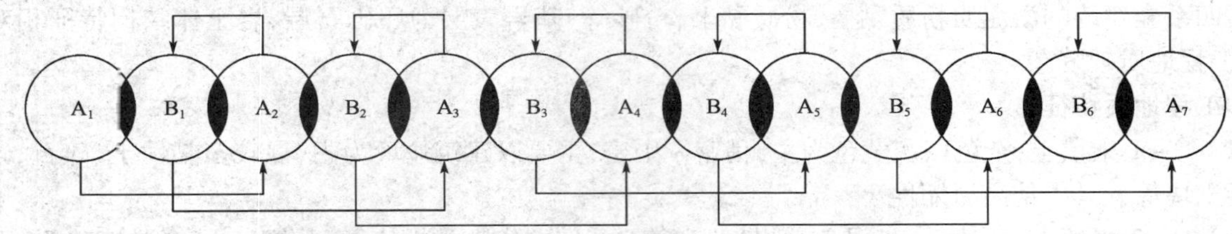

图 1　钻孔咬合桩平面布置及成桩顺序图

2. 工艺流程（图 2）

平整场地→测设桩位→施工咬合桩导墙→套管钻机就位对中→吊安第一节套管→控测垂直度→压入第一节套管→校核垂直度→钻机钻进至设计高程→测量孔深→清除虚土，检查孔底→（荤桩吊放钢筋笼）→放入混凝土灌注导管→灌注混凝土（逐次拔）→测定桩顶混凝土面→钻机移位。

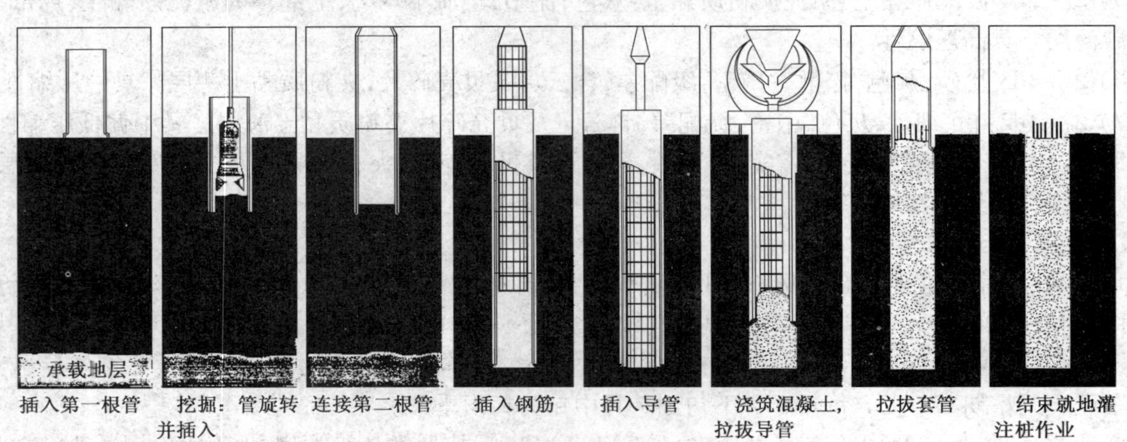

图 2　套管钻机成桩工艺流程图

（1）导墙施工

导墙施工步骤包括平整场地、测放桩位、导墙沟槽开挖、钢筋绑扎、模板施工和混凝土浇筑施工。其中模板采用定型整体钢模（图 3），导墙预留定位孔模板直径为套管直径扩大 2cm。

图 3　定型钢模及导墙结构成品图

(2)钢筋笼制作

由于咬合桩工艺特殊和精度要求高,钢筋笼制作场地平整度≤5mm,确保钢筋笼顺直。

(3)钻机就位

待导墙有足够的强度后,拆除模板。移动套管钻机至正确位置,使抱管器中心对应在导墙孔位中心,并调整好套管垂直度,首节偏差不得大于3‰。

(4)成孔

在桩机就位后,吊装第一节管在桩机钳口中,找正桩管垂直度后,摇动下压桩管,压入深度约为2.5m,然后用抓斗从套管内取土,一边抓土(或旋挖)、一边继续下压套管,始终保持套管底口超前于开挖面的深度≥2.5m。这样逐节检查检测垂直度,直至终孔。

(5)吊放钢筋笼

成孔检测合格后,安放钢筋笼,起吊要慢,速度要均匀,避免碰撞钢套管管壁。

(6)灌筑混凝土

利用导管灌筑水下混凝土时,应每车混凝土均取两组试件,监测其缓凝时间及坍落度损失情况,直至该桩两侧的荤桩全部完成为止。如发现问题及时反馈信息,以便采取应急措施。

(7)拔管成桩:一边浇筑混凝土一边拔套管和导管,应注意始终保持套管底低于混凝土面2.5m以上。

三、咬合桩施工控制要点

1. 孔口定位误差的控制

为了保证钻孔咬合桩底部有足够厚度的咬合量,应对其孔口的定位误差进行严格的控制,确保轴线误差±10mm,内墙面垂直度3‰,导墙顶面平整度5mm。

2. 垂直度的控制

除对其孔口定位误差严格控制外,桩的垂直度标准为3‰。为保证桩的垂直度,具体措施如下:

(1)套管的顺直度检查和校正

咬合桩施工前先在地面上测放出两条相互平行的直线,将套管置于两条直线之间,然后用线锤和直尺进行检测。首先检查和校正单节套管的顺直度,然后将按照桩长配置的套管全部连接起来进行整根套管(15~25m)的顺直度偏差宜小于10mm。

(2)成孔过程中桩的垂直度监测和检查

①孔内检查:钻机就位后使套管中心、钻机摇管装置的中心与桩中心保持在同一轴线上,利用钻机的调平系统调整水平。第一节套管下压时采用2m靠尺附贴在套管外壁两垂直方向校核,确保套管垂直度小于3‰。套管在切压过程中,在相互垂直的方向上定时采用2m靠尺测量套管垂直度。

②地面监测:在地面选择两个相互垂直的方向采用经纬仪监测地面以上部分的套管的垂直度,发现偏差随时纠正。这项检测在每根桩的成孔过程中应自始至终坚持,不能中断。

3. 纠偏

成孔过程中如发现垂直度偏差过大,应及时纠偏调整,纠偏的常用方法有以下三种:

①利用钻机油缸进行纠偏:如果偏差不大于或套管入土不深(5m以内),可直接利用钻机的两个顶升油缸和两个推拉油缸调节套管的垂直度,即可达到纠偏的目的。

②素桩纠偏:如果素桩在入土5m以下发生较大偏移,可先利用钻机油缸直接纠偏,如达不到要求,可向套管内填砂或黏土,一边填土一边拔起套管,直至将套管提升到上一次检查合格的地方,然后调直套管,检查其垂直度合格后再重新下压。

③荤桩的纠偏:荤桩的纠偏方法与素桩基本相同,其不同之处是不能向套管内填土而应填入与素桩相同的混凝土,否则有可能在桩间留下土夹层,从而影响咬合桩的防水效果。

四、特殊水文地质条件下咬合桩施工质量控制措施

1. 克服“管涌”的措施

发生管涌有两种情况：一是随着钻孔深度不断增加和套管的摇动，桩周泥土软化呈流塑状，在水头的作用下引起管涌；二是在荤桩成孔过程中，尚未凝固的素桩混凝土从素、荤桩相交处涌入荤桩孔内形成管涌。克服“管涌”方法如下：

①素桩混凝土的坍落度应尽量小一些，不宜超过18mm，便于降低混凝土的流动性；

②套管底口应始终保持深于开挖面2.5m以上；

③必要时可向套管内注入一定量的水或泥浆，提高水头以阻止“管涌”的发生；

④荤桩成孔过程中应注意观察相邻两侧素桩混凝土顶面，如发现素桩混凝土下陷，应立即停止荤桩开挖，同时一边将套管尽量下压，一边向荤桩内填土或注水，直到完全制止住“管涌”为止。

2. 克服砂层进尺慢的措施

本段下卧层为稍密到中密砂层，冲抓和套筒下压成孔速度慢。为提高成孔效率，采用冲抓与旋挖相结合的工艺组合(图4)，即土层段采用冲抓成孔，进入砂层段改用旋挖钻机旋挖成孔，一方面提高了成孔速度，提高效率；另一方面也避免了因成孔速度慢而使缓凝失效的问题，从而大大提高成孔和成桩速度和质量。

图4 旋挖与冲抓工艺组合

3. 遇地下障碍物的处理方法

在咬合桩的施工中若遇到地下障碍物，冲抓无法钻进时，首先采用旋挖钻进行施工，仍然无法钻进时，则调整桩位及桩基数量绕过障碍物。

如在2号盾构井地下连续墙施工过程中存在塌孔造成扩孔，影响咬合桩施工。可根据该区域地下连续墙施工时的超声波记录，以此判定地下障碍物的情况，若存在较多障碍物，提前与设计联系，调整围护结构位置，避开障碍物。钻进过程中，做好记录以及声像资料，提请设计进行桩位调整。

4. 克服钢筋笼上浮的方法

由于套管内壁与钢筋笼外缘之间的空隙较小，因此在上拔套管的时候，钢筋笼将有可能被套管带着一起上浮。其预防措施主要是：

(1)荤桩混凝土的集料粒径应尽量小一些，不宜大于20mm。

(2)在钢筋笼底部焊接成钢筋网片并加入预制好的抗浮笼混凝土块以增加其抗浮能力。

五、结　　语

针对流塑状淤泥质土层厚难成孔(槽)、下卧层为粉细砂土、地下水丰富易产生流砂等特殊地质条件下明挖隧道支护结构施工的难题,选用全套筒跟进的钻孔咬合桩结构形式能够有效解决流塑状淤泥质土层钻孔桩的塌孔、缩颈以及管涌等问题;施工中采取冲抓与旋挖相结合的工艺组合有效提高了砂层套管进尺速度,直径 Φ1 000mm、长度 30m 的咬合桩成桩速度控制在 5h 左右,且成桩质量较好。实践证明,上述措施对本工程中解决复杂水文地质条件下提高咬合桩施工成孔速度和成桩质量是行之有效的,对其他类似工程亦具有指导意义和参考应用价值。

参考文献

[1] 范立础.桥梁工程[M].北京:人民交通出版社,2004.

[2] 中华人民共和国行业标准.JTG/T F50—2011 公路桥涵施工技术规范[S].北京:人民交通出版社,2011.

101.浅谈山区超长大直径人工挖孔桩施工工艺

刘峰峰　余　周　白　杨
(中交二公局第五工程有限公司)

摘　要　在常规桥梁桩基施工中,出于安全考虑,在 20m 以上的深孔桩,多采用机械成孔,但在贵州山区桥梁施工中,由于受地形及地质条件限制,采用机械成孔存在很大的困难,多采用人工挖孔配合机械出渣的施工工艺。人工挖孔桩施工简易、速度快、设备投入少,成了山区桥梁桩基施工的首选施工工艺。本文通过陡山坝大桥主墩人工挖孔桩施工,对超长大直径人工挖孔桩施工工艺进行简单介绍。

关键词　山区　大直径　人工挖孔桩　施工工艺

一、工 程 概 况

陡山坝大桥是贵州省江口至瓮安高速公路(简称安江高速公路)沿线的一座主要桥梁,是安江高速公路的重要控制性工程之一,桥梁全长 960m,上部结构设计为 7×40m 预制 T 梁 +(82m+150m+82m)预应力混凝土连续刚构 +9×40m 预制 T 梁,主墩为双肢薄壁空心墩。其中:8 号主墩位于陡山坝深 U 形谷底溪边农田中,单肢截面尺寸为 9.8m×3.5m,墩高 145m,8 号主墩基础设计为群桩,桩径为 2.8m,桩长为 40m,采用 5×3 行布置,共 15 根,桩基中心距为 5.8m;9 号主墩位于陡山坝深 U 形峡谷瓮安侧陡坡上,单肢截面尺寸为 8.5m×3.5m,墩高 96m,9 号主墩基础设计为群桩,桩径为 2.8m,桩长为 40m,采用 4×3 行布置,共 12 根,桩基中心距为 5.8m。图 1 为陡山坝大桥桥型布置图,图 2 为陡山坝大桥主墩桩基平面示意图。

二、施工工艺及关键技术

因陡山坝大桥主墩所处地理位置及地质条件限制,桩基施工采用了人工挖孔施工工艺。直径 2.8m,长度达 40m 的超长大直径人工挖孔桩在国内较为少见,且该桥所处地区为岩溶区,溶洞遍布,对人工挖孔桩施工工艺要求更高。

该桥桩基均采用常规一次成孔,混凝土护壁辅助成孔。孔渣利用专用提升装置或卷扬机配吊桶出渣;钢筋笼在加工场分节绑扎预制,经平板车运输至墩位,现场采用吊车分节下放至孔内接长;混凝土采用拌和站集中拌制,罐车运输至孔位,串筒或导管送料灌注。人工挖孔桩施工工艺流程如图 3 所示。

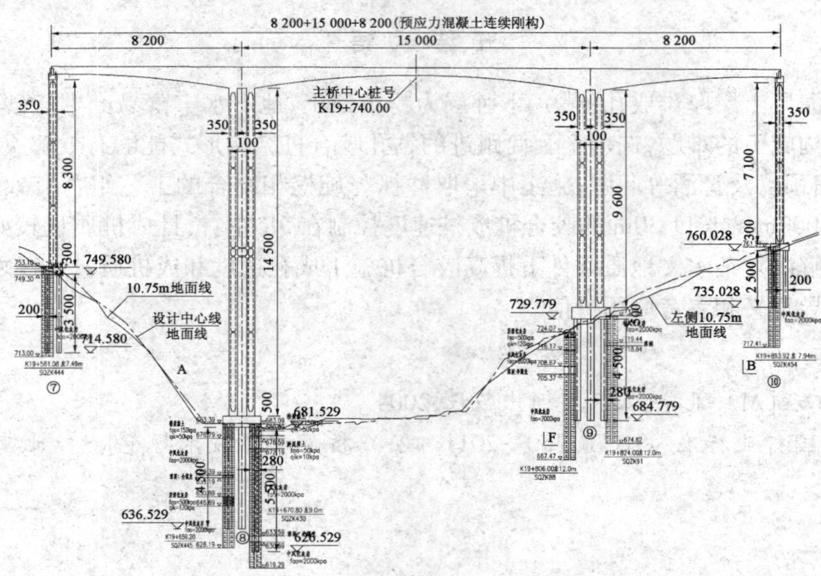

图1　陡山坝大桥桥型布置图

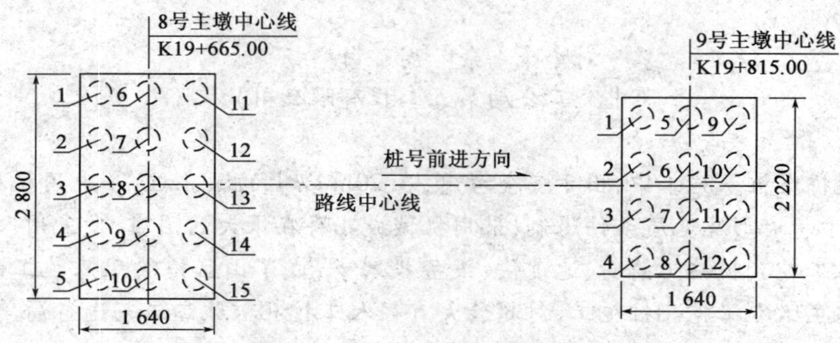

图2　陡山坝大桥主墩桩基平面示意图(尺寸单位:cm)

1. 测量放样

首先完成测量控制网的复测工作,并建立加密控制网。挖孔桩施工放样时,采用轴坐标法分别用GPS测放出各桩位的设计纵、横轴线,把桩中心位置向桩的四周引出四个桩心控制点,用牢固的钢桩标定。

2. 挖孔

施工准备工作完成后,根据测量放样的桩位位置,桩位孔口四周挖排水沟,及时排除地表水,必要时搭设简易的孔口防雨棚,布置好出渣道路,合理堆放材料和机具,避免增加孔壁压力,影响施工。布置完成后,经监理检查合格后即可开挖。

桩基开挖时,孔口需用混凝土围圈进行围护,做到内圆外方,其高度应高出地面30cm,以防止土、石、杂物滚入孔内伤人,人员上下孔应设置爬梯。挖孔具体程序要视地质情况和桩位布置而定,强风化岩层采用风镐来开挖,微风化岩层、中风化岩层采用浅眼爆破技术进行爆破施工,人工风镐配合开挖。

开挖桩孔应从上到下逐层进行,先挖中间部分的土方,然后扩及周边,有效地控制开挖桩孔的截面尺寸,开挖孔径为桩径加上2倍的混凝土护壁厚度。挖孔施工与护壁施工两道工序必须连续作业,不宜中途停顿,如遇到地下水渗入,应及时施工护壁,防止水在孔壁浸泡流淌造成坍孔。在开挖至接近桩底设计高程(在100cm内)时,应停止爆破,改为人工开挖,防止对基底的扰动,影响基底承载力。

在开挖过程中,须经常检查桩孔尺寸和平面位置,每一节段桩孔开挖完成后,检查孔径、垂直度、中心偏位,桩位误差不得大于10cm,倾斜度不得超过0.5%,孔径、孔深必须符合设计要求。

3. 爆破施工

对微风化岩层，风镐开凿较困难时，采用孔内爆破的施工方法。爆破施工采用毫秒微差控制爆破，利用高精度毫秒雷管对待爆桩位实施一次点火、多次引爆（前后时间差50～100ms、误差±5ms）。爆破时，布眼方式采用“环形梅花布孔法”，由中心至周边布置成掏槽眼、辅助眼、周边眼，按先掏槽、后辅助、再周边的顺序起爆，从而实现微差控制爆破。爆破必须打眼放炮，严谨裸漏药包。对于软岩石炮眼深度不超过0.8m，对于硬岩石炮眼深度不超过0.5m。炮眼数目、位置和插斜方向，应按照岩层断面方向确定，中间一组集中掏心，四周斜插挖边。严格控制用药量，一般中间炮眼装炸药1/2节，边眼装药1/3节～1/4节。

孔内爆破后应迅速排烟，用高压风管或电动鼓风机放入孔底吹风等措施；当孔深大于12m时，孔内爆破后用电动鼓风机或高压风管向孔内通风15min以上并用有害气体检测仪检验，确认安全后人员方可下孔施工。

4. 出渣

待桩基开挖到1m深时，安装提升设备，采用在孔上口安支架、卷扬机提升系统出渣，地面用手推车推出孔边至施工现场设置的临时土方堆放场地，挖掘机配合人工装车，运至弃土区。如图4所示。

5. 孔壁防护

护壁混凝土是保证孔壁不易塌落、减少渗水及保证挖孔安全施工最有效的措施之一。当挖孔进入弱风化岩层以后，根据具体岩层破碎程度决定是否需要护壁，如不需要则缩小开挖半径，不进行护壁。

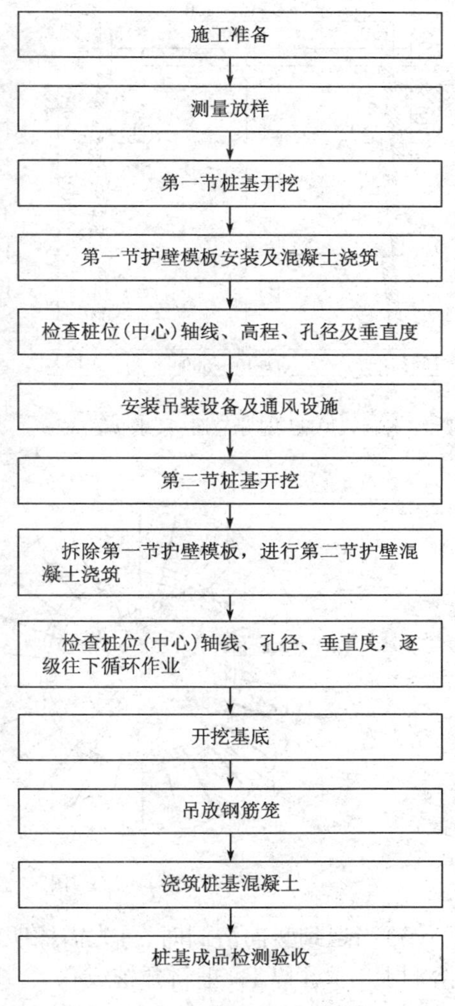

图3　人工挖孔桩施工工艺流程图

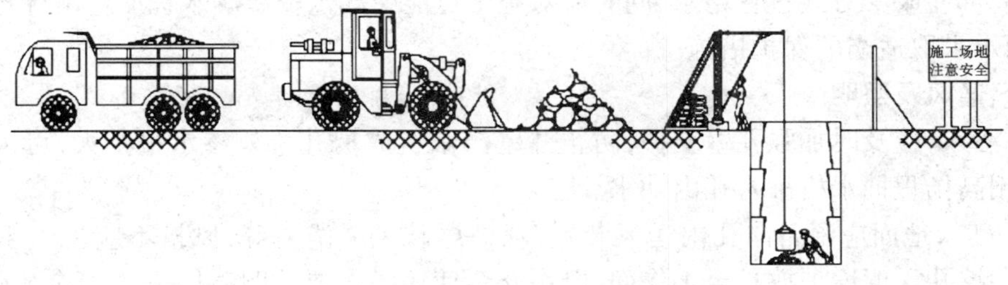

图4　挖孔桩施工示意图

护壁模板采用1m高的钢模板，支模时下口大，上口小，成“锥形”，便于混凝土的浇筑和增大桩身摩擦力。每挖深1m，应立即进行护壁施工。根据设计要求和分析计算，护壁混凝土采用与桩基同强度等级的混凝土，壁厚15cm，为加速混凝土凝结，缩短施工工期，采用早强水泥。护壁上口内径取桩径加4cm。首节护壁应高出地面30cm，作为井口防护，防止地表水或杂物掉入孔内。图5为外齿式护壁构造示意图。

6. 桩基溶洞处理

由于陡山坝大桥主墩位置地质情况十分复杂，极有可能遇到岩溶等不良地质，溶洞处理不当极有可能危害挖孔人员人身安全及桩基质量。因此桩基溶洞的处理，是人工挖孔桩施工的重点及难点。溶洞处理时，采取截、堵、排、防措施进行综合治理。具体方案如下：

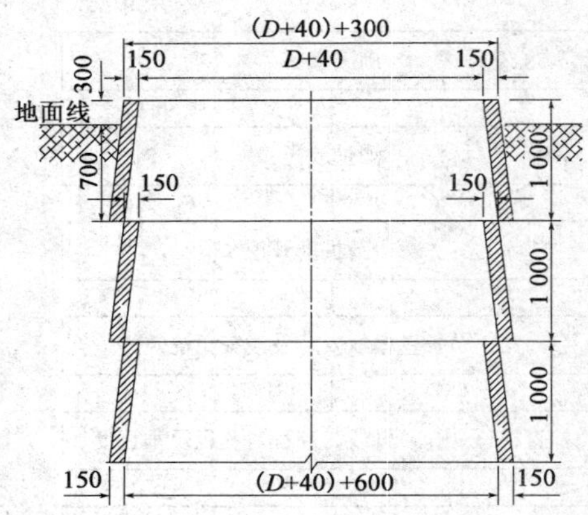

图5 外齿式护壁构造示意图(尺寸单位:mm)

(1)当遇到普通的侧向小溶洞(高度小于5m),且溶洞内无填充物(或填充物可清除)时对在溶洞处灌注连续护壁,防止混凝土灌注时漏浆。同时,控制该区域每节护壁的高度不超过50cm。开挖时,比设计孔径超挖100cm,外侧80cm用C25片石混凝土回填,内侧施作20cm厚钢筋混凝土护壁,护壁与挖孔井壁(C25片石混凝土)应结合牢固,在溶洞区竖向3m范围内插入长度100cmΦ16钢筋,斜筋环向间距及竖向间距均为30cm,以防止护壁下滑。具体钢筋布置如图6所示。

(2)若遇到侧向大的溶洞(高度大于5m)或串珠溶洞,可采用局部下钢护筒,并对溶洞采用砂浆片石+黏土进行回填的方式穿越处理。钢护筒必须进行专项设计,其内空净直径不得小于设计桩径,长度至少大于溶洞高度1m左右。

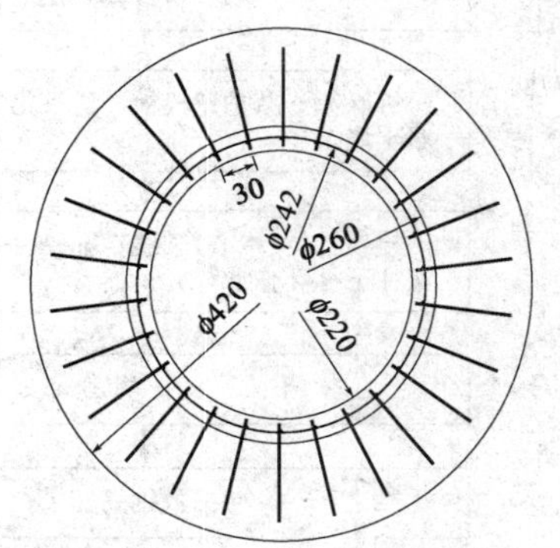

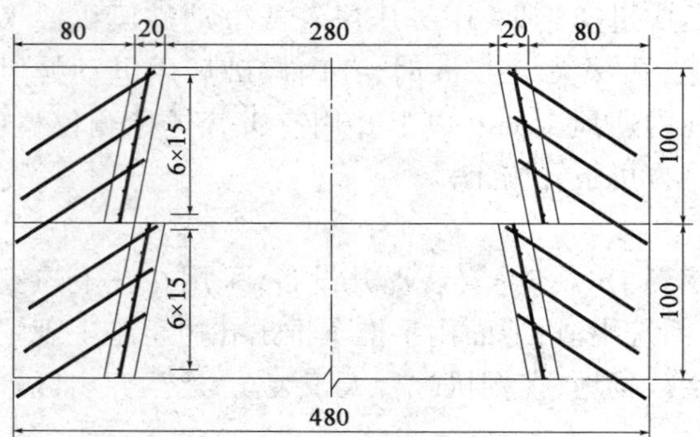

图6 普通小溶洞处理示意图(尺寸单位:mm)

(3)当遇到竖向溶洞时,首先需探明溶洞孔径及深度,然后对溶洞采用碎石或黏土进行回填后(回填至溶洞上方2m以上)重新开挖成孔。

(4)遇到有水溶洞时,当岩溶水量不大时,优先进行疏导,当岩溶水量较大时,应根据实际情况分别采用帷幕注浆、局部注浆等方式进行堵水,同时应对施工可能引起水资源漏水程度作出评价,必要时对当地生产和生活用水采取适当的保护措施。

7. 孔内排水、通风及照明

若孔内有水渗入,应及时加强孔壁支护,防止井壁浸水造成坍孔。如渗水量不大,可采用人工排水;渗水量较大,可用高扬程抽水机吊入孔内抽水。

孔深超过5m时,地面应配备向孔内送风装置,考虑爆破风镐凿岩等,风量不应少于40L/s。桩孔内必须放置爬梯,随挖孔深度增加放长至工作面,以作安全使用。需要照明时应采用安全矿灯或36V以下的安全灯具。

8. 终孔检查处理

挖孔达到设计高程后,应进行孔底处理,必须做到平整,无松渣、污泥等软层,然后对桩基进行终孔检查处理,具体检查事项如下:

(1)孔径和孔形检测。孔径的准确位置标在护壁周边上,并用十字线的交点显示孔的中心位置,由井口护壁的中心线吊大锤与十字线的偏差测算孔径偏差。

(2)孔深和孔底沉渣检测。孔深用50m钢尺或测量绳测量;孔底沉渣检测由指定人员下到孔底检查。

(3)孔底地质情况检查。挖孔达到设计底高程后,首先对桩底岩石进行取样,以辅助判断桩基入岩情况,当嵌岩深度满足要求后,采用钎探的方法检查孔底地质情况。钎探钢钎直径为40mm,钎探深度要求不小于8m,探孔布置于桩孔孔底中心。钎探施工中若发现溶洞时加深桩孔,掘除溶洞,继续施工钎探,直至探明钎探深度范围内无溶洞方可终孔,并用素混凝土填实钎孔。

9. 钢筋笼制作与安装

(1)钢筋笼制作

钢筋笼应在钢筋加工场集中制作,桩基钢筋笼主筋均为 $\phi32$,采用套筒机械连接,制好后的钢筋骨架必须平整垫放,钢筋笼加工应采用模具标准化制作。钢筋笼制作时的验收标准及允许偏差见表1所示。

钢筋笼制作时的验收标准及允许偏差 表1

序 号	项 目	允许偏差(mm)	检查方法
1	钢筋骨架长度	±10	尺量检查
2	钢筋骨架直径	±5	尺量检查
3	主筋间距	±20	尺量检查
4	箍筋间距	±10	尺量检查
5	钢筋骨架垂直度	<D/200	吊线检查
6	定位钢筋位置	±20	尺量检查
7	保护层厚度	±10	尺量检查

(2)钢筋笼安装

钢筋笼在钢筋加工场分节绑扎成型后,经平板车运输至孔位,现场采用吊车分节下放至孔内接长。在吊放钢筋笼前,用与桩基直径相同的钢筋笼检孔器检孔,以保证钢筋笼能顺利下放至桩孔内。

钢筋笼下放时采用25t吊车垂直吊入孔内,对准孔位,扶稳缓慢下放,避免碰撞孔壁。第一节钢筋笼放入孔内,割除临时十字加劲撑,在井圈顶用工字钢穿过加劲箍下挂住钢筋笼,并保证工字钢水平和钢筋笼垂直;吊放第二节钢筋笼与第一节对准后进行套筒连接,然后再下放钢筋笼,如此循环。钢筋笼安放时应控制钢筋笼的垂直度和平面位置,垂直度偏差不得大于0.5%,平面偏位应小于10cm。钢筋笼下放到位后,立即对其顶端固定,防止浇筑混凝土时钢筋笼偏移、上浮。

10. 桩基混凝土浇筑

桩基混凝土浇筑分为三种工艺:

(1)当孔内无水或孔底积水在5cm以内时,称之为无水桩,积水可采用人工清净,混凝土灌注采用串筒或导管浇注干环境中的普通混凝土,其自由倾落高度不宜超过2m;

(2)当孔底积水大于10cm以上时,称为清水桩,混凝土按水下桩灌注工艺采用水下刚性导管法浇筑水下混凝土;

(3)当孔内有渗水且超过规范允许流量时,称之为水下桩,宜采用水下刚性导管法灌注水下混凝土。

桩基施工完成,待混凝土强度达到设计强度后,通知第三方检测单位进行桩基检测,经对陡山坝大桥主墩桩基检测,所有桩基均为Ⅰ类桩,达到优质工程标准。

三、结 语

随着施工技术的不断改进,人工挖孔桩施工技术得到了普遍应用,特别是在贵州山区的岩溶地区,溶洞遍布,对人工挖孔桩施工技术要求更高,所以先进的施工工艺及合理的溶洞处理方案显得十分重要。本文结合安江高速公路陡山坝大桥主墩桩基施工,对山区超长大直径人工挖孔桩施工工艺及溶洞处理方案进行简单介绍,上述施工工艺及溶洞处理方案绝大部分经过实地验证,经济性好,安全性高,实用性强,可借鉴使用,以创造最佳的经济效益。

参考文献

[1] 中华人民共和国行业标准. JTG/T F50—2011　公路桥涵施工技术规范[S]. 北京:人民交通出版社,2011.

[2] 郭学彬,张继春. 爆破工程[M]. 北京:人民交通出版社,2007.

[3] 林志军,浅谈大直径人工挖孔桩施工控制[J]. 福建建筑学报,2010, 6.

[4] 廖新,人工挖孔桩在山区桥梁施工中的探讨[J]. 贵州工业大学学报,2007,8.

102. 清水河大桥散索鞍焊接工艺技术

李　鲤[1]　黄安明[2]

(1. 四川天元机械工程股份有限公司; 2. 德阳天元重工股份有限公司)

摘　要　本文针对贵州清水河大桥散索鞍的产品结构特点,介绍了散索鞍的组装焊接施工所采用的工艺技术,对摆轴式铸焊结构散索鞍的焊接制造工艺技术进行了全面阐述。

关键词　悬索桥　散索鞍　焊接技术

一、引　　言

随着我国桥梁建设事业的蓬勃发展,悬索桥作为在跨越能力方面优势明显的桥型得到了越来越广泛地选用。随着悬索桥跨度的不断增大,悬索桥索鞍作为其上部核心受力构件中的关键件,在结构轮廓尺寸和单件重量方面都变得越来越大,为了降低产品的单件重量以利于制造、运输和现场起吊安装,国内大跨径悬索桥散索鞍通常情况下设计时都会采用铸焊结构,常见的铸焊结构散索鞍基本为摆轴式结构,受散索鞍设计结构和形状的制约,散索鞍的焊缝布置就显得比较复杂,不同位置的焊缝存在纵横交错。摆轴式散索鞍的焊接鞍体采用的钢板厚度达80~100mm,而散索鞍的焊缝几乎全部采用熔透焊缝,焊接坡口深度和宽度尺寸都比较大,导致焊接的工作量大,焊接操作难度大,焊接过程中产生的焊接应力大,很容易导致钢板出现焊接变形,再加上钢板与铸钢件之间属于异种材质焊接,一旦焊接操作控制不好,就会出现焊缝开裂或者由于焊接应力太大而拉裂铸钢件本体的现象,因此,散索鞍的组合焊接需要制定科学合理的焊接工艺方案和规程,也需要制造企业具备较高的焊接工艺技术水平才能够顺利完成。

本文旨在以贵州清水河大桥散索鞍为对象进行大跨径悬索桥摆轴式散索鞍的焊接工艺技术的研究,探索摆轴式散索鞍的焊接工艺技术,为今后类似结构散索鞍的焊接制造总结积累经验并提供借鉴。

二、概　　况

清水河大桥是贵州贵阳至瓮安高速公路的重点控制性工程,大桥桥型为单跨钢桁架加劲梁悬索桥,大桥跨径组成为17.37+258+1130+345+26.81(m)。主缆在成桥状态下中跨垂跨比为1:10,两根主缆中心距为27.0m。图1为清水河大桥主桥面布置图。

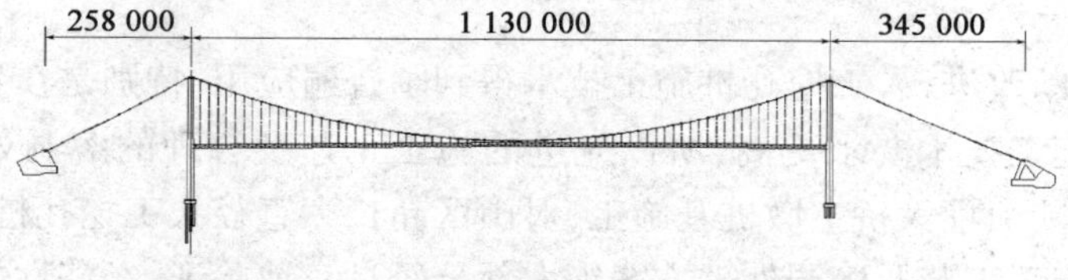

图1　清水河大桥主桥面布置图(尺寸单位:mm)

清水河大桥散索鞍为摆轴式结构，每套散索鞍总成包括散索鞍鞍体、上（下）承板、底座、底板、锚栓、隔板、锌填块、拉杆、压紧梁等构件。其结构形式如图2所示。

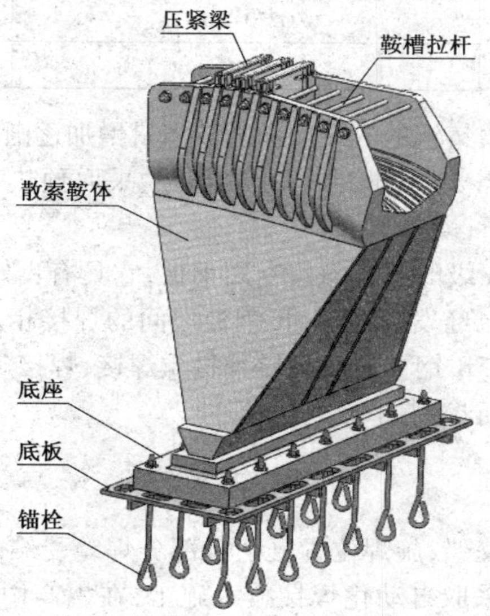

图2　清水河大桥散索鞍结构形式

三、散索鞍选用的材料

散索鞍鞍体采用摆轴式铸焊结合的结构形式，散索鞍鞍头采用ZG270-480H铸造成型，鞍体采用Q345R钢板焊接，鞍体主要由中筋板、前后侧板、左右端板组合焊接而成。散索鞍鞍头焊接筋板厚度为100mm，与之对接的钢板厚度为100mm和80mm两种规格。

1. 材料化学成分

散索鞍所用材料的化学成分见表1。

散索鞍所用材料的化学成分　表1

材料牌号	化学成分（质量分数%）										
	主要元素					残余元素					
	C	Si	Mn	S	P	Cr	Ni	Mo	Cu	V	Al
Q345R	≤0.20	≤0.55	1.20～1.60	≤0.015	≤0.025						≥0.02
ZG270－480H	0.17～0.25	≤0.6	0.8～1.2	≤0.025	≤0.025	≤0.35	≤0.40	≤0.15	≤0.40	≤0.05	≤1.0

2. 材料力学性能

散索鞍所用材料的力学性能见表2。

散索鞍所用材料的力学性能　表2

牌号	交货状态	钢板厚度（mm）	拉伸试验			冲击试验		弯曲试验
			抗拉强度 R_m（N/mm²）	屈服强度 R_{el}（N/mm²）	伸长率 A（%）	温度（℃）	V型冲击功 A_{kv}（J）	180° $b=2a$
				不小于			不小于	
Q345R	热轧控轧正火	36～60	490～620	315	21			
		60～100	490～620	305	20	0	41	d＝3a
ZG270-480H			480	270	20	常温	40	

3. 材料焊接性能分析

根据碳当量计算公式 $C_E(\%)=C+Mn/6+(Cr+Mo+V)/5+(Ni+Cu)/15$，可以计算出两种材料的

碳当量见表3。

散索鞍所用材料的碳当量　表3

材　质	ZG270-480H	Q345R
碳当量(%)	0.46	0.45

当 C_E(%)=0.4%~0.6%时,铸钢的淬硬倾向随碳当量增加逐渐增大,因此,铸钢ZG270-480H在焊接时,会具有较明显的淬硬倾向,需要通过控制焊接线能量、采取预热工艺措施进行控制,避免产生焊接缺陷。

Q345R是屈服强度为340MPa级的压力容器专用钢板,它具有良好的综合力学性能和焊接性能。在以往的铸焊结构散索鞍的焊接中已经发现,Q345R钢板之间的焊接相对容易控制,焊接质量也相对容易保证,而铸钢ZG270-480H和Q345R钢板之间的异种材质焊接,焊接难度大,质量控制难度大,在焊接工艺技术研究时更应该作为重点进行控制。

四、焊接方法选择

散索鞍的焊缝位置空间纵横交错,施焊位置复杂且部分焊缝受结构限制导致施焊空间狭小,散索鞍采用的设计结构就决定了其难以采取自动化焊接技术施工,在生产中通常采用 CO^2 气体保护焊进行焊接,CO^2 气体保护焊具有电弧穿透能力强、抗氢气孔能力强、熔敷率高、焊缝成形美观、易进行全位置焊接等优点,相对于手工电弧焊,其焊接质量更容易控制和保证。

五、焊接工艺参数选择

通过对焊接材料的分析研究并结合以往类似项目产品成功的焊接经验,确定选择本项目焊接工艺参数如下:散索鞍焊接所选用的焊接材料见表4,散索鞍焊接所选用的焊接参数见表5。

散索鞍焊接选用的焊接材料　表4

母材组合	焊接方法	焊接材料	焊丝直径(mm)
ZG270-480H+Q345R	CO_2 气体保护焊	ER50-6	1.2
Q345R+Q345R	CO_2 气体保护焊	ER50-6	1.2

散索鞍焊接所用的焊接参数　表5

填充材料	焊接电流(A)	焊接电压(V)	焊接速度(cm/min)
ER50-6/ϕ1.2	240~300	26~32	24~30

六、焊接工艺评定及试板检测

在产品焊接工作开始之前,编制焊接工艺评定方案书上报监理和业主进行审批,然后根据批准的评定方案书逐项进行焊接工艺评定试验。将全部评定用资料汇总成完整的评定材料存档、并根据试验结果写出相应的试验报告,填写焊接工艺评定报告上报监理审查、批准,作为编制焊接工艺规程的依据;根据焊接工艺评定结果编制的焊接工艺规程报监理工程师审查批准后进行实施。

焊接工艺评定的施焊对象应包括:钢板与钢板的对接焊缝的焊接工艺评定;铸钢与钢板的对接焊缝的焊接工艺评定。

为了确定清水河大桥索鞍的焊接工艺参数,我们分析研究了散索鞍的设计结构,在产品焊接前选定了4种接头形式进行了焊接工艺评定,评定结果见表6。

在焊接工艺评定评审会议上,评审专家仔细审查了评定资料,并针对一些细节提出了宝贵的建议意见,会后根据专家的建议意见进一步完善了评定资料,并据此编制了散索鞍的焊接工艺规程用以指导产品的焊接生产。

散索鞍焊接工艺评定结果

表 6

项　目	评判值	DZD2014(2091)	DZD2014(2088)	DZD2014(2086)	DZD2014(2087)
接头示意图		ZG270-480H Q345R 35° 30 2 3 35° 80 80	80 Q345R 30° 10 10 6～8 ZG270-480H 80	80 Q345R 40° 40° 8 2 Q345R 80	50 Q345R 10 6～8 40° 8 50 Q345R
评定标准		GB/T 19869.1—2005	GB/T 19869.1—2005	GB/T 19869.1—2005	GB/T 19869.1—2005
焊接方法		CO_2 气体保护焊	CO_2 气体保护焊	CO_2 气体保护焊	CO_2 气体保护焊
焊接材料		ER50-6	ER50-6	ER50-6	ER50-6
超声波检测		GB/T 11345—2013 Ⅰ级 GB/T 7233.1—2009 Ⅰ级	GB/T 11345—2013 Ⅰ级 GB/T 7233.1—2009 Ⅰ级	GB/T 11345—89 Ⅰ级	GB/T 11345—89 Ⅰ级
渗透检测		JB/T 6062—2007 Ⅰ级	JB/T 6062—2007 Ⅰ级	JB/T 6062—2007 Ⅰ级	JB/T 6062—2007 Ⅰ级
屈服强度 R_{eH}(MPa)	≥270	359、371、341 321、379、374	—	—	—
抗拉强度 R_m(MPa)	≥480	506、512、503 494、495、495	—	—	—
冲击功 K_{V2}(J)	≥40	VHT(铸钢侧)168、146、255 VWT：86、126、154 VHT(钢板侧)156、96、152	—	—	—

续上表

项　目	评判值	DZD2014(2091)	DZD2014(2088)	DZD2014(2086)	DZD2014(2087)
接头硬度 HV10	≤320	母材区:143、152、163、165、135、133、124、128 热影响区:177、159、178、163、159、170、165、180 焊缝区:151、161、140、140	母材区:163、161、166、166、123、124、126、129 热影响区:174、183、191、168、156、138、156、139 焊缝区:169、165、146、148	母材区:145、149、159、163、165、166、163、165 热影响区:172、148、178、167、160、189、157、188 焊缝区:142、149、146、149	母材区:146、153、163、164、163、163、161、166 热影响区:168、167、231、178、174、162、222、173 焊缝区:159、188、151、156
180°正弯 $d = 4a, a = 20$mm		无裂纹	—	—	—
180°背弯 $d = 4a, a = 20$mm		无裂纹	—	—	—
熔敷金属化学成分(%)		(C)0.093、(Mn)1.044、(Si)0.498、(P)0.012、(S)0.006	(C)0.072、(Mn)1.068、(Si)0.512、(P)0.007、(S)0.006	(C)0.077、(Mn)0.999、(Si)0.489、(P)0.013、(S)0.010	(C)0.084、(Mn)1.061、(Si)0.49、(P)0.013、(S)0.009
宏观金相		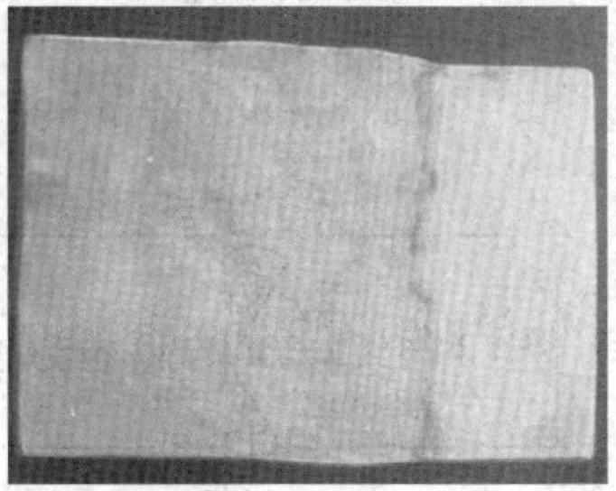	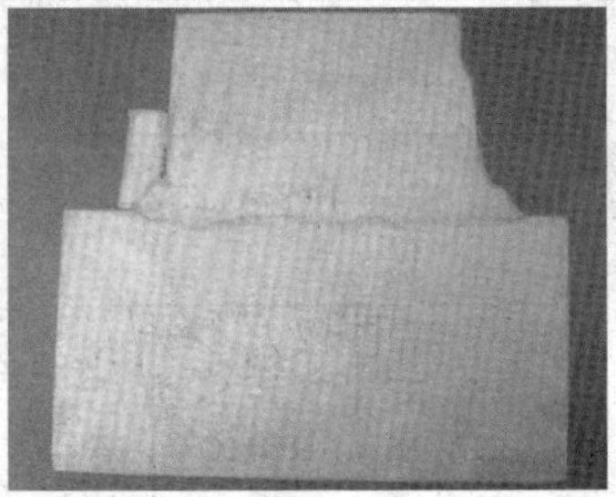	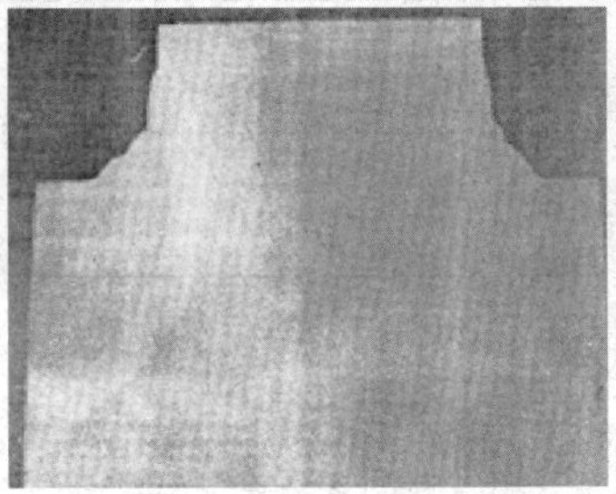	
结论		合格	合格	合格	合格

七、散索鞍组装焊接工艺技术方案

针对散索鞍的设计结构特点，首先对设计图纸进行分析和研究，经过工艺论证和分析后制订出科学、合理的焊接工艺方案（图3），以确保散索鞍的焊接质量，焊接工艺方案的制定应从以下几方面考虑：

（1）如何保证结构外形尺寸符合设计要求；

（2）如何保证焊缝质量；

（3）如何有利于采用先进的焊接工艺方法；

（4）如何有利于提高劳动生产率和降低成本等；

（5）散索鞍构件尺寸大，吊装找正困难，为保证装配尺寸及后续加工余量要求，生产中采用鞍头向下的倒装法进行组合装配。

1. 散索鞍鞍体装配、焊接方案

（1）在成型的前、后侧板上画出中筋板装配位置线，在摆轴座上画出前、后侧板、中筋板装配位置线，将前、后侧板、中筋板与摆轴座组装并断续焊固定，在前、后侧板、中筋板之间加固定工艺拉筋，以减少焊接变形，构件焊接区域预热后进行焊接，各连接焊缝的坡口填满一半时进行中间消应退火处理，然后继续进行焊接直到符合图纸要求的焊角尺寸，按标准对焊缝进行探伤检测，合格后进行下工序。

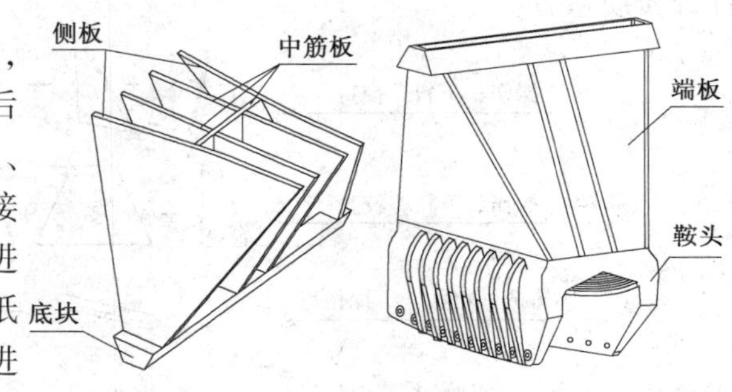

图3　散索鞍鞍体焊接方案示意图

（2）将鞍头倒扣放置在平台上并将鞍体底面调水平，画出中线和各钢板安装位置线，将组焊好的摆轴座组件吊装与鞍头按线进行组合装配，检查装配位置尺寸、调整好装配间隙、断续焊固定鞍头与前后板和中间筋板之间连接点，构件经过焊前预热后进行施焊。

（3）在工序（2）的基础上，将工件放在平台上，检查左、右侧板装配位置尺寸并调校端板，装配并断续焊固定左、右侧端板，预热后施焊左、右端板的周边焊缝。焊接操作要求同①，焊接完成后在规定时间内对焊接部位进行探伤，合格后进炉进行整体最终热处理，然后进行焊缝复探伤和几何尺寸的全面复查，合格后转机械加工工序。

在散索鞍焊接过程中，单边焊接3~4层后须调整未焊接部位到合适的施焊位置，焊接未焊的连接部位3~4层，然后回到原来的位置继续焊接，重复上述步骤进行施焊。各连接焊缝的坡口填满一半时，应进炉进行中间消应退火，退火后清理焊接部位，重复上述步骤直到焊到图纸要求的焊角尺寸。对所有焊缝进行探伤检查合格后，进热处理炉进行最终消应退火处理，然后对焊接部位进行复探伤。

（4）在焊接操作过程中，始终用天然气加热的方式对工件焊接部位进行保温。

2. 散索鞍装配、焊接工艺控制

散索鞍焊接工艺流程如图4所示。

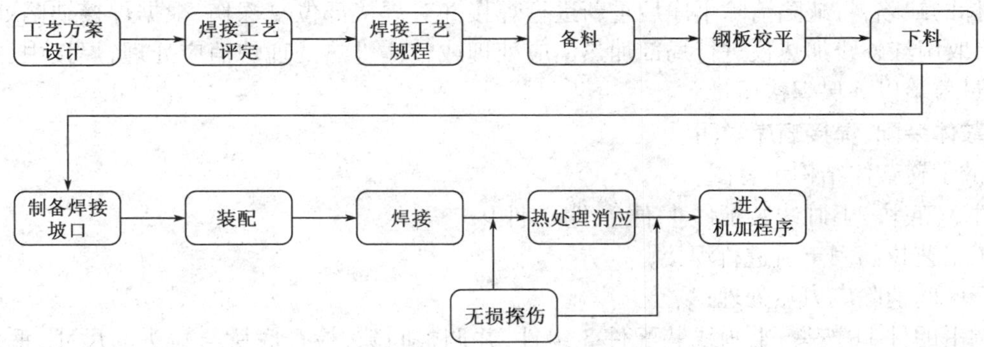

图4　散索鞍焊接工艺流程图

钢板下料后进行校平并加工制备焊接坡口，将钢板按装配位置线与摆轴底块组装为部件并按工艺要求进行焊接，探伤检查合格后再进行尺寸校正和检查，等待下一步组合装配。

鞍头粗加工后倒放在平台上，支垫平稳牢固，以加工后的鞍头底平面为基准调整位置水平作为装配基准，在底面画出各钢板的装配位置线。

在各部件组合装配并点焊好之后进行焊前预热，预热的目的在于减缓焊接接头加热时温度梯度及冷却速度，适当延长在800～500°C区间的冷却时间，从而减少或避免产生淬硬组织，减小焊接应力及变形，同时有利于氢的逸出，防止冷裂纹的产生。

焊接时按焊接工艺规程规定的焊接顺序进行操作(图5)，在焊接过程中，采用多人对称施焊、多次翻面焊接、锤击消应，以减小焊接变形，要求焊接工人必须取得相应焊接资格证和上岗证，必须严格按照焊接工艺规程进行施焊。在施工中尽量保证散索鞍的焊缝在水平位置施焊，避免立焊和仰焊操作以利于保证焊接质量。

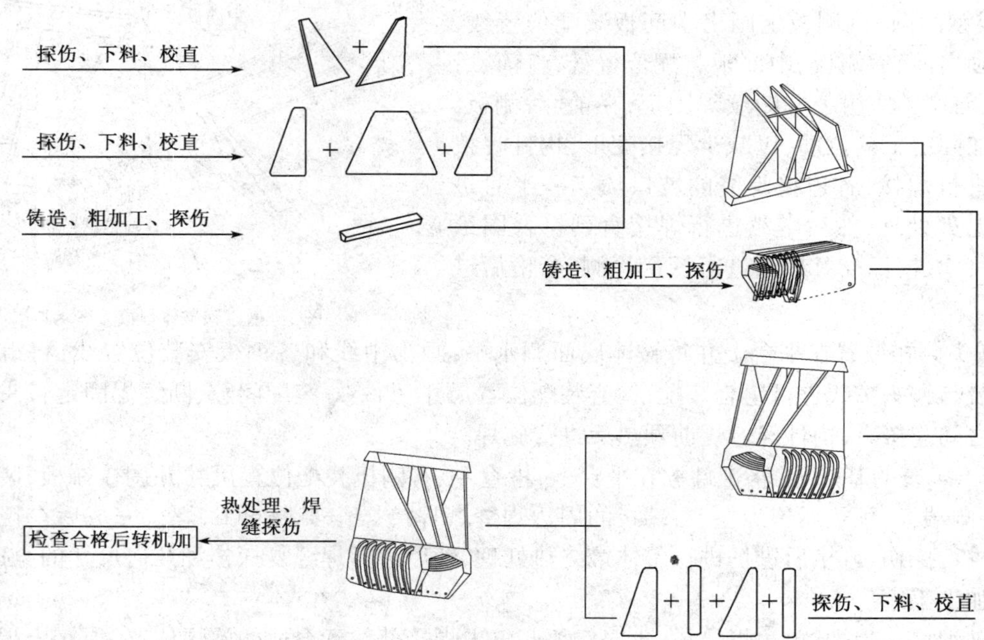

图5　散索鞍组装焊接顺序示意图

整个焊接过程采取分阶段多次中间消应退火处理，以消除焊接应力，焊接完成后再整体进行焊后退火消应处理。工件进行焊后热处理目的是：消除或降低焊接残余应力，软化焊接热影响区的淬硬组织，提高焊接接头韧性；促使残余氢逸出；提高结构的几何稳定性、增强构件抵抗应力腐蚀的能力。

焊缝的无损探伤检测合格进行消应处理后，热处理后进行焊缝无损探伤复查检测。如果无损探伤检测发现有超标的缺陷，将缺陷清除干净后重新进行焊接并对焊接部位复探伤，根据焊接缺陷处理部位面积的大小，采取用红外线加热仪进行局部加热消应处理或整体进热处理炉消应处理，焊接中加强过程质量控制和质量检验以确保焊接质量。

3. 散索鞍体装配、焊接顺序说明

图6为散索鞍鞍体结构示意图。

(1)在件3(底块)上画线装配件4、件7、件8、件9；

(2)加工工艺拉筋固定后进行焊接；

(3)进行中间消除应力热处理；

(4)在调平的件1(鞍头)上画线装配件3组件，并调整间隙，检查底块与鞍头的尺寸、垂直度、平行度，合格后定位焊牢；

(5)焊接鞍头与组件之间的焊缝；

(6)进行中间消除应力热处理；

(7)出炉冷却后探伤检查焊缝质量；

(8)装配件 2、5、6、10、11，并进行焊接；

(9)焊后无损探伤检查；

(10)最终消除应力热处理；

(11)出炉冷却后无损探伤复查焊缝质量；

(12)画线检查构件轮廓尺寸。

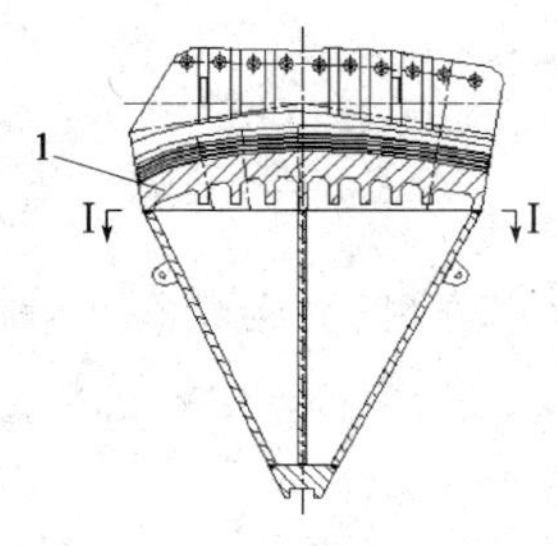

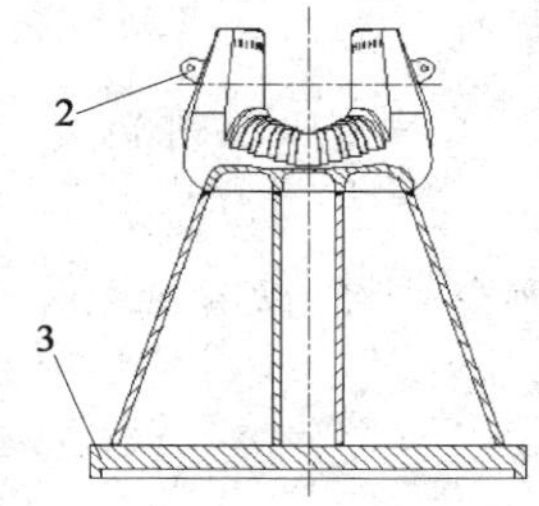

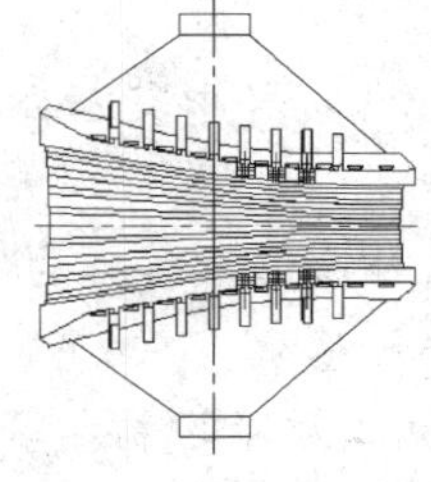
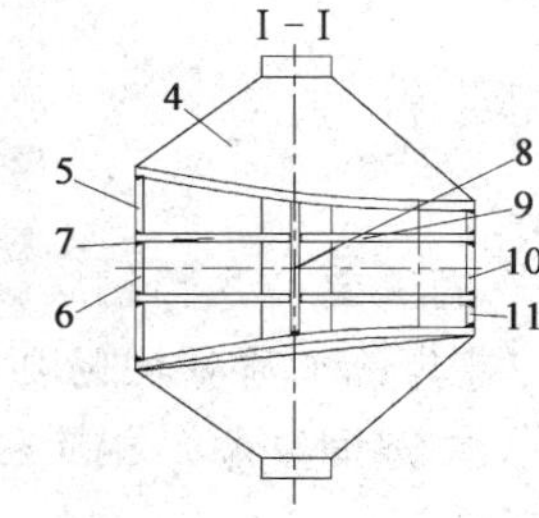

图6 散索鞍鞍体结构示意图

八、焊接技术与工艺控制

(1)在下料方面，采用数控切割机和半自动切割机作为下料设备，以确保钢板切割后的外观质量，焊接坡口采用机械加工法制备，以使得焊接坡口角度准确，坡口面光整，为焊缝的无损探伤创造条件。

散索鞍的铸钢件本体不加工坡口，在钢板侧加工坡口，以减少铸钢件本体的粗晶、杂质向焊缝区域的过渡，减少熔合比。

(2)铸钢与钢板的焊接坡口在焊接前，对坡口进行渗透探伤检查，坡口打磨清理干净，坡口及坡口边50mm 范围内不得有油、锈等存在。

(3)在各部件装配点焊好后，焊前对焊接部位进行预热，预热温度 100 ~ 150℃，预热过程需保证升温速度稳定，均匀预热，预热范围不小于距坡口边 200mm。

(4)焊接过程采用多层多道焊接，焊接坡口深度的 1/4 ~ 1/3 时即翻身焊接对称位置的焊缝，反复交替施焊。焊接过程中保持道间温度不低于预热温度。

(5)焊接完成后对构件进行整体消除应力热处理(580℃ ± 10℃)，热处理消除应力是防止裂纹、减少焊接变形的主要措施，同时也防止由于焊接应力引起的铸钢件母材撕裂。焊接完成后如不能立即进行消除应力热处理，则需对已焊接完成的焊缝采取保温缓冷措施。

(6)由于铸造筋板比钢板厚度尺寸大 20mm(单面 10mm)，考虑到焊接接头部位容易产生应力集中，同时，又不能人为将铸造筋板修为斜坡，减小铸造筋板强度，为此，我们在这类接头的坡口焊接完成后，在铸造筋板与钢板筋板之间增加角焊缝形成过渡斜坡，以减少焊接后接头部位的应力集中，同时也不减少筋板厚度。

九、结　　语

清水河大桥散索鞍严格按照制定的焊接工艺规程执行实施，经过监理见证和第三方检测，散索鞍的焊接结构尺寸符合设计图纸，焊缝无损探伤检测均合格，实践证明我们制定的组装焊接工艺方案是合理可行的。通过对清水河大桥的散索鞍焊接工艺技术的研究总结，可以为以后的大型悬索桥铸焊结构索鞍产品焊接积累成功经验并提供焊接技术参考。

参考文献

[1] 中国机械工程学会焊接学会.焊接手册:焊接结构[M].3版.北京:机械工业出版社,2008.

[2] 中华人民共和国国家标准.GB/T 19869.1—2005　钢、镍及镍合金的焊接工艺评定试验[S].北京:中国标准出版社,2006.

103.波形钢腹板PC组合箱梁桥施工质量控制

李春盛
(中交三公局第一工程有限公司)

摘　要　波形钢腹板PC组合箱梁桥作为一种新型结构,在国内逐步得到推广应用,本文结合工程实例,对其施工质量控制要点进行总结。

关键词　波形钢腹板　施工质量控制

一、工 程 概 况

1.桥型概况

内蒙古准兴运煤高速公路A23合同段K187+145景家湾大桥(波形钢腹板PC连续箱梁桥),桥梁全长449m,上部结构为2×40m(装配式T梁)+(44m+3×80m+44m)(波形钢腹板PC连续箱梁)+40m(装配式T梁),箱形桥墩,群桩基础。桥梁设计荷载:公路—Ⅰ级的1.3倍,设计行车速度80km/h。

2.结构设计

上部结构为五跨波形钢腹板预应力混凝土连续箱梁,刚构体系。单幅主桥箱梁采用单箱单室断面,主梁顶底板采用C50混凝土,钢腹板采用Q345E钢材。根部梁高5m,跨高比1/16;跨中及边墩处梁高2.7m,高跨比1/29.63。左幅箱梁底板宽度为12.75m,底板宽度为6.25m。悬挑长度3.25m,悬挑端部厚0.2m,根部厚0.65m,顶板厚0.28m,底板厚0.28~0.75m,梁高及底板厚均按2次抛物线变化。右幅箱梁底板宽度为14.5m,底板宽度为8m。悬挑长度3.25m,悬挑端部厚0.2m,根部厚0.65m,顶板厚0.3m,底板厚0.3~0.75m,梁高及底板厚均按2次抛物线变化。左幅波形钢腹板厚度为10~20mm,右幅波形钢腹板厚度为12~22mm,波形均采用1 600型,波板水平幅宽430mm,斜幅宽430mm,斜幅水平方向长370mm,波高220mm。波形钢板与混凝土顶板用Twin-PBL连接,其中翼缘钢板厚16mm,宽450mm,开孔钢板厚16mm,高160mm,开椭圆形孔(长轴60mm,短轴50mm),孔间距150mm,贯穿筋$\phi28$;与混凝土底板的连接采用埋入式连接,埋入深度300mm,贯穿钢筋$\phi28$;波形钢腹板节段间纵向连接采用了搭接连接贴脚焊接连接的方式,使用高强螺栓进行临时固结。

二、质量控制要点

1.悬浇挂篮

挂篮作为悬浇体系的主要承重构件,要重点加强对挂篮桁架体系横向稳定性验算、吊杆和连接件变形验算及锚固系统的稳定性验算等,特别在横纵坡双重影响下的挂篮悬浇桥梁中尤为重要。如若现场施工条件允许,则波形钢腹板的安装使用塔吊直接提升就位,否则挂篮应增设在主桁系统中的波形钢腹板安装系统,其主要由横纵向行走系统、竖向升降系统及钢腹板桥面纵向运输小车等组成,其中行走及升降系统协调配合完成各施工节段的波形钢腹板纵横向移位和竖向精确定位。挂篮制作中要格外注意箱梁顶板下模板体系的横向稳定,必须设置横、斜向支撑,以防在横坡及箱梁翼缘板根部变截面双重作用下产生水平分力导致模板侧向失稳,而这是最容易忽视的问题。此外,在挂篮设计时,应结合施工图纸中墩顶支架现浇段或托架现浇段的长度合理确定挂篮走行系统的几何尺寸，如内滑梁、走行轨道的长度等，尽量使现浇段完成后两侧可同时对称安装挂篮，从而避免因现浇段长度不够，造成对称施工的挂篮不能一次安装到位而影响施工进度等问题。挂篮总体布置如图1所示。

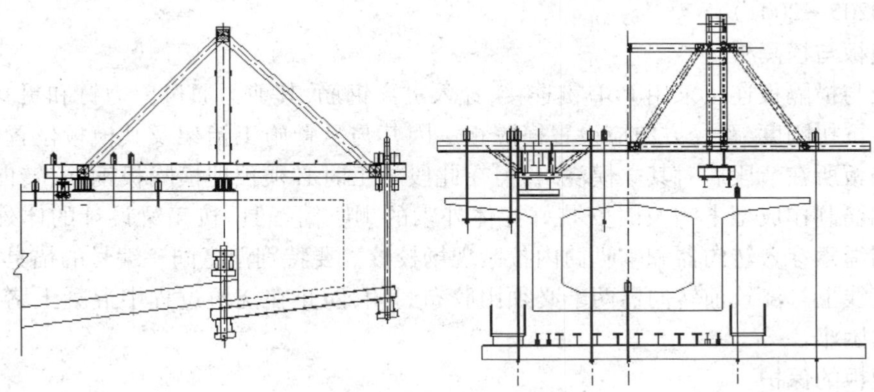

图1　挂篮总体布置图

2. 波形钢腹板的定位

如现场施工条件允许，可由塔吊直接提升波形钢腹板配合人工进行安装（图2）。若使用波形钢腹板安装系统，则波形钢腹板的垂直起吊采用塔吊将波形钢板由存储车间吊至相邻已完成节段箱梁顶面，放置于由型钢焊接而成的专用滑车上，通过行走滑车将波形钢腹板送抵挂篮下方，波形钢腹板的横纵向移动均由滑车实现。悬臂施工段波形钢腹板的安装采用桁架上所安装的电动葫芦进行垂直起吊、就位及纵向调整安装。选定对应节段的波形钢腹板，认真复核其实际尺寸。波形钢腹板前端垂直起吊，通过行走轨道，将波形钢腹板运至安装部位，设计挂篮时电动葫芦吊点位于波形钢腹板中心轴线处，故纵向定位安装较为简便。整个吊装过程中要严格控制电葫芦行进速度，防止波形钢腹板在空中产生过大摆动或磕碰钢筋和模板。

计算好波形钢腹板三个点位的空间坐标，严格按照监控单位下达的指令以全站仪和高精密水准仪对其空间位置进行定位，采用挂绳法将波形钢腹板的基本位置放出，而后将波形钢腹板在线绳处吊放，基本就位后，用全站仪和高精密水准仪采用三点法精确定位波形钢腹板；用可调式钢管支架体系制成模型调整钢腹板倾斜度，用支撑钢架上的微调螺杆以及倒链调整每块钢腹板水平位置，采用液压千斤顶调整竖向位置。波形钢腹板微调完毕后，对节段间钢腹板进行纵向连接，重点注意先采用高强度螺栓进行临时固结，然后进行贴脚焊接，有效消除焊接所造成的温度应力对节段拼接处的影响。

3. 波形钢腹板与顶底板的连接

波形钢腹板与顶板连接采用PBL键，波形钢腹板定位准确无误后，方可安装贯穿钢筋，此时需注意凡在波形钢腹板处的相关钢筋必须在完成波形钢腹板定位后方可进行钢筋绑扎，因此确定钢筋绑扎顺序尤为重要，必须设专人对贯穿钢筋与箱梁普通钢筋冲突的部位进行调整。混凝土通过穿过波形钢腹板上的穿孔形成混凝土销，穿过波形钢腹板孔洞的贯穿钢筋以及焊接在上、下缘的纵向连接钢筋实现了整体波形钢腹板定位。贯穿钢筋应居于孔洞中心，且垂直于连接钢筋，通过普通钢筋对其进行定位，检查对位后，两端与构造钢筋采用双线1.5mm圆丝十字交叉绑扎固定，确保牢固，如图3所示。

图2　塔吊提升安装钢腹板

图3　波形钢腹板与底板的连接

4. 波形钢腹板的纵向连接

波形钢腹板的纵向连接节段内采用二保焊的方法进行连接，节段与节段之间的纵向连接只能在悬臂施工中完成，为保证该处立焊焊接质量，现场必须做好防风措施，焊接严格遵守《钢结构工程施工质量验收规范》(GB 50205—2001)。

5. 波形钢腹板与横隔板

波形钢腹板与横隔板连接采用PBL键连接，穿入贯穿钢筋，其剪力通过剪力钉和贯穿钢筋传递。为增强梁体的整体抗扭刚度，跨径方向应设置横隔板。因其与悬臂施工桁架及其模板位置冲突，故在悬臂施工桁架移出隔板所在节段后对其立模浇筑，但在此段施工时必须预埋横隔板钢筋、转向器和预埋保护筒等构件。在钢筋制作成型中间及时安装好穿体外索的喇叭筒锚具，按箱梁设计的体外索曲线准确定位。固定时可用绳索穿入转向器和喇叭筒内拉紧现场校核。要特别注意同一编号的锚具、转向器在纵向必须位于同一直线上。浇筑前转向器两端必须用胶布封闭，防止在浇筑过程中混凝土堵塞转向器，给穿索带来不必要的困难。

6. 波形钢腹板的保护

波形钢腹板在运输、存放、安装过程中必须严格保护，防止发生焊伤、砸伤、扭曲变形等问题，造成附加应力的产生。安装波形钢腹板时，其上不得粘贴胶布、油污等杂物。浇筑混凝土前必须对其进行贴布处理，以防止污染波形钢腹板，进而影响防腐涂装质量。埋入混凝土的波形钢腹板不得有油污，并在浇筑混凝土前，清除铁锈、焊渣、泥土和其他杂物，并对外露钢腹板进行贴布处理，防止污染钢腹板或破坏钢腹板底漆和中间封闭漆。波形钢腹板防腐体系在工厂内完成底漆、中间封闭漆，待全桥合拢并完成体外预应力施工后进行面漆涂装。

三、施 工 监 测

1. 施工监测的目的

(1)通过对关键部位和重要工序的严格监测和控制，准确给定和及时调整立模高程，优化施工工艺，简化施工流程，使成桥后的结构线形和内力满足设计要求。

(2)通过有限元方法理论计算和施工线形测量相结合，进行高程偏差调整和预测，得到合理的施工预拱度，使桥梁的线形控制在或接近设计线形。消除可能对结构安全和施工安全产生的不利因素。

2. 施工监测内容

应力观测的主要内容包括主梁箱梁纵向应力和波形钢腹板竖向应力的观测。监测主要按照应变测试原理，在箱梁截面内埋设应变计，箱梁应变由应变计感应，经过导线传递至读数仪，采集并记录数据，在数据处理后得出箱梁的应力及其分布。为保证应力监测的可靠性与精度，应力监测的所有测点均采用振弦式传感器和采集器。

3. 测点布置

应变测点主要布置于1/4跨、1/3跨、跨中及支点截面。钢腹板应变沿纵向布置在支点、1/4跨、1/3跨及跨中处，在支点处布置两列测点，即布置在临近支点的两个波面上；1/4跨、1/3跨和跨中均布置四列测点，即分布在临近这些控制点的四个波面上。

挠度观测采用在箱梁的$L/4$、$L/2$及支点位置沿横向对称布置百分表。

4. 主梁的理论应变及理论挠度计算

通过采用平面杆系有限元程序对主梁结构在不同阶段的荷载作用下各截面的理论应变和理论挠度及内力进行计算，此项工作由监测单位进行。

5. 施工监测结论

景家湾大桥波形钢腹板箱梁施工监控的成果，该桥施工完毕后，应力及挠度的实测结果与理论计算值较为吻合。该桥在永久作用下的恒载状态满足设计要求，说明通过以上监控措施为桥梁施工过程中各工况及时提供了参数依据，消除了过程中可能对结构安全和施工安全产生的不利因素，有效保证了施工质量和结构安全,取得了实际效果。

四、结　　语

虽然波形钢腹板组合箱梁桥在我国桥梁工程中应用时间不长,但波形钢腹板组合箱梁的结构设计合理、施工简便易行,通过景家湾大桥的工程实践,采用上述质量控制措施取得了良好的效果,为同类桥梁的施工质量控制提供了借鉴。

参考文献

[1] 夏志强,陈松柏.波形钢腹板安装精度控制[J].桥隧工程,2014,8.
[2] 姬同庚.大跨径波形钢腹板连续箱梁桥设计与施工关键技术[J].世界桥梁,2014,42.

III 结构分析与试验研究

104. 基于节段和全桥试验研究稳定板对桁架梁颤振性能的影响

刘　君　廖海黎　李明水
（西南交通大学风工程试验研究中心）

摘　要　为研究大跨度桁架梁悬索桥颤振性能的优化措施，以贵州清水河大桥为工程背景，通过节段模型风洞试验测得大桥主梁断面颤振临界风速低于颤振检验风速，试验对比研究了不同水平稳定板、上中央稳定板和下中央稳定板对桁架梁颤振性能的影响，发现下中央稳定板对颤振临界风速无明显影响，水平稳定板和上中央稳定板都能有效提高主梁颤振临界风速。综合对比得出上中央稳定板为优选方案，并通过全桥气动弹性模型风洞试验对比验证中央稳定板对全桥颤振稳定性的影响。本文研究结果可为同类桥梁颤振优化研究提供参考。

关键词　桁架梁　节段模型　全桥气弹模型　风洞试验　颤振　气动优化

随着国家西部大开发的不断深入，西南地区的交通运输系统也飞速发展，跨越深切峡谷的大跨度桥梁数量也迅速增加，悬索桥凭借极强的跨越能力成为山区大跨度桥梁的首选。桁架梁由于抗扭刚度大、透风率高，适用于山区峡谷地区复杂多变的风环境，同时主桁由杆件拼装而成的方式便于交通不便地区的运输和施工，因此跨越深切峡谷的悬索桥主梁通常选用桁架梁。但是桁架梁的气动稳定性通常不如钢箱梁，故桁架梁的气动安全，尤其是桁架主梁的颤振稳定性就成了大跨度桁架梁悬索桥的控制因素之一。目前，通常采用适当的气动优化措施来提高大跨度桁架梁悬索桥的颤振稳定性。本文以贵州清水河大桥为工程背景，通过1∶48节段模型风洞试验研究大桥的颤振稳定性及其气动优化措施，并通过1∶100全桥气动弹性模型风洞试验对比验证气动措施的优化效果。

一、工 程 背 景

清水河大桥是一座单跨简支悬索公路桥，跨越清水河大峡谷，桥梁全长2 208m，主跨跨径为1 130m，主缆矢跨比为1∶10。图1为桥型布置示意图。大桥主梁采用板桁结合钢桁梁，主桁桁高7m，宽27m。图2为桁架梁横断面示意图。表1为桥位桥面高度处成桥态设计风速参数。

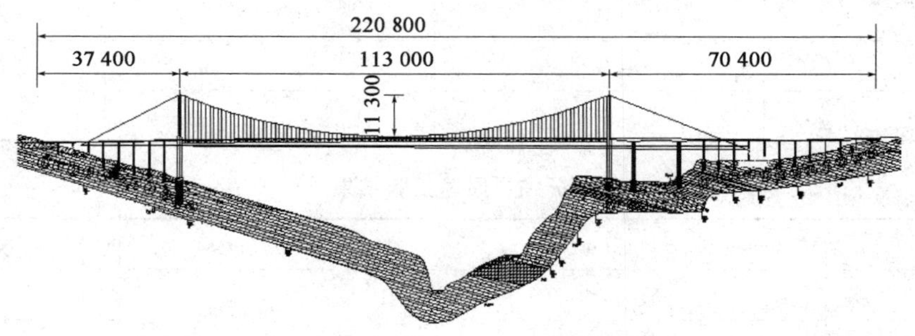

图1　桥型布置示意图(尺寸单位:cm)

桥位桥面高度处成桥态设计风速参数　表1

设计风速 (m/s)	颤振检验风速 (m/s)
29.40	46.60

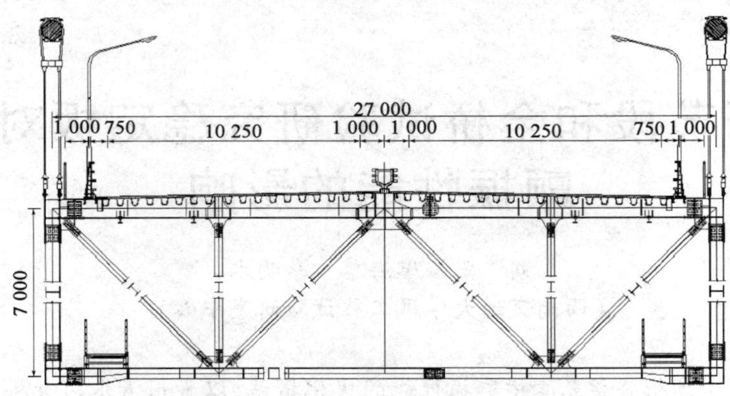

图2　桁架梁横断面示意图(尺寸单位:cm)

二、节段模型颤振试验

图3　风洞中的节段模型

颤振试验节段模型采用的缩尺比为1:48,试验在西南交通大学XNJD-1风洞中第二试验段进行。图3为安装在风洞中的节段模型。表2为节段模型主要试验参数。

在均匀流场中进行颤振试验,成桥态-3°、0°及+3°颤振临界风速试验结果见表3,表中风速已换算至实桥。从试验结果可以发现,在-3°风攻角下,主梁颤振临界风速大于颤振检验风速,大桥具有较好的颤振稳定性;但在0°和+3°风攻角下,颤振临界风速小于颤振检验风速,不满足规范要求,大桥存在颤振失稳破坏的可能,有必要对主梁的颤振稳定性能进行优化。

节段模型主要试验参数　　表2

参数名称	单位	实桥值	模型值
等效质量	kg/m	25 636	11.13
等效质量惯矩	$kg \cdot m^2/m$	3 335 858	0.628
竖弯频率	Hz	0.177 7	3.37
扭转频率	Hz	0.311 3	5.75
竖弯阻尼比	%	—	0.45
扭转阻尼比	%	—	0.48

颤振临界风速试验结果　　表3

风攻角	颤振临界风速(m/s)	颤振检验风速(m/s)	安全评价
-3°	65	46.60	安全
0°	46.56		不安全
+3°	36.06		不安全

三、气动措施试验研究

由试验结果可知,+3°风攻角下主梁颤振稳定性最差,故在+3°风攻角下进行颤振稳定性优化方案比选试验。根据已有的相关研究结果,选取下中央稳定板、水平稳定板和上中央稳定板三种气动措施分别进行试验测试颤振临界风速,并对试验结果进行对比分析。下中央稳定板、水平稳定板及上中央稳定板位置如图4所示。

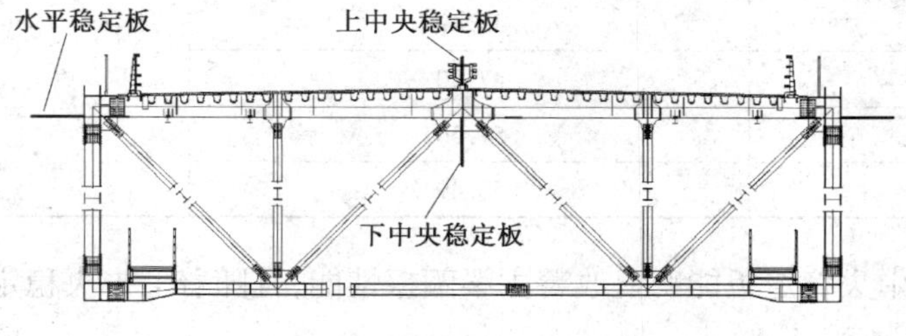

图4 稳定板位置示意图

1. 下中央稳定板

下中央稳定板位于主桁内部中心,通长设置。选取1.4m高(工况2)、2.1m高(工况3)的下中央稳定板方案进行颤振试验,并与无气动措施工况(工况1)进行对比,对比结果如表4所示。

下稳定板颤振试验结果 表4

工　况	颤振临界风速(m/s)	颤振检验风速(m/s)
工况1	36.06	46.60
工况2	36.10	
工况3	36.11	

从颤振临界风速试验结果可以看出,随着下中央稳定板高度的增加,颤振临界风速无明显变化,说明下中央稳定板对主梁颤振稳定性无明显提高。

2. 水平稳定板

水平稳定板水平设置于主桁两侧,与主桁上横梁下表面平齐,沿主梁通长设置。水平稳定板宽度分别选取0.75m(工况4)、1.0m(工况5)、1.1m(工况6)和1.25m(工况7)。分别进行颤振试验,并与工况1结果进行对比分析,对比结果见表5。

水平稳定板颤振试验结果 表5

工　况	颤振临界风速(m/s)	颤振检验风速(m/s)
工况1	36.06	46.60
工况4	42.49	
工况5	46.11	
工况6	50.13	
工况7	42.11	

由表5中试验结果可知,水平稳定板对主梁颤振稳定性有明显影响,随着水平稳定板宽度的增加,颤振临界风速明显提高;但当水平稳定板宽度超过1.1m后,颤振临界风速随着稳定板宽的增加而降低,故判断水平稳定板能有效提高主梁颤振稳定性,但其宽度存在一个最优值。

3. 上中央稳定板

上中央稳定板位于中央防撞栏杆中心处,沿主梁通长设置。上中央稳定板高度分别选取与中央防撞栏杆等高(工况8)、与栏杆等高并在中央防撞栏杆上设置防眩板(工况9)、超出栏杆高度0.1m(工况10)和超出栏杆高度0.15m(工况11),通过试验分别测得各工况下颤振临界风速,并与工况1结果对比,对比结果如表6所示。

上稳定板颤振试验结果 表6

工况	颤振临界风速(m/s)	颤振检验风速(m/s)
工况1	36.06	46.60
工况8	42.49	
工况9	47.20	
工况10	51.50	
工况11	56.49	

从试验结果可知,上中央稳定板能明显改善主梁颤振性能,且随着上中央稳定板高度的增加,主梁颤振临界风速迅速增大。

综合以上试验结果可知,工况6和工况9~11的颤振临界风速都高于颤振检验风速,主梁颤振稳定性满足要求。但水平稳定板对桥梁外观和整体美感影响较大,且安装和养护维修难度远大于上中央稳定板,故优先选择上中央稳定板方案。

工况9中,中央稳定板与中央防撞栏杆等高,对桥梁外观影响最小,且满足颤振稳定性要求,是相对优先选择的气动优化措施。

除以上工况外,还试验对比了水平稳定板与下稳定板的组合、水平稳定板与上稳定板的组合、上稳定板与下稳定板的组合等气动措施,但从成本、外观、施工难度及优化效果方面综合考虑,设置与中央防撞栏杆等高并在中央防撞栏杆上设置防炫板(工况9)为相对优选措施。

四、全桥气弹模型试验

图5 风洞中的全桥模型

全桥气动弹性模型能更加真实地模拟结构的动力特性,较准确地反映结构与空气的动力相互作用,可以更好地研究大桥主梁与主缆、桥塔、吊杆等结构相互作用下的颤振稳定性。

全桥气弹模型采用的缩尺比为1:100,试验在西南交通大学XNJD-3风洞试验室中进行。图5为安装在风洞中的全桥模型,表7为主梁及桥塔主要设计参数,表8为全桥模型模态测试结果。

主梁及桥塔主要设计参数 表7

参数名称		单位	相似比	实桥值	模型值
长度	主梁总长	m	C_L	1 130	11.3
	桥面宽			27	0.27
	主梁高度			7	0.07
	塔高			230	2.3
刚度	主梁竖向刚度 EI_y	N·m²		1.39×10^{12}	1.39×10^{2}
	主梁横向刚度 EI_z			4.58×10^{13}	4.58×10^{3}
	塔底底部顺桥向刚度 EI_y			2.63×10^{13}	2.63×10^{3}
	塔底底部横桥向刚度 EI_z			2.60×10^{13}	2.60×10^{3}

全桥模型模态测试结果 表8

序号	频率(Hz)			结构阻尼比(%)	振型特点
	实桥频率	模型要求	模型实测		
1	0.177 7	1.777	1.743	0.49	V-S-1
2	0.166 0	1.660	1.605	0.52	V-A-1

续上表

序号	频率(Hz)			结构阻尼比(%)	振型特点
	实桥频率	模型要求	模型实测		
3	0.084 4	0.844	0.869	0.43	L-S-1
4	0.243 5	2.435	2.512	0.55	L-A-1
5	0.311 3	3.113	3.071	0.41	T-S-1

在均匀流场中进行颤振试验,试验工况为设置稳定板(工况1)和设置与中央防撞栏杆等高并在中央防撞栏杆上设置防炫板(工况9),分别在0°及+3°风攻角下测试大桥颤振临界风速,试验结果见表9(表中风速已换算至实桥)。

全桥气动弹性模型颤振试验结果 表9

工况	风攻角 α(°)	颤振临界风速(m/s)	颤振检验风速(m/s)	安全评价
工况1	0	54	46.6	安全
	+3	45		不安全
工况9	0	71		安全
	+3	63		安全

从试验结果可以看出,工况1(无中央稳定板情况)中,在0°风攻角下,颤振临界风速高于颤振检验风速,但在+3°风攻角下,颤振临界风速低于颤振检验风速,不满足抗风设计要求。

设置上中央稳定板后(工况9),大桥颤振稳定性得到了极大提高,在0°和+3°风攻角下颤振临界风速均高于颤振检验风速。

五、结　语

(1)节段模型颤振试验表明,在-3°风攻角下主梁颤振临界风速大于颤振检验风速;但在0°和+3°风攻角下,颤振临界风速小于颤振检验风速,有必要进行气动优化。

(2)下中央稳定板对主梁颤振稳定性无明显提高。

(3)水平稳定板对主梁颤振稳定性有显著影响,随着水平稳定板宽度的增加,颤振临界风速明显提高;但稳定板宽度存在一个最优值,当超过这个值后,颤振临界风速随着稳定板宽的增加反而降低。

(4)上中央稳定板能明显改善主梁颤振性能,随着上中央稳定板高度的增加,主梁颤振临界风速迅速增大。

(5)全桥气弹模型风洞试验表明,设置与中央防撞栏杆等高的上中央稳定板能极大提高大桥颤振临界风速。

参考文献

[1] Xiang Haifan, Ge Yaojun. State of the art on Long - span Bridge Aerodynamics in China [J]. Structural Engineering International ,2005 ,15(4):240 -247.

[2] 宋锦忠,林志兴,徐建英.桥梁抗风气动措施的研究及应用[J].同济大学学报:自然科学版,2002,30(5):618 -621.

[3] 中华人民共和国交通部. JTG/TD60—01—2004 公路桥梁抗风设计规范[S].北京:人民交通出版社,2004.

[4] 刘君,廖海黎,马存明.山区桁架梁悬索桥颤振稳定性气动优化研究[J].武汉理工大学学报(交通科学与工程版),2009,22(3):637 -644.

[5] 陈政清,欧阳克俭,牛华伟,等.中央稳定板提高桁架梁悬索桥颤振稳定性的气动机理[J].中国公路

学报,2014,38(6):53－59.

[6] 李春光,张志田,陈政清,等.桁架加劲梁悬索桥气动稳定措施试验研究[J].振动与冲击,2011,36(4):40－43.

[7] 刘高,刘天成,王秀伟,等.一种用于提高钢桁梁悬索桥颤振稳定性的气动控制装置.中国:101736687A,2010－06－16.

[8] 李会知,陈忻,李明水.大跨度悬索桥施工状态气动弹性模型风洞试验研究[J].实验力学,1997,12(3):383－388.

105.清水河大桥山区风场数值模拟

于舰涵　李明水　廖海黎

(西南交通大学风工程试验研究中心)

摘　要　为研究山区地形对处于峡谷中的清水河大桥风场特性的影响,利用数值模拟方法,对桥址处风场进行计算分析。在利用实验数据验证模拟方法可靠性的基础上,通过不同风来流方向的计算结果,分析了山区地形对主梁上顺桥向和横桥向的风速、风攻角及桥位处的风剖面分布的影响,以及峡谷效应产生的放大系数。结果表明:桥位风来流方向的高耸山体会影响该侧主梁上水平风速的分布,并在该侧产生向下的风攻角;峡谷内的风剖面下部会发生畸变;特定的风来流方向会在跨中产生放大效应。研究结果对复杂山区中大跨度桥梁的抗风设计具有参考价值。

关键词　山区地形　深切峡谷　桥位风场　数值模拟　大跨度桥梁

近年来,随着我国交通事业的发展,在中西部山区峡谷中修建了许多座大跨度桥梁。清水河大桥位于南昆铁路线上,是贵瓮高速公路施工亮点,为主跨1 130m钢桁梁悬索大桥,主跨长度为贵州省第一,目前亚洲山区钢桁梁悬索桥第一。主塔塔顶至清水河江面垂直高度达到540m,清水河桥面据峡谷垂直高度也达到406m,相当于两个贵阳凯宾斯基酒店(高228m)的高度。

建设在峡谷中的桥梁,基本都被连续或独立的高耸山体环绕,桥位附近的风场因地形的影响会呈现复杂的三维特性,其设计风参数不能简单地通过抗风规范确定,需要采用现场实测、风洞试验和数值模拟等手段获得。计算流体力学(CFD)数值模拟的方法经过近几十年的发展,用于山区风场的计算已具有较好的精度,不仅耗时较短,还具有良好的风场可视化功能,便于观察峡谷中气流的速度和流向的分布。

国内对峡谷风场的研究开始于20世纪70年代。陈万隆等通过现场实测,讨论了峡谷对风向、水平风速以及风速的垂直分布等三方面的狭管效应。庞佳斌等的研究结果表明:山区峡谷风速主要受峡谷风、越山风和遮挡三大类地形效应影响;张玥等通过现场实测提出山体背风面与平原结合处存在比较大的竖直方向风漩涡,漩涡内部较高位置处的风速比较低位置处风速值小。朱乐东等通过坝陵河大桥的现场实测研究,指出峡谷中的风剖面具有指数规律,且分析了风向角和风迎角随高度的变化规律。徐洪涛等通过坝陵河大桥实际地形的风洞试验,进一步研究了峡谷效应、峡谷中风剖面的不均匀性等。王凯等通过气象学分析法和虚拟气象站法提出了一种确定峡谷中所建桥梁的设计基准风速的经验公式。

近十多年,CFD数值模拟方法在峡谷风场的研究中迅速发展。Millar等研究了山顶风速加速效应以及多重山脉干扰效应作用下的风场特性;Kim等模拟了流体绕过山体形成的风环境,模拟结果与实测结果吻合较好;李永乐等用数值模拟的方法研究了桥位紧邻高陡山体时,高陡山体对桥位区风场的影响;唐煜等人通过调整$k-w$ SST模型中的参数,改进了数值模拟中大气边界层的自保持性问题。

虽然峡谷中风场的分布规律已有大量的研究成果,但是有关上游山体形态对峡谷中风场影响的研究却相对缺乏。本文利用数值模拟方法,通过某个建设在西部典型峡谷地形中桥梁的实际工程,着重研究了上游山体形态对峡谷中风场的影响;并利用流体力学软件良好的可视化效果,观察山谷中气流的流动分布情况,进一步分析地形对风场的影响机理。

一、工 况 说 明

清水河大桥桥址处地形地貌为典型的山区峡谷,如图1所示,具有一定的代表性。图中的直线为桥梁的主梁,主梁所在位置海拔为650m。该地区的东侧整体地势较高,紧临主梁的西南和西北方向有海拔900m左右的高耸山体,西南方向山体陡峭,西北方向山体到谷底的过渡较平缓。峡谷走向为西偏北15°左右,谷底的海拔为350m左右。研究重点是桥位西北和西南方向两处高海拔山体对桥位风场的影响,以及气流通过峡谷时受到的加速或强迫转向作用等对桥位风场的影响。计算时,风来流方向设置如图2所示,并规定来流方向为正西方向时为0°风向角,偏北的风向为正值,偏南的风向为负值。当风向角为±30°~±90°之间时,桥梁位于高海拔山体的下游,可研究山体形态对桥位风场的影响。当风向角为0°~±30°之间时,可研究两侧高山之间的峡谷对气流的影响。共分析了13个风向下桥位区的风场分布情况。

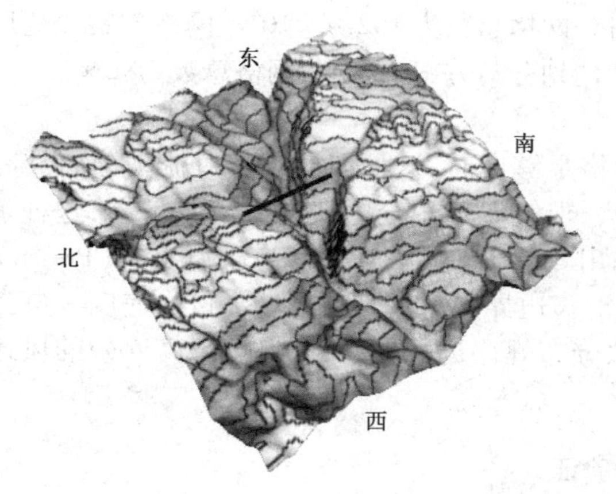

图1 清水河大桥桥位区地形图

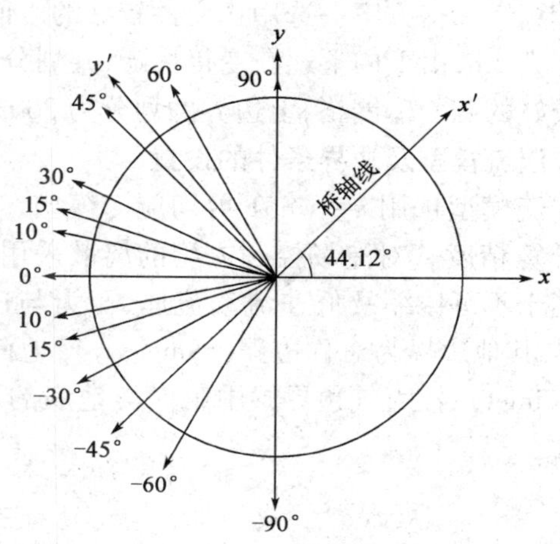

图2 工况示意图

为观测桥位处的风场,在主梁顺桥向设置了20个考察点,如图3所示,以研究不同风向下主梁上风速、风攻角及放大系数的分布规律;在跨中、1/4跨(西南侧)和3/4跨处,从海拔350m到2 500m的高度设置了30个考察点,以研究桥址处的平均风速剖面。

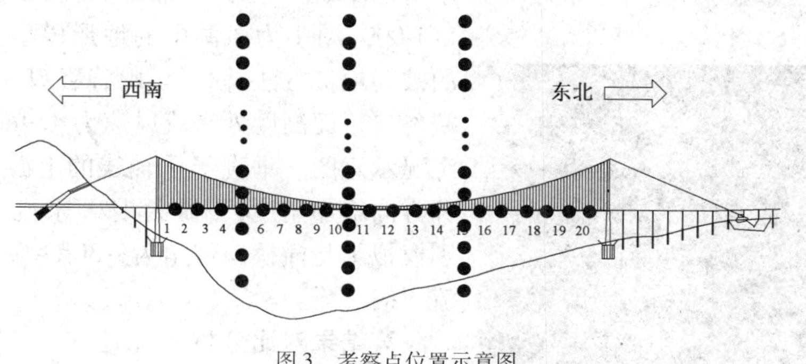

图3 考察点位置示意图

二、风场数值模拟方法

1. 计算域的选取

在选取计算域尺寸时,若取值过大,会受到计算机计算能力的限制;若取值过小,无法体现所要研究的地形地貌特征。综合考虑以上两个因素,并依据已有的计算经验,选取了以桥梁为中心的8km×8km的模拟范围。计算域的高度为3 000m,计算域内海拔最高的山体与计算域上边界的距离大于2 000m,有充分的空间使计算域内的气流自由发展。

2. 地形模型的建立

根据桥位的经纬度在Google Earth中确定所要研究的地形范围后,利用SRTM影像文件(SRTM文件是根据美国太空总署、国防部国家测绘局以及德国与意大利航天机构共同合作完成联合测量的雷达影像数据,绘制成的数字地形高程模型),在专业地形软件Global Mapper中提取三维地形坐标。为了有足够的精度以体现该区域的地形特征,坐标点水平方向间隔为40m,共选取了40401个坐标点。将这些坐标点导入建模软件,绘制成三维数值地形曲面。

3. 网格划分

网格划分质量是影响计算准确性和计算效率的重要因素。目前地形风场数值模拟所用的网格一般为四面体和六面体两种。为使计算结果更准确,选用这两套网格方案,对已做过风洞试验的坝陵河大桥所在地形进行网格划分和计算,与风洞实验结果进行比较,从中选用一套准确度更高的网格用于本文的模拟计算。网格方案一选用正交性较好的六面体网格,水平方向的网格间距为50m,竖直方向第一层网格高度为2m,由下向上逐渐变得稀疏,共划分了40层网格,网格总数为102.4×10^4。网格方案二选用适应性较好的四面体网格,上边界的划分为200m,其他各边的划分与方案一相同,网格总数为82×10^4。

4. 湍流模型及边界条件的设置

湍流模型选用$k-$wSST剪切应力模型,当边界层网格足够密时,这种湍流模型对流动分离具有很高的计算精度。对流场控制方程的离散采用有限体积法,求解器选用全隐式的分离求解器,这种求解器适用于不可压缩及低速流动流体,压力与速度耦合选用SIMPLE算法。出口为压力出口(Pressure-outlet),其他边界为对称边界(Symmetry),地面用的是无滑移边界(Wall)。计算域入口为速度入口(Velocity-inlet),按大气边界层中第四类地表的风剖面指数分布规律进行加载,入口桥位高度处的风速为30m/s。

三、风洞试验验证

用数值风洞技术进行地形风场计算时,其准确度问题一直以来都饱受争议。为了验证本文所采用模拟方法的可靠性,以坝陵河大桥实际地形风洞试验的数据为参考,采用本文所用的数值模拟方法进行计算,验证其可靠性,并从两种网格方案中选取较高精度方案。

1. 风洞实验概述

该试验在中国空气动力研究与发展中心低速所的FL-13风洞第一试验段中进行。模型缩尺比为1:1 000,图4为风洞中的地形模型。利用尖劈和粗糙元的被动模拟方法,模拟了山谷谷口二类地表的风场特性,峡谷口桥面高度处来流风速为4.9m/s。图5为该实验的工况示意图。垂直于桥轴线的上游为0°来流方向,逆时针方向增加角度,下游为180°来流方向。风洞试验中分别模拟了与横桥向偏角为-30°~+30°范围内的10个来流方向。

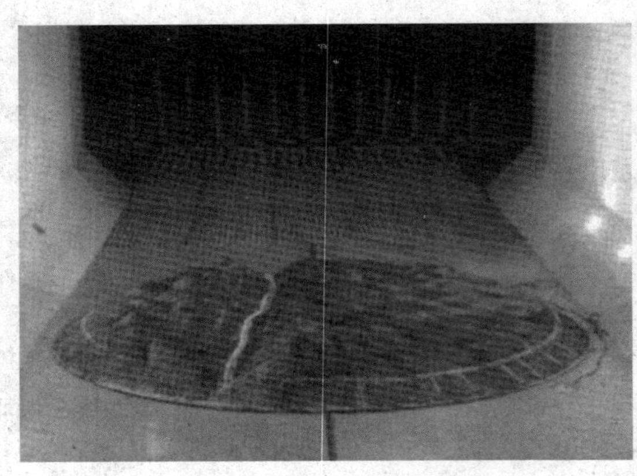

图4 坝陵河大桥桥位地形模型

2. 结果对比分析

数值模拟采用的实际地形、计算域尺寸、湍流模型及边界条件设置均与前文相同。分别计算0°和180°来流方向平均风速沿主梁方向的放大系数和风攻角,并与风洞实验进行比较。

平均风速的放大系数 C_u 定义为：

$$C_u = \frac{v_b}{v_0} \tag{1}$$

式中：v_b——主梁上测点风速；

v_0——未放入地形模型前峡谷口主梁高度处风速。

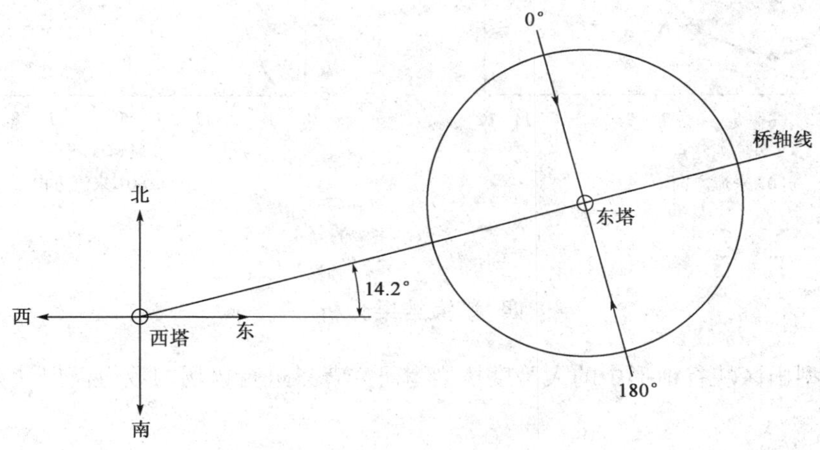

图5 工况示意图

风攻角 α 的定义为：

$$\alpha = \tan^{-1} \frac{w}{|u|} \tag{2}$$

式中：w——竖向风速分量；

u——与桥跨方向正交的风速分量。

上升气流用正攻角表示，下降气流用负攻角表示。

图6和图7分别比较了数值模拟和风洞试验获得的风速放大系数和风攻角。就风速的放大系数沿主梁的变化趋势而言，除180°方向来流时2号和10号测点外，数值模拟与实验基本吻合。对于风攻角，虽然个别值差距较大，但趋势是基本一致的。另一方面，两种网格都可获得较好的结果，但比较而言，六面体网格与风洞试验结果更加接近，故本文的模拟计算中采用六面体网格。

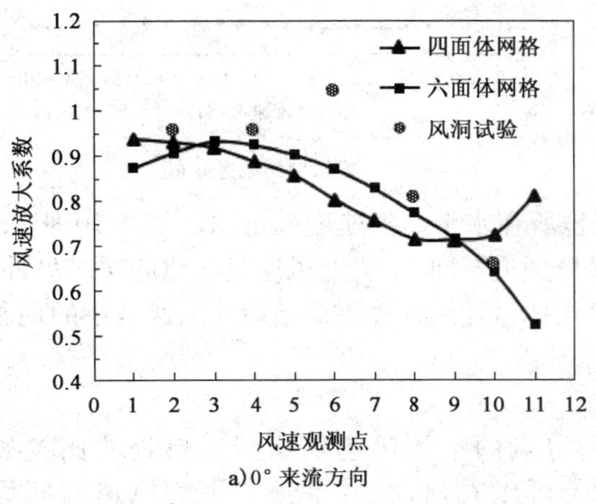

a)0° 来流方向

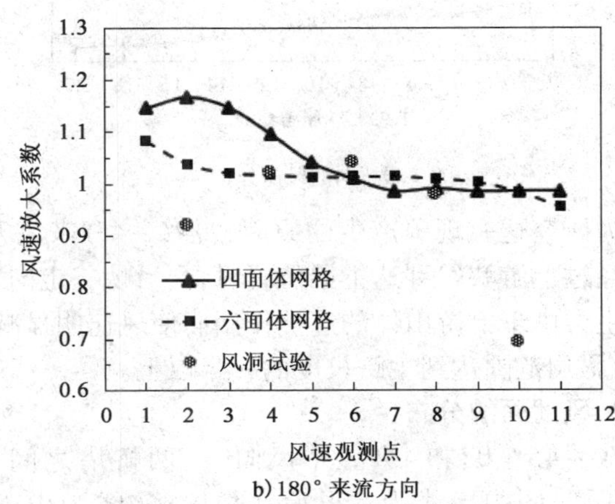

b)180° 来流方向

图6 放大系数沿主梁的分布

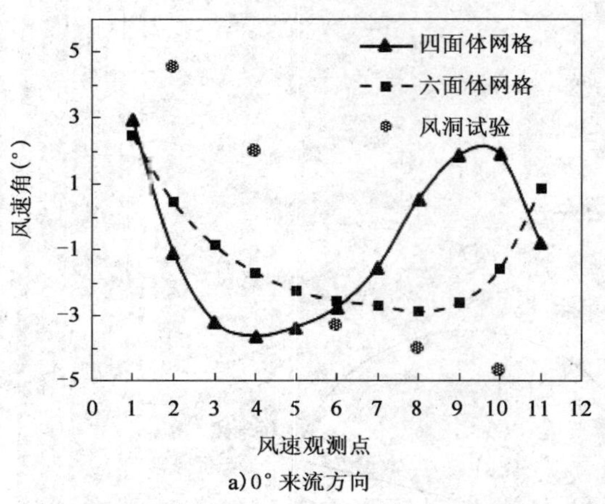

a) 0° 来流方向

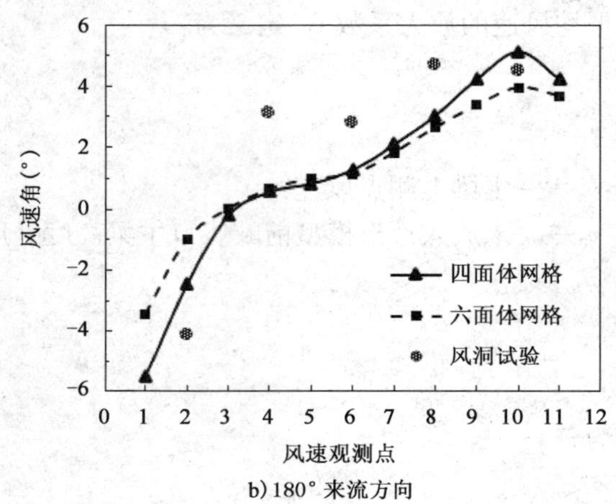

b) 180° 来流方向

图7 放大系数沿主梁的分布

四、模拟结果分析

以建设在某典型山区峡谷地形中的大跨度桥梁为研究背景进行风场的数值模拟计算，研究山区地形对风场的影响。

1. 水平方向的风速分布

图8和图9为几个典型工况下顺桥向和横桥向的风速分布。总体上，45°风向角下的顺桥向风速最小，-45°方向下的横桥向风速最小，导致这种分布规律的原因是45°风向与桥轴线是垂直的，而-45°风向则与桥轴线平行。对于顺桥向的风速分布，随着风向由北向南偏移，风速迅速增大，当风向角达到0°继续向南偏移时，风速增加变缓，且西南侧主梁上的风速值较小。横桥向的风速分布与顺桥向类似。

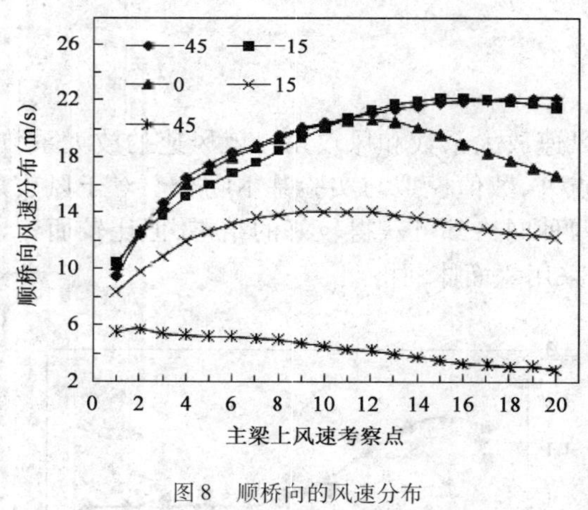

图8 顺桥向的风速分布

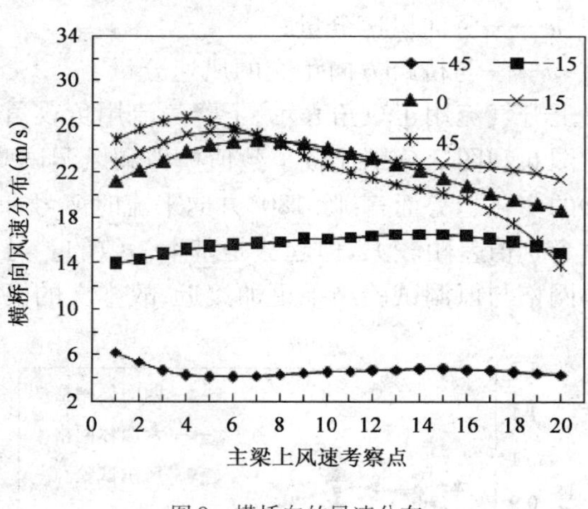

图9 横桥向的风速分布

为研究这一现象产生的原因，观察-45°来流方向桥位所在水平面的速度矢量图。如图10所示，当气流经过上游峡谷到达主梁位置时，会沿峡谷走向发生轻微强迫转向，主梁上风速值变化趋缓。另外，西南侧主梁由于上游山体的遮挡作用而使风速明显减小，且山体越陡峭这种因遮挡而使风速减小的现象越明显，影响范围达到主跨长度的一半以上。

2. 风剖面的分布

在-45°、0°和45°三个风向下，两桥塔之间三个均分点的平均风速剖面与入口处的比较如图11所示。图中虚线为主梁所在位置，实线为山谷深度。可以看出，峡谷下部的平均风速剖面均会有一定程度的折减，采用简单的指数形式描述山区平均风速是不合理的，这与文献中的结论一致。0°风向与峡谷走向较为一致，折减程度与其他两个风向角相比较小。-45°和45°来流方向有高耸山体,折减程度较大,在峡谷下部出现了风剖面的畸变。其中 –45°来流方向的折减程度明显大于 45°。由地形图可知,桥位西南方向山体与西北方向山体相比更加陡峭,陡峭程度对风速的折减有很大影响,山体越陡,折减程度越强,且越接近地表,折减越大。而 0°方向来流由于受山体的遮挡较小且受两侧峡谷的压缩作用较强,其风剖面与计算域入口的风剖面较为接近。

某些位置的风速最小值没有出现在谷底,例如:–45°风向下的风速最小值出现在 1/4 跨,距地面高度 150m 左右;45°风向角出现在跨中位置,距地面 100m 左右的高度。这是由于高山的存在,使气流在山顶加速,越过山顶后气流分离,在峡谷底部形成了竖向漩涡,而漩涡下部的风速往往小于上部。

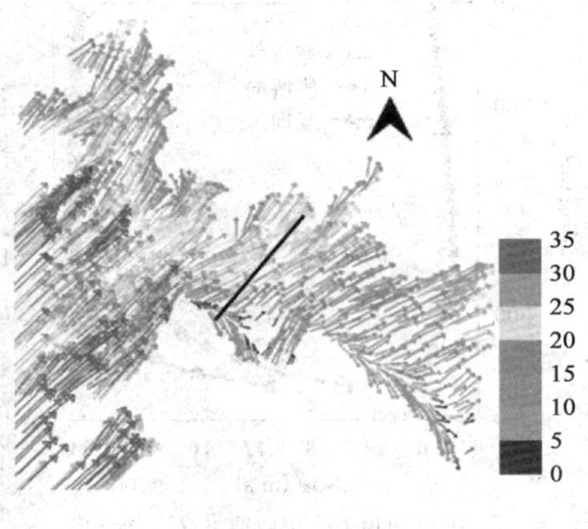

图 10 风向角为 –45°的速度矢量图(速度单位:m/s)

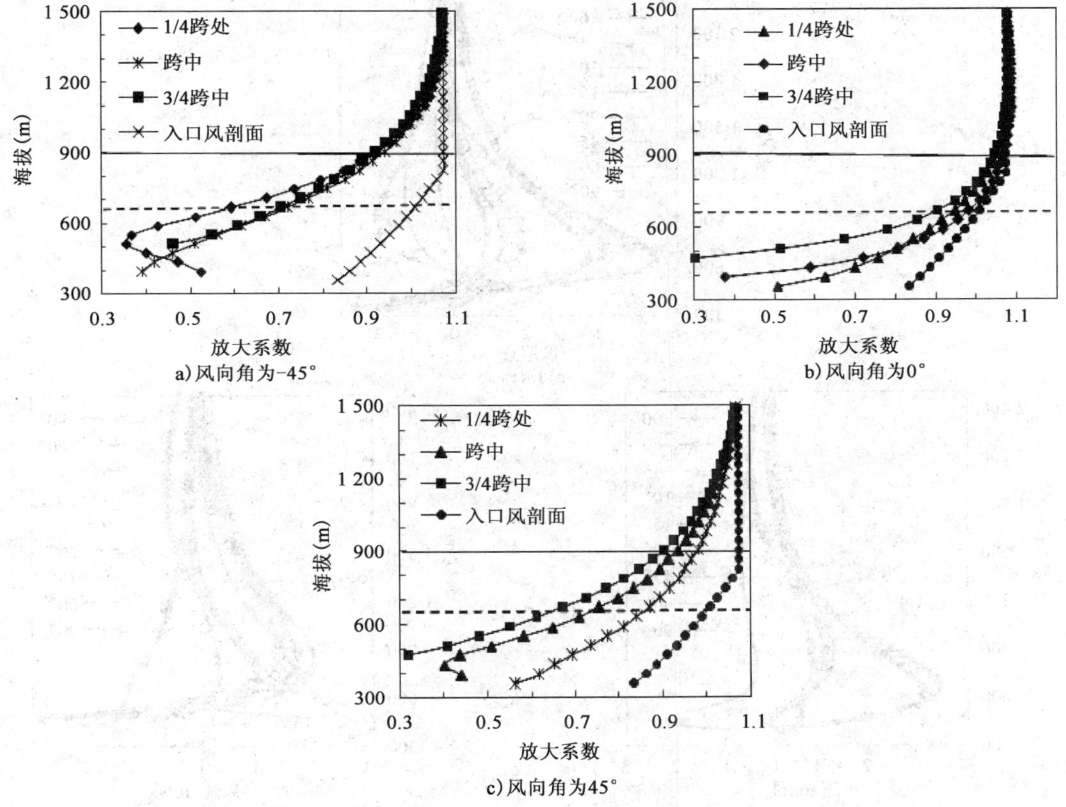

图 11 不同风向角的风剖面图

3. 竖向风速的分布规律

风向角为 0°时,跨中位置的横桥向风速、顺桥向风速和竖向风速沿高度的变化如图 12。横桥向风速和顺桥向风速沿高度的分布较规律,平均风速剖面基本符合指数分布,竖向风速则在一定高度处出现较大负值。不同风向下,主梁上不同位置竖向风速分布如图 13 所示,在峡谷中均出现负值,最大值接近 –6m/s。对 1/4 跨和跨中,风向角为 –45°时,竖向风速出现最大负值。通过该风向下,主梁所在竖向平面的风速矢量图,来讨论这一现象出现的原因。

图 14 为竖向平面的速度矢量图和竖向速度分量矢量图。由速度矢量图可以看出,气流流动方向受地形起伏影响很大,离地面较近时,流动方向与地形的走向基本一致。气流在迎风面的山体会产生明显的“爬坡”现象,在背风面的山体也同样会沿着山体出现“下坡”的现象。在竖向速度分量矢量图中这一现象更加明显,迎风面山体上方竖向速度分量总是向上的,反之亦然。文献中将该现象称为越山风的尾流。

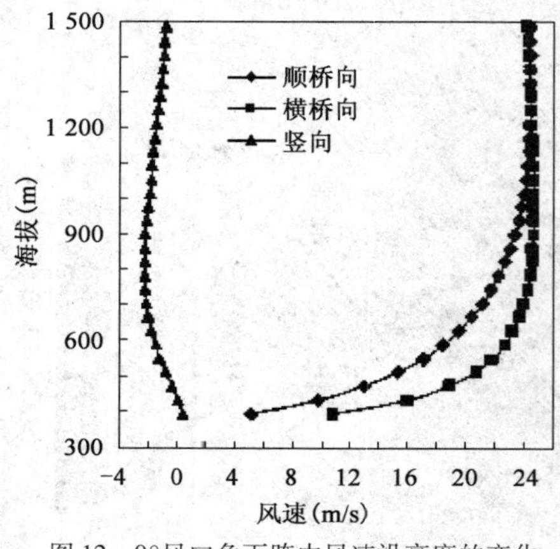

图12　0°风向角下跨中风速沿高度的变化

桥位西南方向山体最为陡峭，对桥位而言，也正是－45°风向下气流经过的山体，这时峡谷底部出现最大的竖向风速。所以山体越陡峭，峡谷中山体背风处产生的竖向速度分量越大，影响范围也越大，最大影响范围达到桥跨一半以上。

不管来流方向如何，出现最大负值的海拔高度几乎一致。由竖向速度分量矢量图可以看出，离山顶一定高度的竖向速度是最大的，山顶上的竖向速度反而最小，能量全部转变成水平方向的速度并在山顶加速。出现竖向速度分量最大负值的海拔为750m左右，而紧临桥位两侧山体海拔为900m左右，谷底海拔为350m，这样竖向风速最大负值一般出现在2/3峡谷深度附近。

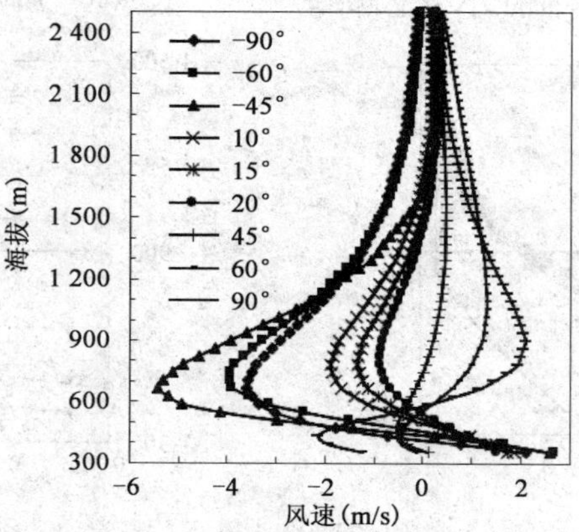

a) 1/4跨处

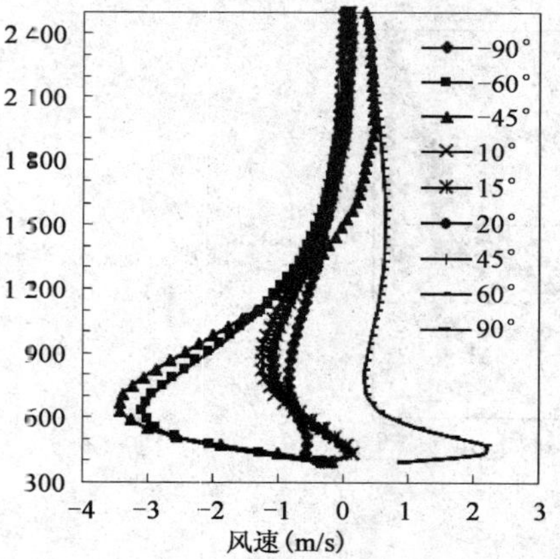

b) 跨中

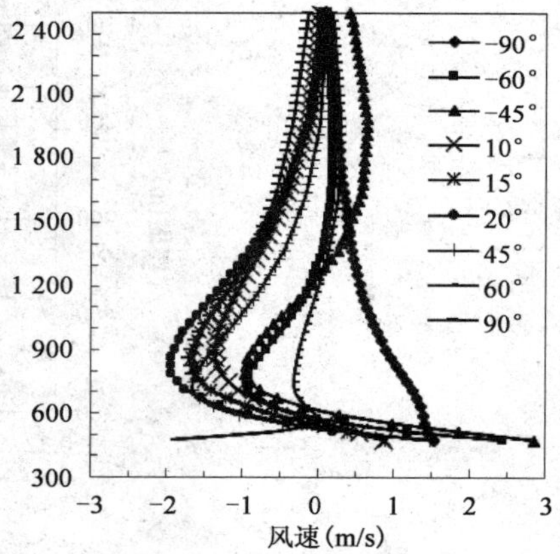

c) 3/4跨处

图13　竖向风速分量沿高度的分布规律

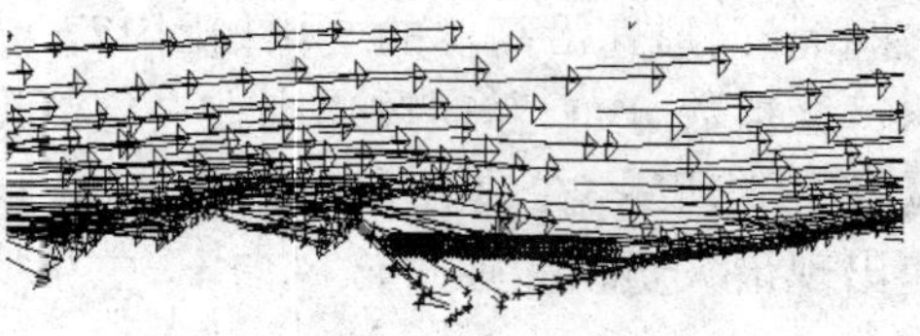

a) 速度矢量图

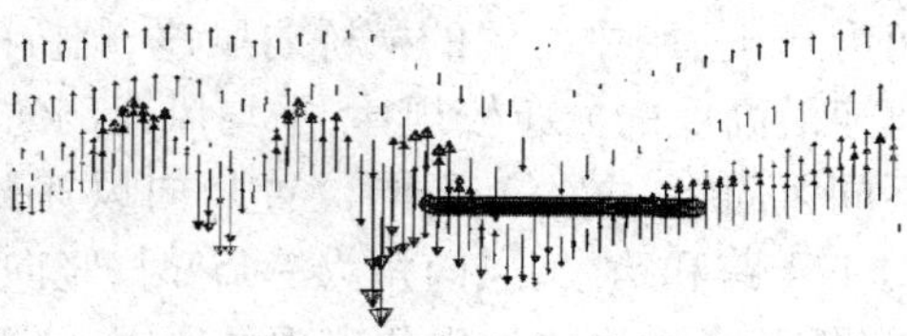

b) 竖向速度分量矢量图

图14　竖向平面速度矢量图

4. 风攻角的分布

风攻角是桥梁抗风设计中要考虑的重要因素。图15为主梁上不同来流方向下的风攻角分布。当来

流方向为 -60°时,1/4 跨处风攻角出现了最大负值,为 -16°。出现负向风攻角的范围达到主跨长度的3/4。当来流方向为 90°时,东北侧边跨处出现了最大负向的风攻角,但值远远小于 -45°来流方向,而西南侧主梁上出现了较大的正向风攻角。

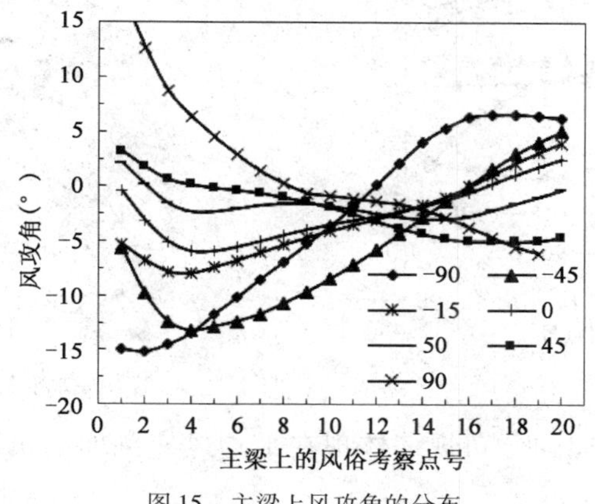

图 15　主梁上风攻角的分布

这一现象同样可以通过 4.3 节中竖直面风速矢量图中“爬坡”和“下坡”的现象解释。这一过程可由图 16 表示。当气流经过高耸山体时,会出现“爬坡”的现象,达到山顶后水平风速分量最大;越过山顶后会出现尾流而产生向下的风速;谷底的速度最小,气流发生气流回流现象;而气流达到峡谷中另一侧山体会出现“二次爬坡”的现象,从而产生向上的风速。因山体尾流而产生的负向风攻角的范围为主跨的一半以上,而且山体陡峭,影响范围越大。值得注意的是,虽然两侧山体海拔相差较小,西南方向来流产生的负向风攻角却远小于西北方向来流。可见,峡谷中背风面山体的陡峭程度是影响风攻角大小的主要因素,山体越陡峭,气流“下坡”产生的负向风攻角越大,出现负向风攻角的范围也越大,而气流在该侧山体“二次爬坡”产生的正向风攻角也越大。

综上所述,当桥梁紧邻陡峭山体时,应注意该侧主梁的抗风设计,避免过大的风攻角对主梁产生不利影响。

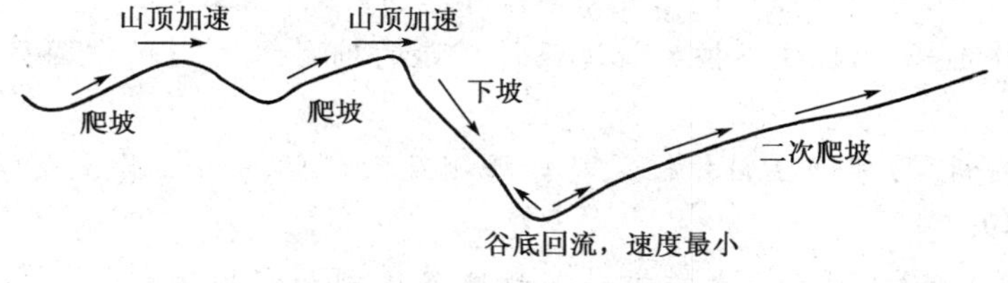

图 16　气流流动示意图

5. 放大系数的分布

不同风向角下主梁上放大系数的分布如图 17 所示,0°风向下, 跨中位置的放大系数值最大,为 1.056。这一来流方向与峡谷走向的夹角为 15°左右。平均放大系数也在 0°风向下最大,随着风向向南、北方向偏移而减小。风向角为 -60°和 60°时,由于受到两侧高山的遮挡作用,边跨处的放大系数最小。

为分析 0°风向下出现最大放大系数的原因,提取主梁所在水平面的速度分布云图,如图 18 所示,可以看出随着地形由开阔地带向狭窄地带过渡,峡谷中间区域的气流发生汇聚,由外侧向中间逐渐加速,并且沿着峡谷的走向出现了轻微的强迫转向,使主梁上中间的风速明显大于两侧。而 0°风向下峡谷的压缩以及强迫转向作用表现最为强烈,故该风向下在跨中出现最大的放大系数。

五、结　　语

本文通过清水河大桥桥址处风场的数值模拟,研究了上游山体地形对桥址处风场的影响及其机理,主要结论如下:

(1)主梁上水平方向的风速分布主要表现在两个方面:由于山体的遮挡作用而使该侧风速减小,和由于沿着峡谷运动的气流受到强迫转向发生汇聚，使风速的分布趋势较为一致。

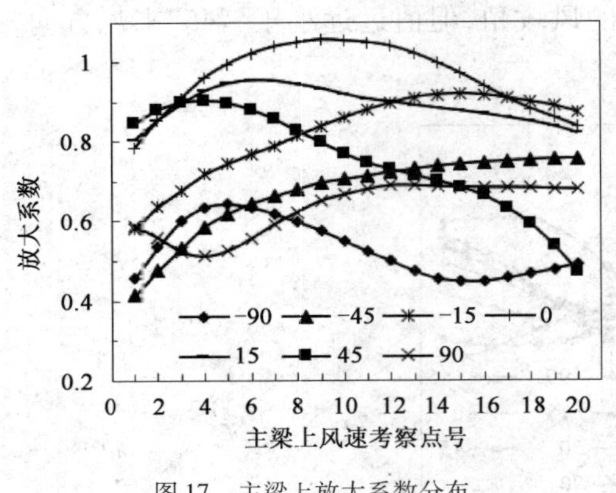

图 17　主梁上放大系数分布

图 18　水平面速度分布图(速度单位:m/s)

(2)主梁立置风速在竖直方向的分布规律体现在平均风速剖面的折减和竖向风速剖面下部的畸变这两个方面。

(3)主梁上风攻角的分布规律为来流方向一侧由于受到高耸山体的影响，主梁上风攻角为负值，出现负值的范围与山体的陡峭程度有关，另一侧为正值。

(4)在来流方向与峡谷走向为 15°左右时，气流受到峡谷的压缩及强迫转向作用最强，主梁跨中处出现放大系数最大最，且放大系数大于 1，产生峡谷效应。

参考文献

[1] 中华人民共和国行业标准. JTG/T D60-01—2004　公路桥梁抗风设计规范[S]. 北京：中国标准出版社，2004.

[2] 中华人民共和国行业标准. JTG/T D60-01—2004　Wind-resistent design specification for highway bridges[S]. Beijing：Standards Press of China，2004.

[3] 陈万隆. 峡谷中风状况的分析[J]. 南京气象学院学报，1979，S1，28-33.

[4] 庞佳斌，宋锦忠，林志兴. 山区峡谷桥梁抗风设计风速的确定方法[J]. 中国公路学报. 2008，21(5)：39-44.

[5] 张玥，胡兆同，刘健新. 西部山区斜拉桥风特性观测及数值仿真[J]. 长安大学学报(自然科学版)，2011，31(5)：44-49.

[6] 朱乐东，任鹏杰，陈伟，等. 坝陵河大桥桥位深切峡谷风剖面实测研究[J]. 实验流体力学，2011，25(4)：15-21.

[7] 徐洪涛，何勇，廖海黎，等. 山区峡谷大跨度桥梁桥址风场试验[J]. 公路交通科技，2011(7)：84-89.

[8] 王凯，廖海黎，李明水，等. 山区峡谷桥梁设计基准风速的确定方法[J]. 西南交通大学学报，2013(1)，29-35.

[9] Millar C A，Davenport A G. Guidelines for the calculation of wind speed-up in complex terrain[J]. Journal of Wind Engineering and Industrial Aerodynamics. 1998，74-76，189-197.

[10] Kim H G，Patel V C. Test of turbulence models for wind flow over terrain with separation and recirculation[J]. Boundary-Layer Meteorology. 2000，94(1)：5-17.

[11] 李永乐，胡朋，蔡宪棠，等. 紧邻高陡山体桥址区风特性数值模拟研究[J]. 空气动力学报，2011，29(6)：770-776.

[12] 唐煜，郑史雄，赵博文，等. 平衡大气边界层自保持问题的研究[J]. 工程力学，2014，31(10)：129-135.

106. 板—桁组合结构中钢桥面板合理设计方案研究

侯　满　王建新
（中交公路规划设计院有限公司）

摘　要　本文介绍了板—桁组合结构中钢桥面板多种支撑体系方案和桥面板支撑体系的设计思路。同时以贵州都格北盘江大桥（以下简称“北盘江大桥”）为工程实例，重点介绍了“中纵梁＋次横梁（横肋）”支撑体系的方案比选和疲劳敏感部位分析，为同类型桥梁的设计提供借鉴。

关键词　山区　钢桁加劲梁　斜拉桥　板桁组合　设计方案　疲劳敏感部位

一、引　言

1. 工程概况

杭州至瑞丽高速公路贵州境内毕节至都格（黔滇界）段北盘江大桥位于贵州省六盘水市水城县都格镇，跨越云贵两省交界的北盘江大峡谷，桥址两岸地势陡峭，地形变化急剧，河谷深切达580m。大桥桥面布置双向四车道，设计速度 80 km/h，设计荷载为公路—I 级。主桥为 7 跨连续钢桁梁斜拉桥，桥跨布置为 80m＋2×88m＋720m＋2×88m＋80m，边跨设置两个辅助墩和一个过渡墩，总长 1 232m（图 1）。

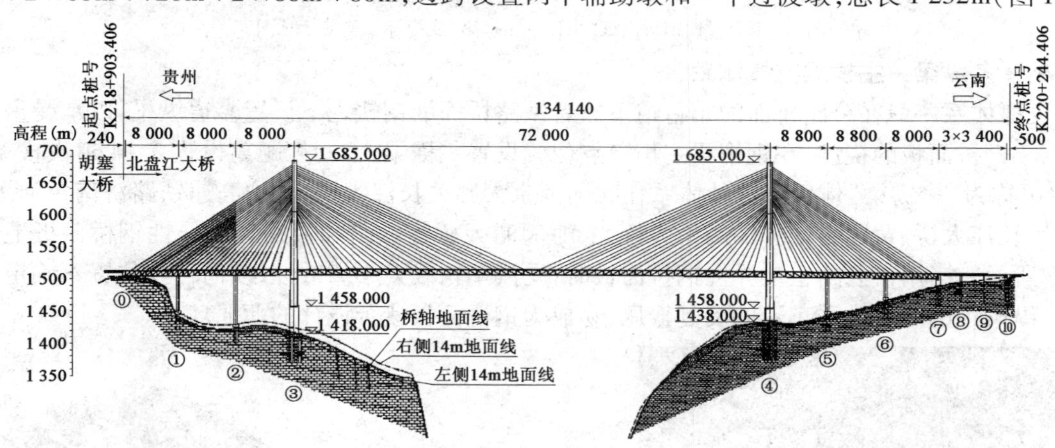

图 1　北盘江大桥桥型布置图（尺寸单位：cm）

主桥钢桁梁采用板—桁组合结构，由钢桁架和正交异性钢桥面板组成，桁高 8m，主桁中心距 27m，主跨节间长 12m，边跨节间长 12m 和 8m。钢桁架由主桁架、主横桁架、中纵梁和下平联组成。

2. 研究目的

正交异性钢桥面板是一种特殊的结构受力体系，除承受桥面铺装等二期恒载和车辆荷载外，影响其使用寿命的是其抗疲劳性能。如结构体系不合理，则其疲劳性能差、使用寿命短。正交异性钢桥面板自诞生以来，一直备受疲劳问题的困扰。国外桥梁工作者在理论和试验研究、工程实践等方面付出了很大努力，取得了一系列成果，并陆续反映在其桥梁设计规范中。我国自 20 世纪 90 年代大规模使用正交异性钢桥面板以来，许多桥梁陆续出现疲劳裂纹，并呈现早发性、多发性、重现性的特点。

钢桁梁桁—板组合体系中的正交异性钢桥面板受力与钢箱梁正交异性钢桥面板的受力也存在较大的差异。与采用多纵梁的常用结构形式不同，北盘江大桥仅在桥梁纵向中央分隔带下设置了一道纵梁，采用“中纵梁＋次横梁”桁—板组合体系新结构。本文重点介绍该种桥面板支撑体系的受力特性、疲劳特性、和局部构造等设计研究情况。

二、钢桥面板的支撑体系选择

正交异性钢桥面板由纵肋、横肋(也称横梁)和面板相互垂直交叉组成,其支撑在钢板梁/钢箱梁的主腹板、纵隔板和横隔板上,或者钢桁梁的主桁、横向框架上。当钢桁梁与正交异性钢桥面板结合时,钢桥面板的支撑体系主要有以下三种形式:

1. 主桁－主横梁支撑体系

该体系不设置纵梁,在钢桁梁主桁节点位置设置主横梁,节间等距离设置2~4道次横梁,如图2所示,故可称为“无纵梁”体系。主横梁和次横梁的几何尺寸也可以相同。这种支撑体系桥面不能过宽,否则横梁容易产生侧倾失稳,而且会增大横梁跨中挠度,从而影响钢桥面板的受力,常用于铁路正交异性钢桥面板,例如京广高速铁路郑州黄河大桥下层铁路桥面,如图3所示。

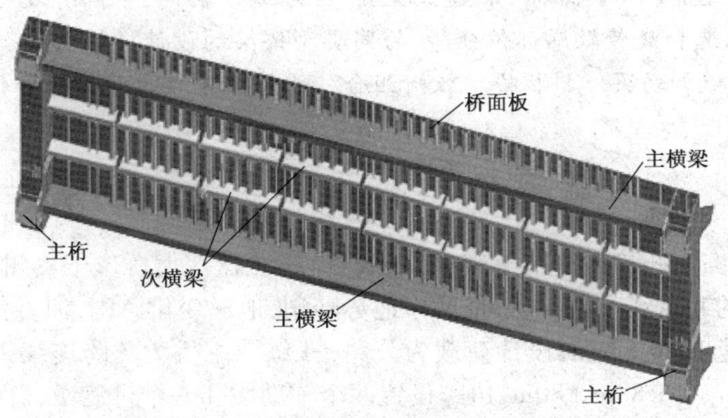

图2 正交异性钢桥面板“主桁＋主横梁”支撑体系构造示意图

2. 主桁＋多纵梁＋主横梁支撑体系

这种支撑体系一般在公路桥面的车行道下或者铁路桥面的钢轨之下设置多道纵梁,以承受重载车辆的轮载,减小钢桥面板的挠度;在钢桁梁主桁节点位置设置主横梁,节间等距离设置2~4道次横梁,如图4所示,也可称为“多纵梁”体系。这种体系在我国南京大胜关长江大桥、京沪高速铁路济南黄河大桥、铜陵公铁两用长江大桥、黄冈长江公铁两用大桥、上海闵浦大桥等铁路和公路正交异性钢桥面板上大量使用,如图5所示。当用于公路正交异性钢桥面板时,受汽车轮载大小离散性、横向行驶位置不确定性等因素的影响,纵梁顶的面板遭受车轮的反复辗压,易成为钢桥面板疲劳设计的薄弱环节。

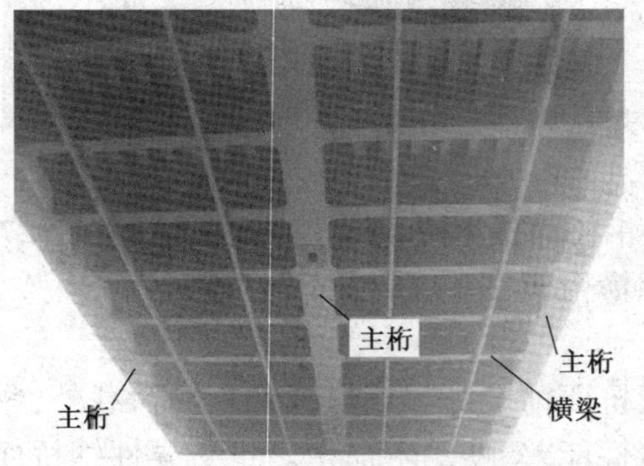

图3 京广高速铁路郑州黄河大桥下层铁路桥面

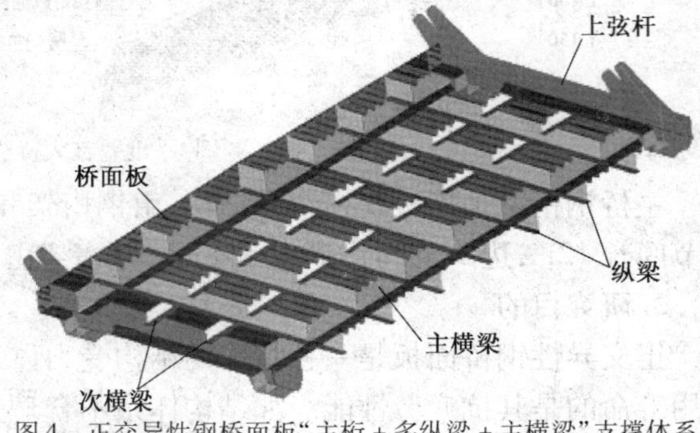

图4 正交异性钢桥面板“主桁＋多纵梁＋主横梁”支撑体系构造示意图

3. 主桁＋少纵梁＋主横梁支撑体系

这种支撑体系只在桥梁中心线处设置一道纵梁,作为横梁的支撑,防止横梁的面外侧倾,在钢桁梁主桁节点位置设置主横梁,节间等距离设置2~4道次横梁,如图6所示可称为“少纵梁”体系。与“多纵梁”体系相比,工地连接时少了纵梁的连接,工作量减少,利于节省现场拼接时间。北盘江大桥就采用了这种支撑体系。

a) 南京大胜关长江大桥

b) 京沪高速铁路济南黄河大桥

c) 铜陵公铁两用长江大桥

d) 黄冈长江公铁两用大桥

上层桥面

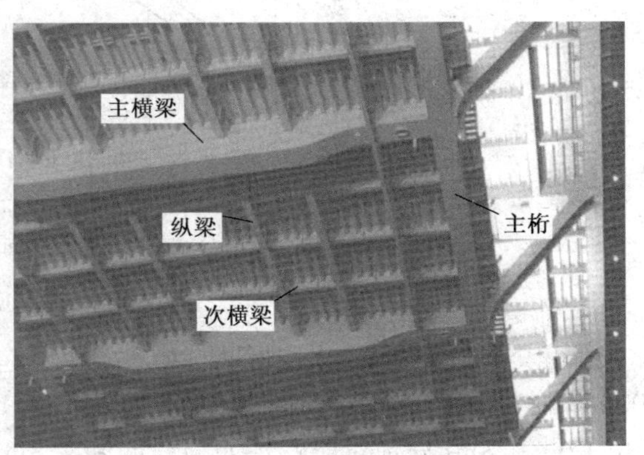

下层桥面

e) 上海闵浦大桥

图5 正交异性钢桥面板“主桁+多纵梁+主横梁”支撑体系应用实例

由此可以看出，三种支撑体系的差别在于纵梁的设置，这主要与桥面宽度有关。纵梁的主要作用是防止横梁的面外变形过大，其次可略微减小钢桥面板的局部受力，但是若纵梁设置过多，则会增加钢桥面板的重量，从而增加工程量。当桥面宽度不大时，可不设置纵梁；当桥面宽度非常大时，易设置多纵梁。北盘江大桥主桁间距27m，宜采用“少纵梁”体系。当钢桥面板承受汽车轮载作用之后，将力传递给主横梁，再传递给主桁，中间纵梁起支撑横梁、防止横梁侧倾失稳

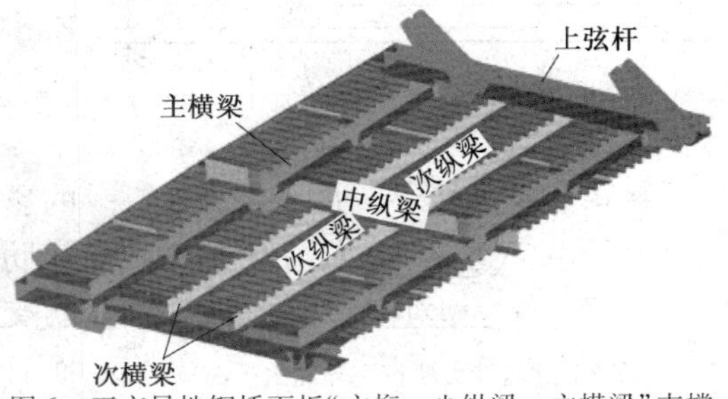

图6 正交异性钢桥面板“主桁+少纵梁+主横梁”支撑体系构造示意图

的作用。正交异性钢桥面板的支撑体系不同,其受力行为也不同,从而构造细节对疲劳的敏感性也会不同,因此需要分析这些疲劳敏感部位的受力状态,针对分析结果提出改进建议。

三、桥面板合理支撑体系

1. 面板厚度、U 形肋刚度和横肋间距的合理匹配

正交异性钢桥面板由面板、纵肋和横肋相互交叉组成,直接承受汽车轮载的作用。在局部集中荷载作用下,面板局部发生向下的凸曲状变形,U 形纵肋和横肋发生面外变形。

目前我国钢桥设计规范还没有关于正交异性钢桥面板的内容,本节主要参考欧洲《Eurocode 3: Design of steel structures》、日本《日本鋼構造協會. 鋼構造物の疲労設計指针·同解說》、美国《AASHTO LRFD Bridge design Specification》等规范,对北盘江大桥正交异性钢桥面板构造进行分析。

本桥钢桥面板的面板厚度 $t=16$mm,满足规范要求的最小面板厚度 14mm。

U 形肋上口宽 300mm、下翼缘宽 170mm、高度 280mm、厚度 8mm,横向间距 600mm,U 形肋尺寸均满足国外钢桥设计规范的要求。冷弯区内侧半径 $R_1=40$mm,为 U 形肋厚度的 5 倍,满足 $R\geqslant 4t$ 的要求。

面板厚度、U 形肋的刚度(包括上口宽度、下翼缘宽度、高度和板厚)和横肋间距等参数是相辅相成的,如果单纯地增加某一个参数,不仅会造成构件刚柔匹配不合理,而且会增加结构重量。正是基于这一考虑,欧洲 Eurocode3 规范规定了纵肋刚度(包括其有效宽度内的面板)与横肋间距的关系,如图 7 所示。

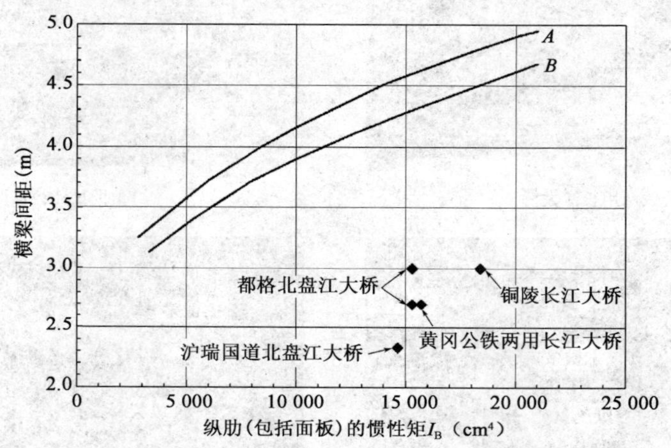

图7　北盘江大桥钢桥面板 U 形肋的刚度与 Eurocode3 规范的对比

本桥正交异性钢桥面板 U 形肋标准横截面(包含其有效宽度内的面板)如图 8 所示,U 形肋横向间距 600mm,按照国内外钢桥设计规范的规定,位于 U 形肋腹板上面板的有效宽度为 150mm。钢桁梁标准节段长 12m 和 8m,分别对应钢桥面板横肋间距 3m 和 2.7m。计算得到 U 形肋(包含面板)绕水平主轴的惯性矩为 15 299cm^4,将其标注在 Eurocode3 规范规定的曲线图中,如图 7 所示。图中同时标注了另外几座采用正交异性钢桥面板的钢桁梁桥。

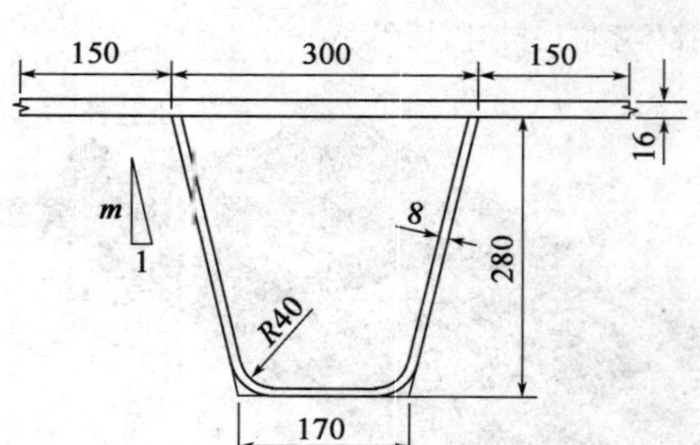

图8　北盘江大桥正交异性钢桥面板 U 形肋标准横截面(尺寸单位:mm)

从图 7 可以看出,本桥钢桥面板 U 形肋的刚度值完全满足 Eurocode3 规范的规定,且有足够大的余量。

2. 静力计算分析

钢桁梁正交异性钢桥面板的横肋间距受钢桁梁节间长度的影响,一般在节点处设置横梁,然后等距离设置横肋。增加横肋数量可以改善钢桥面板的受力,但是却增加了纵肋与横肋交叉连接部位(该部位出现疲劳裂纹的概率最高)的数量,而且也增加了工程量和结构重量。减少横肋数量将导致相邻两横肋之间跨中部位面板挠度过大。如果本桥钢桥面板减少

1 道横肋，则横肋间距变为 4m，从上图就可以看出，尽管也能满足 Eurocode3 规范的规定，但是将明显减小钢桥面板的安全余量。本节采用数值计算分析手段对比研究合理的横肋间距。选取两种横肋间距进行分析计算：

方案一：12m 标准节段内设两道横肋，横肋间距为 4m，横肋腹板厚 16mm。

方案二：12m 标准节段内设三道横肋，横肋间距为 3m，横肋腹板厚 12mm。

1）分析方法及有限元模型

采用大型通用程序 ANSYS 有限元软件，采用 shell63 弹性板单元和 beam188 空间梁单元建立有限元模型，对桥面正交异性板在第二体系下可能出现最大车辆荷载情况作用的应力状态进行了分析计算。

2）荷载及边界条件

计算荷载：自重、桥面铺装、车轮荷载，采用双向六车道，按横向、纵向最不利位置布置。

边界条件：限制主桁架上弦杆斜拉索锚固点处的竖向位移，限制一侧锚固点的横桥向位移，限制一端梁体的顺桥向位移。

3）计算结果对比分析

（1）刚度比较。方案一桥面板最大竖向位移为 -17.9mm，方案二桥面板竖向最大位移为 -16.7mm。横肋间距减小结构刚度增大（图 9）。

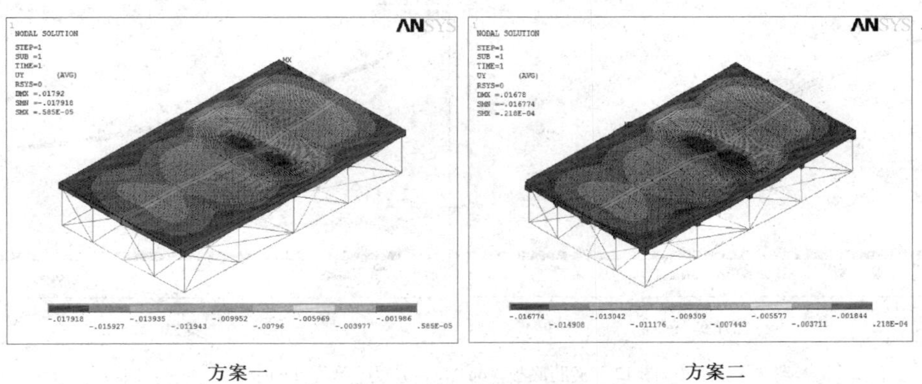

方案一　　方案二

图 9　竖向位移（位移单位：m）

（2）强度比较。方案一桥面板最大 Von - Mises 应力为 80.8MPa，方案二最大 Von - Mises 应力为 75.7MPa（图 10）。

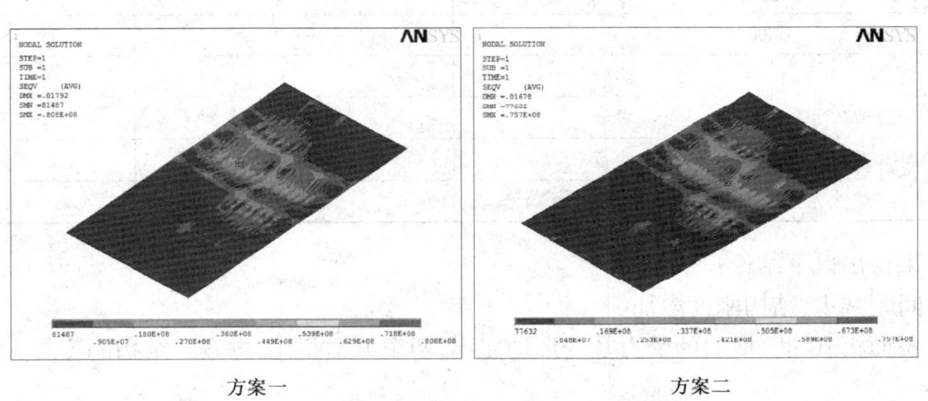

方案一　　方案二

图 10　桥面板 Von - Mises 应力（应力单位：Pa）

方案一中 U 肋最大 Von - Mises 应力为 98.0MPa，方案二其最大 Von - Mises 应力为 85.2MPa（图 11、图 12）。

“中纵梁 + 次横梁”桥面板支撑体系两种不同横肋间距方案的各板应力比较如表 1 所示。

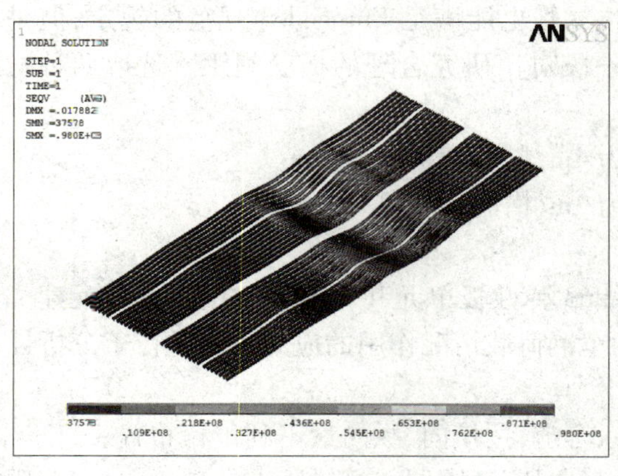

方案一

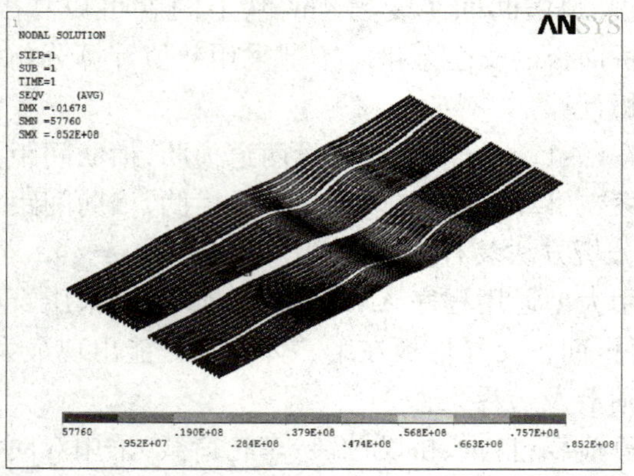

方案二

图 11 U 肋 Von-Mises 应力(应力单位:Pa)

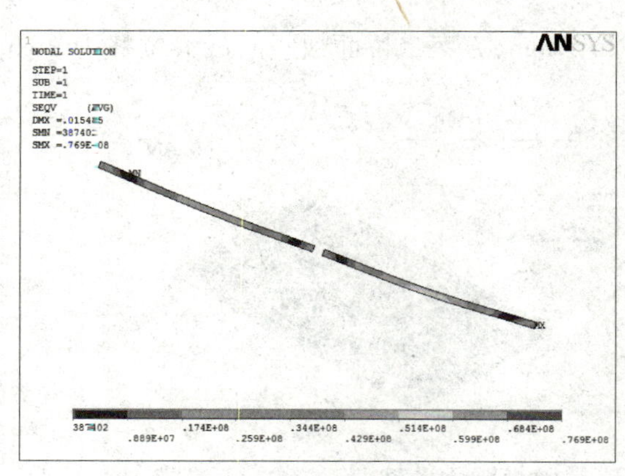

方案一

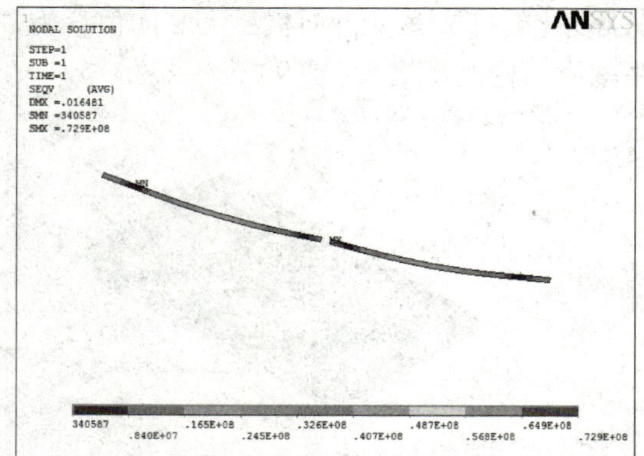

方案二

图 12 横肋底板 Von-Mises 应力(单位:Pa)

主要板件 von－mises 应力(单位:MPa) 表 1

板件名称		方案一	方案二
桥面板		80.8	75.7
U 肋		98.0	85.2
次横梁	腹板	137	131
	翼缘	76.9	72.9
主横梁	腹板	107.0	98.8
	翼缘	102.0	87.2

从表 1 结果得出以下结论:

a. 次横梁间距减小,结构刚度增加。

b. 方案二桥面板、U 肋、横肋的受力及变形均变小,两个方案相比,方案二结构刚度更大,板件应力整体变小。

c. 结合桥面板第一体系应力情况,方案二的桥面板支撑体系构造应力水平更合理。

四、钢桁梁正交异性钢桥面板疲劳敏感部位初步分析

采用数值计算分析手段,截取了 3 个节间长度的梁段建立有限元模型对正交异性钢桥面板结构的疲劳敏感部位进行初步分析。

1. 分析方法及有限元模型

初步计算分析采用大型通用有限元程序 Ansys。模型中正交异性钢桥面板采用 she1163 单元，上弦杆、下弦杆、竖腹杆、斜腹杆采用 BEAM189 单元，一共划分了 1 655 590 个节点，1 672 076 个单元，具体节段模型和单元划分如图 13 所示。

2. 加载工况

车辆荷载采用《公路桥涵设计通用规范》(JTG D60—2004)中的车辆荷载计算分析了 6 个工况，分别如下。

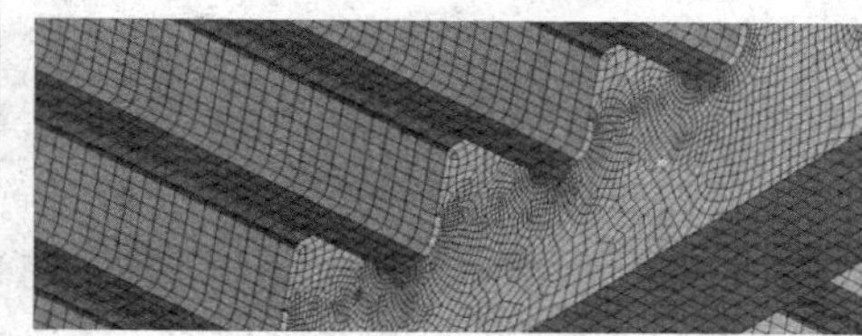

图 13 有限元模型的网格划分

(1)工况一：两对后轮的中心线纵向作用在中间节间的中间次横梁，车轮横向作用 U 形肋的正上方。

(2)工况二：两对后轮的中心线纵向作用在中间节间的中间次横梁，车轮横向作用在 U 形肋的侧上方。

(3)工况三：两对后轮的中心线纵向作用在中间节间的中间次横梁，车轮横向作用在两 U 形肋之间正上方。

(4)工况四：倒数第二对后轮的中心线纵向作用在两次横梁的中间位置，车轮横向作用 U 形肋的正上方。

(5)工况五：倒数第二对后轮的中心线纵向作用在两次横梁的中间位置，车轮横向作用在 U 形肋的侧上方。

(6)工况六：倒数第二对后轮的中心线纵向作用在两次横梁的中间位置，车轮横向作用在两 U 形肋之间正上方，见图 14。

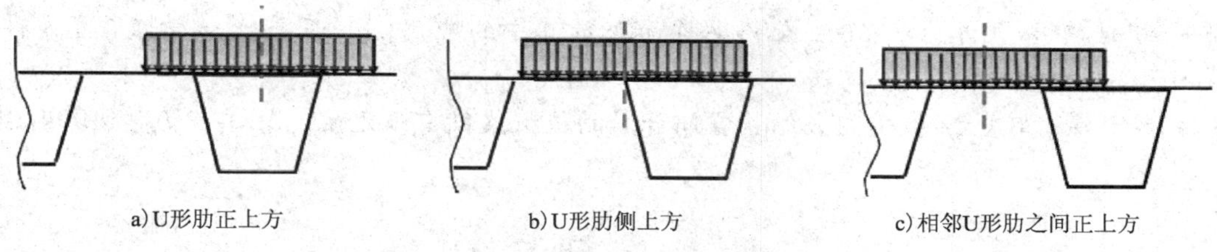

a)U形肋正上方　　b)U形肋侧上方　　c)相邻U形肋之间正上方

图 14 计算模型中车辆荷载横向作用位置

3. 初步确定疲劳敏感部位

6 种计算工况下桥面板、U 形肋和次横梁上 Von Mises 应力最大值汇总如表 2 所示。

六种计算工况下桥面板和次横梁上 Von Mises 应力最大值(MPa)汇总 表 2

工　况	桥　面　板	U　形　肋	次横梁上弧形切口处
工况一	62.5	13.2	20.7
工况二	75.5	10.9	42.7
工况三	58.1	10.4	40.3
工况四	56.5	17.5	21.2
工况五	69.3	15.0	40.5
工况六	57.0	14.0	39.8

从上述分析和表 2 可以看出：

(1)当车辆的两对后轮中心线纵向作用在中间节间的中间次横梁、车轮横向作用在 U 形肋的侧上方时，面板的 Von Mises 应力最大值达到 75.5MPa，发生 U 形肋与面板之间连接处；次横梁上弧形切口处的 Von Mises 应力最大值为 42.7MPa，发生在弧形切口下面水平段与圆弧段相交位置。

(2)不管车辆轮载作用在什么位置，U 形肋下翼缘的 Von Mises 应力最大值只有 17.5MPa，横肋的应力也很小。也就是说,U形肋和横肋都不属于疲劳敏感部位。

(3)车辆的4个车轮对钢桥面板的局部受力相互之间的影响很小,可以只计算单个轮载对钢桥面板结构的影响。

通过初步计算分析,可以得出结论:U形肋与面板之间连接处、U形肋与横肋腹板交叉连接处横肋腹板上弧形切口处属于疲劳敏感部位。

五、结 语

本文针对正交异性钢桥面板的病害问题和板—桁组合体系中正交异性钢桥面板支撑体系的特殊性,介绍了国内外常见的支撑体系形式,并结合都格北盘江大桥的建设条件,提出了"中纵梁+次横梁"新型支撑体系形式。随后参考欧洲《Eurocode 3: Design of steel structures》、日本《日本鋼構造協會. 鋼構造物の疲労設計指针・同解說》、美国《AASHTO LRFD Bridge design Specification》等规范,对北盘江大桥正交异性钢桥面板构造进行了分析论证,并通过有限元数值分析方法,研究了适合于该桥的桥面板合理支撑体系,并初步确定了疲劳敏感部位,为今后同类型大桥设计提供了有效科学支撑。

参考文献

[1] 叶勇,熊建民,周金枝,等.正交异性钢桥面板模型的仿真分析[J].湖北工学院学报,2003(03).

[2] 万鹏,郑凯锋,洪显诚.正交异性板桥面体系计算支承长度匹配问题研究[J].中国铁道科学,2003(02).

[3] 曾耀华,彭力.P-E法计算正交异性钢桥面板的应用[J].中外公路,2001(05).

[4] 徐利平,胡世德,杜国华.G-M法在箱梁桥面板计算中的应用[J].同济大学学报(自然科学版),2000(03).

[5] 王荣辉,徐林荣,曾庆元.板桁组合结构空间计算的板桁梁段有限元法[J].工程力学,1999(04).

107. 高强钢筋混凝土梁受弯性能试验研究

王文彪[1] 王君杰[1] 刘 波[2] 梅世龙[3]

(1.同济大学土木工程学院;2.中交公路规划设计院有限公司;3.贵州高速公路集团有限公司)

摘 要 为了研究高强钢筋混凝土梁的受弯性能,本文通过14根受弯试验梁分别分析了纵筋强度、保护层厚度、混凝土强度、配筋率对抗弯承载能力的影响,讨论了现行中国《混凝土结构设计规范》(GB50010—2010)的受弯承载能力、平均裂缝间距、最大裂缝宽度计算公式对高强钢筋混凝土梁的适用性。结果表明:高强钢筋混凝土梁的抗弯试验现象及抗弯承载能力影响因素与普通钢筋混凝土梁基本相同,其受弯承载能力、平均裂缝间距、最大裂缝宽度仍可以采用现行规范公式进行设计。

关键词 高强钢筋 受弯性能 影响因素 规范公式

一、引 言

在现行的《混凝土结构设计规范》(GB50010—2010)中,纳入了HRB500、HRBF500级钢筋。高强钢筋作为一种国内近几年才新起的材料,已经逐渐在国内得到推广和应用,也是目前国内学者研究的热点。如金伟良等根据8根高强钢筋混凝土梁的试验结果,分析了梁的平均裂缝宽度及短期最大裂缝宽度,对该类梁的裂缝计算提出了修正建议。丁振坤等通过15根HRB500级钢筋混凝土简支梁的试验分析,提出了修正后适合HRB500级钢筋混凝土梁的刚度计算公式。李艳艳等通过12根高强钢筋混凝土矩形梁试验,提出采用蒙皮钢筋作为控制构件裂缝宽度的有效措施。然而,在我国高强度钢筋的推广过程中仍存在一些困难,虽然国内已经有一定的试验研究基础,但设计人员对规范计算公式于高强度钢筋的适用性,特别是由于高强度钢筋引起的钢筋应力增大,继而可能造成超过裂缝宽度限值,仍存有疑虑。因而,本文进行了14根高强钢筋混凝土梁弯曲试验,探讨了高强钢筋混凝土梁抗弯承载能力的影响因素及现有规范计算公式的适用性。

二、试 验 概 况

1. 试件设计

试验共设计了14根高强钢筋混凝土简支梁构件。截面为矩形,尺寸为200mm×400mm;梁长3.3m,计算跨度为3.0m。箍筋为HRB500,其铃虿捎味蓖 RB335、HRB500E两个等级,配筋率范围为0.75%~1.26%;混凝土净保护层厚度分为20mm、30mm、40mm三种,混凝土分为C40、C60两种。典型的受弯梁的设计图如图1所示,各构件的基本参数见表1。

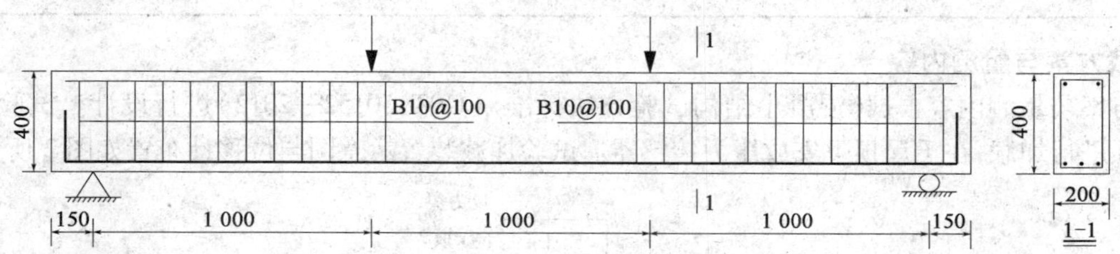

图1 典型抗弯构件设计图(尺寸单位:mm)

弯曲试验梁构件参数 表1

编号	保护层 c(mm)	混凝土	纵筋 强度等级	直径(mm)	根数	配筋率(%)
BB-1	20	C40	HRB335	16	3	0.75
BB-2	20	C40	HRB335	20	3	1.18
BB-3	20	C40	HRB500E	16	2	0.50
BB-4	20	C40	HRB500E	16	3	0.75
BB-5	20	C40	HRB500E	16	4	1.01
BB-6	20	C40	HRB500E	16	5	1.26
BB-7	20	C40	HRB500E	20	3	1.18
BB-8	20	C40	HRB500E	20	4	1.57
BB-9	20	C40	HRB500E	20	5	1.96
BB-10	30	C40	HRB500E	16	3	0.75
BB-11	40	C40	HRB500E	16	3	0.75
BB-12	20	C60	HRB335	16	3	0.75
BB-13	20	C60	HRB500E	16	3	0.75
BB-14	20	C60	HRB500E	20	3	1.18

2. 材料性能

对高强钢筋进行拉伸试验,测量得到的钢筋材料性能如表2。

钢筋力学性能　　表2

强度等级	直径 d(mm)	屈服强度(MPa)	抗拉强度(MPa)	最大力伸长率(%)
HRB335	16	471.2	574.9	27.4
HRB335	20	399.5	543.4	28.3
HRB500E	16	499.5	687.4	44.9
HRB500E	20	534.0	717.0	23.0
HRB500E	10	535.8	729.8	21.2

试验测量得到的混凝土强度实测值如表3。

混凝土实测强度　　表3

强度等级	f_{cu}/MPa	f_c/MPa	f_t/MPa
C40	36.1	24.1	2.44
C60	66.4	42.8	3.20

3. 加载方案与量测内容

加载方案与量测内容根据《混凝土结构试验方法标准》(GBT 50152—2012)进行设计。试验梁均采用液压千斤顶进行加载,在千斤顶下安放压力传感器。试验加载装置示意图与位移计布置如图2所示。

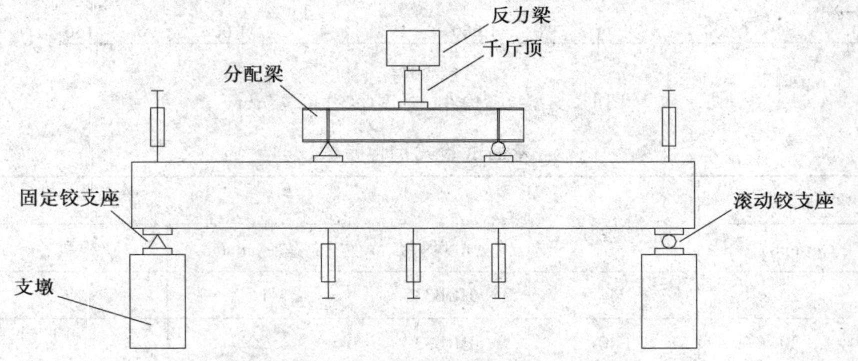

图2　试验加载示意图

纵筋的应变片位置示意图如图3所示,跨中混凝土表面的位移计布置如图4所示。

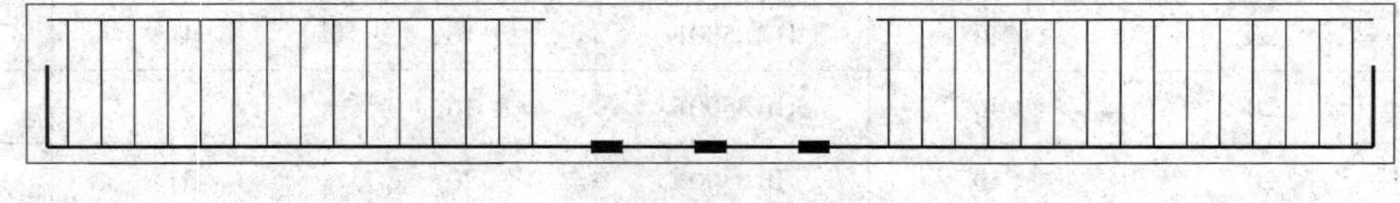

图3　纵筋与箍筋应变片布置图

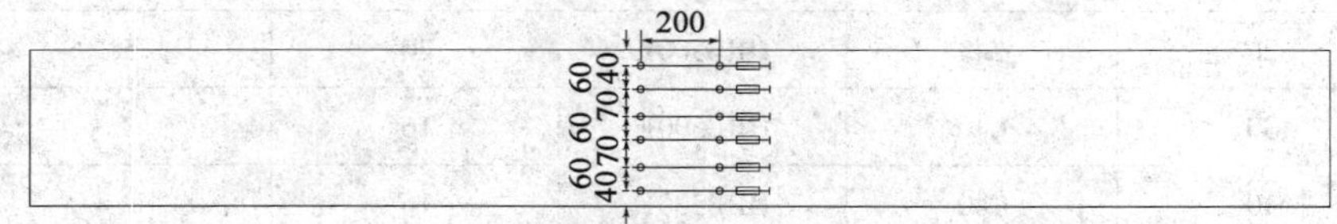

图4　混凝土应变片布置图(尺寸单位:mm)

三、试验结果及分析

1. 荷载—挠度曲线

弯曲试验梁的弯矩—挠度曲线见图5、图6。图中的弯矩值为考虑了分配梁和梁自重后的纯弯段跨中的弯矩值.挠度为跨中位移值。

由上述荷载—挠度曲线可发现，配置500MPa纵筋的混凝土梁正截面受弯过程表现为典型的三个阶段：

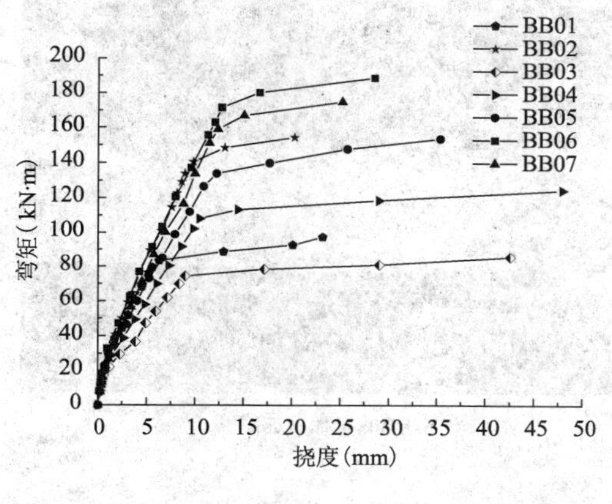

图5 BB01－BB07梁的荷载—挠度曲线

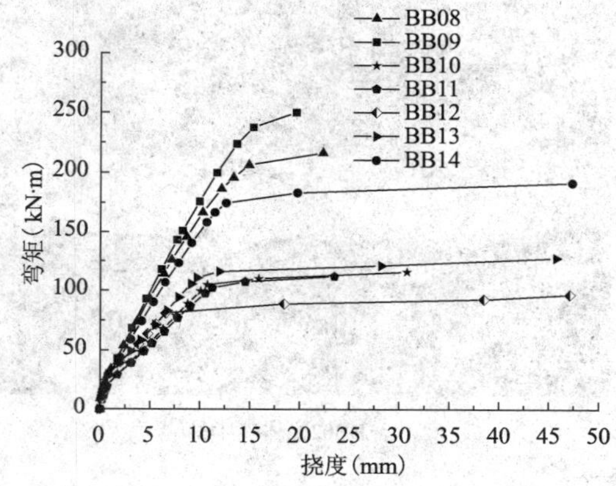

图6 BB08－BB14梁的荷载—挠度曲线

（1）弹性阶段。加载初期，梁承受的弯矩较小，截面未开裂，混凝土处于弹性工作阶段，此时截面刚度最大，曲线的斜率最大。

（2）带裂缝工作阶段。当弯矩达到一定值后，在构件的纯弯段出现了第一批裂缝。此时荷载－挠度曲线出现了第一个明显的转折点，构件挠度突变，标志试验梁开裂。此时荷载—挠度曲线的斜率减小。

（3）破坏阶段。随着荷载的继续增加，承载能力基本保持不变，而挠度和裂缝宽度急剧增长，荷载挠度曲线基本为水平线，直至构件破坏。整个过程经历较大的变形，破坏具有明显的预兆。受弯过程与普通钢筋混凝土结构类似。

2. 裂缝发展情况

构件出现裂缝后，随着荷载增大，裂缝不断延伸和扩展，而当荷载加载至$0.6\sim0.7P_u$时，裂缝基本上不再延伸，其发展情况如图7所示。

观察上述裂缝图可以发现，弯曲裂缝基本保持竖直向上，基本不出现斜裂缝；裂缝分布相对均匀；在各条长裂缝之间，有时会有短小的次生裂缝出现。而且在梁后期会出现一条或者两条主裂缝，裂缝宽度急剧增大。裂缝发展情况与普通钢筋混凝土结构类似。

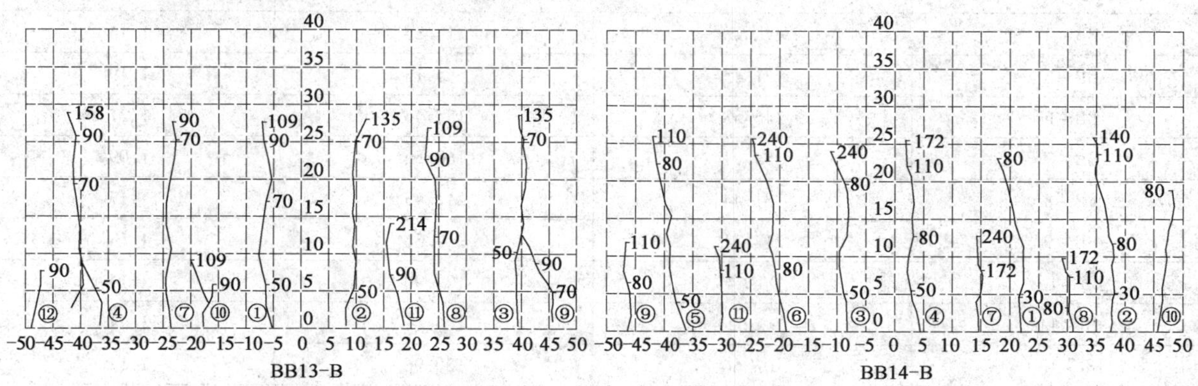

图7 部分构件裂缝描绘图

3. 破坏形态

弯曲梁在破坏时有一两条裂缝发展成为主裂缝，主裂缝宽度会急剧增大，由梁底部向上部扩展，梁的受压区高度明显减小，跨中位移持续增大；然后各主裂缝宽度超过1.5mm，受压区出现纵向水平裂缝，受压区混凝土压碎，梁体断裂，梁的受弯承载力急剧下降。总体上各试验梁断裂时裂缝宽度较大，跨中挠度较大，弯曲明显，具有明显的破坏预兆，都是适筋梁破坏。破坏过程与普通钢筋混凝土结构类似。选取其中梁BB02、BB08的典型破坏形态如图8所示。

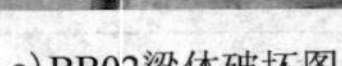

a) BB02梁体破坏图

b) BB08梁体破坏图

图8　部分弯曲梁破坏形态

四、抗弯性能分析

1. 抗弯承载能力

中国《混凝土结构设计规范》(GB50010－2010)中对于矩形截面的抗弯计算公式为:

$$M = \alpha_1 f_c bx(h_0 - \frac{x}{2}) + f'_y A'_s (h_0 - a'_s) \tag{1}$$

$$\alpha_1 f_c bx = f_y A_s + f'_y A'_s \tag{2}$$

取钢筋和混凝土材料强度实测值代入上式可得其计算承载能力。由此得到的抗弯能力试验实测值与理论计算值的对比如表4所示。

抗弯承载能力试验值与计算值　　表4

编　号	计算承载力 kN·m	实测承载力 kN·m	实测/计算
BB－2	120.84	152.16	1.26
BB－3	68.53	75.91	1.11
BB－4	99.65	113.26	1.14
BB－5	121.45	145.13	1.19
BB－6	146.58	185.46	1.27
BB－7	154.91	168.56	1.09
BB－8	181.44	211.43	1.17
BB－9	212.21	249.36	1.18
BB－10	96.64	109.96	1.14
BB－11	93.62	106.61	1.14
BB－13	103.66	120.96	1.17
BB－14	166.08	178.81	1.08

表4中可以发现,平均裂缝间距的计算值均大于实测值,计算/实测的均值为1.23,说明平均裂缝间距的计算公式仍适用;最大裂缝宽度的计算值也大部分大于实测值(除BB－4、BB－8、BB－9外),计算/实测的均值为1.08,说明对于本文的试验,规范最大裂缝宽度计算公式可以较好地预测构件的裂缝宽度。

对比BB1和BB4、BB2和BB7、BB12和BB13可以发现(对于本文的试验,在其他条件相同时,下同),随着纵筋强度的增加,高强钢筋混凝土梁的抗弯承载力明显提高。对比BB1和BB12、BB4和BB13、

BB7 和 BB14，随着混凝土强度的增加，高强钢筋混凝土梁的抗弯承载力得到提高，其影响相对于纵筋强度要小。对比 BB4、BB10、BB11，随着混凝土保护层厚度的增大，高强钢筋混凝土梁的抗弯承载力反而减小。对比 BB03 ~ BB06、BB07 ~ BB09，对于本文的试验，在其他条件相同且为适筋梁时，随着配筋率的增大，高强钢筋混凝土梁的抗弯承载力随之增大。

另外，分析表 4 中实测/计算值，可以发现，对于本文的试验样本，实测抗弯承载能力均大于计算值，且比值均稍大于 1.0。所以采用规范抗弯公式可以较为准确地计算梁的抗弯承载能力，且有一定的能力储备。

2. 最大裂缝宽度

钢筋混凝土受弯梁的正常使用状态需要进行两个验算：

(1)变形验算。即挠度不允许超过限值，其关键在于确定准确的构件刚度 B_s，试验时主要通过短期挠度值来确定其公式的准确性。

(2)裂缝宽度验算。即最大裂缝宽度不允许超过限值，其关键则在于平均裂缝间距和最大裂缝宽度的计算。

因此，本文将主要讨论这三个方面，弯曲梁在正常使用极限状态下的平均裂缝间距、最大裂缝宽度、短期挠度值的试验结果见表 5。

裂缝、挠度试验值与计算值对比 表 5

编号	平均裂缝间距计算值(mm)	平均裂缝间距实测值(mm)	计算/实测	最大裂缝宽度计算值(mm)	最大裂缝宽度实测值(mm)	计算/实测
BB - 1	141.88	115.00	1.23	0.22	0.20	1.10
BB - 2	124.91	96.89	1.29	0.17	0.14	1.23
BB - 3	184.32	145.14	1.27	0.36	0.30	1.21
BB - 4	141.88	116.53	1.22	0.27	0.30	0.90
BB - 5	120.66	102.35	1.18	0.24	0.22	1.07
BB - 6	107.93	101.46	1.06	0.19	0.16	1.16
BB - 7	124.91	104.34	1.20	0.24	0.24	1.01
BB - 8	107.93	101.41	1.06	0.20	0.20	0.98
BB - 9	97.74	92.34	1.06	0.20	0.22	0.89
BB - 10	160.88	118.35	1.36	0.30	0.26	1.17
BB - 11	179.88	115.07	1.56	0.34	0.32	1.06
BB - 12	141.88	122.17	1.16	0.21	0.20	1.04
BB - 13	141.88	124.75	1.14	0.25	0.22	1.12
BB - 14	124.91	92.05	1.36	0.24	0.22	1.11

五、结 语

(1)基于本文的 14 根抗弯梁的试验分析，可以验证以下结论：

①采用 HRB500 级钢筋为纵筋的钢筋混凝土梁的裂缝发展情况、破坏形态以及荷载—挠度曲线与普通箍筋混凝土梁基本相同，其受弯破坏具有明显的预兆性。

②HRB500 级钢筋混凝土梁的抗弯承载能力随着纵筋强度、混凝土强度、配筋率的增加而增加，随着保护层厚度的增大而减小，这也与普通钢筋混凝土梁基本相同。

(2)基于本文的 14 根抗弯梁的试验结果数据分析，可以得出以下结论：对于本文的试验数据，采用现有的中国《混凝土结构设计规范》(GB50010 - 2010)规范公式能够较好的计算集中荷载作用下 HRB500 级钢筋混凝土梁的抗弯承载能力，也能较为准确的计算其平均裂缝间距和最大裂缝宽度。但该结论仍需更多的试验数据支撑。

参考文献

[1] 中国建筑科学研究院. GB50010—2010 混凝土结构设计规范[S]. 中国建筑工业出版社,2011.

[2] 金伟良,陆春华,王海龙,等. 500级高强钢筋混凝土梁裂缝宽度试验及计算方法探讨[J]. 土木工程学报,2011,44(3):16-23.

[3] 丁振坤,邱洪兴,胡涛,等. HRB500级钢筋混凝土梁受弯刚度试验[J]. 建筑科学与工程学报,2009,26(1):115-120.

[4] 李艳艳,崔武文,戎贤. 高强钢筋混凝土梁裂缝控制试验研究[J]. 混凝土,2011(5):132-135.

[5] 刘朝建. 持续推动高强钢筋应用,促进我国经济可持续发展[J]. 中国钢铁业,2011,(12):20-24.

[6] 中国建筑科学研究院. GBT 50152—2012 混凝土结构试验方法标准[S]. 中国建筑工业出版社,2012.

108. 集中荷载作用下高强箍筋混凝土梁剪切试验研究

王文彪[1] 王君杰[1] 石大维[2] 彭运动[3]

(1. 同济大学土木工程学院;2. 贵州高速公路集团有限公司;3. 中交公路规划设计院有限公司)

摘　要　为了研究高强钢筋混凝土梁的受弯性能,本文通过8根剪切试验梁分别研究了箍筋强度、箍筋间距、混凝土强度对其抗剪性能的影响,讨论了现行规范抗剪承载能力公式的适用性和箍筋抗剪设计强度取值。结果表明:高强箍筋混凝土梁的抗剪承载能力随着箍筋强度和混凝土强度的增大而增大,随着箍筋间距的增大而减小;其抗剪承载能力仍可采用现行规范公式进行计算;箍筋抗剪设计强度取为360MPa时能保证梁在正常使用极限状态下满足斜裂缝限值要求。

关键词　高强箍筋　抗剪性能　影响因素　规范公式

一、引　言

高强钢筋在国内正逐渐得到认可和推广,在《混凝土结构设计规范》(GB 50010—2010)中,纳入了HRB500、HRBF500级等高强度钢筋。然而,在我国高强度钢筋的推广过程中仍存在一些困难。虽然国内于对采用高强钢筋作为抗剪箍筋的混凝土梁进行了一些研究,如李朋等对16根采用高强箍筋的混凝土梁分析了混凝土强度、剪跨比、箍筋强度、配箍率、截面尺寸等因素对于抗剪试件的裂缝、挠度、承载力及破坏形态的影响;易伟健等通过19根剪跨比为3的钢筋混凝土简支梁的剪切破坏试验,研究了中国和美国规范计算公式对于高强箍筋混凝土梁抗剪承载能力适用性及应用范围。然而,对于箍筋强度为600MPa混凝土梁的研究较少,现行规范抗剪承载能力公式对于高强度钢筋的适用性需要大量试验进行研究和验证。故本文做了8根集中荷载作用下的高强箍筋剪切梁试验,探讨了高强箍筋抗剪承载能力的影响因素,讨论了规范抗剪承载能力公式的适用性。

二、试 验 概 况

1. 试件设计

试验设计了8根高强箍筋混凝土简支梁构件,截面为矩形,尺寸为200mm×400mm;梁长2.7m,计算跨度为2.4m。纵筋为4根HRB400,净保护层厚度为20mm,箍筋则采用了HRB335、HRB500E、HRB600三个等级,箍筋间距为150mm、200mm、250mm三种;混凝土分为C40、C60两种。典型的剪切梁的设计图如图 1 所示,而各构件的基本参数见表 1。

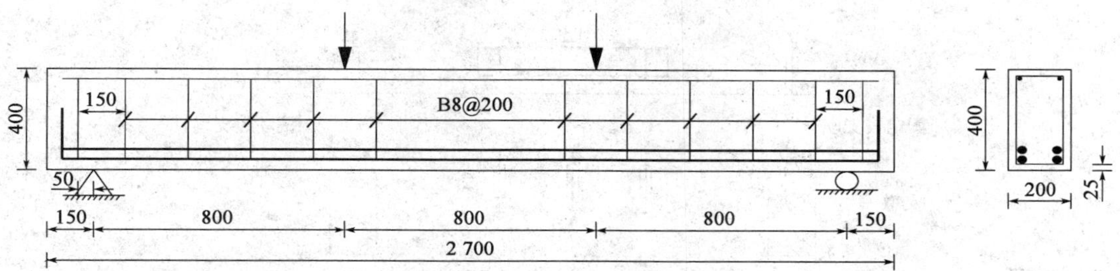

图 1 抗剪构件典型设计图(尺寸单位:mm)

剪切梁构件参数 表 1

梁 编 号	混凝土强度	箍 筋		
		强度等级	直径(mm)	间距(mm)
BS-1	C40	HRB335	8	200
BS-2	C40	HRB500E	8	200
BS-3	C40	HRB500E	8	150
BS-4	C40	HRB500E	8	250
BS-5	C40	HRB600	8	200
BS-6	C60	HRB335	8	200
BS-7	C60	HRB500E	8	200
BS-8	C60	HRB600	8	200

2. 材料性能

对高强钢筋进行拉伸试验,测量得到的钢筋材料性能如表 2。

钢 筋 力 学 性 能 表 2

强 度 等 级	直径 d (mm)	屈服强度 (MPa)	抗拉强度 (MPa)	最大力伸长率 (%)
HRB335	16	471.2	574.9	27.4
HRB335	8	371.4	508.3	24.8
HRB400	28	431.1	633.4	27.5
HRB500E	8	616.8	844.3	21.3
HRB600	8	686.5	969.2	16.8

试验测量得到的混凝土强度实测值如表 3。

混凝土实测强度 表 3

强 度 等 级	f_{cu}/MPa	f_{ck}/MPa	f_{tk}/MPa
C40	36.1	24.2	2.44
C60	66.4	42.9	3.20

3. 加载方案与量测内容

加载方案与量测内容根据《混凝土结构试验方法标准》(GBT 50152—2012)进行设计。试验梁简支在钢支墩上,一端为固定铰支座,另一端为滚动铰支座。试验梁均采用液压千斤顶进行加载,在千斤顶下安放压力传感器。试验加载装置示意图如图 2 所示。

剪切梁其箍筋与纵筋的应变片位置示意图如图 3 所示,混凝土表面的应变片布置如图 4 所示。

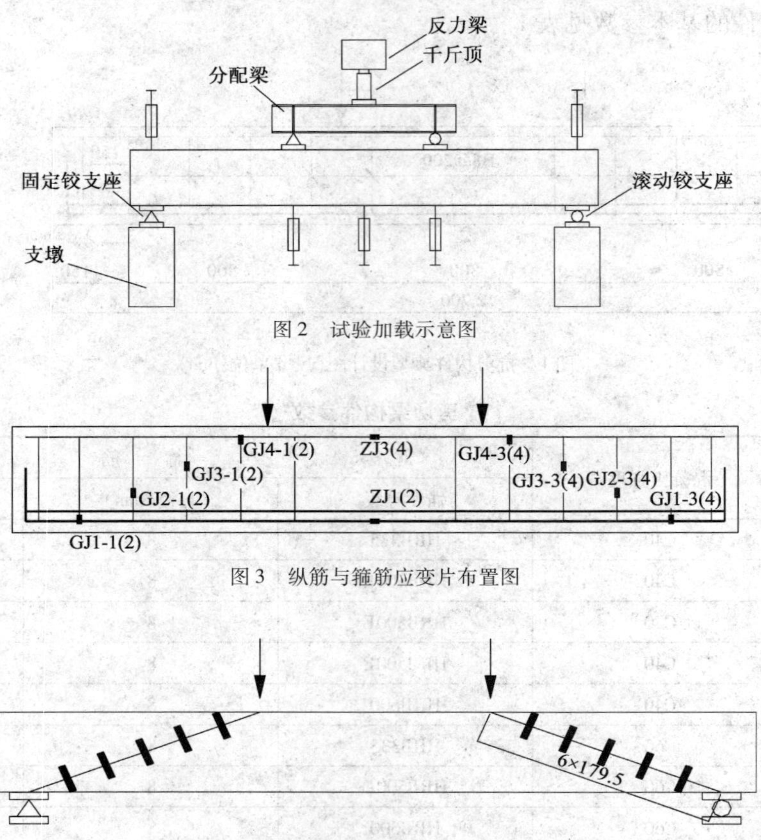

图2　试验加载示意图

图3　纵筋与箍筋应变片布置图

图4　混凝土应变片布置图

三、试验结果及分析

1. 荷载—挠度曲线

剪切试验梁的剪力—挠度曲线见下图5、图6。图中的剪力值为考虑了分配梁和梁自重后的纯剪段的剪力值，挠度为跨中位移值。

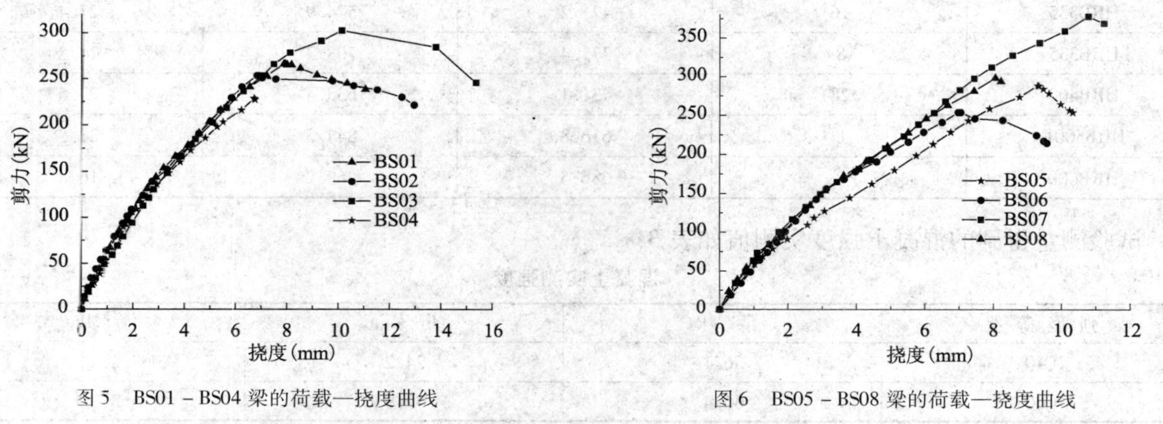

图5　BS01－BS04梁的荷载—挠度曲线　　图6　BS05－BS08梁的荷载—挠度曲线

由上述荷载—挠度曲线可发现，曲线先持续递增，在达到极限承载力时，梁的承载力突然下降，曲线平直段很短，总体上梁的挠度较小，梁破坏的预兆性相对较差。

2. 裂缝发展情况

在加载过程中，随着荷载等级的增加，首先在梁跨中受弯段出现受拉裂缝，裂缝自梁底出现，自下而上延伸。当荷载加载至实测极限承载力的20%～35%时，在剪跨段内也相继出现垂直的受弯裂缝。随着荷载等级的进一步提高，在弯剪区内会出现弯剪裂缝，它是在原有垂直裂缝的基础上发展形成的。随着荷载继续增大，弯剪裂缝继续向支座处延伸并扩展，同时突然出现腹剪裂缝，一般情况下，腹剪裂缝一出现就较长。腹剪裂缝一般发生在梁腹部靠近中和轴的位置上，倾斜角度约在 30°～60°。取其中一个典型的剪切梁裂缝图见图 7。

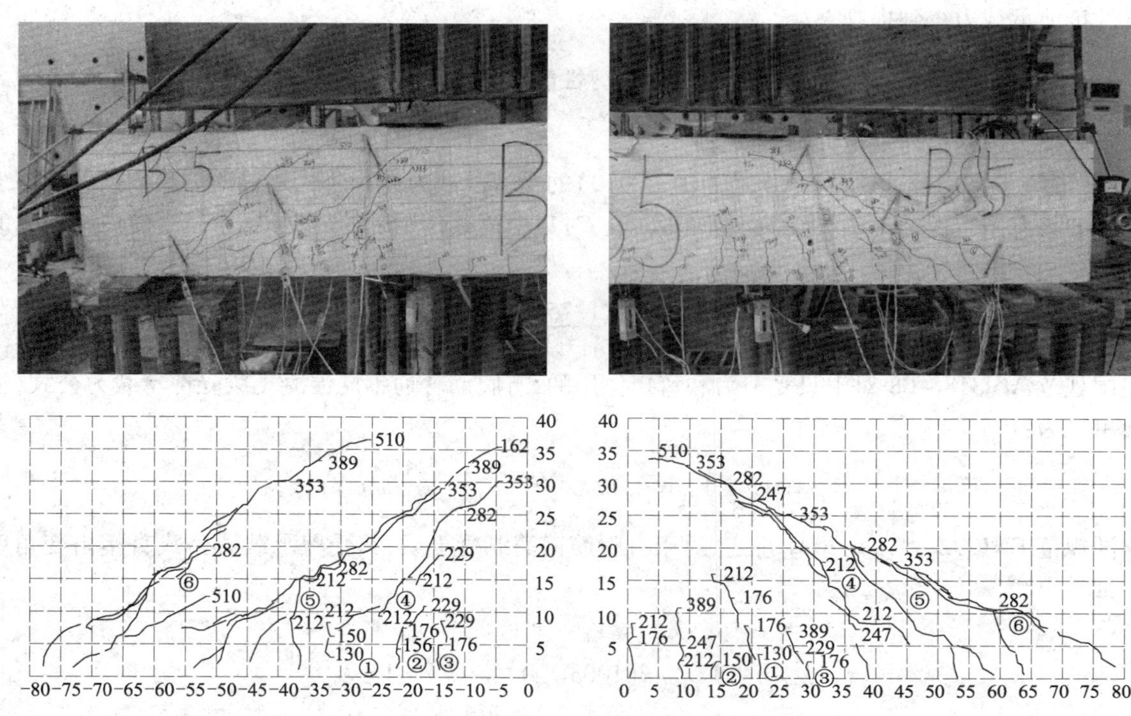

BS05

图 7 裂缝试验照片与描绘图

表 4 中抗剪承载能力试验值的数据，可以得到抗剪承载能力的影响因素：对比 BS02 与 BS05、BS06 与 BS08 可以发现，（对于本文的试验，在其他条件相同时，下同）随着箍筋强度的增加，高强钢筋混凝土梁的抗剪承载力明显提高。

3. 破坏形态

受剪梁的破坏过程呈现一致的规律：随着荷载增大，梁的剪弯段内陆续出现几条斜裂缝，其中一条发展将为主斜裂缝，其斜裂缝宽度急剧增大，同时裂缝会加剧的分别向梁体底座和分配梁的底座延伸，但是梁承受的荷载还能继续增加；然后斜裂缝宽度继续增大，裂缝连接了同侧的上下两个支座，斜裂缝顶端的混凝土被压酥，梁体突然断裂，梁的承载力突然急剧下降。所有的受剪构件的破坏都断裂的比较突然，表现出了脆性断裂，都是剪压破坏。选取其中梁 BS03、BS05 的典型破坏形态如图 8 所示。

a) BS03梁体破坏图

b) BS05梁体破坏图

图 8 部分剪切梁破坏形态

4. 影响抗剪承载能力的因素

分析对比 BS02 与 BS07、BS05 与 BS08 可以发现，随着混凝土强度的增加，高强钢筋混凝土梁的抗剪承载力得到提高。对比 BS04、BS02、BS03 可以发现，随着箍筋间距的减小，箍筋配筋率变大，高强钢筋混凝土梁的抗剪承载力得到提高。

四、抗剪性能分析

1. 承载能力试验值与规范计算值对比

中国《混凝土结构设计规范》(GB 50010—2010)的受剪承载力计算公式是根据试验数据以及桁架拱模型得出的具有一定保证率的半经验半理论公式。对集中荷载作用下的简支梁，斜截面受剪承载力的计算公式为：

$$M = V_c + V_s = \frac{1.75}{\lambda + 1} f_t b h_0 + f_{yv} \frac{A_{sv}}{s} h_0 \tag{1}$$

美国规范 ACI318－08 对于只受剪力和弯矩作用的，有腹筋普通钢筋混凝土梁受剪承载力公式，换算成国际单位为：

$$V_n = V_c + V_s = 0.17\lambda \sqrt{f'_c} b h_0 + \frac{f_{yt} A_v}{s} h_0 (N) \tag{2}$$

欧洲规范 EN1992－1－1:2004 规定，对于有腹筋钢筋混凝土梁，其受剪承载力公式直接由变角度桁架模型推导出。

$$V_{Rd} = V_{Rd,s} + V_{Rd,c} \tag{3}$$

$$V_{Rd,c} = [C_{Rd,c} k (100\rho_1 f_{ck})^{1/3} + k_1 \sigma_{cp}] b_w d \tag{4}$$

$$V_{Rd,s} = \frac{A_{sw} f_{ywd} Z \cot\theta}{s} \tag{5}$$

各构件的实际剪力试验值 V_{exp} 与中国规范计算值 V_{GB}，美国规范计算值 V_{ACI}，欧洲规范计算值 V_{EN}，的对比情况如表 4 所示。

试验值与各国规范计算值对比表 表 4

编号	混凝土强度	箍筋			Vexp (kN)	V_{GB} (kN)	β_1 = Vexp/V_{GB}	V_{ACI} (kN)	β_2 = Vexp/V_{ACI}	V_{EN} (kN)	β_3 = Vexp/V_{EN}
		强度	直径(mm)	间距(mm)							
BS－1	C40	HRB335	8	200	240.98	144.21	1.67	122.09	1.97	116.14	2.07
BS－2	C40	HRB500E	8	200	228.73	184.98	1.24	162.86	1.40	156.91	1.46
BS－3	C40	HRB500E	8	150	291.23	219.14	1.33	197.01	1.48	191.06	1.52
BS－4	C40	HRB500E	8	250	203.53	164.49	1.24	142.36	1.43	136.41	1.49
BS－5	C40	HRB600	8	200	273.73	196.56	1.39	174.43	1.57	168.49	1.62
BS－6	C60	HRB335	8	200	228.88	169.92	1.35	143.60	1.59	128.39	1.78
BS－7	C60	HRB500E	8	200	343.78	210.68	1.63	184.37	1.86	169.16	2.03
BS－8	C60	HRB600	8	200	298.73	222.26	1.34	195.95	1.52	180.73	1.65

可以发现，对于本试验的构件，各国规范都有公式计算结果，都小于试验实测值，即各国规范的计算公式都是安全的，其中欧洲规范最为保守，其次是美国，最后是中国。各国规范计算比值对比情况见图 9 所示。

2. 正常使用状态分析

由于现行《混凝土结构设计规范》(GB 50010—2010)中没有给出具体的斜裂缝宽度计算公式，而主要采用规范中受剪承载力公式及箍筋抗剪设计强度取值来间接进行约束，即保证在正常使用极限状态下梁的最大斜裂缝宽度一定会小于规范规定的最大裂缝宽度限值。本文试验采用的主要验证过程如下：将材料的实测强度代入规范抗剪计算公式，得到极限承载力计算值 V_u^{cal}，除以安全系数 K 即可得到正常使用极限状态下的理论剪力值 $V_{0.2}^{cal}$。再将 $V_{0.2}^{cal}$ 与试验测量得到的 $V_{0.2}^{exp}$，若理论计算值小于试验值，则说明梁的斜裂缝宽度满足正常使用状态下裂缝限值要求。

安全系数 K，是指考虑荷载分项系数、材料强度分项系数和抗力计算模式的差异等因素而求得的安全系数。安全系数取为 $K = k_S k_R = 1.19 \times 1.267 = 1.51$，此时箍筋设计强度为360MPa，正常使用极限状态剪力计算值由极限承载力计算值折减而得：$V_{0.2}^{cal} = V_u^{cal}/K$，该值与试验值 $V_{0.2}^{exp}$ 的对比情况见表5。

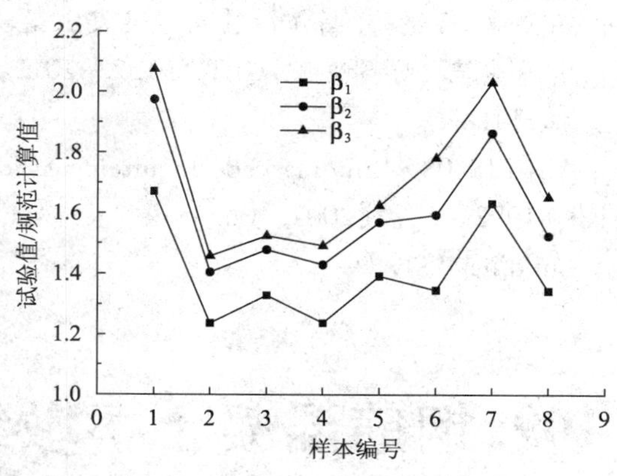

图9　试验值与各国规范计算值对比图

正常使用极限状态试验值与计算值对比表　　表5

编　号	$V_{0.2}^{exp}$	$V_{0.2}^{cal}$	$V_{0.2}^{exp}/V_{0.2}^{cal}$
BS-1	143.73	95.18	1.51
BS-2	160.08	122.09	1.31
BS-3	157.38	144.63	1.09
BS-4	142.28	108.56	1.31
BS-5	162.48	129.73	1.25
BS-6	173.73	112.14	1.55
BS-7	173.88	139.05	1.25
BS-8	163.58	146.69	1.12

注：$V_{0.2}^{exp}$ 表示试验最大裂缝宽度为0.2mm时梁的实测剪力值；$V_{0.2}^{cal}$ 表示正常使用极限状态的计算剪力值。

由表5可知，本文的集中荷载作用下的试验梁，$V_{0.2}^{exp}/V_{0.2}^{cal}$ 都大于1，即正常使用极限状态的试验实测值要大于计算值，表明采用《混凝土结构设计规范》(GB 50010—2010)规范公式对配高强箍筋的混凝土梁的剪力进行设计时，能较好地满足斜裂缝宽度限值要求。但是该结果仍需要大量试验去验证。

五、结　　语

(1)基于本文的8根抗剪梁试验结果分析，可以验证以下结论：

①高强箍筋混凝土梁的裂缝发展情况和破坏形态与普通箍筋混凝土梁基本相同，破坏没有明显的预兆性。

②高强箍筋混凝土梁的抗剪承载能力随着箍筋强度、混凝土强度的增加而增加，随着箍筋间距的增大而减小。

(2)基于本文的8根梁的抗剪性能数据分析，可以得出以下结论：

①基于本文的试验数据，采用现有的中国《混凝土结构设计规范》(GB 50010—2010)抗剪计算公式能够较好的计算集中荷载作用下高强度钢筋混凝土梁的抗剪承载能力。

②高强箍筋抗剪设计强度限制为360MPa时，能够较好的保证梁在正常使用状态下能满足斜裂缝宽度要求。

参考文献

[1] 中国建筑科学研究院. GB 50010—2010　混凝土结构设计规范[S]. 北京：中国建筑工业出版社，2011.

[2] 刘朝建. 持续推动高强钢筋应用，促进我国经济可持续发展[J]. 中国钢铁业，2011，(12)：20-24.

[3] 李朋，王命平，耿树江. 高强箍筋混凝土简支梁抗剪承载力试验研究[J]. 青岛理工大学学报，2009，30(5)：20-24.

[4] 易伟建,吕艳梅.高强箍筋高强混凝土梁受剪试验研究[J].建筑结构学报,2009,30(4):94-101.
[5] 中国建筑科学研究院.GBT 50152—2012 混凝土结构试验方法标准[S].北京:中国建筑工业出版社,2012
[6] ACI 318-08. Building code requirements for structural concrete and commentary[S].
[7] EN1992-1-1:2004. Eurocode 2: Design of concrete structures-Part 1-1: General rules and rules for buildings[S].

109.钢筋混凝土桥墩纵筋屈曲长度简化计算模型

陈 炜[1] 王文彪[2] 门永斌[3]
(1.贵州高速公路集团有限公司;2.同济大学;3.中交公路规划设计院有限公司)

摘 要 纵筋屈曲长度对钢筋混凝土桥墩抗震性能有较大影响。本文基于最小能量原理,考虑地震作用下钢筋的非线性,提出纵筋屈曲长度简化计算模型。采集具有不同配筋形式的73个矩形试件,比较简化屈曲模型与D&M模型屈曲长度计算值与试验值,验证简化屈曲模型的可靠性。分析结果表明,屈曲时纵筋等效弹性刚度介于硬化弹性模量和折减弹性模量之间,取值为0.025倍钢筋初始弹性刚度时,能较好地预测纵筋屈曲长度;箍筋对纵筋的侧向约束可以简化为线性弹簧,弹簧刚度与箍筋截面面积与配箍形式有关;简化屈曲模型可以较好地预测纵筋屈曲长度,对纵筋屈曲长度预测结果明显优于D&M模型。

关键词 钢筋混凝土桥墩 抗震性能 钢筋屈曲 屈曲长度 简化计算模型

强烈地震作用下,钢筋混凝土柱承受较大往复荷载,保护层混凝土剥落,核心混凝土压碎,纵筋屈曲断裂。纵筋屈曲直接影响钢筋力学性能,从而影响钢筋混凝土柱抗震性能,因此结构抗震性能评价时需要考虑钢筋屈曲的影响。

国内外已有钢筋的单轴压缩和滞回加载试验表明,长细比(L/D)对钢筋本构模型有较大的影响。现有研究中,钢筋混凝土结构中钢筋的屈曲长度多被认定为箍筋间距。然而,根据钢筋混凝土结构轴向受压和水平往复加载试验,纵筋的屈曲长度不限于单个箍筋间距,可能贯穿多个箍筋间距。因此,为了更好地评估结构抗震性能,需要更准确的预测混凝土结构中的钢筋屈曲长度。

Bresler和Gilbert首先研究了钢筋混凝土柱中的纵筋屈曲,提出纵筋屈曲时的受力形式,指出应该通过满足一定箍筋配置来避免纵筋屈曲。Scribner通过理论分析和6个钢筋混凝土梁试件往复加载试验指出,箍筋间距和直径对纵筋的屈曲有较大影响,试验中的梁试件由于不同箍筋配置,屈曲长度为1倍到3倍箍筋间距不等。Pipia等研究了钢筋混凝土柱中的钢筋的不稳定性并提出了纵筋屈曲时屈曲长度计算方法,指出屈曲需要考虑钢筋的非线性,采用折算弹性模量替代钢筋弹性模量。Pantazopoulou根据欧拉稳定性理论研究纵筋稳定性,并且收集了300多个钢筋混凝土柱试验数据,研究了箍筋有效系数、核心混凝土变形能力、箍筋间距和纵筋直径对纵筋稳定性的影响。

Dhakal和Maekawa基于最小能量原理提出了一种简化可靠的纵筋屈曲长度计算方法,并且采用不同矩形钢筋混凝土柱试验验证了该模型的可靠性。然而该模型对发生屈曲破坏时钢筋的非线性考虑不足。Zong和Kunnath在Dhakal和Maekawa模型(D&M模型)的基础上,针对圆柱形试件发展了“beam-on-springs”模型,在该模型中纵筋被简化为弯曲构件,箍筋对纵筋的约束简化为具有一定刚度的弹簧,并采用数值模拟的方法验证了模型的可靠性。Massone和López基于四个塑性铰的塑性纤维模型,研究了受压纵筋的屈曲特性,通过钢筋混凝土矩形试验验证了自己的模型。然而,该模型计算屈曲长度时方法较为复杂,并且屈曲长度的估算值与D&M模型比较并无优势。

本文在 D&M 模型和“beam-on-spring”模型基础上，考虑了纵筋和箍筋的非线性影响，修正了模型中的纵筋等效弹性模量和箍筋约束刚度，提出一种更简单可靠的纵筋屈曲长度计算方法。

一、屈曲模型介绍

钢筋混凝土柱在地震作用下，墩底破坏情况如图 1a）所示，此时纵筋屈曲跨越多个箍筋间距。根据“beam-on-spring”模型，假设屈曲破坏时纵筋简化为两端固结的梁构件，箍筋对纵筋的约束简化为弹簧，纵筋形状简化为满足边界条件的余弦函数，如图 1b）所示。纵筋型函数简化为：

$$v = \frac{\delta}{2}\left(1 - \cos\frac{2\pi x}{L}\right) \tag{1}$$

图 1 和式中：δ——纵筋屈曲时最大侧向变形；

S——箍筋间距；

L——纵筋长度；

n——纵筋长度与箍筋间距的比值；

x——纵筋与边界处的距离；

v——x 处纵筋的侧向变形；

P——纵筋承受的轴向力。

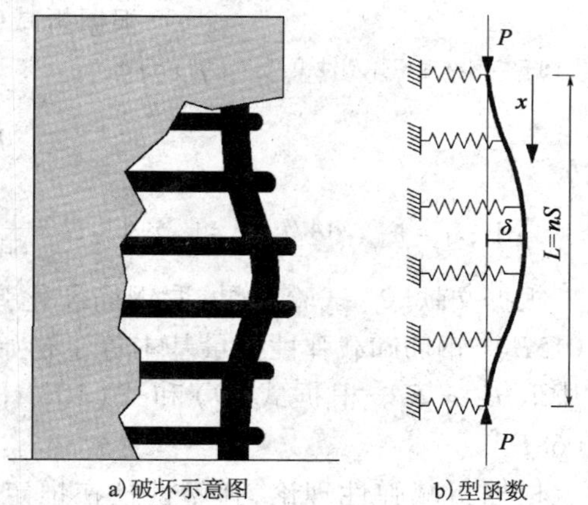

图 1　纵筋屈曲破坏模式

纵筋中的总能量可以表示为式(2)，其中 U_{strain} 为钢筋应变能，U_{spring} 为弹簧中的弹性势能，U_{bar} 为由于钢筋缩短产生的势能。其中 E 为纵筋屈曲时的有效弹性模量，I 为截面抗弯惯性矩，k 为约束弹簧刚度。

$$U = U_{strain} + U_{spring} + U_{bar} \tag{2}$$

$$U_{strain} = \frac{1}{2}\int_0^L EI(v'')^2 \mathrm{d}x \tag{3}$$

$$U_{spring} = \frac{1}{2}k\left(\frac{\delta}{2}\right)^2 \sum_{i=1}^{2n-1}\left(1 - \cos\frac{2\pi i}{n}\right)^2 \tag{4}$$

$$U_{bar} = \frac{1}{2}P\int_0^L (v')^2 \mathrm{d}x \tag{5}$$

根据最小能量原理，对钢筋中的总体耗能对侧向变形的位移 δ 进行微分，可以得到式(6)。

$$\frac{\partial U}{\partial \delta} = 0 \Rightarrow P = \frac{4EI\pi^2}{L^2} + \frac{kL}{2\pi^2}\sum_{i=1}^{n-1}\left(1 - \cos\frac{2\pi i}{n}\right)^2 \tag{6}$$

为了计算屈曲长度，将 $L = nS$ 带入式(6)并对 n 求导，可以得到式(7)。设置屈曲长度函数为 $f(n)$，如式(8)所示，纵筋长度可简化为式(9)。由式(9)可知，纵筋屈曲长度与箍筋间距 S、有效弹性模量 E 和箍筋提供的弹簧刚度 k 有关。

$$k = \frac{\pi^4 EI}{S^3}\frac{16}{n^3}\frac{1}{\sum_{i=1}^{n-1}\left(1 - \cos\frac{2i\pi}{n}\right)\left[\left(1 - \cos\frac{2i\pi}{n}\right) - \frac{4i\pi}{n}\sin\frac{2i\pi}{n}\right]} \tag{7}$$

$$f(n) = \frac{16}{n^3}\frac{1}{\sum_{i=1}^{n-1}\left(1 - \cos\frac{2i\pi}{n}\right)\left[1 - \cos\frac{2i\pi}{n} - \frac{4i\pi}{n}\sin\frac{2i\pi}{n}\right]} \tag{8}$$

$$f(n) = \frac{kS^3}{\pi^4 EI} \tag{9}$$

二、纵筋有效弹性模量

根据钢筋混凝土单向受压和滞回加载试验，纵筋屈曲时，钢筋会进入塑性阶段。为了对钢筋进行简化计算，本文假定钢材拉压性能均为理想弹塑性材料，钢筋初始弹性模量为 E_s，硬化弹性模量为 E_t，卸载

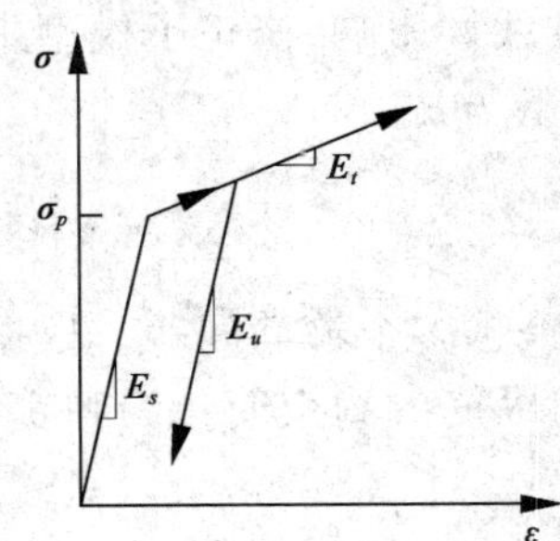

图2　钢材理想弹塑性模型

弹性模量为 E_u，如图2所示。

钢筋进入塑性阶段后继续加载，内侧凹面继续加载受压缩短，外侧凸面受拉卸载，如图3所示。钢筋此时加载弹性模量和和卸载弹性模量分别为 E_t 和 E_u，如图2所示。此时，截面满足：

$$E_u S_1 + E_t S_2 = 0 \tag{10}$$

其中

$$S_1 = \int_{A_1} z_1 \mathrm{d}A_1 S_2 = \int_{A_2} z_2 \mathrm{d}A_2$$

根据折减弹性模量（reducedmodulus）理论，此时截面的折减弹性模量 E_r 为：

$$E_r = \frac{(E_u I_1 + E_t I_2)}{I} \tag{11}$$

其中：$I_1 = \int_{A_1} z_1^2 \mathrm{d}A_1$；，$I_2 = \int_{A_2} z_2^2 \mathrm{d}A_2$；$I = \frac{\pi}{64} D^4$。

根据文献[2]试验结果，取钢筋硬化弹性模量 $E_t = 0.015E_s$。钢筋卸载弹性模量基本等于初始弹性模量，本文中取 $E_u = E_s$。根据式(9)和式(10)计算可得 $E_r = 0.068E_s$。

根据折减弹性理论，弹塑性柱在恒定轴压下，临界屈曲荷载为折减临界荷载 P_r。然而，钢筋混凝土柱钢筋屈曲过程中，钢筋所承受的轴压不断增大，Shanley认为这种情况下，柱体的临界屈曲荷载远低于折减屈曲临界荷载。Bažant根据小变形理论指出，柱体在轴力逐渐增大时，临界屈曲荷载 P_{cr} 的大小介于塑性临界荷载 P_t 和折减临界荷载 P_r 之间，如式(12)所示。

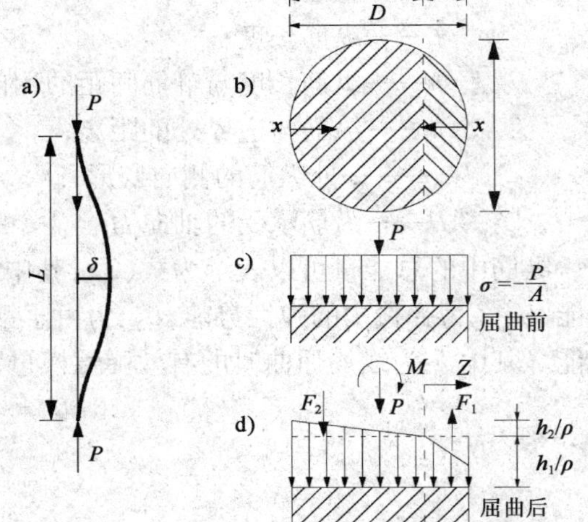

图3　钢筋折减弹性模量

$$P_t \leqslant P_{cr} \leqslant P_r \tag{12}$$

式中：

$$P_t = \frac{\pi^2 E_t I}{L^2} \tag{13}$$

$$P_r = \frac{\pi^2 E_r I}{L^2} \tag{14}$$

$$P_{cr} = \frac{\pi^2 E I}{L^2} \tag{15}$$

E 为纵筋等效弹性模量，由式(12)～式(15)可得，钢筋等效弹性模量 $E_t \leqslant E \leqslant E_r$。可以假定钢筋的等效弹性模量：

$$E = \alpha E_t + (1 - \alpha) E_r \tag{16}$$

其中 α 为弹性模量系数，且满足 $0 \leqslant \alpha \leqslant 1$。

三、箍筋等效约束弹簧刚度

纵筋屈曲模型中，箍筋对纵筋的约束假定为约束弹簧，因此需要计算约束弹簧的有效刚度。根据钢筋混凝土构件中钢筋受约束形式，把钢筋混凝土截面分为两种：每根纵筋直接受加载方向箍筋约束的截面形式Ⅰ和某些中间钢筋不受加载方向箍筋直接约束的截面形式Ⅱ，如图4所示。其中，Ⅰ型截面可以认为是Ⅱ型截面中非箍筋直接约束的纵筋数目为0的一种特殊形式。

对于Ⅱ型截面，截面破坏形式可简化为图5形式。由图可以看出，纵筋在加载方向的侧向变形可引起箍筋轴向变形和弯曲变形两部分。因此,箍筋对纵筋的约束作用可以简化为一个刚度为 k_r 的串联弹簧:由箍筋轴向变形约束刚度 k_{ar} 和箍筋弯曲变形约束刚度 k_{br} 串联而成,如图6所示。对于截面形式I,纵筋无由于箍筋弯曲产生侧向变形,可以认为由于箍筋弯曲引起纵筋侧向变形为0,刚度 k_{br} 无穷大,总刚度 k_r 等于 k_{ar}。

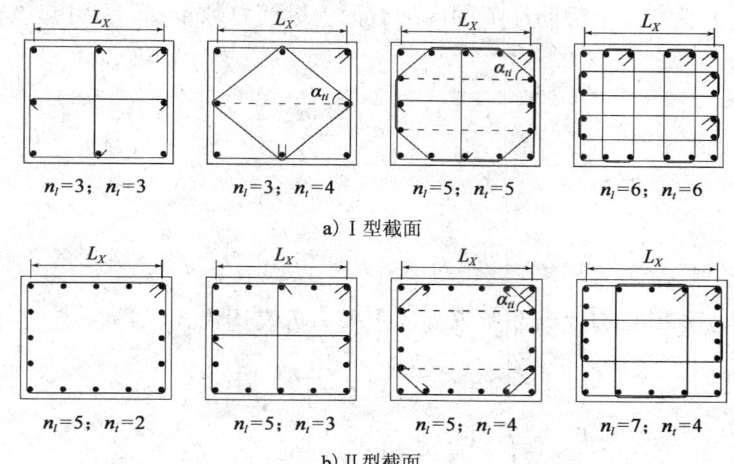

图4　典型的钢筋混凝土柱矩形截面

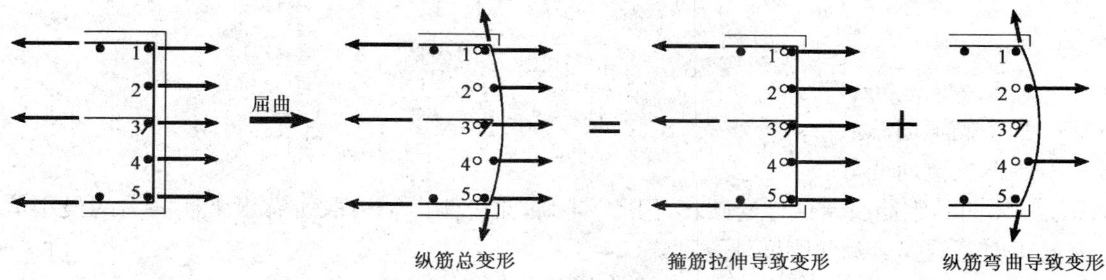

图5　纵筋侧向变形示意图

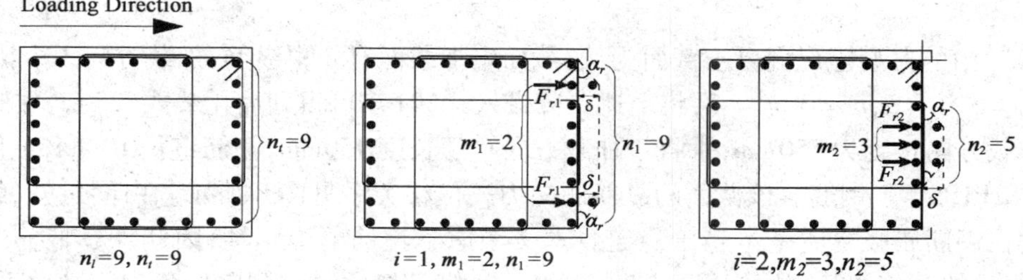

图6　等效弹簧刚度计算示意图

根据文献[23][24]矩形混凝土柱试验结果,钢筋混凝土矩形柱在地震作用下,由于核心混凝土的膨胀和纵筋的屈曲,箍筋往往进入塑性阶段。因此,在计算箍筋对纵筋的侧向约束时,需要考虑了钢筋的弹塑性。本文假设钢筋为理想弹塑性材料,如图2所示。钢筋的本构模型关系可以表示为式(17),其中 σ_y 和 ε_y 分别为钢筋的屈服应力和屈服应变,E_s 和 E_t 分别为钢筋的初始弹性模量和硬化弹性模量。

$$\sigma = \begin{cases} E_s\varepsilon & if\varepsilon < \varepsilon_y \\ \sigma_y + E_t(\varepsilon - \varepsilon_y) & if\varepsilon \geqslant \varepsilon_y \end{cases} \tag{17}$$

箍筋轴向拉伸对纵筋的约束刚度计算见式(18),其中 E_t 为硬化弹性模量,A_{sv} 为箍筋截面面积,L_X 为箍筋沿加载方向长度,n_l 为加载面上纵筋总数目,n_t 为沿加载方向箍筋根数,α_{ti} 为第 i 个箍筋与加载方向夹角。

$$k_{ra} = \frac{E_t A_{sv}}{L_X} \times \frac{1}{n_l}\sum_{i=1}^{n_t}\cos\alpha_{ti} \tag{18}$$

由于箍筋弯曲变形产生的纵筋变形受力图可以简化为图7，其中假设每个闭合箍筋环中非直接受约束的箍筋侧向变形相同。图6给出了 $i=1$，$i=2$ 两种箍筋环内纵筋侧向变形的示意图。第 i 个箍筋环内纵筋承受的侧向力 F_{ri}，n_i 为第 i 个箍筋环范围内加载面上纵筋总数量，m_i 为引起该箍筋弯曲的非直接约束纵筋的数目。

$$F_{ri} = \frac{2}{m_i}\sigma\sin\alpha_r$$

$$= \begin{cases} \dfrac{2}{m_i}E_s\varepsilon A_{sv}\sin\alpha_r & if\varepsilon < \varepsilon_y \\ \dfrac{2}{m_i}[\sigma_y + E_t(\varepsilon - \varepsilon_y)]A_{sv}\sin\alpha_r & if\varepsilon \geqslant \varepsilon_y \end{cases} \tag{19}$$

箍筋应变可表示为式(20)，因此纵筋所承受的水平力可表达为式(21)。

$$\varepsilon_{ri} = \frac{2}{n_i - 1}\left(\frac{1}{\cos\alpha_r} - 1\right) \tag{20}$$

$$F_{ri} = \begin{cases} \dfrac{4}{m_i(n_i - 1)}\left(\dfrac{1}{\cos\alpha_r} - 1\right)E_s A_{sv}\sin\alpha_r & if\varepsilon < \varepsilon_y \\ \dfrac{2}{m_i}\left\{\sigma_y + \left[\dfrac{2}{n_i}\left(\dfrac{1}{\cos\alpha_r} - 1\right) - \varepsilon_y\right]E_t\right\}A_{sv}\sin\alpha_r & if\varepsilon \geqslant \varepsilon_y \end{cases} \tag{21}$$

$$\alpha_r = \tan^{-1}\left[\frac{(n_1 - 1)\delta_r}{L_Y}\right] \tag{22}$$

式中：n_1——加载侧箍筋总数目；

δ_r——纵筋的侧向变形。

截面最先屈曲的钢筋决定试件的破坏，因此实际屈曲时侧向轴力取所有水平侧向力的最小值，见式(23)。箍筋弯曲等效弹簧侧向刚度计算见式(24)。

$$F_r = \min\{F_{ri}\} \tag{23}$$

$$k_{rb} = \frac{F_r}{\delta_r} \tag{24}$$

以文献[25]中的典型矩形混凝土截面为例，截面中加载面有5根纵筋，加载方向3个箍筋，如图7所示。截面中 $n_1=5$，$n_i=5$，$n_t=3$，$m_i=2$，将上述参数带入式(21)，可得到简化公式(25)。文献[25]中矩形截面箍筋沿加载方向长度为550mm，垂直于加载方向箍筋长度450mm，箍筋直径10mm，纵筋个箍筋均取文献[25]中的HRB500E钢筋。该截面的纵筋侧向力—位移关系见图8所示。由图可知，纵筋侧向力—变形曲线刚度在钢筋屈服之后基本趋于稳定。本文考虑了箍筋的弹塑性，因此计算箍筋约束弹簧刚度时，取钢筋屈服后的等效弹簧刚度。根据图8，可以认为纵筋侧向力—侧向位移为线性关系，弹性刚度为 k_{rb} 可表示为式(25)，其中 p_{rb} 为弯曲弹性刚度系数。

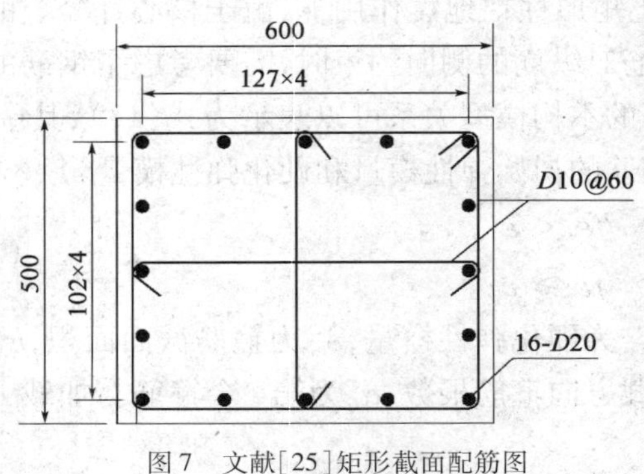

图7　文献[25]矩形截面配筋图

图8　典型矩形截面配筋图

$$F_r = \begin{cases} 0.5E_sA_{sv}\left\{\frac{4\delta_r}{L_Y} - \sin\left[\tan^{-1}\left(\frac{4\delta_r}{L_Y}\right)\right]\right\} & if\varepsilon < \varepsilon_y \\ 0.985E_sA_{sv}\varepsilon_y\sin\left[\tan^{-1}\left(\frac{4\delta_r}{L_Y}\right)\right] + 0.0075E_sA_{sv}\left\{\frac{4\delta_r}{L_Y} - \sin\left[\tan^{-1}\left(\frac{4\delta_r}{L_Y}\right)\right]\right\} & if\varepsilon \geqslant \varepsilon_y \end{cases} \tag{25}$$

$$k_{rb} = p_{rb}E_sA_{sv} \tag{26}$$

将 $E_t = 0.015E_s$ 带入式(18),可得到式(27),其中 p_{ra} 为轴向弹性刚度系数。由于箍筋轴向变形和弯曲变形产生的纵筋侧向变形均可表示为 E_sA_{sv} 线性函数,因此,弹簧的总约束刚度可以表示为式(28),式中 p_r 为弹簧刚度系数,可采用式(29)计算。

$$k_{ra} = \frac{0.015}{L_X n_l}\sum_{i=1}^{n_t}\cos\alpha_{ti}E_sA_{sv} = p_{ra}E_sA_{sv} \tag{27}$$

$$k_r = p_rE_sA_{sv} \tag{28}$$

$$\frac{1}{p_r} = \frac{1}{p_{ra}} + \frac{1}{p_{rb}} \tag{29}$$

四、模型参数确定和模型验证

为了验证该屈曲模型的可靠性,本文收集了 73 个采用不同配筋和配箍形式的矩形截面,钢筋截面配置见图 9。所收集的文献包括了几种典型的截面配筋形式,含有纵筋直接受箍筋轴向拉伸约束和无直接约束两种形式(表 1)。为了确定本文合适的屈曲模型,需要确定纵筋的弹性模量系数 α。本文根据收集的 73 个矩形试件,通过误差分析,得到当 $\alpha = 0.81$, $E = 0.025E_s$ 时,本模型可以较好地预测钢筋的屈曲长度。

为了验证该屈曲模型的可靠性,本文模型与 Dhakal 和 Maekawa 模型(D&M 模型)进行对比。由于 D&M 模型计算的 L/S 值均为整数,本模型对 L/S 值也进行了取整处理。

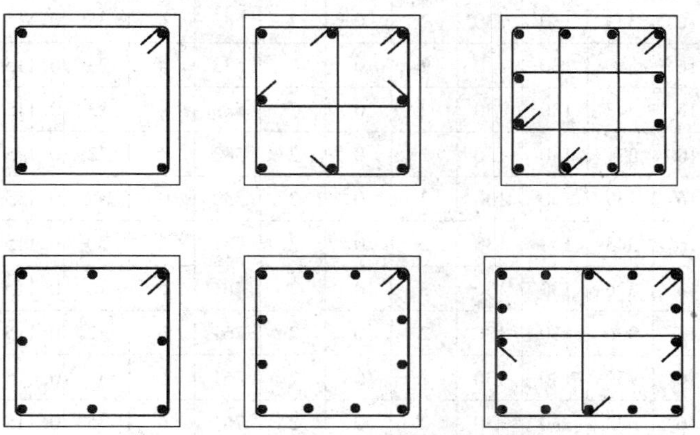

图 9 不同矩形截面配筋图

论文对 L/S 模型值与试验值的误差分析结果见图 10 和表 2。由图 10 可知,D&M 模型较多点小于 1,即该模型低估纵筋屈曲长度而高度试件抗震能力。本文模型中模型值与试验值的比值较为均匀分布在 1 上下。根据表 2 可以看出,本模型能较好地预测纵筋的实际屈曲长度,模型值与试验值比值的均值为 1.048,标准差为 0.199。而 D&M 模型中模型值与试验值的比值均值为 0.887,标准差为 0.239,相对低估了钢筋的屈曲长度,高估了试件的抗震能力。

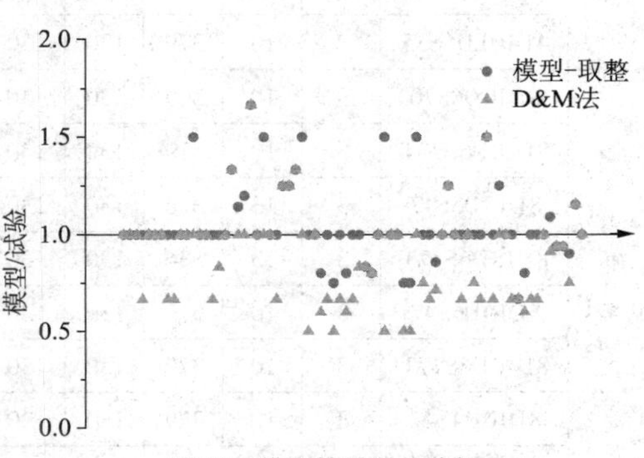

图 10 模型结果误差分析

试验参数和模型预测 表1

参考文献	试件编号	纵筋			箍筋										模型计算值 L/S	D&M计算值 L/S	实测值 L/S
		n_l	直径 D (mm)	σ_y	L_X (mm)	L_Y (mm)	n_i	m_i	n_t	σ_y	直径 D_{sy} (mm)	间距 S (mm)	p_r	$f(n)$			
Kato,D等[6]	4D16D10S93	2	16	342	130	130	2	0	2	352	10	93	0.115 4	0.930 5	1	1	1
	4D13D10S93	2	13	343	130	130	2	0	2	352	10	93	0.115 4	2.135 0	1	1	1
	4D10D10S93	2	10	379	130	130	2	0	2	352	10	93	0.115 4	6.097 9	1	1	1
	4D16D6S70	2	16	342	130	130	2	0	2	348	6	70	0.115 4	0.142 8	3	2	3
	4D13D6S70	2	13	343	130	130	2	0	2	348	6	70	0.115 4	0.327 8	2	2	2
	4D10D6S70	2	10	379	130	130	2	0	2	348	6	70	0.115 4	0.936 1	1	1	1
	4D16D6S47	2	16	342	130	130	2	0	2	348	6	47	0.115 4	0.043 2	4	4	4
	4D13D6S47	2	13	343	130	130	2	0	2	348	6	47	0.115 4	0.099 2	3	2	3
	4D10D6S47	2	10	379	130	130	2	0	2	348	6	47	0.115 4	0.283 4	3	2	3
	4D16D6S35	2	16	342	130	130	2	0	2	348	6	35	0.115 4	0.017 9	5	5	5
	4D13D6S35	2	13	343	130	130	2	0	2	348	6	35	0.115 4	0.041 0	4	4	4
	4D10D6S35	2	10	379	130	130	2	0	2	348	6	35	0.115 4	0.117 0	3	2	2
	4D16D4S47	2	16	342	130	130	2	0	2	583	4	47	0.115 4	0.019 2	5	5	5
	4D13D4S47	2	13	343	130	130	2	0	2	583	4	47	0.115 4	0.044 1	4	4	4
	4D10D4S47	2	10	379	130	130	2	0	2	583	4	47	0.115 4	0.125 9	3	2	3
	4D16D4S35	2	16	342	130	130	2	0	2	583	4	35	0.115 4	0.007 9	6	5	6
	4D13D4S35	2	13	343	130	130	2	0	2	583	4	35	0.115 4	0.018 2	5	5	5
	4D10D4S35	2	10	379	130	130	2	0	2	583	4	35	0.115 4	0.052 0	4	4	3
	4D16D4S23	2	16	342	130	130	2	0	2	583	4	23	0.115 4	0.002 3	8	7	7
	4D13D4S23	2	13	343	130	130	2	0	2	583	4	23	0.115 4	0.005 2	6	5	5
	4D10D4S23	2	10	379	130	130	2	0	2	583	4	23	0.115 4	0.014 8	5	5	3
	4D16HD10S140	2	16	739	130	130	2	0	2	352	10	140	0.115 4	3.174 2	1	1	1
	4D16LD6S70	2	16	343	130	130	2	0	2	761	6	70	0.115 4	0.142 8	3	2	2
	4D13LD6S70	2	13	336	130	130	2	0	2	761	6	70	0.115 4	0.327 8	2	2	2
	4D13LD6S47	2	13	336	130	130	2	0	2	761	6	47	0.115 4	0.099 2	3	2	3
	4D16HD6S35	2	16	739	130	130	2	0	2	761	6	35	0.115 4	0.017 9	5	5	4
	4D16LD6S35	2	16	343	130	130	2	0	2	761	6	35	0.115 4	0.017 9	5	5	4
	4D13LD6S35	2	13	336	130	130	2	0	2	761	6	35	0.115 4	0.041 0	4	4	3
	4D10LD6S35	2	10	379	130	130	2	0	2	761	6	35	0.115 4	0.117 0	3	2	2
Kato,D和Ooya,H[7]	8D10D6S70	3	10	379	130	130	3	1	2	392	6	70	0.036 7	0.298 1	2	1	2
	8D10D6S70T	3	10	379	130	130	3	0	3	392	6	70	0.115 4	0.936 1	1	1	1
	8D13D6S47	3	13	336	130	130	3	1	2	392	6	47	0.036 7	0.031 6	4	3	5
	8D13D6S47T	3	13	336	130	130	3	0	3	392	6	47	0.115 4	0.099 2	3	2	3
	8D10D6S47	3	10	379	130	130	3	1	2	392	6	47	0.036 7	0.090 2	3	2	4
	8D10D6S47T	3	10	379	130	130	3	0	3	392	6	47	0.115 4	0.283 4	3	2	3
	8D10D4S47	3	10	379	130	130	3	1	2	671	4	47	0.046 6	0.050 9	4	3	5
	8D10D4S47T	3	10	379	130	130	3	0	3	671	4	47	0.115 4	0.125 9	3	2	3

续上表

参考文献	试件编号	纵筋			箍筋										模型计算值 L/S	D&M计算值 L/S	实测值 L/S
		n_l	直径 D (mm)	σ_y	L_X (mm)	L_Y (mm)	n_i	m_i	n_t	σ_y	直径 D_{sy} (mm)	间距 S (mm)	p_r	$f(n)$			
Kato, D 和 Ooya, H [7]	8D13D4S35	3	13	336	130	130	3	1	2	671	4	35	0.046 6	0.007 4	6	5	6
	8D13D4S35T	3	13	336	130	130	3	0	3	671	4	35	0.115 4	0.018 2	5	5	6
	8D10D4S35	3	10	379	130	130	3	1	2	671	4	35	0.046 6	0.021 0	4	4	5
	8D10D4S35T	3	10	379	130	130	3	0	3	671	4	35	0.115 4	0.052 0	4	4	4
Ooya, H; Kato, D [8]	12D10D6S70	4	10	351	130	130	4	2	2	363	6	70	0.026 3	0.213 4	3	1	2
	12D10D6S70I	4	10	351	130	130	4	0	4	363	6	70	0.115 4	0.936 1	1	1	1
	12D13D6S47	4	13	336	130	130	4	2	2	363	6	47	0.026 3	0.022 6	4	4	4
	12D13D6S47I	4	13	336	130	130	4	0	4	363	6	47	0.115 4	0.099 2	3	2	4
	12D10D6S47	4	10	351	130	130	4	2	2	363	6	47	0.026 3	0.064 6	3	2	4
	12D10D6S47I	4	10	351	130	130	4	0	4	363	6	47	0.115 4	0.283 4	3	2	2
	12D10D4S47	4	10	351	130	130	4	2	2	671	4	47	0.034 6	0.037 8	4	3	4
	12D10D4S47I	4	10	351	130	130	4	0	4	671	4	47	0.115 4	0.125 9	3	2	3
	12D13D4S35	4	13	336	130	130	4	2	2	671	4	35	0.034 6	0.005 5	6	5	7
	12D13D4S35I	4	13	336	130	130	4	0	4	671	4	35	0.115 4	0.018 2	5	5	5
	12D10D4S35	4	10	351	130	130	4	2	2	671	4	35	0.034 6	0.015 6	5	5	4
	12D10D4S35I	4	10	351	130	130	4	0	4	671	4	35	0.115 4	0.052 0	4	4	4
Masamoto, 等[26]	8D13LD6S70	3	13	336	130	130	3	1	2	761	6	70	0.048 8	0.138 5	3	2	3
	8D13LD6S70T	3	13	336	130	130	3	0	3	761	6	70	0.115 4	0.327 8	2	2	2
	8D13LD6S47	3	13	336	130	130	3	1	2	761	6	47	0.048 8	0.041 9	4	3	4
	8D13LD6S47T	3	13	336	130	130	3	0	3	761	6	47	0.115 4	0.099 2	3	2	3
	8D13LD4S70	3	13	336	130	130	3	1	2	704	4	70	0.047 4	0.059 9	3	3	2
	8D13LD4S70T	3	13	336	130	130	3	0	3	704	4	70	0.115 4	0.145 7	3	2	3
	8D13LD4S47	3	13	336	130	130	3	1	2	704	4	47	0.047 4	0.018 1	5	4	4
	8D13LD4S47T	3	13	336	130	130	3	0	3	704	4	47	0.115 4	0.044 1	4	4	4
	8D13HD6S70	3	13	997	130	130	3	1	2	761	6	70	0.048 8	0.138 5	3	2	3
	8D13HD6S70T	3	13	997	130	130	3	0	3	761	6	70	0.115 4	0.327 8	2	2	3
	8D13HD6S47	3	13	997	130	130	3	1	2	761	6	47	0.048 8	0.041 9	4	3	5
	8D13HD6S47T	3	13	997	130	130	3	0	3	761	6	47	0.115 4	0.099 2	3	2	3
	4D13HD4S70	2	13	997	130	130	2	0	2	671	4	70	0.115 4	0.145 7	3	2	3
	4D13HD4S47	2	13	997	130	130	2	0	2	671	4	47	0.115 4	0.044 1	4	4	4
苏俊省等[25]	R-ML-C40	5	20	534	540	440	5	2	3	406	10	60	0.009 3	0.008 2	6	5	5.5
	R-MM-C40	5	20	534	540	440	5	2	3	536	10	60	0.010 3	0.009 2	5	5	5.3
	R-ML-C60	5	20	534	540	440	5	2	3	536	10	60	0.010 3	0.009 2	5	5	5.3
	R-MM(S)-C60	5	20	534	540	440	5	2	3	617	8	60	0.010 8	0.006 1	6	5	6.7
	R-MM(S)-C60	5	20	399	540	440	5	2	3	536	10	60	0.010 3	0.009 2	5	5	4.3
	R-M(S)M-C60	5	16	499	540	440	5	2	3	536	10	60	0.010 3	0.022 4	4	4	4.0

模 型 误 差 分 析　　表2

方　　法	均　　值	标　准　差
模型	1.048	0.199
D&M 方法	0.887	0.239

五、结　　语

为了确定地震作用下纵筋屈曲长度，本文在“beam-on-spring”模型的基础上，考虑钢筋的非线性行为，对纵筋弹性模量和箍筋约束弹簧刚度进行修正，提出了简化钢筋屈曲长度计算模型，得到以下结论：

（1）地震作用下，纵筋屈曲时钢筋进入塑性阶段，箍筋大多进入塑性阶段，因此计算纵筋屈曲长度时需要考虑钢筋的非线性性能。

（2）通过稳定性分析，屈曲分析时钢筋的等效弹性模量介于硬化弹性模量 E_t 和折减弹性模量 E_r。根据试验结果统计，纵筋等效弹性模量 $E = 0.025E_s$ 时，屈曲模型能较好地模拟纵筋屈曲长度。

（3）箍筋对纵筋的侧向刚度可以简化为线性弹簧，弹簧的刚度与箍筋截面面积和箍筋配箍形式有关。

（4）通过收集的73个矩形试件验证，本模型可以较好地预测纵筋的屈曲长度，为钢筋混凝土试件抗震性能分析提供较好纵筋屈曲长度数据。

参考文献：

[1] Monti G, Nuti C. Nonlinear cyclic behavior of reinforcing bars including buckling[J]. Journal of Structural Engineering, 1992, 118(12): 3268-3284.

[2] Bae S, Mieses A M, Bayrak O. Inelastic buckling of reinforcing bars[J]. Journal of Structural Engineering, 2005, 131(2): 314-321.

[3] Cosenza E, Prota A. Experimental behaviour and numerical modelling of smooth steel bars under compression[J]. Journal of Earthquake Engineering, 2006, 10(3): 313-329.

[4] Prota A, De Cicco F, Cosenza E. Cyclic behavior of smooth steel reinforcing bars: experimental analysis and modeling issues[J]. Journal of Earthquake Engineering, 2009, 13(4): 500-519.

[5] Yang H, Wu Y, Mo P, et al. Improved Nonlinear Cyclic Stress-Strain Model for Reinforcing Bars Including Buckling Effect and Experimental Verification[J]. International Journal of Structural Stability and Dynamics, 2015: 1640005.

[6] Kato D, Kanaya J, Wakatsuki K. Buckling strains of main bars in reinforced concrete members[C]// Proc., 5th East Asia and Pacific Conf. in Structural Engineering and Construction EASEC. 1995, 5: 699-704.

[7] Kato D, Ooya H. Experimental study on buckling behavior of intermediate longitudinal bars in R/C members[J]. Trans Jpn Concr Inst, 1993, 15: 431-438.

[8] Ooya H, Kato D. Experimental study on buckling behavior of intermediate longitudinal bars in R/C members[J]. Trans Jpn Concr Inst, 1994, 16: 365-372.

[9] Scribner C F. Reinforcement buckling in reinforced concrete flexural members[J]. ACI Journal Proceedings, 1986, 83(6): 966-973.

[10] Sato Y, Ko H B. Experimental investigation of conditions of lateral shear reinforcements in RC columns accompanied by buckling of longitudinal bars[J]. Earthquake Engineering & Structural Dynamics, 2007, 36(12): 1685-1699.

[11] Bresler B, Gilbert P H. Tie requirements for reinforced concrete columns[J]. ACI Journal Proceedings. ACI, 1961, 58(11): 550-570.

[12] Papia M, Russo G, Zingone G. Instability of longitudinal bars in RC columns[J]. Journal of Structural Engineering, 1988, 114(2): 445-461.

[13] Pantazopoulou S J. Detailing for reinforcement stability in RC members[J]. Journal of Structural Engineering, 1998, 124(6): 623-632.

[14] Dhakal R P, Maekawa K. Reinforcement stability and fracture of cover concrete in reinforced concrete members[J]. Journal of Structural Engineering, 2002.

[15] Zong Z, Kunnath S, Monti G. Simulation of reinforcing bar buckling in circular reinforced concrete columns[J]. ACI Structural Journal, 2013, 110(4).

[16] Massone L M, López E E. Modeling of reinforcement global buckling in RC elements[J]. Engineering Structures, 2014, 59: 484-494.

[17] Hose Y D. Seismic performance and failure behavior of plastic hinge regions in flexural bridge columns [D]. California: University of California, San Diego, 2001.

[18] Restrepo J I, Seible F, Stephan B, et al. Seismic testing of bridge columns incorporating high-performance materials[J]. ACI structural journal, 2006, 103(4).

[19] Bayrak O, Sheikh S A. Plastic hinge analysis[J]. Journal of Structural Engineering, 2001, 127(9): 1092-1100.

[20] von Kármán T. Untersuchungen über Knickfestigkeit[M]. Berlin/Heidelberg: Springer-Verlag, 1910.

[21] Shanley F R. Inelastic column theory[J]. Journal of the Aeronautical Sciences (Institute of the Aeronautical Sciences), 1947, 14(5):261-268.

[22] Bažant Z P, Cedolin L. Stability of structures: elastic, inelastic, fracture and damage theories[M]. Hackensack, NJ: World Scientific, 2010.

[23] Vallenas J, Bertero V V, Popov E P. Concrete confined by rectangular hoops and subjected to axial loads [R]. California: Earthquake Engineering Research Center, 1977.

[24] Zahn F A. Design of reinforced concrete bridge columns for strength and ductility[D]. Christchurch: University of Canterbury,1985.

[25] 苏俊省,王君杰,王文彪,等.配置高强钢筋的混凝土矩形截面柱抗震性能试验研究[J].建筑结构学报,2014,35(11):20-27.

[26] 菊池政智, 若月康二,大矢広之, 等. RC部材における主筋の座屈性状に関する実験的研究. 日本建筑学会大会学術講演梗概集[C].構造II,1993:789-790.

110.配置高强度钢筋的矩形混凝土桥墩抗震性能试验研究

张 平[1] 王君杰[2] 王建新[3]

(1.贵州高速公路集团有限公司;2.同济大学;3.中交公路规划设计院有限公司)

摘 要 对10个配置HRB335、HRB500E、HRB600钢筋的矩形混凝土桥墩进行拟静力试验,对比分析钢筋等体积和等强度代换时,纵筋强度、箍筋强度、混凝土强度等因素对试件抗震性能的影响。结果表明:采用不同强度钢筋的桥墩均发生典型的弯曲破坏,墩底形成塑性铰,纵筋屈曲断裂,试件具有较好的变形能力和位移延性系数;钢筋等体积代换时,纵筋强度对试件承载力和变形能力影响较大,箍筋强度影响较小;等强度代换时,试件抗震性能基本保持不变,采用高强钢筋可以减小钢筋用量;随着混凝土强度提高,试件初始刚度增大,导致初屈服位移减小,位移延性系数增大。

关键词 矩形桥墩 HRB500E HRB600 拟静力试验 抗震性能 延性

20世纪80年代开始,高强度钢筋在日本和欧美等发达国家逐渐推广使用。高强度钢筋的应用可以减少钢筋使用量,达到节约成本和保护环境的目的。日本政府在1988~1993年间开展的新钢筋混凝土项目(New RC Project),着力研究高强度钢筋的推广使用,提出使用USD685A、USD685B和USD980作为梁柱纵向钢筋,USD785和USD1275作为横向钢筋。美国建筑规范ACI318-11允许箍筋和螺旋箍筋设计强度取100ksi(690MPa),新西兰规范AS/NZS4671:2001明确提出500MPa级抗震钢筋,并以钢筋后加"E"的作为抗震钢筋的标志。我国GB50010-2010《混凝土结构设计规范》和GB50011-2010《建筑抗震规范》中增加了500MPa级高强钢筋并提出有抗震要求时钢筋的延性要求;为了促进高强度钢筋的推广使用,文献[6]提出对于地震多发地区,重点应用高强屈比、均匀伸长率高的高强抗震钢筋。

国外学者AOYAMA等、OUSALEM等、RAUTENBERG等研究了无屈服平台的高强钢筋作为纵筋时钢筋混凝土矩形柱的抗震性能,试验表明,采用高强度钢筋时,试件仍有较好的延性,但残余位移和耗能能力降低;SUGANO、AZIZINAMINI等、PAULTRE等、BAYRAK等、LEPAGE等对采用高强箍筋的混凝土矩形柱进行了抗震性能试验研究,试验表明,在高轴压比下,采用高强度箍筋可以提高试件的延性,在一定程度上可以减少箍筋用量。

国内学者傅剑平等、王晓峰等、管品武等、戎贤等进行了采用高强度钢筋HRB500柱的抗震性能研究,韩小雷等还进行了箍筋采用CRB550的矩形混凝土柱抗震性能试验。

国外已有研究所采用的高强度钢筋皆无屈服平台,与我国高强度钢筋的材料性能有一定差异。而国内关于高强度钢筋的研究主要集中在钢筋屈服强度500MPa及以下,尚无采用HRB500E和HRB600的钢筋混凝土柱抗震性能研究。本文采用工程中常用的等强度和等体积两种钢筋代换方式,对比分析采用高强度钢筋HRB500E和HRB600与普通钢筋HRB335时,钢筋混凝土桥墩的变形能力和延性性能。研究高强度钢筋对试件抗震性能的影响,为高强度钢筋在桥梁工程中的应用提供理论依据。

一、试验概况

1.试件设计与制作

试验设计制作了10个矩形桥墩,截面尺寸为50cm×60cm,其中加载方向长度60cm,试件加载中心到底端的高度为2.65m,试件尺寸和配筋详细介绍见图1和表1。

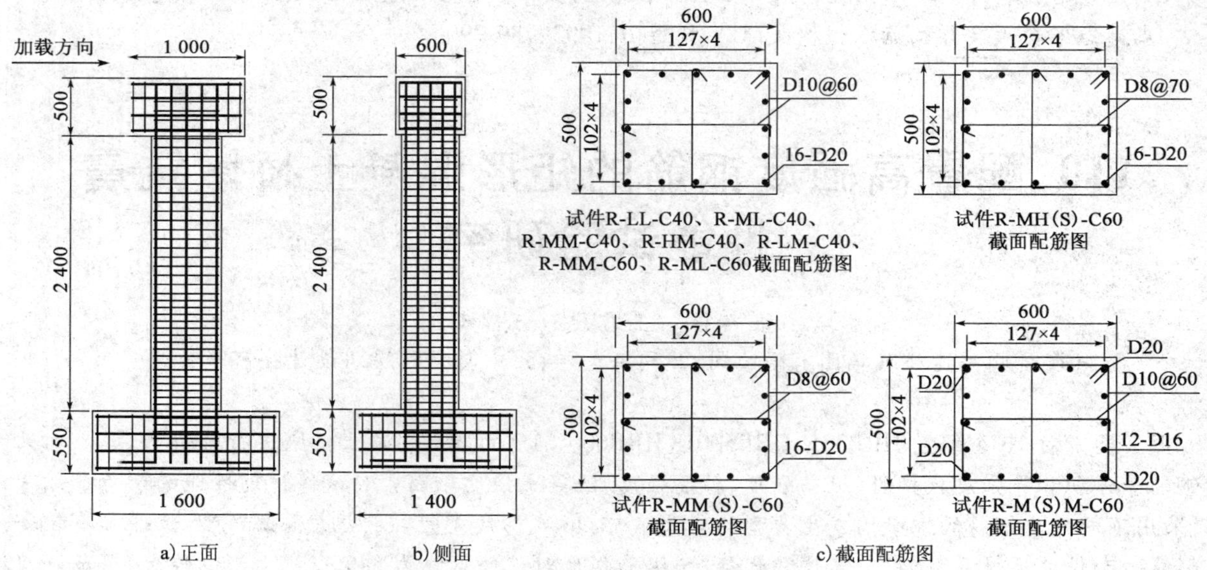

图1 试件尺寸和配筋图(尺寸单位:mm)

试件配筋 表1

试件编号	纵筋				箍筋				混凝土强度	轴力 P (kN)	轴压比 (P/P_0)
	直径 D_1 (mm)	类别	根数 n_1	配筋率 (%)	直径 (mm)	类别	间距 s (cm)	配箍率 (%)			
R-LL-C40	20	HRB335	16	1.68	10	HRB335	6	1.31	C40	810	0.083
R-ML-C40	20	HRB500E	16	1.68	10	HRB335	6	1.31	C40	810	0.083
R-LM-C40	20	HRB335	16	1.68	10	HRB500E	6	1.31	C40	810	0.083
R-MM-C40	20	HRB500E	16	1.68	10	HRB500E	6	1.31	C40	810	0.083
R-HM-C40	20	HRB600	16	1.68	10	HRB500E	6	1.31	C40	810	0.083
R-M(S)M-C60	20 16	HRB500E	4 12	1.22	10	HRB500E	6	1.31	C60	810	0.056
R-ML-C60	20	HRB500E	16	1.68	10	HRB335	6	1.31	C60	810	0.056
R-MM(S)-C60	20	HRB500E	16	1.68	8	HRB500E	6	0.84	C60	810	0.056
R-MH(S)-C60	20	HRB500E	16	1.68	8	HRB600	7	0.72	C60	810	0.056
R-MM-C60	20	HRB500E	16	1.68	10	HRB500E	6	1.31	C60	810	0.056

注:试件编号中,R 表示矩形试件,其中 L 表示 HRB335 钢筋,M 为 HRB500E 钢筋,H 为 HRB600 级钢筋,(S)表示钢筋采用高强度钢筋等强度代换普通钢筋,C40 和 C60 表示混凝土强度。

本试验研究了纵筋和箍筋的等强度和等体积代换。其中等体积代换为采用相同体积的高强度钢筋替换普通强度钢筋,等强度代换为钢筋屈服强度与钢筋面积的乘积保持相同,即 $f_{y1}A_{s1}=f_{y2}A_{s2}$。采用 HRB500E 和 HRB600 的纵筋、HRB500E 的箍筋,等体积代换 HRB335 普通钢筋;采用 HRB500E 的纵筋、HRB500E 和 HRB600 的箍筋,等强度代换 HRB335 普通钢筋,研究等体积的等强度代换时采用高强度钢筋对试件抗震性能的影响。试件采用了 C40 和 C60 两种混凝土,研究高强度钢筋与混凝土的匹配性以及混凝土强度对试件抗震性能的影响。

2. 材性力学特性

本试验在浇筑试件的同时,每种强度的混凝土每批次浇筑 6 个边长为 150mm×150mm×150mm 标准立方体试块,并且将混凝土试块与试件同条件同期养护,进行拟静力试验之前测量混凝土试块的抗压强度。抗压强度的平均值即为立方体抗压强度实测值 f_{cu}^0。根据文献[20]中的方法,由抗压强度实测值推算混凝土的轴心抗压强度 f_{cu}^0、轴心抗拉强度 f_t^0 及弹性模量 E_c^0 等性能参数如表 2 所示。

混凝土材料性能指标 表2

混凝土	立方体抗压 f_{cu}^0	轴心抗压强 f_c^0(MPa)	轴心抗拉强 f_t^0(MPa)	弹性模量 E_c^0(MPa)
C40	42.9	32.6	3.1	3.32×10^4
C60	61.5	48.2	3.8	3.62×10^4

钢筋的力学性能试验按照 GB/T 228.1—2010《金属材料拉伸试验第 1 部分:室温试验方法》所规定的方法进行,钢筋的应力—应变曲线和钢筋材料性能见图 2 和表 3。

钢筋材料力学性能 表3

钢筋类别	直径 d (mm)	屈服强度 f_y(MPa)	抗拉强度 f_u(MPa)	弹性模量 E_s(MPa)	断后伸长率 A(%)	最大力下总伸长率 A_{gt}(%)
HRB335	10	406	606	1.76×10^5	24.8	8.3
	20	399	543	1.93×10^5	28.3	12.1
	8	617	844	1.65×10^5	21.3	7.5

续上表

钢筋类别	直径 d (mm)	屈服强度 f_y(Mpa)	抗拉强度 f_u(MPa)	弹性模量 E_s(MPa)	断后伸长率 A(%)	最大力下总伸长率 A_{gt}(%)
HRB500E	10	536	729	1.51×10^5	21.2	7.4
	16	499	687	1.93×10^5	24.3	10.9
	20	534	717	1.93×10^5	23.0	10.1
HRB600	8	686	969	1.54×10^5	16.8	6.5
	20	622	777	1.55×10^5	22.4	10.0

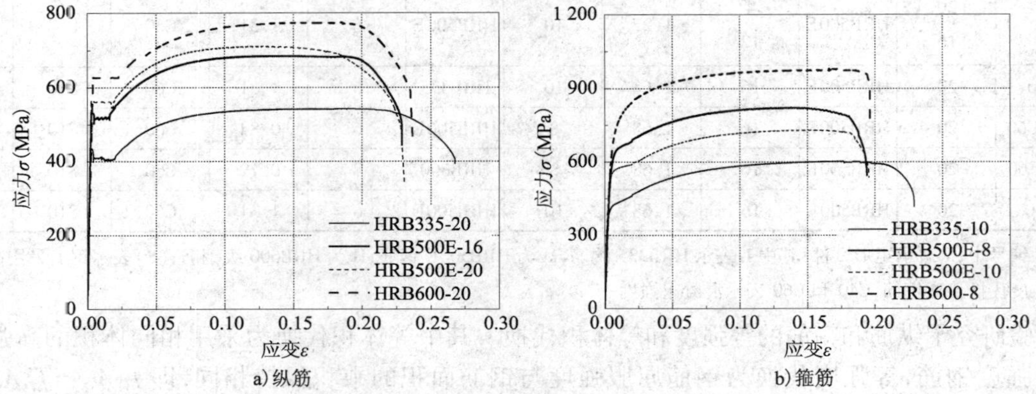

图 2　钢筋应力—应变曲线

3. 加载方案

试件底端固定，竖向轴力通过千斤顶加载，千斤顶与钢横梁之间通过滚轴连接，以减小千斤顶与横梁之间的摩擦力。水平力通过 100t 的静电液伺服加载系统加载，水平作动器的正负向位移幅值 250mm；作动器与反力墙之间固结，与试件顶端之间铰接。试件加载装置示意图见图 3。

试件加载时，首先施加竖向荷载到试件预定轴力 P，并保持恒定，然后施加水平荷载，水平荷载通过位移控制，加载位移 0 ~ 10mm 范围内位移增量 2mm，10mm ~ 50mm 位移加载段增量 5mm，50mm 之后位移增量 10mm. 每级位移幅值下进行 3 次循环加载，每级加载后，进行一次上一级位移幅值的加载。一直加载到纵筋拉断为止（图 4）。

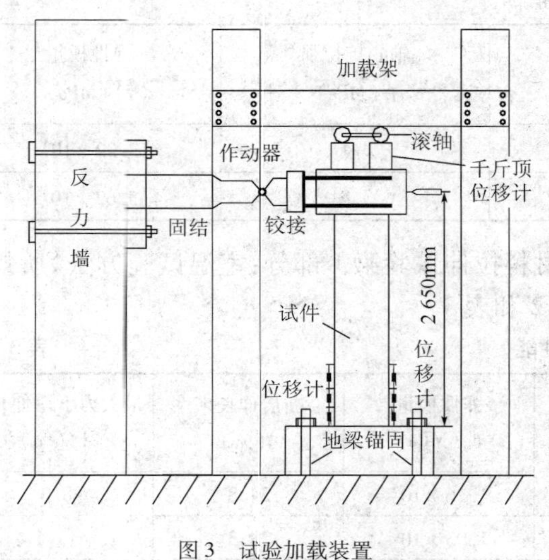

图 3　试验加载装置

Δ

加载周数n

图 4　加载规则曲线

二、试验结果及分析

1. 破坏过程及破坏形态

所有试件均发生典型的弯曲破坏，试件加载初期，在试件受拉区首先发生水平开裂，水平裂缝高度距离底部 10～30cm，随着加载位移增大，试件水平裂缝逐渐扩展并且裂缝条数增加，开裂高度增大，并且试件裂缝逐渐向非加载面扩展；伴随着试件加载位移的增大，试件底部开始出现裂缝，并出现被压碎的细小混凝土颗粒；随着加载位移的增大，混凝土剥落越来越严重，加载后期出现大块混凝土剥落并且露出箍筋和纵筋，最后纵筋屈曲，核心混凝土压碎，纵筋断裂。

试件破坏现象如图 5 所示，各试件破坏模式基本一致；各试件主要破坏区域为柱底 0～40cm 范围内，该区域试件保护层混凝土脱落，且试件破坏时核心混凝土有一定程度的压碎；加载面纵筋发生明显的弯曲，部分纵筋断裂；由于试件底座对柱底部的约束作用，纵筋屈曲和断裂的位置不在柱底，位于距柱底 10cm 处左右。试件的箍筋由于纵筋弯曲出现明显的向外弯曲，但并未发生箍筋断裂现象。

2. 荷载—位移滞回曲线

试件的荷载—位移滞回曲线如图 6 所示，可以看出：

(1) 各试件滞回曲线饱满，说明试件具有较好的滞回性能和耗能能力，且有较好的延性性能。位移加载后期滞回曲线开始出现明显的捏缩效应，滞回环向反 S 形和 Z 形发展。

(2) 当采用 HRB500E 和 HRB600 纵筋等体积代换 HRB335 钢筋时，试件屈服后承载力下降较缓慢，如图 6a)、b)、e) 所示，因此采用高强度钢筋时，试件具有更好的变形能力。

(3) 试件采用 HRB500E 和 HRB600 高强度箍筋等强度代换普通箍筋时，试件捏缩现象更明显，滞回环变窄，如图 6g)、h)、i) 所示，因此采用高强度钢筋等强度代换普通钢筋时，试件耗能能力有所降低。

3. 试件参数对试验结果的影响

通过对采用高强度钢筋的矩形混凝土桥墩进行水平往复荷载作用下的拟静力试验，研究了纵筋强度、箍筋强度、混凝土强度等因素对矩形桥墩承载力、变形能力和位移延性系数等因素的影响。试件的试验结果的汇总见表 4。

1) 延性性能

采用位移延性系数 μ_Δ 来评价试件的延性。μ_Δ 为在达到极限荷载后基本保持继续承载的情况下，极限位移 Δ_u 和屈服位移 Δ_y 的比值如式(1)。取荷载下降到最大荷载的 85% 时的位移为极限位移 Δ_u；试件的位移角 θ 取水平位移 Δ 与试件高度 H 的比值，如式(2)。根据文献[22]提出的方法计算试件的屈服位移。屈服参数指标的见表 4。

$$\mu_\Delta = \frac{\Delta_u}{\Delta_y} \tag{1}$$

$$\theta = \frac{\Delta}{H} \tag{2}$$

2) 钢筋等体积代换

相同箍筋配置和混凝土强度条件下，采用高强度纵筋 HRB500E 和 HRB600 等体积替换普通纵筋 HRB335，试件骨架曲线比较如图 7。当试件箍筋采用 HRB335 时，试件 R-LL-C40 与 R-LM-C40 的骨架曲线对比见图 7a)，当试件箍筋采用 HRB500E 时，试件 R-LM-C40，R-MM-C40 和 R-HM-C40 的骨架曲线对比见图 7b)。结合表 4 可知，随着纵筋强度的提高，试件水平承载力提高，屈服位移和极限位移增大，位移延性系数小幅度降低。因此采用相同纵筋用量时，高强度钢筋可以提高试件抗震性能。

如图 8 所示，可以看出，采用高强度箍筋 HRB500E 等体积代换普通箍筋 HRB335。当试件纵筋采用 HRB335，混凝土为 C40 时，试件 R-LL-C40，R-LM-C40 的骨架曲线对比见图 8a)；当试件纵筋采用 HRB500E，混凝土为 C40 时，试件 R-ML-C40，R-MM-C40 的骨架曲线对比见图 8b)；当试件纵筋采用 HRB500E，混凝土为 C60 时，试件 R-ML-C60，R-MM-C60 的骨架曲线对比见图 8c)。骨架曲线基本重合，结合表 4 可知，采用不同强度箍筋时，试件的承载力、屈服位移、极限位移和位移延性系数基本保持不变。

a) 试件R-LL-C40　b) 试件R-ML-C40

c) 试件R-LM-C40　d) 试件R-MM-C40

e) 试件R-HM-C40　f) 试件R-M(S)M-C60

g) 试件R-ML-C60　h) 试件R-MM(S)-C60

i) 试件R-MH(S)-C60　j) 试件R-MM-C60

图5　试件的破坏形态

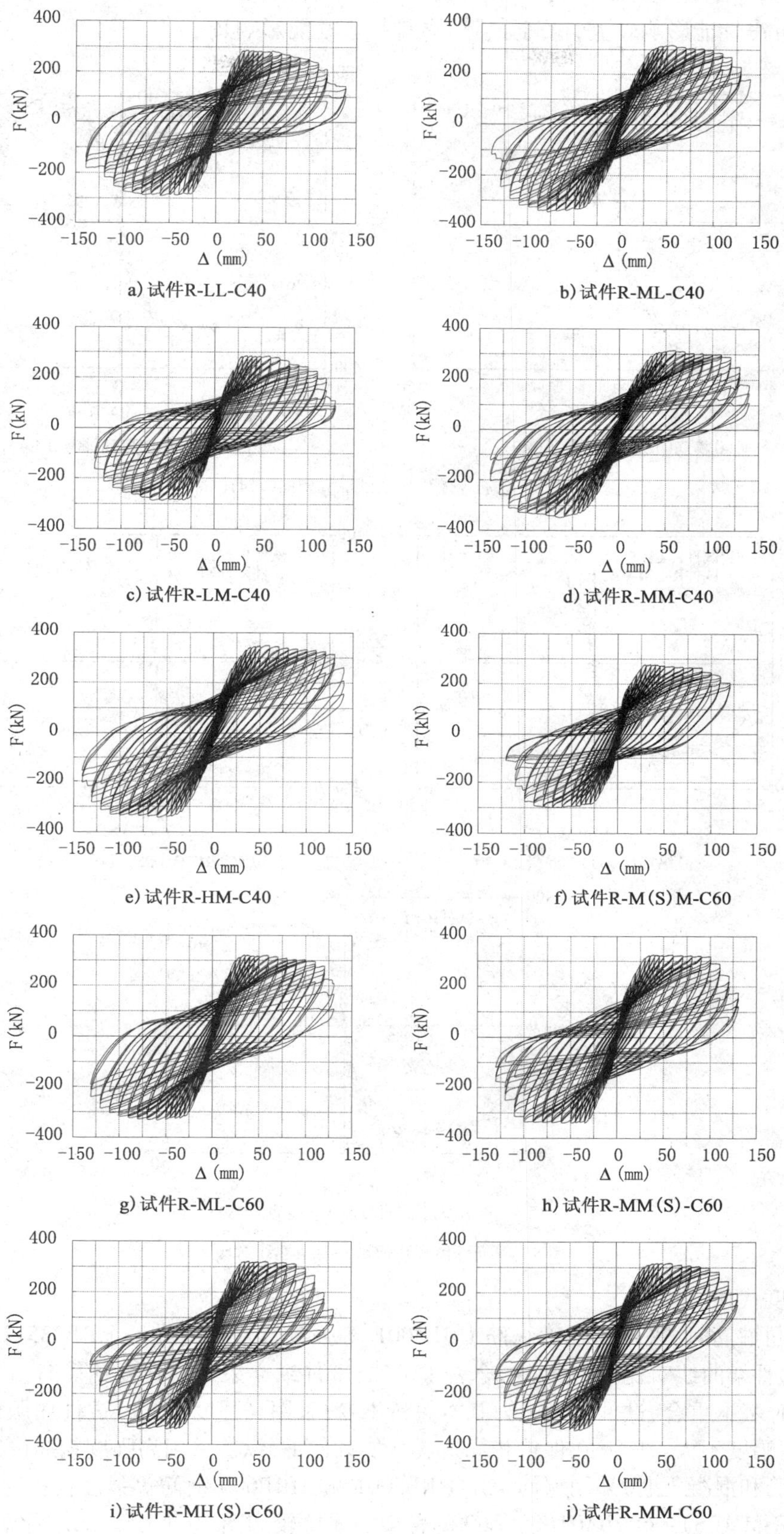

a) 试件R-LL-C40　b) 试件R-ML-C40

c) 试件R-LM-C40　d) 试件R-MM-C40

e) 试件R-HM-C40　f) 试件R-M(S)M-C60

g) 试件R-ML-C60　h) 试件R-MM(S)-C60

i) 试件R-MH(S)-C60　j) 试件R-MM-C60

图6　试件的荷载—位移滞回曲线

低轴压比下，箍筋配置较好时，箍筋对核心混凝土有较好的约束，因此试件的破坏以纵筋破坏为主，纵筋强度对试件抗震性能影响较大，箍筋强度对试件抗震性能影响较小。

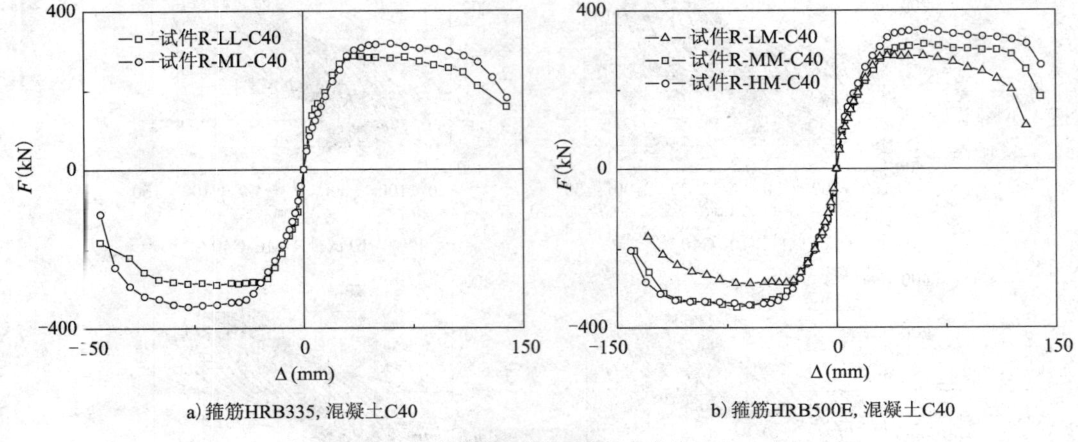

a) 箍筋HRB335，混凝土C40　　b) 箍筋HRB500E，混凝土C40

图7　纵筋等体积代换试件骨架曲线对比

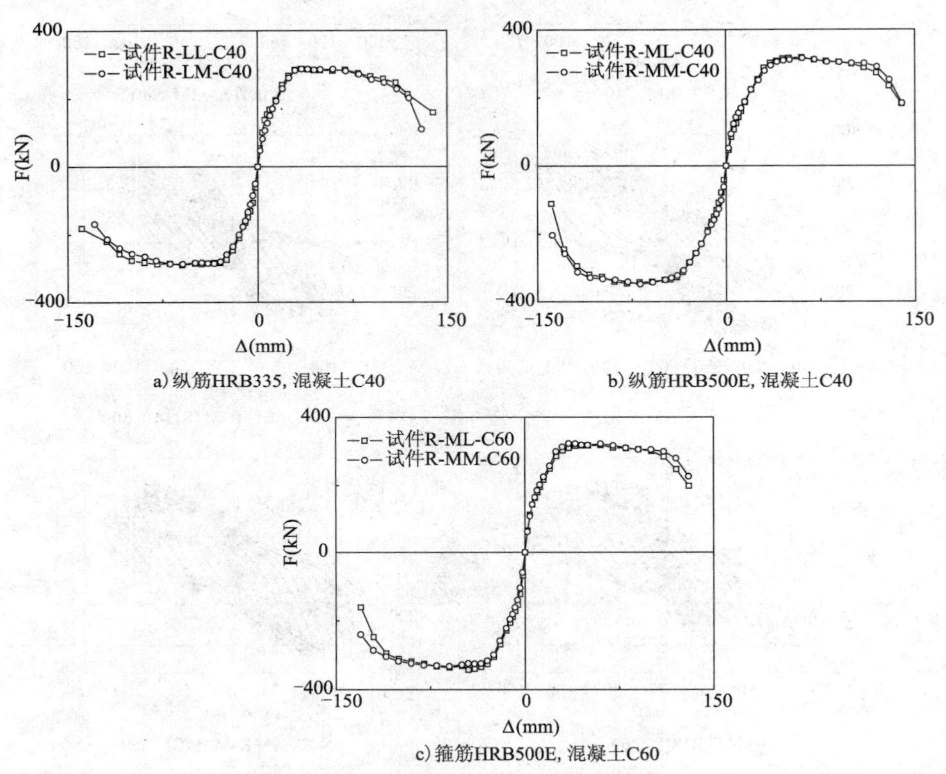

a) 纵筋HRB335，混凝土C40　　b) 纵筋HRB500E，混凝土C40

c) 箍筋HRB500E，混凝土C60

图8　箍筋等体积代换试件骨架曲线对比

3）钢筋等强度代换

试件配置相同箍筋时，采用高强度纵筋 HRB500E 等强度代换普通纵筋 HRB335，试件 R-LM-C40 和 R-M(S)M-C60 的骨架曲线对比见图 9。结合表 4 可知，试件纵筋采用高强度钢筋时，骨架曲线与采用普通钢筋 HRB335 时基本重合，试件变形能力基本保持不变；采用高强度钢筋时试件屈服位移减小，位移延性系数提高，提高幅度不大。因此在保持相同抗震性能条件下，纵筋采用高强度钢筋可以减小钢筋用量。

具有相同纵筋和混凝土时，采用箍筋采用 HRB500E 和 HRB600 钢筋等强度代换普通钢筋 HRB335，试件 R-ML-C60，R-MM(S)-C60，RMH(S)-C60 的骨架曲线比较如图 10 所示。试件骨架曲线前半段基本重合，箍筋屈服强度更高时，骨架曲线下降段下降速度更快；结合表 4 可知，采用高强度箍筋时，随箍筋强度提高，试件承载力基本保持不变，变形能力和位移延性系数有小幅度降低，仍可满足试件延性性能。

因此,采用高强度纵筋和箍筋等强度代换普通钢筋时,试件的承载力保持不变,变形能力和位移延性变化幅度较小,仍可满足试件抗震性能要求,达到节约钢筋目的。

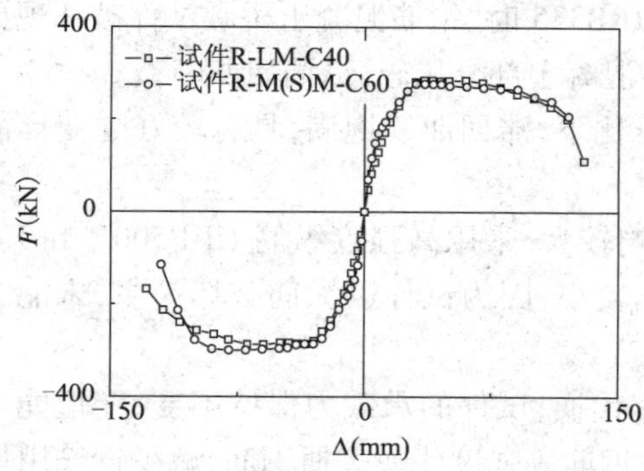

图 9 纵筋等强度代换试件骨架曲线对比

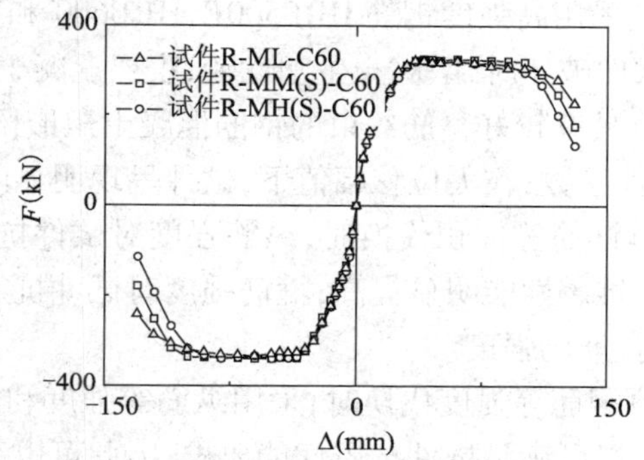

图 10 箍筋等强度代换试件骨架曲线对比

4)混凝土强度影响

相同纵筋和箍筋配置下,对比分析采用 C40 和 C60 两种混凝土的试件,骨架曲线比较如图 11 所示。当试件纵筋采用 HRB500E,箍筋采用 HRB335 时,试件 R-ML-C40 与 R-ML-C60 的骨架曲线对比见图 11a);当试件纵筋采用 HRB500E,箍筋采用 HRB500E 时,试件 R-MM-C40 与 R-MM-C60 的骨架曲线对比见图 11b)。结合表 4 可知,混凝土强度提高时,试件的刚度增大,屈服位移减小,位移延性系数略有提高。

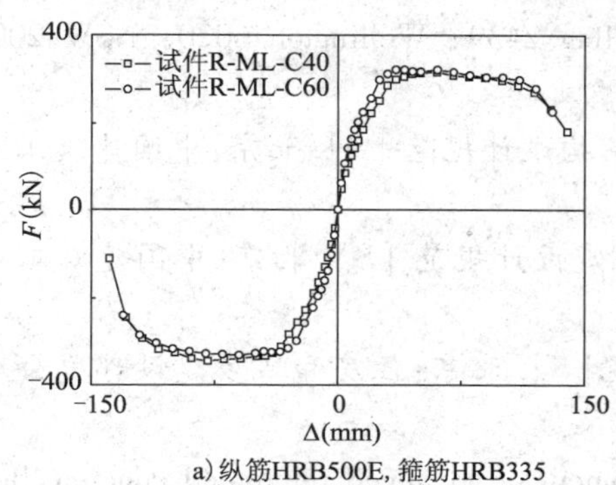

a) 纵筋HRB500E, 箍筋HRB335

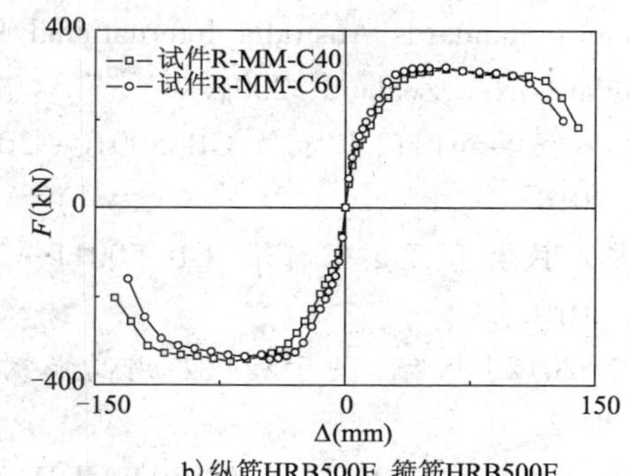

b) 纵筋HRB500E, 箍筋HRB500E

图 11 不同混凝土强度试件骨架曲线比较

试件结果汇总 表 4

试件编号	屈服			最大承载力			破坏			位移延性
	位移 Δ_y (mm)	位移角 θ_y (rad) (10^{-2})	水平力 F_y (kN)	位移 Δ_m (mm)	位移角 θ_m (rad) (10^{-2})	水平力 F_m (kN)	位移 Δ_u (mm)	位移角 θ_u (rad) (10^{-2})	水平力 F_u (kN)	μ_Δ
R-LL-C40	21.0	0.79	248	52.2	1.97	288	110.9	4.18	245	5.29
R-ML-C40	31.2	1.18	293	74.5	2.81	331	119.2	4.50	282	3.82
R-LM-C40	22.7	0.86	248	52.1	1.97	286	104.2	3.93	243	4.59
R-MM-C40	30.9	1.17	285	69.5	2.62	331	123.4	4.66	282	3.99
R-HM-C40	28.6	1.08	297	65.2	2.46	346	130.7	4.93	294	4.58
R-M(S)M-C60	20.3	0.77	244	60.2	2.27	288	107.7	4.06	245	5.30
R-ML-C60	23.3	0.88	285	52.7	1.99	327	121.3	4.58	278	5.20
R-MM(S)-C60	25.3	0.95	289	50.1	1.89	333	114	4.30	283	4.51
R-MH(S)-C60	24.2	0.91	284	50.2	1.89	331	107	4.04	281	4.42
R-MM-C60	23.6	0.89	284	55.2	2.08	330	112.6	4.25	281	4.78

三、结　　语

(1)采用高强度钢筋HRB500E,HRB600和普通钢筋HRB335时,钢筋混凝土桥墩试件破坏现象基本相同,试件破坏时,墩底产生塑性铰,表层混凝土剥落,核心混凝土部分压碎,纵筋屈曲断裂。

(2)具有较好箍筋约束的钢筋混凝土矩形桥墩,低轴压比下,滞回曲线饱满,具有较好的变形能力和位移延性系数;在大位移幅值下,试件呈现明显的捏缩现象。

(3)钢筋等体积代换时,纵筋强度对试件抗震性能影响较大,采用高强度纵筋HRB500E和HRB600时,试件抗震性能明显提高;箍筋强度对试件抗震性能影响较小,因为试件以纵筋破坏为主,未能完全发挥高强箍筋的强度。

(4)钢筋等强度代换时,采用纵筋等强度和箍筋等强度代换,试件的承载力保持不变,变形能力有小幅变化,仍可满足试件抗震性能要求;因此可以采用高强度钢筋等强度代换普通钢筋,减少钢筋用量。

(5)混凝土强度提高时,试件承载力保持不变,刚度增大,屈服位移减小,位移延性系数增大。

参考文献

[1] 青山博之. 现代高层钢筋混凝土结构设计[M]. 重庆:重庆大学出版社,2006.

[2] ACI 318-11. Building code requirements for structural concrete (318 – 11) and Commentary [S], Farmington Hills, MI: American Concrete Institute, 2011.

[3] AS/NZS 4671:2001. Australian/New Zealand Standard Steel reinforcing materials, 2001. GPO Box 5420, Sydney: Standards Australia International Ltd / Private Bag 2439, Wellington 6020: NSW 2001 and Standards New Zealand, 2001.

[4] 中华人民共和国国家标准. GB 50010—2010 混凝土结构设计规范 [S]. 北京:中国建筑工业出版社, 2010.

[5] 中华人民共和国国家标准. GB 50011—2010 建筑抗震设计规范 [S]. 北京:中国建筑工业出版社, 2010.

[6] 建标[2012] 1号 关于加快应用高强钢筋的指导意见[S]. 北京:住房和城乡建设部办公厅秘书处,2012.

[7] AOYAMA H, MUROTA T, HIRAISHI H, et al. Development of advanced reinforced concrete buildings with high-strength and high-quality materials[C]// Proceedings, Tenth World Conference on Earthquake Engineering, Madrid. 1992: 3365-3370.

[8] OUSALEM H, TAKATSU H, ISHIKAWA Y, et al. Use of high-strength bars for the seismic performance of high-strength concrete columns [J]. Journal of Advanced Concrete Technology, 2009, 7(1): 123-134.

[9] RAUTENBERG J M, PUJOL S, TAVALLALI H, et al. Reconsidering the use of high-strength reinforcement in concrete columns [J]. Engineering Structures, 2012, 37:135-142.

[10] SUGANO S. Seismic behavior of reinforced concrete columns which used ultra-high-strength concrete [C]// Eleventh World Conference on Earthquake Engineering, Elsevier Science Ltd, 1996.

[11] AZIZINAMINI A, KUSKA S S B, BRUNGARDT P, et al. Seismic behavior of square high-strength concrete columns [J]. ACI Structural Journal, 1994, 91(3):336-345.

[12] PAULTRE P, LEGERON F, MONGEAU D. Influence of concrete strength and transverse reinforcement yield strength on behavior of high-strength concrete columns [J]. ACI Structural Journal, 2001, 98(4): 490-501.

[13] BAYRAK O, SHEIKH S A. Seismic performance of high strength concrete columns confined with high strength steel[C]// 13th World Conference on Earthquake Engineering, Vancouver, B. C., 2004.

[14] LEPAGE A, TAVALLALI H, PUJOL S, et al. Towards Earthquake-Resistant Concrete Structures with Ultra High-Strength Steel Reinforcement[C]// 14th World Conference on Earthquake Engineering, Beijing: International Association for Earthquake Engineering, 2008.

[15] 傅剑平，邓艳青，王晓锋，等. 考虑箍筋约束的HRB500级纵筋柱抗震性能试验研究[J]. 工业建筑，2012，42(1)：78-84.

[16] 王晓锋，傅剑平，朱爱萍，等. 配置HRB500级钢筋混凝土柱抗震性能模拟分析[J]. 建筑结构学报，2011，32(8)：99-105.

[17] 管品武，郭海峰，雷士发. HRB500钢筋混凝土框架柱塑性铰区破坏形态的试验研究[J]. 四川建筑科学研究，2009，35(5)：134-136.

[18] 戎贤，张健新，李艳艳. 配置HRB500钢筋的混凝土异形柱抗震性能试验研究[J]. 四川建筑科学研究，2013，39(3)：161-165.

[19] 韩小雷，戚永乐，关柱良，等. CRB550级箍筋混凝土柱抗震性能试验研究[J]. 建筑结构学报，2011，32(12)：235-241.

[20] 中华人民共和国国家标准. GB/T 50152—2012 混凝土结构试验方法标准[S]. 北京：中国建筑出版社，2012.

[21] 中华人民共和国国家标准. GB/T 228.1—2010 金属材料拉伸试验第1部分：室温试验方法[S]. 北京：中国标准出版社，2010.

[22] PARK R. Evaluation of ductility of structures and structural assemblages from laboratory testing [J]. Bulletin of the New Zealand National Society for Earthquake Engineering, 1989, 22(3): 155-16.

111. 配置高强度钢筋的圆柱形混凝土桥墩抗震性能试验研究

何 荷[1] 戴李春[2] 苏俊省[3]

(1. 贵州高速公路集团有限公司；2. 中交公路规划设计院有限公司；3. 同济大学)

摘 要 对11个配置HRB335、HRB500E、HRB600钢筋的圆柱形混凝土桥墩进行拟静力试验，对比分析钢筋等体积代换和等强度代换时，纵筋强度、箍筋强度、箍筋间距、混凝土强度等因素对试件抗震性能的影响。结果表明：采用不同强度钢筋时，试件均为典型的弯曲破坏，墩底形成塑性铰，纵筋屈曲断裂，试件具有较好的变形能力和位移延性；钢筋等体积代换时，纵筋强度对试件承载力和变形能力影响较大，箍筋强度影响较小；等强度代换时，试件抗震性能基本保持不变，采用高强钢筋可以减小钢筋用量；箍筋间距增大时，箍筋对纵筋约束减小，试件变形能力减弱；混凝土强度对试件抗震性能影响较小。

关键词 圆柱形桥墩 HRB500E HRB600 抗震性能 拟静力试验 延性

20世纪80年代开始，高强度钢筋在日本和欧美等发达国家逐渐推广使用。高强度钢筋可以减少钢筋使用量，达到节约成本和保护环境的目的。日本政府在1988～1993年间开展的新钢筋混凝土项目(New RC Project)，提出屈服强度685MPa和980MPa的钢筋用作梁柱纵向钢筋，屈服强度785MPa和1275MPa的钢筋用作横向钢筋。美国ACI 318－11建筑规范允许箍筋和螺旋箍筋设计强度取100ksi(690MPa)，且美国交通局于2011年出版了NCHRP Report 679，为高强钢筋推广使用提供技术指导。欧洲和新西兰分别规定了屈服强度500MPa及以上的钢筋并且对抗震地区高强度钢筋的使用提出了相关要求。中国《混凝土结构设计规范》(GB 50010—2010)增加了500MPa级高强钢筋并提出钢筋延性(最大力下总伸长率)的要求。为了促进高强度钢筋的推广使用，住房和城乡建设部、工业和信息化于2012年联合推出了《关于加快应用高强钢筋的指导意见》。

国内外学者对采用高强度钢筋的混凝土柱进行了一定的抗震性能研究，AOYAMA H、OUSALEM H、RAUTENBERG J M 和傅剑平分别研究了纵筋屈服强度为700MPa、685MPa（980MPa）、920MPa和530MPa的矩形柱的抗震性能，分析表明纵筋采用高强度钢筋时，试件仍有较好的延性，但残余位移和耗能能力降低；SUGANO S、AZIZINAMINIA、PAULTREP、BAYRAKO、LEPAGEA、管品武和韩小雷分别研究了箍筋强度为1 400MPa、752MPa、542MPa、830MPa（1 275MPa），530MPa和550MPa的矩形柱试件的抗震性能，SAATCIOGLUM对比分析了螺旋箍筋强度分别为420MPa、580MPa和1 100MPa的圆柱形柱的抗震性能，分析表明，高轴压比下，高强度箍筋可以提高试件的延性，使用高强度箍筋，在一定程度上可以减少箍筋用量。国内外高强度钢筋混凝土柱试验主要以矩形柱试验为主，圆形柱试验数据相对较少。

本文针对国内桥梁中圆形墩和桩试件，研究低轴压比和普通混凝土强度下采用高强度钢筋时，圆柱形试件的抗震性能。试件采用工程中常用的等强度代换和等体积钢筋代换方法研究钢筋强度对试件抗震性能的影响。试件尺寸较大，纵筋和箍筋尺寸应用了工程实际中常用的钢筋直径，箍筋采用螺旋箍筋布置。通过高强度钢筋和普通钢筋混凝土试验对比分析，为高强度钢筋工程应用提供依据。

一、试 验 概 况

1. 试件设计

试验设计制作了11个混凝土墩，试件编号C－LL－C40－6中，C表示圆柱形试件，LL分别表示采用纵筋和箍筋的类型，其中L表示HRB335钢筋，M为HRB500E钢筋，H为HRB600级钢筋，6表示箍筋间距6cm，（S）表示钢筋采用高强度钢筋等强度代换普通钢筋，C40和C60表示混凝土强度，试件的直径采用60cm，试件加载中心到试件底端的高度为2.65m。试件尺寸和配筋详细介绍见图1和表1。

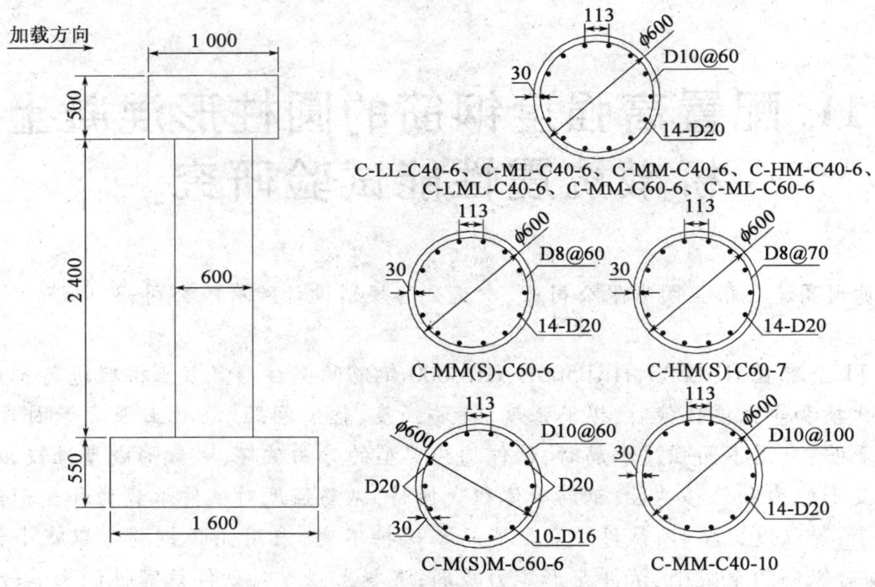

图1 试件尺寸和配筋图（尺寸单位：mm）

试 件 配 筋 图 表1

试件编号	纵筋				箍筋				混凝土强度等级	轴力（kN）	轴压比
	直径（mm）	种类	根数	配筋率（%）	直径（mm）	种类	间距（cm）	配箍率（%）			
C-LL-C40-6	20	HRB335	14	1.56	10	HRB335	6	0.80	C40	760	0.083
C-ML-C40-6	20	HRB500E	14	1.56	10	HRB335	6	0.80	C40	760	0.083
C-LM-C40-6	20	HRB335	14	1.56	10	HRB500E	6	0.80	C40	760	0.083
C-MM-C40-6	20	HRB500E	14	1.56	10	HRB500E	6	0.80	C40	760	0.083

续上表

试件编号	纵筋				箍筋				混凝土强度等级	轴力(kN)	轴压比
	直径(mm)	种类	根数	配筋率(%)	直径(mm)	种类	间距(cm)	配箍率(%)			
C-HM-C40-6	20	HRB600	14	1.56	10	HRB500E	6	0.80	C40	760	0.083
C-M(S)M-C60-6	20 16	HRB500E	4 10	1.16	10	HRB500E	6	0.80	C60	760	0.088
C-ML-C60-6	20	HRB500E	14	1.56	10	HRB335	6	0.80	C60	760	0.056
C-MM(S)-C60-6	20	HRB500E	14	1.56	8	HRB500E	6	0.51	C60	760	0.056
C-MH(S)-C60-7	20	HRB500E	14	1.56	8	HRB600	7	0.44	C60	760	0.056
C-MM-C60-6	20	HRB500E	14	1.56	10	HRB500E	6	0.80	C60	760	0.056
C-MM-C40-10	20	HRB500E	14	1.56	10	HRB500E	10	0.48	C40	760	0.083

2. 材性实测

《GB/T50152—2012 混凝土结构试验方法标准》中4.0.2章的说明中指出：混凝土立方体试块的抗压试验最简单，结果最稳定，且能够推导出其他的性能参数。本试验在浇筑试件的同时，制作150mm×150mm×150mm标准立方体试块，并且将混凝土试块与试件同条件同期养护，用以测量混凝土立方体抗压强度f_{cu}^0，根据混凝土立方体抗压强度实测值f_{cu}^0，推算混凝土的轴心抗压强度f_{cu}^0、轴心抗拉强f_t^0度及弹性模量E_c^0等性能参数，混凝土材料参数列于如表2。

混凝土材料性能指标 表2

混凝土等级	f_{cu}^0(MPa)	f_c^0(MPa)	f_t^0(MPa)	E_c^0(MPa)
C40	42.9	32.6	3.1	3.32×10^4
C60	61.5	48.2	3.8	3.62×10^4

钢筋的力学性能试验按照GB/T228.1-2010《金属材料拉伸试验 第1部分：室温试验方法》所规定的方法进行，钢筋的应力—应变曲线和钢筋材料性能见图2和表3。

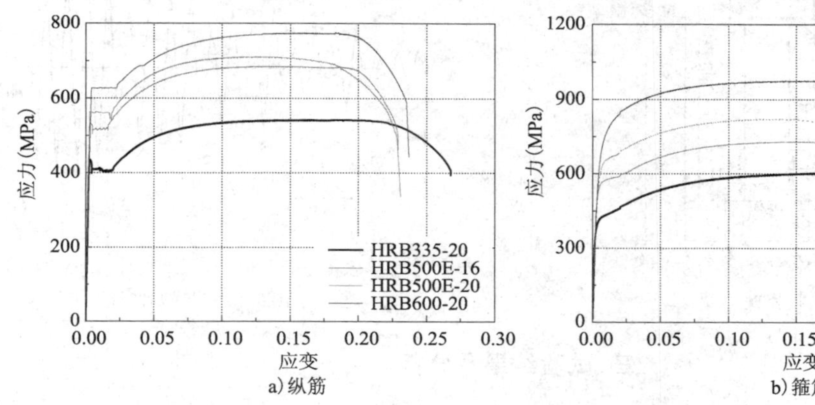

a)纵筋

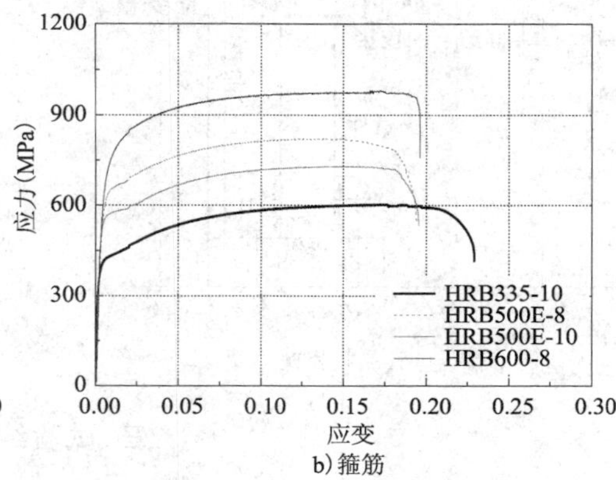

b)箍筋

图2 钢筋应力—应变曲线

钢筋材料性能指标 表3

钢筋类型	直径(mm)	屈服强度(MPa)	抗拉强度(MPa)	弹性模量(MPa)	断后伸长率A(%)	最大力下总伸长率A_{gt}(%)
HRB335	10	406	606	1.76×10^5	24.8	8.3
	20	399	543	1.93×10^5	28.3	12.1
	8	617	844	1.65×10^5	21.3	7.5

续上表

钢筋类型	直径(mm)	屈服强度(MPa)	抗拉强度(MPa)	弹性模量(MPa)	断后伸长率 A(%)	最大力下总伸长率 A_{gt}(%)
HRB500E	10	536	729	1.51×10^5	21.2	7.4
	16	499	687	1.93×10^5	24.3	10.9
	20	534	717	1.93×10^5	23.0	10.1
HRB600	8	686	969	1.54×10^5	16.8	6.5
	20	622	777	1.55×10^5	22.4	10.0

二、试验方法和加载制度

1. 试验方法

试件底端固定，水平力通过100t的静电液伺服加载系统加载，水平作动器的正负向位移幅值250mm；试件竖向轴力通过千斤顶加载，千斤顶与钢横梁之间通过滚轴连接，以减小千斤顶与横梁之间的摩擦力（图3）。通过位移计测量墩顶水平力 F 的加载中心处的位移△；力传感器测量水平力 F 和千斤顶所加轴力 P，塑性铰区安置位移计测量塑性铰区位移变化，然后根据塑性铰区位移变化，计算塑性铰区平均转角 θ 和墩底平均曲率 ϕ。

2. 加载制度

首先，施加竖向荷载到试件预定轴力 P，并保持恒定，然后施加水平荷载。水平荷载通过位移控制，加载位移0～10mm范围内位移增量2mm，10～50mm位移加载段增量5mm，50mm之后位移增量10mm；每级位移幅值下进行3次循环加载，每级加载后，进行一次上一级位移幅值的加载，一直加载直到纵筋拉断为止（图4）。

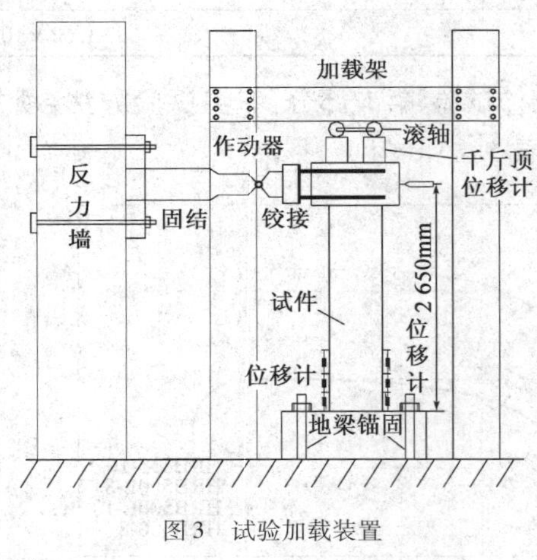

图3　试验加载装置

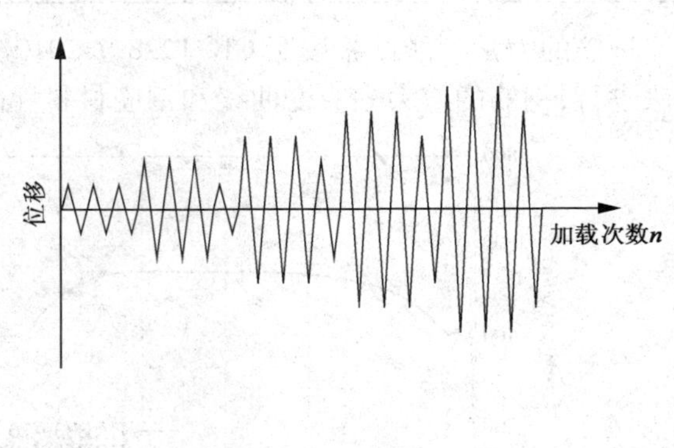

图4　加载规则曲线

三、试验结果及分析

1. 破坏过程及破坏形态

试件的破坏形态为典型的弯曲破坏。试件加载初期，在试件受拉区首先发生水平开裂，水平裂缝在距离底部0～20cm范围内，然后随加载位移逐渐增大，试件裂缝逐渐向非加载面延长并且开裂高度变大，加载位移20mm时，试件裂缝开展逐渐趋于稳定；伴随着继续加载，墩底与柱连接处开始出现裂缝并且已开裂的裂缝宽度逐渐增大；之后，表层混凝土开始剥落并且随加载位移增大表层混凝土剥落更加明显，箍筋和纵筋露出；最后出现纵筋屈曲和拉断，试件破坏。试件破坏现象如图5所示。

2. 荷载位移滞回曲线

试件的力—位移滞回曲线（图6）具有如下特点：

a) C-LL-C40-6

b) C-ML-C40-6

c) C-LM-C40-6

d) C-MM-C40-6

e) C-HM-C40-6

f) C-M(S)M-C60-6

g) C-ML-C60-6

h) C-MM(S)-C60-6

i) C-MH(S)-C60-7

j) C-MM-C60-6

k) C-MM-C40-10

图5 试件的破坏形态

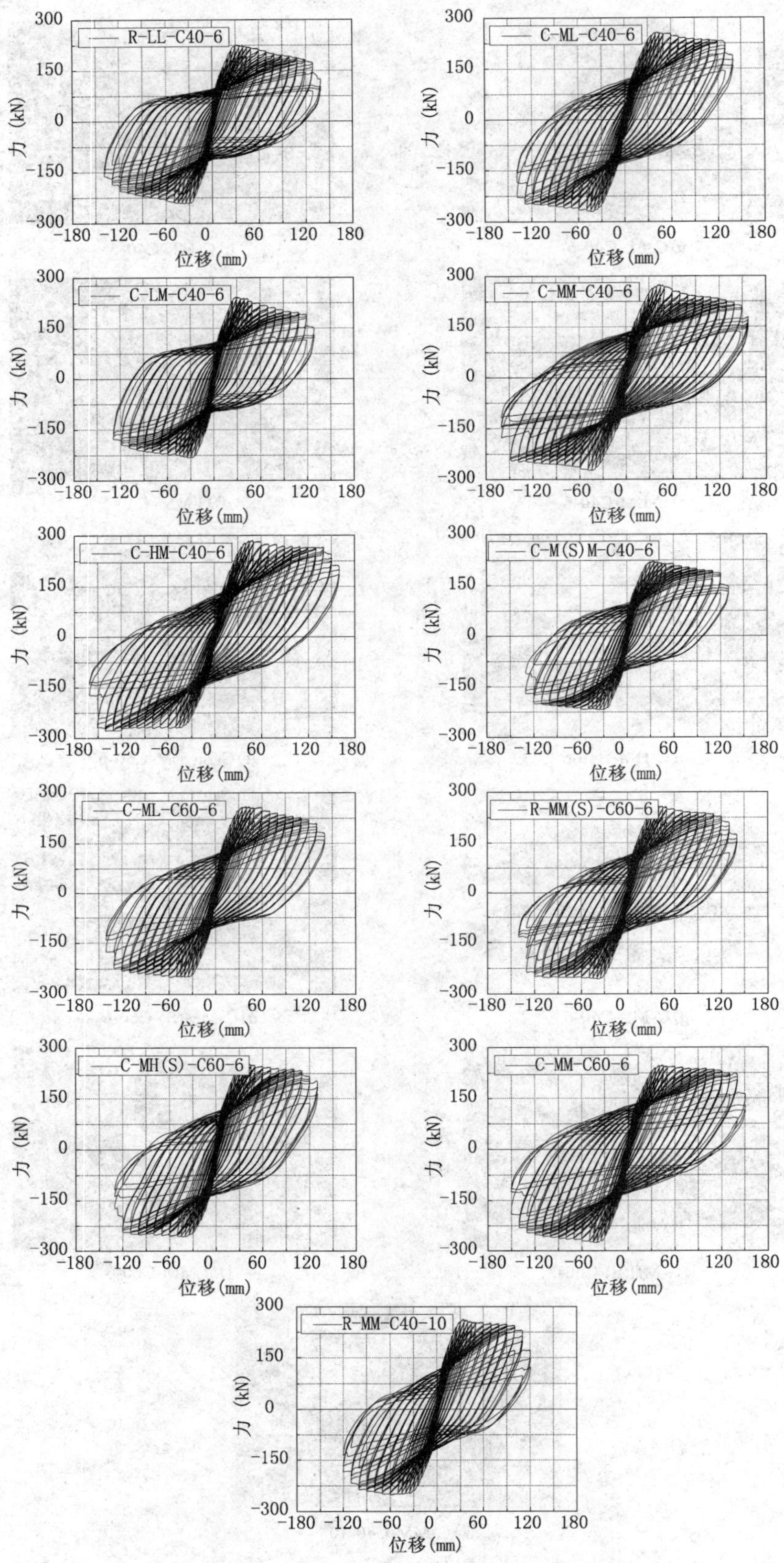

图6 试件的力—位移滞回曲线

(1)试件滞回曲线饱满,具有较好的滞回性能和耗能能力,且试件具有较好的变形能力和位移延性;加载后期,滞回曲线呈现一定捏缩效应,并不明显。

(2)滞回曲线在纵筋屈服后,水平承载力开始下降,下降段较平缓,位移加载后期纵筋断裂,试件承载力快速下降,试件破坏。

(3)箍筋强度对试件变形能力和延性系数影响不大,箍筋间距对试件变形能力有较大影响,箍筋间距变大时,试件的变形能力明显降低。

3. 试验结果分析

通过对高强度钢筋圆柱形桥墩在固定竖向荷载和水平反复荷载作用下的试验,分析纵筋强度、箍筋强度、箍筋间距、混凝土强度等因素对圆柱形桥墩的骨架曲线、滞回曲线及位移延性的影响及作用。

1)延性性能

采用位移延性系数来评价试件的延性,即在达到极限荷载后基本保持继续承载的情况下,极限位移和等效屈服位移的比值如式(1)。取荷载下降到最大值的85%时的位移为极限位移 Δ_u;试件的位移角 θ 取水平水平位移 Δ 与试件高度 H 的比值如式(2)。根据 R. Park 法计算试件的屈服位移,试件的各项参数指标的汇总表见表4。

$$\mu_\Delta = \frac{\Delta_u}{\Delta_y} \tag{1}$$

$$\theta = \frac{\Delta}{H} \tag{2}$$

2)钢筋等体积代换

相同箍筋配置和混凝土强度条件下,采用高强度纵筋 HRB500E 和 HRB600 等体积替换普通纵筋 HRB335,试件骨架曲线比较如图7。结合表4数据可知,随着纵筋强度提高,试件水平承载力提高,屈服位移和极限位移增大,位移延性小幅度降低。因此采用相同纵筋用量时,高强度抗震钢筋可以提高试件抗震性能。

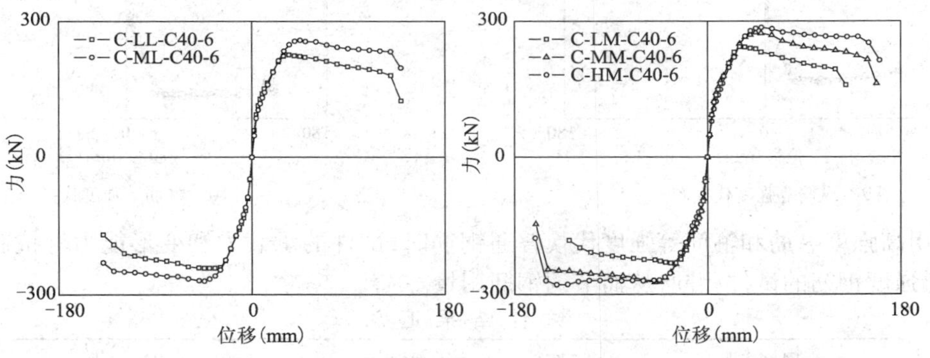

图7 纵筋等体积代换

高强度箍筋 HRB500E 等体积代换普通箍筋 HRB335 时,如图8所示,骨架曲线基本重合,试件的承载力、屈服位移、极限位移和位移延性变化不大。

低轴压比下,箍筋配置较好时,箍筋对核心混凝土有较好的约束,因此试件的破坏以纵筋破坏为主,纵筋强度对试件抗震性能影响较大,箍筋强度对试件抗震性能影响较小。

3)钢筋等强度代换

试件配置相同箍筋时,采用高强度纵筋 HRB500E 等强度代换普通纵筋 HRB335,试件骨架曲线比较见图9,水平承载力略有降低,试件屈服位移基本保持不变。

其他条件相同时,采用高强度箍筋 HRB500E 和 HRB600 等强度代换普通箍筋时,如图10所示。箍筋等强度代换时,采用箍筋 HRB335、HRB500E 和 HRB600 时试件的骨架曲线基本重合,屈服位移、极限位移和位移延性系数基本不变。

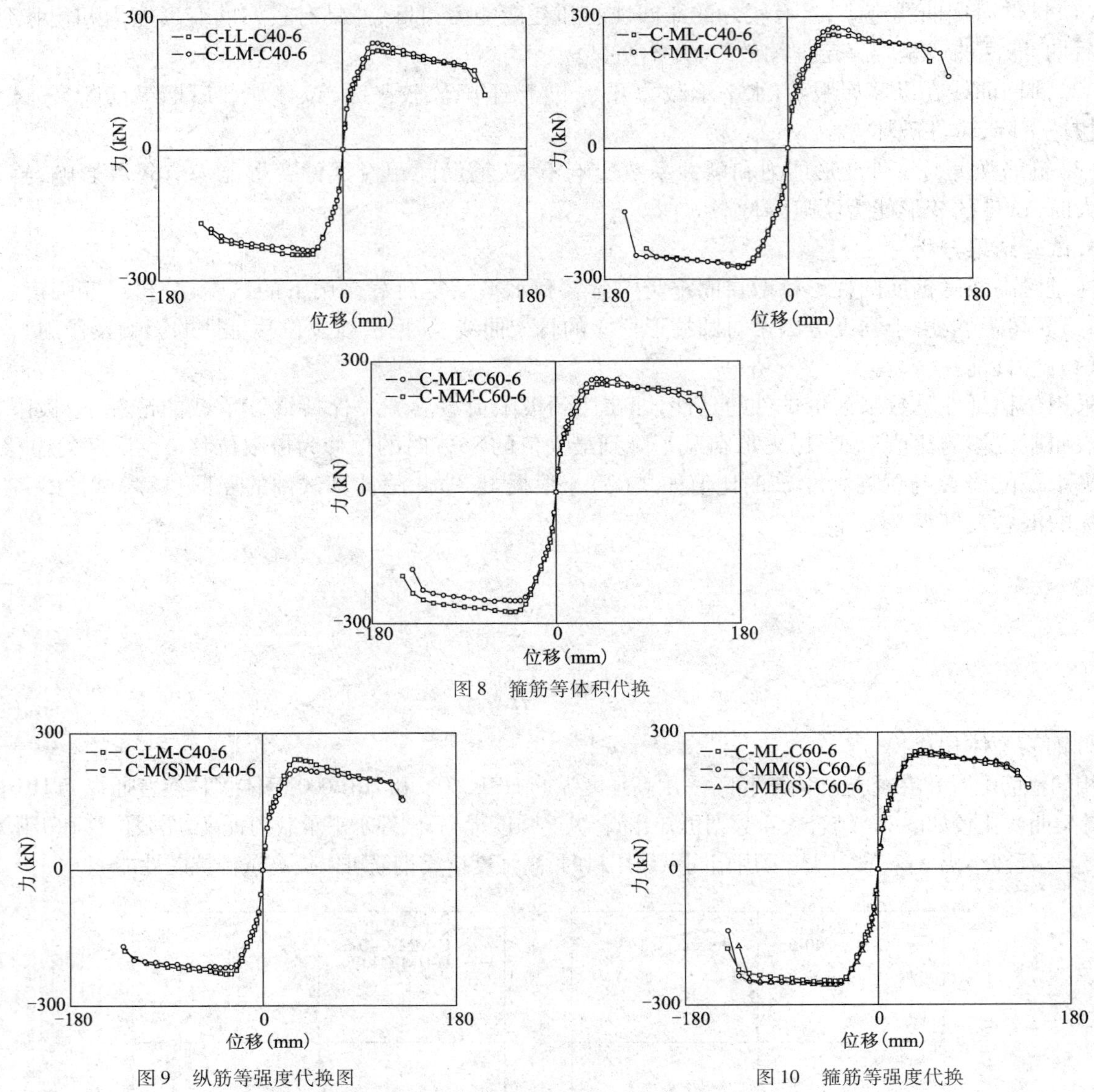

图8　箍筋等体积代换

图9　纵筋等强度代换图

图10　箍筋等强度代换

因此,采用高强度纵筋和箍筋等强度代换普通钢筋时,试件的承载力和变形能力等抗震性能皆能保持与采用普通强度钢筋的试件相同,从而节约钢筋用量。

试件结果汇总　　表4

试件编号	屈服			最大承载力			破坏			位移延性 μ_Δ
	位移 Δ_y(mm)	位移角 θ_y(rad)(10^{-2})	水平力 F_y(kN)	位移 Δ_m(mm)	位移角 θ_m(rad)(10^{-2})	水平力 F_m(kN)	位移 Δ_u(mm)	位移角 θ_u(rad)(10^{-2})	水平力 F_u(kN)	
C-LL-C40-6	19.7	0.74	193	39.7	1.50	233	116.1	4.38	198	5.90
C-ML-C40-6	26.4	1.00	225	47.3	1.78	264	135.7	5.12	224	5.13
C-LM-C40-6	19.4	0.73	201	34.7	1.31	237	103.8	3.92	201	5.35
C-MM-C40-6	27.3	1.03	230	52.1	1.97	274	136.0	5.13	233	4.99
C-HM-C40-6	32.3	1.22	248	100.4	3.79	282	153.3	5.79	240	4.74
C-M(S)M-C60-5	19.1	0.72	185	40.1	1.51	220	122.4	4.62	187	6.41
C-ML-C60-6	23.2	0.87	218	55.2	2.08	255	127.0	4.79	217	5.48

续上表

试件编号	屈服			最大承载力			破坏			位移延性
	位移 Δ_y(mm)	位移角 θ_y(rad) (10^{-2})	水平力 F_y (kN)	位移 Δ_m (mm)	位移角 θ_m(rad) (10^{-2})	水平力 F_m (kN)	位移 Δ_u (mm)	位移角 θ_u(rad) (10^{-2})	水平力 F_u(kN)	μ_Δ
C-MM(S)-C60-6	24.7	0.93	221	42.6	1.61	258	128.9	4.87	220	5.22
C-MH(S)-C60-6	22.7	0.85	217	47.7	1.80	255	124.2	4.69	217	5.48
C-MM-C60-6	25.5	0.96	224	47.6	1.80	261	140.9	5.32	222	5.52
C-ML-C40-10	22.1	0.84	218	52.7	1.99	257	112.0	4.23	218	5.06

4)箍筋间距影响

试件纵筋、箍筋和混凝土强度相同时,箍筋间距分别采用10cm和6cm。由图11可知,箍筋间距增大时,试件的变形能力明显降低,试件破坏以纵筋破坏为主,箍筋间距增大时,箍筋对纵筋的约束减弱,纵筋抗屈曲和疲劳能力降低,因此试件的变形能力降低。

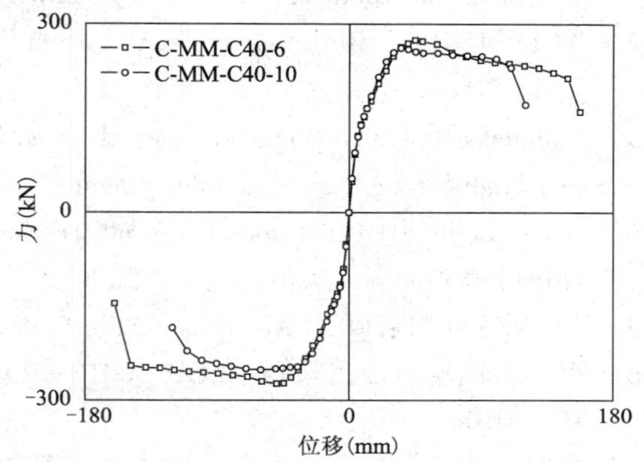

图11 箍筋间距影响

5)混凝土强度影响

相同配筋和配箍条件下,对比分析采用C40和C60两种混凝土的试件,如图12所示。采用不同强度混凝土时,试件的骨架曲线基本重合,屈服位移、极限位移和位移延性变化不大。因为螺旋箍筋对混凝土约束较好,混凝土延性性能较好,试件的抗震性能以纵筋控制为主,因此混凝土强度对试件影响不大。

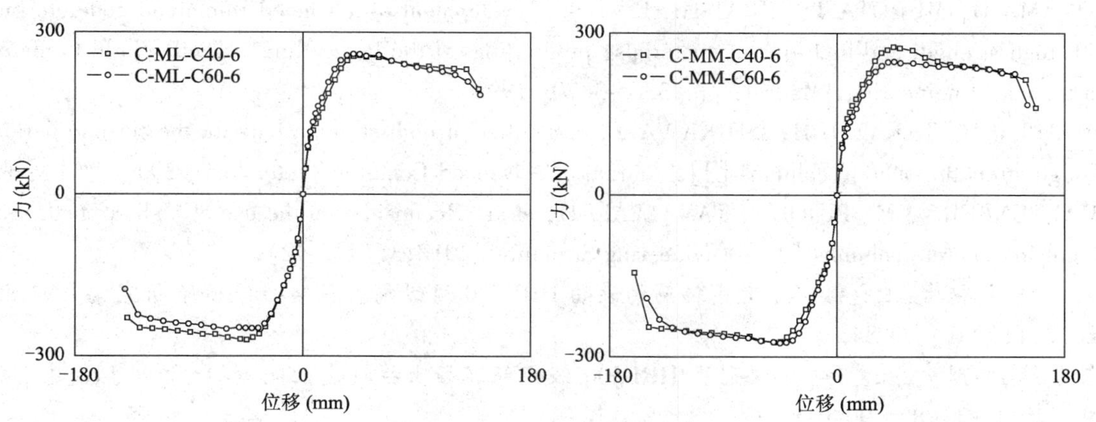

图12 混凝土强度影响

四、结 语

通过高强度钢筋和普通钢筋混凝土圆柱形试件拟静力试验，对试验现象和试验结果进行了分析和研究，主要结论如下：

(1)采用高强度钢筋HRB500E、HRB600和普通钢筋HRB335时,钢筋混凝土柱试件破坏现象相近,都为典型的墩柱弯曲破坏。试件破坏时,墩底产生塑性铰,表层混凝土剥落,纵筋屈曲和断裂。

(2)螺旋箍筋约束的圆柱形钢筋混凝土柱,低轴压比下,滞回曲线饱满,具有较好的变形能力和位移延性;加载位移较大时,试件呈现轻微捏缩现象。

(3)钢筋等体积代换时,纵筋强度对试件抗震性能影响较大,采用高强度纵筋 HRB500E 和 HRB600 时,试件抗震性能明显提高;箍筋强度对试件抗震性能影响较小,因为试件以纵筋破坏为主,未能完全发挥高强箍筋的强度。

(4)钢筋等强度代换时,采用纵筋等强度和箍筋等强度代换,试件承载力和变形能力皆基本保持不变,因此可以采用高强度钢筋等强度代换普通钢筋,减少钢筋用量。

(5)箍筋间距对试件变形能力影响较明显,箍筋间距增大时,箍筋对纵筋约束作用较小,纵筋抗疲劳和屈曲能力降低,试件变形能力降低。

(6)螺旋箍筋可对核心混凝土提供较好的约束作用,试件破坏以纵筋破坏为主,混凝土强度对试件承载力和变形能力影响不大。

参考文献

[1] AOYAMA H. Design of Modern High-Rise Reinforced Concrete Structures, Series on innovation in structures and construction, Vol. 3 [M]. Imperial College Press, 2001.

[2] ACI 318-11. Building code requirements for structural concrete (318-11) and Commentary [S], 2011.

[3] National cooperative highway research program. NCHRP REPORT 679(Design of Concrete Structures Using High-Strength Steel Reinforcement).

[4] Model Code 2010-first complete draft. Fédération Internationale du Béton fib/International Federation for Structural Concrete, 2010.

[5] AS/NZS 4671:2001. Australian/New Zealand Standard Steel reinforcing materials,2001.

[6] 中华人民共和国国家标准. GB 50010—2010 混凝土结构设计规范 [S]. 北京:中国建筑工业出版社, 2010.

[7] 建标〔2012〕1号 关于加快应用高强钢筋的指导意见[S]. 北京:住房和城乡建设部办公厅秘书处,2012.

[8] AOYAMA H, MUROTA T, HIRAISHI H, et al. Development of advanced reinforced concrete buildings with high-strength and high-quality materials; proceedings of the Proceedings, Tenth World Conference on Earthquake Engineering, Madrid, pp. 3365-3370. 1992.

[9] OUSALEM H, TAKATSU H, ISHIKAWA Y, et al. Use of high-strength bars for the seismic performance of high-strength concrete columns [J]. Journal of Advanced Concrete Technology, 2009, 7(1): 123-34.

[10] RAUTENBERG J M, PUJOL S, TAVALLALI H, et al. Reconsidering the use of high-strength reinforcement in concrete columns [J]. Engineering Structures,2012,37(135-42).

[11] 傅剑平,邓艳青,王晓锋,等. 考虑箍筋约束的 HRB500 级纵筋柱抗震性能试验研究[J]. 工业建筑, 2012,42(001):78-84.

[12] 王晓锋,傅剑平,朱爱萍, 等. 配置 HRB500 级钢筋混凝土柱抗震性能模拟分析 [J]. 建筑结构学报, 2011, 32(8): 99-105.

[13] SUGANO S. Seismic behavior of reinforced concrete columns which used ultra-high-strength concrete; proceedings of the 11th World Conf on Earthquake Engineering, 1996.

[14] AZIZINAMINI A, KUSKA S S B, BRUNGARDT P, et al. Seismic behavior of square high-strength concrete columns [J]. ACI Structural Journal, 1994, 91(3):336-45.

[15] PAULTRE P, LEGERON F, MONGEAU D. Influence of concrete strength and transverse reinforcement yield strength on behavior of high-strength concrete columns [J]. ACI Structural Journal, 2001, 98(4): 490-501.

[16] BAYRAK O, SHEIKH S A. Seismic performance of high strength concrete columns confined with high strength steel; proceedings of the Proceedings of the 13th Worl d Conference on Earthquake Engineering

Vancouver, BC, Canada, 2004.

[17] LEPAGE A, TAVALLALI H, PUJOL S, et al. Towards Earthquake-Resistant Concrete Structures with Ultra High-Strength Steel Reinforcement; proceedings of the 14th World Conference on Earthquake Engineering Beijing: International Association for Earthquake Engineering, 2008.

[18] 管品武，郭海峰，雷士发. HRB500 钢筋混凝土框架柱塑性铰区破坏形态的试验研究 [J]. 四川建筑科学研究, 2009, 35(5): 134-6.

[19] 韩小雷，戚永乐，关柱良，等. CRB550 级箍筋混凝土柱抗震性能试验研究 [J]. 建筑结构学报, 2011, 32(12): 235-41.

[20] SAATCIOGLU M, BAINGO D. Circular high-strength concrete columns under simulated seismic loading [J]. Journal of structural engineering, 1999, 125(3): 272-80.

[21] 中华人民共和国国家标准. GB/T 50152—2012 混凝土结构试验方法标准[S]. 北京:中国建筑出版社,2012.

[22] 中华人民共和国国家标准. GB/T 228.1—2010 金属材料拉伸试验第 1 部分: 室温试验方法 [S]. 北京:中国标准出版社,2010.

[23] PARK R. Evaluation of ductility of structures and structural assemblages from laboratory testing [J]. Bulletin of the New Zealand National Society for Earthquake Engineering, 1989, 22(3): 155-66.

112. 钢箱提篮拱桥自振特性的体系分析

刘雪锋[1] 田仲初[2]

(1. 贵州省交通建设工程质量监督站;2. 长沙理工大学桥梁与结构工程学院)

摘 要 钢箱提篮拱桥作为一种新兴的桥梁结构,近几年来在中国得到了极大发展。对钢箱提篮拱的设计研究相对滞后于工程实践,在自振特性方面的研究则更落后于静力特性方面的研究。本文以小湾大桥为例,参考其设计参数,研究钢箱提篮拱桥体系参数对其自振特性的影响。

关键词 拱桥 提篮拱 钢箱 自振特性 体系分析

钢箱提篮拱桥是将两侧竖直平面内的钢箱拱肋内倾一定角度,通过风撑或排架连接,使两钢箱拱肋形成提篮状的一种中承式拱桥。钢箱提篮拱桥通过改变拱结构的空间连接形式来获得较大的横向稳定性;同时由于采用钢为拱肋材料,结构的延性与韧性得到了很大的提高。所以,这种桥型兼有结构、材料与美学等诸多方面的优势,具有结构自重轻、跨越能力大、施工方便、结构新颖等特点,倍受桥梁科技工作者的青睐。目前,此类桥型正朝着轻型化、大跨度方向发展,最大跨径已达到了 550m。

随着跨径的增大,许多问题接踵而来,尤其以桥跨结构的自振特性、抗风性能、抗震性能以及车桥耦合共振等动力方面的问题较为突出。钢箱提篮拱桥在结构体系、材料性能等方面与传统的石拱桥、钢筋混凝土拱桥、钢管混凝土拱桥等都有较大区别,其自振特性、抗风性能、抗震性能以及车桥耦合共振也将有别于传统拱桥。目前,对此类拱桥动力特性的研究要滞后于静力性能的研究,而对此类桥型自振特性的研究又可为桥梁的抗风设计、抗震设计及车桥共振分析提供理论基础,因此对钢箱提篮拱桥自振特性进行研究显得尤为重要。

本文以云南小湾大桥为工程背景,取其设计值作为参数依据,只改变其中某一类参数,来比较分析大跨度钢箱提篮拱桥结构参数对其自振特性的影响,为以后此类桥型设计中的参数确定起一定的指导作用,尽量使此类桥型的设计能够满足适用、经济、安全、美观的原则。

一、小湾大桥的自振特性

小湾大桥是云南澜沧江在建小湾电站的附属工程，是小湾电站对外交通的主要通道。小湾大桥主跨为130m中承式钢箱提篮拱，两岸均设有11m+9.5m两孔简支T梁引桥，全桥总长183.8m。大桥主拱圈采用悬链线无铰拱，面内计算矢高40.376m，拱轴系数1.756，两条拱肋起拱点高程得998.0m，横向间距25.6m，两条拱肋以拱轴线向轴向桥中线旋转15°形成提篮状，拱顶中心间距4.7m。大桥主拱圈共设17排吊杆，且主孔吊杆及肋上排架均随拱肋向面内倾斜15°，位于主拱平面内。大桥主孔桥面系采用预制Π形板，通过现浇湿接头形成先简支后连续的结构形式。大桥腹孔及引桥均采用预制"T"形梁，现浇桥面板(图1)。

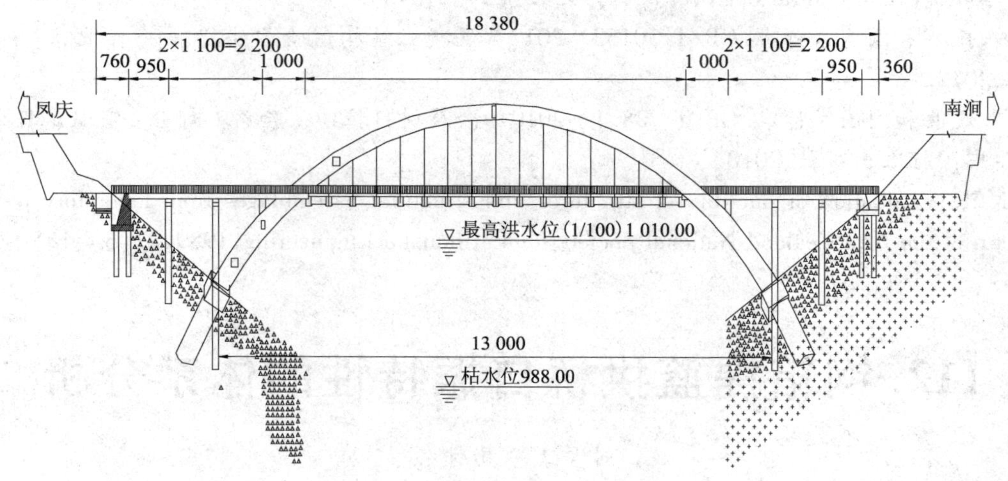

图1　小湾大桥总体布置(尺寸单位:cm)

在现场试验前，采用有限元方法计算小湾大桥的主要振型，优化测点数和传感器的布置位置；并针对钢拱箱的特点专门制作特殊调平装置，以便固定传感器，分别采集三个方向的振动信号，得到各阶频率、阻尼比及与理论值对比见表1。

小湾大桥实测值与理论值对比　表1

阶　数	计算频率(Hz)	实测频率(Hz)	阻尼(%)	振型描述
1	0.924	0.996	7.843	反对称竖弯
2	1.215	1.387	5.634	正对称侧倾
3	1.489	1.543	5.063	正对称竖弯
4	1.818	2.090	3.264	反对称侧倾
5	3.166	3.203	1.779	正对称侧倾

由表1可见，理论值与实测值基本吻合，不仅证实试验方法的合理，也说明仿真模型比较符合实际情况。小弯大桥基频为0.924Hz，为反对称竖弯振型。同时此桥竖桥向振型先于横桥向振型发生，表明采用提篮式布置的小湾大桥横向刚度较大。

二、钢箱提篮拱桥自振特性的参数分析

大跨度钢箱提篮拱桥的结构特征参数很多，主要有支承方式、拱轴线形、矢跨比、内倾角、横撑的布置、宽跨比以及吊杆的布置等。

1. 拱轴线形

拱轴线形是影响拱桥受力的一个重要因素。拱肋结构具有良好的抗压性能，为了使其强度得到充分

利用，设计时一般选取合理拱轴线。本文取圆弧线、抛物线与悬链线（$m=1.756$）为设计拱轴线形，其他参数取小湾大桥的设计值（考虑桥面系作用），分别计算了采用不同拱轴线形时，大跨度钢箱提篮拱桥的自振特性。计算结果比较见图2。

由图2可见，不论为何种拱轴线形，全桥前10阶频率均十分接近，第一阶振型的周期均达到1s以上，大于一般刚性结构0.3～0.4s基本周期的实测统计数据，说明大跨度钢箱提篮拱属于较柔性结构。

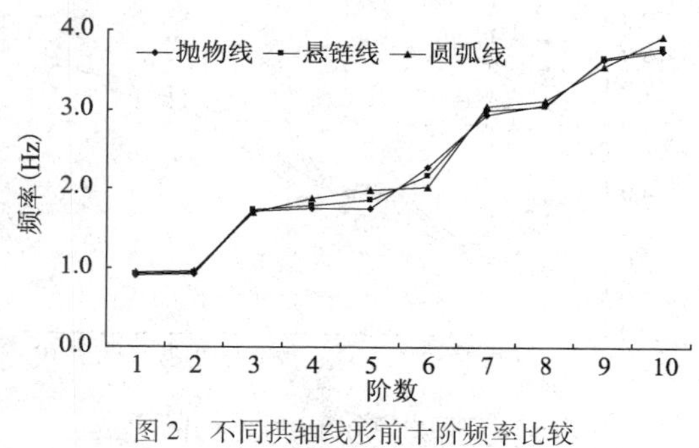

图2　不同拱轴线形前十阶频率比较

2. 支承方式

无铰拱端能明显改善结构刚度和纵、横两个方向的稳定条件，其附加应力的不利影响就不至于占主要地位，所以对于大中跨径拱桥，国内外历来采用无铰拱。但在小湾大桥的施工过程中，两拱脚采用铰接，以减小拱脚弯矩，合龙后再将拱脚固结，形成无铰拱体系。支承方式分别为两铰拱与无铰拱时，全桥前10阶频率比较见图3。

由图3可见，无铰拱的前10阶振型频率均比两铰拱的高，全桥基频为由0.487增至0.918，增加了88.5%。

3. 矢跨比

矢跨比是拱桥的一个重要特征数据，它不仅影响主拱圈的内力，还影响拱桥施工方法的选择，同时对拱结构外形与周围景物协调也有很大关系。对于砖、石、混凝土拱桥和双曲拱桥，矢跨比一般为1/4～1/8，不宜小于1/8，箱形拱桥的矢跨比一般为1/6～1/10，但拱桥最小矢跨比不宜小于1/12。文献[4]认为提篮拱桥的最大稳定承载力出现在$f/l=1/7\sim1/3$之间。矢跨比为1/3～1/7时，全桥前10阶频率对比见图4。

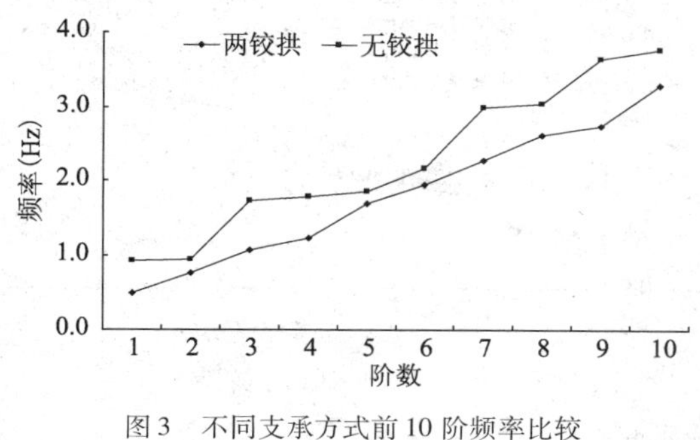

图3　不同支承方式前10阶频率比较

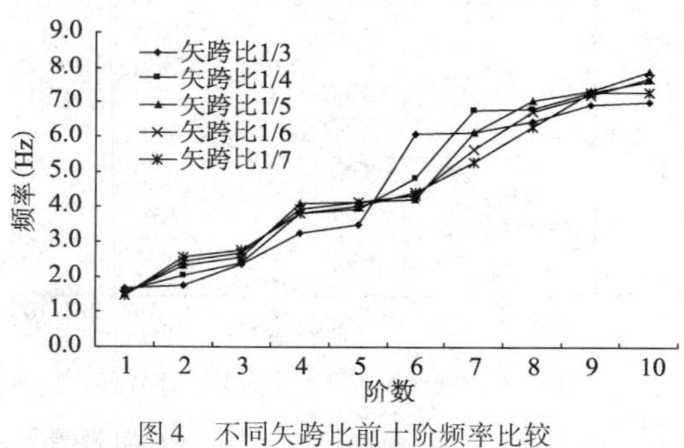

图4　不同矢跨比前十阶频率比较

由图4可见，随着矢跨比的减小，跨径增大，全桥线刚度变小，全桥基频也随之下降；同时由于拱脚处水平推力增加，拱肋进行面内振动遇到的阻力将大于面外振动所遇到的阻力，故全桥第一阶振型由面内振型变为面外振型。面内基频由1.665增至2.551，增加34.73%；而面外基频则由1.734降至1.454，降低16.15%。

4. 内倾角

有关研究认为采用X形肋拱，桥梁的横向稳定性可比平行肋拱提高1.2～2.0倍，同时也会降低拱肋的面内极限承载力。提篮拱随着内倾角的增加，会使下部结构工程数量也相应增加。但当拱座直接坐落于基岩时，由于可采用分离式拱座，工程数量增加有限。拱肋的内倾角会给施工带来困难，因此应选择合适的倾角。

提篮拱的内倾角并不是越大越好，一般应控制在3°～15°之间。本文分别计算了内倾角为0°、5°、10°与15°时拱桥的自振特性，结果比较见图5。

由图5可见，各阶振型的频率都随内倾角增加而成比例的增长，面内基频由0.796增至0.931，增加

14.5%，面外基频由0.672变为0.918，增加26.8%。这是由于随着内倾角的增大，结构横断面形式由门形刚架变为了斜腿刚构，提高了桥梁的横向刚度，同时也有效提高了全桥的面内刚度。

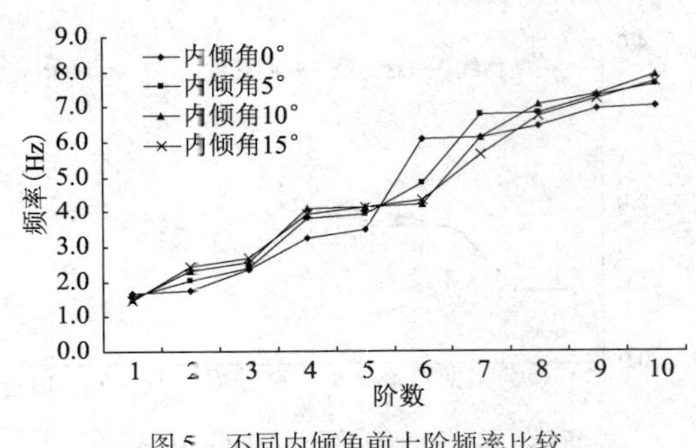

图5　不同内倾角前十阶频率比较

5. 横撑布置

横撑的存在可以改变结构的稳定特征向量，使低阶特征值上升为高阶特征值，从而使结构的稳定、承载力得到很大的提高。拱桥，特别是大跨度肋拱，横向稳定问题十分突出，采取合理的横向联系布置形式对提高它们的横向稳定性至关重要。拱顶横撑存在的情况下，可以使结构原有的一个半波向量转化为两个半波向量，而跨度四分点处的横撑存在，又可使结构的两个半波向量转化为三个半波向量，横撑的数量取5~7为最优。

本文采用4种横撑布置形式：①拱顶处布置1道横撑（模型1）；②$L/4$处布置2道横撑（模型2）；③拱顶及$L/4$处布置3道横撑（模型3）；④拱脚处布置2道横撑（模型4），进行分析比较，结果见图6。

由图6可见，拱顶处设置横撑与拱脚处设置横撑相比，能大大地提高全桥基频。拱脚处设置两道横撑时，全桥基频为0.654，而在拱顶设置三道横撑时，全桥的基频提高到了0.915，增幅为28.5%。横撑的存在可以大大提高全桥的面外刚度与扭转刚度，但基本不提高全桥的面内刚度。但对于地震多发区，拱顶处设置横撑却增加了全桥的横向地震反应，所以应合理设置横撑，以减小震害影响。

6. 拱肋刚度

拱肋刚度的取值对于大跨度提篮拱桥成桥后的变形与稳定有一定的关系。而且由于提篮拱桥一般为超静定结构，故刚度的大小对拱肋内力的分布也有影响。改变钢箱提篮拱的钢箱壁厚度，分别取钢板厚度为20mm、30mm、40mm、50mm时，拱肋抗弯刚度变化见表2。钢箱提篮拱前10阶频率对比见图7。

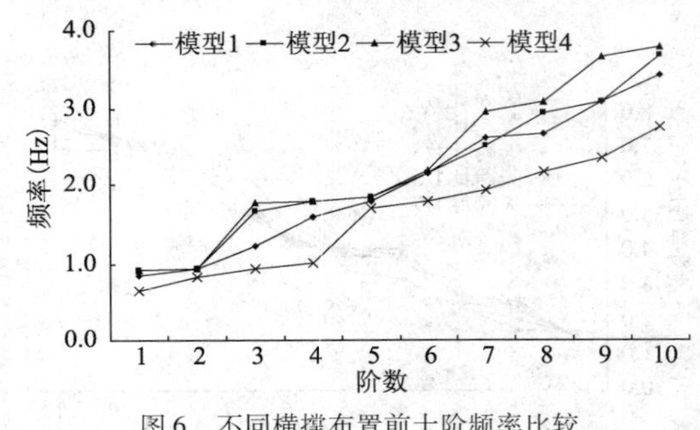

图6　不同横撑布置前十阶频率比较

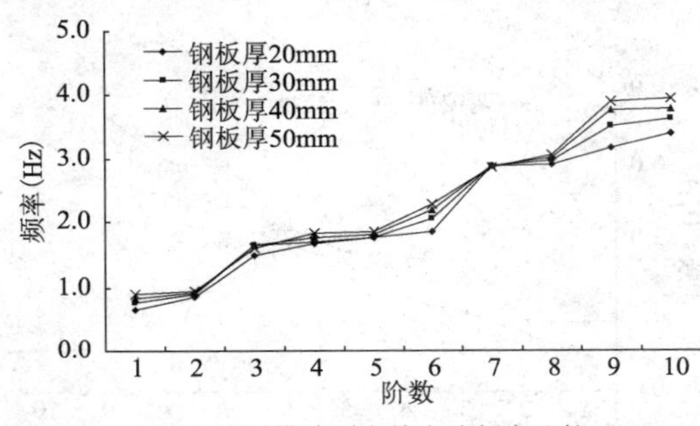

图7　不同拱肋刚度前十阶频率比较

钢箱壁厚度与拱肋抗弯刚度关系　　表2

箱板厚度(mm)	20	30	40	50
拱肋抗弯刚度(Nm^2)	0.336×10^{11}	0.492×10^{11}	0.653×10^{11}	0.818×10^{11}

由图7可见，拱肋刚度对全桥前10阶振型的频率影响不大，全桥基频基本都在1Hz以下。

7. 吊杆间距

吊杆的间距，一般根据构造要求和经济、美观等因素决定。间距大，吊杆的数目虽少，但纵、横梁的用料增加；反之，吊杆数目增多，纵、横梁的用料减少。桥宽、吊杆间距对吊杆材料的选择影响较小，因而从吊杆本身来说，吊杆间距在一定范围适当加大可以节省吊杆的材料用量。一般吊杆间距为4~10m，通常吊杆取等间距布置。选取吊杆间距分别为5m、6m、7m与8m，计算提篮拱桥的前10阶频率对比见图8。

由图8可见，随着吊杆间距增大，全桥前10阶振型的频率都略有下降，但下降幅度都不大。吊杆的间距由5m变为8m，全桥基频由0.968降至0.908，降低7.21%。

8. 宽跨比

宽跨比是影响大跨度拱桥横向稳定性的一个重要参数。对于宽跨比较小的拱桥，将两拱肋内倾成为提篮状,可以提高全桥的横向稳定性。只要拱肋间有足够的横向联系,应将与桥面相交处的立柱或吊杆的外侧间距作为拱桥宽跨比的宽度指标。本文取拱肋与桥面相交处的排架外侧间距与净跨径的比值作为宽跨比,宽跨比分别为1/7、1/8、1/9和1/10时,全桥前10阶频率比较见图9。

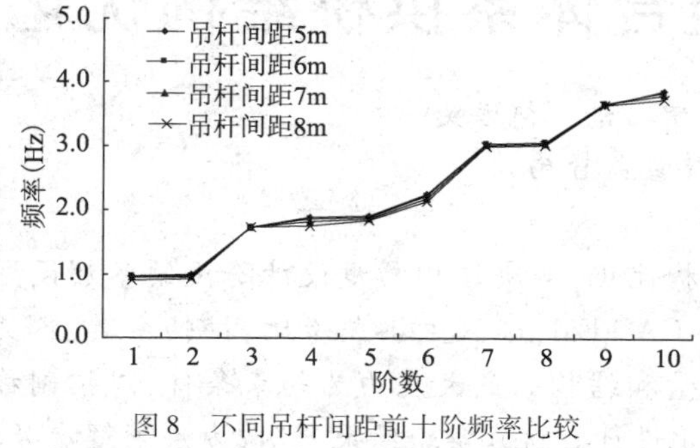

图8 不同吊杆间距前十阶频率比较

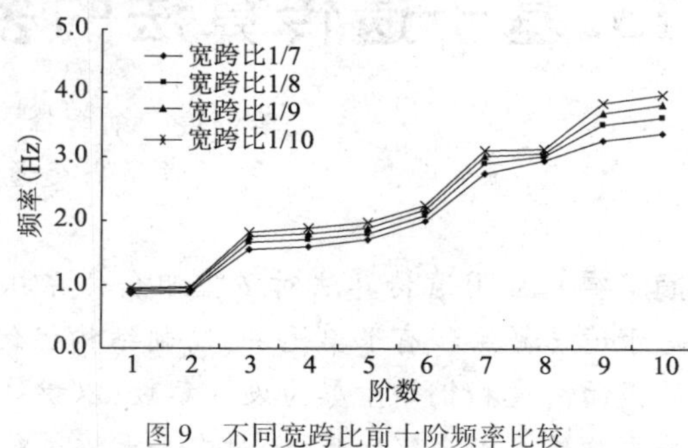

图9 不同宽跨比前十阶频率比较

由图9可见,随着宽跨比减小,全桥前10阶振型的频率都有所增长。当宽跨比由1/7变为1/10时,全桥基频增长9.62%。宽跨比对高阶振型频率的影响较低阶振型频率的影响显著。

9. 拱轴系数

当拱的矢跨比确定以后,拱轴线各点的坐标将取决于拱轴系数 m。对于中、下承式大跨度钢箱提篮拱桥,桥面系的恒载变化比较小,所以拱轴系数选用二次抛物和悬链线($m=1.167\sim1.756$)。取拱轴系数为1.2、1.4、1.6和1.8时,计算提篮拱桥的自振特性,结果比较见图10。

由图10可见,拱轴系数对全桥前10阶频率几乎无影响。全桥基频随拱轴系数的提高略有增长。

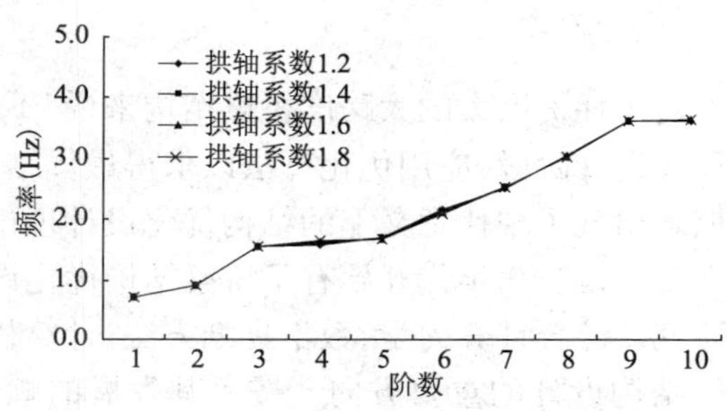

图10 不同拱轴系数前十阶频率比较

三、结 语

(1)拱轴线形、拱肋刚度、吊杆布置、宽跨比和拱轴系数的选取,对大跨度钢箱提篮拱桥自振特性的影响很小。

(2)支承方式对大跨度钢箱提篮拱桥的自振特性影响显著。采用无铰拱支承方式,不仅可以大大提高全桥的扭转与面外刚度,也可提高提篮拱的面内刚度。

(3)矢跨比对各阶振型的频率有较大的影响。矢跨比由1/3降至1/7,全桥面内基频由1.665增至2.551,增加34.73%,而面外基频则由1.734降至1.454,降低16.15%。

(4)内倾角的增加可以大大提高全桥的侧向刚度与扭转刚度,增加提篮拱桥的面外稳定性。内倾角由0°增至15°时,全桥面外基频由0.672变为0.918,增加26.8%。扭转基频由2.123变为4.789,增加85.37%。

(5)横撑的数量及布置形式对全桥侧倾、扭转及两拱肋独立侧倾振型的影响较大,而对面内竖弯基频影响很小。横撑的存在可以大大提高全桥的面外刚度与扭转刚度。

参考文献

[1] 陈宝春. 钢管混凝土拱桥设计与施工[M]. 北京:人民交通出版社,1999.
[2] 王振英. 新型拱式跨构[M]. 成都:成都科技大学出版社,1989.
[3] 范立础. 桥梁工程[M]. 北京:人民交通出版社,2001.
[4] 金伟良. 大跨度拱桥的横向稳定性研究[D]. 大连工学院博士学位论文,1988.
[5] 徐升桥. 丫髻沙大桥主桥设计研究[J]. 铁道标准设计,2001(6).
[6] 陈宝春. 钢管混凝土拱桥实例集(一)[M]. 北京:人民交通出版社,2002.

113. 基于遗传算法的多重组合体系拱桥结构优化

李扬俊　刘雪锋　杨　勇　贾　进　何远义
（贵州省交通建设工程质量监督局）

摘　要　应用遗传算法对多重组合体系拱桥进行结构优化，解决结构初步设计阶段的参数设置问题。基于遗传算法和有限单元法，编制结构优化计算程序GA-FEM，选取主拱矢跨比、拱轴系数、各关键截面的截面高度和钢箱壁厚为设计参数，以拱结构材料用量和结构的最大应力为约束条件，以控制截面应力平方均值最小为优化目标，对东平大桥进行了结构优化设计。仿真实验结果表明；方法求解有效，能够为决策者提供满意的参数设置。

关键词　遗传算法　拱桥　结构优化

一、引　言

对于耗资巨大的大跨度桥梁结构来说，不论是在确定结构总体尺寸的结构初步设计阶段还是结构细部尺寸设计阶段，应用优化算法以求得最优结构设计是现代大跨度桥梁设计的目标。尽管早在19世纪中期就出现了现代意义上的结构优化设计理论，但将其应用于桥梁结构设计的相关研究却出现较晚。国外在20世纪60年代开始有了桥梁结构优化设计的研究，而我国直到20世纪70年代末才开始有这方面的研究。综合计算力学、数学规划方法、计算机科学、有限元理论和其他具体学科的结构优化设计是现代桥梁结构设计的重要方向。按照其发展的顺序和难易程度可分为尺寸优化、形状优化和布局优化3个层次。

当前，结构优化设计在桥梁工程领域日益受到重视，但其应用的范围和程度还很不理想。其原因除了桥梁工程设计取费标准不利于推动优化技术应用之外，还可归结为桥梁工程结构优化问题的如下特点：

（1）桥梁工程结构设计中的大量不确定性；

（2）桥梁工程结构设计准则的多重性；

（3）结构优化目标的多样性；

（4）结构设计变量的离散性；

（5）约束条件数目的庞大性与性质的复杂性。

实际桥梁结构设计问题大都是多准则或多设计目标下的设计问题，如果某些目标是相互矛盾的，那么按照单一目标的全局最优解，肯定无法得到工程满意的设计方案。结构优化设计是结构设计的一个重要环节，其设计方案还要由决策者进行调整，如果算法最终能得到一个非劣的解集，决策者能直接从中选取满意的设计方案，那么这种方法就是比较实用的优化算法。遗传算法采用群体操作的概念，最终可以得到一个群体，对于给定问题可以产生许多的潜在解，只要采用适当的措施，就可以最后得到一个非劣解集，最终选择的方案可以由使用者确定，因此这种算法具有很强的应用价值。

本文基于遗传算法和有限单元法，采用VC++语言对ANSYS软件进行二次开发，编制结构优化计算程序，算例表明将此方法用于实际结构的优化设计中可取得良好效果。

二、结构优化计算程序

本文采用用VC++为集成开发环境，通过程序新生初始种群来确定模型结构，调用有限元软件ANSYS作为子程序进行有限元分析，所得出的计算结果确定个体适应度，并通过遗传算子子程序确定下一代个体，循环迭代直至符合终止条件，从而求得目标函数的全局最优解（集）。

主程序是整个程序系统的核心，它将所有子程序联系在一起，实现系统功能。程序流程图见图1。

GA-FEM 程序主要由初始化种群模块、有限元分析模块和遗传算子模块组成。程序中采用结构体构建种群中的个体，用结构体数组描述各代种群，主要参数和子程序设置如下。

1. 参数设置

```
#define POPSIZE                 /*种群大小*/
#define MAXGENS                 /*最大遗传代数*/
#define NVARS                   /*设计参数数量*/
#define PXOVER                  /*交叉概率*/
#define PMUTATION               /*变异概率*/
int generation                  /*当前遗传代数*/
int cur_best                    /*最优个体*/
struct genotype                 /*种群中的个体结构*/
{
    double gene[NVARS]          /*设计参数变量*/
    double fitness              /*适应度*/
    double upper[NVARS]         /*设计参数上限*/
    double lower[NVARS]         /*设计参数下限*/
    double rfitness             /*相对适应度*/
    double cfitness             /*累积适应度*/
    double weight               /*结构重量*/
    double maxstress            /*结构最大应力*/
}
struct genotype population[POPSIZE+1]        /*当前种群*/
struct genotype newpopulation[POPSIZE+1]     /*新一代种群*/
```

2. 子程序设置

```
voidinitialize(void)                /* 初始化种群 */
double randval(double, double)      /*生成随机数*/
void ansinput(int)                  /*生成有限元分析输入信息*/
void outinitial()                   /*输出初始化种群信息*/
void outfitness()                   /*输出适应度*/
void ansoutput()                    /*输出有限元分析结果*/
double ansoutmax()                  /*得到最大应力值*/
void evaluate()                     /*个体评价*/
void keep_the_best()                /*保留最优个体*/
void select(void)                   /*选择算子*/
void crossover(void)                /*交叉个体配对*/
void Xover(int, int)                /*单点交叉*/
void swap(double, double)           /*交换数值*/
void mutate(void)                   /*变异操作*/
void report()                       /*结果输出*/
```

3. 主要子程序描述

1）初始化种群子程序

在利用遗传算法进行优化进行前，首先要调用初始化种群子程序，产生初始种群。在VC++中，利用rand()函数，可以随机生成一个随机正整数，所以可采用公式population[i].gene[j]=(rand()%1000)/1000.0}*(high-low)}+low产生区间{low,high}之间的一个随机数。反复调用此函数，就可以生成随机化的初始种群。

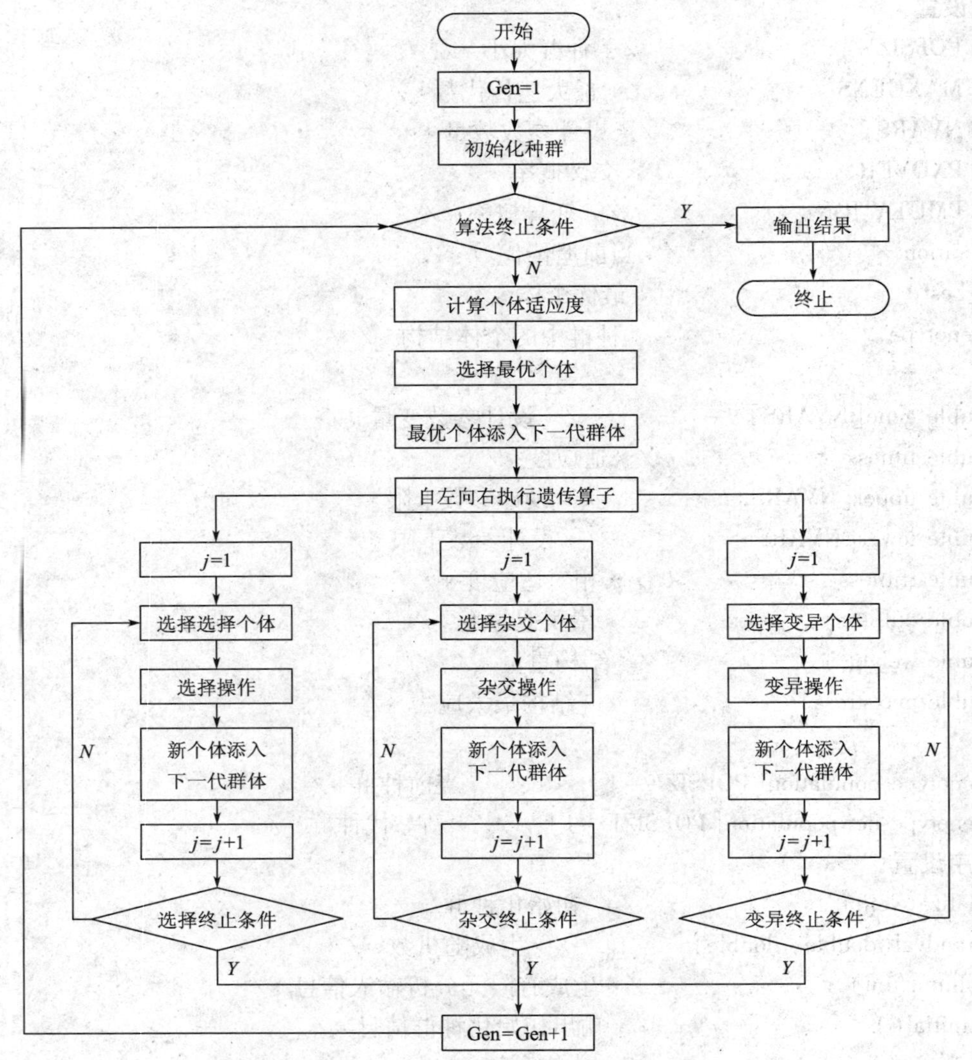

图1 GA-FEM主程序流程

2)个体评价子程序

GA-FEM将大限商用有限元软件作为子程序调用，通过有限元分析结果对个体进行适应度评价。个体评价子程序的流程图见图2。

个体评价子程序中，关键是如何将ANSYS作为子程序进行循环调用计算，这部分程序语句如下：

```
void ansoutput()
{
int result;
result = system("C:\ANSYS90 -b -p ane3fl -i d:\ga\SL1\ansys.txt -o d:\ans\anout.txt-dirD:\ans");
}
```

3)选择子程序

本子程序采用轮盘法随机选出N个染色体，组成新的“临时种群”。轮盘法的思想是：将上一代的M

个染色体根据适应度的大小,分出 M 个数值段(在 0~1 之间),每段的长度为:

$$q_l = \frac{\varphi_l}{\sum_{k=1}^{N}\varphi_k} \qquad (l = 1,2,\cdots,N; \sum_{l=1}^{N} q_l = 1) \qquad (5.3)$$

q_l 的大小与对应的 φ_l 有关,φ_l 越大 q_l 越长,被选中的概率就越大。随机取 0~1 之间的实数,随机数落在哪个段内,对应的染色体就被选为新的“临时种群”的个体。

4)交叉子程序

经过选择子程序,“临时种群”中的总体适应度水平已有提高,再通过交叉子程序使“临时种群”中的个体基因发生变化,以产生更好染色体。首先根据交叉概率 PXOVER 从“临时种群”中随机选出一对染色体作为母体,随机找到切入点,在两个染色体之间进行基因交换,完成两结构之间部分设计变量的交换,产生两个新的结构。

5)变异子程序

为了避免遗传操作过早收敛,有必要在进化过程中加入具有新遗传基因的个体而模拟自然界生物变异,则是解决这一问题的方法之一。根据变异概率 PMUTATION 随机选出发生变异的染色体和变异点,通过随机函数选择设计域内的值替换原有染色体内的值,使原染色体发生较大变化。

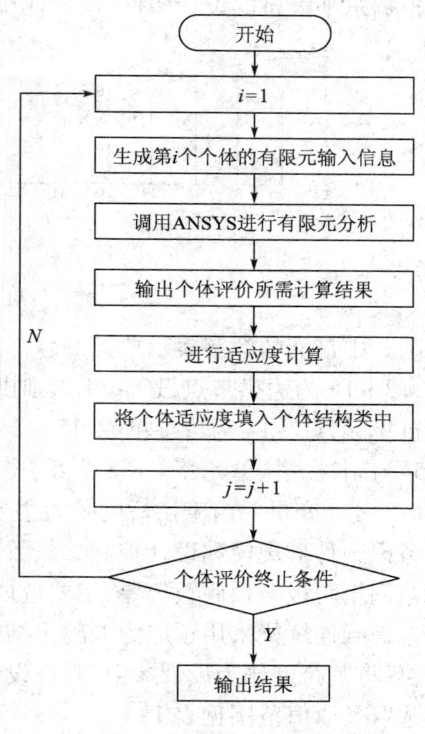

图2 个体评价程序流程

三、多重组合体系拱桥的结构优化

多重组合体系拱桥的内力分布除与截面特性有关外,还与结构形状有密切的关系。因此,在多重组合体系拱桥的优化设计中,应兼顾截面尺寸优化和结构的几何形状优化,使结构各构件的受力合理,结构的承载能力提高,充分利用结构的材料性能,以增加结构的经济效益。

1. 优化模型的建立

1)设计条件

多重组合体系拱桥为高次超静定结构,结构复杂,设计变量多,建设和设计又涉及多方面的因素,对此类复杂结构,优化模型的建立是实现 GA-FEM 优化过程的关键之一。目前结构优化建模方法主要分为基于有限单元参数的优化和基于几何建模参数的优化两种。对于前者实现参数化比较困难,结合有限单元与几何之间的相关性,实现基于几何的参数化相对较容易。可以将结构的几何特征、材料和结构的物理特性等全部实施参数化,以便进行参数研究,确定设计变量。

因为优化设计是针对某一种具体的设计条件而言的,不同的设计条件会有不同的优化结果。佛山东平大桥的设计条件描述如下:

(1)桥跨结构。结构由变截面钢箱主拱、边拱,等截面钢箱副拱、系杆箱和 2 跨等跨预应力混凝土连续梁构成。

主拱脚与边拱脚固结,连续梁支座处约束其竖向自由度,主拱和系杆箱跨中采用正对称约束条件。

拱结构采用 Q345 钢材,连续梁采用 C50 混凝土材料,其材料均为线弹性材料,具有足够强度。

(2)通航通车要求。为了满足东平河通航要求,拱桥主跨跨度定为 300m;为了满足岸上河堤通车要求并根据拱桥设计经验,边拱跨度定为 50m,边跨连续梁结构最小跨径为 43m。

(3)设计荷载。设计荷载为结构自重力。

2)优化模型

根据东平大桥的设计条件,确定此桥的结构优化模型见图3。

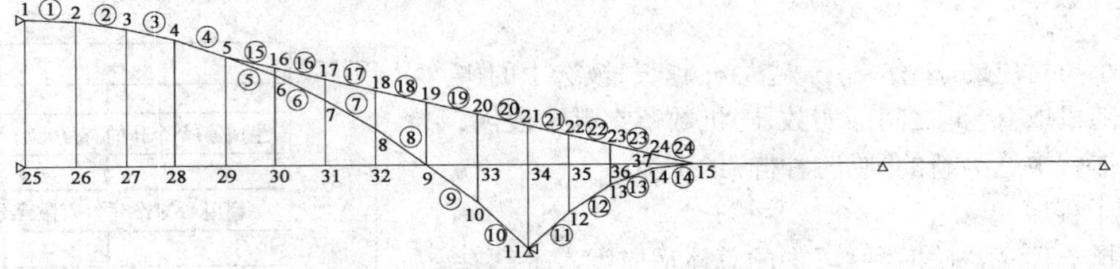

图3 多重组合体系拱桥简化结构

图3中带圈的数字表示单元编号,为了图形清楚,只显示部分节点和单元编号。其中1~11为主拱节点,12~15为边拱节点,16~24为副拱节点,25~37为系杆箱节点,38~45为连续梁节点。1~10单元为主拱单元,11~14为边拱单元,15~24为副拱单元,25~38为系杆箱单元,39~46为主拱吊杆单元,47~54为副拱立柱单元,55~58为系杆箱立柱单元,59~66为连续梁单元。

(1)设计变量。由于拱桥的受力主要与其几何布局(矢跨比、拱轴系数等)和拱截面刚度分布有关,同时考虑到种群规模和设计控制参数数量应尽可能少,所以在进行遗传计算时,假定主拱、副拱、边拱和系杆箱钢箱腹板与顶底板等厚,主要选取主拱矢跨比、拱轴系数、各节点的截面高度和钢箱壁厚为设计参数。考虑到连续梁采用预应力混凝土结构,可以采用预应力来调节其应力分布,所以在进行结构整体优化时,只将其跨度作为设计参数,其他设计参数参考实桥,在原设计参数的基础上确定其浮动范围。具体参数选取及取值范围见表1。

多重组合体系拱桥优化设计参数取值 表1

参数	下限(m)	上限(m)	备注
H_1	3.500	4.500	1号节点截面高度
H_2	3.500	4.500	2号节点截面高度
H_3	4.000	5.000	3号节点截面高度
H_4	4.500	5.500	4号节点截面高度
H_5	6.000	7.000	5号节点截面高度
H_6	2.500	3.500	6、7、8、9号节点截面高度
H_7	3.000	4.000	10号节点截面高度
H_8	4.000	5.000	11号节点主拱截面高度
H_9	4.000	5.000	11号节点边拱截面高度
H_{10}	3.500	4.500	12号节点截面高度
H_{11}	2.500	3.500	13号节点截面高度
H_{12}	2.500	3.500	14号节点截面高度
H_{13}	2.500	3.500	15号节点截面高度
H_{14}	1.500	2.500	副拱截面高度
H_{15}	1.700	2.700	系杆箱截面高度
T_1	0.030	0.060	1号节点钢箱壁厚
T_2	0.030	0.060	2号节点钢箱壁厚
T_3	0.030	0.060	3号节点钢箱壁厚
T_4	0.030	0.060	4号节点钢箱壁厚

续上表

参　　数	下限(m)	上限(m)	备　　注
T_5	0.030	0.060	5 号节点钢箱壁厚
T_6	0.030	0.060	6、7、8、9 号节点钢箱壁厚
T_7	0.030	0.060	10 号节点钢箱壁厚
T_8	0.030	0.060	11 号节点主拱钢箱壁厚
T_9	0.030	0.060	11 号节点边拱钢箱壁厚
T_{10}	0.030	0.060	12 号节点钢箱壁厚
T_{11}	0.030	0.060	13 号节点钢箱壁厚
T_{12}	0.030	0.060	14 号节点钢箱壁厚
T_{13}	0.030	0.060	15 号节点钢箱壁厚
T_{14}	0.030	0.060	副拱钢箱壁厚
T_{15}	0.030	0.060	系杆箱钢箱壁厚
SKB	1/6	1/4	主拱矢跨比(无量纲)
m	1.000	2.500	m 系数(无量纲)
L_b	43.000	50.000	边跨跨径

(2)约束条件。拱结构钢材料用量不大于初始设计用量。

(3)优化目标。目标函数的选取直接关系着优化设计结果的可行与否,是结构优化设计的一个关键环节。许多物理量,如重量或体积、造价、受力等可以作为优化目标。在多重组合体系拱桥的截面尺寸和几何形状的组合优化中,随着设计参数的改变,结构的内力分布将发生变化,合理的设计参数应在一定条件下使材料得以最大程度的利用。由于拱桥主要承受压力和弯矩,所以应从截面应力的大小及分布考虑,最合理的设计参数应是使结构的应力分布比较均匀的那组。

将结构划分为若干单元。因为假设材料为线弹性的,则其应力应变曲线为一直线,主拱截面受有压力和弯矩,故其压应力大于拉应力;而副拱和系杆箱则以受拉为主,故其拉应力大于压应力。对于截面 i,令:

$$\sigma_i = \sqrt{\frac{(\sigma_{is}^2 + \sigma_{ix}^2)}{2}} \tag{1}$$

式中:σ_{is}——截面 i 上缘应力;

σ_{ix}——截面 i 下缘应力。

以控制截面应力平方均值最小为优化目标。目标函数为:

$$\Gamma(H_1, \cdots, H_{15}, T_1, \cdots, T_{15}, SKB, m, L_b) = \sqrt{\frac{\sum_{i=1}^{n} \sigma_i^2}{n}} \tag{2}$$

式中:n——控制截面数量。

3)遗传算法的主要运行参数

(1)适应度函数。适合度函数是衡量结构优劣的度量工具,直接影响到是否收敛和收敛速度,是遗传优化的重要因素。适合度函数可以直接取目标函数,但为提高收敛速度,一般要进行加工,使其在优化具体的操作中有适当的敏感度,在有约束的情况下应能做可行性调整。本文所研究问题取如下适合度函数:

$$\text{Fitness}(H_1,\cdots,H_{15,}T_1,\cdots,T_{15},SKB,m,L_b) = 3\times\frac{10^6}{\left[(1+C_V\frac{V}{V_0}+\frac{C_\sigma\sigma_{\max}}{\sigma_{\max 0}})\Gamma\right]} \tag{3}$$

式中：C_σ——应力惩罚因子；

$\sigma_{\max}$——结构最大应力；

$\sigma_{\max 0}$——原设计结构最大应力；

C_V——材料用量惩罚因子；

V——结构材料用量；

V_0——原设计结构材料用量。

经过试算，取 $C_V=3.3$，$C_\sigma=0.3$。

(2)编码串长度 NVARS。使用浮点数编码来表示个体时，编码串长度 NVARS = 33，与设计变量的个数相等。

(3)群体大小 POPSIZE。由于每进化一代，要进行 POPSIZE 次有限元分析，对于复杂的多重组合体系拱桥，不宜采用过大的初始群体数目。同时为了得到结构的全局最优解，初始群体数目也不宜过小，本文取 POPSIZE = 330。

(4)交叉概率 PXOVER。交叉操作是遗传算法中产生新个体的主要方法，所以交叉概率一般应取较大值。一般建议的取值范围是在 0.4 ~ 0.99 之间，本文取 PXOVER = 0.8。

(5)变异概率 PMUTATION。初始变异概率 PMUTATION 不可太大，否则遗传算法就会变成随机寻优算法，建议取值在 0.01 ~ 0.1 之间，本文取 PXOVER = 0.05。

(6)终止代数 MAXGEN。每进化一代要进行 POPSIZE 次有限元分析，进行 MAXGEN 代就要进行 POPSIZE * MAXGEN 次有限元分析，计算量较大。运行代数 MAXGEN 一般取在 100 ~ 300 之间，本文取 MAXGEN = 150。

2. 优化结果

采用上述遗传参数设置，进行多重组合体系拱桥的结构优化设计，结构的控制截面应力平方均值、最大应力和材料用量变化见图 4 ~ 图 6，原设计与优化设计各设计参数的比较见表 2。

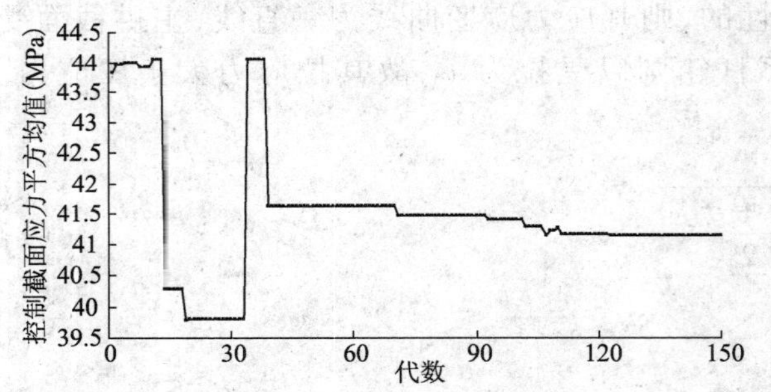

图 4　控制截面应力平方均值优化进程

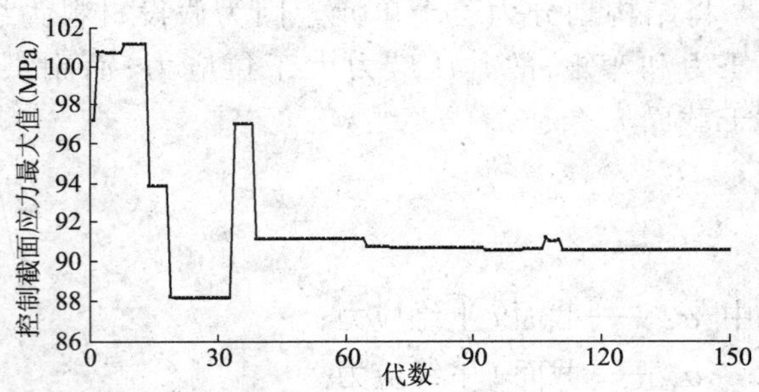

图 5　控制截面最大应力优化进程

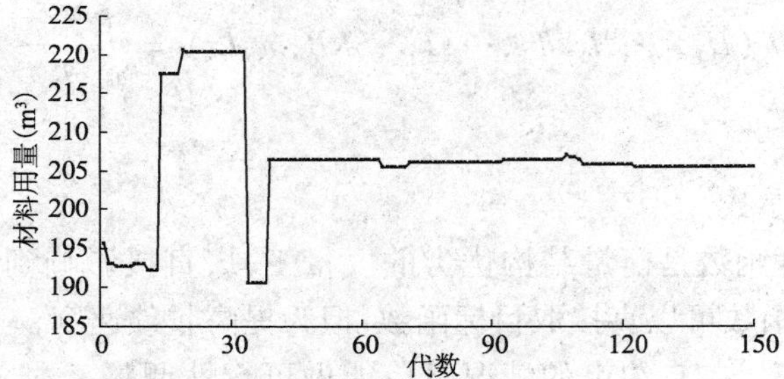

图 6　结构材料用量优化进程

原设计与优化设计参数比较 表2

参数	优化设计	原设计	参数	优化设计	原设计
H_1	4.265	4.000	T_3	0.053	0.040
H_2	3.575	4.100	T_4	0.047	0.040
H_3	4.255	4.440	T_5	0.039	0.042
H_4	4.570	5.218	T_6	0.034	0.040
H_5	6.688	6.722	T_7	0.046	0.045
H_6	3.462	3.000	T_8	0.035	0.050
H_7	3.833	3.614	T_9	0.043	0.050
H_8	4.317	4.419	T_{10}	0.035	0.036
H_9	4.740	4.416	T_{11}	0.052	0.032
H_{10}	3.739	3.912	T_{12}	0.043	0.040
H_{11}	2.695	3.216	T_{13}	0.054	0.040
H_{12}	3.142	3.216	T_{14}	0.031	0.040
H_{13}	2.879	3.216	T_{15}	0.040	0.040
H_{14}	1.555	2.000	SKB	0.208	0.220
H_{15}	1.700	2.200	m	1.290	1.100
T_1	0.046	0.040	L_b	43.221	42.900
T_2	0.037	0.040			

由图4~图6可见,多重组合体系拱桥经过遗传算法优化后,结构材料用量由原设计的193.43m^3变为205.48m^3,仅增加5.9%;而结构各关键截面的应力平方均值47.31MPa降为41.14MPa,降幅为15.0%;结构关键截面的最大应力则由114.35MPa降为90.48MPa,降幅为26.4%。

四、结 语

本文提出以结构材料用量和关键截面的最大应力为约束,各关键截面应力平方均值最小为优化目标的多重组合拱桥结构优化模型。采用GA-FEM程序,对佛山东平大桥进行自重工况下的静力优化设计。从优化结果可见,按这种新的优化方法设计,可以在基本不增加原有结构用材的前提下,大幅度提高结构的受力性能,使结构的应力分布更加均匀,以最大限度地实现材料的利用率。

参考文献

[1] 胡秋香.大跨度桥梁的结构优化研究综述[J].建筑技术开发,2005,32(1):94-98.
[2] 易云焜,李添润,瞿尔仁.桥梁结构的优化设计[J].工程建设与档案,2005,19(4):248-250.
[3] 尹世平,鹿晓阳,李洪福.桥梁结构优化设计的发展概况[J].山东建筑工程学院学报,2004,19(4):65-68.
[4] 范立础.桥梁工程[M].北京:人民交通出版社,1993.
[5] 叶见曙.结构设计原理[M].北京:人民交通出版社,1998.
[6] 禹智涛,韩大建.基于可靠度的桥梁结构优化设计[J].广东工业大学学报,2002,19(3):50-54.
[7] 刘志方,邢国雷.工程实用的遗传算法结构优化设计[J].建筑结构设计,2005,(1):32-34.

114. 顶板支撑型桩基体系应力与变形特征研究

朱大权
(贵州高速公路集团有限公司)

摘 要 在岩溶区进行桥梁等构造物基础建设时,经常采用桩基础。顶板支撑型桩基础稳定性关系到上部结构的安全。有关岩溶区桩基础稳定性问题,目前尚无深入的专题研究,一直沿用传统的定性分析方法及半定量分析方法,其评判结果的可靠性有待商榷。深入研究顶板支撑型桩基体系的受力与变形特征对提高该问题的认识有重要的理论和实际意义。本文采用FLAC3D数值模拟方法,研究某岩溶区桥梁桩基对下覆岩溶空穴顶板的影响,分析顶板在桩基荷载作用下的受力、变形特征,探讨了桩底深度和桩基沉降、顶板位移之间的关系。本文结论对类似工程的设计、施工及运营期监测管理具有一定的参考价值和一定的借鉴意义。

关键词 岩溶顶板 桩基 稳定性 数值模拟 FLAC

一、引 言

在基础设施建设过程中,岩溶地质导致的灾害在工程的施工、运行中屡屡发生,造成了大量的财产损失。尤其在溶洞规模较大且发育在地下较浅处时,通常会对工程的设计、施工及运营等产生重要影响。小规模溶洞能采用充填块石或桩基贯穿等手段处理,大规模溶洞往往通过绕避溶洞选址。然而在高等级公路工程中,往往受到地形地貌、路线线形等因素控制时,无法回避在岩溶区的选址。

桥梁等构造物对基础体系有较高的承载力要求。桩基础能运用于多种地层地质条件与荷载情况,因此,桩基是岩溶地区桥梁等构造物常采用的基础形式。传统的处理措施通常是将基桩穿越溶洞使其作用于溶洞下覆基岩上,这样就可以大大减小溶洞对桩基的不利影响,从而保证基础的稳定性。但在某些施工区域,由于岩溶极发育,致使桩基施工困难、溶洞埋深偏大导致桩基穿过洞穴成本太高等原因,必须考虑将桩基置于溶洞上覆的顶板。此时形成了桩基—溶洞顶板受力支撑体系。分析这一体系的受力变特征,对确保设计施工安全十分重要。

本文利用三维有限差分程序FLAC3D,通过简化桩基—溶洞三维模型,研究某岩溶区桥梁桩基对下覆岩溶空穴顶板的影响,分析顶板在桩基荷载作用下的受力、变形特征,探讨桩底深度和桩基沉降、顶板位移之间的关系,以期提高对该类体系结构的认识。

二、研究区域地理条件

研究区位于贵州省境内,整体属于低山丘陵区。拟建桥梁墩位位置处于溶蚀形成的丘陵坡顶,受长时期的侵蚀影响,墩位下方的山体中形成较多的溶蚀洞穴。钻探成果揭示,墩位区附近的岩性主要为灰岩、炭质灰岩和第四系的冲洪积粉质黏土、卵石层,桥位处及其附近的地表水资源丰富,该区域内的地下水是以第四系孔隙裂隙水为主,地表水与地下水对混凝土均没有腐蚀性。

地基下覆的中微风化岩,强度较高,发育的厚度大,发育程度均匀稳定,因此可作为桥梁桩基的持力层。但根据钻探、物探揭示,墩柱下方岩层中存在一个中等规模溶洞,洞高4m,洞顶岩层厚度8m,覆盖层厚度12m,桩基如果穿越溶洞落到洞底,长度将超过24m,在溶洞内下套管冲击极易导致漏浆污染地下水,同时工程造价会大幅增加,因此计划将桩基持力层置于顶板内。通过计算确定顶板—桩基体系安全性。

三、桩基体系数值模拟

本文采用三维有限差分计算程序FLAC^{3D}进行模拟计算。,该溶洞的高度约4m,宽度约8m,估算长度为 8m，发育程度强烈。模型的上部边界取为地面线，水平两个方向上的边界都取溶洞相应长度的 5 倍，从溶洞底面到下边缘取与顶板岩层一样的厚度，由此确定的模型的水平方向尺寸 48m，竖向尺寸为 36m。模型顶面和四周固定约束，顶面自由。由于该溶洞在自然条件下已经稳定，其顶板的稳定性问题主要是由桩基作用力引起的，因此构建桩单元模型，在上边界桩基的作用点处施加桩荷载，其大小的确定是依据勘察报告中的建议，取为 8 000KN，选取力学模，型为摩尔—库仑模，型，荷载施加时间为天然重力场计算平衡完毕后(图 1)。

静力模拟计算过程中，FLAC 需用到的计算参数包括：密度、重力加速度、内摩擦角、黏聚力、弹性模量、泊松比等，详见表 1、表 2 所示。

岩土层的计算参数取值 表 1

项　目	体积模量(MPa)	剪切模量(MPa)	内聚力(kPa)	内摩擦角(°)	重度(MN/m^3)
粉质黏土	3.5	2.4	0.035	19.5	16
中风化灰岩	22 000	13 000	7.8	35	27

桩基的计算参数取值表 表 2

桩径(m)	设计荷载(kN)	桩密度(kg/m^3)	弹性模量(GPa)	波松比	体积模量(GPa)	剪切模量(GPa)
1.2	8 000	2 500	25	0.2	13.9	10.4

四、计算结果及分析

1. 应力结果分析

图 2 为 z 方向的应力云图，从图中可以看出，粉质黏土覆盖层部分应力分布较均匀，受溶洞影响较小；下部岩体中距溶洞较远的地方应力受溶洞影响较小，接近溶洞应力发生较大的变化，溶洞顶部和底部位于临空面，z 方向应力为 0，向外围逐渐递增，到远处应力不受溶洞影响。

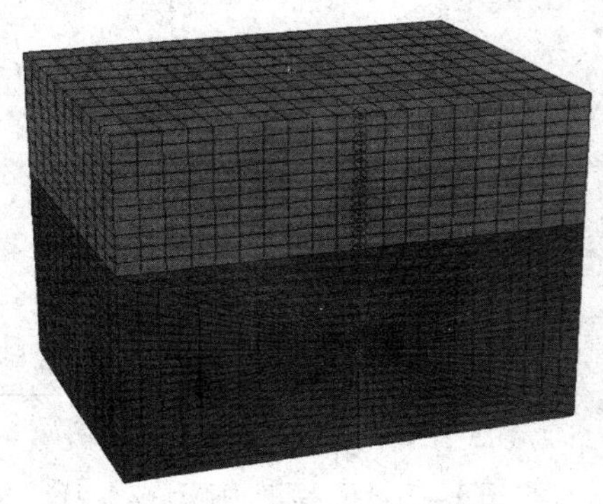

图 1 数值模型的横断面

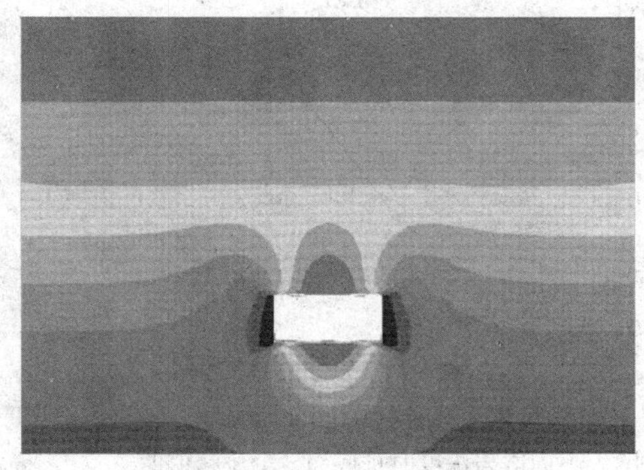

图 2 竖直方向的应力云图(SZZ)

2. 位移结果分析

从竖向位移分布图 3 中可以看出，基桩作用范围内的位移值较周围其他区域大，形成明显的位移圈结构。溶洞顶部产生较大变形，且变形从上壁中间点向外围逐渐减小，表明溶洞顶板产生了较大的向下弯曲变形；溶洞底部变形从下壁中间点往外围逐渐增大，表明溶洞底部产生了较大的拱起变形。

3. 监测点变形

为了更好地了解桩基荷载的影响，计算过程中对 3 个点的位移进行了监测，分别为 1 号点(桩底)、2 号点(溶洞顶板)和 3 号点(溶洞侧壁)。图 4、图 5、图 6 分别为 1、2、3 号点的监测曲线。

从图中可以看到：桩底和溶洞顶板受桩的直接作用，产生向下的位移值较大，溶洞侧壁受桩的间接影响，产生向溶洞方向的较小位移。

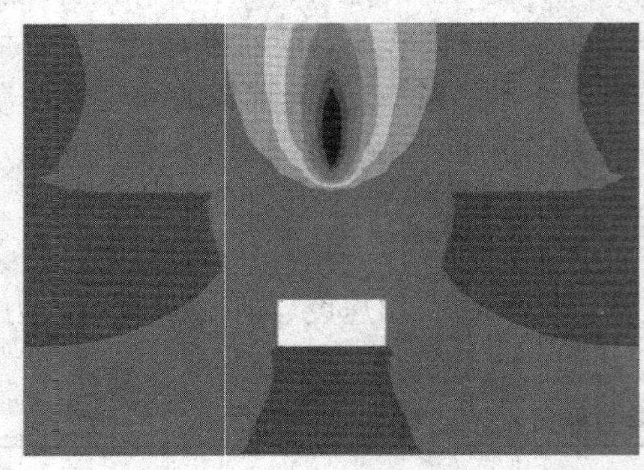

图3　竖直方向的位移云图

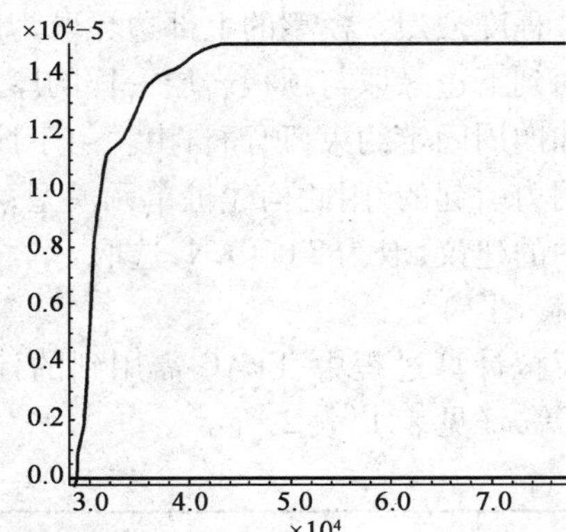

图4　1号监测点的沉降曲线

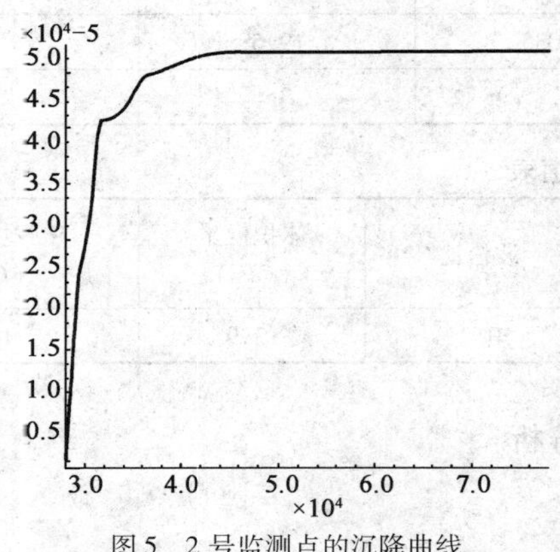

图5　2号监测点的沉降曲线

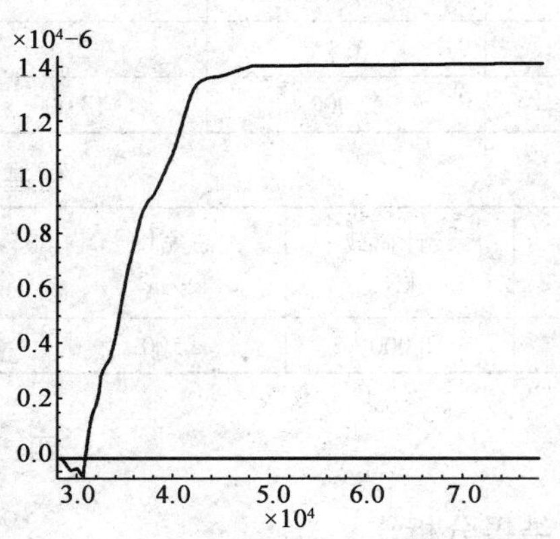

图6　3号监测点的位移曲线

4. 不同嵌岩深度的桩基作用分析

图7、图8及图9分别表示在不同嵌岩深度桩基的作用下，桩基底部、溶洞顶板及侧壁的位移监测曲线。

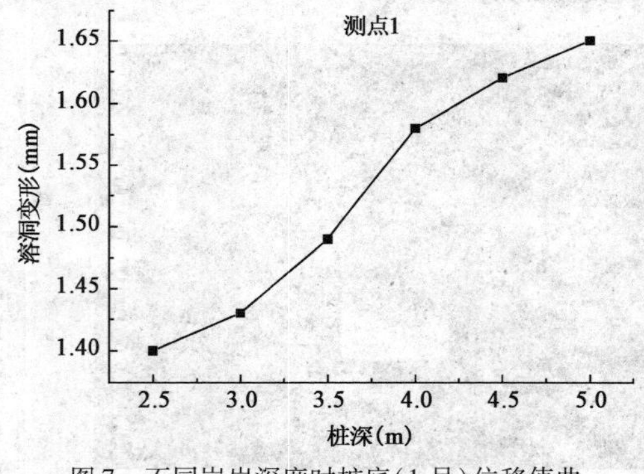

图7　不同嵌岩深度时桩底(1号)位移值曲

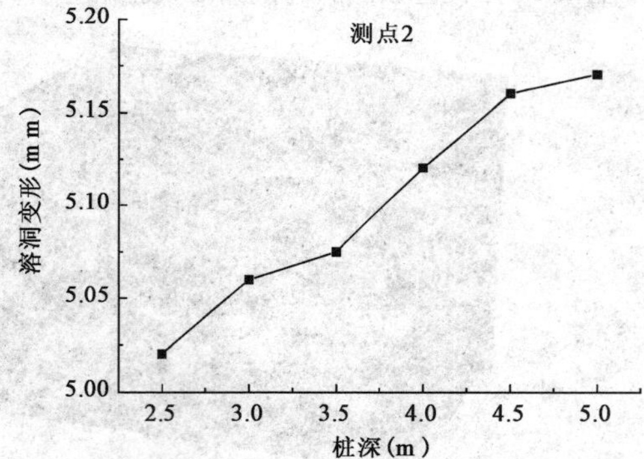

图8　不同嵌岩深度时洞顶(2号)位移值曲线

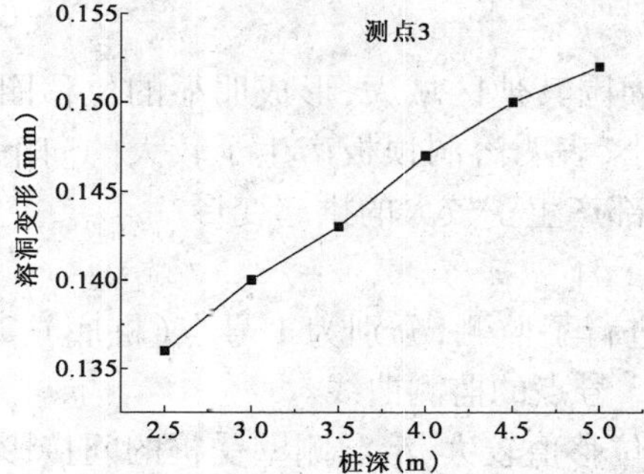

图9　不同嵌岩深度时洞壁(3号)位移值曲线

从图9中可以看出，桩基的嵌岩深度与溶洞变形呈正相关关系，嵌入岩层深度越大，距离溶洞顶板越小，顶板支撑厚度越小，导致变形量增大。

五、结　　语

采取三维数，值模拟分析软，件 FLAC^{3D}对研究区桥梁桩基荷载作用下的溶洞，展开具体的数值模拟，计算与研究。通过模拟分析计算发现，受到桩基荷载的作用，溶洞顶板出现了较大的向下弯曲变形，整个顶板—桩基础体系在竖向范围内，位移云图呈橄榄球状圈层分布。底板出现了较大的向上拱起变形,同时基础和溶洞周围产生很大的拉应力集中区;通过改变嵌岩深度,计算其对体系位移的影响,结果表明,嵌岩深度与溶洞变形均呈正相关,嵌入岩层深度越大,距离溶洞顶板越小,顶板支撑厚度越小,导致变形量增大。研究结论对该工程的设计、施工及运营期监测管理具有一定的参考价值,对类似的工程建设具有一定的借鉴意义。

参考文献

[1] CHEN Guoliang. Causes and prevention measures of the karst ground collapse[M]. Beijing:China Railway Publishing House,1994.

[2] Li Conglin. Treatment of Karst Foundation for Bridge s[J]. Railway Standard Design,2003(1):12-16.

[3] Wang Jiying. Probe of Pile Foundation Design in Karst Area[J]. Northern Communications, 2007(12): 47-48.

[4] TANG Huiming. Foundations of engineering geology[M]. Beijing: Chemical Industry Press,2008.

[5] LI Qian-yin. Further study on formation mechanism of karst collaps[J]. The Chinese Journal of Geological Hazard and Control,2009,20(3):52-55.

[6] ZHAO Ming hua,YUANTengfang,LI Li. Computation Study on Safety Thickness of Bearing Rock Strata at Ends of Piles in Karst Area[J]. Highway,2003,(9):124-128.

[7] CHENG Ye. Stability Evaluation Method and Application of Highway Roadbed and Bridge Foundation in Karst Region[D]. Hunan,Hunan University,2005.

[8] CAO Wen-gui,CHENG Ye,ZHAO Ming-hua. Studies on numerical manifold method for determination of safe thickness of karst roof in roadbed[J]. Chinese Journal of Geotechnical Engineering,27(6):621-625.

115. 分幅 T 梁桥共用护栏对荷载横向分布影响分析

曹文婷

(贵州省质安交通工程监控检测中心有限责任公司)

摘　要　在分析弹性支承连续梁法的计算模式基础上,采用弹性支承连续梁法对两种状态下 T 梁荷载横向分布进行计算,并且与实测值进行对比分析,结果表明:共用护栏状态下,非加载侧 T 梁全截面参与受力,共同承载活载,荷载横向分布得以改善。

关键词　桥梁工程　分幅 T 梁桥　共用护栏　荷载横向分布　弹性支撑连续梁法

桥梁设计时,通常不考虑桥面系承担的可变荷载效应。但是,对于桥面系完整的装配式桥梁,桥面系对主梁结构荷载横向分布的影响却不容忽视。笔者以分幅 T 梁桥公用护栏带为例进行分析,发现分离式护栏带与公用护栏带两种设计方法情况下,荷载横向分布有较明显差异。

一、弹性支承连续梁法的荷载横向分布

当横断面为多片梁肋时,横向可以把结构看作 1 组并排放置的主梁所构成的梁系结构来进行力学计算,即采用弹性支承连续梁法计算荷载横向分布。

弹性支承连续梁法,按照横梁弹性支承在纵梁位置的连续梁,弹性支承的刚度等同于纵梁抗弯刚度,采用弹性支承连续梁得出支承点的反力即得到荷载横向分布。弹性支承连续梁法适用范围广泛,不受宽跨比的限制。

根据弹性支承连续梁的基本概念，得到图1所示计算模式。在计算模式图中，k_i——弹簧刚度，I_i——连续梁的支承刚度。

在T形梁横向分布计算过程中，横隔板和桥面板考虑为弹性支承在T形梁肋上的连续横梁，T梁荷载横向分布均按照弹性支承连续的计算模式进行分析。

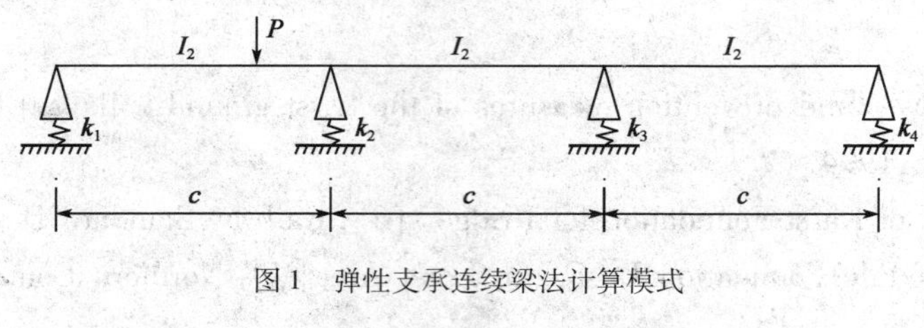

图1 弹性支承连续梁法计算模式

二、工程实例简介

贵州省仁怀市茅台至坛厂一级公路，设计时速60km/h。桥面净宽：0.5m（护栏）+9m（行车道）+1m（中央分隔带）+9m（行车道）+0.5m（护栏）=20m。中央分隔带上设置了共用的防撞护栏带。选取3座典型T梁，峰上岭2号大桥——20m连续T梁，玉皇大桥——30m连续T梁，峰洞大桥——40m连续T梁（图2）。某检测公司于2014年10~11月对峰上岭2号大桥、玉皇大桥及峰洞大桥桥跨进行了静、动力荷载试验。

三、荷载横向分布计算

1. 有限元模型建立

采用基于弹性支承连续梁法的有限元分析软件Finite软件建立荷载横向分布模型，得到横向分布影响线数据。有限元分析软件Finite软件由重庆交通大学王家林教授开发研制，在工程计算中已经得到了良好的运用和验证，具体理论和模型相关参数见文献[2]、[3]、[7]，这里不再赘述。共用护栏带连接刚度经过试算由实测值对比分析得到。加载车使用前轴8t，中后轴30t的大货车模型和参数见图2、图3和表1。

模型参数 表1

单梁参数	横向刚度（m^4）	抗扭惯性矩（m^4）	抗弯惯性矩Iyy（m^4）	共用护栏带连接刚度（m^4）
20mT梁	4.57×10^{-3}	1.18×10^{-2}	0.175	4.57×10^{-3}
30mT梁	5.33×10^{-3}	1.12×10^{-2}	0.371	5.33×10^{-3}
40mT梁	5.33×10^{-3}	2.61×10^{-2}	0.930	5.33×10^{-4}

2. 荷载横向分布影响线计算

（1）由图4~图7，20mT梁荷载横向分布影响线图可以看出，分离式主梁的1号梁横向分布影响线位于−0.269、0.766，共用护栏带式的1号梁横向分布影响线位于−0.033、0.766；分离式主梁的2号梁横向分布影响线位于0.061、0.416，共用护栏带式的2号梁横向分布影响线位于−0.070、0.334；分离式主梁的3号梁横向分布影响线位于0.076、0.413，共用护栏带式的3号梁横向分布影响线位于0.073、0.278；分离式主梁的4号梁横向分布影响线位于−0.258、0.794，共用护栏带式的4号梁横向分布影响线位于−0.040。0.295。

（2）由图8~图11，30mT梁荷载横向分布影响线图可以看出，分离式主梁的1号梁横向分布影响线位于−0.249、0.784，共用护栏带式的1号梁横向分布影响线位于−0.020、0.649；分离式主梁的2号梁横向分布影响线位于0.045、0.394，共用护栏带式的2号梁横向分布影响线位于0.090、0.360；分离式主梁的3号梁横向分布影响线位于0.060、0.386，共用护栏带式的3号梁横向分布影响线位于0.150、0.230；分离式主梁的4号梁横向分布影响线位于−0.239、0.814，共用护栏带式的4号梁横向分布影响线位于0.025、0.237。

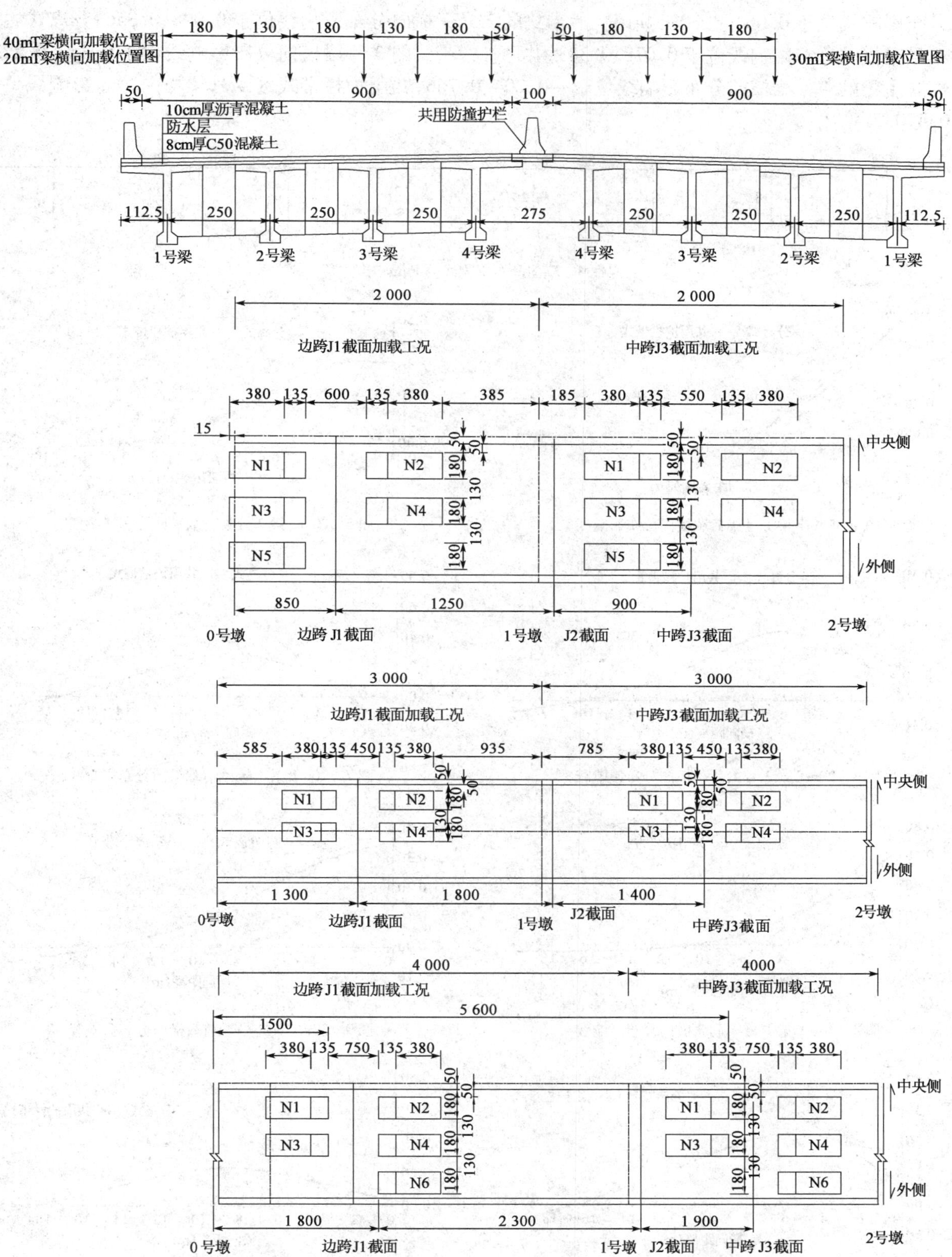

图2　设计横断面图及加载车布置(尺寸单位:cm)

(3)由图12～图15,40mT梁荷载横向分布影响线图可以看出,分离式主梁的1号梁横向分布影响线位于-0.231、0.739,共用护栏带式的1号梁横向分布影响线位于0.035、0.609;分离式主梁的2号梁横向分布影响线位于 0.064、0.387，共用护栏带式的 2 号梁横向分布影响线位于 0.098、0.356；分离式主梁的 3 号梁横问分布影响线位于 0.078、0.383，共用护栏带式的 3 号梁横向分布影响线位于 0.157、0.223；分离式主梁的 4 号梁横向分布影响线位于 -0.204、0.766，共用护栏带式的 4 号梁横向分布影响线位于 0.044、0.214。

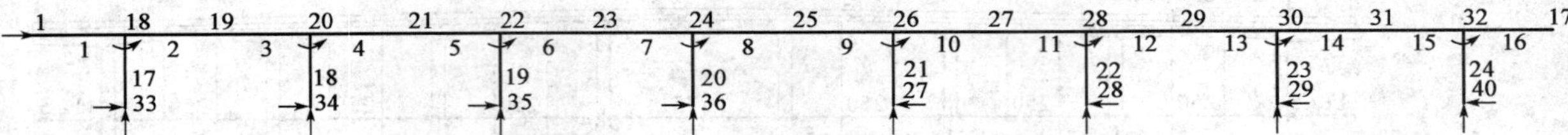

图 3　横向分布影响线的 Finite 模型

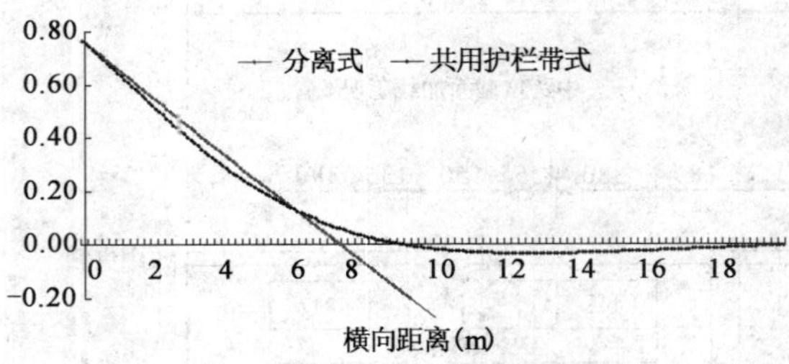

图 4　20mT 梁 1 号梁荷载横向分布影响线

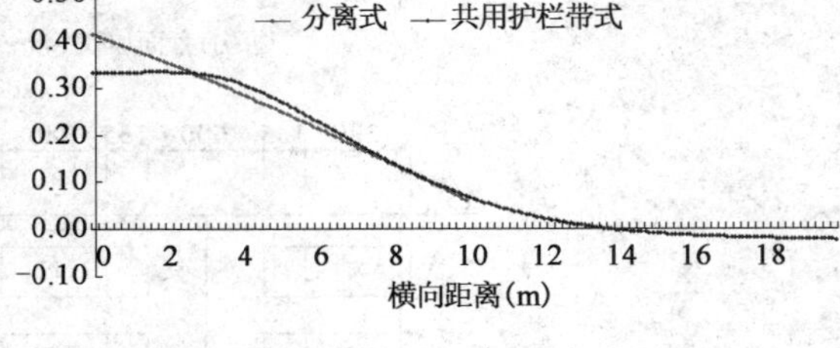

图 5　20mT 梁 2 号梁荷载横向分布影响线

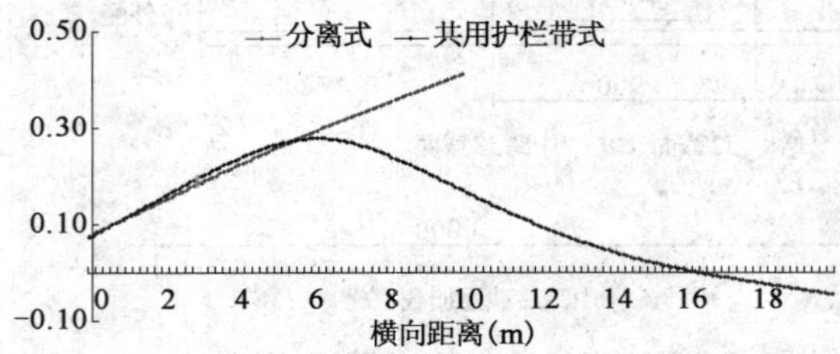

图 6　20mT 梁 3 号梁荷载横向分布影响线

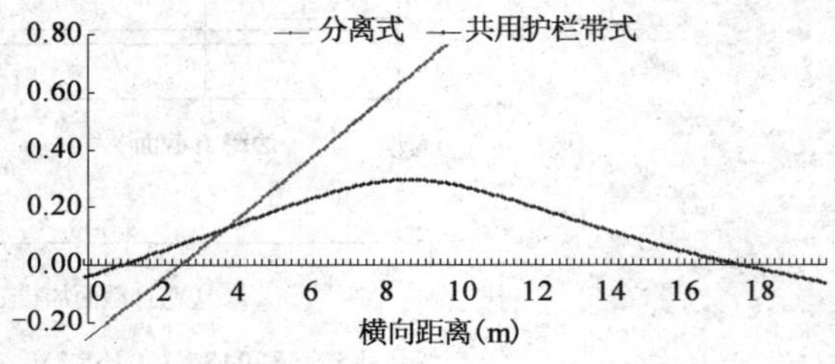

图 7　20mT 梁 4 号梁荷载横向分布影响线

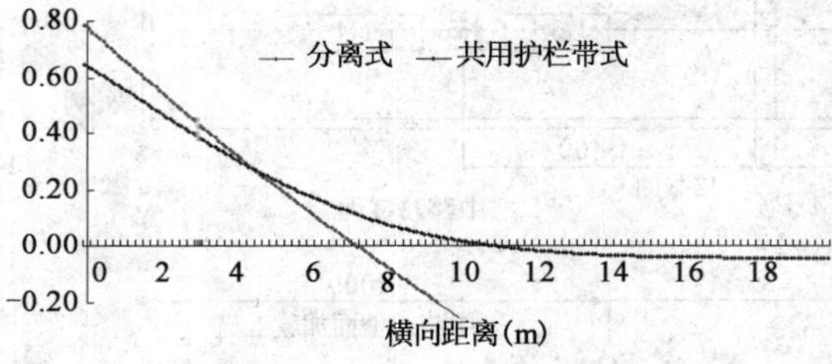

图 8　30mT 梁 1 号梁荷载横向分布影响线

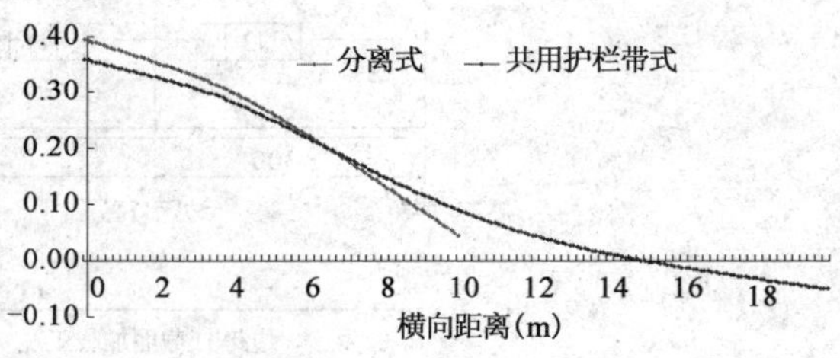

图 9　30mT 梁 2 号梁荷载横向分布影响线

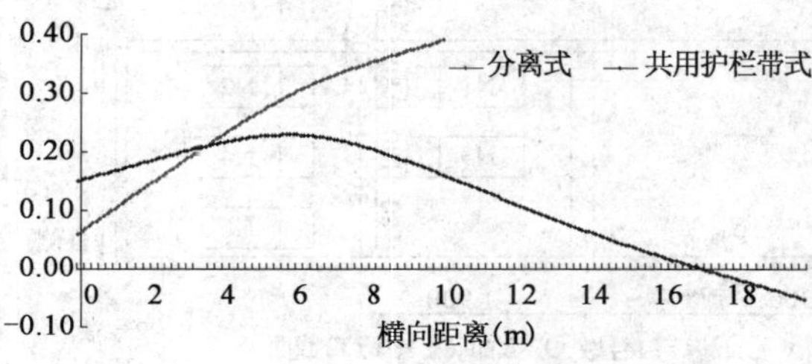

图 10　30mT 梁 3 号梁荷载横向分布影响线

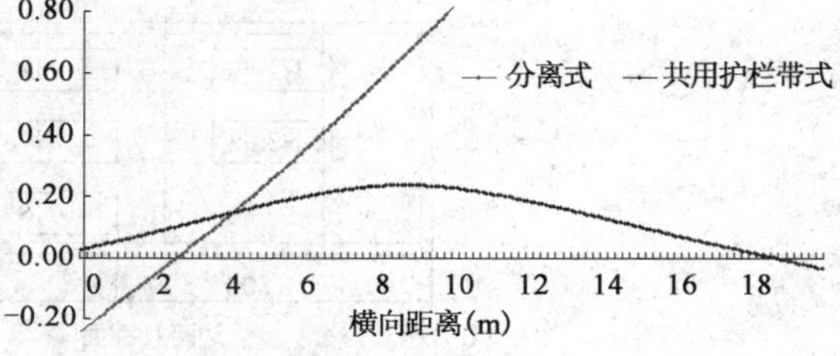

图 11　30mT 梁 4 号梁荷载横向分布影响线

由图 4 ~ 图 15 可以看出，对于 20mT 梁、30mT 梁及 40mT 梁，1 ~ 2 号梁在分离式主梁和共用护栏式主梁差别较小，3 ~ 4 号梁在分离式主梁和共用护栏式主梁差别较大，共用护栏式主梁的荷载横向分布影响线较分离式主梁均匀。

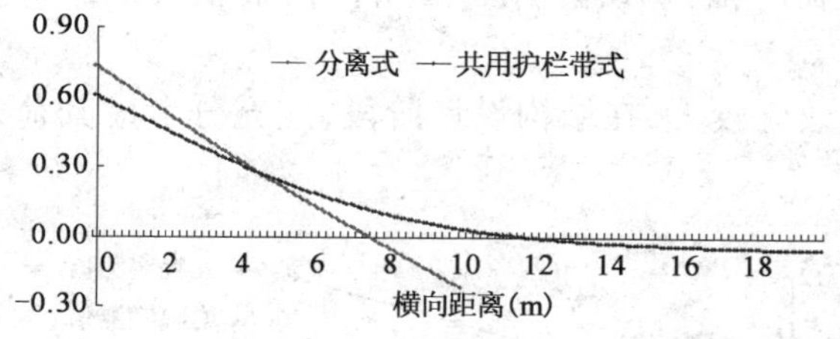

图 12 40mT 梁 1 号梁荷载横向分布影响线

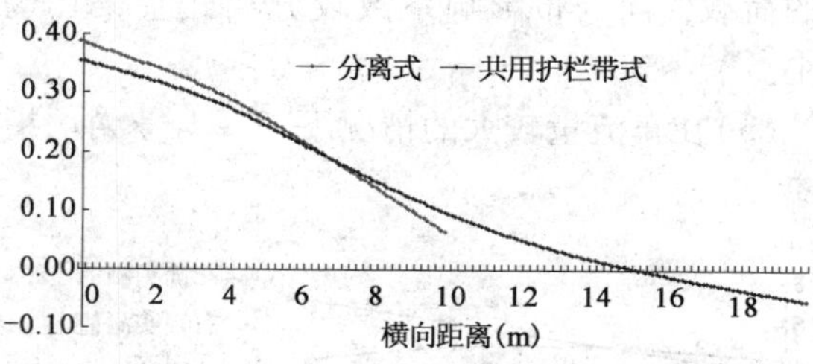

图 13 40mT 梁 2 号梁荷载横向分布影响线

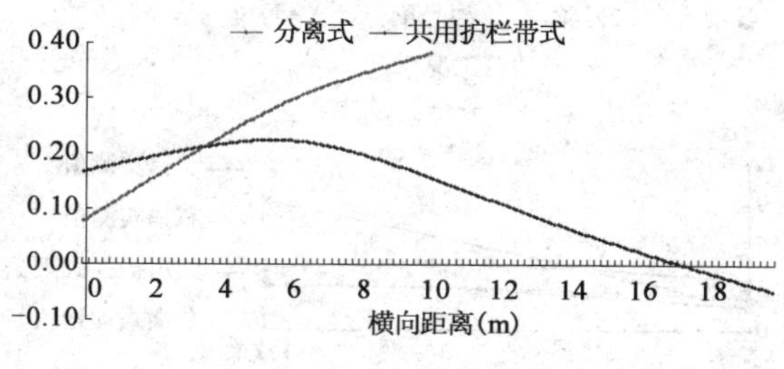

图 14 40mT 梁 3 号梁荷载横向分布影响线

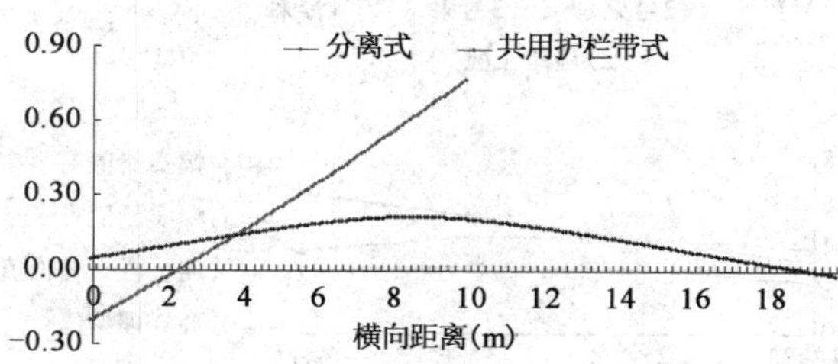

图 15 40mT 梁 4 号梁荷载横向分布影响线

3. 荷载横向分布系数计算

由图 16 ~ 图 18 可以看出,20mT 梁:分离式主梁的横向分布系数位于 0.169、0.331,共用护栏带式的横向分布影响系数位于 0.199、0.230;30mT 梁:分离式主梁的横向分布系数位于 0.075、0.418,共用护栏带式的横向分布影响系数位于 0.163、0.213;40mT 梁:分离式主梁的横向分布系数位于 0.174、0.323,共用护栏带式的横向分布影响系数位于 0.169、0.227。共用护栏式主梁的荷载横向分布影响系数较分离式主梁均匀。

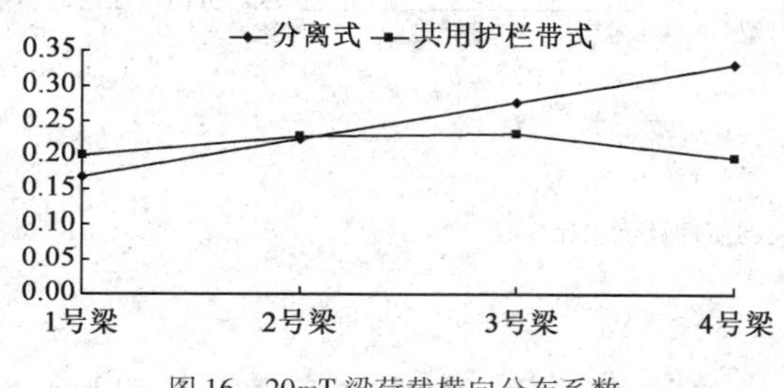

图 16 20mT 梁荷载横向分布系数

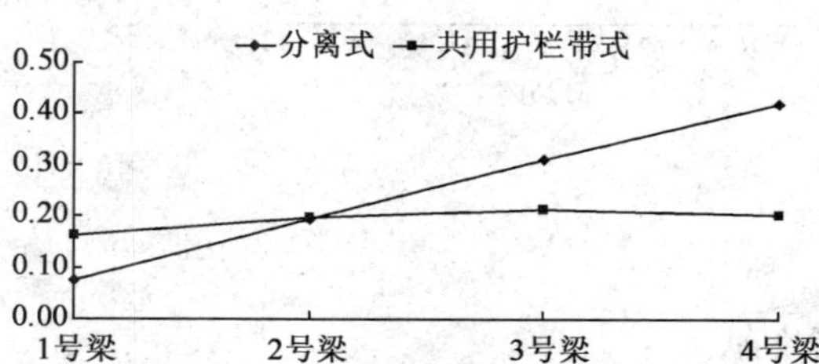

图 17 30mT 梁荷载横向分布系数

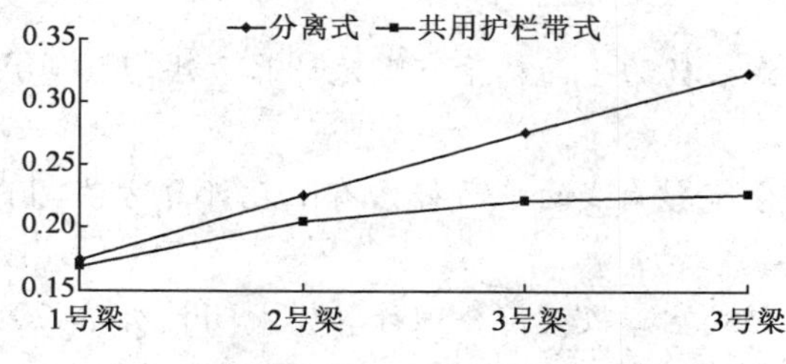

图 18 40mT 梁荷载横向分布系数

4. 计算挠度值与实测值对比分析

由图 19 ~ 图 21 可以看出:共用护栏带式结构模式下,全截面共用承担活载效应,因此挠度理论值较分离式小,挠度分布也更均匀,实测值亦均匀,与理论值吻合。

四、结　　语

(1)共用护栏式主梁的荷载横向分布计算模式宜采用全桥整体截面共同受力的计算方法。

(2)分离式护栏带与公用护栏带两种设计方法情况下,荷载横向分布有较明显差异。共用护栏式主梁的荷载横向分布影响系数较分离式主梁均匀得多。在半幅偏载作用下,共用护栏式主梁偏载效应较小。

(3)在车流量较大的情况下,3～4号梁承担的荷载效应较大,在结构设计阶段,应充分考虑其荷载效应。

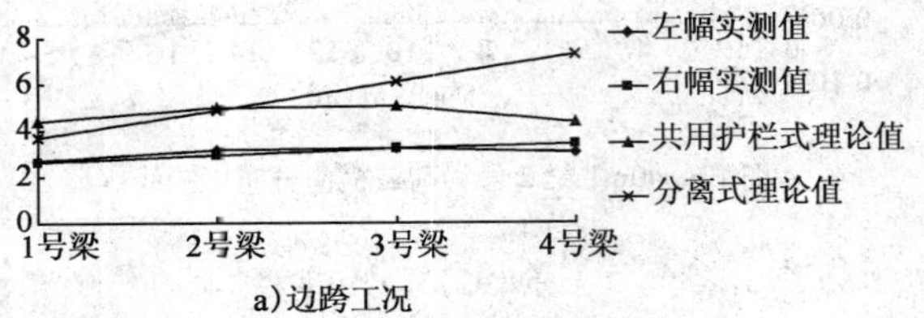

a)边跨工况

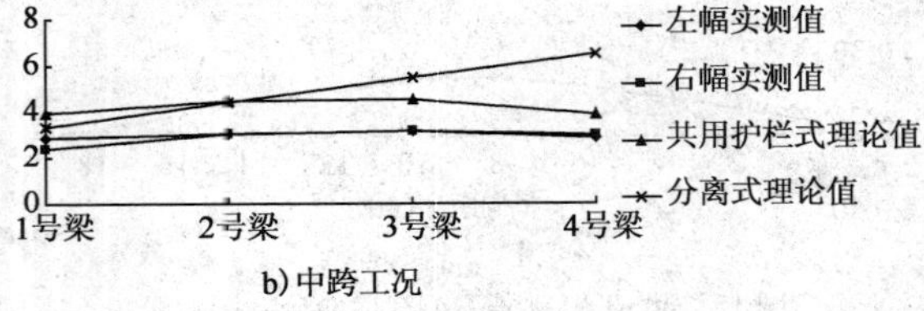

b)中跨工况

图19　20m装配式T梁实测挠度与计算值对比

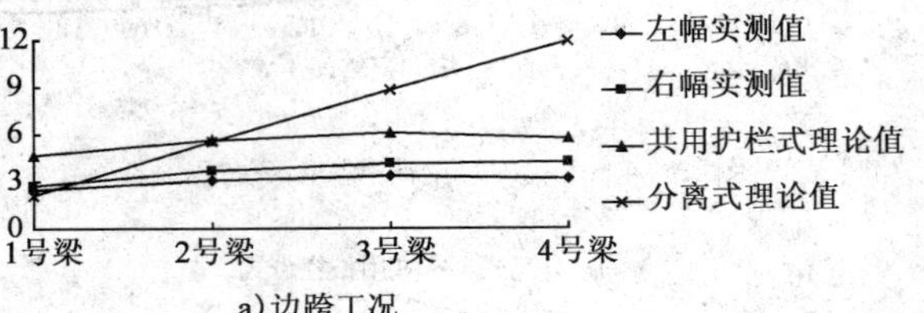

a)边跨工况

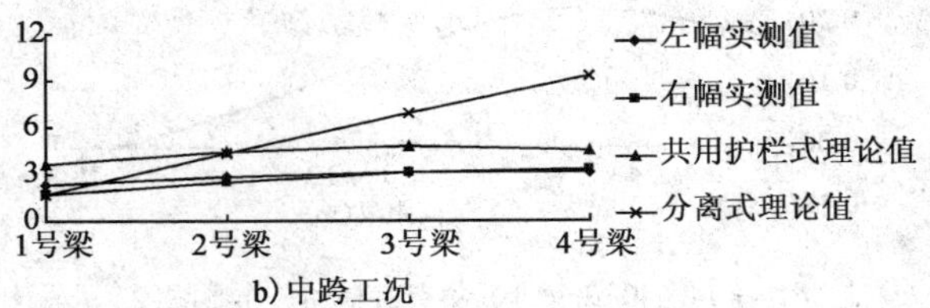

b)中跨工况

图20　30m装配式T梁实测挠度与计算值对比

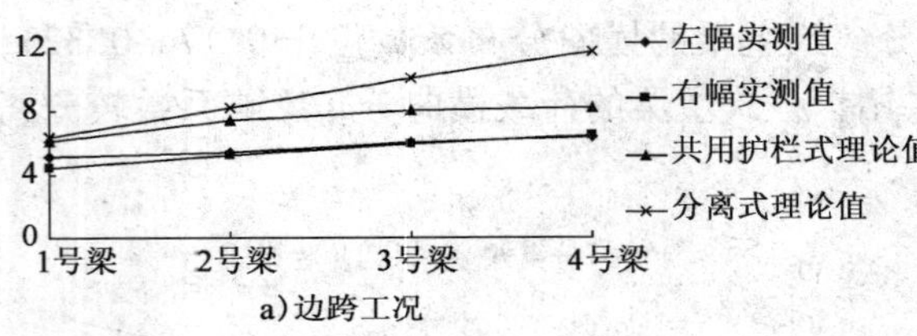

a)边跨工况

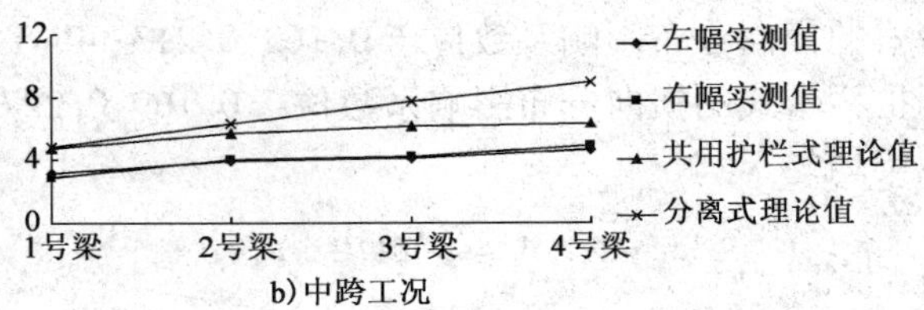

b)中跨工况

图21　40m装配式T梁实测挠度与计算值对比

参考文献

[1] 周建庭,郝义,沈小俊,等.截面转换加固T梁桥技术的试验研究[J].公路交通科技,2006(5):60-65.

[2] 许羿.黄旭.简支箱梁桥偏载系数的平面杆系有限元计算方法[J].重庆交通学院学报,2008,27(5):672-675.

[3] 许羿.高飞.连续梁桥横向分布影响线的平面杆系有限元计算方法[J].重庆交通学院学报,2006,25(2):31-35.

[4] 周磊,刘雪锋,赵剑,等.装配式空心板梁桥合理计算模式[J].公路,2014,(10).

[5] 杨丙文,黎雅乐.多片斜交T梁横向分布研究[J].公路,2015,(3).

[6] 杨植春,陈智俊,杨卫.基于欧洲规范的装配式T梁结构计算分析[J].世界桥梁,2015,(2).

[7] 王家林,彭凯,孙全胜.桥梁横向分布影响线的平面杆系有限元计算方法[J].重庆交通学院学报2005(24):11-15.

[8] 周磊,周争菊,王华,等.截面转换加固T形梁桥荷载横向分布[J].公路工程,2015,(3).

[9] 姚晓飞,徐岳,丁怡洁,等.翼缘刚接混凝土T梁桥结构体系损伤评价研究[J].武汉理工大学学报,2010,(1):169-173.

[10] 徐利平,李玉红,程大业,等.某T梁桥荷载试验分析[J].工业建筑,2013.

116. 大挑臂单索面钢箱结合梁斜拉桥几何非线性分析

孙全胜 高红帅
（东北林业大学）

摘 要 本文以黑瞎子岛乌苏斜拉桥为工程背景，基于非线性理论，建立 Midas/Civil 和 Midas/Fea 有限元分析模型，对大挑臂单索面钢箱结合梁斜拉桥的非线性因素影响敏感性进行研究，分析自重、二期恒载及运营活载作用阶段下各几何非线性影响因素对结构内力和变形的影响程度，对比分析线性分析（不考虑非线性）、仅考虑斜拉索垂度非线性、仅考虑梁—柱耦合效应、仅考虑大位移效应和完全非线性效应五种工况的差别。结果表明，在自重和二期恒载施工阶段，斜拉索的垂度效应产生的非线性影响最明显，而在行车活载阶段，大位移效应成为对斜拉桥计算结果影响最明显的参数。

关键词 斜拉桥 钢箱结合梁 有限元分析 几何非线性

一、引 言

对于由索、加劲主梁、主塔构成的复杂组合结构，几乎所有的斜拉桥都采用悬臂逐节段施工的方法。在加劲主梁施工的过程中，伴随着施工阶段的进展情况，结构的形式、边界的约束、外荷载的变化等在持续地发生着变化，前一个施工过程的变形指标与内力条件是紧后施工过程中变形、内力的前提和基础。所以，就需要对斜拉桥施工过程中进行受力特征进行研究，综合考虑和计算各施工阶段的变形和内力。与运营阶段相比，斜拉桥的施工过程中结构体系转换之前便一直处于悬臂的状态，此时结构柔度比较大，同时施工过程中，特别是对于索力多次施加的结构拉索一般处于较低的应力状态。本文以乌苏斜拉桥为工程背景，分析其施工过程中及成桥运营时在静力与运营阶段的几何非线性效应。

二、工 程 背 景

乌苏斜拉桥采用独塔单索面混合式结合梁的结构形式，斜拉桥全长为 280m，其桥跨组合为 140m + 140m = 280m。主梁采用钢箱结合梁形式，桥塔采用钢筋混凝土独柱式桥塔，高度为 115. 50m，斜拉索在主梁上锚固间距为 9m，在桥塔上的锚固间距则是 5. 533 ~ 5. 606m 不等。结构采用塔、梁、墩固结体系，边墩处放置两个活动支座。设计荷载采用公路—I级，为双向六车道，双向横坡为 2%，桥梁整体位于竖曲线上。乌苏斜拉桥钢箱梁横向宽 5. 0m，高 3. 55m，挑臂长 10. 75m，混凝土桥面板厚 0. 25m，桥面铺装为 11cm 的沥青混凝土。桥面总宽度为 26. 5m，横断面具体布置为 0. 5m（护栏）+ 10. 75m（行车道）+ 0. 5m（护栏）+ 3m（斜拉索布索区）+ 0. 5m（护栏）+ 10. 75m（行车道）+ 0. 5m（护栏）。乌苏斜拉桥桥型布置图如图 1 所示。

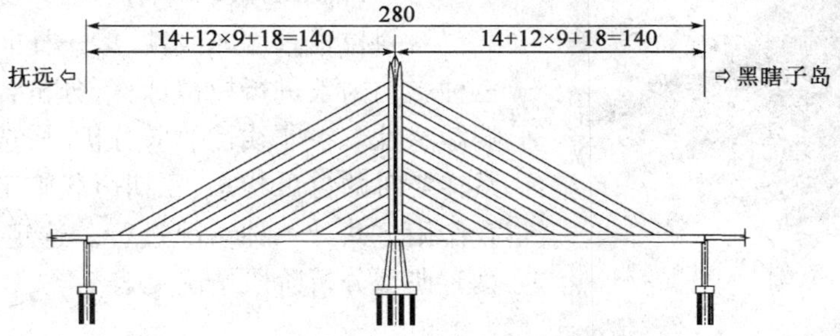

图 1 乌苏斜拉桥桥型布置图（尺寸单位：m）

乌苏斜拉乔主塔采用爬模现浇施工,塔根混凝土主梁采用支架法现场浇筑,共1个阶段。其余钢箱结合主梁从混凝土梁段处开始向两侧进行,并按顺序进行各节段钢结构和预制混凝土桥面板的安装,钢箱梁分节段吊装到施工支架之上再进行焊接拼装,这样便完成了一个节段的施工。重复上一个节段进行施工。

三、几何非线性分析基本理论

从非线性有限元方程出发,借助虚位移理论来建立结构的非线性方程。

虚位移理论即是:外荷载由于位移产生之功等于其由于虚应变的变化导致应变能。虚位移理论可以表达成式(1)的形式:

$$d\{\delta\}^T\{\psi\} = \int d\{\varepsilon\}^T\{\sigma\}dv - d\{\delta\}^T\{F\} = 0 \tag{1}$$

式中:$\{\psi\}$——广义内、外力总和;

$\{F\}$——列矩阵;

$d\{\varepsilon\}$——表示虚应变;

$d\{\delta\}$——表示虚位移。

以增量理论为基础,引入线性矩阵和材料矩阵,经计算化简得:

$$d\{\psi\} = ([K_0] + [K_\sigma] + [K_L])d\{\delta\} = [K_T]d\{\delta\} \tag{2}$$

$$\{[K_T] = [K_0] + [K_\sigma] + [K_L]\} \tag{3}$$

式中:$[K_0]$——小位移状态下的矩阵;

$[K_\sigma]$——几何刚度矩阵或者初应力阵;

$[K_L]$——大位移阵。

由于荷载增量通常取成有限数值,因此力与总体载荷之间总会存在一个误差,这就是节点的不平衡力。因此结构会以产生位移的方式进行"抵抗",才能消除不平衡力的存在,迭代法是求解此类问题的主要方式。

四、有限元模型和分析工况

1.有限元模型的建立

借助有限元通用计算工具 Midas/Civil 和 Midas/Fea 建立乌苏斜拉桥全桥分析模型,钢主梁通过梁单元进行模拟,全桥为鱼骨模型,混凝土桥面板通过均布荷载的形式进行模拟,均布荷载加载在与其连接的主梁及挑臂上。有限元模型如图2所示。桥塔采用梁单元模拟,斜拉索采用桁架单元模拟,拉索两端与主塔及主梁通过刚性连接模拟锚固效果。

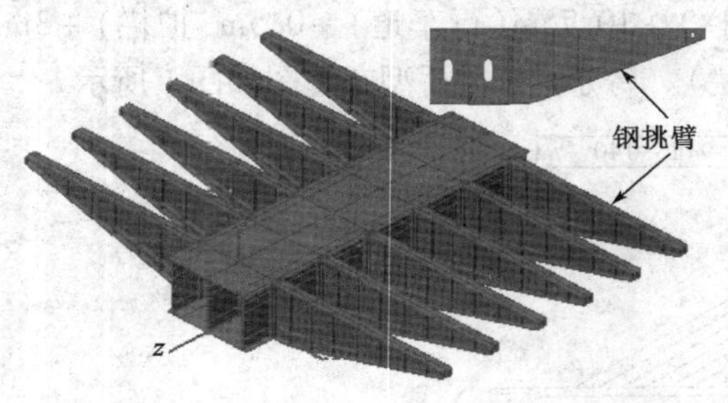

图2 钢箱结合梁有限元模型

乌苏斜拉桥整体有限元模型如图3所示。

2.几何非线性分析工况

对斜拉索垂度非线性、梁—柱非线性及大变形非线性三种影响因素进行模拟计算,分析各非线性组成要素的影响敏感性。在非线性效应分析时,选取落架后桥梁完成体系转换时的自重状态、二期恒载施工阶段及运营时行车荷载作用下共计三种情况进行。选定的分析工况见表1,计算时典型分析阶段情况见表2。

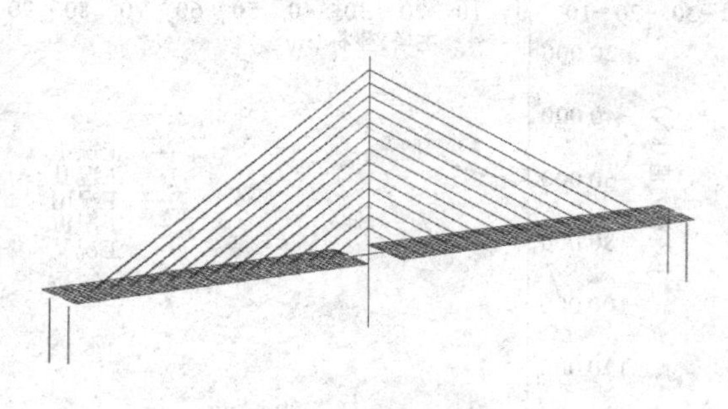

a) Midas/Civil有限元模型

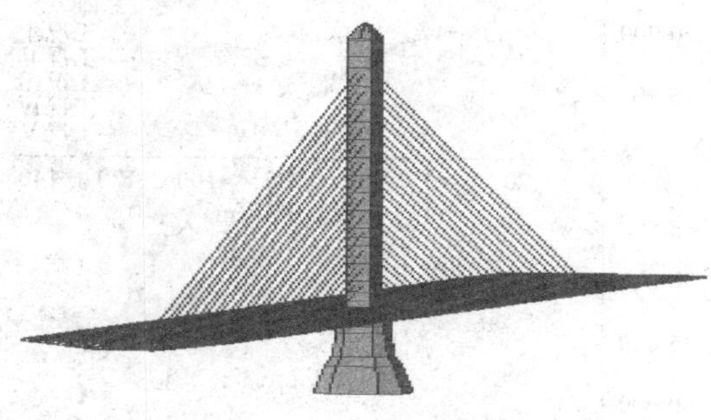

b) Midas/Fea有限元模型

图3　乌苏斜拉桥整体有限元模型

几何非线性分析工况　表1

工况编号	工况分析类型	工况编号	工况分析类型
工况Ⅰ	线性分析(不考虑非线性)	工况Ⅳ	仅考虑大位移效应
工况Ⅱ	仅考虑斜拉索垂度非线性	工况Ⅴ	完全非线性效应
工况Ⅲ	仅考虑梁-柱耦合效应		

典型分析阶段　表2

阶段编号	阶段名称	施工内容
1	自重阶段	拆除架梁支架和水上栈桥
2	二期恒载阶段	完成二期恒载施工
3	成桥活载阶段	桥梁竣工,运营阶段

五、几何非线性分析结果

1. 自重阶段分析结果

将自重荷载状态下乌苏斜拉桥线性分析(工况Ⅰ)结果作为标尺,与其他考虑几何非线性及完全非线性分析的工况Ⅱ~Ⅴ下计算结果进行对比,即可得出各种几何非线性因素在乌苏斜拉桥完成体系转换后,自重状态下对计算分析的影响趋势和影响程度。

由于乌苏斜拉桥的桥梁对称性,仅给出单跨主梁的计算数据。其中 X 坐标表示主梁水平位置($X=0$ 表示梁端,$X=140$ 表示桥塔处);主塔坐标 $Y=0$ 表示主梁与桥塔交接处(正值表示上塔柱,负值表示下塔柱)。工况Ⅱ~Ⅴ与工况Ⅰ计算结果如图4~图7所示。

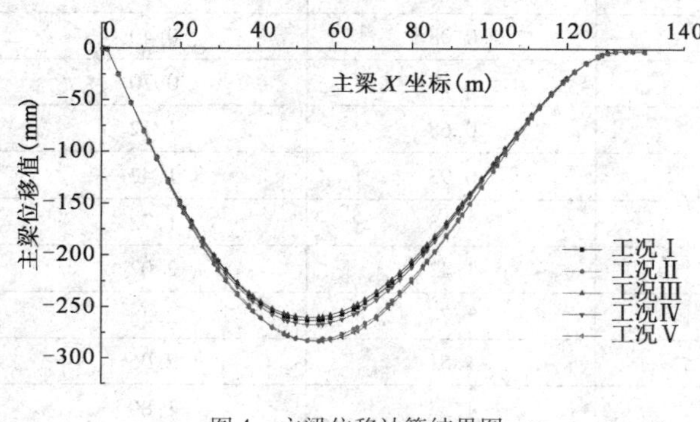

图4　主梁位移计算结果图

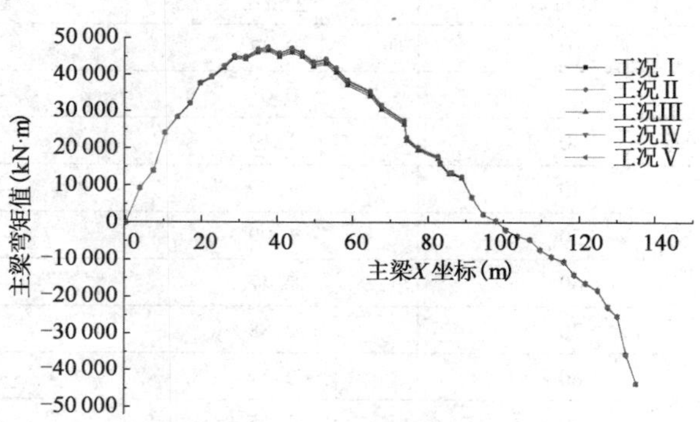

图5　主梁弯矩计算结果图

图4~图7是结构完成体系转换后的自重荷载下工况Ⅰ~Ⅴ的主梁变形、内力及主塔内力计算值。将计算数据进行对比分析便可得出各种几何非线性因素对有限元分析计算的影响大小,还可得出完全非线性分析和线性分析计算结果的差异程度。

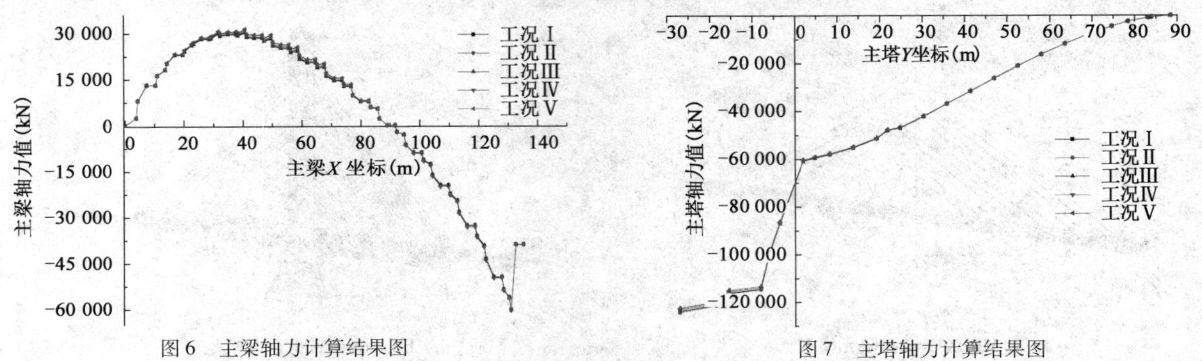

图6　主梁轴力计算结果图

图7　主塔轴力计算结果图

定义非线性因素影响程度为P,则有:

$$P = \frac{\text{工况}\ i - \text{工况}\ I}{\text{工况}\ I} \times 100\%$$

若P大于0,则表示非线性因素引起结构响应增大;P小于0,则表示非线性因素引发结构响应减小。自重情况下,各工况非线性影响偏差计算结果见表3~表6。

各工况下主梁位移影响程度 P(%)　　表3

X(m)	工况Ⅱ	工况Ⅲ	工况Ⅳ	工况Ⅴ
10	1.64	-0.15	0.60	1.51
20	2.00	-0.35	0.80	2.71
30	3.25	-0.60	1.05	4.21
40	5.50	-0.85	1.30	5.71
50	7.20	-1.05	1.50	6.91
60	7.25	-1.30	1.75	8.41
70	8.52	-1.50	1.95	9.61
80	6.95	-1.34	1.77	8.37
90	5.88	-1.14	1.55	6.82
100	5.50	-0.98	1.36	5.58
110	3.40	-0.82	1.18	4.34
120	1.90	-0.62	0.96	2.79
130	0.80	-0.42	0.73	1.24

各工况下主梁弯矩影响程度 P(%)　　表4

X(m)	工况Ⅱ	工况Ⅲ	工况Ⅳ	工况Ⅴ
10	0.42	-0.30	0.08	0.40
20	0.63	-0.50	0.33	0.70
30	1.19	-0.78	0.68	1.12
40	1.59	-0.98	0.93	1.42
50	1.99	-1.18	1.18	1.72
60	2.47	-1.38	1.43	2.02
70	2.88	-1.62	1.74	2.38
80	2.57	-1.39	1.51	2.06
90	2.25	-1.21	1.33	1.80
100	1.83	-0.94	1.06	1.42
110	1.48	-0.72	0.84	1.10
120	0.99	-0.40	0.52	0.65
130	0.64	-0.18	0.30	0.33

各工况下主梁轴力影响程度 P(%) 表5

X(m)	工况Ⅱ	工况Ⅲ	工况Ⅳ	工况Ⅴ
10	0.48	-0.05	0.31	0.58
20	0.72	-0.26	1.09	1.42
30	0.92	-0.43	1.74	2.12
40	1.13	-0.64	2.52	2.96
50	1.40	-0.85	3.30	3.80
60	1.60	-1.03	3.95	4.50
70	1.76	-1.17	4.48	5.06
80	1.55	-1.00	3.88	4.34
90	1.34	-0.84	3.28	3.62
100	1.09	-0.64	2.56	2.75
110	0.83	-0.44	1.84	1.89
120	0.62	-0.28	1.24	1.17
130	0.37	-0.08	0.52	0.30

各工况下主塔轴力影响程度 P(%) 表6

Y(m)	工况Ⅱ	工况Ⅲ	工况Ⅳ	工况Ⅴ
-27.05	0.40	-1.10	-0.50	-1.00
-20	0.35	-1.05	-0.48	-0.95
-10	0.22	-0.96	-0.44	-0.88
0	0.06	-0.81	-0.37	-0.76
10	0.04	-0.72	-0.33	-0.68
20	0.02	-0.62	-0.29	-0.60
30	0.01	-0.48	-0.23	-0.48
40	0.01	-0.38	-0.18	-0.40
50	0.01	-0.28	-0.14	-0.32
60	0.01	-0.24	-0.12	-0.28
70	0.01	-0.14	-0.08	-0.20
80	0.01	0.00	-0.02	-0.08
88.45	0.00	0.00	0.00	0.00

在乌苏斜拉桥完成体系转换后的自重阶段,根据以上计算结果可以总结出:

1)斜拉索垂度效应的影响

在只计算拉索垂度影响的工况Ⅱ与线性的工况Ⅰ结果对比,主梁跨中位移值增大了8.52%,主梁的弯矩值增大了2.88%,跨中主梁轴力值增大1.76%,主塔塔根部轴力值增大0.4%,可以看出拉索的垂度非线性因素对主梁跨中的位移与内力值影响较大,而对主塔轴力值影响较小。

2)梁—柱效应的影响

在只计算梁—柱影响的工况Ⅲ与线性工况Ⅰ结果对比,主梁跨中位移值减小1.50%,跨中的弯矩值减小1.62%,跨中的主梁轴力值减小1.17%,主塔塔根部的轴力值减小1.10%,可以看出梁—柱耦合非线性因素对主梁跨中的变形和内力值影响均比较小,对主塔轴力值影响亦较小。

3)大位移效应的影响

在只计算大位移效应影响的工况Ⅳ与线性工况Ⅰ结果对比,主梁跨中位移值增了1.95%,主梁弯矩值增大1.74%,跨中主梁轴力值增大了4.48%,主塔塔根部的轴力值减小0.5%,可看出大位移非线性因素对主梁跨中的变形和内力值影响较梁—柱效应明显。

4）完全非线性效应的影响

完全非线性的工况Ⅴ与线性工况Ⅰ结果对比，主梁跨中位移增大9.61%，主梁弯矩增大2.38%，跨中主梁的轴力增大5.06%，主塔塔根部轴力减小了1.0%，可以看出完全考虑几何非线性效应对主梁跨中的变形和内力值作用明显，对主塔轴力值影响不明显。

2. 二期恒载阶段分析结果

二期恒载作用阶段，即完成桥面铺装、护栏等施工，根据设计图纸，按87.5kN/m荷载集度考虑二期恒载的作用。

二期恒载作用下乌苏斜拉桥线性分析（工况Ⅰ）结果，将其作为标尺，与其他考虑几何非线性及完全非线性的工况下计算结果进行对比，即可得出各种几何非线性因素在二期恒载作用下对结果计算分析的影响趋势和规律。

工况Ⅱ～Ⅴ与工况Ⅰ对比计算结果如图8～图11所示。

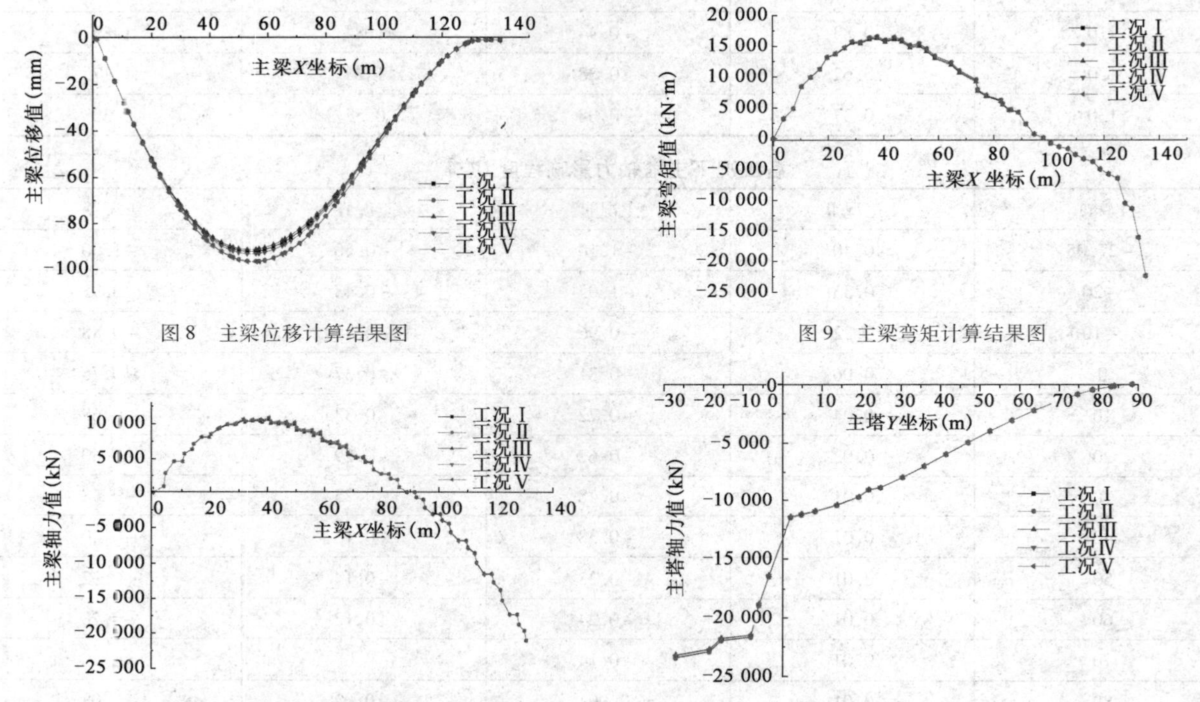

图8 主梁位移计算结果图

图9 主梁弯矩计算结果图

图10 主梁轴力计算结果图

图11 主塔轴力计算结果图

为直观表达各种非线性因素下对计算结果的影响程度，选取重要节点断面对计算结果偏差进行定量描述。二期恒载下各工况非线性影响偏差分析结果见表7～表10。

各工况下主梁位移影响程度 *P*(%) 表7

X(m)	工况Ⅱ	工况Ⅲ	工况Ⅳ	工况Ⅴ
10	0.62	-0.12	0.19	0.89
20	1.42	-0.28	0.39	1.71
30	2.42	-0.48	0.64	2.73
40	3.42	-0.68	0.89	3.76
50	4.22	-0.84	1.09	4.58
60	5.22	-1.04	1.34	5.60
70	6.02	-1.20	1.54	6.42
80	5.26	-1.04	1.38	5.58
90	4.50	-0.88	1.22	4.74

续上表

X(m)	工况Ⅱ	工况Ⅲ	工况Ⅳ	工况Ⅴ
100	3.55	-0.68	1.02	3.69
110	2.79	-0.52	0.86	2.85
120	1.84	-0.32	0.66	1.80
130	0.89	-0.12	0.46	0.75

各工况下主梁弯矩影响程度 *P*(%) 表8

X(m)	工况Ⅱ	工况Ⅲ	工况Ⅳ	工况Ⅴ
10	0.26	-0.13	0.30	0.41
20	0.62	-0.34	0.51	0.71
30	1.10	-0.62	0.79	1.11
40	1.46	-0.83	1.00	1.41
50	1.82	-1.04	1.21	1.71
60	2.18	-1.25	1.42	2.01
70	2.54	-1.46	1.63	2.31
80	2.21	-1.28	1.39	1.98
90	1.66	-0.98	0.99	1.43
100	1.33	-0.80	0.75	1.10
110	1.00	-0.62	0.51	0.77
120	0.56	-0.38	0.19	0.33
130	0.23	-0.20	0.01	0.08

各工况下主梁轴力影响程度 *P*(%) 表9

X(m)	工况Ⅱ	工况Ⅲ	工况Ⅳ	工况Ⅴ
10	0.13	-0.30	0.50	0.22
20	0.37	-0.60	0.98	0.88
30	0.57	-0.85	1.38	1.43
40	0.81	-1.15	1.86	2.09
50	1.05	-1.45	2.34	2.75
60	1.25	-1.70	2.74	3.30
70	1.42	-1.89	3.05	3.74
80	1.24	-1.59	2.60	3.16
90	1.07	-1.29	2.15	2.58
100	0.86	-0.93	1.61	1.90
110	0.65	-0.57	1.07	1.20
120	0.47	-0.27	0.62	0.63
130	0.26	0.00	0.08	0.00

各工况下主塔轴力影响程度 *P*(%) 表10

Y(m)	工况Ⅱ	工况Ⅲ	工况Ⅳ	工况Ⅴ
-27.05	0.30	-0.90	-0.60	-0.80
-20	0.29	-0.85	-0.58	-0.77
-10	0.26	-0.75	-0.54	-0.71

续上表

Y(m)	工况Ⅱ	工况Ⅲ	工况Ⅳ	工况Ⅴ
0	0.22	-0.60	-0.48	-0.62
10	0.19	-0.50	-0.44	-0.56
20	0.16	-0.40	-0.40	-0.50
30	0.12	-0.25	-0.34	-0.41
40	0.09	-0.15	-0.30	-0.35
50	0.06	-0.05	-0.26	-0.29
60	0.05	0.00	-0.24	-0.26
70	0.02	0.10	-0.20	-0.20
80	-0.01	0.20	-0.16	-0.14
88.45	-0.05	0.35	-0.10	0.00

1)斜拉索垂度效应的影响

主梁跨中位移值增大6.02%,主梁弯矩值增大2.54%,跨中主梁的轴力值增大1.42%,主塔塔根部的轴力值增加0.3%,拉索的垂度非线性因素对主梁跨中的位移与内力值影响很大,而对主塔的轴力值几乎无影响。

2)梁—杆效应的影响

主梁跨中位移值减小1.20%,主梁弯矩值减小了1.46%,跨中主梁的轴力值减小1.89%,主塔塔根部的轴力值减小0.90%,梁—柱耦合非线性因素对主梁跨中的位移与内力值影响均比较小,对主塔的轴力值影响稍大。

3)大位移效应的影响

主梁跨中位移值增大1.54%,主梁弯矩值增大1.63%,跨中主梁的轴力值增大了3.05%,主塔塔根部的轴力值减小0.60%,大位移非线性对主梁跨中的位移与内力值影响较梁—柱效应稍大些。

4)完全非线性效应的影响

主梁跨中的位移值增大6.42%,主梁弯矩值增大2.31%,跨中主梁的轴力值增大3.74%,主塔塔根部的轴力值减小0.80%。

3. 成桥活载阶段分析结果

将活载最不利加载作用下乌苏斜拉桥线性分析(工况Ⅰ)结果作为标尺,把其他考虑几何非线性及完全非线性的工况下计算结果与之对比,即可得出各几何非线性因素在活载作用下的影响趋势和规律,进而总结出行车作用阶段的几何非线性强度。

考虑拉索的垂度、梁—柱效应、大位移影响及完全非线性的工况Ⅱ～Ⅴ与线性计算工况Ⅰ结果对比情况如图12～图15所示。

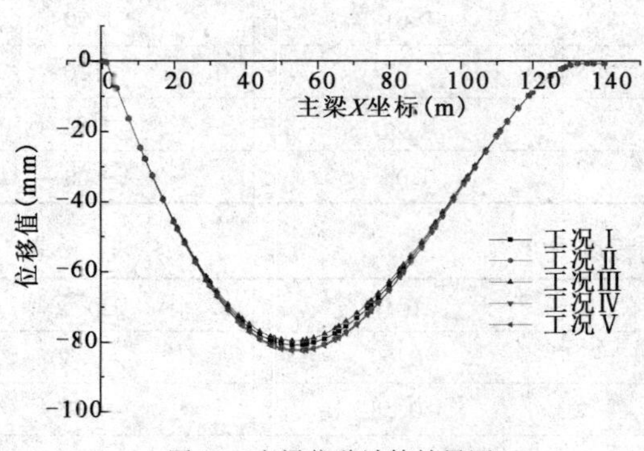

图12　主梁位移计算结果图

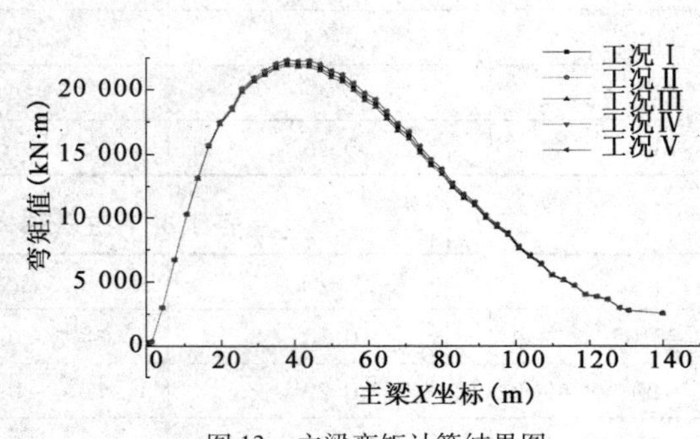

图13　主梁弯矩计算结果图

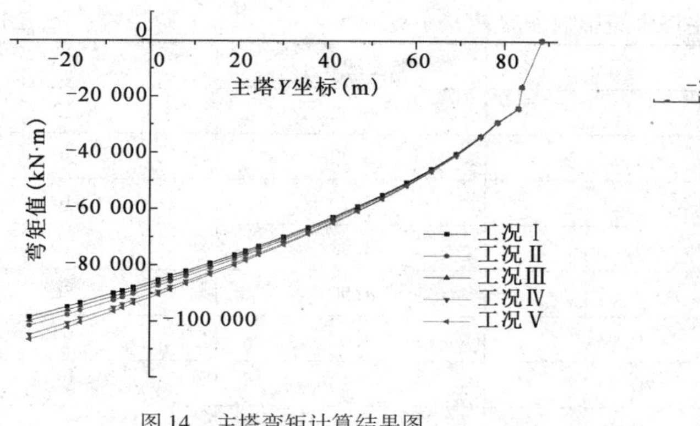

图14　主塔弯矩计算结果图

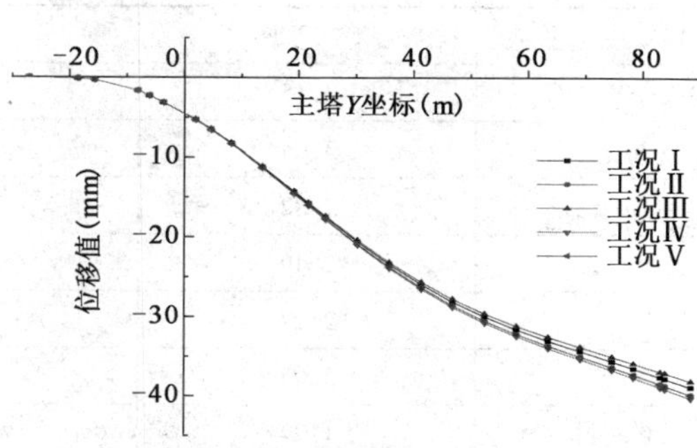

图15　主塔纵向位移计算结果图

图12～图15是结构运营阶段行车活载作用下工况Ⅰ～Ⅴ的主梁和主塔的变形、内力值计算数据。将计算数据进行对比分析，便可得出各种几何非线性因素对有限元分析计算的影响大小，还可得出完全非线性分析和线性分析计算结果的差异程度。

行车活载下，各工况内力及位移非线性分析结果见表11～表14。

各工况下主梁位移影响程度 P(%)　表11

X(m)	工况Ⅱ	工况Ⅲ	工况Ⅳ	工况Ⅴ
10	0.30	-0.32	0.29	0.68
20	0.58	-0.56	0.61	1.00
30	0.93	-0.86	1.01	1.40
40	1.28	-1.16	1.41	1.80
50	1.56	-1.40	1.73	2.12
60	1.91	-1.70	2.13	2.52
70	2.19	-1.94	2.45	2.84
80	1.90	-1.66	2.17	2.48
90	1.61	-1.38	1.89	2.12
100	1.25	-1.03	1.54	1.67
110	0.97	-0.75	1.26	1.31
120	0.61	-0.40	0.91	0.86
130	0.25	-0.05	0.56	0.41

各工况下主梁弯矩影响程度 P(%)　表12

X(m)	工况Ⅱ	工况Ⅲ	工况Ⅳ	工况Ⅴ
10	0.37	-0.26	0.28	0.39
20	0.61	-0.44	0.55	0.66
30	0.85	-0.62	0.82	0.93
40	1.17	-0.86	1.18	1.29
50	1.41	-1.04	1.45	1.56
60	1.65	-1.22	1.72	1.83
70	1.97	-1.46	2.08	2.19
80	1.72	-1.31	1.84	1.95
90	1.46	-1.16	1.60	1.71
100	1.12	-0.96	1.28	1.39
110	0.87	-0.81	1.04	1.15
120	0.61	-0.66	0.80	0.91
130	0.27	-0.43	0.48	0.59

各工况下主塔弯矩影响程度 *P*(%) 表13

Y(m)	工况Ⅱ	工况Ⅲ	工况Ⅳ	工况Ⅴ
-27.05	3.15	1.43	6.42	8.12
-20	3.04	1.38	6.18	7.80
-10	2.82	1.28	5.70	7.16
0	2.49	1.13	4.98	6.20
10	2.27	1.03	4.50	5.56
20	2.05	0.93	4.02	4.92
30	1.72	0.78	3.30	3.96
40	1.50	0.68	2.82	3.32
50	1.28	0.58	2.34	2.68
60	1.17	0.53	2.10	2.36
70	0.95	0.43	1.62	1.72
80	0.73	0.33	1.14	1.08
88.45	0.09	0.07	0.31	0.05

各工况下主塔纵向位移影响程度 *P*(%) 表14

Y(m)	工况Ⅱ	工况Ⅲ	工况Ⅳ	工况Ⅴ
-27.05	0.09	0.00	0.08	0.09
-20	0.19	-0.03	0.28	0.21
-10	0.37	-0.19	0.56	0.49
0	0.65	-0.43	0.98	0.76
10	0.83	-0.59	1.26	0.94
20	1.02	-0.75	1.54	1.12
30	1.30	-0.99	1.96	1.39
40	1.48	-1.15	2.24	1.57
50	1.67	-1.31	2.52	1.75
60	1.85	-1.47	2.80	1.93
70	1.95	-1.55	2.94	2.02
80	2.13	-1.71	3.22	2.20
88.45	2.41	-1.95	3.64	2.47

在乌苏斜拉桥行车荷载作用阶段，由以上5种工况下几何非线性计算对比结果可以看出：

1)斜拉索垂度效应的影响

只计算拉索垂度的工况Ⅱ与线性工况Ⅰ结果对比，主梁跨中位移值增大2.19%，主梁弯矩值增大1.97%，塔根弯矩值增大3.15%，塔顶位移值减小了2.41%，跨中附近的主梁位移与内力值变化均比较大，不难发现拉索的垂度非线性因素对主梁跨中的变形和内力值影响较小，而对塔顶位移影响较大。

2)梁—柱效应的影响

只计算梁—柱耦合的工况Ⅲ与线性工况Ⅰ结果对比，主梁跨中位移值减小1.94%，主梁弯矩值减小1.46%，塔根的弯矩值增大1.43%，塔顶的纵向位移值减小1.95%，可以看出梁—柱耦合非线性因素对主梁及主塔的变形和内力值影响均比较小。

3)大位移效应的影响

只计算大位移效应的工况Ⅳ与线性工况Ⅰ结果对比，主梁跨中位移值增大2.45%，主梁弯矩值增大了2.08%，塔根的弯矩值增大6.42%，塔顶纵向位移值增大了3.64%，可以看出大位移非线性对主梁的变形和内力影响不大,但对于主塔的变形和内力影响很大。

4)完全非线性效应的影响

计算完全非线性的工况V与线性工况I结果对比,主梁跨中位移值增大了2.84%,主梁跨中弯矩值增大了2.19%,塔根的弯矩值增大了8.12%,塔顶纵向位移值增大了2.47%,可以看出完全考虑几何非线性效应对主塔塔根内力影响是最大的,对主梁变形及内力值影响则比较小。

六、结　　语

通过对乌苏斜拉桥自重阶段、二期恒载的施工阶段及行车运营阶段下有限元计算,对比分析了各几何非线性因素对结构内力与位移计算结果的影响程度,得出以下结论:

(1)在自重阶段,拉索的垂度产生的非线性影响最为显著,对主梁跨中截面位移值影响程度达到8.52%,是引发结构按照线性计算发生偏差的主要因素,结构的大位移效应次之,梁—柱效应影响最小。

(2)在二期恒载施工阶段,索的垂度产生的非线性影响仍为最明显的,对主梁跨中截面位移影响程度为6.0%,较自重状态下分析结果而言,其影响程度有所减弱。

(3)在行车运营阶段,大位移效应产生的几何非线性影响是最为明显的,拉索的垂度影响次之,梁—柱效应最小。此外,行车荷载作用时的几何非线性对主塔内力和变形的影响比较大,而对主梁的内力和变形影响较小。

(4)斜拉桥在成桥恒载计算时拉索的垂度非线性是结构非线性分析偏差的主要来源,而在运营阶段活载下斜拉索垂度非线性的影响减弱,被大位移效应取代成为几何非线性分析时主要的影响参数。

参考文献

[1] 林元培.斜拉桥[M].北京:人民交通出版社,2004.

[2] 高安荣,张建军,文良东.超大跨径混合梁斜拉桥上部结构施工关键技术研究[J].公路交通科技(应用技术版),2013,10:94-99.

[3] 金剑.混凝土独塔斜拉桥施工过程三维仿真分析[J].中外公路,2012,02:155-158.

[4] 王勖成.有限单元法[M].北京:清华大学出版社,2003.

[5] 沈祖炎,高振锋,张其林.索网结构几何非线性分析的增量理论[J].同济大学学报(自然科学版),1996,04:357-362.

[6] 刘应才,刘飞凡.斜拉索垂度对大跨度斜拉桥的影响分析[J].徐州建筑职业技术学院学报,2009,01:23-25.

[7] 方志,祝彦知,周宏宇.一种梁柱非线性分析新方法[J].应用力学学报,2005,01:139-142.

[8] 侯祥林,王洁乐,李琦,等.超静定梁结构非线性大变形问题的优化算法与应用[J].沈阳建筑大学学报(自然科学版),2014,05:909-916.

117.塑性铰对桥梁抗震性能的影响研究

孔令俊　曹志峰　金　杰　张银喜　刘振光
(株洲时代新材料科技股份有限公司)

摘　要　针对现行桥梁规范对桥梁抗震设计的要求,分析了塑性铰对桥梁抗震性能的影响。采用Midascivil软件,利用弹塑性时程分析法,对塑性铰桥梁和无塑性铰的桥梁在同一地震动作用下进行了对比分析,得到了两种桥梁结构的墩底剪力、弯矩、墩顶位移以及塑性铰的滞回曲线。结果表明,塑性铰桥梁可以起到一定的耗散地震能量作用,能满足设计要求;塑性铰耗能效果有一定的局限性,内力减震率只有 10% 左右,虽然可以降低桥梁的震害,不至于出现桥梁迅速倒塌的后果,但对墩柱有一定的损伤;设置塑性铰桥梁,可以满足桥梁的一定抗震要求。

关键词　抗震　塑性铰　地震动作用　减震率

在强震作用下,桥梁易于损坏的部位为桥墩受力最大或相对薄弱的位置。为了满足"大震不倒"的抗震设计原则,桥墩的设计应避免剪切脆性破坏,使桥墩抗弯强度低于抗剪强度,桥墩在易于修复的部位形成塑性铰,提高桥墩的延性能力,桥墩在发生不超过容许值的塑性变形过程中耗能减震。当桥墩截面达到其屈服弯矩时,桥墩截面开始转动,即出现了塑性铰,产生了内力重分布,随着荷载的继续增加,多个截面达到承载力极限状态,出现了足够多的塑性铰,使结构形成几何可变体系,从而使整个结构才到达承载力极限状态。因此,在结构分析中,如果能考虑塑性铰的出现及在整个结构中的作用,就可以增强结构的延性,充分利用结构的承载力,同时也可以减少支座处的配筋量,避免出现支座配筋拥挤的现象,有利于施工,并能节省工程成本。

一、塑性铰及其本构模型

塑性铰是指当结构或构件某截面的弯矩达到屈服弯矩后,在该截面附近开始形成塑性变形,当荷载增加时,所承受的弯矩保持不变,截面发生较大幅度转动,形成类似铰一样的效果,这样的铰称为塑性铰。对于超静定结构,由于存在多余约束,某一截面的纵向钢筋屈服,即某一截面出现塑性铰,并不会使结构立即变为破坏结构,还能继续承受增加的荷载。当继续增加荷载时,先出现塑性铰的截面所承受的弯矩维持不变,产生转动,没有出现塑性铰的截面所承受的弯矩继续增加,直到结构形成几何可变机构。对于静定结构,某一截面出现塑性铰即变为可变结构,丧失承载能力。

进行弹塑性分析中,桥墩在地震反复荷载作用下,塑性铰本构采用武田三线性刚度退化 Takeda 滞回曲线模型计算(图 1)。该模型可以考虑构件开裂引起的刚度降低。如图 1 所示,M_c、M_y、M_u 分别为桥墩截面的开裂弯矩、屈服弯矩、极限弯矩,ϕ_c、ϕ_y、ϕ_u 分别为相应的开裂曲率、屈服曲率、极限曲率。

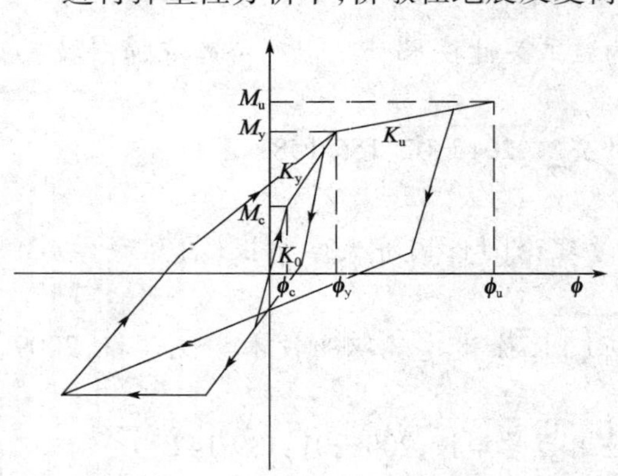

图 1　三直线 Takeda 模型

二、桥梁概况及设计地震动参数

研究的实例为一座特大型桥梁,全长 2430m,主桥采用现浇预应力钢筋混凝土变截面连续箱梁,主桥跨度为 55m + 12 × 100m + 55m,主桥桥墩采用薄壁墩,主筋采用 HRB335,箍筋采用 HRB235,墩台基础采用桩基础。桥梁荷载等级为公路—Ⅰ,单幅桥面净宽为 11.5m。桥梁抗震设防烈度为 8 度,地震峰值加速度为 0.2g,地震动反应谱特征周期为 0.4s,采用 9 度抗震设防,并考虑桩土作用对桥梁的影响。桥梁第 7 号墩为固定墩,设置固定支座,其余墩均为活动墩,放置活动支座。桥梁三维模型如图 2 所示,墩台基础构造图如图 3 所示。除第一个为桥台外,墩号从左至右分别为 1 ~ 14号。

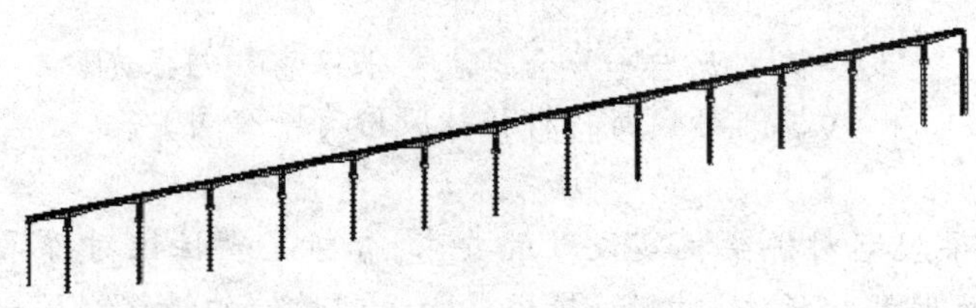

图 2　桥梁三维模型

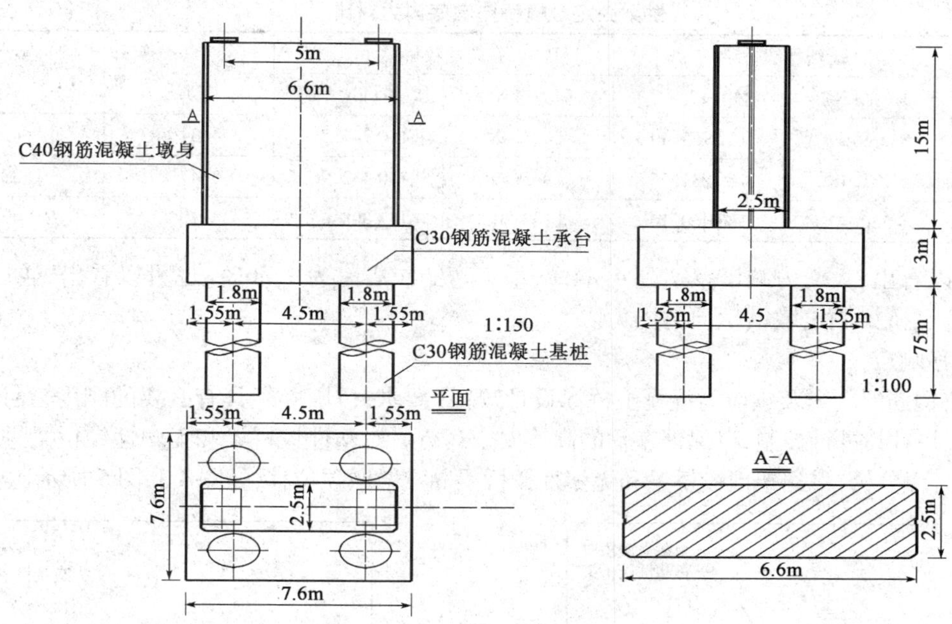

图3 墩台基础构造图

三、地震波合成及输入

根据《公路桥梁抗震设计细则》,未作地震安全性评价的桥址,可根据本细则设计加速度反应谱,合成与其兼容的设计加速度时程。该桥根据细则给出的水平设计加速度反应谱,进行合成设计加速度时程。为考虑地震动的随机性,设计加速度时程不得少于3组,且应保证任意两组间同方向时程的相关系数ρ的绝对值小于0.1。本桥采用拟合的3条地震波进行分析。工况1:地震波一纵横向双向输入;工况2:地震波二纵横向双向输入;工况3:地震波三纵横向双向输入。

四、桥梁抗震性能分析

根据《公路桥梁抗震设计细则》(JTG/T B02—01—2008)6.2.2规定,设置桥梁塑性铰在固定墩底部区域。为了分析塑性铰对桥梁抗震性能的影响,文章分析了有塑性铰桥梁和无塑性铰桥梁地震动时程响应,并对两种桥梁进行了比较,结果均取永久作用效应与地震作用效应的包络值。

1. 桥梁内力响应

根据《公路桥梁抗震设计细则》,E1地震作用下,结构在弹性范围内工作,基本不损伤;E2地震作用下,墩柱可发生损伤,产生弹塑性变形,耗散地震能量。通过对塑性铰桥梁和无塑性铰桥梁进行E2地震作用下弹塑性时程分析,得到塑性铰桥梁和无塑性铰桥梁固定墩墩底内力如下表1和表2中结果。其中减震率定义为(无塑性铰桥梁的墩底内力 - 有塑性铰桥梁的墩底内力) ×100/无塑性铰桥梁的墩底内力。

桥梁固定墩纵桥向墩底内力对比 表1

工况	无塑性铰桥梁		有塑性铰桥梁		剪力减震率(%)	弯矩减震(%)
	剪力(kN)	弯矩(kN·m)	剪力(kN)	弯矩(kN·m)		
1	4 448.34	70 348.52	4 126.81	66 792.25	7.23%	5.06%
2	4 350.27	69 866.96	4 055.19	66 455.68	6.78%	4.88%
3	4 655.56	72 663.43	4 354.12	68 431.88	6.47%	5.82%

从表1可以看出,塑性铰桥梁相比无塑性铰桥梁,最大剪力减震率为7.23%,最大弯矩减震率为5.82%。表1表明,塑性铰产生了塑性变形,耗散了地震能量,减小了桥梁固定墩纵桥向内力。

桥梁固定墩横桥向墩底内力对比　　表2

工况	无塑性铰桥梁		有塑性铰桥梁		剪力减震率（%）	弯矩减震（%）
	剪力(kN)	弯矩(kN·m)	剪力(kN)	弯矩(kN·m)		
1	8 389.37	157 955.49	8 025.48	150 747.57	4.34%	4.56%
2	8 231.48	155 231.55	7 945.59	150 332.96	3.47%	3.16%
3	8 520.40	160 460.16	8 163.01	153 898.63	4.19%	4.09%

从表2可以看出，大剪力减震率达到4.34%，最大弯矩减震率为4.56%；也可以看出，通过桥梁设置塑性铰后，减小了桥梁固定墩横桥向的内力。

2. 桥梁位移响应

根据《公路钢筋混凝土及预应力混凝土桥涵设计规范》要求，桥墩必须具有必要的刚度，设计桥墩时须验算墩顶位移，并对其进行控制，以保证车辆的高速安全运行。对塑性铰桥梁和无塑性铰桥梁进行E2地震作用下弹塑性时程分析，得到塑性铰桥梁和无塑性铰桥梁固定墩墩顶位移，如图4和图5所示比较结果。

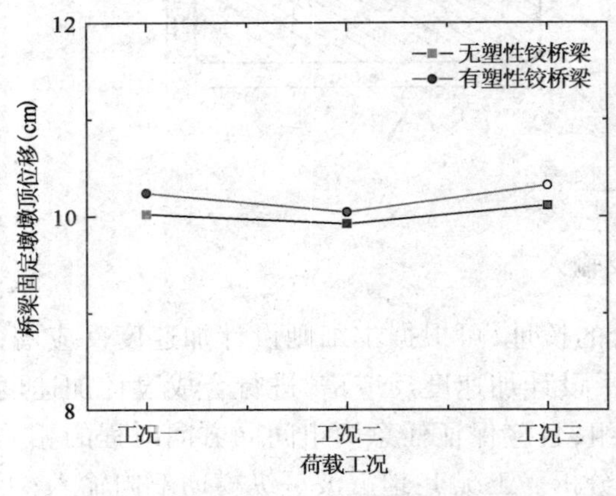

图4　桥梁纵桥向各墩墩顶位移比较

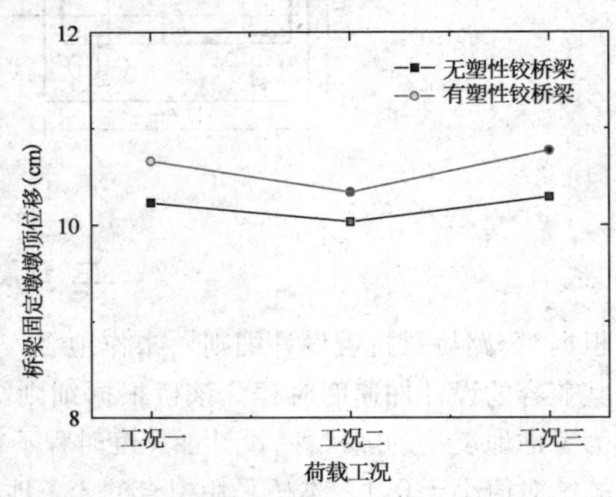

图5　桥梁横桥向固定墩墩顶位移比较

从图4和图5中桥梁纵桥向和横桥向墩顶位移比较可知，塑性铰桥梁的墩顶位移较无塑性铰桥梁的墩顶位移均较大。图4中，纵桥向无塑性铰桥梁的墩顶位移在3种荷载工况下最大达到了9.92cm，塑性铰桥梁的最大墩顶位移为10.32cm；图5中，横桥向无塑性铰桥梁在3种荷载工况下最大墩顶位移达到了10.29cm，塑性铰桥梁的最大墩顶位移为10.77cm。从数据看，塑性铰桥梁和无塑性铰桥梁墩顶位移相差并不大，但可以反映出由于塑性铰的形成，桥梁固定墩的墩顶位移会有所增大。

3. 塑性铰耗能及验算

从图6和图7给出的墩底弯矩—转角滞回曲线可以看出，桥梁固定墩墩底塑性铰发生了较大的转动，发挥了较好的耗能减震作用。通过查看Midas civil中桥梁塑性铰状态，表明在地震波作用下，固定墩墩底部分范围进入了塑性发展状态，此时塑性铰局部钢筋最大拉应力为386MPa，达到了屈服状态。

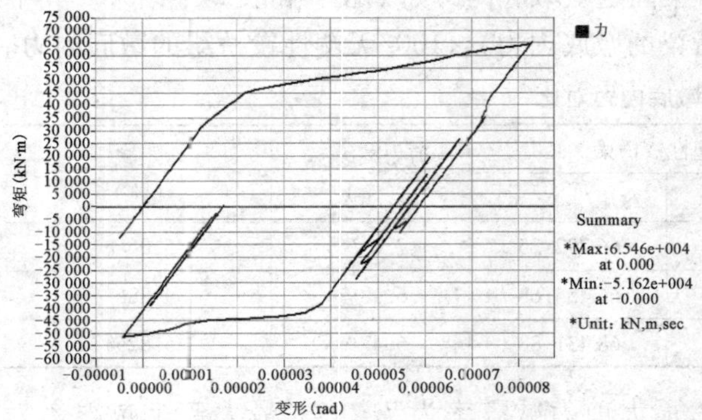

图6　桥墩纵桥向弯矩—转角滞回曲线

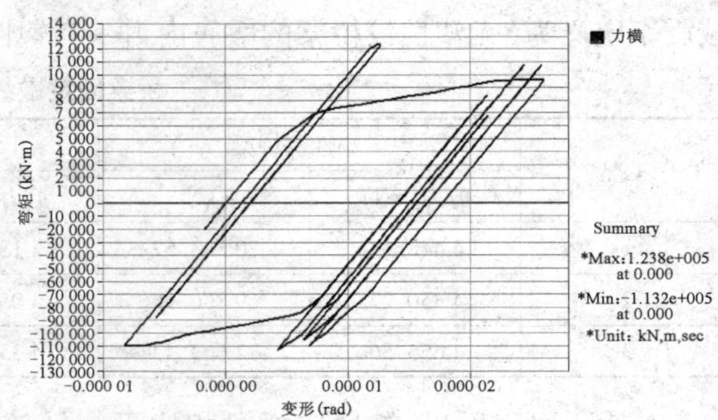

图7　桥墩横桥向弯矩—转角滞回曲线

规范对桥梁塑性铰的转动能力进行了要求,应控制塑性铰的最大转角小于最大容许转角。根据规范计算,桥梁塑性铰区域的最大容许转角为 7.42×10^{-4},墩底塑性铰区最大转角为 8.3×10^{-5},满足对塑性铰转动能力的要求。

五、结 语

通过对有塑性铰桥梁和无塑性铰桥梁弹塑性时程分析表明:设置塑性铰后,桥梁固定墩的内力有所减小,可以满足一定的设计要求;桥梁固定墩的墩顶位移有所增大,要增强桥梁落梁的措施;塑性铰耗能效果有一定的局限性,内力减震率只有10%左右,虽然可以降低桥梁的震害,不至于出现迅速倒塌的后果,但对墩柱有一定的损伤;设置塑性铰桥梁,可以满足桥梁的一定抗震要求。

参考文献

[1] 中华人民共和国行业标准. JTG/T B02-01—2008 公路桥梁抗震设计细则[S]. 北京:人民交通出版社,2008.

[2] 邱文亮,姜萌,张哲. 城市独柱墩桥梁结构体系非线性抗震研究[J]. 地震工程与工程振动,2010,3(1):163.

[3] 曾德光,周东华,韦俊峰. 钢筋混凝土连续梁塑性铰转动能力的计算[J]. 科学技术与工程,2012,12(12):87.

[4] 吕西林,金国芳,吴晓涵. 钢筋混凝土结构非线性有限元理论与应用[M]. 上海:同济大学出版社,1997.

[5] 刘坤. 新疆伊犁河大桥主桥地震响应分析[J]. 铁道工程学报,2012,6(6):62.

118. 大跨度部分地锚式斜拉桥动力特性和抗风稳定性的设计参数分析

张新军 李张轩 姚 美

(浙江工业大学建筑工程学院)

摘 要 为探索大跨度部分地锚式斜拉桥的合理结构体系,以一座1400m主跨的部分地锚式斜拉桥方案为背景,采用大跨度桥梁三维非线性抗风稳定性分析方法,将地锚段主梁长度、辅助墩设置、主梁宽度和高度以及主塔高跨比等结构设计参数对部分地锚式斜拉桥结构动力特性和抗风稳定性的影响进行了分析,并探讨了其合理的取值问题。结果表明:在地锚段主梁长度增大、主梁高度和跨度增加、边跨增设辅助墩、高跨比加大等情况下,大跨度部分地锚式斜拉桥结构的刚度增强,可以获得比较好的抗风稳定性。

关键词 部分地锚式斜拉桥 动力特性 抗风稳定性 结构设计参数

一、引 言

由于斜拉桥结构强劲的刚度、优美的造型和良好的稳定性,使其在大跨度桥梁领域得到广泛应用。当前,世界桥梁工程正进入跨海联岛工程建设的新时期,斜拉桥的跨径仍在继续增大。然而,随着斜拉桥跨度的持续增大,结构的抗风稳定性、超长斜拉索的强度刚度、塔梁交界处主梁最大轴压力以及由此产生的主梁屈曲问题等都限制了斜拉桥跨度的进一步发展。国内外学者针对上述问题提出了诸多解决方案,其中针对主梁轴力过大问题,Gimsing等提出的部分地锚斜拉桥概念受到广泛的关注。它是斜拉桥中的一种新体系.该体系将边跨端部部分斜拉索锚于地锚上,将中跨部分拉索产生的水平力转化为主梁拉力,减小了塔梁交界处主梁最大轴压力,使主梁内的轴力分布更加均匀并能提高结构刚度。

近年来,国内外学者对部分地锚斜拉桥的结构体系及其静力性能进行了大量研究工作,但对重要的抗风性能研究则比较少。众所周知,大跨度斜拉桥是一种柔性结构,结构刚度小,对风的作用非常敏感,风作用下的结构稳定性已成为影响其设计和建设的重要控制因素。为此,本文以一主跨 1400m 的部分地锚式斜拉桥设计方案为背景,采用大跨度桥梁三维非线性抗风稳定性分析方法,将地锚段主梁长度、辅助墩数量、主梁宽度和高度以及主塔高跨比等结构设计参数对其动力特性和抗风稳定性的影响进行分析,并探讨其合理取值问题,为大跨度部分地锚式斜拉桥的抗风设计提供理论依据。

二、方案桥简介

图 1 为一主跨 1 400m 主跨的部分自锚式斜拉桥设计方案,桥跨布置为 440m + 1 400m + 440m。桥塔为横桥向 A 形结构,塔高 327m,其中桥面以上部分高 287m,桥塔高跨比为 1/5;全桥共设置 4 × 34 对斜拉索,拉索在桥塔上的锚固间距为 4m,在主梁上的锚固间距为 20m,其中边跨端部有 12 根拉索直接锚固在地锚上,其余锚固在主梁上;桥面主梁采用扁平状流线型钢箱梁,宽 35m,高 3. 5m;主跨中间部分地锚段主梁长 480m,两侧自锚梁段共长 920m;边跨设置 1 个辅助墩。

三、有限元模型建立

分析时,将上述方案桥离散为三维有限元模型(图 2),共划分为 505 个节点和 772 个单元。主梁、塔柱及塔横梁等采用非线性空间梁单元,斜拉索则简化为非线性空间杆单元。主梁采用鱼骨式计算模型,主梁节点与拉索之间通过刚臂连接,此外对主梁与桥塔和辅助墩处连接进行相应的合理模拟。

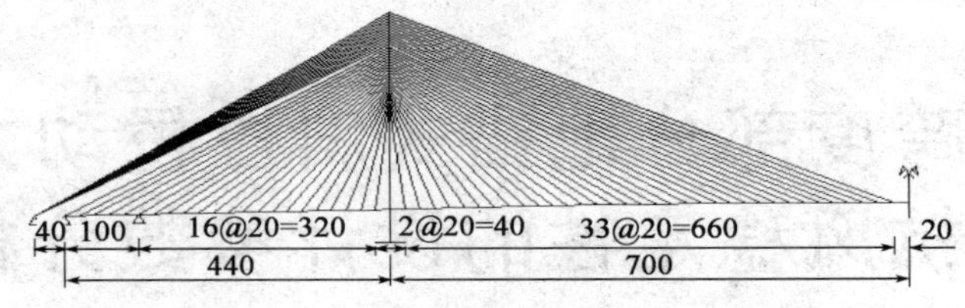

图 1　主跨 1400m 部分地锚式斜拉桥总体布置图(半桥)

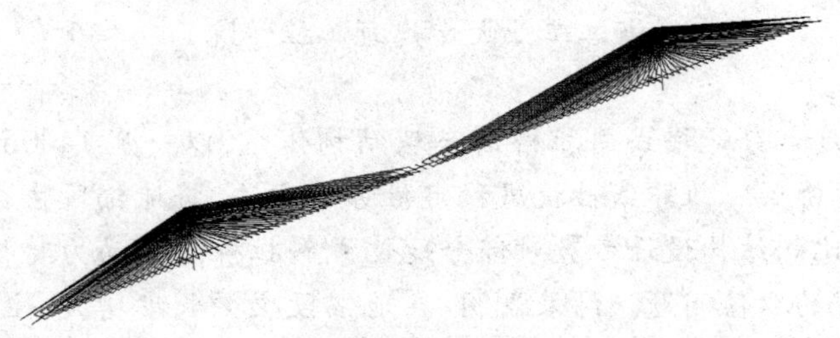

图 2　方案桥三维有限元模型

斜拉桥计算模型建立后,首要问题是确定其在自重作用下的合理结构状态即各构件单元的内力和几何状态,并符合相应的优化准则要求。其中,斜拉索索力的确定则是影响全桥结构受力状态的关键因素,本文中方案桥的拉索初拉力采用 MIDAS/Civil 有限元软件的“未知荷载系数”功能计算,并在自重和斜拉索初拉力作用下计算斜拉索最终的索力值和成桥状态。

四、设计参数分析

以上述的部分地锚斜拉桥方案为原型,通过调整地锚段主梁长度、辅助墩设置、主梁宽度和高度以及主塔高跨比等各结构设计参数建立相应的设计方案,分析各设计参数对动力特性和抗风稳定性(主要指空气动力稳定性)影响的程度和规律,并探讨其合理取值,为大跨度部分地锚式斜拉桥的设计提供理论依据。结构动力特性采用基于子空间迭代法的结构动力特性有限元分析程序，空气动力稳定性则采用大跨度桥梁三维非线性抗风稳定性分析程序。由于该主梁断面与泰州桥比较相似，因此分析所需的主梁断面气动导数采用了泰州桥节段模型风洞试验结果。

1. 地锚段主梁长度

由于地锚索的存在，部分地锚斜拉桥中与之对应的主梁称为地锚段主梁，它的长度是该体系斜拉桥一个重要结构参数，通过对该参数的研究可以掌握它对结构受力的影响规律。以方案桥原型为基础，保持中跨长度不变，将地锚段长度分别调整为280m和680m，同时相应调整边跨长度和辅助墩设置，拟定了两个设计方案并进行分析，地锚段主梁长度对结构动力特性和空气动力稳定性的影响分别如表1和表2所示。

地锚段主梁长度对结构自振频率(Hz)的影响 表1

振　型	280m	480m	680m	振型形状
竖弯	0.187 7	0.202 7	0.206 9	1-S
	0.147 1	0.159 1	0.161 0	1-AS
侧弯	0.056 7	0.063 1	0.060 1	1-S
	0.164 1	0.172 1	0.178 1	1-AS
扭转	0.396 4	0.426 1	0.432 7	1-S
	0.541 1	0.563 7	0.571 9	1-AS

注：数字表示振型阶数；S：对称振型；AS：反对称振型，下同。

地锚段主梁长度对颤振临界风速(m/s)的影响 表2

风攻角	280m	480m	680m
-3°	117.5	123.05	121.64
0°	105.39(121.56)	114.73(125.16)	118.36(127.81)
+3°	95.16	98.52	94.61

注：括号内数值为采用理想平板气动导数的计算结果，下同。

从表1中可以看出，随着地锚段主梁长度的增加，主梁竖弯自振频率、侧弯自振频率和扭转自振频率都有明显提高，说明结构的整体刚度得到增强。但是，随着地锚段主梁长度的继续增加，结构自振频率的增幅减小，说明地锚段长度对提高结构的自振频率存在一个最优合理值。

从表2结果可以看出：在0°风攻角下，随着地锚段主梁长度的增加，桥梁的颤振临界风速是逐渐增大，在280～480m区段增幅比较大，但随后增幅明显减小；在-3°与+3°风攻角下地锚段主梁长度为480m的方案桥拥有最高的颤振临界风速。总体上看，当地锚段主梁长度为480m时，部分地锚式斜拉桥的空气动力稳定性较好。因而，再一次证明了地锚段长度对结构抗风稳定性的影响存在一个最优值。

综上所述，增加地锚段主梁长度有利于提高结构的整体刚度及抗风稳定性，但是存在着一个最优值需要通过分析确定。

2. 辅助墩设置

大跨度斜拉桥设计中为了提高结构的竖向刚度和增强施工安全性，往往在边跨设置若干辅助墩。为了揭示边跨辅助墩设置对部分地锚式斜拉桥结构动力特性和抗风稳定性的影响，在原型桥基础上，分别在边跨设置0～2个辅助墩形成两个对比方案并进行分析，计算得到的自振频率如表3所示，辅助墩设置对空气动力稳定性的影响见表4。

辅助墩数量对结构自振频率(Hz)的影响 表3

振　型	0个	1个	2个	振型形状
竖弯	0.180 0	0.202 7	0.205 4	1-S
	0.110 7	0.159 1	0.169 2	1-AS

续上表

振　型	0个	1个	2个	振型形状
侧弯	0.058 3	0.063 1	0.064 8	1-S
	0.158 8	0.172 1	0.177 4	1-AS
扭转	0.408 5	0.426 1	0.433 5	1-S
	0.538 0	0.563 7	0.580 8	1-AS

辅助墩设置颤振临界风速(m/s)的影响 表4

风攻角	0个	1个	2个
-3°	120.03	123.05	121.09
0°	117.52(126.02)	114.73(125.16)	117.66(128.20)
+3°	95.78	98.52	94.37

从表3结果比较可以发现:随着边跨辅助墩设置数量的增加,部分地锚式斜拉桥的竖弯、侧弯、扭转自振频率都有明显的提高,说明辅助墩设置可以有效改善结构的整体刚度。但是,辅助墩设置数量和所起的作用并不成正比,从不设到设置1个,结构自振频率的增幅比较明显,在此基础再增设辅助墩时,结构自振频率的增幅减缓,说明辅助墩设置数量对提高结构刚度和自振频率也存在一个合理值。

此外如表4所示,不同边跨辅助墩设置个数对部分地锚式斜拉桥的空气动力稳定性的影响不是特别明显,相对而言,边跨设置1个辅助墩时的空气动力失稳临界风速最大,稳定性最好。

综上所述,辅助墩设置有利于提高部分地锚式斜拉桥结构的刚度及抗风稳定性,但设置数量也存在着最优值,具体还要结合经济性和施工安全性等其他因素综合确定。

3. 主梁宽度

主梁宽度是影响主梁和结构刚度及其气动特性的一个重要参数。为揭示主梁宽度对部分地锚式斜拉桥结构的动力特性和抗风稳定性的影响,保持主梁高度不变,将主梁宽度调整为28~35m进行截面设计,同时调整结构布置,建立相应的三维有限元分析模型进行分析,主梁宽度对结构动力特性和空气动力稳定性的影响分别见表5和表6。

主梁宽度对结构自振频率(Hz)的影响 表5

振型 \ 主梁宽度	28m	32m	35m	振型形状
竖弯	0.218 8	0.208 6	0.202 7	1-S
	0.165 9	0.159 9	0.159 1	1-AS
侧弯	0.054 1	0.058 9	0.063 1	1-S
	0.143 8	0.159 3	0.172 1	1-AS
扭转	0.382 4	0.408 1	0.426 1	1-S
	0.515 7	0.540 8	0.563 7	1-AS

主梁宽度对颤振临界风速(m/s)的影响 表6

风攻角 \ 主梁宽度	28m	32m	35m
-3°	115.47	118.28	123.05
0°	96.80(100.47)	112.50(119.31)	114.73(125.16)
+3°	88.98	92.97	98.52

从表5可以看出:随着主梁宽度的增大,竖弯自振频率有所降低,但侧弯与扭转自振频率则有明显的提高。究其原因,主要是主梁宽度与竖弯刚度呈一次方关系,但与侧弯刚度呈三次方关系,主梁宽度的增

加同样增加了结构的质量,综合影响结果是竖弯频率会有所降低,但侧弯和扭转频率会有明显的提高。因此,增加主梁宽度可以有效地提高结构的横向和扭转刚度,但对竖向刚度影响有限。

另外从表6可以看到,随着主梁宽度的增加,部分地锚式斜拉桥空气动力失稳临界风速随之单调提高,结构的气动稳定性明显改善。这是由于如表5所示,随着主梁宽度的增加,结构的竖弯频率略有所减小,但扭转频率却随之明显提高,结构的扭弯频率比增大,致使与之呈线性关系的颤振临界风速的增大。所以,增大梁宽可以明显改善部分地锚式斜拉桥的空气动力稳定性。

因此,从抗风稳定性角度而言,增加主梁宽度是比较有利的,但主梁宽度的确定还需要考虑具体的交通量来综合确定。

4. 主梁高度

主梁高度是影响主梁刚度进而影响斜拉桥刚度和气动特性的另一个重要参数。为揭示主梁高度对部分地锚式斜拉桥结构的动力特性和抗风稳定性的影响,保持主梁宽度不变,将主梁高度调整为3~4m进行截面设计,并建立相应的三维有限元分析模型进行分析,主梁宽度对结构动力特性和空气动力稳定性的影响分别见表7和表8。

主梁高度对结构自振频率(Hz)的影响 表7

振型 \ 主梁高	3m	3.5m	4m	振型形状
竖弯	0.205 5	0.202 7	0.201 9	1-S
	0.156 8	0.159 1	0.159 4	1-AS
侧弯	0.062 6	0.063 1	0.062 5	1-S
	0.171 1	0.172 1	0.181 2	1-AS
扭转	0.418 6	0.426 1	0.436 2	1-S
	0.546 3	0.563 7	0.588 0	1-AS

主梁高度对颤振临界风速(m/s)的影响 表8

风攻角 \ 主梁高	3m	3.5m	4m
-3°	116.88	123.05	127.81
0°	109.33(120.47)	114.73(125.16)	120.92(129.77)
+3°	92.11	98.52	102.5

从表7可以看出,随着梁高增加,结构的竖弯、侧弯和扭转自振频率都有所增大,但幅度均不大。究其原因主要是虽然梁高的增加可以提高主梁的各向刚度,但其竖向刚度主要来源于拉索对主梁的竖向弹性支承刚度,结构竖向刚度虽然有所提高,但其效果被随之而来的主梁自重增加效应所抵消,导致竖弯频率增加不明显,侧弯和扭转自振频率略有提高原因也在于此。因此,增加主梁高度可以增大结构的竖弯、侧弯和扭转自振频率,但效果比较有限。

如表8所示,随着梁高的增加,部分地锚式斜拉桥空气动力失稳临界风速则明显提高。这主要是由于如表7所示,随着梁高的增加,扭弯频率比随之增大而导致颤振临界风速提高。因此,增加梁高对改善部分地锚式斜拉桥的空气动力稳定性非常有利。

5. 桥塔高跨比

斜拉桥的桥塔高度一般从桥面以上开始算起,它与斜拉桥的主跨跨径、拉索的索面形式、拉索索距和倾角有关,是影响斜拉桥结构刚度的一个重要因素。为了揭示桥塔高度对部分地锚式斜拉桥动力特性和抗风稳定性的影响,保持其余设计参数不变,拟定桥塔高跨比分别为1/6、1/5和1/4三个对比方案并进行分析,桥塔高跨比对对结构动力特性和空气动力稳定性的影响分别见表9和表10。

主塔高跨比对结构自振频率(Hz)的影响　表9

振型＼桥塔高跨比	1/6	1/5	1/4	振型形状
竖弯	0.176 2	0.202 7	0.228 2	1-S
	0.151 4	0.159 1	0.164 1	1-AS
侧弯	0.065 1	0.063 1	0.062 7	1-S
	0.174 9	0.172 1	0.169 5	1-AS
扭转	0.361 4	0.426 1	0.463 9	1-S
	0.501 5	0.563 7	0.582 3	1-AS

桥塔高跨比对颤振临界风速(m/s)的影响　表10

风攻角＼桥塔高跨比	1/6	1/5	1/4
-3°	105.23	123.05	145.47
0°	97.89(109.92)	114.73(125.16)	133.67(135.08)
+3°	82.89	98.52	117.11

从表9可以看出,增大桥塔高度可以显著增大部分地锚式斜拉桥的竖弯和扭转自振频率,但它对侧弯自振频率影响不大。随着桥塔高度的增加,斜拉索的水平倾斜角度增大,斜拉索对桥面主梁的竖向支承刚度明显增强,结构的竖弯和扭转频率因而显著增大,但是桥塔高度增加对横向刚度几乎没有影响,故侧弯频率变化有限。因此,增加桥塔高度可以有效提高结构的竖弯和扭转刚度及其自振频率。

从表10可以看到,随着桥塔高跨比的增加,部分地锚式斜拉桥空气动力失稳临界风速有明显的提高,增加桥塔高度可以明显改善部分地锚式斜拉桥的空气动力稳定性。

因此,从结构刚度和抗风稳定性角度而言,增大桥塔高跨比是非常有利的,但是会影响到结构的经济性,桥塔高跨比的确定需要考虑经济性综合确定。

五、结　　语

论文以1 400m主跨的部分地锚式桥梁为背景,分别从地锚段主梁长度、边跨辅助墩设置、主梁结构参数(宽度和高度)、桥塔高跨比等结构设计参数入手对结构动力特性、空气静力和动力稳定性的影响进行分析,并得到了以下结论:

(1)随着地锚段主梁长度的增加,主梁竖弯自振频率、侧弯自振频率和扭转自振频率都有明显提高,说明结构的整体刚度得到增强,同时结构的空气动力稳定性明显增强。但是,随着地锚段主梁长度的继续增加,结构自振频率和抗风稳定性的增强效果将降低,说明地锚段长度对提高结构抗风稳定性存在一个最优合理值。

(2)随着边跨辅助墩设置数量的增加,部分地锚式斜拉桥的竖弯、侧弯、扭转自振频率都有明显的提高,辅助墩设置可以有效改善结构的整体刚度。但是,辅助墩设置数量和所起的作用并不成正比,辅助墩设置数量对提高结构刚度和自振频率也存在一个合理值。同样,辅助墩设置可以改善部分地锚式斜拉桥的空气动力稳定性,但设置数量同样存在最优值,比较而言,设置1个辅助墩时部分地锚式斜拉桥的抗风稳定性最好。

(3)主梁宽度对结构的横向和扭转刚度影响显著,但对竖向刚度影响有限。增加主梁宽度可以有效地提高结构的横向和扭转刚度,同时明显改善部分地锚式斜拉桥的抗风稳定性。

(4)增加主梁高度可以增大结构的竖弯、侧弯和扭转自振频率,只是效果比较有限,但可以明显改善结构的抗风稳定性。

(5)增加桥塔高度可以有效提高结构的竖弯和扭转刚度及其自振频率。桥塔高跨比越大,部分地锚式斜拉桥抗风稳定性越好,但桥塔高度还需要结合经济性因素综合确定。

参考文献

[1] 项海帆. 世界大桥的未来趋势 - 2011 年伦敦国际桥协会议的启示[J]. 桥梁,2012,3:12-16.

[2] Gimsing N J, Georgakis C T. Cable-supported bridges: concept and design[M]. Chichester: Wiley, 2012.

[3] 孙斌. 超千米级斜拉桥结构体系研究[D]. 上海:同济大学,2008.

[4] Sun Bin, Cheng Jin, Xiao Rucheng. Preliminary design and parametric study of a 1 400m partially earth-anchored cable-stayed bridge[J]. Science in China Series E: Technological Sciences, 2010, 53(2): 502-511.

[5] 肖汝诚,卫璞,孙斌. 大跨度部分地锚斜拉桥力学分析与参数研究[J]. 东南大学学报(自然科学版), 2013,43(5):1097-1103.

[6] 陈鑫,聂国隽,贾丽君,等. 部分地锚斜拉桥自振频率的近似计算[J]. 力学季刊,2013,34(4): 650-655.

[7] 夏睿杰. 部分地锚式斜拉桥力学性能及施工方法研究[D]. 上海:同济大学,2010.

[8] Sun Bin, Cheng Jin, Xiao Rucheng. Preliminary design and parametric study of a 1 400m partially earth-anchored cable-stayed bridge[J]. Science in China Series E: Technological Sciences, 2010, 53(2): 502-511.

[9] Zhang Xinjun. Influence of some factors on the aerodynamic behavior of long-span suspension bridges[J]. Journal of Wind Engineering and Industrial Aerodynamics, 2007, 95(3):149-164.

[10] 陈艾荣. 泰州长江公路大桥结构抗风性能研究报告(四) - 三塔悬索桥方案节段模型风洞试验[R]. 上海:同济大学土木工程防灾国家重点实验室,2006.

119. 大跨度斜拉桥地震响应分析

王建利

(贵州省交通科学研究院股份有限公司)

摘　要　斜拉桥作为一种拉索体系,具有比梁式桥更大的跨越能力;而在技术方案合理的跨径范围内,斜拉桥又比悬索桥具有更好的经济性,且斜拉桥的抗风稳定性以及适应各种恶劣地质环境的能力更强,因此,尽管斜拉桥建造历史较短但其发展极为迅速。目前国内外现有的桥梁抗震设计规范绝大多数均只适用于中等跨径的普通桥梁,本文所述大跨度斜拉桥的抗震设计则无规范可循。本文以某大跨径斜拉桥为研究对象,采用 MIDAS 建立主桥模型,进行动力特性分析,并用反应谱法、动态时程法对结构进行抗震分析,在此过程中重点研究行波效应、桩—土—结构相互作用等因素对结构地震响应的影响规律。结果表明:考虑桩—土—结构相互作用时,结构的自振频率更小,振型阶次顺序也发生变化,结构位移响应增大,主梁内力响应增大,主塔弯矩减小,轴力、剪力增大;与一致激励相比,考虑行波效应后,主塔位移、主塔塔底弯矩均减小,主塔塔底剪力有增大的情况。

关键词　大跨度斜拉桥　地震响应　桩—土—结构相互作用　行波效应

一、引　言

大跨径斜拉桥作为高次超静定柔性结构,其地震响应十分复杂,总表现出明显的三维性和强烈的弯扭耦合特点。桩—土—结构相互作用以及行波效应的影响更是不容忽视。目前国内外广泛采用集中质量法来研究桩—土—结构相互作用,即建立上部结构和桩—土多质点体系,建立整体耦联的振动微分方程进行求解。选取合适地震波，对结构进行动态时程分析，对不同主墩进行5种不同相位差的激励，并与一直激励对比，从而研究行波效应对结构地震响应的影响。

二、基本概况

重庆丰都长江二桥位于重庆市丰都县城南溪附近，主桥为5跨连续钢箱梁双塔双索面斜拉桥，其桥跨布置：70.5m+215.5m+680m+245.5m+70.5m。

主桥采用半飘浮体系，钢箱梁高3m，全宽28.5m；组合式桥塔采用C50混凝土，主塔高224.1m。全桥共计168根斜拉索，每塔21对，斜拉索在主梁上标准间距15m，边墩处加密至9m，跨中有15m无索区。主塔基础采用钻孔灌注桩基础，桩径3m，桩距6m，南塔桩长51m，入土39m，分别穿过8.054m的砂岩层，25.162m的泥岩层和5.7m的泥质砂岩层。北塔桩长26m，入土深度22m，分别穿过4m的卵石土层和18m的砂岩层。

三、有限元模型

采用有限元程序Midas分别建立丰都长江二桥考虑桩—土—结构相互作用与否两个有限元模型A（不考虑）与B（考虑），主梁的建模拟采用“鱼刺梁”简化模型，斜拉索采用桁架单元模拟，主塔、横向联系等均采用梁单元进行模拟，边墩仅以竖向约束的边界条件代替。模型A的桩—土—结构多质点体系的建立采用《公路桥涵地基与基础设计规范》中附录P中介绍的“m”法进行计算。

结构的动力计算需要将恒荷载转化为质量进行计算，有限元模型A和B以梁单元荷载或节点荷载来考虑二期恒载、边跨压重以及横隔板重力，因此需要转化成质量的恒荷载，包括：自重，二期恒载，边跨压重以及横隔板重力。建立的有限元模型如图1及图2所示。

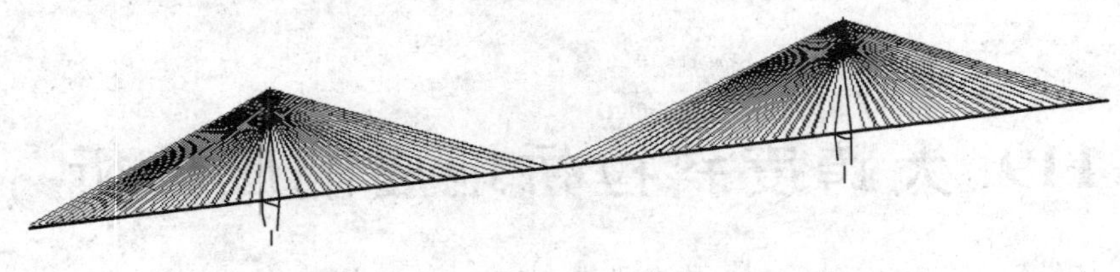

图1　有限元模型A（不考虑桩—土—结构相互作用）

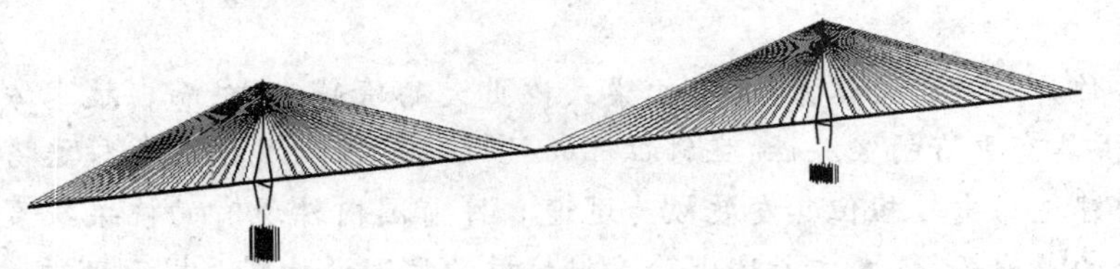

图2　有限元模型B（考虑桩—土—结构相互作用）

四、动力特性分析结果

动力特性分析是进行地震反应分析的基础。对建立的丰都长江二桥主桥有限元模型A和B进行动力特性分析，各自计算了前350阶振型，此时结构纵桥向（X方向）、横桥向（Y方向）和竖向（Z方向）振型参与质量全部达到90%。表1列出了该桥前10阶振型的自振频率及振型特点。

结构自振特性　　表1

阶次	模型A		模型B	
	振型	频率（Hz）	振型	频率（Hz）
1	反对称纵飘	0.0977	反对称纵飘	0.0957
2	正对称侧弯	0.2161	正对称侧弯	0.2150

续上表

阶次	模型 A		模型 B	
	振型	频率(Hz)	振型	频率(Hz)
3	正对称竖弯	0.256 3	正对称竖弯	0.255 4
4	反对称纵飘	0.324 0	反对称纵飘	0.322 3
5	扭转 + 北塔侧弯	0.365 8	扭转 + 南塔侧弯	0.357 7
6	扭转 + 南塔侧弯	0.367 3	扭转 + 北塔侧弯	0.361 4
7	正对称竖弯	0.464 0	正对称竖弯	0.459 2
8	反对称纵飘 + 竖弯	0.554 8	反对称纵飘 + 竖弯	0.547 6
9	扭转(z 轴) + 侧弯	0.597 4	扭转(z 轴) + 侧弯	0.590 6
10	正对称竖弯	0.606 4	正对称竖弯	0.597 6

丰都长江二桥考虑桩—土—结构相互作用时一阶振动频率为 0.095 7Hz,不考虑桩—土—结构相互作用时一阶振动频率为 0.097 7Hz,两者一阶振型均为反对称纵飘,符合半飘浮斜拉桥体系的特点;第三阶振型均为正对称竖弯,考虑桩—土—结构相互作用时振动频率为 0.255 4Hz,不考虑桩—土—结构相互作用时振动频率为 0.256 3Hz。这两阶振型对斜拉桥的地震反应最为重要。

考虑桩—土—结构相互作用的模型 B 振动频率较不考虑桩—土—结构相互作用的模型 A 的振动频率小,说明考虑桩—土—结构相互作用,结构的刚度变小,从而导致结构的自振频率减小。

五、反应谱分析结果

采用多振型反应谱法对黑石沟特大桥主桥进行了 E1、E2 地震作用下的反应分析,地震动输入采用三种方式:①纵向;②横向;③竖向。以及三者的组合纵向 + 横向 + 竖向。振型组合方法采用 CQC 方法,对反应谱工况采用了 SRSS 方法;最后对反应谱计算结果进行分析。

(1)单方向地震输入,结构的地震响应呈现出在地震输入方向响应最大,而在与其正交方向的响应比较有限的特点。

(2)E1 地震或 E2 地震作用下,当考虑桩—土—结构相互作用时候,结构的位移响应均增大;主梁内力响应增大;主塔弯矩减小,轴力、剪力增大。

六、行波效应分析结果

对丰都长江二桥进行动态时程法分析,首先选取与桥梁场地土类型相似的 EL-Centro 波,并对振幅、频谱特性和震动持续时间三要素进行调整,使之符合所在场地的地震相关性质,调整后的 EL-Centro 波如图 3 所示。

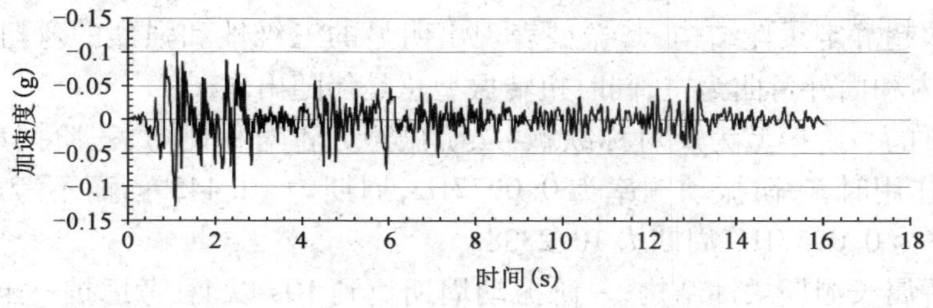

图 3 调整后的 EL-Centro 波

根据《公路桥梁抗震设计细则》,对模型 B(考虑桩—土—结构相互作用)进行一直激励,纵向、横向、竖向三方向输入的加速度最大值按照 1:0.85:0.65 的比例进行输入。

丰都长江二桥南北主塔相距 680m,为研究行波效应对结构地震响应的影响,分 4 种工况进行计算,4 种工况对应相位差分别为:$\Delta T = 0$s(即一致激励),$\Delta T = 0.4$s,$\Delta T = 0.8$s,$\Delta T = 1.2$s,$\Delta T = 1.6$s,计算结果统计如表 2 ~ 表 4 所示。

行波效应塔顶位移对比　　表 2

相位差	南塔塔顶纵向位移(mm)		北塔塔顶纵向位移(mm)	
	最大	最小	最大	最小
0	176	-186	171	-181
0.4	171	-186	175	-177
0.8	163	-184	170	-174
1.2	151	-182	161	-167
1.6	136	-175	150	-158

行波效应塔底剪力对比　　表 3

相位差	南塔塔底剪力(kN)		北塔塔底剪力(kN)	
	最大	最小	最大	最小
0	9 711.66	-5 549.00	11 204.79	-6 341.50
0.4	9 745.80	-5 169.08	11 207.34	-5 439.45
0.8	9 741.63	-5 132.65	11 437.07	-5 902.75
1.2	9 741.72	-5 137.61	11 409.33	-6 760.08
1.6	9 741.72	-5 137.49	11 067.47	-6 207.04

行波效应塔底弯矩对比　　表 4

相位差	南塔塔底弯矩(kN·m)		北塔塔底弯矩(kN·m)	
	最大	最小	最大	最小
0	376 120	-379 903	378 312	-389 276
0.4	348 991	-383 287	376 931	-362 956
0.8	331 027	-338 777	364 670	-369 486
1.2	329 722	-350 180	380 211	-379 628
1.6	330 436	-353 786	349 988	-355 516

七、结　　语

本文以重庆丰都长江二桥为工程实例,对全桥进行地震响应分析,重点研究桩—土—结构相互作用及行波效应对结构地震响应的影响。研究过程中得出以下成果:

(1)斜拉桥属高次超静定柔性结构,其振型表现出明显的三维性和强烈的弯扭耦合特点,丰都长江二桥的振型总是以面内和面外弯曲为主,同时扭转振型总是伴随出现。

(2)丰都长江二桥的一阶振型为反对称纵飘,二阶振型为正对称侧弯,三阶振型为正对称竖弯。考虑桩—土—结构相互作用时,一阶振动频率为 0.0977Hz,周期为 10.4459s,而不考虑桩—土—结构相互作用时,一阶振动频率为 0.0957Hz,周期为 10.2338s。

(3)丰都长江二桥属长周期柔性结构,一阶振动周期达到 10s 以上,考虑桩—土—结构相互作用时,结构柔度更大,频率更小。

(4)单方向输入地震作用时,结构仅在地震作用方向上的地震响应较大,而在与之正交的其他方向上的地震响应则较为有限。

(5)由反应谱法分析结果:考虑桩—土—结构相互作用与否,结构的位移响应包络图和内力响应包络图趋势一致,极值发生位置一致;相较不考虑桩—土—结构相互作用的情况,考虑桩—土—结构相互作用时,结构的位移响应增大,主梁内力响应增大,主塔弯矩减小,轴力、剪力增大。

(6)相较一致激励,考虑行波效应时,塔顶位移响应、塔底弯矩响应均减小,即考虑行波效应对结构位移、抗弯有利;但塔底剪力响应增大,即考虑行波效应对结构的抗剪不利。因此,对于大跨度斜拉桥,考虑行波效应的影响是非常有必要的。

参考文献

[1] 陈明宪.斜拉桥的发展与展望[J].中外公路,2006,26卷(04期).

[2] 李国豪.桥梁结构稳定与振动[M].中国铁道出版社,1992.

[3] 熊建国.土—结构动力相互作用问题的新进展[C].地震工程,1992.

[4] S. Malhotra. Soil-Pile Structure Interaction During Earthquakes[J]. Geotechnical Engineering for Transportation Projects 2004, ASCE, 2004, 154(28):428-440.

[5] San-Shyan Lin. Use of Bouc-Wen Model for Seismic Analysis of Concrete Piles[J]. An International Perspective on Theory, Design, Construction, and Performance 2002, ASCE, 2002, 256(27):372-384.

[6] T. P. 瓦尔夫.土-结构动力相互作用[M].北京:地震出版社,1989.

[7] 王亚勇.结构抗震设计时程分析法中地震波的选择[J].工程抗震与加固改造,1988(04期).

[8] 项海帆.斜张桥在行波作用下的地震反应分析[J].同济大学学报,1983,11卷(02期).

[9] 范立础,王君杰,陈玮.非一致地震激励下大跨度斜拉桥的响应特征[J].计算力学学报,2001,18卷(03期).

120.斜拉索耐腐蚀性能评估方法研究

陈 林[1] 胡星宇[1] 刘 发[2] 谢发祥[1] 吉伯海[1]

(1.河海大学土木与交通学院;2.江苏省交通工程建设局)

摘 要 提出了一种评价斜拉索的耐腐蚀性能的方法。利用钢丝均匀腐蚀深度和点蚀深度概率分布模型,采用蒙特卡罗法和有限元分析,模拟预测斜拉索服役若干年后的安全系数,评价斜拉索的耐腐蚀性能,并将其应用于某斜拉索的耐腐蚀性能评估。假设斜拉索在服役第6年时PE护套失效,第26年时锌铝合金镀层完全耗尽损坏,第30年时完好钢丝占总钢丝的42.6%,拉索的安全系数从刚服役时的2.5降到了1.89。

关键词 斜拉索 耐腐蚀性能 评价方法 有限元 蒙特卡罗法

一、引 言

斜拉桥跨越能力大,其结构美观、受力明确、结构形式简洁,是目前广泛采用的一种桥型。斜拉索是斜拉桥的最主要的承重结构,其承载能力将直接影响全桥结构的安全性。斜拉索主要分为平行钢丝斜拉索和钢绞线斜拉索两类,主要由高强度平行钢丝(钢绞线)束和锚具锚固组成。

斜拉索服役期间承受交变荷载作用,通常又处于跨江河、跨海湾地域,长期暴露在风雨、潮湿和污染空气的腐蚀环境中,产生的腐蚀行为既有均匀腐蚀,又有局部点蚀。尽管有外层保护套的防护,索体内钢丝(或钢绞线)仍然容易遭受腐蚀破坏,国内已有多个服役不久斜拉索便腐蚀断丝甚至断索而不得不换索的实例。因此,对斜拉索的耐久性进行分析评估和寿命预测,具有非常重要的理论和工程价值。

已有的研究主要还是斜拉索本体的健康诊断,耐久性评估等后期维护技术研究。而如何从已知的斜拉索防护形式和所处环境的腐蚀程度等数据评价斜拉索的耐久性能的研究还有待深入进行。

本文根据均匀腐蚀深度和点蚀深度服从的一定概率分布模型的基础上,提出了以蒙特卡罗法和有限元计算为核心的斜拉索耐久性评价方法,并用此方法评价了某斜拉桥斜拉索耐腐蚀性能。根据本文提出的方法,能够预测评估新索或旧索若干年后的安全系数。

二、斜拉索耐久性评估方法

1. 均匀腐蚀及其概率模型

斜拉索腐蚀主要有均匀腐蚀和局部点蚀两类,如图1所示。下面将对两类腐蚀的形式及其深度的概率模型进行分析和说明。

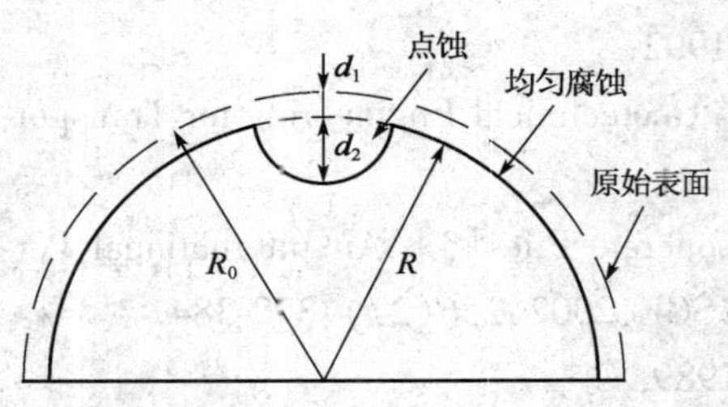

图1 钢丝的腐蚀类型示意图

均匀腐蚀也称全面腐蚀,是一种常见的金属腐蚀形态,其特点是化学或电化学反应在金属表面或大部分表面上均匀地进行,金属逐渐变薄,最终失效。均匀腐蚀造成金属损失率较大,但这种腐蚀造成的危害相对较小。

斜拉索是由数十跟甚至数百根平行钢丝(钢绞线)组成的,拉索长度从几十米到几百米不等。根据旧桥现场调查发现,斜拉索最严重的腐蚀通常只发生在沿长度的某一段范围内。而且每根钢丝的均匀腐蚀深度 d_1 并不相同,是服从一定分布的随机数。

国内外针对斜拉索钢丝均匀腐蚀深度概率分布模型研究并不多。参考混凝土中钢筋的相关研究和兰成明博士对日索均匀腐蚀深度 d_1 的数据统计,得到斜拉索钢丝的均匀腐蚀深度对数正态分布模型。这种类型的概率密度函数和分布函数分别如下:

$$f(x)=\frac{1}{x\sqrt{2\pi}\,\sigma_{\eta}}\exp\left[-\frac{(\ln x-m_{\eta})^{2}}{2\sigma_{\eta}^{2}}\right] \tag{1}$$

$$F(x)=\Phi\left(\frac{\ln x-m_{\eta}}{\sigma_{\eta}}\right) \tag{2}$$

其中,

$$m_{\eta}=\ln\mu-\frac{1}{2}\sigma_{\eta}^{2} \tag{3}$$

$$\sigma_{\eta}^{2}=\ln\left(1+\frac{\sigma^{2}}{\mu^{2}}\right) \tag{4}$$

式中:μ、σ——腐蚀深度 x 的均值和均方差;

m_{η}、σ_{η}——$\ln x$ 的均值和均方差。

针对上述概率分布函数中的参数 μ 和 σ,可以通过试验数据统计分析得到,也可以通过已有的参考数据和平均年腐蚀速率计算得到若干年后分布函数中的参数 μ 和 σ。

目前,大部分拉索钢丝仍采用镀锌高强钢丝,故下面以这类钢丝进行说明,其他镀层钢丝类似。设拉索钢丝镀锌层厚度为 T_{Zn},单位为mm;拉索钢丝镀锌层的均匀腐蚀速率(深度法)为 v_{Zn},铁基的均匀腐蚀速率(深度法)为 v_{Fe},单位均为mm/a。σ/μ 的值称为变异系数,记为 α。参考兰成明博士的研究,取 $\alpha=1.13$。

设镀锌层全部消耗完所用年限为 n_{Zn},单位为a,可采用如下公式计算:

$$n_{Zn}=\frac{T_{Zn}}{v_{Zn}} \tag{5}$$

经过 n 年腐蚀后,均匀腐蚀的概率分布参数 μ、σ 计算公式分别为:

$$\mu=\begin{cases}n\cdot v_{Zn} & n\leqslant n_{Zn}\\ T_{Zn}+(n-n_{Zn})\cdot v_{Fe} & n>n_{Zn}\end{cases} \tag{6}$$

$$\sigma=\alpha\cdot\mu \tag{7}$$

2. 局部点蚀及其概率模型

局部点蚀又称孔蚀,是在金属表面局部出现腐蚀小孔,其余表面不腐蚀或轻微腐蚀的腐蚀形态。点蚀腐蚀造成金属损失率较小，但这种腐蚀造成的危害相对较大。

国内外研究表明，局部点蚀深度 d_2 与均匀腐蚀深度 d_1 之间存在一定的关系。由于缺乏专门针对斜拉索钢丝的两种腐蚀深度比值的研究数据，本文将参考钢筋混凝土中钢筋的相关研究数据。例如，Tuutti的研究表明，当钢筋直径为5mm和10mm、长度为150～300mm时，表面最大点蚀深度 d_2 与均匀腐蚀深度 d_1 的比值 $R_d = d_2/d_1$ 的变化范围在4至10之间；Gonzalez等人的研究也证实了这一点，研究表明，混凝土内长125mm、直径8mm的钢筋，表面最大点蚀深度 d_2 与均匀腐蚀深度 d_1 的比值范围在4至8之间。

显然，点蚀深度是一个随机变量。国内外研究表明，可以采用极值理论来描述最大点蚀的深度。最大点蚀深度与均匀腐蚀深度比值 R 服从极值Ⅰ型分布，概率分布函数如下：

$$F(R) = \exp\left\{-\exp\left[-\frac{(R_d - \beta)}{\gamma}\right]\right\} \tag{8}$$

式中：β,γ ——分布参数，文献[9]根据试验结果推导出上述分布参数的取值。

首先假定长为125mm，直径为8mm的钢筋最大点蚀深度比 R_d 的5%和95%概率分位数分别为 $R_d = 4$ 和 $R_d = 8$，比值 R_d 的分布均值为5.65，变异系数为0.22（分布参数 $\beta_0 = 5.08$，$\gamma_0 = 1.302$）。则任意长度上最大点蚀深度的分布参数为：

$$\beta = \beta_0 + \frac{1}{\gamma_0}\ln\left(\frac{A}{A_0}\right) \qquad \gamma = \gamma_0 \tag{9}$$

式中：A_0——长125mm，直径8mm钢丝的表面积；

A——实际钢丝的表面积。

3. 耐腐蚀性能评估步骤

蒙特卡罗法（Monte Carlo method），也称统计模拟方法，是20世纪40年代中期为适应科学技术的发展和电子计算机的发明而提出的一种以概率统计理论为指导的数值计算方法，主要通过建立一个与求解有关的概率模型或随即现象来求得所要研究的问题的解。这种利用计算机进行模拟的抽样方法以其精度高、受限少等优点广泛应用于数理计算、工程技术、医药卫生等领域。

利用蒙特卡罗方法，本文的评价步骤，共分为7步，具体如图2所示。

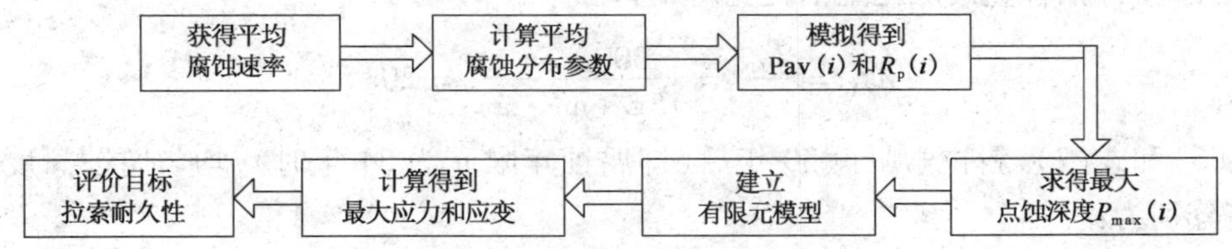

图2 斜拉索耐久性评价方法步骤

三、有限元模型及参数

1. 斜拉索有限元模型

某斜拉桥为跨河高等级公路大桥，桥址周围建有多个化工厂，自然腐蚀环境比较恶劣。该桥斜拉索钢丝采用直径为7mm的锌铝合金镀层高强钢丝，锌铝合金镀层的重量不小于300g/m²，对应厚度为 42×10^{-3}mm。

在腐蚀钢丝的有限元分析中，可以采用线性模型和双线性等向强化模型两种本构模型。这两种模型各自的特点是：线性模型计算速度快；双线性等向强化模型能够反映出钢丝屈服到强化阶段的本构关系，但计算速度慢。

为节约计算时间，在有限元分析中，首先对腐蚀钢丝是否会发生屈服进行估计，如果不会屈服，采用线性模型分析；如果可能屈服，采用双线性等向强化模型进行分析。

两种拉索钢丝的本构模型参数均由具体钢丝型号的力学性能标准或试验测量得到。

根据李富民等人试验观察，拉索钢丝的点蚀分布有以下特点：

(1)一个明显的点蚀沿钢丝横截面周圈往往是孤立存在的,即钢丝同一个横截面上很少同时出现 2 个明显点蚀;

(2)点蚀沿钢丝纵轴线的分布也比较分散,两个相邻点蚀之间的相互影响较小。

因此,在计算钢丝最大应力与应变时,只需要找出钢丝上最大点蚀存在的节段进行有限元分析即可。其中点蚀的形状根据文献假定为半球形,故腐蚀拉索钢丝可以采用 1 根考虑均匀腐蚀深度后中部带有 1 个蚀坑的圆柱体受拉模型进行分析。

设钢丝原直径为 R_0,因此受拉圆柱体的半径取(R_0-d_1);蚀坑由圆柱体与半径为蚀坑深度 d_2的球体进行布尔运算得到。另外由于腐蚀深度较小,通过试算,模拟受拉圆柱的长度取 50mm 即可消除两端约束条件的影响。

2. 均匀腐蚀速率

钢丝腐蚀出现的时间一般在斜拉索护套出现损伤之后。由于依托工程斜拉索的设计使用年限为 30 年,可以采用其服役 30 年时的腐蚀情况和受力性能作为斜拉索耐久性评估指标。假设斜拉索护套安装时完好,服役 6 年后出现老化损伤,此时内部钢丝束开始腐蚀。那么拉索的实际腐蚀年限 n 计算如下:

$$腐蚀年限\ n=服役年限-6\ 年$$

即服役 30 年拉索的实际腐蚀年限 n 为 24 年。

目前,关于锌铝合金镀层的腐蚀速率研究表明它的腐蚀速率不到镀锌层的一半。本文依托的斜拉桥横跨大河,环境潮湿,又临近化工园区,参考 Keita 和 Shun-ichi 的研究,取索内钢丝湿度为 60%,NaCl 浓度为 $1g/m^2$。根据 Keita 等人的研究数据,取该环境下镀锌层均匀腐蚀速率 v_Zn 为 $30g/(m^2\cdot a)$。研究表明镀锌层的耐久性是同等环境下铁基的 6 至 8 倍,即铁基的腐蚀速率是镀锌层的 6 至 8 倍。偏于安全考虑,这里采用铁基腐蚀速率 v_Fe 是镀锌层腐蚀速率 v_{Zn} 的 8 倍,即 v_{Fe}大小为 $240g/(m^2\cdot a)$。用深度法表示,v_Fe 为 $30.57\times10^{-3}mm/a$。本文中的锌铝合金镀层的腐蚀速率 v_ZA 仅为镀锌层腐蚀速率 v_Zn 的一半,即 v_ZA 大小为 $15g/(m^2\cdot a)$。

3. 均匀腐蚀的分布参数

根据式(5)求得锌铝合金镀层完全消耗完所用腐蚀年限 n_ZA 为:

$$n_{ZA}=\frac{T_{ZA}}{v_{ZA}}=\frac{300g/m^2}{15g/(m^2\cdot a)}=20a$$

再根据式(6)和式(7),斜拉索服役 30 年后(即腐蚀年限 n 为 24 年时),均匀腐蚀深度 D_{av}的均值 μ 和均方差 σ 在分别为:

因为 $n=24a>n_{ZA}=20a$,故:

$$\begin{aligned}\mu&=T_{ZA}+(n-n_{ZA})\cdot v_{Fe}\\&=42\times10^{-3}mm+(24a-20a)\times30.57\times10^{-3}mm/a\\&=0.1643\ mm\end{aligned}$$

$$\sigma=\alpha\cdot\mu=1.13\times0.1643mm=0.1856mm$$

故拉索服役 30 年后,钢丝均匀腐蚀深度 D_{av}服从均值 μ 为 0.1643mm 和均方差 σ 为 0.1856mm 的对数正态分布。

4. 点蚀的分布参数

目标拉索钢丝的直径为 7mm,而拉索腐蚀通常只发生在 PE 护套开裂处或局部积水处,腐蚀长度一般不会超过 5m,代入式(8)计算得到点蚀的分布参数为:

$$\beta=\beta_0+\frac{1}{\gamma_0}\ln\left(\frac{A}{A_0}\right)=5.08+\frac{1}{1.02}\ln\left(\frac{1000\times3.14\times7}{125\times3.14\times8}\right)=6.988$$

$$\gamma=\gamma_0=1.02$$

故目标拉索服役 20 年或 30 年时最大点蚀深度比 R_p服从参数 β 为 6.988 和 γ 为 1.02 的极值I型分布。

四、有限元计算结果分析

1. 随机腐蚀深度

通过 MATLAB 数学软件生成服从上述分布的服役 30 年的均匀腐蚀深度 D_{av} 和对应最大点蚀深度比 R_d 各四组随机数作为随机腐蚀深度。4 组随机数的样本个数依次为 100、200、300、400，总样本个数为 1 000。

由上所知，服役 30 年时的均匀腐蚀深度 D_{av} 服从均值 μ 为 0.164 3mm 和均方差 σ 为 0.185 6mm 的对数正态分布。在 MATLAB 中，可以使用“Lognrnd”函数生成对数正态分布的随机数。需要注意的是，此函数的参数并非对数正态分布的均值和均方差，而需由这两个参数计算求得。

将 1 000 个随机样本分 4 批进行模拟，首先用 MATLAB 生成第一批 100 个服役 30 年时钢丝均匀腐蚀深度的随机样本。

服役 30 年时的最大点蚀深度比 R_d 服从参数 β 为 6.988 和 γ 为 1.302 的极值 I 型分布。在 MATLAB 中，使用“evrnd”函数生成极值 I 型分布的随机数，同样生成 100 个随机样本，并与均匀腐蚀深度样本一一对应。通过均匀腐蚀深度 $D_{av}(i)$ 与最大点蚀深度比 $R_d(i)$ 可以求出对应的最大点蚀深度 $D_{max}(i)$。为了后边计算与统计的方便，对此样本按 $D_{max}(i)$ 从小到大排序。

表 1 列出了第一批（100 个）随机样本中部分均匀腐蚀深度 $D_{av}(i)$ 与最大点蚀深度比 $R_d(i)$ 生成的随机数以及对应的最大点蚀深度 $D_{max}(i)$ 的计算值。在模拟样本中去除了不符合实际的模拟数据，如模拟的蚀坑深度已大于钢丝直径，这在实际中不可能发生，并重新随机生成补全数据。

第一批（100 个）随机样本　　表 1

序号	1	2	…	55	56	57	…	98	99	100
$D_{av}(i)$	0.00	0.00	…	0.03	0.03	0.08	…	0.72	0.71	0.59
$R_d(i)$	6.23	7.63	…	8.20	7.98	3.80	…	5.18	5.26	6.75
$D_{max}(i)$	0.00	0.00	…	0.27	0.27	0.29	…	3.72	3.74	3.98

2. 计算结果

计算模型取未腐蚀钢丝的安全系数取 2.5，则钢丝工作应力为 708MPa（1 770 ÷ 2.5 = 708）。采用上述数据进行建模分析计算，得到每根模拟腐蚀钢丝在荷载作用下的最大等效应力与应变，用钢丝的极限抗拉强度除以每根钢丝求得的最大等效应力求出它们各自腐蚀后的安全系数。

在建模分析中发现：当点蚀深度 $D_{max}(i) \leqslant 0.2$mm 时，应力增大的区域和幅值都很小，如图 3 所示，对腐蚀可以忽略不计，认为此时钢丝完好；当 2mm ≤ 点蚀深度 $D_{max}(i) < 2.6$mm 时，最大等效应力已超过钢丝的屈服应力，如图 4 所示；当点蚀深度 $D_{max}(i) \geqslant 2.6$mm 时，钢丝的最大等效应力已超过钢丝的极限强度，此时钢丝已经断裂（图 5）。在上述的分析中，点蚀深度为 0.2mm 钢丝的本构模型采用线性模型，后两者均采用双线性等向强化模型。

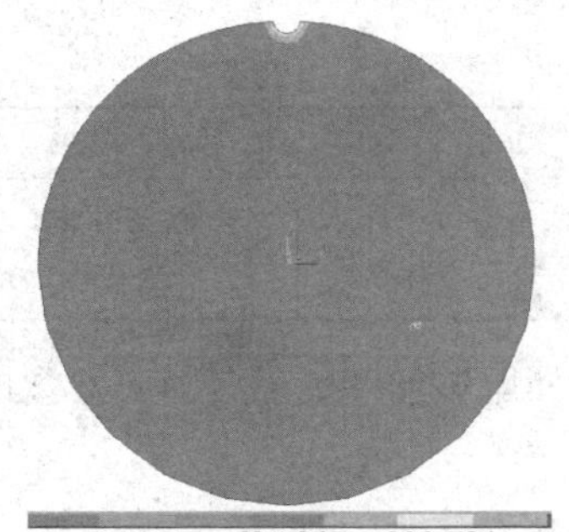

图 3　$D_{max} = 0.2$mm 时蚀坑截面

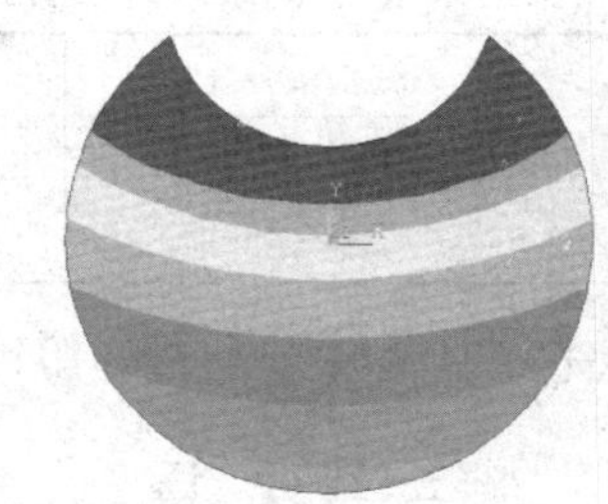

图 4　$D_{max} = 2.0$mm 时蚀坑截面

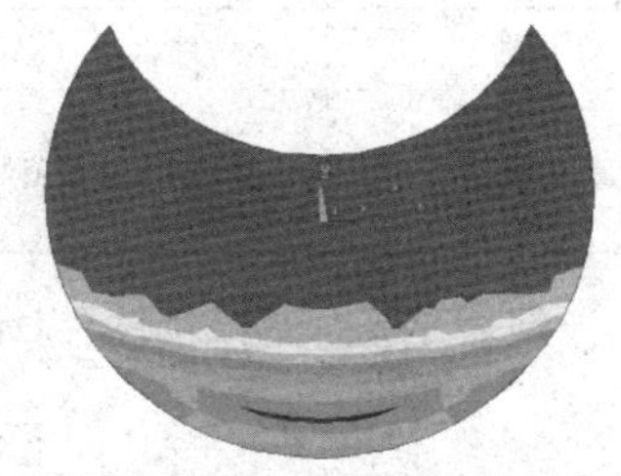

图 5　$D_{max} = 2.6$mm 时蚀坑截面

利用上述计算结果，可以把各个批次的随机样本进行分类：对点蚀深度 $D_{max}(i) \leqslant 0.2$mm 的样本忽略其腐蚀,无需进行有限元分析,直接认为它们的安全系数仍为2.5;对2.0mm≤点蚀深度 $D_{max}(i)<2.6$mm 的钢丝认为其处于屈服阶段,偏于安全考虑,认为它们的安全系数为1;对点蚀深度 $D_{max}(i)\geq 2.6$mm 的钢丝认为其已经断裂,它们的安全系数为0;而处于0.2mm≤点蚀深度 $D_{max}(i)<2.0$mm 范围内的腐蚀钢丝受力状态和安全系数影响较为复杂,故需每根进行有限元分析。而此范围内的绝大多数钢丝均处于弹性阶段,故采用线弹性本构模型。当个别钢丝最大应力超出屈服强度,则认为它发生屈服,安全系数即为1。因此,只需对随机样本中点蚀深度 $D_{max}(i)$ 处于0.2mm到2.0mm之间的钢丝采用线弹性本构模型进行有限元分析即可,大幅度减小了有限元分析的工作量。

表2列出了第一批(100个)随机样本的部分计算结果,包括最大等效应力 S_{max}、最大应变 $EPTO_{max}$ 和安全系数 F_s。

第一批(100个)随机样本的部分计算结果　　表2

序号	1	2	…	55	56	57	…	96	97	98
S_{max}	$D<0.2$mm,完好		…	1 010.78	1 010.78	1 050.05	…	$D>2.5$mm,断丝		
$EPTO_{max}$			…	0.0062	0.0062	0.0065	…			
F_s	2.5	2.5	…	1.75	1.75	1.69	…	0	0	0

计算得到本批共100根模拟钢丝中,断丝有5根,断丝率为5%;屈服钢丝有3跟,屈服率为3%;完好的钢丝有45根,完好率为45%;拉索的总安全系数 $F_{st}=\sum F_s/N=1.89$。

采用同样的步骤,对服役30年拉索的第二批(200个)、第三批(300个)和第四批(400个)随机样本进行模拟。

将服役30年的四批腐蚀模拟的样本个数和计算结果汇总到表3中。

服役20年四批腐蚀模拟结果汇总表　　表3

批次	样本个数	完好数	完好率	屈服数	屈服率	断丝数	断丝率	拉索安全系数 F_{st}
一	100	45	45%	3	3%	5	5%	1.89
二	200	86	43%	9	4.5%	7	3.5%	1.95
三	300	126	42%	16	5.3%	14	4.7%	1.89
四	400	169	42.3%	21	5.3%	19	4.8%	1.87
合计	1000	426	42.6%	49	4.9%	45	4.5%	1.89

如表3所示,4批的模拟结果相差不大,并与总体模拟结果非常接近,表明模拟结果比较稳定,并收敛于确定值(称为目标值)。

通过模拟结果看出该斜拉索服役30年后,屈服钢丝占总钢丝的4.9%,完好钢丝占总钢丝的42.6%,拉索的安全系数从刚服役时的2.5降到了1.89。

表4列出了该拉索状态随服役年限的变化。

拉索安全系数与服役年限的对应表　　表4

服役年限	0a	6a	26a	30a
拉索状态	PE护套完好	PE护套失效	锌铝合金镀层 完全耗尽损坏	断丝率为4.5% 安全系数为1.89

图6分别表示拉索钢丝服役30a时,完好钢丝、腐蚀但未屈服钢丝、屈服钢丝和断丝各自占总数的比例。

五、结　　语

主要得到以下结论:

(1)本文提出了一种新的基于概率分析的斜拉索耐久性模拟方法,并用此方法评估了某斜拉桥斜拉索耐腐蚀性能。通过计算,验证了该方法的可行性与稳定性。

(2)通过分析发现,若斜拉索在服役第6年时PE护套失效,若不及时对PE护套进行维护,在服役第26年时锌铝合金镀层完全耗尽损坏,服役到第30年时断丝率将达到4.5%,屈服钢丝占总钢丝的4.9%,完好钢丝占总钢丝的42.6%,拉索的安全系数从刚服役时的2.5降到了1.89。

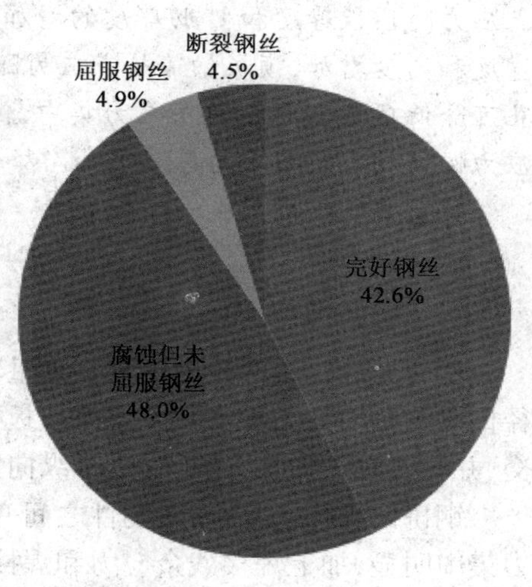

图6 服役30a后斜拉索中各类钢丝的组成比例

参考文献

[1] 马亚丽.基于可靠性分析的钢筋混凝土结构耐久寿命预测[D].北京工业大学,2006.

[2] 兰成明.平行钢丝斜拉索全寿命安全评定方法研究[D].哈尔滨工业大学,2009.

[3] Tuutti K. Corrosion of Steel in Concrete[M]. Stockholm:Swedish Cement and Concrete Research Institute,1982.

[4] Gonzúlez J A,Andrade C,Alonso C, et al. Comparison of rates of general corrosion and maximum pitting penetration on concrete embedded steel reinforcement[J]. Cement and Concrete Research. 1995,25(2):257-264.

[5] Hawn D E. Extreme value prediction of maximum pits on pipelines[J]. Journal Name:Mater. Performance;(United States);Journal Volume:16. 1977:29-32.

[6] Sheikh A K,Boah J K,Hansen D A. Statistical Modeling of Pitting Corrosion and Pipeline Reliability[J]. Corrosion. 1990,46(3):190-197.

[7] 张九渊,洪明庚,卢建树,等.孔蚀统计规律的对比研究[J].中国腐蚀与防护学报,1994(02):161-167.

[8] 张九渊,卢建树,吴国章,等.应用统计理论中极值分布对钝态金属小孔腐蚀的研究[J].浙江工学院学报.1991(04):3-9.

[9] Stewart M G. Spatial variability of pitting corrosion and its influence on structural fragility and reliability of RC beams in flexure[J]. Structural Safety. 2004,26(4):453-470.

[10] 李富民,袁迎曙,张建清.氯盐腐蚀钢绞线的断裂抗力分布模型[J].土木建筑与环境工程,2009(06):34-39.

[11] Val D,Melchers R. Reliability of Deteriorating RC Slab Bridges[J]. Journal of Structural Engineering. 1997,123(12):1638-1644.

[12] Suzumura K 和 N S. Environmental Factors Affecting Corrosion of Galvanized Steel Wires[J]. Journal of Materials in Civil Engineering. 2004,16(1):1-7.

[13] 黄跃平,胥明,姜益军,等.拉索局部腐蚀检测与评估分析[J].腐蚀科学与防护技术,2006,18(2):132-135.

121.钢桥面板构造对其疲劳性能的影响

陈 祥 王益逊 李坤坤 傅中秋 吉伯海
(河海大学土木与交通学院)

摘 要 针对正交异性钢桥面板中顶板与U肋连接处的顶板细节,通过有限元模拟,以热点应力为评价指标,分析了钢桥面板各构件参数以及桥面铺装参数对其疲劳应力的影响。结果表明,顶板细节热点应力随顶板厚度和U肋厚度的增加而增加，受顶板厚度影响较大，受横隔板厚度影响很小。U肋上口宽度和高度增加，顶板细节热点应力随之增加，横隔板间距增大，顶板细节热点应力随之降低。设置过焊孔可降低顶板与U肋接头应力集中，但易引起孔边焊缝处裂纹。铺装层可有效降低顶板细节应力幅，且应力幅随铺装层刚度与厚度增加而降低，铺装层的影响随顶板厚度增加而减弱。

关键词　钢桥面板　顶板裂纹　热点应力　构造参数铺装层

一、引　　言

正交异性钢桥面板由于具有重量轻、承载能力大、制造施工快、经济性好等优点，已广泛应用于大跨径桥梁的桥面系结构。其主要由顶板、纵向加劲肋、横隔板(或横肋)组成，纵向加劲肋与横隔板互相正交，并通过焊缝连接，顶板支承于纵向加劲肋与横隔板上，直接承受车轮荷载。

钢桥面板构造复杂，各构件之间变形互相约束，纵横向刚度差异大，在车轮荷载直接作用下，局部应力集中明显，加上焊接残余应力和焊接缺陷的影响，容易产生疲劳裂纹。我国正交异性钢桥面板应用始于20世纪70年代的铁路钢箱梁桥，20世纪末大量应用于公路桥梁，如虎门大桥、海沧大桥、江阴长江大桥、青马大桥等。然而许多桥梁的钢桥面板已出现不同程度的疲劳裂纹，大大影响了桥梁的使用寿命。其中，顶板与U肋连接焊缝处的顶板裂纹危害显著，其萌生于焊趾或焊根并沿顶板厚度方向扩展，最终形成贯穿型裂纹，导致顶板局部变形过大，引起铺装层损坏及雨水渗漏与腐蚀问题，并影响行车安全。

钢桥面板构造参数的选择，直接影响其局部细节的受力及疲劳性能。虽然，目前对于钢桥面板构造的研究已取得一些成果，并已写入规范，但对于该问题的认识仍不够全面和深入，钢桥面板的疲劳问题仍不可避免。本文针对顶板与U肋连接焊缝处的顶板细节，分析了钢桥面板主要构造参数以及铺装层的影响，为确定钢桥面板的合理抗疲劳构造提供参考。

二、顶板与U肋焊缝顶板处裂纹特征

顶板与U肋连接焊缝处顶板裂纹主要有2种形式：一是萌生于顶板与U肋焊缝顶板焊趾处，向顶板厚度方向扩展，二是萌生于顶板与U肋焊缝顶板焊跟处，并沿顶板厚度方向扩展，如图1所示。

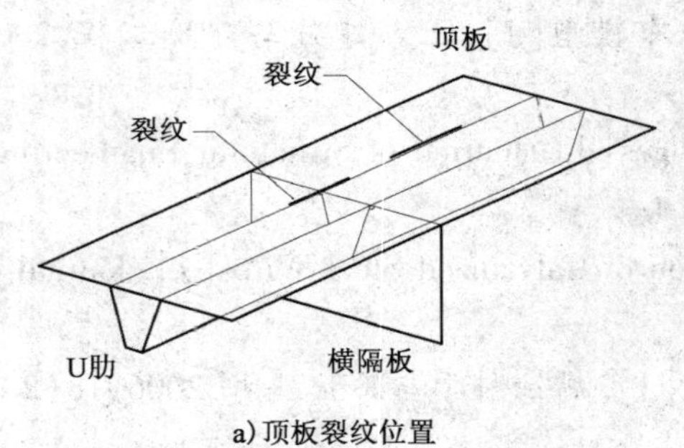

a) 顶板裂纹位置

b) 顶板焊趾裂纹

c) 顶板焊根裂纹

图1　顶板与U肋焊缝处顶板裂纹

由于钢桥面板各构件板厚较薄，刚度在纵横向及不同位置差异较大，车轮荷载作用下，其局部效应明显，是疲劳裂纹的主要成因之一。顶板与U肋焊缝处顶板裂纹的形成主要与顶板的横桥向面外变形有关，图2给出了不同横向位置在车轮作用下顶板与U肋的变形情况，可以看出，在U肋腹板支撑位置，顶板变形较小，而在U肋腹板以外位置，由于刚度较小，顶板产生较大的面外变形。由于顶板与U肋变形互相约束，引起顶板与U肋连接处的较高的次应力和应力集中现象，在车流作用下，产生较高的应力幅值，加上焊接缺陷、焊接残余应力等因素的影响，容易出现疲劳裂纹。

钢桥面板的构造参数和形式直接影响其局部刚度的大小、各构件之间相互约束的程度、次应力的大小以及局部应力集中程度，进而影响其疲劳性能。为了改善钢桥面板的疲劳性能，针对其构造参数影响、的研究十分必要。

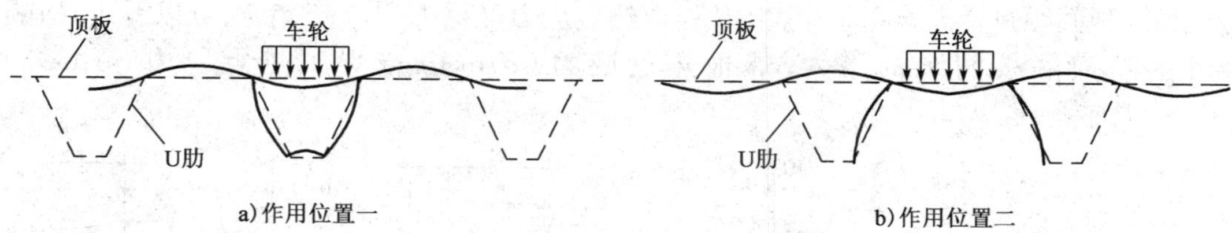

图2 车轮作用下的顶板变形

三、钢桥面板构件参数的影响分析

建立钢桥面板节段有限元模型，采用热点应力为评价指标，以钢桥面板各构件板厚、各构件的设置参数以及局部构造形式为分析参数，研究了各构造参数对顶板与U肋连接处顶板细节应力的影响。

1. 板件厚度的影响

针对顶板厚度、U肋厚度以及横隔板厚度这3个板厚参数，分析计算了其对顶板细节应力的影响，如图3所示。

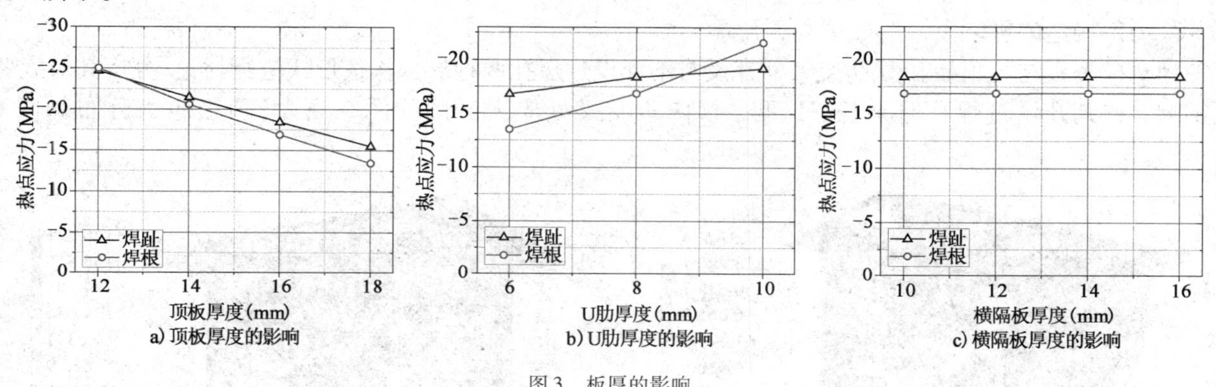

图3 板厚的影响

可以发现，随顶板厚度的增加，顶板焊根与焊趾的热点应力均呈下降趋势，且大致呈线性。顶板厚度每增大2mm，焊趾热点应力下降约11%～14%，焊根热点应力下降约16%～18%，厚度变化对焊根的影响稍大。焊趾热点应力与焊根热点应力的比值（σ-toe/σ-root）随顶板厚度的增加而增加，顶板厚度从12mm增大到18mm时，σ-toe/σ-root从0.99增加到1.15，说明，随着顶板厚度的增加，发生焊趾裂纹的概率增加。随着U肋厚度的增加，顶板焊根和焊趾的热点应力均呈增大趋势。U肋厚度变化对焊趾应力影响较小，对焊根影响较大，U肋厚度每增加2mm，焊趾热点应力增大4%～9%，焊根增大24%～28%。随U肋厚度的增大，焊根热点应力（σ-root）与焊趾热点应力（σ-toe）的比值（σ-root/σ-toe）从0.8增大到1.125，说明随着U肋厚度的增加，出现焊根裂纹的概率增大。顶板焊根和焊趾的热点应力随横隔板厚度改变无明显变化，说明横隔板厚度变化对横隔板间跨中位置顶板细节的应力无明显影响。

2. 构件参数的影响

针对U肋上口宽度、U肋高度以及横隔板间距这3个构件参数进行了分析，得到其对顶板细节应力影响，如图4所示。

随着U肋上口宽度的增大，顶板焊根和焊趾的热点应力均呈增长趋势，且焊趾热点应力增长较快。上口宽度每增大50mm，焊趾热点应力增加10%～23%，焊根热点应力增加3%～15%。随上口宽度的增大，焊根热点应力（σ-root）与焊趾热点应力（σ-toe）的比值（σ-root/σ-toe）从0.92减小到0.73，表明出现焊趾裂纹的概率增大。随着U肋高度的增大，顶板焊根和焊趾的热点应力均呈增大趋势。U肋高度变化对焊根应力影响稍大，U肋高度每增加50mm，焊趾热点应力增大1.5%～3.3%，焊根热点应力增大5%～10%。随上口宽度的增大，焊根热点应力（σ-root）与焊趾热点应力（σ-toe）的比值（σ-root/σ-toe）从

0.73增大到0.87,出现焊根裂纹的概率增大。随着横隔板间距的增大,顶板焊根和焊趾处的热点应力呈下降趋势。横隔板间距每增大500mm,焊趾及焊根热点应力降低1.7%~3.5%,可以看出,横隔板间距的影响较小。随横隔板间距的增大,焊根热点应力(σ-root)与焊趾热点应力(σ-toe)的比值(σ-root/σ-toe)基本不变。

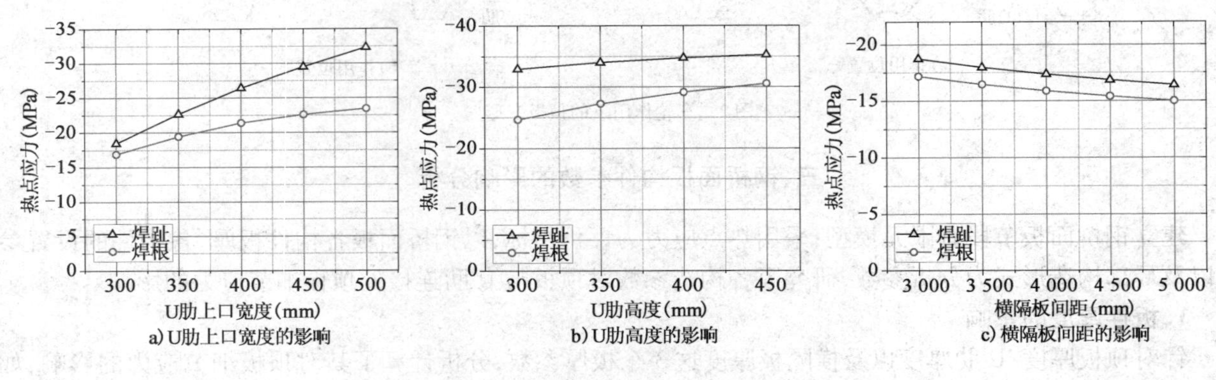

图4 构件参数的影响

3. 局部构造的影响

针对横隔板在与顶板和U肋交叉处开设与不开设过焊孔两种局部构造形式进行讨论,分析其对疲劳的影响。得到开设过焊孔时顶板—U肋—横隔板交叉处应力云图如图5所示,顶板应力分布如图6所示。

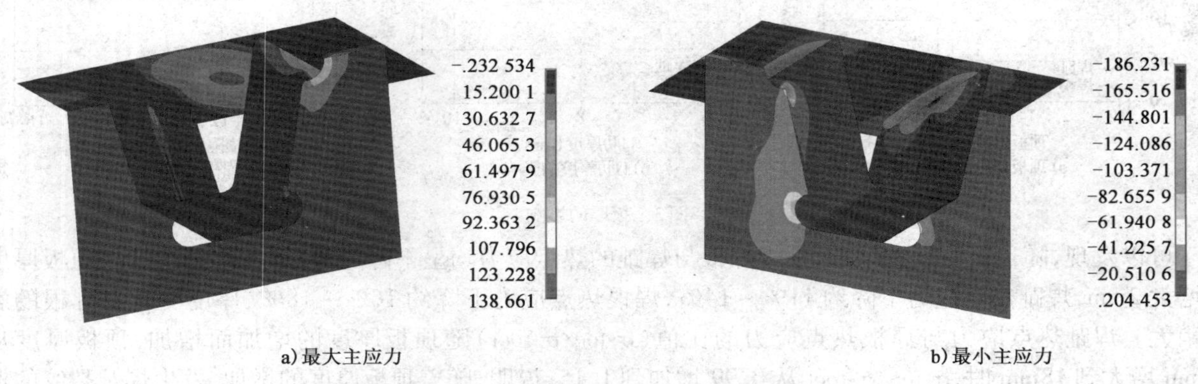

图5 顶板—U肋—横隔板交叉部位主应力云图

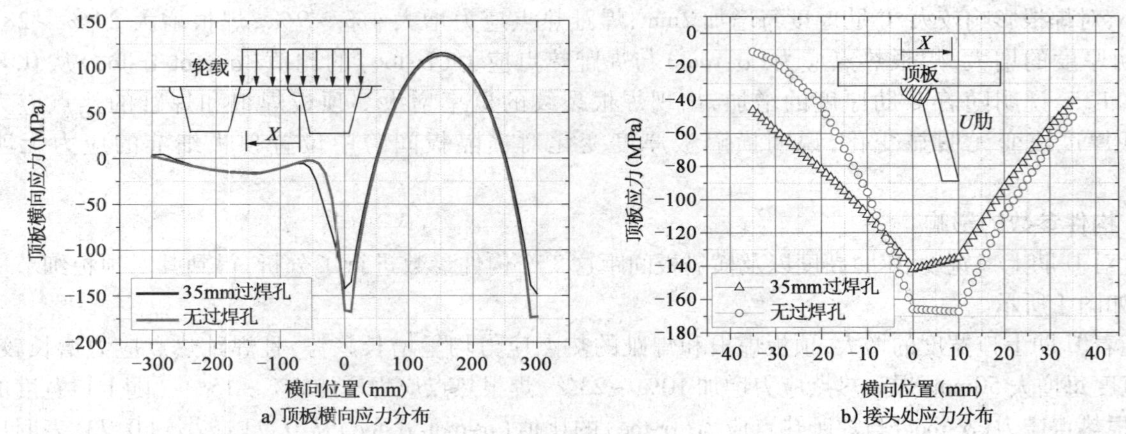

图6 过焊孔设置对顶板应力影响

从应力云图可以看出,设置有焊孔时,轮载作用下,过焊孔与顶板接头以及过焊孔与U肋接头处存在明显应力集中现象,容易引起孔边疲劳裂纹的产生。从图6a)可以看出,设有焊孔与不设焊孔两种情况下，顶板应力分布大致相同，仅在顶板与U肋接头处存在差异。从图6b）可以看出，相对于设置焊孔的情况，不设焊孔时顶板与U肋接头处应力集中更加严重，但在距接头稍远处，设置焊孔时顶板应力较大。分析原因为：一方面，焊孔削弱了横隔板对顶板的支撑作用，降低了顶板的局部刚度，因此，过焊孔位置的顶板应力较不设焊孔大；另一方面，焊孔的设置减小了横隔板对接头的约束作用，降低了荷载作用下接头处的次应力，改善了应力集中情况。综上所述，焊孔的设置一定程度降低了横隔板—U肋—顶板三者交叉处的应力集中，但同时引入了新的热点，易引起孔边焊缝处疲劳裂纹的问题。

四、桥面铺装的影响分析

钢桥面板疲劳设计阶段一般只考虑桥面铺装对荷载的分布作用，然而由于铺装层具有一定的刚度，且其与桥面板之间具有一定的黏结力，因此，实际上铺装层会与钢桥面板协同受力，从而对钢桥面板的受力起到一定的改善作用。通过有限元模型，分析了铺装层刚度与厚度对桥面板疲劳性能的影响。

1. 铺装层刚度的影响

计算分析了不考虑铺装层、常温下的沥青铺装（$E=1\,000$MPa）、低温下的沥青铺装（$E=14\,000$MPa）以及钢纤维混凝土铺装（$E=30\,000$MPa）这4种工况下顶板与U肋连接细节的应力幅变化情况，如图7所示。

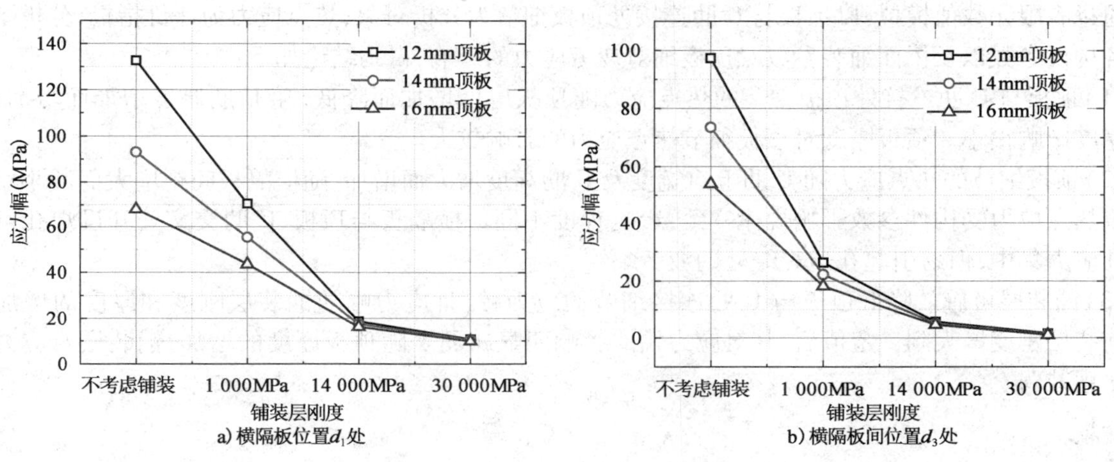

图7 疲劳细节应力幅随铺装层刚度变化

从图7可以看出，考虑铺装层作用时，顶板与U肋连接细节的应力幅显著降低，且随着铺装层弹性模量的增加，应力幅呈下降的趋势。应力幅下降幅度起先较大，尔后减缓。铺装层弹模取1 000MPa相对于不考虑铺装作用时，应力幅降低了36%～47%。铺装层弹模取14 000MPa相对于不考虑铺装作用时，应力幅降低63%～73%。铺装层弹模达到14 000MPa时，应力幅水平已经很低，继续增大铺装层弹模对应力幅影响较小。随着顶板厚度的增加，铺装层刚度对应力幅的影响逐渐减小。当铺装层弹模达到14 000MPa后，顶板厚度对应力幅的降低作用变得很小。

2. 铺装层厚度的影响

有限元模型中，取铺装层厚度分别为10mm、40mm、70mm与100mm，刚度取相同值，得到铺装层厚度对顶板与U肋连接细节应力幅的影响，如图8所示。

由图8可知，随着铺装层厚度的增加，横隔板截面以及横隔板间顶板与U肋连接细节的应力幅均呈降低趋势。随着顶板厚度的增加，铺装厚度对疲劳细节应力幅的影响逐渐减小。随着铺装层厚度的增加，顶板厚度对刚度的贡献减小，顶板厚度对疲劳细节应力幅的影响也随之减小。使用较厚的顶板与铺装层构造可以将顶板与U肋接头处顶板应力幅降至较低的水平，从而提高钢桥面板的疲劳寿命。

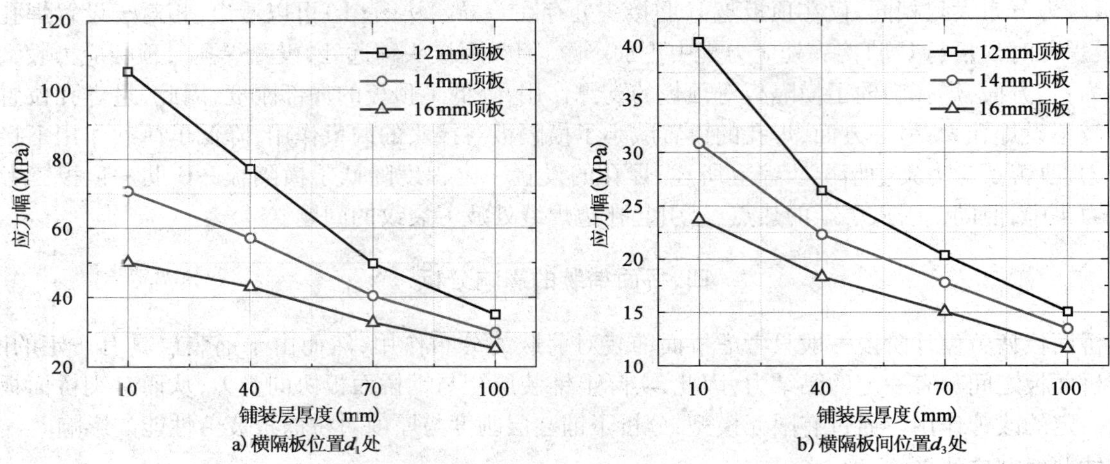

图8 疲劳细节应力幅随铺装层厚度变化

五、结 语

通过有限元数值模拟,以顶板与U肋连接处顶板细节为分析对象,热点应力为评价指标,分析了钢桥面板各构件参数以及桥面铺装参数对顶板细节疲劳应力的影响,得到结论如下:

(1)顶板与U肋连接处顶板细节的热点应力随顶板厚度增加而降低,随U肋厚度增加而增加,受横隔板厚度影响很小。顶板厚度对顶板细节热点应力的影响较大。

(2)顶板细节的热点应力随U肋上口宽度及U肋高度增大而增加,随横隔板间距增大而减小。焊趾与焊根热点应力受构件参数影响规律一致,影响程度不同。横隔板与顶板、U肋交叉处开设焊孔可降低接头处应力集中,但易引起孔边焊缝处的疲劳裂纹。

(3)铺装层可有效降低顶板与U肋连接细节的应力幅,且应力幅随铺装层刚度和厚度的增加而降低。铺装层刚度增大到一定值后,其对应力幅的影响明显减弱。随顶板厚度的增加,铺装层对应力幅的降低作用减弱。

参考文献

[1] 吉伯海,田圆,傅中秋,等. 正交异性钢桥面板横隔板切口疲劳应力幅分析[J]. 工业建筑,2014,44(05):135-139.

[2] 张清华,崔闯,卜一之,等. 港珠澳大桥正交异性钢桥面板疲劳特性研究[J]. 土木工程学报,2014,47(9):110-119.

[3] 吉伯海. 我国缆索支承桥梁钢箱梁疲劳损伤研究现状[J]. 河海大学学报:自然科学版,2014,42(5):410-415.

[4] 唐亮,黄李骥,刘高,等. 正交异性钢桥面板足尺模型疲劳试验[J]. 土木工程学报,2014,47(3):112-122.

[5] 陈斌,邵旭东,曹君辉. 正交异性钢桥面疲劳开裂研究[J]. 工程力学,2012,29(12):170-174.

[6] 杨沐野,吉伯海,傅中秋,等. 钢桥面板U肋与顶板焊根疲劳寿命预测方法对比分析[J]. 郑州大学学报:工学版,2015(2):22-27.

[7] 赵欣欣,刘晓光,潘永杰,等. 正交异性钢桥面板纵肋腹板与面板连接构造的疲劳试验研究[J]. 中国铁道科学,2013,34(2):41-45.

[8] 宋永生,丁幼亮,王高新,等. 正交异性钢桥面板疲劳性能的局部构造效应[J]. 东南大学学报:自然科学版,2013,43(2):403-408.

[9] 孟凡超,苏权科,卜一之,等. 正交异性钢桥面板的抗疲劳优化设计研究[J]. 公路,2014,10:002-005.

[10] 王春生,付炳宁,张芹,等.正交异性钢桥面板横隔板挖孔型式[J].长安大学学报(自然科学版),2012,32(2):58-64.

[11] Xiao Z G,Yamada K,Ya S,et al. Stress analyses and fatigue evaluation of rib-to-deck joints in steel orthotropic decks[J]. International Journal of Fatigue,2008, 30(8):1387-1397.

[12] Ya S,Yamada K,Ishikawa T. Fatigue evaluation of rib-to-deck welded joints of orthotropic steel bridge deck[J]. Journal of Bridge Engineering,2010,16:492-499.

122. 高阻尼隔震橡胶支座对桥梁抗震性能的影响分析

蒋建军 刘振宇

(四川省交通运输厅公路规划勘察设计研究院)

摘 要 以四川省雅安至康定高速公路青衣江特大桥为依托工程,从结构自振周期、墩底内力、墩顶位移、梁端位移以及支座剪切位移等方面分析高阻尼隔震橡胶支座对桥梁抗震性能的影响,并与普通板式橡胶支座进行对比研究,对其在公路常规桥梁上的适用性提出建议。

关键词 高阻尼 隔震橡胶支座 桥梁 抗震 设计

一、引 言

我国是一个地震多发国家,近年发生的"5·12"四川汶川大地震、"4·14"青海玉树大地震、"4·20"四川芦山地震等,给我们带来了严重的灾害。公路桥梁作为生命线上的重要组成部分,一旦损毁,将严重影响救援和灾后重建。桥梁抗震越来越得到重视,目前已成为桥梁设计的必要内容。

在桥梁抗震方面,目前发展相对成熟、实际应用较为广泛的是减隔震技术。通过在梁体与墩台之间设置减隔震支座,一方面可以延长结构自振周期、减小地震力;另一方面,利用减隔震支座自身的阻尼性能进行滞回耗能,保护桥梁主体结构。

目前,应用较多的减震、隔震支座有普通板式橡胶支座、摩擦摇摆支座、铅芯橡胶支座和高阻尼隔震橡胶支座。高阻尼隔震橡胶支座(简称 HDR 隔震支座)具有结构合理、外观简洁、阻尼效果好、技术性能稳定、维护成本低、耐久性能好等特点。HDR 隔震支座作为一种新型减隔震支座,经过近几年来的研究和应用,逐渐被桥梁工程界所接受。但是,由于设计工程师对高阻尼隔震橡胶支座的抗震性能、适用性、经济性等方面了解不够,且 HDR 隔震支座在抗震分析计算和参数选取上比普通板式橡胶支座复杂,因此在一定程度上阻碍了 HDR 隔震支座的推广应用。

二、HDR 隔震支座的隔震机理分析

高阻尼隔震橡胶支座是采用特殊配制的橡胶材料(如掺石墨)与钢板等构件硫化而成的一种橡胶支座。橡胶材料黏性大,自身可吸收能量,在强震作用下,支座变形产生大阻尼,大量消耗进入结构体系的能量,以达到控制结构内力分布及大小的目的。

通过对 HDR 隔震支座进行试验研究,发现其滞回环面积比较饱满,根据《公路桥梁高阻尼隔震橡胶支座》(JT/T 842—2012),可以采用双线性恢复力模型来模拟,见图 1。图中,K_1 为屈服前刚度,K_2 为屈服后刚度,K_h 为水平等效刚度,X_y 为屈服位移,Q_y 为屈服力,X 为 E2 地震作用下的容许剪切位移,Q 为对应 X 的水平剪切力。

HDR 隔震支座的屈服力 Q_y 较小,在地震作用下,支座容易屈服,从而发生弹塑性变形,通过快速的往

返运动大量消耗桥梁结构的振动能量,并将上部结构传递至桥墩、桥台的地震力控制在一定范围内。由于屈服后刚度 K_2 远小于屈服前刚度 K_1,从而水平等效刚度 K_h 很小,因此增大了桥梁结构的柔性,延长了自振周期,进而降低了桥梁结构的地震力响应。

与 HDR 隔震支座配套的滑动型支座是在支座本体上方增设了聚四氟乙烯板和不锈钢板,在滑动摩擦前发生弹性,滑动之后摩擦力恒定,其力学模型见图 2。图中,K_0 为滑动前水平刚度,X_y 为屈服位移,Q_y 为滑动摩擦力。滑动型支座的滑动摩擦力 Q_y 较小,在地震作用下,支座发生滑动后,通过往返运动、摩擦耗能,同时将上部结构传递至桥墩、桥台的地震力控制在滑动摩擦力 Q_y 以下。

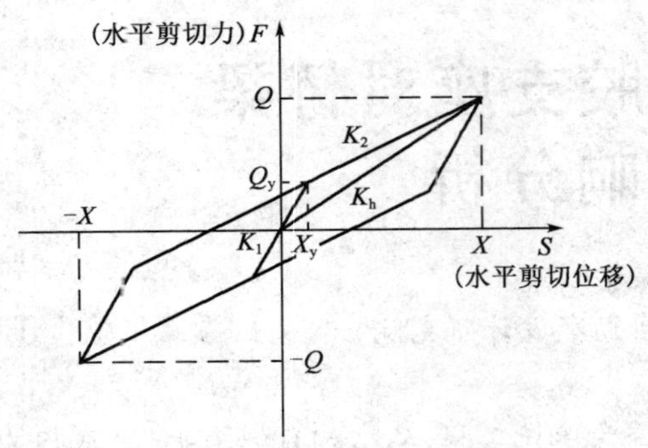

图 1　HDR 隔震支座双线性恢复力模型

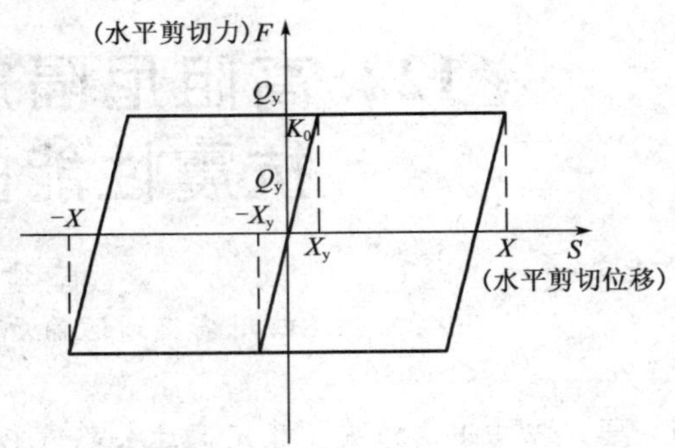

图 2　滑动型支座力学模型

三、依托工程概况

四川省雅安至康定高速公路青衣江特大桥位于雅安市雨城区,大桥横跨青衣江库区,主桥推荐桥型方案采用 42m + 75m + 42m 和 42m + 70m + 42m 预应力混凝土连续梁跨越河堤,江中采用 4 × 46.5m 预应力混凝土简支 T 梁,两岸引桥采用多孔 30.5m、30.95m 预应力混凝土简支 T 梁,全桥长 1421.6m。桥梁结构分幅设置,半幅桥宽为 12.25 米。本文取其中具有代表性一联桥进行分析研究,孔跨布置为 4 × 30.95m,上部梁体横向由 5 片简支 T 梁组成,纵向采用桥面连续构造。桥梁立面见图 3,横断面见图 4。

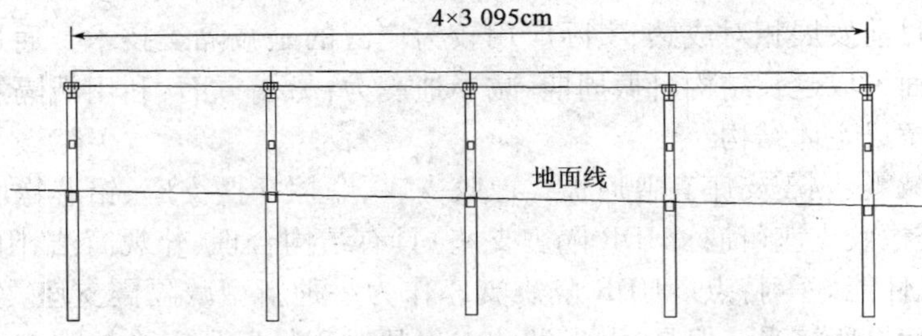

图 3　桥梁立面

为了方便研究,假定各桥墩高度相同、地质条件相同。墩高分别取 15m、20m、25m、30m 四种情况。墩柱直径为 1.6m,桩基直径为 1.8m。

根据本项目两阶段施工图设计文件,中间 3 个桥墩处采用高阻尼隔震橡胶支座,型号为 HDR(Ⅱ)320 × 420 × 127 − G0.8,即Ⅱ型矩形高阻尼隔震橡胶支座,纵桥向尺寸为 370mm,横桥向尺寸为 420mm,高度为 127mm,剪切模量为 0.8MPa;在剪应变为 150% 时,其主要力学参数为:K_1 = 4 170kN/m,K_2 = 1 190kN/m,K_h = 1 510kN/m,X_y = 10.1mm,Q_y = 42kN,容许剪切位移 X = 126mm,竖向承载力 P = 1 360kN,竖向压缩刚度 Kv = 777 000kN/m,等效阻尼比 ξ = 12%。两个交界墩处采用滑动型支座,型号为 LNR(H)320 × 420 × 137,即纵桥向尺寸为 320mm,横桥向尺寸为 420mm,高度为 137mm;其主要力学参数为:K_0 = 1 710kN/m,X_y = 25.1mm,Q_y = 43kN,竖向承载力 P = 1 440kN,竖向压缩刚度 Kv = 735 000kN/m。

图 4　桥梁横断面

为了对比研究，若采用常规静力设计，根据支反力和支座剪切位移计算结果，中间 3 个桥墩处普通板式橡胶支座的规格为 GJZ300 ×450 ×63；其主要力学参数为：竖向承载力 P =1 260kN，动剪切模量 G_d = 1.2MPa，水平抗剪刚度 K_h =3 600kN/m，竖向压缩刚度 K_v =146 450 9kN/m。交界墩处四氟滑板橡胶支座的规格为 $GJZF_4$300 ×450 ×65；其主要力学参数为：摩擦系数 μ =0.06，滑动前水平刚度 K_0 =3 600kN/m，竖向压缩刚度 K_v =146 450 9kN/m，滑动摩擦力 Q_y 根据恒载作用下的支反力计算。

"5 · 12"汶川大地震后，根据《中国地震动参数区划图》（GB 18306—2001）国家标准第 1 号修改单，本项目场地地震动峰值加速度为 0.1g，地震动反应谱特征周期 0.40s，场地类型为Ⅱ类，地震基本烈度为Ⅶ度。

四、桥梁抗震性能分析

根据《公路桥梁抗震设计细则》（JTG/T B02—01—2008），雅康路青衣江特大桥为 B 类，并采用两级设防，即在 E1 地震作用时，桥梁结构一般不受损坏或不需要修复可继续使用；E2 地震作用时应保证不至倒塌或产生严重结构损伤，经临时加固后可供维持应急交通使用。E1 地震作用时，采用多振型非弹性反应谱法（等效线形化分析法）进行抗震计算。E2 作用时，采用 3 组人工时程波进行非线性时程分析计算，取 3 组计算结果的最大值。E1 地震作用（地震超越概率取 50 年 10%）时，本项目的设计加速度反应谱见图 5，抗震重要性系数取 0.5，场地系数和阻尼调整系数均为 1.0。E2 地震作用（地震超越概率取 50 年 2%）时的人工时程波见图 6，最大加速度峰值为 1.95m/s。

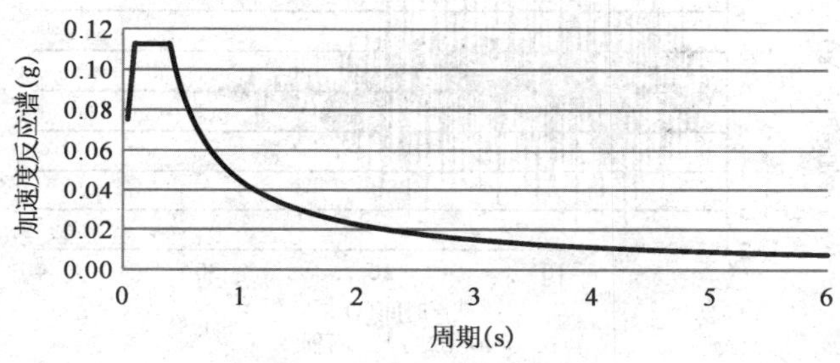

图 5　E1 地震作用时加速度反应谱

E1 和 E2 地震作用下，根据不同支座类型、不同墩高，各计算了 8 种工况。抗震计算采用空间有限元程序 Midas Civil 2015。主梁、桥墩、系梁和桩基均采用梁单元，计算模型见图 7。在进行 E1 地震作用下的多振型非弹性反应谱分析计算时，普通板式橡胶支座、四氟滑板橡胶支座、HDR 隔震支座以及滑动型支座均采用弹性连接；其中四氟滑板橡胶支座和滑动型支座的水平剪切刚度为零，HDR 隔震支座的水平剪切刚度取水平等效刚度。当 HDR 隔震支座的剪应变计算值不等于 150% 时，需要通过迭代计算确定其水平等效刚度。在进行 E2 地震作用下的非线性时程分析计算时，普通板式橡胶支座采用弹性连接；四氟滑板橡胶支座、HDR 隔震支座以及滑动型支座采用一般连接中双线性恢复力模型。

E1 地震作用下，分别采用普通板式橡胶支座（交界墩处为四氟滑板橡胶支座）时计算结果见表 1。

E1 地震作用下设普通板式橡胶支座时桥梁结构响应　　表 1

墩 高（m）		15	20	25	30
纵桥向振动第一阶周期(s)		2.322	2.914	3.586	4.323
横桥向振动第一阶周期(s)		1.223	1.374	1.579	1.835
纵桥向地震响应	墩底弯矩(kN.m)	1 150	1 193	1 197	1 194
	墩顶位移(m)	0.018	0.026	0.035	0.045
	梁端位移(m)	0.028	0.035	0.043	0.052
	支座剪切位移(mm)	8.2	6.8	5.8	5.4

续上表

墩 高（m）		15	20	25	30
横桥向地震响应	墩底弯矩(kN. m)	728	914	1 045	1 136
	墩顶位移(m)	0.004	0.007	0.011	0.015
	梁端位移(m)	0.017	0.019	0.021	0.024
	支座剪切位移(mm)	9.6	8.8	7.8	7.1

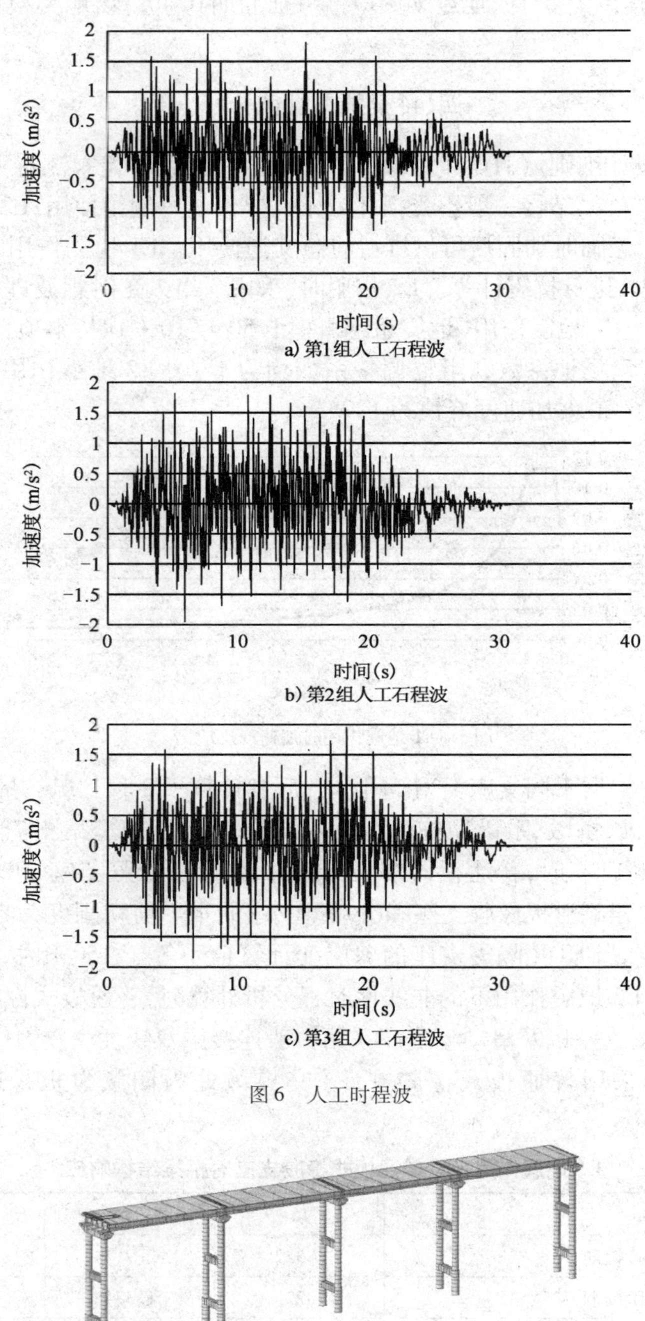

a) 第1组人工石程波

b) 第2组人工石程波

c) 第3组人工石程波

图6　人工时程波

图7　抗震计算模型

E1 地震作用下，分别采用高阻尼隔震橡胶支座（交界墩处为滑动型支座）时计算结果见表2。

E1 地震作用下设高阻尼隔震橡胶支座时桥梁结构响应　表2

墩高(m)		15	20	25	30
纵桥向振动第一阶周期(s)		2.691	3.282	3.973	4.744
横桥向振动第一阶周期(s)		1.679	1.788	1.943	2.148
纵桥向地震响应	墩底弯矩(kN.m)	1 085	1 153	1 177	1 184
	墩顶位移(m)	0.017	0.026	0.036	0.046
	梁端位移(m)	0.032	0.039	0.047	0.057
	支座剪切位移(mm)	13.7	11.5	9.9	8.8
横桥向地震响应	墩底弯矩(kN.m)	665	880	1018	995
	墩顶位移(m)	0.004	0.006	0.010	0.013
	梁端位移(m)	0.021	0.023	0.025	0.027
	支座剪切位移(mm)	16.1	15.5	15.1	13.8

E2 地震作用下,分别采用普通板式橡胶支座(交界墩处为四氟滑板橡胶支座)时计算结果见表3。

E2 地震作用下设普通板式橡胶支座时桥梁结构响应　表3

墩高(m)		15	20	25	30
纵桥向地震响应	墩底弯矩(kN.m)	5080	5696	5889	6015
	墩顶位移(m)	0.078	0.124	0.169	0.224
	梁端位移(m)	0.123	0.160	0.201	0.254
	支座剪切位移(mm)	39.0	32.0	27.2	26.5
横桥向地震响应	墩底弯矩(kN.m)	3 042	3 831	4 519	4 606
	墩顶位移(m)	0.017	0.030	0.048	0.062
	梁端位移(m)	0.065	0.075	0.090	0.092
	支座剪切位移(mm)	42.8	37.1	31.3	30.0

E2 地震作用下,分别采用高阻尼隔震橡胶支座(交界墩处为滑动型支座)时计算结果见表4。

E2 地震作用下设高阻尼隔震橡胶支座时桥梁结构响应　表4

墩高(m)		15	20	25	30
纵桥向地震响应	墩底弯矩(kN.m)	4 603	5 438	5 670	5 738
	墩顶位移(m)	0.072	0.122	0.171	0.226
	梁端位移(m)	0.129	0.164	0.212	0.260
	支座剪切位移(mm)	52.1	38.6	31.6	30.0
横桥向地震响应	墩底弯矩(kN.m)	2 146	2 855	3 321	3 792
	墩顶位移(m)	0.012	0.022	0.033	0.052
	梁端位移(m)	0.063	0.084	0.084	0.097
	支座剪切位移(mm)	49.1	57.6	51.1	45.6

从上述分析结果可知,设置高阻尼隔震橡胶支座时与设置普通板式橡胶支座时相比:

(1)能适当延长结构自振周期0.3~0.45s;在E1 地震作用下,HDR 隔震支座的剪切位移约小,其水平等效刚度 K_h 约接近弹性刚度 K_1,隔震效果约不明显;

(2)在E1 地震作用下,纵桥向墩底弯矩减小0.8%~5.7%;横桥向墩底弯矩减小2.6%~12.4%;墩高越矮,隔震效果越好;

(3)在E1 地震作用下,墩顶位移影响较小,但是梁端位移和支座剪切变形稍有增大,桥梁需要增加限位措施;

(4)在E2地震作用下,纵桥向墩底弯矩减小3.7%~9.4%;横桥向墩底弯矩减小17.7%~29.5%;墩高越矮,隔震效果越好;

(5)在E2地震作用下,墩顶位移和梁端位移影响较小,支座剪切变形量显著增大。

五、HDR隔震支座的适用性分析

根据8种工况抗震分析计算,高阻尼隔震橡胶支座对延长结构自振周期、减小地震作用下桥墩内力有利,并且墩高不同,高阻尼隔震橡胶支座的隔震效果也不同,见图8和图9。

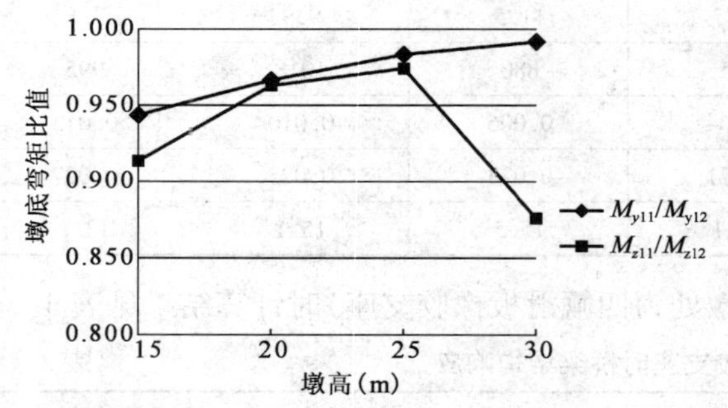

图8 E1地震作月下,设置不同支座时墩底弯矩比值随墩高变化图

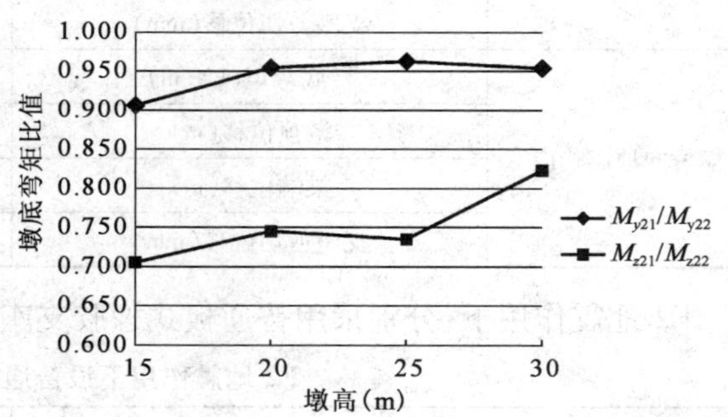

图9 E2地震作用下,设置不同支座时墩底弯矩比值随墩高变化图

图8、图9中,M_{y11}指E1地震作用下,设置高阻尼隔震橡胶支座时墩底纵桥向弯矩;M_{y12}指E1地震作用下,设置普通板式橡胶支座时墩底纵桥向弯矩;M_{z11}指E1地震作用下,设置高阻尼隔震橡胶支座时墩底横桥向弯矩;M_{z12}指E1地震作用下,设置普通板式橡胶支座时墩底横桥向弯矩;M_{y21}、M_{y22}、M_{z21}、M_{z22}为E2地震作用下相应的墩底弯矩。

从图8和图9可以看出,高阻尼隔震橡胶支座对矮墩桥梁的减隔震效果要好于高墩桥梁;且对横桥向的减隔震效果好于纵桥向,说明当结构自振周期越小,刚度越大时,采用高阻尼隔震橡胶支座时桥梁的抗震性能较好。横桥向个别数据出现偏离,是因为桥墩在横桥向为框架结构,且各桥墩横桥向振动不一致。

同一支座,在同一条地震时程波作用下,墩高分别为15m、30m时,HDR隔震支座的滞回环见图10和图11。从图10和图11可对比看出,桥墩高度越小,高阻尼隔震橡胶支座的剪切位移越大,滞回环面积越大,耗能作用越大。

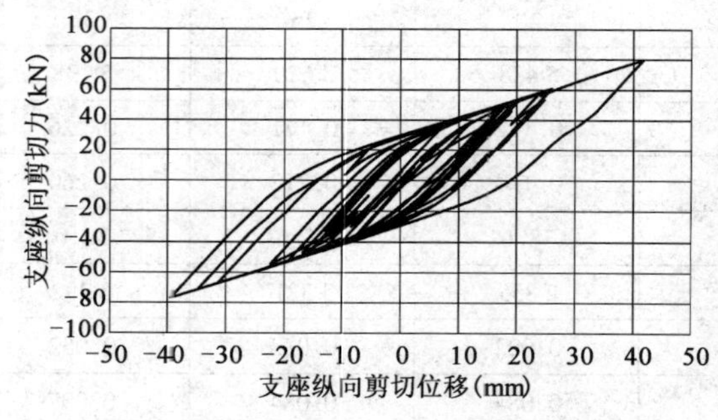

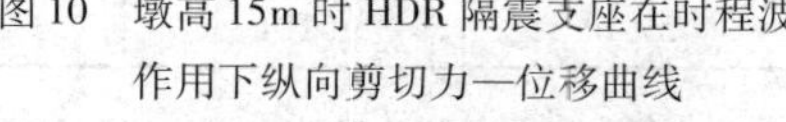

图10 墩高15m时HDR隔震支座在时程波作用下纵向剪切力—位移曲线

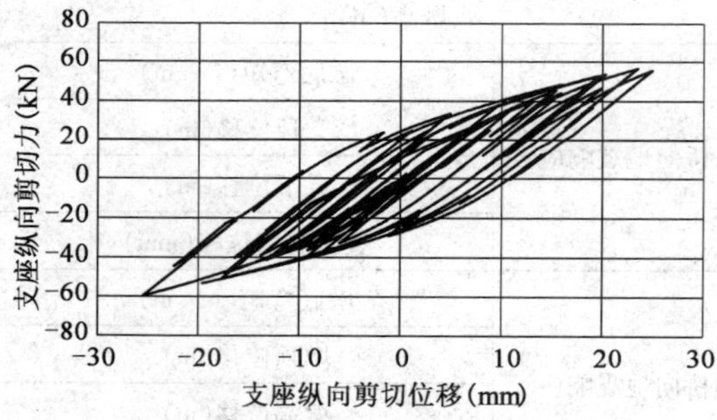

图11 墩高30m时HDR隔震支座在时程波作用下纵向剪切力—位移曲线

桥梁的跨径、墩高千差万别,不便从结构尺寸上来定量化评判高阻尼隔震橡胶支座的适用性,比较合适的指标是结构的自振周期。从加速度反应谱曲线和分析结果来看,当对结构地震响应起主要贡献的振型对应的自振周期都小于3s且地震烈度较高时,适宜采用高阻尼隔震橡胶支座。

六、结 语

高阻尼隔震橡胶支座在近几年逐步得到发展和应用,其水平等效刚度较小,能延长结构自振周期,同时具有双线性恢复力模型特性,在地震反复作用下能形成滞回环进行耗能,减小地震力。

对于公路常规简支梁桥，通过与普通板式橡胶支座进行对比，在墩高较矮、结构自振周期较小时，采用高阻尼隔震橡胶支座可以改善桥梁结构的抗震性能；当墩高较大时，结构自振周期较长，高阻尼隔震橡胶支座的减隔震效果不明显。

设置高阻尼隔震橡胶支座的桥梁，支座剪切位移和梁端位移稍大，需要配套设置纵向、横向限位装置，如挡块、钢拉杆、抗震缓冲橡胶垫等。

当对结构地震响应起主要贡献的振型对应的自振周期都小于3s且地震烈度较高时，适宜采用高阻尼隔震橡胶支座。

参考文献

[1] 范立础. 桥梁抗震[M]. 上海：同济大学出版社，1997.

[2] 沈朝勇，周福霖，崔杰，等. 高阻尼隔震橡胶支座的相关性试验研究及其参数取值分析[J]. 地震工程与工程振动，2012，(6)：95-103.

[3] 四川省交通运输厅公路规划勘察设计研究院. 雅安至康定高速公路草坝至新沟段两阶段施工图设计文件C3合同段[Z]. 成都：四川公路规范勘察设计研究院，2014.

[4] 杜鹏飞. 高阻尼隔震橡胶支座在桥梁设计中的分析与运用[J]. 赤峰学院学报(自然科学版)，2013，(11)：48-51.

123. 桥梁横向分布系数空间实体模型有限元算法

常皓程[1] 吕建鸣[1] 康世飞[2] 陈云海[1]

(1. 交通运输部公路科学研究所；2. 中国路桥工程有限责任公司)

摘 要 本文阐述用三维实体模型计算桥梁横向分布系数，即通过建立混凝土桥梁的三维空间实体单元模型并布置空间荷载、提取控制点结果进行对比分析的方法来计算荷载横向分布系数，这样可以较为真实地模拟桥梁的结构状态。计算结果可适用于各种直的、弯的、变高度及变宽度的复杂箱梁桥以及有系梁、铰缝、现浇段的装配式T梁、空心板、小箱梁等中小桥的平面梁单元计算模型的计算分析。本文介绍公路桥梁结构设计软件(简称：GQJS)中采用空间实体模型有限元法计算荷载横向分布系数的相关模块、实例及与传统方法的对比。

关键词 横向分布系数 实体有限元 GQJS

一、引 言

目前国内外桥梁设计规范及软件还是基于平面梁理论制定和开发的。二维平面梁单元一般偏安全地采用荷载偏心增大系数法或横向分布系数法考虑桥梁的空间效应。目前常用的横向分布系数计算方法分为梁格法、板系法和梁系法。

本文提出用实体有限元法计算横向分布系数，来辅助平面梁单元的结构设计计算，这是在结构没有发生损坏的情况下，最接近真实情况的模拟方法，可以得到更加精确的横向分布系数。本文介绍在GQJS中实现的实体有限元计算横向分布系数的计算原理、步骤，并取几个实例与传统的横向分布系数计算方法进行对比计算。下面详细介绍这一新的横向分布系数计算法。

二、横向分布系数实体有限元算法

对于多片梁桥，在平面有限元中一般只建立单片梁的模型。根据横向分布系数的定义，计算横向分布系数时需要建立全桥模型。根据单片梁的截面信息数据和横向分段数(即几片梁)和分段间距等信息可以建立全桥的空间模型。

这里空间模型采用的是12节点等参元。从理论上讲，在计算条件允许的情况下，只有采用实体单元才能更好地模拟实际情况。实体等参元一般分为4节点、8节点和20节点。其中，4节点等参元是四面体单元，它是一种常应变单元，计算精度不高，不适合桥梁这种长细结构的计算分析。8节点等参元是六面体单元，但是传统8节点单元要求各个单元边长尽量相等，否则计算精度无法保证，而且因为桥梁结构是细长结构，横断面尺寸较小，纵断面尺寸较大，如果划分成单元边长接近8节点等参元，则所需单元数量巨大。本文选用12节点等参元。12节点等参元在桥梁纵向有三个节点，使得在相同计算精度情况下较8节点单元，所需划分的单元数较少、计算效率高。

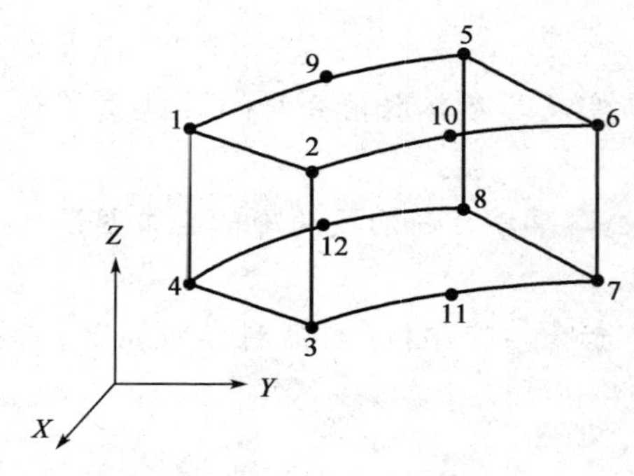

图1　12节点等参元

12节点等参元如图1所示。图中1-2-3-4面和5-6-7-8面为顺桥向单元前后端面，9-10-11-12面为单元中面，1-2-10-6-5-9面、1-9-5-8-12-4面、4-3-1-7-8-12面和2-3-11-7-6-10面为横桥向单元侧面。12节点单元的顺桥向每边都有3个节点，可用二次抛物线模拟曲边，也适用于工程上常见的弯梁桥。

建立实体模型之后，对实体模型进行偏载的加载求解偏载增大系数。实体有限元法求解偏载增大系数可通过偏载作用下截面的应力增大、挠度增大来计算。应力增大系数，是指在偏载作用下，控制截面腹板上缘和下缘的各自最大应力与各自平均应力之比的平均值；挠度增大系数，是指在偏载作用下，控制截面下缘的最大挠度与平均挠度之比。相应结果根据相应截面的测点结果计算得出。计算得到增大系数后，综合考虑车道数和车道折减，横向分布系数计算公式如下：

$$\text{横向分布系数}=\frac{\text{增大系数}\times\text{车道数}\times\text{车道折减系数}\times\text{原模型的横向分段数}}{\text{横向分布计算时采用的横向分段数}}$$

这里原模型的横向分段数指的是在待计算横向分布系数的平面梁单元模型中T梁、小箱梁或空心板等的片数，横向分布计算时采用的横向分段数指的是建立整体实体模型时T梁、小箱梁或空心板等的总片数。

对于只有挠度测点的截面，横向分布系数根据挠度增大系数计算得出；对于既有挠度测点又有应力测点的截面，如果挠度增大系数和应力增大系数相差不大，则二者取平均值；如果相差较大，则取较小值进行横向分布系数的计算。对于已定义过的控制截面之外的截面，其横向分布系数计算遵从下面的规则：两个控制截面之间的截面的横向分布系数，由控制截面的系数值线性内插得到；对于桥梁最左最右端的截面，横向分布系数取距离最近的控制截面横向分布系数值。

三、算 例 分 析

钢筋混凝土简支T梁桥，横桥向由5片预制T形主梁组成，主梁间距2.5m。计算跨径$L=35$m，三车道，每车道宽3.5m，桥宽为净－10.5m附2×0.75m人行道，如图2所示。为了便于辨识，将截面进行简化处理，简化之后的桥面如图3所示。

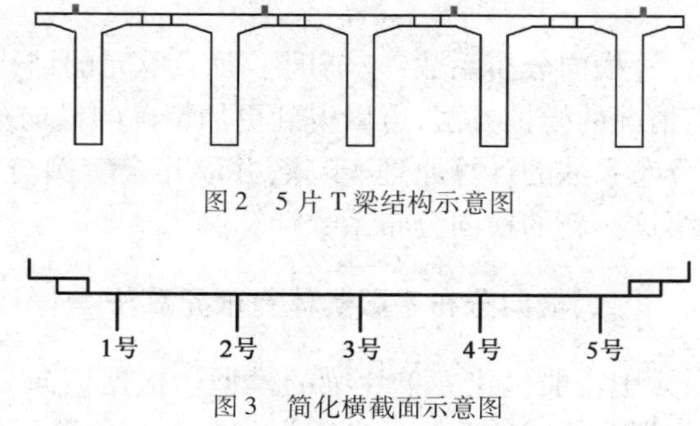

图2　5片T梁结构示意图

图3　简化横截面示意图

这里5片梁的截面均相同，单片梁信息如下：上翼缘宽度2m，上翼缘悬臂长度0.75m，上翼缘平均厚度0.3m，腹板厚度0.5m，腹板高度2.15m。单片梁横截面对中性轴的抗弯惯性矩1.035 34m^4，横截面对形心的抗扭惯性矩0.116 207m^4。GQJS中单片梁的平面梁单元模型如图4所示。对该平面梁单元进行验算时，需计算该单片梁的荷载横向分布系数。

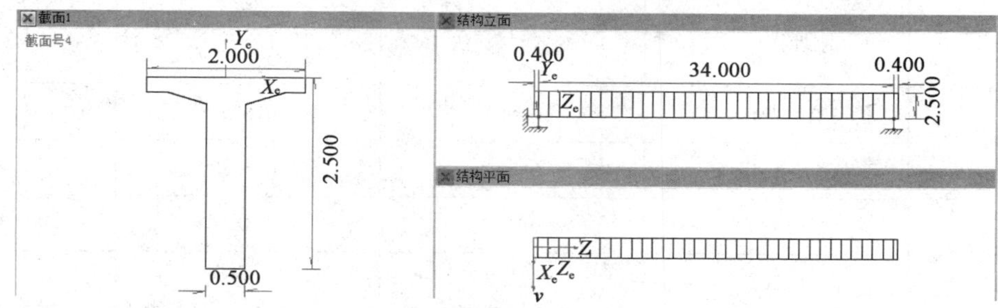

图4　模型图（尺寸单位：mm）

因为针对不同的横向连接方式，传统的横向分布系数计算需要采用不同的计算方法，所以这里分有横隔板和无横隔板两种情况计算单片梁的横向分布系数。

1. 无横隔板的5片简支T梁

结构单元离散以及控制截面的位置参数如图5所示，选择$L/4$、$L/2$、$3L/4$（L为桥长）的截面位置作为横向增大系数计算的参考截面。

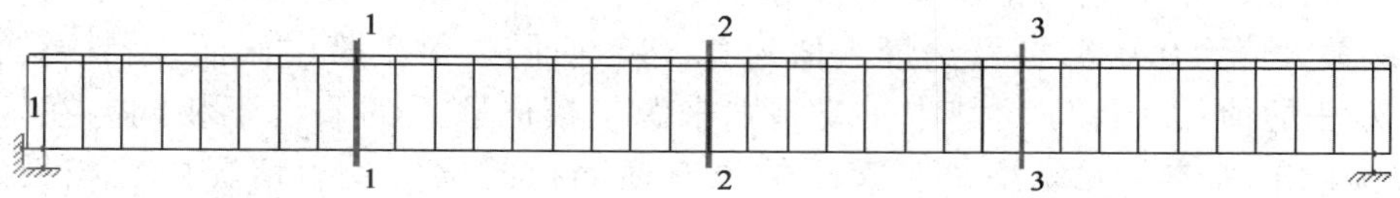

图5　控制截面位置图示

计算模型空间预览效果如图6所示。

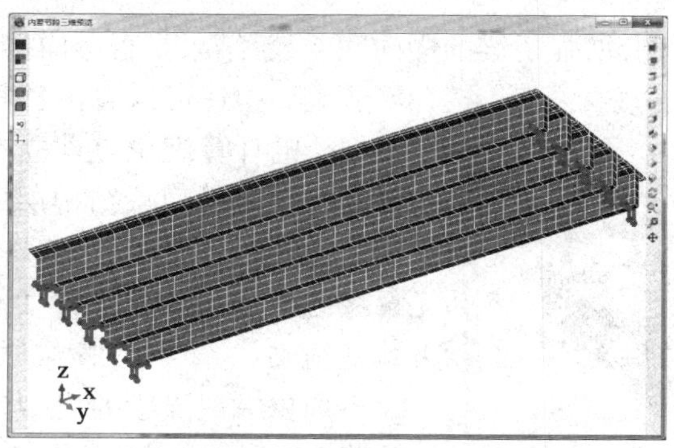

图6　全桥模型三维预览

计算后得出增大系数结果及考虑车道折减系数后得到单片梁的平均横向分布系数结果见表1。

全桥模型下的结果列表　　表1

截面位置编号	里程桩号	位移系数	应力系数	横向分布系数
1	8.400	1.088	1.048	0.50
2	17.400	1.113	1.179	0.54
3	25.400	1.112	1.128	0.52

表注：截面位置编号见图5。

从表1的结果来看，实体有限元算法计算得出的横向分布系数的最大值出现在跨中，为0.54。其余部位横向分布系数略小，但相差在8%以内。这里取跨中横向分布系数0.54与传统方法的计算值进行对比。

下面用4种传统方法分别计算同一模型的跨中处横向分布系数,利用的是GQJS9.7中自带的横向分布系数计算小程序。计算结果如下表2。

四种横向分布系数计算方法结果列表 表2

梁号＼方法	刚性横梁法	刚接板法	铰接板法	杠杆法
1	0.721	0.669	0.675	0.450
2	0.561	0.537	0.558	0.880
3	0.480	0.483	0.485	0.880
4	0.561	0.537	0.558	0.880
5	0.721	0.669	0.675	0.450
平均值	0.609	0.579	0.5902	0.708
平均值与新方法计算值相差	11.3%	6.7%	8.5%	23.7%
最大值与新方法计算值相差	25.1%	19.3%	20%	38.6%

从表2可以看出,5片T梁桥的横向分布系数,刚性横梁法最大值为0.721,刚接板法最大值为0.624,铰接板法最大值为0.628,杠杆法最大值为0.88。而同样对于跨中截面,新计算方法得出的结果为0.54,老方法的值偏于保守。其中主要差别来源是横向联系的假设不相同。在这个算例中建立的有翼缘现浇段的实体单元模型是与实际的没有横隔板的梁桥受力情况比较相近的,而刚接板法、刚性横梁法在假设横向连接时会将横向的刚度放大。当然,实际在建造多片T梁组成的梁桥时会在横向设立横隔板,这样会增强桥梁的横向联系和纵向抗弯刚度。桥面铺装也可以起到同样的作用。

下一节介绍有横隔板的算例,增强桥梁的横向联系,看结果是否会向接近的方向发展。

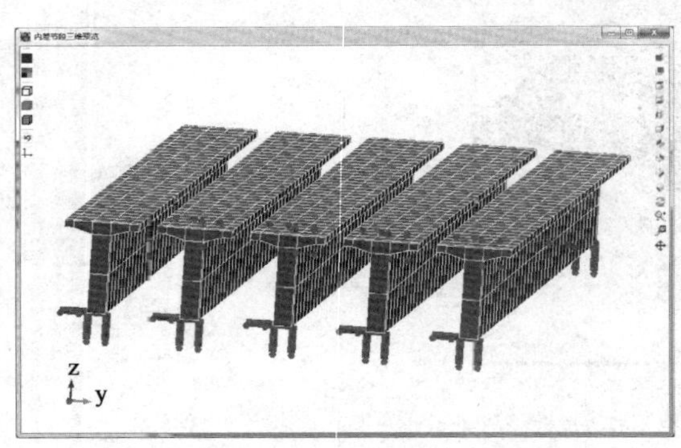

图7 不加翼缘现浇段的全桥模型三维预览

从表2中还可以看出杠杆法的相对误差最大,这是由于杠杆法的计算理论是建立在T梁之间没有横向联系的,与建立的实体模型从结构层面来看就有很大差别,所以计算得出的横向分布系数会有较大的相差。这可以通过建立无翼缘现浇段的实体5片T梁桥,用新方法来计算其结果来验证结果。

不加翼缘现浇段的模型其余参数不变,对模型进行三维预览,全桥网格划分如图7。

对这个三维空间模型进行加载,测点和车辆加载位置与加了翼缘现浇段的三维空间模型基本相同,这里就不再赘述。最后,得到横向增大系数及横向分布系数如下表3。

未定义翼缘现浇段的全桥模型下的结果列表 表3

编号	桩长	位移系数	应力系数	横向分布系数
1	8.400	2.000	1.698	0.87
2	17.400	2.000	1.782	0.88
3	25.400	2.000	1.694	0.86

对比表2中杠杆法的计算值,可以发现,这个模型的计算结果与杠杆法得到最大横向分布系数的结果是一致的,证明了这个算法是正确的。

2. 有横隔板的5片简支T梁

加了横隔板的5片简支T梁,具体参数与前面的算例参数基本相同,不一样的是在桥梁的两个支座截面、两个1/4截面还有跨中截面加了横桥向的横隔板,相邻两块横隔板之间的间距为8.5m,横隔板下端距桥面高度为2.5m,在刚接板法和铰接板等简化算法中,横隔板折减到单片梁横截面对中性轴的抗弯惯性矩和横截面对形心的抗扭惯性矩中,这两个惯性矩分别变化为1.062 734m^4、0.116 207m^4。对有翼缘现浇段和横隔板的模型进行三维预览如图8所示。

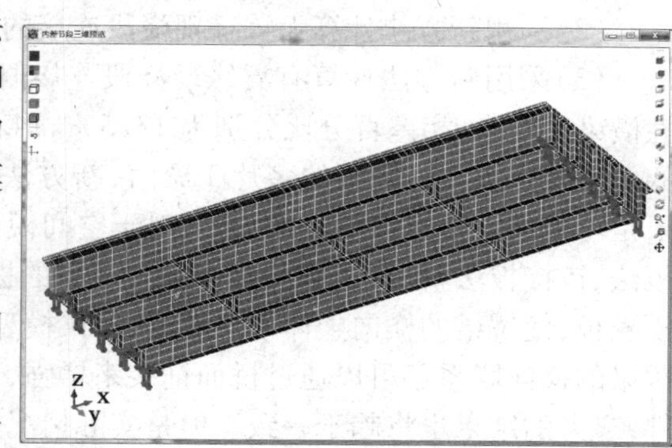

图8　全桥模型三维预览

车道的横向布置参数、应力挠度测点位置、布载位置以及控制截面的位置参数与“无横隔板的5跨简支T梁”算例中完全相同,这里不再赘述。

模型建立完毕之后,进行计算得出,增大系数结果及考虑车道折减系数后得到最终的横向分布系数见表4。

全桥模型下的结果列表　　表4

编　号	里程桩号	位移系数	应力系数	横向分布系数
1	8.400	1.113	1.339	0.57
2	17.400	1.132	1.392	0.60
3	25.400	1.141	1.443	0.60

从表4的结果来看,实体有限元算法计算得出的横向分布系数的最大值出现在跨中,为0.60。其余部位横向分布系数略小,但相差在5%以内。这里取跨中横向分布系数0.60与传统方法的计算值进行对比。

下面使用GQJS9.7中的横向分布系数计算功能来计算同一座桥梁的横向分布系数,结果如表5。

两种横向分布系数计算方法结果列表　　表5

方法 / 梁号	刚接板法	刚性横梁法
1	0.672	0.721
2	0.538	0.561
3	0.483	0.480
4	0.538	0.561
5	0.672	0.721
平均值	0.581	0.609
平均值与新方法计算值相差	3.2%	1.48%
最大值与新方法计算值相差	10.7%	16.8%

从表5中看出,采用刚接板法计算得到的最大横向分配系数为0.672,刚性横梁板法为0.721,误差分别为10.7%和16.8%,相较之前未加横隔板时的相差百分比已经有大幅度减少,证明新方法得出的结果是可信的。

四、结　语

(1)文中提出了用空间实体模型计算横向分布系数的新方法,并详细介绍了其计算流程及计算原理。这种方法适用于各种形式的桥梁,不用像传统方法这样需要根据横向连接形式来选用不同的计算方法。

(2)采用新方法计算无翼缘现浇段连接的多片T梁计算结果与杠杆法一致。

(3)采用新方法计算有翼缘现浇段连接但无横隔板的多片T梁,计算结果比刚接板法、铰接板法、刚性横梁法均小,相差百分比分别为13.5%,14.0%,25.1%。分析误差是由于横向连接的假设不同导致的。当计算存在横隔板的多片T梁时,新方法与老方法的差值降到5%以下,证明新方法得出的计算结果是可信的。而当横隔板增加时,对于空间模型的横向分布系数的提高是明显的,而对于传统方法(刚接板法、铰接板法)计算得到的横向分布系数的提高是少量的,所以,可以预见,当空间模型中添加足够多的横隔板,使桥梁的横向整体性足够强、桥梁模型达到刚接板法的假设条件时,二者的结果也将是一致的;桥梁的横向联系还可以通过桥面铺装来增强,而当桥面铺装层足够厚时,也将达到刚性横梁法的假设条件,二者的结果也将趋于一致。但是实际情况是桥梁的横向连接并没有理想状态下那么好,所以新方法的结果应该会更准确。

(4)采用新方法,对于不同的纵向位置会得出不同的计算结果。传统方法中"跨中第一块横隔板之后的截面采用跨中处的横向分布系数,支座处采用支座处横向分布系数,跨中第一块横隔板和支座之间的截面线性插值得到其横向分布系数"。采用新方法,可以更加方便的得到多个截面的横向分布系数,这样得到的纵桥向横向分布系数曲线更加精细。

(5)算例3.1中的简支T梁纵桥向的对称位置的横向分布系数并不相同,这是因为两端支座形式不相同,其中右端是没有水平方向约束的。在这种情况下,桥梁两端并不是完全对称的,其横向分布系数也应该有一些不同。传统方法中并没有体现出这一点。

(6)传统算法只适合常规截面的直桥,实体有限元算法具有普遍的适用性,可精确模拟任意截面形式的直桥、弯桥、斜桥、变宽度梁桥,及拱桥、斜拉桥等复杂桥型,比较真实地反映结构的受力状态。建议在计算横向分布系数和偏载增大系数时应用这种方法。

参考文献

[1] 同济大学路桥教研室.公路桥梁荷载横向分布计算[M].北京:人民交通出版社出版,1977.

[2] 范立础.桥梁工程[M].2版.北京:人民交通出版社出版,1977.

[3] 周水兴.桥梁工程[M].2版.重庆:重庆大学出版社出版,2011.

[4] 章娜娜,陈水生,卢稳健.公路桥梁荷载横向分布系数综述[J].四川建筑,2009(6).

[5] 宋建永,张浩阳,张树仁.公路桥梁荷载横向分布系数简化计算[J].东北公路,2003,26(4):77-79.

[6] 赵文杰.简支T型桥荷载横向分布系数计算方法的比较研究[J].华东公路,2013,1:20-23.

[7] 韦立林,王文宁,王建军.简支梁桥荷载试验横向分布系数分析方法[J].广西大学学报(自然科学版),2007,32(2):183-185.

[8] 刘华,叶见曙,俞博,等.桥梁荷载横向分布系数计算方法[J].交通运输工程学报,2009,9(1):62-66.

[9] 聂瑞锋,石雪飞,阮欣,等.在役多车道空心板梁桥弯矩横向分布系数计算方法研究[J].桥梁建设,2014,44(2):56-60.

[10] 李松辉,李冲,闫明.在役桥梁实测荷载横向分布系数研究与应用[J].山东科技大学学报:自然科学版,2009,28(5):27-29.

[11] 吕建鸣,陈可.斜拉桥空间有限元精细化建模技术研究[J].土木建筑工程信息技术,2009,1(2):1-6.

[12] 中华人民共和国交通部.JTG D60—2004　公路桥涵设计通用规范[S].北京:人民交通出版社,2004.

[13] 吕建鸣,宋建永.组合截面桥梁结构计算方法研究[J].公路交通科技,2005,22(6):68-71.

124. 大直径嵌岩桩承载机理与设计理论探讨

龚维明　霍少磊
(东南大学土木工程学院)

摘　要　桥梁工程中大直径嵌岩桩的使用日趋增多,由于现场试验难以进行,设计中缺乏类似的经验可循,又没有明确的设计方法和依据,这造成嵌岩桩合理设计成为难题。本文研究表明:在软岩地区,深嵌岩段的桩基承载特性类似于摩擦桩的受力形态,但必须按照嵌岩桩公式进行设计,嵌岩比越大,相应的承载力越大,变形越小。当嵌岩深度超过一定限值时,桩端位移一般很小,导致其桩端阻力发挥不出来。

关键词　嵌岩桩　承载机理　设计理论

嵌岩桩是指桩身一部分或全部埋设于岩石中的桩基础。由于岩层种类繁多,岩石强度差异很大,大直径深长嵌岩桩承载机理复杂,且很难进行破坏试验,诸多原因制约了人们对其承载性能的全面认识。国内如建筑桩基规范(2008 年)、公路桥涵地基及基础规范(2007 年),都规定嵌入中风化岩层以上称之为嵌岩桩,全风化和强风化按土层考虑。国外规范一般认为只要嵌入岩层的桩都是嵌……嵌入强风化还是全风化岩层。

本文针对现有规范的不足和课题组长期以来开展的大直径嵌岩桩的关键……成果,希望能给大直径嵌岩桩的设计提供一定的参考。

一、国内外嵌岩桩规范……

目前,不同行业的嵌岩桩的计算公式并不完……开具体的分析。

1. 建筑地基基础设计规……

当桩端嵌入完整……
(GB 50007-……

……岩及较……
……—2011)……

式中：Q_{sk} 、Q_{rk} ——分别为土的总极限侧阻力标准值、嵌岩段总极限阻力标准值；

q_{sik} ——桩周第 i 层土极限侧阻力(kp_a)；

f_{rk} ——岩石饱和单轴抗压强度标准值；

ζ_r ——嵌岩段侧阻和端阻综合系数，与嵌岩比、岩石软硬程度和成桩工艺有关，见表1所示。

该规范虽考虑了桩周岩层、土层对单桩竖向承载力的贡献，而且对于软岩、极软岩考虑到嵌岩深度超过4倍桩径的情况。但也存在一定不足：

(1)嵌岩段总极限阻力标准值采用单轴抗压强度标准值来衡量与桩端岩体的实际受力状态明显不符；

(2)上覆土层的侧阻力采取全部计入的手段进行，并未考虑承载力是否发挥。

综合系数 ζ_r 一览表 表1

嵌岩比	0	0.5	1.0	2.0	3.0	4.0	5.0	6.0	7.0	8.0
极软岩、软岩	0.60	0.80	0.95	1.18	1.35	1.48	1.57	1.63	1.66	1.70
较硬岩、坚硬岩	0.45	0.65	0.81	0.90	1.00	1.04	—	—	—	—

3. 公路桥涵地基与基础设计规范

《公路桥涵地基与基础设计规范》(JTG D63—2007)给出嵌岩桩(不包括强风化、全风化岩)单桩承载力的计算模式为：承载力一般由桩周土总侧阻力、嵌岩段总侧阻力和总端阻力三部分组成。承载力允许值可按下式计算：

$$[R_a] = c_1 A_p f_{rk} + \mu \sum c_2 h_i f_{rki} + \frac{1}{2} \zeta_s \mu \sum l_i q_{ik} \tag{3}$$

式中：c_1 、c_2 ——根据清孔情况、岩石破碎程度等因素而定的端阻、嵌岩段侧阻发挥系数，可按表2采用；

ζ_s ——覆盖层土的侧阻力发挥系数，根据桩端岩石饱和单轴抗压强度确定，当 $2\text{MPa} \leqslant f_{rk} < 15\text{MPa}$ 时，$\zeta_s = 0.8$；当 $15\text{MPa} \leqslant f_{rk} < 30\text{MPa}$ 时，$\zeta_s = 0.5$；当 $f_{rk} \geqslant 30\text{MPa}$ 时，$\zeta_s = 0.2$。

此外、系数 c_1 、c_2 还考虑了嵌岩深度和施工工艺以及孔壁粗糙度的影响。当嵌岩段桩长过短、入岩深度小于或等于0.5m，综合考虑各种因素，c_1 采用表中数值的0.75倍，$c_2 = 0$；对于钻孔桩，系数 c_1 、c_2 值可降低20%采用。

系数 c_1、c_2 值 表2

岩 层 情 况	c_1	c_2
完整、较完整	0.6	0.05
较破碎	0.5	0.04
破碎、极破碎	0.4	0.03

桩端持力层岩性考虑了中风化层作为持力层的情况。为安全起见，要求此时嵌岩段桩端、桩侧阻力的发挥乘以0.75的折减系数。从现有的各行业规范来看，此规范考虑较为全面，但该规范在覆盖层土的侧阻力发挥系数和端阻(侧阻)发挥系数取值上还有待商榷。

4. 铁路桥涵地基和基础设计规范

《铁路桥涵地基和基础设计规范》(TB 10002.5—2005)给出支承在岩石层上与嵌入岩石层桩的容许承载力为：

$$[P] = R(c_1 A + c_2 U h) \tag{4}$$

式中：R ——岩石单轴抗压强度；

h ——桩端嵌入新鲜岩层的深度；

c_1 、c_2 ——根据岩石破碎程度、清孔情况等因素而定的端阻、嵌岩段侧阻发挥系数，按表3采用。

从公式上来看，该规范公式只考虑嵌岩段部分的侧阻力和端阻力，完全不计上覆土层的侧阻力，偏于保守。从系数 c_1 、c_2 的取值来看,与《公路桥涵地基与基础设计规范》(JTG D63—007)相比,也是数值偏小,偏于保守的。从考虑桩基承载力的影响因素来看,考虑的因素也较少,不能完全适用桩基工程的实际需要。

系数 c_1、c_2 表 3

岩层层及清底情况	c_1	c_2
良好	0.5	0.04
一般	0.4	0.03
较差	0.3	0.02

5. 美国 AASHTO 桩基规范

美国 AASHTO 桩基规范规定桩基的极限承载力可按下式计算:

$$Q_R = \varphi_{qp} Q_p + \varphi_{qs} Q_s = \varphi_{qp} q_p A_p + \varphi_{qs} q_s A_s \tag{5}$$

式中:φ_{qp} 、φ_{qs} ——分别为桩端、桩侧抗力系数;

q_p 、q_s ——分别为单位面积的极限侧阻力、端阻力;

A_p 、A_s ——分别为桩端、桩侧面积。

桩端单位面积的端阻力由加拿大土木工程学会公式计算:

$$q_b = 3 f_{rc} K_{sp} d \tag{6}$$

其中:

$$K_{sp} = \frac{3 + \dfrac{s_d}{D}}{10\sqrt{1 + 300\dfrac{t_d}{s_d}}} \tag{7}$$

$$d = 1 + \frac{0.4 H_s}{D_s} \leqslant 3.4 \tag{8}$$

式中:K_{sp} ——桩端岩体完整性抗力系数;

d ——无量纲深度系数;

D ——桩身直径;

s_d ——裂隙的间距;

t_d ——裂隙的宽度;

H_s ——嵌岩深度;

D_s ——成桩时桩套筒的直径。

美国 AASHTO 桩基规范考虑了岩体的完整性影响以及桩身直径及嵌岩比的影响。国内相关规范较少考虑岩体的完整性问题。

6. 英国基础规范

英国基础规范 BRITISH STANDARD《Code of practice for Foundations(Formerly CP 2004)》(BS 8004:1986)规定根据土工试验参数提供的经验公式计算桩的承载力:

$$Q = f A_s + A_b q \tag{9}$$

式中:Q ——桩基极限承载力;

f——桩身单位面积的极限侧阻力;

A_s ——桩身的侧面面积;

A_b ——桩端截面面积;

q ——桩端单位面积的极限端阻力。

f 和 q 可由桩的原位试验确定,但一般是根据实验室土工试验或现场土工试验的结果予以假定。对于嵌岩桩的计算,该规范并无具体的计算条文及说明。

从以上嵌岩桩基础的设计规范来看,国内外桩基的设计规范对于桩基承载力的确定都考虑了桩基的侧阻力和端阻力，但不同规范考虑的影响因素并不完全一致，所采用的系数并不完全相同。

二、讨　论

1. 长嵌岩桩承载力计算问题

岩体和土体中的 τ-δ 变化曲线相差很大，破碎岩体的 δ 约为黏性土的1/2，完整岩体约为黏性土的1/4，如图1。因此其 τ-δ 曲线与一般土的明显不同：τ 达到极限值所需的相对位移 δ 小于土层所需的 δ；完整基岩中，摩阻力呈脆性破坏，τ 由峰值减小到某一残余强度。中等风化程度以上的岩层提供的单位侧阻力则要比土层高十几倍，甚至几十倍。表4为岩体发挥极限侧阻时的相对位移。

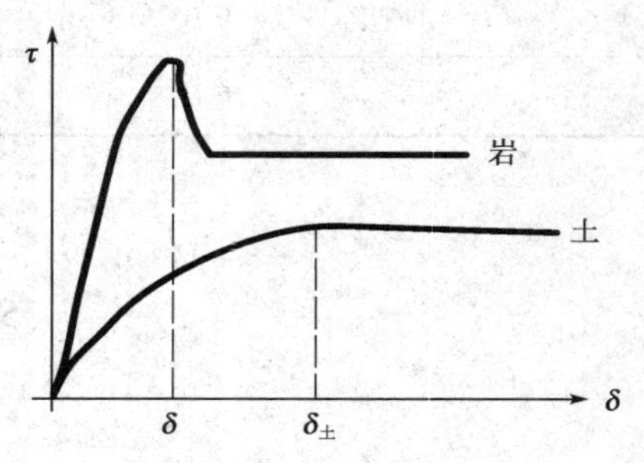

图1　岩土相对位移 τ-δ 曲线

桩基按承载性状可分为摩擦桩和端承桩，桩顶荷载主要由桩侧阻力承受或桩顶荷载主要由桩端阻力承受。对于超长嵌岩桩，如长度大于100m的嵌岩桩，按承载性能是摩擦桩，但在计算中必须用嵌岩桩公式，岩石强度差时与摩擦桩公式相近，且对于多个岩层，嵌岩段摩擦力都要计算。

岩体发挥极限侧阻的相对位移（mm）　　表4

岩石名称	破碎砂质黏土岩和细砂岩	完整细砂岩	完整石灰岩和花岗岩
$\delta_{岩}$	4	3	≤2

2. 长径比和嵌岩比的影响

1）长径比的影响

长径比 L/d 对桩端阻力的影响是很明显的，国内外专家已经做过大量研究。由实测资料分析，对于深长嵌岩桩，随着桩顶荷载的增加，其上覆土层侧阻、岩层侧阻和端阻依次发挥，当土层较厚且桩端嵌岩较深时，孔底一般难以彻底清除干净，其桩端阻力占桩顶荷载的比例一般不超过30%，有时甚至小于5%。当嵌岩深度不大，清孔非常干净且桩底无沉渣时，嵌岩桩桩端阻力占桩顶荷载的比例会较上述情况增加。

2）嵌岩比的影响

嵌岩比指的是桩基嵌入岩层的深度与嵌岩段桩径的比值。嵌岩深度（嵌岩长径比）对嵌岩桩的影响是多方面的，包括嵌岩桩侧阻力的分布模式和嵌岩桩的破坏模式。所谓最大嵌岩深度就是指嵌岩桩嵌入岩层时，桩端阻力为零的深度；最佳嵌岩深度是指桩的承载力发挥效果、经济性和施工方便的角度综合考虑，确定的有明显绩效的嵌岩深度。在上部荷载大小一定的条件下，嵌岩桩极限侧阻力占桩顶荷载的百分比随嵌岩比的增大而增大，在嵌岩比达到一定值时保持不变；随着嵌岩比的增大，桩端阻力明显下降，桩端阻力分担荷载的比例将逐渐减小，对硬质嵌岩桩来说下降的趋势更为明显（图2）。

嵌岩比与岩层端阻发挥系数 c_1、侧阻发挥系数 c_2 取值也有关，如图3所示。

嵌岩桩嵌岩长度对于嵌岩桩承载性能发挥有很大影响，最佳嵌岩深度和最大嵌岩深度可按表5取值。

最佳/最大嵌岩深度推荐限值　　表5

f_{rk}（MPa）	最佳嵌岩深度	最大嵌岩深度
$f_{rk} \leqslant 5$	钻孔桩：6～9d	钻孔桩：7～12d
	挖孔桩：3～5d	挖孔桩：10～15d
$5 < f_{rk} \leqslant 15$	3～4d	5～10d
$15 < f_{rk} \leqslant 60$	2～3d	4～6d

备注：f_{rk} 为岩石饱和单轴抗压强度标准值。

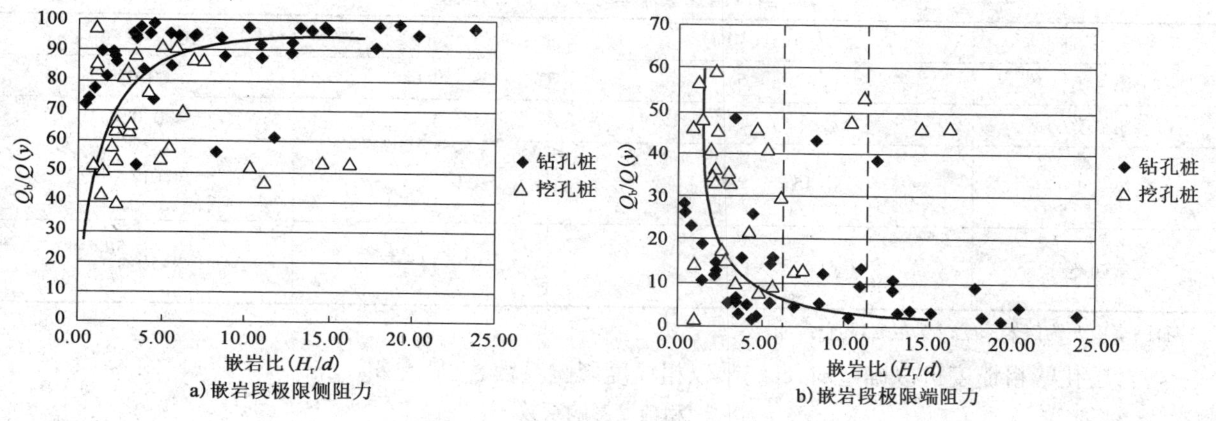

图2 嵌岩段极限侧/端阻力随嵌岩比变化曲线

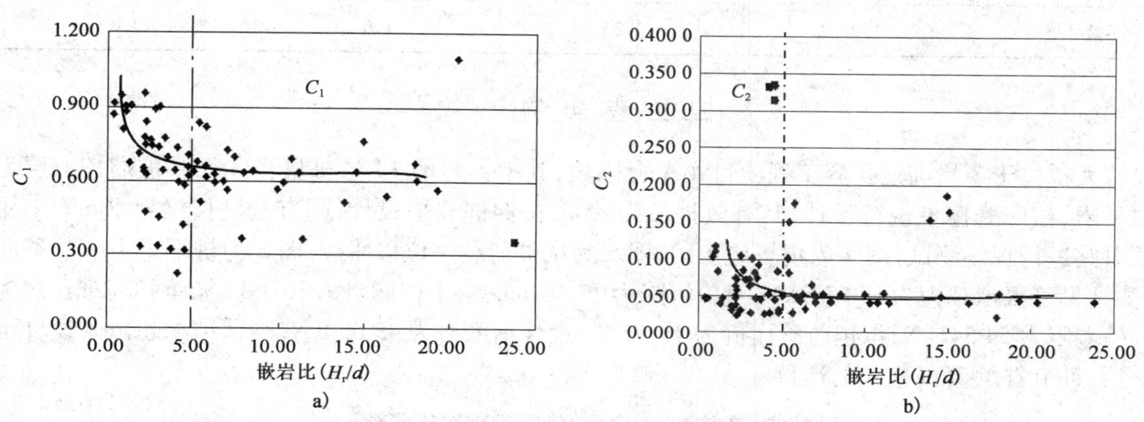

图3 c_1、c_2随嵌岩比变化曲线

三、建 议 公 式

课题组通过大量室内模型试验、室外原位试验和理论对比研究，提出了如下建议公式：

$$[R_a] = c_1 A_p f_{rk} + u\sum_{i=1}^{m} c_{2i} h f_{rki} + \frac{1}{2}\zeta_s u \sum_{i=1}^{n} l_i q_{ik} \tag{10}$$

该公式形式与《公路桥涵地基与基础设计规范》(JTG D63—2007)一致，区别在于c_1、c_{2i}和ζ_s参数取值上，其中c_1、c_{2i}为根据岩石强度、岩石破碎程度等因素而确定的端阻力发挥系数和侧阻发挥系数（表6和表7）；ζ_s为覆盖层土的侧阻力发挥系数，对于嵌岩面以上10D范围以内的土层，根据桩端f_{rk}确定：当2MPa≤f_{rk}<15MPa时，$\zeta_s=0.8$；当15MPa≤f_{rk}<30MPa时，$\zeta_s=0.5$；当f_{rk}>30MPa时，$\zeta_s=0.2$；对于嵌岩面10D范围以上的土层承载力完全发挥，$\zeta_s=1.0$。

当嵌岩比小于5时c_1、c_2取值 表6

类 别	f_{rk}取值(MPa)	c_1	c_2
第一类	$f_{rk}\leq 5$	0.64	0.05
第二类	$5<f_{rk}\leq 15$	0.45	0.024
第三类	$15<f_{rk}\leq 30$	0.25	0.017
第四类	$30<f_{rk}$	0.13	0.01

当嵌岩比大于等于5时 c_1、c_2取值 表7

类 别	f_{rk}取值(MPa)	c_1	c_2
第一类	$f_{rk} \leqslant 5$	0.64	0.05
第二类	$5 < f_{rk} \leqslant 15$	0.45	0.024
第三类	$15 < f_{rk} \leqslant 30$	$0.25\ \frac{5d}{h_r}$	$0.017\ \frac{5d}{h_r}$
第四类	$30 < f_{rk}$	$0.13\ \frac{5d}{h_r}$	$0.01\ \frac{5d}{h_r}$

备注:表中 h_r 为嵌岩深度,d 为嵌岩段直径。

当岩层孔壁粗糙度可以确定时,c_2应乘以粗糙度影响系数 ξ,见表8。

粗糙度影响系数 表8

粗糙度因子	0~0.02	0.02~0.04	0.04~0.08	>0.08
影响系数 ξ	1.2	1.35	1.6	1.9

四、工 程 实 例

乌江特大桥位于遵贵高速扩容工程项目4-A合同段,其中5号墩13号桩桩径2.5m,桩端持力层为中风化白云岩,按照摩擦桩进行设计,其有效桩长为65m,按照嵌岩桩设计,则有效桩长仅为40m。采用自平衡法对其进行现场测试,图4为现场施工图,图5为试桩荷载—位移曲线,图6为桩端阻力~位移曲线,由实测结果可得承载力为130 572kN,对应沉降为27.07mm,其中桩侧阻力76 031kN,承担荷载比例为58.22%,桩端阻力54 541kN,承担荷载比例为41.78%,设计承载力为45 000kN,测试结果超出了设计承载力近3倍,且节省了25m桩长的造价。

图4 自平衡法现场焊接荷载箱

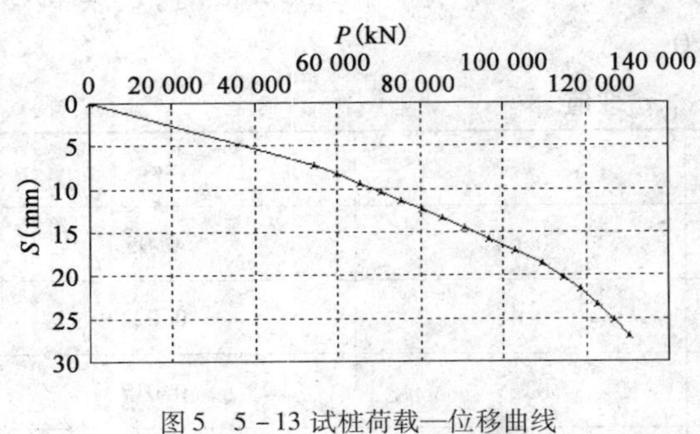

图5 5-13试桩荷载—位移曲线

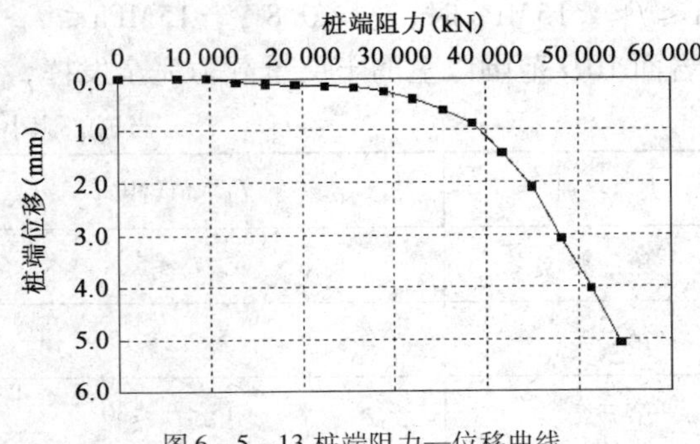

图6 5-13桩端阻力—位移曲线

五、结 语

国内外桩基的设计规范对于嵌岩桩基承载力的确定的经验公式都是以桩基的侧阻力和端阻力为主,但不同规范考虑的影响因素也不完全一致,所采用的系数也不完全相同。课题组对公路桥涵地基与基础设计规范中嵌岩桩公式系数进行修正得到的建议公式,与实测值相比更接近于实际,可为类似工程提供参考。

影响大直径嵌岩桩承载特性的因素比较多,特别是涉及桩身的尺寸效应,目前收集的资料还比较少,缺少系统、准确的的文献资料。对于大直径深嵌岩桩嵌岩深度效应的研究同样如此,希望在后期的进一步研究中,在桩基承载力计算的经验公式中,能够得到具体的反映。

参考文献

[1] 龚成中,龚维明,何春林,等. 双荷载箱技术深长嵌岩桩基承载特性试验研究[J]. 岩土工程学报,2010,S2:501-504.

[2] 程晔,龚维明,薛国亚. 南京长江第三大桥软岩桩基承载性能试验研究[J]. 土木工程学报,2005,12:94-98-114.

[3] 黄生根,张晓炜,刘炜峰. 大直径嵌岩桩承载性能的有限元模拟分析[J]. 岩土工程学报,2011,S2:412-416.

[4] 中华人民共和国住房和城乡建设部,中华人民共和国国家质量监督检验检疫总局. GB 50007—2011 建筑地基基础设计规范[S]. 北京:中国建筑工业出版社 2011.

[5] 中华人民共和国行业标准. JGJ 94—2008 建筑桩基技术规范[S]. 北京:中国建筑工业出版社,2008.

[6] 中交公路规划设计院有限公司. JTG D63—2007 公路桥涵地基与基础设计规范[S]. 北京:人民交通出版社,2007.

[7] 中华人民共和国铁道部. TB 10002.5—2005 铁路桥涵地基和基础设计规范[S]. 北京:铁道出版社,2005.

[8] American Association of State Highway and Transportation Officials. The AASHTO LRFD Bridge Construction Specifications, AASHTO Publications Staff:2005.

[9] British standard: Code of practice for Foundations(Formerly CP 2004):BS8004-1986.

[10] 龚维明,戴国亮,宋晖. 大直径深长嵌岩桩承载机理研究与应用[M]. 北京:人民交通出版社,2010.

125. 两种碳纤维板锚夹具的锚固性能对比试验

陈海波

(贵州省交通科学研究院股份有限公司)

摘 要 随着预应力碳纤维板加固技术在桥梁加固中的应用越来越多,对碳纤维板锚夹具的性能要求也越来越高。作为碳纤维板的锚夹具,提供可靠的锚固能力是一个最基本的要求。夹片锚和波形锚是两种不同类型的碳纤维板锚具,其锚固原理完全不同,锚固性能也有差异。为便于对两种锚夹具的锚固原理、锚固性能的认识,本文截取了相同规格的碳纤维板进行两种锚夹具的锚固性能初步试验。锚夹具—碳纤维板组装件的静力破断试验结果表明,碳纤维板在波形锚中的滑移量相对较少,碳纤维板的破断形式较完全,波形锚—碳纤维板组装件的极限拉力较高。

关键词 波形锚 夹片锚 碳纤维板 极限荷载

碳纤维材料(CFRP)作为一种新型的复合型材料,它具有轻质、高强、耐腐蚀等优良特性,已被大量应用于加固工程。在结构加固工程中普通的粘贴碳纤维板技术不能完全发挥碳纤维材料的高强度，对碳纤维板施加预应力可以使碳纤维材料的高强度得到较好的发挥。试验研究和工程应用表明，利用预应力碳纤维材料对梁进行加固，不但能提高梁的承载力，而且还能够充分发挥碳纤维材料的性能。

然而使用预应力碳纤维板技术进行加固又面临着另外一个问题，那就是碳纤维材料的锚固问题。锚具能对碳纤维材料提供可靠的锚固是预应力碳纤维技术的基本要求，也是预应力碳纤维加固技术的关键问题。长久以来，国内外学者一直致力于研发一套具有可靠锚固性能的锚具。

目前，市场上关于碳纤维板的锚具主要有4种：平板类锚具、应力锚头（StressHead）、夹片式锚具（简称夹片锚）和波形齿夹具锚（简称波形锚）。这4种锚具都各有优缺点。平板类锚具结构最简单，制作成本最低，但其锚固性能较差；应力锚头是欧洲Sika公司的一种锚具，它将碳纤维板的端部通过一种专利技术制作成一个应力头，该应力头不但可以对碳纤维板进行可靠锚固，而且还是一种非金属结构，耐久性非常好，是一种综合性能最高的锚具；夹片锚是利用楔形夹片对碳纤维板施加挤压力，依靠摩擦和黏结对碳纤维板进行夹持和锚固。波形锚是依靠波形齿夹持和锚固碳纤维板，波形齿具有增大摩擦力的作用。

由于夹片锚和波形锚都已经实现国产化，在实际工程中应用相对都比较多，而且两种锚夹具各有其优缺点，为便于设计人员理解，本文就以这两种不同原理、不同形式的锚具进行静力锚固性能试验研究，分别对波形锚和夹片锚的各项锚固性能做出客观的比较，供工程应用参考。

一、锚 固 原 理

1. 波形锚的锚固原理

波形齿夹具锚的工作原理是利用复合材料片材与上、下波形齿板及加劲波形板之间的黏结力和摩擦力，将复合材料可靠地夹持并锚固于上、下波形齿板及加劲波形板之间；上、下波形齿板为凸缘〔或凹缘〕结构，有增大摩擦力和增加黏结面积的作用；压紧及锁定装置使上波形齿板、加劲波形板、下波形齿板以及它们之间所粘贴并夹持的复合材料片材之间互相挤压，进一步增大摩擦力和提高黏结力，使复合材料片材的夹持和锚固效果更可靠。概括地讲，波形锚的夹持力主要来源于三个方面：黏结剂的黏结效应、螺栓的压紧效应、波形齿板的弯曲效应。综合以上三方面的效应，可以得出波形锚锚固总效应为：

$$\mathrm{d}F = -\tau_z \cdot b \cdot \mathrm{d}l - \mu \frac{N_p}{A} \cdot b \cdot \mathrm{d}l - \mu \cdot F \cdot \mathrm{d}\theta$$

式中：τ_z——FRP片材与波形齿夹具锚中的波形齿板的黏结强度；

μ——FRP片材与波形齿夹具锚中的波形齿板之间的摩擦系数；

N_p/A——波形齿夹具锚中的波形齿板对FRP片材施加的均布压力；

A——承压面积，偏安全考虑取波形齿面的投影面积；

b——FRP片材的宽度；对于多层FRP片材，为各层宽度之和；

θ——在波形齿夹具锚中锚固长度范围内FRP片材弯曲的角度总和，即各曲线包角按绝对值相加的总和，单位以rad计。

2. 夹片锚的锚固原理

在安装碳纤维板时，对碳纤维板施加预紧力，碳纤维板的预紧是用一个设计的力顶压夹片的过程，碳纤维板随着夹片的压入而跟进，夹片和碳纤维板之间在轴向没有相对位移；预紧完毕后卸荷，夹片和碳纤维板之间仍然只有横向作用力，此时夹片有回弹出锚的趋势，在锚板对夹片法向压力的作用下，夹片表面产生摩擦力，阻止夹片回弹，形成锚具自锁。夹片锚的夹持力可表示为：

$$P = 2F_1$$

$$F_1 = u_1 R_1 = R_2 \sin\theta_1 + F_2 \cos\theta_1$$

$$F_2 = u_2 R_2$$

$$R_2 = \frac{P/2}{u_2 \cos\theta_1 + \sin\theta_2}$$

式中：P——碳纤维板张拉时的荷载；

θ_1——夹片的倾角；

θ_2——为锚板的倾角；

F_1——为碳纤维板与夹片之间的摩擦力；

u_1——为碳纤维板与夹片之间的摩擦系数；

F_2——锚板与夹片之间的摩擦力；

u_2——锚板与夹片之间的摩擦系数；

R_1——夹片施加给碳纤维板的法向压力；

R_2——夹片施加在锚板的法向压力。

二、试 验 设 计

1. 试件安装

波形锚是通过螺栓紧压两块波形齿板达到夹持碳板的效果。将碳板锚固长度范围内涂上胶水之后，用 Φ14 的螺栓连接两块波形齿板将碳板夹住，在精确对中后，对称均匀地旋紧螺栓，每颗螺栓的紧固扭矩控制在 70N. m 左右。

夹片锚是通过两夹片相互挤压产生对碳板的锚固力。在碳板锚固长度内涂上与波形锚相同的胶水，精确对中后，用 100kN 的预紧力将两夹片挤入楔形锚板中。

2. 波形锚—碳纤维板组装件拉伸破坏试验

试验 1 采用波形锚夹持碳纤维板进行拉伸破坏实验，碳纤维板宽度为 5mm，厚度为 1.2mm，下料长度为 1200mm。在碳纤维板上布置 6 个应变测试点，分别位于碳板的跨中和端部 A、端部 B 的两侧，测点编号为：测点 1、测点 2、测点 3、测点 4、测点 5、测点 6，实验 1 设置如图 1 所示。用记号笔标记锚具与碳纤维板的交接处，如图 2 所示。

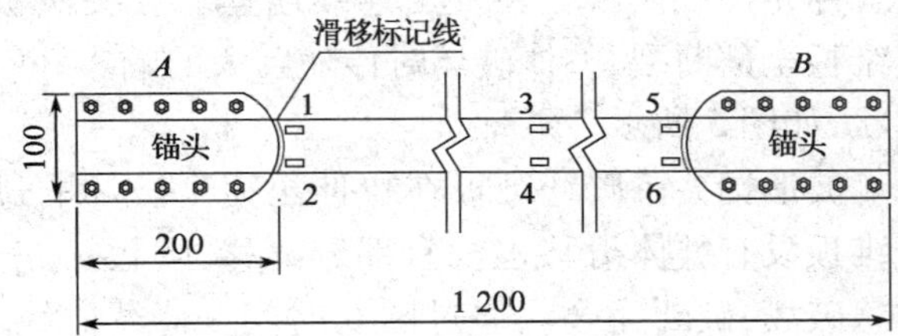

图 1　波形锚实验设置示意图（尺寸单位：mm）

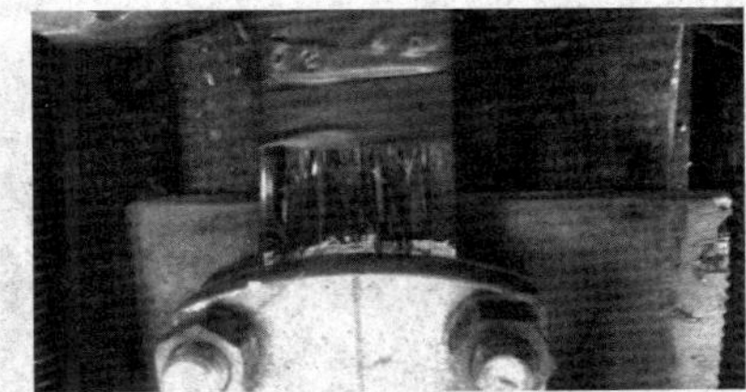

图 2　实验标记线

用百分表测试波形锚张拉端的位移，如图 3 所示。百分表测试的张拉端位移主要包含三部分：一是碳纤维板由于受到拉力的伸长量；二是系统本身存在一些间隙，在张拉过程中会闭合而产生位移；三是碳纤维板在张拉过程中产生的滑移。

图 3　波形锚位移测试百分表

3. 夹片锚—碳纤维板组装件拉伸破坏试验

同试验 1，试验 2 采用夹片锚夹持与实验 1 相同规格的碳纤维板，碳纤维板的测点布置和位移测试也与实验 1 相同。实验 2 设置如图 4 所示。

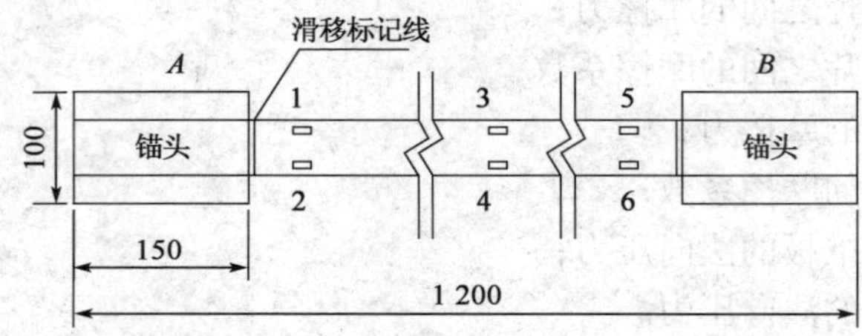

图 4　夹片锚实验设置示意图(尺寸单位:mm)

4. 试验的加载方案

实验 1、实验 2 采用相同的加载方案进行加载。在实验开始之前，将实验 1、实验 2 的碳板进行预张拉至 50kN，以消除系统误差。预张拉应分级加载，每加载 10kN，持荷 60s，加载至 50kN 时，持荷 180s 再卸载。在预张拉完成之后，进行正式加载，首先分级加载至 50kN，每级加载 10kN，持荷 60s。50kN 之后每级加载量减小至 5kN，持荷 30s，直到听到碳板破坏前的响声时，持荷 120s，观察各数据变化，然后再缓慢加载至碳板破坏。

三、试验结果与对比分析

1. 波形锚—碳板组装件拉伸破坏试验结果

波形锚夹持碳纤维板的当拉力达到 100 ~ 110kN 时，碳纤维板表面发生起皮现象，并伴随碳板轻微崩丝的响声，停止加载，观察 2min，发现各个数据没有明显变化，继续缓慢加载，直到碳板发出连续崩丝的声音停止加载。碳板在发出连续崩丝后会突然被拉断，碳纤维板全部断裂，整体破坏时伴随巨大的响声，断口都为细丝状，如图 5 所示。

图 5　碳纤维板完全拉断

波形锚夹持碳纤维板在拉伸至完全破坏的过程中，碳纤维板没有整体滑移也没有部分滑移，碳板被完全拉断呈丝状破坏，破断完全。通过图 6 时间—荷载曲线可以看出碳板的最大承载力达到了 114.2kN，计算得到此次试验所用碳纤维板的极限强度达到了 1 900MPa，碳纤维板的断裂呈丝状，断裂破坏充分。

通过图 7 荷载—位移曲线可以看出，张拉端的位移曲线和碳板伸长位移曲线重合良好，说明张拉端位移绝大部分是来自于碳板伸长。

图 8 荷载—应变曲线可以看出碳板应变与拉力呈现良好的线性关系，验证了碳纤维板就是一线弹性材料。

2. 夹片锚—碳板组装件拉伸破坏试验结果

夹片锚夹持的碳纤维板当拉力达到约 94kN 时，碳纤维板开始出现部分碳板的剧烈滑移，导致碳纤维板劈裂。传感器传递的力也由 94kN 降低至约 42kN。继续按照原加载速率进行加载，当拉力达到约 61kN 时，出现了第二次滑移，滑移后拉力降至约 23kN。此时碳纤维板仍然没有被拉断，继续加载 54kN 左右时，出现了第三次滑移，滑移后拉力降至 2.5kN，此时滑移量已将相当明显。继续加载至 26kN 时，滑移最少的那部分碳板被拉断，仅一小部分碳纤维板的破断呈丝状，如图 6 所示。

夹片锚夹持碳纤维板在拉伸至完全破坏的过程中，碳纤维板发生了滑移，碳纤维板没有完全被拉断，破坏不完全。通过图 6 时间—荷载曲线可以看出碳板的最大承载力达到了 94.5kN，计算得到此次试验所用碳纤维板在发生劈裂破坏之前的最高强度达到了 1 575MPa。

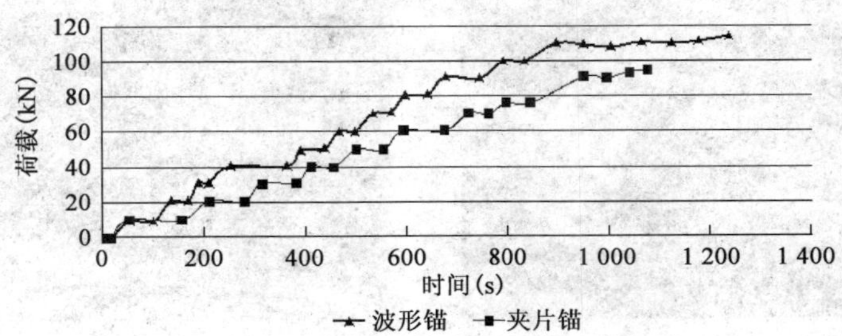

图 6　碳纤维板加载历程曲线

通过图 7 的荷载—位移曲线可以看出,夹片锚张拉端的位移曲线和碳板伸长位移曲线不重合,分离较大,可以看出碳板伸长位移只占张拉端位移的 50% 左右。通过该曲线,也说明了在碳纤维板拉力增加的过程中,碳纤维板的滑移量也在增加,且趋于不稳定。

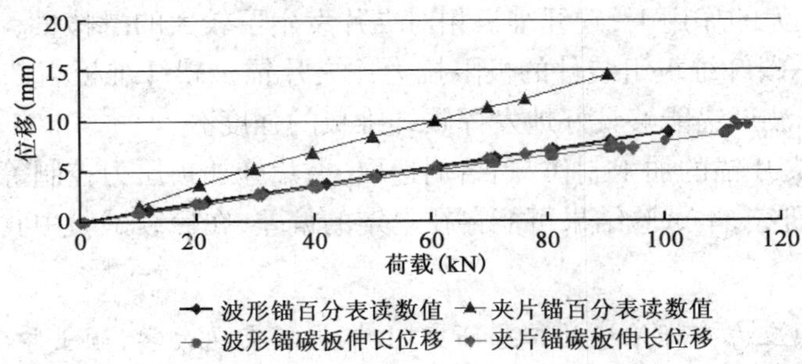

图 7　碳纤维板张拉实验荷载—位移曲线

图 8 荷载—应变曲线可以看出碳板应变与拉力成正比,基本与试验 1 的结果重合,也验证了本试验采用的碳纤维板为相同的材料。

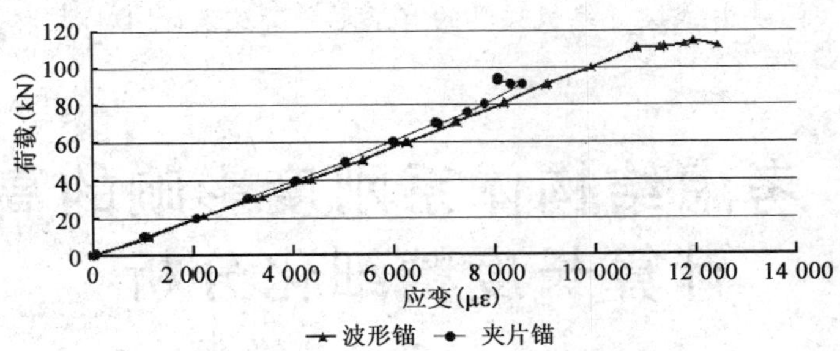

图 8　碳纤维板张拉实验荷载—应变曲线

3. 试验结果的对比分析

通过实验现象观察,波形锚夹持碳纤维板实验中碳纤维板完全被拉断,未出现劈裂等非正常破坏,破坏得比较完全;夹片锚夹持碳纤维板实验中碳板出现了 3 次滑移,碳板破坏主要是由于劈裂导致的,破断得不够充分,如图 10 所示。

波形锚夹持的碳纤维板在极限破坏瞬间的极限承载力达到了 114.2kN,夹片锚实验中碳板在劈裂破坏瞬间最大承载力为 94.5kN;波形锚在张拉过程中对碳纤维板锚固良好,没有产生滑移,夹片锚在张拉过程中产生了滑移,如图 10 所示。也正因为产生了滑移,所以夹片锚在夹持力方面低于波形锚,碳纤维的破坏形式发生了变化。

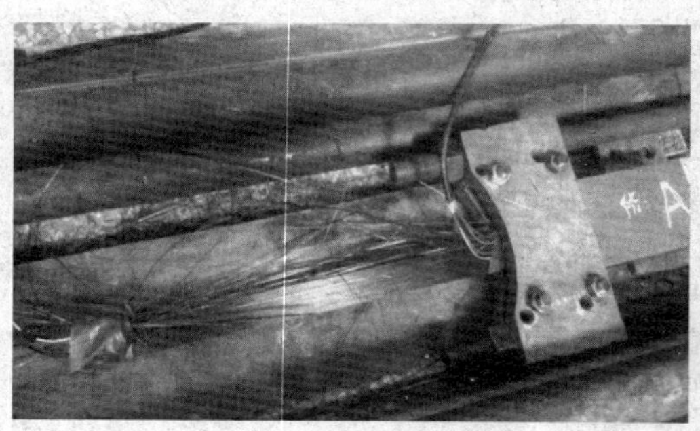

图9 碳纤维板劈裂破坏

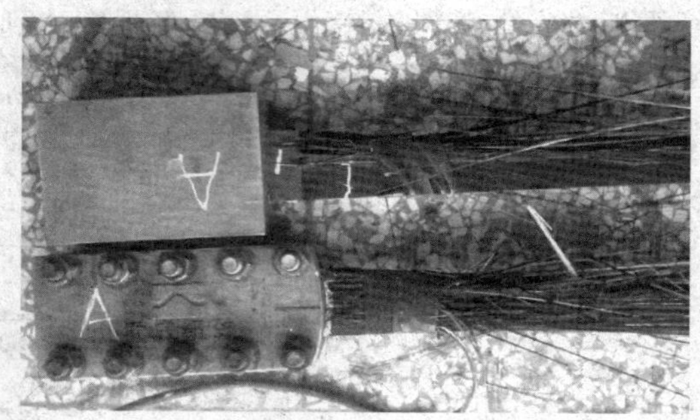

图10 两种锚具的实验现象对比

四、结 语

通过以上对比试验可以得出以下结论：

(1)碳纤维板在夹片锚的相对滑移量大于波形锚。其原因在于夹片锚的夹片与碳纤维板的接触面仍然是平面，在碳纤维板拉力的作用下，碳纤维板相对夹片发生了较大的滑移量。

(2)本试验中波形锚—碳纤维板组装件的极限拉力比夹片锚—碳纤维板组装件的高，且碳纤维板的破断形式较完全，相对而言波形锚能够较好地发挥碳纤维板的强度。

限于本研究团队对于夹片锚的加工制作、黏结剂选取、夹片施加顶压力控制等存在不足，对于夹片锚的锚固能力有待进行深入研究，本试验结果可能存在一定的偏差，在后续试验中我们将继续进行研究。

参考文献

[1] 周礼平. 铰式锚张拉预应力碳纤维板的工艺研究[D]. 重庆交通大学，硕士学位论文，2012. 04.

[2] 卓静. 高强度复合材料FRP波形齿夹具锚锚固系统及应用研究[D]. 博士学位论文，2004.

[3] 卓静，李唐宁. FRP片材波形齿夹锚具的原理[J]. 土木工程学报，2005，vol38(10).

[4] 邓朗尼. 预应力碳纤维板加固受弯构件试验研究及理论分析[D]. 广西：广西大学博士学位论文，2010.

[5] 邓朗尼，杨帆，康侃，等. 夹片式碳纤维板锚具的有限元分析及设计[D]. 桂林理工大学学报，2012.

126. 考虑结构体系刚度影响的高墩计算长度精细化分析

翁雅谷[1] 高 宝[2] 马越峰[2] 戴显荣[2] 史方华[2]

(1. 温州交投集团；2. 浙江省交通规划设计研究院)

摘 要 在建立同时考虑墩顶支座和结构体系约束的等效刚度公式基础上，求解墩顶在弹性约束下的压杆计算长度系数精确方法，进而分别研究墩高和柱径对计算长度系数的影响，并基于不同的压杆计算长度系数选取方法，对高墩截面配筋的需求进行敏感性分析比较。

关键词 剪切变形 结构体系 弹性约束 计算长度

一、引 言

在山区公路项目中，受跨沟溪地形限制，较多采用预制装配式高墩桥梁。对于采用先简支后连续结构体系的T梁或组合箱梁桥，其合理跨径选择以及下部结构设计均受墩高因素控制，而桥墩的尺寸、选型以及其强度、抗裂设计均与桥墩计算长度的选取密切相关。尤其对于高墩,合理确定计算长度显得尤为重要。但目前规范对压杆构件计算长度系数的选择,定义较为模糊,如仅指定若干理想状态,如上下两端固结时,则压杆长度系数为0.5;下端固结、上端自由时,则压杆长度系数取2.0等。对于预制装配式高墩桥墩,上述理想边界状态与实际情况均有较大的出入,如直接采用理想状态下的压杆长度系数,会使计算结果或偏保守、或偏不安全。

对于长细比较大的高墩,墩身相对较柔,通常墩顶水平抗推刚度与墩顶支座剪切刚度大致在可比较的量级上,因此墩顶支座形成的弹性约束影响不容忽略,这里可定义为"柔墩强约束"边界状态;但对于较矮的桥墩,通常墩顶水平抗推刚度远大于墩顶支座的剪切刚度,墩顶支座形成的弹性约束影响相对较小,为"强墩弱约束"边界状态。另外,如不计上部主梁的轴向伸缩变形,即假定主梁为刚体情况下,则同一联其他桥墩可共同组成整体框架体系,其对分析对象的桥墩也构成一种约束影响。因此,如精细化确定计算桥墩的压杆计算长度,需同时考虑以上两种约束影响,即墩顶支座和整联框架体系内其他桥墩形成的弹性约束,两者组成一个串联刚度体系。这里需指出,假如仅计墩顶支座约束,而忽略后者影响,则相当于假定支座顶为固结状态,会高估墩顶的约束刚度,进而会使压杆长度系数的计算产生较大的误差。

二、考虑墩顶弹性约束的压杆长度系数计算

1.墩顶约束刚度等效计算

对于先简支后连续结构体系的T梁或组合箱梁桥,如单联跨数不超过5跨,通常中间连续墩均采用普通板式橡胶支座,假定普通板式橡胶支座和梁体、墩顶接触良好,弹性板与混凝土之间摩阻系数一般可达到0.3,此时板式支座与墩梁混凝土接触面之间不会发生相对滑移。但在温度变化、制动力等外部荷载作用下,支座会产生可恢复的弹性剪切位移。另外,不考虑上部主梁轴向伸缩变形的情况下,与桥墩相比,主梁可视为刚体,其抗弯刚度远大于桥墩抗推刚度。如基岩埋藏较浅的山区桥梁,桥墩受力的边界条件可视作下部为固结(或者按"m法"考虑桩入土一定深度处嵌固,此处不再展开),墩顶承受一定的弹性约束,因此确定桥墩压杆计算长度的关键,就在于精确确定墩顶弹性约束(图1)。

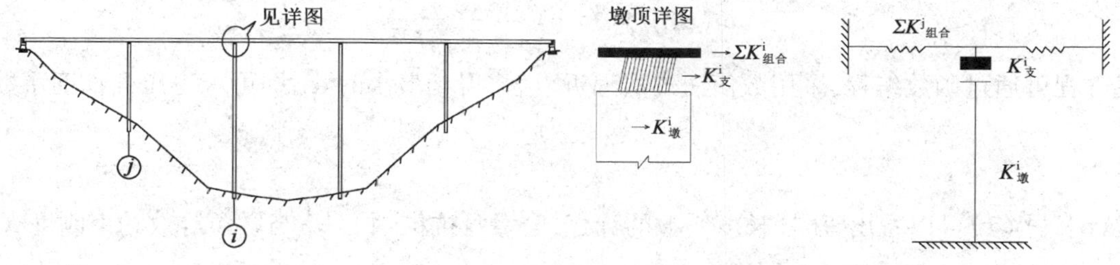

图1 整体框架体系桥墩墩顶约束刚度计算示意

对于一联结构体系内中间第i个桥墩,其对应支座顶位置的水平组合刚度$K^{i}_{组合}$由两部分组成,分别为该桥墩自身的抗推刚度$K^{i}_{墩}$和支座的抗剪切刚度$K^{i}_{支}$,两者为并联体系。

$$K^{i}_{组合} = \frac{K^{i}_{墩} \cdot K^{i}_{支}}{(K^{i}_{墩} + K^{i}_{支})} \tag{1}$$

$$K^{i}_{墩} = \frac{3mEI_h}{H^3} \quad K^{i}_{支} = \frac{nGA}{t}$$

式中:EI_h——桥墩抗弯刚度;

H——墩高;

m——墩柱个数;

n——先简支后连续体系转换后墩顶设置一排板式支座个数;

A——一个支座的平面面积;

G——橡胶支座的剪切弹性模量;

t——为支座的橡胶层厚度。

对于第 i 个桥墩来说，同一联结构体系内其他桥墩由上部主梁连接在一起，形成弹性框架体系，其他桥墩对于支座顶位置的组合刚度构成串联体系，记为$\overline{K_{其他}}$。

$$\overline{K_{其他}} = \sum K^{j}_{组合} = \sum \left(\frac{K^{j}_{墩} \cdot K^{j}_{支}}{(K^{j}_{墩} + K^{j}_{支})} \right) \tag{2}$$

式中：j——同一联内其他桥墩的编号，$j \neq i$。

单独以第 i 个桥墩为分析对象，首先它受到第 i 个桥墩的墩顶橡胶支座的剪切刚度约束，其次受到同一联结构体系内其他桥墩提供的刚度约束，两者组成并联体系，构成分析对象的墩顶等效约束刚度 $K^{i}_{等效}$，计算如下：

$$K^{i}_{等效} = \frac{\overline{K_{其他}} \cdot K^{i}_{支}}{(\overline{K_{其他}} + K^{i}_{支})} = \frac{\sum K^{j}_{组合} \cdot K^{i}_{支}}{(\sum K^{j}_{组合} + K^{i}_{支})} \tag{3}$$

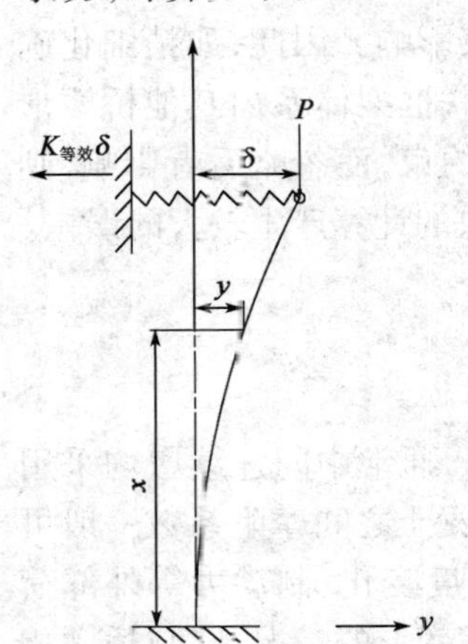

图2 上端弹性支撑压杆计算简图

2. 考虑等效弹性刚度约束的桥墩计算长度数值解法

上述计算模型，可简化为下端固结，上端为弹性铰支撑的压杆（图2），建立弯曲平衡方程如下：

$$EIy'' + py = p\delta - K_{等效}\delta(L - x) \tag{4}$$

求解上述微分方程，令 $\alpha^2 = \dfrac{P}{EI}$，得到：

$$y = C\sin\kappa x + D\cos\kappa x + \delta\left(1 - \frac{K_{等效}}{P}L\right) + \frac{K_{等效}}{P}\delta x \tag{5}$$

由下端固结边界条件知，当 $x = 0$ 时，$y = 0, y' = 0$，得到：

$$C = -\frac{K_{等效}}{\alpha P}\delta \qquad D = -\delta\left(1 - \frac{K_{等效}}{P}L\right)$$

再代入式(5)，由上端弹性铰支撑边界条件知，当 $x = L$ 时，$y = \delta$，得到稳定方程如下：

$$\tan(\alpha L) = (\alpha L) - \frac{(\alpha L)^3 EI}{K_{等效} L^3} \tag{6}$$

上述方程可通过函数编程，采用数值法逐次逼近求解，得到最小的 α，即可求得压杆长度系数 μ：

$$\mu = \frac{\pi}{\alpha L} \tag{7}$$

从式(6)、式(7)可以看出，压杆长度系数的计算，与墩身抗推刚度 $\dfrac{EI}{L^3}$ 与墩顶等效约束刚度 $K_{等效}$ 比直接相关，体现了外部边界条件的相对影响程度大小。

三、算 例 分 析

某山区高速公路因为受地形限制，桥隧结构占比较高，局部出现桥隧相连，跨沟溪最大墩高约50m，桥梁结构以采用40m跨径的先简支后连续T梁为主，桥宽24.0m，单幅5片梁板，梁高2.5m。下部桥墩均采用双柱式桩柱墩形式，桩柱直径根据墩高作相应调整。中间连续处桥墩墩顶设置一排板式橡胶支座，规格为GJZ450mm×550mm×104mm。桥位处覆盖层一般埋藏较浅，局部基岩裸露，桩基础以端承桩为主。墩柱均采用C30混凝土。

1. 不同墩高的计算长度系数分析

选取常用的4跨一联40mT梁进行分析。根据不同的墩高范围，设计采用不同的桩柱直径，根据前述公式得到计算长度系数（图3）。从图中可以看出，随着墩高增加，计算长度系数会逐渐减小。当墩身越矮时，计算长度系数越趋向于2.0，此时墩身本身抗推刚度较大，上端弹性约束较弱，越接近下端固结，上端自由的边界状态；当墩身越高时，计算长度系数越趋向于1.0，此时墩高本身抗推刚度较小,而上端弹性约束同比较大,计算长度系数接近于两端铰接的状态。由此可见,桥墩的计算长度系数本质上与墩身抗推刚度与墩顶约束刚度比相关,取值范围介于 1.0 ~ 2.0,低墩时接近上限,高墩接近下限。

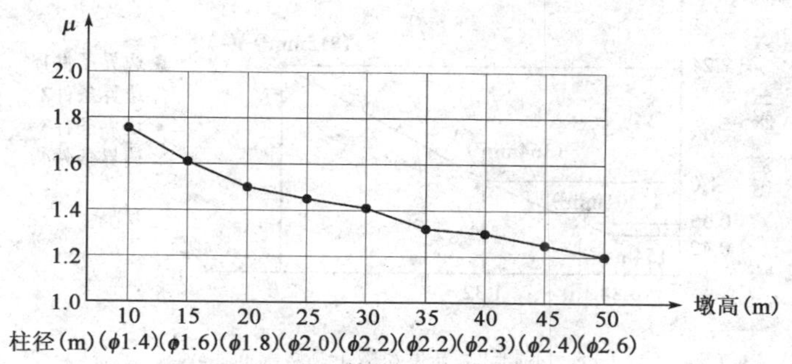

图 3 40mT 梁不同墩高的计算长度系数比较

2. 墩柱直径的影响分析

设定在 35m 墩高情况下,假定不同的墩柱直径,考察计算长度系数的变化规律。从图 4 情况看,随着墩柱直径增加,计算长度系数逐渐增大。如柱径选用 2.2m,则对应计算长度系数为 1.266;如选用 2.5m,则对应计算长度系数为 1.369。分析原因,在于随着墩柱直径增加,则墩身刚度会逐渐增加,相应的墩顶约束刚度效应减弱,则计算长度系数会逐渐增大。由于较大的计算长度系数对墩身受力计算并不利,因此结构设计时,尺寸、选型在满足基本荷载要求的情况下,不应保守选用较大的尺寸,否则结构会增加不必要的配筋。

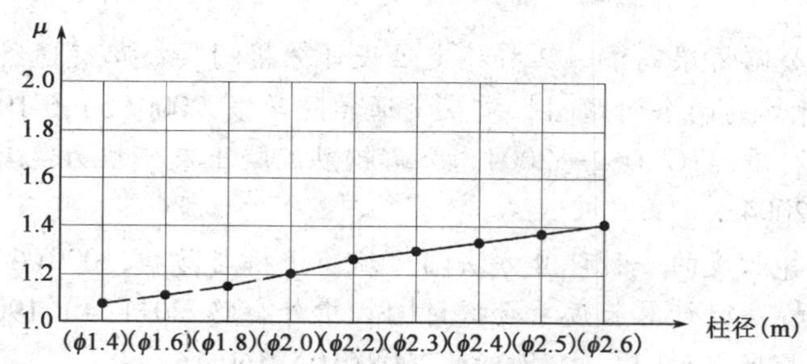

图 4 相同墩高(假定 35m)不同柱径的计算长度系数比较

3. 不同计算长度系数对高墩配筋的敏感性分析

同样设定在 35m 墩高情况下,柱径确定为 2.2m,如计算长度系数选择不同,则影响偏心受压构件的偏心距增大系数,进而影响墩柱截面的配筋。一般情况下,桥墩承受的水平力通常为温度荷载、制订力等组合;竖向力为恒载与活载等组合。墩底作为偏心受压构件,其配筋受承载能力极限组合控制。图 4 选择 4 种边界模式,比较不同的计算长度系数对高墩配筋的影响分析。第一种为按本文公式推导计算长度,对应截面配筋需求为 364mm²;第二种假如不考虑结构体系的刚度约束,仅计入支座约

15 …顶与主梁接触点视作不动铰约束,则推算计算长度系数为 0.878,对应截面配筋需求为

则配筋量需…仅为前者的 42%;假如按下端固结、上端自由状态计算,截面配筋需求为 815mm²,

求为第一种的 55…约 2.24 倍;假如按两端铰接状态计算,截面配筋需求 201mm²,则配筋量需

从以上分析,可以看出,…

定计算长度系数,才能确保桥墩结构…

…配筋需求对计算长度系数的选取非常敏感,因此只有精确地确

四、结论 … 安全。

(1)确定高墩计算系数需同时考虑墩顶支座约束和同一…

…桥墩的刚度约束,利用本

文推导的墩顶等效约束刚度计算公式，可精确确定高墩的计算长度系数。从力学本质上看，桥墩的计算长度系数受制于墩身抗推刚度与墩顶约束刚度比。

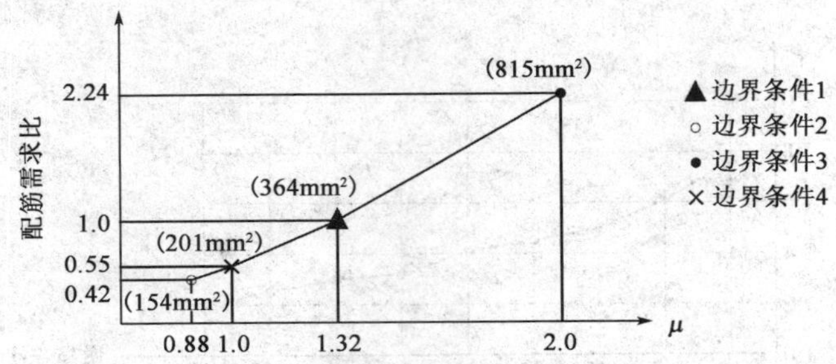

图5　不同计算长度系数下高墩配筋比较

(2)随着墩高增加，桥墩的计算长度系数逐渐减小，取值范围介于1.0～2.0，。当墩身越矮时，计算长度系数趋向于下端固结、上端自由的状态；当墩身越高时，计算长度系数趋向于两端铰接的状态。

(3)随着墩柱直径的增加，计算长度系数逐渐增大，结构尺寸选型在满足基本荷载要求情况下，不应过于保守选用较大的尺寸，否则结构配筋会更不经济。

(4)高墩结构配筋需求对计算长度系数非常敏感，如墩顶不考虑结构体系刚度约束，仅计入支座约束影响，会明显低估计算长度系数，造成配筋偏少的不安全设计。只有精确确定长度系数，才能确保桥墩结构设计的经济、合理、安全。

参考文献

[1] 陈立平，等. 山区高速公路桥梁高桥墩压杆稳定性设计分析[J]. 公路交通科技，2005(2)：107-109.

[2] 程祥云. 高桥墩设计计算的两个问题[J]. 重庆交通学院学报，2000(6)：6-10.

[3] 中华人民共和国行业标准. JTG D62—2004　公路钢筋混凝土及预应力混凝土桥涵设计规范[S]. 北京：人民交通出版社，2004.

[4] 李军，等. 梁桥高墩计算长度的一种计算方法[J]. 城市道桥与防护，2009(6)：50-52.

[5] 齐宏学，等. 装配式梁桥高墩计算长度系数探讨[J]. 中外公路，2011(4)：190-193.

[6] 曾照亮，等. 高墩计算长度探讨[J]. 中外公路，2008(10)：160-162.

[7] 项海帆. 高等桥梁结构理论[M]. 北京：人民交通出版社，2001.

[8] 李存权. 结构稳定和稳定内力[M]. 北京：人民交通出版社，2000.

[9] 刘光栋. 杆系结构稳定[M]. 北京：人民交通出版社，1988.

127. 山区桥梁墩柱防磨蚀措施的CFD仿真研究

刘维栋　蒋自强

(四川省交通运输厅交通勘察设计研究院)

摘　要　随着我国交通运输的高速发展，山区桥梁的建设

念，利用计算流体力学分析软件 ANSYS CFX 建立桥梁

桥梁墩柱防磨蚀的影响：钢板的耐磨蚀效果十

磨蚀保护层对桥梁墩柱的保护效果

性的指导。

规模越来越大。本文基于可持

墩柱磨蚀的3D计算模型，得到

约是普通混凝土保护层的10倍

也异常明显。研究成果为桥梁桩柱

关键词　山区

一、引　言

21世纪以来,我国的交通运输进入了一个新的发展阶段,尤其是西部山区公路的发展,对西部地区的建设起着重要的作用。山区公路的地形、地貌较为复杂,高差起伏较大,存在不良地质条件。而桥梁是山区交通网络上不可忽视的结构物,在山区公路通行中扮演着重要的角色。山区桥梁可以克服地貌、高程等因素的阻碍,能避免地质灾害对路线的影响,具有重要的社会、经济效益。尽管我国的桥梁建设技术正在稳步提高,但对于山区桥梁依旧存在许多问题需要研究,如墩柱的防磨蚀措施等。因为我国水土流失严重,很多河流泥沙含量位居世界前列,泥沙对水工混凝土的磨蚀较大,尤其对桥梁墩柱的危害。被磨蚀的墩柱会在较短时间内出现磨蚀损伤,将严重影响到桥梁的力学性能和使用年限。

当今公路领域中,以绿色公路为主题的项目逐渐涌现,说明公路建设正在走可持续发展道路,大力推进绿色公路。可持续发展理念主要包含两方面,首先,于科学性而言,要应用合理的技术手段,深化建设技术,以提高公路质量,延长使用寿命为目标;其二,从经济性而言,不能以提高造价为代价,要深入研究外界对公路的作用机理,减小不利影响,以降低前期建设和后期养护的成本为目标。

目前,山区桥梁的防磨蚀设计时往往以提高材料强度为代价,不满足科学合理建设的要求;而设计上单纯的提高材料强度,使得造价十分昂贵且抗磨蚀效果非常有限,不满足经济性的要求。同时,山区又是我国经济、技术水平发展比较落后的地方,所以山区的桥梁建设务必要遵循经济合理的原则。因此,从可持续发展的理念看来,对桥梁桥墩防磨蚀措施的研究迫在眉睫。

由于泥沙对混凝土过流面磨蚀程度的计算还没有较为系统的研究成果,所以有必要借助数值仿真这一技术手段来解决相关问题。目前,基于CFD(计算流体力学)的仿真技术已经十分完善,可以模拟各种复杂流体环境下的金属磨蚀损伤问题。比如孟阳等采用HJC混凝土损伤本构模型及LS-DYNA的流固耦合算法,分别对钢筋混凝土靶板在弹丸冲击和爆炸荷载作用下的响应进行了有限元数值模拟,将模拟结果与实验结果和经验公式进行对比分析,表明:数值模拟再现了弹体贯穿靶板过程中的开坑、隧道及漏斗碎裂区,计算得到的弹体弹道极限及残余速度与实验数据吻合较好;此外,数值模拟也很好地再现了炸药爆炸后冲击波的传播过程以及爆炸荷载作用下混凝土的破坏情况,模拟结果与实验现象具有良好的一致性。此外,防磨蚀的工程措施主要还是依靠提高材料的抗磨蚀强度来解决。目前国内外采用的抗磨蚀材料主要有:高强度等级混凝土、聚合物混凝土(砂浆)、环氧砂浆、钢板等。虽然在抗磨蚀的材料研究方面已取得了较大的进展,但用提高材料强度来防御磨蚀的措施较为被动,且费用高,在局部过流区域的效果也并不理想,在某些工程,过流面磨蚀严重,经常需要修补。

二、CFD仿真研究内容及方法

1. 研究内容

本文基于计算流体力学分析软件ANSYS CFX,依据国内外研究背景,采用水沙多相流CFD仿真分析方法,按照计算工况分别建立桥梁墩柱磨蚀的3D计算模型,研究不同类别的防磨蚀措施对桥墩磨蚀情况的影响。

2. 分析原理

1) Finnie模型

颗粒对物体表面的磨蚀效果是一个与磨蚀颗粒、颗粒与物面属性相关的复杂函数。研究过程表面,对几乎所有的金属,磨蚀率与磨蚀角度和速度具有以下对应关系:

$$E = kV_p^n f(\gamma) \tag{1}$$

式(1)中：E——表示一个无量纲的质量；

V_p——颗粒的冲击速度；

$f(\gamma)$——无量纲的冲击角度，是颗粒轨迹与物面之间所成角，单位是 rad；

n——对于金属材料，一般取值范围为2.3~2.5。

Finnie 磨蚀模型中，对物面的磨蚀率与冲击颗粒和物面之间的相对动能相关，n 选取2，即：

$$E = kV_p^2 f(\gamma) \tag{2}$$

式(2)中：

$$f(\gamma) = \frac{1}{3}\cos^2\gamma \qquad (if \tan\lambda > \frac{1}{3})$$

$$f(\gamma) = \sin(2\gamma) - 3\sin^2\gamma \qquad (if \tan\lambda \leq \frac{1}{3})$$

2)CFX 中 Finnie 模型的实现

在软件 CFX 中，公式调整为：

$$E = (\frac{V_p}{V_0})^n f(\gamma) \tag{3}$$

此处，$V_0 = (\frac{1}{\sqrt[n]{k}})$，并且在 CFX 中，默认值为1m/s。对于钢材，V_0 值为590m/s。

3.计算软件

本文采用具有国际领先水平的大型计算流体力学分析软件 ANSYS CFX。该软件是全球第一个发展和使用全隐式多网格耦合求解技术的商业化软件，具备强大的流体动力学分析能力；丰富的物理模型、众多的材料库和强大的前后处理功能，并且能有效地保证计算成果精度。

三、桥梁墩柱 CFD 仿真磨蚀计算

1.计算工况

在桥梁墩柱上施加不同的防护措施。根据 Finnie 模型参考速度的定义，以钢材的参考速度为基准，普通混凝土保护层的硬度约为钢铁的0.35倍，因此，对应得到的 Finnie 模型的参考速度约为200m/s。而裸露的无保护的混凝土相对于普通保护层的硬度减半，对应的 Finnie 模型的参考速度为100m/s；另外，我们假定存在性能更好的混凝土保护层材料，因而虚拟2种硬度更高的耐磨蚀混凝土保护材料，假定其 Finnie 模型的参考速度为300m/s 和400m/s 详见表1。

综合计算工况列表　　表1

序号	流速(m/s)	水深(m)	含砂率(kg/m^3)	墩柱界面直径(m)	墩柱界面材料
1	6.4平均值	6平均值	0.57	1.5	钢板
2					耐磨蚀混凝土保护层1
3					耐磨蚀混凝土保护层2
4					无保护层混凝土

2.计算网格及模型参数

1)几何模型

假设计算模型为圆形直径1.5m 墩柱，计算水速6.4m/s，水深6m，平均含砂量0.567kg/m^3；墩柱材料为有普通保护层的混凝土，Finnie 磨蚀模型的参考磨蚀速度为200m/s，介绍在仿真过程中网格以及模型参数设置的具体实施。

如图1所示，计算模型的坐标系建立在计算域入口的对称面上，X 正方向为水流流动方向，Y 轴与来流方向垂直，Z 轴为墩柱高度方向。

桥梁墩柱中心位距离坐标原点10.65m。由于模型建模时以直径为1.3m的墩柱考虑，于图2的示意图中，整个计算域的长度为41.3m，宽度21.3m（即墩柱距离入口以及左右两侧的距离都为10m；考虑计算的非定常特性，下游计算域的出口面距离墩柱30m）。模型高度即为墩柱没入水流中的深度。

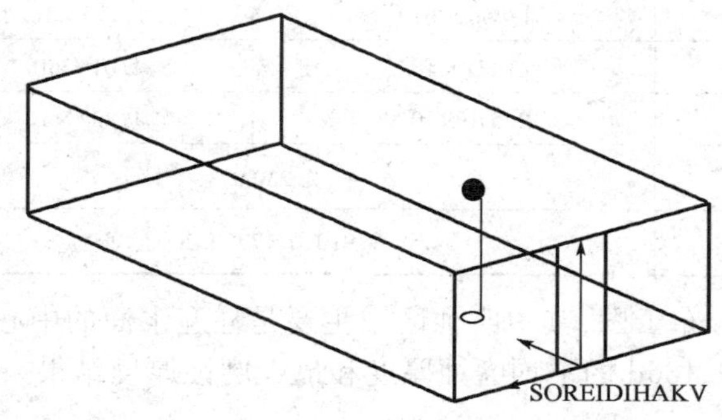

图1　计算模型示意图

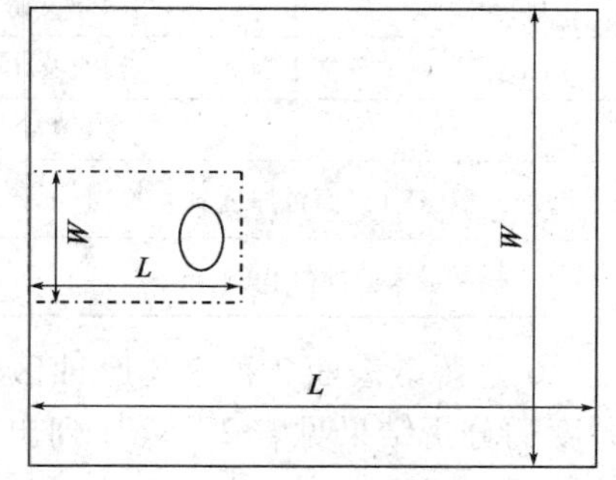

图2　模型尺寸以及颗粒追踪计算域示意图

2）网格划分

采用全结构化六面体网格划分，典型工况的网格数为60.7万（图3）。其他工况的网格疏密控制与之保持一致。网格数量随计算模型高度有所差别。墩柱部位网格边界层10层，最内层网格高度5mm（与墩柱表面粗糙高度3mm相匹配）。

图3　计算网格

3. 计算结果

1）钢板防护的计算结果

工况1，计算模型为圆形直径1.5m墩柱，计算水速6.4m/s，水深6.0m，丰水期含砂率为0.567kg/m^3。考虑对墩柱采用钢板保护层，Finnie磨蚀模型的参考磨蚀速度为590m/s。截图结果如图4～图6所示，计算结果见表2。

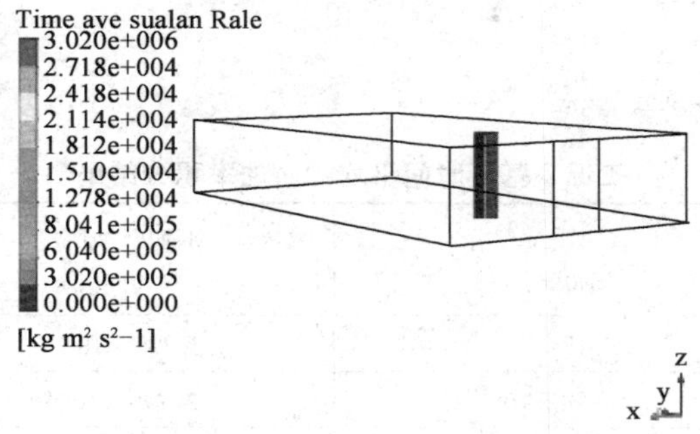

图4　参考视角（以下截图均与此图视角一致）

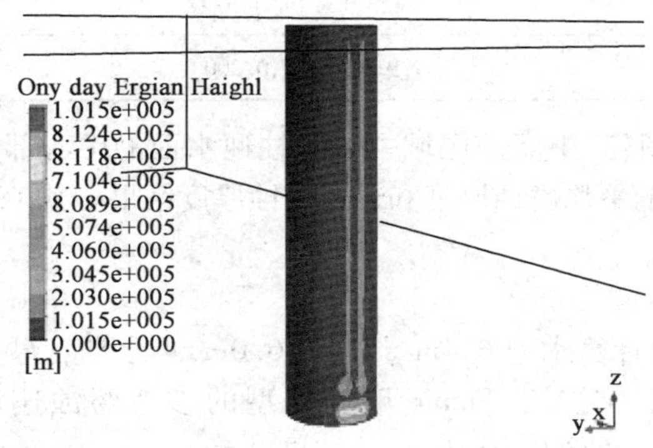

图5　单日沙粒磨蚀厚度分布

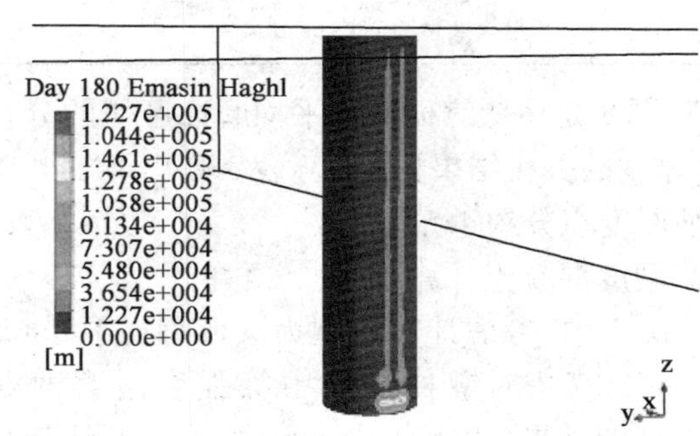

图6　半年磨蚀厚度分布

工况1基于时间平均的磨蚀率积分结果 表2

时　间	磨蚀质量积分（kg）	平均磨蚀厚度（m）	最大磨蚀厚度（m）
1s	9.458×10^{-8}	1.656×10^{-11}	1.175×10^{-10}
1d	8.171×10^{-3}	1.431×10^{-6}	1.015×10^{-5}
180d	1.471	2.576×10^{-4}	1.827×10^{-3}
磨蚀面积（180天磨蚀厚度>0.0001mm）		2.230m²	
最大磨蚀位置（x,y,z）		（9.910,0.172,0.200）	

图5、图6是桥墩表面2种平均磨蚀区域的分布云图，其中磨蚀区域主要是柱迎水面的中心部。另外，磨蚀厚度的分析结果见表2。表2列出1s、1d、180d的平均磨蚀厚度和最大磨蚀厚度结果。其180d最大磨蚀厚度积分约1.8mm。

2）超高硬度混凝土的计算结果

在工况2中，考虑计算模型为圆形直径1.5m墩柱，计算水速6.4m/s，水深6.0m，丰水期含砂率为0.567kg/m³。考虑对墩柱采用高强度耐磨蚀混凝土保护层，Finnie磨蚀模型的参考磨蚀速度为400m/s。截图结果（以下截图，参考视角同工况1，图3.4）见图7、图8，计算结果见表3。

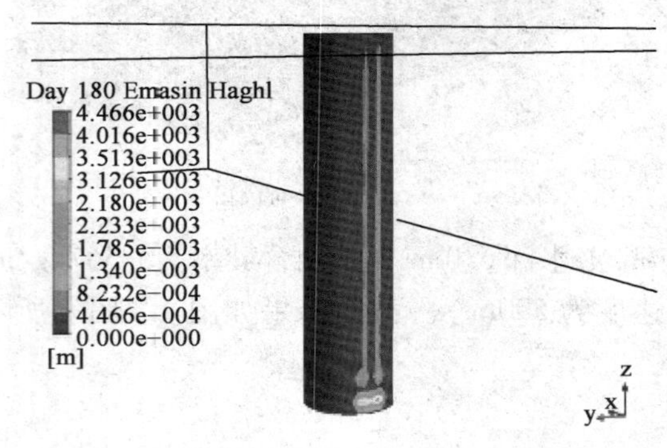

图7 单日沙粒磨蚀厚度分布

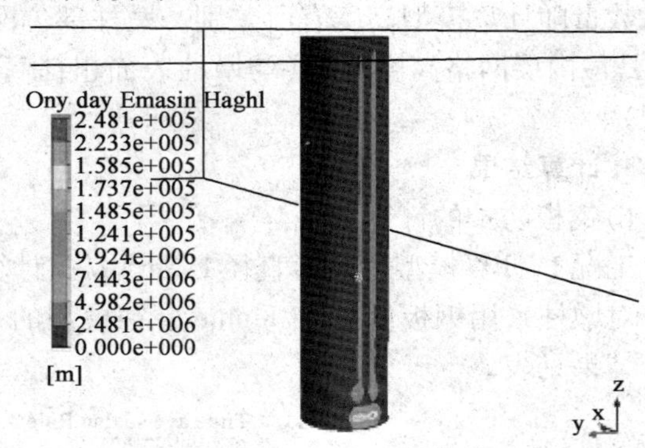

图8 半年磨蚀厚度分布

工况2基于时间平均的磨蚀率积分结果 表3

时　间	磨蚀质量积分（kg）	平均磨蚀厚度（m）	最大磨蚀厚度（m）
1s	2.312×10^{-7}	3.229×10^{-11}	2.872×10^{-10}
1d	1.998×10^{-2}	2.790×10^{-6}	2.481×10^{-5}
180d	3.596	5.022×10^{-4}	4.466×10^{-3}
磨蚀面积（180d磨蚀厚度>0.0001mm）		3.133（m²）	
最大磨蚀位置（x,y,z）		（9.910,0.172,0.200）	

图7、图8是桥墩表面4种平均磨蚀区域的分布云图，其中磨蚀区域主要是柱迎水面的中心部。另外，磨蚀厚度的分析结果见表3。表3列出1s、1d、180d的平均磨蚀厚度和最大磨蚀厚度结果。其180天最大磨蚀厚度积分约4.5mm。

3）高硬度混凝土计算结果

在工况3中，考虑计算模型为圆形直径1.5m墩柱，计算水速6.4m/s，水深6.0m，丰水期含砂率为0.567kg/m³。考虑对墩柱采用中等强度耐磨蚀混凝土保护层，Finnie磨蚀模型的参考磨蚀速度为300m/s。截图结果（以下截图，参考视角同工况1，见图4）见图9、图10，计算结果见表4。

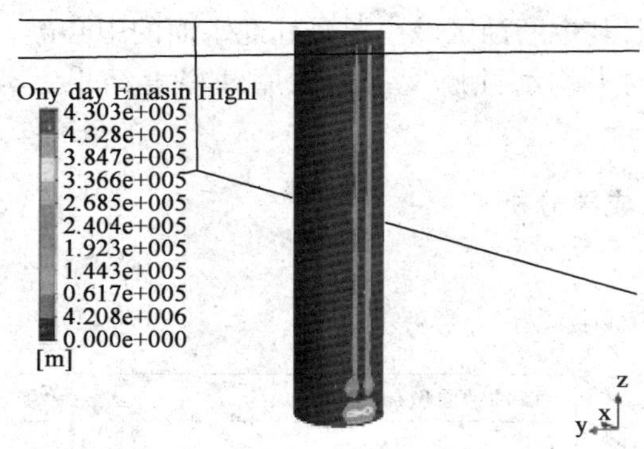

图 9　单日沙粒磨蚀厚度分布

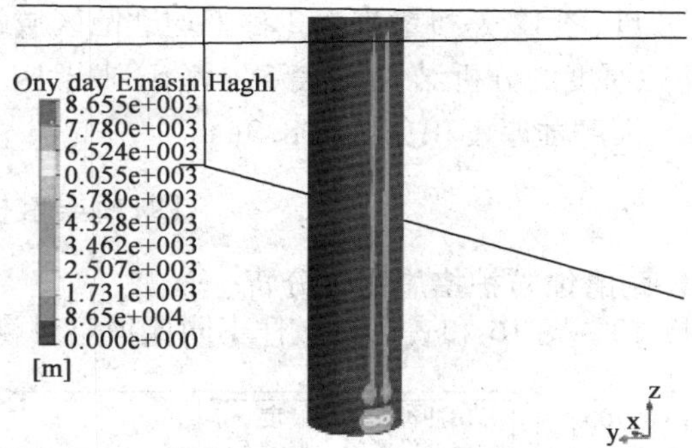

图 10　半年磨蚀厚度分布

工况 17 基于时间平均的磨蚀率积分结果　　表 4

时　　间	磨蚀质量积分 (kg)	平均磨蚀厚度 (m)	最大磨蚀厚度 (m)
1s	4.481×10^{-7}	5.497×10^{-11}	5.565×10^{-10}
1d	3.871×10^{-2}	4.750×10^{-6}	4.808×10^{-5}
180d	6.969	8.550×10^{-4}	8.655×10^{-3}
磨蚀面积(180 天磨蚀厚度 >0.0001mm)		$3.670m^2$	
最大磨蚀位置(x,y,z)		(9.910,0.172,0.200)	

图 9、图 10 是桥墩表面 2 种平均磨蚀区域的分布云图,其中磨蚀区域主要是柱迎水面的中心部。另外,磨蚀厚度的分析结果见表 4。表 4 列出 1s、1d、180d 的平均磨蚀厚度和最大磨蚀厚度结果。其中 180d 最大磨蚀厚度积分约 8.6mm。

4)低硬度混凝土计算结果

在工况 4 中,考虑计算模型为圆形直径 1.5m 墩柱,计算水速 6.4m/s,水深 6.0m,丰水期含砂率为 $0.567kg/m^3$。考虑含砂河水将墩柱的耐磨蚀混凝土保护层完全磨蚀掉,裸露出砂石混凝土层,Finnie 磨蚀模型的参考磨蚀速度为 100m/s。截图结果(以下截图,参考视角同工况 1,见图 4)见图 11、图 12,计算结果见表 5。

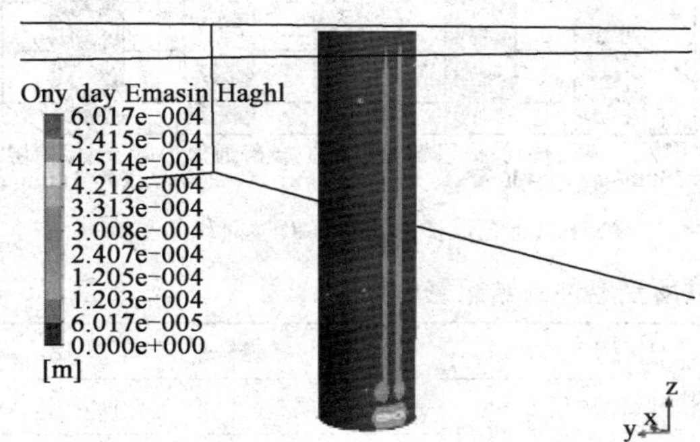

图 11　单日沙粒磨蚀厚度分布

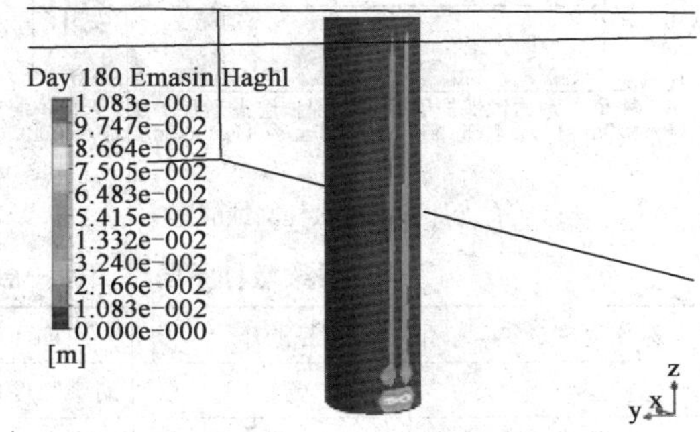

图 12　半年磨蚀厚度分布

工况 18 基于时间平均的磨蚀率积分结果　　表 5

时　　间	磨蚀质量积分(kg)	平均磨蚀厚度(m)	最大磨蚀厚度(m)
1s	5.607×10^{-6}	5.504×10^{-10}	6.964×10^{-9}
1d	4.845×10^{-1}	4.756×10^{-5}	6.017×10^{-4}
180d	8.720×10^{1}	8.561×10^{-3}	1.083×10^{-1}
磨蚀面积(180d 磨蚀厚度 >0.000 1mm)		$4.675m^2$	
最大磨蚀位置(x,y,z)		(9.910,0.172,0.200)	

图 11、图 12 是桥墩表面 2 种平均磨蚀区域的分布云图，其中磨蚀区域主要是柱迎水面的中心部。另外，磨蚀厚度的分析结果见表 5。表 5 列出 1s、1d、180d 的平均磨蚀厚度和最大磨蚀厚度结果。其中 180d 最大磨蚀厚度积分约 108.3mm。

四、桥梁墩柱磨蚀计算成果分析

1. 耐磨蚀防护措施比较分析

图 13 ~ 图 16 和表 6 是墩柱不同保护层对腐蚀结果的影响。

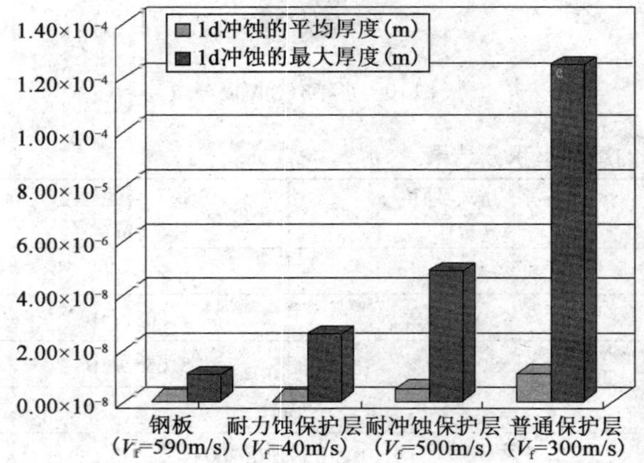

图 13　保护层对墩柱磨蚀的影响

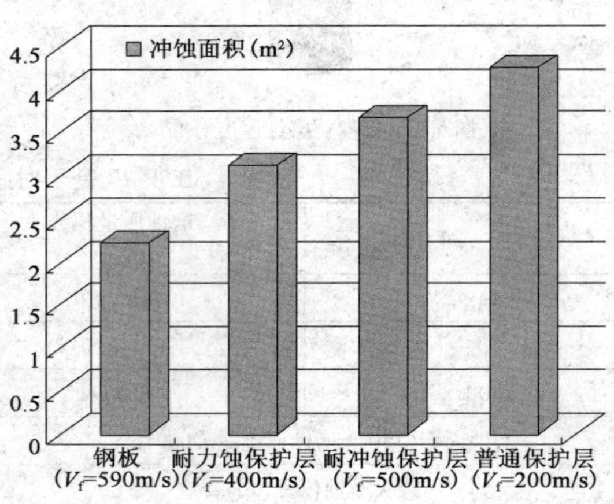

图 14　保护层对墩柱磨蚀面积的影响

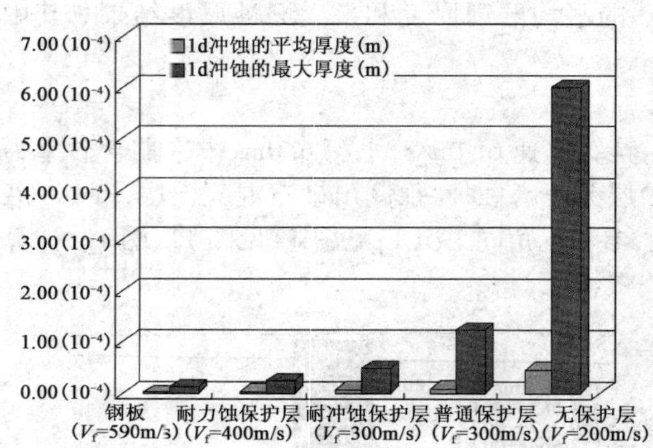

图 15　有无保护层对墩柱磨蚀的影响

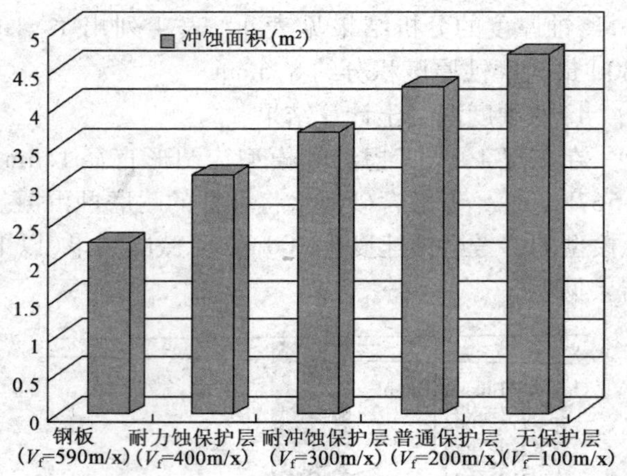

图 16　有无保护层对墩柱磨蚀面积的影响

桥梁墩柱不同柱面保护层对桥梁墩柱所受磨蚀的结果影响　　表 6

对比物理量	工况 15	工况 16	工况 17	工况 4	工况 18
保护层类型	钢板	耐磨蚀保护层 1	耐磨蚀保护层 2	普通保护层	无保护层
Finnie 腐蚀模型参考速度（w/s）	590	400	300	200	100
磨蚀面积（m^2）	2.230	3.133	3.670	4.259	4.675
1d 磨蚀的质量（kg）	8.171×10^{-3}	1.998×10^{-2}	3.871×10^{-2}	9.941×10^{-2}	4.845×10^{-1}
1d 磨蚀的平均厚度（m）	1.431×10^{-6}	2.790×10^{-6}	4.750×10^{-6}	1.072×10^{-5}	4.756×10^{-5}
1d 磨蚀的最大厚度（m）	1.015×10^{-5}	2.481×10^{-5}	4.808×10^{-5}	1.244×10^{-4}	6.017×10^{-4}
磨蚀的最严重位置的高度（m）	2.000×10^{-1}	2.000×10^{-1}	2.000×10^{-1}	2.000×10^{-1}	2.000×10^{-1}
磨蚀的最严重位置的侧向偏移（m）	1.172×10^{-1}	-1.172×10^{-1}	-1.172×10^{-1}	-1.172×10^{-1}	-1.172×10^{-1}

2. 结语

(1)在桥梁墩柱有保护层的情况下,不同保护层对对桥梁墩柱的耐磨蚀效果差异明显。钢板的耐磨蚀效果大约是普通混凝土保护层的10倍,而2种基于Finnie模型的参考速度的耐磨蚀材料虚拟的耐磨蚀保护层对桥梁墩柱的保护效果也异常明显。

(2)不同保护层对桥梁墩柱的磨蚀面积具有一定的影响,磨蚀面积与材料相关的Finnie模型的参考速度基本呈线性关系。

(3)假设在桥梁墩柱的保护层被磨蚀磨损破坏以后,裸露的混凝土层的磨蚀速度急剧变大。因此,在桥梁墩柱的保护层对桥梁墩柱的耐磨蚀保护极其重要。

如果桥梁墩柱保护层破坏,墩柱受磨蚀破坏的面积相对普通保护层的情况有所增大,但增加比例不明显。

五、结　　语

(1)利用ANSYS CFX分析软件能够比较真实地反映工程中复杂的流体环境下的磨蚀损伤问题。

(2)在桥梁墩柱有保护层的情况下,不同保护层对桥梁墩柱的耐磨蚀效果差异明显。钢板的耐磨蚀效果大约是普通混凝土保护层的10倍,混凝土表面硬度越高其耐磨蚀保护层对桥梁墩柱的保护效果也异常明显。

参考文献

[1] 孟阳,文鹤鸣.钢筋混凝土靶板在弹丸冲击及爆炸载荷下响应的数值模拟[J].高压物理学报.2011,25(4):370-378.

[2] 中国水利学会施工专业委员会.我国水工建筑物抗冲耐磨研究及应用效果[J].水利水电技术,1985.

[3] 邵天祥,刘国辅.水工混凝土抗冲耐磨性能的试验研究[J].水力发电.1988.

[4] 廖碧娥,等.影响混凝土耐冲磨性能若干因素的试验研究[J].水利水电技术.1985.

[5] Sheldon G. L. ,Finnie I. . On the ductile behaviour of nominally brittle materials during erosion cutting[J], J. of Eng. For Indu. 88. 1966.

[6] FinnieI. Shaw M. C. . The friction Process in metal cutting[J]. Tran. ASME. 1956.

[7] Finnie I. ,Mc Fadden D. H. . On the velocity dependence of the erosion of ductile metals by solid particle at low angle of incidence[J]. 1978.

[8] 刘涛,王玮,等.山区桥梁墩柱防磨蚀与撞击措施技术研究[R],四川:四川省交通运输厅交通勘察设计研究院等,2013.

128. 山区铁路桥梁某图号混凝土梁的刚度特性调查与研究

刘　楠

(西安铁路局工务检测所)

摘　要　西安铁路局在进行日常的服役桥梁健康体检中,由设备养护部门反映的一类图号为"叁标桥1023"、跨度为16m的钢筋混凝土T梁位于陇海线宝(鸡)天(水)段某特大桥,当在列车通过时,体感梁体横向晃动异常,为核实桥梁真实的振动响应特性以及墩梁体系工作状态,检测部门对该桥进行了现场试验,检定结论是该桥梁体跨中横向振幅超《铁路桥梁检定规范》安全值要求。为进一步核实该类图号梁体在其他桥上的运营状况,后又分别选择另外两座桥进行了试验检测,结论表明梁体横向刚度不足的问题仍出现在其他两座桥梁上。撰写本文的目的是想通过完成对3座不同桥梁且是相同图号梁体的动力试验检测分析,诊断该类梁体的横向刚度弱项,并为集中整治当前线上该类图号的梁体提供技术依据,为铁路客货运输提供安全保障。

关键词　山区铁路　混凝土梁　刚度特性　调查研究

一、梁体概况

"叁标桥1023"系列图号道砟桥面钢筋混凝土梁,是原铁道部第三勘测设计院于1975年设计完成的,执行的批准文号和设计规范分别为"(78)铁基字第349号"和《铁路工程技术规范》,梁体跨度设置执行"GB 904-65"标准。该类梁的设计荷载为"中—活载"。在梁体构造方面,跨度为8~20m的梁采用双片式T梁,梁梗中心距均为1.8m。$L \leqslant 16$m的梁均按$R \geqslant 350$m半径设计,困难时可采用$R = 250$m半径设计;支座采用与"专桥1016"相同的弧形支座;梁身材料选用C23混凝土。

二、试验检测

1. 桥梁概况

1)底川桥

陇海线上行K1355+916底川渭河特大桥,孔跨式样为41×32m预应力钢筋混凝土梁+29×16m钢筋混凝土梁,全长1 831.8m。桥上铺设P60型钢轨,无缝线路,道砟桥面混凝土II型桥枕,P50型护轨。宝鸡台~13号墩、19号墩~34号墩分别位于$R = 600$m的圆曲线和$L = 90$m的缓和曲线上,两段曲线为"S"形布置,夹直线长度246.3m。桥上线路纵坡-11.3‰。第1~41孔采用跨度32m的预应力钢筋混凝土梁,设计图号为"叁标桥2019",42~70孔采用16m的钢筋混凝土梁,设计图号为"叁标桥1023"。全桥因梁不同分别采用了摇轴铸钢支座和弧形铸钢支座,固定端位于天水侧。宝鸡台采用耳墙式桥台,天水台采用埋式桥台。1号、2号桥墩为矩形墩,其余桥墩均为圆形墩。桥墩基础形式结合桥址处的地质水文情况分别采用明挖、沉井等不同的基础类型。设计荷载为"中—活载"。

2)沙河桥

陇海线上行K1357+303沙河中桥,孔跨式样为5×16m钢筋混凝土梁,全长95.66m。桥上铺设P60型钢轨,无缝线路,道砟桥面混凝土II型桥枕,P50型护轨。全桥分别位于-2.1‰和10‰的线路纵坡上,变坡点位于第5孔梁跨中附近。该桥的梁体设计图号均为"叁标桥1023",支座采用弧形铸钢支座,固定端位于宝鸡侧;桥台采用耳墙式桥台,墩身形式均为圆端形,全桥各墩均采用沉井基础,沉井深度为7.0m,墩身高度为9.5m,设计荷载为"中—活载"。

3)码头桥

陇海线上行K1358+265码头渭河滩特大桥,孔跨式样为56×16m钢筋混凝土梁,全长943.4m。桥上铺设P60型钢轨,无缝线路,道砟桥面混凝土II型桥枕,P50型护轨。桥两端线路位于直线段,中间(14号~40号墩之间)位于$R = 500$m、$L = 100$m的圆曲线和缓和曲线上,桥上线路有3处变坡点,坡率分别为-2.1‰、10‰和12.5‰。该桥分别采用了设计图号为"叁标桥1023"(1~51孔)以及"大103"(52~56孔)两种梁体,支座采用弧形铸钢支座,固定端位于宝鸡侧;两侧桥台为埋式桥台,墩身形式均为矩形,全桥除第23号墩采用沉井基础外,其余各墩均采用扩大基础形式,墩身高度介于13.0~17.0m之间,设计荷载为"中—活载"。

上述各桥实景如图1所示。

2. 试验结论

(1)底川桥的检定结论:一是该桥第39号、40号、41号、42号和43号墩墩顶振幅均出现超《检规》通常值要求;二是该桥第41、42、43三孔梁跨中横向振幅超《检规》行车安全限值的概率分别为45.45%、

72.72% 和 81.81%，横向刚度不满足规范要求。

a) 底川桥

b) 沙河桥

c) 码头桥

图1 桥梁实景图

(2) 沙河桥的检定结论。一是该桥第 2、3、4 孔梁跨中横向振幅均出现超《检规》行车安全限值的现象，二是该桥第 1 号、2 号、3 号、4 号墩墩顶的横向振幅均未出现超《检规》通常值的现象，横向刚度满足规范要求。

(3) 码头桥的检定结论。一是该桥第 50、51 孔梁的跨中横向振幅均出现超《检规》行车安全限值的现象；二是实测该桥第 52、53 孔 Л 形梁横向振动幅值未出现超《检规》行车安全值的现象，横向刚度满足规范要求；三是该桥第 49 号、50 号、51 号、52 号、53 号墩墩顶的横向振幅均未出现超《检规》通常值的现象，横向刚度满足规范要求。

三、刚度特性分析

1. 实桥检测

1) 底川桥

(1) 底川桥之梁、墩构件超限概率统计见表 1 所示。

底川桥梁、墩构件超限概率统计表 表1

构件类型	序号	位置	超限概率(%)	
			仅货车	客货车
梁体	1	第 40 孔梁	0%	0
	2	第 41 孔梁	45.45	26.32
	3	第 42 孔梁	72.72	42.11
	4	第 43 孔梁	81.81	47.36
桥墩	5	第 3 号墩	45.45	26.32
	6	第 40 号墩	81.81	47.36
	7	第 41 号墩	100.00	57.89
	8	第 42 号墩	90.91	52.63
	9	第 43 号墩	81.81	47.36

(2) 底川桥之梁、墩构件超限倍数统计见表 2 所示。

底川桥梁、墩构件超限倍数统计表 表2

构件类型	位置	超限倍数(%)
梁体	第 40 孔梁	0
	第 41 孔梁	103.45 ~ 130.71
	第 42 孔梁	115.63 ~ 156.41
	第 43 孔梁	108.44 ~ 153.88

续上表

构件类型	位置	超限倍数(%)
桥墩	第39号墩	103.33~129.63
	第40号墩	108.47~159.28
	第41号墩	108.52~205.51
	第42号墩	106.52~153.02
	第43号墩	129.05~186.35

(3)相同测次的底川桥梁—墩构件共同超限的概率统计见表3所示。

相同测次底川桥梁—墩构件共同超限统计表 表3

序号	工况参数	超限概率(%)	
		仅货车	客货车
1	39号墩—40孔梁—40号墩	0	0
2	40号墩—41孔梁—41号墩	36.36	21.05
3	41号墩—42孔梁—42号墩	63.64	36.84
4	42号墩—43孔梁—43号墩	63.64	36.84

由表1~表3看出,对于底川桥幅值特征而言,其梁—墩的耦合振动响应效果显著,且在部分测次中,墩顶的横向激励较梁体跨中的显著。从统计数据分析来看,16m梁("叁标桥1023")的跨中激励响应较同桥的32m梁("叁标桥2019")的振动幅值偏大,且其超限概率和倍数也远大于32m梁。

(4)典型的梁、墩迫振频域特性见图2、图3所示。

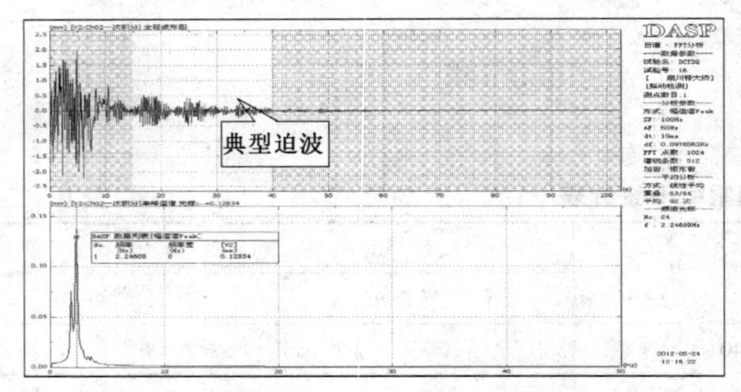

图2 实测第40孔梁体跨中的典型频域波形图

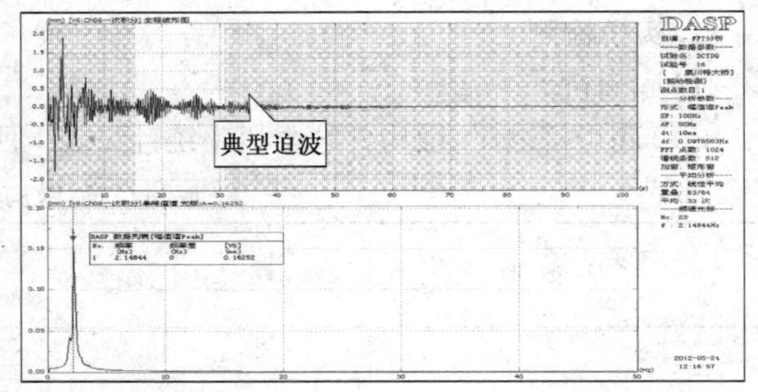

图3 实测第41孔梁体跨中的典型频域波形图

由图2和图3可知,对于底川桥而言,其墩—梁耦合振动效果反映在梁体跨中的迫振效果显著,基于实测到的梁体自振频率范围与墩的自振频率接近,故在列车活载通过条件下激励起的振动响应表现为墩、梁共同超《检规》限值的效果显著。

2)沙河桥

(1)沙河桥梁、墩构件超限概率统计见表4所示。

沙河桥梁、墩构件超限概率统计表 表4

构件类型	位置	超限概率(%)	
		仅货车	客货车
梁体	第2孔梁	7.69	5.26
	第3孔梁	46.15	31.57
	第4孔梁	14.28	10.0
桥墩	第1号墩	0	0
	第2号墩	0	0
	第3号墩	0	0
	第4号墩	0	0

(2)沙河桥梁、墩构件超限倍数统计见表5所示。

沙河桥梁、墩构件超限倍数统计表 表5

构件类型	位置	超限倍数(%)
梁体	第2孔梁	121.93
	第3孔梁	101.91~213.92
	第4孔梁	113.49~134.64
桥墩	第1号墩	0
	第2号墩	0
	第3号墩	0
	第4号墩	0

由表4、表5的统计数据可知,对于沙河桥而言,在其各桥墩未出现振幅超限的条件下,所测各孔16m梁("叁标桥1023")的跨中振幅仍存在不同程度超《检规》行车安全值的现象,判断在该桥目前工况下,梁体刚度不足的原因应归咎于其自身。

3)码头桥

(1)码头桥梁、墩构件超限概率统计见表6所示。

码头桥梁、墩构件超限概率统计表 表6

构件类型	位置	超限概率(%)	
		仅货车	客货车
梁体	第50孔梁	54.54	31.57
	第51孔梁	9.09	5.26
	第52孔梁	0	0
	第53孔梁	0	0
桥墩	第49号墩	0	0
	第50号墩	0	0
	第51号墩	0	0
	第52号墩	0	0
	第53号墩	0	0

(2)码头桥梁、墩构件超限倍数统计见表7所示。

码头桥梁、墩构件超限倍数统计表 表7

构件类型	位置	超限倍数(%)
梁体	第50孔梁	109.44~147.69
	第51孔梁	106.64
	第52孔梁	0
	第53孔梁	0
桥墩	第49号墩	0
	第50号墩	0
	第51号墩	0
	第52号墩	0
	第53号墩	0

由表6、表7的统计数据可知,对于码头桥而言,在桥墩顶未出现振幅超限的条件下,所测各孔16m梁("叁标桥1023")的跨中振幅仍存在不同程度超《检规》行车安全值的现象,而与其邻跨的Л形梁并没有出现超《检规》行车安全值的现象,亦证明在该桥的当前工况下,16m之T形梁横向刚度不足具有普遍的相似性表现。

2."叁标桥1023"之16m钢筋混凝土梁

1)概况

对于"叁标桥1023"之16.0m钢筋混凝土梁而言,它在构造上有一个显著特点,即横隔板间距采用5.25m-6.0m-5 25m布置。从工程经验上判断,这种横隔板布置形式较采用4.0m-4.0m的布置形式表现在梁体横向刚度较弱。下面,我们通过模拟建立不同横隔板布置形式的16m混凝土梁的有限元模型来比较其在不同工况条件下的自振频率特性。梁体模型的基本参数如表8所示。

梁体模型参数表 表8

跨度 L(m)	梁全长 L_0(m)	高度			梁梗中心距(cm)	混凝土		梁重
		轨底至梁底(cm)	轨底至墩台顶(cm)	梁高 h(cm)		标号	数量(m^3)	孔/片(t)
16.0	16.5	240	258	190	180	250	37.24	102.98/51.49

2)模型建立

对于模拟建立的16m混凝土梁,分析分别从横隔板不同位置、横隔板厚度及横隔板刚度等方面进行比对,分析工况见表9所示,有限元模型见图4所示。

模型分析工况表 表9

工况类型	组合形式	横隔板布置	横隔板厚度(mm)	横隔板刚度(kN/m)
工况一	1	5.25m-6.0m-5.25m	端横隔板460 中横隔板120	100
	2	5.25m-6.0m-5.25m	端横隔板460 中横隔板180	100
	3	5.25m-6.0m-5.25m	端横隔板460 中横隔板240	100
	4	5.25m-6.0m-5.25m	端横隔板460 中横隔板300	100
	5	5.25m-6.0m-5.25m	端横隔板460 中横隔板360	100
工况二	1	5.25m-6.0m-5.25m	端横隔板460 中横隔板180	100
	2	5.25m-6.0m-5.25m	端横隔板460 中横隔板180	200
	3	5.25m-6.0m-5.25m	端横隔板460 中横隔板180	300
	4	5.25m-6.0m-5.25m	端横隔板460 中横隔板180	400
	5	5.25m-6.0m-5.25m	端横隔板460 中横隔板180	500

续上表

工况类型	组合形式	横隔板布置	横隔板厚度(mm)	横隔板刚度(kN/m)
工况三	1	16.0m	端横隔板 460 中横隔板 180	100
	2	8.25m-8.25m	端横隔板 460 中横隔板 180	100
	3	5.25m-6.0m-5.25m	端横隔板 460 中横隔板 180	100
	4	4.25m-4.0m-4.0m-4.25m	端横隔板 460 中横隔板 180	100
	5	3.3m-3.3m-3.3m-3.3m-3.3m	端横隔板 460 中横隔板 180	100
工况四	1	4.25m-4.0m-4.0m-4.25m	端横隔板 460 中横隔板 180	100
	2	4.25m-4.0m-4.0m-4.25m	端横隔板 460 中横隔板 180	200
	3	4.25m-4.0m-4.0m-4.25m	端横隔板 460 中横隔板 180	300
	4	4.25m-4.0m-4.0m-4.25m	端横隔板 460 中横隔板 180	400
	5	4.25m-4.0m-4.0m-4.25m	端横隔板 460 中横隔板 180	500

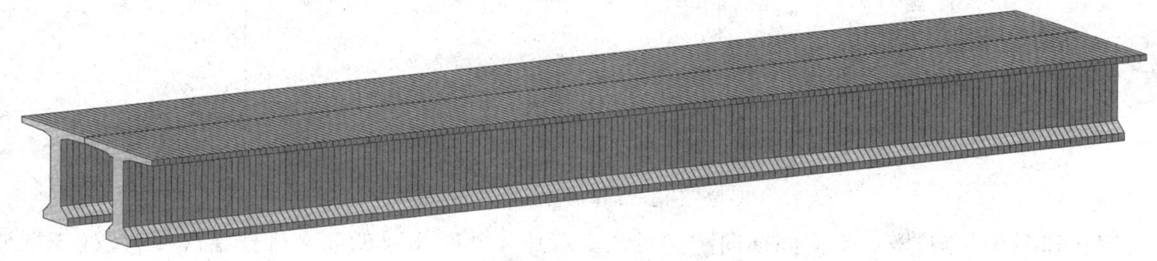

图4 双片式T梁模型

3)计算结论

计算得到不同工况组合条件下,16m 钢筋混凝土双片式 T 梁的刚度表现如表 10 所示,各类工况条件下的一阶横弯自振频率分布规律如图 5 所示。

模型分析工况 表10

工况类型	组合形式	自振频率(Hz) 一阶横弯
工况一	1	5.2975
	2	5.3335
	3	5.3702
	4	5.4254
	5	5.4738

续上表

工况类型	组合形式	自振频率(Hz) 一阶横弯
工况二	1	5.333 5
	2	5.366 4
	3	5.435 0
	4	5.502 7
	5	5.569 4
工况三	1	5.227 1
	2	5.301 5
	3	5.380 1
	4	5.388 9
	5	5.433 5
工况四	1	5.378 7
	2	5.526 9
	3	5.671 1
	4	5.811 4
	5	5.948 3

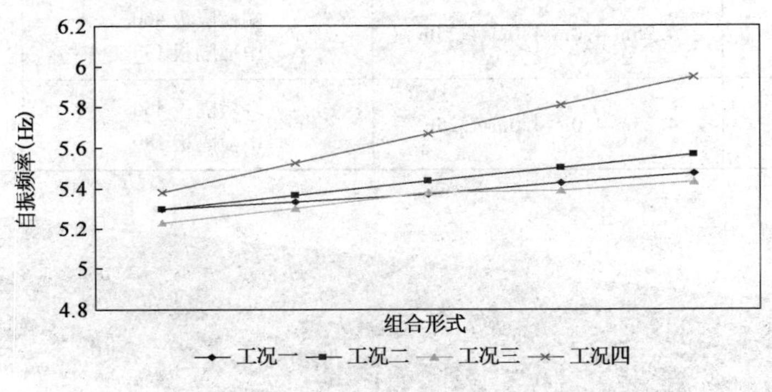

图5 不同工况下的自振频率分布图

由表9和图5可知,增加T梁间横向刚度对改变双片式并置T梁的联合工作情况最有效(工况四和工况二),改变横隔板布置位置对并置T梁的刚度提升效果较差(工况三),变换横隔板厚度对并置T梁的刚度提升效果介于前两类方法之间(工况一),故由此得出对于图号为“叁标桥1023”的16m跨度钢筋混凝土梁而言,其最佳的刚度特性出现在工况四条件内的第五类组合形式下,即在优化横隔板布置的前提下提升横向刚度。

3.环境条件

对于实测的3座运营铁路桥而言,梁体的工况条件还与其所处的线路环境有关,分析特性如表11所示。

试验桥梁环境特性分析表　　表11

序号	桥名	线路条件	桥梁特征	激励特性
1	底川桥	位于 $R=600$m 的圆曲线上	梁、墩位于特大桥中部	车辆荷载加载效率高
2	沙河桥	位于直线上	桥梁较短,桥墩较矮	车辆荷载加载效率低
3	码头桥	位于进入曲线前的直线上	梁、墩位于特大桥靠近桥台附近	车辆荷载加载效率高

由表11可知,3座"叁标桥1023"的16m跨度钢筋混凝土梁桥反映在不同桥跨结构上的动力特征是不完全相同的:其中,底川桥动力响应剧烈,主要是受梁、墩耦合"迫振"的影响;沙河桥动力响应偏弱,与桥短、墩矮有一定关系;码头桥则反映为靠近直曲线过渡地段的动力响应剧烈,且从横隔板的不同工作状况来看,直线地段显著弱于曲线地段。

4.分析小结

由以上分析可以判断:一是"叁标桥1023"之16m钢筋混凝土梁的自身刚度不足是导致3座铁路桥梁体跨中横向振幅超《检规》行车安全值的主要原因;二是"叁标桥1023"之16m钢筋混凝土梁的动力特性随桥跨、主体结构形式的不同而不同,时域"迫振"表现在底川桥上,线路工况表现在码头桥上,墩梁刚度比则表现在沙河桥上,故体现在梁体上的刚度表现也不尽相同;三是在改善梁、墩结构动力性能上,应着重从梁间内侧的横向约束能力和布置形式方面实施进一步优化。

四、建 议 措 施

(1)通过对底川桥、沙河桥和码头桥3座均使用了图号为"叁标桥1023"之16m钢筋混凝土梁的试验分析,可以认为跨中振幅超限的主要原因是梁体横向刚度不足。

(2)考虑到3座桥的梁体在刚度表现方面存在差异,故建议优先安排对底川桥和码头桥进行横向刚度加固整治,沙河桥梁体的横向加固可随后安排。

(3)建议相关部门尽快对图号为"叁标桥1023"之16m钢筋混凝土梁展开调查,通过现场检查、试验检测和分析研究等手段,掌握该图号梁体的运营工况,进而适时安排梁体的横向刚度加固工作。

参考文献

[1] 铁运函〔2004〕120号 铁路桥梁检定规范[S].北京:中国铁道出版社,2004.
[2] 铁路桥隧建筑物修理规则(铁运〔2010〕38号).北京:中国铁道出版社,2010.
[3] 中华人民共和国行业标准.TB 10002.1—2005 铁路桥涵设计基本规范[S].北京:中国铁道出版社,2005.
[4] 中华人民共和国行业标准.TB 10002.5—2005 铁路桥涵地基和基础设计规范[S].北京:中国铁道出版社,2005.
[5] 中华人民共和国行业标准.GB 50111—2006 铁路工程抗震设计规范[S].北京:中国铁道出版社,2006.
[6] 铁路工程技术规范(桥涵).北京:中国铁道出版社,1976.
[7] 铁道部第三勘测设计院.桥梁设计通用资料.北京:中国铁道出版社,1993.
[8] 铁道部专业设计院.混凝土桥.北京:中国铁道出版社,1998.
[9] 铁道部第四勘测设计院.桥梁墩台.北京:中国铁道出版社,1995.
[10] 中华人民共和国铁道部.道砟桥面钢筋混凝土梁(叁标桥1023).铁路部第三勘测设计院,1975.

129.斜拉桥Π形主梁恒载剪力滞效应

杨 健[1] 付朝雷[1] 杨俊新[1] 阮 欣[2]
(1.贵州省交通规划勘察设计研究院股份有限公司;2.同济大学)

摘 要 Π形主梁在斜拉桥中得到较为广泛的应用,因梁肋与桥面板刚度不同,截面上产生剪力滞效应,应力分布呈现出不均匀特征。规范中缺乏对Π形主梁剪力滞效应计算的相关规定,现有研究主要针对箱梁与T梁桥,对Π形主梁剪力滞效应研究较少。主梁受自重、预应力以及索力综合作用,剪力滞效应较为复杂，是研究中的难点。本文以某斜拉桥为例，采用有限元方法对Π形主梁在最大双悬臂以及成桥两个关键施工工况下的恒载剪力滞效应展开研究，其方法、思路以及结论可以为同类工程提供借鉴。

关键词　斜拉桥　Π形梁　剪力滞　有限元

一、引　言

大跨度斜拉桥中，结构自重在总荷载中所占的比重较大，为尽可能减轻自重，双索面混凝土斜拉桥主梁截面由箱型逐渐演变为带边主梁的肋板结构形式——Π形主梁。该截面形式能够有效降低自重，便于悬臂施工，且具有较好的承载性能，是一种极具竞争力的主梁形式，但其截面设计理论方面尚存在待研究和解决的问题。

因Π形主梁梁肋与桥面板刚度不同，截面上将产生剪力滞效应。我国现行规范缺少对Π形主梁剪力滞系数的相关规定。大多数开展的研究采用增广位移法等理论解析方法或有限元法对特定荷载情况下的箱梁进行研究，而少数针对多肋式梁桥或者Π形主梁剪力滞系数的研究工作也仅针对特定荷载情况，不能考虑施工阶段中结构形式以及恒载效应多变的情况。

Π形梁在施工阶段可能发生正或者负剪力滞效应，根据定义，若肋板处正应力大于初等梁理论的计算值，则称之为"正剪力滞"效应，若肋板处正应力小于初等梁理论的计算值，则称之为"负剪力滞"效应，Π形主梁正负剪力滞效应如图1所示。

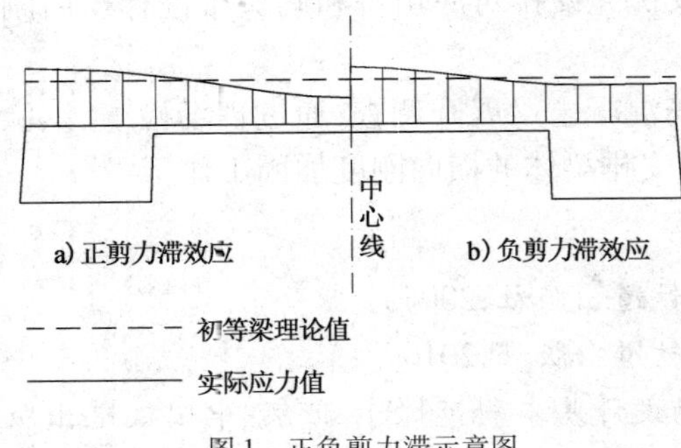

图1　正负剪力滞示意图

综上所述，研究并明确Π形主梁在关键施工阶段下的剪力滞效应，对于设计是十分重要的。本文以某Π形主梁斜拉桥为例，采用实体有限单元法，开展关键施工工况下主梁恒载剪力滞效应的相关研究工作，其结论及分析思路可为同类工程提供借鉴。

二、工 程 概 述

本文研究依托贵州省某斜拉桥，该桥为三跨连续预应力混凝土斜拉桥，跨度组合为(195 + 438 + 195)m，交角90°，桥梁全长828m。桥面由两侧1.3m斜拉索区和21.5m行车道组成，全宽24.1m。桥面铺装为防水层 + 10cm厚沥青混凝土，主梁采用C60高强混凝土。桥梁总体布置及横断面布置如图2、图3所示。

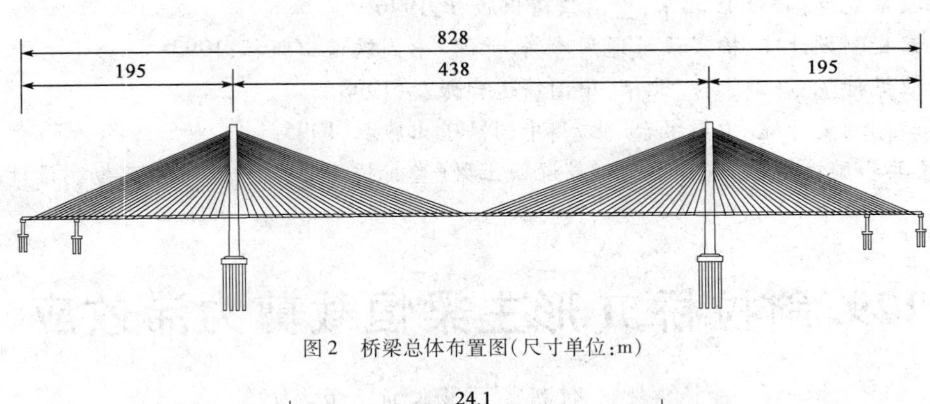

图2　桥梁总体布置图(尺寸单位:m)

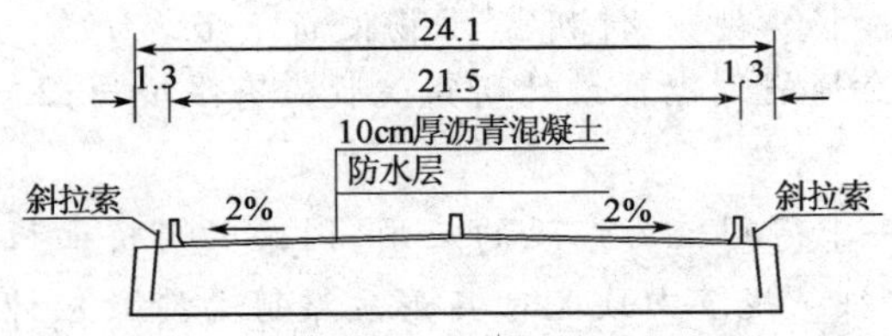

图3　Π形主梁梁横断面(尺寸单位:m)

三、有限元模型及分析说明

1. 模型建立

采用大型通用有限元程序 ANSYS 建立全桥空间有限元模型，由于仅关注主梁空间应力状态，主梁采用空间实体单元 Solid45 模拟，而主塔则采用空间梁单元 Beam188 模拟。纵向预应力钢筋采用 Link8 单元模拟，斜拉索采用 Link10 单元模拟，斜拉索与主塔间以 Beam4 单元形成的刚臂进行连接。

全桥空间模型共划分单元 136 419 个，共有节点 165 139 个。建模及计算采用的单位均为国际制单位，模型整体及局部分别如图 4、图 5 所示。

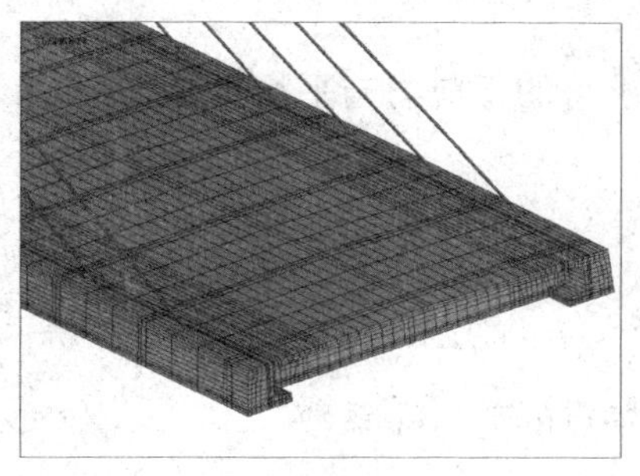

图 4　全桥模型

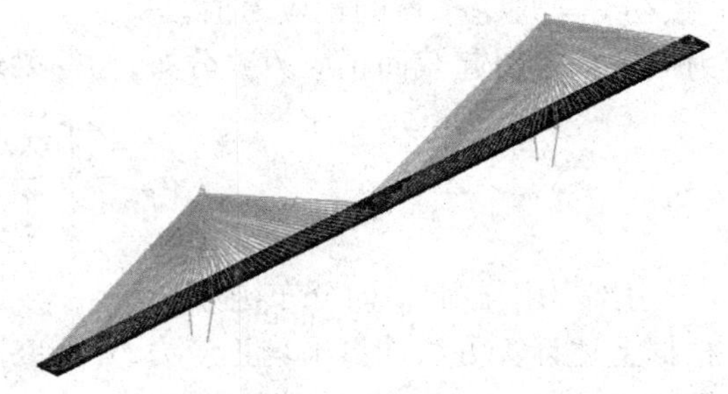

图 5　主梁局部模型

2. 计算工况

由于各施工阶段结构体系不同、荷载形式不同，对剪力滞影响也不相同，选取较为关键的最大双悬臂工况以及成桥工况进行恒载剪力滞系数分析，工况及说明如表 1 所示。

计 算 工 况 说 明　表 1

工况编号	工况名称	工序介绍
工况一	最大悬臂工况	悬臂施工至最大悬臂时，张拉相关斜拉索及悬臂节段预应力钢束
工况二	成桥工况	桥面铺装及防撞栏杆等二期恒载施工结束时，全桥具备成桥通车条件

3. 分析截面

计算选取次边跨跨中、边跨跨中、主塔根部、主跨四分点、主跨跨中五个关键位置附近截面（避开横梁）进行研究分析，截面编号依次为 1～5，位置如图 6 所示。

4. 分析关键点

对于本桥，研究在主梁横截面上定义 12 个点（顶板 $A \sim G$、底板 $H \sim L$）来描述断面应力分布特性，各点在横断面上的分布详见图 7 所示。

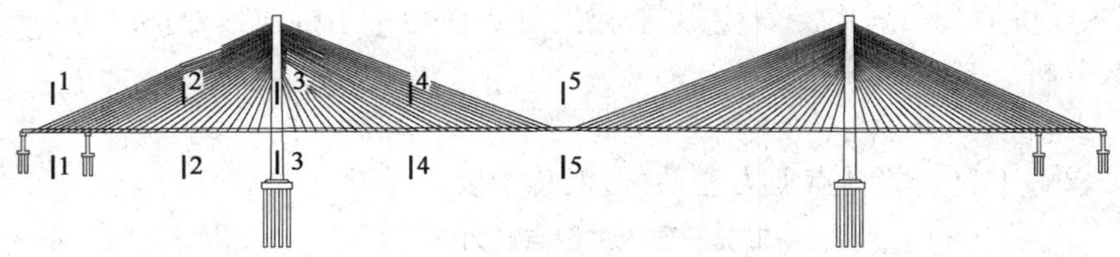

图 6　截面编号

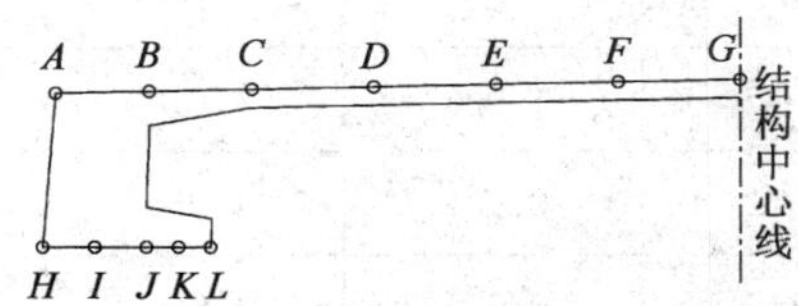

图 7　剪力滞研究关键点

四、恒载剪力滞

1. 剪力滞系数定义

剪力滞系数定义为考虑剪力滞效应所求得的正应力与按简单梁理论所求得的正应力比值，以 A 点位例，可描述为：

$$\lambda_A = \frac{\sigma_A}{\bar{\sigma}_S} \tag{1}$$

式中：σ_A——考虑剪力滞效应所求得的 A 点正应力；

$\bar{\sigma}_S$——按初等梁理论求得的正应力值。

由于剪力滞效应仅引起截面正应力重分布，初等梁理论求得的正应力与平均正应力相差较小。

$$\bar{\sigma}_S = \frac{\int \sigma(x)\mathrm{d}x}{\int \mathrm{d}x} \tag{2}$$

式中：$\sigma(x)$——正应力沿截面横向分布函数。

本文将根据上述计算方法计算平均正应力，并最终确定各点的剪力滞系数。

2. 各截面应力分布

工况一为最大双悬臂工况，由于该工况下主跨跨中块段尚未施工，跨中截面即5号截面无应力数据。将其余关键截面各工况的纵桥向应力及5号截面工况二的纵桥向应力空间分布绘制如图8所示，因其关于桥面中心线对称，各工况仅示出一半。

3. 剪力滞效应分析

斜拉桥三梁为压弯构件，受自重均布力、索力竖向分力以及索力轴向分力综合作用，其应力状态较为复杂，正负剪力滞现象均有可能出现，而各截面最终表现出正的或者负的剪力滞效应主要是由施工索力状态以及边界支承条件决定的。

据本桥关键工况应力分布图（图8）可以看出：

(1)1号截面剪力滞效应并不明显，上下缘应力分布较为均匀，这是本截面梁肋宽度相对较宽，桥面板较窄的缘故，其余截面由于梁肋变窄，剪力滞效应普遍较为明显。

(2)2号、3号截面在施工阶段至成桥工况下均表现出较明显的负剪力滞特征；其中3号截面下缘因设置临时纵向支承，出现局部应力集中，应力分布不均匀。

(3)4号截面受正剪力滞效应影响，梁肋处的正应力大于桥面板处正应力；但该效应较小，在工况一及工况二下，顶缘最大与最小正应力比值分别为1.05与1.08。

(4)5号截面在成桥后受负剪力滞效应影响，梁肋处正应力小于桥面板处正应力。

4. 剪力滞系数分析

(1)工况一

根据前述方法求解工况一关键点剪力滞系数，汇总于表2、表3。

工况一顶板关键点剪力滞系数　　表2

截面	各点剪力滞系数						
	A	B	C	D	E	F	G
1号	0.983	0.987	1.006	1.016	1.007	1.004	0.976
2号	0.957	0.962	0.981	1.015	1.027	1.024	1.009
3号	0.847	0.862	0.980	1.069	1.070	1.071	1.056
4号	1.042	1.024	1.026	1.000	0.963	0.976	0.996

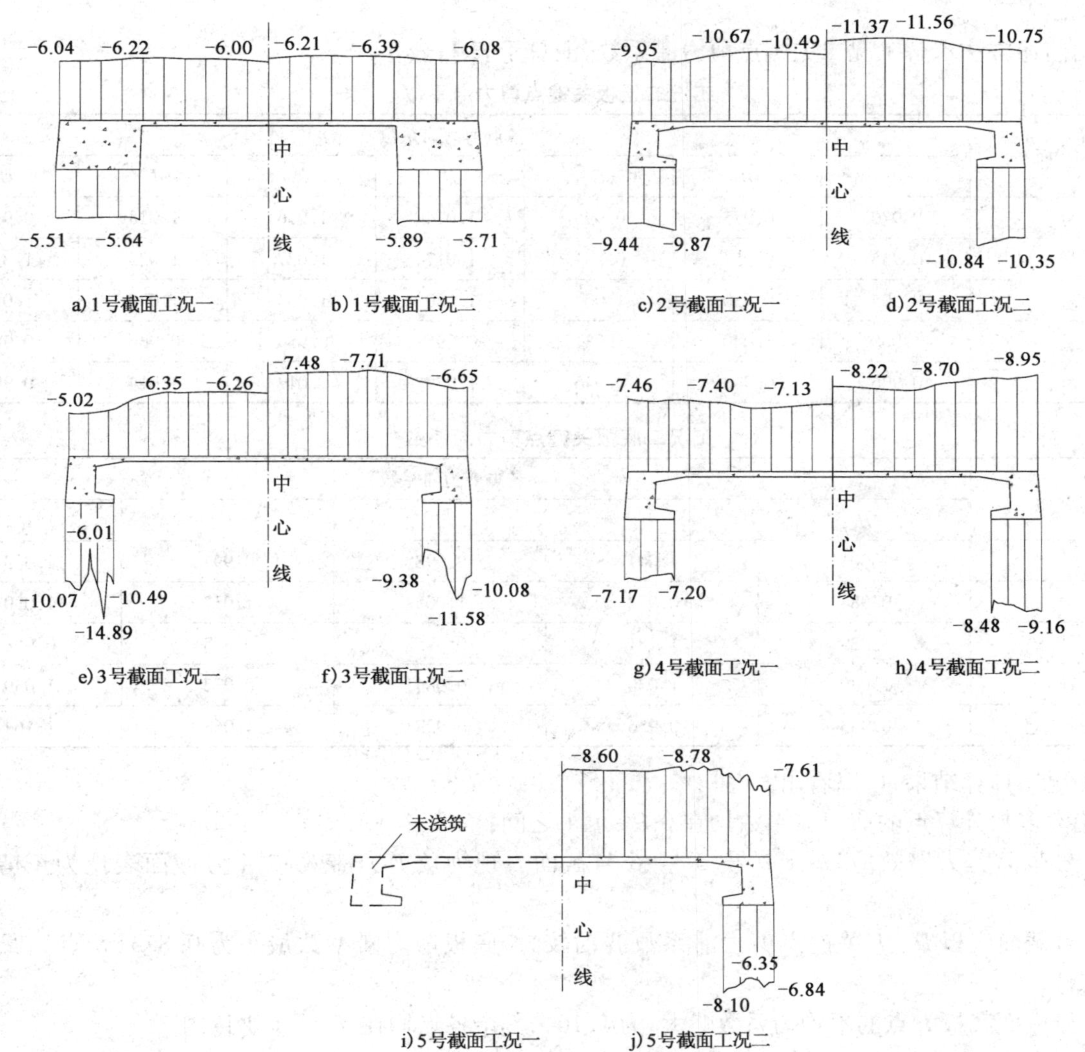

图8 工况一各截面纵向应力分布图

（单位：MPa，以压应力为负）

工况一底板关键点剪力滞系数 表3

截　面	各点剪力滞系数				
	H	*I*	*J*	*K*	*L*
1号	1.003	1.002	0.998	0.996	1.026
2号	0.985	0.983	1.005	1.016	1.029
3号	0.964	1.078	0.576	1.427	1.005
4号	1.024	1.028	0.986	0.971	1.028

据工况一计算结果，可以看出：

①绝大多数计算点的剪力滞系数均在0.9～1.1之间；

②1号截面剪力滞效应较小，2号～3号截面表现为负剪力滞效应，4号截面表现为正剪力滞效应；

③3号截面顶*A*～*G*、底板*H*～*L*关键点剪力滞系数波动较大，顶板剪力滞系数最小为0.847（*A*点），最大为1.071（*F*点）；底板剪力滞系数最小不均匀系数为0.576（*J*点），最大为1.427（*K*点）。这主要是由于3号截面为塔根部主梁断面，在施工中设临时纵向支承引起局部应力集中的缘故。

(2)工况二

根据前述方法求解工况二关键点剪力滞系数,汇总于表4、表5。

工况二顶板关键点剪力滞系数 表4

截　面	各点剪力滞系数						
	A	*B*	*C*	*D*	*E*	*F*	*G*
1号	0.970	0.975	0.995	1.014	1.016	1.018	0.990
2号	0.955	0.959	0.981	1.017	1.027	1.025	1.011
3号	0.905	0.930	1.004	1.050	1.034	1.030	1.018
4号	1.068	1.040	1.031	0.995	0.954	0.966	0.981
5号	0.906	0.948	1.046	1.029	1.012	1.014	0.993

工况二底板关键点剪力滞系数 表5

截　面	各点剪力滞系数				
	H	*I*	*J*	*K*	*L*
1号	1.001	1.001	0.998	0.997	1.033
2号	0.984	0.982	1.005	1.017	1.030
3号	1.029	1.181	0.975	0.873	0.958
4号	1.030	1.030	0.984	0.972	1.039
5号	0.983	0.956	0.927	1.068	1.164

据工况二计算结果,可以看出:

①绝大多数计算点的剪力滞系数均在0.9~1.1之间;

②1号截面剪力滞效应较小,2号、3号、5号截面表现为负剪力滞效应,4号截面表现为正剪力滞效应;

③3号截面底板*H*~*L*关键点剪力滞系数波动较大,底板剪力滞系数最小为0.873(*K*点),最大为1.18(*I*点);

④5号截面底板*L*点的不均匀系数略大,为1.164,其余各点均在0.9~1.1以内。

5.比分析及设计建议

出于设计中仅关注梁肋及桥面板最大剪力滞效应考虑,提取汇总各截面梁肋以及桥面板处的最大剪力滞系数进行分析,汇总于图9。

根据梁肋及桥面板剪力滞系数分布规律分析:

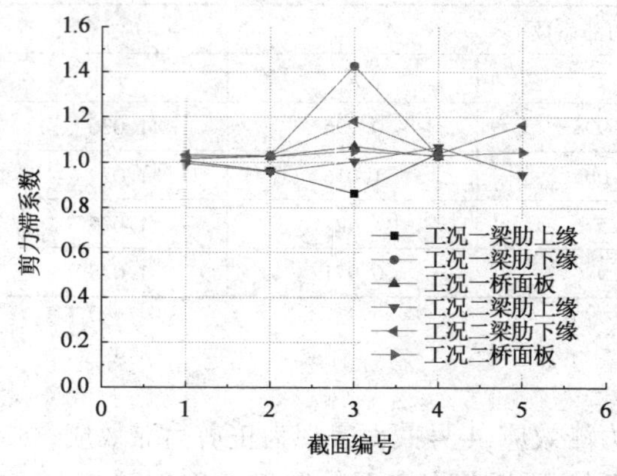

图9 各截面梁肋与桥面板剪力滞系数

①3号截面在工况一与工况二下的剪力滞系数差别较大,这是由于塔根临时约束在成桥后解除的缘故,其余1号、2号、4号截面剪力滞系数相差不大;

②梁肋上缘剪力滞系数大多数在0.9~1.0之间,3号截面略小于0.9,4号截面超出4%,影响较小;设计中各截面梁肋上缘的剪力滞系数可按1.0进行考虑;

③1号、2号、4号截面梁肋下缘剪力滞系数大多在1.0~1.1之间,设计中可按1.1进行考虑;工况一3号截面由于下缘局部应力集中,计算失真,最大为1.427,综合工况二剪力滞系数为1.181进行考虑,设计中可取用为1.2;中跨跨中5号截面梁肋下缘最大剪力滞系数为1.164,也可偏安全按1.2进行考虑;

④工况一及工况二桥面板最大剪力滞系数均在1.016~1.071之间,可偏安全按1.1进行考虑。

五、结　　语

本文采用实体有限单元方法对斜拉桥Π形梁在最大双悬臂工况以及成桥工况下的恒载剪力滞系数进行研究，总结分析了关键截面剪力滞的分布规律，得出以下结论：

(1)剪力滞效应受截面特性内力状态以及支承边界影响，本桥边跨跨中截面剪力滞效应较小，次边跨跨中、塔根、中跨跨中表现为负剪力滞效应，中跨四分点表现为正剪力滞效应；

(2)最大双悬臂工况及成桥工况下，除约束边界改变的3号截面剪力滞系数相差较大外，其余截面(除未浇筑的中跨跨中截面)剪力滞系数相差不大；

(3)梁肋上缘恒载剪力滞系数可取为1.0；梁肋下缘剪力滞系数，塔根处可取为1.2，其余截面可取为1.1；桥面板剪力滞系数可取为1.1。

本文对桥面板较窄的Π形结构进行分析，未探讨桥面板宽度对剪力滞效应的影响，分析结论对于类似截面和跨径的斜拉桥有一定的参考作用，其他形式或跨径的Π形梁剪力滞效应有待进一步的研究。

参考文献

[1] 李鑫.混凝土Π形梁斜拉桥的温度场分析及温度效应研究[D].长沙:长沙理工大学,2009.

[2] 耿少波,石雪飞,阮欣,等.增设广义位移下箱梁剪力滞效应的变分法[J].同济大学学报,2010,38(9):1276.

[3] 李小祥,石雪飞,阮欣,等.低高度混凝土单箱单室宽箱梁剪力滞效应研究[J].结构工程师,2008,24(2):43.

[4] 项海帆.高等桥梁结构理论[M].北京:人民交通出版社,2001.

[5] 程翔云.梁桥理论与计算[M].北京:人民交通出版社,1998.

[6] 秦绪喜.基于辛弹性力学的宽翼板T梁及箱梁剪力滞理论[D].吉林:吉林大学,2009.

[7] 万臻.斜拉桥常用截面形式主梁的剪力滞效应研究[D].成都:西南交通大学,2009.

130.红水河特大斜拉桥叠合梁顶推施工过程仿真分析

张世娟　周远智　胡　靖　刘远坤　郑戈瑞

(贵州省交通规划勘察设计研究院股份有限公司)

摘　要　红水河特大斜拉桥为不对称斜拉桥，桥面结构在纵向(结合段)和竖向(叠合梁)都采用了钢与混凝土组合形式，受地形、水位限制，贵州岸边跨叠合梁拟采用顶推法施工。顶推过程中，结构变形及其应力分布均为动态变化，易发生应力集中现象。为确保施工安全，采用有限元软件包MIDAS对桥梁顶推施工全过程进行空间仿真分析，计算结果可为该桥施工及施工控制提供参考，并可供同类桥梁的施工借鉴。

关键词　斜拉桥　顶推施工　仿真分析　叠合梁

一、引　　言

顶推施工法已经经历了30多年的发展，已逐渐趋于成熟，但对于大跨度混合梁斜拉桥，顶推过程中存在着变形及应力分布不均的现象，容易造成局部应力集中问题，所以对大跨度桥梁进行结构安全性、整体性的施工仿真分析以确保其正常运营已成为施工及其控制中不可或缺的重要手段之一。

红水河特大桥位于贵州省罗甸县与广西省天峨县交界处，桥梁横跨红水河，桥位处为“U”型峡谷。其孔跨布置采用 2×20m 现浇箱梁 +（213 + 508 + 185）m 斜拉桥，主塔高 195m，设 166 根斜拉索，如图 1 所示。主梁宽 27.8m，采用混合梁结构形式，即：中跨和贵州岸边跨采用钢纵、横梁与混凝土桥面板结合的叠合梁，广西岸边跨采用预应力混凝土双肋式 Π 形梁。受桥位地形、水位限制，贵州岸边跨叠合梁拟采用顶推法施工，中跨叠合梁采用吊机逐段施工，广西岸混凝土主梁采用现浇施工。

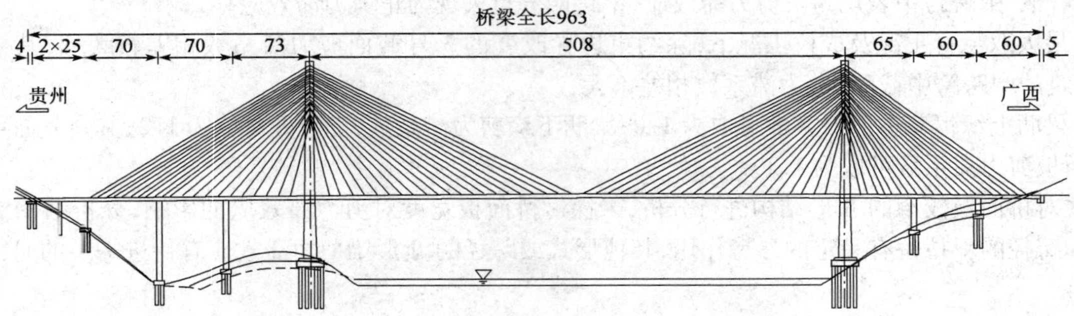

图 1　红水河特大斜拉桥桥型布置（尺寸单位：m）

叠合梁采用 Q370qD 钢，高 3.08m，宽 27.7m，为钢纵、横梁组成的双主梁梁格体系。其中，主纵梁中心距 25.2m，高 2.92m。全桥共计 182 道横梁，全桥主纵梁按顺序划分为 ZL1 ~ ZL65 共计 65 个节段，其中，贵州岸边跨及主塔上梁段 ZL1 ~ ZL22 采用顶推法施工，总长为 236.78m。横梁顺桥向基本间距 2.5m，跨中梁高 2.8m，采用工字形断面。

红水河特大斜拉桥结构复杂、科技含量高、施工难度大，是惠罗线上极为关键的控制性工程之一。该桥为不对称斜拉桥，桥面结构在纵向（结合段）和竖向（叠合梁）都采用了钢与混凝土组合形式，边跨叠合梁施工采用顶推法，在国内混合梁斜拉桥中不多见。边跨叠合梁顶推施工方法和主跨拼装施工方法研究是该桥关键建设技术内容之一。

为保证顶推施工安全进行，本文采用空间有限元分析软件 MIDAS 分别建立整体有限元空间模型和局部钢主梁精细化模型对该桥顶推施工过程进行仿真分析，为该桥施工提供参考。

二、顶推法施工

贵州岸边跨钢主梁安装采用多点同步顶推工艺。其原理是：利用多个支墩作为施力点，安装水平千斤顶，每墩上水平千斤顶施力的大小根据桥墩上所受梁体滑动摩擦阻力大小而确定，千斤顶施力与摩擦阻力基本平衡，梁体能在滑板和不锈钢滑道板组成的滑道装置上以较小的摩擦系数向前移动，柔性桥墩基本不承受或承受较小水平力。水平顶推力分散到各个桥墩、桥台上，各千斤顶出力大小按摩阻力大小变化幅度，逐级升压，缓慢对梁体施力，所有的千斤顶同步工作。为减少顶推运行的内力，在主梁的前端设导梁。导梁主体结构为两个变截面工字形钢板梁，根部连接于钢主梁 ZL22 预留接头上，水平间距 25.2m，两钢板梁之间采用角钢桁架结构连接。钢板梁根部高度与钢箱梁预留接头高度相同，为 2.92m，钢板梁前端高度 1.2m。

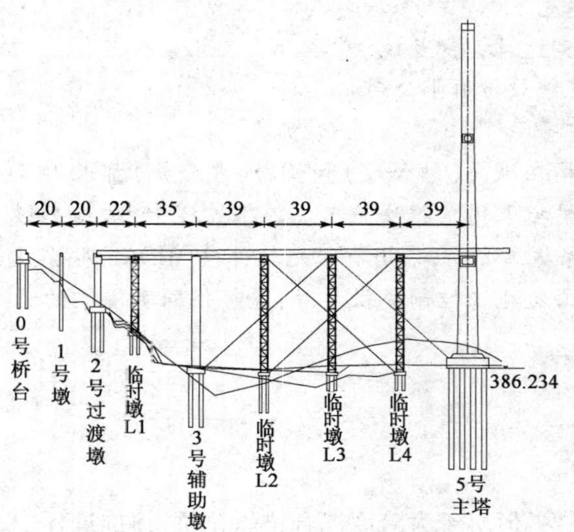

图 2　顶推施工示意图（尺寸单位：m）

三、模 型 建 立

采用空间有限元分析软件 MIDAS 对施工过程进行仿

真分析,分别建立整体分析有限元空间模型和局部分析的钢主梁精细化模型,见图3、图4。整体模型采用空间梁单元,局部模型采用空间板单元。

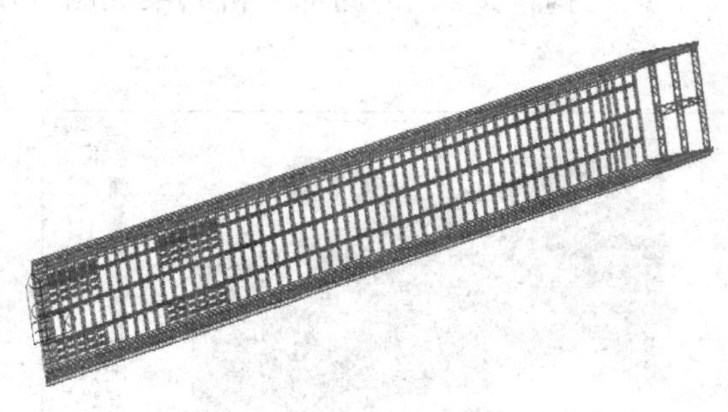
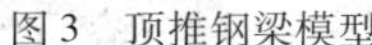

图3　顶推钢梁模型

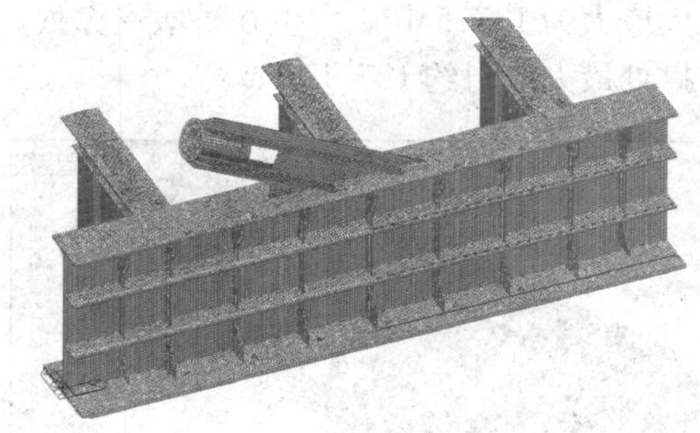

图4　钢主梁精细化模型

顶推过程中,钢主梁主要承受的荷载:钢结构自重;桥面预制板重量,40cm厚预制板为288.1kN/m,28cm厚预制板为201.7kN/m;运梁车和钢梁总重150t;对于$L<50$m,人群荷载取3kN/m^2,$L>150$m,取2.5kN/m^2,50m$<L<150$m,按线性内插取值。

四、计算结果及分析

1. 顶推过程最大悬臂工况下钢梁前端位移

钢梁顶推至各跨间即将上墩时,在各墩为最大悬臂状态,钢梁前端位移最大,各悬臂状态位移值见表1。

各顶推阶段最大悬臂工况下前端位移(mm)　表1

钢梁位置	2号墩	L1号墩	3号墩	L2号墩	L3号墩	L4号墩	5号墩
前端位移	146	26	99	128	130	131	131

2. 顶推过程各工况下支点反力

贵州岸边跨钢梁顶推过程共需要跨越7个桥跨,顶推分7个阶段进行,在钢梁尾端末顶推出0号台之前,不设置1号墩支承,当顶推至末期,即钢梁尾端即将顶推出0号台时,恢复1号墩支承。随着钢梁节段的增加和悬臂长度的变化,整个受力体系不断发生变化,各支墩反力值随之发生变化,各阶段各工况下支点反力见表2。

顶推阶段各工况下支墩反力(单位:t)　表2

墩　号	1号墩	2号墩	L1号墩	3号墩	L2号墩	L3号墩	L4号墩
支点反力	910.6	232.2	372.9	519.1	513.9	513.1	513.0

3. 顶推过程中刚导梁的最不利受力状态

顶推过程中,钢导梁的最不利受力状态可能为:最大悬臂状态和桥墩(或临时支撑)支撑在钢导梁与桁架连接处。桥墩(或临时支撑)支撑在钢导梁与桁架连接处为最不利状态时,支撑处的钢导梁既受纵向钢板梁自重引起的负弯矩,又受横向连接桁架自重引起的负弯矩,处于双向负弯矩作用状态下,受力状态较为不利。

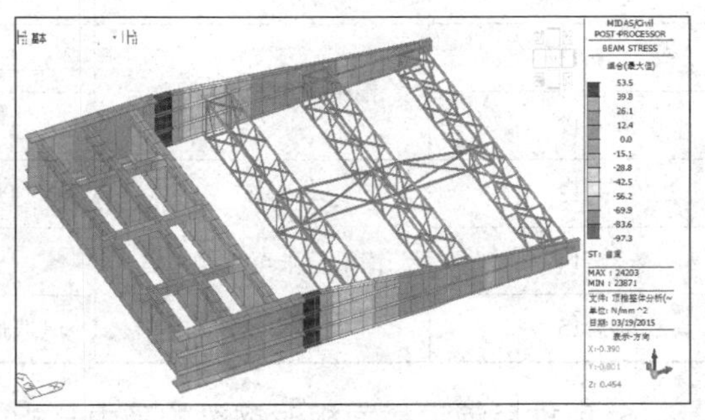

图5　钢导梁最大悬臂状态应力云图

图5为钢导梁最大悬臂状态应力云图。从图5可知导梁最大应力为101.5MPa,发生在桥墩(或临时支撑)支撑在导梁与中间桁架连接处时。

4. 顶推过程中钢主梁最不利受力状态

施工过程中，钢主梁的最不利受力状态发生在预制板铺装后边跨运梁过程，其应力见图 6。可见，钢主梁最大应力为 137.5MPa，发生在桥墩支撑处。进一步考虑结构构造细节，局部分析结果如图 7 所示，桥墩支撑处最大应力约 127.1MPa。

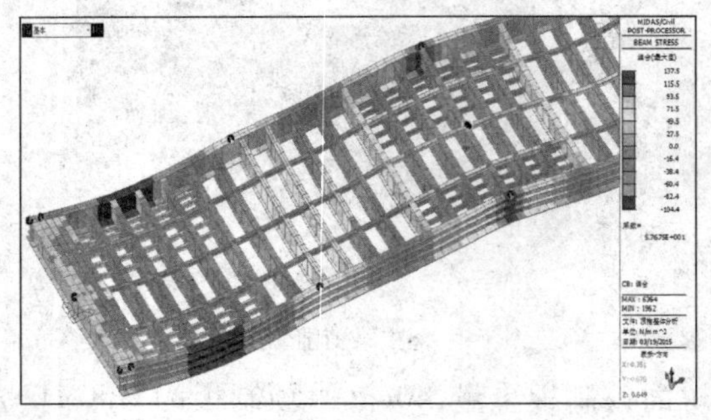

图 6　边跨运梁过程钢主梁应力放大云图

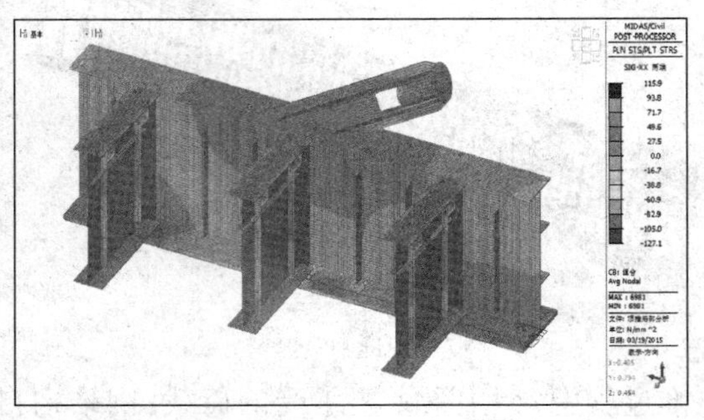

图 7　边跨运梁过程最不利加载下钢主梁应力云图

5. 顶推过程中钢梁的应力分析

各工况状态应力值见表 3，可知最大弯应力为 173.5MPa < 210MPa，出现在工况 15 最大尾端悬臂状态；最大剪应力为 28.1MPa < 120MPa，同样出现在工况 15 最大尾端悬臂状态，满足要求。

各顶推阶段不同工况下应力值　　表 3

工 况	钢 梁 位 置		最大弯应力(MPa)	最大剪应力(MPa)
1	钢梁顶推至 2 号墩	上墩前	79.3	14.3
2		上墩后	45.8	12.1
3	钢梁顶推至 L1 号墩	上墩前	57.1	15.3
4		上墩后	57.1	15.4
5	钢梁顶推至 3 号墩	上墩前	54.1	13.8
6		上墩后	54.1	13.7
7	钢梁顶推至 L2 号墩	上墩前	73.0	15.7
8		上墩后	46.7	13.9
9	钢梁顶推至 L3 号墩	上墩前	73.0	15.4
10		上墩后	46.9	13.7
11	钢梁顶推至 L4 号墩	上墩前	73.0	17.9
12		上墩后	58.8	17.9
13	钢梁顶推至 5 号主塔	上墩前	73.0	17.2
14		上墩后	47.4	17.2
15		尾端最大悬臂	173.5	28.1

6. 顶推后铺设桥面板时钢梁的受力分析

红水河特大桥贵州岸边跨 ZL1 ~ ZL22 节段钢梁顶推到位后，按设计要求对桥墩进行预偏量调整，然后逐个墩上利用千斤顶将钢梁顶起，将滑道梁、滑板及滑块等取出，过渡墩、辅助墩及主墩换上设计要求的永久支座装置，临时墩换上临时支座（纵向分配梁上放置两块板式橡胶支座），完成落梁工作。之后安装 ZL1 ~ ZL18 节段预制桥面板并现浇 ZL19 ~ ZL21 桥面板，之后陆续进行中跨钢梁的运输及安装。因此，运梁过程中必须对钢梁进行应力及位移的计算，也必须对临时墩进行设计及受力计算。计算采用有限元软件 MIDAS Civil 建模计算。

钢梁构件组成较复杂，建模时，仅对钢主梁及钢横梁进行真实模拟；根据模型自动计算所得主梁和横梁自重为图纸钢梁设计总重的 70%，临时墩的节点板和螺栓总重约占钢结构的 30%，因此组合计算时自重系数取 1/0.7 = 1.43；假设运梁平车和梁总重 150t，前后轮间距 20m，按用户自定义挂车类型加载。人群荷载按《公路工程技术标准》（JTG B01）取值加载；混凝土桥面板荷载采用均布荷载形式加载于钢主梁。

钢梁位移云图如图 8 所示，边跨运梁阶段，钢梁整体最大下挠 61mm < $L/400$ = 97.5mm，位于临时墩 L2 与临时墩 L3 之间。

钢梁最大弯应力及剪应力云图见图 9 和图 10。边跨运梁过程梁体最大弯应力为 164.9MPa < 210MPa，位于 3 号墩墩顶。最大剪应力为 48.7MPa < 120MPa，位于 3 号墩墩顶附近。

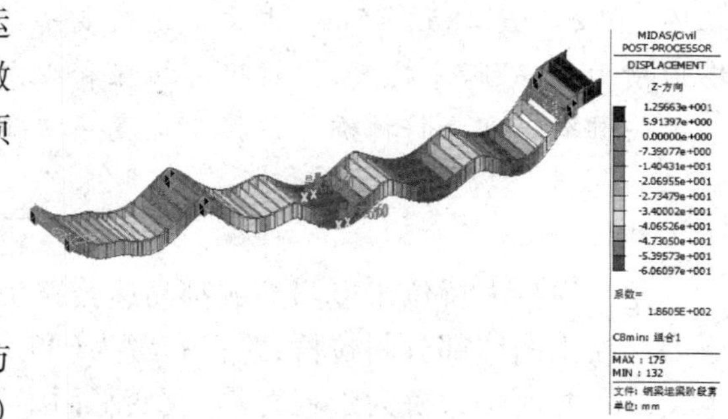

图 8 钢梁位移云图

五、结 语

本文采用有限元软件 MIDAS 对顶推施工过程进行仿真分析，经计算分析以最大悬臂状态和桥墩（或临时支撑）支撑在钢导梁与桁架连接处为最不利状态，对红水河特大斜拉桥钢梁位移、钢导梁应力、钢主梁最不利状态应力、钢梁各顶推阶段不同工况下应力及最不利工况下的最大弯应力和剪应力进行分析，计算结果表明，该桥边跨顶推过程中各构件受力均满足规范要求。本文工作为贵州省红水河特大斜拉桥贵州岸边跨叠合梁的施工提供了理论依据，同时可为同类桥梁的施工提供参考和借鉴。

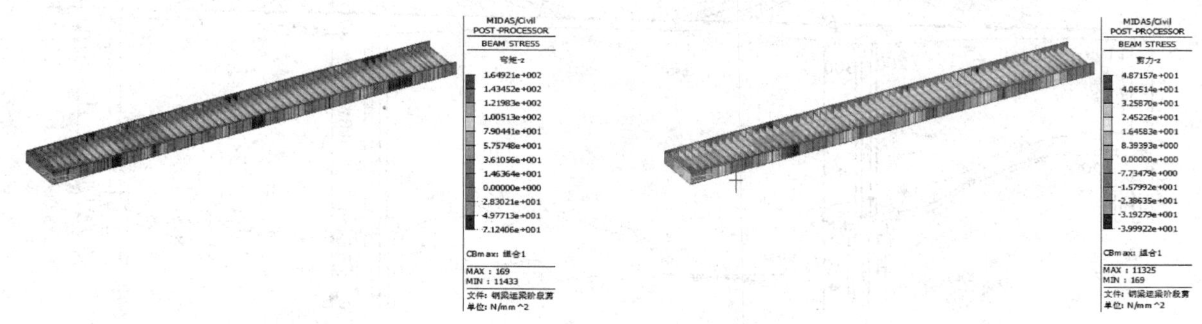

图 9 钢梁最大弯应力模型图

图 10 钢梁最大剪应力模型图

参考文献

[1] 张海龙，刘昌图，段凯，等. 斜拉桥施工仿真[J]. 公路，2003，(08)：72-75.

[2] 文武松，王梆楣. 斜拉桥施工阶段监测监控的内容和方法[J]. 桥梁建设，1999(4)：63-68.

[3] 项海帆，姚玲森. 高等桥梁结构理论[M]. 北京：人民交通出版社，2001.

[4] 谭之抗，岑国基. 柔性墩上多点顶推连续梁施力的新概念[J]. 桥梁建设，1990(4)：17-22.

[5] 许振宇. 大跨度全断面预应力混凝土顶推连续梁桥理论分析及试验研究[D]. 湖南：湖南大学，2000.

[6] Yang，Y. B.，Kuo，S. R. and Wu，Y. s.，Incrementally Small-deformation theory for Nonlinear Analysis of Structural Frames. Engineering Structures，Vol. 24，2002.

131.曲率变化对曲线部分斜拉桥结构主要参数的敏感性分析

杨 健[1] 杨 昀[2] 刘立民[1] 胡晓明[1]
(1.贵州省交通规划勘察设计研究院股份有限公司;2.交通运输部公路科学研究院)

摘 要 由线部分斜拉桥在我国目前仅有龙井河特大桥一座,龙井河特大桥是国家西部交通科技项目《山区曲线斜拉桥的设计与施工技术研究》的依托工程,主桥是(86+160+86)m预应力混凝土部分斜拉桥,平曲线$R=852.75$m。本文通过改变桥梁的平面曲线半径,以此对比分析曲率变化对部分斜拉桥的塔顶横向位移、跨中挠度、主梁根部扭矩和纵向弯距、横向弯矩和索力的影响。

关键词 部分斜拉桥 位移 挠度 扭矩 纵向弯距 横向弯矩 索力

一、工 程 概 况

龙井河特大桥位于厦门至成都高速公路贵州境织金至纳雍段,桥型为塔、墩、梁固结的双塔单索面预应力混凝土曲线部分斜拉桥,跨径布置为(86+160+86)m(图1),箱梁中心线处平曲线半径为852.75m。本文以龙井河持大桥为工程背景,改变平面半径,以此对比分析曲率变化对部分斜拉桥的塔顶横向位移、跨中挠度、主梁根部扭矩和纵向弯距、横向弯矩和索力的影响。

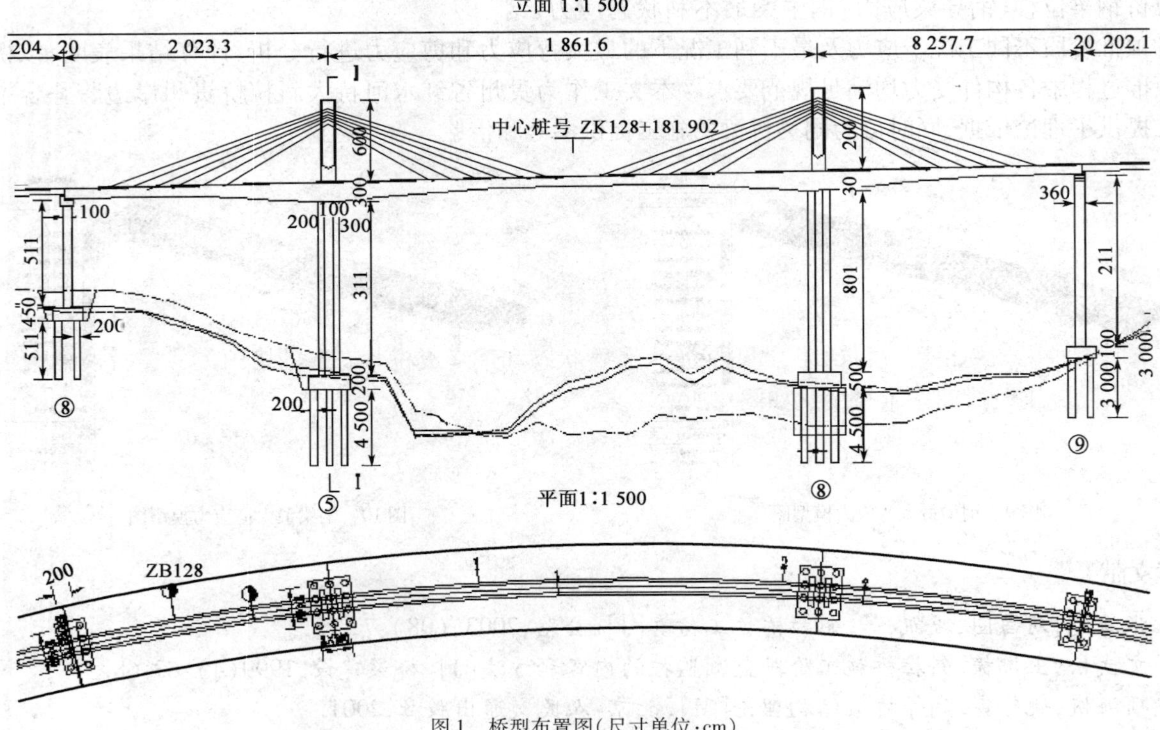

图1 桥型布置图(尺寸单位:cm)

二、结 构 形 式

主梁采月单箱三室横截面(图2)。塔根部梁高6.5m,高跨比1/25,跨中及边支点处梁高3.2m,高跨比1/50。主梁中部顶板厚0.4m,两侧悬臂板端部厚0.2m;底板厚0.4~1.2m;腹板厚0.50~0.70m。中跨合拢段 2.0m,边跨现浇段长度 4.25m。主梁采用 C55 混凝土。

主梁采用三向预应力体系。

上塔柱采用独柱型塔柱,截面纵向长 4.5m,横向宽 4.2m,塔高 28.5m,实心矩形混凝土截面。塔柱内预埋转索鞍,斜拉索从中穿过,采用 C50 钢筋混凝土。

斜拉索为单索面,梁上索间距为 8m,塔上索间距 1m,采用两排布索。斜拉索采用低松弛高强度钢绞线成品索,钢绞线标准强度为 1860MPa,斜拉索采用 OVM250-43 钢绞线斜拉索体系及其配套锚固张拉系统。

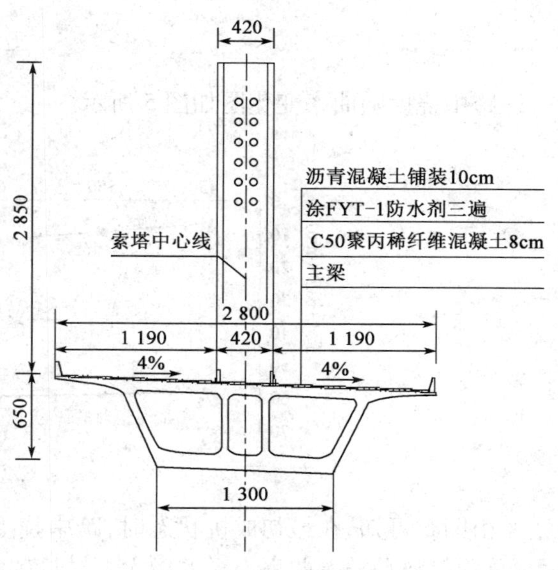

图 2 根部断面(尺寸单位:cm)

三、计 算 模 型

结构计算采用 Midas Civil 进行分析计算,桥梁结构离散成 277 个节点,248 个单元。建立桥面中心线曲线半径 450m、550m、650m、750m、850m、950m、1 050m 的曲线部分斜拉桥。各模型采用相同的跨径布置,即 86m + 160m + 86m。桥墩和桥塔采用梁单元模拟,墩塔梁采用刚臂连接,斜拉索采用桁架单元模拟。

曲线单径 850m 的部分斜拉杆有限元模型如图 3 所示。

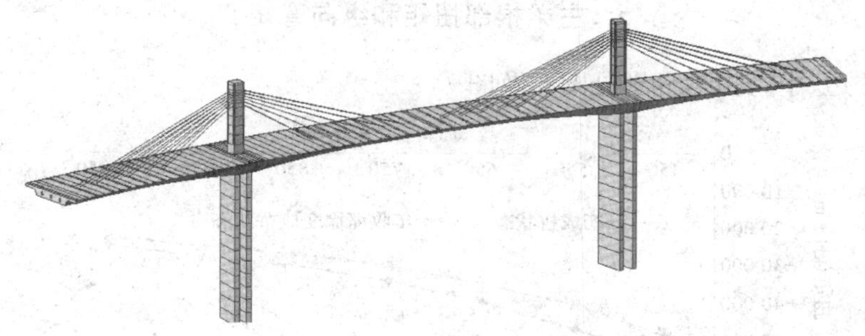

图 3 曲线半径 850m 的部分斜拉桥有限元模型

四、塔顶横向位移

选取了左半侧的桥塔进行说明,选取了最大悬臂状态和最终成桥状态下的塔顶位移进行说明。塔顶横向位移随施工阶段曲率半径变化如图 4 所示。

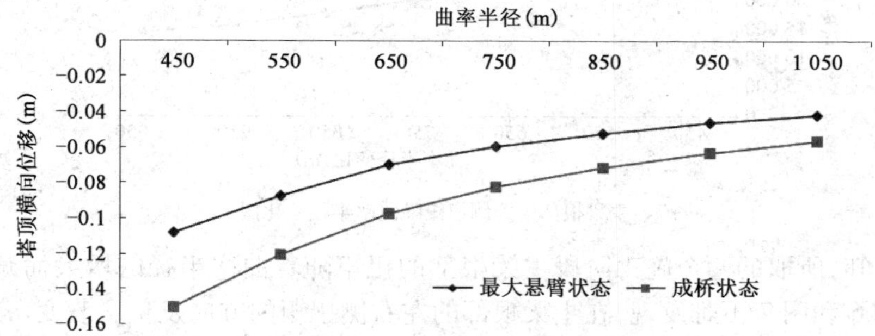

图 4 塔顶横向位移随曲率半径变化图

由图 4 可知,在最大悬臂状态和成桥状态,随着曲率半径的增大,塔顶横向位移逐步减小。在同一个曲率半径的时候,成桥状态的塔顶横向位移比在最大悬臂状态下大,可知,随着施工阶段的进行,塔顶横向位移呈增大的趋势。

五、跨 中 挠 度

跨中挠度随曲率变化图如图 5 所示。

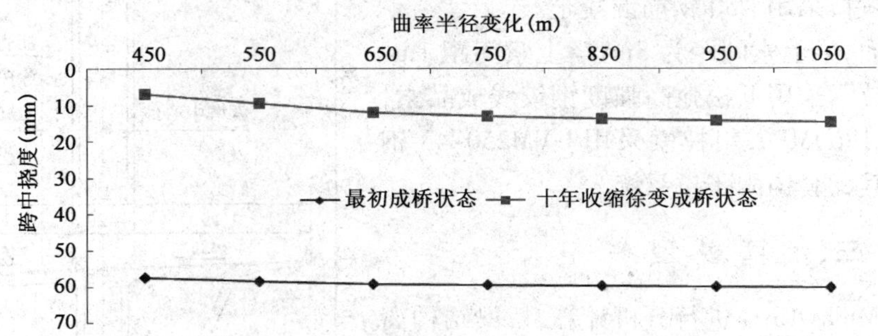

图 5　跨中挠度随曲率半径变化图

由图 5 可知，在最初成桥状态时，跨中挠度为向上的，曲率半径的改变对桥梁的跨中的挠度影响不大，总的趋势是随着曲率半径的增大上拱量越多。而在十年收缩徐变成桥状态曲线可以比较明显看出跨中挠度有所下降，随着曲率半径的增大跨中挠度降低量有所减小，即曲率半径越小，收缩徐变对结构跨中挠度的影响越大。

六、主梁根部扭矩和纵向弯矩

主梁中支点部位边、中跨扭矩分别见图 6 及图 7。

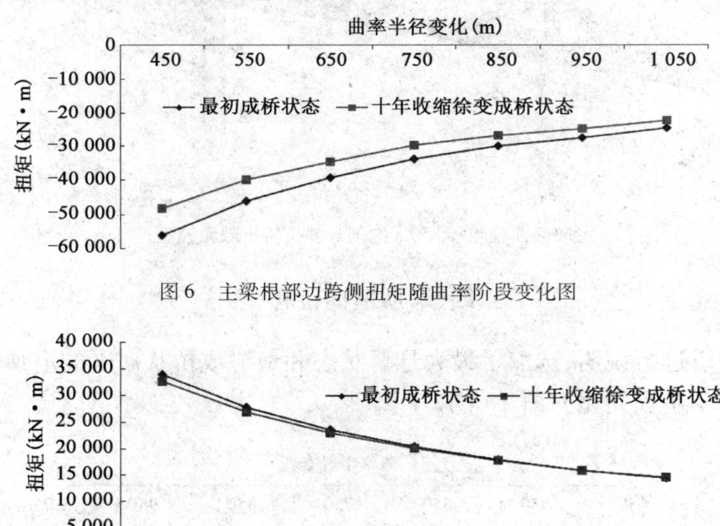

图 6　主梁根部边跨侧扭矩随曲率阶段变化图

图 7　主梁根部中跨侧扭矩随曲率半径变化图

由图 6 及图 7 可知，所取的两个施工阶段主梁根部的扭矩随着曲率半径的增大而减小，负号代表着扭矩的方向。对比图 6 和图 7 不难发现，在主梁根部的左右侧扭矩的方向发生了改变。对比同一半径下两个不同的施工阶段，后期的收缩徐变对主梁根部的扭矩改变的不大。

主梁根部边、中跨弯矩分别见图 8 及图 9。由图 8 及图 9 可知，主梁中支点部位边、中跨侧均为负弯矩。图 8 更明显反应出随着曲率半径的增加主梁根部的弯矩出现绝对值减小的趋势，同一曲率半径下两个施工阶段对比可以得知，后期的收缩徐变对主梁的弯矩影响比较大。图 9 也是同样的结果，但是变化趋势没有很明显，这也说明曲率半径对主梁根部的弯矩改变不显著。

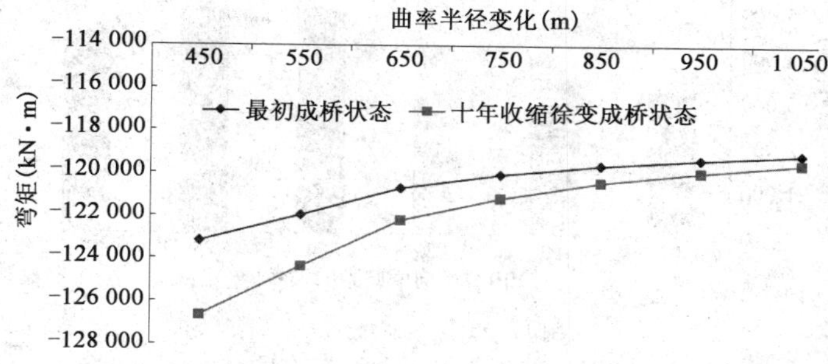

图8 主梁根部边跨侧弯矩随曲率半径变化图

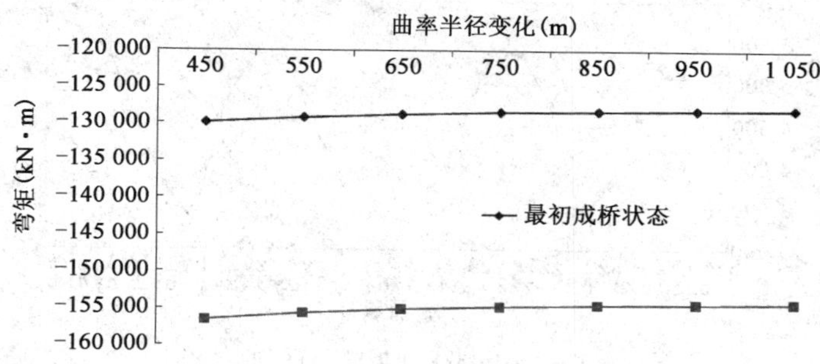

图9 主梁根部中跨侧弯矩随曲率半径变化图

七、主塔根部横向弯矩

不同曲率半径下，主塔根部横向弯矩见图10。

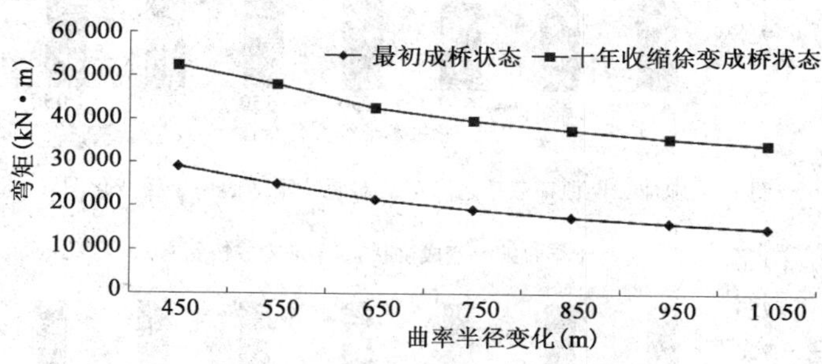

图10 主塔根部横向弯矩随曲率半径变化图

由图10可知，都随着曲率半径的增大，主塔根部横向弯矩减小。比较同一曲率半径，十年收缩徐变后主塔横向弯矩比初期成桥大，且两者差值较大，这也说明了后期的收缩徐变比曲率半径对主塔根部的横向弯矩影响更大。

八、索　　力

斜拉索初张拉索力如图11所示。

从图12可以得知，随着曲率半径的变化，索力的变化很小。选取了边跨第6对索进行分析，由图13可知，在施加了二期恒荷载后第6对索随着曲率半径的增大索力呈增大的趋势，但增量不大。选取施加了二期恒载和在十年收缩徐变两种状态，由图14可知，在长期收缩徐变作用下，索力有比较大的减小。

九、结　　语

本文通过改变龙井河大桥的曲率半径，分析曲率半径变化对结构主要力学参数的敏感性。通过上面的分析比较，可以得出以下结论：

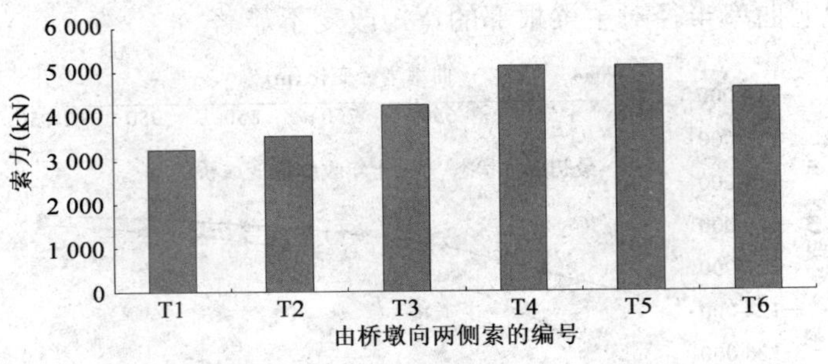

图 11 斜拉索初张拉索力

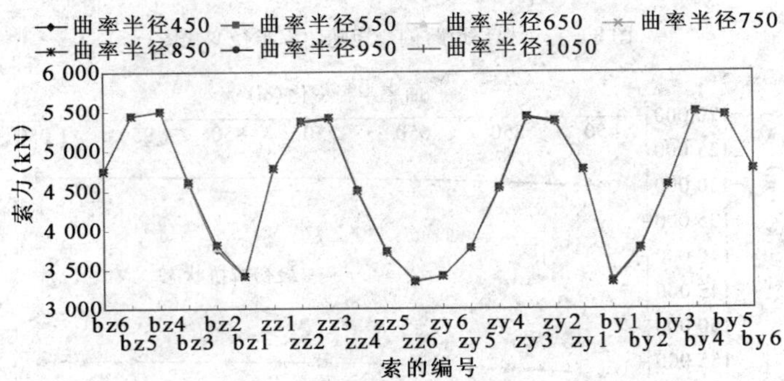

图 12 施加二期恒载后不同曲率半径的索力图

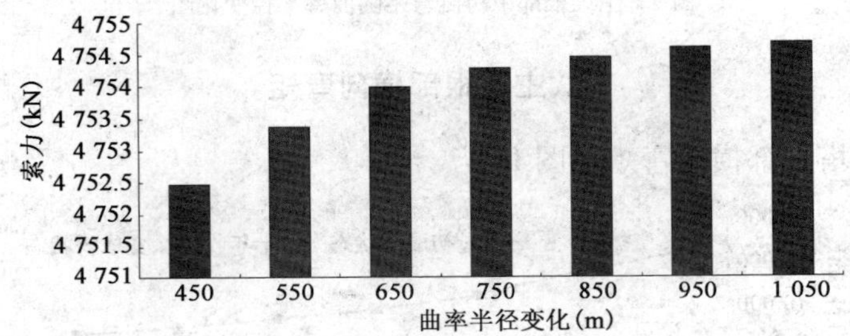

图 13 施加二期恒荷载后边跨第 6 对斜拉索随曲率半径变化图

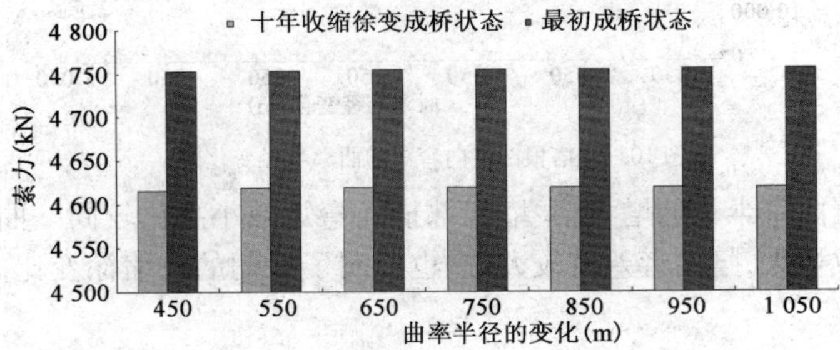

图 14 边跨第 6 对斜拉索随曲率半径变化图

(1)曲率半径的变化对塔顶的横向位移影响比较大,随着曲率半径的增大,塔顶的横向位移逐渐减小。曲率半径对跨中挠度影响比较小,长期收缩徐变仍会导致部分斜拉桥跨中长期下挠。

(2)曲率半径对曲线部分斜拉桥的内力产生较大影响。曲率半径对主梁中支点部分的扭矩影响较大,随着曲率半径的增大,中支点部分的扭矩逐步的减小。曲率半径对主梁的弯矩影响不大。随着曲率半径的减小,主塔横向弯矩增大,且长期收缩徐变会增加主塔根部横向弯矩。曲率半径几乎对施工和成桥阶段的斜拉索索力不产生影响,长期收缩徐变会降低斜拉索索力。

参考文献

[1] 王伯惠. 斜拉桥结构发展和中国经验[M]. 北京:人民交通出版社,2003.

[2] 杨鸿波.桥梁结构概念设计[D].上海:同济大学硕士学位论文,2005.
[3] 杨昀.山区曲线斜拉桥的设计与施工技术研究[R].北京:交通运输部西部科技项目研究报告,2013.

132.香火岩特大桥结构稳定分析

赵 凯 杨 健 韦定超 万 麟
(贵州省交通规划勘察设计研究院股份有限公司)

摘 要 以香火岩特大桥的稳定问题为研究对象,利用大型空间有限元计算软件,对桥梁结构施工阶段及运营阶段进行了线弹性和考虑几何非线性的稳定计算,评估了桥跨结构的稳定性,研究了影响稳定安全系数的各种因素,给出了合理的管内混凝土灌注顺序。

关键词 钢管混凝土拱桥 稳定性 线弹性 几何非线性

一、引 言

香火岩特大桥位于正在建设中的兰海高速贵州境遵义至贵阳段,是一座净跨300m的上承式钢管混凝土变截面桁架拱桥。拱轴线采用悬链线,矢跨比$f=1/5.5$,拱轴系数$m=1.543$。主拱圈为六肢钢管混凝土截面,拱肋钢管采用ϕ1 200mm的Q345D级卷直钢管,管内灌注C55高强低膨胀混凝土,腹杆采用型钢,横联采用ϕ700mm/600mm/500mm的钢管,斜撑采用ϕ400mm的钢管,立柱及盖梁采用矩形钢箱截面。

本文对该桥的施工阶段及运营阶段的结构稳定性进行了计算,计算考虑几何非线性的影响,分析了各因素对结构稳定性的影响。

二、计 算 理 论

钢管混凝土拱桥的主要受力构件以受压或压弯为主,且钢管混凝土拱桥随着跨径的增大,其稳定性问题变得更为突出。拱桥失稳按照受力性质可分为两类:平衡分支问题和极值点问题。第一类稳定问题其力学概念清晰,计算方便,其临界荷载近似代表第二类稳定问题的上弦,所以在稳定性分析中有着广泛的应用。

1.弹性屈曲稳定分析

第一类稳定分析假定结构失稳时处于弹性小变形范围,结构的受力与外荷载成比例关系,把结构的稳定问题转化为求解特征值的问题,求解出的最小特征值即为失稳临界荷载。在临界荷载的作用下,结构线性屈曲平衡方程为:

$$([K]+[K]_{\sigma})\{\Delta u\}=\{\Delta P\}$$

式中:$[K]$——弹性刚度矩阵;

$[K]_{\sigma}$——几何刚度矩阵;

$\{\Delta u\}$——结构位移;

$\{\Delta P\}$——结构荷载增量。

在结构临界状态下,在小变形情况下,结构的平衡方程为:

$$[K]+\lambda[\overline{K}]_{\sigma}\{\Delta u\}=0$$

通过求解特征值即可得出临界失稳下的荷载大小。这种方法的理论基础是分支点稳定理论,适用于理想结构。

2.几何非线性稳定分析

几何非线性屈曲分析是假定材料是线性的,考虑结构的梁柱效应及大位移效应,通过增量和迭代相

结合的方法求解失稳临界荷载。考虑结合非线性后,结构的总体平衡方程为:

$$([K_0]+[K_\sigma]+[K_L])\{\Delta d\}=\{F\}$$

式中:$[K_0]$——小位移弹性刚度矩阵;

$[K_\sigma]$——初应力刚度矩阵;

$[K_L]$——初位移矩阵;

$\{\Delta d\}$——节点位移;

$\{F\}$——等效节点荷载。

三、模 型 建 立

采用通用有限元程序 MIDAS Civil 2012 进行分析计算。钢管混凝土采用联合截面模拟,拱上立柱以及桥面系均采用梁单元,施工临时扣索、锚索采用桁架单元模拟。全桥共个 7 092 单元,4 563 个节点。计算模型图如图 1 所示。

四、施工阶段结构稳定性分析

1. 施工阶段横向风荷载对结构稳定性的影响

香火岩特大桥采用缆索吊装施工,施工过程中斜扣索及缆风索保持和加强结构的稳定性。计算时考虑了各施工阶段有风荷载作用及无风荷载作用两种情况,以此分析风荷载对结构稳定性的影响。计算表明,施工阶段结构最小稳定系数为 13.118 7,满足要求。最大悬臂状态稳定系数较空钢管合拢后松弛扣索状态稳定系数为大,这是由于松弛扣索的原因,由此可以看出,扣索对施工阶段稳定发挥着有利的作用且影响显著。从失稳模态上分析,施工阶段各状态一阶失稳均为拱肋面外侧弯失稳(图 2、图 3),这说明结构的横向刚度要弱于其竖向刚度。横向风荷载对施工阶段结构的稳定性有一定的不利影响,但影响不明显,且随着施工过程的向前推进,其影响越来越弱。施工阶段各状态下结构稳定系数见表 1。

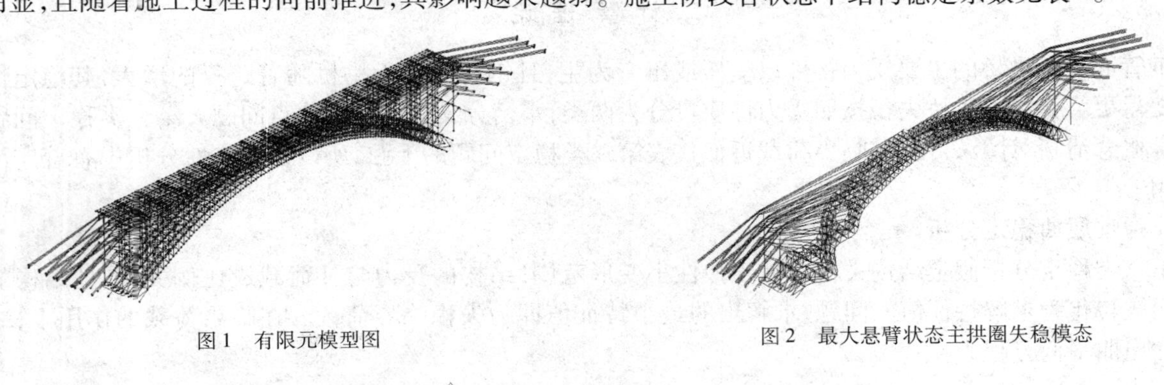

图 1　有限元模型图

图 2　最大悬臂状态主拱圈失稳模态

图 3　合拢后松弛拉索状态主拱圈失稳模态

各施工阶段稳定系数　　表 1

施 工 阶 段	有风荷载作用	无风荷载作用
施工最大悬臂状态	35.510 5	37.659 3
空钢管合拢后松弛拉索状态	30.449 9	30.501
灌注第一根管内混凝土状态	27.252 7	27.358 9
灌注第六根管内混凝土状态	19.383 1	19.396 8
灌注完所用管内混凝土状态	13.118 7	13.124 3

2. 主拱圈管内混凝土灌注顺序对结构稳定性的影响

香火岩特大桥主拱圈采用的是六肢钢管混凝土截面,管内混凝土不同的灌注顺序,对结构的稳定性会产生影响,本文对不同灌注顺序的8种工况进行了计算。计算结果表明,灌注过程中,结构的稳定系数均在13以上,能够满足施工要求。通过对比分析,比较合理的浇筑顺序为先灌注下弦,再灌注上弦;先灌注外侧钢管,之后灌注内侧钢管,最后灌注中心钢管的顺序,灌注应当对称进行。本桥的合理混凝土灌注顺序为:2-12-6-8-4-10-1-11-5-7-3-9(图4)。

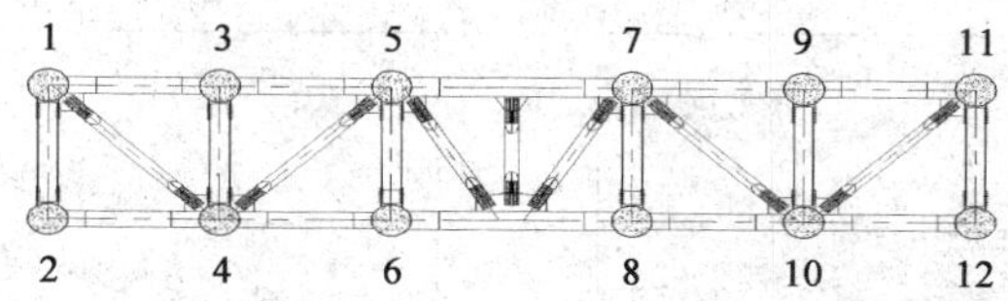

图4　主拱圈横截面

3. 主拱圈横撑对结构稳定性的影响

本文对主拱圈横撑的布置进行了相应的分析,计算了去除拱脚(图5)、1/4跨、3/8跨、拱顶(图6)及全部横撑后结构的稳定系数,计算结果如下:去除拱脚处横撑后稳定系数为8.0294,去除1/4跨处横撑后的稳定系数为8.1511,去除3/8跨处横撑后的稳定系数为8.5735,去除拱顶处横撑后的稳定系数为9.1255,去除所有横撑后的稳定系数为5.2980。计算结果表明,拱脚处横撑对结构稳定的影响最大,各工况下结构的稳定系数均在8以上(去除所有横撑工况除外),说明桥梁横撑的布置是合理的。

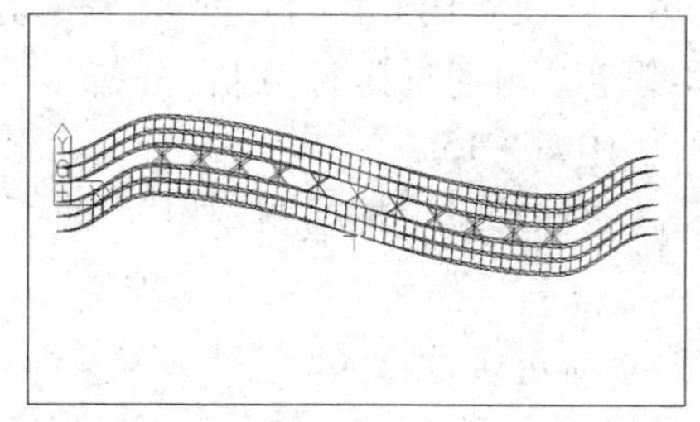

图5　去除拱脚处横撑后失稳模态

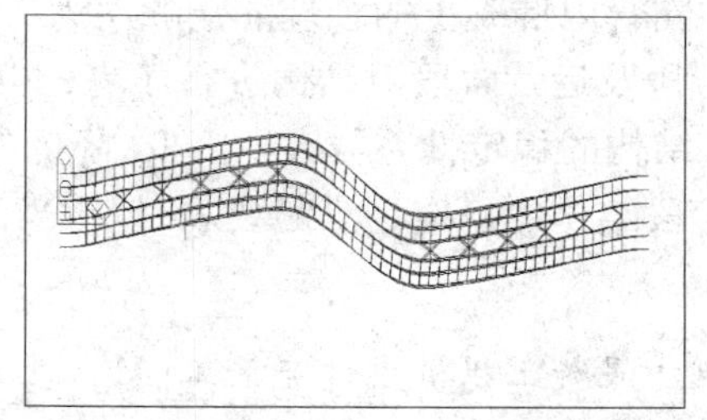

图6　去除拱顶横撑后失稳模态

4. 施工阶段考虑几何非线性的结构稳定性分析

考虑几何非线性影响因素,对结构的施工阶段稳定性进行了计算,计算结果如下:最大悬臂状态结构的稳定系数为31.6043,合龙后松弛拉索状态结构的稳定系数为26.4566,灌注完第六根管内混凝土后结构的稳定系数为16.4756,灌注完所有管内混凝土后结构的稳定系数为11.0197。与表1的数据进行对比,考虑几何非线性因素的影响,结构稳定系数有所降低,降低幅度为10%~15%,但稳定性仍能满足要求。

五、运营阶段结构稳定性分析

在成桥阶段,对主桥结构线弹性稳定性计算,计算考虑以下几种荷载工况:(1)恒载单独作用;(2)恒载+横向风荷载;(3)恒载+全桥满布移动荷载;(4)恒载+半跨满布移动荷载;(5)恒载+半幅桥梁满布移动荷载;(6)恒载+左幅左半跨满布移动荷载+右幅右半跨满布移动荷载。计算结果见表2,计算结果表明恒载对结构稳定的影响大于移动荷载以及风荷载,且全桥整体失稳模态均衡。工况2作用下,结构一阶失稳模态为最高立柱顺桥向失稳,说明设计时应注意该立柱的稳定问题,对其构造应进行加强设计。

同时,对成桥阶段进行了考虑几何非线性因素的稳定计算。计算结果表明,考虑几何非线性因素,结构的稳定系数有所降低,降低的幅度为10%左右,说明其对结构稳定的影响程度有限。

运营阶段结构稳定性系数 表2

工 况	稳定系数	工 况	稳定系数
1	8.0921	4	7.2926
2	8.0913	5	7.8985
3	7.3513	6	7.8984

恒载作用下结构失稳模态见图7,工况3结构一阶失稳模态见图8。

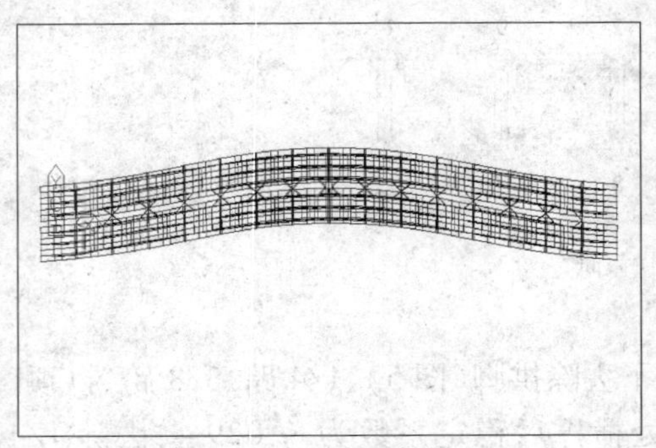

图7 恒载作用下结构失稳模态

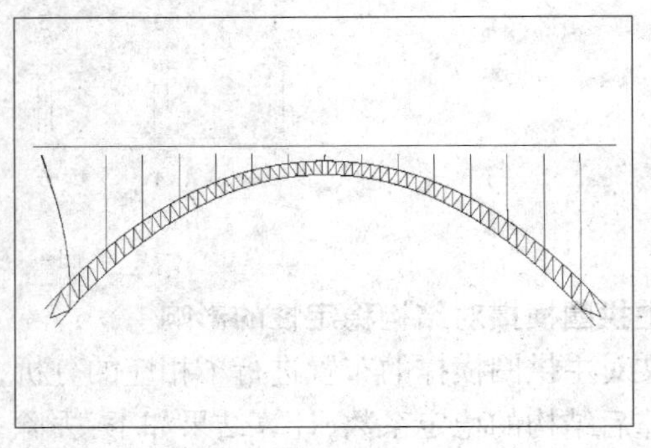

图8 工况3结构一阶失稳模态

六、结 语

(1)香火岩特大桥的施工阶段稳定性进行了分析,结果表明施工阶段结构的稳定系数均大于4,满足施工要求;横向风荷载对结构稳定有一定的不利影响,但影响程度有限;计算表明,桥跨结构的横撑布置是合理的;主拱圈管内混凝土的合理灌注顺序为2-12-6-8-4-10-1-11-5-7-3-9。

(2)施工阶段及运营阶段对结构进行了考虑几何非线性影响的稳定性分析,分析结果表明,考虑几何非线性因素,结构的稳定性系数有所降低,降低的幅度为10%~15%。

(3)成桥阶段结构的稳定性满足要求,但应当注意最高立柱的稳定性问题,对其应进行加强设计。

参考文献

[1] 陈宝春.钢管混凝土拱桥设计与施工[M].北京:人民交通出版社,1999.

[2] 曾勇,马如进,陈艾荣.大跨度上承式钢管混凝土拱桥的非线性稳定分析[J].桥隧工程,2008(2):50-53.

[3] 崔军,王景波,孙炳楠.大跨度钢管混凝土拱桥非线性稳定性分析[J].哈尔滨工业大学学报,2003(7):876-878.

[4] 李亚东,李元兵,耿德云.宜宾金沙江戎州大桥施工稳定性分析[J].桥梁建设,2004(5):1-3.

[5] 赵河清,徐亮,杨惠林.大跨度上承式钢管混凝土拱桥的稳定性分析[J].公路交通科技,2006(11):82-85.

[6] 李国豪.桥梁结构稳定与振动[M].北京:科学技术出版社,2000.

133. 钢箱梁第一体系计算分析

丁作常 蒲果富

(贵州省交通规划勘察设计研究院股份有限公司)

摘 要 按照文献的论述,钢箱梁结构体系分为Ⅲ个基本结构体系,结构体系Ⅰ是研究钢箱梁的基础。本文采用Midas 2012对某(36+60+36)m钢箱梁进行了第Ⅰ结构体系下的位移、支座反力及应力进行计算分析,取得了较为理想的结果,可为类似桥梁提供一定的参考。

关键词 钢箱梁 结构体系 应力

一、引 言

钢桥面板不仅作为桥面系直接承受车轮荷载作用,而且还可作为主梁一部分参与主梁共同受力,其力学行为十分复杂。为了便于分析,通常将钢桥面板分解为三个基本结构体系。

结构体系Ⅰ:由顶板和纵肋组成的结构系看成是主梁(桥梁主要承载构件)的一个组成部分,参与主梁共同受力,称为主梁体系。

结构体系Ⅱ:由纵肋、横肋和顶板组成的结构系,顶板被看成纵肋、横梁上翼缘的一部分。结构系Ⅱ起到了桥面系结构的作用,把桥面上的荷载传递到主梁和刚度较大的横梁,称为桥面体系。

结构体系Ⅲ:本结构系把设置在肋上的顶板看成是各向同性的连续板,这个板直接承受作用于肋间的车轮荷载,同时把车轮荷载传递到肋上,称为盖板体系。

在荷载作用下,钢桥面板任何一点的内力可由上述三个基本结构体系的内力适当叠加而近似求出。

结构体系Ⅰ是研究钢箱梁的基础,对于钢箱梁底板和腹板,结构体系Ⅱ、结构体系Ⅲ的影响较小,限于论文篇幅,本文仅对结构体系Ⅰ进行计算分析。

二、工 程 概 况

某桥采用跨径为(36+60+36)m 连续钢箱梁跨越玉昆高速。大桥平面位于双向缓和曲线上,纵断面位于 $R=22\,000$m 的竖曲线上,桥面纵坡为 -1.95%。

钢箱主梁采用正交异性桥面板全焊箱形断面,材料采用 Q345qD。

左幅钢箱梁顶板宽 19 300 ~ 20 220mm,箱体宽度为 4×3 750 = 15 000mm,曲线内侧悬臂为 2 500mm,曲线外侧悬臂宽度为 1 800 ~ 2 720mm,利用钢箱梁一个节段(长度约 15m)进行变化,其余节段曲线外侧悬臂宽度均为 1 800mm。右幅箱体宽度为 3×3 750 = 11 250mm,曲线内外侧悬臂均为 1 875mm。

三、技 术 标 准

(1)交通部颁《公路桥涵设计通用规范》(JTG D60—2004)。

(2)交通部颁《公路桥涵钢结构及木结构设计规范》(JTJ 025—86)。

(3)英国标准《钢桥、混凝土桥及结合桥》(BS 5400)。

四、荷 载

1. 恒荷载

包括自重、二期恒载。横隔板重力按集中力添加到计算模型节点上。二期恒载按 50.08kN/m 施加。

2. 温度作用

按 BS 5400 取值,包括梯度升温和梯度降温。

3. 活荷载

按 JTG D60—2004,包括汽车荷载及汽车冲击力。

4. 基础变位

支座沉降量按 2cm 计算,并作最不利组合。

五、纵 向 计 算

1. 计算模型

采用空间梁单元建模,单元数 262,节点数 263。支座节点与主梁对应节点之间刚性连接,见图 1。

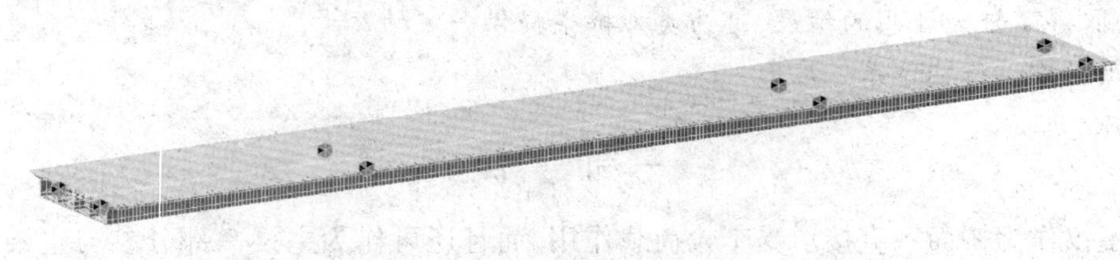

图1　计算模型

2. 荷载组合

荷载组合按 Midas 自动生产组合。

3. 位移

最大位移发生在中跨跨中，其中恒载作用下跨中位移22.6mm；活荷载作用下跨中位移21.4mm。

4. 支座反力

各种计算工况下每个支座的反力见表1。表中数值为单个支座反力，正值表示支座受压，负值表示支座受拉。

竖向支座反力(kN)　　表1

荷　载	19号墩	20号墩	21号墩	22号墩
恒载	769.8	3 829.7	3 829.7	769.8
活载最小	-312.9	-132.7	-132.7	-312.9
活载最大	1 432.7	2 381.3	2 381.3	1 432.7
沉降最小	-189.2	-411.1	-411.1	-189.2
沉降最大	189.2	411.1	411.1	189.2
正温度梯度	440.3	-440.3	-440.3	440.3
负温度梯度	-111	111	111	-111
组合最大	2 499.8	7 215.1	7 215.1	2 499.8
组合最小	225.7	1 956.9	1 956.9	225.7

5. 内力

成桥阶段的内力图形是结构计算分析正确与否的基础和关键，本桥成桥阶段弯矩如图2，从图中可以看出，本阶段弯矩图趋势符合结构受力，中跨最大正弯矩约为26 000kN·m，墩顶最大负弯矩约为-36 000kN·m。

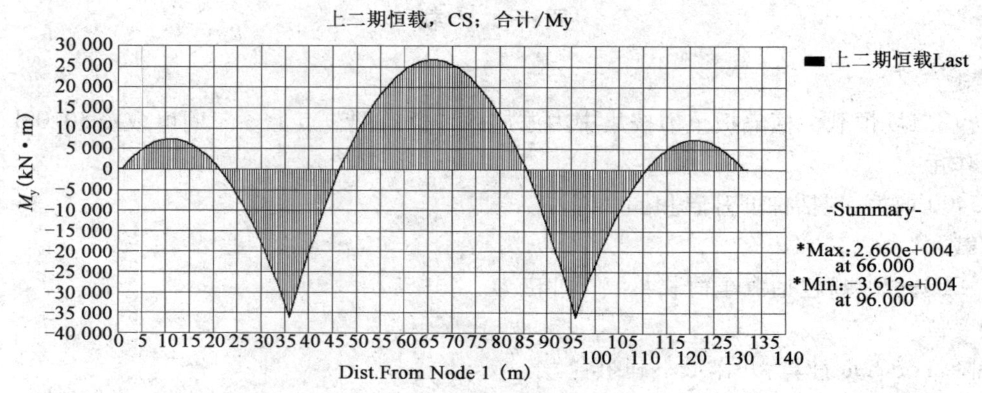

图2　成桥阶段弯矩图

荷载组合下弯矩包络图如图3，中跨最大正弯矩约为76 000kN·m，最小正弯矩约为6 000kN·m，墩顶最大负弯矩约为-69 000kN·m，最小负弯矩约为29 000kN·m。

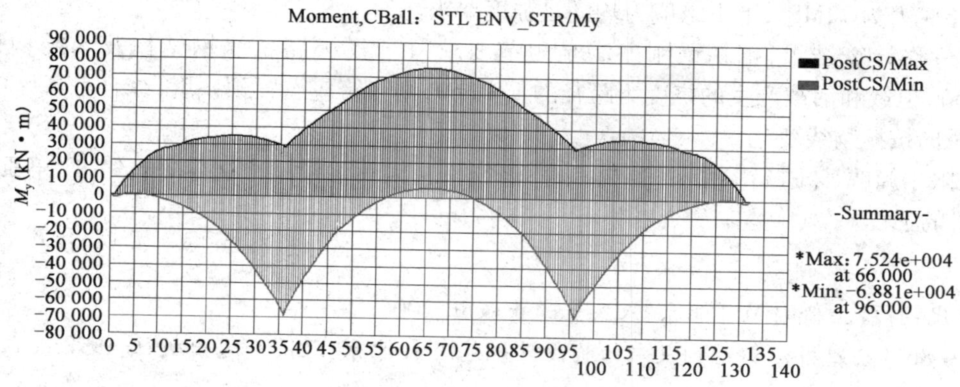

图3　荷载组合弯矩包络图(kN·m)

6. 应力

荷载组合下截面上缘的应力包络图见图4,跨中上缘最大正应力为-43MPa,最小正应力为15MPa;墩顶上缘最大正应力为69MPa,最小正应力为4MPa。荷载组合下截面下缘的应力包络图见图5,跨中下缘最大正应力为72MPa,最小正应力为8MPa;墩顶下缘最大正应力为-69MPa,最小正应力为24MPa。应力受拉为正,受压为负。

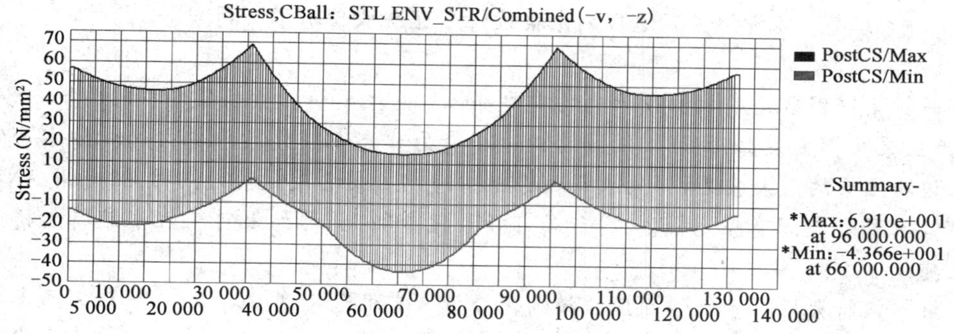

图4　荷载组合下截面上缘应力包络图

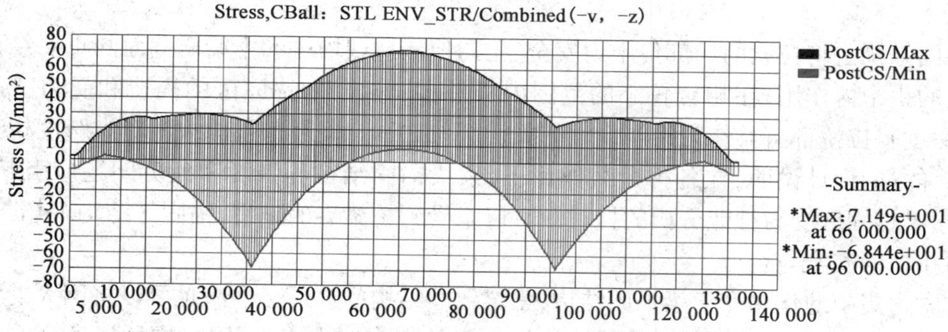

图5　荷载组合下截面下缘应力包络图

7. 预拱度

最大位移发生在中跨跨中,恒载作用下跨中位移22.6mm,活荷载作用下跨中位移21.4mm,支座沉降26.1mm,标准组合最大位移70.1mm,跨中预拱度值为恒载挠度+1/2活载挠度=33.3,综合考虑跨中设置预拱度40mm,纵桥向按抛物线变化。

六、结　　语

(1)第一体系计算结果,钢箱梁上缘最大压应力为43MPa,最大拉应力为69MPa,下缘最大压应力为

69MPa,最大拉应力为72MPa,上下缘应力均满足强度要求。

(2)根据位移计算结果,钢箱梁刚度满足规范要求,按照《公路桥涵钢结构及木结构设计规范》(JTJ 025—86),恒载和活载产生的挠度为跨径的1/1 360,则中跨应设置预拱度,综合考虑跨中设置预拱度40mm,纵桥向按抛物线变化。

(3)本文限于篇幅,未进行第Ⅱ、第Ⅲ体系计算分析,在钢箱梁设计中还应进行第Ⅱ、第Ⅲ体系计算,综合控制桥梁的强度。

参考文献

[1] 吴冲.现代钢桥(上册)[M].北京:人民交通出版社,2006.

[2] JTJ 025—86　公路桥涵钢结构及木结构设计规范[S].北京:人民交通出版社,1998.

134.红水河特大桥索梁锚固区局部精细化分析研究

周　潇　马　坤　朱金波　张微斯　赵　凯
(贵州省交通规划勘察设计研究院股份有限公司)

摘　要　斜拉索锚固区是斜拉桥设计中的重要部位。它主要将拉索的集中作用力均匀、安全地传递到塔柱、混凝土主梁及钢主梁上,因此锚固区的构造和受力状态都较复杂。本文选取红水河特大桥的斜拉索与混凝土边跨主梁的最大索力锚固区、斜拉索与中跨钢主梁的最大索力锚固区,应用ANSYS、MIDAS FEA软件分别建立局部空间有限元模型,进行局部精细化分析,计算结果可为红水河特大桥索梁锚固区设计提供优化建议。

关键词　红水河特大桥　索梁锚固区　精细化分析　有限元模型

一、引　言

斜拉索锚固系统是将拉索的局部集中力安全、均匀地传递到塔柱和主梁全截面的重要结构。由于锚固区承受强大的集中力作用,在相对较小的范围内板件多、焊缝多,锚固区的构造和受力状态均比较复杂。因此,大跨度斜拉桥都将其作为控制设计的关键部位之一。而目前各国规范对大跨度桥梁索梁锚固结构均未给出详尽的设计说明,在各种荷载作用下,索梁锚固结构的强度和疲劳问题应引起高度重视。为此,斜拉桥索梁锚固区受力性能分析的探讨一直以来受到桥梁界的瞩目,锚固区结构可靠与否,将直接关系到整个斜拉桥的安全与否。

斜拉索的索力集中地作用在索梁锚固结构,索梁锚固结构的设计必须满足可以将巨大的索力顺畅安全地传递到主梁截面上,设计时尽量避免锚固结构的杆件出现应力集中,因为成桥后还会受到长期动载和静载作用,可使斜拉桥发生强度破坏和疲劳破坏。

斜拉桥索梁锚固结构传力结构很复杂,要求锚固区不仅要保证结构的安全性,更要便于养护和更换斜拉索。迄今为止,斜拉索与混凝土梁之间连接主要采用齿块式锚固形式。锚箱式锚固形式、耳板式锚固形式、锚管式锚固形式、锚拉板式锚固形式是我国大跨度钢箱梁斜拉桥主要采用的四种索梁锚固形式。

红水河桥位于贵州罗甸县与广西省天鹅县交界处,桥梁孔跨布置采用2×20m预应力混凝土箱梁+(213+508+185)m漂浮双塔双索面半混合式叠合梁斜拉桥。该桥索梁锚固采取的是锚拉板式锚固形式。

红水河桥的整体力学性能可以通过空间有限元分析掌握,而主梁斜拉索锚固区受力性能则需要通过局部构造的精细化分析计算,并在此计算的基础上进行相应构造的设计和优化。为此,选取红水河特大桥的斜拉索与混凝土边跨主梁的最大索力锚固区、斜拉索与中跨钢主梁的最大索力锚固区，应用 ANSYS、MIDAS FEA 软件建立局部空间有限元模型，进行局部精细化分析，计算结果可为红水河特大桥索梁锚固区设计提供优化建议。

二、工 程 概 况

红水河特大桥位于贵州罗甸县与广西省天鹅县交界处，桥梁横跨红水河，桥位处为“U”型峡谷，桥梁设计荷载为公路—Ⅰ级。贵州至广西的桥梁孔跨布置采用 2×20m 预应力混凝土箱梁 +（213 +508 +185）m 漂浮双塔双索面半混合式叠合梁斜拉桥。边跨采用混凝土双肋式 Π 形主梁，中跨采用叠合梁，边跨主梁采用预应力混凝土。钢主梁采用焊接工字梁，加工及运输时分两段，现场拼接。钢主梁上翼板焊接 ϕ22 剪力钉（$L=22$cm），通过现浇湿接缝与预制混凝土桥面板结合。图 1 为桥型布置图。

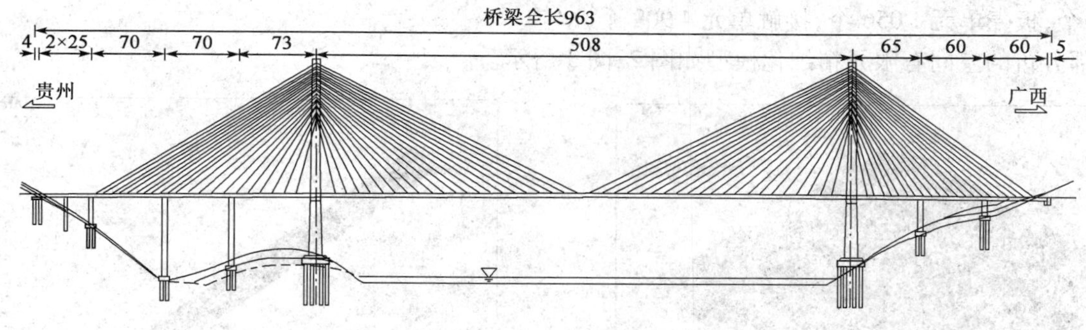

图 1 桥型布置图（尺寸单位：m）

斜拉索采用低松弛镀锌高强钢丝，直径 7mm，抗拉强度标准值 f_{pk} = 1 670MPa。全桥共设 168 根斜拉索，最大索长 275.8m，最大索规格 PES7-283，单根索最大重量 20.1t。

三、斜拉索与边跨混凝土梁锚固区的精细化局部分析

索梁锚固区的传力方式是将斜拉索上的索力通过锚垫板传递给承压板，承压板在承受索力的时候，可以将力分配到锚固区其他所有板件上，如锚箱连接板与每个加筋板，最终斜拉索索力可以传递到大桥的外腹板上，从而索力可以传递到大桥面板上。

根据成桥索力值，选取成桥最大索力位置，即 6 号塔边跨侧广西岸第 21 号边索与混凝土梁锚固区进行精细化有限元局部分析。

1. 模型参数

模型参数如表 1 和表 2 所示。

广西岸 21 号边索中跨、21 号索参数　　表 1

编号	拉索规格	梁端顺桥向修正角度（°）	成桥索力（t）	锚垫板（mm）	锚垫板内径（mm）	导管内径（mm）	导管壁厚（mm）
S21	OVM250-73	35.630 3	608.4	605×650×90	357	357	10
M21	OVM250-61	25.331 96	492.1	432×432×85	201	201	34

材 料 属 性　　表 2

构件名称	强度等级	弹性模量（GPa）	泊松比	密度（kg/m^3）	抗压强度（MPa）	抗拉强度（MPa）
主梁	C55	35.5	0.2	2 600	35.5	2.74
钢板	Q345	206	0.3	7850	250	250
拉索	Φ^S15.24	195	0.3	7850	—	1 860

2. 分析的局部区域

采用大型通用有限元软件包 ANSYS 对红水河特大桥斜拉索与边跨混凝土梁锚固区进行计算分析。根据圣维南原理，为消除边界条件对计算结果的影响，模型的截取范围应足够大。针对广西岸第 21 号边索与混凝土梁锚固区的设计资料，分析计算时，纵向截取了 17.4m，横向截取了桥面宽度的一半，即 13.85m，模型截取段的结构尺寸都较大，因此，边界条件对计算结果的影响基本可以忽略。

3. 有限元模型

建模时，坐标系以桥梁纵向为 x 方向，桩号增大方向为正；以竖向为 y 方向，向上为正；以横桥向为 z 方向，指向上游侧为正。混凝土主梁和横隔板采用 Solid65 实体单元模拟，钢导管和锚垫板采用 Solid45 实体单元模拟，加劲肋采用 Shell63 板壳单元模拟。在锚垫板与混凝土交界面上生成接触单元，目标面采用 Target170 单元，接触面采用 Conta173 单元。模型共计 67 628 个节点，220 934 个单元（其中实体单元 214 970 个，板壳单元 1 056 个，接触单元 4 908 个）。

局部分析的空间有限元精细化模型如图 2、图 3 所示。

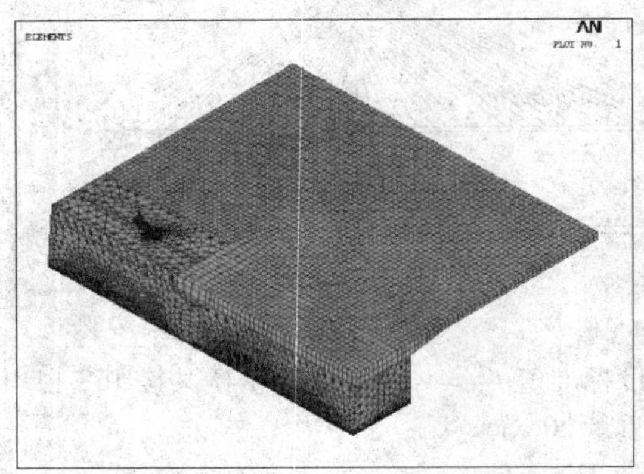

图 2　局部分析有限元模型（轴测图）

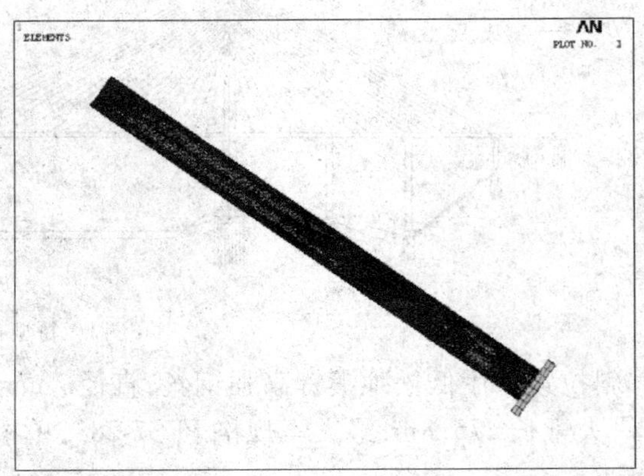

图 3　拉索锚固系有限元模型

4. 钢结构应力分析

钢结构分析主要包括锚垫板应力和钢导管应力分析。

锚垫板顺索向的应力和等效应力的云图分别如图 4 和图 5 所示。由图 4 和图 5 可见：在锚垫板靠近圆孔边的局部小区域出现应力集中现象，锚垫板顺索向的应力达到 237MPa，等效应力最大 213MPa。锚垫板顺桥向大部分区域应力值分布在 42 ~ 200MPa 之间，锚垫板等效应力大部分区域应力值分布在 25 ~ 166MPa，。钢导管顺索向应力达到 230MPa，钢导管等效应力达到 214MPa，均小于 Q345 的屈服应力。钢导管顺桥向大部分区域应力值分布在 51 ~ 204MPa 之间，锚垫板等效应力大部分区域应力值分布在 24 ~ 166MPa 之间，均满足强度要求。

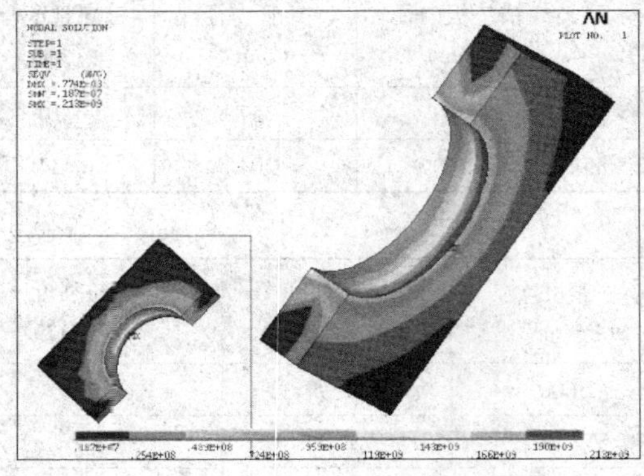

图 4　锚垫板顺索向应力云图

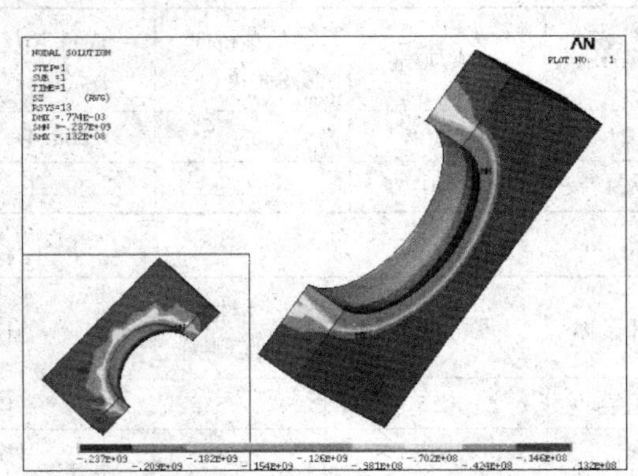

图 5　锚垫板等效应力云图

5. 混凝土结构应力分析

锚固区混凝土主梁顺索向的应力云图如图6 和图7 所示。

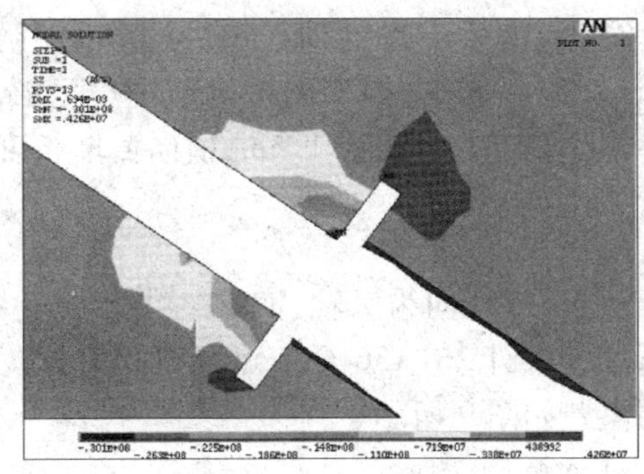

图6 混凝土主梁顺索向应力云图

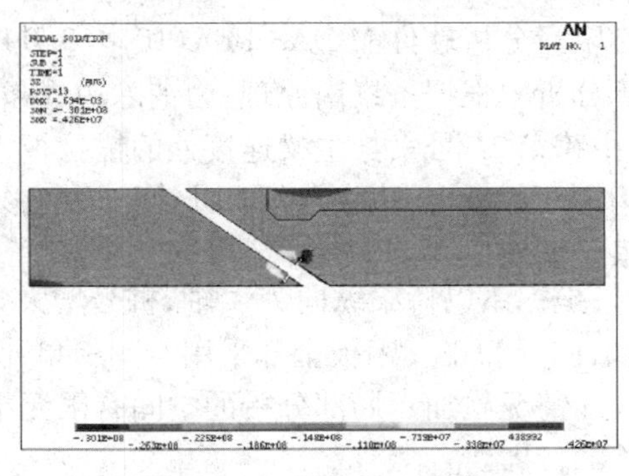

图7 混凝土主梁顺索向应力云图(局部)

锚固区混凝土以受压为主,绝大部分区域的混凝土压应力均小于21.3MPa,其中,在锚垫板与钢导管交接处,混凝土压应力最大达30.1MPa,分布深度约1.5cm;锚固区混凝土在局部区域有受拉现象,但拉应力较小,绝大部分区域不超过0.75MPa,只有在钢锚垫板周边局部小区域混凝土拉应力较大,最大名义拉应力达4.26MPa(名义应力是指混凝土不考虑普通钢筋作用时的计算应力,实际应力较名义应力要小),分布深度约2.5cm,剖面面积约5cm^2。

四、斜拉索与中跨主梁锚固区的局部精细化分析

MIDAS FEA 可方便的建立实体单元、板单元和杆单元。斜拉索与中跨主梁锚固区的局部精细化分析采用 MIDAS FEA 进行计算分析。

红水河混合梁斜拉桥的拉索与中跨主梁锚固处采用的是锚拉板式结构形式,如图8 所示。索梁锚拉板是将主梁自重及主梁承受的外荷载传递到斜拉索的关键部位,所以锚拉板的安全与否直接关系到整个桥梁是否安全可靠。由于斜拉索的索力较大,与斜拉索相连的索梁锚拉板均是由多块钢板焊接而成的空间结构,板件几何形状突变不规则,构造复杂,荷载作用下锚拉板板件既有局部受压也有局部受拉,还有拉压共同作用,受力非常复杂。因此,对斜拉索的锚拉板的局部应力状态进行分析研究是必不可少的。

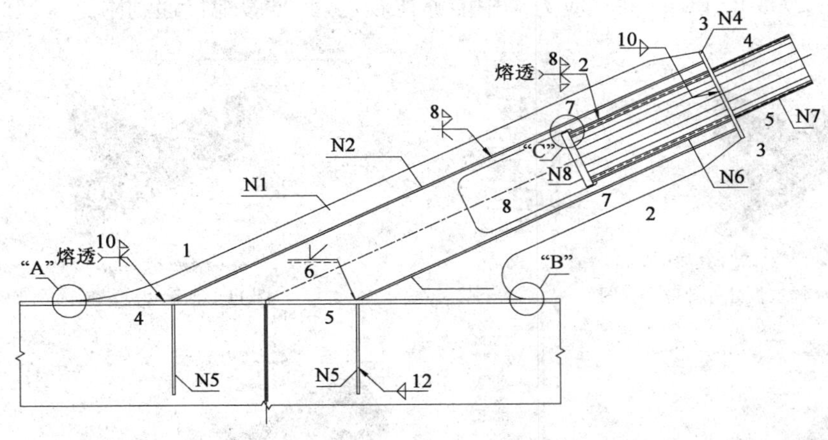

图8 锚拉板结构图

根据成桥索力值,选取最大索力位置,即选取受力较为不利的5 号塔中跨侧第21 号索与主梁连接处进行局部精细化有限元分析。

1. 模型参数的选取

模型参数见表1和表2。

2. 边界条件处理

采用有限元分析软件 MIDAS FEA(版本:3.0)对红水河特大桥中跨第21号索与主梁连接处的锚拉板进行计算分析。根据圣维南原理,为消除边界条件对计算结果影响,模型的截取范围应足够大。分析计算时,以中跨第21号索与主梁连接处的锚拉板为中心,纵向截取长度为11.5m,横向截取长度为6.5m,截取段结构尺寸都较大,边界条件对计算结果的影响可忽略。

3. 有限元模型

建模时,坐标系以桥梁纵向为 X 轴,桩号增大方向为正;以横桥向为 Y 轴,横梁梁端指向正中为正;以竖向为 Z 轴,向上为正。钢板全部采用空间板单元模拟,模型共计261 136个节点,259 168个单元。边界条件根据实际情况施加。局部分析的空间有限元精细化模型如图9所示。

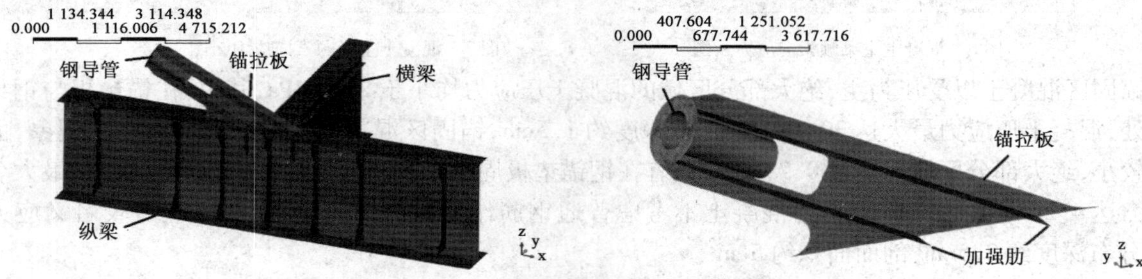

图9 锚拉板局部分析有限元模型

4. 计算结果与分析

锚拉板处等效应力云图和锚拉板处纵横梁等效应力云图如图10和图11所示。锚拉板处纵、横梁应力都较小,最大等效应力为161.4MPa,发生在纵梁与锚拉板连接处小区域;在锚拉板与钢导管下端连接处倒角小区域(面积小于2cm)存在应力集中现象,最大等效应力达到556.2MPa,超过Q345钢材的屈服点345MPa,但作用范围很小,绝大部分区域应力都在200MPa以下,可通过加大锚拉板与钢导管连接处钢板的厚度得以改善。

锚拉板竖板等效应力云图和锚拉板及钢导管等效应力云图如图12和图13。由图可知:竖拉板N1与钢导管下端连接处附近区域应力集中比较明显,最大达到556.2MPa,大于材料屈服应力345.0MPa;竖拉板N1矩形开孔上方两个倒角附近区域应力集中比较明显,最大也达到479.8MPa左右;整个板件绝大部分区域的应力在200MPa以下,并且应力集中能够比较均匀,平缓地传递到附近区域的板件上。

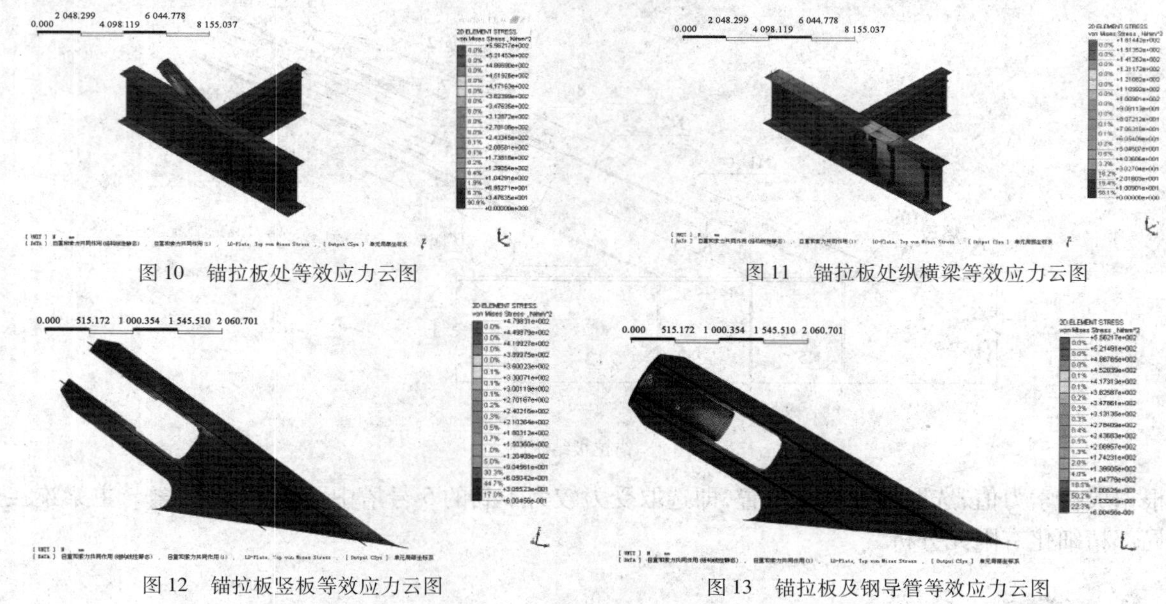

图10 锚拉板处等效应力云图

图11 锚拉板处纵横梁等效应力云图

图12 锚拉板竖板等效应力云图

图13 锚拉板及钢导管等效应力云图

锚拉板竖板加强肋最大应力 317.1MPa,钢导管上端圆环最大应力 186.7MPa,满足强度要求。

五、结　　语

(1)N21 号索与边跨混凝土梁锚固区的钢构件应力都较小,锚垫板靠近圆孔边的局部小区域出现应力集中,建议原设计增加此处钢板强度和混凝土的配筋,以改善此处的受力状况。锚固区的混凝土以受压为主,局部区域有受拉现象。

(2)中跨 M21 号与主梁连接的锚拉板应力整体不大,锚拉板处纵、横梁应力都较小,锚拉板与钢导管下端连接处倒角小区域存在应力集中现象,最大等效应力达到 556.2MPa,超过 Q345 钢材的屈服极限 345MPa,但作用范围很小,建议原设计可加大锚拉板与钢导管连接处钢板的厚度,以降低此处应力水平,改善结构受力状态。

参考文献

[1] 林元培. 斜拉桥[M]. 北京:人民交通出版社,2004.
[2] 徐国平,张喜刚,刘玉擎. 混合梁斜拉桥[M]. 北京:人民交通出版社,2013.
[3] 李小珍,蔡靖,强士中. 大跨度钢箱梁斜拉索梁锚固结构形式的比较研究[J]. 北京:工程力学,2003,68-73.
[4] 裴岷山. 钢斜拉桥索梁锚固锚固结构形式研究[D]. 北京:北京工业大学,2004.
[5] 刘庆宽,等. 斜拉桥耳板索梁锚固结构受力特性研究[J]. 西安:中国公路学报,2002,1:75-78.
[6] 李辉. 斜拉索锚固体系受力性能研究[D]. 天津:天津大学,2012.
[7] 陈伟强,强士中. 斜拉索锚固结构模型静力试验研究[J]. 北京:铁道建筑技术,2003,8:1-5.
[8] 谢君利. 混合梁斜拉桥锚固区局部精细化有限元分析[D]. 长沙:中南大学,2015.

135. 红水河特大桥索塔锚固区受力性能有限元分析

刘建军　叶洪平　周　潇　胡晓明
(贵州省交通规划勘察设计研究院股份有限公司)

摘　要　索塔锚固区是斜拉桥中的关键部位,由于拉索的局部强大集中力、预应力筋的锚固力以及孔洞削弱等因素影响使该区域受力状态十分复杂,也是斜拉桥设计和施工的难点和关键。本文选取红水河特大桥桥塔与斜拉索的最不利受力锚固区,应用大型工程软件 ANSYS 建立局部空间有限元模型,对其受力性能进行计算分析,为红水河特大桥索塔锚固区设计提供优化建议。

关键词　红水河特大桥　索塔锚固区　受力特性　有限元模型

一、引　　言

混合梁斜拉桥的主梁沿长度方向由两种不同的材料组成,主跨梁体为钢梁,边跨(或伸入主跨一部分)的梁体为混凝土梁。混合梁斜拉桥主跨采用钢梁,不仅跨越能力大,且使钢材的抗拉性能和混凝土的抗压性能得到了充分发挥,具有良好的经济性。而边跨采用混凝土梁起到了很好的锚固作用且兼有可降低建桥成本的特点。

索塔锚固区是斜拉桥中的关键部位,拉索的局部集中力将通过这一部位安全、均匀地传递到塔柱中。由于拉索的局部强大集中力、预应力筋的锚固力以及孔洞削弱等因素影响使该区域受力状态十分复杂。

因此,斜拉桥索塔锚固区节段受力性能分析的探讨一直以来受到桥梁界的瞩目,索塔锚固区也是斜拉桥设计和施工的难点和关键。

斜拉桥的索塔锚固措施一直是斜拉桥的重要构造细节,在大跨度斜拉桥中常见的索塔结构的锚固形式有:钢锚箱锚固形式、预应力钢束锚固形式及钢锚梁锚固形式。

近年来,钢锚梁锚固形式在我国也先后被各大桥梁采纳。这种锚固形式在受力方面:在塔柱两侧的斜拉索对称的情况下,钢锚梁自身承担了水平分力;在不对称的情况下,大部分平衡的水平分力由钢锚梁中的锚拉板板件承担,通过垫块,塔壁承担了不平衡的水平分力,因此减小了混凝土开裂的可能。另一方面,由于索塔锚固区结构中的混凝土牛腿比较多,施工起来比较繁琐,施工周期长。

红水特大河桥位于贵州罗甸县与广西省天鹅县交界处,桥梁孔跨布置采用2×20m预应力混凝土箱梁+(213+508+185)m漂浮双塔双索面半混合式叠合梁斜拉桥。红水河混合梁斜拉桥索塔锚固采用的也是钢锚梁锚固形式。

本文选取红水河特大桥的桥塔与斜拉索的最不利受力锚固区,应用大型工程软ANSYS建立局部空间有限元模型,对其力学性能进行计算分析,为红水河特大桥索塔锚固区设计提供优化建议。

二、工 程 概 况

红水河特大桥位于贵州罗甸县与广西省天鹅县交界处,桥梁横跨红水河,桥位处为"U"型峡谷,桥梁设计荷载为公路—Ⅰ级。贵州至广西的桥梁孔跨布置采用2×20m预应力混凝土箱梁+(213+508+185)m漂浮双塔双索面半混合式叠合梁斜拉桥。边跨采用混凝土双肋式Π形主梁,中跨采用叠合梁边跨主梁采用预应力混凝土。

斜拉索采用低松弛镀锌高强钢丝,直径7mm,抗拉强度标准值$f_{pk}=1670\mathrm{MPa}$。全桥共设168根斜拉索,根据索力不同分别采用PES-139、PES-163、PES-199、PES7-241、PES7-283五种规格,最大索长275.8m,最大索规格PES7-283,单根索最大重量20.1t。两岸索塔均采用花瓶型索塔,群桩基础。索塔下横梁以上塔高130m,下横梁以下68m,索塔全高198m。初步设计主塔钢锚梁一般构造见图1;索塔锚固端构造见图2。

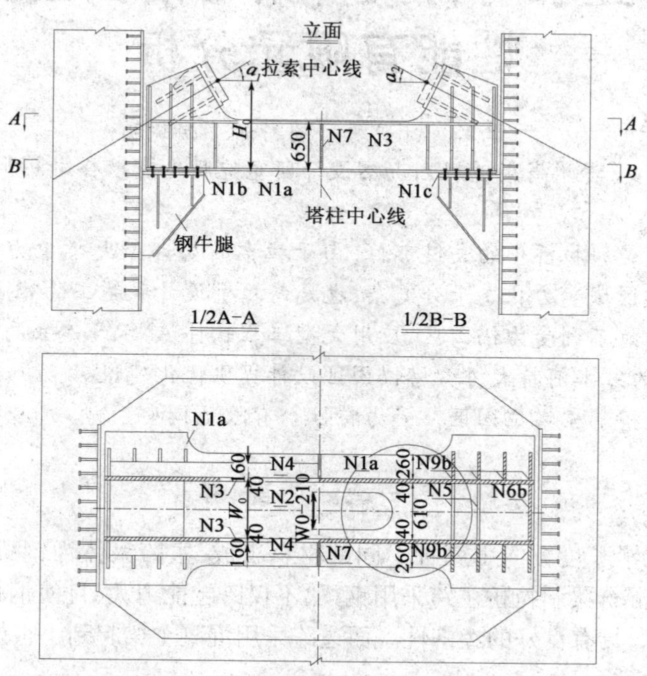

图1　主塔钢锚梁一般构造图(尺寸单位:cm)

由锚固区受力情况可知,塔顶部斜拉索的索力最大且倾角最小,水平拉力最大。所以选取塔的最上一段作为分析对象。

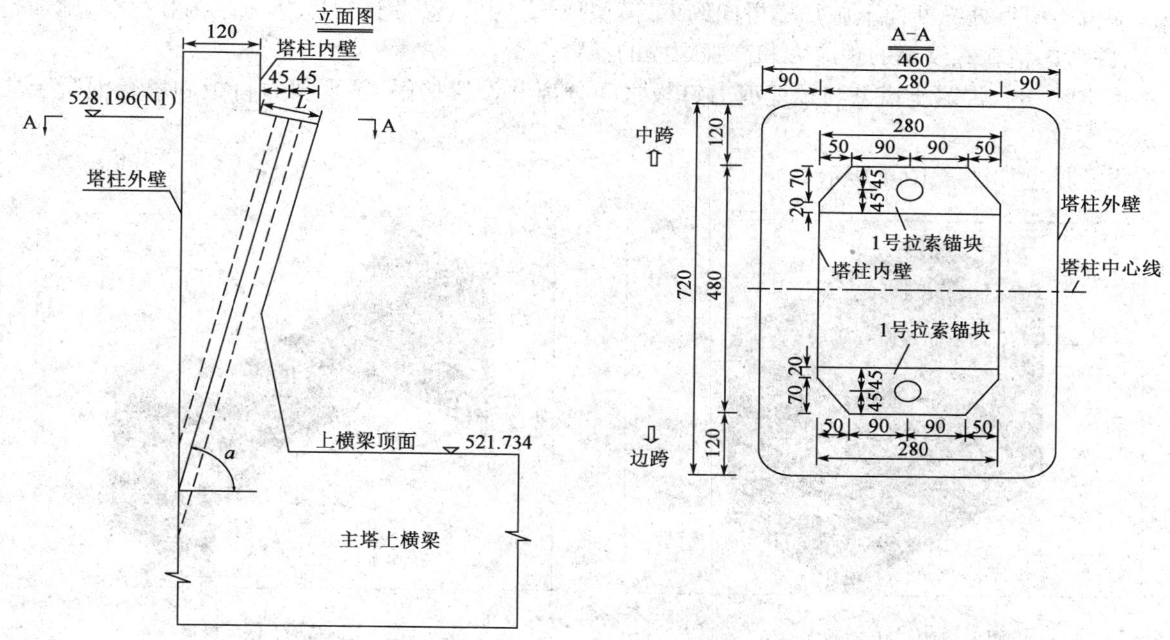

图2 索塔锚固端构造图(尺寸单位:cm)

为考察索塔锚固区受力性能,选取广西岸主塔N21号钢锚梁进行局部有限元分析。该钢锚梁位于最顶层,其中边跨侧索力608.4t,中跨侧索力490.8t,两侧索力差值较大。

三、索塔锚固区受力性能分析

1. 模型参数

模型材料参数如表1所示。

主要构件材料特性值

表1

构件名称	规格或强度等级	弹性模量(GPa)	泊松比	密度(kg/m^3)	抗压强度(MPa)	抗拉强度(MPa)
主塔	C50	34.5	0.2	2 600	32.4	2.65
钢板	Q345	206	0.3	7 850	250	250
精轧螺纹钢	JL32	200	0.3	7 850	—	930
橡胶块	—	0.007 84	0.47	—	—	—

2. 有限元模型

采用大型有限元软件ANSYS对红水河特大桥索塔锚固区进行计算分析。采用Solid65实体单元模拟混凝土主塔,Solid45实体单元模拟钢锚梁及牛腿等钢构件及高强度螺栓,Beam188梁单元模拟剪力钉,Shell63壳单元模拟剪力钉板,Link10杆单元模拟预应力精轧螺纹钢,并设置成只受拉单元。在橡胶块和钢锚梁钢板之间的交界面、聚四氟乙烯板与钢锚梁底部的不锈钢板交界面及高强螺栓螺母与钢板之间设置接触对,以钢板为目标面,采用Target170单元,以橡胶块或螺母为接触面,采用Conta173单元,并在螺栓内部采用Prets179单元划分形成预紧力。有限元模型共计生成257 366个混凝土实体单元,201 216个钢结构实体单元,3 625个剪力钉梁单元,5 929个壳单元,14 526个非线性弹簧单元,20 297个目标单元,13 540个接触单元,4 910个精轧螺纹钢杆单元,860个螺栓预紧力单元,共计382 349个节点。

有限元模型中的坐标系规定如下:整体坐标系以桥梁纵向为x方向,以往桩号增大的方向为正;竖向为y方向,以向上为正,$y=0$位于钢锚梁底板底缘;桥梁横向为z方向,以向右为正。

索塔局部分析模型底部混凝土节点施加竖向约束，在底部顺桥向中点处横断面上施加顺桥向约束，在底部横桥向中点处纵断面上施加横桥向约束，模型顶部自由。忽略节段上、下方结构和荷载，施加自重和索力，并考虑精轧螺纹钢的预应力和高强螺栓的预紧力。

参考文献[8]，混凝土塔壁与预埋剪力钉板之间分离并设置接触，预埋剪力钉板和塔壁混凝土之间的摩擦系数取0.3。

有限元模型如图3、图4所示。

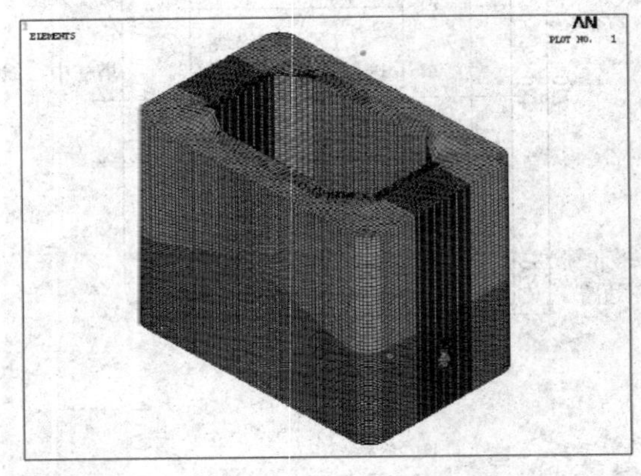

图3 局部分析有限元模型

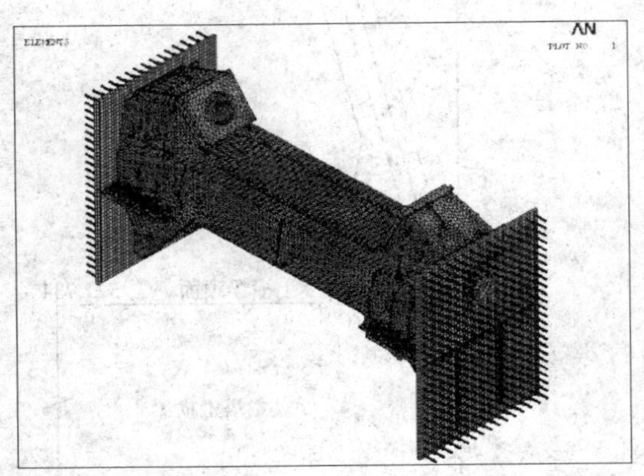

图4 钢结构有限元模型

3. 计算结果及分析

由于两侧斜拉索的索力差异较大，钢锚梁承受不平衡水平力，该水平力一部分通过端部的橡胶块传递给塔壁，另一部分通过高强螺栓传递给钢牛腿，连接钢锚梁和牛腿的高强度螺栓的预紧力是索塔锚固系的重要参数，预紧力的大小决定了螺栓摩擦面的抗剪承载力、螺栓群所能承担的不平衡水平力的大小，影响钢锚梁和牛腿在水平方向上相对滑动的滑移量、竖向力和水平力合力作用的位置及牛腿受力的偏心程度，并最终影响牛腿应力的均匀程度及剪力钉受力的均匀程度。在理想的情况下，钢锚梁和钢牛腿能够紧密接触以传递均匀分布的法向压力，又要允许钢锚梁能够发生微小滑动，将不平衡水平力的影响降至最低。

1）螺栓合理预紧力的确定

根据钢锚梁与牛腿顶板的接触关系来确定高强螺栓的合理预紧力。计算了螺栓预紧力分别为25kN（图5）、50kN、100kN（图6）、150kN、200kN及250kN时的情况。当预紧力为100kN时，各个螺栓位置处的接触面均保持接触，并处于“Sliding”状态，受力状况较好。

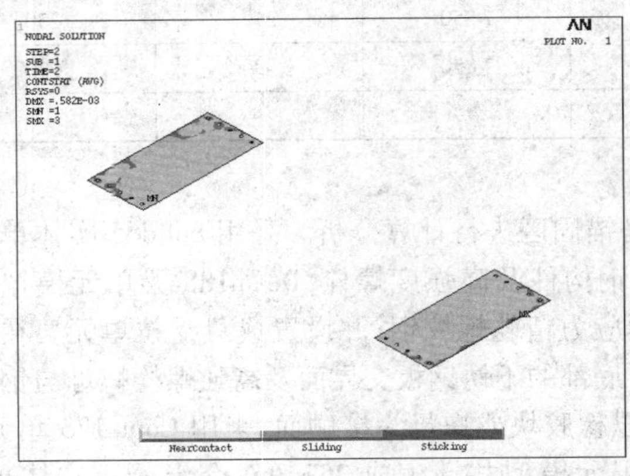

图5 预紧力为25kN时的接触状态云图

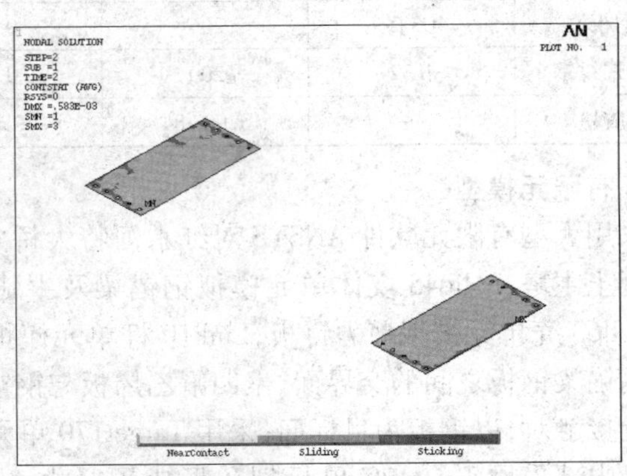

图6 预紧力为100kN时的接触状态云图

2）钢锚梁应力及变形分析

钢锚梁两端顶部水平位移较大，最大纵向位移达1.893mm，中部的上拱位移较大，最大竖向位移达1.292mm。钢锚梁的整体等效应力云图如图7所示，钢锚梁大部分区域的等效应力在200MPa以下，锚垫板下方与腹板交接处局部区域最大等效应力达378MPa。锚梁中跨侧锚垫板侵入腹板曲线区域，形成尖点接触，导致此处应力高度集中，该种情况下此处应刨平顶紧，以消除尖点接触。钢锚梁腹板的最大等效应力达267MPa，满足强度要求。

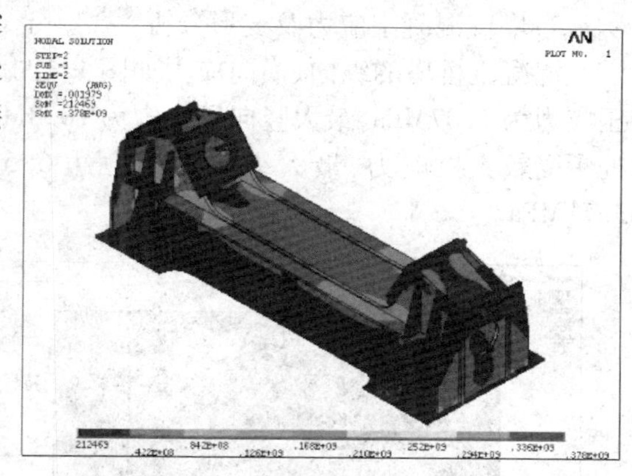

图7　钢锚梁等效应力云图

3）钢牛腿应力及变形分析

钢牛腿是钢锚梁的支撑结构，主要承受索力的不平衡水平分量和索力的竖向分量并传递给剪力钉板，是整个索塔锚固系统的关键结构。钢牛腿顶面放置聚四氟乙烯板和不锈钢板，允许钢锚梁和钢牛腿发生相对滑动；钢牛腿顶板和钢锚梁的底板通过高强螺栓连接，高强螺栓起竖向限位和传递部分水平力的作用。钢牛腿的等效应力如图8及图9所示。钢牛腿最大等效应力为127MPa，大部分区域应力分布在14～100MPa之间，满足强度要求。

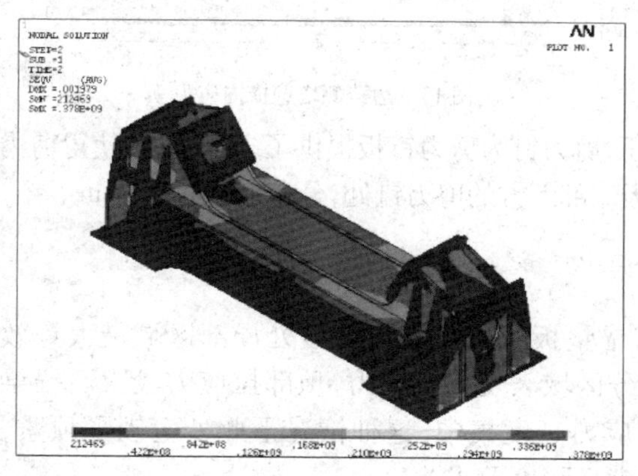

图8　钢牛腿等效应力

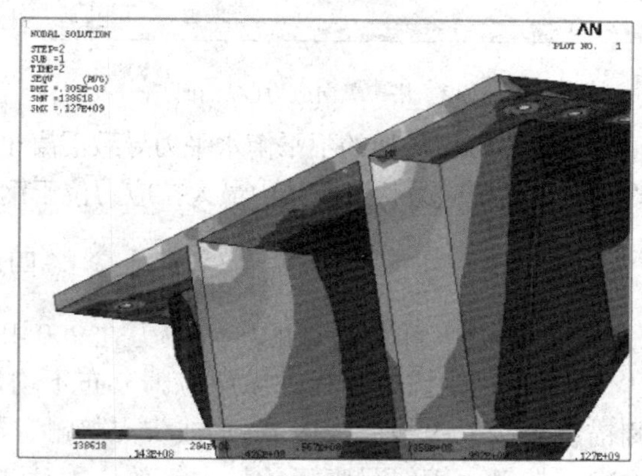

图9　钢牛腿等效应力（局部）

由于主塔两侧索力不平衡，索力大的一侧，牛腿的纵向应力、竖向应力均较大。在不平衡索力作用下，主塔呈整体偏移状态，中跨侧牛腿对剪力钉板形成拉拔效应。建议在应力集中较为突出处增设PBL键，以增强剪力钉板平面外抗弯刚度，改善结构的受力状况。

4）剪力钉板应力及变形分析

剪力钉板承受橡胶块和钢锚梁传递的水平力和竖向力，并传递到剪力钉上。剪力钉板的竖向、横向及等效应力如图10、图11所示。剪力钉板竖向最大拉应力98.8MPa，最大压应力123MPa；横桥向最大拉应力42.1MPa，最大压应力49.3MPa；最大等效应力为108MPa，满足强度要求。剪力钉板的总位移较小，最大位移为0.121mm。

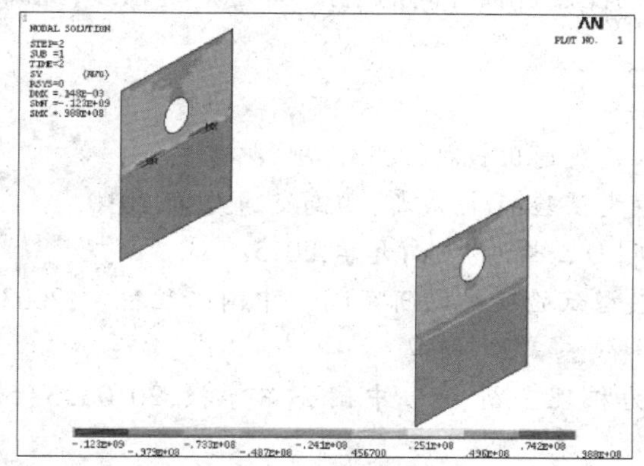

图10　剪力钉板的竖向应力

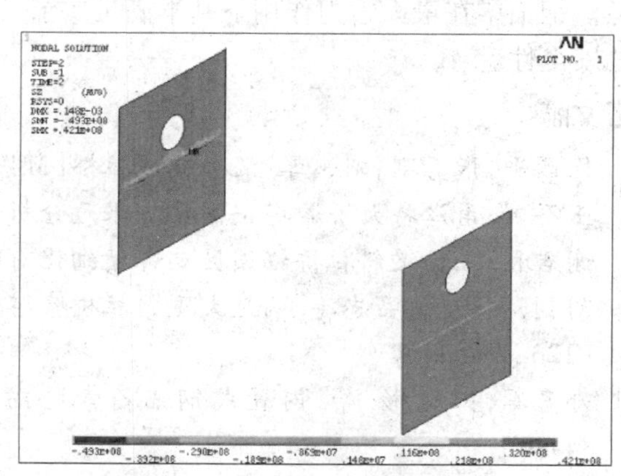

图11　剪力钉板的横桥向应力

5)塔壁混凝土应力及变形分析

混凝土桥塔的纵向、横向应力如图12、图13所示。绝大部分区域的混凝土处于受压状态,最大纵向压应力为7.07MPa,最大竖向压应力为10.8MPa,最大横向压应力为10.1MPa,混凝土塔壁在剪力钉顶点处承受较大拉应力,最大纵向拉应力达6.51MPa,最大竖向拉应力达13.9MPa,最大横向拉应力达3.71MPa。

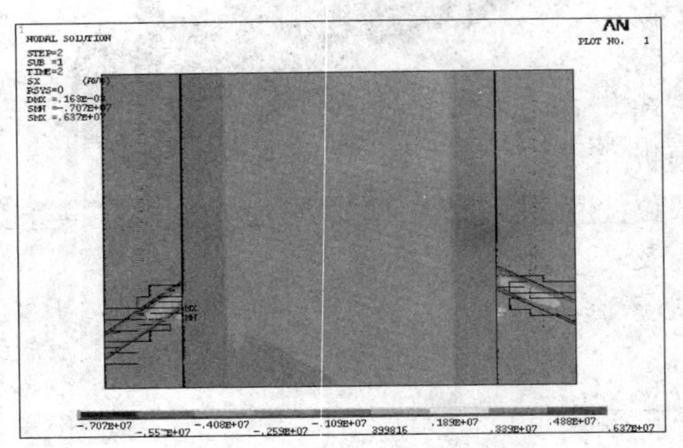

图12 塔壁纵向应力(纵剖面)

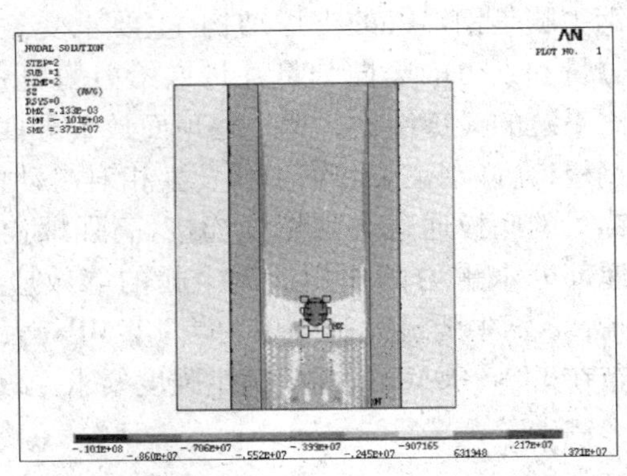

图13 边跨侧塔壁横向应力

由于剪力钉板传递的不平衡水平力导致混凝土塔壁受压,剪力钉为剪力钉板提供了多点支撑,使得剪力钉处的混凝土呈拉应力状态。其中最大拉应力位于钢牛腿顶板端部下方的剪力钉处,分布范围约$3\times3\mathrm{cm}^2$。

四、结　　语

(1)钢锚梁大部分区域的等效应力在200MPa以下,锚垫板下方与腹板交接处局部区域最大等效应力达378MPa。钢锚梁腹板的纵向应力分布不均匀,大部分区域表现为拉应力,顶部拉应力较大。锚梁中跨侧锚垫板侵入腹板曲线区域,形成尖点接触,导致此处应力高度集中,这种情况下此处应刨平顶紧,以消除尖点接触。钢锚梁腹板的最大等效应力达267MPa,满足强度要求。

(2)当预紧力为100kN时,各个螺栓位置处的接触面均保持接触,并处于"Sliding"状态,受力状况较好。

(3)边跨侧牛腿底部最大压应力23.1MPa,顶部最大拉应力2.3MPa;中跨侧牛腿底部最大压应力10.6MPa,顶部最大拉应力2.7MPa。剪力钉板最大等效应力为108MPa;均满足强度要求。混凝土塔壁在剪力钉顶点处承受较大拉应力,最大纵向拉应力6.5MPa,最大竖向拉应力13.9MPa,最大横向拉应力3.7MPa。建议在应力集中较为突出处增设PBL键,以增强剪力钉板平面外抗弯刚度,改善结构的受力状况。

(4)钢锚梁是多块钢板焊接而成的空间结构,板件几何形状突变不规则,所以构造和受力状态较为复杂。钢锚梁在最大索力作用下基本满足要求。但应特别注意各板件间的连接,保证焊缝强度,提高结构的安全性。

参考文献

[1] 徐国平,张喜刚,刘玉擎.混合梁斜拉桥[M].北京:人民交通出版社,2013.

[2] 王存国.甬江特大桥索塔锚固区有限元分析及节段模型试验[D].成都:西南交通大学,2010.

[3] 谢君利.混合梁斜拉桥锚固区局部精细化有限元分析[D].长沙:中南大学,2015.

[4] 刘钊,孟少平,吕志涛.两座大型斜拉桥索塔锚固区模型试验及对比研究[J].中国工程科学,2003,5(12):48-54.

[5] 郑舟军,田晓彬,等.内置式钢锚箱索塔锚固区受力机理分析[J].中国公路学报,2010,23(5):84-89.

[6] 马旭涛.上海长江大桥索塔锚固区模型试验与分析研究[D].上海:同济大学,2007.

[7] 胡贵琼,郑舟军.荆岳长江公路大桥钢锚梁索塔锚固区单节段模型有限元分析[J].世界桥梁,2010(2):40-44.

[8] 张喜刚,张艾荣,等.苏通大桥设计与结构性能[M].北京:人民交通出版社,2001.

136.弯箱梁自重偏心对单梁模型的影响分析

王文龙
(贵州省交通规划勘察设计研究院股份有限公司)

摘 要 受山区地形的限制,贵州省高速公路中较多的采用了小半径弯梁桥,本文以3跨40m弯曲半径100m的连续箱梁桥为例,讨论了弯箱梁自重偏心对单梁模型的影响,文中给出了一般箱形截面自重偏心的计算方法,并分别建立了梁单元和实体单元模型,对比结果表明,通过对单梁模型施加自重偏心产生的扭距 m_t 可使单梁模型支反力的计算结果与实际结果更为接近。

关键词 弯箱梁 自重偏心 支座反力

一、引 言

由于受山区复杂的地质、地形的影响,小半径弯梁桥在山区桥梁建设中较多的应用,而弯箱梁桥由于适应线形能力强,在小半径弯桥中应用更为广泛。弯箱桥的常用分析方法有解析法、单梁模型、梁格法、实体单元模型等,单梁模型有建模简单、力学概念清晰的特点,对弯桥进行估算方便快捷,另外使用梁格法进行计算后,也常常需要用单梁模型进行抗扭验算,因此搞清单梁模型的受力特点很有必要。

单梁模型由于轴线平面弯曲产生的弯扭耦合在单梁模型有限元计算中已经考虑,但因为左右腹板长度不同引起自重偏心产生的扭矩,需要手动加载于梁单元上。本文以具体桥梁为例给出了一般箱形截面自重偏心的计算公式,并用有限元模型进行验证。

二、工 程 概 况

以3×40m弯曲半径 $R=100\text{m}$ 的单箱单室箱梁桥为例,为了使扭矩影响更为明显,桥墩采用单支座,其平面布置如图1所示。箱梁宽9m,高2.4m,悬壁长2m,悬壁厚0.15~0.45m,箱室内上下倒角分别为0.8m×0.2m,0.2m×0.2m,截面如图2所示。

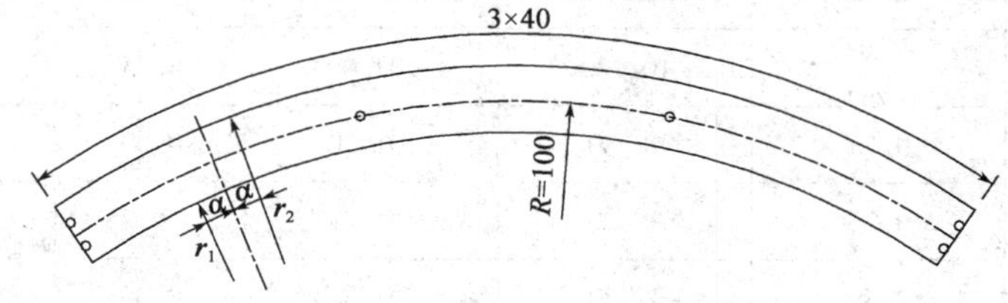

图1 箱梁平面布置图(尺寸单位:m)

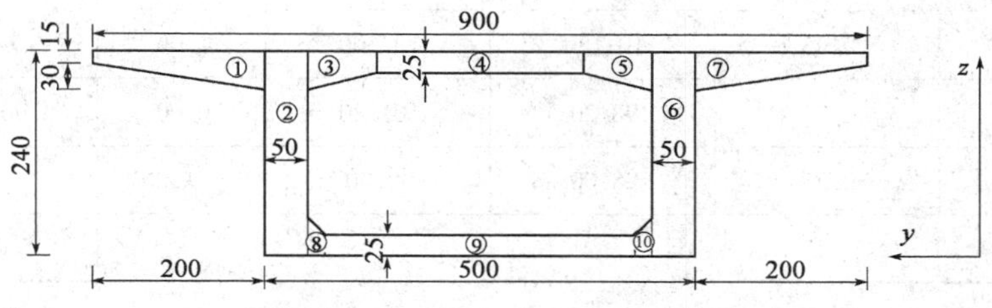

图2 箱梁标准截面(尺寸单位:cm)

三、自重偏心的计算

以平曲线圆弧的圆心为原点，箱梁轴线为x轴，截面横向、竖向分别为y、z轴建立坐标系，则箱梁在y方向上的重心y_c即为自重的偏心。由重心公式得：

$$y_c = \frac{V_y}{V} = \frac{\iiint_V y\mathrm{d}x\mathrm{d}y\mathrm{d}z}{\iiint_V \mathrm{d}x\mathrm{d}y\mathrm{d}z} \tag{1}$$

式中，V_y和V分别为体积矩和体积。为了便于积分计算，可将截面分成若干矩形或梯形小块，如图2所示，共可将截面分成编号分别为①～⑩的10小块，则：

$$y_c = \frac{\sum_{i=1}^{10} V_{yi}}{\sum_{i=1}^{10} V_i} = \frac{\sum_{i=1}^{10}\iiint_{Vi} y\mathrm{d}x\mathrm{d}y\mathrm{d}z}{\sum_{i=1}^{10}\iiint_{Vi} \mathrm{d}x\mathrm{d}y\mathrm{d}z} \tag{2}$$

V_{yi}和V_i分别为第i个小块体积矩和体积。设小块内外侧的弯曲半径分别为r_1、r_2如图1所示，对应竖向高度分别为h_1、h_2，经积分计算，可得对于各小块：

$$\begin{aligned} V_{yi} &= 2\sin\alpha\left[\frac{h_1 - kr_1}{3}(r_2^3 - r_1^3) + \frac{k}{4}(r_2^4 - r_1^4)\right] \\ V_i &= 2\alpha\left[\frac{h_1 - kr_1}{2}(r_2^2 - r_1^2) + \frac{k}{3}(r_2^3 - r_1^3)\right] \end{aligned} \tag{3}$$

式中：$\alpha = \dfrac{1}{2R}$为单位梁长夹角的一半，$R = 100\mathrm{m}$；

$k = \dfrac{h_1 - h_2}{r_1 - r_2}$为梯形小块斜边的斜率，当小块为矩形时$k = 0$。

则各小块的计算结果如表1所示。

各分块体积矩及体积计算表 表1

编号	h_1 (m)	h_2 (m)	r_1 (m)	r_2 (m)	k	V_{yi} (m^4)	V_i (m^3)
1	0.45	0.15	102.50	104.50	-0.15	64.068	0.620
2	2.40	2.40	102.00	102.50	0.00	125.460	1.227
3	0.25	0.45	101.20	102.00	0.25	28.925	0.285
4	0.25	0.25	98.80	101.20	0.00	60.003	0.600
5	0.45	0.25	98.00	98.80	-0.25	27.090	0.275
6	2.40	2.40	97.50	98.00	0.00	114.661	1.173
7	0.15	0.45	95.50	97.50	0.15	56.068	0.580
8	0.25	0.45	101.80	102.00	1.00	7.270	0.071
9	0.25	0.25	98.20	101.80	0.00	90.009	0.900
10	0.45	0.25	98.00	98.20	-1.00	6.735	0.069
合计						580.290	5.800

由表1可得：$y_c = 580.290/5.800 = 100.050$m，由于箱梁轴线半径 $R = 100$m，所以箱梁由于内外腹板长度不等引起的自重偏心距 $e = 100.050 - 100 = 0.05$m，单位长度上自重偏心产生的扭矩 $m_t = \gamma Ve = 25 \times 5.8 \times 0.05 = 7.25$kN·m。

四、有限元模型的验证

采用有限元软件 Midas Civil 建立箱梁的单梁模型，Midas FEA 建立箱梁实体单元模型，如图3所示，在自重荷载作用下，通过对比单梁模型和实体模型在支点1、2、3处的反力和截面A-A、B-B、C-C处的扭矩，分析评价施加 m_t 的对单梁模型计算结果的影响。

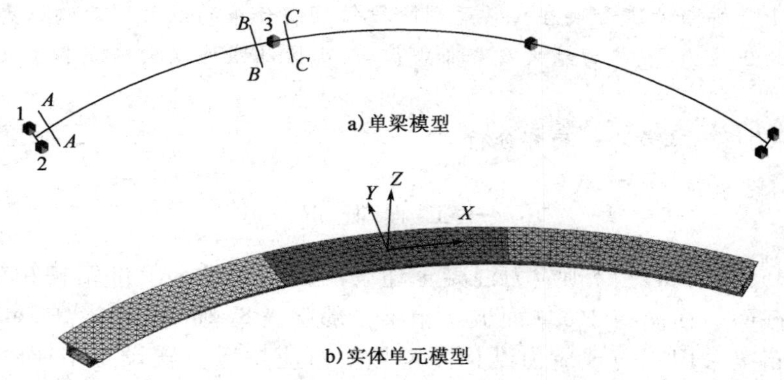

图3 箱梁有限元模型

两种模型的计算结果如表2所示。

有限元计算结果 表2

模型类型	支座反力(kN)			截面扭矩(kN·m)		
	1	2	3	A-A	B-B	C-C
单梁	1 808.3	507.4	6 384.1	−2 276.5	1 055.4	587.6
单梁(施加 m_t)	1 914.9	394.9	6 390.1	−2 659.9	938.6	482.4
实体	1 914.5	393.6	6 391.5	−2 255.5	896.3	368.8

从表2可以看出，通过自重偏心产生的扭矩 m_t 的施加，单梁模型支反力的计算结果与实体结果更为接近。在截面扭矩方面，m_t 对单梁模型截面扭矩影响的规律并不明显，由于梁单元本构模型的影响，单梁模型与实体模型的计算结果存在一定的差别，但单梁模型扭矩的计算结果普遍要稍大于实体模型，单梁模型的计算结果偏安全。

五、结　语

小半径弯箱梁的设计计算由于弯扭的耦合作用，相比直桥往往更为复杂，在设计中宜采用多种计算方法进行对比复核。本文针对单梁模型的自重偏心进行了分析，得到以下结论：

(1)本文结出了一般箱梁截面计算自重偏心的方法，通过对单梁模型自重偏心扭矩的施加，可使支反力的计算结果更为准确。

(2)梁单元计算得到的截面扭矩稍大于实体模型，使用梁单元进行抗扭验算偏于安全。

参考文献

[1] 李玲.弯桥常用计算方法的分析研究[J].黑龙江交通科技，2011(4).

[2] 李立峰，邵旭东，程翔云.桥梁设计与计算[M].北京：人民交通出版社，2007.

[3] 曹鹏.小半径弯桥受力与空间稳定分析[D].武汉：武汉理工大学，2009.

137. 山区高墩连续刚构桥零号块局部应力分析

蒋　铮　杨　露　杨朝江

（贵州省交通规划勘察设计研究院股份有限公司）

摘　要　以贵州省某座主跨135m、墩高100m的连续刚构桥为工程背景，采用三维仿真分析软件MIDAS FEA，对该桥1号桥墩的零号块在正常适用阶段短期组合下的最大弯矩效应工况进行了局部应力分析，得出了零号块的正应力、主应力结果及分布规律，对山区高墩连续刚构桥零号块的优化设计具有参考意义。

关键词　连续刚构桥　零号块　局部分析

一、工程概况

本桥为(73+135+73)m三跨预应力混凝土连续刚构箱梁桥。上部结构箱梁顶宽12.25m，底宽6.5m，单箱单室截面。横向为2%单面坡。箱梁根部梁高8.2m，跨中梁高3m。箱梁梁高变化采用1.8次抛物线。箱梁采用三向预应力结构。零号块对应桥墩位置设置中横隔板，横隔板中设置过人孔。下部结构主墩采用双肢薄壁墩，桥墩截面为7.5m（横向）×2.8m（纵向）的空心截面，双肢墩中心距7.8m。箱梁及桥墩采用C50混凝土。纵横向预应力采用高强度低松弛φs15.2mm钢绞线，竖向预应力钢筋采用JL32精轧螺纹钢筋（标准强度f_{pk}=930MPa）。墩顶零号块标准截面及1号墩墩顶三维模型如图1、图2所示。

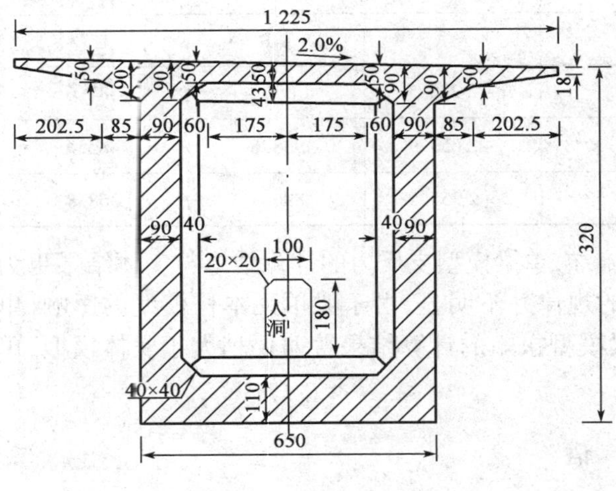

图1　零号块断面（尺寸单位：cm）

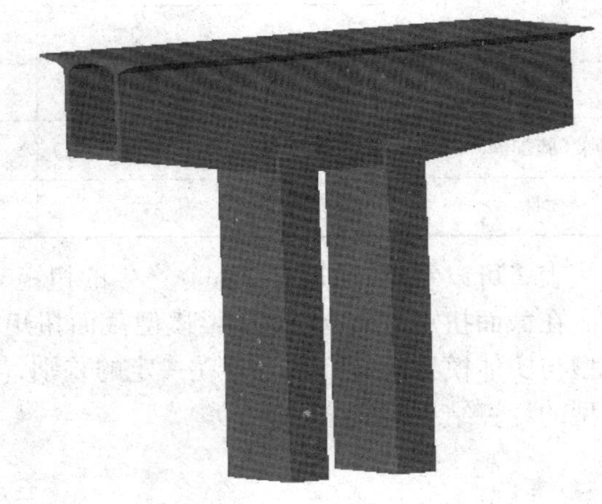

图2　1号墩墩顶三维模型

二、模型及荷载

利用非线性及细部分析软件MIDAS FEA建立空间实体单元模型。零号块的应力状态与整个结构的各个部分都是相互关联的。根据圣维南原理，零号块的应力分布只与其附近区域的应力状态有关，而远离零号块的区域应力状态对零号块的应力分布影响很小且可以忽略不计。本桥的零号块长12m，宽12.25m，高8.2m，故本次将零号块邻近的1至3号节段及16m长的主墩作为研究对象，将梁单元进行整体计算所得的内力作为局部切开处的外力边界条件的方式加载。混凝土和预应力钢束分别用实体单元和钢筋单元模拟，建立的三维空间有限元模型如图3所示。该模型考虑了预应力的张拉控制应力、摩阻损失、预应力松弛损失及锚具变形影响，预应力筋的布置如图4所示。

图3　零号块有限元模型

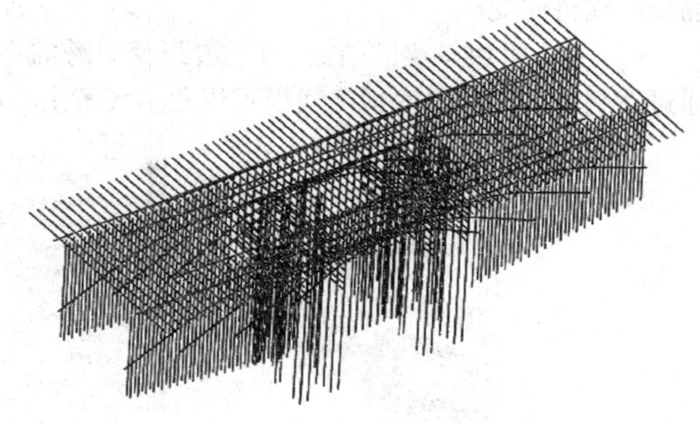

图4　零号块钢束布置图

计算模型的单元采用自动实体网格，为了获得更为精确的计算结果，四面体单元的边长设为0.2m，该模型共划分为799 353个单元，528 447个节点。模型边界条件在墩底采用固结处理。零号块局部所受的荷载包括结构自重、桥面铺装恒载、预应力荷载、汽车荷载及其他结构部分对零号块的作用力。结构自重及桥面铺装等横载可直接加载。预应力荷载需从空间杆系模型计算结果中提取各钢束在收缩徐变完成后至成桥状态的有效预应力荷载来加载。计算桥梁结构整体模型时，采用梁单元模拟桥梁纵向结构，零号块两侧内力作用点为梁单元截面质心处。其他结构部分对零号块的作用力可从整体计算结果中提取，并等效作用在实体网格端截面的质心上。荷载组合取正常使用阶段短期组合下最不利弯矩效应组合的内力值。该组合内力值如表1所示。

荷载组合内力值　　表1

位置＼内力	轴力（kN）	剪力（kN）	弯矩（kN·M）
边跨侧	161 000	−15 000	−63 500
中跨侧	161 000	−16 800	−78 300

三、结 果 分 析

图5为零号块正常使用阶段短期组合下最不利弯矩效应组合内力值对应的应力分布云图。为清晰显示零号块内部应力分布情况，模型采用纵向剖切面显示，图中应力值受拉为正，受压为负。

从上述图中可以看出，纵桥向除了横隔板有不大于0.5MPa的拉应力外，其余部分均处于受压状态，满足规范全预应力构件的设计要求。而最大压应力出现在腹板钢束锚固处，其值达27.1MPa，这一方面是因为预应力锚固区没有模拟锚垫板，另一方面是该处处于腹板倒角区，两方面都存在着应力集中现象，但分布范围很小，可以认为不影响整体计算结果，绝大部分的压应力处于22MPa以下。横桥向最大拉应力出现在横隔板人孔的下缘，达1.8MPa；在底板下缘、顶板与腹板倒角区、墩梁固结区也出现了不大于0.5MPa的表层拉应力。竖桥向拉应力主要分布在零号块的顶板和底板，最大拉应力出现在顶板悬臂端，为0.78MPa，其余部分的拉应力均小于0.1MPa；腹板和横隔板均处于受压状态。与纵桥向正应力分布类似，在1号腹板钢束的锚固区周围，有高达5MPa的集中主拉应力的出现，但分布范围很小，99%的主拉应力不超过1MPa，满足规范的要求。

四、结　　语

通过对该桥零号块进行实体分析，可以得出以下结论：

（1）在1号腹板钢束锚固区，顺桥向压应力及主拉应力都较大，应通过对该处的腹板倒角尺寸进行优化来降低集中应力。

(2)在零号块横隔板门洞的下缘出现了横向拉应力,可通过在门洞下缘适当增加预应力钢筋实现横隔板的横桥向受压。

(3)在零号块墩梁固结处,由于边跨及中跨的不平衡弯矩导致该处的拉应力及压应力容易超标,可通过对墩顶和零号块底板之间设置倒角来缓解集中应力。

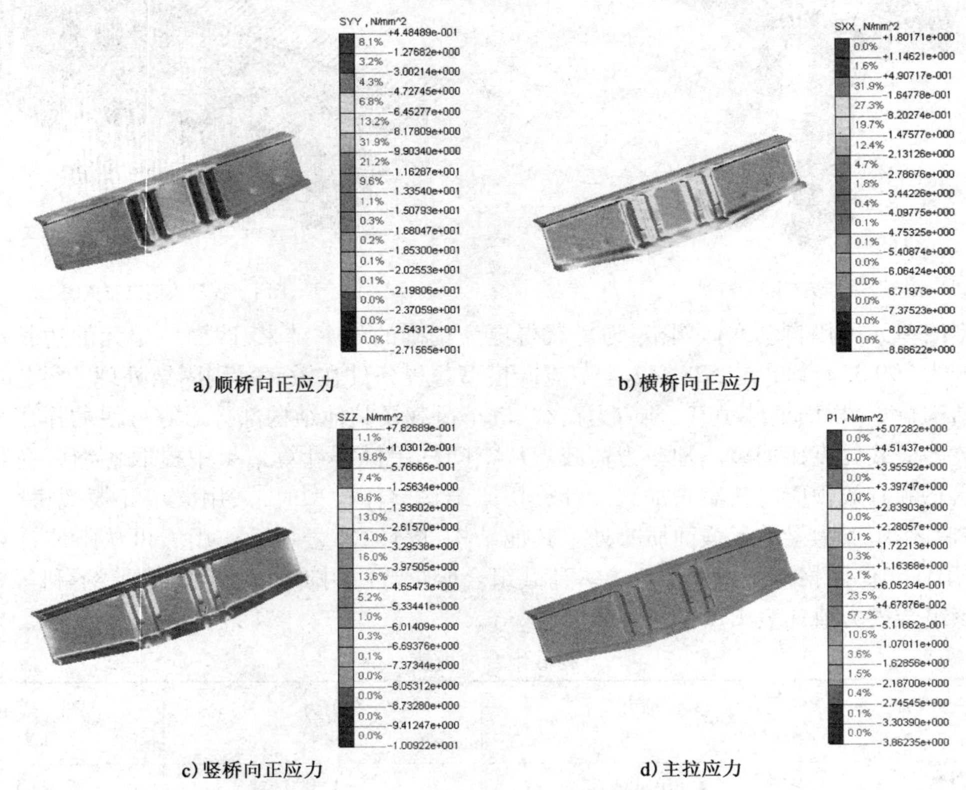

a)顺桥向正应力　　b)横桥向正应力

c)竖桥向正应力　　d)主拉应力

图5　短期组合最不利弯矩工况下应力云图

参考文献

[1] 杨昀,周列茅,周勇军.弯桥与高墩[M].北京:人民交通出版社,2011.

[2] 张继尧,王昌将.悬臂浇筑预应力混凝土连续梁桥[M].北京:人民交通出版社,2011.

[3] 文明.连续刚构桥零号块空间仿真分析[J].铁道标准设计,2013.

138.龙井河大桥抗滑键设计与足尺模型试验

杜　镔[1,2]　刘立民[1,2]　唐　志[1,2]　易金刚[3]　方　园[3]

(1.贵州省交通规划勘察设计研究院股份有限公司;2.山地交通灾害防治技术国家地方联合工程实验室;3.贵州大学)

摘　要　龙井河特大桥位于厦门至成都高速公路贵州境织金至纳雍段。主桥桥型为86m+160m+86m曲线预应力混凝土矮塔斜拉桥,是我国第一座曲线型矮塔斜拉公路桥梁。大桥采用现斜拉—刚构组合体系桥,为保证桥梁安全建设和运营,结合抗滑键的研究与发展分析,大桥采用了带有螺母锁紧式结构的单侧双向可换式抗滑装置。为验证单侧双向抗滑键的可靠性,进行了足尺模型试验。试验表明,单侧双向抗滑键能抵抗不平衡力的要求,性能可靠。

关键词　龙井河　曲线斜拉桥　抗滑键　单侧双向　模型试验

一、项 目 概 况

龙井河大桥位于厦门至成都高速公路贵州境织金至纳雍段。主桥桥型为86m+160m+86m曲线预应力混凝土矮塔斜拉桥(图1),是我国第一座曲线型矮塔斜拉公路桥梁。主桥平面位于圆曲线上,圆曲线半径 R=852.75m,纵面位于1.995%的直线坡上,大桥采用现斜拉—刚构组合体系桥,采用悬臂浇注施工方法。桥梁全宽28m,采用变截面单箱三室,中间4.5m为设置桥塔和斜拉索的空间。桥面横向布置为0.5m(防撞护栏)+11.25m(行车道)+4.5m(中央分隔带)+11.25m(行车道)+0.5m(防撞护栏)。

主桥斜拉式索采用分丝管结构,共设24根斜拉索,斜拉索横桥向两排布置,鞍座亦设置两排。索鞍采用钢管组焊式分丝管,分丝管型号为43型,索鞍由43根规格 $\phi28\times3$ 的钢管焊接而成。分丝管可换式抗滑装置均为厂家定型产品,两排分丝管横桥向间距为1.0m,竖向间距为2m。

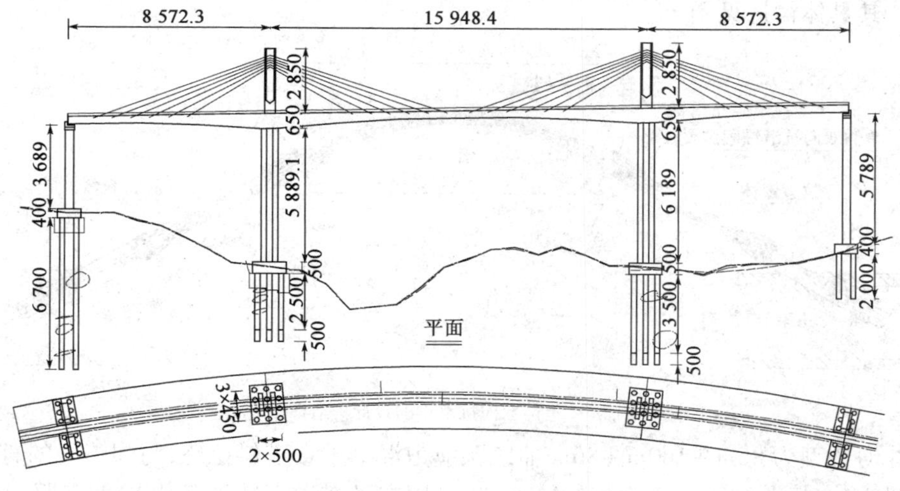

图1　龙井河大桥主桥桥型布置图(尺寸单位:cm)

二、抗滑键设计

众所周知,矮塔斜拉桥拉索通常采用贯穿转向索鞍体系,拉索采用组焊式分丝管。为了克服拉索在使用过程中产生的不平衡力,拉索在转向索鞍处需要设置抗滑装置,以保证拉索在建设及使用过程中不会产生滑移。为便于拉索更换,索鞍的抗滑构造不断创新发展,目前已采用抗滑键代替了高强环氧砂浆与钢绞线及抗滑锚固装置黏结的方式。在抗滑键设计构造上,常用方式是在桥塔鞍座出口的两端设置单根抗滑键,抗滑键在拉索两端交叉布置,由抗滑键提供抗滑力克服桥梁施工和运营期间拉索两侧的不平衡力,这种抗滑形式在转向索鞍处为无黏结接触,可实现斜拉索单根调索或单根更换,目前已在山西临汾汾河大桥、安徽合肥南淝河大桥等工程中得到了成功应用。其构造见图2。

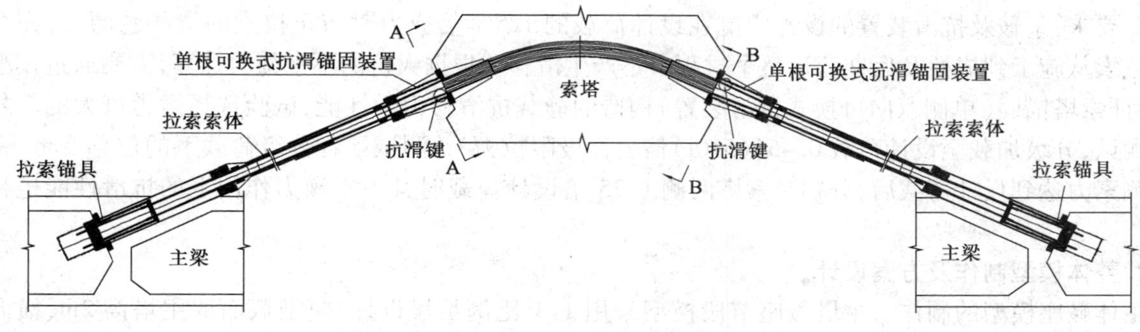

图2　交叉布置双向抗滑键设计构造图

单根抗滑键交叉布置的形式虽然能克服桥梁施工期间和运营期间拉索两侧的不平衡力，且能实现拉索的单根调索和单根更换，但在抗不平衡力时仅有一半的拉索参与工作，造成单根拉索抗滑键的抗不平衡力较大，将会降低拉索的抗疲劳能力。因此，国内有关专家研究提出了基于分丝管索鞍的单侧双向抗滑锚固装置。该锚固装置索鞍一侧设置抗滑键及其锁紧结构，具体构造是将抗滑键的一端支承在索鞍端面，抗滑键的另一端与抗滑插片的一端紧密接触，抗滑插片的另一端与锁紧螺母紧密接触，螺母与锚固筒螺纹连接，形成两端约束抗滑键滑动。该装置不仅在施工阶段就可以提供足够的抗滑力，而且抗滑能力是持续不变的，大大提高了拉索的使用安全性。其技术特点有：①拉索抗滑锚固采用单侧抗滑锚固装置，抗滑力更加可靠；②桥梁施工期间就能产生可靠的抗滑力；③桥梁施工期间和运营期间产生的不平衡力时所有抗滑键同时均匀地提供抗滑力，拉索使用更加安全；④在单侧布置所有抗滑键，使施工更加高效和便利；⑤塔端防腐、防水更加可靠。新型单侧双向抗滑装置为矮塔斜拉桥抗滑技术和单根换索提供了良好的解决方案。其具体构造见图3。

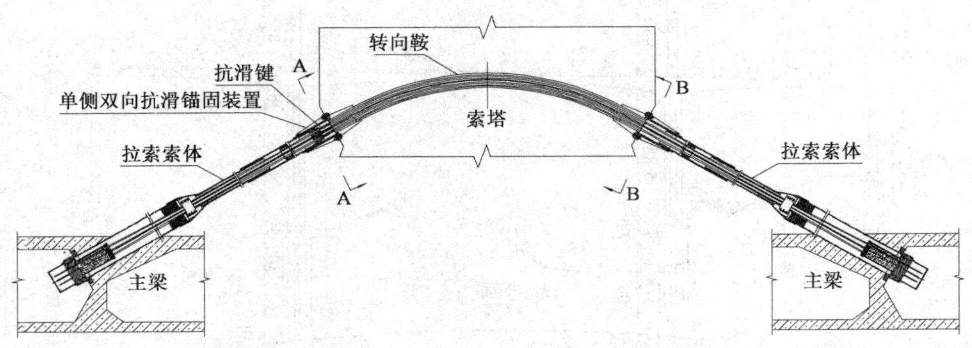

图3　单侧双向抗滑键的设计构造图

考虑到龙井河桥型为86m + 160m + 86m曲线预应力混凝土矮塔斜拉桥，与同跨径的直线型矮塔斜拉桥相比，其施工与安全运营中不平衡力相对较大，若采用交叉布置形式的抗滑键来克服斜拉索产生的不平衡力，会增大单根拉索的抗不平衡力，降低拉索的疲劳性能。采用单侧双向抗滑键设计方式在建设及运营中全部斜拉索均参与承担了不平衡力，可以降低单根拉索的不平衡力，提高拉索的抗疲劳性能，基于以上分析，大桥采用了单侧双向抗滑键设计方式进行设计。

三、单侧双向抗滑键的足尺模型试验

目前，单侧抗滑的理论研究已经取得了很大进展，但由于目前国内没有工程实例，采用该方式是能否实现设计预期的抗滑目的，开展实体模型试验验证十分必要。根据井河大桥的建设和运营安全需要，对这种抗滑键进行了1∶1的足尺模型试验。

1.试验目的

矮塔斜拉的抗滑装置抗滑力满足美国后张法协会《斜拉索设计、测试与安装条例》（PTI 2001）规范的有关要求：索鞍及抗滑装置的设计应能在设计荷载的125%倍应力时防止拉索的滑移及磨损，完全能保证拉索从施工到成桥及后期营运整个过程中不产生滑移。根据大桥的不平衡力计算，需要通过模型试验，验证索塔锚固（单侧双向可换式抗滑装置）构造的静载抗滑移力学性能，试验选择索力最大的5号索进行测试，分级加载至设计荷载0.456（510t）倍公称极限拉力，并测试了各分级荷载下的位移变形，在索塔两侧索力达到设计荷载后，分别对索塔两侧1.25倍设计荷载时其不平衡力作用下的抗滑性能进行了测试。

2.整体模型制作及方案设计

主体鞍座模型的制作。主塔鞍座节段模型采用1∶1比例足尺设计，模型截面取主塔高2m，横向宽4.2m，纵向长4.3m，斜拉索采用实桥索力最大斜拉索ZS5、YS5（43ϕ_s15.2），模型上布置2个2-43ϕ_s15.2的转向器（鞍座），斜拉索采用环氧涂层钢绞线；模型混凝土强度为C50级，钢筋采用HRB335，按实桥布置。斜拉索体系和鞍座形式均采用 OVM 有限公司产品,试验模型构造见图 4。主要参数:斜拉索:2-43ϕs15.2;斜拉索:ZS5 织金侧 22.0607°、纳雍侧 0.0707°;索鞍圆管弯曲半径:R = 404cm。

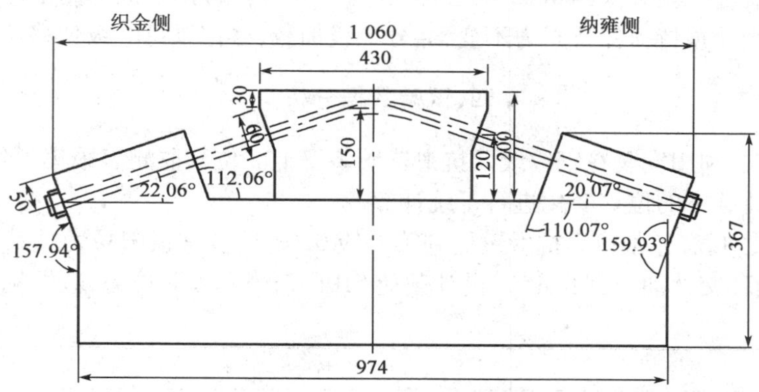

图 4　实验模型构造图(立面图)(尺寸单位:mm)

根据以上原则,综合考虑各方面因素,最终确定试验装置的具体的结构参数。试验装置的基本结构如下,根据试验实际布置情况,在试验模型 B 端安装单侧双向抗滑锚固装置,试验装置布置如图 5 所示。图 6 为测试安装百分表位移监测图片。

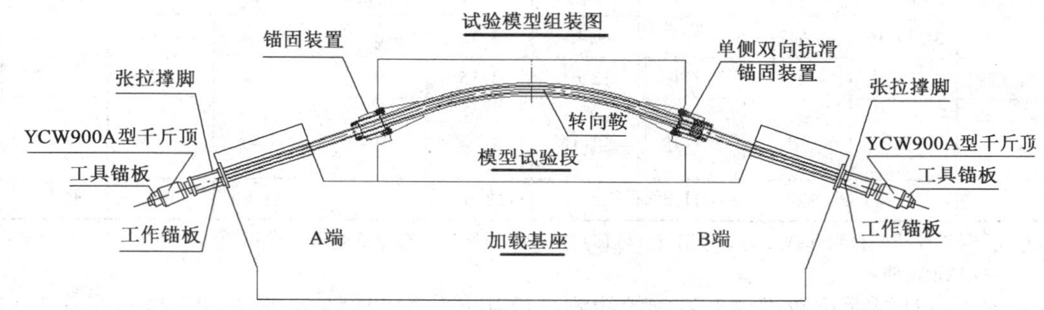

图 5　试验装置布置图

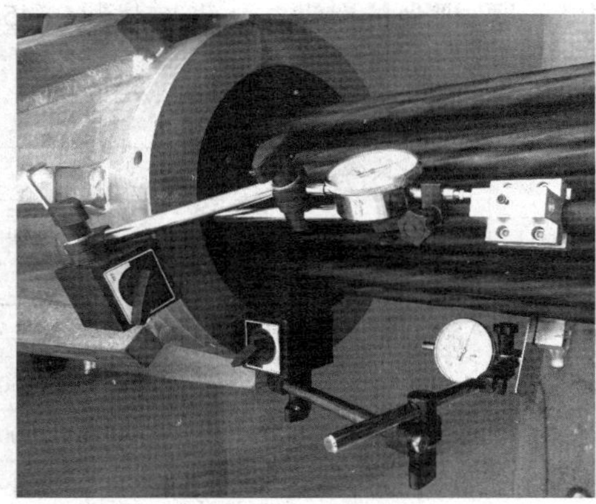

图 6　A、B 两侧百分表安装在钢绞线及抗滑锚固装置的监测位置

3. 试验荷载的加载方案

根据确保试验安全,试验按照六级荷载(0.05、0.1、0.2、0.3、0.4、0.456(510t)公称极限拉力)逐渐递增的方式进行测试并采集相应数据。

加载具体方案为:安装单侧双向抗滑装置→将制作好抗滑键的钢绞线穿索,同时安装抗滑插片,抗滑键布置在索鞍一侧→旋紧锁紧螺母→单根钢绞线逐根预紧→选取两根钢绞线,在抗滑装置的位置安装位移计→两端抗滑装置安装数显位移计→试验按照 0.05、0.1、0.2、0.3、0.4、0.456(510t)级别的公称极限拉力逐渐递增到相应的标准等级载荷→用千斤顶整体张拉到0.456(510t)倍公称极限拉力→无抗滑键一侧千斤顶开始逐级加载，每级20t，有抗滑键一侧千斤顶持荷保持索力不变，共分7级加载，并记录每一级位移计的数据→无抗滑键一侧放张到0.45倍公称极限拉力持荷，有抗滑键一侧千斤顶开始逐级张拉，每级20t，无抗滑键一侧千斤顶持荷保持索力不变，共分7级加载，并记录每一级位移计的数据。

四、试验数据分析

根据试验加载方案，利用安装在钢绞线及抗滑锚固装置上的位移监测表采集了各分级工况下的拉索位移值。并对各分级荷载下的位移变化进行了统计。

(1)两侧从零逐级加载，先张拉无抗滑键侧到第一级0.05倍公称极限拉力持荷，再张拉有抗滑键侧到第一级，这样两侧循环交替加载到0.456(设计载荷510t)倍公称极限拉力，数据见表1、表2。

表1

步骤序号	无抗滑键侧									
	荷载(kN)	W1(mm)	ΔW1	延伸1(mm)	Δ延伸1	W2(mm)	ΔW2	延伸2(mm)	Δ延伸2	W3(mm)
1(0.05倍标准载荷)	229.86	0.6		1.58		1.02		1.57		0
2(0.1倍标准载荷)	1 119.72	0.13	-0.47	3.15	1.58	0.09	-0.93	3.13	1.57	0
3(0.2倍标准载荷)	2 239.44	-3.06	-3.19	6.30	3.15	-3.03	-3.12	6.27	3.13	0
4(0.3倍标准载荷)	3 359.16	-6.28	-3.22	9.45	3.15	-6.19	-3.16	9.40	3.13	0
5(0.4倍标准载荷)	4 478.88	-9.74	-3.16	12.61	3.15	-9.59	-3.4	12.54	3.13	0
6(0.456倍标准载荷)	5 100	-10.9	-1.16	14.18	1.58	-10.87	-1.28	14.10	1.57	0
总变化值			-11.5		12.61		-11.89		12.54	

说明：W1为1号钢绞线位移测点；W2为2号钢绞线位移测点；W3为抗滑装置位移测点；延伸1为1号钢绞线理论延伸；延伸2为2号钢绞线理论延伸。

从表1中可以计算无抗滑键侧1号钢绞线测试位移变化为11.5mm，理论计算位移变化为12.6mm，2号钢绞线测试位移变化为11.89mm，理论计算位移变化为12.54mm，综合考虑到拉索在索鞍段的摩擦力和测量精度问题，视为抗滑键在从零加载到0.456倍公称极限拉力未产生滑移，此侧抗滑装置不受力因此位移无变化。

表2

步骤序号	有抗滑键侧									
	荷载(kN)	Y1(mm)	ΔY1	延伸1(mm)	Δ延伸1	Y2(mm)	ΔY2	延伸2(mm)	Δ延伸2	Y3(mm)
1(0.05倍标准载荷)	559.86	-1.37		0.25		-1.94		0.25		0
2(0.1倍标准载荷)	1 119.72	-1.64	-0.27	0.50	0.25	-2.25	-0.31	0.49	0.25	0
3(0.2倍标准载荷)	2 239.44	-2.08	-0.44	1.00	0.50	-2.68	-0.43	0.98	0.49	0
4(0.3倍标准载荷)	3 359.16	-2.54	-0.46	1.49	0.50	-3.15	-0.47	1.47	0.49	0
5(0.4倍标准载荷)	4 478.88	-2.92	-0.38	1.99	0.50	-3.6	-0.45	1.96	0.49	0
6(0.456倍标准载荷)	5 100	-3.18	-0.26	2.24	0.25	-3.88	-0.28	2.21	0.25	0.02
总变换值			-1.81		1.99		-1.94		1.96	

说明：Y1为1号钢绞线位移测点；Y2为2号钢绞线位移测点；Y3为抗滑装置位移测点；延伸1为1号钢绞线理论延伸；延伸2为2号钢绞线理论延伸。

从表2中可以计算有抗滑键侧1号钢绞线测试位移变化为1.81mm，理论计算位移变化为1.99mm，2

号钢绞线测试位移变化为1.94mm，理论计算位移变化为1.96mm，说明抗滑键在从零加载到0.45倍标准索力考虑到多个结构的叠加变形和测量精度问题，视为未产生滑移，此侧抗滑装置因受力有最大0.02mm位移变化。

（2）有抗滑键侧持荷在0.456倍公称极限拉力，无抗滑键侧按从5 100kN按每级200kN逐级加载，分7级加载到6 300kN，再降到5 100kN，即单侧抗滑力为1 300kN，满足单侧最大抗滑力125%倍的公称极限拉力规定。数据见表3、表4。

表3

步骤序号	无抗滑键侧										
	荷载（kN）	W1（mm）	ΔW1	延伸1（mm）	Δ延伸1	W2（mm）	ΔW2	延伸2（mm）	Δ延伸2	W3（mm）	ΔW3	备注
1	5 100	-10.9		14.18	1.58	-10.87		14.10	1.57	0		
2	5 300	-11.43	-0.53	14.74	0.56	-11.42	-0.55	14.66	0.56	0	0	
3	5 500	-11.96	-0.53	15.31	0.56	-11.98	-0.56	15.22	0.56	0	0	
4	5 700	-12.52	-0.56	15.87	0.56	-12.55	-0.57	15.78	0.56	0	0	
5	5 900	-0.56	-0.56	16.43	0.56	-0.55	-0.55	16.34	0.56	0	0	W1、W2量程不够清零测量
6	6 100	-1.13	-0.57	17.00	0.56	-1.12	-0.57	16.90	0.56	0	0	
7	6 300	-1.7	-0.57	17.56	0.56	-1.68	-0.56	17.46	0.56	0	0	
8	6 400	-2.28	-0.58	18.12	0.56	-2.25	-0.57	18.02	0.56	0	0	
9	510	1.05				1.09						
总变化			-3.9		3.94		-3.93		3.92		0.00	

说明：W1为1号钢绞线位移测点；W2为2号钢绞线位移测点；W3为抗滑装置位移测点；延伸1为1号钢绞线理论延伸；延伸2为2号钢绞线理论延伸。

从表3中可以计算无抗滑键侧在0.456倍标准索力产生1 300kN的抗滑力下1号钢绞线测试位移变化为3.9mm，理论计算位移变化为3.94mm，2号钢绞线测试位移变化为3.93mm，理论计算位移变化为3.92mm，说明抗滑键在0.456倍标准索力下提供1 300kN抗滑力时的位移变化最大为0mm，说明抗滑键未产生滑移，此侧抗滑装置不受力因此位移无变化。将索力放到0.45倍公称极限拉力时，1号2号测点的位移基本可以恢复到原数值。

表4

步骤序号	有抗滑键侧						
	荷载（kN）	Y1（mm）	ΔY1	Y2（mm）	ΔY2	W3（mm）	ΔW3
1	5 100	-3.18		-3.88		0.02	
2	5 100	-3.21	-0.03	-3.91	-0.03	0.02	0
3	5 100	-3.26	-0.05	-3.95	-0.04	0.02	0
4	5 100	-3.29	-0.03	-3.98	-0.03	0.01	0.01
5	5 100	-3.33	-0.04	-4.04	-0.06	0.02	0.01
6	5 100	-3.36	-0.03	-4.08	-0.04	0.03	0.01
7	5 100	-3.39	-0.03	-4.13	-0.05	0.04	0.01
8	5 100	-3.42	-0.03	-4.15	-0.02	0.04	0
9	5 100	-3.11		-3.92		0.02	
总变化			-0.24		-0.27		0.04

说明：Y1为1号钢绞线位移测点；Y2为2号钢绞线位移测点；Y3为抗滑装置位移测点。

从表4中可以计算有抗滑键侧1号钢绞线测试位移变化为0.24mm,2号钢绞线测试位移变化为0.27mm,说明抗滑键在0.456倍公称极限拉力提供1 300kN抗滑力考虑到有抗滑键侧为多个结构的叠加变形,可视为未产生滑移,此侧抗滑装置因受力有最大0.04mm位移变化。

(3)无抗滑键侧持荷在0.456倍公称极限拉力,有抗滑键侧按每级200kN的分7级加载到6 400kN,即单侧抗滑力为1 300kN,数据见表5、表6。

表5

步骤序号	有抗滑键侧										
	荷载(kN)	Y1(mm)	ΔY1	延伸1(mm)	Δ延伸1	Y2(mm)	ΔY2	延伸2(mm)	Δ延伸2	Y3(mm)	ΔY3
1	5 100	-3.11		2.24	1.99	-3.92		2.21	1.57	0.01	0
2	5 300	-3.26	-0.15	2.33	0.09	-4.12	-0.2	2.30	0.09	0.02	0.01
3	5 500	-3.36	-0.1	2.42	0.09	-4.2	-0.08	2.39	0.09	0.03	0.01
4	5 700	-3.38	-0.02	2.51	0.09	-4.23	-0.03	2.47	0.09	0.04	0.01
5	5 900	-3.14	-0.03	2.60	0.09	-4.26	-0.03	2.56	0.09	0.05	0.01
6	6 100	-3.43	-0.02	2.69	0.09	-4.3	-0.04	2.65	0.09	0.05	0
7	6 300	-3.48	-0.05	2.77	0.09	-4.35	-0.05	2.74	0.09	0.06	0.01
8	6 400	-3.52	-0.04	2.86	0.09	-4.41	-0.06	2.82	0.09	0.08	0.02
9	6 100	-3.35				-3.93				0.05	
总变化			-0.41		0.622 5		-0.49		0.61		0.07

说明:Y1为1号钢绞线位移测点;Y2为2号钢绞线位移测点;Y3为抗滑装置位移测点;延伸1为1号钢绞线理论延伸;延伸2为2号钢绞线理论延伸。

从表5中可以计算有抗滑键侧在0.456倍公称极限拉力产生1 300kN的抗滑力下1号钢绞线测试位移变化为0.41mm,理论计算位移变化为0.62mm,2号钢绞线测试位移变化为0.49mm,理论计算位移变化为0.61mm,说明抗滑键在0.45倍公称极限拉力下提供1 300kN抗滑力时的位移变化最大为0.21mm,考虑到多个结构叠加变形,可视为抗滑键未产生滑移,此侧抗滑装置受力有最大0.07mm位移变化。将索力放到0.456倍公称极限拉力时,1号、2号测点的位移基本可以恢复到原数值。

表6

步骤序号	无抗滑键侧						
	荷载(kN)	Y1(mm)	ΔY1	Y2(mm)	ΔY2	W3(mm)	ΔW3
1	5 100	1.05	-0.39	1.09	-3.93	0	0
2	5 100	1.08	0.03	1.13	0.04	0	0
3	5 100	1.13	0.05	1.17	0.04	0	0
4	5 100	1.19	0.06	1.21	0.04	0	0
5	5 100	1.24	0.05	1.26	0.05	0	0
6	5 100	1.3	0.06	1.32	0.06	0	0
7	5 100	1.36	0.06	1.38	0.06	0	0
8	5 100	1.41	0.05	1.43	0.05	0	0
9	5 100	1.47	0.06	1.48	0.05	0	0
总变化			0.42		0.39		0.00

说明:W1为1号钢绞线位移测点;W2为2号钢绞线位移测点;W3为抗滑装置位移测点。

从表6中可以计算无抗滑键侧1号钢绞线测试位移变化为0.42mm,2号钢绞线测试位移变化为

0.39mm,说明抗滑键在0.456倍公称极限拉力提供1 300kN抗滑力考虑到多个结构的叠加变形,可视为未产生滑移,此侧抗滑装置未受力无位移变化。

五、结　语

本文根据龙井河大桥特点,分析了矮塔斜拉桥抗滑键技术的发展与应用,提出了龙井河大桥的抗滑键设计方案,结合1∶1模型足尺模型试验,总结如下:

(1)单侧双向抗滑键可以让分丝管拉索中的钢绞线在施工及运营中参加抵抗不平衡力,可以有效降低拉索的疲劳应力,提高拉索抗疲劳性能。

(2)通过1∶1足尺模型试验,证明采用单侧双向抗滑键在设计不平衡力作用下,抗滑键未产生滑移,设计采用的方案是可行的。

参考文献

[1] 龙井河特大桥索鞍抗滑足尺模型试验研究[R].柳州欧维姆机械股份有限公司,贵州省交通规划勘察设计研究院股份有限公司,2015.

139.大钝角双向受力在役桥梁荷载试验分析

郭　伟
(贵州省交通规划勘察设计研究院股份有限公司)

摘　要　对运营中的桥梁,为评价它的强度和刚度,静载试验是一种直观、行之有效的方法。根据某大钝角双向在役桥梁的结构特点,采用梁格法模拟该桥的荷载横向分布特性,结合试验结果,以评价该桥的工作性能。

关键词　双向受力　大钝角　静载试验　梁格法　工作性能

一、引　言

随着经济的发展,交通量在不断增加,相应的运营车辆密度和重量也在不断增加,桥梁设计规范也在不断更新以满足新交通量的需求,前十年甚至更老的桥梁,为准确评价它们现在的工作性能,在理论分析的基础上,静载试验是一种直观、可靠的方法,特别是某些非常规桥梁更是如此。

本文主要针对某大钝角双向受力在役桥梁,在梁格法理论分析的基础上,现场进行静载试验,以掌握该桥的工作性能和内力分布特性,同时为类似桥梁的评价提供借鉴。

二、工 程 背 景

本文所依据桥梁于2001年1月建成,桥梁总长39m,为斜交桥,斜交角为20°。设计跨径组合为13m+13m+13m。桥面总宽42m,其中人行道宽2×4.25m,车行道宽2×16m。上部结构为3跨简支T梁,主梁每跨25片,下部结构为浆砌片石桥台、钢筋混凝土多柱式墩。该桥为城市主干道,设置双向八车道,荷载为城-A级。该桥的主要尺寸如图1和图2所示。

三、梁格法基本原理

梁格法就是用等效梁格代替桥梁上部结构,将分布在板式的每一区段内的结构,其弯曲刚度和抗扭刚度集中于最邻近的等效梁格内,即实际结构的纵向刚度集中于纵向梁格构件内,横向刚度集中于横向梁格构件内。理想的刚度等效原则应该满足:当原型实际结构和对应的等效梁格模型承受相同荷载时,两者的挠曲是相等的，并且每一梁格内的弯矩、剪力和扭矩等于该梁格所代表的实际结构该部分的内力。由于实际结构和梁格法模型的差异，这种等效模拟只是近似的，但在具体的工程中，这种等效模拟也具有足够的精度。

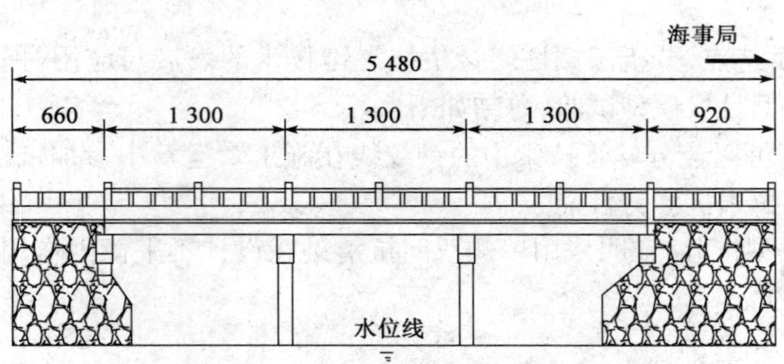

图1 桥梁立面布置图（尺寸单位：cm）

在梁格法中，荷载分配是以加载位置及单元间的相互刚度为依据的，而刚度与构件的截面特性、构件的连接关系有关，因此梁格法中，单元截面特性的正确计算和构件间连接关系的正确模拟是保证计算精度的关键。对于T形截面，其截面特性的计算可参照相关文献[2]。

抗弯刚度：

$$EI_x = E\cdot(\text{组合截面对 } x \text{ 轴的惯性矩}) \tag{1}$$

$$EI_y = E\cdot(\text{组合截面对 } y \text{ 轴的惯性矩}) \tag{2}$$

抗扭刚度：

$$GJ_x = \frac{E}{2(1+\mu)}\cdot(\text{腹板对 } x \text{ 轴的扭转惯性矩} + \frac{bh^3}{6}) \tag{3}$$

其中，μ 为材料的泊松比，下同。

$$GJ_y = \frac{E}{2(1+\mu)}\cdot(\text{腹板对 } y \text{ 轴的扭转惯性矩} + \frac{ah^3}{6}) \tag{4}$$

其中，a、b、h 的意义如图3所示。

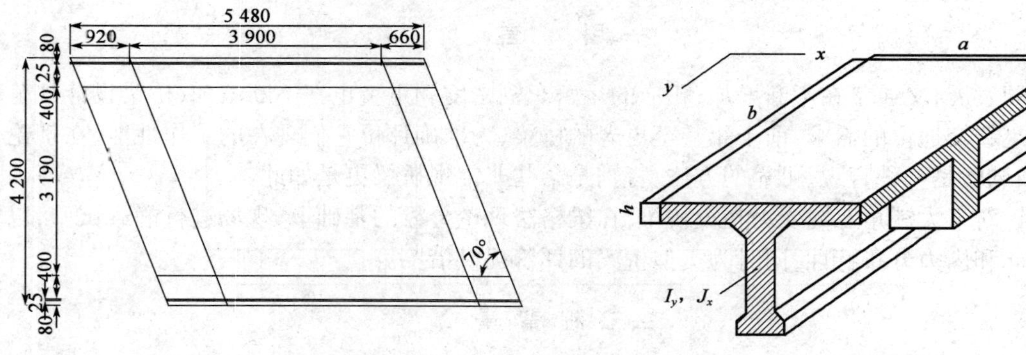

图2 桥梁平面布置图（尺寸单位：cm）

图3 T梁各参数说明示意图

四、静载试验

静载试验主要测试在试验荷载作用下，桥梁的工作性能，包括变形、应力（应变），并对裂缝进行观测。由于本桥的宽跨比 =42/13 >0.5，属于宽桥，即双向受力体系，横向联系相对较弱，为精确模拟它的受力性能，必须采用有限元梁格法，以考虑荷载的横向分布特性。

采用有限元软件 MIDAS CIVIL 进行模拟计算，由于本桥特殊的结构形式，在偏载作用下，4 号梁受力为最不利，因此以 4 号梁作为重点考虑对象，在城-A 级作用下，该梁跨中正弯矩为 $M_{控} = 309.7\text{kN}\cdot\text{m}$，在试验荷载作用下，跨中实际最大正弯矩为 $M_{试} = 264.3\text{kN}\cdot\text{m}$，根据相关规范规定，荷载试验的荷载效率 η 为：

$$\eta = \frac{S_{\mathrm{s}}\mathrm{tat}}{S \cdot \delta} \qquad 1.0 \geqslant \eta \geqslant 0.8 \tag{5}$$

本次试验荷载效率 $\eta = \frac{M_{试}}{M_{控}} = 0.853$，满足要求。

1. 控制断面的选择

从上述分析可知：在一侧进行逐级加载的工况下，当加载两车道时第四片梁最不利。在本桥大钝角且双向受力的特殊桥梁结构形式下，作用在桥梁的荷载还是沿与纵梁正交方向传递，考虑跨中位置斜向横隔梁对荷载横向分配的影响，桥梁弯矩最大理论值略往钝角方向偏移，距离桥台侧支座 5m 位置，根据现场情况以及病害情况，选择其中一边跨作为测试跨，测试断面见图 4 所示。

2. 试验加载及测点布置

本次试验组织了 4 辆重车进行加载，各车重分别为：325.9kN、321.9kN、323.1kN 和 324.3kN。加载分三级，卸载分二级，共 5 个工况进行测试，

具体加载顺序为：0kN→646.2kN→972.1kN→1295.2kN→646.2kN→0kN。

车辆布置方式见图 5 和图 6 所示。在图 5 中按照加载顺序先加载 2 车，即图中①所示车辆，然后加载至 3 车，即图中②所示车辆，最后满载加载至 4 车，即图中③所示，加载顺序为①→②→③。

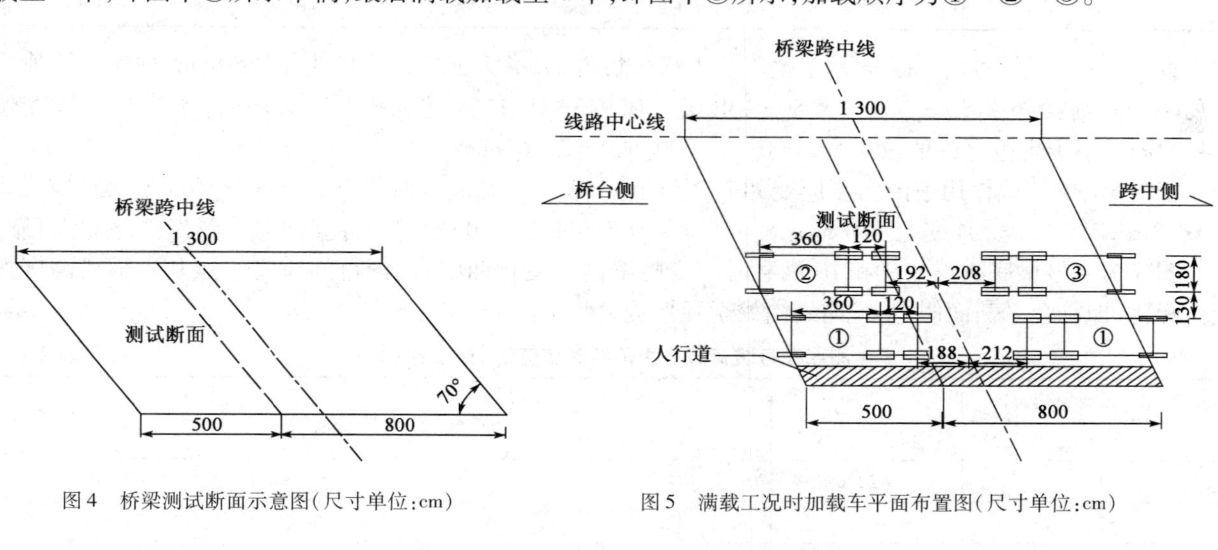

图 4 桥梁测试断面示意图（尺寸单位：cm）

图 5 满载工况时加载车平面布置图（尺寸单位：cm）

行人道 0.5 1.8 1.3 1.8 1.3 1.8

图 6 加载车横向布置图（尺寸单位：m）

挠度的测点按常规方式布置，考虑封路以及车流量过大等实际因素，静载挠度测点布置在偏载侧人行道位置处，沿跨径方向共布置 5 个测点即两支座、$L/4$ 处、$L/2$ 处和 $3L/4$ 处。

应力应变的测点布置，通过理论计算得知，在加载车作用下，荷载仅作用下在 4 号梁周围的小范围区域的纵梁上，因此在控制断面处沿桥梁横向选择 8 片主梁布置钢弦应变计测点共 16 个，见图 7 所示。

3. 试验结果分析

在各级荷载作用下，试验跨实测挠度见表 1。由表中可知，满载时，全桥最大挠度发生在跨中位置处，其值为 −4.02mm，卸载后残余变形为 −0.22mm，$S_{\mathrm{p}}/S_{\mathrm{tot}} = -0.22/-4.02 = 0.055$。挠度基本随荷载按线性规律变化，卸载后基本恢复，残余变形较小，说明结构基本处于弹性阶段，即该试验跨刚度满足规范要求。

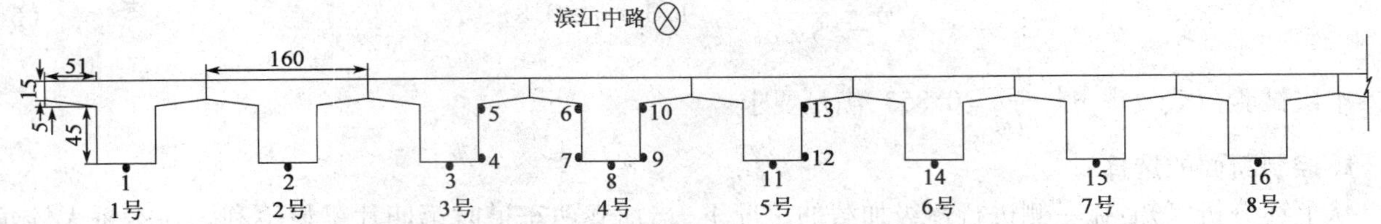

图7　主梁测试断面应变测点布置示意图(尺寸单位:cm)

挠度测试结果(单位:mm)　　表1

测点号＼荷载(kN)	646.2	972.1	1295.2	646.2	0
1	-0.95	-1.06	-1.14	-0.84	-0.1
2	-3.02	-3.36	-3.68	-3.19	-0.18
3	-3.38	-3.67	-4.02	-3.45	-0.22
4	-2.43	-2.61	-2.91	-2.31	-0.13
5	-0.65	-0.73	-0.88	-0.69	-0.15

表中“-”表示下挠,“+”表示上挠。从上面分析可知,最大弹性挠度值为-3.80mm,理论计算值为-4.03mm,则:$0.6 < S_e/S_{stat} = -3.80/-4.03 = 0.943 < 1.1$;满足规范要求。同时,实测最大挠度值-4.02mm,小于规范允许值$[\Delta] = L/600 = 13\,000/600 = 21.67$mm。

结构在各级荷载作用下的实测应变如表2所示,由表2可知满载时最不利梁4号梁底最大拉应变为-164.3με,卸载后残余应变为-10.5με,$S_p/S_{tot} = -10.5/-164.3 = 0.064$,残余变形小说明该试验跨强度可靠。

图8为4号梁底测点8、9和10满载时应变随梁高度变化曲线,由图可知应变测点基本随梁高度按线性变化,即符合平截面假定,说明结构处于弹性受力状态。

测点在各级荷载作用下实测应变值(单位:με)　　表2

测点号＼荷载(kN)	646.2	972.1	1295.2	646.2	0
1	-22.6	-24.3	-28.5	-23.8	-0.2
2	-33.9	-42.3	-47.8	-38.9	-6.1
3	-66.2	-84.5	-93.9	-77.2	-7.6
4	-54.5	-70.8	-76.8	-52.8	-3.6
5	-8.6	-12.3	-14.8	-10.2	-2.3
6	-25.2	-33	-38	-32.2	-4.5
7	-96.8	-117.4	-131.3	-101.2	-4.5
8	-129.2	-149.2	-164.3	-129.5	-10.5
9	-106.6	-123.4	-137.6	-106.8	-8.7
10	-22	-28.4	-32.1	-27.6	-4.6
11	-93.1	-123.2	-148.7	-101.6	-6.7
12	-66.4	-87.7	-106.4	-73.9	-6.2
13	-13.5	-17	-20.9	-14.9	2
14	-31.3	-73.2	-111.4	-32.9	-8
15	-15.4	-45.8	-76.9	-17.3	3.5
16	-7.2	-25.6	-39.8	-11.3	-2.8

注:表中“+”表示压缩,“-”表示拉伸。

五、结　语

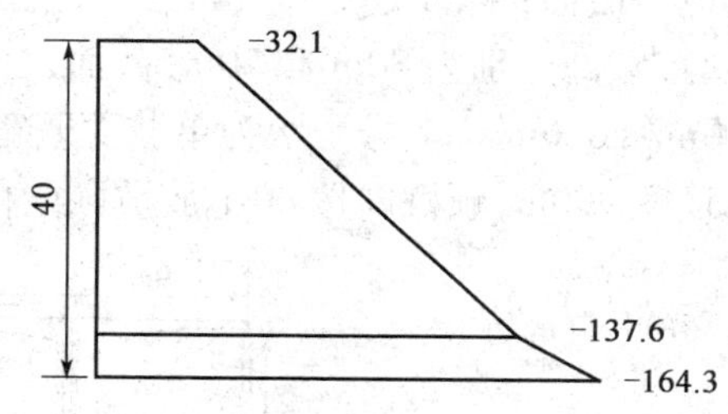

图8　4号梁底测点应变满载时随梁高变化曲线(尺寸单位:cm)

(1)通过静载试验可知:实测的控制点挠度和应变与荷载的关系曲线接近于直线,实测控制截面的应变沿高度变化曲线基本符合平截面假定,主要控制测点的相对残余挠度 S_p/S_t 值较小,最大挠度值与理论计算值比值满足规范要求。

(2)由多片梁相互连接构成的双向受力简支梁桥,在移动荷载作用下,最不利截面并不是跨中位置,为精确模拟其受力特性,必须采用有限元梁格法分析,以掌握桥梁的纵、横向荷载分布特性。

(3)对于大钝角的斜梁桥,移动荷载作用下的最大正弯矩偏向于大钝角方向,静载试验时应注意该控制截面和测点的布置。

参考文献

[1] 王富万,杨文兵.梁格法在桥梁上部结构分析中的应用[J].华中科技大学学报,2006,23(1).
[2] 戴公连,李德建.桥梁结构空间分析设计方法与应用[M].北京:人民交通出版社,2001.
[3] 顾安邦,等.桥梁工程[M].北京:人民交通出版社,2002.
[4] 李克银.连续梁桥荷载试验梁格法分析[J].铁道工程学报,2011,153(6).

140. 桥墩参数变化对赫章特大桥地震响应的影响

杨　健[1]　杨光强[1]　鄢　霞[1]　周水兴[2]
(1.贵州省交通规划勘察设计研究院股份有限公司;2.重庆交通大学)

摘　要　本文以195m墩高的赫章特大桥为例,运用Midas Civil程序建立三维梁单元模型,研究了桥墩部分设计参数对超高墩大跨度连续刚构桥地震时程响应的影响。结果表明:主墩墩高的变化对全桥动力特性影响显著,墩顶位移与墩高呈近似线性关系,但墩高变化对墩底弯矩的影响不显著;主墩坡率变化仅对坡率改变方向的地震响应有较大影响。

关键词　连续刚构桥　桥墩参数　时程分析　地震响应

一、引　言

连续刚构桥具有跨越能力大、受力合理、结构整体性好等优点,在山区高速公路中得到广泛应用,陆续建造了多座超高墩大跨度连续刚构桥,如云南的元江大桥(墩高123.5m,主跨265m)、河南的洛河特大桥(墩高143.5m,主跨160m)和湖北的龙潭河特大桥(墩高178m,主跨200m)等。对于这类墩高和跨度均已超出现行《公路桥涵抗震设计细则》所适用限值的桥梁的地震响应问题,国内学者开展了不少研究工作,多集中于结构外部输入(地震激励)参数的变化对桥梁地震响应的影响分析。关于桥墩结构设计参数对桥梁地震响应影响的研究,目前针对墩高在100m以下的连续刚构桥作了一些探讨,而对墩高超过100m的超高墩大跨度连续刚构桥则研究很少。

本文以贵州省毕节至威宁高速公路上的赫章特大桥为例,运用Midas Civil有限元程序,探讨了主墩结构设计参数变化对桥梁线弹性地震时程响应的影响,以期为超高墩大跨度连续刚构桥抗震概念设计提供参考。

二、工 程 概 况

赫章特大桥主桥为96m+2×180m+96m四跨预应力混凝土连续刚构桥,分左右两幅。主梁采用单箱单室截面,根部梁高11.5m,跨中梁高4m,梁高按1.6次抛物线变化。10号、12号主墩采用双薄壁空心墩,墩高分别为80m和70m,截面尺寸均为7.5m(横桥向)×3.0m(顺桥向),横、顺桥向壁厚分别为1.0m和0.6m。11号主墩为单肢薄壁箱墩,左右幅共用,墩高195m,横桥向宽17.5m(沿墩高不变),顺桥向顶宽9.0m,顺桥向按60:1放坡,顺、横向壁厚均为1.2m(沿墩高不变)。桥梁总体布置如图1所示。

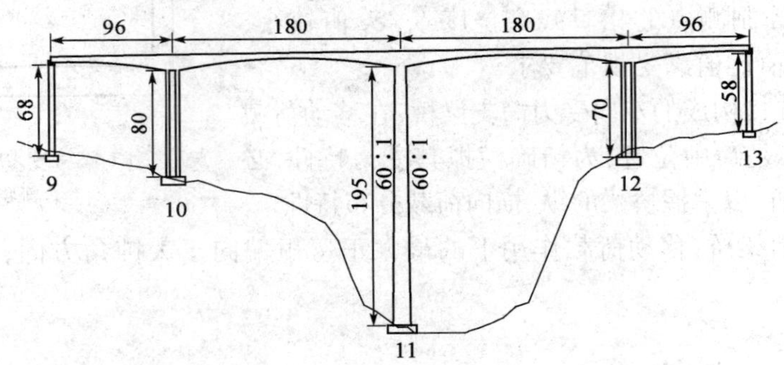

图1　赫章特大桥桥型布置图(尺寸单位:m)

三、有限元模型

1. 有限元模型

采用Midas Civil程序建立桥梁有限元模型。主梁和主墩均采用三维梁单元模拟,边界与连接条件见表1。主梁采用C55混凝土,弹性模量$E=3.55\times10^4$MPa;墩身采用C50混凝土,弹性模量$E=3.45\times10^4$MPa;混凝土容重均取$\gamma=26\text{kN/m}^3$。

边界与连接条件　　表1

位　置	自由度					
	x	y	z	θ_x	θ_y	θ_z
墩梁连接	1	1	1	1	1	1
梁端与交界墩	0	1	1	1	0	0
各墩墩底	1	1	1	1	1	1

表中:x为顺桥向,y为横桥向,z为竖向。"0"表示无约束,"1"表示相互刚接或固结。

2. 地震输入

采用线弹性时程分析法对赫章特大桥进行地震响应分析,地震波选用桥址处工程场地50年超越概率10%(E1水准)的3组地震波,时间间隔为0.02s,持时取30s,地震波峰值加速度约等于0.05g(图2)。由于该桥为直线桥梁,仅分别考虑顺桥向和横桥向的地震作用。

3. 分析工况

为了研究主墩结构设计参数对超高墩大跨度连续刚构桥地震响应的影响,分别选取不同墩高和坡率的模型进行线弹性地震时程响应分析,以探究超高墩大跨度连续刚构桥在上述参数变化下主墩墩顶、墩底截面内力和墩顶位移的变化规律,各分析工况及参数如表2所示。

分析工况及参数　　表2

研究内容	墩高(m)		坡　率	地震波输入	地震激励方向
11号主墩结构设计参数	墩高	105、135、165、195、225、255	60:1	见图2	顺、横桥向
	坡率	195	80:1、75:1、70:1、65:1、60:1、55:1	同上	顺、横桥向

4. 时程响应分析

采用直接积分法,时间积分采用Newmark法,阻尼取0.05。根据《公路桥梁抗震设计细则》第6.5款规定,计算结果取3组分析中的最大值。

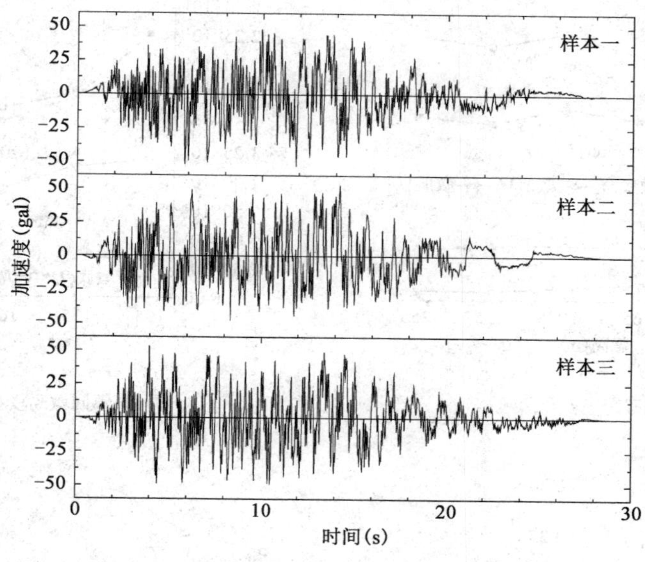

图2 50年超越概率10%的地震动加速度时程

四、参 数 分 析

按表2设定的工况及参数，保持算例上部结构、10号、12号主墩和9号、13号交界墩结构不变，仅分别对11号主墩墩高和坡率变化引起的结构自振频率、振型特征、主墩墩顶、墩底截面内力和墩顶位移的变化情况进行分析。由于在水平地震激励下，主墩轴力远小于自重作用产生的轴力，因此内力分析中不含轴力项。

1. 墩高

保持11号主墩坡率60:1不变，将其墩高依次取为105m、135m、165m、195m、225m和255m。

不同墩高模型自振基频和振型特征列于表3。

不同墩高模型自振基频及振型特征　　表3

墩高(m)	频率(s^{-1})	振型特征	墩高(m)	频率(s^{-1})	振型特征
105	0.304 9	纵飘	195	0.205 7	正对称横弯
135	0.264 6	纵飘	225	0.181 1	正对称横弯
165	0.237 5	正对称横弯	255	0.164 0	正对称横弯

由表3可以看出，结构自振基频随着主墩高度的增加而减小，当墩高从105m增加到255m时，结构基频下降了46.2%；由于横桥向刚度下降较顺桥向快，导致当墩高增加到165m时，全桥一阶振型由纵飘变为正对称横向弯曲。

顺、横桥向激励时，11号主墩墩顶、墩底截面内力和墩顶位移随墩高变化规律分别如图3、图4和图5所示(注：图中2指横桥向，3指顺桥向，则顺桥向地震激励产生的弯矩和剪力分别为M_2和Q_3，横桥向地震激励产生的弯矩和剪力分别为M_3和Q_2，顺、横桥向激励产生的墩顶位移为D_3和D_2)。

由图3可以看出，主墩高度变化对主墩墩顶、墩底截面弯矩影响不显著，其变化规律亦不明确，这可能和墩高改变后结构整体刚度重新分配有关。在图4中无论在顺桥向还是横桥向地震激励下，墩顶、墩底截面剪力都随墩高增加呈明显下降趋势，当墩高从105m增加到255m时，墩顶Q_3和Q_2分别下降了82.3%和55.3%，墩底Q_3和Q_2则分别下降了43.7%和18.9%。这是因为桥墩的刚度随着墩高的增加而下降，使桥墩分配到的荷载减少，故地震激励下剪力呈下降趋势。此时，墩顶位移则随着主墩抗推刚度的降低而增大(图5)。

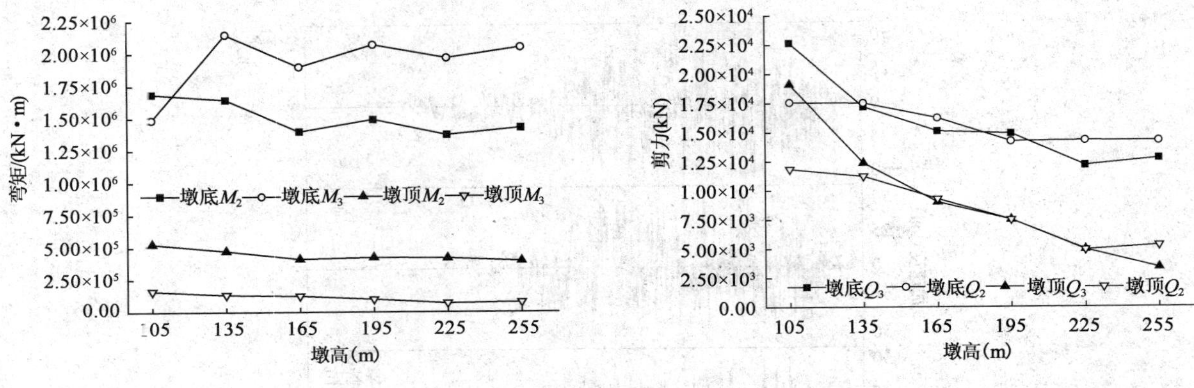

图3 不同墩高模型弯矩变化曲线

图4 不同墩高模型剪力变化曲线

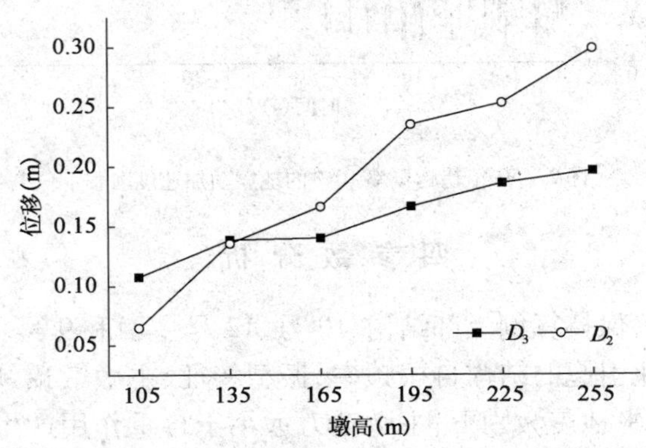

图5 不同墩高模型墩顶位移变化曲线

2. 坡率

由于横隔板对桥梁地震响应的影响可以忽略，为减少计算工作量，在坡率分析模型中不设横隔板，保持主墩墩高195m不变，将11号主墩坡率（仅顺桥向）依次取为80:1、75:1、70:1、65:1、60:1和55:1。

不同坡率模型自振频率和振型特征列于表4。

不同坡率模型自振基频及振型特征 表4

坡 率	频率(s^{-1})	振型特征	坡 率	频率(s^{-1})	振型特征
80:1	0.202 5	正对称横弯	65:1	0.205 2	正对称横弯
75:1	0.203 3	正对称横弯	60:1	0.206 3	正对称横弯
70:1	0.204 2	正对称横弯	55:1	0.207 7	正对称横弯

由表4可以看出，结构整体刚度随坡率的减小而降低，当坡率由55:1减小到80:1时，结构基频降低了2.5%，且一阶振型均为对称横向弯曲。由此可见，桥墩坡率的调整，对全桥动力特性影响很小。

顺、横桥向激励时，11号主墩墩顶、墩底截面内力和墩顶位移随坡率变化规律分别如图6、图7和图8所示。

由图6、图7和图8可知，在顺、横桥向地震激励下，当坡率由55:1减小到80:1时，墩顶、墩底截面弯矩分别下降了0.2%、1.0%和17.1%、6.4%；墩顶、墩底剪力分别下降了19.9%、9.8%和13.7%和4.9%；而墩顶位移则分别增加了7.1%和2.5%。这是因为随着主墩坡率的减小，主墩顺、横桥向抗推刚度都在不断降低，由于算例仅改变主墩顺桥向的坡率，故主墩在顺桥向激励下分配到的荷载更少；墩顶位移随主墩刚度的降低而增加，且顺桥向位移增量也大于横桥向。

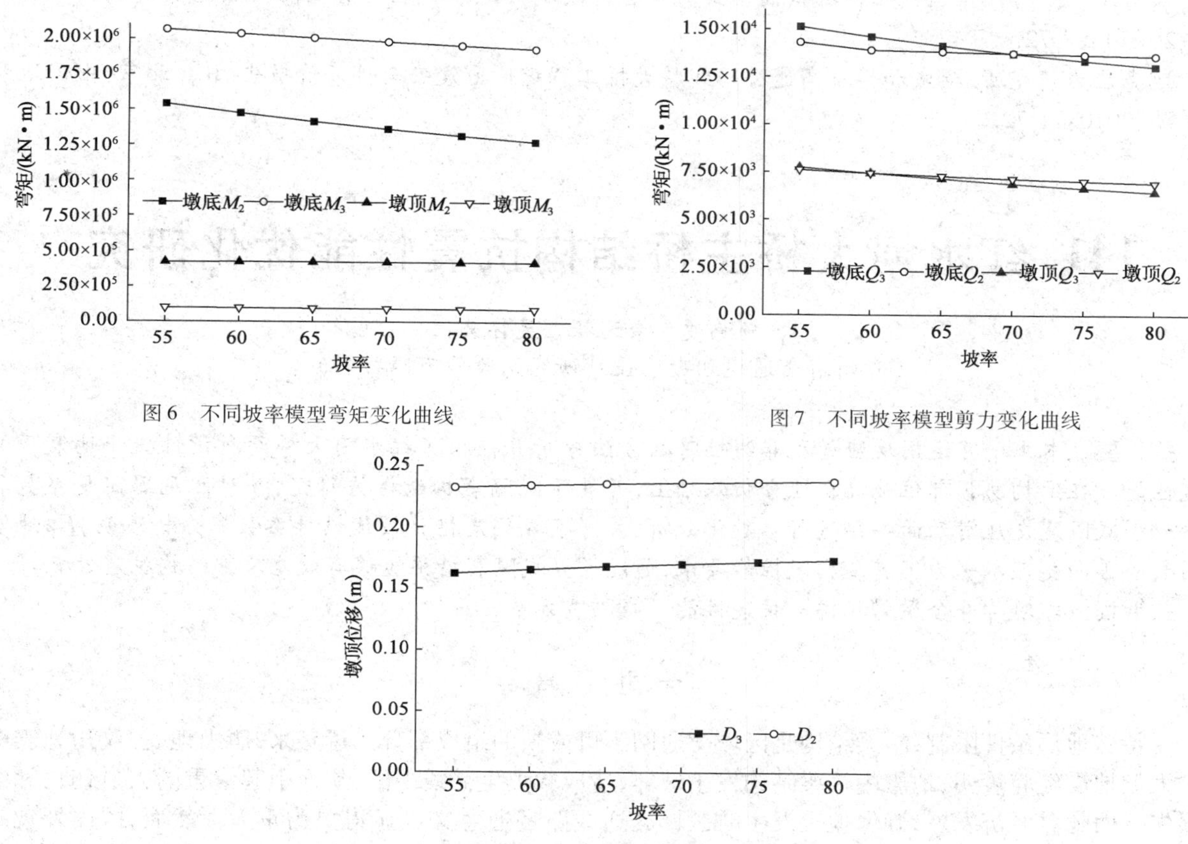

图6　不同坡率模型弯矩变化曲线

图7　不同坡率模型剪力变化曲线

图8　不同坡率模型墩顶位移变化曲线

五、结　　语

(1)墩高的改变对全桥振型序列影响显著,当墩高达到165m时结构一阶振型由纵飘变为横向对称弯曲。在相同地震激励下,墩高的改变对墩顶、墩底弯矩的影响并不显著,且无明显的规律性,但墩顶、墩底剪力却随墩高的增加而减小,墩顶位移则随墩高的增加而增大,且与墩高呈近似线性关系。

(2)坡率的改变对结构自振特性影响很小,结构整体刚度随坡率的减小而降低,当坡率由55∶1减小到80∶1时,结构基频降低了2.5%,且一阶振型均为对称横向弯曲。

(3)坡率的改变对桥墩不同方向的结构地震响应有较大影响。当坡率由55∶1减小到80∶1时,11号主墩墩顶、墩底顺桥向地震响应变化率大约为横桥向的2~3倍。

参考文献

[1] 中华人民共和国行业标准.JTG/T B02-01—2008　公路桥梁抗震设计细则[S].北京:人民交通出版社,2008.

[2] 余玲玲,王解军.龙潭河大桥地震反应分析[J].中南林业科技大学学报,2010,30(1):95-100.

[3] 冀伟,刘世忠.宏基大桥深水高墩大跨连续刚构桥地震响应分析[J].兰州交通大学学报,2009,28(4):45-48.

[4] 王波,张海龙,徐丰.薄壁高墩大跨连续刚构桥地震时程反应参数研究[J].公路工程,2007,32(4):28-36.

[5] 文华斌.高墩大跨连续刚构桥的动力特性及抗震性能分析[D].成都:西南交通大学,2010.

[6] 王常峰,陈兴冲,夏修身.高墩大跨连续刚构桥抗震设计参数优化[J].公路交通科技,2006,23(4):80-83.

[7] 周勇军,贺拴海,张岗,等.桥墩截面形式对弯连续刚构桥地震响应的影响[J].公路交通科技,2009,26(2):68-72.
[8] 地壳应力研究所.毕威和毕都高速公路线特大桥工程场地地震安全性评价报告[R].北京:中国地震局,2010 71-72.

141.红水河大桥主桥结构抗震性能优化研究

杨鸿波 佘远程 吴怀义
(贵州省交通规划勘察设计研究院股份有限公司)

摘 要 本文研究运用反应谱和非线性时程方法分析并校核了红水河大桥两种设计概率地震下的抗震性能。在结构易损部位破坏机理分析基础上,开展了减隔震构造措施研究,并对阻尼器阻尼系数和双曲球型减隔震支座滑动面半径进行参数化分析,获得了减隔震措施最优设计参数。分析表明,E_2 地震作用大桥单向支座水平力不满足抗震性能要求,通过设置减隔震措施能够有效地改善结构抗震性能。

关键词 非对称叠合梁斜拉桥 抗震性能 减隔震方案

一、引 言

受特殊地形条件限制,桥梁结构是区域交通网不可或缺的组成部分。近年来,唐山地震、汶川地震等几次大型地震经验表明,地震中桥梁结构发生破坏,造成救灾生命线中断,从而引起惨重的人员伤亡和经济损失。而随着经济发展,确保地震发生时区域交通线路畅通意义也显得更为重大。然而,国内外现有的桥梁结构抗震设计规范、细则适用范围仅为小跨径或中等跨径桥梁,而对不在其适用范围内的大跨度桥梁则需进行独立的抗震设计。

红水河大桥工程场区地处云贵高原与广西丘陵过渡的斜坡地带,桥位处为"U"形峡谷,两岸地形坡度较陡,覆盖层厚度较薄,基岩局部裸露。红水河大桥是一个特大型的桥梁工程,投资大并在区域交通网中意义重大,一旦在地震中发生破坏,将造成区域交通网中断,截断救灾生命线,造成严重的间接损失。因此,开展红水河大桥抗震性能分析研究,明确大桥地震易损部位,并采取合理的减隔震措施对地震作用下确保结构安全意义显著。

二、红水河大桥概况

红水河大桥采用双塔双索面混合式非对称叠合梁斜拉桥方案,主桥桥跨组合为(213+508+185)m。主梁形式贵州岸及中跨采用叠合梁主梁,广西岸采用预应力混凝土主梁。结构塔梁联系采用纵向半漂浮体系,在塔、墩处设置活动球形支座,塔梁之间横向均设抗风防震支座。斜拉索布置为平面双索面、扇形密索体系,每个主塔布有21对平面索。主塔采用折H形索塔,塔高均为195.1m,主桥总体布置如图1所示。

工程所在区域跨越长江中游地震统计区和右江地震统计区,所涉及的长江中游地震统计区活动有明显平静和活跃交替现象,右江,地震活动没有明显起伏,难以划分活跃期与平静期。350年最显著活动周期基本一致。未来100年,长江中游地震带以地震活跃期水平估计其地震活动趋势。自有地震记载以来,区域内共发生 $M \geqslant 4.7$ 级破坏性地震13次,因此,区域具有发生较大中强地震的可能性。

三、抗震分析参数

1.设防水准及抗震性能目标

桥梁抗震性能研究应有明确的抗震性能目标,以便对结构进行合理的抗震检算。结合国内外近年来发展的基于性能的抗震设计理念和《公路桥梁抗震设计细则》规定,红水河大桥结构采用两水平设防、两阶段设计的抗震理念。根据《银川至龙邦国家高速公路贵州境惠水至罗甸(黔桂界)段红水河大桥工程场地地震安全性评价报告》,红水河大桥采用两水准抗震设防。第一水准为重现期475年的设计地震,(50年超越概率10%);第二水准相当于罕遇地震,对应重现期2450年(50年超越概率2%)

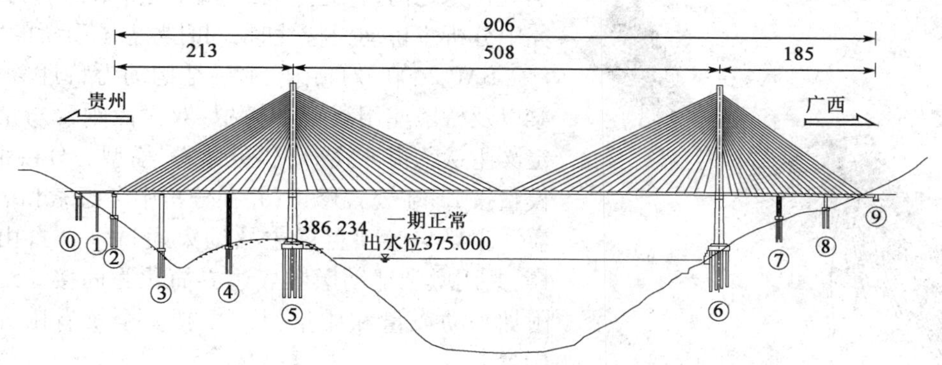

图1 主桥桥型总体布置图(尺寸单位:m)

2. 地震动资料

1)设计反应谱

根据场地工程地质特征及土动力特性,建立相应的地震反应分析模型,采用一维波动方程的等效线性化分析方法计算各点地表地震峰值加速度及反应谱。

工程场地设计地震动加速度反应谱取为:

$$S(T) = A_{max}\beta(T) \tag{1}$$

式中:A_{max}——设计峰值加速度;

$\beta(T)$——设计地震动加速度放大系数反应谱,由式2确定。

$$\beta(T)=\begin{cases}1+(\beta_{max}-1)\dfrac{T}{T_1} & 0<T\leqslant T_1(s)\\ \beta_{max} & T_1<T\leqslant T_2(s)\\ \beta_{max}(\dfrac{T_2}{T})^{\gamma_1} & T_2<T\leqslant T_3(s)\\ \beta_{max}(\dfrac{T_2}{T_3})^{\gamma_1}(\dfrac{T_3}{T})^{\gamma_2} & T_3<T\leqslant T_4(s)\\ \beta_{max}(\dfrac{T_2}{T_3})^{\gamma_1}(\dfrac{T_3}{T_4})^{\gamma_2}(\dfrac{T_4}{T})^{\gamma_3} & T_4<T\leqslant 15(s)\end{cases} \tag{2}$$

式中:β_{max}——反应谱放大系数最大值;

T_1——设计反应谱平台段起始周期;

T_2——设计反应谱特征周期;

T_3、T_4——长周期过渡周期;

γ_1、γ_2、γ_3——反应谱下降段的衰减指数。

2)设计时程

采用三角技术叠加法人工合成加速度时间过程,人工合成加速度时程曲线由中国地震局地壳应力研究所根据所提供阻尼比为5%的加速度反应谱作为目标,合成谱与目标谱相对误差控制在5%以内。根据《抗震细则》对时程波数据进行阻尼比修正,得到阻尼比为3%的时程波,得到E_1、E_2地震时程曲线各三条用于时程分析。

四、结构抗震性能分析

1. 模态振型分析

桥梁振型模态分析是研究桥梁振动问题的基础，本研究中在分析不同等级地震荷载作用下的结构的响应行为之前，首先开展红水河大桥结构动力特性分析，研究中分析主桥动力特性时，同时考虑了引桥的影响。

图2　结构有限元模型

SAP 2000 软件用于主桥结构动力特性分析。主塔、主梁以及桥墩使用梁单元模拟，双索面刚臂与主梁连接采用定义主从约束方式形成“鱼骨式”模型。分析中斜拉索弹性模量按 Ernst 公式修正，并在分析中考虑索和塔的 P-Deta 效应。主梁与墩顶盖梁主从约束通过耦合自由度实现。主塔、共用墩和辅助墩墩底边界简化为固接。结构压重采用附加平动质量和质量惯矩模拟。全桥有限元模型如图 2 所示。

通过针对纵飘体系的结构动力特性分析得到，在塔梁纵向无阻尼设施情况下，结构第一长周期为 3.448s，主梁第一阶竖弯振动周期为 2.777s，前 5 阶振型特征如表 1 所示。

漂浮体系前 5 阶振型　　表 1

阶　数	频 率（Hz）	周 期（s）	振　型
1	0.290	3.448	主梁一阶侧弯
2	0.321	3.115	桥塔反向侧弯
3	0.360	2.777	主梁一阶竖弯
4	0.364	2.744	主梁一阶竖弯 + 桥塔纵弯
5	0.426	2.349	主梁侧弯 + 扭转

2. 纵飘体系抗震性能分析

同时采用反应谱方法和非线性时程方法进行结构地震响应分析，并比较二者的有效性。为考虑盆式橡胶支座以及球铰支座对结构地震反应的影响，将 SAP2000 有限元模型中的主桥支座采用非线性连接单元 PLASTIC-WEN 模拟，形成非线性有限元模型。考虑支座处地震动轴压力与恒载轴压力相比较小，且可以忽略滑动速度对支座动摩擦系数的影响，对盆式橡胶支座以及球铰支座近似采用理想弹塑性连接单元进行模拟。

E_1 和 E_2 地震作用下反应谱分析和非线性时程分析两种方法下主要分析结果对比见表 2 所示。本研究中分析结果满足非线性时程分析不小于反应谱分析结果 80% 要求，因此参数化分析过程采用非线性时程方法。

不同分析方法主要结果比较　　表 2

震　级	计算方法	主塔弯矩（kN·m）	塔顶位移（m）	梁端位移（m）	跨中位移（m）
纵向 + 竖向					
E_1	反应谱	3.75×10^5	0.126	0.079	0.079
	时程	3.89×10^5	0.122	0.072	0.071
E_2	反应谱	6.46×10^5	0.217	0.136	0.136
	时程	5.77×10^5	0.261	0.185	0.183

续上表

震 级	计算方法	主塔弯矩(kN·m)	塔顶位移(m)	梁端位移(m)	跨中位移(m)
横向+竖向					
E_1	反应谱	3.15×10^5	0.238	0.020	0.146
	时程	3.52×10^5	0.302	0.020	0.175
E_2	反应谱	5.41×10^5	0.409	0.035	0.251
	时程	7.59×10^5	0.584	0.042	0.372

3. 结构抗震性能验算

桥塔、桩基抗弯性能验算首先将桥塔和桩的截面划分为纤维单元,如图3所示。主塔控制截面编号,如图4所示。对混凝土和钢筋单元进行纤维单元划分,钢筋材料和混凝土材料本构关系采用实际值。截面弯矩—曲率曲线在钢筋材料和混凝土材料本构模型基础上通过数值积分获得,考虑轴力对弯曲—曲率曲线影响。50年超越概率10%地震作用下,桥塔和桩基截面弯矩不应超出截面初始弯矩。50年超越概率2%地震作用下,桥塔和桩基截面弯矩应在截面屈服弯矩范围内。

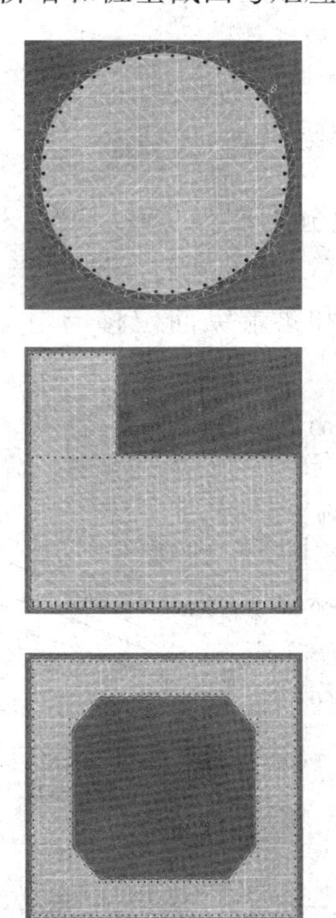

图3 桩、盖梁、塔截面纤维模型举例

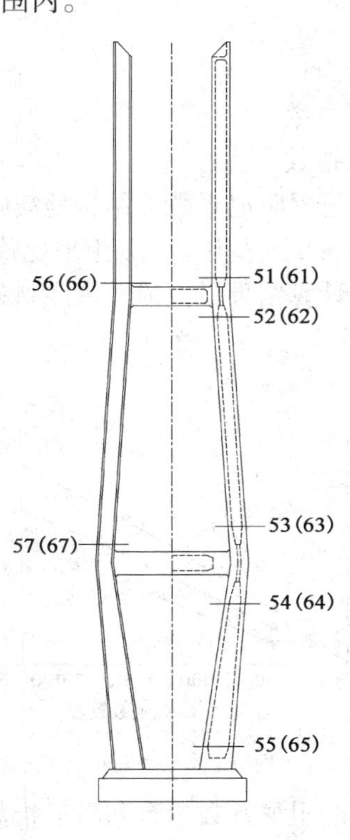

图4 桥塔控制截面示意图

支座验算按照《抗震细则》验算 E_2 地震作用下,活动盆式支座滑动水平位移以及固定盆式支座水平力。

E_2 地震单向支座水平力验算结果 表3

位 置	横向水平力(kN)		
	E_{max}	E_0	检 算
2号	1.18×10^4	1.00×10^3	×
3号	5.00×10^3	1.00×10^3	×
5号	1.45×10^4	1.00×10^3	×
6号	1.31×10^4	1.00×10^3	×
8号	1.92×10^4	1.00×10^3	×
9号	1.24×10^4	1.00×10^3	×

对结构抗震性能验算表明,在 E_1 和 E_2 地震作用下,主桥各桥塔桥墩桩基均能满足各项抗震性能要求。主塔塔柱各关键截面在地震作用下,均满足预期抗震性能要求。过渡墩辅助墩墩柱及相应盖梁均能满足两水准地震作用下预期抗震性能目标。单向支座在恒载 +50 年超越 2% 横桥向 + 竖向地震作用下横向水平力不能满足抗震性能要求。

五、抗震优化措施分析

为确定合理的减振方案,进行减振设备的参数优化和比较分析,针对阻尼器措施以及双曲球型减隔振支座措施进行了参数优化分析及比较。

1. 阻尼器优化分析

红水河大桥每个索塔处均布置有两个阻尼器,本文按照阻尼器布置方式,在有限元模型中设置非线性连接单元模拟塔梁支座阻尼器。对设置阻尼器桥梁进行 E_2 地震作用结构非线性时程分析。阻尼力与相对速度关系按式 3 描述。

$$F = C \cdot V^{\xi} \tag{3}$$

式中:F——阻尼力;

C——阻尼系数;

V^{ξ}——阻尼指数。

考虑不同阻尼器阻尼系数下结构地震响应规律,阻尼系数分别取为 2000,4000 和 6000,阻尼指数分别取 0.4,0.5 和 0.6。选用了三条阻尼比修正的 50 年超越概率 2% 的地震动时程作为激励,时程计算结果取三组时程波计算结果最大值。塔底弯矩、剪力、塔顶位移和梁端纵向位移与阻尼器参数关系如图 5 至图 6 所示。

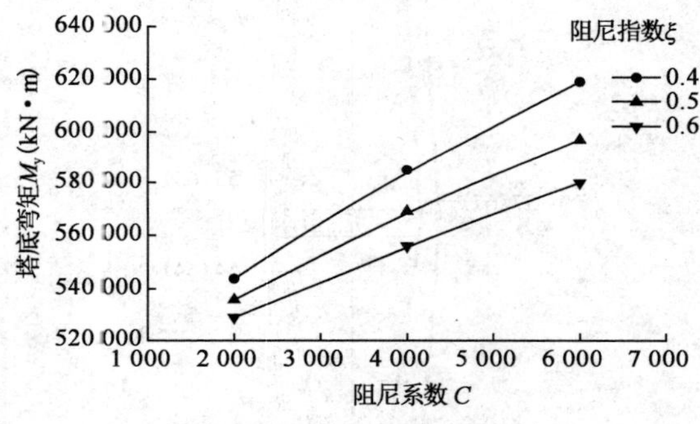

图 5 不同阻尼参数塔底弯矩变化规律

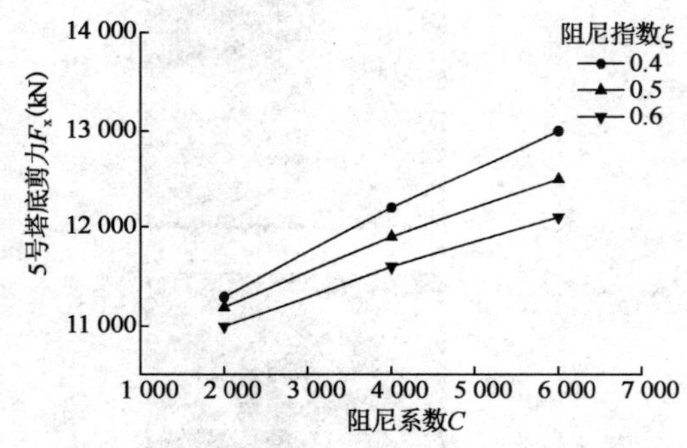

图 6 不同阻尼参数塔底剪力变化规律

在本桥考虑的阻尼系数参数和阻尼指数参数范围内,塔底弯矩、剪力随阻尼系数增大而增大,对于相同阻尼系数工况,塔底弯矩、剪力随阻尼指数增大而减小(如图 5、图 6)。梁端纵向位移与塔顶纵向位移随阻尼系数增加而减小,相同阻尼系数工况下,梁端纵向位移和塔顶纵向位移随阻尼指数增大而增大(如图 7、图 8)。通过综合比选,本桥阻尼器阻尼系数取为 4 000,阻尼指数取为 0.4,主塔内力增加较少,主梁梁端位移明显下降,采用该设计参数阻尼器后梁端位移值为 0.139m,相对于无阻尼时下降 24.9%(无阻尼梁端位移 0.185m)。

2. 双曲球型减隔震支座优化分析

双曲球型减隔震支座具有有效延长结构自震周期,提供可靠的阻尼耗能,上部结构自重可形成恢复力等优点。双曲球型支座的设计参数为滑动面半径,支座的屈服后刚度为设计承载力与滑动面半径的比值。

本文对设置双曲球型减隔震支座的红水河大桥进行 E_2 地震作用下非线性时程分析,研究双曲球型减隔震支座滑动面半径对结构抗震性能影响,滑动面半径分别取为 1.5m、2.0m、2.5m 和 3.0m。选用三条阻尼比修正的 50 年超越概率 2% 的地震动时程,计算结果取三条地震波计算最大值。不同滑动面半径取值下结构关键截面内力和位移与如图 9 至图 11 所示。

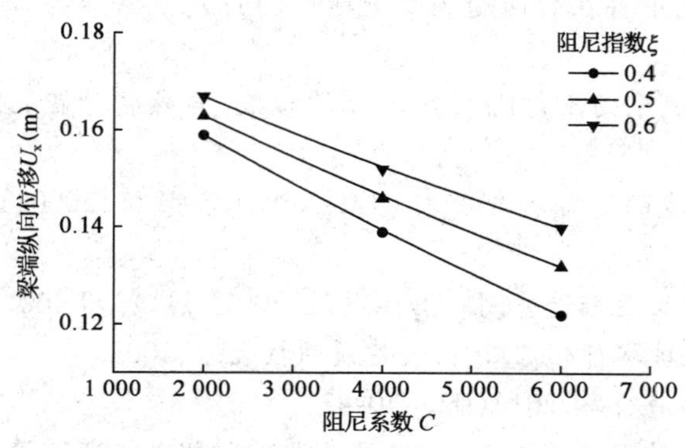

图 7　不同阻尼参数梁端纵向位移变化规律

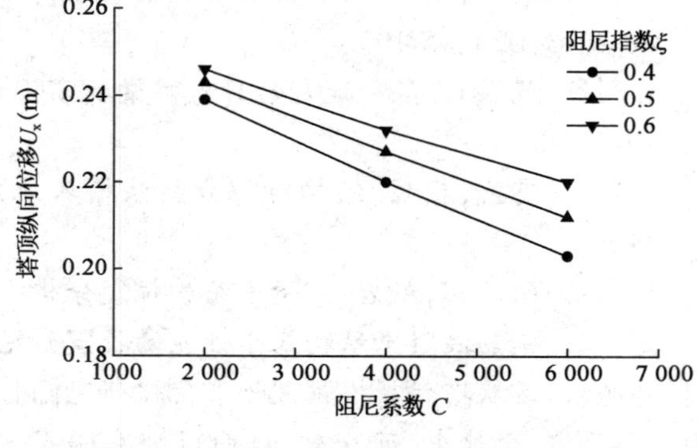

图 8　不同阻尼参数塔顶纵向位移变化规律

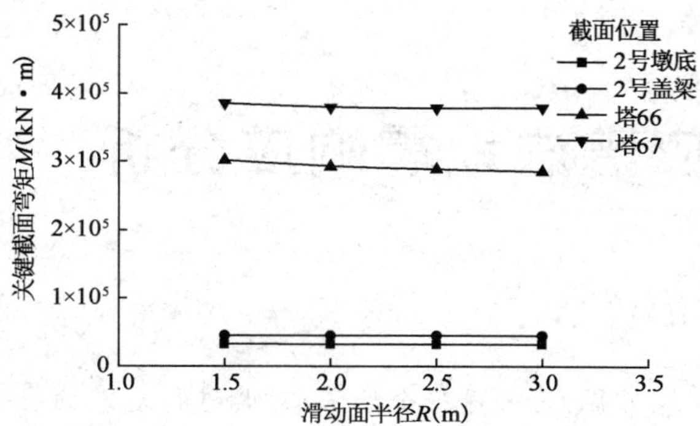

图 9　不同滑动面半径关键截面弯矩变化规律

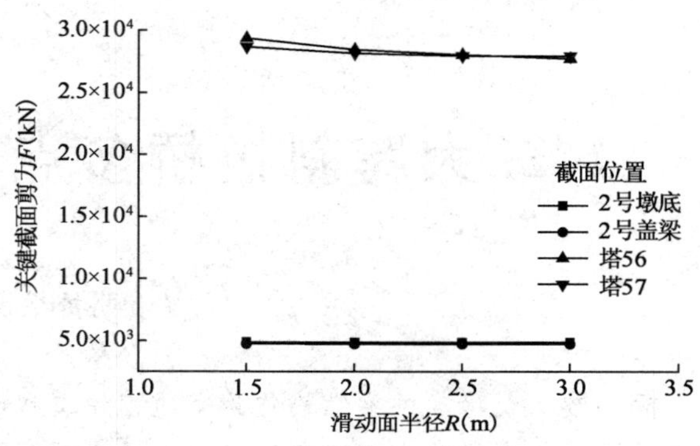

图 10　不同滑动面半径关键截面剪力变化规律

通过不同滑动面半径双曲球型减隔震支座优化分析，从不同滑动面半径关键截面的内力及位移变化曲线可知，双曲球型减隔震支座滑动面半径为 2.0m 时，结构的受力性能较好，主梁梁端的位移较小，本桥减隔震支座滑动面半径取为 2.0m，对应此条件下梁端最大位移为 0.213m。

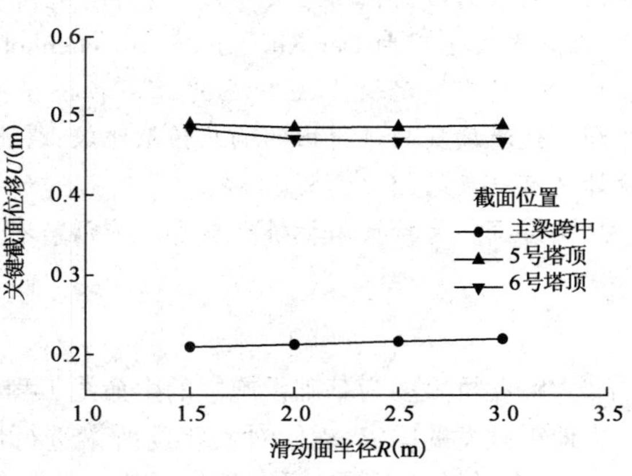

图 11　不同滑动面半径关键截面位移变化规律

六、结　　语

本研究采用反应谱方法和非线性动力时程方法，进行了红水河大桥的地震反应分析，分析了结构关键构件的抗震性能，优化了结构减隔震措施，研究表明：

（1）主桥塔、墩桩基均能满足各项抗震性能要求。主塔塔柱各关键截面在地震作用下，均满足预期抗震性能要求。过渡墩辅助墩墩柱及相应盖梁均能满足两水准地震作用下预期抗震性能目标。单向支座在恒载 +50 年超越 2% 横桥向 + 竖向地震作用下横向水平力不能满足抗震性能要求。

（2）阻尼器和减隔震支座设置方案和参数选取需针对结构特征进行优化，本研究提出减隔震方案能有效改善红水河大桥的地震响应，优化后桥梁各个构件均能满足两水准地震作用下的抗震性能目标。

参考文献

[1] 范立础，王君杰. 桥梁抗震设计规范的现状与发展趋势[J]. 地震工程与工程振动，2001(02)：70-77.

[2] 袁万城，范立础. 桥梁抗震的延性与隔震设计—从欧洲桥梁抗震规范探讨我国公路桥梁抗震规范的发展[J]. 同济大学学报(自然科学版)，1994(04)：481-485.

[3] 王克海,李茜.桥梁抗震的研究进展[J].工程力学2007(02):75-82.
[4] 王克海,李冲,李悦.中国公路桥梁抗震设计规范中存在的问题及改进建议[J].建筑科学与工程学报.2013(02):95-103.
[5] 孙利民,范立础.阪神地震后日本桥梁抗震设计规范的改订[J].同济大学学报(自然科学版).2000(01):60-64.
[6] 杨溥,李英民,赖明.结构时程分析法输入地震波的选择控制指标[J].土木工程学报.2000(06):33-37.
[7] 林家浩,张亚辉,赵岩.大跨度结构抗震分析方法及近期进展[J].力学进展.2001(03):350-360.
[8] 史庆轩.钢筋混凝土结构基于性能的抗震研究及破坏评估[D].西安建筑科技大学,2002.
[9] 郑亮.山区双塔斜拉桥抗震性能优化研究[J].上海公路.2013(02):40-43.
[10] 彭天波,李建中,范立础.双曲球型减隔震支座的开发及应用[J].同济大学学报(自然科学版).2007(02):176-180.

142.大跨斜拉桥多点反应谱法地震响应分析

刘　辉
(贵州桥梁设计院有限公司)

摘　要　大跨度桥梁结构作为交通枢纽工程和生命线工程,为确保安全运营,对其进行地震响应分析进而进行抗震研究十分重要。本文为了工程实际应用的方便,在大桥地震反应分析中,采用各国规范常用的反应谱法。但对于大跨度斜拉桥,选用贯用的一致激励的反应谱法存在很多不实际不合理的地方,因此本文选用由Der Kiureghian和Neuenhofer首先提出和推导的多点反应谱法,考虑了地震动的空间效应。通过有限元软件ANSYS建立斜拉桥模型,计算了大跨度斜拉桥主塔主梁等主要构件的响应值。并和一致激励反应谱得出的响应值做比较,得出了相应的结论,对大跨度斜拉桥的地震响应分析和抗震设计具有一定的指导意义。

关键词　大跨度斜拉桥　多点反应谱　有限元模型　地震响应

一、引　　言

大跨度桥梁多为基础设施中的生命线工程,其一旦发生中断,就会造成不可估量的损失。而我国是一个地震频发的国家,因此对大跨度桥梁进行地震反应分析和抗震研究显得极其重要。对于大跨度桥梁,主墩有时设在不同地质条件的地基上或主墩之间距离较大,在这种情况下采用一直激励地震输入就和实际情况差距较大,因此多点激励则是更为合理、更加符合大跨度桥梁实际情况的地震动输入方式。早在1965年,Bogdanoff等就首先注意到地震动传播过程的时滞效应对大跨度结构影响。此后关于多点激励结构地震反应分析问题的研究,引起了学者们的普遍关注。

对于大跨度桥梁结构除了考虑地震的时间效应外,还必须考虑地震动的空间效应,空间效应主要是指:行波效应、相干效应以及局部场地效应。就目前的研究来看,地震反应分析方法可以分为两大类:一类是以地震地面运动为确定过程的确定性分析方法,主要包括动力反应谱法和动态时程分析法;一类是以地震地面运动为随机过程的概率性分析方法,主要是指随机振动法。这几种方法各有优缺点,在这几种方法中,反应谱法使用简便,工程应用广泛,是当前各国规范首推的抗震设计方法。

由于大跨度桥梁较强的空间耦合效应以及目前长周期反应谱方面存在的问题,加上地震地面运动的时空变化特征难以模拟等因素,一致激励反应谱法有时会产生很大的误差。一致激励反应谱方法的缺点是:主墩设在不同地质条件的地基上或主墩之间距离较大时,所有支承处输入相同的激励得到的结果是不准确的。

为弥补这些缺陷,国内外很多学者在已有的单点反应谱的基础上提出了考虑多点地震输入的反应谱法,使得反应谱法在桥梁结构抗震分析中有了进一步的发展。如 Yamamura 和 Tanaka 的分组法、Berrah 和 Kausel 提出的修正系数法、Der Kiureghian 和 Neuenhofer 的 MSRS 法等;刘洪兵、朱晞提出了一种简化的基于单个模态振子振动特性的多支承激励反应谱法,并对芜湖长江大桥主航道斜拉桥在多支承地震激励下的地震响应进行了研究。

二、多点激励下结构的反应谱分析理论

1. 非一致激励下的动力平衡方程

结构考虑多点激励的平衡方程区别于一致激励,本文将重新推导。根据 D'Alembert 原理在惯性参照系中建立以绝对位移表达的结构振动的动力平衡方程:

$$[\boldsymbol{M}]\{\ddot{\boldsymbol{U}}\}+[\boldsymbol{C}]\{\dot{\boldsymbol{U}}\}+[\boldsymbol{K}]\{\boldsymbol{U}\}=\{\boldsymbol{P}\} \tag{1}$$

式中:$[\boldsymbol{M}]$——体系质量矩阵;

$[\boldsymbol{C}]$——体系阻尼矩阵;

$[\boldsymbol{K}]$——体系刚度矩阵;

$\{\boldsymbol{P}\}$——外荷载向量;

$\{\ddot{\boldsymbol{U}}\}$——节点加速度向量;

$\{\dot{\boldsymbol{U}}\}$——节点速度向量;

$\{\boldsymbol{U}\}$——节点位移向量。

为了方便后续分析我们把节点按照自由节点和支承节点分类:下标 s 表示结构中与自由节点有关的项,下标 f 代表与支承节点有关的项。则式(1)改写成分块矩阵形式为:

$$\begin{bmatrix}\boldsymbol{M}_{ss}\boldsymbol{M}_{sf}\\ \boldsymbol{M}_{fs}\boldsymbol{M}_{ff}\end{bmatrix}\begin{Bmatrix}\{\ddot{\boldsymbol{U}}_{ss}\}\\ \{\ddot{\boldsymbol{U}}_{ff}\}\end{Bmatrix}+\begin{bmatrix}\boldsymbol{C}_{ss}\boldsymbol{C}_{sf}\\ \boldsymbol{C}_{fs}\boldsymbol{C}_{ff}\end{bmatrix}\begin{Bmatrix}\{\dot{\boldsymbol{U}}_{ss}\}\\ \{\dot{\boldsymbol{U}}_{ff}\}\end{Bmatrix}+\begin{bmatrix}\boldsymbol{K}_{ss}\boldsymbol{K}_{sf}\\ \boldsymbol{K}_{fs}\boldsymbol{K}_{ff}\end{bmatrix}\begin{Bmatrix}\{\boldsymbol{U}_{ss}\}\\ \{\boldsymbol{U}_{ff}\}\end{Bmatrix}=\begin{Bmatrix}\{\boldsymbol{P}_{ss}\}\\ \{\boldsymbol{P}_{ff}\}\end{Bmatrix} \tag{2}$$

式中:$\boldsymbol{P}_{ss}$——作用在结构自由节点上的外力向量;

$\boldsymbol{P}_{ff}$——作用在支承节点上的外力向量。将式(2)展开,则可以写成两个方程,第一个方程可以写成:

$$[\boldsymbol{M}_{ss}]\{\ddot{\boldsymbol{U}}_{ss}\}+[\boldsymbol{C}_{ss}]\{\dot{\boldsymbol{U}}_{ss}\}+[\mathbf{K}_{ss}]\{\boldsymbol{U}_{ss}\}+[\boldsymbol{M}_{sf}]\{\ddot{\boldsymbol{U}}_{ff}\}+[\boldsymbol{C}_{sf}]\{\dot{\boldsymbol{U}}_{ff}\}+[\boldsymbol{K}_{sf}]\{\boldsymbol{U}_{ff}\}=\{\boldsymbol{P}_{ss}\} \tag{3}$$

$$[\boldsymbol{M}_{ss}]\{\ddot{\boldsymbol{U}}_{ss}\}+[\boldsymbol{C}_{ss}]\{\dot{\boldsymbol{U}}_{ss}\}+[\boldsymbol{K}_{ss}]\{\boldsymbol{U}_{ss}\}=\{\boldsymbol{P}_{ss}\}-([\boldsymbol{M}_{sf}]\{\ddot{\boldsymbol{U}}_{ff}\}+[\boldsymbol{C}_{sf}]\{\dot{\boldsymbol{U}}_{ff}\}+[\boldsymbol{K}_{sf}]\{\boldsymbol{U}_{ff}\}) \tag{4}$$

式中,$\{\boldsymbol{P}_{ss}\}$,$\{\ddot{\boldsymbol{U}}_{ff}\}$,$\{\dot{\boldsymbol{U}}_{ff}\}$,$\{\boldsymbol{U}_{ff}\}$为已知。由于支承节点处地震动输入产生的位移会影响其他自由节点的位移,因此其他自由节点因支承节点位移产生的位移称为“拟静力位移”,即$\{\boldsymbol{U}_{ss}^{s}\}$。此位移仅同支承的第 l 个自由度有关,而其他自由度均按固定处理。设支承节点数为 n,则对于每个支座有 6 个自由度的情形,所有支承处的自由度总数为 $L=6n$。记第 l 个自由度的位移为 ${}^{l}u_{ff}^{s}$。由 ${}^{l}u_{ff}^{s}=1$ 所引起的结构其他节点处的拟静力位移向量为$\{{}^{l}\boldsymbol{r}_{ff}^{s}\}$,则所有支承处因相对运动所引起的结构拟静力位移向量为:

$$\{\boldsymbol{U}_{ss}^{s}\}=\sum_{l=1}^{L}\{{}^{l}\boldsymbol{r}_{ff}^{s}\}\,{}^{l}\boldsymbol{U}_{ff}^{s} \tag{5}$$

相对于惯性参照系的各节点位移反应可分为相对动力项 d 和拟静力项 s 两部分,即:

$$\begin{Bmatrix}\{\boldsymbol{U}_{ss}\}\\ \{\boldsymbol{U}_{ff}\}\end{Bmatrix}=\begin{Bmatrix}\{\boldsymbol{U}_{ss}^{d}\}\\ \{\boldsymbol{U}_{ff}^{d}\}\end{Bmatrix}+\begin{Bmatrix}\{\boldsymbol{U}_{ss}^{s}\}\\ \{\boldsymbol{U}_{ff}^{s}\}\end{Bmatrix} \tag{6}$$

式中:$\{\boldsymbol{U}_{ss}^{s}\}$,$\{\boldsymbol{U}_{ff}^{s}\}$——拟静力位移反应,它由支承节点的位移而引起;

$\{\boldsymbol{U}_{ss}^{d}\}$,$\{\boldsymbol{U}_{ff}^{d}\}$——相对动力反应项,其中$\{\boldsymbol{U}_{ff}^{d}\}$表示支承点处的相对振动位移向量,由于支承节点不

发生自身振动，即$\{U_{ff}^d\}=\{0\}$，所以式(6)，又可以写成：

$$\begin{Bmatrix}\{U_{ss}\}\\ \{U_{ff}\}\end{Bmatrix}=\begin{Bmatrix}\{U_{ss}^d\}\\ \{0\}\end{Bmatrix}+\begin{Bmatrix}\{U_{ss}^s\}\\ \{U_{ff}^s\}\end{Bmatrix} \tag{7}$$

将式(7)代入式(4)并展开，可得到关于结构体系不包含支承节点的动力平衡方程为：

$$\begin{aligned}[M_{ss}]\{\ddot{U}_{ss}^d\}+[C_{ss}]\{\dot{U}_{ss}^d\}+[K_{ss}]\{U_{ss}^d\}&=-([M_{sf}]\{\ddot{U}_{ff}^s\}+[M_{ss}]\{\ddot{U}_{ss}^s\})\\&-([C_{sf}]\{\dot{U}_{ff}^s\}+[C_{ss}]\{\dot{U}_{ss}^s\})-([K_{sf}]\{U_{ff}^s\}+[K_{ss}]\{U_{ss}^s\}+\{P_{ss}\})\end{aligned} \tag{8}$$

式中：$[K_{sf}]$——由支座单位位移在其他各节点上所产生的力，记$\{^lK_{sf}\}$表示$[K_{sf}]$的第l个列向量，它表示由于$^lu_{ff}^s$分所引起的各节点上的分量所构成的向量。而$[K_{sf}]$的第l个列向量，它表示由于$^lu_{ff}^s$分所引起的各节点上的分量所构成的向量；

$[K_{ss}]$——自由节点单位位移所产生的力。

因此，此矩阵与$\{^lr_{ff}^s\}$之乘积显然应该与$\{^lK_{ff}\}$处于自平衡状态，即：

$$[K_{sf}]\{U_{ff}^s\}+[K_{ss}]\{U_{ss}^s\}=\{0\} \tag{9}$$

所以：

$$\{U_{ss}^s\}=-[K_{ss}]^{-1}[K_{sf}]\{U_{ff}^s\}=[R]\{U_{ff}^s\} \tag{10}$$

式中：$[R]$——静力影响矩阵：

$$[R]=-[K_{ss}]^{-1}[K_{sf}] \tag{11}$$

将式(10)分别对时间t求一阶和二阶微分，则有

$$\begin{cases}\{\dot{U}_{ss}^s\}=-[K_{ss}]^{-1}[K_{sf}]\{\dot{U}_{ff}^s\}=[R]\{\dot{U}_{ff}^s\}\\ \{\ddot{U}_{ss}^s\}=-[K_{ss}]^{-1}[K_{sf}]\{\ddot{U}_{ff}^s\}=[R]\{\ddot{U}_{ff}^s\}\end{cases} \tag{12}$$

将式(10)和式(12)代入式(8)则有：

$$\begin{aligned}&[M_{ss}]\{\ddot{U}_{ss}^d\}+[C_{ss}]\{\dot{U}_{ss}^d\}+[K_{ss}]\{U_{ss}^d\}\\&=-([M_{sf}]+[M_{ss}][R])\{\ddot{U}_{ff}^s\}-([C_{sf}]+[C_{ss}][R])\{\dot{U}_{ff}^s\}+\{P_{ss}\}\end{aligned} \tag{13}$$

这就是考虑多点激振时结构体系的动力平衡方程。通常情况下，式(13)可以简化。如对于只受惯性力作用的质量体系，$\{R_{ss}\}=\{0\}$，$[M_{sf}]=[0]$忽略结构与支座的阻尼耦联，即：$[C_{sf}]+[C_{ss}][R]=0$，式(13)成了如下的形式：

$$[M_{ss}]\{\ddot{U}_{ss}^d\}+[C_{ss}]\{\dot{U}_{ss}^d\}+[K_{ss}]\{U_{ss}^d\}=-[M_{ss}][R]\{\ddot{U}_{ff}^s\} \tag{14}$$

式中：$\{\ddot{U}_{ff}^s\}$——输入结构支承点的地震加速度记录矩阵。

特殊情况下，影响矩阵$[R]$为单位阵时，式(14)演化为我们熟知一致激励下结构的动力平衡方程。

2. 多点激励下反应谱分析的运动方程

为求解方程(14)可利用模态正交理论对其进行解耦分析：

$$\ddot{y}_j+2\zeta_j\omega_j\dot{y}_j+\omega_j^2y_j=\sum_{k=1}^{m}\beta_{kj}\ddot{u}_k \tag{15}$$

式中$\{y\}$与$\{U\}$的关系为：

$$\{U^d\}=[\Phi]\{y\} \tag{16}$$

$$[\Phi]=[\{\phi_1\},\{\phi_1\},\cdots\{\phi_n\}]$$

式中：ξ_j，ω_j——结构的模态矩阵、自振频率和模态阻尼，同一致输入；

$\ddot{u}_k(t)$——第k支承点处的运动加速度；

β_{kj}——在第k个地面运动加速度作用下第j振型的参与系数，它可以表达为：

$$\beta_{kj}=\frac{\{\phi_j\}^{\mathrm{T}}[M]\{r_k\}}{\{\phi_j\}^T[M]\{\phi_j\}} \tag{17}$$

式中：$\{r_k\}$——矩阵$[R]$中的第 k 列。

为了方便表示，可以设定一个标准化的模态响应 $s_{kj}(t)$，它被看成是自振频率为 ω_j、阻尼比为 ξ_j 单自由度体系在地面加速度为 $\ddot{u}_k(t)$ 作用下的响应，即：

$$\ddot{s}_{kj}+2\zeta_j\omega_j\dot{s}_{kj}+\omega_j^2 s_{kj}=\ddot{u}_k(t) \tag{18}$$

显然有：

$$y_j=\sum_{k=1}^{m}\beta_{kj}s_{kj} \tag{19}$$

按弹性力学理论，结构自由度 z 的反应 $z(t)$（如节点位移和内力）可表达为节点位移$\{U(t)\}$的函数，即：

$$z(t)=\{q\}^T\{U(t)\}=\{q\}^T(\{U^s(t)\}+\{U^d(t)\}) \tag{20}$$

它的值取决于结构的几何特性与刚度特性。将式(10)、式(17)所得的结构位移代入式(20)则可得自由度 z 的响应量 z(t)的表达式为：

$$z(t)=\sum_{k=1}^{m}a_k u_k(t)+\sum_{k=1}^{m}\sum_{j=1}^{m}b_{kj}s_{kj}(t) \tag{21}$$

$$a_k=\{q\}^T\{r_k\},b_{kj}=q_j\phi_{ij}\beta_{kj},k=1,\cdots,m,j=1,\cdots,N \tag{22}$$

式中：a_k，b_{kj}——有效影响系数和有效振型参与系数，它们与结构本身特性有关。

s_{kj} 则取决于第振型第 k 点输入的反应。

由式(21)我们可以看到结构的任一反应均有两部分组成：一部分是拟静力反应，由地面运动位移产生；另一部分是动力反应，由结构动力响应产生。

为了解决在实践中遇到的多点输入问题，于是有人在随机振动理论的基础上提出来了多点输入反应谱法。在随机过程理论中，视地面上任一点的地震动都是零均值的平稳随机过程，则结构上对应响应量也是零均值的平稳随机过程。当地面运动时间远大于结构的自振周期时，这一假定是合理的。这里采用随机振动理论推导多点输入的反应谱理论。

Kiureghian 在文献中提出了基于与 CQC 法类似的假定得到的多点地震动输入下反应谱理论计算公式为：

$$E[\max|z(t)|]=\Big[\sum_{k=1}^{m}\sum_{l=1}^{m}a_k a_l\rho_{u_k u_l}^2\frac{p_z^2}{p_{u_k}p_{u_l}}u_{k,\max}u_{l,\max}+\sum_{k=1}^{m}\sum_{l=1}^{m}\sum_{j=1}^{n}a_k b_{lj}\rho_{u_k s_{lj}}^2\frac{p_z^2}{p_{u_k}p_{s_{lj}}}u_{k,\max}D_l(\omega_j,\zeta_j)+\sum_{k=1}^{m}\sum_{l=1}^{m}\sum_{i=1}^{n}\sum_{j=1}^{n}b_{ki}b_{lj}\rho_{s_{ki}s_{lj}}^2\frac{p_z^2}{p_{s_{kl}}p_{s_{lj}}}D_k(\omega_i,\zeta_i)D_l(\omega_j,\zeta_j)\Big]^{1/2} \tag{23}$$

式中：
a_k——有效影响系数；
b_{kj}——有效振型参与系数，它们与结构本身特性有关；
p_{u_k}——地面位移过程的峰值因子；
$p_{s_{lj}}$——第 i 阶振型的峰值因子；
$\rho_{u_k u_l}$——支承点位移的互相关系数；
ρ_{ukslj}——支承点 k 处产生的位移与 l 处所产生动力响应之间的相关系数；
ρ_{sklslj}——频率为 ω_i 和 ω_j 两振子反应之间的互相关系数；
$u_{k,\max}$——平均地面运动位移的最大值；
$D_k(\omega_i,\zeta_i)$——自振频率分别为 ω_i，阻尼比为 ζ_i，地面加速度为 $\ddot{u}_k(t)$ 作用下的反应最大值的均值。

三、工 程 实 例

1. 工程概况

本文研究某双塔钢桁梁斜拉桥，大桥跨径组合 80m + 140m + 336m + 140m + 80m。两桥塔高度相同,塔顶高程均为205.0m。大桥桥面纵坡为0.3%。大桥铁路标准为双线Ⅰ级铁路,设计时速200km/h;公路为双向六车道高速公路,设计时速100km/h。依据相关技术标准,公路桥面总宽35.5m。铁路桥面布置:线间距均为4.4m,桥面总宽12.2m。公路和铁路的桥面布置图如图1、图2所示。

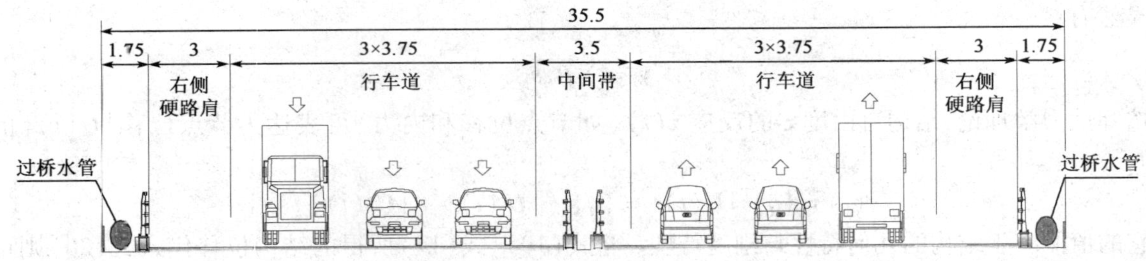

图1　公路桥面布置图(单位:m)

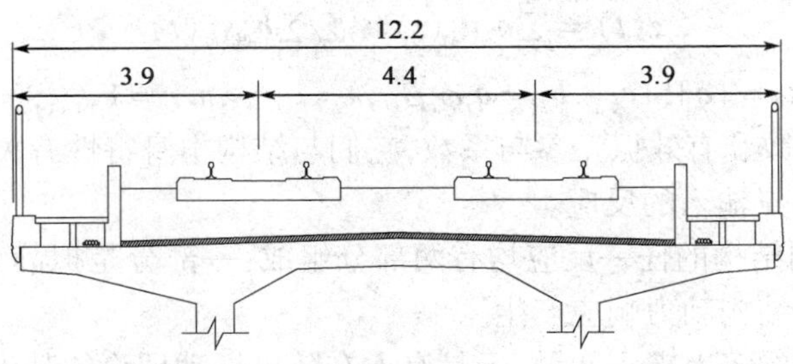

图2　铁路桥面布置图(单位:m)

根据本桥《工程场区地震安全性评价报告》场地地震危险性概率分析:50年超越概率63%、10%、2%的基岩水平峰值加速度分别为58gal、150gal、285gal。100年超越概率63%、10%、3%的基岩水平峰值加速度分别为81gal、196gal、310gal。大桥工程场地50年超越概率10%的中硬场地水平地震峰值加速度为150gal,归属0.15g分区,对应的地震基本烈度为Ⅶ度。

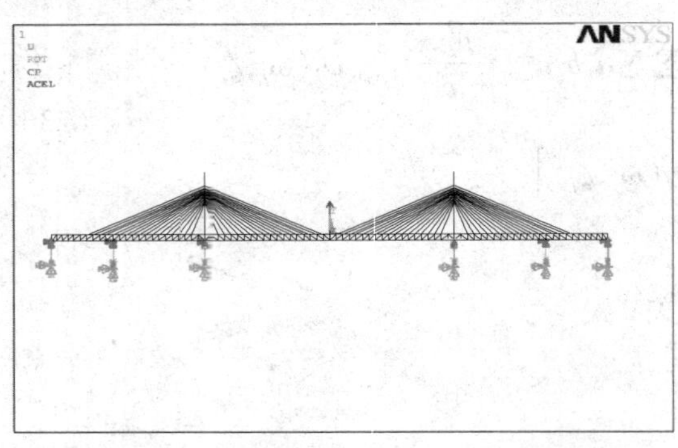

图3　大跨度斜拉桥有限元模型

2. 有限元模型建立与分析

利用大型通用有限元软件ANSYS建立了斜拉桥有限元模型,其中桥塔、桥墩主梁用梁单元模拟,斜拉索和桥面板分别使用杆单元和板单元模拟。建立的有限元模型如图3所示,有限元模型包括2920个节点和15062个单元。结构阻尼比为5%,ANSYS模态分析中,得出桥梁结构的前5阶频率为0.159 62Hz,0.245 63Hz,0.286 75Hz,0.310 82Hz,0.319 38Hz。然后在利用ANSYS谱分析分别计算了斜拉桥在一致反应谱和多点反应谱下的地震响应值。计算结果见表1,从表1可以得出,对于大跨度斜拉桥,多点反应谱法计算的响应值大于一致反应谱。

两种反应谱下斜拉桥地震响应　　表1

斜拉桥地震响应			
响应值	一致激励反应谱法(SPRS)	多点激励反应谱法(MPRS)	SPRS/MPRS
主桥跨中水平位移(cm)	4.744	4.892	0.970
主桥跨中竖向位移(cm)	3.225	3.815	0.845
主桥跨中弯矩	8.532	8.562	0.996

续上表

斜拉桥地震响应			
响 应 值	一致激励反应谱法（SPRS）	多点激励反应谱法（MPRS）	SPRS/MPRS
左塔塔顶水平位移(cm)	5.964	6.325	0.943
右塔塔顶水平位移(cm)	5.964	6.158	0.968
右支座底部弯矩	3.184	3.948	0.806
右墩底部弯矩	2.886	3.026	0.954
右塔底部弯矩	8.785	8.946	0.982
右支座底部剪力	2.367	3.378	0.701
右墩底部剪力	1.689	2.125	0.795
右塔底部剪力	5.785	5.988	0.966

四、结 语

本文针对大跨度斜拉桥的特点，结合各国规范常用的反应谱法，推导了多点反应谱法的理论公式，并且结合工程实例，对比分析了采用多点反应谱法和一致反应谱法斜拉桥的地震响应，本文主要有以下两个结论：

（1）本文所提出的多点反应谱法，具有明确的物理意义，推导理论严密合理，将结构地震动的响应主要分为拟静力响应和动力响应。并且利用随机振动的知识，参照 Kiureghian 的文献给出了多点激励反应谱的理论计算公式。

（2）根据本文推导的多点反应谱理论，利用通用有限元软件 ANSYS 分别进行了一致激励反应谱和多点激励反应谱计算，列出了大桥桥塔、主梁等主要构件的地震响应值，并且将两种激励下的响应值进行了对比，得出了对该大跨度斜拉桥，多点激励反应谱响应值大于一致激励响应值，因此采用一致激励反应谱法分析大跨度斜拉桥的地震响应是不够安全的。建议采用多点激励反应谱法。

参考文献

[1] 苗家武，胡世德，范立础. 大型桥梁多点激励效应的研究现状与发展. 同济大学学报[J]，1999，27(2)：189-193.

[2] Yamamura N，Hiroshi Tanaka. Response analysis of flexible MDF systems for multiple-support seismic excitation[J]. EESD，1990，19：345-357.

[3] M Berrah and E Kausel，Response Spectrum Analysis of Structures Subjected to Spatially Varying Motions [J]. Earthquake Eng. Struct. Dyn，1992，vol. 21：461-470.

[4] Kiureghian A D，Neuenhofer A. Response spectrum methodfor multi-support seismic excitations [J]. Earthquake Engineering & Structural Dynamics，1992，21(8)：7132 740.

[5] 刘洪兵，朱晞. 大跨度斜拉桥多支撑激励地震响应分析[J]. 土木工程学报，Vol. 34，No. 6，2001，38-44.

[6] Katerina，Kiureghian A D. Stochastic Dynamic Analysis of Bridge Subjected to Spatially Varying Ground Motions [J]. Department of Civil and Environment Engineering University of California，Berkeley. August 2011.

[7] Clough R，Penzien J. Dynamics of Structures[M]. New York：McGraw 2Hill Book Co.

143. 山区双塔斜拉桥抗风性能研究

杨　健[1]　刘建军[1]　王达磊[2]
(1. 贵州省交通规划勘察设计研究院股份有限公司;2. 同济大学)

摘　要　抗风稳定性是山区斜拉桥的设计和施工的主要控制因素。本文以某山区双塔斜拉桥成桥和施工最大单悬臂状态的结构动力特性为基础,分别进行了颤振稳定性试验、涡激共振性能研究试验等风振稳定性和静气动力系数试验。最后,进行了结构风荷载分析和风荷载响应计算。结果表明:该桥成桥和施工最大单悬臂状态均具有良好的颤振和涡振稳定性,但施工最大单悬臂状态风荷载响应远大于成桥状态。

关键词　斜拉桥　节段模型风洞试验　风荷载　风振稳定性

一、引　　言

该桥位于我国贵州省境内,为跨越峡谷而设,桥位处风环境较为复杂。桥梁设计方案为主跨380m的混凝土双塔双索面斜拉桥,跨径布置为(178 +380 +178)m,主梁采用π形结构,顶面宽27.1m,梁高2.6m。主塔处塔梁间采用纵向漂浮体系。过渡墩处竖向均设活动盆式橡胶支座,横向均设抗风防震挡块,辅助墩处竖向均设拉压支座,塔处主梁设置0号索。主桥结构示意如图1所示,桥塔布置如图2所示。

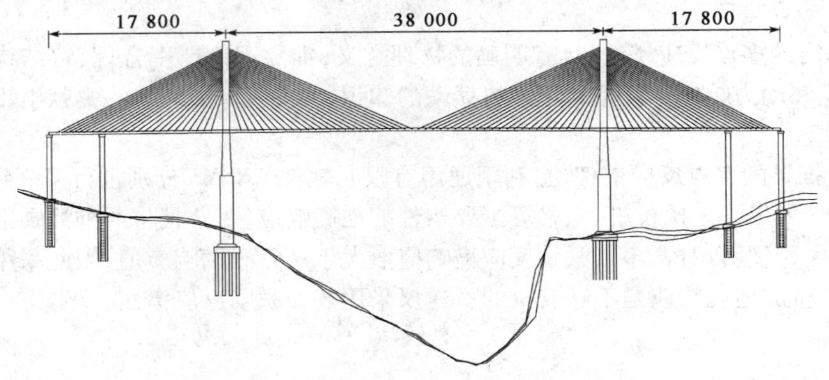

图1　主桥结构立面示意图(尺寸单位:cm)

该桥采用双柱式桥塔和双索面结构,结构整体抗扭刚度较大,桥梁所处峡谷地区地势较高,桥下净空大,主桥所受风荷载较大。首先对桥梁所在区域地形进行分析,提出合理的设计基准风速。然后针对该桥成桥状态和最不利施工状态开展颤振和涡激共振稳定性研究,以摸清大桥的抗风安全储备,并且避免大桥因经常性地发生涡振而影响正常使用性能。最后,对该桥设计基准风速下风荷载响应进行计算,保证桥梁在静风和抖振作用下的安全。

二、风　参　数

首先根据《公路桥梁抗风设计规范》(以下简称“抗风规范”)的确定了桥位处百年一遇的基本风速为25.8m/s。

根据该桥桥址周围环境,取D类地表类型,根据设计资料,确定桥面离水面高度约为169.140m。考虑到桥位处地形呈V字形状,局部起伏较大,如以桥面跨中距离地面或水面高度来计算桥面高度处设计基准风速过于保守。在风荷载计算中,对地表起伏较大的山区地形,桥面基准高度宜采用统一的等效桥面高度 Z_e 来描述。将山谷简化为三角形,取三角形形心位置高度为等效桥面高度。从而得到100年重现期的设计基准风速为30.1m/s；施工阶段风速按30年重现期计算，取风速重现期系数为0.92。振检验风速成桥状态和施工最大单悬臂状态分别是50.7m/s和48.0m/s。

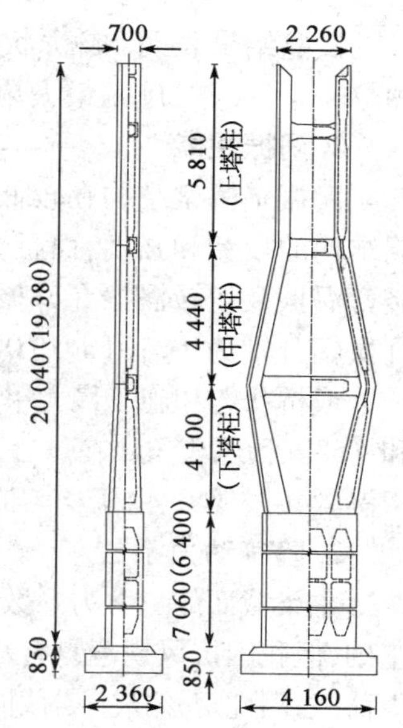

图2 桥塔布置图(尺寸单位:cm)

三、结构动力特性

桥梁动力特性是桥梁结构的基本性质，能准确地反映出桥梁结构的质量和刚度信息。本文借助ANSYS软件对该桥进行动力特性分析。成桥状态一阶竖弯频率0.361，一阶扭转频率0.641，的扭弯频率比为1.776；施工最大单悬臂状态一阶竖弯频率0.396，一阶扭转频率0.654，的扭弯频率比为1.652。

四、节段模型设计及风洞试验方案

根据实桥主梁截面形式和物理风洞尺寸以及试验方法的要求，选取节段模型的缩尺比为$\lambda_L = 1/70$。吊臂全长0.60m，有效吊点间距为0.486m。模型全长1.98m，模型宽度0.393m，长宽比接近5:1，满足了主梁刚体节段模型风洞试验对试验模型长宽比不宜小于3:1的要求。图3显示了测振和测力节段模型。测振模型安装采用弹簧悬挂二元刚体节段模型的方式，即节段模型通过8根弹簧悬挂在内置式支架上。测力试验中将六分量高频动态天平放置在风洞内，主梁节段模型顺着来流风速，直立于天平之上。

图3 节段模型风洞试验

五、气动稳定性及静气动力系数

1. 颤振稳定性

为了获得该桥成桥状态和施工最大单悬臂状态的颤振临界风速，保证桥梁施工和运营过程中的颤振安全，进行了成桥状态和施工最大单悬臂状态的颤振稳定性试验。

试验在均匀流场中进行，采用直接试验法对成桥及施工最大单悬臂状态进行了−5°、−3°、0°、+3°和+5°五种风攻角的竖弯和扭转两自由度耦合颤振试验。各个风攻角下的实桥颤振临界风速试验结果汇总在表1中。

节段模型颤振临界风速试验结果　　表1

风攻角(°) / 试验模型	−5°	−3°	0°	+3°	+5°	颤振检验风速
成桥状态 $\xi_t = 0.6\%$	85m/s	95m/s	110m/s	120m/s	>140m/s	[50.7]
施工最大单悬臂状态 $\xi_t = 0.6\%$	90m/s	>90m/s	>90m/s	>90m/s	>90m/s	[48.0]

试验结果表明：成桥状态五个风攻角对应的颤振临界风速均能够满足成桥状态颤振检验风速50.7m/s的要求；施工最大单悬臂状态的颤振临界风速也均满足颤振检验风速48.0m/s的要求。

2. 涡振性能

涡振是桥梁结构在较低风速下就很容易发生的风致振动现象，由于它发生的频度大、风速低，不仅影响结构的疲劳和强度，而且会降低行车的舒适度甚至会危及交通安全。参照抗风规范，该桥成桥状态下竖弯涡振及扭转涡振允许振幅分别为：0.111m和0.259°；施工最大单悬臂状态下竖弯涡振及扭转涡振允许振幅分别为：0.101m和0.253°。

成桥状态和施工最大单悬臂状态的涡激共振试验在均匀流场中进行，试验风攻角为-5°、-3°、0°、+3°和+5°五种风攻角。在试验过程中，当各工况换算实桥风速达到70m/s时，均未有涡激共振现象发生。对于涡激共振现象，由于均匀流场比紊流场更加不利，因此不需要对紊流场中的涡激共振现象进行再次试验。

3. 静气动力系数

主梁截面的三分力系数反映出主梁截面在静风荷载作用下的受力情况，是进行桥梁风荷载响应分析的基础，但我国抗风规范只有几种标准截面的阻力和升力系数，无法精确获得出大型桥梁截面所受到的气动力荷载，因此对该桥主梁截面进行了风洞测力试验，以获得精确的三分力系数。在试验过程中对主梁断面成桥和施工状态-15°~15°风攻角下的三分力系数进行测量，为风荷载响应分析计算提供了依据。

六、风荷载分析及风载响应计算

依据该桥节段模型试验得到的桥梁结构风荷载参数，对该桥成桥和施工最大单悬臂状态在等效静阵风及抖振风荷载作用下的响应进行计算，以保证桥梁在施工和运营过程中的静风及抖振安全。

作用在桥梁上的设计风荷载由设计基准风速下的等效静阵风荷载和结构惯性动力风荷载叠加而成。为确定横桥向风作用下桥梁的动力风荷载，按抖振反应谱理论进行主梁抖振分析。本文借助有限元计算软件ANSYS，通过APDL进行二次开发，实现该桥等效静阵风荷载和结构惯性动力风荷载的计算。气动导纳函数分别为不考虑导纳1.0和考虑导纳的Sears函数来修正拟定常抖振力。

通过风荷载分析，得到成桥状态不考虑导纳跨中竖向位移极大值为6.99cm，极小值为-12.8cm；考虑导纳跨中竖向位移极大值为1.20cm，极小值为-6.98cm。施工最大单悬臂状态不考虑导纳跨中竖向位移极大值为31.3cm，极小值为-26.2cm；考虑导纳跨中竖向位移极大值为13.7cm，极小值为-8.56cm。

从结果中可以看出，该桥施工最大单悬臂状态风荷载响应远大于成桥状态，为设计中的控制因素。在施工过程中，应该采取一定的措施，来保证施工人员及设备安全。

七、非线性静风稳定性分析

静风稳定性分析采用增量与内外两重迭代相结合的方法。增量法将风速按一定比例增加，每级风速下的内层迭代主要是进行结构的几何非线性和材料非线性计算，外层迭代则是为了寻找结构在该级风速下的平衡位置。根据上述思路，基于ANSYS软件，二次开发了桥梁静风稳定性分析程序。静风稳定性分析以零风速、结构恒载作用为起始状态，风速步长5m/s，临近静风失稳临界风速时缩短风速步长，低松弛因子取0.35。以扭转角达到+5°或-5°为静风扭转发散标志，得到静风失稳临界风速。通过计算，当风速达到120m/s时，成桥和施工最不利状态在+5°、+3°、0°、-3°和-5°风攻角下仍未有静风失稳发生。结构静风稳定性满足要求。

八、结　语

(1)颤振试验结果表明，在-5°、-3°、0°、+3°和+5°五个风攻角下，成桥状态-5°风攻角下最为不利，颤振临界风速为85m/s，五个风攻角对应的颤振临界风速均能够满足成桥状态颤振检验风速50.7m/s的要求；施工最大单悬臂状态-5°风攻角下最为不利，颤振临界风速为90m/s，三个风攻角对应的颤振临界风速也均满足颤振检验风速48.0m/s的要求。

(2)涡振试验结果表明,在均匀流场下,成桥状态和施工最大单悬臂状态 -5°、-3°、0°、+3°和+5°五个风攻角均没有出现明显的涡振,该桥涡振稳定性满足要求。

(3)通过非线性静风稳定性分析,当风速达到120m/s时,该桥成桥和施工最大单悬臂状态在-5°~+5°风攻角下均没有发生静风失稳。结构静风稳定性满足要求。

参考文献

[1] 张新军.设计参数对吊拉组合体系桥抗风性能的影响分析[J].桥梁建设,2008,2:23-26.

[2] 刘志文,陈艾荣,周志勇.大跨径斜拉桥斜拉索静风荷载计算方法比较[J].同济大学学报(自然科学版),2005,33(5):575-579.

[3] 葛耀君,项海帆.大跨度桥梁风致振动控制研究[J].上海:2004全国结构风工程实验技术研讨会论文集,2004.

[4] 中华人民共和国行业规范.JTG-T D60-01—2004 公路桥梁抗风设计规范[S].北京:人民交通出版社,2004.

[5] 李国豪.桥梁结构稳定与振动[M].北京:中国铁道出版社,1996.

144.多股成品索式预应力锚固系统研究

吴明远 梅 刚 陈占力

(中交公路规划设计院有限公司)

摘 要 本文通过总结以往锚碇预应力锚固系统的经验,对新型的预应力锚固系统进行了研究,提出了多股成品索式锚碇预应力锚固系统,并与传统的可更换式预应力锚固系统进行了经济性比选。研究结果表明,多股成品索式锚碇预应力锚固系统具有锚固性能优异、耐久性好、可更换、全寿命成本低等优点,值得大力推广。

关键词 多股成品索 锚碇 预应力锚固系统 可更换

一、引 言

大跨径悬索桥锚固系统经历了钢框架、黏结式预应力、无黏结式预应力锚固系统等多个阶段,与型钢锚固系统相比,预应力锚固系统具有体系结构简单、受力明确、用钢量少、安装方便、可监测、可更换等优点。

1.黏结式预应力锚固系统

黏结式锚固系统是在预埋管内灌注水泥浆,其防腐性能主要依靠浆体的性能和灌注质量,耐久性较差,且钢绞线无法监测和更换。跨越江河的悬索桥,锚碇锚固系统一般都位于地下甚至地下水位以下,同时锚混凝土体由于体积大,混凝土易出现微裂缝,预应力锚固系统存在隐患。在国内就有一些桥梁中因设计或施工问题出现了以下现象:管道灌浆后有泌水和干缩现象;后锚面防水不好时预应力会出现渗水现象等。

目前,对于灌浆黏结式锚固系统虽然采取了一些措施(采用防腐性能更好环氧钢绞线和较好灌浆材料,采用真空压浆方法等)来提高其耐久性,但作用有限。

2.无黏结式预应力锚固系统

无黏结式锚固系统是在灌浆黏结式锚固系统的基础上改进的,将灌浆改进为灌注防腐油脂,使其具有可逐根更换的优点。无黏结式锚固系统在武汉阳逻大桥、广州黄埔大桥、舟山西候门大桥、贵州坝陵河大桥、湖南矮寨大桥、云南龙江特大桥等得到了广泛的应用。虽然无黏结式锚固系统在国内许多桥梁中

得到了应用,但通过近年来的工程实践发现,无黏结式锚碇锚固系统存在一些不容忽视的缺陷,其具体表现为:

1)夹片式锚具可靠性要求较高

无黏结式锚碇锚固系统的预应力钢束对锚具的依赖性极大,一旦前锚面锚具组件出现问题,索股连接将完全失效。另外,夹片式锚具的锚固性能还受环境、施工、人员等多方面的影响。

2)防渗漏施工工艺要求高

目前国内无黏结式锚碇锚固系统在孔道内灌注的油脂均是液态状的,目的是方便灌注与以后的更换。但如此一来,系统的密封性对施工提出了很高要求,稍有施工操作或检查不到位,系统内的油脂就会发生渗漏,这不仅影响外观,而且有的渗漏难以得到根治处理,这在一定程度上加大了运营维修费用,增加了全生命周期成本。后锚面渗油情况如图1所示。

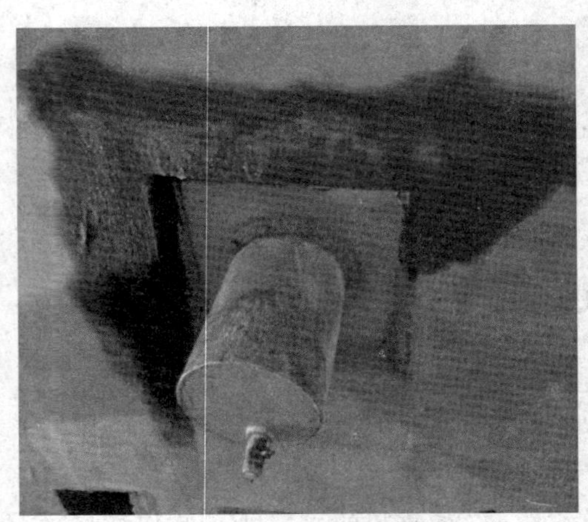

图1 后锚面渗油情况

除渗漏问题外,灌注式锚固系统还存在油脂酸化腐蚀索体以及索体更换效率低的问题,以广东省虎门二桥为例,全桥锚固系统钢绞线根数为29 000根,在不考虑多工作面作业的前提下,假设单根更换时间为1小时,每天更换时间按12小时考虑,则全部更换完毕需要时间为6.7年。

因此,为提高锚固可靠性,降低施工工艺要求和降低全生命周期成本,有必要对新的锚固系统形式进行研究。

二、多股成品索预应力锚固系统

1. 钢绞线成品索

钢绞线成品索的锚头和索体是通过在工厂内进行挤压的方式实行锚固的,出厂前对每根成品索均进行了超张拉,该索的锚固性能可靠,受环境、人员的影响较小,因此钢绞线挤压锚固拉索在工程中得到了广泛应用,钢绞线挤压锚固拉索(图2)具有以下优点:

(1)各受力单元相互隔离,整体挤压,单根钢绞线分开锚固,静载、疲劳性能可靠。

(2)锚头结构紧凑,外形尺寸小,满足特种结构需要。

(3)全封闭结构,防护性能好。除采用镀锌或环氧钢绞线基材本身就是很佳的防腐材料外,挤压锚具整体挤压后,因为锚头前端有密封盖板,通过密封桶和密封装置对拉索剥除PE部分进行全封闭,然后锚具内填充了弹性防腐材料,完全永久隔离钢绞线与外界空气的接触。

2. 整股成品索方案的提出

本研究首先提出了单根成品索锚固方案,该系统主要由预应力系统和主缆索股连接件系统两部分构成。预应力系统采用钢绞线整束挤压式成品索,通过分析,单索股采用GJ15-19型整束挤压拉索,双索股采用GJ15-37型整束挤压拉索。主缆索股连接件系统采用拉杆+连接器的结构形式。其结构设计如图3

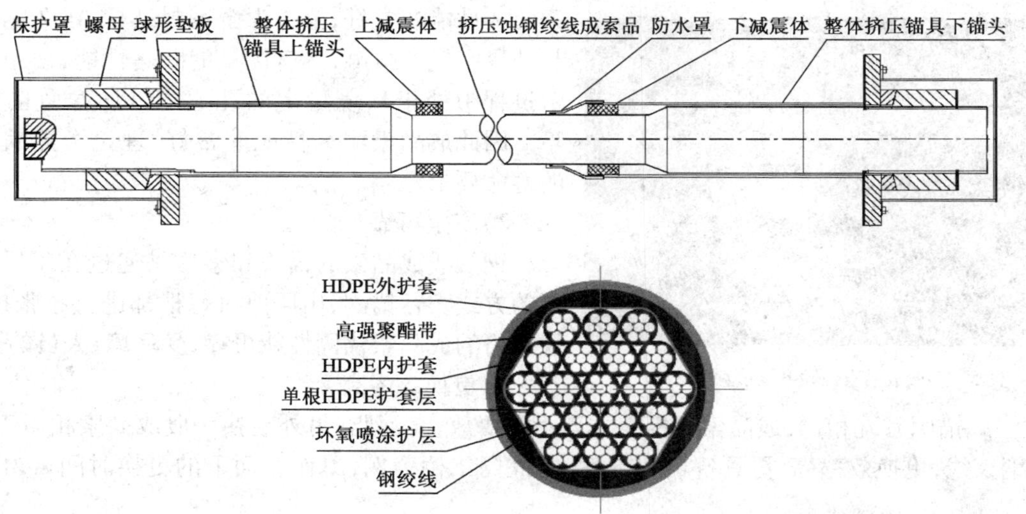

图2　挤压式成品索示意图

所示。

由于整股成品索由于型号最大达到了15-37,因此该方案存在如下难以克服的问题：

当整股成品索规格达到GJ15-37时,一根22m长索索体重量约1.1t,索体在运输、安装及更换过程中难度较大。特别是为满足可更换要求,在锚索两侧还需设计预留通孔,以备换索时安装工具索。另外换索过程中需进行力的转换,换索工艺非常烦琐。

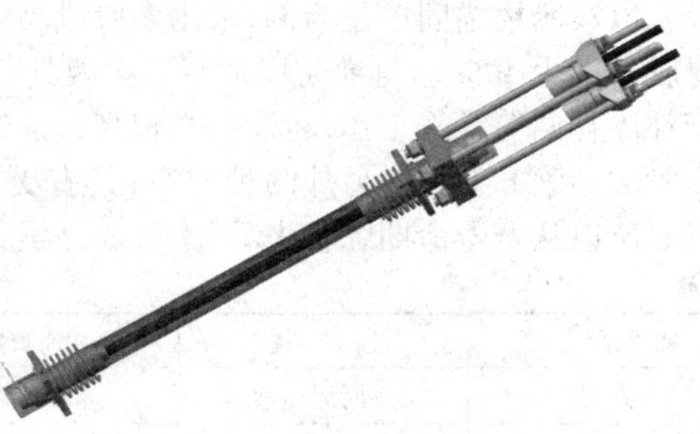

图3　整股成品索锚固系统示意图

GJ15-3、GJ15-7与15-37索体断面如图4所示。

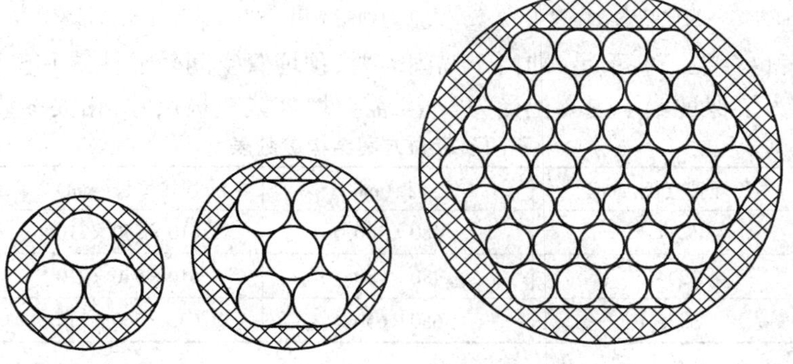

图4　GJ15-3、GJ15-7与15-37索体断面

除了可更换难以实现外,15－37型号挤压锚头的可靠性还有待实践检验,直接应用于大型项目锚固系统,有一定风险。

3. 多股成品索方案的提出

为了解决整股成品索方案中存在的问题,将15-37整股成品索改为5×15-7多股成品索,15-19整股成品索改为6×15-3多股成品索。多股成品索锚固系统示意图如图5所示。

多股成品索方案既保留了成品索耐久的优点,又解决了大型号整股成品索锚固可靠和难以更换的问题,多股成品索锚固方案优越性体现在如下几个方面：

1)耐久性好

成品索索体有环氧喷涂护层、单根PE护套、油脂、聚酯带、PE内护套、PE外护套多层防腐,因此成品

图5　多股成品索锚固系统示意图

索耐久性能非常好；锚头为全密封结构，永久隔离钢绞线与外界空气的接触，具有优异的防腐性能；由于成品索运营过程中处于环境稳定的孔道中，PE寿命也得到了保障。因此成品索耐久性能非常好，理论上能满足100年的寿命要求。

2)安全可靠

钢绞线成品索的锚头和索体是通过在工厂内进行挤压的方式实行锚固，出厂前对每根都进行超张拉，所以常规规格的成品索锚固性能可靠，受环境、人员的影响小。

3)更换效率高

与灌注式锚固系统相比，成品索更换一方面不需要放、充油脂，另外更换一股成品索相当于更换5～7根单根钢绞线，更换效率高，更具备可实施性，以虎门二桥为例，单作业面下的更换时间可由6.7年缩短为1年。

4)全寿命成本经济

以双股锚锚固单位为例，采用多股成品索方案造价比灌注防腐油脂方案节约20%，比灌注不干性密封胶方案少40%。且灌防腐油脂方案因其防漏施工要求高导致施工成本较高；如出现油脂渗漏，还需进行补灌补漏等维修工作，运营成本较高；且一般油脂的防腐性能相对较差，需更换的可能性和次数更大。多股成品索方案相对另外两种方案，具有更好的防腐性能，需更换的可能性最小，运营维护成本低等优点。所以从全寿命期综合来看，多股成品索方案具有明显的优势，见表1。

各方案经济性对比表　表1

锚固系统方案	描　述	一次性建安费(元)	更换一次费用(元)	更换次数(元)	费用合计(元)
方案一	多股成品索	59 879	14 742	1	74 621
方案二	灌注防腐油脂	44 216	11 990	4	92 176
方案三	灌注不干性密封胶	81 597	49 371	1	130 968

注：关于更换一次费用，方案一为成品索索体费用，方案二为防腐油脂费用，方案三为不干性密封胶费用。

多股成品索方案也存在一些不足，即由于锚固需要，预埋管空间较灌注式和整股成品索大，尤其是预埋管尺寸增大之后，为了保证锚下混凝土受力安全，需要增加锚垫板尺寸，相关参数对比见表2：

不同预应力方案结构参数表　表2

锚固形式	预埋管直径(mm)	锚垫板(mm)	连接平板(mm)	钢绞线型号
灌注式	ϕ244.5	480×480	610×540×210	15-37
整股成品索	ϕ244.5	480×480	610×540×210	15-37
多股成品索	ϕ355.6	650×650	630×560×210	5×15-7

三、结构安全度指标

多股成品索的索体承载能力以及正常运营状态锚下压力储备安全系数与常规预应力锚固系统一样，更换过程中最不利荷载组合以及恒+活荷载下分别按1.0和1.05考虑。

索体承载力安全系数≥2.0。

正常运营状态锚下压力储备安全系数≥1.2。

最不利荷载下锚索更换时锚下压力储备安全系数≥1.0。

恒+活荷载下锚索更换时锚下压力储备安全系数≥1.05。

四、健 康 监 测

多股成品索式锚碇预应力锚固系统可按照以下思路制订监测方案。

1. 外观检查

外观检查是通过人工巡检的方式,在大桥运营过程中,定期对锚固系统进行检查,打开锚固系统锚头后首先检查锚头是否存在锈蚀,锚具是否完好,是否存在渗水情况。

2. 设置试验索

设计中每个锚面设置1~2套试验索,用于运营阶段的取出检查,由于试验索与正常的锚索环境、应力状态相同,若试验索完好且其他索体锚头未发现异常,可认为其他索体均完好。

3. 抽样取出检查

如在运营过程中,通过人工检查、内窥镜检查或通过检查试验索发现索体可能存在较大的锈蚀风险,可考虑选择代表性的索体对其表观状态进行检查,当对索体内部锈蚀情况存疑,或当发现PE老化或有锈迹渗出时,可以拨开PE层对内部锈蚀情况进行进一步检查,必要时更换锚索。

五、可更换性试验

柳州OVM股份有限公司技术中心通过模拟实际工况进行穿索、张拉和换索试验(图6),验证了其安装及更换的可行性和便利性。

图6　多股成品索更换试验

六、结　　语

通过研究与实验表明,多股成品索式预应力锚固系统具有良好的锚固性能,优异的防腐性能,良好的施工工艺性,较低的全寿命成本和成熟的技术,可应用于大跨径悬索桥锚碇工程,具有较广泛的应用前景。

参考文献

[1] 中华人民共和国行业规范. JTG D60—2004　公路桥涵设计通用规范[S]. 北京:人民交通出版社,2004.

[2] 中华人民共和国行业规范. JTG/T F50—2011　公路桥涵施工技术规范[S]. 北京:人民交通出版社,2011.

[3] 中华人民共和国标准规范. GB/T 5224—2014　预应力混凝土用钢绞线[S]. 北京:中国标准出版社,2015.

[4] 中华人民共和国行业规范. JT/T 850—2013　挤压锚固钢绞线拉索[S]. 北京:人民交通出版社,2013.

[5] 中华人民共和国标准规范. GB/T 18365—2001　斜拉桥热挤聚乙烯高强钢丝拉索技术条件[S]. 北京:中国标准出版社,2002.

145. 纵向弧形独塔单索面斜拉桥索梁钢锚箱局部应力分析

段　政　吴臻旺　余永汉

(成都市市政工程设计研究院)

摘　要　成都市世纪城路东延线府河大桥为纵向弧形独塔单索面斜拉桥,造型独特,主跨采用钢箱梁结构。斜拉索梁端钢锚箱结构复杂,受力集中,是桥梁设计的一个关键部位。为明确索梁钢锚箱的应力分布和索力传递规律，选取合理的分析区段，建立空间有限元实体模型，对钢锚箱各构件和钢箱梁腹板单元进行局部细化，对索塔钢锚箱结构的应力状态和应力分布规律进行仿真分析。结果表明，在最不利荷载组合作用下，钢锚箱的应力分布合理，索力传递流畅，承载力满足设计要求，为实际桥梁的设计和施工提供了可靠的依据和合理化建议。

关键词 纵向弧形独塔单索面斜拉桥 索梁钢锚箱 局部应力

一、引 言

在我国新建的大跨度斜拉桥中，钢锚箱已经广泛应用于索梁锚固区。斜拉索与主梁之间的钢锚箱是传递索力的重要结构，它将斜拉索传递来的巨大索力安全、均匀地分散到钢箱梁各截面。钢锚箱的构造十分关键，承受了巨大的索力，受力状态复杂。目前，对于索梁钢锚箱局部分析多采用模型试验与有限元数值模拟两种途径进行研究。国内对安庆长江大桥、苏通长江大桥和上海长江大桥等斜拉桥索梁钢锚箱受力状况进行了模型试验研究；对上海闵浦二桥索梁钢锚箱应力分布情况、不同边界条件和不同单元法等进行了有限元数值模拟。钢锚箱承受强大的集中荷载，构造和受力都非常复杂，很难通过理论分析求得解析结果，进行模型试验的造价又较高。本文建立空间实体单元有限元模型，对成都市世纪城路东延线府河大桥索梁钢锚箱结构进行空间仿真分析，希望通过分析钢锚箱锚固区应力分布对实际桥梁的设计和施工提供一些合理建议。

二、研 究 背 景

成都市世纪城路东延线府河大桥为纵向弧形独塔单索面斜拉桥，跨径130m+85m，在距离边跨边墩28m处设辅助墩，桥面宽31m。主跨采用扁平闭口流线型钢箱梁，正交异性板钢桥面，边跨为预应力混凝土箱梁，钢混结合段设置在主跨9.9m处，全桥梁高2.8m；桥塔采用纵向弧形“人”字形混凝土结构，塔墩梁固接体系。斜拉索采用OVM250系列环氧钢绞线体系，单索面布置，共设置10对索，塔上斜拉索间距由2.5m逐渐过渡到4m，主跨斜拉索间距分9m、10.5m和12m三种，边跨斜拉索间距分5.8m和6m两种。桥梁总体布置图如图1所示。

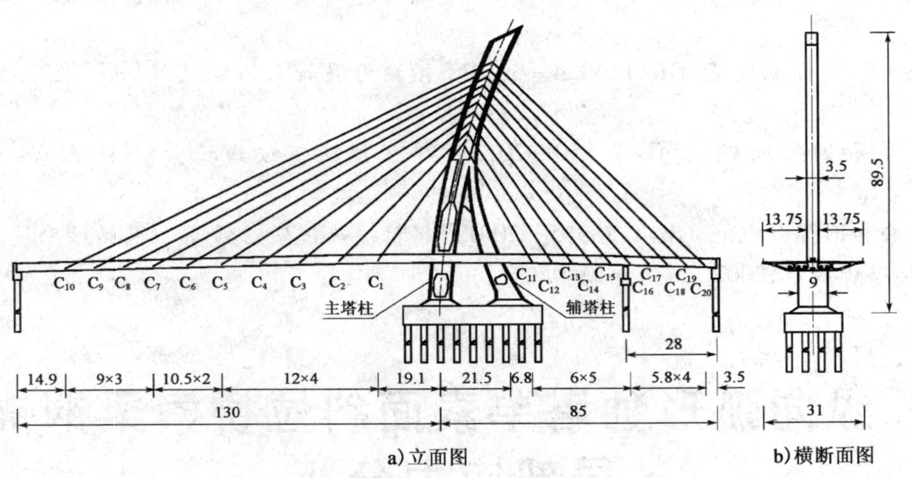

图1 桥梁总体布置(单位：m)

世纪城路东延线府河大桥索梁钢锚箱构造如图2所示。主要构件有锚垫板、承压板和上下2块承剪板，承剪板上下两侧各设3块加劲肋N_1和1块加劲肋N_2，两块承剪板之间设2块加劲肋N_3。斜拉索在承剪板和加劲肋N_3之间穿过承压板和锚垫板，因拉索采用单根带PE护套的环氧涂敷钢绞线作为索体受力材料，索体有多层介质保护，使斜拉索的耐久性和防腐蚀性能大多提高，在钢箱梁内部不设索管。

三、空间有限元分析

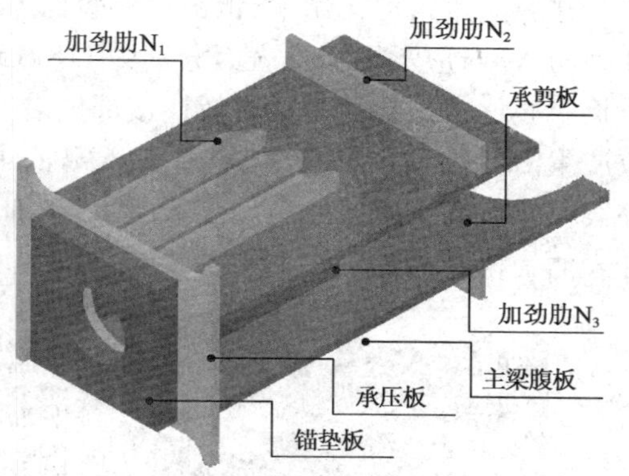

图2 世纪城路东延线府河大桥索梁钢锚箱构造

首先建立空间杆系有限元模型，对整个结构进行分析，经过索力调整和索力优化，得出断面组合内力和最优斜拉索力，然后再建立梁段实体有限元模型，施加荷载进行结构受力分析。

1. 空间实体有限元模型

为了分析钢锚箱及其附近主梁腹板的安全储备，该文以索力最大的C_{10}号斜拉索对应的索梁钢锚箱及附近梁段为研究对象。根据弹性力学中的圣维南原理，结合部位的应力分析只与其附近区域的应力状态有关，而远离该部位区域中的应力状态，对结合部位的应力分布影响很小，一般可以忽略不计。取锚点岸侧10m塔侧15m长梁段，以保证钢锚箱附近的腹板应力受模拟边界条件影响较小，建立空间有限元实体单元模型，详细模拟索梁钢箱梁各构件，取钢锚箱结构最不利受力状态进行计算分析。钢锚箱材料选用Q345qD桥梁结构用钢，钢箱梁腹板采用Z向钢Q370qDZ25，建模时将其定义为各向同性材料。采用10mm尺寸对钢锚箱局部网格加密，单元以六面体为主，以保证承压板、承剪板、锚垫板和附近主梁腹板厚度方向划分4层，各加劲肋厚度方向划分3层，局部空间有限元实体单元模型如图3所示。

图3 局部空间有限元实体单元模型

2. 边界条件及荷载

将梁段塔端全截面作固接处理；钢锚箱的承压板和两块承剪板横向两侧和主梁腹板焊接，计算模型中作固接面处理。为考虑索力对锚箱的影响，模型中建立锚板和斜拉索单元，索力在斜拉索单元端部沿斜拉索方向用节点力施加，如图3所示。

对模型所施加的荷载包括结构自身的重力、二期恒载和由总体计算提供的截面内力、斜拉索索力和车辆活载。在节段模型岸侧端部对应钢箱梁形心位置设一根虚拟梁，在虚拟梁的节点上施加由整体分析算得的各项截面内力。由于施工状态斜拉索的安全系数不应小于2.0，斜拉索锚具的安全系数不应小于斜拉索的安全系数，故取斜拉索应力为0.5倍抗拉标准强度时对应的索力9504.6kN，换算为节点力施加在斜拉索单位端部。

四、计 算 结 果

索塔锚固区各板件钢材在复杂应力状态下工作，钢材的屈服并不仅仅取决于某一方向的应力，而是由反映各方向应力综合影响的某个“应力函数”，即所谓“屈服条件”来确定的。本文以Von Mises屈服准则为依据，对钢锚箱应力进行评价判定。

在斜拉索索力作用下，钢锚箱外表面Von Mises应力分布如图4所示，承压板与主梁腹板连接部位和加劲肋 N_3 对应承压板外表面分别为118.1MPa和153.0MPa。钢箱梁纵向变形纵向变形如图5所示，承压板中心比承压板与主梁腹板连接部位沿斜拉索方向多变形0.56mm，由此在承压板与主梁腹板连接部位产生沿斜拉索方向的拉应力122.6MPa，承压板外表面沿斜拉索方向正应力分布如图6所示。承压板外表面横桥向王应力分布如图7所示，受加劲肋 N_1 和 N_3 的支撑作用，在和加劲肋 N_3 端部对应的承压板外表面受横桥向拉应力124.3MPa。

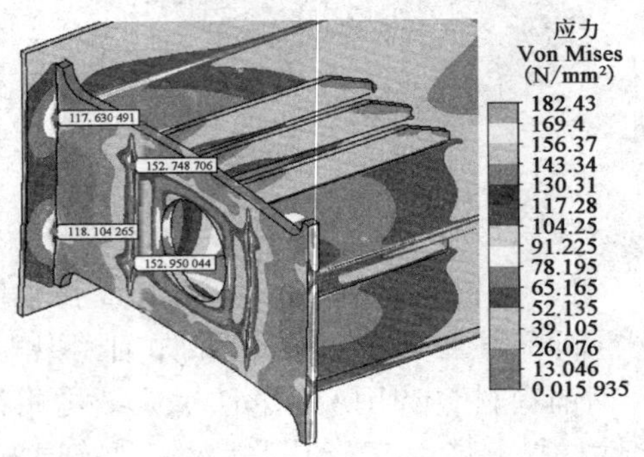

图4 钢锚箱外表面Von Mises应力

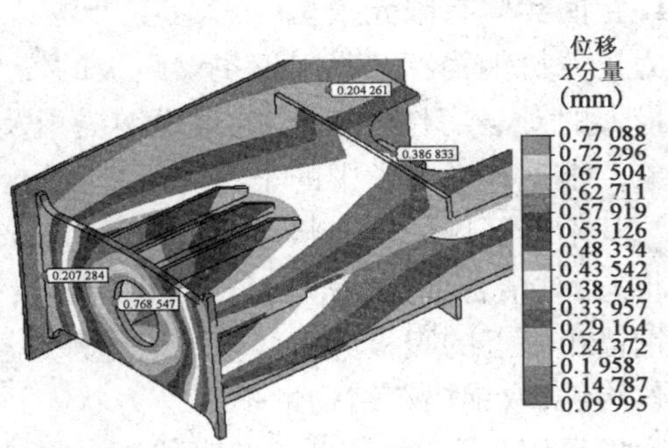

图5 钢箱梁纵向变形

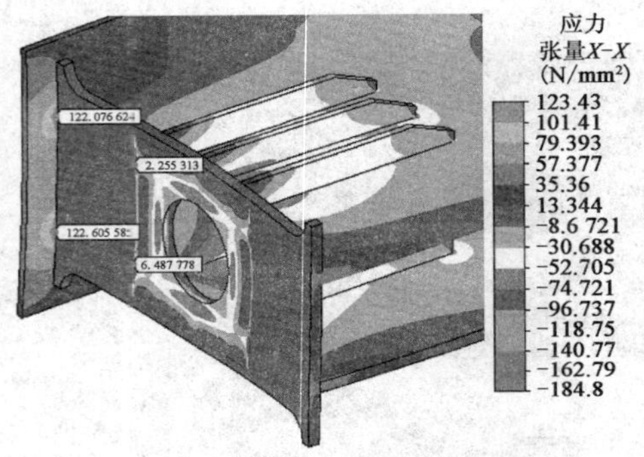

图6 承压板外表面沿斜拉索方向正应力

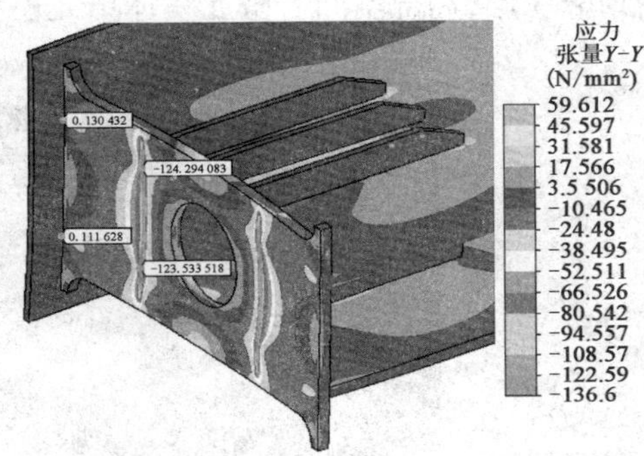

图7 承压板外表面横桥向正应力

在斜拉索索力作用下，钢锚箱内表面Von Mises应力如图8所示，加劲肋 N_3 靠近承压板端部最大182.4MPa，承剪板靠近承压板的端部最大175.7MPa。钢锚箱内表面沿斜拉索方向正应力如图9所示，加劲肋N3靠近承压板端部最大受压159.8MPa，承剪板靠近承压板端部最大受压173.9MPa。该部位较大Von Mises应力主要由受到的沿斜拉索方向较大压应力产生。

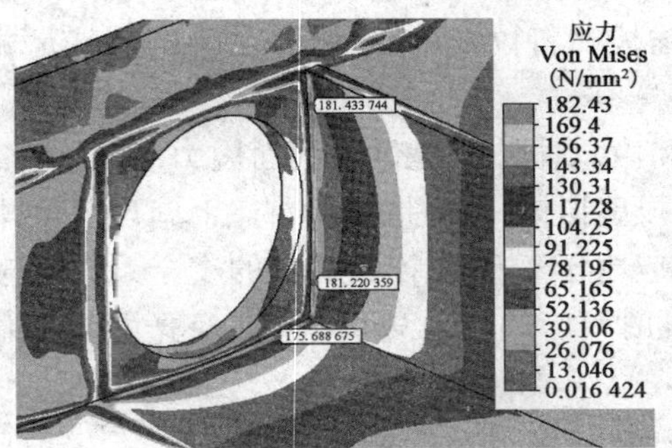

图8 钢锚箱内表面Von Mises应力

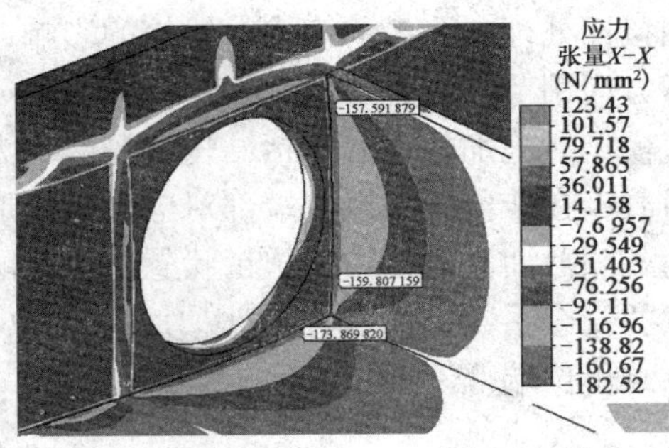

图9 钢锚箱内表面沿斜拉索方向正应力

在斜拉索索力作用下，钢锚箱内、外表面沿斜拉索方向剪应力分别如图10和图11所示。内、外表面最大剪应力均分布在锚垫板边缘承剪板靠近承压板的端部，分别为47.5MPa和63.4MPa。

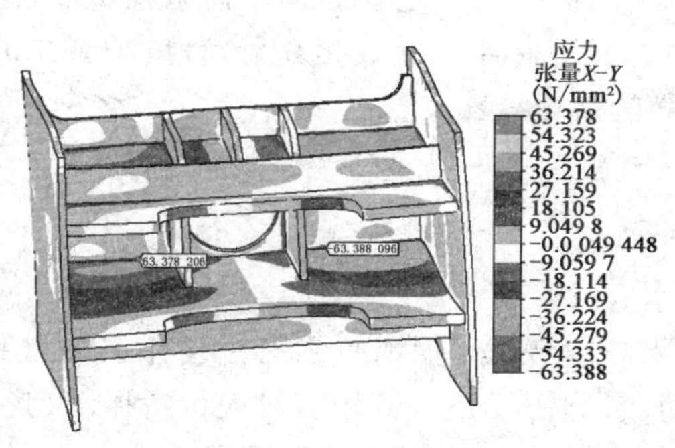

图 10 钢锚箱外表面沿斜拉索方向剪应力

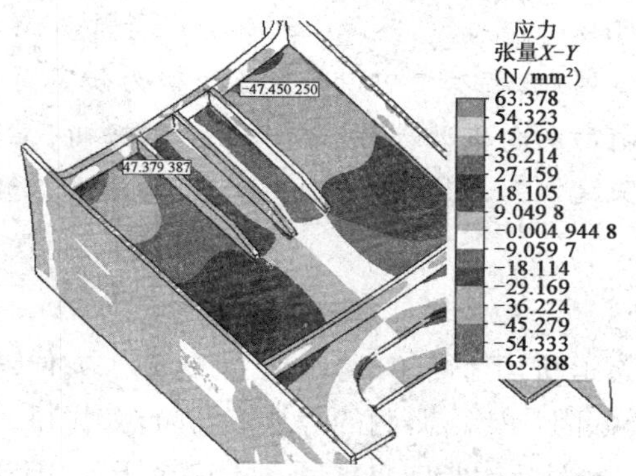

图 11 钢锚箱内表面沿斜拉索方向剪应力

五、结　　语

通过上述分析计算,可以得出如下结论:

(1)利用大型通用有限元分析软件,建立空间有限元实体模型,准确地反映了钢锚箱实际的几何关系和传力模式,空间有限元分析表明,本桥所采用的索梁钢锚箱结构受力合理,传力流畅,承载力满足规范要求。

(2)在钢锚箱外表面,承压板与主梁腹板连接部位、加劲肋 N_3 对应承压板外表面 Von Mises 应力较大,主要分别由沿斜拉索方向和横桥向的拉应力产生。

(3)在钢锚箱内表面,加劲肋 N_3 和承剪板靠近承压板的端部分布有最大 182.4MPa 的 Von Mises 应力,主要由受到的沿斜拉索方向较大压应力产生,在施工图设计中,对于和承压板焊接的加劲肋 N_1、N_3 和承剪板,要求其靠近承压板的端面磨光顶紧后再焊接。

(4)钢锚箱内、外表面沿斜拉索方向较大剪应力均分布在锚垫板边缘承剪板靠近承压板的端部。

参考文献

[1] 高小妮,贺拴海,赵煜.索梁锚固区应力状态单因素影响分析[J].广西大学学报(自然科学版),2012.

[2] 满洪高.大跨度钢斜拉桥索梁锚固结构试验研究[D].成都:西南交通大学博士学位论文,2007.

[3] 吴冲,韦杰鼎,曾明根,等.上海长江大桥斜拉桥索梁锚固区静力试验研究[J].桥梁建设,2007.

[4] 周良,胡洋,邓玮琳,等.上海闵浦二桥索梁钢锚箱锚固区应力分析[J].钢结构,2009.

[5] 李小珍,蔡婧,强士中.大跨度钢箱梁斜拉桥索梁锚固结构型式的比较研究[J].土木工程学报,2004.

[6] 陈国红,张启伟.斜拉桥钢锚箱式索梁锚固结构的有限混合单元法分析[J].中外公路,2009.

[7] 中华人民共和国行业规范.JTG/T D65-01—2007 公路斜拉桥设计细则[S].北京:人民交通出版社,2007.

[8] 孙训方,方孝淑,关来泰.材料力学[M].北京:高等教育出版社,2002.

146.人行索道桥人桥耦合振动控制研究

安永日[1]　刘　龙[1]　梁　磊[2]

(1.招商局重庆交通科研设计院有限公司;2.重庆交通大学)

摘　要　人行索道桥跨越能力强、施工方便,但存在主梁刚度小、自重轻、阻尼比不明确的等缺点,在行人过桥时易产生振动,影响桥梁正常使用。对人行桥振动,我国提出了“上部结构竖向自振频率不应小于3.0Hz”的要求。实际上大部分人行桥不满足此条文,但国内的相关规范和指南中尚未提出相关解决方法。因此,在本文中以人行索道桥为研究对象,对结构阻尼比进行了人参数化分析同时,安装TMD阻尼器前后两个工况进行人桥耦合振动分析,考察了结构振动控制可行性。

关键词 人行桥 振动频率 加速度 舒适性 TMD阻尼器

一、项 目 概 况

索道桥构造简单、跨越能力强、施工方便,适合修建在于高山峡谷。但人行索道桥存在主梁刚度小、自重轻、阻尼比不明确的等缺点,在行人过桥时易产生振动,影响桥梁正常使用。对人行桥振动,我国提出了“上部结构竖向自振频率不应小于3.0Hz”的要求。人行桥的第一阶自振频率见表1,大部分桥梁不满足此条文,但国内的相关规范和指南中尚未提出相关解决方法。因此,在本文中以人行索道桥为研究对象,参考德国人行桥设计指南和相关文献,对结构阻尼比进行了人参数化分析,考察了人群荷载振动作用下主梁最大加速度。同时,安装TMD阻尼器前后两个工况进行分析对比,考察了结构振动控制可行性。

人行桥基频统计表

表1

项目 序号	结构形式	主跨及断面	基频(Hz)	振动方向
1	悬索桥	主跨110m,钢箱梁	1.10	侧向
2		单跨35m,木质桥面板	2.07	竖向
3	斜拉桥	主跨134m钢箱梁	0.90	侧向
4		主跨38m,多跨钢斜拉	1.80	竖向
5		主跨48m,钢箱梁	1.92	竖向
6	简支或连续梁桥	钢筋混凝土人行桥	1.00	侧向
7		简支梁,主跨40m	1.90	竖向
8		主跨36m,RC箱梁	2.23	竖向
9		主跨34m,PC箱梁	2.30	竖向
10		钢桥,主跨48.5m	2.09	竖向
11		主跨43.3m,钢立交	2.40	竖向
12		三跨钢人行桥,中跨25m	1.46	竖向
13		钢梁人行桥	4.00	竖向

桥梁如图1和图2所示,是单跨索道桥,主索交点间距为156.0m,矢高8.5m,矢跨比为1/18.35。桥台间距为140m,桥面人行道净宽2.05m,主索中心间距2.2m。桥道系两侧对称设置倾斜反吊抗风索网,索网平面与水平面倾角:45°,抗风主索跨径为122.0m,矢高4.1m,矢跨比:1/29.8;锚碇均采用重力式锚碇。

主索横桥向采用双索面对称布置,左右主索中心距2.66m。主索截面右3根直径32mm的6×19W+IWR型镀锌钢丝绳圆截面组成,竖向高度分为6束布置,沿高度方向间距为0.25m。桥面系横梁体系采用双拼[16a槽钢,间距为2.50~2.545m,纵梁体系由[16a槽钢及硬木条组成。

二、计 算 模 型

桥梁计算模型采用空间模型,主索以及抗风主索、抗风拉索用索单元模拟,吊杆及桥面系横梁纵梁用梁单元模拟。主索滑轮用顺桥滑动支座模拟,木板只考虑自重不考虑刚度。全桥共有1327节点,1574梁单元,851索单元,整体模型见图3。

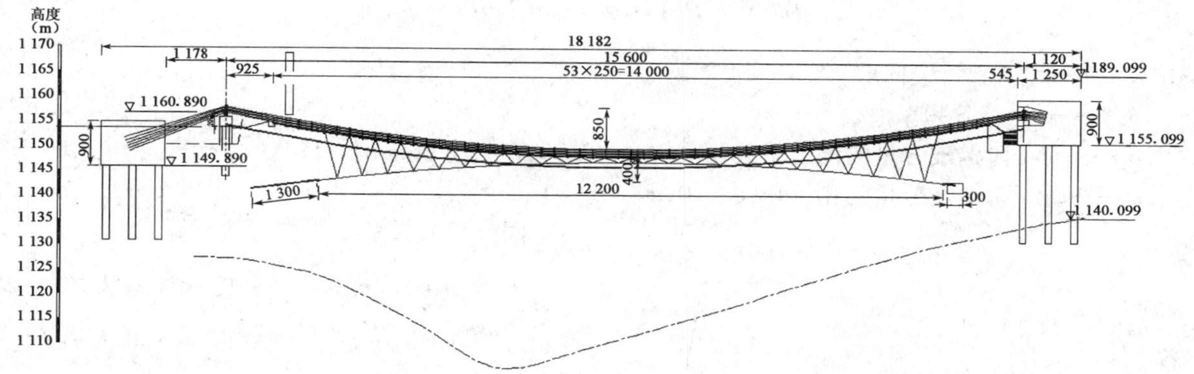

图1　桥型布置图(尺寸单位:cm)

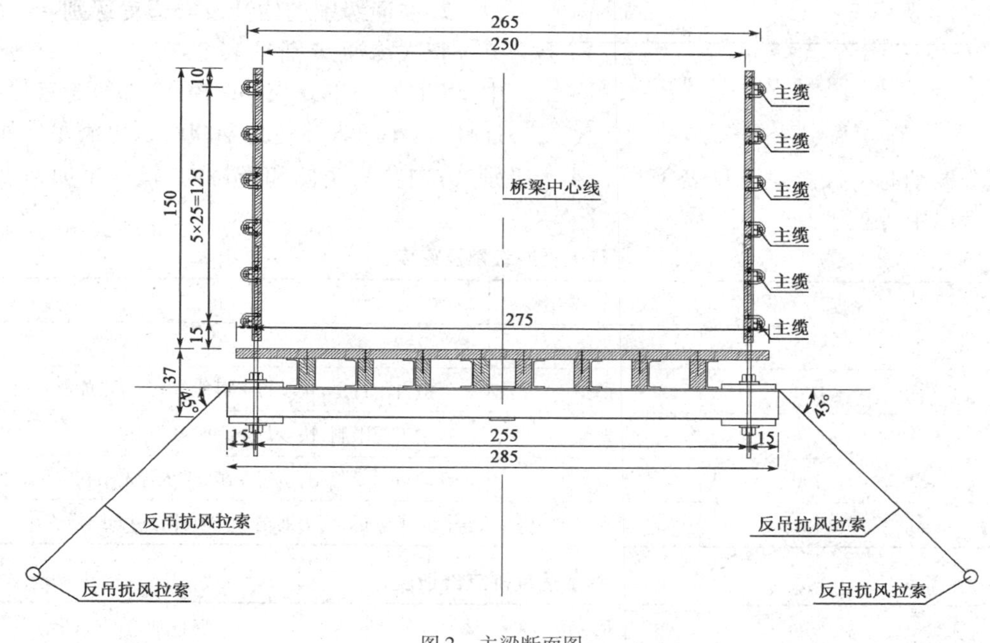

图2　主梁断面图

结构自重程序自动计入,桥面木条及木板用单元荷载加载,栏杆钢板与木板用节点荷载加载,人群荷载用车道加载。

边界条件约束主索和抗风主索端部所有位移,主索滑轮支点约束竖向和横桥向和竖向位移。

钢材的弹性模量取 2.06 × 105MPa,钢丝绳的弹性模量取 1.20 × 105MPa。

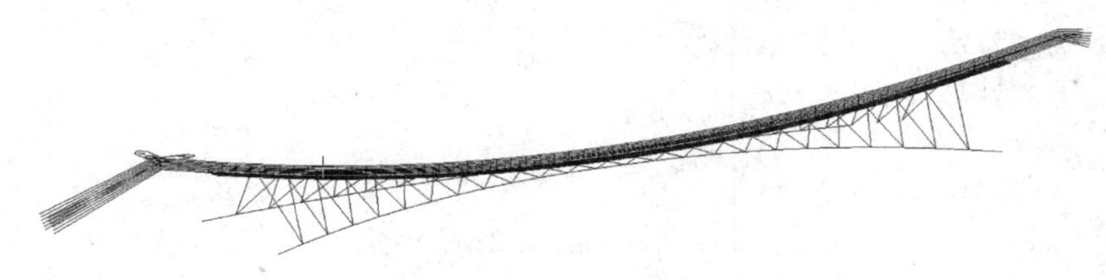

图3　桥梁整体计算模型

三、桥梁结构舒适度计算

1. 行人荷载模型

行人荷载模型按下式计算。

$$F(t) = P[1 + \sum_{1}^{3} \alpha_i \sin(2\pi i f_s t - \varphi_i)] \tag{1}$$

式中：P——行人荷载，竖向取700N；

f_s——桥梁某阶频率值；

α_i——第 i 阶谐波分量的动力系数，$\alpha_1 = 0.4 + 0.25(f_s - 2)$，$\alpha_2 = \alpha_3 = 1$；

φ_i——第 i 阶谐波分量的相位角，$\varphi_1 = 0$，$\varphi_2 = \varphi_3 = 1$。

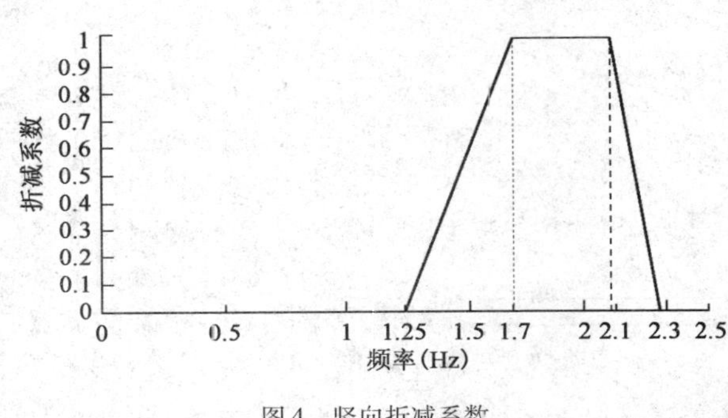

图4 竖向折减系数

同步行人数量 n' 可按下式计算。

$$n' = 10.8\sqrt{n\xi_i} \quad (\text{密度} < 1.0\text{人}/\text{m}^2)$$

$$n' = 1.85\sqrt{n} \quad (\text{密度} > 1.0\text{人}/\text{m}^2) \tag{2}$$

式中：ξ_i——桥梁阻尼系数；折减系数 ψ 按图4规定选取。

2. 交通级别的估计及舒适度级别

行人交通级别见表2，分为5个级别。本研究中，以TC4及1.0人/m^{2}控制，如行走速度按1.0m/s计算，每小时人流量为9000人，可满足使用要求。

人桥耦合振动时行人舒适度见表3，分为4个级别，方向分为竖向和横桥向，指标用加速度判断。本研究中舒适度以中等控制。

行人交通级别及密度 表2

交通级别	密度(人/m^2)	交通描述	特点
TC1		十分稀少	
TC2	0.2	稀少	舒适自由行走，快步行走可能，单个行人能够自由选择步法
TC3	0.5	繁忙	行走不受限制，快步行走有时可受限制
TC4	1.0	十分繁忙	移动自由受限制，步行受阻，快步行走不在可能
TC5	1.5	异常繁忙	行走不舒适，变得拥挤，不能自由选择步伐

用加速度确定舒适度 表3

级别	舒适度	竖向加速度(m/s^2)
CL1	最好	<0.50
CL2	中等	0.50~1.00
CL3	最小	1.00~2.50
CL4	不能接受	>2.50

3. 阻尼器参数确定方法

阻尼器参数按下式计算。

$$k_d = (2\pi f_d)^2 m_d \tag{3}$$

$$c_d = 2m_d \times 2\pi f_d \times \xi_{opt} \tag{4}$$

式中：k_d——阻尼器刚度；

c_d——阻尼器阻尼；

m_d——阻尼器质量；

f_d——阻尼器频率；

ξ_{opt}——阻尼比。

四、结构振动特性及阻尼器参数

1. 桥梁振动特性

根据桥梁结构参数,得到的同步行人数量见表4,换算后的产生振动效应的行人密度为0.099 人/m^2。行人步行振动频率范围内的桥梁振动模态如表5 和图5~图7,竖向有3 个模态。表中只列人群密度1.0 人/m^2 和阻尼比0.5 工况。

同 步 行 人 数 量 表4

d(人/m^2)	L(m)	B(m)	S(m_2)	n(人)	阻尼比(%)	n'(人/m^2)
1.0	140	2.5	350	350	0.5	0.099

行人步行振动频率范围内的桥梁振动模态 表5

模 态	频率(Hz)	φ	P(N)	α_1	α_2	α_3
18	1.562	0.693	485	0.291	0.1	0.1
23	1.824	1.000	700	0.356	0.1	0.1
29	2.067	1.000	700	0.417	0.1	0.1

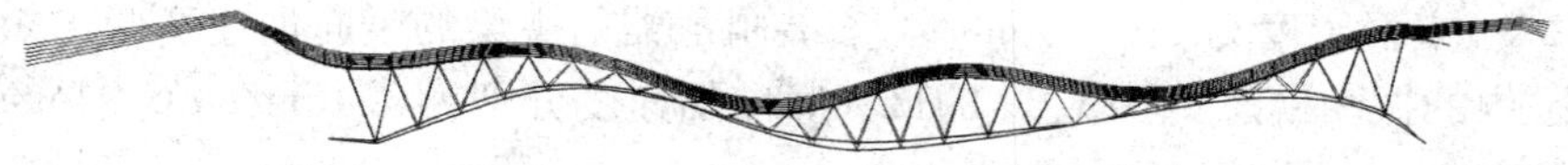

图5 桥梁第18 阶振动模态

图6 桥梁第23 阶振动模态

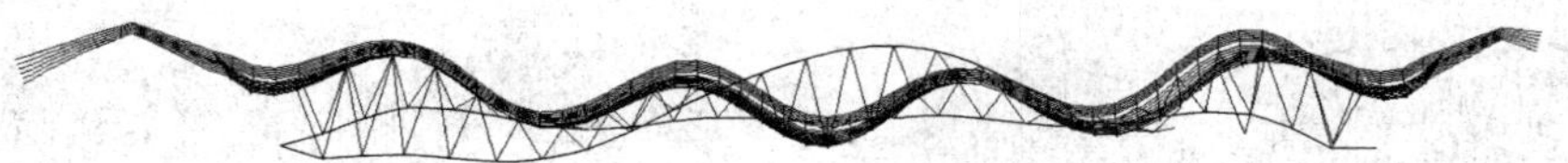

图7 桥梁第29 阶振动模态

2. TMD 阻尼器主要参数

TMD 阻尼器主要参数见表6,不同振动模态阻尼器参数的也不同,安装在每振动模态的各峰值处,共有24 个。

TMD 阻尼器主要参数 表6

阻尼器类型	控制模态	重量(kg)	刚度(kN/m)	阻尼系数(kN · sec/m)	数量(个)
1	18	100	9.52	0.1	7
2	23	100	12.98	0.1	8
3	29	100	16.67	0.1	9

五、计算及分析结果

1. 结构阻尼比参数化分析结果

无阻尼器时,结构阻尼比参数化分析结果如图8。图中横坐标表示结构阻尼比,竖坐标表示主梁最大加速度,d 表示人群,后面数值表示密度。当阻尼比由0.5~2.0 变化时,d0.2 的最大加速度相对比为

1.00∶0.86∶0.73∶0.65，d0.5 的最大加速度相对比为 1.00∶0.86∶0.73∶0.64，d1.0 的最大加速度相对比为 1.00∶0.60∶0.42∶0.32，阻尼比大小对结构振动的影响明显。但即使阻尼比为 2.0%，d0.2 的加速度为 1.38m^2/s，仅满足最小舒适度控制标准 2.5m^2/s，说明该类型桥梁在无阻尼器时，只适合于建造在人流量稀少地区。

安装阻尼器后，阻尼比由 0.5 ~2.0 变化时，d1.0 的最大加速度相对比为 1.00∶0.95∶0.88∶0.84，阻尼比对结构振动影响较小。

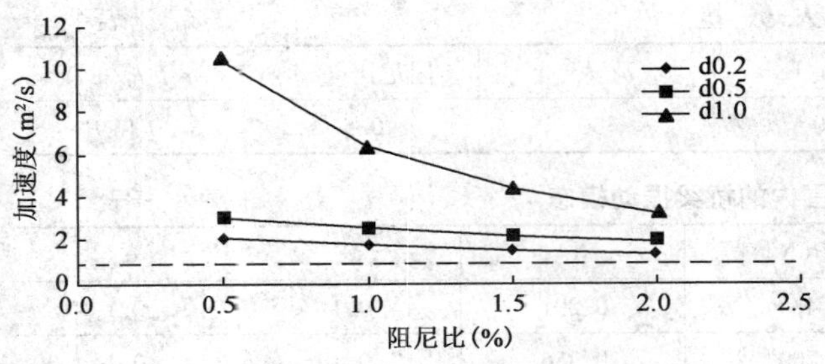

图 8 最大加速度—阻尼比相关曲线（无阻尼器）

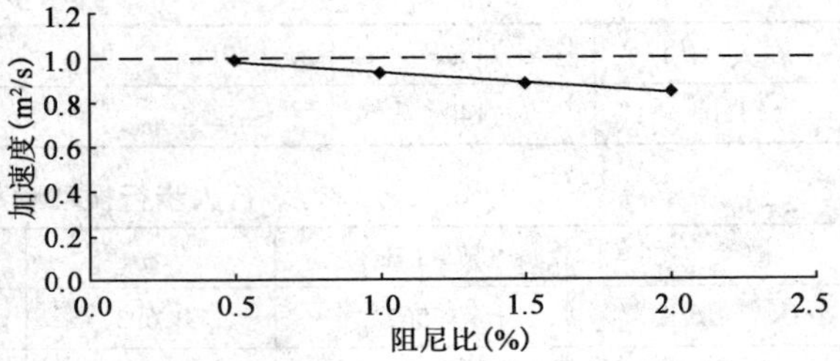

图 9 最大加速度—阻尼比相关曲线（安装阻尼器）

2. 结构振动控制结果分析

阻尼比为 0.2%、人群密度为 1.0 人/m^2 时，安装阻尼器前主梁的竖向加速度变化如图 10 所示，人群走动竖向频率范围内的振动模态 18、23、29 的最大竖向加速度分别为 3.46m/s^2、6.94m/s^2、10.47m/s^2，远远超过了控制目标 1.0m/s^2 不满足设计要求。

设置调质阻尼器 TMD 后，竖向加速度变化如图 11 所示，分别为 0.59m/s^2、0.71m/s^2、0.99m/s^2，小于控制目标，说明在人流量十分繁忙地区，通过安装阻尼器方法可解决人桥振动问题。

阻尼器质量块的加速度变化如图 12 所示，对应振动模态 18、23、29 的最大加速度分别为 6.43m/s^2、12.29m/s^2、10.29m/s^2，说明阻尼器系数人群振动能力建设了对主梁的振动。

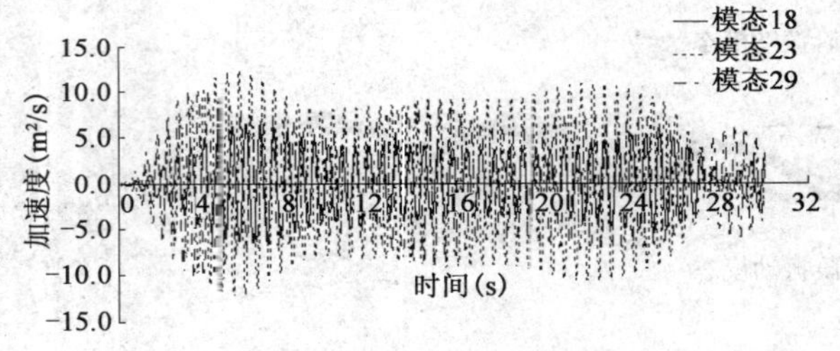

图 10 加速度—时间相关曲线（无阻尼器）

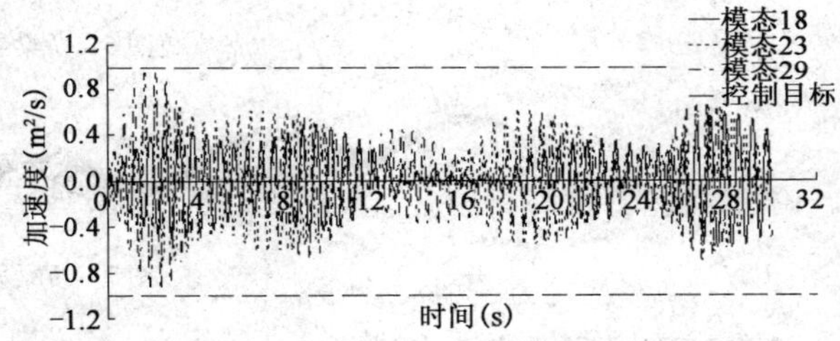

图 11 加速度—时间相关曲线（安装阻尼器）

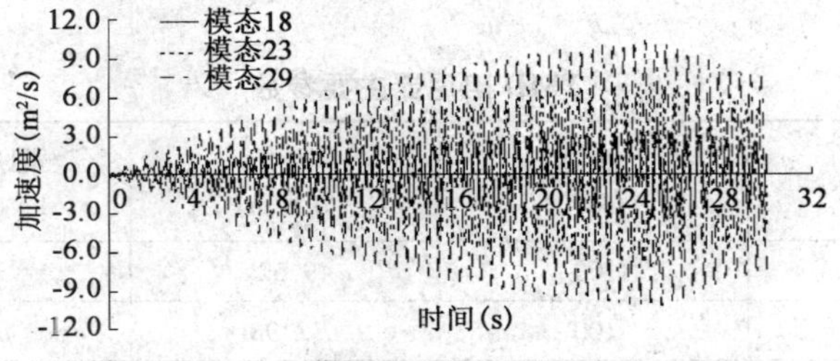

图 12 阻尼器加速度—时间相关曲线

六、结 语

本研究以人行索道桥为研究对象，参考德国人行桥设计指南和相关文献，对安装 TMD 阻尼器前和安装后两个工况进行人桥耦合振动分析。结果，安装 TMD 阻尼器前不满足舒适度要求，但安装后竖向加速度降到安装前的 9.4%，横桥向加速度降到 20.3%，满足相关舒适度要求，有效解决了人桥耦合振动问题。

参考文献

[1] Saiji FUKADA, Hiroaki YOSHIKAWA and Yasuo KAJIKAWA. Vibration Characteristics and Serviceability of Existing Steel footbridges[J]. Journal of structural engineering. Vol. 43A, 1997.03.

[2] 中华人民共和国行业规范. CJJ69—95 人行天桥与人行地道技术规范[S]. 北京:中国建设工业出版社,1995.

[3] EN03. 德国人行桥设计指南,2007.

[4] 陈政清,华旭刚. 人行桥的振动与动力设计[M]. 北京:人民交通出版社,2009.

[5] 李春祥. 质量阻尼器的发展. 力学进展[J],2003.05.

[6] 汪大洋,张永山. 行人移动荷载作用下大跨悬索人行桥 MTMD 减振控制研究[J]. 广东工业大学学报,2014.03.

[7] 陈政清,刘光栋. 人行桥的人致振动理论与动力设计[J]. 工程力学,2009.12.

147. 机制砂混凝土抗裂性能试验研究

李银斌[1] 余远程[1] 阮 欣[2]

(1. 贵州省交通规划勘察设计研究院股份有限公司;2. 同济大学)

摘 要 机制砂混凝土在工程建设中的应用日益广泛,其抗裂性能也得到了越来越多的关注。以河砂混凝土为对照,从试验研究角度出发,对 C30、C40、C50 和 C60 四个强度等级的机制砂混凝土的开裂性能开展了两方面的研究:(1)采用大板开裂试验,对比研究了各强度等级的机制砂与河砂混凝土的早期开裂性能,结果指出,一般情况下机制砂混凝土的早期开裂性能劣于河砂混凝土,但粉煤灰的掺加可显著改善机制砂混凝土的早期开裂性能;(2)以弹强比为抗裂性能指标,开展力学性能试验与静弹性模量试验,对比了各强度等级的机制砂与河砂混凝土的抗裂性能,结果指出,混凝土的抗裂性能随着强度等级的增大而提高,且机制砂混凝土的抗裂性能弱于河砂混凝土。

关键词 机制砂混凝土 抗裂性能 弹强比 早期抗裂性能

一、引 言

近年来,随着我国经济的飞速增长,全国各地兴建了大量的基础工程。混凝土作为目前工程建设中应用最为普遍的建筑材料,其在建设过程中的用量十分巨大。砂石集料是混凝土中比重较大的建筑用材,其耗用量也非常惊人。我国大部分地区工程建设中的混凝土用砂均为河砂,在短期内不具备可再生性,在目前需求情况下出现了大量的无序开采与过度开采局面,导致了严重的环境问题。为应对这一问题,国务院和各地人民政府相继采取了一系列控制措施,限制对河砂的开采制,从而提出了寻找新砂源以取代河砂建筑用砂地位的要求。

机制砂指采用专门制砂生产线将各类石料进行初步破碎和细碎后得到的一种在建筑混凝土配合中替代河砂的砂石,其具备生产过程环保、原材料分布广泛且廉价等众多特点,是一种有效的河砂替代品,在英日等岛屿国家和某些石多砂少地区已得到了广泛采用。

混凝土开裂性能对使用性能和耐久性能的影响较大,本文以此为研究切入点,结合六冲河特大桥项目,对工程中实际采用的机制砂混凝土与对应河砂混凝土开展了相关的抗裂性能对比试验研究。本文主要选取了早期抗裂性能和弹强比两个指标,分别从定性和定量方面对两种混凝土的抗裂性能进行了研究对比。试验主要包括了大板开裂试验、强度试验和弹性模量测试试验等三个试验,试验结果指出,机制砂混凝土的抗裂性能稍劣于河砂混凝土,但粉煤灰的掺加可机制砂混凝土的早期抗裂性能进行有效改善。

二、试 验 材 料

根据项目工程实际情况与工作性要求，本文选择C30、C40、C50和C60四个强度等级的机制砂混凝土(JC)及河砂混凝土(HC)开展抗裂性能试验研究，各标号混凝土的配合比如表1所示。

机制砂混凝土及河砂混凝土试验配合比(kg/m^3) 表1

	编号	水泥	粉煤灰	砂	细碎石	粗碎石	水	减水剂	W/B
机制砂	JC30	378	0	889	578	385	170	7.94	0.45
	JC40	344	76	795	606	404	170	7.74	0.40
	JC50	497	0	787	600	400	165	13.42	0.33
	JC60	492	54	841	570	380	160	18	0.29
河砂	HC30	378	0	889	578	385	170	7.94	0.45
	HC40	344	76	795	606	404	170	7.74	0.40
	HC50	497	0	787	600	400	165	13.42	0.33
	HC60	492	54	841	570	380	160	18	0.29

本文试验中的混凝土配置选用贵州盘江海螺牌P.O52.5级水泥，青岛鲁青Ⅱ级粉煤灰，以及由山西黄腾化工有限公司生产的AS-2缓凝超塑性高性能减水剂。机制砂与河砂混凝土的粗骨料均采用机制砂母岩石灰岩；机制砂混凝土的细集料采用细度模数为3.07的机制砂，石粉含量为5.9%，河砂混凝土的细集料采用细度模数为2.40的河砂，含泥量为4.0%；两者的细集料级配曲线如图1所示。

三、大板开裂试验

为了解机制砂与河砂混凝土的早期塑性开裂性能，本文参照《普通混凝土长期性能和耐久性能试验方法标准》(GBT 50082—2009)展开了混凝土早期抗裂性能试验，以尺寸为800mm×600mm×100mm的平面薄板型试件为标准试件，具体的实验装置如图2所示。

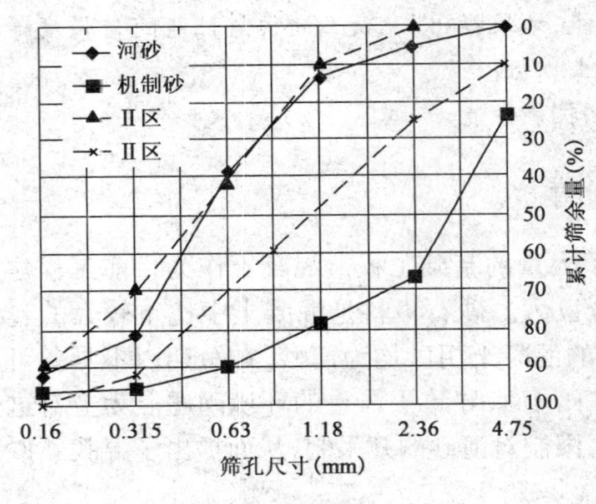

图1 细集料的颗粒级配

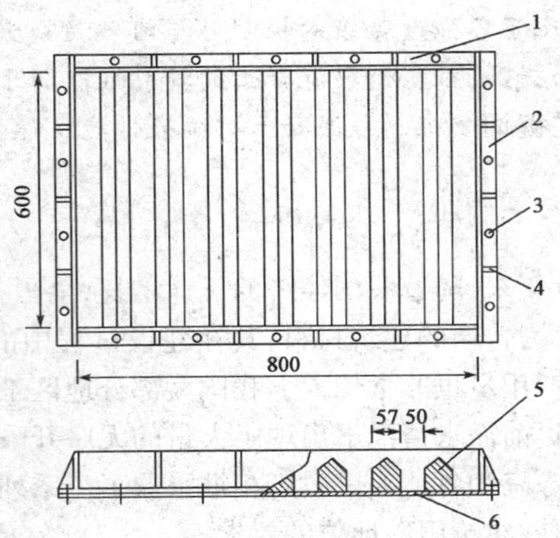

图2 平板开裂试验装置图

1-槽钢;2-槽钢;3-螺栓;4-槽钢加强肋;5-裂缝诱导器;6-底板

试件成型之前，在试模底部铺聚氯乙烯薄膜隔离层。试件浇筑、振捣、抹平之后，立即用塑料薄膜覆盖，保持环境温度为20℃，相对湿度为60%；2h后将塑料薄膜取下，用电风扇吹混凝土表面，风速5m/s；记录自浇筑起24h内试件开裂时间、裂缝数量、裂缝长度和宽度等数据，根据24h开裂情况计算下列三个参数：

(1)裂缝平均裂开面积

$$a = \frac{1}{2N}\sum_{i}^{N} W_i \cdot L_i$$

（2）单位面积的开裂裂缝数目

$$b = \frac{N}{A}$$

（3）单位面积上的总裂开面积

$$C = a \cdot b$$

式中：W_i——第 i 根裂缝的最大宽度（mm）；

L_i——第 i 根裂缝的长度（mm）；

N——总裂缝数目；

A——平板面积（m^2）。

混凝土早期抗裂性评价准则为：①未开裂；②平均开裂面积小于 $10mm^2$；③单位面积开裂裂缝数目小于10 根/m^2；④单位面积上的总裂开面积小于 $100mm^2/m^2$。按照上述准则，将抗裂性划分为五个等级：Ⅰ级，全部满足上述四个条件；Ⅱ级，满足三个条件；Ⅲ级，满足上述两个条件；Ⅳ级，满足一个条件；Ⅴ级，一个也不满足。

对机制砂与河砂混凝土不同强度等级的试件开展早期抗裂性能试验，得到各个配比试件的早期塑性抗裂性能结果如表 2 所示。图 3 给出了 C30 和 C40 强度等级的机制砂与河砂混凝土试件的开裂情况实拍图。

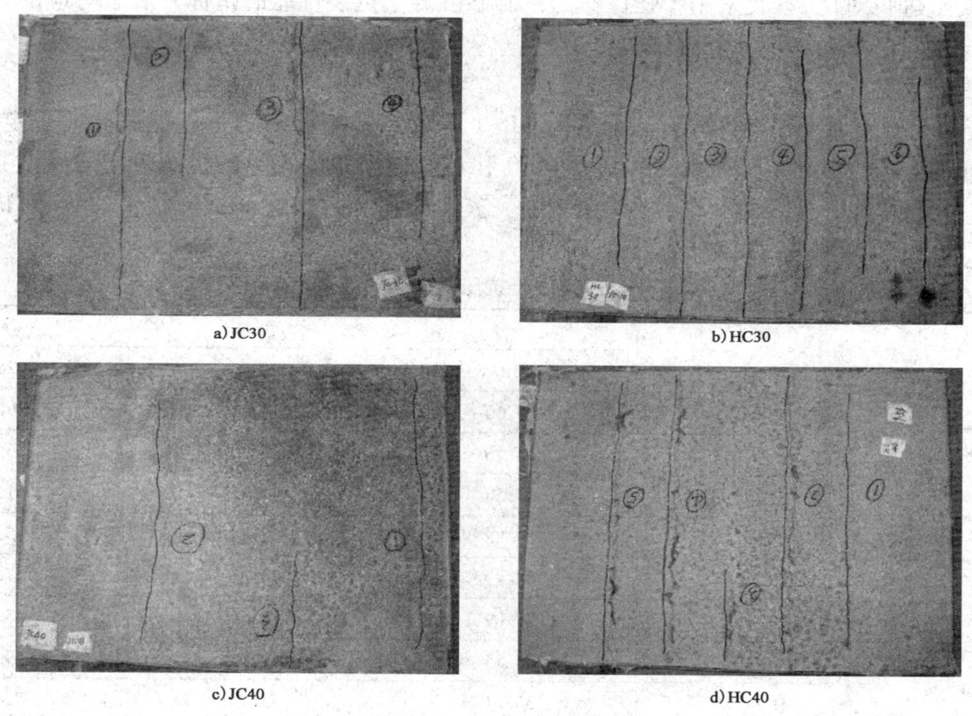

a）JC30　b）HC30　c）JC40　d）HC40

图 3　河砂与机制砂混凝土开裂情况

试验结果指出：各个配比的机制砂与河砂混凝土的抗裂性能均较为优良，各试件的抗裂等级均达到了Ⅳ级；相较于河砂混凝土，机制砂混凝土的 C30 与 C50 强度等级试件开裂情况较为严重，C40 与 C60 强度等级试件则较为轻微。造成这一结果的原因可能为：对 C30 和 C50 强度等级试件而言，机制砂石粉中的石灰石微粒在水泥水化早期对 $Ca(OH)_2$ 和 CSH 的形成起晶核作用，加速了熟料矿物特别是 C3S 矿物的水化，并且自身还参与水泥水化，增大了早期水化热，导致了机制砂混凝土的早期开裂较为严重；对 C40 和 C60 强度等级试件而言，由于试件中粉煤灰的存在，其带来的二次水化影响减少了早期水化放热，从而改善了混凝土的开裂,且这一改善效果在机制砂混凝土中更为显著。

不同配比机制砂与河砂混凝土抗裂结果 表2

编号	裂缝条数(根)	裂缝的平均裂开面积(mm^2)	单位面积裂缝数目(根/m^2)	单位面积上的总裂开面积(mm^2/m^2)	抗裂性等级
JC30	4	233.7	11.11	2 596.67	Ⅳ
JC40	3	130.5	8.33	1 087.5	Ⅳ
JC50	6	173.7	16.67	2 895	Ⅳ
JC60	2	333.2	5.56	1 851.11	Ⅳ
HC30	6	137.6	16.67	2 293.33	Ⅳ
HC40	5	214.5	13.89	2 979.17	Ⅳ
HC50	3	259.1	8.33	2 159.17	Ⅳ
HC60	6	75.0	16.67	1 250	Ⅳ

四、弹强比对比试验

迄今为止,在混凝土抗裂性能评价指标中,弹强比的使用最为广泛。弹强比是指混凝土的弹性模量与抗压强度之比。弹强比越小,混凝土的抗裂性能越好。为对机制砂混凝土的抗裂性能做出定量评价,并与河砂混凝土进行对比,本文采用弹强比作为机制砂混凝土抗裂性能的指标开展了对应的力学性能与静弹性模量试验。

1. 力学性能试验

按照《普通混凝土力学性能试验方法标准》(GB/T 50081—2002)对力学性能试验的规定,本文采用边长为100mm的立方体试件,分别对C30、C40、C50和C60四个强度等级的机制砂与河砂混凝土开展了相关试验,并分别测定了3d、7d和28d的抗压强度。表3给出了力学性能试验结果,图4对机制砂与河砂混凝土的28d抗压强度进行了对比。

混凝土抗压强度 表3

编号		强度(MPa)		
		3d	7d	28d
机制砂混凝土	JC30	26.60	31.01	49.64
	JC40	34.16	49.20	53.45
	JC50	44.56	49.32	61.28
	JC60	39.88	65.45	75.00
河砂混凝土	HC30	28.49	30.32	47.38
	HC40	25.09	38.54	48.13
	HC50	44.15	49.95	59.69
	HC60	36.31	53.72	72.63

从上述图表中可以看出,机制砂混凝土各龄期强度均比河砂混凝土强度高,由于粉煤灰二次水化的影响,掺加粉煤灰的混凝土早期强度低,但后期强度发展较快。

2. 静弹性模量试验

按照《水工混凝土试验规程》(SL 352—2006)中相关规定,本文采用贴应变片的方法测试100mm×100mm×300mm的棱柱体试件静弹性模量。为消除应力-应变曲线起始时所呈现的轻微凹形的影响,提高数据的准确性、可靠性,本文以0.5MPa到40% fc之间的割线模量作为混凝土静力受压的弹性模量取值,由此可根据实验结果得到各强度等级机制砂与河砂混凝土试件的静弹性模量值如表4与图5所示。

机制砂与河砂混凝土静弹性模量试验结果 表4

强度等级	C30	C40	C50	C60
机制砂混凝土试件静弹性模量(GPa)	37.7	42.5	45.5	46.2
河砂砂混凝土试件静弹性模量(GPa)	34.2	35.0	37.6	39.1

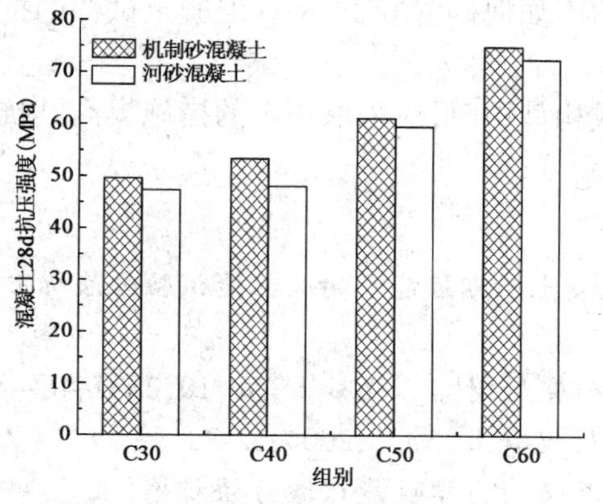

图4 机制砂与河砂混凝土28d抗压强度对比图

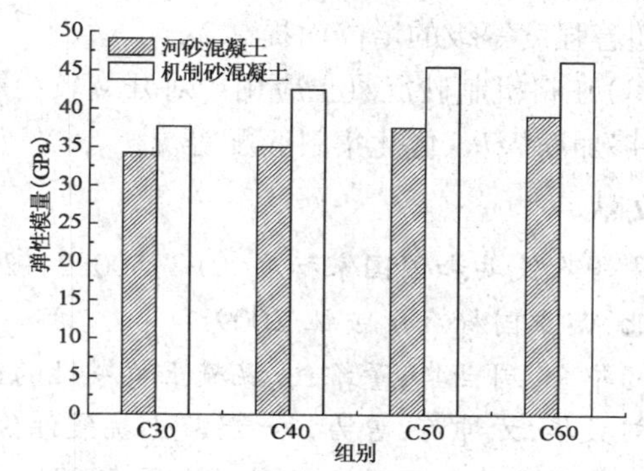

图5 机制砂混凝土与河砂混凝土的静弹性模量对比

从上述图表中可以看出,机制砂与河砂混凝土的静弹性模量基本在34GPa~46GPa范围内变动,随混凝土强度等级增大而提高,且机制砂混凝土的静弹性模量均高于同强度等级的河砂混凝土。

3. 弹强比

根据弹强比的定义,选取混凝土试件28d抗压强度值与静弹性模量进行计算。根据本文对此开展的试验结果,可计算求得C30、C40、C50和C60各强度等级的机制砂与河砂混凝土试件的弹强比,具体计算结果见表5。

机制砂与河砂混凝土弹强比 表5

强度等级	C30	C40	C50	C60
机制砂混凝土试件弹强比	759	795	742	616
河砂混凝土试件弹强比	722	727	630	538

由计算结果可知:各个强度等级机制砂混凝土的弹强比稍大于河砂混凝土,说明河砂混凝土的抗裂性能优于机制砂混凝土;机制砂与河砂混凝土的弹强比随着强度等级的增加而减小,说明混凝土抗裂性能随着强度等级的增加而提高,这与之前的研究结论也一致。造成这一结果的可能原因为机制砂混凝土中细集料的细度模数较大,骨料颗粒尺寸较大,如图6所示C30强度等级的机制砂混凝土与河砂混凝土截面图也证明了此点。机制砂混凝土中较粗细集料的存在导致混凝土中的级配较差,对其抗裂性能造成了不利影响。

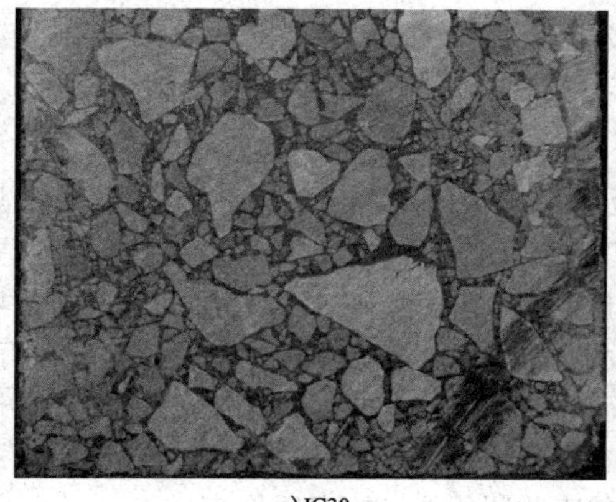

a) JC30

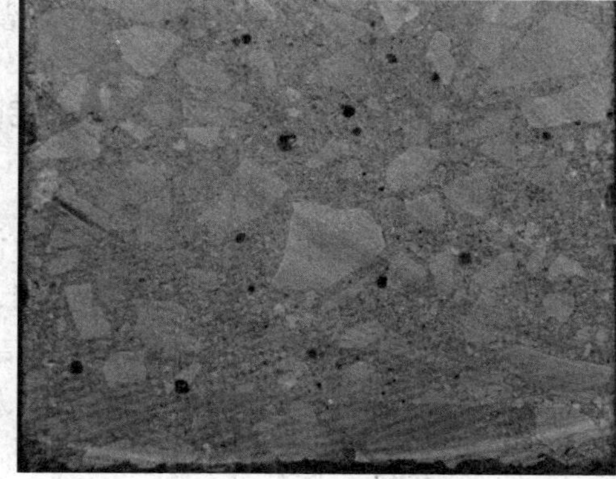

b) HC30

图6 C30强度等级机制砂与河砂混凝土截面图

五、结　语

(1)机制砂混凝土的早期开裂性能不如河砂混凝土,但在掺加粉煤灰后,机制砂混凝土的早期开裂性能则更优。

(2)机制砂混凝土的整体开裂性能在各个强度等级上均不如河砂混凝土,两种混凝土试件的抗裂性能也随着强度等级的增高而提高。

(3)在将机制砂混凝土应用于对开裂较为敏感的结构或构件中时,应采取一定的措施提高其抗裂性能,如掺加粉煤灰、优化集料级配等。

参考文献

[1] 中华人民共和国国家标准. GBT 50082—2009 普通混凝土长期性能和耐久性能试验方法标准[S]. 北京:中国标准出版社. 2009.

[2] 杨华全,周世华,董维佳. 混凝土抗裂性的分析、评价与研究展望[J]. 混凝土,No. 10,2007:46-48.

[3] 刘数华,方坤河,曾力,等. 混凝土抗裂评价指标综述[J]. 混凝土,No. 5,2004:32-33.

[4] 中华人民共和国国家标准. GB/T 50081—2002 普通混凝土力学性能试验方法标准. 北京:中国标准出版社,2002.

[5] 中华人民共和国行业标准. SL 352—2006 水工混凝土试验规程. 北京:中国水利水电出版社,2006.

[6] 余斌,熊进刚,扶名福,等. 粉煤灰再生粗集料混凝土基本性能研究[J]. 混凝土,No. 9,2008:67-69.

[7] 刘数华,曾力,吴定燕. 碾压混凝土抗裂性能研究[J]. 建筑大学学报,No. 5,2002:71-75.

148. 桥梁健康监测的模态识别与损伤识别软件集成开发及应用

梁　鹏[1]　王晓光[1,2]　马旭明[1]　贺　敏[1]　张　超[1]

(1. 长安大学公路学院;2. 中交公路规划设计院有限公司)

摘　要　模态识别、损伤识别是健康监测系统的核心问题,结构分析是模态识别和损伤识别的基础。首先总结模态识别和损伤识别的几种算法;然后基于 MATLAB 平台,开发涵盖多种算法的结构分析、模态识别和损伤识别的集成软件包;最后通过数值仿真算例,验证集成软件包具有界面友好、功能丰富、扩展性好、能自动、实时在线运行的优点,有望在结构健康监测系统中发挥重要作用。

关键词　健康监测　模态识别　损伤识别　结构分析　模型修正　实时在线　MATLAB

一、引　言

在长期的运营过程中,桥梁结构不可避免地会遭受环境侵蚀、材料老化、荷载的长期效应、疲劳效应及突变效应等耦合作用,这些作用会使结构产生损伤积累,从而使得结构的抗力降低,功能衰退,极端状况下引发灾难性事故,我国桥梁安全形势十分严峻,已成为桥梁工程领域亟须解决的问题。桥梁结构健康监测是解决这类问题的突破口。通过传感器对结构的长期监测,对获得的数据进行分析,进而可以有效地利用监测信息对结构的真实的状态进行反演,从而可以制定相应的养护策略,确保结构在运营期间的安全。在桥梁结构健康监测中,结构分析是基础,模态参数识别是核心,损伤识别是关键。上述三个问题相辅相成,只有完备的解决上述三个问题,桥梁结构健康监测才能发挥实用价值。

结构分析是模态识别和损伤识别的基础。首先,很多损伤识别的算法需要有限元基准模型;其次,桥梁结构健康监测系统需要对有限元模型进行修正。任伟新、宗周红等提出了多种模型修正的算法，这些算法基本是基于其他商业有限元软件进行二次开发，手动进行模型修正。

关于模态识别问题，根据信号识别域的不同可以分为三种类型不同的方法，频域法，时域法，时频域法；频域方法包括功率谱峰值拾取法（Peak Picking，PP）、频域分解法（Frequency Domain Decomposition，FDD）等识别方法；时域方法包含多种算法，如 ITD（The Ibrahim Time Domain，ITD）、STD（The Spare Time Domain，STD）、复指数法、随机子空间（The Stochastic Subspace Identification，SSI）、滑动平均模型法（Auto-Regressive Moving Average，ARMA）、特征值实现算法（Eigensystem Realization Algorithm，ERA）等识别方法；时频域模态识别方法主要包括小波变换（Wavelet Transform，WT）和希黄变换。目前国内外已经开发出了多种关于振动模态参数识别的商业软件，如：丹麦 SVS 公司的 ARTeMIS Modal、比利时 LMS 公司的 LMS Test. lab 振动-噪声测试分析系统、美国 SDRC 公司开发的 I-DEAS 系统、美国 Spectral Dynamics 公司的 StarModal/CATSModal、北京东方振动与噪声技术研究所的 DASP 系统、江苏东华 DHMA 实验模态分析系统等。

关于损伤识别问题，提出了很多种类的损伤识别的方法，主要分为有反演类和无反演类的损伤识别；根据处理方法的不同，无反演类损伤识别又可以分为损伤指标法和模式识别法，损伤指标可以分为静力指标和动力指标。关于损伤识别相关的商业软件，丹麦 SVS 公司的 ARTeMIS Modal 对 Z24 桥有损伤识别的实例，高校一些研究者也开发了损伤识别的软件包。

由以上分析可见，健康监测系统的结构分析、损伤识别和模态识别理论成果丰富，但存在以下不足：（1）各个理论算法分散在各文献和研究者手中，缺少集成软件包，缺少系统的性能对比；（2）即使有软件包，算法种类非常有限，如 ARTeMIS Modal 仅有 FDD 和 SSI 两种模态识别算法；（3）商业软件缺少参数调试、参数优化功能，价格昂贵，不能实时在线运行；需要专业的技术人员和科研人员人工干预才能实施，不能满足健康监测系统自动化的要求。因此，开发能嵌入桥梁健康监测系统实时在线运行的结构分析、模态识别和损伤识别模块的集成软件包，是促使桥梁健康监测系统走向实用化的基本前提。

本文基于 MATLAB 平台，开发了结构分析、模态识别、损伤识别工具包；归纳集成工具箱算法知识背景，给出工具箱构架方式和操作方式，并以数值仿真算例，验证了程序的实用性和可靠性。

二、相关理论背景

本章对所涉及结构分析，模态识别和损伤识别算法的技术脉络进行梳理。

1. 结构分析算法理论

结构分析模块包含静力计算、动力特性分析和时程分析，动力特性分析的方法为子空间迭代法；时程分析方法为振型叠加法和 newmark 积分法。

2. 模态识别算法理论

集成开发了 8 种模态识别算法，分别为 FDD 法、ITD 法、STD 法、SSI 法、ERA 法、ARMA 法、复指数法、WT 法和希黄变换法。8 种算法的技术脉络分析如图 1 所示。

图中所包含的主要数值计算方法包括：FFT——快速傅里叶变换，用于将信号由时域到频域的转换；SVD——奇异值分解，可降低识别过程中的噪声干扰，利用该技术可以提高抗噪性能；LS——最小二乘法，EVD——特征值分解，WT——连续小波变换，EMD——经验模式分解，HT——希尔伯特变换。

可以发现，SSI 法和 ERA 法均利用 Hankel 矩阵来构造系统矩阵，同时利用了 SVD、EVD，具有一定的抗噪能力和识别精度，但 ERA 法需要采用最小实现理论，存在定阶困难的问题；ITD 法和 STD 法直接利用自由振动响应信号构造系统矩阵，故在参数的选取方面有一定困难，且中间过程没有抗噪技术手段，故这两种方法的抗噪能力较差；FDD 法利用了 FFT，由时域转为频域进行识别，理论简单，SVD 技术的使用使得该方法具有一定的抗噪能力，但在求阻尼过程中使用力 IFFT 和线性拟合，具有一定的能量泄露和拟合误差，使得阻尼误差增大。复指数法仅利用了最小二乘技术以及 Prony 多项式的线性拟合来求解，计算量较小，但是识别精度受拟合程度的影响，且抗噪能力较差。WT 法和 HHT 法采用小波系数和希黄变换时频分析方法，对阻尼的识别相对于时域和频域的方法精度要高。

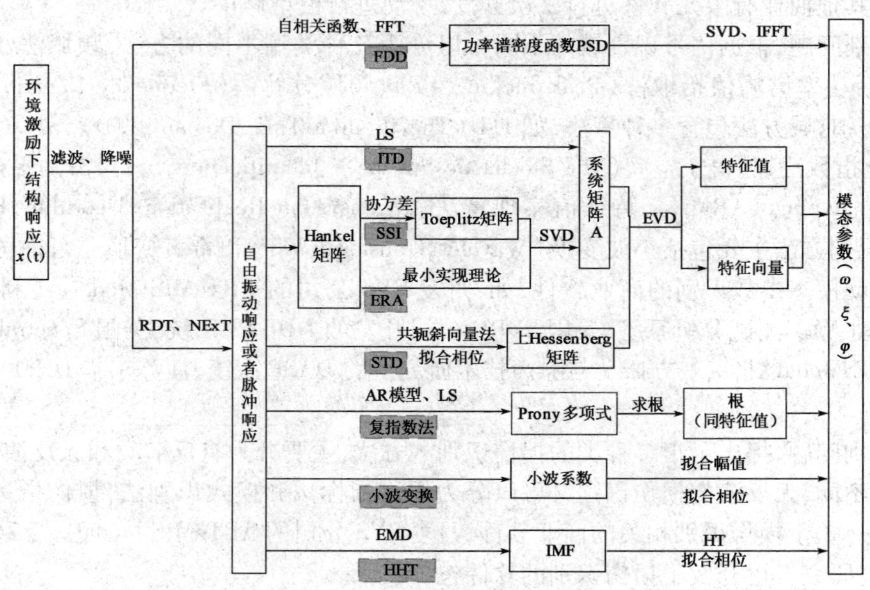

图 1　模态识别算法技术脉络分析

3. 损伤识别算法理论

本文涉及 3 种损伤识别算法，分别为基于频率的损伤识别、基于曲率模态的损伤识别和基于柔度矩阵的损伤识别。下面分别介绍损伤识别算法的识别流程。

1）基于频率的损伤识别

基于频率的损伤识别首先建立建立有限元模型。并数值仿真计算结构不同损伤程度下，各单元损伤的频率变化率比值 $FCR_{j,i}$，正则化频率变化率 $NFCR_i$。同时计算实测损伤工况下频率变化率比值 $FCR_{j,i}$ 和正则化频率变化率 $NFCR_i$。然后识别损伤位置和损伤程度，识别流程如图 2 所示。

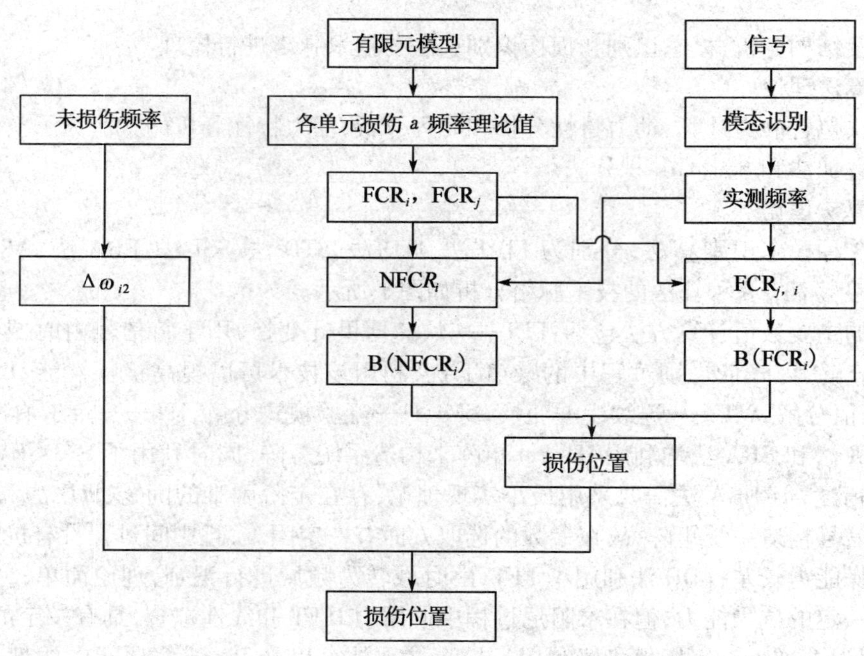

图 2　基于频率损伤识别流程

2）基于曲率的损伤识别

基于曲率模态首先建立有限元模型，并计算归一化振型，与识别出的归一化振型计算位移模态差和曲率模态差指标，从而来识别损伤位置和损伤程度。识别流程如图3所示。

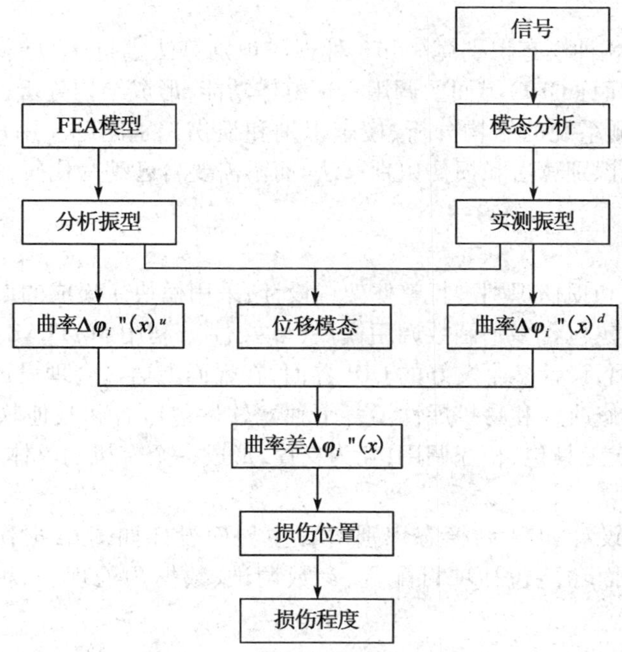

图3 基于曲率模态损伤识别流程

3）基于柔度矩阵的损伤识别

基于柔度矩阵的损伤识别算法通过计算损伤前后的频率和振型计算损伤前后的柔度矩阵，进而识别损伤位置和损伤程度。识别流程如图4所示。

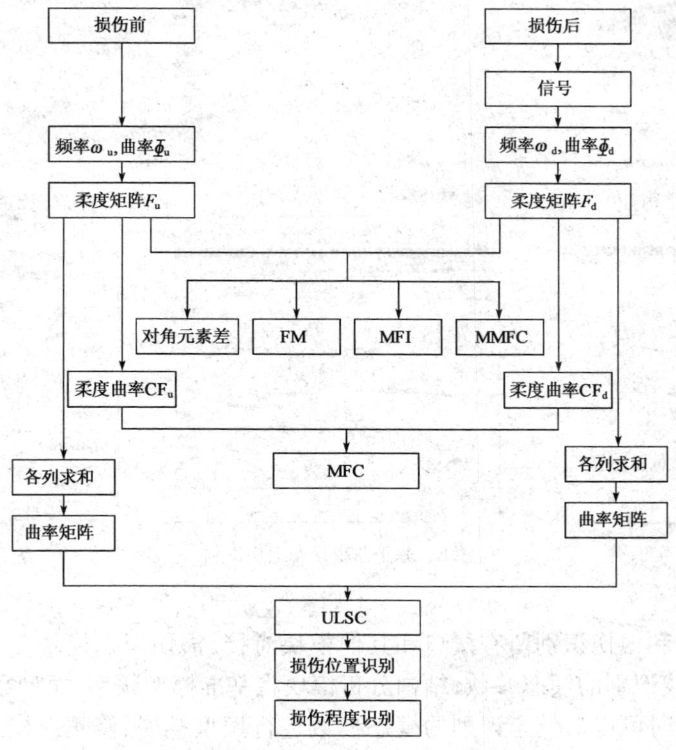

图4 基于柔度矩阵损伤识别流程

三、集成软件包开发

本文基于MATLAB平台，以上述理论知识为背景，集成开发了结构分析、模态识别和损伤识别工具包。

对结构分析相关功能、8种模态识别算法和3种损伤识别算法进行函数模块化编程。最后通过GUI（Graphical User Interfaces，简称GUI）界面的调用实现整体功能，形成结构分析、模态识别和损伤识别工具包。主要解决桥梁健康监测系统的结构分析、模态识别和损伤识别问题。用户可以直接使用工具箱学习、应用和评估不同的模态识别算法和损伤识别算法，而不需要自己编写代码，使开发的工具箱具有较高的工程实用价值。

1）软件包设计原则

对结构分析、模态识别和损伤识别进行整体架构设计，采用模块+集成的设计方法，将每一个模块设计为一个独立软件包，软件包包含多个函数调用模块（M文件），利用MATLAB的GUI界面技术，开发用户与工具箱交互的人机界面，设计多个友好的GUI界面，在界面上通过合理设计调用各模块程序，使系统的整体架构具有易读性、易修改性和易扩展性。各个独立软件包留有和其他软件包对接的接口，最后将三个软件包集成为一个集成工具包，相互调用，互为支撑，形成一个有机的整体。

2）GUI主界面

结构分析GUI主界面设计如图5，模态识别GUI主界面设计如图6，损伤识别GUI主界面设计如图7～图9，模态识别主界面功能包括项目配置、参数调试、数据预处理、八种模态识别方法结果在线显示。

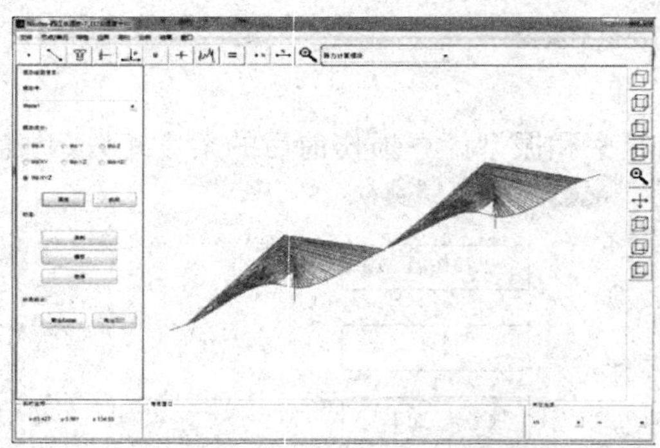

图5　结构分析主界面

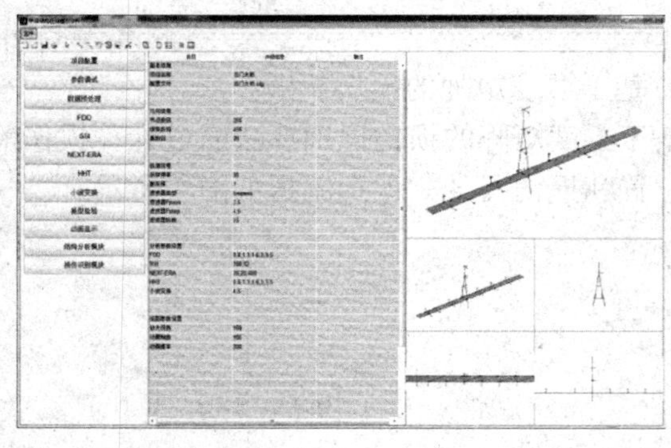

图6　模态识别主界面

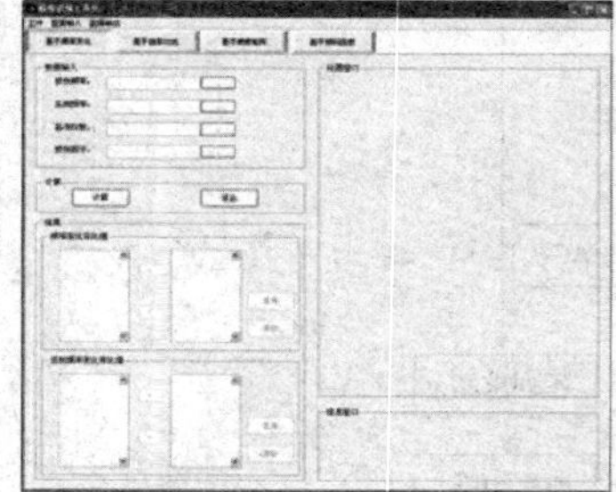

图7　基于频率损伤识别

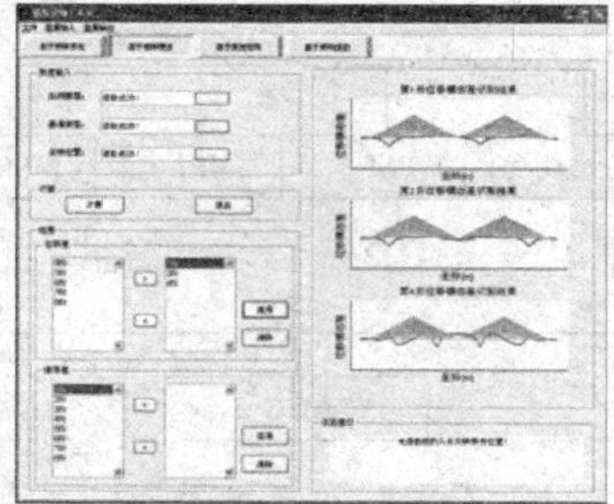

图8　基于曲率模态损伤识别

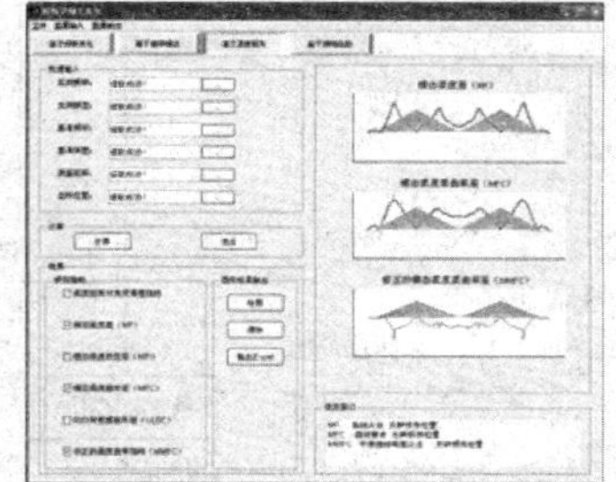

图9　基于柔度矩阵损伤识别

3）模块之间接口

结构分析、模态识别和损伤识别留有接口和其他模块对接，损伤识别模块需要结构分析模块的基准模型和模态识别模块在线识别的模态参数；结构分析模块将基准模型频率、振型数据接入损伤识别模块，为损伤识别提供依据，同时可以对模态识别的模态参数进行振型扩展、修正。模态识别模块将识别的模态参数传递给损伤识别模块进行损伤识别，各个模块之间互为调用，相互支撑，形成一个有机的整体。

4)集成软件包操作

(1)数据输入。结构分析前处理可以通过读取 midas 的 mct 文件来完成,模态识别和损伤识别的数据输入可以通过读入无格式的配置文件完成。

(2)参数调试。模态识别工具包具有参数调试功能,参数调试界面如 FDD、小波分析法的参数配置,可以通过频域分解法和三个方向的频谱图来设置,SSI、NEXT－ERA 法模态识别参数配置可以通过稳定图和 Toptliz 矩阵奇异值分解结果图来确定。将调试的参数键入界面中的文本框中,点击调试按钮,计算后的结果显示在调试结果表格中。

(3)结果输出和显示。结构分析、模态识别和损伤识别工具包的结果都可以输出 excel 文档和 txt 文件。调试好参数设置后,模态识别工具包可以实时在线显示识别的模态参数结果。如图 10、图 11 所示。

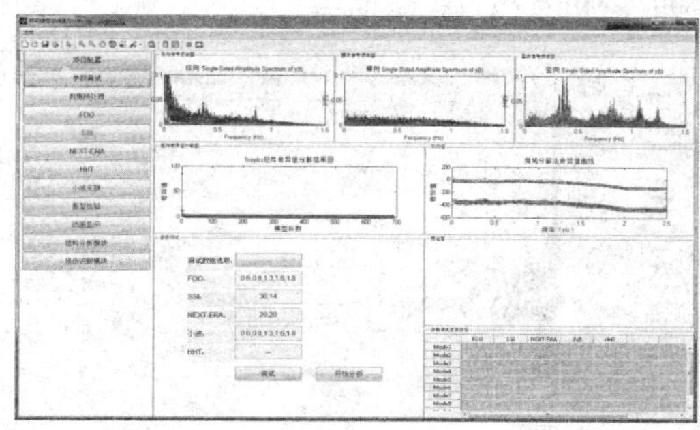

图 10　参数调试界面

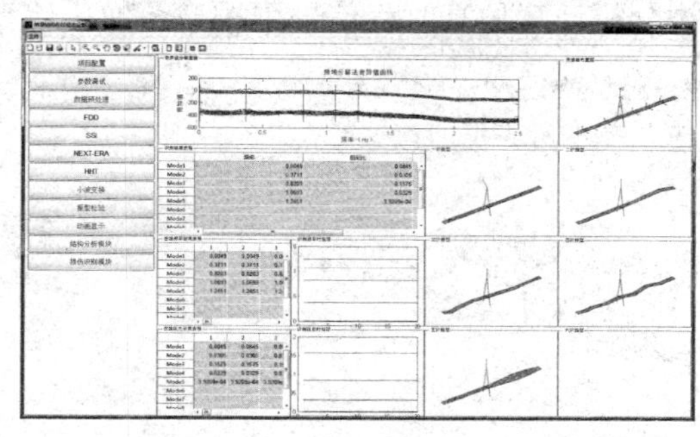

图 11　模态识别在线结果显示界面

四、算 例 验 证

1. 连续梁算例

本文采用一座结构形式为(40＋40＋40)m 的预应力混凝土连续箱梁桥为数值算例,对上述程序进行实用性和可靠性。箱梁横截面形式为单箱双室,梁高为 2.6m、箱梁顶板宽 12.3m、底板宽 7.8m、两侧翼缘悬臂长度为 2.25m、顶板厚 0.22m、底板厚 0.2m、腹板厚 0.5m。全桥划分 30 个单元,假定 6 号单元和 26 号单元发生 50% 损伤。测点布置如图 12 所示。

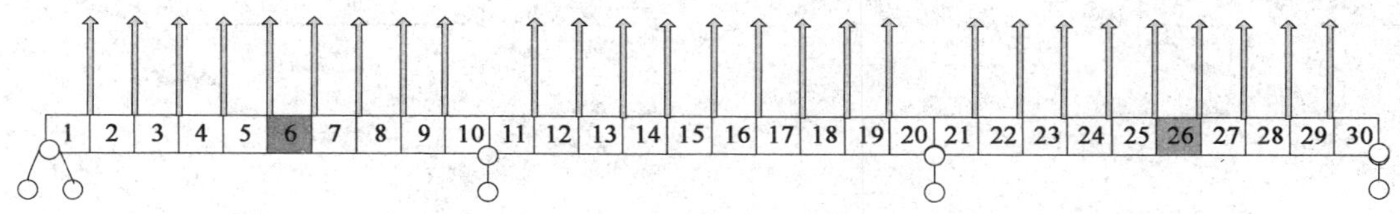

图 12　数值仿真测点布置及损伤位置图

1)结构分析

建立完好状态下有限元模型和损伤状态下有限元模型,完好状态模型作为基准模型,损伤状态下模型计算仿真时程信号。将两个模型导入结构分析模块,完好状态下振动特性结果如表 1 所示。

频率计算结果(Hz)　表 1

阶　数	结构分析模块	Midas Civil	误差(%)
一阶	3.520 7	3.520 7	0.000 0
二阶	4.511 8	4.511 8	0.000 1
三阶	6.588 2	6.588 3	0.000 1
四阶	10.571 0	10.571 0	0.000 1
五阶	11.499 0	11.499 0	0.000 2
六阶	13.546 9	13.547 0	0.000 2

续上表

阶　数	结构分析模块	Midas Civil	误差(%)
七阶	14.084 1	14.084 1	0.000 2
八阶	16.051 5	16.051 5	0.000 2
九阶	19.694 1	19.694 2	0.000 2
十阶	19.781 6	19.781 6	0.000 2

结构分析模块计算所得的频率与 midas civil 对比误差很小,误差不大于 0.0002%,验证了结构分析模块的可靠性。

结构分析计算仿真时程信号用振型叠加法计算时程曲线如图13、图14所示。

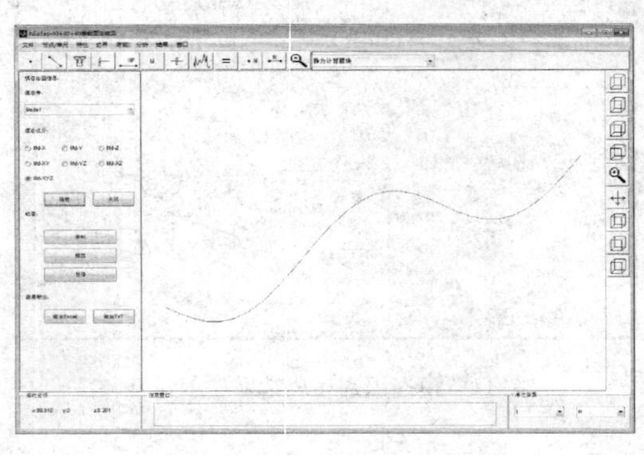

图13　一阶振型

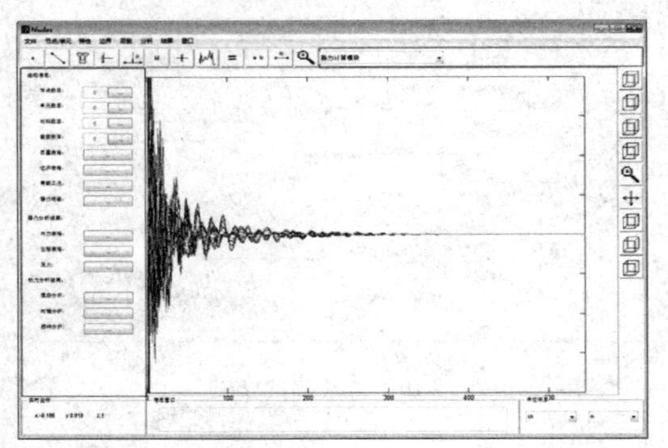

图14　时程结果图形

2)模态识别

利用结构分析模块对损伤状态下的模型仿真出的自由振动的时程信号,对结构进行模态识别,首先对各个方法进行参数调试,如图15所示。参数调试完成后,进行模态识别,识别结果界面如图16所示。

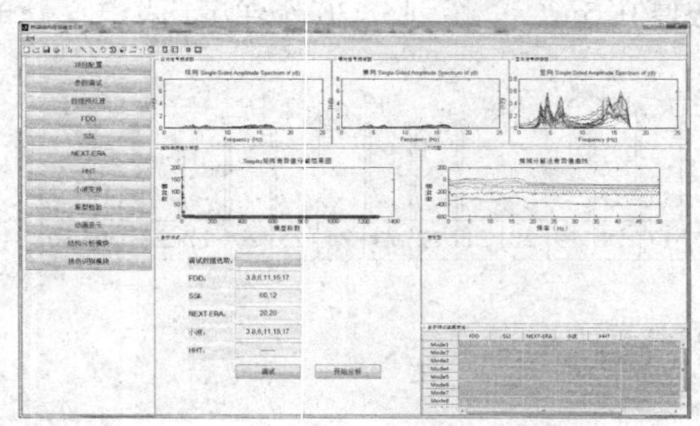

图15　参数调试界面

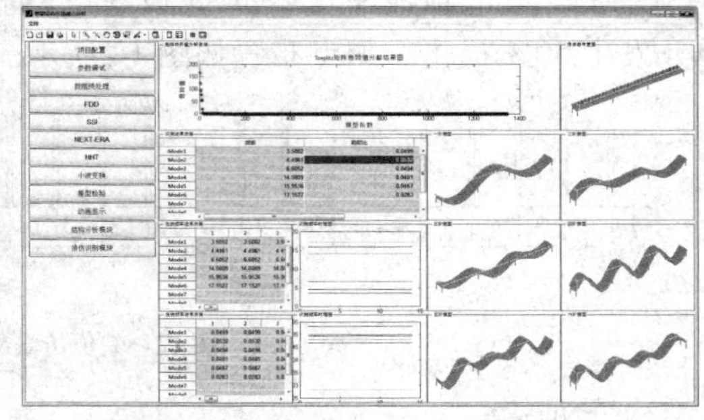

图16　随机子空间法识别结果界面

8种模态识别频率和阻尼的识别结果如表2和表3所示。

识别频率结果表格(Hz)　　表2

阶数	FEM	识别方法							
		FDD	ITD	STD	PRONY	SSI	ERA	WT	HHT
一阶	3.5207	3.5176	3.5243	3.5346	3.5350	3.5182	3.5183	3.5208	3.5199
二阶	4.5118	4.5321	4.5121	4.5044	4.5033	4.5061	4.5077	4.5117	4.5134
三阶	6.5883	6.6054	6.5762	6.5783	6.5981	6.6052	6.5901	6.6043	6.6052
四阶	14.0841	14.1002	14.0751	14.0734	14.0721	14.0809	14.0809	14.0822	14.0833
五阶	16.0515	15.9875	15.9936	15.8736	15.8946	15.9936	15.9975	15.9977	15.9875

识别阻尼结果表格　　表3

阶数	FEM	识别方法							
		FDD	ITD	STD	PRONY	SSI	ERA	WT	HHT
一阶	0.0500	0.0554	0.0480	0.0500	0.0520	0.0499	0.0480	0.0480	0.0480
二阶	0.0500	0.0207	0.0560	0.0675	0.0499	0.0500	0.0500	0.0500	0.0500
三阶	0.0500	0.0227	0.0420	0.0495	0.0510	0.0501	0.0499	0.0499	0.0499
四阶	0.0500	0.0618	0.0390	0.0516	0.0503	0.0498	0.0504	0.0504	0.0504
五阶	0.0500	0.0165	0.0520	0.0504	0.0494	0.0500	0.0341	0.0500	0.0500

3）损伤识别

运用识别出的模态参数和建立的完好状态下的基准模型进行损伤识别，损伤识别结果如图17～图20所示。

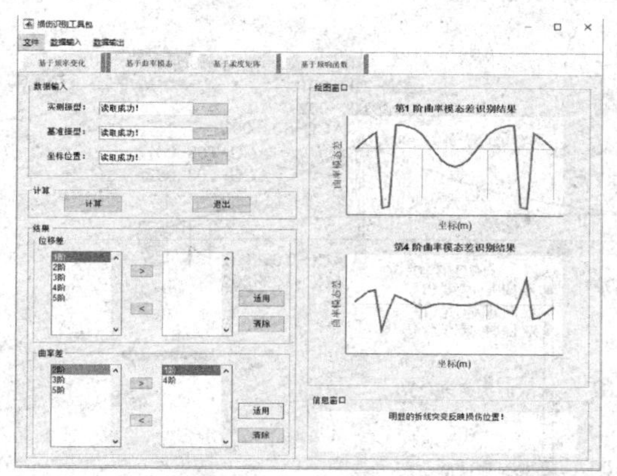

图17　基于曲率模态差损伤识别结果

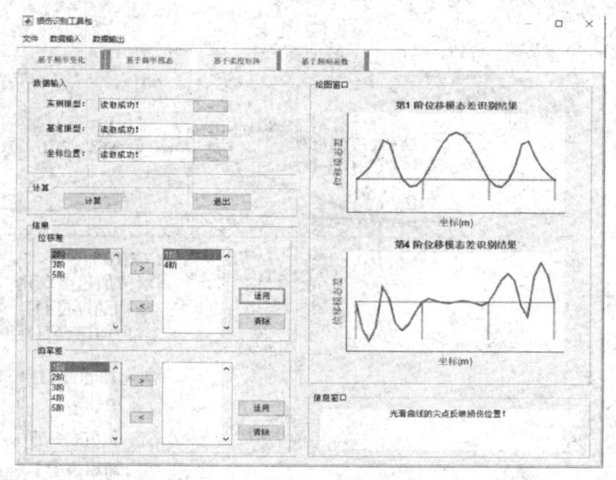

图18　基于位移模态差损伤识别界面

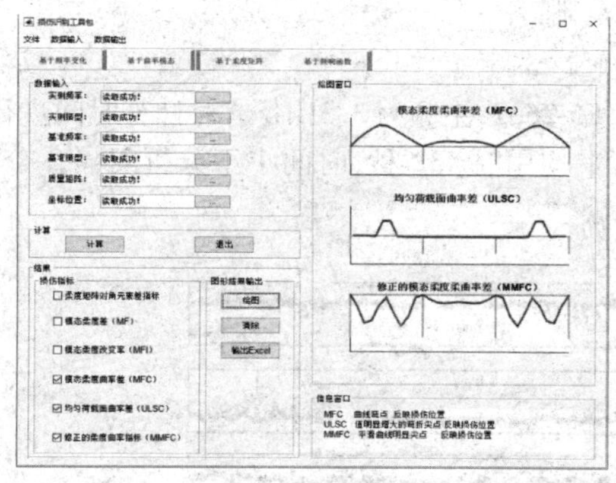

图19　基于柔度矩阵损伤识别结果

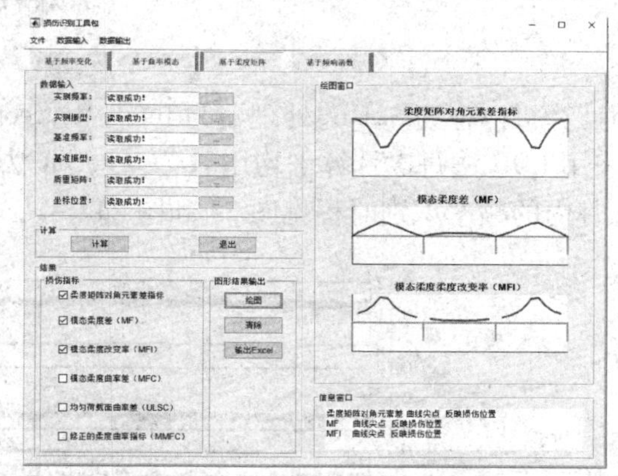

图20　基于柔度矩阵损伤识别结果

从损伤识别结果可以看出损伤位置和假设位置一致。上述结果可以验证结构分析模块，模态识别模块，损伤识别模块的实用性和可靠性。

2. 悬索桥算例

南京长江第四大桥主桥为576.2＋1418＋481.8＝2476m双塔三跨连续钢箱梁悬索桥，共布置三向加速度传感器4个，分别位于索塔底部与两侧锚碇位置处，共安装双向加速度传感器16个，分别位于主梁连接处、索塔中上部、索塔顶部及拱梁上，用于监测索塔纵横向振动，共安装单向加速度传感器39个，具体见图21和图22所示。

1）实时模态识别

对南京四桥2014年1月的数据进行连续计算，每次计算取10分钟采样数据，计算间隔为3分钟（所

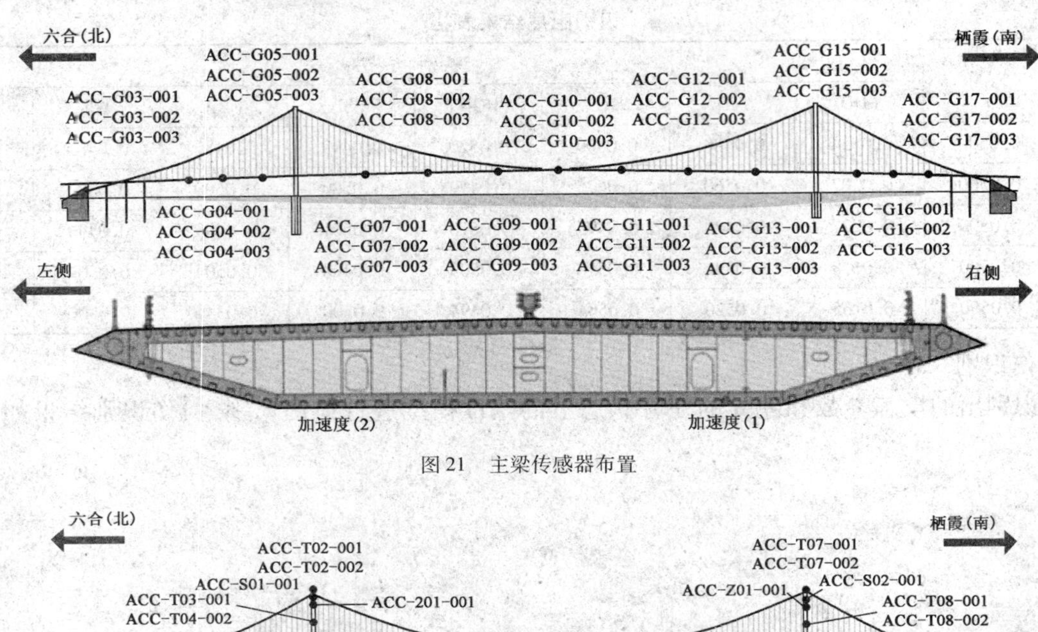

图21 主梁传感器布置

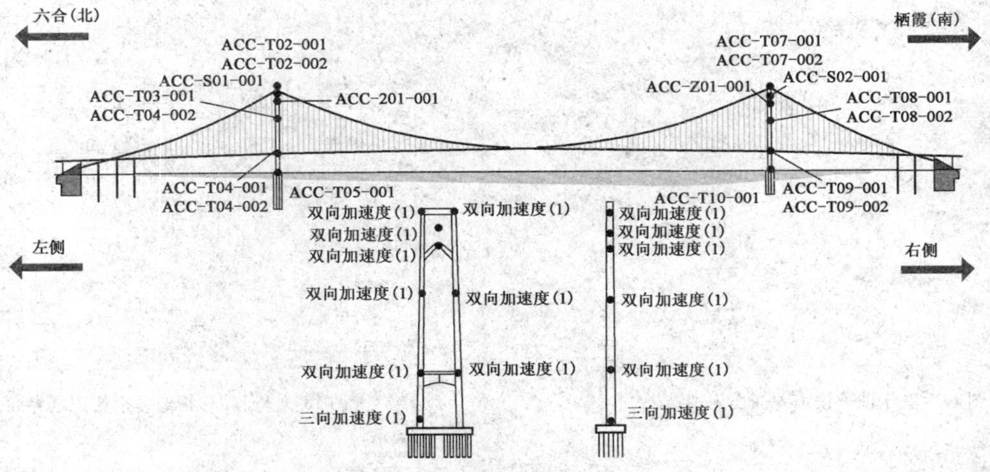

图22 主塔传感器布置

采用计算机闪存为32GB，处理器为Intel(R)Xeon(R)CPU E5-2637，主频为3.5GHz)，对计算时间进行统计，采用FDD法每次计算平均用时71秒，SSI法每次计算平均用时132秒，时间小于分析间隔3分钟。一个月内的频率识别时程见图23和图24。

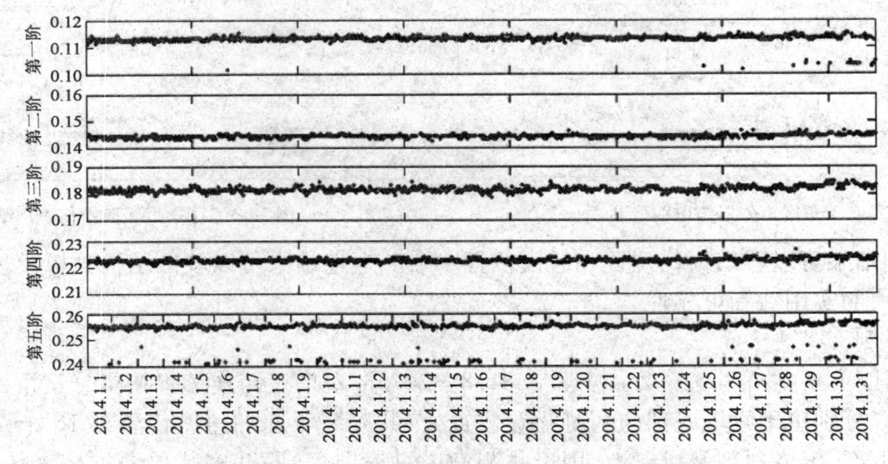

图23 FDD频率识别结果时程图

由上述结果可以证明模态识别模块可以完成实时在线的模态识别，可以满足桥梁健康监测系统实时性的要求。

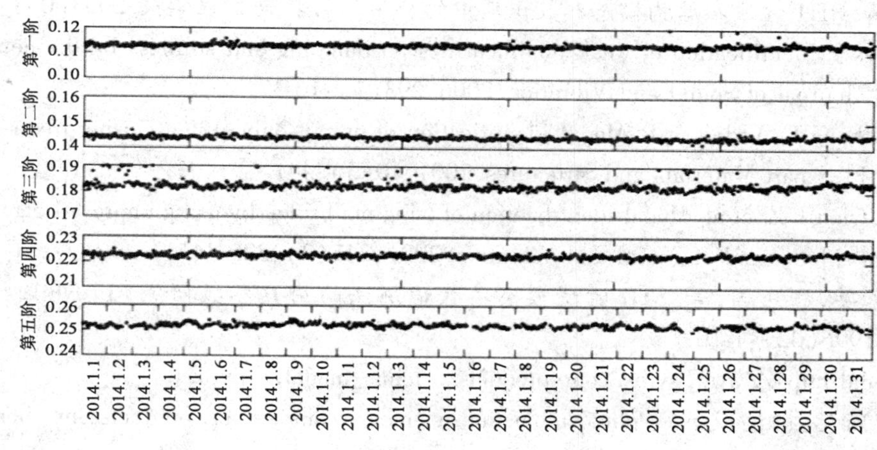

图 24 SSI 频率识别结果时程图

2)数值仿真损伤识别

由于实桥没有损伤,故在这里采用数值模拟信号得到的模态参数来识别损伤,数值仿真的加速度测点加密到主梁单元所有节点;假定南京四桥损伤工况为边跨跨中、中跨 1/4、中跨 3/4、边跨跨中,损伤程度均损伤 40%。损伤识别模块计算结果如图 25 所示。

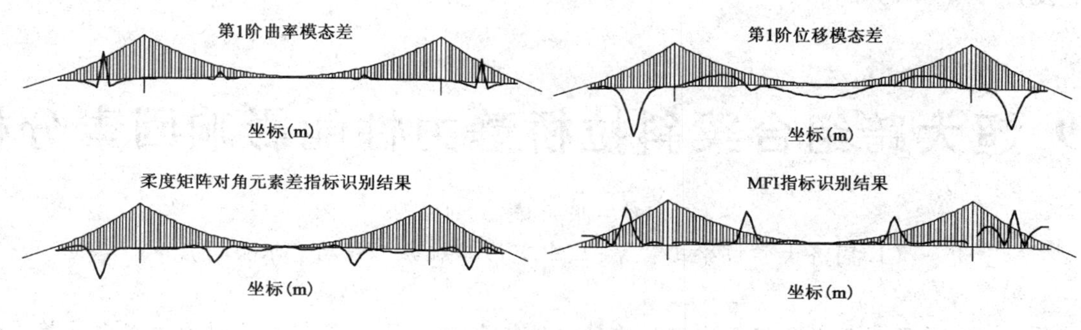

图 25 损伤识别结果

从上述结果图形可知,损伤识别位置假定的损伤位置相符,验证了损伤识别模块实用性和可靠性。

五、结 语

本文从健康监测所要解决的三个核心问题入手,以 MATLAB 为平台,通过 M 文件和 GUI 的方式,集成开发了有限元模块、模态识别、损伤识别的健康监测软件系统,功能涵盖了有限元静动力计算、模态识别、损伤识别多种算法;算例分析表明,由于软件包的高效性以及智能设计,实现了多种方法集成和实时在线的模态识别、损伤识别,有望在结构健康监测系统中发挥重要作用。

参考文献

[1] Doebling S W, Farrar C R, Prime M B, et al. Damage identification and health monitoring of structural and mechanical systems from changes in their vibration characteristics: a literature review[R]. Los Alamos National Lab., NM (United States), 1996.

[2] 任伟新,陈华斌. 基于响应面的桥梁有限元模型修正[J]. 土木工程学报. 2008(12):73-78.

[3] 宗周红,夏樟华,高铭霖. 基于健康监测的连续刚构桥有限元模型确认(Ⅰ)——基于响应面法的有限元模型修正[J]. 土木工程学报. 2011(02):90-98.

[4] 梁鹏,李斌,王秀兰. 基于桥梁健康监测的有限元模型修正研究现状与发展趋势[J]. 长安大学学报(自然科学版). 2014(04):52-61.

[5] 陈隽,徐幼麟. HHT方法在结构模态参数识别中的应用[J]. 振动工程学报. 2003(03):129-134.
[6] Ta M, Lardiès J. Identification of weak nonlinearities on damping and stiffness by the continuous wavelet transform[J]. Journal of Sound and Vibration. 2006,293(1):16-37.
[7] Brincker R,Zhang L,Andersen P. Modal identification of output-only systems using frequency domain decomposition[J]. Smart Materials and Structures. 2001,10(3):441.
[8] Qin Q,Li H,Qian L Z,et al. Modal identification of tsing ma bridge by using improved eigensystem realization algorithm[J]. Journal of Sound and Vibration. 2001,247(2):325-341.
[9] 张方银,潘家英,程庆国,等. STD时域模态参数识别法的用户参数研究[J]. 中国铁道科学. 1996(02):1-10. 1996(02):1-10.
[10] Artemis modal http://www.svibs.com/products/artemis_modal.aspx[Z].
[11] LMS官方网站:http://www.plm.automation.siemens.com/en_us/products/lms/lms-redirect.shtml[Z].
[12] DASP-Modal模态测试 http://www.coinv.com.cn/product/pid/59.html[Z].
[13] 吴向男,徐岳,梁鹏,等. 桥梁结构损伤识别研究现状与展望[J]. 长安大学学报(自然科学版). 2013(06):49-58.
[14] 冉志红,屈俊童,和飞. 桥梁结构损伤诊断的模式识别理论及其工程应用[M]. 北京:科学出版社,2011.

149. 超大跨组合梁斜拉桥静力性能影响因素分析

杨 旭[1] 张永涛[2] 刘玉擎[1]
(1. 同济大学桥梁工程系;2. 中交第二航务工程局有限公司)

摘 要 本文为研究超大跨组合梁斜拉桥静力性能影响因素,对塔根处主梁应力和主梁静力稳定性两个控制方面进行了参数化分析,并从静力方面探讨了组合梁斜拉桥的限界跨径。研究结果表明,塔根处主梁角点压应力受车道数、索塔高跨比、横向静阵风风速的影响较大,受梁塔索距比影响较小;主梁静力稳定性由面内稳定性控制,且受车道数和索塔高跨比的影响较大,受梁塔索距比影响较小;在主梁材料分别为Q345qD钢材与C55混凝土时,组合梁斜拉桥的限界跨径为800~1 000m。

关键词 斜拉桥,组合梁,静力性能,影响因素,限界跨径

一、引 言

随着斜拉桥设计、建造技术的进步以及对其跨越、通行能力要求的提高,斜拉桥正向大跨径、宽桥面、多主跨方向发展,这对斜拉桥主梁结构体系与构造的合理性提出新的要求。组合梁斜拉桥采用钢与混凝土组合结构形式主梁,具有良好的受力性能与经济性,顺应了斜拉桥的发展方向,与传统的混凝土斜拉桥和钢斜拉桥相比,拥有独特的优势,自1986年加拿大修建了主跨为465m的Annacis桥,组合梁斜拉桥在世界范围内逐渐得到较为广泛的研究和应用。为此,有必要对组合梁斜拉桥尤其是超大跨度组合梁斜拉桥的静力性能进行研究。

以往研究指出,影响大跨度斜拉桥跨越能力的主要静力因素有:斜拉索强度、主梁强度与挠度、静力稳定性、悬臂施工风险、纵向极限静阵风下塔底应力、近塔辅助墩处拉索的活载应力幅等。本文从概念上进行理论推导,结合相关调研和计算,拟从塔根处主梁的压应力和主梁的静力稳定性这两个方面研究超大跨度组合梁斜拉桥的静力性能影响因素。此外,还探讨了组合梁斜拉桥的限界跨径。

二、塔根处主梁压应力的影响因素分析

1. 恒活载下的主梁压应力

在合理成桥状态下，可以认为恒载作用下塔、梁仅受轴向力，弯矩接近于零，主梁受力可以简化为图 1 所示。对于斜拉索的考虑，Gimsing 等效为辐射式布置，王伯惠采用“平均索法”。本文假定拉索为连续分布的索膜，考虑到抛物线公式在拉索应力大于 200MPa 时已经具有足够的工程精度，拉索自重作为均布荷载施加于主梁上，拉索垂度效应采用抛物线单元考虑。

根据荷载平衡理论，在恒载作用下，原则上每根拉索应承担相邻主梁节段恒载作用的一半，以及拉索自重的一半。

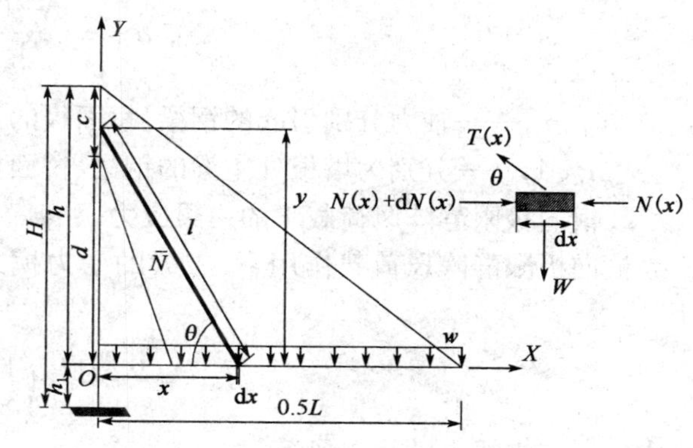

图 1　主梁受力分析图示

由微元体分析得：

$$\mathrm{d}N(x) = \cot\theta \cdot w\mathrm{d}x \tag{1}$$

式中：θ——分析处索梁倾角；

w——主跨设计荷载集度；

x——梁段或拉索距塔端距离；

$N(x)$——x 处主梁轴力。

根据抛物线理论，拉索在梁端的倾角 θ 可表达为：

$$\tan\theta = \frac{2kh - L}{2kx} - \frac{q_0 x}{2H_0} + \frac{1}{k} \tag{2}$$

式中：k——梁塔索距比，为 λ_c/λ_h；

h——桥面以上桥塔高度；

L——主跨跨度；

H_0——索力的水平分力；

q_0——索重平均投影荷载集度。

将式(2)代入(1)并积分有：

$$N(x) = \frac{1}{q_0 M}\left\{(C + wa)\mathrm{In}\left(\frac{A + aH_0 - kq_0 xa}{A + aH_0 - 0.5kq_0 aL}\right) + (C - wa)\mathrm{In}\left(\frac{A - aH_0 + kq_0 xa}{A - aH_0 + 0.5kq_0 aL}\right)\right\} \tag{3}$$

式中：$M = 2eq_0k^2L - kLq_0 + H_0$，$a = \sqrt{H_0^3 M}$；

$A = H_0^2 M$；

$C = wH_0 M$。

拉索材料估计参考 Gimsing，则主跨拉索材料重量（半跨）Q_z 为：

$$Q_z = \frac{\gamma_c}{f_c}(w_1 + g_2 + p)L^2\left\{\frac{(k^2 + 1)}{8k} - 0.5\left(e - \frac{0.5}{k}\right)(k^2 - 1) + (ek - 0.5)2k\mathrm{In}\left(1 + \frac{0.5}{ek - 0.5}\right)\right\} \tag{4}$$

式中：γ_c——拉索容重；

f_c——1860 级拉索容许应力值；

w_1——一期恒载集度；

g_2——二期恒载集度；

p——活载集度。

主跨设计荷载集度 w 为：

$$w = 1.1\left(1.2w_1 + 1.2g_2 + 1.4p + \frac{1.2Q_z}{L}\right) \tag{5}$$

组合截面内力依据轴向刚度分配，则塔根处由轴力引起的正应力为：

$$\sigma_{s1} = \frac{N_s(0)}{A_{ts}}, \sigma_{c1} = \frac{N_c(0)}{A_{tc}} \tag{6}$$

式中：σ_{s1}、σ_{c1}——轴力分别引起的钢梁、桥面板的正应力；

A_{ts}、A_{tc}——分别为塔根处主梁的钢梁、桥面板截面面积。

2. 横向极限静阵风荷载下的主梁应力

横向极限静阵风荷载作用下，主梁的受力模式类似于横桥向的三跨连续梁，近塔处主梁的横向弯矩为：

$$M = -\frac{1.21qL^2}{4}\left(\frac{1+\varepsilon^3}{3+2\varepsilon}\right), q = 0.5\rho V_g^2 C_H H \tag{7}$$

式中：q——主梁上的横向风荷载；

L——边跨跨度；

ρ——空气密度；

V_g——横向静阵风风速；

C_H——主梁的阻力系数；

H——主梁的投影高度。

则由横向风荷载引起的主梁弯曲正应力为：

$$\sigma_{s2} = -\frac{M}{I_{ps}} \cdot \frac{B}{2}, \sigma_{c2} = -\frac{M}{I_{pc}} \cdot \frac{B}{2} \tag{8}$$

式中：σ_{s2}，σ_{c2}——横向风载分别引起的钢梁、桥面板的弯曲正应力；

I_{ps}——主梁折算为钢材时的横向惯矩；

I_{pc}——主梁折算为混凝土时的横向惯矩；

B——桥宽。

3. 恒活载+风载组合下的塔根处主梁的压应力

联立式(6)与式(8)得到主梁的角点压应力为：

$$\sigma_s = \sigma_{s1} + \sigma_{s2} \tag{9}$$

$$\sigma_c = \sigma_{c1} + \sigma_{c2} \tag{10}$$

4. 主梁压应力参数分析

基于国内外组合梁斜拉桥的调研结果，参数范围取定如下：一期恒载集度 w_1 依据车道数4、6、8取为242 560N/m、363 840N/m、485 120N/m；索塔高跨比 $e=0.2\sim0.28$，梁塔索距比 $k=4\sim6$；边主跨比值 $e=0.35\sim0.5$，横向静阵风风速 $V_g=60\sim120$m/s。参数研究时基准参数为：$w_1=363\ 840$N/m，$e=0.27$，$k=4.9$，$e=0.48$，$V_g=60$m/s。限界跨径讨论时的应力标准取主梁材料分别为Q345q钢材与C55混凝土。

1）车道数

图2所示为车道数对主梁应力的影响。主梁应力随着车道数增加和主跨跨径增加而增大，且限界跨径由混凝土材料应力控制，车道数从4变化至8时，相应限界跨径为886～1 154m。

2）索塔高跨比

图3所示为索塔高跨比对主梁应力的影响。主梁应力随着索塔高跨比降低和主跨跨径增加而增大，且限界跨径由混凝土材料应力控制，索塔高跨比从0.2变化至0.24时，相应限界跨径为799～1 029m。

3）梁塔索距比

图4所示为梁塔索距比对主梁应力的影响。梁塔索距比值对于主梁应力的影响较小，梁塔索距比从

4 变化至 6 时，相应限界跨径为 984 ~ 1 022m。

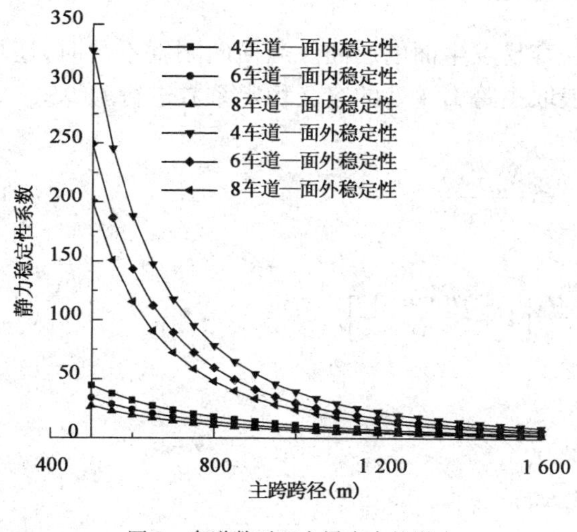

图 2 车道数对于主梁应力的影响

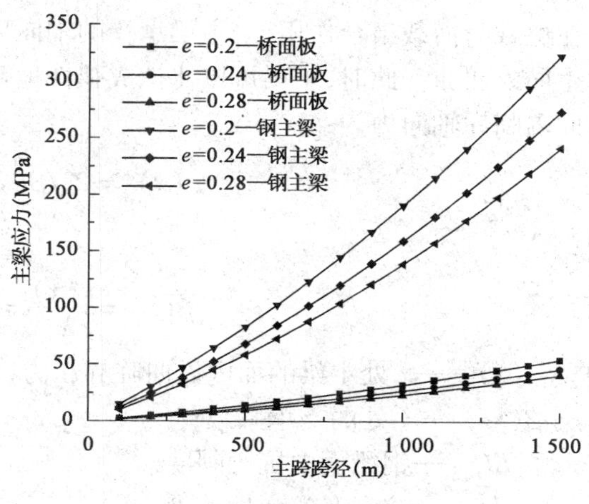

图 3 索塔高跨比对主梁应力的影响

4）边主跨比值

图 5 所示为边主跨比值对主梁应力的影响。边主跨比值对于主梁应力的影响较小，边主跨比值从 0.35变化至 0.5 时，相应限界跨径为 1 005 ~ 1 006m。

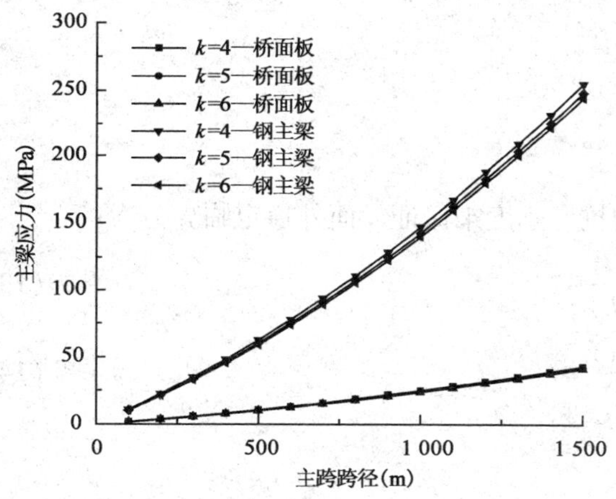

图 4 梁塔索距比对主梁应力的影响

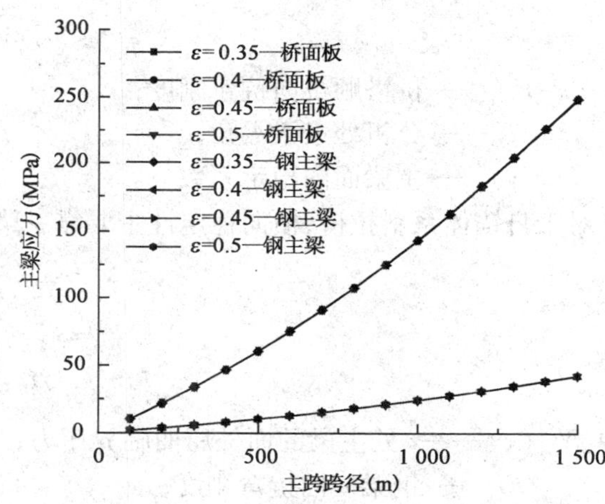

图 5 边主跨比值对主梁应力的影响

5）横向静阵风风速

图 6 所示为横向静阵风风速对主梁应力的影响。主梁应力随着横向静阵风风速增加而急剧增加，横向静阵风风速从 60m/s 变化至 100m/s 时，相应限界跨径为 780 ~ 1 006m。

5. 参数影响分析结果

在恒活载以及横向静阵风荷载共同作用下塔根处主梁的角点压应力随着车道数增加、索塔高跨比降低、梁塔索距比降低、横向静阵风风速增加、主跨跨径增加；塔根处主梁角点压应力受车道数、索塔高跨比、横向静阵风风速的影响较大，受梁塔索距比影响较小，且基本不受边主跨比值的影响。

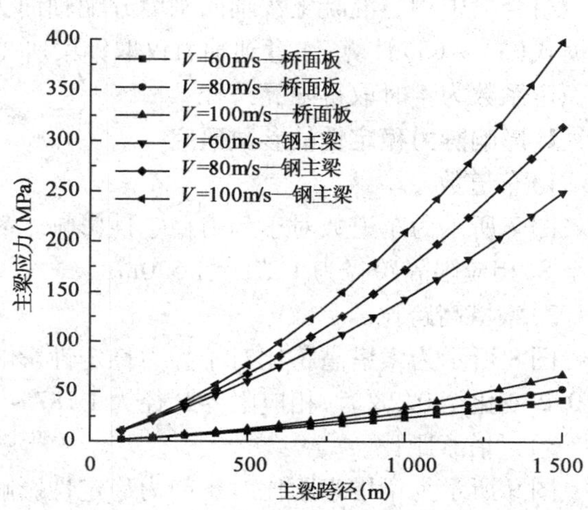

图 6 横向静阵风风速对主梁应力的影响

三、主梁静力稳定性影响因素分析

在恒载与活载组合作用下，主梁承受的轴向压力很大，容易发生面内屈曲。当横向刚度不足时，还可以发生面外屈曲。此时，主梁可以比拟成弹性地基梁，一般取主跨1/4处的名义稳定系数进行验算。

面内临界轴向力为：

$$N_{crz}(x)=2\sqrt{\beta(x)EI_z},\gamma_{bz}=\frac{N_{crz}(x)}{N(x)} \tag{11}$$

其中：

$$\beta(x)=\frac{k(x)}{\lambda_c}=\frac{E_nA_n\sin^2\alpha_n}{l_n\lambda_c}\left[1+\frac{\gamma h\cos^2\alpha_n}{3l_n}\right]^{-1} \tag{12}$$

式中：$N_{crz}(x)$——x处主梁的面内屈曲临界压力；

$\beta(x)$——x处的支承系数；

EI_z——钢梁面内抗弯刚度；

E_n——拉索有效弹性模量；

A_n——拉索平均面积；

l_n——分析处拉索长度；

λ_c——拉索在主跨的索距；

γ——索塔刚度比，即

$$\gamma=\frac{E_nA_nh^2}{E_tI_t}$$

E_tI_t——桥塔顺桥向抗弯刚度；

α_n——分析处索梁夹角；

γ_{bz}——主梁面内稳定系数。

对于自锚体系斜拉桥，横向稳定性主要靠主梁自身的抗弯刚度来保证。面外稳定临界力为：

$$N_{cry}=\frac{\pi^2EI_y}{(0.5L)^2} \tag{13}$$

$$\gamma_{by}=\frac{N_{cry}(x)}{N(x)} \tag{14}$$

式中：$N_{cry}(x)$——x处主梁的面外屈曲临界压力；

EI_y——钢梁横向抗弯刚度；

γ_{by}——主梁面外稳定系数。

组合梁中钢与混凝土按轴向刚度分配轴向力，标准段钢梁分配的比重为0.29。主梁轴力（标准值）依据式(3)～(5)计算，注意到轴力仅取钢梁所受轴力，w取用标准荷载集度$w^1=(w_1+g_2+p+Q_z/L)$，且以稳定系数为4时取得限界跨径。

1. 影响静力稳定性的参数研究

1）车道数

图7所示为车道数对于静力稳定性影响。静力稳定性随着车道数增加而降低，当车道数范围从4变化至8，相应限界跨径为1 278～1 570m。

2）索塔高跨比

图8所示为索塔高跨比对于静力稳定性影响。静力稳定性随着索塔高跨比增加而增大，索塔高跨比从0.2变化至0.28时，相应限界跨径为1 187～1 423m。

3）梁塔索距比

图9所示为梁塔索距比对于静力稳定性影响。梁塔索距比对静力稳定性影响较小，梁塔索距比从4变化至6时，相应限界跨径为1 370～1 423m。

2. 参数影响分析

主梁静力稳定性由面内稳定性控制，主梁静力稳定性随着车道数降低、索塔高跨比增加、梁塔索距比降低、主跨跨径的降低而提高。且主梁静力稳定性受车道数和索塔高跨比的影响较大，受梁塔索距比影响较小。

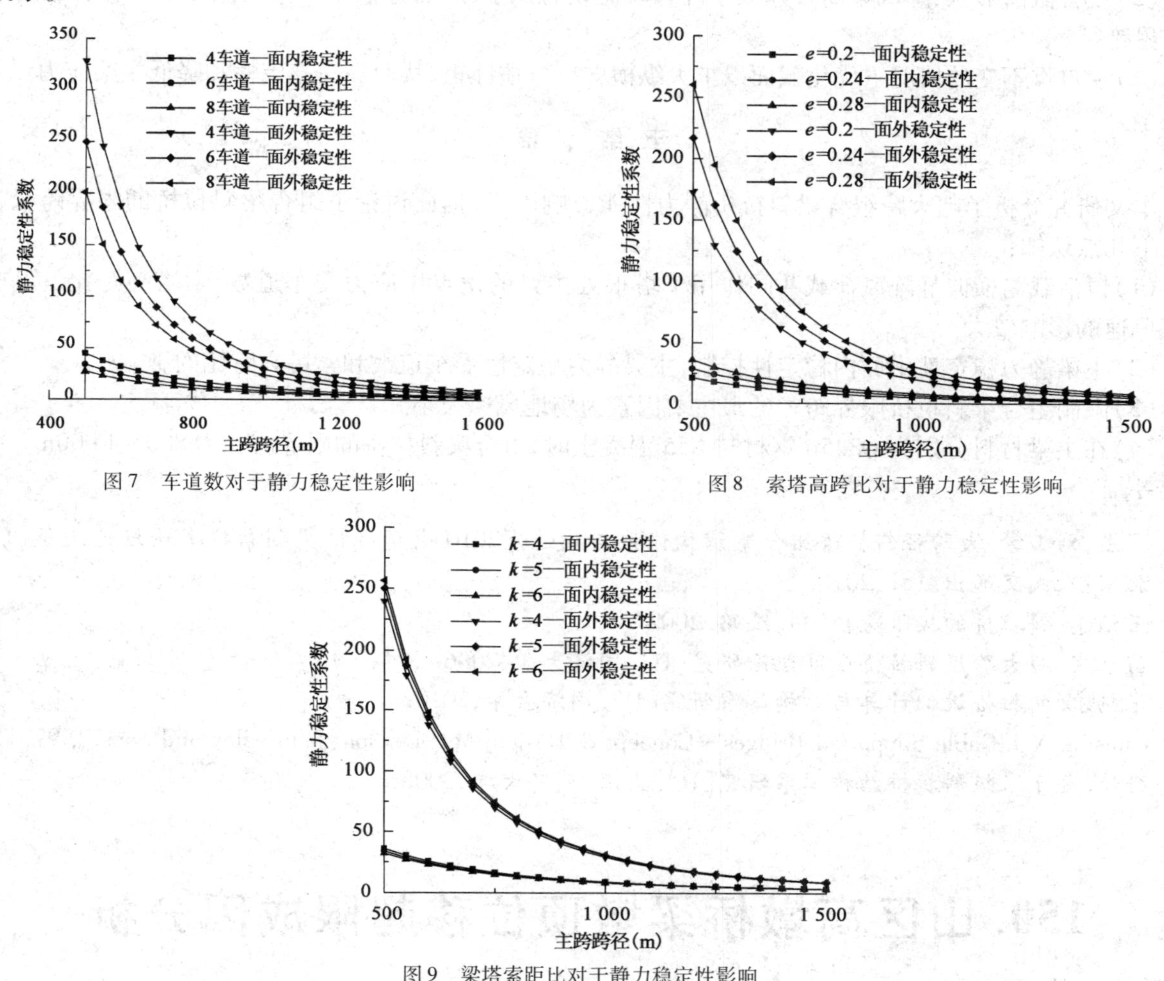

图7　车道数对于静力稳定性影响

图8　索塔高跨比对于静力稳定性影响

图9　梁塔索距比对于静力稳定性影响

四、组合梁斜拉桥限界跨径的讨论

1. 限界跨径因素分析

各控制要素限定的组合梁斜拉桥限界跨径见表1。

由表1可知，限制组合梁斜拉桥限界跨径的主要静力因素为恒活载与横向静阵风荷载共同作用下塔根处主梁的角点压应力，而影响角点压应力的主要因素为横向静阵风荷载大小。在主梁材料分别为Q345q钢材与C55混凝土时，组合梁斜拉桥的限界跨径为800～1 000m。

各控制要素限定的组合梁斜拉桥限界跨径　表1

控制因素	附加限制（m/s）	4车道（m）	6车道（m）	8车道（m）
恒活载与横向静阵风荷载共同作用下塔根处主梁的角点压应力	60	1 155	1 005	885
	80	985	880	795
	100	855	780	710
主梁静力稳定性	—	1 570	1 400	1 278

2. 提高限界跨径的主要措施

根据超大跨度组合梁斜拉桥的静力性能影响因素分析，改善组合梁斜拉桥静力性能，从而提高组合

梁斜拉桥限界跨径的主要措施有:

(1)当横向极限静阵风风速一定时,可以提高索塔高跨比、梁塔索距比、材料强度等级,降低主梁自重或采用轻质高强的主梁材料。

(2)改善截面形状、降低梁高可以减小静阵风荷载的大小,从而降低主梁横向挠曲应力,提高斜拉桥的限界跨径。

(3)在自重不变的情况下优化截面以扩大纵横向抗弯惯性矩,从而提高稳定性和降低主梁应力。

五、结　语

本文研究分析了超大跨组合梁斜拉桥静力性能影响因素,据此讨论了组合梁斜拉桥的限界跨径,得出以下几点认知:

(1)恒活载与横向静阵风荷载共同作用下塔根处主梁的角点压应力受车道数、索塔高跨比、横向静阵风风速的影响较大。

(2)主梁静力稳定性由面内稳定性控制,主梁静力稳定性受车道数和索塔高跨比的影响较大。

(3)限制组合梁斜拉桥限界跨径的最主要因素为场地风速大小。

(4)在主梁材料分别为Q345q钢材与C55混凝土时,组合梁斜拉桥的限界跨径为800~1 000m。

参考文献

[1] 罗杰,刘玉擎.大跨径斜拉桥组合梁结构体系与构造//2010大跨径桥梁创新技术论坛论文集[C].北京:人民交通出版社,2010.

[2] 王伯惠.斜拉桥的极限跨径[J].公路.2002.

[3] 苗家武.超大跨度斜拉桥设计理论研究[D].同济大学,2006.

[4] 张扬永.斜拉桥近似计算与结构体系研究[D].同济大学,2010.

[5] Gimsing N J. Cable Supported Bridges—Concept & Design[M]. London:John wiley and Sons,1997.

[6] 孙斌.超千米级斜拉桥结构体系研究[D].上海:同济大学,2008.

150. 山区高墩桥梁墩顶位移超限成因分析

杨　栋[1]　刘玉擎[1]　雷　波[2]

(1.同济大学桥梁工程系;2.浙江省交通规划设计研究院)

摘　要　本文为探讨山区高墩桥梁墩顶位移超限的成因,以某山区高墩桥梁为例建立了三维有限元模型,采用弹簧单元模拟了支座偏压并考虑了几何非线性,比较了线路纵坡、墩高、线路曲率半径和支座摩擦系数对墩顶位移的影响。计算结果表明:当支座处于偏压状态时,尤其是分联桥墩所在位置,升降温循环作用是产生墩顶向上坡侧位移的主要因素,且随着支座偏压和墩高的增加而增大;线路曲率半径对墩顶位移影响较小;支座钢板部分锈蚀所致的前后滑动摩擦系数不同是最终导致墩顶位移逐渐累积超限的主要原因。

关键词　高墩　墩顶位移　有限元分析　支座　摩擦系数

一、引　言

我国多山区深谷,山区桥梁桥墩近年逐渐朝高、柔、轻的趋势发展。而高墩由于抗推刚度较小,墩顶位移对上部结构传来的水平力更加敏感。浙江省某山区公路在日常管理养护过程中,发现数座高墩柱桥梁,出现了墩顶位移超限,且均出现在联间交界墩处,柱顶朝向上坡侧偏移。过大的墩顶位移导致墩底弯矩增大、混凝土开裂，桥墩承载力降低，同时板梁搁置在盖梁内的长度发生变化，对结构的耐久性、安全性以及正常使用性能造成不利影响。

通常，联间交界墩墩顶位移超限是一个逐渐累积增大的过程。目前很少有针对引起和影响这种墩顶位移累积的主要因素的研究，李德郁主要研究了多种最不利工况下所引起的墩顶位移，但未对高墩墩顶位移超限多发生于分联且偏位均朝向上坡侧的现象给予合理解释。

本研究结合某山区桥梁工程实例，对其中两联建立了三维有限元模型，计入了几何非线性的影响，对比分析了支座处于不同偏压状态和钢板部分锈蚀两种情况下，线路纵坡、墩高、线路曲率半径和支座摩擦系数对墩顶位移的影响，提出了引起高墩墩顶位移逐渐累积直至超限的成因，为同类桥梁的设计施工和养护管理提供参考。

二、高墩桥梁结构特点

图 1 为某山区桥梁 3 号墩和 9 号墩之间两联桥立面布置。单幅桥宽 11.5m，两车道，跨径布置为 35m + 40 × 2m + 40 × 3m，三跨一联，简支变连续刚构体系，纵坡 2.5%，曲率半径 R = 450m。下部结构为双柱式墩，墩柱直径均为 2.2m，3 号、6 号和 9 号墩为分联的墩，墩顶盖梁上设置两排盆式支座，，4 号、5 号、7 号和 8 号墩采用墩梁固结。其中 5 号、6 号、7 号墩墩高分别为 40.91m、41.78m、42.88m。在日常巡检中，发现联间交界墩 6 号墩出现 21cm 的上坡侧墩顶位移。

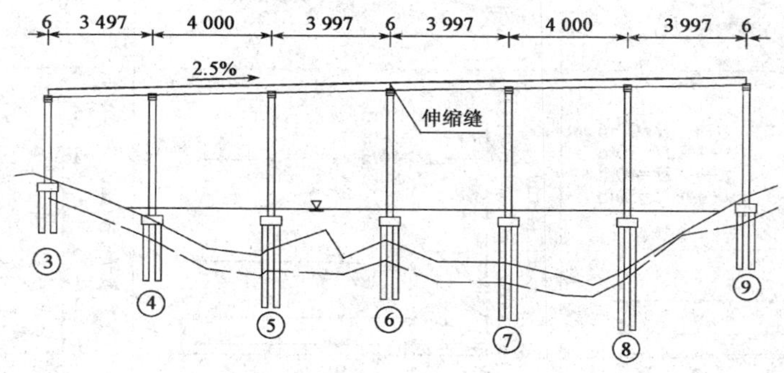

图 1　部分引桥立面布置（尺寸单位：cm）

三、有限元模型

图 2 为采用通用有限元软件建立的高墩桥梁模型。选取相邻两联引桥，其中主梁、盖梁和立柱采用 BEAM188 单元模拟。联间交界墩的盆式支座采用三个方向弹簧模拟，通过旋转节点坐标系模拟支座偏压，竖桥向和横桥向采用 COMBIN14 单元约束位移，纵桥向可滑动采用 COMBIN40 单元模拟正常工作的支座，COMBIN39 单元模拟部分钢板锈蚀的情况。COMBIN40 非线性弹簧单元设置关闭 GAP、K2 和 C，采用 FSLIDE 模拟极限滑动力；COMBIN39 非线性弹簧单元在支座前后不同滑动方向上采用不同的力-位移曲线，用以模拟不同的极限滑动力，即不同的摩擦系数。固结墩的墩顶与梁体采用刚域模拟墩梁固结。不考虑桩土作用，立柱底部约束三个方向的平动自由度和三个方向的转动自由度。分析计入几何非线性模拟薄壁高墩的 $P\text{-}\Delta$ 效应。

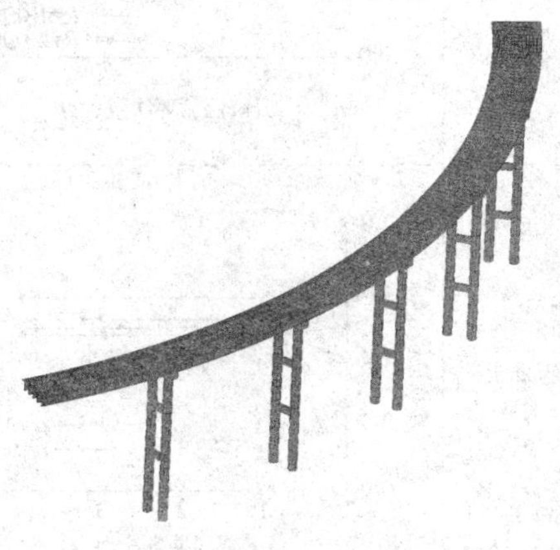

图 2　高墩桥梁有限元模型

主梁为 C50 级混凝土，立柱和盖梁为 C30 级混凝土，材料特性根据《公路钢筋混凝土及预应力混凝土桥涵设计规范》（JTG D62—2004）取值。

四、墩顶位移计算结果及分析

考虑施工时精度偏差,梁底楔形调平块与支座顶面间非全截面密贴接触时,支座偏压角度为坡率 $i\%$ 。参数未变化时,墩高取40m,纵坡2.5%,支座摩擦系数0.03。荷载组合为一期恒载+二期恒载+汽车活载(不考虑冲击系数)+制动力+整体年温差升降温循环(整体升降±15℃)。计算结果以上坡侧为正方向。

1.支座偏压工作状态

支座有偏压但仍能正常滑动时,各计算结果汇总如表1。

支座偏压工作状态墩顶位移计算结果(cm) 表1

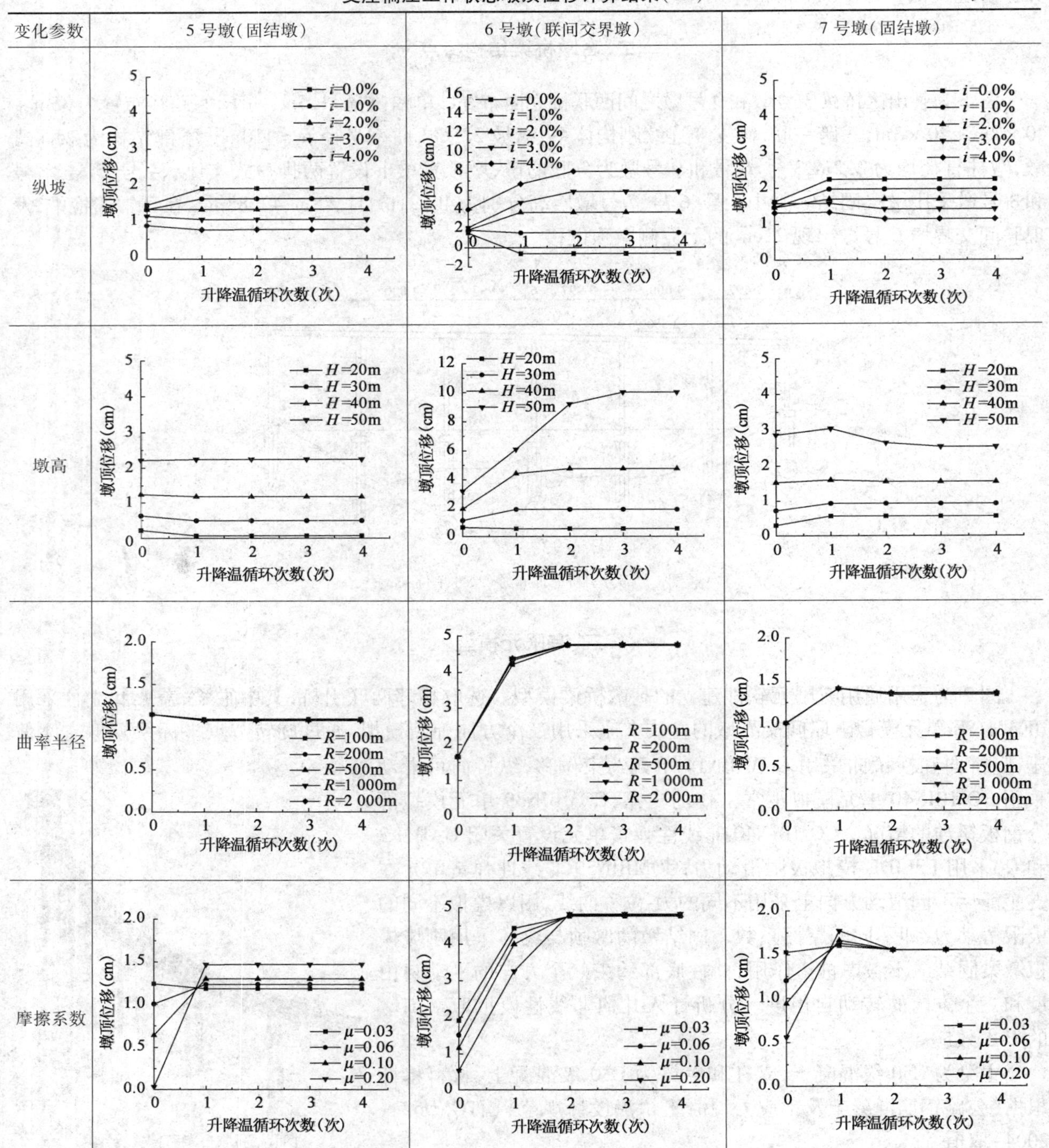

如图3,梁底楔形调平块未准确设置,梁底钢板与支座为线接触或者斜面接触,在未计入升降温循环的初始荷载组合作用下,支座上反力的水平分力均朝向上坡侧,墩顶产生初始的位移。

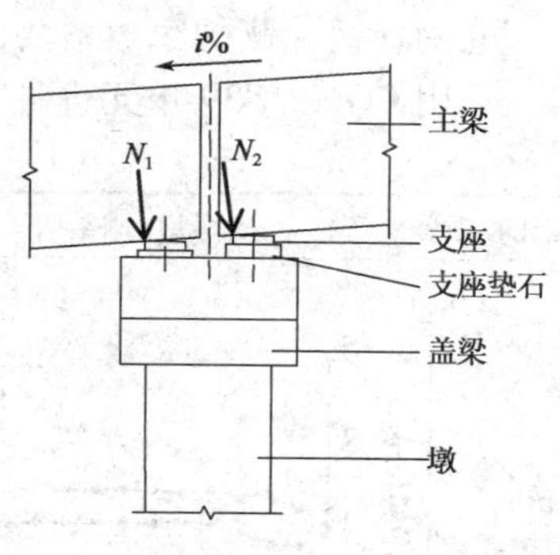

图3 6号墩墩顶受力状态

随温度升降循环次数增加,固结墩5号墩和7号墩墩顶位移累积作用不明显,数值较小;联间交界墩6号墩墩顶位两排支座受到来自前后联的支座摩阻力并不是大小相等方向相反,而是随升降温循环不断改变,墩顶位移逐渐累积到较大数值后直至达到力的平衡点方处于稳定。

考虑线路纵坡变化。当支座偏压交角纵坡为4%时,初始荷载作用下墩顶位移为4cm,经过4次升降温循环,墩顶偏位可达到8cm,增大为初始两倍;纵坡为0%时,墩顶位移从最初的1.5cm,减小并稳定到-0.6cm;基本上墩顶位移与支座偏压交角斜坡呈线性关系增长,斜交坡度越大,最终稳定的墩顶位移越大。固结墩5号墩与7号墩墩顶水平位移较小,联端支座出现偏压时,墩顶才会出现较大的上坡侧位移,且支座偏压角度越大,升降温循环后最终稳定的墩顶位移越大。

考虑桥墩高度变化。随着墩高度增大,抗推刚度减小,墩顶位移均增大。对于固结墩5号墩和7号墩,墩顶位移数值始终较小且对升降温循环不敏感,墩高50m时,4次升降温循环后,5号与7号墩墩顶位移为2.25cm和2.54cm,较初始的2.22cm和2.86cm分别仅增大了1.4%和减小了11.2%。而墩高50m时,经过4次升降温循环后6号墩墩顶位移为10cm,较初始荷载作用下时的3.2cm增大为了2.1倍,最终6号墩墩顶位移与5号墩与7号墩墩顶位移相差近8cm。当墩高为20m时,经过4次升降温循环,5号墩和7号墩墩顶位移分别为0.07cm和0.06cm,6号墩墩顶位移最终为0.53cm,与前者相差不到0.5cm,数值均较小。可见墩顶位移超限易发生在抗推刚度较小的高墩上。

考虑线路曲率半径变化。同样经过4次升降温循环,当$R=2\,000$m时,6号墩墩顶位移为4.76cm,当$R=100$m时,墩顶位移4.74cm,较R=2 000m时增大了0.4%,可见墩顶位移对曲率半径的改变不敏感,曲率半径对墩顶位移影响很小。

考虑支座摩擦系数变化。随着支座摩擦系数的增大,各墩墩顶位移在初始受力状态时有所减小,但最终稳定在接近的水平,可见支座同时增大前后滑动方向的摩擦系数对最终墩顶位移的改变影响不大。

对墩顶位移进行变参数分析发现,高墩桥梁在出现较大的支座偏压时,在经过了若干次升降温循环后,联间交界墩墩顶会出现一定的上坡侧位移。

2. 支座部分钢板锈蚀

当支座处于偏压状态,实际桥梁墩柱在初始荷载组合下,墩顶会出现一定偏位,在经过升降温循环后,墩顶向上坡侧位移会逐渐累积放大并稳定在某一数值。以计算为例,40m墩高,2.5%纵坡,墩顶位移经过若干次升降温循环后最终稳定在4.77cm。当盆式支座上下钢板长期错位,支座部分钢板因此长期暴露在空气中至锈蚀导致支座前后两个滑动方向摩擦系数不同,支座往恢复的方向滑动时摩擦系数较大,而往继续错开的方向滑动时摩擦系数较小,如图4和图5所示。

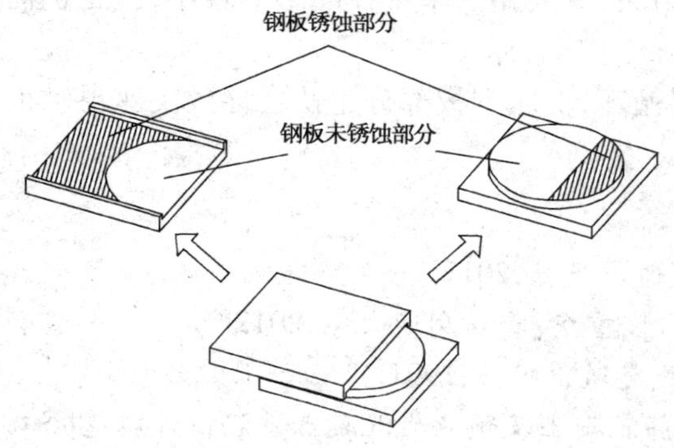

图4 盆式支座部分钢板锈蚀

图5 盆式支座部分钢板锈蚀

取钢板锈蚀侧的摩擦系数分别为0.03、0.06、0.1和0.2，钢板未锈蚀侧的摩擦系数为0.03。

采用COMEIN39单元进一步模拟，计算结果如表2所示。

支座部分钢板锈蚀墩顶位移计算结果（cm） 表2

变化参数	5号墩（固结墩）	6号墩（联间交界墩）	7号墩（固结墩）
锈蚀侧摩擦系数	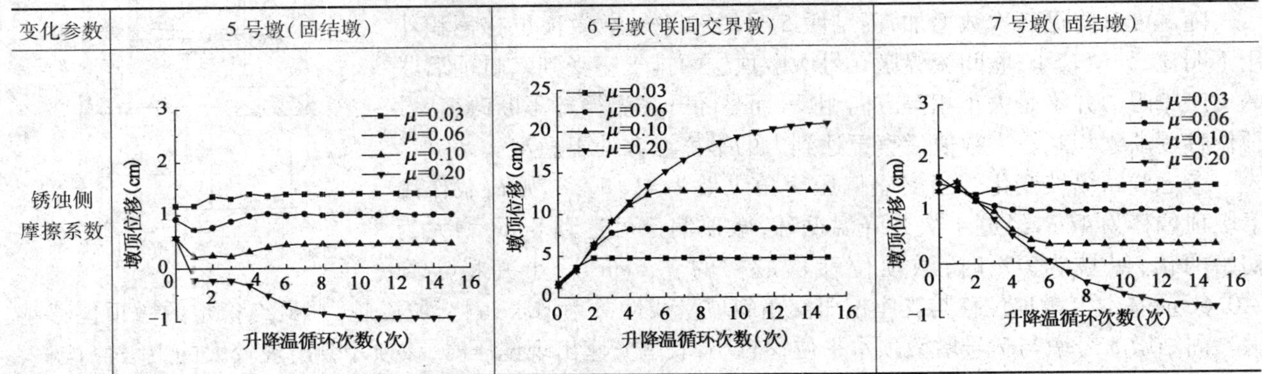		

当锈蚀侧摩擦系数为0.03时，固结墩5号墩墩顶位移在升降温循环作用下变化较小，为1.4cm；锈蚀侧摩擦系数0.1时，为0.45cm；锈蚀侧摩擦系数为0.2时，墩顶位移随升降温循环次数增加有较小幅度降低，经过15次循环后为-0.95cm。固结墩墩顶位移随锈蚀侧摩擦系数的增大而减小。

对于固结墩7号墩，当锈蚀侧摩擦系数0.2时，墩顶位移在经过15次升降温循环后为-0.8cm，呈现与5号墩类似规律，当锈蚀侧摩擦系数增大，墩顶位移减小，但幅值均不大。

对于联间交界墩6号墩，当锈蚀侧摩擦系数为0.03时，即支座钢板在前后滑动方向的摩擦系数相等时，在初始荷载组合下，墩顶位移较小，为1.7cm，经过若干次升降温循环，最终稳定在约4.7cm，这与前文中采用COMBIN40单元，相同的前后滑动摩擦系数0.03时计算结果相同。当锈蚀侧摩擦系数增大为0.2时，初始荷载组合下，墩顶位移仍较小，为1.4cm，在经过15次升降温循环后达到20.8cm。可见随着前后两个方向的摩擦系数差值的增大，初始荷载组合下，联间交界墩墩顶位移变化不大，但在经过若干次升降温循环后，墩顶位移有较大的增加。

五、结 语

通过对山区高墩桥梁进行变参数有限元分析，可以得到以下结论：

（1）高墩桥梁墩顶位移超限一般发生在联间交界墩，且位移方向趋势向上坡侧；非联间交界墩支座处于水平全截面接触或者墩梁固结状态时，由于处于轴心受力，墩顶位移常较小。

（2）高墩桥梁墩柱移位能否符合设计预期，主要因素为墩顶支座与梁体接触面是否水平和全截面紧密接触；在日常管理养护中，应将支座接触状态作为检查项目，预制梁在吊装前，应加强检查调平块的施工精度。

（3）高墩桥梁墩柱刚度较小，对支座与梁体的接触要求更加严格。

（4）墩顶位移随支座偏压斜率增大、墩高增加而显著增大，受线路曲率半径的影响较小；施工仍需注意横桥向支座顶接触面需调平且紧密接触。

（5）墩顶位移逐渐累积的主要外部荷载因素是升降温循环，支座钢板部分生锈会导致支座滑动前后方向摩擦系数不一致，并进一步导致墩顶位移累积至超限。

参考文献

[1] 杨昀，周列茅，周勇军. 弯桥与高墩[M]. 北京：人民交通出版社，2011.

[2] 李德郁. 重庆高速公路简支连续桥问题与对策研究[D]. 重庆：重庆交通大学，2012.

[3] 王伯惠，徐风云. 柔性墩台梁式桥设计[M]. 北京：人民交通出版社，1991.

[4] 中华人民共和国行业规范. JTG D62—2004 公路钢筋混凝土及预应力混凝土桥涵设计规范[S]. 北京：人民交通出版社，2004.

IV　养护管理、检测与加固

151. 高速公路桥梁养护管理工作的优化策略探索

胡 乾
(凯里高速公路管理处)

摘 要 桥梁是高速公路的重要组成部分,也是其薄弱环节所在。因为桥梁类建筑的结构特性,其在建筑施工、日常维护方面的难度较大。高速公路桥梁的养护和管理以整个高速公路的管理工作为依托,是高速公路养护管理的工作重点。本文在目前已有的研究成果之上,以贵州省该方面工作为重点,结合该省特点,详细分析高速公路桥梁养护管理的现状以及存在的问题,并阐述高速公路桥梁养护管理方面问题的原因及解决方案,在此基础上提出该项工作优化策略的工作建议。

关键词 高速公路 桥梁养护 优化策略

一、高速公路桥梁养护管理的工作内容

1. 桥梁技术归档

每一座桥梁的建筑工艺、设计结构、施工环境、基础地质等条件都是独一无二的,这些条件的详细记录档案共同构成了桥梁的基本资料。桥梁在建成通车后,每隔一段时间将会对其进行质量检测、安全检测,并针对检测结果对其进行合理的施工养护修复,这方面的档案记录犹如桥梁的体检报告和病历。桥梁养护管理者将桥梁的基本资料归档,用于日后对该桥梁进行施工改造和大型修护时的基础参考;桥梁的日常检测报告和施工修护记录被用于提供具体的资料和数据,以便确认详细的检测重点和养护规划。

2. 完善检测养护管理制度

高速公路桥梁检测、维护、修缮等工作的安排和实施是依照桥梁检测养护管理制度而行的,养护管理的制度是工作需要遵循的原则。高速公路桥梁养护管理的工作范围较大,实际工作中所遇到的问题未可尽数得到制定的解决方案或工作办法,在工作执行时也难免存在漏洞。因此,在运用养护管理制度对工作进行规范和指导的同时,还必须时常反观工作制度是否存在纰漏或不足,在发现制度上存在缺陷时,即及时修正、改进和完善。

3. 桥梁日常检测

桥梁日常检测是高速公路桥梁养护管理的基础性工作,工作包括检查、监测、测试等,工作的目的在于发现和排除高速公路桥梁存在的问题和安全隐患,并对其整体状态是否合格做出评定,以确认桥梁是否符合规划时所设定的使用年限和折旧速度。

4. 桥梁维修养护加固

维修养护加固的工作属于施工工作的范围,是桥梁养护管理工作的最主要内容。在桥梁的日常监测当中,如发现桥梁有损坏、开裂、倾斜、腐蚀等方面的问题,并对桥梁的安全性产生影响时,就有必要进行该项工作,对桥梁进行使用管制和维修复原。在日常检测中,如桥梁符合规划中的折旧现象,则对其进行常规保养和维护。总而言之,桥梁的维修养护加固工作是保证高速公路桥梁安全可用的实际性手段,在高速公路桥梁养护管理中占据举足轻重的地位。

5. 应急安全防护

高速公路桥梁的应急安全防护工作属于预备执行的工作内容。在桥梁所在地的地质情况发生变动、洪涝灾害爆发、车辆违章通过等情况后,为了保证桥梁的安全使用,避免事故发生,则需要对桥梁启动安全防护措施,如限制通行、桥墩加固、修补破损等。如果桥梁的安全隐患对周边居民产生影响,则还需负起疏散人群等工作责任。

二、贵州省高速公路桥梁养护管理工作存在问题及原因分析

1.贵州省高速公路桥梁养护管理现状

贵州作为西南交通枢纽,肩负藏、新等省与东南沿海地区的物流人流运转。事实上,当前,虽然贵州省当地高速公路桥梁养护管理的工作水平在快速地进步当中,但仍然存在技术支持不足、责任权力集中、工作落实力度不足等现象。贵州省人口分布较为集中,某些山区人烟稀少,工作难以展开并不易获取补给,这对工作造成一定难度提升。

近年来,多处桥梁垮塌事件使得民众对我国高速公路桥梁养护管理工作产生一定程度的质疑。使用年限内的桥梁产生垮塌,除自然灾害的因素外,责任应归于桥梁建设和运行管理,在该方面,高速公路管理机构应当负起责任,在职责范围内严格控制通过桥梁的车辆,使其符合桥梁的承载能力,一定程度上避免恶性事故的发生。贵州省独特的喀斯特地貌决定了滑坡、泥石流等灾害的常见性,因此,高速公路桥梁养护管理方面责任就显得更为突出。

2.高速公路桥梁养护管理存在的问题及原因分析

(1)养护工作操作难度大

高速公路桥梁的养护工作难点主要来源于两个方面。

第一,交通运输对桥梁的依赖性强,在对桥梁进行检测、维护、施工的过程中,不可避免地将对交通顺畅度造成或轻或重的影响。在尽量不对交通顺畅产生负面影响的工作前提下进行检测、施工工作,无疑是增添了难度。

第二,桥梁在规划设计之初,大多考虑到其观赏性或为了适应所在地区的独特地貌、水文条件,往往将外形建造得别具一格。贵州省多高山、丘陵地带,在桥梁建设时经常需要运用复杂的结构。但在桥梁投入实际使用后,时常因为桥梁结构设计的原因,让检测、施工工作难以进行,对养护管理工作造成较大的难点。

(2)桥梁寿命保障问题

高速公路桥梁建设属于大型工程建设项目,其建造过程施工量尤为巨大,因此在细节上存在或多或少的漏洞。贵州位于我国西南,气候条件独特,多雨水侵蚀。地质条件上,多为石灰岩山架覆盖红壤或页岩山架覆盖土壤;高速公路桥梁架设在该条件下,基础层较为薄弱且易于受到侵蚀。对桥梁进行养护管理时,为保证工作效率、符合工作预算,一般将检测维护的注意力放在承重要点、部件对接处等,对于承受压力较小的部分大多不视为重点。随着需求的变化,车辆平均载重有上升的趋势,这就在桥梁的负担上加重了担子。多个方面结合起来,共同导致了保障桥梁寿命的难度较大。

(3)养护管理制度有待完善

高速公路桥梁养护管理工作是严格遵守工作流程的一项特殊工作,在责任划分方面也有相关规定。责任划分界线不清晰,是该方面制度的缺陷之一。因桥梁安全性广泛受到地质、水文的影响,因而邻近地区有建筑施工、矿产采挖、采砂作业等工程项目进行时,对桥梁的影响难以得到控制,对该方面的工作协调制度也存在明显缺失。桥梁下方的河道、公路在进行航运时,需通过桥梁,但船只、车辆限高措施与桥梁养护管理工作并未得到良好配合,在高速公路管理的制度上不能单方面解决问题。贵州省不但地形起伏大、河流众多,且全省正处于经济快速增长期,建设力度较大,因此,各方面协调的制度改善问题尤为突出。

(4)桥梁技术归档不完善

桥梁的基本资料归档是该项工作易于疏忽的项目。因重视程度不足、档案管理粗放等原因,桥梁的设计档案、施工档案、周围地质勘测档案、水文档案、建造工艺档案等容易发生部分缺失,这使得日后对桥梁的基本概况进行分析时出现材料缺乏的状况,重新检查勘测花费时间长、费用高,某些内在部分无法进行采样,资料的缺失对该方面了解的阻碍则更为严重。桥梁在投入使用后的检修资料同样容易出现归档不完善的情况,如不具备参考资料的情况下,对同一环节进行反复施工,将加大对桥梁的损害;没有历史

资料指导的监测工作也将从零开始,大大降低工作效率。

贵州省在城市建设快速发展的时代背景下,同时间开工建设的桥梁不在少数,一定时间内所积累的高速公路桥梁相关档案数量也较大,故资料归档的工作量较大,若工作细致程度不足,将很容易引起桥梁技术归档不完善的问题。

(5)技术支持匮乏

高速公路桥梁养护管理工作技术支持不到位的情况,主要体现在技术人才匮乏的层面上。虽然我国历史上出现了多位桥梁方面的专家,但桥梁工程方向的教育水平仍未能保持在较高水平。目前,贵州省的职业教育和高等技术教育在全国范围内并不突出,对高速公路桥梁养护管理的人才需求也较为紧张。

桥梁养护管理队伍中,缺乏强有力的技术支持作为后盾,对检测和施工的工作进展都会起到严重的影响。但高速公路桥梁监管部门单方面的努力效果十分有限,针对桥梁工程方面大力推行职业技术教育,并长线发展才是解决的根本。

三、高速公路桥梁养护管理优化措施

1. 划分部位区分管理

一座桥梁由多个部分构成,每个部分的作用皆不尽相同,所承受的工作量亦不相同,以统一的手段进行养护管理,将缺乏针对性,某些部分在概括化的管理之下甚至被疏忽。将桥梁的不同部分分门别类,并针对其进行养护管理方案调整是最佳手段之一。

桥梁的每个类别部件在区分管理的条件下不容易被略过,即增加了工作的针对性,又提升了工作的全面性。工作进行时,按照划分好的类别进行分期施工,减少同一时间内的工作量,能有效降低养护工作操作的难度,不仅适用于贵州当地工作,且值得大范围推广。

2. 划分问题类型区分管理

高速公路桥梁的养护管理工作主要针对的是桥梁存在的问题,不同的问题必定需要不同的方案进行解决。参考桥梁各部分区分管理的思路,将桥梁存在的各类问题进行划分,并分配责任,将大大减轻工作负担,桥梁使用寿命也更能得到保障。例如,将桥梁的标示损坏、桥体开裂、路面破损、围栏崩塌等问题清楚地划分,并将责任分配到各工作组;贵州省在进行问题区域的划分与调整时,可针对地域特点,将滑坡、泥石流、洪涝等造成的问题划分对待。如此以来,各责任工作组的工作人员将便于针对本组所负责区块进行深入学习,在工作进行时更加得力地完成任务。

3. 日常监测工作落实化

监测工作是发现问题的主要环节,是高速公路桥梁养护管理的根基。假如该阶段工作存在态度散漫、任务完成度不足甚至没有执行工作的现象,将极大程度地威胁到桥梁安全。因此,可以通过设立监督机构或监督体制的方式来推动监测工作的落实化。制定相关的奖惩制度或检举奖励的制度,可有效约束工作倦怠造成的任务未实际落实。

4. 管理制度规范化

建立健全完善的相关制度是高速公路桥梁养护管理的内在支持,也是从根源上解决问题的手段。面对我国目前高速公路桥梁养护管理制度的缺陷,应该扬长避短,改正缺点,使之成为推动工作的动力。责任划分清晰度不足、权力过于集中是现阶段桥梁养护管理制度的缺陷。成立相关临时机构,对该方面工作的责任重新定义并清楚划分,可作为解决问题、优化工作进程的着手点,此后,利用责任连坐制原则,分散权力的同时,保持责任归属的不分散,对健全相关制度实际意义很大,在此基础上再进行制度细节改进,将取得事半功倍的效果。

5. 与其他部门合力完善工作

经过对问题的分析可知,部分问题的存在并不是源于桥梁管理部门本身的,或者说,问题的解决是桥梁管理部门无法单方面完成的,这就要求桥梁养护管理部门与其他相关单位合力完成工作协调。如技术人才的紧缺方面,高速公路桥梁养护管理部门可与工程技术院校相合作,一个方向上提供实践机会,另一方向上提供技术人才,这样的做法不但促进了贵州高速公路桥梁养护管理工作,还有利于贵州教育事业的发展;在通过桥梁运输工具所带来安全隐患方面,管理部门可与航运管理机构协调整合,提出限高等要求,并提供修建标示物等作为对等条件。

四、结　语

本文在目前已有的研究资料的基础上,立意于工作的优化角度,以贵州省贵州省高速公路桥梁养护管理工作作为讨论重点,对高速公路桥梁养护管理工作存在的问题进行了剖析,并提出了解决问题、优化工作进程的策略。现代高速公路运输的需求和要求都在日渐提高,高速公路桥梁养护管理工作的责任也随之变得更为重大,工作要求也越来越严格。面对目前工作的发展阶段所遇到的瓶颈和问题,对该项工作的优化策略研究也将更为深入细致。

文章所归纳的工作上的问题以及对其进行优化改制的工作建议,事实上只概括了实际工作的一部分,篇幅所限,其余问题和优化法案暂不讨论。用正确的意识指导实践活动,方能取得正面促进的效果,因此,注重高速公路桥梁养护管理人员的意识建设,才能从根本制度的源头做好工作优化。

参考文献

[1] hkuppk52. 高速公路桥梁养护管理对策分析[EB/OL]. 2015. 06. 12: http://www. docin. com/p-1181461699. html

[2] udnh814. 高速公路桥梁养护精细化管理[EB/OL]. 2015. 07. 09: http://www. docin. com/p-1215083189. html

[3] 何启魁. 高速公路桥梁的养护管理[EB/OL]. 2013. 09. 06: http://wenku. baidu. com/link? url = ogprUQJ0YC8nXfWddteq7tPrELf55x1ZL1Hb237VOM4yWyTJf_c2pVKEOWsAqzUYexW0t3jv_ogF5yGQS1PKh5IFOsAu7Gi6CxNEl7cytQu

[4] 史兴东,李洪波,郑成建. 试论如何做好高速公路桥梁的养护与管理工作[J]. 科技致富向导,2011(15).

152. 西部山区钢桁梁悬索桥养护技术研究

姜震宇[1]　李　湛[1]　孟　云[2]
(1. 交通运输部公路科学研究院;2. 贵州高速公路集团有限公司)

摘　要　钢桁架加劲梁悬索桥由于其抗弯和抗振性能卓越,且施工方便,在悬索桥中得到了广泛应用。本文结合西部山区特点,总结了钢桁梁悬索桥的典型病害特点,提出了钢桁梁悬索桥检查重点,阐述了目前此类桥梁养护工作中的不足,引入了预防性养护在此类桥梁中的应用,为后期同类型桥梁的设计、建设、养护二作提供依据和参考。

关键词　悬索桥　钢桁架加劲梁　病害　预防性养护

钢桁架加劲梁悬索桥由于其抗弯和抗振性能卓越,且施工方便,在悬索桥中得到了广泛应用。世界已建或在建的跨度超过600m的悬索桥共50座,其中钢桁梁悬索桥27座,占54%。从1995年中国第一座悬索桥—汕头海湾大桥竣工开始,我国悬索桥建设迅速发展,从建设规模、结构选型、新技术应用等方面,已处于国际桥梁建设领先水平。钢桁梁悬索桥由于其在建设期间可以将结构杆件运输至施工现场进行拼装,解决了西部山区大跨径结构桥梁建设时的运输困难,因此在我国西部山区被广泛应用,近年来湖南矮寨大桥、贵州坝陵河大桥和北盘江大桥、湖北四渡河大桥等钢桁梁悬索桥相继建成通车。

但是在悬索桥日常养护和检测方面还没有跟上建设的步伐,针对不同使用环境下的钢桁架悬索桥没有针对性的养护策略。2001年路面保护基金会将预防性养护技术的内涵定义为:将最合适的措施,在最合适的时间,应用到最合适的位置上。将预防性养护的概念引入到桥梁,能够有效减缓结构可靠度的下降,大大节约维修的成本。欧美等发达国家在20世纪80~90年代就在积极推动桥梁预防性养护技术的研究,我国在这方面的研究才刚刚起步,且仅局限于中小跨度桥梁。

本文根据多座钢桁梁悬索桥使用过程中的常见问题,提出了西部山区钢桁架悬索桥的检查重点,同时将预防性养护策略引入到此类桥梁的日常养护作业中,为后期同类型桥梁的设计、建设、养护工作提供依据和参考。

一、钢桁梁悬索桥常见病害

钢桁架悬索桥的常见病害既有与其他形式悬索桥病害的相同之处,也具有其自身特点的形式。悬索桥的常见病害在众多文献中都有介绍,本文着重介绍钢桁架悬索桥具有自身特点的病害。

1. 高强螺栓病害

钢桁架加劲梁的连接主要依靠高强螺栓,在桥梁的正常使用过程中高强螺栓的缺陷主要表现为:紧固力的下降、螺栓的缺失、锈蚀等现象。常见病害形式如图1和图2所示。

图1 高强螺栓缺失

图2 高强螺栓紧固力下降

2. 钢结构涂层缺陷

钢结构涂层对于提高钢构件的耐久性有着重要的意义,在桥梁的正常使用过程中钢结构涂层的缺陷主要表现为:起皮、开裂、剥落等现象。常见病害形式如图3和图4所示。

图3 钢桁架涂层起皮

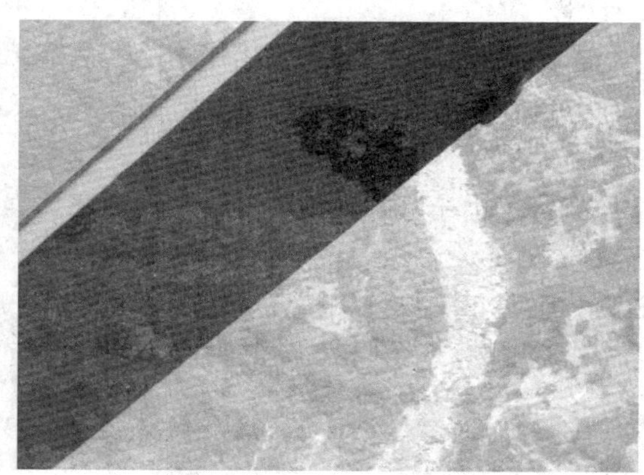
图4 钢桁架涂层剥落

3. 支座缺陷

钢桁架加劲梁一般是正交异性钢桥面板,在其纵梁下面设置拉压盆式橡胶支座。在桥梁的正常使用过程中,支座的缺陷主要表现为:支座的偏移,尤其是在靠近中央分隔带及桥面系伸缩缝处的支座较为严重。

同时，钢桁梁两端支撑于主塔下横梁顶面的竖向支座，由于受到梁体纵向位移和纵向力大的影响，在桥梁的正常使用过程中，会出现固定螺栓剪断、限位装置失效等现象。

4. 抑振装置缺陷

钢桁架加劲梁悬索桥具有较强的抑振能力，在桥梁的正常使用过程中抑振装置的缺陷主要表现为：气动翼板的破损变形、中央稳定板的变形等现象。典型病害如图5和图6所示。

图5　气动翼板破损

图6　中央稳定板变形

二、钢桁梁悬索桥检查重点

我国2004年颁布的《公路桥涵养护规范》和2011年颁布的《公路桥梁技术状况评定标准》中已针对悬索桥的常见病害和评定方法进行了较为详尽的归纳工作。但西部山区钢桁梁悬索桥，由于其构造较一般悬索桥结构更为复杂，两侧场地条件差异性较大，需要增加与其自身特点相关的检查重点。

(1)西部山区的特有的地质和气候特点，使得区域降水充分、空气湿度大，部分区域处于典型的喀斯特地貌，普遍存在溶洞和溶隙发育，也使水害成为此类桥梁养护工作的一个重点和难点。因此，在日常养护检查中，应密切关注主缆湿度、锚室积水、钢构件锈蚀度等项目。

(2)高强螺栓作为钢桁梁结构杆件的主要连接方式，其断裂、松动和缺失，将会改变栓孔周围芯板和连接板的受力情况，并显著提高邻近螺栓的传力比，造成节点板的裂纹和其他螺栓的破坏。钢桁梁节点高强螺栓的脱落和缺失应成为此类结构养护工作的重点关注对象，尤其是边缘高强螺栓缺陷对节点的影响更为显著。

(3)钢结构涂层在反复应力作用下，容易出现起皮剥落等现象。在日常养护中，需要重点关注连接部位、应力幅值变化较大部位的涂层病害情况。对于涂层大面积开裂起皮部位，需要进行钢构件探伤的专项检测，避免疲劳裂纹的出现。

(4)钢桁梁由于其跨度大，受力复杂，需要加强对钢杆件面内外稳定性的观察，针对节点应力集中处的稳定需要额外关注。

(5)加强对正交异性钢桥面板纵梁下面设置拉压盆式橡胶支座检查，发现偏位及时纠正，同时增加偏位支座的观测频率。同时加强对抑振装置的检查频率。

三、钢桁梁悬索桥养护工作的不足及预防性养护

目前针对类似钢桁梁悬索桥的特殊结构桥梁，多已根据相关规范和制度性文件的要求，建立了较为完备养护工作制度，并编制了专门的养护管理手册，以指导桥梁养护工作，结合近期桥梁养护检查工作，目前存在的不足主要体现在以下几方面。

1. 养护检查频率不足、检查重点不突出

从目前已建成的钢桁梁悬索桥的养护检查工作来看，普遍存在经常检查深度不足、定期检查和专门检

查频率偏低的问题。经常检查工作多由桥梁养管单位自行开展，受限于养护人员的知识结构和工作经验。在进行此类特殊结构经常检查时，多以桥面巡查为主，同时由于缺少相关专门培训，检查深度明显不足。

2. 桥梁健康监测系统未正常运行

悬索桥在建设期间一般均建立桥梁健康监测系统，但目前很多系统存在数据采集与传输不连续、部分数据采集与传输子系统无法正常工作、养护管理子系统未提供系统录入接口、监测报告上传不全等方面问题，无法为桥梁的运营养护管理提供技术数据。

3. 养护维修及时性差

目前的悬索桥养护工作受限于人员、资金、工作条件等因素的影响，桥梁小型病害的维修及时性差，使得病害进一步发展，从而增加了维修的成本，降低了桥梁的安全性。

4. 预防性养护工作无法有效开展

桥梁预防性养护是一种新的理念，预防性养护技术是一种新兴的学科。开展桥梁预防性养护技术研究，就是要从思想上充分重视桥梁前期的养护工作，就是要改变"重建轻养"的老观念、从"重建轻养"向"建养并重"转变，就是要针对具体的桥梁工程本着"治早、治小、治好"的理念对桥梁进行精细化的养护，从而达到延长桥梁使用寿命和节约养护费用的目的。

四、结　语

钢桁梁悬索桥既有其自身的结构受力优势，同时也具有其自身结构特点的病害特点。本文结合西部山区特点，总结了钢桁梁悬索桥的典型病害特点，提出了钢桁梁悬索桥检查重点，阐述了目前此类桥梁养护工作中的不足，引入了预防性养护在此类桥梁中的应用，为后期同类型桥梁的设计、建设、养护工作提供依据和参考。

参考文献

[1] 滕小竹. 大跨度钢桁梁悬索桥关键技术研究[D]. 上海：同济大学，2008.
[2] 于春雷. 悬索桥钢桁架加劲梁施工方法研究[D]. 西安：长安大学，2008.
[3] 雷俊卿，等. 悬索桥设计[M]. 北京：人民交通出版社，2002.
[4] Larry Orcutt. Pavement Preventive Maintenance Guidelines. Foundation for Pavement Preservation, 2001.
[5] 胡善华. 浅谈桥梁预防性养护技术及其发展应用[J]. 华东公路，2010，(1).
[6] 刘巧珍. 浅谈公路桥梁预防性养护[J]. 黑龙江交通科技，2013，(4).
[7] 白云山等. 公路悬索桥预防性养护技术[J]. 桥梁建设，2014，44(2).
[8] 吴会军，李玉刚. 悬索桥的检测及维修方法研究[J]. 山西建筑，2008，34(6).
[9] 刘自明. 悬索桥悬吊系统的检查和养护维修[J]. 桥梁建设，1999(3).
[10] 刘海燕，陈开利. 悬索桥主缆的检测与加固技术[J]. 桥梁检测与加固，2009(2).

153. 有关公路桥梁技术状况评定的几个问题

楼庄鸿　郭　佳
（交通运输部公路科学研究院）

摘　要　当前，关于公路桥梁技术状况评定有两个规范性文件：一个是《公路桥涵养护规范》，是2004年发布的行业标准；另一个是《公路桥梁技术状况评定标准》，是2011年发布的行业推荐性标准。这两个规范性文件在桥梁分类、评定方法及深度均存在一些不同，从而引起了一些困惑，文中对当前评定工作存在问题进行了叙述，并提出了一些建议。

关键词 定期检查 特殊检查 桥梁技术状况评定

一、有关公路桥梁技术状况评定的两个规范性文件

桥梁技术状况评定,是定期检查、特殊检查乃至专项检查中的一项主要内容,也是判断桥梁是否需要维修加固、需要何种程度维修加固甚至改建的重要依据。

当前,有关公路桥梁技术状况的评定,同时存在两个规范性文件:

1.《公路桥涵养护规范》(JTG H11—2004)**,以下简称"04规范"。**

是行业规范。发布较早,已深入人心,它将桥梁技术状况分为5类,即:优良、较好、较差、差、危险。将桥梁分为17类部件,分别给以权值,通过检查部件的病害,判定其技术类别(一般也分为5类),根据部件的类别及其权值,最终可以得到桥梁的总体得分 D_r,$D_r \geqslant 88$ 时为Ⅰ类;$88 > D_r \geqslant 60$ 为Ⅱ类;$60 > D_r \geqslant 40$ 为Ⅲ类;$40 > D_r$ 为Ⅳ、Ⅴ类。Ⅰ类桥梁正常保养,Ⅱ类小修,Ⅲ类中修,Ⅳ类大修或改造,Ⅴ类改建或重建。

"04规范"有以下特点:

(1)桥梁分类上,存在Ⅰ类桥梁,而Ⅱ类桥梁范围较宽,以下直接由Ⅱ类较好转变为Ⅲ类的较差,Ⅲ类桥梁已需中修。

(2)评定工作较简便,直接给部件判定技术类别,据以计算得分。因此判定技术类别的桥梁工程师,他的经验至关重要。经验丰富的判断正确,否则主观随意性可能较大。

2.《公路桥梁技术状况评定标准》(JTG/T H21—2011)**,以下简称"11标准"。**

是行业推荐性标准。发布较晚,是根据养护工作要越做越细的需要而制订的。它也将桥梁技术状况分为5类,我把它们简单概括为:优良、较好、还可以、较差、差。其中3类的提法是"有中等缺损,尚能维持正常的使用功能"。它将桥梁分为三个部位,即上部结构、下部结构、桥面系,分别给以权值。又将每个部位分为若干部件,又分别给以权值。这些权值随桥型的不同而有差别。每部件则由若干个构件组成,评定时从每个构件作起,可以综合考虑构件中存在的多种缺损,得到每一构件的得分,然后汇总得到相应部件的得分,再加权得到部位,以至全桥的得分。当 $D_r \geqslant 95$ 时为1类;$95 > D_r \geqslant 80$ 为2类;$80 > D_r \geqslant 60$ 为3类;$60 > D_r \geqslant 40$ 为4类,$40 > D_r$ 为5类。

"11标准"有以下特点:

(1)也分成5类,但因1、2类分界界限太高,为95分,故现有桥梁中实际不存在1类桥梁,这一点上不如"04规范",应适当予以调整,这是由于过分强调1类是全新状态或刚加固后的桥梁状态,实际上它们分别是按照《公路工程质量检验评定标准》和《桥梁加固工程质量评定》的规定,按分项工程、分部工程和单位工程进行评定,而不是按"11标准"进行评定。

3类桥梁与"04规范"的Ⅲ类含义大不相同,是"有中等缺损,尚能维持正常的使用功能",3类桥梁与2类桥梁分界界限也应适当予以降低。

(2)评定工作细致,从每一构件评分做起,再汇总到相应部件得分,因此评定工作量很大。从我们参加交通运输部桥梁巡检工作的内业检查工作中往往可以看到,负责定期检查的单位,往往先声明是按照"11标准"进行技术状况评定,但实际上都没有每一构件评分及汇总成相应部件得分的资料,估计是由于工作量太大,因此不严格按"11标准"执行,而是参照"04规范"的办法,直接给部件判类打分了。这是不正确的作法。

"11标准"还规定,"当单个桥梁存在不同结构形式时,可根据结构形式的分布情况划分评定单元,分别对各评定单元进行桥梁技术状况的等级评定",应该严格按照此规定执行。

(3)每构件可以考虑多种缺损的扣分,但扣分过于严重,需要改进。

二、两个规范性文件的不同点

综上所述,这两个文件由于有以下的主要不同点而容易引起困惑。

(1)分类不同。

最主要是3类桥梁含义的不同,“04规范”的Ⅲ类是较差,不能容忍,必须中修;而“11标准”的3类则还可以容忍。因此在评定桥梁类别时,必须首先说明是按哪一个规范文件进行评定。

(2)评定方法与深度的不同。

按“11标准”进行评定,要从每个构件着手,工作做得细致。

(3)由于“04规范”是行业标准,其分类已深入人心,要求按此上报;而“11标准”是行业推荐性标准,但工作做得细,符合养护工作越做越细的要求。这两者本身就是矛盾。

(4)“11标准”部件权值随桥型的不同而有差别,“04规范”部件统一分为16大类,且权值与桥型无关。

三、两个规范性文件评定结果的相关性

1)对现有桥梁,按“11标准”,基本不存在1类桥梁,而按“04规范”,却存在Ⅰ类桥梁。

2)“04规范”的Ⅱ类桥梁,基本包括了“11标准”的2、3类桥梁。

3)“04规范”对其Ⅲ类桥梁总体表述是“(1)重要部件材料有较多(10%以内)中等缺损,裂缝宽度超限制,或出现轻度功能性病害,但发展缓慢,尚能维持正常使用功能;(2)次要部件有大量(10%~20%)严重缺损,功能降低,进一步恶化将不利于重要部件和影响正常交通;(3)承载能力比设计降低10%以内,桥面行车不舒适”。根据这一表述,“11标准”的3类有可能包括一部分按“04规范”评定,但得分偏高的Ⅲ类。

四、公路桥梁技术状况评定亟须统一

如上所述,两个规范性文件的不同,已经引起了困惑,亟须统一。

据闻现在《公路桥涵养护规范》的修订,已进入了总校阶段,可能不日即可发布,这是一件大好事。其中有关桥梁技术状况评定,规定按“11标准”执行。对此,我们可以作一些展望:

1)“11标准”经修订,改进现有存在问题,将有可能去掉“推荐性”三字,成为行业标准。

2)对3类桥的概念,要根本改变,由过多的较差,转变为还可以接受。

3)过去按“04规范”的桥梁巡查评定结果,将按照修订后的《公路桥涵养护规范》予以转换,以保持其继承性。

4)以后要严格地按“11标准”执行。由于评定工作量大,因此建议上级对定期检查费用,应考虑适当地予以增加。

参考文献

[1] 中华人民共和国行业标准. JTG H11—2004 公路桥涵养护规范[S]. 北京:人民交通出版社,2004.

[2] 中华人民共和国行业推荐性标准. JTG/T H21—2011 公路桥梁技术状况评定标准[S]. 北京:人民交通出版社,2011.

154. 考虑多级性能水准要求的桥梁维护策略优化模型及应用

项贻强[1] 赵 荐[2] 张 翔[1] 周 斌[2]

(1. 浙江大学土木工程系;2. 衢州市公路管理局)

摘 要 本文首先分别选取状态指标和可靠度指标作为性能维护指标,并研究其劣化模型及其维护策略。建立维护策略优化模型,以寿命周期维护成本最小为目标函数,并考虑多级性能水准的要求,制定

最优的维护加固策略，给出不同性能水准下桥梁寿命周期的维护优化策略。选取典型桥梁进行工程应用，研究三级性能水准下，主梁、桥墩和桥面板的维护策略，最后分析了不同性能水准下累积的维护成本现值的变化曲线，以及不同折现率对累积维护成本的影响。

关键词 桥梁工程 混凝土桥梁 可靠度指标 状态指标 性能维护策略

一、引　言

中小跨径混凝土桥梁在我国公路桥梁占有很大比例，在服役过程中，随着荷载的增加及环境的不利影响，会出现各种形式的损伤，导致桥梁承载能力的降低。桥梁结构性能发生退化后，需要适时恰当地进行维护加固，以延缓结构的老化速率，提高在役桥梁的性能水平，延长结构使用寿命。尽可能提高维修加固的频率固然可以最大程度地改善桥梁的受力性能，却需要耗费大量的人力、物力以及财力。另外，不同的桥梁结构所属的道路等级不同，其承受的汽车荷载作用也不相同，桥位的地形地貌、水文气候、环境区划等条件，都会影响桥梁结构的性能要求。这就要求对桥梁的维护加固，需要考虑桥梁的性能要求，对不同重要性的桥梁的维护加固区别对待，考虑基于性能的桥梁维护加固决策。基于性能的维修优化决策最重要和最基本的参数，是目标性能水平和性能水准。

邵旭东建立了桥梁性能基于概率的状态指标的非线性劣化模型；朱劲松考虑荷载、材料以及环境的因素，建立了钢桥基于损伤的状态指标劣化模型；郭冬梅考虑沿海地区混凝土桥梁特殊的环境，材料特性以及荷载因素，提出了桥梁结构基于耐久性状态指标的指数分布的劣化模型。Zhu 给出了性能指标随时间变化的多线性模型，考虑了以性能指标、使用寿命以及寿命期维修成本为目标函数，建立了退化桥梁的寿命期维修多目标优化模型。Chou 采用多目标粒子群算法，考虑费用和可靠度的平衡，对桥面板进行维护优化。目前的研究都未考虑多级性能水准的要求，没有根据桥梁的重要程度和维护资金的状况制定多个最优维护策略以供业主选择，因此，本文考虑多级性能水准的要求，给出不同性能水准下桥梁寿命周期的维护优化策略。

二、混凝土桥梁性能维护策略优化模型

桥梁性能维护直接关系到道路的运营状况，对桥梁进行适当的维护，可以保证桥梁结构在其寿命周期内正常使用，维持结构处于较安全的性能状态。在没有任何维护加固的情况下，结构的内在性能和外观状态发生退化，结构性能水平下降，处于不安全或不适用状态。目前国内外学者普遍采用可靠度指标和状态指标来描述桥梁结构的内在性能和外观状态。

1. 可靠度指标劣化模型与维护策略

桥梁性能的退化是一个复杂过程，主要考虑材料、荷载和环境等因素共同作用，需要建立合理的桥梁退化模型，参考 Frangopol 等的研究成果，在役桥梁性能退化状态下的可靠度指标可以采用双线性模型，如图 1。

$$\beta(t) = \begin{cases} \beta_0 & 0 \leqslant t \leqslant T_0 \\ \beta_0 - (t - T_0) \cdot \alpha_\beta & T_0 \leqslant t \end{cases} \tag{1}$$

式中：β_0—— $t=0$ 时的初始可靠度指标，是桥梁结构刚建成时的可靠度，根据设计资料计算得到；

T_0——劣化开始时间；

α_β——可靠度指标退化的速率。

劣化开始时间 T_0 和结构可靠度退化速率主要考虑混凝土碳化和钢筋锈蚀等因素确定。对于混凝土桥梁，假设结构在开始劣化之前可靠度指标保持不变，即经过一段 T_0 的时间以后结构可靠度指标才开始退化。

可靠度指标的变化反映了结构性能的劣化程度。当劣化到目标可靠度时需对桥梁进行维护加固，采取不同的维护加固措施对桥梁的可靠度指标的影响程度也不相同。在多次不同维护加固措施下，可靠指标变化曲线如图2，任意时间桥梁可靠度指标的计算模型见式(2)。模型做如下假设：维护后结构的退化模型保持不变，加固以后的可靠度指标不会超过初始可靠度指标，但构件更新以后可靠度指标恢复到初始状态。

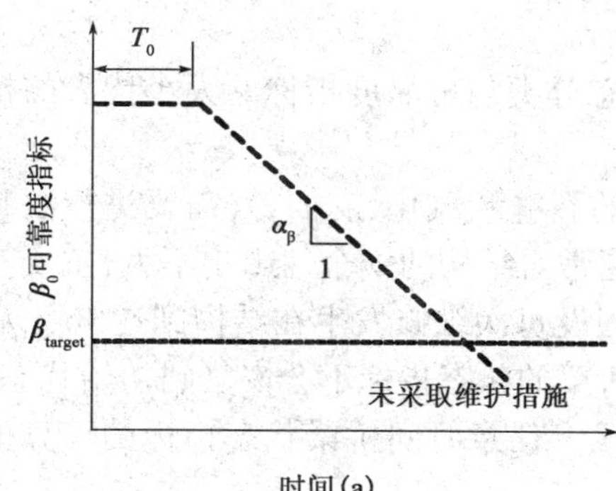

图1 可靠度指标退化模型

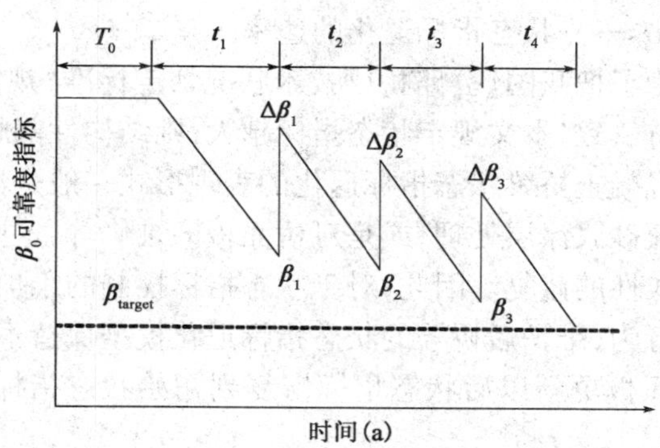

图2 多次维护加固下可靠度指标变化曲线

$$\beta(t)=\begin{cases}\beta_0 & 0\leqslant t\leqslant T_0\\ \beta_0[1-\alpha_\beta(t-T_0)] & T_0\leqslant t\leqslant T_0+t_1\\ (\beta_1+\Delta\beta_1)[1-\alpha_\beta(t-T_0-t_1)] & T_0+t_1\leqslant t\leqslant T_0+t_1+t_2\\ \cdots\cdots & \\ (\beta_{n-1}+\Delta\beta_{n-1})[1-\alpha_\beta(t-T_0-t_1-\cdots-t_{n-1})] & \\ T_0+t_1+\cdots+t_{n-1}\leqslant t\leqslant T_0+t_1+t_2+\cdots+t_n & \\ (\beta_n+\Delta\beta_n)[1-\alpha_\beta(t-T_0-t_1-\cdots-t_n)] & \\ t\geqslant T_0+t_1+t_2+\cdots+t_n & \end{cases} \tag{2}$$

其中，T_0 为劣化开始时间，t_i 是两次维护间时间差，β_i 为第 i 次维护时的可靠度指标，$\Delta\beta_i$ 为第 i 次维护后的可靠度指标增量，α_β 为可靠度指标退化的速率。

式中 β_i 与 t_i 之间有如下关系：

$$\beta_1=\beta_0[1-\alpha(t-T_0)]\quad \beta_n=(\beta_{n-1}+\Delta\beta_{n-1})(1-\alpha t_n) \tag{3}$$

2. 状态指标劣化模型与维护策略

混凝土桥梁在运营过程中，除了结构可靠度发生降低以外，结构的外观状态也在发生退化。与可靠度指标类似，假设混凝土桥梁经过维护后的状态指标退化曲线如图3，在役桥梁性能退化状态下的状态指标同样采用双线性模型。

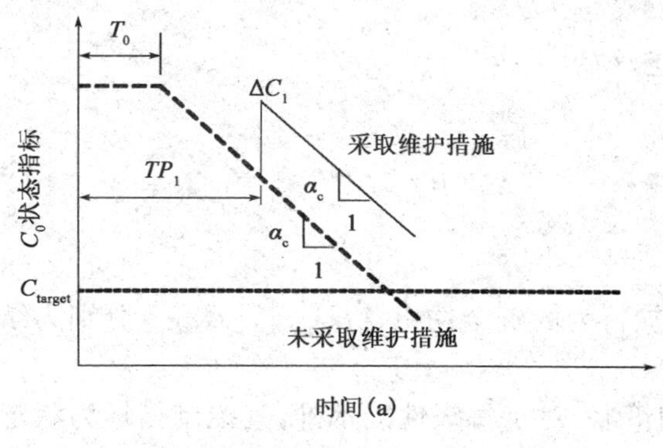

图3 状态指标退化模型

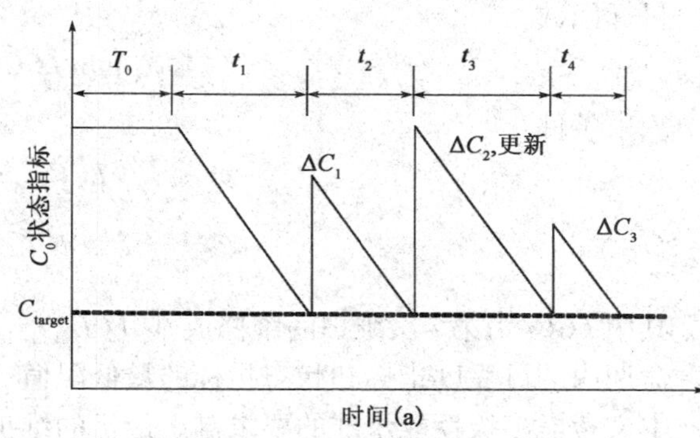

图4 多次维护加固下状态指标变化曲线

$$C(t) = \begin{cases} C_0 & 0 \leqslant t \leqslant T_0 \\ C_0 - (t - T_0) \cdot \alpha_C & T_0 \leqslant t \end{cases} \tag{4}$$

式中：C_0——$t=0$ 时的初始状态指标，由于桥梁的状态指标是根据桥梁的外观状态和定期检查确定的，因此桥梁结构刚建成时的状态指标处于完好状态；

T_0——劣化开始时间；

α_C——状态指标退化的速率。

为了把我国《公路桥梁技术状况评定标准》规定的桥梁状态分类与可靠度指标的大小代表的桥梁性能保持一致，本文规定状态指标越大，则结构性能越好。

混凝土桥梁状态指标退化的表现形式一般是混凝土表面的裂缝和风化、麻面等，需要进行灌浆处理和环氧砂浆涂层处理，或是对桥面板的维修等，这些维修工作通常对结构的安全性影响不大，主要是对桥梁耐久性的修复。因此，对于状态指标控制的维护策略，这里假设每次维修发生在结构到达 C_{target} 后进行维护行为，维护后桥梁的状态指标退化模型保持不变，维护后桥梁的状态指标不会恢复到初始状态指标，但桥面板更新以后状态指标恢复到初始状态指标，如图4所示。任意时间桥梁状态指标的计算模型见式(5)。

$$C(t) = \begin{cases} C_0 & 0 \leqslant t \leqslant T_0 \\ C_0[1 - \alpha_C(t - T_0)] & T_0 \leqslant t \leqslant t_1 + T_0 \\ (C_{\text{target}} + \Delta C_1)[1 - \alpha_C(t - t_1 - T_0)] & t_1 + T_0 \leqslant t \leqslant t_2 + t_1 + T_0 \\ (C_{\text{target}} + \Delta C_2)[1 - \alpha_C(t - t_2 - t_1 - T_0)] & t_2 + t_1 + T_0 \leqslant t \leqslant t_3 + t_2 + t_1 + T_0 \\ \cdots\cdots \\ (C_{\text{target}} + \Delta C_n)[1 - \alpha_C(t - t_n - \cdots - t_1 - T_0)] & t_n + \cdots + t_1 + T_0 \leqslant t \leqslant t_{n+1} + \cdots + t_1 + T_0 \end{cases} \tag{5}$$

其中，T_0 为劣化开始时间，t_i 是第 i 次维护与上一次维护间的时间差，C_i 为第 i 次维护时的状态指标，ΔC_i 为第 i 次维护后的状态指标增量，α_C 为状态指标退化的速率，C_{target} 为设定的状态指标的最低限值。当构件更新后，状态指标恢复到初始状态指标 C_0。

3. 维护策略优化模型的建立

桥梁结构在正常使用和运营的过程中，要想取得较高的可靠性和状态指标，就必须对桥梁进行维护。不同的维护策略就会发生不同的成本和效果，因此需要制定综合考虑维护成本和性能的维护策略。

建立维护策略的优化模型时，本文认为状态指标与可靠性指标是相互独立的，分别建立基于状态指标和基于可靠性指标的维护的优化模型。该优化模型以维护发生的总成本最小为目标函数，以性能指标为约束，来确定一定的时间段对应适当的维护行为。本文建立的优化模型如下：

$$\text{优化变量}: x = (x_1, x_2, x_3, \ldots\ldots, x_n) \tag{6}$$

$x=0,1,2,3$ 分别代表不维护，小型维修，加固维修，构件更新。

目标函数：

$$\min LCC_{\text{total}} = \sum_i LCC_i \tag{7}$$

约束条件：

$$LCC_{\text{total}} \leqslant LCC_{\text{available}} \tag{8a}$$

$$\beta \geqslant [\beta_{\text{target}}] \tag{8b}$$

$$C \geqslant [C_{\text{target}}] \tag{8c}$$

其中 LCC_i 为第 i 次维护的维修成本，$LCC_{\text{available}}$ 为维护行为的资金约束，$[\beta_{\text{target}}]$、$[C_{\text{target}}]$ 分别为结构在寿命期内的可靠度指标和状态指标的最低限值。

本文考虑多级性能水准的要求制定最优的维护加固策略，对于每级性能水准，其控制指标为状态指标和可靠度指标，因此本文建立三级性能水准下的可靠度指标和状态指标的最低限值 β_{target}、C_{target} 如表1。

桥梁状态指标等级　表1

性能指标 \ 水准等级	水　准　一	水　准　二	水　准　三
可靠度指标	$\beta_{tar1}=5.0$	$\beta_{tar2}=4.5$	$\beta_{tar3}=4.0$
状态指标	$C_{tar1}=3.0$	$C_{tar2}=2.5$	$C_{tar2}=2.0$

三、工 程 应 用

1. 工程概况

以衢州市江山市茅坂大桥为工程背景，桥梁采用 4×20m + 3×20m + 3×20m 预应力混凝土先张法空心板梁桥，桥台采用U台、扩大基础，桥墩采用柱式墩、桩基础。由于清南线重车较多，新桥设计荷载标准采用公路－Ⅰ级，桥面净宽为1×净7m。预应力混凝土空心板、湿接缝、伸缩缝均采用C50混凝土、铰缝采用C50小石子混凝土。桥面铺装采用12cmC40防水混凝土，预应力钢筋采用高强度低松弛钢绞线，公称直径15.2mm，公称面积140mm^2，标准强度1 860MPa，最大松弛率为2.5%。桥梁支座采用常温型氯丁橡胶支座，伸缩缝为80型及80型以下采用型钢伸缩缝。

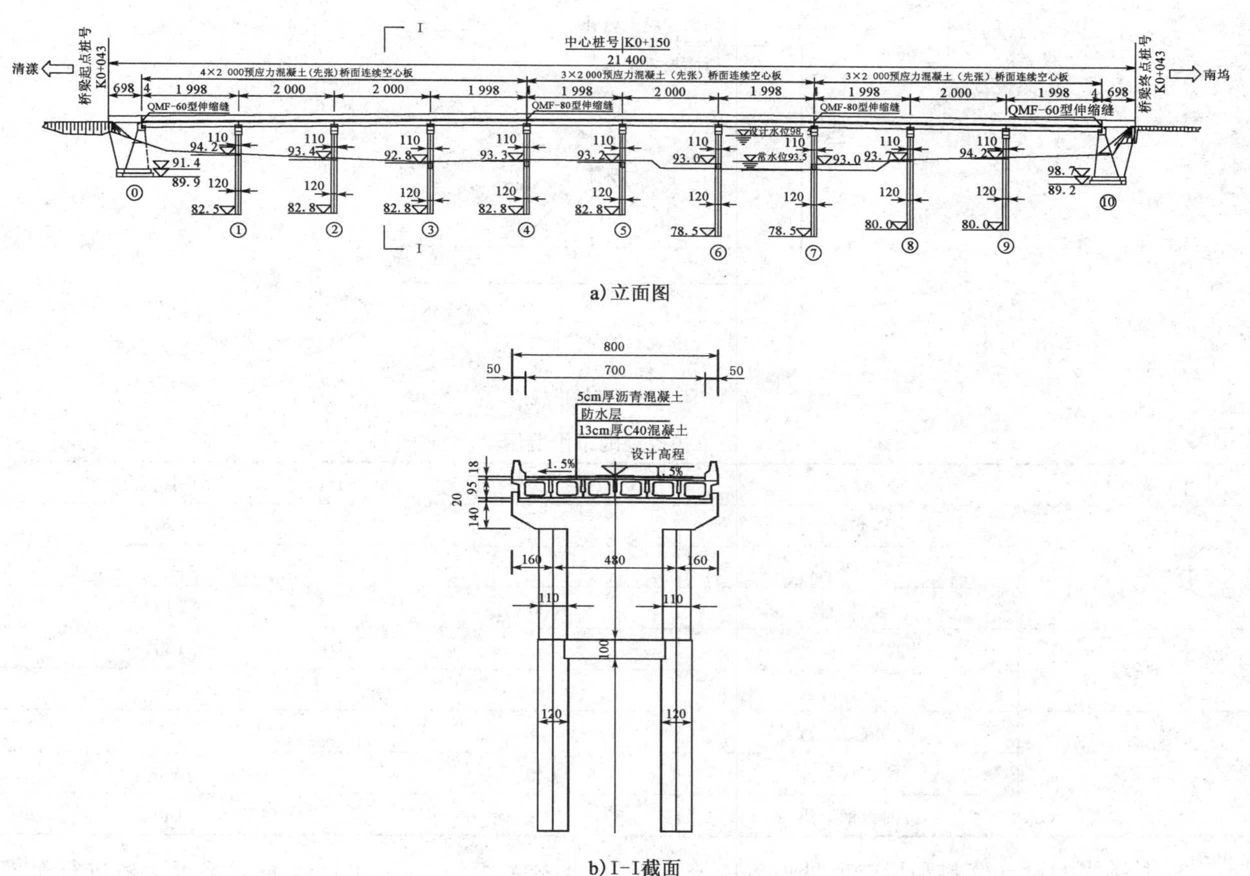

a）立面图

b）Ⅰ-Ⅰ截面

图5　茅坂大桥新桥

根据《公路钢筋混凝土及预应力混凝土桥涵设计规范》（JTG D62—2004）有关条款，该桥位于Ⅰ类环境地区，设计按Ⅰ类环境的要求进行设计，考虑混凝土碳化和氯离子侵蚀对混凝土耐久性的影响。本文主要考虑对该桥的主梁、桥面板和下部结构的维护策略计划进行研究，对于桥梁支座、伸缩缝及附属设施等的养护，应加强常规检查及日常养护，本文不做重点研究。

2. 维护策略优化及费用分析

混凝土梁桥的维护方法如前所述有多种,在优化分析过程中只考虑其中最常用的方法,本文分别考虑主梁、桥面板和下部结构等构件为对象,采用不同的维护方法。对于主梁,采用环氧树脂裂缝处治、粘贴钢板和板梁更换三种维护措施;对于桥墩,采用混凝土表面处治和套箍加固两种维护措施;对于桥面板,采用局部混凝土修补、桥面板加厚和桥面板铺装重做三种维护措施;各种维护行为的维修费用,参考茅坂大桥修复改造工程预算表,如表2。

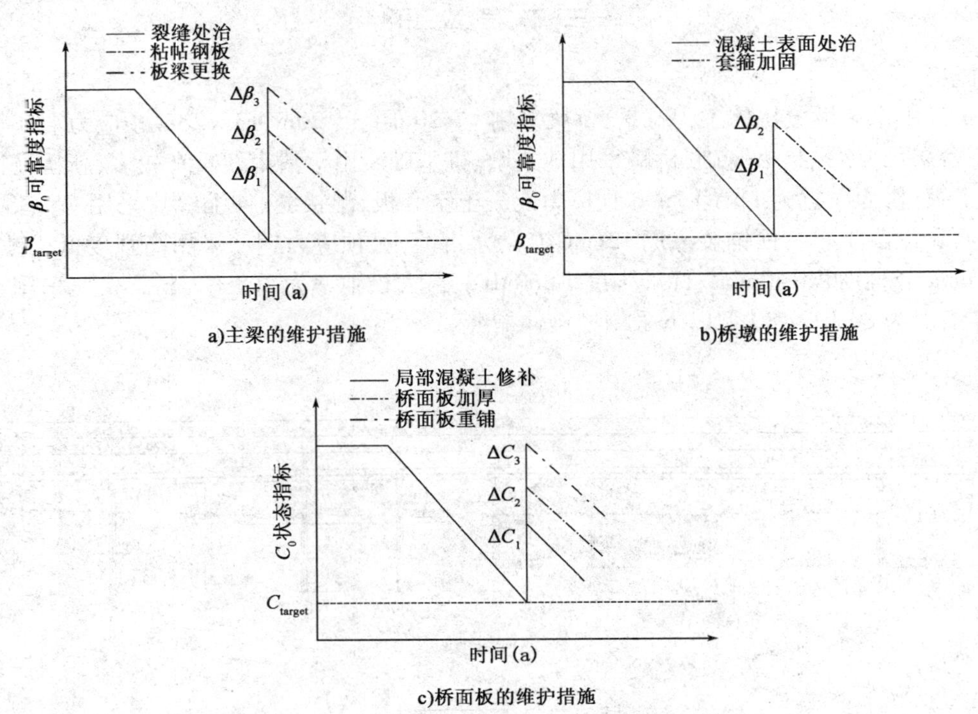

图6 桥梁维护措施

各维护措施的维修费用 表2

桥梁构件	维护措施	单价	总费用(万元)
主梁	环氧树脂裂缝处治	—	120
	粘贴钢板	—	260
	板梁更换	9 000 元/m^3	640
桥墩	混凝土表面处治	—	130
	套箍加固	—	220
桥面板	局部混凝土修补	—	50
	桥面板加厚	640 元/m^2	90
	桥面板铺装重做	1 280 元/m^2	180

根据桥梁的设计资料和桥梁所处位置的统计资料,并参考相关文献,可以得到对茅坂大桥进行全寿命周期成本分析时,所需要的分析参数见表3。

维护策略相关参数 表3

变量	分布类型	物理意义	变量特征值
β_0	对数正态	初始可靠度	mean = 7.5, standard deviation = 0.1
$T_{\beta 0}$	三角分布	劣化开始时间	min = 10, mode = 15, max = 20
C_0	对数正态	初始状态指标	mean = 5, standard deviation = 0.1

续上表

变量	分布类型	物理意义	变量特征值
T_{C0}	三角分布	劣化开始时间	min = 3, mode = 5, max = 8
α_{β}	三角分布	可靠度指标退化速率	min = 0.05, mode = 0.1, max = 0.15
α_{c}	三角分布	状态指标退化速率	min = 0.08, mode = 0.1, max = 0.12
$\Delta\beta$	三角分布	环氧树脂裂缝处治	min = 0.5, mode = 1.0, max = 1.5
	三角分布	粘贴钢板	min = 1.7, mode = 1.9, max = 2.1
	三角分布	更换板梁	恢复至 β_0
	三角分布	混凝土表面处治	min = 0.8, mode = 1.2, max = 1.6
	三角分布	套箍加固	min = 1.7, mode = 2.0, max = 2.3
ΔC	三角分布	局部混凝土修补	min = 0.7, mode = 1.0, max = 1.3
	三角分布	桥面板加厚	min = 1.2, mode = 1.5, max = 1.8
	三角分布	桥面板重做	恢复至 C_0

注:表中 min 为三角分布的最小值;mode 为三角分布最接近值;max 为三角分布最大值。

对茅坂大桥的寿命周期内的维护策略计划进行优化计算,桥梁的设计寿命周期为 100 年,折现率为 4%,并设主梁、桥墩和桥面板的维护次数均不超过四次,每次维修发生在结构到达 β_{target} 和 C_{target} 后进行维护行为。对茅坂大桥的主梁、桥墩和桥面板的维护策略考虑三级性能水准的要求,如图 7 ~ 图 9。

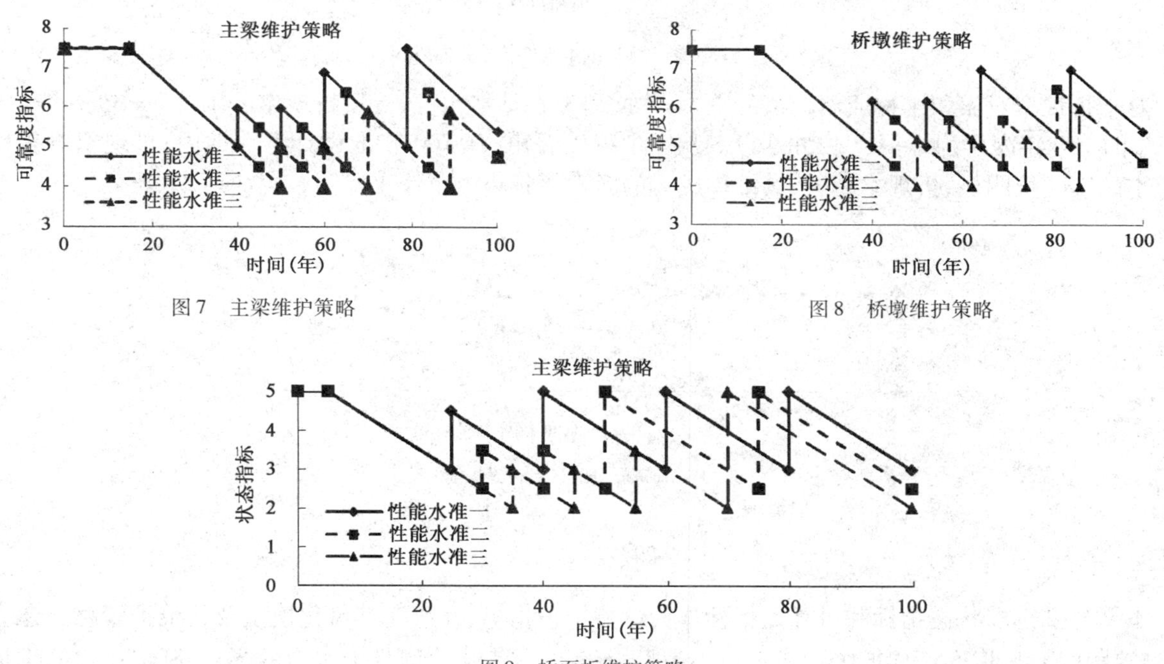

图 7 主梁维护策略

图 8 桥墩维护策略

图 9 桥面板维护策略

在三级性能水准下,对主梁、桥墩和桥面板的维护策略的总维修费用现值、性能指标限值及其对应的结构失效概率进行比较分析如表 4。

三级性能水准下维护行为比较 表 4

维护指标 \ 水准等级	性能水准一	性能水准二	性能水准三
可靠度指标限值	$\beta_{tar1} = 5.0$	$\beta_{tar2} = 4.5$	$\beta_{tar3} = 4.0$
结构失效概率	2.867×10^{-7}	3.398×10^{-6}	3.167×10^{-5}
总维修费用现值	261.67 万元	179.05 万元	140.51 万元

对于维修费用而言，性能水准一总维修费用现值最高，水准二的维修费用其次，水准三的维修费用最小；但对于桥梁结构失效概率而言，性能水准一的可靠度指标控制值对应的结构失效概率比水准二小一个数量级，比水准三小两个数量级。如果业主的维护费用预算充足，而追求更高的维护效果，可以考虑选取性能水准一进行维护策略优化；如果业主的维护费用预算不足，则可以考虑降低性能水准，但同时应保证结构寿命期内安全运营的基本要求。因此，考虑多级性能水准的维护策略是基于性能的维护行为，能够从业主或用户的角度出发，提供多级性能目标供业主和用户选择。

在三级性能水准下，茅坂大桥寿命周期内累积维护成本现值的变化曲线如图10，由于对桥梁的主梁、桥墩和桥面板进行了维修加固行为，累积的维护成本现值，随桥梁的服役期的增加而增加，但由于折现率的因素影响，服役年限的增加，使得成本现值增加的趋势逐渐减小。

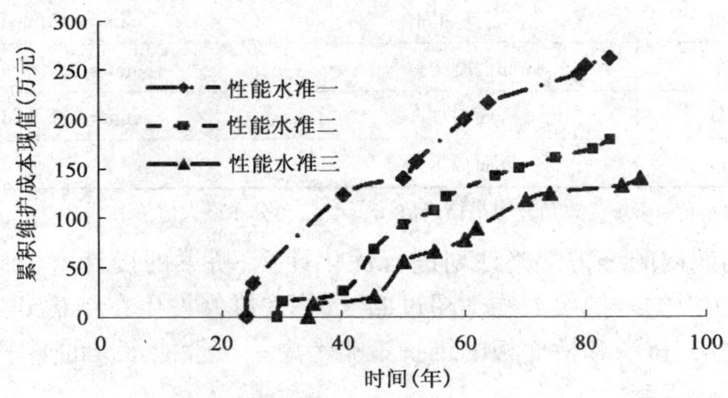

图10 累积维护成本现值的变化曲线

对于折现率对累积维护成本现值的影响，本文研究在性能水准一下，折现率分别为 $r=3\%$，$r=4\%$ 和 $r=5\%$ 的100年内累积维护成本如图11。从图中可以看出，在100年的设计寿命期内，折现率对累积维护成本的影响很明显，折现率越大，其维护成本的净现值越小。

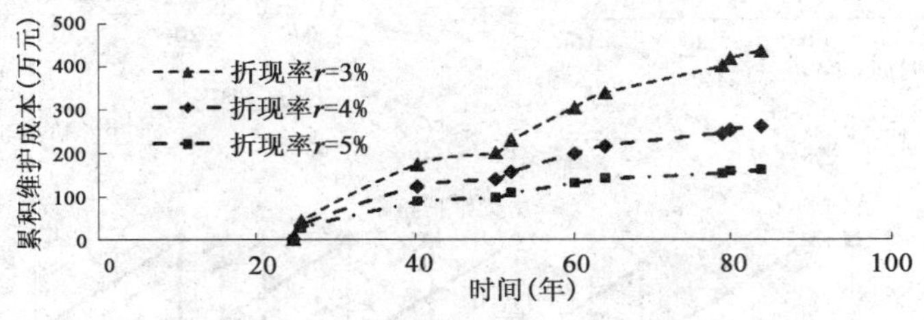

图11 不同折现率下累积维护成本

四、结　　语

本文分别选取状态指标和可靠度指标作为性能维护指标，并研究其劣化模型及其维护策略。建立维护策略优化模型，以寿命周期维护成本最小为目标函数，并考虑多级性能水准的要求，制定最优的维护加固策略。以衢州地区茅坂大桥为工程实例，研究三级性能水准下主梁、桥墩和桥面板的维护策略，并比较分析不同性能水准下的总维修费用现值、性能指标限值及其对应的结构失效概率，最后本文分析了不同性能水准下累积的维护成本现值的变化曲线，以及不同折现率对累积维护成本的影响。

参考文献

[1] 邵旭东，刘新华，刘代全，等. 基于概率的桥梁劣化模型与维护策略关系[J]. 重庆交通大学学报(自然科学版)，2007(05).

[2] 朱劲松，孟会林. 基于性能劣化分析的钢桥维护策略优化研究[J]. 世界桥梁，2010，04.

[3] 郭冬梅. 沿海在役钢筋混凝土桥梁性能退化及剩余使用寿命预测[D]. 浙江大学，2014.

[4] Zhu J, Liu B. Performance Life Cost-Based Maintenance Strategy Optimization for Reinforced Concrete Girder Bridges[J]. Journal of Bridge Engineering, 2011, 18(2).

[5] Chou J S, Le T S. Reliability-based performance simulation for optimized pavement maintenance[J]. Reliability Engineering & System Safety, 2011, 96(10).

[6] Frangopol D M, Kong J S, Gharaibeh E S. Reliability-based life-cycle management of highway bridges[J]. Journal of computing in civil engineering, 2001, 15(1).

[7] 中华人民共和国行业标准. JTG/T H21—2011 公路桥梁技术状况评定标准[S]. 北京:人民交通出版社, 2011.

[8] 中华人民共和国行业标准. JTG D62—2004 公路钢筋混凝土及预应力混凝土桥涵设计规范[S]. 北京:人民交通出版社, 2004.

[9] 刘伯奇. 基于性能—寿命—成本优化的混凝土梁桥设计方法及系统开发[D]. 天津大学, 2010.

[10] 彭建新. 基于寿命周期成本的桥梁全寿命设计方法研究[D]. 湖南大学, 2009.

[11] Frangopol D M, Lin K Y, Estes A C. Life-cycle cost design of deteriorating structures[J]. Journal of Structural Engineering, 1997.

[12] Frangopol D M, Kong J S. Life-Cycle Safety and Costing for Maintenance of Aging Bridges[C]//Structures 2001@ sA Structural Engineering Odyssey. ASCE, 2001.

[13] 衢州市公路管理局, 浙江大学:《中小跨径混凝土桥梁性能维护的关键技术及应用示范》研究报告[R]. 浙江省交通运输厅科技计划项目(2013H58), 2015.7.

155. 预应力混凝土箱梁桥腹板斜裂缝成因及相关问题研究综述

郑开启[1] 刘 钊[1] 秦顺全[1,2] 孟少平[1]

(1. 东南大学混凝土及预应力混凝土结构教育部重点实验室;2. 中铁大桥局集团有限公司)

摘 要 腹板斜裂缝是大跨径预应力混凝土箱梁桥常见的病害之一,理解斜裂缝的分布形态和形成机理对保证桥梁的结构性能和使用安全有重要作用。本文对大跨径预应力箱梁桥腹板斜裂缝分布位置、形态和一般分布规律进行了概述;从设计计算理论、预应力布置与损失、腹板厚度、温度作用、施工工艺等多个方面,系统地总结了腹板斜向开裂的原因;最后,就斜裂缝可能引起的相关问题,如开裂后桥梁有效剪切刚度、跨中持续下挠和腹板稳定性等方面的研究,进行了综述。

关键词 斜裂缝 预应力混凝土 箱梁桥 成因 剪切刚度 跨中下挠

自20世纪80年代以来,随着大跨径预应力混凝土连续箱梁桥的大量修建,许多大跨径预应力箱梁出现了梁体开裂及跨中长期下挠等病害现象,其中腹板斜裂缝对结构安全的影响程度最大,这些病害对桥梁的耐久性和运营的安全性构成了威胁,甚至在一定程度上阻碍了大跨径预应力混凝土梁桥的发展。一些学者对预应力混凝土连续箱梁桥腹板斜裂缝进行了大量调查统计,发现斜裂缝的常见形态、产生部位等有一定的规律;另有很多学者对斜裂缝的产生原因和机理进行了深入分析和探讨,并提出了一些应对策略;针对大跨径预应力箱梁腹板斜向开裂引起的相关问题:如桥梁开裂后剪切刚度、跨中长期持续下挠等问题,国内外学者进行了专门的研究,但是迄今研究结论仍然没有达成一致。

由于预应力钢筋混凝土在欧美应用相对国内早,早在20世纪80年代,就有外国学者对箱梁腹板斜裂缝的关注和研究。近些年对预应力混凝土箱梁腹板斜裂缝的研究则主要集中在国内,2000年以后,预应力混凝土箱梁腹板斜裂缝问题逐渐引起国内学者的关注,并有学者对腹板斜裂缝进行了专项研究。

一、斜裂缝的分布规律

腹板斜裂缝性质上属于剪切裂缝，又可细分为腹剪裂缝和弯剪裂缝，如图1所示，其中，弯剪裂缝是由斜截面抗弯能力足产生的主拉应力而引起，一般发生在弯矩和剪力均较大的1/4主跨附近和1/2边跨附近，与梁轴线呈30°~60°走向，与弯曲裂缝相似，由箱底自下而上发展，呈下宽上窄形态。第二种是腹剪裂缝，在预应力混凝土箱梁桥中，此种斜裂缝最为常见，也是我们重点关注的，它由主拉应力引起，一般发生在剪应力最大支点附近，与梁轴线呈25°~50°走向，并在荷载反复作用下，不断向受压区发展，由于箱梁上下缘布置的纵向预应力束，抑制了斜裂缝发展，腹剪裂缝呈两头窄中间宽的形态。

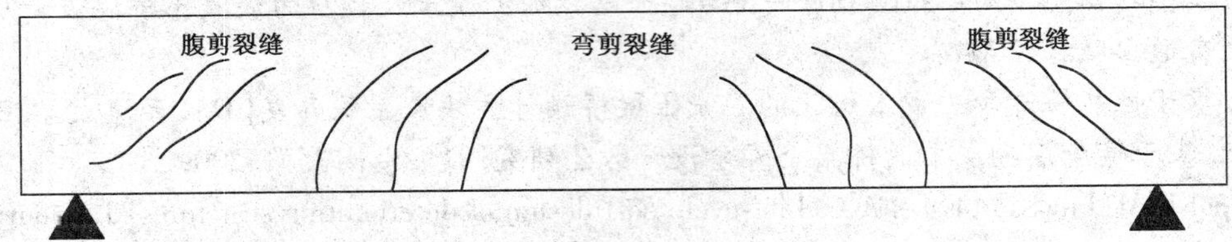

图1 腹板斜裂缝的主要形态

在结合学者调查基础上，笔者近年来也对全国较为典型的大跨径预应力箱梁桥腹板斜裂缝情况进行了广泛的调查统计，发现国内在役大跨径预应力混凝土箱梁腹板开裂的现象较为严重，情况不容乐观。表1列出了笔者统计的国内10座典型大跨径预应力混凝土箱梁桥腹板开裂的情况。调查显示腹板斜裂缝的位置和形态具有一定的随机性，但从统计意义上，裂缝分布位置符合一定的规律。从裂缝的总体分布特征来看，南半桥多于北半桥，西侧梁腹板多于东侧梁腹板，箱内多于箱外，在结构上呈现出一定的对称性；在箱梁的分布位置来看，斜裂缝主要分布于箱梁的1/4跨附近（即零弯矩点附近），且腹板中部居多，部分延伸至箱梁上下翼缘；从裂缝的形态来看，预应力连续梁或连续刚构桥多数为腹剪裂缝，其倾角在25°~50°居多。预应力桥梁中典型的斜裂缝发育位置和形态如图2所示。

部分在役预应力混凝土箱梁桥腹板斜向开裂情况统计 表1

桥　名	桥跨布置	建成（年）	检测（年）	斜裂缝简单描述
芜宣清水河大桥	30m+9×52m+30m 连续箱梁桥	2003	2007	主桥箱梁内、外侧斜裂缝2 733条，在1/4跨附近的斜裂缝占比达50%以上，裂缝倾角为30°~60°
南京长江二桥 北汊桥主桥	90m+3×165m+90m 连续梁桥	2001	2007	集中在次边跨的1/4~3/4跨梁段，多数斜裂缝呈现为跨中高至支点低走向，多数倾角不大
浙江兰溪黄溢大桥	52m+3×80m+52 连续箱梁桥	1997	2007	腹板内侧裂缝较多，共1 081条，裂缝在两侧腹板基本对称分布，次边跨和中跨斜裂缝关于合龙段也基本上对称分布
佛开高速公路 潭洲大桥	75m+125m+75m 连续梁桥	1996	2004	腹板裂缝主要位于主跨，且腹板内侧裂缝明显多于外侧裂缝，主要分布在1/4跨至1/3跨之间
湖北黄石大桥	162.5m+3×245m+162.5m 连续刚构桥	1995	2002	主桥箱梁共发现裂缝2 438条，其中1957条分布在箱梁腹板箱内表面上，394条分布在箱梁腹板箱外表面上
佛山油金大桥	44m+2×80m+44m 连续刚构	1994	2005	腹板斜裂缝主要分布在1/4~3/4跨，且与主轴线成大约45°大量腹板裂缝与顶板相连，少数裂缝贯通腹板
甘陶河特大桥	3×（5×40m） 连续箱梁	1994	2002	第一、二联较为严重，开裂范围较大，但主要集中在腹板变截面段，斜裂缝开展方向大致互相平行，角度约45°

续上表

桥　名	桥跨布置	建成(年)	检测(年)	斜裂缝简单描述
湖北钟祥汉江公路大桥	65m + 3 × 100m + 65m 连续箱梁桥	1993	2004	各跨两侧腹板均出现不同程度斜裂缝，次边跨较为严重，且主要集中在该跨1/4至3/4跨径截面处，角度45°左右
东明黄河公路大桥	75m + 7 × 120m + 75m 连续刚构桥	1993	1999	箱梁内侧共发现斜裂缝620条，裂缝一般集中在1/8跨至3/4跨之间，长度在1.0～4.0m，倾角多为15°～35°
湘潭二桥	50m + 5 × 90m + 50m 连续箱梁桥	1993	2000	箱内腹板内、外两侧均产生了不同程度的裂缝，主要集中在L/4～3L/4区域，走向为30°～60°

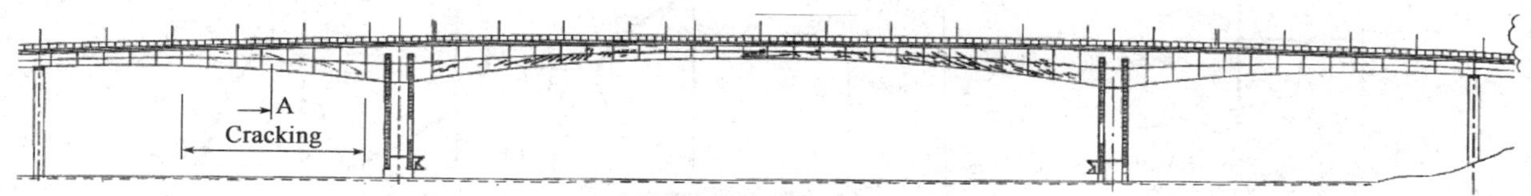

a)裂缝在全桥分布位置

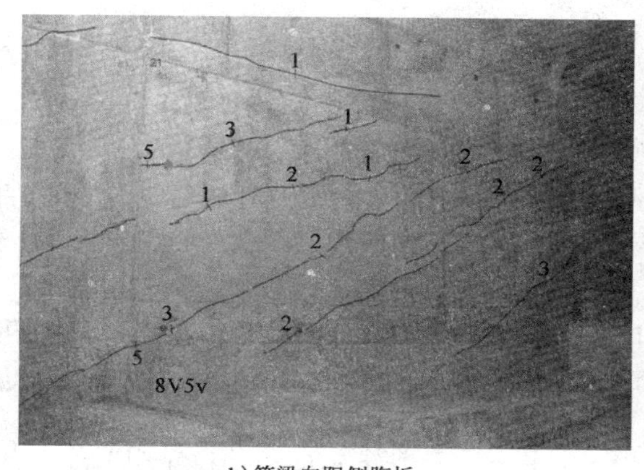

b)箱梁向阳侧腹板

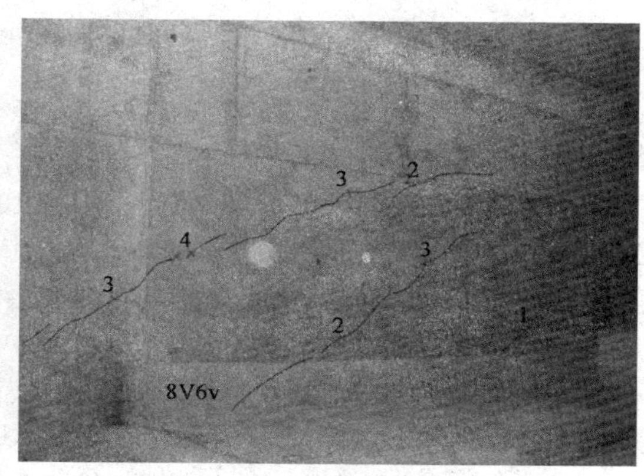

c)箱梁背阴侧腹板

图2　Grondal and Alvik 桥斜裂缝分布情况

二、斜裂缝形成原因研究

鉴于斜裂缝逐渐成为预应力混凝土箱梁桥的"通病"，国内外学者们对腹板斜裂缝的成因进行了详尽的分析和探讨，可能导致腹板斜裂缝的影响因素主要可以归纳为以下几种。实际桥梁的斜向开裂，可能以某种因素为主，或者几种因素共同作用。

1. 计算理论偏差

许多在役预应力混凝土箱梁主拉应力验算都能通过，但是斜裂缝的出现仍然不可避免，按照我国公路桥规，主拉应力的计算公式为：

$$\sigma_{tp} = \frac{\sigma_{cx} + \sigma_{cy}}{2} - \sqrt{\left(\frac{\sigma_{cx} - \sigma_{cy}}{2}\right)^2 + \tau^2} \tag{1}$$

$$\sigma_{cy} = 0.6\frac{n\sigma'_{pe}A_{py}}{bs_v} \tag{2}$$

$$\tau = \frac{V_s S_0}{bI_0} - \frac{\sum n\sigma''_{pe}A_{pb}S_n\sin\theta_p}{bI_n} \tag{3}$$

式中：σ_{cx}——计算点处预加力和作用短期效应组合计算的弯矩产生的混凝土法向应力；

σ_{cy}——计算点处竖向预应力钢筋的预加力在混凝土中产生的竖向压应力；

τ——计算点处预应力弯曲钢筋预加力和作用短期效应组合计算的剪力产生的混凝土剪应力。

吉林(2010)，刘钊(2010)等研究认为，现行规范中腹板竖向应力计算模式与实际情况有较大差异，腹板竖向应力不仅与竖向预应力有关，还和纵向预应力的锚固、顶板横向预应力张拉、环境温度变化等因素有关，提出腹板竖向更合理的应力计算模式应该计入以上因素的影响，才更为合理。

对于变截面预应力混凝土箱梁，其截面剪应力分布也不同于普通等截面初等梁。许多学者推导了变截面梁的精确剪应力计算公式，能够计算轴力、弯矩和剪力等内力组合下，箱梁截面的剪应力分布。不同于等截面梁情形，弯矩和轴力会引起变截面梁的剪应力重分布，如图3所示。可以看出变截面箱梁剪应力分布不同于普通等截面梁，因此按照初等梁理论的式(1)计算主拉应力也是不精确的。

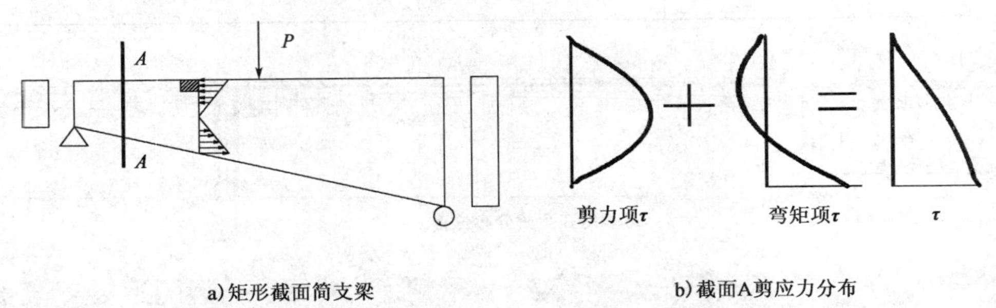

a)矩形截面简支梁　　b)截面A剪应力分布

图3 变截面梁截面剪应力分布

2. 竖向预应力损失

文献对腹板中的竖向预应力和下弯束预应力的损失对腹板主拉应力的敏感性进行了分析，结果显示，在常见的应力水平(腹板混凝土轴向压力取10MPa，外荷载剪应力取2MPa)下，下弯束比竖向束要可靠的多，而主拉应力对竖向束预应力损失非常敏感，所以正确估计与计算竖向预应力损失非常重要。

王华(2005)通过有限元计算，认为常规计算中没有完全把握箱梁应力分布特征，对偏载等不利因素考虑不全导致主拉应力安全储备不足，是腹板开裂的可能原因之一，竖向预应力各项损失估计不足则是腹板开裂的另一原因。

竖向预应力筋因长度限制，预应力损失控制难度大，而主拉应力对其极为敏感，因此竖向预应力损失导致主拉应力超限，进而导致腹板斜向开裂的可能性较大。

3. 腹板下弯束布置

由主拉应力计算公式(1)可知主拉应力和剪应力的大小密切相关，随着剪应力的增大，主拉应力也增大，因此可以通过限制剪应力的大小来控制主拉应力。剪应力由箱梁截面的剪力大小决定，而纵向预应力下弯束能提供预剪力，从而减小了箱梁截面的剪应力。

采用悬臂施工的预应力混凝土箱梁桥(特别是薄腹箱梁桥)在张拉纵向下弯预应力束时，预应力锚固区常会出现与纵向顶板下弯束大致平行的腹板斜裂缝。有限元计算发现斜裂缝出腹板局部主拉应力过大，这是白于预应力张拉力过大且预应力束半径偏小，弯角过大而造成的。对于此种情况，设计对锚固区局部应力估计不足，是腹板斜裂缝产生的原因，在锚固端一定范围内增设普通钢筋，可以有效地抑制开裂。

4. 腹板厚度

腹板厚度和主拉应力大小息息相关，尽管根据规范，箱梁腹板的尺寸在不少情况下是通过抗剪承载力验算得到，但是，常常在保证规范抗剪承载力的前提下，并不能防止裂缝的发生，只能控制斜裂缝宽度在0.2mm以下。

陈丹华(2006)对腹板主应力的两项影响因素，竖向预应力筋的构造形式和腹板厚度变化方式进行了有限元分析。研究结论认为，采用较为缓和的变化腹板厚度变化方式，采用可减少腹板应力空白区的U型竖向预应力筋，均可以有效降低主拉应力，对减少腹板斜裂缝的开展有利。

腹板变薄后，一方面，腹板主拉应力对各项荷载效应变得更为敏感。如果某一荷载变化超出设计者的预期值，可能会引起主拉应力的超限；另一方面，钢筋的布置变得困难，也影响了混凝土浇筑质量。合理的增大腹板厚度，既能提高抗剪承载力，又能有效地改善箱梁的抗裂性能，也便于施工中的钢筋布置，尤其是预应力在腹板上的锚固。

5. 温度应力

我国公路桥规温度模式规定，混凝土连续梁由于日照引起桥面与其他部分的温度差而产生内力，在缺乏实测资料时，可假设温度差为5°（桥面板上升5°），并在桥面板内均匀分布，这样处理温度应力与实际情况不相符。首先，一般大跨径箱梁截面高度沿顺桥方向是变化的，这样采用同样的顶底板温差，则跨中的温度梯度比支座附近的温度梯度大很多，相应的温差应力也很大。其次，理论分析和实验研究均已表明：按桥面升温5°计算温度应力是偏于不安全，在大跨度预应力混凝土箱形梁桥中，温度应力可以达到甚至超过活载应力，因此温度梯度模式的选取和计算应慎重。

Malm（2006）对瑞典的Grondal and Alvik桥裂缝开展情况进行监测时，发现日照温差变化产生的应力非常大，由于日照温差变化引起的该箱梁桥腹板斜裂缝开展宽度，是一辆轻轨列车通过时引起裂缝开展宽度的10倍以上（图2）。同时桥的向阳侧的腹板斜裂缝数量，要远多于背阴侧的斜裂缝数目，斜裂缝主要集中于L/4～L/2之间，且角度大都在45°左右。

6. 施工工艺质量

施工质量也是影响斜裂缝的一个重要因素：模板安装定位粗糙，导致腹板厚度不足；竖向预应力的张拉吨位不足，管道压浆过晚；悬臂平衡挂篮浇筑时，未对挂篮进行预压重就进行浇筑，结果与上一节段的工作缝处出现横向裂缝，导致剪应力的增大，相应地会导致较大的主拉应力出现。

预应力张拉工序对结构内力产生较大的影响，王卫锋（2010）通过对悬臂施工的连续箱梁腹板局部应力分析，得知不张拉竖向预应力筋而继续悬臂挂篮施工，导致竖向预应力暂时性缺失，从而导致主拉应力在施工阶段过大，是造成腹板下部出现斜裂缝的主要原因。

在施工阶段，后张预应力张拉时在预应力锚固区，常会出现沿着预应力筋方向开展的斜裂缝，此时除了在设计上对锚固区进行加强外，尚应严格按照张拉力和张拉顺序要求施工，防止野蛮施工。

7. 其他可能的原因

随着城市交通流量的变化，许多在役桥梁常年超负荷运营，桥梁超载，车辆超重也是引起桥梁开裂损伤乃至垮塌的一个重要原因。另外，在设计方面，不少设计人员认为箱梁腹板斜裂缝问题严重，可采用多配箍筋的办法，这混淆了抗裂与抗剪承载力两者的概念。应当认识到，提高截面的抗剪承载力与提高受剪抗裂性并不是一回事，抗裂性能不好不等于抗剪承载力差。加密箍筋的做法并不能防止腹板斜裂缝的出现，仅对斜裂缝出现之后的开展具有抑制作用，因此从防止斜裂缝出现角度，非预应力筋的作用是很小的。

三、斜裂缝相关问题研究

1. 开裂后有效剪切刚度

针对斜向开裂对桥梁结构剪切刚度的降低问题，国内外学者进行大量研究。王栋（2005）通过有限元建立了两种分析开裂后预应力混凝土连续箱梁承载力与刚度变化的有限元模型：空间实体模型、空间刚架－梁模型，用来进行开裂后桥梁承载力与刚度的分析与评价。吕志涛、潘钻峰等（2010）开展了3根薄腹梁的抗剪性能试验，考虑混凝土强度、跨高比、剪跨比、配箍率和纵筋配筋率等影响剪切变形的参数。研究表明：斜向开裂后混凝土梁的剪切变形对结构总变形影响较大；梁的跨高比对剪切变形与弯曲变形比值影响最大。腹板斜裂缝对长期持续下挠的影响很大。另外聂建国、Debernardi、Kim等也进行了相关研究，发现斜裂缝开裂后剪切变形迅速增大，在量值上可达到甚至超过弯曲变形，可采用桁架模型计算充分开裂状态的剪切刚度。

2. 桥梁跨中持续下挠

根据大量工程实践和学者对分析，"腹板斜裂缝"与"长期持续下挠"表现出了较高的相关性。牛艳伟(2008)通过对某大跨径混凝土梁桥的长期挠度实测发现，腹板斜裂缝出现后，即使裂缝保持相对稳定，桥梁挠度也会继续增大。邵飞等建立了三跨预应力连续箱梁的有限元模型，考虑了 $L/4$ 处斜裂缝的影响，结论认为腹板斜裂缝是影响长期下挠的一个主要因素，通过有限元分析发现当腹板斜裂缝的开裂达到一定程度时，就会导致桥梁长期持续下挠。聂建国、潘钻峰等的研究表明，考虑收缩徐变后，斜向开裂混凝土梁的长期剪切变形，会大大超过瞬时剪切变形，对桥梁长期下挠的影响不可忽视。

3. 薄腹梁腹板稳定性

随着预应力箱梁桥的发展和高强混凝土的应用，桥梁变得越来越细长，对于跨高比较大的细长薄壁箱梁，其腹板稳定性仍然有较高的稳定系数，但当腹板斜裂缝的开展使裂缝间的压杆长细比变得很大，可能会对腹板的稳定性产生不利的影响。少数学者对这一问题进行了研究，其中学者 Dilger(2003)利用变角桁架模型对带斜裂缝腹板稳定性进行了分析，研究发现作为竖向拉杆腹板箍筋降低了斜压杆轴向压力，否则腹板斜压杆有可能会失稳。对于大跨度预应力箱梁桥，根部腹板高度可达数米乃至十多米高，设计时应考虑斜裂缝可能引起的稳定性问题。

四、结　　语

本文针对大跨径预应力箱梁桥中普遍存在的斜裂缝问题，从分布形态规律，形成原因以及导致的相关问题等三个方面的研究进行了系统总结与分析：

(1)通过对大跨径预应力混凝土箱梁桥斜裂缝开展情况的广泛调查统计，对斜裂缝的分布位置、开展形态和分布规律情况进行了总结。

(2)针对可能导致斜裂缝的原因，进行了系统的分析与探讨：计算理论的不完善、竖向预应力损失、腹板下弯束布置、腹板厚度、温度应力、施工质量和桥梁超载等，都有可能导致斜裂缝的产生，实际中是以上多种因素共同作用的结果。以上因素中，规范导致的计算理论偏差具有普遍性，竖向预应力损失估计不足和野蛮施工是工程中问题出现最多的，而温差作用计算和桥梁超载则是最容易忽视的。

(3)最后对斜裂缝引起的一系列问题，如开裂后剪切刚度、桥梁跨中持续下挠和薄腹梁腹板稳定性等问题的研究进行了综述。

参考文献

[1] 王国亮，谢峻，傅宇方. 在用大跨度预应力混凝土箱梁桥裂缝调查研究[J]. 公路交通科技，2008，08.

[2] 谢峻，王国亮，郑晓华. 大跨径预应力混凝土梁桥长期下挠问题的研究现状[J]. 公路交通科技，2007，24(1).

[3] 李铁强. 桥梁有害裂缝调查与分析[J]. 东北公路. 2003，01.

[4] 许莉. 福州市城市桥梁裂缝普查及成因分析[J]. 福建建设科技，2009，02.

[5] 李海军，李军. 连续梁桥预应力箱梁腹板裂缝成因浅析[J]. 华东公路. 2000，03.

[6] 陈梅. 大跨径预应力混凝土箱梁桥腹板斜裂缝研究[D]. 长安大学，2001.

[7] 詹俊华. PC 箱梁桥竖向预应力测试及腹板斜裂缝控制研究[D]，西南交通大学，2008.

[8] 郭卫民. 预应力混凝土连续箱梁腹板斜裂缝分析与加固新技术研究[R]. 2009.

[9] 孙家瑛，戴亚英. 钢筋混凝土桥梁裂缝调查及抗裂措施研究[J]. 混凝土. 2005，10.

[10] 郭凡，杨永清，刘国军. 预应力混凝土连续箱梁桥施工中腹板斜裂缝分析[J]. 铁道建筑，2010，11.

[11] Stone W C ，Breen J E. Behavior of Post-Tensioned Girder Anchorage Zones. PCI Journal[J]. 1984，1.

[12] Malm R. Shear Cracks in Concrete Structures Subjected to In-Plane Stresses[D]. RoyalInstitute of Technology. 2006.

[13] 贺志勇，赵龙. 应用 Midas 进行连续箱梁桥腹板斜裂缝的分析研究[J]. 中外公路. 2011，02.

[14] 周庆. 预应力混凝土连续箱梁桥腹板斜裂缝成因与控制[J]. 四川建筑，2008，01.

[15] 舒彬,杨少文. 连续箱梁腹板斜裂缝分析和防治[J]. 四川理工学院学报(自然科学版),2008,04.

[16] 邓志恒,罗志佳,林俊. 预应力损失对箱梁腹板斜裂缝影响分析[J]. 中外公路,2008,03.

[17] 罗志佳,收缩徐变对连续刚构桥挠度的影响及腹板斜裂缝成因分析[D],广西大学 2007.

[18] 孙清如,刘建村. 预应力混凝土箱梁桥腹板斜裂缝影响因素分析[J]. 南昌工程学院学报,2005,04.

[19] 王华,预应力混凝土薄壁箱梁桥空间分析及开裂成因研究[D],湖南大学. 2005.

[20] 肖星星,李程华,万重文,等. 预应力混凝土箱梁桥悬臂施工中腹板斜裂缝成因分析[J]. 中外公路,2008,01.

[21] 陈丹华,陈水生,程海根. 预应力混凝土箱梁桥腹板主应力影响因素研究[J]. 铁道工程学报,2006,06.

[22] 王卫锋,叶敬彬,林致胜,等. 施工过程箱梁腹板斜裂缝成因分析[J]. 桥梁建设,2010,01.

[23] 彭卫,邢鸿燕,柯善刚,等. PC 连续箱梁桥裂缝控制研究[J]. 浙江工业大学学报,2003,31(1).

[24] 袁明. 预应力混凝土箱梁桥腹板斜裂缝研究[D]. 长沙理工大学,2008.

[25] 詹俊华. PC 箱梁桥竖向预应力测试及腹板斜裂缝控制研究[D]. 西南交通大学,2008.

[26] 顾凯锋,彭卫. 预应力混凝土连续箱梁桥腹板斜裂缝研究[J]. 公路,2004,(7).

[27] 邢礼荣. 大跨径箱梁截面应力与腹板裂缝研究[D]. 长安大学,2010.

[28] 吉林,赵启林,丁勇. 预应力箱梁桥腹板主应力计算探讨[J]. 公路交通科技,2010,06.

[29] 刘钊,桥梁概念设计与分析理论[M]. 北京:人民交通出版社,2010.

[30] American Association of State Highway and Transportation Officials (AASHTO). AASHTO LRFD bridge design specifications. (6th edition) [S]. Washington, DC: AASHTO, 2012.

[31] Collins M P, Bentz E C, Sherwood E G. Where is shear reinforcement required? Review of research results and design procedures[J]. ACI Structural Journal, 2008, 105(5).

[32] Vecchio F J, Collins M P. Predicting The Response of Reinforced Concrete Beams Subjected to Shear Using the Modified Compression Field Theory[J]. ACI Journal, 1988, 85(3).

[33] Debernardi P G, Taliano M. Shear deformation in reinforced concrete beams with thin web[J]. Magazine of Concrete Research. 2006;58(3).

[34] Debernardi P G, Guiglia M, Taliano M. Shear Strain in B-Regions of Beams in Service[J]. Engineering Structures, 2011;33(2).

[35] 莱昂哈特 F. 钢筋混凝土结构与变形的验算[M]. 胡贤章,程积高,译. 北京:水利电力出版社,1983.

[36] 吕志涛,潘钻峰. 大跨径预应力混凝土箱梁桥设计中的几个问题[J]. 土木工程学报,2010,01.

[37] 赵桉. 薄腹混凝土梁弹性阶段及斜裂缝开展后的剪切变形研究[D]. 南京:东南大学,2014.

[38] 吕志涛,潘钻峰. 斜向开裂混凝土梁的瞬时及长期剪切变形[J]. 建筑科学与工程学报[J]. 2010,02.

[39] Pan Z, Li B, Lu Z. Effective shear stiffness of diagonally cracked reinforced concrete beams[J]. Engineering Structures, 2014, 59.

[40] Nie J, Cai C S. Deflection of cracked RC beams under sustained loading[J]. Journal of Structure Engineering, 2000, 126(6).

[41] 中华人民共和国行业标准. JTG D62—2004 公路钢筋混凝土及预应力混凝土桥涵设计规范[S]. 北京:人民交通出版社,2004.

[42] 兰衍亮,预应力混凝土连续箱梁桥腹板斜裂缝分析及加固研究[D]. 华南理工大学,2010.

[43] 王栋,斜裂缝对预应力混凝土箱梁承载力与刚度的影响研究[D]. 长安大学,2005.

[44] Kim J H, Mander J B. Influence of transverse reinforcement on elastic shear stiffness of cracked concrete elements[J]. Engineering structures, 2007, 29(8).

[45] 牛艳伟,石雪飞,阮欣. 大跨径混凝土梁桥的长期挠度实测分析[J]. 工程力学. 2008,S1.

[46] Shao F, Pan D R, Li F, et al. Effects analysis of web cracks on long-term deformation of large span prestressed concrete continuous box girder bridge[C] Advanced Materials Research. 2011, 163.

[47] Dilger W, Sherif A. Stability of Slender Webs of Prestressed Concrete Box – Girder Bridges. Journal of Bridge Engineering[J]. 2003,3.

156. 桥梁混凝土裂缝分析与控制措施

王万通
(四川公路工程咨询监理公司 G317 线俄岗路改建工程 GJ1 总监办)

摘　要　桥梁工程施工中,裂缝的产生会严重影响桥梁施工质量,以及桥梁的使用寿命,全面分析桥梁混凝土裂缝产生的原因,采取积极有效的解决方案。文章阐述了混凝土裂缝产生的原因,分析了裂缝控制措施。

关键词　桥梁施工　混凝土裂缝　原因　措施

随着我国桥梁技术的突飞猛进,大体积混凝土在桥梁结构中的应用也越来越广泛。混凝土是应用最广泛最重要的工程材料之一,具有取材广泛、价格低廉、抗压强度高、耐火性好、不易风化、养护费用低等优点,可以预计,随着我国基础设施建设规模的迅猛发展,其应用领域还会进一步拓宽。在应用混凝土材料进行建筑结构、路面、桥梁及隧道等工程建设中,混凝土开裂是最常见的一种病害,并且已成为影响工程结构使用寿命的重要影响因素之一。在混凝土桥梁结构上产生的各种各样的裂缝,形成的原因也是千差万别,因此其危害性也会有显著的差异。

一、桥梁施工中混凝土裂缝概述

一般来讲,桥梁施工中混凝土裂缝可分为温度引起的裂缝、收缩引起的裂缝、钢筋锈蚀引起的裂缝、沉降引起的裂缝、冻胀引起的裂缝、施工材料质量引起的裂缝及施工裂缝等。

(1)温度变化引起的裂缝:混凝土具有热胀冷缩性质,当外部环境或结构内部温度发生变化时,混凝土将发生变形,一旦变形受阻,则会在结构内产生拉应力。当拉应力超过混凝土抗拉强度时,即产生温度裂缝。

(2)收缩引起的裂缝:收缩裂缝是混凝土因收缩而发生的体积变化,它主要包括塑性收缩裂缝和干缩裂缝。塑性收缩裂缝主要发生在初凝开始,进行养护之前。此时水泥水化反应剧烈,会出现泌水和水分急剧蒸发,混凝土失水收缩。收缩时,表层受到深层混凝土以及模板、钢筋的制约,使由软变硬中的塑态混凝土产生拉应力,从而形成微裂缝。而干缩裂缝则多发生在混凝土硬化前后.此时混凝土表层水分散发快 内部散发慢,因此产生表面收缩大、内部收缩小的不均匀收缩。表面收缩变形受到内部混凝土的约束,致使表面混凝土承受拉力,当表面混凝土受到的拉应力超过其抗拉强度时,就会产生收缩裂缝。

(3)沉降引起的裂缝:由于基础产生竖向不均匀沉降或水平方向位移,使结构中产生附加应力。当其超过混凝土结构的抗拉强度时,结构开裂。

(4)钢筋锈蚀引起的裂缝:由于混凝土质量较差或保护层厚度不足,混凝土保护层受二氧化碳侵蚀碳化至钢筋表而,使钢筋周围混凝土碱度降低,引起钢筋表面氧化膜破坏。钢筋中铁离子与侵入到混凝土中的氧气和水分发生锈蚀反应,其锈蚀物氢氧化铁体积比增长,从而对周围混凝土产生膨胀应力,导致保护层混凝土开裂、剥离,沿钢筋纵向产生裂缝,并有锈迹渗到混凝土表面。

(5)冻胀引起的裂缝:混凝土构件是非匀质密实构件,其内部存在各种空隙。当处于吸水饱和状态的混凝土温度低于0℃时，内部水分冻结，体积膨胀，使混凝土因膨胀而产生拉应力导致裂缝出现。温度低于0℃和混凝土吸水饱和，是发生冻胀破坏的必要条件。另外，当混凝土中骨料空隙多、吸水性强，骨料中含泥土等杂质过多；混凝土水灰比偏大、振捣不密实；养护不足使混凝土早期受冻等，均可能导致混凝土冻胀裂缝。

二、裂缝控制措施分析

1. 加强温度控制，改善混凝土裂缝

充分改良集料的配置，适当增加添加剂，尽可能采用干硬性混凝土进行桥梁施工，这样可有效降低混凝土中的水泥成分。在混凝土的拌和过程中，在适当的时候将水洒在碎石上，达到冷却碎石的目的，从而降低了混凝土浇注时的温度。尤其在夏天的施工中，必须减少混凝土的浇筑厚度，利用浇筑层的面积，充分散热。适当条件下，可在混凝土内部敷设降温水管，达到全面降温混凝土的目的。对于施工工序的安排，必须时间合理。对于混凝土暴露面积，要适宜。对混凝土来说，其性能的好坏异常重要，选择高性能的混凝土，增加抗裂效果，避免表面干缩程度大的混凝土应用于桥梁施工中。塑性沉降裂缝在施工中常常见到，所以在施工中必须加强基础处理，合理对支架进行布置。就支架来说，必须用面积法测定表面受力，采取预压措施，来减低非弹性形变的产生。在混凝土中添加减水剂，这样的话能避免泌水，增加了混凝土保护层厚度。对于塑性收缩裂缝而言，其主要的防治方法是加强混凝土的早期养护，然后降低混凝土中水分增发的速度。此方法具体是用麻袋以及塑料薄膜等物质覆盖混凝土结构的表面，对混凝土进行浇水湿治。温度裂缝的防治措施，主要是加强注意施工中混凝土浇筑时间以及速度，在浇筑过程中控制温度。在夏季而言，混凝土集料必须进行洒水，而在冬季施工中，混凝土表面采取保温措施。

2. 施工控制

严格控制混凝土施工配合比，根据混凝土强度等级和质量检验以及混凝土和易性的要求确定配合比，严格控制水灰比和水泥用量，要求监理严格监督控制。把好质量关，选择级配良好的石子，控制砂的粒径及含量，适当减少空隙率以减少混凝土收缩量，从而加强混凝土抗裂强度。养护实践证明，混凝土养护工作，是整个施工过程中非常重要的环节，忽视对混凝土的养护，既会降低混凝土的强度，又易使其在硬化过程中失水得不到及时补偿而产生裂缝。更重要的是在高温下施工，应经常浇水养护，一来可减少温度产生的裂缝，二来可降低由于混凝土的收缩而产生的约束应力，有效控制裂缝。

3. 裂缝修补

(1)表面修补。裂缝的修补方法通常是表面修补，其优势十分明显，常常处理表面裂缝以及深度裂缝，而且对于混凝土的结构承载力影响很小。表面修补法，作为裂缝修补的常用技术，一般来讲，其做法就是表面涂浆，即在混凝土裂缝的表面涂抹水泥浆，有些桥梁工程中采用环氧胶泥进行表面涂抹，并为了满足防腐需要，在裂缝涂浆后，采取刷漆措施。有些时候，表面修补完成后，往往由于应力的存在，使得混凝土裂缝继续开裂。此时可在裂缝的表面黏附玻璃纤维布，确保裂缝修补完整。

(2)灌浆法。当裂缝对于桥梁结构有严重影响的时候，或者桥梁对防渗有着一定的要求时，表面修补已不能满足相关要求，必须采用灌浆法进行处理。所谓灌浆法，通常而言，是采用真空压力设备将浆质料压入裂缝中，浆质料随着时间的推移，会达到硬化。硬化后的浆质料与混凝土形成具有稳定结构的整体，避免的裂缝的存在，并具备一定的密封性能。浆质材料通常有很多种，在工程中一般采用水泥浆或者环氧聚合物，对于裂缝比较严重的，可采用甲基丙烯酸酯以及聚氨酯作为浆质料。

(3)嵌缝法。嵌缝法是裂缝修补方法中非常有效的方法。所谓嵌缝法，即在混凝土的裂缝处开槽，在开好的槽内填充止水材料，这样既可对裂缝进行封堵，有利于裂缝外观的平整。

(4)结构加固法。在很多桥梁工程中，有些裂缝的产生，会严重改变混凝土结构性能，对桥梁寿命以及使用性能产生严重影响。此时对于桥梁混凝土裂缝，必须采取结构加固法来进行混凝土加固。结构加

固法一般包括增加混凝土结构的截面面积、预应力加固、支点加固以及混凝土补强加固。

三、结　语

在桥梁施工中，混凝土裂缝是常见的问题，然而，裂缝的产生对桥梁寿命的影响是巨大的。必须在施工中，全面分析裂缝产生机理，控制施工温度，对于产生的裂缝必须采取积极有效的措施，这样才能确保桥梁质量。

参考文献

[1] 韩素芳，耿维恕．钢筋混凝土结构裂缝控制指南[M]．2版．北京：化学工业出版社，2006.
[2] 陈海英．混凝土裂缝的原因分析与预防措施[J]．山西建筑，2008，34(2).
[3] 中华人民共和国行业标准．JTG D60—2004 公路桥涵设计通用规范[S]．北京：人民交通出版社，2004.

157．山区长大桥梁的全寿命养护管理

李　涵　袁万城　田圣泽　党新志
（同济大学土木工程防灾国家重点实验室）

摘　要　本文针对目前山区长大桥梁养护管理不到位，事故频发的现状，提出全寿命养护管理理念，结合养护与设计和施工的关系，给出全寿命管养下的设计和施工要求，以及养护管理策略。然后，提出了一种桥梁维修加固中可采用的，具有自适应性的新型拉索减震支座，最后结合现有热点大数据提出了智能支座原件、数字化管理系统构想。

关键词　全寿命　养护管理　拉索减震支座　大数据　数字化管理

一、引　言

受时代限制设计荷载偏低、设计规范不完善、结构设计不合理、计算错误、施工图不完善、施工材料受限等内部因素的制约，以及交通运输任务繁重、交通碰撞、船撞事故、地震破坏、洪水冲刷、日晒冻融、化学腐蚀、地基不均匀沉降等外部因素影响，现有山区长大桥梁，极易出现桥梁整体或组成部件在强度、刚度等方面发生损坏，产生各种病害，降低了使用寿命。桥梁结构在正常使用条件下的安全性和耐久性受到影响，给人民群众的生命财产、交通安全带来一定威胁，也给国家造成了经济损失。对常见病害的研究，有助于我们进一步开展养护工作，山区长大桥梁常见病害详见表1。病害一旦发生，加上养护不及时，就会严重威胁桥梁安全，近年来桥梁安全事故频发，2001年宜宾南门大桥桥面板垮塌，2004年辽宁盘锦辽河大桥突然垮塌，2007年太原东柳林桥被一辆超重车辆压垮，同年广东九江大桥被船只撞跨，这些事故都造成了不同程度的人员伤亡，产生了重大的影响。据统计，现有桥梁平均寿命仅44年，相比100年设计基准期大大缩短，个中原因值得思考。虽然我国目前已经出台相应规范、通知、意见，由“重建设，轻管养”步入“建养并重，规范运行”时期，但仍存在管养不到位的情况，例如市政养护管理单位普遍存在的养路不养桥，管养权属不明，管理模式手段落后，专业技术水平不高，桥梁信息管理混乱等。据交通运输部《2013年公路养护统计年报》，截至2013年底，已建的73.53万座大、中、小桥中，评定为“危桥”的桥梁占总数的10%，而且长大桥梁基本都处于交通要道上，随着我国经济持续快速发展，重载交通快速增加，加之严重超限超载车屡禁不绝，长大桥梁超负荷运行将更为普遍。有学者统计今后几十年内会是桥梁病害的集中爆发期，我国桥梁管养现状仍十分严峻。

山区长大桥梁主要常见病害　表1

	病　害	影　响	病　害	影　响
上部结构	伸缩缝钢板变形、断裂,胶条破损、脱落;伸缩缝两侧桥面铺装破碎;伸缩缝内沉积物阻塞	伸缩缝丧失伸缩作用,使桥梁主梁混凝土温度受力不利	过往车辆严重超载,桥面出现裂缝,引发桥面倾斜,受到严重损害	桥梁安全性受到威胁 
上部结构	拉索、吊杆防护层破损导致内部钢丝锈蚀 	拉索、吊杆是斜拉桥、悬索桥等的主要受力构件,对桥梁的结构安全和实用寿命具有直接的重要影响	桥面铺装存在坑槽、网裂、贯通裂缝 	严重影响行车舒适性,同时,由于桥面坑槽的存在,车辆跳车现象将使桥梁结构的动态位移增大,影响桥梁结构的使用性能
下部结构	支座破坏:a)支座钢底板锈蚀;b)脱空、不均匀支撑;c)支座变形过大;d)橡胶老化、开裂;e)支座移位、偏压;f)支座下混凝土局部承压破坏等	支座是重要传力构件,一旦失效,将造成结构整体破坏,后果严重 	钢筋混凝土墩、台身的由于混凝土冻胀引起的混凝土剥落、露筋;浆切块石墩、台身的由于砌缝砂浆风化,内部空洞造成的墩、台身裂缝	影响桥梁安全性,裂缝发展过大会降低承载能力,结构发生破坏 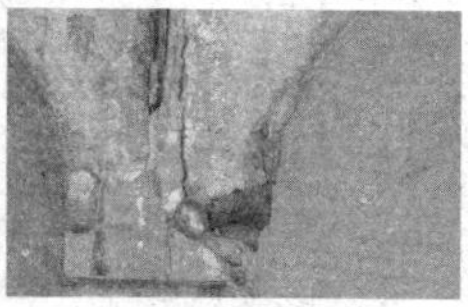
下部结构	基础破坏:浅基础易受冲刷、冻害影响,产生滑移或倾斜,地震下可能产生裂缝	引起结构破坏,抗震不利 	基础破坏:深基础易在打桩时桩身破坏,易受水的侵蚀。沉井基础易发生地基不均匀沉降和基础滑移,倾斜	引起结构破坏,抗震不利

本文针对此提出一种新的管养理念——全寿命养护管理。目前国内对桥梁养护管理的研究已有数十年,而基于全寿命的管养研究尚少。沈鸿雁根据企业产品的全寿命思想,提出建筑项目全寿命管理的思想,是要求建筑产品的生产和使用过程一体化,即在项目的建设过程中就充分考虑使用的情况,通过建筑产品的规划、设计、生产、经营等环节的充分结合,使项目创造最大的经济效益、社会效益和环境效益,体现可持续发展的思想。其全寿命的思想还不够全面,本文提出的全寿命养护管理是从桥梁项目的规划设计就开始考虑后期运营的,集规划、设计、施工、后期运营于一体的,考虑全寿命周期成本,体现可持续发展思想的新型养护管理模式。后文将对养护管理与设计、施工的紧密联系进行说明,提出全寿命养护管理模式下的设计和施工要求,进而提出全寿命养护管理策略,并例举了适应全寿命养护管理的新型减隔震装置,最后提出了大数据时代下全寿命养护管理的新机遇。

二、桥梁全寿命养护管理下的设计与施工

桥梁的设计、施工和桥梁养护管理有很大联系,桥梁出现质量和耐久性问题,有一定程度上是设计、施工不当造成的。针对山区桥梁常见的斜弯桥、预应力混凝土连续梁桥、拱桥等桥型,养护管理人员在对

桥梁进行检测加固时，要先了解其采用的设计和施工方案，因为不同的设计施工方案，桥梁成桥后力学性能不同，重点管养点和策略也不同。首先是设计方面，对于斜桥，当支座设置不当，使用期间就会出现支座剪切破坏，而当梁端伸缩缝设置不当，或内有阻塞物丧失伸缩作用时，桥梁在常年温差和汽车制动力下就会产生平面为向锐角外侧的转动，甚至伸缩缝横桥向被剪坏、锐角两侧挡块挤裂，因此管养时应重点关注梁端伸缩缝以及锐角外侧的挡块；对于连续曲梁桥，设计时若中间均采用独柱墩，则管养时要重点关注独柱墩的侧倾问题，由于独柱墩不能传递扭矩，扭矩全部转移到梁端，内弧侧的支座就易发生脱空现象，这也是弯桥管养重点之一。此外还要关注曲线梁桥常见的侧向爬行问题，当中墩设计采用双向活动支座时，温度作用下，伸缩缝正常工作时，夏季主梁会向曲线内侧移动，冬季向外侧移动，伸缩缝失效时则恰恰相反，管养时可据此规律判断桥梁移位是否是伸缩缝阻塞造成的。再者是施工，对于预应力混凝土连续梁桥，最常出现的病害是过度下挠和梁体开裂，除了设计时合理计算预拱度，施工时也应采用合理手段预防病害，节段施工阶段要保证对称施工。根据实测参数调整结构，控制预应力张拉龄期和张拉力，设置边跨现浇段，对悬臂浇筑施工，还应严格控制梁体超重；合龙阶段要保证合理的合龙顺序、预应力张拉顺序、合龙时间，并严格控制配重的施加。对于大跨度拱桥，合理的施工顺序和体系转换措施是使成桥内力尽可能接近设计内力的重要保障，例如悬臂拼装的桁架拱桥，扣锁是否拆除对桥梁成桥内力有很大影响，西南某山区的桁架拱桥（如图1）因合龙后未进行体系转换，使成桥状态仍为悬臂状态，拱顶即悬臂端下挠严重。而对比南斯拉夫KRK桥（如图2），其拱圈合龙后拆除了扣锁，成桥后体系以拱圈受压为主，受力合理，无下挠现象。以上是典型的施工方法不当对桥梁运营阶段造成严重影响的案例，由此可以看出，桥梁的养护和管理与桥梁的前期设计与施工有着千丝万缕的联系，不能仅从单方面考虑桥梁的维护和加固，有必要将设计、施工、管养结合起来，也就是本文提出的全寿命养护管理。至于在全寿命养护管理下的设计与施工，也相应有新的要求。

图1　西南山区某桁架拱桥

图2　拆除扣锁的南斯拉夫KRK桥

全寿命养护管理下的设计仍要满足安全、适用、经济、美观和有利于环保的基本原则，但这些原则不单单是对建设阶段的要求，而要涵盖桥梁全寿命周期，尤其要考虑桥梁后期运营维护，因为其占据桥梁寿命周期的大部分时间。那些项目周期内投入少的设计，因没有考虑后期管养的需求，使桥梁受力不合理或构件易损，致使在运营维护阶段耗费大量人力物力，在整个桥梁寿命期来看是不合理的设计。目前有不少学者在研究基于全寿命成本的全寿命设计理论，而且已经有一定实际应用。设计者在设计时要结合全寿命管养的需求，例如：斜拉桥的拉索以及悬索桥的主缆应采取可靠的防腐、减振和结构措施，降低其因腐蚀疲劳破坏而维修更换的费用；对于支座、伸缩缝这类易损部件，设计中可适当减少，或采用易修复产品。

全寿命养护管理下的施工，也应结合后期管养需求进行施工。要以保证桥梁运营阶段受力合理为前提，使得成桥内力符合设计内力，减小后期的维修加固工作，其次从经济上还要从现有在工程成本上控制投入，转变为包括后期运营维护的整个项目周期内的成本控制，避免短期行为给后人造成的巨大经济损失，当中还应考虑施工对环境所造成的直接或间接经济损失。

三、桥梁全寿命养护管理策略

开展养护、检查、检测、监测等管养工作的目的，是保证桥梁及其构件按设计预定的退化模式退化和维持退化规律有序，验证桥梁在役过程中可能病害是否出现及其程度，验证桥梁在役过程的环境作用和荷载作用与设计假定的吻合程度。在开展管养工作前，需要对结构的性能退化规律进行研究，以实现较高的管养工作效力，图3～图6所示是管养工作效力模型随着时间发展，构件性能会逐渐退化。当构件性能不能满足要求时，应采取维修、更换等管养工作保证构件的工作性能。维修工作开展后，构建性能有一定提高，但不可能恢复到初始状态，并且维修后的构件可能有其新的退化规律，如图4所示。从寿命周期成本优化的角度考虑，预防性维修是在构件性能达到最低要求之前，开展维修工作，恢复部分性能并改善构件的退化规律，以期通过较小的维修代价获得较好的维修效果，如图5。要想实现预防性维修，就需要管养人员明确桥梁的易损部位，这就需要结合桥梁的设计和施工来进行预判断，同上文所述，不同的设计和施工方案，结构的成桥状态不同，管养人员要对桥梁的前期建设有深入了解的情况下，才能抓住管养重点，从而有计划地实现预防性维修，达到全寿命管养的要求。

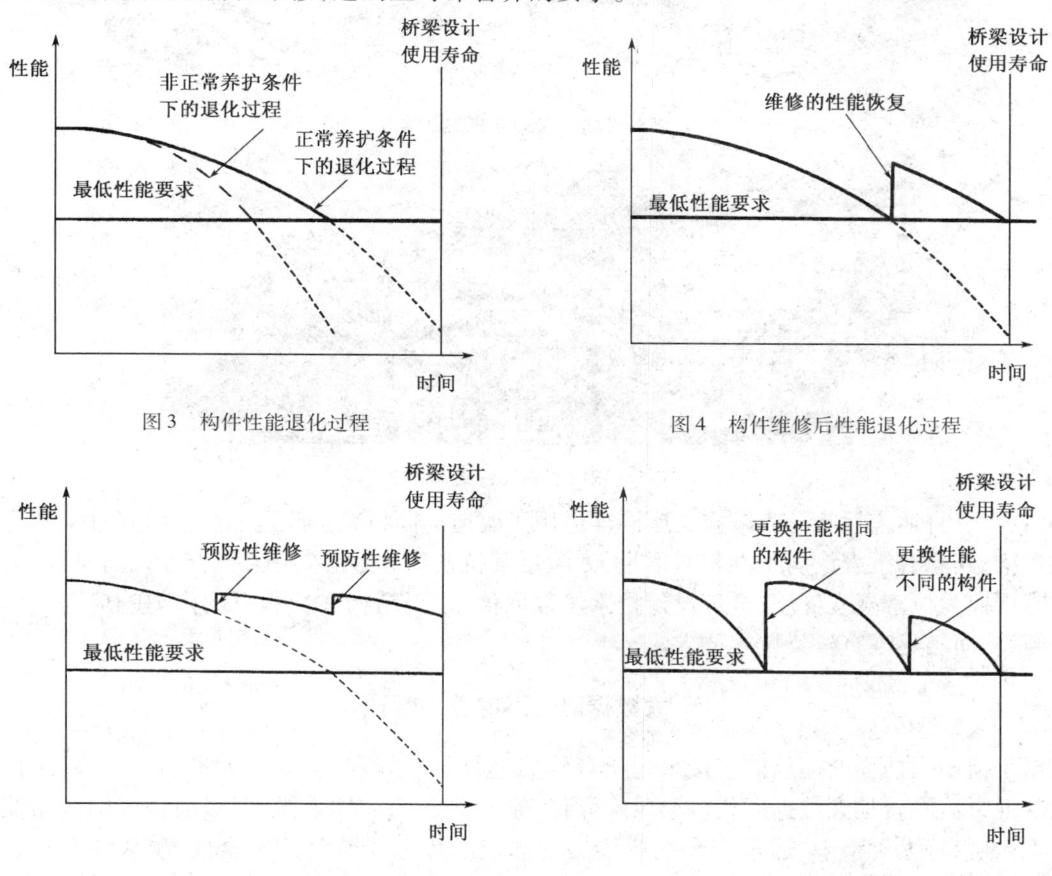

图3 构件性能退化过程

图4 构件维修后性能退化过程

图5 预防性维修下构件性能退化过程

图6 构件更换后性能退化过程

结合全寿命周期下的设计和施工要求，本文提出全寿命管养工作策略优化目标，即满足寿命周期内的性能指标要求和降低寿命周期综合成本，并给出了具体措施：(1)设立专业检查队伍，提高检查人员业务素质；(2)正确评价桥梁运行状况，结合设计施工方案制定养护方案；(3)“三检”相结合，加大桥梁养护投入；(4)加强桥梁检测信息化管理。

四、拉索减震支座

拉索减震支座（其实物图如图7）是由普通盆式支座或球钢支座等和柔性拉索组成，在具备原有支座摩擦减震耗能的同时，通过调整拉索的自由行程与拉索刚度，实现支座力与支座位移的平衡。柔性拉索

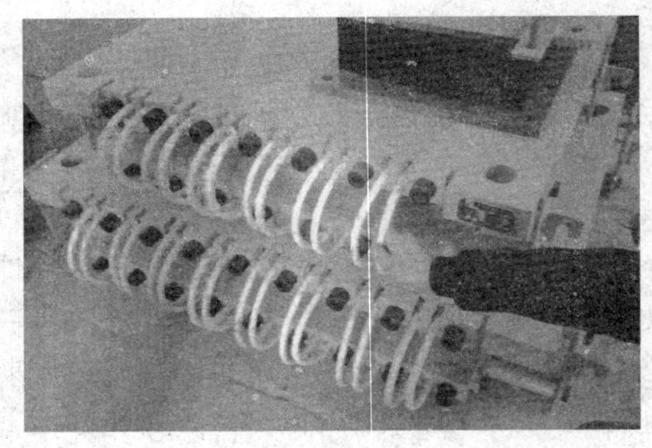
图7 拉索支座实物图

的存在限制了支座的极限位移，并提供了一定的回复力。通过合理的设计，拉索减震支座这种良好的自适应性，能够有效调整结构地震动内力响应与位移响应之间的矛盾，在发生地震后，损伤的拉索也具备易修复易更换的特点，提高了桥梁抗震性能，降低了桥梁的养护管理的费用。

拉索减震支座凭借其良好的自适应性与性价比被越来越多的桥梁使用，支座目前已应用于杭州九堡大桥、南昌朝阳大桥、沈海高速泉州高架桥等工程中，并在南昌朝阳大桥振动台试验中展现出良好的减震限位性能，振动台试验现场如图9。

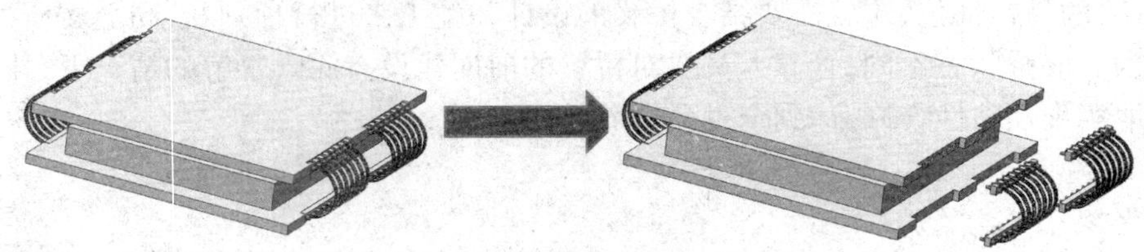
图8 拉索支座拉索更换原理

图9 朝阳大桥振动台试验现场

此外，具有强自适应性的拉索减震支座同样适用于改造加固桥梁。改造加固桥梁多针对数十年前修建完成的桥梁，其原有抗震设防水准相对不足，为满足其抗震需求，对采用减隔震方式的桥梁，可以通过将原有支座更换为拉索减震支座，合理设计拉索参数取值，使得结构在地震下的内力响应与梁体位移达到相对平衡，从而满足现有桥梁抗震要求。

五、大数据时代下的养护管理

大数据是指不用抽样的捷径而直接采用所有数据进行分析处理，其具有大量、高速、多样、价值的特点。桥梁的健康监测就是大数据时代桥梁风险评估、管理养护的一种手段，但目前桥梁的健康监测主要应用在个别大桥、特大桥梁中，通过安设在桥梁关键部位的传感器监测其安全性、耐久性及正常使用性能，并为学术研究提供数据。由于荷载的随机性与系统低可视性，庞大的数据中可用信息很少，数据处理变得异常困难。这严重影响了桥梁性能与状态的实时传递性。

大数据时代的桥梁养护管理，不仅是对大桥、特大桥梁的养护管理，中小桥梁的安全性能监测也应当被纳入体系之中，这要求桥梁的监测向着更加智能与廉价的方向发展。智能支座原件的使用，实时性能的传递，桥梁安全的预警等，都是大数据时代桥梁管理养护的要求。

随着桥梁智能化的发展，桥梁监测倾向使用更少的传感器。类似斜拉桥、悬索桥的智能索力监测，通过对图7拉索减震支座的改造，在拉索中安设光纤传感器，监测正常使用状态下支座的变形，同时在地震发生的情况下能够监测索力大小，实时监测桥梁地震响应，并为震后桥梁评估提供有效支持。

在大数据时代，可以通过相应数字化管理系统快速评估，快速反应，快速检测。其具有便捷性，可以利用手机等便携式设备，有集成功能，可智能定位、现场分析；可视化；需要对桥梁病害和紧急计划进行标准化；采用面向养护管理的监测技术和数字一体化的养护技术。最终实现山区长大桥梁的数字化、便捷化、智能化养护管理，提高桥梁管理养护的工作层次和工作效率。

六、结　　语

基于全寿命的养护管理，要求从规划、分析、设计、施工到后期运营、拆除倒塌全寿命期内考虑桥梁成桥后的安全、耐久、环保和总成本最低。它的实现需要新的技术产品支撑。在新的时代下，我们要抓住新的机遇，迎接桥梁重灾期的挑战，使山区长大桥梁能安全可持续的运营。

参考文献

[1] 沈鸿雁. 基于全寿命周期的公路建设政策理论、方法与应用[D]. 同济大学,2007.
[2] 刘菠. 高速公路桥梁典型病害及建管养对策研究[D]. 重庆交通大学,2012.
[3] 项海帆,范立础. 高等桥梁结构理论[M]. 北京:人民交通出版社,2013.
[4] 吴海军,陈艾荣. 寿命周期成本分析方法在桥梁工程中的应用[J]. 公路,2004,12.
[5] 马军海,陈艾荣,贺君. 桥梁全寿命设计总体框架研究[J]. 同济大学学报(自然科学版),2007,08.
[6] 沈鸿雁,陈艾荣. 全寿命成本分析方法及其对我国公路建设的现实意义[J]. 价格理论与实践,2007,09.
[7] 吴培峰,陈艾荣. 基于全寿命设计理念的某长江通道桥概念设计[J]. 桥梁建设,2007,06.
[8] 陈艾荣,潘子超,阮欣. 考虑生命周期的钢筋混凝土简支梁桥耐久性设计过程[J]. 公路,2008,08.
[9] 王玉倩,阮欣,陈艾荣. 全寿命成本分析法在侧风影响下桥梁行车安全决策中的应用[J]. 公路交通科技,2008,10.
[10] 马军海,陈艾荣. 基于全寿命的混凝土连续梁桥使用寿命研究[A]. 中国土木工程学会桥梁及结构工程分会、重庆市建设委员会、重庆市交通委员会. 第十七届全国桥梁学术会议论文集(下册)[C]. 中国土木工程学会桥梁及结构工程分会、重庆市建设委员会、重庆市交通委员会:,2006:8.
[11] Sarja A. Integrated life cycle design of structures. 2002
[12] Frangopol D M. Life-cycle cost analysis for bridges. Bridge Safety and Reliability. 1999.
[13] 袁万城,曹新建,荣肇骏. 拉索减震支座的开发与试验研究[J]. 哈尔滨工程大学学报,2010,12.
[14] 袁万城,王斌斌. 拉索减震支座的抗震性能分析[J]. 同济大学学报(自然科学版),2011,08.
[15] 袁万城,韦正华,曹新建,等. 拉索减震支座及桥梁抗震设计应用研究[J]. 工程力学,2011,S2.
[16] 朱仕村,张宇峰,张立涛,等. 面向长大桥梁结构健康监测物联网的云计算[J]. 现代交通技术,2011,01.
[17] 谭川,宋刚,孟利波. 基于云平台的大型桥梁管养系统研究[J]. 公路交通技术,2014,06.
[18] 朱合华,李晓军,陈雪琴,等. 基础设施建养一体数字化技术(2)——工程应用[J]. 土木工程学报,2015,06.

158. 现浇空心板梁桥病害现状及加固方案比选

张　舒[1]　周礼平[2]　卓　静[3]
(1. 贵州省公路局;2. 贵州省交通规划勘察设计研究院股份有限公司;3. 重庆科技学院)

摘　要　在20世纪末和21世纪初，在贵州公路建设中，修建了大量的现浇钢筋混凝土空心板梁。由于超载车梁较多等原因，这类桥梁存在较多的纵、横向裂缝，且裂缝宽度大大超标，桥梁状态评估一般容易进入三、四类桥，急需进行加固处治。本文以贵州省贵毕二级公路上的内庄大桥和沙子田坝大桥加固为例，开展对这类桥的病害调查和加固方案比选，以对这类桥型的状态评估和加固方案选择，提供成功的经验。

关键词　桥梁病害　预应力碳纤维板加固法　预应力钢丝绳复合砂浆加固法　黏钢加固法

一、概　　述

在20世纪末期和21世纪初，在贵州公路建设中，受设计和施工条件限制，在山区公路建设中，修建了大量的现浇整体式钢筋混凝土空心板梁。如贵州崇遵高速公路老鹰窝大桥(47m×16m)，贵毕公路内庄大桥(13m×16m)，沙子田坝大桥(14m×16m)等。当然由于这类桥施工比较方便，不但在贵州大量修建，在其他省份也大量存在，因此这类桥的桥梁现状和维修加固方法值得认真研究。

二、病害现状及承载能力评估

1. 病害现状

由于近年来社会经济的迅猛发展，超载、超限车辆的日益增多，加上由于材料老化、施工质量、自然或人为等因素的影响，这类钢筋混凝土桥梁的技术状况在加速恶化，出现大量严重的病害，主要表现如下：

(1)板底大量纵横向裂缝

如照片(见图1)所示，在空心板底面出现大量的纵横向裂缝，裂缝间距10～20cm，最大裂缝宽度达到0.75mm。从板的侧面看(图2)，横向裂缝的高度上升到梁高的2/3。非预应力钢筋混凝土结构是容许出现裂缝的，规范要求是小于0.2mm，显然这类桥的裂缝宽度严重超过规范要求，裂缝间距、裂缝高度表明其性能退化相当严重。

这类裂缝超标的原因主要在于今年来车流量大，以及超载车辆多，实际桥梁承担的荷载超过其设计能力，长期超负荷工作。例如崇遵高速公路，处于国家高速公路主干道(G75兰海高速)，其车流量及货车数量都非常大；贵毕二级公路，其运煤车辆(大部分超载)的数量是惊人的。

图1　板底大量纵横向裂缝及渗水

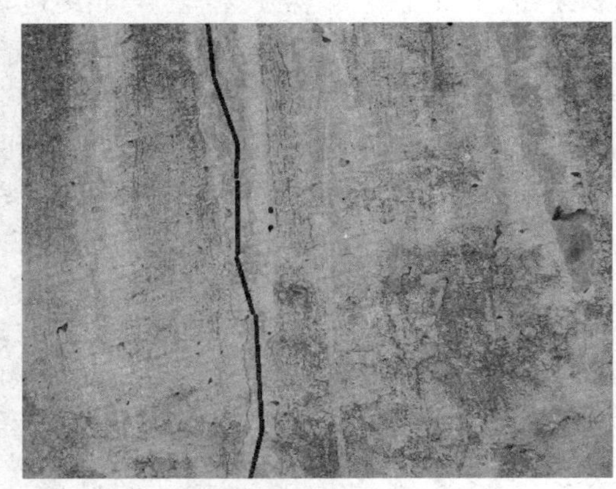

图2　板梁侧面裂缝延伸到梁高2/3

(2)板底空洞、混凝土质量缺陷

这类整体现浇空心板，在设计时为了减轻结构自重，基本都设计成空心结构(如图3)。此类空心板在浇筑时，如果集料粒径不太大，钢筋的间距不太密，施工振捣得当，板底的混凝土应该是可以浇筑密实的。但实际施工时，由于管理不严格，空心板板底混凝土质量往往并不好，特别是空腔下面部分的混凝土。桥梁检查中发现大量的板底空洞(有些空洞是被人为后来填补)，如图4，单个空洞面积超过$1m^2$，形成非常严重的混凝土质量缺陷。

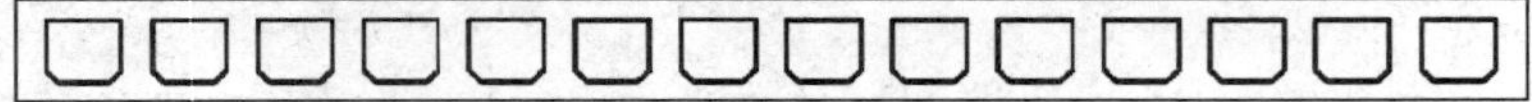

图3　整体现浇空心板横断面图

此外，由于钢筋较密，板底混凝土集料偏少，混凝土的整体强度都偏低，在这类桥梁中是普遍存在的。

（3）空腔积水、板底渗水、钢筋锈蚀

整体现浇空心板中，由于桥面裂缝，桥面水很容易进入空腔内存储起来。在崇遵高速老鹰窝大桥检查中，用电钻将空腔开洞放水，水流时间超过4个小时，准确水量没有测量，但可以估计，当桥面雨水较多较长时，空腔内的水量会基本充满，按单个空腔体积（约$5m^2$）的80%计算（约4t），12m宽，16m长的空心板估算积水重量接近56t，这个荷载严重增加了桥梁的负担。

此外，空腔积水的渗漏，也造成板底混凝土质量的劣化，外观水渍普遍，如图5，板底下满布渗水形成的钟乳石，有些钟乳石的长度超过20cm。从板底裂缝渗水的颜色以及悬挂的钟乳石颜色判断，板底钢筋的锈蚀是比较严重的。

图4　板底混凝土空洞及质量缺陷

图5　空腔积水、板底渗水及钙化钟乳石

（4）其他病害

这类桥的桥面铺装破损、支座（缺失、变形和老化等）、伸缩缝（堵塞、破损等）存在病害是比较普遍的。

2. 承载能力评估

为方便说明这类桥的承载能力现状，以贵毕二级公路上的内庄大桥的桥梁检算为例。该桥布置为13m×16m的整体现浇空心板，C30混凝土，每跨简支，桥面宽度12m，设计荷载为汽超－20、挂－100级。

结构计算采用Midas/civil软件进行结构计算，在不考虑结构承载能力折减的情况下，跨中截面位置的抗弯承载力为14 911.9kN·m，在基本荷载组合下结构在跨中截面产生的弯矩为14 054.4kN·m，结构的安全储备仅有6%，安全储备较低。考虑在使用过程中的桥梁承载能力综合折减系数0.927，结构的极限抗弯承载力则只有13 823.3kN·m，不能满足结构的承载能力要求。

由于本桥存在较多的纵向裂缝，除了施工质量的原因以外，也由于宽的板梁桥（如12m宽×16m长，宽跨比达0.75），其宽度方向上的拉应力也是不能忽略的。经实体单元建模分析，在桥面仅布置两辆重550kN车（按规范标准布置），不计冲击系数板底最大拉应力为1.3MPa。若考虑冲击系数为1.2的情况下，板底横向拉应力将达到1.56MPa，超过C30混凝土的抗拉设计强度1.39MPa，因此在超重车的作用下，开裂是必然的。

按《公路桥涵养护规范》（JTG H11—2004），结合实际状状况，该类桥评估处于三类、四类桥，需要进行加固处治，以提高或恢复其承载能力。

三、加固方案比选

目前，常用的针对桥梁上部结构的加固技术有增大截面和配筋加固技术；锚喷混凝土加固技术；增设纵梁加固技术；粘贴钢板或纤维片材加固技术；改变结构受力体系加固技术；体外预应力筋加固技术等，其中用得最多的是粘贴钢板和碳纤维片材。但是这两种加固都是被动加固法，对结构的加固效果并不理想。特别是粘贴碳纤维布加固，由于其厚度薄，对桥梁结构的刚度或裂缝宽度的改善都非常有限，而且粘贴碳纤维布封闭了空心板空腔积水渗出的通道，对桥梁的耐久性并不一定有好处。

粘贴钢板法是桥梁加固常规的技术,其对承载力加固可以满足要求,但因其是被动加固法,在桥梁的正常使用性能改善非常有限;此外考虑空心板桥存在渗水的情况,在梁底粘贴钢板,其长期防腐、后期维护费用较高,因此粘贴钢板法不适用于此类桥。

针对16m整体现浇空心板结构的病害和实际承载能力退化,被动加固方法并不实用,而是需要对其承载能力进行较大程度的提高,最好能采用预应力的主动加固法,改善空心板的受力状态,减小裂缝宽度。

目前,在空心板梁底面增加高强预应力材料的加固方案主要有两种:方案一是采用预应力碳纤维板快速加固技术.在梁底纵横向布置35条50mm×2.0mm的碳纤维板(纵向28条、横向7条),碳纤维板先张拉然后粘贴到梁底,碳纤维板的设计强度2 400MPa,有效预应力1 200MPa,整个板底施加3 360kN预压力;方案二采用预应力不锈钢丝绳网片+复合砂浆加固法,预先在梁底张拉不锈钢丝绳网片,然后再用复合砂浆将不锈钢丝绳网片与原结构结合在一起,不锈钢丝绳网片的材料强度1 700MPa,有效张拉应力1 100MPa,复合砂浆的厚度约50mm;为便于两个方案对比,不锈钢丝绳的纵向预应力总吨位与方案一总体接近。对于这两种加固方案列表(表1)对比如下:

16m整体现浇空心板梁桥加固方案对比 表1

对比项目	预应力碳纤维板快速加固	预应力不锈钢丝绳+复合砂浆
增加桥梁的荷载(新增材料重量)	240kg(其中碳板约60kg,黏接胶约180kg)	16 800kg(按5cm厚,100kg/m² 计,12m×14m)
预应力张拉力	3 360kN	3 360kN
耐久性	良好	良好
施工难度	小	大
工期	短	长
是否中断交通	不需要,桥面交通正常通行	复合砂浆固化期间必须中断交通

推荐采用方案一(预应力碳纤维板快速加固)。因为预应力碳纤维板快速加固技术不仅施工速度快、基本不增加结构恒载、材料耐久性好,施工期间还不用中断桥面交通。相对而言,方案二采用50mm复合砂浆层,相当在每m^2板面上增加了约100kg的恒载,且在复合砂浆固化期间需要中断交通,对交通压力大的干线桥梁是非常难于实施的,如贵毕二级公路。

四、工 程 实 践

1.预应力碳纤维板张拉工艺选择

预应力碳纤维板加固技术的种类很多,在国外,比较有代表性的预应力碳纤维板加固技术是Sika公司的StressHead技术,其最大的特点是其锚头和碳纤维板预制成一个整体,锚固效果能得到保证,这项技术已经在国内外多座桥梁加固中得到应用。在国内,研究预应力碳纤维片材加固技术的单位非常多,清华大学、同济大学、重庆大学、东南大学、中国建筑科学研究院等,也取得了一些成果,部分成果在实际工程中也有应用。

总结国内外的预应力碳纤维板加固技术,其核心的问题是锚具。碳纤维板的锚具,必须要有较高的可靠性,作为发挥碳纤维板强度的核心组件也必须能够较充分发挥碳纤维板的极限强度,按传统《预应力筋用锚具、夹具及连接器》,锚固效率应不低于95%。预应力碳纤维板加固技术的另一个重要问题是对碳纤维板张拉的均匀性控制工艺。碳纤维板的宽度(50~100mm)远大于其厚度(1~3mm),张拉时其受力的均匀性较难保证,即使在试验室条件下也很难保证精确的对中,何况在施工现场存在更复杂的情况。铰式锚及其张拉碳纤维板的方法较好地解决了上述问题(如图6)。

2.贵毕二级公路内庄大桥加固工程实例

贵毕二级公路内庄大桥的预应力碳纤维板加固施工从2015年7月初开始,历时1个月完成了加固施工。下面结合该桥的预应力碳纤维板加固过程,介绍整个工艺流程:

(1)钻孔、植入锚栓、固定锚固座

在安装碳纤维板张拉端和固定端锚固块的位置,按照设计图纸要求钻孔并植入高强度螺杆。考虑到原结构内钢筋位置的随机性,植入锚栓时允许位置做适当调整。在锚栓植入后,对锚固座现场开孔,最后进行安装锚固座。

(2)碳纤维板现场下料、快速夹持和锚固

现场丈量两个锚固块之间的距离,根据这个距离确定碳纤维板的下料长度(下料长度必须考虑张拉伸长量),然后现场下料,用波形锚对其两端进行夹持和固定。然后将碳板—波形锚组装件安装到预先固定的锚固座上。

(3)碳纤维板快速预应力张拉(张拉力和伸长量双控)

简单调整对中后,用千斤顶按设计程序进行张拉,每级张拉完成后用直尺测量千斤顶活塞长度,以此计算碳纤维板的伸长量,并与理论伸长值对比。

(4)碳纤维板的顶压粘贴

为了确保预应力张拉完成后的碳纤维板与梁底相粘贴,在碳纤维板张拉前,先在碳纤维板的粘贴面涂抹碳纤维板专用黏结胶,待碳纤维板张拉到预定吨位后,锁定锚固螺母,然后按一定间距用卡板将碳纤维板紧压粘贴在梁底(见图7)。为保证粘贴效果,要求碳纤维板黏结胶在顶压过程中适当挤出。

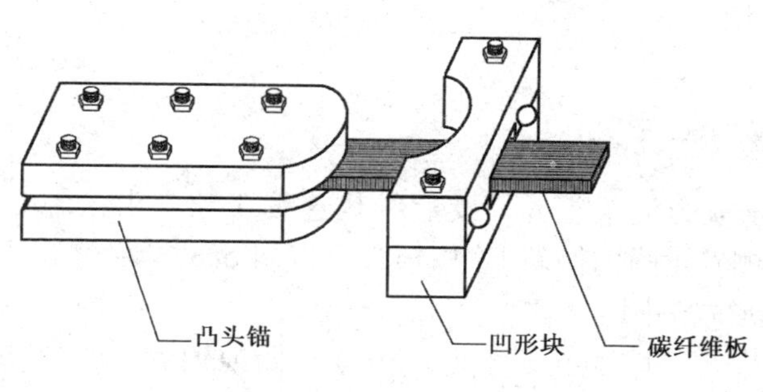

图6 铰式锚构造的立体示意图

图7 贵毕二级路内庄大桥加固照片

(5)碳纤维板及锚固区防护

待所有的碳纤维板张拉完成后,在锚固块和铰式锚上涂刷一层环氧粘结剂,并用砂浆完全封闭,主要目的是防止锚头处的钢材腐蚀。碳纤维板表面也涂刷一层碳纤维板黏结胶,用于保护碳纤维板和隔离紫外线。

五、结　　语

从前面的论述可以得到如下结论:

(1)通过对现有的整体现浇空心板梁桥的病害现状调查,以及对其承载能力的评估,可以发现上世纪末建成的这类型桥梁,普遍存在病害多、性能退化严重,需要进行加固处治。

(2)通过对主动加固法和被动加固法的比较,主动加固法更能够满足现浇整体空心板梁桥的加固提载。

(3)通过对预应力碳纤维板快速加固法与预应力不锈钢丝绳网片+复合砂浆加固法的方案对比,前者在基本不增加桥梁重量的情况下,同样可以大幅度提高桥梁的承载能力,且施工简单快速,不需要中断交通。

(4)通过贵毕二级公路内庄大桥的加固实践,对基于铰式锚的碳纤维板预应力张拉新工艺进行了介绍,表明该工艺在现场易用性、整体造价的经济性等方面具有较好的优势,与国内外的同类技术相比,是一种更有推广应用价值的加固新技术。

参考文献

[1] 吴智深,岩下健太郎.PBO纤维片材预应力外黏结加固集成新技术[J],中国工程科学,2005,7(9).

[2] 金勇俊,尚守平,等.碳纤维板施加预应力技术在桥梁加固中的应用[J],公路与汽运,2007,9.
[3] 尚守平.专利号200520051104.1　一种纤维板材预应力张拉装置[P],2006,8.
[4] 黄竟强,李东彬,等.预应力碳纤维板锚具试验研究[J],施工技术,2010,2(2).
[5] 卓静.高强度复合材料波形齿夹具锚锚固系统及应用研究[D],重庆:重庆大学,2005.

159.倾斜桥墩的安全性评估

王建利
(贵州桥梁设计院有限公司)

摘　要　位于贵州省松桃至从江高速公路铜仁坝灌溪至玉屏大龙段的尖坡Ⅱ号大桥由于施工原因,导致左幅1号墩左侧立柱横向倾斜。本文建立有限元模型对其进行计算,同时与竖直桥墩计算结果对比,研究其倾斜度的影响;并分别建立全桥模型及单独墩柱模型,通过对比,提出一种桥墩有限元计算的简化方法。

关键词　桥墩　倾斜　安全性　简化计算方法

一、基本概况

尖坡Ⅱ号大桥左幅为5×40m、右幅设6×40m预应力混凝土先简支后结构连续T梁。由于施工原因,左幅1号桥墩左侧立柱自横系梁之上,向桥梁外侧发生横向倾斜,立柱顶最大倾斜6cm。左幅1号墩左侧立柱23m,右侧立柱23.34m,横坡5%。其结构形式见图1。

本桥横向共5片T梁,桥面布置为0.5m(防撞护栏)+11.25m(三车道)+0.5m(防撞护栏)=12.25m。结构体系采用先简支后结构连续。T梁采用C50混凝土,桥墩采用C30混凝土。

二、有限元模型

采用有限元程序Midas分别建立如下三个有限元模型,见图2:

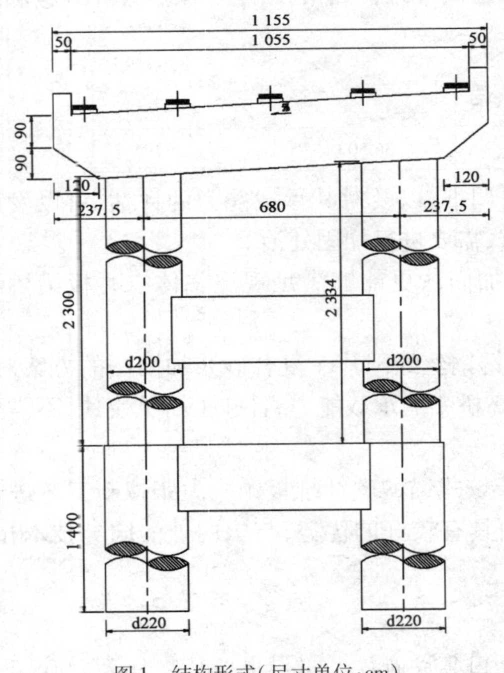

图1　结构形式(尺寸单位:cm)

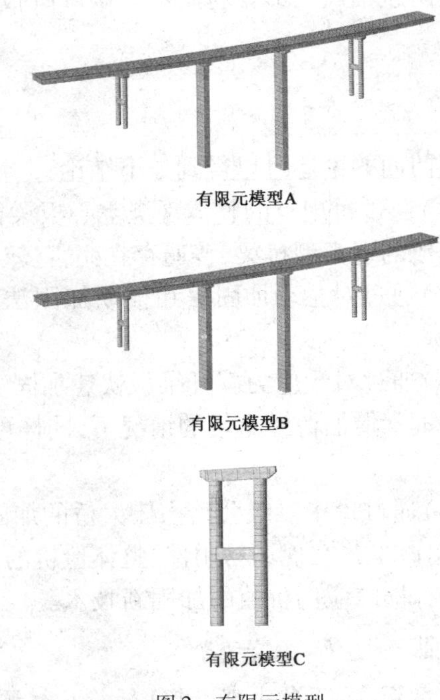

图2　有限元模型

模型 A:左幅全桥模型,1 号墩左立柱竖直;

模型 B:左幅全桥模型,1 号墩左立柱倾斜;

模型 C:左幅 1 号墩模型,左立柱倾斜。

全桥模型 A、B 上部结构为 T 梁,采用梁格法进行模拟,在 1 号墩位置,各片 T 梁均传力至盖梁上相应位置。

1 号墩有限元模型采用梁单元分别模拟其盖梁、墩柱及系梁。左侧立柱在系梁以上部分逐渐线性像外侧偏移 6cm。

假设 1 号墩承受的自重荷载范围为单跨即 40m。通过计算,单跨 T 梁自重为 6 500kN,则各支座相应位置作用荷载为 1 300kN;

每片 T 梁承受二期铺装为 10.6kN/m,则各支座相应位置作用荷载为 10.6 ×40 =421kN;

两侧混凝土防撞护栏为 9.1kN/m,由边梁承受,则边支座相应位置作用荷载为 9.1 ×40 =364kN;

汽车荷载传至相应支座位置处的荷载值需通过影响线进行荷载分布。由于墩柱受力主要表现为小偏心受压构件,因此可以按照立柱轴力影响线进行活载分布。1 号墩左立柱轴力影响线如图 3。

因此,最不利活载分布为横向靠左布置 3 车道,纵向在第 1、2 跨内满布活载。按照《公路桥涵设计通用规范》(JTG D60—2004)之规定,计算盖梁上靠左 3 个支座对应位置分别作用 740kN 的竖向荷载,以代表活载的最不利分布。

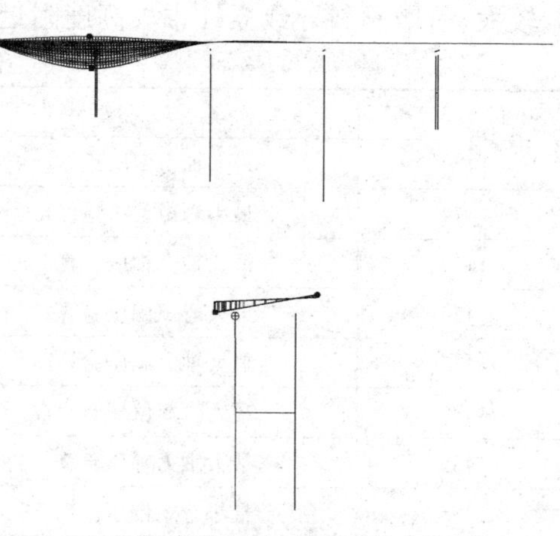

图 3 1 号墩左侧立柱轴力影响线

三、桥墩倾斜安全性验算

采用有限元模型 B,考虑温度荷载、恒荷载、汽车荷载及混凝土收缩、徐变等,对 1 号墩进行强度验算,此处仅列出 1 号墩左立柱墩顶、中央高度、系梁位置及墩底 4 个位置的验算结果。验算结果如表 1 所示,由结果可知,1 号墩左立柱最小强度系数为 1.9 >1,故墩柱强度满足规范要求。

墩柱强度验算 表 1

单元	验算类型	外荷载效应(kN)	强度(kN)	强度系数	验算
1479	最大轴力偏压验算	9 959	35 238	3.5	OK
1479	最小弯矩偏压验算	8 516	36 503	4.3	OK
1479	最大轴力轴压验算	9 959	23 999	2.4	OK
1479	最大弯矩偏压验算	8 363	34 450	4.1	OK
1485	最大轴力偏压验算	10 570	35 534	3.4	OK
1485	最大弯矩偏压验算	10 347	35 371	3.4	OK
1485	最大轴力轴压验算	10 570	23 999	2.3	OK
1485	最小弯矩偏压验算	7 225	36 358	5.0	OK
1490	最大轴力偏压验算	11 109	35 773	3.2	OK
1490	最大弯矩偏压验算	11 071	35 732	3.2	OK
1490	最大轴力轴压验算	11 109	23 999	2.2	OK
1490	最小弯矩偏压验算	7 540	36 629	4.9	OK
1503	最大轴力偏压验算	12 738	36 655	2.9	OK
1503	最大弯矩偏压验算	12 598	36 630	2.9	OK

续上表

单　元	验算类型	外荷载效应(kN)	强度(kN)	强度系数	验　算
1503	最大轴力轴压验算	12 738	23 999	1.9	OK
1503	最小弯矩偏压验算	9 010	36 074	4.0	OK

四、桥墩倾斜对安全性影响

采用有限元模型A,考虑荷载同有限元模型B,对1号墩进行结构强度验算,其验算结果见表2。通过与表1中数据对比,墩柱顶部及系梁以下,桥墩倾斜与否对其受力影响较小,仅在立柱中央高度位置影响较大;桥墩倾斜导致立柱中央高度附近外荷载效应增大16%。

有限元模型A墩柱强度验算　　表2

单　元	验算类型	外荷载效应(kN)	强度(kN)	强度系数	验　算
1479	最大轴力偏压验算	9 997	35 978	3.6	OK
1479	最小弯矩偏压验算	8 579	36 098	4.2	OK
1479	最大轴力轴压验算	9 997	23 999	2.4	OK
1479	最大弯矩偏压验算	8 364	35 158	4.2	OK
1485	最大轴力偏压验算	10 607	36 047	3.4	OK
1485	最大弯矩偏压验算	8 640	36 505	4.2	OK
1485	最大轴力轴压验算	10 607	23 999	2.3	OK
1485	最小弯矩偏压验算	8 953	35 736	4.0	OK
1490	最大轴力偏压验算	11 147	36 102	3.2	OK
1490	最大弯矩偏压验算	11 089	36 059	3.3	OK
1490	最大轴力轴压验算	11 147	23 999	2.2	OK
1490	最小弯矩偏压验算	7 576	36 308	4.8	OK
1503	最大轴力偏压验算	12 738	36 636	2.9	OK
1503	最大弯矩偏压验算	12 590	36 610	2.9	OK
1503	最大轴力轴压验算	12 738	23 999	1.9	OK
1503	最小弯矩偏压验算	9 009	36 104	4.0	OK

五、桥墩验算简化方法研究

如上所述,有限元模型C仅建立桥墩的有限元模型,对其上部结构传下的恒荷载简化后加载与盖梁上支座对应位置;对上部结构传下来的活荷载,通过计算桥梁纵向及横线的影响线,按照影响线进行活载加载。

现采用有限元模型C对左立柱进行强度验算,验算结果如表3所示。通过与表1即全桥有限元模型(考虑桥墩倾斜)计算结果对比,单独建立的桥墩有限元模型计算结果与全桥模型计算结果较为接近,最大相差12%。由此,可以认为本文所采用的单独桥墩有限元模型简化计算方法是可行的。

有限元模型C墩柱强度验算　　表3

单　元	验算类型	外荷载效应(kN)	强度(kN)	强度系数	验　算
1479	最大轴力偏压验算	9 780	36 518	3.7	OK
1479	最小弯矩偏压验算	8 634	36 596	4.2	OK
1479	最大轴力轴压验算	9 780	23 999	2.5	OK
1479	最大弯矩偏压验算	8 878	36 047	4.1	OK

续上表

单　元	验 算 类 型	外荷载效应(kN)	强度(kN)	强 度 系 数	验　算
1485	最大轴力偏压验算	10 390	35 895	3.5	OK
1485	最大弯矩偏压验算	10 240	35 943	3.5	OK
1485	最大轴力轴压验算	10 390	23 999	2.3	OK
1485	最小弯矩偏压验算	6 390	35 895	5.6	OK
1490	最大轴力偏压验算	10 929	35 417	3.2	OK
1490	最大弯矩偏压验算	10 929	35 417	3.2	OK
1490	最大轴力轴压验算	10 929	23 999	2.2	OK
1490	最小弯矩偏压验算	6 689	35 848	5.4	OK
1503	最大轴力偏压验算	12 555	36 679	2.9	OK
1503	最大弯矩偏压验算	12 555	36 679	2.9	OK
1503	最大轴力轴压验算	12 555	23 999	1.9	OK
1503	最小弯矩偏压验算	9 030	36 317	4.0	OK

六、结　　语

本文以贵州省松桃至从江高速公路铜仁坝灌溪至玉屏大龙段的尖坡Ⅱ号大桥实例,对全桥左幅1号墩左立柱进行强度验算,并建立三个相应对比模型与之对比。本文结论如下:

(1)本桥左幅1号墩左立柱横向倾斜6cm对其安全性未产生严重后果,结构为安全可靠。

(2)桥墩立柱横向倾斜6cm对墩柱受力影响较明显,最大影响达16%。

(3)仅建立桥墩有限元模型,上部结构恒载按照相应分配方式加载至盖梁相应位置;活载通过横、纵向影响线加载方式加载至盖梁相应位置的简化方法是简单可行的。

参考文献

[1] 沈铁钢,冯栋发,沈芳. 上塘高架桥131号~134号墩梁病害分析研究[J]. 山西建筑,2009(31).

[2] 祝小龙,赵春花,周成涛. 某高架桥桥墩倾斜成因分析及安全评估[J]. 中外公路,2013(04).

160. 大跨径 PC 梁桥的常见病害成因分析及设计对策

赵　通

(四川公路工程咨询监理公司)

摘　要　早期设计建成的大跨径PC梁桥大多存在梁体开裂、跨中下挠过大等病害情况,本文旨在通过分析这类桥梁出现病害的原因,并就这类桥梁的设计提出一些改进措施,以确保结构安全性和耐久性,为今后类似桥梁设计提供参考。

关键词　大跨径　PC连续刚构　病害　设计

一、引　　言

大跨径PC梁桥作为较经济的大跨径桥梁结构形式,是大跨径桥梁的主选桥型,在近二三十年来得到了广泛应用,在国内外桥梁中占有很大的比例。此类桥梁目前设计、施工技术均较为成熟,具有外形简洁明快、行车舒适、结构整体性好、刚度大、跨越能力强、抗震性能好、后期养护简单等优点,其工程造价与同等跨度其他桥型比较相对较低。但不能否认的是,从国内已建成的大跨径PC梁桥现状来看,均或多或少地出现了部分病害。主要病害分两大类,即"梁体开裂"和"跨中下挠"病害。如何克服和尽量减少病害的产生,确保此类桥梁的耐久使用,是目前在设计与施工过程中急需解决的问题。

二、梁体开裂成因浅析

在已建成的大跨径PC梁桥中,有相当数量的桥梁在施工阶段或运营过程中出现开裂,箱梁的顶板、腹板、底板、横隔板和齿块等部位出现各种不同性质不同类型的裂缝。大跨径PC梁桥裂缝问题已经成为一个较为普遍的问题,普遍存在的裂缝问题成为阻碍大跨径PC梁桥进一步发展的关键技术问题,也成为学术界、工程界关注的一个焦点。

裂缝对桥梁影响主要是下述两个方面:

1)对桥梁结构安全性能的影响

裂缝的存在会降低桥梁刚度,变形增大,跨中挠度加大,从而影响桥梁正常使用。严重的裂缝导致桥梁结构承载能力下降,影响桥梁的安全性能。

2)对桥梁的耐久性及使用寿命的影响

裂缝会加速混凝土的碳化和钢筋锈蚀,混凝土碳化和钢筋锈蚀又加速裂缝的进一步扩展,使桥梁耐久性趋于恶化,从而降低桥梁使用寿命。

大跨径PC梁桥的裂缝特征主要表现为表面的、贯穿的、纵向的、横向的、斜向的及不同深度的裂缝。裂缝性质有温度裂缝,也有受力裂缝。大跨度PC刚构桥易出现开裂的部位及其裂缝成因,可作下述归类。

(1)腹板斜裂缝

这类裂缝主要出现在主跨$L/4$区域和边跨支点附近10~15m范围腹板上,裂缝呈25°~45°斜裂缝,主要是由于腹板抗剪能力不足和主拉应力方向的抗裂安全储备考虑不充分所引起的。

(2)箱梁顶、底板出现不连续的纵向裂缝

箱梁桥顶板、底板的不连续纵向裂缝主要是由于横向弯曲和箱梁畸变产生的。另外,箱梁横向框架的温差应力、收缩应力、曲线配索横向转向引起的径向力、截面分层处和施工接缝处的局部应力等也会引起顶、底板出现局部的开裂。

(3)0号块裂缝

在箱梁0号块空洞周围经常有放射状裂缝,孔洞与孔洞之间也会有竖向裂缝,这主要是由于孔洞周围应力集中而产生的。

(4)箱梁顶、底板沿预应力钢束方向的纵向裂缝

在箱梁墩顶附近梁段的顶板、跨中梁段的底板内,由于预应力钢筋密集,使得箱梁断面局部处在高应力受力状态,在"泊松比效应"影响下,产生了严重的沿钢束方向的纵向裂缝。

(5)强大预应力引起的锚下开裂

单束预应力筋规格过大时,强大的预应力必然带来锚下应力的高度集中,锚下的加强钢筋配置不合理,块体不能很好地分散应力,将引起锚下混凝土的开裂。

三、避免梁体开裂病害的设计对策

通过对国内多座大跨径PC连续刚构(多按85桥规设计)的裂缝病害调研分析,从设计角度上笔者有下述体会。

(1)箱梁截面尺寸的拟定不合理,不能过分寻求"轻、薄、省"。

通过调查2004规范实施以前的多座大跨径PC连续刚构的相关设计资料,不难看出,过分寻求结构

的“轻、薄、省”，特别是腹板过薄，很容易导致结构抗剪承载力不足，从而导致腹板斜裂缝的出现。

（2）预应力体系设计必须认真考虑下弯腹板束的作用。

为了方便施工，85 规范下的多数连续刚构桥梁在设计时取消了下弯腹板钢束，过分依赖竖向预应力粗钢筋的作用。由于实际存在的施工偏差而导致竖向预应力粗钢筋并不能达到设计预期的效果。竖向预应力筋设置，理论上能显著减少或消除主拉应力，但由于预应力钢筋本身较短，难以建立有效预应力。即便在施工工艺上加以改进，如采用超张拉或复拉工艺，但施工时存在人为因素，如螺母是否拧紧、压浆是否饱满等，其施工质量很难完全达到设计控制要求。

近年来，国内多数连续刚构已经改进设计思路，设置有腹板下弯束，这是非常必要的，笔者建议下弯束应弯至截面高度的 2/3 以下为宜。结合笔者个人参与过的数座大跨径连续刚构的设计经验来看，偏安全计，建议结构的主拉应力控制不必考虑竖向预应力筋的贡献（04 桥规建议计算主拉应力时，竖向预应力按 60% 考虑，笔者建议将其作为安全储备即可）。对于跨径较大的连续刚构，为确保竖向预应力的有效性，建议采用钢绞线配套能够二次张拉的低回缩锚具。

（3）对预应力钢束引起的附加效应估计不足。

对于钢构的 0 号块及靠近根部的梁段顶板部位、跨中梁段的底板部位，均为受力非常复杂的局部构件。特别是 0 号块梁段，在设计上仅按平面杆系模型，无法准确把握其实际受力状态，一般需要采用实体有限元分析模型，才能较为准确地了解其受力状态。

纵向预应力布置较为密集的根部梁段顶板、跨中梁段底板等部位，必须考虑纵向预应力带来的“泊松比效应”横向拉应力影响。

边跨及中跨底板钢束，由于箱梁底板的曲线影响，应注意核实底板钢束的“径向力崩裂效应”，设计上应对此进行充分考虑。尤其是中跨底板位置，跨径较大时，底板有效的混凝土截面实际上已经被预应力管道过多“挖空”，导致截面削弱较多。此时，箱梁底板除了需要配置较强的横向钢筋外，张拉锚固施工还应考虑分批次张拉和分批孔道灌浆（第一批张拉完灌浆后，要等灌浆料强度达到一定程度后方可进行下一批的张拉）。若“全部一次张拉所有底板束”时，很容易导致施工期发生底板纵向开裂。

（4）对预应力传递的纵横向有效范围估计不足。

对于大跨径 PC 梁桥，多为分节段悬臂现浇施工，当跨径达到 200m 左右时，0 号块附近梁段的高度多在 10m 左右，而单个节段长不过 3 ~ 4m，单根顶板束或腹板束预应力在单个节段上断面施加后，需要经过在一定的梁长范围，才能有效扩散传递到整个箱梁横断面上。因此，按平面杆系计算的计算结果，必然会和结构的实际受力状态存在较大的偏差，作为控制施工的设计计算，必须考虑到这一点。

另外，对于大悬臂的宽幅箱梁，必须注意剪力滞效应带来截面应力的不均匀影响。这类桥梁结构进行整体计算时，应对采用平截面假定和杆系理论得到的计算结果加以适当修正。箱梁截面尺寸的拟定，应确保箱室宽高比在合理范围内，避免箱室过于“扁平”。

（5）局部构件的抗裂措施采用不足。

对于受力复杂的 0 号块及其附近梁高较高、腹板外露面积大的梁段，必须考虑大体积、大表面积圬工浇筑施工本身可能带来的收缩裂缝、温度裂缝、水化热裂缝等。为改善此类裂缝出现，建议在 0 号块及根部附近梁高的梁段腹板配置表层防裂冷轧带肋钢筋网或掺入聚丙烯纤维（或钢纤维）来改善其抗裂性。

（6）适当提高预应力度，确保结构的抗裂性。

04 规范执行以来，近 8 年来已经建成的大跨径 PC 梁桥病害问题相对减少了很多。相比于 85 规范，温度荷载有了更为严格的规定，全应力构件的设计指标规定亦发生了较大的变化，结构预应力度已有了较大的提高。除了按常规理念进行设计外，结合近年来的大跨径 PC 梁式桥设计经验，还应做好相关设计参数可能发生变化（包括材料自重系数、合龙温度、预应力摩阻力参数、悬臂施工不平衡自重偏差等）的敏感性分析，对这类设计参数进行包络设计，以确保结构的各项力学指标满足全预应力构件的要求。

四、跨中下挠病害成因浅析

主跨持续下挠已经成为85规范设计的国内大跨径PC梁桥的一种普遍病害现象，跨中下挠的同时，往往伴随着梁体腹板斜裂缝甚至底板横向裂缝的出现，不但给桥面行车带来不便，对结构本身来说也是很大的安全隐患。

根据结构的受力特性，使主梁产生持续下挠的原因一般包括下述几个方面。

(1)混凝土收缩及徐变

大跨径梁桥的恒载内力往往占80%甚至于90%以上，设计往往通过削减断面尺寸来减轻结构恒载。对于高强度等级的混凝土构件，减薄板厚的同时往往就会导致构件的理论厚度减小徐变系数增大。另外，设计时徐变挠度通常只针对恒载，但对于交通极为繁忙的桥梁，长期的重负荷车载实际上也会产生徐变挠度。

大跨径PC梁桥多采用泵送混凝土悬臂浇注，混凝土强度高、水灰比大，各种添加剂(减水剂、缓凝剂、早强剂等)多，加之箱形截面越来越轻型和薄壁化，对混凝土的收缩徐变特性有较大的影响，与在实验室条件下棱柱体试件得出的结果相差较大。根据有关资料研究表明，现行04规范对混凝土收缩徐变的计算结果偏小，并不太适应高强度、大坍落度的混凝土收缩徐变的计算，现行04规范对混凝土收缩徐变的影响程度及长期性仍旧估计不足。

(2)预应力的配置方式

目前多数工程师设计时仅仅按结构上下缘混凝土截面不出现拉应力来控制预应力的配筋量，很少去考虑预应力对控制徐变的作用。对于预应力的不同配置方式，将引起沿截面高度的压应力分布不同，从而导致徐变变形的大小甚至方向各异，如图1所示。

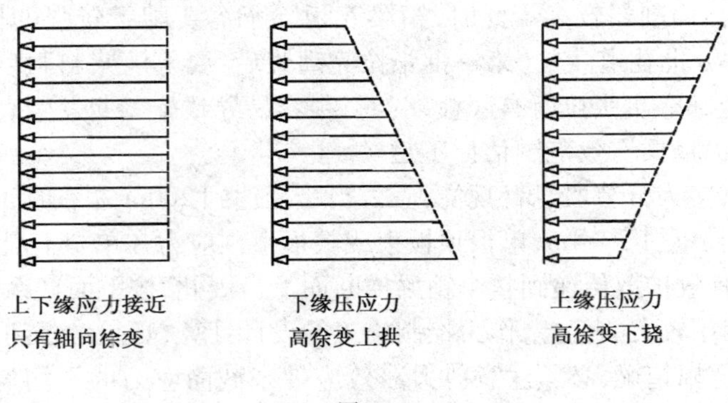

图 1

预应力配置不合理尤其是预应力配置不足时，将会使得恒载下挠在悬臂施工阶段就存在较大的下挠，若设计仅仅是被动地去设置各个节段预拱度来解决恒载下挠，是肯定不行的，那样做并不能减小徐变下挠总量。

(3)预应力损失估计不足

大跨径PC梁桥多为悬臂现浇，预应力管道往往跨越多个施工节段，节段施工积累的管道偏差往往会导致实际的管道摩阻力系数及管道偏差系数大于规范规定值。实际施工时，施工方往往对预应力损失试验重视不够。尤其是跨径为200m左右时，预应力钢筋编束和穿束时相互缠绕的可能性增大，混凝土浇筑振捣引起波纹管的变形、局部漏浆堵塞、上浮跑位、接头不平顺以及灌浆不饱满、预应力钢筋锈蚀等时候发生，实际上存在的过大摩阻力，会导致预应力损失过大，从而下挠增大。

(4)片面强调缩短施工周期

国内的桥梁工程往往追求施工进度，以往设计文件往往对预应力张拉加载龄期要求不够明确，仅仅要求混凝土强度指标达到80%～90%后即可张拉预应力，施工方往往通过添加早强剂的办法来缩短施工周期，更有甚者，在浇筑混凝土3天内即张拉预应力，这是非常有害的。添加早强剂后，混凝土虽然很快可以达到规定的强度要求，但其弹性模量往往差很多，此时加载过早不仅使得预应力的徐变损失加大，而且会增大徐变挠度。

(5) 主梁刚度

85 规范时代设计的大跨径 PC 梁桥的根部梁高，大多为跨径的 1/20 ~ 1/18，跨中梁高多为主跨的 1/60 ~ 1/50，截面刚度相比于 04 规范以后多数设计院执行的梁高要低。较低的结构刚度可以认为是下挠病害的主要原因之一。再加之以往设计的预应力度均较低，下挠较大的桥梁多数并行，存在着箱梁体的各种裂缝，裂缝的产生会削弱箱梁的有效截面，使得主梁刚度减弱，引起梁体的挠度进一步加大。

五、避免跨中下挠病害的设计对策

结合前述分析，针对“跨中下挠”如何避免，从设计角度上可从下述几个方面着手解决。

(1) 适当增加梁高，确保结构刚度

高、跨比是影响主梁受力的主要参数，适当增加梁高，可增加主梁的刚度，改善主梁应力状况。根据近年来的设计经验，建议连续刚构箱梁根部梁高取中跨长度的 1/17 ~ 1/16，跨中梁高取中跨的 1/50 ~ 1/40。

(2) 合理配置预应力，严格控制箱梁截面上下缘应力差

结合目前多数专家所提倡的荷载平衡“零弯矩”理念，采用恒载零弯矩法来设计预应力钢束，尽量使结构的最终恒载弯矩接近于零，从而减小徐变弯曲下挠，可以达到控制大跨径连续刚构桥长期下挠的目的。这一设计理念的实质就是尽量减少箱梁截面上下缘的应力差，使混凝土徐变尽量只有轴向徐变。

(3) 适当增强底板束的配置

预应力体系设计时，可以适当考虑增加底板预应力束，并采用分批张拉，部分底板预应力束可滞后 1 年左右的时间，待混凝土完成一定的收缩、徐变后再张拉。对跨径接近 200m 的大跨径梁桥，建议设置可后期调节张拉的体外预应力索。

(4) 必须严格控制节段悬臂施工周期

设计文件中除了强调混凝土的张拉加载强度指标外，应同时强调龄期和弹模要求，建议强度和弹模指标均不低于 90%，张拉加载龄期最少不低于 5 天（如果工期许可，建议不低于 7 天）。

(5) 设计计算应重视设计参数的敏感性分析

对大跨径 PC 梁式桥线形影响较大的因素，包括混凝土容重、混凝土徐变系数、混凝土弹性模量、预应力束孔道摩阻系数、温度场、混凝土徐变等，设计计算应充分考虑到这一点，进行有针对性的敏感性分析。

(6) 确保预应力的有效性和耐久性

为减少预应力损失，确保预应力的有效性，结合近年来国内设计施工完成的大跨径梁桥的既有经验，预应力管道应尽量采用塑料波纹管，结合真空压浆技术，防止长束管道压浆不密实，确保灌浆质量绝对可靠。

鉴于大跨径 PC 梁桥均为悬臂分段现浇，预应力管道长，管道接头多，且钢束多为后穿。笔者个人建议，管道内径规格宜在常规基础上加大一级选择。预应力布置时，应注意核实管道净距满足规范要求。

为确保预应力的耐久性，应充分重视预应力压浆技术要求。笔者个人认为，现有的《公路桥涵施工技术规范》实际上对压浆要求还不够严谨，建议参考《铁路后张法预应力混凝土梁管道压浆技术条件》(TB/T 3192—2008)。注意不仅仅是浆体的强度和压浆饱满要求，应严控灌浆料的技术指标，如氯离子含量、水胶比、外加剂、水泥品种、浆体的流动性、稳定性、硬化速度、膨胀率、泌水率等指标。

六、结　　语

现阶段我国在大跨径 PC 梁桥的设计、施工上都取得了较大进步，针对此类桥梁早期发展中出现的梁体开裂、跨中下挠等病害问题，设计人员应从理论上予以认真对待，改善以往的旧设计理念，对桥梁构造

处理、设计计算、预应力布置进行深入研究,这类病害是完全可以克服的。

161. 贵州省某高速公路桥梁应急抢险维修加固方案设计与分析

周礼平
(贵州省交通规划勘察设计研究院股份有限公司)

摘　要　贵州省某高速公路大桥由于爆破公司在大桥0号台处进行爆破施工,飞出来的石块砸中3号桥墩,造成3号桥墩严重受损,墩柱被砸成不规则孔洞,空洞面积为3m×2.3m,对桥梁安全构成威胁。经过检测单位的检测,3号桥墩构件四类构件,需要进行维修加固。作者根据检测报告进行维修加固设计,主要方案为在3号墩柱被砸一侧布置钢筋,被砸处钢筋进行修复,墩柱第一道隔板以下灌注C45自密实混凝土并封闭空洞,修复其他常规病害。应急抢险维修加固施工完成后,桥梁检测结果满足公路-Ⅰ级使用要求,应急抢险维修加固效果良好,其中墩柱3号墩柱1号隔板空心部分灌注自密实混凝土的方案是墩柱增大截面加固方案的创新。

关键词　某高速公路桥梁　应急抢险　维修加固　C45自密实混凝土　加固效果

一、引言及发展概述

桥梁加固改造技术是针对正在使用的旧桥进行检测、评价、维修、加固或改造等技术对策的总称,是当代土木工程最重要的课题之一。当前,总体而言,国内外在桥梁加固理论研究深度与广度都有待加强,与旧桥加固相关的众多基本问题尚待深入研究;开发的加固技术较多,但各自对加固机理的认识亟待提高。

桥梁在运营的过程中,荷载有常规的可变荷载、永久荷载、偶然荷载,除此之外,由于部分非桥梁专业人员对桥梁受力性能的不了解,导致桥梁受到了不同类型不同程度的损伤,类似的损伤特点是损伤程度大,也比较偶然,因此桥梁的应急抢险检测、维修加固显得尤为重要。应急抢险检测表现为快速、科学、准确了解桥梁的病害位置、病害严重程度及原因分析,为桥梁的应急抢险维修加固提供依据。应急抢险维修加固表现为快速、科学、切实可行、经济性等特点。作者在本文中,科学分析总结了一座桥梁应急抢险维修加固的经验。

桥梁墩柱属于桥梁的下部结构,且属于下部结构的主要构件,墩柱的主要作用为承受上部结构传递的恒载与活载,并将荷载传递至桥梁基础,因此墩柱对于桥梁的重要性是毋庸置疑的。近年来,由于桥梁管养的措施还处于发展阶段,很多桥梁墩柱受非常规外力(桥梁附近施工产生的堆土、爆破)的影响出现了不同程度的病害。

墩柱受非常规外力的影响出现的病害主要表现为:桥墩倾斜、墩柱表观空洞、竖向裂缝、环向裂缝等病害。桥墩倾斜导致墩柱竖直度远超规范要求,甚至造成墩柱失稳的严重后果;矩形墩柱的空洞造成墩柱截面尺寸的降低,墩柱受力截面减小导致局部应力集中,抗弯惯矩也较小;墩柱环向裂缝与竖向裂缝在墩柱病害中最为常见,墩柱出现裂缝会大大降低墩柱的承载能力,钢筋锈蚀速率会加快,严重降低结构的耐久性。

墩柱维修加固的方法主要有增大截面、钢套管内灌注混凝土、粘贴纤维复合材料或钢板等方法。作者文中提到的方法属于增大截面的范畴,但不属于常规的增大截面方法。常规的增大截面的方法均是在墩柱原截面之外增大截面,本文中的增大截面加固方法属于截面内增大受力截面,在增大截面加固方法上是一次新的尝试与创新。

二、概 况

贵州省某高速公路匝道桥,设计荷载为公路—Ⅰ级。上部构造采用(4×40+4×30)m预应力混凝土连续T梁,全桥为先简支后结构连续,共分2联,下部构造桥墩采用双柱墩、实心墩、空心墩,桩基础;桥台采用U型桥台、扩大基础。本桥平面位于直线段上。其中3号墩为空心薄壁墩,墩梁固结,墩高68.35m。

由于爆破公司在该大桥0号台处进行爆破施工,飞出来的石块砸中3号桥墩,造成3号桥墩严重受损,对桥梁安全构成威胁。经过现场检测,3号桥墩墩身严重破损,桥墩墩身存在多条竖向和斜向裂缝,3号桥墩盖梁存在多条的竖向裂缝,2号桥墩承台角部位置出现局部缺陷,1-4号主梁跨中底部出现长3m,宽0.08mm的纵向裂缝,3号桥墩为四类构件。

三、病 害 情 况

根据检测单位出具的检测报告,该桥的主要病害如下:

1)3号墩盖梁顺桥向小桩号侧、大桩号侧均出现竖向裂缝,最大裂缝宽度0.3mm,见图1。

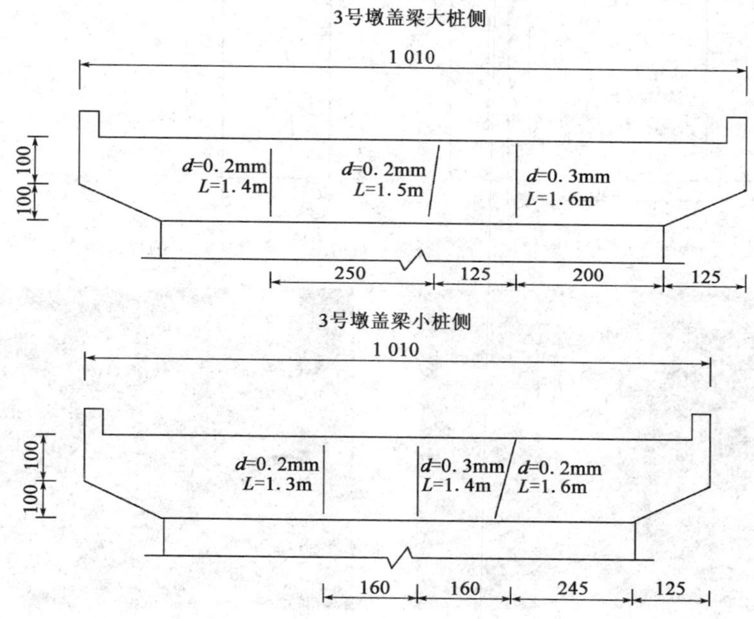

图1 3号桥墩盖梁裂缝分布情况图(*d*为缝宽,*L*为缝长)

2)3号桥墩顺桥向小桩号侧出现3m×2.3m的不规则孔洞,并在小桩号一侧与右侧面的交界位置出现3.3m×0.68m的局部混凝土破损;小桩号侧和横桥向右侧均出现竖向裂缝,最大裂缝宽度达到1.5mm,具体见图2、图3所示。

3)1-4号主梁跨中底部纵向裂缝,裂缝长度为3m,宽度为0.08mm。

通过测量,3号桥墩四个角点沿纵桥向的竖直度数据一览表见表1所示。

3号桥墩垂直度一览表

表1

竖 直 度	右 侧	左 侧
小桩号侧角点	39mm	13mm
大桩号侧角点	35mm	18mm

根据《公路桥涵施工技术规范》(JTG/T F50—2011)13.4.1的要求,当墩高大于30m时,竖直度允许偏差为H/3 000且不大于30mm,从表1可以看出,左侧2个角点均满足规范要求,右侧2个角点均超出规范允许偏差(23mm)。

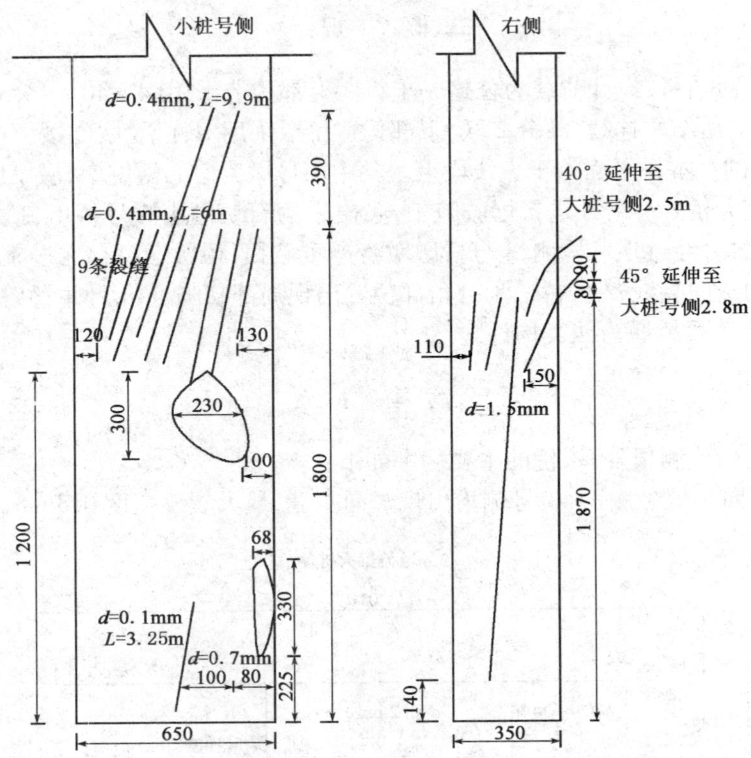

图2　3号桥墩破损位置和裂缝分布情况图（d为缝宽，L为缝长）

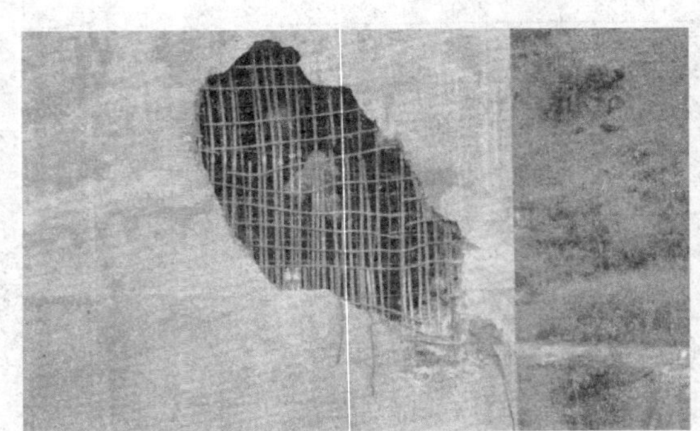

图3　桥墩破损情况

图4　砸在桥墩上的碎石

图5　1-4号主梁纵向裂缝

根据《公路桥梁技术状况评定标准》（JTG/T H21—2011），3#桥墩构件评分为43分，该构件技术状况评定为四类。建议对该桥进行交通管制并对3号墩进行维修加固处理；2号桥墩承台局部缺陷采用修补处理；1-4号主梁和3号墩盖梁裂缝采用封闭和灌浆处理。

四、计 算 分 析

采用桥梁博士 V3.0 程序进行结构分析，计算参数根据《该桥二阶段施工图纸》进行选取，通过计算，事故发生前后 3 号桥墩孔洞位置抗压承载能力与荷载效应计算见表 2 所示，通过抗压承载能力系数可以看出，事故发生后 3 号桥墩的承载能力大幅降低，由 5.89 降低到 3.29。

3 号桥墩计算结果对比表　表 2

3#桥墩孔洞位置处	截面设计轴力 N_d(kN)	对应轴力下的弯矩 M_d(kN·m)	抗压承载能力 N_u(kN)	抗压承载能力系数 ($N_u/\gamma_0 N_d$)
原设计	3.21e+04	4.55e+03	1.89e+05	5.89
事故发生后	3.25e+04	1.66e+04	1.07e+05	3.29

五、维修加固方案

1. 墩柱维修加固方案

3 号墩柱被砸孔洞后，孔洞等处部分钢筋失去作用，部分墩柱截面减小，墩柱的抗压承载力、稳定性减小，为了增大墩柱承载力，将 1 号隔板以下空心段设计为实心墩，即 1 号隔板以下灌注自密实混凝土，新老混凝土黏结后形成整体共同承受该桥上部构造恒载及活荷载。

混凝土灌注分两个阶段，第一阶段：人洞施工完成后清除空心墩内杂物与垃圾，搭设第一阶段支架、凿毛、植筋，并委托第三方对植筋进行抽检，焊接和绑扎钢筋，涂刷界面剂，拆除支架，浇筑第一阶段自密实混凝土；第二阶段：搭设第二阶段支架，清理内部杂物，凿毛、植筋，并委托第三方对植筋进行抽检，焊接和绑扎钢筋，涂刷界面剂，施工 1 号隔板以上灌注孔，拆除内部支架，修复人洞及被砸孔洞处钢筋，涂刷孔洞处阻锈剂和钢筋保护剂，对孔洞支模，浇筑第二阶段自密实混凝土。原设计 1 号隔板处存在一个上下贯通的孔道，利用该孔道与灌注孔浇筑第二阶段的自密实混凝土。

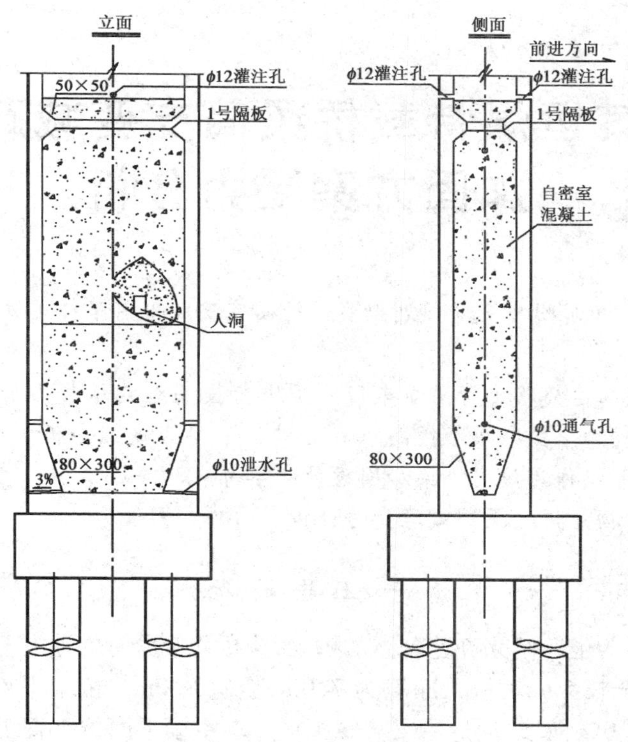

图 6　3 号桥墩应急抢险维修加固立面图

2. 盖梁与主梁病害处治方案

鉴于1-4号主梁和3号墩盖梁裂缝为出现险情之前存在的裂缝且没有继续扩展,1-4号主梁和3号墩盖梁裂缝采用封闭和灌浆处理即可。

六、结 语

本文列举了贵州省某高速公路桥梁由于爆破公司在该大桥0号台处进行爆破施工,飞出来的石块砸中3号桥墩,造成3号桥墩严重受损,检测单位第一时间到了事故现场对桥梁进行了检测,并及时出具检测报告。作者根据检测报告提出了应急抢险维修加固方案,该方案通过了业主单位组织的专家评审会,根据会议精神完善了应急抢险维修加固施工图设计,施工单位于2014年年中完成了施工,经第三方检测单位验收通过。从应急抢险维修加固的效果来看,该桥的维修加固处治方案合理,主要有以下几个方面的创新亮点:

(1)墩柱1号隔板空心部分灌注自密实混凝土的方案,是墩柱增大截面加固方案的创新,即矩形空心墩内部增大截面,由空心墩变为部分实心墩,增大墩柱底部的受力截面,较墩柱外增大截面美观;

(2)自密实混凝土在空心墩内部的使用解决了空心墩内部混凝土较难振捣密实的问题;

(3)空心墩内部浇筑混凝土借助原矩形墩柱墩壁作为模版,该项设计也大大减少了应急抢险维修加固工程的费用。

参考文献

[1] 中华人民共和国行业标准.JTG/T H21—2011 公路桥梁技术状况评定标准[S].北京:人民交通出版社,2011.

[2] 中华人民共和国行业标准.JTG D60—2004 公路桥涵设计通用规范[S].北京:人民交通出版社,2004.

[3] 中华人民共和国行业标准.JTG/T J23—2008 公路桥梁加固施工技术规范[S].北京:人民交通出版社,2008.

162.某运煤特载桥梁简支变减跨连续加固方案受力分析

曾 爱 向 红

(贵州省交通规划勘察设计研究院股份有限公司)

摘 要 本文以对某高速公路上跨简支车行天桥进行提高结构承载力加固改造以满足运煤特载要求为背景,对已成简支梁桥加中支墩减跨提高承载力进行了受力模拟分析。针对其受力特点,对加固方案设计提出了一些建议,可以作为该类桥梁加固设计的参考。

关键词 运煤特载结构分析 梁桥减跨受力分析 旧桥加固

一、工 程 概 况

地久分离式车行天桥为上跨晴兴高速公路的桥梁,该桥连接原有的地方三级公路。桥梁上部结构为1×30m简支T梁,桥梁全长50m。桥梁净宽为7.0m,全宽8.0m。桥梁平面位于直线上,桥梁纵坡为2.5%上坡,横向为双向2.0%横坡,通过主梁翼缘板形成。主梁平面位于直线上,横向共4片T梁,各片T梁梁长相等,均为30m(两桥台背墙前缘间长度),T梁梁肋中心梁高为2.0m,梁肋横向中心间距为

2.20m，路线左右侧边梁翼缘宽度（至梁肋中心）为0.95m。支点处T梁腹板厚50cm，翼缘板厚16～22.8cm；跨中腹板厚20cm，下马蹄厚50cm，翼缘板厚16～25cm。桥面横坡通过翼缘板形成。每一跨设置5道横隔梁，其中支点处2道，跨径中部3道。

预制T梁正弯矩钢束采用15-10型、15-11型系列锚具及其配件，预应力管道采用圆形金属波纹管。

原设计荷载公路—Ⅱ级，该桥于2012年12月建成通车，主体结构运营现状完好。

其具体构造形式见图1：

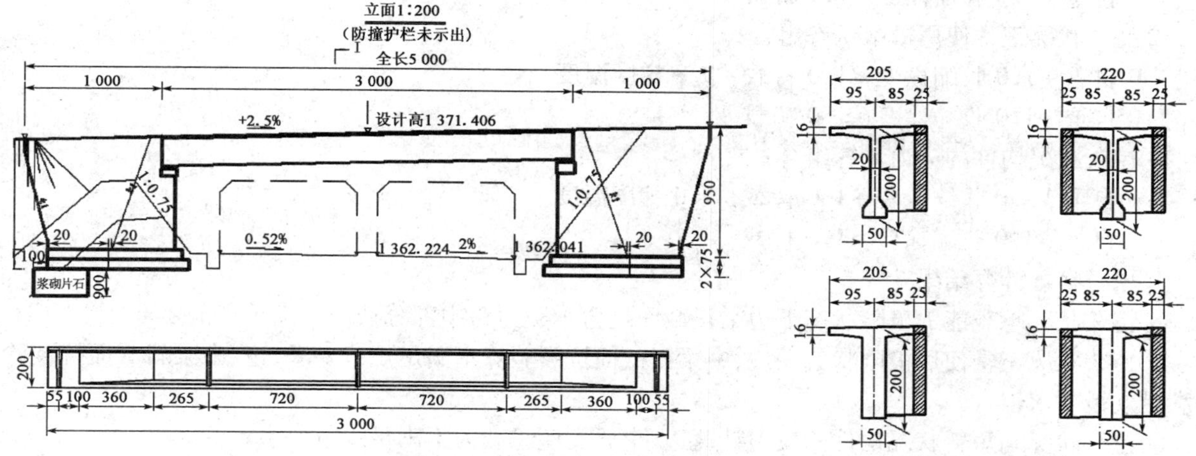

图1 地久分离式桥型布置图及T梁一般构造图（尺寸单位：cm）

二、运煤特载技术标准

项目业主提供的运煤特载要求如下所述：

1. 单辆特载主要技术参数为：

特载自重：31t；

货物重：69t；

总重：100t。

2. 车队运营时，前后车辆之间相临车轮中心距为10m。

3. 按照双向两车道的车队进行验算。运煤特载示意图如图2所示。

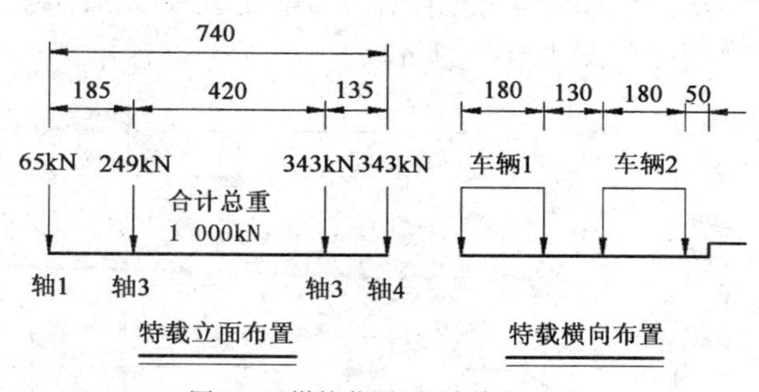

图2 运煤特载图（尺寸单位：cm）

三、计 算 思 路

本桥为一跨简支梁桥，由于桥梁建成时间较短，且无结构病害，故可首先按原设计设计参数对桥梁结构在运煤特载作用下的受力状态进行结构模拟计算分析，根据特载计算分析的结果，拟定桥梁加固处理方案，再对结构加固后进行特载验算，以评定加固后结构是否满足特载运营安全要求。

1. 计算图式

采用桥梁博士V3.3.0进行平面计算，T梁按部分预应力混凝土A类构件设计，考虑有效宽度范围内湿接缝联合受力。并用Midas civil 2013对全桥进行全过程空间静力仿真分析验证，全桥共28个单元，29个节点。计算中考虑的荷载及作用包括：结构自重、预应力荷载、收缩徐变、温度梯度正反温差、活载、二期恒载。结构离散图见图3。

2. 荷载组合

①持久状况承载力极限状态组合：

1.2自重+1.0收缩徐变+1.1特载+0.88梯度温度

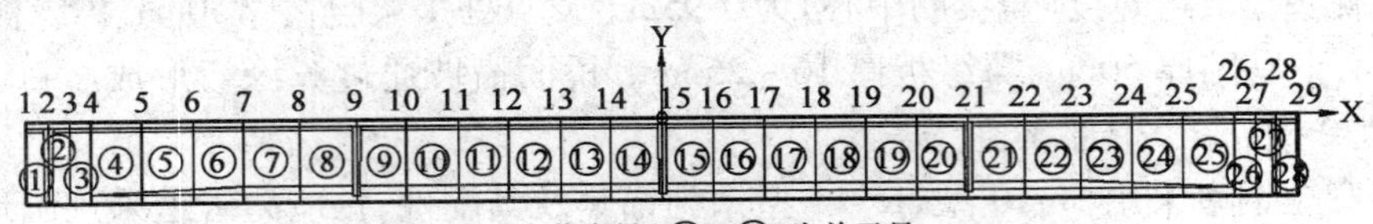

图3　T梁结构离散图

1.2 自重 +1.0 收缩徐变 +1.1 特载

②持久状况正常使用极限状态组合：

1.0 自重 +1.0 收缩徐变 +1.0 特载 +0.8 梯度温度

1.0 自重 +1.0 收缩徐变 +1.0 特载

③持久状况构件的应力计算组合：

1.0 自重 +1.0 收缩徐变 +1.0 特载 +1.0 梯度温度

1.0 自重 +1.0 收缩徐变 +1.0 特载

3. 原桥特载计算结果

①持久状况承载能力极限状态下边梁正截面抗弯承载力跨中部分截面不满足规范要求；

②持久状况正常使用极限状态下边、中梁正截面抗裂验算不满足规范要求，边、中梁斜截面抗裂验算不满足规范要求；

③持久状况和短暂状况构件的应力计算边、中梁支座承载力不满足规范要求。

四、加固方案设计及计算模型

根据原桥特载计算结果可知，在特载作用下因跨中弯矩过大，导致主梁多项指标不满足相关规范标准要求。经综合比较，采用增加中支墩减少桥梁跨径，同时更换支座满足支承反力要求的加固方案。计算模型图如图4、图5所示。

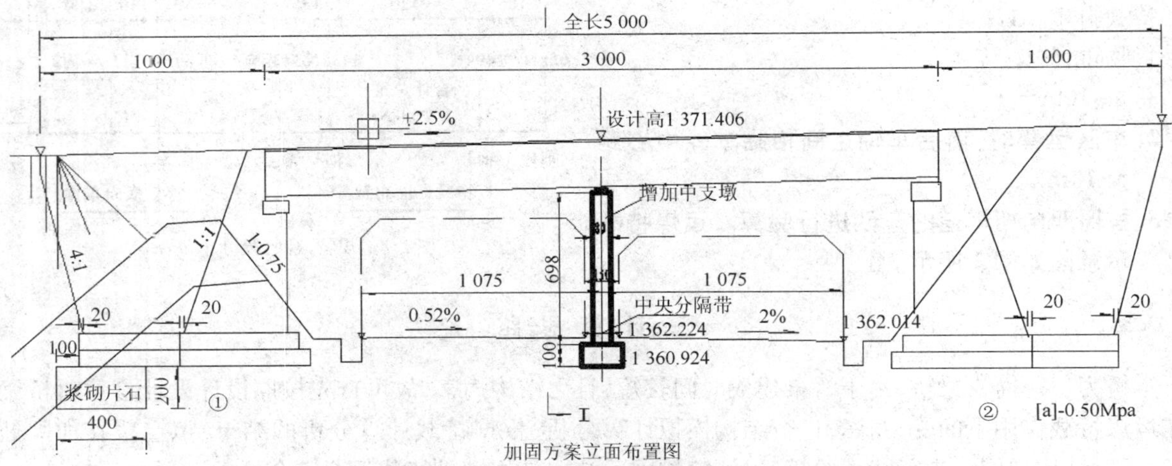

图4　桥梁加固方案立面布置图(尺寸单位:cm)

1. 加固方案计算要点

本桥采用的增设中支墩为在既有成桥的状态下，在高速公路中央分隔带施工中墩，通过墩顶设置板式橡胶支座与主梁跨中密贴，即在桥梁自重恒载状态下中支墩顶支反力接近0的平衡状态，计算模拟在已成桥状态下增跨中单向点支撑施工阶段。当上部活载作用下产生的弯矩超过主梁预应力产生的负弯矩至主梁产生下弯趋势时，中支墩顶产生支反力从而消除跨中正弯矩过大现象。

2. 加固后计算结果

计算结果表明，边梁跨中增设竖向单向支承后，由于计算跨径减少，最大/最小(负)弯矩绝对值大幅减少，截面强度系数得到大幅提高，梁体抗弯承载力满足规范要求。其余边、中梁正截面斜截面抗裂等均满足规范要求，列表从略。

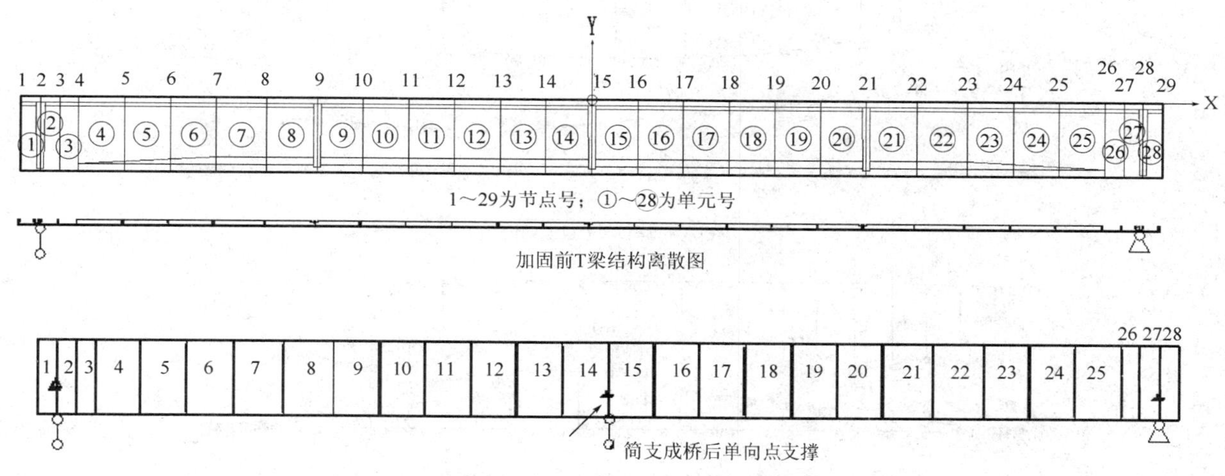

加固后T梁结构离散图

图5 加固前后 T 梁结构离散对比图

五、主梁加固前后特载作用下受力状态对比分析(以边梁为例)

1. 结构成桥状态自重恒载作用下主梁弯矩图累计效应对比(图 6)

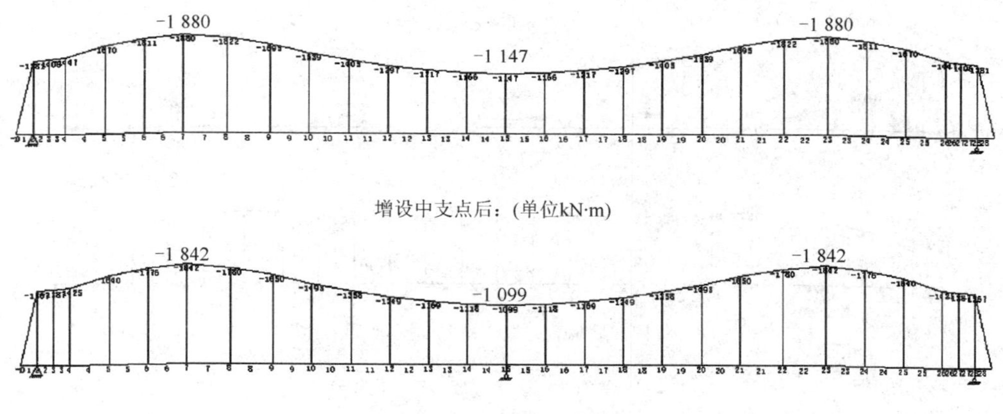

图6 加固前后恒载弯矩对比图

2. 特载作用下主梁最大最小弯矩图对比(图 7)

3. 承载力极限状态组合状态下最大最小弯矩图对比(图 8)

4. 持久状况构件的应力计算组合状态下主梁上下缘最大最小正应力对比(图 9)

5. 中支点支反力变化对比(表 1)

加固前后各支点反力表 表 1

原桥成桥状态恒载作用下支点反力(kN)				原桥特载承载力极限组合状态下支座最大支反力(kN)				加中支点成桥状态恒载作用下支点反力(kN)				加中支点特载承载力极限组合状态下支座最大支反力(kN)			
节点	2	15	28	节点	2	15	28	节点	2	15	28	节点	2	15	28
竖向力	614	—	614	竖向力	1 680	—	1 680	竖向力	614	0	614	竖向力	1 450	897	1 440

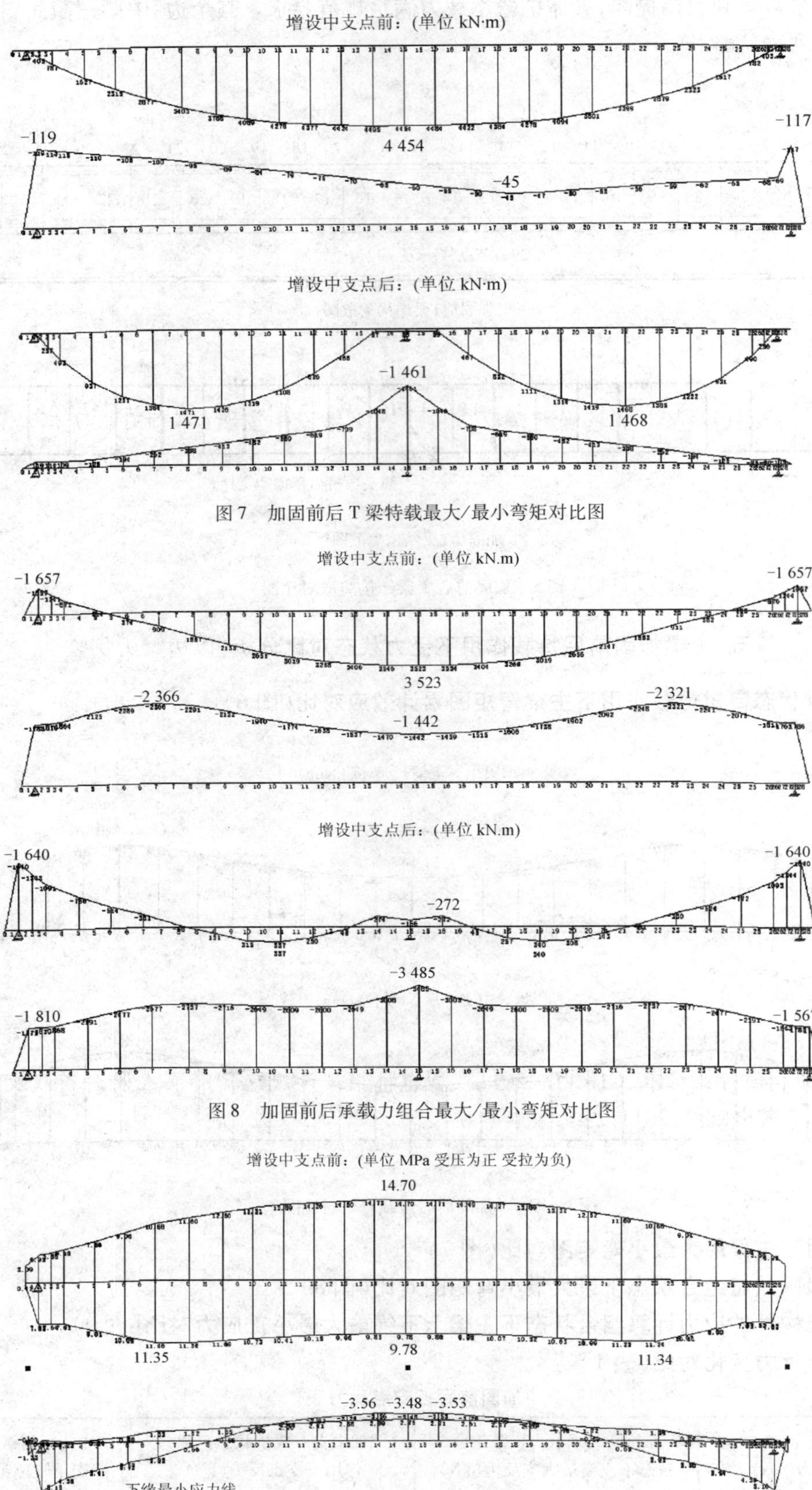

图7 加固前后T梁特载最大/最小弯矩对比图

图8 加固前后承载力组合最大/最小弯矩对比图

图 9

增设中支点后：(单位 MPa 受压为正 受拉为负)

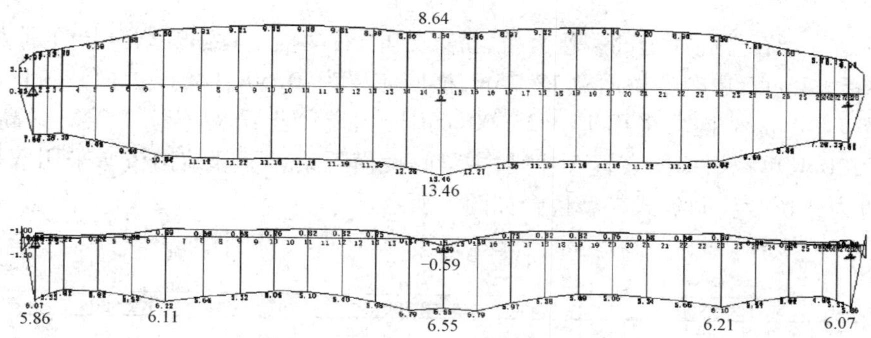

图9 加固前后持久状况 T 梁截面最大最小正应力对比图

由以上对比分析计算结果可知，在原桥已成桥状态下增设中支墩（不顶升），无活载作用时，不会改变原桥简支结构受力状态，在特载持久状况组合状态下原桥跨中下缘最大拉应力达 -3.5MPa，加中支点后，跨中上缘最大拉应力仅 -0.6MPa，增设的中支点减跨效应明显，对桥梁承载能力有明显的提高。

六、结　语

通过对已成一跨简支梁桥增设中支墩后受力分析，得到简支变减跨连续梁桥成桥状态的弯矩及应力等分布情况，主要结论如下：

（1）简支变减跨连续梁桥后，桥梁跨中活载正弯矩明显减小，跨中拉应力状态明显改善，结构恒载受力体系依然为简支结构体系。对简支梁桥采用此方法加固是易于施作并可靠的方案。

（2）活载作用下，当梁体下弯趋势受中支墩竖向单向约束后，墩顶活载负弯矩与梁内预应力产生的负弯矩有叠加效应，结构验算时应着重关注该负弯矩值引起的梁体上缘拉应力是否在规范限制范围，并采取对应措施。

（3）为避免施工时改变原简支桥恒载作用下受力状态，使墩顶梁体产生附加负弯矩引起墩顶梁上缘产生拉应力，安装中支墩顶板式橡胶支座时，墩顶采用千斤顶固定主梁（仅用于消除主梁部分非弹性变形引起震动挠度，并为放置支座提供空间）使墩顶安装的支座橡胶块与上钢板自然贴紧即可。

参考文献

[1] 中华人民共和国行业标准. JTG D62—2004 公路钢筋混凝土及预应力混凝土桥涵设计规范[S]. 北京：人民交通出版社，2004.

[2] 中华人民共和国行业标准. CJJ 11—2011 城市桥梁设计规范 附录 A 特种荷载及结构验算[S]. 北京：人民交通出版社，2011.

163. 大跨度预应力 T 梁病害分析及其防治措施

刘 辉

（贵州省交通科学研究院股份有限公司）

摘　要　对于中、小跨径的梁式桥，混凝土 T 梁是现代工程中使用非常广泛的结构形式之一。它具有诸多优点，但是在已修建的大量的简支 T 梁中，普遍出现了不同程度的各类病害。本文依托石忠高速上胡家湾大桥，对混凝土 T 梁的病害展开分析研究，并提出相应的处理技术和施工工艺的改进措施，能够及时预防病害的发生。

关键词　梁式桥　T 梁　病害　裂缝

一、工程实例

胡家湾大桥是位于石忠高速上的一座大桥，桥梁分左、右两幅。右幅桥梁全长分别为386m。桥梁跨径组合均为3联5×25m。单幅桥桥面宽12.25m，横向布置为：0.50m（防撞护栏）+11.25m（车行道）+0.50m（防撞护栏）。上部结构均采用15×25.00m预应力混凝土结构连续T梁。梁高1.75m，马蹄宽0.40m，腹板宽0.20m，单幅桥横向布置5片梁，主梁间设横隔梁。下部结构桥墩采用双柱式墩、桩基础，桥台采用U型重力式桥台和肋板式轻型桥台如图1所示。

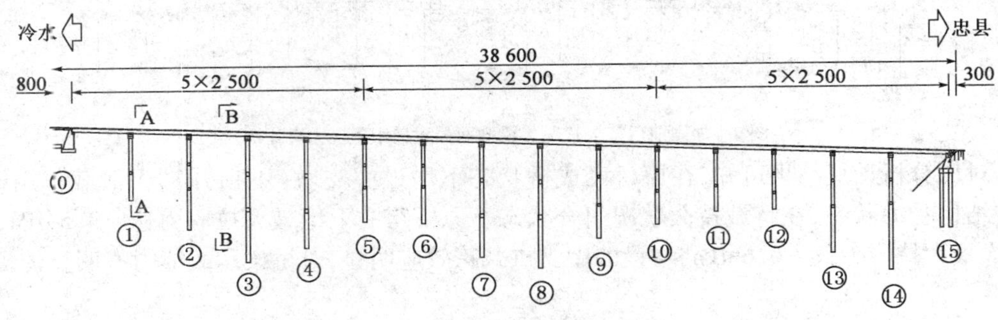

图1　胡家湾大桥桥型布置图

二、工程问题

1. 桥面系

①桥面铺装：桥面铺装出现1处拥包，4处横向开裂。

②伸缩缝：全桥共设置4道伸缩缝；3道伸缩缝砂砾填充。

③栏杆、护栏：桥外侧防撞护栏存出现多处锈胀、露筋。

2. 上部结构

①翼板存在4条纵向裂缝，其中3条裂缝泛碱且已泌死，大部分裂缝位于桥跨0～1/4l范围内。

②马蹄存在2条纵向裂缝，其中1条裂缝泛碱且已泌死，裂缝位于桥跨1/4l～3/4l范围内。

③横隔板、翼板、湿接缝分别存在几十处破损、露筋。

3. 下部结构

盖梁存在1条竖向裂缝，墩柱存在15条环向裂缝。

4. 支座

16个支座存在锈蚀，20个支座存在滑移，滑移量100～302mm。5号墩及R10号墩为右幅分联处桥墩，墩高均为2Cm的双柱式圆柱墩。其上各有两排盆式橡胶支座，两墩均存在不同程度的顶部向冷水方向偏移的现象，其中R10#墩偏移量更大。该桥纵坡达4%且R5号墩及R10号墩处于曲线下坡段（冷水至忠县下坡），墩顶偏移方向为顶部偏向冷水侧与下坡方向相反。

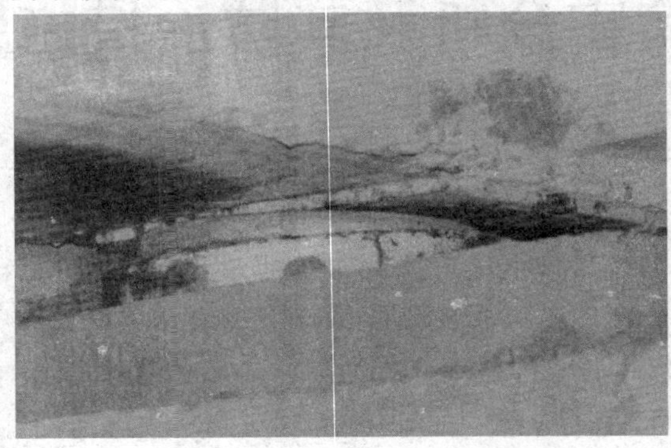

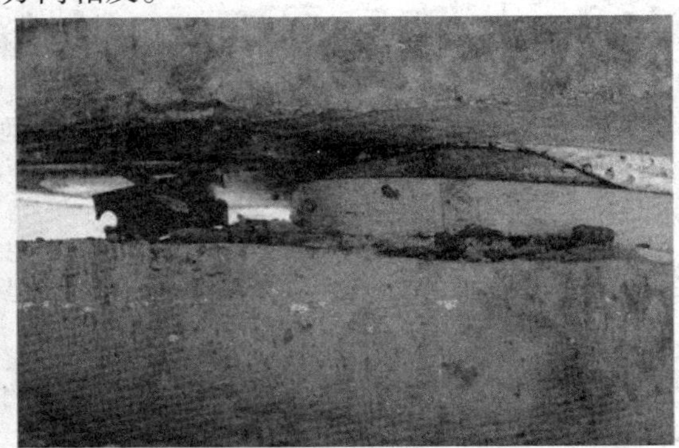

图2　支座滑移图

三、病害形成常见因素

1. 翼板、马蹄侧纵向裂缝、泛碱

翼腹倒角处裂缝通常是由于拆模过早或由于混凝土硬化前沉实不足，硬化后腹板混凝土沉实过大导致的塑性收缩裂缝；翼板纵向裂缝是由于混凝土施工养护过程操作不当引起；泛碱则通常是由于该位置混凝土发生碱碳酸盐反应，遇水产生的反应膨胀伴随的析出物。胡家湾大桥马蹄侧面纵向裂缝位置为T梁竖向变截面，且裂缝方向为纵向，翼板纵向裂缝主要位于翼腹倒角处及距腹板0.4m处。

2. 横隔板竖向、斜向裂缝

横隔板竖向、斜向裂缝通常是由于T梁间受力不均衡或实腹段施工后实腹段后浇混凝土与预制横隔板间混凝土发生不均匀收缩所致。

若裂缝上宽下窄，基本位于墩顶负弯矩处，横向基本位于双柱间中间最大正弯矩处，且裂缝自下向上发展，下宽上窄。如胡家湾大桥L3-2号盖梁、L4-3号盖梁竖向裂缝，分别位于距内侧边缘1.30m、2.30m及2.40m处，裂缝上宽下窄，该盖梁竖向开裂，是由于墩顶负弯矩位置混凝土达到极限抗拉强度产生的受力裂缝。

3. 墩柱环向裂缝与支座滑移

(1)长细比大墩柱偏柔，抗弯刚度不足

对于等截面的墩柱，墩柱高度对其影响可由下面公式分析。

$$M_T = \Delta T \times h = (T_2 - T_1) \times (H_2 - H_1)$$

对于等截面桥墩，墩顶在上图荷载作用下，墩顶位移可按下式计算：

$$\Delta = \frac{1}{EI}\left(\frac{1}{2}MH^2 + \frac{1}{3}TH^3\right)$$

$$M = M_2 - M_1 + M_T$$

$$M_T = \Delta T \times h = (T_2 - T_1) \times (H_2 - H_1)$$

$$T = T_2 - T_1$$

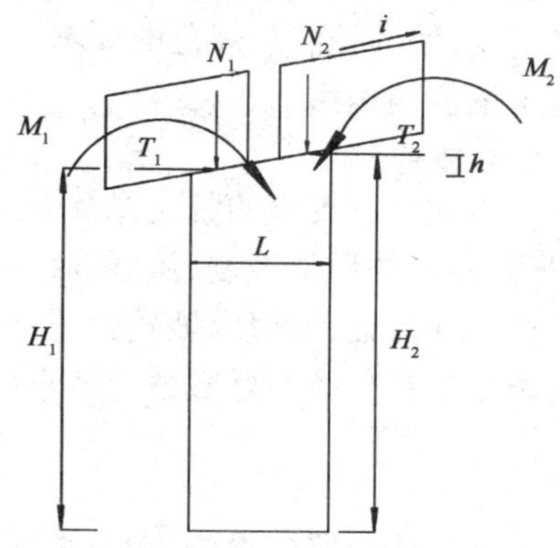

图3 桥墩结构计算图式

式中：M_1、M_2——两端上部结构作用在墩顶的弯矩，对于支座采取简支形式，取值为0；

M_T——不平衡水平力在墩顶产生的弯矩计算为；

T_1、T_2——两端上部结构作用在墩顶的水平力；

E、I——桥墩截面的惯性矩和抗压弹性模量。

(2)初始缺陷

桥墩是主要承受上部结构荷载和自身重量并向下传递的受压结构物。实际工程中的桥墩，往往出现不同程度的初弯曲、初偏心以及桥墩截面尺寸和形状参数不齐的情况。这些偏差都是导致桥墩上部结构和自身传递的竖向荷载作用线偏离桥墩理想轴线，导致桥墩承载力的降低。本文胡家湾大桥在施工阶段预制T梁架设至半幅时，桥墩出现最不利的偏心受压状态，一侧墩柱受力最大，墩柱偏柔，由于恒载的重力作用及纵坡影响上部结构主梁向下坡方向滑移，致使墩顶向上坡方向有偏移。此变形在另外半幅T梁架完后无法恢复致使桥墩有偏位。

(3)温度

胡家湾大桥右幅R5号墩、R10号墩墩高20m，且纵坡较大，达4%，加上胡家湾大桥完工时间在冬季，温度较低，而重庆地区夏季温度高，该墩为分联处桥墩，施工垃圾影响支座的正常滑动。高墩偏柔在温升作用下，上部结构的伸长变形主要向下坡方向发生，墩柱与上部结构的相对移动进一步发展，导致墩柱的偏位继续发展。

四、病害防治措施

1. 上部结构主要承重

(1)T梁底板容易出现的纵向裂缝及网状裂缝

①采取较好的方法进行梁底主筋及箍筋钢筋保护层厚度的控制,采用专用垫块梅花形布置;②控制好拆模时间及养护工艺;③改善振捣工艺,保证马蹄以下部位的振捣效果;④改善混凝土的骨料级配、配合比、塌落度、和易性等指标。

(2)马蹄根部纵向裂缝、翼缘板根部纵向裂缝

①控制好混凝土的塌落度、和易性等指标,优化分层浇筑方案,改善振捣工艺;②控制好拆模时间;③严格验收预应力筋的定位钢筋位置,保证预应力管道的位置准确;④采取措施做好混凝土养护等工艺流程的质量控制。

2. 上部结构一般承重构件

横隔板竖向、斜向裂缝:要求施工单位做好T梁预应力张拉的控制,保证各片T梁的预拱度控制一致,以及盖梁及支座垫石的高程控制,避免T梁安装后的横向受力不均,在T梁预制过程中做好混凝土养护,防止混凝土干缩、塑性收缩裂缝的产生。

3. 下部结构

在伸缩缝安装完毕后,专门组织一次墩顶施工垃圾清理方可撤场,墩柱施工阶段应严格控制墩柱的竖直度,使其控满足规范的要求。若不及时控制,则在外荷载及上部结构恒载的共同作用下,墩柱继续向施工偏位侧偏移。

4. 支座

板式橡胶支座的脱空以及盆式橡胶支座的滑移量过大、偏压:①加强对墩台帽梁、支座垫石平面位置、高程等的质量控制,从下部结构的施工控制开始保证桥梁纵横披顺适,高程、平面位置的准确,从施工工艺方面保证;②对纵坡较大桥梁的支座盖板顶部的楔形调平垫板施工严格控制,保证支座的竖直受力;③施工过程中控制好墩柱的竖直度,保证其在外荷载作用下不致偏位。

五、结　　语

在现代公路建设中,大跨度的预应力T梁应用逐渐普遍起来。预应力T梁在施工和运营过程中受影响的因素较多且敏感,稍有不慎,容易产生裂缝和各种病害,不断地探索病害原因,寻求科学有效的处理方法,对确保工程的质量,具有普遍的意义。

参考文献

[1] 杜镔,吴小印,田彬. 40m跨径T梁预制施工腹板裂缝原因分析[J]. 山西科技. 2007(05).
[2] 王铁梦. 工程结构裂缝控制[M]. 北京:中国建筑工业出版社,1997.
[3] 赵国藩,等. 钢筋混凝土结构的裂缝控制[M]. 北京:海洋出版社,1991.
[4] 刘孝平. 桥梁设计的极限状态理论[M]. 北京:人民交通出版社,1989.
[5] 范立础. 桥梁工程[M]. 北京:人民交通出版社,1987.
[6] 姚振纲,刘祖华. 建筑结构试验[M]. 上海:同济大学出版社,1996.

164. 高速公路加宽改造桥梁加宽方法探讨

邬贵全
(四川公路工程咨询监理公司)

摘　要　文章针对泸洁至黄联关高速公路加宽改造工程,对设计单位拟定的桥梁加宽方案进行了分析和探讨,提出了一些改进的思路和方法。

关键词　加宽改造　桥梁加宽　设计原则　拼宽　新建桥梁　空心板铰缝

我国在20世纪90年代开始了大规模的高速公路建设，目前部分高速公路存在加宽改造的需要。在高速公路的加宽改造工作中，桥梁的加宽是一个重点和难点，本文针对泸沽至黄联关高速公路加宽改造工程，对设计单位拟定的桥梁加宽方案进行分析和探讨。

一、概　况

泸沽至黄联关段公路起于泸沽，经漫水湾、礼州、西宁、小庙（新增预留互通）、西昌互通、马道、西木互通、中坝（新增预留互通）、止于黄联关，路线全长约70公里。该项目于1996和1997年按一阶段施工图设计，由于当初预测交通量16 080辆/日（小客车）相对较小，路线设计车速采用80km/h，路基宽度按横向分期（近期实施路基宽度19.5m，远期加宽改造为25m）的高速公路标准设计建设，互通式立交区路基宽25m，路面结构为水泥混凝土路面。项目于1999年9月20日建成西宁至黄联关段30.85km，于2000年11月25日建成西宁至泸沽段39.15km。

根据最新预测交通量区间分布情况、西昌至昭通高速公路（四川境）工可方案起点接小庙（本项目新增预留互通）、西昌至香格里拉高速公路初步设计路线方案起点接中坝（本项目新增预留互通），本项目采用以下技术标准：起点~漫水湾、中坝~终点段设计速度80km/h，双向四车道，路基宽24.50m；漫水湾~中坝段设计速度80km/h，双向六车道，路基宽32.00m。对不满足技术标准及技术规范的线形及构造物进行调整，对原水泥混凝土路面改造为沥青混凝土路面。

本项目推荐方案按整幅计，共设大桥1 055m/6座（不含新建单侧加宽顺河大桥708.12m/2座）、中桥1 115m/26座、小桥2 033m/134座，桥梁总长4 911m，占路线总长7.02%；设涵洞（含通道涵、通道兼排水涵）432道。

二、新、旧规范运用

泸黄高速公路分两期修建，分别于1999年9月、2000年11月建成通车，运营期跨越了85规范和04规范两套体系的服役期。设计单位拟定的“对于桥涵工程，加宽改造荷载标准掌握的原则是：利用原结构物的，不改变原设计标准，新建结构采用新标准。”的原则是合理的。

我国部分高速公路建成于20世纪90年代，当时有效的规范为85规范，如果目前改造时原桥要采用最新规范，势必所有原桥均需拆除重建，投资巨大。部分桥梁运营状况良好，因此对经检测状况较好的桥梁加以利用是科学的，部分桥梁需维修加固的，则加固后再利用。对病害严重的桥梁拆除重建也是必要的。

设计对原有桥梁、涵洞进行结构验算的主要结论如下：

（1）钢筋混凝土盖板涵明涵、跨径5m、6m实心板和8m、10m、13m空心板上部结构承载能力不满足04规范的要求；跨径16m、20m上部结构承载能力满足04规范承载能力的要求。

（2）正常使用极限状态下，30.6m预制T梁边梁不满足04规范预应力混凝土A类构件的要求，但满足B类构件的要求；中梁、边梁跨中部分截面上缘混凝土压应力，使用阶段持久状况应力计算不满足04规范的要求，其余均满足04规范要求。54m预制T梁除跨中部分截面上缘混凝土压应力，使用阶段持久状况应力计算不满足04规范要求外，其余均满足04规范要求。

（3）下部盖梁验算：16m、20m空心板双柱式桥墩盖梁外悬臂正截面抗裂验算，30.6m、54mT梁三柱式桥墩盖梁外悬臂斜截面抗剪承载能力均满足04规范要求。

（4）探讨意见：高速公路加宽改造，一般需将原水泥混凝土路面改造为沥青混凝土路面，原桥利用并加宽计算时注意需考虑新增10cm沥青混凝土桥面铺装层的自重，且原混凝土铺装层厚度为15cm，需补充明确是否已考虑这两部分的自重；结构验算时，混凝土铺装层是否部分厚度计入结构高度，计入了多少需明确。

三、关于设计原则

1. 设计拟定以下设计原则：

（1）遵循“因地制宜、就地取材”原则，根据泸黄高速公路沿线区域发展及城镇规模、社会环境，路线方案采用两侧加宽，相应桥涵构造物原则上采用两侧整体式拼宽，综合考虑结构受力、施工工艺、交通组织、造价等因素确定拼宽方式。

(2)根据《四川省泸沽至黄联关高速公路加宽改造工程桥涵检测报告》，本项目13m及以下跨径空(实)心板，按日桥规采用交通部标准图设计，存在板厚偏薄、刚度不足、梁板主筋和箍筋配置偏弱的现象，在重车长期振动、冲击下，桥面铺装出现了开裂、铰缝砂浆脱落等不同程度的病害或局部破坏。故上部结构采用拆除重建，下部结构进行加宽改造，其余结构物优先考虑拼接方案，并对既有结构物进行必要的加固、防护措施。

(3)桥涵加宽尺寸：本路段原路基宽度19.5m，采用两侧各加宽2.5m，达到四车道设计标准，加宽后桥梁全宽24.5m或采用两侧各加宽6.25m，达到六车道设计标准，加宽后桥梁全宽32.0m。

(4)原则上考虑采用与原桥相同的结构形式和跨径，新、旧桥梁受力状况、结构刚度等基本相同，在荷载作用下，新、旧桥结合部产生的挠度差小，桥面不易产生过大的纵向裂缝。

(5)新建桥梁，根据实际情况，桥墩以双柱式为主，基础采用桩基础。

2. 探讨意见：

(1)设计原则中，“原则上考虑采用与原桥相同的结构形式和跨径”，应补充前提条件“原桥拼宽时”。

(2)设计原则中，需具体补充16m和20m跨径空心板的拼宽设计原则。

(3)设计原则中，需具体补充新建13m及以下跨径空(实)心板的设计原则。

(4)设计原则中，需具体补充新建16m和20m跨径桥梁的设计原则。

四、关于16m和20m跨径空心板的拼宽方案

本项目16m、20m跨径桥梁仅在原桥拼接加宽时采用空心板实属不得已，使原结构损伤小且新旧结构变形一致。但是设计应进一步分析空心板标准图的缺点并加以改进，不能简单套用，建议下阶段设计时加强铰缝钢筋。

五、关于新建13m及以下跨径空(实)心板方案

1)对于建成多年的高速公路，应调查原有桥梁的使用状况，根据调查资料进一步分析产生病害的原因，并在工程改造时新建桥梁中吸取经验教训。

十年前的中小跨径桥梁经常采用简支空心板，后来在使用中发现桥面铺装多沿空心板铰缝产生纵缝，病害发展后桥面铺装会进一步破坏，严重时有的桥梁空心板形成单板受力；另一方面还发现一块空心板设置四个支座，有一个支座易脱空，空心板受力不均。本项目中小桥多有上述情况发生，因此新建桥梁应淘汰设置铰缝的空心板。

2)同意设计针对本项目13m及以下跨径空(实)心板，上部结构采用拆除重建的方案，但不能按原空(实)心板简单拆除重建。

为了彻底解决铰缝问题，建议5m、6m、8m、10m、13m跨径的空(实)心板在有条件时采用支架现浇整体空(实)心板；支架现浇困难时，建议重新设计新的空(实)心板，使两块预制板之间预留60cm宽左右的现浇湿接缝(或现浇较厚翼缘)，以便彻底解决空心板铰缝问题及整体性问题。

六、关于新建20m跨径桥梁方案

本项目有一座新建半幅桥，一座整幅新建桥梁，原桥采用20m跨径空心板的桥梁，新建时仍然采用空心板标准图是不妥当的，由于前述原因，建议采用小箱梁。

七、关于T梁的拼宽方案

关于T梁的拼宽，可以将边T梁和中T梁之间的横隔板及翼缘的湿接缝凿除，新增中T梁后再浇筑湿接缝，只涉及横隔板及翼缘之间的连接，不对T梁的腹板造成任何影响。

本项目针对比较线中30.66m和54m跨径T梁的拼接加宽，对原桥边梁悬臂部分切除，新拼接三片新增T梁，T梁拼接方案推荐原边梁增设横隔板的刚性连接。

咨询认为，在原边梁增设多道横隔板植筋时将损害T梁重要的腹板，并对腹板中的预应力钢束有较大影响，结构安全风险大。

建议切除分开原桥边梁和中梁，将原边梁外移作为新边梁，增设三片中梁，再连接各片梁之间的横隔板，该方案仅新浇筑横隔板的湿接缝，不存在影响原边梁的腹板质量的问题，安全及质量能得到保障。

八、关于特殊桥梁的加宽方案

对于拱桥及连续刚构等特殊桥梁，拼宽难度大，建设费用高，原则上建议新建半幅桥梁，原桥改造为半幅使用。

本项目有一座特殊桥梁K2213+257.84梳妆台大桥，桥梁采用2×10m简支空心板+净跨110m钢筋混凝土箱型拱桥+3×10m简支空心板，跨越安宁河，桥梁全长196m。由于上部结构空心板病害严重，设计采用维持桥宽不变，上部结构空心板拆除重建的方案。

本桥位于起点段（路基宽度由19.5m加宽至24.5m），考虑到原桥车道数与前后路段能保持相同，仅在该桥短距离范围内缺2.5m宽土路肩。根据加宽难度及旧桥状况，维持桥宽不变是合理的。

由于上部结构空心板病害严重，同意拆除重建。建议拆除重建采用支架现浇整体空（实）心板，或重新设计新的空（实）心板，使两块预制板之间预留60cm宽左右的现浇段，以便彻底解决空心板铰缝问题及整体性问题。

九、关于路基加宽需采用桥梁的加宽方案

高速公路加宽改造时，有时路基加宽较困难，路基外侧有河流或地方道路，也可能路基外侧由于地形地质原因，使路基加宽困难，有时需采用桥梁方式加宽。本项目有两处路段存在此情况。

（1）K2216+354安宁河顺河大桥采用21×16m简支空心板，左侧加宽原路基2.5m。

该路段路基加宽困难，采用桥梁方式加宽路基，但存在柔性空心板与旁边刚性路基变形不协调的问题，今后易形成纵缝，两者相接处易破坏。由于加宽桥梁位于紧急停车带上，车辆不多，该方案基本可行。

（2）BZK2218+404.8老鹰沟顺河大桥采用18×20m简支空心板，左侧加宽原路基5~7.21m。

该桥仅四跨空心板为原桥加宽，其余为原路基拓宽。该路段路基加宽困难，采用桥梁方式加宽路基，但存在柔性空心板与旁边刚性路基变形不协调的问题，今后易形成纵缝，两者相接处易破坏。由于空心板与路基接缝位于行车道上，车辆将反复跨越，该方案耐久性差。建议：①补充比较挡土墙加宽路基的方案。②补充半幅12.25m桥梁加宽的方案。由于与原桥不直接相连，建议采用小箱梁。

十、结　　语

（1）在高速公路的加宽改造工作中，桥梁的加宽改造荷载标准"利用原结构物的，不改变原设计标准，新建结构采用新标准"的原则是合理的。

（2）有必要采用空心板的拼宽时，需加强铰缝钢筋。

（3）新建半幅或整幅桥梁时，原则上不采用已发现有缺陷的梁体形式，需淘汰空心板，建议采用小箱梁或预制梁体之间设置现浇湿接缝。

（4）如果需对T梁进行拼宽，则可以将边T梁和中T梁之间的横隔板及翼缘的湿接缝凿除。新增中T梁后再浇筑横隔板和翼缘湿接缝，不触碰T梁的腹板。

（5）对于拱桥及连续刚构等特殊桥梁，原则上建议新建半幅桥梁，原桥改造为半幅使用。

（6）高速公路加宽改造时，由于路基加宽较困难，需采用桥梁方式加宽时，原则上建议新建半幅桥梁，原路基改造为半幅使用。

165. PLC控制液压同步顶升系统在桥梁整体顶升施工中的应用

杨　辉　刘长卿
（中交一公局第四工程有限公司）

摘　要　结合成都市双楠立交桥梁整体顶升施工，重点阐述了采用PLC控制液压同步顶升系统的工作原理，多点同步顶升超静定问题、等比例同步顶升问题做了详细阐述，同时对于桥梁整体顶升施工过程的关键技术及控制要点做了详细分析，可为同类工程提供经验借鉴。

关键词　桥梁整体顶升　顶升系统　控制要点

一、工程概述

双楠立交位于成都市二环路西一段清水河大桥与双楠大桥之间，整个跨线桥由6联预应力混凝土连续梁组成，跨线桥全长570m，为双向6车道。在逸都路口以北为半径260m的曲线桥，以南基本为直线桥。跨线桥引桥第一联和第六联上部结构为4×25m等高连续梁，采用直腹板单箱双室，梁高均为1.4m，顶板厚0.3m，底板厚度跨中为0.2m，支点处为0.4m，腹板厚度跨中为0.4m，支点处为0.6m。每跨均设置2道横隔板。双楠立交从双楠侧往清水河方向，分别顶升台尾1联4跨25m以及北侧桥梁起点段1联4跨25m连续梁，最大顶升高度7.318m，本工程采用PLC变频同步顶升系统，交替式顶升方案。

二、PLC液压控制同步顶升系统及工作原理

PLC控制同步系统由液压系统（油泵、油缸、变频电机、变频器等）、检测传感器、计算机控制系统等几个部分组成。液压系统由计算机控制，可以全自动完成同步移位，实现力和位移控制、操作闭锁、过程显示、故障报警等多种功能。

该系统具有友好Windows用户界面的计算机控制系统。整个操纵控制都通过操纵台实现，操作台全部采用计算机控制，通过工业总线，施工过程中的位移、载荷等信息，被实时直观地显示在控制室的彩色大屏幕上，使人一目了然，施工中的各种信息被实时记录在计算机中，长期保存。由于实现了实时监控，工程的安全性和可靠性得到保证，施工的条件也大大改善。

1. 主要技术指标

一般要求：液压系统工作压力为70MPa，尖峰压力为75MPa，功率为7.5KW（Max），运转率为24h连续工作制。

顶升装置：顶升缸推力200T，顶升缸行程为140mm，偏载能力为5°，顶升缸最小高度395mm，最大顶升速度10mm/min，正常顶升速度3mm/min，组内顶升缸控制形式为压力闭环控制，压力控制精度≤5%，组与组间控制形式为位置闭环控制，同步精度±2.0mm。

操纵与检测：人机界面为笔记本电脑，位移检测为位移传感器，分辨率为0.02mm，压力检测为压力传感器，精度0.5%，压力位移参数自动记录。

2. 液压控制系统及原理

PLC控制液压同步顶升是一种力和位移综合控制的顶升方法，这种控制方法是建立在力和位移双闭环的控制基础上，由液压千斤顶，精确地按照桥梁的实际荷重，平稳地顶举桥梁，使顶升过程中桥梁受到的附加应力下降至最低。同时液压千斤顶根据分布位置分组，与相应的位移传感器（拉线传感器）组成位置闭环，以便控制桥梁顶升的位移和姿态，同步精度为±2.0mm。这样就可以很好的保证顶升过程的

同步性，确保顶升时梁体结构安全。

多点同步液压控制系统，采用变频调速比例控制，依靠内置 PLC，组成力或位置闭环回路，因此可以实现各种高精度的多点同步顶升、顶推控制，并满足各点之间力均衡的要求（见图 1）。

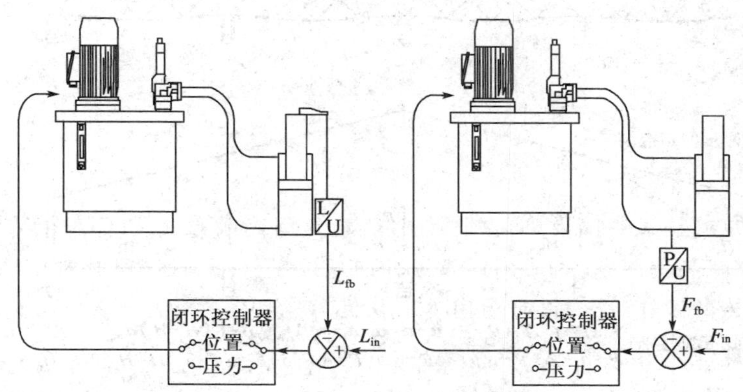

图 1　位置闭环与力闭环

多点同步液压控制系统采用模块化结构，用户可以根据施工需要，选用一点、两点、四点、各种不同的液压控制单元。每台液压控制单元作为一个控制子站，依靠工控总线联结在一起，由一台主控制器控制，协同工作同步运行。

图 2 为系统组成示意图，图中 1 为主控器，每台主控器可以控制 36 个子站，2 为液压控制子站，每台子站最多可有四路独立闭环控制回路，每个闭环控制回路既可组成位置闭环，也可组成力闭环。

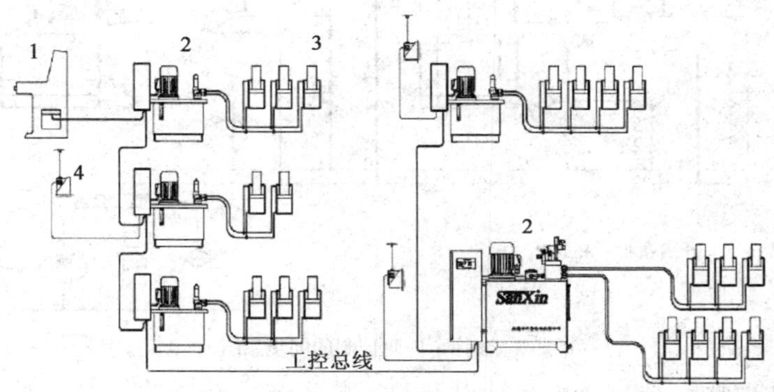

图 2　多点同步控制系统的组成

在选择位置闭环工作状态时，工控总线输入的指令值为位置，需要外配位移传感器 4，作位置检测反馈元件；选择力闭环工作状态时，工控总线输入指令为力，液压系统内已经配有压力传感器，作力检测元件。实际使用中究竟是用位置闭环还是力闭环要视工程对象而定。

3. 多点同步的超静定问题

多点同步超过两点共线或超过三点共面时，就会遇到超静定问题，对于小刚度结构只需要简单的位置同步就能克服超静定问题，但对于大刚度结构就需要使用复杂的力均衡技术才能满足同步要求。（见图 3）。

所谓小刚度与大刚度，是指构件变形相对油缸位移控制精度而言；本系统控制精度可达 0.5mm 以上，如果相邻两点发生 0.5mm 的误差，油缸的负荷变化不超过 5%，则可视为小刚度结构；如果相邻两点发生 0.5mm 误差，可引起油缸负荷发生 20% 以上的变化，则应看作大刚度结构。

对于桥梁结构平移，由于平移过程中存在地基下沉现象，因此只能采取力闭环顶升方式。力闭环无法控制施工对象的姿态，所以在力闭环工作状态下，还要辅以位置闭环。如果顶升点是以直线分布，只需

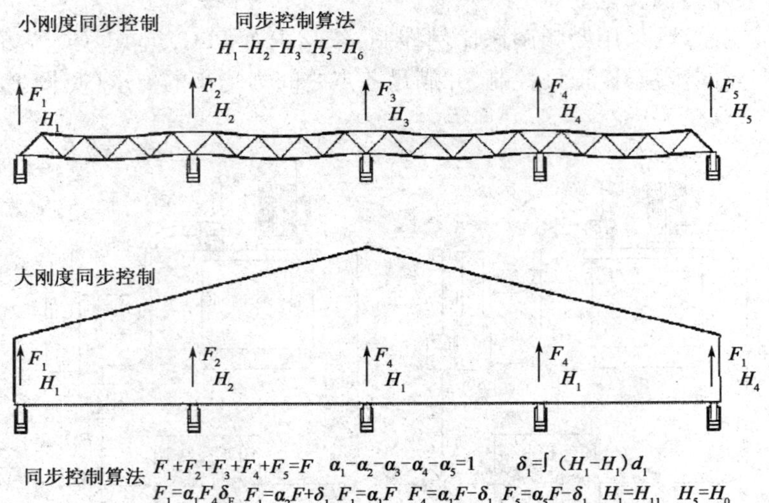

图3 小刚度同步与大刚度同步

两个位置检测传感器，来控制施工对象的姿态；而顶升点以平面分布时，则需要三个以上位置检测控制点。在图4所示的大刚度同步控制中，H_1、H_5 是两个位置检测控制点，H_0 为指令位移。$\alpha_1,\alpha_2,\alpha_3,\alpha_4,\alpha_5$ 为各个控制点的施力权值，该值既可通过理论计算确定，也可以通过实地称重确定，通常实地称重的方法更为简单精确。

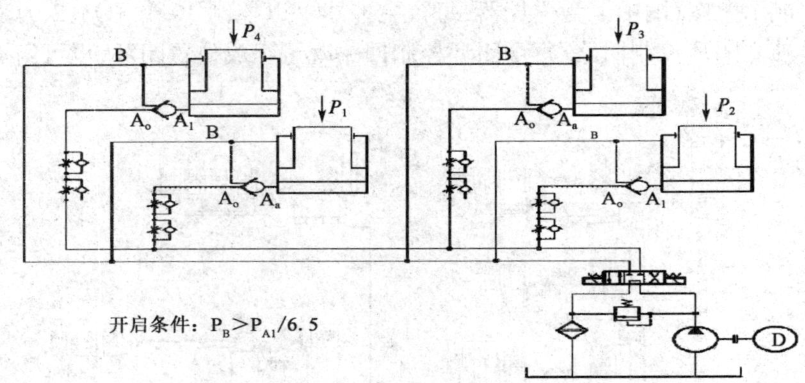

图4 液控单向阀控制的同步系统

4. 等比例同步顶升问题

立交桥改建中的同步顶升，原立交桥的引桥需要抬升与新桥衔接，（见图5）施工中共计使用10点位置同步控制，在工控总线网络控制下，14点控制系统由一台控制器控制，按比例顶升，同时达到新桥梁的设计位置。

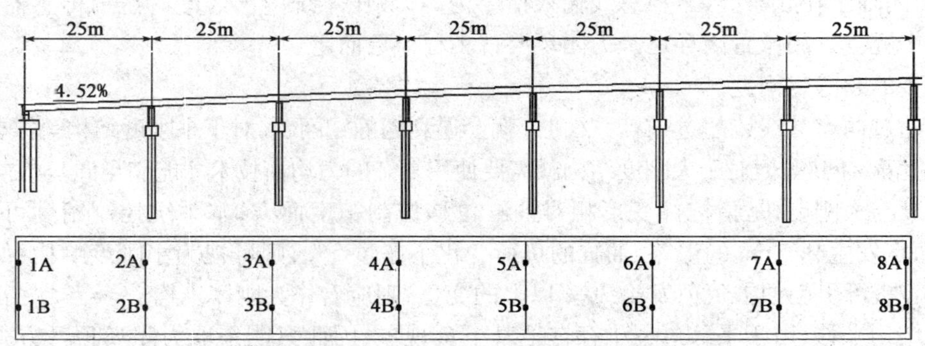

图5 桥梁改造的比例同步顶升

三、桥梁整体顶升施工

1. 千斤顶的安装

千斤顶安装时主要是使得千斤顶轴线垂直。由于结构不断伸长，千斤顶中心会偏离支撑中心，需及时调整对中支撑中心，同时结构旋转时，千斤顶同时有旋转，需在千斤顶端部增加楔形块调平结构（见图6）。

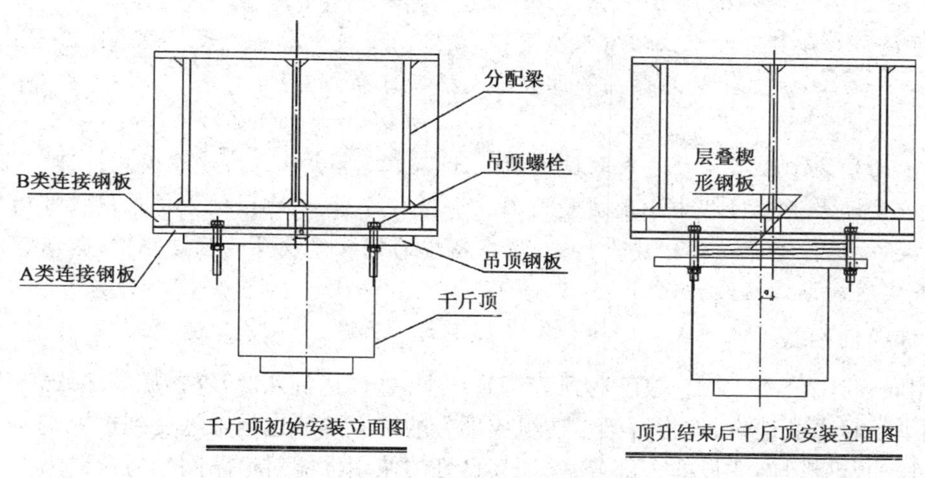

图6 千斤顶安装图

2. 临时支撑体系

通过结构验算，采用钢支撑体系进行支撑，并做好钢支撑纵横向联系的安装。分配梁固定在箱梁底部，位于梁体与千斤顶之间。将分配梁与梁底部预埋钢板焊接牢固。

3. 顶升技术

正式顶升，千斤顶最大行程为120mm，每一顶升标准行程为80mm，最大顶升速度3～4mm/min。顶升采用交替式顶升，整个顶升过程中，主梁结构处于两组千斤顶交替支撑的状态，在每一组千斤顶支撑下，梁体位移从顶升开始到顶升完成均处于受控状态。每个千斤顶压力也均处于连续监控状态，因此可以保证主体结构在顶升过程中不损坏，整个结构的顶升过程也处于安全可控中。

四、顶升过程监测

本方案的监测指顶升过程中为保证桥梁的整体姿态所进行的监测，包括结构的平动、转动和倾斜，监测贯穿于顶升全过程中。

1. 顶升监测部位

PLC顶升控制系统上配置的位移传感器及压力传感器，属于实时监控系统；其他监测，包括承台沉降、桥面标高监测、桥梁中线、伸缩缝宽度、梁体端头纵向位移、支撑压力、墩柱偏移等，属于间断式监测，为顶升控制提供一定的依据。

2. 第三方监测

为保证顶升过程中梁体位移及梁体应力控制在设计范围内，并确保顶升过程中的安全控制，在施工中应全过程设立第三方施工监控。

施工前监测：主要是对各监测点取得各项监测参数的初值。如观测点坐标情况、标高等。

整体顶升监测：包括顶升、支撑、落梁等过程的监测。监测内容主要包括位移监测、桥梁的整体姿态监测、控制断面应力监测等。

五、结　　语

本工程技术复杂，顶升高度及难度大，采用PLC控制液压同步顶升系统，交替式顶升方案顺利完成了整体桥梁顶升。该工艺在桥梁整体顶升领域有广泛的应用前景，可为类似桥梁提供借鉴。

166. 公路钢桥面铺装建养一体化建设模式研究

胡德勇[1] 吕奖国[3] 王 民[1,2] 向文凤[2]
(1. 重庆市智翔铺道技术工程有限公司;2. 招商局重庆交通科研设计院有限公司;
3. 马鞍山长江公路大桥项目办公室)

摘 要 钢桥面铺装工程项目普遍采取传统的设计、施工、养护独立的建设模式,同时存在"重建、轻养"的思想,导致在实施和运营过程中出现质量缺陷及责任纠纷,极大地困扰着桥梁建设部门。本文依托马鞍山长江公路大桥,提出建养一体化建设模式,旨在钢桥面铺装建设及运营过程中,保证钢桥面铺装良好的使用性能,并实现周期效益最大化。

关键词 钢桥面铺装 建设模式 建养一体化 特点 应用

截至2014年底,我国公路桥梁总数已达到75.71万座,总长达到4 257.89万米,标志着公路桥梁在公路建设中占到举足轻重的地位,作为桥梁结构组成部分的桥面铺装也越来越受到重视。

钢桥面铺装作为基础设施建设的一部分,保证其良好的使用性能对道路网的通行能力至关重要。钢桥面铺装的建设和养护管理两者间关系复杂,但又耦合紧密。在如何发挥两者优势的基础上,相互协调建立统一规范的体系,是当前的一大难题。因此,本文以马鞍山长江公路大桥钢桥面铺装为依托,针对目前钢桥面铺装建设领域出现的问题,提出建养一体化建设模式以及具体实施措施,为国内钢桥面铺装建设提供参考。

一、钢桥面铺装工程存在的主要问题

近年来,随着我国基建事业的进一步投入和施工技术的提高,大跨径悬索桥、斜拉桥的大量修建,使钢桥面铺装对桥梁结构的重要性得到越来越深入的认识。钢桥面铺装采用的材料要求高,施工工艺复杂,加之正交异性钢桥面支撑体系的特殊性,在施工与运营养护过程中,极小的疏忽可能引发大面积破坏。

目前,在钢桥面铺装施工过程中,对施工质量控制不到位,并且在后期运营阶段,养护单位缺乏相应的技术储备及特殊材料,桥面铺装病害复发率与维修频率加剧,由此引发行车与结构安全等问题备受行业与社会关注,也已成为困扰已建桥梁运营的一大难题。

在我国,大部分钢桥桥面铺装建设,通常采用各阶段分离模式,即科研、设计、施工及养护阶段独立。各承担单位更关注各自阶段的利润目标,弱化或打断了项目建设过程中质量目标的传承,忽视了从全寿命周期角度出发,尤其是不能用全寿命周期的管理方法平衡成本与质量之间的关系,未能使全寿命周期费用最优化。

因此,结合我国国情,根据钢桥面铺装工程的特殊性,对于大跨径桥梁钢桥面铺装工程,提出采用建养一体化模式,即将建设和养护阶段一并考虑,由单一承包人承担,负责建设阶段铺装材料及方案的科研、设计、施工及质量监控,养护阶段桥面铺装的修复、维护及质量评定工作,实现建设与养护阶段有效衔接。在这种模式下,既要实现项目全寿命周期内的成本与质量的有效管控,又需给予承包人一定的自由度,实现发包人与承包人利益共享、风险共担。

二、钢桥面铺装建管养一体化特点

钢桥面铺装工程建养一体化模式的实施,根据工程特点分为前期准备阶段、设计阶段、招投标阶段、施工建设阶段以及后期运营养护阶段。每个阶段根据自身的特点,相对独立存在,但却是一个紧密相连的统一整体。

1. 项目前期的规划

项目规划是预测未来，确定要达到的目标，估计会碰到问题，并提出实现目标，解决问题的有效措施和手段的过程。钢桥面铺装建养一体化集科研、设计、施工、监控及养护于一体，整个体系庞大而又复杂。为保证工程实施的质量和周期成本目标，在前期准备工作期间，需综合考虑分析设计、招投标、施工、运营养护不同建设阶段的需求。

2. 招投标方案

考虑国内同时具有很强的设计和施工经验的单位较少的情况，招标文件允许设计方和施工方组成联合体投标，方案设计、科研能力是解决钢桥面技术难题的关键，招标人将要求设计科研单位为投标牵头人，让建管养一体化招标方式更加合理可行。

(1)在招标范本基础上，通过多种招标方式优劣性对比分析，选取合适的招标方式，将科研、设计、施工、养护等多阶段内容纳入本次招标范围，并结合钢桥面质量现状确定合适的养护期年限。

(2)根据项目特点，综合考虑商务、业绩、信誉、人员、设备配置、材料、施工组织及技术方案等部分，制定科学合理的评标办法，在公正、公平的前提下，选择优质优价的承包商。

(3)采用建养一体化的项目，包括养护期内的养护费用，若合理实现养护期限内计量支付，需在保证业主利益前提下，实现承包商的成果共享、风险共担。维养费用影响因素较多，主要包括超载率、物价波动、养护质量等。

(4)在合同条款内，明确项目参与方包括业主、监理、监控、承包商等权利与责任，若承包商为联合体，则明确在合同实施的各个阶段内的责任主体及相关权责范围。

3. 设计理论及设计方法

作为特殊铺装技术的钢桥面铺装，在钢桥面铺装设计中，通常借鉴当前成熟方案或同类桥梁采用的结构，通过对实桥的使用条件，如桥面系参数、铺装设计气候条件、交通参数、结构条件等进行分析，确定钢桥面铺装使用要求，明确重点考虑因素。根据实桥使用条件及建设目标，确定钢桥面铺装以下设计目标(指标)，结合建管养一体化建设要求，严控指标值的同时，还需合理平衡几者间的关系。

根据钢桥面铺装设计指标，提出能够满足基本使用要求的2~3种铺装方案，通过实桥工程案例、施工质量可靠度度、铺装方案成熟度、造价成本以及后期养护难易程度等方面综合比较、量化评定，依次排序，形成最终铺装方案。

4. 施工过程控制

与常规建设模式不同，建养一体化模式下的新建工程不再以两年质保期为基准，保障利润最大化。为了保证项目的预期收益，必须保障设计寿命年限内的(如十年)的使用质量，因此，施工阶段质量控制意识及目标有别于常规铺装工程。

(1)施工质量控制技术：根据实桥建设条件和实施铺装方案技术特点，结合实桥应用现状及破坏成因，兼顾施工单位质量控制水平，分析可能引发桥面铺装破坏的因素。对易于引发质量缺陷的因素，通过前期研究、工艺论证及演练等，制定相应控制措施或调控方案。

(2)施工质量监控模式：为了保证桥面铺装施工质量及使用效果，从原材料选择、沥青混合料的生产到桥面铺装施工，确保各个环节都始终处于受控状态及范围内，需要对施工实行全过程质量控制。在一体化模式中，引入第四方进行监控，同时监控单位也作为联合体中的承担单位，这有别于常规工程建设模式。因此，联合体在工程实施过程中，需要平衡各方的利益，对施工质量进行公正、有效的控制。

5. 运营期养护

钢桥面养护期使用性能的持久保持，可以有效提升大桥使用品质及通行能力，也是实现一体化建设承担单位效益最大化的关键。相对于钢桥面常规建设养护模式(作为建设单位中的养护部门，考虑经济因素，桥面养护时机滞后、敷衍了事)，一体化建设联合体之一养护单位，为了保障利润最大化，运营期养护工作更为主动,超前监测、预防性养护、有效修补、长期观测、不断更新。

在运营养护期的每年年末进行桥面使用性能质量考评,并根据约定条件,发包人向承包人支付相应费用。约定条件包括:

(1)考虑施工完成后前两年处于缺陷责任期,维修养护费用较少,将维修养护期的前两年的施工费固定为50万元,后面八年的施工费应保证相等。

(2)为保证维修养护期的维修费用,要求维修养护期的费用不能低于施工期费用的30%。

(3)为了补偿车辆超载导致的额外维修费用,在支付过程中充分考虑由于超载的影响,规定合理的补偿条件。

(4)在投入运营后的十年维修养护期,考虑资金的时间价值,特引入物价波动的补偿条件。

三、工 程 应 用

主体工程(图1)全长11.209km,其中左汉主桥采用2×1 080m三塔两跨悬索桥,大桥主跨跨度突破千米,位列世界同类桥型第一。钢桥面铺装面积约7.2万m^2,整个工程在建设和运营期都受到各界瞩目。

图1 马鞍山长江公路大桥

马鞍山长江公路大桥钢桥面铺装工程由招商局重庆交通科研设计院有限公司与重庆市智翔铺道技术工程有限公司组成的联合体负责建设,于2013年3月开工,2013年11月完工,在项目实施过程中,联合体根据建养一体化建设要求,圆满完成钢桥面铺装的科研、设计及施工工作。大桥2013年12月31日通车后,随即进入养护期。到目前,钢桥面铺装已投入运营接近2年年,整体使用情况良好。

四、结 语

该文对目前国内钢桥面铺装建设过程中存在的问题进行了简要分析,总结设计、施工及养护对钢桥面铺装性能的影响,以保证钢桥面铺装使用品质为出发点,将几者进行有机整合,提出了建养一体化建设模式,并成功应用于工程中,为后续建设的钢桥面铺装提供了宝贵的工程经验。

参考文献

[1] 冯正霖.我国桥梁技术发展战略的思考[J].中国公路,2015,11.

[2] 黄卫.大跨径桥梁钢桥面铺装设计理论与方法[M].北京:中国建筑工业出版社,2006.

[3] 陈德荣,徐风云,王武刚,等.特大跨径桥梁钢桥面铺装结构研究和设计理念探讨[J].公路,2009,01.

[4] 高博.钢桥面典型铺装方案及其病害和维修方法[J].公路,2012,07.

[5] 钱振东,黄卫.钢桥面沥青铺装养护维修及评价[M].北京:人民交通出版社股份有限公司,2014.

[6] 郭建铎.高速公路路面建养一体化研究[J].交通世界,2015,01.

[7] 朱合华,李晓军,等.基础设施建养一体数字化技术(1)——理论与方法[J].土木工程学报,2015,48(04).

167. 钢桥面板疲劳机理、评估与维护技术

王春生[1,2]　翟慕赛[1,2]　段　兰[1,2]
(1. 长安大学公路学院公路大型结构安全教育部工程研究中心;2. 长安大学公路学院桥梁工程研究所)

摘　要　钢桥面板自重轻、极限承载能力大、施工周期短、结构造型美观,被广泛应用于国内外的大、中跨径桥梁。由于钢桥面板构造复杂、焊接质量无法保证,在车辆荷载与环境耦合作用下极易出现疲劳问题。在既有的钢桥面板中已经发现大量的疲劳裂纹,严重威胁桥梁结构的安全使用。本文针对钢桥面板疲劳机理,开展了2个足尺模型疲劳试验,得到了适合中国国情的典型细节疲劳强度。对既有钢桥面板,开展现场长期运营监测,基于大量交通荷载监测与动应变监测数据,对钢桥面板疲劳使用安全进行全面评估,提出钢桥面板冷维护概念,对实桥钢桥面板中已开裂细节进行冷维护,并对维护后钢桥面板疲劳性能进行评估。研究工作将模型试验与实桥研究相结合,形成了钢桥面板疲劳机理、评估与维护技术研究体系,为钢桥面板抗疲劳设计和疲劳使用安全评估提供技术支撑。

关键词　钢桥面板　疲劳机理　疲劳性能　足尺疲劳试验　运营监测　冷维护

一、引　言

钢桥面板自重轻、极限承载能力大、适用范围广、施工周期短、结构造型美观,被广泛应用于国内外的大、中跨径桥梁,尤其是欧洲、北美、日本等地区,新建的大、中跨钢桥几乎全部采用钢桥面板结构。迄今为止,欧洲已建成带钢桥面板桥梁1 000余座,日本达到250余座,美国有100余座,荷兰公路网上有大约80多座这样的结构,二级路网上则更多。我国自20世纪90年代起修建了大量采用钢桥面板的桥梁,主要有虎门大桥、江阴长江大桥、卢浦大桥、南京大胜关大桥、泰州长江大桥、南京长江四桥等。

钢桥面板结构构造复杂,且直接承受车轮荷载的反复作用,加之抗疲劳设计考虑不够、施工过程中焊接残余应力、施工质量等多种因素的影响,钢桥面板易于疲劳开裂(图1)、桥面铺装易于破损。国外早期修建的钢桥面板桥梁在投入使用后不久便发现疲劳开裂现象,甚至造成桥梁垮塌事故的发生。

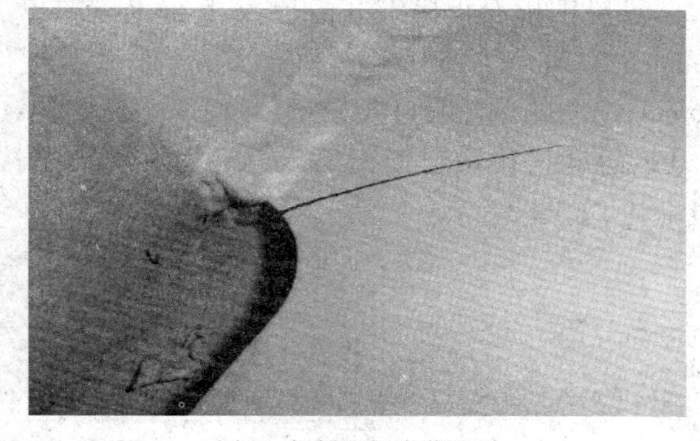

图1　钢桥面板疲劳开裂

我国对钢桥面板的研究才起步晚,研究基础薄弱,对抗疲劳设计、制造工艺和后期维护研究不够充分,得出的结论缺乏可靠性。我国目前尚没有关于钢桥面板设计与制造的规范条款,钢桥面板实际使用寿命短、使用性能低及耐久性差等问题并未得到彻底的解决。随着国民经济的发展,交通量增大,车辆荷载日益增大,国内早期修建的一些桥梁已出现不同程度的疲劳裂纹,如虎门大桥、宜昌长江大桥的钢桥面板。

为了解决桥梁工程的技术需求,更好地促进钢桥面板在桥梁工程的应用,确保钢桥面板的制造质量与使用安全,本文开展了足尺钢桥面板模型疲劳试验,研究钢桥面板疲劳机理,对既有钢桥面板,开展现场长期运营监测,基于大量交通荷载监测与动应变监测数据,对钢桥面板疲劳使用安全进行全面评估,提出钢桥面板冷维护概念,对实桥钢桥面板中已开裂细节进行冷维护,并对维护后钢桥面板疲劳性能进行评估。本文的研究工作将模型试验与实桥研究相结合,形成了钢桥面板疲劳机理、评估与维护技术研究体系,为钢桥面板按疲劳设计和疲劳使用安全评估,提供技术支撑。

二、钢桥面板疲劳机理试验研究

本文对2个足尺钢桥面板疲劳模型进行疲劳试验(见图2),研究符合中国国情的典型细节疲劳强度。足尺钢桥面板模型Ⅰ主要由盖板、闭口梯形纵肋和横隔板焊接形成,包括了钢桥面板中纵肋与盖板连接焊缝、纵肋与横隔板连接焊缝以及横隔板挖孔等疲劳细节。模型Ⅰ纵向尺寸为1.8m,横向3.6m,横隔板和下翼缘采用Q345B级钢,其余部分采用Q345C级钢制造。盖板厚14mm,下翼板厚12mm,横隔板厚10mm,纵向闭口加劲肋尺寸为300mm×280mm×8mm,纵肋中心距为600mm。纵肋连续穿过横隔板,横隔板挖孔采用梯形孔。

(1)模型Ⅰ

(2)模型Ⅱ

图2 足尺钢桥面板模型

足尺钢桥面板模型Ⅱ由顶板、5个纵向闭口加劲肋、4道横隔板及下翼缘等构件组成,其轮廓尺寸为:6.1m×3.0m×0.53m(长×宽×高)。主要板件厚度为:顶板14mm,纵肋8mm,横隔板10mm,下翼缘16mm,纵肋的截面尺寸与模型Ⅰ的相同。横向包含5个纵肋,纵向由三跨组成,跨径分布为1.0m+3.5m+1.0m,纵肋拼接段设置在3.5m跨跨中部位,拼接段的长度为400mm。应变测点主要布置在典型疲劳细节部位,如图3。

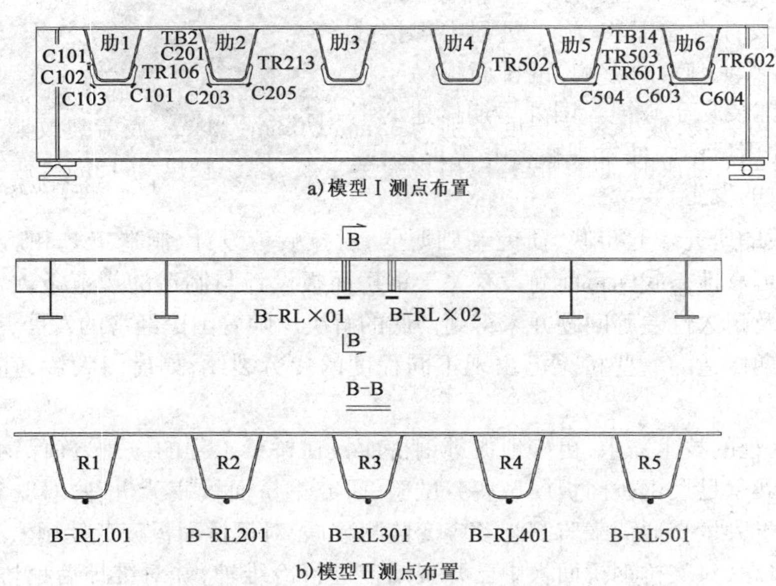

a)模型Ⅰ测点布置

b)模型Ⅱ测点布置

图3 足尺疲劳试验测点布置

试验模型Ⅰ中,纵肋与盖板连接焊缝处有两处形成了穿透盖板的疲劳裂纹,见图4。疲劳试验过程中,当荷载循环次数累积到达300万次时,测点TB2和TB14的应力出现显著降低。疲劳试验结束时,肋2外侧腹板与顶板连接处的疲劳裂纹长度为90mm,肋5外侧腹板与顶板连接处的疲劳裂纹长度为47mm。疲劳试验过程中,荷载循环400万次时未发现疲劳裂纹;达到500万次时,在横隔板与肋5内腹板连接的焊缝端部发现肉眼可见的微小疲劳裂纹;当荷载循环累积到达530万次时,在横隔板与纵肋5外腹板和肋6两腹板连接的焊缝端部发现疲劳裂纹。800万次前已观察到的裂纹主要分布在肋5和肋6,但与其对称部位的肋1和肋2并未发现疲劳裂纹。疲劳试验结束后,在肋2与横隔板连接焊缝端部,发现2mm长度的疲劳裂纹。

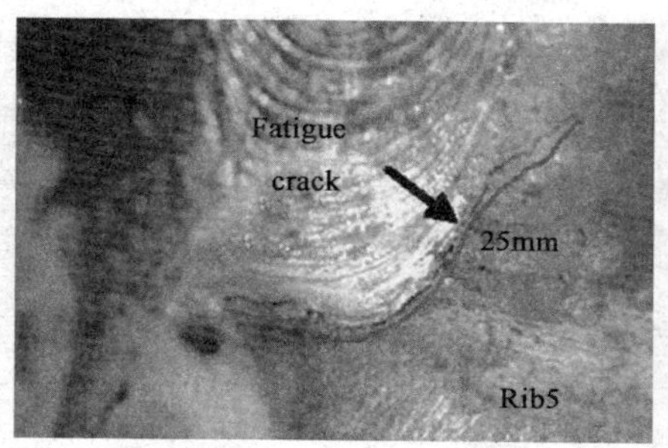

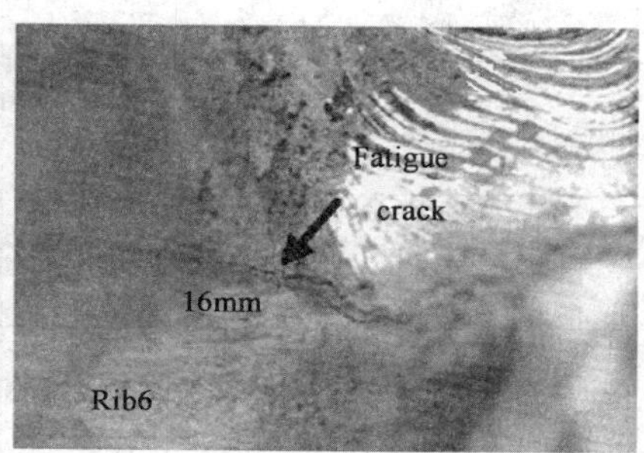

a)纵肋与横隔板连接焊缝

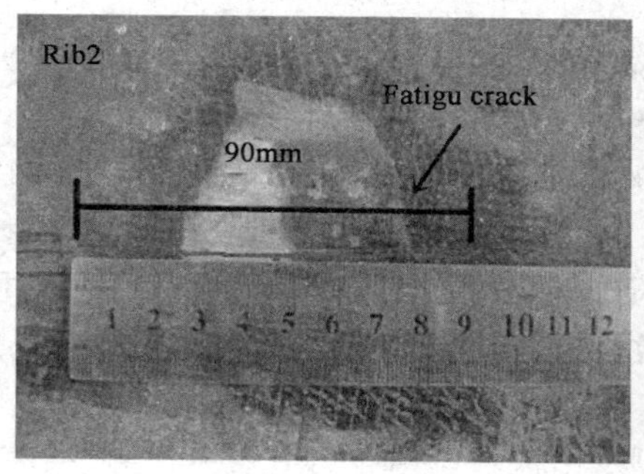

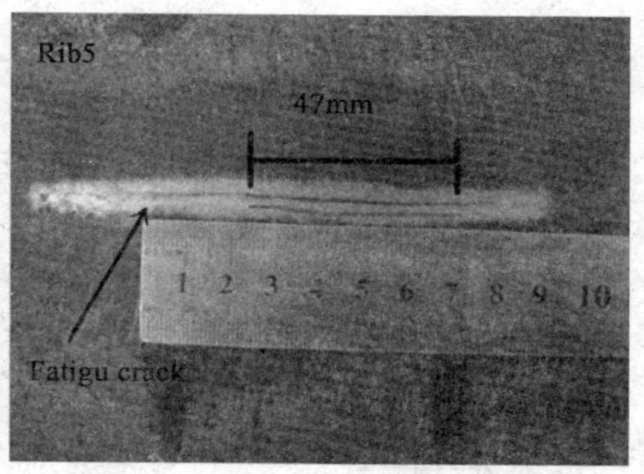

b)纵肋与顶板连接焊缝

图4 疲劳裂纹

足尺模型Ⅱ疲劳试验过程中,采用多种无损检测手段,对各疲劳荷载循环阶段的钢桥面板进行疲劳裂纹检测。疲劳荷载累积循环次数达到300万次时,发现肋5嵌补段测点B-RL502的应力数值出现大幅降低(图5)。随后对该部位进行重点检测,当荷载循环次数到达330万次时,该测点附近的焊缝处发现3条肉眼清晰可见的疲劳裂纹,疲劳裂纹长度分别为35mm,70mm,20mm,疲劳裂纹照片如图2.27所示。荷载循环次数累积到443万次时,肋2嵌补段出现疲劳裂纹,裂纹长度为15mm,疲劳裂纹细节照片如图6所示。

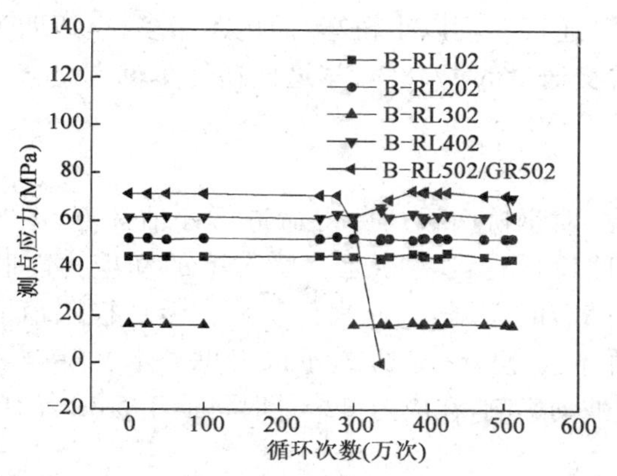

图5 疲劳开裂区域应力变化趋势

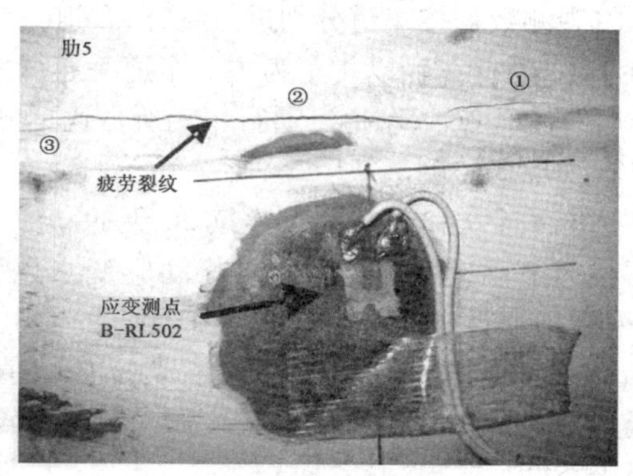

图6 纵肋拼接嵌补段疲劳裂纹

基于足尺疲劳试验结果,采用以疲劳细节附近测点应力变化作为连接细节失效的基准。横隔板与纵肋腹板连接焊缝端部细节的疲劳强度高于 AASHTO 规范中 D 类细节等级和 Eurocode3 中 63 细节等级。按测点应力发生变化,确定纵肋嵌补段连接焊缝处疲劳细节的疲劳强度大于 AASHTO 规范中 D 类细节的疲劳强度和 Eurocode3 中 71 细节的疲劳强度。

参考国内外关于钢桥面板疲劳强度研究成果,采用 Eurocode3 中 S-N 曲线形式,建议中国钢桥面板典型细节疲劳强度如表 1。

中国钢桥面板典型细节等级 表1

细节种类	细节等级	
横隔板与纵肋连接细节	$t\leq12$mm	71
	$t>12$mm	63
纵肋拼接细节	63	
横隔板挖孔细节	63	
纵肋与顶板连接细节	全熔透焊缝	63
	部分熔透焊缝	45
注:细节等级 71		

三、钢桥面板疲劳性能监测与评估

沈阳绕城高速改扩建工程后丁香一号桥为连续钢箱梁桥(图 7),主桥为单箱三室钢箱梁,其桥面板为钢桥面板结构。钢箱梁顶板、底板和腹板厚 16mm,纵肋厚 8mm,横隔板厚 10mm,底板和腹板板肋厚度均为 16mm。顶板采用焊接连接,纵肋采用高强螺栓连接。钢箱梁主体结构采用 Q345qENH 钢,铺装采用改性沥青玛蹄脂混合料混合料(SMA)。本文对后丁香一号桥进行交通荷载监测,动应变监测以及钢桥面板典型细节的疲劳寿命计算。

图7 后丁香大桥钢箱梁

1. 交通荷载监测

根据沈阳绕城高速后丁香大桥段 7 次连续 24h 车流量调查信息,分析表明每天交通量比较稳定,各类车型所占比例波动不大,故取此 7 次数据平均值以代表该路段的交通荷载。在所有通行车辆中,小轿车所占比重最高,约 46.1%;二轴货车和六轴货车其次,比重分别为 19.8%、18.6%;中巴车和大巴车所占比例最少,分别为 0.4%、0.6%;三轴、四轴和五轴货车的比重分别为 2.6%、4.4%和 3.5%。

将观测数据按车道分别进行统计,车道一为内侧车道,通行车辆以小轿车、面包车居多,车道四为外侧重车道,通行车辆以货车为主。车道一通行的车辆占总交通量的 17.8%,车道四通行车辆占总交通量的 20.7%,车道二、车道三通行车辆所占比重分别为 30.6%、30.9%。

2. 动应变监测

选取 4 个关键位置测点连续 20 天的动应变监测数据,对钢桥面板疲劳寿命进行评估计算,图 8 为运营状态下动应变实测数据。将动应变乘以钢材的弹性模量得到实际运营状态下的动应力时程曲线,采用雨流计数法分别统计各个测点的实测应力谱。随着时间增长,原来低于构件疲劳极限值的应力幅也会对损伤的累积产生作用,所以低幅值的应力循环也应以一定方式予以考虑。本文综合考虑现场监测条件的影响和动态应变仪采数时有较小的应变波动影响,在应力谱统计时将低于 5MPa 的应力幅略去不计。

偏于安全考虑,参考欧美学者研究成果,采用 Eurocode3 中建议的 S-N 曲线和关键细节疲劳等级对沈

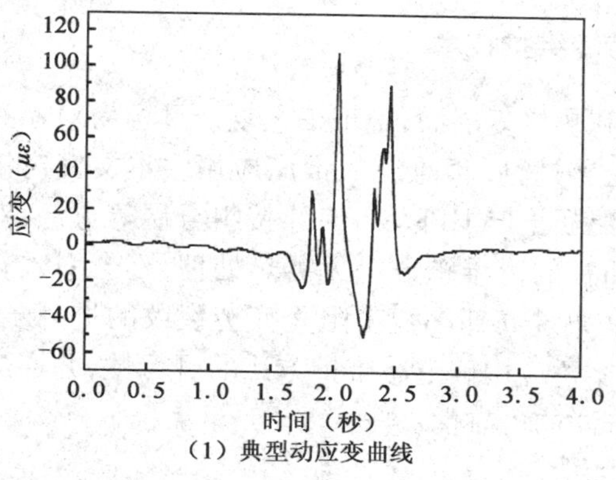

（1）典型动应变曲线

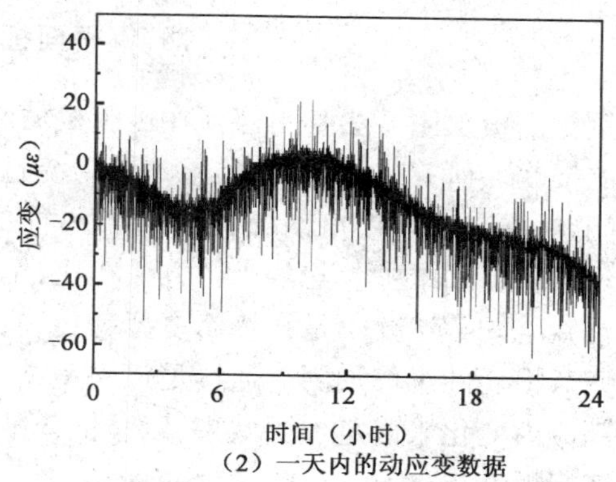

（2）一天内的动应变数据

图8　运营监测动应变数据

阳后丁香一号桥钢桥面板典型细节进行疲劳寿命评估。为研究钢桥面板实际运营状态下的疲劳性能，对该桥钢桥面板典型疲劳细节进行了长达6个月的疲劳应力监测，同时定期对桥上交通量按不同车道、不同车型进行统计，结合实桥温度监测数据，获取了大量的实桥数据，图9为实测应力谱。

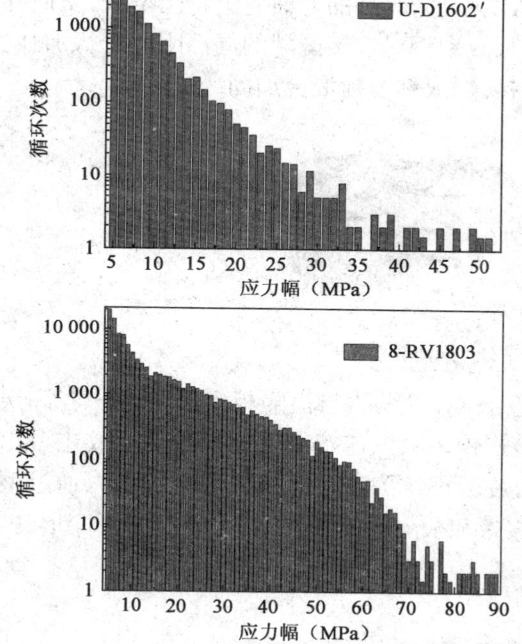

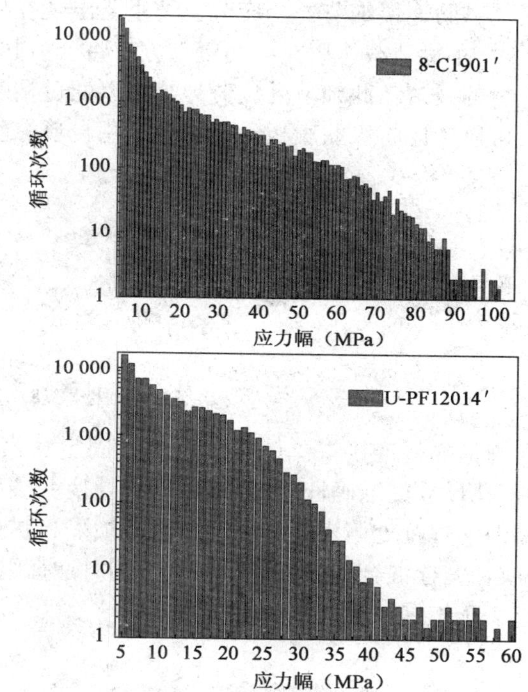

图9　公路钢桥实测应力谱

沈阳后丁香大桥钢桥面板典型细节的疲劳寿命评估结果中（表2），挖孔自由边寿命低于设计使用年限100年，其他细节疲劳寿命均大于100年。对于横隔板挖孔自由边部位，在运营过程中应进行定期检测或监测，制定合理的维护管理方案，以避免出现疲劳裂纹，影响桥梁整体的工作性能。

基于S-N曲线的疲劳寿命评估结果　　表2

疲劳细节	选取测点	细节等级	疲劳寿命
顶板与纵肋连接焊缝	U-D1602′	71	无限
挖孔自由边	8-C19011	71	46
横隔板与纵肋焊缝端部	8-RV1803	80	204
拼接板	U-PF1204′	71	3 420

四、钢桥面板疲劳冷维护技术

目前钢桥面板加固方法基本停留在传统机械修复和热修复层面，施工工艺复杂且容易对原有结构造成进一步的损伤。研究比较分散，结果不够系统且缺乏普适性，很难统一推广应用。本文针对钢桥面板典型疲劳问题，提出冷连接角钢、钢板和超高性能纤维混凝土（UHPFRC）冷连接组合层等方法，对典型疲劳损伤部位进行加固维护。与热维护方法相比，钢桥面板的冷维护方法无需热处理，不会引入新的疲劳细节。通常冷维护方法并不是直接修复疲劳裂纹，而是通过局部补强来阻止疲劳裂纹的进一步扩展，从而实现对疲劳损伤的维修加固。通过足尺模型试验和实桥应用确定冷维护方法的可行性，并通过监测加固前后局部应力变化来确定加固效果，以验证冷维护方法的可靠性。

1. 冷连接板件法

冷连接板件法是指采用适当的冷连接型式将加固板件固定在疲劳开裂区域，使其于开裂位置构件共同受力，以达到增强局部刚度、阻止疲劳裂纹进一步增长的效果。冷连接型式包括采用高强度结构胶、高强螺栓或自攻螺丝连接，板材可以采用普通钢板、型钢、夹芯钢板或碳纤维板等材料。针对不同疲劳开裂部位的具体情况也可以不同连接方式、不同加固材料并存的混合连接型式。

顶板与纵肋连接细节处的疲劳裂纹主要出现在横隔板附近和相邻两横隔板跨中附近。纵肋连续穿过横隔板时，车辆荷载作用在纵肋正上方时将会引起盖板的变形，局部的弯曲应力将会增大，从而导致此处纵向焊缝的开裂。此细节处疲劳裂纹可以通过粘贴钢板或型钢对连接区域的局部刚度进行加强，考虑施工因素可以考虑将纵肋腹板一侧钢板改用自攻螺丝连接，形成粘—栓混合加固，如图10。

图10 顶板与纵肋连接细节处冷加固型式

纵肋与横隔板连接主要是通过角焊缝固定在横隔板上，由于纵肋与横隔板安装之间的容许误差较小，以及挖孔尺寸的准确性等因素，该细节处疲劳裂纹形式较多。该连接细节处的疲劳裂纹主要以在连接焊缝端部的焊趾处萌生并沿纵肋腹板或横隔板扩展的疲劳裂纹为主。此类疲劳裂纹可以通过型材粘贴、栓接或粘—栓混合加固处理（图11），同时增强纵肋腹板和横隔板的局部刚度，减小面外变形，抑制疲劳裂纹进一步扩展。

图11 纵肋与横隔板连接细节处冷加固型式

横隔板挖孔降低了横隔板的局部刚度，导致应力集中，面外变形变大，加之生产加工缺陷以及安装对中偏差，使得该细节处的疲劳裂纹由垂直于挖孔自由边位置萌生。该细节疲劳裂纹可以通过冷连接板材或型材加固，粘贴、栓接和粘—栓混合连接均适应此细节（图12）。

纵肋之间的连接形式具有多种形式，早期主要采用带垫板条的小纵肋拼接方式，现在多采用顶板焊接、纵肋栓接的栓—焊组合连接。车辆荷载作用下，纵肋拼接嵌补段将会形成较大的弯矩，并且移动车辆

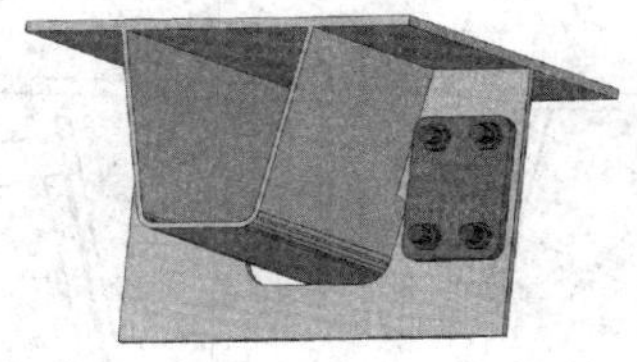

图12　横隔板挖孔细节处冷加固型式

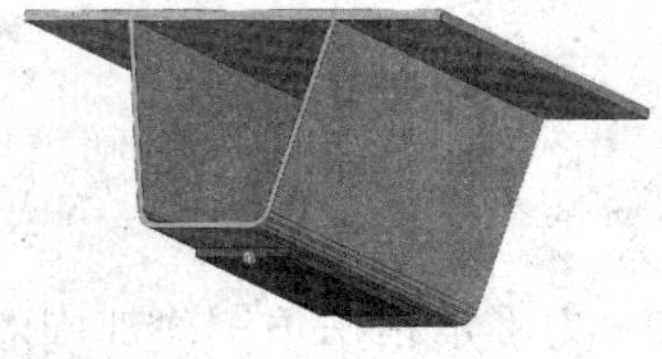

图13　纵肋拼接细节处冷加固型式

的每个车轴都将会在该连接细节处引起弯曲应力。由于焊接熔透不足以及对中偏差等缺陷会引起较大的应力集中，疲劳裂纹将会在这些应力集中的部位形成。此细节处由于拼接焊缝存在，纵肋底板平整度无法保证，为保证冷连接的有效性，可以采用钢板或碳纤维板材料通过结构胶粘贴或自攻螺丝连接(图13)。

2. UHPFRC 冷连接组合层加固法

超高性能纤维混凝土(UHPFRC)不同于传统的高强混凝土和钢纤维混凝土，UHPFRC 剔除了粗骨料，添加了硅灰、粉煤灰、钢纤维等掺料，是一种具有最佳组成材料颗粒级配的水泥基复合材料。UHPFRC 因其优越的材料性能，在桥梁结构中具有广泛的应用价值与市场。

钢桥面板为空间薄壁结构，其铺装层一般也较薄，在车轮荷载作用下局部变形较大、疲劳应力较高。因此，考虑采用 UHPFRC 替代传统的钢桥面板铺装层与钢桥面板形成组合体系，共同受力，达到减小局部变形，降低疲劳应力的效果。由于焊接栓钉、弯曲钢筋等剪力连接件容易引入新的疲劳细节，影响组合层与钢桥面板之间的组合效应，故考虑采用环氧树脂胶粘接界面的新型剪力连接件型式。

3. 工程应用

某跨海大桥斜拉桥为 A 型单塔双索面三跨连续半漂浮体系，全长578m，双向六车道。钢箱梁由顶底板、U 形加劲肋、腹板和横隔板组成，采用钢桥面板，纵向拼接采用顶板焊接、纵肋栓接的栓—焊组合连接。该桥建成通车后不足10年，便发现钢桥面板典型细节处出现大量疲劳裂纹，并呈现以下特点：(1)疲劳裂纹主要集中在纵肋与横隔板连接焊缝处和挖孔自由边，见图14；(2)疲劳裂纹在横桥向主要集中在车道2与车道3范围内；(3)疲劳裂纹多由纵肋与横隔板连接焊缝处焊趾萌生，并向横隔板发展，部分疲劳裂纹会顺焊趾发展；(4)疲劳裂纹数量长度一般在5～70mm。为抑制疲劳裂纹继续扩展，确保钢桥面板运营安全，对部分疲劳裂纹较长位置进行冷加固维护。

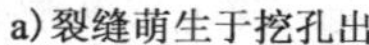
a)裂缝萌生于挖孔出

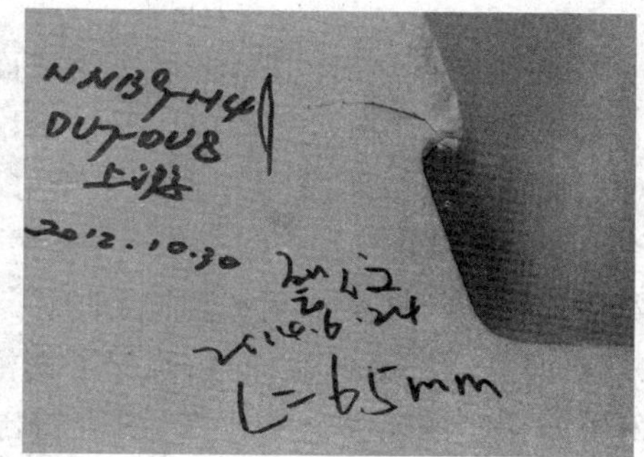

b)裂缝萌生于焊趾

图14　钢桥面板典型疲劳裂纹

根据疲劳裂纹自身特点和开裂位置几何空间条件，经过多种方案比选确定采用 Q345 等边角钢进行粘贴加固。综合考虑结构受力、施工方便与粘贴可靠等多方面因素，确定等边角钢尺寸为 140mm × 140mm × 14mm，长度 220mm，角钢下缘与纵肋腹板直线段平齐，如图15。

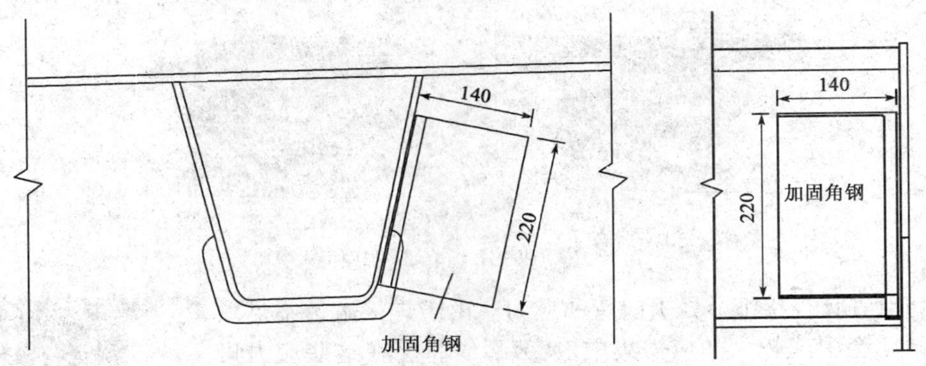

图15　等边角钢加固示意图(单位:mm)

为确定粘贴角钢冷加固效果,选取部分加固位置进行加固前后加载测试和动应变监测。测点位置主要布置在疲劳裂纹裂尖位置和其他典型细节位置,如图16。

加固前后选用四轴满载货车对加载位置进行加载测试。由于现场条件限制,无法封闭交通,故加载测试选择在夜间车辆较少时进行。选取裂尖位置测点加固前后应力变化来说明粘贴角钢冷加固效果,图17为加固前后加载车辆经过测点C1105上方时的应力响应曲线。加固前后,加载车辆经过测点上方时,应力曲线形状非常相似,但是峰值变化显著。加固前裂尖位置应变达到276με,粘贴角钢后峰值应变降为212με,降低幅度为23.2%。

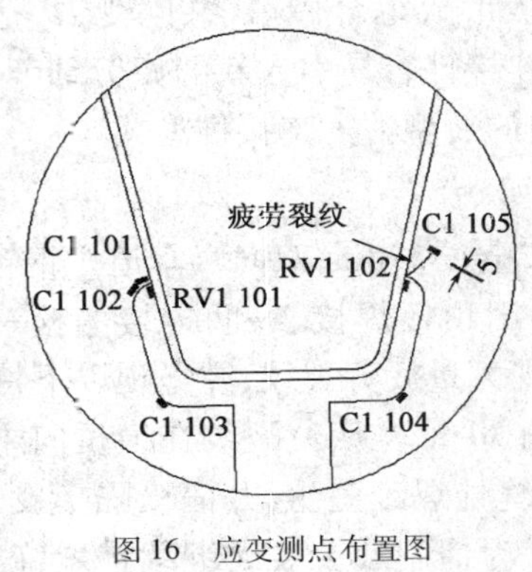

图16　应变测点布置图

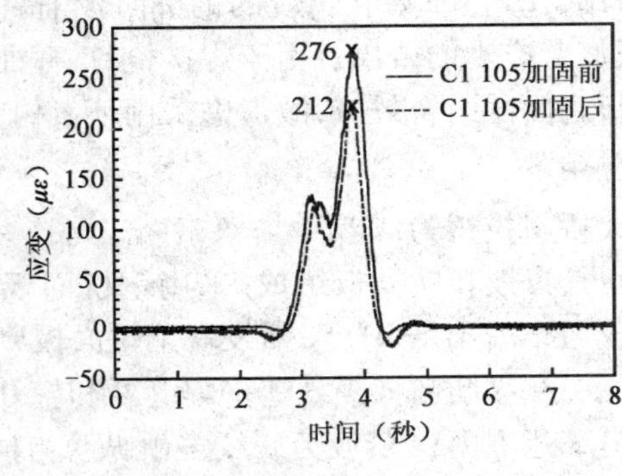

图17　加固前后应变对比

五、结　　语

本文针对钢桥面板典型疲劳问题,开展了钢桥面板疲劳机理研究,钢桥面板疲劳性能监测与评估,提出了钢桥面板冷维护理念,并通过实桥应用验证冷维护效果,主要结论如下:

(1)通过对2个足尺钢桥面板疲劳试验,得到了符合我国国情的典型细节疲劳强度,为钢桥面板的长期性能评估提供了重要支撑。

(2)对在役钢桥进行长期交通荷载监测,动应变监测,获得了桥梁正常工作状态下的工作参数,并评估了钢桥面板典型细节的疲劳寿命计算,确保了钢桥的安全运营。

(3)针对钢桥面板中的典型疲劳细节,研究得出了可靠的冷连接加固方法,并提出采用UHPFRC冷连接组合层改善钢桥面板受力性能。

(4)以某钢箱梁斜拉桥为工程背景,针对该桥中出现的疲劳裂纹,采取粘贴角钢的方法进行冷维护。根据加固前后加载测试和实桥应变监测,表明粘贴角钢冷加固方法使纵肋与横隔板连接位置处的局部应力降低20%左右,能够阻止疲劳裂纹的进一步扩展。可见,本文提出的冷维护方法,能够对钢桥面板疲劳裂纹进行有效加固,且对原有结构不造成任何损伤,为钢桥面板维护开辟了新的思路,具有较大的推广应用价值。

致 谢

感谢973子题“多因素作用下特大跨桥梁性能演化特征”(2015CB057703)、“特大跨桥梁安全性设计理论与方法”(2015CB057706)、长安大学科技创新团队项目“钢桥面板疲劳损伤的UHPFRC加固技术研究”、卓越青年基金项目“桥梁耐损性设计方法与安全维护技术”、国家自然科学基金项目“正交异性钢桥面板疲劳性能与设计方法研究”(50878025)以及交通运输部应用基础研究项目“长寿命高性能钢桥结构性能与设计方法研究”(2014319812080)对本文的资助。

参考文献

[1] 王春生,冯亚成.正交异性钢桥面板的疲劳研究综述[J].钢结构,2008,11.

[2] Fisher J. W., Fatigue and fracture in steel bridges[M]. John Wiley & Sons Inc., New York, 1984.

[3] Fisher J. W., Yuceoglu U., A survey of localized cracking in steel bridges[R]. Interim Report, Federal Highway Administration, DOT-FH-11-9506, December, 1981.

[4] 王春生,付炳宁,张芹,等.正交异性钢桥面板足尺疲劳试验[J].中国公路学报.2013,26(2).

[5] 王春生,付炳宁,张芹,等.正交异性钢桥面板横隔板挖孔型式[J].长安大学学报(自然科学版).2013,32(2).

[6] Wang, C. S., Li C., Tian L., Zhai M. S., Fu B. N. Fatigue Strength of Typical Welded Joints in Orthotropic Steel Bridge Decks. The 3rd orthotropic bridge conference, USA, 2013.

[7] 童乐为.正交异性钢桥面板的疲劳研究[D].上海:同济大学,1995.

[8] 张清华,崔闯,卜一之,等.正交异性钢桥面板足尺节段疲劳模型试验研究[J].土木工程学报,2015,48(4).

[9] 付炳宁.正交异性钢桥面板疲劳试验与寿命评估[D].西安:长安大学,2012.

[10] 张涛.正交异性钢桥面板抗疲劳设计方法研究[D].西安:长安大学,2012.

[11] American Association of State Highway and Transportation Officials. AASHTO LRFD Bridge Design Specification[S]. Washington. D. C.: AASHTO, 2005.

[12] British Standards Institution. BEN 1993-1-9:2005. Eurocode 3: Design of Steel Structures-Part1-9: fatigue [S]. British: BSI, 2005.

[13] 翟慕赛.长寿命正交异性钢桥面板疲劳性能测试与评估[D].西安:长安大学,2014.

[14] Wang C. S., Zhai M. S., Duan L., Wang Q. Fatigue service life evaluation of existing steel and concrete bridges[J]. Advanced Steel Construction, 2015, 11(3).

[15] Tabata A., Aoki Y., and Takada Y. Study on Improvement of the Fatigue Durability by Filling of Mortar in U-shaped Rib of Orthotropic Steel Deck. Proceedings of the 5th International Conference on Bridge Maintenance, Safety and Management. London: Taylor & Francis. 2010.

[16] Jong F. B. P. de. Renovation Techniques for Fatigue Cracked Orthotropic Steel Bridge Decks. Delft: Delft University of Technology; 2007.

[17] Connor R. J., and Fisher J. W. Identifying Effectives and Ineffective Retrofits for Distortion-induced Fatigue Cracking in Steel Bridges using Field Instrumentation. Journal of Bridge Engineering. 2006; 11 (6).

[18] Brühwiler E., and Denarié E. Rehabilitation of Concrete Structures Using Ultra-High Performance Fiber Reinforced Concrete. The Second International Symposium on Ultra High Performance Concrete. Proc. intern. symp. Germany: Kassel; 2008.

[19] Duan L., Brühwiler E., Wang C. S. Experimental Investigation of Steel-UHPFRC Composite Behaviour. IABSE Conference, 2014.

168. 简支连续梁桥建设后评估

向中富[1]　李海鹰[2]　李德郁[2]　李　民[1]　刘祥宇[1]
(1. 重庆交通大学;2. 重庆市高速公路集团有限公司)

摘　要　根据简支连续梁桥设计、施工与使用状况调查结果及其与桥梁存在的问题之间的关系,借鉴已有建设后评估研究成果,建立涵盖桥梁设计、施工、管养的建设后评估体系与方法,从而对桥梁设计、施工和运营管养提供具有指导意义的建议。

关键词　简支连续梁桥　建设后评估　指标体系　方法

一、引　　言

工程建设项目后评估是指对已经完成的项目目的、执行过程、效益、作用和影响进行的系统、客观的分析,以考量项目预期的目标是否达到,项目的主要效益指标是否实现,最终达到总结经验、吸取教训、提出建议、改进工作、不断提高项目决策水平和投资效果的目的。

简支连续梁桥是先简支后桥面连续、先简支后结构连续以及先简支后刚构(墩梁固结)梁桥的总称,已成为各级公路中小跨径桥梁的主要形式。与某一工程项目(如一条高速公路、一座水库等)不同,简支连续梁桥仅系一段路中、一个地区等一种桥梁形式,可以是数十座,也可以是成百上千座。对于一种形式的桥梁,虽然并不涉及所属工程项目的立项合理性、项目目的是否达到等,但其数量大,涉及的面较广,而经过实践检验的时间又不长,一旦出现带有普遍性的缺陷或技术问题,将对所在道路的正常、安全运营产生不利影响。为了及时了解该类桥梁设计、施工及使用中存在的问题,总结经验教训,改进桥梁设计、施工与养护技术与工艺,不断提高桥梁建设与和养护的质量与水平,开展其建设后评估十分必要。本文依托重庆市高速公路建设,对简支连续梁桥建设后评估开展研究。

二、工程建设项目后评估研究状况

后评估起源于20世纪30年代,由美国、英国等西方发达国家首先提出并且应用于金融与管理方面评价。20世纪70年代初期,世界银行作为一个国际性质的开发机构,摸索并且建立了一套项目的后评估制度,用以评价大量开展中的开发性项目和基金贷款,并相应的成立了业务评价机构。我国后评估的工作开始于20世纪80年代末,不但发展较为缓慢,且主要局限于项目的经济效益方面、管理方面以及项目对环境的影响等方面,对已建桥梁进行技术方面的后评估研究很少。针对工程建设的特点,后评估方法也有所不同。例如,对比分析法,是通过对比考察基数和实际数据之间的差异,从而描述经济活动中的问题以及取得成绩的一种常用的分析方法,其特点是实施起来简便,便于操作,但是对定量分析能力不高,分析结果的主观性比较高,对于复杂的问题分析效果比较差,往往更加适用于评估指标较少,问题复杂程度较低的问题。模糊综合评估法,其基础是模糊集合,能够让一些非定量的,复杂而又模糊不清的因素进行量化分析,从而实现对象的综合评估。该法能够很好地针对评估对象的非量化的、复杂的、模糊不清的因素进行分析,能够将定性的指标量化,是一种建立在模糊数学基础上的分析方法,主观性较强。还有逻辑框架法、成功度综合评估法、数据包络分析法、层次分析法、灰色关联度分析法等。

针对桥梁工程设计、施工及使用状况同时具有定量与定性的特点,本文采用工程建设项目后评估的模糊综合评估法究简支连续梁桥建设后评估。

三、简支连续梁桥设计、施工与使用状况调查

为掌握简支连续梁桥设计、施工与使用状况,研究中针对10余种桥梁设计、10余路段的桥梁施工以

及325座桥梁的定期检查结果进行了调查。从分析来看,问题主要集中在:

设计方面:

(1)相同条件下结构设计存在差异,以T梁来看,T梁截面马蹄尺寸、翼板尺寸以及截面形式都有着差异,横断面布置上,横向连接现浇段的尺寸也不同。

(2)同种截面形式、同种跨径下的主梁预应力布置存在差异。

(3)双支座和单支座均有采用。

(4)设计对施工技术要求不全面、不统一,缺少对使用管理的要求。

施工方面:

(1)施工质量控制意识不够高,标准不够明确。

(2)施工设计不够,施工精细化不足,梁体预制缺陷时有出现。

(3)墩顶湿接头施工质量控制不够有力。

(4)墩顶负弯矩区二期预应力体系建立的可靠性控制不够有力。

(5)预制施工时对梁端支座上垫板空间状态控制不到位。

(6)墩顶主梁间、T翼缘板间湿接头及桥面调平层施工时序随意性大。

使用方面:

按照出现的问题的桥梁数量排序:

(1)上部结构:混凝土破损、裂缝、水迹、蜂窝麻面、空洞、铰缝脱空。

(2)墩柱与基础:露筋、裂缝、麻面、挡块抵死。

(3)桥台:洇水、破损、挡块被抵死。

(4)支座:脱空、变形、鼓包、开裂、错位、垫石破损、掩埋等。

(5)桥面铺装:破损、开裂、排水设施堵塞、伸缩缝积土/堵塞、坑槽、露筋、横向裂缝、沉陷、龟裂。

四、简支连续梁桥建设后评估体系与方法

1. 评估指标体系

评估思路在于:根据简支连续梁桥设计、施工与使用状况调查结果及其与桥梁存在的问题之间的关系,借鉴已有建设后评估研究成果,建立能够反映桥梁设计、施工、管养方面的综合性、针对性强的评估体系,对桥梁设计、施工和目前的运营管养进行"回头看",总结已有桥梁的经验教训,从而对桥梁设计、施工和运营管养提出具有指导意义的建议。

针对简支连续梁桥的特点,将其总体评估对象的评估指标分为三类:(1)分项指标:设计、施工、运营管养。(2)分类指标:定性指标、定量指标。(3)具体评价指标:具体调查评价内容指标。简支连续梁桥建设后评估指标体系见图1。

2. 评估指标

(1)设计后评估指标

主要针对桥梁结构构造精细化设计、预应力体系设计、支承体系及支座设计、耐久性设计、桥梁设计要求以及设计参数几方面,依据现行《公路钢筋混凝土及预应力混凝土桥涵设计规范》、《公路桥梁盆式支座》、《公路桥梁板式橡胶支座》、《公路桥涵养护规范》等对照实际设计情况立指标矩阵。以桥梁结构构造精细化设计为例,指标矩阵如表1。

桥梁结构构造精细化设计评估指标矩阵　表1

结构构造设计状况	评定等级				
	优	良	中	差	极差
桥梁构造设计符合规范要求且设计合理、优化程度高	1	0	0	0	0
桥梁构造设计基本符合规范要求,设计较为合理、优化程度较好	0	1	0	0	0

续上表

结构构造设计状况	评定等级				
	优	良	中	差	极差
桥梁构造设计出现不符合规范要求现象或构造设计选型欠合理、优化程度不高	0	0	1	0	0
桥梁构造设计出现较多不符合规范要求现象，出现违反规范中的强制性条文现象或构造设计选型不合理、优化程度差，并出现由设计原因造成的施工不便或桥梁病害	0	0	0	1	0
桥梁构造设计出现较多不符合规范要求现象，出现违反规范中的强制性条文现象或构造设计选型合理性极差、优化程度极差，并出现由设计原因造成的施工困难或桥梁严重病害	0	0	0	0	1

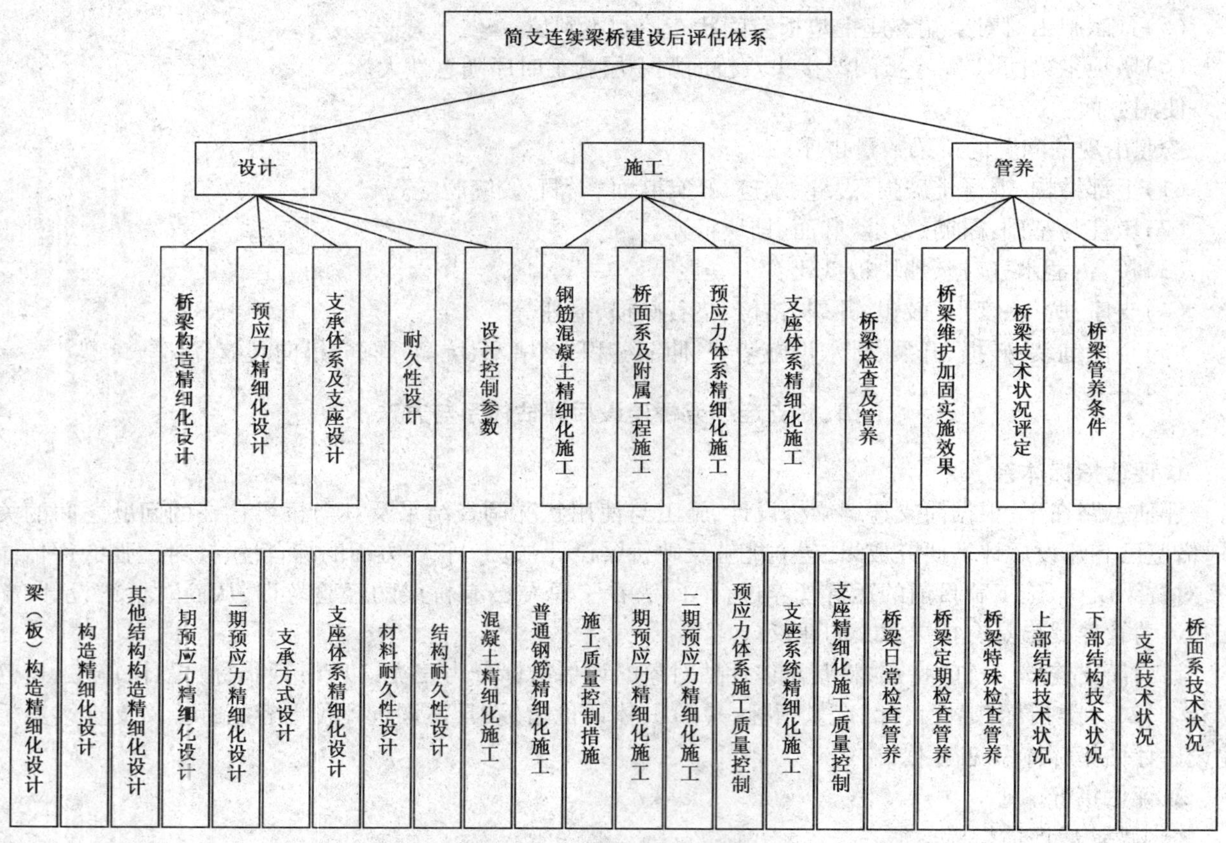

图1 简支连续梁桥建设后评估指标体系

（2）施工后评估指标

主要针对钢筋混凝土结构精细化施工、预应力体系精细化施工、支座精细化施工、桥面系及附属工程施工几方面，依据现行《公路桥涵施工技术规范》、《公路工程质量检验评定标准》等，对照施工实际状况建立指标矩阵。以预应力体系精细化施工为例，指标矩阵如表2。

预应力体系精细化施工评估指标矩阵 表2

桥梁预应力体系精细化施工状况	评定等级				
	优	良	中	差	极差
预应力体系施工质量检验评分 $P \geqslant 95$	1	0	0	0	0
预应力体系施工质量检验评分 $85 \leqslant P < 95$	0	1	0	0	0

续上表

桥梁预应力体系精细化施工状况	评定等级				
	优	良	中	差	极差
预应力体系施工质量检验评分 $75 \leq P < 85$	0	0	1	0	0
预应力体系施工质量检验评分为 $65 \leq P < 75$，且在桥梁使用过程中出现由于预应力体系施工缺陷导致的病害	0	0		1	0
预应力体系施工质量检验评分为 $P < 65$，且在桥梁使用过程中出现大量由于预应力体系施工缺陷导致的病害	0	0	0	0	1

(3)管养后评估指标

主要针对桥梁检查及管养、桥梁维护维修、桥梁技术状况、桥梁管养条件等几方面，依据现行《公路桥涵养护规范》、《公路桥梁技术状况评定标准》，对照实际管养情况建立指标矩阵。以桥梁运营期间的技术状况为例，指标矩阵如表3。

桥梁运营期间技术状况评估指标矩阵 表3

桥梁使用期间技术状况	评定等级				
	优	良	中	差	极差
相应结构评分 $D_r \geq 95$	1	0	0	0	0
相应结构评分 $80 \leq D_r < 95$	0	1	0	0	0
相应结构评分 $60 \leq D_r < 80$	0	0	1	0	0
相应结构评分 $40 \leq D_r < 60$	0	0	0	1	0
相应结构评分 $0 \leq D_r < 40$	0	0	0	0	1

3. 简支连续梁桥建设后评估等级划分

简支连续梁桥建设后评估等级划分为五类，详见表4～表7。

建设后评估等级划分 表4

P 值	等级划分	状况描述
P≥4.5	Ⅰ类	桥梁状态优良，设计、施工、管养各环节优良，值得发扬
3.5≤P<4.5	Ⅱ类	桥梁状态较好，设计、施工、管养各环节较好，存在优化空间
2.5≤P<3.5	Ⅲ类	桥梁状态一般；设计、施工、管养某一环节或多环节出现缺陷，需要在今后建设过程中进行相关优化
1.5≤P<2.5	Ⅳ类	桥梁状态较差；设计、施工、管养某一环节或多环节出现缺陷，迫切需要在今后建设过程中进行相关优化
P<1.5	Ⅴ类	桥梁状态差；桥梁出现较多、较严重病害；设计、施工、管养某一环节或多环节出现缺陷而导致桥梁发生严重病害，为今后建设管养提供经验教训

设计后评估等级划分 表5

P 值	等级划分	状况描述
P≥4.5	1类	桥梁设计精细化强；设计优化程度高；值得发扬
3.5≤P<4.5	2类	桥梁设计精细化较强；设计优化程度较高；存在优化的空间
2.5≤P<3.5	3类	桥梁设计精细化一般；设计优化程度较差；需要在今后的设计过程中进行相关优化
1.5≤P<2.5	4类	桥梁设计精细化不足；设计优化程度差；迫切需要在今后的设计过程中进行相关优化
P<1.5	5类	桥梁设计精细化差；设计优化程度差；出现因为设计疏忽而导致的桥梁病害；为今后设计提供经验教训

施工后评估等级划分 表6

P 值	等级划分	状况描述
$P \geq 4.5$	1类	桥梁施工精细化好；施工相关控制措施完善；值得发扬
$3.5 \leq P < 4.5$	2类	桥梁施工精细化较好；施工相关控制措施比较完善；存在优化的空间
$2.5 \leq P < 3.5$	3类	桥梁施工精细化一般；施工相关控制措施不太完善；需要在今后的施工过程中进行改进优化
$1.5 \leq P < 2.5$	4类	桥梁施工精细化较差；施工相关控制措施不完善；出现因施工精细化不足导致的桥梁病害；迫切需要在今后的施工过程中进行改进优化
$P < 1.5$	5类	桥梁施工精细化差；施工相关控制措施极不完善；出现因施工精细化不足导致的桥梁病害较多较为严重；迫切需要在今后的施工过程中进行改进优化并为今后精细化施工和质量控制措施改进提供经验教训

运营管养状况评估等级划分 表7

P 值	等级划分	状况描述
$P \geq 4.5$	1类	桥梁管养条件优；桥梁检查及桥梁评定全面准确，维护与加固实施效果好，桥梁技术状况好，值得发扬
$3.5 \leq P < 4.5$	2类	桥梁管养条件优良；桥梁检查及桥梁评定比较全面准确；维护与加固实施效果较好；桥梁技术状况较好；存在改进完善的空间
$2.5 \leq P < 3.5$	3类	桥梁管养条件一般；桥梁检查及桥梁评定全面准确性一般；维护与加固实施效果一般；桥梁技术状况一般；需要对养护措施进一步改进完善
$1.5 \leq P < 2.5$	4类	桥梁管养条件较差；桥梁检查及桥梁评定全面准确性不足；维护与加固实施效果较差；桥梁技术状况较差；迫切需要对养护措施进一步改进完善
$P < 1.5$	5类	桥梁管养条件差；桥梁检查及桥梁评定全面准确性差；维护与加固实施效果差；桥梁技术状况差；迫切需要对养护措施进一步改进完善并为今后管养提供经验教训

4. 简支连续梁桥建设后评估等级划分

采用专家调查法，结合层次分析法确定指标之间的权重。通过对建设单位、设计单位、施工单位、运营管养单位等专家的咨询，确定各指标之间的重要程度比，再利用层次分析法进行权重向量的计算，得出各因素之间的权重向量。表8列出了简支连续梁桥建设后评估评价指标权重。

简支连续梁桥建设后评估评价指标权重分配 表8

分项指标	评估分类指标	权重值	评估具体指标	权重值
设计后评估	构造精细化设计	0.25	梁(板)构造精细化设计	0.7
			连续构造精细化设计	0.2
			其他结构构造精细化设计	0.1
	预应力精细化设计	0.25	一期预应力精细化设计	0.6
			二期预应力精细化设计	0.4
	支承体系及支座设计	0.20	支承方式设计	0.3
			支座系统设计	0.7
	耐久性设计	0.20	材料耐久性设计	0.5
			结构耐久性设计	0.5
	设计控制参数	0.10	设计控制参数	1.0

续上表

分项指标	评估分类指标	权重值	评估具体指标	权重值
施工后评估	钢筋混凝土精细化施工	0.30	混凝土精细化施工	0.5
			普通钢筋精细化施工	0.4
			施工质量控制措施	0.1
	桥面系及附属工程施工	0.10	桥面系及附属工程施工	1.0
	预应力精细化施工	0.30	一期预应力精细化施工	0.4
			二期预应力精细化施工	0.4
			预应力体系施工质量控制	0.2
	支座系统精细化施工	0.30	支座系统精细化施工	0.8
			支座施工质量控制措施	0.2
运营管养状况评估	桥梁检查及管养	0.40	桥梁日常检查及管养	0.3
			桥梁定期检查及管养	0.4
			桥梁特殊检查及管养	0.3
	桥梁维护加固实施效果	0.20	桥梁维护加固实施效果	1.0
	桥梁运营技术状况评定	0.30	上部结构技术状况	0.3
			下部结构技术状况	0.3
			支座及连续构造技术状况	0.2
			桥面系技术状况	0.2
	桥梁管养条件	0.10	桥梁管养条件	1.0

5. 简支连续梁桥设计、施工、管养后评估

简支连续梁桥建设后评估体系为四层指标体系，总体综合性指标（三级）、分项指标（二级）、分类指标（一级）、具体指标评价。对应采用三级模糊综合评价模型。评估时从最底层开始，逐级向上评估，最终得到综合评价结果。以设计后评估为例，其评估模型建立如下：

（1）建立设计后评估分类指标影响因素集

$$U_1' = \{u_1, u_2, u_3\} \quad U_2' = \{u_1, u_2\} \quad U_3' = \{u_1, u_2\} \quad U_4' = \{u_1, u_2\} \quad U_5' = \{u_1\}$$

式中：U_1' = {梁（板）构造精细化设计，连续构造精细化设计，其他结构构造精细化设计}；

U_2' = {一期预应力精细化设计，二期预应力精细化设计}；

U_3' = {支承方式设计，支座系统精细化设计}；

U_4' = {材料耐久性设计，结构耐久性设计}；

U_5' = {各项设计控制参数选取}。

（2）确定其评判集合 V_1'，V_2'，V'^3，V'^4，V'^5（{优，良，中，差，极差}）

（3）建立模糊关系矩阵

构造精细化设计、预应力精细化设计、支承方式和支座设计、耐久性设计、设计控制参数与其影响因素之间的模糊关系矩阵分别为：

$$R_1' = \begin{pmatrix} r_{11} & r_{12} & r_{13} & r_{14} & r_{15} \\ r_{21} & r_{22} & r_{23} & r_{24} & r_{25} \\ r_{31} & r_{32} & r_{33} & r_{34} & r_{35} \end{pmatrix} \quad R_2' = \begin{pmatrix} r_{11} & r_{12} & r_{13} & r_{14} & r_{15} \\ r_{21} & r_{22} & r_{23} & r_{24} & r_{25} \end{pmatrix}$$

$$R_3' = \begin{pmatrix} r_{11} & r_{12} & r_{13} & r_{14} & r_{15} \\ r_{21} & r_{22} & r_{23} & r_{24} & r_{25} \end{pmatrix} \quad R_4' = \begin{pmatrix} r_{11} & r_{12} & r_{13} & r_{14} & r_{15} \\ r_{21} & r_{22} & r_{23} & r_{24} & r_{25} \end{pmatrix}$$

$$R_5' = \begin{pmatrix} r_{11} & r_{12} & r_{13} & r_{14} & r_{15} \end{pmatrix}$$

(4)确定影响因素的权重

运用层次分析法(AHP)进行计算,得出各分类指标对应的影响因素权重向量:

$$W'_1=(w_1\quad w_2\quad w_3)\quad W'_2=(w_1\quad w_2)\quad W'_3=(w_1\quad w_2)\quad W'_4=(w_1\quad w_2)\quad W'_5=(w)$$

(5)一级模糊综合评估

采用模糊综合评估方法,分别确定分类指标评估结果矢量,即桥梁设计后评估的分类指标:构造精细化设计、预应力精细化设计、支承体系及支座设计、耐久性设计、桥梁设计控制参数评估结果矢量分别为:

$$R''_1=W'_1\circ R'_1=(r_{11}\quad r_{12}\quad r_{13}\quad r_{14}\quad r_{15})\quad R''_2=W'_2\circ R'_2=(r_{21}\quad r_{22}\quad r_{23}\quad r_{24}\quad r_{25})$$

$$R''_3=W'_3\circ R'_3=(r_{31}\quad r_{32}\quad r_{33}\quad r_{34}\quad r_{35})\quad R''_4=W'_4\circ R'_4=(r_{41}\quad r_{42}\quad r_{43}\quad r_{44}\quad r_{45})$$

$$R''_5=W'_5\circ R'_5=(r_{55}\quad r_{52}\quad r_{53}\quad r_{54}\quad r_{55})$$

式中:$R''_1,R''_2,R''_3,R''_4,R''_5$——分别为设计后评估的分类指标对评估等级的隶属向量;

W'_1,W'_2,W'_3,W'_4,W'_5——分类指标对应影响因素(即具体指标之间)的权重向量;

R'_1,R'_2,R'_3,R'_4,R'_5——分类指标与其影响因素之间的模糊关系矩阵;

$\circ$——综合评估的运算模型,即为合成模糊算子:$M(\bullet,\oplus)$。

(6)二级模糊综合评估

二级模糊评价为设计后评估评价,其影响因素为:

$U''=\{$构造精细化,预应力体系精细化设计,支承方式和支座设计,耐久性设计,设计控制参数$\}$

对应的评判集合为:

$$V''=\{1类,2类,3类,4类,5类\}$$

将一级模糊综合评估结果向量$R''_1,R''_2,R''_3,R''_4,R''_5$作为二级模糊综合评估的单因素评判集,得到模糊关系矩阵:

$$R=\begin{pmatrix}R''_1\\R''_2\\R''_3\\R''_4\\R''_5\end{pmatrix}$$

得出影响因素权重向量为:

$$W=(w_1\quad w_2\quad w_3\quad w_4\quad w_5)$$

得出二级模糊综合评价结果向量:

$$Z_{设计}=W\circ R \tag{1}$$

(7)评估结果向量处理

对评估结果向量$Z_{设计}=(z_1\quad z_2\quad z_3\quad z_4\quad z_5)$赋值:

$$P_{设计}=\frac{5\times z_1+4\times z_2+3\times z_3+2\times z_4+1\times z_5}{z_1+z_2+z_3+z_4+z_5} \tag{2}$$

即得到简支连续梁桥设计后评估得分$P_{设计}$,依据评估等级划分即可对设计给出分析评价。同样,可得出$P_{施工}$、$P_{管养}$。

6. 简支连续梁桥建设后评估

(1)建设后评估影响因素为$U=\{$设计评估,施工评估,管养评估$\}$

(2)建设后评估对应评判集合为$V=\{$Ⅰ类,Ⅱ类,Ⅲ类,Ⅳ类,Ⅴ类$\}$

(3)三级模糊综合评价

模糊综合评价与一级二级评价方法一致:

$$R=\begin{pmatrix}Z_{设计}\\Z_{施工}\\Z_{管养}\end{pmatrix}$$

确定分类指标权重，得出权重向量为：

$$W=(w_1\quad w_2\quad w_3)$$

评估结果为：

$$Z_{建设}=W^{\circ}R \tag{3}$$

(4)结果处理

$$P_{建设后}=\frac{5\times z_1+4\times z_2+3\times z_3+2\times z_4+1\times z_5}{z_1+z_2+z_3+z_4+z_5} \tag{4}$$

即得到简支连续梁桥建设状况评估得分 $P_{建设后}$，依据评估等级分类对桥梁建设给出分析评价。

五、简支连续梁桥建设后评估示例

1. 设计、施工、管养具体指标评价

以某路段简支连续梁桥为例进行建设后评估。按照上述方法，计算每个指标评定类别对评价向量的隶属度，例如：67 座桥梁梁(板)构造精细化评定中，被评为“良”的桥梁数量占参评桥梁总数的 30%，评为“中”的桥梁数量占参评桥梁总数的 50%，评为“差”的桥梁数量占参评桥梁数量的 20%，即得评价向量(0,0.3,0.5,0.2,0)，其他指标的评价向量计算以此类推。结果见表 9。

具体指标评价得分表 表9

分项指标	评估分类指标	评估具体指标	评价向量				
			优	良	中	差	极差
设计评估	构造精细化设计	梁(板)构造精细化设计	0	0.3	0.5	0.2	0
		连续构造精细化设计	0	0.2	0.5	0.3	0
		其他结构构造精细化设计	0	0.7	0.3	0.0	0
	预应力精细化设计	一期预应力精细化设计	0	0.4	0.4	0.2	0
		二期预应力精细化设计	0	0.4	0.5	0.1	0
	支承体系及支座设计	支承方式设计	0	0.4	0.4	0.2	0
		支座系统设计	0	0.0	0.5	0.2	0.3
	耐久性设计	材料耐久性设计	0	0.2	0.4	0.4	0
		结构耐久性设计	0	0.1	0.5	0.3	0.1
	设计控制参数	设计控制参数	0	0.7	0.3	0	0
施工评估	钢筋混凝土精细化施工	混凝土精细化施工	0	0	0.2	0.5	0.3
		普通钢筋精细化施工	0	0.2	0.6	0.2	0
		施工质量控制措施	0	0	0.6	0.2	0.2
	桥面系及附属工程施工	桥面系及附属工程施工	0	0.6	0.3	0.1	0
	预应力精细化施工	一期预应力精细化施工	0	0.2	0.6	0.2	0
		二期预应力精细化施工	0	0.3	0.6	0.1	0
		预应力体系施工质量控制	0	0.2	0.5	0.3	0
	支座系统精细化施工	支座系统精细化施工	0	0	0	0.3	0.7
		支座施工质量控制措施	0	0	0	0.4	0.6
管养评估	桥梁检查及管养	桥梁日常检查及管养	0	0.6	0.3	0.1	0
		桥梁定期检查及管养	0	0.4	0.4	0.2	0
		桥梁特殊检查及管养	0	0.8	0.2	0	0
	桥梁维护加固实施效果	桥梁维护加固实施效果	0	0.6	0.4	0	0
	桥梁运营技术状况评定	上部结构技术状况	0	0.4	0.4	0.2	0
		下部结构技术状况	0	0	0.2	0.4	0.4

续上表

分项指标	评估分类指标	评估具体指标	评价向量				
			优	良	中	差	极差
管养评估	桥梁运营技术状况评定	支座及连续构造技术状况	0	0	0	0.6	0.4
		桥面系技术状况	0	0.7	0.2	0.1	0
	桥梁管养条件	桥梁管养条件	0	0.7	0.2	0.1	0

2. 设计、施工、管养评估

按照 4 中所述方法，可得到：

$$P_{设计}=\frac{5\times0+4\times0.304+3\times0.444+2\times0.20+1\times0.052}{0+0.304+0.444+0.20+0.052}=3.00$$

$P_{设计}=3.00$，属于设计后评估等级中的Ⅲ类。具体评价：桥梁构造设计精细化、预应力体系设计精细化程度一般，出现个别因设计不合理出现的梁体裂缝、混凝土缺陷以及伸缩缝缺损等病害；支座设计精细化程度较差，出现由于支座设计阐述不明确、不详细而导致的施工不便以及使用过程中的病害；桥梁耐久性设计较差，因材料、结构耐久性考虑较少导致的混凝土外观缺陷较多；桥梁设计参数选择情况较好；需要在今后的设计过程中进行相关优化。

$$P_{施工}=\frac{5\times0+4\times0.156+3\times0.324+2\times0.265+1\times0.255}{0+0.156+0.324+0.265+0.255}=2.38$$

$P_{施工}=2.38$ 属于施工后评估等级中的Ⅳ类。具体评价：桥梁钢筋、混凝土施工精细化一般；桥梁桥面系以及附属工程施工较好；桥梁支座施工精细化程度极差，施工相关控制措施不完善，出现因施工精细化不足导致的桥梁病害，并对其他结构产生不利影响；迫切需要在今后的施工过程中进行改进优化，尤其是路段中出现支座施工精细化不足的情况较为突出，对桥梁使用状态造成较大影响。

$$P_{管养}=\frac{5\times0+4\times0.5+3\times0.29+2\times0.15+1\times0.06}{0+0.5+0.29+0.15+0.06}=3.23$$

$P_{运营管养}=3.23$ 属于管养后评估等级中的Ⅲ类。具体评价：桥梁管养条件良好；桥梁检查及桥梁评定全面准确性一般，对桥梁病害检查以及记录准确详细程度一般；维护与加固实施效果一般，对支座病害处治遗漏较多；桥梁技术状况一般，个别桥梁状况较差；需要对养护措施进一步改进完善。

3. 本路段简支连续梁桥建设后评估

(1)建设后评估影响因素为 $U=\{$设计评估，施工评估，管养评估$\}$

(2)设后评估对应评判集合为 $V=\{$Ⅰ类，Ⅱ类，Ⅲ类，Ⅳ类，Ⅴ类$\}$

(3)模糊综合评价

$$R=\begin{pmatrix}Z_{设计}\\Z_{施工}\\Z_{管养}\end{pmatrix}=\begin{pmatrix}0&0.304&0.444&0.20&0.052\\0&0.156&0.324&0.265&0.255\\0&0.5&0.29&0.15&0.06\end{pmatrix}$$

确定分类指标权重。权重向量为：

$$W=(0.35\quad0.35\quad0.3)$$

模糊综合评估结果为：

$$Z_{建设后}=W\circ R=(0.35\quad0.35\quad0.3)\circ\begin{pmatrix}0&0.304&0.444&0.20&0.052\\0&0.156&0.324&0.265&0.255\\0&0.5&0.29&0.15&0.06\end{pmatrix}$$

$$=(0\quad0.311\quad0.3558\quad0.2078\quad0.1254)$$

(4)结果处理

$$P_{建设}=\frac{5\times0+4\times0.311+3\times0.3558+2\times0.2078+1\times0.1254}{0+0.311+0.3558+0.2078+0.1254}=2.85$$

$P_{建设}=2.8524$ 属于建设后评估等级中的Ⅲ类。具体评价:桥梁状态一般,部分桥梁病害较为严重;精细化设计程度有待改善和优化,精细化施工水平迫切需要提高,支座精细化施工严重不足,相应质量保证措施实施效果有待加强,管养中桥梁检查力度有待强化,维护效果一般。需要在今后建设以及养护过程中进行相关优化、改进。

六、结　　语

(1)本文针对桥梁工程建设评价需要,研究了涵盖设计、施工、管养的简支连续梁桥建设后评估体系与方法。通过建设后评估,可以及时掌握桥梁建设的总体技术状况及存在的主要问题,更能为新建简支连续梁桥设计、施工以及已建简支连续梁桥管养提供建议。本文研究形成的简支连续梁桥建设后评估方法简便、实用,对同类桥梁建设后评估具有重要的参考价值。

(2)研究表明,简支连续梁桥构造的精细化设计程度、耐久性设计、预应力体系设计、支承方式和支座设计,对桥梁的施工和桥梁使用中的技术状况都有密切关系;简支连续梁桥混凝土裂缝,支座脱空等与桥梁设计、施工以及质量控制精细化有直接关系;桥梁管养检查评估可靠性、病害处置及时性等对桥梁使用状况保持影响较大,应在设计、施工、管养中予以高度重视。

169. 波形钢腹板 PC 箱梁桥的精细化分析和配筋设计

徐　栋[1]　雷　俊[1]　Jose Turmo Coderque[2]　陆元春[3]　蔡建中[4]
(1. 同济大学;2. Polytechnic University of Catalonia(UPC);3. 上海市城市建设设计研究总院;
4. 南昌市政公用投资控股有限责任公司)

摘　要　本文简述了波形钢腹板 PC 箱梁桥的受力特点,指出了现有计算方法的不足,并介绍了空间网格模型及针对箱梁结构的精细化分析方法。结合朝阳大桥引桥 K26 ~ K29 段,详述了空间网格模型在模拟这类结构时的建模方法。计算表明:剪力全部由波形钢腹板承担的假设偏于保守。同时,本文还提出了此类结构中混凝土桥面板的配筋方法。

关键词　空间网格模型　波形钢腹板　组合结构桥梁　剪力分配　完整验算应力　桥面板配筋

一、引　　言

波形钢腹板 PC 箱梁桥是由混凝土顶底板、体内外预应力和波形钢腹板三者构成的组合结构。这一结构形式充分考虑了钢与混凝土各自的受力特点,并通过剪力连接件将两种材料组合为一个整体,具有承载能力大、结构自重较轻、工程造价低、抗震性能好,易于施工等优点。这类结构相对于传统的 PC 连续梁桥或 PC 连续刚构,腹板采用钢材制作,并不存在腹板开裂的问题。同时,褶皱效应的存在提高了预应力在混凝土顶底板中的传递效率。

自波形钢腹板组合梁桥设计思想诞生以来,法国、日本进行了大量的研究与实践。在 21 世纪初,波形钢腹板组合梁桥引起了中国工程师的关注,并得到了迅速推广。近几年,在建的波形钢腹板组合梁桥 40 余座。在中国既有的桥梁建设中,PC 连续梁与 PC 连续刚构应用最为广泛,而在这类桥型的跨径范围内,波形钢腹板梁桥具有竞争力。同时,在跨径不超过 400m 的斜拉桥和部分斜拉桥中也可以采用波形钢腹板组合截面。故采用波纹钢腹板箱型断面的桥梁在我国具有较为广阔的发展前景,然而对于这类结构,目前仍然缺乏针对性较强的计算方法。

二、现有的计算方法

在计算波形钢腹板 PC 箱梁桥时通常采用以下假定:

(1)在竖向荷载作用下,结构满足平截面假定。

(2)忽略波形钢腹板的纵向抗弯作用,弯矩仅由混凝土顶底板共同承担。

(3)褶皱效应使波形钢腹板不承担轴力。

(4)剪力由波形钢腹板承担,且剪应力均匀分布。

(5)波形钢腹板与混凝土顶底板协同工作,不会发生相对滑移或剪切连接破坏。

文献[3]指出,由于褶皱效应以及平截面假定,在采用梁单元进行结构分析时,可以仅考虑混凝土断面。对于计算时采用的模型,建议:当桥梁宽跨比小于 0.5 时,可采用单梁模型进行计算,桥梁宽跨比在 0.5 及以上时,宜采用梁格或实体有限元模型进行分析;对于弯桥,宜使用含翘曲自由度的梁单元或实体有限元模型进行分析。

目前,针对这类结构的计算方法,主要有使用空间梁单元的单梁模型、梁格模型或是使用板壳单元的实体有限元模型。前者由于简化的假设,无法精确计算波形钢腹板 PC 箱梁桥中复杂的空间效应,如剪力滞效应、箱梁的扭转畸变效应等,而后者则存在无法考虑收缩徐变、模型建立及施工模拟复杂、后处理繁琐等问题。

由 6 自由度梁单元构成的空间网格模型能够顺利克服上述难题,不仅可以得到波形钢腹板截面的空间效应,还能详细地模拟整个施工过程,方便地进行活载影响面加载。单元的离散方式不仅可以由结构的受力特点、预应力的实际布置来确定,还可以由横截面不同部位(顶板、底板与腹板)或纵向不同部位(混合梁)所使用材料的不同来划分,特别适用于组合结构的受力分析。

利用空间网格模型对腹板进行精细化划分,能够准确计算波形钢腹板与混凝土分别承担的剪力,同时给出混凝土桥面板的面内与面外应力,为基于应力的钢筋混凝土配筋方法提供了原始数据。

三、空间网格模型及其优势

空间网格模型的主要思想是对桥梁结构进行两次离散(图 1),第一次离散是将原结构离散为一块块的板件,这些板件可以采用相同材料(混凝土梁桥或者钢桥),也可以采用不同材料(组合结构桥梁)。对第一次离散得到的板件进一步离散,用正交的纵横梁(6 自由度空间梁单元)的刚度模拟板的刚度,将每块板由正交梁格表现为一片网格。经过两次离散后,桥梁结构便是由许多片网格形成的空间结构,空间网格模型也由此得名。

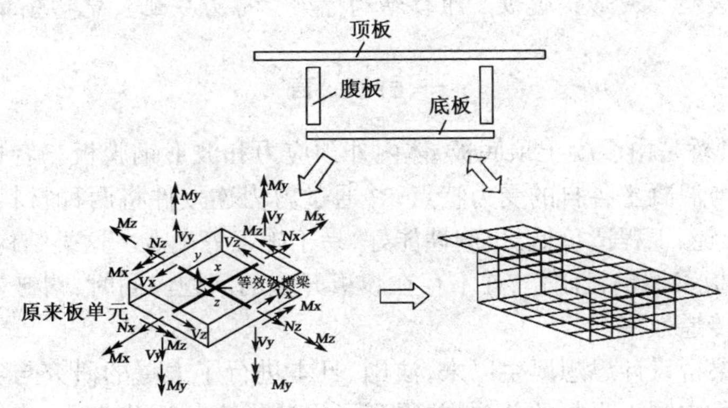

图 1　空间网格模型离散示意图

1. 结构离散

建立空间网格模型时,先考虑结构的边界条件、受力特点、施工构造、预应力布置等因素进行纵向划分;再针对截面形式、几何特点、计算精度要求,对截面进行划分,划分的疏密程度反映了模型表达空间效应的精细化程度。对波形钢腹板 PC 箱梁断面建模时应将腹板划分为多块以精确计算腹板分担的剪力。

2. 离散后截面特性计算

经过划分后的顶板、底板、腹板的几何特性由对应的小截面确定,与常规梁单元的几何特性计算方法一致。

3. 效应计算及表达方式

空间网格模型采用正交的 6 自由度空间梁单元模拟每块板的刚度,利用梁单元的 6 个杆端力(轴力 N_x、剪力 V_y 与 V_z,扭矩 T_x、弯矩 M_y 与 M_z),能够得到桥梁结构中任意一块板的内力、应力及位移。

桥梁结构中受力构件均呈现板式受力的特点,可以分解为两种受力模式:中面承受由正应力与面内水平剪应力合成的面内主拉应力和面内主压应力;上下边缘主要承受正应力。这两种受力模式在应力上体现为板的三层应力,即一项面内主应力(二维受力)以及两项截面边缘正应力(一维受力)。考虑这些板件在桥梁结构中所处的部位(顶板、底板与腹板)以及受力的方向(纵向、横向与竖向)上的不同,表 1 给出了设计计算时应考虑的 9 项主要验算应力。

参照表 1 中的验算应力,传统的单梁模型只关注了截面上下缘正应力及腹板主应力,缺失其他几项应力验算,这可能是既有桥梁在不同部位出现各种形式裂缝的原因之一。空间网格模型由于对桥梁结构进行了两次离散,能够分别考虑顶板、底板和腹板在纵向与横向(对于腹板是纵向与竖向)的面外正应力与面内主应力,可以精确计算各项验算应力,形成了一套完整的设计方法,这是空间网格模型在结构精细化分析中的优势。

箱梁结构应该关注的 9 个验算应力 表 1

构件/受力方向	部　位	应力特征	与传统关注应力比照
顶板面外	上缘	纵向正应力	整体截面上缘应力
	上缘	横向正应力	另外进行桥面板局部计算
	下缘	横向正应力	另外进行桥面板局部计算
顶板面内	中面	主应力	没有包含(同叠合梁)
底板面外	下缘	纵向正应力	整体截面下缘应力
	上缘	横向正应力	主要为计算底板钢束的外崩力,简化计算方法不完善
	下缘	横向正应力	
底板面内	中面	主应力	没有包含(同叠合梁)
腹板面内	中面	主应力	腹板主应力

四、空间网格模型在波形钢腹板组合梁中的应用

空间网格模型将桥梁结构离散为许多块板件,这些板件可以采用不同的材料,对于波形钢腹板 PC 组合箱梁桥,顶底板的模拟同混凝土桥梁,在有限元模型中按混凝土材料特性及实际几何特性进行计算。

在空间网格模型中,波形钢腹板由纵向单元与竖向单元组成(图 2)。在纵向上,梁单元无法直接反映波形钢腹板在空间上的波折,在实际建模时,采用等高直钢板结合修正单元刚度的方法模拟其受力特性。

波形钢腹板在褶皱效应作用下,纵向抗弯与轴向抗压刚度均远小于等高的直钢板。当采用直钢板对其纵向刚度进行模拟时,需要进行刚度折减。刚度折减可采用基于公式推导的等效弹性模量法或基于有限元计算的参数分析两种方法。

文献[9～11]基于能量法推导了波形钢板在单位轴力作用下的轴向位移[式(1)],与直钢板在单位轴力作用下的位移[式(2)]进行比较,以两者轴向变形相等为原则,建立了直钢板模拟波形钢板时采用的等效弹性模量公式[式(3)]。公式中参数具体含义见图3。

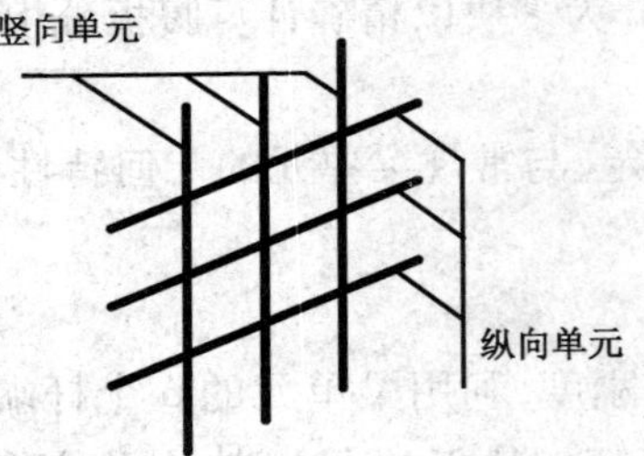

图2 波形钢腹板的纵向单元与竖向单元

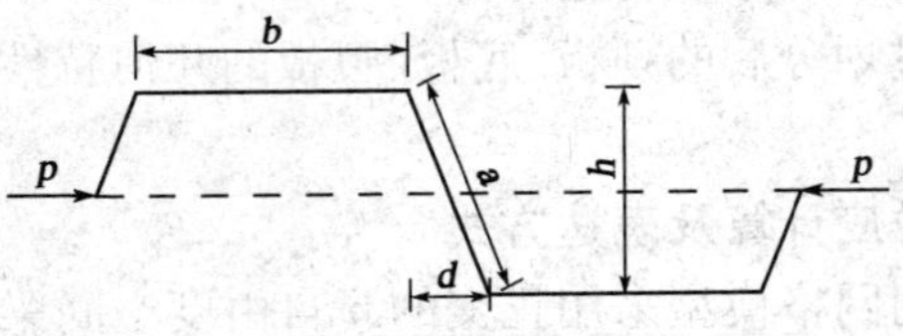

图3 波形钢板几何参数示意图

在轴向力 P 的作用下,波形钢板的轴向变形可由卡氏定理求得,即:

$$\delta_1 = \frac{P}{6E_0I}(\frac{a^3}{2} + 3h^2b) \tag{1}$$

将波形钢板等效成与其等长的直钢板,在轴向力 P 的作用下,它的轴向变形为:

$$\delta_2 = \frac{2P}{E_xA}(b + d) \tag{2}$$

由 $\delta_1 = \delta_2$ 可导出:

$$E_x = \frac{E_0(b + d)}{a^3/2h^2 + 3b} \cdot \frac{t^2}{h^2} = E_0 \cdot \alpha \cdot \frac{t^2}{h^2} \tag{3}$$

式中:

$$\alpha = \frac{b + d}{a^3/2h^2 + 3b} \qquad I = At^2/12 \tag{4}$$

根据常规尺寸波形钢板的计算结果,波形钢板轴向等效弹性模量 E_x 通常为普通钢板弹性模量 E_0 的几百分之一甚至几千分之一。褶皱效应的存在大大降低了其轴向刚度,使其基本不承受弯矩和轴力。实际上,还可以建立波形钢板与直钢板的实体有限元模型,通过简单的参数分析就可以确定纵向刚度的折减系数。

对于波形钢腹板的竖向单元,主要关注单元的轴向刚度及面外弯曲刚度。波形钢腹板在竖向是直钢板,不存在褶皱效应,轴向刚度面积等于实际截面面积,无需对轴向刚度进行折减,如图4所示。在计算竖杆截面面外抗弯惯性矩时,应按图5中的中性轴 Z 为基准,计算半个波节的面外抗弯刚度。

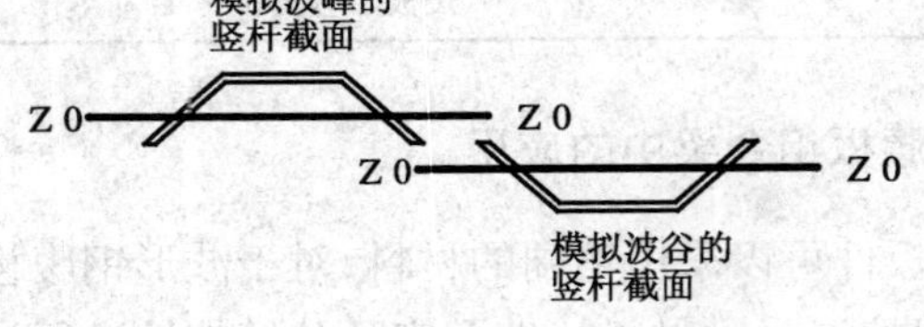

图4 竖杆单元截面

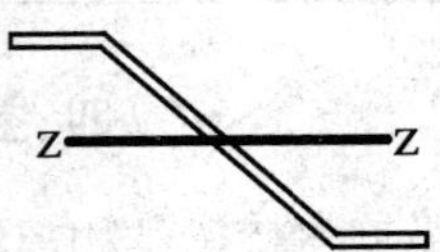

图5 计算面外抗弯刚度采用的截面

南昌朝阳大桥非通航孔K26—K29跨为波形钢腹板PC连续箱梁桥,跨径布置为48m+48m+48m+48m,截面采用单箱双室形式。利用上述理论公式,计算得到朝阳桥引桥K26—K29中纵向有效弹性模量 E_x 与原弹性模量 E_0 的比值为:$E_x/E_0 \approx 533$。同时,利用ANSYS建立波形钢腹板的实体模型,对上述的理论计算进行验证,施加轴压力,计算在相同轴力作用下,波形钢腹板与平钢板位移的比值。结果显示波形钢腹板的位移是平钢板位移的533倍,可知上述公式是适用的。

在空间网格模型中，将波形钢腹板纵向单元轴向刚度面积折减为原来的1/533，并按图5计算竖杆面外抗弯刚度，保持其余几何特性及材料参数不变，，对朝阳大桥引桥K26—K29段进行整体受力分析。

腹板剪力是控制该桥腹板抗剪设计的关键指标。在空间网格模型中，将波形钢腹板沿高度方向划分为多道腹板(图6)，能够精确计算波形钢腹板承担的剪力。该模型可以明确剪力在混凝土与波形钢腹板间的分配情况，使波形钢腹板的抗剪设计更加经济。图7、图8分别是K26—K29段部分特征断面在恒载、活载作用下的剪力结果。图中第一行数据为顶板加腋承担的剪力，第二至第四行是波形钢腹板承担的剪力，第五行是底板加腋承担的剪力。结果显示，虽然恒载下波形钢腹板承担了绝大多数剪力，但是混凝土部分承担的剪力也不可忽视，这一现象在活载工况下更为明显。

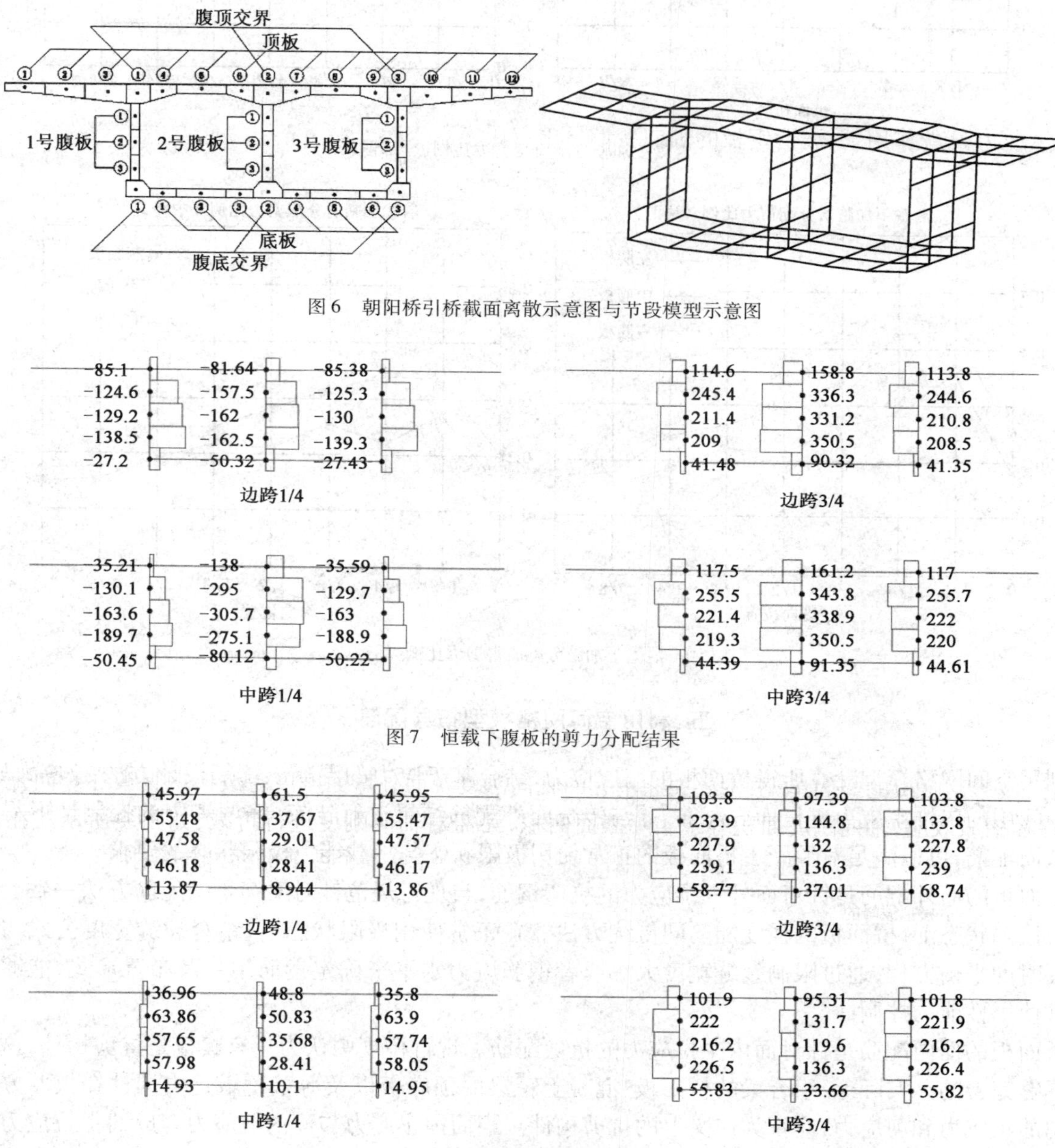

图6 朝阳桥引桥截面离散示意图与节段模型示意图

图7 恒载下腹板的剪力分配结果

图8 活载下腹板的剪力分配结果

图9与图10是边跨和中跨的混凝土在恒载或活载作用下，在纵向不同位置分担的剪力比例。针对这两种情形，混凝土分担的剪力比例约15%～35%与15%～40%。对于朝阳桥引桥所采用的截面形式以及结构布置，剪力全部由腹板承担的假定偏于保守，采用空间网格模型可以更加精确的分析剪力结果。

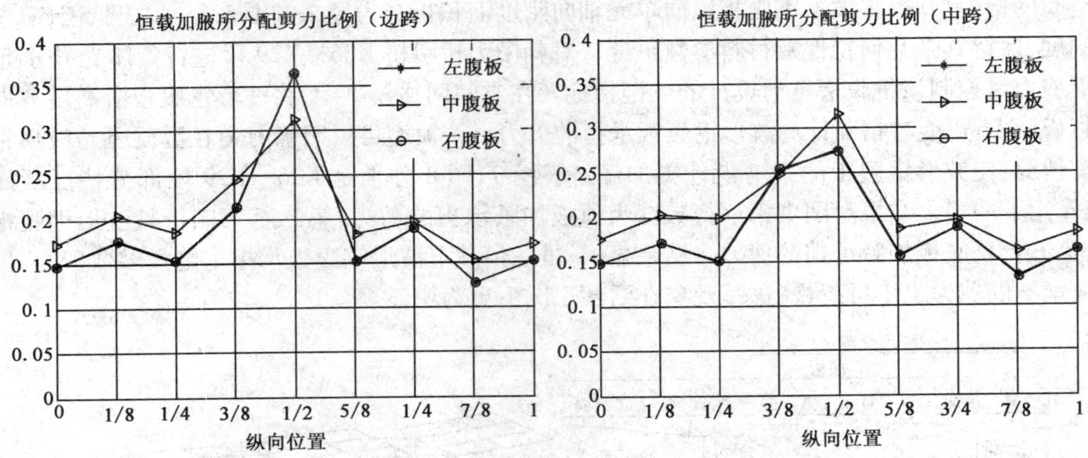

图 9　混凝土加腋分配所得剪力比例（全部恒载）

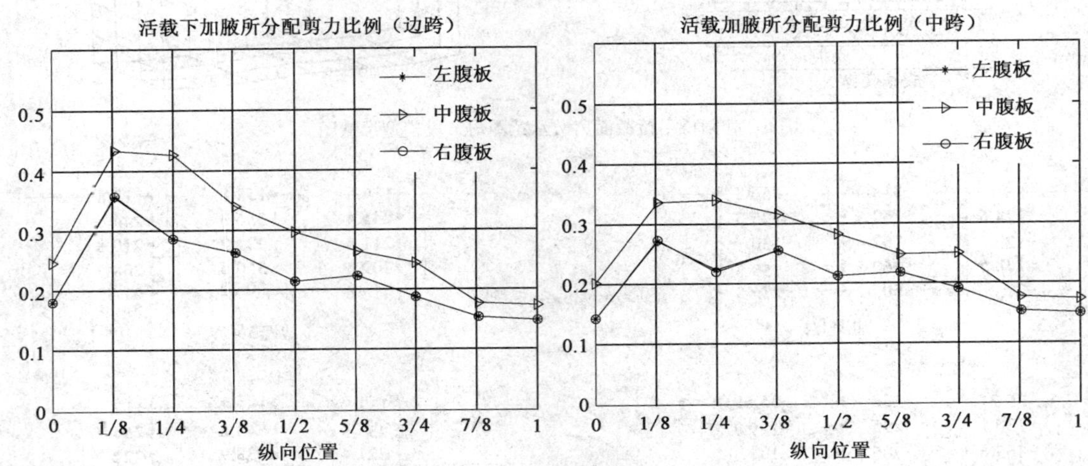

图 10　混凝土加腋分配所得剪力比例（活载）

五、利用空间网格模型指导配筋

利用空间网格模型计算所得桥面板的三层应力，结合基于应力的混凝土配筋设计方法-拉应力域法，针对中间层的二维主应力进行面内配筋，并与传统面外配筋结果进行比较，按两者中的控制情形得到最后的截面配筋，可以满足对混凝土桥面板的正常使用极限状态与承载能力极限状态的要求。

桥面板的面外配筋是针对面外一维应力的抗弯钢筋，与现行规范针对柔细梁的配筋方法一致。在承载能力极限状态下，桥面板的强度配筋同传统方法。在正常使用极限状态下，结合裂缝宽度公式与混凝土开裂时的平衡方程，通过限制裂缝宽度大小或者钢筋应力水平来确定钢筋用量及布置形式，能够实现对正常使用性能的控制。

桥面板的面内配筋是针对面内主拉应力的抗剪配筋。现行桥规中认为只有腹板是抗剪构件，这一概念是不够完善的。实际上，组合梁的桥面板、混凝土箱梁的顶底板以及薄壁桥墩这类构件在板厚方向存在均匀的正应力和剪应力，应视为广义上的抗剪构件。当面内正应力与面内剪应力合成的主拉应力超过限值后，这些板式构件将会发生贯穿整个板厚的开裂。而传统的一维应力引起的开裂只会引起截面边缘开裂，这也是一维应力与二维应力产生的裂缝之间最大的区别。

对于混凝土桥面板而言，主拉应力过大引起桥面板开裂后，裂缝处混凝土退出工作，混凝土承担的主拉应力将由纵横两个方向的抗剪钢筋承担，因此需要配置网格钢筋承担相应方向上的应力分量，具体的钢筋布置形式见图 11，配筋率计算公式见式(5)、式(6)；

$$F_x = f_1 \times a \times t = A_{sx} \times f_{sx} \Rightarrow \rho_x = \frac{A_{sx}}{a \times t} = \frac{f_1}{f_{sx}} \tag{5}$$

$$F_y = f_1 \times b \times t = A_{sy} \times f_{sy} \Rightarrow \rho_y = \frac{A_{sy}}{b \times t} = \frac{f_1}{f_{sy}} \tag{6}$$

式中 ρ_x 与 ρ_y 分别为斜截面纵向与竖向钢筋配筋率。当针对承载能力极限状态时：f_1 为空间网格模型计算所得极限状态主拉应力值；f_{sx} 与 f_{sy} 为纵横向钢筋抗拉设计强度。当针对使用状态抗裂配筋时，f_1 为空间网格模型计算所得弹性状态主拉应力值，f_{sx} 与 f_{sy} 为相应某裂缝宽度限值的纵横向钢筋应力。

按式(5)、式(6)计算得到配筋率后，可以确定桥面板沿纵横两个方向单位长度内使用状态和极限状态的配筋量。在布置钢筋时，将每个方向上的钢筋分为两层，分别布置在截面的上下缘，可以确定针对主拉应力的抗剪配筋量。合理布置的纵横向钢筋能够承担混凝土释放的主拉应力分量，从而为混凝土桥面板的面内受力提供充分的抗剪强度。同时，纵横向钢筋在混凝土桥面板发生开裂后，相对于单向配筋构件，能够更好地限制斜裂缝的发展，从而改善桥面板的正常使用性能。

最后，比较针对面外正应力与面内主拉应力这两个情况下的配筋，取配筋量大者作为桥面板纵横向钢筋的最终配筋方案。

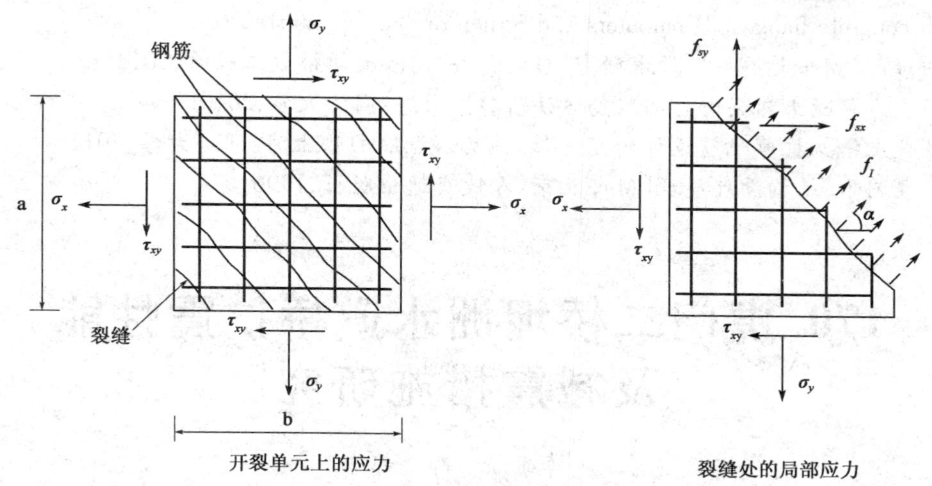

图11 面内受力的混凝土板单元开裂处应力状态

六、结 语

(1)空间网格模型克服了单梁、梁格与实体模型在模拟波形钢腹板PC箱梁结构时的不足，能够实现对这类结构的全面分析与完整验算，是对这类结构进行精细化分析的有力工具，同时也为后续的桥面板与底板的配筋设计提供了计算基础。

(2)空间网格模型在计算结果中已经包含了截面的空间效应，包括剪力滞效应、扭转和畸变效应，由于空间网格模型全部由杆单元构成，故建模计算可以方便地考虑混凝土收缩徐变效应、桥梁施工阶段、预应力效应以及影响面加载计算，是计算混凝土箱梁结构、钢－混凝土组合截面桥梁结构以及同属于组合结构桥梁的波形钢腹板箱梁结构的有力计算模型。

(3)针对朝阳桥引桥采用的结构布置，由空间网格模型计算发现剪力全部由波形钢腹板承担的假定是偏保守的。对腹板进行精细划分的网格模型可以针对剪力提供更加精确的设计。

(4)空间网格模型的混凝土桥面板计算结果可以提供用于面内、面外应力配筋的结构效应数据，结合基于应力的钢筋混凝土配筋方法，本文针对桥面板配筋提出了明确的配筋形式以及配筋方法，保证了桥面板具有较好的正常使用性能及足够的极限承载力。

参考文献

[1] 狄谨，周绪红，张茜. 预应力混凝土波形钢腹板组合箱梁受力性能研究[J]. 中外公路. 2007(03).

[2] 陈宜言,王用中.波形钢腹板预应力混凝土桥设计与施工[M].北京:人民交通出版社,2009.
[3] 广东省地方标准 《波形钢腹板组合箱梁桥设计、施工规程》(送审稿).
[4] 王福敏,张长青,周长晓.波形钢腹板箱梁研究成果综述[J].公路交通技术.2001(1).
[5] 徐栋.桥梁体外预应力设计技术[M].北京:人民交通出版社,2008.
[6] Dong,X. ,Yu,Z. (2012)."Application of Spatial Grid Model in Structural Analysis of Concrete Box Girder Bridges."International Association for Bridge and Structural Engineering,18th Congress of IABSE,Seoul,2012,pp.2009-2016(8).
[7] 杨飞.基于空间网格法的波折钢腹板组合箱梁桥精细化分析[D],上海:同济大学,2014.
[8] 徐栋,赵瑜,刘超.混凝土桥梁结构实用精细化分析与配筋设[M].北京:人民交通出版社,2013.
[9] Bryan,E. ,and EI-Dakhakhni, W. M. M.(1968). "Shear flexibility and strength of corrugated decks." J. Struct. Div. ASCE,94(11),2549-2580.
[10] Hussain, M. I. ,and Libove,C. (1977)."Stiffness tests of trapezoidally corrugated shear webs." J. Struct. Div. ASCE,103(5),971-987.
[11] Huang,L. ,Hikosaka,H. , and Komine,K. (2004)."Simulation of accordion effect in corrugated steel web with concrete flanges."Computers and Structures,82,pp.2061-206.
[12] 江西省南昌市朝阳大桥关键技术研究[D],上海:同济大学桥梁工程系,2014.
[13] 陈斌.预应力混凝土箱梁桥空间配筋方法.[D],上海:同济大学,2010.
[14] 赵瑜.混凝土结构抗剪配筋设计研究—"拉应力域"法[D],上海:同济大学,2011.
[15] 叶见曙,袁国干.结构设计原理[M].北京:人民交通出版社,1996.

170.虎门二桥坭洲水道桥抗震性能及减震措施研究

李贞新 邬 都
(中交公路规划设计院有限公司)

摘 要 以虎门二桥坭洲水道桥为实际工程背景,研究了该桥的动力特性及地震反应的特点。采用反应谱和时程分析法对该桥进行了地震响应分析,探讨了大跨度悬索桥地震响应特点,并确定了坭洲水道桥最优减震措施。经过计算对比分析,在纵桥向通过在塔梁间设置非线性黏滞阻尼器,可以有效控制地震作用下梁端较大位移,提高结构的抗震性能,并从抗震角度对坭洲水道桥的非线性黏滞阻尼器参数进行了敏感性分析,确定了合理的黏滞阻尼器参数,实现了结构的抗震安全性和经济性的平衡。此外,还避免了价格昂贵的大型伸缩缝设置以及相邻构件可能发生的碰撞。

关键词 悬索桥 坭洲水道桥 黏滞阻尼器 非线性时程分析 减震措施

悬索桥的跨越能力强、轻型美观、抗震能力好,成为跨越大江大河、海峡港湾等交通障碍的首选桥型。悬索桥是目前跨越能力最强的桥梁,跨径在400~1 000m范围内颇有竞争能力,跨度超1 000m时有较大优势,而且跨度越大,越具有优越的经济性。目前,全世界跨度超过1 000m的大型桥梁大多为悬索桥,如丹麦的大贝特东桥主跨为1 624m,我国西堠门大桥主跨达1 650m,日本明石海湾大桥主跨已达1 990m。

悬索桥是由主缆、加劲梁、主塔、鞍座、锚碇、吊索等构件构成的柔性悬吊组合体系,主缆是结构体系中的主要承重构件,是几何可变体系,整体表现出结构自振周期长、地震作用下梁端位移较大的特点。

地震是威胁人类生命财产安全的一大自然灾害,具有突发性和毁灭性的特点。我国处于环太平洋地震带和地中海-喜马拉雅两大地震带之间,地壳不稳定,是世界上的多震国家之一。1995年7.2级的阪神地震，造成了大量高速公路桥梁的损坏，使经济遭受巨大损失；2008 年在我国四川发生的“5.12”里氏 8.0 级的汶川大地震，大部分桥梁工程都遭受不同程度的损失，由于通往震中的公路无法恢复交通，政府不得不动用军队以强行军的方式进入灾区，给抗震救灾带来极大的困难。几次大地震一再显示了桥梁工程破坏的严重后果，也一再显示了桥梁工程抗震研究的重要性。

虎门二桥位于广东省珠江三角洲地区，全线均为桥梁，分为过江通道工程和接线工程，过江通道工程由坭洲水道桥、大沙水道桥和引桥组成。该项目不仅对荷载标准、结构性能、管理方案等要求高，而且地理位置特殊、政治意义重大、知名度高、投资巨大。一旦在地震中遭到破坏，可能导致的生命财产以及间接经济损失将会非常巨大。因此，对虎门二桥进行正确的抗震研究，确保其抗震安全性及经济性具有非常重要的意义。

本文以虎门二桥主跨 1 688m 坭洲水道桥为工程背景，研究了该桥的动力特性及地震反应的特点，并提出了合理的减震措施。

一、坭洲水道桥工程概况

虎门二桥坭洲水道桥为主跨 1 688m 双塔双跨悬索桥，跨径布置为 658m + 1 688m + 522m。矢跨比为 1:9.5，桥型布置如图 1 所示。

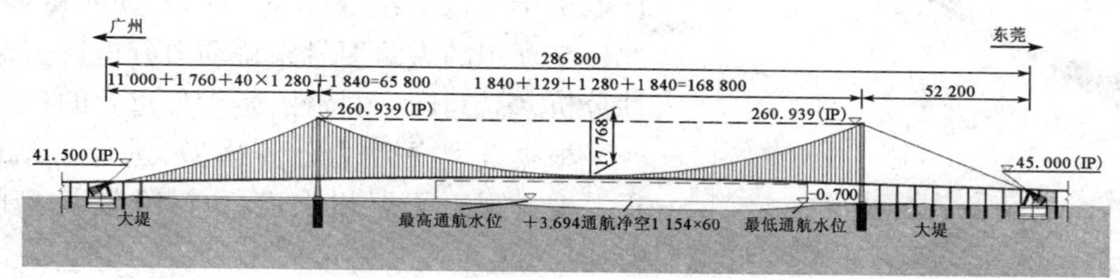

图 1 坭洲水道桥型布置图

钢箱梁全宽 47.9m（含风嘴、检修道），平底板两边设置检查车轨道及轨道导风板，标准横断面如图 2 所示。

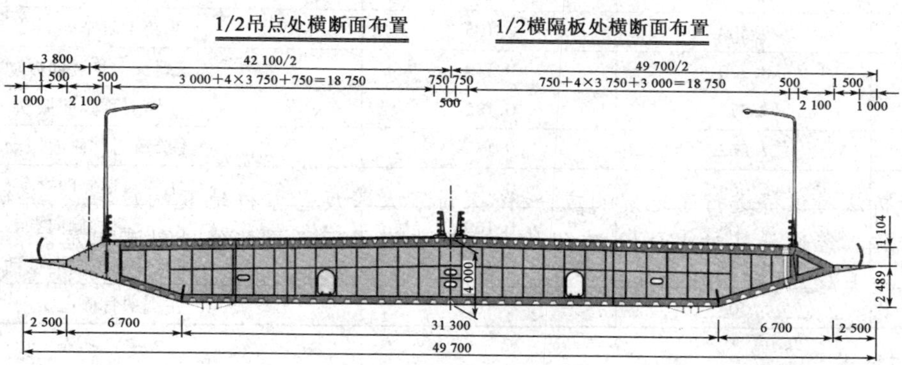

图 2 坭洲水道桥钢箱梁标准断面（单位：mm）

索塔高 260m（含塔座 4m），设上、中、下三道横梁，塔柱采用带圆倒角矩形截面；承台采用圆端哑铃型，平面总尺寸为 90.43m（横桥向）×34.8m（顺桥向），承台厚 7m，承台上设承台底座，底座厚 4m；基础采用 64 根桩径 D2.8m 钻孔灌注桩，按端承桩设计。

二、坭洲水道桥抗震性能分析

1. 动力模型

采用 SAP2000 Nonlinear 有限元程序，应用三维有限元模型建立了坭洲水道桥的动力计算模型进行抗震性能分析。模型中主桥主塔、主桥主梁、引桥桥墩和引桥主梁均离散为空间梁单元，其中主桥主梁采用单梁式力学模型，并通过主从约束同悬索桥吊索形成“鱼骨式”模型；主缆和吊索采用空间桁架单元，并考虑拉索垂度效应以及恒载几何刚度的影响；各处基础采用等效桩径法加以模拟，塔梁连接处摆放支座和阻尼器。

未设置黏滞阻尼器前，模型中各部分约束条件详见表1。建模时考虑主桥和引桥的相互作用。坭州水道桥动力计算图式见图3所示。

坭洲水道桥连接条件 表1

位　置	△x	△y	△z	θx	θy	θz
左塔－主梁间	1	0	1	0	1	0
右塔－主梁间	1	0	1	0	1	0

注："0"表示无主从约束，"1"表示主从约束；
△x为Z方向，△y为X方向，△z为Y方向。

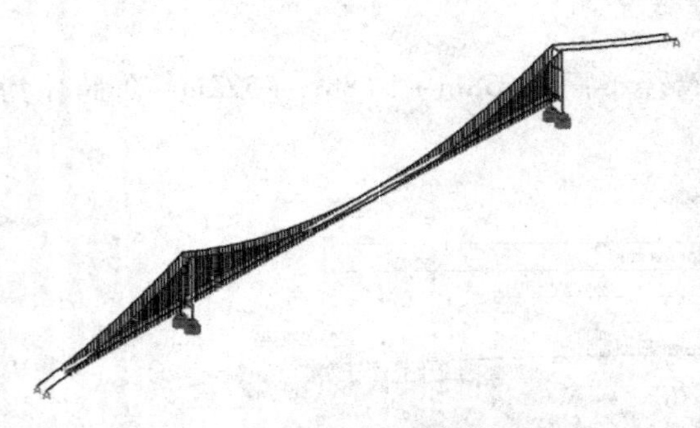

图3　坭州水道桥计算模型

2. 动力特性分析

桥梁结构的自振频率，振型以及阻尼，是结构本身所固有的属性，与结构的地震反应密切相关。正确分析结构的动力特性是进行地震反应分析的基础。结构的动力特性取决于结构的组成体系、刚度、质量和支承条件等。因此建立理想的大跨度悬索桥动力分析模型，并进行动力特性分析，掌握其动力特性，是十分重要的。

根据建立的动力计算模型，进行了结构动力特性分析。表2列出了坭州水道桥前10阶振型的频率和振型特征。

坭州水道桥前10阶振型特征 表2

序　号	周　期（s）	频　率（Hz）	振型描述
1	19.136	0.052	主跨对称侧向振动
2	12.894	0.078	主跨反对称竖向振动＋主梁纵向振动
3	9.500	0.105	主跨1阶竖向振动
4	8.370	0.119	主跨反对称竖向振动
5	7.572	0.132	主跨对称竖向振动
6	7.507	0.133	主跨反对称侧向振动
7	6.066	0.165	主缆对称侧向振动
8	5.905	0.169	主缆反对称侧向振动
9	5.725	0.175	主跨反对称竖向振动
10	5.503	0.182	主缆对称侧向振动

3. 地震响应特点

本研究选取E2水准（100年4%）下6条地震时程波，采用非线性时程分析方法进行分析，计算结果取6条地震波的计算结果。

关键截面纵向地震响应如表3所示，关键位置位移响应如表4所示。

从结构地震响应结果可以看出，E2地震水准下，主梁及塔梁间相对位移均较大，给梁端伸缩缝及塔梁连接处支座设计带来困难。

主塔截面的地震响应最大值 表3

位　置	轴　力　P(kN)	纵向剪力V2(kN)	纵向弯矩M2(kN·m)
上横梁下	29 484	23 179	430 986
中横梁下	43 432	11 142	1 272 341

续上表

位　　置	轴　力　P(kN)	纵向剪力 V2(kN)	纵向弯矩 M2(kN·m)
下横梁下	66 781	38 912	1 390 848
塔底	69 455	49 724	2 785 539
承台底	71 386	84 033	3 499 443

关键位置位移(单位:m)　　表 4

位　　置	纵　　向
梁端	0.927
主梁跨中	0.911
塔梁间	0.934

三、坭洲水道桥减震措施研究

1. 悬索桥减震措施

悬索桥整体表现出结构自振周期长、地震作用下梁端位移较大的特点。为了有效控制梁端位移、塔梁间相对位移或者避免梁端设置价格高昂的大型伸缩缝,在塔梁连接部位或者梁端安装阻尼器以增大桥梁的阻尼,是控制梁端位移、提高结构抗震性能的有效措施。

阻尼器的种类较多,有铅压阻尼器、钢阻尼器、摩擦阻尼器以及液压黏滞阻尼器等。其中,较为成熟且适用于大跨度桥梁的主要是液压黏滞阻尼器。

常用的黏滞阻尼器从力学特性划分为线性的和非线性黏滞阻尼器,其恢复力特性可用下式表示:

$$F = CV^{\xi} \tag{1}$$

式中:F——阻尼力;

C——阻尼系数;

V——阻尼器相对速度;

ξ——速度指数(其值范围在 0.1 ~2.0,桥梁抗震实际工程中常用值一般在 0.2 ~0.5 范围内)。

当黏滞阻尼器的阻尼力与相对速度成比例时,称为线性阻尼器,其恢复力特性如图 4 中的 $\xi=1.0$ 曲线所示,形状近似椭圆。

当阻尼力与相对速度不成比例时,称为非线性阻尼器,其恢复力特性如图 3 中 $\xi=0.4$ 的曲线所示,形状趋近于矩形。

从图 4 中可以看出:在塔梁相对位移达到最大时,黏滞阻尼器的阻尼力最小,接近于零;而黏滞阻尼器的阻尼力最大时,塔梁相对位移最小,弹性力也最小。黏滞阻尼器的阻尼力和结构的弹性力之间有 90 度的相位差,因此,黏滞阻尼器并不增加主塔的受力。实际工程中使用的黏滞阻尼器一般为非线性阻尼器。

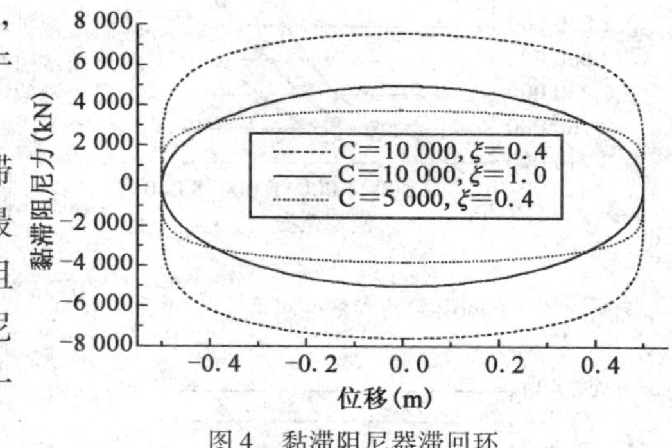

图 4　黏滞阻尼器滞回环

对于黏滞阻尼器,当系数 ξ 给定后,阻尼器装置因其反力与速度成比例,因此具有以下特点:

黏滞阻尼器在温度蠕变变形下的抗力接近于零。

在动力荷载作用下(列车、汽车制动力、地震荷载等),当塔梁相对位移达到最大变形时,阻尼器的阻尼力反而最小,接近于零;在塔梁相对位移最小时(塔梁相对变形速度最大时),阻尼器阻尼力达到最大。

2. 参数敏感性分析

坭州水道桥阻尼器参数敏感性分析工况设置如表 5 所示。

坭州水道桥在东西塔的塔梁间分别设置两个阻尼器。

坭州水道桥阻尼器参数敏感性分析工况设置　　表5

阻尼系数 C	2 000	3 000	4 000	5 000	6 000	7 000	8 000
阻尼指数 ξ	0.2	0.2	0.2	0.2	0.2	0.2	0.2
	0.3	0.3	0.3	0.3	0.3	0.3	0.3
	0.4	0.4	0.4	0.4	0.4	0.4	0.4

不同阻尼器参数与结构关键部位地震响应之间的关系分别如图5所示。

从图6可以看出，西塔塔底轴力随着阻尼常数增大先减小后增大，并且当阻尼指数不同时，阻尼力由小增大的转折点不同。当阻尼指数为0.2时，阻尼常数为3 000时，塔底轴力由小增大。当阻尼指数为0.3时，阻尼常数为4 000时，塔底轴力由小增大。当阻尼指数为0.4时，阻尼常数为5 000时，塔底轴力由小增大。

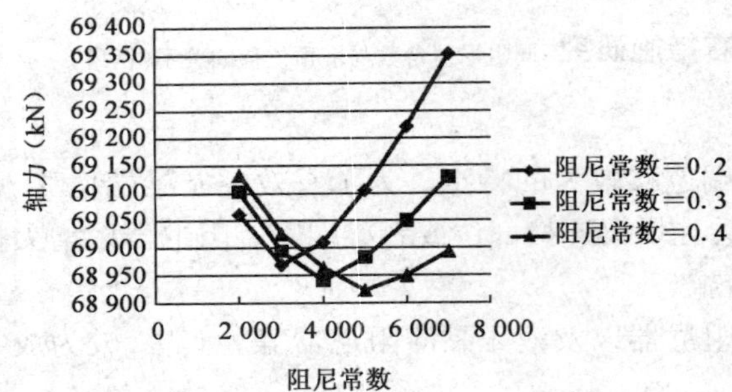

图5　不同阻尼器参数与塔底轴力的关系（西塔）

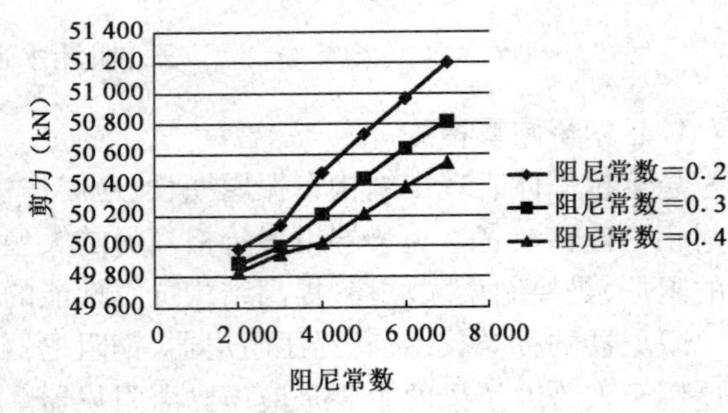

图6　不同阻尼器参数与塔底剪力的关系（西塔）

从图5～图7可以看出，西塔塔底剪力和塔底弯矩，随着阻尼常数的增大而增大，随着阻尼指数的增大而减小。

从图8、图9、图10可以看出，东塔塔底轴力、剪力、弯矩随着阻尼常数的增大而增大，随着阻尼指数的增大而减小。

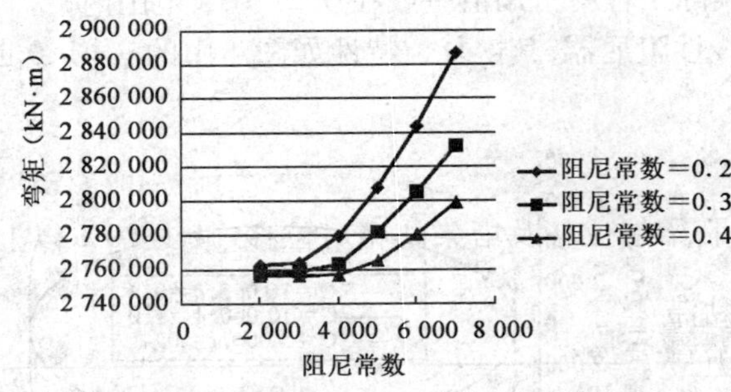

图7　不同阻尼器参数与塔底弯矩的关系（西塔）

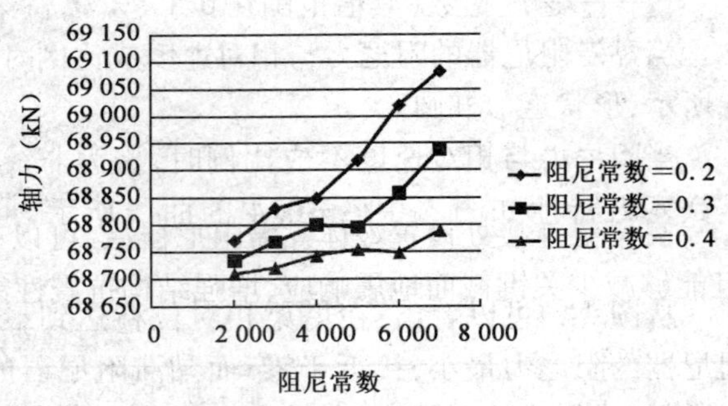

图8　不同阻尼器参数与塔底轴力的关系（东塔）

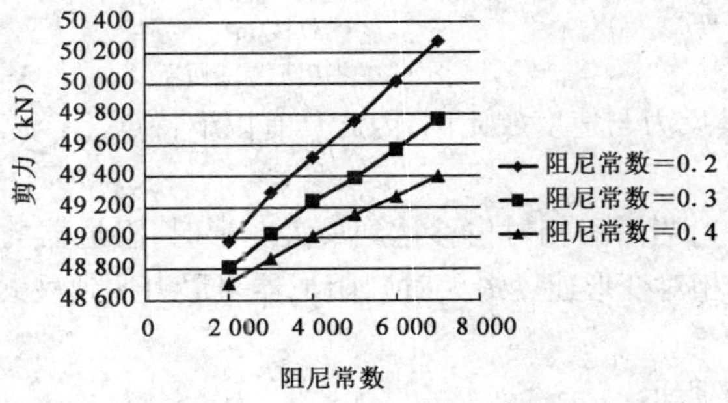

图9　不同阻尼器参数与塔底剪力的关系（东塔）

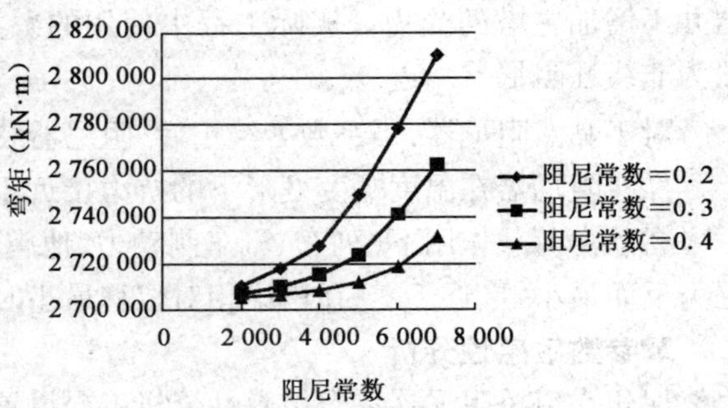

图10　不同阻尼器参数与塔底弯矩的关系（东塔）

从图 11 可以看出,梁端位移量随着阻尼常数的增大而减小,随着阻尼指数增大而增大。

从图 12、图 13 可以看出,当阻尼常数取为 4 000 ~ 6 000 时,塔顶位移较小。且当阻尼指数取为 0.3 和 0.4 时,阻尼常数取到 7 000,其塔顶位移也较小。

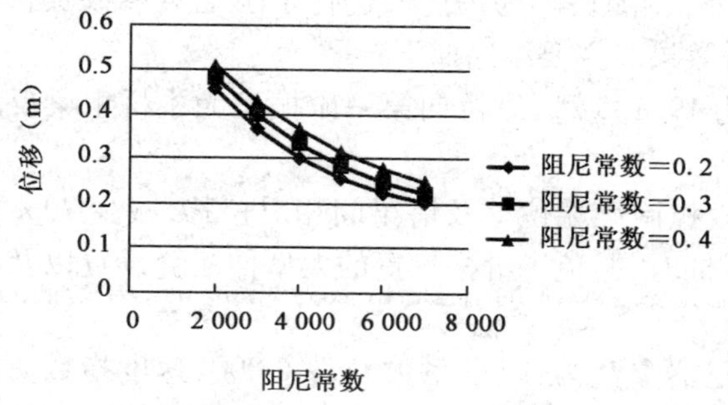

图 11 不同阻尼器参数与梁端位移

图 12 不同阻尼器参数与塔顶位移的关系(西塔)

从图 14 可以看出,阻尼器阻尼力随着阻尼常数的增大而增大,随着阻尼指数的增大而减小。

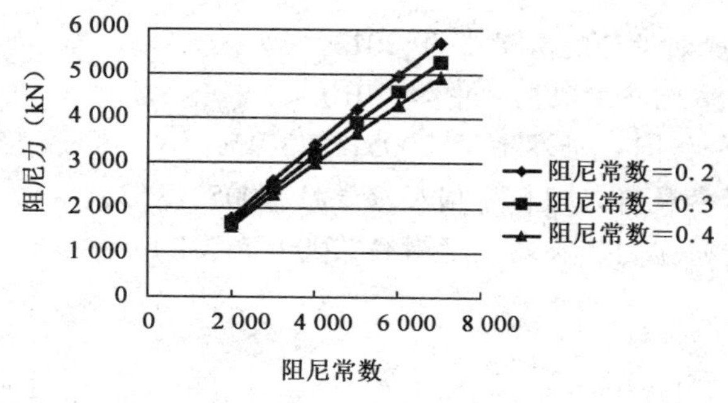

图 13 不同阻尼器参数与阻尼力的关系

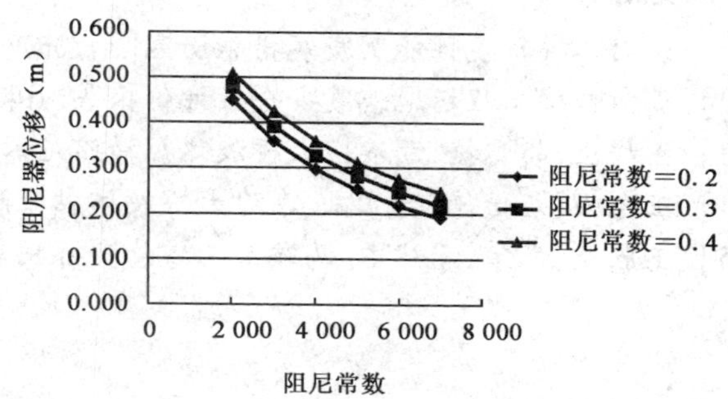

图 14 不同阻尼器参数与阻尼器位移的关系

从图 15 可以看出,阻尼器位移随着阻尼常数的增大而减小,随着阻尼指数的增大而增大。

综合以上分析,阻尼常数和阻尼指数对阻尼器位移量的的影响要比对塔底的弯矩的影响要大很多,因此尽量以阻尼器位移最利情况考虑。建议阻尼器阻尼常数取为 6 000,阻尼指数取为 0.3。

3. 减震效果分析

E2 作用下,关键截面纵向地震响应如表 6 所示,关键位置位移响应如表 7 所示。

在塔梁连接处设置液体黏滞阻尼器后,可以有效控制梁端位移及塔梁间相对位移,减少 70% 以上,且能够减少关键截面地震响应,增强结构抗震性能。

关键截面的地震响应最大值 表 6

位 置	轴 力 P(kN)	纵向剪力 V2(kN)	纵向弯矩 M2(kN·m)
上横梁下	28 201	21 908	408 778
中横梁下	42 690	10 009	1 200 769
下横梁下	66 453	40 072	1 358 489
塔底	69 109	50 672	2 806 800
承台底	71 026	83 586	3 554 018

关键位置位移(单位:m) 表 7

位 置	纵 向
梁端	0.248
主梁跨中	0.238
塔梁间	0.232

四、结　语

针对虎门二桥坭州水道桥,建立了空间动力线性和非线性计算模型,研究了该结构的动力特性及地震响应特点,确定了坭洲水道桥最优减震措施。并采用非线性时程分析方法,进行了阻尼器参数敏感性分析,确定了合理的黏滞阻尼器参数,并详细研究了减震效果。主要结论如下:

(1)主桥横桥向第一阶振型为主桥侧弯,自振周期为19.135秒;纵桥向第一阶振型为主桥主梁反对称竖弯+主梁纵飘,自振周期为12.894秒。

(2)在塔梁连接处设置液体黏滞阻尼器后,可以有效控制梁端位移及塔梁间相对位移,减少70%以上,且能够减少关键截面地震响应,增强结构抗震性能。同时,避免了价格昂贵的大型伸缩缝设置以及相邻构件可能发生的碰撞。

(3)根据阻尼器参数分析结果,地震下主桥选取阻尼器参数为:阻尼系数C取6 000,速度指数ξ取0.3,单个阻尼器最大阻尼力为±4 620KN,行程±0.248m(最终阻尼器参数取值应考虑与梁体温度位移组合)。

参考文献

[1] 虎门二桥抗震性能及减震措施研究[J].中交公路规划设计院有限公司,2013.
[2] 虎门二桥工程场地地震安全性评价报告[R].广东省地震工程勘测中心,2010.
[3] 卢桂臣,胡雷挺.西堠门大桥液体黏滞阻尼器参数分析[J].世界桥梁,2005,2:43-45.
[4] 王志强,胡世德,范立础.东海大桥液体黏滞阻尼器参数研究[J].中国公路学报,2005,18(3).
[5] 王胜斌,朱宇,李建中.马鞍山三塔悬索桥抗震性能研究[J].公路交通科技,2009,26(12).